Karl May · Die Liebe des Ulanen

Die Liebe des Ulanen

von
Karl May

REPRINT DER ERSTVERÖFFENTLICHUNG VON 1883–1885
MIT EINEM NACHWORT ZUR WERKSGESCHICHTE

1993

KARL-MAY-VERLAG · BAMBERG

Der Einbandgestaltung der Luxusausgabe wurde
das Umschlagbild für die Lieferungsausgabe
Karl Mays illustrierte Werke – Die Liebe des Ulanen
vom Verlag H. G. Münchmeyer Dresden – Niedersedlitz
von 1905/1906 zugrunde gelegt.
Zur Gestaltung des Einbandes der Standardausgabe
dienten Stilelemente aus dem 8. Band des
Deutschen Wanderer des Jahres 1884.

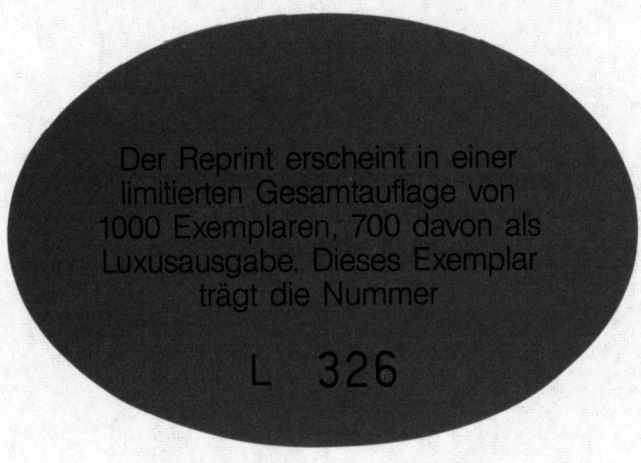

Der Reprint erscheint in einer
limitierten Gesamtauflage von
1000 Exemplaren, 700 davon als
Luxusausgabe. Dieses Exemplar
trägt die Nummer

L 326

ISBN 3-7802-0245-X (Luxusausgabe)
ISBN 3-7802-0246-8 (Standardausgabe)

Herausgegeben von Lothar Schmid

© 1993 Karl-May-Verlag, Bamberg

Reprintvorlagen: Deutscher Wanderer 1883–1885
Graphische Vorlagen: Pisinger & Schwarzmeier GmbH, Bamberg
Satz und Druck: SOV Graphische Betriebe, Bamberg
Bindearbeiten: Großbuchbinderei Ludwig Fleischmann, Fulda

Die persönlichen Gespräche Karl Mays mit Dr. E. A. Schmid, seinem späteren Verleger, und die Anteilnahme der Urheberberechtigten Klara May ermöglichten es, die Wunschvorstellungen des Dichters in den Gesammelten Werken zu erfüllen. (Näheres in der Festschrift 1938 „25 Jahre Karl-May-Verlag" und im Vorwort zu dem von Roland Schmid 1976 für Forschungszwecke im Karl-May-Verlag herausgegebenen Reprint der Erstausgabe von „Deutsche Herzen – Deutsche Helden".)

Die miserablen Münchmeyer-Fassungen – verfälschte Texte – wurden entsprechend Mays Forderung aus dem Handel herausgenommen und durch legitime Bearbeitungen ersetzt. Der ursprünglich in der Familienzeitschrift „Deutscher Wanderer" abgedruckte Roman „Die Liebe des Ulanen" erschien deshalb im Karl-May-Verlag neu gegliedert unter den Titeln Band 56–59, „Der Weg nach Waterloo", „Das Geheimnis des Marabut", „Der Spion von Ortry" und „Die Herren von Greifenklau". Sie erzielten damit erhebliche Auflagensteigerungen und stellten Mays Ansehen wieder her.

Anläßlich seines 80jährigen Bestehens bringt der Verlag nunmehr in anspruchsvoller Ausstattung einen weiteren originalgetreuen Reprint der historischen Erstdrucke heraus: „Die Liebe des Ulanen", und zwar nicht für ein breites Publikum, sondern für Wissenschaftler, Sammler und Liebhaber in limitierter Auflage.

Seit mehr als 100 Jahren ist dieses Frühwerk Karl Mays, ein spannungsgeladener Generationenroman, der vor dem Hintergrund politischer Auseinandersetzungen zwischen Deutschland und Frankreich der Jahre 1814 bis 1871 spielt, nicht mehr in der ursprünglich gedruckten Fassung erschienen. Darin liegt der prickelnde Reiz eines Stückes Literatur aus der Wilhelminischen Zeit, dessen Manuskript May mit fliegender Feder fertiggestellt hatte und das Münchmeyer auf seine Weise aufputzte.

Karl May wird es verzeihen, wenn wir auch diese Ausgabe in die Hände der Forschung legen.

Bamberg, im Juli 1993   Lothar Schmid

Deutscher Wanderer.

Illustrirte

Unterhaltungs-Bibliothek

für

Familien aller Stände.

Achter Band.

Dresden und Berlin.
Verlag von H. G. Münchmeyer.

Die Abbildung auf der Seite gegenüber zeigt den Umschlag eines Lieferungsheftes des in 108 Fortsetzungen erschienenen Werkes.
Unter der Inhaltsübersicht sind Illustrationen aufgelistet, diese beziehen sich nicht auf den Roman, sie sind artfremde Einschaltbilder anderer Erzählungen des Originalabdruckes. Ein Verzeichnis der Illustrationen zum Text „Die Liebe des Ulanen" befindet sich im Anhang des Reprintes auf Seite A 1. Die unter den Titelköpfen der Lieferungshefte befindlichen Verlagsfilialadressen wurden zur besseren Übersicht nicht mit abgedruckt.

Lfg. Preis 10 Pfg. = 7 Krz. = 15 Ctm. VIII. Bd.
Gesammtpreis 10 Mrk. 80 Pfg.

Druck und Verlag von H. G. Münchmeyer in Dresden.

Inhalts-Uebersicht.

Romane, Novellen, Erzählungen, Criminal-Geschichten, Humoresken, Skizzen etc.

Die Liebe des Ulanen. Orig.-Rom. a. d. Zeit d. deutsch-franz. Krieges v. Karl May. In Nr. 1—86, 88—108.
Keine Männer. Humoreske v. Carl Görlitz. Nr. 1—4.
Die Erscheinung. Epis. a. d. Leb. e. Freimaurers. Nr. 1.
Auf der Flucht. Skizze. Nr. 2.
Die verhängnißvolle Neujahrsnacht. Humoreske von Ernst von Linden. Nr. 5—6.
Unter Würgern. Abenteuer aus der Sahara von Karl Hohenthal. Nr. 7—13.
Wiedergefunden. Illustr. Weihnachtserzählung von A. W. Nr. 10—12. 14—30. 33. 34. 42. u. 43.
Net emal Hobelspän. Humoreske v. K. Georges. Nr. 14.
Im Sonnenthau. Erz. v. Ernst von Linden. Nr. 15—16.
In geheimer Mission. Novelle aus den letzten Zeiten der französischen Directorial-Regierung. Nr. 17—24.
Der unvollendete Liebesroman. Humoristische Erzählung von A. Breyer. Nr. 24—28.
Ein Neujahrstag in New-York. Skizze. Nr. 28.
Marga. Novelle von Cl. Schnackenburg (C. Wittburg). Nr. 29—34.
Die Sylvester-Bowle. Skizze von U. H. Nr. 29.
Das Opfer eines Frauenhutes. Berliner Skizze von Max Kretzner. Nr. 33.
Verbrochen und gesühnt. Erzähl. v. R. H. Nr. 34—38.
Forsthaus und Grafenschloß. Nov. v. Paul Thimig. Nr. 38—45.
Böses Wort find't bösen Ort. Skizze v. F. I. Nr. 44.
Ein Kaffeeklatsch. Humor. v. O. Freytag. Nr. 45—46.
Blut um Blut. Nov. v. Paul Thimig. Nr. 46—51.
Ein möblirtes Zimmer. Hum. v. O. Freytag. Nr. 47—48.
Geheimrath's Jettchen. Hum. v. O. Freytag. Nr. 49—50.
Schloß Alteneck. Roman von Oswald Friedeburg. Nr. 52—66. 68 u. 76.
Der tolle Wenzel. Humoreske v. Otto Freitag. Nr. 60.
Der Großmama Erzählung. Von A. W. Nr. 60—62.
Die Braut des Bischofmörders. Nach einer wahren Begebenheit erzählt von A. Breyer. Nr. 61—64.
Eine Schreckensnacht. Ein walachisches Abenteuer, erzählt von P. Böhme. Nr. 64—65.
Der Ruf aus dem Grabe. Erz. v. R. H. Nr. 66—74.
Der Kirchendiener. Nov. v. R. Thieme. Nr. 72—75.
Der Gasthof zu Böblingen. Humoristische Erzählung von R. H. Nr. 75.
Die Erbin auf Schloß Wolkenburg. Novelle von R. H. Nr. 76—81.
Lady Macbeth im Eisenbahncoupee. Skizze von R. H. Nr. 77.
Ein schlauer Vater. Skizze von R. H. Nr. 80.
Anita. Novelle aus der Zeit Josef II. Nr. 82—85.
Der Cavalier der Kaiserin. Novelle aus der Zeit Maria Theresia's. Nr. 86—87.
Der lahme Bettler. Novelle aus der neuesten Zeit von R. H. Nr. 87—94.
Christine. Eine Weihnachtsgeschichte von Betty Freitag. Nr. 88—90.
Nemesis. Novelle von Cäsar Krause. Nr. 91—99.
Der Liebe Opfer. Nov. von R. H. Nr. 95—99.
Er muß heirathen. Novelle von R. H. Nr. 100—103.

Illustrationen.

Nummer
1. Die Erscheinung.
2. Auf der Flucht.
3. Die tolle Fahrt.
4. Luther verbrennt die päpstliche Bannbulle.
5. Sonntagsweihe.
6. Fischer an der Theiß.
7. Abraham verstößt die Hagar.
8. Der Morgengruß.
9. Zudringliche Gäste.
10. Im Krankenzimmer. — In Tirol.
11. Weihnachtszeit. — Die Schmollende.
12. Eveline. — Furcht und Spott.
13. Gretchen und der Liebling.
14. Das treue Roß.
15. Im Frühling. — Im Winter.
16. Im Herbststurm. — Von der Alm.
17. Beim Sonnenaufgang auf den Alpen.
18. Eine freudige Ueberraschung.
19. Kinder-Vergnügen.
20. Die Soldaten kommen. Verlorenes Glück.
21. In der Versuchung.
22. Am Geburtstage der Mutter. Der Tod der Fürstin Petronowska.
23. Die Freundinnen. — Die Errettung.
24. In der Singstunde. — Ueberrascht.
25. Das Examen. — Bei der Wahrsagerin.
26. Auf einem Auswandererschiff.
27. In der Scheidestunde.
28. Freuden des Landlebens. Reisebilder aus Italien.
29. Auf dem Wege zum Ruin. Eine Negerhochzeit.
30. Der Zudringliche. — Erwarteter Besuch.
31. Der Wanderbursche. — Zur Wochenvisite.

Nummer
32. Der Mutter Ermahnung. Ein schweres Exempel.
33. Die Polizei gefoppt.
34. Der arme Geiger.
35. Rückkehr vom Markte.
36. Im Walde.
37. Großvater und Enkelin.
38. Förster und Holzleserin.
39. Die Vergnügten in der Einsamkeit.
40. Im Streit um den Besitz.
41. Die treue Pflegerin.
42. Ein verhängnißvoller Fang.
43. Graf Romanow.
44. In einem Münchener Brauhaus.
45. Der Liebesspiegel als Verräther.
46. Die Wilderer.
47. Erwartung.
48. Nach der Schule.
49. Rudolph von Habsburg.
50. Das Schloß am See.
51. Zigeuner.
52. Von Wölfen verfolgt.
53. Große Toilette.
54. Trost im Leid.
55. Aus Trikala. — Eine Hochzeitsfeier.
56. Eine New-Yorker Gerichtsscene.
57. Schloß Babelsberg.
58. Der kranke Liebling.
59. Mutterfreuden.
60. Der Großmama Erzählung.
61. Margarethe blickt in das Gemach.
62. Ein Besuch am Hochzeitsabend Margarethens.
63. Kinder an einem Grabe.
64. Vor dem Ball.
65. Ein treuer Kamerad.

Nummer
66. Am Geburtstag des Hauslehrers. Das Bild des Gatten.
67. Ein ungebetener Gast. — Auf dem Hochgebirge.
68. Im Winter.
69. Kritische Bemerkungen.
70. Nazi im Verhör.
71. Großmutter und Enkelin.
72. Die Uniformirung.
73. Der Brief.
74. Ein Heimathloser.
75. Vor dem Frühstück.
76. Nach dem Kriege.
77. Aus dem Künstlerleben.
78. Rückkehr von der Jagd.
79. Vor dem ersten Schulgang.
80. Am Weihnachtsfest.
81. Der Ritter unter Zigeunern.
82. Nach der Rutschparthie.
83. Eine Kraftprobe.
84. Oeffentlicher Angelplatz in Chicago.
85. Eine Schäferidylle.
86. Am Meeresstrand.
87. Die kleine Schulmeisterin.
88. Am Brunnen.
89. Elsa.
90. Der Abschied.
91. Stilles Glück.
92. Zwei Dragoner.
93. Das Mutterherz.
94. Am Sonntagmorgen.
96. Steffen und Rösli.
99. Gefangene Beute.
103. Beim Rechtsanwalt.
107. Die Waldfrau.

Die Liebe des Ulanen.
Original=Roman aus der Zeit des deutsch=französischen Krieges von Karl May.

1. Zwei Gegner.

Der Moseldampfer, welcher des Morgens halb sieben Uhr von Coblenz abfährt, um nach einem Uebernachten in Traben=Trarbach die Passagiere nach Trier zu bringen, hatte Zell verlassen, und arbeitete sich von Neuem auf den Wellen des herrlichen Stromes aufwärts.

Nebst anderen Passagieren, welche meist den zweiten Platz besetzten, war eine Gesellschaft junger Herren aufgestiegen, welche sich in jener selbstbewußten, nonchalanten Weise nach dem ersten Platz begaben, die den Angehörigen einer bevorzugten Lebensstellung eigen zu sein pflegt. Sie musterten die Mitfahrenden mit kalten, von oben herabfallenden Blicken und nahmen unter dem gegen die Sonnenstrahlen aufgespannten Schutzdache Platz, ohne sich darum zu bekümmern, ob sie Anderen die wohl berechtigte Aussicht auf die lachenden Ufer raubten, oder sonst in einer Weise lästig wurden. Ihr in französischer Sprache geführtes Gespräch war so lärmend, so rücksichtslos laut, daß sich Aller Blicke verweisend auf sie richteten, doch nahmen sie nicht die geringste Rücksicht davon. Bei Leuten, welche der gewöhnlichen Volksklasse angehören, hätte man dieses Verhalten ungezogen genannt, hier jedoch schwieg man, indem man es vorzog, die Rücksichtslosigkeit nur im Stillen zu kritisiren.

Einer von ihnen, welcher ein riesiges Monocle in das Auge gepreßt hatte, deutete mit seinem Stöckchen auf das Ufer und sagte so laut, daß es Jedermann hören konnte:

„Lieber Graf, ist es nicht eine Schande, daß ein so schöner Fluß und ein so reizendes Land unserem Frankreich noch immer vorenthalten wird? Wann endlich werden wir einmal marschiren, um uns die linke Seite des Rheines, welche uns gehört, zu holen. Ich hasse die Deutschen!"

„Und bereisest doch ihre Länder, bester Oberst!" meinte spöttisch Derjenige, an welchen die Worte gerichtet gewesen waren.

„Pah!" antwortete der Oberst. „Man weiß ja, weshalb man sie bereist. Muß man nicht einen Gegenstand, den man erlangen will, vorher prüfen und kennen lernen?"

Er sprach das in einem Tone, als ob man hinter seinen Worten irgend ein wichtiges Geheimniß zu suchen habe. Er war ein wirklich schöner Mann, und da er bei seiner Jugend bereits den Rang eines Obersten bekleidete, so war anzunehmen, daß er von außergewöhnlicher Geburt sei und einflußreiche Connexionen besitze.

„Donnerwetter, still!" sagte sein Nachbar halblaut. „Du geräthst sonst in Gefahr, von diesen guten Teutonen für einen geheimen Emissär gehalten zu werden!"

„Mögen sie es thun! Diese Herren Spießbürger sind sehr ungefährlich. Ein Kampf mit ihren tapferen Heerschaaren müßte ein wahres Vergnügen sein. Ich bin überzeugt, daß wir im Falle eines Krieges mit ihnen einen sehr unterhaltenden Spaziergang nach Berlin machen würden."

„Darüber giebt es gar keinen Zweifel, nämlich, was den Spaziergang betrifft; ob er aber wirklich viel Unterhaltung bringen würde, das ist sehr fraglich. Diese Deutschen sind ein höchst langweiliges Volk, roh, grob, zugehackt. Blicke Dich um! Findest Du unter den Passagierinnen ein einziges Gesicht, welches der Mühe werth wäre, geküßt zu werden? Ich werde einmal nach der Kajüte gehen, um zu sehen, ob es dort vielleicht etwas Besseres giebt."

Er erhob sich und stieg die enge Treppe hinab, welche nach dem angegebenen Orte führte. Wer die beiden Damen sah, welche da unten auf der schwellenden Plüschottomane saßen, der mußte sich sagen, daß der Graf hier finden werde, was er suchte.

Es war eine Blondine und eine Brünette. Die Erstere war von mittlerer Größe und sehr feinen, doch jugendlich vollen Formen. Unter langen, weichen Wimpern glänzte das milde Licht zweier himmelblauer Augen, durch welche man tief auf den Grund einer sanften, hingebenden Seele blicken zu können schien. Dieses Mädchen war zwar keine imposante, hinreißende Schönheit, aber in ihrer Anmuth und Lieblichkeit mußte sie selbst in einem auserwählten Damenkreise als hervorragend bezeichnet werden.

Ganz anders die Brünette. Von hoher, junonisch voller Gestalt, schien sie nur zum Gebieten bestimmt zu sein. Ihre Züge glichen denjenigen, welche der Maler jenen persischen Schönheiten zu geben pflegt, welche geschaffen sind, die Sterne eines ganzen Harems zu verdunkeln. Der herrlich modellirte Kopf trug eine Fülle kastanienbrauner Haare, welche die Zofe jedenfalls nur schwer überwältigen konnte. Auf der alabasterweißen Stirn thronte ein Adel, welcher dem Gesichte den Charakter der Unnahbarkeit verlieh. Die großen, unter herrlich geschwungenen Brauen blitzenden, und von vollen, seidenen Wimpern beschatteten Augen, besaßen jene mandelähnliche Form, welche nur der Orient zu geben vermag; doch war diese Form nicht in jener determinirten Weise ausgeprägt, welche man an den unvermischt gebliebenen Kindern Israels bemerkt. Das kleine, nur leicht und außerordentlich graziös gebogene Näschen war zwar sehr fein geschnitten, zeigte aber doch zwei rosig angehauchte Flügel, welche sich ganz energisch aufzublähen vermochten. Der kleine Mund war geradezu wunderbar gezeichnet zu nennen. Ganz wie zum glühenden, überwältigenden Kusse gemacht, zeigten die granatnen Lippen doch nicht jene auffallende Fülle, welche nur das Vorrecht besonders sinnlicher Naturen zu sein scheint. Und wenn sich diese Lippen zu einem Lächeln öffneten, so erschienen zwei Reihen perlenkleiner Zähnchen, an denen sicher selbst der erfahrenste Dentist kein Fehlerchen hätte entdecken können. Dieser Mund stand eigentlich im Widerspruch mit sich selbst; doch gerade dieser Contrast war es, der ihn bezaubernd machte. Um die eigenartig graziöse Schwingung der Lippen lagerte sich Trotz und Sanftmuth, Stolz und Milde, Selbstbewußtsein und Hingebung, Kühnheit und weibliches Zagen, und es mußte der Zukunft überlassen bleiben, welche von diesen Eigenschaften die Oberhand erlangen, und dem Gesichte dann sein vollendetes Gepräge ertheilen würde.

Die Gestalt dieser Dame war voll, aber nicht unschön, üppig, obgleich ein pedantischer Kritikus vielleicht gesagt hätte, daß der Busen, welcher seine sommerlich leichte Hülle zu zersprengen drohte, die Blicke der Männer ein ganz klein Wenig zu sehr auf sich zu ziehen vermöge. Das feingewebte, eng anschließende Reisekleid war nicht vermögend, die herrlichen Formen eines sinnberückenden Körperbaues ganz zu verbergen. Das kleine, aber kräftig gebaute Händchen schien nur bestimmt zu sein, mit Inbrunst an das Herz gedrückt zu werden, und unter dem leise emporgerafften Saume des Kleides blickte ein Füßchen hervor, welches den Neid von tausend Damen zu erwecken vermochte.

Diese beiden Mädchen waren in ein sehr erregtes Gespräch vertieft. Sie führten dasselbe, obgleich sie sich ganz allein befanden, doch mit unterdrückter Stimme. Es war daraus zu errathen, daß sie sich vielleicht sehr wichtige und doch sehr jungfräuliche Geheimnisse mitzutheilen hatten.

„Aber, liebe Marion," sagte die Blonde, „davon habe ich bisher ja gar nichts gewußt! Ich denke, wir haben niemals ein Geheimniß gehabt, und nun erfahre ich zu meinem Erstaunen, daß Du gerade das Allerwichtigste, was es für ein Mädchen giebt, mir so lange Zeit und so hartnäckig verschwiegen hast!"

Die Brauen der Brünetten zogen sich leicht zusammen, und sie antwortete:

„Ich habe mich keiner Verschwiegenheit gegen Dich schuldig gemacht, meine gute Nanon. Ich habe dieses Geheimniß ja erst aus dem letzten Briefe erfahren, welchen Papa mir schrieb. Hier, hast Du ihn!"

Ihre Stimme klang kräftig, voll und rein wie Glockenton. Man hörte es ihr an, daß sie vom gebieterischesten Befehle an bis herab zum süßesten Liebesgeflüster aller Modulationen fähig sei. Es war das eine Stimme von seltener Resonanz und dabei doch so biegsam und weich; sie besaß die Kraft des Herrschens und die Innigkeit des Einschmeichelns; sie klang so sonor und doch so warm; ihr Ton schien nicht zwischen den Ligamenten des Kehlkopfes, sondern in der Tiefe der Brust gebildet zu werden, oder aus der untersten Kammer des Herzens, dem heiligsten Innern der Seele, zu kommen. Wer die Stimme hörte, wurde gebannt und ergriffen wie Einer, der im Dunkel eines hohen Domes kniet und plötzlich aus der Höhe des Orgelchores den wunderbaren, zauberischen Klang der Voxhumana erzittern hört.

Marion griff in ein zierliches Saffiantäschchen, welches an ihrem Gürtel hing und dessen massiv goldener Bügel mit echten Ceylonperlen besetzt war, und zog einen Brief hervor, welchen sie der Freundin reichte. Diese öffnete ihn, um ihn zu lesen. Während sie dies that, nahmen ihre lieblichen Züge den Ausdruck des höchsten Erstaunens an, und als sie das Blatt wieder zusammengefaltet hatte und es zurückgab, sagte sie unter einem bedenklichen Schütteln des feinen Köpfchens:

„Das ist wirklich ganz außerordentlich! Du sollst schleunigst nach Hause zurückkehren, um den Dir bestimmten Bräutigam kennen zu lernen! So hast Du diesen Oberst, Graf Rallion, noch niemals gesehen?"

„Nie. Ich weiß nur, daß die Rallions von sehr altem, aber verarmtem Adel sind und daß der jetzige Chef der Familie die Gunst der Kaiserin, also auch des Kaisers, in hohem Grade besitzt. Dies ist jedenfalls auch der Grund, daß sein Sohn bereits Oberst ist, obgleich er ein noch jugendliches Alter zu besitzen scheint."

„Aber wie kommt Dein Papa zu dem Projecte dieser rein geschäftsmäßigen Verbindung?"

„Das ist auch mir ganz unbegreiflich. Ich werde es aber baldigst erfahren."

Diese Worte waren in einem so bestimmten Tone gesprochen, und jetzt konnte man deutlich das energische Erzittern ihrer Nasenflügel beobachten.

„Kennt der Oberst Dich vielleicht, Marion? Als Freundin darf ich Dir wohl sagen, daß Du sehr, sehr schön bist. Es ist sehr leicht möglich, daß er Dich zu besitzen wünscht, wenn er Dich einmal gesehen haben sollte."

Die Gefragte ließ ein merkwürdig geringschätziges Lächeln um ihre schönen Lippen spielen, als sie antwortete:

„Das wäre wohl ganz und gar kein Grund, ihm meine Freiheit und Selbstständigkeit zu opfern. Wer mich einst besitzen will, der muß es verstehen, sich nicht nur meine Liebe, sondern auch meine größte Hochachtung zu erwerben. Ich werde mich niemals verschenken."

Sie warf den Kopf mit einer unnachahmlich stolzen Bewegung zurück. Man sah, daß sie sich ihres Werthes sehr wohl bewußt war.

„Ah, Du hast wohl gar ein Ideal?" fragte Nanon lächelnd.

„Ich habe eins, wie jedes junge Mädchen," lautete die Antwort. „Aber ich weiß, daß dieses Ideal ein Unding, ein Phantasma ist. Aber eigenthümlich — eigenthümlich —"

Sie hielt mitten im Satze inne. Ihre vorher so selbstbewußt leuchtenden Augen nahmen plötzlich einen sinnenden Ausdruck an, mit dem sie sich durch das offene Fenster hinaus auf die Wellen richteten, welche unter dem Rade des Dampfers wild hervorschäumten, und weit ausgreifende, dunkle Wasserfurchen bildeten, deren gischtgekrönte Wände die diamantenen Reflexe des Sonnenlichtes zurückwarfen.

„Was?" fragte die Freundin. „Was ist eigenthümlich?"

Marion strich sich mit der Hand leise über die Stirn und antwortete langsam:

„Es ist eigenthümlich, ja sogar wunderbar, daß ich einen Mann gesehen habe, welcher ganz genau den Körper, das Aeußere meines Ideales besitzt. Die Seele freilich wird dann desto unähnlicher sein. Ich war fast erschrocken, als ich die Gestalt, von welcher ich so oft geträumt hatte, plötzlich in Wirklichkeit erblickte.

„Das ist allerdings fast ein Wunder zu nennen. Du bist glücklich, liebe Marion. Wenn doch auch ich einmal die Incarnation meines Ideals sehen könnte! Aber sag, wo hast Du den Mann gesehen, und wer war er?"

„Es war in Dresden und er war Officier. Ich fuhr nach dem berühmten Blasewitz, welches Schiller durch seine „Gustel" verewigt hat, und begegnete da auf der Straße einer kleinen Truppe von Offizieren. Sie jagten an meinem Wagen vorüber, schnell wie Phantome, und doch sah ich das Bild meiner Träume unter ihnen — es war dabei."

„Wie interessant, wie romantisch, liebe Marion, hast Du ihn wiedergesehen?"

„Ihn nicht; aber — sein Bild."

„Ach! Erzähle! Du hast Dich vielleicht nach ihm erkundigt?"

„Wie wäre dies möglich gewesen? Uebrigens erwartetest Du mich in Berlin; ich hatte Eile. Aber Du weißt, daß ich mich in Berlin photographiren ließ. Ich mußte einige Augenblicke warten; ich befand mich ganz allein im Atelier; ich betrachtete die Porträts und Landschaften, welche da an den Wänden hingen und auf den Tischen lagen. Da — da erblickte ich sein Bild. Er war es, ganz genau getroffen, genau so stolz und schön, genau in derselben Ulanenuniform, wie er in Dresden an mir vorübergestürmt war. Sein Bild hatte Visitenkartenformat; es war Brustbild; es lagen einige Dutzend Exemplare auf einem Häufchen beisammen auf dem Tische — "

„Welch glücklicher Umstand!" rief Nanon. „Weißt Du, was ich an Deiner Stelle gethan hätte?"

„Jedenfalls dasselbe, was ich that," lächelte Marion. „Ich war allein; Niemand sah es — ich wurde zur Diebin; ich stahl eine der Karten und steckte sie zu mir."

Da schlug Nanon fröhlich behend die Hände zusammen und frohlockte:

W. VIII. 3.

„So werde auch ich Dein Ideal zu sehen bekommen! Welch eine durchtriebene Spitzbübin doch diese stolze, kühle Marion ist! Du hast Dir die Photographie doch heilig aufbewahrt?"

„Das versteht sich!"

„O, wenn Du sie doch bei Dir hättest! Ich vergehe vor Neugierde, vor Sehnsucht, das schöne Traumbild, daß sich so unverhofft verkörpert hat, zu sehen."

Ihre Augen richteten sich mit wirklicher Begierde auf Marion's Hände, welche nach dem bereits erwähnten Täschchen gegriffen, um dasselbe zu öffnen und die dort verborgene Karte hervorzuziehen.

„Du hast sie? Sie ist da?" fuhr sie fort. „Nun sollte noch sein Name dabei stehen; denn Du konntest den Photographen unmöglich nach demselben fragen, da er sonst ja gewußt hätte, wer den Raub begangen hat."

„Der Name steht auf der Rückseite," bemerkte Marion. „Hier hast Du sie!"

Nanon griff mit größter Schnelligkeit zu. Sie drehte sich leicht seitwärts, damit das Licht voll auf das Bild fallen könne und betrachtete es, indem ihr Gesichtchen eine ungeheure Spannung verrieth. Sie hielt die Karte abwechselnd nahe und entfernt, um sich ein genaues Urtheil zu bilden, und sagte dann:

„Ein schöner, ein herrlicher Kopf!"

„Nicht wahr?" bemerkte Marion mit leuchtenden Augen.

„Und der Name?" Nanon drehte die Karte um und las: „Rittmeister Richard von Königsau. Auch ein schöner Name. Nicht, Marion?"

Die Gefragte nickte leise mit dem Kopfe und sagte:

„Und eigenthümlich ist es, daß ich meinem Ideale stets auch den Namen Richard gegeben habe. Richard Löwenherz ist mir der liebste Held der Geschichte, und Richard ist mir der liebste Mannesname."

„Ich stelle mir Richard Löwenherz allerdings anders vor, als diesen Rittmeister. Ich möchte diesen Letzteren doch lieber mit dem Recken Hüon in Wieland's Oberon vergleichen. Diese Stirn, dieses Auge, dieser Mund, dieses ganze Gesicht, man muß es beim ersten Anblick lieben. Ich verstehe nichts, gar nichts von Physiognomik; ich lasse am liebsten mein Herz, mein Gefühl, meine Ahnung entscheiden."

„Nun, was sagt Dir Deine Ahnung? Wie beurtheilt sie ihn, liebe Nanon."

„Dieser Mann ist selbstbewußt, aber nicht adelsstolz; sein starker Körper birgt ein tiefes Gemüth, er ist kühn und verwegen, scheint mir aber auch auf dem Felde der List ein gefährlicher Gegner zu sein. Seine Stirn ist die eines geübten Denkers, und sein Mund scheint mir der Rede mächtig zu sein, schweigende Beobachtung jedoch vorzuziehen. Sein Naturell ist jedenfalls, um mich der wissenschaftlichen Ausdrücke zu bedienen, ein cholerisch-phlegmatisches; das heißt, er ist heiß- aber langsamblütig, er fühlt und empfindet tief, läßt sich aber von der Gewalt des Augenblicks nicht beherrschen."

Da nahm Marion mit einem erfreuten, melodischen Lachen rasch das Bild aus der Hand und sagte:

„Halte ein! Du beschreibst ihn ja als ein wahres Wunder! Wenn er wirklich so ist, wie Du ihn beurtheilst, so gliche er meinem Ideale ganz genau, und ich müßte es sehr bedauern, daß ich über die Familie der Königsau nichts,

1*

gar nichts erfahren konnte, obgleich ich Dir aufrichtig gestehe, daß ich mir alle mögliche Mühe gegeben habe."

„Du brauchtest Dir ja nur den Gothaer Adelskalender zu kaufen!"

„Er war nicht vorräthig, und ich bestellte ihn mir. Da aber rief mich der Brief des Vaters ab, und ich mußte Ordre geben, mir den Kalender nachzuschicken. Bis ich ihn erhalte, habe ich mich in Geduld zu fassen. Ah, wie schade!"

Diese letzten Worte wurden leise gesprochen. Sie galten dem Grafen, welcher gerade in diesem Augenblicke in die Cajüte trat, um zu sehen, ob sich hier ein Gesicht finde, welches werth sei, geküßt zu werden. Als er die beiden Damen erblickte, drückten seine Mienen ein schlecht verborgenes Erstaunen aus; er machte eine tiefe Verbeugung und zog sich schnell wieder zurück. Draußen auf der Treppe murmelte er:

„Die Baronesse de Sainte-Marie! Da wäre eine kleine, liebenswürdige Zudringlichkeit am unrechten Platz. Sie versteht es, sich unnahbar zu halten."

Er kehrte auf das Deck zurück.

„Nun, etwas gefunden?" wurde er gefragt.

„Allerdings," antwortete er. „Aber ich habe doch Recht; diese Deutschen haben gar keine Züge. Als ich da unten endlich eine Schönheit entdeckte, ist es eben eine — Französin."

„Die Du aber nicht zu attaquiren wagtest. Du bist schnell genug davon gelaufen."

„Weil ich sie zufälliger Weise kenne. Mit ihr ist nicht zu spaßen."

„Ah, die muß man sich ansehen!" lachte Einer. „Ist sie es wirklich werth?"

Der Graf zuckte überlegen die Schulter und antwortete:

„Sie gilt für die größte Schönheit nicht blos von Paris, sondern von ganz Frankreich."

Diese Worte brachten eine sichtbare Aufregung unter diesen Roués hervor.

„Und erbt einmal eine ganz respectable Anzahl von Millionen," fuhr der Graf fort.

„Ihr Name?" fragte der vorige Sprecher. „Schnell!"

„Die Dame ist Marion, die Baronesse de Sainte-Marie!"

„De Sainte-Marie! Ah, die ist allerdings berühmt! Ich werde sogleich gehen, um mich ihr vorzustellen. Einer solchen Schönheit muß man huldigen."

Der Sprecher wollte wirklich davoneilen, wurde aber vom Obersten am Arme gepackt und zurückgehalten.

„Halt!" sagte dieser Letztere. „Bleibe hier. Dieser Dame wird Keiner von Euch huldigen."

„Warum?" lautete die Frage.

„Weil ich nur allein das Recht zu dieser Huldigung habe; sie ist meine Braut."

Sie alle blickten ihn fast bestürzt an. Keiner von ihnen wußte, daß er verlobt sei. Und nun gar mit der berühmtesten Schönheit von Paris! Er wurde mit den verschiedensten Fragen bestürmt und beantwortete sie alle in Summa, indem er erklärte:

„Die Sache ist kurz folgende: „Mein Vater schreibt mir, daß er die Tochter eines Freundes mir zur Frau bestimmt habe. Ich habe die Dame zwar noch nicht gesehen, fand aber keinen Grund, mich dem Willen meines Vaters zu widersetzen. Die Dame ist die Baronesse de Sainte-Marie. Sie war ebenso verreist wie ich; sie kehrt ebenso wie ich auf den Ruf ihres Vaters in die Heimath zurück. Wir befinden uns auf demselben Schiffe, ohne uns gesehen zu haben, oder persönlich zu kennen. Es versteht sich ganz von selbst, daß ich mein Recht auf ihre Person behaupte. Ich gehe jetzt, ihre Bekanntschaft zu machen und verbitte mir jede Einmischung von Eurer Seite auf das Allerstrengste!"

Sein Gesicht hatte den Ausdruck gewechselt. Es schien ein vollständig anderes zu sein. Vorher hatte man es schön und regelmäßig nennen müssen, jetzt aber war es das gerade Gegentheil. Seine Nase war spitz und kreideweiß geworden; die Lippen hatten sich in der Mitte geschlossen, während die beiden Mundwinkel zwei Oeffnungen bildeten, aus denen er seine Worte hervorzischte. Die Stirn hatte sich so in Falten gelegt und zusammengezogen, daß das Toupet seines Kopfhaares fast die Brauen berührte. Von den aufgeblähten Nasenflügeln gingen zwei tiefe Furchen bogenförmig nach dem Kinne herab, und alles Blut seines erbleichten Gesichtes schien sich nach dem glattrasirten Stierhalse zurückgezogen zu haben, dessen heimtückische Stärke zu seinem keineswegs riesigen Körperbaue in gar keinem Verhältnisse stand.

Die allergrößte Veränderung aber war mit seinen Augen vorgegangen. Sie hatten vorher eine ganz entschieden graue Farbe gehabt, waren aber unter dem Einflusse des Zornes erst dunkel, fast schwarz geworden und hatten dann in schneller Folge alle Färbungen bis zu einem boshaft leuchtenden Gelbgrün durchlaufen, welches um so infernalischer glühte, als die kleinen, feinen Aederchen des Augapfels stark angeschwollen waren und dem Weiß ein blutunterlaufenes Aussehen gaben.

Als er sich jetzt umdrehte und die Treppe zur Cajüte hinabstieg, blickten ihm die Anderen wortlos nach und nur der Graf sagte mit schüchternem Lachen:

„Da steckt er wieder einmal die Teufelsflagge heraus!"

Er hatte vollkommen Recht. Der Ausdruck, welchen das Gesicht des Obersten gezeigt hatte, war geradezu ein diabolischer zu nennen. So ein Gesicht und kein anderes hatte der Teufel gemacht, als er den Grundstein zur Hölle legte. So ein Gesicht mußte er machen, so oft er die Seele eines Verdammten in den Pfuhl stieß, dessen Schwalch niemals verlöscht, und so ein Gesicht muß er machen, wenn er sich an den Qualen ergötzt, welche die Gerichteten erleiden, denen jede Hoffnung genommen ist für alle Ewigkeit. Wer dieses Gesicht sah, der mußte wissen, daß dieser Graf Rallion ein Teufel sein konnte, ein hinterlistiger, grausamer, erbarmungsloser Teufel, der kein Verbrechen scheute, keine Rücksicht kannte, und vor Nichts zurückbebte, wenn es galt, ein Ziel zu erreichen, welches er sich zu dem seinigen gemacht hatte. Dieses fascinirende, gelbgrüne, giftige Auge hatte den höllischen Blick, den die Italiener Jettatura nennen, und von welchem sie meinen, daß Jeder, auf dem er haftet, unwiderruflich dem Unglück verfallen sei.

Am frühen Morgen desselben Tages saßen in Simmern, dem Hauptstädtchen des Hundsrück zwei Herren, ein älterer und ein jüngerer, am Tische, um ihren Kaffee zu trinken. Ihre Mienen zeigten dabei keineswegs jene Behaglichkeit, mit welcher man sich dem Genusse des braunen Mokkatrankes hinzugeben pflegt; es schien vielmehr, als sei die Unterhaltung, welche sie führten, auf einen sehr ernsten Gegenstand gerichtet.

Beide waren Officiere, und beide trugen Uniformen, der Aeltere die eines Generals und der Jüngere, welcher vielleicht achtundzwanzig Jahre zählen mochte, die eines Ulanenrittmeisters.

Dieser Letztere war ein ausgezeichnet schöner Mann. Obgleich er auf einem tiefen Polstersessel ruhte, sah man doch, daß er von einer hohen, breitschultrigen, höchst ebenmäßigen Gestalt sei. Sein von einem vollen, blonden Barte umrahmtes Gesicht war von einem weichen, aber doch männlich edlem Schnitt. Aus seinen blauen, treuherzigen Augen blickte jene Gutmüthigkeit, welche körperlichen Riesen eigen zu sein pflegt; doch lag auf der Stirn eine Willensfestigkeit und Energie, welche sich nicht ermüden läßt, und unter den Spitzen des Schnurrbartes versteckte sich ein leiser, schalkhafter Zug, welcher widerwillig einzugestehen schien, daß der ausgesprochenen Gutmüthigkeit unter Umständen eine ganz hinreichende Summe von Verschlagenheit und Berechnungsgabe zu Gebote stehen könne.

„Also, lieber Königsau, Ihre Instruction haben Sie begriffen?" fragte der General.

„Sie ist nicht sehr schwer zu verstehen, Excellenz," antwortete der Gefragte.

„Sehr wohl! Den Feldzugsplan müssen Sie sich selbst entwerfen. Ich kann Ihnen dies ohne Furcht überlassen, da ich weiß, was für ein gewandter Taktiker Sie sind. Es bleibt mir also nur noch übrig, Ihnen die Namen zu nennen. Wollen Sie sich dieselben notiren?"

Der Rittmeister zog eine Brieftasche hervor, dann fuhr der General fort:

„Der Liebling Napoleon's, von welchem ich sprach, ist der Graf Rallion, und der Vertraute des Kriegsministers Leboeuf, den ich Ihnen bezeichnete, ist der Baron von Sainte-Marie. Der Graf hat einen Sohn und der Baron eine Tochter; die beiden Letzteren kennen sich noch nicht, sollen sich aber heirathen. Sie treffen in Ortry unweit der luxemburger Grenze in der Nähe von Thionville zusammen. Ortry gehört dem Baron. Dieser hat aus der Ehe mit seiner Frau einen Knaben, den seine Lehrer leidlich verwahrlost haben; darum engagirt der Baron einen deutschen Präceptor für den Jungen, und der sollen Sie sein."

„Unter welchem Namen, Excellenz?"

„Hier ist Ihre Legitimation, und hier sind auch Empfehlungsbriefe. Es wird ganz auf Sie ankommen, ob Sie Erfolg haben. Uebrigens haben wir bereits für Alles gesorgt, sogar für Photographien der betreffenden Personen, damit Sie sich im Voraus zu orientiren vermögen."

Er nahm aus der Brieftasche, aus welcher er bereits die Empfehlungsbriefe und die Legitimation gegeben hatte, mehrere Photographien und legte sie dem Rittmeister einzeln vor.

„Hier," fuhr er fort, „haben Sie das Brustbild des Grafen Rallion; hier ist sein Sohn, der Oberst; ferner sehen Sie hier den Baron de Sainte-Marie; dies ist sein Junge; der Schlingel sieht nach gar nichts Gutem aus. Desto größeren Eindruck macht seine Stiefschwester Baronesse Marion. Hier ihr Porträt. Ich muß Sie vor derselben warnen, denn ich gestehe, daß ich nicht weiß, ob ich, als ich noch in Ihren Jahren stand, solchen Augen widerstanden hätte."

Er hatte diese letzten Worte im Scherze gesprochen. Der Rittmeister nahm das Bild. Kaum hatte er einen Blick darauf geworfen, so fuhr er vom Sessel empor.

„Was ist's?" fragte der General. „Kennen Sie die Dame?"

Das Roth der Beschämung flog über das Gesicht des Rittmeister. Ein wackerer Soldat darf sich nicht überraschen lassen.

„Nein, Excellenz," antwortete er, sich wieder niedersetzend.

Der Vorgesetzte blickte ihm zwar wohlwollend, aber forschend in die Augen und sagte:

„Es schien mir doch so. Warum erstaunten Sie?"

Der Rittmeister zögerte ein Weilchen mit der Antwort, erklärte dann aber:

„Ich sehe, daß ich sprechen muß, um kein Mißtrauen aufkeimen zu lassen. Ich sah auf einem Spazierritte in der Nähe Dresdens eine Dame, deren ebenso große wie eigenthümliche Schönheit einen großen Eindruck auf mich machte, obgleich ich sie nur im Vorüberreiten erblickte —"

„Ah, endlich einmal Feuer gefangen!" lachte der General.

Richard von Königsau erröthete abermals und vertheidigte sich:

„Ich habe bisher nur meiner Pflicht leben wollen, denn ich bin arm und diene, offen gestanden, auf Avancement. Darum nahm ich mir nicht Zeit, mich nach einem zarten Verhältnisse zu sehnen."

„O, gerade da Sie arm sind, mußten Sie nach einer reichen Hilfe trachten!"

„Ich bitte um Entschuldigung, Excellenz, daß ich hier meine eigene Ansicht habe. Ich mag meiner Frau nur mein Lebensglück, nicht aber äußeren Besitz und sonstige Vortheile verdanken. Ich will meinem Herzen das Recht geben, sich ein zweites Herz zu wählen. Der kurze Augenblick auf dem Ritte zwischen Dresden und Blasewitz wäre vielleicht bedeutungsvoll geworden, wenn er von längerer Dauer gewesen wäre. Da kam ich einige Tage später in Berlin zum Photographen, um mir bestellte Karten abzuholen, und erblickte bei ihm das — Bild jener Dame. Ich bat um einen Abzug davon, erhielt ihn aber nicht; da der Mann dies nicht mit seiner Pflicht vereinigen zu können erklärte. Ja, ich konnte nicht einmal ihren Namen erfahren, weil sie ihn nicht genannt, sondern erklärt hatte, daß sie ihre Photographien selbst abholen werde. Excellenz werden sich nicht wundern, daß ich überrascht war, um hier das Bild zu sehen und den Namen zu erfahren."

Der General lächelte freundlich und meinte:

„Und ebensowenig werden Sie sich darüber wundern, daß es Leute giebt, gegen welche gewisse Photographen gefälliger sind als gegen Sie. Aber, lieber Rittmeister, die Erfüllung Ihrer Pflicht wird Ihnen jetzt bedeutend schwerer fallen, als Sie vorher dachten. Es ist kein Spaß, sich der Dame seines Herzens als Präceptor, als Schulmeister, vorstellen zu müssen, während man ganz andere Meriten hat!"

Da trat bei dem Rittmeister jener verborgene Zug von Schalkheit und List deutlicher hervor; er machte eine unternehmende Handbewegung und antwortete:

„Erstens kann ich die Baronesse ja gar nicht als die Dame meines Herzens erklären, und zweitens glaube ich nicht, daß die Coeurdame meiner Aufgabe gefährlich werden kann." Und ernster fügte er hinzu: „Excellenz wissen, daß ich nie leichtsinnig spiele."

„Ich weiß das, Rittmeister, ich weiß es!" versicherte der General. „Ich bin ganz und gar ohne Besorgniß und entlasse Sie jetzt mit der Ueberzeugung, daß Sie unsere Zufriedenheit erlangen werden. Unser Kaffee ist alle und unser Gespräch zu Ende. Gehen Sie mit Gott, Herr Ritt — — wollte sagen, Herr Schulmeister!"

Er hatte sich erhoben und reichte Richard die Hand. Dieser drückte sie halb ehrfurchtsvoll und halb bescheiden freundschaftlich, steckte die empfangenen Papiere und Photographien zu sich und ging.

Auf seinem Zimmer angekommen, zog er Marion's Bild hervor, betrachtete es aufmerksamer, als er es vorher gekonnt hatte, drückte es dann an seine Lippen und flüsterte so innig, so zärtlich, als ob sie in Person vor ihm stehe:

„Ja, Du bist's, Du bist's, nach der ich mich so heiß gesehnt habe. O, nun werde ich Dich sehen; ich werde Deine Stimme hören und in Deiner Nähe sein dürfen! Aber — ach, dieser Oberst, dieser Rallion! Soll er sie bekommen? Er kennt sie nicht und sie ihn auch nicht. Also eine Convenienzheirath, oder vielleicht noch schlimmer. Pah, wir werden jetzt wohl sehen! Anstatt vor einer, stehe ich jetzt vor zwei Aufgaben; ich habe meine Pflicht zu erfüllen und meinem Herzen zu genügen. Laßt uns sehen, wer den Preis erhält, der Franzose oder der Deutsche!"

Er klingelte. Sein Bursche erschien.

„Hast Du Alles besorgt, Fritz?" fragte er ihn.

„Alles, auch den verteufelten Buckel," lautete die Antwort. „Wollen Sie sich das Ding denn wirklich aufschnallen, Herr Rittmeister?"

Richard brauchte doch einige Zeit, ehe er sich entschied.

„Ja. Es bleibt Alles bei meinem früheren Entschlusse. Der Buckel kann übrigens gar nicht weggelassen werden, da er in meiner Legitimation angegeben ist."

„Und wann reisen Sie ab, gnädiger Herr?"

„Sobald Du fertig bist. Das wird nicht lange dauern, denn da Du ein gelernter Friseur bist, so wird es Dir von der Hand gehen."

„Aber der prachtvolle Bart!"

„Er wird wieder wachsen, Fritz. Die Hauptsache ist, daß ich hier aus dem Hause komme, ohne daß man meine veränderte Gestalt bemerkt. Ich werde Dich und den Wagen vor der Stadt erwarten. Ich fahre über Kirchberg nach Trarbach, wo ich morgen Früh den Moseldampfer besteige. Doch werde ich im letzten Dorfe vor Trarbach den Wagen verlassen, da es auffallen würde, wenn ein Schulmeister per Equipage ankäme. Der General wird ihn dort abholen lassen. Wir Beide reisen weiter, ohne uns zu kennen. Ich gehe als Erzieher nach Ortry, und für Dich wird sich in der Nähe ein Plätzchen finden lassen, wo Du mir zur Disposition stehen kannst, ohne daß Deine Anwesenheit auffällig erscheint, oder Mißtrauen erweckt. Fange jetzt an!" —

Eine Stunde später verließ ein Mann auf der Kirchberger Straße die Stadt Simmern, den man auf den ersten Blick für einen Jünger der Erziehungskunst halten mußte. Seine früher wohl hohe Gestalt war — wohl vom vielen Studiren — vornüber gebeugt und steckte in einem engen, ziemlich verschossenen, aber sehr reinlich gehaltenen Anzuge. Der Mann war buckelig, doch nahm ihm dieser bedauerliche Zustand nichts von der Würde seines Berufes, welche seinem ganzen Wesen sichtlich aufgeprägt war. Sein schwarzes, bereits spärliches Haar fiel lang bis auf den Kragen seines Frackes herab, der vor zwanzig Jahren einmal in der Mode gewesen war. Der Cylinderhut auf seinem Kopfe und der graublaue Regenschirm unter seinem Arme waren gewiß langjährige Gefährten dieses Frackes, und das einfache Messinggestelle der großglasigen blauen Brille schien auch nicht kürzere Zeit im Dienst gestanden zu haben.

Nach einiger Zeit wurde dieser Mann von einer Equipage eingeholt, und da dieselbe unbesetzt war, hatte der Kutscher die Freundlichkeit, den Mann als nicht zahlenden Passagier aufsteigen zu lassen.

Sie erreichten Kirchberg, fuhren, ohne anzuhalten, durch diesen Ort und kamen in der Abenddämmerung an ein Dorf, vor welchem der Gast ausstieg. Er ging durch das Dorf und kam dann an ein kleines Wäldchen, in welchem er wartete, bis nach einer halben Stunde der Kutscher wieder zu ihm stieß, dieses Mal jedoch zu Fuße gehend.

„Alles in Ordnung?" fragte der Mann.

„Ja, Herr Rittmeister!"

„Bst, laß den Rittmeister jetzt bei Seite! Du kennst mich jetzt gar nicht, und wenn wir uns später sprechen, bin ich für Dich nur der Doctor der Philosophie Andreas Müller. Verstanden?"

„Sehr wohl, Herr Doctor!"

„So komm!"

Sie wanderten mit einander durch die einbrechende Nacht und erreichten Trarbach kurz vor neun Uhr Abends. Hier trennten sie sich, um Jeder einen anderen Gasthof aufzusuchen. Da Beide nicht bekannt hier waren, mußten sie sich die Wirthshäuser erst erfragen. Doctor Müller traf einen Mann, welcher auf seine Frage ihm zur Antwort gab:

„Kommen Sie; ich werde Sie führen, denn ich gehe ein Glas Bier trinken; unser Weg ist also derselbe. Große Ansprüche werden Sie allerdings nicht machen können, denn heute ist der Tag, an welchem das Schiff aus Coblenz hier anlegt, und da sind viele Reisende hier ausgestiegen, welche die besten Zimmer natürlich besetzt haben."

Müller fand die Wahrheit dieser Worte bestätigt. Es gelang ihm zwar, noch einen Platz zu erhalten, doch lag der Raum hoch unter dem Dache, woraus er sich freilich nicht viel machte.

Die Gaststube, in welcher er sein Abendbrot einnahm, war ziemlich geräumig. Es befand sich da ein Billard, an welchem die französischen Herren spielten, welche mit dem Dampfer hier angekommen waren. Sie traten hier ebenso laut und rücksichtslos auf, wie auf dem Fahrzeuge und thaten, als ob außer ihnen Niemand zugegen sei. Auch der Oberst befand sich noch bei ihnen. Er war jetzt der Uebermüthigste von Allen. Er hatte sich der Baronesse vorgestellt, und ihre Seite nicht eher wieder verlassen, als bis er ihr die besten Zimmer dieses Hauses hatte zur Verfügung stellen können. Sie hatte ihn vollständig bezaubert. Er befand sich in einer Art von Rausch und hätte voll Glück, eine solche Braut zu besitzen, die größte Tollheit begehen können.

Marion war zwar höchst überrascht gewesen, als er ihr seinen Namen genannt hatte. Ihre erste, augenblickliche Regung war gewesen, ihn abweisend zu behandeln, um sich gleich von vorn herein ihre Freiheit zu bewahren, doch war er so tadellos, so ausgezeichnet courtois gewesen, daß sie es für ganz unmöglich gefunden hatte, die schickliche Höflichkeit außer Acht zu setzen. Er hatte mit keiner Silbe des Verhältnisses erwähnt, in welches sie zu einander treten sollten; er hatte nicht in der leisesten Weise merken lassen, daß er sich die Erlaubniß nehmen könnte, zu ihr anders als zu einer vollständig fremden Dame zu sprechen, und so hatte sie ihm keine abschlägige Antwort geben können, als er sie gebeten hatte, ihr später gute Nacht sagen zu dürfen. Er war schön, er war im höchsten Grade galant; sie fühlte keine Abneigung gegen ihn und beschloß, erst dann Stellung für oder gegen ihn zu nehmen, nachdem sie seinen Charakter und die Gründe kennen gelernt habe, welche ihren Vater veranlaßt hatten, eine Verbindung zwischen ihr und ihm nicht nur zu wünschen, sondern in einer Weise anzukündigen, welche keine Zeitversäumniß zu wünschen und keinen Widerspruch dulden zu wollen schien.

Die Herren befanden sich gerade inmitten einer Parthie, als die Uhr die zehnte Stunde schlug. Der Oberst zog die seinige heraus, um die Zeit zu vergleichen, und sagte:

„Schon so weit! Ihr müßt mich entschuldigen. Ich muß zur Baronesse, um mich für heute bei ihr zu verabschieden."

„Gehe!" meinte Einer. „Ich werde für Dich stoßen."

„Ich bitte Dich darum. Oder ah!" Sein Blick war auf Müller gefallen, welcher in der Nähe des Billards saß und dem Spiele zuschaute. „Ich will Dich nicht belästigen und mir lieber einen anderen Vertreter bestellen."

Während dieser Worte trat er auf Müller zu und sagte:

„Ich bin Graf Rallion. Wer sind Sie?"

Müller hob den Kopf und betrachtete den Fragenden vom Kopfe bis zu den Füßen herab.

„Ah, Graf Rallion!" dachte er. „Das ist ja der Gegner, mit dem Du Dich zu messen hast!" Und laut antwortete er: „Ich heiße Müller und bin Erzieher."

Er hatte diese Worte trotz der rüden Anfrage des Obersten in einem höchst bescheidenen Tone gesprochen.

„Erzieher? Gut! Können Sie Billard spielen?"

„Ein wenig."

„So vertreten Sie mich für kurze Zeit. Es ist das eine Ehre für Sie. Verstanden?"

Es machte Müller Spaß, auf die ungezogene Intention dieses Mannes einzugehen, darum antwortete er sehr unterwürfig:

„Ich weiß das, gnädiger Herr, und werde mir alle mögliche Mühe geben."

„Thun Sie das! Ich sage Ihnen, wenn ich wiederkomme und sehe, daß Sie mir die Parthie verdorben haben, so dürfen Sie wohl auf einen Lohn aber auf keinen Dank rechnen."

Er verließ die Stube, nachdem er seine Freunde durch einen Blick aufgefordert hatte, sich mit dem Buckeligen ein Plaisir zu bereiten. Sie versuchten dies und Müller nahm ihre losen Witze so demüthig hin, als ob er gar nicht an die Möglichkeit des Gegentheiles denke. Dabei spielte er so schlecht, daß er bei jedem Stoße ein schallendes Gelächter erregte.

Nach kurzer Zeit kam der Oberst zurück und blickte nach seiner Nummer. Er sah, daß sie sich verschlechtert hatte und faßte Müller am Arme.

„Herr, wie können Sie es wagen, meine Parthie so zu verderben?" rief er. „Wissen Sie, daß Sie ein dummer, deutscher Tölpel sind?"

„Sehr wohl, gnädiger Herr!" antwortete Müller sehr ernst und mit einer tiefen, ehrerbietigen Verbeugung.

Er wurde ausgelacht und auch der Oberst stimmte in das Lachen ein.

„Eigentlich sollte ich Sie bestrafen," sagte er; „aber Sie sind ja ein halber Krüppel, mit dem man Nachsicht haben muß. Doch ganz und gar lasse ich Sie nicht entkommen. Sie thun, sobald die Reihe an mich kommt, noch einen Stoß für mich. Ist er gut, so dürfen Sie gehen, ist er aber schlecht, so haben Sie sich auf einen Stuhl zu stellen und uns öffentlich Abbitte zu leisten."

„Schön, gnädiger Herr!" sagte Müller und ergriff das Queue wieder, welches er bereits fortgelegt hatte. „Nur noch einen einzigen Stoß?"

„Ja."

„In Ihrem Auftrage? Unter Ihrer Verantwortung?"

„Natürlich! Die Nummer ist ja die meinige!"

Müller nickte mit einem sehr devoten Gesicht, wartete, bis die Reihe an ihm war und trat dann an die Bande. Als er das Queue anlegte, befahl der Oberst:

„Also rechte Mühe geben! Vorwärts!"

„Keine Sorge," meinte Müller mit zuversichtlichem Lächeln. „Ich weiß ganz gewiß, daß es dieses Mal gelingen wird."

Er holte aus, stieß mit voller Gewalt zu und — riß ein langes Loch in das Billardtuch. Die Folge war vorherzusagen. Alles lachte, der Oberst aber faßte ihn und schüttelte ihn wüthend hin und her.

„Kerl, Esel, Tölpel!" rief er. „Wissen Sie, daß ich das Tuch zu bezahlen habe?"

„Ja," antwortete Müller sehr höflich, indem er sich geduldig schütteln ließ.

Gegen diese Passivität war nichts zu machen. Der Oberst ließ ihn los und rief den Wirth herbei. Dieser erklärte, daß hier der gewöhnliche Schadenersatz, der für ein kleines Loch gebräuchlich ist, nicht zureichend sei. Der gewaltige Riß war nicht zu repariren und der Oberst mußte sich bereit erklären, den ganzen Werth des Tuches zu bezahlen. Er ahnte dabei gar nicht, daß es Müller's wirkliche Absicht gewesen sei, ihn zu bestrafen, und befahl diesem, die öffentliche Abbitte zu thun. Müller stieg sehr bereitwillig auf einen Stuhl und sagte mit lauter Stimme:

„Ich bitte öffentlich um Verzeihung, daß der Herr Graf Rallion durch mich nichts fertig bringt als Löcher in's Tuch. Ich hoffe, daß bei der nächsten Parthie nicht wieder ich Derjenige bin, der um Verzeihung bittet. Gute Nacht!"

Er stieg vom Stuhl und war zur Thür hinaus, ehe man ihn fragen konnte, wie er seine letzten Worte gemeint habe. Die Herren dachten wohl nicht, daß sie bereits am nächsten Morgen in Erfüllung gehen würden. Müller hatte das Zimmer so schnell verlassen, um alle Weiterungen zu vermeiden und sich zur Ruhe zu begeben. Er kannte die Lage der ihm angewiesenen Kammer, da man ihm dieselbe bei seiner Ankunft gezeigt hatte, und war überzeugt, sie aufzufinden, auch ohne daß es nöthig war, sich leuchten zu lassen.

Er gelangte in den ersten Stock, dessen ganzen Corridor er zu durchgehen hatte, um die Treppe zu erreichen, die ihn vollends nach oben brachte. Der Fußboden war mit einem weichen Läufer belegt, so daß seine Schritte nur ein sehr geringes Geräusch hervorbrachten. Er hatte noch nicht die Hälfte des dunklen Weges zurückgelegt, da öffnete sich gerade vor ihm eine Thür und eine Dame trat heraus. Sie stand nach dem Innern des Zimmers gerichtet, so daß er sie nur von hinten sehen konnte, und sagte in das Zimmer hinein:

„Nochmals gute Nacht, meine liebe Nanon. Träume nicht allzuviel von Deinem Ideal, sonst geht es Dir in Erfüllung, wie das meinige!"

Sie wendete sich um und erblickte ihn. Beide standen einander gegenüber, ganz bewegungslos, sie vor Schreck und er vor glückseligem Erstaunen. Das war ja das leibhaftige Original seines Bildes! Und wie schön, wie unendlich schön war sie in dem unverschwiegenen Nachtgewande, welches ihre entzückenden Reize nicht zu verbergen vermochte. Er hatte im Vorüberreiten ihr Antlitz und ihre Büste gesehen, jetzt aber stand sie vor ihm in all' ihrer Pracht und Herrlichkeit, so wie sich nur die Freundin der Freundin, oder das Weib dem geliebten Manne zeigt. Das Blut drängte sich nach seinem Herzen; seine Pulse stockten; er fühlte, daß dieses Mädchen sein werden müsse um jeden Preis, der sich mit der Rücksicht auf seine Ehre vertrage.

Und sie war erschrocken, hier so plötzlich einen Mann vor sich zu sehen.

„Was wollen Sie hier?" fragte sie, um nur Etwas zu sagen.

„Verzeihung," antwortete er; „der Teppich dämpfte den Schall meiner Schritte. Ich wollte vorübergehen, als Sie auf den Corridor traten."

Er sagte dies in einem Tone, welcher ihre Bestürzung völlig beseitigte. Sie erhob das Licht, welches sie in der Hand hielt, und beleuchtete ihn, ohne daran zu denken, daß sie mit dem erhobenen Arme eine Figur von so plastischer Vollendung, so sinnverwirrender Schönheit bilde, daß er alle seine Beherrschung aufbieten mußte, um seinen Blicken zu gebieten, sich nicht zu verirren.

Jetzt fiel das Licht voll auf ihn. Ihre Augen öffneten sich; sie trat rasch einen Schritt zurück und fragte hastig:

„Wer sind Sie?"

„Ich heiße Müller und bin Lehrer," antwortete er. Wie gern hätte er ihr seinen wahren Namen und Stand genannt und ihr gesagt: „Ich liebe Dich zum rasend werden. Sei mein, Du Krone aller Mädchen und Frauen!"

„Ah, welche Aehnlichkeit!" sagte sie.

„Bis auf fast nur den Bart!" erklang da eine silberhelle Stimme aus dem geöffneten Zimmer heraus.

Müller hatte bis jetzt nur Augen für die Baronesse gehabt; nun erst bemerkte er, daß eine zweite Dame im Zimmer stand und ihn betrachtete. Er konnte sich ihre Worte nicht erklären, machte eine Verbeugung und setzte seinen Weg fort.

„Mein Gott!" hörte er hinter sich rufen. Die folgenden Worte wurden leise geflüstert, so daß er sie nicht verstehen konnte. Sie lauteten: „Der Mann ist ja — buckelig, liebe Marion. Wie schade um dieses Gesicht!"

Marion trat wieder in das Zimmer zurück, zog die Thür heran und sagte:

„Er hat mich sehr erschreckt. Also auch Du hast seine Aehnlichkeit bemerkt?"

„Mit der Photographie des Rittmeisters von Königsau? Ja. Doch gehen sie einander jedenfalls nichts an."

„Ganz sicher! Aber im ersten Augenblicke war es mir doch, als ob er wirklich vor mir stände, ganz er selbst, nur mit fehlendem Barte. Gute Nacht, Nanon!"

„Gute Nacht, meine beste Marion!"

Die Baronesse schloß die Thür und begab sich in das nebenanliegende Zimmer, welches das ihrige war. Sie hatte es vorhin auf kurze Zeit verlassen, um noch ein paar Worte mit der Freundin zu plaudern.

Während die Damen sich zur Ruhe begaben, lehnte Müller am offenen Fenster seines kleinen Dachkämmerchens und ließ seinen Blick den dahineilenden Wolken nachschweifen. Aber er dachte an etwas ganz Anderes als an die feuchten Gebilde der Luft. Er dachte an das göttliche Mädchen, das ihm jetzt erschienen war wie ein Wesen aus überirdischen Regionen.

Und er dachte auch an die Worte, welche er gehört hatte, und die er nicht zu verstehen vermochte. Was hatte sie gemeint mit dem Ideale, welches ihr verkörpert worden sei? Welche Aehnlichkeit war den Beiden an ihm aufgefallen? — „Bis auf den Bart," hatte die Andere gesagt.

Das meiste Nachdenken aber verursachte ihm der Umstand, daß Graf Rallion auch mit zugegen war. Hatte der General denn nicht gesagt, daß sie einander noch gar nicht gesehen hätten? Sollte dies auf einem Irrthume beruhen? Sollte vielleicht gerade dieser Oberst ihr Ideal gewesen sein?

Bei diesem Gedanken war es Müllern, als ob man ihm ein Schwert mitten durch das tiefste Leben stoße. Es thürmte sich vor ihm auf wie eine dunkle, verhängnißvolle Wand, bereit, über ihm zusammenzubrechen, und ihn unter ihrem Schutte zu begraben. Er fand während der ersten Hälfte der Nacht keine Ruhe und schlief erst ein, als die ersten Vogelstimmen bereits das Nahen des heranbrechenden Morgens verkündeten.

Und dann kam der Hausknecht, um ihn mit der Bemerkung zu wecken, daß das Dampfbot in kurzer Zeit aufbrechen werde. Er erhob sich, und fand, als er das Gastzimmer betrat, daß die Passagiere bereits alle aufgebrochen waren. Er trank seinen Kaffee schleunigst und eilte ihnen nach. Da fiel ihm unterwegs ein, daß er der Baronesse hätte sagen können, daß er als Erzieher ihres Stiefbruders engagirt sei; doch konnte er den Umstand, es unterlassen zu haben, für keinen Fehler halten. Er brauchte ja nur zu thun, als ob er ihren Namen gar nicht kenne.

Es war nach dem gestrigen schönen Tage ein minder angenehmer Morgen eingetreten. Dichter Nebel lag auf dem Flusse, und es schien nicht, daß er sich bald theilen und erheben wolle. Die Luft lag schwer und regungslos auf der Gegend, und anstatt der gewöhnlichen Morgenfrische war eine laue, unerfreuliche Pression zu bemerken, welche die feuchten Ausdünstungen der Wiesen und des Flusses beinahe greifbar machte.

Als Müller an Bord stieg, stand man bereits im Begriff, das Landungsbret vom Schiffe wegzuziehen. Er sprang hinüber und löste sich an der Schiffskasse ein Billet des zweiten Platzes. Ein Schulmeister kann nicht gut für den ersten Platz bezahlen. Da er hinten eingestiegen war, mußte er die ganze Länge des ersten Platzes durchwandern. Dort saßen bereits die französischen Herren auf ihren Feldstühlen. Als sie ihn erblickten, rief der Oberst:

„Da kommt auch der deutsche Tölpel! Macht ihm Platz, damit er kein Unheil anrichtet!"

Sie ließen ihn unter lautem Lachen an sich vorübergehen. Er nickte ihnen mit ehrerbietiger Freundlichkeit zu und zog den Hut vor ihnen, als ob er ihre höhnischen Gesichter für den Ausdruck gnädiger Herablassung halte.

Vorn auf dem zweiten Platz saß Fritz, der Diener, welcher gar nicht that, als ob er Müller bemerke. Er hatte sich sehr verändert. Anstatt seiner gestrigen Kleidung trug er eine weite, blauleinene Blouse, ebensolche Hose und ein rothes Tuch um den Hals. Auf seinem ganz glatt geschorenen Kopfe saß ein Hut von ganz der Form, wie sie in jenen lothringischen Gegenden, besonders in den Departements Moselle und Meurthe gebräuchlich ist. Wer ihn nicht kannte, der mußte ihn für einen jungen Landmann aus der Gegend von Metz oder Nancy halten. Müller hatte keine Ahnung, auf welche Weise Fritz zu dieser Umwandlung gekommen war doch freute er sich über dieselbe, da sie den Umständen ganz angemessen war. Er wußte, daß Fritz ein schlauer und vorsichtiger Kopf war, auf dessen Treue und Verschlagenheit er sich vollständig verlassen konnte, und so erwartete er die spätere Erklärung desselben mit größter Ruhe.

Das Schiff setzte sich in Bewegung und stieß vom Ufer ab. Müller stand an der Brüstung und beobachtete die Bewegung der Räder, welche die heut sehr dunkel gefärbten Wasser peitschten. Da bemerkte er einen Mann, welcher vom ersten Platze auf dem Hintertheile des Schiffes aus langsam nach vorn geschritten kam. Beim Anblicke dieses Herrn drehte er sich schnell um. Es war klar, daß er verhindern wollte, von ihm genauer betrachtet zu werden.

Der betreffende Herr war sehr anständig gekleidet. Seine fast militärisch stramme Haltung, der elegant gehaltene Vollbart und das goldene Lorgnon gaben ihm ein vollständig distinguirtes Aussehen. Seine scharfen Blicke überflogen die Anwesenden. Als er den Buckeligen erblickte, flog ein leises Lächeln über seine geistreichen Züge, und er schritt in der Haltung eines Mannes auf ihn zu, der sich gelangweilt fühlt, und um jeden Preis eine Zerstreuung sucht, mag sie sich ihm nun bieten, auf welche Art es immer sei.

Müller bemerkte dies und wendete sich noch weiter ab, so viel dies, ohne auffällig zu werden, geschehen konnte. Es half ihm nichts. Der Fremde schlenderte bis hart an ihn heran, blieb da stehen, warf einen beobachtenden Blick hinaus auf den dichten Nebel und sagte dann:

„Ein unangenehmer Morgen! Dieser Nebel ist so dick und massig, daß es scheint, als könne man ihn in Bänder zerschneiden. Ich fürchte, wir werden auf unserer Fahrt ein tüchtiges Gewitter bekommen."

Müller wußte, daß ihn der Fremde sehr gut kenne, nicht nur ihn, sondern auch den Diener Fritz. Er sah seinen ganzen Plan in der allergrößten Gefahr, aber er mußte antworten. Er verstellte so viel wie möglich seine Stimme und sagte:

„Das Gewitter ist uns sicher. Man wird nach unten gehen müssen."

Dabei drehte er sich um und machte Miene, seinen Worten sogleich die That folgen zu lassen. Der Andere jedoch legte ihm die Hand auf den Arm und meinte:

„Sie können noch warten, denn das Wetter hat sich noch lange nicht ausgebildet. Erlauben Sie mir, mich Ihnen vorzustellen! Ich nenne mich Bertrand und bin seit einiger Zeit Arzt in Thionville."

Jetzt war Müller gezwungen, sich voll nach dem Sprecher herum zu wenden. Er that dies und sagte unter einer Verbeugung:

„Ich heiße Andreas Müller und gehe als Erzieher nach Ortry."

„Andreas Müller, Doctor der Philosophie; ich weiß das."

„Ah!" sagte Müller, beinahe erschrocken.

„Ja. Ich bin Hausarzt des Herrn von Sainte-Marie, der sich gegenwärtig in Ortry befindet, und weiß, daß er Sie erwartet."

„Aber mein Herr, wie können Sie wissen, daß ich gerade der Erwartete bin."

„Sie nennen mir ja Ihren Namen, den ich von dem Herrn Baron gehört habe. Und übrigens" — hier sank seine Stimme zu einem leiseren Tone herab — „hörte ich es auch von meinem Kräutersammler, welchen ich gestern Abend in Trarbach engagirt habe."

Müller machte eine Bewegung, welche eine stumme Frage ausdrückte, und der Arzt, welcher dies bemerkte, fuhr fort:

„Ich traf diesen Mann, dem ich sehr viel verdanke, ganz unerwartet. Ich muß Ihnen nämlich sagen, daß ich im letzten deutsch-österreichischen Kriege auf der Seite Oesterreichs als Arzt thätig war. Bei Gitschin passirte es mir, daß ich den Verbandplatz wechselte und dabei vor ein preußisches Ulanenregiment gerieth, welches zur Attaque vorstürmte. Ich sah, daß ich nicht weichen konnte und zermalmt werden würde, besonders da mich in demselben Augenblicke ein Granatsplitter gefährlich verwundete und zu Boden riß. Ich erhob unwillkürlich in flehender Stellung die Arme. Die Lanzenspitzen der Ulanen flogen wie ein brausender Wald daher und befanden sich kaum noch hundert Schritte von mir entfernt. Es war ein furchtbarer, aber militärisch schöner Anblick. Das heransausende Regiment bildete eine fest geschlossene, eisenstarrende Masse; man sah, es werde unwiderstehlich Alles vor sich niederreißen. In seiner Fronte war nicht die geringste Lücke zu bemerken; ich war verloren und erwartete, im nächsten Augenblicke die stampfenden Pferdehufe auf meinem Körper zu fühlen. Da bemerkte ein Officier meine emporgestreckten Hände; er spornte sein Pferd zu doppelter Eile, in weiten, tigergleichen Sätzen kam er voraus- und herangesprengt, und indem er an mir vorüberschoß, bog er sich zu mir herab, faßte mich mit starker Faust beim Arme, riß mich empor, warf mich vor sich über seine Kniee und nahm nun wieder Fühlung mit den Seinen. Das geschah so exact, so elegant und mit solcher Entwickelung einer ungeheuren Körperstärke, als habe er sich für diesen Fall besonders eingeübt. Mein zerschossenes Bein schmerzte mich, mein Kopf brannte. Ich sah rechts und links die fürchterlichen Lanzen hervorragen; ich hörte den Donner des Hufgestampfes; ich sah gerade vor uns das Aufblitzen der österreichischen Batterien; ich hörte das Brüllen der Kanonenschlünde, deren Kugeln fürchterliche Lücken in die Masse der Ulanen rissen; doch das Regiment schloß diese Lücken augenblicklich wieder und warf sich auf die Infanterie, welche die Bedeckung der Batterien bildeten; ich hörte noch das Schnellfeuer der Vertheidiger, dann entschwand mir im Getöse und im Tumult des wilden Kampfes die Besinnung."

Müller hörte wortlos zu; aber seine Augen leuchteten und seine Wangen glühten. Er schien das Gefährliche seiner jetzigen Lage ganz vergessen zu haben; er dachte gar nicht daran, daß seine Verkleidung entdeckt werden könne, ja bereits schon durchschaut sei. Der Arzt fuhr nach einer kurzen Pause fort:

„Als ich wieder zu mir kam, lag ich zwischen den Kanonen der eroberten Position; ein preußischer Regimentsarzt kniete, mit meiner Verwundung beschäftigt, bei mir, und dabei stand der Premierlieutenant, welcher mich gerettet hatte. Er übergab mich, nachdem ich verbunden worden war, seinem Burschen, der eine Kugel in den rechten Arm erhalten hatte, und im Lazareth mein treuester Pfleger wurde. Ihnen Beiden, dem Lieutenant von Königsau und seinem wackern Fritz, verdanke ich meine Rettung und mein Leben. Der Premierlieutenant ist zum Rittmeister avancirt. Ich habe ihn nicht vergessen, und würde ihn unter Tausenden heraussuchen und unter jeder Kleidung erkennen."

Er sprach diese Worte mit einem feinen Lächeln und fügte dann hinzu:

„Ich bin ein Deutsch-Oesterreicher, ein Deutscher von

ganzer Seele; aber ich hatte in Thionville einen Verwandten, der Arzt war und eine bedeutende Praxis besaß; er starb und hinterließ mir sein Vermögen mit dieser Praxis. Ich nahm keine Veranlassung, diese Lebensstellung auszuschlagen, und befinde mich sehr wohl. Gestern Abend übernachtete ich in Trarbach und traf daselbst zu meiner außerordentlichen Freude jenen wackeren Officiersdiener. Er suchte sich in der Nähe von Thionville eine leichte Stellung, die ihm Zeit genug läßt, seinen persönlichen Liebhabereien nachzuhängen, und so habe ich ihn als Kräutersammler bei mir angestellt. Was ich weiter ahne und schließe, Herr Doctor, das ist wohl nicht nöthig, zu sagen. Ich freue mich, Sie recht oft in Ortry zu sehen, und versichere Ihnen auf mein heiligstes Ehrenwort, daß ich nur den innigsten Wunsch habe, Ihnen nützlich sein zu können."

Er reichte ihm die Hand und kehrte dann nach dem ersten Platze zurück. Gott sei Dank, die Gefahr war vorüber. Fritz hatte sehr viel gewagt, diesen Arzt zu seinem Vertrauten zu machen, aber das Wagniß war glücklicherweise gelungen. Uebrigens wußte Fritz ja weiter nichts, als daß sein Herr verkleidet nach Ortry gehe; mehr konnte er dem Arzte nicht gesagt haben. Und dieser hatte jedenfalls Bildung, Gemüth und Dankbarkeit genug, seinen Lebensretter nicht in Verlegenheit zu bringen. Vielleicht war es sogar sehr vortheilhaft, ihm begegnet zu sein. Seine Bekanntschaft mit den Verhältnissen und Personen konnte für Müller von großem Nutzen sein, und zunächst war es ja schon als eine große Bequemlichkeit zu betrachten, daß er Fritz ein Unterkommen gewährt hatte, welches diesem erlaubte, seinem Herrn zu jeder Zeit zur Verfügung zu stehen. Es war recht umsichtig von ihm gewesen, den Kräutersammler in französische Tracht zu stecken, und ebenso war es dankeswerth, daß er Müller aufgesucht hatte, um sich ihm zu erklären und ihn zu beruhigen. Und zuletzt zeigte er noch den feinen Tact, sich zurückzuziehen, sobald er erkannt hatte, daß es ihm gelungen sei, die Verlegenheit Müller's zu heben.

Der Letztere fühlte sich vollständig befriedigt. Er sah, daß Fritz einen bittend fragenden Blick herüberwarf, und beantwortete dieses stumme Gesuch um Verzeihung mit einem wohlwollenden Lächeln, fügte dazu aber ein leises Emporziehen der Brauen, welches dem Diener bedeuten sollte, in Zukunft nicht mehr so eigenmächtig zu handeln.

Unterdessen war das Dampfboot bereits über Bernkastel hinausgekommen, ohne daß die Nebel weichen wollten. Es passirte noch Mühlheim, Wingerath und Emmel, und nun endlich zog der Nebel in langen, beweglichen Schwaden über die Wellen dahin. Jetzt macht der Fluß eine weite Biegung nach Norden hin und bietet der Schifffahrt gefährliche Hindernisse dar. Während er das linke Ufer unterhöhlt und da tiefe Strudel bildet, setzt er auf der anderen Seite Alles ab, was er mit sich führt. Kapitän und Steuermann müssen hier Beide gleich vorsichtig sein.

Die Nebel schwanden, aber anstatt daß es heller wurde, legte sich eine unheimliche Dunkelheit auf die Erde nieder. Der Himmel hatte sich schwarz umzogen, und die Wolken hingen schwer und tief hernieder, so daß es schien, als ob man sie greifen könne. Ein lang andauerndes Wetterleuchten umzuckte rundum den ganzen Horizont; einzelne schwere Tropfen fielen; dann fuhr ein blendender Blitzstrahl hernieder, es war, als ob ein großer, ungeheurer Feuerklumpen vom Himmel falle — ein entsetzlicher Donnerschlag erfolgte, und nun brach ein Regen los, so massenhaft, so fluthenähnlich, daß man meinen sollte, die Wellen eines ganzen Meeres stürzten von der Höhe hernieder.

Das Verdeck des Schiffes säuberte sich im Nu von sämmtlichen Passagieren. Sie eilten nach den Kajüten, um Schutz zu suchen. Auch Müller war nach unten gestiegen.

Droben befanden sich nur die zur Führung des Schiffes dienenden Leute. Sie hatten einen schweren Stand. Blitz folgte auf Blitz und Schlag auf Schlag. Der Regen goß so dicht herab, daß der Mann, welcher vorn am Buge stand und die Glocke läutete, kaum zehn Fuß weit zu sehen vermochte. Er mußte sich festhalten, um vom Sturme nicht fortgerissen zu werden.

Die vorhin erwähnte Krümmung war schon zur Hälfte überwunden, und man durfte hoffen, in kurzer Zeit in Thron oder Neumagen anzulegen, wo man das Gewitter vorüber lassen konnte. Der Dampfer kämpfte mit aller Kraft gegen die wild aufgeregten Wogen an, welche in rasender Schnelle ihm entgegen schossen. Der Mann an der Glocke gab sich alle Mühe, mit seinem Blicke die Regenmasse zu durchdringen, welche ihm von dem orkanartigen Sturme entgegengeschleudert wurde. Da — er horchte auf; es war ihm, als ob er vor sich ein Krachen und Stöhnen, ein eigenartiges Rauschen und Prasseln vernommen habe, welches nicht mit dem Heulen des Sturmes und dem Brausen der Wogen identificirt werden konnte. Schnell drehte er sich zurück und hielt die Hände an den Mund, um den Warnungsruf erschallen zu lassen — zu spät, denn in demselben Augenblicke ertönte ein lauter schmetternder Krach; das Schiff erzitterte in seinem ganzen Baue, und der Mann, welcher den Ruf hatte ausstoßen wollen, wurde von dem Buge des Fahrzeuges auf eine gewaltige, sich da draußen aufthürmende Holzmasse geschleudert. Sein Angstschrei erschallte zu gleicher Zeit mit demjenigen des Capitäns und des Steuermannes. Der Erstere war von der Commandobrücke auf das Deck gestürzt, und der Zweite von seinem Rade hinweg hinaus in die Wogen geschleudert worden.

Wie sich später herausstellte, hatte sich weiter oben ein sehr tief gehendes Floß losgerissen, und war von dem Sturme und den wilden Wogen mit rasender Schnelle hinabgetrieben worden. Der Zusammenprall desselben mit dem Dampfer hatte in den beiden Cajüten des Letzteren natürlich eine ganz schreckliche Verwirrung hervorgerufen. Die Passagiere waren zu Boden geschleudert worden, und mit ihnen Alles, was nicht niet- und nagelfest war.

Beim Andrange so vieler Menschen hatten Marion und ihre Freundin es vorgezogen, in der Damencajüte Schutz zu suchen. Jetzt stürzten Beide aus dem engen Raume heraus. Marion erblickte den Grafen Rallion, welcher sich soeben von seinem Falle wieder aufgerichtet hatte.

„Oberst, um Gotteswillen, retten Sie uns!" rief sie.

Er wendete sich nach ihr hin und wollte eben antworten, als vom Verdeck herab der laute, angstvolle Ruf erschallte:

„Rette sich, wer kann! Wir sinken bereits!"

Als Rallion diese Worte hörte, verzichtete er zu antworten. Er sprang mit einem raschen Satze nach der Treppe und eilte hinauf, die Passagiere ihm nach. Die beiden Damen wurden zur Seite gedrängt; Keiner nahm Rücksicht auf sie. Man zerquetschte sich fast an der engen Thür, welche nach oben führte; man heulte und schrie, man tobte und fluchte; man schlug mit den Fäusten und trat mit den Füßen um sich, um den Anderen zuvorzukommen. Und dazu krachte der Donner, und die Blitze leuchteten mit ihrem grellen Scheine zu den kleinen Fensterchen herein.

„Gott, erbarme Dich unser!" schluchzte Nanon, indem sie sich zitternd in die Ecke schmiegte, um von den rasenden Menschen nicht erdrückt zu werden.

Jetzt, in diesem so gefahrvollen Augenblicke, zeigte sich die Ueberlegenheit Marion's in ihrer vollen Größe. Das schöne, stolze Wesen schlang ihre Arme um die bebende Freundin und sagte:

„Nur Muth! Noch sind wir nicht verloren. Der Oberst ist fortgeeilt, um zu sehen, wie es steht. Warten wir; er kommt sicher wieder, um uns zu holen oder zu beruhigen!"

In der zweiten Kajüte war die Verwirrung womöglich noch größer als in der ersten. Auch hier war Alles unter einander geschleudert worden. Hier hörte man das Kreischen des Buges in die Stämme des Floßes hinein, und das Krachen, Stöhnen und Prasseln der schweren Hölzer, welche von den Fluthen vor dem Schiffe auf- und übereinander geschoben wurden. Der Heizer war mit dem Maschinisten vor Angst auf das Deck gesprungen, und die nun sich selbst überlassene Maschine arbeitete, ohne gestoppt zu werden, gegen die mächtigen Massen des Floßes an. Dadurch stieg das Schiff vorn in die Höhe und sank hinten tiefer in den Strom. Ein Krach ertönte ganz vorn am Vordertheile, und sofort drang das Wasser des Flusses in einem armesdicken Strahle zu der durchbrochenen Wand herein.

Jetzt drängten die Passagiere unter wildem Angstgeheul nach der Thür. Da kam Müller der Gedanke an die Baronesse. Diese war jedenfalls auch an Bord. Er sprang nach der Seite, auf welcher Fritz stand, ohne sich in das Gedränge zu mischen, den Blick auf seinen Herrn gerichtet, um sich nach dessen Verhalten zu richten.

„Fritz," rief er, so daß dieser die Worte trotz des Schreiens der Menschen, des Tosens der Fluthen und des Heulens des Sturmes hören konnte, „hast Du zwei vornehme Damen einsteigen sehen?"

„Ja, eine Blonde und eine Braune," antwortete der Gefragte. „Sie müssen in der ersten Cajüte sein."

„Komm, schnell zu ihnen!"

Er sprang zu der kleinen Thür hinaus, welche in die Restaurationsküche und den Maschinenraum führte. Aus diesem letzteren ging eine schmale, steile Treppe nach dem Verdeck. Fritz folgte ihm sofort.

Als sie oben ankamen, sahen sie zunächst den Capitän liegen, welcher mit dem Kopfe auf die harten Planken gestürzt war und die Besinnung verloren hatte. Am Hintertheile waren die französischen Herren beschäftigt, den dort hängenden Hilfskahn näher heranzuziehen, um sich in denselben zu retten. Müller sprang hinzu und rief:

„Halt! Die Damen gehen vor!"

„Nein, wir selbst gehen vor. Packe Dich, Tölpel!" antwortete der Oberst, indem er hinab in den Kahn sprang.

Das Schiff war hinten bereits so tief gesunken, daß das Wasser bis an die Fenster der Kajüte stieg. Müller sah, daß keine Zeit zu verlieren sei. Er gab es auf, mit den Franzosen um das Boot zu kämpfen, zumal jetzt auch die anderen Passagiere herbeidrängten, und unter vielstimmigem Brüllen nach demselben verlangten. Er sprang zur Cajüten= treppe, und Fritz folgte ihm hinunter.

Dort lehnten die beiden Mädchen noch eng verschlungen in der Ecke. Nanon hielt die Augen geschlossen, Marion aber blickte den Kommenden voll entgegen.

„Ist's gefährlich?" fragte sie.

Müller deutete nach dem Fenster, über welchem die Wogen bereits emporschlugen.

„Kommen Sie, schnell, schnell!" rief er, die Hand nach Marion ausstreckend.

„Holen Sie den Grafen Rallion!" befahl sie, ohne vorher zu fragen, ob Müller denselben auch kenne.

„Er ist entflohen. Um Gotteswillen, schnell!"

Die Fluth hatte soeben die Scheibe des einen Fensters eingedrückt und drang herein. In wenig Augenblicken mußte das Schiff sinken. Müller faßte die Baronesse, hob sie empor, als ob sie ein Kind sei, und eilte mit ihr nach dem Verdeck. Fritz hatte Nanon ergriffen und sprang hinter ihm her.

Da oben hatte die Gefahr den höchsten Grad erreicht. Der Regen schien gar nicht in Tropfen, sondern in einer compacten Masse zu fallen, durch welche der Blitz seine Feuerklumpen schleuderte. Das Vordertheil des Schiffes hatte sich hoch emporgearbeitet, während das Hintertheil sichtbar immer tiefer sank. Mächtige Stämme und Hölzer, welche sich vom Floße losgerissen hatten, schossen vorüber. Soeben löste sich der Kahn, in welchem die Franzosen saßen, vom Schiffe, und ein hundertstimmiges Wuthgeheul folgte ihm.

„Feigling!" murmelte Marion. Und lauter, so daß Müller es hören mußte, fügte sie hinzu: „Nun giebt es keine Rettung; wir sind verloren!"

Er ließ sie auf die Füße gleiten, deutete hinaus auf die wirbelnde Fluth und fragte:

„Wollen Sie sich mir anvertrauen?"

Sie war trotz ihres muthigen Herzens todtenbleich geworden und antwortete:

„Gegen diesen Aufruhr der Elemente ist jeder Kampf vergebens."

„Man muß es versuchen. Sehen Sie!"

Er deutete nach Doctor Bertrand, welcher in diesem Augenblicke über Bord sprang, faßte sie abermals fest, und zog sie nach dem Steuer. Dort lag das Schiff bereits so tief, daß das Wasser das Verdeck erreichte. Es bedurfte hier keines Sprunges; man konnte langsam in das Wasser gleiten. Marion blickte sich nach der Freundin um. Diese hing ohnmächtig am Halse Fritzens, der jetzt an seinem Herrn vorüber= eilte, und mit seiner schönen Last in die Fluthen glitt. Da legte auch die Baronesse die Arme um Müller, der mit ihr augenblicklich dem muthigen Diener folgte.

Jetzt begann ein hartes, fast übermenschliches Ringen mit dem empörten Elemente. Die Wogen thürmten sich so hoch, als ob es ein Sturm auf dem Meere sei. Sie rissen die Stämme mit sich fort und brachten gerade dadurch den beiden Schwimmern die größte Gefahr. Müller war mit dem Wasser vertraut. Er erkannte, daß er nur darauf zu achten habe, immer oben zu bleiben; der Strom zog ihn ganz von selbst mit fort und dem Ufer entgegen, da er hier ja eine Krümmung machte.

Marion war zwar bereits in Folge des Regengusses voll=

ständig durchnäßt worden; aber als die tosenden Wellen um sie zusammenschlugen, war es doch um sie geschehen; sie stieß einen Schrei aus und wurde ohnmächtig. Müller schwamm auf dem Rücken und legte sich die Gestalt des Mädchens quer über den Leib, sorgfältig darauf achtend, daß kein Wasser in ihren Mund fließe, und daß er nicht in Berührung mit einem der gefährlichen Balken komme. Sie lag regungslos auf dem Rücken und hatte die Augen geschlossen. Durch diese Lage wurde der herrliche Busen hervorgehoben, auf dessen schöner Formung Müller's Blicke trotz der Gefahr, in welcher er schwebte, immer wieder zurückkehrten. Er hatte das Schiff kaum verlassen, so versank es vor seinen Augen; das Donnern und Tosen des Sturmes verschlang den Todesschrei Derjenigen, welche sich noch an Bord befanden. (Fortsetzung folgt.)

Illustrirte Unterhaltungs-Bibliothek für Familien aller Stände.
Druck und Verlag von H. G. Münchmeyer in Dresden und New-York.

Die Liebe des Ulanen.
Original-Roman aus der Zeit des deutsch-französischen Krieges von Karl May.
(Fortsetzung.)

Fritz war nicht mehr zu sehen; der dichte Regen erlaubte nicht, weit zu sehen; doch hatte Müller keine Sorge um ihn, da er auch ein ausgezeichneter Schwimmer war. Zwar waren die Ufer nicht zu erkennen, aber wenn er sich nur immer so viel wie möglich links hielt, mußte er bald landen können.

So vergingen fünf Minuten, bis die phantastischen Gestalten alter Weiden im Gusse des Regens auftauchten. Müller stieß noch einige Male kräftig aus und kam an das Ufer. Aber er mußte sich an den überhängenden Zweigen festhalten, um nicht weiter fortgerissen zu werden. Es kostete ihm sehr große Anstrengung, festen Fuß zu fassen, ohne seine süße Bürde zu verlieren.

Dort legte er sie in das Gras nieder, um einige Augenblicke auszuruhen. Da lag sie bleich und regungslos. Das nasse Gewand legte sich eng an die herrlichen Glieder und ließ die Formen derselben so deutlich erscheinen, als ob sie unbedeckt seien. Müller achtete nicht auf den Regen; er vergaß das Brausen des Sturmes und das Brüllen des Wassers; er sah nur die Heißgeliebte vor sich. Er ließ sich neben ihr nieder, nahm ihren Kopf in den Arm und legte seine Lippen auf den Mund, welcher, leise geöffnet, die köstlichen Zahnperlen sehen ließ. Er küßte, küßte und küßte sie wieder und immer wieder, bis er fühlte, daß ihre Lippen warm wurden.

Da, da schlug sie langsam die Augen auf; ihr matter Blick ruhte auf ihm mit einem Ausdrucke, als ob sie sich im Traume befinde. Der Sturm machte eine kurze Pause, und da klang es aus ihrem Munde:

„Richard!"

Er fuhr zurück; er hatte das Wort ganz deutlich vernommen, und er sah das glückliche Lächeln, unter welchem die Herrliche die Augen wieder schloß, um von Neuem in Bewußtlosigkeit zu sinken. Das war ja sein Name! Aber er schüttelte den Kopf. Sie konnte doch unmöglich ihn gemeint haben! Aber sie hatte willenlos ein Geheimniß verrathen: sie liebte bereits; sie liebte einen Glücklichen, welcher auch Richard hieß. War dies vielleicht Graf Rallion? Nein; Müller besann sich, daß dieser einen anderen Vornamen hatte. Müller fühlte sich durch diesen Umstand befriedigt, obgleich die Entdeckung, daß ihr Herz nicht mehr frei sei, sein Herz mit einem brennenden Schmerze durchzuckte.

Aber es war hier nicht der Ort, an diese Dinge zu denken; es galt vielmehr, die Baronesse unter ein schützendes Dach zu bringen.

Da, wo er an das Ufer gestiegen war, lagen wohl gepflegte Felder, ein sicheres Zeichen, daß menschliche Wohnungen nicht weit entfernt seien. Er eilte eine kleine Strecke am Flusse hinab und fand einen Weg, welcher oft betreten zu sein schien. Er holte die Baronesse und verfolgte, sie auf den Armen tragend, diesen Pfad, der schließlich in einen Fahrweg mündete.

Da fühlte er, daß die Baronesse sich bewegte. Halb noch von ihrer Ohnmacht umfangen, schlang sie die Arme um seinen Hals und legte den Kopf auf seine Achsel. Er fühlte die weiche Gestalt eng an sich liegen; er drückte sie fest und immer fester an sich, sodaß ihr Busen an seine Brust zu ruhen kam, und gelobte sich im Stillen, jenen Richard kennen zu lernen, und mit ihm um den Besitz dieses unvergleichlichen Wesens in die Schranken zu treten.

Er mochte wohl zehn Minuten lang gegangen sein, ohne von der Schwere seiner Last belästigt zu werden, als er einen Bauernhof bemerkte, auf dessen Thor der Weg gerade zuführte. In dem großen, breiten Thore befand sich ein kleines Pförtchen, durch welches er eintrat. Die Bewohner des Gutes bemerkten ihn; sie sahen, daß er eine Dame auf den Armen trug, und sprangen ihm entgegen.

Die Nachricht von dem verunglückten Schiffe, welche er brachte, erregte die größte Bestürzung. Die Männer brachen sofort auf, um nach dem Flusse zu gehen, und zu sehen, ob noch zu helfen und zu retten sei. Den Frauen aber übergab er die Baronesse, um sie zu entkleiden und in ein Bett zu legen. Dann kehrte auch er nach der Unglücksstätte zurück, besonders, um nach Fritz und der anderen Dame zu suchen.

Der Regen hatte mittlerweile etwas nachgelassen, sodaß man wieder in eine größere Entfernung sehen konnte. Der Bauer und seine Knechte erblickten den Schornstein des Schiffes, welcher schief aus den Fluthen ragte. Am Ufer war kein Mensch zu sehen. Das Floß war zerrissen worden und verschwunden; es gab Nichts zu retten.

Müller forderte die Leute auf, mit ihm stromabwärts zu gehen, und da fanden sie denn nach einiger Zeit eine sehr sichtbare Fährte im hohen Grase des Ufers. Hier mußte Fritz das Wasser verlassen haben.

„Vielleicht hat der Mann, den Sie suchen, unsere Wächterhütte gefunden," bemerkte der Bauer.

„Wo ist diese?" fragte Müller.

„Dort hinter jenem Erlengebüsch."

Sie schritten darauf zu, hinter den Büschen erblickten sie eine sehr primitiv aus ausgeackerten Feldsteinen errichtete Hütte. Die Thüröffnung derselben war ohne Thür, und die einzige Fensternische war mit Stroh verstopft. Als sie sich näherten, trat ein Mann hervor, es war wirklich Fritz, der Diener.

„Wo ist die Dame?" fragte Müller.

Fritz deutete nach innen und antwortete:

„Da auf dem Stroh. Sie ist noch immer ohne Bewußtsein."

„Hat sie vielleicht zu viel Wasser schlucken müssen?"

„Nicht halb so viel als ich. Uebrigens dürfen Sie ohne Sorge sein; es ist Jemand bei ihr, der es versteht, zu beurtheilen, ob sie halb ertrunken ist oder ganz."

„Ach, vielleicht Doctor Bertrand?"

„Allerdings. Er stand bereits am Ufer, als ich ankam. Wir fanden dann mit einander diesen Palast, in welchem wir uns bis jetzt ganz wohl befunden haben."

Als Müller eintrat, kniete der Arzt bei der Dame. Er erhob sich sofort und sagte:

„Ach, Herr Doctor Müller! Ich muß Sie um Verzeihung bitten, daß ich so ohne allen Abschied vom Schiffe ging. Aber ich wußte die Damen unter der besten Aufsicht und hatte vor Allem die Pflicht, mich als Arzt zunächst zu retten um dann zu Diensten sein zu können. Diese Dame ist nur in Folge des Schreckes ohnmächtig. Es wird Nichts für sie zu fürchten sein, wenn wir sie nur so bald wie möglich aus den nassen Kleidern und in einen guten Schweiß zu bringen vermögen."

„Es ist ein Meierhof in der Nähe," antwortete Müller.

„Ich werde sie hinbringen, die Baronesse ist auch bereits dort."

Er nahm das Mädchen auf die Arme und schritt den Anderen voran, dem Bauergute zu, wo der Arzt sich sofort zu der Baronesse begab, während die Frauen einstweilen für Nanon sorgten.

Marion war wieder zu sich gekommen und sehr erstaunt darüber, daß eine männliche Person es wagte, zu ihr zu kommen. Bertrand entschuldigte sich:

„Gnädiges Fräulein, ich bin Arzt und halte es für meine Pflicht, Ihnen meine Aufwartung zu machen, da sich keine andere wissenschaftliche Hilfe in der Nähe befindet."

Diese Worte versöhnten sie sofort.

„Ach, Sie sind Arzt, mein Herr," meinte sie. „Wo befinde ich mich?"

„Auf einem Meierhof in der Nähe der Unglücksstelle."

„Wer hat mich hierher gebracht. Ist mein — mein Retter am Leben?"

„Er befindet sich wohl und hat Sie nicht nur aus den Fluthen gerettet, sondern auch hierher getragen."

„Wer ist dieser Mann?"

„Er ist ein Doctor der Philosophie, Namens Müller."

„Also ein Deutscher?"

„Ja. Glauben Sie, daß dieser Umstand geeignet ist, den Werth seiner That zu vermindern?"

„O, nicht im Geringsten. Ich bin zwar Französin, aber keineswegs eine Deutschenhasserin aus Passion."

„Das wird Herr de Sainte-Marie nur sehr ungern bemerken!" lächelte Bertrand.

„Wie? Sie kennen meinen Vater?"

„Ich habe die Ehre, ihn sogar sehr genau zu kennen. Während der Zeit Ihrer längeren Abwesenheit habe ich mich in Thionville etablirt und bin so glücklich gewesen, der Hausarzt Ihres Herrn Vaters und Großvaters zu werden."

„Und wie kommt es, daß Sie mich kennen?"

„Ich war Passagier desselben Schiffes, auf welchem Sie der Todesgefahr entgingen. Ich hörte da Ihren Namen nennen. Wie Sie an meinem Anzuge sehen, habe auch ich mich durch Schwimmen gerettet. Wie befinden Sie sich, mein gnädiges Fräulein?"

„Ich bin bereits in wohlthätigem Schweiße und hoffe, ohne ferneren Schaden davongekommen zu sein. Wie aber geht es meinem Retter?"

„O, der ist eine sehr starke, widerstandsfähige Natur, wie es scheint. Er wird die Kleider wechseln, um sie zu trocknen; das ist Alles. Für Sie aber und die andere Dame —"

„Ah, Nanon!" unterbrach sie ihn. „An die Gute habe ich eben gedacht, ehe Sie eintraten. Ist auch sie gerettet worden?"

„Ja, mein Kräutersammler hat sie nach dem Ufer gebracht. Sie befindet sich in einem anderen Zimmer dieses Hauses, und ich hoffe, daß sie ebenso schnell wieder wohl sein wird, wie Sie. Ich werde in die Apotheke des nächsten Ortes schicken, um einige Medicamente kommen zu lassen, und bin überzeugt, daß Sie morgen Früh Ihre Reise wieder fortsetzen können."

„Aber um Gotteswillen nicht wieder mit dem Dampfer. Ich werde mir einen Wagen besorgen, der mich über Hetzerath und Schweich nach Trier bringt, von wo aus ich dann die Bahn benutzen werde."

Unterdessen hatten Müller und Fritz sich ihrer nassen Kleider entledigt, und sich von den Bewohnern des Hofes andere geliehen. Der Regen hatte jetzt vollständig aufgehört; die Wolken waren verschwunden, und am Himmel erglänzte die helle Sonne, um mit ihren liebevollen Strahlen die vom Unwetter erkältete Erde zu erwärmen. Müller trat vor das Thor und sah einige Männer auf das Gut zukommen. Er erkannte bereits von Weitem den Oberst Rallion und dessen Freunde. Er trat wieder in den Hof zurück, um ihnen nicht sogleich wieder als Zielscheibe ihrer schlechten Witze zu dienen. Sie kamen heran und trafen als Ersten den Arzt, welcher aus der Thür getreten war, um nach dem Wetter zu sehen.

„Heda, guter Freund!" rief ihm der Oberst zu, der ihn

zunächst für einen Bauer hielt, „wißt Ihr bereits von dem Unglücke, welches dort auf dem Flusse geschehen ist?"

„Ich denke, sehr wohl," antwortete Bertrand lächelnd.

Rallion betrachtete ihn genauer und sagte dann:

„Alle Teufel, Sie waren ja mit dabei, wenn ich nicht irre. Sie fuhren ja mit auf dem ersten Platze. Sind noch Andere gerettet?"

„Bis jetzt weiß ich nur Vier."

„Wer ist es?"

„Zwei Damen und zwei Herren!"

„Wer sind die Damen? Schnell, schnell!"

„Die Baronesse Marion de Sainte=Marie und eine Freundin von ihr."

„Gott sei Dank! Diese suche ich. Wer hat sie an's Ufer geschafft?"

„Doctor Müller."

„Ah, der deutsche Tölpel!"

Der Arzt machte ein sehr ernstes Gesicht und antwortete in verweisendem Tone:

„Mein Herr, es erscheint mir gerade nicht tölpelhaft gehandelt, eine Dame vom Tode zu retten, während Andere feig davonlaufen. Hätten Sie sich nicht des Kahnes bemächtigt, der mit Ihnen verschwunden ist, so verloren weniger Menschen ihr Leben, weil man, bis der Dampfer sank, nochmals zurückkehren konnte, um Leute aufzunehmen. Sie werden von Glück reden können, wenn Ihre Handlungsweise nicht untersucht und geahndet wird."

Er drehte sich um und schritt davon. Der Oberst blickte ihm nach und sagte:

„Jedenfalls auch ein Deutscher! Es wird hohe Zeit, daß wir die Faust auf diese rohe Menschenklasse legen. Aber ärgern wir uns nicht, suchen wir lieber die Baronesse, um ihr Glück zu wünschen."

Er ging über den Hof hinüber und trat in die Wohnstube; die Anderen folgten ihm. Dort stand Müller, sich mit dem Meier unterhaltend. Als der Oberst ihn erblickte, lachte er laut auf und rief:

„Parbleu! das ist lustig! Seht unseren Billardkünstler als Bauer! Wie ihm die Jacke auf dem Buckel sitzt! Ich hätte ihn mögen schwimmen sehen!"

Müller machte eine höfliche Verbeugung und antwortete:

„Ich mußte wohl schwimmen, um abermals Ihre Stelle zu vertreten. Die Rettung der Baronesse wäre doch eigentlich Ihre Sache gewesen. Heute werden Sie es jedenfalls sein, der um Verzeihung zu bitten hat. Ich will Ihnen jedoch erlassen, sich auf den Tisch zu stellen."

„Schweigen Sie!" donnerte ihn der Oberst an. „Wer hat Ihnen übrigens erlaubt, sich an dieser Dame zu vergreifen? Ihre Schwimmparthie soll Ihnen ein anständiges Trinkgeld einbringen. Hier haben Sie zwei Zwanzigfrancstücke; das ist für einen buckeligen Schulmeister eine mehr als noble Gratification. Lassen Sie sich aber nicht wieder bei der Dame sehen, sonst schlage ich Ihnen den Rücken breit, was Ihnen übrigens nur lieb sein könnte, weil dann Ihr Bisonhöcker eine manierlichere Gestalt bekäme. Hier, Sie Billardtölpel!"

Er griff in die Tasche, zog zwei Goldstücke hervor und hielt sie ihm entgegen. Müller verneigte sich höflich und antwortete:

„Ich bin ein armer Teufel und werde also Ihre freundliche Gratification annehmen, setze jedoch voraus, daß Sie mir erklären, daß Ihnen das Leben der Baronesse de Sainte=Marie wirklich vierzig Francs werth ist."

Und als der Oberst, der sich durch diese Forderung förmlich verblüfft fühlte, nicht sogleich antwortete, fuhr er lächelnd fort:

„Ich sehe, daß Ihnen diese Summe denn doch zu hoch erscheint. Ueberlegen Sie sich den Handel, bis wir uns wiedersehen."

Er ging. Nach einiger Zeit verließ er in seinem Anzuge, der wieder trocken geworden war, den Meierhof. Nur der Hut war auf dem Schiffe zurückgeblieben und mit diesem versunken, ebenso der alte Regenschirm. Fritz blieb zurück, da er jetzt zu Doctor Bertrand gehörte, welcher mit den Damen abreisen wollte.

Am späten Nachmittage erschien eine Dame, und ließ sich bei der Baronesse anmelden. Sie erklärte, daß sie eine Damenkonfectionärin aus Hetzerath sei, und eine Auswahl von Roben mitgebracht habe, da die Kleidung des gnädigen Fräuleins doch nicht wieder anzulegen sei. Und befragt, wie sie nach dem Meierhof komme, gab sie die Auskunft, daß sie von einem buckeligen Herrn geschickt sei, welcher ihr mitgetheilt habe, daß die beiden Damen hier ihrer wohl bedürfen werden.

„Das ist mein Retter gewesen," dachte Marion. „Dieser Mann ist ebenso umsichtig wie kühn. Er reißt mich wirklich aus einer großen Verlegenheit, und ich wünsche sehr, ihn wieder zu sehen, um ihm danken zu können."

Die Confectionärin verkaufte an Marion und Nanon je ein Reisegewand.

2. Ein Veteran.

Verfolgt man die Straße, welche von Thionville über Stuckingen nach Südosten führt, so passirt man einige kleine Zuflüsse der Mosel, und gelangt unbemerkt auf eine fruchtbare Hochebene, in deren reichen Bodenertrag sich einzelne kleine Dörfer und Meierhöfe theilen. Dort liegt der Ort Ortry mit einem Schlosse, dessen Aeußeres allerdings keinen sehr imponirenden Eindruck macht, dessen innere Ausstattung aber desto mehr von dem Reichthume seines Besitzers zeugt.

Dieser ist der Baron von Sainte=Marie. Vor einer nicht zu langen Reihe von Jahren in diese Gegend gekommen, war er den Bewohnern derselben vollständig fremd gewesen, und auch jetzt wußte man weiter nichts, als daß sein Name erst seit einiger Zeit in die Adelsregister aufgenommen worden sei.

Er lebte den Winter über in Paris und kam beim Einbruch des Frühjahres nach Ortry, um bis zum Spätherbste hier zu bleiben. Er hielt sich keine Gesellschaften und lebte sehr zurückgezogen, hatte aber auf die Arbeitsverhältnisse der Umgegend einen großen Eindruck gewonnen.

In der Nähe des Schlosses, unten am Bache, wo früher die Rinder geweidet hatten, erdröhnten jetzt die Dampfhämmer; riesige Schornsteine ragten empor, und schwarze Räder drehten sich unter heimtückischem Schnauben im Kreise. Rußgeschwärzte Arbeiter hantirten mit Zange und Feile, und auf dem ganzen Establissement lag jene mit Ruß und metallischen Atomen geschwängerte Luft, welche eines der unangenehmsten Attribute unseres eisernen Zeitalters ist.

Der Baron von Sainte=Marie betrat diese rauchgeschwärzten Gebäude nur selten selbst. Ein Fabrikdirector hatte die Aufsicht über sämmtliche Arbeiter. Oefters jedoch stieg eine lange, hagere, weißköpfige Gestalt vom Schlosse hernieder, um, ohne ein Wort zu sagen, langsamen Schrittes die Fabrikräume zu durchwandern, und dann flüsterten die Arbeiter einander warnend zu: „Der Capitän geht um!"

Dieser Capitän war der Vater des Barons. Man erzählte sich, daß er bereits neunzig Jahre alt sei; aber seine Haltung war kerzengerade, sein dunkles Auge noch voll Leben, und sein Mund noch voll der schönsten Zähne. Diese Letzteren bemerkte man, wenn er sich in zorniger Stimmung befand. Er zog dann mit einer fletschenden Bewegung seiner Oberlippe den dicken, schneeweißen Schnurrbart empor, so daß sein starkes, blendendes Gebiß zu sehen war und demjenigen eines Hundes glich, der sich anschickt, sich auf seinen Gegner zu werfen.

Nie sprach der Capitän zu einem der Arbeiter ein Wort; nie lobte oder tadelte er; aber man wußte, daß er die eigentliche Seele des ganzen Unternehmens sei. Wenn er an der Werkbank, am Ambos, am Glühofen stehen blieb, dann nahmen sich die Leute doppelt zusammen. Beim geringsten Fehlgriff fletschte er die Zähne, kniff die Augen zusammen und entfernte sich schweigend; doch nach einigen Minuten kam sicher der Werkmeister, und sagte sein unwiderrufliches: „Abgelohnt und entlassen!"

Schritt dann der Alte wieder dem Schlosse zu, so athmeten die Leute erleichtert auf und schüttelten den Druck ab, welcher während seiner Gegenwart auf ihnen gelastet hatte.

Außer diesen Besuchen in der Fabrik war er nie zu sehen, obgleich der Förster versicherte, ihm des Nachts im Walde begegnet zu sein im tiefsten Dickicht, in der Nähe des alten Thurmes, welcher dort seit langen, langen Zeiten lag, aber von Jedermann gemieden wurde, da man wußte, daß mit den Gespenstern, welche dort hausten, nicht zu spaßen sei. Allerdings gab es einige wenige Männer, welche im Stillen über diesen Aberglauben lachten, in Gegenwart Anderer jedoch sich den Anschein gaben, als ob sie denselben theilten. —

Seit einiger Zeit hatte sich die Zahl der Arbeiter vermehrt. Es war eine Abtheilung für Feuergewehre errichtet worden. Es langten, man wußte nicht woher, ganze Wagenladungen alter Gewehre an, welchen eine neuere Construction gegeben wurde. Hatten sie diese erhalten, so verschwanden sie, ohne daß die Arbeiter wußten, wer sie abgeholt habe. Dann wurden auch bedeutende Vorräthe von Hieb= und Stoßwaffen geschmiedet, und diese Abtheilung der Fabrik war es, welcher der alte Capitän seine besondere Aufmerksamkeit widmete, allerdings auch, ohne jemals den Mund zu einem lauten Worte zu öffnen.

Von seinem Sohne, dem Baron, erzählte man sich heimlich, daß er zuweilen nicht recht bei Sinnen sei. Es solle Zeiten geben, in welchen er sich tagelang eingeschlossen halte, und dann sei in seinen Gemächern ein unterdrücktes Wimmern und Stöhnen zu vernehmen. Dann werde der alte Capitän gerufen, und nachdem dieser sich stundenlang bei seinem Sohne aufgehalten habe, lasse dieser sich wieder sehen, bleich und angegriffen, als ob er von einer langen, gefährlichen Krankheit erstanden sei.

Der Baron war ein schöner Mann, doch mit jenem geheimnißvollen, wachsartigen Teint, welcher immer auf eine eigenartige, vielleicht gar krankhafte Stimmung der Psyche schließen läßt; sein großes Auge war wie mit Flor bedeckt, und in seinem Auftreten lag eine ängstliche Scheu, deren Grund sich nicht ersehen ließ.

Ganz anders dagegen war seine zweite Frau, die Baronin. Sie war eine hohe, mehr als üppig ausgestattete Blondine, von der man wußte, daß sie das ganze Schloß regiere und sich unter Umständen sogar an den alten Capitän wage, vor dem sich doch sonst Jedermann fürchtete. Ihr Auftreten war ein anspruchsvolles, zuweilen beinahe rücksichtsloses, obgleich man sich sagte, daß es auch bei ihr Augenblicke gebe, in denen sie sehr leicht zu beeinflussen sei.

Die meiste Sympathie hatte Baronesse Marion sich zu erringen gewußt. Leider aber war sie seit zwei Jahren in England gewesen, und man erfuhr nur ganz zufällig, daß sie nächster Zeit über Deutschland heimkehren werde.

Im Gegentheil zu ihr war ihr Stiefbruder der Plagegeist Aller, welche mit ihm in Berührung kamen. Von seiner Mutter verwöhnt und von seinen bisherigen Erziehern verzärtelt, war er das einzige Wesen, dem der alte Capitän sein Herz geschenkt zu haben schien. Dieser machte ihn fortgesetzt darauf aufmerksam, daß er der Sohn der Sainte=Marie's sei, deren Familie nur auf diesem einen Auge stehe. Der Knabe wurde dadurch stolz, hochmüthig, befehlshaberisch und begann, sich für etwas unendlich Höheres und Besseres zu halten, als Andere. Seine größte Freude war, Untergebenen und Arbeitern zu zeigen, daß sie ihm in allen Stücken zu gehorchen hätten, und wehe dem, der ihm widersprach; er war von Seiten des Knaben und seiner Eltern der unwiederbringlichsten Ungnade verfallen. —

Es war des Vormittags. Wer an der Thür des Badezimmers der Baronin von Sainte=Marie gelauscht hätte, dem wäre ein leises Plätschern aufgefallen, welches im Innern zu hören war. Und wer das Glück gehabt hätte, eintreten zu dürfen, dem wäre gewiß die lascive Ausstattung dieses Raumes aufgefallen.

Dieses Zimmer hatte nämlich kein Fenster. Es bildete einen achteckigen Raum, dessen eine Wand durch die Thür gebildet wurde. Die anderen sieben Seiten wurden von Gemälden eingenommen, welche in der Weise angelegt waren, daß der Baderaum eine von Weinranken überdachte Insel bildete, um welche badende Frauen und Männer in den obscönsten Stellungen zu erblicken waren. Aus der Mitte des Rankendaches hing eine rosae Ampel herab, welche die drastischen Scenen mit einem wollüstigen Lichte übergoß.

Gerade unter dieser Ampel stand eine marmorne Badewanne, welche nicht mit Wasser, sondern mit Milch gefüllt war. Und in diesem weichen, weißen Bade plätscherte die üppige Gestalt der Baronin. Die gnädige Frau behauptete nämlich, daß die Milch das einzige Mittel sei, einen schönen Teint und die Reinheit der Formen bis in das späteste Alter zu erhalten. Und so wurde der bedeutendste Theil vom Ertrag der herrschaftlichen Milcherei für die täglichen Bäder der gestrengen Herrin verwendet, ohne daß der Baron etwas dagegen zu sagen gehabt hätte.

Ob die Ansicht der Baronin eine richtige sei, mag dahingestellt bleiben; gewiß aber ist, daß sie nach dem Bade sich stets in einer besseren Laune als sonst befand. Dies schien auch heute der Fall zu sein. Sie stieg aus der stärkenden Fluth und ließ sich langsam abtropfen. Dabei betrachtete sie die Wandgemälde und verglich die Schönheiten der badenden Frauen mit den Reizen, welche sie selbst besaß. Diese Vergleichung schien nicht unbefriedigend ausgefallen zu sein, denn es spielte ein selbstbewußtes Lächeln um ihre vollen, schwellenden Lippen, und sie flüsterte, stolz mit dem Kopfe nickend:

„Wahrhaftig, wäre ich ein Mann, so würde ich mich un=

bedingt in mich selbst verlieben. Ich kenne keine Zweite, welche so wie ich geeignet wäre, auch den weitgehendsten Ansprüchen zu genügen. Das thut die Milch. Sie conservirt den weiblichen Körper. Die Milch! Hahaha, dieser Stoff ist mir vertraut. Früher habe ich ihn mit diesen eigenen Händen gemolken, als Dienstmädchen! und jetzt bade ich mich in ihr, als Baronin!"

Sie schlüpfte in das Badehemd und klingelte. Eine Zofe trat ein, um sie zu bedienen. Sie trocknete die gnädige Frau ab, wechselte das Badehemd dann mit feiner Leibwäsche, und geleitete sie sodann nach dem Boudoir, um die eigentliche Toilette zu beginnen.

„Ist Alexander schon wach?" fragte die schöne Frau.

„Bereits seit zwei Stunden," antwortete die Zofe.

„Ah, wie viel Uhr haben wir?"

„Elf."

„So hat er sich bereits um neun Uhr erhoben! Das darf ich nicht dulden. Mein guter Knabe hat keine so eiserne Constitution wie ein Eisenschmied. Was thut er jetzt?"

„Er befindet sich bei dem gnädigen Herrn Capitän, der ihm, wie ich glaube, Fechtunterricht ertheilt."

„Fechtunterricht! Einem sechszehnjährigen Knaben! Ich sehe, daß ich mit meinem Herrn Schwiegerpapa wieder einmal ernstlich sprechen muß. Alexander muß sich physisch noch bedeutend entwickeln, ehe er einen Degen in die Hand nehmen darf. Hast Du den Director bereits gesehen?"

„Nein. Er kommt gewöhnlich erst ein Viertel nach Elf."

„So passe auf. Ich habe ihn zu sprechen, bevor er zum Capitän geht."

„Ich werde ihn auf der Treppe erwarten."

Bei diesen Worten überflog das Gesicht des Mädchens ein impertinentes, vielsagendes Lächeln, welches die Herrin nicht bemerkte, da die Zofe hinter ihr stand. —

Ueber dem Boudoir der Baronin lag das Lieblingszimmer des Capitäns. Es war ein dreifenstriger Raum, mit den einfachsten Möbels ausgestattet. Zwei altmodische Spiegel hingen an den Fensterpfeilern. Stahlstiche der Siege Napoleon's des Ersten schmückten die Wände, und dazwischen hingen Waffen aller Art, erbeutete Trophäen und verschiedene andere Andenken an die Märsche und Schlachten, welche der Capitän unter dem großen Corsen mitgemacht und mit erfochten hatte. Er war Capitän der berühmten Garde gewesen, hatte für den Ruhm Napoleon's und Frankreichs geblutet und lebte nur der Erinnerung jener großen, ereignißreichen Zeiten. Trotz seines hohen Alters schwärmte er noch heute für die Glorie Frankreichs, hing mit ganzer Seele an dem Namen Napoleon, und war bereit, die wenigen Jahre, welche ihm voraussichtlich noch beschieden waren, der Ehre seines Vaterlandes und der Befestigung des Thrones seines Herrschers zum Opfer zu bringen.

Der alte Krieger, den die Last der Jahre nicht zu beugen vermocht hatte, glich einem seit Jahrhunderten in Ruhe liegenden, von Schluchten, Spalten und Rissen tief zerklüfteten Vulkane, zu dessen Spitze man jedoch noch immer mit Mißtrauen emporschaut, da man sich des Gedankens nicht erwehren kann, daß einmal eine Eruption erfolgen könne, bei welcher das so lange Zeit scheinbar schlummernde Verderben desto grimmiger und verheerender hervorbrechen werde.

Und wie sein Körper, so war auch seine Geisteskraft noch ungebrochen. Wie sein Auge, noch vollständig ungetrübt, ebenso in die Ferne zu blicken, wie in der Nähe mit seiner Schärfe Alles zu durchdringen vermochte, so waren sein Scharfsinn und seine gute Beobachtungsgabe von Allen gefürchtet, die mit ihm in Berührung kamen. Es hatte noch Keinen gegeben, der klug genug gewesen war, ihn täuschen zu können. Er war ein harter, strenger, eigenwilliger Kopf. Man wußte, daß er in den Mitteln, seine Zwecke zu erreichen, nicht im Mindesten wählerisch sei und sogar gewissenlos sein könne.

Die einzige Schwachheit, welche man an ihm entdeckt hatte, war seine mehr als nachsichtige Liebe zu seinem Enkel, den er auf das Aergste verwöhnte.

An diesem Morgen war dieser bei ihm, wie die Zofe ihrer Herrin ganz richtig gesagt hatte. Er hatte ihm ein ganz kleines Weilchen Fechtunterricht gegeben. Er war in der Kunst des Fechtens Meister gewesen, und noch heute besaß er genug Muskelkraft und Schärfe des Auges, um sich mit Jedem zu messen, der es wagen wollte, einen Gang mit ihm zu machen.

Nun saßen sie beieinander und sprachen — von dem deutschen Lehrer, welcher nun bald auf Schloß Ortry eintreffen sollte.

„Warum hast Du mir denn einen Deutschen ausgewählt, Großpapa?" fragte Alexander, der bei seinen sechszehn Jahren bereits so entwickelt war, daß man ihn keinen Knaben mehr nennen konnte.

„Aus mehrerlei Gründen, mein Sohn," antwortete der Alte. „Zunächst zeigten sich Deine bisherigen französischen Lehrer in vieler Beziehung zu selbstständig; diese Deutschen aber sind gewohnt, zu gehorchen; sie sind die besten, die unterthänigsten Dienstleute, weil sie gewohnt sind, keinen Willen zu haben."

Die Wahrheit war, daß die bisherigen Erzieher Alexander's denn doch in der Vergötterung des Knaben nicht gar zu weit hatten gehen wollen.

„Du meinst also," sagte dieser, „daß so ein Deutscher ein gutes Spielzeug ist, ein Dienstbote, der sich vor den Franzosen fürchtet?"

„Ganz gewiß. Und ein zweiter Grund ist der, daß diese Deutschen ganz außerordentlich gelehrt sind. Bei Deinem neuen Lehrer wirst Du in einer Woche mehr lernen als früher in einem Monat."

„Das heißt ja beinahe, daß die Franzosen gegen die Deutschen dumm sind!"

„Nein. Wir sind die Meister im practischen Leben; sie aber träumen gern; sie hocken über ihren Büchern und wissen vom wirklichen Leben nichts. Dieser Doctor André Müller wird vom Fechten, Reiten, Schwimmen, Tanzen, Exerciren, Jagen, Schießen, Conversiren und vielen anderen nothwendigen Dingen gar nichts verstehen, aber er wird Dir von Griechenland, Egypten und China Alles sagen können, obgleich er kaum wissen wird, wie groß Paris ist, und daß wir bei Magenta die Oesterreicher geschlagen haben. Die Hauptsache ist, daß Du bei ihm die deutsche Sprache sehr bald, sehr leicht und sehr vollständig erlernen wirst."

„Deutsch soll ich lernen?" fragte Alexander mit Nasenrümpfen. „Warum? Ich habe keine Lust, mich mit der Sprache dieser Barbaren und Büchermilben abzuquälen!"

„Das verstehst Du nicht, mein Sohn," erläuterte der Alte. „Es wird die Zeit kommen, und sie ist vielleicht sehr bald da, daß unsere Adler steigen werden, wie zur Zeit des großen Kaisers. Sie werden über den Rhein hinüberfliegen und Deutschland mit ihren scharfen, siegreichen Krallen ergreifen. Dann werden wir über das Land herrschen, welches einst uns gehörte, uns vom Unglücke aber für einige Zeit wieder entrissen wurde. Es wird wieder eine Aera anbrechen, in welcher der Tapfere mit Fürsten= und Herzogthümern, ja mit Königreichen belohnt wird, wie Murat und Beauharnais, wie Davoust, Ney und andere Helden, und wer dann die Sprache des Landes versteht, dessen Herrscher er geworden ist, der hat doppelte Macht und Gewalt über seine Unterthanen. Du bist ein Sainte=Marie, und Du bist mein Enkel, Du sollst und Du wirst zu den Tapfersten gehören. Du sollst mit dem Adler Frankreichs fliegen, und Deinem Ruhme soll der Lohn werden, welcher mir versagt blieb, weil die englischen Schurken meinen Kaiser in Ketten schmiedeten, auf einem fernen, abgeschlossenen Eilande, wie einen Prometheus, den man nicht zu entfesseln wagt, weil dann die Völker aus Angst vor ihm heulen würden."

Die Erinnerung an den Ruhm und das Unglück seines Kaisers war in ihm wach geworden. Er hatte sich erhoben und sprach mit lebhaften Gesticulationen. Seine dunklen Augen blitzten, und bei den Worten, welche sich auf St. Helen bezogen, stieg sein gewaltiger Schnurrbart empor, und seine Zähne zeigten sich, das Gebiß eines Panthers, welcher zum Sprunge ausholt.

Da fiel sein Blick zufällig durch das Fenster auf den Weg hinab, welcher von den Eisenwerken nach dem Schlosse führte. Seine Oberlippe fiel herab, seine Brauen zogen sich zusammen, und mit völlig veränderter Stimme fuhr er fort:

"Doch davon werden wir später sprechen, mein Sohn. Jetzt gehe hinab und siehe zu, ob der Groom den Pony eingeschirrt hat, um Dich spazieren zu fahren."

Das ließ sich Alexander nicht zweimal sagen; er eilte fort. Der Capitän aber trat von Neuem zum Fenster und heftete seine Augen mit finsterem Ausdrucke auf den Mann, der langsam nach dem Schlosse herbeigeschritten kam.

Dieser Mann hatte eine hohe, breite, kraftvolle Figur, und die Züge seines Gesichtes konnten interessant genannt werden. Er hielt den Blick scheinbar zu Boden gerichtet, als sei er in tiefes Nachsinnen versunken; aber wer ihn hätte beobachten können, dem wäre aufgefallen, daß sein Auge unter den gesenkten Lidern heraus forschend nach den Fenstern derjenigen Zimmer schielte, welche die Baronin bewohnte.

"Es wird hohe Zeit, dem Spaße ein Ende zu machen," brummte der Capitän, indem er das Fenster verließ, um von dem Manne nicht bemerkt zu werden. "Er war außerordentlich brauchbar und hat Alles auf das Trefflichste arrangirt. Er ist auch bisher verschwiegen gewesen; aber seit neuerer Zeit steigt er mir mit seinen Ansprüchen zu hoch. Ich habe ihm bisher diese Baronesse überlassen, welche leider meine Schwiegertochter ist; nun aber soll mir die Verirrung der Beiden einen Grund liefern, mit ihm fertig zu werden. Ich werde bei ihm aussuchen, und das wird mir leicht werden, da ich unsere Möbels kenne. Ein Glück ist es, daß noch kein Mensch das Geheimniß dieses alten Schlosses kennt."

Er trat an seinen Schrank und öffnete ihn. Er langte zwischen den Kleidern hinein, und sogleich ließ sich ein leises Knarren vernehmen — die hintere Wand des Schrankes wich zurück. Er trat in den Schrank, verriegelte die Thür desselben hinter sich und stieg in die entstandene Oeffnung. Es zeigte sich, daß das Schloß hier, vielleicht auch in anderen Theilen, doppelte Wände hatte zwischen denen man aus einem Stockwerk in das andere und von einem Zimmer in das andere gelangen konnte, um durch geheime Oeffnungen die Insassen dieser Zimmer zu beobachten und zu belauschen.

Eine schmale, den ganzen, vielleicht zwei Fuß breiten Zwischenraum ausfüllende Treppe führte zwischen der Doppelwand abwärts. Der Alte schien den Weg sehr gut zu kennen. Er stieg trotz des Dunkels, welches hier herrschte, mit großer Sicherheit hinab und blieb an einer Stelle stehen, welche er vorsichtig mit der Hand betastete.

Es gab hier einen lockeren Ziegelstein, welcher sehr leicht aus der Mauer zu ziehen war. Als der Capitän dies gethan hatte, ohne dabei das leiseste Geräusch zu verursachen, erschien eine matt geschliffene Glastafel. Diese war im Boudoir der Baronesse ganz oben unterhalb der Decke angebracht und hatte so genau die Breite und auch ganz die Zeichnung der dort befindlichen Kante, daß man ihre Anwesenheit gar nicht bemerken konnte. Aber das eingeschliffene Muster bildete durchsichtige Stellen, durch welche man sehr leicht das Boudoir zu beobachten vermochte, und durch die dünne Glastafel konnte man auch die dort geführte Unterhaltung vernehmen, falls sie nicht im Flüstertone geführt wurde.

Der Alte brachte seinen Kopf an die Oeffnung und blickte hinab. Die Baronesse saß ihm gerade gegenüber auf einer Ottomane. Sie trug ein dünnes, weißes, von rosaseidenen Schleifen zusammengehaltenes Morgenkleid; doch waren die Schleifen so nachlässig zusammengezogen, daß zwischen den beiden Säumen des Kleides die feine Stickerei des Hemdes hervorblickte. Da dieses Hemd tief ausgeschnitten war, und oben nicht durch ein gewöhnliches Corset, sondern durch ein schmales, dünnes und nachgiebiges orientalisches Mieder unterstützt wurde, so glänzte durch die Spalte der Alabaster der Büste hervor, ein Umstand, der außerhalb aller Berechnung schien, aber doch das Ergebniß einer sehr bewußten Raffinerie war.

Vor ihr stand der Mann, dessen Kommen der Capitän beobachtet hatte. Es war der Fabrikdirector, welcher von der Zofe auf der Treppe erwartet und zu ihrer Herrin geschickt worden war. Er hielt unter dem Arme ein ziemlich umfangreiches Buch, nach welchem die verführerische Frau soeben ihre Hand ausstreckte.

"Aber bitte," sagte sie, "legen Sie doch diesen häßlichen Band ein Wenig fort, und setzen Sie sich an meine Seite."

"Verzeihung, theure Adeline," antwortete er, "ich darf mich nicht verweilen. Ich muß zum Capitän. Vielleicht hat er mein Kommen durch das Fenster bemerkt und schöpft Verdacht, wenn ich zu erscheinen zögere."

"Der häßliche Alte!" seufzte sie, indem sie einen verzehrenden Blick auf den Director warf.

"Auch mir wird er immer unbequemer. Nicht nur, daß er der Einzige ist, dessen Scharfsinn das stille, heimliche Glück unserer Liebe in Gefahr bringt, er weiß auch gar nicht, Verdienste anzuerkennen. Hielten Sie mich nicht hier fest, so würde ich mein Engagement längst aufgegeben haben."

"Ah!" dachte der Lauscher. "Es wird also Zeit, nachzuforschen, ob ich mich wirklich auf ihn verlassen konnte."

"Thun Sie das nicht," fiel sie schnell ein. "Ich würde mich hier ganz unglücklich fühlen. Aber es ist wahr, Sie dürfen ihn nicht warten lassen. Meine Sehnsucht nach Ihnen kann ja auf andere Weise gestillt werden. Sind Sie heute Abend frei?"

„Ja, aber allerdings erst spät."

„Wie viel Uhr?"

„Von zehn Uhr an, theure Adeline."

„So werde ich um diese Zeit das Schloß verlassen und nach der Parkwiese kommen. Können Sie mich dort erwarten?"

„Es wird mir eine Seligkeit sein, Sie dort zu treffen!"

„So gehen Sie jetzt, Sie lieber, lieber Mann!"

Er ergriff ihre Hand, um einen Kuß auf dieselbe zu drücken; sie aber hob den Kopf und bot ihm ihre Lippen dar. Der für die Hand bestimmte Kuß traf den Mund, und dann verließ der Director das Boudoir.

Als er bei dem Capitän eintrat, fand er diesen bei einer Menge von Scripturen an dem Arbeitstische sitzen.

„Sie kommen, den Tagesbericht abzugeben?" fragte der Alte, ohne sich zu erheben.

„Allerdings, Herr Capitän," lautete die Antwort.

„Ich habe heute nicht viel Zeit. Giebt es Etwas Aufschiebbares?"

„Haus Monsard und Compagnie hat Geld geschickt."

„Endlich! Wie viel?"

„Zwölftausend Francs. Ebenso Léon Siboult achttausendfünfhundert."

„Das freut mich. Haben Sie die beiden Summen mit?"

„Ich wollte sie aufzählen."

„Das hat Zeit bis morgen. Vielleicht ist ein Theil dieser Summe dazu bestimmt, Ihnen zu beweisen, daß ich Ihre Wirksamkeit anerkenne. Aber sprechen Sie heute mit Niemand davon. Morgen werden wir uns einigen. Adieu!"

Der Director hätte gern einige dankbare Worte ausgesprochen; aber er kannte seinen Gebieter. Hatte dieser einmal „Adieu" gesagt, so konnte ihn jedes weitere Wort nur in Harnisch bringen. Darum begnügte er sich, unter einer tiefen Verneigung abzutreten. Während er die Treppe hinunterstieg, dachte er:

„Wußte ich das, so konnte ich der Baronin noch ein Viertelstündchen widmen. Wer weiß, ob sie sich heute Abend wieder in einer solch' liebevollen Stimmung befindet!" —

Alexander hatte die Weisung seines Großvaters befolgt und war nach dem Stalle gegangen. Dort war der Groom beschäftigt gewesen, den Pony vor den leichten Wagen zu spannen, um den jungen Herrn auszufahren, was täglich um diese Zeit zu geschehen pflegte. Als das Gespann bereit war, wollte der Kutscher auf den Bock steigen, aber Alexander hielt ihn zurück.

„Halt, steige in den Wagen; ich werde selbst fahren!"

„Aber, gnädiger Herr Alexander, das haben Sie ja noch nicht gelernt!"

„So werde ich es heute lernen!"

Der Groom wußte, daß hier ein fernerer Widerspruch vergebens sein werde. Er gehorchte also und setzte sich in den Wagen, während Alexander die Zügel und die Peitsche ergriff, und auf dem Bocke Platz nahm. Das Pferd setzte sich in Bewegung. —

Zu derselben Zeit saß im Wirthshause des Dorfes Oudron ein Mann, der in einen langen Frack gekleidet war, eine große Messingbrille trug und auf dem Rücken — ausgewachsen war. Es war Doctor Müller. Er war in diesem Augenblicke der einzig anwesende Gast, und die Wirthin hatte sich zu ihm gesetzt, um sich ein Wenig von der anstrengenden Küchenarbeit auszuruhen. Sie schien eine sehr redselige Frau zu sein, denn sie hatte seit zehn Minuten dem Gast bereits ihren ganzen Lebenslauf erzählt, und ihn auch mit den Familiengeheimnissen des Dorfes bekannt gemacht. Jetzt nahm sie ihn schärfer auf das Korn und fragte:

„Wie mir scheint, sind Sie fremd hier, Monsieur?"

„Vollständig," antwortete Müller.

„Wo wollen Sie hin?"

„Nach Ortry."

„Ah, das ist ja mein Geburtsort! Haben Sie vielleicht Verwandte dort?"

„Nein. Ich komme von sehr weit her. Ich bin ein Deutscher."

„Unmöglich!" rief sie. „Sie sprechen ja das Französisch so geläufig und regelrecht, daß man meinen sollte, Sie seien auch in Ortry geboren."

Er unterdrückte das Lächeln, welches auf die Lippen treten wollte. Diese gute Frau schien der Meinung zu sein, daß in Ortry das beste Französisch gesprochen werde, und doch war ihre Sprache so schwerfällig und mit einer ganzen Menge von Germanismen gespickt.

„Ich habe einen guten Franzosen als Lehrer gehabt," erklärte er.

„Der ist sicher aus Ortry oder aus der hiesigen Gegend gewesen!" meinte sie. „Werden Sie längere Zeit dort bleiben?"

„Voraussichtlich, Madame. Ich begebe mich zum Baron de Sainte-Marie, bei welchem ich als Erzieher seines Sohnes engagirt bin."

„Mein Gott, Sie Aermster!" rief sie. „Da werden Sie harte Arbeit haben!"

„Warum?"

„Weil Monsieur Alexander bisher alle Monate einen anderen Erzieher gehabt hat. Es konnte Keiner länger aushalten!"

„Sie eröffnen mir da eine schlimme Perspective. Wer trägt denn eigentlich die Schuld, daß die Herren so bald wieder fortgegangen sind?"

„Alle, nur diese Herren selbst nicht. O, die frühere Herrschaft, das war da etwas ganz Anderes! Ich bin da selbst Stubenmädchen gewesen, ehe ich meinen ersten Seligen kennen lernte."

„Ah, Sie haben mehrere Selige, Madame?" fragte Müller.

„Zwei. Und vom Dritten habe ich mich scheiden lassen. Sie müssen nämlich wissen, daß dies geschehen konnte, weil ich nicht katholisch bin. Also, Monsieur, ich bin auf Schloß Ortry Zimmermädchen gewesen und bedaure, daß dieses Besitzthum in solche Hände gerathen ist. Ich sollte Ihnen dies allerdings nicht sagen, da Sie ja selbst ein Bewohner sein werden; aber ich kann mir nicht helfen. Ich kann diese Barons _____ mal nicht ausstehen."

„Warum, Madame?" fragte Müller, dem es sehr gelegen kam, hier etwas Näheres über seinen Bestimmungsort zu erfahren.

„Warum? Mein Gott, da giebt es eine ganze Menge Gründe! Fangen wir einmal von oben an! Da ist zunächst dieser Capitän"

„Ein Capitän? Wer ist das?"

„Wer das ist? Ja so, Sie sind dort noch unbekannt! Der Capitän ist der Vater des Barons, ein Veteran der Napoleon'sschlachten im Alter von wohl neunzig Jahren. Er ist ein Satan, ein Teufel, ein Beelzebub. Er hat weißes Haar, aber ein schwarzes Herz. Er spricht niemals ein Wort und übt doch eine Herrschaft aus, als ob er den Mund nicht einen Augenblick halten könne. Er ist es auch, der das große Eisenwerk regiert, und wer es mit ihm verdirbt, um den ist es geschehen. Ferner die Baronin."

Die Wirthin machte hier eine Pause, um Athem zu schöpfen, dann fuhr sie fort:

„Von der Baronin sagt man im Stillen, daß sie eine Bauernmagd aus dem Argonner Walde sei. Sie hält sich für ungeheuer schön, und soll in Paris etliche hundert Anbeter haben. Sie putzt sich den ganzen Tag, trägt sich wie ein junges Mädchen und knechtet die Dienstboten. Nur für den alten Capitän hegt sie eine Art von Respect, im Uebrigen aber ist sie die Herrin des Hauses."

„Und der Baron selbst?"

„O, der gilt gar nichts! Er ist ein guter Kerl, der sich Alles gefallen läßt, und zuweilen soll er im Kopfe nicht ganz richtig sein. Dann schließen sie ihn ein, und man sagt, daß er zu solchen Zeiten sogar Schläge erhält, denn man hat ihn ganz erbärmlich klagen und winseln gehört. Diese Anfälle kommen nur im Sommer, eigenthümlich! Im Winter lebt er mit der Baronin in Paris, und da soll er ganz gesund im Kopfe sein. Ferner ist da der junge Herr, der Alexander."

„Das ist der Sohn, dessen Lehrer ich sein werde?"

„Ja," denn es ist weiter kein Sohn vorhanden. Der ist kaum sechzehn Jahre alt und hält sich doch bereits für einen großen Herrn. Lernen will und mag er partout nichts. Sie können sich die größte Mühe geben, so ist es doch umsonst. Ich weiß gewiß, daß Sie bei mir einkehren werden, nämlich auf der Rückreise nach Ihrer Heimath. Ich kann nicht begreifen, daß Sie engagirt worden sind, da sämmtliche Bewohner des Schlosses Deutschland hassen. Es ist überhaupt für Sie hier eine gefährliche Gegend. Die Deutschen sind hier nicht gern gelitten. Man spricht sogar von einem Kriege mit da drüben und —"

Sie hielt inne, als ob sie zu viel gesagt habe.

„Nun, und?" fragte er.

„O, es ist nicht meine Art und Weise, das zu wiederholen, was meine Gäste sprechen. Ich an Ihrer Stelle würde mich nicht allzulange in dieser Gegend verweilen."

„Waren das alle Personen, von denen zu sprechen war, Madame?"

„Ich könnte vielleicht noch das gnädige Fräulein erwähnen, aber sie ist längere Zeit nicht anwesend gewesen. Sie ist in England. Man sagt, daß sie der Liebling des Vaters sei, während sie von ihrer Stiefmutter gehaßt werde. Sie ist eine gute Dame, nicht stolz, gar nicht. Sie besucht die Armen und Kranken, und hilft, wo sie nur helfen kann. Ihre Mutter soll ein Engel an Schönheit, Güte und Milde gewesen sein. Sie ist am gebrochenen Herzen gestorben; warum, das weiß man nicht. Man hat sie hart an der Mauer des alten Thurmes begraben, weil sie eine Heidin war."

„Eine Heidin, wie meinen Sie das?"

„Nun, der Baron hat sie von sehr weit hergebracht, von dort her, wo es Tiger und Löwen giebt. Sie hat keine Christin werden wollen, und darum ist ihr auch die geweihte Erde versagt worden. Nun liegt sie im Walde begraben, und geht des Nachts im alten Thurme um."

„Ah! Hat man sie vielleicht gesehen?" fragte Müller.

„Gesehen? Ob man sie gesehen hat!" rief die Frau, ganz erstaunt über eine solche Frage. „Gesehen und gehört hat man sie! Sie geht durch den Wald, im weißen Kleide, wie sie auch früher stets gegangen ist, und hundert Irrlichter tanzen um sie her. Dann verschwindet sie im Thurme und erscheint oben auf der Zinne desselben. Und wenn sie da fort ist, dann hört man unter der Erde ein Klirren und Klingen, als ob tausend Geister mit Ketten rasselten. Es wagt es kein Mensch, des Nachts zum Thurme zu gehen."

„Wenn Niemand hingeht, wer hat dann diese Erscheinungen beobachtet?"

„Der vorige Förster. Als er angestellt wurde, war er ein junger muthiger Mann; er glaubte nicht an Geister und Gespenster, und schlich sich in den Wald, um die Erscheinungen zu untersuchen. Er hat nach den Lichtern geschossen, aber nichts getroffen. Er wurde darauf entlassen, weil er die Ruhe der seligen Baronin entweiht hat."

Müller schüttelte den Kopf. Diese Erzählung war jedenfalls nicht ganz aus der Luft gegriffen; etwas Wahres war daran, wenn auch der Kern in Dichtung eingehüllt war. Es schien ihm ganz so, als ob er einer höchst interessanten Zukunft entgegengehe.

Die Wirthin kehrte, nachdem sie ihrer Redseligkeit Genüge gethan hatte, nach der Küche zurück, und Müller brach auf, um nach Ortry zu wandern.

Die Sonne schien warm vom Himmel herab, und darum schritt er nur langsam vorwärts. Es war ihm keine Zeit gestellt, und so blieb es sich ja ganz gleich, ob er eine Stunde früher oder später an seinem Bestimmungsorte anlangte.

Er kannte die Richtung, in welcher dieser liegen mußte, und er hielt dieselbe ein, ohne sich nach dem eigentlichen, richtigen Wege zu erkundigen. Es liegt etwas Verführerisches darin, den Schritt ganz nach Gutdünken lenken zu können, und er gab diesem Reize zur Genüge nach, sodaß er schließlich bemerkte, daß sich der Weg, dem er bisher gefolgt war, in einem Wäldchen verlief.

Ohne sich Sorge zu machen, schlenderte er durch dasselbe hindurch, schritt über eine Wiese hinüber und gelangte an einen großen Steinbruch, dessen hohe, steil empor steigende Wände ihm ein unüberwindliches Hinderniß entgegenstellten. Darum kletterte er an der Seite des Bruches empor und wunderte sich, daß der Rand dieses gefährlichen Abgrundes nicht mit einer Barrière versehen war. Da oben lagen Felder, welche hart an die scharfe Kante der Felsen heranreichten. Wie nun, wenn beim Ackern oder Eggen ein Pferd scheu wurde und den Mann sammt dem Geschirr da hinunter in die gähnende Tiefe riß?

Er war sich dieses Schwindel erregenden Gedankens kaum bewußt geworden, so stieß er einen Ruf des Schreckens aus. Ein lauter Schrei hatte ihn veranlaßt, seitwärts hinüber zu blicken, wo Arbeiter auf einem Felde beschäftigt waren. Von dort her kam ein kleiner, leichter Wagen, vor welchen ein Pony gespannt war, in voller Carrière herangesaust. Ein Knabe saß auf dem Bocke; er hatte die Zügel verloren und hielt sich krampfhaft fest, um nicht herabzufallen.

Das Pferd galoppirte gerade auf den Steinbruch zu. Es

war verloren; es konnte nicht aufgehalten werden; keine Menschenkraft war stark genug, den Galopp des Thieres zu mindern, bevor es den Abgrund erreichte. Müller versuchte es dennoch. Er sprang am Rande des Felsens entlang, aber er hatte nicht die Schnelligkeit des Pferdes. Noch war es höchstens zehn Schritte vom Abgrunde entfernt, da erreichte er den Wagen, dem er schräg entgegen geflogen war. Konnte denn nicht wenigstens der Knabe gerettet werden? Müller hatte seine Kaltblütigkeit keinen Augenblick verloren. Er stemmte sich mit dem einen Fuße fest, und während der Wagen an ihm vorübersauste, streckte er den Arm nach dem Bocke aus, faßte den Knaben, der mit vor Angst weit offenen Augen in die Leere starrte, und riß ihn herab. Im nächsten Augenblicke flogen Pferd und Wagen in einem weiten Bogen über die Kante des Abgrundes hinaus und in die Tiefe hinab, wobei Müller nun erst bemerkte, daß sich noch eine menschliche Gestalt im Wagen befand, welche sich vor Schreck auf dem Boden zusammengekauert hatte. Von unten herauf erscholl ein dumpfer Krach; dann war Alles vorbei.

Der Knabe lag ohnmächtig am Boden. Seiner feinen Kleidung nach war er jedenfalls das Kind nicht gewöhnlicher Eltern. Während Müller sich um ihn bemühte, kamen die Feldarbeiter herbei, deren Ruf ihn erst aufmerksam gemacht hatte.

„Welch ein Glück, daß Sie ihn heruntergerissen!" rief der Eine bereits von Weitem. „Es ist der junge Herr!"

„Welcher junge Herr?" fragte Müller.

„Der Herr Baron."

Die Leute bückten sich zu Alexander nieder; sie mochten ihn für todt halten.

„Er lebt," meinte Müller. „Er ist nur ohnmächtig. Welchen Baron meinen Sie?"

„Den Baron von Sainte=Marie. Ah, das wird eine gute Belohnung geben. Greift zu, damit wir ihn auf das Schloß schaffen!"

Sie faßten an und trugen den Knaben fort. Müller ließ sie gehen; er lächelte darüber, daß sie um des Lohnes willen sich gar nicht um sein besseres Recht bekümmerten. Er kehrte um und stieg wieder in den Steinbruch zurück. Als er da unten ankam, bot sich ihm ein schauderhafter Anblick. Der Wagen lag, in kleine Stücke zerschmettert, auf dem todten Pferde, welches eine weiche, formlose Masse bildete, und ein Stück weiterhin lag der Groom, ebenfalls bis zur Unkenntlichkeit entstellt. Hier war nichts zu thun. Müller brauchte sich um eine Anmeldung und weitere Verfolgung des Falles nicht zu bekümmern; er wußte, daß dies von anderer Seite geschehen werde, und schlenderte also Ortry langsam entgegen.

Dort war mittlerweile die Zeit des zweiten Frühstückes angebrochen, und die Glieder der Familie waren im Speisesaale an der Tafel versammelt. Es war bei dieser Gelegenheit recht deutlich zu sehen, daß diese Leute in keinem innigen seelischen Zusammenhange mit einander standen. Die einzelnen Personen kamen ganz nach Belieben herbei und nahmen mit einem stummen Gruße an der Tafel Platz. Die Baronin präsidirte; der Kapitän beachtete sie kaum mit einem Blicke, und der Baron saß wie abwesend dabei und aß mit einem Gesichtsausdrucke, als wisse er überhaupt gar nicht, daß und was er esse. Nur nach längerer Zeit, als der junge Herr sich noch immer nicht eingestellt hatte, frug der Kapitän:

„Wo bleibt Alexander?"

W. VIII. 26.

„Der junge, gnädige Herr ist ausgefahren." antwortete einer der Diener.

Nun folgte wieder dieselbe Stille und Wortlosigkeit wie bisher, bis man an den Schluß des Frühstückes angekommen war. Da vernahm man unten vom Hofe herauf laute, erschrockene Stimmen. Der Capitän trat an das Fenster und sah nur noch einige fremde Leute, welche, Etwas tragend, im Eingange verschwanden.

„Was ist's?" fragte die Baronin, indem sie sich erheben wollte.

„Warten Sie, ich werde nachsehen!" sagte der Alte, dem eine Ahnung kam, daß die Last, welche diese Leute getragen hatten, eine menschliche Person gewesen sei.

Er schritt hinaus und begegnete ihnen auf der Treppe. Als sie ihn erblickten, hielten sie respectvoll an. In Gegenwart dieses Mannes wagte Keiner, unaufgefordert ein Wort zu sprechen. Er trat hinzu und erkannte Alexander. Seinen Liebling todt oder besinnungslos zu sehen, kam ihm unerwartet und mußte ihn tief ergreifen; aber es zuckte dennoch keine Miene seines eisernen Gesichtes, als er in ruhigem Tone fragte:

„Was ist mit ihm?"

„Er ist nicht todt, gnädiger Herr," sagte einer von den Leuten, „sondern nur ohnmächtig. Der Fremde sagte es, der ihn untersucht hatte."

„Welcher Fremde?"

„Der ihn vom Wagen riß, als das Pferd durchgegangen war und mit dem Wagen in den Steinbruch stürzte."

Seine äußeren Augenwinkel legten sich nach den Schläfen hin in tiefe Falten; dies war das einzige Zeichen seines Schreckes. Er drehte sich zu einem der dabei stehenden Reitknechte und befahl diesem:

„Anspannen! Im Galoppe nach Thionville, um Doctor Bertrand zu holen!"

Dann ließ er sich den Fall ausführlich erzählen. Er fragte, wer der Fremde gewesen sei, konnte aber keine Auskunft erhalten. Die Leute hatten den Mann, um nur mit dem jungen Herrn so eilig wie möglich fort zu kommen, gar nicht so genau betrachtet.

„Er wird sich jedenfalls melden," brummte der Capitän. „Eine Belohnung läßt sich Keiner entgehen. Folgt mir!"

Er ließ Alexander einstweilen nach dem nächsten Raume tragen. Es war der Empfangssalon. Dann kehrte er nach dem Speisesaal zurück und sagte im gleichgiltigen Tone:

„Alexander ist unwohl."

„Unwohl?" fragte die Baronin schnell. „Was fehlt ihm?"

„Er hat ein kleines Malheur gehabt. Das Pferd ist ihm durchgegangen."

„O, mein Gott!" rief die Dame, vor Schreck emporspringend.

„Und in den tiefen Steinbruch da unten gestürzt. Jedenfalls ist Pferd und Wagen vollständig zerschmettert," fuhr er fort.

Sie mußte sich am Tische anhalten, sonst wäre sie vor Schreck umgesunken.

„Und Alexander, mein Kind, mein Sohn?" frug sie todtesbleich.

„Er ist gerettet. Leute brachten ihn. Er liegt im Empfangszimmer."

Sie nahm sich zusammen und wankte nach der Thür.

Der Alte folgte ihr. Auch der Baron verließ seinen Sessel, strich sich über die wächserne Stirn, als ob er sich erst besinnen müsse, wer dieser Alexander eigentlich sei, und ging ihnen dann langsamen Schrittes nach.

Der Knabe lag lang ausgestreckt auf dem Divan. Er hielt die Augen geöffnet. Die Besinnung schien ihm zurückzukehren. Die Feldarbeiter standen noch an der Thür. Der Capitän entließ sie, nachdem er sie beschenkt hatte.

Die Baronin kniete vor dem Divan nieder, nahm den Kopf ihres Sohnes in den Arm und betrachtete ihn schluchzend. Der Alte ergriff ihn bei der Hand, um nach dem Pulse zu fühlen, und Herr de Sainte-Marie stand vor einem Bilde und hielt den Blick so starr und nachhaltig auf dasselbe gerichtet, als ob es sonst keinen Gegenstand geben könne, der seine Aufmerksamkeit in Anspruch nähme. Es war sicher, daß er geistig gestört war.

„Mama, liebe Mama!" flüsterte da endlich die Stimme des Erwachenden.

„Mein Sohn, mein Alexander!" rief sie. „Wie befindest Du Dich?"

„Ich bin sehr matt; aber es war auch gar zu schrecklich!"

„Wir werden Dich nach Deinem Zimmer schaffen."

„Nein," bat er. „Ich will nicht fort; ich bin müde; ich muß schlafen!"

Er schloß die Augen wieder. Die Baronin erhob den thränenvollen Blick und sah den Capitän fragend an. Dieser nickte zustimmend, daß der Knabe liegen bleiben solle. Der Baron trat jetzt langsam hinzu, ließ seine Augen irr über den Daliegenden schweifen und sagte dann mit einem matten Lächeln:

„Alexander!"

Dann drehte er sich um und schritt zur Thür hinaus. Die beiden Anderen setzten sich an dem Divan nieder, um die Ankunft des Arztes zu erwarten. Sie liebten den Knaben, dies war aber auch die einzige Harmonie, welche es zwischen ihnen gab. Sie haßte ihn, und er verachtete sie. Sie wußten dies gegenseitig; sie verhehlten es sich nicht. Der in Apathie versunkene Baron, der sein Sohn und ihr Gemahl war, konnte nicht als aussöhnendes Medium gelten, und da die Dienerschaft dies eben so gut wußte wie die Herrschaft selbst, so war es Allen ein Räthsel, aus welchem Grunde der Alte eigentlich zugegeben hatte, daß die Baronin Gemahlin seines Sohnes werde.

Endlich nahten Schritte, und der Arzt trat ein; aber es war nicht Doctor Bertrand, sondern ein Anderer, den der Capitän wohl kannte, aber noch nicht bei sich gesehen hatte.

„Warum kommen Sie?" fragte dieser im rücksichtslosen Tone. „Ich habe nicht nach Ihnen, sondern nach unserem Hausarzte geschickt."

„Verzeihung, Herr Capitän, gnädige Frau," entschuldigte sich der Arzt. „Doctor Bertrand ist verreist und hat mich gebeten, ihn nöthigenfalls zu vertreten."

„Wann kommt er zurück?"

Der Gefragte zuckte die Achsel und antwortete:

„Es fragt sich leider sehr, ob er überhaupt wieder zurückkehrt. Vielleicht ist er todt."

„Todt? Wieso?"

„Ertrunken, meine ich, gnädiger Herr. Die heutigen Morgenblätter bringen die schreckliche Nachricht, daß der gestrige Moseldampfer unterhalb Thron mit Mann und Maus untergegangen ist. Es hat ein schreckliches Unwetter, einen in dieser Stärke noch gar nicht dagewesenen Orkan gegeben, während dessen der Dampfer mit einem Floße collidirte. Ich weiß genau, daß Doctor Bertrand auf diesem Dampfer zurückkehren wollte."

Da stand der Capitän von seinem Stuhle auf, trat auf den Arzt zu und fragte mit einer Stimme, der man doch ein leises Beben anhören konnte:

„Ist dieses Unglück wirklich ein Factum? Ist die Nachricht verbürgt?"

„Ja. Die jenseitige Behörde fordert bereits zu Sammlungen für die Hinterbliebenen der Verunglückten auf."

„Dann haben Sie uns eine schlimme Nachricht gebracht. Meine Enkelin, Baronesse Marion hat sich auch auf diesem Dampfer befunden. Ich erhielt gestern von Coblenz aus ihren Brief, in welchem sie mir dies mittheilte, um mir ihre Ankunft für den heutigen Tag zu melden."

Der innere Zusammenhang fehlte den Bewohnern von Schloß Ortry so sehr, daß der Alte den Inhalt des Briefes gar Niemand mitgetheilt hatte. Kam Marion, so war sie einfach da; das war aber auch Alles. Die Baronin hörte also jetzt das erste Wort davon. Sie zuckte zusammen, gab sich aber Mühe, ihre Gefühle zu verbergen, und fragte im Tone der Besorgniß:

„Wie? Unsere liebe Marion befand sich auch auf dem verunglückten Schiffe? Mein Heiland, zwei Unfälle auf einmal! Wer soll dies ertragen!"

Sie schlug die Hände vor dem Gesichte zusammen und gab sich den Anschein, als ob sie weine. Der Capitän wandte sich zu ihr um und sagte:

„Verlieren wir die Contenance nicht, Frau Tochter! Es ist ja noch immer die Möglichkeit vorhanden, daß Einige gerettet worden sind, oder daß ein glücklicher Zufall sie abgehalten hat, dieses Dampfschiff zu besteigen. Untersuchen Sie den Knaben, Doctor!"

Seine Worte hatten, der Gegenwart des Arztes wegen, einen ergriffenen, theilnahmvollen Ton; in seinem Blicke jedoch lag ein Ausdruck, welcher deutlich sagte, daß er sehr wohl wisse, daß sie sich innig freuen würde, ihre Stieftochter unter den Todten zu wissen.

Der Doctor näherte sich nun dem Divan, um Alexander zu untersuchen, wobei ihm nun der Alte den Hergang mit kurzen Worten erzählte.

„Es hat nichts zu sagen," erklärte der Arzt dann. „Der junge Herr ist völlig unbeschädigt. Er wird sich bei einiger Ruhe schnell erholen. Vielleicht haben Sie die Güte, nach Thionville nach der Arznei zu senden, welche ich verschreiben werde. Ich wünsche von Herzen, daß die gnädige Baronesse sich ebenso außer aller Gefahr befinden möge wie dieser Patient!"

Er schrieb ein Recept, übergab dasselbe und empfahl sich dann. Er hatte den Salon kaum verlassen, so trat mit leisen Schritten ein Diener ein.

„Was giebt es?" fragte der Capitän.

„Der neue Erzieher ist soeben angekommen, gnädiger Herr, und hat mich gebeten, ihn anzumelden."

„Ah! Was ist es für ein Mann? Wie präsentirt er sich?"

Der Diener zuckte mit einem leisen, zweideutigen Lächeln die Achsel und schwieg.

„Ich verstehe!" meinte der Alte. „Wenn er mir nicht paßt, jage ich ihn wieder fort. Er mag eintreten, obgleich wir eigentlich nicht in der Lage sind, ihn hier und jetzt zu empfangen. Aber auf einen deutschen Schulmeister braucht man keine Rücksicht zu nehmen. Sage ihm, daß sich ein Patient hier befindet. Der Mann mag leise eintreten."

Der Diener entfernte sich, indem er Müller eintreten ließ, nachdem er ihm die soeben erlangte Weisung ertheilt hatte.

Müller verbeugte sich tief und respectvoll und wartete, daß man ihn anreden werde. Der Blick der Baronin ruhte mit einem beinahe erschrockenen Ausdruck auf ihm.

„Ah, das ist ja geradezu eine Beleidigung!" hauchte sie.

Der Capitän betrachtete den neuen Lehrer mit mitleidigem Hohne und sagte rücksichtslos:

„Herr, Sie sind ja bucklig!"

„Leider!" antwortete Müller sehr ruhig. „Aber ich hoffe trotzdem, Ihre Zufriedenheit zu erlangen. Die Gestalt ist es ja nicht, mit welcher man Kinder erzieht."

Der Alte machte eine verächtliche, zurückweisende Handbewegung und sagte kalt:

„Aber die Gestalt ist es, welche den ersten und letzten Eindruck macht. Wie soll mein Enkel Sie achten und Respect vor Ihnen haben. Glauben Sie, daß wir die Absicht haben, uns mit einem verwachsenen Erzieher zu blamiren? Sie sind entlassen, definitiv entlassen. Begeben Sie sich in das Gesindezimmer. Ich werde Ihnen das Reisegeld auszahlen lassen. Mehr können Sie nicht verlangen, da wir mit Ihnen getäuscht, ja sogar betrogen worden sind."

„Gnädiger Herr Capitän, ich bitte, zu bedenken, daß —"

„Gehen Sie! Sofort!"

Diese Worte wurden zornig und so laut gesprochen, daß der Knabe erwachte. Sein Blick fiel auf den Deutschen, und er sagte, zu seiner Mutter gewendet:

„Mama, das ist der Mann, der mich gerade vor dem Abgrunde aus dem Wagen riß!"

Er hatte seinen Retter also doch trotz seines angstvoll starren Blickes so deutlich angesehen, daß er ihn jetzt wieder erkannte. Die Baronin machte eine Bewegung der Ueberraschung. Der Capitän trat einen Schritt näher und fragte Müller:

„Ist dies wahr? Sie sind der Retter meines Enkels?"

„Ich hatte allerdings das Glück, den gnädigen Herrn noch im letzten Augenblicke vom Bocke zu reißen. Wagen und Pferd, nebst einem armen Menschen, welcher der Groom gewesen zu sein scheint, fand ich dann in der Tiefe bis zur Unkenntlichkeit zerschmettert."

„Ah, an den Groom habe ich noch gar nicht gedacht! Er ist also todt? Das ist seine eigene Schuld. Er ist nicht zu bedauern. Er hätte vorsichtiger fahren sollen. Lebte er noch, so würde ich ihn streng bestrafen. Was aber Sie betrifft, Herr — Herr Müller, hm!"

Er warf bei diesen „hm" einen fragenden Blick auf die Baronin. Diese verstand ihn und sagte:

„Es steht außer allem Zweifel, daß wir Herrn Müller Dank schulden, Herr Capitän. Jedoch —"

Sie zuckte die Achsel; es lag ihr trotz der anerkannten Verpflichtung zur Dankbarkeit doch ein Einwand, ein Bedenken nahe. Da ließ sich die Stimme Alexander's hören:

„Wer ist der Mann, Mama?"

„Es ist Monsieur Müller, welcher Dein Lehrer werden sollte," antwortete sie.

„Das ist schön," sagte er. „Ich freue mich auf ihn."

Seine beiden Verwandten blickten einander an. Es war ja noch nie geschehen, daß er sich auf einen Lehrer oder Erzieher gefreut hatte.

„Aber siehe ihn doch an," meinte seine Mutter. „Er ist ja — häßlich."

Sie scheute sich doch, das richtige Wort zu wählen, welches der Alte vorhin so ganz ohne Bedenken ausgesprochen hatte. Da antwortete Alexander in jenem hohen, ungeduldigen Tone, welchen kranke oder verzogene Kinder, wenn sie ihren Willen durchsetzen wollen, anzuschlagen pflegen:

„Ich finde ihn sehr hübsch, Mama; ich mag keinen Anderen."

„Nun, so möchten wir vielleicht einen Versuch wagen?" fragte die Baronin zu dem Capitän gewendet.

Dieser nickte langsam und bedächtig und fragte Müller:

„Haben Sie Ihre Zeugnisse bei sich, Monsieur?"

„Hier, gnädiger Herr."

Bei diesen Worten zog der Lehrer seine Papiere hervor und überreichte sie ihm. Es waren dieselben, welche ihm der General in Simmern übergeben hatte. Der Alte las eins nach dem anderen aufmerksam durch und sagte kopfschüttelnd:

„Sie haben da allerdings ganz ausgezeichnete Censuren; aber ich finde nur Dogmatik, Didaktik, Methodik, Geschichte, Geographie, Sprachen und so weiter. Man scheint in Ihrem Vaterlande keinen großen Werth auf die Ausbildung des äußeren Menschen zu legen. Tanzen Sie?"

„Ich bin noch von keiner Dame abgewiesen worden, gnädiger Herr," antwortete Müller.

Der Alte lächelte ein wenig hämisch und bemerkte:

„Ich habe da nicht Schulmeisterstöchter oder Schneidersfrauen im Auge, sondern ich meine natürlich wirkliche Damen. Doch, man wird ja sehen. Wie steht es mit dem Turnen und Reiten?"

„Ich glaube, Ihren Ansprüchen genügen zu können!"

„Schießen, Fechten?"

„Ich hatte gute Lehrer und hinreichende Uebung."

„Hm! Wenn ich Sie nun auf die Probe stelle? Ich fechte leidenschaftlich gern."

„Ich stelle mich zur Verfügung, gnädiger Herr."

Alle diese Antworten waren in einem bescheidenen, anspruchslosen Tone gegeben worden. Der Alte richtete seine dunklen Augen mit einem höchst ungläubigen Ausdrucke auf ihn und sagte:

„Nun, ich werde Sie prüfen. Machen Sie Ihren Worten Ehre, so sollen Sie angestellt werden. Jetzt gehen Sie zum Hausmeister, um sich das Zimmer anweisen zu lassen, welches man für Sie bestimmt hat. Ich hoffe, Sie stehen zur Verfügung, sobald ich Ihrer bedarf!"

Somit war die Vorstellung beendet. Müller trat zu dem Kranken, faßte leise die Hand desselben und sagte:

„Haben Sie Dank für Ihre freundliche Fürsprache, gnädiger Herr! Sie haben sich dadurch sehr schnell meine Liebe erworben, und ich werde gern mein Möglichstes thun, auch die Ihrige zu erhalten, sodaß wir Erfolge erringen, welche eines Sainte-Marie würdig sind."

Er verbeugte sich vor den beiden Anderen und entfernte sich. Der Capitän blickte ihm nach und sagte dann im Tone halber Verwunderung:

„Das war sehr schön gesprochen; das hat noch Keiner gesagt. Er scheint sehr gut zu wissen, was man einem hervorragenden Namen schuldig ist."

Und die Baronin antwortete:

„Seine Verbeugung war höchst elegant, zwar ein Wenig selbstbewußt, aber dennoch ehrerbietig, und völlig tadellos. Man wird ihn kennen lernen, um zu sehen, ob er, abgesehen von seiner Mißgestalt, zu brauchen ist."

Müller ließ sich zu dem Hausmeister weisen. Er erkannte in demselben auf den ersten Blick den echten, eingefleischten Franzosen. Er trug schwarzen Frack nebst ebensolcher Hose, weißseidene Weste und ein weißes, hoch emporgehendes Halstuch. Seine breiten, kurzen Füße stacken in so engen Lackstiefeln, daß sein Gang und seine Haltung in Folge des Drückens etwas Unsicheres zeigten.

„Ah, Sie? Sie sind der neue Gouverneur?" fragte er in hochmüthigem Tone. Und mit einem vielsagenden Lächeln fügte er hinzu: „Ist diese Gestalt in Deutschland vielleicht einheimisch?"

„Wohl nicht," antwortete Müller gleichmüthig; „ich bin glücklicherweise eine Ausnahme, und hoffe, daß Sie gewandt genug sind, mit dem, was Ihnen an meinem Körper zu viel erscheint, nicht allzuoft zu caramboliren. Ich komme, Sie zu bitten, mir mein Zimmer anzuweisen."

„Das werde ich thun. Im Uebrigen jedoch mache ich Sie darauf aufmerksam, daß ich nicht vorhanden bin, Sie zu bedienen. Als Hausmeister bin ich Ihr Vorgesetzter."

„Das ist mir ganz und gar nicht unangenehm, und ich ersuche Sie, sich bei mir nach Kräften in Respect zu setzen. In meiner Heimath pflegt man nur Diejenigen als Obere anzuerkennen, welche es auch wirklich verstehen, sich Hochachtung zu erwerben. Darf ich bitten, monsieur le concierge?"

Er wandte sich, um voranzuschreiten; der Franzose aber fiel schnell ein:

„Sie sprechen ein sehr schlechtes Französisch, Herr Müller. Concierge bedeutet mehr Thürhüter, als Hausmeister. Sie haben mich Intendant zu nennen!"

„Sehr wohl, Herr Intendant. Also bitte, mein Zimmer."

Sie schritten an mehreren dienstbaren Geistern vorüber, welche beim Anblicke des Lehrers mit echt französischer Ungenirtheit die Nasen rümpften, worauf jedoch Müller nicht im Geringsten achtete. Er wurde mehrere Treppen emporgeführt, und der Hausmeister öffnete ihm ein Zimmer, welches hoch oben in einem der Thürmchen lag, von denen die Fronte des Schlosses flankirt wurde. Es war mit der größten Einfachheit ausmöblirt."

„So, hier wohnen Sie," meinte der Hausmeister schadenfroh. „Tisch, zwei Stühle, Feldbett, Waschzeug, Bücherregal, eine Taschenuhr besitzen Sie wohl selbst. Das ist mehr als genug, um sich comfortable zu fühlen.

„Wo wohnt der junge Herr?" fragte Müller.

„In der Hauptetage neben der gnädigen Frau."

„Man pflegt sonst doch den Erzieher in die unmittelbare Nähe seines Zöglings zu plaziren, Herr Intendant!"

„Das ist hier nie der Fall gewesen. Der Lehrer rangirt hier erst nach dem Kopfe, und da ist leicht einzusehen, daß er dementsprechend einlogirt werden muß. Der Koch wohnt gerade unter Ihnen, nicht aber in der unmittelbaren Nähe der Herrschaft."

„Es ist gut, Herr Intendant!"

Mit diesen Worten drehte er sich ab, und der Hausmeister zog sich zurück, sehr zufrieden mit sich, daß er diesem Deutschen gleich im ersten Augenblick klar gemacht habe, welchen Rang er hier einnehme.

Müller warf keinen Blick auf das armselige Ameublement. Er trat an eines der drei Fenster und blickte hinaus. Ein leises Lächeln schwebte um seine Lippen. Er war mit dem ihm gewordenen Empfange nicht unzufrieden. Das Glück hatte ihm beigestanden, und er hoffte, daß es ihm auch treu bleiben werde. Die Arroganz des Dienstpersonales konnte ihn nicht beleidigen, und als Retter Alexander's hatte er sich die Dankbarkeit der Herrschaft gesichert. Diese Dankbarkeit mußte sich bei der Ankunft Marion's steigern. Was aber dann? Er machte sich keine Grillen über diese Frage und blickte wohlgemuth hinaus auf das Bild, welches sich vor seinem Auge ausbreitete.

Fern im Westen erhoben sich die Höhen der Meuse, überragt von den duftumhauchten Bergen des Argonner Waldes. Näher blickten Kirchthürme und lieblich gelagerte Ortschaften zu ihm herüber; da rechts lag Thionville, auf Deutsch Diedenhofen genannt, die Festung, jetzt in den Händen des Erzfeindes; und dort, unterhalb des Schlosses, erhoben sich die schmutzigen Essen und Gebäude des Eisenwerkes, über denen eine dichte Rauchwolke schwebte.

Das andere Fenster ging nach Süden, wo der Park des Schlosses sich nach und nach zu einem dunklen Walde verdichtete. Das dritte Fenster führte nach Norden und zwar auf das halbplatte Dach des Hauptgebäudes. Müller ahnte nicht, daß dieser Umstand ihm später außerordentlich zu statten kommen werde. Die vierte, also östliche Seite seines Zimmers, hatte kein Fenster. Sie bestand aus einer Tapetenwand, an welcher, als einzige Zierde, ein alter, schlechter Spiegel hing.

Indem Müller's Blick diese Wand überflog, war es ihm, als ob er ein leises, eigenthümliches Geräusch bemerkte. Er trat hart an die Mauer heran und horchte. Ja, er hatte richtig gehört. Es war, als ob hinter der Wand Jemand sich bewege, und zwar aufwärts, und dabei mit der Hand tastend an den Steinen oder Ziegeln hinstreiche. Sodann war ein leichtes Rascheln zu vernehmen, als ob ein Stein aus der Mauer entfernt werde.

„Was war das? Gab es hier vielleicht eine Doppelmauer? Befand sich hinter dem Zimmer Jemand, welcher gekommen war, ihn zu belauschen? In diesem Falle mußte sich in der Mauer eine Oeffnung befinden. Aber Müller durfte jetzt nicht suchen; er mußte vielmehr so thun, als ob er ganz und gar nichts ahne. Das Schloß war ein sehr altes Gebäude; es konnte sehr leicht seine Geheimnisse haben.

Müller trat zu dem Fenster zurück und that so, als ob er in den Anblick der Landschaft ganz und gar versunken sei. Dabei aber lauschte er sehr angestrengt nach der Mauer hin. Als sich nach längerer Weile nichts vernehmen ließ, wurde er des Stehens müde und legte sich auf das Feldbette, um weiter zu horchen.

Da, jetzt hörte er, sehr leise zwar, aber immer noch vernehmlich, jenes letztere Rascheln wieder. Es schien oben in der Nähe der Decke zu sein. Dann strich es wie mit einer vorsichtig tastenden Hand an der Wand herab, bis er, selbst nach langem Horchen, nichts mehr hörte.

Jetzt erhob er sich und öffnete das nach Norden auf das Dach führende Fenster. Er hatte weder einen Stock noch einen anderen Gegenstand, welchen er als Maß zu gebrauchen vermocht.

(Fortsetzung folgt.)

Illustrirte Unterhaltungs-Bibliothek für Familien aller Stände.
Druck und Verlag von H. G. Münchmeyer in Dresden und New-York.

Die Liebe des Ulanen.
Original-Roman aus der Zeit des deutsch-französischen Krieges von Karl May.
(Fortsetzung.)

Als Müller den Abstand zwischen dem Fenster und der Außenecke des Thurmes mit demjenigen der innern Ecke seiner Stube verglich, sagte ihm bereis das bloße Augenmaß, daß die Mauer des Thurmes wenigstens zwei Ellen dick sein müsse. Und als er behutsam an diese Mauer klopfte, hörte er aus dem Tone, daß sie vielleicht nur einen Fuß stark sei.

Es war also klar, daß es hier eine Doppelmauer gab. Wozu? Welchem Zwecke diente der dazwischen liegende Raum? Doch wohl nur dem Lauschen und Beobachten!

Wo aber war das Loch, durch welches man in das Zimmer sehen konnte? Er musterte die ganze Wandfläche; er blickte sogar hinter den Spiegel; er bemerkte nichts. Die betreffende Oeffnung konnte sich nur in der Nähe des Ofenrohres oder in der gemalten Kante der Mauer befinden, das war klar.

Er setzte sich einen Stuhl hin, stieg hinauf und klopfte, doch nicht auffällig. Richtig, an dieser Stelle gab die Kante einen ganz anderen Ton. Sie fühlte sich auch glatter an; sie bestand aus Glas. Er hegte jetzt die feste Ueberzeugung, daß er beobachtet worden sei. Aber von wem? Gab es im Schlosse noch mehrere Doppelwände?

Er erkannte es als ein großes Glück, daß er diese wichtige Entdeckung bereits heute, bereits in der ersten Stunde gemacht habe. Wie nun, wenn er sich in Gegenwart des Lauschers entkleidet, und seinen künstlichen Buckel abgelegt hätte? Sein Geheimniß wäre ja sofort verrathen gewesen! Er hatte eine doppelte Veranlassung, vorsichtig zu sein. Auf der anderen Seite aber war es auch möglich, daß er aus seiner gegenwärtigen Erfahrung Nutzen ziehen könne.

Zunächst mußte er zu erfahren suchen, wer der Lauscher sei, denn nur im Zimmer desselben konnte der Eingang zu den Doppelwänden sein. Oder gab es auch noch andere Eingänge? Seine Gedanken wurden unterbrochen, denn es erschien ein Diener, welcher ihm meldete, daß er von dem Herrn Capitän und dem gnädigen jungen Herrn unten im Hofe erwartet werde.

Er gehorchte dem Rufe und fand die beiden Genannten seiner harrend. Der Haushofmeister stand mit einigen Dienern dabei, welche Waffen hielten. Alexander schien sich von seinem Schrecke bereits wieder erholt zu haben. Er sah zwar noch blaß, aber ganz und gar nicht krank aus. Er kam dem Erzieher entgegen und sagte:

„Monsieur Müller, ich wollte schlafen, aber es geht nicht. Großpapa sagte, daß Sie die Probe machen sollten, und da muß ich dabei sein."

Der Capitän deutete nach einer Ecke des Schloßhofes und meinte:

„Sie sehen dort die Turnapparate. Gehen Sie hin, und zeigen Sie uns, was Sie leisten."

„Sehr wohl, gnädiger Herr!"

Bei diesen einfachen Worten schritt Müller nach der Ecke, stellte sich vor den Bock und sprang, ohne Ansatz zu nehmen, oder die Hand als Stütze zu gebrauchen, über die ganze Länge desselben hinweg. Dann trat er zum Reck, legte die Hand an und machte, ohne sich eines Kleidungsstückes zu entledigen, den Riesenschwung mit nur einem Arme.

„Genügt dies, Herr Capitän?" fragte er.

„Großpapa, das hat noch Keiner gebracht!" sagte Alexander.

„Sehr wahr!" nickte der Alte. „Monsieur Müller, satteln Sie sich den Braunen, den man jetzt vorführt. Sie sollen die Schule reiten."

Ein Stallknecht brachte das Pferd; ein Anderer trug Sattel und Zaum herbei.

„Ist nicht nöthig!" meinte Müller.

„Monsieur, der Braune ist schlimm!" warnte der Alte. „Er trägt nur mich; jeden Anderen wirft er ab."

Das Pferd schien längere Zeit nicht aus dem Stalle gekommen zu sein. Es tanzte mit hoch spielenden Beinen und zerrte an dem Halfter, so daß der Knecht es kaum zu halten vermochte. Müller trat, ohne die Warnung des Alten zu beachten, hinzu und musterte das Pferd mit Kennermiene. Er nickte mit anerkennendem Lächeln und sagte:

„Sohn eines arabischen Halbblutes und einer englischen Mutter. Nicht, Herr Capitän?"

„Allerdings," antwortete der Gefragte. „Aber, sagen Sie, Monsieur Müller, woher haben Sie dieses Kennerauge, welches — — Morbleu! Geht weg!"

Er sprang mit diesen letzten Worten zur Seite, denn Müller saß, man wußte gar nicht, wie er hinauf gekommen war, ganz plötzlich auf dem Pferde, hatte das Halfter ergriffen, und jagte nun mit dem Braunen im Hofe herum. Das Thier gab sich alle Mühe, den Reiter abzuwerfen, aber dieser saß so fest, als sei er angewachsen. Kannte er vielleicht ein geheimes Mittel? Fast schien es so, denn bereits nach kaum einer Minute hatte er das Pferd beruhigt und ritt nun die Schule durch, mit einer Sicherheit und Eleganz, als ob er sich vor tausend Zuschauern in der Arena sehen lasse. Dann, als er in Galopp war, legte er sich plötzlich vornüber, sprengte über den Hof hinüber und sprang mit einem kühnen, unvergleichlichen Satze über die drei Ellen hohe Hofmauer hinweg.

„Mille tonnerres!" schrie der Capitän. „Er muß den Hals brechen. Der Braune ist auf alle Fälle hin!"

Alles rannte nach dem Thore. Sie hatten es aber noch nicht erreicht, so stoben sie erschrocken zur Seite; denn von draußen rief die laute Stimme Müllers:

„Hollah, gebt Platz drin!"

Und in demselben Augenblicke kam er wieder über die Mauer hereingesprungen. Er ritt noch einige Male im Kreise umher, um das Pferd zu beruhigen, und sprang dann ab.

„Alle Teufel, wo haben Sie das Reiten gelernt?" fragte der Alte.

„Mein Lehrer war ein Ulan," antwortete der Gefragte.

„Reiten alle Ulanen so, Monsieur?"

„Noch besser!"

„Ja, sie sind ein wildes Volk, diese Hulanes. Sie wohnen in der Wüste, heirathen zehn bis zwanzig Frauen und reiten die Pferde zu Tode. Aber jetzt sollen Sie schießen!"

Müller sagte nichts, doch hatte er Mühe, ein Lächeln über die Worte des Alten zu verbergen. Er kannte ja zur Genüge die Thatsache, daß die Franzosen höchst zweifelhafte Geographen sind, und daß sie die Ulanen für eine wilde Völkerschaft halten, welche an der östlichen Grenze von Preußen lebt, und beinahe zu den Menschenfressern gerechnet werden muß. Ehe man sie im Jahre 1870 in Frankreich kennen lernte, dichtete man ihnen die ungereimtesten Dinge an. Es war klar, daß man sie mit den Baschkiren und andern asiatischen Völkerschaften verwechselte.

Der Capitän nahm aus der Hand des Hausmeisters einen Hinterlader und sagte, empor zur Wetterfahne deutend:

„Alexander hat gestern jenen kleinen Ballon steigen lassen, welcher mit der Schnur hängen geblieben ist. Ich werde ihn treffen."

Er legte an und drückte ab. Der Ballon war getroffen.

„Sehen Sie! Machen Sie es nach!"

Er reichte dem Lehrer das Gewehr und eine Patrone. Dieser betrachtete jenes aufmerksam und sagte:

„Ah, ein Mauser! Ich kenne das Gewehr nicht, aber ich hoffe, wenn nicht mit dem ersten so doch mit dem zweiten Schusse die Schnur zu treffen."

Die Männer blickten einander mit ungläubigem Lächeln an. Er aber lud und zielte. Der Schuß blitzte auf, und der Ballon schwebte auf das Dach nieder. Die Schnur war zerrissen worden.

„Wahrhaftig, Sie schießen eben so gut, wie Sie reiten und turnen!" rief der Alte. „Jetzt nun eine Fechtprobe. Ich bin überzeugt, daß ein Deutscher es mit keinem Franzosen aufnimmt. Hier, der Hausmeister weiß einen Degen zu führen. Er war Premier sergent (Wachtmeister) bei den Chasseurs d'Afrique. Ich stelle nämlich nur gediente Militärs bei mir an, was leider in Hinsicht auf Sie nicht der Fall ist. Wollen Sie es wagen, einen Gang mit ihm zu versuchen?"

„Wenn Sie befehlen, so gehorche ich, Herr Capitän," antwortete Müller.

„So legen Sie los!"

Bei diesen Worten spielte ein beinahe unheimliches Zucken um den Mund des Alten. Sein weißer Schnurrbart zog sich empor, und es zeigte sich jenes gefährliche Fletschen der Zähne, welches stets unheilverkündend war. Er wußte, daß der Hausmeister ein sehr guter Fechter sei, und bei seinem rücksichtslosen Charakter wäre es ihm nur ein Amüsement gewesen, dem Deutschen eine Quantität Blutes abzapfen zu sehen.

Der Hausmeister hatte zwei gerade, schwere Chasseursdegen in den Händen. Er reichte dem Lehrer einen hin und sagte lächelnd:

„Monsieur Müller, bestimmen Sie gefälligst, wo ich Sie treffen soll!"

Müller prüfte den Degen und antwortete:

„Diese Degen sind ja scharf und spitz. Wir befinden uns nicht im Felde. Wollen wir nicht stumpfe Waffen wählen, und uns mit Haube und Bandagen versehen?"

„Ah, Sie fürchten sich?" höhnte der Franzose.

„Allerdings habe ich Furcht," antwortete ruhig der Deutsche.

„Und das gestehen Sie?" fragte der Intendant mit verächtlichem Lächeln.

„Wie Sie hören! Aber Sie scheinen mich falsch zu verstehen. Ich habe nämlich Furcht, Sie zu verletzen; für mich freilich hege ich nicht die Spur von Bangigkeit. Sie haben mir erklärt, daß Sie mein Vorgesetzter sind. Darf ich einen Vorgesetzten verwunden?"

„Warum nicht, wenn Sie es fertig bringen! Also sagen Sie mir getrost die Stelle, an welcher ich Sie treffen soll!"

„Das werde ich unterlassen, denn damit würde ich für mich natürlich das Recht beanspruchen, Sie an der gleichen Stelle zu treffen."

„Dieses Recht ertheile ich Ihnen. Also wo, Monsieur Müller?"

Der Gefragte zuckte die Achseln und sagte:

„Wenn denn einmal der Ort, an welchem man treffen soll, genannt werden muß, so treffen Sie diese Bestimmung lieber selbst. Ich bin hier fremd und muß vermeiden, mir Vorwürfe machen zu lassen."

„Gut," meinte der Intendant mit einem boshaften Blicke. „Diese Degen sind zwar besser für den Stoß, aber wollen wir sie uns nicht lieber einmal über die Gesichter ziehen?"

„Ganz wie Sie wollen, Monsieur," meinte Müller. „Ich mache Sie jedoch darauf aufmerksam, daß man dabei sehr leicht die Nase oder das Auge verlieren kann, wobei es außerdem noch jammerschade um Ihre seidene Weste sein würde."

„Ah, Sie spotten! Sie meinen, daß ich es sein werde, der die Nase verliert! Ich werde Ihnen das Gegentheil beweisen. Herr Capitän, billigen Sie unsere Vereinbarung?"

Ueber das Gesicht des Alten zuckte ein wilder, kampfbegieriger Zug. Er nickte und sagte:

„Ich gestatte sie unter der Bedingung, daß keinerlei Folgen auf mich fallen. Sie stehen Beide in meinen Diensten. Wer von dem Anderen dienstunfähig gemacht wird, hat keinen Sous Entschädigung von mir zu verlangen."

„Gut! Beginnen wir also!"

Droben stand die Baronin am offenen Fenster. Sie hatte die Proben, welche Müller ablegen mußte, mit angesehen; sie hatte auch jedes Wort, welches gesprochen worden war, deutlich gehört. Eine Andere hätte Widerspruch erhoben; sie aber freute sich auf den Kampf und legte sich weiter zum Fenster heraus, um besser zusehen zu können. Sie war ein Weib ohne Herz und Gemüth.

Der Intendant legte sich aus — die Klingen blitzten — da stieß er einen lauten Schrei aus und fuhr zurück. Der Degen entsank ihm, und seine beiden Hände fuhren nach dem Gesicht, aus welchem ein breiter Blutstrahl niederfloß.

„Alle Teufel, welch ein Hieb!" rief der Capitän.

„Er hat es gewollt," sagte Müller gleichmüthig, „obgleich es mir leid thut, meinem Vorgesetzten zeigen zu müssen, daß er noch Verschiedenes zu lernen hat, ehe er davon reden kann, daß ich mich vor ihm fürchte."

Der Intendant war quer über das Gesicht herüber getroffen. Der fürchterliche Hieb war ihm über den unteren Theil der Stirn und durch das Auge gegangen und hatte ihm dann den Nasenknochen tief gespalten. Das Auge war verloren. Der Verwundete brüllte vor Schmerz und Wuth.

„Schafft ihn fort, und holt den Arzt!" gebot der Alte. „Wer hätte gedacht, daß er seinen Meister finden werde. Monsieur Müller, Sie sind ein ganzer Fechter. Man hat sich trotz Ihrer — hm, Unbefangenheit vor Ihnen in Acht zu nehmen. Sie haben Ihre Probe excellent bestanden; ich vertraue Ihnen meinen Enkel an."

„Ich danke Ihnen, gnädiger Herr," antwortete Müller. „Die Probe war etwas ungewöhnlich, aber da mir mein Gesicht jedenfalls lieber ist, als dasjenige des Herrn Intendanten, so mußte ich mich wehren."

Er kehrte nach seinem Zimmer zurück, während der Intendant von einigen Dienern nach dem seinigen geschafft wurde. Alexander hatte Alles mit angesehen und sagte jetzt zu dem Alten:

„Großpapa, dieser Monsieur Müller ist doch ein ganz anderer Mensch als meine früheren Lehrer. Er fürchtet sich nicht, selbst vor mir und Dir nicht, wie es scheint. Das gefällt mir. Ich werde ihn nicht wieder fort lassen."

Und droben stand die Baronin. Sie hatte die Fenster geschlossen, stand vor dem Spiegel, um ihr schönes Bild zu betrachten, und murmelte:

„Welch ein Mann! Er that das Alles wie spielend. Selbst der Sprung war so leicht und graciös, so daß er von seiner Manneswürde nichts verlor. Ein solcher Sprung ist gefährlich, denn der Springer kann sich sehr leicht lächerlich machen, was schlimmer als eine Verletzung ist. Dieser Deutsche ist gebaut wie ein Adonis. Hätte er doch diesen fatalen Auswuchs nicht! Er wäre mir wahrhaftig lieber noch als der Director, welcher zu wenig Geist und Feuer besitzt."

In seinem Zimmer angekommen, musterte Müller zunächst seinen Kopf. Glücklicher Weise saß seine Perrücke fest. Hätte er sie verloren, so wäre es sicher bemerkt worden, daß unter der falschen, schwarzen Bedeckung sich ein ächtes, blondes Haar verbarg. Es war überhaupt beinahe ein Wunder zu nennen daß diese Perrücke nicht bereits während der gefährlichen Schwimmpartie in der Mosel verloren gegangen war. So hängt oft an Kleinigkeiten das Gelingen eines großen Planes.

Später kam ein Diener, um ihm zu sagen, daß der junge Herr mit ihm auszugehen wünsche. Das war dem Erzieher lieb. Er hatte so am Besten Gelegenheit, den Umfang von Alexander's Kenntnissen und Fertigkeiten zu prüfen, und so die nothwendige Unterlage zu einem Lehrplan zu erhalten.

Als er, die Treppe hinabsteigend, den Hauptcorridor erreichte, öffnete sich eine Thür und er erblickte einen Mann, welcher mit gesenkten Augen ihm langsam entgegen geschritten kam. Es war der Baron, der sich vielleicht zu seiner Frau begeben wollte. Müller kannte ihn noch nicht, ahnte aber, als er den geistesabwesenden Ausdruck des bleichen Gesichtes bemerkte, sogleich, wer es sei. Er blieb stehen, um ihn vorüber zu lassen.

Sobald der Baron völlig herangekommen war, bemerkte er, daß Jemand da stehe. Er erhob das Auge langsam und richtete den starren Blick auf Müller. Da ging eine wunderbare, aber gewaltige Veränderung in diesem todten Gesichte vor: die Augen wurden langsam größer und erhielten den Glanz des Bewußtseins; die Brauen zogen sich empor, und der Mund öffnete sich in jener Weise, wie man es bei einem heftigen Erschrecken bemerkt. Er stand einige Augenblicke mit geöffnetem Munde und abwehrend ausgestreckten Armen da; dann drehte er sich plötzlich um und rannte nach der Thür zurück, aus welcher er gekommen war. Dabei stieß er mit kreischender Stimme, der man eine entsetzliche Angst anhörte, die Worte aus:

„Er ist's! Er ist's! Er sucht wieder die Kriegskasse. Flieht um Gotteswillen! Er sucht die Kriegskasse!"

Damit verschwand er hinter der erwähnten Thür. Auch Müller stand bewegungslos da. Die Worte des Irren hatten einen ungeheuren Eindruck auf ihn gemacht. Er stand noch ohne Regung da, als sich bereits mehrere Thüren öffneten. Die Baronin erschien und ebenso der alte Capitän, welcher heftig an ihn herantrat und ihn mit funkelnden Augen fragte:

„Was ist's? Was giebt's! Wer rief hier so laut?"

Es bedurfte der ganzen, ungewöhnlichen Selbstbeherrschung, welche Müller besaß, um sich zusammen zu nehmen. Sein Gesicht nahm augenblicklich einen ganz verwunderten Ausdruck an; er sah aus, wie Einer, der Etwas nicht begreifen kann. Er schüttelte den Kopf und antwortete:

„Ich kam soeben die Treppe herab, da rief ein Herr, den ich nicht kenne, da vorn im Corridore von Krieg und vom Fliehen. Welch ein eigenthümlicher Scherz!"

„Welche Worte hat er gebraucht?" forschte der Alte bringend. „Sagen Sie es genau, ganz und gar genau!"

„Die Worte Krieg und Fliehen."

„Keine anderen?"

„Nein, wenigstens habe ich keine Anderen vernehmen können."

Er hütete sich wohl, die Wahrheit zu gestehen. Er stand da ganz unerwartet vor der Lösung des Problems, welches auf das Tiefste in sein Leben, ja in das Glück seiner Familie und Anverwandten eingriff. Es lüftete sich hier auf einmal der Schleier eines Geheimnisses, für dessen Lösung er sehr oft so gern sein Leben hingegeben hätte. Wie viele, viele hundert Mal hatte er, hatte seine liebe, herzige Mutter, hatte sein alter, greiser Großvater und seine holde, schöne Schwester auf den Knieen gelegen, um Gott inbrünstig zu bitten, einen Lichtblick in das Dunkel fallen zu lassen! Vergebens! Und nun nach langen Jahren, nach dem Aufgeben aller Hoffnung, kam so unerwartet der erbetene Strahl, zwar nicht scharf und blendend wie ein Blitz, auch nicht hell und überzeugend wie das Licht des vollen Tages, aber doch vorbereitend und Ahnung erweckend wie das furchtsame, leise versuchende Grauen eines Morgens nach dunkler Wetternacht. Da galt es, vorsichtig zu sein!

„Es ist mein Sohn, der Baron de Sainte-Marie," meinte der Veteran jetzt kalt. „Sie müssen wissen, daß er an eigenthümlichen Anfällen leidet; ich weiß nicht, ob ich sie hysterisch oder anders nennen soll. Dann träumt er laut. Man darf ihn nicht beachten. Ich habe strengen Befehl, daß zu solchen Zeiten ein Jeder sich sofort zurückzuziehen hat, da die Gegenwart Fremder den Grad der Anfälle auf das Gefährlichste steigert. Auch Sie haben diesen Befehl zu respectiren. Gäben Sie den Worten, welche der Kranke redet, nur die kleinste Beachtung, so würde ich Sie auf der Stelle entlassen, wenn nicht gar noch etwas Anderes geschähe!"

Seine Augen glühten in einem bösen Feuer, und seine Zähne zeigten sich. Er hatte in diesem Augenblicke ganz das Aussehen eines Mannes, dem das Wohl oder Wehe, das Leben der ganzen Menschheit nur eine Bagatelle gilt.

„Was wollten Sie übrigens hier auf dem Corridore?" fragte er.

„Ich stand im Begriff, mich nach dem Hofe zu begeben," antwortete Müller demüthig.

„Was dort?"

„Der junge Herr erwartet mich dort. Er hat mich zu einem Spaziergange befohlen."

„So gehen Sie! Aber merken Sie sich, daß kein Mensch, kein Fremder Etwas über die Anfälle meines Sohnes erfahren darf!"

Er drehte sich mit jugendlicher Raschheit auf dem Absatze um und schritt nach der Thüre zu, hinter welcher der Baron verschwunden war. Müller ging in den Schloßhof, wo Alexander ihn bereits erwartete.

Die Baronin hatte diese kurze, eigenthümliche Unterredung mit angehört. Sie folgte mit langsamen Schritten dem Alten. Als sie das Zimmer betrat, in welchem der Baron sich gewöhnlich aufhielt, fand sie dasselbe leer; aber aus dem angrenzenden Cabinet drang eine jammernde Stimme, zwischen deren abgerissenen, angstvollen Rufen man die harte, drohende Stimme des Capitäns erkannte. Sie trat dort ein.

Es war das Schlafzimmer des Barons. Dieser lag auf seinem Bette, hatte den Kopf unter die Kissen versteckt und wimmerte:

„Er ist da! Er ist da! Ich habe ihn gesehen und erkannt!"

„Schweig!" gebot der Alte. „Er war es nicht!"

„Er war es!" behauptete der Irre. „Er sucht die Kriegskasse!"

„Ich befehle Dir, zu schweigen!"

„Nein, nein, ich will nicht schweigen; ich kann nicht schweigen!" rief sein Sohn, indem er das Gesicht noch tiefer in die Kissen vergrub. „Ich mag die Kasse nicht; ich habe bereits eine geraubt. Ich habe die Kasse von Magenta gestohlen; wozu brauche ich die von Waterloo!"

„Schweig, sage ich, sonst muß ich Dich strafen!"

„Schlag zu, Alter! Schlag zu, Bösewicht!" rief der Baron. „Ich gehorche Dir doch nicht! Behalte Deine Kasse! Ich mag sie nicht! Das Gold trieft von Blut!"

Da zog ihm der Capitän die Kissen weg, erhob die geballte Faust und drohte:

„Mensch, noch ein Wort, und ich zeige Dir, wer Dein Meister ist!"

„Du nicht; Du bist es nicht!" rief der Kranke, indem er sich erhob und seinen Vater mit von Abscheu erfüllten Blicken anstarrte. „Du bist der Teufel, der Satan; aber mein Meister bist Du nicht! Mein Meister sitzt hier und hier!" Er schlug sich bei diesen Worten auf die Brust und vor die Stirn. „Er zermalmt mir das Herz und zerreißt mir das Gehirn. Ich mag die Kasse nicht. Ich gebe die eine zurück, und die andere lasse ich liegen. O, mein armer Kopf, mein armes Herz! Wie das brennt, wie das quält! Nur ein Blick meiner Liama kann diese Schmerzen heilen. Wo ist sie? Ich will sie sehen, sehen, sehen!"

„Schweig, sage ich nun zum letzten Male!" donnerte der Alte.

„Ich schweige nicht!" rief der Sohn. „O, Liama, meine süße Liama! Gebt sie hin, die Kasse; gebt sie hin!"

Da fiel die Faust des Capitäns auf ihn nieder, nicht einmal, sondern in vielen, ununterbrochenen Hieben und Schlägen. Aber der Kranke rief fort. Er wehrte sich nicht gegen die herzlose, grausame Züchtigung seines eigenen Vaters, aber er hielt auch nicht inne, nach seiner Liama und der Kasse zu rufen. Die Arme des Capitäns ermüdeten; er wendete sich zu der Baronin, welche ohne das geringste Zeichen von Theilnahme Zeugin der Unmenschlichkeit gewesen war, und sagte:

„Der Anfall ist heftiger, als jeder andere zuvor. Es gelingt mir nicht, ihn einzuschüchtern. Versuchen wir das andere Mittel."

Während der Kranke immer weiter wimmerte, antwortete sie:

„Das ist mir unangenehm, halten Sie es für ein Vergnügen, mich —"

„Sie werden es thun!" unterbrach er sie mit drohender Stimme. „Oder soll die Dienerschaft erfahren, wie es steht und um was es sich handelt?"

Sie zuckte die Achsel und fragte:

„Und wenn ich es doch nicht thue, was dann?"

„So haben Sie aufgehört, Baronin de Sainte-Marie zu sein!"

Sie zuckte zusammen, wagte aber doch die Frage:

„Ich möchte doch wissen, wie Sie das anfangen wollen Herr Schwiegerpapa?"

„Ja, die Baronin will ich, die Baronin de Sainte-Marie!" rief der Irre, dessen Geisteskraft nur dazu hingereicht hatte, diesen Namen aufzunehmen.

„Schweig', Unvorsichtiger!" rief der Alte, indem er abermals zuschlug. Und zu der Baronin gewendet, fuhr er fort: „Ich weiß sehr genau, wie ich es anzufangen habe; ich bin, bei Gott, der Mann dazu! Wie wollen Sie beweisen, daß Sie die Frau meines Sohnes sind?"

„Ich habe Zeugen!"

„Sie sind todt!"

„So sind Sie deren Mörder. Die Listen der Mairie und des Kirchenbuches werden beweisen, was ich bin."

„Die Blätter sind verschwunden," antwortete er höhnisch.

„So sind Sie der Dieb! Uebrigens brauche ich weder Zeugen noch Bücher. Ich würde Alles verrathen."

„Und für lebenslänglich in das Zuchthaus wandern," lachte er mit teuflischem Grinsen. „Wer will meinen Sohn bestrafen? Er ist ein Wahnsinniger. Wer will mich anklagen? Ich war nicht dabei. Wollen Sie meinem Befehle gehorchen, oder sich und Ihren Sohn um die Baronin bringen? Ich frage zum letztenmale."

Der Baron krümmte sich unter den Fäusten des Alten, der sich jetzt alle Mühe gab, ihm den Mund zuzuhalten.

„Sie sind wahrhaftig ein Teufel!" knirschte die Baronin, indem sie sich anschickte, zu gehen.

„Und Sie sind eine Stallmagd, eine elende Bauerndirne. Gehorchen Sie sofort!" rief er ihr mit funkelnden Augen nach.

Sie kehrte mit vor Zorn hoch gerötheten Wangen in das Wohnzimmer des Barons zurück und begab sich in das gegenüberliegende Gemach. Dieses war klein und zeigte nichts als eine Waschtoilette, einen Spiegel und einen Kleiderschrank. Sie öffnete den letzteren und nahm das einzige Gewand heraus, welches er enthielt. Es war die Festkleidung eines Bauernmädchens aus dem Argonner Walde. Sie schien hier für ganz besondere Zwecke aufbewahrt zu werden, jedenfalls auch für denselben Zweck, dem sie jetzt dienen sollte.

Während das Jammern und Wehklagen des Barons herüberdrang, warf sie ihre gegenwärtige Kleidung ab, legte das andere Gewand an und ordnete ihr Haar in anderer Weise. Obgleich dies so schnell ging, daß sie nach kaum fünf Minuten fertig war, hatte sie doch eine außerordentliche Sorgfalt dabei entwickelt. Sie hatte sich die größte Mühe gegeben, alle ihre Reize hervorzuheben und in das beste Licht zu stellen. Sie stand jetzt da als üppig schönes Bauernmädchen, schön und verführerisch, daß sie im Stande war, auch festere Grundsätze zu Schanden zu machen. Sie betrachtete sich noch einige Augenblicke lang höchst wohlgefällig im Spiegel und flüsterte dabei:

„Und dies Alles soll einem Verrückten gehören! O, wenn doch dieser Deutsche nicht — nicht buckelig wäre!"

Sie erröthete selbst über diesen Gang ihrer Gedanken und begab sich dann zu den beiden Männern zurück, welche Vater und Sohn waren, obgleich der Erstere dem Letzteren als Peiniger gegenüberstand.

„Endlich!" rief der Alte, indem er sich erhob. „Versuchen Sie Ihre Macht; ich werde im anderen Zimmer warten."

Er entfernte sich und sie trat zu dem wimmernden Baron.

„Henri!" sagte sie mit dem sanftesten Tone ihrer Stimme.

Sein Kopf hatte sich wieder unter die Kissen vergraben; dennoch hörte er das Wort und horchte auf.

„Wer rief?" fragte er. „Bist Du es, meine Liama."

Sie beugte sich zu ihm nieder und flüsterte liebevoll:

„Komm, mein Henri, blicke mich an!"

W. VIII. 33.

Er erhob den Kopf, wendete ihn nach ihr und blickte sie an. Es ging wie ein Zug des Erkennens über sein bleiches Gesicht. Er lächelte matt und sagte:

„Ah, das schöne Mädchen vom Brunnen an der Dorfschänke. Ich bin heute durch das Dorf geritten, als Du am Brunnen standest. Hast Du mich gesehen?"

„Ja, ich habe Dich gesehen," antwortete sie, indem sie sich auf den Rand des Bettes niedersetzte.

„Ich habe mich nach Dir erkundigt," sagte er, indem er sich noch weiter emporrichtete. „Deine Mutter ist todt, und Dein Vater ist der Hirte. Nicht?"

„Ja," flüsterte sie.

„Hast Du einen Geliebten, Du schönes, holdes Kind?"

„Nein; ich habe noch niemals einen gehabt."

„So hat Deine Lippen noch Niemand geküßt?" fragte er, indem er den Arm um sie schlang.

Seine Blicke bekamen immer mehr Selbstbewußtes, und er musterte sie, als ob er angestrengt nach seiner Erinnerung suche.

„Noch Niemand," antwortete sie.

„So soll es ein Baron sein, der sie zuerst küßt. Komm, beuge Dich zu mir herüber. Ich will Liebe trinken von Deinen Lippen, Liebe, denn sie ist der einzige, süße Nektar der Götter."

Sie hielt ihm den Mund entgegen. Er schlang auch den anderen Arm um sie. Ihr Busen lag an seinem Herzen, und die Lippen der Beiden preßten sich zu einem langen, langen Kusse zusammen. Aber während dieses Kusses ging eine merkwürdige Veränderung mit ihm vor. Seine Lippen lösten sich langsam von den ihrigen; seine Züge nahmen einen unruhigen Ausdruck an. Er betrachtete ihr Gesicht, er legte die Hand auf ihre volle Brust, wie um ihre Gestalt, ihr Wesen zu untersuchen; er ergriff die Zöpfe ihres Haares, um sie genau zu betrachten; sein Blick wurde nach und nach finsterer, und endlich sagte er:

„Mädchen, Du belügst mich! Das war kein Kuß von Lippen, die noch nie geküßt haben; der Kuß eines reinen Mädchens ist anders. Wer so küßt wie Du, der hat die Liebe kennen gelernt. Wie heißest Du?"

„Adeline," antwortete sie, indem ihr Gesicht den Ausdruck der Besorgniß annahm.

„Adeline?" fragte er, sichtlich mit einem Gedanken ringend, den er noch nicht zu beherrschen vermochte. „Adeline? Ach, jetzt habe ich es! Adeline, die Hirtentochter, die heimliche Geliebte des Sohnes des Maire! Dieser Sohn des Maire sollte sie nicht heirathen, obgleich Beide sich bereits so innig verbunden hatten, als ob es auf der Mairie geschehen sei. Sie war so klug, den Baron de Sainte-Marie zu zwingen, sie zu heirathen und den Sohn ihres Geliebten dann als den Seinigen zu betrachten. Das bist Du! Bist Du das?"

„Du irrst!" antwortete sie, indem sie den Arm um seine Schulter schlang, um ihn mit gut gespielter Zärtlichkeit an sich zu drücken.

Da aber schob er sie zornig zurück und antwortete:

„Ich irre mich nicht! Hältst auch Du mich für wahnsinnig? O, ich weiß Alles! Du hast mich betrogen, aber Du betrügst mich nicht wieder. Du hast mich beobachtet, als ich nach der Kriegskasse — o, mein Gott, die Kriegskasse! Und dann mußte ich, um Dein Schweigen zu erkaufen, meine herrliche Liama — o Liama, meine süße, einzige Liama!"

Er stieß die Baronin mit aller Gewalt von sich und wühlte sich wieder in das Bett hinein. Wie oft hatte, wenn er in sein Toben verfallen war, die Strenge seines Vaters ihn eingeschüchtert, oder, wenn dieses nicht geholfen hatte, die Schönheit der Baronin, die dann stets als Mädchen angekleidet war, ihn in Banden geschlagen und beruhigt. Aber heute hatten beide Mittel ihre Kraft verloren. Er begann von Neuem zu wimmern und zu rufen, so daß der Capitän eintrat.

„Nun?" fragte er die rathlos dastehende Schwiegertochter.

„Es hilft nichts, gar nichts," antwortete sie.

„So haben Sie es nicht klug genug angefangen," tadelte er.

„Liama, meine Liama will ich sehen!" rief der Kranke, indem er aufsprang. „Wo habt Ihr sie?"

Er ballte seine Faust und seine Lippen wurden feucht. Der Alte wußte, daß dann stets der höchste Grad des Parorismus eintrat, daß ihm der Schaum vor den Mund trat, und seine Kräfte sich verdoppelten, so daß er kaum zu bändigen war.

„Was thun wir?" fragte er.

„Wo ist sie? Zeigt sie mir, sonst geht Alles zu Grunde und in Trümmern!" gebot der Baron, indem er drohend auf die Beiden zutrat.

„Zeigen Sie sie ihm!" antwortete die Baronin, indem sie angstvoll vor dem Kranken zurückwich.

„Es wird kein anderes Mittel geben, als dieses," meinte er. Und zu seinem Sohne gewendet, sagte er:

„Wen willst Du sehen?"

„Liama, meine Geliebte, mein Weib!"

„Sie ist ja todt!"

„Todt?" hohnlachte der Kranke. „Denkt Ihr, ich weiß nicht, daß Ihr mich betrügen wollt?"

„Du hast Sie ja selbst mit begraben."

„Begraben? Ja. Aber sie ist auferstanden. Ich will sie sehen; ich muß sie sehen; ich muß ihr sagen, daß ich die Kriegskasse nicht behalten mag, und daß sie mir vergeben soll, obgleich ich ein — ein Mörder bin. Vorwärts! Ich warte nicht!"

„Nun gut, Du sollst sie sehen," entschloß sich der Alte. „Komm!"

Er nahm seinen Sohn beim Arme und winkte der Baronin zu, das Zimmer zu verlassen. Diese aber trat näher und erklärte:

„Ich gehe mit!"

Da blickte der Alte sie halb verwundert und halb zornig an und fragte:

„Warum?"

„Ich will das Bild sehen, die Wachspuppe, von welcher Sie zu mir —"

„Pah!" unterbrach er sie barsch. „Das ist nicht für Weiber!"

„O, warum nicht?" antwortete sie mit fester Stimme. „Ich will mich endlich überzeugen, ob Sie ein ehrliches Spiel mit mir treiben. Ich muß endlich einmal wissen, wo sich der Eingang zu Ihrem Geheimnisse befindet. Ich will endlich einmal aufhören, der Spielball Ihrer Intriguen zu sein. Ich gehe nicht von der Stelle; ich muß heute erfahren, woran ich bin!"

„Ah, Madame, kennen Sie die Sage vom verschleierten Bilde zu Sais?" fragte er, indem er sie mit einem höhnischen Blicke überflog.

„Ich kenne es," antwortete sie.

„Und Sie wissen auch, daß Derjenige, welcher den Vorhang lüftete, sterben mußte?"

„Ich weiß es."

„Nun wohl, so halten Sie sich von diesem Vorhange fern, denn ich nehme an, daß Sie noch nicht gewillt sind, auf Ihr junges Leben zu verzichten!"

„O, Herr Capitän, wollen Sie damit etwa sagen —"

„Daß Sie sterben müßten, wenn Sie versuchen, mein Geheimniß zu ergründen! Ja, das will ich allerdings sagen."

„So würden Sie mein Mörder sein!"

„Der würde ich allerdings sein, Madame," antwortete er, indem er ihr näher trat. Und mit drohendem Tone fuhr er fort: „Entfernen Sie sich also schleunigst aus diesem Zimmer. Es ist mir ganz gleich, ob der Tochter eines Schweinehirten auf meine Veranlassung der Athem ausgeht oder nicht. Verstanden?"

Der Kranke stand dabei, ohne ein Glied zu rühren, oder ein Zeichen zu geben, daß er höre und begreife, was gesprochen wurde. Der Alte hatte ihm versprochen, daß er Liama sehen würde, das war ihm genug.

„Und wenn ich auf meinem Willen beharre?" meinte die Baronin stolz.

„So werde ich Ihnen zeigen, wie viel Ihr Wille hier auf Ortry gilt!"

Er holte, ehe sie es sich versah, aus, und schlug sie mit der Faust auf den Kopf, daß sie besinnungslos zusammenbrach. Dann klingelte er. Ein Diener erschien im Wohnzimmer. Er begab sich dorthin und befahl:

„Die Frau Baronin ist ohnmächtig geworden; ihre Mädchen mögen kommen, um sie nach ihren Gemächern zu tragen!"

Sobald der Bediente sich entfernt hatte, nahm er den Baron beim Arm und zog ihn fort. Als die Mädchen kamen, fanden sie keinen einzigen Menschen in den Zimmern, welche der Baron bewohnte. Die beiden Männer waren spurlos verschwunden, obgleich sie den Corridor nicht betreten hatten.

Dieses geheimnißvolle Kommen und Verschwinden war von der Dienerschaft sehr oft bemerkt worden, ohne daß eine Erklärung dazu gefunden werden konnte. Müller war so glücklich gewesen, diesem Geheimnisse gleich am ersten Tage seines Hierseins auf die Spur zu kommen. Es sollten noch ganz andere Entdeckungen seiner warten.

Er war mit Alexander zunächst nach dem Schloßgarten gegangen, um sich die Gewächshäuser und sonstigen Anlagen zu betrachten; dann hatten sie den Park aufgesucht und sich sehr lebhaft in demselben herumgetummelt. Während dieser Zeit hatte Müller seinem Zögling Alles zu Gefallen gethan; er erkannte in dem Knaben eine jener Naturen, welche sich am Leichtesten leiten lassen, wenn man ihnen den Schein läßt, daß sie es sind, welche regieren. Er behandelte ihn darnach, und so kam es, daß Alexander großen Gefallen an seinem neuen Lehrer fand, der gar nicht that, als ob er ihn unter seine pädagogische Dressur nehmen wolle, sondern sich sogar herbeiließ, Eichkätzchen mit ihm zu jagen.

Als der Knabe sich davon ermüdet fühlte, machte er den Vorschlag, nach dem Parkhäuschen zu gehen, um sich dort auszuruhen. Müller willigte ein. Sie fanden das kleine, einfache Häuschen, welches nur einen einzigen Raum besaß, in welchem einige Holzstühle und ein Tisch standen. Hier saßen sie, und Müller, der seine Augen offen hatte, zumal da er gewahr geworden war, daß sein eigenes Zimmer eine Doppelmauer hatte, bemerkte, daß die eine Wand des Häuschens trotzdem sie, wie die anderen, nur aus Brettern bestand, eine Dicke von einigen Fuß besaß. Das fiel ihm auf.

Aus diesem Grunde suchten im Laufe der Unterhaltung seine Augen diese Wand ganz unwillkürlich immer wieder und — ah, was war das? Hatte sich wirklich ein Theil der Mauer jetzt ganz leise verschoben?

Er nahm sein Taschentuch hervor und zog die Brille von der Nase, wie um die Erstere abzuputzen; dann wischte er sich die scheinbar blöden Augen langsam aus und hatte so Gelegenheit, ungesehen von einem unsichtbaren Beobachter unter dem Tuche hervor mit dem einen, halb geschlossenen Auge die Stelle der Wand zu mustern, von welcher er bemerkt zu haben glaubte, daß sie bewegt worden sei.

Wirklich, es war ein ganz, ganz schmaler Riß entstanden, und Müller hätte darauf schwören mögen, ganz genau den Punkt bezeichnen zu können, wo ein schwarzes, glänzendes Auge durch die Spalte lausche. Es stand unumstößlich fest, daß sich eine Person zwischen der Doppelwand befand, welche ihn und den Knaben belauschte. Dieser Theil der Wand war jedenfalls nach Art der Zugthüren zu bewegen, welche anstatt in Angeln auf einer Schiene oder in einem Falze auf kleinen Rollen oder Rädern gehen.

Wer aber war der Lauscher? Das war des Capitäns Auge. Doch hatte Müller keine Zeit, über diesen Gegenstand nachzudenken. Er mußte sich hüten, bemerken zu lassen, daß er die Spalte entdeckt habe. Darum drehte er sich unbefangen von dieser Richtung ab und nach Alexander hin, mit welchem er eine lebhafter geführte Unterhaltung begann.

Nach einigen Minuten hatte, wie ihm ein flüchtiger Blick verrieth, die Spalte sich wieder geschlossen, und da gerade jetzt Alexander vor das Häuschen trat, um einen Habicht zu beobachten, welcher in der Höhe seine Kreise zog, so entstand im Innern der Hütte eine augenblickliche, lautlose Stille, während welcher man ein Blatt hätte fallen hören können. Da, horch, entstand unter dem Fußboden ein eigenthümliches Geräusch. Es war, als ob Schlüssel klirrten, als ob dann eine schwere Thür in kreischenden Angeln sich bewege. Das war allerdings nicht mit solcher Deutlichkeit zu hören, daß man es mit Sicherheit behaupten konnte, aber Müller hatte ein scharfes, gutes Gehör, auf welches er sich verlassen konnte. Er beschloß, baldigst diese auffälligen Erscheinungen zu untersuchen. Je eher dies geschehen konnte, desto besser war es, denn dieses Schloß Ortry war ein zu zweifelhafter Aufenthalt, als daß es gerathen sein konnte, die Entdeckung nützlicher Geheimnisse zu verzögern.

Nachdem die Beiden sich ausgeruht hatten, sprach Müller den Wunsch aus, nach dem Eisenwerk zu gehen, um sich dasselbe zu besehen. Alexander stimmte bei, doch wurden Beide vom Director nicht sehr freundlich aufgenommen.

„Sind Sie vom Herrn Capitän geschickt, gnädiger Herr?" fragte er Alexander.

„Nein."

„Oder haben Sie eine Erlaubnißkarte?" wendete er sich an Müller.

„Auch nein. Bedarf es einer solchen?" fragte dieser.

„Allerdings."

„Das scheint mir wunderbar. Ich habe oft ganz ähnliche Werke besucht, deren Besitzer und Leiter es sich zur Freude gemacht haben, Fremde zu informiren. Es kann dem Besitzer eines industriellen Etablissements nur lieb sein, zu hören, daß seine Anlagen in einem Rufe stehen, der sogar den Laien herbeizieht."

„Ich gebe das zu," meinte der Director abweisend. „Sie werden jedoch eben so bereitwillig zugestehen, daß wir oft verschwiegen sein müssen. Es kann uns nicht gleichgiltig sein, ob unsere Concurrenten erfahren, mit welchen Mitteln und auf welche Weise wir arbeiten, welche Handgriffe wir anwenden, und zu welchem chemischen Verfahren wir uns entschlossen haben."

„Halten Sie mich für einen Concurrenten?" lächelte Müller.

„Ich halte Sie für das, was Sie sind, nämlich für einen Mann, der von unseren Dingen ganz und gar nichts versteht. Sie sind nicht der Mann, der uns gefährlich werden könnte; aber ich habe nun einmal Weisung, keinen Menschen ohne Erlaubnißkarte einzulassen, und bitte Sie, davon abzustehen."

„Herzlich gern," antwortete Müller. „Ich will Sie keineswegs in Gefahr bringen. Adieu!"

Er wandte sich ab, um zu gehen. Er wußte nun, was er hatte wissen wollen, und fühlte sich befriedigt. Nicht aber so Alexander. Er blieb stehen und fragte:

„Bedarf auch ich einer Erlaubnißkarte?"

„Allerdings, sobald Sie nicht in Begleitung des Capitäns erscheinen."

Da richtete sich der Knabe hoch empor und sagte:

„Wissen Sie, daß Sie mir gar nichts zu befehlen haben? Sie haben mir hier nicht das Mindeste zu verbieten. Wäre ich allein, so würde ich in den Werken herumlaufen, ganz wie es mir gefällt. Aber ich will Herrn Müller nicht verlassen. Das aber muß ich Ihnen sagen, daß Sie ihn mit höflicheren Worten von Ihrer Pflicht benachrichtigen sollten. Er ist ein Mann, der mehr versteht als Sie. Sie sind ein Grobian gewesen!"

Er folgte seinem Lehrer nach, der alle diese Worte gehört hatte.

„Monsieur Müller," sagte er, „ich muß Ihnen Etwas mittheilen!"

„Was?"

„Daß ich noch niemals einen Lehrer in Schutz genommen habe!"

„Ah!"

„Daß ich es mit Ihnen thue, mag Ihnen beweisen, wie lieb ich Sie habe. Sie werden bei mir bleiben müssen. Sie sind ganz anders, als die Vorigen, und ich werde mich hüten, Sie wieder fortzulassen. Morgen beginne ich, Deutsch zu lernen."

Müller war hoch erfreut über diesen unerwartet schnellen Erfolg. Er erkannte, daß der Knabe ganz gute Fonds besaß, welche bisher leider nur vernachlässigt worden waren.

Es war bereits um die Dämmerung, als sie das Schloß erreichten. Dort trafen sie die Gerichtspersonen, welche gekommen waren, den Thatbestand der Verunglückung des Grooms festzustellen. Sie mußten bis zum morgenden Tage hier verweilen, doch wurde dadurch die Lebensordnung der Schloßbewohner in keiner Weise alterirt, denn punkt zehn Uhr gingen diese, wie gewöhnlich, bereits zur Ruhe.

Müller hatte sich einige Lichter versorgt. Im Laufe des Nachmittags waren seine Effecten aus Thionville gekommen. Dabei befand sich eine kleine Blendlaterne. Er hatte sich mit derselben versehen, weil er ja wußte, daß er als Eclaireur nach Ortry ging, und als solcher sehr leicht in die Lage kommen konnte, dieses nützliche Instrument zu gebrauchen. Als er keine Bewegung mehr im Schlosse wahrzunehmen vermochte, zog er sich um, aber im Dunkeln, um nicht durch die Glastafel beobachtet werden zu können.

Er legte einen Bart an, zog über seine dunkele Hose eine Blouse, wie man sie in jenen Gegenden trägt, und tauschte die Stiefel mit leichten Schuhen um, welche den Schritt nicht so leicht hörbar werden ließen. Den Buckel hatte er abgeschnallt.

Es konnte ihm nicht einfallen, sich zur Treppe hinab zu begeben. Er hatte sich während des Tages bereits einen anderen Weg ersehen. Nachdem er die Thür fest verschlossen, und einen geladenen Revolver zu sich gesteckt hatte, öffnete er das nördliche Fenster und schwang sich durch dasselbe hinaus auf das Dach. Da dasselbe ziemlich eben war, konnte er ganz ohne Gefahr dort aufrecht gehen; aber er that das nicht, sondern kroch in liegender Stellung fort, da sich seine hohe Gestalt sonst gegen den Himmel abgezeichnet hätte, und von unten auffällig werden konnte.

So kam er an den Blitzableiter. Er hatte ihn am Tage bemerkt und mit seinem scharfen Auge geprüft. Die Leitung war nach alter Weise aus starken, viereckigen Eisenstäben hergerichtet, und wurde von breiten Haltern unterstützt, welche in Entfernungen von höchstens zehn Fuß von einander standen, so daß der stärkste Mann da ganz gefahrlos auf und nieder klettern konnte. Uebrigens war von der Mauer schon längst der Bewurf abgefallen; ein solcher Kletterer konnte, wenn nicht Jemand ganz in der Nähe stand, gar nicht bemerkt werden.

Müller legte sich mit den Beinen über die Dachrinne hinab, faßte dann den Leiter und rutschte auf den obersten Halter hinunter, von diesem auf den zweiten und so weiter. Als er von Außen die zweite Etage erreichte, kam er zwischen zwei Fenster zu halten, welche erleuchtet waren. Er warf einen vorsichtigen Blick hinein und gewahrte — den Capitän. Was hatte dieser Seltsames vor?

Müller bemerkte nämlich, daß der Alte eine Pistole sehr sorgfältig lud und in die Tasche steckte, dann trat er zu einem Schranke, dessen Thür er öffnete. Der Lauscher glaubte, er werde irgend ein Kleidungsstück aus dem Schranke nehmen; statt dessen aber stieg er ganz hinein und zog die Thür hinter sich zu. Müller wartete ein Weilchen, doch der Alte kam nicht wieder heraus. Was war das?

„Ist in dem Schranke eine geheime Verbindungsthür verborgen?" fragte sich der Lehrer. „Nein, sie wäre ja überflüssig, da gleich daneben eine Thür in das Nebenzimmer führt. Oder befindet sich im Schranke der Eingang zu den Doppelmauern? Das wäre eher zu glauben. In diesem Falle aber mußte Müller vorsichtig sein, denn es stand zu vermuthen, daß der Capitän soeben einen seiner Beobachtungsgänge angetreten habe. Wie nun, wenn er auch nach dem Parkhäuschen kam?

Müller stieg weiter herab und schlich sich nach dem Garten, als er die Erde erreicht hatte. Von dort aus ging er nach dem Parke.

Es war zwar dunkel, aber beim hellen Scheine der Sterne konnte man doch immerhin bemerkt werden. Darum hielt er sich immer unter dem Schutze der Bäume, welche die Rasenstellen des Parkes begrenzten. Eben wollte er über eine kleine Lichtung hinüberhuschen, als er den Schritt anhielt.

„Pst!" erklang es leise neben ihm. „Ich hörte Sie kommen."

Wer war das? Es hatte wie eine weibliche Stimme geklungen. Er sollte keinen Augenblick im Zweifel bleiben, denn eine warme, weiche Hand erfaßte die seine, und zu gleicher Zeit legte sich ein voller, zärtlicher Arm um ihn.

„Ich dachte, Sie erwarteten mich bereits," flüsterte es weiter. „Ich konnte nicht eher kommen, denn mein Schwiegervater ging erst jetzt von uns fort, und dann mußte ich ja erst Alexander zur Ruhe bringen, welcher nicht müde wurde, von seinem neuen Erzieher zu erzählen. Da wir uns hier treffen, brauchen wir nicht viel weiter zu gehen. Komm unter jenen Eschen steht eine Bank!"

Sie zog ihn leise fort, ohne den Arm von ihm zu nehmen. Was sollte er thun? Für wen hielt sie ihn? Es war die Baronin; das hatten ihm ihre Worte bereits verrathen. Er war als Kundschafter hier. Es gab vielleicht Gelegenheit, etwas Wichtiges zu erfahren. Er beschloß, die ihm angetragene Rolle aufzunehmen und so weit wie möglich zu spielen. Die Baronin erwartete einen heimlichen Liebhaber; das war sicher; er fühlte keine Gewissensbisse, das untreue Weib zu täuschen.

Sie erreichten die Bank. Er setzte sich, und die Dame nahm auf seinem Schooße Platz. Diese Vertraulichkeit war der sicherste Beweis, daß Derjenige, dessen Stellvertreter Müller so unerwartet geworden war, bereits längere Zeit mit ihr in heimlichem Verkehre stand. Sie legte sich fest, innig und warm an ihn, und aus den vollen, üppigen Formen, welche er fühlte, bemerkte er, daß er sich vorhin nicht getäuscht hatte, als er an ihrer Stimme und aus ihren Worten sie als die Baronin erkannte.

Aber für wen galt denn er? Dies zu erfahren, war die Hauptsache. Sie selbst kam ihm zur Hilfe, denn sie sagte:

„Alexander erzählte mir, daß er heute mit Monsieur Müller bei Ihnen gewesen sei. Sie haben sich aber geweigert, ihn einzulassen."

Ah, also der Director war der heimliche Geliebte dieses Weibes! Müller fühlte sich erleichtert. Er hatte fast ganz die Gestalt des Directors; sein falscher Bart glich dem des Letzteren zufälliger Weise fast ganz; auch hatte er ja mit diesem Manne gesprochen und seine Stimme zur Genüge gehört, um sie leidlich nachahmen zu können.

„Ich durfte ja nicht," antwortete er leise.

„Allerdings! Dieser alte Capitän ist sehr streng; aber dennoch wünsche ich, daß Sie Rücksicht auf Alexander nehmen, der ja Ihr zukünftiger Herr ist, und daß Sie Monsieur Müller freundlicher begegnen."

Sie sprach im Flüstertone, und so wurde es Müller leicht, seine Stimme zu verstellen, da dies im Flüstertone am wenigsten schwierig ist.

„Diesen Deutschen? Ah!" sagte er.

„Ich weiß, daß Sie die Deutschen hassen, ebenso wie ich; Ihre ganze jetzige Thätigkeit ist ja darauf gerichtet, sie zu verderben; aber ich möchte mit ihm eine Ausnahme machen. Alexander liebt ihn."

„Das wäre ja wunderbar!"

„Ja, er hat noch keinen seiner Lehrer geliebt; aber Monsieur Müller hat ihm das Leben gerettet, und dann auch sein

Herz zu gewinnen vermocht. Uebrigens ist er nicht mit anderen Schulmeistern zu vergleichen."

"Warum nicht, meine Theure?"

"Ah, endlich einmal ein zärtliches Wort: meine Theure! Wissen Sie, daß Sie heute Abend ungemein zurückhaltend sind?"

Sie schmiegte sich an ihn und küßte ihn mit der Gluth eines leidenschaftlichen, treulosen Weibes. Er wagte es kaum, diesen Kuß zu erwidern.

"Auch Ihre Küsse sind kalt. Ich werde Sie zu strafen wissen, und zwar sofort!"

"Womit?" fragte er auf diese Drohung.

"Damit, daß ich Ihnen sage, daß dieser Deutsche Ihnen bei mir gefährlich werden kann."

"Fi donc! Dieser buckelige Kerl!"

"Wenn Sie ihn reiten, fechten und schießen gesehen hätten, so würden Sie ganz und gar nicht an diesen kleinen Fehler denken, an dem er doch unschuldig ist. Ich möchte wirklich wissen, ob er ebenso feurig küßt, wie er den Degen führt."

Es war klar, daß dieses Weib ihren vermeintlichen Liebhaber eifersüchtig machen, und dadurch anregen wollte, seine Zärtlichkeit zu verdoppeln. Müller legte also die Arme fest um sie, drückte sie mit nachgeahmter Innigkeit fest an sich, und vermochte es nun auch nicht zu verhindern, daß sie ihren Mund mit aller Kraft auf den seinigen legte, welches ihn fast in Verlegenheit brachte. Nicht nur ihre Lippen, sondern auch ihre Zunge war bei diesem Kusse thätig. Da aber lösten sich plötzlich ihre Arme von ihm; sie fuhr zurück und sagte:

"Was ist das? Sie haben ja ganz andere Zähne!"

"In wiefern?" fragte er.

"Ich habe ja noch heute Morgen Ihre Zahnlücke gefühlt!"

Er bemerkte, daß sein Incognito sich in großer Gefahr befinde, und antwortete:

"Hm, leicht erklärlich! Der Dentist brachte mir heute den bestellten Zahn."

"Ah, Sie lügen! Es fehlte Ihnen keiner; die beiden vorderen standen etwas zu weit auseinander. Zeigen Sie Ihre rechte Hand!"

O weh, jetzt war die Schäferstunde vorüber, denn es fiel erst jetzt Müller ein, daß er heute während seines Gespräches mit dem Director bemerkt hatte, daß diesem, jedenfalls in Folge eines kleinen Unfalles, an der rechten Hand ein Fingerglied fehlte.

Sie hatte, ehe er es verhindern konnte, seine Hand ergriffen, welche sie befühlte. Kaum hatte sie es bemerkt, daß sie vollständig sei, so sprang sie empor, um zu entfliehen. Eben so schnell jedoch besann sie sich. Sie drehte sich wieder um und fragte:

"Kennen Sie mich?"

Sollte er sie schonen? Nein; sie war es nicht werth!

"Ja," antwortete er.

"Nun, wer bin ich?"

"Die Baronin de Sainte-Marie."

"Gut, so bitte ich um gleiche Karten! Wer sind Sie?" Er erhob sich und trat einen Schritt zurück.

"Das werden Sie jetzt nicht erfahren, Madame!"

"Jetzt nicht, aber später vielleicht?"

"Möglich!"

"So sagen Sie mir wenigstens was Sie sind!"

"Ich bin Officier," antwortete er.

"Woher? In welcher Truppe?"

"Das muß ich leider verschweigen."

"So lügen Sie! Ein Officier ist gewöhnlich ein Ehrenmann, und ein solcher wird die Täuschung, in welcher sich eine Dame befindet, nicht in der Weise benutzen, wie Sie es gethan haben!"

"Unter Umständen kann er vielleicht dazu gezwungen sein, theure Baronin."

"Welche Umstände wären dies? Was wollen Sie des Nachts in Ortry? Ich kenne keinen Officier, welcher das Recht oder die Erlaubniß hätte, zu dieser Stunde hier zu verkehren."

Was sollte er antworten? Da kam ihm die beste Ausrede, die er geben konnte:

"Denken Sie an Paris!"

"Ah, Sie haben mich in Paris gekannt?"

"Halten Sie dies für unwahrscheinlich? Kann Sie Jemand vergessen, der Sie dort gesehen und bewundert hat?"

"Und Sie wollen sich mir wirklich nicht entdecken?"

"Heute noch nicht, meine Gnädige."

"So geben Sie mir Ihr Ehrenwort, daß Sie mich nicht verrathen, und den Inhalt unserer Conversation keinem Menschen mittheilen wollen!"

"Ich verspreche Ihnen gern, auf diese schöne Stunde nur Ihnen allein gegenüber zurückzukommen. Ist Ihnen dies genug!"

"Ja, aber Ihr Gesicht muß ich dennoch sehen!"

Sie trat rasch zu ihm heran, warf die schönen, üppigen Arme um seinen Nacken und versuchte, seinen Kopf tiefer zu ziehen. Es gelang ihr nicht.

"Dann bitte, wenigstens noch einen Kuß!" bat sie in verführerischem Tone.

Es war klar, daß sie dabei ihr Gesicht abermals in die Nähe des seinigen bringen wollte, um ihn genauer anzusehen, als sie es vorher gethan hatte.

"Den sollen Sie gern haben!" lachte er leise.

Er bog sich zu ihr herab und küßte sie; zu gleicher Zeit jedoch legte sich seine Hand ihr auf beide Augen, so daß sie nicht das Geringste erkennen konnte. Im nächsten Augenblicke hatte er sich von ihren Armen losgemacht, und sie hörte an dem schnellen Rauschen seiner Schritte, daß er sich entfernte.

Sie stand da, mehr berauscht als erschreckt. Er war Officier und hatte ihr sein Ehrenwort gegeben; ihr Ruf stand in keinerlei Gefahr. Aber wer war er denn? War er wirklich von Paris hierhergekommen, nur um aus Liebe zu ihr des Nachts das Schloß zu umschleichen? Stand er jetzt vielleicht in Thionville in Garnison? Ah, dann kam er jedenfalls wieder! Er hatte ja gehört, daß sie einem Andern erlaubte, sie heimlich zu treffen; er durfte alle Hoffnung haben, diese Erlaubniß auch zu erhalten.

Ein schöner, voller, kräftiger Mann war es gewesen; das hatte sie gefühlt. Noch umwob sie der feine, eigenthümliche Duft, der von ihm ausgegangen war; von seinen Kleidern, seinem Barte oder seinen Haaren; sie wußte es selbst nicht, denn sie hatte nicht darauf geachtet, und erst jetzt dachte sie an dieses Parfüm, nachdem er fortgegangen war.

Was aber nun? Durfte sie den Director warten lassen? Nein. Sie hatte ihm ihr Wort gegeben und mußte es halten. Darum schlich sie sich leise dem Orte zu, an welchem das Stelldichein stattfinden sollte.

Müller hatte sich schnell entfernt. Er schritt dem Parkhäuschen zu, aber jetzt mit völlig unhörbaren Schritten. Er war klug geworden; seine Schritte waren vorher doch noch so unvorsichtig gewesen, daß die Baronin ihn bemerkt hatte.

Er kam am Häuschen an und stand bereits im Begriffe, einzutreten, als er von Innen ein Geräusch vernahm, als ob man Bretter leise zur Seite schiebe. Er trat zurück und versteckte sich hinter einen Busch. Ein dünner Lichtschein drang durch die Spalten der Wand, aber nur einen Augenblick lang; dann wurde es wieder dunkel.

Jetzt öffnete sich leise die Thür. Ein Mann trat hervor. Da Müller tief am Boden kauerte, so zeichnete sich ihm die Gestalt dieses Mannes gegen das Sternenlicht so genügend ab, daß er in ihm den alten Capitän erkannte.

Was wollte dieser hier? stand das Häuschen mit dem Schranke im Zimmer des Alten in heimlicher Verbindung? Müller hatte keine Zeit, diese Fragen auszudenken. Der Capitän schritt quer über die Parklichtung hinüber. Müller eilte in einem Bogen am Rande der Lichtung hin, um ihm zuvorzukommen. Es gelang ihm. Er stellte sich hinter eine starke Eiche, an welcher der Capitän vorüberging und unter die Bäume trat. Müller konnte ihn nicht mehr sehen, aber er beschloß dennoch, der Richtung zu folgen, welche der Alte eingeschlagen hatte. Er kauerte sich nieder und schob sich auf Händen und Füßen weiter. An einem jeweiligen Rauschen hörte er, daß der Capitän hart vor ihm sei. Es schien, daß auch er ganz langsam vorwärts krieche.

Nicht lange, so war es dem Deutschen, als ob er leise Stimmen flüstern höre. Er verdoppelte seine Vorsicht. Sein Auge hatte sich jetzt einigermaßen an die Dunkelheit gewöhnt, und so gewahrte er den Alten hart hinter einer Bank, welche unter den ersten Bäumen, von denen die Lichtung eingefaßt wurde, stand, auf der Erde liegen. Müller näherte sich und legte sich seitwärts der Bank an einen Baumstamm nieder. Er lag jetzt der Bank näher als der Capitän und konnte die Unterhaltung der beiden Personen, welche darauf saßen, jedenfalls auch besser hören als dieser.

Sie bestand aus einem glühenden Liebesdialog. Der Director, den die Baronin hier nun wirklich gefunden hatte, war nicht so zurückhaltend wie der Deutsche vorher, und so konnte dieser sich sehr leicht denken, mit welchem Grimm der Alte dieses Zwiegespräch belauschen möge.

Da, da erhob sich der Letztere und trat mit einem raschen, weiten Schritte vor die Beiden hin.

"Guten Abend, Frau Tochter! Guten Abend, Herr Director!" sagte er.

Der Director fuhr empor, starrte den Alten an und sprang dann eiligst davon. Er kannte ihn genau und mochte daher seine Nähe unter den obwaltenden Umständen für gefährlich halten. Die Baronin aber konnte vor Schreck weder laufen noch stehen. Sie versuchte zwar, sich zu erheben, sank aber mit einem matten Laute wieder nieder.

"Das sind nun wieder einmal die richtigen Dorfmädchenstreiche!" höhnte der Alte.

Sie nahm sich gewaltig zusammen und antwortete:

"Was thun Sie hier? Woher kommen Sie? Welche Worte erlauben Sie sich?"

"Ah, die Frau Tochter hat wohl nur den schönen Frühlingsabend genießen wollen?" fragte er mit dem häßlichsten Lachen, welches man nur hören kann.

"Was anders?"

"Und sitzt hier in den Armen meines Directors!"

"Lügen Sie nicht!" fuhr sie auf.

"O, ich habe es gesehen! Meine Augen sind alt aber gut!"

"Aber wissen Sie auch, wie es gekommen ist?"

"Ah, ich bin ganz begierig, Ihre Erklärung zu hören!"

"Sie sollen sie hören, um zu erfahren, wie sehr Sie mich beleidigen! Ich kam hierher, um den Abend zu genießen. Da erhob sich gerade vor mir eine dunkle Gestalt von der Bank. Ich erschrak natürlich und wurde ohnmächtig. Der Director — denn dieser war es — fing mich auf. Als ich erwachte, standen Sie vor mir. Das ist Alles!"

Sie hatte versucht, ihren Worten den Ton gekränkten Stolzes zu geben; aber bei diesem Manne verfing dies nicht. Er verschlang die Arme über die Brust und sagte:

"Warum sind Sie nicht zum zweiten Male in Ohnmacht gefallen, als die zweite Gestalt vor Ihnen stand? Entweder steht Ihnen nur eine einmalige Ohnmacht zur Verfügung, oder die erste existirt nur in Ihrem lügenhaften Kopfe. Wie kann überhaupt von einer Ohnmacht die Rede sein bei einem Bauernmädchen, welche mit Nerven begabt ist, die nur mit Wagensticken zu vergleichen sind!"

"Herr, beleidigen Sie mich nicht weiter!"

"Pah! Scherzen Sie nicht mit mir! Ich habe mich eine volle Viertelstunde lang hier befunden, und jedes Wort gehört, welches gesprochen wurde. Ich habe jeden Seufzer gezählt, welchen Ihnen die überfließende Liebe entführte, und jeden Kuß, den Sie gaben und bekamen. Ich habe in meiner Jugend auch geküßt, aber dabei möglichst jedes überflüssige Geräusch vermieden. Warum klatschen Sie wie ein Postkutscher, Madame?"

Sie war bei dieser mehr als drastischen Ironie des Alten jetzt wirklich einer Ohnmacht nahe, trotz der starken Nerven, mit denen sie begabt sein sollte.

"Sie werden unverschämt!" schluchzte sie.

"Ah, pah! Ihnen gegenüber muß man es sein!" höhnte er. "Und wenn Sie weiter leugnen wollen, so will ich Ihnen sagen, daß der Director heute früh bei Ihnen war, ehe er mich aufsuchte —"

"Was geht Sie das an?" unterbrach sie ihn.

"Daß Sie sich da über die gegenwärtige Zusammenkunft verabredeten —"

"Lügner!"

"Und daß Sie ihm beim Abschiede Ihre schönen Lippen boten, als er sich nur begnügen wollte, Ihre Hand zu küssen."

"O, wer errettet mich von diesem Teufel!" rief sie.

"Sagen Sie das Wort nicht noch einmal, sonst schlage ich Sie zum zweiten Male nieder, wie ich Sie bereits einmal heute niedergeschlagen habe!"

Er erhob wirklich den Arm, als ob er zuschlagen wolle, und schon machte Müller sich bereit, aufzuspringen, um eine solche Rohheit zu verhindern, da ermannte sich die Baronin. Sie schnellte von ihrem Sitze empor und eilte davon.

"Sie mag gehen, immer gehen," brummte der Alte, "mir entgeht sie doch nicht!"

Er wendete sich um und schritt davon, dem Hauscher wieder zu. Müller folgte ihm auf dem Fuße, denn jetzt bot sich vielleicht die beste Gelegenheit, zu sehen, wie der geheime Aus- und Eingang geöffnet werde.

Als er bei der Parkhütte ankam, war der Capitän bereits eingetreten. Müller schlich sich näher. Er stand vor dem einen Fenster, welches gerade in Höhe seines Kopfes angebracht war. Da flammte drinnen ein Lichtschein auf. Der Alte stand im Begriff, eine Laterne anzuzünden. Er fühlte sich so sicher, daß er sich gar nicht die Mühe gab, vorher die Läden zu schließen, damit das Licht nicht von Außen bemerkt werden könne. Dann faßte er nach einem Nagel, welcher scheinbar zu irgend einem anderen Zweck in die Wand geschlagen war, und schob nach der linken Seite zu. Einige Bretter wichen zurück. Sie bildeten, unter einander fest verbunden, eine Thür, welche auf Rollen ging, ganz so, wie Müller vermuthet hatte.

Der Capitän trat in die entstandene Oeffnung, und schob die Thür von Innen wieder vor. Sie schloß so genau wie vorher. Man mußte das gesehen haben, was Müller beobachtet hatte, sonst wäre man sicher nicht auf den Gedanken gekommen, daß diese Stelle der Wand eine Thür bilde.

Der Deutsche schlich sich augenblicklich durch die Thür in das Häuschen hinein, und legte sich dort mit dem Ohre auf den Boden nieder, um zu lauschen. Er hörte unter sich dumpfe Schritte, welche nach und nach verhallten.

Sollte er folgen? Gewiß! Vielleicht fand sich niemals wieder eine so gute Gelegenheit, den Capitän zu beobachten.

Er zog also seine Laterne auch hervor und brannte das Licht in derselben an. Dann schob er die Thür ganz in derselben Weise zurück, wie es der Alte gethan hatte. Als er hineingetreten war, sah er eine schmale Treppe, welche in gerader Richtung in die Tiefe führte. An der Innenseite der Thür gab es einen zweiten Nagel, welcher als Handhabe diente, sie wieder zu verschließen. Müller that dies und stieg dann die Treppe hinab, während er in der einen Hand die Laterne, und in der anderen den Revolver hielt. Es waren über zwanzig Stufen, welche er zu steigen hatte. Dann kam er in einen größeren, viereckigen Raum, in welchem allerlei Hacken, Schaufeln und andere Geräthe lagen, deren Zweck ihm erst in späterer Zeit einleuchtete.

Dieser Raum hatte zwei Ausgänge, einen nach dem Schlosse zu, welcher gar keine Thür zeigte, und einen nach dem Walde zu, welcher durch ein starkes, mit Eisenblech beschlagenes Thor verschlossen war. Der unterirdische Weg nach dem Schlosse hin bestand aus einem Stollen, welcher eine Höhe von sieben Fuß und eine Breite von fünf Fuß hatte. Er war aus Backsteinen gewölbt und schien sehr trocken zu sein. Müller beschloß, ihm zu folgen.

Da der Capitän gar nicht weit vor ihm sein konnte, so steckte er die Laterne in die Tasche, und schritt im Dunkeln weiter. Nur zuweilen zog er sie ein klein Wenig heraus, um einen schnellen Lichtblitz auf seinen Weg fallen zu lassen, und sich dadurch zu vergewissern, daß er keiner Gefahr entgegengehe.

So kam er, da er sich mit beiden Händen an den Seitenwänden stützen konnte, sehr schnell vorwärts, und sah schließlich einen Lichtschein vor sich auftauchen. Da vorn ging der Capitän. Müller trat so leise wie möglich auf, um nicht gehört zu werden, konnte aber die Schritte des Alten, dem er sich immer mehr näherte, ganz deutlich vernehmen.

Auf diese Weise hatte er eine weite, weite Strecke zurückgelegt, als er fühlte, daß die Wände jetzt aus harten Steinen bestanden. Er befand sich jedenfalls unter dem Schlosse. Und nun blieb auch der Alte längere Zeit an einem Punkte halten, von welchem aus sein Licht nach oben verschwand.

Bis ungefähr dorthin folgte Müller im Dunkeln. Dann zog er seine Laterne hervor. Er bemerkte beim Scheine derselben, daß er sich in einem eigenthümlich angelegten Gemäuer befand, von welchem aus schmale Treppen nach mehreren Seiten emporführten. Er erkannte sofort, daß hier alle geheimen Gänge des alten Schlosses zusammenstießen; es mußte da eine große Anzahl Doppelmauern geben.

Noch hörte er die Schritte des Alten über sich. Er folgte ihm mehrere Stockwerke hoch auf einer nur zwei Fuß breiten Treppe, bis er plötzlich einen sehr hellen Lichtfleck vor sich sah und zwei Stimmen hörte, welche mit einander sprachen. Er steckte seine Laterne ein und schlich näher. Je näher er kam, desto deutlicher erkannte er die Stimmen; es waren diejenigen des Capitäns und des Directors.

Die helle, viereckige Lichtstelle fiel durch eine Oeffnung in der Seitenmauer. Müller wagte es, sich bis an den Rand dieser Oeffnung heranzuschleichen, und konnte nun die ganze Scene überblicken.

Er befand sich hinter einer Wand des Zimmers, welches der Director bewohnte. Dieses Zimmer war mit Eichenholz getäfelt, und ein Fach der Täfelung bildete eine geheime Thür, welche jetzt geöffnet war. Der Director stand mit sichtlich erschrockenem Gesicht vor dem Alten, der durch die Mauer erschienen war wie ein Geist. Der Director konnte sich dies nicht erklären.

„Ueberwinden Sie Ihren Schreck! Sie sehen ja, daß ich kein Gespenst bin."

Diese Worte des Capitäns waren die ersten, welche Müller deutlich hörte.

„Aber, gnädiger Herr, wie kommen Sie zu mir?" stammelte der Director.

„Durch diese geheime Thür. Sie sehen es ja!" antwortete der Alte. „Ich habe es vorgezogen, auf diesem ungewöhnlichen Wege zu erscheinen, weil auf diese Weise von Niemand bemerkt wird, daß wir so spät noch eine Unterredung haben. Sie ahnen, über welchen Gegenstand?"

„Ich möchte doch lieber vorher nach demselben fragen, gnädiger Herr!"

„Schön! Aber setzen Sie sich, Herr Director; Sie zittern ja am ganzen Körper! Was ist's mit Ihnen?"

Seine Worte klangen gar nicht zornig oder höhnisch, wie man hätte erwarten können; sie waren sogar in einem theilnehmenden Tone ausgesprochen.

„O, es ist ja nur der Schreck, der mich überfiel, als diese Wand sich theilte, und Sie hereintraten. So etwas erwartet man doch nicht."

„Ich kann allerdings begreifen, daß Sie erschrocken sind. Welcher Schreck war denn übrigens größer, der jetzige, oder der unten im Garten?"

„Gnädiger Herr —" stammelte der Director, blieb aber in der Rede stecken.

„Na, Sie waren ja im Garten! Nicht?"

„Allerdings," gestand der Gefragte.

„Bei meiner Schwiegertochter?"

„Ja."

Der Director wurde von Secunde zu Secunde bleicher. Der Alte schien dies nicht zu beachten. Er fuhr im freundlichsten Tone fort:

„Der heutige Tag ist ein eigenthümlicher. Ich habe da mehr sprechen müssen, als sonst in einem Monat und Sie wissen ja, daß ich das nicht liebe. Aber es giebt Dinge, welche man nicht unbesprochen liegen lassen kann. Warum liefen Sie denn eigentlich im Garten davon, Herr Director?"

„Weil — weil — ich dachte —" stammelte der Gefragte in höchster Verlegenheit.

„Weil Sie dachten, ich könne diese Scene einer falschen Deutung unterwerfen, meinen Sie? Nun, die Frau Baronin hat mich aufgeklärt. Sie hat den Abend genießen wollen, und Sie sind aus ganz demselben Grunde nach dem Garten gegangen. Meine Frau Tochter ist über Ihr Erscheinen so erschrocken gewesen, daß sie in Ohnmacht fiel, und Sie haben sich ihrer ritterlich angenommen. Das hat sie mir erzählt, als Sie fort waren.

Dem Director fiel bei diesen Worten ein schwerer Stein vom Herzen. Der Alte fuhr fort:

„Ich will gestehen, daß ich Ihnen für einen Augenblick lang im Herzen Unrecht gethan habe; aber daran war Ihre plötzliche, unmotivirte Flucht schuld. Warum rissen Sie aus? Das mußte doch Verdacht erwecken! Ich bitte Ihnen hiermit meinen Verdacht ab und werde ihn sogleich gut machen. Haben Sie Papier bei der Hand?"

„Genug," antwortete der Director aufathmend.

„So nehmen Sie einen halben Bogen und fertigen Sie mir das Blanquet einer Quittung aus. Ich habe Ihnen heute eine Gratification versprochen. Wo ist das Geld, welches Sie wieder mit fortnehmen mußten?"

„Hier, in meinem Schreibtische."

„Zählen Sie es auf!"

Müller sah, daß der Director das Geld aus dem verschlossenen Fache nahm, und da es mit lauter Stimme aufgezählt wurde, so hörte er es deutlich, wie viel es war. Es waren die beiden Summen, von denen der Director heute gesprochen hatte. Dieser Letztere bemerkte am Schlusse:

„Diese beiden Firmen sind stets so vorsichtig, die Nummern ihrer Noten einzutragen und die Letzteren außerdem zu zeichnen. Sie sehen auf jeder einzelnen die betreffenden Buchstaben, gnädiger Herr."

„Das mag für gewisse Fälle gut sein," meinte der Veteran trocken. „Doch nun das Blanquet, Herr Director!"

„Warum Blanquet, gnädiger Herr? Wollen Sie nicht die Gewogenheit haben, das Document gleich fertigen zu lassen?"

„Ich habe mich noch nicht entschlossen, welche Summe ich Ihnen aussetzen werde. Ich will erst morgen nachsehen, was und wie in den letzten Tagen gearbeitet worden ist. Setzen Sie einfach das Datum, nämlich das heutige, unten in die linke und Ihren Namen in die rechte Ecke."

„Ganz wie Sie befehlen, Herr Capitän!"

Er schrieb Namen und Datum in die beiden Ecken und reichte dann das Blatt dem Alten hin. Dieser betrachtete die Unterschrift genau und sagte sodann in einem ganz und gar veränderten Tone:

„So, das genügt, freilich nicht, Sie zu belohnen, sondern Sie zu bestrafen!"

Der Director blickte ihn überrascht an und fragte:

„Bestrafen? Verstehe ich recht, gnädiger Herr?"

„Sie haben ganz und gar richtig gehört. Sie sollen bestraft werden, sagte ich."

„Wofür?"

„Erstens dafür, daß Sie es wagen, Ihre Hand nach der Baronin auszustrecken."

„Ah, Sie haben doch soeben selbst gesagt, daß die Frau Baronin so gnädig gewesen sei, Sie über die Situation aufzuklären."

„Hm, sie hat es freilich versucht, aber ich bin nicht der Mann, der sich von einem Weibe betrügen läßt. Ich weiß Alles, Alles, mein Herr!" lachte der Alte höhnisch.

(Fortsetzung folgt.)

Die Liebe des Ulanen.

Original-Roman aus der Zeit des deutsch-französischen Krieges von Karl May.

(Fortsetzung.)

Der Director erbleichte, als er die Mittheilung des Capitäns vernahm, versuchte aber dennoch, sich zu vertheidigen.

„Da muß ein großer, beklagenswerther Irrthum vorwalten, Herr Capitän."

„O, nicht im Geringsten! Ich habe hinter der Bank gestanden und Ihre ganze Unterhaltung mit angehört. Uebrigens sehen Sie jetzt, daß ich geheime Gänge und Beobachtungspunkte habe. So gelang es mir, alle Zusammenkünfte, welche Sie mit dieser Baronin in deren Boudoir hatten, zu belauschen."

Der Director sank auf den Stuhl zurück und schloß vor Schreck die Augen.

„Noch heute Früh," fuhr der Alte in strengstem Tone fort, „hörte ich, daß Sie sich für den Abend in den Park bestellten. Ebenso verstand ich jedes Wort, was Sie über mich sprachen. Ich brachte da zum Beispiel in Erfahrung, daß Sie nur durch die Liebe zur Baronin in Ihrer gegenwärtigen Stellung festgehalten werden. Sagen Sie da gefälligst selbst, ob dies Belohnung oder Strafe verdient?"

„Gnädiger Herr," rief da der Mann entsetzt, „ich habe Ihnen treu gedient; ich bin es gewesen, der Ihr Etablissement zu dem gemacht hat, was es ist!"

„Treu gedient? Hahaha! Hier kommt das Zweite, wofür ich Sie bestrafen muß!"

„Was ist es?" fragte der Director voller Angst. Er kannte den Alten; er wußte, daß bei ihm von Nachsicht keine Rede sei. Er begann, Alles zu befürchten.

„Da ich hörte, daß Sie nur durch die Baronin festgehalten werden, so hatte ich das Recht, Ihnen zu mißtrauen. Ich beschloß also, Ihre Effecten zu durchsuchen."

„Ah! Sie hatten kein Recht dazu!"

Jetzt gewann der Director seinen Muth wieder. Sie standen sich Mann und Mann gegenüber; da war Einer so viel werth wie der Andere. Er beschloß, sich zu wehren.

„Schweigen Sie!" gebot der Alte. „Sie sehen, daß ich heimlich in Ihre Wohnung treten kann. Sie wissen ferner, daß Sie kein Eigenthum hier besitzen, daß alle diese Möbels mir gehören. Ich habe zu ihnen, selbst zu den geheimen Fächern, Doppelschlüssel. Während Sie im Parke Ihre Courtisane erwarteten, trat ich durch diese Thür in Ihre Wohnung ein, und durchsuchte die geheimen Fächer Ihres Schreibtisches. Wissen Sie, was ich gefunden habe?"

Der Director erkannte, daß ein Leugnen gar nichts helfen könne. Am Besten war hier die Frechheit am Platze; darum trat er auf den Alten zu und sagte drohend:

„Sie haben es wirklich gewagt, in meine Wohnung einzudringen?"

„Allerdings!" lachte der Veteran. „Haben Sie Etwas dagegen, Monsieur?"

„Das wird sich finden! Nun, was haben Sie denn entdeckt, Herr Capitän?"

„O, Verschiedenes! Aber ich will Ihnen nur das Eine vorlesen!"

Er zog einen Brief aus der Tasche, entfaltete ihn und las:

„Herrn Fabrikdirector Metroy in Ortry.

„Auf hohen Befehl ist Ihnen mitzutheilen, daß man nicht gesonnen sein kann, von Ihrer Offerte Gebrauch zu machen. Wenn es in Frankreich wirklich geheime Waffenplätze giebt, welche angelegt werden, um Franctireurs und andere Rotten auszurüsten, so kann dies eine Regierung nicht wankend machen, welche mit Ihrem Kaiser im besten Einvernehmen steht.

„Wir sehen übrigens auch davon ab, Ihren Behörden von Ihrem Anerbieten irgend welche Mittheilung zu machen, werden jedoch Ihr Schreiben für spätere Fälle bei uns in sorgsame Verwahrung nehmen."

Die Augen des Capitäns funkelten, als er diesen Brief, dessen Unterschrift er nicht mit vorgelesen hatte, wieder in die Tasche steckte. Er knirschte:

„Sie haben also unser glorreiches Unternehmen für schnödes Geld verrathen wollen!"

„Nur aus dem Grunde, weil Sie knausern, und mich nicht bezahlen wollen," antwortete der Director.

„Sie gestehen es also ein?"

„Warum nicht?" fragte der Mann, indem er gleichmüthig die Achseln zuckte.

„Ah, wissen Sie, daß ich der Arrangeur des ganzen Werkes bin? Daß Alle mir Treue geschworen haben, und daß ich jede Untreue bestrafen werde?"

„Pah, mich können Sie nicht bestrafen!" lachte der Director.

„Warum nicht?"

„Weil Ihr ganzes Lager sich in meiner Hand befindet. Sie haben mich vorhin erschreckt, weil ich mich wirklich schuldig fühlte, aber dieser Schreck hat nicht lange gedauert. Sie glauben, mein Meister zu sein, aber ich bin der Ihrige. Ich habe mich vorgesehen. Was verstehen Sie von Chemie, von Galvanismus, von Electricität! Dieses Zimmer steht mit den Eisenwerken und dem Lagerraume in electrischer Verbindung. Es bedarf nur eines einzigen Griffes, eines leisen Druckes, so fliegt Alles in die Luft, Ihre Fabriken und Ihre sämmtlichen Vorräthe. Dann mögen Sie Ihre Franctireurs gegen Deutschland bewaffnen, wenn Sie können!"

„Alle Teufel!" rief der Alte, welcher doch gewaltig erschrak.

„Sie sehen jetzt, wie die Sachen stehen," fuhr der Director in stolzem Tone fort, denn er war überzeugt, daß jetzt er es sei, der die Trümpfe in der Hand hielt. „Ich mag mit Ihnen nichts mehr zu thun haben, da aber das Werk zum großen Theil auch das meinige ist, so möchte ich es nicht gern zerstören. Als ich mein Geheimniß dem Feinde zum Verkaufe anbot, war es mir darum zu thun, meine Mühen anständig belohnt zu erhalten. Zahlen Sie mir das, was ich von Denen da drüben gefordert habe, so will ich zufrieden sein, und Sie mit dem Versprechen verlassen, von jeder Feindseligkeit abzusehen. Ich habe Ihnen meine Kenntnisse und Erfahrungen geliehen; ich habe Tag und Nacht gearbeitet; ich darf auch meine Gratifikation verlangen."

Die Augen des Alten zogen sich zusammen, und sein Schnurrbart stieg empor, um die Zähne sehen zu lassen, aber er beherrschte sich und fragte im möglichst ruhigen Tone:

„Welchen Preis haben Sie von den Deutschen verlangt?"

„Pah, wenig genug! Nur hunderttausend Francs. Sie werden ihre Knauserei mit vielen tausend Leben bezahlen müssen, falls Sie sich entschließen, diese Summe zu bezahlen."

„Ich hoffe das; ich hoffe es! Es kommt die Zeit, in der wir einfordern werden, was diese Blücher's, Gneisenau's und York's von uns liehen! Also meine Eisenwerke stehen wirklich mit diesem Zimmer in electrischer Verbindung?"

„Ja. Ein Druck von mir, und der electrische Funke entzündet unsere ganzen Pulver= und Dynamitvorräthe."

„Sie geben mir Ihr Ehrenwort, daß Sie mir die Wahrheit sagen?"

„Ich gebe es. Sobald ich die Summe in den Händen habe, werde ich Ihnen die Leitung zeigen, damit sie zerstört werden kann."

„O nein, Sie sind gegenwärtig ein verzweifelter Mensch. Wie nun, wenn ich Ihnen die Hunderttausend zahle, und Sie sprengen dennoch Alles in die Luft?"

„Mein Ehrenwort muß Ihnen Bürgschaft sein, daß ich es nicht thue."

„Hm! Wenn man es nur glauben dürfte!" Er nahm eine sehr nachdenkliche Miene an, aber seine Augen glänzten in einem unheimlichen Lichte. Dann fügte er hinzu: „Es ist eine Summe, die gegenwärtig fast über meine Kräfte geht; doch, um das Unternehmen zu retten — hm! Die allgemeine Kasse müßte mit beitragen."

Dabei gingen seine Blicke unbemerkt suchend im Zimmer herum. Wenn sich wirklich ein geheimer Apparat hier im Zimmer befand, so konnte er sich nur im Kleidersecretär oder überhaupt in der Nähe der hinteren Wand des Zimmers befinden; denn eine Leitung an der vorderen, offenen Front des Schlosses frei hinunter zu legen, das wäre ja unvorsichtig gewesen, da sie dort sofort entdeckt werden mußte. Es galt also, den Director in der Nähe des Fensters zu halten. Dort stand der Schreibtisch, dessen sämmtliche Kästen und Fächer vom Capitän heute durchsucht worden waren; dort war nichts zu fürchten.

Der Alte setzte sich an den Schreibtisch, nahm das Blanquet aus der Tasche, in welche er es vorhin gesteckt hatte, und sagte unter heftigem Zucken seiner Schnurrbartspitzen:

„Wie die Arbeit, so der Lohn. Sie sollen Ihren Willen haben!"

„Sie wollen mir die Hunderttausend geben?" fragte der Director erfreut.

Der Alte nickte mit dem Kopfe und antwortete:

„Ich werde Ihnen zahlen, was Sie verdienen. Lesen Sie nachher selbst. Ihre Quittung steht ja bereits darunter."

Er griff nach der Feder, um das Blanquet auszufüllen. Als er damit fertig war, erkundigte er sich noch:

„Haben Sie unser Geheimniß sonst noch Jemandem angeboten?"

„Nein."

„Haben Sie bei dieser einzigen Offerte eine Andeutung gemacht, aus welcher man errathen könnte, wo unsere Vorräthe zu finden sein dürften?"

„Halten Sie mich für einen Dummkopf? Meinen Zeilen nach muß man das Lager in der Nähe von Straßburg vermuthen."

Müller hörte jedes Wort. Er wußte am Besten, daß diese Ansicht des Directors eine völlig falsche sei. Der Alte schien befriedigt; er trat vom Schreibtische fort, auf welchem er das ausgefüllte Blanquet liegen ließ, deutete auf dasselbe und sagte:

„So sind wir einig. Geben Sie her und lesen Sie!"

Er schritt langsam nach dem hinteren Raume des Zimmers, um denselben zu bewachen, da er dort die electrische Leitung vermuthen mußte. Der Director war ebenso erstaunt wie erfreut, den Alten so leicht besiegt und zur Zahlung einer solchen immerhin bedeutenden Summe gezwungen zu haben. Er setzte sich an den Schreibtisch und nahm das Document in die Hand. Dies that er natürlich in der sicheren Meinung, daß es eine Quittung auf Hunderttausend Francs enthalte; zu seinem Erstaunen jedoch las er folgende Zeilen:

„Ich bescheinige hiermit voller Reue und der Wahrheit gemäß, daß ich die heute an meinen Principal auszuzahlenden beiden Summen drückender Schulden halber unterschlagen und zu meinem Nutzen verwendet habe. Möge Gott mir verzeihen, daß ich mit diesem Verbrechen aus dem Leben gehe!"

Darunter stand der Datum und sein Name, welches Beides er bereits vorhin unterzeichnet hatte. Er war einen Augenblick völlig starr vor Erstaunen, dann fragte er:

„Was soll dies heißen, Herr Capitän?"

„Daß ich dennoch Ihr Meister bin, Sie aber nicht der meinige," lachte der Gefragte höhnisch, „obgleich Sie vorhin das Gegentheil behaupteten. Sie werden keinen Sou erhalten; Sie werden Ihren Verrath und die Verführung der Baronin büßen ganz so, wie ich es mir heute Morgen vorgenommen hatte!"

„Und Sie meinen, ich sollte mich vor Wuth darüber ersaufen oder vergiften?"

„Das wird sich finden!"

„Da irren Sie sich! Sie sind ein Lügner, ein Schurke! Ich werde Ihnen beweisen, daß ich Sie in Hinsicht auf die electrische Leitung nicht getäuscht habe. Ich frage Sie zum letzten Male: Wollen Sie die Hunderttausend bezahlen oder nicht?"

„Keinen einzigen Franken, keinen Sou!"

„So passen Sie auf, wie es krachen wird!"

Er sprang nach dem hinteren Theil des Zimmers, wo der Capitän stand.

„Ja passen Sie auf, wie es krachen wird!" antwortete dieser. „Aber nicht meine Eisenwerke werden in die Luft gehen, sondern Ihr dummer Kopf!"

Er hatte im Nu die Pistole hervorgezogen und drückte ab. Der Director stürzte mit zerschmettertem Schädel zu Boden. Der Mörder bückte sich zu ihm nieder, um sich zu überzeugen, daß er todt sei, und trat dann nochmals an den Schreibtisch, um das Document so zu legen, daß es sofort in die Augen fallen mußte. Das Geld hatte er bereits eingesteckt. Dann eilte er durch die verborgene Thür hinaus und brachte das Täfelwerk wieder in Ordnung.

Traf er dort den Deutschen an, welcher da gestanden und Alles gehört und gesehen hatte? Nein. Müller hatte natürlich keine Ahnung gehabt, daß diese Unterredung einen solchen Verlauf nehmen werde. Besonders der letzte Theil hatte sich mit einer so rapiden Schnelligkeit entwickelt, daß der Mord zehnfach schneller ausgeführt wurde, als er gelesen werden kann. Sollte der Deutsche beispringen, da nun doch nichts mehr zu ändern war? Nein; das wäre die allergrößte Unklugheit gewesen. Er mußte vor allen Dingen an seine Aufgabe denken; es galt zunächst, unbemerkt fortzukommen. Kaum war der Schuß gefallen, so riß Müller seine Laterne hervor und stieg in fliegender Eile die engen Treppen hinab, denn er sagte sich, daß auch der Capitän das Zimmer verlassen werde, da der Schuß ja alle Bewohner aus dem Schlafe wecken mußte.

Er kam glücklich da unten an, wo die geheimen Treppen alle zusammenführten, und eilte in großen Sprüngen den unterirdischen Gang entlang nach dem Parkhäuschen zu. Nachdem er dort den geheimen Eingang in Ordnung gebracht hatte, verlöschte er die Laterne, ohne welche eine so schnelle unterirdische Flucht eine Unmöglichkeit gewesen wäre, und eilte dann dem Schlosse zu.

Dort angekommen, sah er, daß bereits viele Fenster erleuchtet waren, doch befand sich zu seiner Freude noch Niemand im Hofe. Er schwang sich am Blitzableiter empor. An den Fenstern der zweiten Etage angekommen, warf er einen Blick in das Zimmer des Capitäns. Dieser trat unter die Thür, mit ungekämmtem Haar und Bart, im Schlafrock, Nachthosen und Pantoffeln, das Nachtlicht in der Hand, und examinirte einen Diener. Wer ihn so sah, der schwor darauf, daß er direct aus dem Bette komme. Es wollte dem Deutschen vor diesem Alten grauen.

Er langte glücklich und unbemerkt auf dem Dache an und dann auch in seinem Zimmer an, wo er sich schleunigst seiner Verkleidung entledigte und sich so anzog, daß er für einen aufgestörten Schläfer gehalten werden mußte, der in der Eile nur die allernöthigsten Kleidungsstücke angelegt hatte.

Er ging dann, um sich die Aufregung der Leute zu betrachten. Das Zimmer des Directors war voller Menschen, eben so der Platz vor demselben. Der Capitän hatte bereits nach den Herren von der Justiz geschickt, welche sich heute im Schlosse befanden. Diese kamen und fanden das letzte Schreiben des Todten.

Der Capitän wurde gefragt; er erklärte, daß er gar nicht wisse, das Geld angekommen sei, man solle die Bücher nachschlagen. Der Thatbestand wurde sofort gerichtlich aufgenommen und die Leiche aus dem Schlosse geschafft. Dann suchte man die unterbrochene Ruhe wieder auf.

Auch die Baronin war vom Schusse erwacht und nach der Unglücksstätte geeilt. Doch mochte sie die Leiche nicht sehen. Der Tod dieses Mannes erschütterte sie, doch nur für einen Augenblick; im nächsten dachte sie bereits an den geheimnißvollen Officier, an dessen Herzen sie gelegen hatte. Als sie sich wieder nach ihrem Zimmer begeben wollte, traf sie auf der Treppe den Capitän. Da kein Mensch zugegen war, konnte er es nicht unterlassen, ihr zuzurufen:

„Ein schöner Geliebter! Nicht, Madame?"

Sie wich von ihm zurück, streckte abwehrend beide Hände aus und sagte:

„Mörder! Aber es wird an den Tag kommen!"

Ein halblautes Hohnlachen war die Antwort des hart gesottenen Alten, der mit so kalter Berechnung ein Menschenleben vernichtet hatte. —

Was Müller betrifft, so konnte er lange Zeit keinen Schlaf finden. Dieser erste Tag auf Ortry war einer der ereignißreichsten seines Lebens gewesen. Erst die Unterredung mit der Wirthin, dann die Rettung Alexander's, sein Empfang, seine Probe, die Entdeckung des verborgenen Lauscherpostens in seinem Zimmer und des geheimen Einganges im Parkhäuschen, das Liebesabenteuer mit der Baronin und endlich die Mordscene in der Wohnung des Directors. Das war mehr als genug an einem Tage.

Am Meisten beschäftigte ihn die letzte Scene. Sollte er den Mörder anzeigen? Moralisch hatte er jedenfalls die Verpflichtung dazu; aber waren die Gründe der Klugheit nicht noch zwingender als diejenigen des moralischen Gewissens? Sollte er seine heutigen Errungenschaften alle opfern und das Gelingen seiner wichtigen Sendung zur Unmöglichkeit machen, um einen Todten zu rächen, dessen Leben nicht zurückgerufen werden konnte? Konnte er Marion's Großvater als Mörder an den Pranger stellen? Würde man seiner Aussage Glauben schenken? Er war ein verhaßter Deutscher und der Angeklagte ein Officier der berühmten Garde, ein Ritter der Ehrenlegion! Konnte er Beweise bringen? Man konnte sich zwar von dem Vorhandensein der geheimen Thür überzeugen, aber was weiter? Der sicherste Beweis wären die gezeichneten Banknoten gewesen; aber wo hatte der Alte sie versteckt? Er hatte sie dieser Zeichnung wegen ganz sicher da verborgen, wo man sie nicht finden konnte. Uebrigens war der Ermordete das Alles werth? Er war ein Feind Deutschlands gewesen und sodann ein Verräther seines eigenen Vaterlandes geworden.

Was war das doch für eine Familie, diese Sainte-Marie's! War Marion, die Heißgeliebte, wirklich edler als die Anderen?

Diese Gedanken gingen ihm wirr im Kopfe herum, bis er endlich einschlief; aber noch im Schlafe peinigten sie ihn, und als er erwachte, fühlte er sich mehr ermattet als gestärkt von der nächtlichen Ruhe.

Bereits am frühen Morgen war auch der Capitän wach. Er ließ mehrere seiner besten Leute aus der Fabrik kommen, um sie nach dem Torpedo suchen zu lassen, aber all' ihr Scharfsinn war vergebens. Es wurde dem alten, furchtlosen Manne doch ängstlich zu Muthe. Wenn irgend Jemand ganz nichtsahnend die verhängnißvolle Leitung berührte, so war das fürchterlichste Unglück unvermeidlich. Da kam ihm ein Gedanke:

„Dieser Monsieur Müller hatte so feine Censuren in allen Wissenschaften. Ob nicht er entdecken könnte, was die Anderen nicht zu finden vermögen?"

So dachte er, und ließ nach dem Deutschen schicken. Müller kam. Der Alte empfing ihn mit einer Freundlichkeit, welche bei ihm ganz ungewöhnlich war, und fragte:

„Monsieur, haben Sie auch Electrotechnik studirt?"

„Ein Wenig, gnädiger Herr," antwortete der Gefragte, welcher sogleich ahnte, aus welchem Grunde diese Frage an ihn gestellt wurde.

„Wissen Sie, daß man Pulverminen vermittelst der Electricität entzünden kann?"

„Sehr wohl, Herr Capitän!"

„Ist eine solche Mine leicht zu zerstören, oder die Leitung leicht zu finden und zu vernichten?"

„Das kommt ganz auf die Umstände an. Ich habe als Techniker bereits öfters Glück gehabt," antwortete er, und sagte damit die Wahrheit, da er früher bei dem Geniecorps gestanden hatte.

„Ah, Monsieur, da muß ich Ihnen Mittheilung machen! Sie haben diesen Director gekannt, welcher sich erschossen hat?"

„Nur höchst flüchtig gesehen."

„Nun, dieser Mann hatte den schrecklichen Plan, meine Eisenwerke in die Luft zu sprengen. In seinem Zimmer soll sich die Leitung befinden. Sie ist jedoch nicht zu entdecken. Wollen Sie einmal Ihren Scharfsinn versuchen?"

„Ich stehe Ihnen sehr gern zu Diensten, gnädiger Herr."

„So kommen Sie!"

Sie begaben sich mit einander nach der Wohnung des Verstorbenen. Es schauerte Müller, als er da eintrat. Die Blutflecke hatten zwar weggewaschen werden sollen, waren aber noch nicht gewichen. Dort befand sich die geheime Thür, und hier stand der Schreibtisch, auf welchem das schauerliche Ende des Todten unterschrieben worden war.

„Giebt es eine Leitung hier, so ist sie nicht vorn, sondern hinten zu suchen," sagte Müller.

Der Alte nickte mit sehr zufriedener Miene und sagte:

„Ganz auch meine Meinung, Monsieur. Suchen Sie!"

Müller ließ den forschenden Blick umherschweifen, und trat dann schnell zu der altmodischen Lyoner Wanduhr, welche vom Fußboden an bis gerade zur Decke reichte. Sie hatte ein schwarzes, wurmzerfressenes Gehäuse.

„Sehen Sie etwas?" fragte der Alte.

„Ich glaube, etwas gefunden zu haben, will mich aber vorher überzeugen."

Er schob den Tisch an die Uhr, setzte einen Stuhl auf denselben, und stieg dann auf den letzteren, so daß er zwischen der Decke des Zimmers und dem oberen Boden des Gehäuses hindurch zu blicken vermochte; dann zeigte er nach der Decke empor und fragte:

„Wer wohnt dort oben?"

„Der Hausmeister."

„Ah, mein Vorgesetzter!" lächelte Müller. „Befindet er sich noch da?"

„Ja, er war ein guter Unterofficier und ein treuer Hausmeister. Sie haben ihm das Gesicht zerhauen; ich werde ihn wieder curiren lassen, obgleich ich mir gerade das Gegentheil ausbedungen habe."

„Hätte ich gestern gewußt, was ich heute sehe, so hätte ich ihm nicht nur das Gesicht zerhauen, sondern den Kopf abgeschlagen. Er ist der Mitschuldige des Directors."

„Donnerwetter, ist's möglich!" rief der Alte ganz erschrocken.

Müller öffnete die Thür der Uhr, blickte in das Gehäuse und antwortete:

„Gnädiger Herr, Ihre Eisenwerke, so schwer sie sind, haben wirklich an einem einzigen Haar gehangen, und das Leben Ihrer Arbeiter dazu. Bitte, treten Sie näher!"

Und als der Capitän herbeigetreten war, zeigte er mit dem Finger an die eine Seite des Gehäuses und fuhr fort:

„Sehen Sie das einzelne Pferdehaar, welches hier außen herunter hängt? Es ist bei der Schwärze der Uhr kaum von ihr zu unterscheiden."

Der Alte streckte die Hand aus, um nach dem Haare zu greifen.

„Um Gotteswillen nicht anfassen!" rief Müller, indem er ihm die Hand fortstieß. „Ziehen Sie nur im Geringsten daran, so fliegt Ihre ganze Fabrik in die Luft!"

„Ah, wahrhaftig, ein Haar," sagte der Veteran. „Es führt oben in den Kasten."

„Und da ist es mit einem außerordentlich dünnen Kupferdrath verbunden, der erst oben durch das Gehäuse geht und dann durch die Zimmerdecke. Der Intendant hat mit dem Director im Einvernehmen gestanden. Lassen Sie uns zu ihm gehen!"

Der Alte folgte dieser Aufforderung mit außerordentlicher Geschwindigkeit. Als sie die Treppe erstiegen hatten und oben eintraten, lag der Hausmeister in seinem Bette. Kein Mensch war bei ihm.

„Was soll das! Was will dieser Mensch bei mir?" rief er, als er mit seinem einen Auge den Deutschen erkannte.

„Das sollst Du Halunke sogleich erfahren!" antwortete der Veteran. „Suchen Sie, Monsieur Müller!"

Müller kniete in der Ecke nieder, welche gerade über der Uhr des unteren Zimmers lag, suchte dann am Boden fort, öffnete das Fenster und blickte hinaus.

„Haben Sie es?" fragte der Capitän, brennend vor Ungeduld.

„Ja. Blicken Sie nur her, um sich selbst zu überzeugen! Hier in dieser Ecke tritt der Leitungsdrath in dieses Zimmer ein und geht unter der Dielenleiste längs der Wand bis an die Mauer der hinteren Schloßfronte. Hier ist ein dünnes Loch durch die Mauer gearbeitet, um den Drath hindurch zu lassen, der dann am Simse hin entlang der Fronte läuft. Ihn da anzulegen, hat viel Arbeit gekostet, zumal diese in aller Heimlichkeit vorgenommen werden mußte."

Da konnte sich der grimmige Alte nicht länger halten. Er stürzte auf den Hausmeister zu, faßte ihn bei der Brust und donnerte ihn an:

„Hund, Kerl, wer hat Dir das gerathen?"

Das kam dem Manne so unerwartet, daß er unwillkürlich mit der Antwort herausplatzte:

„Der Director, gnädiger Herr!"

„Was hat er Dir geboten?"

„Fünftausend Franken."

„Und Hunderttausend wollte er haben! Also für fünftausend Franken wolltest Du mich ruiniren und alle meine Leute morden! Heraus aus dem Bette! In das Gefängniß, wo Du hingehörst, Du Hallunke, Du — Du — Du Vorgesetzter Du!"

Der Alte wußte zwar nicht, was Müller mit diesen Worten gemeint hatte; aber er ahnte, daß eine negative Bedeutung mit demselben verbunden sei, und da er vor Wuth nichts anderes fand, so wendete er es an, um seinen ganzen Zorn auszudrücken.

Der Mann flehte jämmerlich, aber es half ihm nichts. Der Veteran klingelte einige Leute herbei, welche ihn ankleiden, fesseln und fortschaffen mußten. Erst nachdem dies geschehen war, wandte er sich wieder an Müller:

„Monsieur, Sie sind braver und klüger als das ganze Volk, welches ich bisher um mich hatte. Sie sind gerade nur zu unserer Rettung nach Ortry gekommen. Aber was nun?"

„Begeben wir uns nach unten, gnädiger Herr," antwortete Müller, „damit wir sehen, wo der Drath in die Erde geht."

Das thaten sie, und Müller fand, daß die Leitung unter einer Dachrinne herabgezogen war und hinter dem Rinnsteine in den Boden drang.

„Hier schneiden wir den Drath durch," sagte er; „dann ist die hauptsächlichste Gefahr vorüber. Unter der Erde muß der Drath noch eine Umhüllung haben; er ist also stärker, so daß man ihm leicht folgen kann. In der Fabrik werden wir dann sehen, in welche gefährlichen Stoffe er geleitet wurde."

Da antwortete der Capitän mit großer Schnelligkeit:

„So lange darf ich Sie nicht abhalten, Monsieur. Nun wir den Draht gefunden haben, ist das Uebrige leicht; dazu habe ich Arbeiter mehr als genug. Sie aber haben sich zunächst Alexander zu widmen."

Müller verstand den Alten. Dieser wollte ihn, den Deutschen, nicht in das Getriebe seiner Pläne blicken, am Allerwenigsten aber ihm den aufgestapelten Munitionsvorrath sehen lassen. Er that, als ob er dies nicht ahne und kehrte in sein Zimmer zurück, zufrieden, den Beifall des Schloßherrn gefunden zu haben.

Dort suchte er Alexander auf, um ihn zu einem abermaligen Spaziergang aufzufordern. Müller willigte sehr gern ein, und unterwegs fand er, daß der Knabe sich immer fester an ihn schloß.

„Wissen Sie, Monsieur," sagte Alexander, „daß man gezwungen ist, Sie lieb zu haben?"

„Warum?"

„Weil man Unglück hat, wenn man Sie haßt. Die Beiden, von denen Sie beleidigt wurden, sind bereits bestraft. Der Eine hat sich erschossen, und der Andere sitzt mit einer bösen Gesichtswunde im Gefängnisse. Ich werde die Leute warnen, Ihr Feind zu sein. Besonders werde ich dies Marion sagen."

„Marion? Wer ist das?" fragte Müller, sich verstellend.

„Marion ist meine Schwester, meine halbe Schwester; aber sie ist doch so gut, als ob sie meine richtige Schwester wäre. Ich habe ihr sehr vielen Kummer bereitet; meist darum ging sie fort, denn ich verklagte sie immer bei Mama und dem Großpapa. Aber als ich gestern schlafen ging, da habe ich sehr lebhaft an sie gedacht, und da ist mir der Gedanke gekommen, daß ich recht schlimm gegen sie gewesen bin. Ich verspreche Ihnen, dies nie wieder zu thun, Monsieur!"

„Warum haben Sie denn gerade gestern diesen Gedanken gehabt?"

„Weil ich mit Ihnen spazieren gewesen bin. Sie predigen nicht; Sie geben keine guten Lehren, aber man fühlt bei Ihnen das, was Sie zu sagen unterlassen."

Müller antwortete nicht, doch bückte er sich nieder und küßte den Knaben auf die Stirn. Er fühlte sich innerlich beglückt, diese Seele, welche bereits auf falsche Wege geführt worden war, bereits nach einem einzigen Tage gewonnen zu haben.

Sie drangen heute viel tiefer in den Forst ein, als gestern, tiefer und immer tiefer, bis sie auf ein Wirrsal von Felsen stießen, aus denen ein alter Thurm hervorragte.

„Was ist das für eine Ruine?" fragte Müller.

„Das ist Alt-Ortry gewesen," antwortete Alexander. „Jetzt ist nur dieser eine Thurm noch übrig."

„Wollen wir ihn nicht besteigen?"

„Ich möchte nicht."

„Warum nicht?"

Der Knabe blickte ihm treuherzig in das Gesicht und antwortete:

„Weil ich auch hier nicht gut gewesen bin. Großpapa hat mir verboten, diese Ruine zu betreten, und doch habe ich es oft gethan. Nun aber möchte ich dies unterlassen. Aber wenn wir auch nicht hineingehen, das Grab können wir uns doch ansehen."

Er wand sich zwischen den Felsen hindurch, und Müller folgte, bis sie vor einem Hügel standen, der, ungepflegt, mit allerlei Waldblumen bewachsen war. Daneben erhob sich ein mächtiger Felsblock, auf welchem die einfachen Worte: „Hier ruht Liama" kaum noch zu lesen waren.

„Diese Liama war die Mutter Marion's," bemerkte Alexander. „Habe ich Ihnen übrigens bereits gesagt, daß Marion heute nach Hause kommt?"

„Noch nicht."

„Ja, sie kommt. Wir hielten sie für todt, mit einem Dampfschiffe untergegangen; aber am frühen Morgen kam eine Depesche, daß sie am Mittag hier sein wird. Sie bringt eine Freundin mit."

Der Knabe erzählte das in einem freundlichen, keineswegs

aber herzlichen Tone. Die Bande dieser Familie waren ja sehr locker geschlungen.

„Wie wird man die gnädige Baronesse empfangen?" fragte Müller.

„Empfangen?" wiederholte Alexander verwundert. „Nun, die Diener werden ihr aus dem Wagen helfen, und dann geht sie nach ihrem Zimmer."

„Ohne daß man sich freut, daß sie kommt, und ihr dieses sagt?"

Alexander sah ihn groß an und fragte dann:

„Ja, freut sie sich denn auf uns?"

„Gewiß sehr. Man müßte ihr nur zeigen, daß man sie liebt, daß sie willkommen ist."

„Das möchte ich ihr sehr gern zeigen; aber wie soll ich es anfangen?"

Es that Müller sehr weh, daß das Herz dieses begabten Knaben so ganz unbepflanzt geblieben war. Er legte ihm die Hand auf den Kopf und sagte:

„Ich wüßte wohl etwas sehr Schönes. Hat die Baronesse ihre Mutter lieb gehabt?"

„O, sehr. Sie ist sehr oft nach diesem Grabe gegangen."

„So wollen wir von diesen Blumen pflücken, und sie in ihr Zimmer setzen, damit sie, sobald sie kommt, einen Gruß von der Mutter erhält."

Die Augen des Knaben glänzten.

„Ja, das wollen wir thun. Aber Niemand darf es wissen, sonst zanken die Anderen."

Und nun saßen die Beiden am Grabe der Heidin, und sammelten Blumen für Diejenige, der Beider Herzen entgegenschlugen, das Herz des Einen in erwachender Bruderliebe, das des Anderen aber im heißen, vollbewußten Verlangen nach der höchsten Seligkeit des Erdenlebens.

Es war fast Mittag geworden, als sie nach Hause kamen. Auf dem Felde zwischen dem Schlosse und dem Etablissement erblickten sie zahlreiche Arbeiter, welche beschäftigt waren, die Leitung aus dem Boden zu nehmen. Sie gingen zunächst nach Müller's Stübchen, um die Blumen zu zwei Bouquets zu ordnen. Dann schrieb Alexander auf ein Papier die Worte:

„Meiner lieben Marion vom Grabe ihrer Mutter. Alexander."

Und hernach trug er selbst die Bouquets nebst der Widmung nach dem Zimmer der Erwarteten, neben welchem man ein anderes für die Freundin bestimmt hatte.

Der Deutsche hatte sich sein Frühstück auf seine Stube kommen lassen. Er war noch mit demselben beschäftigt, als ein Wagen zum Thore hereinrollte. Rasch trat er an das Fenster und blickte hinab. Ja, da stieg sie aus, die Herrliche. Sein Herz schlug ihm in der Brust, daß er es hören konnte. In welche Umgebung kam sie? Würde sie bleiben, oder dem kalten Leben wieder entfliehen?

Eben als Nanon ausstieg, kam der Capitän herbei. Er reichte der Enkelin einfach die Hand und machte ihrer Freundin eine Verbeugung.

„Das Frühstück ist servirt," sagte er. „Kommen die Damen nach dem Speisesalon?"

„In einer Viertelstunde, lieber Großpapa," antwortete Marion. „Wir müssen doch erst den Reisestaub abfegen."

„Gut, so warten wir!"

Damit ging er davon.

Das war der ganze Empfang nach einer mehrjährigen Abwesenheit. Eine tiefe Bitterkeit wollte in Marion's Herzen emporsteigen, aber sie zwang dieselbe tapfer hinab. Auch Nanon hatte ein anderes Willkommen erwartet, doch hatte sie die Freundin viel zu lieb, als daß sie es sich hätte merken lassen mögen.

Eine Dienerin führte Beide in das Schloß. Sie begaben sich zunächst nach Marion's Stube. Dort war Alles noch so, wie diese es vor Jahren verlassen hatte. Aber da, da standen zwei Bouquets mit einfachen Waldblumen, und zwischen den beiden Vasen lag ein Zettel.

„Meiner lieben Marion vom Grabe ihrer Mutter. Alexander," las die Baronesse, und sofort füllten ihre Augen sich mit Thränen. „Von meiner lieben, lieben Mama!" rief sie. „Und Alexander hat sie gepflückt, der garstige Alexander, wegen dessen ich aus Ortry geflohen bin. O, wie lieb will ich ihn dafür haben!"

Sie barg das thränenreiche Antlitz in die einfachen Blumen, und Nanon trat in das Nebenzimmer, um sie mit ihren Gefühlen allein zu lassen. Beide hatten nicht bemerkt, daß sie den Eingang offen gelassen hatten. Dort stand Alexander und hörte die Worte der Stiefschwester. Wie schön war sie! Fast kannte er sie nicht mehr. Er fühlte eine Art geschwisterlicher Ehrfurcht in seinem Herzen aufsteigen; dennoch aber schlich er leise näher und legte die Arme um sie.

„Marion!"

Sie drehte sich zu ihm herum und erkannte ihn

„Alexander!"

Sie breitete die Arme aus, und dann lagen die Geschwister einander am Herzen. Dieser Augenblick hatte für Alexander's Gemüthsleben eine unendliche Bedeutung. Indem Müller ihm den Rath gegeben hatte, diese Blumen zu pflücken, hatte er mehr für ihn gethan, als wenn er ihm tausend Reden gehalten hätte. Marion küßte den Bruder und sagte:

„Wie freudig hast Du mich überrascht, mein guter Alexander!"

„Ein Gruß von Deiner Mama, sagte Monsieur Müller," erklärte er.

„Monsieur Müller! Wer ist das?" fragte sie.

„Mein neuer Gouverneur, ein Deutscher."

„Ein Deutscher? O, das glaube ich! Die Deutschen haben ein Herz; sie wissen, daß die Liebe das herrlichste Gut der Erde ist."

„Ohne ihn hätte ich nicht an diese Blumen gedacht. Diese Freude haben wir ihm zu danken, liebe Marion. Er ist auch schuld, daß ich Dich von jetzt an recht lieb haben werde. Doch, komm zum Frühstück; Mama wird sonst bös!"

Ein Schatten flog über Marion's schönes Gesicht.

„Ich könnte auch bös sein darüber, daß sie mir nicht einmal Willkommen sagt. Aber da sie unsere Mama ist, will ich nicht klagen."

Die beiden Freundinnen nahmen sich also nicht Zeit, ihre Koffer bringen zu lassen, um neue Kleider anzulegen; sie begaben sich nach dem Speisesaale.

Dort befand sich der Capitän mit der Baronin allein. Sie erhoben sich. Das Auge der Baronin fiel auf ihre Stieftochter, und sofort wurde ihr Gesicht blaß. Vor zwei Jahren war Marion fast noch Knospe gewesen, jetzt aber hatte sie sich zur vollen Rose entwickelt. Die Baronin erkannte, daß sie sich mit ihr nicht messen, nicht vergleichen könne. Der bereits früher gefühlte Haß bohrte sich in diesem Augenblicke unausrottbar tiefer ein. Dennoch aber trat sie ihr entgegen, um sie zu umarmen; aber diese Umarmung hatte ganz den Charakter eines Frohndienstes, den man so schnell wie möglich zu überwinden sucht.

Auch Nanon wurde von der Herrin des Hauses bewillkommnet; dann begann man, wortlos zuzulangen, bis der Capitän denn doch die Peinlichkeit dieser Stille fühlte und seinem schweigsamen Charakter Gewalt anthat, indem er fragte:

„Hast Du gehört, Marion, daß ein Moseldampfer untergegangen ist?"

„Ja," antwortete sie, indem sie ihn groß und ernst anblickte. „Ich glaube, Dir geschrieben zu haben, daß ich dieses Schiff benutzen würde. Ich erwartete eine Frage von Dir."

„Warum? Ich sehe ja, daß Du mit einem anderen Schiffe gekommen bist. Was soll da die Frage nützen?"

„Woher weißt Du das, Großpapa?"

„Ich sehe es daraus, daß Du überhaupt angekommen bist. Wärest Du unglücklicherweise mit jenem Dampfer gefahren, so lebtest Du nicht mehr."

„Wir sind Beide mit ihm gefahren. Wir wurden von zwei muthigen Männern gerettet."

Das erregte denn doch das Interesse des Alten und der Baronin.

„Wirklich?" frug der Erstere rasch. „Erzähle, Marion!"

„Ja, erzähle!" bat auch die Letztere. Und mit gut gespielter Theilnahme fügte sie hinzu: „Mein Gott, wenn Du ertrunken wärest! Welch' ein Schreck, welch' ein Herzeleid!"

Alexander sprang auf. Er war wahrer als seine Mutter; er schlang seine Arme um Marion's Hals und rief:

„Hätte ich das gewußt, so wäre ich gekommen, um mit Dir vom Schiffe bis an das Ufer zu schwimmen!"

Sie liebkoste ihn und erzählte den Unfall in kurzen, aber ergreifenden Worten. Als sie geendet hatte, rief Alexander:

„Das waren zwei so muthige Männer wie mein Monsieur Müller, welcher mich vom Abgrunde hinweggerissen hat. Ich möchte sie wohl kennen lernen. Wie heißen sie?"

„Der Eine, welcher Nanon rettete, ist der Kräutersucher des Doctor Bertrand aus Thionville. Den Anderen, welcher mich an's Ufer brachte, kennen wir nicht. Er ging fort, ohne uns seinen Namen wissen zu lassen."

Doctor Bertrand kannte zwar diesen Namen, aber er hatte vorgezogen, ihn nicht zu nennen. Er hatte jedenfalls im Sinne gehabt, den Damen eine Ueberraschung zu bereiten, wenn sie ihren Retter so unerwartet auf Ortry finden würden.

Während des weiteren Verlaufes des Frühstücks wurden die letzten Erlebnisse auf Schloß Ortry erwähnt, und dabei wurde Müller öfters genannt, ohne daß Marion ahnte, daß er und ihr Retter ein und dieselbe Person sei. Man saß noch bei Tafel, als sich unten im Hofe Pferdegetrappel hören ließ. Der Capitän trat an das Fenster und rief, sobald er einen Blick hingeworfen hatte:

„Besuch! Endlich kommt er; endlich ist er da!"

„Wer?" fragte die Baronin.

„Oberst Graf Rallion."

„Ah, dem muß man entgegen gehen!"

Sie erhob sich in ungewöhnlicher Eile von ihrem Platze und verließ an der Seite des Alten den Speisesaal. Die beiden anderen Damen mußten der Höflichkeit wegen folgen, doch thaten sie es langsam. Auch Alexander schien sich nicht zu überstürzen.

W. VIII. 56.

„Er konnte bleiben, wo er war," sagte er. „Ich liebe diesen Rallion nicht!"

Marion warf einen beinahe zufriedenen Blick auf ihn. Hatte er ihr vielleicht aus dem Herzen gesprochen?

Als sie den Schloßhof erreichten, wurde der Graf soeben vom Capitän und der Baronin mit ausgesuchtester Höflichkeit begrüßt. Er trat sodann zu den beiden Freundinnen, küßte ihnen die Hand und sagte:

„Verzeihung, daß ich gleich den ersten Tag Ihrer Anwesenheit auf Ortry benutze, mich nach Ihrem Wohlbefinden zu erkundigen! Es giebt liebe Pflichten, deren Erfüllung man keine Secunde lang aufschieben möchte."

Marion verneigte sich stumm, er wendete sich aber sogleich zu den Anderen und improvisirte eine Menge Artigkeiten, während denen man die Treppe emporstieg. In diesem Augenblicke kam Müller herab. Er blieb in unterthäniger Haltung stehen, um die Herrschaften vorüber zu lassen. Marion sah ihn und erstaunte freudig. Auch Rallion erblickte ihn. Seine Ueberraschung war so überwältigend, daß er ausrief:

„Morbleu, das ist ja gar der deutsche Billardtölpel! Was thut er hier?"

Alle erschraken und blickten auf den Beleidigten, was er thun werde. Dieser jedoch sah den Grafen gar nicht an; er machte den beiden jungen Damen eine Verbeugung und schritt vorüber.

Das Gesicht Marion's war wie mit Blut übergossen. Schämte sie sich der Rohheit des Grafen oder der Feigheit Müller's? Wer hätte dies wohl sagen können! Der Capitän zuckte verwundert die Achsel. Er konnte gar nicht begreifen, daß ein so ausgezeichneter Schütze und Fechter, wie Müller war, eine solche Blamage sich gefallen ließ. Als man den Saal erreichte, fragte der Oberst:

„Aber, lieber Capitän, was thut denn dieser Deutsche bei Ihnen?"

„Er ist der Gouverneur Alexander's," antwortete der Gefragte.

„Fi donc! Da wird unser Alexander sehr viel lernen! Dieser Mann versteht weiter nichts, als Billards zu zerstoßen."

Alexander biß sich auf die Lippen, um sich zum Schweigen zu zwingen, aber es gelang ihm nicht. Er blickte den Sprecher herausfordernd an und antwortete:

„Wissen Sie, daß dies sehr unhöflich von Ihnen ist? Wenn Herr Müller nur wollte, so würde er Ihnen beweisen, daß er mehr versteht, als Sie zu glauben scheinen. Er ist mein Lehrer, und ich erkläre, daß er außerdem mein Freund ist. Ich werde nicht dulden, daß man ihn beleidigt."

Der Oberst blickte den jungen Menschen mit dem höchsten Erstaunen an. Bald aber spielte ein sarcastisches Lächeln um seine Lippen, und er antwortete:

„Ihr Freund? Ah, ich beneide ihn um einen so mächtigen Schutz, lieber Alexander!"

„Er bedarf zwar dieses Schutzes nicht," sagte der Angeredete, „denn er ist selbst Mann genug, und steht als Mitbewohner unseres Hauses natürlich unter dem Schirm desselben, was jeder gebildete Mann respectiren wird; trotzdem aber werde ich keineswegs dulden, daß in einem unfreundlichen Tone von ihm gesprochen wird. Er hat mir das Leben gerettet; ich muß ihm dankbar sein!"

Marion warf einen Blick auf den Bruder, in welchem sich Erstaunen mit wohlwollender Anerkennung paarte. Im

Gesichte seiner Mutter zeigte sich der deutlichste Stolz ausgesprochen, und sogar der Capitän zog seine Schnurrbartspitzen in einer Weise durch die Finger, in welcher sich eine Art Beifall zu erkennen gab. Der Oberst bemerkte dies; er schien sich darüber zu ärgern, denn er meinte unter einem höhnischen Lächeln:

"Das Leben gerettet? Hm, das ist etwas Anderes! Dieser Mensch scheint vom Zufalle bestimmt zu sein, aller Welt das Leben zu retten. Man möchte ihn beneiden!"

Da sagte Marion in einem Tone, welchem ein leichter Nachdruck anzuhören war:

"Ich möchte da keineswegs von Zufall sprechen. Er besitzt Muth und Entschlossenheit, zwei Eigenschaften, welche Anderen allerdings oft entgehen. Kein Wunder, daß diese Anderen dann allerdings zur Lebensrettung nicht bestimmt erscheinen." Und nach diesen Worten, welche doch eine leichte Röthe der Scham in das Gesicht des Obersten brachten, fuhr sie, zum Capitän gewendet, fort: "Dieser Monsieur Müller ist es nämlich, welcher mit mir durch den Fluß geschwommen ist."

"Wirklich?" frug der Alte erstaunt.

Das war jedoch auch das einzige Wort, welches er sagte. Seine Enkelin hatte sich in Todesgefahr befunden und war gerettet worden; ihr Retter war der neue Lehrer. Das wußte man nun. Was war da ein großes Aufhebens nothwendig? Der Capitän hatte seit gestern so viel sprechen müssen, daß es ihm heute nicht einfallen konnte, über diese Angelegenheit viele Worte zu verlieren. Die Baronin jedoch fühlte gar wohl die Verpflichtung, als Dame des Hauses wenigstens eine Bemerkung zu machen. Sie sagte im Tone des Erstaunens:

"Er ist auch das gewesen? Welch' ein Zufall. Man ist ihm wirklich zu Dank verpflichtet!"

Alexander ergriff die Hand der Schwester und rief aus:

"Auch Du verdankst ihm Dein Leben, meine liebe Marion? O, nun muß ich ihn noch einmal so lieb haben. Ich werde ihm nachgehen, um ihm dies mitzutheilen."

Er sprang vom Stuhle auf und verließ den Saal, ohne sich von den Anderen halten zu lassen.

Es gelang ihm freilich nicht mehr, Müller zu Gesicht zu bekommen, denn dieser hatte das Schloß bereits verlassen, und schritt durch den Park dem Walde zu. Es trieb ihn hinaus in denselben aus verschiedenen Gründen. Er war jetzt noch Herr seiner Zeit; der Unterricht hatte noch nicht begonnen, und durch die Ankunft des Obersten waren die Schloßbewohner jedenfalls so in Anspruch genommen, daß seine Abwesenheit jedenfalls nicht mißfällig bemerkt werden konnte.

Er hatte Marion wieder gesehen, zwar nur auf einen Augenblick, aber dieser Augenblick hatte doch sein Herz erregt, so daß er die Einsamkeit suchte, um den süßen Gedanken an die Geliebte nachhängen zu können. Die Beleidigung, welche ihm von dem Obersten widerfahren war, hatte ihn wenig berührt. Er wußte, daß die Zeit kommen werde, in welcher er mit diesem Manne zusammen gerathen müsse, und er hielt sich für stark genug, diesen Zusammenprall siegreich auszuhalten.

So strich er langsam durch den Wald, nur mit seinen Gedanken beschäftigt, und wenig auf seine Umgebung achtend. Das Bild der Geliebten begleitete ihn. Er träumte mit offenen Augen. Er sah ihre herrliche Gestalt; er blickte in ihre köstlichen Augen; er hörte den seltenen Wohlklang ihrer Stimme, und es war ihm, als fühlte er ihren schwellenden Busen gerade so an seinem Herzen, wie in den Augenblicken, in denen er sie von der Mosel nach dem Meierhofe getragen hatte. Es verging Viertelstunde auf Viertelstunde; er achtete nicht darauf, denn für einen Menschen, dem unter den göttlichen Regungen einer gewaltigen, selbstlosen Liebe das Herz im Busen klopft, giebt es keine Zeit; er fühlt den Odem, den Hauch der Ewigkeit in der Brust.

Da hörte er plötzlich eine sehr bekannte Stimme neben sich:

"Ah, Herr Doctor! Grüß Sie Gott!"

Er blickte auf. Vor ihm auf dem schmalen Waldpfade stand sein Diener Fritz, der ihn unter einem freundlichen Lächeln mit seinen guten, treuen Augen betrachtete.

"Ah, Fritz, Du?" rief er. "Wie kommst Du in den Wald von Thionville her? So weit!"

"Der Herr Doctor haben wohl vergessen, daß ich jetzt Kräutersammler bin!" antwortete der Gefragte. "Wir sind heute in Thionville angekommen, und da war Doctor Bertrand so vernünftig, mich sofort auf die Suche zu schicken."

"Du triffst mich zufällig?"

"Ja; gerade so, wie Sie mich," lachte Fritz. "Sie kommen daher, die Augen am Boden, wie Einer, welcher Kräuter sammelt; und ich kam herbei, die Augen am Boden, wie Einer, dem eine gewisse Marion nicht aus dem Sinne will. Auf die Weise kann man sich ja nur zufällig treffen."

Der treue Diener wußte ganz genau, daß er sich seinem Herrn gegenüber schon eine Bemerkung erlauben durfte. Und wirklich that Müller nicht im Geringsten so, als ob er diese Worte mißfällig aufnehmen möchte. Vielmehr überflog er die Gestalt Fritzens mit einem lustigen Blicke und sagte:

"Also wirklich bereits Kräutermann! Hast Du Talent dazu?"

"Famos, Herr Doctor!" Er nahm den Sack, welchen er auf der Achsel trug, herab, öffnete ihn und ließ Müller hineinsehen. "Da gucken Sie! Dieser Sack ist bereits zur Hälfte voll. Moos, Tannenzapfen, Farrenkraut, Eichenlaub, Gras und Kohlrübenblätter. Das macht den Sack rasch voll. Was aber der Apotheker damit anfangen wird, das ist mir ganz gleich. Doctor Bertrand meinte, ich sei vollständig Herr meiner Zeit, doch wenn es paßte, so sollte ich ihm Ehrenpreis und Pfefermünze mitbringen; Véronique und Menthe poivrée nennen sie es hier in Frankreich; da ich aber weder Pfefferpreis noch Ehrenmünze kenne, so habe ich einstweilen Tannenzapfen und Kohlrübenblätter genommen. Es wird Niemand das Zeug trinken, und darum stirbt auch Niemand daran."

Er band den Sack zu und warf ihn wieder über die Achsel. Müller meinte:

"Da hast Du einen sehr nachsichtigen Principal. Es kann ein Glück für uns sein, daß wir diesen Doctor Bertrand getroffen haben, obgleich es nicht mein Wunsch ist, meine Absichten von irgend Jemandem durchschauen zu lassen."

"O, Bertrand ist sicher; er verdient Vertrauen," behauptete Fritz. "Ich kenne ihn erst diese kurze Zeit, aber ich weiß bereits, daß er diese Franzosen haßt. Er muß irgend einen besonderen Grund haben, ihnen nicht gewogen zu sein. Er erräth freilich den Grund, der uns hierher geführt hat, aber ich möchte meinen Kopf zum Pfande geben, daß er uns förderlich, niemals aber hinderlich sein wird. Uebrigens ist es gut, daß ich Sie treffe. Ich habe ja meine Instructionen erst von Ihnen zu erwarten."

„Ich kann sie Dir jetzt nur im Allgemeinen, nicht aber speciell geben." Er trat in die angrenzenden Sträucher, um sich zu überzeugen, daß kein Lauscher vorhanden sei, kam dann zu Fritz zurück und fuhr fort: „Frankreichs Herrscher plant im Stillen einen Krieg mit uns; er betreibt seine Anstalten sehr geheim, denn er beabsichtigt, uns zu überrumpeln, so, daß seine Heeresmassen innerhalb einer Woche in Berlin sein können. Er glaubt, daß der Preußenhaß die Südstaaten abhalten werde, uns zu unterstützen, und wagt es, gerade hier an der Grenze riesige Vorbereitungen zu treffen, die es ihm ermöglichen, mit ungeahnter Wucht sich auf uns zu werfen. Diese Vorbereitungen müssen wir belauschen; wir müssen sie kennen lernen, um unsere Gegenzüge thun zu können. Einer der Concentrationspunkte dieser für uns so gefährlichen, geheimnißvollen Thätigkeit ist Ortry. Ich befinde mich hier, um zu beobachten, und Du sollst mich unterstützen. Das ist Alles, was ich Dir zu sagen habe."

„Und das ist genug," nickte Fritz, während über sein intelligentes Gesicht ein Zug heller Freude ging. „Ich bin ein Findelkind, ein einfacher Barbier= und Friseurgehilfe, aber ich will doch einmal sehen, ob ich nicht Augen habe, diesen klugen Großsprechern hinter die Karten zu gucken. Zeit genug habe ich ja dazu! Und ein Glück ist es, daß man mich nicht für einen Deutschen halten wird."

„Wieso?"

„Nun, Doctor Bertrand hat mich als einen Schweizer aus Genf angemeldet. Sie wissen ja, daß ich zwei Jahre lang dort in Condition war, und mir so viel Französisch angeeignet habe, um für einen Genfer gelten zu können. Wie aber soll ich Ihnen mittheilen, was ich erfahre? Wo werde ich Sie treffen?"

„Du kannst mir schreiben, natürlich unter der Adresse des Doctor Andreas Müller. Wichtiges aber machen wir nur mündlich ab. Ich bewohne das oberste Zimmer des südwestlichen Eckthurmes des Schlosses. Von dort aus kann ich die große Linde, welche an der Straße von Thionville steht, deutlich erkennen. Lege Dich unter dieselbe, wenn Du mir Etwas zu sagen hast. Man wird denken, Du wollest Dich ausruhen, und ich sehe Dich genau durch mein Fernrohr. Du blickst durch das Deinige nach meinem Fenster, und sobald ich Dir mit einem weißen Tuche das Zeichen gegeben habe, daß ich Dich sehe, gehst Du hierher, wo wir uns jetzt befinden; wir treffen uns hier. Das kann natürlich nur am Tage sein."

„Aber Abends?" fragte Fritz.

„Kannst Du mich in meiner Wohnung aufsuchen."

„Man wird mich sehen."

„Nein. Du wartest, bis Alles schläft, und versicherst Dich genau, daß Du nicht bemerkt werden kannst. Dann steigst Du an dem Blitzableiter der Mittelfront empor, kriechst über das Dach und klopfst leise an mein Fenster. Der Blitzableiter ist sehr fest, er hat auch mich bereits getragen."

„Das ist bequem, und ich werde mir gleich morgen die Gelegenheit einmal ansehen."

„Schließlich muß ich Dich auf den alten Thurm aufmerksam machen, welcher hier im Walde liegt —"

„Ich kenne ihn nicht."

„Ich werde Dir ihn jetzt zeigen. Man sagt nämlich, daß

es dort umgehe; ich aber glaube, daß diese Geister von Fleisch und Blut sind. Ich kann des Nachts nur schwer das Schloß verlassen, und möchte doch gerade zu dieser Zeit den Thurm beobachten —"

„Gut, Herr Doctor, das werde ich also übernehmen," meinte Fritz.

„Aber die Geister!" lächelte Müller.

„O, ich habe einen Revolver, mit dem man Geister bannen kann! Uebrigens thut es ein guter Prügel oder Knüppel wohl auch."

„Jedenfalls. Doch wünsche ich nicht, daß Du Dich in Gefahr begiebst. Unsere Beobachtungen müssen sehr geheim geschehen; es wäre mir also lieb, wenn die Geister Dich gar nicht bemerkten."

„Ganz wie Sie befehlen, Herr Doctor. Uebrigens ist es möglich, daß wir uns doch einmal in Gegenwart Anderer treffen, und wohl gar sprechen müssen. Wie habe ich mich da zu verhalten?"

„Wir kennen uns nicht, und reden nur französisch mit einander. Höchstens erinnern wir uns, einander während des Schiffbruches gesehen zu haben. Jetzt aber komm', ich muß Dir den Thurm zeigen!"

Sie gingen weiter, gerade durch den Wald, und gelangten an das Felsengewirr, in dessen Mitte die Ruine des Thurmes sich erhob. Diese war von keinem bedeutenden Durchmesser und erhob sich zu einer Höhe von ungefähr vierzig Ellen. Was über diese Höhe hinausgereicht hatte, war eingestürzt. Die Thür war schmal und nicht hoch. Das runde Gemäuer zeigte unten einige schmale, schießschartenähnliche Fensteröffnungen. Oben aber ragten noch einige hohe, mächtige Pfeiler in die Luft, zum sicheren Beweise, daß sich dort Gemächer mit großen Aussichtsfenstern befunden hatten. Diese Pfeiler standen ganz ohne Stütze auf der Ruinenkante, nur durch ihre eigene Schwere gehalten.

Die beiden Männer traten ein und bemerkten, daß eine Treppe zur Höhe führte. Dieselbe war sehr schwer zu ersteigen, denn die Stufen lagen voller Geröll, welches von oben herabgestürzt war. Dennoch arbeiteten sie sich empor. Oben angekommen, fanden sie nicht das Mindeste, welches ihnen die gehabte Mühe hätte belohnen können, und es zeigte sich auch nicht die leiseste Spur, daß dieser Ort in letzter Zeit von einem menschlichen Fuße betreten worden sei.

Sie stiegen wieder herab und untersuchten den unteren Theil des Thurmes. Auch hier lag Schutt in solcher Menge, daß es eine ungeheure Arbeit gewesen wäre, ihn wegzuräumen, um zu sehen, ob vielleicht eine weitere Treppe nach einem Keller führe.

„Die Gespenster haben sich keinen sehr bequemen Ort zur Wohnung erwählt," meinte Fritz. „Wenn ich einmal nach meinem Tode spuken muß, so thue ich es sicher nicht ohne wenigstens ein Sopha und einer langen Pfeife. Ich bedaure sie!"

„So bedaure Dich mit ihnen!" antwortete Müller.

„Warum?"

„Weil dieser Thurm für einige Zeit Dein Wachtlokal sein wird. Auf Wohnlichkeit und Eleganz wirst Du verzichten müssen."

„Ich nehme an, es geschieht im Dienste, und da darf man nicht wählerisch sein. Uebrigens werde ich mich sehr hüten, mich im Thurme selbst einzuquartieren. Hier giebt es nichts.

Wenn es wirklich nicht geheuer ist, so kommen die Geister von Außen herein, und darum werde ich mir da draußen ein Plätzchen suchen, von welchem aus ich den Eingang gut bewachen kann. Uebrigens sind es die ersten Gespenster, welche ich zu sehen bekomme. Ich kann sagen, daß ich mich herzlich auf sie freue."

Müller wußte, daß diese Worte keine Unwahrheit enthielten. Fritz war ein muthiger, unerschrockener Kerl, der weder an Gespenster, noch an den Teufel glaubte. Was er sagte, war wirklich ganz aufrichtig gemeint. Darum antwortete sein Herr:

„Das sollst Du erfahren, sobald ich es selber weiß. Jetzt aber eile; es fallen bereits die Tropfen, und der Sturm hat sich bereits erhoben!"

Sie schieden. In nicht allzu großer Ferne lagen die Häuser eines Dorfes, nach welchem Fritz seine eiligen Schritte lenkte. Müller aber schlug die Richtung ein, aus welcher sie gekommen waren, da der Thurm in fast gerader Linie nach dem Schlosse lag und ihm also wirklich den gelegentlichsten Schutz vor dem Gewitter bot.

Der Sturm begann die Bäume zu erfassen. Die Wipfel rauschten und prasselten unter seinem gewaltigen Drucke. Ein helles, scharfes Heulen pfiff schneidend durch die Luft; es lagerte sich ringsum eine dichte Dunkelheit, die nur von dem Leuchten des Blitzes erhellt wurde. Ein fürchterlicher Donnerschlag machte die Erde erzittern, und dann war es, als habe dieser Schlag alle Wolken geöffnet.

Glücklicher Weise war Müller bereits in der Nähe des Thurmes angekommen. Er eilte zwischen den Felsen hindurch, trat ein und — wäre beinahe erschrocken zurückgewichen, denn vor ihm stand, von einem soeben niederfahrenden Blitze hell erleuchtet — Baronesse Marion.

„Entschuldigung, gnädiges Fräulein!" sagte er. „Ich wußte nicht, daß sich Jemand hier befindet."

Sie konnten einander nicht erkennen. Das Dunkel des Wetters war hier im Thurme doppelt finster. Marion antwortete:

„Und auch ich glaubte, allein zu sein. Uebrigens haben Sie sich nicht zu entschuldigen. Der Wald steht einem Jeden offen."

„Auch dieses Gebäude, Mademoiselle?"

„Gewiß. Warum sollen Sie nicht Schutz hier suchen dürfen, gerade so wie ich? Sind Sie naß geworden?"

„Nicht so, daß es werth sei, es zu erwähnen."

„Auch ich bin trocken geblieben; der Thurm war ja ganz in der Nähe."

Er ahnte, daß sie an dem Grab gewesen sei. Wie lieb mußte sie ihre Mutter haben! Die erste Stunde nach der Rückkehr galt der Ruhestätte der Todten.

„Sie waren allein im Walde?" fragte er.

„Ja," antwortete sie. „Aber der Regen wird wohl anhaltend sein; es scheint gerathen, es uns so bequem wie möglich zu machen."

Sein Auge hatte sich jetzt an die Dunkelheit gewöhnt, und so bemerkte er, daß sie das Tuch, welches sie um ihre Schultern trug, abnahm und auf die Treppenstufe legte, um sich darauf zu setzen. Er blieb in ihrer Nähe stehen, indem er sich an die Mauer lehnte.

Draußen blitzte, donnerte und regnete es fort. Die beiden Menschen im Inneren des alten, verrufenen Thurmes beobachteten ein tiefes Schweigen, bis Marion endlich sagte:

„Es scheint, daß wir bestimmt sind, uns nur immer bei Sturm und Wetter zu begegnen. Das jetzige Gewitter ist allerdings nicht ganz so fürchterlich wie jenes, welches uns auf der Mosel traf."

Was sollte er antworten? Er schwieg. Auch sie zögerte, fortzufahren, und erst nach einer längeren Pause sagte sie:

„Warum verschwanden Sie so schnell von dem Meierhofe?"

„Da ich Sie unter sicherem Schutze wußte, hatte ich keinen Grund, zu bleiben," antwortete er.

Seine Worte hatten einen eigenthümlichen Klang, aus welchem deutlich die Absicht einer Beziehung zu hören war, die sie nicht sogleich zu errathen vermochte. Sie gab sich weiter keine Mühe, nachzudenken, sondern fuhr fort:

„Ich fand also nicht Gelegenheit, Ihnen Dank zu sagen. Erlauben Sie, daß ich dies jetzt nachhole, Herr Doctor!"

Sie streckte ihm ihre Hand entgegen, diese schöne Hand, welche von einer solchen Weiße war, daß er sie trotz des herrschenden Dunkels ganz deutlich sehen konnte. Er legte seine Hand um ihre weichen, warmen Finger; er fühlte einen kräftigen Druck; sie zog die Hand nicht sogleich wieder zurück, sondern duldete seinen leisen Gegendruck; es war, als ob ein himmlisches Fluidum aus ihrer Hand in die seinige überströme und durch seinen ganzen Körper gehe; es war ihm, als ob die dumpfe Luft des Thurmes ganz plötzlich mit erquickendem Balsam geschwängert sei, er fühlte deutlich, daß sein Arm und seine Hand vor Wonne zitterte. Seine Finger legten sich, trotz aller Anstrengung, sich zu beherrschen, nochmals innig um die ihrigen — aber da zog sie schnell ihre Hand zurück. Zürnte sie ihm? Nein; denn im Tone ihrer Stimme lag nicht der leiseste Vorwurf, als sie jetzt sagte:

„Ich erkundigte mich natürlich nach Ihnen, konnte aber leider nicht erfahren, wer Sie sind. Zwar schien es mir, als seien Sie dem Doctor Bertrand nicht ganz unbekannt, doch war derselbe sehr wortkarg. Um so mehr war ich heute verwundert, Sie als Gouverneur meines Bruders auf Schloß Ortry zu sehen. Kannten Sie mich bereits auf dem Schiffe?"

„Ja," antwortete er, da es ihm unmöglich war, hier eine Unwahrheit zu sagen.

„Warum ließen Sie mich nicht wissen, daß wir uns wiedersehen würden?"

„Es gab keine Gelegenheit dazu," versuchte er, sich zu entschuldigen.

„Das mag sein," antwortete sie mit heller Stimme. „Um so mehr freut es mich, Sie bei uns zu wissen. Ich kann natürlich noch nicht fragen, ob es Ihnen bei uns gefällt, denn Sie sind zu kurze Zeit hier; aber ich bitte Sie dringend, Kleinigkeiten zu überwinden, um der Liebe willen, welche Sie sich bei Alexander bereits erworben haben. Er hat mir mit wirklicher Begeisterung von der Probe erzählt, welcher Sie von Seiten meines Großpapa's unterworfen wurden, und dieser Letztere selbst gestand mir ein, daß Sie ein ausgezeichneter Fechter, Schütze und Reiter seien. Darum wundert es mich doppelt, daß — daß —"

Sie hielt inne, und darum sagte Müller nach einem Weilchen:

„Bitte, fahren Sie fort, gnädiges Fräulein!"

Sie folgte seiner Aufforderung, indem sie erklärte:

„Es wundert mich, daß Ihnen eine Fertigkeit fremd ist, welche fast jeder Mann besitzt."

„Welche?"

„Diejenige des Billardspieles. Oberst Rallion erzählte nach Tische eine Begebenheit, welche dies zu beweisen scheint. Uebrigens," fuhr sie mit erhobener Stimme fort, „sagen Sie mir doch einmal aufrichtig, warum Sie die Beleidigung dieses Herrn so ruhig hinnahmen!"

Wäre es lichter gewesen, so hätte sie sehen können, daß ein eigenthümliches Wetterleuchten über sein Gesicht ging. Er antwortete:

„Darf ich nicht bitten, mir die Antwort zu erlassen?"

„Warum?" sagte sie rasch. „Fürchten Sie sich vor ihm?"

Er schwieg. Sie sah, daß er langsam unter die Thür des Thurmes trat, obgleich der Sturm die schweren Regentropfen hereintrieb. Sie erkannte, daß er eine mächtige, innerliche Empfindung unterdrücken müsse, ehe er ihr antwortete. So blieb er lange stehen. Der Donner rollte fort; der Orcan heulte; Müller wurde vollständig durchnäßt und schien es doch nicht zu bemerken. Da wurde ihr fast ängstlich zu Muthe; sie erhob sich, berührte seinen Arm und fragte:

„Warum antworten Sie mir nicht?"

Jetzt endlich drehte er sich um; sie fühlte, daß er ihre Hand von sich schüttelte; dann sagte er:

„Weil in Ihren Worten eine größere Beleidigung lag, als in denen des Obersten. Aber pah, ich bin ja nur ein simpler Hauslehrer, welcher sein Salair bezieht!"

„Sie irren, Herr Doctor. Ich wollte Sie nicht beleidigen," erklärte sie hastig und mit tiefer Stimme. „Sie sind mein Retter und auch der Retter meines Bruders; wie sollte ich Sie kränken wollen! Uebrigens stehen wir uns vollständig gleichwerthig gegenüber. Nur der Zufall ließ mich von Adel sein; Sie aber haben Ihre Kenntnisse, Fertigkeiten und Erfahrungen Ihrem Fleiße zu verdanken. Der Bruder soll von Ihnen lernen; sagen Sie selbst, ob dies Ihren Werth für uns vermindern oder vergrößern muß!"

Sie hatte im bringlichsten Tone gesprochen; Müller mußte fühlen, daß ihr sehr daran lag, von ihm nicht falsch beurtheilt zu werden. Das erfüllte ihn mit Seligkeit. Sie fügte hinzu:

„Ich hatte keinen Grund zu meiner Frage, als den, Ihnen anzudeuten, daß ich mich gefreut hätte, Sie auch dem Obersten gegenüber als Mann zu sehen, als welchen ich Sie kennen lernte. Als ich mich in Gefahr befand, war er nur auf seine eigene Rettung bedacht. Als er den kleinlichen Muth hatte, Sie zu beleidigen, gingen Sie schweigsam fort. Sagen Sie selbst, ob mir dies nicht auffallen muß!"

Sie suchte sich zu entschuldigen. Sie sagte ihm mit deutlichen Worten, daß es ihr lieber gewesen, den Obersten gehörig zurückgewiesen zu sehen. Wie wohl that dies dem Herzen Müller's! Wie entzückt war er darüber! Er hätte seine Arme um sie legen mögen, um ihr dafür zu danken, wie man der Geliebten dankt für das Glück, welches ihre Worte in das Herz des Mannes pflanzen. Er erklärte ihr:

„Ich hätte ihm nur mit der Waffe, nicht aber mit Worten antworten können!"

„Nun, warum thaten Sie das nicht?"

„Weil es für meinen Gegner keine Kleinigkeit ist, sich mit mir zu schlagen."

Er sagte diese Worte in aller Ruhe und Bescheidenheit, sie aber fühlte und glaubte, daß sie kein fades Eigenlob enthielten. Dennoch sagte sie:

„Das ist zwar gut für Sie, darf Sie aber nicht veranlassen, sich ungestraft beleidigen und blamiren zu lassen!"

Da trat er näher an sie heran, und fragte in einem Tone, der tief eindringlich klang:

„So wünschen Sie, daß ich Ihnen den Bräutigam tödte?"

Sie wich hastig einen Schritt zurück und erkundigte sich:

„So haben Sie nur meinetwegen von einer Bestrafung des Obersten abgesehen?"

„Allerdings!"

„Das war ganz und gar nicht nöthig. Wer hat Ihnen gesagt, daß er mein Bräutigam ist?"

„Er selbst hat sich dessen öffentlich gerühmt."

„Ah, so erkläre ich Ihnen, daß mir dieser Mann völlig unsympathisch ist, und daß Sie ihn in Rücksicht auf mich ganz und gar nicht zu schonen brauchen. Großpapa wünscht unsere Verbindung; ich aber werde meine Hand niemals einem Manne reichen, den ich weder lieben, noch achten kann!"

Marion hielt inne und Müller erkannte, daß sie die Wahrheit gesprochen.

(Fortsetzung folgt.)

Illustrirte Unterhaltungs-Bibliothek für Familien aller Stände.
Druck und Verlag von H. G. Münchmeyer in Dresden und New-York.

Die Liebe des Ulanen.
Original-Roman aus der Zeit des deutsch-französischen Krieges von Karl May.
(Fortsetzung.)

Nur wenige Secunden dauerte das Schweigen zwischen Müller und Marion, dann nahm Ersterer das unterbrochene Gespräch wieder auf.

„Ich danke Ihnen für Ihre Güte, Mademoiselle!" sagte er, indem sein ganzes Innere frohlockte. „Als Mann von Ehre hatte ich den Obersten zu fordern, aber er ist der Gast des Hauses, dessen Diener ich gegenwärtig bin."

„Das thut nichts," sagte sie in sehr bestimmtem Tone. „Kennen Sie den Großpapa?"

„Das ist noch nicht gut möglich!"

„Nun, so will ich Ihnen sagen, daß er selbst ein leidenschaftlicher Fechter und Schütze ist. Seine höchste Passion ist, einem Kampfe zuzusehen. Hätten Sie den Obersten gefordert, so hätte Großpapa Ihnen dies nicht im Mindesten übel genommen. Ich bin im Gegentheil überzeugt, daß er Ihnen von Herzen gern secundirt — o, mein Gott!"

Dieser Ruf, mit welchem sie ihre Rede unterbrach, galt einem Blitze, welcher mit mehr als Tageshelle die Scene erleuchtete, und einem Donnerschlage, unter dessen Erschütterung das alte Gemäuer des Thurmes einzustürzen drohte. Im Scheine des Blitzes hatte man das ganze vor dem Thurme liegende Felsengewirr zu überblicken vermocht, und da hatten die Beiden eine hohe, weiße Gestalt gesehen, welche zwischen den Felstrümmern daher und gerade auf den Thurm zugeschritten kam. Selbst als das blendende Licht des Blitzes verzuckt war, sah man das lange, weiße Gewand immer näher kommen, nicht eilig, wie um dem Regen zu entrinnen, sondern langsam, langsam, als sei diese Gestalt ein überirdisches Wesen, dem die elementaren Gewalten der Erde nichts anzuhaben vermögen.

Marion hatte, seit sie von der Treppenstufe aufgestanden war, diesen Platz noch nicht wieder eingenommen. Sie trat hart an Müller heran und sagte:

„Liama, der Geist meiner Mutter!"

Und je näher die Gestalt kam, desto ängstlicher schmiegte sich das Mädchen in die Ecke hinter der Thurmtreppe und an den Deutschen, welcher dem vermeintlichen Geiste mit eigenthümlichen Gefühlen entgegenblickte.

Die Gestalt kam aus der Gegend her, in welcher das Grab lag. Müller hegte keinen Gespensterglauben, doch konnte er ein gewisses Grauen nicht ganz unterdrücken, als das hohe, fremdartige Wesen unter Blitz und Donner zwischen den Felsen dahergeschwebt kam. Marion hatte sich während des Schiffbruches so unerschrocken gezeigt; jetzt aber schmiegte sie sich fester und fester an Müller an, so fest, daß er unwillkürlich den Arm um sie legte, was sie gar nicht zu bemerken schien. Und als die Gestalt jetzt den Eingang erreicht hatte, hob das Mädchen sogar den Arm und legte denselben so fest um Müller, daß dieser das furchtsame Beben der heimlich Geliebten deutlich fühlte.

Unter der Thür wendete sich die Erscheinung um, so daß sie nach dem Walde zu stand, erhob die beiden Arme und rief mit einer tiefen, klangvollen Stimme:

„Allah, ia Allah! Im Namen des allbarmherzigen Gottes! Lob und Preis dem Weltenherrn, dem Allerbarmer, der da herrschet am Tage des Gerichtes. Dir wollen wir dienen, und zu Dir wollen wir flehen, auf daß Du uns führest den rechten Weg, den Weg Derer, die Deiner Gnade sich freuen, und nicht den Weg Derer, über welche Du zürnest, und nicht den Weg der Irrenden!"

„Sie ließ die Arme sinken, trat etwas weiter zurück, und betete weiter:

„Allah ist's, der den Blitz erzeuget, und die Welten mit Regen schwängert. Der Donner verkündet sein Lob, und die

Engel preisen ihn mit Entsetzen. Er sendet seine Blitze und zerschmettert, wen er will. Allah, ia Allah, akbar Allah!"

Jetzt trat sie zur Treppe und stieg dieselbe hinauf, ohne die Beiden zu bemerken, welche seitwärts hinter den Stufen standen. Und als ob ihre Worte Wunderkräfte besäßen, zuckte ein letzter Blitz auf, ein fürchterlicher Donnerschlag erscholl, und dann ward es still. Der Regen goß noch eine Minute lang hernieder, ward dann dünner und hörte rasch gänzlich auf. Die Helligkeit des Tages trat wieder ein, aber die fremdartige Erscheinung war im oberen Theil des Thurmes verschwunden.

Müller stand mit Marion noch auf derselben Stelle, eng verschlungen mit ihr. Es war ihm, als müsse er sie so festhalten für alle Ewigkeit. Er blickte ihr in das bleiche Angesicht. Sie hatte die Augen geschlossen und regte sich nicht.

„Marion!" flüsterte er leise, sich zu ihr niederbeugend.

Dieses Wort erweckte sie; es war ein unvorsichtiges Wort gewesen. Wie durfte der Hauslehrer wagen, sie, die Baronesse, so beim Namen zu nennen! Er fühlte dies, doch es war zu spät, er konnte es nicht zurücknehmen. Sie öffnete die Augen; ihr Blick traf den seinigen; es war, als ob die Flamme des seinigen den ihrigen entzünde und belebe. Eine tiefe Röthe verbreitete sich über ihr vorher leichenblasses Gesicht, und sie ließ den Arm sinken, der sich an ihm festgehalten hatte. Sie trat zur Seite, so daß er gezwungen war, auch seinen Arm von ihr zu nehmen, und fragte leise:

„Wo ist sie?"

„Dort oben," antwortete Müller, zur Treppe deutend.

„Sie wird zurückkehren. Lassen Sie uns gehen!" bat sie.

Er schüttelte den Kopf und antwortete flüsternd zurück:

„Nein, bleiben wir. Warten wir das Ereigniß ruhig ab! Oder glauben Sie wirklich, daß es ein Geist gewesen sei?"

„Ja," antwortete sie im Tone der innigsten Ueberzeugung. „Der Geist meiner Mutter."

„Und wenn Sie irren!"

„Ich irre nicht!" sagte sie im bestimmten Tone.

„Haben Sie diese Erscheinung bereits einmal gesehen?"

„Noch nie; aber in der ganzen Umgegend erzählt man sich von ihr. Es ist kein Trug."

Sie schauerte bei diesen Worten sichtbar zusammen. Er schüttelte den Kopf und sagte:

„Geister erscheinen nicht des Tages. Geister werden nicht naß; ich sah, daß der weiße Haik, den sie nach arabischer Sitte trug, vom Regen triefte. Und Geister beten nicht mit lauter Stimme die Worte des Koran."

„Aus dem Koran waren diese Worte?"

„Ja. Unter der Thür betete sie die erste Sure des Koran, welche „die Eröffnung" genannt wird, und das zweite Gebet war aus der dreizehnten Sure, welche „Rrad, der Donner" heißt."

„Sie war eine Muselmännin," gestand Marion. „Ich zittere vor Furcht, ich bebe vor Entsetzen, den Geist der Mutter gesehen zu haben. Lassen Sie uns fliehen!"

„Und wenn es nun kein Geist war, wenn es nun ein Körper gewesen wäre?"

„Herr, lästern Sie nicht! Lassen Sie uns gehen!"

„Bitte, bleiben Sie nur einen einzigen Augenblick hier! Ich werde ihr folgen. Ich muß sehen, wo sie hingekommen ist."

„Um Gottes willen, nein! Ich habe so sehr Angst. Verlassen Sie mich nicht! Gehen Sie nicht fort von mir! Ich muß heim; ich muß zu Gott beten, damit er der Mutter die ewige Ruhe schenke. Kommen Sie!"

Sie zog ihn fort, hinaus in den nassen Wald, und er mußte ihr folgen. Als sie zwischen den Felsen dahineilten, warf sie unwillkürlich einen Blick zurück, und deutete erschrocken nach der Zinne der Ruine. Dort oben stand die weiße Gestalt mit hoch erhobenen Händen, nach Osten gewendet, wo Mekka liegt, mit dem Steine der heiligen Kaaba. Man hörte die Worte ihres lauten Gebetes herabschallen, dem Gewitter nach, welches nach Morgen zog. Hinter ihr leuchtete im Westen die untergehende Sonne, und über ihr spannte ein Regenbogen seine herrlichen Farben auf. Müller hatte das Gespenst des Thurmes gesehen, aber das Geheimniß nicht berühren dürfen.

---

3. Ein Zauberer.

Die Stadt Metz, eine Festung ersten Ranges, war zur Zeit Napoleon's des Dritten der Sitz einer der einundzwanzig Militärdivisionen des Landes, und gehörte mit den Divisionen von Straßburg, Besançon und Chalons sur Marne zum Militärcommando des Ostens, welches sein Hauptquartier in Nancy hatte.

Metz war eine echt deutsche Stadt, denn als Lothar der Jüngere seine Länder theilte, kam es nebst Austrasien in den Besitz Ludwigs des Deutschen, also an das deutsche Reich. Nur fortgesetzten französischen Umtrieben und Hinterlistigkeiten gelang es, die Schutzherrschaft über Metz zu erlangen, und im westphälischen Frieden die volle Souveränität über diese wichtige Stadt zu erhalten.

Der Besitz von Metz ist eine Cardinalfrage aller Zeiten zwischen Deutschland und Frankreich gewesen, und ehe das letzte, große, entscheidende Wort durch die Stimme der Kanonen gesprochen wurde, war diese Festung nicht nur der Hauptstützpunkt, sondern auch der Ausgangspunkt unzähliger Feindseligkeiten, welche Deutschland von seinem nimmersatten Nachbar zu erleiden hatte.

Eines der größten und schönsten Hotels der Stadt, das Hotel de l'Europe, lag im schönsten Theile der Stadt, ganz in der Nähe der Eisenbahn, und wurde besonders von vornehmen Herrschaften frequentirt, welche hier Alles vereint fanden, was im Stande ist, den oft hoch geschraubten Ansprüchen dieser Art von Leuten zu genügen.

Im Frühjahre 1870 erfreute sich dieses Hotel eines besonders zahlreichen hohen Besuches. Metz zeigte zu dieser Zeit eine ganz besondere Lebhaftigkeit des militärischen Lebens, obgleich man recht gut wußte, daß nicht viel darüber gesprochen werden solle. Hohe Offiziere kamen und gingen; man wußte nicht woher, wohin und weshalb. Und obgleich sie meist in Civil gekleidet waren, so besaß doch der Besitzer, sowie die Bedienung des Hotels de l'Europe, wo diese Herren gewöhnlich abstiegen, Scharfblick genug, um zu wissen, daß man es mit einflußreichen Militärs zu thun habe, deren Anwesenheit vermuthen lasse, daß irgend etwas kriegerisch Wichtiges im Werke sei.

Seit einigen Tagen bewohnte ein älterer Herr einige der besten Zimmer des Hotels. Er hatte mehrere Diener bei sich, und auf seinen Koffern waren die Bahnsignaturen noch nicht entfernt worden, so daß der Hausknecht deutlich die Worte Paris und Nancy hatte lesen können. Der Herr kam also aus der Hauptstadt über das Hauptquartier des Ostens nach Metz, ein Umstand, welcher wohl geeignet war, Vermuthungen Raum zu geben. Er nannte sich sehr einfach Monsieur Maçon, aber einer der Kellner, welcher in einem der feinsten Cafe's des Louvre servirt hatte, behauptete, diesen Herrn sehr gut zu kennen; es sei nicht ein einfacher Bürger, sondern Graf Rallion, der erklärte Günstling des Kaisers.

Dieser Kellner schien nicht Unrecht zu haben, denn bei näherer Beobachtung stellte sich heraus, daß Herr Maçon dem Divisionscommandeur, dem Festungscommandanten und anderen hochgestellten Herren häufige Besuche machte und von ihnen in einer Weise behandelt wurde, welche auf eine ausgezeichnete Distinction schließen ließen.

Gestern Abend hatte er der Dienerschaft befohlen, sich für heute zur Abreise bereit zu halten, da er mit dem Zuge, welcher elf Uhr fünfzig Minuten von Metz abgeht, nach Thionville zu fahren gedenke und dort also zwölf Uhr sechsundvierzig eintreffen werde.

Bereits neun Uhr kam ein junger Herr, welcher wie ein Officier in Civil aussah, und fragte, ob Herr Maçon zu sprechen sei. Als er nach seinem Namen gefragt wurde, gab er eine Karte ab, auf welcher in zierlicher Schrift zu lesen war: „Bernard Lemarch, Escadronchef." Dieser Lemarch war also Cavalleriecapitän, Rittmeister. Er wurde angemeldet und auch sogleich vorgelassen. Herr Maçon empfing ihn zuvorkommend, ließ ihn sich niedersetzen, bot ihm sogar eine Cigarette an, und nun entwickelte sich eigenthümlicher Weise eine ganz ähnliche Scene wie in Simmern zwischen dem General und dem Rittmeister Königsau.

„Ich habe im Zimmer Ihres Obersten eine Kreidelandschaft gesehen, welche von Ihrer Hand sein soll, Capitän?" fragte Maçon.

„Es ist eine kleine Studienarbeit von mir, mein Herr," antwortete der Gefragte.

„Eine Studienarbeit, welche aber doch eine gute Uebung verräth. Ich glaube, Sie könnten recht gut die Rolle eines Landschaftsmalers durchführen."

„Es würde mir dies nicht schwer fallen."

„Das ist mir lieb zu hören. Kennen Sie mich, Capitän?"

Der Officier lächelte und antwortete:

„Heute habe ich das Vergnügen, mit Monsieur Maçon zu sprechen."

„Und wie würden Sie mir unter anderen Umständen antworten:"

„Unter anderen Umständen würde ich die Ehre haben, mich bei dem Grafen Rallion in Audienz zu befinden," antwortete der Capitän mit einer Verbeugung.

„Gut; ich sehe, daß Sie mich kennen. Ich habe von Ihnen gehört. Man ist mit Ihnen zufrieden, und ich stehe daher im Begriffe, Ihnen Gelegenheit zu geben, sich auszuzeichnen."

Das Gesicht des Officiers erhellte sich vor Freude, und er antwortete schnell:

„Ich werde diese Gelegenheit benutzen, Ihnen zu beweisen, daß es mein eifrigstes Streben ist, mich nützlich zu machen."

„Wohl! Ich vernehme, daß Sie der deutschen Sprache mächtig sind?"

„Vollständig. Ich bin bei Straßburg geboren."

„Würden Sie es fertig bringen, in Berlin für einen Deutschen zu gelten?"

„Ich hoffe es; nur müßte ich mich als einen solchen zu legitimiren vermögen."

„Man wird Sie mit dem Nothwendigen versehen. Hören Sie, was ich Ihnen zu sagen habe!"

Der Graf steckte sich eine neue Cigarette an, gab seinem hagern, gelben Gesichte einen wichtigen, diplomatisch schlauen Ausdruck und fuhr fort:

„Man fühlt sich in die Nothwendigkeit versetzt, an einen Krieg mit Deutschland zu denken. Man gedenkt, damit nicht mit der Thür in das Haus zu fallen, sondern sich vorher erst gehörig zu orientiren. Der letzte deutsch-österreichische Kampf hat zur Evidenz bewiesen, daß die preußische Heeresleitung eine sehr weitsehende und vorsichtige ist. Es steht zu vermuthen, daß Preußen so scharfsinnig ist, unsere Absicht zu errathen und in Folge dessen seine Vorbereitungen zu treffen. Darüber müssen wir natürlich Gewißheit haben. Wir müssen zweierlei wissen: erstens ob wir errathen werden, und zweitens, welche Gegenminen man uns legt. Verstehen Sie mich?"

„Vollkommen, mein Herr!"

„Eine solche Aufgabe können wir unserer officiellen, diplomatischen Vertretung natürlich nicht in die Hand geben. Wir bedürfen einer privaten Kraft, welche geeignet ist, diese Forschungen anzustellen. Dazu gehört allerdings ein Mann, welcher neben den sehr nothwendigen militärischen Kenntnissen, Schlauheit, Scharfsinn und sogar auch Muth genug besitzt, den Feind zu überlisten. Dieser Mann soll mit den nöthigen Legitimationen und Empfehlungen nach Berlin gesandt werden; er wird Anweisungen bekommen, wie er sich zu verhalten hat; man wird ihm Summen zur Verfügung stellen, zunächst für seine persönlichen Ausgaben, da er anständig aufzutreten hat, und sodann auch für Andere, unvorhergesehene Zwecke. Es könnte sich ja wohl eine kleine Bestechung oder etwas Derartiges als nothwendig herausstellen. Dieser Mann müßte eben so klug wie tactvoll, eben so kühn wie vorsichtig sein. Seine Aufgabe ist voraussichtlicher Weise keine leichte, doch wird auch die Belohnung eine dem entsprechende sein. Sie wurden mir empfohlen, Capitän. Welche Antwort habe ich zu erwarten?"

Das war sehr deutlich gesprochen. Der Rittmeister, welcher von seinem Obersten jedenfalls bereits vorbereitet worden war, gab eine ebenso deutliche Antwort:

„Ich werde diese Gelegenheit, meinem Vaterlande zu dienen, mit Freuden ergreifen, und gebe die Versicherung, daß ich nichts versäumen und unterlassen werde, um meinen Zweck zu erreichen."

„Das habe ich erwartet. Ich mache allerdings die vielleicht etwas zu aufrichtige Bemerkung, daß die Zeit drängt und Sie sich also nicht viel Muse lassen dürfen. Vor allen Dingen aber frage ich Sie, ob Sie Berlin bereits kennen?"

„Ich war noch nicht dort."

„Das ist günstig, denn Sie werden dann nicht in Gefahr kommen, erkannt zu werden. Ich reise elf Uhr von hier nach Thionville. Können Sie bis dahin Ihre Vorbereitungen zur Abreise getroffen haben?"

„Ein Soldat muß stets marschbereit sein!"

„Wohl! Sie werden mich begleiten. Ich habe in der Nähe eine geheime Inspection vorzunehmen, nach deren Erfolg sich Ihre Instructionen richten werden. Dies wird in höchstens zwei Tagen abgethan sein, und dann können Sie nach Berlin gehen. Ihre größte Aufmerksamkeit wird dort auf den Generalstab zu richten sein. Und da will ich Ihnen bereits jetzt eine Adresse nennen, welche Ihnen von Vortheil sein wird."

Er nahm ein Notizbuch aus der Tasche, blätterte nach und fuhr dann fort:

"Es giebt nämlich dort einen Officier, einen höchst gewandten und trotz seiner Jugend sehr brauchbaren Strategen, welcher sogar in seiner Privatwohnung mit wichtigen Arbeiten beschäftigt wird. Wenn es Ihnen gelänge, seine Freundschaft zu erwerben, so wäre es Ihnen vielleicht möglich, hier und da einen geheimen Blick in diese Arbeiten werfen zu können. Eine gewandt geführte Unterhaltung könnte Ihnen Vieles errathen lassen, was er nicht direct sagen wird. Einige Flaschen Wein zur rechten Zeit und am rechten Ort haben oft einen außerordentlichen Erfolg. Vielleicht hat dieser Mann Verwandte, deren Vertrauen, oder eine hübsche Schwester, deren Liebe sie erwerben können. Kurz und gut, ich will Ihnen mit diesen Andeutungen nur sagen, daß der Kluge es verstehen muß, sich Alles dienstbar zu machen, und ich hoffe, daß Sie nicht auf den Kopf gefallen sind!"

"Ich wiederhole, daß ich mein Möglichstes thun werde," antwortete der Rittmeister. "Darf ich um den Namen des betreffenden Officiers bitten?"

"Es ist der Rittmeister Richard von Königsau. Wo er seine Privatwohnung hat, kann ich nicht sagen; es wird Ihnen nicht schwer werden, sie unauffällig zu erfragen. Aber Eins weiß ich, was Ihnen vielleicht von Nutzen sein wird: Er hat einen alten Großvater, einen Veteranen aus den sogenannten Befreiungskriegen, welcher zuerst unter dem Verräther Lützow und sodann unter Blücher gekämpft hat und in der Schlacht bei Belle Alliance verwundet worden ist. Dieser Alte spricht noch heut mit Begeisterung von seinen Feldzügen, und Sie werden wissen, daß das Wohlwollen solcher Leute sehr leicht dadurch zu erlangen ist, daß man sie glauben läßt, von ihrer Begeisterung angesteckt zu sein. Das ist Alles, was ich Ihnen für jetzt sagen kann. Nähere Instructionen werden Sie noch erhalten. Besitzen Sie einen Anzug, wie ihn Maler zu tragen pflegen?"

"Er wird in wenigen Minuten beschafft sein."

"Und eine Staffelei?"

Der Rittmeister konnte ein Lächeln nicht unterdrücken. Er antwortete:

"Eine Staffelei von hier mit nach Berlin zu nehmen, wäre ebenso beschwerlich als überflüssig. Will ich bereits unterwegs als Maler gelten, so genügt eine künstlermäßige Kleidung und eine Mappe. Eine Staffelei werde ich mir in Berlin kaufen."

"Das müssen Sie verstehen. Jetzt treffen Sie schleunigst Ihre Vorbereitungen, denn ich erwarte bestimmt, Sie punkt elf Uhr hier wiederzusehen. Adieu!"

Er erhob sich und gab dem Officier mit jener kalten Nachlässigkeit die Hand, mit welcher man sagen will: "Ich lasse mich zwar herab, Dir die Hand zu reichen, aber bilde Dir nur um Gotteswillen nichts darauf ein; denn wenn Du fort bist, werde ich mir diese Hand sehr sorgfältig abwaschen, damit jede Spur von dieser ordinären Berührung vertilgt werde!" Der Rittmeister nahm die Hand wie Einer, dem eine hohe Gnade erwiesen wird, und entfernte sich nach einer Verbeugung, welche er einem regierenden Fürsten nicht unterthäniger hätte machen können. Er wußte, daß der Liebling des Kaisers mehr Einfluß besaß, als mancher Minister, der sich die Miene gab, mächtig zu sein.

Als kurz vor zwölf Uhr der Zug nach Thionville bereit stand, stieg Herr Maçon in ein Coupee zweiter Classe, und ihm folgte ein junger Mann, welcher enge graue Hosen, feine Lackstiefel, ein beschnürtes Sammetjaquet, einen breitkrämpigen Hut und gelbe Handschuhe trug. Er hatte eine umfangreiche Mappe unter dem Arme, und es konnte gar kein Zweifel darüber obwalten, daß er ein Künstler, ein Maler sei.

Als sie in Thionville ausstiegen, stand der alte Capitän vom Schloß Ortry auf dem Perron, um seinen hohen Besuch zu bewillkommnen. Herr Maçon, welcher hier wieder Graf Rallion war, klopfte dem Alten freundlich auf die Achsel und fragte:

"Nun, Capitän, Sie haben meine Depesche erhalten, wie ich sehe?"

"Vor zwei Stunden. Ich beeilte mich sofort, Sie zu empfangen," antwortete der Gefragte.

"Ich stelle Ihnen hier den Capitän Lemarch vor, welcher als Maler nach Berlin gehen wird; in welcher Angelegenheit, das brauche ich so einem alten Schlaukopf, wie Sie sind, nicht erst zu sagen. Nicht?"

Der Alte blinzelte mit den Augen, zog den Schnurrbart empor und fletschte die Zähne, als ob er ganz Berlin erbeißen möchte, nickte dem jungen Officier vertraulich zu und sagte:

"Sie gehen als Maler, wie es scheint? Machen Sie Ihre Sache gut, damit diese Prussiens endlich den Lohn erhalten, den sie schon längst verdient haben."

"Der Capitän wird sich Mühe geben; ich bin davon überzeugt," antwortete der Graf an Stelle des Officiers. "Haben Sie eine Equipage mit?"

"Zwei. Die andere für ihre Bedienung."

"Gut. Fahren wir!"

Nach kurzer Zeit rollten die beiden Wagen auf der Straße dahin, welche von Thionville nach Ortry führt. Sie waren bereits über das erste Dorf hinaus, als sie einen ganz eigenthümlich gekleideten Menschen bemerkten, welcher vor ihnen herging. Er trug weite orientalische Hosen, welche unter dem Knie zusammengebunden waren, und an den Füßen Sandalen. Strümpfe und Gamaschen trug er nicht, so daß seine hageren, braunen Unterbeine zu sehen waren. Eine rothe, mit unächten Tressen besetzte Jacke bedeckte seinen Oberleib. Um die Hüften hatte er einen alten blauen Shwal geschlungen, in welchem verschiedene fremdartige Gegenstände steckten, deren Bestimmung sich unmöglich errathen ließ. Unter der vorn offenen Jacke war ein Hemde zu sehen, welches sicher vor langen Jahren einmal weiß gewesen war, und auf dem Kopfe thronte ein Turban, welcher geradezu einen riesigen Umfang hatte. Ueber die Schulter hing diesem Manne ein großer Ledersack, dessen Inhalt in Bewegung zu sein schien; es mußten sich lebendige Gegenstände in demselben befinden. Das Gesicht des Mannes schien nur aus einem mächtigen Vollbarte, einer braunen Nasenspitze und zwei Augen zu bestehen, welche unter schweren Lidern lagen.

Als die Wagen herangerollt kamen, blieb der Mann stehen, um sie vorüber zu lassen. Seine Lider hoben sich langsam, und seine Augen blickten gleichgiltig unter ihnen hervor. Kaum aber war ihr Blick auf die Insassen des ersten Wagens gefallen, so belebten sie sich auf die auffälligste Weise.

Sie nahmen den Glanz glühender Kohlen an und schienen aus ihren Höhlen treten zu wollen. Im nächsten Augenblick hatte sich der Mann bereits beherrscht. Er lehnte sich an einen der Chausseebäume und ließ, als der Wagen im Begriffe stand, vorüber zu fahren, ein halblautes, eigenthümliches Zischen hören.

Sofort bäumten sich die Pferde, und waren durch keine Anstrengung des Kutschers von der Stelle zu bringen. Er gebrauchte die Peitsche; er schnalzte mit der Zunge; er bat mit zuredenden Worten, vergeblich. Der Fremde stand dabei und richtete seinen halbverschleierten Blick scharf auf den alten Capitän. Dieser wandte sich mit einer drohenden Handbewegung zu ihm und rief ihm zu:

„Kerl, siehst Du nicht, daß die Pferde vor Dir scheuen! Packe Dich fort!"

„Scheuen?" fragte der Mann mit tiefer Stimme. „Vor mir hat noch nie ein Pferd gescheut; aber alle Pferde gehorchen meinem Winke. Wem gehört dieser Wagen?"

„Was geht das Dich an, Vagabund? Ich sage Dir, packe Dich, sonst lasse ich Dich vom Kutscher von der Straße peitschen!"

„Ich fürchte ihn nicht!" antwortete der Fremde ruhig. „Wenn ich gehört habe, wohin die Wagen gehören, werde ich den Pferden befehlen, zu gehorchen, und dann könnt Ihr weiterfahren, eher aber nicht!"

Der alte Capitän zuckte höhnisch die Achsel und gebot dem Kutscher, die Fahrt fortzusetzen, aber dieser war nicht im Stande, dem Befehle zu gehorchen. Die Pferde wichen trotz aller seiner Bemühungen nicht von der Stelle.

„Es geht nicht, gnädiger Herr," klagte er. „Der Teufel muß in die Pferde gefahren sein, oder versteht der Kerl dort zu hexen. Wenn ich Gewalt brauche, so brechen sie mir die Deichsel ab."

Der Graf hatte bis jetzt die Scene ruhig beobachtet. Jetzt wandte er sich nach dem hinteren Wagen, in welchem seine beiden Diener saßen:

„Schafft den Menschen fort, daß die Pferde ihn nicht mehr sehen!" gebot er.

Die Domestiken stiegen aus und traten drohend auf den Fremden zu. Sie geboten ihm, zu weichen, und als er dies nicht that, streckten sie die Hände nach ihm aus. Aber in demselben Augenblicke wichen sie im höchsten Grade erschreckt zurück, denn der Fremde hatte seinen Ledersack ein Wenig geöffnet, und aus demselben schossen drei riesige Brillenschlangen hervor. Diese Thiere schlangen ihre Schwänze um den langen, nackten Hals ihres Herrn und fuhren mit ihren Leibern, wie um ihn zu vertheidigen, mit blitzesähnlicher Schnelligkeit in der Luft herum. Die Leute hatten wohl noch nie eine Brillenschlange gesehen, aber die Beschreibung oft gelesen; sie wußten also, daß sie es hier mit den giftigsten Reptilien zu thun hatten, welche es in der Welt giebt. Sie sprangen schleunigst zurück und wagten es nicht wieder, sich dem Fremden zu nähern.

Dieser erhob die Hand, um seine Schlangen zärtlich zu streicheln, und sagte:

„Wer mich angreifen will, der komme! Es gehorchen mir alle Thiere des Waldes und des Feldes, auch den Rossen bin ich ein Gebieter. Die Pferde werden nicht eher diese Stelle verlassen, als bis ich es ihnen erlaube. Wohin gehören diese Wagen?"

Die Herren, welche im ersten Wagen saßen, konnten es mit ihrer Würde nicht vereinbaren, ihm zu antworten, erkannten aber auch, daß dieser Mann unangreifbar sei.

Der Kutscher riß sie aus ihrer Verlegenheit.

„Sie gehören nach Ortry," antwortete er.

„Nach Ortry?" wiederholte der Fremde. „Gut; fahrt weiter!"

Er stieß einen leisen, seltsam klingenden Pfiff aus. Sofort zogen die Pferde an und rannten im Galoppe davon, so daß der Kutscher sich alle Mühe geben mußte, ihrer Herr zu bleiben. Der Fremde blickte ihnen nach, so lange er sie zu sehen vermochte, dann wendete er sein Gesicht nach Osten. Seine Augen öffneten sich weit; seine Kniee beugten sich zur Erde, seine Hände streckten sich gefaltet empor, und er rief:

„Allah il Allah! Dein Name ist der einzige, und Deine Macht ist unendlich. Sei gelobt, daß ich ihn wiedergesehen habe, den Räuber, den Mörder unseres Stammes! Sei gelobt, daß ich gefunden habe die erste Spur von Liama, der Tochter unserer Zelte. Ich gelobe bei Dir und allen heiligen Kalifen, sie zu befreien, oder, wenn sie todt sein sollte, zu rächen, wie noch kein Kind der Wüste gerächt worden ist!"

Vorhin hatte er im Dialecte des südlichen Frankreich gesprochen, jetzt aber sprach er sein Gebet in arabischer Sprache. So am Boden knieend und von den Schlangen umzingelt, bot er einen höchst fremdartigen, wilden Anblick dar.

Nun erhob er sich wieder von der Erde, steckte die Schlangen in den Sack zurück und setzte seinen Weg weiter fort, ganz denselben Weg, welchen auch die Wagen verfolgt hatten. Beim nächsten Dorfe angekommen, kehrte er im Wirthshause ein. Er fand nur einen alten Mann zu Hause, der ihm den bestellten Trunk reichte. Dieser betrachtete die sonderbare Gestalt mit neugierigem Blicke und fragte:

„Sie sind jedenfalls nicht im Norden Frankreichs geboren?"

„Nein," lautete die Antwort. „Ich ward geboren im Sonnenbrande des Südens."

„Was treiben Sie hier, oder womit handeln Sie hier?"

„Man nennt mich Abu Hassan, den Zauberer. Ich habe die Geheimnisse der Geister studirt und mir alle Geschöpfe unterthan gemacht."

„Ah, ein Gaukler," lächelte der Wirth. „Wo wollen Sie Ihre Künste zeigen?"

„In Ortry."

„O, da werden Sie schlechte Geschäfte machen!"

„Warum?"

„Zu den Arbeitern, die sich wohl eine solche Kurzweil wünschen möchten, darf kein Fremder, und im Schlosse giebt es Leute, welche mehr gesehen haben als die Kunststücke, welche Sie produciren werden."

„Abu Hassan kann mehr als Andere," meinte der Fremde stolz. „Wer wohnt auf dem Schlosse?"

„Der Baron de Sainte-Marie."

Hassan schüttelte leise den Kopf, als sei er mit dieser Antwort noch nicht zufrieden.

„Wer noch?"

„Sein Weib und seine zwei Kinder."

„Wie alt ist der Baron?"

„Vielleicht fast fünfzig Jahre."

Hassan schüttelte abermals den Kopf und fragte weiter:

„Wohnt ein Mann dort mit großem, grauen Schnurrbart?"

„Ja; das ist der Vater des Barons."

„Wie heißt er?"

„Eigentlich sollte man meinen, daß er auch Sainte-Marie heißt; dies ist aber nicht der Fall, denn der Baron ist erst vor Jahren geadelt worden und hat seinen jetzigen Namen vom Kaiser empfangen. Er hieß vorher Richemonte, und so heißt der Alte noch."

Hassan horchte auf. Seine Augen aber versteckten sich wo möglich noch tiefer unter die Lider als vorher, und er gab sich Mühe, im gleichgiltigsten Tone zu fragen:

„War dieser Alte Soldat?"

„Ja. Er hat unter dem großen Kaiser gefochten und soll auch unter Kabylen gewesen sein, als was, das weiß ich nicht."

„Hat der Alte ein Weib gehabt?"

„Natürlich, da der Baron sein Sohn ist."

„War dieses Weib eine Französin?"

„Das läßt sich denken; aber ich habe sie nicht gekannt, da die Sainte-Maries erst seit Jahren hier wohnen. Die Frau des Alten muß seit langer Zeit bereits todt sein."

„Haben Sie niemals etwas von einem Weibe gehört, welches Liama hieß?"

„Liama?" fragte der Wirth rasch. „Das war die erste Frau des Barons."

„Des Barons? War der Baron auch in der Kabylie?"

„Das weiß ich nicht. Aber seine erste Frau hieß Liama und ist eine Heidin gewesen. Ihr Grab liegt tief im Walde beim alten Thurme, und ihre Tochter lebt noch."

Die Augen des Fremden schossen einen übermächtigen Strahl der Freude unter den Lidern hervor, doch im nächsten Augenblicke erklang im ruhigsten Tone die Frage:

„Eine Tochter hat sie hinterlassen? Wie heißt sie?"

„Marion."

„Hat sie nie anders geheißen?"

„Warum sollte sie jemals anders geheißen haben? Ihre Frage klingt außerordentlich kurios."

So unterhielten sich die Beiden noch lange Zeit. Hassan erfuhr Alles, was der Wirth von Ortry und seinen Bewohnern wußte. Er hörte auch, daß der Geist Liamas noch oft am alten Thurme zu sehen sei. Endlich brach er auf. Als er sich auf der Straße allein befand, schüttelte er den Kopf und fragte in seinem südlichen Dialect:

„Diesen alten Richemonte suche ich. Er ist's; ich irre mich nicht. Allah hat meine Schritte endlich doch noch zum Ziele geleitet; aber Liama, die Tochter der Wüste, ist gestorben. Ich werde sie rächen. Wer aber ist diese Marion? Wer ist dieser Baron de Sainte-Marie? Wer ist der Geist, der sich im alten Thurme sehen läßt? Muhamed, der Prophet der Gläubigen, sagt, daß das Weib keine Seele habe. Wie kann also die Seele eines Weibes nach dem Tode desselben gesehen werden? Ich werde nach Ortry gehen und die Spuren verfolgen, welche ich gefunden habe; dann kehre ich zum Schaik zurück, um ihm zu sagen, daß die Zeit der Rache endlich doch noch gekommen ist."

Seine Augen leuchteten wild auf, als er diese Worte murmelte. Und sein Mund ließ ein höhnisches Lachen erschallen, als er fortfuhr:

„Wieder mich erkennen? O nein. Der Gram hat mein Gesicht durchfurcht und mein Fleisch vom Leibe gefressen. Und wenn man erführe, wer ich bin, ich fürchte ihn doch nicht. Sind sie nicht Alle erschrocken über meine Schlangen? Hat

W. VIII. 71.

ihnen nicht Allah den Verstand genommen, daß sie nicht begreifen, warum die Pferde mir gehorchen? Waren es nicht Pferde der Wüste, welche allen Zeichen der Wüste gehorchen? Und wenn sie mich bedrohen, so werde ich ihnen meine Künste zeigen, und sie werden sich fürchten und mich für den Satan halten."

Unterdessen waren die beiden Wagen auf Ortry angekommen und die Insassen derselben von den Bewohnern des Schlosses bewillkommnet worden. Marion hatte den Grafen mit Ehrerbietung begrüßt, aber nicht die mindeste Veranlassung zu der Annahme gegeben, daß sie sich freue, den Vater ihres Verlobten zu sehen. Er erhielt die besten Gemächer des Schlosses angewiesen, während der falsche Maler die Wohnung des ermordeten Fabrikdirectors bezog, wo man die noch sichtbaren Blutflecke mit Teppichen bedeckt hatte.

Es wurde zunächst ein kurzer Imbiß eingenommen, und dann begab sich der alte Capitän mit den beiden Rallions nach dem Eisenwerke. Die geheimnißvolle Inspection sollte beginnen. Lemarch begann, sich zu langweilen, nahm seine Mappe und begab sich nach dem Garten, um das Schloß von dieser Seite abzuzeichnen und dem Capitän mit dem Bilde dann ein Geschenk zu machen.

Dort saß auf einer Bank, grad wie die beste Stelle zum Zeichnen war, Müller, der in einem Buche las. Er blickte auf, sah den Maler kommen und erhob sich höflich. Als aber der Franzose näher kam, nahm das Gesicht des Deutschen den Ausdruck des allerhöchsten Erstaunens an. Was war denn das? War das ein einfaches, natürliches Spiel des Zufalles? Dieser Künstler sah dem Diener Fritz zum Verwechseln ähnlich. Hätte der Erstere die Kleidung des Pflanzensammlers angehabt, so wäre die Täuschung vollständig gewesen.

Lemarch sah diese Verwunderung und sagte:

„Sie scheinen unangenehm berührt zu sein, daß ich Sie störe? Wen habe ich die Ehre, um Entschuldigung zu bitten, Monsieur?"

„Ich bin der Erzieher des jungen Barons," antwortete Müller jetzt wieder gefaßt.

„Und ich bin Maler, mit dem Grafen Rallion hier angekommen. Ich gedachte, von dieser Bank aus das Schloß zu zeichnen, aber ich störe Sie."

„Nehmen Sie Platz!" antwortete Müller höflich. „Mein Name ist Müller."

Er sagte dies, um zu erfahren, wie er den Maler zu nennen habe. Dieser hatte während der Bahnfahrt im Coupée von dem Grafen erfahren, daß seine deutsche Legitimation auf den Namen Haller ausgestellt sei; darum antwortete er:

„Und der meinige Haller. Ich bin ein Deutscher, und Sie auch, wie ich zu meiner Freude aus Ihrem Namen schließe."

„Allerdings. Meine Heimath ist Leipzig."

„Die meinige Stuttgart."

Beide täuschten einander. Sie waren gezwungen, die Orte zu nennen, welche auf ihren Legitimationen angegeben waren. Der Franzose war ein liebenswürdiger Gesellschafter, und Müller fühlte sich bereits nach kurzer Unterhaltung recht sympathisch von ihm berührt, bis die Unterhaltung auf Berlin kam — zufällig, dachte Müller; er hatte nicht bemerkt, daß Haller sie mit Absicht auf Berlin geleitet hatte.

„Waren Sie bereits einmal in der Hauptstadt Preußens?" fragte der Letztere.

„Oefters," antwortete Müller.

„Das läßt sich denken, da Berlin von Ihrer Vaterstadt aus ja sehr leicht zu erreichen ist. Sind Sie dort einigermaßen bekannt?"

„So ziemlich."

„Auch in Militärkreisen?"

„Leidlich. Ich hatte als Erzieher Gelegenheit, zahlreiche Officiere kennen zu lernen."

„Ah, so sagen Sie mir, ob Ihnen der Name Königsau bekannt ist."

Fast hätte Müller durch eine rasche Bewegung sein Erstaunen verrathen. Er beherrschte sich jedoch und antwortete mit nachdenklicher Miene:

„Königsau? Hm! Den Namen müßte ich kennen! Ah, jetzt besinne ich mich! Ein alter Hauptmann aus Blüchers Zeit führt diesen Namen."

„Richtig, richtig!" meinte Haller mit französischer Lebhaftigkeit. Hat dieser alte Veteran einen Sohn?"

„Jetzt nicht mehr, aber einen Enkel, wenn ich mich nicht irre."

„Jawohl, ein Enkel war es! Ist dieser nicht Rittmeister bei den Ulanen?"

„So viel ich weiß, ja."

„Man sagt, daß er ein ausgezeichneter Offizier sei, der von Seiten des großen Generalstabes mit wichtigen Arbeiten beschäftigt werde."

„Möglich. Ich als Erzieher habe natürlich kein Urtheil darüber."

„Kennen Sie seine Verhältnisse vielleicht näher?"

„Es mag wohl sein, daß ich früher von ihm gehört habe, doch ist es leicht zu entschuldigen, wenn mir das jetzt nicht mehr erinnerlich ist. Sie haben Veranlassung, sich nach ihm zu erkundigen?"

„Ja."

„Wenn ich wüßte, welche Intention Sie dabei leitet, käme dies vielleicht meinem Gedächtnisse zu Hilfe, so daß ich Ihnen Auskunft zu geben vermöchte, Herr Haller."

„Nun, ich beabsichtige, baldigst nach Berlin zu gehen. Dort werde ich Gelegenheit nehmen, die Bekanntschaft des Rittmeisters zu machen. Sie begreifen, daß es mir da sehr angenehm sein würde, bereits jetzt etwas über ihn zu hören."

„Ah, Sie haben also Gründe, die Bekanntschaft gerade dieses Mannes zu machen?"

„Allerdings. Er ist mir sehr warm empfohlen."

„Darf ich fragen, von wem?"

„Vom Grafen Rallion," fuhr es dem Franzosen heraus. Er ahnte aber sofort, daß er jetzt eine Dummheit begangen habe, und fügte, um seine Worte begreiflicher zu machen, hinzu: „Der Graf hat nämlich in Berlin früher seine Bekanntschaft gemacht."

Damit aber hatte der Franzose den Karren noch tiefer hineingeschoben. Müller erinnerte sich der militärisch straffen Haltung, mit welcher der Maler in den Garten getreten war, er sah den wohlgepflegten Schnurrbart, die kurz verschnittenen Haare, und war nun mit sich und dem Maler vollständig im Reinen. Darum meinte er mit einem leichten Lächeln:

„So viel ich mich entsinne, ist Rittmeister von Königsau kein sogenannter Gesellschaftsmensch. Der Dienst geht ihm über Alles; er liebt das Studium, und in Folge dessen die Einsamkeit. Es mag schwer sein, sich bei ihm einzuführen."

„Ich hoffe, daß es mir gelingen wird, seine Freundschaft zu erlangen. Aus welchen Personen besteht seine Familie noch, außer dem bereits genannten Veteran?"

„Aus seiner Mutter und einer Schwester."

„Ist diese Schwester hübsch?"

„Ich glaube. Ich habe Bekannte, welche von ihr sogar als von einer Schönheit sprechen."

Müller sagte die Wahrheit. Es that ihm in diesem Augenblicke herzlich wohl, in solcher Weise von der fern Weilenden sprechen zu können. Haller machte ein erfreutes Gesicht und sagte mit jenem Lächeln, welches unter jungen Herren so vielsagend ist:

„Ein Grund mehr, die Bekanntschaft des Rittmeisters zu machen. Ich bin Ihnen herzlich dankbar für die Auskunft, die Sie mir ertheilt haben!"

„Und ich bedaure sehr, nicht im Stande gewesen zu sein, Ihnen mehr zu sagen. Ich will Ihnen gern wünschen, sich nicht enttäuscht zu sehen."

Er verbeugte sich höflich und ging dem Parke zu. Diese Begegnung gab ihm zu denken. War dieser Maler wirklich ein Deutscher? War er überhaupt wirklich ein Maler? Er war mit Rallion, dem größten Hasser Deutschlands, gekommen, und zwar aus Metz, dem militärischen Ameisenhaufen. Warum wollte er als Maler in Berlin gerade Müller's Bekanntschaft machen, das heißt also die des Rittmeisters von Königsau? Warum die Lüge, daß Graf Rallion Königsau kenne? Und wenn dieser Haller kein Maler, sondern Offizier war, so hieß er jedenfalls auch anders und ging in einer geheimen Mission nach Berlin. In diesem Falle ——

Er wurde gerade jetzt aus seinem Nachdenken aufgestört, denn eine liebliche Stimme erklang:

„Bon jour, Herr Doctor! Haben Sie Baronesse Marion nicht gesehen?"

Er blickte auf. Nanon stand seitwärts von ihm. Sie trug ihr lichtes Kleid hoch aufgeschürzt, wie zu einem langen Gange durch Wald und Feld, und ihr volles, freundliches Gesichtchen wurde von einem breitrandigen Gartenhute beschattet. Ihr Haar hing in zwei dicken, blonden Zöpfen über dem Rücken herab. Als sie so hinter dem Fliederstrauche hervorlugte, hatte sie ganz das Aussehen einer neckischen Else, welche von ihrer Königin die Erlaubniß erhalten hat, sich einmal an dem fröhlichen, glücklichen Menschenleben zu betheiligen.

„Leider nein, Mademoiselle," antwortete er.

„Sie soll mit Alexander in den Park gegangen sein. Ich suche sie."

„Vielleicht ist sie nach dem alten Thurm."

Sie sah ihn mit fragender Bitte an. Vielleicht wäre es gerathen gewesen, sie zu begleiten, um ihr den Thurm zu zeigen; aber er war zu sehr mit seinen Gedanken beschäftigt, um darüber nachzudenken, ob er als Erzieher die Verpflichtung habe, auch in diesem Falle galant zu sein. Sie bemerkte dies, warf mit einem trotzigen Schmollen das Köpfchen zurück und antwortete:

„Ich danke Ihnen. Vielleicht finde ich den Thurm."

Damit schritt sie fort, dem Walde entgegen. Dort dufteten bereits die Maien, und zahllose Blüthen hingen an den Sträuchern. Sie schlüpfte von Baum zu Baum, von Strauch zu Strauch; sie hatte bald einen Vogel, bald einen Käfer, bald einen früh erwachten Schmetterling zu beobachten. Sie drang immer tiefer und tiefer in den Wald, bis sie endlich nicht mehr weiter konnte.

„Mon dieu, was ist denn das?" fragte sie. „Ich glaube gar, hier ist der Weg alle! Sie wendete sich um und fügte erschrocken hinzu: „Ach, der scheint ja schon längst alle geworden zu sein! Wo bin ich? Wo ist das Schloß? Und wo ist der alte Thurm, den ich suche? Ich habe mich ganz und gar verlaufen!"

So war es allerdings — sie hatte sich verlaufen. Sie suchte nun nach dem richtigen Weg; aber sie fand nicht nur nicht den richtigen, sondern überhaupt gar keinen Weg. Sie ging immer weiter und weiter und verirrte sich immer mehr. Sie ward müde und setzte sich nieder, um auszuruhen, bis sie bemerkte, daß sie keine Zeit versäumen dürfe. Sie brach also wieder auf und suchte von Neuem. Endlich fand sie einen schmalen Pfad, aber als sie ihm folgte, verlief er sich im Walde. Sie kehrte zurück und gelangte an einen Kreuzweg. Sie wandte sich nach rechts, ging eine ganze Viertelstunde lang und mußte dann zu ihrem Herzeleid sehen, daß auch dieser Weg zwischen Sträuchern und Büschen ein Ende nahm.

Nun wurde es ihr angst. Sie kehrte abermals um und begann zu rufen. Aber Niemand antwortete; sie befand sich allein, ganz allein im tiefen Walde.

„Daran ist nur dieser Monsieur Müller schuld!" rief sie fast weinend. „Warum sind doch die Deutschen nicht so galant wie die Franzosen? Sie sind doch außerdem viel besser als diese!"

Und immer weiter ging sie, und immer lauter rief sie. Da horch! War das wirklich eine menschliche Stimme? Sie rief abermals und blieb stehen, um zu horchen. Ja, aus weiter Ferne drang eine Antwort herüber. Sie rief wiederholt, und die Antwort kam immer näher, bis endlich ein Mann durch die Büsche brach. Er hatte eine dunkle Hose und eine blaue Blouse an und trug einen großen Sack auf der Schulter — es war Fritz.

Als sie ihn erblickte, schlug sie vor Freude die kleinen Händchen zusammen und rief:

„Ah, welch ein Glück, Monsieur — Monsieur — wie war gleich Ihr Name?"

„Guten Tag, gnädiges Fräulein!" grüßte er höflich, indem er den Hut vom Kopfe nahm. „Schneeberg, Friedrich Schneeberg heiße ich. Aber wie kommen Sie so tief in den Wald?"

„Ich bin in die Irre gegangen," antwortete sie. „Wollen Sie nicht mein Retter sein — zum zweiten Male, lieber Monsieur Schneeberg?"

„O, wie gern, Mademoiselle!" rief er. „Ich wollte, ich dürfte Sie hundertmal, nein, tausendmal retten, oder doch wenigstens alle Tage einige Male!"

„Das wäre denn doch zu viel verlangt," lachte sie, ganz erfreut, daß grad dieser gute, brave Mensch sie gefunden hatte. Sie war ja mit ihm in Mariens und des Doctor Bertrand Gesellschaft von der Mosel bis hierher gereist und hatte da trotz der kurzen Zeit Gelegenheit gehabt, die treue Seele kennen zu lernen. „Ist es weit nach dem alten Thurme?" fragte sie.

„Man müßte eine volle Stunde gehen," antwortete er.

„Und nach dem Schlosse?"

„Grad ebenso weit, Mademoiselle."

„Ach, das kann ich nicht mehr erlaufen!" klagte sie. „Ich bin so ermüdet; ich muß mich vorher ausruhen."

Ihr Blick suchte nach einem passenden Plätzchen. Da warf er den Sack zu Boden und sagte:

„Hier ist ein Fauteuil, wie es weicher gar nicht sein kann, Mademoiselle."

„Dieser Sack? Was ist darin?"

„Kostbare Pflanzen," antwortete er mit komischer Wichtigkeit. „Sie haben wohl gehört, daß ich bei Doctor Bertrand als Pflanzensammler engagirt bin."

„Allerdings, ich erinnere mich. Sind Sie denn ein guter Botaniker?"

„Das versteht sich!" lachte er. „Salomo kannte blos den Ysop und die Zeder, ich aber kenne einige Pflanzen mehr."

„Wenn aber diese Pflanzen einen medicinischen Zweck haben, darf ich mich doch unmöglich auf sie setzen!"

„Warum nicht, Mademoiselle?" Der Medicin thut dies nicht den geringsten Schaden. Der Sack steckt voll Preußelbeerkraut, Schafgarbe, Weidenblättern und Huflattich. Einen sehr guten Thee wird das freilich nicht geben, aber ein desto besseres Polster. Setzen Sie sich getrost darauf. Es wächst noch eine ganze Masse solches Zeug im Walde."

„Nun wohl, so muß ich Ihnen den Willen thun," sagte sie.

Sie ließ sich auf den weichen Sack nieder, und zwar mit einer so natürlichen Grazie und Anmuth, daß sie wirklich ganz das Aussehen einer Elfe hatte. Der Hut hing ihr am Bande im Nacken; er war ihr hinabgerutscht, und nun blickte das liebliche Gesichtchen mit den blauen Augen so freundlich zu ihm empor, daß es ihm heiß um das Herz wurde. Er hätte sich tausend und aber tausend Martern unterworfen, um ihr die kleinste Freude zu bereiten.

„Aber nun müssen Sie sich auch setzen, mein lieber Monsieur Schneeberg," sagte sie.

Er gehorchte und suchte sich einen Ort aus, fern von dem ihrigen.

„Nein, nicht dort," sagte sie, „sondern hier in meiner Nähe, ganz hier."

Sie deutete grade dort hin, wo ihre kleinen, kinderniedlichen Stiefeletten unter dem Saume ihres Gewandes hervorragten. Er wagte keinen Widerspruch und folgte gehorsam ihrer Weisung. Ihr Auge beobachtete dabei seine Bewegungen. Er war ein gewandter Unterofficier und hatte sich bei der Escadron die Beine noch lange nicht steif geritten. Seine volle, kräftige, wohl proportionirte Gestalt schmiegte sich behaglich in das grüne Moos, und als er sich da bequem ausstreckte, überflog sie ihn mit einem Blicke, dem man ein schwer unterdrücktes Wohlbehagen anerkennen konnte.

„So, nun wollen wir ruhen und plaudern," meinte sie; „aber wovon? Ah, da fällt mir gleich Etwas ein, was ich Sie fragen wollte! Wenn ich nur nicht denken müßte, daß Sie mir es übel nehmen möchten."

Er blickte sie mit dem ungeheucheltsten Erstaunen an und fragte:

„Ich Ihnen Etwas übel nehmen? In meinem ganzen Leben nicht."

„Nun wohl, so will ich Sie bitten, mir zu sagen, wie Ihre Familie zu dem Namen Schneeberg gekommen ist? Das ist für eine französische Zunge so schwer auszusprechen; das klingt so kalt, so eisig, daß man dabei frieren möchte. Stammen Sie etwa aus Lappland?"

„Meine Familie?" sagte er in einem schwermüthigen Tone. „Ich habe keine Familie; ich habe weder Vater noch Mutter."

„Auch nicht einen Bruder oder eine Schwester, Monsieur Schneeberg."

„Auch nicht, Mademoiselle."

„So sind sie Alle gestorben? O, das ist ja traurig, sehr traurig!"

„Ob sie gestorben sind, das weiß ich nicht. Ich bin ein armes Findelkind gewesen."

„Ein enfant trouvè, ein Findelkind?" sagte sie, und sogleich trat auch ein mitleidiger Tropfen in ihr schönes, liebes Auge. „Sie armer Monsieur Schneeberg. Wie ist dies denn zugegangen?"

„Das will ich Ihnen sagen: Da wohnte ein armer Holzhacker zwischen den Bergen, der hatte eine Frau und sechs Kinder, aber nicht genug zu essen für sie alle; der wanderte eines Tages vom Gebirge hinab in die Stadt, um für seinen letzten Gulden Brod für die Seinen zu holen. Als er spät in der Nacht zurückkam, brachte er das Brod und dazu einen kleinen Jungen, den er auf der einsamen Straße unter einer hohen Schneewehe wimmern gehört hatte. Das war ich. Er machte Anzeige, aber es fand sich Niemand ein, mich zu reklamiren. Der Holzhacker war ein braver Mann und behielt mich. Da man nicht wußte, ob ich getauft worden sei, taufte man mich, und da erhielt ich, da ich unter einem Berge von Schnee gelegen hatte, den Namen Schneeberg. Mein Pflegevater starb, seine Frau kurze Zeit darauf, und ich kam mit seinen Kindern in das Armenhaus. Dort bin ich aufgewachsen, ohne Liebe, ohne Alles, was ein Kind glücklich macht. Ich habe in meinem Leben nur einen einzigen Menschen gefunden, der mir Liebe und Güte erwiesen hat."

„Wer war das?"

„Mein Rittmeister."

„Ah, Sie waren Soldat?"

„Ja, Kavallerist."

„Aber welchen Beruf hatten Sie vorher erlernt?"

„O, ich könnte etwas vornehmer thun und sagen, daß ich Friseur gewesen sei; aber ich werde ehrlich sein und eingestehen, daß ich zuerst zu einem Barbier in die Lehre gegangen bin und erst später gelernt habe, Haartouren herzustellen." Und mit einem trüben Lächeln setzte er hinzu: „Sie sehen, Mademoiselle, daß ich nichts, fast gar nichts bin in der Kette der menschlichen Gesellschaft."

Da blickte sie ihn beinahe zornig an und sagte:

„Wo denken sie hin, Monsieur! Sie mit Ihrem Muthe, Ihrem braven Herzen, Ihrem weichen, sanften Gemüthe wären unnütz: Sie haben mir das Leben gerettet! Sie haben mich auf Ihren Armen aus den Fluthen getragen; das ist gerade genug gethan für ein ganzes Leben. Millionen leben und sterben, ohne daß ihnen der Mensch das Leben, ja nur eine einzige Stunde seines Lebens verdankt. Eigentlich ist mein Leben Ihr wohl erworbenes Eigenthum, und wenn Sie darauf einen Anspruch machen, so bin ich Ihnen einen Dank schuldig, welcher so groß ist, daß ich ihn gar nicht abtragen kann. Sie fühlen jedenfalls Befähigung zu etwas Größerem in sich, als Sie jetzt sind. Wer sagt Ihnen denn, daß Sie kein höheres Ziel erreichen werden?"

Sie hatte sich in einen solchen Eifer hineingeredet, daß ihre Augen blitzten und ihre Wangen glühten. Es war ihr ein Herzensbedürfniß, ihn zu überzeugen, daß er mehr werth sei, als er selbst denke. Dabei war sie in Bewegung gekommen und hatte bei jedem Worte, welches sie betonte, den Nachdruck dadurch zu verstärken gesucht, daß sie ihrem Gegenüber mit der Spitze ihres Fußes an die Achsel stieß. Daß dabei nicht nur ihre Stiefelette, sondern auch ein kleiner Theil ihres feinen, weißen Strumpfes frei vom Gewand erscheinen mußte, darauf hatte sie gar nicht geachtet.

Auf dieser weißen Stelle haftete Fritzen's Auge; aber es war kein unheiliger Gedanke, der ihn dabei beschlich, sondern sie kam ihm vor wie ein höheres Wesen, wie eine Schöpfung von unerreichbarer Schönheit, daß er froh sein müsse, den Klang ihrer silbernen Stimme hören und in die Tiefe ihres klaren, reinen Auges schauen zu dürfen.

Er legte die Hand auf sein klopfendes Herz, schloß die Augen und sagte:

„Sie haben Recht. Zanken Sie mich nur immer tüchtig aus! Ich bin der glücklichste Mensch; ich tausche mit keinem Andern, denn ich habe das unendliche Glück gehabt, das liebste und herrlichste Wesen der Welt auf meinen Armen zu tragen."

Sie blickte ihn scharf an, da sie aber in seinen geschlossenen Augen nicht lesen konnte, so fragte sie:

„Wie meinen Sie das? Wer ist das liebste, herrlichste Wesen der Welt?"

Da schlug er die Augen wieder auf, richtete sie mit größtem Erstaunen auf sie und antwortete:

„Das wissen Sie nicht? Sie, natürlich, Sie sind es!"

„Ich?" fragte sie unter einem halben, melodischen Lachen. „Ich das herrlichste Geschöpf der Erde? O, wie irren Sie sich; Ich bin ein häßliches, unliebes Ding, welches sich sehr, sehr oft über sich selbst zu ärgern hat!"

„Wenn das ein Andrer von Ihnen sagte, so würde ich ihn mit dieser meiner Hand zu Boden schlagen, Mademoiselle; darauf können Sie sich verlassen! An Ihnen ist Alles gerade, so schön und rein und heilig wie an einer Fee, oder an einem Engel. Gerade so, wie Sie sind, habe ich mir als Kind die Engel vorgestellt, und dann sind sie mir im Traume erschienen. Warum haben denn auch Sie stets Flügel, wenn ich von Ihnen träume?"

„Ah, Sie träumen von mir?" fragte sie schnell.

„Ja, fast alle Tage. Und es ist dann stets nur Eins, was ich träume: Sie kommen mit goldenen Flügeln und einer goldenen Krone, um mir den Ort zu zeigen, an welchem ich meine Eltern finden werde."

„O, wie gern würde ich das thun: wie gern würde ich Ihren Traum erfüllen, da ich Ihnen so sehr viel schuldig bin!"

Da richtete er sich halb empor; seine Wangen röteten sich wie unter einem verwegenen Entschlusse, und seine Augen schienen tiefer und dunkler zu werden.

„Wenn Sie wirklich glauben, daß Sie mir so sehr viel schuldig sind," sagte er, „so kann ich Ihnen ein Mittel angeben, diese große Schuld mit einem Male zu tilgen."

„Reden Sie, Monsieur Schneeberg! Geben Sie mir dieses Mittel an!"

„Aber Sie werden es mir übel nehmen, Mademoiselle!"

„Ich? Ihnen? Nein! Ich kann Ihnen eben so wenig Etwas übel nehmen, wie Sie mir."

Sein Gesicht erhellte sich, und in einem Tone, dem man es anhörte, daß es ihm schwer wurde, diese Worte auszusprechen, sagte er:

„Ich entbinde Sie von aller, aller Schuld gegen mich, wenn Sie mir nur ein allereiniges Mal die Erlaubniß geben, dieses schöne, kleine Händchen zu küssen, welches so weiß und zart da in Ihrem Schooße liegt." Und als sie nicht sofort antwortete, setzte er hinzu: „Nicht wahr, nun sind Sie mir ernstlich bös? Nun habe ich Ihre ganze Güte verscherzt?"

Sie zögerte noch immer, ihm zu antworten; aber ihr Blick ruhte mit einem Ausdrucke unbewußter Innigkeit auf seinem jetzt erbleichten Gesichte. Wie oft war ihre Hand geküßt worden von faden, unausstehlichen Salonhelden, die nach Moschus rochen und nach Pommade dufteten, aber nicht im Stande gewesen wären, eine Fliege aus dem Wasser zu ziehen. Diese widerwärtigen, Zwittergeschöpfe hatten sich, ohne zu fragen, ihrer Hand bemächtigt, als eines Gutes, welches ihnen nicht entzogen werden könne. Und hier dieser Mann, der zwar ein einfacher, aber ein Mann im vollsten Sinne des Wortes war, bat sich diese Gunst aus, als das größte Glück, welches ihm widerfahren könne, als Aequivalent für ein theures, unbezahlbares Menschenleben. Wie blickten seine treuen Augen so ängstlich in ihr Angesicht! Es stieg ihr heiß aus dem Herzen empor, wie ein allmächtiges Gefühl, dem nicht zu widerstehen war.

„Diese Hand wollen Sie küssen?" fragte Sie. „Nein; sie ist geküßt worden von Herren, von denen Hunderte mir nicht so viel werth sind wie Sie. Nicht die Hand, sondern die Wange will ich Ihnen geben. Kommen Sie, mein lieber Monsieur Schneeberg; küssen Sie mir die Wange, und dann soll von meiner Schuld noch immer nicht einmal das kleinste Theilchen getilgt sein!"

Sie glitt von den Pflanzen herab, welche ihr als Kissen dienten, kniete vor ihm hin und bot ihm in herzig kindlicher Weise ihr reizendes Köpfchen dar. Er legte die Hand leise, leise auf ihre zarte Schulter und berührte mit seinen Lippen noch leiser und vorsichtiger ihre erglühende Wange. Sie fühlte diese Berührung kaum; sie senkte das Köpfchen zur Seite, so daß ihre Wange fest an seinen Mund zu liegen kam, und dann fragte sie:

„So! War es so recht?"

Es war wie ein süßer, süßer Rausch über ihn gekommen. Sein Auge flammte auf; seine Brust hob und senkte sich, und sein Athem ging schneller, als er ihr antwortete:

„Mademoiselle, Sie haben mich einen Augenblick lang in den Himmel schauen lassen. Ich sage Ihnen, daß ich diese Stunde niemals vergessen werde. Nie, so lange ich lebe, wird es ein Mädchen geben, welches von meinen Lippen berührt wird. Der Mund, der Sie geküßt hat, ist geheiligt; er darf nie, nie entweiht werden."

Sie knieete noch immer vor ihm. War es mädchenhafte Begeisterung, war es ein zarteres Gefühl, oder war es nur die reine Dankbarkeit, von welcher sie fortgerissen wurde — sie legte jetzt ihm beide Hände auf die Schultern und sagte unter der Gluth tiefster Erröthung:

„Für ein solches Opfer war dieser Kuß zu wenig; das muß ein anderer sein,"

Sie zog seinen Kopf näher an sich, legte ihre Lippen auf seinen Mund und küßte ihn ein, zwei, drei Male, so fest und innig, als ob sie seine Geliebte sei. Dann aber sprang sie auf, warf die nach vorn gefallenen Zöpfe über die Schultern und sagte:

„Nun aber kommen Sie. Wir haben lange genug ausgeruht, und es wird Zeit, daß ich nach dem Schlosse gehe."

Auch er erhob sich. Er fühlte das Blut an seinen Schläfen pochen; er schien zu taumeln. Er sah nicht die Bäume und nicht die Sträucher; er sah nur sie, sie allein. Er legte beide Hände an seinen Kopf, um zu sehen, ob er auch wirklich noch er selbst sei, und dann führte er sie fort von der Stelle, ohne an den Kräutersack zu denken, den er liegen ließ.

Sie schritten eine Zeit lang schweigend durch den Wald, bis sie in lebhafter Erinnerung an das, was er ihr gesagt hatte, die Stille unterbrach:

„Ich erscheine Ihnen also im Traume und zeige Ihnen den Ort, an dem sich Ihre Eltern befinden?"

„Ja, Mademoiselle."

„Träume sind Schäume, aber zuweilen spricht Gottes Stimme im Traume zu dem Menschen. O, wäre doch der Ihrige ein sicher gottgesandter Traum. Haben Sie denn gar keine Ahnung, wessen Kind Sie gewesen sein könnten?"

„Nein, nicht die mindeste."

„Hat sich in der Kleidung, welche Sie tragen, kein Zeichen gefunden? Haben Sie denn gar, gar nichts bei sich gehabt, was der Vermuthung einen Anhalt geben könnte? Sind denn keine Nachforschungen angestellt, keine Erkundigungen eingezogen worden?"

„Ich habe in einem Pelzchen gesteckt, welches ganz aufgeweicht gewesen und später verloren gegangen ist. Im Hemdchen und Unterkleidchen sind Zeichen gewesen; da aber Alles naß war, so hat meine Pflegemutter Beides am Ofen aufgehängt, um es zu trocknen. Da ist beim Oeffnen durch einen unerwarteten starken Windstoß in die Esse die Flamme aus der Ofenthür geschlagen und hat sowohl das Kleidchen als auch das Hemd verzehrt. Außerdem hat ein dünnes, goldenes Kettchen an meinem Halse gehangen, mit einem großen Zahne, wie zum Spielen, oder in Folge des Aberglaubens, daß solche Mittel das Zahnen der Kinder erleichtern. Dieser Zahn war — — —"

Nanon war in höchster Ueberraschung stehen geblieben.

„Dieser Zahn war ein Löwenzahn?" unterbrach sie ihn rasch in einem Tone, welcher beinahe voller Angst erklang, daß er ihre Frage verneinen werde.

„Ich traf einst den berühmten Naturforscher Brehm," antwortete er; „das heißt, ich hatte ihn zu rasiren, und wagte es, ihm den Zahn zu zeigen. Er erklärte ihn sofort für einen Reißzahn eines männlichen Löwen."

Da schlug sie die Hände zusammen und rief:

„Mein Gott, ist das möglich? Der Reißzahn eines männlichen Löwen! Haben Sie ihn noch?"

„Ja. Ich trage ihn am Halse."

„Zeigen Sie her! Zeigen Sie schnell!"

„Häben Sie einen Grund, ihn zu sehen, Mademoiselle?" erkundigte er sich.

„Ja, einen sehr triftigen Grund," antwortete sie. „Also zeigen Sie her, schnell!"

Er öffnete die Blouse und die Weste, nestelte ein wenig am Halse und brachte dann ein feines, dünnes Goldkettchen zum Vorschein, an welchem ein großer, gelblich weißer, nach der Spitze zu leicht gebogener Zahn hing. Nanon nahm denselben in die Hand und betrachtete ihn.

„Verstehen Sie etwas von Heraldik?" fragte sie dann.

„Nein, nichts," antwortete er.

„Nun, so sehen Sie einmal her! Welche Form hat die goldene Fassung des Zahnes?"

„Es ist eine Krone, Mademoiselle."

„Ja, aber nicht etwa eine Phantasiekrone. Es ist ganz genau eine Grafenkrone mit Perlenzacken, und — ah!"

Sie betrachtete den Zahn genauer und untersuchte die Festigkeit, mit welcher er in der Fassung steckte. Dann stieß sie einen Ruf der Ueberraschung aus und sagte:

„Sehen Sie, Monsieur, daß der Zahn sich drehen läßt! Haben Sie das noch nie versucht?"

„Nein, niemals," antwortete er, mit Spannung auf ihre kleinen weißen Fingerchen blickend, welche mit Anstrengung an dem Gegenstande herumarbeiteten.

„Jetzt!" rief sie. „Jetzt geht es! Sehen Sie, daß man schrauben kann? Der Zahn ist mit einem Gewinde versehen und läßt sich abschrauben. Hier, blicken Sie her!"

Es gelang ihr, den Zahn aus der Krone zu schrauben, und nun zeigte sich eine Merkwürdigkeit, welche allerdings geeignet war, die Beiden in Erstaunen zu setzen. Die natürliche Höhlung des Zahnes war nämlich erweitert worden und enthielt ein feines Elfenbeinblättchen, dessen eine Seite das wunderbar künstlerisch ausgeführte Miniaturporträt einer sehr schönen jungen Frau zeigte. Darunter standen die Buchstaben und Zahlen H. v. G. 1845. Die andere Seite enthielt den Kopf eines stattlichen Mannes, und darunter war zu lesen: K. v. G. 1845.

Nanon betrachtete das Porträt der Dame sehr aufmerksam und sagte dann:

„Sie ist es; ja, sie ist es; ich erkenne sie wieder, obgleich sie älter aussah, als hier auf dem Bilde. Monsieur Schneeberg, diese Frau muß Ihre Mutter sein und der Herr Ihr Vater!"

(Fortsetzung folgt.)

Die Liebe des Ulanen.

Original=Roman aus der Zeit des deutsch=französischen Krieges von Karl May.
(Fortsetzung.)

Fritz stand da ganz ohne Bewegung. Er wußte gar nicht, wie ihm geschah. Eine Grafenkrone! Und diese beiden Personen sollten seine Eltern sein! Es war ihm, als hätte er einen Schlag vor den Kopf bekommen.

„Sie kennen diese Dame?" fragte er.

„Ja und nein, Monsieur," antwortete Nanon. „Es war nämlich in Paris während einer Soiree, als mir eine sehr schöne Dame auffiel, da sie ganz in Schwarz gekleidet ging. Ich erkundigte mich, wer sie sei, und man sagte es mir. Ich habe den Namen wieder vergessen. Sie war eine Deutsche und zwar die Frau eines preußischen Generales. Ich erfuhr, daß sie stets in Schwarz gehe, weil sie den schrecklichen Verlust zweier Kinder betraure."

„Die gestorben waren?"

„Nein, sie waren ihr auf einer Reise abhanden gekommen, und nicht wiederzufinden gewesen. Etwas Weiteres konnte ich nicht erfahren. Nur das sagte man mir, es sei sehr zu verwundern, daß man die Verschwundenen nicht entdeckt habe, da ihre Kleidchen gezeichnet gewesen seien und jeder der Zwillinge einen Löwenzahn an einem feinen Goldkettchen am Halse getragen habe; es sei also sehr zu vermuthen, daß ein Verbrechen vorliege."

„Den Ort, an welchem die Kinder verloren gegangen sind, wissen Sie nicht?"

„Nein. Ich habe mit der Dame selbst gar nicht gesprochen, und das, was ich Ihnen jetzt gesagt, erfuhr ich so nebenbei, wie ja die Unterhaltung oft von Einem auf das Andere springt. Seit jener Soiree sind bereits zwei Jahre vergangen, und man sagte mir, daß die Dame wohl über zwanzig Jahre getrauert habe."

„Wenn Sie doch den Namen wüßten, Mademoiselle!" stieß Fritz hervor.

„Ich werde ihn erfahren, ganz gewiß! Ich werde an die Freundin schreiben, welche damals die Gesellschaft bei sich gab, und den Namen der Generalin ganz sicher erfahren. Verlassen Sie sich darauf, daß ich noch heute den Brief verfassen werde!"

„Ich danke Ihnen, Mademoiselle!" sagte er. „Seit der Zeit, in welcher ich denken lernte, habe ich mich gesehnt, meine Eltern zu finden. Ich habe mitten im Wege im Schnee gelegen; ich bin also wohl verloren worden und gehöre nicht zu jenen unglücklichen, kleinen Geschöpfen, welche von ihren Eltern verleugnet und mit Absicht ausgesetzt und einer ungewissen Zukunft überantwortet werden. Ich habe mir stets gesagt, daß meine Eltern mich gegen ihren Willen verloren haben und einen immerwährenden Kummer, eine nie gestillte Sehnsucht nach mir im Herzen tragen müssen. Darum habe ich oft heiß und innig zu Gott gebetet, mich wieder mit ihnen zusammenzuführen. Darnach, ob sie reich oder arm, vornehm oder gering sind, habe ich nie gefragt. Ja, ich gestehe Ihnen, daß es mir lieber sein würde, der Sohn eines armen, als der eines vornehmen Mannes zu sein, da ich die Bildung nicht genossen habe, welche mich befähigte, den Anforderungen einer höheren Lebensstufe Genüge zu leisten. Ich habe die Hoffnung, daß Gott mein Gebet erhören werde, niemals sinken lassen. Es ist ein schöner Kinderglaube, daß Gott seine Engel sendet, wenn er die Bitte eines Sterblichen erfüllen will; ich habe diesen Glauben stets festgehalten, und als Sie mir in Traume als Engel erschienen, da war es mir, als sei es eine Sünde, an Ihrer Sendung zu zweifeln. Jetzt nun will mir der Beweis werden, daß dieser Traum nicht zu den Schäumen gehöre. Der erste Fingerzeig nach den Eltern wird mir durch Sie. Sollte mir die Seligkeit beschieret sein, jene zu finden, so werde ich Sie als einen

Boten Gottes verehren, so lange ich lebe, und bis zu meiner Todesstunde werde ich den heutigen Tag segnen, der mir die Offenbarung gebracht hat, daß wir die Seligkeit nicht allein in der Bibel und nicht nur jenseits der Grenze dieses Erdenlebens zu suchen haben!"

Seine Worte hatten einen herzlichen, innigen Klang. Seine Augen waren mit einem Ausdruck auf sie gerichtet, wie der Betende eine Heilige oder die Madonna anschaut. Seine Lippen zuckten leise unter den Gefühlen, welche in diesem Augenblicke sein Herz erfüllten. Sie sah es; sie hörte nicht nur den seelentiefen Klang seiner Stimme, nein, sie fühlte ihn auch; er drang ihr in die heimlichsten Räume ihres Herzens hinab. Und aus diesen Räumen stieg ihr eine Regung empor, so rein und innig, so süß und traut, wie sie im ganzen Leben noch nie gefühlt habe. Sie reichte ihm die Kette mit dem Löwenzahne hin und sagte:

"Es kann jeder Mensch ein Engel sein, wenn er dem Gebote Gottes folgt, welches Liebe und Erbarmung predigt. Ich würde sehr glücklich sein, daß Ihr Traum durch mich in Erfüllung geht. Ich bin so gespannt auf die Antwort meiner Freundin, als ob ich selbst das verlorene Kind sei, welches seine Eltern sucht. Wo aber kann ich Sie finden, um Ihnen diese Antwort mitzutheilen?"

"Bei Doctor Bertrand, bei welchem ich ja wohne, Mademoiselle."

"Gut. Sie sollen keine Minute auf mich zu warten haben. Jetzt aber kommen Sie, damit ich endlich den Weg nach dem Schlosse finde!"

Er hing die Kette wieder um und führte sie dann weiter. Sie erreichten bald einen gebahnten Weg, aber er verließ sie nicht eher, als bis sie sich dem Schlosse soweit genähert hatten, daß sie es sehen konnten. Da nahmen sie Abschied von einander. Ihm war es dabei, als ob er dem Schlosse das höchste, köstlichste Gut der Erde anvertraue, und sie trennte sich von ihm mit der Ueberzeugung, daß dieser Mann es werth sei, die Gunst des Schicksals in höherem Grade zu erringen, als bisher.

Als sie hinter den Bäumen und Sträuchern des Parkes verschwunden war, drehte er sich um und kehrte langsam in den Wald zurück. Es war ihm, als sei er in der letzten Stunde ein ganz anderer Mensch geworden. Dieses schöne, herrliche Wesen hatte ihn geküßt. Er fühlte den warmen, weichen Druck ihrer Lippen noch jetzt auf den seinigen. Es deuchte ihm, als sei er durch diese Berührung gefeit gegen alles Unglück des Erdenlebens, als habe er eine Weihe erhalten, die ihn berechtigte, sein Auge selbstbewußter aufzuschlagen, als bisher. Er fühlte eine Spannung in seinem Innern und Aeußeren, in seiner Seele und in seinem Körper, einen Drang, seine Kraft zu bethätigen, eine Sehnsucht nach Thaten, durch welche er der Geliebten ebenbürtig werden könne.

Der Gedanke, daß der Zahn in eine Grafenkrone gefaßt war, machte ihm gar wenig zu schaffen. Dieser Umstand konnte ein sehr trügerischer sein und gab ihm noch lange nicht die Berechtigung zu der Annahme, daß er der Sohn eines Grafen sei. Ganz im Gegentheile, der nächste Gegenstand, welcher ihn beschäftigte, war sein Kräutersack, welchen er vergessen hatte. Er wollte ihn aber nicht liegen lassen und schritt also der Gegend wieder zu, in welcher der Ort lag, wo er mit Nanon gesessen hatte.

Dort angekommen, fand er den liegen gelassenen Gegenstand. Er hob ihn nicht sogleich auf, um sich zu entfernen, sondern er legte sich langsam wieder nieder, gerade an derselben Stelle, auf welcher er vorher gelegen hatte. Und nun stellte er sich vor, daß auch sie wieder da vor ihm auf dem Kräutersack liege. Er sah die sanften Züge ihres Gesichtes, den reinen, kindlichen Blick ihrer blauen Augen; er hörte den seelenvollen Ton ihrer Stimme und vergegenwärtigte sich jedes Wort, welches sie gesprochen hatte. Er schloß die Augen und träumte von ihr, träumte so lange, daß er fast erschrak, als er die Augen öffnete und da bemerkte, daß es bereits zu dunkeln begann.

"Sapperlot," sagte er zu sich, "da liege ich und vergesse meine Pflicht. Ich muß ja nach dem Thurme, um dort meinen Posten zu beziehen! Vorwärts, Fritz; das Sinnen führt zu nichts; es muß gehandelt sein!"

Er erhob sich, warf den Sack auf seine Schulter und verließ den Ort.

Aber er war doch noch nicht ganz Herr seiner Gedanken, denn er schritt in ganz entgegengesetzter Richtung fort, als nothwendig gewesen wäre, um den Thurm zu erreichen. Zunächst bemerkte er seinen Irrthum nicht. Es war schnell dunkel geworden, und da ein Baum dem anderen ähnlich sieht, so war eine Täuschung leicht möglich. Nach einer längeren Zeit jedoch blieb er stehen, um sich zu besinnen.

"Was ist denn das?" fragte er sich. "Ich bin bereits eine halbe Stunde gelaufen, und müßte also schon längst irgend einen Weg erreicht und gekreuzt haben. Ich hoffe nicht, daß ich vielleicht gar im Kreise gehe, wie es einem im Walde leicht passiren kann!"

Er ging weiter. Es wurde immer dunkler, und der Wald nahm an Dichtigkeit zu. Er konnte bald nur noch durch das Gefühl die Bäume von einander unterscheiden und mußte sich oft bücken, um unter den niedersten Aesten hinwegzukommen.

"Ja, ich habe mich richtig verlaufen," dachte er. "Soll ich umkehren? Nein; das würde die Sache nur verschlimmern, denn den Ort, von dem ich ausgegangen bin, finde ich in dieser Finsterniß doch nicht wieder. Dieser Forst ist kein unendlicher Urwald; wenn ich immer geradeaus gehe, komme ich doch heraus. Also weiter!"

Er hielt sich immer in der nun einmal eingeschlagenen Richtung. Freilich mußte er sich forttasten und konnte also keine raschen Schritte machen. So war er weit über eine Stunde gewandert, als sich plötzlich der Wald, gerade als er am dichtesten schien, öffnete, und den mit Sternen besetzten Himmel sehen ließ. Fritz blieb stehen, um sich zu orientiren.

Sonderbar! Gerade vor ihm, keine zwanzig Schritte entfernt, erhob sich eine hohe, dunkle Masse, so compact und lückenlos, daß sie keine Bäume sein konnte. Er ging darauf zu und betastete sie. Es war eine steinerne Mauer, welche er fühlte. Er blickte an ihr empor, gegen den Sternenhimmel und gewahrte da, daß ihre obere Linie höchst unregelmäßig lief. Hier und dort hoch auf der Erde liegendes Geröll belehrte ihn, daß er wahrscheinlich vor einer Ruine stehe. Die Ruine des Thurmes aber war es nicht; das wußte er gewiß.

Das Gemäuer war sehr hoch und schien sich auch nach rechts und links weit hinzuziehen, er vermuthete, daß es die hintere Wand eines einst sehr ausgedehnten Bauwerkes sei. Er wendete sich zur Seite und schritt an der Mauer hin. Der umherliegende Schutt machte ihm das Gehen schwer, und er erreichte die Ecke, ohne einen Eingang oder eine sonstige

Oeffnung bemerkt zu haben. Jetzt bog er um die Ecke. Ein Blick gegen den Himmel belehrte ihn, daß das Gebäude hier eine größere Höhe habe. Es zeigte mehrere übereinanderliegende Fensterreihen, welche aber kein einziges Glas mehr zu enthalten schienen.

Hier auf dieser Seite schien das Mauerwerk besser erhalten zu sein, denn auf dem Boden lagen keine Trümmer, und nur zuweilen stieß sein Fuß an einen herabgefallenen Steinbrocken, sonst aber fühlte er nichts als weiches Gras, welches seine Schritte fast unhörbar machte. So war er eine bedeutende Strecke diesseits an der Mauer hingegangen, als es ihm war, als ob er nahende Schritte höre. Sofort sprang er von der Mauer fort und links hinüber unter die Bäume, wo er nicht mehr bemerkt werden konnte.

Er sah sehr bald, daß er sich nicht getäuscht habe, denn kaum hatte er sich unter die Bäume niedergeduckt, als er drei Gestalten bemerkte, welche näher kamen, gerade daher, von woher auch er gekommen war. Vorher hatte er nur den Schall ihrer Schritte gehört, jetzt aber vernahm er auch ihre Stimmen, denn sie sprachen miteinander.

„Heute hätte ich nicht erwartet, das Zeichen auf der Linde zu sehen," sagte der Eine.

„Es muß eine außerordentliche Veranlassung sein, welche den Alten treibt, uns zusammenkommen zu lassen," bemerkte der Andere.

„Ich vermuthe diese Veranlassung," meinte der Dritte.

„Nun, was mag es sein?"

„Der Alte hat vornehmen Besuch bekommen. Ich war in Thionville und sah, daß er Besuch abgeholt hatte. Er saß mit zwei Herren im Wagen, und mehrere Diener folgten in der zweiten Kutsche. Das steht jedenfalls in Beziehung zu unserer Versammlung."

Damit waren sie vorübergeschritten, und Fritz konnte nichts weiter verstehen. Aber er hatte doch so viel gehört, daß hier eine geheime Zusammenkunft abgehalten werden solle. Er hielt es für wichtig, mehr über dieselbe zu erfahren. Darum versteckte er seinen Sack unter eine junge Buche, deren niedere Aeste sich fast bis zum Boden erstreckten, so daß man ihn, zumal jetzt bei Nacht, nicht entdecken konnte. Sodann fühlte er in die Taschen, um sich zu überzeugen, daß er seine Waffen noch bei sich habe, und nun trat er unter den Bäumen hervor und folgte den drei Männern, natürlich leise und vorsichtig, um nicht bemerkt zu werden.

Es gelang ihm, ihnen so nahe zu kommen, daß das Geräusch ihrer Schritte an sein Ohr drang, aber sich ihnen noch weiter zu nähern, hielt er nicht für rathsam.

Er war ihnen nur eine kleine Strecke gefolgt, so hörte er einen Anruf, auf welchen drei Stimmen ganz dieselbe Antwort zu geben schienen. Im nächsten Augenblicke waren die Schritte verklungen; er konnte sie trotz allen Lauschens nicht mehr vernehmen.

Was war das? Stand hier ein Posten, eine Schildwache?

Er glitt ganz leise vorwärts. Er hörte vor sich ein leises Räuspern und hielt an. Eine breite, dunkle Stelle in der Mauer des Gebäudes ließ ihn vermuthen, daß sich hier ein Thorweg befinde. Unter diesem stand jedenfalls der Mann, welcher soeben einen Hustenreiz unterdrückt hatte. Fritz trat wieder hinüber unter die Bäume und glitt da vorwärts, bis er sich dem Thore gegenüber befand.

Hier nun sah er eine tiefe, breite Durchfahrt, in deren hinterem Theile das Licht einer Blendlaterne einen Schein verbreitete, welcher eher im Stande war, die Finsterniß noch dichter erscheinen zu lassen, als sie zu erhellen. Diese Durchfahrt war mit keinem Thore versehen, und gegen den Schein der Blendlaterne zeichnete sich die Gestalt eines Mannes ab, welcher im Eingange stand und mit einem Gewehre bewaffnet war.

Fritz hatte diese Beobachtungen kaum gemacht, als er wieder Schritte hörte. Sie kamen von der anderen Seite her. Es war ein Mann. Als er das Thor erreichte, fragte die Wache:

„Qui vive — Wer da?"

„Un défenseur de la France — ein Vertheidiger Frankreichs," lautete die Antwort.

„Il passe — er kann passiren!"

Auf diesen Bescheid des Postens trat der Mann ein, durchschritt die Durchfahrt, und verschwand dann im Dunkel des hinter ihr liegenden Raumes.

Fritz fragte sich, was nun zu thun sei. Er war sich sehr im Zweifel darüber.

„Das Beste ist, zu fragen, was mein Rittmeister, oder vielmehr mein Doctor Müller, jetzt an meiner Stelle thun würde," sagte er zu sich. „Es handelt sich um eine geheime Zusammenkunft, welche jedenfalls hochpolitischer Natur ist. Um etwas Näheres über sie zu erfahren, muß man sie belauschen, und um sie zu belauschen, muß man eintreten. Das ist zwar unter allen Umständen verteufelt gefährlich, aber ich bin überzeugt, daß der Herr Rittmeister es wagen würde. Warum du nicht also auch, Fritz? Erwischen sie mich, nun, so hatte ich mich verirrt, und war vor Ermüdung in dieser Ruine eingeschlafen. Die Hauptsache ist, zu erfahren, ob die Parole, welche ich soeben gehört habe, für Alle gilt. Ich werde dies also abwarten."

Er setzte sich nieder und wartete. Es kamen in kurzer Zeit von rechts und links mehrere Leute, welche alle in der Weise angerufen wurden und auch genau so antworteten, wie er vorhin gehört hatte. Da trat er also, kurz entschlossen, unter den Bäumen hervor und schritt auf den Eingang zu, als ob er die Localität ganz genau kenne.

„Qui vive — Wer da?" frug der Posten.

„Un défenseur de la France — ein Vertheidiger Frankreichs," antwortete er.

„Il passe — er kann passiren!" lautete der Bescheid.

Fritz trat ein, schritt durch den Gang, bei der Laterne vorbei und befand sich nun, wie er bemerkte, in einem großen, viereckigen Hof, der rings von hohen Gebäuden umgeben zu sein schien. Mauern konnten es nicht sein, welche das Viereck bildeten, denn diese wären nicht so hoch gewesen, und zudem war es ihm ganz so, als ob er zahlreiche dunkle Fensteröffnungen erkenne. Und bei weiterer Aufmerksamkeit bemerkte er, daß an den vier Ecken das dunkle Mauerwerk höher emporragte, als an den Seiten.

Er beschloß daher, zunächst den Hof zu umschleichen, um sich zu orientiren. Während er dies that, überzeugte er sich, daß an jeder Ecke einst ein Thurm gestanden hatte. Alle vier waren mit einem schmalen Eingang versehen. So groß das Viereck aber auch war, und so viele Fenster es auch hatte, keines derselben war erleuchtet.

Wohin gingen alle die Leute, welche er auch jetzt noch kommen hörte? Er beobachtete sie und bemerkte, daß sie im

Eingange eines dieser Thürme verschwanden. Ganz tief unten in diesem Eingange sah er ein Licht glänzen.

Gab es da unten auch eine Parole, eine Losung? Das mußte er erfahren. Er legte sich hart am Eingange, dicht an der Mauer, auf den Boden und wartete. Nach einer Weile kam Einer dahergeschritten. Während er eintrat, fiel der Lichtschein auf sein Gesicht, und da bemerkte Fritz, daß der Mann eine schwarze Maske trug.

Er horchte. Als der Mann mehrere Schritte gegangen war, ertönte die Frage:

„La légitimation?"

„Je meurs pour la patrie — ich sterbe für das Vaterland!" antwortete er.

„Avance — gehe weiter!"

Fritz blieb noch eine Weile liegen und beobachtete, daß alle Ankommenden diese schwarze Maske trugen. Es waren auch immer dieselben Worte, mit denen sie angerufen wurden, und welche sie antworteten. Dann verschwanden sie im Hintergrunde.

„Ach, wenn ich auch eine Larve hätte, so wäre Alles gut. Es ist fast gewiß, daß die Maske gar nicht abgelegt wird, damit sich die Verschwörer nicht untereinander erkennen. Das würde mir meine vollständige Sicherheit garantiren. Aber, beim Teufel, ist es denn so ganz unmöglich, sich ein solches Ding zu verschaffen? Pah! Ich nehme einen dieser Kerls bei der Gurgel, dann habe ich ja sogleich das, was ich brauche."

Gesagt, gethan. Er erhob sich und huschte etwas weiter zurück, so daß er gerade in die Mitte zwischen dem Hauptthore und dem Thurme kam. Dort duckte er sich nieder und wartete. Bereits nach wenigen Augenblicken kam ein Mann. Fritz ließ ihn vorüber, erhob sich aber schnell hinter ihm, faßte ihn mit beiden Händen an der Gurgel und drückte ihn dieselbe so fest zusammen, daß der Mann keinen Laut ausstoßen konnte. Er sank auf den Boden nieder und blieb da lang ausgestreckt liegen. Fritz faßte ihn an und trug ihn in die entfernteste Ecke. Dort untersuchte er ihn. Der Mann trug eine Blouse, wie dort gebräuchlich, welche mit einem Gürtel um die Hüften befestigt war. Fritz nahm den Letzteren und zerschnitt ihn in drei lange Riemen, mit denen er die Arme und Beine des Mannes in der Weise fesselte, daß sich derselbe nicht regen konnte. Dann nahm er ihm die Maske vom Gesicht, und steckte ihm sein eigenes Taschentuch in den Mund, so daß es ihm unmöglich war, um Hilfe zu rufen, falls er erwachte. Die Maske band er nun sich selbst vor, und schritt dem Thore zu.

Er gestand sich selbst ein, daß es ein höchst gefährliches Wagestück sei, welches er unternahm, aber der muthige Unterofficier bebte vor Nichts zurück; es galt ja, dem Vaterlande und seinem Rittmeister einen Dienst zu erweisen. Ueberdies hatte das Zusammentreffen und die Unterredung mit Nanon ihn in eine Art von Begeisterung versetzt. Sie hatte ihm gesagt, daß er befähigt sei, höhere Ziele zu erreichen. Diese Worte klangen ihm noch jetzt im Ohre, und, um sie zu bewahrheiten, mußte er Thaten vollbringen; durch Träumereien erreicht man niemals einen Zweck.

Er trat beherzt im Thurme ein und schritt auf das Licht zu. Dort stand abermals ein Posten, welcher mit einem Gewehre bewaffnet war. Er hielt ihm dasselbe entgegen und fragte:

„La légitimation?"

„Je meurs pour la patrie — ich sterbe für das Vaterland," antwortete Fritz. Und damit hatte er ja keine Unwahrheit gesagt, er bewies ja durch seine gegenwärtige Kühnheit, daß er bereit sei, für sein Vaterland das Leben zu wagen. Freilich war bei ihm unter Vaterland nicht Frankreich, sondern Deutschland zu verstehen.

„Avance — gehe weiter!"

Bei diesen Worten nahm der Posten sein Gewehr zurück und ließ Fritz passiren.

Dieser befand sich jetzt in einem engen Gange, der in gewissen Entfernungen von Lampen erleuchtet war. Dieser Gang endete an einer Treppe, welche in die Tiefe führte. Fritz stieg hinab und gelangte in einen ähnlichen Gang, welcher an einer Thür endete, welche nur angelehnt war. Er öffnete, und befand sich in einem großen, unterirdischen Saale, in welchem sich bereits mehrere hundert Menschen befanden, welche alle maskirt waren. Der Raum war von mehreren großen Leuchtern ziemlich gut erhellt. An der hintersten Wand gab es eine Erhöhung, auf welcher mehrere Stühle standen.

Die Anwesenden verhielten sich vollständig schweigsam. Sie standen wortlos Einer neben dem Anderen und erwarteten bewegungslos, was da kommen werde.

Nach und nach kamen immer mehr, so daß sehr bald der Saal vollständig gefüllt war. Jetzt trat einer der Anwesenden zur Thür, zog einen riesigen Schlüssel hervor und verschloß sie. Beim Kreischen des alten Schlosses durchschauerte es den Deutschen. Es war ihm, als ob er sich in eine hoffnungslose Gefangenschaft begeben habe.

Kaum war der Eingang verschlossen, so ertönte eine Glocke, und im Hintergrunde öffnete sich eine zweite Thür. Drei Männer traten herein und bestiegen die Erhöhung. Zwei von ihnen nahmen auf den Stühlen Platz, der Dritte aber blieb stehen. Unter seiner schwarzen Halbmaske blickte ein großer, eisgrauer Schnurrbart hervor. Wer den alten Capitän von Schloß Ortry nur ein einziges Mal gesehen hatte, der konnte gar nicht im Zweifel darüber sein, daß er es war, der dort auf dem Podium stand.

Die Glocke ertönte abermals, und der Alte erhob die Hand, zum Zeichen, daß er sprechen wolle.

„Ich habe heute das Zeichen zur Versammlung gegeben," begann er, „um Euch zu sagen, daß endlich die Zeit gekommen ist, zur That zu schreiten. Diese That erfodet Vorübungen, und so habe ich den Entschluß gefaßt, Euch die Waffen —"

Er hielt plötzlich inne und lauschte. Er und alle Anwesenden hatten drei rasche Schläge gehört, welche am vorderen Eingang geschahen. Die Schläge wiederholten sich, und sogleich ließ sich eine außerordentliche Unruhe unter der Versammlung bemerken.

Der Posten, welcher am Haupteingange stand, hatte nämlich geglaubt, seiner Pflicht genügt zu haben und sich, als seiner Meinung nach der letzte Mann eingetreten war, nach dem Hofe begeben wollen, als noch Einer erschien. Dieser wurde von ihm angeredet wie die Anderen und gab die vorgeschriebene Antwort. Er mußte also eingelassen werden. Aber der Posten schüttelte den Kopf.

„Sollte ich mich verzählt haben?" murmelte er. „Es ist Einer zu viel. Ich werde, um sicher zu sein, doch nach dem Thurme gehen, um mich zu erkundigen."

Er trat in den Hof. Er war gewiß mißtrauisch geworden, und das Mißtrauen schärft unter solchen Umständen die

Sinne. Er blieb stehen, um zu horchen, und da war es ihm, als ob er ein unterbrücktes, angstvolles Stöhnen vernehme.

„Was ist das?" fragte er sich. „Das klingt ja gerade so, als ob Einer ersticken oder abgewürgt werden solle. Die Töne kommen von dort herüber."

Er nahm sein Gewehr in Anschlag und schritt der Richtung entgegen, die er angegeben hatte. Er kam so in die dem Versammlungsthurme gegenüberliegende Ecke. Das Stöhnen war, je näher er kam, immer vernehmlicher geworden, und nun sah er eine dunkle Masse vor sich liegen, welche diese Töne ausstieß. Er bückte sich vorsichtig nieder und erkannte, daß es ein Mensch war, der am Boden lag.

„Alle Teufel, wer ist das?" fragte er.

Ein abermaliges Stöhnen antwortete. Es schien aus der Nase des Daliegenden zu kommen. Der Posten bückte sich nieder, um diesen zu betasten.

„Ah, gefesselt und gar geknebelt!" sagte er. „Warte einmal!"

Er zog dem Manne das Tuch aus dem Munde, welches nicht verhindert hatte, daß dieser durch die Nase wimmern konnte, und fragte ihn:

„Bist Du ein Bruder?"

„Mein Gott, ja," lautete die Antwort, „ein Vertheidiger Frankreichs."

„Das stimmt. Aber nun sage auch das Paßwort! Wie lautet die Legitimation?"

„Ich sterbe für Frankreich!"

„Richtig! Aber wie bist Du denn zum Teufel in diese Lage gekommen?"

„Das werde ich Dir erzählen; nur löse mir vorher die verdammten Fesseln!"

„Werde mich wohl hüten! Erst muß ich mich überzeugen, ob ich es auch darf."

„Nun," erzählte der Andere, „ich war an Dir vorüber und ging nach dem Thurme; da faßte mich Jemand von hinten und drückte mir den Hals so fest zusammen, daß ich die Besinnung verlor. Als ich wieder zu mir kam, lag ich gefesselt und geknebelt hier in der Ecke. Glücklicher Weise konnte ich durch die Nase stöhnen. Du hast das gehört. Eile, um anzuzeigen, daß ein Verrath im Werke ist!"

„Donnerwetter, das genügt, um Dich zu erlösen! Aber wo ist Deine Maske?"

„Sie ist mir jedenfalls von Dem, welcher mich würgte, abgenommen worden."

„Ah, er hat keine mitgehabt und brauchte sie, um in die Versammlung zu kommen. Das ist ein muthiger, ein gefährlicher Mensch; der muß festgenommen werden!"

Er löste die Riemen, und nun eilten die Beiden nach dem Thurme. Dort erkannten die beiden Posten beim Scheine des Lichtes den gefesselt Gewesenen. Es war ein Bewohner der Umgegend, gegen den man kein Mißtrauen haben konnte.

„Gehe heim," sagten sie, „damit die Anderen Dich nicht erkennen, da Du jetzt keine Maske mehr hast. Wir werden sogleich Anzeige machen."

Während er sich entfernte, eilten sie durch Gänge und Treppen hinunter und gaben an der verschlossenen Thür durch drei Schläge das Zeichen, welches für solche Fälle vereinbart worden war. Der alte Capitän hielt also in seiner Rede inne, und als die Schläge sich wiederholten, eine Täuschung also nicht möglich war, gebot er:

„Ich befehle, ruhig zu bleiben. Eine Gefahr für Euch giebt es nicht!"

Er stieg von der Erhöhung herab und durchschritt den Saal, um nach dem Eingange zu gelangen. Derselbe Mann, welcher die Thür vorhin verschlossen hatte, öffnete ihm dieselbe und ließ ihn hinaus. Keiner der Anwesenden sprach ein Wort, obgleich sich alle jedenfalls in der außerordentlichsten Spannung befanden.

Fritz hatte einen Platz gerade in der Mitte der einen Mauerseite gefunden. Es war ihm nicht wohl zu Muthe. Sollte er fliehen, jetzt, wo der Eingang geöffnet war? Er hätte draußen jedenfalls einen Kampf zu bestehen gehabt und wäre sicher von der ganzen Versammlung verfolgt worden. Uebrigens war es ja noch gar nicht gewiß, daß diese Störung sich auf ihn bezog: sie konnte ja eine ganz andere Veranlassung haben. Er beschloß also, zu warten, dachte aber unterdessen nach, auf welche Weise er sich retten könne, wenn man wirklich entdeckt habe, daß sich ein fremder Eindringling im Saale befinde.

Er mußte sich sagen, daß der Eingang in diesem Falle ganz sicher verschlossen werde. Vielleicht aber blieb die Thür unverschlossen, durch welche die Drei eingetreten waren, welche die Dirigenten dieser Zusammenkunft zu sein schienen.

Wie aber diese Thür erreichen, ohne aufgehalten zu werden? Er blickte sich im Saale forschend um und machte eine Entdeckung, welche ihn mit innerer Freude erfüllte. Die vier Leuchter nämlich, welche den Raum erhellten, hingen an Schnuren, welche oben an der Decke hinliefen, und sich dann an der Seitenmauer an einen Nagel vereinigten, welcher kaum drei Schritte von Fritz entfernt war. Das war ein höchst günstiger Umstand für ihn. Er schob sich also, während der alte Capitän sich draußen von den Posten informiren ließ, ganz langsam an der Mauer hin, so daß man seine Absicht gar nicht bemerken konnte, und kam auch glücklich so zu stehen, daß er den Nagel mit einem schnellen Griff erreichen konnte.

Ein anderer Umstand mußte ihm eben so günstig werden, nämlich der, daß die meisten Anwesenden gerade so wie er selbst, mit blauen Blousen bekleidet waren.

Da endlich trat der Alte wieder ein. Auf seinen Wink wurde die Thür sorgfältig wieder verschlossen, und die beiden Posten, welche mit ihm eingetreten waren, pflanzten sich mit ihren Gewehren vor derselben auf. Er schritt auf das Podium zu und erklärte, als er auf demselben Platz genommen hatte:

„Ich verlange, daß Niemand seinen Platz verläßt! Es ist ein Verräther unter uns. Einer der Unserigen ist droben im Hofe meuchlings überfallen und so gewürgt worden, daß er die Besinnung verloren hat. Man hat ihn gefesselt und geknebelt und ihm die Maske abgenommen. Der Thäter befindet sich unter uns, denn im Gange ist die Zahl der Unserigen richtig gewesen, während am Thore einer zu viel gewesen ist."

Er machte eine Pause, welche von keinem Laute unterbrochen wurde, und fuhr dann fort:

„Ich habe bisher Gründe gehabt, Vorkehrungen zu treffen, daß Keiner von Euch den Anderen kennt; darum gebot ich, daß ein Jeder in Maske erscheine. Diese Gründe bestehen auch heute noch; ich kann also nicht verlangen, daß sich die Versammlung demaskire; aber ich kenne einen jeden Einzelnen genau. Es mag einer nach dem Anderen herbeikommen und hier bei mir seine Maske lüften; der Verräther wird sicher entdeckt und unschädlich gemacht. Tretet in geordneten Reihen zusammen, damit kein Irrthum entstehe, mag ein Jeder seinen Nachbar beaufsichtigen, daß es dem Fremden nicht gelingt, sich unter Diejenigen zu stellen, welche sich hier bei mir als Brüder ausgewiesen haben!"

In Folge dieses Befehles entstand eine Bewegung im Saale, welche dem Deutschen Gelegenheit gab, seinen Vorsatz auszuführen. Während die Anwesenden sich Mühe gaben, in Reihe und Glied zu gelangen, erhob er mit einer gedankenschnellen Bewegung den Arm — ein kräftiger Ruck, und der Nagel fuhr aus der Wand. In demselben Augenblicke stürzten sämmtliche vier Lampen von der Decke herab auf die Köpfe der sich darunter Befindenden. Die Lampen waren mit Petroleum gefüllt. Die Schirme und Cylinder zerbrachen auf den Köpfen; das Oel ergoß sich über sie; einer der Ballons explodirte; da, wo dies geschah, zischte eine grelle Flamme empor, während übrigens tiefes Dunkel herrschte. Diese Flamme ergriff die Kleider der Verletzten. Angstvolle Rufe erschollen; eine ungeheure Verwirrung entstand. Mit den geordneten Reihen war es aus.

„Sauve qui peut — rette sich, wer kann!" riefen hundert Stimmen.

Bei der Menge der Anwesenden standen diese dicht gedrängt. Diejenigen von ihnen, deren Kleider in Brand gerathen waren, brüllten vor Angst und Schmerz; die Anderen suchten, aus ihrer Nähe zu kommen, um nicht auch von der Flamme ergriffen zu werden. Man drängte nach der Thür. Der Capitän sah ein, daß Mord und Todtschlag entstehen werde, wenn er die Versammlung zwinge, hier zu bleiben. Er rief also dem Posten zu:

„Oeffnet den Eingang, rasch, rasch! Der Verräther mag lieber entkommen!"

Die Thür wurde aufgeschlossen, und nun entstand dort ein förmliches Gebalge, da ein Jeder der Erste sein wollte, welcher der Gefahr entrann. Nur einige wenige Besonnene drängten sich zu den Brennenden, um ihnen beizustehen, und womöglich die Flammen zu löschen.

Fritz hatte zunächst die Absicht gehabt, sich, sobald die Lampen stürzten, nach der Thür zu retiriren, durch welche der Alte eingetreten war; er wußte zwar nicht, wohin sie führte, aber sie gewährte wenigstens die Hoffnung auf irgend einen Rettungsweg; er gab aber natürlich die Absicht sofort auf, als er den Befehl des Alten hörte, die Thür zu öffnen. Da war ja nun Alles gut; da war ja nun jede Gefahr vorüber. Er schloß sich also Denen an, welche die Kraft ihrer Ellenbogen in Anwendung brachten, um rasch aus dem Saale zu kommen.

Der Capitän hatte kaum den soeben erwähnten Befehl gegeben, so erhob sich der eine seiner Begleiter und sagte im Tone des Vorwurfes:

„Aber den Menschen sollten Sie auf keinen Fall entkommen lassen!"

Es war die Stimme des Grafen Rallion, welcher heute mit Lemarch nach Ortry gekommen war. Der Dritte war sein Sohn, der Oberst. Die grauen Schnurrbartspitzen des Capitäns zogen sich in die Höhe, so daß man sein gelbes Gebiß sehen konnte.

„Keine Sorge!" antwortete er. „Folgen Sie mir rasch, meine Herren!"

Er sprang vom Podium und zu der hinteren Thür hinaus; die anderen Beiden folgten. Die Thür wurde verschlossen.

Hinter ihr lief ein Gang weiter fort, aber es führte auch eine schmale Treppe empor. In einer Nische stand eine Lampe. Der Capitän ergriff sie und eilte die Treppe hinauf. Sie führte zu einer Steinplatte, welche der Alte zur Seite schob. Beim Scheine des Lichtes sahen die beiden Rallion's, daß sie sich in einem öden Gemache befanden, welches drei Fenster hatte, welche aber ohne Glas und Rahmen waren. Der Capitän blies die Lampe aus und sagte:

„Rasch durch das Fenster hinaus in den Hof und nach dem Thore! Wir kommen eher als die Anderen. Ich habe ein besonderes Paßwort für den Ausgang; es heißt „Bounaparte." Jeder, welcher fort will, muß es sagen. Wer es nicht weiß, ist der Mann. Damit es schneller geht, helfen Sie mir Beide!"

Ein Sprung durch das nicht sehr hoch liegende Fenster brachte sie auf den Hof, und eben als die ersten der Verschworenen aus dem Thurme traten, hatten die Drei das Thor erreicht, wo sie sofort Posto faßten.

„Halt!" rief der Alte den herbeiströmenden Menschen entgegen. „Ein Jeder hat das Ausgangswort einen von uns Dreien zu sagen, aber so leise, daß es der Spion nicht hören kann. So fangen wir ihn doch! Vorwärts!"

Fritz befand sich unter den Vordersten. Wäre er jetzt umgekehrt, so hätte er Verdacht erweckt; man hätte ihn sicher sogleich ergriffen. Er griff in die Tasche, zog sein Messer, und ließ sich von den hinter ihm Stehenden ganz willig vorwärts schieben. Bereits hatten Mehrere das Paßwort gesagt und also gehen dürfen, da kam er vor den alten Rallion zu stehen. Er wollte sich an diesem vorüberdrängen, aber der Graf faßte ihn.

„Halt, Mann, das Wort!" gebot er.

Fritz beugte sich an sein Ohr, als ob er es ihm zuflüstern wolle, versuchte aber dabei, sich durch einen raschen Ruck los zu reißen. Der Graf jedoch hatte Verdacht gefaßt, hielt ihn bei der Blouse fest und rief:

„Das ist er. Haltet ihn — haltet ihn!"

Sein Sohn, der Oberst, streckte sofort beide Hände nach Fritz aus, ließ sie aber mit einem lauten Aufschrei sinken, denn das Messer des Deutschen war ihm quer über das Gesicht gefahren. Ein Stich in die Hand des Grafen zwang diesen, die Blouse fahren zu lassen, und somit war Fritz frei. Obgleich sich die Hände Aller nach ihm ausstreckten, gelang es doch Keinem, ihn wieder zu fassen. Er sprang davon und in den Wald hinein.

„Ihm nach!" kommandirte der alte Capitän.

Jetzt war vom Paßworte keine Rede mehr, denn Alles stürmte durch das Thor und dem Flüchtigen nach. Dieser aber hatte nicht die mindeste Angst vor seinen Verfolgern. Es galt nur, seinen Kräutersack in Sicherheit zu bringen; denn fand man diesen, so konnte leicht errathen werden, wer der Spion gewesen sei. Er sprang also mit weiten Sätzen an der Mauer hin und dann unter die Bäume hinüber, riß den Sack unter der Buche hervor, und eilte noch einige Schritte tiefer in den Wald hinein. Dann aber sagte er sich, daß jedes Geräusch die Franzosen auf seine Fährte bringen müsse; er kroch also in ein vor ihm liegendes Dickicht hinein und verhielt sich da ganz ruhig.

Er hörte die Schritte der Verfolger und ihre Rufe. Einige Male war man ihm ziemlich nahe, bald aber lag der Wald in ununterbrochener Ruhe da. Doch war er vorsichtig genug, an seiner Stelle liegen zu bleiben. Er legte sich den Sack unter den Kopf, streckte sich so bequem, als die Sträucher es gestatteten, aus, und dachte, seine Lage überlegend:

„Wo bin ich? Was für ein altes Gemäuer ist diese Ruine? Das muß ich wissen. Wenn ich ausreiße und fortlaufe, bis ich aus dem Walde hinauskomme, weiß ich dann nicht, wo ich gewesen bin. Darum bleibe ich liegen bis morgen Früh und sehe mir das Ding bei Tageslicht an."

Er athmete einige Male tief auf und fuhr dann fort:

„Es war eine verteufelte Suppe, die ich mir da eingebrockt hatte. Ich glaube sicher, diese Kerls wären mir an's Leben gegangen. Und was habe ich davon? Nichts, gar nichts! Der Alte hatte ja kaum die Rede angefangen. Hätte er sie vollenden können, so wüßte ich, was man eigentlich bezweckt. Das ist dumm, sehr dumm. Wer muß nur der alte Schnurrbart sein? Zwei sind verwundet, der Eine in die Hand und der Andere über das Gesicht herüber. Auf diese Weise kann ich ihn wieder erkennen. In die Brust wollte ich ihn nicht stechen, denn ein Menschenleben schont man so lange, als es nur immer geht!" — —

Müller hatte während des ganzen Tages an den Maler denken müssen, der so unvorsichtig gewesen war, sich nach dem Rittmeister von Königsau zu erkundigen. Er hatte am Nachmittage mit Alexander einen Spaziergang gemacht und dann sein Abendessen allein auf seinem Zimmer verzehrt. Als dieses geschehen war, verlöschte er seine Lampe und wartete. Er wußte, daß der alte Capitän mit den beiden Rallion's ausgegangen war und wollte ihre Zurückkunft vorüberlassen, ehe er ausführte, was er sich vorgenommen hatte; denn es galt, von dem Alten nicht überrascht zu werden.

Es verging die Zeit, und er wurde unruhig. Der Capitän war mit seinen Begleitern nach dem Eisenwerke gegangen; die dort festgesetzte Arbeitszeit war bereits verflossen, und er konnte von seinem Fenster aus sehen, das man alle Lichter verlöscht hatte. Wo blieben die drei Männer? Jedenfalls hatten sie die heimlichen Niederlagen aufgesucht, um sie einer Inspection zu unterwerfen. Wo befanden sich diese Niederlagen? Es gehörte zur Aufgabe Müller's, dies ausfindig zu machen. Aber konnte er es entdecken, wenn er hier sitzen blieb, um ihre Rückkehr zu erwarten. War es nicht vielleicht besser, in den geheimen Gang einzudringen, in welchem sie sich befanden?

Uebrigens hatte er es sich vorgenommen, den Maler zu belauschen. Er kannte ja die Einrichtung des Zimmers, welches dieser bewohnte; er hatte ja da den Alten als Mörder des Fabrikdirectors beobachtet. Vielleicht war es möglich, über die Person und die Absichten dieses sogenannten Herrn Haller etwas Näheres in Erfahrung zu bringen.

Wartete er noch länger, so ging dieser vielleicht schlafen, und dann war nichts zu erlangen. Er erhob sich also von seinem Sitze, auf welchem er still und im Dunkeln gesessen hatte, und lauschte zum Fenster hinaus. Es herrschte überall die größte Ruhe und Stille. Er wagte es also, seinen Gang anzutreten.

Er traf dieselben Vorbereitungen wie vorher. Er legte den Buckel ab, verkleidete sich, und steckte die beiden Revolver und die Blendlaterne in die Tasche. Dann stieg er zum Fenster hinaus, glitt über das Dach und kletterte am Blitzableiter hinab. Als er am Zimmer des Alten vorüber kam, war es in demselben vollständig dunkel.

In dem Augenblicke, als er den Fußboden erreichte, legte sich eine Hand auf seine Schulter. Er drehte sich blitzschnell um und griff nach seiner Waffe.

„Pst, keine Sorge!" flüsterte es. „Ich thue Ihnen nichts; ich will nur mit Ihnen sprechen."

„Wer sind Sie?" fragte Müller.

„Das werden Sie erfahren. Kommen Sie."

Der Mann sprach nicht den Dialect der hiesigen Gegend, sondern den des südlichen Frankreichs. Soweit ihn Müller bei der herrschenden Dunkelheit erkennen konnte, trug er weite Hosen, welche bis an die Knie reichten, eine Jacke, einen Gürtel und auf dem Kopfe ein Fez; er ging also ganz ähnlich wie die Zuaven gekleidet.

„Sind Sie vielleicht Militär?" fragte Müller.

„In meiner Heimath trägt jeder Mann die Waffe," antwortete der Fremde.

„Also Zuave oder Türke, nicht wahr?"

„Nein. Aber kommen Sie!"

Müller hielt es für gerathen, mit dem geheimnißvollen Manne zu gehen. Wer war er? Was wollte er? Hing seine Anwesenheit mit den Heimlichkeiten dieses Schlosses zusammen? Fast schien es so. Vielleicht konnte man von ihm etwas erfahren.

Der Fremde schritt geradeaus vom Schlosse ab, hinaus nach den Feldern. Dort angekommen, hielt er an einem Rain inne, setzte sich ohne Umstände nieder und sagte:

„Setzen Sie sich; es redet sich so besser!"

Müller folgte dieser Weisung und wartete gespannt auf das, was er hören werde.

„Wer sind Sie?" fragte der Fremde.

„Warum fragen Sie?" gegenfragte Müller.

„Weil ich wissen muß, wer Sie sind."

„Vielleicht erfahren Sie es, vielleicht auch nicht. Wer sind denn Sie?"

„Sie erfahren das auch vielleicht. Doch da Sie mir nicht sagen wollen, wer Sie sind, so werden Sie mir wohl sagen, was Sie sind!"

„Unter Umständen werden Sie dies auch erfahren."

„Ich weiß es bereits."

„Ah! Nun?"

„Sie sind Einer, der in die Fenster anderer Leute steigt, um sich zu holen, was ihm gefällt."

Ah, dieser Mann hielt den Deutschen für einen Spitzbuben für einen Einbrecher, weil er gesehen hatte, daß er am Blitzableiter heruntergekommen war. Das gab Müller Spaß, und er beschloß, ihn bei diesem Glauben zu lassen.

„Haben Sie Etwas degegen?" fragte er dann.

„Nein," antwortete der Fremde. „Sie scheinen ein kühner Mann zu sein."

„Das bringt mein Handwerk mit sich," lachte der Deutsche.

„Ich liebe den Muth und die Entschlossenheit. Wissen Sie, daß ich Ihnen sehr schaden kann?"

„Hm! Wieso?"

„Ich könnte Sie festnehmen!"

„Alle Teufel!"

„Und den Diebstahl anzeigen."

„Sie machen mir Angst!"

„Haben Sie keine Sorge; ich werde es nicht thun, wenn ich sehe, daß Sie dankbar sind!"

„Diese Worte wurden in einem Tone gesprochen, welcher

Zutrauen erwecken sollte. Müller ging darauf ein und antwortete:

„Wenn Sie schweigen wollen, so dürfen Sie auf mich rechnen."

„Gut; ich hoffe, daß Sie Verstand haben. Wohnen Sie hier in der Nähe?"

„Ja."

„Wo?"

„In Ortry."

„In Ortry selbst? Das ist gut! So kennen Sie auch alle Leute, welche auf dem Schlosse wohnen?"

„So ziemlich."

„Kennen Sie auch die Umgegend des Schlosses und eine Ruine, welche man den alten Thurm nennt?"

„Ja."

„So ist Alles gut. Sie sind ein Mann, der nicht wählerisch in dem ist, was er thut, wenn es nur Etwas einbringt. Wollen Sie sich ein schönes Stück Geld verdienen?"

Müller mußte sich Mühe geben, ein herzliches Lachen zu unterdrücken. Er antwortete:

„Sehr gern. Geld braucht man immer, zumal Unsereiner."

„Nun, ich biete Ihnen für die Arbeit von drei Stunden hundert Franken."

„Alle Wetter, das wäre ja ganz leidlich bezahlt!"

„Das denke ich auch. Und dennoch biete ich Ihnen noch hundert Franken mehr, wenn Sie noch einen Mann versorgen, auf den man sich verlassen kann."

„Vielleicht ist es möglich. Nur muß ich wissen, um was es sich handelt."

„Das sollen Sie hören. Ich wünsche, ein Grab geöffnet zu sehen."

„Ein Grab?" fragte der Deutsche, jetzt in Wahrheit überrascht. „Auf dem Kirchhof?"

„Das werden Sie noch erfahren. Vorher muß ich wissen, ob Sie mir dienen wollen, und noch einen zweiten Mann mitbringen können."

„Ja," antwortete Müller langsam; „was mich betrifft, so fürchte ich mich ganz und gar nicht, ein Grab zu öffnen, und ich wüßte wohl auch Einen, der für hundert Franken bereit wäre, das Abenteuer mitzumachen. Ehe ich aber einen festen Entschluß fasse, muß ich natürlich wissen, um welches Grab es sich handelt."

Er vermuthete, es gelte die Oeffnung irgend eines Erbbegräbnisses, um die Leiche zu berauben. Ein solcher Vorschlag war sehr leicht möglich, da der Fremde ihn ja für einen Einbrecher hielt. Dieser aber antwortete:

„Wir sprachen von dem alten Thurme. Sind Sie vielleicht einmal dort gewesen?"

„Das versteht sich; ja."

„Haben Sie vielleicht bemerkt, daß ein Grab ganz in seiner Nähe liegt?"

„Ja. Es wird, glaube ich, das Heidengrab genannt."

„So ist es. Wissen Sie auch, wer dort begraben liegt?"

„Gewiß. Die erste Gemahlin des Barons de Sainte-Marie."

„Nun gut, dieses Grab wollen wir öffnen."

Müller fuhr erstaunt empor. Das hatte er nicht erwartet. Er fragte schnell:

„Ah, Sie denken, man habe der Baronin Geschmeide oder so etwas mit in die Erde gegeben?"

„Nein. Ich habe eine Absicht auf die Baronin selbst."

„Was soll das heißen?"

Der Fremde schwieg eine Weile und antwortete dann:

„Ich will die Gebeine der Baronin haben und werde sie mit mir fortnehmen."

Das war erstaunlich. Wer war dieser Mann? In welchem Verhältnisse stand er zu der Todten, daß er darnach trachtete, ihre Ueberreste zu besitzen? Das Zusammentreffen mit ihm konnte für Müller von außerordentlichem Erfolge sein. Darum beschloß dieser, sich ihm willfährig zu zeigen, und antwortete:

„Sie zahlen also zweihundert Franken, wenn ich mich dieser Arbeit unterziehe und noch einen Gehilfen mitbringe?"

„Ja. Sobald das Grab geöffnet ist, erhalten Sie das Geld. Wollen Sie?"

Müller reichte ihm die Hand und sagte:

„Ja, ich will."

„Kann ich mich auf Sie verlassen?"

„Vollständig. Und auf den Anderen ebenso, wie auf mich selbst. Zwei verschwiegenere Leute können Sie nicht finden."

„Nun gut. Wann paßt es Ihnen? Morgen Abend wäre mir die liebste Zeit."

„Mir auch."

„So kommen Sie eine Stunde vor Mitternacht mit Ihrem Kameraden an das Grab. Ich werde da sein und auf Sie warten. Heben Sie die Rechte empor und schwören Sie, daß Sie mich nicht verrathen wollen."

Es war Müller, als ob er vor einem wichtigen Ereignisse stehe. Er war vollständig entschlossen, den Auftrag zu übernehmen. Er hatte ja selbst bereits den Entschluß gefaßt, das Grab zu öffnen, um zu sehen, ob es leer sei oder wirklich eine Leiche enthalte; darum ging er mit vollem Ernste auf das Gebot das Fremden ein. Er erhob die Hand und schwur:

„Ich schwöre Ihnen in meinem Namen und im Namen meines Kameraden, daß wir Sie nicht verrathen, sondern Ihnen redlich beistehen werden, Ihre Absicht zu erreichen."

„Allah akbar! Das ist nicht der Ton eines Spitzbuben und Einbrechers!" sagte der Fremde. „Ich gewinne Vertrauen zu Ihnen, und will Ihnen nun auch sagen, wer ich bin. Ich bin Abu Hassan, der Zauberer, Director einer Künstlerbande, welche morgen in Thionville eine große Vorstellung geben wird."

„Und warum wollen Sie die Gebeine der verstorbenen Baronin besitzen?"

„Das werde ich Ihnen vielleicht sagen, nachdem ich Sie als treu und verschwiegen erkannt habe. Nun sagen Sie mir auch Ihren Namen und den Ihres Gefährten!"

„Diese beiden Namen werden Sie dann erfahren, wenn auch ich erkannt habe, daß ich mich auf Sie verlassen kann. Sie mögen aus dieser Vorsicht ersehen, daß Sie es nicht mit leichtsinnigen Menschen zu thun haben, sondern sich auf uns verlassen können."

Abu Hassan nickte mit dem Kopfe.

„Vielleicht handeln Sie richtig, vielleicht auch nicht," sagte er; „aber dennoch werde ich zur bestimmten Zeit am Grabe sein. Sollten Sie nicht eintreffen, oder gar mich verrathen, so haben Sie im letzteren Falle eine schwere Sünde auf Ihrem Gewissen, und Allah wird Sie strafen."

„Hier, nochmals meine Hand darauf, daß ich Sie nicht

täusche. Wer aber soll das Handwerkszeug besorgen? Sie oder ich?"

"Sie. Ich bringe nur den Kasten mit, welcher die Gebeine aufnehmen soll, und gebe Ihnen außerdem zu bedenken, daß ich kein Christ, sondern ein Moslem bin, der sich verunreinigt, wenn er die Ueberreste eines Todten anrührt. Ich werde mit graben helfen, aber die Gebeine haben Sie in den Kasten zu thun."

Er griff in seine Tasche und zog einen Beutel hervor.

"Hier gebe ich Ihnen hundert Franken," sagte er. "Das andere Hundert werden Sie erhalten, sobald wir morgen fertig sind."

Müller schob die mit dem Gelde ausgestreckte Hand zurück und entgegnete:

"Behalten Sie für heute die hundert Franken. Ich pflege erst dann den Lohn anzunehmen, wenn ich die Arbeit vollendet habe."

"Allah il Allah! Sie sind ein ehrlicher Mann, obgleich Sie ein Christ und ein Spitzbube sind. Erst jetzt bin ich überzeugt, daß Sie mich nicht betrügen werden! Gute Nacht!"

"Gute Nacht!"

Der Mann ging, und Müller blieb zurück, ganz eingenommen von dem Ereigniß, welches sich ihm so unerwartet geboten hatte. Wer hätte das denken können. Er, der deutsche Edelmann und Officier, hatte sich von einem herumziehenden Gaukler als Leichenräuber engagiren lassen. Das war eben so undenkbar, wie es einfach gekommen war.

Natürlich rechnete er in dieser abenteuerlichen Angelegenheit auf die Hilfe seines Dieners, den er jedenfalls bereits morgen am Vormittage benachrichtigen mußte, denn Fritz allein war es, der die Vorbereitungen treffen und das nothwendige Werkzeug besorgen konnte, ohne Aufsehen und Verdacht zu erregen.

Nun schritt Müller nach dem Parke zurück.

Er mußte sich nach dem Häuschen begeben. Dort angelangt, ging er einige Male um das Häuschen herum, um sich zu überzeugen, daß sich Niemand in demselben befinde. Dann trat er ein und zog die Thür wieder hinter sich zu. Er brannte die Laterne an, um sich beim Scheine derselben zu überzeugen, daß er sich allein befinde, öffnete die geheime Thür, trat zwischen die Doppelwand und verschloß dann den Eingang wieder.

Jetzt stieg er die Treppe hinab und erreichte den Gang. Die linker Hand liegende Thür war fest verschlossen, wie das vorige Mal. Er schritt zur rechten Hand in den Gang hinein, steckte aber seine Laterne dabei in die Tasche. Es war ja sehr leicht möglich, daß er sich durch den Schein derselben verrathen konnte. Er hatte den unterirdischen Ganz genugsam kennen gelernt, um zu wissen, daß er keine Fährlichkeiten bot, sondern daß er sich nur an der Mauer fortzutasten brauchte, um ohne Schaden in das Schloß zu gelangen.

Freilich ging es im Finstern langsamer, als wenn er sich der Laterne bedient hätte, aber die Zeit war ihm doch nicht lang geworden, bis er an der Erweiterung des Ganges bemerkte, daß derselbe zu Ende sei. Jetzt zog er die Laterne vor und griff zu gleicher Zeit nach der Uhr, um zu sehen, wie die Zeit stehe. Es war gerade Mitternacht.

Da war nun freilich keine große Hoffnung vorhanden, den Maler noch zu belauschen, da dieser sich jedenfalls bereits zur Ruhe begeben hatte. Aber dennoch stieg er die Treppe hinan, welche er sich von seiner vorigen Excursion her sehr wohl gemerkt hatte. — —

Als Fritz, sein Diener, den Verfolgern glücklich entkommen war, war der alte Capitän natürlich mit den beiden verwundeten Rallions in der Ruine zurückgeblieben. Dem Obersten strömte das Blut in einem breiten Strahle aus dem Gesicht. Er hätte gern geflucht und gewettert; mußte aber schweigen, da ihm sonst das Blut in den Mund gelaufen wäre. Desto mehr aber wetterte sein Vater, der einen Stich erhalten hatte, welcher ihm mitten durch den Handteller gegangen war.

"Was glauben Sie wohl, Capitän," sagte er; "bin ich etwa nach Ortry gekommen, um mich um meine Hand bringen zu lassen?"

"Pah, ein kleiner Stich!" entgegnete der einsilbige Alte.

"Ein kleiner Stich, der mich aber lähmen kann! Wie nun, wenn die Flechsen zerschnitten sind? Giebt es hier Jemanden, der etwas von Wundarzneikunst versteht?"

"Ich selbst. Es ist nur gut, daß wir bereits einen Vorrath von Verbandzeug, Charpie und dazu gehörigen Medicamenten angelegt haben. Ich muß übrigens nach den Verbrannten sehen, welche sich jedenfalls noch im Saale befinden. Kampferwasser wird Ihnen die Schmerzen sofort stillen. Kommen Sie!"

"Capitän, ich gebe Ihnen eine Gratification von tausend Franken für diejenige Person, welche den Kerl herausbekommt, dem wir dies zu verdanken haben!"

"Und ich selbst lege noch tausend Franken dazu," sagte der Alte im grimmigsten Tone. "Doch kommen Sie. Ich muß zunächst zu meiner Lampe!"

Er führte sie über den Hof hinweg nach einem Thore, welches sich in der Hauptfront öffnete, schritt mit ihnen durch einige Zimmer, bis er in dasjenige gelangte, durch dessen Fenster sie gesprungen waren. Hier stand noch die ausgelöschte Lampe. Er brannte sie wieder an und hieß die Rallion's, die Treppe hinabsteigen. Er folgte ihnen und brachte die Steinplatte wieder in ihre Lage. So gelangten sie aus dem Gange in den Saal.

Dort waren die Flammen erloschen. Es hatte tiefe Finsterniß geherrscht, aber trotz derselben befanden sich noch Menschen hier. Es waren die durch ihre Brandwunden Beschädigten und eine Anzahl Anderer, welche bei ihnen zurückgeblieben waren.

Die Lampe des Alten brachte Licht in das Dunkel. Die Verwundeten stöhnten und baten um Hilfe.

"Ruhe!" gebot der Alte. "Es soll Euch Hilfe werden, doch Einem nach dem Anderen."

Er setzte die Lampe nieder und verschwand für kurze Zeit durch die hintere Thür. Als er wieder zurückkehrte, brachte er eine Anzahl Lichter, welche sofort angebrannt wurden, und Verbandzeug mit. Der Oberst war der Erste, welcher verbunden wurde, dann kam dessen Vater, der Graf, an die Reihe. Es war jetzt noch nicht zu bestimmen, ob vielleicht ein Theil seiner Hand gelähmt bleiben werde.

Die Wunden der Verbrannten waren nicht sehr gefährlich, aber desto schmerzhafter. Der Alte verband sie so gut wie möglich und überließ es dann den Gesunden, die Kranken nach Hause zu geleiten. Bis sie sich entfernt hatten, ging er ab und zu, um die Eingänge zu verschließen und zu verstecken;

dann meinte er zu den beiden Rallion's, die sich noch allein im Saale befanden:

„Durch die unterirdischen Gänge können wir nicht zum Schlosse zurückkehren."

„Warum nicht?" fragte der Graf.

„Weil wir das Thor verlassen haben, und weil man ja Ihre Verletzung morgen sehen würde, sie aber nicht begreifen könnte."

„Aber womit wollen wir sie erklären?"

„Pah, das ist sehr leicht! Wir sind im Dunkel über eine Wiese gegangen, da hat eine Sense gelegen. Der Oberst ist auf den Stiel getreten, und so schlug ihm das Sensenblatt quer über das Gesicht. Ihnen aber, Graf, ist die Spitze in die Hand gerathen. Kommen Sie. Wir müssen uns sputen, denn es fällt mir ein, von Ihnen gehört zu haben, daß Sie Ihrem Maler noch heute seine Instructionen geben wollen."

Sie verließen die Ruine und wanderten durch den Wald nach dem Schlosse, welches sie erreichten, als Müller kaum seine eigenthümliche Unterredung mit Hassan, dem Zauberer, begonnen hatte.

Natürlich erregte es die höchste Verwunderung der Dienerschaft, die Herren so spät heimkehren zu sehen, und dieses Erstaunen wurde durch die Verwundung der Rallion's noch gesteigert, doch wagte natürlich Keiner, eine Frage auszusprechen.

Die Damen waren zur Ruhe gegangen; die Herren begaben sich in ihre Zimmer; vorher aber ließ der Graf dem Maler sagen, daß er ihn in drei Viertelstunden noch aufzusuchen gedenke. In seiner Wohnung angekommen, nahm er Papier und Couverts hervor und schrieb gegen eine halbe Stunde lang. Dies ging an, da glücklicher Weise die linke und nicht die rechte Hand verwundet war. Dann steckte er die Briefe in ihre Couverts, verschloß die Letzteren und begab sich zwei Treppen höher, wo der Maler sein Zimmer hatte und ihn noch erwartete.

Haller, oder vielmehr Lemarch, erhob sich sehr höflich beim Eintritte des Grafen und bot ihm einen Sessel an. Der Graf nahm gerade in demselben Augenblicke Platz, in welchem hinter der getäfelten Wand Müller seine Laterne in die Tasche steckte und die Täfelung, welche die geheime Thür bildete, ein klein Wenig zur Seite schob, wodurch eine enge Ritze entstand, welche aber weit genug war, um das Zimmer überblicken zu können.

„Ich komme, Ihnen Ihre Instructionen zu übergeben, mein lieber Rittmeister," begann der Graf. „Sie werden nicht umfangreich sein. Die Hauptsache, welche ich Ihnen mitzutheilen habe, ist, daß Sie bereits morgen Früh schon abreisen können."

Lemarch verbeugte sich, zum Zeichen, daß er gehorchen werde. Es wird Ihnen durch sie der Weg geordnet werden. Uebrigens weise ich Sie auf das zurück, was wir bereits am Morgen besprochen haben. Haben Sie sich den Namen dieses Officiers gemerkt?"

„Ja. Rittmeister Richard von Königsau."

„Richtig! Sie gewinnen die Freundschaft desselben und suchen, ihn auszuforschen. Ist er zu sehr zurückhaltend, so erwähnte ich bereits, daß er vielleicht Verwandte —"

„Er hat eine Schwester," fiel Lemarch schnell ein.

„Ah!" lächelte der Graf. „Häßlich?"

„Schön!"

„Woher wissen Sie das?"

„Es giebt einen Hauslehrer hier, einen Deutschen, welcher die Familie kennt."

Die Stirne des Grafen verfinsterte sich bedeutend.

„Sie haben mit diesem Manne gesprochen?" fragte er.

„Ja, gnädiger Herr."

„Ich darf doch nicht etwa befürchten, daß Sie sich in einer Weise unterhalten haben, welche diesen Menschen veranlassen könnte, gewisse Vermuthungen zu hegen?"

Die Wangen des Rittmeisters rötheten sich denn doch ein Wenig, aber er antwortete in einem sehr entschiedenen Tone:

„Ich glaube, niemals Veranlassung gegeben zu haben, mich für plauderhaft und unvorsichtig zu halten!"

Der Graf schien befriedigt zu sein. Er nickte mit dem Kopfe und meinte:

„Ich will Ihnen gern glauben. Uebrigens ist dieser Lehrer auf jeden Fall ein sehr unbedeutender Mensch, von dem man gar nicht zu sprechen braucht. Hier haben Sie noch einige Legitimationen, welche Ihnen von Nutzen sein werden. Sie wissen: Wie die Arbeit, so der Lohn. Ich hoffe, daß Sie sich Ansprüche auf eine bedeutende Anerkennung erwerben, und bin überzeugt, daß Sie, von Eifer getrieben, Ortry bereits verlassen haben, wenn ich erwache. Darum werden wir uns bereits jetzt verabschieden, mein lieber Lemarch."

Er reichte ihm die Hand und entfernte sich, nachdem der Rittmeister noch einige Worte gesagt hatte, um zu versichern, daß er alle seine Kräfte anstrengen werde, um seine Aufgabe einer glücklichen Lösung zuzuführen.

Jetzt las Lemarch die Legitimationen durch, warf einen Blick auf die Adressen der Briefe und ging noch einige Minuten im Zimmer auf und ab. Dann hörte Müller ihn die Worte sagen:

„Jetzt aber endlich zur Ruhe. Es ist spät; und ich muß früh erwachen."

Er schob Briefe und Legitimationen auf dem Tische zusammen, entkleidete sich und legte sich zu Bett, nachdem er seine Lampe ausgelöscht hatte.

„Also deshalb fragte er mich nach mir!" dachte Müller. „Diese Herren scheinen zu wissen, daß ich Vertrauen genieße. Dieser Lemarch soll sich an mich schmeicheln, und mich zur Verrätherei verführen. Bedanke mich, Monsieur! Werde Ihnen den Weg noch besser ebnen, als die vier Briefe es thun werden!"

Er wartete, bis ein ruhiges, schnarchendes Athmen ihm die Ueberzeugung gab, daß der Franzose fest eingeschlafen sei. Jetzt schob er die Täfelung weiter auf, so daß er eintreten konnte. Er schlich zum Tische hin, nahm sämmtliche Papiere an sich und kehrte in den Gang zurück. Nachdem er die geheime Thür wieder verschlossen hatte, zog er sein Notizbuch und die Laterne hervor und copirte sämmtliche Papiere, die Adressen der Briefe und auch eine Reiseroute, welche sich dabei befand.

Es kam ihm der Gedanke, die Briefe mit in sein Zimmer zu nehmen, um sie zu öffnen und zu copiren und wieder zu verschließen. Er traute sich die hierzu nothwendige Geschicklichkeit wohl zu, aber seine Gefühle sträubten sich dagegen, als Officier und Edelmann sich einer Entheiligung des Briefgeheimnisses schuldig zu machen. Er kehrte also, nachdem er den Eingang wieder geöffnet, in das Zimmer zurück, legte Alles an den früheren Ort zurück und entfernte sich.

Nachdem er die Täfelung geschlossen hatte, stieg er die Treppe hinab und kehrte durch den Gang nach dem Parkhäuschen zurück. Er war mit den Erfolgen des heutigen Abend vollständig zufrieden. Sie gaben ihm Gelegenheit, sich in der Heimath auszuzeichnen und auch seine hiesigen, persönlichen Angelegenheiten vortheilhaft zu verfolgen.

Als er dann das Schloß erreichte und am Blitzableiter emporkletterte, bemerkte er im Zimmer des Alten noch Licht. Er warf einen Blick durch das Fenster und fuhr erschrocken zurück, denn gerade da, hart am Fenster, stand der Capitän, mit dem Rücken nach ihm gekehrt. Er hatte ein geheimes Fach seines Schreibtisches geöffnet und hielt ein Packet Banknoten in der Hand, deren Nummern er zu mustern schien.

Müller konnte ihm über die Schulter blicken und sah, daß alle diese Noten gezeichnet waren. Er erkannte sehr deutlich die Anfangsbuchstaben der Namen; er prägte sich auch einige der Nummern ein. Es war kein Zweifel, er sah hier die Banknoten, welche der Alte dem Fabrikdirector abgenommen hatte.

Er beobachtete nun mit größter Spannung jede Bewegung des Capitäns und sah deutlich, das dieser die Noten in das geheime Fach zurücklegte, und dieses Letztere mit einer verborgenen Feder schloß. Er gab so genau Achtung, daß er überzeugt war, dieses Fach leicht auffinden und öffnen zu können. Dann kletterte er zum Dache empor.

Er sagte sich allerdings, daß es sehr leicht möglich sei, daß er noch eine weitere, für ihn nützliche Entdeckung machen könnte, wenn er den Alten länger beobachtete; aber wie leicht konnte dieser das Fenster öffnen und heraussehen, und das wäre ja doch das Schlimmste, das Gefährlichste gewesen, was passiren konnte.

In seinem Zimmer angekommen, schrieb er zunächst die Banknotennummern auf, welche er sich gemerkt hatte; dann nahm er sein Notizbuch hervor und verfaßte einige Briefe. Als er diese versiegelt hatte, setzte er sich breit vor einige große, leere Bogen hin, mit der Miene eines Mannes, der an eine sehr wichtige Arbeit geht. Seine Feder flog über das Papier; die Bogen füllten sich; neue kamen hinzu, und als er geendet hatte, waren so viele Folioseiten beschrieben, daß er selbst über die bedeutende Zahl derselben erstaunte.

„Das ist schnell gegangen," lächelte er. „Ich habe aber auch niemals eine Arbeit mit einer solchen Lust gefertigt, wie diese hier. Ich hoffe, sie wird ganz den Eindruck machen, für welchen sie berechnet und geschrieben ist."

Er legte das Manuscript bei Seite. Es enthielt die Unterschrift: „Unwiderleglicher Beweis, daß vor Verlauf eines Decenniums kein Krieg mit Frankreich zu befürchten steht. Auf Veranlassung des großen Generalstabes geliefert von Rittmeister Richard von Königsau."

Nun endlich griff er zum letzten Male zur Feder. Er schrieb folgenden Brief:

„Meine gute Bertha!

„Ihr werdet schon längst eine Nachricht von mir erwartet haben und sollt sie auch nächster Tage erhalten, ausführlich, wie Ihr es ja stets von mir gewohnt seid. Jetzt aber habe ich zu solcher Vollständigkeit noch nicht die hinreichende Zeit; ja, ich finde noch nicht einmal die Muse, an die Mutter und an den Großvater zu schreiben.

„Diese Zeilen gelten Dir, weil mich die höchste Nothwendigkeit drängt, Dir für einen als gewiß zu erwartenden Fall die nöthigen Instructionen zu ertheilen. Ein französischer Rittmeister, Namens Bernard Lemarch kommt nämlich als ein Landschaftsmaler Haller nach Berlin, um sich um meine Freundschaft zu bewerben, und mich über die Anschauungen unserer Diplomaten und Strategen auszuhorchen. Ich bin überzeugt, daß Frankreich bereits in wenig Wochen den Krieg erklären wird, und eben so sicher weiß ich, daß wir im Stande sind, den so leichtsinnig hingeworfenen Handschuh ohne Befürchtung aufzuheben. Aber es handelt sich darum, den geheimen Emissär zu täuschen, gerade so, wie er uns zu betrügen trachtet. Daher übersende ich Dir das beifolgende Manuscript.

„Haller alias Lemarch beabsichtigt nämlich, sobald seine Bemühungen bei mir erfolglos sein sollten, Deine Zuneigung zu gewinnen, um so viel wie möglich von derselben zu profitiren. Du wirst ihm sagen müssen, daß ich mich in Litthauen auf Besuch bei einem alten Verwandten befinde. In Folge dessen wird er sich bei Dir nach meiner Thätigkeit, nach meinen Arbeiten erkundigen, und Du wirst Dir da die Erlaubniß abschmeicheln lassen, das beiliegende Manuscript lesen zu dürfen. Alles Uebrige überlasse ich Deiner mir so wohlbekannten weiblichen Klugheit, zu der ich alles Vertrauen besitze, und bitte Dich, mich über den Erfolg sofort brieflich zu belehren. Ich stehe mit ähnlichen Arbeiten natürlich umgehend zur Verfügung und ersuche Dich, Deinen Brief an meinen Fritz zu adressiren, nämlich „Friedrich Schneeberg, Herboriseur (Kräutersammler) in Condition bei Herrn Doctor Bertrand in Thionville." Er wird ihn mir richtig zustellen. Hier darf ich es nicht wagen, Briefe aus Berlin zu empfangen.

„Indem ich Dich ersuche, Mama und Großpapa von mir herzlichst zu grüßen, verspreche ich ihnen nochmals einen baldigen, langen Brief, umarme Dich, liebe Schwester, und sende Dir den innigsten, brüderlichsten Kuß von Deinem jetzt herzenskranken Richard.

„NB. Ich habe meine Dresden=Blasewitzer Dame unerwartet gefunden."

(Fortsetzung folgt.)

Die Liebe des Ulanen.
Original=Roman aus der Zeit des deutsch=französischen Krieges von Karl May.
(Fortsetzung.)

Müller las die geschriebenen Zeilen noch einmal durch und verschloß sie dann nebst dem Manuscripte in ein umfangreiches Couvert. Als er sich dann schlafen legte, war die Nacht bereits vorüber, und der Morgen brach herein. Deshalb legte er sich nicht in das Bett, sondern auf das Sopha, um bei Zeiten wieder aufzuwachen.

Seine Verkleidung hatte er natürlich abgelegt, bevor er sich das Licht anbrannte, da er keinen Augenblick sicher war, von dem alten Capitän durch die Glastafel belauscht zu werden. Doch hatte er bereits im Stillen beschlossen, ihm dieses Beobachten gehörig zu verleiden.

Er mochte kaum ein Stündchen geschlafen haben, als ihn der Schall von Pferdehufschlägen erweckte. Er erhob sich und trat an das Fenster. Es war ein Wagen angespannt worden, und soeben stieg der Maler ein, um sich nach dem Bahnhofe von Thionville fahren zu lassen. Sein hübsches Gesicht hatte einen sehr unternehmenden, hoffnungsvollen Ausdruck. Er gedachte wohl, mit großen Erfolgen heimzukehren; aber der da oben, von ihm unbemerkt, am Fenster stand, kannte diese Erfolge bereits genau. Er konnte sich auf die geistreiche Schwester verlassen, von der er wußte, daß sie den Franzmann so bedienen werde, wie es der Bruder von ihr erwartete.

Dieser nahm wieder auf dem Sopha Platz und schlief zum zweiten Male ein. Als er wieder erwachte, war es vom Schall einer überlauten, kreischenden Musik. Er warf den ersten Blick auf seine Uhr; es war wahrhaftig bereits neun Uhr. Der zweite Blick fiel durch das Fenster hinaus und hinunter in den Schloßhof. Dort standen sechs phantastisch bekleidete Musikanten, welche sich bemühten, mit zwei Clarinetten, einem Horn, einem Oboe, einer Posaune und einer Trommel irgend eine Art von Marsch zu Stande zu bringen. In ihrer Nähe hielten auf Pferden vier theatralisch aufgeputzte Personen, drei Männer und ein Frauenzimmer. Als der Marsch beendet war, erhob der Trommler seine Stimme und verkündigte, daß heute Nachmittag zwei Uhr Thionville nebst Umgegend das ungeahnte Glück haben werde, die weltberühmte Künstlertruppe anzustaunen.

Diese Leistungen wurden unter der pompösesten Titulatur aufgezählt, und da in dieser Gegend sich nur höchst selten einmal eine solche Gesellschaft sehen ließ, so war es kein Wunder, daß sämmtliche Schloßbedienstete zusammenliefen, und auch die Herrschaften an das Fenster traten, um die Künstlervagabunden in Augenschein zu nehmen.

Ganz in der Nähe der wunderlich aufgeputzten Reiter stand Alexander. Er hatte seine Freude an den Leuten und fragte als der Tambour geendet hatte:

„Was kostet das Billet?"

„Nummerirte vordere Reihe fünf Franken, hintere Reihe vier Franken, erster Platz drei Franken, zweiter zwei, dritter einen Franken und Stehplatz außerhalb der Barriere einen halben Franken," antwortete der Mann geläufig. „Wollen Sie einige Billets behalten, gnädiger Herr? Wenn Sie jetzt abonniren, erhalten Sie die besten Plätze von Nummer eins an!"

Er hatte mit geübtem Auge erkannt, daß der Frager jedenfalls der Sohn der Herrschaft sei; und so einem Lieblingssöhnchen vermögen die Eltern selten zu widerstehen.

„Fünf Billets vordere Reihe!" befahl Alexander.

Er hatte gar nicht darauf geachtet, daß die Baronin oben das Fenster öffnete und ihm winkte. Er zog seine Börse, welche trotz seiner Jugend stets wohl gefüllt war, und bezahlte fünfundzwanzig Franken. Die Künstler zogen befriedigt ab.

Nach kurzer Zeit klopfte es an Müller's Thür, und Alexander trat herein. Sein Gesicht war sehr geröthet, ob vor Freude, oder einem anderen Seelenaffecte, oder irgend einer Anstrengung, das ließ sich nicht bestimmen.

„Haben Sie sie gesehen, Monsieur Müller?" fragte er.

„Wen? Die Künstler?"

„Ja, natürlich!"

„Ich habe sie allerdings gesehen," antwortete lächelnd der Deutsche, als er die vor Freude blitzenden Augen des Knaben sah.

„Ich habe fünf Billets genommen. Hier ist eins. Sie fahren natürlich mit, Monsieur."

„Ah! Ich? Wer fährt noch mit?"

„Zunächst Mama —"

„Nicht möglich!" entfuhr es Müller.

„Warum nicht möglich? Sie zürnte mir; aber was ich will, das will Mama schließlich doch immer auch," meinte Alexander in stolzem Tone.

„So sind noch zwei Billets übrig."

„Sie sind bereits verschenkt. Marion und Mademoiselle Nanon fahren mit."

„Diese Beiden?" fragte Müller erstaunt. „Waren sie sofort einverstanden."

„O, eigentlich nicht. Marion meinte, es schicke sich nicht so recht für uns, diese Art von Schaustellungen zu besuchen; aber als Dank für die beiden Bouquets vom Heidengrabe wolle sie mir ihre Zusage geben. Ist dies nicht sehr lieb von ihr? Mademoiselle Nanon war somit gezwungen, sich ohne allen Widerspruch anzuschließen."

„Und wenn nun ich widerspreche?" lächelte Müller.

„O, Sie widersprechen nicht," behauptete Alexander; „das sehe ich Ihrem guten Gesichte ja sofort an. Nicht wahr, ich habe richtig gerathen?"

„Ja, ich werde Ihnen die Freude nicht verderben, mein lieber Alexander."

„Ich danke Ihnen! Und wissen Sie, was Mama Ihnen sagen läßt?"

„Nun?"

„Sie sollen mit ihr und mir in einem Wagen Platz nehmen; im anderen fahren Marion und Nanon. Ist das nicht allerliebst von der Mama? Aber ich muß fort, denn bei einer solchen Veranlassung sind tausend Vorbereitungen zu treffen."

Er eilte fort. Müller war es gar nicht unlieb, diesen Abu Hassan in seinen Kunstleistungen kennen zu lernen; aber fast förmlich verdutzt machte ihn die Einladung der Baronin, mit in ihrem Wagen Platz zu nehmen. Welchen Grund hatte sie dazu? War es die Anerkennung für die Liebe, welche er Alexander eingeflößt hatte?

Er schritt nachdenklich im Zimmer auf und ab, trat an den Spiegel, um sich zu betrachten, und fand, daß seine künstliche Hautfarbe an Tiefe verloren hatte. Er nahm ein kleines Fläschchen, welches Nußschalenextract enthielt, tauchte den Pinsel hinein und bestrich sich Gesicht, Hals und Hände von Neuem mit dieser die Haut verdunkelnden Feuchtigkeit, welche, da es leicht ist, mit diesem Extracte verschiedene, älter machende Schattirungen anzubringen, nicht wenig dazu beigetragen hatte, sein Aeußeres zu verändern.

Hierauf trat er an das Fenster und musterte die draußen liegende Frühlingslandschaft.

„Ah, was ist das?" fragte er sich. „Da draußen unter der Linde liegt Einer. Ist das vielleicht Fritz? Und von der Spitze scheint Etwas herabzuhängen, was ich auch noch nie gesehen habe. Ich muß sogleich das Fernrohr nehmen, um mich zu überzeugen."

Er holte das Fernrohr, öffnete die Fensterflügel und visirte nach der Linde hinüber. Da sah er deutlich seinen Fritz mit dem Fernrohre sitzen. Dieser erkannte auch ihn genau, denn er zog den Hut vom Kopfe und grüßte mit demselben. Er hatte jedenfalls etwas Wichtiges zu berichten; dies zeigte seine Gegenwart bei der Linde.

Müller nahm sein weißes Taschentuch und winkte damit, zum Zeichen, daß er kommen werde, und sofort erhob sich Fritz, um nach dem Walde zu gehen.

Auch Müller verließ das Schloß, nachdem er die heute Nacht geschriebenen Briefe zu sich gesteckt hatte, und that, als wolle er sich ein Wenig ausgehen. Er schlenderte langsam dem Parke zu, nahm aber dann einen schnelleren Schritt an, und schritt dem Walde entgegen, in welchem an der verabredeten Stelle Fritz aus den Büschen trat.

„Guten Morgen, Herr Doctor," grüßte er freundlich.

„Ausgeschlafen?"

„Wenig geschlafen."

„Ich gar nicht."

„Gar nicht? Ah, Du hast Wache gehalten?"

„Ja, aber nicht da, wo ich sollte."

„Wo sonst?"

„In einer alten Ruine, wo die Verschwörer zusammenkommen, und wo ich beinahe um das Leben gekommen wäre."

„Du bist nicht klug!" rief Müller erschrocken. „Du hast Dich doch nicht etwa ohne meine Genehmigung in eine Versammlung dieser fanatisirten Franzosen gewagt?"

„Leider doch!" antwortete Fritz in kläglich komischem Tone.

„Und bist erwischt worden? Fritz Du wirst uns wirklich noch verrathen!"

„Fällt mir gar nicht ein. Das Ding hat keine anderen Folgen gehabt, als daß ich während der Nacht zwischen den Sträuchern mir den Rücken wund gelegen habe."

„So erzähle!"

„Nicht hier am Wege, sondern etwas tiefer im Walde. Hier könnten wir überrascht werden."

Sie schritten weiter zwischen die Bäume hinein, und nun erzählte Fritz sein nächtliches Abenteuer. Sein vorhergehendes Zusammentreffen mit Nanon verschwieg er aber.

Als er geendet hatte, zeigte Müller's Gesicht einen ganz erstaunten Ausdruck.

„Wunderbar, daß ich von dieser Ruine noch nichts gehört habe!" sagte er. „Wie es scheint, sind die von uns gesuchten Vorräthe dort zu finden, während wir annehmen, daß sie in der Nähe des alten Thurmes versteckt seien. Ist es weit bis zu der Ruine?"

„O, gar nicht so sehr weit; kaum so weit wie bis zum Thurme."

„So führe mich hin, ich muß sie sehen."

Sie gingen, und unterwegs ließ Müller sich Verschiedenes noch ausführlicher berichten.

„Also einen eisgrauen Bart hatte der Redner?" fragte er.

„Ja; der Bart war dicht und lang. Als der Mann meine Anwesenheit entdeckt hatte, fletschte er die Zähne, wie ein Bullenbeißer, welcher Jemand anspringen will."

„Er ist's! Es war kein Anderer!"

„Wer?"

„Der alte Capitän von Schloß Ortry. Und wenn mich

nicht Alles trügt, so waren die beiden Anderen der Graf Rallion mit seinem Sohne, dem Obersten, der die Baronesse Marion zur Frau haben will."

„Der Teufel soll sie ihm schaffen!" zürnte Fritz. „Die ist für einen Anderen bestimmt."

Dabei blinzelte er seinen Herrn von der Seite an, doch dieser that, als ob er es gar nicht bemerke, sondern frug in gelassenem Tone weiter:

„Und Du weißt bestimmt, daß Du die beiden Anderen verwundet hast?"

„Ganz bestimmt. Dem Einen habe ich das Messer über das ganze Gesicht weg gezogen, und der Andere muß ein gewaltiges Loch in der Hand haben, denn ich entsinne mich, daß ich das Messer in der Wunde umgedreht habe, als ich davonsprang."

„Sie haben sich heute noch nicht sehen lassen, aber ich werde es erfahren, ob sie es sind. Spät genug sind sie nach Hause gekommen. Aber, Mensch, was hättest Du denn gemacht, wenn die Thür nicht wieder geöffnet worden wäre?"

„So wäre ich durch die hintere Thür entsprungen."

„Aber wohin?"

„Das weiß der liebe Gott, ich nicht!"

„Du wärst jedenfalls in einen unterirdischen Gang gerathen, und hättest da, wenn Du nicht vorher entdeckt worden wärst, auf schändliche Weise verhungern können!"

„Ich vertraute auf den lieben Gott, der bekanntlich keinen Deutschen verläßt."

„Gegen ein braves Gottvertrauen habe ich nicht das Mindeste einzuwenden, doch darf es nicht zur Tollkühnheit verleiten. Sei vorsichtiger das nächste Mal! Ich bedarf Deiner und mag Dich nicht auf so leichtsinnige Weise verlieren. Das ist aber die Hauptsache nicht, sondern Du bist ein braver Kerl; ich habe Dich lieb und will nicht sehen, daß Dich Dein Muth in eine Lage bringt, aus welcher ich Dich nicht retten kann."

„Dieses Wort danke Ihnen der liebe Gott, Herr Rittmeister!" sagte Fritz, die Hand seines Herrn ergreifend. „Vielleicht kommt die Zeit, in der ich es zu einem kleinen Theile vergelten kann."

„Das kann man nicht wissen. Der Krieg bricht sicher los. Wir kämpfen neben einander; da ist es leicht möglich, daß wir einander Dienste leisten müssen, an die wir jetzt noch nicht denken mögen. Der Himmel sei uns dann gnädig gesinnt!"

Fritz kannte jetzt die Richtung sehr genau, in welcher er die Ruine zu suchen hatte. Sie erreichten sie wirklich eher, als sie den alten Thurm erreicht hätten. Als sie an der Front hinabschritten, in welcher sich die Einfahrt befand, erkannte Müller, daß es ein Kloster gewesen sein müsse.

Sie durchschritten die Durchfahrt, doch sprang Fritz zurück, um sich vorher einige Kienäpfel zu holen, denn ohne Licht konnte man da unten im Saale nichts erkennen.

In dem großen Hofe angekommen, zeigte er seinem Herrn den Ort, wo er den Mann überfallen, und dann die Thurmecke, in welcher er ihn gefesselt hatte. Dann traten sie in die Thorpforte ein und schritten den Gang hinab. Fritz machte den Führer, da er das Beleuchtungsmaterial für unten aufsparen wollte. Sie gelangten an die Treppe und durch diese in den unteren Gang. Die Thür zum Saale war nicht verschlossen. Sie traten ein.

Jetzt zog Fritz seine Kienäpfel und ein Zündhölzchen hervor und brannte einen an. Das dunkelgelbe, rauchige Licht konnte nur wenig Helle verbreiten, aber sie erkannten doch, daß hier noch gar nicht aufgeräumt worden sei. Die Scherben der zerbrochenen Lampen lagen noch zertreten und zerstampft am Boden, und — sie wichen Beide erschreckt zurück, denn da öffnete sich die hintere Thür, und herein trat der alte Capitän mit einer großen Lampe und einem — Besen in der Hand.

Die Lampe hatte einen polirten Reflector, welcher den Schein des Lichtes verzehnfachte. Dieser Schein fiel auf die beiden Dastehenden. Der Capitän sah sie und erkannte Müller auf den ersten Blick. Ein schneller Gedanke durchzuckte ihn. Was wollte Müller hier? Er war ein Deutscher. War er vielleicht der gestrige Eindringling? Wer war der Andere, der neben ihm stand?

Mit raschen Schritten trat der Alte auf Müller zu und fragte drohend:

„Monsieur, was thun Sie hier?"

Der Gefragte hatte sich schnell gefaßt. Er antwortete im ruhigsten Tone:

„Etwas sehr Interessantes: ich durchstöbere diese alte Ruine. Hätte ich von Ihrem Dasein etwas gewußt, so hätte ich mir auch eine Lampe mit gebracht, wie Sie, gnädiger Herr!"

Diese Antwort machte den Alten bestürzt.

„Sie haben nichts von ihr gewußt?"

„Nein."

„Bis wann?"

„Bis vor wenig Minuten, wo wir sie erblickten."

„Wir! Wer ist dieser Mann?"

„Ein Bekannter von mir."

„Ah, Sie haben Bekannte hier?"

Der Alte zog die Schnurrbartspitzen empor und zeigte seine Zähne. Fritz sah sofort, daß es der gestrige Redner gewesen sei. Die letztere Frage war in einem so höhnisch inquirirenden Tone gesprochen, daß Müller auch ein schärferes Wort auf die Lippen kam:

„Verbieten Sie mir vielleicht, hier Bekanntschaften zu haben?"

Der Alte trat erstaunt einen Schritt zurück, setzte die Lampe zu Boden und sagte:

„Monsieur Müller, wie kommen Sie mir vor! Wer ist es, der hier Fragen zu stellen hat?"

„Ein Lebender jedenfalls nicht, sondern nur die Todten, denen dieses Kloster einst gehörte. Hier im Reiche des Verfalles, ist ein Jeder dem Anderen gleich."

Diese Antwort frappirte den Capitän. Er meinte etwas ruhiger:

„Sie sind hier fremd; ich durfte mich wohl wundern, daß Sie von Bekanntschaft sprachen."

„Wir lernten uns auf dem Schiffe kennen. Dieser Mann ist der Kräutersammler des Doctor Bertrand in Thionville."

„Ah, der Mademoiselle Nanon gerettet hat?"

„Ganz derselbe."

„Was thut er hier?"

Müller antwortete, da er den Verdacht des Alten ahnte:

„Ich litt gestern an Congestionen nach dem Kopfe, weßhalb ich mich sehr zeitig schlafen legte. Da aber die Zimmerluft das Uebel verschlimmert hat, so machte ich einen Spaziergang durch den Wald. Dort traf ich diesen Mann, welcher eine seltene Pflanze suchte, Sommerthau, einen vorzüglichen Thee. Auch ich kenne das kleine, empfindsame Gewächs, welches zu den fleischfressenden Pflanzen gehört, und erbot mich, mit zu suchen. Wir kamen auf diese Weise tief in den Wald hinein und standen plötzlich vor dieser Ruine."

„Von welcher Sie noch nichts gehört hatten?"

„Kein Wort!"

„Können Sie mir dies auf Ihre Ehre versichern?"

„Ich gebe mein Ehrenwort, bis vor kurzer Zeit vom Dasein dieser Ruinen nicht das Geringste gewußt zu haben!" versicherte Müller im Tone der Wahrheit. „Aber wozu diese Dringlichkeit? Wozu dieses Examen? Wozu diese Lampe und dieser Besen? Herrscht hier vielleicht ein Räuberhauptmann, ein Blaubart, ein menschenfressender Riese? Hat hier nicht ein Jeder freien Zutritt, der sich für Alterthümer interessirt?"

„Schweigen Sie!" donnerte ihm da der Alte entgegen. „Wissen Sie, daß diese Ruine auf meinem Grund und Boden liegt?"

„Ich weiß es nicht, aber ich kann es mir denken."

„Nun gut; ich bin der Grundherr, ich habe hier zu befehlen, und ich verbiete Ihnen, jemals dieses Kloster wieder zu betreten!"

„Mir, dem Erzieher ihres Enkels?" fragte Müller mit gut gespieltem Erstaunen.

„Ja."

„Und Fremde dürfen Zutritt nehmen?"

„Wer sagt Ihnen, daß Leute hier gewesen sind?"

„Blicken Sie zu Boden! Sehen Sie, daß diese Spuren noch ganz frisch sind?"

„Das geht Sie nichts an!" rief da der Alte. „Sie sollen hier nicht denken; Sie sollen hier nicht urtheilen! Ich bin der Herr. Packen Sie sich hinaus!"

Da zuckte der Deutsche gleichmüthig die Achsel und antwortete:

„Mir ist es sehr gleich, wer hier zu denken und zu urtheilen hat. Draußen aber wird man auch urtheilen, nämlich über die Art und Weise, mit welcher man von hier hinausgeworfen wird, über die Sonderbarkeit, daß ein Capitän der Kaisergarde hier mit dem Besen regiert, und über andere Dinge, welche fast vermuthen lassen, daß hier nicht Alles in Ordnung ist."

Da sprang der Alte wüthend auf ihn zu, faßte ihn am Arme und rief:

„Monsieur, was wollen Sie mit Ihren Vorwürfen sagen, he?"

„Nichts weiter, als daß ich Ihrem Befehle, diesen Ort zu verlassen, zwar gehorche, dennoch aber streng darauf bestehen muß, fernerhin in anderer Weise angesprochen zu werden. Ein deutscher Doctor der Philosophie steht in gesellschaftlicher und intellectueller Beziehung keineswegs unter einem französischen Capitän der Kaisergarde!"

„Ah, das wagen Sie!" knirschte der Alte, indem sein Bart sich förmlich sträubte. „Ich werde Sie entlassen; ich werde Sie fortjagen!"

„Pah, das können Sie nicht. Sie sind der Herr Capitän Richemonte; mein Contract aber ist vom Herrn Baron de Sainte=Marie unterzeichnet und untersiegelt. Adieu, Herr Capitän!"

Er ging, und Fritz folgte ihm.

„Ah, gehen Sie!" rief ihm der Alte nach. „Ich werde nachher mit Ihnen sprechen!"

Als die Beiden draußen angelangt waren, gingen sie erst eine Weile schweigend neben einander her. Dann aber bemerkte Fritz:

„Jetzt haben Sie sich einen unversöhnlichen Feind geschaffen."

„Jedenfalls!"

„Der Ihnen niemals verzeihen wird!"

„Das muß ich geduldig tragen. Die Grobheiten dieses Mannes waren ganz darnach, mich herauszufordern. Ich habe ihm geantwortet; wir sind also Beide quitt."

„O, noch nicht! Er wird Sie fortjagen!"

„Ich werde nicht gehen!"

„Wirklich nicht? So wird er Sie schinden und beunruhigen!"

„Ich werde mir das verbitten!"

„Er wird Ihnen die Lösung Ihrer Aufgabe unmöglich machen!"

„Ich habe ihn nicht zu fürchten, obgleich er Alles zu regieren gedenkt. Denken wir nicht an ihn! Ich habe Dir etwas Wichtigeres zu sagen. Kannst Du unbemerkt Hacken und Schaufeln besorgen?"

„Warum nicht?"

„Für heute Abend?"

„Sehr leicht."

„Nun wohl; wir werden ein Grab öffnen."

„Donnerwetter! Ein Grab aufmachen? Das klingt ja ganz unmöglich!"

„Kennst Du den Zauberer Abu Hassan, der heute in Thionville Vorstellungen giebt?"

„Ja. Er wohnt im Gasthofe, dem Doctor Bertrand gegenüber. Es ist ein Frauenzimmer bei seiner Truppe, welches mir heute eine förmliche Liebeserklärung gemacht hat."

„Glücklicher Mann, die Liebe einer Künstlerin zu erregen!"

„Hm, die Kunst ist in ihr bereits über dreißig Jahre alt geworden, Herr Doctor!"

„Desto größere Anerkennung verdient sie. Aber, bleiben wir bei der Sache! Abu Hassan ist jedenfalls ein Orientale; die erste Frau des Barons stammte auch aus dem Oriente. Beide müssen in irgend einer Beziehung zu einander gestanden haben, denn er ist gekommen, sich ihre Gebeine zu holen."

„Das kommt mir noch mehr als orientalisch vor. Aber was haben Sie, und was habe ich mit diesem Hassan und diesen orientalischen Gebeinen zu thun?"

„Wir sollen sie ihm mit aus der Erde hacken."

„Warum denn gerade wir?"

„Ja, die Veranlassung ist geradezu lächerlich. Ich stieg gestern Abend am Blitzableiter herab, während er aus irgend einem Grunde um das Schloß herumstrich. Er hielt mich für einen Einbrecher, einen Dieb. Und da ein solcher sich wohl zur widerrechtlichen Oeffnung eines Grabes dingen läßt, so bot er mir zweihundert Franken, wenn ich ihm behilflich sein und noch einen Arbeiter bringen wolle, das Heidengrab zu öffnen."

„Und Sie haben das wirklich angenommen?"

„Ja. Ich glaube nämlich fast, daß die Baronin gar nicht gestorben ist, und also auch nicht begraben worden sein kann. Entweder ist das Grab leer, oder es enthält eine falsche Leiche. Ich muß mich überzeugen und werde also heute Abend dort eintreffen."

„Ich bin dabei; aber das Geld nehmen wir nicht."

„Das versteht sich ganz von selbst! Richte es also so ein, daß Du noch vor elf Uhr mit den Werkzeugen am Grabe anlangst. Hier nun wollen wir uns trennen. Für morgen habe ich einen Weg für Dich. Hier sind Briefe. Du gehst mit ihnen über die Grenze und giebst sie drüben auf der ersten deutschen Postanstalt ab. Ich traue hier nicht recht, daß sie mir geöffnet werden könnten."

Er gab ihm die Scripturen, und dann trennten sie sich.

Als Müller das Schloß erreichte, war es bereits über zwölf Uhr geworden. Ein Diener sagte ihm, daß der Herr Capitän soeben befohlen habe, den Doctor Müller zu ihm zu schicken, sobald er von seinem Spaziergange zurückgekehrt sei.

Also der Capitän befand sich bereits daheim! Das war für den Deutschen ein ganz unanfechtbarer Beweis, daß zwischen dem Schlosse und der Klosterruine ein kerzengerader unterirdischer Weg vorhanden sei. Er fürchtete den Alten nicht im Mindesten und begab sich in größter Seelenruhe nach dem Zimmer desselben.

Er saß am Schreibtische und schrieb. Als Müller eintrat, erhob er sich rasch, warf die Feder auf den Tisch und sagte:

„Monsieur, ich habe Sie zu mir kommen lassen, um Ihnen das zwischen mir und Ihnen zu bestehende Verhältniß einmal klar zu machen."

Er befand sich augenscheinlich in einem Zustand hochgradiger Erregung. Dieser Umstand aber beirrte den Deutschen ganz und gar nicht. Er antwortete:

„Das ist mir außerordentlich lieb. Auch ich liebe die Klarheit, und werde gegenwärtig gern das Meine beitragen, um zu ihr zu gelangen."

Der Alte that, als ob er die Kampfbereitschaft, welche in diesen Worten lag, gar nicht bemerkte, oder er bemerkte sie wirklich nicht, sondern fuhr im rücksichtslosesten Tone fort:

„Sie haben sich vorhin in der Ruine eine Sprache erlaubt, die ich nicht dulden kann!"

Der Deutsche zuckte die Achsel und meinte:

„Da liegt die Schuld jedenfalls an meiner musikalischen Begabung."

„Wie meinen Sie das?" fragte der Capitän stutzend.

„Nun, ich habe mich früher sehr mit Harmonielehre und Generalbaßstudien beschäftigt, und seit jener Zeit bin ich immer ein Freund des Harmonischen geblieben. Ich antworte in Dur, wenn man mich in Dur fragt, und rede in Moll, wenn man in Moll zu mir spricht. Der Herr Capitän beliebte, in der Ruine eine Redeweise anzuwenden, welche sehr strignendo klang; mein musikalisches Rechtsgefühl erlaubte mir nur, strignendo zu antworten."

„Larifari! Was verstehe ich von Ihrem Dur, Moll und Strignendo! Ich habe Sie einfach zu fragen, ob Sie mich als Ihren Herrn anerkennen, dem Sie unbedingt und auf alle Fälle zu gehorchen haben. Antworten sie strikte: Ja oder Nein?"

„Nein!"

„Ah, also wirklich Nein?"

„Wirklich Nein!"

„So jage ich Sie zum Teufel!" brauste der Alte auf.

„Ich gehe nicht!"

„Nicht? Das wollen wir sehen! Ich werde Sie zu zwingen wissen!"

„Sie können mir gar nicht zumuthen, wirklich zum Teufel zu gehen, wenn es Ihnen wunderlicher Weise einfällt, mich zu ihm zu schicken. Ich weiß bis heute noch nicht, wo sich die Wohnung dieses ehrenwerthen Monsieurs befindet. Ich werde auch überhaupt nicht gehen, wenn Sie mich fortschicken, denn Sie haben kein Recht dazu."

„Sie widerstehen mir?"

„Allerdings. Ich bin vom Baron de Sainte-Marie engagirt, nicht von Ihnen!"

„Oho! Ich habe an seiner Stelle den Contract unterzeichnet und besiegelt, und ich werde an seiner Stelle auch die Ausweisung unterschreiben und petschiren."

„Versuchen Sie es! Sie werden sehen, daß ich Sie nicht fürchte, Herr Capitän!"

So war ihm noch Keiner gekommen. Er fletschte die Zähne, trat auf den Deutschen zu, und rief mit ganz und gar nicht unterdrückter, sondern mit dröhnender Stimme:

„So werde ich Sie mit meinen Händen erfassen und hinauswerfen!"

Müller lächelte ihm mit größter Freundlichkeit entgegen und antwortete:

„Oder die Pistole nehmen und mich erschießen, wie den Fabrikdirector. Verstanden?"

Da fuhr der Alte zurück, als habe er ein Gespenst gesehen. Seine Augen öffneten sich weit, eben so sein Mund, aber nicht vor Schreck, sondern vor ungeheurem Zorn.

„Herr!" donnerte er. „Soll ich Sie zermalmen?"

„Das würde Ihnen schwer werden. Mir wird es nie einfallen, ein Blanquet auszustellen, welches Sie dann mit der Erklärung ausfüllen, daß ich mich selbst morde, weil ich Ihre Gelder unterschlagen habe, die Sie doch den Augenblick vorher in guten, echten, leider aber gezeichneten Banknoten einsteckten."

Jetzt stutzte der Alte doch. Er war so betroffen, daß er kein Wort hervorbrachte.

„Ich hätte Ihnen," fuhr Müller fort, „wirklich die Klugheit zugetraut, mit einem Manne meines Kalibers richtig sprechen zu können; aber ich sehe leider, daß ich mich täusche. Sie beherrschen die ganze Besitzung, so daß alle Welt Sie flieht und fürchtet; aber dem armen, buckeligen Deutschen vermochten Sie doch nicht, Respect abzunöthigen. Ein Mann der Wissenschaft, zumal meiner Wissenschaft, fürchtet keinen Menschen."

„Ihrer Wissenschaft? Welche Wissenschaft nennen Sie denn so speciell die Ihrige?"

„Die Magie."

„Die Magie? Unsinn! Reden Sie zu alten Weibern von der Magie, aber nicht zu mir. Mit diesem Schwindel machen Sie mich nicht zum Fürchten, Monsieur Müller!"

Er hatte seine Fassung wieder gewonnen und blickte den Deutschen finster an. Dieser hielt den herausfordernden Blick gelassen aus und antwortete lächelnd:

„Sie irren. Haben Sie einmal etwas vom Erdspiegel gehört, in welchem Derjenige, der es versteht, Alles sehen kann, was er will, selbst die tiefsten Geheimnisse eines Menschen?"

„Unsinn, und abermals Unsinn!"

„Ich werde Ihnen das Gegentheil beweisen. Ich wollte sehen, was Sie thaten, und blickte in meinen Spiegel. Da sah ich Sie durch eine Stelle der Täfelung in das Gemach des Directors treten; ich sah ihn das Geld aufzählen; ich

1.

2.

sah ihn das Blanquet ausstellen; ich sah Sie dann, am Schreibtische sitzend, das Blanquet ausfüllen; ich sah Sie dann in den Hintergrund des Zimmers treten, während er am Schreibtische las, was Sie geschrieben hatten; ich sah, wie er dann nach der Leitung sprang, wie in Ihrer Hand der Schuß aufblitzte, wie Sie das Blanquet so legten, daß es gesehen werden konnte, wie Sie in Ihre Wohnung gingen, um das Geld zu verbergen, und sich dann schnell umkleideten, um den Glauben zu erwecken, daß Sie soeben erst erwacht seien. Mein Erdspiegel zeigte mir die Leitung; darum fand ich Sie sogleich."

Während dieser Worte war eine schreckliche Veränderung mit dem Alten vorgegangen. Seine Augen waren vor Angst eingesunken, seine Wangen erbleicht. Sein Schnurrbart hing trostlos hernieder, und er selbst war auf einen nahen Stuhl gesunken. Dieser Deutsche schilderte den Hergang so genau, als ob er selbst dabei gewesen wäre. War die Geschichte vom Erdspiegel wirklich keine leere Sage?

„Ist's wahr?" stöhnte er. „Ist's wahr?"

„Vollständig wahr. Ich habe das Alles nicht blos gesehen, sondern auch gehört, Wort für Wort. Ich hörte die Versprechungen, welche Sie dem Director machten; die Erklärung, welche Sie seiner Liebe zur Baronin gaben; ich hörte, daß Sie ihn bereits am Vormittage mit ihr im Boudoir beobachtet hatten. Ich hörte von der Gratification, mit der Sie ihn kirrten; ich hörte Alles, Alles, bis der Schuß fiel, denn dann war ja nichts mehr zu hören."

„O, mein Gott, mein Gott!"

„Und so sehe ich noch jetzt das geraubte Gut, welches Sie dort im geheimen Fache hinter dem dritten Kasten verborgen halten; ein leiser Druck genügt, um die Feder zu öffnen. Soll ich es Ihnen zeigen?"

Er trat näher.

„Nein, nein!" schrie der Alte entsetzt, indem er seine Arme abwehrend ausstreckte.

„Ich sehe sogar die Nummern der Noten," fuhr Müller fort. „Sie sind 10468, 17391, 21869, und so weiter, und darauf befinden sich die Anfangsbuchstaben der Firmen, von denen sie der Director erhielt. Sagen Sie selbst, ob der Erdspiegel ein solcher Unsinn ist, wie Sie sich auszudrücken beliebten!"

Da richtete der Alte einen furchtsamen, angstvollen Blick auf ihn und fragte:

„Und das Alles ist Wahrheit?"

„Pah, zweifeln Sie immerhin daran, wenn Sie es vermögen! Aber sehen Sie es wenigstens ein, daß ein deutscher Doctor Ihnen ebenbürtig ist! Sie haben mir gedroht, mich hinauszuwerfen. Nun wohl, so werde ich Sie zwar nicht hinauswerfen, aber hinausführen lassen, nämlich von den Sergeanten der Polizei. Das Blut des Directors schreit zum Himmel; ich kann beweisen, wer sein Mörder ist, und die Baronin soll den heimlich Geliebten gerächt sehen!"

Da fuhr der Alte empor.

„Nein, nein, nur dieses nicht! Sie sind ein fürchterlicher Mensch! Was verlangen Sie denn eigentlich von mir?"

„Sehr wenig. Ich verlange Ihre Unterschrift, daß Sie der Mörder des Directors sind."

„Unmöglich!" rief der Capitän.

„Sehr möglich und sogar nothwendig! Hören Sie mich an! Sie geben mir diese Unterschrift, welche Sie mit Ihrem Siegel sowohl, als auch mit Ihrem Stempel versehen. Ich bewahre dieselbe auf, bis ich von hier freiwillig abgehe. Scheiden wir im Guten, so erhalten Sie die Unterschrift zurück, und Niemand wird erfahren, was Sie thaten. Scheiden wir im Bösen, so kommt die Schrift in die Hände der Baronesse. Ich gebe Ihnen fünf Minuten Bedenkzeit. Sind diese verflossen, ohne daß Sie sich zu der Unterschrift bequemen, so lasse ich die Polizei kommen. Ich brauche meine Beweise gar nicht; es genügt einfach die Thatsache, daß man die Noten bei Ihnen findet, während Sie in den Acten deponiren, daß der Director sie unterschlagen habe. Also fünf Minuten, sie beginnen jetzt. Entscheiden Sie sich!"

Der Alte sah sich gefangen; es half ihm kein Leugnen. Nur eine Rettung gab es: diesen Deutschen niederzuschießen gerade wie den Fabrikdirector.

Die Hand des Capitäns näherte sich dem Kasten, in welchem er seine Waffen liegen hatte; da aber griff der Deutsche in seine Tasche, zog den Revolver hervor und drohte:

„Die Hand vom Kasten, oder ich schieße Sie nieder wie einen Hund, wie ein Raubthier, das Sie ja auch sind! Drei Minuten! Sie haben nur noch zwei. Ich scherze nicht, ich gebe Ihnen mein Ehrenwort, daß ich nicht eine Secunde länger warte!"

Da griff der Alte nach dem dritten Kasten, um die Banknoten heraus zu nehmen. Er wollte sie vernichten; dann gab es keinen Beweis mehr gegen ihn. Aber sofort stand Müller bei ihm und hielt ihm seine Hand.

„Halt! Mich überlisten Sie nicht! Sie haben noch eine halbe Minute, dann klingele ich die ganze Dienerschaft zusammen. In deren Gegenwart dürfen Sie dann die Noten herausnehmen, eher aber nicht."

Er blickte nach der Uhr.

„Fünf Minuten um! Nun?"

„Sie sind ein Teufel!" ächzte der Alte.

„Pah, was nutzt das ewige Verhandeln! Ich warte nicht!"

Bei diesen Worten faßte er den Glockenzug und schellte. Da aber sprang der Alte auf und schrie in entsetzlicher Angst:

„Halt! Halt! Ich unterschreibe!"

„Was ich dictiren werde?" fragte Müller.

„Ja, Alles!"

In diesem Augenblicke trat der Diener ein. Der Capitän blickte voller Angst auf Müller, was dieser sagen werde. Der Deutsche wandte sich nach der Thür und sagte:

„Der Herr Capitän läßt Ihnen sagen, daß ich als Erzieher des Baron Alexander das Recht beanspruchen kann, an der Familientafel zu speisen. Es ist also von jetzt an für mich dort zu serviren!"

Der Domestike verbeugte sich und schritt heraus, vor Verwunderung ganz wirr im Kopfe. So etwas Unerhörtes war in diesem Hause noch niemals passirt.

„Auch das noch!" rief der Alte. „Ich wiederhole es; Sie sind ein Teufel!"

„Und Sie ein Satan!" lachte Müller. „Raisoniren Sie übrigens nicht, sondern schreiben Sie, sonst sehe ich mich veranlaßt, nochmals zu klingeln, und dann stehe ich für nichts."

„Sie werden das Blatt keinem Menschen zeigen?"

„So lange wir Freunde sind, keinem Menschen."

„Gut, so dictiren Sie!"

Er nahm einen Bogen Papier her und griff zur Feder. Müller dictirte folgende Zeilen:

„Ich gestehe hiermit ein, daß mein Fabrikdirector kein Selbstmörder ist, sondern von mir erschossen worden ist. Die Banknoten, welche er nach meiner Aussage mir unterschlagen haben soll, hat er mir fünf Minuten vor dem tödtlichen Schusse ausgezahlt.

Ortry, den 19. Mai 1870.

Albin Richemonte, Capitän."

Der Wortlaut dieses Eingeständnisses gefiel dem Capitän nicht. Er widersprach, er bat, er drohte; es half ihm nicht; der Deutsche beharrte eisern auf seinem Vorsatze. Endlich hatte er das Papier unterschrieben und untersiegelt in der Hand; da trat er zur Klingel und zog daran.

„Um Gotteswillen, was wollen Sie noch?" fragte der der Alte besorgt.

„Bleiben Sie ruhig," antwortete Müller. „Ich beabsichtige, nichts Ihnen Gefährliches."

Und als der Diener eintrat, befahl er:

„Der Herr Capitän läßt die gnädige Baronesse und Mademoiselle Nanon zu sich bitten."

„Aber was sollen denn diese?" fragte der Alte, als der Diener sich entfernt hatte.

„Sie sollen Ihre Unterschrift recognosciren," antwortete Müller. „Bei Ihnen muß man vorsichtig sein. Sie könnten sonst Alles ableugnen und für gefälscht erklären."

Der Capitän hätte den Deutschen erwürgen mögen, aber er mußte seine Wuth verbergen. Im Stillen aber gelobte er sich Rache.

„Ich werde ihn beobachten, wenn er nachher geht," dachte er. „Ich werde sehen, wo er das Papier verbirgt. Ich werde es mir holen und die Banknoten an einem anderen Ort verstecken; dann habe ich ihn überlistet, und er ist machtlos."

Er brachte bei diesem Entschlusse weder den Erdspiegel, oder, was ja ganz dasselbe war, die vorsichtige Klugheit Müller's in Rechnung.

Es dauerte gar nicht lange, so erschienen die beiden Damen, ganz begierig, zu wissen, was der so seltene Ruf zum Capitän bedeute. Sie waren erstaunt, Müller bei ihm zu sehen, und ihr Erstaunen wuchs, als dieser sie anredete:

„Mesdemoiselles, ich stehe im Begriffe, mir eine sehr große Gefälligkeit von Ihnen zu erbitten. Der Herr Capitän hat mir hier einen Revers ausgestellt, zu dessen Giltigkeit unbedingt erforderlich ist, daß zwei Personen bezeugen, daß Unterschrift, Siegel und Stempel wirklich von ihm stammen. Würden Sie die Gewogenheit haben, dies durch ein paar Worte und Ihre Unterschrift zu beurkunden."

„Gern!" sagte Marion bereitwillig. „Großpapa, Du hast das geschrieben, untersiegelt und gestempelt?"

„Ja," antwortete er, innerlich knirschend. „Aber Ihr Beiden dürft es nicht lesen!"

„Gut, so legen wir Etwas darauf!"

Sie bedeckte den Inhalt mit einem Papierblatte und schrieb dann zwei Zeilen. Als sie fertig war, schob sie die Schrift der Freundin hin. Diese unterzeichnete und nun las Marion vor:

„Wir haben geschrieben: „Daß diese Unterschrift nebst Stempel und Siegel in Wirklichkeit von der Hand meines Großvaters, des Capitäns Albin Richemonte, stammen, bescheinigen wir mit unserer Unterschrift. Marion de Sainte-Marie. Nanon Charbonnier." Ist es so richtig?"

„Ganz und gar," antwortete Müller, indem er sich verbeugte. „Nehmen Sie unseren herzlichsten Dank!"

Sie sahen, daß sie entlassen seien, dennoch aber fragte Marion den Deutschen:

„Ich hörte von Alexander, daß Sie mit uns nach Thionville fahren?"

„Ja; er hat mich, so zu sagen, zu dieser Tour gepreßt," antwortete er lächelnd.

„Uns ebenso, doch müssen wir dies schwere Leiden mit Geduld ertragen. Adieu!"

Als sie sich entfernt hatten, erhob sich der Alte und stand in der Ueberzeugung, daß er seinen Gegner doch noch betrügen werde, in stolzer Haltung da.

„Nun sind wir wohl fertig?" fragte er.

„Ja, obgleich ich eigentlich noch im Sinne hatte, dafür zu sorgen, daß die Banknoten nicht verschwinden, sondern als Beweis zurückbleiben. Allein sie sind nicht mehr nothwendig dazu. Ihre Unterschrift und diejenige der Damen genügen vollständig."

„So können Sie gehen!"

Er wendete sich in imponiren sollender Haltung ab. Müller aber blieb stehen und beobachtete ihn mit stillem Lächeln. Da wendete er sich rasch wieder um und fragte:

„Nun, ich denke, wir sind fertig!"

„Allerdings, nämlich bis auf eine kurze Bemerkung. Ich bin überzeugt, daß Sie mich noch immer zu niedrig taxiren. Ihre persönliche Haltung, Ihr so schnell veränderter Ton, sind eine Unvorsichtigkeit, denn sie lassen mich vermuthen, daß Sie noch immer glauben, mich zu überlisten. Ich weiß, in welcher Weise dies einzig nur geschehen kann: Sie werden durch ein gewisses, matt geschliffenes Glas beobachten, wohin ich das Papier lege und es mir dann stehlen. Sie werden ferner den Noten einen anderen Aufbewahrungsort geben; dann stehe ich macht- und beweislos Ihnen gegenüber, und Sie können mich wie einen Hund vom Hause jagen. Oder Sie machen es noch kürzer: Sie schießen mir eine Kugel durch den Kopf; das ist gründlich gehandelt. Da muß ich Ihnen nun leider sagen, daß Ich Ihnen Schach und Matt biete. Ich fahre nachher nach Thionville. Von da aus geht eine Estafette mit diesem Papiere nach meiner Heimath, wo dasselbe heilig aufbewahrt wird. Widerfährt mir bei Ihnen hier das geringste Leid, so wandert das Papier zum Staatsprocurator. Was dann folgt, das können Sie sich ausmalen, nachdem ich Sie jetzt verlassen habe. Adieu, Herr Capitän!"

Er ging, aber hinter sich vernahm er noch die vor Wuth förmlich herausgekeuchten Worte:

„Hole Dich der Teufel! Dieses Geschöpf des Satanas ist wahrhaftig allwissend!" —

Kurze Zeit später fuhren die beiden Wagen vom Schlosse ab nach Thionville, und Müller wurde wirklich von der Baronin eingeladen, in dem ihrigen Platz zu nehmen. —

Gegenüber von dem Hause, im welchem Doctor Bertrand sein Domicil aufgeschlagen hatte, befand sich ein Gasthof, welcher besonders von den Angehörigen des Mittelstandes besucht zu werden pflegte. Dort hatte der Zauberer Abu Hassan mit seiner Künstlertruppe Wohnung genommen.

Keiner von seinen Leuten wußte, woher der Chef eigentlich stammte, und Keiner kannte die Quellen, aus denen er schöpfte. Mochte die Einnahme eine noch so karge sein, Hassan hatte immer Geld, seine Mitglieder zu befriedigen.

Niemand ahnte, daß er dieses Leben nur gewählt hatte, weil es ihn überall im Lande herumführte und ihm reichliche Gelegenheit gab, Nachforschungen anzustellen, ohne dabei auffällig zu werden. Es galt der Entdeckung eines Geheimnisses, der Rache eines Verbrechens. Er hatte Jahre lang vergebens gesucht, hatte bereits die Hoffnung aufgeben wollen, und nun, nun stand er plötzlich vor dem Anfange des Endes.

Im kleinen Stübchen, welches an die große Gaststube stieß, saß Fritz Schneeberg bei einem Glase Wein. Neben ihm saß eine der Künstlerinnen. Sie hatte auf alle Fälle bereits dreißig Jahre zurückgelegt; ihr Gesicht predigte laut von übermäßig befriedigten Leidenschaften, doch hatten Puder und Schminke das Ihrige gethan, ihr ein möglichst anziehendes Aussehen zu geben. Sie war bereits für die Vorstellung in ein leichtes, durchsichtiges Flittergewand gekleidet. Das blaue, goldbeflimmerte Mieder ließ Hals, Nacken, Busen und Arme frei, und das Röckchen, kaum noch weiß von Farbe, bedeckte kaum die Oberschenkel und gab dem Blicke die starken, mit durchscheinenden Tricots bekleideten Beine zur ungeschmälerten Besichtigung. Trotz ihrer vollen, schweren Gestalt war sie die Seilkünstlerin der Truppe, und selbst der sonst so lobeskarge Director hatte ihren Leistungen stets nur seine Anerkennung zuertheilt.

Jetzt also saß sie neben dem Deutschen, verschlang dessen volle, kräftige Gestalt mit gierigen Augen und versuchte, den nackten Arm um seinen Arm zu legen, was ihr aber nicht gelang, da er sich bei allen diesen Bewegungen abweisend zurückbog.

„So komm doch her! Nur einen einzigen Kuß, Goldjunge!" bat sie ihn.

„Laß mich, Mädchen!" antwortete er. „Ein Schluck Wein ist mir lieber als tausend Küsse von Dir!"

„Oho!" zürnte sie. „Sehe ich denn etwa gar so widerwärtig aus?"

„Hm! Ich denke mir, den Wein hat noch Niemand getrunken, Du aber bist zehntausendmal geküßt worden. Das langt noch gar nicht zu. Und von wem?"

„Von wem, daß geht Dich nichts an! Jetzt sehe ich Dich, jetzt will ich Dich. Höre, ich bin den Männern stets gut gewesen; sie haben mich finden können, wo sie nur wollten, aber jetzt, jetzt habe ich Dich so lieb, daß ich der ganzen Männerwelt entsagen könnte um Deinetwillen."

„Entsage ihr ja nicht, denn mich kriegst Du nicht!" lachte er.

„Nicht? Warum? Hast Du etwa bereits eine Geliebte?"

„Leider nein!"

„Nun, warum sperrst Du Dich! Ich will Dich haben, und ich muß Dich haben! Ich bin so völlig vernarrt in Dich, daß ich mich gar nicht mehr kenne. Und außerdem siehst Du Jemandem aus meinen ersten Jugendjahren so täuschend ähnlich, daß es mir ist, als müsse ich an Dir gut machen, was ich als Kind an ihm verbrochen habe."

„Verbrochen? Wer war das?"

„Das geht Dich nichts an. Und dennoch erzähle ich es Dir, wenn Du mir einen Kuß giebst!"

„Ich mag es nicht erfahren!"

Bei solchen stark sinnlichen Naturen macht man sehr häufig die Erfahrung, daß sie sich gerade von Denen am Meisten angezogen fühlen, die von ihnen abgestoßen werden. So war es auch hier. Sie griff mit den Armen abermals nach ihm, er aber schob sie zurück. Das erweckte endlich doch ihren Zorn.

„Höre, Bursche, was bildest Du Dir ein!" rief sie. „Was bist Du denn? Ein Kräutermann, weiter nichts; Und ich bin eine viel gesuchte Künstlerin, an deren jeden Finger sich gern zehn Männer hängen."

„Oho, schneide nicht auf!"

„Aufschneiden? Ah, warum will mich denn der Bajazzo heirathen, he? Warum macht er mir das Leben so schwer? Warum läßt er mir weder bei Tag noch bei Nacht Ruhe? Warum schwört er mir Rache, wenn ich seine Bewerbung zurückweise?"

„Nun, jedenfalls weil er sich auch an einem Deiner Finger aufhängen will!"

„Nein, nicht deshalb, sondern weil er weiß, daß er ein riesiges Geld mit mir verdienen kann. Die Männer und Burschen sind ja Alle ganz vernarrt in mich!"

„So hat dieser Bajazzo weder Liebe zu Dir noch irgend ein Ehrgefühl!"

„Das fällt ihm auch Beides gar nicht ein. Er ist ja eigentlich mein Stiefvater."

„Alle Teufel! Wie alt ist er denn?"

„Weit in die Fünfzig. Meine Mutter, seine zweite Frau, ist früh gestorben, und von dieser Zeit an hat er mich in der Welt herumgeschleppt. Als ich Kind war, hat er meine kleine Gage stets in seine Tasche gesteckt; als ich größer und klüger wurde, hielt ich meine eigene Kasse. Das will er ändern. Ich soll seine Frau werden, damit er es wieder machen kann wie früher. Aber er bringt es nicht so weit, der Lüdrian, der Trunkenbold. Er säuft von Früh bis Abend, so daß es ein wahres Wunder ist, daß er den Hals noch nicht gebrochen hat. Lieb wäre mir das. Doch lassen wir ihn! Komm' her, Schatz, Du bist mir lieber als alle, alle Anderen!"

Sie wollte ihn fassen; er schob sie zurück. Das verdoppelte ihre Begierde. Sie stand auf, um mehr Kraft anwenden zu können.

„Du willst nicht?" fragte sie. „Wirklich nicht? Nun, so will ich Dir zeigen, daß ich mir nehme, was ich nicht freiwillig bekomme."

Sie warf sich auf ihn mit der ganzen Kraft ihres schweren Körpers. Sie umfaßte ihn mit aller Anstrengung ihrer geübten Muskeln. Er wehrte sich. Sie achtete nicht darauf, daß ihr beim Ringen das Mieder zerriß, und daß das leichte Röckchen an der Ecke des Tisches vollständig Schiffbruch nahm, so daß sie nun fast ganz entkleidet auf ihm lag.

Aber Fritz war ein kräftiger Patron. Er faßte sie bei den Ellenbogen, daß ihr die Gelenke knackten; er schob sie von sich ab. Sie hatte sich an seiner Brust festgegriffen und wollte nicht loslassen.

„Packe Dich, Dirne!" rief er endlich zornig. „Das ist kein Spaß mehr!"

Er gab ihr einen kräftigen Stoß, so daß sie rückwärts flog, aber in ihrer Faust blieb der vordere Theil seiner Blouse und des Hemdes hängen.

„Siehst Du, was Du anrichtest!" meinte er mit verdoppeltem Zorne. „Nun sehe ich aus wie ein Vagabund und kann nur gleich nach einer neuen Blouse laufen."

Sie aber hörte seine Worte gar nicht; sie stand fast steif vor ihm und starrte nach seinem Hals. Er bemerkte das und fragte:

„Was hast Du, daß Du mich so anstarrst?"

„Dieser Zahn, o, dieser Zahn! Zeig her, zeig her!"

Sie griff nach der Kette, zog den Zahn näher und betrachtete ihn mit funkelnden Augen.

„Was ist's mit dem Zahn?" fragte er.

„Er ist's, er ist's. Es ist der eine! Mensch, Du siehst ihm so ähnlich, dem die beiden Zwillingsknaben geraubt wurden, diese Aehnlichkeit ist mir sogleich aufgefallen; ich war ein achtjähriges Mädchen, und er war nicht viel älter als Du jetzt. Sage, woher hast Du diesen Zahn?"

Die Worte des Mädchens hatten ihn aufmerksam gemacht.

„Doch von meinen Eltern," antwortete er.

„Wer waren sie?"

„Das weiß ich nicht; ich bin ein Findelkind."

„Ein Findelkind!" schrie sie förmlich auf. „Wo hat man Dich gefunden?"

In der Nähe eines Dorfes bei Neidenburg in Ostpreußen," antwortete er, und richtete voller Erwartung seine Augen auf das erregte, vor ihm stehende Mädchen.

(Fortsetzung folgt.)

Die Liebe des Ulanen.
Original-Roman aus der Zeit des deutsch-französischen Krieges von Karl May.
(Fortsetzung.)

Fritz glaubte, dem Mädchen die Wahrheit sagen zu können. Nanon aber, so sehr er diese anbetete, hatte er gesagt, daß er zwischen den Bergen, also wohl in der Schweiz, gefunden worden sei, weil er in der Umgegend für einen Schweizer gehalten werden sollte.

„Bei Neidenburg!" jubelte das Mädchen. „Du bist's! Du bist's! O, nun kann ich Dich zwingen, mich lieb zu haben, denn ich weiß ein Geheimniß, welches mir nur Deine Liebe abkaufen kann. Willst Du mich lieb haben, lieb, sehr lieb? Antworte schnell!"

Sie stand vor ihm da im zerfetzten Röckchen, mit herunterhängendem Mieder; sie bemerkte es gar nicht, er aber sah es; er mußte es ja sehen, und es überkam ihm ein unwiderstehliches Grauen, ein Abscheu, ein Ekel vor diesem Geschöpfe.

„Was ist's für ein Geheimniß?" fragte er.

„Sage erst, ob Du mich lieben willst!" drängte sie.

„Nein!" antwortete er, sich abwendend.

„Nun, so will ich Dir sagen, wer Deine Eltern sind, wenn Du mir gehören willst!"

Schnell drehte er sich wieder zu ihr.

„Meine Eltern?" rief er. „Kennst Du sie?"

„Ja, ganz genau. Ihr waret zwei Zwillingsbrüder. Ihr wurdet geraubt, auf den Befehl eines hohen Herrn geraubt, der den Räuber reich belohnte. Später aber ginget Ihr verloren, Du bei Neidenburg und der Andere — ah, was schwatze ich da! Liebe will ich, Liebe, Liebe, Liebe! Dann sage ich Dir, wer Du bist. Willst Du heute Abend zu mir kommen?"

Sie stand vor ihm voll unverschämter Lüsternheit, ein weiblicher Faun.

„Nein," antwortete er, erröthend an ihrer Statt.

„Ich nenne Dir Deine Eltern!"

„Nein!" war seine feste, entschiedene Antwort.

Er dachte an Nanon, die Herrliche, Reine; er konnte unmöglich Ja sagen.

„Ich mache Dich zu einem Grafensohne," bat sie.

„Nein!"

„Nur einen Kuß, einen einzigen Kuß!"

„Auch keinen Kuß!"

Das erregte ihre Wuth.

„Verdammter Hartkopf!" drohte sie. „Willst Du denn mit aller Gewalt ein Kräutermann bleiben? Ich verlange einen Schundpreis für das, was ich Dir biete."

Da öffnete sich die Thür und der Bajazzo trat ein. Er erblickte seine Pflegetochter. Er sah ihr derangirtes Gewand, er sah die Blouse und die Weste Fritzens geöffnet. Seine Augen funkelten vor Wuth und er fragte:

„Was macht Ihr da, he? Soll ich Euch mit dem Stocke auseinander treiben? Jetzt eben schlägt es zwei Uhr und die Vorstellung soll anfangen. Wie siehst Du aus, Metze! Packe Dich sofort in die Garderobe! Und dieses Bürschchen da werde ich bei den Ohren nehmen und daran erinnern, daß es hier bei uns —"

Er hielt mitten im Satze inne. Sein Blick war auf die Kette und den Zahn gefallen. Er war betrunken, sogar sehr betrunken, aber er erbleichte dennoch. Ohne seine Schimpfreden fortzusetzen, drehte er sich um und verließ das Stübchen. Er sah so verwirrt und erschrocken aus wie einer, den die Nemesis beim Schopfe fassen will.

„Was war so plötzlich mit ihm?" fragte Fritz das Mädchen.

„Er sah diesen Zahn," antwortete sie. „Siehst Du, welche Wirkung dieser hat! Nach der Vorstellung sprechen wir weiter. Jetzt muß ich in die Garderobe. Aber so ist es, wenn die Liebe zu stark wird, zerreißen die Kleider. Also überlege es Dir, ob Du mich haben willst, wenn ich Dir eine Grafenkrone dafür gebe."

Sie ging und ließ ihn in größter Erregung zurück. Er stand vor der Lösung seines Geheimnisses, aber der Schlüssel stank vor Schmutz. Was sollte er thun? O, wenn er doch einmal mit Nanon reden könnte! Kam sie vielleicht zur Vorstellung? Dieselbe war ja auf allen umliegenden Ortschaften angemeldet worden. Aber nein; für die Bewohner von Schloß Ortry war dies kein Vergnügen.

Er ging, um sich eine andere Blouse zu kaufen, da er keine andere besaß, als die zerrissene.

Nicht weit vom Gasthause war ein Laden; dorthin ging er. Er fand, was er suchte, kaufte und bezahlte das Stück und zog es sogleich an, die alte dem Händler als Geschenk zurücklassend. Als er aus dem Laden trat, kamen soeben zwei Wagen herangerollt. Im ersten erblickte er Müller und im zweiten Nanon; für die Uebrigen hatte er keine Augen. Beide grüßten ihn freundlich, und nun nahm er sich vor, mit Nanon zu sprechen, wenn es nur irgend möglich zu machen sei.

Unterdessen war die Seilkünstlerin in die Garderobe getreten, welche im Hinterhause des Gasthofes lag. Alle anderen Künstler befanden sich bereits auf dem Platze, wo die Vorstellung gegeben werden sollte; nur der Hanswurst wartete auf sie.

Als sie eintrat, führte er gerade die fast geleerte Flasche an den Mund. Er trank sie aus und warf sie zu Boden, daß die Scherben umherflogen.

„Verdammte Liebelei mit diesem Burschen!" rief er. „Und wie habt Ihr Euch an einander herumgedrückt! Der ganze Anzug ist dabei zerrissen worden!"

„Geht das Dich etwas an?" fragte sie schnippisch, indem sie einen alten Kasten öffnete, um ein anderes Fähnchen herauszunehmen.

„Mich?" meinte er erbost. „Ja, mich am Allermeisten! Bin ich nicht Dein Vater, Dein Bräutigam?"

„Bräutigam!" lachte sie höhnisch. „Der sitzt drinnen im Stübchen."

„Der? Ah, der Lump, der Pflanzensucher!"

„Nein, sondern der Edelmann, der Grafensohn! Du hast ja den Zahn gesehen!"

„Den Zahn? Welchen Zahn? Den Teufel habe ich gesehen, aber keinen Zahn!"

„Lüge nicht!" gebot sie ihm, indem sie ganz nackt vor ihm stand und nun begann, sich anzukleiden. „Du hast ihn wohl gesehen. Du bist ja sofort ausgerissen."

„Willst Du schweigen, verfluchte Dirne!" rief er wüthend „Ich glaube gar, Du willst uns an den Galgen reden!"

„Mich nicht, aber Dich! Ich kann nicht bestraft werden. Ich mußte Dir gehorchen; ich habe nur Wache gestanden; ich war noch ein Kind. Ich bin ihm gut. Er muß mich wieder lieben, und ich mache ihn zum Grafen."

Diese Worte waren in einem höchst entschlossenen Tone gesprochen. Der Bajazzo stand dabei mit gläsernen Augen; der Teufel des Fusels blickte aus ihnen. Er knirschte die Zähne hörbar zusammen, erhob drohend die geballte Faust und fragte:

„Das willst Du? Willst Du das wirklich thun, he?"

„Ja, das thue ich!" antwortete sie, die Hände betheuernd zusammenschlagend.

„Oho, da bin ich auch noch da, ich, Dein Vater und Bräutigam. Ich habe das Recht, Dich zu züchtigen, und ich werde davon Gebrauch machen, verstehst Du mich?"

Er trat näher an sie heran. Sie gab ihm einen Stoß und rief:

„Packe Dich, Süffel, Du stinkst wie ein Faß!"

Der Stoß war zu stark gewesen; der Mann stürzte nieder. Aber mit der Elasticität eines Akrobaten war er wieder in die Höhe, und im gleichen Augenblicke brannte eine fürchterliche, schallende Ohrfeige in ihrem Gesicht. Sie stieß einen heiseren Wuthschrei aus und stürzte sich auf ihn. Er hielt ihr trotz seiner Trunkenheit scharf Stand, denn das Balgen gehörte zu seinem Handwerke. Sie rauften, schlugen, kratzten und bissen sich so lange in der engen Kammer, welche die Garderobe bildete, herum, bis ein Mitglied der Truppe erschien, und sie mit dem Bemerken auseinander riß, daß die Vorstellung bereits begonnen habe; der Director befehle, daß sie kommen sollten.

Der Bote entfernte sich sofort wieder. Die Seilkünstlerin kochte vor Wuth, er aber vor Wuth und Eifersucht.

„Warte nur," drohte sie ergrimmt; „das tränke ich Dir ein, Du Kinderräuber!"

„Ah, wirklich?" fragte er, zitternd vor Schnaps und Aufregung. „Wie denn, he?"

„Ich bringe Dich auf's Zuchthaus; dann bin ich Dich los." Und mit erhöhter, fast überschnappender Stimme fügte sie hinzu: „Warte nur die Vorstellung ab, dann kommt er; ich habe ihn bestellt. Ich sage ihm Alles, Alles, Alles! Dann hat er mich lieb, Du aber spinnst Wolle hinter Deinen Mauern!"

Er lachte höhnisch. Das brachte sie noch mehr auf.

„Du glaubst es nicht?" fragte sie. „Ich schwöre es Dir hiermit zu mit den heiligsten Eiden, daß er es nach der Vorstellung erfährt! Nun glaube es, oder nicht; mir ist es ganz und gar gleich; Dich aber bin ich dann glücklich los! Mache Dich gefaßt!"

Sie warf noch ein langes Tuch über, da sie durch einige Gassen gehen mußte, gab ihm einen letzten Stoß, daß er an die Wand taumelte, und eilte fort. Er starrte ihr nach, fast sinnverwirrt vor Wuth, Angst, Eifersucht und Schnaps.

„Sie thut es; sie thut es wirklich; der Teufel soll mich holen, wenn sie es nicht thut!" knirrschte er. Und die Faust drohend schüttelnd, murmelte er: „Aber noch giebt es ein Mittel dagegen. Ich habe es schon oft im Kopfe gehabt und nicht ausgeführt. Aber jetzt sehe ich, daß sie mich nicht will. Sie hält es mit Anderen, und mich schafft sie in's Zuchthaus. Gut, heute ist's genug; heute wird's gemacht. Der Teufel soll lieber sie haben als mich!"

Und in dem offenen Kasten herumwühlend, dachte er weiter:

„Ich habe sie oft gewarnt; ich brauche mir kein Gewissen zu machen. Da sind Kleider genug, die ich brauche, und dort steht die Kasse des Directors. Hahahaha! Mich in's Zuchthaus bringen! Wir wollen sehen, wer dieses Mal gewinnt!"

Als er sich Alles zurecht gelegt hatte, verließ er die Garderobe, zog den Schlüssel ab und steckte ihn in eine Mauerritze, da er in seinen Tricots keine Tasche hatte. Dann begab er sich nach dem Festplatze.

Dort befanden sich die Künstler bereits in voller Handlung.

Ein hohes Thurmseil weckte die gespannte Erwartung aller Zuschauer. Daneben waren mehrere tiefere Seile gezogen. Es gab ein Schwebereck und außerdem den ganzen equilibristischen Apparat, der bei solchen Schaustellungen gewöhnlich in Anwendung kommt. Zur ebenen Erde waren große Tücher ausgebreitet, auf denen die Lustigmacher ihre Späße zu treiben hatten. Die größte Aufmerksamkeit aber erregte ein hohes Gerüst, auf welchem Abu Hassan, der orientalische Zauberer, seine unbegreiflichen Künste produciren sollte. Das sollte den Glanz- und Schlußpunct der Vorstellung bilden.

Als der Bajazzo ankam, producirten sich einige der Künstler auf dem niedrigen Seile. Sodann folgte ein komisches Intermezzo, bei welchem er die Hauptrolle zu spielen hatte. Sie gelang ihm vortrefflich. Er mochte noch so sehr betrunken sein, während der „Arbeit" hatte der Spiritus keine Gewalt über ihn.

Nun folgte das erste Betreten des Thurmseiles. Die Künstlerin lehnte nachlässig an der Leiter, welche zur Höhe führte. Sie warf das Tuch ab und stieg empor. Droben lag die Balancirstange. Sie ergriff dieselbe und machte dem Publicum eine Verbeugung. Jetzt überzeugte sie sich vorher, ob auch die vom Hauptseile nach unten hängenden Halteseile scharf angezogen seien. An diesen Seilen standen ihre Collegen, unter ihnen auch der Bajazzo. Er hatte sich seinen Ort mit Absicht auserwählt. Gerade über ihm war die Stelle, an welcher sie sich frei niederzulegen pflegte. Sie streckte dann Arme und Beine von sich und balancirte die Stange auf der Stirn.

Jetzt schien Alles in bester Ordnung zu sein — sie betrat das Seil. Es begann in einer Höhe von vielleicht fünfzig Fuß und stieg dann bis über achtzig Fuß empor. Sie erklimmte diese Höhe sehr glücklich unter allerlei kühnen Abwechslungen in Schritt und Sprung. Dann schritt sie rückwärts wieder herab. Das Seil ging hier sehr steil empor; es war eine schwierige Partie; ein Fehltritt hätte sie zum Sturze in die Tiefe gebracht, aber es gelang.

Fast in der Mitte des Seiles angekommen, drehte sie sich mit einem verwegenen Sprunge um. Ein rauschender Applaus war zu hören. Sie ließ ihn verklingen und bedankte sich durch eine Verneigung. Dann kniete sie sich langsam nieder, gerade über dem Bajazzo, welcher das Halteseil mit aller Kraft anzog. Seine Augen glühten in einem wilden, teuflischen Entschlusse empor. Jetzt setzte sie sich rücklings auf das Seil und ließ sich dann langsam hintenüber sinken. Als sie, lang ausgestreckt, das Gleichgewicht gefunden hatte, hob sie das eine Ende der Stange auf die Stirn und begann zu balanciren. Sodann streckte sie zunächst die Arme und später die Beine empor, ohne daß die Stange oder sie aus dem Gleichgewicht gekommen wären. Dies erweckte einen dreifach lauteren Beifall als vorher.

Auf diesen Augenblick hatte der Bajazzo gewartet. Gedankenschnell sein Halteseil nachlassend und wieder anziehend, so daß es nur von einem scharfen und aufmerksamen Kennerauge bemerkt werden konnte, theilte er dem Hauptseile eine plötzliche, scharfe Erschütterung mit. Ein schriller Aufschrei der Künstlerin überschmetterte den Applaus des Publikums; die Stange neigte sich, erst langsam und dann schneller, und stürzte herab. Die Künstlerin versuchte, mit den Händen das Seil zu erhaschen — sie griff in die Luft, flog herab und schlug mit einem lauten, dumpfen Krach gerade neben dem Bajazzo auf die Erde nieder.

Dieser stand scheinbar wie vom Donner gerührt, den fürchterlichen Schrei, den tausend anwesende Menschen ausstießen, gar nicht beachtend; dann aber schlug er sich die Hände vor den Kopf und warf sich jammernd neben ihr nieder.

Zugleich aber legte sich eine Hand schwer auf seine Schulter. Es war die des Directors.

„Mörder!" rief dieser. „Ich habe es gesehen, es war Absicht. Ich lasse Dich festnehmen!"

Der Bajazzo that, als höre er dies gar nicht. Das Publicum drängte in Massen herbei und schob die Künstler auseinander. Dies benutzte der Mörder. Er ließ sich mit Absicht abdrängen und eilte dann mit dem Rufe „ein Arzt, ein Arzt!" davon.

Er erreichte ganz unangefochten den Gasthof, sprang über den Hof hinüber, zog den Schlüssel aus der Ritze, schloß auf und trat ein. Im Nu hatte er sich die Schminke abgewaschen, eben so schnell flogen ihm die zurechtgelegten Kleider auf den Leib. Dann stülpte er einen Hut auf, ergriff die Kasse und trat aus der Kammer. Er verschloß sie und schleuderte den Schlüssel in das nahe befindliche Jauchenfaß. Dies verschaffte ihm eine Frist, weiter fortzukommen.

Er war schlau genug, den Gasthof nicht durch den Eingang desselben zu verlassen. Er schlich sich in den Garten. Für ihn als Bajazzo war es ein Leichtes, sich mit der Kasse über den Zaun zu schwingen, und nun befand er sich auf einer Wiese im Freien. Er eilte über dieselbe hinüber und erreichte ein Gebüsch, welches ihn den Blicken seiner Verfolger entzog, und sprang sodann beflügelten Schrittes dem nicht sehr fern liegenden Walde zu.

Es hätte dieser Vorsicht und Eile gar nicht bedurft, denn auf Feld und Wiese befand sich heute kein Mensch, da Alles in der Stadt geblieben, oder nach derselben gegangen war, um der Vorstellung beizuwohnen, die nach der verlockenden Ankündigung eine noch nie dagewesene zu werden versprochen hatte.

Auf dem Festplatze war natürlich Alles in der fürchterlichsten Aufregung. Mit echt französischer Lebhaftigkeit und Rücksichtslosigkeit drängte sich Mensch an Mensch, Masse an Masse. Die drei Mann Stadtsergeanten konnten nichts dagegen thun.

Zahlreiche Angstrufe und Schreie ertönten, ausgestoßen von verletzten Menschen, bis endlich die Militärbesetzung ihre Schuldigkeit begriff, und nach und nach Ruhe stiftete und Ordnung in das Gewühle brachte.

Die Herrschaften von Ortry waren so klug gewesen, dem Rathe Müller's zu folgen. Sie hatten schleunigst die Wagen aufgesucht und die Stadt verlassen.

Noch immer lag die verunglückte Künstlerin auf derselben Stelle, auf welche sie niedergeschmettert war. Ein Haufe Volks umgab sie, und inmitten desselben knieten zwei Männer bei ihr, nämlich Doctor Bertrand und Fritz.

„Wie steht es?" fragte der Letztere.

„Schlecht, wie zu erwarten war," antwortete der Gefragte. „Wenn sie überhaupt zu sich kommt, so ist es nur, um sofort für ewig einzuschlafen. Bei einem Sturze aus solcher Höhe kann kein Mensch mit dem Leben davon kommen."

Kaum hatte er diese Worte ausgesprochen, so bewahrheiteten sie sich. Die Künstlerin bewegte leise den Kopf und schlug die Augen auf. Ihr starrer, verschleierter Blick fiel auf das ihr nahe Gesicht des Pflanzensammlers. Sie schien ihn doch zu erkennen, denn ihr Auge belebte sich, und ihre Züge machten eine nicht gelingende Anstrengung, ein freundliches Lächeln hervorzubringen. Dann bewegte sie ihre Lippen. Die beiden Männer hielten ihre Ohren näher hin und hörten deutlich die Worte:

„General — Kunz von Goldberg — Vater — Rauben lassen Graf — Jules Rallion — Cousin Hedwig — Bajazzo — bezahlt — ah!"

Sie konnte nicht weiter sprechen. Ein blutiger Schaum trat ihr vor den Mund; ihre Augen brachen; ein Zittern ging durch ihre zerschmetterten und gebrochenen Glieder; der eine Arm versuchte, sich noch einmal zu erheben, als ob er sich an Fritz anklammern wolle; er sank nieder — ein lautes, leiser werdendes Röcheln, und sie war todt, die noch vor einer Stunde in überstrotzender Lebenslust den Gesetzen weiblicher Anmuth und Sitte schreiend Hohn gesprochen hatte.

Damit waren auch die Umstehenden befriedigt. Die Tragödie war zum Abschluß gelangt. Sie entfernten sich und Keiner von ihnen betrauerte die Künstlerin, der vorhin noch Alle zugejubelt hatten.

„Was müssen die Worte und Namen zu bedeuten haben, welche sie vorhin ausgesprochen hat?" fragte Doctor Bertrand.

„Sie bezogen sich auf mich," antwortete Fritz.

„Ah, Sie kannten wohl das Mädchen?" fragte Doctor Bertrand.

„Nein, doch sprach ich vor der Vorstellung mit ihr im Gasthofe. Sie wollte mir nach derselben etwas Wichtiges mittheilen. Noch an der Schwelle des Todes hat sie sich an ihr Versprechen erinnert und es erfüllt, unvollständig zwar, aber doch immer so, daß ich zufrieden sein kann. Was wird mit ihrem Leichnam werden?"

„Er kommt in das Todtenhaus; das werde ich jetzt sofort selbst besorgen. Und sodann muß man mit dem Director Abu Hassan sprechen."

„Der wird im Gasthofe sein. Ich gehe hin, ihn zu suchen."

Als er den Gasthof erreichte, war der Director mit einigen seiner Mitglieder beschäftigt, die Thür zur Garderobe durch einen Schlosser öffnen zu lassen. Als dies geschehen war, zeigte es sich, daß die Tageskasse fehlte und mit ihr der gute Anzug eines der solidesten Künstler der Truppe.

„Der Bajazzo ist entflohen," sagte Hassan. „Er ist der Mörder; ich habe es gesehen. Er muß verfolgt werden; ich werde sogleich zur Mairie laufen."

Auch unserm Fritz war sehr viel daran gelegen, daß man des Flüchtigen habhaft werde. Doch wollte er nicht eher einen Schritt thun, als bis er mit Nanon und seinem Rittmeister gesprochen habe. Und bei diesem Gedanken fiel ihm die Leichengräberei ein, welche für den heutigen Tag festgesetzt war, und wozu er ja die Werkzeuge zu besorgen hatte.

Hierbei bot sich gerade Gelegenheit, mit Müller zu sprechen, und so beschloß er denn, schon im Voraus das Werkzeug hinauszuschaffen und in der Nähe des Grabes zu verstecken, um dann nach dem Schlosse zu gehen und Müller abzulauern. Auf dem Wege zum alten Thurme hatten sie dann Zeit, sich mit Fritzens Angelegenheit zu befassen, welcher Müller sicher seine ganze Theilnahme schenken würde.

Der Wirth des Gasthofes gab sehr gern zwei Hacken und zwei Schaufeln her. Fritz warf sie bereits zur Dämmerungszeit über den Rücken und wanderte hinaus nach dem Walde

Der Morgengruß.

von Ortry. Es war bereits dunkel geworden, als er diesen erreichte. Er versteckte das Werkzeug neben dem Grabe unter die Büsche und schritt sodann dem Schlosse entgegen.

Als er es erreichte, sah er in Müller's Zimmer Licht brennen. Es war noch lange Zeit bis Mitternacht, und so zog er sich eine Strecke zurück und setzte sich an einer Stelle nieder, an welcher er Müller's Fenster beobachten konnte.

So saß er und überflog mit seinem Auge die Front des Schlosses. Hinter welchem Fenster wohnte Nanon? Dachte sie nur den hundersten Theil an ihn, wie er an sie? Welch ein Unterschied zwischen ihr, der Reinen, und der Künstlerin, gerade wie zwischen Himmel und Hölle. Welches Glück, welche Seligkeit, die Liebe eines solchen Wesens zu erringen! Wäre doch auch ihm ein solches Glück bescheert! Wie wollte er es bewachen! Aber er, ein armer Unterofficier!

Da kamen ihm die Worte der Sterbenden wieder in den Sinn. Wie hatten sie gelautet? „General — Kunz von Goldberg — Vater — Rauben lassen Graf — Jules — Rallion — Cousin Hedwig — Bajazzo — bezahlt —"

Was hatten diese Worte zu bedeuten? Gab es einen General, welcher Kunz von Goldberg hieß? War er es, dem die beiden Knaben geraubt worden waren? Ja, es hatten ja unter dem Porträt in der Zahnhöhlung die Buchstaben K. v. G. gestanden. War Graf Jules Rallion es gewesen, welcher die Knaben hatte rauben lassen? War dieser Rallion der Cousin von Hedwig? Wer war diese Hedwig? War sie vielleicht die Frau des Generals? Es standen ja unter dem weiblichen Bilde die Buchstaben H. v. G. War der Bajazzo es gewesen, welcher die Knaben geraubt hatte? Von wem war er bezahlt worden? Von diesem Cousin, also von Graf Rallion? Das waren die Fragen, welche Fritz sich vorlegte.

Er sah ein, daß für ihn die Möglichkeit vorhanden sei, daß sein Leben von jetzt an eine ganz andere, ungeahnte Richtung nehmen könne. Am Meisten beschäftigte ihn der Umstand, daß ihm der Name „von Goldberg" nicht unbekannt war.

Sein Herr, der Rittmeister von Königsau, hatte einen Oheim, welcher diesen Namen trug, welcher sogar General war und Kunz hieß, wie Fritz sich besann. Die Generalin von Goldberg war die Schwester der Frau von Königsau. Der General hatte keine Kinder; das wußte Fritz ganz genau, und was die Generalin betraf, so hatte er sie zwar noch nie gesehen, aber es war ihm bekannt, daß sie stets in tiefer Trauer gehe.

Er nahm sich jetzt vor, seinem Herrn Alles zu erzählen. Er konnte von ihm den besten Aufschluß erhalten und wartete darum mit Ungeduld auf das Erscheinen desselben.

Müller saß indessen in seiner Stube und schrieb. Um nicht beobachtet werden zu können, hatte er ein dickes Papierblatt auf das Glas geklebt, durch welches der alte Capitän in das Zimmer zu blicken vermochte. Er ließ es dort auch kleben, als er fertig war, stieg dann zum Fenster hinaus, nachdem er sich umgekleidet hatte, kroch über das Dach hinüber und stieg am Blitzableiter hinab.

Fritz hatte ihn kommen sehen und empfing ihn, indem er leise herbeigeschlichen kam.

„Bist Du bereits lange hier?" fragte ihn sein Herr.

„Eine ziemliche Weile, Herr Doctor," antwortete der Diener. „Ich kam eher, weil ich glaubte, Ihnen Etwas mittheilen zu dürfen."

„Etwas Wichtiges für unsere Aufgabe?"

„Etwas Wichtiges? Ja, aber wohl nur für mich, Herr Doctor."

„Ah, so ist es eine persönliche Angelegenheit?"

„Ja, nichts Anderes."

„Nun, so wollen wir zunächst die Nähe des Schlosses verlassen, da mir natürlich daran liegen muß, unbemerkt zu bleiben. Hier, nimm aber diese Papiere. Sie gehören zu denen, welche Du über die Grenze zu schaffen hast. Und nun komm!"

Sie schritten mit einander rasch davon. Dann aber, als sie sich im Freien befanden und nun annehmen konnten, daß sie unbeachtet seien, sagte Müller:

„Nun kannst Du beginnen, lieber Fritz."

„Da muß ich vor allen Dingen bitten, mir nichts übel zu nehmen, Herr Doctor. Ehe ich zur Sache komme, möchte ich erst einige Fragen aussprechen, welche Verwandte von Ihnen betreffen."

„So frage einmal zu! Ich bin überzeugt, daß Du keine müssigen Fragen aussprichst."

„Das würde ich gar nicht wagen. Aber es sind hier Dinge passirt, welche eine Erkundigung nothwendig machen, die Ihnen vielleicht zudringlich erscheinen wird. Nicht wahr, der Herr General von Goldberg, Excellenz, ist Ihr Verwandter?"

„Allerdings. Er ist mein Oheim."

„Die Frau Generalin ist die Schwester Ihrer Frau Mutter?"

„Ja. War Dir dies noch nicht bekannt?"

„Nicht genau. Ich habe Sie ja stets nur in der Garnison bedient und bin mit Ihren Verwandten mehr als ersten Grades also nie in Berührung gekommen. Gestatten Sie mir die fernere Frage, ob der Herr General Kinder hat?"

„Nein."

„Er hat auch niemals welche gehabt?"

„O doch, nämlich ein Zwillingspaar, zwei Knaben; sie sind ihm aber auf eine höchst unbegreifliche Weise abhanden gekommen. Er glaubte an einen Raub und hat keine Anstrengung gescheut, das Dunkel aufzuklären, doch leider vergebens. Die Tante trägt sich seit jener Zeit nur schwarz, und auch der Onkel hält sich nicht nur von jedem Vergnügen fern, sondern er meidet auch allen Umgang, der nicht ein dienstlich nothwendiger ist."

Fritz schwieg eine Weile. Welche Perspective öffnete sich ihm da auf einmal! Er liebte seinen Herrn von ganzem Herzen; er hätte für ihn mit Freuden das Leben hingegeben, und nun gab es eine Möglichkeit, sein naher Verwandter zu sein! Dieses Schweigen dauerte Müller zu lange. Er fragte:

„Welchen Grund hast Du zu dieser Erkundigung?"

„O," antwortete der Gefragte stockend, „ich halte es für möglich, daß die verschwundenen Knaben sich wiederfinden, wenigstens einer von ihnen."

„Diese Möglichkeit ist natürlich vorhanden," meinte Müller, erstaunt über die Rede seines treuen Dieners. „Aber wie kommst gerade Du dazu, dies zu betonen?"

„Weil es mir scheint, als ob ich zufälliger Weise Etwas über einen der Knaben erfahren habe."

„Wirklich? Ist's wahr?" fragte Müller überrascht. „Das wäre nicht nur ein Glück, sondern geradezu ein Wunder zu nennen! Aber Du täuschest Dich. Wie sollte gerade Ortry der Ort sein, wo eine solche Nachricht zu bekommen wäre!

Zwar giebt es Umstände, Zufälle, Gottesschickungen, über welche man geradezu erstaunen muß. Ich habe gerade hier ein Beispiel davon erlebt. Du weißt, daß auch mein Vater vor Jahren spurlos verschollen ist; keine Nachforschung hat uns Nutzen gebracht, und hier in Ortry habe ich etwas erlauscht, was ganz geeignet ist, das erste Licht in dieses Dunkel zu werfen."

„Finden Sie eine Spur von dem Verschollenen, so will ich dies Ihnen von ganzem Herzen gönnen, Herr Doctor," sagte Fritz. „Außerordentlich wäre es allerdings, wenn gerade auch hier in Ortry eine Fährte sich öffnete, auf welcher die beiden gesuchten Knaben zu finden sind. Haben sie denn nicht ein Zeichen an sich gehabt, an welchem sie zu erkennen gewesen wären?"

„An ihrem Körper nicht; aber ihre Kleidchen sind gezeichnet gewesen, und am Halse hat jeder ein Kettchen gehabt mit einem Löwenzahn, in dessen Innerem sich die Miniaturbilder der Eltern befanden. Bei Zwillingen läßt sich nicht gut von einem Unterschiede des Alters sprechen, da dieser ja nur Minuten betragen kann, doch Einer ist doch immerhin der Aeltere; dieser hatte den rechten und der Andere, der Jüngere, den linken Reißzahn. Der Onkel war nämlich einmal in Algerien gewesen und hat dort einen außerordentlichen männlichen Löwen erlegt. Nebst dem Felle brachte er die beiden Reißzähne mit. Die Araber sind sehr abergläubisch. Sie sagen, ein Sohn werde ein starker und tapferer Mann, wenn man ihm einen Löwenzahn anhänge. Dieser Ansicht ist der Onkel gefolgt, freilich nicht aus Aberglauben, sondern einer unwillkürlichen Eingebung, einer Liebhaberei wegen. Es hat nicht ein Jeder das Glück, von sich sagen zu können, daß er den König der Thiere erlegt habe, und darum ist ein solcher Zahn für den Sohn eines Löwentödters ein werthvolles Andenken an den Muth des Vaters."

„Wo sind die beiden Knaben verloren gegangen?"

„In oder bei Neidenburg in Ostpreußen," antwortete Müller, fuhr aber rasch fort: „Alle Teufel, da fällt mir ja ein, daß Du aus jener Gegend bist! War es nicht ein Dorf bei Neidenburg im Regierungsbezirke Königsberg, wo Du geboren bist?"

„Ja, in Groß=Scharnau bei Neidenburg; aber ich bin dort nicht geboren, sondern gefunden worden."

„Wie? Was?" fragte Müller, erstaunt stehen bleibend. „Ah, richtig, Du hast keine Eltern!"

„Ich bin unter einem Berge von Schnee hervorgezogen worden; ich bin ein Findelkind, darum hat man mir ja den Namen Schneeberg gegeben."

„Ich besinne mich; Du hast mir dies ja bereits erzählt. Aber, um Gottes willen, Du willst doch nicht sagen, daß es zwischen Deiner Auffindung und dem Verluste jener Knaben irgend einen Zusammenhang giebt?"

„Vielleicht ist dieser Zusammenhang vorhanden, Herr Doctor. Eben darum habe ich Sie ja um Verzeihung gebeten, falls ich Ihnen zudringlich erscheinen sollte. Sie kennen mich, ich will kein Aufdringling sein; aber ich wäre ganz glücklich, wenn es mir gelänge, meine Eltern zu finden. Ob diese nun arm oder reich, bürgerlich oder vornehm sind, das ist mir ganz gleich, wenn nur die Sehnsucht, welche ich nach ihnen fühle, befriedigt wird."

„Aber, Mensch, Fritz, was redest Du da für dummes Zeug! Jeder Vater und jede Mutter wird froh sein, ein verlorenes Kind zu finden, ganz gleich, ob dieses Kind von armen oder wohlhabenden Leuten aufgenommen wurde. Ich weiß in diesem Augenblicke noch nicht, was Du sagen willst und was ich denken soll; aber woraus schließest Du, daß der erwähnte Zusammenhang stattfindet und vorhanden ist?"

„Weil ich einen Löwenzahn trage, und zwar den aus der rechten Kiefer."

„Großer Gott, ist's möglich? Er ist bei Dir gefunden worden?"

„Ja."

„Du hast ihn noch?"

„Ja; ich trage ihn hier am Halse."

„Und die Bilder sind darin?"

„Sie sind drin."

„Das hast Du gewußt und mir niemals gesagt!"

„O bitte, Herr Doctor, ich habe von den Bildern nichts gewußt, gar nichts; erst gestern hat mich Mademoiselle Nanon auf den Inhalt des Zahnes aufmerksam gemacht."

„Mademoiselle Nanon? Was weiß sie von dem Zahne?"

„Sie hat in Paris eine Dame gesehen, von welcher erzählt worden ist, daß sie stets in Trauer gehe, weil sie zwei Zwillingsknaben verloren und nicht wiedergefunden habe; ein jeder der Knaben hat an einer dünnen, goldenen Kette einen Löwenzahn getragen. Gestern traf ich sie im Walde. Meine Blouse hatte sich geöffnet und der Zahn hing hervor. Sie erblickte ihn und besann sich sofort auf jene Dame. Als sie hörte, daß ich ein Findling sei, nahm sie sofort an, daß ich einer der beiden Knaben sein müsse. Sie besah sich den Zahn genauer, und da fand es sich, daß er aus der Grafenkrone, in welche er gefaßt ist, herausgeschraubt werden könne. Als sie dies versuchte, gelang es ihr, und nun entdeckten wir die beiden Miniaturporträts."

„Hat sie die fremde Dame gekannt?"

„Nein. Aber sie hat mir versprochen, sich sogleich zu erkundigen, wer sie gewesen ist. Ich glaube, daß sie bereits heute deshalb nach Paris geschrieben hat."

„Ja, die Tante ist zuweilen in Paris; das stimmt. Es giebt Verhältnisse, welche ihre Anwesenheit dort zuweilen nöthig machen. Bei einer solchen Anwesenheit mag es möglich sein, daß sie von Nanon gesehen worden ist. Stimmte denn das Bild mit der Dame?"

„Ja. Mademoiselle erkannte sie sofort."

„Nun, dann ist es nicht nothwendig, nach Paris zu schreiben. Fritz, Fritz, Du weißt, daß ich große Stücke auf Dich halte! Wenn Du mein Cousin wärest!"

Er trat nahe an ihn heran und faßte seine Hände.

„O, Herr Doctor," meinte der Diener ganz bescheiden, „in einer Beziehung möchte es mir fast leid thun, zu hören, daß meine Eltern vornehme Leute sind, denn ich versichere —"

„Halt, dummes Zeug!" unterbrach ihn Müller. „Ich weiß, was Du sagen willst, und ich verstehe Dich; aber Du bist wenigstens gerade so viel werth als irgend ein Junker oder Edelmann. Sollte sich einer meiner beiden Cousins wirklich wieder finden, so ist es mir doch lieber, Du bist es, als daß es ein Anderer ist. Du kannst also den Zahn öffnen?"

„Ja."

„Thue es. Ich werde ein Zündholz anbrennen."

Er strich ein Zündholz an, steckte damit das Licht seiner Laterne in Brand und beleuchtete damit die Porträts, welche Fritz ihm zeigte.

„Es ist kein Zweifel, sie sind es!" sagte Müller. „Es ist Onkel und Tante, der General und die Generalin. Mensch, Du bist wahrhaftig mein Vetter. Komm' her; laß Dich umarmen!"

Er blies aus Vorsicht die Laterne aus, steckte sie wieder in die Tasche und streckte dann die Arme aus, um den Diener an sich zu ziehen. Dieser jedoch trat einen Schritt zurück und sagte:

„Halt, Herr Doctor, warten wir noch! Der Zahn ist zwar recognoscirt, aber es fragt sich doch sehr, ob ich der richtige Findling bin. Der Zahn erklärt und beweist noch nicht genug, obgleich ich dem General, wie er damals gewesen ist, sehr ähnlich sehen muß, da die Seiltänzerin diese Aehnlichkeit sofort erkannte."

„Die Seiltänzerin? Welche?"

„Die heute verunglückt ist?"

„Ah, wieder ein Räthsel!"

„Ja, und zwar ein ganz außerordentliches. Ich glaube nämlich fast, daß einer der Clowns, einer der Hanswürste, es ist, der mich geraubt hat, mich und den Zwillingsbruder."

„Geraubt sollst Du worden sein? Also nicht verloren gegangen? Alle Teufel, das wird ja interessanter. Und davon hat Dir hier in Frankreich eine Seiltänzerin erzählt? Das klingt ja gerade wie in einem Romane! Erzähle mir das von der Seiltänzerin!"

Fritz berichtete ihm Alles, was geschehen war. Als er geendet hatte, meinte Müller:

„Nun giebt es für mich keinen Zweifel mehr! Du bist mein Vetter, und ich werde Dich von jetzt an als solchen betrachten, obgleich wir uns im Interesse unserer Aufgabe vor Anderen nicht kennen dürfen. Es gilt vor allen Dingen, des entflohenen Seiltänzers habhaft zu werden. Dafür laß mich sorgen. Ich werde die geeigneten Schritte thun. Bis dahin aber wollen wir das tiefste Stillschweigen beobachten. Nur der Entflohene kann Auskunft geben, und ehe wir ihn nicht haben, läßt es sich schwierig beweisen, daß Du der richtige Sohn des Generales bist."

„Das ist ja auch meine Meinung," sagte Fritz. „Der Zahn kann verwechselt worden sein, oder durch irgend einen Zufall an den Hals eines ganz anderen Kindes gekommen sein. Ich bitte Sie, zu thun, was Ihnen beliebt. Ich weiß, daß ich mich auf Sie verlassen kann."

„Ja, das kannst Du, mein braver Fritz. Hier meine Hand. Ich verspreche Dir, mich so zu bemühen und ganz so zu handeln, als ob ich selbst der Findling sei! Nun aber laß uns eilen, an das Grab zu kommen. Wir haben jetzt gezaudert, und dieser Hassan wird wohl bereits auf uns warten."

„Sollte von ihm nichts über diesen Clown zu erfahren sein?"

„Diese Frage legte auch ich mir soeben vor. Wir werden sehen, ob er Etwas weiß, was wir gebrauchen können. Jetzt komm!"

Sie hatten schon längst den Wald erreicht, auf dessen Hauptwege sie bisher langsam dahingeschritten waren. Jetzt beeilten sie sich nun und bogen in einen schmalen Richtweg ein, der sie rascher in die Nähe des Zieles führte.

Als sie dort anlangten, erhob sich hinter einem Steine eine dunkle Gestalt.

„Wer ist es, der hier kommt?" fragte sie.

Müller erkannte sofort die Stimme des Zauberers und sagte:

„Abu Hassan, Deine Freunde sind es."

„Gut, ich dachte bereits, daß Ihr das Wort vergessen hättet, auf welches ich mich verlassen habe. Aber nennt hier meinen Namen nicht wieder. Man muß bei einem Werke, wie das unserige es ist, sehr vorsichtig sein. Habt Ihr Werkzeuge mitgebracht?"

„Ja; sie liegen in der Nähe," antwortete Fritz.

„So hole sie, damit wir beginnen können. Eine Laterne habe ich selbst bei mir."

Fritz brachte die Hacken und Schaufeln herbei, und dann wurden die Laternen angebrannt. Ihr schwacher Schein fiel auf die Hügel und den dahinter emporragenden Felsen. Es wehte ein leiser Lufthauch, in welchem die Lichter zu fackeln begannen. Dadurch schien es, als ob die Felsen und Bäume der Umgebung Leben empfangen hätten. Die dunklen Schatten und die hellen Reflexe bewegten sich und zuckten durch einander. Die Sträucher nahmen phantastische Gestalten an, welche drohend ihre Arme erhoben, und zornig über die Verwegenheit der drei Männer die Köpfe schüttelten. Es hätte nicht ein Jeder dazu gepaßt, zur Mitternachtszeit in der Tiefe des Waldes, in der Nähe eines so verrufenen Gemäuers, wie der alte Thurm es war, ein Grab zu öffnen, um die Gebeine einer Leiche zu entführen.

„Ich hoffe, man soll nicht bemerken, daß das Grab geöffnet worden ist?" fragte Müller.

„Kein Mensch soll es erfahren," antwortete Hassan in seinem südlichen Dialecte.

„So wird unsere Mühe eine doppelte sein. Wir müssen den Rasen des Hügels vorsichtig abstechen, um ihn wieder anlegen zu können. Und ferner müssen wir alle Erdkrumen und alle Spuren entfernen, welche unser Werk verrathen könnten."

Sie begannen.

Zunächst wurde der Rasen vorsichtig abgehoben und zur Seite gelegt und dann das Land des Hügels entfernt. Sie schaufelten es auf eine breite Felsenfläche, welche in der Nähe lag und keine Spur von Vegetation trug. Dann erst ging es über das eigentliche Grab her. Sie arbeiteten mit aller Anstrengung, um so bald wie möglich fertig zu werden; aber dennoch währte es fast zwei Stunden, bevor sie in die Tiefe gelangten, in welcher auf Kirchhöfen die Särge zu stehen pflegen. Nun gebrauchten sie die Hacken mit größerer Behutsamkeit, bis endlich ein dumpfer Ton anzeigte, daß sie den Sarg getroffen hatten.

Bald sahen sie das entfärbte, aber noch wohl erhaltene und feste Holz desselben emporblicken. Sie schaufelten die Erde rund um den Sarg hinweg und versuchten sodann, denselben heraufzuheben.

„Lassen wir ihn unten," meinte Müller. „Es genügt ja, ihn zu öffnen."

Hassan stimmte bei. Und nun zeigte es sich, daß der Sarg sehr fest zugeschraubt war. Ein Taschenmesser diente als Schraubenzieher, ein mangelhaftes Instrument, aber es genügte doch. Endlich gab der Deckel nach. Müller stand unten, und die beiden anderen Männer leuchteten ihm mit den beiden Laternen von oben herab.

Er befand sich vielleicht in einer eben so großen Erwartung wie Hassan selbst. Er hatte ja vermuthet, es war ihm fast zur Gewißheit geworden, daß der Sarg leer sei. Aber dagegen sprach doch die Schwere desselben.

„Den Deckel auf!" sagte Hassan.

Müller folgte diesem Gebote. Er faßte den Deckel beim Kopfende an und hob ihn empor. Sechs Augen blickten mit gespannter Erwartung nieder. Sie sahen keine Gebeine, sie erblickten halb verfaulte Sägespäne und Steine, mit denen der Sarg gefüllt war.

„Allah akbar — Gott ist groß!" rief Hassan erstaunt. „Was ist das?"

„Ein Betrug, ein großartiger Betrug!" antwortete Fritz. „Die Baronin ist gar nicht begraben worden!"

Müller lehnte den Deckel an die schmale Wand des Grabes, bog sich nieder und wühlte mit den Händen unter die Steine.

„Ich fühle den Boden," sagte er; es ist nichts darin als Sägespäne und Steine."

„So hat man ein Blendwerk getrieben mit Liama, der Tochter unserer Zelte," sagte Hassan grimmig. „Meine Augen sehen das Verbrechen, und meine Blicke erkennen die Täuschung. Ich schwöre bei Allah, dem allmächtigen und allwissenden Gotte, daß —"

Er hielt erschrocken inne. Ein mächtiger Donnerschlag erschütterte die Erde, und ein blendender Blitz durchzuckte die Nacht mehrere Secunden lang. Die Augen der drei Männer waren von der Helligkeit derselben fast geblendet, und als die Umgebung wieder im Dunkel lag, sahen sie eine hohe, weiße Frauengestalt zu Häupten des Grabes stehen. Sie war tief verschleiert und fragte mit strenger Stimme:

„Wen sucht Ihr hier?"

„Wir suchen Liama, die Tochter der Beni Arab!" antwortete Hassan, indem ihm ein Schauder durch die Glieder ging.

„Sie ist nicht hier; sie ist todt," antwortete die Gestalt.

Müller hatte sich wieder vollständig gefaßt. Er antwortete:

„Du sagst, daß sie todt sei; aber ihre Gebeine sind nicht im Sarge. Wo liegt sie begraben?"

„Sie ist zu Erde und Stein geworden, von dem sie genommen ist. Laßt sie ruhen, sonst wird Euch der Fluch Allah's treffen!"

Sie erhob gebieterisch den Arm und machte eine Bewegung, als ob sie sich zurückziehen wolle. Da aber faßte Müller den Rand des Grabes mit beiden Händen, schwang sich hinauf und rief:

„Sie ist nicht zu Erde geworden, sie ist noch Fleisch und Blut, sie lebt; ich werde es Dir sogleich beweisen!"

Er streckte den Arm nach ihr aus, um sie zu fassen, aber in demselben Augenblick zuckten hundert Blitze um das Grab herum; ein fürchterlicher Donner erscholl und unzählige Flammen entsprühten dem Erdboden und fuhren wie in allen Farben glänzende Schlangen durch die Luft. Müller war vollständig geblendet.

„Der Scheitan (Teufel) ist da! Flieht, sonst seid Ihr verloren!"

Diese Worte rief Hassan, dann warf er die Laterne weg und verschwand zwischen den Bäumen des Waldes. Die beiden Anderen blieben stehen. Es war wieder still und dunkel geworden; die weibliche Gestalt war verschwunden.

„Was war das?" flüsterte Fritz.

„Glaubst Du an Gespenster?" antwortete Müller.

„Fällt mir nicht ein, meinte der wackere Ulanenwachtmeister.

„Nun, so mußt Du doch gesehen haben, was es war!"

„Sie meinen Pulver, Colophonium und Bärlappsamen?"

„Ja. Das waren künstliche Blitze, und auch der Donner war imitirt. Der echte Donner rollt; dieser aber bestand aus einzelnen Schlägen. Ich glaube, man hat einige Kanonenschläge angebrannt, das ist Alles."

„Was thun wir nun? Füllen wir das Grab wieder zu?"

„Nein. Man weiß, daß wir hier sind; man beobachtet uns. Vielleicht hat man uns noch gar nicht erkannt; dies würde aber sicher geschehen, wenn wir länger hier blieben. Lassen wir die Arbeit, das Grab zuzuschütten, denen über, welche es so gut verstehen, ein Feuerwerk abzubrennen. Ich weiß etwas Besseres, was wir thun können. Komm!"

Diese kurze Unterhaltung war so leise geführt, daß man sie in nächster Nähe nicht hätte verstehen können. Müller machte den Schieber seiner Laterne zu und steckte sie ein. Dann faßte er Fritz beim Arme und zog ihn fort. Als sie eine genügende Strecke zurückgelegt hatten, blieb er stehen und flüsterte:

„Hassan ist ein abergläubischer Mohammedaner; er ist fortgelaufen. Wir aber sind Christen und außerdem Soldaten; wir lassen uns nicht in's Bockshorn jagen. Wir kehren jetzt leise und unbemerkt zum Grabe zurück und beobachten, was da geschehen wird."

Sie schlugen einen Umweg ein und schlichen sich nun von der anderen Seite auf das Grab zu, so vorsichtig, daß man ihr Nahen gar nicht bemerken konnte.

4. Eine Kriegskasse.

Der freundliche Leser mag verzeihen, daß er jetzt aus dem Jahre 1870 ganz plötzlich um volle fünfundfünfzig Jahre in das Jahr 1814 zurückgeführt wird!

Es ist mit den Völkern ganz so wie mit dem einzelnen Menschen. Wer die Errungenschaften und Enttäuschungen, die Erfolge und Verluste des Alters verstehen will, der muß zur Jugendzeit zurückkehren. Ein Tag wächst aus dem anderen, ein Jahrhundert aus dem vorhergehenden heraus. Thaten und Ereignisse, die sich scheinbar nicht begreifen lassen, schlagen ihre verborgenen Wurzeln in die Vergangenheit. Und so wird auch Manches, was auf Ortry jetzt geschehen ist, und Vieles, was noch geschehen wird, nur dann verstanden werden, wenn der Vorhang zurückgezogen wird, hinter welchem die verflossenen Jahre im Dunkel liegen. —

Also es war im Jahre 1814. Napoleon der Erste war besiegt und bereits nach seinem Verbannungsorte, der Insel Elba unterwegs. Am 31. März waren die Verbündeten in Paris eingezogen, an ihrer Spitze die Herrscher Oesterreichs, Rußlands und Preußens. Einer aber, der zu dem Siege der vereinigten Waffen wohl das Meiste beigetragen hatte, saß auf dem Montmartre und konnte nicht mit theilnehmen; das war der alte Blücher.

Der greise Feldmarschall „Vorwärts" litt am Fieber und einer peinlichen Augenentzündung. Noch die Schlacht von Paris hatte er geleitet, mit dem Schirme eines grünseidenen Damenhutes vor den Augen. Als der Einzug begann, zeigte er sich auch, hoch zu Roß und den grünen Schirm unter dem Generalshute; aber es gelang den Bitten Gneisenaus und des Generalchirurgus Dr. Völzke, ihn zum Zurückbleiben zu bewegen.

Bald aber erlaubte ihm eine Besserung seines Zustandes, in

der Stadt zu wohnen, und so bezog er das Palais des Herzogs von Otranto in der Rue Cerutti. Von hier aus spazierte er täglich in der Stadt herum, um die Sehenswürdigkeiten derselben kennen zu lernen. Am Liebsten ging er im Garten oder unter den Laubengängen des Palais Royal umher, den einfachen, bürgerlichen Ueberrock an und die unvermeidliche Pfeife im Mund. Oft saß er bei dem Gastwirthe Very in den Tuilerien, trank Kaffee mit Milch oder ein Warmbier und zog ganz gemüthlich den Rock aus, wenn es ihm zu warm wurde.

In diesem Locale saßen eines Nachmittags mehrere Herren beim L'Hombre. Ihrer Aussprache nach mußten sie geborene Franzosen sein, und ihre Haltung verrieth, daß man sie als Angehörige des Militärstandes betrachten müsse.

An einem in der Nähe stehenden Tische saß ein junger Mann in Civil, welcher sich den Anschein gab, als ob er völlig theilnahmslos sei, trotzdem aber jedes Wort der Unterhaltung vernahm, welche in den Zwischenpausen des Spieles geführt wurde.

Da öffnete sich die Thür, und es trat ein alter Herr ein, der einen sehr einfachen Anzug trug und nach einem kurzen Gruße an einem der vorderen Tische Platz nahm. Er bestellte sich eine Tasse Warmbier und war, als er sie erhalten hatte, so mit ihr beschäftigt, daß er sich um die anderen Anwesenden gar nicht kümmerte. Der Kopf dieses alten Herrn war herrlich geformt, hatte eine prächtige Stirn, eine starke, gekrümmte Nase, dunkel geröthete Wangen und einen feinen Mund, welcher von einem dichten, herabhängenden Schnurrbart beschattet wurde. Zu dem wohlgeformten Kinn paßten die tüchtig ausgearbeiteten Züge und das hellblaue Auge, dessen Blick eine treuherzige Sanftheit besaß, aber auch die Fähigkeit zu besitzen schien, scharf und stechend zu werden.

Der Mann verlangte noch eine Tasse und dann abermals eine. Draußen schien die Sonne heiß hernieder; im Raume des Gastzimmers war es schwül, und so durfte man sich nicht darüber wundern, daß es dem Alten bei dem dampfenden Warmbiere etwas zu warm wurde. Er machte gar keine Umstände, sondern zog seinen Rock aus, hing denselben an die Wand und saß nun hemdärmelig da, als ob dies hier in Paris etwas ganz und gar nichts Außergewöhnliches sei. Die Herren Franzosen aber, welche diese Nachlässigkeit bemerkten, schienen anders zu denken, denn einer von ihnen meinte:

„Wer mag dieser Mensch sein? Geht man denn darum aus, um mit der Hefe des Volkes in einem und demselben Locale zu sitzen!"

Sein Nachbar nickte und erklärte:

„Ein Franzose ist er auf keinen Fall. Ein solcher wird es niemals wagen, die Regeln des Anstandes und der guten Sitte in einer solchen Weise zu verletzen. Ich halte ihn vielmehr für einen Deutschen. Diese Barbaren werden niemals lernen, höflich zu sein. Ihre Kriegsführung ist eine vandalische; ihre Vergnügungen sind roh, und alle ihre Gewohnheiten stoßen ab. Seht Euch nur diesen Menschen an! Er ist ein Bauer, ein ungezogener Kohlenbrenner, dem man die Thür zeigen müßte!"

„Warum thun wir das nicht?" fragte der Dritte. „Warum befehlen wir dem Kellner nicht, diesem Flegel eine Ohrfeige zu geben und ihn dann hinauszuwerfen? Die Deutschen sind Hunde, welche Prügel erhalten müssen!"

Da erhob sich der junge Mann, welcher am Nebentische saß, trat herbei und sagte:

„Messieurs, erlauben Sie, daß ich mich Ihnen vorstelle! Mein Name ist Hugo von Königsau, Lieutenant im Dienste Seiner Majestät des Königs von Preußen. Der Herr, von welchem Sie soeben gesprochen haben, ist Seine Excellenz Feldmarschall von Blücher. Ich erwarte, daß Sie Alles das, was Sie von ihm und dann von den Deutschen im Allgemeinen sagten, hiermit widerrufen!"

Die Leute schienen doch ein Wenig zu erschrecken, als sie hörten, daß der von ihnen Beschimpfte der berühmte Marschall sei, vor dem sogar der Stern des großen Napoleon hatte erbleichen müssen. Nur der, welcher zuletzt gesprochen hatte, schien sich nicht werfen lassen zu wollen. Er erhob sich von seinem Stuhle, stellte sich dem Deutschen in drohender Haltung gegenüber und antwortete:

„Monsieur, wir haben ganz und gar nicht den Wunsch geäußert, Ihre Bekanntschaft zu machen; es ist also eine unverzeihliche Zudringlichkeit von Ihnen, sich uns vorzustellen, eine Zudringlichkeit, welche ganz und gar rechtfertigt, was wir von den Deutschen gesagt haben. Was jenen Herrn betrifft, so ist es ganz und gar gleich, ob sich ein Feldmarschall oder ein Schifferweib ungezogen beträgt. Wir nehmen nicht einen Buchstaben von den Worten zurück, welche wir ausgesprochen haben!"

„So darf ich wohl um Ihren Namen bitten, Monsieur?" fragte der Deutsche.

„Ich brauche mich seiner nicht zu schämen. Ich bin Albin Richemonte, Capitän der kaiserlichen Garde."

Der Deutsche verbeugte sich höflich und sagte:

„Sie widerrufen also nicht, Herr Capitän?"

„Nein, kein Wort, keine Silbe, keinen Laut!" antwortete der Franzose stolz.

Er hatte bemerkt, daß Blücher der Unterhaltung aufmerksam folgte, trotzdem er sich den Anschein gab, als ob er gar nichts höre.

„Sie erklären also den Feldmarschall wirklich für einen Flegel und die Deutschen für Hunde, welche Prügel erhalten müssen?" fragte Königsau weiter.

„Allerdings," antwortete Richemonte mit frechem Lachen.

„So werden Sie mir gestatten, Ihnen meinen Secundanten zu senden!"

„Ah pah! Ich schlage mich mit keinem Deutschen!" meinte der Andere verächtlich.

„Wirklich nicht? Das ist ebenso feig wie niederträchtig! Wenn Sie meinen, daß wir Deutschen Hiebe haben müssen, so haben umgekehrt doch gerade jetzt die Franzosen ganz fürchterliche Prügel empfangen. Da Sie dies aber nicht zu wissen, oder wenigstens zu beherzigen scheinen, so sollen Sie hiermit noch nachträglich das empfangen, was nicht uns, sondern Ihnen gehört!"

Er holte aus und versetzte dem Franzosen eine ganz gewaltige Ohrfeige, welcher so schnell eine zweite, dritte und noch mehrere folgten, daß der Geschlagene gar nicht Zeit fand, an eine Gegenwehr zu denken. Die Anderen waren über diese Züchtigung und über die Schnelligkeit und Kraft, mit welcher sie verabreicht wurde, so erstarrt, daß es ihnen gar nicht beikam, ein Glied zu rühren.

Endlich ließ Königsau von dem Franzosen ab. Erst jetzt kam dieser zur Besinnung des Ungeheuerlichen, was mit ihm geschehen war. Er fuhr mit der Hand nach seiner linken Seite, wo sich der Degengriff zu befinden pflegt; da er aber in Civil war und keine Waffe trug, so zog er die Hand wieder zurück, ballte sie und warf sich auf den Deutschen mit den Worten:

„Hund, Du hast mich nur überrascht! Jetzt aber gilt es Dein Leben!"

Er holte aus, empfing aber in diesem Augenblicke von Königsau einen so gewaltigen Faustschlag in das Gesicht, daß er zurücktaumelte und niederstürzte.

Es waren noch mehrere Gäste da, meist Deutsche, welche hier verkehrten, weil sie da den Helden Blücher zu sehen bekamen. Auch ihnen war der blitzschnelle Angriff Königsau's überraschend gekommen; jetzt aber eilten sie herbei, um ihm nöthigenfalls beizustehen. Der Wirth jedoch kam ihnen zuvor. Er erkannte das Gefährliche seiner Lage, die Deutschen waren Sieger; er durfte sie, welche jetzt in Paris die Oberhand hatten, nicht beleidigt lassen; daher nahm er mit seinen Leuten den Capitän der alten Garde in die Mitte und drängte ihn aus dem Gastzimmer in das danebenliegende Privatzimmer hinaus, wo man den Gezüchtigten noch lange toben hörte.

(Fortsetzung folgt.)

Illustrirte Unterhaltungs-Bibliothek für Familien aller Stände.
Druck und Verlag von H. G. Münchmeyer in Dresden und New-York.

Die Liebe des Ulanen.
Original-Roman aus der Zeit des deutsch-französischen Krieges von Karl May.
(Fortsetzung.)

Nach all' den erzählten Vorfällen stand endlich Blücher auf, trat zu Königsau heran, klopfte ihm auf die Achsel und sagte in höchst wohlwollendem Tone:

„Das hast Du sehr gut und brav gemacht, mein Sohn! Wer keine Genugthuung geben will, der muß Keile kriegen, und die hat es gesetzt, ganz gewaltig. Ich hatte auch gehört, was diese Hallunken sagten, und ich hätte ihnen weiß Gott ein Tüchtiges über den Schnabel gehauen, wenn Du mir nicht zuvorgekommen wärest. Wie ist Dein Name, mein Sohn?"

Der Lieutenant wunderte sich nicht über die kernige Redeweise des Marschalls; man war sie von ihm gewohnt; auch wußte man, daß er, wenn er sich in guter Stimmung befand, selbst hohe Stabsofficiere mit „Du" anredete; es war dies eine ganz besondere Ehre für den Betreffenden. Er antwortete in militärisch strammer Haltung:

„Hugo von Königsau, Excellenz."

„Und Du bist Officier, mein Sohn?"

„Lieutenant bei den Ziethenhusaren, Excellenz."

„Lieutenant?" brummte der Alte. „Ein Kerl, der so zuhauen kann, erst Lieutenant? Du sollst Rittmeister werden, mein Sohn. Komm morgen Früh zu mir, da wollen wir die Sache in Ordnung bringen. Jetzt aber trinkst Du ein Schöppchen Warmbier mit mir und ziehst Deinen Gottfried gerade so aus wie ich; es ist verdammt warm in diesem Hause, wenn draußen die Sonne brennt und hinnen das Warmbier. Komm, Junge, und genire Dich nicht. Wir sind alle Menschen, und wegen diesen verdammten Franzmännern schmore ich mir nicht mein Fleisch von den Knochen herunter!"

Königsau mußte gehorchen. Er setzte sich zu dem Marschall an den Tisch, zog seinen Rock auch herunter und unterhielt sich nun hembärmelig mit ihm, als ob er einen Kameraden vor sich habe. Die Vertraulichkeit des Alten brachte ihn nicht im Mindesten in Verlegenheit. Man kannte Blücher zur Genüge, und keiner seiner Officiere ließ sich gegebenen Falles dadurch aus der Fassung bringen. Kam es doch häufig vor, daß der Alte mitten auf der Straße seine Pfeife an dem Stummel eines Landwehrmannes in Brand setzte und dann mit einem Fluche zu diesem sagte:

„Kerl, was rauchst Du denn für ein Karnickel? Ich verstänkere mir doch meinen ganzen Tobak an Deinen Lorbeerblättern! Wirfst's denn nicht mehr ab, he?"

Als Hugo von Königsau am anderen Morgen vorgeschriebenermaßen zu Blücher kam, um sein Rittmeisterpatent in Empfang zu nehmen, sagte dieser:

„Höre, mein Sohn, das ist eine ganz verteufelte Geschichte. Da habe ich am zweiten April den Befehl über das schlesische Heer niedergelegt, und nun denken diese Federfuchser, ich hätte nichts mehr zu sagen. Ich habe Dich empfohlen, aber es ist leider keine Rittmeisterei mehr offen. Aber ich werde an Dich denken, und sobald die Gelegenheit vorhanden ist, sollst Du sehen, daß ich Wort halte. Dort am Fenster steht der Pfeifenkasten und daneben der Tabak. Stopfe Dir eine, mein Sohn. Bei einer Pfeife plaudert es sich besser, und ich habe jetzt gerade Zeit, was sonst nicht oft vorzukommen pflegt."

Königsau fühlte sich von dieser Nachricht natürlich ein Wenig enttäuscht, doch war ihm die Leutseligkeit des Marschalls ein fast genügender Ersatz für die nicht in Erfüllung gegangene Erwartung des versprochenen Avancements. Als er später entlassen wurde, hatte er nicht weit zu gehen, da er in derselben Straße wohnte; doch sollte er nicht so schnell, als er dachte, in sein Logis kommen.

Eine junge Dame ging vor ihm her. Ihre Kleidung war diejenige der feineren Stände; sie mußte, soviel er von hinten bemerkte, von einer nicht gewöhnlichen Schönheit sein. Sein Auge haftete mit ungewöhnlichem Interesse an ihrer hohen, stolzen Gestalt, an der zierlichen Haltung ihres Kopfes und den kleinen Füßen, welche er bemerken konnte, da sie das Kleid leicht emporgerafft trug.

Da kamen zwei Kosakenofficiere ihm entgegen. Sie sahen die Dame, nickten einander lüstern zu und blieben nun auf dem Trottoir in einer so breitspurigen Weise stehen, daß sie nicht vorüber konnte. Sie wollte sich trotzdem an ihnen vorbeidrängen, da aber ergriff sie der eine beim Arme und fragte in seinem schlechten Französisch:

„Fürchten Sie sich nicht, Mademoiselle, bei der gegenwärtigen fremden Bevölkerung so allein auf der Straße zu gehen? Wir werden Sie begleiten."

Sie blickte ihn groß und erstaunt an und antwortete:

„Ich danke, Monsieur; ich bedarf Ihrer Begleitung nicht!"

Um ihn anzusehen, hatte sie sich zur Seite gedreht, und dadurch bekam Königsau ihr Profil zu sehen, ein Profil von so seltener Reinheit, so voll und doch so weich und zart, wie er glaubte, noch niemals eins gesehen zu haben.

Der Russe ließ trotz der Ablehnung ihren Arm nicht los, sondern sagte lachend:

„Es ist möglich, daß Sie unserer Begleitung nicht bedürfen, aber in unserer Heimath ist es nicht Sitte, eine Dame ohne Schutz auf der Straße zu lassen. Sie werden so freundlich sein, uns Ihre Wohnung zu nennen, Mademoiselle."

Da trat Königsau hinzu, ergriff die Hand, welche ihren Arm gefaßt hielt, und drückte die Finger derselben mit solcher Gewalt zusammen, daß der Russe die Dame fahren ließ. Trotz dieser Handgreiflichkeit verbeugte er sich sehr höflich und sagte:

„Verzeihung, meine Herren Kameraden, diese Dame bedarf Ihrer Begleitung wirklich nicht; sie ist meine Braut, ich blieb nur ein Wenig zurück."

Bei diesen Worten schlug eine jähe Röthe über das wunderschöne Gesicht des Mädchens, aber es sagte kein Wort, ihn Lügen zu strafen. Der Russe fragte ihn:

„Sie nennen mich Kamerad. Sind Sie Officier?"

„Ja."

„Ihr Name?"

„Hugo von Königsau, von den Ziethenhusaren."

„Ah, das ist eine wackere Truppe. Ich gratulire Ihnen zu Ihrer Braut und bitte um Verzeihung. Wir sahen Sie wohl auch, wußten aber nicht, daß Sie zu einander gehörten."

Er hatte seine erste Frage mit zornig blitzenden Augen ausgesprochen, gab aber seine letzte Antwort bedeutend freundlicher. Er mochte erfahren haben, daß mit den Ziethenhusaren nicht sehr zu spaßen sei. Er schritt mit seinem Begleiter weiter, während Königsau den Arm der Dame sanft in den seinen zog und so mit ihr den Weg fortsetzte. Sie blickte ihn forschend von der Seite an; er that, als ob er es nicht bemerke, obgleich er förmlich fühlte, daß ihr Auge auf ihm ruhe. Erst nach einer Weile sagte er:

„Mademoiselle, ich bin sehr kühn gewesen, und ich fühle, daß ich mich zu entschuldigen habe."

Er schwieg. Vielleicht erwartete er, ein Wort aus ihrem Munde zu hören; da sie aber schwieg, so fuhr er fort:

„Ich kenne nämlich diesen Russen. Es war Graf Mertschakeff, der wegen seiner Rohheiten mehr berüchtigt und gefürchtet, als berühmt ist. Ich war gewiß, daß er sich nicht zurückweisen lassen werde, und wagte daher, Sie meine Braut zu nennen, das einzige Mittel, Sie von ihm zu befreien. Werden Sie mir dies verzeihen können?"

Er blickte ihr jetzt zum ersten Male in die Augen. Es waren dunkle Sammetaugen, in denen sein Blick sich ein ganzes Leben lang hätte versenken mögen. Sie sah ihn offen und freundlich an und sagte:

„Ich verzeihe Ihnen und sage Ihnen herzlichen Dank, Monsieur!"

„Darf ich fragen, ob Sie noch weit zu gehen haben?"

„Einige Straßen weit."

„Ich weiß, daß Sie wünschen werden, wieder in den Besitz Ihres Armes zu gelangen; aber wenn ich denke, daß Sie leicht eine ähnliche Begegnung haben können, so halte ich es für meine Pflicht, Sie noch nicht zu verlassen. Befehlen Sie, was geschehen soll!"

Sie blickte forschend die Straße hinab, und da sie dort mehrere militärische Gruppen bemerkte, so antwortete sie zögernd:

„Ich darf Sie doch kaum belästigen; aber da unten giebt es wieder Russen. Wollen Sie erlauben, daß ich mich Ihnen anvertraue?"

„Wie gern, wie sehr gern, Mademoiselle!"

Sie fühlte, als er diese Worte sprach, einen unwillkürlichen, freudigen Druck seines Armes. War sie hier etwa aus dem Regen in die Traufe gekommen? Sie blickte fast erschrocken zu ihm auf. Aber seine Stimme hatte so bescheiden geklungen, und sein offener Blick ruhte so mild auf ihrem Gesichte, daß sie sich beruhigte.

So schritten sie neben einander her durch mehrere Straßen, ohne den Versuch zu machen, ihre Unterhaltung fortzusetzen. Aber zwischen zwei jungen Herzen ist ein solches Schweigen beredter als die wohlgesetzteste Rede. Die Bewegung des Gehens, und besonders das Einbiegen aus einer Straße in die andere, brachte es mit sich, daß ihre Arme sich enger an einander legten. In solchen Momenten fühlte er eine eigenthümliche, sympathische Wärme von ihr aus- und auf ihn übergehen. Ihre Blicke trafen sich unwillkürlich; sie erröthete dann allemal leicht und senkte die langen Wimpern nieder, während es ihm war, als habe er sich aus der Tiefe ihres Auges ein süßes Eigenthum herausgeholt. Und als sie endlich vor dem Portale eines Hauses stehen blieb, deuchte es ihm, als sei er nicht einige Minuten, sondern Jahre lang an ihrer Seite gewesen.

„Hier wohne ich, mein Herr!" sagte sie.

„So muß ich Sie verlassen!"

Sie hörte deutlich, daß ein Seufzer diese Worte emporgetragen hatte. Ihr großes, dunkles Auge richtete sich mit einem so warmen, ehrlichen Blick auf ihn, daß er sie hätte an sein Herz ziehen mögen, und dabei fragte sie:

„Sie sagten, daß Sie bei den Ziethenhusaren stehen, Monsieur. So sind Sie ein Preuße?"

„Ja."

„Wissen Sie, daß wir hier in Paris die Preußen hassen?"

„Daran thun Sie Unrecht, Mademoiselle. Man soll keinen Menschen hassen, ohne genau zu wissen, daß er den Haß auch wirklich verdient."

3.

4.

„Sie wollen sagen, daß Sie unseren Haß nicht verdienen?"

„Wenigstens den Ihrigen möchte ich mir um keinen Preis verdienen. Ich bin als Soldat hier, weil es meine Pflicht war, meiner Fahne zu folgen, aber ich hasse keinen Franzosen um des Umstandes willen, daß er ein Franzose ist."

„Ja, so sehen Sie mir aus, Monsieur, so gut und bieder. Darum will ich auch bei Ihnen die einzige Ausnahme von der Regel machen, welche ich einzuhalten pflege. Sie haben mich so freundlich beschützt; ich lade Sie ein, Mama und mich zu besuchen, falls Ihnen mein Wunsch, Sie Mama vorzustellen, nicht unangenehm ist."

Sein Gesicht strahlte eine ehrliche, ungeschminkte Freude aus, die das Herz des schönen Mädchens gefangen nahm. Er antwortete:

„Unangenehm? O nein, ich bin im Gegentheile von Herzen erfreut über diese Ausnahme und werde Ihrer Einladung folgen, wenn Sie mir die Stunde sagen wollen, in welcher ich Sie nicht störe."

„So kommen Sie drei Uhr, Monsieur. Haben Sie da Dienst?"

„Nein. Ich werde sicher kommen."

„Hier ist meine Karte!"

Sie zog ein kleines, zierliches Kärtchen hervor, auf welches er jetzt seinen Blick noch nicht zu werfen wagte, dann nickte sie ihm vertraulich zu, wie einem alten, lieben Bekannten, ehe sie in der Tiefe des Hausflures verschwand.

Fast hätte er die Karte an seine Lippen gedrückt. Er hatte bereits die Hand erhoben, es zu thun, dachte aber noch zur rechten Zeit daran, daß er sich in einer sehr belebten Straße befinde, wo man seine Begeisterung belächeln werde.

Erst als er eine bedeutende Strecke zurückgelegt hatte, las er den Namen, welcher auf der Karte stand. In feinen, dünnen Zügen stand da gedruckt „Margot Richemonte, Rue d'Ange 10". Fast hätte er den Schritt angehalten.

„Margot Richemonte?" fragte er sich. „Hieß nicht der Gardecapitän auch Richemonte, welcher gestern die Ohrfeigen von mir erhielt? Ist er vielleicht mit ihr verwandt? Ah, pah! Wie viele Namen sind gleichlautend. Wer wird gleich an so etwas denken!"

In seiner Wohnung angelangt, nahm er ein Buch zur Hand und setzte sich auf das Sopha. Aber eigenthümlich! Das Lesen wollte nicht von Statten gehen. Er hörte immer den eigenthümlich ernsten Klang ihrer Stimme, und wenn er sich Mühe gab, seine Aufmerksamkeit auf die Lecture zu concentriren, so zogen sich die Buchstaben zusammen und bildeten ein Gesicht, so schön, so rein und mädchenhaft, wie gerade sie es gehabt hatte.

Er legte das Buch fort, stand auf und wanderte im Zimmer hin und her.

„Ich glaube, dieses Mädchen hat es mir angethan," sagte er. „Eine Französin! Sind die Französinnen mir nicht als leicht, flüchtig, untreu geschildert worden? Und nun finde ich ein solches Gesicht, ein Gesicht, auf welches man Häuser bauen könnte! Ich werde keinem Menschen davon erzählen, denn ich würde ausgelacht. Die Französinnen sind Champagner, Esprit, Mousseur; sie sind nur zum Vergnügen da. Ein Deutscher macht andere Ansprüche!"

Aber trotz dieser Gedanken konnte er das Gesicht und den Ton dieser Stimme nicht los werden. Er frühstückte, aber ohne Gedanken, fast ohne zu wissen, was er aß. Er konnte die drei Uhr gar nicht erwarten; er wollte sich dies zwar nicht eingestehen, aber als er in der Rue d'Ange vor der betreffenden Thüre stand und nach der Uhr blickte, da bemerkte er, daß er über eine Viertelstunde zu früh gekommen sei. Er mußte einstweilen weiter gehen, um diese Zeit noch verstreichen zu lassen.

Aber mit dem Glockenschlage erreichte er die Nummer Zehn. Er fand, daß die erste Etage des Hauses in zwei Wohnungen getheilt sei. Sein erster Blick fiel auf die Thür rechts. Da las er das Schild „Veuve Richemonte". Das war jedenfalls Margot's Mutter. Also Wittwe war dieselbe? So besaß Margot keinen Vater mehr. Dies war vielleicht eine Erklärung für den Ernst, welcher ihr ganzes sonst so liebliches Wesen umfloß.

Er klingelte. Ein Mädchen erschien. Er nannte seinen Namen und wurde eingelassen.

Das Mädchen öffnete ihm die Thür eines Salons, dessen Ameublement zwar sehr anständig, aber nicht herrschaftlich reich zu nennen war. Auf einer Chaise longue ruhte eine Dame, in welcher er sofort Margot's Mutter vermuthete. Sie war einfach schwarz gekleidet. Ihr Haar war voll, schimmerte aber bereits in das Grau hinüber. Die Züge dieser Dame waren sanft und trugen jenen passiven Zug, welcher auf eine Verstimmung des Gemüthes, auf ein stilles, verschwiegenes Leiden schließen läßt. Ihr dunkles Auge ruhte forschend auf dem Eintretenden. Sie erhob sich bei seiner respectvollen Verneigung ein Wenig aus ihrer liegenden Stellung und sagte:

„Seien Sie mir willkommen, Monsieur! Sie müssen verzeihen, daß meine Tochter noch nicht zugegen ist, um Sie zu empfangen, aber ich habe es vorgezogen, Ihnen zunächst eine aufrichtige Bemerkung zu machen. Nehmen Sie Platz!"

Er setzte sich, während ihr Auge noch immer auf ihm ruhte, als ob sie ihm bis in die Tiefe seiner Seele blicken wolle. Welch' ungewöhnlicher Empfang war dies? So fragte er sich. Was hatte sie ihm zu sagen, bevor sie ihrer Tochter den Eintritt gestattete? Er sollte es gleich hören, denn die Dame begann:

„Sie haben sich meines Kindes angenommen, und mein Mutterherz ist Ihnen natürlich dankbar dafür. Margot hat gewünscht, daß ich Sie kennen lernen solle, aber ich weiß nicht, ob Sie sich vielleicht enttäuscht fühlen werden. Sie sind natürlich gewohnt, sich die Pariser Welt als heiter, gern genießend und leichtlebig zu denken. Sie mögen bis zu einem gewissen Puncte Recht haben. Sie sind Officier. Diese Herren machen gern die Bekanntschaft junger Damen. Es ist dies eine Art von Sport für sie; sie wollen sich unterhalten; sie wollen tändeln; sie wollen sich ihrer Eroberungen rühmen. Ich habe diesen Sport nie gut heißen können; ich habe Margot diesen Kreisen stets fern gehalten. Ich liebe mein Kind; es ist so lieb und es soll nicht unglücklich werden. Das ist der heißeste Wunsch meines Herzens —"

Sie hielt inne, wie um zu überlegen, ob sie nicht zu viel gesagt habe, ob sie nichts Beleidigendes ausgesprochen habe. Es dünkte ihm, als hätte sie sagen wollen:

„Ich liebe mein Kind, und es soll nicht unglücklich werden; nicht so unglücklich, wie seine Mutter ist."

Sie fuhr fort:

„Ich habe Margot's Wunsch erfüllt. Sie hat die Einladung ausgesprochen, und es wäre ja wohl eine Beleidigung für Sie gewesen, wenn ich dieselbe desavouirt hätte. Ich hätte dies auch gar nicht vermocht, da wir Ihre Wohnung nicht kennen. Sollten Sie mit der Erwartung gekommen sein, hier ein Amusement zu finden, so wird diese Erwartung wohl schwerlich erfüllt werden, Monsieur. Das ist es, was ich Ihnen sagen wollte, und ich hoffe, daß Sie sich nicht davon beleidigt fühlen."

„Beleidigt?" fragte er. „Sie haben die vollste Berechtigung, so zu sprechen, Madame. Sie bedienen sich eines ganz bezeichnenden Ausdruckes, indem Sie von jenem Sport sprechen. Die Officiere aller Länder sind sich in dieser Beziehung gleich. Ich hasse, ich verachte diesen Sport gleich Ihnen. Ich sehe in dem Menschen nicht ein Geschöpf, welches nur die Aufgabe hat, mich zu erheitern, mir die Zeit zu verkürzen. Ich bin gewohnt, das Leben von der ernsten Seite zu nehmen, und es freut mich, in Ihnen eine gleichgesinnte Natur zu entdecken. Gerade die gegenwärtige Zeit ist eine ernste, und ich habe wirklich nicht die Absicht, eine Minute von ihr zu vertändeln. Ich habe Fräulein Margot einen kleinen Dienst erwiesen, wie ich ihn jeder Dame erweisen würde; das ist nur Pflicht, das begründete keinen Anspruch auf Ihre besondere Dankbarkeit. Desto mehr bin ich erfreut gewesen über die Erlaubniß, mich Ihnen vorstellen zu dürfen. Beunruhigt Sie jedoch meine Gegenwart, so bin ich bereit, Sie sofort zu beruhigen."

Er erhob sich von seinem Sitze. In ihrem Auge glänzte etwas wie ein stilles, zufriedenes Lächeln. Sie winkte ihm mit der Hand zu, sitzen zu bleiben, und sagte:

„Ich möchte annehmen, daß Margot sich nicht geirrt hat, ich finde Sie so, wie Sie von ihr geschildert worden sind. Bleiben Sie, Monsieur, und versuchen Sie, der Unterhaltung zweier einsamer Damen einigen Geschmack abzugewinnen! Besitzen Sie auch eine Mutter?"

„Leider nicht mehr, Madame. Meine Eltern sind todt."

„Das ist ein schwerer Verlust. Aber vielleicht haben Sie Geschwister?"

„Auch nicht. Ich stehe allein in der Welt. Ich lebe meiner Pflicht und in den Musestunden meinen Büchern, die meine aufrichtigsten Freunde sind."

Zudringliche Gäste.

In dieser Weise wurde die Unterhaltung noch ein Weilchen fortgeführt, bis Margot eintrat. Sie trug ein einfaches Hauskleid und sah in demselben so reizend hausmütterlich, so wirthschaftlich aus, das ihm das Herz weit wurde. Als sie ihm die Hand reichte, breitete sich ein leises Roth über ihre Wangen aus. Er sah, daß er ihr nicht unwillkommen sei, und war ganz glücklich darüber.

Auch ihre Mutter wurde später heiterer. Sie schien Vertrauen zu ihm zu fassen, und als er sich verabschiedete, erlaubte sie ihm, morgen um dieselbe Zeit wieder zu kommen.

Er ging, ganz erfüllt von dem Eindrucke, den das schöne Mädchen auf ihn gemacht hatte. Noch glücklicher wäre er gewesen, wenn er gehört hätte, was nach seinem Fortgange über ihn gesprochen wurde.

„Dieser junge Mann ist wirklich anders als die Leute seines Alters und die Herren seines Standes," sagte Frau Richemonte. „An ihm könnte Albin sich ein Beispiel nehmen. Wo er nur wieder bleibt? Er hat sich seit zwei Tagen nicht sehen lassen."

„Vielleicht kommt er jetzt," sagte Margot.

Es hatte geklingelt. Die beiden Damen zeigten aber keineswegs jene freudige, erwartungsvolle Miene, welche das Nahen einer gern gesehenen Person verkündet.

„Monsieur le Baron de Reillac!" rief das Mädchen zur Thür herein.

Und nach diesem Rufe erschien auch sogleich der Genannte im Zimmer. Er war ein langer, sehr hagerer Mann. Er mochte vielleicht fünfundvierzig Jahre zählen, trug sich aber trotzdem ganz wie ein junger, lebenslustiger Elegant gekleidet. Man hätte ihn nicht häßlich nennen können, aber er hatte doch, Alles in Allem summirt, Etwas an sich, was bereits beim ersten Blicke verhinderte, Sympathie für ihn zu fühlen.

Er verbeugte sich auf eine höchst stutzermäßige Manier, tänzelte erst zur Mutter und dann zur Tochter, um ihnen die Hand zu küssen, und fragte dann, sich niedersetzend:

„Ich habe drüben geklingelt, aber keine Antwort erhalten. Monsieur Albin befindet sich wohl nicht zu Hause?"

„Ich habe ihn seit gestern nicht gesehen," antwortete Frau Richemonte. Und mit einem trüben, vorwurfsvollen Blicke fügte sie hinzu: „Ich darf wohl annehmen, daß er sich in Ihrer Gesellschaft befunden hat?"

„Allerdings," antwortete der Gefragte. „Wir waren am Tage ausgefahren und Abends im Club, wo man Vieles und Ausführliches zu besprechen hatte. Man hält das Exil des Kaisers nicht für ein ewiges. Man fragt bereits, wie man sich zu verhalten haben wird, wenn er zurückkehrt, um seine Rechte geltend zu machen —"

„Um Gottes willen, welche Unvorsichtigkeit!" rief Madame. „Noch sind die Sieger in unseren Mauern, und Sie fangen bereits zu conspiriren an!"

„Keine Sorge!" lachte der Baron. „Man ist vorsichtig! man ist klug; wenigstens in dieser Beziehung. In anderer freilich ist man desto unkluger. Werden Sie dies glauben, Madame?"

Es lag ein Nachdruck in seinem Tone, der sie schnell aufblicken ließ.

„Ich weiß nicht, was Sie meinen," sagte sie.

„O," sagte er, süßlich lächelnd, „ich meine nur, daß ich in Beziehung auf Politik meinen Mann stelle, in geschäftlicher Hinsicht aber viel zu nachsichtig bin."

Frau Richemonte wüthete; sie hustete leise in das Taschentuch und meinte:

„Sind Sie vielleicht gekommen, um über Geschäfte mit mir zu sprechen, Herr Baron?"

Er räusperte sich, wie sich das Raubthier die Krallen wetzt, ehe es sich auf seine Beute wirft, und antwortete dann:

„Eigentlich nicht. Ich wollte Monsieur Albin sprechen. Er gab mir gestern Abend sein Ehrenwort, heute zu Hause zu sein."

„Sein Ehrenwort?" fragte die Dame. „Das ist doch ganz unmöglich!"

„Warum unmöglich, Madame? Zweifeln Sie vielleicht an meiner Wahrheitsliebe?"

„Dies will ich nicht sagen. Aber wenn Albin Ihnen sein Ehrenwort giebt, wird er es auch halten. Er ist Officier."

Der Baron zuckte die Achseln.

„Officier? Ja. Sogar Capitän der Garde! Aber pah! Man kann trotzdem sein Ehrenwort brechen. Giebt es doch Capitäns der Garde, welche sich ungestraft ohrfeigen lassen!"

Die Dame erbleichte.

„Was meinen Sie?" fragte sie. „Sie wollen doch nicht sagen, daß mein Stiefsohn —"

Sie hielt inne. Es wurde ihr zur Unmöglichkeit, das Wort auszusprechen; der Baron jedoch that es an ihrer Stelle:

„Daß Ihr Stiefsohn geohrfeigt worden ist? Ja, gerade dies will ich sagen."

Da sprang die Frau von der Chaise longue auf und rief:

„Sie lügen, Baron!"

Auch Margot hatte ihren Sitz verlassen; sie war an die Seite der Mutter getreten, wie um ihr beizustehen gegen alle Angriffe des Aergers und der Betrübniß.

„Ich lügen?" fragte der Baron. „Monsieur Albin hat es mir selbst erzählt, und auch im Club wurde leise davon gesprochen. Es sind drei Herren dabei gewesen, mit denen er am Spieltische gesessen hat. Er hat die Deutschen Hunde genannt und den Feldmarschall Blücher, welcher zugegen gewesen ist, einen Flegel. Dafür hat er von einem deutschen Officier, dessen Forderung er ausschlug, einige Dutzend Ohrfeigen erhalten."

„Mein Gott, welche Schmach!" rief Frau Richemonte, auf ihren Sitz zurücksinkend.

Aber es lag in ihrem Ausrufe nicht der Aufschrei eines zerrissenen Mutterherzens; es klang wie Verachtung, die tiefste, unheilbarste Verachtung.

„Wenn solche Dinge geschehen, so werden Sie auch die Möglichkeit zugeben, daß er sein Ehrenwort bricht, Madame," fuhr der Baron fort. „Er hat mir versprochen, am Nachmittage zu Hause zu sein."

„Ah, so handelt es sich auch hier um eine Ehrensache?"

„Natürlich! Man arrangirte im Club ein kleines Spielchen, an welchem sich auch Monsieur Albin betheiligte. Er hatte Unglück. Ich schoß ihm fünftausend Franken vor, die er mir heute drei Uhr Nachmittags in seiner Wohnung zurückzugeben versprach. Ich komme um fünf Uhr, und dennoch ist er nicht hier."

„Mein Gott, auch das noch!" klagte die Dame. „So wächst seine Schuld ja doch in das Riesenhafte!"

Der Baron nickte mit dem Kopfe und antwortete:

„Sie haben Recht, meine Gnädige! Haben Sie eine Ahnung, wie viel er mir bereits gegen Wechsel schuldet?"

„Wie sollte ich das wissen?"

„Ueber zweimal hunderttausend Franken."

„Zweimal hund—!"

Das Wort blieb ihr auf der Zunge liegen. Margot war schreckensbleich geworden. Der Baron beobachtete die Beiden mit einem versteckten, siegesgewissen Lächeln.

„Aber das ist ja die reine Unmöglichkeit! Das ist ganz unglaublich!"

Bei diesen Worten der Dame zuckte der Baron die Achsel und antwortete:

„Unglaublich? Warum? Monsieur Albin hat sehr noble Passionen. Er spielt hoch; er verehrt dieser oder jener Tänzerin ein Geschmeide im Werthe von zehntausend Franken. Vermögen hat er nicht mehr. Gehalt erhält er nicht, da der Kaiser gefangen ist. Wie bald ist da ein solches Sümmchen emporgelaufen!"

„So mag er sehen, wie er es wieder herunter bringt!" sagte Madame entschlossen. „Er ist mein Stiefsohn, und doch habe ich mich bereits für ihn aufgeopfert. Nun bin ich selbst arm. Er mag sehen, wer ihm hilft. Ihnen aber, Baron, schulde ich keinen Dank, daß Sie ihn in seiner wahnsinnigen

Verschwendung unterstützen. Hätten Sie ihm nichts gegeben, so hätte er sparsamer leben müssen!"

Da glühte das Auge des Angeredeten in einem eigenthümlichen Lichte. Es war Stolz, Schadenfreude, Gier und Siegesgewißheit, welche daraus sprach. Er antwortete:

„Sie irren, Madame; ein Anderer hätte ihn eben so unterstützt. Uebrigens ist er der Sohn Ihres seligen Herrn Gemahls, der mein Freund war. Soll ich ihn nicht unterstützen, da ich doch auch nachsichtig gegen Sie, die Wittwe dieses Freundes, bin?"

„Nachsichtig mit mir? Wann wären Sie dies jemals gewesen!" rief sie voller Bitterkeit. „Ich ließ mich kurz vor dem Tode meines Mannes verleiten, seine Accepte auch mit meinem Namen zu versehen. Was verstand ich als Dame von solchen Papieren! Ich unterzeichnete sogar Formulare, welche später erst ausgefüllt wurden. Als mein Mann todt war, präsentirten Sie mir alle diese Documente. Sie waren nach Sicht zu bezahlen. Ich mußte Alles verkaufen, was ich besaß, um sie einlösen zu können und nicht in das Schuldgefängniß zu wandern. Nennen Sie dies Nachsicht?"

„Ich spreche nicht hiervon, Madame; ich spreche von den drei Accepten, welche ich noch jetzt von Ihnen in den Händen habe."

Sie blickte ihn groß an, aber er hielt diesen Blick aus.

„Noch drei Accepte? Von mir?" fragte sie. „Sie irren, oder erlauben sich einen Scherz, der hier wahrhaftig nicht am rechten Platze ist!"

„An einen Scherz ist nicht zu denken," sagte er. „Sie sprachen von Blanquets, welche später ausgefüllt worden sind. Nun wohl, es waren noch drei solche Blanquets vorhanden, als Ihr Herr Gemahl starb. Monsieur Albin hat sie ausgefüllt und den Betrag von mir erhalten. Die Wechsel lauten auf Sicht; ich habe sie Ihnen noch nicht präsentirt; darf ich da nicht von Nachsicht sprechen?"

Frau Richemonte fuhr abermals in die Höhe, jetzt vor Schreck.

„Sie sagen die Wahrheit?" fragte sie.

„Die volle Wahrheit!"

„Albin hat den Betrag erhalten?"

„Ja."

„Wieviel?"

„In Summa hundertundfünfzigtausend Franken."

„Hundertundfünfzigtausend Franken! O, mein Gott!" rief sie, die Hände vor das Gesicht schlagend. „Und ich besitze nur eine Rente von noch zweitausend Franken!"

„Ich werde darauf Beschlag legen müssen, Madame."

Das hatte sie nicht erwartet. Sie starrte ihn mit großen Augen an und sagte:

„So werde ich dann verhungern müssen!"

„Nein," antwortete er, gleichmüthig die Achsel zuckend. „Nicht verhungern, sondern nur arbeiten werden Sie müssen!"

„Arbeiten, das thun wir ja jetzt bereits. Oder glauben Sie, daß man von zweitausend Franken jährlich leben kann? Wir arbeiten insgeheim für ein Stickereigeschäft. Heute Vormittag hat Margot wieder das Fertige abgeliefert und sich dabei den frechen Insulten einer rohen Soldateska ausgesetzt."

„Das darf ich nicht beachten, Madame. Ihr Sohn schuldet mir eine ungeheure Summe auf Wechsel, dazu eine Spielschuld von fünftausend Franken auf Ehrenwort; er hat kein Geld. Von Ihnen besitze ich Wechsel im Betrage von hundertundfünfzigtausend Franken. Ich präsentire sie Ihnen hiermit. Wollen Sie die Documente einlösen?"

Die Wittwe schlug die Hände zusammen und rief:

„Aber sehen Sie denn nicht ein, daß mir dies ganz unmöglich ist! Wer hat Ihnen erlaubt, meinem Stiefsohne gegen meine Unterschrift eine solche Summe auszuhändigen?"

„Eben Ihre Unterschrift hat es mir erlaubt, Madame," lächelte er überlegen. „Uebrigens irren Sie sich ganz und gar, wenn Sie behaupten, daß es Ihnen unmöglich ist, diese Summe zu decken."

„Mein Gott, womit soll ich es können?"

„Mit einem einzigen Worte."

„Mit welchem?"

„Mit dem kleinen Wörtchen Ja."

Sie verstand ihn nicht; sie blickte ihn fragend an. Er aber setzte sich in Positur, ließ seine Augen lüstern über die schöne Gestalt Margot's gleiten und sagte:

„Sie kennen meine Person und meine Umstände, Madame. Ich bin Armeelieferant des großen Kaisers gewesen, und habe mir Millionen verdient. Ich kann einer Frau eine glänzende Existenz bieten. Ich habe Ihnen bereits, als Ihr Herr Gemahl noch lebte, gesagt, daß ich Mademoiselle Margot liebe. Ich wurde damals abgewiesen; es hieß, Mademoiselle könne mich nicht lieben. Sie befanden sich damals in besseren Verhältnissen. Jetzt werden Sie einsehen, daß eine Heirath nach Liebe eine Dummheit ist. Ich wiederhole heute meinen damaligen Antrag. Sobald ich mit Mademoiselle vom Altare zurückkehre, zerreiße ich die Wechsel Ihres Stiefsohnes und auch die Ihrigen. Sagen Sie Nein, so wandern Sie in das Schuldgefängniß."

Er hatte sich bei den letzten Worten erhoben, griff nach seinem Hute und fuhr dann fort:

„Sie sehen, daß ich aufrichtig bin. Nennen Sie mich hartherzig oder grausam; mir ist dies gleichgiltig. Ich liebe Margot; sie wird meine Frau werden, oder Sie müssen untergehen. Ich gebe Ihnen eine volle Woche Zeit. Heute über acht Tage werde ich mir Ihre Antwort holen. Ueberlegen Sie sich reiflich, was Sie thun werden. Adieu!"

Er ging und ließ die beiden Damen in einer großen Aufregung zurück.

Madame Richemonte lag auf ihrer Chaise longue und weinte. Margot hatte sich bei ihr niedergelassen und zog wortlos den Kopf der Mutter an ihr Herz. Das Mädchen hatte bisher kein Wort gesagt. Ihr Gesicht zeigte keine Spur von Betrübniß, wohl aber lag auf demselben ein Zug finsteren Hasses, fast möchte man sagen, der Rache, den ihre Mutter freilich nicht bemerkte, da sie zu sehr mit sich selbst beschäftigt war.

„Hundertundfünfzigtausend Franken!" jammerte die Frau. „Hast Du es gehört, Margot?"

„Ja."

„Und ich war ihm nichts schuldig! Er ist ein Verführer, ein Betrüger!"

„Er ist ein Teufel, Mama. Er hat ganz und gar berechnend gehandelt."

„Wieso?"

„Er hat mich zwingen wollen, ihn zu heirathen.

„Mein Gott! Wirklich?"

„Ja. Zunächst hat er Papa in Schulden verstrickt und ihn und Albin zum Spielen verführt. Sodann hat er Dich zur Ausstellung der Blanquets gebracht. Jetzt sind wir verloren, wenn ich ihm nicht mein Jawort gebe."

„Du wirst es ihm nicht geben! Nein, niemals, Kind!"

„O, doch!" sagte das Mädchen, scheinbar ruhig.

„Doch? Du willst?" fragte die Mutter ganz erschrocken.

„Ja, ich will!"

„Aber Du wirst unglücklich, Margot!"

„Nein!"

Sie sagte dieses Wort in einem so bestimmten Tone, daß ihre Mutter aufmerksam wurde, sie ganz erstaunt anblickte und dann fragte:

„Nein? Das begreife ich nicht! Kind, mein Kind, liebst Du ihn etwa gar?"

Margot schüttelte überlegen den Kopf und antwortete:

„Ich hasse ihn; ich verabscheue ihn, und darum werde ich ihn heirathen, Mama."

„Ihn heirathen, weil Du ihn hassest? Du sprichst in Räthseln!"

„O, begreifst Du nicht, welche Süßigkeit in der Rache liegt?"

„Ah!" rief die Mutter, der das Verständniß aufzugehen schien.

„Ja. Er ist der Teufel unserer Familie, unseres Hauses gewesen. Er ist Schuld an unserer Verarmung und an dem Tode des Vaters. Ich willige ein, sein Weib zu werden, um uns Alle an ihm rächen zu können. Er liebt mich zum Rasendwerden. Ich habe seine glühenden, begehrlichen Blicke Monate lang beobachtet, ohne zu thun, als ob ich es bemerke. Ich werde sein Weib; er muß die Wechsel zerreißen; aber er wird mich niemals berühren dürfen. Er soll verschmachten vor Verlangen nach mir. Ich bin schön. Ich werde mich für ihn schmücken, nur für ihn, um ihn liebeswahnsinnig zu machen. Er soll vor mir im Staube kriegen wie ein Wurm; er soll um ein Wort, um einen Blick betteln und doch nicht erhalten, was er begehrt. Er soll Tantalusqualen erleiden, und ich werde glücklich sein, je unglücklicher ich ihn sehe!"

Sie sprach im Gefühle des Augenblicks. Sie bedachte nicht, daß ihr Glück, von dem sie sprach, ein fürchterliches sein werde. Sie wollte sich opfern, opfern für die Mutter und für die Sache. Sie glaubte, stets so Herr ihres Herzens zu sein, wie jetzt, und ahnte nicht, welch' ein Unglück es für sie sein werde, an einen solchen Mann gekettet zu sein und doch die Liebe zu einem Anderen im Herzen zu tragen. —

Als Lieutenant von Königsau die beiden Damen verlassen hatte, war er, zunächst nur an Margot denkend, durch einige Straßen geschlendert und dann in ein Kaffeehaus getreten. Dasselbe gehörte zu jenen Boulevardkaffeehäusern, welche einen Vorplatz haben, wo diejenigen Gäste sitzen können, welche es vorziehen, ihren Kaffee oder Absynth im Freien zu trinken, und dabei mit Bequemlichkeit das Leben und Treiben der Straße beobachten.

Er trat in das Zimmer und nahm an einem der Fenster Platz. Hier hatte er noch nicht lange gesessen, so sah er einen Mann herankommen, dessen Anblick ihn veranlaßte, sich etwas vom Fenster zurückzuziehen. Es war der Gardecapitän Richemonte.

Dieser blieb draußen auf dem Vorplatze, wo er sich gerade vor das Fenster setzte, hinter welchem Königsau seinen Sitz hatte. Es verging eine ziemliche Weile, so kam ein Zweiter, welcher neben dem Capitän sich niederließ. Der Deutsche kannte ihn nicht; es war der Baron de Reillac, der soeben von dem Heirathsantrag kam, welchen er Margot gemacht hatte. Es war ein eigenthümlicher Zufall, daß Königsau gerade dieses Kaffeehaus gewählt hatte. Die Beiden ahnten nicht, daß drinnen ganz in der Nähe des Fensters einer saß, der jedes Wort ihres Gespräches hören konnte.

„Eingetroffen!" sagte der Baron.

„Endlich!" meinte der Capitän. „Ich warte bereits längere Zeit. Welchen Erfolg hat die Attaque gehabt, lieber Baron?"

„Bis jetzt gar keinen."

„Wieso?"

„Ich habe Ihren Damen eine Woche Zeit gegeben."

„Eine Woche? Verdammt! Warum? Woher nehme ich in dieser Zeit Geld?"

„Von mir."

„Ah, das klingt befriedigend. Ich brauche einige Tausend Franken. Was sagte die gute Stiefmama zu Ihrer Eröffnung?"

„Das, was alle Frauen bei solchen Gelegenheiten sagen; sie glaubte es zunächst nicht; dann jammerte sie, schlug die Hände zusammen und weinte. Ich kann das verfluchte Weinen nicht ausstehen und habe mich daher so kurz wie möglich gefaßt."

„Und Margot?"

„Die? Ah, da muß ich mich zuvor besinnen! Ja, ich glaube, sie hat kein einziges Wort gesagt."

„Glauben Sie, daß Sie die Einwilligung erhalten?"

„Jedenfalls!"

„Und wenn nicht?"

„So spaziren Sie in das Schuldgefängniß."

„Alle Teufel, Sie scherzen, Baron! Einen Freund schickt man nicht an einen solchen Ort!"

Der Baron zuckte höchst gleichmüthig die Achsel und antwortete:

„Freund? Pah! Blutsauger waren Sie, aber nicht Freund. Ich gestehe Ihnen aufrichtig, daß ich Ihnen nur Ihrer Schwester wegen ausgeholfen habe. Wird sie meine Frau, so quittire ich Ihre Schuld und zahle Ihnen noch fünfzigtausend Franken. Die Wechsel Ihrer Mutter, auf hundertundfünfzigtausend Franken lautend, werden auch zerrissen. So bezahle ich das Jawort mit viermalhunderttausend Franken. Wer ist nun der Freund? Sind Sie der meinige, oder bin ich der Ihrige?"

„Ich hoffe, daß Sie Ihren Zweck erreichen, Baron!"

„Wenn ich ihn nicht erreiche, sind Sie schuld."

„Ich? Inwiefern?"

„Gehen Sie zu den Damen und machen Sie ihnen die Hölle heiß! Geben Sie sich ja Mühe, denn ich würde im Falle des Nichtgelingens keine Nachsicht mit Ihnen haben."

„Fast möchte ich Ihnen dies zutrauen!"

„Ich ersuche Sie, davon überzeugt zu sein! Sie haben mir den Mund wässerig gemacht und in Folge dessen auf auf meine Kosten gelebt wie ein Nabob. Warum sollte es mir auf einige tausend Franken ankommen, wenn es sich darum handelt, Ihnen zu zeigen, wie es einem armen Teufel im Schuldgefängnisse zu Muthe ist. Uebrigens rathe ich Ihnen, einen Panzer anzulegen, bevor Sie Ihre liebenswürdigen Damen besuchen."

„Warum?"

„Sie wissen Ihre Spielschuld."

„Alle Teufel! Wer hat ihnen davon gesagt?"

„Ich."

„Sie? Sind Sie bei Sinnen! Wozu braucht meine Mutter oder die Schwester zu wissen, wie hoch ich spiele und was ich verliere?"

„Sie werden dadurch gefügiger. Uebrigens kennen sie auch Ihr Rencontre mit dem deutschen Officier."

„Auch das? Wer hat hiervon zu ihnen gesprochen?"

„Auch ich, Capitän."

„Mensch!" brauste der Capitän auf. „Und das sagen Sie mir so ruhig!"

„Ja, gerade so ruhig, wie ich Ihnen mein Geld gebe. Ich will die Genugthuung haben, von Ihnen reden zu können. Margot soll wissen, daß Sie mir kein Opfer bringt, wenn ich mir die Schwester eines ruinirten Officiers zur Frau nehme."

Es blieb eine Zeit lang ruhig. Königsau hatte gedacht, daß der Capitän jetzt voller Wuth losschmettern werde; dem war aber nicht so. Er befand sich in den Händen des baronisirten Armeelieferanten; darum gab er sich Mühe, seinen Zorn zu beherrschen und antwortete:

„Glauben Sie etwa, daß ich mich vor diesem Deutschen fürchte?"

„Ja, das glaube ich," antwortete der Gefragte kalt.

„Warum?"

„Weil Sie seine Forderung zurückwiesen."

„Pah! Ich werde mich noch mit ihm schlagen."

„Das glaube ich nicht."

„Warum nicht?"

„Diese Deutschen sollen im Punkte der Ehre außerordentlich heikel sein. Ich glaube nicht, daß dieser Husarenlieutenant — wie hieß er gleich?"

„Von Königsau."

„Gut! Also ich glaube nicht, daß sich dieser Königsau noch mit einem schlagen wird, den er vorher geprügelt hat. Es war dies eine ganz alberne Dummheit von Ihnen!"

„Ich wollte mich nicht mit ihm schlagen, weil ich diese Deutschen hasse. Ich halte keinen von ihnen für werth, einen Degen mit einem Franzosen zu kreuzen."

„Aber so ein Deutscher hält Sie dafür für werth, Ohrfeigen zu erhalten. Gehen Sie, Capitän! Ob Sie nach einem solchen Vorkommnisse fortdienen können, ist sehr fraglich. Doch regen wir uns nicht auf. Wieviel brauchen Sie Geld?"

„Einige Tausend Franken."

„Gut! Sagen wir dreitausend. Kommen Sie jetzt mit zu mir; ich will sie Ihnen geben. Heute Abend legen wir wieder eine kleine Bank, und über eine Woche bin ich ein Schwager, der Ihnen die ganze Schuld quittirt."

Sie entfernten sich.

Königsau hatte mit größter Aufmerksamkeit gelauscht, um keines ihrer Worte zu verlieren. Es lag Alles klar vor ihm. Dieser sogenannte Baron speculirte auf die Hand Margot's, welche leider die Schwester des geprügelten Capitäns war. Frau Richemonte schuldete dem Baron eine Summe von hundertundfünfzigtausend Franken auf Wechsel. Mit dieser Summe und den Schulden ihres Bruders wollte er sie erkaufen.

„Warum bin ich arm!" sagte sich Königsau. „Fünfundvierzigtausend Thaler ist Alles, was ich besitze, und auch die kann ich nur aus dem Verkaufe meines Gutes erst lösen. Wäre ich reicher, so bezahlte ich Alles, und Margot wäre mit der Mutter frei."

Er ging nach Hause. Er mußte immer an Margot denken und an die hundertundfünfzigtausend Franken, und noch in der Nacht, als er endlich Ruhe gefunden hatte, träumte ihm von einem riesigen Schuldthurme, in dessen dunklen Kerker Margot schmachtete.

Es ist eigenthümlich, welches Interesse der Mensch an einer Person nimmt, von welcher er recht lebhaft geträumt hat. War sie ihm vorher gleichgiltig, so gewinnt sie plötzlich ein Interesse, welches sie früher nicht besessen hat. Besaß sie es jedoch bereits, so verdoppelt und vervielfacht sich die Theilnahme, und es kann auf diese Weise sehr leicht eine Liebe entstehen, die man sonst wohl für unwahrscheinlich gehalten hätte.

So war es auch mit Königsau. Als er erwachte, war er zunächst froh, von der Angst erlöst zu sein, welche er um das schöne Mädchen empfunden hatte. Aus dieser Angst aber war ihr Bild viel lichter und bezaubernder hervorgewachsen, und er fühlte eine solche Sehnsucht nach ihr, daß er den Nachmittag kaum erwarten konnte.

Endlich kam die dritte Stunde, und er machte sich auf den Weg. Als er in den Salon trat, kam ihm Margot entgegen und bat um Entschuldigung, daß ihre Mutter heute nicht zu sprechen sei, sie sei seit gestern so unwohl und angegriffen, daß sie keinen Besuch empfangen könne.

Königsau ahnte, daß an dieser Krankheit das gestrige Gespräch mit dem Baron die Schuld trage, doch er ließ sich von dieser Ahnung natürlich nichts merken.

Margot war heute außerordentlich bleich. Auf ihrem Gesichte lag eine Entschlossenheit, eine Resignation, bei welcher ihm bänglich zu Muthe wurde. Er bemerkte zwar, daß ihr Auge zuweilen mit jenem Blicke auf ihm ruhte, in welchem ein unbewußtes Geständniß sympathischer Regungen liegt, doch zeigte sie sich in ihren Reden und Antworten verschlossen und kalt. Das konnte nicht die Sorge um ihre kranke Mutter, sondern das mußte etwas Anderes sein. Er sann vergebens nach; er vermochte es nicht zu entdecken, bis endlich das Gespräch so oben hin auf zartere Verhältnisse kam.

Jetzt zeigte ihr Gesicht zum ersten Male wieder eine Spur von Leben und Wärme.

„Ich beneide Sie, Monsieur," sagte sie. „Welch ein Glück muß es sein, in die Heimath zurückzukehren, und, dem Schlachtentode entgangen, als Sieger vor ein geliebtes Weib oder vor eine harrende Braut zu treten."

„Beneiden Sie mich nicht, Mademoiselle," antwortete er. „Ein solches Glück ist mir nicht beschieden."

„Nicht? Sie haben keine Braut?"

„Nein. Mein Herz ist noch niemals engagirt gewesen."

Sie blickte zu Boden und fragte, ohne die Augen zu ihm zu erheben und ihn anzusehen:

„Muß denn stets das Herz engagirt sein?"

„Können Sie sich ein Glück denken, ohne daß das Herz Theil daran nimmt?"

„Allerdings nein. Aber das Herz kann auf verschiedene Weise betheiligt sein."

Er blickte ihr forschend in das bleiche Angesicht. Ihre Lippen zuckten, und auf ihrer Stirn lag es schwer und finster wie ein Entschluß, von dem sie überwunden worden war.

„Ich verstehe Sie nicht, Mademoiselle," sagte er. „Ich

kenne nur eine einzige Weise. Nur die Liebe macht glücklich, ohne sie kann man es niemals sein."

„Sie irren. Denken Sie sich einen recht grimmigen Haß, eine recht glühende Rache. Sie befriedigt zu sehen, muß auch ein Glück sein!"

„Allerdings, aber ein Glück für einen Teufel," antwortete er.

Sie hob mit einem raschen Aufschlage ihrer Augen den Blick zu ihm empor, sah ihn forschend an und fragte:

„Also nehmen Sie doch an, daß auch ein Teufel glücklich sein könne?"

„Ein teuflisches, das heißt, ein verdorbenes Gemüth? Ja, aber nur für einen Augenblick. Ich möchte wohl an einem Beispiele erfahren, wie man dauernd durch eine große Rache sich glücklich fühlen könne."

Er war jetzt Diplomat, und kein schlechter. Er sprach diese Frage aus, um in ihr Geheimniß einzudringen. Sie durchschaute ihn glücklicher Weise nicht und antwortete:

„Ich will versuchen, Ihnen ein Beispiel zu geben. — Denken Sie sich ein Mädchen, jung, schön, edel und gut. Sie besitzt alle Eigenschaften, einen Mann glücklich zu machen. Da kommt ein Bösewicht, welcher sich von ihren Reizen gefesselt fühlt. Er trachtet, ihre Hand zu erlangen, wird aber abgewiesen. Hierauf beginnt er, im Stillen seine Minen zu graben. Er bemächtigt sich ihrer Anverwandten; er verführt dieselben, er stürzt sie in Sünde, Laster und Schande, und schwört, die Unglücklichen nicht eher wieder los zu geben, als bis sie losgekauft werden. Der Preis ist die Hand des Mädchens."

„Und dieses? Das Mädchen? Was thut es?"

„Sie reicht dem Bösewicht die Hand, um die Ihrigen zu retten."

„So hat sie wohl nie geliebt, oder besitzt ein großes, erhabenes Herz, einen seltenen Opfermuth und ein felsenfestes Vertrauen, den Bösewicht durch ihren Einfluß zu bessern."

„Nein, das will sie nicht. Sie will ihn strafen!"

„Ah, Sie widersprechen sich, Mademoiselle. Vorhin sagten Sie, das Mädchen reiche ihm ihre Hand, um die Ihrigen zu retten, und jetzt thut sie es, um ihn zu strafen."

„Ja, sie will ihn strafen, fürchterlich strafen. Er soll in ihr einen Himmel sehen, in den er nie gelangen kann. Er soll nach dem Tropfen schmachten, der ihm nahe vor der Lippe perlt und dennoch verdürsten."

„Dieses Mädchen ist ein Teufel, Mademoiselle. Sie nannten sie vorhin edel und gut. Sie ist aber das gerade Gegentheil. Dieser Plan kann nur im Augenblicke des höchsten Zornes, der Verzweiflung gefaßt werden, aber kein fühlend Weib wird ihn ausführen. Ein edles, gutes Mädchen wird vor einem solchen immerwährenden Henkerwerk zurückschaudern. Denken Sie sich dann die Betreffende mit ihrem Opfer für's ganze Leben allein, vielleicht auf einer wüsten Insel. Muß sie nicht an dem Anblicke von Anderer Glück zu Grunde gehen? Vielleicht begegnet sie einem Mann, dem ihr ganzes Sein und Wesen entgegen fliegen möchte, und doch ist sie an ihr Opfer gefesselt. Nun wird sie zum Tantalus, welcher unendliche Qualen erduldet. Ist es nothwendig, daß sie ihn bestraft? Giebt es nicht einen höheren Richter? Ist nicht das wahre Gottvertrauen der größte Schatz des Weibes? Sollte Gott die Ihrigen nicht retten können, ohne daß sie ein so schreckliches Opfer bringt?"

Er hatte Recht. Sie hatte den Plan nur im Augenblicke des höchsten Zornes gefaßt. Jetzt stellte er ihr denselben in einem Lichte dar, vor welchem sie erschrak. Er verstand und begriff sie; er wußte, daß sie von sich selbst gesprochen hatte. Bei diesem Gedanken krampfte sich sein Herz zusammen. Es wurde ihm angst, und in dieser Bangigkeit ergriff er ihre Hand und fuhr fort:

„Sie rollen da ein fürchterliches Bild vor mir auseinander. Haben Sie es vielleicht Dante's Hölle entlehnt? Ich wiederhole es: Das Weib, von dem Sie sprechen, würde ein Teufel sein; es würde nicht quälen, sondern gequält werden, und zwar durch sich selbst. Es giebt auf Erden keine Lage, welche rettungslos ist. Zerreißen Sie dieses Bild und werfen Sie die Fetzen von sich weg; sie erregen Abscheu und Ekel!"

Sie hatte ihm aufmerksam zugehört. Die Blässe war von ihren Wangen gewichen; die Röthe der Scham hatte auf derselben Platz genommen. Dennoch aber machte sie noch einen Versuch, sich zu vertheidigen:

„Wenn es aber keine andere Rettung giebt?"

„Wer kann das behaupten, Mademoiselle. Wir Menschen sind kurzsichtig, zuweilen sogar blind. Was uns leicht dünkt, ist oft unmöglich, auszuführen, und im Gegentheil ist das, woran wir verzweifeln möchten, vielleicht ein Kinderspiel. Wer wollte sagen, daß es aus irgend einer Noth keine Hilfe gebe? Sie ist da; sie naht vielleicht schon, aber wir sehen sie nicht."

„Aber wenn Menschen nicht helfen können?"

„So hilft Gott durch sie, ohne daß sie es wissen und wollen. Er weiß den rechten Weg zur Rettung, nur sollen wir ihm vertrauen, und ihm nicht widerstreben."

Da endlich! Er sah es ihr an; er hatte sie besiegt. Sie streckte ihm ihre Hand entgegen und sagte:

„Ich danke Ihnen, Monsieur! Ja, Sie sind ein Deutscher, ein wahrer, echter Deutscher!"

„Was wissen Sie von uns Deutschen, Mademoiselle?"

„Daß sie wie die Kinder sind, voller Glauben und Vertrauen, und doch auch echte Männer, welche Gott zwar um Hilfe bitten, ihn aber dabei auch tüchtig unterstützen," lächelte sie. „Man sieht es an den Schlachten, welche sie jetzt geschlagen haben."

Diese parteilose Anerkennung that ihm wohl. Margot gewann dadurch sehr in seiner Achtung. Noch immer ihre Hand in der seinigen haltend, wagte er zu fragen:

„War es wirklich nur ein Beispiel, welches Sie mir erzählten Mademoiselle, oder ist dieser Fall im Leben vorgekommen?"

Sie senkte den Blick verlegen zu Boden. Sie wollte ihn nicht belügen; er sah sie so ehrlich an. Und die Wahrheit, durfte sie ihm diese sagen? Endlich antwortete sie zögernd:

„Wenn es ein wirklicher Fall wäre, dürfte man sich bo für berechtigt halten, es zu erzählen, Monsieur?"

Da wurde er kühn und sagte:

„Ich errathe, wessen Fall es ist."

Eine tiefe Gluth bedeckte ihr schönes Gesicht. Errieth er es wirklich? Sie hatte Gedanken gehabt, welche er mit dem Worte teuflisch bezeichnet hatte. Sie wagte nicht, um seine Meinung zu bitten, aber sie sah ihm fragend und zagend entgegen.

„Sie sprechen von sich selbst. Nicht wahr, Mademoiselle?" fügte er hinzu.

„Und nun verurtheilen Sie mich?" sagte sie leise.

Sie hatte sich schön genannt; sie hatte von ihren Reizen

gesprochen. Wie lächerlich kam sie sich vor! Was mußte er von ihr denken!

„Nein, ich verurtheile Sie nicht. Sie haben diesen Entschluß im Zorne gefaßt. Ich wünsche sehr, Ihnen helfen zu können, und wenn es auch nur durch einen guten Rath wäre. Darf ich mich erkundigen?"

„Bei wem?"

„Bei Ihnen."

„Fragen Sie!"

„Sie hassen den Baron?"

Sie blickte ihn in höchster Ueberraschung an.

„Sie kennen den Baron?" fragte sie erstaunt.

„Ja; nur seinen Namen weiß ich nicht. Ich muß Ihnen nämlich Zweierlei gestehen. Erstlich habe ich ein Gespräch belauscht, welches gestern dieser Baron mit einem Capitän der Garde führte. Ich merkte dabei, daß es sich um Ihren Besitz handele, Mademoiselle. Da ich dadurch Mitwisser geworden bin, wird es Ihnen nicht schwer werden, mir auch Ihr weiteres Vertrauen zu schenken. Sind Sie mit jenem Capitän der Garde verwandt?"

„Wie heißt er?"

„Albin Richemonte."

„Er ist mein Bruder, mein Stiefbruder, aber ich ver —"

Sie stockte verlegen; doch er ermunterte sie in eindringlichem Tone:

„Sprechen Sie weiter, Mademoiselle. Ich nehme den größten Theil an dem, was Sie mir sagen werden."

„O, Sie werden mich abermals für unedel, für „teuflisch" halten, Monsieur!"

„Wagen Sie es immerhin," lächelte er. „Ich gestehe Ihnen aufrichtig, daß Sie mir ganz wie das Gegentheil von teuflisch vorkommen."

„Nun, ich wollte sagen, ich verachte, ich hasse ihn. Er hat ein unendliches Elend über uns gebracht. Er steht mir ferner als der fernste Mensch, obgleich er der Sohn meines Vaters ist, an dessen Tode er die Mitschuld trägt. Nicht wahr, nun verurtheilen Sie mich, die Schwester, welche ihren Bruder verachtet?"

„Nein, sondern ich danke Gott, daß er nur Ihr Stiefbruder ist. Er ist wirklich verächtlich; auch ich verachte ihn."

„Wie, Sie kennen ihn?" fragte sie.

„Ja, und dies ist das Zweite, was ich Ihnen gestehen muß. Haben Sie vielleicht gehört, daß Ihr Bruder ein Rencontre mit einem deutschen Officiere gehabt hat."

„Ja," antwortete sie, in der Seele ihres Bruders beschämt.

„Nun, dieser Deutsche war ich. Können Sie mir vergeben? Hätte ich Sie bereits gekannt, so hätte ich ihn vielleicht geschont."

„Ich habe Ihnen nichts zu vergeben, Monsieur. Sie haben Ihre Ehre und diejenige Ihres Kriegsobersten gewahrt; das war Ihre Pflicht. Lassen Sie uns als Freunde scheiden!"

„Wie, Sie wollen mich entlassen?"

„Leider muß ich es, da Mama unwohl ist. Vielleicht aber darf ich Sie morgen wiedersehen." (Fortsetzung folgt.)

Die Liebe des Ulanen.
Original-Roman aus der Zeit des deutsch-französischen Krieges von Karl May.
(Fortsetzung.)

Königsau hätte gern etwas von Margot's Verhältniß zu dem Baron gehört; er sah aber ein, daß sie nur aus Zartgefühl ihn nicht wieder in Erwähnung brachte. Er verabschiedete sich von ihr und versprach ihr, morgen wieder zu kommen.

Dann machte er einen längeren Spaziergang. Weit ausdehnen durfte er denselben allerdings nicht, denn es war für den einzelnen Deutschen noch nicht gerathen, in gewisse Stadttheile einzudringen. Es gab Schichten der Bevölkerung, welche die Deutschen als die Besieger des Kaisers grimmig haßten. Des Nachts hörte man nicht selten den lauten Ruf „vive l'Empereur!" und es waren bereits mehrere tumultarische Auftritte vorgekommen, welche es nöthig gemacht hatten, mit bewaffneter Hand einzuschreiten.

Daher kehrte Königsau mit Einbruch der Nacht in seine Wohnung zurück, wo er sich mit seinen Büchern, noch mehr aber mit dem Gedanken an Margot beschäftigte.

Es mochte wohl gegen elf Uhr geworden sein, als er auf ein entferntes Getöse aufmerksam wurde, welches von vielen Stimmen herzurühren schien. Er trat an das Fenster und öffnete es. Ja, das war ein hundertstimmiges Gewirr, und da erkrachten auch einige Schüsse. Das kam aus der Gegend, in welcher Margot wohnte.

Dieser Gedanke erweckte seine Besorgniß. Ihre Mama war krank! Er warf sich rasch in die Uniform, schnallte den Degen um, steckte sein Pistol zu sich und eilte auf die Straße hinab. Er hörte laute Stimmen rufen, daß die Blousenmänner und Bounapartisten sich in einer Revolte befänden, und schritt weiter.

Je weiter er vorwärts kam, desto bevölkerter wurde die Straße. Ferne Lärmsignale ertönten; Pompiers sprangen vorüber, und Nationalgardisten eilten an ihre Versammlungsplätze. Auf Margot's Straße angelangt, fand er dieselbe durch eine dichte Volksmenge gesperrt. Aus mehreren Fenstern ertönten Hilferufe. Er hörte, daß die Blousenmänner die Häuser plünderten. Das Volk stand dabei, ohne dies zu verhindern. Hier und da erscholl der Ruf „Es lebe der Kaiser!" oder „Es lebe die Republik!," und es war sehr zu vermuthen, daß es zwischen diesen beiden Parteien zu einem ernsten Zusammenstoß kommen werde.

Er brach sich Bahn durch die Menge und bemerkte bald, daß in Margot's Wohnung eine einzige Lampe brannte. Dies beruhigte ihn. Er erreichte die Thür und stieg die Treppe empor. Als er klingelte, steckte das Mädchen den Kopf zur Thür heraus und fragte, da es finster war:

„Wer ist da?"

„Melden Sie Monsieur Königsau!"

„Herrgott, da kommt Rettung! O kommen Sie! Ich brauche Sie gar nicht anzumelden. Man wird entzückt sein, Sie zu sehen."

Sie führte ihn durch den unerleuchteten Salon nach dem daneben liegenden Zimmer. Es war dasjenige, in welchem die Lampe brannte, aber es war leer. Kaum jedoch war er eingetreten, so öffnete sich die gegenüberliegende Thür und Margot trat ein. Beide standen einander gegenüber, im höchsten Grade überrascht, allerdings in freudiger Weise. Sie hatte ihn bisher nur im Civil gesehen; jetzt aber stand er vor ihr in der kleidsamen Husarentracht, in welcher sie ihn im ersten Augenblicke beinahe gar nicht erkannt hätte. Und sie, o wie war sie in diesem Augenblicke doch so schön! Sie trug nichts als das Schlafnegligé und einen Staubmantel darüber. Sie hatte jedenfalls bereits geschlafen, war vom Tumulte aufgeweckt worden und hatte nur den Mantel, welcher ihr am nächsten lag, übergeworfen. In der Angst um den Ausgang und die Folgen des Tumultes hatte sie dann ganz vergessen, daß sie sich noch im Schlafgewande befinde. Jetzt, als sie eintrat und einen Officier erblickte, in welchem sie den Freund nicht sofort erkannte, war ihr unter einer Bewegung des Schreckes der Mantel entschlüpft und zu Boden gefallen. Nun stand sie vor ihm wie eine weibliche Göttergestalt aus dem Olymp.

Das weiße Negligé ging ihr nicht ganz bis auf die Knöchel herab und ließ ein elfenbeinweißes Füßchen sehen, welches, von keinem Strumpfe bedeckt, in einem blauen Sammetpantöffelchen steckte. Das Gewand hatte sehr kurze Aermel und gab also ein Paar Arme frei, wie sie Kleopatra nicht voller und schöner gehabt haben konnte. Die Falten des Stoffes legten sich liebevoll an die reizende Gestalt, deren Umrisse deutlich zu erkennen waren. Der herrliche Busen zeigte, obgleich von keiner Schnürbrust unterstützt, jene Form und Festigkeit, die man in Egypten an Fellahmädchen bewundert, welche auch niemals ein Mieder tragen. Ueber ihm erhob sich ein kräftiger, und doch feiner, glänzender Hals, der es werth war, ein Köpfchen von so herrlicher Vollendung zu tragen. Die Zöpfe des Haares waren aufgelöst, und nun floß die dichte, dunkle Fluth in zauberischen Wellen bis weit über die Hüften herab. Wie sie so dastand, glich sie einer Brunhilde, wie sie sich der Maler denkt, ohne ihre Gestalt in ihrer ganzen Pracht und Herrlichkeit auf die Leinwand zaubern zu können.

Es war dem Deutschen als ob er sich im Traume befinde. Er wollte grüßen, brachte aber kein Wort hervor. Daß Margot schön sei, das wußte er, daß aber ihre Schönheit ein solche Vollendung, eine solche Originalität besitze, das hatte er nicht geahnt. Allerdings hatte sie sich heute selbst schön genannt und von ihren Reizen gesprochen. Sie hatte den Ausdruck gebraucht, „die einen Mann glücklich machen kann". War sie sich des ganzen Umfanges, des ganzen Reichthumes, der ganzen Fülle ihrer Reize bewußt?

Jetzt in diesem Augenblicke jedenfalls nicht, denn, ihr Negligé ganz vergessend, trat sie mit dem Ausdrucke höchster Freude auf Königsau zu, reichte ihm die Hand und rief:

„Ah, Sie, Monsieur! Gott sei Dank, nun ist die Angst verschwunden! Herzlichen Dank, daß Sie Ihrer Pflicht einen Augenblick abringen, um uns zu beruhigen!"

Er drückte ihre Hand an seine Lippen, es war ihm wie zum Trunkenwerden, als sein Blick von diesem Händchen aus der Formung des prächtigen Armes folgte und dann an dem plastisch vollendeten Busen hängen blieb. Er mußte sich zusammennehmen, um nicht die Antwort schuldig zu bleiben:

„Einen Augenblick? Ich stehe Ihnen für länger zur Verfügung. Ich hörte von meinem Fenster aus den Tumult und ahnte, daß er in dieser Gegend sei. Ich glaubte, daß die Gegenwart eines Militärs zu Ihrer Beruhigung beitragen werde und eilte also, mich unter Ihren Oberbefehl zu stellen, Mademoiselle."

„O, wie lieb, wie gut ist das von Ihnen. Wir waren so allein und haben wirklich eine sehr große Angst ausgestanden. Ihre Aufmerksamkeit verpflichtet uns zum größten Dank. Ich werde Mama Ihre Gegenwart melden, damit auch sie sich beruhigt."

Sie wendete sich um, zu ihrer Mutter zu gehen, da sah sie den Mantel liegen. Erst jetzt bemerkte sie, in welcher Weise sie den Freund empfangen hatte. Sie erglühte bis über die Stirn herauf; sie wollte den Mantel aufheben, um ihn überzunehmen, aber das ging ja nicht, das ging wirklich nicht.

Da trat Königsau hinzu, hob ihn auf und legte ihn ihr über. Seine Hand streifte dabei ihre warme Schulter. Er nahm die Last ihres Haares in die Hände, um die herrlichen Wellen über den Mantel herabgleiten zu lassen. Es war ihm, als ob er in einem Zauber= oder Märchenbuche lese. Er konnte sich nicht länger beherrschen, er konnte sich nicht halten, er drückte ihre beiden Hände an seine Brust und sagte mit heißem Athem und blitzendem Auge:

„Margot, Sie sind schön, sinnberückend schön! Und all' diese Pracht und Herrlichkeit sollte diesem Baron gehören? Bei Gott, eher stoße ich ihm den Degen in den Leib!"

Sie ließ ihm ihre Hände und antwortete:

„Bin ich wirklich so schön, Monsieur? Diese Schönheit hat uns Alles gekostet, was wir besaßen, das Glück und das Vermögen; ich möchte sie missen und sie von mir werfen, wenn ich könnte."

„Um Gotteswillen, nein, Margot! Sie haben keine Ahnung, was Sie einem Manne sein und werden können. Ich muß mich ja abwenden, um dem Verlangen widerstehen zu können, Sie an mein Herz zu ziehen und dort festzuhalten, für das ganze Leben, für die ganze Ewigkeit, denn, wo Sie sind, da muß auch der Himmel und die Seligkeit sein!"

Er drehte sich wirklich von ihr weg. Sie zog den Mantel fester um und ging zu ihrer Mutter. Als sie nach einigen Minuten wiederkehrte, hatte sie den Mantel abgelegt und an seiner Stelle ein Morgenkleid schnell übergezogen. Aber dies war keine strengere Verhüllung, obgleich sie lächelnd sagte:

„So, Monsieur, werde ich nun Niemandem mehr gefährlich sein. Mama sagt Ihnen innigen Dank. Leider kann sie noch immer nicht erscheinen. Aber was ist das? Welch ein Schreien und Lärmen!"

Sie trat zum Fenster, um es zu öffnen; er faßte sie bei der Hand und sagte:

„Bitte, nicht hier, Mademoiselle. Hier ist Licht, und man erblickt Sie von unten. Das muß man bei solchen Gelegenheiten zu vermeiden suchen. Gehen wir in den Salon, wo es dunkel ist. Dort können wir beobachten, ohne beobachtet zu werden."

Sie folgte ihm. Der Lärm auf der Straße hatte sich verdoppelt. Die verschiedenartigsten Rufe durchkreuzten sich, und die Menge wogte hin und her wie ein aufgeregtes Meer. Königsau öffnete das Doppelfenster. Seine Anwesenheit ermuthigte Margot, hinauszublicken; er that dasselbe an ihrer Seite. Das Fenster war nicht allzu breit; sie hatten kaum Platz neben einander. Ihre schönen, vollen Formen, deren Wärme durch das dünne Gewand drang, legten sich an seinen Körper. Wenn er ihr nicht unbequem werden wollte, so durfte er den einen Arm nicht auf das Fenster legen. Aber wohin sonst? Er wagte es und legte ihn leise um ihre Taille. Sie fühlte es, sie zuckte leicht zusammen, aber sie duldete es.

Er fühlte die electrische Wärme ihres Körpers seine Hand, seinen Arm durchdringen; er hätte für diesen Augenblick sein Leben geben können und dabei doch gedacht, daß er nicht zu theuer bezahlt sei. So beobachteten sie eine ganze Weile schweigend das Menschengedränge da unten. Da krachte ein Schuß. War es ein blinder gewesen, oder nicht? Königsau bog sich vor, um nach dem Punkte zu blicken, an welchem der Blitz aus dem Rohre gezuckt war. Sein Arm, welcher um die Taille Margot's lag, mußte die er Bewegung folgen, und so kam seine Hand, ganz ohne daß es seine Absicht war, an ihre entzückende Büste zu liegen. Er fühlte das und erschrak. Er glaubte natürlich, daß sie seine Hand ergreifen und zornig entfernen werde; aber nein, sie that es nicht, denn sie fühle, daß seine Bewegung eine absichtslose gewesen war, und durch ihre Selbsthilfe hätte sie ihn ja einer Absichtlichkeit geziehen.

Er selbst gab seinem Arme die vorige Lage wieder, aber dieser legte sich fester als früher um ihre Taille. Da wendete sie ihm das Köpfchen zu und flüsterte bittend:

„O, bitte, nicht so, Monsieur."

Er fühlte den reinen Hauch ihres Mundes seine Wange streifen und antwortete:

„Nicht so, sondern so! Nicht wahr, Margot?"

Dabei drückte er sie noch fester an sich.

„O nein," bat sie. „Soll ich mich Ihnen nicht anvertrauen dürfen?"

Es wallte in ihm heiß empor. Er antwortete:

„Anvertrauen für diesen Augenblick? O, wie unendlich viel und doch wie so wenig ist das! Können Sie denn jetzt, für diese wenigen Minuten, Vertrauen zu mir haben?"

„Für immer!" lispelte sie.

Da wollte er sie an sich ziehen, sie aber wehrte ihn ab und sagte:

„Zürnen Sie mir nicht, Monsieur! Wenn ich mich Ihnen auch anvertrauen könnte, so darf ich es doch nicht."

„Warum nicht?" fragte er.

„Ich darf nicht. Nie, nie," wiederholte sie.

„So hassen Sie mich?"

Sie zögerte eine Weile mit der Antwort; dann hörte er die tief gehauchten Worte:

„Wie könnte ich Sie hassen!"

Da bog er sich ganz zu ihr heran, hielt seinen Mund an ihr Ohr und flüsterte:

„Aber auch nicht lieben, Margot?"

„Nein!"

Er erschrak fast, als er dieses Wort hörte.

„Nie? Niemals?" fragte er.

„Niemals," antwortete sie.

Da glitt sein Arm langsam von ihrer Taille herab; er trat einen Schritt vom Fenster zurück, legte die Hände an seine Stirn und holte tief Athem. Sie hörte dies. Ihr Herz bebte; wäre es hell gewesen, so hätte man ihren Busen an dem Fensterkissen zittern sehen können. Sie wartete, ob er wieder neben sie treten und wieder neben ihr hinausblicken werde — aber er kam nicht.

Da, jetzt ertönten vorn an der Straßenecke neue Stimmen.

„Es lebe die Republik! Nieder mit den Kaiserlichen!"

Ein neuer Schwarm von Menschen drängte sich zur Straße herein. Ihr Ruf sagte, wer oder was sie seien; es waren Republikaner. Da erscholl es von der anderen Seite:

„Es lebe der Kaiser! Nieder mit den Sansculotten!"

Und in der Mitte der Straße rief man:

„Es lebe Ludwig der Achtzehnte! Nieder mit den Kaiserlichen und den Sansculotten!"

Jetzt stießen die drei Parteien zusammen. Es entstand eine fürchterliche Balgerei. Ein gräßliches Brüllen und Schreien erfüllte die Straße; Schüsse detonirten, und an dem Rufen der Verwundeten hörte man, daß man auch die blanke Waffe gebrauche.

„Hurrah!" rief es endlich. „Sieg Ludwig dem Achtzehnten! Plündert die Kaiserlichen und schlagt die Sansculotten todt!"

Die Anhänger Ludwig's hatten gesiegt. Man hörte jetzt Thüren einschlagen und Fenster klirren; die Plünderung begann.

Margot hatte sich vom Fenster zurückgezogen. Sie zitterte vor Angst.

„Mademoiselle, gehen Sie zu Ihrer Mama!" sagte Königsau. „Man weiß nicht, was geschehen kann."

„Mein Gott," antwortete sie, „mein Bruder ist als Bonapartist bekannt!"

„Wo wohnt er?"

„Er bewohnt die andere Hälfte der Etage."

„Ist er daheim?"

„Nein. Er würde sich bei diesem Aufruhr auch nicht nach Hause getrauen."

„Plünderung, Plünderung!" ertönte es abermals von unten. Und eine einzelne Stimme fügte hinzu: „Hier ist Nummer Zehn; hier wohnt der Capitän!"

Man hörte, das die Männer unten eindrangen.

„Sie kommen, mein Gott, sie kommen!" rief Margot. „Drüben mögen sie immerhin plündern, wenn sie nur meine arme Mama verschonen!"

„Wenn sie einmal drüben beginnen, so kommen sie auch herüber. Sie tragen den Namen Ihres Bruders und müssen für ihn mit bezahlen. Man muß das zu verhüten suchen. Gehen Sie zu Ihrer Mama; ich werde mein Möglichstes thun!"

Man hörte jetzt die kranke Frau ängstlich rufen; Margot eilte zu ihr. In diesem Augenblicke donnerten auch schon heftige Schläge gegen die Vorsaalthür. Das Dienstmädchen hatte sich versteckt; Königsau sah sich ganz allein. Er ergriff mit der Linken ein Licht, lockerte mit der Rechten seine Pistolen und die Degenklinge und öffnete dann die Thür. Draußen standen eine Menge wilder Gestalten, und auch die Treppe war besetzt von ihnen.

„Was wollen Sie hier, Messieurs?" fragte Königsau mit kräftiger Stimme.

Die Leute waren nicht wenig erstaunt, einen deutschen Officier zu sehen. Sie wichen ein Wenig zurück, und einer von ihnen antwortete:

„Wir suchen den Capitän Richemonte."

„Er wohnt nicht hier, sondern gegenüber."

„So werden wir ihn dort aufsuchen!"

„Er ist nicht daheim."

„Das thut nichts. Wir werden uns seine Meubles einmal ansehen!"

„Da kommen Sie zu einer recht ungewöhnlichen Stunde," meinte Königsau lächelnd. „Uebrigens, was kann ein Bonapartist für kostbare Meubles haben. Sie würden sich sehr täuschen, Messieurs. Es liegt eine sehr kranke Dame hier; ich hoffe, Messieurs, daß Sie so galant sein werden, dies zu berücksichtigen."

„Ihr hört es!" meinte der Sprecher zu den Uebrigen. „Wollen wir gehen?"

„Ja!" riefen Viele, und „Nein!" riefen noch Mehrere.

Margot war einige Augenblicke lang bei ihrer Mutter gewesen, jetzt aber stand sie angstvoll im Hintergrunde des Vorsaales, um den Ausgang der Unterhandlung abzuwarten. Sie sah Königsau draußen auf dem Corridore stehen. Das Licht, welches er in der Linken hielt, beleuchtete seine kräftig männlich schöne Gestalt.

„Ich habe das Wort Plünderung vernommen," sagte er. „Ich bin überzeugt, daß kein Anhänger Ludwig's des Achtzehnten es ausgesprochen hat. Wir haben den Kaiser entfernt und unser Blut für Euch vergossen, um Euch den Frieden, nicht aber Raub und Plünderung zu bringen. Es lebe Ludwig der Achtzehnte; es lebe die Ordnung! Nieder mit den Räubern und Dieben! Das Volk von Frankreich besteht nicht aus Einbrechern, sondern aus ehrlichen Leuten!"

Das war ganz nach der Situation gesprochen.

die Straße zu beobachten. Er hatte dort noch nicht allzulange gestanden, so sagte ihm ein leichtes Rauschen, daß Margot hinter ihm stehe.

Er wendete sich um und wollte zur Seite treten, um sie an das Fenster zu lassen.

„Bleiben Sie, Monsieur," sagte sie. „Wir haben Beide Platz."

„Es ist zu eng für Zwei, die sich nicht lieben können," warf er ein.

„Bleiben Sie immerhin," antwortete sie. „Was Ihnen erlaubt war, darf wohl auch ich einmal wagen."

Sie legte den einen Arm auf das Fensterkissen und stützte den anderen gerade so auf seine Taille, wie er es vorher bei ihr gemacht hatte. Es war ein namenlos seliges Gefühl, welches ihn bei dieser Berührung durchfluthete. Ahnte sie,

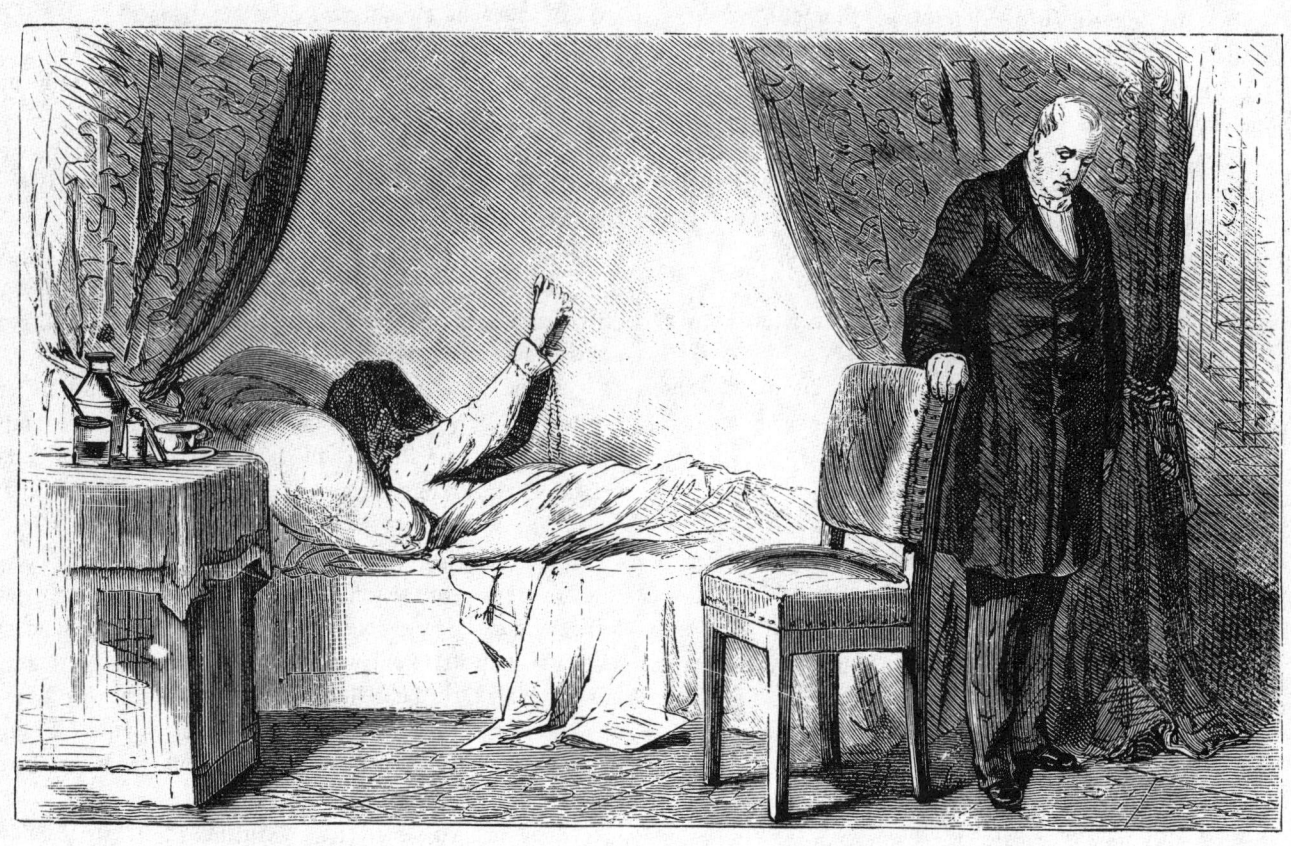

Im Krankenzimmer.

„Es lebe Ludwig der Achtzehnte; es lebe die Ordnung!" riefen die Leute nach. „Kommt, wir wollen gehen; dieser brave Deutsche giebt uns unseren König wieder; er hat Recht!"

Sie drehten sich um und verließen alle das Haus.

Als Königsau in den Vorsaal zurücktrat, erblickte er Margot. Ihre Augen leuchteten vor Freude über und vor Bewunderung für ihn. Er hatte es gewagt, er, der Einzelne, der verhaßte Deutsche, einer solchen Rotte zügelloser Menschen entgegen zu treten! Sie streckte ihm ihre beiden Hände entgegen und sagte:

„Dank, Monsieur, nehmen Sie Dank! Sie allein sind es, welcher uns errettet und befreit hat. Ich werde sogleich zur Mama gehen, um ihr zu melden, daß die Gefahr vorüber ist."

Sie ging. Königsau stellte sein Licht wieder in den Vorsaal und kehrte dann in den Salon zurück, um von Neuem

wie furchtbar wehe sie ihm vorhin gethan hatte, und wollte sie das wieder gut machen? Er ergriff ihr Händchen und zog ihren Arm, der um ihn lag, fester an. Sie ließ es geschehen.

„Fürchten Sie sich nicht vor diesen Leuten, Monsieur?" fragte sie.

„Fürchten? Ich hätte mit ihnen gekämpft, wenn sie nicht gegangen wären," versicherte er.

„O Gott, wenn man Sie getödtet hätte!"

„So wäre ich eines schönen Soldatentodes gestorben und der letzte Gedanke, in Ihrem Dienste gefallen zu sein, wäre für mich bereits der Beginn der jenseitigen Seligkeit gewesen. Vielleicht wäre es besser gewesen, wenn es so gekommen wäre."

„Warum?"

Er schwieg. Nach einiger Zeit war es ihm, als ob er

einen leisen Druck ihres Armes fühle, und dann sagte sie:

„Bitte, antworten Sie mir!"

„Weil mein Herz, meine Seele, mein Leben bei Ihnen bleibt, und ich nichts sein werde als ein Automat, der von seinen Pflichten regiert wird."

„Sagen Sie mir Ihren Vornamen!"

„Hugo."

„Nun also, Monsieur Hugo, warum bestehen Sie darauf, sich durch trübe Bilder und Vorstellungen das Glück des gegenwärtigen Augenblickes zu verkürzen?"

„Ist es denn ein Glück, Margot?"

„Ja."

„Für mich, ja," sagte er, ihre Hand zärtlich drückend, „ob aber für Sie?"

„Muß ich Ihnen dies sagen?"

„Ich bitte darum!"

„Gut, aber nicht jetzt, nicht heute, sondern zu einer anderen Zeit."

„So muß ich warten. Aber darf ich nun auch die Hauptfrage aussprechen?"

„Sprechen Sie, Monsieur!"

Da legte er den linken Arm um sie, zog sie an sich heran, so daß ihr Kopf an seine Schulter zu liegen kam, strich ihr mit der Rechten liebkosend über das reiche Haar und fragte:

„Wird es Ihnen denn so sehr leicht, mich nicht lieben zu dürfen, Margot?"

Da drückte sie ihre Wange an die seinige und antwortete:

„Nein, sondern es fällt mir sehr schwer."

In Tirol.

„Auch für mich," flüsterte sie.

„Wirklich, Margot?"

„Wirklich, Hugo!" versicherte sie.

„Wie ist dies möglich, da Sie mich nicht lieben können?"

Bei dieser Frage hatte er sich gerade empor gerichtet, und da ihr Arm um seinen Leib lag, so war sie gezwungen, dieser Bewegung zu folgen. Sie zog zwar den Arm von ihm fort, blieb aber so nahe an ihm stehen, daß er den Hauch ihrer Worte fühlte.

„Hätte ich wirklich gesagt, daß ich Sie nicht lieben kann?" fragte sie.

„Ja."

„Ich habe gemeint, daß ich Sie nicht lieben darf. Das ist ein Unterschied!"

„O, und was für einer! Ein riesig großer! Aber warum dürfen Sie nicht?"

„Ich danke Dir, danke Dir von ganzem Herzen, Du herrliches, süßes Wesen!" sagte er, indem er seine Lippen auf ihren Mund legte, welcher den Kuß leise erwiderte. „Ich habe Dich trotz der kurzen Zeit, in welcher ich Dich kenne, so unendlich, so unbeschreiblich lieb, daß ich ohne Dich nicht leben kann. Glaubst Du das, meine Margot?"

Da schlang sie die beiden Arme um seinen Hals und antwortete traurig:

„Ich glaube es, denn ich empfinde für Dich ja ganz dasselbe. Aber dennoch müssen wir scheiden!"

„Aber warum? Warum? Sage es mir!"

„Das ist ja eben das, warum ich Dich nicht lieben darf!"

„Und wenn ich Dich nun recht sehr bitte, es mir zu sagen?"

Sie umfaßte ihn mit innigster Zärtlichkeit und antwortete:

„Es fällt mir so schwer, so sehr schwer, Hugo."

„So will ich an Deiner Stelle sprechen, meine Margot?"

„Thue es, mein Freund."

„Du darfst mich nicht lieben, und Du glaubst, nicht mein Weib werden zu können, weil Du noch nicht frei vom Barone bist?"

„Du hast es errathen," lispelte sie.

„Wenn ich ihm nun die hundertundfünfzigtausend Franken bezahle, mein Kind?"

„Dieses Opfer ist zu hoch, zu außerordentlich. Bist Du denn so reich, mein Hugo?"

„Ich will ehrlich sein, Margot. Ich bin nicht reich. Ich besitze nichts als ein Gütchen, welches vielleicht gerade so viel werth ist, wie wir brauchen werden. Ich werde es verkaufen, um Dich und Mama von diesem Menschen zu befreien."

Sie sagte kein Wort, aber sie schlang die Arme um ihn und schmiegte sich so fest und innig an ihn, daß er das Klopfen ihres tief bewegten Herzens fühlte. Ihr Busen wogte an seinem Herzen auf und nieder, und da sie ihr Angesicht liebevoll an das seinige drückte, so fühlte er ihre Thränen über ihre und seine Wangen niederperlen. Ein wiederholtes, krampfhaftes Schluchzen, welches sie wohl unterdrücken wollte, aber nicht beherrschen konnte, sagte ihm deutlich, in welch einem Aufruhr sich ihr Inneres befinde. Er ließ sie gewähren, aber nach einer Weile, als sie ruhiger geworden zu sein schien, fragte er:

„Warum weinest Du, mein liebes Herz. Was kränkte Dich?"

„Nichts, mein Hugo," antwortete sie, ihn innig küssend; „ich weinte vor Wonne. Ich habe nie geglaubt, einen Mann zu finden, welcher so freudig bereit ist, für seine Liebe zu mir seine ganze Habe zu opfern. Aber ich darf es nicht annehmen, so glücklich mich Deine Bereitwilligkeit auch macht."

„Warum nicht?"

„Was bliebe Dir zum Leben? Was bedeutet ein armer Officier?"

„Gott wird uns beistehen und für uns sorgen, mein Leben!"

„Du Guter, Lieber!" sie küßte ihn vor inniger Dankbarkeit auf Stirn, Auge, Wange und Mund; ja, sie küßte sogar seine beiden Hände und fragte dann: „Ist Dir Deine Margot denn wirklich eine so ungeheure Summe werth?"

Er zog sie an sich, preßte sie heftig an sein Herz und versicherte ihr aufrichtig:

„Mehr als so viele Millionen, wenn ich sie hätte, als es hier Hunderte sind!"

So standen sie lange, Brust an Brust und Mund an Mund. Unten hatte sich der Aufruhr nach und nach verlaufen, um sich nach einer anderen Gegend zu wenden; tiefe Ruhe herrschte, und das erweckte die beiden Glücklichen aus ihrer Verzückung.

„Wie wird sich Mama freuen!" sagte Margot. „Wollen wir es ihr schon heute sagen?"

„Ja. Es ist zwar kühn von mir, weil sie mich noch nicht kennt, aber es nimmt ihr die Sorge um die Wechsel vom Herzen, und daher mag sie es jetzt erfahren."

„So will ich sehen, ob sie noch wacht."

Sie schlich leise davon, kehrte aber bald mit der Meldung zurück, daß die Mutter eingeschlafen sei. Es verstand sich von selbst, daß man sie nicht weckte. Erst nach unzähligem Abschiednehmen verließ Königsau die Geliebte, um sich nach Hause zu begeben. Es sollte jedoch anders kommen, als er gedacht hatte.

Er blieb bei der nächsten Straßenecke stehen, um sich eine Cigarre anzuzünden. Es war damals die Zeit, in welcher die Cigarren eben erst aufgekommen waren. Er war noch gar nicht weit von der Ecke fortgeschritten, so kam ihm einer entgegen und sagte:

„Halte la, Kamerad! Donneh moah eng pee de fee pour ma pipe — halt, Kamerad, geben Sie mir ein bischen Feuer für meine Pfeife!"

Dieses Französisch war geradezu schrecklich ausgesprochen. Hätte Königsau den Mann nicht an der Stimme erkannt, so hätte er doch an dieser Aussprache gehört, wer er sei, nämlich der alte Blücher, welcher bekanntlich das schauderhafteste Französisch sprach.

„Zu Befehl, Excellenz!" antwortete der Husar.

„Donnerwetter, ein Deutscher! Es ist so dunkel, daß man nichts erkennt; ich hörte nur den Sarras rasseln und sah die Cigarre glimmen. Wer sind Sie denn?"

„Lieutenant Königsau von den Ziethenhusaren."

„Ah, Junge, bist Du es? Und noch immer nicht Rittmeister?" lachte der Alte, indem er seine Pfeife in Brand steckte. Ich bin da in dem alten Dorfe herum gerannt, um die berühmte Revolution zu sehen, welche es gegeben haben soll, habe aber ganz und gar nichts bemerken können."

„Ich war so ziemlich dabei engagirt, Excellenz."

„Ah, wirklich? Komm, mein Sohn, das mußt Du mir erzählen! Ich weiß da ein recht hübsches Nest, wo es einen recht guten Wein giebt und auch noch einiges Andere mehr; da sollst Du mir beichten. Die Zeche braucht Dir keine Sorge zu machen."

Er klopfte an die Tasche, in welcher die Goldstücke klirrten, und schritt voran. Königsau wußte, daß Blücher ein leidenschaftlicher Spieler war, der des Abends gern sein Glück versuchte; daher ahnte er, daß der jetzige Gang wohl den gleichen Zweck habe, und er sollte sich auch nicht getäuscht haben.

Nach einiger Zeit blieb Blücher vor der Thür eines Hauses stehen, welches allem Anscheine nach nicht ein öffentliches, sondern ein Privathaus war.

„Mein Sohn," sagte er. „Ich nehme Dich mit hierher, weil ich denke, daß Du ein braver und verschwiegener Kerl bist. Du wirst von Allem, was Du siehst, das Maul halten; wo nicht, so holt Dich entweder der Teufel, oder ich!"

„Excellenz dürfen glauben, daß ich keine Plaudertasche bin," sagte Königsau.

„Das will ich Dir auch gerathen haben! Erfahre ich, daß Du Deinen Schnabel nicht in Acht nimmst, so wärest Du ein ausgemachter Lump, mein lieber Sohn, und würdest ganz gewaltig in die Käse fliegen, Du Himmelsacramenter!"

Er zog leise an einer Glocke. Erst nach längerer Zeit hörte man im Inneren des Hauses nahende Schritte, und eine Stimme fragte:

„Wer ist draußen?"

„Blücher," antwortete der Feldmarschall.

Sogleich wurde die Thür geöffnet, und die Beiden traten ein. Der Portier, welcher sie empfing, verbeugte sich tief; Blücher beachtete es nicht und schritt voran, die Treppe empor. Oben trat er in ein Zimmer, in welchem mehrere

Herren saßen, welche sich ehrfurchtsvoll erhoben. Er nickte ihnen zu und schritt, ohne Königsau vorzustellen, an ihnen vorüber in ein Nebenzimmer, in welchem sich kein Mensch befand.

Auf dem dort stehenden Tische sah man Gläser und volle Flaschen stehen. Blücher griff sofort nach einer der Letzteren, entkorkte sie und schenkte ein.

„Zunächst einschenken," sagte er. „Diese Franzosen sind ein ganz verfluchtes Volk und haben doch einen verteufelt guten Wein. Wie paßt das zusammen! Schon aus Aerger darüber könnte man sie in Kochstücke hauen. Prosit mein Sohn! Dieser Tropfen wird Dir nicht in der Gurgel stecken bleiben."

Er stieß mit dem Lieutenant an, setzte sich und fuhr dann fort:

„So! Nicht wahr, er ist gut? Nun setze Dich zu mir und erzähle mir von der Revolte, welche Du mit erlebt hast. Wir haben noch einige Zeit."

Königsau folgte diesem Befehle, indem er nur das berichtete, was er für nothwendig hielt, ohne seine Herzensangelegenheit zu berühren. Während er erzählte, traten nach einander mehrere Herren ein, welche ehrerbietig grüßten, und es nicht wagten, bei den Beiden Platz zu nehmen, sondern durch eine zweite Thür verschwanden. Als er geendet hatte, sagte der Marschall:

„Also ein Auflauf, wie er in diesem Sodom und Gomorra öfters vorkommt. Für uns hat er nichts zu bedeuten, da die Demonstration nicht gegen uns gerichtet gewesen ist. Man ist Dir sogar gehorsam gewesen. Für so einsichtsvoll habe ich noch keinen Franzosen gehalten. Dein Auftreten ist muthig und tadellos gewesen, mein Sohn; ich muß Dich loben. Wie aber bist Du zu diesen Damen gekommen."

„Wie man so Damenbekanntschaften zu machen pflegt, Excellenz!"

„Na, wie denn?" fragte Blücher.

Es war bekannt, daß er zu den Bewunderern des schönen Geschlechtes zählte. Er hörte, daß der Lieutenant sich Mühe gab, bei seiner Antwort einen möglichst gleichgiltigen Ton beizubehalten; er vermuthete daher ein kleines Abenteuer und wollte sich die Erzählung desselben nicht entgehen lassen.

„Ich traf die Tochter auf der Straße," antwortete er. „Sie wurde von einem Russen insultirt; ich nahm mich ihrer an, und führte sie nach Hause. Infolge dessen erhielt ich von der Mutter die Erlaubniß, sie zu besuchen."

Blücher nickte, machte ein höchst pfiffiges Gesicht und sagte:

„Verdammte Kerls, diese Russen! Wo sie eine Schürze oder eine hübsche Larve sehen, da fliegen sie in die Höhe wie Champagnerpfropfen. Also Du sagst, daß er sie insultirt habe, mein Sohn? In welcher Weise ist dies denn geschehen?"

„Er bemächtigte sich ihres Armes."

„Donnerwetter, da muß sie hübsch gewesen sein! Nicht?"

„Ich habe keine Veranlassung, es zu leugnen, Excellenz."

„Aha, nun ahne ich das Uebrige! Sie hat Dich gefangen, alter Schwede!"

Königsau zuckte leicht die Achsel und schwieg verlegen.

„Hm!" brummte Blücher. „Daß doch das junge Volk so geheimnißvoll und wichtig thut, als ob es sich um eine große, außerordentliche, politische Finesse handelte. Da sitzt der Kerl, zugeknöpft wie eine Sphinx, und denkt nicht, daß der alte Blücher klug genug ist, den ganzen Kram zu errathen.

Junge, ich bin auch einmal jung und dumm gewesen, ein echter, richtiger Windbeutel; ich bin den Mädels nachgelaufen, wie der Bauer den Maulwürfen, und habe manchen Kuß weggeschnappt, der eigentlich einem Anderen gehört hatte. Jetzt bin ich alt und trocken wie Methusalem, aber ein Paar schöne Augen sehe ich mir auch jetzt noch lieber an, als ein Paar zerrissene Stiefel. Also kannst Du mir getrost die Wahrheit sagen. Nicht wahr, Ihr habt Euch ganz gehörig in einander verschamerirt?"

Königsau sah sich in die Enge getrieben. Er durfte den Marschall nicht belügen; er sagte sich im Gegentheil, daß dieser als sein höchster Vorgesetzter Offenheit von ihm fordern, und ihm außerordentlich nützlich sein könne; darum sagte er:

„Ja, es wird wohl nicht viel anderes sein, Excellenz."

„Das läßt sich begreifen," nickte der Alte. „Sie ist schön, wie Du sagst, und auch Du bist kein unebener Junge; da schnappt man rasch ein Bischen über. Aber einen guten Rath will ich Dir geben, mein Junge: Herze sie; drücke sie; schmatze sie und kneipe sie, so viel Du willst, aber heirathe sie um Gotteswillen nicht!"

„Warum?"

„Das will ich Dir sagen, Junge. Ich habe nämlich ein Haar darin gefunden, nein, nicht nur ein Haar, sondern einen ganzen alten Weiberzopf. Erst sind die Frauen mild und süß, ganz der reine Zucker; nach der Hochzeit aber geht der Teufel los und sie werden wie Alaun und Vitriol; es zieht Einem die Gurgel zusammen. Den Hof magst Du einer immerhin machen, aber nur ja keinen Heirathsantrag, sonst bist Du verloren wie Tabacksasche. Du glaubst gar nicht, was für ein Volk diese Frauenzimmer sind! Ich thue mir immer eine Güte, wenn ich einer einmal so einen richtigen Puff versetzen kann. Vor langen Jahren verliebte ich mich einmal in eine hochadelige Dame; ich war perplex bis zum Rasendwerden. Sie spielte sehr gern und ich auch. Eines Abends gewann ich ihr mehrere tausend Thaler auf Ehrenwort ab. Sie hatte große Angst vor ihrem Manne, der das ja erfahren und bezahlen mußte. Da sagte ich ihr, daß ich ihr das Geld schenken wolle, wenn sie mir einen Kuß gäbe. Was antwortete das Weib? Einiger tausend Thaler wegen werfe sie sich nicht weg! Nun gut! Ich erhielt mein Geld und die Zeit verging. Ich avancirte und wurde General, aber mit den Verhältnissen dieser Dame ging es retour. Sie wurde alt, aber das Spielen konnte sie nicht lassen. Eines schönen Abends gewann ich ihr wieder eine bedeutende Summe ab. Da sagte sie mir vor allen Leuten, daß sie jetzt bereit sei, den erbetenen Kuß zu geben, wenn ich ihr die Schuld quittiren wolle; ich aber antwortete ihr: „Nee, gnädige Frau; die Zeiten ändern sich; der Appetit auf Sie ist mir vergangen; ich schmatze keene alte Schachtel!" Du kannst Dir denken, mein Sohn, was für ein Gesicht sie machte! Ich gebe Dir mein Wort: Erst sind diese Weibsen der reine Honigseim, später jedoch wird Rindsgalle daraus. Nach der Hochzeit werden sie überständig und moderig; sie kriegen Risse, Knitter und Stockflecke; die Falten kommen, und die Haare fallen aus, und aus dem früheren Engel wird eine Klatschschwester, eine Vogelscheuche, ein Drache, ein Ungethüm, das Gift und Feuer speit. Darum verliebe Dich, aber verheirathe Dich nicht, mein Sohn! Aber, Du ziehest mir so ein wunderliches Gesicht! Junge, Du bist doch nicht etwa schon auf den Leim gegangen?"

Königsau lachte und antwortete:

„Ich sitze fest, Excellenz!"

„Alle Teufel, das ist dumm! Hast Du ihr Dein Wort gegeben?"

„Freilich!"

„Das ist noch dümmer! Armer Kerl, Du kannst mich dauern! Ist sie reich?"

„Nein!"

„Kerl, Du bist ein Esel!"

„Aber ein sehr glücklicher, Excellenz!"

„Ja, das denkst Du jetzt. Aber der hinkende Bote kommt hinterher und faßt Dich beim Schopfe. Und nun gar eine Französin! Hättest Du Dich an eine Deutsche verschachert, so möchte es noch gehen; aber eine Mademoisnelle, das ist zu dumm, mein Sohn: So ein Kerl wie Du bist! Du brauchst nur die Hand auszustrecken, so hängen gleich Elfhundert daran, und hier gehst Du so traurig auf den Leim!"

Blücher schüttelte den Kopf; Königsau aber meinte in zuversichtlichem Tone:

„Es ist kein Leim, Excellenz. Margot ist gut."

„Gut? Hm! Wart's ab! Also Margot heißt sie?"

„Ja."

„Na, der Name wenigstens klingt nicht übel! Aber sie ist arm, und Du hast nichts. Was soll daraus werden?"

„Ich verkaufe mein Gut."

Der Husar ließ sich diese Antwort entfahren, ohne daran zu denken, daß er damit gerade das preis gab, was er gern verschweigen wollte.

„Dein Gut verkaufen?" fragte Blücher erschrocken. „Warum? Das ist ja gar nicht nöthig! Gerade, da Du Dich verheirathen willst, mußt Du es behalten. Deine Gage ist ja nur eine Lappalie; Dein Gut bringt Dir einen Zuschuß; wovon willst Du leben, wenn dieser wegfällt?"

Königsau blickte nachdenklich vor sich nieder und antwortete dann:

„Sie haben Recht, Excellenz, aber ich muß verkaufen; ich bin zu diesem Opfer gezwungen, und ich bringe es gern."

„Wer zwingt Dich denn dazu?"

„Ein neugebackener Baron, der Armeelieferant Napoleon's gewesen ist."

„Ein Armeelieferant? Den Kerl soll der Blitz zerquetschen! Diese Menschen sind alle Spitzbuben, einer wie der Andere! Aber wie hängt das zusammen. Hast Du etwa mit ihm gespielt! Bist Du ihm Geld schuldig?"

Der Lieutenant sah ein, daß er bereits zu mittheilsam gewesen sei, um jetzt schweigen zu können. Er beschloß, aufrichtig zu sein und dem Marschall Alles zu erzählen. Blücher hörte ihm schweigend zu; seine Miene wurde ernst und immer ernster; endlich schüttelte er langsam den Kopf und sagte:

„Das ist nun freilich eine ganz und gar verfluchte Geschichte. Du bist ein Ehrenmann und kannst nicht mehr zurück. Dein Gütchen ist pfutsch, vollständig pfutsch, armer Junge. Aber so ist es: gestern verliebt und heute ein Esel! Wie willst Du es anfangen, um Geld zu bekommen? In acht Tagen müssen die Wechsel eingelöst werden; aber so schnell geht es doch mit dem Verkaufe nicht!"

„Das macht mir keine Sorge. Das Gut ist unverschuldet; wenn ich es verpfände, giebt mir jeder Bankier die Summe, welche ich brauche."

„Hm! Junge, Du dauerst mich! Ist diese Margot denn gar so ein Wunder von einem Mädchen, daß Du Dein ganzes bischen Habe gern für sie opferst?"

„Sie ist ein Engel!" antwortete Königsau warm.

„Donnerwetter, da darf ich sie mir wohl einmal ansehen, he?"

„Wenn Excellenz befehlen, werde ich Sie vorstellen."

„Gut! Du hast mit der Alten noch gar nicht gesprochen, das heißt, über Eure Liebelei?"

„Nein."

„Und morgen willst Du Dich erklären?"

„Ja."

„Schön! Ich werde Dich begleiten und den Freiwerber machen. Ich glaube, daß es Dir keine Schande ist, wenn der alte Gebhard Leberecht von Blücher seinen Senf dazu giebt. Wie viel Uhr wirst Du erwartet?"

„Um drei Uhr."

„So komme halb drei Uhr zu mir. Ich werde mich in Glanz und Wichs werfen, um Ehre einzulegen. Aber das sage ich Dir: Gefällt mir das Mädchen nicht, so rede ich kein Wort. Ich will den Vorwurf nicht auf dem Gewissen haben, an Deinem Elend Schuld zu sein. Ah!"

Er erhob sich, denn es trat ein Herr ein, welcher ihm sehr bekannt zu sein schien, und den er vertraulich grüßte. Der Mann trug sich höchst elegant; seine Hände waren mit kostbaren Ringen besteckt, und an seiner Uhrkette glänzten Berloquen, welche ein Vermögen repräsentirten. Königsau wurde ihm von dem Marschall vorgestellt, und so erfuhr der Lieutenant, daß der Franzose einer der bedeutendsten Bankiers von Paris sei.

Jetzt traten die Drei in dasselbe Zimmer, in welches sich alle Diejenigen begeben hatten, welche während des Gespräches Blücher's mit Königsau gekommen waren.

Der Letztere erkannte auf den ersten Blick, daß er sich in einer Gesellschaft feiner Spieler befinde. Man hatte sich um mehrere Tische arrangirt, um den verschiedensten Hazardspielen zu huldigen. Der Bankier trat an einen Tisch, an welchem man Biribi spielte.

„Wollen Sie mir heute Revanche für gestern geben, Durchlaucht?" fragte er Blücher.

„Später, Monsieur," antwortete dieser. „Vorerst will ich mich anderswo versuchen."

Er begab sich an einen Tisch, wo mehrere Herren beim Pharao saßen.

„Hast Du bereits einmal gespielt, mein Sohn?" fragte er den Lieutenant.

„Noch nie," antwortete dieser.

„Auch noch nie zugesehen?"

„Oefters, Excellenz."

„Das ist gut; Du wirst Dich also betheiligen können."

„Ich bin kein Spieler," entschuldigte sich Königsau.

„Das gilt hier nicht. Du mußt nämlich wissen, daß ein Jeder, der hier Zutritt erhält, mitspielen muß. Ich habe Dich eingeführt, und ich hoffe, daß es nicht zu Deinem Schaden ist. Bist Du bei Geld, Junge?"

„Ich habe einige hundert Franken mit."

„Das genügt, um vorsichtig zu pointiren. Komme!"

Königsau war ein Feind alles hassarden Spieles; er hätte am Liebsten das Haus wieder verlassen; aber heute und hier ging dies nicht; er war gezwungen, sich zu betheiligen, nahm sich jedoch vor, nicht leichtsinnig zu sein.

Er wurde von Blücher den Herren vorgestellt und begnügte sich zunächst damit, den Gang des Spieles zu beobachten. Blücher legte tausend Franken vor sich hin und erklärte, daß er aufhören werde, sobald diese Summe verloren sei. Er spielte mit abwechselndem Glücke. Schließlich setzte Königsau eine bescheidene Summe und gewann; er setzte abermals und gewann. Blücher nickte ihm aufmunternd zu. Der Lieutenant hatte Glück, der Marschall endlich aber Unglück. Nach Verlauf einer Stunde besaß Königsau über tausend Franken, während Blücher die seinigen verloren hatte. Er trat vom Tische ab, und der Lieutenant hielt es für seine Schuldigkeit, ihm zu folgen.

„Mein Geld hat der Teufel geholt," lachte der Alte; „aber ich habe mehr mit. Das war nur so ein kleines Vorspiel. Gestern Abend habe ich im Biribi fünfzehntausend Franken gewonnen; der Bankier führte die Bank; ich muß ihm heute Revanche geben. Du scheinst Glück zu besitzen. Wie viel hast Du gewonnen, mein Sohn?"

„Etwas mehr, als tausend Franken," antwortete Königsau.

„Das freut mich; so ist mein Geld doch in deutsche Hände gekommen, und Du kannst am Biribi theilnehmen. Kennst Du es?"

„Vom Zusehen."

„Das genügt. Aber ich muß Dir sagen, daß man sehr hoch spielt. Hundert Franken ist der geringste Einsatz. Komm, versuchen wir, dieser guten Frau Fortuna einmal gehörig zu Leibe zu gehen!"

Blücher machte Rechtsumkehrt und Königsau folgte ihm.

(Fortsetzung folgt.)

Die Liebe des Ulanen.
Original-Roman aus der Zeit des deutsch-französischen Krieges von Karl May.
(Fortsetzung.)

Als Blücher und Königsau zum Tische traten, an welchem sich, wie es schien, die Hervorragendsten der Anwesenden befanden, nickte der Bankier dem Marschall zu. Dieser ging, wie im Kriege, auch hier gerade auf den Feind los und setzte fünfhundert Franken. Er verlor sie, gewann sie dann aber wieder. Man sah es seinem ferneren Spiele an, daß er sich von der Leidenschaft nicht hinreißen ließ, aber vom Glücke nicht sehr begünstigt wurde; er verlor mehr, als er gewann.

Jetzt wagte Königsau, zweihundert Franken auf Ungerade rechts zu setzen. Er gewann, und erhielt das Doppelte. Dann setzte er hundert Franken auf Nummer Zwölf. Er gewann und erhielt das Zweiunddreißigfache. Jetzt sah er sich ganz plötzlich im Besitze von über viertausend Franken und konnte mehr wagen. Er nahm sich vor, nur über die Hälfte dieser Summe zu disponiren, und hatte die Genugthuung, dieselbe nicht alle werden zu sehen. Er war offenbar vom Glücke begünstigt. Einmal wagte er tausend Franken auf einen Satz und gewann; da seine Nebenlinie besetzt war, erhielt er sechszehntausend Franken.

Jetzt begann sein Glück Aufsehen zu erregen. Er setzte zehntausend auf Eins bis Achtzehn und gewann das Doppelte. Bei kleineren Einsätzen verlor er einige Male. Nach Verlauf von anderthalb Stunde sah er sich im Besitze einer höchst bedeutenden Summe. Einige Spieler traten ab, und es begann, dem Bankier an baarem Gelde zu fehlen.

„Noch zehn Mal, dann halte ich auf, Messieurs!" sagte er.

Da trat Blücher zu Königsau und flüsterte ihm zu:

„Benutze Dein Glück, mein Sohn; es ist Dir heute treu!"

„Haben Excellenz aufgehört?" fragte der Lieutenant.

„Ja, mein ganzes Geld ist zum Teufel."

„Excellenz haben ja Credit."

W. VIII. 161.

„Ich borge von keinem Franzosen!"

„Darf ich es nicht wagen, mich Ihnen zur Verfügung zu stellen?"

„Ich danke Dir, mein Junge! Ich würde es annehmen, aber der Spieler ist abergläubisch. Wer gewinnt, soll seinen Gewinn nicht angreifen. Ich bin überzeugt, daß Du von jetzt an verlieren würdest. Spiele weiter! Ich werde zusehen. Wieviel hast Du jetzt?"

„Gegen fünfzigtausend Franken."

„Alle Teufel! Na, fahre fort, mein Sohn! Es wäre mir ein Gaudium, wenn es Dir gelänge, diese Franzmänner gehörig auszubeuteln!"

Das Spiel nahm für den Deutschen einen günstigen Verlauf. Da nahte die letzte Tour. Außer dem Bankier und Königsau betheiligte sich nur noch einer beim Spiele. Dieser setzte seine letzten hundert Franken auf ein Kreuz. Unter einer plötzlichen Eingebung deutete der Deutsche auf die daneben liegende Nummer und sagte:

„Zwanzigtausend auf diese!"

Der Bankier erschrak; das sah man ihm deutlich an.

„Wissen Sie, Monsieur," sagte er, „daß ich Ihnen das Achtfache, also hundertundsechszigtausend Franken zu bezahlen habe, wenn Sie gewinnen?"

„Allerdings weiß ich das," antwortete Königsau.

„Sie sehen aber, wie es mit meiner Casse steht. Creditiren Sie mir bis morgen Vormittag zehn Uhr, falls ich Unglück haben sollte?"

„Mit dem größten Vergnügen!"

„Nun wohl, so wollen wir sehen!"

Die Anwesenden waren höchst begierig, den Erfolg zu sehen. Der Bankier zog die Karte, drehte sie langsam um und erblaßte — es war die Nummer, welche Königsau ge=

gesetzt hatte. Ein allgemeiner Ruf des Erstaunens ging durch das Zimmer; eine solche Summe war hier noch nie auf einen Satz verloren worden.

„Monsieur, ich bitte Sie, mir Ihre Wohnung anzugeben," sagte der Bankier.

Königsau überreichte ihm seine Karte. Er befand sich jetzt im Besitze von über zweimalhunderttausend Franken. Er war während des Spieles innerlich vollständig ruhig geblieben, jetzt aber war es ihm, als ob er vor Freude laut sein Glück hinausrufen müsse. Diese Freude wurde von dem Marschall aufrichtig getheilt. Dieser klopfte ihm auf die Achsel und sagte:

„Himmelelement, war das ein Treffer! Du bist ein ganz und gar bevorzugter Glückspilz, mein Junge. Ich werde Dir tragen helfen, denn Du bist nicht im Stande, das viele Geld nach Hause zu schleppen. Vor allen Dingen aber wollen wir dieses Ereigniß mit einer Flasche Champagner begießen."

Jetzt nun setzten sich die Anwesenden zusammen, um das Glück zu feiern, oder den Aerger über ihr Unglück in Wein zu ersäufen. Im Laufe der Unterhaltung erfuhr Königsau, in welch einem Hause er sich befand.

Es gab damals in Paris Hausbesitzer, welche ihre Räume vornehmen Spielern öffneten. Diese Letzteren kamen da des Abends zusammen, ohne direct mit dem Wirthe zu verkehren. Ein Entree wurde nicht bezahlt, aber Alles, was genossen wurde, war so theuer, daß der Besitzer sich sehr wohl dabei stand. In einem solchen Hause befand sich der Deutsche.

Es war in demselben für Alles gesorgt. Sogar starke Leinwandsäckchen hielt man vorräthig, damit ein glücklicher Gewinner im Stande sei, sein Geld bequem nach Hause zu bringen. Es kam öfters vor, daß dergleichen Säckchen gebraucht wurden, obgleich es noch keinen solchen Gewinn gegeben hatte, wie heute.

Als man aufbrach, hielt der Marschall Wort. Er half Königsau seinen Gewinn tragen. Dieser Liebesdienst bereitete dem Alten ein großes Vergnügen. Einem anderen Manne seiner Stellung wäre es wohl nicht eingefallen, den Diener eines Lieutenants zu machen.

„Höre Junge, wie ist es Dir denn eigentlich zu Muthe?" fragte er, als sie sich auf der Straße befanden und von den Anderen Abschied genommen hatten.

„Ganz unbeschreiblich, Excellenz," antwortete Königsau.

„Das glaube ich! Du bist mir zu Deinem Glücke begegnet, und ich denke, Du siehst ein, daß ein Spielchen doch etwas nicht so ganz und gar Unebenes ist."

„Ich habe keine Veranlassung, sofistisch zu sein," lachte der Lieutenant; „aber ich sage dennoch: Einmal gespielt, aber nicht wieder."

„Ist dies wahr?"

„Ja, Excellenz, ich gebe Ihnen mein Ehrenwort, daß ich nie wieder spielen werde. Es fällt mir gar nicht ein, das Glück in Versuchung zu führen, denn ich bin überzeugt, daß ich es bereuen würde. Ich will mich des heutigen Gewinnes freuen, ihn aber nicht anderen vor die Thüren tragen."

„Daran thust Du recht, mein Sohn. Das Spiel ist ein Weib, dem man niemals trauen darf. Ich habe es erfahren, bin aber niemals so klug gewesen wie Du, mich darnach zu verhalten. In dieser Beziehung ist der alte Blücher ein fürchterlicher Esel, Du brauchst dies aber keinem Menschen zu sagen."

W. VIII. 162.

„Am Meisten freue ich mich über meinen Gewinn, weil ich nun nicht nöthig habe, mein Gut zu verkaufen. Ich kann Margot die hundertundfünfzigtausend Franken geben und behalte dennoch eine bedeutende Summe übrig. Das macht mich so glücklich, wie ich im ganzen Leben noch nicht gewesen bin."

„Ich gönne es Dir. Wann willst Du ihr das Geld geben?"

„Morgen gleich."

„Schön. Laß Dir das Geld in Papier umwechseln, daß Du es bequem tragen kannst. Uebrigens wirst Du Wort halten, und mich halb drei Uhr abholen?"

„Das versteht sich, Excellenz!"

„Und Du denkst nicht, daß die Alte, ihre Mutter, Sperrenzien machen wird?"

„Ich glaube es nicht."

„Ich wollte es ihr auch nicht gerathen haben. Einem Kerl, der vor lauter Liebe anderthalbmalhunderttausend Franken opfert, kann man seine Tochter schon geben. Also ein Vater ist nicht da?"

„Nein, aber ein Bruder, wie ich Eurer Excellenz ja bereits erzählt habe," antwortete der Lieutenant. Und zögernd fügte er hinzu: „Sie kennen ihn bereits."

„Ah! Wo hätte ich ihn denn gesehen?"

„Wir haben ihn unter für ihn allerdings nicht sehr günstigen Umständen kennen gelernt. Es ist derjenige, den ich geohrfeigt habe."

„Donnerwetter! Und Du willst der Schwager dieses Kerls werden?"

„Der Stiefschwager," verbesserte Königsau.

„Das ist egal. Schwager ist Schwager, und wenn der Hallunke zehnmal stief ist. Ja, diesem Kerl traue ich Alles zu, was Du mir von ihm erzählt hast. Ein Mensch, der einem die Genugthuung verweigert, ist auch fähig, sein Vermögen durchzubringen und seine Schwester zu verschachern. Na, ich hoffe, daß er uns morgen nicht in die Quere läuft, sonst würde ich ihn kurranzen, daß ihm Hören und Sehen vergeht. Aber sage mir, mein Junge, wo ist denn die Bude, in der Du wohnst?"

„Ganz in der Nähe; das dritte Haus von hier."

„So wohnst Du also nicht weit von mir. Na komme. Man hat mich heute im Biribi ganz gehörig gerupft; das will ich verschlafen."

Vor der Wohnung des Lieutenants angekommen, gab er ihm das Geld, welches er getragen hatte, und verabschiedete sich in leutseliger Weise von ihm.

Als Königsau in seiner Stube Licht gemacht hatte, breitete er seinen Gewinn auf dem Tische aus, um ihn zu zählen. Er war mit einem Schlage zu einem Vermögen gekommen. Es war, als hätte Gott ihn heute mit dem Marschall zusammengeführt, um ihm das Opfer, welches er der Geliebten bringen wollte, zu erleichtern. Das ungeheure Glück, welches er gehabt hatte, dünkte ihm das Ja und Amen zu sein, welches die Vorsehung zu seiner Liebe sagte. Und als er sich schlafen legte, that er es in dem Bewußtsein, morgen ein Glück zu erlangen, an welches er noch vor ganz kurzer Zeit nicht gedacht hatte.

Als er am nächsten Morgen sich das Geld hatte umwechseln lassen, besaß er in seiner Brieftasche den Talisman, die Sorgen der Geliebten und ihrer Mutter zu beenden. Er konnte den Nachmittag kaum erwarten und machte bereits große Toilette lange bevor die Zeit gekommen war.

Blücher empfing ihn in voller Uniform. Er hatte Wort gehalten und sich „in Wichs und Glanz geschmissen". Die beiden Männer sahen aus, als ob sie bei der Königsparade zu erscheinen hätten.

„Da bist Du ja, mein Sohn," sagte der Marschall „Es ist punkt halb drei Uhr, wir müssen aufbrechen, und ich weiß wahrhaftig noch nicht, was ich sagen soll. Eine Anrede an meine Soldaten fällt mir immer ein; sie ist sofort da, sobald ich sie brauche; aber mit einer Werbung ist es denn doch ein anderes Ding. Ich habe mir schon fast den Kopf zerbrochen, aber noch nicht ein einziges Wort gefunden. Das wird eine schöne Geschichte werden, wenn ich dastehe, wie Töffel vor dem Pfarrer und keine Silbe hervorbringe!"

„O," sagte Königsau lächelnd, „Excellenz dürfen nur draufgehen wie auf den Feind."

„Hat sich was zu draufgehen! Es ist mir angst und bange bei der Geschichte. Ich glaube, ich reiße aus, wenn es losgehen soll. Der Teufel hole die Heirathsanträge! Ja, wenn ich diese Margot für mich haben wollte, da müßte es nur so pfeifen; aber für einen Anderen die Kastanien aus dem Feuer holen, dabei kann man sich leicht die Hand verbrennen. Na, ich habe mich einmal mit dieser Geschichte eingelassen, und so muß sie auch ausgepatscht werden. Komm, Junge; wir wollen gehen!"

Sie machten sich auf den Weg. Als sie ihr Ziel erreichten, und von dem Mädchen eingelassen wurden, kam Margot ihnen entgegen geeilt. Ihr schönes Gesicht glänzte vor Freude, und sie hielt die Arme erhoben, um den Geliebten zu umfangen; als sie aber den Alten erblickte, ließ sie dieselbe wieder fallen.

„Na na, nehmt Euch immer beim Kopfe!" sagte er. „Ich bin verschwiegen und rede es nicht aus!"

Sie wurde ob dieser gutmüthig derben Anrede sichtlich verlegen, und diese Verlegenheit steigerte sich, als Königsau ihr in seinem Begleiter den berühmten Feldmarschall vorstellte, von dessen Eigenheiten man sich so wunderbare Dinge erzählte.

Sie traten in den Salon. Blücher warf einen forschenden Blick umher, ließ diesen dann auf dem Mädchen ruhen, klopfte dem Lieutenant auf die Achsel und sagte:

„Junge, ich bin zufrieden mit Dir! Diese Margot ist ein verteufelt hübsches Kind. Weiß Gott, das Maul möchte einem wässerig werden, wenn man sie ansieht. Das wird eine Frau, mit der Du Dich nicht zu schämen brauchst."

Königsau erfuhr, daß die Mutter sich leidlich wieder erholt habe und bald erscheinen werde. Als sie eintrat, sah sie allerdings noch angegriffen aus. Auch sie verwunderte sich, daß Königsau nicht allein gekommen war; als sie aber hörte, wer der andere Besucher sei, flog es doch wie eine stolze Genugthuung über ihr Gesicht.

Das Gespräch erstreckte sich zunächst auf Allgemeines und ging dann auf das gestrige Ereigniß über. Blücher freute sich, daß die beiden Damen Deutsch verstanden, und unterhielt sich in einer Weise mit ihnen, als ob sie alte Freundinnen von ihm seien. So verging über eine Stunde, ohne daß er des eigentlichen Grundes seiner Anwesenheit gedacht hätte; er schien den rechten Anfang noch nicht gefunden zu haben.

Da klingelte es draußen. Man hörte, daß das Mädchen den Vorsaal öffnete, und den Kommenden eintreten ließ. Es war der Baron de Reillac.

Er stutzte, als er die beiden Officiere erblickte. Er hatte Blücher gesehen und kannte ihn also. Als er den Namen Königsau nennen hörte, wußte er sogleich, daß dieser der Officier sei, welcher Albin Richemonte geohrfeigt hatte. Er fragte sich, was die beiden Herren hier wohl zu suchen hätten, und fand keine andere Erklärung, als die, daß sie eben dieser Angelegenheit wegen gekommen seien. Sie hatten den Capitän nicht gefunden, und waren deshalb bei dessen Mutter eingetreten. So dachte er.

Blücher hingegen wußte beim Nennen des Namens des Franzosen sofort, daß es jener Baron sei, welcher sich den Besitz Margot's erzwingen wollte; darum schenkte er ihm nicht die mindeste Beachtung und erwiderte nicht einmal seinen Gruß.

„Sie suchen den Capitän Richemonte?" fragte Reillac.

„Woraus schließen Sie das?" fragte Königsau kalt.

„Aus Ihrer Anwesenheit, Monsieur."

„Dann irren Sie sich. Der Capitän hat sich nicht geneigt erklärt, sich mit meiner Person zu beschäftigen. Meine Anwesenheit gilt den Damen."

„Ah!" rief der Franzose überrascht. „Sie kennen einander?"

„Wie Sie sehen!"

Da kam dem Baron ein Gedanke. Die Anwesenheit des Lieutenants galt jedenfalls mehr der Tochter als der Mutter. Hatte er etwa Absichten auf Margot? Eine fürchterliche Eifersucht erfaßte den Baron. Er wollte Gewißheit haben und fragte daher:

„Kennen Sie einander schon längere Zeit?"

„Interessiren Sie sich für diese Frage?" lächelte der Deutsche.

„Allerdings. Ich zähle mich zu den Freunden dieser Damen und nehme also Theil an Allem, was sie betrifft."

„Nun, dann will ich Ihnen mittheilen, daß wir uns zwar erst seit Kurzem kennen, daß ich aber die Ueberzeugung hege, daß unsere Bekanntschaft sehr lange dauern, ja, wie ich hoffe, nur mit dem Leben enden wird."

Das war deutlich geantwortet. Der Deutsche hatte Absichten auf Margot, das wußte der Baron jetzt. Er nahm sich vor, ihm sofort alle Hoffnungen zu nehmen, und sagte darum:

„Welcher Umstand berechtigt Sie zu dieser Ueberzeugung?"

Königsau warf ihm einen erstaunten Blick zu, zuckte die Achsel und antwortete:

„Mir scheint, Sie wollen mich examiniren!"

Der Baron ließ sich durch diese abweisende Frage nicht irre machen.

„Ein Wenig!" antwortete er. „Das Wohl von Madame und Mademoiselle liegt mir zu sehr am Herzen, als daß es mir gleichgiltig sein sollte, welche neue Bekanntschaft sie machen. Es ist da sehr nothwendig, vorher zu prüfen."

„Ah! Haben Sie etwa die Absicht, mich zu beleidigen?"

„Nicht im Geringsten!"

„Das wollte ich dem Kerl auch nicht gerathen haben!" rief da Blücher.

Er hatte, halb abgewendet, der Unterhaltung zugehört. Er ärgerte sich über die Zudringlichkeit des Franzosen und hielt es endlich für angemessen, auch ein Wort zu sagen.

Madame Richemonte blickte den Alten erschrocken an. Es wurde ihr Angst. Sie befand sich in den Händen des Barons. Wurde dieser hier beleidigt, so ließ er es ihr ganz sicher entgelten, ohne alle Rücksicht darauf, ob sie daran schuld sei oder nicht.

Auch der Baron warf einen raschen, aber mehr erstaunten, als erschrockenen Blick auf den Marschall. Er war reich, und der Reichthum pflegt einem Jeden ein gewisses Gefühl der Sicherheit, des Selbstvertrauens zu geben.

„Was meinen Excellenz mit diesen Worten?" fragte er rasch.

„Ich meine, daß Ihnen ein heiliges Donnerwetter auf den Hals fahren soll, wenn Sie fortfahren, solche unverschämte Fragen auszusprechen," antwortete der Alte.

„Monsieur, ich bin ein Edelmann!" rief der Franzose in fast drohendem Tone.

„Wie? Was?" fragte Blücher, indem er sich erhob. „Moßieh nennen Sie mich? Moßieh! Donnerwetter, ich will Sie bei Moßieh! Ich bin der Feldmarschall von Blücher, Fürst von Wahlstatt, verstanden? Sie haben mich Excellenz oder Durchlaucht zu nennen; mit Ihrem Moßieh aber bleiben Sie mir ergebenst vom Leibe! Moßieh, nein, da hört denn doch Alles und Verschiedenes auf! Sie selbst mögen Moßieh sein; die Franzosen mögen Moßieh's sein, ich aber nicht! Und einen Edelmann nennen Sie sich? Ich sehe nichts davon, gar nichts. Wenn Sie Edelleute sehen wollen, so nehmen Sie doch gefälligst einmal das Fernrohr, stecken Sie es sich in das Gesicht und gucken Sie uns Beide an! Blücher's hat es gegeben schon zu Karl's des Großen Zeit, und die Königsau sind auch nicht jünger; Sie aber sind erst von Ihrem Napoleon adelig gequetscht worden; Sie sind noch warm und neubacken, daß die Butter davon herunter läuft. Geben Sie sich um Gotteswillen nicht eher für einen Edelmann aus, als bis Sie gelernt haben, sich als ein solcher zu betragen! Ihre Meriten kennt man. Bei mir kommen Sie an den Rechten. Ihren ganzen Adel blase ich in die Luft; er ist keinen Dreier werth!"

Das kam Alles so schnell und gewaltig unter dem grauen Schnurrbarte des Alten hervor, daß an eine Unterbrechung oder gar Entgegnung nicht zu denken war.

Königsau lächelte still vor sich hin; auch Margot blieb ruhig. Frau Richemonte aber fürchtete den Baron, und daher schlug sie unwillkürlich die Hände zusammen. Sie befürchtete das Schlimmste. Der Baron war zunächst wie vom Donner gerührt. Die Wortfluth des Marschalls drang so kräftig und mächtig auf ihn ein, daß an einen augenblicklichen Widerstand nicht zu denken war; als sie aber ihr Ende erreicht hatte, da fuhr er von seinem Sitz empor und sagte:

„Gut, ich will Sie Excellenz nennen! Aber sagen Sie gefälligst, was Sie mit meinen Meriten meinen und mit den Worten, daß Sie mich kennen! Sie haben mich gegenwärtig auf die eclatanteste Weise beleidigt, und ich hoffe, daß Sie sich nicht weigern werden, mir volle Genugthuung zu geben!"

„Genugthuung?" fragte Blücher mit blitzenden Augen. „Sind Sie verrückt? Sie sind Armeelieferant gewesen; das heißt, Sie haben der Armee das Schlachtvieh, die Ochsen und Schafe geliefert, und weil diese Ochsen mehr Knochen hatten als Fleisch, sind Sie ein reicher Mann geworden. Und weil diese Schafe Ihnen Ihre academische Bildung mitgetheilt haben, hat Sie Napoleon mit dem Adelsbriefe versehen. Nun machen Sie Familien unglücklich, weil Sie auf die Töchter speculiren. Sie verführen die Väter und Brüder; Sie turbiren die Mütter und Töchter; Sie drohen mit Schuldhaft und anderem Elend, um eine Frau zu erhalten. Pfui Teufel! Und das nennt sich einen Edelmann! Das will Genugthuung von mir haben! Hören Sie, Moßieh, ja, Moßieh, und abermals Moßieh, ich werde Ihnen Ge-

Zweite Illustration zur Erzählung. „Wiedergefunden".

nugthuung geben oder geben lassen, aber nicht mit dem Säbel, sondern mit der Peitsche oder dem Stallbesen!"

Das war eine Scene, wie sie die Damen noch nicht erlebt hatten. Sie waren aufgesprungen, denn Beide hielten es für unvermeidlich, daß die beiden Männer thätlich gegen einander werden würden. Auch Königsau hatte sich langsam erhoben und an die Seite des Marschalls gestellt, um nöthigen Falles augenblicklich bei der Hand zu sein.

Der Baron war bleich wie der Tod geworden. Er erzitterte vor Grimm. Er hätte sich am liebsten auf Blücher stürzen mögen, aber die gewaltige Erscheinung des alten Kriegshelden machte doch einen solchen Eindruck auf ihn, daß es nicht dazu kam. Er fühlte sich nicht im Stande, den Sprecher Lügen zu strafen; das verdoppelte seine Wuth; er wagte nicht, dieselbe an den beiden Deutschen auszulassen, und darum wendete er sich als echter Feigling an die beiden Damen:

„Ah, Sie haben geplaudert!" stieß er knirschend hervor.

„Ich nicht," antwortete die Mutter ängstlich.

„Aber ich," sagte Margot muthig.

„Zu wem?"

„Zu Herrn von Königsau."

„Wann?"

„Gestern."

„Ah! Sind Sie so vertraut mit ihm, daß Sie ihm bereits solche Geheimnisse mittheilen?"

„Darnach hat der Kerl zwar den Teufel zu fragen," fiel hier Blücher ein; „aber er soll dennoch eine Antwort haben, damit er nur sieht, daß er ganz umsonst im Trüben gefischt hat." Und sich an den Franzosen wendend, fuhr er fort: „Ja, diese beiden Leutchen sind allerdings bereits sehr vertraut mit einander, nämlich so vertraut, daß ich gekommen bin, Madame Richemonte um ihr Jawort zu bitten."

„Ah!"

Dieser Ruf des Erstaunens wurde von Zweien ausgesprochen, nämlich von dem Baron und auch von Margot's Mutter, welche von ihrer Tochter noch nicht erfahren hatte, was gestern Abend zwischen ihr und Königsau vorgekommen war.

Der Baron blickte den Sprecher erstaunt an, so erstaunt, als ob er es gar nicht für möglich halte, daß er die Wahrheit gehört habe. Er fragte, zu Margot gewendet:

„Sie werden einzigst zugeben, daß ich jetzt falsch gehört habe?"

„Papperlapapp!" rief da Blücher. „Nichts wird zugegeben! Wer kann denn wissen, was der Mann gehört hat? Wissen wir denn, ob sich seine Ohren in Ordnung befinden? Aber sehen soll er doch, daß es mein Ernst ist. Komm, mein Sohn; nimm Dein Mädchen bei der Hand und höre, was ich Eurer Mama sagen werde!"

Blücher faßte dabei Königsau und Margot an, legte ihre Hände in einander, schob Beide zur Mutter hin, stellte sich kerzengerade vor die Letztere auf, machte ein Honneur, als ob er vor einem Landesherrn stehe und sagte:

„Madame — erstens haben sich diese Beiden lieb; zweitens wollen sie sich heirathen, und drittens bitte ich um Ihr Jawort dazu. Wer Etwas dawider hat, der mag es mir sagen; ich werde ihn bei der Parabel nehmen, daß er die lieben Engel im Himmel geigen und pfeifen hören soll!"

Diese Werbung kam Frau Richemonte so unerwartet, daß sie für den Augenblick gar keine Antwort fand. Sie hätte jedoch auch gar keine Zeit dazu gehabt, sie zu geben, denn ehe sie nur sprechen konnte, trat der Baron näher und sagte:

„Ich sehe, daß man hier Comödie spielen will; da ich meine Rolle nicht erst auswendig zu lernen brauche, so halte ich es nicht für nöthig, den stummen Zuschauer abzugeben. Madame, ich ersuche Sie, Ihre Entscheidung zurückzuhalten, bis auch ich gesprochen habe!"

Die Schmollende.

Er griff in die Tasche, zog ein Portefeuille hervor, öffnete dasselbe, nahm einige Papiere heraus und hielt sie Frau Richemonte entgegen. Dann fuhr er höhnisch fort:

„Madame, ich gebe mir die Ehre, Ihnen diese Wechsel zur Zahlung zu präsentiren. Wird die Summe nicht augenblicklich entrichtet, so wandern Sie in's Schuldgefängniß."

„Mein Gott!" rief die geängstete Frau. „Das kommt Alles so plötzlich über mich; ich weiß ja gar nicht, was ich thun oder sagen soll!"

„Sie brauchen gar nichts zu sagen oder zu thun, als nur zu zahlen," sagte der Baron.

„Schurke!" meinte der Marschall.

„Gilt dies etwa mir?" fragte der Baron.

„Ja, Moßieh, wem sonst?" antwortete Blücher. „Es befindet sich außer Ihnen ja kein Schurke hier."

„Darüber werden wir später sprechen," lachte der Franzose überlegen. „Jetzt aber will ich Zahlung haben."

„Die werden Sie erhalten," antwortete Königsau.

Er streckte die Hand nach den Papieren aus, der Baron zog sie jedoch schnell zurück, blickte ihn höhnisch an und fragte:

„Wollen Sie vielleicht für Madame zahlen?"

„Ich hoffe, daß Madame mir gestattet, ihr den Betrag zur Verfügung zu stellen!"

Der Baron stieß ein lautes Lachen aus und rief:

„Das ist lustig! Ahnen Sie, wie hoch sich die Summe beläuft?"

„Hundertundfünfzigtausend Franken," antwortete der Deutsche gleichmüthig.

„Allerdings. Sie scheinen von Mademoiselle sehr genau unterrichtet worden zu sein. Aber wissen Sie auch, daß der Betrag augenblicklich gezahlt werden muß?"

„Er steht zur Verfügung!"

Bei diesen Worten griff Königsau in die Tasche, zog sein Portefeuille hervor, entnahm demselben ein Packet Banknoten und legte es auf den Tisch. Der Baron trat hinzu, öffnete dasselbe und zählte. Sein Gesicht verfinsterte sich. Er hatte geglaubt, einen Haupttreffer zu machen, und fühlte sich jetzt so ganz und gar unerwartet aus seiner bisher für so vortheilhaft gehaltenen Position herausgedrängt.

„Einmalhundertundfünfzigtausend Franken," sagte er langsam; „es stimmt!"

„Nun also, so nehmen Sie das Geld und verduften Sie sich!" sagte Blücher.

Diese Worte riefen den ganzen Widerstand des Barons wach.

„Verduften?" meinte er. „Excellenz gebrauchen Ausdrücke, welche unter gebildeten Leuten sonst nicht gebräuchlich sind!"

„Da haben Sie Recht," meinte der Marschall ruhig; „aber glauben Sie etwa, daß es mir einfällt, Sie unter die Gebildeten zu rechnen? Sie stehen zu mir in einem solchen Range, wie zum Beispiel früher Ihre Schafe und Ochsen zu Ihnen gestanden haben, und ich glaube nicht, daß Sie Ihr Rindvieh mit Hochwohlgeboren angeredet haben. Für Sie paßt kein Wort besser als verduften, und ich hoffe, daß Sie es sofort befolgen!"

„Sie werden mir doch erlauben müssen, noch etwas länger zu bleiben. Ich habe nämlich dieser Dame zu sagen, daß ich noch Papiere ihres Sohnes in den Händen habe, und daß ich sie ihm präsentiren werde. Kann er nicht zahlen, so —"

„So thun Sie mit ihm, was Ihnen beliebt. Nicht wahr, Mama?" fiel Margot ein.

„Ich habe keine Veranlassung, ihn zu bedauern," antwortete die Gefragte.

„Da hören Sie!" sagte Blücher zum Baron. „Geben Sie die Wechsel her!"

„Nur dann, wenn ich das Geld von Madame selbst erhalte," antwortete dieser. „Noch weiß ich ja nicht, ob sie gewillt ist, diese Summe von dem Herrn Lieutenant anzunehmen."

Er spielte jetzt seine letzte Karte aus, obwohl er recht gut einsah, daß sein Spiel verloren sei. Die Mutter wendete sich an Königsau:

„Sie sehen mich von Allem, was ich heute höre und erfahre, im höchsten Grade überrascht, Herr Lieutenant," sagte sie. „Seine Excellenz bittet mich um die Hand meiner Tochter für Sie. Ich hätte das für unmöglich gehalten, denn ich weiß ja, welch eine kurze Zeit Sie sich erst kennen."

Da legte Königsau den Arm um Margot und sagte:

„Madame, die Liebe fragt nie nach der Zeit; sie kommt, sie ist da, plötzlich, vollständig und allmächtig; man kann ihr nicht widerstehen. Ich habe erkannt, daß Margot mein Herz, mein ganzes Leben gehört. Sie ist Ihr bestes, Ihr einziges Gut, Madame; ich komme nicht, es Ihnen zu rauben, sondern es soll Ihnen gehören für immerdar; nur sollen Sie zu der Tochter noch einen Sohn nehmen, dessen größte Aufgabe es sein wird, Sie Beide glücklich zu machen."

„Und Du, Margot, Du liebst ihn wirklich?" fragte die Mutter ihre Tochter.

„O, wie sehr, Mama," antwortete diese, indem sie den Geliebten innig umarmte. „Er hat sein ganzes Vermögen geopfert, um uns zu retten!"

„Dann kann ich die Summe nicht annehmen," sagte die Mutter.

„Du irrst, Margot," fiel Königsau ein. „Ich habe kein Opfer zu bringen; ich brauche meine Besitzung nicht zu verkaufen, wie ich es noch gestern für nöthig hielt. Ich werde Dir später erzählen, wie ich in den Besitz dieser Summe gekommen bin; aber Excellenz wird mir beistimmen, daß Mama Alles nehmen kann, ohne mir den mindesten Schaden oder Verlust zuzufügen."

„Ja, das bestätige ich," sagte der Fürst. „Dieser verteufelte Junge ist zu dem Gelde gekommen wie Adam zur Eva, nämlich geradezu im Schlafe. Er kann es verschenken, oder zum Fenster hinauswerfen, ganz wie es ihm gefällig ist und ohne daß er sich dann eine Entbehrung aufzulegen braucht."

„Aber eine solche Summe, Herr Lieutenant!" sagte sie. „Ich muß Ihnen sagen, daß es mir unmöglich sein wird, sie Ihnen zurückzuerstatten."

„Diese Summe hat für mich ja nicht den Werth, welchen ich auf Ihre Freundschaft lege," antwortete Königsau. „Wenn Sie die Güte haben wollen, unsere Liebe zu billigen, so erhalte ich von Ihnen ein Glück, welches ich für Millionen nicht verkaufen möchte. Ich bleibe also Ihr Schuldner und bitte Sie von ganzem Herzen, mit Dem, was ich Ihnen so herzlich gern biete, Ihren Gläubiger zu befriedigen und sich von der Sorge zu befreien, welche Ihnen bisher das Leben in so arger Weise verbittert hat."

Da reichte sie ihm die Hand und sagte, mit Thränen der Rührung und Freude in den Augen:

„Sie sind ein edler Mann, Herr von Königsau, und es

wäre eine große Undankbarkeit von mir, Sie dadurch zu betrüben, daß ich Ihre Großmuth zurückweise. Ich nehme sie also an und lege Ihnen dafür mein liebes, mein einziges Kind an das Herz. Gott segne Sie und lasse Ihnen das Glück finden, welches ich täglich für Sie von ihm erbitten werde. Ich werde Ihnen, da Sie keine Eltern mehr haben, eine treue Mutter sein, und mich reich fühlen, neben der Tochter einen Sohn zu besitzen, wie Sie es sind."

Sie legte die Hände der Beiden zusammen und segnete sie. Margot umschlang sie innig und vergoß Thränen des Glückes. Königsau fühlte, daß er heute eine Seligkeit erobert habe, wie sie größer auf Erden nicht geboten werden kann; Blücher aber sagte:

„Kinder, nehmt auch meinen Segen; er wird vielleicht nicht viel werth sein, aber Schaden kann er Euch wohl auch nicht bringen. Sie aber, Moßieh Edelmann, haben nun gesehen, wie Ihre Angelegenheit steht. Sie sind überflüssig. Nehmen Sie das Geld, geben Sie die Wechsel heraus, und dann verschwinden Sie hinter den Coulissen, sonst passirt Ihnen etwas, was Ihnen schon längst hätte passiren sollen."

Die Augen des Barons funkelten vor Grimm. Er steckte das Geld zu sich und sagte:

„Ah, Sie glauben, gesiegt zu haben? Sehen Sie sich vor, daß Sie sich nicht irren. Was ich einmal erlangen will, das pflege ich nicht so leicht aufzugeben. Noch ist Margot nicht die Frau eines Deutschen. Man wird sehen, was die Zukunft bringt!"

„Was, Du willst noch drohen!" rief Blücher, indem er auf ihn zutrat. „Trappe schleunigst ab, sonst zeige ich Dir das Loch, Moßieh Schurke!"

Der Franzose warf die Wechsel wüthend in die Stube und ging. Er sah ein, daß gegenwärtig nichts mehr zu thun sei, aber er nahm sich vor, das Spiel noch nicht aufzugeben. Als er die Treppe hinabstieg, kam ein Anderer dieselbe herauf. Es war der Capitän, Margot's Stiefbruder.

„Ah, Sie hier, Baron?" fragte der Letztere. „Wollten Sie zu mir?"

„Ich war bei Ihrer Mutter," lautete die Antwort.

Die Worte wurden wie athemlos und in einem Tone gesprochen, welcher dem Capitän auffallen mußte; darum fragte er:

„Was haben Sie? Ist Ihnen etwas Unangenehmes begegnet?"

„Nein, o nein, sondern im Gegentheile etwas sehr Angenehmes!"

„Was? Sie sind ja ganz und gar echauffirt."

„Ihre Mutter hat mich bezahlt."

„Bezahlt?" meinte Richemonte erstaunt. „Unmöglich!"

„Nicht unmöglich, sondern wirklich. Ich habe soeben mein Geld erhalten."

„Alles?"

„Alles!"

„Sie foppen mich! Woher will Mutter hundertundfünfzigtausend Franken nehmen!"

„Von dem Liebhaber ihrer Tochter."

„Unsinn! Margot hat keinen Liebhaber!"

„Gehen Sie hinein, wenn Sie Lust haben, ihre Verlobung mit zu feiern!"

Der Capitän blickte den Anderen forschend an.

„Wie kommen Sie mir vor, Baron," sagte er. „Verlobung? Sie kommen mir doch nicht wie ein Kranker oder ein Verrückter vor, sonst würde ich denken, daß Sie entweder im Fieber oder im Wahnsinn sprechen!"

„Ich bin auch im Fieber, aber im Fieber des Grimmes und der Wuth. Ich phantasire trotzdem nicht, denn es ist die volle Wahrheit, daß Margot soeben verlobt worden ist."

„Ah! Welch eine Nachricht! Verlobt, ohne mich! Mit wem denn?"

„Sie werden sich unendlich freuen, wenn Sie es hören. Rathen Sie, Capitän!"

„Pah, treiben wir keine Narrenspossen! Wer ist der Kerl?"

„Ein guter Bekannter von Ihnen."

„Den Namen! Rasch!"

„Den kennen Sie bereits. Der Mann steht Ihnen sehr nahe, denn seine Hand ist bereits mit Ihren Wangen in eine sehr intime Berührung gekommen!"

Da stutzte der Capitän.

„Sie wollen doch nicht sagen —" meinte er. „Sprechen Sie von jenem Deutschen?"

„Ja."

„Von dem Lieutenant von Königsau?"

„Ja."

„Dieser Mensch ist bei meiner Mutter?"

„Versteht sich!"

„Er kennt Margot?"

„Er hat soeben um ihre Hand angehalten, und Ihre Mutter hat ihm das Jawort gegeben."

Da fuhr der Capitän zurück, als ob er ein Gespenst gesehen habe.

„Baron, Sie befinden sich dennoch im Delirium!" rief er.

„O, ich bin im Gegentheile sehr bei Verstande. Sehen Sie sich die Scene doch selbst an!"

„Donnerwetter, Sie reden also doch die Wahrheit? Da muß ich allerdings schleunigst dazwischenplatzen wie eine Bombe. Ein Jeder soll meine Schwester bekommen, nur dieser Mensch nicht! Er soll mir Rechenschaft geben, auf welche Weise er sie überlistet hat!"

„Sehr einfach! Er hat ihr das Geld gegeben, mich zu bezahlen."

„Ah, von ihm ist es?"

„Von ihm."

„So gehe ich gleich zu Mama. Hier ist mein Schlüssel, Baron. Treten Sie einstweilen bei mir ein; warten Sie auf mich. Ich bin überzeugt, daß ich Ihnen die Nachricht bringen werde, diesen Deutschen zur Treppe hinabgeworfen zu haben."

Er sprang die Stufen hinauf und riß stürmisch an der Klingel der Vorsaalthür seiner Mutter, während der Baron sich die gegenüberliegende Wohnung öffnete. Das Dienstmädchen kam und schloß auf. Als sie den Sohn ihrer Herrin erblickte, wagte sie nicht, ihn zurückzuweisen.

„Wo ist Mama?"

„Im Salon."

„Gut!"

Er stürmte an ihr vorüber, riß die Thür auf und blieb erstaunt stehen. An dem einen Fenster stand Königsau in inniger Umschlingung mit Margot, und auf dem Sopha saß die Mutter mit — dem Feldmarschall Blücher. Das hatte der Capitän nicht erwartet. Die Anwesenheit dieses Mannes legte einen Dämpfer auf seinen Vorsatz, als Herr der Situation aufzutreten. Er grüßte mit einer Verbeugung und sagte:

„Ah, Besuch, Mama!"

„Allerdings Besuch, mein Sohn," antwortete sie so unbefangen wie möglich; „und zwar höchst lieben und ehrenvollen Besuch. Feldmarschall von Blücher, Excellenz, und der Herr Lieutenant von Königsau — mein Sohn."

Mit diesen Worten stellte sie die drei Herren einander vor. Blücher zog mit einem eigenthümlichen Lächeln die Spitzen seines Schnurrbarts aus, und Königsau nahm von der Vorstellung nur mit einem kurzen, stolzen Kopfnicken Notiz. Dieser Mangel an Höflichkeit gab dem Zorne des Capitäns neue Nahrung. Er sagte:

„Ich habe nicht gewußt, daß Deutsche bei Dir Zutritt haben!"

„Die Herren haben mich überrascht, und zwar in freudigster Weise. Du siehst in Herrn von Königsau nicht nur den Mann, welcher Deine Wohnung vertheidigte, sondern auch den Bräutigam Deiner Schwester."

„Du sagst mir da etwas ganz Unbegreifliches. Ich entsinne mich nicht, irgend Jemand mit der Vertheidigung meiner Wohnung beauftragt zu haben, und bin also keinem Menschen einen Dank schuldig. Und was den anderen Punkt betrifft, so darf ich doch wohl annehmen, eine giltige Stimme zu besitzen, falls es sich um eine Lebensgestaltung meiner Schwester handelt!"

„Das klang herausfordernd; dennoch sagte die Mutter in mildem Tone:

„Ich will Dir nicht widersprechen, zumal ich vollständig überzeugt bin, daß Du nicht anstehen wirst, Margot's Wahl zu billigen."

„Und wenn ich sie nun nicht billige, Mama?" fragte er mit Nachdruck.

„Das würde uns zwar betrüben, doch aber Nichts an der Thatsache ändern."

Da trat er einen Schritt vor und sagte im zornigsten Tone:

„Es gilt doch den Versuch, ob wirklich nichts zu ändern wäre. Hast Du gewußt, daß ich diese beide Herren kenne?"

„Ja."

„Und daß sie mich beleidigt haben?"

„Nein, sondern daß Du sie beleidigt hast."

„Streiten wir uns nicht über Ansichten! Ich höre, daß Du unser Zerwürfniß kennst und dennoch meine Gegner nicht nur bei Dir empfängst, sondern in ihrem Interesse sogar über die Hand Margot's verfügst. Ich lege mein Veto ein und erkläre die Verlobung für Null und nichtig!"

Da trat Margot auf ihn zu und sagte in zwar milder, aber doch fester Weise:

„Du scheinst die Verhältnisse nicht richtig zu beurtheilen, Albin. Es mag sein, daß Dir eine mitberathende Stimme zusteht, wenn es sich um eine Neugestaltung meines Schicksales handelt; aber höre wohl, nur eine mitberathende, und auch nur so weit, als ich es in schwesterlicher Rücksicht Dir gestatte. Zu befehlen hast Du mir jedenfalls gerade so wenig, als ich Dir zu gehorchen habe —"

„Ah, ich werde Dich vom Gegentheile überzeugen!" unterbrach er sie.

„Versuche es," antwortete sie; „ich werde dies sehr ruhig abwarten. Ueber meine Hand habe nur ich allein zu bestimmen. Du hast sie zum Gegenstande eines niedrigen Schachers machen wollen und Mutter und mich als Deine Sclavinnen betrachtet, welche Du verkaufen kannst. Es ist Dir nicht gelungen; wir sind frei, und es ist für Dich am Klügsten, die bestehenden Thatsachen einfach anzuerkennen."

„Meinst Du?" hohnlächelte er. „Sage mir zunächst, wem diese Wohnung gehört?"

„Doch uns!"

„Nein. Wer hat sie gemiethet?"

„Du."

„Gut, ich bin also der Besitzer. Es hat also kein Mensch das Recht, ohne meine Erlaubniß Zutritt zu nehmen. Meine Herren, ich ersuche Sie, dieses Local zu verlassen. Setzen Sie sich nicht der Gefahr aus, wegen Hausfriedensbruches belangt zu werden!"

Da stieß Blücher ein lautschallendes, herzliches Gelächter aus.

„Alle Teufel, das klingt gefährlich! Der alte Blücher vor Gericht als Hausfriedensbrecher! Wie er sich da wohl ausnehmen würde! Hören Sie, machen Sie sich doch um Gotteswillen nicht so unendlich lächerlich, sondern vernehmen Sie, was ich Ihnen in aller Güte zu sagen habe!"

„Ich mag nichts hören!" klang die Antwort.

„So werden Sie fühlen müssen!"

„Ah! Was?"

„Das ist es eben, was ich Ihnen sagen will, und was Sie doch wohl anhören werden müssen. Ihre häuslichen Verhältnisse gehen mich nichts an; ob Sie Herr Ihrer Schwester und Herr dieser Wohnung sind, das ist mir auch ganz egal; nicht egal aber ist es mir, wenn Sie fortfahren, mich zu beschimpfen und zu beleidigen. Sie verlangen von mir, dieses Local zu verlassen, und ich stelle als Antwort das gleiche Verlangen an Sie. Sie haben mich öffentlich beschimpft; Sie haben ebenso öffentlich die deutsche Nation beleidigt; es kostet mich ein einziges Wort, einen einzigen Wink, Sie in Untersuchungshaft zu bringen und verurtheilen zu lassen. Sie haben diesem Herrn die Genugthuung verweigert und sind in Folge dessen von ihm beohrfeigt worden. Ein Wort von mir darüber an Ihr Generalcommando, so werden Sie ausgestoßen und infam cassirt. Sie sind mir gegenüber ein Zwerg; ich habe es verschmäht, mich mit Ihnen herumzuhudeln; nun Sie aber selbst hier nicht Verstand zeigen, so muß ich zur Peitsche greifen. Verlassen Sie dieses Zimmer sofort, sonst gebe ich Ihnen mein Ehrenwort, daß Sie in einer Stunde sich in Untersuchungshaft befinden und in einigen Tagen aus der Armee gestoßen werden. Noch sind wir Deutschen Herr von Paris, und ich habe ganz und gar nicht die Absicht, einem kleinen Capitän glauben zu lassen, daß wir uns vor ihm fürchten müssen!"

Eine solche Zurechtweisung hatte der Capitän nicht erwartet. Er zögerte einige Augenblicke, zu antworten, da er sich aber nicht sofort ergeben wollte, sagte er dann:

„Welcher von uns Beiden Feldmarschall ist und welcher Capitän, das ist gleichgiltig. Wir stehen uns Mann gegen Mann gegenüber, und da fürchte ich Sie nicht!"

„Gehen Sie!" gebot Blücher, indem er mit der Hand nach der Thür zeigte.

„Ich wiederhole, daß ich als Bruder —"

„Hinaus!" unterbrach ihn der Alte.

„Daß ich als Bruder das Recht habe, über meine Schwester zu —"

„Hinaus!"

Dieses letzte „Hinaus" war in einem Tone gerufen, gegen

welchen es absolut keinen Widerstand gab. Diese zwei Silben waren nicht etwa überlaut gebrüllt, aber sie drangen durch Mark und Bein; sie hatten einen so entschiedenen, schneidigen Ton, daß es dem Franzosen war, als ob er mit Fäusten ergriffen und aus dem Zimmer gestoßen werde. Er öffnete die Thür und ging. Er hatte, nur von dem Eindrucke, welchen der Befehl des Marschalls machte, die furchtsamen Bewegungen eines Wesens, welches mit Füßen aus der Thür gestoßen wird. Aber draußen auf dem Vorsaale angekommen, ballte er die Hand, erhob sie drohend rückwärts und knirrschte:

„Das will ich Euch eintränken; das sollt Ihr mir büßen! Diese Blamage sollt Ihr mir so theuer bezahlen, daß Euch Hören und Sehen vergehen wird."

(Fortsetzung folgt.)

Illustrirte Unterhaltungs=Bibliothek für Familien aller Stände.
Druck und Verlag von **H. G. Münchmeyer** in Dresden und New=York.

Die Liebe des Ulanen.
Original=Roman aus der Zeit des deutsch=französischen Krieges von Karl May.
(Fortsetzung.)

Richemonte trat in seine Wohnung, in welcher ihn der Baron erwartete. Dieser bemerkte die Erregung, welche auf seinem vom Zorne verzerrten Gesichte zu lesen war, und fragte:

„Ah, hat man es mit Ihnen eben so gemacht wie mit mir? Diese Deutschen haben den Platz behauptet, wie ich sehe?"

„Wie wollen Sie dies sehen?" fragte der Capitän ergrimmt.

„Nun," lachte der Andere, „Sie haben ja ganz das Aeußere eines Schulknaben, welcher die Ruthe erhalten hat. Das bemerkt man, ohne Menschenkenner sein zu müssen."

„Hole Sie der Teufel!" zankte Richemonte.

„Ist dies wirklich Ihre Meinung?" klang die boshafte Frage.

„Ja, ganz ernstlich."

„Nun, so will ich, ehe er mich holt, meine irdischen Angelegenheiten vorher in Ordnung bringen, so wie es sich für einen Geschäftsmann schickt und geziemt. Hier, lieber Freund, habe ich einige Papiere, in welche ich Sie Einsicht zu nehmen bitte."

Er zog mehrere Wechsel aus der Tasche und präsentirte dieselben dem Capitän.

„Die mag der Teufel gefälligst mit holen!" sagte dieser.

Er wendete sich ab, ohne einen Blick in die Papiere zu werfen.

„Gut," sagte der Baron; „er mag sie immerhin holen, aber erst, nachdem sie bezahlt worden sind. Sie sind dann werthlos geworden, und ich kann sie ihm gönnen."

„Aber, zum Donnerwetter, können Sie denn nicht warten, bis ich die Mittel besitze, Sie zu bezahlen? Sie selbst nennen sich meinen Freund. Ist es etwa eine freundschaftliche Handlung, mich jetzt zu drängen, jetzt, in diesem Augenblicke, der am Allerwenigsten dazu geeignet ist?"

„Unsere Ansichten über den gegenwärtigen Augenblick sind da allerdings sehr verschieden. Mir scheint er sehr geeignet zu sein, unsere Angelegenheit in Ordnung zu bringen. Warum soll ich warten, da ich doch weiß, daß Sie nie die Mittel besitzen werden, mich zu bezahlen? Und was unsere für mich so kostspielige Freundschaft betrifft, so hege ich den Grundsatz, daß Verbindlichkeiten zwischen Freunden strenger nachzukommen sei als jeden anderen. Ich habe bereits zu lange und zu viel Nachsicht mit Ihnen gehabt, lieber Richemonte."

„Ich kann nicht zahlen!" sagte dieser kurz.

„So wandern Sie in die Schuldhaft."

„So weit werden Sie es nicht treiben!"

„Ah, ich werde es doch so weit treiben!"

„Wirklich?" fragte der Capitän.

Er war bisher erregt in seinem Zimmer auf und ab gegangen. Jetzt blieb er plötzlich stehen, und während er dieses letzte Wort aussprach, schien seine Stimme zu zittern.

„Wirklich!" antwortete der Baron.

Er erhob sich von seinem Sessel, auf welchem er Platz genommen hatte, trat zu Richemonte, legte diesem die Hand auf die Achsel und fuhr in einem sehr entschiedenen Tone fort:

„Sie wissen, daß ich Ihre Schwester liebe. Ich bin kein junger Geck mehr, und ich kann Ihnen sagen, daß die Liebe eines älteren Mannes eine ganz andere ist, als diejenige eines Menschen, der noch in den Knabenjahren steht. Margot ist schön; ihre Zärtlichkeiten hätten mich reich entschädigt für die großen Verluste, welche ich an Ihnen erleide. Daher versprach ich Ihnen, die Wechsel zu vernichten, falls es uns gelänge, Ihre Schwester mir geneigt zu machen. Da diese Bedingung nicht erfüllt ist, so habe ich auch nicht nöthig, mein Versprechen zu erfüllen. Das ist Alles, was ich Ihnen zu bemerken habe, um mich zu rechtfertigen, falls es überhaupt einer Rechtfertigung bedürfen sollte."

Der Capitän stand vor ihm, ohne ihn anzusehen. Er blickte finster durch das Fenster auf die gegenüber liegende Häuserreihe. Erst nach einer längeren Pause meinte er:

„Müssen Sie denn nun wirklich jede Hoffnung aufgeben?"

„Jede."

„Weshalb jede?"

„Weil sie ihn liebt."

„Diesen Deutschen? Ah, daß es auch gerade dieser sein muß! Sie meinen, die Sache in Ordnung zu haben, aber ich werde noch ein sehr entscheidendes Wort mit ihnen reden!"

„Sie?" lachte der Baron. „Sie haben ihnen gar nichts zu sagen."

„Ich? Pah, bin ich nicht der Bruder?"

„Wenngleich. Ist sie Ihnen durch ein Testament oder durch die Vormundschaftsbehörde unterstellt worden? Nein. Und selbst wenn Ihnen ein gewisses Recht zustünde, über das Schicksal Ihrer Schwester zu entscheiden, so sind Sie ganz und gar nicht der Mann, dasselbe geltend zu machen."

„Wer sagt Ihnen das?"

„Niemand braucht mir es zu sagen; ich habe es ja jetzt gesehen. Ich habe bei Ihrem Eintritte es Ihnen angesehen, daß Sie zur Thür hinausgewiesen worden sind."

„Ja, sie haben dies wirklich gewagt!" entfuhr es dem Capitän.

„Also wirklich? Ah, Capitän Richemonte ergreift vor diesen Deutschen Reißaus!"

„Schweigen Sie!" brauste Richemonte auf. „Sie hätten es eben so gemacht, wenn Ihnen dieser verdammte Feldmarschall Vorwärts so wie mir entgegengetreten wäre!"

„Ja, wenn der Marschall Vorwärts kommt, so concentrirt sich der Capitän rückwärts. Wie nennen Sie dies? Ich nenne es Hasenfüßigkeit."

„So sind Sie selbst ein Hasenfuß!" rief der Andere, sich sehr beleidigt fühlend. „Sie sind es ja, der bereits vor mir gewichen ist."

„O, das trifft nicht! Ihre Position als Bruder ist eine ganz andere als die meinige, da ich ein Fremder bin. Das Wort, welches ich soeben ausgesprochen habe, mag Ihnen nicht recht sein, aber es enthielt dennoch die Wahrheit."

„Inwiefern? Das möchte ich wissen!"

„Erstens haben Sie sich die Thür weisen lassen, und zweitens werden Sie sich ja wohl entsinnen können, daß Sie einem Duell mit dem Deutschen ausgewichen sind."

„Donnerwetter! Sagen Sie mir, Baron, ob ich fechten kann!"

„Sie sind allerdings Meister!"

„Und ob ich schießen kann!"

„Sie zielen außerordentlich sicher."

„Nun, habe ich mich also vor einem Zweikampfe zu fürchten?"

„Es sollte scheinen, nein."

„Wenn ich also ausgewichen bin, muß es aus einem anderen Grunde geschehen sein."

„Möglich; aber ich kenne ihn nicht," sagte der Baron.

„Sie können ihn erfahren. Es ist nämlich uns sämmtlichen Officieren die Cassirung angedroht worden, falls wir uns durch unseren Haß hinreißen lassen, mit einem Deutschen zur Mensur zu gehen. Da haben Sie es."

„Und dies ist die Wahrheit?"

„Gewiß."

„Sie glauben, das Duell wäre verrathen worden?"

„Man würde ganz gewiß davon gesprochen haben, denn ich hätte den Kerl getödtet."

„So wäre Ihnen doch geholfen gewesen, denn er hätte Ihre Schwester nicht kennen gelernt, und konnte also nicht als mein Nebenbuhler auftreten. Uebrigens ist ein Duell eine Ehrensache, bei welcher jeder Theilnehmende verpflichtet ist, das tiefste Stillschweigen zu beobachten. Wie also hätte diese Sache verrathen werden können?"

Der Capitän zuckte die Achsel und antwortete:

„Glauben Sie, daß diese Deutschen geschwiegen hätten, falls einer von ihnen von mir getödtet worden wäre? Sie hätten ihn durch Verrath gerächt, und ich wäre dann doch aus der Armee gestoßen worden."

„Das wird jetzt auch geschehen."

„Ich hoffe es nicht."

„Ich bin überzeugt davon."

„Weshalb?"

„Man wird Sie wegen Schulden zwingen, Ihren Abschied zu nehmen."

„Pah! Sie werden es nicht wagen, mich meinem Commandeur anzuzeigen!"

„Wagen? Anzeigen? Wer spricht von Wagen und Anzeigen? Ich werde Ihnen den Greffier schicken, der Sie in Wechselhaft bringt; das ist genug. Sobald dies Ihre Vorgesetzten erfahren, können Sie unmöglich in der Armee bleiben."

„Sie aber haben sich dann einen Feind gemacht, den Sie zu fürchten haben."

„Einen Feind? Wer sollte dies sein?" fragte der Baron lachend.

„Ich!" antwortete Richemonte selbstbewußt.

„Sie? Ah, ich habe Sie auf keinen Fall zu fürchten, am Wenigsten aber, wenn Sie sich im Gefängnisse befinden. Allerdings würde es mir leid thun, in dieser Weise gegen Sie vorschreiten zu müssen. Darum wäre es mir lieb, wenn wir alle Unliebsamkeiten vermeiden und einen Ausweg finden könnten."

Der Capitän horchte auf. Es war ihm ängstlicher zu Muthe, als er eingestehen wollte, und da der Baron von einem Auswege sprach, so schien doch noch Hoffnung vorhanden zu sein.

„Suchen Sie!"

„Hm!" brummte der gewesene Armeelieferant. „Als Sie sich jetzt bei Ihrer lieben Mama und Schwester befanden, und ich so einsam in Ihrem Zimmer saß, habe ich darüber nachgedacht, ob denn nicht vielleicht eine Abhilfe zu finden sei."

„Nun? Haben Sie einen Ausweg gefunden?"

„Vielleicht."

„So sprechen Sie!"

„Man muß da im Sprechen sehr vorsichtig sein. Sie hatten vorhin die Meinung, daß Sie den Deutschen im Duelle ganz sicher getödtet hätten?"

„Er wäre gefallen," antwortete der Capitän in sehr bestimmtem Tone.

„Ich glaube es; denn ich weiß, wie Sie fechten. Wenn er nun jetzt noch fiele?"

Der Gefragte blickte den Sprecher rasch an; dann sagte er:

„Sie meinen, daß ich ihn jetzt noch fordern solle? Das geht nicht; das ist unmöglich."

„Ich meine etwas Anderes," meinte der Baron langsam und zögernd."

„Was?"

„Könnte dieser Mensch nicht fallen auch ohne Duell?"

Der Capitän wurde blutroth im Gesichte. Er wandte sich rasch zum Fenster und blickte lange wortlos hinaus. Dann drehte er sich um, trat auf den Baron zu und fragte:

„Sie meinen, daß ich ihn meuchelmorden soll?"

Der Gefragte lächelte überlegen, zuckte die Achseln und antwortete mit scharfer Betonung:

„Ich sage nichts, sondern ich meine nur Folgendes: Der Weg zum Schuldthurme ist Ihnen sicher; sollte aber bis morgen Früh der Lieutenant Königsau gestorben sein, so vernichte ich die Hälfte Ihrer Accepte. Die andere Hälfte folgt dann nach, sobald ich mit Ihrer Schwester verlobt bin."

Die Augen des Capitäns zogen sich zusammen, und sein Schnurrbart stieg in die Höhe, so daß es war, als ob er die Zähne fletschen wollte. Es war ganz dasselbe Mienenspiel, welches man auch später noch in seinem Greisenalter auf Schloß Ortry an ihm beobachtete. Sein Gesicht hatte dabei das Aussehen eines wilden Thieres, welches mit dem Gebisse droht.

„Das ist deutlich gesprochen, trotzdem Sie nichts sagen wollen," meinte er schließlich.

„Ich bin zufrieden, wenn ich verstanden worden bin. Was antworten Sie?"

Da faßte der Capitän den Anderen beim Arme, blickte ihn finster an und fragte:

„Sie würden Wort halten in Beziehung der Wechsel?"

„Ja."

„Und Sie glauben, des Sieges bei meiner Schwester sicher zu sein, falls dieser Königsau stirbt?"

„Vollständig sicher."

„Gut, abgemacht! Dieser Mensch ist erstens ein Deutscher, und zweitens mein Feind. Er soll mir und Ihnen nicht länger im Wege stehen."

„Wie wollen Sie es anfangen?"

„Nichts leichter als das. Er wird natürlich den Abend bei seiner Braut verbringen."

„Jedenfalls."

„Liebende sollen sich sehr viel zu sagen haben. Er wird also sehr spät nach Hause gehen."

„Dies ist vorauszusehen."

„Nun gut; er wird zwar nach Hause gehen, aber nicht nach Hause kommen."

Der Baron nickte schadenfroh. Der Ueberfall mochte enden wie er wollte, so hatte er dann den Capitän in der Hand, mehr noch als jetzt. Er sagte, scheinbar besorgt:

„Ich bin mit Ihnen zufrieden, habe aber zu Ihrem Besten eine Bemerkung zu machen."

„Reden Sie!"

„Es giebt Fälle, in denen es sehr gerathen erscheint, eine Verkleidung anzulegen."

„Pah!" sagte der Capitän in wegwerfendem Tone. „Sie scheinen mich für einen Dummkopf zu halten. Ich weiß eben so gut wie Sie, was gerathen ist oder nicht."

„Nun gut, so sind wir also einig."

„Ich hoffe es."

„So kann ich Sie verlassen. Wo und wann werde ich das Resultat erfahren?"

„Kommen Sie heute Abend nach unserem Kaffeehause. Sie werden mich da früher oder später sehen. Auf alle Fälle hoffe ich, in Ihnen einen Zeugen zu finden, mit dessen Hilfe es mir möglich ist, mein Alibi und also meine Schuldlosigkeit zu beweisen."

„Ich stehe gern zu Diensten und hoffe, das unser Plan Erfolg hat. Adieu, Capitän!"

„Adieu, Baron!"

Der Baron ging. Er hegte die feste Ueberzeugung, daß der Capitän das Seinige thun werde, die Mißachtung, mit welcher man sie Beide behandelt hatte, zu rächen. Dieser blieb in seinem Zimmer zurück, schritt eine Zeit lang in demselben auf und ab und trat dann in ein Nebengemach, in welchem er zu arbeiten pflegte. Diese Arbeit bestand allerdings nur in der Anfertigung eines Briefes oder in dem flüchtigen Durchblättern irgend eines Romanes. Dort hingen verschiedene Waffen an der Wand.

Der Capitän nahm eine Pistole herab, untersuchte dieselbe und murmelte dabei:

„Es ist die beste, welche ich habe. Mit ihr habe ich noch keinen Fehlschuß gethan. Sie würde mich auch heute nicht verlassen. Soll ich mich ihrer bedienen? Hm! Es ist viel Lärm bei solch einem Schusse, und das könnte gefährlich werden. Nein!"

Er hing sie wieder an den Nagel und griff nach einer Stockflinte, welche daneben hing.

„Diese Windbüchse macht kein Geräusch; es wäre besser, sie zu nehmen; auch schießt man aus ihr öfters, ohne laden zu müssen; aber leider ist sie nicht zuverlässig. Nein, auch sie nicht; ich muß sicher gehen, denn der Kerl darf mir auf keinen Fall entkommen."

Er hing die heimtückische Waffe wieder an die Wand und suchte weiter.

„Ah, da ist ein alter, venetianischer Banditendolch. Er ist scharf und spitz und aus dem besten Glase gemacht. Beim Stoße bricht die Spitze ab und bleibt in der Wunde stecken, so daß eine Heilung unmöglich ist, wenn nicht eine sehr schwierige und geschickte Operation das Opfer von dem tödtlichen Glase befreit. Ein fester und kräftiger Stoß genügt. Diese Waffe ist sicher und still. Kein Laut erschallt; sie werde ich nehmen und keine andere."

Während er in dieser Weise überlegte, wie er seinen Feind am Sichersten tödten könne, befand sich dieser in der glücklichsten Stimmung bei der Geliebten. Er stand wieder mit ihr am Fenster und hielt sie innig umschlungen, indeß der Marschall bei der Mutter saß, und sich mit ihr von seinen und ihren Erlebnissen unterhielt. Der Alte konnte sehr liebenswürdig sein, wenn er wollte, und heute war er es im höchsten Grade. Die drei Anderen waren über ihn entzückt; er selbst sprach sich immer tiefer in die beste Stimmung hinein und sagte endlich, einen Blick auf das schöne Mädchen werfend:

„Sehen Sie einmal hin, Madame! Da stehen die Beiden und halten sich fest, als ob eine ganze Armee anmarschirt käme, um sie zu trennen. Aber so ist die Liebe, und so sind die jungen Leute! Na, erröthen Sie nicht, Mademoiselle! Ich bin auch einmal jung gewesen. Jetzt aber freilich bin ich ein alter, weißer Eisbär geworden, um den sich Keine mehr bekümmern mag!"

Da faßte sich Margot ein Herz und antwortete:

"Excellenz meinen doch nicht, daß nur die Jugend im Stande sei, Liebe zu erwecken?"

"Ja, gerade dies meine ich, mein Kind."

"Da haben Excellenz sicher Unrecht!"

"Meinen Sie? Können Sie mir Beweise bringen?"

"Ja. Es ist eine alte Erfahrung, daß es Damen giebt, welche für bejahrte Herren schwärmen können. Ich kenne einige meiner Freundinnen, deren Ideal nicht ein Jüngling, sondern ein gereifter Mann ist."

Er nickte mit seinem schönen, ehrwürdigen Greisenhaupte und sagte:

"Ja, ich habe einmal mit einem Professor darüber gesprochen, der ein sehr berühmter Psychologe war. Ich glaube, dieses Wort bedeutet Menschenkenner oder Seelengrübler. Dieser Mann sagte, daß besonders unter jungen Damen, unter den sogenannten Backfischen, Viele seien, welche am Liebsten einen Mann mit grauen Haaren haben möchten. Später aber ändert sich diese Gesinnung, und sie gehen doch in die Falle, welche ihnen ein junger, schmucker Jäger gestellt hat. Unsereiner muß sich also jetzt begnügen, für einen Anderen Kastanien aus dem Feuer zu holen, wie zum Beispiel ich für den Lieutenant da.

"So bin ich also die Kastanie?" lachte Margot.

"Ja, und zwar eine Kastanie zum Anbeißen. Ich würde — ich möchte — hm, Donnerwetter, ich wollte, ich dürfte auch einmal anbeißen!"

"Excellenz sehen aber gar nicht so bissig aus!"

"Meinen Sie?" lachte er fröhlich. "Nun, da irren Sie sich sehr, und das werde ich Ihnen sogleich beweisen. Ein jeder Arbeiter ist seines Lohnes werth, sagen wir Deutschen.

Ich habe mich nun ganz fürchterlich abgemüht, um Euch zusammen zu bringen; belohnt muß ich also werden. Und was denkt Ihr wohl, was ich verlangen werde?"

Margot erröthete. Sie ahnte, was nun kommen werde.

"Na," fuhr er fort, "das Mädchen wird ja roth wie Zinnober! Es denkt sich also schon, wonach ich Appetit habe. Wird meine Bitte gewährt sein, Mademoiselle?"

"Excellenz haben sie ja noch gar nicht ausgesprochen," antwortete sie, noch tiefer erglühend.

"Gut, so will ich es sagen; einen Kuß fordere ich als Belohnung."

Da zog ein lustiges, schelmisches Lächeln über ihr Gesicht, und sie antwortete:

"Einen Kuß? Von wem? Von meinem Bräutigam?"

"Von Dem da? Fällt mir gar nicht ein! Was habe ich mit seiner Schnurrbarte zu schaffen! Nein, von Ihnen selbst, Mademoiselle. Ich bin allerdings kein Lieutenant, der Ihnen das Köpfchen verdreht, aber so einen conventionellen, großväterlichen Kuß wird Ihr schönes Mäulchen doch vielleicht fertig bringen. Nicht?"

"Vielleicht," antwortete sie. "Aber da möchten wir denn doch diesen Lieutenant erst vorher um Erlaubniß bitten!"

"Den?" fragte er in komischem Stolze. "Warum Den? Fällt mir gar nicht ein! Ich habe Paris und Frankreich erobert, ohne einen

Eveline.
Dritte Illustration zur Erzählung: "Wiedergefunden."

Lieutenant um Erlaubniß zu fragen. Soll ich mich wegen zwei Lippen an ihn wenden, die doch auch zu meiner Eroberung gehören? Nein. Immer vorwärts, sage ich, und so auch hier. Geben Sie getrost Ihr liebes Mäulchen her! Ich werde es nicht ganz abbeißen, sondern ihm einen Theil davon übrig lassen."

Er erhob sich vom Sopha und trat auf das Mädchen zu. Dieses erglühte zwar bis in den Nacken hinab, aber es kam ihm doch zwei Schritte entgegen.

"Excellenz," sagte Margot; "ein Kuß von Ihnen ist die höchste Ehre, welche einer Dame geschehen kann. In diesem Sinne wage ich es, Ihrem Befehle zu gehorchen."

"Papperlapapp, ich meine das anders. Aber, na, nur erst her mit dem Ehrenschmatz, dann wird sich das Uebrige finden."

Er schritt mit der Courtoisie eines Höflings aus der Zeit Ludwigs des Vierzehnten auf sie zu und küßte sie leise und höflich auf die Wange; dann aber sagte er:

"So, das war der Feldmarschall. Nun aber kommt der gute Gebhard Leberecht Blücher d'ran, der einmal sehen will, ob er nur um seinetwillen, und nicht um des Marschalls willen einen herzhaften Kuß erhält. Was meinen Sie, Margotchen?"

"O, er ist so lieb und gut, daß er zwei erhalten soll, anstatt einen!"

Dies sagend, legte sie zutraulich, als ob er ihr Vater sei, die Arme um seinen Hals, drückte sich mit ungeschminkter Zärtlichkeit an ihn und küßte ihn ein=, zwei=, dreimal so herzhaft, wie er es gewünscht hatte, auf die Lippen.

"Alle Wetter," sagte er, "das war eine Delicatesse, wie sie unsereiner jetzt so oft nicht mehr findet!"

Seine Augen glänzten feucht vor Rührung. Er hielt sie noch bei dem Händchen fest und fragte:

"Kam das wirklich aus dem Herzen, Du kleine, süße Hexe?"

"Ja, Excellenz," betheuerte sie.

"Nun, dann habe Dank, meine Tochter! Du hast mir alten Kerl eine Freude gemacht, so groß, wie Du es gar nicht denkst. Ich werde Euch nicht vergessen, und erwarte, daß Ihr an mich denkt, wenn Ihr einmal einen tüchtigen Jungen habt, zu dem Ihr einen Pathen braucht. Wenn der alte Blücher Pathe steht, so wird wohl unser Herrgott ein Einsehen haben, und einen ganz besonderen Segen drauf legen, da ich armer Teufel doch nichts geben kann, als mein Ja und Amen! Nun aber ist mein Geschäft hier beendet,

Furcht und Spott.

und ich habe noch Anderes zu thun, wobei ich leider keinen Kuß zu erwarten habe. Wie steht es, mein Junge, Du bleibst doch noch hier?"

Königsau war mit Blücher gekommen; es wäre der größte Verstoß gewesen, wenn er ihn jetzt hätte allein gehen lassen; daher sagte er, obgleich er am Liebsten noch recht lange bei der Geliebten geblieben wäre:

"Wenn Excellenz erlauben, schließe ich mich Ihnen an. Auch ich habe noch Dienstliches zu thun."

"So mache es rasch ab! Der Dienst hier bei der Herzdame wird Dir doch wohl der angenehmste sein, und ich hoffe, daß Du Dir nichts zu Schulden kommen läßt!"

Königsau mußte Margot versprechen, am Abend wiederzukommen; dann verabschiedeten sich die Beiden von den Damen, welche die Ehre, den berühmten Feldmarschall bei sich gesehen zu haben, sehr wohl zu schätzen wußten.

Als die beiden Officiere aus dem Vorsaale traten, öffnete sich die gegenüberliegende Thür, und der Capitän erschien; er stand im Begriff, seine Wohnung zu verlassen, fuhr aber wieder zurück, als er die Beiden bemerkte. Er hatte sich dabei so wenig in der Gewalt, daß sein Gesicht die ganze Fülle des Hasses zeigte, von welchem er gegen den Lieutenant von Königsau erfüllt war.

Als dieser mit Blücher die Straße erreicht hatte, fragte ihn der Letztere:

"Hast Du den Blick gesehen, welchen der Franzmann auf Dich warf, mein Junge?"

"Ja."

"Nun, was sagst Du dazu?"

"Nichts. Dieser Kerl geht mich nichts an!"

"Nimm es nicht so leicht!" warnte Blücher.

"Er kann mir nichts anhaben."

"In offener, ehrlicher Weise allerdings nicht; aber sein

Gesicht gefällt mir ganz und gar nicht. Weißt Du, was in seinen Augen zu lesen war?"

"Haß natürlich."

"Haß und Rache, glühende Rachsucht. Mir scheint, daß Du Dich vor ihm in Acht nehmen solltest. Dieser Mensch ist ein Bösewicht, das steht ihm an der Stirn geschrieben."

"Excellenz mögen Recht haben," sagte Königsau nachdenklich. "Er ist dem Baron bedeutende Summen schuldig, und dieser scheint geneigt gewesen zu sein, sie ihm zu schenken, falls er Margot's Hand erhält. Aus dem Gespräch, welches ich belauscht habe, geht das deutlich hervor. Ja, der Baron wollte ihm sogar noch eine baare Summe auszahlen, obgleich ich es kaum glaube, daß er ein ehrliches Spiel mit ihm spielt."

"Nun, so schließe einmal weiter! Ich will sehen, ob Du nicht auf den Kopf gefallen bist."

"Der Baron drohte vorhin, ihm die Wechsel zu präsentiren. Thut er das, so kommt der Capitän in das Schuldgefängniß und muß aus der Armee treten. Er wird Alles aufbieten, diese Schande zu vermeiden."

"Und auf welche Weise kann dies am Sichersten geschehen?"

"Dadurch, daß er mich zur Seite räumt."

"Ja, nur dadurch. Du bist also doch der Dümmste nicht, mein Junge. Seine Augen funkelten wie Katzenaugen, und sein Schnurrbart zerrte sich in die Höhe, als ob er Dich beißen wolle. Der Kerl denkt Schlechtes; er will Dir an den Kragen; das war ja ganz deutlich zu sehen. Nimm Dich in Acht. Du willst heute Abend wirklich zu Deinem Schatz?"

"Ja."

"Nun, so gehe ja nicht unbewaffnet. Ich wollte, Du wärest ein Küraffier."

"Warum, Excellenz?"

"Weil der Küraß wenigstens den ersten Stoß abhält. Es ahnt mir, daß der Kerl heimtückisch und mit scharfer Waffe auf Dich will. Versprich mir, daß Du nicht leichtsinnig sein, sondern Dich ganz gehörig vorsehen willst!"

"Ich gebe Ihnen mein Wort darauf, Excellenz."

"Gut. Es wäre jammerschade um Dich und diese prachtvolle Margot, wenn sie zur Wittwe würde, ohne vorher Hochzeit gemacht zu haben. Diesen Capitän aber wollte ich curranzen, daß ihm die Seele quieken sollte! Hier sind wir vor meinem Hause, und Du kannst gehen. Vorher aber noch Eins, mein Junge?"

"Excellenz befehlen?"

"Befehlen? Nichts. Ich habe Dich nur zu fragen, ob Du darüber böse bist, daß mich diese Margot — verfluchter Name! Wie heißt er denn eigentlich auf Deutsch? Aber das kann mir ja gleich sein, da Du sie heirathest, und nicht ich. Also ich wollte Dich fragen, ob Du es übel genommen hast, daß ich sie geküßt habe?"

"Uebel genommen? Wo denken Excellenz hin? Margot war ganz und gar meiner Meinung, als sie sagte, daß es für eine Dame die größte Ehre sei, von —"

"Schon gut, gut, gut! Aber eine verfluchte Hexe ist sie doch! Wollte dieses verteufelte Weibsen, daß ich Dich schmatzen sollte! Na, laß sie Dir nicht über den Kopf wachsen! Erst sind diese Engels die reine Chocolade; dann kleben sie wie Gummi arabicum, und endlich wird Aloë und Stiefelwichse daraus, bitter und schwarz zum Erbarmen. Ich will Dir wünschen, daß die Deinige eine Ausnahme macht. Gutschmecken thut ihr Mäulchen, das muß man ihr lassen. Hast Du sie auch schon geküßt, Junge? Sag's aufrichtig!"

"Natürlich habe ich sie geküßt, Durchlaucht."

"Gut, so habe ich Dich doch nicht um den ersten Kuß gebracht. Wann ist's denn geschehen?"

"Nun, bei der Liebeserklärung," lachte Königsau.

"Bei der Erklärung, ja, da pflegt es nie ohne die obligaten Zusammenstöße abzugehen. Das schnäbelt wie die Tauben. Heiliges Pech! Wenn ich doch dies einzige Mal noch nicht ein so alter Hallunke wäre! Aber sage mir einmal, wie hast Du es denn eigentlich bei der Liebeserklärung angefangen? Was hast Du gesagt, und was hat sie dann geantwortet?"

"Das werde ich wohl für mich behalten, wenn Excellenz erlauben!"

"Dich soll der Teufel holen, mein Sohn! Na, übel kann ich es Dir nicht nehmen, denn ich hätte es auch Keinem gerathen, bei mir darnach zu fragen, auf welche Weise ich auf den Leim gegangen bin. Also es bleibt bei unserer Ausmachung: Bei dem ersten Buben stehe ich Gevatter. Sorge da für guten Wein und eine tüchtige Pfeife. Lebe wohl!"

Sie trennten sich, und Königsau schritt nach seiner Wohnung, heimlich über den Alten lachend, der da mitten auf dem Trottoir vor der Thür hatte wissen wollen, auf welche Weise er seine Liebeserklärung gemacht habe.

Die Warnung Blücher's ging ihm durch den Kopf. Er vergegenwärtigte sich im Stillen noch einmal die ganze Situation; er dachte an das Gesicht, welches ihm der Capitän gemacht hatte, und mußte sich sagen, daß darauf die offenste Mordlust zu lesen gewesen war. Er nahm sich vor, höchst vorsichtig zu sein. Die Bevölkerung von Paris war den Deutschen nicht hold; es kamen täglich kleinere Revolten und Kundgebungen vor; die Sicherheit war eine zweifelhafte; er dachte an Blücher's Worte, daß ein Küraß eine gute Schutzwehr sei, und sandte unter dem Eindrucke dieser Aeußerung, als er nach Hause gekommen war, seinen Diener zu einem befreundeten Officier von den Küraffieren, um anzufragen, ob dieser ihm für heute Abend seinen Panzer leihen wolle. Der Betreffende hatte zwar verwundert gelächelt, aber das Verlangte doch ganz bereitwilligst hergegeben.

Als Königsau später zu der Geliebten ging, trug er Civil, um nicht sogleich erkannt werden zu können, dazu den Küraß unter dem Mantel und eine geladene Pistole in der Tasche. Auch machte er einen Umweg, und erreichte so von der anderen Seite die Straße, in welcher die beiden Damen wohnten.

Auf dem Vorsaale brannte eine Lampe. Beim Scheine derselben glaubte er zu gewahren, daß die Thür, hinter welcher sich die Wohnung des Capitäns befand, um eine ganz schmale Lücke offen stehe, und es war ihm, als ob er ein fest an diese Lücke von Innen gedrücktes Auge auf sich funkeln sehe. Er vermied es jedoch, dies näher zu untersuchen, da er nicht wissen lassen wollte, daß er auf seiner Hut sei.

Er klingelte und wurde eingelassen. Margot kam ihm entgegen geeilt und bewillkommnete ihn mit einem herzlichen Kusse. Während der innigen Umarmung fühlte sie die harte Schutzwehr unter seinem Mantel. Sie legte die Hand darauf, blickte ihn erschrocken an und fragte in ängstlichem Tone:

„Was ist das, Hugo?"

„Nichts, mein Kind," antwortete er beruhigend; „nur ein Panzer."

„Ein Panzer? Warum legst Du ihn an?"

„Du brauchst keine Sorge zu haben, mein Herz. Ich sollte ihn für einen Freund, welcher bei den Kürassieren steht, aus der Reparatur mitbringen, und ich habe ihn nur deshalb angelegt, weil es zu unbequem gewesen wäre, ihn in der Hand zu tragen."

Er schien seinen Zweck erreicht zu haben, wenigstens sagte sie kein Wort, welches einen Zweifel verrathen hätte. Aber die Liebe sieht scharf, und ein Weib ist oft viel scharfsinniger als ein Mann; es erräth auf der Stelle, was der Mann erst nach längerem Sinnen, Schließen und Grübeln erreicht.

Königsau legte im Vorzimmer Mantel, Panzer und Hut ab und trat in den Salon. Kaum jedoch befand er sich mit der Mutter im festen Gespräche, so verließ Margot die Beiden und suchte das Dienstmädchen auf; sie erkundigte sich bei ihm:

„Ist mein Bruder zu Hause?"

„Bis jetzt war er da; aber soeben hörte ich ihn gehen," lautete die Antwort.

„Hast Du ihn sicher gehört?"

„Ja."

„Es kann Jemand Anderes gewesen sein. Gehe hinüber und überzeuge Dich!"

Die Dienerin hatte die Wohnung des Capitäns mit in Ordnung zu halten; darum besaß sie einen Schlüssel zu derselben, da sie ihre Arbeiten nur in seiner Abwesenheit besorgen durfte. Sie ging hinüber und kehrte bald darauf mit der Nachricht zurück, daß der Capitän wirklich gegangen sei. Er hatte sich überzeugt, daß der Deutsche gekommen sei, und da es ihm zu langweilig erschien, einsam zu warten, bis dieser das Haus verlassen werde, so hatte er es vorgezogen, einstweilen ein Caffee aufzusuchen und dann sein Opfer auf der Straße zu erwarten und zu überfallen.

Margot nahm jetzt den Schlüssel und ein Licht und begab sich nach der Wohnung des Stiefbruders. Wie von einer Eingebung getrieben, durchschritt sie mit dem sie begleitenden Mädchen das vordere Gemach und trat in die zweite Stube, in welcher der Capitän zu arbeiten pflegte. Sie leuchtete mit dem Lichte an die Wand, an welcher die Waffen hingen, und bemerkte einen leeren Nagel. Sie konnte sich nicht sofort besinnen, was hier gehangen hatte, und sie fragte darum das Mädchen:

„Du pflegst auch diese Waffen abzustäuben?"

„Ja."

„Kennst Du sie alle?"

„Ich glaube. Ich habe sie ja sehr oft in den Händen gehabt."

„So besinne Dich einmal, was an diesem leeren Nagel gehangen hat!"

Die Gefragte blickte ihre Herrin an, einigermaßen befremdet darüber, daß diese sich so plötzlich um die Waffensammlung des Bruders bekümmere, sann aber doch einige Zeit nach und antwortete dann im Tone des Ueberlegens:

„Ich weiß es für den Augenblick wirklich nicht genau; aber warten Sie, Mademoiselle! Hier die Flinten, da die Pistolen, dort die Degen, und dann die Jagdmesser und — ah, ich habe es! Hier hing ein Dolch."

„Ein Dolch?" fragte Margot, welche ihr Erschrecken kaum verbergen konnte.

„Ja, ein Dolch, dessen Griff von schwarzem Holze, die Klinge aber von Glas war. Ich habe mich oft darüber gewundert, warum man solche Dinge aus Glas und nicht aus Eisen gemacht hat. Das Glas ist ja so sehr leicht zerbrechlich."

„Ja, er hatte einen venetianischen Dolch," sagte Margot. „Komm, es ist gut!"

Sie wußte gar wohl, warum man diese Klingen von Glas machte. Sobald die Spitze auf den Knochen trifft, bricht sie ab, und die Wunde wird dadurch doppelt gefährlich, vielleicht sogar absolut tödtlich. Warum hatte der Bruder diesen Dolch mit sich genommen? Sie errieth es. Sie wußte, daß er kein Herz, kein Gemüth hatte; sie kannte ihn als einen harten Egoisten, der selbst ein Menschenleben nicht schonen würde, wenn dasselbe seinen Zwecken im Wege stand. Er hatte seine kalte, allen Gefühles bare Herzlosigkeit ja schon bereits in seinem Verhalten gegen sie und die Mutter bewiesen.

Als sie drüben wieder die eigene Wohnung betrat, forschte sie vergebens in den edlen Zügen des Geliebten. Sie konnte nicht das mindeste Zeichen von Angst oder Besorgniß in ihnen entdecken. Sie gaben nur den frohen Ausdruck des unendlichen Glückes wieder, welches sein Inneres erfüllte, und sein Auge lachte ihr so offen und unbefangen entgegen, daß sie beinahe überzeugt war, sie allein sei es, welche errathen habe, in welcher Gefahr er stehe.

Sollte sie ihn warnen? Sollte sie seine frohe, glückliche Stimmung vernichten? Sollte sie, vielleicht ohne allen Grund und alle Ursache, ihren Bruder, der so schon in so tiefem Mißcredit stand, auch noch in den Verdacht des Meuchelmordes bringen? Sollte sie glauben, daß Königsau ihr wirklich die Wahrheit gesagt habe und den Panzer nur zufällig trage? Oder hatte er, ohne daß sie wußte, auf welche Veranlassung hin, ganz denselben Verdacht geschöpft, den auch sie hegte? Hatte er es vorgezogen, ihr davon keine Mittheilung zu machen, weil er sie nicht beängstigen wollte? Diese Fragen gingen durch ihre Seele, während sie sich möglichst heiter mit ihm unterhielt, um ihre Unruhe zu verbergen.

Aber da kam ihr ein Gedanke. Hatte Königsau wirklich Verdacht geschöpft, so trug er nicht nur den Panzer, sondern jedenfalls noch eine andere Waffe bei sich. Es gab sehr bald einen Grund, sich zu entfernen, und so griff sie im Vorzimmer in die Taschen seines Mantels, welcher dort hing. Sie waren leer. Bereits wollte sie sich beruhigen; da aber dachte sie daran, daß er eine Vertheidigungswaffe wohl kaum in den Mantel stecken werde, den er überwarf, und dessen Taschen also nur unbequem zu erreichen seien. Eine Waffe steckt man nur dahin, wo man sie augenblicklich ergreifen kann.

Darum kehrte sie in den Salon zurück, ohne ganz befriedigt zu sein; aber als er einmal neben ihr stand und seinen Arm um sie legte, lehnte sie ihr Köpfchen zärtlich an seine Schulter und fuhr leise und wie liebkosend an seiner Brust herab. Ja, da fühlte sie es. In seiner Brusttasche, welche sehr tief zu sein schien, stak ein Pistol. Sie fühlte die Umrisse desselben ganz genau, ohne daß er es bemerkte, daß ihre Hand mehrere Male leise tastend zu dieser Stelle zurückkehrte.

Jetzt nun wußte sie, daß er ihren Verdacht theilte, und nun trieb es sie, zu sprechen. Sie pflegte vor ihrer Mutter kein Geheimniß zu haben, und so ließ sie sich von der Gegenwart derselben nicht beirren. Sie legte die Hand an seine Tasche und fragte:

„Was hast Du hier verborgen, lieber Hugo?"

Er bemerkte erst jetzt, worauf ihre Aufmerksamkeit gerichtet gewesen war; er konnte eine kleine Verlegenheit nicht verbergen, antwortete aber anscheinend unbefangen:

„Hier in dieser Tasche? Das ist meine Pistole, Kind."

„Eine Pistole? Warum?"

„Aus bloßer Gewohnheit. Du wirst glauben, daß wir Officiere gewöhnt sind, Waffen zu führen, zumal in einer Stadt, welche wir erobert haben, und deren Bewohner uns in Folge dessen wohl nicht sehr freundlich gesinnt sein werden."

„So hegst Du Besorgniß?"

„Das eigentlich nicht; aber wir stehen auf dem Kriegsfuße und sehen uns vor, selbst wenn wir Civil angelegt haben. Du weißt ja, daß Ihr selbst bei der Demonstration letzthin in Gefahr gekommen seid. Und wie viel mehr müssen wir, die Feinde, Veranlassung haben, auf der Hut zu sein."

„Denkst Du dabei an eine bestimmte Persönlichkeit?"

„Nein, Margot."

Er gab sich Mühe, so aufrichtig wie möglich zu erscheinen, und es gelang ihm dies ziemlich gut, so daß sie wirklich annahm, daß er aus allgemeiner Vorsicht die Waffe zu sich gesteckt habe. Aber sie war dennoch nicht vollständig befriedigt und fragte:

„Hast Du vielleicht einen persönlichen Feind, dem Du nicht traust?"

„Ich glaube nicht."

„Und mit dem Panzer ist es so, wie Du mir vorhin erzählt hast?"

„Gewiß, mein liebes Kind."

„Einen Panzer?" fragte da die Mutter. „Was ist's mit dem Panzer?"

„O," antwortete Margot, „Hugo trug einen Panzer, als er kam. Er hat ihn abgelegt; er hängt draußen im Vorzimmer, liebe Mama."

„Einen Panzer haben Sie angelegt?" fragte Frau Richemonte, zugleich erstaunt und besorgt. „Warum diese Vorsichtsmaßregel? Fürchten Sie eine Gefahr?"

„Ich weiß von keiner anderen Gefahr, als derjenigen, in welcher wir Deutschen hier alle stehen, und die vielleicht ganz illusorisch ist," antwortete Königsau. „Den Panzer trug ich ganz zufällig, und diese Pistole steckt noch seit meinem letzten Ausgange in der Tasche. Die Sache hat ja ganz und gar nichts zu bedeuten."

Damit beruhigte sich zwar die Mutter, nicht aber die Tochter. Diese Letztere beschloß, zwar zu schweigen, aber dann später zu handeln. Sie war ein muthiges Mädchen; sie hatte für sich jedenfalls nichts zu befürchten, und sie liebte den Bräutigam mehr als sich selbst. Darum wollte sie ihm bei seinem Fortgehen heimlich folgen, bis sie ihn in seiner Wohnung in Sicherheit wußte

W. VIII. 184.

Aus diesem Grunde befahl sie dem Mädchen, ihren Hut und Paletot hinunter nach der Loge des Portiers zu schaffen, und diesem zu bedeuten, wach zu sein, da sie noch spät ausgehen werde. Erst als dies besorgt war, gab sie sich weniger ängstlich dem Glücke hin, welches sie in der Anwesenheit des Geliebten fand.

Es war ganz so, wie der Baron und der Capitän gedacht hatten. Die Liebenden hatten sich so Vieles zu sagen und zu erzählen, daß eine lange Zeit verging, ehe sie sich zur Trennung entschließen konnten. Als Königsau aufbrach, war es bereits nach Mitternacht.

Er nahm Abschied von der Mutter, die ihn von Minute zu Minute lieber gewonnen hatte, legte draußen im Vorzimmer seine Sachen an, und war nicht wenig verwundert, als an Stelle des Mädchens Margot selbst das Licht ergriff, um ihm hinab zu leuchten, da die Hauslampe um Mitternacht verlöscht zu werden pflegte.

Unten am Ausgange umarmte und küßte er sie herzlich.

„Darf ich morgen wiederkommen, mein Leben?" fragte er.

„Ja, Hugo," antwortete sie. „Ich werde Dich mit Sehnsucht erwarten; darum bitte ich Dich, recht zeitig zu kommen. Aber noch nm eins habe ich Dich zu bitten."

„Sage es!"

„Sei heute Abend recht vorsichtig. Mir ist so außerordentlich bange um Dich."

Er drückte sie innig an sich und flüsterte, ganz glücklich über ihre Aengstlichkeit:

„Das ist die Besorgniß der Liebe, meine Margot. Aus ihr ersehe ich, daß ich Dir wirklich theuer bin, und ich danke Dir, daß Du mir dies wissen lässest."

„O nein, diese Besorgniß hat außer der Liebe noch einen anderen Grund."

„Welchen?"

„Mir ahnt, Du stehst in Gefahr."

„Glaube dies nicht. Die Straßen sind ruhig. Gefahr könnte ich nur von einem persönlichen Feinde erwarten; aber ich kenne keinen, dem ich eine solche Gewaltthätigkeit zutrauen möchte. Uebrigens stehen wir ja nicht in der Zeit des Mittelalters und befinden uns nicht in Italien, dem Lande der gedungenen Meuchelmörder."

Sie schauderte. Gerade der Dolch war ja ein italienischer.

„O, Geliebter," flüsterte sie, „ich kann nicht anders, ich muß an einen Bestimmten denken, vor dessen Rache Du Dich sehr in Acht zu nehmen hast."

„Wer sollte dies sein?"

„Mein — Bruder."

Er fühlte sich betroffen. Also auch sie hatte bereits Verdacht geschöpft! Darum also die Aufmerksamkeit, welche sie seiner Bewaffnung gewidmet hatte! Sie war sehr unruhig; er fühlte dies an dem leichten Beben ihrer Gestalt, darum antwortete er:

„Dein Bruder, o, er ist ein Bramarbas, im Herzen aber feig. Er thut mir nichts."

„Feig? Nein, feig ist er nie gewesen. Und er ist zu jeder That fähig, die er einmal beschlossen hat. Es ist gar traurig, den eigenen Bruder so schildern zu müssen, aber ich muß es zu Deiner Sicherheit thun. Er mag kein Meuchelmörder sein, aber ich traue es ihm zu, rohe Arbeiter zu dingen, und auf Dich zu hetzen, um Dich zu insultiren."

„In diesem Falle werde ich mich zu wehren wissen, mein

Kind. Habe also keine Sorge. Schlafe im Gegentheile recht gut, und träume ein Wenig von mir!"

Er nahm, wie er meinte, für heute von ihr Abschied und verließ das Haus.

Draußen war es dunkel; aber der Schein der Sterne erlaubte doch, in einer nicht zu weiten Entfernung die Umrisse größerer Gegenstände zu erblicken. Er zog den Mantel fest an, damit ihm dieser bei einer etwaigen Vertheidigung nicht hinderlich sei, und holte die Pistole aus der Tasche, deren Hahn er spannte, um schußbereit zu sein. Dann schritt er weiter, seine Schritte möglichst dämpfend, um zu hören, ob ein Verfolger hinter ihm sei.

Am Liebsten wäre er mitten auf der Straße gegangen, aber damit hätte er dem Feinde verrathen, daß er vorbereitet sei. Ging er auf dem Trottoir, so boten ihm die Häuser im Falle eines Kampfes von der einen Seite Deckung.

Auf diese Weise passirte er die Straße, ohne belästigt worden zu sein. Er machte ganz denselben Umweg zurück, den er herwärts gegangen war. So hatte er die zweite Straße erreicht; er befand sich bereits in der zweiten Hälfte derselben, als er sich, obgleich er weder etwas gehört noch gesehen hatte, aus einfacher Vorsicht umwendete. Da war es ihm, als ob er eine dunkle Gestalt bemerke, welche in einer Entfernung von vielleicht fünfzehn Schritten eben so wie er stehen blieb, um ihre Anwesenheit nicht zu verrathen.

„Das ist er," dachte Königsau. „Warte, Hallunke, Dich werde ich zu täuschen wissen."

(Fortsetzung folgt.)

Die Liebe des Ulanen.

Original-Roman aus der Zeit des deutsch-französischen Krieges von Karl May.

(Fortsetzung.)

Königsau schritt langsam weiter, rückwärts, ohne sich umzudrehen, und behielt die Gestalt fest im Auge, von der er deutlich bemerkte, daß sie ihm mit unhörbaren Schritten folge.

Margot war, sobald der Geliebte gegangen war, in die Loge des Portiers getreten und hatte dort schnell den Paletot angezogen, und den Hut aufgesetzt.

„Aber, Mademoiselle, wohin wollen Sie noch so spät?" fragte dieser verwundert.

„Nicht weit, nur um die Ecke," antwortete sie.

„Aber allein und in den jetzigen Kriegszeiten! Erlauben Sie, daß ich Sie begleite."

„Ich danke Ihnen! Ich muß allein gehen, ich will etwas beobachten."

„Ah, ich verstehe!" meinte der Portier pfiffig. „Sie wollen sehen, wohin der Herr gehen wird, welcher Sie soeben verlassen hat."

„Sie irren," sagte sie in verweisendem Tone. „Es wird wohl keine anständige Dame einem Herrn nachlaufen, um zu spioniren. Lassen Sie mich so hinaus, daß die Thür kein Geräusch macht. Man darf weder hören noch sehen, daß ich auf die Straße trete."

Er gehorchte ihr. Als sie sich draußen befand, blieb sie zunächst stehen, um zu lauschen. Königsau war erst kaum zwanzig Schritte entfernt, auch er war ja einige Augenblicke stehen geblieben, um seinen Mantel festzuziehen und die Pistole hervorzunehmen.

Ihr Auge durchforschte die Straße. Es war, als ob die Sorge ihrem Blicke doppelte Schärfe verleihe. Gerade gegenüber löste sich eine dunkle Gestalt vom Thorwege ab, huschte mit völlig unhörbaren Schritten über die Straße herüber und schlich dem Geliebten nach.

Das war kein Anderer als der Capitän, ihr Bruder. Das Herz zog sich ihr zusammen; ob vor Angst um Königsau oder vor Scham darüber, den Bruder als Meuchelmörder erkennen zu müssen, sie konnte es sich wohl selbst nicht sagen.

Sie hatte aus Vorsorge keine Stiefel angezogen, sie trug dieselben Hausschuhe, welche sie in der Wohnung zu tragen pflegte. Diese waren weich, und darum konnten auch ihre Schritte nicht gehört werden. So folgte sie den Beiden durch die Straße und in die Nebenstraße hinein. Dort hörte sie, daß der Geliebte, den sie wohl hören aber nicht sehen konnte, stehen blieb, denn seine Schritte waren verhallt.

„Hat er etwas bemerkt?" fragte sie sich. „Jetzt wird er vorsichtig sein!"

Einige Secunden später vernahm sie die Schritte wieder; sie hatten einen sehr eigenthümlichen Klang, den sie sich im ersten Augenblicke nicht enträthseln konnte. Bald aber dachte sie:

„Ah, er ist listig! Er tritt erst mit der Sohle und dann mit den Absätzen auf: er geht rückwärts, um seinen Mann im Auge zu behalten. Jetzt bin ich fast beruhigt."

Sie huschte weiter und erblickte bald den heimlichen Verfolger wieder, der alle seine Aufmerksamkeit so ausschließlich auf den Lieutenant richtete, daß er gar nicht bemerkte, daß er eine Person hinter sich habe, die ihn ebenso scharf beobachtete wie er jenen.

Margot hatte sich nicht getäuscht; es war ihr Bruder. Dieser hatte das Café bereits vor Mitternacht verlassen und sich dann an das Thor des gegenüberliegenden Hauses auf die Lauer gestellt. Er sah die Schatten der Personen, welche sich droben in der Wohnung seiner Mutter bewegten, sich an den Gardinen abzeichneten und dachte mit Grimm daran, daß sein Todfeind jetzt die Liebkosungen der Schwester empfange, deren Verheirathung mit dem Baron de Reillac ihn, den tief Verschuldeten, von allen seinen quälenden und drückenden Sorgen erlösen konnte.

"Es ist das letzte Mal, daß Du bei ihr bist!" murmelte er. "Dieser Dolch soll dafür sorgen, daß Du verschwindest und uns die Bahn wieder freigeben mußt."

Er zog den Dolch aus der Tasche und setzte die Spitze desselben prüfend an den Finger.

"Er ist spitz wie eine Nadel. In der Wunde umgedreht und dann abgebrochen, bringt er den unvermeidlichen Tod. Hätte ich den Schurken doch bereits vor mir stehen!"

Aber er mußte sich gedulden, bis ihm die Schatten sagten, daß Königsau jetzt aufbrechen werde. Nach einiger Zeit sah er ihn drüben aus dem Thore treten, welches sich hinter ihm schloß.

"Es wird sich Dir nicht wieder öffnen! Aber die Pforte der Hölle möge Dir offen stehen!"

Er hätte diese Worte am Liebsten laut ausgerufen, um seinem ergrimmten Herzen Luft zu machen; aber er mußte schweigen, um sich nicht zu verrathen. Wäre es Tag gewesen, so hätte man seine Augen blutgierig funkeln und seine Lippen sich zu jenem häßlichen Fletschen öffnen sehen, welches ihm im Falle des Zornes so eigenthümlich war.

Er legte die Hand fester um den Griff des Dolches und wollte bereits seinem Opfer folgen, aber bereits nach dem ersten Schritte blieb er überlegend wieder halten.

"Alle Teufel," brummte er; "meine Stiefelsohlen knirschen! Dies würde mich unfehlbar verrathen. Daß ich auch nicht daran gedacht habe! Ich muß die Stiefel ausziehen. Aber sie mit mir tragen? Sie würden mich hindern. Soll ich sie hier im Thorwege stehen lassen? Es ist ja finster hier. Aber nein. Es könnte Jemand aus- oder eingehen wollen und sie finden, und dies könnte mich verrathen. Bei solchen Gelegenheiten muß man vorsichtig sein. Ich werde sie doch mit mir nehmen. Trage ich sie in der linken Hand, so hat die Rechte genug Kraft und Spielraum, einen guten Stoß auszuführen."

Er zog die Stiefel rasch aus, nahm sie in die Linke und huschte über die Straße hinüber, um dem Lieutenant zu folgen, von welchem er sich in solcher Entfernung hielt, daß er die Gestalt desselben trotz der Dunkelheit gerade noch zu erblicken vermochte.

In der Straße, welche er selbst bewohnte, wollte er den Ueberfall nicht ausführen, um allen Möglichkeiten im Voraus vorzubeugen.

"Ich werde ihn gerade in das Herz treffen," sagte er sich. "Er wird niederstürzen, ohne einen Laut auszustoßen. Dann beraube ich ihn. Wenn ihm, sobald er gefunden wird, die Börse fehlt sammt der Uhr und den Ringen, so wird man einen Raubmord annehmen und nicht denken, daß ein Act der Rache vorliegt."

So hatte er die Hälfte der nächsten Straße passirt, als er bemerkte, daß Königsau stehen blieb. Sofort hielt auch er seine Schritte ein. Die Gier, mit welcher er an seine dunkle That dachte, ließ es gar nicht zu, den veränderten Ton von des Lieutenants Schritten zu bemerken, der doch Margot sogleich aufgefallen war. Er folgte ihm weiter und konnte dies scheinbar sicher, da zur damaligen Zeit die Straßenbeleuchtung in Paris sehr im Argen lag. Es brannte keine einzige Laterne.

W. VIII. 194.

Da, als die Straße bereits zu Ende war, schien es ihm an der Zeit zu sein. Er eilte rascher vorwärts, bis er den Lieutenant so weit erreicht hatte, daß die Entfernung zwischen ihnen höchstens noch vier Schritte betrug. Jetzt erhob er scharf den Blick, um den Stoß mit Sicherheit von hinten führen zu können, wäre aber fast erschrocken zurückgeprallt, denn er bemerkte, daß Königsau rückwärts gegangen war und nun, das Gesicht ihm zugewendet, stehen blieb, um ihn zu empfangen.

"Wer da!. Was wollen Sie?" fragte der Lieutenant mit lauter Stimme.

Die Bestürzung des Capitäns hatte nur einen Augenblick gedauert. Jetzt galt es, trotzdem der Feind vorbereitet war, das Werk zu vollbringen. Er hielt den Letztern für unbewaffnet und im Nachtheile bei einem etwaigen Ringen, und ebenso glaubte er, nicht erkannt zu werden, da es ja dunkel war. Uebrigens was lag daran? Wenn er ihn auch erkannte; ein Todter kann keinen Namen ausplaudern.

"Dich, Du Hund!"

Indem er diese Worte mit verstellter Stimme als Antwort rief, warf er sich mit erhobenem Dolche auf Königsau. Der Stoß fuhr hernieder; aber zum Schrecken des Angreifers gab er einen lauten, metallenen Ton und fand einen festen Widerstand. Der Dolch glitt ab und fuhr in den Arm des Lieutenants. Dieser hielt mit der Linken den Angreifer beim Arme und rief:

"Tödten will ich Dich nicht, aber sehen will ich, wer Du bist."

Er drückte hart vor dem Gesichte des Meuchlers seine Pistole ab. Der Schuß blitzte auf und erleuchtete für einen Augenblick das Gesicht desselben hell."

"Ah, Capitän, ich dachte, daß Sie es seien. Fliehen Sie, sonst erhalten Sie meine zweite Kugel!"

Mit diesen Worten schleuderte er den von der Pistolenflamme halb Geblendeten weit von sich und schickte sich an, seinen Weg weiter fortzusetzen, als er sich von zwei Armen fest umschlossen fühlte. Bereits glaubte er, sich eines neuen Feindes erwehren zu müssen; da aber hörte er in ängstlichem Tone die Worte:

"Hugo um Gotteswillen, hat er Dich getroffen?"

"Ah, Margot!" antwortete er überrascht. "Wie kommst Du hierher? Was thust Du da auf der Straße?"

Sie schmiegte sich fest und innig an ihn und antwortete:

"Ich sah, daß er Dir nachschlich, und hatte so große Angst; ich mußte Euch folgen."

"Du sahst es? So bist Du aus dem Hause getreten als ich fortging?"

"Ja. Er stand unter dem Thore gegenüber."

"Du liebes, liebes, Du heldenhaftes Mädchen!" rief er, sie noch fester an sich drückend. "Was für ein herrliches Weib wirst Du mir sein! Aber weißt Du, wer es war?"

"Ja," hauchte sie.

"Nun?"

"Der Capitän."

Sie sagte nicht "der Bruder"; sie schämte sich, dieses Wort auszusprechen. Die Sorge um den Geliebten aber war noch nicht beruhigt, sie fragte zum zweiten Male dringend:

"Hat er Dich getroffen?"

"Nein, wie ich glaube. Aber hier stoße ich an Etwas. Was ist es!"

Er bückte sich nieder und fand die Stiefel, welche dem Capitän entfallen waren, als er von dem Lieutenant fortgeschleudert worden war.

„Ah, seine Stiefel!" lachte dieser. „Das ist spaßhaft; man wird sie ihm wiederschicken müssen. Aber komm, Kind! Die Leute sind durch meinen Schuß aufmerksam gemacht worden; man öffnet bereits die Fenster und die Thüren. Wir wollen gehen."

Er nahm ihren Arm in den seinen, um sie zu führen; da aber fragte sie:

„Du willst wieder zu mir umkehren, Hugo?"

„Ja. Ich darf Dich doch unmöglich allein nach Hause gehen lassen!"

„O doch! Du darfst nicht mitkommen, denn er wird Dich erwarten und abermals anfallen."

„Glaube das nicht," antwortete er im Tone der Ueberzeugung; „er ist davongelaufen wie ein Hase. Und wenn er es ja wagte, mich abermals anzugreifen, so würde ich ihn niederschießen; obgleich er Dein Bruder ist. Komm, Geliebte, damit wir von den Leuten nicht gar noch belästigt werden. Ich müßte den Vorfall erzählen und mag doch nicht als Ankläger auftreten, da es sich um einen Menschen handelt, der Dein Verwandter ist, obgleich er es nicht werth ist, es zu sein."

„Du Guter! Du willst ihm vergeben?" fragte sie, indem sie zurückkehrten.

„Ja; aber ich werde ein Wort mit ihm sprechen."

„Thue es nicht; vermeide ihn! Er könnte Dir abermals gefährlich werden!"

„Ich werde dafür sorgen, daß dies nicht geschehen kann."

Da auf den Schuß kein weiterer Lärm erfolgte, so machten die Bewohner der Straße ihre Fenster wieder zu. Es kam ja jetzt sehr häufig vor, daß geschossen wurde, und sie dachten, daß sich irgend ein müssiger Mensch den Spaß gemacht habe, die Ruhe der Schlafenden zu stören, indem er sich die Mühe gab, ein wenig Pulver zu verblitzen.

Königsau hatte den rechten Arm um die Schultern der Geliebten gelegt und ihren linken Arm um seine Taille gezogen. So schritten sie neben einander wortlos hin. Beide nur sich den Gefühlen hingebend, welche die überwundene Gefahr in ihnen hervorgebracht hatte. Da fühlte Margot etwas Warmes und Nasses an ihrem Halse. Sie blieb erschrocken stehen.

„Mein Gott, was ist das?" fragte sie. „Zeige Deinen Arm her, mein Hugo!"

Er that ihr den Willen. Sie untersuchte den Arm und sagte dann erschrocken:

„Gott, Du bist verwundet! Hier im Oberarme quillt aus einer Wunde Blut!"

Er hatte den Stich, welchen er erhalten hatte, bisher gar nicht gefühlt, jetzt aber kam ihm die Empfindung, daß er verletzt worden sei.

„Ist's möglich?" fragte er. „Ich habe es gar nicht bemerkt."

„So komm, komm schnell nach Hause, damit wir die Wunde untersuchen," sagte sie voller Angst. „Gütiger Himmel, es wird doch nicht gefährlich sein!"

„Auf keinen Fall," beruhigte er sie. „Die Klinge des Dolches ist von dem Panzer abgeglitten und hat mir den Arm ein Wenig gestreift; weiter ist es nichts."

„Wie gut, daß Du den Panzer trugst; er hätte Dich sonst getödtet!"

Sie zog ihn mit sich fort, erfüllt von jener Angst, welche durch die Besorgniß der Liebe verdoppelt wird. Diese Besorgniß verdoppelte ihre Schritte so, daß er ihr kaum zu folgen vermochte. So erreichten sie sehr bald das Haus, in welchem sie wohnte. Dort gab sie dem Portier das Zeichen, zu öffnen. Anstatt in seinem Zimmer an der Schnur zu ziehen, kam er persönlich. Dies benutzte sie, ihn zu fragen:

„Ist, seit ich fort bin, Jemand eingetreten?"

„Ja," antwortete er zögernd.

„Wer war es?"

„O, Mademoiselle, ich soll es nicht sagen."

„Wer hat es Ihnen verboten?"

„Er selbst."

„Mein Bruder?"

„Ah, Sie wissen es also bereits! Nun, so bin ich also nicht indiscret, wenn ich es zugebe, daß er es gewesen ist."

„Also doch! So ist er jetzt zu Hause?"

„Nein. Der Herr Capitän schien sehr große Eile zu haben."

„So ist er wieder fort?"

„Ja. Als er kam, dachte ich, Sie wären es. Sie wissen, daß ich Sie gern persönlich bediene; darum ging ich heraus aus meiner Loge. Ich erkannte den Herrn Capitän."

„Was sagte er?"

„Er gab mir fünf Francs und gebot mir, keinem Menschen zu sagen, daß er hier gewesen sei. Es mußte ihm ein kleines, eigenthümliches Abenteuer passirt sein."

„In wiefern?"

„Nun, ich bemerkte zu meinem größten Erstaunen, daß er — daß — daß —"

„Nun, was? Bitte, sprechen Sie doch!"

„Ich weiß nicht, ob ich es sagen darf, Mademoiselle. Er hat es mir streng verboten."

„Ich glaube doch, daß Sie mit mir, die ich seine Schwester bin, eine Ausnahme machen dürfen."

„Ich glaube das allerdings selbst auch. Ich sah nämlich beim Scheine meines Lichtes, daß er keine Stiefel anhatte. Er kam in Strümpfen. Ich traute meinen Augen nicht, aber als er dann den Flur passirte und die Treppe emporstieg, bemerkte ich, daß ich mich doch nicht geirrt hatte. Der Herr Capitän muß also ein kleines Abenteuer erlebt haben."

„Möglich. Hat er sich lange in seiner Wohnung aufgehalten?"

„Nein, sondern nur eine Minute, gerade so lange, als man bedarf, um Stiefel anzuziehen."

„Und dann?"

„Nun, dann kam er herab. Er trug jetzt Fußbekleidung, nickte mir zu, denn ich war noch nicht in meine Loge getreten, und verließ das Haus in größter Eile."

„In welcher Richtung?"

„Rechts. Ich habe sehr genau darauf aufgemerkt, denn die Sache kam mir doch ein Wenig ungewöhnlich vor, so daß ich unwillkürlich horchte, wohin er ging. Ich hörte, daß er sich nach rechts wendete, obgleich er sich Mühe gab, leise aufzutreten."

„Ich danke und bitte Sie allerdings, das kleine Vorkommniß nicht zu erwähnen."

„O, Mademoiselle, Sie kennen ja meine Ergebenheit,"

versicherte der brave Mann. „Wenn Sie es nicht gewesen wären, seine Schwester, so hätte ich gar nichts erwähnt. Ein Portier muß verschwiegen sein können. Sie dürfen sich gewiß auf mich verlassen!"

„Das hoffen wir," sagte jetzt Königsau. „Hier haben Sie noch eine Kleinigkeit!"

Er griff in die Tasche und gab dem Portier ein Goldstück. Als dieser das schimmernde Metall funkeln sah, machte er eine tiefe Verbeugung und sagte:

„Sie sind außerordentlich gütig, Monsieur. Eine solche Noblesse ist hier in diesem Hause selten. Sie können ganz und gar auf mich rechnen, meine Herrschaften!"

Er becomplimentirte sie mit ausgesuchtester Höflichkeit nach der Treppe. Er war im Stillen sehr überzeugt, daß diese beiden jungen Leute auch ein kleines Abenteuer erlebt hatten. Der deutsche Officier hatte ja erst vor Kurzem das Haus verlassen, und Mademoiselle Margot war ihm heimlich gefolgt. Als diese Beiden jetzt eben verschwunden waren, kehrte er in seine Loge zurück und betrachtete sich jetzt das Goldstück genau.

„Sapperlot!" murmelte er. „Ich glaubte, es seien zwanzig Franken, und nun sehe ich, daß ich gar ein Vierzigfrankstück erhalten habe. Das ist allerdings sehr nobel, außerordentlich nobel. Ein solches Geschenk macht man nicht des Portiers, sondern der Dame wegen, welche sich mit dabei befindet. Ich glaube, dieser deutsche Officier setzt bei Mademoiselle Margot die Eroberungen fort, welche seine Landsleute in Frankreich gemacht haben! Na, er ist ein feiner Mann, wie ich sehe, und sie ist eine ausgezeichnete Dame, sie passen zusammen, obgleich ich sie lieber einem Franzosen gegönnt hätte." Er steckte das Goldstück in ein heimliches Kästchen, beliebäugelte es einige Augenblicke lang und fuhr dann in seinem Monologe fort:

Gretchen und ihr Liebling.

„Er ging fort, und sie folgte ihm heimlich. Es ist da etwas Ungewöhnliches passirt, und ich halte es für sehr möglich, daß ihr Abenteuer mit demjenigen, welches der Capitän erlebt hat, zusammenhängt. Na, mich geht dies ja nichts weiter an!"

Er hatte glücklicher Weise nicht bemerkt, daß Königsau verwundet war, sonst wäre der Gang seiner Gedanken ein noch viel kühnerer gewesen.

Unterdessen standen die beiden Liebenden droben vor der Mutter, welcher Margot in fliehender Eile das entsetzliche Ereigniß erzählte.

„O mein Gott, ist dies möglich!" klagte die erschrockene Frau. „Mein Sohn ein Mörder, ein feiger Bravo, der Andere aus dem Hinterhalte überfällt. Es ist mir fast unmöglich, daran zu glauben. Aber, Kind, in welche Gefahr hast Du Dich dabei begeben!"

Margot war beschäftigt, Wasser herbeizuschaffen und Leinewandstücke zum Verbande zu suchen, doch hinderte sie diese eilige Beschäftigung nicht, an der Unterhaltung den lebhaftesten Antheil zu nehmen. Sie überhörte mit Absicht den liebevollen Vorwurf der Mutter und antwortete:

„Wie? Es wird Dir schwer, zu glauben, daß Albin es gewesen ist?"

Frau Richemonte antwortete mit Thränen des Schmerzes im Auge:

„Leider muß ich zugestehen, daß ich ihm eine solche Schändlichkeit zutraue. Wer an den Gliedern seiner eigenen Familie so handelt wie er, der ist auch im Stande, einen Fremden, welcher seinen Plänen im Wege steht, hinweg zu räumen. Aber dennoch fällt es mir unendlich schwer, an die vorliegende Thatsache zu glauben."

„So siehe seine Stiefel an; sie liegen hier."

„Kind, können es nicht die Stiefel eines anderen Mannes sein?"

„Nein. Der Portier hat bemerkt, daß er in Strümpfen gekommen ist."

„Vielleicht nur ein eigenthümlicher Zufall, obgleich ich mir nicht denken kann, auf welche Weise ein Capitän der Garde dazu kommen kann, in Strümpfen nach Hause gehen zu müssen."

„So werde ich das Mädchen rufen. Sie hat seine Aufwartung übernommen und wird also seine Stiefel ganz genau kennen."

„Nein, nein! Das Mädchen darf in diese Angelegenheit unmöglich eingeweiht werden. Aber beeile Dich! Siehst Du nicht, daß Herr von Königsau mehr Blut verliert!"

„Mein Gott, ja! Ich mußte doch erst Wasser und Verbandzeug besorgen. Komm her, mein Guter! Mir ist so angst, daß Deine Wunde gefährlich ist. Wir legen jetzt nur den Nothverband an und werden dann gleich zum Arzte senden."

Königsau antwortete mit beruhigendem Lächeln:

„Fürchte nichts, liebe Margot. Es handelt sich hier jedenfalls nur um einen kleinen Ritz oder Stich, welche vollständig ungefährlich sein wird."

„So lege schnell ab. Mama wird es gerne erlauben."

Frau Richemonte zog sich zurück, da Königsau gezwungen war, sich theilweise seiner Kleidung zu entledigen. Er legte den Panzer und den Rock ab, dessen Aermel ebenso blutig war wie der Aermel des Hemdes. An dem glatt polirten Panzer war die Stelle zu erkennen, welche von der Spitze des Dolches getroffen worden war. Ohne den ehernen Schutz wäre die Waffe vielleicht in das Herz gedrungen.

Margot streifte ihm den Aermel des Hemdes auf. Sie war todesbleich vor Besorgniß, aber ihre Hände zitterten nicht. Als ihr Auge die Wunde erblickte, stieß sie einen Ruf des Schreckens aus.

„Herr Gott! Wie groß und tief, das ist ja gefährlich!" rief sie.

„O nein, liebe Margot," meinte Königsau. „Das sieht jetzt nur so schlimm aus, da Alles blutig ist. Nimm den Schwamm und reinige die Wunde, dann wirst Du sogleich sehen, daß Du Dich getäuscht hast."

Sie folgte dieser Aufforderung. Wie schön war sie in ihrer Angst um den Geliebten! Wie leise und sanft war ihre Berührung! Er bekam hier eine Vorahnung des Glückes, welches er haben werde, wenn dieses schöne, liebevolle Mädchen als geliebtes Weib einst ganz ihm gehören werde. Er blickte nicht auf seine Wunde, sondern nur auf sie, auf ihre erregungsblassen Wangen, ihren vor angstvoller Spannung leise geöffneten Mund, zwischen dessen Lippen ein köstlicher Schatz herrlicher Zähne hervorleuchtete, auf ihre dunklen Augen, aus denen bald ein Blick voll unendlicher Zärtlichkeit auf ihn leuchtete und bald das innigste Mitleid auf seinen blutüberströmten Arm niederschaute.

Endlich war die Wunde gereinigt und konnte genauer betrachtet werden.

„Sie ist nicht so groß wie ich dachte. Gott sei Dank!" hauchte Margot. „Aber tief. Nicht?"

„Nein," antwortete er. „Die Spitze des Dolches ist am Panzer abgebrochen, und da der Stoß dadurch geschwächt wurde, so konnte die stumpfe Klinge nicht weit eindringen."

„Aber warum blutest Du so sehr? Es ist doch nicht etwa eine Pulsader getroffen?"

„O, dann würde die Blutung noch eine ganz andere sein, liebes Kind. Das stumpfe Instrument hat natürlich eine weitere Wunde hervorgebracht, als wenn die Spitze sich noch daran befunden hätte. Es sind einige kleinere Aederchen zerrissen worden; das sieht schlimmer aus als es ist."

„Aber durch diesen stumpfen Stich wird die Wunde viel schmerzhafter sein!"

„Ich bin Soldat!" sagte er einfach.

„Hugo, lieber Hugo, ich wollte, ich könnte den Schmerz auf mich nehmen!"

Er schlang den gesunden Arm um sie, zog sie an sich, blickte ihr tief, tief in die nassen Augen und fragte mit vibrirender Stimme:

„So lieb, so sehr lieb hast Du mich?"

„Unendlich!" hauchte sie, sich an ihn schmiegend.

„Wirklich?"

„Gewiß. Glaube es mir!"

Sie küßte ihn innig auf den Mund und machte sich dann mit allem Eifer daran, den Verband anzulegen. Zehnmal, hundertmal fragte sie nach seinen Schmerzen, und er hatte alle Mühe, die Sorge zu bekämpfen, welche sie um ihn fühlte. —

Unterdessen war der Capitän, nachdem er sich mit neuen Stiefeln versehen hatte, nach dem Kaffeehause geeilt, in welchem ihn der Baron de Reillac erwartete, um das Ergebniß des Ueberfalls zu vernehmen. Reillac hatte sich aus Vorsorge ein besonderes Zimmerchen geben lassen, um ungestört mit ihm reden zu können. Dort traf er ihn.

„Nun?"

In dieser einen Silbe, welche der Baron aussprach lagen alle Fragen, die er hätte thun können. Seine Augen glühten wie die Lichter einer Löwin, welche von dem zurückkehrenden Löwen erfahren will, ob er eine reiche Beute für sie gemacht habe.

„Wein!"

Dies war das eine Wort, welches Richemonte antwortete. Seine Züge waren in diesem Augenblicke eisig zu nennen. Man konnte nichts aus ihnen lesen.

„Ah," sagte der Baron lauernd. „Diese Antwort gefällt mir. Wer so dringend nach Wein verlangt, der muß eine tüchtige Arbeit, eine dankbare Anstrengung hinter sich haben. Habe ich Recht oder nicht, lieber Capitän?"

„Ja, eine verfluchte Arbeit war es," antwortete der Gefragte zweideutig.

Der Baron verstand ihn nicht; er glaubte, daß der Anschlag gelungen sei, und sagte:

„Nun, da sollen Sie Wein haben, vom allerbesten und so viel Sie trinken wollen."

Er läutete und gab dem Kellner seine Bestellung. Bis dieser zurückkehrte, verhielten sich die Beiden sehr schweigend, aber als die Flaschen entkorkt waren und der dienstbare Geist sich entfernt hatte, griff Reillac zum Glase und sagte:

„Nun leeren Sie Ihr Glas, Capitän, und erzählen Sie!"

Der Angeredete stürzte sein Glas hinter, stampfte es grimmig auf den Tisch und begann:

„Sie sind ganz glücklich darüber, daß meine Arbeit eine dankbare gewesen ist?"

„Natürlich!"

„Wenn Sie sich nun aber doch irrten?"

„Wie meinen Sie das?"

„So wie Sie es hörten."

„Ich sollte mich geirrt haben?"

„Ja."

„Pah! Sie wollen mich ein Wenig auf die Folter spannen und dann mit der guten Nachricht überraschen. Aber mich täuschen Sie nicht. Ich schmeichle mir, Menschenkenner zu sein. So wie Sie hereintraten und so wie Sie hier sitzen, sieht nur ein Mann aus, der von gerade einer solchen Arbeit kommt, wie wir sie besprochen hatten."

„Da mögen Sie Recht haben, obgleich es vielleicht größere Menschenkenner giebt, als Sie es sind. Ich komme allerdings direct von einer solchen Arbeit; ob sie aber gelungen ist, das muß man erst wissen."

„Na, ich hoffe doch, daß Sie einen guten Stoß zu führen verstehen."

„Ich denke es auch!" sagte der Capitän zornig.

„Na, also!" meinte sein Verbündeter im Tone der Befriedigung.

„Aber selbst der beste Stoß kann einmal daneben gehen!"

„Dann war es eben nicht der beste Stoß, sondern ein sehr schlechter."

„So will ich mich anders ausdrücken: Selbst der beste Stoß kann parirt werden oder auf einen unverhofften Widerstand stoßen."

„Ich denke, Menschenfleisch ist kein bedeutender Widerstand."

„Nein, aber ein Panzer pflegt verdammt hart zu sein."

Der Baron machte eine Miene unangenehmer Ueberraschung und sagte sehr schnell:

„Sie wollen doch nicht etwa sagen, daß der Kerl einen Panzer getragen hat?"

„Gerade das und nichts Anderes will ich sagen."

„Donnerwetter! Königsau ist doch, wie ich denke, Husarenofficier, und nur Küraffiere pflegen sich mit Stahl zu umgürten!"

„Er trug dennoch Panzer."

Der Baron sah dem Capitän eine Minute lang forschend in das Gesicht, machte dann eine wegwerfende Geberde und sagte in beinahe beleidigendem Tone:

„Ah, Sie haben einen Mißerfolg gehabt?"

„Leider!"

„Und wollen denselben beschönigen?"

„Fällt mir gar nicht ein!"

„O, doch fällt es Ihnen ein! Sie haben gar nicht gestoßen, oder vielleicht haben Sie ganz und gar auf das Unternehmen verzichtet. Sie sind zu feig gewesen, und um sich bei mir zu entschuldigen, sagen Sie, daß der Mann einen Panzer getragen habe!"

Die Augen des Capitäns blitzten zornig auf, und seine Lippen öffneten sich, um seine Zähne zu zeigen. Es war abermals jenes gefährliche, raubthierartige Fletschen, welches ihm bis in das späteste Alter eigen blieb. Er erhob sich langsam und drohend.

„Baron!"

Er sagte nur dies eine Wort, aber es lag in ihm ein Grimm, vor welchem selbst Reillac zurückschreckte. Er drückte sich fest an die Lehne seines Stuhles und fragte:

„Was beliebt?"

„Wenn Sie noch einmal von Feigheit sprechen, so beweise ich es an Ihrem eigenen „Menschenfleische", daß wirklich nur ein Panzer im Stande ist, meinen Stoß aufzuhalten!"

„Donnerwetter, Sie drohen mir?"

„Ja," sagte der Capitän einfach, indem er sich wieder niedersetzte.

„Das verbitte ich mir!"

„Pah! Dieses Verbitten hilft Ihnen nicht das Mindeste, wenn Sie fortfahren, mich in dieser impertinenten Weise zu beleidigen."

„Aber Sie wollen mir doch nicht glauben machen, daß Königsau wirklich einen Panzer getragen habe?"

„Glauben Sie es oder nicht! Ich mache mir den Teufel daraus," sagte der Capitän.

„Aber wie sollte er denn auf diesen Gedanken gekommen sein. Das ist mir unbegreiflich."

„Mir ebenso."

„Sollte er geahnt oder gar vermuthet haben, daß er etwas zu befürchten hat?"

„Vielleicht. Fragen Sie ihn."

„Oder tragen diese deutschen Officiere während der Feldzüge einen Panzer unter ihrem Waffenrocke, um während des Gefechtes gegen Hieb und Stich gesichert zu sein?"

„Dummheit! Diesen Gedanken kann nur Einer haben, der nicht Militär ist."

„In wiefern?"

„Der Soldat darf nur die vorgeschriebenen Sachen und Waffen tragen."

„Ah, wirklich?"

„Ja. Uebrigens würde man einen Beweis großer Feigheit darin sehen, wenn ein Husar den Stahl eines Küraffiers anlegen wollte. Es wäre ganz um seine Ehre geschehen."

„In der That? Das habe ich wirklich nicht gewußt."

„Und sodann giebt es einen sehr naheliegenden Gedanken, auf welchen Sie aber allerdings nicht gekommen sind, ein Beweis, daß es mit Ihrer Menschenkenntniß nicht weit her ist."

„Sie werden spitz, Capitän! Das verbitte ich mir! Welchen Gedanken meinen Sie?"

„Selbst wenn es einem Husaren erlaubt wäre, die Eisenweste zu tragen, so ist der Krieg jetzt doch beendet, wie Sie wissen. Wie kommt dieser verdammte Kerl darauf, mitten im Frieden, und zwar gerade heute, einen solchen Schutz anzulegen?"

„Allerdings unbegreiflich. Sollte er so scharfsinnig sein? Er ist doch ein Deutscher!"

„Sie sprechen den Deutschen also die Fähigkeit, scharfsinnig zu sein, ab?"

„Vollständig!"

„Da bedaure ich Sie!"

„Ah, wie kann ein Barbar Scharfsinn besitzen?"

„Gehen Sie zu den Indianern und zu anderen uncivilisirten Leuten. Diese werden Ihnen Beweise eines Scharfsinnes geben, der Ihr größtes Erstaunen erregt."

„Hm, das ist wahr."

„Und zudem sind die Deutschen vielleicht gar nicht so große Barbaren, wie wir denken."

„Verlaufen wir uns nicht in allgemeine Betrachtungen; das kann uns hier ganz und gar keinen Nutzen bringen; bleiben wir vielmehr bei unserem Gegenstande! Also Sie sagen wirklich, daß Sie Fiasco gemacht haben, und daß Königsau Ihnen entkommen ist?"

"Ja."

"Alle Teufel! Und nur des Panzers wegen, den er getragen hat?"

"Nur aus diesem Grunde," nickte der Capitän ergrimmt.

"Erzählen Sie!"

"Er war, ganz wie wir vermuthet hatten, bei meiner Schwester und ging sehr spät fort."

"Sie lauerten ihn ab?"

"Ja."

"Welche Waffe hatten Sie?"

"Meinen gläsernen, venetianischen Dolch."

"So ein Stilet ist ein fürchterliches Ding. Wann ging er?"

"Es war bereits Mitternacht. Ich folgte ihm auf dem Fuße."

"Trafen Sie noch in der Rue d'Ange auf ihn?"

"Nein, ich wollte dies vermeiden. Erst am Ende der nächsten Straße ereilte ich ihn. Aber denken Sie sich mein Erstaunen, als ich bemerkte, daß er rückwärts ging."

"Rückwärts? Auf Sie zu?"

"Nein. Er ging seinen Weg fort, aber mit dem Gesicht nach rückwärts gewendet."

"Alle Wetter! Höchst eigenthümlich! Höchst sonderbar!"

"Ja; er hatte mich erwartet."

"So hat er Sie kommen gehört und sich zur Vertheidigung vorbereitet."

"Er konnte mich nicht kommen hören, denn ich hatte mich meiner Stiefel entledigt."

"Sie gingen in Strümpfen."

"Ja."

"So ist der Anschlag verrathen gewesen!"

"Fast möchte ich dies glauben. Aber wer soll ihn verrathen haben? Ich natürlich nicht!"

"Und ich noch weniger. Ich habe gegen keinen Menschen eine Aeußerung gethan, welche nur im Geringsten auf unser Vorhaben Bezug gehabt hätte."

"Ich auch nicht."

"So ist es unbegreiflich, ja geradezu ein Wunder, daß er unsere Absicht errathen hat. Sie müßten, als Sie ihn mit dem Marschall bei Ihrer Mutter sahen, eine Drohung ausgestoßen haben, in Folge deren er auf unsere Fährte gekommen ist?"

"Ist mir nicht eingefallen! Uebrigens wissen Sie ja selbst, daß, als ich ihn sah und sprach, von dem Anschlage gegen ihn noch gar keine Rede war. Wir haben uns ja erst besprochen, als ich von ihm nach meiner Wohnung zurückgekehrt war, in welcher Sie mich erwarteten."

"Dann ist die Sache nur um so undurchdringlicher. Aber erzählen Sie weiter. Also er stand bereit, Sie zu empfangen. Sie bemerkten, daß er einen Panzer trug, und verzichteten in Folge dessen jedenfalls sofort auf den geplanten Angriff?"

"Das fiel mir nicht ein! Es wäre jedenfalls gut gewesen, wenn ich verzichtet hätte, denn dann wäre er jedenfalls über meine Absicht im Unklaren geblieben. Uebrigens habe ich den Panzer nicht bemerkt, da es ja dunkel war. Er rief mich an, und ich warf mich trotzdem auf ihn. Ich stieß mit aller Kraft nach seinem Herzen. Ich hätte es sicherlich getroffen; aber der Dolch glitt ab, und die Spitze brach. Erst daran merkte ich, daß er den Panzer trug."

"Der Teufel soll ihn holen! Aber gab es denn keine andere Stelle seines Körpers, an welcher ihm ein tödtlicher Stoß beizubringen war, zum Beispiel der Hals?"

"Pah! Dazu kam ich nicht. Wir geriethen mit einander in einen Ringkampf. Er hielt meinen Arm fest, und zudem kam eine Person hinzu, deren Gegenwart ich am allerwenigsten vermuthet hätte."

"Wer?"

"Rathen Sie!"

"Ich bin nicht allwissend. Wer war es?"

"Hören Sie, und staunen Sie: Es war — meine Schwester."

Der Baron fuhr überrascht empor.

"Unmöglich!" rief er.

"Haben Sie doch die Güte, zu ihr zu gehen, um sich bei ihr zu erkundigen, ob es wahr ist!"

"Aber wie kommt die dazu, ihm nachzulaufen?"

"Das weiß der Teufel!"

"Es ist kein Zweifel. Sie haben Beide geahnt, daß er sich in Gefahr befindet. Margot ist ihm heimlich gefolgt, weil sie Besorgniß um ihn gefühlt hat."

"Nur auf diese Weise läßt es sich erklären."

"Also diesem deutschen Laffen läuft sie nach!" meinte der Baron zornig. "Ich aber werde mit Verachtung abgewiesen. Ah, ich werde ihnen einen Sallat einschneiden, den sie schlecht verdauen sollen! Wie ging es weiter?"

"Ich mußte natürlich fliehen, um nicht erkannt zu werden. Hätte ich den Kampf fortgesetzt, so wäre ich vielleicht gar ergriffen worden, da man bereits Thüren und Fenster öffnete."

"Sie meinen also, daß Sie nicht erkannt worden sind?"

"Dort noch nicht."

"Ah, das ist noch gut!"

"Aber später jedenfalls."

"Ah, warum?"

"Ich hatte die Stiefel ausgezogen und trug sie bei mir. Während des Kampfes entfielen sie mir. Sie haben sie gefunden, und Margot wird sofort sehen, das es die meinigen sind."

"Welch eine Unvorsichtigkeit! Konnten Sie Ihre Drecktreter denn nicht irgendwo verstecken?"

"Daß man sie unterdessen fand! Nein. Wäre der Panzer nicht, so hätte Alles die gewünschte Wendung genommen; so aber hat sich Alles nur auf das Schlimmste zugespitzt."

"Aber ich sehe doch, daß sie Stiefel anhaben!"

"Glauben Sie etwa, daß ich in Strümpfen oder gar barfuß hierher kommen konnte?"

"Woher haben Sie die Stiefel erhalten?"

"Es sind die Meinigen. Ich rannte sofort nach Hause, um ein anderes Paar anzuziehen."

"Unbemerkt?"

"Hm! Dieser verdammte Portier öffnete persönlich. Ich glaube, er hat bemerkt, daß ich in Strümpfen war. Aber ich habe ihm befohlen, nichts zu erzählen."

Der Baron lachte höhnisch auf.

"Das war klug von Ihnen," sagte er, "ganz außerordentlich klug, denn nun wird er es erst recht erzählen."

„Das Trinkgeld, welches ich ihm gab, wird ihm den Mund verschließen."

„Ah! Wie viel gaben Sie?"

„Volle fünf Franken."

„Volle fünf Franken!" rief der Baron mit travestirtem Erstaunen. „Donnerwetter, ist das eine Summe! Na, Capitän, lassen Sie sich entweder auslachen oder bedauern! Aber der Fehler ist einmal gemacht; er läßt sich nicht ändern. Hat der Portier gesehen, daß Sie das Haus wieder verlassen haben?"

„Ja."

„So wird er ihrer Schwester, sobald sie zurückkehrte, Alles erzählt haben. Was gedenken Sie zu thun, wenn Sie morgen gefragt werden?"

„Von wem?"

„Von Mutter und Schwester, von Königsau selbst, von irgendwem, vielleicht sogar von der Criminalpolizei, vom Richter."

„Ich werde ihnen geradezu ins Gesicht lachen."

„Gut! Man wird Ihnen nichts anhaben können, denn ich werde Ihr Alibi beweisen. Sie sind während der betreffenden Zeit bei mir gewesen."

„Aber, wenn Sie schwören müssen, Baron?"

„So werde ich natürlich schwören. Wir sind Verbündete und müssen uns einander unterstützen. Ich werde Sie auf keinen Fall sitzen lassen; das ist aber auch Alles, worauf Sie nun von meiner Seite aus rechnen können."

Der Capitän verstand ihn gar wohl, ließ sich dies jedoch nicht merken. Er füllte sich sein Glas, trank es bis zur Neige aus und fragte dann scheinbar gelassen:

„Was wollen Sie damit sagen?"

„Daß wir zu Ende sind."

„Ah, wieso?"

„Sie haben Ihre Aufgabe nicht gelöst und sich in eine fatale Lage gebracht. Ich werde Ihnen behilflich sein, aus dieser Lage zu kommen; weiter aber kann ich nichts für Sie thun. Ich bin gezwungen, Ihnen morgen Ihre Accepte zu präsentiren."

„Unsinn!"

„Warum Unsinn? Es giebt nur ein Mittel, diesen Deutschen los zu werden; das ist sein Tod. Sie haben das nicht fertig gebracht und werden es auch nicht fertig bringen."

„Wer sagt das?"

„Ich, denn ich kenne Sie. Uebrigens ist er jetzt gewarnt. Ja, wenn noch heute Etwas geschehen könnte! Aber er wird sich nun zu Hause befinden."

„Das bezweifle ich sehr."

„Wieso?"

„Sie wollen Menschenkenner sein? Gestatten Sie, daß ich nicht daran glaube! Mein Dolch ist zwar von der Brust abgeglitten, ihm aber tief in den Arm gefahren; ich habe das ganz genau gefühlt. Glauben Sie, daß meine Schwester ihn gehen lassen wird? Sie hat ihn ganz sicher mit zu sich zurückgenommen, um ihn zu verbinden."

„Hm, das ist nicht schwer zu glauben! Wenn man nur erfahren könnte, ob er sich dort befindet!"

„Wie ich Margot kenne, so garantire ich, daß er sich dort befindet. Ich behaupte es."

„Und wann wird er gehen?"

„Jedenfalls nicht sogleich."

„Hm!" brummte der Baron nachdenklich, indem er vor sich hinblickte.

„Was meinen Sie?"

„Ich habe da einen Gedanken."

„Welchen?"

„Ist diese Thür wirklich gut geschlossen, so daß uns Niemand hören kann?"

„Gewiß."

Da legte sich der Baron über den Tisch hinüber und fragte mit lauerndem Blicke.

„Wollen Sie den Kerl so entkommen lassen?"

„Fällt mir nicht ein!" antwortete der Capitän finster. „Nun muß er erst recht daran glauben. Es ist mir jetzt ganz unmöglich, meine Rechnung zu zerreißen."

„Aber er wird sich von jetzt an doppelt vorsehen."

„Ist mir gleich."

„Er wird Sie morgen vielleicht anzeigen!"

„Er mag es thun."

„Er wird vielleicht Paris verlassen und uns entkommen!"

„Das geht nicht so schnell."

„O, man spricht von dem baldigen Abzug der Deutschen!"

„So muß ich um so schneller handeln."

„Gut! Aber wann?"

„Uebermorgen, morgen, wenn es paßt. Ich werde es mir überlegen."

„Uebermorgen? Morgen? Ueberlegen? Sind Sie klug oder nicht, Capitän?"

„Was wollen Sie?"

„Morgen und übermorgen ist es bereits zu spät. Wissen Sie, wann gehandelt werden muß?"

„Nun?"

„Bereits heute."

„Alle Teufel, Sie haben es nothwendig!"

„Weil dies das Klügste und Beste ist."

„Aber wissen Sie, was dazu gehört?"

„Nichts als ein klein wenig Entschlossenheit."

„Die ist da. Aber wer schafft mir die passenden Umstände, ohne welche es nicht geht?"

„Ich."

„Sie?" fragte der Capitän erstaunt.

„Ja, ich," antwortete dieser.

„Erklären Sie sich deutlicher!"

„Nun, die Sache ist sehr einfach. Stirbt der Kerl noch heute, so kann er nicht gegen Sie auftreten; ich zerreiße Ihre Wechsel und bekomme Margot zur Frau."

„Aber der Panzer!"

„Wir geben ihm eine Kugel."

„Es fragt sich, ob sie den Panzer durchbricht."

„Ich meine, in den Kopf."

„Das macht Lärm."

„Wir stellen uns natürlich nicht hin!"

„Sie sagen „wir". Sie meinen also sich selbst mit?"

„Ja. Ich muß Margot partout haben. Ich weiß nicht wie das kommt, aber ich bin bei Gott in dieses Mädchen so vernarrt, daß ich Alles hingeben würde, es zu besitzen. Ich sehe ein, daß es für Sie allein schwierig ist, diesem Deutschen entgegenzutreten, und werde Sie unterstützen."

„Das heißt, Sie wollen mich begleiten?"

„Ja."

Der Capitän sah ihn erstaunt an. Endlich glaubte er zu

errathen, welchen Grund der Baron habe, sich persönlich an dieser gefährlichen Affaire zu betheiligen. Er sagte daher:

"Ah, Sie gehen so als eine Art Aufseher mit?"

"Ha!" brummte der Gefragte, ohne eine weitere Antwort zu geben.

"Um sich zu überzeugen, ob ich ein Feigling bin oder nicht?"

Richemonte hatte das Richtige errathen. Aber Reillac wollte ihn nicht auf's Neue erzürnen; daher antwortete er:

"Unsinn! Jemandem eine Kugel durch den Kopf zu treiben ist leichter, als mit dem Dolche in der Faust mit ihm kämpfen, wie Sie es ja bereits gethan haben."

"Das meine ich auch," sagte der Capitain befriedigt.

"Ich bin überzeugt, daß Sie keinen Fehlschuß thun werden. Wenn ich erkläre, mich persönlich zu betheiligen, so ist das nicht Mißtrauen, sondern es hat andere Gründe."

"Welche?"

"Es kann Einer dem Anderen beistehen, wenn irgend ein unvorhergesehener Fall eintreten sollte. Sodann ist es diese Nacht sehr finster. Man muß sich vor dem Schusse überzeugen, ob man auch auf den Richtigen zielt."

"Sie meinen, man muß ihn ansehen?"

"Ja."

"Der Capitän lachte.

"Das ist allerdings eine sehr ungewöhnliche Ansicht," sagte er. "Wir ersuchen jeden Vorübergehenden, stehen zu bleiben, um sich ansehen zu lassen, und machen also alle Leute auf uns aufmerksam. Und wenn der Richtige kommt, blicken wir auch ihm an die Nase, so daß er Zeit behält, unsere Absicht zu errathen, sich zur Wehr zu stellen und zu entkommen."

"Sie nehmen die Sache allerdings zu hölzern, Capitain!"

"Wie soll ich es sonst nehmen, daß Sie sich den Mann erst genau ansehen wollen?"

"Ansehen? Hm!" lächelte Reillac überlegen. "Ich meine sogar, daß wir ihn vorher erst anleuchten werden."

"Sind Sie toll?"

"Wenigstens nicht ganz. Ich habe zu Hause ein allerliebstes, kleines Blendlaternchen."

"Das wollen wir holen?"

"Ja. Ferner habe ich ein Paar ausgezeichnete Doppelpistolen. Wir brauchen sie nicht alle zwei. Eine wird genügen," meinte Reillac voll Zuversicht.

(Fortsetzung folgt.)

Die Liebe des Ulanen.
Original-Roman aus der Zeit des deutsch-französischen Krieges von Karl May.
(Fortsetzung.)

Richemonte theilte die Zuversicht Reillac's, und antwortete daher beruhigt:

„Das ist allerdings angenehm. Ich möchte nicht gern abermals nach Hause gehen, was doch geschehen müßte, wenn ich mich meiner eigenen Pistole bedienen wollte."

„Sehen Sie, daß ich nicht ganz toll bin! Also wir müssen sicher gehen. Passanten giebt es nicht viele; wir werden also nicht auffallen. Uebrigens werden wir es jedem Kommenden am Schritt anhören, ob er ein Officier ist oder nicht. Ferner wissen wir nicht, welchen Weg Königsau einschlagen wird, wenn er heimkehrt. Wir werden ihn also vor seiner Wohnung erwarten müssen. Auf diese Weise läuft er uns ganz sicher in die Hände, ohne daß wir einem Anderen lästig fallen."

„Aber das Anleuchten —?"

„Habe ich nur so gemeint, daß wir ihm, wenn er kommt, das Licht der Blendlaterne für einen Augenblick in das Gesicht fallen lassen. So überzeugen wir uns, daß er es wirklich ist, und zugleich erhalten Sie dabei ein sicheres Ziel. Sie nehmen die Pistole und ich die Laterne. Während ich ihn beleuchte, schießen Sie."

„Hm, das ist wirklich nicht übel ausgedacht! Aber wenn er uns erkennt?"

„Wir werden im Dunkeln bleiben, und zudem wird er von dem plötzlichen Lichte so geblendet sein, daß er gar nichts erkennen kann. Uebrigens würde er auf keinen Fall Etwas verrathen können, da er ja bereits im nächsten Augenblicke eine Leiche sein wird."

Der Capitän überlegte noch. Die Sache kam ihm zu rasch. Der verunglückte Anschlag war kaum vorbei, so sah er sich auch bereits vor eine Wiederholung gestellt.

„Und wenn es gelingt, was thun wir?"

„Wir entfernen uns natürlich!" lachte der Baron.

„Wohin?"

„Nach meiner Wohnung. Das giebt ein Alibi."

„Das bezweifle ich. Ihre Leute werden natürlich unser Kommen bemerken; man wird also wissen, daß wir nicht dagewesen sind."

„Ich bedaure Sie, Capitän. Ich bin nicht so unbefangen, wie Sie es zu sein scheinen. Meine Leute glauben mich in meiner Bibliothek. Dort brennt ein Licht, und Niemand hat Zutritt, nicht einmal mein Kammerdiener, auf den ich mich verlassen könnte."

„Ah, so haben Sie einen geheimen Ausgang?"

„Natürlich!"

„O, Sie sind schlau, Baron!"

„Was wollen Sie! In diesen Zeiten weiß man nie, was passiren kann. Uebrigens hat man ja auch sonst seine kleinen Verhältnisse und Abenteuer. Da ist es stets gut, wenn die Dienerschaft mit gutem Gewissen beschwören kann, daß man zu Hause gewesen ist. Ich hoffe, daß Sie meinen Vorschlag annehmen!"

„Hm! Sie werden die Wechsel dann wirklich zerreißen?"

„Ja, auf Ehre!"

„Und mir nach der Verlobung die versprochene Summe ganz gewiß auszahlen?"

„Ich gebe Ihnen mein Ehrenwort."

„Gut, so stimme ich bei, Baron. Hier meine Hand!"

„Und hier die meinige. Topp!"

Sie schlugen ein, und über das Haupt Königsau's war also abermals der Stab gebrochen.

„Da haben wir aber keine Zeit zu verlieren, Capitän!" meinte dann Reillac.

„Ja, wir müssen eilen. Ich mache einen Vorschlag."

„Welchen?"

„Sie gehen nach Hause, um die Blendlaterne und die Pistolen zu holen — — —"

Und Sie?"

„Ich gehe nach der Rue d'Ange, um an dem Schatten, den man an den Gardinen sieht, zu erkennen, ob er noch da ist."

„Ah, richtig; das ist gut! Und wo treffen wir uns?"

„Unter dem Thore, gegenüber von Königsau."

„Gut. Wie lange bringen Sie zu?"

„Fünf Minuten."

„Und ich zehn. Klingeln Sie dem Kellner. Ich werde bezahlen."

Der Capitän klingelte, und der Baron bezahlte; dann verließen sie das Local. Draußen trennten sie sich, indem der Capitän nach links und der Baron nach rechts gehen mußte.

Richemonte hatte gar nicht weit bis zur Rue d'Ange, was zu Deutsch „Engelsstraße" bezeichnet. Sie war finster und leer. Es war bereits spät, und so sah er nur noch einige Fenster erleuchtet. Auch die Wohnung seiner Mutter zeigte Licht. Es huschten weibliche Schatten hin und her, und nach einiger Zeit bemerkte er auch einen männlichen Schatten, welcher sich deutlich an der Gardine abzeichnete.

„Das ist er," murmelte er. „Gut, daß er noch da ist. Dieses Mal soll er mir nicht entgehen!"

Er wendete sich um und begab sich nach dem Stelldichein.

Der Baron hatte auch keinen sehr weiten Weg zurückzulegen. Er erreichte seine Wohnung sehr bald, trat aber nicht ein, sondern begab sich in ein enges, finsteres Seitengäßchen. An dasselbe stieß die Mauer seines Gartens, in welcher es ein Pförtchen gab. Er öffnete dasselbe mit einem Schlüssel, welchen er bei sich führte, und trat in den Garten und von da in den Hof, welcher das Haus von dem Letzteren trennte.

Hier gab es eine Veranda, welche auf vier Säulen ruhte. Von einer dieser Säulen zur anderen waren Latten gezogen, an denen sich Schlingpflanzen emporrankten. Diese Latten waren wohl befestigt und vermochten ganz gut, einen nicht gar zu schweren Mann zu tragen.

Der Baron kletterte an ihnen empor. Als er sich oben auf der Veranda befand, stand er grad vor einem Fenster des ersten Stockwerkes. Es war von Innen verschlossen, und er klopfte leise an eine Scheibe. Nach kaum einer Minute öffnete es sich.

„Wer ist da?" fragte eine leise, männliche Stimme.

„Ich," antwortete Reillac.

„Der gnädige Herr?"

„Ja. Bist Du denn heute blind, Pierre?"

„Verzeihung, Herr Baron! Es ist heut so finster, daß man nicht zu sehen vermag."

„Tritt weg; ich komme hinein."

„Soll ich Licht anbrennen?"

„Nein. Wir gehen nach der Bibliothek."

Er stieg durch das Fenster in das Zimmer und begab sich von da aus mit dem Diener nach der Bibliothek, welche erleuchtet war und ganz dem Lesezimmer eines Mannes glich, welcher eine Bibliothek nur besitzt, um mit dem Goldschnitte der Bücher zu prunken.

Man sieht, daß der Baron gar nicht so unbemerkt in seine Wohnung kam, wie er dem Capitän glauben gemacht hatte. Der Kammerdiener war sein Vertrauter, auf den er glaubte, sich in allen Fällen getrost verlassen zu können.

Pierre trug graue Livrée, Sammetgamaschen und ein weißes Halstuch. Er war von ebenso hagerer, langer Gestalt wie sein Herr, und hatte ein Gesicht, in welchem sich alle Lüste und Listen sehr deutlich aussprachen. Dieser Mann war jedenfalls in allen gestatteten und verbotenen Genüssen geübt, und besaß in seinem spitzigen Fuchskopfe die nöthige Schlauheit, mit der gesellschaftlichen Ordnung ganz freundschaftlich zu verkommen, obgleich er der ärgste ihrer Feinde war.

„Der gnädige Herr kehren heut sehr früh nach Hause zurück," meinte er.

„Ich gehe wieder."

„Ah, der Herr Baron kommen nur, um einiges Geld zu holen?"

„Nein."

„Ich dachte, der Capitän hätte nach vollbrachtem Tagewerke — — —"

„Sofort seinen Lohn verlangt?" lachte der Baron. „Nein, er hat seine Arbeit sehr schlecht gethan, so schlecht, daß sie ganz und gar mißlungen ist."

„Esel!"

Es war eigenthümlich, welchen Ausdruck der Diener in dieses Wort zu bringen vermochte. Verachtung, Stolz, Selbstbewußtsein, demüthigendes Mitleid, Alles das lag darin. Es klang deutlich heraus, daß er es besser gethan hätte als der Capitän. Uebrigens verkehrte Pierre mit seinem Herrn zwar höflich und ergeben, aber doch in jener dienstfertig vertraulichen Weise, welche sich gewöhnlich bei älteren Dienern einwurzelt, welche sich in die Geheimnisse ihrer Herrschaft einzuschleichen gewußt haben.

„Ja, ein Esel ist er," meinte der Baron.

„Ein Stich, ein einziger Stich! Wie leicht, gnädiger Herr!"

„Ja. Aber eine Entschuldigung giebt es doch."

„Keine!"

„O doch. Der Deutsche hatte einen stählernen Harnisch angelegt."

„Donnerwetter!"

„Ja. Der Dolch ging nicht hindurch."

„So muß man schießen!"

„Allerdings. Wo sind meine Pistolen?"

„Dort im Secretair. Sie wollen doch nicht — —?"

„Freilich will ich!"

„Selbst — — —?"

„Ja, nickte der Baron stolz.

„Kann denn der Capitän nicht allein — — —?"

„Nein. Er braucht Einen, der ihn anfeuert. Sind sie geladen?"

„Nein."

„Lade eine, aber sorgfältig!"

„Aber, gnädiger Herr, die Gefahr — — —!"

„Pah, es ist keine Gefahr dabei. Es wird so arrangirt, daß wir sicher sind."

„Gewiß?" fragte Pierre im Tone der Besorgniß.

„Ja, habe keine Angst um mich, Alter. Nöthigenfalls haben wir unser Alibi."

„Sie sind ja den ganzen Abend zu Hause gewesen und von mir bedient worden. Aber der Capitän; wie steht es mit seinem Alibi?"

„Er war bei mir."

„Schön!"

Mit diesen Worten öffnete Pierre den Secretair, nahm den Pistolenkasten hervor und begann, eine der Waffen zu laden.

„Hast Du das kleine Laternchen?" fragte sein Herr.

„Auch im Secretair."

„Setze es in Stand."

„Das ist gut, gnädiger Herr. Man weiß nicht — —"

Er schien sich darin zu gefallen, in nur halb ausgesprochenen Sätzen zu reden. Uebrigens war die Angelegenheit ja eine solche, über die man sich nicht gern vollständig ausspricht.

„Das Fenster lehnst Du dann nur an, schließest es aber nicht zu," befahl Reillac.

„Ah, warum, gnädiger Herr?"

„Es ist möglich, daß der Capitän mitkommt. Er darf nicht wissen, daß ich Dich mit in das Vertrauen gezogen habe. Mache schnell. Ich habe nur sehr wenig Zeit!"

Die Pistole war geladen; jetzt wurde die Laterne hervorgenommen.

„Wenn es nur gut abläuft!" meinte der Diener dabei.

„Wie soll es anders ablaufen!"

„O, oft hat in solchen Sachen der Teufel sein Spiel!"

„Na, hier werden jedenfalls wir selbst die Teufel sein," lachte der Baron.

„Und dennoch — —! Gnädiger Herr, ich liebe die Deutschen nicht; ich gönne diesem Königsau lieber zehn Kugeln anstatt einer; ich an Ihrer Stelle aber würde diese Angelegenheit denn doch auf eine andere Weise zu ordnen suchen."

„Auf eine andere? Hm! Auf welche?" fragte der Baron neugierig.

Der Diener spitzte den Mund wie ein Faun, küßte sich die Fingerspitzen und antwortete:

„Auf eine sehr, sehr interessante Weise."

„Ach, ich kenne Deine Pantomimen, weiß aber dennoch nicht, was Du meinst. Heraus damit!"

„Hm! Ich setze den Fall, Mademoiselle Margot besäße meine Liebe und versagte mir ihre Gegenliebe, so würde sie doch auf die leichteste Weise der Welt meine Frau."

„Ach! Laß mich doch diese Weise kennen lernen!"

„Ich behaupte sogar, daß sie mich bitten würde, ihr Mann zu werden."

„Pierre, Du bist nicht gescheidt!"

„Aber auch nicht dumm, wie ich zu meinem Ruhme selbst gestehen muß."

„So sage, wie Du Sie zwingen willst!"

„Ich würde sie zu mir einladen."

„Und sie kommt auch?"

„Sie kommt sogar in mein Schlafgemach, gnädiger Herr!"

Sein Gesicht nahm jetzt einen so lüsternen Ausdruck an, daß sein Herr lachen mußte.

„Du irrst alter Schelm!" sagte er.

„Ich bin es vielmehr überzeugt."

„So sprichst Du sehr im Delirium!"

„O, ich bin sehr bei Sinnen."

„Da kennst Du diese Margot nicht!"

„Ich brauche sie nicht zu kennen. Es kommt ganz allein auf die Art und Weise an, in welcher sie meine Einladung erhält."

Jetzt wurde der Baron doch aufmerksamer. Er merkte, daß der Kammerdiener irgend einen Plan hatte; darum fragte er:

„Wie würde Deine Art und Weise sein?"

„Hm!" brummte der Gefragte nachdenklich. „Je nach den Umständen. Hat Mademoiselle ihren Verlobten bereits einmal in seiner Wohnung besucht?"

„Ich glaube es nicht."

„Erzählten mir der gnädige Herr nicht, daß Blücher der Freiersmann gemacht habe?"

„Ja."

„So steht dieser Königsau bei dem Marschalle gut?"

„Höchst wahrscheinlich."

„So, daß dieser ihn auch einmal einladen könnte, mit ihm zu speisen?"

„Gewiß, Blücher soll in dieser Beziehung ja ganz und gar wenig penibel sein."

„Gut, gut, da hätten wir ja gleich einen Modus!"

„Erkläre Dich deutlicher!"

„Nun wohlan! Es kommt ein Ordonnanzofficier in einer Equipage zu Madame Richemonte, natürlich ein deutscher Ordonnanzofficier, gnädiger Herr."

„Weiter, weiter!" sagte Reillac, ganz begierig, den Plan Pierres zu vernehmen.

„Dieser Officier bringt eine Empfehlung von dem Marschall; Mademoiselle Margot ist eingeladen, das Souper mit demselben einzunehmen. Ihr Bräutigam ist ebenso geladen, holt sie aber nicht selbst ab, weil er überrascht werden soll. Er weiß gar nicht, daß Mademoiselle erscheinen wird."

„Schlaukopf, ich beginne zu ahnen!"

„Nicht wahr?"

„Aber ein Fehler, ein sehr großer Fehler!"

„Welcher, gnädiger Herr?"

„Die Mutter ist nicht mit geladen; das würde sehr auffallen."

„Ah, sagten der gnädige Herr nicht, daß sie unwohl gewesen sei?"

„Allerdings."

„Nun, da hat man ja gleich die gute Ausrede. Die Ordonnanz hat zu melden, daß der Marschall wegen ihres Unwohlseins lebhaft bedauere, die gnädige Frau nicht auch bei sich zu sehen. Das wird wohl genügen?"

„Jedenfalls."

„Nun kenne ich da an der Seine in einem kleinen Gäßchen einen heruntergekommenen Apotheker, welcher davon lebt, daß er gewisse Sachen, welche der Privatmann sonst nicht erhält, an seine guten Freunde verkauft."

„Bist Du einer dieser guten Freunde?"

„Ich schmeichle es mir," antwortete Pierre lächelnd. „Er besitzt ein Parfüm, welches, einige Tropfen in ein Taschentuch geträufelt und einer Dame vor das Gesicht gehalten, macht, daß diese sofort die Besinnung verliert."

„Schurke!" lachte der Baron. „Hast Du dieses Parfüm bereits selbst einmal erprobt?"

„Mit Ihrer gnädigen Erlaubniß, ja," antwortete Pierre cynisch.

„An wem? An einer Dame?"

„Natürlich! An einem Herrn würde die Probe zu uninteressant sein."

„Du bist und bleibst ein schlechter Kerl."

„Danke, gnädiger Herr!" sagte Pierre mit einer sarkastischen Verbeugung.

„Fahre fort!"

„Also Mademoiselle sitzt mit der Ordonnanz im Wagen. Der Offizier träufelt zwei Tropfen des Parfüms auf sein Mouchoir und hält es ihr vor das Näschen."

„Sofort," antwortete der durchtriebene Diener.
„Auf wie lange?" forschte der Baron weiter.
„Auf eine halbe Stunde," erklärte der Domestike.

Das treue Roß

Ich habe mein Roß
  verloren,
Mein apfelgraues Roß.
Es war so treu im
  Leben,
Kein treueres wird es
  geben
Im ganzen Zug und
  Troß.

Und als es wollte sterben,
Da blickt' es mich noch
  an;
Als spräch's mit seinen
  Mienen:
„Kann Dir nicht weiter
  dienen,
Ade mein Reitersmann!"

H. v. F.

Kriegers Leid.

„Du bist bei Gott ein Bösewicht!" bemerkte der Baron.
„Sie schmeicheln zu sehr, gnädiger Herr."
„Weiter. Verliert sie sofort die Besinnung?"

„Es schadet ihr nichts?" frug der Baron lauernd.
„Im Gegentheil. Es stärkt sie außerordentlich. Sie erwacht wie nach einem langen, gesunden Schlafe und fühlt sich

ganz frisch und wohl," beruhigte der schurkische Kammerdiener seinen ihm würdigen Herrn.

„Und dann? Ah, wo erwacht sie? Bei Feldmarschall Blücher?"

„Damit würde Ihnen wohl nicht gedient sein!"

„Wo denn sonst?"

„Natürlich bei Ihnen."

„Ah, Teufel!"

„In Ihrem Vorsaale, in Ihrem Empfangs- oder Arbeitszimmer; sie wird überhaupt da erwachen, wo Sie es für gut und bequem halten, gnädiger Herr."

„Höre, Dein Plan hat Vieles für sich, aber er ist etwas zu phantastisch."

„Wieso phantastisch?"

„Er ist nicht gut auszuführen."

„Das finde ich nicht, gnädiger Herr."

„Man muß sich der Ordonnanz und dem Kutscher geradezu auf Gnade oder Ungnade ergeben."

„Das ist ganz und gar nicht nothwendig!"

„Woher die Ordonnanz nehmen?"

„O, ich kenne einen jungen Mann, welcher für zwei- bis dreihundert Franken recht gern für eine halbe Stunde die Uniform eines deutschen Officiers anlegen würde."

„Hat er das nöthige Geschick?"

„O, sehr! Er ist Schauspieler."

„Hm! Er müßte Deutsch verstehen und sprechen."

„Das thut er vollständig."

„Er müßte verschwiegen sein."

„Das ist er im höchsten Grade."

„Kannst Du garantiren?"

„Vollständig!"

„So mußt Du seiner sehr sicher sein, denn bei der geringsten Plauderei würdest Du Deine Stelle bei mir einbüßen. Verstehst Du wohl?"

„Ich verstehe, brauche aber keine Sorge zu haben. Der junge Mann ist — mein Sohn."

Der Baron sah den Diener ganz erstaunt an.

„Dein Sohn?" sagte er. „Du warst ja nie verheirathet! Oder hast Du mich da getäuscht?"

Pierre zuckte die Achseln, ließ ein leises Hüsteln hören und antwortete:

„Ich belüge den gnädigen Herrn niemals. Ich bin unverheirathet, doch aber der Vater dieses jungen Mannes. Man hat so seine kleinen Fehler, gnädiger Herr!"

„Gut, gut! Weiß er denn, daß er Dein Sohn ist?"

„Freilich. Ich habe ihn ja auf meine Kosten erziehen lassen. Seine Mutter ist jetzt todt. Sie war eine Deutsche; darum versteht er ihre Sprache wie das Französische."

Der Baron fühlte sich von diesem Plan so eingenommen, daß er gar nicht daran dachte, daß der Capitän bereits auf ihn wartete. Er schritt im Zimmer auf und ab und begann, zu überlegen, während der Diener ihn mit heimlichen Lächeln betrachtete.

„Hm, hm!" sagte er endlich. „So hast Du also dieses Mädchen unglücklich gemacht?"

„Unglücklich? O nein. Sie war ja eine Deutsche, und diese sind ja immer froh, wenn sie im Arme eines Franzosen liegen können."

„Ist Dein Sohn in Paris?"

„Ja."

„Er könnte also zu jeder Zeit zur Verfügung stehen?"

„Zu jeder Zeit. Er ist jetzt ohne Anstellung und privatisirt."

„Gut. Aber der Kutscher! Wo nimmt man einen verschwiegenen Kutscher her?"

„Auch dafür ist gesorgt. Ich weiß einen, auf den Sie sich verlassen können."

„Wo? Wer?"

„Hier, ich selbst."

„Ah, alle Wetter, an Dich habe ich ja gar nicht gedacht! Du hast ganz und gar das Rechte; Du bist ein Schlaukopf mit erster Censur. Aber den Wagen? Ich darf doch meinen eigenen Wagen nicht nehmen; das könnte mich schließlich verrathen."

„Ich kenne einen Verleiher von Equipagen, gnädiger Herr."

„Ist er sicher?"

„Er braucht gar nicht sicher zu sein, denn er wird nicht erfahren, wozu ich den Wagen brauche."

„So wird er ihn Dir nicht geben."

„O, sehr gern. Wir sind sehr gute Bekannte. Er ist Stammgast der Weinstube, in welcher ich zuweilen verkehre, wenn der gnädige Herr mir Urlaub geben."

„So! Hm! Ich werde mir Deinen Plan überlegen. Er bietet mir eine treffliche Chance, falls meine sonstigen Bemühungen vergeblich sein sollten. Die Bedenken, welche ich vorhin hatte, sind verschwunden, aber die größte Schwierigkeit kommt später."

„Wieso?"

„Wie die Mademoiselle hereinbringen?"

„O, durch den Garten."

„Man wird es bemerken."

„Nein, denn die Diener werden Erlaubniß erhalten, auszugehen. Sie sind fort."

„Richtig, das geht! Aber dann das Erwachen!"

„Wird ein sehr interessantes sein."

„Im Gegentheile. Was wird sie sagen, was wird sie thun? Wird sie schreien?"

„Jedenfalls nicht, denn sie wird gebunden sein und einen Knebel haben."

„Donnerwetter! Ich bin kein Bandit!"

„Aber ein vorsichtiger Mann, gnädiger Herr. Später kann man die Dame befreien, denn sie wird von selbst schweigen."

„Aber wenn sie es nicht thut?"

„O, es liegt zu sehr in ihrem eigenen Interesse! Sie wird nach Hause zurückkehren, als ob sie bei dem Marschall soupirt habe. Ihr Geliebter wird erfahren, daß dies nicht wahr ist, sie kann ihm nicht sagen, wo und wie sie diese Stunden verbracht hat; sie werden sich entzweien, und der gnädige Herr hat dann freies Feld."

„Pierre, Du bist wirklich ein Satan; aber Deine Gedanken sind gut und richtig. Ich werde mir diesen Plan wirklich überlegen. Jetzt aber — Donnerwetter, ich muß fort; der Capitän wartet auf mich!"

Er steckte die Pistole und die Laterne zu sich und schickte sich an, zu gehen.

„So wollen der gnädige Herr wirklich auf ihn schießen?" fragte Pierre.

„Ich nicht. Richemonte wird es thun."

„Aber der Herr Baron werden zugegen sein?"

„Allerdings."

„So bitte ich unterthänigst, sich nicht zu sehr zu exponiren. Die Sache hat Gefahr."

„Weiß, weiß es, Pierre. Ich werde vorsichtig sein. Also schließe das Fenster von Innen nicht zu. Kommen wir zu Zweien, so läßt Du Dich nicht eher sehen, als bis ich Dich hole."

Er kehrte in das Zimmer zurück und stieg zum Fenster hinaus und an der Veranda hinab. Er gelangte auf demselben Wege, den er gekommen war, wieder auf die Straße und begab sich eiligst nach dem Stelldichein.

Dort war er von dem Capitän bereits seit langer Zeit ungeduldig erwartet worden.

„Mein Gott, wie lange bleiben Sie denn?" fragte Richemonte.

„Es ging nicht eher. Der Weg war mir durch ein Liebespaar verlegt," antwortete Reillac.

„Der Teufel hole die Liebespaare! Ich warte bereits seit drei Viertelstunden!"

„Ist er bereits vorüber?"

„Nein, er muß aber jede Minute kommen. Haben Sie die Laterne? Es ist finster wie in einem Sacke."

„Ich habe sie und werde sie gleich anstecken."

„Und die Pistole?"

„Ja. Hier ist sie."

„Geladen?"

„Beide Läufe."

Der Capitän erhielt die Waffe und untersuchte sie mit den Fingern vorsichtig, ob er sich auf sie verlassen könne. Unterdessen trat der Baron in den tiefen Thorbogen zurück und brannte seine Laterne an. Dann steckte er sie, zugeklappt, in die Außentasche seines Rockes, bereit, sich ihrer augenblicklich zu bedienen.

„Jetzt nun hinüber auf die andere Seite," sagte er, „dort wohnt er ja."

„Halt!" sagte der Capitän. „Vorher müssen wir unsere Rückzugslinie besprechen."

„Wozu?"

„Man kann nie wissen, was passirt. Im Falle eines Mißlingens haben Sie mir ja versprochen, mir behilflich zu sein, mein Alibi beizubringen."

„Gut. Sie bleiben diese Nacht bei mir, Sie sind überhaupt während des ganzen Abends bei mir gewesen."

„Wir werden uns also nach Ihrem Hause flüchten, falls uns hier etwas Unerwartetes begegnen sollte?"

„Ja, aber nicht nach der vorderen Thür. Kennen Sie das kleine Nebengäßchen?"

„Ja."

„Mein Garten stößt daran. In der Mauer befindet sich ein kleines Pförtchen, sehr leicht zu treffen, da es das einzige im Gäßchen ist. Dort erwarten wir einander, wenn wir ja gezwungen sein sollten, uns zu trennen. Jetzt kommen Sie. Aber schießen Sie nur dann, wenn wir wirklich Königsau vor uns haben!"

Sie schritten leise über die Straße hinüber und warteten. Es verging einige Zeit, da hörten sie nahende Schritte. Sie drückten sich sehr tief an den Thürbogen, um nicht sofort gesehen zu werden. Der Capitän zog die Pistole hervor und der Baron fuhr mit der Hand nach der Laterne.

„Aufgepaßt!" flüsterte der Letztere. „Das wird er sein. Sobald er hier bei uns stehen bleibt, um dem Portier zu klingeln, leuchte ich ihm plötzlich in's Gesicht. Sie halten ihm den Lauf dicht an die Schläfe und drücken los. Er ist sofort todt."

Die Schritte kamen immer näher. Da sagte der Capitän leise:

„Dieses Mal ist es nichts. Diese Schritte klingen nicht wie diejenigen eines Officiers. Aber seien wir trotzdem gefaßt. Geht er vorüber, so ist er es auf keinen Fall."

Der Erwartete kam langsam herbei. Den beiden Lauernden klopfte vor Erregung das Herz, dieses Mal jedoch unnützer Weise. Der Mann ging vorüber.

Erst nach einer Pause meinte der Capitän:

„Ich hatte Recht, aber ich wollte, Königsau wäre es gewesen."

„Warum?"

„So wäre jetzt die Geschichte vorüber."

„Ah! haben Sie Angst?"

„Pah, Angst! Sie taxiren mich noch immer zu niedrig, wie ich höre. Aber warten wir!"

Und sie warteten. Es vergingen kaum zwei Minuten, so hörten sie abermals Schritte, welche sich auf ihrer Seite der Straße näherten. Richemonte lauschte und erklärte dann:

„Das ist ein Soldat, das ist ein Officier."

„Wirklich?"

„Ich gehe jede Wette mit ein."

„Gut, Sie sind in diesem Fache Kenner. Geht er vorüber, so ist es wohl ein Anderer, bleibt er stehen, so werde ich ihn anleuchten. Aber nur schießen, wenn er es ist."

Die kräftigen, militärischen Schritte kamen näher. Jetzt war er noch zehn Schritte von ihnen entfernt, dann acht, sechs, vier — da blieb er stehen. Sie konnten wegen der Dunkelheit nicht sehen, was er that, aber es schien, als ob er emporblicke, um die Fensterfronte zu mustern. Der Capitän stieß den Baron an. Dieser zog die Laterne vor, richtete die vordere Seite genau auf die Gestalt und öffnete. Sofort wurde diese von einem hellen, blendenden Lichte überfluthet, während die beiden Anderen im tiefsten Dunkel standen.

„Donnerwetter!" rief der Mann und dann fügte er in gebrochenem Französisch, welches ganz schrecklich klang, hinzu:

„Wer seid Ihr? Was macht Ihr hier?"

Die beiden Männer waren fürchterlich erschrocken, denn sie hatten — den Feldmarschall Blücher erkannt. Der Baron klappte schleunigst seine Laterne zu, um zu verhüten, daß ihr Licht auf ihn selbst falle. Dabei aber machte er mit der Hand eine unwillkürliche Drehung, und das Licht fiel auf einen kurzen Moment seitwärts, wo der Capitän stand. Dieser hatte die Pistole bereits zum Schusse erhoben gehabt, aber vor Schreck die Hand halb wieder sinken lassen. Der Lichtblitz fiel nicht auf ihn, aber doch auf die Hand, welche die Pistole hielt. Blücher war zu sehr Soldat, um nicht die Waffe sofort zu bemerken, aber er besaß auch Schlauheit genug, um einen Fehler zu vermeiden. Als die Beiden in Folge ihres Schreckens nicht antworteten, wiederholte er:

„Ich frage, wer Ihr seid, und was Ihr hier wollt."

Da faßte sich der Capitän und antwortete:

„Wir sind crieurs de nuit — Nachtwächter."

„Warum steht Ihr hier?"

„Wir warten hier auf unsere Ablösung."

„So, so! Zeigt doch einmal Eure Gesichter! Nehmt die Laterne heraus!"

Das war ein schlimmer Befehl, aber der Baron wußte sich zu helfen. An der Laterne befand sich ein kleiner Schieber, um das Licht zu verlöschen. Ein leichter Fingerdruck genügte, um das Licht auszulöschen...

„Sogleich," antwortete er.

Bei diesem Worte griff er in die Tasche, drückte an dem Schieber und zog die Laterne hervor.

„Ah!" meinte er in bedauerndem Tone. „Sie ist soeben ausgelöscht."

„So mag es sein. Gute Nacht!"

Mit diesen Worten wandte Blücher sich um und schritt weiter.

„Donnerwetter, der Marschall!" sagte der Capitän. „Wer hätte das gedacht!"

„Und in Civil! Sie hatten dennoch Recht, daß es ein Officier sei."

„Wissen Sie, Baron, daß wir einen großen Fehler begangen haben?"

„Welchen?"

„Ich sollte ihn niederschießen."

„Himmel! Warum?"

„So wäre Frankreich gerächt gewesen."

„Allerdings, und ich auch, denn er hat den Freiersmann gemacht."

„Ich war bei Gott ein Thor!"

„Nein, es ist so besser. Hätten wir jetzt geschossen, so wäre uns Königsau entgangen, und daß wir ihn treffen, ist jetzt die Hauptsache."

Die Beiden fühlten es vielleicht, aber sie gaben sich keine Rechenschaft darüber, daß es der Eindruck der gewaltigen Persönlichkeit des Marschalles und seines Rufes gewesen war, der sie erschreckt und verwirrt hatte. Dieser Eindruck ist sehr wohl im Stande, eine bewaffnet erhobene Hand wieder sinken zu lassen.

„Ob er glaubt, daß wir Nachtwächter sind?" fragte Richemonte.

„Es klang nicht so."

„Ja, er wollte uns sehen. Wie gut, daß Sie den Gedanken hatten, die Laterne zu verlöschen. Er hätte uns sofort erkannt."

„Ganz gewiß. Es scheint mir nun nicht mehr ganz geheuer zu sein. Ich möchte wissen, ob er in seine Wohnung tritt oder nicht."

„Warum?"

„Tritt er ein, so ist Alles gut. Geht er weiter, so ist sehr zu befürchten, daß er errathen hat, auf wen wir warten."

„Horchen wir also!"

Sie lauschten, aber es ließen sich keine Schritte mehr hören.

„Er scheint doch hineingegangen zu sein," meinte der Capitän. „Man hört nichts."

„Hm, ungewiß! Wir haben gesprochen, anstatt aufzupassen. Aber wir müssen Gewißheit haben, denn das ist das Nothwendigste jetzt."

„Wie diese aber bekommen?"

„Sehr leicht. Er hat doch zwei Ehrenposten vor der Thür. Ich gehe hin und frage."

„Gut. Aber wenn inzwischen Königsau kommt?"

„So geben Sie ihm die Kugel oder alle beide. Ich gehe."

Er ging langsam im gemüthlichen Schritte eines aus dem Wirthshause Heimkehrenden nach links hinauf, wo das Palais stand, welches Blücher bewohnte. Die beiden Posten standen zu Seiten des Portales.

„Guten Abend," grüßte er.

Einer der Beiden radebrechte ein wenig Französisch und erwiderte den Gruß.

„War der Mann, welcher jetzt kam, der Feldmarschall Blücher selbst?"

„Ja," antwortete der Posten auf diese Frage.

„Ist er weiter fortgegangen?"

„Nein."

„Also eingetreten?"

„Ja."

„Ich danke!"

Der Baron wandte sich befriedigt um und kehrte zu seinem Gefährten zurück, dem er die erhaltene Auskunft mittheilte. Er bückte sich dann nieder und zündete seine Laterne von Neuem an, um bereit zu sein, wenn ihr Opfer erscheine.

Sie hielten sich wieder für sicher und doch täuschten sie sich. Blücher war seiner persönlichen Schlauheit wegen bekannt. Er hatte Verdacht gefaßt, sich aber wohl gehütet, ihn merken zu lassen. Als er von ihnen fortging, murmelte er:

„Nachtwächter wollen Sie sein? Wart, ich werde sie benachtwächtern! Der Eine hat die Laterne und der Andere die Pistole? Verdammte Bande ist es, die hier irgend Einen auflauert. Und wer ist dieser Eine? Tausend Teufel, doch nicht etwa der Königsau? Ich habe ihn gewarnt. Man will ihm zu Leibe! Sollte er noch bei seinem Mädel sein? Das ist möglich, obgleich es sehr spät ist, denn ein Verliebter horcht auf keinen schwarzwälder Perpendikel. Ich muß sogleich hinschicken, aber wen? Wer weiß das Haus, und wer findet es? Niemand. Ich muß selber hin!"

Er wendete sich sofort um, blieb aber unter dem Eindrucke eines neuen Gedankens stehen. Er schlug sich mit der Hand an den Kopf und brummte:

„Was? Feldmarschall willst Du sein? Ein Dummhut biste! Wenn Du an den zwei Kerls vorübersausest, so merken sie den ganzen Kram! Ja, ich muß einen Umweg machen. Aber, zum Teufel, ja, wenn nun die Kerls bereits Unrath gewittert hätten, he? Vielleicht haben sie gemerkt, daß ich ihnen nicht traute; denn ich wollte, daß sie sich anleuchten sollten. Der Halunke hat die Laterne jedenfalls mit Fleiß ausgelöscht. Hm! Wenn sie denken, daß ich Verdacht geschöpft habe, so werden sie jedenfalls zum Posten gehen und sich erkundigen, ob ich mich in's Nest gelegt habe oder nicht. Höre, Blücher, Du bist doch nicht so dumm, als ich soeben dachte! Du hättest Polizist oder Amtscopist werden können! Aber wartet, Ihr Kerls, Ihr sollt mich nicht beluxen! Euch mache ich ein X für ein U, daß Ihr alle Beide blau und roth anlaufen sollt, wie die Altenweibernasen um Weihnachten herum!"

Er ging rasch auf sein Palais zu. Die Posten hörten ihn kommen. Als er that, als ob er eintreten wolle, rief der Eine:

„Halt! Werda?"

„Junge sei nicht voreilig!" meinte Blücher gutmüthig. „Ich bins!"

„Wer denn?"

„Nu, ich!"

„Das ist kein Name. Hier darf ohne Erlaubniß Niemand passiren."

„Hm, Ihr bewacht mich wirklich gar nicht übel! Hört, kennt Ihr denn den alten Blücher nicht, he?"

„Wir kennen ihn."

„Na, da guck mir doch einmal unter die Haube!"

„Es ist zu dunkel hier draußen. Treten Sie unter die Einfahrt, wo die Lampe brennt; da werde ich Sie ansehen."

„Schön, mein Junge. Du packst die Sache gar nicht schlecht beim Kragen an!"

Er that die paar Schritte bis hinter das Portal, wo eine Lampe eine spärliche Helle verbreitete, man aber doch ein Gesicht deutlich erkennen konnte.

„Na, da komme her, Du ungläubiger Thomas Zebedäus und setze die Brille auf," meinte Blücher. „Viel Gescheidtes wirste aber wohl nicht sehen!"

Der Posten betrachtete den Marschall; er erkannte ihn, erschrak aber nicht im Geringsten. Er kannte die Eigenthümlichkeiten des Alten und wußte, daß er ganz sicher bestraft worden wäre, wenn er ihm erlaubt hätte, zu passiren.

„Na, kennste mich jetzt?" fragte Blücher.

„Zu Befehl, Excellenz," antwortete der Mann präsentirend.

„Höre, thue die Flinte weg, sie könnte losgehen! Wie meinste denn? darf ich eintreten, oder muß ich draußen herbergen?"

„Excellenz können passiren."

„Gut, mein Junge! Jetzt haste Deinen Willen gehabt, und nun werde ich Dir zeigen, daß ich auch den meinigen haben will. Ich werde den Kopf aufsetzen und nun gerade erst recht draußen bleiben. Aber merkt Euch Eins, Ihr Kerls: Es wird jetzt vielleicht Jemand kommen der nachfragt, ob ich hier eingetreten oder ob ich weiter fortgeschlumpert bin. Dem macht Ihr weiß, daß ich zu Bette bin. Verstanden."

„Zu Befehl Excellenz!"

„Schön! Na, haltet die Augen auf, daß sie mich nicht mausen! Und weil Ihr so auf dem Damme seid, da sollt Ihr Euch eine Freude machen. Hier, da habt Ihr jeder ein Achtgroschenstück!"

Er griff in die Tasche und hielt ihnen das Geld hin.

„Excellenz verzeihen!" meinte der Eine in Beider Namen. „Auf Posten darf man keine Geschenke annehmen. Eigentlich müßte ich Sie melden!"

Da klopfte ihm der Alte auf die Achsel und sagte:

„Du bist ein Luderkerl! Ich glaube, Dir maust Keiner das Pferd unter den Beinen heraus. Kommt morgen früh um Neune zu mir, da sollt Ihr anstatt der Achtgroschenstücker jeder einen Speziesthaler erhalten und eine Pfeife Tabak dazu. Aber melden müßt Ihr mich, daß Ihr Euch habe verführen wollen. Verstanden?"

„Zu Befehl, Excellenz!"

„Gut, also melden! Daß bitte ich mir aus, sonst soll Euch der Teufel Purzelbäume schlagen, Ihr Himmelsakramenter!"

Er ging fort. Er merkte, daß er sich bei den beiden Soldaten doch etwas zu lange aufgehalten hatte; darum nahm er jetzt einen sehr eiligen Schritt an. Kurz noch seinem Fortgange kam auch wirklich Baron Reillac, um sich nach ihm zu erkundigen, und erhielt die von dem Marschalle anbefohlene Antwort.

(Fortsetzung folgt.)

Illustrirte Unterhaltungs=Bibliothek für Familien aller Stände.
Druck und Verlag von H. G. Münchmeyer in Dresden und New=York.

Die Liebe des Ulanen.
Original=Roman aus der Zeit des deutsch=französischen Krieges von Karl May.
(Fortsetzung.)

Blücher gelangte auf seinem Umwege nach der Rue d'Ange und sah, daß in der Wohnung der Frau Richemonte noch Licht sei. Er klingelte dem Portier. Dieser dachte, ein Bewohner des Hauses kehre heim, und kam nicht heraus, sondern zog nur an der Leine, so daß die Thüre aufging. Blücher wollte keine Zeit verlieren, mit ihm zu reden, sondern stieg schnell die ihm bereits bekannte Treppe hinauf und klingelte am Vorsaale.

Drin ertönten zögernde Schritte; die Thür wurde geöffnet, und Margots Köpfchen erschien.

„Wer ist da?" fragte sie in den dunklen Vorplatz hinaus.

„Ich, mein liebes Fräulein!"

Beim Klange dieser Stimme wäre ihr vor Ueberraschung fast das Licht aus der Hand gefallen. Sie war bereits in das Negligé gekleidet, machte aber doch die Thür weit auf und sagte:

„Excellenz, Sie hier! So spät!"

„Ja. Verzeihen Sie! Ist der Junge, der Königsau, noch da?"

„Nein, Excellenz. Wollen Sie doch eintreten!"

„Gott bewahre! Wenn er fort ist, da habe ich Eile. Wann ging er?"

„Vor kaum zwei Minuten."

„Donnerwetter! Jetzt kriegt ihn diese Bande! Gute Nacht!"

Er stürmte, ohne auf die ängstliche Frage des Mädchens zu antworten, die Treppe hinab und unten zur vom Portier rasch wieder geöffneten Thür hinaus. Draußen aber blieb er stehen.

„Heiliges Pech!" sagte er. Wohin nun? Ist er rechts oder links gegangen? Ach, von links her kam ich; ich hätte ihn treffen müssen; er ist also nach rechts."

Er eilte fort im Trabe, er der Marschall, eines einfachen Lieutenants wegen. Er legte die Engelsstraße zurück und bog nun in diejenige ein, die er bewohnte. Es war eine weite Strecke bis da hinauf, aber er rannte weiter. Der Athem wollte ihm versagen. Da kam ihm der beste Gedanke, den er haben konnte: Er blieb stehen und horchte. Ja, da oben erschallte der laute, abgemessene, tactvolle Schritt eines Mannes, der jedenfalls Militär war. Aber der Gehende konnte, dem Klange seiner Schritte nach, gar nicht mehr weit von der gefährlichen Stelle sein. Darum legte Blücher die Hände um den Mund und rief so laut, wie er konnte:

„Königsau! Halt! Zurück! Sie wollen Dich abmurksen!"

In demselben Augenblicke aber sah er auch da vorn einen raschen Laternenblitz über die Straße leuchten, und dann fielen schnell hinter einander zwei Schüsse.

„Herrgott, er ist zum Teufel!"

So rief der Alte und setzte sich von Neuem in Bewegung. In Zeit von einer Minute war er an dem Thore, an welchem die beiden angeblichen Nachtwächter gestanden hatten. Er sah nichts. Er strich mit dem Beine über den Boden und stieß auf zwei Gegenstände. Er bückte sich nieder und hob sie auf. Es war die Laterne und die abgeschossene Pistole.

„Ein verdammter Kerl!" rief er freudig. „Er ist also noch nicht zum Teufel!"

Jetzt holte er erst einige Male tief Athem. Und da kamen auch bereits mehrere Soldaten mit Laternen herbei. Sie gehörten zu dem Wachtkommando, welches im Palais des Marschalls lag. Man hatte dort die Schüsse gehört und wollte nun sehen, was das zu bedeuten hätte.

„Hierher, Jungens!" rief er. „Hier ist's gewesen!"

Der Vorderste, ein Korporal, leuchtete ihn an.

„Kreuzbataillon, Excellenz, hat man etwa gar auf Sie geschossen?" fragte er, den Marschall erkennend.

„Nein, mein Junge, auf mich und Dich nicht, aber auf

einen Anderen. Sucht einmal hier umher, ob da vielleicht ein kaputgemachter Husarenlieutenant liegt!"

„Ein Husarenlieutenant?"

„Ja, geehrtester Herr Korporal! Aber zu fragen hast Du hier nichts, sondern zu suchen, sonst will ich Dir Augen und Beine machen, Du neugieriger Kater Du."

Es wurde gesucht, aber nichts und Niemand gefunden. Nicht einmal ein Tropfen Blutes wurde bemerkt, welcher hätte auf eine Verwundung schließen lassen.

„Das ist gut; das freuet mich!" meinte Blücher. „Korporal, komm her, halte einmal Deinen Kometen in die Höhe!"

Der Gerufene gehorchte, indem er ihm die Laterne vorhielt. Blücher ließ das Licht derselben auf die beiden gefundenen Gegenstände fallen.

„Was ist das für ein Ding, Korporal?" fragte er.

„Eine Laterne," antwortete der Gefragte pflichtschuldigst.

„Gut, mein Junge! Und das hier?"

„Eine Pistole."

„Sehr schön, mein Junge. Du entwickelst da ganz bedeutende Kenntnisse in der Physik und in der Waffenkunde. Wenn ich mal abdanke, so melde Dich zum Feldmarschall. Jetzt aber lege Dich mit dem Ohre wieder auf Deine Pritsche, denn hier sind wir überflüssig geworden."

Die Leute gehorchten. Blücher wunderte sich nicht darüber, daß die Schüsse nicht mehr Aufsehen erregt hatten. Es blieb ganz ruhig auf der Straße. Man war damals nächtliche Excesse gewohnt geworden.

Er trat zu den beiden Posten, die seit vorhin noch nicht abgelöst worden waren.

„Kennt Ihr mich noch?" fragte er.

„Zu Befehl, Excellenz," lautete die Antwort.

„Na, ist Einer gekommen?"

„Zu Befehl!"

„Und hat gefragt, ob ich zu Bette bin?"

„Zu Befehl!"

„Ihr habt ihn doch anlaufen lassen?"

„Zu Befehl!"

„Schön! Aber wie war das mit den beiden Schüssen? Wo fielen sie?"

„Ein Stück die Straße hinunter."

„Also dort. Habt Ihr nicht bemerkt, wer geschossen hat?"

„Nein. Aber bald nach dem letzten Schusse rannten zwei Männer hier vorüber."

„Ihr habt sie nicht aufgefangen? Ihr Halunken."

„Nein. Wir dürfen unseren Posten nicht verlassen, Excellenz."

„Gut! Ihr seid brave Kerls. Ich will nicht raisonniren, sonst müßt Ihr mich morgen zweimal melden. Also zwei Menschen waren es, welche vorüber rannten?"

„Ja, und ein Dritter kam hinter ihnen her."

„Ah, der hat sie gejagt?"

„Es schien so, als ob er sie verfolgte. Und dort am zweiten Thore, da — da — —"

„Da — da — — was, da?"

„Da blieb er stehen."

„Der dumme Kerl! Was hat er da zu stehen gehabt?"

„Er — er zog — — er zog seine Stiefeln aus."

„Seine Stiefeln? Heiliges Wetter! Zieht der Schlingel seine Stiefeln aus, anstatt den Bengels nachzurennen. Dem gehören recht tüchtige Hiebe hinten drauf."

„Er rannte ihnen dann wieder nach."

„Wird ihm auch viel helfen. Mit den Stiefeln in der Hand! So ein Unsinn!"

„Entschuldigung, Excellenz! Er ließ die Stiefel stehen."

„Stehen? Das ist ja noch schlimmer! Wenn sie sie ihm nun wegmausen!"

„Er rief uns zu, Achtung auf sie zu geben."

„Was? Achtung auf seine Stiefeln? Ist der Kerl übergeschnappt? Ihr sollt wohl gar noch vor seinen alten Latschen das Gewehr präsentiren! Nein, so etwas! Die Ehrenposten des Feldmarschalls von Blücher sollen auf die Kothstampfer des ersten besten Kerls hier Achtung geben! Wenn ich wüßte, wer der Flegel ist, so ließ ich ihn citiren und hieb ihm seine Schaftsandalen mit sammt den Struppen höchst eigenhändig um die Nase herum! Der sollte vor Angst Syrup und Buttermilch niesen!"

„Excellenz, er hat uns seinen Namen genannt."

„Auch noch? Welche maliziöse Frechheit. Wie hieß denn dieser Urian?"

„Lieutenant von Königsau."

„Lieu — te — nant — von Kö — — nigs — — — an? Sapperlot, Der war es, Der? Ich alter Esel! Das konnte ich mir denken! Na, je höher man im Range steigt, desto alberner wird man im Kopfe! Und mit dem Feldmarschall geht der Kopf dann ganz in's Seebad. Jungens, daß Ihr mir nicht etwa einmal Marschall's werdet, sonst könntet Ihr mich dauern! Sagte er diesen Namen wirklich?"

„Zu Befehl!"

„Und dann rannte er ihnen nach?"

„Ja."

„Ein pfiffiger Filou. Sie hören seine Schritte nicht mehr, weil er in Strümpfen läuft, und denken also, sie haben Niemand hinter sich. Auf diese Weise wird er sie fangen. Hat er Euch nicht gesagt, ob sie ihn todtgeschossen haben?"

„Nein."

„Nun, da lebt er jedenfalls noch. Aber seine Stiefel müssen wir in Sicherheit bringen. Gehe mal hin, mein Junge, und hole sie!"

„Verzeihung, Excellenz, das kann ich nicht!"

„Nicht? Warum nicht, he?"

„Ich darf meinen Posten nicht verlassen."

„Alle Teufel, das ist wieder wahr! Na, da mag der Andere gehen!"

„Auch der darf nicht."

„Liebe Kinder, Euch soll der Teufel holen! Na, da es nicht anders geht, so will ich es einmal machen wie der alte Fritze, und Schildwacht stehen. Gieb mir Dein Gewehr, mein Sohn. Ich will Deine Stelle vertreten, während Du hingehst und mir die Stibbels herbringst."

„Excellenz, das geht auch nicht."

„Donnerwetter! Auch nicht? Warum denn nicht, Du Canaille?"

„Excellenz sind in Civil und nicht in Uniform."

„Hol's der Kukkuk, das ist wahr. Höre, mein Sohn, Du bist kein übler Kerl; Du kennst das Reglement besser als ich. Das ist aber auch gar kein Wunder, denn es sind nun über fünfzig Jahre her, daß ich's gelernt habe. Wie ist denn Dein Name?"

„August Liebmann."

„Gut, mein lieber August. Komm nach zweiundfünfzig

Jahren, gerade am heutigen Datum, zu mir, und sage mir das Reglement her. Wenn Du es noch auswendig kannst, so nenne ich Dich Herr Liebmann anstatt August. Darauf kannst Du Dir dann noch mehr einbilden als ich auf die Stiefeln, die ich mir nun selber holen muß. Wo stehen sie?"

"Dort am zweiten Thore."

"Schön. Ihr könnt nachher die Eurigen auch hinsetzen. Ich bin einmal im Gange, da kann ich sie Euch auch holen. Laßt mich nur gefälligst wecken, wenn Ihr sie braucht!"

Er ging wirklich hin, nahm die Stiefeln auf, steckte unter jeden Arm einen und sagte, nachdem er zurückgekehrt war:

"Der Lieutenant von Königsau wird jedenfalls wiederkommen und nach seinen Sauerkrautröhren fragen. Sagt ihm, daß sie bei mir sind. Er soll sofort kommen und sich melden, auch wenn ich schlafe; aber in den Strümpfen. Er darf bei Leibe nicht erst nach Hause gehen. Habt Ihr's verstanden?"

"Zu Befehl!"

"Und solltet Ihr abgelöst werden, ehe er kommt, so übergebt Ihr diesen Befehl Euern Nachmännern, die ihn auszurichten haben."

"Zu Befehl, Excellenz!"

"Gute Nacht, lieber August!"

"Gute Nacht, Excellenz!" —

Als Blücher vorhin zu so später Nachtstunde zu Margot gekommen war, hatte diese sich höchlichst verwundert über diesen Besuch. Als sie aber seine Worte hörte, war eine fürchterliche Angst über sie gekommen, deren sie nicht Herr werden konnte.

"Donnerwetter! Jetzt kriegt ihn diese Bande! Gute Nacht?" hatte er gesagt; dann war er gegangen. Gegangen? Nein, er war förmlich die Treppe hinabgesprungen, als ob es sich um eine große Gefahr handle.

Wen betraf diese Gefahr? Jedenfalls den, den er hier gesucht hatte, also Königsau. Und worin bestand diese Gefahr? Wer war die "Bande", von welcher der Marschall gesprochen hatte? Bereits einmal hatte der Geliebte heute in Lebensgefahr gestanden; jetzt vielleicht wieder!

Sollte sie die Mutter und das Dienstmädchen wecken, welche Beide bereits schliefen? Nein; diese konnten auch nicht helfen. Sie hätten nur die Angst mit gehabt.

So ging Margot im Zimmer auf und ab. Es wurde ihr zu eng, zu heiß. Sie konnte es nicht länger aushalten. Sie mußte hinaus in die freie Luft. Sie wollte nach der Wohnung des Geliebten gehen, um nachzusehen, ob sein Fenster erleuchtet sei. Sie war zwar noch nicht dort gewesen, aber er hatte sie ihr so deutlich beschrieben, daß sie gar nicht irren konnte.

Sie setzte also das Capouchon auf, schlang sich ein Tuch um die Schulter, nachdem sie schnell ein Oberkleid übergeworfen hatte, und ging.

Der Portier wunderte sich nicht wenig, als er bemerkte, wer es war, dem er abermals zu öffnen hatte.

"Um Gotteswillen, Mademoiselle, was ist passirt, daß Sie wieder gehen?" fragte er.

"Nichts. Oeffnen Sie nur schnell."

Er sah beim Scheine seiner Lampe ihre Blässe und fragte weiter:

"Wer war der Herr, der vorhin bei Ihnen klingelte und dann so stürmisch das Haus verließ? Ich konnte ihm gar nicht schnell genug öffnen."

"Es war der Feldmarschall Blücher."

"Mein Gott, da muß es sich um höchst wichtige Dinge handeln. Gehen Sie!"

Er ließ sie hinaus.

Sie wußte, daß der Geliebte die Richtung nach rechts eingeschlagen habe, und folgte derselben. Sie hatte kaum einige Schritte gethan, so war es ihr, als ob sie in weiter Ferne zwei Schüsse schnell hintereinander fallen höre. Wem galten dieselben? Hingen sie im Zusammenhange mit der Gefahr, welche Blücher angedeutet hatte? Sie ertönten aus der Gegend, in welcher Königsau wohnte.

Es erfaßte sie eine unendliche Angst. Sie ging eiligen Schrittes die Straße hinab und bog dann links um die Ecke. Dann ging es weiter. Sie sah in der Ferne Laternen, weit, weit unten. Sie eilte weiter, immer weiter. Die Laternen verschwanden wieder und nachher kam sie an das Haus, welches nach der erhaltenen Beschreibung von Königsau mit bewohnt wurde. Sie sah an keinem einzigen Fenster Licht. Wäre der Geliebte nach Hause gekommen, so hätte er sich sicher wenigstens eine Kerze angebrannt. Ihre Angst wuchs.

Da vernahm sie weiter unten Stimmen; sie ging darauf zu. Vielleicht konnte sie hier Etwas hören. Sie kam näher und näher. Da hörte sie die lauten Worte:

"Gute Nacht, lieber August!"

Sie erkannte sofort die Stimme, welche diese Worte gesprochen hatte. Es war diejenige des Feldmarschalls, und wenn sie ja geglaubt hätte, sich zu irren, so erhielt sie den Beweis, daß sie recht gehört hatte, durch die darauf folgende Antwort:

"Gute Nacht, Excellenz!"

Sie eilte auf die Stelle zu und kam an dem Thore an. Sie sah die beiden Posten.

"War der Feldmarschall hier?" fragte sie.

"Ja," wurde ihr geantwortet.

"So muß ich zu ihm!"

Sie wollte in das Thor treten; da aber hielt ihr der eine Posten das Gewehr quer vor und sagte:

"Hier darf Niemand passiren!"

"Aber ich muß zu ihm!"

"Kommen Sie am Tage wieder."

Blücher hatte bereits den Anfang der Treppe erreicht, als er draußen noch lautes Reden hörte. Er blieb stehen und horchte. Er hörte eine Frauenstimme und dann die Antwort des Postens, daß sie morgen wiederkommen solle. Da fragte er, laut rufend:

"Wer ist denn noch draußen?"

"Ein Frauenzimmer, Excellenz!" antwortete der Posten zurück.

Er mochte ein biederer Märker oder Pommer sein, bei dem Alles gleich war, ob Dame oder Frau, Mädchen oder Fräulein.

"Ein Frauenzimmer?" antwortete Blücher. "Weiter nichts? Es soll sich zum Teufel scheeren. Nachts drei Uhr gebe ich keiner alten Schachtel Audienz!"

"Sie ist jung, Excellenz," wagte der Mann zu bemerken, aber immer in einem schreienden Tone, um von dem Marschall gehört zu werden.

"Jung?" brüllte dieser zurück. "Laß Dich nicht bemeiern, Junge. Sie lügen sich alle um elf Jahre jünger; jage sie fort!"

"Sie sagt, daß Sie mit Excellenz bekannt sei!"

„Das ist nicht wahr!"

„Excellenz sind erst vorhin bei ihr gewesen."

„Das ist eine Lüge! Ich besuche kein Frauenzimmer. Gieb ihr eins auf den Schnabel!"

„Sie meint, ich solle nur den Namen Richemonte sagen," rief der Posten.

„Richemonte? Heiliges Elend! Kerl, bist Du verrückt, mein Sohn!"

Bei diesen Worten kehrte er sich um und eilte zurück. Als er an den Eingang gelangte, hatte er noch die beiden Stiefeln unter den Armen. Er sah Margot stehen und erkannte sie sofort. Da trat er zum Posten und sagte:

„Mensch, Esel, August! Du bist das größte Kameel, was in der Wüste Sahara Datteln und Radieschen frißt! Siehe einmal hierher! Ist das ein Frauenzimmer, he, ein Frauenzimmer?"

Der Mann sah den Marschall ganz verblüfft an und antwortete:

„Zu Befehl, Excellenz!"

„Ein Frauenzimmer? Wirklich?"

„Zu Befehl!"

„Halte das Maul mit Deinem Befehl! Wer hat Dir den Befehl gegeben, diese Mademoiselle für ein Frauenzimmer auszugeben, Du Waschbär von einem August?"

„Verzeihung, Excellenz, es ist doch keine Mannsperson!"

Dieser Gegenbeweis schmetterte für den ersten Augenblick den Marschall förmlich zurück. Es wurde ihm ganz fremd im Kopf, und er sagte:

„Hm, das ist nicht übel gesagt! Eine Dame ist eigentlich auch ein Frauenzimmer; aber siehst Du, mein Sohn, in Paris giebt es blos Madame und Mademoisellen. Hättest Du mir gesagt, daß eine Mademoiselle da sei, so hätte ich Dir nicht befohlen, sie zum Teufel zu jagen. Eigentlich sollte ich Dir Deines Unsinns wegen diese Stiefeln gelinde um den Kopf herumschlagen, aber weil Du in Deiner Unschuld nicht weißt, was eine Mademoiselle ist, und es ihr gleich angesehen hast, daß sie keine Mannsperson ist, so will ich Gnade für Recht ergehen lassen und Dich mit einem einfachen Verweise abrüffeln. Nimm Dir das zu Gemüthe, aber stirb mir ja nicht daran; denn es wäre jammerschade um so einen August!"

Jetzt war er mit dem Posten fertig, und nun wendete er sich direkt an Margot. Diese trat näher und bat:

„Verzeihung, Ew. Excellenz! Die Angst ließ mich nicht zu Hause bleiben; dann hörte ich gar noch Schüsse fallen —!"

„Nicht ich habe Ihnen zu verzeihen, sondern Sie mir, Mademoiselle," antwortete er. „Ich störte Sie zu so später Stunde und ging fort, ohne Ihnen Auskunft zu ertheilen. Das war höchst unhöflich von mir. Bitte, kommen Sie mit mir."

Er schritt ihr voran, und sie folgte. Er führte sie die Treppe empor in ein hell erleuchtetes Zimmer. Dieses war jedenfalls ein Damenboudoir gewesen. Die Rococomeubles waren aus Rosenholz, mit Sandel ausgelegt, die Polster und Kissen alle von feinster Seide. Köstliche Uhren und

Im Frühling.

Vasen, herrliche Leuchter und Nippes waren zu sehen, aber neben der Stutzuhr im Werthe von wenigstens fünftausend Franken lag der Stiefelknecht; an einer kararischen Venus hing ein alter Tabaksbeutel von Schweinsblase, und auf der Bettdecke von echt persischer Seide paradirten ein Paar dreckige Kanonenstiefeln. Eine köstliche Chatouille war mit zerbrochenen Pfeifenköpfen angefüllt, und überall, sogar auf dem Fußboden, lagen Landkarten, Risse, Berichte und Briefcouverts zerstreut umher.

"So, Mademoiselle, das ist meine Studirbude," sagte er. "Nehmen Sie Platz! Setzen Sie sich, wohin Sie wollen, nur nicht auf mich selbst, und sagen Sie mir getrost, was Sie auf dem Herzen haben."

Er stand vor ihr, noch immer die Stiefel unter den Armen. Sie war gewiß sehr in Angst und Betrübniß, aber sie hätte doch fast lächeln müssen bei dem Anblick des alten Haudegens, der jetzt beinahe wie ein ehrsamer Flickschuster vor ihr stand.

"Der Besuch Euer Excellenz hat mich in die fürchterlichste Unruhe versetzt," sagte sie. "Galt derselbe meinem Bräutigam?"

"Ja. Zu Ihnen hätte ich sonst doch um diese Zeit nicht kommen dürfen."

"O, sagen Sie, befindet sich Hugo in Gefahr?"

"Hugo? Hm! Wer ist das?"

"Herr von Königsau nennt sich Hugo."

"Ah so! Siehste, Alter, also ein Hugo biste? So, so! Nun, allerdings befand sich dieser Hugo in Gefahr, Mademoiselle."

"Mein Gott! War sie groß?"

"Hm! Man wollte ihn ein Wenig erschießen."

"Ist's möglich, Excellenz!" rief sie erschrocken.

"Ja. Sie haben ihn an seiner Thür aufgelauert. Es waren zwei Kerls."

"Was haben sie ihm gethan, Excellenz? O bitte, bitte, sagen Sie es schnell?"

Sie war fürchterlich blaß geworden. Sie dauerte ihm; er wollte sie mit einem Male beruhigen, und dies glaubte er am Sichersten zu erreichen dadurch, daß er den einen Stiefel unter dem rechten Arme hervorzog und sie fragte:

"Kennen Sie diesen Stibbel, Mademoiselle?"

Im Winter.

"Nein," antwortete sie erstaunt.

"Nun, so kennen Sie vielleicht diesen anderen?"

Er zog jetzt den unter dem linken Arme hervor und hielt ihn ihr entgegen.

"Auch nicht, Excellenz."

"Nun, das wundert mich. Aber dennoch gereichen diese Stibbeln Ihnen sehr zum Troste."

"Diese Stiefeln? Mir? Verzeihen Excellenz, daß ich Sie nicht verstehe!"

"Diese Stibbeln sprechen eine Sprache, welche Sie eigentlich verstehen sollten. Wir haben sie, diese Stibbeln nämlich, und das ist die Hauptsache. Er wird dann schon ganz von selber kommen, und zwar in Strümpfen."

Margot war ganz verlegen geworden. Der Marschall sprach ihr in Räthseln.

"Er? Bitte, mir zu sagen, wer?"

"Nun, der Hugo."

"Hugo? Ah, diese Stiefel gehören ihm?"

"Ja."

"Ah!" Sie erröthete sehr und fuhr dann fort: "Aber wie kommt er dazu ——?"

"Solche Stiefel zu haben? O, die hat bei uns jeder anständige Officier."

"Nein, Nein! Ich meine, wie kommen Excellenz zu diesen Stiefeln?"

"Glauben Sie vielleicht, ich habe sie mir von ihm geborgt? Nein. Sie standen unten am Thore."

"Aber wie sind sie dorthin gekommen?" fragte Margot, immer mehr erstaunter werdend.

"Er hat sie hingesetzt und meinen Posten gesagt, daß sie auf sie aufpassen sollen."

"Aber, Excellenz, ich begreife noch nicht, weshalb er sie

dahin gesetzt hat. Wie hängt dies überhaupt mit der Gefahr zusammen, in welcher er sich befindet."

„O, sehr eng. An seiner Thür standen nämlich zwei Menschen, die ihn erschießen wollten, der Eine mit der Laterne und der Andere mit der Pistole. Er ist ihnen glücklich entkommen, auf welche Weise, das weiß ich noch nicht. Sie sind entflohen und er ist hinter ihnen her. Damit sie es nun nicht hören, daß er sie verfolgt, so hat er diese Stibbeln ausgezogen und mir zur Aufbewahrung übergeben, eigentlich meinen Posten, aber das bleibt sich gleich."

„Er verfolgt sie? Wie unvorsichtig!"

„Haben Sie keine Sorge, Mademoiselle! Haben wir einmal seine Stibbeln, so bekommen wir ganz sicher auch ihn. Er wird nur sehen wollen, wer die Kerls sind."

„O, ich ahne bereits, wer es ist."

„Ah, Sie ahnen?"

„Ja. Jedenfalls ist Derjenige dabei, der ihn heute Abend bereits gestochen hat."

„Gestochen? Donnerwetter! Er ist gestochen worden?"

„Leider."

„Wohin denn?"

„In den Arm."

„Ah, da hat es nicht viel zu sagen."

„Aber es wurde nach dem Herzen gezielt."

„Donner und Doria! Da ist es also ganz und gar ernstlich gemeint gewesen!"

„Ja. Hätte er den Panzer nicht angehabt, so wäre er jetzt todt."

„Ah, er hatte Küraß getragen?"

„Er hatte sich einen geliehen."

„So ist er also doch vernünftig gewesen. Aber, wer hat ihn denn gestochen?"

„Mein Gott, es ist mir fast unmöglich, Ihnen dies zu sagen."

„O, ich ahne bereits, wer der Mann gewesen ist. Sprechen Sie getrost und aufrichtig zu mir. Vielleicht kann ich Ihnen helfen. Erzählen Sie mir Alles; aber erlauben Sie mir vorher, mir eine Pfeife zu stopfen. Es leidet mich zu Hause nicht, wenn mich nicht der Knaster an die Nase brennt."

Er stopfte sich eine seiner kurzen Thonpfeifen, von denen er immer einen großen Vorrath besaß, und als er sie in Brand gesteckt hatte, setzte er sich auf eine offene Nähchatouille, welche am Boden lag. Margot mußte auf einem Tabouret Platz nehmen und dann die Erzählung der heutigen Ereignisse beginnen.

Unterdessen war es Königsau ganz eigenthümlich ergangen.

Er war sehr lange Zeit bei Margot gewesen. Man hatte ihn da aufgehalten. Selbst die Mutter hatte ihm ein Zimmerchen für diese Nacht angeboten, damit er nicht abermals fortzugehen brauche, denn die beiden Damen hatten befürchtet, daß er abermals angefallen werden könne. Er aber hatte diese Gastfreundschaft ausgeschlagen und war endlich doch noch aufgebrochen.

Margot hatte ihn bis zur Thüre begleitet und dort die innige Bitte ausgesprochen, doch ja recht vorsichtig zu sein und sich recht fleißig umzuschauen, ob nicht irgend eine Gefahr in der Nähe zu bemerken sei.

Dies hatte er denn auch gethan. Obgleich er getrosten Muth gezeigt hatte, war er doch selbst schon auch der Ansicht gewesen, daß der verunglückte Ueberfall zum zweiten Male unternommen werden könne Ja, er sagte sich sogar, daß man sich dabei wohl nicht mehr eines Dolches oder Messers, sondern einer Schußwaffe bedienen werde.

Da war natürlich eine Abwehr bedeutend schwieriger, wo nicht unmöglich. Aus diesem Grunde ging er nicht an einer Seite, sondern auf der Mitte der Straße. Der Feind stand jedenfalls unter einem Thore und konnte ihn auf diese Weise nicht so leicht erkennen.

So war er bis in die unmittelbare Nähe seines Hauses gekommen. Da erst kam ihm der Gedanke, daß ein etwaiger Angreifer sich gerad hier verstecken müsse, um ihn sicher zu treffen. Er hemmte seinen Schritt und ging ganz langsam, jeden Zollbreit mit dem Auge fixirend, soweit es die dichte Dunkelheit zuließ.

Er war nur noch vier Schritte von der Hausthür entfernt, da hörte er den Ruf.

„Königsau! Halt! Zurück! Sie wollen Dich abmurksen!"

Er wußte sofort, wer der Warner war. Es war die Stimme und auch die Ausdrucksweise des Marschalls. Diese Warnung hatte jedenfalls ihren guten Grund; darum wollte er ihn befolgen und sich umdrehen, da blitzte vor ihm die Laterne auf.

Mit Gedankenschnelligkeit kam ihm die Ahnung, daß er angeleuchtet werde, um ein sicheres Ziel zu bieten, und daß im nächsten Moment der Schuß fallen werde. Augenblicklich warf er sich zur Erde. Diese Geistesgegenwart rettete ihm das Leben, denn er hatte den Boden noch nicht berührt, so krachte auch bereits der Schuß. Die Kugel wäre ihm in den Kopf gedrungen, so aber flog sie weit über ihn hinweg.

„Er hat sich niedergeworfen. Leuchten Sie zur Erde!"

So hörte er eine halblaute Stimme sagen. Er erkannte sie; es war diejenige des Capitäns. Sogleich fiel das Licht der nach ihm gedrehten Laterne abwärts. Er sah sich abermals hell erleuchtet, schleuderte sich aber mit aller Gewalt zur Seite und zwar keinen Augenblick zu früh, denn da krachte auch bereits der zweite Schuß, und er hörte ganz deutlich, daß die Kugel hart neben ihm auf den Stein schlug.

Nun war es aber auch aus mit seiner Langmuth. Der Schütze hatte beide Kugeln verschossen; ob er noch eine zweite Doppelpistole bei sich trage, das war Königsau in diesem Augenblicke sehr gleichgiltig. Er schnellte sich vom Boden auf und sprang auf die beiden Kerls zu. Ein Faustschlag traf den, welcher die Laterne hielt. Er ließ sie fallen und lief davon. Nun packte der Deutsche den Capitän.

„Jetzt lasse ich Dich nicht wieder laufen, Schurke!" sagte er.

Er hielt ihn umschlungen und wollte ihn zu Boden ringen. Da ließ der Capitän die Pistole fallen, um die Hand frei zu bekommen und faßte ihn bei der Brust. Diese aber war vom Metall bewahrt.

„Feigling!" knirschte der Franzose. „Versteckst Du Dich hinter dem Küraß!"

Er faßte ihn beim Arme grad da, wo die Wunde war. Königsau stieß unwillkürlich einen Ruf des Schmerzes aus.

„Ach ist das die richtige Stelle!" sagte der Gegner mit unterdrückter Stimme.

Er griff jetzt mit beiden Händen zu, und zwar mit Aufbietung aller Kräfte. Königsau konnte nicht anders, er mußte den Capitän fahren lassen, um zunächst seinen verwundeten Arm zu befreien. Das gelang ihm; dadurch wurde aber auch der Gegner frei und entsprang. Der Deutsche hielt ihn noch für nahe und sprang auf ihn zu, stürzte aber zur Erde nieder. Dadurch gewann der Fliehende einen Vorsprung.

Königsau rannte ihnen nach, kam aber schnell zur Einsicht, daß dies so eine Thorheit sei, denn der laute Schall seiner Schritte ließ ihm die Schritte Derer, die er verfolgte, nicht hören. Er blieb daher sogleich stehen und riß seine Stiefeln herunter. Er bemerkte, daß er sich an Blücher's Wohnung befinde; er hatte bereits einige Sprünge an den Posten vorüber gethan. Er rief ihnen daher in fliegender Eile zu:

„Ich bin Lieutenant von Königsau. Habt mit Acht auf meine Stiefel!"

Dann schnellte er seinen Feinden nach, deren Vorsprung ein bedeutender geworden war, obgleich er sich kaum einige Augenblicke verweilt hatte.

Glücklicher Weise hörte er noch ihre lauten, schnellen Schritte. Er war ein ausgezeichneter Läufer; darum gedachte er, den Vorsprung schnell einzuholen, aber der Küraß war ihm nicht auf den Leib gemacht; er paßte schlecht und hinderte ihn am Laufen. Dennoch war zu hören, daß sich der Abstand zwischen ihm und ihnen sehr rasch verminderte, denn er hörte die Schritte immer deutlicher.

Da aber mußte er plötzlich stehen bleiben, um zu lauschen. Er vernahm nämlich, daß sie sich getrennt hatten. Der Eine war links in ein Seitengäßchen eingebogen, während der Andere gradeaus rannte. Welchem sollte er folgen?

Das Seitengäßchen schien nicht gepflastert zu sein; die Schritte des Fliehenden konnten nicht weit gehört werden; daher war hier eine Verfolgung sehr erschwert, gar nicht gerechnet, daß dieses Gäßchen in ein Gassengewirr führen konnte, in welchem die Spur des Flüchtlings sofort verschwinden mußte. Er beschloß daher, dem Andern zu folgen, welcher sich gradeaus gehalten hatte.

Er rannte ihm nach, merkte aber bald, daß er auch links eingebogen war. An einer weiteren Ecke mußte er abermals halten, um zu hören, woher die Schritte tönten. Dies nahm ihm Zeit weg. Bei einer dritten Ecke ging es ihm ebenso. Auch hinderte ihn die große Dunkelheit am schnelleren Fortkommen.

Endlich stand er abermals vor einem Seitengäßchen, in welchem die Schritte des Fliehenden verhallt zu sein schienen. Er drang da hinein und hatte sehr bald die Ahnung, daß es dasselbe Gäßchen sei, in welches bereits der Erste entkommen war.

Da galt es Vorsicht, denn jedenfalls hatten die Beiden verabredet, sich hier zu treffen.

Er tastete in der Dunkelheit nach rechts und links. Das Gäßchen war kaum acht Fuß breit. Rechts waren Hintermauern von Häusern, und links schien eine lange Gartenmauer zu sein. Er glitt leise und langsam weiter.

Da war es ihm, als ob er ein Geräusch gehört habe, als ob ein Schlüssel sich in einem alten Schlosse drehe. Er lauschte. Und wirklich wiederholte sich der eigenthümlich quitschende Laut, ganz nahe vor ihm, zu seiner Linken, also in der Gartenmauer.

Er schlich weiter hinzu, und nun hörte er gar zwei Stimmen, zwar gedämpft, aber doch auch nicht ganz leise. Er fühlte mit der Hand ein Pförtchen, welches sich in der Mauer befand. Es war verschlossen, und hinter demselben, im Garten also, standen die beiden Sprechenden, welche wohl nicht ahnten, daß der Verfolger so nahe sei.

„Das war ein ganz verfluchter Tag!" hörte er sagen.

„Wer ist Schuld als Sie!" meinte der Andere.

„Ich? In wiefern?"

„Erst stechen Sie verkehrt, und dann zielen Sie falsch."

„Konnte ich zielen, wenn Sie falsch leuchteten? Uebrigens warum ergriffen Sie die Flucht? Wir hätten ihn kalt machen können, wenn Sie blieben; mir allein aber war dies nicht möglich. Sie haben mich immer einen Feigling genannt; jetzt aber gebe ich Ihnen dieses Wort mit doppelten Zinsen zurück."

„O, es wäre mir gar nicht eingefallen, fortzulaufen, wenn nicht Hilfe gekommen wäre."

„Hilfe? Wieso?"

„Hörten Sie es nicht rufen, gerade eh ich zur Laterne griff?"

„Ja. Wer muß der Mensch gewesen sein. Es ist, als sollte uns jetzt Alles quer gehen. Aber morgen ist auch ein Tag. Aufgeschoben ist nicht aufgehoben."

„Gewiß. Aber kommen Sie! Hier ist nicht der Ort zu unserer Unterhaltung."

„Wie kommen wir hinein? Durch die Thür?"

„Nein. Man würde dies bemerken. Alle meine Leute denken, ich arbeite noch in der Bibliothek. Wir steigen an der Verandah empor und dann zum Fenster hinein."

„Steht es auf?"

„Ja. Kommen Sie."

Sie entfernten sich. Königsau blieb halten. Er hörte nach einer längeren Weile ein Fenster klingen und wußte nun, daß sie sich im Innern des Hauses befanden.

Dieses Haus mußte er kennen lernen. Er beschloß also, ihnen zu folgen.

Zunächst tastete er empor. Die Mauer war so hoch, daß er ihre Kante nicht mit der Hand zu erreichen vermochte. Nun suchte er nach einer schadhaften Stelle. Es gab keine, aber dafür fand er eine, an welcher der Mörtel vollständig los- und herausgebrochen war. Die großen, zwischen den Steinen befindlichen Ritze gaben seinen Fingern und Fingerspitzen einen zwar nicht bequemen aber doch genügenden Haltepunkt, so daß er emporklettern konnte. Drüben ließ er sich wieder hinab.

Es war kein ungefährliches Unternehmen für ihn, hier einzudringen. Er befand sich als Feind des Vaterlandes in Paris und verfolgte hier zwei persönliche Feinde. Wurde er erwischt, so galt es jedenfalls einen Kampf auf Leben und Tod. An Gnade und Erbarmen war auf keinen Fall zu denken.

Er befand sich jetzt im Garten, aber es war so dunkel, daß er sich forttasten mußte. Da anzunehmen war, daß sich die Hausfront parallel mit der Gartenmauer ziehe, so ging er im rechten Winkel von der Letzteren aus gerade vorwärts und gelangte auch bald in den Hofraum, wo er die Veranda fand, von welcher der Eine gesprochen hatte.

„Also hier sind sie emporgeklettert," dachte er. „Trägt sie diese Beiden, so trägt sie jedenfalls auch mich. Ich werde es auf alle Fälle versuchen."

Er fühlte die Querlatten. Es ließ sich an ihnen wie an einer Leiter emporsteigen. Als er oben anlangte, untersuchte er die Decke der Veranda, ob sie ihn auch halten werde. Sie war stark genug dazu. Er trat auf sie und richtete sich empor. Er stand jetzt vor einem Fenster, jetzt zwar von Innen verschlossen, jedenfalls aber dasselbe, durch welches sie eingestiegen waren.

Ein Blick überzeugte ihn, daß dieses Fenster zu einem jetzt unerleuchteten Raum führe. Von diesem aber ging eine Thür, welche fast ganz geöffnet war, in ein Nebenzimmer, in welchem eine große Lampe eine hinreichende Helligkeit verbreitete, um Alles erkennen zu können. Zwei Männer gingen darin auf und ab. So oft sie an der geöffneten Thür vorüber gingen, konnte er sie sehen.

„Ah; der Capitän und dieser Baron Reillac! Ich habe es mir gleich gedacht."

So sagte Königsau zu sich, indem er diese Beiden betrachtete.

Sie mußten ein sehr erregtes Gespräch führen, wie aus ihren Mienen und den lebhaften Gesticulationen zu ersehen war. Leider konnte der Lauschende nicht Alles hören; nur einige abgerissene Brocken wurden ihm verständlich.

„Das, ja, das ist das Beste!" hörte er den Capitän sagen.

„. . . . . komme ich unblutig in ihren Besitz," meinte darauf der Baron. „Ob ich dann aber auch das Gleiche zahle, das . . . . . ."

„Das versteht sich ja ganz von selbst, denn wenn ich es nicht zugebe, so wird aus diesem Plane nicht das . . . . . ."

„Na, so mag es sein. Ich denke . . . . soll es mir auf die versprochene Summe nicht ankommen . . . . . Sie ja mein Schwager werden, und da darf man als anständiger Mann nicht . . . ."

Diese auseinandergerissenen Sätze waren von dem Baron zu hören. Der Capitän antwortete darauf:

„Wenn es gelingt, so . . . . man vergeblich suchen wird. Besonders dieser verdammte Königsau . . . . . der mir . . . ."

„Die Hauptsache ist," fuhr der Baron fort, „ob wir bereits . . . . welche Uhr er stets zu kommen pflegt . . . . muß es schon geschehen sein . . . . sonst ist es jedenfalls zu spät."

„Ich werde morgen genaue Erkundigungen einziehen," meinte der Capitän, „und Ihnen bei Zeiten . . . . Widerstand leisten wird."

„Ich werde ihn zu brechen wissen, da ich dabei auf Ihre Hilfe rechnen darf," sagte der Baron. „Jedenfalls steht zu erwarten . . . . ihre Ehre retten, so bleibt nichts Anderes übrig als . . . . darauf rechne ich!"

Bei diesen letzten Worten schob er die Thüre zu. Nun wurde es finster, und Königsau konnte kein einziges Wort mehr vernehmen. Er wartete noch eine längere Weile, doch vergebens, und so beschloß er, seinen Rückzug anzutreten.

Dieser gelang ihm vollständig, denn da das Gartenhaus höher lag, als das Gäßchen draußen, so war von Innen aus die Mauer leichter zu erklettern, als von draußen herein. Jetzt war es aber Hauptsache, sich das Gäßchen genau zu merken; dies konnte unter Umständen von größtem Vortheile sein.

Er schritt es auf und ab, ebenso die anliegenden Straßentheile und war endlich sicher, es am Tage sehr leicht auffinden zu können. Nun kehrte er nach Hause zurück.

Auf dem Heimwege dachte er über das nach, was er gehört hatte. Er entnahm daraus, daß ein neuer Anschlag gegen ihn und Margot verabredet worden war, doch ließ sich nicht denken und errathen, worin derselbe bestehe. Es war die Rede davon gewesen, daß der Capitän morgen Erkundigungen einziehen wolle, daß Margots Ehre zu retten sei, daß ihr Widerstand besiegt werden solle. Aus Alledem ließ sich doch nichts Bestimmtes folgern. Nur das schien festzustehen, daß der neue Anschlag recht bald ausgeführt werden solle.

Königsau gelangte bald auf seine Straße und an das Palais des Marschalls. Es standen, wie vorhin, zwei Posten da. Er bückte sich da, wo er seine Stiefel abgelegt hatte, nieder; sie waren weg. Er trat daher zu den Posten. Seines leisen Ganges und der Dunkelheit wegen hatten sie ihn nicht kommen gehört. Sobald sie ihn aber erblickten, riefen sie ihn an:

„Wer da?"

„Preußischer Husarenofficier," antwortete er. „Seit wann steht Ihr hier?"

„Nicht ganz eine Stunde."

„Wurden Euch keine Stiefel übergeben?"

„Nein."

„Wurde auch nicht der Name eines Officiers genannt?"

„O ja, Herr Lieutennant."

„Welcher?"

„Lieutenant von Königsau."

„Gut! ich bin es."

„Der Herr Lieutenant sollen sofort zum Marschall kommen."

„So spät?"

„Sofort. Sie sollen gar nicht erst nach Ihrer Wohnung gehen."

„Sapperlot! Ich habe ja keine Stiefel an!"

„Die haben Excellenz mit heraufgenommen."

„Alle Teufel! Confiscirt?"

„Ich weiß nicht. Wir sollen aber sagen, daß der Herr Lieutenant sofort erscheinen sollen, und zwar in Strümpfen."

„Na, da muß ich es wohl oder übel thun."

Er trat ein und stieg die Treppe empor. Droben im Vorsaale stand der Unterofficier von der Wache.

„Was thun Sie so spät hier?" fragte der Lieutenant."

„Ich habe den Herrn Lieutenant anzumelden."

„Ah, so werde ich erwartet?"

„Ja."

„Na, melden Sie!"

Der Unterofficier verschwand hinter der Thür, und es dauerte eine ganze Weile, ehe er wieder kam, um Königsau zu sagen, daß er eintreten könne. Diese Zeit hatte nämlich Blücher gebraucht, um Margot zu verstecken, die auch bei ihm war.

Als der Lieutenant die Thür hinter sich zugezogen hatte, trat er drei Schritte vor und machte sein Honneur. Blücher hatte die Pfeife im Munde, und in der Stube gab es fürchterlichen Tabaksqualm. Auf dem Tische stand eine kostbare japanische Schale, welche der Marschall benutzt hatte, die ausgerauchten Pfeifen hinein zu putzen. Schwefelfaden und Zunder lagen in einem silbernen Fruchtkörbchen.

„Ach, was ist denn das?" fragte Blücher in erstauntem Tone. „Sie kommen ja so leise wie ein Spitzbube herein. Das klingt grad, als ob kein Geldbeutel vor ihren Fingern sicher wäre! Ach Teufel noch einmal! Sie haben keine Stiefel!"

„Zu Befehl Excellenz!"

„Nun, wo stecken denn diese Stibbeln?"

Sie sind nicht sicher gewesen vor den Fingern Euer Excellenz!"

Blücher schmunzelte und sagte, die Hand drohend erhebend:

"Junge, mache keine guten Witze! Du weißt, die schlechten verzeihe ich, aber die guten bestrafe ich mit Lattenarrest!" Und einen ernsten Ton anschlagend, fuhr er fort: "Es ist mir noch nie vorgekommen, daß ein Lieutenant sich in Strümpfen bei mir gemeldet hat! Das ist unbegreiflich!"

"Desto begreiflicher ist es, wenn Ew. Excellenz einem Lieutenant befehlen, in Strümpfen zu erscheinen."

"Du, das ist ein schlechter Witz; den rechne ich Dir nicht an. Bilde Dir also nichts auf ihn ein! Uebrigens wärst Du bald schrecklich blamirt gewesen. Es war Jemand da, der schöne Augen über Deine Strümpfe gemacht haben würde. Gucke sie Dir mal an, mein Sohn! Sie sind ja dreckiger wie ein Paar Pferdehändlerstiefeln. Und die Zehen gucken wohl — — ach, zeige doch her! Na, sie stecken noch drin; da geht es! Gehe dort hin in den Silberschrank, und fahre in Deine Feueressen!"

Königsau gehorchte und öffnete den Schrank. Da, wahrhaftig, standen seine Stiefel mitten unter dem funkelnden Gold- und Silbergeschirr. Er nahm sie heraus und zog sie vor den Augen des Marschalls an.

"So," sagte dieser. "Jetzt bist Du wieder der Hugo, der sich sehen lassen kann. Gehe doch mal hin an die Thür, und klopfe an!"

Königsau that es. Sofort öffnete sich die Thür.

"Margot!"

"Hugo!"

Sie lagen sich in den Armen, ohne sich durch die Gegenwart des Marschalls stören zu lassen. Dieser zupfte an seinem Schnurrbart herum, zog allerlei glückliche und verdrießliche Gesichter und sagte schließlich:

"Ja, die haben sich beim Kopfe! Wo aber bleibt der alte Gebhard Leberecht Blücher? Den nimmt Niemand bei den Ohren!"

"O doch!" antwortete Margot.

Sie trat auf ihn zu, legte ihm die Arme furchtlos um den Hals und küßte ihn recht herzhaft auf die Wange.

"Mädel," sagte er, "das ist die falsche Adresse; hat Dir's der Hugo Dich denn nicht besser gelernt? Komm her!"

Er nahm sie beim Kopfe und küßte sie auf den Mund; dann sagte er zu Königsau:

"Wenn Du es nicht leiden willst, so verklage mich oder hau mich! Aber ich habe mit der Hexe jetzt stundenlang beisammengesessen; sie hat mirs angethan, und wir sind so hübsch einig geworden, daß ich wollte, Du wärst der General und ich der Lieutenant. Sie hat mir Alles erzählt, was heute passirt ist. Nun erzähle Du weiter, mein Sohn, damit man klar sehen kann."

Königsau setzte sich neben Margot, legte den Arm um sie und begann zu erzählen. Unterdessen ging Blücher auf und ab und rauchte wie ein feuerspeiender Berg.

Der Lieutenant ließ nicht das Geringste hinweg. Margot lehnte ihr Köpfchen an seine Schulter und weinte vor Glück, ihn wieder zu haben. Es war, als ob Blücher der Vater dieser Beiden sei, vor dem sie sich gar nicht zu geniren brauchten.

Als Königsau geendet hatte, sagte der Marschall:

"Fürchterlich! Der eigene Bruder! Was wirst Du thun, mein Junge?"

"Sie Beide niederschlagen, wo ich sie finde."

"Nein. Das geht nicht, das verbiete ich Dir. Verstanden!"

"Excellenz — — —!"

"Papperlapapperexcellenz! Ich habe es Der da versprechen müssen."

Er zeigte bei diesen Worten auf Margot. Königsau sah dem schönen Mädchen in die dunklen, feuchten Augen und fragte sie:

"Margot, Du wünschest, daß ich mich nicht räche?"

"Hugo, er ist doch immer mein Bruder!" bat sie.

"Gut! Aber dieser Baron Reillac?"

"Auch ihm soll nichts geschehen, mein lieber Freund."

"Ja, so wie es in der Bibel zu lesen ist," sagte Blücher gerührt. "Rebecca hat auch feurige Steinkohlen auf das Haupt des Herodes gesammelt."

Der Lieutenant konnte denn doch ein Lächeln nicht unterdrücken. Der Marschall sah es und fragte mit etwas verlegener Miene:

"Was lachst Du, he? War's etwa blos Torf und keine Steinkohlen?"

"Es müssen doch Steinkohlen gewesen sein, Excellenz, denn bem Herodes ist dabei die ganze obere Hälfte des Kopfes mit weggebrannt. Uebrigens möchte ich nicht sagen, daß es mir sehr leicht wird, den Baron entkommen zu lassen. Er geht uns nichts an; wir sind ihm keine Rücksichten schuldig, und er wüthet als Todfeind gegen uns."

"Kannst Du gegen ihn handeln, ohne auch meinen Bruder zu treffen?" fragte Margot.

"Das ist allerdings wahr. Aber wenn wir sie nicht unschädlich machen, so steht uns jedenfalls ein neues Unglück bevor. Du hast ja gehört, was ich belauschte. Sie schmiedeten bereits einen neuen Plan gegen uns."

"Da weiß ich Hilfe," meinte Blücher. "Anstatt sie unschädlich zu machen, will ich Euch unverletzlich machen; Beides führt zu ganz demselben Ziele. Wie wäre es, wenn ich Dich nach Berlin schickte, mein Junge?"

"O, Excellenz, soll Margort ohne meinem Schutz hier zurückbleiben?"

"Nein. Ich habe vorhin mit ihr darüber gesprochen. Frau Richemonte hat da gegen Belgien hien eine nahe Verwandte. Dorthin reisen die beiden Damen morgen ab, ohne daß ein Mensch erfährt, wo sie sich befinden. Dort werden die beiden Spitzbuben Dir die Margot sicherlich nicht ausgattern."

"Dieser Vorschlag ist prächtig, Excellenz! Führen wir ihn aus, so entziehen wir uns den Verfolgungen und sind nicht zur Rache gezwungen."

"Siehst Du! Ich habe heute bereits einmal gesehen, daß der Blücher ein guter Amtscopist hätte werden können. Und was Dich betrifft, so bringst Du die Damen an Ort und Stelle und gehst dann nach Berlin. Du wirst schon noch erfahren, wozu. Aber Du wirst da heute den ganzen Tag bei mir sein müssen, um mir zu helfen, die dazu nöthigen Schreibereien anzufertigen."

"Ich stehe ganz zu Befehl, Excellenz."

"Gut. So führe jetzt Dein Mädel nach Hause, wie es einem richtigen Burschen geziemt. Punkt neun Uhr bist Du bei mir; da geht das Arbeiten los, und erst am Abend sehen wir uns Alle wieder. Damit Euch aber nicht wieder Etwas Schlimmes widerfahre, gebe ich Euch acht Mann Garde mit, unter scharf geladenem Gewehre, vier Mann auf der einen, vier Mann auf der anderen Seite der Straße und Ihr in der Mitte. Hier ist der Befehl, mein Junge; gieb den Wisch unten in der Wachstube ab. Und nun gute Nacht. Ihr werdet Euch mehr zu sagen haben als mir. Alles Andere aber werden wir heute Abend besprechen. Gute Nacht, Kinder! Und wenn Ihr Euch küßt, so macht nicht zu viel Lärm dabei; leise und zart schmeckts viel besser."

Sie gingen und erreichten unter der erwähnten Bedeckung glücklich die Wohnung Margots. Der Portier öffnete wieder persönlich.

„Verzeihung, Mademoiselle," sagte er, „Sie waren bei dem Marschall Blücher?"

„Ja," antwortete sie.

Er machte eine außerordentlich tiefe Reverenz, und als sie außer Hörweite von ihm waren, brummte er leise in den Bart:

„Der ist ganz sicher kein Lieutenant, sondern irgend ein Prinz incognito, sonst würden die Beiden nicht so intim mit dem berühmten Marschall sein. Na, ich gönne es Mademoiselle Margot von ganzem Herzen, eine Prinzessin zu werden."

Margot war ganz erfüllt von dem, was sie erlebt und mit dem Marschall besprochen hatte. Sie konnte nicht anders, sie weckte ihre Mutter, und als diese vernahm, um was es sich handle, verzichtete sie gern auf die Fortsetzung der unterbrochenen Nachtruhe. Königsau wurde nicht fortgelassen; er mußte bleiben.

Frau Richemonte erschrack zwar außerordentlich, als sie erfuhr, in welcher Lebensgefahr sich der Lieutenant wieder befunden habe, und daß Margot wieder so kühn gewesen sei, sich auf die Straße zu wagen; da jedoch Alles so glücklich abgelaufen war, so wurde es ihr nicht schwer, sich bald wieder zu beruhigen.

Den Vorschlag Blüchers, die Freundin aufzusuchen, fand sie ganz und gar acceptabel. Sie war von dieser Dame hundert Male eingeladen worden, ohne dieser Einladung Folge leisten zu können. Sie war gewiß, mit offenen Armen aufgenommen zu werden, und schrieb stehenden Fußes einen Brief, in welchem sie ihre Ankunft meldete und den Königsau schleunigst zu besorgen versprach.

Es wurde ausgemacht, das Einpacken der mitzunehmenden Effecten so geheim wie möglich zu betreiben. Das Dienstmädchen sollte entlassen werden und nicht erfahren, wohin die Reise gehe. Von der Freundin sollten Mutter und Tochter dann später nach Berlin kommen, wo die Hochzeit sein solle; daher beschloß man, alles schwere Gepäck zu vermeiden und Meubles und anderes Geräth unter der Hand zu verkaufen. Das würde der gute Papa Blücher wohl auch bewerkstelligen, so daß auch hierbei ein Verrath des Aufenthaltsortes der beiden Damen wohl nicht zu befürchten sei.

Unter diesen Gesprächen und Berathungen verging die Zeit. Es wurde Tag, und als es acht Uhr schlug, mußte Königsau aufbrechen, um zur bestimmten Stunde bei dem Marschall zu sein.

(Fortsetzung folgt.)

Die Liebe des Ulanen.

Original-Roman aus der Zeit des deutsch-französischen Krieges von Karl May.

(Fortsetzung.)

Während Königsau mit diesem in allerlei wichtige und geheimnißvolle Schreibereien vertieft war, hatten Mutter und Tochter genug zu thun, um ihre wirthschaftlichen Fragen und Angelegenheiten in Ordnung zu bringen, damit morgen ihrer Abreise nichts im Wege stehe. Die Mutter war in letzter Zeit immer leidend gewesen; der Kummer und Gram über ihren Stiefsohn hatten zu tief auf sie eingewirkt, und als nun der Abend kam, da fühlte sie sich so angestrengt und ermüdet, daß sie sich legen mußte, um sich für die Reise auszuruhen.

„Du denkst, der Marschall wird kommen?" fragte sie dabei Margot.

„Entweder das, oder er ladet uns zu sich ein, Mama. Er hat ganz bestimmt gesagt, daß heute Abend noch alles Nöthige besprochen werden soll."

„Wenn er kommt, so werde ich aufstehen müssen, schickt er aber eine Einladung, so wirst Du mich entschuldigen müssen, ich bin heute wirklich zu schwach, ihr zu folgen. Vielleicht finde ich morgen noch Zeit, mich von ihm zu verabschieden und ihm zu danken für Alles, was er an uns so Liebes und Ungewöhnliches gethan hat."

Es war draußen dunkel geworden und Margot hatte seit einer Viertelstunde Licht angebrannt, als sie auf der Straße das Rasseln eines Wagens vernahm, welcher unten an der Thür zu halten schien. Nach wenigen Augenblicken läutete es an der Glocke. Sie ging selbst, zu öffnen und erblickte einen jungen Officier in deutscher Uniform mit der Adjutantenschärpe.

„Verzeihung, Mademoiselle," sagte er unter einer eleganten Verneigung, komme ich hier recht zu Frau Richemonte?"

„Gewiß; bitte treten Sie ein, Herr Lieutenant!"

Sie führte ihn in den Salon und nöthigte ihn zum Sitzen; er lehnte dies jedoch mit den höflichen Worten ab:

„Entschuldigung, daß ich, ehe ich Ihrem Befehle gehorche, mich zuvor meines Auftrages entledige! Ist Frau Richemonte zu sprechen?"

„Leider nein. Sie befindet sich nicht wohl."

Ueber das Gesicht des Officieres ging ein schnelles Lächeln der Befriedigung, welches Margot aber nicht beachtete. Er sagte im Tone des Bedauerns:

„So gestatten Sie, daß ich condolire, gnädiges Fräulein! Ich habe doch die Ehre, Fräulein Richemonte vor mir zu sehen?"

Sie antwortete durch eine bejahende Verneigung.

„Nun, dann theile ich Ihnen mit, daß ich als Ordonnanz seiner Excellenz, des Herrn Feldmarschall's von Blücher komme. Excellenz lassen die beiden Damen höflichst ersuchen, bei ihm das Souper einzunehmen; da sie jedoch wußten, das Ihre gnädige Frau Mama in letzter Zeit immer leidend gewesen ist, so bin ich beauftragt, die Dame von der Befolgung der Einladung zu dispensiren."

„Ich danke Ihnen, mein Herr! Wir haben diese Einladung fast erwartet und uns bereits besprochen, daß Mama ablehnen muß. Ich aber werde sogleich mit Ihnen kommen und bitte nur um einen Augenblick Geduld, um Mama zu benachrichtigen. Ist Lieutenant von Königsau bei Excellenz?"

„Allerdings."

„Er wird mich dort erwarten. Da ich schon vorbereitet bin, so nimmt meine Toilette keine Zeit in Anspruch. Ich stehe gleich zu Diensten!"

Als sie in das Nebenzimmer getreten war, sah sich der angebliche Officier erstaunt um und murmelte:

„Bei Gott, ich bin ganz versteinert! Ich glaubte hier auf Schwierigkeiten zu stoßen, welche man nur mit der größten diplomatischen Finesse beseitigen kann, und nun geht Alles wie genudelt. Man ist vorbereitet; man hat bereits Toilette gemacht; man nimmt die Mama nicht mit. Wenn das kein Wunder ist, so giebt es überhaupt keins. Wenn mir nur dieser verteufelte Königsau nicht in die Quere kommt; dann habe ich gewonnen."

Nach kaum zwei Minuten trat Margot wieder herein und erklärte sich zum Mitgehen bereit. Da sie die Anspruchslosigkeit des Marschalls kannte, so hatte sie es unterlassen, große Toilette zu machen. Sie war sehr einfach aber doch geschmackvoll gekleidet; aber grad diese Einfachheit hob ihre Schönheit so hervor, daß die angebliche Ordonnanz den Blick mit hoher Bewunderung auf ihr ruhen ließ. Sie sah so vornehm, so distinguirt aus und dabei doch so mädchenhaft, so kindlich lieb und gut, daß dem Schwindler doch ein Gefühl des Bedauerns und des Mitleides ankam.

"Wie schön sie ist," dachte er. "Wie rein und züchtig sie aussieht! Und dieses gute, herrliche Wesen soll diesem alten, trockenen Baron zum Opfer fallen! Ah, wenn mein Vater nicht sein Diener wäre, so würde ich mich sehr hüten, ihm behilflich zu sein. Wenn er noch jung und hübsch wäre! So aber kann sie mich dauern!"

Er gab ihr durch eine Verbeugung das Zeichen, daß er bereit sei, mit ihr zu gehen, und so trat sie den Weg an, von dem sie nicht ahnte, wie verhängnißvoll er ihr werden sollte.

Unten wartete die Equipage. Der Kammerdiener saß als Kutscher verkleidet auf dem Bocke. Der Officier öffnete den Wagenschlag, und Margot stieg ein. Er folgte ihr, und dann setzte sich der Wagen in Bewegung.

Es war bereits finster auf der Straße. Hier und da brannte eine Laterne, doch war das dadurch verbreitete Licht nicht hinreichend, eine genügende Helle zu geben. Uebrigens begann der Officier eine lebhafte Unterhaltung, welche den Zweck hatte zu verhindern, daß Margot ihre Aufmerksamkeit hinaus auf die Straße richte; sie hätte ja sonst bemerken müssen, daß der Wagen zwar in die Straße einbog, in welcher Blücher's Wohnung lag, aber nicht vor derselben hielt.

Dennoch wurde sie aufmerksam. Das einem jeden Menschen innewohnende Vermögen, ganz unwillkürlich die Zeitdauer abzumessen, sagte ihr, daß sie das Ziel bereits erreicht haben mußten. Darum unterbrach sie die Unterhaltung mit der Frage:

"Aber, Monsieur, mußten wir nicht bereits angekommen sein?"

"Allerdings, Mademoiselle," antwortete der Gefragte; "aber ich bemerke, daß der Kutscher einen kleinen Umweg eingeschlagen zu haben scheint. Lassen Sie einmal sehen, ob ich richtig rathe oder mich irre."

Er blickte durch die Fensterscheibe seiner Wagenseite und that so, als ob er da nicht erkennen könne. Dann neigte er sich zur anderen Seite herüber und sagte:

"Gestatten Sie! Hier kann man deutlicher sehen."

Sie bog sich ein Wenig zurück, um ihm Raum zu lassen, aber in demselben Augenblicke fühlte sie sich von ihm ergriffen und mit aller Gewalt in die Ecke gedrückt.

"Herrgott, was ist das! Was wollen — — —!"

Sie konnte nicht weiter sprechen. Ein Tuch verschloß ihr den Mund, und diesem Tuche entströmte ein scharfer, unangenehmer Geruch, welcher ihr in die Respirationsorgane drang und ihr fast augenblicklich die Kraft, zu widerstehen, benahm. Sie versuchte zwar noch, den Angreifer von sich zu

W. VIII. 242.

schieben, doch geschah dies so schwach, daß sie damit kein Kind fortzustoßen vermocht hätte. Einige Secunden später lag sie vollständig bewußtlos in der Ecke.

"Ah, das ist mir leicht geworden," flüsterte der Schauspieler. "Ich hatte es mir bedeutend schwerer vorgestellt. Nun aber werde ich mir einen Lohn nehmen, der allerdings nicht vereinbart worden ist. Ich werde sie küssen, bis der Wagen hält!"

Er setzte sich auf das Sitzkissen neben sie nieder, zog ihren Kopf herbei und legte seine Lippen auf ihren Mund. Da aber spürte er den scharfen Geruch des Parfüms, welcher ihm beinahe den Athem versetzte.

"Donnerwetter, es geht nicht," sagte er; "ich muß gewärtig sein, daß ich die Besinnung grad so verliere wie sie. Wie schade! Ach der Genuß wäre ja auch ein nur kurzer gewesen, denn wir sind bereits am Ziele. Der Wagen hält."

Die Equipage hatte das Gäßchen erreicht, war in dasselbe eingebogen und hielt nun vor dem Gartenpförtchen. Dieses öffnete sich auf der Stelle, und zwei Männer traten hervor. Es war Baron Reillac und Capitän Richemonte.

"Nun? Gelungen?" fragte der Erstere den Kutscher.

"Weiß nicht genau?" antwortete dieser.

"Nicht genau? Alle Teufel! Du mußt doch wissen, ob Ihr sie habt!"

"Wir haben sie, aber — — —"

"Was, aber — — — —?"

"Ob die Narkotisirung gelungen ist — — —!"

"Das werden wir gleich sehen!"

Er öffnete den Schlag, aus welchem ihm jener Geruch sogleich entgegendrang.

"Gelungen?" fragte er nun in den Wagen hinein.

"Vollständig," antwortete der verkleidete Schauspieler.

"Heraus mit ihr!"

Er griff zu, und der Capitän half ihm.

"Jetzt schafft den Wagen fort, und hier ist das Geld."

Er gab dem Schauspieler eine Börse, welche den vereinbarten Sündenlohn enthielt. Dieser steckte jene ein, bedankte sich und setzte sich wieder im Wagen zurecht.

"Wie lang darf ich ausbleiben?" fragte der Kutscher.

"Bis Du den Wagen abgeliefert hast; ich brauche Dich vielleicht nöthig."

"Das Abliefern wird langsam gehn."

"Warum?"

"Wir müssen den Wagen erst ausräuchern; der Geruch könnte uns verrathen."

"Ach. Wie wollt Ihr dies thun?"

"Ich habe das Nothwendigste bereits bei mir. Wir fahren hinaus vor die Stadt, wo wir auf freiem Felde unbeobachtet sind. Vielleicht kommen wir vor Mitternacht nicht retour."

"So müssen wir versuchen, ohne Euch zu verkommen. Vorwärts!"

Der Wagen setzte sich in Bewegung und verließ das Gäßchen.

"Tragen Sie Ihre Schwester," meinte der Baron zu dem Capitän. "Ich habe die Thüren zu öffnen und zu schließen."

Richemonte folgte dieser Aufforderung. Sie schafften in der angegebenen Weise Margot in das Haus und hinauf in das Bibliothekzimmer. Das konnte unbeobachtet geschehen, da der Baron den Meisten seiner Leute Urlaub gegeben und die Uebrigen mit irgend einem Auftrage aus dem Hause entfernt hatte.

Droben setzte der Capitän seine Schwester auf einen Stuhl.

„Wollen wir sie binden?" fragte er.

„Binden? Wird dies nöthig sein?"

„Ich denke es. Sie wird jedenfalls Widerstand leisten."

„Pah, diesen Widerstand werden wir wohl brechen können!"

„Sie wird um Hilfe rufen!"

„So verhüllen wir ihr den Mund."

„Sie wird die Hülle losreißen, wenn wir ihr nicht auch die Arme binden."

„Gut, so wollen wir sie an den Stuhl fesseln. Wie blaß sie ist! Wie eine Leiche."

„Sie wird doch nicht erstickt sein?" fragte der Capitän, indem sein Auge eine unheimliche Gluth erkennen ließ.

„Ich hoffe es nicht!"

„Es wäre dies wohl ein Strich durch Ihre Rechnung, Baron?"

„Durch die Ihrige ebenso!"

„Pah! Mir würde dies sehr gleichgiltig sein!"

„Ich bezweifle dies. Ich würde in diesem Falle nicht Ihr Schwager werden und also die Wechsel nicht zerreißen."

Der Capitän lächelte und fletschte dabei die Zähne.

„O, diese Wechsel sind mir von jetzt an nicht mehr fürchterlich!"

„Nicht? Warum?" fragte der Baron, aufmerksam werdend.

„Sie haben meine Schwester in Ihrer Hand, und ich fordere die Wechsel!"

„Noch aber ist sie nicht meine Frau."

„Ob sie es wird oder nicht, das wird ganz allein von Ihrer Geschicklichkeit abhängen."

„Sie kann mir noch entrissen werden!"

„Das geht mich nichts an."

„Ich begreife Sie nicht, Capitän. Ich habe Ihnen versprochen, Ihre Accepte zu vernichten, sobald Margot meine Frau ist. Ich werde Wort halten, eher aber nicht."

Der Capitän zuckte die Achsel und antwortete:

„Ganz wie es Ihnen beliebt. Behalten Sie die Papiere meinetwegen ganz; es ist ja ebenso gut als ob sie vernichtet wären!"

Der Baron betrachtete ihn verwundert und fragte:

„Ah, wie meinen Sie das?"

„Muß ich Ihnen dies wirklich erklären?"

„Ich bitte darum!"

„Wissen Sie, welch eine Strafe das Gesetzbuch auf widerrechtliche Freiheitsberaubung legt?"

„Ah, meinen Sie dies so?"

„Ja. Und wissen Sie, wie die gewaltthätige Bezwingung einer Dame bestraft wird?"

Da röthete der Zorn das Gesicht des Barons.

„Hole Sie der Teufel!" sagte er. „Sie werden doch nicht glauben, daß ich mich fürchte."

„Ich glaube es allerdings nicht, ersuche Sie aber, dasselbe auch von mir zu denken!"

„Sie wollen drohen?"

„Nicht im Mindesten. Ich will nur eben bemerkt haben, daß ich Ihre Wechsel jetzt nicht mehr fürchte. Ich werde sie nicht honoriren."

„Und ich werde sie Ihnen doch präsentiren, falls sich vor meine Wünsche in Betreff Ihrer Schwester doch ein Hinderniß legt!"

„Präsentiren Sie sie in Gottes Namen! Zahlung aber setzt es nicht."

„So dürfte Ihnen der Schuldthurm offen stehen."

„Und Ihnen das Zuchthaus."

„Ah, Sie würden mich anzeigen?"

„Ganz gewiß."

Der Baron blickte den Andern überlegen an und antwortete.

„Sie sind ein schlechter Rechner. Sie haben einen bedeutenden Factor vergessen."

„Welchen?" fragte der Capitän gleichgiltig.

„Sie sind ja mitschuldig."

„Pah! Beweisen Sie das!"

„Nun, Sie stehen ja hier, hier mit dabei."

Da stieß der Capitän ein geringschätzendes Lächeln aus und antwortete:

„Wie wollen Sie meine Mitschuld beweisen? Habe ich mit Ihrem Kammerdiener über Ihren Coup gesprochen?"

„Nein."

„Oder mit seinem Sohne, dem famosen Ordonnanzofficier?"

„Nein."

„Oder mit sonst einem Menschen?"

„Außer mir allerdings nicht."

„Wie also wollen Sie beweisen, daß ich Ihr Mitschuldiger bin?"

„Die beiden Genannten haben Sie vorhin bei mir stehen sehen."

„Ja, doch können sie unmöglich beschwören, daß ich gewußt habe, um was es sich handelt. Ich verhalte mich in dieser Angelegenheit so vorsichtig, daß mir später kein Mensch an den Leib gehen kann. Nur allein Margot werde ich zeigen, daß ich mit im Complot bin. Ich hasse sie, und sie soll wissen, daß ich mich räche."

„Capitän, Sie sind ein fürchterlicher Mensch!"

„O," antwortete dieser kalt, „wir Beide sind einander jedenfalls ebenbürtig. Aber, merken Sie auf, Baron! Mir scheint, daß sie bald erwachen wird. Die Röthe kehrt bereits auf ihre Wangen zurück. Wir müssen sie binden."

Sie schlangen jetzt Tücher um das Mädchen und den Stuhl herum und banden ihr zugleich ein Taschentuch um den Mund, so daß sie nicht rufen konnte. —

Als der verkleidete Schauspieler vorhin in Margot's Wohnung gedacht hatte: „Wenn mir nur dieser verteufelte Königsau nicht in die Quere kommt, so habe ich gewonnen," hatte er wohl nicht geglaubt, daß diese gefürchtete Entdeckung nur an einem einzigen Augenblicke hing.

Königsau hatte mit Blüchern ganz angestrengt gearbeitet. Er sollte in öffentlichen und auch geheimen Aufträgen des Marschalls nach Berlin gehen, und dieser hatte ihm eine Menge Dictate in die Feder geliefert.

„Man munkelt davon," hatte der alte Held gesagt, „daß die Majestäten nach England gehen werden, um sich dort als Retter Europa's angaffen und fetiren zu lassen. Wir sind eingeladen. Wenn der König diese Einladung befolgt, so muß ich auch mit. Man wird uns dort Wochen lang herumschleppen, und weitere Wochen werden auf der Heimreise vergehen. Darum muß ich mich nach einem zuverlässigen Manne umsehen, der mir während dieser Zeit die Augen auf=

hält, damit ich erfahre, was daheim vorgeht. Ich habe meine Feinde, große und kleine. Verstanden?"

„Sehr wohl, Excellenz," antwortete Königsau verständnißinnig.

„Na, ich sehe, daß Du nicht auf die Nase gefallen bist, mein Junge; darum habe ich Dich auserwählt. Ich weiß, daß ich mit Dir aufrichtig sein kann. Sage mir doch einmal, was sie mit diesem Napolium gethan haben?"

„Verbannt."

„Wohin?"

„Nach Elba."

„Schön! Ich will gleich sterben, wenn ich gewußt habe, was dieses Elba für ein Land ist. Ich habe sogar den Namen nie gehört. Und nun hat man mir gesagt, was ich unter Elba zu verstehen habe. Was denkst Du wohl?"

„Eine Insel."

„Ja. Was für eine."

„Eine offene."

„Sehr gut geantwortet, mein Junge! Eine offene Insel, ohne Mauern und Festungswerke, so offen, daß dieser Bounaschwarte sofort echappiren kann. Und die Hauptsache, wo liegt diese Insel?"

„In Italien."

„Ja, ganz in der Nähe der italienischen Küste, wo man den abgesetzten Kaiser anbetet. Der Teufel soll diese Dummheit holen! Ja, sie könnten ihn meinetwegen in Kukuks Namen nach Italien verbannen, aber nicht nach Elba, sondern in den Vesuv hinein; da wäre es ihm auch einmal so warm geworden, wie er es uns gemacht hat. Ich sage Dir, ich traue dieser Geschichte nicht. Der Kerl kommt wieder."

„Ich glaube es auch, Excellenz!"

„Wirklich?"

„Ja. Er hat einen großen Anhang in Frankreich. Man wird seine Rückkehr sogar mit Jubel begrüßen."

„Das meine ich auch. Wir Soldaten haben uns die größte Mühe gegeben, ihn hinauszuschmeißen, und diese verteufelten Federfuchser halten ihm die Hinterthür offen, damit er ja nur recht bald hereinkommen kann. Man möchte diese Kerls in einem Mörser zerstampfen und dann das Pulver aus einer Pistole in die Luft blasen. Da bilden sie einen Friedenscongreß. Sie nehmen das Bischen Europa her, zwicken hier einen Lappen ab und leimen dort einen Lappen hinan. Und ehe sie mit dem Leimen und Zwicken zu Stande gekommen sein werden, wird Napoleon hinter ihnen stehen und ihnen auf die Finger klopfen. Und was wird dann geschehen, mein Sohn?"

Im Herbststurm.

Der Sturm, er bläst vom Meer daher
Durch Wald und Thal und Felsenklüfte.
Der Herbst entblättert Bäume kahl;
Ein Trauerflor umspannt die Lüfte.

Die Erde rüstet sich zum Schlaf,
Der Winter will sein Reich ererben;
Die Blumen flüstern: „Gute Nacht!
Auf Wiedersehen nach dem Sterben!"

A. W.

„Sie werden dann rufen: ‚Blücher her!'"

„Ja, Blücher her! Du hast Recht. Und was diese politischen Schneiderseelen dann gezwirnt, gefädelt und gestecknadelt haben, das werde ich mit dem Säbel wieder zerhauen müssen, das ist so sicher wie sonst Etwas. Darum muß ich die Augen offen halten, und Du sollst auch nach Berlin, um mir heimlich zu helfen, das bischen preußischen Verstand zusammen zu halten. Du schreibst mir regelmäßig, und ich schreibe Dir. Und kannst Du meine Briefe nicht lesen, so steckst Du sie lieber in's Feuer, statt daß Du sie einem Andern zeigst. Und nun schreibe! Ich werde Dir schriftliche Instructionen geben."

So hatten diese Beiden bis zum Abende gearbeitet. Als der letzte Federstrich gethan war, sagte Blücher:

„Nun schmeiße die Feder in den Ofen, das Dintenfaß an die Wand und stecke die Scriblifaxerei in die Tasche. Ich habe das Ding satt. Gehe zu Deiner Margot, und sage ihr, sie soll mit ihrer Mutter ein Bischen herkommen. Wir haben ja noch Verschiedenes zu besprechen."

Das war Königsau willkommen. Er machte sich schleunigst auf, um den Befehl des Alten auszuführen.

Es war dunkel, und als er die Straße hinabschritt, begegnete ihm da, wo er in die Rue d'Ange einzubiegen hatte, eine Equipage, welche im Trabe an ihm vorüberrollte. Er achtete kaum auf sie. Er ahnte nicht, daß man in diesem Wagen ihm soeben die Geliebte entführt habe.

Als er die Wohnung erreicht hatte, ließ ihn das Mädchen ein, welches sich zugegen befand, als Margot fortfuhr, morgen aber entlassen werden sollte. Er grüßte und fragte:

„Mademoiselle Margot?"

„Ist ausgefahren."

„Ah! Wohin?"

„Zum Feldmarschall Blücher."

„Wirklich? Eigenthümlich! Frau Richemonte ist natürlich mit?"

„Nein."

„So fuhr Mademoiselle Margot allein?"

„Nein. Ein Officier war bei ihr."

Königsau erstaunte noch mehr als vorher.

„Was für ein Officier?" fragte er.

„Ein Deutscher."

„Ich weiß es nicht. Madame wird es wissen."

„So melden Sie mich sofort an!"

Frau Richemonte erstaunte natürlich ebenso, als sie erfuhr, daß Königsau mit ihr sprechen wolle. Sie ließ ihn eintreten und sagte:

„Margot ist zum Marschall, Herr Lieutenant."

„Wann?"

„Vor wenig Minuten."

„Ah! Zu Wagen?"

„Ja."

„Ich bin ihm begegnet. Ich höre, daß ein deutscher Officier mit ihr sei?"

„Allerdings. Es war eine Ordonnanz des Marschalls."

„Eine Ordonnanz? Unmöglich!"

„Oder ein Adjutant."

„Ebenso unmöglich!"

Von der Alm.

Da droben auf'm Berg
Ist der Himmel so weit,
Ist die Welt voller Pracht,
Und's Herz voller Freud'!

Die Alm voller Sommer,
Der See voller Schein,
Es kann auf der Welt
Nix mehr Schöneres sein!

Salzgräber.

„Aber, mein Gott, der Marschall schickte ja den Herrn, um uns zum Souper abzuholen."

Königsau erbleichte, doch nahm er sich der kranken Dame gegenüber zusammen und fragte:

„Wie hieß er?"

„Ich weiß es nicht, ich habe nicht gefragt; ich habe ihn gar nicht gesehen."

„Sie waren auch mit eingeladen, Madame?"

„Ja. Ich ließ mich entschuldigen, weil ich mich sehr angegriffen fühle."

„Ah, so liegt meinerseits ein kleiner Irrthum vor!"

„Welcher?"

„Ich wußte nicht, daß der Marschall so aufmerksam war, bereits nach Ihnen zu senden; ich glaubte, Sie abholen zu müssen. Sie verzeihen, daß da meine Zeit gemessen ist."

„Gehen Sie, mein lieber Lieutenant, und haben Sie die Güte, mich nochmals beim Marschall zu entschuldigen. Wenn die Stunde unserer Abreise bestimmt ist, werde ich sehen, ob mir Zeit bleibt, mich noch persönlich bei Blücher zu empfehlen."

Königsau ging. Er hatte ihr von seinem Schrecke nichts merken lassen. Er war beinahe überzeugt, daß ein neuer Anschlag gegen Margot vorliege, und rannte in größter Eile zum Marschall zurück, bei welchem er athemlos und mit hochrothem Gesichte eintrat.

„Donnerwetter, müssen Sie gelaufen sein!" sagte Blücher. „Was giebt es?"

„Ist Margot hier, Excellenz?" keuchte der Lieutenant.

„Nein. Ich denke, Sie bringen sie mit."

„Ah, Excellenz haben nicht nach den Damen geschickt?"

„Nein."

„Keine Equipage?"

„Nein."

„Keinen Ordonnanzofficier oder einen Adjutanten?"

„Nein. Was ist denn los?"

„So ist Margot entführt worden."

Da sprang der Marschall vom Stuhle auf und rief:

„Tausend Teufel! Entführt? Sind Sie bei Troste, oder nicht?"

„O, gegenwärtig bin ich allerdings ganz und gar nicht bei Troste, Excellenz. Ich muß fort, augenblicklich fort!"

Er wendete sich um, um sich schleunigst zu entfernen; aber Blücher commandirte:

„Halt! Rechtsumkehrt! Weiß Er Tausendsakkerloter nicht, daß Er zu bleiben hat, bis ich Ihn entlasse! Also was ist mit Margot? Ich muß es wissen. Wenn eine neue Teufelei im Werke sein sollte, so darf man nicht besinnungslos hineinstürmen, sondern man hat fein klug und schlau zu verfahren. Verstehst Du mich, Junge?"

Königsau sah ein, daß der Alte Recht habe; er zwang sich zur möglichsten Ruhe und wiederholte:

„Margot ist entführt worden, Excellenz."

„Das hast Du bereits einmal gesagt. Aber beweise es!"

„Es ist vor einigen Minuten eine Equipage vorgefahren."

„Ah! Mit einem Officier?"

„Ja."

„Was für einer?"

„Ich weiß es nicht. Mama hat ihn nicht gesehen gehabt. Er hat sich für eine Ordonnanz ausgegeben — — —"

„Von mir?"

„Ja, oder für einen Adjutanten — — —"

„Von mir?"

„Ja, und hat eine Einladung zum Souper von Ew. Excellenz gebracht."

„Donnerwetter!"

„Mama ließ sich entschuldigen; sie ist sehr angegriffen und konnte nicht kommen."

„Und Margot ist mitgefahren?"

„Ja."

„Wohin?"

„Diese Straße herab; ich bin dem Wagen begegnet."

Königsau konnte sich kaum zur Ruhe zwingen. Vor Aufregung klang seine Stimme heiser. Auch Blücher stieg mit langen Schritten im Zimmer auf und ab.

„Das ist eine Lüge, eine verdammte Lüge, ein Schwindel ohne Gleichen!" sagte er. „Ich habe Niemand gesendet. Ja, sie ist entführt, aber von wem?"

„Von wem anders als von Baron Reillac!"

„Donnerwetter, das glaube ich selbst! Und ihr schöner Stiefbruder ist im Complotte."

„Jedenfalls, Excellenz."

„Aber, wohin hat man sie geschafft? Wenn man das wüßte!"

„Ich glaube es zu errathen."

„Ah, wirklich?"

„Ja, und ich denke nicht, daß ich mich irre."

„Das wäre gut; das wäre fein! Wir könnten ihnen auf die Bude rücken! Wo?"

„Man hat sie nach der Wohnung Reillacs geschafft."

„Hm! Warum denkst Du das?"

„Weil ich gestern Abend bemerkt habe, daß dort noch andere Heimlichkeiten ausgeheckt werden. Erinnern sich Excellenz dessen, was ich dort belauschte?"

„Was?"

„Den neuen Anschlag. Der Capitän wollte sich heute erkundigen. O, mir ahnt was man mit Margot vorhat!"

Er ballte die Fäuste und machte eine Wendung, als ob er fortstürmen wolle.

„Was?" fragte Blücher abermals.

„Ich hörte gestern, daß sie gezwungen werden solle, in die Ehe mit diesem Baron zu willigen. Heut weiß ich, wodurch. Errathen es Excellenz nicht?"

Da trat Blücher einen Schritt zurück; sein Auge glühte, als er sagte:

„Ah! Mensch! Wäre das möglich!"

„Ich bin überzeugt davon."

„So haue ich sie zu Brei, alle Beide!"

„Erst muß man sie haben, Excellenz. Ich muß fort! Bitte, mich zu entlassen."

„Entlassen? Unsinn! Ich muß auch mit fort, und zwar mit Dir! Hast Du Waffen?"

„Jetzt habe ich keine bei mir."

„So steckst Du ein Paar Pistolen von mir mit ein. Glaubst Du, daß wir das Haus des Barons finden werden?"

„Ich habe mir es sehr genau gemerkt."

„Gut, so werden wir gehen und es stürmen!"

Er schnallte seinen Säbel um und nahm zwei Paar Pistolen von der Wand. Er war ganz so in begeisterter Rage, als ob es zu einer Schlacht gehen sollte. Königsau wollte auch nicht gern einen Augenblick verlieren, aber er besann sich doch und sagte:

„Excellenz, der Degen würde uns im Wege sein."

„Warum?"

„Weil wir eine Mauer und eine Veranda zu ersteigen haben."

„Gut, so lasse ich ihn zu Hause. Werden wir es allein ermachen können?"

„Man weiß es nicht. Es kommt auf die Umstände an."

„Gut, so nehmen wir aus der Wachtstube ein paar tüchtige Kerls mit!"

Da aber kam Königsau ein bedenklicher Gedanke.

„Werden wir so mir nichts Dir nichts eindringen dürfen, Excellenz?" fragte er.

„Warum nicht? Wir steigen hinauf und schlagen das Fenster ein."

„Hausfriedensbruch!"

„Meinetwegen Weltfriedensbruch! Wer will uns etwas thun?"

„Es ist verboten, ohne Erlaubniß einzudringen."

„Die Kerls haben das Mädchen. Das entschuldigt Alles!"

„Aber wenn sie Margot nicht haben?"

„Sie haben sie ganz bestimmt."

„Können wir dies beweisen? Wird man uns suchen lassen?"

Blücher machte eine Miene des Mißmuthes.

„Junge, Du kannst Recht haben!" sagte er, jetzt ein Wenig nachdenklich.

„Denken sich Excellenz das Aufsehen."

„Hm! Ja!"

„Feldmarschall Blücher auf der Anklagebank wegen Hausfriedensbruches."

„Verdammt fatal!"

„Und in Feindes Land! Das könnte böses Blut geben."

„Ja, ja! Aber wir müssen Hilfe bringen, auf alle Fälle."

„Auf möglichst gesetzlichem Wege aber."

„Dann kann Margot zwanzig Jahre auf uns warten. Ich kenne die Schnelligkeit der Gesetze. Eine Schnecke ist eine Schwalbe gegen sie. Hast Du einen Gedanken?"

„Ja."

„Nun, so schieße ihn heraus."

„Wir begeben uns zum Marie des Arondissements."

„Ah, zum Meister des Stadtviertels! Gut. Wenn der Blücher zu ihm kommt, so wird er wohl keine Sperrenzien machen."

„Das denke ich auch. Wir sagen ihm, in welchem Verdacht der Baron bei uns steht. Er muß mit, um dort auszusuchen."

„Gut. Aber er ist Franzose und wird einem Landsmanne die Augen nicht auskratzen."

„So unterstützen wir seinen Scharfsinn."

„Schön. Ich schlage vor, wir nehmen doch einige pommersche Grenadiere mit."

„Jawohl, Excellenz, aber nur heimlich. Wir stecken sie hinauf auf die Veranda, wo sie unser Zeichen erwarten und vielleicht auch Etwas erlauschen können."

Dieser Gedanke ist sehr gut. Jetzt haben wir einen Plan, und wir werden ihn sofort ausführen. Weißt Du die Mairie?"

„Ja. Sie ist vis-à-vis des Gäßchens, um welches es sich handelt."

„Das paßt. Da verlieren wir nicht viel Zeit. Hier hast Du die zwei Pistolen. Komm!"

Jeder der Beiden steckte zwei geladene Pistolen zu sich, und dann begaben sie sich hinunter in das Wachtlocal. Dort erregte das Erscheinen des Marschall's nicht wenig Aufsehen. Die Mannschaft sprang schleunigst von ihren Pritschen auf und salutirte.

Blücher überflog die Leute mit einem raschen Blick, dann trat er zu Einem von ihnen.

„Du, Kerl, bist Du nicht der August, mit dem ich gestern gesprochen habe?"

„Zu Befehl!" antwortete der Mann.

„Du hast mich gemeldet?"

„Zu Befehl."

„Ist Dir das Urtheil bekannt gemacht worden?"

„Zu Befehl!"

„Wie lautet es?"

„Ein Verweis."

„Gut, diesen Rüffel habe ich auch erhalten, schriftlich natürlich. Ja, lieber August, nun kannst Du Dich rühmen, daß Du den alten Blücher angezeigt und in Strafe gebracht hast. Man wird Dich anstaunen mein Junge! Aber Euer Geld habt Ihr Euch nicht geholt!"

„Excellenz!"

„Was, Excellenz!"

„Das wäre zu bettelig erschienen."

„Donnerwetter, August, Du bist stolz, Du hast Zartgefühl! Das freut mich von Dir, alter Schwede. Deshalb will ich Dir jetzt Gelegenheit geben, Dich auszuzeichnen. Kannst Du klettern?"

„Zu Befehl, Excellenz."

„Ueber eine Mauer?"

„Ja."

„Auch auf eine Veranda hinauf, welche Querlatten hat?"

„Ja."

„Nun gut. Nimm noch Drei zu Dir, welche auch so klettern können. Gewehre braucht Ihr nicht. Das Uebrige sollt Ihr erfahren. Aber macht schnell."

In Zeit von einer Minute standen die vier Männer zur Verfügung, und der Marsch wurde angetreten.

Königsau machte den Führer. In dem Gäßchen und an dem Pförtchen angekommen, sagte er ihnen flüsternd:

„Wir suchen ein Mädchen, welches man, wie wir vermuthen, gewaltsamer Weise hierher gebracht hat. Ihr steigt hier über die Mauer und schleicht Euch geradeaus nach dem Hofe und an die Veranda, welche sich dort befindet. An dieser steigt Ihr in die Höhe und sucht zu erlauschen, was geschieht. Aber Ihr nehmt Euch in Acht, daß man Euch nicht bemerkt. Sollten wir Euch rufen, so kommt Ihr durch das Fenster in die Stube gestiegen."

„Ja," meinte der Marschall; „sobald ich rufe ‚August herein!' so zerhaut Ihr das Fenster und springt in das Zimmer."

August Liebmann fühlte sich geschmeichelt. Er war nicht dumm; es kam ihm ein Gedanke, den er auch sofort auszusprechen wagte:

„Excellenz ist das Mädchen gelaufen oder gefahren?"

„Gefahren natürlich! Warum?"

„Vor vielleicht einer Viertelstunde fuhr ein Wagen in dieses Gäßchen."

„Ah! Was für ein Wagen?"

„Eine feine Kutsche."

„Sapperlot! Woher weißt Du das?"

„Ich habe es selbst gesehen. Ich wurde durch den Wachthabenden nach der Mairie geschickt; da sah ich die Kutsche, welche hier hereinlenkte."

„August, Du bist kein übler Kerl! Hast Du schon eine Liebste?"

„Nein, Excellenz."

„Na sieh, wenn ich einmal eine Tochter übrig habe, werde ich sie Dir anbieten. Und nun klettert los, Ihr Schlingels. Laßt Euch aber von Niemanden sehen."

Während die vier Soldaten sich leise und möglichst geräuschlos emporschwangen, begaben sich die beiden Männer nach der Mairie. Sie fragten einen der anwesenden Unterbeamten nach dem Maire und wurden in das Zimmer gewiesen, in welchem sich derselbe befand. Er saß bei einer Arbeit, von welcher er nicht aufsah; er erwiderte den Gruß der Beiden mit einem kaum sichtbaren Kopfnicken und schrieb weiter.

Blücher hustete leise, da aber der Maire gar nicht darauf achtete, so fragte er Königsau leise:

„Was heißt Schafskopf oder Pinsel auf Französisch?"

„Benêt," antwortete der Gefragte ebenso leise.

Blücher nickte befriedigt, trat einen Schritt auf den Maire zu und rief laut:

„Benêt, Doppel-benêt, dreifaches Benêt!"

Da fuhr der Maire wie von einer Otter gestochen von seinem Stuhle auf und fragte:

„Was ist das? Wer spricht da? Wer ist gemeint?"

Blücher legte ihm die Hand auf die Achsel und fragte:

„Können Sie Deutsch?"

„Ja," nickte er stolz.

„Na, wenn ich das wußte, so hätte ich anstatt Benêt Einfaltspinsel gesagt."

Da schob der Maire, welchem die Brille nach der Nasenspitze gerutscht war, dieselbe in die Höhe und blitzte den Marschall wüthend an. Er legte sich zu einer Strafrede aus.

„Monsieur," begann er; „wie können Sie es wagen, hier in meiner — — —"

Er hält plötzlich inne. Erst jetzt hatte er den Alten richtig angesehen. Seine Züge nahmen den Ausdruck des höchsten Schreckens an.

„Ah, mein Sohn, Du scheinst mich zu kennen?" sagte Blücher freundlich.

Da machte der Maire eine knietiefe Verbeugung und antwortete:

„Ich habe die ausgezeichnete Ehre. Was befehlen Excellenz."

„Zunächst, mein Sohn, befehle ich Dir, in Zukunft nicht wieder ein Schafskopf zu sein. Man kommt zu Dir, um mit Dir zu reden, nicht aber, um sich Deine hintere Fronte abzumalen. Verstanden? Und sodann wollte ich wissen, ob Du vielleicht ein Bischen Zeit für mich hast."

„Ich stehe stundenlang zur Verfügung," antwortete der Gefragte.

„Stehe so lange wie Du willst; jetzt aber sollst Du einmal mit uns gehen."

„Wohin?"

„Kennst Du einen Baron de Reillac."

„Sehr wohl. Ich habe die Ehre, sein Schwager zu sein."

„Sein Schwager? Hm! Woher kommt denn diese Bekanntschaft?"

„Seine Schwester ist meine Frau."

„Alle Teufel, da brauche ich mich nicht zu wundern, daß Du vorhin ein so großer Schafskopf warst."

Bisher hatte der Maire gethan, als ob er die Malicen des Alten gar nicht bemerke, jetzt aber stellte er sich einigermaßen in Positur und sagte:

„Excellenz vergessen wohl, daß ich Beamter bin!"

„Als ich Dich vorhin sitzen sah, vergaß ich es allerdings; da hielt ich Dich für einen Oelgötzen. Gut, daß Du mich daran erinnerst! Du bist doch der Maire?"

„Zu dienen."

„Schön. Ziehe mal Deinen Gottfried an, setze den Hut auf, und komm mit."

„Wohin?"

„Zu Deinem lieben Schwager."

„In welcher Angelegenheit?"

„Das wird sich finden, mein Söhnchen."

„Excellenz erlauben mir die Bemerkung, daß ich das wissen muß."

„Und Du erlaubst mir die Bemerkung, daß Du das an Ort und Stelle erfahren wirst. Willst Du oder willst Du nicht?"

„Eigentlich brauche ich nicht mitzugehen."

„So bleibe da, mein Sohn! Aber ich werde Dich holen lassen."

„Ah! Durch wen?"

„O, ich habe da in und um Paris ein Viertelmillion blauer Jungens stecken; da thut mir ein Jeder gern den Gefallen, Dich beim Hinterbeine aus dem Stalle zu ziehen."

„Wenn Excellenz drohen, so kann ich allerdings nicht widerstehen, mache aber — — —"

„Schon gut! Gehe mit; weiter brauchst Du nichts zu thun."

Der Maire legte den Schreibärmel ab, zog den Ueberzieher an, griff zum Hute und erklärte sich bereit, die Herren zu begleiten. Draußen auf der Straße nahmen sie ihn in die Mitte und Blücher begann:

„Herr Bürgermeister, Sie haben vielleicht gehört, daß ich ein eigenthümlicher Querkopf bin. Im Guten geht Alles, im Schlimmen geht Nichts! Jetzt spreche ich zu Ihnen als den Vertreter der Polizei. Wir bedürfen Ihrer Hilfe."

„In welcher Angelegenheit?"

„Man hat einer Mutter ihre Tochter entführt."

„Ah, der Geliebte ist mit ihr durchgegangen?"

„Nein; die Sache liegt strafbarer: man hat sie förmlich geraubt."

„Ah! Menschenraub? Das wäre schlimm!"

„Wer ist das Mädchen?"

„Es ist Mademoiselle Richemonte."

„Ah, vielleicht die Schwester des Capitän Richemonte?"

„Allerdings. Kennen Sie ihn?"

„Ich sah ihn einige Male bei meinem Schwager. Wann ist sie entführt worden?"

„Vor noch nicht einer halben Stunde."

„Von wem?"

„Wir haben eben Ihren Schwager in Verdacht."

Da blieb der Maire erschrocken stehen und sagte:

„Meinen Schwager? Den Baron?"

„Ja, den neugebackenen Baron."

„Aber warum, Excellenz?"

„Weil er ein Halunke ist, den man so eine Niederträchtigkeit zutrauen muß."

„Excellenz verzeihen; ich darf unmöglich anhören, daß ein Verwandter von mir — — — —"

„Papperlapapp! Ihre Verwandschaft geht uns gar nichts an. Ihr Schwager will Mademoiselle mit Gewalt zu seiner Frau machen; sie liebt ihn nicht. Hier dieser Herr, ein junger Freund von mir und wackerer Officier, ist ihr Verlobter. Gestern Abend hat Ihr Schwager ihn meuchlings auf der Straße überfallen und zwei Kugeln auf ihn abgegeben. Der Mord gelang nicht; da hat der Baron sich entschlossen, das Mädchen zu rauben."

„Unmöglich!"

„Schwatzen Sie keinen Unsinn! Wenn ich, der alte Blücher, es sage, so haben Sie es zu glauben, sonst soll Sie der Teufel holen! Er hat sich zu dieser Schlechtigkeit sogar meines eigenen Namens bedient und einen als deutscher Officier verkleideten Menschen zu der Dame geschickt, der sie angeblich zu mir zum Souper abholen sollte. Der Wagen ist nach der Wohnung des Barons gefahren."

„Aber, Excellenz, wie ich meinen Schwager kenne, so ist er — — —"

„Ein Erzspitzbube, nicht wahr?" fiel Blücher ein. „Da stimme ich vollständig bei!"

„Ich wollte allerdings das Gegentheil sagen!"

„Damit haben Sie bei mir kein Glück."

„Aber, die ganze Geschichte klingt so fabelhaft, daß ich — — —"

„Herr!" donnerte ihn Blücher da an. „Glauben Sie, daß ich mit meinem Heere nach Frankreich gekommen bin und Paris eingenommen habe, nur um einem kleinen Maire eine Fabel zu erzählen. Was ich sage, das sage ich!"

„Aber, was wünschen Sie von mir?"

„Ihr Schwager wohnt in Ihrem Arondissement. Nicht wahr?"

„Allerdings."

„Nun, wir wünschen, eine Haussuchung bei ihm zu halten."

„Mein Gott, ist dies möglich?"

„Sogar sehr wirklich. Diese Haussuchung soll keine heimliche, sondern eine officielle sein."

„Da soll ich mit helfen?"

„Natürlich. Ich respectire die Gesetze, Herr Maire."

„Da muß ich Ihnen leider sagen, daß eine Haussuchung unmöglich ist."

„Ah, warum?"

„An eine Haussuchung sind gewisse Vorbedingungen geknüpft, meine Herren, die — — —"

„Die hier vollständig vorhanden sind," fiel Blücher ein.

„Im Gegentheile, im Gegentheile."

„Was? Wie sagen Sie?" fragte Blücher. „Zu einer Haussuchung gehört nur Zweierlei."

„O, mehr, vielmehr."

„Papperlapapp! Zu einer Haussuchung gehört erstens ein Haus und sodann der, welcher es aussucht, pasta, abgemacht! Das Haus ist da, der Aussucher auch, ja es sind sogar deren mehrere da. Es giebt keinen Grund zur Ausrede für Sie."

„Ich muß dennoch bei meinem Bescheide beharren, Monsieurs."

„So beharren Sie; uns wird das gar nicht stören. Aber Sie werden die Freundlichkeit haben, uns zu Ihrem lieben Herrn Schwager zu begleiten."

„Eigentlich bin ich dazu viel zu sehr beschäftigt."

„So arbeiten Sie eine Stunde länger, Monsieur. Wir Deutschen haben Ihretwegen manche Stunde arbeiten müssen. Wo ist das Haus, Lieutenant?"

„Hier Excellenz!"

Sie waren natürlich nicht nach dem Gäßchen, sondern nach der vorderen Fronte der Straße gegangen. Die erste Etage des angedeuteten Hauses war nur theilweise erleuchtet. Der Marschall klingelte, und der Portier öffnete.

„Wohnt hier Baron Reillac?" fragte Königsau.

„Ja, Monsieur."

„Ist er ausgegangen?"

„Nein."

„Also daheim?"

„Ja."

„Hat er Besuch?"

„Der Herr Capitän Nichemonte scheint bei ihm zu sein."

„Ah! Wer noch?"

„Weiter Niemand."

„Da hören Sie es!" sagte der Maire mit befriedigter Miene.

„Was hören wir?" fragte Blücher, indem er den Maire die Treppe emporschob. „Denken Sie, wir sind so dumm wie Ihr Franzosen? Ihr meldet es wohl dem Portier, wenn Ihr ein Mädchen entführt und nach Hause schleppt? Gott segne Euren Verstand! Lieutenant, klingeln Sie. Man wird sehen, wo man Margot versteckt hat."

Während Königsau mit Blücher gesprochen hatte und dann mit diesem nach der Mairie gegangen war, hatte Margot ihr Bewußtsein wieder erhalten.

Sie blickte umher und fand sich in einem ihr fremden Zimmer. Sie wußte nicht, wie sie hierher gekommen war, und wollte mit der Hand nach der Stirne greifen, wie man zuweilen thut, wenn man etwas überlegen will. Da merkte sie, daß sie gefesselt war, ja, daß man ihr sogar den Mund verbunden hatte. Und nun kam es plötzlich klar und hell über sie, wie sie hierher gekommen war. Es fiel ihr ein, daß eine Ordonnanz sie abgeholt hatte. Sie erinnerte sich des Parfums, welches sie eingeathmet hatte, und nun wurde sie von der Gewißheit durchschauert, daß sie das Opfer eines Betruges geworden sei.

Sie ließ ihr Auge im Zimmer umherschweifen; es war kein Mensch vorhanden. Wo befand sie sich? Es wurde ihr vor Angst siedend heiß im Innern.

Da hörte sie ein Geräusch hinter sich. Sie konnte den Kopf nicht bewegen, aber dies war auch nicht nöthig, denn der Betreffende trat gleich darauf vor sie hin.

Es war ihr Bruder.

Er verschränkte die Arme ineinander und blickte sie an. Sie schloß das Auge, um das Spiel seiner Mienen nicht ansehen zu müssen. Nach einer Weile stieß er ein kurzes, höhnisches Lachen aus und sagte:

„Das hat man davon, wenn man sich zur Geliebten eines Deutschen herabwürdigt!"

Sie konnte ihm nicht antworten. Er hatte große Lust mit ihr zu spielen, wie die Katze mit der Maus, darum trat er näher und schob ihr das Tuch ein wenig vom Munde fort.

Sie holte laut und tief Athem; diese reine Luft that ihr nach der Narkose außerordentlich wohl. Er bemerkte das und fuhr fort:

„Welch eine Luft! Nicht wahr? Nur meine Nähe verpestet sie!"

Sie hielt noch immer die Augen geschlossen. Sie wollte, bevor sie sich in ihrem Verhalten bestimmte, erst erfahren, welche Absicht er mit ihr habe.

„Wie schade, hier bei mir sein zu müssen, während Du glaubtest, bei Blücher und Deinem Soldaten speisen zu können." Und tief höhnisch fügte er hinzu: „Welcher rühmt sich denn eigentlich des Glückes, Dich zu besitzen? Der Alte oder der Junge?"

Auch jetzt noch schwieg sie. Das ärgerte ihn, und darum sagte er:

„Doch das ist ja gleich. Du wirst von jetzt an das Eigenthum eines Anderen sein."

Das half, denn sie öffnete jetzt die Augen und fragte:

„Wessen?"

„Das weißt Du nicht?"

„Nein."

„Nun, des Barons!"

„Ah! Er hat mich rauben lassen, und Du hast ihm geholfen?"

„So ist es!"

„Mein Gott, ein Bruder!"

„Mein Gott, eine Schwester!" höhnte er.

„Weiß Mama, wo ich bin?"

Die Angst um die Mutter gab ihr diese Frage ein. Er lachte laut auf und antwortete:

„Sie? Es wissen? Hälst Du uns für wahnsinnig?"

„Sie wird es erfahren."

„Gewiß, das wollen wir ja."

„Wann?"

„Sobald es Dir beliebt."

„Ich verstehe Dich nicht."

„Du wirst mich sofort verstehen. Paß auf."

In diesem Augenblicke neigte sich der Baron über die Lehne des Stuhles herüber und küßte sie auf den Mund. Sie hatte nicht gewußt, daß er hinter ihr gestanden hatte. Sie stieß einen lauten Hilferuf aus, da aber sagte ihr Bruder schnell:

„Halt! Keinen Laut! Sobald Du rufst, bekommst Du einen Knebel in den Mund; das wird Deine Lage keineswegs angenehmer machen."

„Wer berührte mich jetzt?" fragte sie, zitternd vor Abscheu.

„Ich."

Bei diesen Worten trat der Baron hervor, so daß sie ihn deutlich sehen konnte.

„Unverschämter!" zürnte sie.

„Zanken Sie immerhin!" lachte er. „Sie befinden sich in meiner Hand. Ich werde Sie jedenfalls zu zähmen wissen."

„Nie, niemals."

„Ah, Sie glauben es nicht?" fragte er. „Nun, so hören Sie, was Ihrer wartet. Ich liebe Sie, und Sie stoßen mich von sich. Ich habe Sie gebeten und Ihnen gedroht, Alles umsonst. Nun greife ich zu dem letzten, aber unfehlbaren Mittel: Sie werden heute die Meine werden, heute, noch diesen Abend. Sie werden es eine lange Zeit sein, bis es mir gefällt, Sie zu entlassen; Sie werden dann in Ehren keinem Anderen gehören können und mich kniefällig bitten, die Schande von Ihnen zu nehmen, indem ich Sie zur Baronin Reillac mache. Und das werde ich dann vielleicht thun, vielleicht auch nicht."

„Teufel."

„Ja, ich bin ein Teufel, und Sie sind ein Engel; es wird eine interessante Verbindung."

„Nie! Niemals!" rief sie.

„Pah, Sie können nicht widerstehen!" lachte er.

„Gott wird mich schützen."

„Glauben Sie das nicht, Gott hat mehr zu thun, als sich um die kleine Margot zu bekümmern. Sie werden heute so gut sein wie meine Frau."

„Ich werde sterben," hauchte sie.

„Es stirbt sich nicht so leicht und schnell. Meine Zärtlichkeiten werden Ihnen bald gefallen, und dann werden Sie recht gern leben."

Sie war leichenblaß geworden. Sie blickte ihn ängstlich forschend in das Gesicht und sagte:

„Baron, das kann Ihre Absicht nicht sein."

„O, gewiß doch."

„Ich kann Sie nie lieben."

„Sie werden es lernen."

„Haben Sie Mitleid! denken Sie an meinen Vater, dessen Freund Sie einst waren, und an meine arme Mutter, welche bereits so viel gelitten hat."

„Ihr Vater ist todt, und Ihre Mutter geht mich jetzt nichts an. Als meine Schwiegermutter jedoch wird sie mir sehr angenehm und willkommen sein."

„So denken Sie an Gott, der Alles sieht."

„Wirklich?" lachte er. „Er wird eine interessante Liebesscene sehen."

„Und der Alles bestraft."

„Vor dieser Strafe fürchte ich mich nicht."

Sie schauderte. Dieser Mensch war wirklich ein Teufel. Sie wendete sich an den Bruder:

„So erbarme Du Dich mein; Du bist ja doch der Bruder."

„Unsinn!" antwortete er. „Hast Du Dich meiner erbarmt?"

„Albin," sagte sie vorwurfsvoll; „Du weißt, daß Mama und ich im Stillen für Dich gearbeitet und gehungert haben."

„Das ist Dir gut bekommen," sagte er mitleidslos. „Wenn Du die Frau des Barons bist, quittirt er meine Schulden. Als gute Schwester würdest Du dies beherzigen und ihm aus freien Stücken Dein Jawort geben. Du stehst jetzt an der letzten Entscheidung. Ich frage Dich: Willst Du freiwillig seine Frau werden oder gezwungen?"

Sie sah, daß hier auf kein Mitleid zu rechnen war, und antwortete:

„Ich werde es weder freiwillig noch gezwungen sein. Gott wird mich beschützen." Sie dachte an das, was Königsau ihr gestern erzählt hatte, als sie bei Blücher saßen.

(Fortsetzung folgt.)

Die Liebe des Ulanen.

Original-Roman aus der Zeit des deutsch-französischen Krieges von Karl May.

(Fortsetzung.)

Der Lieutenant war auf den Balkon gestiegen und hatte das Gespräch des Capitäns mit dem Baron belauscht. Wenn er auch nur abgerissene Sätze verstanden hatte, so war dies doch hinlänglich. Gestern war er über die Bedeutung des Gehörten noch nicht klar gewesen, heute aber konnte er nicht darüber im Zweifel sein.

Ganz sicher kam Königsau zu Margot's Mutter, um eine Einladung des Marschalls zu bringen, oder er brachte diesen Letzteren gleich mit. In beiden Fällen erfuhren sie, welcher Betrug stattgefunden hatte, und dann war es gewiß, daß sie die Verlorene bei dem Baron suchen würden. Es fragte sich nur, wo sie sich befand, ob in demselben Hause, an dessen Hinterseite sich die Veranda befand, oder in einem anderen. In dem letzteren Falle konnte ihre Hoffnung auf Errettung allerdings nur eine geringe sein.

„So hast Du also gewählt," sagte Margots Bruder „Baron, ich übergebe sie Ihnen. Thun Sie mit ihr, was Ihnen beliebt. Sie hat Alles nur sich selbst zuzuschreiben!"

„Albin!" sagte sie da. „Das wirst Du nicht thun. Du wirst mich nicht verlassen!"

„Papperlapapp!" antwortete er achselzuckend.

„Denke an den Vater!"

„O, er ist schuld, daß ich leichtsinnig geworden bin. Sein Andenken kann Deine Lage nicht im Geringsten verbessern!"

„Gott, was soll ich da noch sagen!" klagte sie. „Ihr seid keine Menschen!"

„O, wenigstens ich bin ein Mensch," meinte der Baron. „Ich werde Ihnen beweisen, daß mein Herz sehr menschliche Regungen verspürt."

Er näherte sich ihr, um sie zu küssen.

„Gehen Sie, gehen Sie, Ungeheuer!" rief sie.

Er spitzte dennoch den Mund. Sie konnte den Kopf nicht wenden; sie hatte kein anderes Mittel der Vertheidigung, sie spuckte ihm in das Gesicht.

„Da, Du Widerwärtiger!" rief sie. „Gebt mir nur wenigstens meine Glieder frei, damit ich mit Euch kämpfen kann."

„Fällt mir nicht ein!" lachte der Baron, indem er sich das Gesicht abtrocknete. „Sie haben eine eigenthümliche Manier, Küsse zu empfangen. Ich werde Ihnen den Mund verbinden, um Wiederholungen zu vermeiden."

Er schob ihr das Tuch wieder auf den Mund. Dadurch wurde der Hals frei, welcher alabasterweiß und verlockend aus dem dunklen Kleide hervorleuchtete. Hierher richtete jetzt der Baron seine Küsse. Er sah, daß der ganze Körper des schönen Mädchens unter diesen Berührungen zusammenzuckte; aber die herrlichen Formen, welche da vor ihm lagen, erweckten seine Gluth, so daß er zu Richemonte sagte:

„Also jetzt ist sie mein?"

„Ja."

„Sie geloben Stillschweigen?"

„Gewiß."

„Nun gut, so werde ich Ihnen jetzt eins Ihrer Accepte zurückgeben."

„Nur eins?"

„Nach der Hochzeit die andern."

„Aber wenn es zu keiner Hochzeit kommt?"

„O, sie wird jedenfalls einwilligen."

„Ich meine, wenn Sie es sind, der von der Verbindung absieht."

„Ich? Das ist unmöglich."

„O, man kennt Beispiele, daß die leidenschaftlichste Liebe nach der Erhörung erkaltet!"

"Nun, in diesem Falle werde ich mich so gegen Sie verhalten, als ob Ihre Schwester meine Frau geworden sei."

"Dann her mit dem Accepte!"

"Ich habe es im Schreibtische. Kommen Sie. Wir wollen erst Margot in Sicherheit bringen."

"Wohin?"

"Ich habe da in der Nähe ein außerordentlich bequemes Tapetenzimmer, dessen Thür kein Uneingeweihter zu finden vermag. Dort ist sie so sicher wie in Abrahams Schooß."

"So machen Sie, ich möchte am Liebsten fort von hier."

"Gut, vorwärts."

Er öffnete die Thür zum Nebenzimmer. Die gegenüberliegende Thür desselben stand auf. Es war derselbe Raum, in welchem gestern die Beiden beisammen gewesen waren.

Draußen auf der Decke der Veranda lagen die vier pommerschen Grenadiere. Es war ihnen gelungen, ganz unbemerkt heraufzukommen. Nun hatten sie schon eine geraume Zeit gewartet, aber nichts sehen oder hören können.

"Verdammt langweilig!" flüsterte der Eine.

"Wie auf Vorposten!" sagte der Andere.

"Haltet das Maul!" meinte August. "Wir haben aufzupassen."

"Auf was denn?"

"Auf das Mädchen."

"Wo ist es denn?"

"Da drin natürlich."

"Besser wärs, wir hätten es hier außen."

"Unsinn! Ich mag keine Französin."

"Warum nicht?"

"Am Dienstag verliebte ich mich in eine."

"Ah! Und sie?"

"Sie verliebte sich in mich. Ich führte sie nach Hause."

"Gratulire."

"Halte das Maul! Als ich am Mittwoch zu ihr kam, saß ein Anderer bei ihr."

"Der auch ihr Liebster war?"

"Natürlich. Er war ein Eckensteher."

"Pfui Teufel!"

"Am Donnerstag belurte sie wieder mich."

"Das war dumm."

"Am Freitag nahm sie abermals einen Anderen mit nach Hause."

"Was war er?"

"Lumpensammler."

"Pfui Teufel!"

"Und am Sonnabend, da — — —"

"Da belurte sie zur Abwechslung wieder Dich?"

"Beinahe, denn sie war hübsch, aber — hört Ihr da drinn nicht Leute reden?"

"Ja."

Die vier Soldaten horchten.

"Jetzt war's, als ob ein Frauenzimmer gerufen hätte," meinte August Liebmann.

"Das wird sie sein."

"Wollen wir hinein?" fragte Einer.

"Nein. Ihr wißt, daß Ihr mir Subordination zu leisten habt," sagte August. "Blücher hat die Angelegenheit ganz in meine Hände gelegt. Sogar das Stichwort bin ich selber. Halt, da ist ja Licht!"

Drinnen wurde die Thür geöffnet und dann die zweite.

Die beiden Männer brachten Margot in das Zimmer, vor dessen Fenster die Vier lagen.

"Um Gotteswillen, laßt Euch nicht sehen," sagte August. "Aber paßt genau auf!"

Und nun flüsterten sich die Soldaten alle Bemerkungen zu, welche sie machten.

"Sie ist an den Stuhl gebunden."

"Und vor dem Munde hat sie einen Knebel!"

"Donnerwetter, muß die hübsch sein."

"Ja, wenn die verdammten Tücher nicht wären."

"Wer aber mögen die beiden Kerls sein?"

"Hört, mir kommt eine Ahnung!" meinte August.

"Welche?"

"Ob das nicht die beiden Halunken sind, welche gestern nach Lieutenant Königsau geschossen haben?"

"Du, das wäre möglich."

"Und das Mädchen ist Die, welche dann zu Blücher kam, wo mir der Alte den Ausdruck Frauenzimmer so um die Nase rieb."

"Weißt Du es genau?"

"Jetzt sehe ich es deutlich. Wir haben sie ja mit nach Hause geführt."

"Sapperlot, was machen sie mit ihr? Das sieht grade aus, als ob sie mit ihr und dem Stuhle durch die Wand rennen wollten."

"Das thun sie auch. Guckt, eine Tapetenthür. Habt Ihrs gesehen, wie man sie öffnet?"

"Ich," sagte August stolz.

"Wie denn? Ich habe nichts gesehen; es ging mir zu rasch."

"Dir habe ich's nicht zu melden, sondern Blüchern."

Der Baron war mit dem Capitän in dem Tapetenzimmer verschwunden, doch kamen die Beiden sehr bald zurück. Sie gingen mit einander wieder nach der Bibliothek. Dort öffnete der Baron den Schreibtisch, zog ein verborgenes Fach heraus und entnahm demselben einen Wechsel.

"Hier!" sagte er.

Der Capitän griff hastig darnach, überlas ihn und riß ihn dann in Stücke, welche er vorsichtig in seine Tasche steckte. Da wurde draußen die Glocke gezogen.

"Wer mag das sein?" meinte der Baron.

"Vielleicht Ihr Kammerdiener."

"Möglich. Warten Sie; ich werde öffnen"

Er durcheilte die vorderen Zimmer bis zum Vorsaale, dessen Thür er entriegelte. Anstatt seines Dieners erkannte er den Maire. Die beiden Andern standen etwas seitwärts, so daß er sie noch nicht sehen konnte.

"Ah, Du?" fragte er. "Was führt Dich zu so ungewöhnlicher Zeit zu mir?"

"Ich habe Dir diese beiden Herren vorzustellen," antwortete der Beamte.

"Wen?"

Er trat bei diesem Worte vollständig auf den Vorsaal hinaus und erkannte nun allerdings zu seinem augenblicklichen Schrecken, wen er vor sich habe.

"Baron Reillac?" fragte er kurz und gebieterisch.

"Zu dienen!"

"Herr Richemonte bei Ihnen?"

"Ja," antwortete der Gefragte zögernd.

"Weiter Niemand?"

„Ne u."

„Wollen sehen."

Er machte Miene, einzutreten, da aber stellte sich ihm der Baron in den Weg.

„Bitte, mein Herr," sagte er. „Bei mir ist jetzt nicht Besuchsstunde."

„Aber bei mir, alter Junge!" sagte der Marschall, indem er ihn einfach zur Seite schob und eintrat. Ueberhaupt wirst Du gleich erfahren, was die Stunde ist!"

Der Baron sah sich überrumpelt; er mußte nun auch die beiden Andern eintreten lassen. Er war außerordentlich froh, Margot bereits in das verborgene Zimmer gebracht zu haben. Wären diese Kerls eher gekommen, so hätten sie ihn mit ihr überrascht.

Was aber wollten sie bei ihm? Suchten sie nach Margot? Vermutheten sie sie bei ihm?

„Wo ist dieser Richemonte?" fragte Blücher.

„In meiner Bibliothek," antwortete der Baron.

„Gehen wir also dorthin. Führen Sie uns."

Als sie in die Bibliothek traten, war Richemonte nicht weniger bestürzt, als vorher sein Verbündeter. Man konnte ihm seinen Schreck zwar nicht anmerken; dazu besaß er zu viel Selbstbeherrschung, aber im Stillen sagte er sich, daß jetzt eine schlimme Stunde kommen werde und daß nur die größte Unverfrorenheit im Stande sei, darüber hinwegzuhelfen."

„Capitän Richemonte, Excellenz, Feldmarschall von —"

Diese Namen nannte der Baron, um die Herren einander vorzustellen. Blücher jedoch fiel ihm schnell in die Rede:

„Schon gut! Geben Sie sich keine Mühe. Brauche den Namen nicht zu hören, denn ich kenne diese Sorte schon! Der Herr Lieutenant von Königsau kennt Sie Beide auch genau. Wozu also solcher Wippchen! Wo haben Sie Mademoiselle Margot?"

Man sieht, der alte Marschall Vorwärts sprang mit seiner Frage gleich mitten in den Feind hinein. Sie war an ihren Bruder gerichtet.

„Jedenfalls zu Hause," antwortete dieser.

„Ah, zu Hause, hm!" meinte der Alte, indem er sich im Zimmer umblickte.

„Excellenz," meinte da Königsau. „Riechen Sie nichts?"

Blücher schnüpperte die Luft ein und sagte:

„Hm, ein verfluchter Geruch! Grad wie Schwefeläther! Lieutenant, ich glaube, sie ist betäubt worden."

„Wenn es ihr im Geringsten geschadet hat," sagte dieser, „so gnade ihnen Gott!"

„Natürlich! Also Baron Reillac, wo haben Sie Mademoiselle Margot?"

„Excellenz," antwortete der Gefragte, „ich weiß wirklich nicht, wie ich dazu komme, nach einer Dame gefragt zu werden, über welche Lieutenant Königsau jedenfalls die beste Auskunft zu geben weiß."

„Ja, das thut er auch," meinte Blücher.

„Nun, warum die Frage an mich?"

„Weil der Lieutenant behauptet, die Dame befinde sich bei Ihnen."

„Ah," lächelte der Baron, ich habe noch nie die Ehre gehabt, Mademoiselle bei mir zu sehen."

„Also auch heute nicht?"

„Natürlich nicht."

„Dürfen wir uns überzeugen?"

„Das heißt, Sie zweifeln an der Wahrheit meiner Versicherung?"

„Ja."

„Sie halten mich für einen Lügner?"

„Ja."

„Ah, welche Beleidigung! Bei mir haben nur Leute Zutritt, welche höflich aufzutreten wissen. Ich ersuche Sie, mich zu verlassen, und zwar sofort. Am Allerwenigsten aber kann es mir einfallen, solchen Menschen zu erlauben, meine Räume zu durchsuchen."

Da trat der Alte auf ihn zu und rief:

„Was, Du Wechselbalg! „Solche Menschen" nennst Du uns? Da schlage doch der helle, lichte Teufel hinein! Hier hast Du Etwas, um zu sehen, wie höflich ich sein kann! Und hier, hier, hier und hier!"

Er holte mit aller Force aus und schlug dem Baron bei jedem „Hier" die Rechte in das Gesicht, daß es klang, als ob er ihm den Kopf zerschlagen wolle. Da trat der Maire hinzu und rief:

„Excellenz, um Gotteswillen!"

Der Capitän machte Miene, sich zu betheiligen; da aber zog Königsau seine beiden Pistolen heraus und rief:

„Halt! Wer Excellenz anrührt, den schieße ich nieder."

Da trat der Capitän erschrocken zurück.

Der Baron war von den Ohrfeigen so überrascht worden, daß er an eine Gegenwehr zunächst gar nicht denken konnte; als aber Blücher von ihm abließ, da zog ihm der Grimm und die Bestürzung die Hand empor. Es hatte ganz das Aussehen, als ob er die Ohrfeigen erwidern wolle. Da aber funkelte auch bereits Blüchers Pistolenlauf ihm vor dem Gesichte.

„Nieder mit der Hand, Halunke!" gebot der Alte.

Der Baron ließ den Arm sinken; er sah es Blüchern an, daß er im nächsten Augenblicke losdrücken werde.

„Aber, Monsieurs, so ein Auftritt!" sagte der Maire. „Excellenz, ich muß mir wirklich die allerdings sehr höfliche Bemerkung erlauben, das ich's wunderbar finde — — —"

„Pah!" unterbrach ihn der Alte. „Ich finde hier gar nichts Wunderbares. Der Andere hat seine Keile von dem Lieutenant bekommen, nun erhält sie Der da von mir. Es giebt Subjectersch, welchen man nur mit Ohrfeigen antworten kann."

„O, Excellenz tragen außerdem noch Pistolen in der Hand."

„Ja, aus Vorsicht! Gestern Abend hat der Eine von diesen Beiden zweimal auf den Lieutenant geschossen, während ihm der Andere dazu geleuchtet hat. Bei solchen Leuten muß man sich vorsehen."

„Welche Verleumdung!" rief der Baron.

„Welche Lüge!" erwiderte der Capitän.

Blücher sah sie gar nicht an. Er sagte zu dem Maire:

„Sie sehen, daß hier nicht einmal Ohrfeigen mehr fruchten. Diese Sorte Apfel ist bereits so tief hinein faul, daß sie stinkt; ihr ist nicht mehr zu helfen. Und weil es ihnen gestern nicht gelang, den Bräutigam zu tödten, so haben sie sich heute der Braut bemächtigt. Aber wir werden sie finden."

Da nahm sich der Baron zusammen. Er wendete sich an den Maire:

„Du bist Beamter, wenn Du uns nicht beschützen kannst, so werde ich Beschwerde erheben. Wenn diese Leute mein

Haus nicht verlassen, so werde ich mich doch so weit zurückziehen, daß ich gegen Insulten geschützt bleibe, für welche ich mir allerdings Genugthuung geben lassen werde. Kommen Sie, Capitän."

Er wendete sich zum Gehen, dies lag aber ganz und gar nicht in Blüchers Absicht. Dieser erhob vielmehr die Pistole und sagte:

„Ohne meine ausdrückliche Erlaubniß zieht sich hier Niemand zurück."

„Excellenz!" rief da der Maire. „Das geht zu weit."

„Unsinn! Ich weiß gar wohl, was ich darf," meinte der Alte. „Es ahnt mir im Gegentheile, daß ich heut noch viel weiter gehen werde."

„Das heißt, Sie wollen die Durchsuchung des Hauses erzwingen?"

„Ja."

„Selbst mit bewaffneter Hand?"

„Wie Sie sehen."

„Ich lege Widerspruch ein!"

„Hilft nichts."

„Ich mache Excellenz auf alle Folgen aufmerksam."

„Ist nicht nöthig."

„Gut, so wasche ich meine Hände in Unschuld."

„Meinetwegen in Syrup oder Buttermilch! Kann es losgehen?"

„Da Sie mich in dieser Weise zwingen, so muß ich mich allerdings fügen. Ich erkläre also als oberster Beamter dieses Arrondissements, daß Seine Excellenz der Feldmarschall von Blücher behaupten, es sei in diesem Hause eine junge Dame versteckt, welche man unter Anwendung von List und Gewalt entführt hat. Ich werde also jetzt alle Räumlichkeiten nach der Verschwundenen durchsuchen, weise jedoch alle Consequenzen von mir ab."

Ich werde sie zu tragen wissen," sagte Blücher.

„Gut! Führt uns!" meinte der Maire zu dem Baron.

„Mich wird man wohl von der Theilnahme an dieser Entdeckungsreise gnädigst dispensiren," meinte der Capitän höhnisch.

Der Maire warf einen fragenden Blick auf Blücher. Dieser antwortete:

„Hat da zu bleiben und mit uns zu gehen! Lieutenant, lassen Sie diese beiden Kerle nicht aus den Augen."

Jetzt begann die Durchsuchung des Hauses, soweit es von dem Baron bewohnt wurde. Sie wurde mit allem Nachdrucke und aller Aufmerksamkeit geführt, lieferte aber nicht das geringste Resultat. Als man nach der Bibliothek zurückkehrte, hatte sich nicht die mindeste Spur der Gesuchten gefunden.

Der Baron und der Capitän warfen einander triumphirende Blicke zu.

„Ich werde Genugthuung fordern!" drohte der Erstere.

„Ich ebenso," stimmte der Letztere bei.

Der Maire zuckte die Achsel.

„Ich kann leider nicht davon abrathen," sagte er. „Ich selbst bin in der Art vergewaltigt worden, daß ich den Weg des Rechtes betreten werde, um meine geschändete Amtsehre reinigen zu lassen. Uebrigens habe ich nun die Verpflichtung, darauf aufmerksam zu machen, daß der Herr Baron jetzt unbedingt fordern kann, daß die beiden deutschen Herren sein Haus verlassen."

„Ich fordere es sofort und unbedingt!" sagte Neillac.

Blücher lachte. Er wendete sich an Königsau:

„Schau, mein Junge, wie ihnen der Kamm schwillt! Wollen doch einmal sehen, ob sie nicht doch noch zu Kreuze kriechen. Komm!"

Er machte Miene, nochmals in die bereits durchsuchten hinteren Zimmer zu treten," da aber rief der Baron!

„Halt! Jetzt ist meine Geduld zu Ende. Hier herein tritt man nicht."

„Mache Dich nicht mausig, Kerl!" antwortete der Alte. „Jetzt kommt Ihr Alle noch einmal mit, sonst soll Euch der Donner krachen."

„Excellenz!" meinte der Maire.

„Halte das Maul! Vorwärts! Alle dahinein, sonst schieße ich!"

Sie gehorchten und mußten ihm bis in das Zimmer folgen, vor welchem die Soldaten lagen. Blücher wendete sich nochmals an den Maire:

„Sie behaupten also, daß die Gesuchte sich nicht in diesem Hause befindet?"

„Ich kann es beschwören."

„Gut. Ich habe auch nichts gesehen; aber oft hat der Teufel sein Spiel, und ich will doch erst einmal mit Leuten reden, welche gescheidter zu sein pflegen als ein französischer Maire von Paris. August, herein!"

Er wirbelte bei diesem Worte das Fenster auf.

Da commandirte August draußen:

„Ganzes Bataillon marsch!"

Die vier Grenadiere sprangen herein. Der Maire erstaunte; die beiden Anderen aber erschraken. Befanden diese Soldaten sich bereits längere Zeit da draußen auf der Veranda, so war das Geheimniß verrathen.

Der Capitän suchte unbemerkt wieder in die Nähe der Tür zu kommen. Es gelang ihm nicht, denn das Pistol Königsau's richtete sich sofort nach seinem Kopfe.

„Halt! zurück!"

„Ah!" meinte Blücher. „Die Kerls wollen echappiren? Das mögen sie bleiben lassen, sonst fahren sie in den Sack. Vorwärts! Alle Drei in diese Ecke!"

„Ah, ich auch mit?" fragte der Maire.

„Ja, freilich! Habe ich Paris belagert und erobert, so kann ich schon einmal drei so safte Kröten in Belagerungszustand erklären. Vorwärts!"

Er reckte auch seine Pistole vor, und da zog sich dann der Maire mit den beiden Anderen in die Ecke zurück, aus der sie nicht zu entweichen vermochten. Nun wendete sich Blücher an die Grenadiere:

„Das Fenster zu, Kinder, und drei von Euch an die Thür. Werden diese drei Messieurs schon festhalten. Und nun, mein lieber August, hast Du aufgepaßt?"

Liebmann nickte wichtig und antwortete:

„Ich hab sie, Excellenz."

„Wen?"

„Die Mademoiselle, welche kein Frauenzimmer ist."

„Donnerwetter! Ist's wahr?"

„Ja."

„Wo hast Du sie?"

„Dort!"

Er zeigte mit der Hand nach der Tapetenthür.

„Dort? Da ist ja die Wand."

„Ja, aber dahinter!"

„Alle Teufel! Eine Tapetenthür vielleicht?"

„Ja."

„Wie geht sie auf?"

„Da im Fußboden ist ein Ast. Man bückt sich und drückt darauf."

„Kerl, woher weißt Du das?"

„Habe genau aufgepaßt," schmunzelte der Grenadier.

„Mensch, Freund, Erretter, August, wenn sich Deine Worte bewahrheiten, so bist Du ein Kerl, den man eigentlich in Gold fassen sollte!"

Er sah den scheinbaren Ast, welchen Liebmann meinte, und drückte mit dem Daumen darauf. Sofort sprang die Tapetenthür auf und das Zimmer war zu sehen. Es war finster darin; das Licht aus der Stube hier durfte man nicht geben, darum gebot Blücher dem Grenadier, die Lampe aus der Studierstube zu holen. Dies geschah, und nun trat Königsau in das Tapetenzimmer, während die Anderen die Gefangenen nicht aus den Augen ließen. Er ließ einen Ruf des Entsetzens hören

„O Gott, Margot, meine Margot!"

„Was ist's?" fragte Blücher draußen.

„Sie ist gefesselt, an den Stuhl gebunden. Auch geknebelt ist sie."

„Alle Teufel, da fällt jede Rücksicht weg! August!"

„Excellenz?"

„Reißt einmal hier die Gardinen auseinander, damit wir Stricke bekommen, und bindet mir diese beiden Menschen fest, so fest wie Ihr könnt, und wenn ihnen das Blut aus den Nägeln spritzt!"

Das war Wasser auf die Mühle der Grenadiere. Im Nu waren die Gardinen in Stricke verwandelt. Der Baron und der Capitän wollten sich wehren, aber sie waren den Pommern nicht gewachsen. Sie wurden zusammengeschnürt.

„Nun komm, Bursche, und siehe Dir einmal die Bescheerung an!" gebot Blücher dem Maire, welcher kein Wort mehr zu sagen wagte.

Er gehorchte. Als die Beiden hinaustraten, sahen sie Margot noch immer auf dem Stuhle fest gebunden. Aber den Knebel hatte Königsau entfernt, und nun hingen die beiden Liebenden einander an den Lippen, während er sie und den Stuhl umschlungen hielt.

„Endlich, endlich!" sagte er. „Welche Angst habe ich ausgestanden!"

„O, ich noch viel mehr!" flüsterte sie, ganz müde vor Glück. „Ich hörte Euch suchen."

„Du hörtest es?"

„Ja, ich verstand sogar jedes Wort, welches gesprochen wurde."

„Und dann gingen wir wieder, nicht wahr?"

„Ja. Ihr gingt fort, und da gab ich Alles verloren!"

„Du Allerärmste, was mußt Du ausgestanden haben!"

„Aber dann, dann kamt Ihr wieder," lächelte sie.

„Und Du hörtest, daß die geheime Thür entdeckt worden war?"

„Ja, und da, da war nun Alles gut."

„O nein, es ist noch nicht Alles gut!" meinte da der Marschall. „Es giebt noch sehr viel zu thun. Aber Lieutenant, Junge, willst Du sie denn nicht endlich losbinden?"

Diese Beiden waren durch das Wiedersehen so beglückt, daß sie gar nicht an die Bande gedacht hatten, welche Margot

noch immer an den Stuhl fesselten. Sie wurden nun gelöst. Sobald sie sich erheben konnte, flog sie auf Blücher zu, drückte seine Hand an ihre Lippen und sagte:

„Excellenz, das habe ich Ihnen zu verdanken!"

„Daß Du entführt wurdest, Mädel?" fragte er lächelnd.

„O nein, sondern daß ich befreit wurde!"

„Da irrst Du Dich bedeutend, meine Goldtochter. Das hat Alles hier Dein Schatz gethan. Ich hätte den Teufel gewußt, wo Du zu suchen bist; er aber hatte es geahnt."

„Aber er hätte mich doch nicht befreit. Wer hätte auf ihn gehört?"

„Ach, Du meinst den Nachdruck, welchen es giebt, wenn der alte Blücher Etwas will? Nun ja! Aber der Lieutenant hätte Dich ganz allein geholt. Er wäre mit dem Kopfe durch alle Wände gefahren. Nun aber erzähle vor allen Dingen wie man es angefangen hat, Dich in diese Klemme zu bringen!"

Sie erzählte den ganzen Vorgang von Anfang bis zum Ende. Sie sprach dabei so laut, daß Alle es hören konnten, auch die beiden Gefangenen, welche gefesselt draußen auf der Diele lagen. Wie mußte diesen jetzt zu Muthe sein!

Sie verhehlte auch nicht, daß sie geküßt worden war. Das aber brachte den Alten fürchterlich in Harnisch.

„Was? Geküßt hat er Dich?" fragte er.

„Ja."

„Wohin?"

„Einmal auf den Mund."

„Und dann?"

„Hierher."

Sie deutete dabei nach der Stelle des Halses, welche von seinen Lippen getroffen worden war.

„Ach, das soll ihm schlecht bekommen! Unsere Margot zu küssen! Heda, Königsau, sinne Dir eine Strafe aus! Mir fällt nicht gleich eine ein!"

„Ich könnte ihn erdrosseln!" knirschte der Lieutenant.

„Gut, erdrosseln wir sie ein Wenig! rief Blücher. „Sie haben es verdient."

Da wagte der Maire denn doch eine Bemerkung:

„Excellenz wollen bedenken, daß nur das Gesetz die Strafe übernehmen kann!"

Blücher warf ihm einen zornigen Blick zu und antwortete:

„Behalte Er seine Weisheit für sich, Er Dummrian! Vorhin war auch nur das Gesetz berechtigt, die Haussuchung vorzunehmen. Was aber hat denn Er Mann des Gesetzes gefunden, he? Ich wäre der größte Esel Frankreichs — und die sind doch groß genug — wenn ich es mir einfallen lassen könnte, diese beiden Kerls Eueren Gesetzen zu übergeben. Da erhielten sie wohl gar noch eine Prämie für ihre Schlechtigkeit!"

Der Maire schwieg, aber ein anderer Fürsprecher trat auf, oder vielmehr eine Fürsprecherin — Margot selbst.

„Excellenz, lassen Sie es gut sein!" bat sie.

„Ja, er ist Dein Bruder und so weiter, grad wie schon früher; nicht wahr?"

„Allerdings."

„Das gilt heut nichts mehr. Auf das, was sie gethan haben, steht Todesstrafe."

„Um Gotteswillen, Excellenz!"

Sie bat und flehte, aber er ließ sich lange nicht erweichen. Königsau verhielt sich dabei ganz passiv. Er gönnte den

Beiden jede Strafe und wollte doch der Geliebten nicht widersprechen. Endlich meinte Blücher:

„Straflos ausgehen können sie unmöglich. Sie haben nicht blos Dich entführt. Sie haben auf einen deutschen Officier geschossen und heut mich beleidigt. Sie haben zweimal den Tod verdient. Es kostet mich ein Wort, so hängen sie morgen am Galgen. Aber ich will Dich nicht so sehr betrüben. Das Leben soll ihnen geschenkt sein."

„Aber nicht die Freiheit?" fragte sie.

„Werde es mir überlegen!"

Sie begann von Neuem zu bitten, bis er endlich losbrach:

„Hole Dich der Teufel, Goldkind! Dir kann man nichts abschlagen. Ich will ihnen auch die Freiheit schenken, aber wenn Du nun noch ein Wort sagst, so rechne ich Alles zurück und lasse sie noch heut Abend aufhängen!"

Jetzt glaubte sie, genug erreicht zu haben, und ließ mit Bitten ab. Blücher nickte dem Lieutenant heimlich zu, zum Zeichen, daß es ihm gar nicht einfalle, sie ganz straflos zu lassen. Dann sagte er:

„Was wir hier noch zu thun haben, ist für eine Dame zu langweilig. Protokolls aufnehmen und Acten schreiben gewährt keine Unterhaltung. Ich denke, Königsau, Du führst Margot nach Hause, und ich komme nach, sobald ich fertig bin."

„In die Wohnung von Excellenz?"

„Nein, zur Mutter. Die muß ich heute auch noch sehen."

Das ließ sich der Lieutenant nicht zweimal sagen. Er nahm den Arm der Geliebten unter den seinigen und ging, nicht aber, ohne daß sie sich vorher herzlich bei den braven Pommern bedankt hätte.

Jetzt nun sollte das Verhör beginnen. Blücher machte seine Sache kurz.

„Acten schreiben und Protocolle verfassen werde ich nicht," meinte er. „Ich wollte damit nur Mademoiselle zum Fortgehen bewegen. Ihr beiden Halunken werdet gehört haben, daß ich Euch das Leben und auch die Freiheit schenke. Ich thue das aber nur unter der Bedingung, daß Ihr mir zwei Fragen beantwortet; sonst verspreche ich Euch bei meiner Ehre, daß Ihr morgen dennoch gehenkt werdet."

Die beiden Delinquenten nahmen sich vor, wenn es halbwegs möglich sei, die Fragen zu beantworten.

„Wer war der Kerl, welcher den Officier gespielt hat?" fragte Blücher.

„Ein Schauspieler, der Sohn meines Kammerdieners," antwortete der Baron.

„Und wer war der Kutscher?"

„Mein Kammerdiener."

„Ah, wo ist er?"

„Er muß daheim sein. Ich hörte ihn während der Haussuchung kommen. Der Portier wird ihm gesagt haben, wer sich bei mir befindet."

„Ah, und da fürchtet er sich?"

„Wahrscheinlich."

„So werde ich ihn citiren."

Blücher ging in die Bibliothek, in welcher er einen Glockenzug bemerkt hatte, und gab das Zeichen. In kurzer Zeit klingelte es am Vorsaale, welcher verschlossen war. Der Marschall öffnete. Ein langer Mann stand da, in Livrée gekleidet.

„Wer bist Du?" fragte Blücher.

„Der Kammerdiener," antwortete der Mann.

„Gut, Dein Herr hat längst auf Dich gewartet. Wo ist Dein Sohn?"

„Unten beim Portier. Er wollte sich noch nicht von mir trennen."

„Hole ihn herauf, mein Sohn. Der Baron braucht Euch nothwendig."

In Zeit von einer Minute kam der Schauspieler, jetzt natürlich in Civil gekleidet. Blücher nahm die Beiden in Empfang und brachte sie in das Verhörzimmer.

„Ist das Dein Kammerdiener?" fragte er den Baron.

„Ja," antwortete dieser.

„Und der Andere ist dessen Sohn?"

„Ja."

„Nun gut, so will ich mein Urtheil sprechen."

Erst jetzt merkte der Kammerdiener, in welche Falle er gegangen war. Er blickte sich nach der Thür um, sah aber, daß an ein Entkommen gar nicht zu denken war.

Blücher wendete sich an seine Grenadiere und sagte:

„Ihr habt Eure Sache sehr brav gemacht, und darum will ich Euch eine Erholung gönnen. Wüßte ich nur, wo recht hübsche Rüthchen und Schwibbchen zu finden sind!"

Das war allerdings eine sehr freudige Ueberraschung für die Grenadiere. August trat sogleich vor und sagte, indem sein ganzes Gesicht schmunzelte:

„Mit Verlaub, Excellenz, sollte in dieser Wirthschaft sich nicht ein biegsames Spazierröhrchen finden, mit einigen hübschen Knötchen drin?"

„Sapperlot, ja, Du hast Recht. Suche einmal nach, mein Junge!"

Das ließ sich August nicht zweimal sagen. In kurzer Zeit hatte er alle Spazierstöcke des Barons beisammen.

„Wird es gehen, August?" fragte der Alte.

„Sehr gut! Besonders hier die drei Bambusse!"

„Schön! Wollen wir anfangen. Da ist zunächst ein Kammerdiener, welcher bei Entführungen den Kutscher macht und seinen eigenen Sohn zu solchen Dingen verführt. Er soll sechzig haben, und zwar aus dem ff. Bindet ihn, und knüpft ihm auch den Mund zu, denn sein Winseln mag ich nicht hören."

Der Kammerdiener wurde von den Grenadieren gebunden und geknebelt. Als er die Sechzig erhalten hatte, kam sein Sohn an die Reihe.

„Dieser hat sich für meine Ordonnanz ausgegeben. Der Kerl hat Anlage zum größten Schwindler. Er bekommt hundert."

So geschah es auch. Das Blut der Beiden schwamm auf dem Fußboden.

Jetzt stieß Blücher mit dem Stiefel an den Capitän.

„Der ist schon gebunden. Wir wollen ihm den Mund nicht verschließen, denn ich will einmal sehen, ob ein Capitän der alten Garde zu schweigen versteht. Er hat seine eigene Schwester verkauft und auf einen preußischen Officier geschossen. Er erhält zweihundert, aber so, daß er gleich liegen bleibt. Dann sind wir wenigstens sicher, daß er binnen der ersten Zeit nicht daran denken kann, neue Schlechtigkeiten auszuhecken. Fangt an, Burschens!"

Zweihundert Hiebe sind für jeden Menschen eine böse Strafe, für einen Officier aber geradezu eine fürchterliche. Der Capitän hielt sie aus, ohne einen Laut auszustoßen. Als man mit ihm fertig war, sah man seine Lippen zerbissen und seine Augen ganz blutig geröthet. Er sprach kein Wort, aber sein Blick war mit dem Ausdrucke teuflischer Rache auf den Marschall gerichtet.

Jetzt nun war an dem Baron die Reihe.

"Dieser hat ein Mädchen entführt und auf einen Officier geschossen," entschied Blücher. "Er erhält auch zweihundert. Und für die Küsse, welche er gegeben hat, soll er ein Gegengeschenk von fünfzig Hieben außerdem haben. Schont ihn nicht, Jungens!"

Der Maire hatte bisher geschwiegen. Jetzt, da es sich um seinen Schwager handelte, glaubte er sich desselben annehmen zu müssen. Er sagte:

"Excellenz gestatten die Frage, ob diese Fälle auch in Ihrer Competenz liegen."

"Nein, nicht in meiner Competenz, sondern hier auf dem Fußboden liegen die Kerls mit all ihren Fällen und Hieben. Wenn Sie den Mund nicht halten, werde ich Ihnen jedoch beweisen, daß meine Competenz sich sogar über die Mairie dieses Arrondissements erstreckt. Meine Jungens sind einmal im Zuge, Monsieur."

Dem Baron wurde der Mund verbunden; ihm war die Selbstüberwindung des Capitäns nicht zuzutrauen. Er erhielt die ihm zugesprochenen zweihundertfünfzig Streiche ohne allen Abzug, und dann war das Tagewerk der Grenadiere vollbracht.

"So, jetzt können wir gehen, Kinder," sagte der Alte. "Diese vier Messieurs werden mit uns zufrieden sein, denn wir haben sie um keinen einzigen Hieb betrogen. Der Herr Maire kann hier bleiben, um zu sehen, welche Salbe ihnen gut thun wird; die unserige jedoch ist ihnen am gesündesten gewesen. Sollte ihm übrigens meine Competenz nicht gefallen, so bin ich gern erbötig, den Mädchenraub und den Mordanfall auf einen preußischen Officier noch nachträglich vor das competente Criminalgericht zu bringen. Gute Nacht, Herr Maire dieses Arondissements."

Er ging mit seinen Grenadieren. Diese verließen das Haus nicht so, wie sie es betreten hatten, sondern auf dem gewöhnlichen Wege durch den Eingang.

Bei seinem Palais angekommen, trennte er sich von ihnen, um noch zu Frau Richemonte zu gehen, vorher aber sagte er:

"Höre, lieber August, Ihr habt Euch heut durch große Thaten ein ungeheures Verdienst erworben. Ihr sollt morgen Jeder fünf Laubthaler ausgezahlt erhalten und so viele Pfeifen Tabak, als Ihr heut Hiebe ausgetheilt habt. Wie viele sind dies?"

"Sechshundertundzehn," antwortete Liebmann schnell.

"Das ist ein Bischen viel Tabak, für die, welche die Hiebe erhalten haben, und auch für mich, der ich ihn Euch geben muß. Aber es ist gut; Ihr habt ihn verdient. Am Liebsten hätte ich den Maire auch noch klopfen lassen und sein Arondissement dazu, aber ich hätte dann nicht gewußt, woher ich morgen den Tabak für Euch genommen hätte. Gute Nacht, Jungens!"

Er setzte seinen Weg in bester Laune fort. Er hatte Gelegenheit gehabt, einigen Franzosen deutsche Hiebe zukommen zu lassen, und dies war stets sein größtes Gaudium.

———

Seit diesem Abende war eine lange Zeit vergangen. Frankreich hatte einen neuen Herrscher erhalten, und die Heere der Verbündeten hatten sich aus Frankreich zurückgezogen, um die heimathliche Stätte aufzusuchen. Blücher war in England gewesen und dort in geradezu unerhörter Weise gefeiert worden, und auch in der Heimath hatte man ihn mit unbeschreiblichem Jubel empfangen. Er hatte mehrere hochgestellte Feinde, aber im Herzen des Volkes hatte er als der Marschall "Vorwärts" sich ein immerwährendes Andenken erworben.

Im Uebrigen trug er einen tiefen Groll im Herzen. Er der am Besten wußte, welche Opfer Preußen, Deutschland und die verbündeten Länder gebracht hatten, um das übermüthige Frankreich zu schlagen und den Mann zu stürzen, welcher es gewagt hatte, aller Welt Gesetze vorzuschreiben, die Deutschen aber am Liebsten mit dem Ausdrucke Cochons, das ist "Schweine", zu bezeichnen.

Und nun tagte der berühmte Congreß in Wien, welcher die Aufgabe zu lösen hatte, die Ergebnisse des Königs in eine bestimmte Form und Gestaltung zu bringen. Er vermochte es aber nicht, den Widerstreit der verschiedensten Ansprüche, welche sich kund gaben, zu schlichten und zu lösen. Man begann, den Frieden von Paris bitter zu tadeln. Man hatte den Franzosen zu viel Macht und Land gelassen und die erkämpften Vortheile wieder aus der Hand gegeben.

Dieser Ansicht schloß sich besonders Blücher an.

"Frankerich wird wieder laut," pflegte er zu sagen; "es beginnt wieder das große Wort zu führen, und wir, die wir den Frieden erkämpft und uns nach Ruhe gesehnt haben, halten nur einen Rasttag, welcher nicht lange dauern wird."

Er erhob überall seine Stimme, um zu warnen. Er that Alles, um das Heer kriegstüchtig und marschbereit zu halten, und er that daran sehr recht.

Napoleon war aus Frankreich verbannt, aber er hatte tausend, ja Millionen stille Anhänger zurückgelassen. Grade während seines Unglückes hatte sich sein kriegerisches Genie am Glänzendsten bewährt. Die Soldaten vergötterten ihn, und wer war damals in Frankreich nicht noch Soldat oder früher Soldat gewesen. Keiner hat die Anhänglichkeit des Kriegers an diesen außerordentlichen Feldherrn ergreifender geschildert, als Heinrich Heine in seinen Versen:

"Was scheert mich Weib, was scheert mich Kind?
Ich trage weit besseres Verlangen
Laß sie betteln gehn, wenn sie hungrig sind.
Mein Kaiser, mein Kaiser gefangen!"

Napoleon kannte diese Verhältnisse, und er beschloß, sie zu benutzen. Er war nicht der Mann, auf Elba die Rolle eines abgedankten Souverains zu spielen. Er that aber einen großen Fehler; er verließ die Insel zu früh, denn noch hatten die feindlichen Heerestheile nicht alle ihre Heimath erreicht; sie durften nur die Ordre zur Umkehr erhalten, so waren sie kampfbereit. Und der Umstand, daß die Vertreter der Nationen noch in Wien tagten, begünstigte ein schnelles Einvernehmen zwischen ihnen und den schleunigen Beschluß, sich mit vereinigten Kräften wieder auf ihn zu werfen.

Dennoch erscholl plötzlich die Kunde, Napoleon habe am 27. Februar die Insel Elba verlassen und sei mit einer Schaar Bewaffneter in Frankreich gelandet.

Dieses Unternehmen, welches anfangs abenteuerlich erschien, wuchs in schneller Entwickelung riesenhaft empor. Bereits nach wenigen Wochen war Napoleon wieder in Paris und gebot von Neuem als Kaiser über ganz Frankreich.

Er ließ den Mächten sagen, daß er nicht den Krieg bringe, sondern den Frieden beabsichtige. Da er sich aber denken konnte und auch bald erfuhr, daß ganz Europa sich in dem Entschlusse, ihn zu bekämpfen, vereinigen werde, so traf er die schnellsten und riesigsten Vorbereitungen zum Kriege, den er nach der Richtung der belgischen und niederländischen Grenze zu spielen hatte.

Alle seine Anhänger waren ihm zugeströmt, unter diesen auch Zwei, welche wir bereits kennen, nämlich der Capitän Richemonte und Baron Reillac.

Beide hatten eine schlimme Zeit erlebt. Die Züchtigung, welche ihnen damals von Blücher zudictirt worden war, hatte sie körperlich für lange Zeit niedergeworfen. Es waren Monate vergangen, ehe ihre Wunden geheilt waren. Während dieser Zeit war bei Beiden der Haß gegen die Deutschen, besonders aber der Gedanke, sich persönlich an Blücher zu rächen, fast zur Monomanie geworden.

Grad als die Nachricht verlautete, daß Napoleon wieder zurückgekehrt sei, hatte sich ihr Gesundheitszustand soweit gebessert, daß sie daran denken konnten, dem Kaiser ihre Dienste anzubieten. Und dies thaten sie.

Baron Reillac stellte sich Napoleon vor und wurde von diesem beauftragt, die Lieferungen für das erste Armeecorps zu übernehmen, welches General Drouet befehligte.

Richemonte hatte beabsichtigt, wieder in die alte Garde einzutreten, erhielt aber durch Reillacs Vermittelung eine Compagnie der jungen Garde. Diese gehörte zu einem Regimente, welches sich beim ersten Armeecorps befand.

Früher nämlich hatte die Garde stets ein eigenes Corps gebildet, welches stets für den entscheidenden Angriff aufgespart worden war. Jetzt aber seit der Bildung der jungen Garde wurden deren Regimenter und Bataillone auch anderen Armeecorps zugetheilt.

Der Marschbefehl war bereits gegeben worden. Morgen sollte der Capitän Paris verlassen. Er saß in dem bekannten Kaffeehause beim Frühstück. Reillac hatte ihm versprochen, zu kommen, obgleich die Beaufsichtigung seiner Lieferungen ihn sehr in Anspruch nahm. Er hielt Wort, wenn auch spät, so kam er doch.

Die beiden Männer standen sich jetzt weniger schroff gegenüber als früher, wo der Baron bei jeder Gelegenheit mit seinen Wechseln gedroht hatte. Jetzt kam dies nicht so oft vor. Sie hatten Ursache über gewisse Dinge zu schweigen, welche sie Beide betrafen; dies machte sie, so zu sagen, zu Vertrauten, obgleich es sicherlich Keinem von ihnen einfiel, den Anderen für einen wirklichen Freund zu halten.

(Fortsetzung folgt.)

5.

6.

Die Liebe des Ulanen.
Original-Roman aus der Zeit des deutsch-französischen Krieges von Karl May.
(Fortsetzung.)

Heute hatte das Gesicht Reillacs einen Ausdruck, welcher dem Capitän sofort auffiel. Es lag etwas sehr Unternehmendes darin.

„Was giebts? Was bringen Sie?" fragte Richemonte.

„Etwas für Sie," antwortete der Gefragte.

„Ah, etwas Gutes?"

„Ja, etwas so Angenehmes, daß ich selbst mich sofort zur Ausführung entschließen würde, wenn ich zum activen Militär gehörte."

„Was ist es?"

„Sie kennen den General Drouet?"

„Natürlich!"

„Ich meine seine Eigenheiten."

„Diese weniger."

„Nun, eine dieser Eigenheiten stimmt auffällig mit unseren persönlichen Ansichten. Er ist nämlich ein anragirter Blücherhasser."

„Donner! Das lobe ich an ihm!"

„Er hat erfahren, daß Blücher von Berlin abgereist ist und über Köln nach Lüttich gekommen ist, wo er sein Hauptquartier aufgeschlagen hat. Wenn da irgend ein Streich auszuführen wäre!"

„Ah! Was meinen Sie?"

„Ha, irgend Etwas," antwortete der Baron mit schlauem Ausdrucke.

„Donnerwetter! Sollen Sie dies mir sagen?"

„Ja."

„Auf des Generals Veranlassung?"

„Natürlich."

„So liegt irgend ein bestimmter Plan vor?"

„Vielleicht. Der General wird geneigt sein, Sie zu empfangen."

Da blitzten die Augen des Capitäns auf.

„Ich werde zu ihm gehen," sagte er.

„Thun Sie das! Sie wollen doch jedenfalls gern avanciren?"

„Das versteht sich!"

„Nun, hier bietet sich die beste Gelegenheit. Uebrigens habe ich Ihnen mitzutheilen, daß ich auch nicht in Paris bleiben werde."

„Schließen Sie sich unserm Armeecorps an?"

„Ja. Der General meint, daß dies für die Ehrlichkeit der Lieferung von sehr großem Vortheil sein werde. Er hat mich in der Hand."

„So werden Sie diesesmal keine großen Reichthümer sammeln," lachte Richemonte.

„Möglich. Und noch eine dritte Mittheilung habe ich zu machen, welche Sie persönlich betrifft. Errathen Sie vielleicht?"

„Nein."

„Ihre Schwester — — —!"

„Ah!" fuhr Richemonte auf. „Ist es Ihnen vielleicht endlich gelungen, eine Spur von ihr zu entdecken?" Und mit höhnischem Tone fügte er hinzu: „Ich würde mich natürlich unendlich freuen, sie endlich einmal wiederzusehen."

„Noch immer keine Spur. Einen Brief habe ich aus Berlin erhalten. Lieutenant Königsau ist noch nicht verheirathet, auch deutet kein Anzeichen darauf hin, daß er verlobt sei."

„Sollten sie sich einander verloren haben?"

„Pah!"

„Es ist Alles möglich!"

„Sie sind auf falschen Gedanken. Dieser Königsau ist ein schlechter Kerl. Er weiß, daß er uns zu fürchten hat und hält daher den Aufenthalt seines Bräutchens geheim."

"Ich gäbe viel darum, ihn zu erfahren!"

"Ich jedenfalls noch mehr, und da habe ich heute Nacht, als ich schlaflos im Bette lag und über Verschiedenes nachgrübelte, eine Idee gehabt."

"Eine Idee? Ah! Ist, eine Idee zu haben, bei Ihnen eine solche Seltenheit, daß Sie sich veranlaßt sehen, diesen wunderbaren Fall extra zu constatiren?"

"Machen Sie keine faulen Witze! Vielleicht zeigt es sich, daß meine Idee außerordentlich gut ist."

"So theilen Sie mir dieselbe gefälligst mit!"

"Nun, wir haben uns die größte Mühe gegeben, die Adresse Ihrer Schwester zu erfahren, doch umsonst. Jetzt sagen Sie mir einmal: Erhält Ihre Mutter nicht eine Rente ausgezahlt?"

"Allerdings."

"Durch wen?"

"Durch Banquier Vaubois."

"Dieser Mann muß also ihre Adresse haben."

"Hölle und Teufel! Ja, das ist wahr!" rief der Capitän. "Bin ich denn ein Idiot, daß ich daran noch nie gedacht habe? Ich werde sofort hingehen."

"Halt, keine Uebereilung! Wenn nun Ihre Mutter dem Banquier verboten hat, die Adresse zu nennen."

"Das wäre allerdings möglich."

"Sogar sehr wahrscheinlich. Sie würden sie dann am allerwenigsten erfahren."

"Sie ebenso."

"Ja, sie wird ihn aber vor uns Beide ganz besonders gewarnt haben."

"So müssen wir einen anderen Weg einschlagen."

"Ich habe bereits einen."

"Nun?"

"Hm! Meine Wäscherin hat ein allerliebstes Töchterchen."

"Ah! Sie selbst finden sie allerliebst?"

"Warum nicht? Aber trösten Sie sich; ich bin dem Kinde unschädlich."

"Aus Altersrücksichten?" lachte der Capitän.

"Das vielleicht weniger. Aber sie hat bereits einen Geliebten."

"Das war vorauszusehen. Welches hübsche Mädchen hätte nicht einen Geliebten."

"Hier kommt noch der Umstand in Betracht, daß dieser Geliebte Commis eines hiesigen Bankhauses ist."

"Ah, des Hauses Vaubois vielleicht?"

"Leider nein. Aber ich schenke der Kleinen zuweilen Etwas. Sie wird mir gern einen Gefallen thun. Ebenso wird ihr Geliebter ihr gern einen Wunsch erfüllen."

"Ich ahne ihren Entwurf."

"Das ist nicht schwer. Der junge Mensch geht also zu Vaubois und zieht die betreffende Erkundigung ein."

"Und wenn er nach dem betreffenden Grunde gefragt wird?"

"Den kennt er nicht. Sein Prinzipal sendet ihn."

"Und wenn man zögert?"

"So schildert man die Angelegenheit als eilig."

"Hm, es gelingt vielleicht. O, daß ich morgen fort muß!"

"Warum bedauern Sie dies?"

"Ich werde nicht Zeit haben, diese so lange ersehnte Neuigkeit zu erfahren."

"Warum nicht? Der Commis kommt zwölf Uhr nach Hause. Er speist nämlich bei meiner Wäscherin. Jetzt ist es elf Uhr. Wenn ich sofort aufbreche, so ist es noch genug Zeit, die kleine Intrigue einzuleiten. Sie kommen heute Abend wieder hierher; im Falle des Gelingens kann ich Ihnen da die Adresse bereits sagen."

"Das geht; das geht wahrhaftig! Gehen Sie; eilen Sie, Baron."

Der Capitän brauchte gar nicht zur Eile aufzufordern, denn der Baron hatte bereits Hut und Stock ergriffen und verließ das Café mit raschen Schritten.

Richemonte blieb noch einige Zeit sitzen, um sich das Gehörte alles zurecht zu legen; dann trank auch er aus und ging — — zu General Drouet.

Dieser war ein höchst thatkräftiger und kühner Mann, doch versäumte er bei allem Muthe nicht, vorsichtig und klug zu sein. War irgend ein Ziel ebenso gut durch List wie durch Verwegenheit zu erreichen, so zog er die Erstere stets der Letzteren vor.

Er war, da er so nahe vor dem Ausmarsche stand, sehr beschäftigt, ließ aber, als ihm der Capitän gemeldet wurde, denselben sofort eintreten. Dieser Umstand schien diesem ein gutes Zeichen zu sein. Der Blick des Generals ruhte forschend auf dem Officier; dann fragte er:

"Haben Sie in Spanien gekämpft?"

"Ja, General."

"Unter wem?"

"Unter Suhet."

"Das war ein tüchtiger General, vielleicht der tüchtigste, der in Spanien befehligt. Man hat es dort nicht mit Guerillas zu thun. Sie haben also jedenfalls auch den kleinen Krieg zur Genüge kennen gelernt?"

"Ich denke es, mein General."

"Nun, so werden Sie wissen, daß der Sieg sehr oft von sonst ganz nebensächlich erscheinenden Dingen abhängt, von der Kenntniß der Gegend und der Stimmung ihrer Bevölkerung, und so weiter. Auch bei dem sogenannten großen Kriege sind diese Umstände keineswegs aus der Acht zu lassen. Wir werden nach den Niederlanden gehen. Dort befehligen Wellington und Blücher."

"Ah, lieben Sie Blücher?"

"Ich habe keine Veranlassung dazu."

"Aber Sie hassen ihn auch nicht?"

"Ich wünsche ihn zu allen Teufeln, und ich habe Veranlassung dazu."

"Dieser Wunsch wird ihm nicht viel schaden!" lächelte der General.

Aber der Blick, welchen er dabei auf den Capitän warf, war ein lauernder.

"O, ich wollte, ich könnte thätig sein, meinen Wunsch zur Erfüllung zu bringen."

"Nun, wissen Sie, wo dieser Bramarbas sich gegenwärtig befindet?"

"In Lüttig, wie ich höre."

"Das ist richtig, Capitän. Ich brenne vor Begierde, Etwas über seine kriegerischen Evolutionen zu hören; aber das ist außerordentlich schwer."

"Es scheint mir leicht zu sein."

"Man hat nicht zuverlässige Männer genug."

"Es giebt deren doch welche!"

„Vielleicht Sie?"

„Ich hoffe es."

„Gut, Capitän, Sie sind mir empfohlen. Was denken Sie von einer Reise nach Lüttich oder Umgegend?"

„Sie müßte sehr unterhaltend und belehrend sein."

„Aber auch gefährlich."

„Ich fürchte Blücher nicht!"

„Aber einer seiner Corpscommandanten hat dort zugleich sein Hauptquartier. Dieser Bülow nämlich. Und der ist gefährlich."

„So wird man sich in Acht zu nehmen wissen."

„Ich wünsche besonders zu wissen, welche Macht man dort zusammen zieht und was man für Pläne hat; hauptsächlich jedoch kommt es mir darauf an, alles, was mit der Persönlichkeit Blüchers in Beziehung steht, zu erfahren."

„Ich werde eifrig darnach forschen."

„Sie kennen ihn persönlich?"

„Ja."

„Und er Sie auch?"

„Ebenso."

„So kann ein Zusammentreffen sehr gefährlich werden."

„Für mich jedenfalls nicht."

„Sie meinen für ihn?"

„Eher!"

„Nun, man wird ja hören, was Sie erleben. Um meine Anerkennung brauchen Sie sich nicht zu sorgen, wenn auch es mir unmöglich ist, meine Wünsche, oder vielmehr meinen Hauptwunsch in deutlicher Weise auszusprechen."

„Ich errathe ihn, mein General."

„Vielleicht rathen Sie gut. Thun Sie, was Sie denken! Aber Ihre Reise erfordert Auslagen. Darf ich fragen, ob Sie bemittelt sind?"

„Ich lebe von dem Solde, den ich erst empfangen soll."

„Ah, das ist peinlich. Hier nehmen Sie diese kleine Remuneration. Wenn man Gutes von Ihnen hört, wird man weiter dankbar sein. Adieu, Capitän!"

Der General hatte ihm eine Geldrolle in die Hand gedrückt. Als Richemonte sie zu Hause öffnete, sah er, daß sich fünfhundert Franks darin befanden.

„Fünfhundert Franks für den Kopf Blüchers! Der Kerl ist aber bei Gott auch nicht mehr werth," murmelte er. „Wollen sehen, was man noch zulegen wird."

Als er am Nachmittage in seine Caserne kam, erfuhr er vom Obersten, daß dieser vom Generale beauftragt sei, ihm einen unbestimmten Urlaub zu geben und einen dreimonatlichen Gehalt auszuzahlen. Er erhielt die Summe sofort zu Händen gestellt und ein versiegeltes Couvert; dann war er entlassen.

Aus dem Couverte zog er, als er es öffnete, mehrere Pässe, welche auf verschiedenen Stand und Namen lauteten. Jedes Signalement stimmte genau mit seinem Aeußeren. Er kannte nun seine Pflicht, ohne daß man ihm diese genau bezeichnet hatte; aber er war zu stolz, sich zu sagen, als was er ausgesandt wurde — — als Spion.

Am Abende besuchte er das Kaffeehaus und fand den Baron bereits seiner wartend. Dieser bestellte sogleich Wein für ihn, was auf einen guten Erfolg der heutigen Unterredung hinzudeuten schien.

„Waren Sie beim General?" fragte Reillac.

„Ja."

„Was haben Sie erreicht?"

„Einen Urlaub auf unbestimmte Zeit und mehrere gute Pässe."

„Gratulire!"

„Ist eine Ironie!"

„Weshalb?"

„Was thue ich mit dem Urlaube, wenn ich ihn nicht benützen kann! Hat sich der General nicht bei Ihnen nach meinen Verhältnissen erkundigt?"

„Ein Wenig."

„Was sagten Sie ihm?"

„Daß Sie keine Seide spinnen."

„Dennoch scheint er mich für einen sehr wohlhabenden Mann zu halten."

„Woraus schließen Sie das?"

„Weil ich zu meinem unbestimmten Urlaub nur einen dreimonatlichen Sold erhalten habe."

„Das ist schlimm! Hm! Wenn ich wüßte — —! Aber ich habe mich selbst fast ganz und gar ausgegeben."

„Ihnen stehen Connexionen zu Gebote, mir aber nicht."

„Sie haben Recht, und darum will ich Ihnen abermals tausend Franken leihen, wenn Sie mir Eins versprechen."

„Was?"

„Auf Ihrer gegenwärtigen Reise Ihre Schwester mit zu besuchen."

„Donnerwetter! Haben Sie die Adresse?"

„Ja."

„Hat es Mühe gekostet?"

„Gar nicht. Der Commis hat gefragt und sofort bereitwillige Auskunft erhalten."

„Wie lautet die Adresse?"

„Meierhof Jeanette bei Roncourt."

„Dieses Roncourt ist mir unbekannt. Wo liegt es?"

„Im Argonner Walde, nicht weit von Sedan."

„Ah, das liegt ja fast auf meiner Tour!"

„Fast genau. Sie haben höchstens einen ganz und gar unbedeutenden Umweg zu machen. Werden Sie mir den Gefallen thun, den Meierhof aufzusuchen?"

„Gewiß."

„Und mich benachrichtigen, wie es dort steht, nämlich in Beziehung meiner Wünsche?"

„Ja, besonders, da es sich um tausend Franken handelt."

„Ah, Sie denken, ich habe das bereits vergessen," lachte der Baron. „Ich will nachsehen, ob ich so viel bei mir trage."

„Ich bezweifle es nicht."

„Hm! Man giebt sich jetzt aus. Man muß zu sehr wagen. Ich stecke mein ganzes Vermögen und all meinen Credit in diese Lieferungen."

„Aber man verdient ungeheuer dabei."

„Blos eine Kleinigkeit, mein Lieber. Wird der Kaiser abermals geschlagen, so bin ich ein für immer ruinirter Mann."

„Ihre Lage wird dann durch die tausend Franken, welche Sie mir jetzt geben, nicht um ein Bedeutendes verschlimmert sein."

„Nein. Und so sollen Sie das Geld haben. Hier! Aber Sie schreiben ganz bestimmt?"

„Ja. Aber wohin?"

„Zunächst bleibe ich ja noch hier. Und später werden mir Ihre Briefe auf das Sicherste nachgesandt, wenn Sie dieselben an meine gegenwärtige Adresse schicken."

Auf diese Weise hatte der Capitän sich durch eine Lüge in den Besitz von tausend Franken gesetzt, welche ihn auf seinem nicht gefahrlosen Wege begleiteten.

Fast um dieselbe Zeit, in welcher der Capitän von Paris aufbrach, wanderte ein junger Mann auf der Straße von Paliseul daher, welche über Bouillon nach Sedan führt. Bouillon ist ein trauriger Ort, er liegt an dem Semoyflüßchen in einer tiefen Schlucht der Ardennen. Es ist dies dasselbe Oertchen, welches durch den Namen des großen Kreuzfahrers und Eroberers von Jerusalem, Gottfried von Bouillon, seine Berühmtheit erhalten hat.

Es war ein schlimmer Gewittertag. Die Dämmerung brach bereits herein, und der Regen goß in Strömen vom Himmel herab. Dazu war der Koth auf dem Dinge, welches man hier Straße nannte, so tief, daß man die Füße kaum aus demselben herausziehen konnte. Daher war der Wanderer froh, als er die ersten Lichter von Bouillon erblickte. Er beschloß, diese Nacht hier zu bleiben.

Er suchte nach der Herberge des Ortes und erkannte sie trotz der Dunkelheit und des strömenden Regens an dem großen Aste, welchen man über der Thür herausgestreckt hatte. In der niederen Stube, welche nur durch einen Kienspan erleuchtet wurde, befand sich kein Gast. Nur der Wirth mit seiner Frau, ein Paar alte Leute, saßen an einem schmutzigen Tische.

Er grüßte höflich, doch wurde sein Gruß sehr mürrisch erwidert.

„Darf ich mir am Ofen meine Kleider trocknen?" fragte er.

„Lehnt Euch hinan," lautete die Antwort.

„Und kann ich ein Abendbrot erhalten?"

„Milch und ein Stück Brot. Wir sind hier arme Leute. Wo wollt Ihr noch hin?"

„Bei diesem Wetter nicht weiter."

Eine freudige Ueberraschung.

„Ah, Ihr wollt doch nicht etwa hier bleiben?"

„Warum nicht?"

Der Wirth warf einen scheuen Blick auf ihn und fragte:

„Woher seid Ihr?"

„Aus Paris."

„Und wo kommt Ihr her?"

„Aus Lüttich."

„Mein Gott, wo die Preußen sind?"

„Ja. Ich bin vor ihnen geflohen."

„Da habt Ihr recht gethan. Sie wollen wieder Krieg anfangen, aber der Kaiser wird sie auf die Finger klopfen. Was seid Ihr denn eigentlich?"

„Ein Musikante."

„Ihr habt doch kein Instrument bei Euch!"

„Die Preußen haben mir meine Geige genommen."

„Ihr armer Mann. Ja, sie sind Diebe und Räuber, welche der Kaiser bald fortjagen wird. Habt Ihr denn eine Legitimation bei Euch?"

„Ja."

„Das ist gut. Zeigt Sie her. Ohne ein solches Papier darf man keinen Fremden aufnehmen. Es ist uns streng verboten worden."

„Warum?" fragte der Fremde.

„Weil die Preußen viele Spione hier in das Land schicken."

„Hm, das ist ein sehr gefährliches Handwerk."

„Es soll aber sehr gut bezahlt werden. Unterdessen müssen ehrliche Leute hungern."

„Ist Bouillon so arm?"

„Es war bereits sehr arm; aber durch den Krieg ist es noch ärmer geworden. Daran war die Kriegskasse schuld."

„Welche Kriegskasse?"

„Das wißt Ihr nicht?"

„Nein. Ich bin ja von Paris und nicht von hier."

Der Alte warf einen beobachtenden Blick auf den Fremden und fragte:

„Was sind Eure Eltern, Herr?"

„Mein Vater ist nur ein armer Weber."

„Ah, ein Weber! Seht, die Bewohner von Bouillon sind alle arme Weber. Ihr seht so ehrlich aus, daß man wohl Vertrauen zu Euch fassen kann. Nicht?"

„Ich meine auch, daß Ihr es thun könnt."

„Nun gut. Legt Euch ein tüchtiges Holzscheidt in den Ofen, und dann will ich Euch die Geschichte von der Kriegs= kasse erzählen."

Der Fremde folgte dieser Aufforderung, wobei er von der Frau gefragt wurde:

„Wollt Ihr Euer Milch und Brot jetzt gleich essen?"

„Wenn es Euch recht, ist ja."

„So seid so gut und zeigt uns Euer Papier."

Der junge Mann griff in die Tasche und zog ein ab= gegriffenes Büchelchen hervor, welches er der Frau gab. Diese reichte es ihrem Manne; dann ging sie hinaus, um das Abendbrot zu besorgen. Der Wirth zog eine großmächtige Klemmbrille, eine sogenannte Nasenquetsche aus dem Tisch= kasten hervor, setzte sie auf und begann das Buch vom ersten bis zum letzten Blatte durchzusehen. Als er fertig war, sagte er:

„Ihr müßt bereits sehr weit herumgekommen sein, Herr?"

„Sehr weit," nickte der Fremde.

„Das sieht man an den vielen Stempeln, welche da im Buche stehen. Lesen kann ich es freilich nicht, aber es wird wohl richtig sein. Nicht wahr?"

„Es stimmt."

Da trat die Frau herein und setzte die Schüssel auf den Tisch. Sie enthielt Milch. Daneben legte sie ein Stück Brot zum Hineinbrocken. Das war die ganze Mahlzeit. Während sich der Fremde mit mehr Hunger als Appetit darüber machte, fragte sie den Wirth, welcher das Wanderbuch jetzt eben in ein Schränkchen schloß:

„Stimmt es, Vater?"

„Ja, es sind Namen und Stempel darin."

Sie musterte den Esser abermals sehr sorgsam und flüsterte dann:

„Er scheint armer, aber braver Leute Kind zu sein."

„Ja," nickte der Alte.

„Und man hat ihm seine Fiedel gestohlen."

„Eben! Er dauert mich!"

„Du, wollen wir?"

„Ja, ich denke."

„Gut. Willst Du es ihm sagen?"

„Sage Du es lieber, Alte! Ich weiß, es macht Dir Freude."

„Sie nickte vergnügt und wendete sich an den Fremden:

„Hört, Herr, wir haben Euch erst mit Mißtrauen be= trachtet."

„Das habe ich leider bemerkt," meinte er freundlich.

„Jetzt aber meinen wir, daß Ihr wohl kein Stromer seid."

„Der bin ich allerdings nicht, liebe Mutter."

Bei den letzten beiden Worten warf die Alte einen stolzen Blick auf ihren Mann, denn so war sie noch von keinem Gaste genannt worden; dann sagte sie:

„Darum meinen wir Beide, daß Ihr auf dem Heuboden schlafen sollt."

„Ah, auf dem Heuboden?" fragte er, innerlich doch ein wenig enttäuscht.

„Ja. Wir wollen Euch nicht dahin thun, wo gewöhnliche Leute schlafen, denn Ihr habt so etwas Gutes und Apartes an Euch."

„Ich danke Euch herzlich. Aber wo schlafen denn hier die gewöhnlichen Leute?"

„Im Ziegenstalle."

„Ah, im Ziegenstalle. Sind Ziegen drin?"

„Zwei. Dort aber liegt nur Laubstreu, und die ist feucht. Ihr könntet Euch erkälten. Hat Euch die Milch geschmeckt?"

„Sehr gut."

„Ja, es ist selbst erbaute von unsern zwei Ziegen. Aber, Alter, wolltest Du denn nicht die Geschichte von der Kriegs= kasse erzählen?"

„Freilich, aber vor Dir kommt man ja gar nicht zu Worte."

„Na, so erzähle. Ich werde still sein."

„Ja, erzählt!" bat der Gast. „Ihr habt mich fast neu= gierig gemacht."

„O, es ist nichts Lustiges, Herr. Also von dem Blücher habt Ihr bereits gehört?"

„Sehr viel."

„Der kam im vorigen Jahre über den Rhein herüber, der doch uns Franzosen gehört. Er kam nach Toul, welches jenseits der Berge im Süden liegt, und schickte einen seiner Generäle, welcher Fürst Schischerbatoff hieß, mit 10000 Feinden nach Void und Ligny. Dort lagen die Unserigen mit einer großen Kriegskasse."

„Ah, da haben wir ja die Kriegskasse!"

„O, wenn wir sie doch hätten! Die Franzosen waren zu schwach, um lange Widerstand leisten zu können. Besonders war es ihnen um die Kriegskasse zu thun."

„Das läßt sich denken," meinte der Fremde mit einem verständnißvollen Lächeln.

„Ueber die ebene Gegend hinüber nach der Marne zu konnte sie nicht gerettet werden."

„Wohl weil die Deutschen zu viele Reiterei hatten?"

„Ja. Darum brach ein Hauptmann mit einer halben Compagnie auf, um sich mit ihr in die Berge zu schlagen und sie durch den Argonner Wald zu schaffen, immer der Meuse entlang."

„Merkte dies der Feind nicht?"

„Nein. Sie entging ihm."

„So ist sie gerettet worden?"

„Auch nicht. Es ist das eine sehr traurige Geschichte. Während des Marsches fielen bald von rechts und bald von links Schüsse auf die armen Leute. Bereits am ersten Abende hatten sie zwölf Mann verloren, bis zum zweiten wohl ebenso viele."

„Wer schoß?"

„Das war nicht herauszubekommen. Wenn man an die Stelle kam, wo der Schuß gefallen war, stand Niemand mehr da."

„Das war vorauszusehen."

„Nach vier Tagen waren nur noch zehn Mann übrig, am fünften noch sechs und am sechsten noch vier. Diese kamen mit der Kasse nach Bouillon. Sie wollten weiter und forderten Bedeckung; aber weil wir dachten, daß wir erschossen würden wie sie, flohen wir in die Berge; wir wollten nicht mit.

„Das war Euch nicht zu verdenken."

„Am nächsten Tage fand man die vier Soldaten erschossen, gar nicht weit von hier; die Kasse aber war weg. Nach einigen Tagen hatten die Deutschen die Gegend verlassen, und es kam im Geheimen eine Streifparthei der Unserigen, welche nach der Kasse suchten. Sie erfuhren, was geschehen war, und wir mußten zur Strafe eine schwere Contribution zahlen, durch welche wir vollends arm geworden sind."

„Das ist allerdings sehr traurig für Euch. Hat sich keine Spur der Kasse je wieder gezeigt?"

„Nein."

„Und auch keine Spur der Schützen, welche damals die Bedeckungsmannschaften niedergeschossen haben?"

„Nein."

„Hat man denn die Angelegenheit nicht gerichtlich untersucht?"

„Was denkt Ihr, Herr! Wir hatten ja Krieg, dann keine Regierung, dann eine, welche nichts galt. Es blieb eben Alles, wie es war."

„Vielleicht sind es deutsche Nachzügler gewesen?"

„Nein. Diese hätten unser Terrain nicht so gut gekannt."

„Oder französische Marodeurs?"

„Das ist eher möglich. Wollen lieber von der traurigen Geschichte schweigen. Sagt, geht Ihr jetzt direct nach Paris zurück?"

„Ja."

„So werdet Ihr das Glück haben, den großen Kaiser zu sehen?"

„Jedenfalls."

„Ich wollte, daß ich an Eurer Stelle wäre. Ihr geht natürlich über Sedan?"

„Ja."

„Berührt Ihr da vielleicht das Dörfchen Roncourt?"

„Das ist wohl möglich."

„So versäumt ja nicht, nach dem dortigen Meierhof Jeanette zu gehen."

„Jeanette? Ah, warum?"

„Weil dort das schönste Mädchen Frankreichs wohnt."

„Was, Vater, Ihr seid noch für die Schönheit eines Mädchens begeistert?"

„Ja, welcher Franzose wäre dies nicht? In allen Ehren, natürlich."

„Ist diese Schönheit gar so groß?"

„Hm, ich bin kein Kenner, wie Ihr ja auch hier an meiner Alten ersehen könnt, aber man sagt es allgemein."

Da ergriff endlich auch die Wirthin das Wort; hier konnte sie nicht schweigen.

„Was?" fragte sie. „An mir kann man das sehen?"

„Daß ich kein Kenner bin? Ja."

„Wie meinst Du das?"

„Wenn ich Kenner wäre, hätte ich doch eine Schöne genommen."

„O, das sagst Du jetzt," lachte sie vergnügt. „Du warst sehr mit mir zufrieden."

„Ja, eben weil ich kein Kenner bin."

„Hm, ich denke, daß ich hübsch genug war, wenn auch freilich nicht so sehr wie die Schönheit vom Meierhof Jeanette. Ja, Herr, Ihr solltet sie wirklich sehen!"

„Ihr macht mir beinahe Lust, hinzugehen."

„Thut es! Geht man weit, um ein schönes Bild anzusehen, warum soll man nicht dasselbe thun, um einen schönen Menschen zu betrachten?"

„Habt Ihr sie selbst gesehen?"

„Ja. Sie ist ja selbst hier bei uns gewesen."

„Ah, zu Besuch?"

„Nein, nur für eine halbe Stunde, bis eine andere Deichsel da war."

„Sie hatte wohl einen Unfall erlitten, diese schöne Person?"

„Freilich. Sie hatte nach Lüttich gewollt, um dort Verwandte zu besuchen. Hier in der Nähe brach die Deichsel vom Wagen, und da war sie gezwungen, bei uns einzukehren. Sie fuhr gar nicht weiter."

„So ist sie abergläubisch?"

„Herr, das Abbrechen der Deichsel bedeutet stets etwas Böses."

„Sehr richtig," lachte er.

„Und sodann diese Deutschen! Sie waren ja bereits in Lüttich. Wir alle haben ihr abgerathen. Und so ist sie wieder umgekehrt."

„Sie ist gewiß die Tochter des Meiereibesitzers?"

„O nein. Sie ist nur zum Besuch dort."

„Ah! Woher?"

„Das weiß man nicht."

„Wie heißt sie?"

„Das kann ich nicht sagen. Hier bei uns war ihre Mutter bei ihr, von dieser wurde sie Margot genannt."

„Ein hübscher Name!"

„Ja, er paßt ganz zu dem Mädchen. Aber gar zu schön ist doch auch nicht gut; das kann man an ihr sehr deutlich sehen."

„Wieso?"

„Weil ihre Schönheit bereits zweien Menschen das Leben kostet."

„Sapperlot."

„Ja. Denkt Euch, daß die ganze Garnison von Sedan verrückt ist, sie nur zu sehen. Der Wunsch eines Jeden ist, einmal mit ihr sprechen zu können. Man hat sich bereits dreimal wegen ihr duellirt. Zweimal fiel ein Officier."

„O weh! So ist sie wohl coquet?"

„O, nicht im Geringsten. Sie erscheint auf keinem Balle, wenn sie auch zehnmal eingeladen würde. Sie geht nie allein aus, sondern stets nur in Gesellschaft ihrer Mutter. Es kann sich keiner rühmen, ihr auch nur die Fingerspitzen geküßt zu haben."

„Und doch diese Duelle?"

„O, gerade diese Zurückhaltung macht ja die Männer verrückt."

„Na, Alte, ich war damals in Dich nicht verrückt!" neckte der Wirth.

„Das hätte Dir auch sehr schlecht angestanden. Aber der junge Herr wird ermüdet sein. Auch wir gehen zeitig schlafen."

Die beiden Leute waren jetzt erst zutraulich geworden, nachdem sie vorher verschlossen und mißtrauisch gewesen waren, wie man es bei Bewohnern abgelegener Ortschaften häufig trifft. Der Fremde hätte so gerne sich mit ihnen noch unterhalten, besonders über das letzte Thema, das schöne Mädchen. Das interessirte ihn noch mehr als die Kriegskasse. Er kannte dieses Mädchen ja und wußte auch, warum sie sich so zurückgezogen hielt. Sie war ja seine Geliebte, seine Braut, und er war der Oberlieutenant Hugo von Königsau.

"Geht Ihr wirklich so zeitig schlafen?" fragte er.

"Ja, denn wir müssen des Morgens früh wieder munter sein."

"Nun, so will ich Euch nicht von der Ruhe abhalten. Zeigt mir mein Lager."

"Das ist nicht hier im Hause, sondern im Hofe. Kommt."

Der Mann brannte eine Laterne an und leuchtete ihm über den kleinen, offenstehenden Hof hinüber. Dort stand ein einzelnes, kleines Gebäude, der Ziegenstall, über welchem sich der verschlossene Heuboden befand.

"Hier muß man das Heu verschließen, sonst wird es leicht gestohlen," erklärte der Wirth. "Da lehnt die Leiter, an welcher Ihr emporsteigt. Nehmt sie mit hinauf; das ist besser. Jetzt während des Krieges giebt es allerlei Gesindel in der Nähe. Wenn Ihr aber die Leiter hinaufzieht, kann Niemand hinauf zu Euch. Sind Eure Kleider trocken geworden?"

"So ziemlich. Ich danke."

"Soll ich Euch wecken?"

"Nein. Ich wache selbst schon auf."

"So schlaft wohl. Gute Nacht."

"Gute Nacht."

Königsau folgte dem Rathe des Wirthes und zog die Leiter empor, als er sich oben befand, obgleich er über die ganze Situation lächeln mußte.

Also dieser kleine, niedrige, kaum fünf Ellen im Durchmesser haltende Heuboden war erster Rang, der Ziegenstall unten aber zweiter Rang! Konnten wirklich Menschen da unten bei den Ziegen auf der kothigen Streu schlafen?

Der Wirth war jedenfalls ein armer Mann; er besaß nicht einmal eine Kuh, sondern nur zwei Ziegen, und dieser Miniaturstall diente als Herberge. Auf das so kostbare Heu durften sich nur bevorzugte Gäste legen.

Königsau machte sich sein Lager zurechte. Dies erweckte die Ziegen, welche ein leises, unzufriedenes Meckern hören ließen. Dieses Letztere war so deutlich zu hören, daß der Boden, welcher das Heu trug, nur ein sehr dünner sein konnte.

Draußen plätscherte der Regen noch immer hernieder, hier auf dem Heu aber lag es sich wirklich ganz hübsch. Das Plätschern hatte eine einschläfernde Wirkung. Der Oberlieutenant dachte an das schöne Mädchen von der Meierei Jeanette, an die verlorene Kriegskasse, und zwischen diesen beiden Gegenständen spann die Vorstellung phantastische Fäden herüber und hinüber.

Er wußte nicht, wie lange er so gelegen hatte; er wußte nicht einmal, ob er gewacht oder geträumt hatte, aber plötzlich war er munter, denn er hatte draußen vor dem Stalle ein Geräusch gehört. Er horchte angestrengter und vernahm nun auch die Frage einer halb unterdrückten Stimme:

"Hast Du nachgesehen?"

"Ja."

"Sie waren wirklich schon zu Bette?"

"Ja, denn es gab kein Licht mehr im ganzen Hause."

"So gehen wir in den Stall."

"Aber wenn bereits Jemand da ist."

"Werden sehen."

Die Thür des Ziegenstalles wurde geöffnet, und Königsau hörte, daß Jemand hineinkam. Die Ziegen zeigten etwas Unruhe, schwiegen aber nach einigen begütigenden Lauten wieder, und dann erklang unten die Mahnung:

"Komm herein, es ist Niemand hier."

"Ah, das ist gut."

"Ja, hier ist es warm, viel besser als da draußen. Ich bin allemal hier untergeschlippt, wenn ich den Weg in die Berge gemacht habe."

"Heimlich?"

"Ja, heimlich. Es ist besser, man weiß gar nicht, daß ich hier gewesen bin."

Königsau konnte alle diese Worte verstehen, obgleich sie fast nur geflüstert wurden. Freilich durfte er kein Glied seines Körpers rühren, weil sonst das Rascheln des Heues seine Anwesenheit verrathen hätte.

Wer waren die beiden Männer da unten? so fragte er sich. Der Wirth hatte von allerlei Gesindel gesprochen. Geheim war ihr Einschleichen in den Stall, und geheimnißvoll klangen auch die Worte, welche er erlauscht hatte.

"Was würde der Wirth sagen, wenn er uns hier entdeckte?"

"Nichts. Wir sind hereingegangen, weil er schlief und wir ihn nicht stören wollten. Er würde es uns gar nicht übel nehmen, aber wir müßten doch einen Sou Schlafgeld zahlen."

"Darauf kann es Dir ja gar nicht ankommen, denn Du bist reich."

"Freilich!" lachte der Andere. "Aber besser ist es immer, man weiß gar nichts von meiner Anwesenheit."

"Werden die Hacken und die Schaufeln noch da liegen?"

"Ganz gewiß; sie sind ja vergraben."

"Ah, wenn die Leute wüßten — — —!"

"Nun, ich habe dafür gesorgt, daß sie nichts wissen. Ah, ich habe in dieser Beziehung bereits schon sehr viel Pulver verschwendet."

"Wie aber kommst Du dazu, mir dieses Geheimniß mitzutheilen, während die Anderen es doch — — hm?"

"Das will ich Dir sagen. Wir waren sechs Personen. Wir hatten ausgemacht, nur alle sechs zugleich sollten den Ort zur bestimmten Zeit besuchen. Ich aber war schlau und machte mir meine Zeichen. Da merkte ich gar bald, daß die Kerls einzeln kamen und sich Geld holten. Da habe ich sie nach und nach weggeputzt, Viere ich und Du den fünften vorgestern. Das war Deine Probe. Du hast sie gut bestanden."

"O, denkst Du, daß es das erste Mal war?" lachte es auf.

"Ah, Du hast schon — — —?"

"Sechs, bis jetzt."

"Sechs hast Du bereits abgethan?"

"Ja."

"Hm, das ist schon aller Ehren werth. Und Du hast wirklich ein Auge auf meine Tochter?"

"Ja."

"Und sie? Was sagt sie dazu? Hast Du schon mit ihr gesprochen?"

"Freilich will sie mich. Wir sind vollständig einig."

"Wenn die Sache so steht, so kann ich Dir vertrauen. Mein Schwiegersohn wird mich nicht verrathen."

"Fällt mir doch nicht im Traume ein! Aber wie kamst Du denn eigentlich dazu, es gerade auf die Kasse abzusehen? Es war doch eine böse und schwierige Sache."

„Das war der reine Zufall. Es war eine schlechte Zeit, und der Wildhandel ging nicht mehr, denn ein Jeder schoß sich selbst das, was er brauchte. Ich wußte nicht, wovon ich leben sollte. Da nahm ich meine Büchse und zielte auf Menschen."

„Hm!"

„Was?"

„Brachtest Du das gleich fertig?"

„Warum nicht? Uebrigens war es oft gar nicht nöthig. Es gab Todte oder Verwundete, in deren Taschen genug für mich war. Es hatten sich nach und nach Mehrere zu mir gefunden, fünf Mann und ich. Wir trieben das Handwerk methodisch, und es brachte uns Etwas ein. Da, bei dem Ueberfall der Preußen auf Ligny waren wir in der Nähe. Wir beobachteten vom Berge aus den ganzen Vorgang."

„Das war sehr bequem."

„Natürlich. Da sahen wir, daß sich ein mit vier Pferden bespannter Wagen verduftete; er wurde von vielleicht fünfzig Infanteristen begleitet. Das fiel auf. Wir beriethen; wir lauschten und kamen zu dem Glauben, daß es die Kriegskasse sei. Das war natürlich ganz unser Fall."

„Was thatet Ihr?"

„Einige waren so toll, einen directen Ueberfall wagen zu wollen; ich aber überzeugte sie doch, daß dies der reine Wahnsinn sei. Es lag klar, daß man die Kasse in das Gebirge bringen wollte. Wir brauchten nur mitzugehen, so konnten wir die Bedeckungsmannschaft nach und nach ganz gemüthlich wegputzen. Und dies geschah. Nicht weit von hier fielen die letzten Vier. Dann bemächtigten wir uns des Geschirres und fuhren hinauf in die Schlucht, welche ich von früher her kannte. Dort wurde die Kasse vergraben."

„Und Pferde und Wagen?"

„Den Wagen haben wir zertrümmert und verbrannt, auf die Pferde aber haben wir uns gesetzt und sind fortgeritten, um sie zu verkaufen."

„Wie viel war in der Kasse?"

„Ich weiß es nicht. Wir konnten es nicht zählen."

„Alle Teufel, so viel war es?"

„Ja. Das Zählen hätte uns zu viel Zeit gekostet. Es durfte sich ein Jeder tausend Franken nehmen; dann wurde sie vergraben."

„Dann habt Ihr Euch öfters Geld geholt?"

„Ich zweimal, dann habe ich die Anderen auf die Seite geschafft."

„Wo ist die Schlucht?"

„Sie ist eigentlich sehr leicht zu finden, aber sehr schwer zu beschreiben. Du wirst es morgen ja sehen."

„Wann brechen wir auf?"

„Sobald der Tag graut, damit man uns hier nicht sieht."

„Ich kann Dir sagen, daß ich vor Freude wie im Fieber bin!"

„Erst war es bei mir ebenso; jetzt hat es sich gelegt."

„Aber was gedenkst Du, mit diesem vielen Gelde zu thun?"

„Ich warte, bis es ruhig im Lande geworden ist, dann ziehe ich nach Amerika."

„Und nimmst das Geld mit?"

„Natürlich!"

„Man wird es bemerken."

„Wohl schwerlich. Das laß überhaupt meine Sorge sein."

„Aber ich. Was wird dann mit mir?"

„Dummer Kerl, Du wirst mein Schwiegersohn und ziehst mit mir!"

„Wirklich?"

„Natürlich."

„Ah, welche Freude! Höre, Du sollst sehen, daß Du an mir stets einen tüchtigen und treuen Burschen haben wirst."

„Das hoffe ich. Nun aber laß uns schlafen. Wir brauchen die Ruhe. Gute Nacht!"

„Gute Nacht!"

Unten raschelte die Streu, und dann wurde es still.

Wachte Königsau oder träumte er? Er brauchte Zeit, um sich in das Gehörte zurecht zu finden. Kaum hatte er von der Kriegskasse erzählen gehört, so stand er auch bereits an der Pforte ihres Geheimnisses.

Da raschelte es unten wieder und der Eine, welcher die Tochter haben wollte, sagte:

„Du, schläfst Du schon?"

„Nein."

„Was ist über uns?"

„Der Heuboden."

„Warst Du da schon einmal?"

„Nein. Dort schlafen nur selten Leute, welche besser sein wollen als Unsereiner."

„Donnerwetter! Wenn Jemand oben läge!"

„Höre, das ist wahr! Der Kerl hätte Alles gehört!"

„Man müßte ihn kalt machen."

„Komm, wir müssen sogleich nachsehen."

Sie standen alle Beide wieder auf und traten aus dem Stalle heraus. Königsau hatte den Riegel von innen vorgeschoben; er war also sicher. Aber auch im andern Falle hätte er sich nicht gefürchtet, denn er war mit zwei Taschenpistolen bewaffnet. Und doch war es ein Glück, daß er die Leiter hereingenommen hatte, den er hörte sagen:

„Es ist zu, da oben."

„Also Niemand drinn?"

„Wäre Jemand drinn, so würde die Leiter anlehnen."

„Das ist richtig. Wir haben uns unnöthiger Weise echauffirt."

„Ich denke es auch. Komm, legen wir uns wieder auf das Ohr!"

Das Geräusch, welches sie jetzt verursachten, gab Königsau Gelegenheit, sich in eine so bequeme Lage zu bringen, daß er darin verharren konnte, ohne besorgt sein zu müssen, ein verrätherisches Geräusch zu verursachen.

Wer waren diese beiden Kerls? fragte er sich. Jedenfalls nichtswürdige Subjecte, Schlachtfeldhyänen, von denen die eine die andere aufgezehrt hatte. Er beschloß, die ganze Nacht zu wachen und ihnen am Morgen zu folgen. Der Gedanke an die Masse Geldes, um die es sich handelte, ließ ihm zunächst allerdings keine Ruhe, bald jedoch kam die Müdigkeit langsam, aber sicher über ihn, und er fiel in Schlaf, der aber so leise war, daß er sofort erwachte, als kurz vor Tagesanbruch sich die beiden Männer unter ihm zu regen begannen. Der Eine gähnte laut und fragte:

Schläfst Du noch?"

„Nein. Ich wachte soeben auf."

„Ich auch. Welche Zeit wird es sein?"

„Will sehen!"

Die Thür des Stalles wurde geöffnet, und dann sagte dieselbe Stimme:

„Der Tag wird gleich kommen. Wir könnten immer aufbrechen."

„Wie ist es mit dem Regen?"

„Nicht so dick wie gestern, aber er bringt durch."

„Verdammt! Gutes Wetter wäre mir lieber!"

„Und mir dieses schlechte. Kein Mensch wird in den Bergen sein."

„Wie lang haben wir zu gehen?"

„Zwei Stunden."

„Das ist viel. Wir werden fadennaß."

„Aber wir bekommen Geld die Hülle und die Fülle. In der Köhlerhütte machen wir uns dann ein Feuer und wärmen und trocknen uns."

„Liegt sie an unserm Wege?"

„Ja."

„Und ist sie bewohnt?"

„Lange nicht mehr. Wir sind da vollständig sicher. Komm, mache Dich auf die Beine."

Der Andere erhob sich, trat aus dem Stalle heraus und machte die Thür desselben wieder zu. Dann dehnte und streckte er sich und fragte:

„So! Ich bin bereit. Rechts oder links?"

„Rechts? Dummheit! Wir werden doch nicht wieder durch die Stadt gehen. Wir müssen links, am Wasser hin. Wenn dann drei große Erlen kommen, geht es in die Berge hinein. Komm!"

Sie entfernten sich. Jetzt brauchte Königsau nicht sofort nachzufolgen, denn er wußte die Richtung, in welcher er sich zu halten hatte. Uebrigens war seine Aufgabe keineswegs eine leichte. Er wollte diese beiden Menschen verfolgen und durfte sich ihnen doch nicht so weit nähern, daß er von ihnen gesehen werden konnte. Aus diesem Grunde war ihm das Regenwetter hoch willkommen. Es weichte den Boden auf, so daß tüchtige Spuren zurückbleiben mußten, welche leicht zu erkennen waren.

Er ließ erst ihre Schritte vollständig verhallen; dann öffnete er seine Thür und schob die Leiter hinaus, an welcher er hinunter stieg, nachdem er die Thür wieder verschlossen hatte. Gleich von hier aus waren die Spuren der Beiden ganz deutlich zu sehen.

Er folgte denselben längs des Flüßchens hin bis zu den erwähnten drei großen Erlen. Dort bogen sie links ab und er mit ihnen.

Bei hellem Wetter wäre es bereits Tag gewesen, heut aber mischte sich der Regen mit einem Nebel, welcher kaum zehn Schritte weit zu blicken erlaubte. Die Gegend war nicht sehr bewaldet, und so sorgten die Verhältnisse ganz von selbst dafür, daß die Spuren sich nicht verloren.

So ging es wohl eine Stunde lang immer bergan. Da begann der Hochwald, und es hieß nun, vorsichtiger und auch aufmerksamer sein.

(Fortsetzung folgt.)

Die Liebe des Ulanen.

Original-Roman aus der Zeit des deutsch-französischen Krieges von Karl May.

(Fortsetzung.)

Königsau beflügelte seine Schritte, um in größere Nähe der Voranschreitenden zu kommen. Nach einiger Zeit hörte er ihre Stimmen, da sie ganz ungenirt laut mit einander sprachen, und nun konnte er, hinter den Bäumen versteckt, hinter ihnen herhuschen, ohne befürchten zu müssen, sie wegen Mangels an Spuren zu verlieren.

Diese letzteren waren jetzt immer einer Art von Weg gefolgt, auf welchem sich wohl auch ein Wagen bewegen konnte, jetzt aber endete dieser Weg an einer kleinen Lichtung, auf welcher ein sehr primitives Gebäude stand, jedenfalls die Köhlerhütte, von welcher gesprochen worden war.

Die Männer traten nicht ein, sondern schritten quer über die Lichtung hinüber. Königsau folgte ihnen, aber nicht direct, sondern sich unter den Bäumen am Rande der Blöße haltend. Wenn Einer zurückblickte, hätte er sonst sehr leicht entdeckt werden können.

Jetzt hatte der Pfad aufgehört; aber die Bäume standen so breit auseinander und das Terrain stieg so langsam empor, daß man auch hier noch nicht mit Wagen fahren konnte. Endlich kam man in eine breite Thalmulde, welche fast bis zum Kamme des Gebirges emporzugehen schien, dann aber plötzlich in einen breiten, kluftartigen Riß überging, welcher sich nach links hin zog.

In ihn bogen die beiden Männer ein, und der Oberlieutenant folgte ihnen. Die beiden Ränder der Schlucht waren dicht mit starken Bäumen besetzt, zwischen denen noch niederes Gebüsch wucherte. Königsau brauchte nicht zu befürchten, gesehen zu werden.

Da sie unten auf der Sohle der Schlucht fortschritten, so konnte er etwas höher parallel mit ihnen gehen und sie sogar reden hören. Jetzt, zum ersten Male, sah er auch ihre Gesichter. Es war ein älterer und ein jüngerer Mann. Der Erstere hatte ein dicht bebartetes Gesicht und in seinem Gang, seiner Haltung etwas Forstmännliches. Er mochte wohl ein fortgejagter Forstwart sein. Seine Züge waren kühn und keineswegs abstoßend. Der Andere trug auch einen Vollbart, aber kurz und struppig, weil er noch nicht lange Zeit gestanden hatte. Seine Haltung war gebückt, sein Gang schleichend, und sein Gesicht zeigte die Spuren einer durch Laster fast bereits zerrütteten Jugend. Königsau hatte große Lust, ihn jeder Schandthat für fähig zu halten.

„Geht es noch weit!" fragte dieser Letztere, welcher bedeutend jünger war als der Erster, mit lauter Stimme.

„Warte einmal!" sagte der Gefragte lächelnd. Er musterte den Boden und fügte dann hinzu: „Gehe einmal grad zwölf Schritte langsam vorwärts!"

Der Aufgeforderte that dies.

„Halt!" kommandirte jetzt der Andere.

„Halt? Warum?"

„Weil Du jetzt grad über der Kriegskasse stehst."

„Ah, sie liegt grad unter mir?"

„Ja."

„Wie tief?"

„Ungefähr fünf Fuß."

„Da werden wir aber verteufelt zu graben haben!"

„Nein; es geht ganz gut. Der Boden ist locker."

„Aber Hacken und Schaufeln?"

„Gehe noch fünf Schritte geradeaus!"

Der Andere that es.

„Halt!"

„Hier liegen sie?"

„Ja, grad unter Deinen Füßen."

„Wie tief?"

„Nur so tief, daß Du nichts als das Messer zu nehmen brauchst, um sie zu bekommen."

„Wollen wir gleich anfangen?"

„Ja. Aber erst trinken wir einen Schluck."

Der Sprecher zog eine Branntweinflasche aus der Tasche, that einen tüchtigen Schluck und reichte sie dann dem Andern hin, der auch davon trank und sie ihm dann zurückgab.

Nun gruben sich die Beiden zunächst die Werkzeuge aus der Erde. Es waren zwei Spitzhacken und zwei Schaufeln. Der Jüngere forderte den Aelteren auf:

„Also sag mir, wie ich graben soll. Wo ist die Länge und die Breite?"

„Es ist ein Quadrat. Ehe wir die Hacken nehmen, müssen wir erst den Rasen mit den Schaufeln vorsichtig abstechen und abschälen. Er kommt später wieder darauf. Sonst würde man merken, daß hier gegraben worden ist."

Er nahm eine der Schaufeln und stach ein Quadrat des Rasens aus, welches abgehoben und zur Seite gelegt wurde. Dann begann die eigentliche Grabarbeit.

Königsau hatte das Alles ganz deutlich gesehen und gehört. Er hatte sich, höchstens fünfzehn Schritte oberhalb ihres Arbeitsortes, ganz gemächlich unter die überhängenden Zweige einer starken Fichte niedergesetzt. Dort war der Regen nicht durchgedrungen; er hatte also einen bequemen trockenen Sitz und wurde durch ein kleines, vorstehendes Strauchwerk so versteckt, daß er nicht bemerkt werden und doch Alles genau beobachten konnte.

Die Beiden arbeiteten wohl eine halbe Stunde abwechselnd mit Hacke und Schaufel. Da endlich gab ein Hieb einen dumpfen, harten Ton.

„Was war das?" fragte der Jüngere.

„Wir sind auf die Kiste gestoßen."

„Ah, das Geld ist in einer Kiste?"

„Nein; in einem eisernen Kasten, aber dieser steht wieder in einer Kiste."

„Höre," sagte der Jüngere, „ich will Dir sagen, daß ich bis jetzt an der Wahrheit Deiner Erzählung gezweifelt habe."

„Dummkopf!"

„Ich dachte, Du wolltest mich dadurch bewegen, Deine Tochter zu nehmen."

„Unsinn! Die würde noch einen anderen Kerl kriegen, als Du bist."

„Na, schön ist sie nicht."

„Wenn Sie Dir nicht paßt, kannst Du ja gehen!"

„Das fällt mir gar nicht ein! Also die Kriegskasse ist wirklich in dieser Kiste?"

Sein Gesicht war vor Erregung geröthet, und seine Augen glühten wie Flammen.

„Na, was denn sonst?"

„So wollen wir weiter graben."

Er ergriff die Hacke, während der Andere schaufelte. Als dieser sich aber ein Wenig mehr niederbückte, als nöthig gewesen wäre, holte er mit der Hacke aus und schlug sie ihm mit aller Gewalt auf den Hinterkopf. Der Getroffene stürzte lautlos und mit vollständig zerschmettertem Schädel in die Grube hinab.

Der Mörder aber warf die Hacke weg, schlug die Hände zusammen und rief:

„Hier, Dummkopf, hast Du Deinen Lohn! Um die Kasse zu besitzen, hast Du die Andern gemordet; jetzt bist Du selbst todt und mußt sie mir überlassen. O, ich bin reich, reich, reich, reich! Und Niemand weiß es und Niemand bekommt Etwas davon! Nun mag der Teufel das Mädchen holen! Ich kann mir nun die Schönste suchen, die es giebt, ich kann sogar auf die Meierei Jeanette freien gehen!"

Die entsetzliche That war so schnell und unerwartet begangen worden, daß es für Königsau unmöglich gewesen wäre, sie zu verhindern. Er war aufgesprungen; er stand ganz steif vor Schreck; aber lange Zeit blieb er nicht so stehen, sondern er zog seine beiden Doppelpistolen hervor, spannte die Hähne und schlich sich hinab.

Der Mörder stand wie ein Verzückter vor seinem Opfer.

„Habe ich Dich getroffen? Nicht wahr, sehr gut?" sagte er. „Komm heraus! Ich muß zu der Kasse hinab, Du aber liegst mir im Wege!"

Er ergriff die beiden Beine des Ermordeten und zog ihn aus der Grube heraus. Dann nahm er die Schauffel vom Boden auf und richtete sich in die Höhe, um die Arbeit fortzusetzen; da aber riß er plötzlich die Augen auf; die Schaufel entsank seinen Händen, und er stand vor Schreck völlig bewegungslos.

Er hatte Königsau bemerkt welcher zwei Schritte weit vor ihm stand, die vier Läufe seiner Pistolen auf ihn gerichtet.

„Mörder!"

Auf dieses Wort des Offiziers konnte der Mann nichts antworten; er schien die Sprache verloren zu haben.

„Gleich siehst Du, ob er vielleicht noch lebt!"

Dieser Befehl gab ihm das Vermögen der Sprache wieder.

„Hölle und Teufel, wer sind Sie?" fragte er.

„Das wird sich finden. Jetzt siehst Du nach, ob er noch lebt, sonst jage ich Dir eine Kugel in den Kopf. Vorwärts, rasch!"

Königsau's Ton und Haltung waren so, daß der Mann nicht zu widerstreben wagte. Er bückte sich nieder, untersuchte den Andern und sagte dann ohne eine Spur der Reue:

„Vollständig todt. Warum war er so dumm?"

„Wer der Dumme ist, das wird sich finden. Wie heißest Du?"

Der Mann hatte sich jetzt von seinem Schrecke vollständig erholt. Er antwortete:

„Wem geht das hier Etwas an?"

„Mir! Uebrigens mache ich Dich darauf aufmerksam, daß ich Dir sofort die Kugel durch den Kopf jage, wenn Du mir noch eine einzige solche Antwort giebst. Also, wie heißest Du?"

„Fabier."

„Woher?"

„Aus Roucourt."

„Was bist Du?"

„Fleischer."

„Wie hieß dieser Mann hier?"

„Barchand."

„Woher?"

„Auch aus Roucourt."

„Was war er?"

„Auch Fleischer."

„Gut, das genügt einstweilen. Nimm eine Hacke und Schaufel und folge mir!"

„Wozu?"

„Das wirst Du erfahren."

„Wissen Sie, was sich in dieser Grube befindet?"

„Ja."

„Nein, Sie wissen es nicht, Sie können es nicht wissen!"

„Ich weiß es."

„Nun, was?"

„Die Kriegskasse von Ligny."

„O Teufel, woher wissen Sie das?"

„Ich bin ein Officier. Das muß Dir genügen."

„Officier? Herr, wir wollen die Kasse theilen!"

„Unsinn."

„Ich will nur den dritten Theil haben!"

„Schweig, und gehorche."

„Nur den vierten Theil."

„Wirst Du Hacke und Schaufel nehmen oder nicht?"

„Ich gehorche, und Sie werden mit sich reden lassen."

Er nahm die Werkzeuge auf. Immer mit gespannter Waffe führte ihn Königsau eine Strecke weiter in die Schlucht hinein. Auf den Boden deutend, gebot er:

„Hier gräbst Du dem Gemordeten ein Grab!"

„Gern, Monsieur! Aber wollen wir nicht erst über die Kasse sprechen?"

„Später. Erst bringen wir den Todten zur Ruhe."

„Gut, ich werde gehorchen."

Er begann zu arbeiten. Der Gedanke an die Kasse trieb ihn zum größten Eifer an. In Zeit von einer Viertelstunde war ein sechs Fuß langes und vier Fuß tiefes Grab aufgeworfen. Der Mann blickte den Lieutenant fragend an.

„Noch einmal so breit!" gebot dieser.

„Warum? das genügt ja."

„Arbeite so, wie ich es Dir befehle."

Der Mann sah sich gezwungen, zu gehorchen. Nach Verlauf von abermals einer Viertelstunde hatte das Grab die anbefohlene Breite.

„Jetzt hole Deinen Kameraden her und lege ihn hinein!"

Der Mann gehorchte abermals, aber er war außerordentlich blaß geworden. Es schien ihm zu ahnen, weshalb er dem Grabe eine doppelte Breite hatte geben müssen.

„Was nun?" fragte er jetzt, scheinbar demüthig.

Königsau bemerkte gar wohl die Blicke, welche er um sich warf. Es handelte sich hier um Leben und Tod. Jeder mußte auf den Anderen die strengste Obacht geben.

„Jetzt wird die Kasse wieder zugedeckt," sagte der Officier.

„Zugedeckt? Warum?"

„Es soll sie Niemand bemerken. Weshalb denn sonst?"

„Ich denke, wir wollen sie theilen!"

„Sie bleibt unberührt."

„Herr, beweist doch einmal, das Ihr ein Recht an ihr habt!"

„Du bist der Kerl nicht, dem ich dies zu beweisen hätte. Packe Dich an die Arbeit, sonst jage ich Dir die Kugel in den Kopf."

„Aber wenn ich die Kasse zudeckt habe, was wird nachher?"

„Das wirst Du sehen."

„Herr, Ihr dürft nicht so schlimm von mir denken."

„O nein. Du hast nur bereits Sechs abgethan; dieser dort ist der Siebente."

Da wurde das Gesicht des Mannes förmlich fahl vor Schreck. Dann aber trat auch sein eigenthümlicher Character zu Tage, denn er antwortete darauf:

„Nun, wenn Sie das wissen, so werden Sie mir wohl auch glauben, daß ich Ihnen jetzt nur gehorche, weil ich meinen Grund dazu habe."

„Allerdings. Du fürchtest meine Kugel."

„O, da irren Sie sich ganz außerordentlich. Nicht eine jede Kugel trifft."

„Die meinige sicher."

„Das kommt auf eine Probe an."

Königsau zuckte die Achsel.

„Dummkopf!" sagte er. „Glaubst Du, mich zu Probeschüssen verleiten zu können? Gehorche meinem Befehle, sonst wirst Du sofort sehen, daß ich gut treffe."

Der Mann begann nun allerdings, die Grube zuzufüllen, welche er mit dem Todten mit so vieler Mühe aufgegraben hatte. Königsau stand dabei und sah zu, daß es in der gehörigen Weise geschehe. Auch der Rasen wurde wieder darauf gelegt und festgetreten, so daß man nicht sah, daß vor wenigen Minuten sich hier ein tiefes Loch befunden habe. Jetzt sagte der Mörder:

„So, da sind wir fertig; unser Geheimniß ist nun wieder gesichert. Ich hoffe nun, daß wir unsere Verabredungen treffen. Wie haben Sie denn eigentlich den Ort kennen gelernt, an dem der Schatz vergraben liegt?"

Königsau sagte sich, daß die Wahrheit hier eine Strafschärfung sei, und daher antwortete er mit einem überlegenen Lächeln:

„Von Euch selber."

„Von uns? Wen meinen Sie?" fragte er erstaunt.

„Ich meine Dich und dort Deinen Begleiter, den Du ermordet hast."

„Wie? Von uns Beiden hätten Sie es erfahren?"

„Ja."

„Aber wie denn?"

„Ihr spracht gestern Abend im Ziegenstalle davon."

„Donnerwetter! Wo waren Sie da?"

„Ueber Euch auf dem Heuboden."

Der Mann stand ganz perplex da.

„Aber wir haben ja nachgesehen," sagte er. „Es war kein Mensch droben."

„Ich war droben."

„Es war ja zugeschlossen!"

„Ich hatte von innen zugeschlossen."

„Es war keine Leiter da."

„Ich hatte sie mit hineingenommen."

„Und das ist wahr, wirklich Alles wahr?"

„Ganz gewiß. Als Ihr Euch ausgesprochen hattet, sagtet Ihr Euch gute Nacht; aber nach einer Weile frugst Du, was über Euch sei. Es kam Euch der Gedanke, daß Jemand gehorcht haben könnte, und da nahmt Ihr Euch vor, ihn kalt zu machen."

„Wahrhaftig, das stimmt, das stimmt! Wie dumm, o wie dumm!"

„Daß Ihr mich nicht kalt gemacht habt?"

„Ja, das hätten wir ganz sicher gethan."

„Heut morgen besprat Ihr noch den Weg, links vom Flusse ab, wo die drei hohen Erlen stehen. Da bin ich Euch nachgefolgt bis hierher."

„Welch eine Dummheit von uns! Aber sagt, was hatten Sie sich vorgenommen? Was wollten Sie thun?"

„Ich wollte den Ort kennen lernen und dann die Kasse holen. Vielleicht hätte ich Euch beide erschossen, so wie Du ihn getödtet hast und ich Dich auch tödten werde."

„Mich? Tödten?" fragte er mit kreidebleichen Lippen.

„Ja, gewiß," antwortete Königsau bestimmt und ernst.

„Aber warum? Ich habe Ihnen doch nichts gethan?"

„O, Du hättest mich längst erschlagen, wenn Dich meine Pistolen nicht im Zaume gehalten hätten. Du hast Deinen Kameraden gemordet, und der Ort, an welchem die Kasse vergraben liegt, muß verborgen bleiben; das sind zwei höchst triftige Gründe für Dein Todesurtheil. Du hast Dir dort Dein Grab selbst gegraben; Du wirst neben Deinem Opfer verfaulen."

Der Mann blickte einige Secunden regungslos zu Boden,

Jetzt waren die Opfer der Kriegskasse gerächt, und der Sieger befand sich, wie er meinte, in dem alleinigen Besitze des werthvollen Geheimnisses.

„Jetzt bin ich der Einzige, der diesen Ort kennt" sagte er zu sich. „Die Deutschen werden siegen und wieder in Frankreich eindringen. Ich hebe dann die Kasse und übergebe sie dem Marschall. Ein Avancement ist mir darauf hin gewiß. Daß ich diesen Menschen erschossen habe, braucht meinem Gewissen keine Schmerzen zu machen. Er war ein Verräther gegen seine Verbündeten, ein Mörder, der seinen Lohn empfangen hat."

Er warf die Leiche des Erschossenen in das von diesem selbst bereitete Grab und deckte die beiden Todten mit Erde zu. Nachdem er das Aeußere des Grabes so hergerichtet hatte daß man nur schwer errathen konnte, was hier vorgegangen

Kinder-Vergnügen.

als ob er sich von den Worten des Sprechers vollständig zerknirscht und niedergeschmettert fühle. Dann zog er den einen Fuß zurück und warf sich im nächsten Augenblicke mit einem wuchtigen Sprunge auf den Mann, der sich hier zu seinem Richter aufwarf.

„Noch ist's nicht so weit!" rief er. „Stirb Du vor mir!"

Aber der verkleidete Husarenlieutenant war nicht der Mann, sich in dieser Weise überrumpeln zu lassen. Sein scharfes Auge hatte die Fußbewegung des Mörders ganz richtig taxirt. Er trat, als dieser sich auf ihn schnellte, zur Seite, erhob die Pistole und antwortete:

„So fahre hin ohne Beichte und Gebet!"

Sein Schuß krachte und der Franzose stürzte, durch den Kopf getroffen, zu Boden.

war, zerstreute er rundum die noch übrig gebliebene Erde. Auch gab er sich die möglichste Mühe, den Ort, an welchem die Kasse vergraben lag, so natürlich herzustellen, daß Niemand auf den Gedanken gerathen konnte, daß hier in der Erde ein Schatz von so bedeutendem Werthe vergraben liege.

Nun blieb nur noch übrig, die Werkzeuge wieder zu verbergen. Er that dies in derselben Weise, wie es vorher der Fall gewesen war, da ihm keine bessere Art der Verwahrung einfallen wollte. Darauf maß er die Lage der Goldgrube, der Werkzeuge und der Leichen genau nach Schritten ab und zog dann sein Notizbuch hervor, um seine Notizen darüber zu machen und eine Zeichnung zu entwerfen

Jetzt war er fertig und trat den Rückweg an.

Als er das Haus erreichte, in welchem er gestern Abend eingekehrt gewesen war, fand er die Wirthsleute bereits munter. Sie hatten sich noch nicht um ihn gekümmert und glaubten, daß er erst jetzt aufgestanden sei. Das war ihm lieb.

Nachdem er ein sehr frugales Frühstück genossen hatte, bezahlte er seine Zeche und setzte seinen Weg fort, begleitet von den besten, aber wortkargen Wünschen der beiden Alten, welche gestern Abend so ungewöhnlich mittheilsam gegen ihn gewesen waren.

Die letzte Liebe Napoleons.

Zu Anfang des ereignißreichen Monats Juni des Jahres 1815 befand sich das große Hauptquartier der Franzosen zu Laon, während das Hauptquartier der Moselarmee zu Thionville lag.

In dem Ersteren war bereits Baron Daure, der Generalintendant der Armee, vor einigen Tagen angekommen, und nun erwartete man täglich, dort auch den Kaiser zu sehen. Zugleich wurde von Napoleon gesagt, daß er nach Straßburg gehen werde, um sich dort zu zeigen und die gesunkene Begeisterung für sich wieder zu entflammen. Auch in Thionville wurde er erwartet.

Man kannte den großen Mann genau. Er liebte es, möglichst allgegenwärtig zu scheinen und sich grad da sehen zu lassen, wo er am wenigsten erwartet wurde. Ueberhaupt zeigt die damals von ihm eingeschlagene Route, auf welcher er sich nach dem voraussichtlichen Schauplatze der zu erwartenden Kämpfe begab, noch heutigen Tages einige unausgefüllte Lücken. Er hat nach seiner ihm gewohnten Weise mehrere blitzschnelle Abstecher gemacht, deren Absicht selbst den Personen seiner nächsten Begleitung ein Räthsel blieb.

Die Eigenheiten eines Herrschers pflegen Nachahmung zu finden. Einige Marschälle des Kaisers hatten sich ein ähnliches Verfahren, ihre Untergebenen zu überraschen, angewöhnt. Besonders wußte man von Marschall Grouchy, daß er es liebte, überall selbst zu sehen und zu hören, und es war allgemein bekannt, daß er viele seiner zahlreichen Siege und Erfolge meist dieser Angewohnheit zu verdanken habe. —

Es war um Mittag des Tages, mit welchem das letzte Capitel geschlossen hat, als jener Verkleidete, welcher Niemand Anders war, als Lieutenant von Königsau, in Sedan anlangte. Er hätte die Stadt lieber umgangen, aber damals war die Sedaner Brücke die einzige, welche in jener Gegend über die Maas führte. Der Fluß war sonst ohne Gefahr nicht zu passiren, da er in Folge mehrtägigen Regens eine ungewöhnliche und aufgeregte Wassermenge mit sich führte.

Sedan, der Geburtsort des berühmten Turenne, ist zu jeder Zeit ein in kriegerischer Beziehung wichtiger Platz gewesen. Darum war es nicht zu verwundern, daß es auch jetzt nebst seiner ganzen Umgegend voller Truppen lag.

Diese Letzteren gehörten zu dem Heerestheile des Marschalls Ney, welcher, in Saarlouis als Sohn eines Böttchers geboren, es durch seine Talente zum Marschall von Frankreich, Herzog von Eßlingen und Fürst von der Moskwa gebracht hatte.

Unter ihm kommandirte General Drouet, welcher zum Aide-Major-General von Bonapartes Garden ernannt worden war. Dieser General, welchen der geneigte Leser bereits kennen gelernt hat, verzichtete darauf, in Sedan selbst zu wohnen, und hatte sein Standquartier hinaus nach Roncourt verlegt, jenem Orte, bei welchem der Meierhof Jeanette lag. Diesen Meierhof hatte Drouet für sich selbst in Beschlag genommen, während sein Stab in Roncourt lag.

Bei seinem Eintritte in Sedan wurde Königsau nach seiner Legitimation gefragt. Er zeigte dieselbe vor, welche er gestern Abend dem Wirthe übergeben und heut Morgen vor seinem Scheiden natürlich wieder zurückerhalten hatte.

Diese Legitimation stammte zwar aus Blüchers Hauptquartier, war aber dennoch vollständig hinreichend. In Kriegszeiten jedoch pflegt man mit mehr Sorgfalt als gewöhnlich zu verfahren, und so hatte der Lieutenant auf der Commandantur ein Verhör zu bestehen, welches ihn einigermaßen in Schweiß brachte. Er hatte gegen die Franzosen gekämpft und war längere Zeit in Paris gewesen. Wie leicht war es möglich, daß Jemand ihn hier erkannte. Dann wäre es allerdings um ihn geschehen gewesen.

Darum wurde ihm das Herz außerordentlich leicht, als er seine Legitimation zurückerhielt und mit ihr die Erlaubniß empfing, die Stadt zu passiren.

Roncourt liegt ungefähr zwei volle Wegstunden im Süden von Sedan. Damals waren die Wege zwischen diesen beiden Orten sehr mangelhaft. Der Argonner Wald, zu welchem jene Gegenden gehören, war im höchsten Grade verrufen, da sich dort allerlei Gesindel angesammelt hatte, welches sich in den tiefen Wäldern und Schluchten versteckt hielt, um nur dann hervorzubrechen, wenn es einen Raub oder sonst einen gesetzwidrigen Streich auszuführen gab.

Zwischen Roncourt und Sedan war der Weg jetzt allerdings sicher, da die militärische Verbindung, welche zwischen den beiden Hauptquartieren bestand, diesen Marodeurs und Vagabunden Achtung einflößte. Weiterhin, besonders nach Laon zu, wohin der Weg über Bethel führte, gab es zwar auch solche Verbindungen, aber die Wege waren doch militärisch nicht so frequentirt, daß eine vollständige Sicherheit geherrscht hätte.

Ein jeder Krieg erzeugt, wie jedes Gewitter, seinen Schmutz. Die Hefe der Bevölkerung, welche vielleicht bereits vorher mit dem Gesetze in Conflict steht, wird von den Ereignissen in Bewegung gebracht und beginnt, im trüben Wasser die Angel auszuwerfen. Solche Hefe gab es damals in den Wäldern der Ardennen und Argonnen genug, so daß es keineswegs ohne Gefahr war, allein und unbewaffnet durch jene Gegenden zu wandern.

Als Königsau Roncourt erreichte, war es ihm leicht, den Weg nach dem Meierhofe zu erfragen. Dort angekommen, trat ihm Alles in einem kriegerischen Anstriche entgegen. An dem Thore stand ein Posten, welcher ihm, das Gewehr vorstreckend, den Eingang verwehrte.

„Wohin?" fragte der Soldat.

„Herein," antwortete Königsau kurz.

„Zum General?"

„Nein. Welcher General wohnt hier?"

„General Drouet. Zu wem wollen Sie sonst?"

„Zur Besitzerin des Hofes."

„Zu Frau de Sainte-Marie?"

„Ja."

„Die ist nicht da. Sie ist heut Morgen fortgefahren."

„So wird Jemand da sein, der ihre Stelle vertritt."

„Das ist der junge Herr. Kennen Sie ihn?"

„Ich habe ein Geschäft mit ihm abzuschließen."

„Ah, das ist etwas Anderes! Sie können passiren. Herr de Sainte-Marie wohnt in dem Parterrelokale, dessen vier Fenster Sie dort rechts bemerken."

Königsau bedankte sich für die Unterweisung, welche ihm zu Theil geworden war, und schritt nach der angegebenen Wohnung. Auf sein Klopfen hörte er ein lautes „Herein!" Als er eintrat, befand er sich, wie er auf den ersten Blick bemerkte, in dem Arbeitsraume eines unverheiratheten Herrn. Es herrschte hier jene elegante, sorglose Unordnung, wie man sie oft bei den Junggesellen besserer Stände zu bemerken pflegt.

Während er die Thür hinter sich verschloß, erhob sich vom Sopha ein junger Mann, der ihn mit musterndem Blicke betrachtete. Die Züge desselben waren höchst angenehm, fast mehr weiblich als männlich. Er mochte höchstens zweiundzwanzig Jahre zählen, während die dünnen, seidenweichen Haare seines Schnurrbärtchens ihn noch jünger erscheinen ließen.

„Herr de Sainte-Marie?" fragte Königsau.

„Ja," antwortete der Angeredete, ihn mit forschenden Augen betrachtend. „Was wünschen Sie von mir?"

„Wollen Sie die Güte haben, mir zu sagen, ob Frau Richemonte zu sprechen ist?"

Ueber das Gesicht des Franzosen zuckte es wie eine Art von Ueberraschung; fast hätte man sagen mögen, daß sein Blick eine augenblickliche Besorgniß zeige.

„Ah, Frau Richemonte?" fragte er. „Was wollen Sie von ihr?"

Er konnte diese etwas zudringliche Frage aussprechen, da Königsau ganz wie ein Mann gewöhnlichen Standes gekleidet war.

„Es sind persönliche Angelegenheiten der Dame, welche mich zu ihr führen," antwortete Königsau. „Ich weiß leider nicht, ob sie mir erlauben würde, von denselben gegen eine dritte Person zu sprechen."

„Ich will Sie zu keiner Indiskretion verleiten; aber Sie kennen die Dame?"

„Ja."

„Woher?"

„Von Paris aus."

Da verfinsterte sich das Gesicht des jungen Mannes plötzlich. Er fragte:

„Sie sind Capitän Richemonte?"

„Nein."

„Ah! Also sonst ein Bekannter?"

„Ja."

„Woher wissen Sie, daß Frau Richemonte sich hier befindet?"

„Ich habe sie selbst nach dem Meierhofe gebracht."

„Wohl als Kutscher?"

„O nein," lächelte Königsau, „als Begleiter."

„Von Paris aus?"

„Ja."

Da glitt ein eigenthümlicher Zug über das Gesicht des jungen Mannes. Man konnte nicht sagen, ob es Schreck oder Freude sei, welches ihn zu der schnellen Frage bewegte:

„Donnerwetter! So heißen Sie Königsau?"

„Ja."

„Und Sie wagen sich — — ah, kommen Sie, kommen Sie!"

Er faßte den Arm des Lieutenants und zog den Letzteren rasch aus dem Zimmer fort zu einer Thür hinaus. Dort befand sich augenscheinlich der eigentliche Wohnraum. Hier betrachtete der Baron den Gast noch einmal vom Kopfe bis zu den Füßen herab und er sagte:

„Mein Gott, wie können Sie es wagen, nach Roncourt zu kommen?"

„Halten Sie das wirklich für ein Wagniß, Baron?"

„Gewiß! Sie sind Deutscher, und noch dazu Officier. Haben Sie nicht gewußt, daß General Drouet sich auf unserer Meierei befindet?"

„Ich erfuhr es erst in Sedan."

„Und dennoch wagten Sie sich hierher? Wie nun, wenn man Sie festnimmt?"

„Das befürchte ich nicht," lächelte Königsau.

„Und Sie als Spion behandelt?"

„Ich komme nur, um Frau und Mademoiselle Richemonte zu sprechen."

Der Baron blickte wie rathlos im Zimmer umher und sagte dann, auf einen Stuhl deutend:

„Setzen Sie sich, Herr Lieutenant. Es gilt, daß wir uns klar werden. Sie sind ein Freund der Madame Richemonte?"

„Ein sehr aufrichtiger und ergebener," antwortete Königsau, indem er sich niedersetzte.

„Als die Damen hier angekommen sind, war ich nicht anwesend, ich befand mich zu der Zeit in der Gegend von Rheims, um die Kellereien eines Freundes zu besichtigen. Sie müssen wissen, daß ich Landwirth und besonders Weinzüchter bin. Als ich nach Hause kam, fand ich die Damen vor. Ich hörte, daß ein Deutscher sie nach hier begleitet habe, ein Lieutenant Namens Königsau."

„Dieser bin ich."

„Wie ich höre. Madame Richemonte sagte, daß sie Ursache habe, für nächste Zeit ihren Aufenthalt bei uns nicht wissen zu lassen; nur Sie allein seien ausgenommen. Sie scheinen also das Vertrauen dieser Dame zu besitzen — —?"

„Ich hoffe es!"

„Sie haben ihr jedenfalls wichtige Dienste geleistet?"

„Es ist mir allerdings vergönnt gewesen, den Damen einigermaßen nützlich zu sein, doch bin ich weit davon entfernt, mir dies als Verdienst anzurechnen."

Jetzt begannen die Züge des Barons sich wieder zu erheitern.

„Dann bin auch ich Ihnen Dank schuldig," sagte er. „Sie wissen wohl, daß Frau Richemonte meine Verwandte ist?"

„Die Dame sprach davon, wenn auch nicht eingehender."

„Meine Mutter ist ebenso, wie Madame Richemonte, eine Deutsche. Beide stammen aus demselben Orte und sind so das, was man Cousinen nennt. Mein Vater ist todt, und so habe ich" — fügte er mit einem heiteren, sorglosen Lächeln hinzu — „die ganze Last der Verwaltung unseres Besitzthums auf meinen armen Schultern liegen. Es war sehr einsam hier; die Ankunft der beiden Damen hat Leben und Bewegung herbeigebracht, was ich ihnen herzlich danke. Leider ist diese Bewegung und dieses Leben bedeutend potenzirt worden durch die Ankunft des Militärs, welche Alles aus Rand und Band gebracht haben."

„Ich condolire!" sagte Königsau höflich.

„Danke! Als Sohn einer Deutschen bin ich nicht so raffinirt französisch gesinnt, daß es mir lieb sein kann, mich zum Diener einer anspruchsvollen Soldateska herabwürdigen zu lassen. Und nun zumal um Ihretwillen wünsche ich diese Herren alle zum Teufel."

„Ich bitte, auf mich nicht die mindeste Rücksicht zu nehmen, Baron."

„Wenn das so leicht wäre! Darf ich Sie fortweisen?"

„Ich hoffe es nicht!" lachte Königsau.

„Aber darf ich einen deutschen Officier bei mir aufnehmen?"

„Unter den gegenwärtigen Umständen, ja. Ich komme ja nicht als Officier. Ich bin im Besitze einer Ligitimation, welche man in Sedan respectirt hat."

„Das ist etwas Anderes! Aber leider finden Sie Frau Richemonte nicht vor."

„Wo ist sie?"

„Sie und Mademoiselle sind heute Morgen mit Mama nach Vouziers gefahren."

„Nach Vouziers? Wann kehren sie zurück?"

„Heut Abend wahrscheinlich."

Da machte Königsau eine Bewegung des Schreckes.

„Heut Abend?" fragte er. „Nicht morgen am Tage? Es sind von Vouziers bis hierher volle sechs Stunden zu fahren."

„Allerdings. Aber bei den Lasten, welche die Einquartirung uns bereitet, kann ich die Mutter unmöglich länger entbehren."

„Das glaube ich gern. Aber bedenken Sie doch die Unsicherheit des Weges!"

Da trat der Baron einen Schritt zurück, machte ein sehr verblüfftes Gesicht, schlug die eine Hand in die andere und rief: „Mein Gott, ja! Daran haben wir gar nicht gedacht! Mama nicht und ich nicht!"

„Der Weg führt durch Wälder, in denen allerlei Gesindel hausen soll, wie ich gehört habe," bemerkte Königsau.

„Das ist richtig. Alle Teufel, was ist da zu thun?"

Der Baron schien eine vorzugsweise heitere, sorglose Natur zu sein. Jetzt aber sah man es ihm an, daß er keineswegs gleichgiltig blieb.

„Welchen Weg schlagen die Damen ein?" fragte Königsau.

„Sie sind über La Chêne und Boule aux Bois gefahren."

„Und sie kehren auf demselben Wege zurück?"

„Ganz sicher! Ich befinde mich da in großer Angst. Mein Gott, wenn ihnen Etwas wiederfährt! Wenn sie angefallen werden! Ich würde ihnen entgegenreiten, aber ich kann unmöglich fort, da dieser verteufelte General Drouet in jeder Minute einen Wunsch, ein Verlangen, einen Befehl zu erfüllen hat!"

„So lassen Sie mir ein Pferd satteln."

„Ihnen?" fragte der Baron, halb erstaunt und halb erleichtert.

„Ja, mir, wenn ich bitten darf."

„Aber wissen Sie, in welche Gefahr Sie sich begeben?"

„Pah! Wegen dem Gesindel?"

„Ja. Und weil Sie ein Deutscher sind."

„Diese Gefahr giebt es nicht für mich. Hier, lesen Sie meine Legitimation. Vielleicht wird es auch für Sie nöthig, den Namen zu kennen, welchen ich gegenwärtig trage."

Der Baron las das Document, gab es ihm zurück und sagte:

„Ein Pferd können Sie haben; aber sind Sie auch bewaffnet?"

„Ich habe Pistolen und ein Messer."

„Das ist nicht genug. Ich werde Ihnen noch zwei Doppelpistolen geben. Aber, kennen Sie den Weg, den Sie zu reiten haben?"

„Monsieur, ich bin deutscher Officier!"

Der Baron nickte und sagte:

„Es ist wahr, mein Herr; die Deutschen haben bewiesen, daß ihre Karten von Frankreich besser und genauer sind, als die unsrigen. Aber wollen Sie nicht vielleicht vorher Etwas genießen?"

„Ich danke? Das würde meine Zeit verkürzen, die ich nothwendiger brauche."

„So werde ich Ihnen einen Imbiß in die Satteltaschen thun lassen, während gesattelt wird. Man kann nicht wissen, was geschieht. Entschuldigen Sie mich!"

Er entfernte sich, um seine Befehle zu ertheilen.

So befand sich Königsau also in der Höhle des Löwen. Er war abgeschickt worden, um so viel wie möglich über die Pläne des Feindes zu erkundschaften. Er hatte sich dazu selbst angeboten. Er wußte, wie gefährlich dieses Unternehmen war, denn man hätte ihn, wenn er entdeckt wurde, ganz einfach den schimpflichen Tod eines Spions sterben lassen: man hätte ihn aufgehenkt. Aber diese Gefahr wurde mehr als reichlich durch den Umstand aufgewogen, daß es ihm dabei möglich war, die Geliebte zu sehen und zu sprechen. Und ein großer Erfolg war ihm ja bereits geworden; er hatte den Platz entdeckt, an welchem die Kriegskasse verborgen lag.

Während er so allein im Zimmer saß, dachte er an den Baron. Dieser war jedenfalls ein leichtlebiger, gutherziger Kavalier. Wußte er, daß Margot die Verlobte Königsau's war? Jedenfalls nicht, wie sich aus seinen Reden vermuthen ließ. Uebrigens hatte Frau Richemonte bei ihrer Ankunft auf dem Meierhofe es unterlassen, den Lieutenant als ihren künftigen Schwiegersohn vorzustellen. Sie hatte ihn einfach als ihren Freund bezeichnet. Königsau kannte den Grund, welcher sie dazu bestimmt hatte, nicht, aber er sagte sich, daß die vergangenen Ereignisse wohl Ursache geboten hätten, selbst gegen Verwandte vorsichtig zu sein.

Nach einiger Zeit kehrte der Baron zurück und meldete, daß gesattelt sei. Er öffnete ein Kästchen und zog zwei Doppelpistolen hervor, welche er Königsau überreichte

„Sind sie geladen?" fragte dieser.

„Nein. Ich bin ein Mann des Friedens und habe nur selten geschossen. Diese Waffen aber sollen vorzüglich sein; sie sind ein Erbtheil meines Vaters, welcher Officier war. Aber Munition ist da."

„So erbitte ich mir das Nöthige."

Der Baron brachte Kugeln, Pulver und Zündhütchen herbei. Königsau lud die Pistolen und fragte dabei!

„Woran kann man das Geschirr erkennen, in welchem die Damen kommen?"

„Es ist eine ziemlich alte Staatskarosse aus der Zeit Ludwigs des Fünfzehnten."

„Und die Pferde?"

„Ein Schimmel und ein Brauner."

„Ist außer dem Kutscher noch Personal dabei?"

„Leider nein, obgleich ein Hintersitz für den Diener vorhanden war."

„Ich danke, Monsieur! Ich werde mich sofort auf den Weg machen."

7.

8.

„Werden Sie mit zurückkehren?"

„Ich werde die Damen bis zum Meierhof begleiten und dann sehen, ob die Frau Baronin mich veranlaßt, mit einzutreten."

„Gut. Auf alle Fälle aber empfehle ich Ihnen Vorsicht an."

„Ich werde sie nicht außer Acht lassen."

Die beiden Männer begaben sich in den Hof hinaus, wo ein brauner Wallach auf den Reiter wartete. Königsau stieg auf. Er gab sich hier das Aussehen eines sehr mittelmäßigen Reiters und wurde, da der Herr des Hofes bei ihm war, von dem Posten ohne alle Schwierigkeit durchs Thor gelassen. Er hatte dabei ganz das Aussehen eines gewöhnlichen Arbeitsmannes, der es gewagt hat, einen Botenritt zu unternehmen, sich aber recht unbehaglich auf dem Gaule fühlt.

So ritt er eine Strecke langsam im Schlendergange fort, sobald aber Roncourt mit dem Meierhofe hinter ihm lag, gab er dem Pferde die Fersen und setzte es erst in Trab und dann sogar in Galopp.

Der Weg zog sich fast ununterbrochen durch den Wald und war höchst einsam. Rechter Hand lief ein Flüßchen in zahllosen Windungen dahin, und zur Linken war nichts zu sehen als ohne alle Abwechslung Baum an Baum.

Nur einmal gab es ein einsames Häuschen, für den müden Wanderer zur Einkehr errichtet. Königsau stieg hier ab, um eine kleine Erfrischung zu genießen und sich zu erkundigen.

Als er eintrat, sah er ein junges Mädchen am Spinnrade sitzen; sonst war Niemand vorhanden. Sie erhob sich und fragte freundlich nach seinem Begehr, doch war zu bemerken, daß sie ihn mit einem — beinahe möchte man sagen — mitleidig besorgten Blicke betrachtete.

„Kann ich ein Glas Wein haben?" fragte er.

Dabei bot er ihr zum Gruße die Hand, die sie auch nahm und leise berührte.

„Ja, gern," antworte sie.

Sie brachte das Verlangte, setzte es vor ihm hin und griff dann wieder zum Rade. Während dasselbe fleißig schnurrte, flog ihr Auge öfters verstohlen zu ihm hinüber. Er bemerkte dies wohl, aber er that nicht, als ob er es sehe. Es lag in diesen Blicken des Mädchens Etwas, was ihn aufmerksam werden ließ.

„Wie weit hat man noch bis Le Chêne popouleux?" fragte er endlich.

„Sie müssen eine gute Stunde reiten," antwortete sie. „Wollen Sie dorthin?"

„Ja."

„Wohl gar noch weiter?"

„Allerdings. Ich reite möglicher Weise bis nach Vouziers."

„O wehe," entfuhr es ihr.

„Warum o wehe?" fragte er.

Sie erröthete, senkte verlegen die Augen und antwortete stockend:

„Weil — weil es bis dahin Nacht sein wird."

„Schadet das Etwas?"

Jetzt hob sie den Blick empor und antwortete:

„Die Nacht ist keines Menschen Freund. Und dieser Wald ist so lang so sehr lang."

Da ging er näher auf sein Ziel los, indem er sie fragte:

„Man hat mir gesagt, daß es in diesem Walde nicht so recht geheuer sei. Ist dies wahr, Mademoiselle?"

Sie zögerte mit der Antwort, blickte ihn abermals forschend an und fragte dann, anstatt ihm Antwort zu geben:

„Sie sind hier fremd, Monsieur?"

„Ja."

„Aber Sie reiten doch ein hiesiges Pferd."

„Kennen Sie es?"

„Ja. Es gehört nach dem Meierhofe Jeanette."

„Das stimmt. Sind Sie dort bekannt?"

„O, sehr gut. Ich bin sogar das Pathenkind der Frau Baronin. Mein Großvater war Diener des seligen gnädigen Herrn."

„Ah, so kennen Sie auch die Karosse der gnädigen Baronin?"

„Gewiß. Sie ist heut früh hier vorüber gefahren."

„Nun, mein Kind, ich will der Frau Baronin entgegenreiten."

Da fuhr sie beinahe von dem Schemel empor, auf welchem sie saß.

„Der gnädigen Frau entgegenreiten?" fragte sie, indem ihr schönes Gesichtchen eine plötzliche Angst verrieth. „Ist das wahr?"

„Jawohl," antwortete er.

„Mein Gott, so kehrt die Baronin erst des Nachts heim?"

„Wahrscheinlich."

„Aber wer soll da ihren Wagen erkennen."

Dieser Ausruf war jedenfalls sehr zweideutig. Königsau fragte daher:

„Ist es denn nothwendig, daß ihr Wagen erkannt wird?"

„Ja, freilich!" antwortete sie schnell, aber unbesonnen. „Es darf ihr ja kein Leid geschehen!"

„Wer könnte ihr denn etwas thun?"

Diese Frage brachte sie zu der Erkenntniß, daß sie mehr gesagt habe, als sie jedenfalls beabsichtigt hatte. Ueber ihr hübsches, aufrichtiges Gesicht legte sich die Röthe der Verlegenheit, und sie antwortete erst nach einer kleinen Pause:

„O, Monsieur, Sie fragten mich vorhin, ob es wahr sei, daß es hier im Walde nicht so recht geheuer ist. Man hat Sie richtig berichtet. Es giebt im Walde böse Menschen, denen nicht zu trauen ist."

„Und Sie kennen diese Menschen?" fragte er, einen eindringlichen Blick auf sie richtend.

Ihre Wimpern lagen längere Zeit tief und fast über den Augen, ehe sie antwortete:

„Monsieur, ich wohne ganz allein hier mit meiner Mutter. Es kommen sehr oft Leute, welche wir nicht kennen dürfen, sonst würde es uns schlimm ergehen."

„Aber, liebes Kind, warum bleibt Ihr da hier wohnen?"

„O, wir wollten gern fort, aber es geht nicht. Als Vater dieses Haus kaufte, da lebte er noch, und da war es im Walde sicher und gut. Es kamen nur ehrliche Leute, und wir hatten unsere Freude an dem Heimwesen. Da aber kam der Krieg, und nun füllte sich das Land mit schlimmen Leuten, welche alle bei uns einkehrten. Vater wurde von Einem erschossen. Großvater wurde von der Baronin entlassen und starb auch bald. Da war ich mit Mutter allein. Wir dürfen Niemand verrathen, sonst sind wir verloren."

„So verkauft das Haus."

„Wer kauft es uns ab, Monsieur?"

„So bittet die Baronin um Hilfe. Sie ist gut und wird Euch den Wunsch nicht abschlagen."

„Sie hat ihn uns bereits abgeschlagen," antwortete sie leise und langsam.

„Warum?"

Jetzt zog eine tiefe, tiefe Gluth über ihr Gesicht, und sie antwortete stockend:

„Weil — weil — — o, sie ist sehr böse auf uns."

„Warum denn, mein Kind? Vielleicht kann ich helfen."

Da legte sie plötzlich die Hand vor die Augen und bog das Köpfchen nieder. Königsau sah eine Fülle herrlichen Haares sich auflösen und er sah Thränentropfen zwischen den kleinen, zarten Fingern hervorquellen — sie weinte.

Eine Zeit lang herrschte tiefe Stille im Zimmer; dann sagte er im mildesten Tone:

„Ich habe Ihnen sehr wehe gethan, mein gutes Kind. Nicht wahr?"

Da hob sie langsam den Kopf, sah ihn durch Thränen an und antwortete:

„O nein, Monsieur. Ich höre vielmehr, daß Sie es gut mit mir meinen. Und darum will ich Ihnen Etwas sagen. Kennen Sie den Weg, den Sie zu reiten haben?"

„Im Einzelnen nicht."

„Nun, er macht von hier aus einige Krümmungen. Ist Ihnen das kleine Liedchen bekannt: „Ma chérie est la belle Madeleine?"

„Ja."

„Nun gut. Wenn Sie an der fünften Krümmung von hier ankommen, so steht am Rande des Dickichts rechter Hand ein Kreuz. Dort ist einmal Einer ermordet worden. Sobald Sie dieses Kreuz sehen, singen Sie dieses Lied. Sie können doch singen, Monsieur?"

„Ein Wenig."

„Wenn Sie nicht gern singen, so pfeifen Sie wenigstens die Melodie."

„Warum?"

„O, das darf ich ja doch nicht sagen."

„So werde ich es Ihnen sagen. Hinter dem Kreuze stecken Die verborgen, welche zuweilen zu Ihnen kommen. Sie lauern den Wanderern auf. Wer aber das Lied singt oder pfeift, dem thun sie nichts, weil er unter Ihrem Schutze steht."

„Mein Gott, ich verbiete Ihnen streng, das zu verrathen."

„Ihr Verbot kommt zu spät," sagte er lächelnd.

„Monsieur, ich bitte Sie um Gottes Willen, nichts zu verrathen!"

„Ich werde keinem Menschen Etwas sagen."

„O, Einem doch!"

„Wem?"

„Dem Kutscher der gnädigen Frau müssen Sie sagen, daß er heut Abend das Lied pfeifen soll, sobald er an das Kreuz kommt. Der gnädigen Frau geschieht nichts; aber da bei Nacht ihr Wagen nicht genau zu erkennen ist, kann er sehr leicht verwechselt werden."

„Ich werde das besorgen, liebes Kind. Aber haben Sie noch nicht daran gedacht, daß Sie sich zum Mitschuldigen dieser Verbrecher machen, wenn Sie ihr Thun und ihre Schlupfwinkel kennen, ohne sie anzuzeigen?"

„Ich weiß das, Monsieur. Aber sie würden mich und Mutter tödten. Soll ich die Mörderin meiner eigenen Mutter werden?"

„Sie könnten ja fliehen, bis Alle vernichtet sind!"

„Vernichtet? O, es stehen immer wieder Neue und Andere auf. Dieser Fabier — —"

Sie hielt inne und erröthete abermals vor Verlegenheit. Der zuletzt genannte Name fiel Königsau auf.

(Fortsetzung folgt.)

Die Liebe des Ulanen.
Original-Roman aus der Zeit des deutsch-französischen Krieges von Karl May.
(Fortsetzung.)

Es war aus den Mienen des Mädchens sicher zu erkennen, daß der Name Fabier ihm verhaßt sei, und Königsau hielt sich davon sofort überzeugt.

„Fahren Sie weiter fort, Mademoiselle!"

„O bitte, ich wollte nichts sagen, Monsieur."

„Aber Sie nannten ja einen Namen!"

„Er entschlüpfte mir nur so."

„Sagten Sie nicht Fabier?"

„Ja."

„So ist Ihnen vielleicht auch der Name Barchand bekannt?"

Da hob sie schnell den Kopf empor und fragte:

„Barchand? O, kennen Sie ihn?"

„Ich weiß es nicht genau. Waren diese Beiden vielleicht auch hier im Walde?"

„Ja."

„Nun, Sie werden nicht wiederkommen."

„Warum?" fragte sie überrascht, und zwar sichtlich in freudiger Weise.

„Sie sind todt."

„Todt? Gestorben? Ist's möglich? Ist es wahr? Monsieur?"

„Ja, es ist wahr."

„Wo? Wo sind sie gestorben?"

„Sie haben einander getödtet. Ich selbst habe ihre Leichen gesehen, jenseits Sedan."

„Wann?"

„Heute Morgen."

Da erhob sie sich von ihrem Sessel, kam langsam auf ihn zu, legte ihm das kleine Händchen auf den Arm und sagte:

„Ist dies wahr, wirklich wahr, Monsieur?"

„Gewiß!"

„Sie können es beschwören?"

„Mit allen Eiden der Welt."

„O, dann sei Gott tausendmal Lob und Dank! Wissen Sie, Barchand war einer der Anführer dieser bösen Leute, welche mich und Mutter so belästigen. Und Fabier war mein Dämon, mein böser Geist."

„Ah, er liebte Sie?"

„Er sagte es. Noch gestern früh war er hier und sagte, daß er heute als ein sehr reicher Mann zurückkehren werde. Dann solle ich seine Frau werden oder sterben."

„So hat er die Tochter Barchands betrogen!"

„Hat er das? Hat er ihr gesagt, daß er sie liebe?"

„Ja, um ihren Vater zu gewinnen."

„Und woher wissen Sie das Alles?"

„Ich habe sie vor ihrem Tode belauscht. Ich will Ihnen nun aufrichtig sagen, daß Fabier Barchand getödtet hat, aber zur Strafe und um meiner eigenen Sicherheit willen habe ich ihn dann selbst erschossen."

„Sie? Ihn?" fragte sie, als könne sie es nur schwer glauben und begreifen.

„Ja, mit dieser meiner Hand. Ich habe auch Beide eingescharrt."

„Jenseits Sedan?"

„Jenseits Sedan!" nickte er.

„Und sie kommen also nicht wieder?"

„Niemals!"

Da holte sie tief Athem und faltete die Hände.

„Monsieur," sagte sie, „bereuen Sie Ihre That nicht! Sie haben ein gottgefälliges Werk vollbracht. Sie sind mein Retter und der Retter vieler Andern geworden. Dieser

Fabier hätte mich noch in den Tod getrieben; denn ich verabscheute ihn."

„Ja, Sie lieben ja einen Andern."

„Einen Andern?" fragte sie erröthend.

„Gewiß! Sie selbst haben es mir ja gesagt und gestanden."

„Ich? Unmöglich!" antwortete sie.

„O, nicht Ihre Worte, sondern Ihr Erröthen, Ihre Verlegenheit haben es mir verrathen."

Sie wollte sich abwenden, er aber hielt sie bei den Händchen fest und fragte:

„Darf ich es sagen, wen Sie lieben, Mademoiselle?"

„Sie wissen es nicht! Sie können es nicht wissen!" widerstrebte sie.

„Und doch weiß ich es. Der junge Baron ist es, dem Ihr Herz gehört."

„Monsieur," rief sie erbleichend.

„Darum wurde Ihr Großvater entlassen."

„Sie irren."

„Und darum wurde die Frau Baronin so bös auf Sie, mein Kind."

„Sie sind sehr grausam, Monsieur!"

„O nein. Ich möchte Ihr Freund sein und Ihnen helfen. Hat der Baron Ihnen bereits gesagt, daß auch er Sie lieb hat?"

Sie schüttelte leise das Köpfchen.

„Aber er ist freundlich, liebreich und zuvorkommend gegen Sie gewesen? Er ist so zu Ihnen gewesen, wie man nur zu einem Mädchen ist, welches man lieb hat?"

Sie nickte langsam und zog dann ihre Hand aus der seinigen.

„Monsieur," sagte sie, „ich weiß gar nicht, wie das kommt, daß ich Ihnen das Alles mittheile. Ich wage, Ihnen Dinge zu sagen, welche ich niemals einem Andern mitgetheilt habe. Meine Aufrichtigkeit könnte mich in große Gefahr bringen."

„Niemals, mein Kind, denn es wird kein Mensch erfahren, daß Sie es sind, welche mir dies Alles gesagt hat. Wenn ein wirklich guter Mensch zu einem Andern kommt, so öffnet sich selbst das verschlossenste Herz. Das ist die Macht, welche ein ehrliches, offenes Menschenangesicht ausübt. Nun aber ist meine Zeit abgelaufen. Ich hoffe, daß ich Sie wiedersehe. Kehrt die Baronin nicht bei Ihnen ein?"

„Niemals."

„Kommt der Herr Baron auch nicht?"

„Zuweilen," gestand sie.

„Wo ist Ihre Mutter?"

„Sie ist oben beschäftigt."

„Und darf ich Ihren Namen wissen?"

„Ich heiße Bertha."

„Und wie noch?"

„Bertha Marmont."

„Ich danke. Leben Sie wohl, Mademoiselle Bertha! Ich danke Ihnen recht herzlich für Ihre freundliche Warnung. Gott lasse Sie recht, recht glücklich werden!"

Er reichte ihr seine Hand. Sie hielt dieselbe fest, sah ihm voll in die Augen und fragte:

„Sie werden auch gewiß meine Warnung befolgen?"

„Gewiß."

„Sie werden singen Ma chérie est la belle Madeleine!"

„Ich werde es pfeifen. Weiterhin, von dem Kreuze ab ist der Wald wohl sicher?"

„Ja, bis Le Chêne; jenseits aber kenne ich keinen Rath."

„Sie meinen jedoch, daß es dort auch nicht geheuer ist."

„Man hört von dort viel Böses erzählen. Nehmen Sie sich sehr, sehr in Acht, Monsieur."

Er gab ihr ein Goldstück und ging, ohne sich Etwas herausgeben zu lassen. Sie begleitete ihn bis vor die Thür und sah ihn aufsteigen. Als er davongaloppirte, blickte sie ihm nach, bis er hinter der ersten Krümmung des Weges verschwunden war; dann sagte sie nachdenklich zu sich:

„Das war ein guter Mensch, ein sehr guter Mensch. Er hatte so treue, ehrliche Augen, viel treuer und guter als der Baron, den ich doch so unendlich lieb habe. Er trug ganz einfache Kleider, aber er war doch ein feiner Herr. Er ritt gerade wie ein Officier. Er hat mir seinen Namen verschwiegen. Ich möchte wohl recht gern wissen, wer er ist. Wenn er nur um Gottes Willen nicht vergißt, das Lied zu pfeifen."

Ganz ähnliche Gedanken hatte auch Königsau.

„Ein schönes und ein braves Mädchen!" dachte er. „So gut, rein und kindlich, obgleich sie von der Sünde und dem Verbrechen umgeben ist. Ich wette, daß sich zwischen ihr und dem Barone noch eine Art Roman entspinnt, und wünsche nur, daß er sich für sie nicht allzu unglücklich enden möge."

Er ritt schnell seines Weges und legte eine Krümmung des letzeren nach der andern zurück. Kurz bevor er die fünfte erreichte, lockerte er seine Pistolen, um schnell zum Schusse bereit zu sein. Und als er das Kreuz erblickte, begann er das in ganz Frankreich damals bekannte Liebeslied Ma chérie est la belle Madeleine laut und fröhlich hinaus zu pfeifen. Dabei suchten seine Augen verstohlen etwas Verdächtiges zu entdecken.

Er war noch nicht vis-à-vis des Kreuzes angekommen, so bemerkte er, daß zwei Köpfe sich vorsichtig über die Zweige des Gebüsches erhoben, welches den Rand des Waldes besäumte; aber ebenso schnell, wie sie erschienen waren, verschwanden sie auch wieder. Er gelangte ohne alle Fährlichkeit vorüber.

Im Weiterreiter kam ihm ein Gedanke.

„Wenn ich diese Kerls belauschen könnte!" dachte er. „Vielleicht würde ich Etwas erfahren, was mir Nutzen bringt. Soll ich es wagen? Pah, ich habe vier Doppelpistolen, also acht Schüsse, und stehe außerdem unter dem Schutze dieses Mädchens."

Als er die nächste Krümmung erreichte, konnte er von den Marodeurs, selbst wenn ihn diese hätten beobachten wollen, nicht mehr bemerkt werden. Er sprang ab und zog sein Pferd ein genügendes Stück in den Wald hinein.

Dort band er es an einen Baum und kehrte dann in der Richtung zurück, aus welcher er gekommen war, natürlich aber nicht auf der Straße, sondern unter dem Schutze der Bäume des Forstes. Je mehr er sich dem Kreuze näherte, desto vorsichtiger wurde er. Er schlug sich noch tiefer in den Wald hinein, um von dort aus an das Kreuz zu kommen. Es gelang ihm gut.

Sich leise von Baum zu Baum schleichend, konnte er bereits die Lichtung der Straße vor sich erkennen, als er die

Büsche erreichte, welche als Unterholz zwischen den Stämmen standen. Er kroch langsam zwischen diesen Büschen vorwärts und hörte bald halblaute Stimmen vor sich. Seine Vorsicht verdoppelnd, schob er sich weiter, bis er nur um einen Strauch zu blicken brauchte, um Die zu sehen, welche er suchte.

Eng zwischen das Buschwerk eingeklemmt, saßen acht Männer. Ihre Kleider waren augenscheinlich aus Raubstücken zusammengesetzt, ein buntes Gemisch von Militär und Civil. Ihre Bewaffnung war ausgezeichnet, und ihr Aeußeres zeigte ganz und gar deutlich auf das Gewerbe hin, welchem sie oblagen.

Unweit von ihnen standen, hart am Rande des Gebüsches und fast in der unmittelbaren Nähe des Kreuzes, noch Zwei, welche Wache zu halten hatten. Es waren dies die Zwei, welche Königsau vorher gesehen hatte. Sie verhielten sich ruhig, während die Andern sich so laut unterhielten, daß der Lauscher Alles hören konnte.

„Ein Knecht? Nein das war er nicht," sagte Einer.

„Was sonst?" fragte ein Anderer.

„Er ritt so militärisch. Er hatte so prachtvollen Schluß."

„Und einen reinen Officiersbart!" fügte ein Dritter hinzu.

„Streitet Euch nicht!" warnte ein Vierter. „Er ist ja nun vorüber."

„Er sah nicht nach vielem Gelde aus!" bemerkte der Zweite.

„Es wäre ein schlechter Fang gewesen. Uebrigens hatte er unser Zeichen."

„Wer mag es ihm gesagt haben?"

„Vielleicht pfiff er das Lied nur ganz zufällig."

„Oder ist er bei Bertha Marmont eingekehrt?"

„Sollte er ein Bekannter von ihr sein?"

„Vielleicht ein Geliebter?"

Da schlug der Eine mit der Faust auf den Rasen und sagte:

„Dann sollte ihn der Teufel holen. Die Bertha ist ein zu appetitlicher Bissen, als daß wir sie einem Fremden überlassen sollten."

„Einer von uns oder Keiner."

„Pah!" brummte sein Nachbar, der zu alt war, um noch Liebesgedanken hegen zu können. „Streitet Euch nicht! Einige von uns haben sich die Finger an ihr verbrannt. Keiner gönnt sie dem Andern, und darum haben wir ausgemacht, daß Keiner sie bekommen soll. Es würde sonst Mord und Todtschlag geben. Warum sollte sie da nicht Einen nehmen dürfen, den sie lieb hat?"

„O, ich weiß Einen, den sie wohl gern möchte."

„Wen?"

„Aber er hängt ihr zu hoch."

„Wer ist es?"

„Der Baron."

Ein allgemeines „Ah!" ging im Keise herum.

„Der junge Baron de Sainte-Marie?" fragte Einer erstaunt.

„Ja."

„Unmöglich!"

„Warum unmöglich?"

„Er ein Baron und sie die Tochter aus einer Waldschänke."

„Pah! Es macht die Liebe Alles gleich."

„Woher weißt Du es?"

„Ich habe es gesehen. Habt Ihr denn noch nicht bemerkt, wie sie erröthet und lauscht, wenn von ihm die Rede ist? Sie ist in ihn verliebt bis über die Ohren."

„Und er auch in sie?"

„Wer weiß es."

„Das Mädchen wäre ganz und gar darnach. Ich traue ihr zu, daß es eine prachtvolle Baronin abgeben würde."

„Er kommt öfters in die Schänke."

„Weiß dies Fabier?"

„Vielleicht."

„Nun, dann mag der Baron sich in Acht nehmen. Der Fabier jagt ihm eine Kugel durch den Kopf. Er ist ganz toll in das Mädchen."

„Aber er darf es nicht bekommen; das wäre ganz gegen unsere Verabredung.

„Uebrigens," stimmte ein Anderer bei, „soll er ja Barchands Tochter heirathen."

„Die? Das fällt ihm gar nicht ein!"

„Warum nicht? Er und der Alte sind jetzt außerordentlich dicke Freunde. Immer liegen sie beisammen. Immer sprechen sie leise. Immer haben sie Heimlichkeiten. Wollen sie uns etwa übervortheilen?"

„Das sollte ihnen nicht gut bekommen."

„Sei still! Du hättest nichts dagegen. Sind sie nicht seit gestern fort? Wollten sie nicht erst heute Abend wiederkommen? Was treiben sie? Sie gehen doch, um mit einander auf eigene Rechnung zu jagen!"

„Das leiden wir nicht! Alles für Alle. Alles muß getheilt werden."

„Ja. Nun sind sie fort, und da ist kein Zusammenhalt. Da sind die Andern auch gegangen, so daß nur unserer Zehn hier sitzen. Was ist da anzufangen."

„Richtig! Wären wir heute am Vormittage Alle beisammen gewesen, so hätten wir einen Fang gemacht. Dreißig Soldaten bei einem Wagen! Was muß das gewesen sein. Gewiß kein übler Fang."

„Vielleicht gar eine Kriegskasse."

„Das ist sehr leicht möglich. Nun aber ist sie vorüber. Wenn diese Beiden mit ihren Heimlichkeiten fortfahren, so jagen wir sie einfach zum Teufel. Wer weiß, wo und was sie für einen Fang machen, während wir hier brach liegen Kommt hier ja einer vorüber, so singt oder pfeift er das Lied, und wir haben das Nachsehen."

„Nur Geduld!" lachte der Alte. „Der Kerl, welcher hier vorüberpfiff, hatte nicht drei Franken im Sacke. Warte bis heute Abend."

„Wird es wahr sein?"

„Ich habe es ganz genau gehört"

„Ein Marschall?"

„Sogar zwei Marschälle."

„Donnerwetter! Welche?"

„Frage nicht ewig! Was thut der Name zur Sache!"

„Aber ob sie Geld haben!"

„Meinst Du, ein Marschall reise ohne einem vollen Beutel?"

„Und Ringe, Uhren, Dosen, Diamanten und Pretiosen!" meinte ein Anderer.

„Aber auch mit großer Bedeckung."

„Pah! Die wird niedergeschossen."

„Und wenn sie zahlreich ist?"

„Wenn die Anderen kommen, sind wir zwanzig Mann. Das genügt vollständig."

„Ja, vollständig!" stimmte einer seiner Kameraden bei. „Wir liegen hier sicher im Hinterhalte. Wir geben uns ja nicht eher blos, als bis sie alle erschossen sind."

Hier handelte es sich also um den Ueberfall zweier Marschälle. Sollte Königsau weiter lauschen? Sollte er noch mehr zu erfahren suchen, um die Marschälle aufzusuchen und zu warnen? Was nützte das ihm? Was nützte es seiner Sache? Nichts. Es konnte ihm nur Schaden bringen. Uebrigens brachen die Leute das Thema ab und begannen von gleichgiltigeren Dingen zu sprechen.

Der kleinste Umstand konnte zum Verräther an ihm werden. Darum zog er sich zurück, erst langsam und leise; dann aber nahm er einen raschen Schritt an und eilte zu seinem Pferde. Er fand es noch so, wie er es verlassen hatte, zog es aus dem Walde auf die Straße heraus, stieg auf und setzte seinen Weg fort.

Nach einer halben Stunde erreichte er Le Chêne. Er wäre am Liebsten hindurchgeritten, doch hielt er es für besser, einmal einzukehren. Auf diese Weise konnte er vielleicht Etwas erfahren. Er führte sein Pferd hinter das Haus, ließ sich ein Glas Wein geben und fragte dann den Wirth, ob er ein wenig Heu bekommen könne.

„Für Ihr Pferd?" fragte dieser.

„Denken Sie etwa, für mich?" lachte er.

Der Wirth machte ein saures Gesicht und antwortete:

„Heu ist nicht da. Aber gehen Sie in den Garten, da schneidet das Mädchen Gras. Das ist auch besser als Heu."

Der gute Mann blieb ruhig auf seinem Stuhle sitzen. Königsau schritt über den Hof hinüber und öffnete die Gartenpforte. Er trat in einen Laubengang, welcher von Pfeifenstrauch und Weinreben gebildet wurde. Dieser Gang war sehr dicht belaubt, und es gab nur hier und da ein hinein geschnittenes Loch, welches als eine Art Fenster diente. Er führte in gerader Richtung nach einer Laube, aus welcher man in den eigentlichen Grasgarten gelangte.

Indem Königsau so dahinschritt, vernahm er eine Stimme. Er blieb überrascht stehen, denn es war ihm, als ob er den Namen Fabier gehört hätte.

Er lauschte. Jetzt vernahm er deutlich, daß draußen außerhalb des Ganges zwei Personen mit einander sprachen. Er unterschied eine männliche und eine weibliche Stimme. Sie ertönten gar nicht weit von ihm. Er brauchte nur noch einige Schritte zu gehen, so stand er innerhalb grad an der Stelle, an welcher sie außerhalb standen.

Er schlich sich leise vorwärts und lauschte.

„Also Du bist ihm nicht gut?" fragte die männliche Stimme.

„Nein, ganz und gar nicht," antwortete die weibliche in einem tiefen, rauhen Alt.

„Aber er ist doch Dein Liebhaber."

„Wer sagt das?"

„Ich habe es gesehen."

„Wann?"

„Vorgestern am Zaune. Da habt Ihr Euch geküßt."

„Er mich, aber ich ihn nicht."

„Du brauchst es doch nicht zu leiden."

„Er ist stärker als ich."

„So brauchst Du noch nicht hinaus zu ihm zu gehen."

„Dummkopf! Wußte ich, daß er draußen stand?"

„Aber Du hast mit ihm getanzt."

„Mit Andern auch."

„Aber mit mir nicht."

„Dummkopf! Du wirst mein Mann und bist mir also sicher."

„Ah so! Aber ich will doch mit meiner Geliebten auch einmal tanzen."

„Warte, bis sie Deine Frau ist."

„Und wenn ich Dich nun nicht zur Frau haben mag?"

„So läßt Du es bleiben! Aber dann wirst Du auch kein reicher Mann, der den Wein aus Krügen trinkt und den Tabak aus Meerschaumpfeifen raucht."

Die Soldaten kommen.

„Du redest nur stets von Reichthum. Wovon soll ich reich werden?"

„Durch mich!"

„Durch Dich?" ertönte es lachend. „Was besitzest Du denn? Einen Rock, zwei Hemden, zwei Strümpfe, eine Schürze, eine Jacke, ein Tuch und ein Paar Holzschuhe. Das ist Dein ganzer Reichthum."

„Dummkopf! Muß man denn seinen Reichthum auf dem Leibe tragen?"

„Wo denn?"

„Den versteckt man."

„Ah! Man gräbt ihn zum Beispiel ein?"

„Ja."

„Dann wird es ein Schatz."

„Ja, richtig, ein Schatz!"

„Aber man hat nichts davon."

„Warum nicht?"

„Nun, wenn das Geld in der Erde steckt, was soll es Einem da helfen?"

„Dummkopf! Man holt sich zuweilen so viel, wie man grade braucht!"

„O, das wäre sehr gut! Wer es doch bereits so weit gebracht hätte!"

„Ich, ich habe es so weit gebracht!" ertönte es in stolz knurrendem Tone.

„Du? Du hättest Geld vergraben?"

„Ja."

„Wo denn?"

„Das geht Dich jetzt noch nichts an. Das erfährst Du erst, wenn Du mein Mann bist."

„Donnerwetter! Wenn das wahr wäre! Ist's wahr?"

„Dummkopf! Würde ich Dir es sagen, wenn es nicht wahr wäre!"

„Ja, das mag richtig sein. Wie viel ist es denn?"

„Rathe einmal!"

„Fünfzig Franken?"

„Viel mehr!"

„Hundert Franken?"

„O, viel mehr!"

„Tausend Franken?"

„Noch mehr!"

„Noch mehr? Das ist unglaublich! Woher solltest Du dies viele Geld haben?"

„Dummkopf! Das ist meine Sache! Rathe also immer weiter!"

„Fünftausend Franken?"

„Viel mehr?"

„Zehntausend?"

„Noch lange nicht genug!"

„Aber Du machst mich ja ganz stupid! Für zehntausend Franken kann ich mir doch ein schönes Haus oder gar ein Bauerngut kaufen!"

„Dummkopf! Du bist ja schon stupid! Was liegt mir an einem Hause oder an einem Bauerngut! Ein Schloß will ich haben, ein Schloß mit Thürmen und großen Fenstern!"

Verlorenes Glück.
Vierte Illustration zur Erzählung: „Wiedergefunden."

Es entstand eine Pause, welche jedenfalls durch ein Mienenspiel des ungeheuersten Erstaunens ausgefüllt wurde. Dann ertönte die männliche Stimme wieder.

„Aber dazu gehören ja mehr als hunderttausend Franken!"

„Die habe ich ja!"

„Oder gar eine Million!"

„Auch diese habe ich."

„Mädchen, Du bist verrückt!"

„Dummkopf! Ist man denn verrückt, wenn man mehr als eine Million hat?"

„O nein! Da ist man im Gegentheil sehr gescheidt. Aber wo hast Du das Geld?"

„Vergraben."

„Und von wem hast Du es?"

„Von meinem Vater."

„Der ist ganz arm, blutarm!"

„Hat er nicht erst vor zwei Wochen drin in der Gaststube achtzig Franken im Spiele verloren?"

„Ja, das ist wahr."

„Nun ist er arm?"

„Hm! Wo hat er das Geld her?"

„Das kann ich nicht sagen."

„Warum nicht?"

„Weil Du noch nicht mein Mann bist."

„Also, um Alles zu erfahren, muß ich erst Dein Mann sein?"

„Natürlich!"

„Hahahaha! Dann wäre ich in Wirklichkeit der Dummkopf, wie Du mich immer heißest!"

„Wieso?"

„Wenn Du dann meine Frau bist, dann hast Du nichts."

„Ach Du glaubst mir nicht?"

„Nein. Ich lasse mich nicht fangen. Jetzt lockst Du mich zum Heirathen; aber nach der Hochzeit hast Du keinen Franken, viel weniger eine Million."

Wieder entstand eine Pause, nach welcher die weibliche Stimme fragte:

„Also Du magst mich nicht?"

„Mit leeren Versprechungen nicht."

„Aber ich sage ja die Wahrheit!"

„Beweise es!"

„Wenn ich Dir jetzt Alles sage, so verräthst Du es und heirathest mich nicht!"

„Unsinn! Ich möchte gar so gern reich sein, und wenn ich es durch Dich werden kann, so werde ich es doch nicht verrathen!"

„Aber wenn nun ein Bischen Unrecht dabei wäre?"

„Das ist mir egal!"

„Wenn der Schatz einem anderen gehörte?"

„Das wäre ihm recht! Mag er nicht so dumm sein und sein Geld vergraben!"

„Er ist ja gar nicht so dumm gewesen. Es ist ihm genommen und dann vergraben worden."

„Mag er es sich nicht nehmen lassen. Wer war es denn?"

„Kein Mann und keine Person, sondern der Staat."

„Der Staat? Ach, dem können wir das Geld nehmen! er hat es ja erst von uns! Es ist also wohl gar eine Kasse?"

„Ja."

„Wer hat sie gestohlen? Wer hat sie ausgeleert?"

„Man hat sie nicht ausgeleert. Sie ist ganz vergraben worden, gleich mit dem Kasten."

„Donnerwetter, eine Kriegskasse also?"

„Dummkopf! Brülle nicht so!"

„Wohl gar dieselbe, welche damals so gesucht wurde?"

„Ja."

„Wo steckt sie?"

„Das erfährst Du jetzt noch nicht. Du weißt jetzt einstweilen genug."

„Nein, ich weiß nicht genug. Das von der Kriegskasse kannst Du Dir erst ausgesonnen haben, um mich zu fangen; ich beiße aber an diese Angel nicht an!"

„Ja was willst Du denn noch wissen?"

„Wo sie liegt."

„Droben in den Bergen."

„In welchen Bergen?"

„Nicht weit von Bouillon."

„Ah! Kennst Du den Ort?"

„Nein; aber mein Vater weiß ihn."

„Woher weiß er ihn denn?"

„Dummkopf; weil er selbst die Kriegskasse dort vergraben hat!"

„Er selbst? Ach, so ist er es gewesen, der sie damals gestohlen hat?"

„Ja. Aber Du wirst ihn doch nicht verrathen?"

„Fällt mir gar nicht ein! Aber theilen muß er mit mir! Verstanden?"

„Das thut er auch, wenn Du mich zur Frau nimmst."

„Aber ich setze den Fall, er thut es nicht, wenn ich dann Dein Mann bin?"

„So schlage ich ihn todt und nehme ihm das Geld ab. Ja, gewiß, das thue ich."

„Donnerwetter! So hast Du mich also sehr lieb?"

„Dummkopf! Würde ich Dich sonst zum Manne haben wollen und Dir so viel Geld geben?"

„Ja, Du hast Recht. Aber woher weißt Du, das sie bei Bouillon vergraben liegt?"

„Der Vater sagte es mir."

„Aber wenn er Dich belogen hat?"

„Ich bin ihm nachgegangen, als er Geld holte; ich habe mich überzeugt."

„So mußt Du doch den Ort gesehen haben!"

„Nein. Er lief mir zu schnell; ich verlor ihn aus den Augen. Ich mußte also umkehren. Aber als er dann nach Hause kam, hatte er alle Taschen voller Goldstücke."

„Du bist ihm wirklich bis Bouillon nachgegangen?"

„Ja noch weiter."

„Wohin?"

„Bis über den Ort hinaus, am Wasser hin. Dann geht es links ab am Berg empor."

„Weiter."

„Man kommt im Wald an eine Hütte. Dort verlor ich ihn aus den Augen."

„Hm! Man müßte ihm nachschleichen!"

„Das ist nicht nöthig. Er theilt ja mit Dir."

„Wird er das wirklich thun?"

„Ganz sicher. Er wollte ja mit Fabier auch theilen. Aber diesen mag ich nicht. Ich kann ihn nicht leiden. Er ist klug und falsch; Du aber bist dumm und gut!"

„Ah, ich danke Dir! Daß er falsch mit Dir war, habe ich längst gewußt."

„In wiefern?"

„Er läuft der Tochter in der Waldschänke nach."

„Ah, das hast Du also auch gewußt? Ja, er hätte mir mein Geld abgenommen und es zu ihr hingetragen. Aber ich bin pfiffiger als er. Ich nehme mir einen Mann, den ich eher betrügen kann, als er mich. So muß man es machen."

Fast hätte Königsau laut aufgelacht und sich dadurch kläglich verrathen. Doch wurde das Gelächter von der männlichen Stimme reichlich besorgt; dann sagte sie:

„Du meinst also, mich betrügen zu können? Da muß ich außerordentlich vorsichtig zu Werke gehen, um nicht zu sehr über das Ohr gehauen zu werden!"

„Thue das immerhin! Deine Klugheit habe ich nicht zu fürchten. Aber jetzt habe ich nicht länger Zeit zu unnützen Gesprächen. Gehe fort und komme lieber heut Abend wieder, wenn meine Arbeit beendet ist. Adieu."

„Adieu!"

Königsau hörte das laute, klatschende Geräusch eines schallenden Schmatzes und dann eilig sich entfernende Schritte. Er trat an eins der Laubengangfenster und blickte hindurch. Er sah ein klein aber sehr untersetzt gebautes Mädchen, schmutzig gekleidet und mit wirr um den Kopf hängenden Haaren, das Gesicht voller Blatternarben und Sommersprossen. Das Wesen sah eher einer Kretine als einem normal gestalteten Menschen ähnlich und der boshafte Blick des kleinen Auges machte es noch abstoßender. Das also war Barchands Tochter, die Nebenbuhlerin der schönen Bertha Marmont! Welch ein Unterschied zwischen Beiden!

Der sich Entfernende war ein Mensch mit Säbelbeinen und

einem ungeheuren Kopfe. Als er sich noch einmal umdrehte, um seiner Geliebten zuzulächeln bildete, dieses beabsichtigte Lächeln eine höchst verunglückte Fratze, welche sich wie eine tragische Larve um sein Gesicht legte.

Diese Beiden paßten allerdings zusammen wie selten zwei Andere.

Königsau zog es vor, auf das Gras für das Pferd zu verzichten, und lieber Brod für dasselbe geben zu lassen. Er wollte lieber von dem Mädchen gar nicht bemerkt sein. Im Laufe der belauschten Unterhaltung war es ihm fast bange um seine Kriegskasse geworden. Es hatte allen Anschein gehabt, als ob das Mädchen den Ort kenne, an welchem dieselbe versteckt lag. Als sich dann jedoch herausstellte, daß dies nicht der Fall sei, fühlte er sich so erleichtert, daß er tief Athem holte.

Aber während er nach dem Gastzimmer zurückkehrte, kam ihm doch wieder ein beunruhigender Gedanke.

„Sollte sie den Ort dennoch wissen und sich gegen diesen Menschen nur verstellt haben?" fragte er sich. „Das wäre möglich, aber nicht wahrscheinlich. Sie hätte dann sicher nicht erzählt, das sie ihrem Vater fruchtlos nachgelaufen sei."

Damit beruhigte er sich. Er versorgte sein Pferd, bezahlte sodann seine geringe Zeche und ritt weiter.

Sein Aufenthalt in den beiden Schänken und die Belauschung der Marodeurs hatten doch mehr Zeit in Anspruch genommen, als von ihm beabsichtigt worden war. Der Tag neigte sich bereits seinem Ende zu, und als er wieder in die schmale, von hohen Bäumen eingefaßte Waldstraße eintrat, dämmerte es bereits in derselben.

Er gab seinem Pferde die Sporen, um rascher vorwärts zu kommen.

Es war so unheimlich still im Walde, eine Stille, ganz geeignet, den Gedanken und Befürchtungen eines besorgten Gemüthes Audienz zu geben.

Er malte sich die Scene aus, wenn die von Vouziers zurückkehrende Geliebte von Vagabunden überfallen würde. Seine Einbildungskraft war dabei so lebhaft beschäftigt, daß er seine Pistole zog und das Pferd zu größerer Eile trieb.

Die Schatten der Nacht neigten sich tiefer und tiefer herab. Es war nun vollständig dunkel geworden, so daß er den Weg nicht mehr zu erkennen vermochte. Er verließ sich ganz auf das Pferd, dessen Huftritte auf dem weichen Boden des Waldweges fast gar kein Geräusch hervorbrachten.

Da war es ihm, als ob sein immer vorauslauschendes Ohr das dumpfe Rollen vernommen hatte. Da vorn blitzte zu gleicher Zeit ein Schuß auf, dem mehrere andere folgten, so daß die Echos derselben vervielfältigt durch den Wald erdröhnten. Weibliche Stimmen riefen um Hilfe.

Da spornte er sein Pferd zu größter Eile.

„Jetzt tauchten vor ihm zwei dünne, schwache Lichter auf, sie kamen aus den beiden Laternen des überfallenen Wagens. Ein Gedanke kam ihm. Der Galopp seines Pferdes mußte ihn den Vagabunden verrathen. Er erhielt dann jedenfalls ihre Schüsse, ehe er in der Dunkelheit im Stande war, einen von ihnen zu erkennen und auf ihn zu schießen. Jetzt aber hatten sie sein Nahen jedenfalls noch nicht bemerkt.

Er hielt sein Pferd an, band es an den nächsten Baum und nahm die Pistolen des Barons aus den Satteltaschen, in denen sie stacken. Er steckte sie in die Außentaschen seines Rockes und nahm seine eigenen in die Hände. Dann eilte er vorwärts, indem er während des Laufens die Hähne aufzog.

Als er abstieg war er vielleicht zweihundert Schritte von dem Wagen entfernt. Er brauchte keine Minute, um diese Strecke zurückzulegen. Der weiche Boden dämpfte den Schall seiner Schritte. Als er nahe genug war, um die Scene zu erkennen, hielt er an und schlich sich im Dunkeln nun langsamer näher.

Er hörte die Stimme von Frau Richemonte, welche soeben versicherte:

„Aber wir haben in Wahrheit kein Geld mehr bei uns!"

„Vornehme Damen und kein Geld? Hahaha!" rief eine rauhe Stimme. „Steigt aus! Wir werden Alles durchsuchen, Euch auch und Eure Kleider. Ist eine halbwegs hübsche unter Euch, so wird sie für Euch Alle bezahlen, wenn Ihr kein Geld habt."

Frau Richemonte wurde herausgezogen. Dann leuchtete der Kerl mit der einen Wagenlaterne abermals in das Innere des Wagens hinein.

„Alle Wetter!" rief er. „Die ist hübsch, die ist reizend! Ein solches Püppchen haben wir noch nicht gefunden. Heraus, mein Schatz! Heraus!"

Das eine Pferd lag erschossen am Boden; das andre stand schnaubend und zitternd daneben. Der Kutscher saß auf seinem Bocke und rührte sich nicht, und um den Wagen herum standen neun dunkle, martialische Gestalten, welche neugierig versuchten, in den Wagen zu blicken.

„Ja, heraus mit ihr, wenn sie hübsch ist!" rief Einer, sich näher drängend. „Das giebt endlich einmal ein Vergnügen, wie es Unsereinem willkommen ist."

Er langte in den Wagen hinein, um Margot mit herauszuziehen. Sie stieß einen Ruf des Entsetzens aus und versuchte, sich zu wehren.

„Das nützt Dir nichts, feines Liebchen!" lachte der Eine. „Heraus mußt Du, dann halten wir Hochzeit zwischen neun Bräutigams und einer Braut."

„Und ich gebe meinen Segen dazu, Ihr Halunken!"

Mit diesen Worten Königsau's krachte auch sein erster Schuß; der zweite folgte augenblicklich. Die beiden Kerls welche dem Wagenschlage am Nächsten standen, stürzten, zum Tode getroffen, zur Erde nieder.

„Hugo, mein Hugo! Ist es möglich?" jubelte Margot auf.

Sie hatte die Stimme des Geliebten erkannt, obgleich es ihr unerklärlich sein mußte, ihn grade hier gegenwärtig zu sehen.

„Ja, ich bin es, Margot. Keine Angst weiter!" antwortete er.

Während dieser Worte schoß er zwei Andere nieder, ließ die abgeschossenen Pistolen fallen und zog die geladenen hervor. Die Vagabunden waren von seinem Erscheinen so sehr überrascht, daß sie im ersten Augenblicke ganz vergaßen, sich zur Wehr zu setzen. Jetzt aber bemerkten sie, daß sie nur einen einzelnen Gegner vor sich hatten. Da erhob Einer sein Gewehr zum Kolbenschlage und rief:

„Hund, das sollst Du büßen. Deine Pistolen sind nun abgeschossen. Fahre zur Hölle!"

„Fühle, ob sie abgeschossen sind!" antwortete Königsau.

Er hielt ihm, ehe der beabsichtigte Hieb herniederfausen

konnte, den Lauf vor die Stirn und jagte ihm eine Kugel durch den Kopf.

Da erscholl aus dem Wagen ein schriller Angstschrei:

"Gott! Hugo, hinter Dir!"

Er drehte sich auf diesen Zuruf Margots blitzschnell um und hatte gerade noch Zeit, sich auf die Seite zu werfen. Einer der Kerls hatte von hinten auf ihn angelegt, um ihn zu erschießen. Der Schuß krachte, aber die Kugel verfehlte ihr eigentliches Ziel und fuhr einem seiner Kameraden in die Brust, welcher sich soeben auf den Lieutenant hatte werfen wollen.

"Esel!" röchelte er noch zornig, ehe er zu Boden sank.

Zu gleicher Zeit aber schoß Königsau auch den ungeschickten Schützen nieder.

Jetzt bekam auch der Kutscher Muth. Er sprang vom Bocke und faßte den Einen der beiden noch übrigen Marodeurs. Dieser wehrte sich verzweifelt, konnte sich aber von dem stämmigen Knechte nicht losringen.

"Ich werde Dir lehren, mir die Pferde zu erschießen!" zürnte dieser. "Jetzt bist Du daran, Hundsfott."

Er riß ihn zur Erde nieder und kniete auf ihm.

Der Letzte suchte durch die Flucht zu entkommen, wurde aber noch zur rechten Zeit von der Kugel des Deutschen erreicht. Dieser trat nun rasch zum Kutscher, um diesem Beistand zu leisten.

"Ist nicht nöthig!" meinte dieser jedoch. "Der Kerl ist todt. Ich habe ihm die Seele aus dem Leibe gequetscht."

Königsau untersuchte den am Boden Liegenden und fand allerdings, daß er von dem Kutscher erwürgt worden war.

"Ja, er ist todt. Es war der Letzte von den Neun. Wir sind fertig!" sagte er.

"Ist es wahr, Hugo? Ist der Sieg vollständig?" klang es aus dem Wagen heraus.

"Ja," antwortete er, zum Schlage tretend.

"O, wie danke ich, wie danken wir Dir."

Sie stieg, nein, sie flog heraus und in seine Arme. Ihre Lippen legten sich wieder und immer wieder auf seinen Mund, bis sie, sich besinnend, plötzlich frug:

"Aber Mama? Wo ist Mama? Sie mußte aussteigen!"

Es war Alles so schnell gegangen, und Königsau hatte seine Aufmerksamkeit so sehr auf die Feinde zu richten gehabt, daß er gar keine Zeit gefunden hatte, des Weiteren auf die Mutter der Geliebten zu achten.

"Hier liegt sie!" antwortete der Kutscher, mit der noch brennenden Wagenlaterne zu Boden leuchtend.

Die andre war dem Räuber entfallen, als ihn Königsau's Kugel traf.

"Mein Gott, hier am Boden!" rief Margot. "Sie ist doch nicht etwa von einer Kugel getroffen worden?"

Der Deutsche kniete nieder und untersuchte Madame Richemonte.

"Sie ist nur ohnmächtig, meine Margot," sagte er. "Es hat nichts zu bedeuten. Aber war nicht die Frau Baronin bei Euch?"

"Ja. Dort im Wagen ist sie noch."

Der Kutscher leuchtete hin, und so sah Königsau die Dame grad im Begriff, auszusteigen.

"Monsieur, wir haben Ihnen Vieles, vielleicht das Leben zu verdanken," sagte sie. "Nehmen Sie einstweilen meine Hand, und sorgen sie dann, daß wir diese Stelle verlassen können. Mir graut vor diesen Todten."

Est jetzt beachtete Margot, welche bei ihrer Mutter knieete, die umherliegenden Leichen.

"Gott, wie entsetzlich!" rief sie schaudernd. "So Viele waren gegen uns?"

"Neun Mann," antwortete Königsau.

"Und die Alle hast Du besiegen müssen, Du Einziger?"

"Nicht Alle," lächelte er. "Einen hat der Kutscher überwunden. Aber siehe, da erwacht Mama."

Wirklich gab Frau Richemonte jetzt Lebenszeichen von sich. Nur die Angst um die Tochter, welche sie durch die bestialischen Menschen bedroht sah, hatte ihr das Bewußtsein geraubt. Jetzt erhob sie sich langsam in Margots Armen.

"Sind sie fort? Sind sie fort, diese Menschen?" fragte sie ängstlich.

"Sie sind nicht mehr zu fürchten," antwortete Margot. "Hugo hat gesiegt."

"Hugo? Ah, ja, ich besinne mich; er war da. Wo ist er?"

"Hier bin ich, Mama," antwortete er. "Wollen Sie nicht versuchen, wieder in den Wagen zu steigen?"

"Ja, das will ich," antwortete sie. "O, wie viel haben wir Ihnen zu danken, mein lieber Sohn. Sie erschienen uns wie ein Engel. Aber wie sind Sie an diesen Ort gekommen? Und gerade im Augenblicke der größten Gefahr?"

"Ich kam über Sedan nach Roncourt, um Sie zu besuchen. Dort hörte ich von dem Herrn Baron, daß Sie nach Vouziers gefahren seien und des Nachts zurückkehren würden, ohne eine schützende Bedeckung bei sich zu haben. Ich hatte von der Unsicherheit dieser Gegend gehört und ließ mir darum sogleich ein Pferd geben, um Ihnen entgegen zu reiten."

"Welche Aufmerksamkeit, welche Courtoisie! Und welche Tapferkeit haben Sie hier bewiesen!" sagte die Baronin. "Aber, meine liebe Margot, ich werde mich ganz gehörig mit Ihnen zanken müssen."

"Warum?" fragte das schöne Mädchen.

"Ich bemerke jetzt, daß Herr von Königsau Ihnen näher steht, als Sie mich ahnen ließen. Sie hatten kein Vertrauen zu mir."

"Verzeihung, meine Liebe!" sagte da an Margots Stelle ihre Mutter. "Ich allein trage die Schuld, daß Dir verschwiegen blieb, daß Margot die Verlobte des Herrn von Königsau ist. Ich bin überzeugt, daß Du meine Gründe billigen wirst, sobald ich sie Dir mitgetheilt habe."

"Ich zürne Dir nicht, denn ich werde Deine Gründe anerkennen müssen. Aber, Monsieur, wie werde ich Sie jetzt in Roncourt zu nennen haben? Sie sind natürlich zu mir eingeladen."

"Ich werde Sie bis nach Hause begleiten, Madame," antwortete Königsau. Wenn Jemand nach mir fragt, so nennen Sie mich einfach — — — hm."

"Ah, ich habe einen Verwandten meines Namens in Marseille. Der sollen Sie sein."

"Was ist er?"

"Seecapitän."

"Der Marine?"

"Nein, des Handels."

„Gut, ich acceptire. Aber, was ist das? Das Sattelpferd stürzt auch."

„Es muß auch eine Kugel erhalten haben," meinte der Kutscher.

„So wollen wir nachsehen."

Als er nach dem Thiere leuchtete, fand er es am Verenden. Es hatte eine Wunde in der Brust. Das andere war längst todt.

„Was ist da zu thun?" fragte die Baronin rathlos. „Wir müssen ja fort!"

„Mein Pferd befindet sich in der Nähe," meinte Königsau. „Wir schirren es ein, nachdem wir die beiden todten Thiere entfernt haben. Es wird uns nach Hause bringen, wenn auch langsam. Im Nothfalle leihen wir uns in Le Chêne ein zweites. Wir sind ja gezwungen, dort einzukehren, um Anzeige zu machen."

Er ging und brachte bald den Braunen herbei. Es machte sich bei der mangelhaften Beleuchtung schwer, die beiden getödteten Pferde aus dem Riemenzeuge zu bringen. Noch waren Königsau und der Kutscher damit beschäftigt, als sich das Rollen einiger herankommenden Wagen vernehmen ließ.

„Man kommt," sagte der Kutscher. „Es kann hier Niemand vorüber; die Straße ist zu schmal. Diese Leute werden einige Minuten halten müssen." (Fortsetzung folgt.)

Die Liebe des Ulanen.

Original-Roman aus der Zeit des deutsch-französischen Krieges von Karl May.

(Fortsetzung.)

Königsau ging den Wagen entgegen und rief dem Vordersten derselben ein lautes Halt zu. Er sah, daß es drei waren, und so weit die Dunkelheit es zuließ, bemerkte er daß sie von Reitern escortirt wurden.

„Warum?" fragte der vorderste Kutscher.

„Man ist hier überfallen worden. Es liegen Leichen und erschossene Pferde im Wege, welcher erst frei gemacht werden muß."

Da öffnete sich der Schlag des vordersten Wagens, und eine befehlende Stimme sagte:

„Ueberfall? Hinanfahren, Jan Hoorn! Die Sache ansehen!"

Margot hörte diese Worte.

„Mein Gott," sagte sie zu den beiden anderen Damen. „Jan Hoorn ist der berühmte Kutscher des Kaisers, und das war auch die Stimme Napoleons!"

Die Wagen kamen langsam herbei und hielten dann. Aus dem zweiten stieg eine hohe Gestalt, welcher aus dem dritten eine andere folgte. Er trat zu Königsau heran und sagte:

„Monsieur, ich hoffe, daß wir nicht lange Zeit hier aufgehalten werden. Ich bin Marschall Ney, und da kommt Marschall Grouchy. Wer sind Sie?"

„Diese Damen sind Baronin de Sainte-Marie, deren Verwandter ich bin, und Madame und Mademoiselle Richemonte aus Paris. Die drei Damen wurden von neun Marodeurs überfallen, welche hier todt am Boden liegen. Die Pferde sind erschossen. Geben Sie uns nur eine Minute Zeit, so sollen Sie freie Bahn haben."

„Marodeurs? Wirklich?" fragte der Marschall. „Oder waren es wirkliche Banditen?"

„Professionirte Räuber pflegen anders aufzutreten. Genau aber weiß ich es nicht."

„Die Kerls haben sich wohl gar nicht gewehrt?"

„O doch, sie schossen nach mir."

„Und alle sind todt?"

„Ja."

„Wer hat sie getödtet?"

„Einen der Kutscher, die Andern ich."

Da ergriff Ney die Wagenlaterne, welche der Kutscher in der Hand hielt, und leuchtete Königsau in das Gesicht. Dabei war auch er selbst deutlich zu erkennen. Der Marschall war ein starker, doch nicht dicker, wohlgebauter, kräftiger Mann von schwarzbrauner, lebhafter Gesichtsfarbe, mit blitzenden Augen und einem befehlenden Aeußeren. Er sah den jungen Mann scharf an und fragte:

„So waren diese Leute bewaffnet?"

„Ja. Sogar sehr gut."

Da trat auch Grouchy herbei und sagte in dem Tone des Unglaubens:

„Und Sie haben trotzdem acht von ihnen getödtet?"

„Ja," antwortete Königsau.

„Womit?"

„Ich hatte glücklicher Weise vier Doppelpistolen bei mir."

„So waren Sie auf diesen Ueberfall, diesen Kampf vorbereitet?"

„Ich ritt den Damen entgegen, weil ich gehört hatte, daß diese Gegend sehr unsicher sei. Ich traf sie an dem Augenblicke, in welchem sie überfallen wurden."

Da öffnete sich der Schlag des ersten Wagens und der Insasse sprang heraus. Er war ein kleiner, nicht allzu schmächtiger Mann, trug ein kleines Hütchen auf dem Kopf, und einen grauen Ueberrock. Die Beine stacken in hohen Schaftstiefeln.

„Der Kaiser!" sagte Marschall Ney.

Napoleon trat mit einigen raschen Schritten näher.

„Umherleuchten!" befahl er in seiner eigenthümlichen scharfen, kurzen Weise.

Der Marschall gab sich selbst die Mühe, den Platz zu beleuchten. Der Kaiser betrachtete jeden Einzelnen der Todten sehr genau. Es war von ihm bekannt, daß er trotz der vielen Hunderttausende, welche er befehligt hatte, einen Jeden kannte, den er einmal gesehen, oder dessen Namen er einmal gehört hatte.

„Marodeurs," sagte er dann. „Kenne Einige; haben gedient, aber schlecht."

Dann trat er auf Königsau zu, welcher sich unwillkürlich eine stramme militärische Stellung gab, so wie man vor einem Vorgesetzten zu stehen pflegt.

„Wie heißen Sie?" fragte er ihn.

„Sainte-Maire."

„Officier?"

„Nein."

„Blos Soldat?"

„Auch nicht."

„Seecapitän von der Handelsmarine."

„Ach schade! Sind ein Tapferer, ein Braver! Acht Mann getödtet! In welcher Zeit?"

„In ungefähr einer Minute."

„Fast unglaublich. Keine Lust, zu dienen?"

„Ich glaube, Frankreich auch in meiner gegenwärtigen Stellung nützlich zu sein."

„Richtig, wahr! Aber hätte Ihnen ein Schiff anvertraut. Brauche solche Leute. Marine Frankreichs befindet sich noch ein Entwickelung. Die Damen!"

Königsau stellte die Damen vor, erst die Baronin, dann Frau Richemonte und zuletzt seine Geliebte, welche alle Drei sich tief vor Napoleon verneigten.

Er nickte ihnen in seiner kurzen Manier, aber freundlich zu; als sein Blick aber auf die schönen Züge des Mädchens fiel, griff er unwillkürlich an den Hut. Die seltene Zeichnung dieses reizenden Gesichtes fiel ihm auf.

„Mademoiselle Richemonte?" sagte er. „Welcher Name?"

„Margot, Majestät," antwortete sie.

Sie hatte eine so sonore, reine klangvolle Stimme, von einer eigenthümlichen, zum Herzen sprechenden Tonfarbe. Man sah, daß er die Lippen leicht öffnete, wie als ob er die Deliciösität dieses Wohllautes nicht blos mit dem Ohre, sondern auch mit dem Munde genießen wolle.

„Margot?" sagte er. „Die Deutschen würden „Gretchen" sagen oder Margarethe; das heißt, glaube ich, die Perle. Mademoiselle ist sicherlich eine Perle, und man muß dem Capitän Sainte-Marie sehr danken, daß er dieses Juwel so tapfer vertheidigt hat. Wo wohnen Sie, Mademoiselle?"

„Ich bin mit Mama Gast bei der Frau Baronin auf dem Meierhofe Jeanette bei Roncourt, Sire," antwortete Margot.

Ney bemerkte, welchen sichtlichen Wohlgefallen der Kaiser an dem Mädchen fand. Er ließ daher das Licht der Laterne, welche er noch immer in der Hand hielt, voll auf Margot fallen. Napoleons Auge ruhte mit Bewunderung auf ihrer herrlichen Gestalt; sein Auge leuchtete erregt. Er fragte:

„Ah, Roncourt! Liegt der Meierhof nahe bei dem Orte?"

„Nicht sehr fern."

Er wandte sich rasch an Ney, um sich zu erkundigen:

„Marschall, sagten Sie nicht, daß Drouet sein Hauptquartier nach Roncourt gelegt habe?"

„Ja, Sire," antwortete der Gefragte. „Sein Hauptquartier ist in Roncourt; sein Stab liegt dort; er selbst aber auf dem Meierhofe Jeanette."

„Also bei Ihnen, Baronin?" fragte Napoleon rasch.

„Ja Majestät. Ich habe die Ehre, die Wirthin des Herrn Generals zu sein."

Da sah Napoleon zu Boden, warf nachher einen raschen Blick auf Margot und fragte:

„Ist der Meierhof ein bedeutendes Gebäude?"

„Man könnte ihn ein Schloß nennen, Sire."

„Es sind zahlreiche Wohnungen da?"

„Gewiß. Der frühere Besitzer liebte gesellschaftliche Vergnügen; er sah sehr oft viele Gäste bei sich, und sein Haus reichte zu, sie alle aufzunehmen."

„So kommt es Ihnen auf einen Gast mehr oder weniger nicht an?"

„Gewiß nicht."

„Selbst wenn ich es bin, der Sie um Gastfreundschaft ersucht?"

Die Baronin erschrak. Sollte sie dies als Scherz oder Ernst nehmen? Zu scherzen beliebte der Kaiser jedenfalls nicht; die Situation war ja auch gar nicht danach angethan. Aber den berühmten Herrscher als Gast bei sich zu sehen, war — zwar eine der größten Auszeichnungen, welche es geben konnte — aber doch auch mit so sehr viel Opfer und Umständlichkeit verknüpft. Zudem bemerkte sie gar wohl, daß der eigentliche Grund von Napoleons Frage in Margots Schönheit zu suchen sei. Aber was sollte, was konnte sie antworten? Sie war gezwungen, Ja, zu sagen. Dennoch aber gab sie zunächst eine ausweichende Antwort.

„Majestät," sagte sie, „mein Haus ist zu einfach und gering, um geehrt zu werden, den Herrscher Frankreichs und Eroberer der halben Welt in seinen Räumen zu sehen."

Da zog ein schneller, tiefer Schatten über Bonapartes Gesicht. Er antwortete:

„Madame, man hat mich in letzter Zeit so wenig als Herrscher behandelt, daß ich nicht geneigt bin, große Ansprüche zu erheben. Ich bin Soldat und liebe die Einfachheit. Ich wollte heute nach Sedan; aber es ist bereits dunkel geworden. Sie selbst haben die Unsicherheit der Straßen erfahren; der Kaiser der Franzosen darf sich nicht der Gefahr aussetzen, von Wegelagerern getödtet zu werden. Ich bitte also um ein Nachtlager auf dem Meierhofe Jeanette!"

Die Baronin verbeugte sich tief und antwortete zustimmend:

„Alles, was ich besitze, steht zu Ihrer Verfügung, Sire!"

„Gut!" sagte er. „So haben wir jetzt zu fragen, wie die Damen diesen Ort verlassen können?"

„Wir haben ein Pferd, welches sogleich eingespannt wird, Sire," meinte die Baronin.

„Das ist ungenügend, Madame," antwortete der Kaiser. „Sie sind, den Kutscher gar nicht mitgerechnet, vier Personen, drei Damen und ein Herr. Mit nur einem Pferde würden Sie sich weiteren Gefahren aussetzen. Capitän Sainte-Marie kann die Direction Ihres Wagens übernehmen; zwei Personen sind genug für das eine Pferd; die drei Damen aber werden bei uns Platz finden. In Le Chêne halten wir einen Augenblick an. Wie meinen Sie, Marschall?"

Es war klar, daß er Margot in seinem Wagen zu haben wünschte, und doch war es Pflicht der Höflichkeit für ihn, die Baronin, welche doch seine Wirthin sein sollte, bei sich einsteigen zu lassen. Darum richtete er die letztere Frage an Marschall Ney. Dieser verstand ihn sofort und antwortete:

„Sire ich stimme Ihnen vollständig bei. Man muß den Damen jede weitere Unannehmlichkeit ersparen. Ich ersuche die Frau Baronin de Sainte-Marie, bei mir gütigst Platz zu nehmen."

Er sagte dies, indem er sich mit ausgezeichneter Höflichkeit vor der Baronin verbeugte. Marschall Grouchy war natürlich scharfsinnig genug, um zu bemerken, daß die Reihe jetzt an ihm sei. Er verneigte sich vor Frau Richemonte und bat:

„Madame, darf ich Ihnen meinen Wagen zur Verfügung stellen? Geben Sie mir die Auszeichnung, Ihr Begleiter sein zu dürfen."

Sie antwortet durch ein stummes Compliment. Da sagte Napoleon lachend:

„Da sehen die Damen, daß der Feldherr wohl da ist, zu dirigiren; in der Eroberung aber kommen ihm seine Marschälle stets zuvor. Mademoiselle, für Sie hat man leider nur mich übrig gelassen. Wollen Sie sich mir anvertrauen?"

„Ich respectire den Befehl des Kaisers," antwortete sie.

Ihr Auge ruhte bei diesen Worten auf Königsau. Sie hatte das Wohlgefallen bemerkt, mit welchem Napoleon sie betrachtete: sie wußte, daß sie aus diesem Grunde für ihn ausgehoben worden war. Am Liebsten wäre sie mit dem Geliebten in der alten Karosse der Baronin gefahren, aber das war jetzt unmöglich. Darum sprach sie ihre letzten Worte als Zustimmung für den Kaiser und zugleich als Entschuldigung für sich, Königsau gegenüber.

„Nun, so steigen wir ein, um aufzubrechen," gebot der Kaiser.

Die beiden Marschälle reichten ihren Damen den Arm, um sie zum Wagen zu geleiten, und der Kaiser that dasselbe. Er hatte nicht allein in seinem Coupee gesessen. Nach ihm war ein Zweiter ausgestiegen, welcher am Wagen stehen geblieben war und jetzt mit einem tiefen Honneur den Schlag öffnete.

„General Gourgaud, der uns Gesellschaft leisten wird, Mademoiselle," sagte Napoleon.

Gourgaud war Generaladjutant des Kaisers, derselbe berühmte Officier, welcher ihm später drei lange, einsame Jahre auf St. Helena Gesellschaft leistete und noch später mit Walter Scott den literarischen Zweikampf wegen der Geschichte des großen Kaisers hatte. Er war gegenwärtig zweiunddreißig Jahre alt.

Erst jetzt war zu bemerken, daß die drei Wagen von zwölf Mann Eskorte begleitet wurden, welche aus Unterofficieren eines Lancierregimentes der alten Garde bestanden. Die Damen stiegen ein, nachdem die Leichen und die alte Karosse zur Seite gebracht worden waren, und dann setzten sich die Wagen in Bewegung.

Da sie im raschen Trabe dahinfuhren, so erreichten sie Le Chêne sehr bald.

Margot saß zur Linken des Kaisers, ihnen gegenüber der Generaladjutant. Da es dunkel war, so konnte von einer gegenwärtigen Gesichtsbeobachtung keine Rede sein; aber dennoch sorgte Napoleon, daß die Unterhaltung nicht stockte.

Es war eine jener Unterhaltung, wie sie zwischen Herren und Damen, welche sich noch nicht kennen, eingeleitet zu werden pflegen, vorsichtig, sondirend, höflich, möglichst geistreich und amüsant. Bei Napoleon aber hatte jedes Wort, selbst das einfachste und scheinbar unbefangenste, eine erhöhte Bedeutung. Margot bemerkte, daß er die Absicht hatte, sie zu examiniren. Sie antwortete offen und bescheiden, und die Lebhaftigkeit, mit welcher er bei der Unterhaltung blieb, schien anzudeuten, daß er eine immer höhere Theilnahme für sie gewann.

So wurde Le Chêne erreicht, und man stieg aus. Der Wirth, gegen Königsau so bequem und unhöflich, schien ganz verwandelt zu sein, als er die Officiere erblickte. Als er aber gar den Kaiser eintreten sah, knickte er vor Ehrerbietung fast zusammen. Er sah die goldstrotzenden Uniformen der Officiere gar nicht mehr, sondern nur noch den einfachen Ueberrock Napoleons.

Dieser gab den Arm Margots frei und wendete sich an ihn:

„Der Wirth?"

„Der bin ich, mein Kaiser!"

„Den Maire sofort!"

Während der Wirth hinaussprang, um diesen Befehl zu vollziehen, wendete Napoleon sich wieder zu Margot zurück, um ihr den seidenen Ueberwurf abzunehmen, welchen sie trug. Auch die Marschälle nöthigten ihre Damen, für kurze Zeit Platz zu nehmen.

Man muß wissen, in welcher Weise sich damals die Damen trugen. Ein faltenreiches Kleid bedeckte den Unterkörper, aber kurz genug, um die Füße sehen zu lassen. Die Taille war hoch gehalten, so daß sie den Busen hervortreten ließ, tief ausgeschnitten und mit nur ganz kurzen Aermeln.

So trug sich auch Margot.

Als der Kaiser den Ueberwurf in der Hand hielt, sah er das unvergleichliche Mädchen in aller ihrer entzückenden Schönheit vor sich stehen. Er hatte bereits draußen auf der Waldstraße beim spärlichen Scheine der Laterne bemerkt, daß er kein gewöhnliches Mädchen vor sich habe; jetzt aber, in der hell erleuchteten Stube erkannte er im vollsten Umfange, daß er sich nicht geirrt habe.

Er fand im ersten Augenblicke kein Wort, um die während des Aussteigens unterbrochene Unterhaltung wieder zu beginnen. Seine Augen ruhten auf ihrem Gesichte, als wolle er jeden einzelnen ihrer Züge genau studiren; sie irrten herab auf ihre wundervolle Büste, auf ihre vollen, herrlich gerundeten Arme, auf das kleine Füßchen, welches sich unter dem Saume des Kleides hervorstahl. Er mußte fühlen, daß sein Blick für das Mädchen peinlich sei; aber er war nicht der Mann, eine gewöhnliche Redensart, ein triviales Compliment hervorzubringen. Er bog sich nieder, nahm ihre Hand in die seinige und drückte sie an seine Lippen.

„Majestät!" sagte sie ganz erschrocken, indem sie ihre Hände zurückzog.

„Verzeihung, Mademoiselle," sagte er. „Es war dies die Huldigung, welche der Unterthan seiner Königin zu bringen hat."

Sie erglühte vor Verlegenheit; glücklicher Weise erlöste sie der eintretende Wirth von der Nothwendigkeit, eine Antwort geben zu müssen.

Der Kaiser gab Befehl, den Damen eine kleine Erfrischung zu reichen. Sie erhielten ein Gläschen Wein und einige Scheiben Honig, das Einzige, was hier anständiger Weise genossen werden konnte.

Die beiden Marschälle unterhielten sich lebhaft mit ihren Damen, um dem Kaiser Muße zu geben sich ganz dem schönen Mädchen zu widmen. Das that er denn auch, bis ein Mann erschien, welcher einen Tressenrock anhatte und eine gewaltige Perrücke auf seinem Haupte trug. Er verbeugte sich so tief vor dem Kaiser, daß ihm die Perrücke beinahe von dem Kopfe herabgefallen wäre; dieser Anblick eine geradezu lächerliche Situation bot.

In der Versuchung.

"Wer?" fragte Napoleon kurz.

"Sire, ich habe die Ehre, der Maire dieses Ortes zu sein," antwortete er.

Der Mann blickte ganz erschrocken unter seiner Perücke hervor.

"Schlechter Beamter!" fuhr der Kaiser fort.

Die zornigen Augen Napoleons bohrten sich in das Gesicht des Maire ein, so daß dieser fast alle Fassung verlor.

"Ich weiß nicht, Sire," stotterte er, "womit ich mir das Mißfallen — — —"

"Zorn, nicht Mißfallen!" rief der Kaiser. "Kennen Sie den Weg nach Vouziers?"

"Ja."

"Gehen Sie ihn selbst?"

"Sehr oft."

"Auch bei Nacht?"

"Nein."

"Wann sonst?"

"Nur bei Tage."

"Warum?"

"Weil man des Nachts nicht sicher ist."

"Weshalb nicht sicher?"

"Es giebt eine Menge Marodeurs und ähnlicher Subjecte im Walde."

"Ah, giebt es die? Wirklich?"

"Ja, Sire."

"Daher vermeiden Sie, des Abends durch den Wald zu gehen?"

"Ja."

"Das ist Alles, was Sie thun?"

Erst jetzt kam dem Beamten die Ahnung, weshalb er zu dem Kaiser beschieden sei.

"Ich konnte nichts Anderes thun, Sire; ich war machtlos," antwortete er.

"Pah! Sie mußten Truppen requiriren!"

"Ich habe es gethan!"

"Nun?"

"Ich bekam keinen einzigen Soldaten."

"Ah! Warum?"

"Der Kaiser war abwesend, und dieser König, welcher vorgab, Regent zu sein — — —"

Der Mann zuckte bei diesen Worten die Achseln. Dies war die beste Entschuldigung, welche er vorbringen konnte. Sie that auch sofort ihre Wirkung. Das Gesicht Napoleons klärte sich auf. Er machte eine abwehrende, verächtliche Handbewegung und sagte:

"Ah, dieser König? Ja! Er gab Ihnen kein Militär?"

"Nein."

"Warum nicht?"

"Er habe keins, sagte man mir."

Da wendete sich Napoleon lächelnd zu Ney und sagte:

"Was meinen Sie dazu, Marschall?"

Ney zuckte die Achseln und antwortete:

"Um Militär zu haben, muß man selbst Soldat sein!"

"Richtig! Dieser König ist ein guter Privatmann; ein Herrscher, ein Soldat, ein Feldherr wird er nie. Frankreich braucht einen Mann, wie ich es bin, sonst wachsen die Banden dem Volke über dem Kopfe zusammen. Ich war so kurze Zeit hinweg und werde doch Jahre lang zu thun haben, um wieder Ordnung zu schaffen."

Und sich wieder zu dem Maire wendend, sagte er:

"Diese Damen sind vorhin überfallen worden — — —"

"Mein Gott ist's wahr," rief der Mann erschrocken.

Wenn Napoleon sich der Damen selbst annahm, so war der Fall doppelt bedenklich.

"Kennen sie dieselben?"

"Die Frau Baronin de Sainte-Marie, Majestät!"

"Gut! Wäre nicht ein tapferer Cavalier dazugekommen, so lebten sie wohl nicht mehr. Draußen liegen die Leichen der Kerls und zwei erschossene Pferde. Bringen Sie das in Ordnung. Wie viel Truppen sind nöthig, um den Wald zu säubern?"

"Wenigstens eine Compagnie, Sire!"

"Sollen Sie haben, bereits morgen. Was werden Sie zunächst thun?"

"Es wird nöthig sein, ein Protokoll aufzunehmen, Sire."

"Haben Sie Papier?"

"Leider habe ich keines mit!"

"General Gourgaud, mein Schreibzeug!"

Der General holte Napoleons Reiseschreibzeug, nebst Papier aus dem Wagen herbei. Der Kaiser wendete sich an den Maire und sagte:

"Setzen! Papier nehmen und schreiben! Werde das Protokoll selbst dictiren!"

Dies geschah. Es war ganz so des Kaisers Art und Weise sich mit einer solchen Angelegenheit zu befassen. Er wollte damit seinen Unterthanen zeigen, daß er ihren Beruf vollständig kenne, überblicke und verstehe. Darum hatten seine Beamten so großen Respect vor ihm, und daher gab es in dem Apparate seiner Verwaltung so große Ordnung.

Die Feder des Maire flog förmlich über das Papier. Es war ihm noch nie vorgekommen, daß ihm ein Kaiser dictirt hatte; darum lief ihm der Schweiß von der Stirn.

Endlich war er fertig. Der Kaiser nahm das Protokoll, las es durch und fügte noch den eigenhändigen Befehl in betreff der nothwendigen Truppen in der Höhe einer ganzen Compagnie bei. Dann unterzeichnete er.

"Fertig!" sagte er. "Morgen kommen die Soldaten. Uebermorgen muß der Wald gesäubert sein. Verstanden?"

"Ich gehorche mit Freuden, Sire!" antwortete der Maire, indem er sein Sacktuch zog, um sich den Schweiß von der Stirn zu wischen."

"Aufbrechen also!"

Bei diesen Worten bot der Kaiser Margot ihren Ueberwurf wieder an, den er ihr eigenhändig um die vollen, weißen Schultern hängte. Seine Fingerspitzen berührten das warme, electrische Fleisch, und er brachte etwas länger zu, als es unbedingt nothwendig gewesen wäre. Dann reichte er ihr den Arm, um sie zum Wagen zu führen, wo er ihr selbst half, einzusteigen.

Ney und Grouchy folgten mit ihren Damen; dann setzte sich der Zug unter der militärischen Bedeckung der zwölf alten Gardisten wieder in Bewegung.

Kurz nachdem Napoleon in die Gaststube getreten war, stand hinter dem Hause die dunkle Gestalt eines Mannes, welcher auf Jemand zu warten schien.

Er stampfte leise, aber ungeduldig mit den Füßen. Da öffnete sich die Hinterthür des Hauses, und die Tochter Barchands schlich sich herbei.

"Berrier, seid Ihr da?" flüsterte sie.

„Ja," antwortete er.

„Wartet Ihr bereits lange?"

„Länger als mir lieb ist."

„Ah! Aber ich konnte nicht eher."

„Was für Herrschaften sind es?"

„O, Berrier, Ihr werdet es gar nicht glauben — —!"

„Keine Einleitung! Ich habe keine Zeit. Sind es die Marschälle."

„Ja, zwei Marschälle."

„Ney und Grouchy?"

„Ich kenne sie nicht. Es ist noch ein General dabei und dann noch Einer, den Ihr nicht errathen werdet."

„Wer ist's?"

„Rathet!"

„Donnerwetter, ich habe Dir bereits gesagt, daß ich keine Zeit habe! Rede!"

„Der Kaiser selbst ist dabei."

„Der Kaiser? Napoleon selbst?" flüsterte der Mann.

„Ja."

„Weißt Du es genau?"

„Ja."

„Aber, Du kennst ihn doch nicht!"

„O, ich habe sein Bild hundertmal gesehen; er gleicht demselben ganz genau."

„Wie ist er gekleidet?"

„Er trägt hohe Stiefel, einen grauen Rock, weiße Weste und ein kleines Hütchen."

„Hat er einen Bart?"

„Gar keinen. Ich habe ihn durch das Küchenfenster gesehen."

„Die Beschreibung stimmt; aber ein Irrthum ist doch noch möglich. Man sagte noch heut am Vormittage, daß der Kaiser sich in Paris befinde."

„Er ist es; mein Herr, der Wirth kennt ihn ganz genau."

„Dann möchte ich es fast glauben."

„Uebrigens hat der Kaiser nach dem Maire geschickt."

„Weshalb?"

„Das weiß man nicht. Man wird es erst hören, wenn der Maire kommt."

„Das ist allerdings außerordentlich! Auf die Anwesenheit des Kaisers sind wir ja gar nicht vorbereitet. Was ist da zu machen!"

„Ihr wolltet die Marschälle überfallen?"

„Ja."

„Aber den Kaiser nicht?"

„Der Gedanke wäre ja ganz und gar verwegen und außerordentlich!"

„Dummkopf!"

„Warum?"

„Der Kaiser zahlt ebenso gut ein Lösegeld wie die Anderen; er muß sogar doppelt so viel geben. Dann theilt Ihr, seid reich und könnt auseinandergehen."

„Ah, das ist allerdings wahr! Aber wenn wir ihn erschießen!"

„So schadet es auch nichts. Er hat jedenfalls so viel bei sich, daß Ihr genug habt."

„Du magst Recht haben, obgleich es ein verfluchter Gedanke ist, den Kaiser zu überfallen. Uebrigens brauchen wir ihn ja nicht zu beschädigen. Wir schießen auf die Pferde."

„Zunächst auf die Soldaten."

W. VIII. 326.

„Er hat Soldaten mit?"

„Ja, Reiter; acht oder zehn habe ich gesehen."

„Das wären ihrer noch nicht zu viele. Wir sind jetzt neunzehn Mann."

„Ist mein Vater dabei?"

„Er ist noch nicht zurück."

„Auch Fabier nicht?"

„Nein."

„Wo sie nur bleiben? Uebrigens sind drei Damen bei dem Kaiser."

„Wer sind sie?"

„Ich weiß es nicht. Zwei saßen so, daß ich sie durch das Küchenfenster nicht sehen konnte, und die Dritte kannte ich nicht; sie war jung und sehr schön."

„Das ist gut. Wenn Damen dabei sind, werden sich die Herren nicht vertheidigen, um die Damen nicht in Gefahr zu bringen. Kennst Du die Baronin Sainte-Marie?"

„Ja."

„Sie ist heute hier vorübergefahren, oder gar bei Euch eingekehrt?"

„Ich hörte, daß sie am Morgen vorübergefahren sei; wenigstens ist es ihre Karosse und ihr Kutscher gewesen, welche man gesehen und erkannt hat."

„Ist sie wieder retour?"

„Man hat nichts gesehen oder gehört."

„Das genügt. Wir wollen ihr nichts thun. Also weiter hast Du nichts zu sagen?"

„Ich weiß weiter nichts."

„So will ich sofort zurück."

„Werdet Ihr den Kaiser angreifen?"

„Noch weiß ich es nicht; ich werde erst mit den Anderen sprechen müssen."

„Du wirst sie nicht zur rechten Zeit erreichen, denn der Kaiser und die Marschälle fahren, während Du den Weg zu Fuß zurückzulegen hast."

„Hältst Du mich für so dumm?"

„Dummköpfe seid Ihr doch Alle. Was könntet Ihr machen, wenn ich nicht hier im Gasthofe diente und Euch die gehörige Auskunft ertheilte! Ein Pferd solltest Du haben!"

„Ich habe ja eins!"

„Ach! Von wem?"

„Denkst Du etwa, ich gehe zu Fuße den Marschällen entgegen, so daß sie unseren Hinterhalt eher erreichen als ich, der ich Nachricht bringen soll? Wir haben am Vormittage Einen aus dem Sattel geschossen, der eine ganz allerliebste Geldkatze bei sich hatte. Das Pferd haben wir eingefangen und für uns behalten."

„So kamst Du hierher geritten?"

„Ja."

„Wo steht das Pferd?"

„Vor dem Orte in der Waldecke."

„So mache, daß Du fortkommst und mit den Anderen reden kannst, ehe die Herren erscheinen. Ehe sie kommen, müßt Ihr einig geworden sein."

„Das ist richtig. Horch! Jetzt kam Jemand."

„Das wird der Maire gewesen sein, nach dem ja der Kaiser geschickt hat."

„Also Du bist überzeugt, daß es der Kaiser wirklich ist, kein Anderer?"

„Er ist es; ich kann darauf schwören."

„Nun, so will ich es glauben. Gute Nacht!"

„Ich hoffe, morgen zu hören, daß weder der Kaiser noch die Marschälle in Sedan angekommen sind. Sage meinem Vater, er soll mich besuchen. Gute Nacht!"

Sie ging wieder nach der Küche. Er schlüpfte fort, eilte durch den Ort und erreichte sehr bald die Waldecke, in welcher das Pferd stand. Er band es los, stieg auf und ritt rasch davon, der Richtung nach Roncourt zu.

Dort am Kreuze an der Straße lagen seine Kameraden noch immer. Seit dem Nachmittage waren noch Mehrere zu ihnen gestoßen, so daß sie nun wirklich neunzehn Mann stark waren. Sie hörten den Hufttritt seines Pferdes nahen.

„Ein Reiter!" flüsterte Einer. „Wer mag es sein?"

„Jedenfalls Berrier," meinte ein Anderer.

„Das werden wir sogleich hören."

Er hatte Recht; denn als der Reiter näher kam, begann er das Lied zu pfeifen: Ma chérie est la belle Madeleine.

„Berrier?" rief Einer.

„Ja, ich bin es!" antwortete er.

„Wie steht es?"

„Gut, außerordentlich gut. Wartet ein Wenig; ich komme sogleich!"

Er stieg ab, führte sein Pferd in den Wald und band es an einen Baum fest; und begab sich zu den Wartenden, von denen er mit Fragen bestürmt wurde.

„Nicht Alle auf einmal!" sagte er. „Hört, es steht uns ein außerordentlicher Fang bevor, vorausgesetzt, daß Ihr den richtigen Muth dazu habt."

„Muth?" rief Einer. „Ich schieße Dich nieder, wenn Du denkst ich fürchte mich!"

„Ich auch, ich auch!" erscholl es im Kreise.

„Gut, gut, schreit nicht so! Man kann nicht wissen, ob Jemand in der Nähe ist. Also hört, wen wir zu erwarten haben!"

„Die Marschälle doch?" fragte ein Ungeduldiger.

„Ja."

„Alle Beide?"

„Ja, Ney und Grouchy. Die Nachricht, welche wir erhielten, war also eine ganz richtige. Die beiden Officiere kommen von Caon nach Sedan. Aber sie kommen nicht allein. Zunächst ist noch ein General bei ihnen."

„Welcher?"

„Das konnte ich nicht erfahren. Ferner, und das ist die Hauptnachricht, welche ich Euch mitzutheilen habe, ist der Kaiser selbst bei ihnen."

„Der Kaiser?" fragte es rundum.

„Ja. Es sind drei Wagen, in einem der Kaiser, im zweiten Ney und im dritten Grouchy. Der dritte General scheint beim Kaiser zu sitzen."

„So ist jedenfalls auch Bedeckung dabei!"

„Acht oder zehn Reiter von der alten Garde."

„Pfui Teufel, da würden wir zu thun bekommen!"

„Zu thun? Pah! Wir stecken hinter den Büschen, schießen die Wagenpferde und die Gardisten nieder. Dann haben wir die Officiere und Damen noch ganz allein."

„Damen? Ah!"

„Ja, es sind drei unbekannte Damen dabei."

„Das ist gut! Die Herren werden sich ergeben müssen, um die Damen zu schonen."

W. VIII. 327.

„Das habe ich auch gesagt. Was meint Ihr zu diesem Unternehmen."

Es entstand eine längere Pause. Im ersten Augenblicke hatte der Gedanke, den großen Kaiser anzufallen, für Alle etwas Ungeheueres. Aber der Nimbus, welcher das Haupt Napoleons früher umschwebt und so oft beschützt hatte, hatte durch den Sieg der Verbündeten und die Niederlage in Rußland viel von seinem Glanze eingebüßt. Er war nicht mehr der Infallible, der Unsterbliche und Unbesiegbare. Dieser Umstand machte sich auch hier geltend. Einer der Vagabunden fragte;

„Wird er Geld bei sich haben?"

„Jedenfalls, und die Marschälle auch."

„Und wenn sie auch kein Geld hätten," meinte ein Anderer. „Denkt Euch, welch ein ungeheueres Lösegeld wir erhalten könnten, wenn wir ihn fingen."

Da sagte der Alte, welcher sich schon heute am Nachmittag bemerkbar gemacht hatte."

„Die Hauptsache ist noch eine ganz andere, denke ich."

„Was meinst Du? Sage es!"

„Gesetzt, wir fangen den Kaiser; wißt Ihr wer Lösegeld bezahlen würde?"

„Nun, doch er selbst."

„Ja, erstens. Aber zweitens auch die Royalisten, und drittens die Feinde Frankreichs."

„Lösegeld? Das glaube ich nicht."

„Nun, ich mag mich da nicht richtig ausgedrückt haben. Ich meine, wenn plötzlich der Kaiser verschwindet, so würden die Bourbonen und Orleanisten, die Republikaner und auch die Russen, Preußen, Oesterreicher, Engländer und Holländer sicher sehr große Summen bezahlen, um sicher zu sein, daß er nicht wieder erscheint."

„Ah, das ist wahr."

„Man könnte sich mit einer einzigen Kugel, oder einem kleinen Messerstiche vielleicht eine Million verdienen."

„Donnerwetter!"

„Ja, das ist ganz sicher. Aber dazu gehört vor allen Dingen Zweierlei."

„Was?"

„Erstens ein sicherer Ort, welchen kein Anderer entdecken könnte, und zweitens die größte Treue und Verschwiegenheit von unserer Seite."

„O, an Beiden sollte es ganz gewiß nicht fehlen."

„Ich hoffe es. Aber wann werden die Wagen erscheinen?"

Der Mann, welcher im Hofe des Wirthshauses zu Le Chêne gewesen war, antwortete:

„Der Kaiser ließ den Maire kommen. Viel aber kann er mit so einem Manne nicht zu sprechen haben. Darum können die Wagen alle Augenblicke erscheinen."

„So gilt es, einen raschen Entschluß zu fassen."

„Aber wo stecken wir ihn und die Marschälle hin?"

„Donnerwetter, das wird sich später zeigen; das können wir berathen, sobald er sich in unsern Händen befindet. Jetzt vor allen Dingen müssen wir, ohne einen Augenblick Zeit zu verlieren, den Entschluß fassen, ob wir überhaupt zugreifen wollen oder nicht."

„Natürlich! Ich bin dabei!" sagte Einer.

„Ich auch," meinte ein Anderer. „Man verdient hoffentlich bei diesem einen Geschäft gleich so viel, daß man sich zurückziehen und auf seinen Lorbeeren ruhen kann."

„Das versteht sich ganz von selbst. Wir stimmen bei!"

„Wir Alle!" meinten auch die Andern.

„Gut," sagte da der Alte. „So wird also der Kaiser mit den Marschällen gefangen."

„Die Garden?"

„Werden erschossen!"

„Die Damen?"

„Donnerwetter, ja, sie werden uns jedenfalls ganz und gar beschwerlich fallen. Am Besten wird es sein, man erschießt sie auch."

„Aber erst, nachdem man sie ein Wenig an die Lippen gedrückt hat."

„Meinetwegen. Man muß ja auf jeden Fall erst sehen, wer sie sind. Vielleicht ist es möglich, auch mit ihnen ein hübsches Lösegeld zu erpressen. Aber ich denke, wir wenden bei diesem Fange alle mögliche Vorsicht an. Sind die Seile da?"

„Ja; da hinten liegen sie."

„Wie viele?"

„Drei."

„Das paßt gerade. Für jeden Wagen eines. Wir ziehen sie in gehörigen Abständen über die Straße herüber. Drüben werden sie an einen Baum befestigt, hüben braucht nur ein Mann zu halten. Den ersten Wagen lassen wir bis an's dritte, den zweiten bis an's zweite und den letzten Wagen bis an's erste Seil gelangen. In diesem Augenblicke werden, sobald ich kommandire, die drei Seile angezogen, die Wagenpferde stürzen darüber hinweg und die Gardereiter auch."

„Ja, das muß klappen! Die Seile schnell her."

„Es wird sich dann Alles einige Augenblicke lang über und unter einander wälzen, für uns ist dies aber Zeit genug, die Reiter kalt zu machen und die Herrschaften fest zu nehmen. Alles Uebrige wird sich dann finden. Vorwärts, Ihr Leute!"

Die Männer waren jetzt wie electrisirt. Sie sprangen empor und trafen ihre Vorbereitungen. Dies nahm gar nicht lange Zeit in Anspruch; dann begab sich ein Jeder auf seinen Posten, und es herrschte tiefe Stille ringsumher.

Napoleon ahnte nicht, welchem Schicksale, falls der Anschlag zum Gelingen kam, er entgegen gehe. Die drei Seile lagen quer über die Straße. Sie brauchten nur angezogen zu werden, so wurden durch sie die Pferde zum Stürzen gebracht. Dann war die Verwirrung, von welcher der Alte gesprochen hatte, allerdings fertig, und es trat die Wahrscheinlichkeit ein, daß die Bedeckung getödtet wurde, so daß die Herren nur auf sich selbst angewiesen waren.

So verging fast eine Viertelstunde.

Da hörte man von fern her ein Geräusch wie von rollenden Wagen. Da der Waldboden eine ziemliche Elastizität besaß, so war dieses Geräusch allerdings nicht so bedeutend, als wenn der Weg aus hartem Gestein bestanden hätte.

„Das sind Wagen!" flüsterte der Alte, nach seiner Flinte greifend.

„Werden sie es sein?" fragte Einer neben ihm.

„Laßt sehen!"

Er trat etwas aus dem Gebüsch hervor und blickte angestrengten Auges rechts die Straße hinab, wo sich paarweise Lichter näher bewegten:

„Ja, sie sind es," sagte er. „Drei Wagen mit Laternen daran. Das kommt blos bei vornehmen Herrschaften vor. Sie fahren nicht sehr eng hinter einander. Nehmet die Seile etwas weiter, damit sie gerade vor die Pferde passen."

Dies geschah.

Das Rollen wurde deutlicher. Man sah bereits den hellen Lichtschein, welchen die Laternen vor sich her auf die Straße warfen. Voran ritten zwei bärtige Lanciers; die andern Zehn ritten zu beiden Seiten der drei Wagen. Hinter den Zweien kamen die drei Wagen, erst der des Kaisers, dann der des Marschall Ney und zuletzt der des Marschall Grouchy.

Die beiden Vorreiter und die vorderen Wagenpferde waren jetzt über die ersten beiden Seile hinweggekommen. Die Pferde des zweiten Wagens hatten das mittlere Seil hinter sich, so daß in diesem Augenblicke sich je eins der Seile vor sämmtlichen Wagenpferden befand. Das war der erwartete Augenblick.

„Die Seile in die Höhe! Hurrah!" rief der Alte.

Die drei Männer zogen aus allen Kräften an. Sie wurden zwar einige Schritte mit fortgerissen; aber der Zweck war erreicht: die Wagenpferde stürzten. Sie verwickelten sich in die Seile und schlugen und stampften wüthend um sich herum.

„Feuer auf die Reiter!" rief der Alte.

Die Marodeurs waren an das nächtliche Dunkel gewöhnt. Ihre Augen erkannten des Abends einen Menschen ebenso gut wie am Tage. Auf das zuletzt gegebene Commando krachten eine Menge Schüsse aus dem Gebüsch heraus, und die Mehrzahl der Gardisten stürzte todt von den Pferden, welche seitwärts auf die Wagenpferde einsprangen und die Verwirrung nur noch vermehrten.

„Jetzt drauf!" rief der Alte.

Er drehte das abgeschossene Gewehr um, sprang hinter dem Gesträuch hervor und schlug mit dem Kolben einen der unverletzten Gardisten, welcher von der andern Seite herübergekommen war, vom Pferde. Die andern Strolche folgten ihm.

Bisher war den Vagabunden Alles geglückt. Sie hatten aber bei ihrem Rechenexempel einen Factor aus der Acht gelassen, nämlich den, daß sie es hier mit an den Kampf gewöhnten Helden, mit Soldaten in höchster Potenz zu thun hatten.

Als der erste Zuruf des Alten erscholl und der Wagen des Marschall Grouchy, weil die Pferde stürzten, in's Schwanken kam, stieß Frau Richemonte, welche an seiner Seite saß, einen Schrei des Entsetzens aus.

„Mein Gott! Was ist das?"

„Pah! Zwei oder drei Wegelagerer!" antwortete er. „Man wird ihnen die Ohren abschneiden, um sie ihnen in's Gesicht zu nageln."

Er stieß den Wagenschlag auf und sprang hinaus, den gezogenen Degen in der Rechten und die Pistole in der Linken. Doch dauerte es eine Minute, ehe es ihm, und das auch nur ungenügend, gelang, seine Augen dem Dunkel zu accomodiren.

Da auch Ney's Pferde stürzten, erschrak die Baronin ebenso auf's Heftigste.

„Wir fallen!" rief sie. „Wo gerathen wir hin?"

„Keine Sorge, Madame!" antwortete der Marschall höchst kaltblütig. „Es giebt da draußen einige Leute, welche mit uns sprechen wollen."

Ein Griff auf die Klinke der Wagenthür, ein Sprung, und er stand zu gleicher Zeit mit Grouchy draußen, mit dem rasch gezogenen Säbel und der Pistole bewaffnet; doch gelang es auch ihm nicht sogleich, das Dunkel mit dem Auge zu durchdringen.

Im Wagen Napoleons wurde kein Schrei ausgestoßen. Auf den ersten Ruf des Alten und den Sturz der Pferde stand der brave, muthige Gourgaud bereits draußen.

„Was ist's, General?" fragte der Kaiser.

„Ein Banditenüberfall," antwortete der Gefragte.

„Ah, interessant! Welche Kühnheit, sich an mich zu wagen!"

Er wußte ganz genau, daß seine Leute ihn bis zum letzten Hauche und bis zum letzten Blutstropfen vertheidigen würden. Er konnte eigentlich ganz ruhig sein; aber sein kriegerischer Sinn ließ ihm keine Ruhe. Er bog sich zum Schlage hinaus und fragte:

„Sind es viele?"

„Man sieht noch nichts; aber die Lanciers scheinen getödtet zu sein."

„Dann ist es an uns!"

Der Kaiser griff an die linke Seite und zog den kleinen Degen, welchen er zu tragen pflegte. Dann wendete er sich an Margot:

„Haben Sie Angst, Mademoiselle?"

„Nein, so lange ich neben meinem Kaiser bin," antwortete sie ruhig.

„Ich danke Ihnen! Sie haben in Wahrheit ganz und gar nichts zu fürchten."

Er schickte sich an, auch auszusteigen; der Generaladjutant aber bat:

„Sire, ich bitte, Platz zu behalten! Soeben rücken die Kerls heran."

„So ist es meine Pflicht, meine Dame zu vertheidigen. Allons!"

Er schob den General zur Seite und sprang hinaus.

Ney und Grouchy waren bereits engagirt. Sie hatten ihre Pistolen abgeschossen und vertheidigten sich mit dem Säbel. Auch Gourgaud wurde angegriffen. Die Wagenpferde kämpften mit einander. Dem Einen und dem Andern gelang es, aufzuspringen. Sie trachteten, sich frei zu machen und rissen auf eine sehr bedenkliche Weise an den Wagen herum. Die Kutscher sprangen herab, um die Thiere zu beruhigen. Ihre lauten Zurufe, das Gewieher der Pferde, das Gebrüll der Marodeurs, die Schüsse, welche noch fielen, das Geklirr der Degen, das Gekrach der hin und her gerissenen Wagen bildete eine wüste, unheimliche Scene.

(Fortsetzung folgt.)

Die Liebe des Ulanen.

Original=Roman aus der Zeit des deutsch=französischen Krieges von Karl May.

(Fortsetzung.)

Die Lanciers waren alle erlegt, und so stand Napoleon mit den drei hohen Officieren den Räubern ganz allein entgegen. Nur Jan Hoorn, der treue Leibkutscher des Kaisers, hatte die Peitsche umgedreht und schlug die Angreifenden muthig über die Köpfe hinein; doch sah er sich bald gezwungen, den aufgeregten Pferden seine ganze Aufmerksamkeit wieder zuzuwenden.

Die Officiere vertheidigten sich mit dem größten Muthe und ganz ebenso großer Geschicklichkeit. Bald waren schon einige der Marodeurs verwundet, aber sie drangen mit desto größerer Wuth auf die Viere ein.

Napoleon selbst hatte Zwei gegen sich während der Generaladjutant ihn zu decken suchte, indem er Vier, welche ihn mit den Kolben niederschlagen wollten, von sich abwehrte. Seine Klinge zuckte, wie der Blitz mit Gedankenschnelligkeit, von einer feindlichen Waffe zur anderen. Es war zu sehen, daß die Herren trotz aller Tapferkeit gegen den rohen Angriff ermüden würden, wenn nicht eine glückliche Wendung eintrat. Da ertönte wieder die Stimme des Alten:

„So ist's nichts! Nehmt ihnen die Deckung! Greift sie von hinten an! Kriecht unter den Wagen hindurch; aber laßt sie am Leben, wenigstens den Kaiser!"

Da rief Ney, der Bravste der Braven, wie Napoleon ihn oft genannt hatte:

„Bei Gott, jetzt gilt's! Drauf, Grouchy!"

Der Wagen konnte, wenn die Feinde unter demselben hinweg krochen, ihm keine Deckung, keine Sicherheit mehr bieten; ja, die Nähe desselben mußte ihm im Gegentheile nur gefährlich werden. Darum that er einen gewaltigen Satz mitten unter die Feinde hinein und begann mit dem Degen sein berühmtes Rad zu schlagen. Sie wichen zunächst zurück, aber bald war er vollständig von ihnen umringt, die von allen Seiten auf ihn eindrangen.

Ebenso erging es Grouchy, welcher seinem Beispiele gefolgt und vom Wagen weg mitten unter die Gegner hineingesprungen war.

Es war eine Scene, keines Kaisers und keines Marschalls würdig, aber nichts desto weniger höchst gefährlich für die berühmten Helden des Schlachtfeldes. Trotz ihrer Tapferkeit mußte der Kampf in kurzer Zeit das voraus zu sehende Ende finden. —

Als der Kaiser vorhin mit seinen Marschällen und den Damen den Platz verlassen hatte, an welchem die letzteren überfallen, durch die Dazwischenkunft Königsaus aber gerettet worden waren, blieb nur dieser mit dem Kutscher zurück.

„Verdammt!" brummte dieser. „Nun haben wir den alten Kasten allein!"

„Meinen Sie etwa, daß der Kaiser sich vorspannen sollte?" lachte Königsau.

„Hm! Könnte nichts schaden! Wo der sich vorspannt, da geht es! Werden Sie mir vollends helfen?"

„Das versteht sich!"

„Sie fahren mit nach Jeanette?"

„Ja."

„Und bleiben ein Wenig da?"

„Das wird sich wohl erst entscheiden."

„Gut, Monsieur. Das Pferd ist bald angespannt. Es ist auch kräftig genug, den Wagen mit uns nach Hause zu bringen. Aber was thun wir mit den Leichen?"

„Wir lassen sie natürlich liegen."

„Hm! Ja! Aber mit Allem, was sie bei sich tragen?"

„Ich denke."

"Das paßt mir nicht. Da sind eine Menge Gewehre und andere Sachen, die man recht gut gebrauchen könnte!"

"Sie gehören aber nicht uns."

"Wem sonst? Wir sind die Sieger!"

"Der Kaiser wird in Le Chêne Anzeige machen, und dann wird sich der Maire sofort nach hier begeben, um den Sachverhalt aufzunehmen. Er wird auch Alles an sich nehmen, was er hier findet."

"Oder es kommen unterdessen Andere, welche Alles stehlen. Diese Kerls werden wohl Kameraden haben, welche nur darauf warten, daß wir uns entfernen."

"Thun Sie, was Sie denken. Aber ich möchte nicht gern unnütz Zeit versäumen; ich möchte auch nicht gern haben, daß es heißt, ein Beamter vom Meierhof Jeanette, der Leibkutscher der Baronin, habe todte Banditen ausgeplündert."

Da kratzte sich der Knecht in den Haaren. Das Wort Leibkutscher schmeichelte ihm.

"Hm," brummte er. "Denken Sie wirklich?"

"Ja, das denke ich."

"Ich soll das Alles liegen lassen?"

"Ja, Alles."

"Nun, so mag es in drei Teufelsnamen liegen bleiben, obgleich ich mich vielleicht ärgere, so oft ich daran denke. Aber ich habe auch meine Ambition. Man soll nicht von mir sagen, daß ich Banditen ausplündere."

"Schön! Also das Pferd her!"

"Da ist es. Verstehen Sie, ein Pferd an den Wagen zu hängen?"

"Ganz gut."

"So thun Sie es! Ich werde unterdessen die zweite Laterne suchen."

Er fand sie bald, wenn auch in zerbrochenem Zustande. Nach Verlauf einer kleinen Viertelstunde konnte man den Ort verlassen.

"Setzen Sie sich in den Wagen?" fragte der Kutscher.

"Ja, wenn es Ihnen recht ist."

"Hm! Wäre es nicht besser, Sie setzten sich hier neben mich auf den Bock?"

"Warum?"

"Wir sind hübsch beisammen, wenn noch Etwas passiren sollte; auch sehen vier Augen mehr als zwei, und wir können uns miteinander unterhalten."

"Gut. Sie haben Recht. Machen Sie also Platz!"

Er stieg auf, und bald rollte der Wagen im Trabe von dannen.

Zunächst schwiegen die Beiden. Der Kutscher, der eine biedere, treue Seele, aber keine allzu intelligente Natur war, hatte genug zu thun, sich das Erlebte von Anfang bis zum Ende zurecht zu legen, um es seinen Mitbediensteten erzählen zu können. Königsau hingegen dachte an die Geliebte, welche jetzt an der Seite des Kaisers saß. Dieser hatte Wohlgefallen an ihr gefunden, ein ganz auffälliges Wohlgefallen; er wollte auf Jeanette wohnen. Welche Perspectiven konnten sich da öffnen, welche Folgen konnte dies nach sich ziehen.

Man darf bei diesen Worten ganz und gar nicht meinen, daß der Deutsche dabei an die Möglichkeit einer Untreue von Seite der Geliebten dachte. O nein, dazu war sie ihm zu werth, zu rein, zu heilig. Aber er selbst wollte auf Jeanette, wenn auch nur kurze Zeit, verweilen; war der Kaiser zugleich zugegen, so konnten möglicher Weise Umstände eintreten, welche reiche Folgen brachten.

Da schien der Kutscher mit seinem Nachdenken bis zu einem gewissen Punkte gekommen zu sein, über welchem es ihm unmöglich war, sich hinweg zu schwingen.

"Hm!" brummte er. "Fatale Geschichte!"

"Was?"

"Sie, Monsieur!"

"Ich? Ich bin eine fatale Geschichte?"

"Ja."

"In wiefern?"

"Ja, ich weiß nicht, ob ich Sie damit belästigen darf."

"Reden Sie!"

"Nun gut! Der ganze Ueberfall ist mir nun klar. Ich habe zwar erst lange auf dem Bocke gesessen, um mir zu überlegen, ob ich mit zuhauen soll oder nicht; denn ein braver Kutscher darf nicht vom Bocke herab; aber dann, als ich mit dem Ueberlegen fertig war, habe ich dem Kerl auch sofort die Seele aus der Gurgel gequetscht. So weit ist mir Alles klar. Aber Sie, Monsieur, Sie sind mir ein Räthsel, über das ich nicht hinauskommen kann."

"Das begreife ich nicht."

"Ja, ich begreife es eben auch nicht. Wie kamen Sie grad zur rechten Zeit, um diese acht Kerls so gemüthlich todtzuschießen?"

"Ich habe es ja bereits erzählt!"

"Aber mir nicht."

"So mögen Sie es noch einmal hören. Ich kam nach dem Meierhofe, um die Frau Baronin zu besuchen. Dort hörte ich, daß diese mit den beiden anderen Damen nach Vouziers sei. Was sie dort machten, weiß ich nicht."

"Capitalzinsen hat die Gnädige dort einkassirt."

"Gut. Ich weiß, daß die Straße unsicher ist; darum wurde ich besorgt um die Damen und ließ mir von dem Herrn Baron ein Pferd geben, um den Damen entgegenzureiten. Ich kam grad zur rechten Zeit."

"Schön, jetzt ist mir das klar. Aber das Andere nicht."

"Was?"

"Sie waren bereits einmal bei uns, als Sie die Damen Richemonte brachten; da hießen Sie Königsau und waren ein Deutscher. Jetzt heißen Sie ganz plötzlich Sainte-Marie und sind ein Franzose, sogar ein Seekapitän."

"Und das verursacht Ihrem ehrlichen Kopfe Schmerzen?"

"Ja," nickte der Kutscher.

"So sagen Sie einmal, was Ihnen lieber wäre, nämlich ob ich ein Deutscher oder ein Franzose bin!"

"Hm! Ja! Was sind Sie denn eigentlich von diesen Beiden?"

"Das wird sich finden, sobald Sie meine Frage beantwortet haben."

"Na, da will ich Ihnen sagen, daß mir ein einziger Deutscher lieber ist, als alle Franzosen zusammen genommen!"

"Ist das wahr?" fragte Königsau überrascht.

"Vollständig."

"Also lieben Sie Ihre Landsleute nicht?"

"Landsleute? Hm! Wissen Sie, wie ich heiße, Monsieur?"

"Nein."

"Nun, so will ich es Ihnen sagen. Mein Name ist Florian Rupprechtsberger."

"Das ist ja ein vollständig deutscher Name!"

"Allerdings. Der Name ist deutsch und der Kerl erst recht."

„Wo sind Sie geboren?"

„Ich stamme zwischen Weißkirchen und Mettlach da drüben herüber. Dort hatten die Eltern der gnädigen Frau eine Besitzung. Die Baronin nahm mich, weil ich ein alter ehrlicher Kerl bin, mit nach Roncourt herüber. Das ist eine so lange Zeit her, daß ich unterdessen das Französische gelernt habe."

„Das ist mir allerdings höchst interessant."

„Ja. Und nun werden Sie mir auch sagen, ob Sie wirklich ein Franzose sind?"

„Ich bin keiner."

„Donnerwetter! Ein Deutscher?"

„Ja."

„Da muß vor Freude die Bulle platzen! Herr, nun sind wir einig, vollständig einig; nun gönne ich sie Ihnen, und zwar von ganzem Herzen!"

„Wen?"

„Nun, die Margot."

„Wie kommen Sie auf diese Frage?"

Der brave Florian hustete sehr geheimnißvoll, sehr selbstbewußt und sagte:

„Glauben Sie etwa, daß ein Deutscher keine Augen hat?"

„Ich hoffe, daß unsere Augen ebenso gut sind wie diejenigen der Franzosen!"

„Das sind sie auch. Hören Sie, Monsieur, diese Margot ist ein Prachtmädel, ein Mädel, für die man sich die Finger wegbeißen könnte. Als Sie sie brachten, habe ich mich auf der Stelle bis über die Ohren in sie verliebt — — —"

„Oho!"

„Ja, ja! Nämlich so, wie sich ein ehrlicher Kutscher in die Herrschaft verlieben darf. Ich habe nun genau aufgepaßt. Da gingen nun Blicke herüber und hinüber, die Niemand sehen sollte; da mußte ich Sie Beide ausfahren, und als ich die Ohren spitzte, da hörte ich es hinter mir — — hm, na, gerade so, als wenn vier Lippen zusammen kleben und auseinander gerissen werden, ungefähr so, als wenn man eine halb neubackene Fischblase aus einander reißt."

„Florian, Florian!"

„Na, nichts für ungut! Sie sind ein Deutscher; sie sind ein Kerl, den man leicht lieb gewinnt, und darum gönne ich sie Ihnen; einem Andern aber nicht; den hätte ich halb todt geprügelt. Aber wie ist denn eigentlich Ihr Name?"

„Jetzt heiße ich Sainte-Marie."

„Gut, wenn Sie nicht anders wollen! Man kann sich kein Vertrauen erringen, das muß von selbst kommen. Aber beweisen will ich Ihnen doch, daß ich ein ehrlicher Kerl bin. Sagen Sie mir nur vorher erst, was Sie sind?"

„Jetzt bin ich Seecapitän."

„Da schlage doch das Wetter d'rein! Auch hier wird man belogen."

„Wissen Sie das genau?"

„Ja."

„Beweisen Sie es."

„Sofort! Sie heißen nicht Sainte-Marie, sondern Königsau."

„Ah!"

„Sie sind nicht aus Marseille, sondern aus Berlin."

„Oho!"

„Und Sie sind nicht Seecapitän, sondern Husarenlieutenant."

„Unsinn!"

Königsau war im höchsten Grade erschrocken. Woher kannte dieser Kutscher ihn so genau? Das konn'e höchst gefährlich werden; er mußte sich höchst vorsichtig benehmen.

„Unsinn?" fragte der Kutscher. „Das ist kein Unsinn, sondern die reine Wahrheit."

„Wer sagte das?"

„Beide sagten es, nämlich sie und er."

„Wer ist diese „sie"?"

„Mademoiselle Margot."

„Ah! Hat sie von mir gesprochen?"

„Nein, das war anders. Wenn ich nicht fahre, bin ich oft im Garten. Da saß sie denn einmal in der Laube und hatte einen Brief in der Hand. Sie küßte und küßte ihn immer wieder, denn sie dachte, er wäre allein. Dann legte sie ihn neben sich. Er fiel von der Bank herab, und als sie ging, vergaß sie ihn."

„Ah! Sie haben ihn gelesen?"

„Ja."

„Donnerwetter, das ist unverschämt."

„Warten Sie es ab!" antwortete Rupprechtsberger ruhig.

„Was giebt es da abzuwarten! Sie eilten nach der Laube — — —!"

„Ja, ich eilte sehr."

„Sie hoben den Brief auf — — —!"

„Natürlich."

„Sie schlugen ihn auseinander — — —!"

„Ja, sonst hätte ich ihn ja nicht lesen können."

„Und Sie lasen ihn! Wirklich? Wirklich?"

„Na, ganz und gar nicht; dazu hätte ich gar keine Zeit gehabt, denn ich hörte Mademoiselle bereits wieder zurückkehren. Ich las nur die Ueberschrift und dann die Unterschrift."

„Schurke!"

„Unsinn! Ich hatte meine Gründe dazu. Die Ueberschrift lautete „Berlin" und „meine heißgeliebte Margot", und die Unterschrift klang wie „Hugo von Königsau". Habe ich richtig gelesen?"

„Welchen Grund hatten Sie, diese Indiscretion zu begehen, he?"

Er sprach diese Frage in einem sehr strengen, ärgerlichen Tone. Er war zornig geworden.

„Welchen Grund? Hm, weil „er" mir den Namen genannt hatte."

„Er? Ah, Sie sprachen vorhin von er und sie. Ist das dieser Er?"

„Ja."

„Wer ist es?"

„Das darf ich nicht verrathen. Uebrigens haben Sie kein Vertrauen zu mir; was nützt es da, Vertrauen zu Ihnen zu haben."

„Florian, ich beginne, zu bemerken, daß Sie nicht ein „guter, treuer und ehrlicher" sondern ein höchst pfiffiger und verschmitzter Kerl sind."

„Da irren Sie sich! Ich bin sogar noch etwas dümmer, als ich aussehe; aber für eine Person, die ich lieb habe, kann ich, weiß Gott, zum gescheidtesten Kerl werden."

„Da wollte ich, daß ich zu Denen gehörte, die Sie lieb haben."

„Das ist ja auch bereits der Fall!"

„Wirklich?"

„Wahrhaftig. Ich wollte Sie ja deshalb herauf auf den Bock haben, um mit Ihnen von der Leber weg reden zu können. Hier im Walde hört es kein Mensch."

„Es scheint aber doch, als ob es nicht so recht von der Leber weg gehen wollte."

„In wiefern?"

„Nun, weil ich von diesem „Er" nichts höre."

„Von ihm darf ich nur zu Einem reden, der Königsau heißt und Lieutenant ist."

„Wirklich zu keinem Andern?"

„Zu Keinem."

„Nun gut, ich will Ihnen vertrauen. Ich heiße Königsau und bin Husarenlieutenant."

„Mit dem alten Blücher gut bekannt?"

„Ja. Aber woher wissen Sie das?"

„Das wird bald kommen. Sie haben Mademoiselle Margot hier verstecken wollen?"

„Ah! Wie kommen Sie auf diese Idee?"

„Nun, Madame Richemonte ist mit Mademoiselle von Paris heimlich fort."

„Sie werden mir unbegreiflich."

„Sie werden mich bald begreifen," sagte der Kutscher in seiner bedächtigen Weise.

„Warum sollten sie heimlich fortgegangen sein?"

„Eines Stiefbruders wegen, welcher Richemonte heißt und Capitän ist."

„Donnerwetter!"

„Und eines Baron's wegen, welcher Reillac heißt und Armeelieferant ist."

„Mensch, Sie haben irgend ein Gespräch der beiden Damen belauscht."

„Fällt mir gar nicht ein."

„Woher wissen Sie das Alles?"

„Von „ihm" natürlich."

„Wer aber ist dieser „Ihm" denn eigentlich?"

„Capitän Richemonte."

Wäre es im Walde hell gewesen, so hätte der Kutscher sehen können, daß Königsau erbleichte. Was er hörte, ließ ihn tief erschrecken.

„Der Capitän?" fragte er. „War er hier?"

„Ja."

„Auf Jeanette?"

„Ja."

„In Roncourt?"

„Ja."

„In Sedan?"

„Ja."

„Wann ist das gewesen?"

„Vor einer Woche."

Am Geburtstage der Mutter.

„Alle Teufel! War er bei der Baronin?"

„Nein."

„Bei einer von den andern Damen?"

„Auch nicht."

„Oder bei dem jungen Baron?"

„Das fiel ihm gar nicht ein."

„Nun, zum Teufel, bei wem soll er hier denn sonst gewesen sein, he?"

Da holte der Kutscher tief Athem und antwortete mit Nachdruck:

„Bei mir!"

„Ah, der Tausend! Bei Ihnen?"

„Ja, natürlich!"

„Wie kommt er denn zu Ihnen?"

„Ich war ihm empfohlen."

„Von wem?"

„Vom Herrn Baron de Reillac."

„So kennen Sie diesen auch?"

„O, sehr gut, außerordentlich gut."

„Woher denn?"

„Woher? Hm! Wissen Sie denn nicht, daß er sehr oft in Roncourt ist?"

„In Roncourt? Davon weiß ich kein Wort, kein einziges Wort. Wahrhaftig nicht!"

„Er hat ja sein Quartier in Sedan!"

„Er quartiert in Sedan? Wohl wieder als Armeelieferant des Kaisers?"

„Das versteht sich."

„Alle tausend Teufel! Nun wird die Plage und Gefahr von Neuem beginnen."

„Keine Sorge, Herr Lieutenant! Da ist der Florian Rupprechtsberger da."

„Um Gotteswillen, lassen Sie den Lieutenant fort."

„Es hört ja Niemand."

„Wenn zehnmal! Nennen Sie mich Herr Seecapitän; das ist das Sicherste! Aber sagen Sie mir doch, wie Sie mit diesen Kerls zusammen gekommen sind?"

„Nun, eines Tages fahre ich die Damen nach Sedan. Wir stiegen in unserm gewöhnlichen Gasthofe ab. Ich führe die Pferde in den Stall, und da kommt mir ein feiner Herr, der aber mehr wie ein Schuft als wie ein ehrlicher Kerl aussah, und fragte mich:

„Sind Sie es, welcher die drei Damen gefahren hat, welche soeben abstiegen?"

„Ja," antwortete ich.

„Wer sind sie?"

„Die Baronin de Sainte-Marie. Die beiden Andern sind Gäste von ihr."

ansehen, daß er mich zu irgend einem Zwecke gewinnen wolle; darum nahm ich mir vor, sehr vorsichtig zu sein. Nachdem er Verschiedenes gesagt und gesprochen hatte, fragte er auch:

„Kamen die beiden Damen Richemonte allein nach Jeanette?"

„Ich weiß nicht," antwortete ich vorsichtig. „Ich war an diesem Tage abwesend."

„War vielleicht mit ihnen ein anderer Besuch da?"

„Ich könnte mich nicht besinnen."

„So besinnen Sie sich vielleicht auf den deutschen Namen Königsau?"

„Nein. Ich habe ihn noch gar nicht gehört."

„Hm eigenthümlich! Wissen Sie auch nicht, ob die Damen Briefe aus Berlin empfangen?"

„Nein."

Der Tod der Fürstin Petronowski.
Fünfte Illustration zur Erzählung: „Wiedergefunden."

„Woher? Vielleicht aus Paris?"

„Vielleicht."

„Wie heißen sie?"

„Madame und Mademoiselle Richemonte."

„Ah, diese Namen habe ich gehört. Wo wohnt die Baronin, Ihre Gebieterin?"

„Auf Meierhof Jeanette bei Roncourt."

„Danke."

„Damit drückte er mir einen vollen, goldenen Napoleonsd'or in die Hand und geht."

„Das war jedenfalls der Baron de Reillac?"

„Ja. Einige Zeit darauf hatte ich im Felde draußen zu thun. Da kam ein Reiter; es war derselbe Baron. Er begann ein Gespräch mit mir und war so auffällig freundlich, daß er mir geradezu widerwärtig wurde. Ich mußte es ihm

Da sah er mich mit einem außerordentlich forschenden Blick an und fragte:

„Ich gab Ihnen letzthin einen Napoleonsd'or, nicht wahr?"

„Ja, Monsieur," antwortete ich.

„Wollen Sie sich mehrere solche Goldstücke verdienen?"

„Wie viele?"

„Das wird ganz auf Sie ankommen!"

„O, so werde ich gleich jetzt beginnen, sie mir zu verdienen, Monsieur."

„Nun gut, so frage ich Sie, ob Sie in meine Dienste treten wollen."

„Das geht nicht."

„Warum nicht?"

„Weil ich in dem Dienste der Frau Baronin de Sainte-Marie mich befinde."

„Das thut nichts zur Sache. Sie können ihr und mir ganz gut dienen."

„Zu gleicher Zeit?"

„Ja, ihr öffentlich und mir heimlich."

„Was geben Sie mir für Aufträge, Monsieur?"

„Sie werden dieselben empfangen, sobald Sie sich erklärt haben."

„Nun gut, so stelle ich mich Ihnen zur Verfügung. Aber was werden Sie mir zahlen?"

„Ich gebe Ihnen fünfundzwanzig Napoleonsd'or, und dann erhalten Sie das Weitere je nach dem Werthe ihrer Dienste."

„Ich bin zufrieden, Monsieur."

„Gut, so haben Sie hiermit die versprochenen Fünfundzwanzig."

Er gab mir das Geld und fuhr dann weiter fort:

„Ich wünsche nämlich Alles zu wissen, was Mademoiselle Richemonte betrifft. Ich bin ein heimlicher Anbeter von ihr und möchte gern wissen, ob ihr Herz noch frei oder bereits vergeben ist, ob sie die Briefe oder Besuche eines Geliebten empfängt, kurz Alles, was einem Liebhaber zu interessiren pflegt. Sie verstehen mich doch?"

„Vollständig, Monsieur."

„Ich brauche Ihnen folglich keine weitläufigere Instruction zu geben?"

„Ich glaube nicht."

„Nun gut, so hoffe ich, daß ich Sie zu unserm gegenseitigen Nutzen engagirt habe."

„Wohin soll ich Ihnen bringen, was ich erfahre?"

„In's Hauptquartier nach Sedan. Ich bin Baron Reillac, der Armeelieferant. Aber sagen Sie mir, ob Sie verschwiegen sein können."

„Ich werde stumm sein."

„Das ist mir lieb und auch gut für Sie. Die Damen sollen nicht erfahren, daß ich in der Nähe bin; deshalb werde ich nie nach Jeanette kommen. Auch daß Sie mich kennen, darf kein Mensch wissen. Jede Botschaft erhalten Sie gut bezahlt. Passen Sie besonders genau auf, ob Briefe aus Berlin kommen, und wenn Sie erfahren können, daß dieselben mit „Hugo Königsau" unterzeichnet sind, so erhalten Sie doppelte Belohnung."

Jetzt mußte Königsau doch sein längeres Schweigen brechen.

„So sind Sie förmlich von ihm engagirt worden?" fragte er den Kutscher.

„Ja," antwortete dieser ruhig.

„Und haben in seinen Diensten gearbeitet?"

„Fürchterlich!"

„In wiefern?"

„Ich habe ihm ein halbes Dutzend Lügen erzählt und für jede mein Goldstück erhalten."

„Wissen Sie, Florian, daß Sie ein Spitzbube sind!"

„Gegen diesen Kerl? Ja. Das schadet gar nichts. Gegen Andere bin ich desto ehrlicher."

„Aber Sie haben doch nachgesehen, ob Briefe aus Berlin mit meiner Unterschrift eintreffen."

„Ja, aber nicht dieses Barons wegen, sondern meinetwegen."

„Ah, Ihretwegen?"

„Ja, natürlich!"

„Was haben Sie dem Baron davon gesagt?"

„Nichts, gar nichts. Er hat gar nichts davon gehört, daß ich jenen Brief gesehen habe."

„Aber warum wollten Sie ihn gerade Ihretwegen sehen?"

„Ich wollte wissen, ob der Geliebte von Mademoiselle Margot wirklich ein Deutscher sei. Wenn das der Fall war, so war ich sein Landsmann und nahm mir vor, ihn gegen seine Feinde zu beschützen. Habe ich da Unrecht gethan, Monsieur?"

„Unrecht? Hm! Ja nun nein! Aber ich absolvire Sie. Ich darf Sie also meinen Beschützer nennen, nicht wahr, Monsieur Florian?"

„Ja. Lachen Sie immerhin darüber; es ist dennoch so. Unsereiner kann leicht einem großen Herrn einmal einen Dienst erweisen; das können Sie glauben."

„Ich glaube es, denn ich weiß es; ich habe es oft erfahren," sagte Königsau im ernstesten Tone. „Also Sie sind mit dem Barone öfters zusammen gekommen?"

„Sehr oft. Wir treffen uns wöchentlich einige Male. Letzthin nun passirte es mir, daß ich mir ein Goldstück holen wollte; ich wollte ihm irgend Etwas erzählen, was gar nicht geschehen war, und fand seinen Diener nicht anwesend. Das Vorzimmer war nicht verschlossen, und ich trat ein. Da hörte ich in seinem Zimmer laute Stimmen. Er sprach mit einem Herrn. Ich setzte mich sehr gleichmüthig nieder und hörte zu; ich konnte jedes Wort verstehen. Sie sprachen von Ihnen."

„Von mir?"

„Ja, und vom alten Blücher."

„Ah!"

„Von einem Ueberfalle, bei welchem Sie einen Küraß getragen hatten."

„Sapperment!"

„Ferner von Mademoiselle Margot, die sie zu dem Baron geschafft hatten. Sie waren dann mit dem Feldmarschall gekommen ——"

„Wer war der Mann, mit dem der Baron sprach?"

„Derselbe, welcher Sie gestochen und auf Sie geschossen hatte."

„Capitän Richemonte?"

„Ja. Ich hörte es aus dem Gespräche heraus. Aber ich hörte noch viel mehr!"

„Was! Erzählen Sie!"

„Zunächst sagte der Baron, daß er jetzt einen dummen Knecht bestochen habe. Damit meinte er natürlich mich. Ich werde ihm bei Gelegenheit diese Dummheit um den Kopf herumschlagen, daß ihm alle Gedanken vergehen sollen!"

„So wußte also auch der Capitän bereits, daß Margot sich auf Jeanette befindet?"

„Ja. Sie wußten es schon in Paris."

„Unmöglich!"

„O doch; ich habe es im Laufe ihres Gespräches ganz deutlich bemerken können."

„Wer sollte es ihnen denn verrathen haben? Kein Mensch hat es gewußt."

„O, doch Einer, nämlich der Bankier, von welchem Frau Richemonte ihr Einkommen bezieht."

„Ah, das ist wahr; das haben wir aus der Acht gelassen."

„Die Hauptsache aber erfuhr ich erst am Schluß des Gespräches. Nämlich der Capitän Richemonte ist im Meierhofe gewesen."

„Bei den Damen?" fragte Königsau erschrocken.

„Nein, sondern bei General Drouet."

„Was wollte er bei ihm? Die Klugheit hätte ihm doch eigentlich geboten, sich vor den Damen nicht sehen zu lassen. Er hätte besser gethan, nicht zu verrathen, daß er ihren Aufenthaltsort kennt."

„Das hat er auch ganz und gar nicht gethan."

„Aber man muß ihn doch gesehen haben!"

„Nein, denn er ist des Abends gekommen, sogar erst gegen Mitternacht."

„So muß der Grund seines Besuches ein sehr geheimnißvoller sein."

„Das ist er auch; geheimnißvoll und schurkisch, schurkisch im höchsten Grade."

„So kennen Sie diesen Grund?"

„Ja, denn er kam im Laufe der Unterhaltung zur Sprache."

„Darf ich ihn hören?"

„Ja. Sie sind, wie ich aus Allem vermuthe, und wie Sie selbst auch vorhin gestanden, ein Freund von dem alten Feldmarschall Blücher?"

„Ja, freilich, freilich!"

„O, so wollte ich, daß Sie activ in Diensten ständen!"

„Warum? Glauben Sie, daß ich außer Dienst bin, Monsieur Florian?"

„Natürlich!"

„Ach, warum glauben Sie das?"

„Wären Sie activer Militär, so befänden Sie sich bei ihrer Truppe und nicht hier."

„Ach, Sie waren wohl nie Soldat?"

„Nein, aber der Onkel meines Großvaters war einer: das ist aber lange her!"

„Das glaube ich," lachte Königsau. „Das muß so zur Zeit des großen Churfürsten und des alten Dörflinger gewesen sein."

„Ja, unter dem hat er gedient; Sie haben ganz richtig gerathen, Monsieur!"

„Nun, da ich einmal aufrichtig mit Ihnen bin, so will ich Ihnen gestehen, daß ich nicht passiv bin, sondern mich gegenwärtig noch im Dienst befinde."

„In Blüchers Armee, welche bei Lüttich und da herum liegt?"

„Ja. Mein Dienst ist so ar ein sehr schwerer und gefährlicher!"

„Da klatschte der Kutscher mit der Peitsche, daß es weithin schallte, und sagte:

„Donnerwetter, jetzt bin ich es, der Ihnen sagt, daß Sie leiser sprechen sollen! Herr — Herr Seecapitän, ich sage Ihnen, Sie sind mein Mann!"

„Ah, warum?"

„Ich ahne, welchen Dienst Sie thun!"

„Nun?"

„Sie kommen, die Franzosen ein Wenig auszuhorchen. Nicht wahr, Monsieur?"

„Mag sein?"

„Nun, dann zählen Sie auf mich! Uebrigens thut Capitän Richemonte dasselbe drüben auf ihrer Seite."

„Ah, er macht den Eclaireur?"

„Den Eclaireur, ja. Aber bei ihm möchte ich lieber und richtiger sagen, daß er den Spion und Mörder macht."

„Den Mörder? Donnerwetter! Wie meinen Sie das, bester Florian?"

„Nun, er soll den al en Blücher zur Seite schaffen."

„Unmöglich! Sie irren sich."

„Ich mich irren? Ich habe es ja mit diesen meinen eigenen Ohren gehört!"

„Das wäre infam, fürchterlich infam!"

„So will ich Ihnen sagen, daß er den Auftrag dazu bereits in Paris empfangen hat."

„Von wem?"

„Von General Drouet, wenn ich mich nicht irre."

„Ich bin ganz starr vor Erstaunen!"

„Ja, das ist die leichteste Art, Krieg zu führen. Man putzt die Anführer weg."

„Und zwar per Meuchelmord. Wie leicht wäre es mir da heut gewesen, den Kaiser und zwei seiner berühmtesten Marschälle zu tödten!"

„Sie sind ein Deutscher, Monsieur!"

„Aber mein Gott, so ist dieser Mensch ja noch weit gefährlicher als ich dachte!"

„Allerdings!"

„Und Drouet steht mit ihm im Bunde?"

„Wie es scheint."

„Das ist nicht zu glauben. Ein General thut das nicht. Der Capitän muß irgend einen einigermaßen mystischen Auftrag des Generals falsch verstanden haben."

„Das geht mich nichts an. Ich habe nur gehört, daß Richemon e den Marschall auf die Seite bringen soll, und sich zugleich an demselben rächen will."

„Hat er bereits von einem Versuche gesprochen?"

„Er beklagte sich, daß es ihm noch nicht gelungen sei, in die Nähe des Alten zu kommen."

„Donnerwetter, das kann ihm täglich gelingen! Der Feldmarschall befindet sich da in einer außerordentlichen Gefahr. Wann hörten Sie diese Unterredung?"

„Vor acht Tagen."

„Wollte der Capitän sofort wieder retour?"

„Er sprach von einem Spielchen machen."

„So! Nun ich dieses weiß, ist meines Bleibens auf Jeanette nicht lange. Ich muß so schleunig wie möglich aufbrechen, um den Marschall zu warnen."

„Thun Sie es, thun Sie es! Ich habe Ihnen das ja deshalb mitgetheilt!"

„Aber Sie sind wirklich ein Freund der Deutschen?"

„Ja, freilich!"

„Und ein Bewunderer Blüchers?"

„O, wenn ich nur dem einmal die Hand drücken dürfte! Er sollte sich wundern!"

„Aber, wenn dies wahr ist, warum haben Sie nichts gethan, um ihn zu warnen, oder den Mordanschlag auf irgend eine Weise zu vereiteln?"

„Ich? Was sollte ich thun?" Ich, ein einfacher Kutscher!"

„Vielerlei! Man thut in solchen Fällen das, was Einem am Leichtesten wird."

„Richtig! Das habe ich auch gethan!"

„Was?"

„Ich habe gewartet, bis Sie kommen. Ich dachte, daß Sie Bescheid wissen würden."

„Aber Sie wußten ja gar nicht, daß ich kommen würde."

„O, das wußte ich im Gegentheile ganz gewiß."

„Ich bin da doch neugierig, woher."

„Das ist sehr einfach. Mademoiselle Margot spaziert gewöhnlich nur im Garten. Seit sie aber den letzten Brief erhalten hat, geht sie täglich einige Male vor der Meierei spazieren, dem Wege entgegen, welcher von Roncourt her kommt. Und wenn ein Wagen in den Hof rollt, so eilt sie schnell an das Fenster."

„Florian!"

„Herr Seecapitän!"

„Sie sind ein Schlauberger."

„Nein, ich bin kein gescheidter Kerl, aber, wie ich Ihnen bereits sagte, wenn ich Jemand gern habe, so kann ich vor Liebe gescheidt werden."

„Sie haben also in Wahrheit geahnt, daß ich komme?"

„Ich war überzeugt davon. Darum nahm ich mir vor, das vom Capitän aufzuheben, bis es mir möglich war, es Ihnen zu erzählen."

„Ich danke Ihnen! Es soll an die richtige Adresse gelangt sein. Aber dort sehe ich Lichter auftauchen. Was ist das? Vielleicht bereits Le Chêne?"

„Ja. Fahren wir durch?"

„Nein. Wir halten am Gasthofe an und trinken ein Glas Wein. Vielleicht ist der Kaiser — — — ah, Donnerwetter, da fällt mir Etwas ein!"

„Was?"

„Etwas Hochwichtiges, was ich ganz vergessen habe."

„Das klingt ja ganz und gar wichtig und apart."

„Das ist es auch. Mein Gott, daß ich nicht daran gedacht habe. Florian, hauen Sie auf das Pferd, nur derb, derb, daß wir vorwärts kommen."

„Jetzt klingt's nun gar gefährlich."

Mit diesen Worten gab der Kutscher dem Braunen die Peitsche, so daß dieser die Karosse mit doppelter Schnelligkeit weiter schleppte.

„Es ist auch gefährlich," antwortete Königsau. „Der Kaiser befindet sich in Gefahr mit Allem, die bei ihm sind."

„Donnerwetter! Welche Gefahr wäre das?"

„Ich belauschte da unten am Kreuze einige Männer, welche davon sprachen, daß zwei Marschälle erwartet werden, welche man überfallen wolle.

„Am Kreuze?"

„Ja."

„Gegen Roncourt hin?"

„Ja."

„Teufel, das ist eine gefährliche Stelle. Dort haben bereits Einige seit kurzer Zeit das Leben lassen müssen. Was ist da zu thun?"

„Rasch nach Le Chêne in den Gasthof. Dort ist der Kaiser abgestiegen. Wir müssen sehen, ob er vielleicht noch anwesend ist."

„Verdammte Geschichte. Mir ist's nicht um den Kaiser, sondern um meine guten drei Frauenzimmer. Ihn könnten sie in Gottesnamen abquetschen und seine Marschälle dazu; aber wenn es sich um Mademoiselle Margot und die beiden Anderen handelt, so jage ich lieber den Braunen todt, als daß ich sie verlasse. Vorwärts."

Er schlug mit aller Gewalt auf das Pferd ein, so daß die alte Staatskarosse fast zu fliegen schien.

„Sogar meine Pistolen habe ich wieder zu laden vergessen."

Er zog die Waffen hervor, und es gelang trotz des holperigen Weges, alle acht Läufe zu laden, so daß er eben fertig war, als sie vor dem Gasthofe hielten.

Königsau sprang aus dem Wagen und trat in die Stube. Der Kutscher folgte in ganz gleicher Eile hinter ihm.

„War der Kaiser da?" fragte der Erstere.

Der Wirth saß am Tische. Der Maire war noch da; er hatte sich eben zum Gehen angeschickt, als die Beiden eintraten.

„Ja," antwortete der Beamte in wichtigem Tone. „Seine Majestät hatten die Gnade, mich in einer wichtigen — —"

„Hielten alle drei Wagen des Kaisers hier an?" unterbrach ihn der Deutsche.

„Ja. Es waren Herren und Damen bei ihm, welche mit mir freundl — — —"

„Wann sind sie fort?"

„Soeben; in diesem Augenblicke. Ich hatte die Ehre ein Protokoll zu — — —"

„Antworten Sie mir schnell und genau. Wie viele Minuten sind verflossen, seit der Kaiser sich von hier entfernt hat."

„Vielleicht zwei Minuten. Aber junger Mann, wie können Sie es wagen, mit dem Maire von Le Chêne in diesem Tone — — "

„Papperlapapp. Ich sehe ein Protokoll in Ihrer Hand. Worüber handelt es?"

„Von einem Ueberfall im Walde. Der Kaiser selbst hat es mir dictirt."

„Nun, so werden Sie auch wissen, daß ein Mann als Retter erschien — —"

„Der acht Räuber erschlug? Ja," fiel der Maire ein.

„Nun, dieser Mann bin ich. Jetzt nun befindet sich der Kaiser in allerhöchster Lebensgefahr. Haben Sie ein Pferd im Stalle, Wirth?"

„Ja."

„Heraus damit! Florian, Sie reiten es!"

Da erhob sich der Wirth erschrocken und rief:

„Mein Pferd hergeben? Ach. Fällt mir nicht ein. Wer sind Sie? Wie heißen Sie?"

„Ja, wer sind Sie, und wie heißen Sie?" fragte auch der Maire im strengsten Amtstone. „Wenn der Kaiser sich in allerhöchster Gefahr befindet, so — — —"

„So haben Sie zu handeln, aber nicht zu schwatzen," fie ihm Königsau in die Rede. „Sagen Sie, ob in Ihrem Protokoll ein Seecapitän Sainte-Marie erwähnt wird."

„Ja. Er ist der, welcher acht Räuber erschlagen hat. Jedenfalls ist er mit der Frau Baronin auf Jeanette verwandt, denn der Kaiser hat ihn als ihren Cousin dictirt."

„Nun, der bin ich. Draußen steht die Karosse der Baronin, welche überfallen wurde. Es befindet sich nur ein Pferd davor; mit diesem Wagen können wir den Kaiser nicht einholen, welcher am Kreuze mit den Marschällen überfallen werden soll."

„Am Kreuze!" rief der Wirth.

„Ueberfallen!" schrie der Maire.

„Ja. Sie haben die schleunigste Hilfe zu leisten, sonst schicke ich Ihnen den Kaiser auf den Hals."

„Um Gotteswillen, nur das nicht!" meinte der Maire. „Ich renne bereits; ich laufe, ich eile. Was soll ich thun?"

„Wer im Orte ein Pferd und Waffen hat, soll aufsitzen und unter Ihrem Kommando zum Kreuze kommen — —"

„Unter meinem Kommando?" zeterte der Maire. „Ich kann nicht kommandiren. Ich bin heiser, fürchterlich heiser."

„Pa. Ihre Stimme ist gut, wie ich höre! Eilen Sie. Wer in einer Viertelstunde nicht am Kreuze ist, wird erschossen."

„Gott, o Gott! Da will ich doch lieber probiren, ob ich Einen erschießen kann!"

„Mit diesen Worten eilte der Maire hinaus.

„Nun, wie wirds mit dem Pferde?" fragte Königsau den Wirth."

„Muß ich's denn wirklich hergeben?" jammerte dieser.

„Ja, ja, ohne Frage. Steht es in einer Minute nicht vor dem Thore, so jage ich Ihnen eine Kugel durch den Kopf; darauf können Sie sich verlassen."

Er zog seine Pistole.

„Gleich, gleich. In einer halben Minute ist's da!" rief der Wirth.

Er sprang eiligst zur Thür hinaus; Königsau rief ihm nach:

„Sie brauchen es nicht zu satteln."

Da meinte Florian, der Kutscher:

„Wir reiten?"

„Natürlich."

„So nehmen Sie das Pferd des Wirth's; ich nehme den Braunen. Und hier ist auch ein Waffe, die ich gut gebrauchen kann."

Ueber der Thür hing nämlich ein schwerer Kavalleriesäbel aus der Zeit der Revolution. Den riß der Kutscher herab, und dann sprang er hinaus.

Auf einem Tische lagen zwei Bündel Talglichte. Als Königsau sie bemerkte, kam ihm ein Gedanke. Draußen war es dunkel. Wie nun, wenn er sich eine Fackel bereitete? Das war jedenfalls vortheilhaft und nahm keine Zeit weg.

Von der Decke hingen einige ausgeglühte, leicht biegbare Drähte, an denen gewöhnlich die Lampen aufgehängt wurden. Er riß diese Drähte herab, nahm aus der Ecke einen dort liegenden Spazierstock, legte um den oberen Theil desselben die Lichte herum und umwickelte sie mit den Dräthen.

Hinter dem Ofen stand das Zunderzeug. Mit Hülfe desselben und einer kleinen Hand voll Schießpulver war der obere Theil der so improvisirten Talglichtfackel so präparirt, daß sie mit Hilfe eines Pistolenschusses augenblicklich zum Lichterlohbrennen gebracht werden konnte.

Das Alles hatte kaum eine Minute Zeit in Anspruch genommen. Ein geistesgegenwärtiger Mann bringt in der Zeit der Gefahr in einer Minute mehr fertig als ein Anderer in einer Stunde. Königsau vergaß sogar nicht ein Goldstück als Ersatz auf den Tisch zu werfen; dann ging er hinaus.

Florian hatte soeben seinen Braunen abgeschirrt, auch in fliegender Eile, und stieg auf, den mächtigen Pallasch in der Faust.

Der Wirth brachte sein Pferd. Er sah den Säbel und schrie:

„Halt. Wo ist der Säbel her?"

„Er hing über der Thür," antwortete Florian.

„Er ist mein."

„Holen Sie ihn sich."

Damit sprengte der wackere Kutscher davon

Königsau riß dem Wirthe das Halfter aus der Hand und schwang sich auf.

„Bekomme ich denn das Pferd wieder?" fragte der Wirth ängstlich.

„Ja," antwortete der Gefragte.

„Wann denn?"

„Ihre Nachbaren werden es Ihnen mitbringen."

„Damit sauste er davon.

„Aber Wort halten!" brüllte ihm der Wirth nach.

(Fortsetzung folgt.)

Die Liebe des Ulanen.
Original-Roman aus der Zeit des deutsch-französischen Krieges von Karl May.

(Fortsetzung.)

Im Orte hörte man das Horn des Nachtwächters ertönen.

Der Maire rief die streitbaren Helden zusammen, um mit ihnen zur Rettung des Kaisers auszuziehen.

Das Pferd des Wirthes war ein alter, halb steifer Gaul; aber unter der Leitung des gewandten Husarenofficiers und seinem mächtigen Schenkeldrucke flog er wie ein Araber auf der Straße dahin. In einer halben Minute hatte Königsau seinen Kutscher erreicht.

„Vorwärts, vorwärts!" rief er ihm zu.

„Herr, Sie werden den Hals brechen," antwortete Florian.

„Ich nicht, sondern der Gaul."

So stürmten die Beiden weiter. Florian gab sich alle Mühe, hart hinter dem Deutschen zu bleiben, aber der Abstand vergrößerte sich doch immer mehr.

Da hörte der Lieutenant Schüsse vor sich fallen. Er stieß seinem Pferde die Fersen in den Leib, daß es stöhnte, schärfer galoppieren konnte es aber nicht.

Da es dunkel war, konnte er die Schnelligkeit, mit welcher er vorwärts kam, nicht genau beurtheilen. Jetzt aber bog sein Pferd um eine kurze Krümmung, da erblickte er ganz vorn den Schein der Wagenlaterne, und von dem regelmäßigen Hufschlage seines Pferdes vermochte er den unregelmäßigen Lärm des Kampfes genau zu unterscheiden.

Er näherte sich, ohne daß man ihn bemerkte. Er beschloß ganz ebenso zu verfahren wie vorhin. Er zügelte sein Pferd, sprang ab und band es an. Dann sprang er eilig dem Kampfplatze näher. Er konnte bereits das Nöthige erkennen.

Grouchy war von Vieren umringt; er hatte sie bisher glücklich von sich abgehalten, aber sein Arm drohte zu erlahmen. Da sprang Königsau herbei.

Sein erster Schuß galt der Fackel; sie loderte augenblicklich hell empor, so daß er deutlich sehen, zielen und schießen konnte.

Er sah Grouchy, Ney, den Kaiser und den Generaladjutant im Kampfe

„Aushalten, Sire. Es kommt Hilfe."

Mit diesen Worten jagte er Dem, welcher Grouchy am Meisten drängte, eine Kugel durch den Kopf. Dem Nächsten schlug er die nun abgeschossene Pistole so in das Gesicht, daß der Mann mit eingeschlagener Nase und heraushängendem Auge zusammenbrach.

„Teufel! Das ist Hilfe in der Noth."

Mit diesen Worten schlug Grouchy den Dritten nieder und hatte nun Zeit, den Vierten mit Gemüthlichkeit abzuthun.

Königsau zog seine zweite Pistole und schaffte Ney Luft, indem er zwei von dessen Drängern niederschoß. Er warf die leere Pistole fort, riß eine dritte hervor und trat an die Seite des Kaisers. Zwei Schüsse krachten, und der Kaiser hatte keinen Gegner mehr.

„Haben Sie noch einen Schuß, Sie Braver?" rief Gourgaud.

„Ha, zwei."

„Dann hierher, bitte."

Es war, als sei Königsau prädestinirt gewesen, der Reihe nach alle Vier vom Untergange zu erretten. Er schoß die Zwei nieder, welche gegen den Generaladjutanten kämpfend, ihm am nächsten standen.

Da ertönte aus dem Busche die laute Stimme des Alten:

„Nun, wenn es so geht, so soll er wenigstens auch zum Teufel fahren."

Ein Schuß blitzte auf. Er war auf den Kaiser gezielt. Als die Flamme aus dem Rohre sprühte, sah man den Schützen ganz deutlich stehen.

Königsau dachte nicht anders, als daß der Kaiser getroffen sei. Ein fürchterlicher Grimm überkam ihn. Noch am Schluß des Rettungswerkes der Kaiser ermordet, das mußte gerächt werden. Seine Fackel in der Hand, sonst keine Waffe, sprang er auf den Schützen ein. Dieser wendete sich zur Flucht.

„Halt, Bursche, Du wirst mein!" rief der Deutsche.

„Noch nicht," antwortete der Fliehende, der im eiligsten Laufe zu entkommen suchte. Der Schein blendete ihn, während Königsau den Vortheil desselben hatte.

Er hörte den Verfolger immer näher hinter sich und beschloß, ihm Stand zu halten. Er blieb stehen, holte Athem und drehte sich um. Der Deutsche stand kaum drei Schritte vor ihm. Da sah der Vagabund, daß sein Gegner unbewaffnet war. Er warf seine Flinte weg, die er bis jetzt noch in der Hand behalten hatte, zog sein Messer und rief frohlockend:

„Ah. Komm her, daß ich Dich umarme."

Er sprang auf Königsau ein; dieser aber war geistesgegenwärtig; er senkte seine Fackel und stieß den brennenden Schwalm, von welchem der glühende Talg tropfte, dem Gegner in das Gesicht und die Augen.

Der also Verwundete warf sein Messer weg und schlug beide Hände unter lautem Brüllen vor die Augen. Königsau packte ihn beim Kragen, drehte denselben in der Faust einmal um, so daß der Mann zum Stürzen kam, und kehrte im eiligsten Laufe, den Geblendeten nach sich schleppend, zu dem Kampfplatze zurück, auf welchem sich kein einziger Feind mehr befand.

„Hier," rief er, „bringe ich den Mörder des Kaisers."

Alle blickten auf ihn.

„Des Kaisers?" fragte Ney erstaunt.

„Ja, er hat ihn erschossen."

Da deutete Ney lächelnd seitwärts. Dort stand im Schatten der brave Florian mit seinem blutigen Säbel und neben ihm — Napoleon.

„Ah. Der Kaiser ist gerettet? Ist nicht todt?" rief Königsau.

Er hatte dem Alten beide Kniee auf die Brust gesetzt, hielt in der Linken die noch brennende Fackel und in der Rechten die Kehle seines Gegners.

Da kam der Kaiser herbei und sagte:

„Nein, mein Braver, ich bin nicht todt. Man hat die letzte Kugel auf mich gezielt, mich aber nicht getroffen."

„Dieser Kerl war es, Sire."

„Ah, Sie haben ihn geholt?"

„Ja."

„Ohne Waffe?"

„Mit der Fackel."

„Außerordentlich. Jan Hoorn, einen Riemen. Man binde diesen Mann. Er wird uns Aufschluß geben müssen."

Jetzt erst richtete sich Königsau auf. Der Kaiser streckte ihm die Hand entgegen.

„Nehmen Sie meine Hand, Sie tapferer, junger Mann. Sie haben mich gerettet."

„Mich auch," sagte Ney näher tretend.

„Mich auch," fügte Grouchy hinzu.

„Uns Alle! machte Gourgaud den Beschluß.

Und auch diese drei Männer streckten ihm ihre Hände entgegen. Im Schlage des ersten Wagens, dessen Pferde bereits beruhigt waren, erschien ein schönes, bleiches Gesicht, in dessen Augen Freudenthränen schimmerten. Oder waren es Thränen des Schmerzes?

„Ich sprach schon diesen wackeren Kutscher dort," fuhr Napoleon fort. „Er ist uns zu Hilfe gekommen, ehe wir es merkten, und hat zwei Feinde mit seinem langen Degen erstochen, eben als sie unter dem Wagen hindurchkriechen wollten, um uns von hinten zu nehmen. Wie ist es Ihnen denn gelungen, uns zu Hilfe zu kommen, Herr Capitän?"

Königsau erröthete. Sollte er sich der Vergeßlichkeit, der Nachlässigkeit zeihen? Er antwortete:

„Sire, ich belauschte zufälliger Weise heute zwei Männer, welche von Marschällen, von Geld und Ueberfall sprachen. Ich gab diesem Gespräche keinerlei Bedeutung, da ich dachte, sie erzählten sich irgend ein Ereigniß — — —"

„Ach, ich beginne zu begreifen."

„Ich hatte dann das Glück, Euer Majestät zu sehen, und erst später, als ich mich mit dem Kutscher allein auf dem Rückwege befand, brachte mich der Umstand, daß der Kaiser sich in Gesellschaft zweier Marschälle befunden hatte, auf den Gedanken, daß hier von keiner Erzählung, sondern von einem wirklichen Ueberfalle die Rede sei."

„Ah, so. Sie eilten uns sofort zu Hilfe?"

„Ich spannte schleunigst aus, nahm für den braven Florian ein zweites Pferd und galoppirte nach. Das ist Alles, Sire."

„Nein, das ist nicht Alles, mein Lieber; denn Ihr Werk begann nun erst. Wir waren hart bedrängt. Sie kamen in rechten Augenblicke. Man ist ja nicht mit einem Waffenarsenale versehen, wie es in einem solchen Falle von Nöthen wäre. Ich hatte nur meinen Degen. Aber, wie viele Feinde haben Sie getödtet, Capitän?"

„Ich glaube sieben."

„Sieben und erst acht. Sie sind ein wahrer Bayard. Sie bleiben natürlich jetzt an meiner Seite. Ah, was ist das."

In der Ferne ließ sich starkes Pferdegetrappel hören, und bald sah man auch eine Menge beweglicher Lichter funkeln.

„Verzeihung, Sire," sagte Königsau; „das ist der Maire von Le Chêne."

„Was will er?"

„Ich befahl ihm, sämmtliche Recken und Helden des Ortes zu versammeln, um seinem Kaiser zu Hilfe zu kommen; er solle erschossen werden, wenn er binnen einer Viertelstunde nicht auf dem Kampfplatze erschienen sei."

Da lachte Napoleon laut auf, was bei ihm eine außerordentliche Seltenheit war. Auch die Officiere stimmten fröhlich ein; doch meinte der Kaiser dann ernst:

„Ich danke Ihnen, Capitän. Man sieht, wie umsichtig Sie verfahren. Ich bin überzeugt, daß Sie ein ausgezeichneter Officier sein würden. Diese Helden und Ritter würden uns von großem Nutzen sein, wenn der Kampf nicht bereits glücklich zu Ende wäre."

„Sie werden uns auch jetzt noch von Vortheil sein, Sire," meinte Ney.

„In wiefern."

„Noch sind unsere Geschirre nicht in Ordnung; Todte und Verwundete liegen hier: ein Gefangener ist zu transportiren — — —"

„Ach, ja; man lasse sie herbeikommen."

Jetzt waren die Bürger auf Sprachweite herangekommen; sie konnten natürlich den Schein der Wagenlichter sehen. Da ertönte die Stimme des Maire:

„Halt. Im Namen des Gesetzes."

„Was giebt es?" antwortete Gourgaud, der als Jüngster der Officiere es sich erlaubte, dem Kaiser ein Lächeln abzugewinnen.

„Seid Ihr etwa die Marodeurs?" fragte der Maire.

„Nein."

„Sind Sie der Kaiser?"

„Nein."

„Ah, so sind Sie der Herr Capitän de Sainte-Marie?"

„Auch nicht. Ich bin der Generaladjutant des Kaisers."

„Oho! Wie heißen Sie?"

„General Gourgaud."

„Das stimmt. Ist der Kaiser dort?"

„Ja. Er befiehlt Ihnen, sofort näher zu kommen!"

„Wird noch geschossen?"

„Nein."

„Garantieren Sie dafür?"

„Ja."

„Gut, so kommen wir. Vorwärts! Marsch! Trab, trab!"

Die Leute setzten ihre Pferde in Trab. Da nicht mehr geschossen wurde, hatte der brave Maire Muth bekommen. Er ritt voran. Er sah im Scheine von Königsaus nun bald ausgebrannter Fackel die Gestalt des Kaisers stehen. Er lenkte sein Pferd im Trabe auf denselben zu, um seine Meldung in möglichst militärisch exacter Weise zu machen. Die Rechte an dem Mützenschirme und in der Linken das Halfter, rief er:

„Sire, ich melde mich — — —"

Sein Pferd stolperte über eine grad hier im Wege liegende Leiche und brach auf die Kniee nieder. Da glitt der muthige Vater des Ortes über den Hals des Thieres herab, setzte sich auf den Theil seines Körpers, in welchem gewöhnlich die wenigste Geistesgegenwart zu finden ist, und fuhr in seiner Meldung fort:

„— — — eingetroffen mit zweiundzwanzig Mann."

Seine Untergebenen hielten seine demüthige Bewegung für eine Nothwendigkeit der Etiquette und machten bereits Anstalt, in der gleichen Weise von den Pferden zu rutschen, obgleich sie im Stillen sich fragten, ob sie es so natürlich und exact fertig bringen würden wie ihr Bataillons-Chef; da aber winkte der Generaladjutant und rief, das laute Lachen verbeißend:

„Richtig absteigen, Monsieurs, richtig absteigen!"

Diesem Befehle folgten sie natürlich lieber als dem Beispiele ihres Civilvorgesetzten, welcher sich soeben glorreich von der Erde erhob, seine herabgefallene Mütze wieder aufsetzte und dann sein Honneur wiederholte.

Der Kaiser hielt seine Augen lange auf ihn gerichtet, ohne eine Miene zu verziehen. Wer ihn kannte, der wußte, daß dieser Ernst nur das äußere Gewand war, unter welchem der Schalk lustig kicherte.

„Monsieur, Sie werden ein zweites Protokoll zu schreiben haben," sagte er endlich.

„Ich stehe unterthänigst zu Diensten," sagte der Maire.

„Sehen Sie was hier geschehen ist?"

„Ich sehe es, Sire."

Bei diesen Worten trat er einen Schritt zur Seite, denn ein Todter, dessen Gesicht nach oben gekehrt war, schien ihn drohend anzugrinsen.

„Man hat mich, den Kaiser, überfallen."

„Ein todeswürdiges Verbrechen, Majestät."

„Die Menschen sind getödtet worden. Nur Einer lebt.

Dort bei meinem Kutscher liegt er gebunden. Man wird ihn verhören."

„Ich lege ihn auf die Folter, Sire."

„Man hat bereits heut beschlossen gehabt, meine Marschälle zu überfallen. Die Untersuchung muß erweisen, ob eine einfache Räuberei oder vielleicht ein tiefer gehendes Complott zu Grunde liegt."

„Ich werde das Complott entdecken, Sire."

„Sie? Sie werden Nichts entdecken. Sie sind weder ein Held des Geistes, noch des Schwertes. Ich werde die Untersuchung in andere Hände legen. Doch haben Sie morgen Vormittag acht Uhr auf dem Meierhofe Jeanette bei mir zu erscheinen, um das Protokoll in die Feder zu nehmen."

„Ich werde bereits drei Viertel auf Acht dort sein, Majestät."

„Uebrigens danke ich Ihnen, daß Sie so schnell auf dem Kampfplatze erschienen sind. Jeder Ihrer Leute hat eine Laterne mit — ah! Wer hat das angeordnet?"

„Ich selbst, Sire."

Bei diesen Worten warf sich der Mann ganz gewaltig in die Brust.

„Weshalb?"

„Weil man da besser sieht, wo man hin haut."

„Ein sehr triftiger Grund, mein Guter."

„Ja, Sire! Und weil man auch besser sieht, ob er wirklich todt ist."

„Wer?"

„Der, mit dem man kämpft."

Die Marschälle wandten sich ab. Sie mußten sich alle Mühe geben, um das Lachen zu verbeißen. Der Kaiser aber blieb ernst und sagte in freundlichem Tone:

„So recht! Ein Vorgesetzter muß seinen Untergebenen alle Pflichten erleichtern, besonders wenn sie so schwer und blutig sind wie diejenige, welche heute von Ihnen erfüllt werden sollte. Verstehen Sie, mit Wagen umzugehen?"

„Ausgezeichnet."

„So setzen Sie vor allen Dingen unsere Wagen und Geschirre in Stand. Dann säubern Sie die Straße von den Leichen und nehmen den Gefangenen scharf in Obhut, den Sie mir morgen früh bringen müssen."

Jetzt wendete sich der Kaiser ab. Er sah Königsau in der Nähe, bei dem die Officiere standen, um ihm abermals Worte des Dankes zu sagen.

„Sind Sie verwundet, Capitän?" fragte Napoleon.

„Nein, Majestät," lautete die Antwort.

„Wunderbar! Ich glaube, daß Keiner von uns nur geritzt worden ist."

„Keiner!" bestätigte Grouchy.

„So haben wir von einem großen Glück zu sagen. Lassen Sie uns nun vor allen Dingen nach unsern Damen sehen."

Er trat zu seinem Wagen. Wie gern wäre Königsau an seine Stelle getreten! Dies ging aber nicht an. Und da die beiden Marschälle auch zu ihren Wagen zurückkehrten, so beschäftigte er sich damit, seine in der Hitze des Kampfes fortgeworfenen Pistolen wieder zu suchen.

Ney traf die Baronin in ganz gefaßter Stimmung. Sie war zwar anfangs tödtlich erschrocken, hatte aber dann die Augen geschlossen und in Ergebenheit den Erfolg abgewartet, der glücklicher Weise ein guter war.

Ebenso war es mit Frau Richemonte. Ihr Schreck war kein geringer gewesen; als Grouchy den Wagen verlassen hatte, war sie in Ohnmacht gesunken; aber das Getöse des Kampfes hatte sie wieder aufgeweckt. Königsau war ihr dann wie ein rettender Engel erschienen. Jetzt, da der Marschall sie nach ihrem Befinden fragte, gab sie nur den Wunsch zu erkennen, zu wissen, wie ihre Tochter die Gefahr überstanden habe.

Bei dieser war es anders. Als der Kaiser an den Wagen trat, fragte er:

„Mademoiselle, ich bedaure diesen Vorfall außerordentlich. Darf ich fragen, wie Sie sich befinden?"

„O, ich bin sehr schwach, Sire!" hauchte sie.

„Ah! Jan Hoorn, frage die Damen nach einem Flacon!"

„Das wird nicht genügen, Majestät!" sagte Margot leise.

„Nicht? Warum, Mademoiselle?"

„Ich glaube, ich bin verwundet."

„Mein Gott, ist's möglich! Jan Hoorn, eine Laterne! Schnell, schnell!"

Der Kutscher riß die Wagenlaterne herab. General Gourgaud nahm sie ihm ab und leuchtete von drüben in den Wagen, während Napoleon von hüben den Schlag öffnete, um nachzusehen, ob sie Recht habe.

„Ja, da lag sie in der Ecke, bleich wie der Tod. Von ihrer Schulter floß ein Blutstrom über die Brust herab bis in den Schooß und von da dann weiter nieder auf den Boden des Wagens.

„Gott, sie hat einen Schuß erhalten!" rief der Kaiser. „Wann ist das gewesen?"

Die Freundinnen.

„Der letzte, Sire, welcher Sie treffen sollte," hauchte sie. „Er ging an mir vorüber und in den Wagen. Was thun wir, General?"

Napoleon war außer sich, ganz rathlos.

„Wäre es nicht rathsam — — —"

Das wollte der Generaladjutant antworten; Margot aber bat:

„Bitte, Mama her!"

Da lief der Kaiser selbst zu Grouchy's Wagen. Der Marschall wollte denselben eben verlassen, um sich nach Margot's Befinden zu erkundigen. Frau Richemonte sah den Kaiser kommen. Brachte er etwa seine schlimme Botschaft?

„Mein Gott, Sire, ist Etwas geschehen?" fragte sie.

„O, Madame, man muß noch nicht verzagen!" antwortete er.

Es ging ihm, wie so vielen großen Männern: In solchen Verhältnissen sind sie ungeschickt wie die Kinder. Anstatt die Mutter zu beruhigen, machte er die Sache noch schlimmer, als sie eigentlich war.

„Nicht verzagen? O, Sire, was ist mit Margot?" rief Frau Richemonte.

„Es ist ja nur die Kugel, welche mich treffen sollte —"

„Getroffen — geschossen ist mein Kind?"

„Ja, Madame. Zwar schwimmt der ganze Wagen von Blut, aber — — —"

„Mein Kind, meine Tochter! Ich komme!"

Sie sprang aus dem Wagen, schob den Kaiser einfach zur Seite und eilte davon.

Napoleon blickte Grouchy erstaunt an.

„Haben Sie gesehen, Marschall?" fragte er ganz betroffen.

„Allerdings," antwortete dieser lächelnd.

„Und ich habe es ihr doch so zart wie möglich beigebracht."

„Zart zur Bewunderung, Sire!"

„Ich habe sie so vorsichtig darauf vorbereitet."

„Höchst vorsichtig, Majestät."

„Und doch war sie wie im Fieber! O, diese Frauen! Besonders die Mutter!"

„Ja. Die Töchter pflegen sanfter zu sein, Sire."

„Gewiß, gewiß, lieber Marschall. Wie zart lag diese Margot im Wagen! Wie sanft sagte sie, daß sie verwundet sei! Aber diese Mütter! Sie sind gerade wie die Löwinnen! Sehen Sie, da bricht noch Eine aus dem Käfig."

Er sah mit Schreck, daß jetzt auch die Baronin ihren Wagen verließ.

„Ja, einen Boten schleunigst fort, nach dem Arzte," sagte der Kaiser.

Die großen Kriegshelden wußten hier, den Kaiser selbst an der Spitze, keinen Rath, nur weil eine Dame die Verwundete war.

„Jan Hoorn, einen Eilboten nach dem Chirurgen?" befahl der Kaiser.

„Wohin, Sire?" fragte der treue Kutscher.

„Dahin, wo am schnellsten Einer zu finden ist!"

„Um Gotteswillen, Sire," meinte Ney. „Ehe der Chirurg kommt, kann sie sich verblutet haben. Man muß sofort nach Jeanette aufbrechen."

„Jan Hoorn, sofort aufbrechen, nach Jeanette!" gebot der Kaiser.

Der Kutscher stand wirklich im Begriff, aufzusteigen und fortzufahren, ohne sich darum zu bekümmern, wie es im

Die Errettung. Sechste Illustration zur Erzählung: „Wiedergefunden."

„Auch diese will nach ihr sehen!" sagte er. „Ein Arzt wäre besser als zehn Mütter, meinen Sie nicht auch, Marschall?"

Diese Frage war an Ney gerichtet, welcher bestürzt herbeitrat.

„Allerdings, Sire," antwortete er. „Ist die Dame denn verwundet?"

„Ja, leider! Die letzte Kugel, welche auf mich gezielt war, hat sie getroffen."

„Welch ein Unglück! Ist die Wunde schwer?"

„Mein Gott, der Wagen schwimmt!" antwortete der Kaiser.

„Da sollte man sofort aufbrechen — — —"

„Ja, sofort aufbrechen!" stimmte der Kaiser bei.

„Oder sofort einen Boten fortjagen nach dem Arzte," meinte Grouchy.

Wagen aussah, wer auf den Tritten desselben stand, und wo sein Kaiser blieb; da aber erschien ein Retter in der Noth.

Königsau war es. Er hatte seine Pistolen gesucht und war dann mit Florian in die Büsche gegangen, um die Flinte zu suchen, welche sein Gefangener weggeworfen hatte. Jetzt kehrte er zurück. Er hörte sich gerufen.

Als Frau Richemonte zu Margot gekommen war, hatte sie der Schreck bei dem Anblicke ihrer Tochter beinahe zu Boden gerissen. Aber sie faßte sich mit Gewalt, ergriff Margots Hand und sagte, die Thränen zurückdrängend:

„Kind, mein gutes Kind, ist es gefährlich?"

„Ich glaube nicht, liebe Mama," lispelte das Mädchen.

„Nicht? Gott sei Dank! Wo bist Du getroffen?"

„Vorn an der Schulter oder Achsel; ich weiß es nicht, wie man es nennt."

„Thut es weh?"

„Nein, gar nicht. Aber ich bin sehr müde; ich möchte schlafen, liebe Mama."

„Laß es mich sehen."

Sie stieg in den Wagen, um die Wunde zu untersuchen. Da kam die Baronin hervor. Diese war gefaßter und also geschickter zur Hilfe. Aber das Blut floß so reichlich, daß die Wunde auf diese Weise nicht untersucht werden konnte.

„Um Gotteswillen, was thun wir?" fragte Frau Richemonte.

„Hörst Du, liebe Cousine, man will fortfahren."

„Wo ist Hugo?" flüsterte das Mädchen.

„Hugo? Ja! Willst Du ihn haben, Margot?"

„Ja, Mama. Er kennt die Wunden."

„Aber Kind — ein Herr!" meinte die Baronin.

„Er ist mein Verlobter. Lieber soll er mich ansehen, als der Kaiser."

Das wurde in zwar schwachem aber sehr bestimmtem Tone gesprochen. Darum trat die Baronin zurück und blickte sich um. Sie sah den Lieutenant eben näher treten und rief, ihrer Rolle als seine Verwandte treu bleibend:

„Lieber Cousin, bitte! Ihre Hilfe wird gebraucht."

„Hilfe?" fragte der Kaiser den Marschall Ney. „Ist der Capitän auch Arzt?"

„Möglich, Sire! Ein Seemann muß oft sehr viel verstehen."

„Meine Hilfe? Wozu?" fragte Königsau.

„Es giebt eine Verwundete."

„Eine Verwundete? Mein Gott, doch nicht etwa —!"

Er hätte im ersten Schreck fast den Namen Margots genannt, doch nahm er sich zusammen und trat an den Wagen, wo ihm die Mutter Platz machte.

Es war den beiden Damen noch nicht eingefallen, den Ueberwurf zu entfernen, welcher um Margots Schultern lag. Königsau that dies sofort; die Baronin mußte leuchten. Als er die Heißgeliebte so bleich und schwach in den Kissen liegen sah, wurde es ihm angst und bange. Das Blut floß noch immer.

„Margot, meine Margot," sagte er, ihr schwaches Händchen ergreifend. „Hast Du Schmerzen?"

„Nein, lieber Hugo," flüsterte sie mit einem himmlischen Lächeln und einem unendlich sanften, milden Aufschlage ihrer Augen."

„Es ist ein Schuß."

„Ja, der Letzte."

„Welcher den Keiser treffen sollte."

„Ja, Hugo."

„So ist es noch nicht lange her, Gott sei Dank! Darf ich nachsehen?"

„Ich bitte Dich darum."

Er betrachtete die Wunde sehr sorgfältig und sagte dann, um Vieles beruhigter.

„Bite Ihre Taschentücher, meine Damen. Es ist nur ein Streifschuß, aber die heftige Blutung hat die Patientin sehr geschwächt. Ich werde einstweilen einen Nothverband anlegen, um das Blut möglichst zu stillen."

„Es ist also nicht gefährlich?" fragte die Mutter.

„Nein," antwortete er.

„Aber wohl sehr schmerzhaft?"

„Ihre Kräfte werden zureichen, es auszuhalten."

„O, ich danke Ihnen, lieber Hu — — — lieber Herr Capitän."

Sie wäre bald an dem Geheimnisse zum Verräther geworden.

Unterdessen hatten die Helden und Recken von Le Chêne die Wagen wieder in Stand gesetzt. Die zerbrochenen Deichseln waren verbunden, das zerrissene Riemwerk fürs Erste wieder haltbar gemacht und statt der verwundeten oder getödteten Pferde andere eingeschirrt worden. Man hatte auch die Seile entfernt und die Leichen zur Seite geschafft. Wäre die Verwundete nicht gewesen, so hätte man aufbrechen können.

Da endlich verließ Königsau den Wagen und kam auf den Kaiser zu.

„Ich sehe, daß sie auch Arzt sind, Capitän?" fragte dieser.

„Nicht Arzt, Sire," antwortete er bescheiden, „obgleich ich so leidlich verstehe, den ersten Verband an eine Wunde zu legen."

„Wie ist's? Doch nicht gefährlich, hoffe ich."

„Bis jetzt nicht, aber durch allzu starken Blutverlust kann Gefahr eintreten."

„Ah! Was thun wir? Kommen wir bis Jeanette?"

„Sofort nicht. Es muß vorher ein sorgfältigerer Verband angelegt werden, als es im Wagen und unter den gegenwärtigen Umständen möglich war."

„Aber, was rathen Sie uns da, Capitän?"

„Es befindet sich unweit von hier eine Schänke, Sire —"

„Gut. Sie meinen, daß wir dort Halt machen."

„Ja."

„Was für ein Mann ist der Wirth?"

„Es ist nur eine Wirthin mit ihrer Tochter dort, arme, aber brave Personen, wie es mir geschienen hat."

„Sie kennen sie?"

„Nein. Ich war erst einmal dort, heut am Nachmittage."

„So versuchen wir es, Capitän. Aber, wie fortkommen, meine Herren?"

„Ich borge mir von diesem guten Maire von Le Chêne ein Pferd," meinte der Generaladjutant."

„Und ich ebenso," sagte Marschall Ney. „So erhalten Majestät Platz in meinem Wagen."

„Aber unser tapferer Arzt und Capitän?"

„Ich muß bei der Patientin bleiben, Sire."

„Recht so. Immer am Platze seiner Pflicht. Und Madame Richemonte?"

„Darf ich nicht bei Margot sein?" wendete diese sich an Königsau.

„Madame, denken Sie an das Blut," meinte dieser.

„Ich lade die beiden Damen zu mir ein," sagte Marschall Gouchy.

Somit hatte ein jeder seinen Platz gefunden. Nur der brave Florian war nicht mit erwähnt worden. Er wußte sich aber selbst zu helfen. Er trat an den kaiserlichen Wagen und sagte zu Jan Hoorn:

„Nicht wahr, Kamerad, Sie haben sich brav mit gewehrt."

„Ja, sogar mit der Peitsche."

„Nun, so werden Sie einen wackeren Collegen nicht auf der Straße sitzen lassen."

„Nein, steigen Sie auf. Wohin gehören Sie?"

„Nach Jeanette."

„Ach, ja. Der Kaiser bleibt dort, folglich ich auch. Das wissen Sie bereits."

„Ja, und so hoffe ich, daß Sie ein Glas Wein mit mir leeren werden."

"Gewiß, mit braven Kameraden trinkt man gern. Aber, hören Sie, der Kaiser wird soeben Abschied nehmen."

Napoleon war zu den Helden von Le Chêne getreten. Sie bildeten eine lange Reihe, die Pferde in der Linken am Halfter hinter sich und in der Rechten die Laterne! so boten sie einen eigenthümlichen Anblick dar.

"Messieurs," sagte der Kaiser, "Sie haben mir einen Dienst erwiesen. Ich danke Ihnen. Auf dieser Straße soll, so lange ich regiere, kein braver Bürger wieder angefallen werden. Gute Nacht."

"Schreit vive l'Empereur!" befahl der Maire.

"Vive l'Empereur!" brüllten Alle.

"Schwingt die Laternen. Hoch aber!"

Sie schwangen die Laternen, daß diese zusammenklirrten.

"Er hat gute Nacht gesagt, schreit auch gute Nacht."

"Gute Nacht!" riefen sie.

Und unter diesem Laternengeprassel, diesem vive l'Empereur- und gute Nacht-Schreien setzte sich der kurze Wagenzug in Bewegung, diesesmal aber langsam. Der Kaiser war mit seinen Marschällen der Gefahr entgangen, welche ihnen gedroht hatte. Eine einzige Seele hatte büßen müssen.

Sie lag drin im Wagen, matt und bleich. Aber sie lag nicht in den seidenen Kissen, sondern in den viel süßeren und weicheren Armen des Geliebten.

"Meine Seele, schläfst Du?" flüsterte er.

"Nein, mein Hugo."

"Hast Du Schmerzen?"

"Gar nicht."

"Gluth oder Frösteln?"

"Nein. Ich bin so glücklich."

"Ja, ich kenne das. Es ist der Beginn jenes unendlichen Glückes, welches das entfliehende Leben uns empfinden läßt. Es ist, als habe man Schwingen, welche Einen in eine Unendlichkeit von seliger Lust und Wonne tragen. So fliegt man fort und immer weiter, mit den entschwindenden Lebensgeistern, bis der Körper zurückbleibt, starr, todt verlassen von der Seele, welche den kühnen Flug unternommen hat hinein in die Ewigkeit."

"Du denkst, ich sterbe, Hugo?"

"O nein. Du wirst leben, noch lange leben und glücklich sein."

"Aber nur bei Dir und mit Dir."

Sie lehnte den Kopf an seine Schulter. Er strich leise, leise mit der Hand über ihre Wangen und über die Fülle ihres schönen Haares. Er saß neben ihr und achtete nicht darauf, daß er in ihrem Blute saß.

"So fahren wir im kaiserlichen Wagen, Hugo," sagte sie leise.

"Aber einer besseren Zukunft entgegen als er."

"Glaubst Du das?"

"Ja. Ich weiß, daß wir Deutsche siegen werden. Er ist zu schnell zurückgekehrt. Man wird den großen Adler wieder fangen, man wird seine Korallen in Ketten und seine Schwingen in Fesseln legen, welche er nicht wieder zerreißen kann. Der, welcher der Welt Jahrzehnte lang Gesetze gab, wird wie Prometheus angeschmiedet werden, ohne Hoffnung auf Erlösung."

"Wie grausam. Er ist doch auch ein Mensch."

"Ja, ein Mensch heut auch gegen Dich."

"Hugo."

"Margot!"

"Bist Du eifersüchtig, mein Lieber?"

"Nein. Ich weiß, daß ich Dir theurer bin als alle Kaiser der Welt."

"Das weißt Du? Das glaubst Du?"

"Ja."

"O, wie macht mich das glücklich. Denn was Du glaubst, das ist auch wahr."

"So laß uns dieses Glück fest halten, so wie ich Dich fest in meinen Armen halte."

Sie schmiegte sich, so fest es ihre geschwächten Kräfte erlaubten, an ihn, und ihre Lippen fanden sich zu einem leisen, aber desto innigeren Kusse.

Da hörte man die Stimme Florians:

"Hier ist das Haus der Wittwe Marmont, wo wir halten sollen."

Die Wagen hielten an, und Hugo stieg aus. Sofort kam der Kaiser heran.

"Wie geht es, Capitän?" fragte er.

"Der Verband hat bis hierher gehalten, Sire," antwortete der Gefragte.

"Hier kann ein besserer aufgelegt werden."

"Ja."

"Dann können wir nach Jeanette fahren?"

"Ich hoffe, daß die Patientin es aushalten wird."

"Hält sie es nicht aus, so bleibe ich mit hier."

"Majestät."

"Pah! Was?" fragte Napoleon kurz.

"Dieses Opfer!"

"Opfer? Was wollen Sie? Hat sie nicht die Kugel erhalten, welche mir gegolten hat? Bin ich ihr nicht Aufmerksamkeit schuldig? Uebrigens ist sie schön, unendlich schön. Ich sah noch nie so ein Weib. Da giebt es kein Opfer."

"So erlauben Sie, Sir, sie in das Haus zu tragen."

"Wer wird es thun?"

"Die beiden anderen Damen. Ich werde sie zu stützen versuchen."

"Das werde ich selbst thun, Capitän," meinte der Kaiser mit einer Art von Eifersucht im Tone. Zunächst aber muß man mit der Wirthin sprechen."

"Ich eile dies zu thun."

"Ach, pah! Ich werde auch das selbst versorgen."

Er schritt wirklich auf die Thür des Häuschens zu und trat in die Stube, wo die Mutter mit der Brille auf der Nase beim Scheine eines Lämpchens saß und die hübsche Tochter sich grad anschickte, hinauszugehen, um nach dem Begehr der Gäste zu fragen, deren Kommen man bemerkt hatte.

Als Napolon eingetreten war, fuhr das Mädchen mit einem halblauten Schrei zurück. Die Mutter blickte vom Buche auf und erhob sich. Der Kaiser grüßte und fragte im milden Tone:

"Warum erschrickst Du vor mir, mein Kind? Fürchtest Du Dich?"

"Sie antwortete nicht."

"Ich frug, warum Du erschrickst?" fragte er zum zweiten Male.

"O, Mutter," antwortete sie, auf den Kaiser deutend.

"Kennst Du mich mein Kind?" fragte er.

Da faßte sie sich ein Herz und antwortete:

"Ich weiß nicht ob ich mich irre."

„Nun, wer denkst Du daß ich bin?"

Da zeigte sie an die Wand, wo das Bild des Generals Bonaparte hing, wie er die Brücke bei Lodi vertheidigte.

„Sind Sie das?" fragte sie.

„Ja, ich bin es."

Da schlug sie die Hände zusammen und rief jubelnd aus:

„Mutter, o Mutter, der Kaiser!"

„Der Kaiser?" frug die Frau. „Nein, das ist nicht möglich, der Kaiser kommt nicht in dieses arme Haus, in diese kleine armselige Stube."

„Und doch bin ich es, Mutter," sagte er; „ich bin Napoleon, Euer Kaiser."

Da trat die Frau näher herbei, betrachtete ihn aufmerksam und sagte:

„Ja, Bertha, das ist er; das ist unser Kaiser! So hat Dein Vater ihn mir beschrieben."

„Der Vater dieses Mädchens? Ihr Mann? Wer war er? Wie hieß er?

Auf diese Frage antwortete die Frau:

„O, mein Kaiser, Sie kennen ihn; Sie müssen ihn kennen, Jaques Marmont."

„Jaques Marmont? Es giebt der Marmonts viele."

„Er war mit bei der Belagerung von Toulon, dann unter Desaix bei der Rheinarmee; er kämpfte bei Lodi, Castiglione, St. Georges, in Egypten, bei Marengo, Castelnovo und Ragusa, bei Wagram und in Spanien. Dann wurde er verwundet und kehrte zurück."

„Ah, war es jener Marmont, welcher Soult bei Bajadoz das Leben rettete?"

„Ja, ja, Sire, das war er!"

„Wie ging es ihm?"

„Nicht gut. Seine Narben brannten. Er kaufte dieses Haus, um hier auszuruhen. Er fand die Ruhe bald, denn er wurde ermordet."

„Ermordet? Von wem?" fragte der Kaiser, die Brauen zusammenziehend.

„Von Marodeurs."

„Wo?"

„Hier im Walde."

„Ach. Wieder einer. Sie sollen das büßen. Ich werde für Euch sorgen. Auch ich bin soeben da vorn im Walde überfallen worden."

„Sie, Sire?" rief die Frau erschrocken.

„Ja, ich! Von Marodeurs."

„Gott. Sie wagen sich an den Kaiser!"

„Sie werden es nicht mehr wagen. Es sind viele gefallen, und die Uebrigen werde ich ausrotten bis auf den letzten Mann. Es ist eine Dame dabei verwundet worden. Sie soll hier bei Ihnen verbunden werden. Erlauben Sie, die Arme zu Ihnen zu bringen?"

„Mein Häuschen und Alles, was ich besitze, ist Ihr Eigenthum, Sire. Ich gehe selbst, die Dame mit hereinzubringen. Komm Bertha."

Sie schritt mit ihrer Tochter hinaus. Nun war die Hilfe des Kaisers nicht nöthig. Hugo hatte Margot bereits aus dem Wagen gehoben; sie wurde von den beiden Damen und der Wirthin nebst ihrer Tochter halb nach der Stube geführt, halb getragen. Napoleon trat zu Königsau und fragte ziemlich barsch:

„Die Kranke scheint sich erholt zu haben?"

Der Gefragte ahnte, was Napoleon wollte; er antwortete:

„Ich hoffe, nach einem besseren Verbande wird sie sich wohler befinden."

„Sie ist selbst aus dem Wagen gestiegen?"

„Nein."

„Man hat ihr geholfen? Man hat sie unterstützt?"

„Allerdings."

„Wer ist das gewesen?"

„Ich, Sire."

„Sie? Ich hatte Ihnen verboten, es zu thun."

„Sie bat mich darum, Sire."

„Mein Befehl pflegt zu gelten."

Königsau verneigte sich, ohne zu antworten. Der Kaiser fuhr fort:

„Wer wird den jetzigen Verband anlegen?"

„Ich."

„Gut, Capitän! Aber ich werde dabei sein."

„Ich kann nicht widersprechen, Sire."

„Kommen Sie."

Er schritt voran, und Königsau folgte ihm. Die Officiere waren auch ausgestiegen, traten aber nicht mit in das Haus. Es war ganz so, als ob eine Souverainin in dem kleinen Häuschen weile, dessen Schwelle nun nicht überschritten werden dürfe.

Als Königsau eintrat, hellte sich der Blick Margots auf, als sie aber den Kaiser bemerkte, verdüsterte er sich augenblicklich wieder. Sie hatte während der kurzen Fahrt doch wohl zu viel mit dem Geliebten gesprochen; sie fühlte sich matter als vorher. Sie lag auf einem einfachen Ruhebette; ihre Mutter und die Baronin waren um sie beschäftigt. Die Wirthin stand mit ihrer Tochter von fern. Beide hielten ihre Blicke auf das wunderschöne Mädchen gerichtet.

Es war eigenthümlich, mit welchem Ausdrucke die Augen Bertha's auf Margot ruhten. Es spiegelte sich darin Bewunderung und Furcht, Mitleid und Haß.

Da trat der Kaiser näher, faßte die Hand der Verwundeten und sagte:

„Wie fühlen Sie sich jetzt, meine Theure?"

„Sehr, sehr matt, Sire."

„Sollte man da nicht mit dem zweiten Verbande warten?"

Margot richtete den Blick fragend auf Königsau; darum antwortete dieser in seinem bescheidensten Tone:

„Der erste Verband war Nothverband, Sire; er ist ungenügend."

Da wendete sich der Kaiser ihm zu. Aus seinem Auge leuchtete es wie eine tiefe Leidenschaft, und er sagte im kalten, abweisenden Tone:

„Ich sprach mit Mademoiselle. Ihre Antwort werde ich mir befehlen."

Königsau verbeugte sich stumm. Der Kaiser wendete sich an die Mutter der Patientin, welche ganz erschrocken war, und sagte:

„Wünschen auch Sie, daß ein Verband angelegt werde?"

„Ich bitte darum, Sire," antwortete sie fast furchtsam.

„So mag der Capitän beginnen; aber ich selbst werde dabei sein."

Es lag klar, daß der Kaiser eifersüchtig war. Er kreuzte die Arme über die Brust, wie er es zu thun pflegte, wenn ihn irgend Etwas mehr als gewöhnlich bewegte, und stellte sich so, daß er die Prozedur genau betrachten konnte.

Königsau blieb an seiner Stelle stehen, ohne sich zu bewegen.

"Beginnen Sie, Capitän," befahl Napoleon.

Königsau zuckte die Achseln und rührte sich nicht. Da leuchteten die Augen des Kaisers gebieterisch auf; er machte eine halbe Wendung und fragte:

"Haben Sie gehört?"

Da wendete sich Königsau mit der Frage an Margot;

"Mademoiselle, befehlen Sie, daß ich sie in Gegenwart eines Dritten verbinde?"

"Eines Dritten!" brauste da der Kaiser auf. "Wer ist dieser Dritte?"

"Sie, Sire," antwortete Königsau ruhig.

Er hielt den flammenden Blick des Kaisers standhaft aus, ohne mit den Wimpern zu zucken. Dieser verließ seinen Platz, stellte sich vor ihm hin und sagte:

"Monsieur, ich bin der Kaiser!"

Königsau verbeugte sich tief; aber er antwortete:

"Majestät, nur der Gemahl pflegt in solchen Fällen bei der Dame zu verweilen. Oder haben Sie die Absicht, Mademoiselle Richemonte zu jenen Damen zu rechnen, die man wohl betrachtet, von denen man aber nicht spricht?"

"Monsieur!" rief der Kaiser, mit dem Fuße auf den Boden stampfend.

Frau Richemonte und die Baronin waren erbleicht; sie waren keines Wortes fähig. Die Wirthin staunte ebenso wie ihre Tochter den jungen Mann an, der es wagte, dem gewaltigen Manne zu widerstehen. Margot lag mit geschlossenen Augen da, mehr einer Leiche als einer blos Verwundeten ähnlich.

Königsau antwortete auf das Fußstampfen abermals mit einer sehr tiefen Verneigung und fügte dann lächelnd hinzu:

"Sire, Keiner weiß so genau wie ich, daß ich eine Majestät vor mir habe. Die höchste Majestät eines reinen, keuschen und züchtigen Weibes. Und liebte ich eine Braut, ein Weib mit allen Gluthen meines Herzens, ich würde doch auf ihren Besitz verzichten, wenn ein fremdes Auge auf ihr geruht hätte zu einer Zeit, in welcher nur das Auge des Geliebten oder des Arztes zugegen sein darf. Ich würde verzichten selbst dann, wenn dieses fremde Auge dasjenige eines Kaisers wäre. Kein Bettler und kein Kaiser hat das Recht, einem reinen Wesen, weil es augenblicklich wehrlos ist, das hinwegzustehlen, was dieses Wesen, wenn es sich stärker fühlte, tapferer vertheidigen würde als ein Königreich."

(Fortsetzung folgt.)

Illustrirte Unterhaltungs-Bibliothek für Familien aller Stände.
Druck und Verlag von H. G. Münchmeyer in Dresden und New-York.

Die Liebe des Ulanen.
Original-Roman aus der Zeit des deutsch-französischen Krieges von Karl May.
(Fortsetzung.)

Es lag Etwas in der Art und Weise des Deutschen, was selbst Napoleon imponirte. Er trat einen Schritt zurück und antwortete:

„Monsieur, Sie sprechen sehr verwegen!"

„Nicht verwegener, als wie ich handelte, als es galt, Ihr Leben zu vertheidigen."

„Ah!"

Es lag in diesem knirrschend hervorgestoßenen Laute eine ganze Welt von gewaltsam zurückgedrängten Empfindungen. Das war ganz der Corse, der am Liebsten zum Dolche gegriffen hätte.

„Monsieur," sagte er. „Sie haben mir Ihre That vorgeworfen und vorgerechnet, wir sind also quitt. Sie können gehen."

„Ich werde gehen, sobald es hier Niemand mehr giebt der meiner Hilfe bedarf."

„Ich befehle es Ihnen!" stampfte der Kaiser.

Der Deutsche sah ihn ruhig vom Kopfe bis zu den Füßen an und sagte lächelnd:

„Majestät, haben Sie über dieses Leben zu gebieten? Ist Mademoiselle Richemonte Ihr Weib oder Ihre Braut? Selbst in diesen beiden Fällen dürften Sie es nicht wagen, ihr Leben auf die Schleuder eines unmotivirten Zornes zu legen. Sie sind hier Mensch, und ich bin Arzt; selbst wenn Sie hier Kaiser wären, würde ich als Arzt mehr zu befehlen haben."

Da warf ihm Napoleon einen vernichtenden Blick zu und sagte:

„Ich werde Sie hinausbringen lassen."

Da schüttelte Königsau den Kopf so stolz und verächtlich, wie ein Löwe seine Mähne schüttelt. Dann sagte er:

„Und ich werde einen Jeden niederschießen, der es wagt, mich zu entfernen, bevor ich freiwillig gehe."

„Ah! Auch mich?"

„Jeden ohne Ausnahme."

Da trat der Kaiser mit zwei Schritten an das Bett, faßte Margots Hand und sagte:

„Margot, sagen Sie ihm, daß er gehen soll."

Da überflog ein leichtes Lächeln ihre Engelszüge, und leise klang es:

„Er wird nicht gehen; er ist zu stolz!"

Da trat Bertha, die Tochter der Wirthin zu der Verwundeten, bog sich zu ihr nieder und flüsterte ihr leise zu. Margot nickte. Dann sagte Bertha laut:

„Ich bin im Kloster der Barmherzigen gewesen; ich verstehe es, Wunden zu verbinden, und habe einen Balsam, der alle Wunden sehr schnell heilt."

Da fragte Frau Richemonte:

„Kind, soll sie Dich verbinden?"

Alle waren gespannt auf die Antwort, welche sie geben würde.

„Wenn es der Herr Capitän erlaubt," flüsterte sie mit halblauter Stimme.

Da sagte Königsau:

„Mademoiselle weiß, was sie dem Arzte schuldig ist. Ich gehe, da ich glaube, sie befindet sich in guten Händen und unter discreten Augen."

Er wendete sich um, machte dem Kaiser eine sehr tiefe und sehr zeremonielle Verbeugung und schritt zur Thür hinaus. Es blieb nun Napoleon nichts Anderes übrig, als ihm zu folgen. Draußen sprach er einige Worte mit Jan Hoorn, die Niemand hörte, und dieser trat sodann zu Königsau.

„Majestät läßt Ihnen sagen, Herr Capitän," sagte er, „daß kein Platz in den drei Wagen mehr vorhanden ist."

Königsau gab keine Antwort. Er nickte blos.

Napoleon ging seinem Untergange entgegen, und nicht nur seinem politischen und militärischen, das hatte er heute bei diesem außerordentlichen Vorgange bewiesen. Seine eigene Leidenschaft, sein eigener Wille hatte Gesetz sein sollen.

Der Deutsche ging seitwärts am Hause hin. Dort stand Florian, der Kutscher.

„Kommen Sie heimlich mir nach!" sagte er.

Er schritt noch eine Strecke weiter und blieb dann stehen. Bald stand der treue Mann vor ihm.

„Was giebt es?" fragte er.

„Etwas Unglaubliches," antwortete Hugo.

„Was?"

„Der Kaiser ist in Margot verliebt."

„Das sieht ein Jeder."

„Er wollte beim Verbande zugegen sein."

„Ah! Sind Kaiser auch neugierig!"

„Wie es scheint! Ich wollte es nicht dulden, und so geriethen wir zusammen."

„Donnerwetter! Ein deutscher Lieutenant und französischer Kaiser! Das wirft kein schlechtes Licht auf unser Vaterland."

„Ja. Deutschland kann mit mir zufrieden sein."

„Nachdem Sie ihm das Leben gerettet haben."

„Pah, der ganz gewöhnliche Dank, beim Kaiser grade so wie beim Feldhüter! Ich hatte übrigens auf ganz und gar nichts gerechnet."

„Aber nun können Sie rechnen."

„Gewiß."

„Auf allerhöchster Ungnade und so weiter."

„Sie ist bereits eingetroffen."

„In wiefern?"

„Ich darf nicht weiter mitfahren."

„Donnerwetter! Ist das möglich?"

„Er hat es mir durch Jan Hoorn sagen lassen."

„So fahre ich auch nicht weiter mit. Wir finden Jeanette mit den Beinen."

„Gewiß. Aber ich möchte auch keinen Schritt ohne Vorwissen der Baronin thun. Wollen Sie mir einen kleinen Gefallen erweisen?"

„O, gar zu gern, Monsieur."

„Der Kaiser wird den Eingang mit Argusaugen bewachen. Schleichen Sie sich einmal hinter dem Hause herum, und versuchen Sie, durch die hintere Thür eintreten zu können. Sie sagen der Baronin oder Madame Richemonte einfach, daß ich nicht weiter mitfahren darf. Man wird Ihnen dann schon einen Auftrag an mich ertheilen."

„Schön! Das ist Alles?"

„Ja."

„Sonst wirklich nichts?"

„Nein, lieber Florian."

„O weh! Ich dachte, ich solle den Kaiser auf Fausthandschuhe fordern. Das wäre mir ein wahres Gaudium gewesen. Ich gehe also. Wo treffe ich Sie?"

„Hier."

„Gut. Warten Sie."

Er verschwand im Dunkel der Nacht. Es dauerte eine geraume Zeit, ehe er wieder kam. Endlich hörte Königsau leise Schritte, und die feste Gestalt des Boten tauchte vor ihm auf.

„Nun?" fragte er.

„Getroffen."

„Wen?"

„Erst Frau Richemonte und dann die Baronin selbst."

„Was lassen sie mir sagen?"

„Kommen Sie."

„Wohin?"

„Nach Jeanette."

„Fällt mir gar nicht ein."

„Warum nicht?"

„Ich weiche diesem Franzmanne keinen Schritt, wo es sich um Margot handelt."

„Aber es handelt sich doch gar nicht um sie?"

„Um wen sonst?"

„Sie denken, der Kaiser setzt sich zu ihr in den Wagen?"

„Ja. Lachen Sie nicht, Florian! Ich bin nicht im Geringsten eifersüchtig. Selbst wenn er ganz allein mit ihr im dunklen Fond des Wagens säße, würde sie doch lieber sterben, als sich ungestraft beleidigen lassen; aber ich will ihm nicht meinen lassen, daß sich seine Herrschaft auch über die Bewegungen dieses Mädchens erstrecke."

„Nun, ich habe Ihnen zu sagen, daß er sich nicht zu ihr in den Wagen setzen wird."

„Ah, wirklich?"

„Ja."

„Wie wollen Sie das anfangen?"

„Sie werden Bertha Marmont mitnehmen."

„Geht das?"

„Warum nicht?"

„Das Mädchen versteht ganz ausgezeichnet mit Kräutern und Säften umzugehen. Sie werden sie mit nach Jeanette nehmen, wo sie scheinbar als Krankenpflegerin bleiben wird, bis der Kaiser abgereist ist."

„Gut. Und ich?"

„Sie habe ich zum jungen Herrn Baron zu führen, der Ihnen ein Zimmer anweisen soll, welches ich ihm zu bezeichnen habe."

„Was ist es für ein Zimmer?"

„Ein Eck-, Erker- und Wendeltreppenzimmer, ein ganz verfluchtes Zimmer, von wo aus man allüberall hinkommen kann."

„Ah, das ist mir lieb."

„Mir auch."

„Warum?"

„Weil ich Sie da sehr leicht besuchen kann. Ueberhaupt scheint die gnädige Frau dieses Zimmer Ihnen nicht ohne alle Absicht gegeben zu haben."

„Denken Sie?"

„Ja, kommen Sie nur. Laufen wir. Ich kann Ihnen das Alles unterwegs sagen. Wir müssen so bald wie möglich nach Hause kommen, und da wir nicht die Straße zu gehen brauchen, so treffen wir eher ein als die Wagen."

Er schritt sehr rasch voran und bog dann in einen Seitenweg ein, welcher grad so breit war, daß zwei Personen neben einander gehen konnten.

„Oder fürchten Sie sich, einen Richteweg durch den Wald zu gehen?" lachte er.

„Pah! Ich hätte ja für alle Fälle meine Pistolen."

„Ja, und Sie hätten ferner auf alle Fälle mich. Dem alten Florian thut kein Mensch Etwas, und wer bei ihm ist, der ist auch mit sicher."

„Also, wie steht es mit diesem Erker- und Treppenzimmer?"

„Nun, erstens kann ich Sie da besuchen, ohne daß es Jemand bemerkt, denn grad aus dem Stalle geht eine kleine Wendeltreppe da in die Höhe. Zweitens können Sie von da aus Mademoiselle Margot besuchen, so oft Sie wollen und ohne daß Jemand es beobachtet. Und drittens — das ist die Hauptsache."

„Was?"

„Das ist ja eben die Pfiffigkeit der Frau Baronin."

„Sie machen mich immer neugieriger."

„Nun, von Ihrem Zimmer geht die Wendeltreppe hinauf auf das platte Steindach des Hauptgebäudes. Es giebt zwar noch einen zweiten, größeren Zugang da hinauf, aber der ist stets verschlossen, und den Schlüssel dazu soll Ihnen der gnädige Herr auch aushändigen. „Sie sehen also, wie gut die gnädige Frau es mit Ihnen meint."

„Ich gestehe Ihnen offen, daß ich das noch nicht so ganz einsehe."

„So muß ich Ihnen zu Hilfe kommen, mein lieber Herr Seecapitän."

„Thun Sie das."

„Nun zunächst den Schlüssel zum Hauptzugange, zum platten Dache bekommen Sie nicht zu Ihrem Gebrauche, sondern nur zum Beweise, daß man ein höchst ehrliches Spiel mit Ihnen treibt. Man will Ihnen damit sagen, daß Sie der Einzige sind, der da oben Zutritt hat, und daß Sie sich da oben herumtummeln können, so viel Sie wollen und ohne zu befürchten, beobachtet zu werden."

„Warum das? Ist die Aussicht da oben gar so prächtig?"

„Ausgezeichnet."

„Aber warum diese Heimlichkeit dabei?"

„Weil die Aussicht am Besten ist, wenn man sie heimlich genießt."

„Sprechen Sie deutlicher."

„Nun, ich muß Ihnen sagen, daß es sehr gut für Sie ist, mich heut getroffen zu haben, denn ich bin fast der einzige Diener, der das Alles kennt. Die Zimmer, welche eine Treppe hoch liegen, haben nämlich in der Mitte des Plafonds Ventilationslöcher, welche alle hinaus auf das platte Dach gehen. Sie sind mit runden Einsätzen verschlossen, welche man vom Dache aus fortnehmen kann, ohne daß es im Zimmer bemerkt wird, so täuschend ist die Malerei der Decke."

„Hm. Ich beginne zu begreifen."

„Nicht wahr? Sie sind jetzt so eine Art von Diplomat —"

„Das stimmt."

„Diplomaten wollen hören und sehen."

„Und zwar viel, möglichst Alles."

„Und was Andre nicht zu hören und zu sehen bekommen. Nimmt man nun da oben die Einsätze weg, so kann man nicht nur die betreffenden Räume vollständig bis in die kleinste Ecke überblicken, sondern man kann auch jedes Wort hören, was da gesprochen wird."

„Auch leise Worte?"

„Ja, die Zimmer sind darnach gebaut. Der Schall läuft an den stumpfen, abgerundeten Ecken in die Höhe bis zu dem Loche."

„Das ist ja ganz außerordentlich vortheilhaft."

„Ja. Aber das Allervortheilhafteste werden Sie noch zu hören bekommen."

„Was wird das sein, lieber Florian?"

„Horchen Sie gut auf. Der Kaiser wird nämlich mit dem Generaladjutanten und den Marschällen da oben einquartiert."

„Ah!" rief Königsau höchst erfreut.

„Nicht wahr? General Drouet wohnt auch bereits droben. Und nun noch eins, bester Herr Seecapitän aus Berlin. Sie werden nämlich nur von einem einzigen Menschen bedient, und rathen Sie, wer das sein wird."

„Doch Sie?"

„Natürlich. So, jetzt wissen Sie Alles. Ist Ihnen das genug?"

„O, mehr als genug!"

„Wenn Sie mich haben wollen, sei es nun bei Tag oder bei Nacht, so ziehen Sie an einer Glockenschnur, welche sich in Ihrem Zimmer befindet. Es ertönt keine Glocke, sondern ich erhalte unten im Stalle ein Zeichen, welches kein Anderer versteht. Bemerken Sie nun, was die Baronin meint?"

„Ich hoffe es zu ahnen."

„Sie will, Sie sollen recht oft auf dem platten Dache spazieren gehen, verstanden? Sie ist eine Deutsche, und der junge Herr liebt Deutschland; damit ist Alles gesagt. Jetzt aber wird der Wald alle und der Weg geht schmal über das Feld. Gehen Sie nun hinter mir, Monsieur."

Der brave Kutscher lief voran, und Königsau folgte ihm. So gelangten sie an den Meierhof, aber nicht an die Zugangs- sondern an die hintere Seite.

„Können Sie klettern?" fragte Florian.

„Ich hoffe, es Ihnen gleich zu thun."

„So kommen Sie über diesen Zaun hinweg."

In zwei Augenblicken waren sie drüben; dann meinte der Kutscher:

„Wir könnten zwar ganz gut durch das Thor gehen; aber ich denke, daß man doch nach Ihnen fragen wird, und da liebe ich es, solche neugierige Leute im Unklaren zu lassen. Kommen Sie mit nach dem Stalle."

„Ich denke wir gehen zum Baron?"

„Sie werden ihn schon sprechen."

Sie schritten durch einen breiten Garten, an welchem die hintere Seite des Stalles stieß. Dort gab es ein kleines Thürchen, welches Florian öffnete. Als Sie eingetreten waren, befanden sie sich in der Abtheilung, in welcher sich ein großer, hoher Futterkasten befand. Der Kutscher bückte sich und zog einen Riegel aus dem unteren Theile des Kastens. Sofort ließ sich der Letztere bewegen, und es wurde hinter ihm, da, wo er an die Wand gestoßen hatte, eine thürähnliche Oeffnung sichtbar, welche jetzt im Lichte der Stallaterne desto dunkler erschien.

„Das ist die Wendeltreppe," sagte Florian.

„Und die kennen blos Sie?"

„Aber Sie können leicht überrascht werden!"

„Gar nicht. Dieser Theil des Stalles ist von dem anderen abgeschlossen und steht unter meiner alleinigen Verwaltung. Wenn ich vorn zuschließe, bin ich sicher. Ich bitte Sie, einige Augenblicke zu warten."

Er schritt nach der vorderen Thür, welche er von Innen öffnete. Als er hinaus auf den Hof getreten war, verschloß er sie von Außen.

Königsau hatte doch einige Minuten zu warten. Als dann der brave Mensch zurückkehrte, befand sich der junge

Baron bei ihm. Dieser kam schnell auf ihn zu, streckte ihm beide Hände entgegen und sagte:

"Willkommen, Herr Capitän! Florian hat mir soeben in ganz kurzen Umrissen mitgetheilt, was geschehen ist. Ich habe Ihnen Unendliches zu danken. Leider höre ich, welch außerordentliche Gäste wir bekommen; da giebt es Hals über Kopf Vorbereitungen. Ich werde Sie aber baldigst sprechen, um Ihnen zu danken."

"Bitte, Herr Baron, keinen Dank!" bat Königsau aufrichtig. "Darf ich Ihnen Ihre Pistolen zur Verfügung stellen. Sie haben mir gute Dienste geleistet."

"Herr Capitän, diese Waffen nehme ich unmöglich wieder ———"

"O doch!" fiel der Deutsche ein.

"Nein, auf keinen Fall. Sie haben damit Personen ge-

"Ach, wer wäre das?" fragte der Baron ahnungslos.

"Ein einfaches, aber, wie es mir scheint, recht braves, gutes und auch schönes Mädchen, nämlich die Tochter der Wittwe Marmont, welche im Walde die kleine Schänke besitzt."

Der Baron wechselte jäh die Farbe.

"Was?" rief er. "Bertha Marmont?"

"Ja, Bertha wurde sie, glaube ich, genannt."

"Das ist ein Wunder, ein großes, großes Wunder! Wie ist das gekommen?"

"Wir mußten dort einkehren, um einen Verband anzulegen, und da hat sich die junge Dame jedenfalls so brauchbar erwiesen, daß die gnädige Frau es vorgezogen hat, sie nach Jeanette einzuladen."

"Das ist eine Neuigkeit, welche mich fast mehr als überrascht, welche mich fast verblüfft. Aber ich verschwatze hier

In der Singestunde.

rettet, welche mir unendlich theuer sind. Ich bitte wirklich dringend, die Pistolen als ein Andenken an den heutigen Tag und als ein Zeichen meiner Ergebenheit zu behalten. Uebrigens habe ich Ihnen diese Schlüssel zu übergeben."

"Danke," sagte Königsau einfach, indem er die Pistolen wieder zu sich steckte und die Schlüssel entgegennahm.

"Florian wird Sie in Ihrer Wohnung einweisen. Wird Mama bald kommen?"

"Ich hoffe es," sagte der Lieutenant, und an sein heutiges Gespräch mit der hübschen Bertha denkend, fügte er hinzu: "Daß Mademoiselle Margot verwundet ist, wissen Sie bereits?"

"Mein Gott, ja. Florian hat es mir gesagt. Ists gefährlich?"

"Nein, ich befürchte es nicht. Uebrigens wird sie von einer ganz tüchtigen Pflegerin begleitet."

meine und Ihre Zeit. Sie kennen die Verhältnisse und werden mir nicht zürnen, wenn ich Sie bitte, Ihnen meine Aufwartung später machen zu dürfen. Adieu, Herr Capitän."

"Adieu, Herr Baron."

Was den jungen Mann so verblüffte, war Königsau sehr leicht begreiflich. Es hatte kein anderes Mittel gegeben, den Kaiser von Margot fern zu halten, als ihr diese Pflegerin an die Seite zu geben. Darum allein hatte sie Zutritt zu dem Meierhofe gefunden, aus keinem anderen Grunde.

Florian ließ seinen Herrn zum Stalle hinaus, verschloß hinter demselben die Thür und kehrte dann zu Königsau zurück. Er brannte ein kleines Laternchen an und bat dann den Lieutenant, ihm zu folgen.

Sie traten in die Treppenöffnung. Die Wendelstufen führten steil und eng empor. Oben betrat man einen kleinen

Bodenraum, welcher da über dem Stalle lag, wo dieser an das Hauptgebäude stieß.

Aus diesem Bodenraume führte eine Thür in das Letzere.

„Sie haben den Schlüssel," bemerkte Florian.

Er nahm ihn aus der Hand des Lieutenants und öffnete die Thür. Als sie eintraten, kamen sie in ein mittelgroßes Zimmer, welches zwei Fenster hatte. Gegenüber dem jetzigen Eingange gab es eine Thür.

„So, das ist Ihr Wohnzimmer, Herr Capitän," sagte Florian.

Der Lieutenant blickte sich um. Ein Sopha, vier Stühle, ein Tisch, ein Schreibtisch, Spiegel mit Toilette, das war das ganze Meublement. Es war kein feines Zimmer, aber es war recht wohnlich und behaglich. Jetzt schob er den breiten Vorhang im Hintergrunde zurück und gewahrte da ein schwellendes Bett. Am Fußende desselben führte eine Wendeltreppe empor.

„Ah, das ist der Weg zum Dache?" fragte er.

„Ja, der andere Schlüssel schließt."

„Und dort jene Thür?"

„Kommen Sie, Herr Capitän."

Er öffnete die Thür und ließ ihn eintreten. Es war ein Schlaf- und Ankleidezimmer, jedenfalls einer Dame gehörig, denn es war hier jener feine, nervenprickelnde Parfüm zu bemerken, welcher der stete Begleiter des schönen Geschlechtes zu sein pflegt.

Ueberrascht.

„Wer wohnt hier?" fragte er.

„Wollen Sie nicht rathen?" fragte der Kutscher lächelnd.

„Ah! Ist's möglich? Rathe ich recht?"

„Nun, wie rathen Sie?"

„Margot?"

„Margot, Mademoiselle Margot, ja, sie schläft hier, und nebenan hat sie den Wohnraum. Sie sehen, Herr Capitän, daß Ihr Zimmer Ihnen nur unter gewissen Voraussetzungen gegeben werden konnte. Es ist kein Zimmer für einen Officier. Sie sind jedenfalls ganz anderen Comfort gewöhnt; aber wenn Sie an die Vortheile denken, welche Ihnen die Wendeltreppe bietet, so werden Sie der Frau Baronin verzeihen, daß sie für dieses Mal Ihren seinen Geschmack so wenig berücksichtigt hat. Und mir bitte ich auch nicht bös zu sein."

Der alte Kutscher stand da, mit einem Gesichte so treu und gut, so pfiffig und schlau, so selbstbewußt und überlegen, daß Königsau sagte:

„Aber Florian."

„Was, Herr Capitän?"

„Der Teufel werde in Ihnen klug."

„Der nun nicht, wenn nur Sie in mir klug werden; das ist die Hauptsache."

„O, ich beginne wahrhaftig, nun bald gescheidter zu werden! Wer Sie vorher hörte, wer Sie so dummfeig auf dem Bocke sitzen sah und Sie jetzt nun reden hört, der kennt Sie ja gar nicht mehr! Der Hofmeister des feinsten Hauses kann sich ja gar nicht besser ausdrücken als Sie! Und nun das jetzige Gesicht gegen Ihr früheres! Florian, Florian, Sie sind ein ganz verfluchter Schlauberger."

Da nickte der Alte mit dem Kopfe und antwortete:

„Monsieur, es wird auch häufig gebraucht! Durchschnittlich ist es besser, man wird für dümmer gehalten als man ist. Es schmeichelt zwar der Selbstliebe nicht, aber es bringt reichliche Zinsen. So, nun wollen wir die Thür von Mademoiselle Margot verschließen und einmal nach dem Dache gehen."

Er riegelte zu und wollte sich dann nach der Wendeltreppe wenden, aber Königsau faßte ihn beim Arme und sagte in bittendem Tone:

„Florian, wollen Sie es mir wohl gestehen?"

„Was?" schmunzelte der Alte.

„Daß ich dieses Zimmer, diese herrliche Nachbarschaft und

die unbezahlbaren Chancen da droben auf dem Dache nur Ihnen zu verdanken habe?"

„Nur mir?" sagte der Alte, das erste Wort betonend. „Nein, da rathen Sie falsch, Herr Capitän. Ich will Ihnen die Wahrheit sagen: Ich gelte in diesem Hause Etwas; der alte Kutscher hat oft mehr zu sagen als der junge Herr. Man erfüllt gern meine Wünsche, wenn es nur so ziemlich möglich ist. Ich hatte den Narren an Ihnen gefressen und an unserer Margot noch mehr, Sie sind ein Paar, wie die lieben Engel im Himmel es nicht besser zusammensuchen können, und darum habe ich alter Kerl mich zu Ihrem Beschützer aufgeworfen. Auch die Baronin hat sehr schnell Respect vor Ihnen bekommen. Wie Sie heute unter den Vagabunden aufgeräumt haben, das thut Ihnen so leicht Keiner nach, und noch kühner muß, den Reden der Baronin nach, das gewesen sein, was sie dann mit dem Kaiser gehabt haben. Sie ist ganz starr und steif vor Angst gewesen; aber ihr Respect ist gewachsen. Sie ist förmlich stolz auf Sie. Zu alledem sind wir gut Deutsch gesinnt, und da wir Ihnen gern dienlich sein wollen, und den Lauschapparat nun einmal besitzen, so bat ich die Gnädige für Sie um dieses Zimmer. Sie willigte auch sofort mit Freuden ein. Das Höchste aber, was sie gethan hat, Ihnen zu Liebe gethan hat nämlich, ist, daß sie die Bertha Marmont mitbringt. Anders war das Ding ja nicht zu machen, sonst hätte sich der Kaiser auf alle Fälle zu Margot in den Wagen gesetzt."

„Ist sie denn gar so schlimm auf diese Bertha Marmont zu sprechen?"

„Ja, weil der junge Herr seinen Narren an dem Mädchen gefressen hatte. Das ist aber nun wohl vorüber, seit Margot sich hier befindet."

„Ah, wirklich?"

„Ja, jetzt ist er nämlich bis über den Kopf in Ihre Margot verliebt. Er hat gar keine Ahnung davon, daß Sie ihr Verlobter sind. Er hat eingewilligt, Ihnen dieses Zimmer zu geben weil er überzeugt ist, daß die Thür stets fest verschlossen bleibt, daß sie nur auf Politik sinnen und gar nicht an das Mädchen denken."

„So wird er ein wenig brausen und sich dann lachend darein ergeben. Er ist keine böse, sondern im Gegentheil eine gutmüthige, ziemlich oberflächliche Natur. Sie brauchen also keine Sorge zu haben, wenigstens keine allzu große. Jetzt aber wollen wir auf das Dach steigen, wenn es Ihnen beliebt."

Sie stiegen an dem Bette vorüber und die Wendeltreppe empor. Sie war oben mit einer gußeisernen Platte verschlossen, welche genau in die Fugen paßte und mit dem Schlüssel zu öffnen war, den Königsau von dem Baron erhalten hatte.

Das Dach war hier eben und mit einer ungefähr vier Fuß hohen, steinernen Balustrade versehen. Als sie oben standen, meinte der Kutscher:

„Nehmen Sie sich in Acht, daß Sie sich an den Erhöhungen, in denen sich die Ventilationslöcher befinden, nicht stoßen. Ich werde sie Ihnen zeigen."

Er ergriff ihn bei der Hand und führte ihn nun von einem dieser Löcher, welche jetzt allerdings verschlossen waren, zum andern. Er zeigte ihm, wie die Oeffnung derselben zu bewerkstelligen sei und sagte dann:

„Ich kann Ihnen zwar jetzt nicht genau mittheilen, in welche Zimmer die Gäste zu vertheilen sind; ab.r wenn Sie die Plattform später betreten und durch die Löcher hinabblicken, werden Sie ja selbst sehen, wo sich die Herren befinden. Nur ersuche ich Sie, dabei recht vorsichtig zu verfahren."

„Wohl weil ich leicht bemerkt werden könnte?"

„Allerdings. Man hat Ihnen hier recht willkommene Chancen geboten. Benutzen Sie dieselben so, daß die geheimen Vorrichtungen unentdeckt bleiben. Jetzt wissen Sie Alles, was ich Ihnen zu sagen habe. Ich gehe und werde Sorge tragen, daß es Ihnen an nichts Nöthigem mangelt."

Sie stiegen wieder vom Dache herab, worauf Königsau die Treppenöffnung wieder mit der Eisenplatte verschloß. Er blieb, während Florian sich nach seinem Stalle begab, in seinem Zimmer zurück, löschte dann sein Licht aus, um seine Anwesenheit möglichst unbemerkbar zu machen, und öffnete das Fenster.

An demselben postirt, konnte er alle Passanten beobachten.

Er hatte eine ziemliche Weile auf diesem Posten gestanden, als die Wagen ankamen. Es eilten Diener mit Windlichtern herbei, und dabei entwickelte sich auf dem Hofe eine sehr rege Geschäftigkeit, aber die Lichter verbreiteten doch nur einen so ungenügenden Schein, daß die Einzelnheiten dem Beobachter entgingen.

Jetzt warf Königsau sich auf das Bett, um eine Zeit verstreichen zu lassen. Er mußte sich sagen, daß die Belauschung der Angekommenen ihm jetzt noch keinen Nutzen bringen könnten. Erst nachdem eine geraume Weile vergangen war, stieg er wieder auf das Dach hinauf. Er begab sich zu dem Ventilator, welcher der Treppenöffnung am Nächsten lag. Das Loch desselben war, wie bereits erwähnt, mit einer Art Spund verschlossen, den man von oben leicht entfernen konnte.

Er zog denselben vorsichtig heraus und blickte dann durch die Oeffnung hinab. Was er da erblickte, erregte seine vollste Theilnahme.

Er sah das Schlafgemach der Geliebten unter sich. Sie lag bleich und angegriffen auf dem Bette, und ihre Mutter befand sich bei ihr. Ein Militärarzt, welcher zum Hauptquartier des Generals Druet gehörte und auf dem Schlosse anwesend gewesen war, hatte auf Napoleons speciellen Befehl sich zu der Patientin begeben müssen. Er hatte die Wunde untersucht und kunstgerecht behandelt. Jetzt stand er im Begriff, sich zu entfernen.

„Es ist nicht die mindeste Gefahr vorhanden, Madame," sagte er in beruhigendem Tone zu Frau Richemonte. „Mademoiselle wird baldigst genesen."

„Ich danke Ihnen, mein Herr," antwortete die Angeredete. „Ihre Worte gewähren mir die Beruhigung, deren wir nach der Aufregung dieses Abends so sehr bedürfen."

„Ja, Ruhe ist das Beste, was ich Ihnen für Mademoiselle empfehlen kann. Meiden Sie jede Aufregung. Die Verletzung ist keineswegs eine schlimme; aber bei einer Dame hat das Wundfieber immer mehr zu bedeuten als bei einem Manne."

Er ging, und nun nahm die Mutter die Hand ihrer Tochter in die Ihrige.

„Mein armes Kind," sagte sie liebevoll. „Ich bin ganz glücklich, daß die Verletzung eine so wenig gefährliche ist; die Kugel konnte Dich ja sehr leicht tödten; aber dennoch befinde ich mich in nichts weniger als einer ruhigen Stimmung."

„Meinetwegen, Mama?" fragte Margot.

„Ja! Natürlich!"

„O, da darfst Du keine Sorge haben. Du hast ja gehört, was der Arzt sagte. Meine Befürchtungen sind ganz andere."

„Du hast Befürchtungen? Welche denn, liebes Kind?"

„Hugo — — —" antwortete das schöne Mädchen.

„O, die Baronin hat uns ja versichert, daß ihm nichts geschehen kann. Er ist so gut versteckt, daß kein Franzose ihn finden wird."

„Das ist es nicht, was ich meine. Aber stelle Dir die unglücklichen Gedanken vor, welche ihn peinigen werden."

„Du meinst, er hat Angst, entdeckt zu werden?"

Obgleich Margot sich sehr angegriffen fühlte, leuchteten ihre Augen stolz auf.

„Angst?" sagte sie. „Ich glaube nicht, daß Hugo jemals Angst empfinden kann. Er hat dies nur zu oft und sehr bewiesen. Er wird an den Kaiser denken."

„Du willst sagen, daß ihn das Interesse, welches der Kaiser für Dich gezeigt hat, beunruhigen werde?"

„Gewiß, liebe Mama. Dieses Interesse ist ein so auffälliges gewesen, daß es meine größte Besorgniß erweckt."

„Eine plötzliche Gefühlsaufwallung, mein Kind. Weiter nichts."

„Glaube dies nicht! Hugo war der Retter des Kaisers und der Marschälle. Einem Lebensretter dankt man einer momentanen Aufwallung wegen nicht in der Weise, wie es heute von Seiten Napoleons geschehen ist."

„Mein Gott, man soll doch nicht etwa glauben, daß die Theilnahme des Kaisers eine mehr als vorübergehende, eine ernstliche ist?"

„Ich möchte das nicht hoffen, bin aber überzeugt, daß Hugo diese Ansicht hegen wird. Und doch kann er von meiner Liebe und Treue so fest überzeugt sein."

Frau Richemonte blickte nachdenklich vor sich hin. Die Mutter einer schönen Tochter ist zu entschuldigen, wenn es für sie einmal einen Augenblick giebt, in welchem sie geneigt ist, auf die Grundlage dieser Schönheit ein kleines Lustschloß zu errichten.

„Du liebst ihn also wirklich so treu und innig?" fragte sie.

„Ja, Mama."

„So, daß Nichts Dich in Deiner Liebe beirren könnte?"

„Nichts, gar nichts?"

„Gar nichts."

„Auch nicht der Gedanke an die Zukunft?"

„Gerade der Gedanke an die Zukunft ist es ja, welcher meine Liebe mir als das größte Glück der Erde erscheinen läßt. O, Mama, Dein Kind wird sehr, sehr glücklich sein."

Sie zog die Hand der Mutter an die Brust, welche sich bei dem Gedanken an den Geliebten wonnig hob und senkte.

„Aber, man darf auch einmal weniger phantastisch sein, Margot," sagte Frau Richemonte. „Das Leben ist ernst; die Prosa desselben ist weit mächtiger als die Poesie, welche Alles gern in einem Lichte erscheinen läßt, welches zwar im ersten Augenblick hell und verführerisch aufflackert, dann aber desto rascher verlischt, so daß das spätere Dunkel desto schwärzer und trauriger erscheint."

Margot blickte die Sprecherin befremdet an.

„Aber, Mama, ich verstehe Dich nicht," sagte sie.

„Liebes Kind, ich meine, daß Herr von Königsau ein Subalternofficier ist."

„O, er wird bald avanciren."

„Aber er wird nie Kaiser sein."

Jetzt ging eine Art von Schreck über die Züge des schönen Mädchens.

„Habe ich recht gehört?" fragte sie.

„Urtheile nicht vorschnell, Kind. Der Kaiser schenkt Dir seine Theilnahme. Weißt Du, was das zu bedeuten hat?"

„Ja. Das hat zu bedeuten, daß Gott mir die Gabe der Schönheit verliehen hat, welche für mich nur den Zweck hat, den Geliebten glücklich zu machen."

„Du würdest also gegebenen Falles die Theilnahme des Kaisers zurückweisen?"

„Sobald sie beleidigend werden könnte, gewiß. Oder wäre es möglich, daß Du von Deinem Kinde eine andere Ansicht haben könntest?"

Diese Worte waren im Tone kindlicher Liebe und doch eines leisen Vorwurfes gesprochen. Frau Richemonte blickte ihrer Tochter tief in die schönen, treuen Augen und antwortete dann:

„Ich habe nur den Wunsch, Dich glücklich zu sehen, Margot."

„Nun der äußere Glanz wird nie im Stande sein, mich glücklich zu machen."

„So gehört Dein ganzes Vertrauen, Deine ganze Hoffnung allein Herrn Königsau?"

„Ja, ganz allein, Mama."

„So beschämst Du mich beinahe, mein liebes Kind. Ich kenne Dich so genau und glaubte dennoch dem Gedanken Raum geben zu dürfen, daß der Glanz, welcher die Person eines Kaisers, eines mächtigen Herrschers umgiebt, Einfluß auf Dich haben könne."

„Dieser Glanz steht im Begriff, zu verbleichen."

„Du glaubst an den Sieg Deutschlands?"

„Von ganzem Herzen."

„So gebe Gott, daß Du Dich nicht täuschest."

In diesem Augenblicke öffnete sich leise die Thür, und Bertha Marmont trat ein.

„Darf ich stören?" fragte sie bescheiden.

„Was bringen Sie, mein Kind?" antwortete Frau Richemonte."

„Der Herr Baron de Sainte-Marie ist draußen."

„Er will mit mir sprechen?"

„Er läßt fragen, ob es ihm erlaubt sei, Mademoiselle sein Beileid zu bezeugen. Es ist ihm, da er mit den hohen Herren beschäftigt war, noch nicht möglich gewesen, dies thun zu können."

„Was meinst Du, mein Kind?" fragte Frau Richemonte ihre Tochter.

Es ging eine leise Röthe über das blasse Gesicht Margots. Sie warf einen forschenden Blick über das Arrangement ihres Lagers und sagte dann:

„Der Baron ist unser Gastfreund und Verwandter; wir sind ihm Rücksicht schuldig."

„Du willst ihn empfangen?"

„Ja, er mag eintreten."

„So werde ich mich einstweilen zurückziehen."

Da sagte Margot schnell, beinahe hastig:

„Nein. Bitte, bleibe bei mir."

„Wie Du denkst, liebe Margot. Er kann es übrigens

gar nicht übel nehmen, die Mutter bei der kranken Tochter zu finden. Bitte, lassen Sie ihn eintreten."

„Diese letzteren Worte waren an Bertha gerichtet. Das Gesicht des Mädchens war sehr ernst, fast besorgt. Sie warf einen unruhigen Blick auf die schöne Patientin und entfernte sich dann. Einen Augenblick später trat der Baron ein.

Er hatte seine Verwandte während ihrer Anwesenheit auf dem Meierhofe täglich oft gesehen, aber nicht in der gegenwärtigen Situation. Sie lag im leichtesten Nachtgewande in den Kissen, und die Blässe ihres Angesichtes verdoppelte den Eindruck, welchen sie bereits auf ihn gemacht hatte.

Er verbeugte sich höflich vor Mutter und Tochter und sagte, zur ersteren gewendet:

„Verzeihung, liebe Tante, daß ich es wage, im innersten Damengemache Zutritt zu suchen. Aber ich bin so besorgt um Margot, daß ich mich auf alle Fälle selbst überzeugen wollte, ob meine Angst um sie eine begründete ist."

Er gab Frau von Richemonte die verwandschaftliche Bezeichnung Tante; dies rückte ihn den Damen näher und gab ihm das Recht, vertraulicher mit ihnen zu verkehren, als es ihm sonst wohl gestattet gewesen wäre.

„O bitte," antwortete die Angeredete freundlich. „Wir erkennen die Freundlichkeit, welche Sie uns erweisen, dankbar an."

„Wie geht es der lieben Cousine?"

„Gott sei Dank, besser als man erwartet hatte."

„Darf sie sprechen?"

„Es wurde ihr nicht verboten."

Er trat langsam an das Bette, ergriff Margots Rechte und drückte sie an seine Lippen.

„Liebe Margot, Sie glauben nicht, wie sehr ich erschrocken bin, als ich hörte, daß Sie verwundet sein," sagte er. „Ich wünschte im ersten Augenblicke, daß die Kugel mich selbst an Ihrer Stelle getroffen hätte."

Margot entzog ihm leise die Hand und fragte lächelnd:

„Sie wünschten das im ersten Augenblicke?"

„Ja, bei Gott, ich wünschte das," antwortete er.

„Aber im zweiten Augenblicke?"

„Auch noch."

„Und im Dritten?"

„O, ich wünsche es ja jetzt noch," antwortete er, halb verlegen und halb in einer Art von schwärmerischer Begeisterung.

„Ich danke Ihnen, lieber Cousin," sagte die Patientin freundlich. „Ich bin überzeugt, daß Sie die Wahrheit sprechen."

Sein Blick ruhte wie trunken auf ihr. Er konnte sich dem Eindrucke, den ihre Schönheit auf ihn machte, nicht entziehen; er gab sich auch gar keine Mühe, sich zu beherrschen. Er ergriff abermals ihre Hand, zog dieselbe an seine Lippen und sagte:

„Der Augenblick, an welchem ich von Ihrer Verwundung hörte, wird mir unvergeßlich sein."

„Ist Ihr Gedächtniß wirklich ein so treues?"

„In Beziehung auf Sie, jedenfalls. Dieser Augenblick ist ja einer der wichtigsten meines Lebens."

„In wiefern, lieber Cousin?" fragte Margot ahnungslos.

„Weil er mir Aufschluß über mich gegeben hat. Ich habe da erkannt, wie theuer, wie werth Sie mir sind."

„Ich hoffe allerdings, daß es Ihnen nicht ganz gleichgiltig ist, ob man Ihre Cousine erschießt oder nicht, Herr Baron!"

Diese Worte sagte Frau Richemonte. Sie ertheilte ihnen einen scherzenden Klang, welcher ihn erkälten sollte. Sie hatte mit scharfem Auge erkannt, daß er im Begriffe stehe, die schönste Liebeserklärung vom Stapel zu lassen. Er aber bemerkte oder beachtete ihre Absicht nicht im Geringsten; denn er fuhr fort:

„O bitte liebe Tante, ich meine das anders, ganz anders! Nicht so allgemein, nicht so blos verwandtschaftlich. Ich habe vielmehr erkannt, daß mein Herz, mein ganzes Leben unserer Margot gehört."

„Cousin!" sagte da Margot erschrocken.

„Ja," antwortete er. „Ich hoffe, daß Du es mir glauben wirst. Ich fühle, daß ich ohne Dich nicht leben kann."

Er machte Anstalt, vor dem Bette niederzuknieen, blieb aber doch stehen, als er eine Armbewegung Margots sah, in welcher sich Schreck ausdrückte.

„Du scherzest," sagte sie.

„Scherzen? O, ich bitte Dich im Gegentheile, es so ernst wie möglich zu nehmen."

„Sie blickte ihm in das hübsche, jugendliche Gesicht, und über das ihrige glitt ein leises Lächeln, als sie ihm sagte:

„Du dauerst mich da sehr, lieber Cousin."

„Warum?" fragte er befremdet.

„Weil Du sterben mußt."

„Sterben? Ich? In wiefern?" fragte er erblassend. „Hälst Du mich für krank?"

„Das nicht. Aber sagtest Du denn nicht soeben, daß Du ohne mich nicht leben kannst?"

„Allerdings."

„Nun, also wirst Du sterben müssen."

Er blickte sie starr an, trat einen Schritt zurück und fragte:

„Wie? Verstehe ich Dich recht?"

„Wie hast Du mich verstanden?"

„Ich verstehe Dich dahin, daß Du mich nicht liebst."

„O, ich liebe Dich freilich; Du bist ja mein Cousin."

Er machte eine Geberde des Unwillens und antwortete:

„So meine ich es nicht."

„Wie denn?"

„Nicht als Cousin sollen Sie mich lieben, sondern anders, ganz anders. Ich will von Ihnen als Bräutigam, als Mann geliebt sein."

Ihr Lächeln wurde noch schalkhafter als vorher.

„So werden sie doch sterben müssen," sagte sie im Tone des Bedauerns.

„Ah!" seufzte er.

„Ja, ohne Gnade und Barmherzigkeit."

„Das soll heißen, ich kann Ihr Bräutigam nicht sein?"

Da schlug er ganz überrascht die Hände zusammen und rief:

„Mein Himmel, da falle ich ja wie aus den Wolken."

„Bitte, thun Sie sich dabei keinen Schaden."

„Wollen Sie meiner spotten?" fragte er sehr ernsthaft.

„Nein, lieber Cousin. Aber wie es scheint, haben Sie es für eine ganz und gar ausgemachte Sache gehalten, daß Sie mein Bräutigam werden?"

„Allerdings," antwortete er rasch."

„Das überrascht mich sehr."

„Warum?"

Sie hätten sich vorher informiren sollen, ob Sie da auf kein Hinderniß stoßen."

„Welch ein Hinderniß sollte denn da möglich sein?"

„O, das größte, welches es geben kann: ein Bräutigam."

Es war beinahe belustigend anzusehen, wie er jetzt vor Erstaunen den Mund öffnete.

„Das wäre allerdings ein ganz bedeutendes Hinderniß!" sagte er verblüfft.

„Welches Sie natürlich gelten lassen."

„Nun, haben Sie denn einen Bräutigam, Margot?"

„Bereits längst!"

„Donnerwetter! Dem Kerl drehe ich den Hals — — — ah, verzeihen Sie! Aber ich glaube wirklich, daß Sie nur ein wenig Scherz treiben!"

Jetzt schüttelte sie sehr ernst ihr schönes Köpfchen und sagte:

„Nehmen Sie es nicht übel, lieber Cousin. Sie sind da ein wenig zu unvorsichtig vorgegangen. Sie sind Baron, wohlhabend und von leidlich angenehmen Aeußeren; die Damen sind Ihnen daher stets freundlich entgegen gekommen, und das hat in Ihnen die Ansicht hervorgebracht, daß Sieg und Gegenliebe bei Ihnen ganz selbstverständlich sei. Darum ist es Ihnen auch gar nicht eingefallen, zu fragen, ob Ihnen jemals ein Nein geantwortet werden könne. Ich bedaure Sie, aber ich bin überzeugt, daß Sie nicht unglücklich sein werden."

„Unglücklich? Ich bin es im höchsten Grade!" versicherte er rasch.

„In diesem Augenblicke?" lächelte sie.

„O, ganz gewiß, auch für immer."

„Nein, dazu ist Ihr Gemüth zu elastisch."

„Gemüth? Elastisch? Cousine, ich versichere Ihnen, daß ich in diesem Augenblicke gar kein Gemüth mehr habe. Mein Herz ist total gebrochen."

Da ließ sie, trotzdem sie krank war, ein helles, silbernes Lachen hören.

„Dieses arme Herz," scherzte sie im Tone des Bedauerns. „Ich hoffe jedoch, daß es zu repariren sein wird."

Da trat er einen Schritt zurück und fragte mit finsterem Stirnrunzeln:

„Machen Sie sich etwa über mich lustig?"

Jetzt legte ihm Frau Richemonte beruhigend die Hand auf den Arm.

„Bitte, nehmen Sie diese Angelegenheit nicht so sehr tragisch," bat sie ihn.

Aber sie ist ganz und gar nicht komisch," antwortete er. „Bei einem gebrochenen Herzen von Reparatur zu sprechen, das ist, gelinde ausgedrückt, gefühllos."

„Nicht ganz, lieber Cousin."

„Oder gar malitiös!"

„Das noch weniger. Margot wird sich nicht irren, wenn sie annimmt, daß die Constitution Ihres Herzens eine stärkere sei, als Sie selbst denken und glauben."

„Das muß sich erst finden. Also Margot hat wirklich einen Bräutigam?"

„Ja."

„Seit wann?"

„Seit geraumer Zeit bereits."

„Also schon in Paris?"

„Ja."

„Das beruhigt mich einigermaßen. Hätte Sie hier einen Anderen außer mich lieben gelernt, so würde dies die größte Ehrenkränkung für mich sein. Da sie jedoch ihr Herz verschenkt hat, ehe sie mich kennen lernte, so bin ich ja gar nicht beleidigt worden. Zu beklagen ist es aber auf jeden Fall; denn wir wären sehr glücklich mit einander gewesen."

(Fortsetzung folgt.)

Die Liebe des Ulanen.
Original-Roman aus der Zeit des deutsch-französischen Krieges von Karl May.
(Fortsetzung.)

Die letzten Worte des Barons wurden mit einer solchen Ueberzeugung gesprochen, daß selbst Frau Richemonte nicht ganz ernsthaft bleiben konnte.

„Ich bin überzeugt davon," sagte sie unter einem nicht ganz zu verbergenden Zucken ihrer Mundwinkel.

„Ja gewiß! Aber wer ist denn eigentlich dieser Bräutigam?"

Die beiden Damen blickten sich an. Es kam Ihnen zu gleicher Zeit der Gedanke, daß es jetzt wohl nicht ganz gerathen sei, diese Frage zu beantworten. So gutmüthig und leicht getröstet der Baron auch war, er befand sich doch unter dem ersten Einflusse einer zurückgewiesenen Werbung und konnte dies seinem Nebenbuhler entgelten lassen. Königsau konnte dadurch in Gefahr kommen.

„Erlauben Sie, dies jetzt noch als Geheimniß zu behandeln," bat darum die Mutter.

„Warum?"

„Familienrücksichten — —!"

„Ah! Gut! Aber sagen Sie wenigstens, was er ist!"

„Officier!"

„Das dach'e ich mir! Franzose?"

„Nein; er ist ein Deutscher."

„Das lasse ich eher gelten. Ich danke für die Auskunft. Weiß Mama bereits davon?"

„Ja."

„Das ist ja kaum zu glauben. Ich habe bisher geglaubt, es sei ein Wunsch von ihr, Margot und mich vereint zu sehen."

„Hat sie diesen Wunsch ausgesprochen?"

„Deutlich ausgesprochen nicht, aber sehr verständlich angedeutet."

„So will ich Ihnen gestehen, daß Ihre Mama erst heute von der Verlobung meiner Tochter gehört hat."

„Was sagte sie dazu?"

„Sie gratulirte."

Er kratzte sich leise hinter den Ohren und fragte:

„Da meinen Sie wohl, daß ich auch gratuliren soll?"

Margot antwortete unter einem leisen Lachen:

„Natürlich. Ich erwarte dies ganz bestimmt von Ihnen!"

Er machte ein halb ärgerliches und halb komisches Gesicht und antwortete: „Das scheint mir denn doch zu viel verlangt."

„Wohl nicht. Sie sind ja mein Cousin!"

„Ja, aber der Cousin, der soeben einen Korb erhalten hat. Na, ich will nicht ganz und gar unhöflich sein. Ich gratulire Ihnen also, liebe Margot."

„Ich danke!"

Er hatte ihr die Hand geboten, und sie nahm dieselbe an. Sie hielt sie fest und fragte: „Sind Sie mir bös, lieber Baron?"

„Nein, obgleich ich eigentlich sollte! Doch jetzt muß ich Sie verlassen. Die hohen Herrschaften werden meiner bedürfen."

„Was thut der Kaiser?"

„Als ich ihn vorhin verließ, hatte er sich soeben vom Souper zurückgezogen. Er hat sehr wenig gegessen und beorderte die Marschälle für später zu sich."

Er ging.

Draußen im anderen Zimmer saß Bertha Marmont. Ihr Auge richtete sich mit einem fragend besorgten Blick auf ihn. Er blieb bei ihr stehen, betrachtete sie einen Augenblick lang und fragte dann: „Warum siehst Du so ernsthaft aus, Mädchen?"

Sie erhob sich und antwortete: „Darf eine Krankenpflegerin lustig sein, Herr Baron?"

„Warum nicht, wenn die Kranke selbst lustig ist."

„Ah, ist Mademoiselle lustig gewesen?"

„Sehr!"

Ihr Auge verdunkelte sich. Wer lustig ist, der muß sich glücklich fühlen, und glücklich fühlt man sich zumeist, wenn man liebt und wieder Liebe findet. Dies war der schnelle Gang ihrer Gedanken. Darum sagte sie: „Ich beneide Mademoiselle!"

„Warum?"

„Sie ist so glücklich, vergnügt sein zu können."

„Kannst Du denn nicht auch vergnügt sein?" fragte er sie.

Er legte ihr bei diesen Worten die Spitzen seiner Finger unter das weiche, mit einem allerliebsten Grübchen versehene Kinn; sie aber trat aus dem Bereiche seiner Hand zurück. „Worüber sollte ich mich glücklich fühlen!" sagte sie.

„O, über denselben Gegenstand, worüber sich meine schöne Cousine glücklich fühlt!"

Sie blickte ihn fragend an.

„Erräthst Du diesen Gegenstand nicht?" fuhr er fort.

„Nein, Herr Baron."

„Nun, welch größeres Glück giebt es denn für eine Dame, als einen Bräutigam?"

Man sah es ihr an, daß sie erschrak.

„Mademoiselle hat einen Bräutigam?" fragte sie.

„Ja," antwortete er.

„Darf ich fragen, wer dies ist?"

„Schelm Du!" antwortete er. „Du glaubst wohl gar, daß ich es bin?"

„Ist das so unmöglich?"

„Ja. Ich kann es nicht sein, da ein Anderer es ist."

Da holte sie lang und tief Athem.

„Sie sind es wirklich, wirklich nicht?" fragte sie stockend.

„Nein, liebe Bertha, ich bin es wirklich nicht, ganz gewiß nicht."

Da röthete sich ihr schönes Gesichtchen lieblich, und sie fragte: „Darf ich Ihnen sagen, daß ich Ihnen dies kaum glaube?"

„Warum glaubst Du es nicht, kleiner Schelm?"

„Mademoiselle ist so schön."

„Ja, eben darum hat sie so leicht einen Bräutigam gefunden."

„Und eben darum werden Sie dieser Bräutigam sein."

„Ich? Nein. Ich möchte sie nicht, wahrhaftig nicht."

„Warum, Herr Baron?"

„Sie ist zwar schön, aber sie hat ein hartes Herz."

„So ist sie hartherzig gegen Sie gewesen?"

„Ich habe ihr keine Veranlassung dazu gegeben. Uebrigens sage ich zwar, daß ich sie für schön halte; aber die Schönste ist sie noch lange nicht. Ich kenne Eine, welche mir noch tausendmal besser gefällt."

Sie schwieg, obgleich sie erröthete. Darum fuhr er fort: „Nun, Bertha, Du fragst nicht, wer das ist?"

„Ich darf mir eine solche Frage ja gar nicht erlauben, Herr Baron."

„Warum nicht? Gerade Du hast das meiste Recht, diese Frage auszusprechen, denn Du bist Diejenige, welche ich meine!"

Er versuchte, den Arm um sie zu legen. Sie entwand sich ihm und flüsterte: „Es ist nicht recht von Ihnen, eines armen Mädchens zu spotten."

„Spotten? Wo denkst Du hin! Du bist mir in Wahrheit tausendmal lieber als diese Cousine. Du bist zehnmal hübscher, und ich bin überzeugt, daß Du nicht ein so hartes, gefühlloses Herz besitzest wie sie. Habe ich da Recht oder Unrecht?"

Er legte abermals den Arm um sie. Sie wollte sich auch dieses Mal ihm entwinden, aber er hielt sie so fest, daß es ihr nicht gelang.

„Herr Baron, lassen Sie mich," bat sie leise aber dringend. „Man wird uns hören."

„Nein," flüsterte er, sie fester an sich drückend. „Ich werde diesen schönen Mund so leise küssen, daß man es gar nicht zu hören vermag."

„O nein, nein! Das darf nicht sein," bat sie, sich gegen ihn wehrend.

„Warum nicht?"

„Sie sind Baron!"

„Nun gut, so wirst Du meine Baronin werden."

„Ich, das arme Schenkmädchen?"

„Ja. Du und keine Andere."

Er nahm jetzt ihr Köpfchen so fest an sich, daß ihr ein fernerer Widerstand zur Unmöglichkeit wurde. Seine Lippen legten sich auf ihren Mund und küßten denselben ein, zwei, drei und noch mehrere Male. Er war so in diesen süßen Genuß vertieft, daß er gar nicht bemerkte, wie die Thür geöffnet wurde.

„Bon appetit;" klang es da hinter ihnen.

Sie fuhren erschrocken auseinander.

„Der Kaiser!" rief Bertha im tiefsten Schreck.

Im nächsten Augenblicke war sie aus dem Zimmer entflohen. Der junge Baron stand vor Napoleon, verlegen wie ein Schulknabe.

„Sie haben einen guten Geschmack, Baron," sagte der Kaiser unter jenem sarkastischen Lächeln, welches bei ihm eine solche Schärfe besaß. „Darf ich hoffen, daß Sie mir die Unterbrechung verzeihen?"

„Majestät — — —!" stotterte der Gefragte.

„Ich hatte allerdings keineswegs die Absicht, Sie zu stören. Ich wollte mich nach dem Befinden unserer schönen Blessirten erkundigen und fand den Weg nach hier. Wo ist Demoiselle Richemonte zu treffen?"

„Im Nebenzimmer, Majestät."

„Ist sie allein?"

„Nein; ihre Mutter ist bei ihr."

„Sie haben sie gesprochen?"

„Ja; soeben, Sire."

„So ist der Zutritt nicht untersagt?"

„Die Damen werden glücklich sein, Majestät bei sich zu sehen."

„Melden Sie mich!"

Der Kaiser hatte in seiner kurzen, gebieterischen Weise gesprochen. Der Baron gehorchte schleunigst. Er trat an die Thür und riß dieselbe auf.

„Seine Majestät!" rief er hinein.

Die beiden Frauen fühlten sich im höchsten Grade erschrocken, als sie Napoleon bei sich eintreten sahen. Er konnte wirklich herzgewinnend sein, wenn er wollte. Er verbeugte sich leicht und sagte im höflichsten Tone: „Pardon, Mesdames! Die Sorge um Mademoiselle läßt mich vielleicht eine Unhöflichkeit begehen; aber ich hörte, daß der Zutritt gestattet sei."

Frau Richemonte verbeugte sich tief und stumm, und Margot versuchte, sich respectvoll ein wenig emporzurichten.

Des Kaisers Augen ruhten forschend auf ihr. In seinem Blicke glänzte ein Etwas, was Margot tief erröthen ließ.

"Der Arzt war bei Ihnen?" fragte er.

Bei diesen Worten zog er sich einen Stuhl ganz in die Nähe des Bettes und nahm darauf Platz. Die Mutter gab für die Tochter die Antwort.

"Er hat uns erst vor kurzer Zeit verlassen, Majestät."

"Darf ich Sie um seinen Bescheid bitten?"

"Er versicherte, es sei keine directe Gefahr vorhanden, warnte aber vor jeder Aufregung."

"Ich habe ganz denselben Bericht von ihm erhalten."

Er ließ sein Auge abermals langsam und forschend über Margot und deren Mutter gleiten. Es war, als ob er beurtheilen wolle, welches Entgegenkommen er hier finden werde. Dann fuhr er, die Beine über einander legend, fort: "Mademoiselle ist an meiner Seite verwundet worden. Die Dankbarkeit eines Kaisers wird dadurch herausgefordert. Darf ich einige Fragen aussprechen?"

Frau Richemonte verbeugte sich schweigend. Der Kaiser fragte: "Monsieur Richemonte, lebt er noch?"

"Nein."

"So sind Sie Wittfrau, und Mademoiselle ist eine Waise?"

"Leider, Majestät."

"Es ist Pflicht der Herrscher, sich der Wittwen und Waisen anzunehmen. Haben Sie Besitzungen oder Vermögen?"

"Wir sind arm, Majestät."

"Sie sind im Gegentheile sehr reich, Madame. Im Besitze einer schönen, liebenswürdigen Tochter ist man niemals arm. Ist Mademoiselle verlobt?"

"Ja, Majestät."

Seine Brauen zogen sich leicht zusammen.

"Mit wem?"

Ihm, dem gewaltigen Kaiser, war es höchst gleichgiltig, ob seine Fragen peinlich berührten oder nicht. Es war ja überhaupt eine Gnade von ihm, mit Jemand zu sprechen.

"Mit einem Officier," antwortete die Mutter.

"Ah!" sagte er. "Mit einem jungen Officier?"

"Ja, Sire."

"So hat er keine Charge. Warum sorgen Sie nicht in vortheilhafter Weise für die Zukunft Ihrer Tochter. Mademoiselle ist schön, ist geistreich. Sie wird sehr leicht eine höhere Connaissance anknüpfen. Haben Sie nicht Lust, bei Hofe zu erscheinen, Mademoiselle?"

Diese Frage war direct an Margot gerichtet. Er erwartete natürlich, daß sie sehr schnell und überglücklich Ja sagen werde; aber sie antwortete:

"Majestät, mein Wunsch ist nur, glücklich zu sein."

"Das werden Sie in jenen Kreisen werden."

"Ich wage, dies zu bezweifeln, Sire."

"Ah, warum?"

Sein Blick, welchen er jetzt auf sie richtete, war fast stechend zu nennen.

"Ich ziehe ein bescheidenes Glück einem glänzenden vor," antwortete sie.

"Man kann den höheren Kreisen angehören ohne allzusehr hervorzutreten. Auch dort wird die echte Bescheidenheit anerkannt und belohnt. Sie haben für mich gelitten; ich fühle die Verpflichtung, für Sie zu sorgen. Sie werden die Frau eines hohen Officiers werden und ein Schmuck der Gesellschaft sein."

"Majestät, meine Mutter hatte bereits die Ehre zu sagen, daß ich verlobt bin."

"Pah! Mit einem niedrigen Officier."

"Ich hoffe, daß er sich eine Zukunft erringen werde."

"Ah, Sie lieben ihn?"

"Von ganzem Herzen."

Er haftete seinen Blick nach der Ecke des Zimmers und sagte erst nach einer Weile:

"Das ist schwärmerisch. Wohl! Ich werde ihn kennen lernen und nach Verdienst belohnen. Wie ist sein Name?"

Da zuckte es wie eine innige Genugthuung über das bleiche Gesicht Margots.

"Majestät werden nichts für ihn thun können," sagte sie einfach.

Das war Napoleon noch nicht vorgekommen. Er, der allmächtige Kaiser könne nichts für einen obscuren Officier thun, er, der aus Bürgersöhnen Marschälle, Fürsten und Herzöge gemacht hatte! Er fragte in sehr scharfen Tone:

"Warum nicht, Mademoiselle?"

"Er dient nicht im Heere," antwortete sie.

"So aber in der Marine?"

"Er ist auch nicht eigentlich Marineofficier, sondern Capitän der Handelsflotte."

Da zuckte der Kaiser zusammen.

"Meint Mademoiselle etwa jenen Capitän de Sainte-Marie?"

"Allerdings, Sire."

"Er wird nicht Ihr Mann werden."

Diese Worte waren in einem Tone gesprochen, gegen den es voraussichtlich keinen Widerspruch gab; Margot aber antwortete ruhig:

"Womit wollen Majestät diese Behauptung begründen?"

"Ich verbiete es!" sagte er kurz.

Da stemmte sie den schönen Kopf in die Hand und blickte ihn von der Seite an. Es war ihr gar nicht zu Muthe, als ob sie mit einem Kaiser spreche:

"Majestät werden da eine sehr ungehorsame Unterthanin finden," sagte sie.

"Und Mademoiselle werden einen sehr strengen Kaiser kennen lernen. Ich habe bereits über Ihre Zukunft bestimmt; Sie haben nicht zu appelliren. Wo befindet sich jetzt dieser Capitän?"

"Majestät hatten ihn ja in Dero Gefolge."

"Er wurde entfernt. Man wird nach ihm suchen."

Es war zu sehen, daß der Kaiser eifersüchtig war. Diesem Capitän gönnte er das schöne Mädchen nicht. Er stand auf und sagte im strengen Tone:

"Bis morgen wird Mademoiselle sich entscheiden, ob sie eine gehorsame Unterthanin sein will oder nicht. Nur in ersterem Falle ist Hoffnung vorhanden, daß die Ungnade, welche der Capitän so verdienter Maßen auf sich geladen hat, wieder von ihm genommen werde."

"Majestät, diese Ungnade wird ihn nicht drücken," antwortete das muthige Mädchen.

"Mademoiselle ist sehr kühn!" rief der Kaiser zornig.

"Ich sage die Wahrheit. Mein Verlobter befindet sich bereits in Sicherheit. Er wird Gelegenheit haben, jenseits von Frankreichs Grenzen vom heutigen Abend zu berichten und von dort aus seine Braut zu reclamiren."

Der Kaiser stand sprachlos vor Erstaunen. In dieser

Weise hatte noch kein Mensch zu ihm gesprochen. Endlich fand er Worte:

"Mademoiselle scheint die Absicht zu haben, in ein Kloster zu gehen," sagte er.

"Majestät," sagte sie, "ich hoffe, daß eine jede Unterthanin Frankreichs das Recht besitzt, ihre Selbstbestimmung zu behaupten. Ich ertheile das Recht, für mich zu sorgen, nur meinem Bräutigam."

Er warf ihr einen vernichtenden Blick zu.

"Pah!" sagte er. "Sie sind sehr schön, aber — — außerordentlich dumm."

Nach diesen Worten verließ er das Zimmer, ohne Mutter oder Tochter nochmals anzusehen. Sein Gesicht hatte jenen starren marmornen Ausdruck angenommen, der ihm eigenthümlich war, sobald er einen festen, unerschütterlichen Entschluß gefaßt hatte.

"Welch ein Unglück!" sagte Frau Richemonte. "Wir sind verloren!"

"Nein, wir haben gewonnen!" antwortete Margot.

"Da täuschest Du Dich sehr."

"Im Gegentheile, ich habe vollkommen Recht."

"Wieso?"

"Der Kaiser kann ein arm und niedrig geborenes, niemals aber ein dummes Mädchen lieben. Wenn er die Absicht hatte, mich in seine Nähe zu ziehen, so hat er diese Absicht jetzt ganz sicher aufgegeben."

"Das gebe Gott, sonst sind wir wirklich verloren."

"Für uns ist mir nicht bange, aber desto mehr für Hugo."

"Wieso?"

"Gegen ihn wird sich der Grimm des Kaisers richten."

"Ich denke, er befindet sich in Sicherheit."

"Jetzt wohl nicht mehr. Bitte, Mama, benachrichtige sofort die Baronin von dem Vorgefallenen, damit sie ihre Maßregeln trifft."

Die Mutter entfernte sich, um diesem Wunsche der Tochter zu willfahren.

Königsau lag oben auf dem Dache vor dem Ventilator. Er hatte die ganze Scene mit angesehen und angehört. Jetzt, nachdem der Kaiser gegangen war, verschloß er das Loch und forschte unter den übrigen Ventilatoren. Er hatte den richtigen sehr bald gefunden. Er konnte ganz genau das Zimmer Napoleons überblicken, in welches dieser Letztere soeben eingetreten sein mußte.

"Die Baronin!" hörte er dem Kaiser sagen.

Der Diener, welchem dieser Befehl gegolten hatte, entfernte sich schleunigst.

"Ah, jetzt fragt er nach mir!" dachte Königsau.

Der Kaiser saß finster sinnend in seinem Sessel. Als die Baronin eintrat, fuhr er mit dem Kopfe empor, sah sie scharf an und fragte:

"Sie sind eine brave Französin?"

"Ja, hoffe ich, Majestät!" antwortete sie.

Sie wußte noch nicht, weshalb der Kaiser sie hatte rufen lassen.

"Sie werden jetzt Gelegenheit haben, mir dies zu beweisen," sagte der Letztere. "Seit wann ist Ihr Verwandter, der Seecapitän, der Verlobte von Mademoiselle Richemonte?"

Sie erschrak. Also er hatte dies erfahren! Von wem? Hier galt es, sehr vorsichtig zu antworten, um keinen Fehler zu begehen.

Das Examen.

"Seit einigen Monaten," sagte sie.

"Wo lernte er sie kennen?"

"In Paris."

"Ist er reich?"

"Ja," antwortete sie getrost.

"Seit wann befindet er sich hier bei Ihnen?"

"Seit kurzen Tagen."

"Wo ist er in diesem Augenblick zu treffen?"

"Das weiß ich nicht, Majestät."

"Ich hoffe, daß Sie es dennoch wissen."

Er schien sie jetzt mit seinen Augen durchbohren zu wollen. Sie hielt diesen Blick ruhig und standhaft aus und antwortete mit fester Stimme:

„Sire, ich sagte die Wahrheit."

„Sie haben auch keine Ahnung?"

„Ich ahne nur, daß er sich schleunigst über die Grenze geflüchtet, um den Folgen, welche das Mißfallen Ew. Majestät nach sich ziehen könnte, zu entgehen."

„Hier auf dem Meierhofe befindet er sich nicht?"

„Nein, sonst wüßte ich es."

„Das ist gut für Sie; denn ich werde den Hof augenblicklich durchsuchen lassen. Haben Sie mir also vielleicht eine Bemerkung zu machen?"

„Nein, Sire."

„So können Sie sich entfernen."

Sie ging. Kaum hatte sie das Zimmer verlassen, so ergriff der Kaiser die Glocke.

„General Drouet," befahl er dem Diener, welcher auf dieses Zeichen eingetreten war und sich eiligst entfernte, um den Befehl auszuführen.

Drouet ließ kaum zwei Minuten auf sich warten.

„Sie entsinnen sich des Capitäns, von welchem bei Tafel die Rede war?" fragte Napoleon.

„Sehr wohl, Sire."

„Ich wünsche, ihn zu fassen. Lassen Sie sofort den ganzen Hof genau nach ihm durchsuchen. Findet er sich nicht, so sind berittene Piquets auszusenden, um ihn zu ergreifen. Er kann sich noch nicht weit entfernt haben."

Er machte die Bewegung der Entlassung, als Drouet dennoch stehen blieb, fragte er:

„Was noch?"

„Nachrichten vom Feinde, Majestät."

„Ah!" rief der Kaiser, rasch aufspringend. „Von welchem Feinde? Von den Engländern oder den Preußen?"

„Von beiden, Sire."

„Wer brachte sie?"

„Capitän Richemonte, mein bester Eclaireur."

„Richemonte? Ah, ist er vielleicht mit Frau Richemonte verwandt, welche sich hier auf dem Hofe als Gast befindet?"

„Möglich; ich weiß es nicht."

„Wo befindet sich der Capitän?"

„In meinem Arbeitscabinet."

„Er soll augenblicklich zu mir kommen. Nachdem Sie meinen vorigen Befehl ausgeführt haben, bringen Sie Ney und Grouchy zu mir."

Bei der Wahrsagerin.

Der General entfernte sich eiligst, und nach ganz kurzer Zeit meldete der Diener den Capitän Richemonte, welcher auch sogleich eintrat.

Napoleon betrachtete ihn mit scharfem Auge, konnte aber eine Aehnlichkeit zwischen ihm und Margot nicht entdecken. Er fragte:

„Wo sind Sie geboren, Capitän?"

„In Paris, Sire," antwortete der Gefragte.

„Wo lebten Sie zuletzt?"

„Eben daselbst."

„Sie standen im Dienst?"

„Nein."

„Warum nicht?"

„Ich wollte nur meinem Kaiser dienen, nicht aber dem Könige, welchen uns die Feinde aufzwangen."

„Das ist brav, Capitän. Man wird solche Treue zu belohnen wissen. Haben Sie Verwandte?"

Der Capitän horchte bei dieser Frage auf. Hatte sie einen näheren Zweck.

„Ja," antworte er.

„Wen?"

„Mutter und Schwester."

„Ah! Wie heißt diese Schwester?"

„Margot, Sire."

Napoleon nickte sehr schnell mit dem Kopfe.

„Aber Sie sehen dieser Schwester nicht ähnlich!" sagte er.

„Es sind Stiefmutter und Stiefschwester, Majestät."

„Ah! Wo befinden sie sich?"

„Hier auf dem Meierhofe."

Er konnte keine andere Antwort geben, denn er sagte sich, daß der Kaiser seine Schwester gerade heute und hier gesehen haben müsse.

„Sie kamen heute, um Drouet Bericht zu erstatten?"

„So ist es, Sire."

„Woher?"

„Von Lüttich, Namur und Brüssel."

„Wann sind Sie angekommen?"

„Vor einer Viertelstunde."

„Haben Sie Ihre Mutter und Schwester gesprochen, Capi än?"

„Nein, Sire."

„Warum nicht?"

„Ich hätte keine Zeit dazu gehabt, spreche aber mit diesen Verwandten überhaupt nicht."

Das war dem Kaiser auffällig.

„Sind Sie mit ihnen zerfallen?" fragte er.

„Ja."

„Warum?"

„Sie sind der Sache des Vaterlandes untreu geworden, Sire. Ich muß mich ihrer schämen, darum habe ich sie verstoßen."

„Untreu geworden?" fragte Napoleon rasch. „Wie meinen Sie das?"

„Die Schwester hat sich mit einem preußischen Officier verlobt."

Da erhob sich Napoleon rasch vom Stuhle und sagte:

„Das ist ein Irrthum, Capitän. Sie sind falsch berichtet worden."

„Sire, ich sage die Wahrheit," behauptete Richemonte.

„Ihre Schwester ist mit einem Seecapitän aus Marseille verlobt."

„Davon weiß ich nichts."

„Dieser Seemann heißt Sainte-Marie und ist ein Verwandter der Besitzerin dieses Meierhofes."

„Auch dies ist mir vollständig unbekannt, Majestät."

„Wohl nur deshalb, weil Sie mit den beiden Frauen nicht verkehren."

„Es ist nur erst kurze Zeit, daß ich mich von ihnen trennte; außerdem habe ich sie auch hier nicht aus meiner Beobachtung gelassen."

„Merkwürdig! Wie heißt jener deutsche Officier?"

„Hugo von Königsau."

„Welchen Grad besitzt er?"

„Lieutenant bei den Ziethenhusaren."

„Kennen Sie ihn persönlich?"

„Ja. Er ist übrigens ein besonderer Schützling des Feldmarschall Blücher."

„Beschreiben Sie ihn mir genau."

„Er ist hoch und stark gebaut, wenn auch nicht zu lang, hat blondes Haar, einen starken, leicht gekräuselten Schnurrbart von derselben Farbe, blaue Augen, sehr gute Zähne und hat ein kleines, rothes Mal auf der rechten Wange."

Da trat Napoleon zwei Schritte auf den Sprecher zu:

„Sie malten da wirklich diesen Lieutenant ab?" fragte er rasch und dringlich.

„Ja, Majestät."

„Sie wissen genau, daß Sie nicht irren?"

„Ganz genau."

„Ah, so hat man es gewagt, mich zu betrügen, zu belügen und zu hintergehen! Dieser sogenannte Seecapitän ist kein Anderer als jener Husarenlieutenant, jener Liebling des Feldmarschall Blücher. Er kam nach hier, um zu spioniren. Man muß Alles thun, um ihn zu fangen. Dann wird man ihn aufhängen. Warten Sie draußen im Vorzimmer. Ich muß sofort zu Drouet. Ich komme gleich wieder."

Königsau hatte diese Unterredung von Wort zu Wort belauscht. Er erschrak. Diese Sache konnte gefährliche Dimensionen annehmen. Er mußte die Freunde sofort warnen. Daher eilte er nach der geheimen Treppe und stieg hinab, um sich zu Margot zu begeben.

Als die Baronin den Kaiser verlassen hatte, begab sie sich sofort zu ihren Verwandten, um ihnen mitzutheilen, daß Napoleon nach dem vermeintlichen Seecapitän suchen lassen werde. Sie begegnete Frau Richemonte, welche ja im Begriffe gestanden hatte, sie aufzusuchen, unter der Thür und veranlaßte sie, wieder mit einzutreten.

„Erschrecken Sie nicht, liebe Margot," sagte sie. „Ich komme soeben vom Kaiser."

„Das bedeutet ein Unglück," sagte Frau Richemonte.

„Es sieht größer aus, als es ist. Der Kaiser läßt das Haus nach dem sogenannten Seecapitän durchsuchen."

„Mein Gott. Wird man ihn finden?"

„Wohl schwerlich."

„Wo ist er versteckt?"

„Ganz in Ihrer Nähe," sagte die Baronin lächelnd.

„Unmöglich. Wo wäre das?"

„Hier!"

Diese Antwort wurde aber nicht von der Baronin, sondern von Königsau ausgesprochen, welcher durch die hintere Thür trat.

„Hugo!" rief Margot. „Neben mir bist Du?"

„Ja. Aber um Gotteswillen, wir Alle befinden uns in einer fürchterlichen Gefahr."

„Wir wissen bereits davon. Die Frau Baronin wollte Dir davon mittheilen."

„O, es bedarf dieser Mittheilung nicht, denn ich weiß bereits Alles. Ich weiß sogar mehr als die Frau Baronin ahnt."

„Haben Sie gelauscht?" fragte diese.

„Ja. Capitän Richemonte ist da."

„Albin hier?" fragten Mutter und Tochter zu gleicher Zeit.

„Ja," meinte er.

„Mein Gott, so sind wir verrathen. Wie hat er unseren Aufenthalt erfahren?"

„Durch einen Commis des Hauses, von welchem Mama ihre Gelder bezieht."

„Ah, daran hatten wir nicht gedacht; diese Möglichkeit wurde von uns übersehen. Aber ist es nicht möglich, daß Du Dich geirrt hast?" fragte Margot.

„Nein. Er war soeben bei Napoleon; er befindet sich noch im Vorzimmer desselben. Er hat dem Kaiser gesagt, daß Dein Verlobter nicht ein Seecapitän, sondern ein preußischer Husarenlieutenant ist."

„So sind wir verloren."

„Noch nicht. Er hat dem Kaiser sogar mein Signalement gegeben und sogar das kleine Mal hier an der Wange nicht vergessen; aber dennoch kann man Euch nichts thun. Ihr dürft nur behaupten, daß die Verlobung mit mir aufgehoben wurde, und daß ich durch Capitän von Sainte-Marie ersetzt wurde."

„Das ist die einzige Rettung," stimmte die Baronin bei. „Meine Leute sind mir alle treu. Ich werde sie sofort instruiren lassen, auf etwaiges Befragen auszusagen, daß Capitän de Sainte-Marie hier auf Besuch gewesen sei."

„Dann muß er aber mein vollständiges Signalement besitzen" meinte Königsau.

„Natürlich. Es wird der Dienerschaft mitgetheilt. Wo ist der Kaiser?"

„Er eilte zu Drouet, jedenfalls um die Haussuchung zu beschleunigen."

„Gott, wenn man Dich entdeckt," klagte Margot.

„Man wird ihn nicht finden," tröstete die Baronin.

„Ich befürchte doch, daß man mich finden wird," meinte Königsau.

„Wieso?"

„Man wird wohl auch dieses Zimmer durchsuchen und also diese Thür sehen, durch welche man in mein Zimmer gelangt. Dort wird man die Treppe und den Ausgang nach dem Dache entdecken. Dann bin ich verloren."

„So weit kommt es nicht," bestritt die Baronin. „Man wird nicht wagen, diese Krankenstube zu betreten."

„Warum nicht? Der Kaiser war bereits da, ohne Rücksicht zu nehmen. Man wird mich ja am Ersten bei meiner Braut vermuthen und suchen."

„Nun, so ist auch dann noch nichts verloren. Begeben Sie sich nach Ihrem Zimmer, und klingeln Sie Florian. Sie brauchen ihm nur zu sagen, daß er die Treppe fortnehmen solle. Dann sind Sie geborgen. Aber schnell! Ich höre unten laufen. Man beginnt die Durchsuchung bereits, wie es scheint."

Königsau ging in seine Stube und klingelte. Bald erschien Florian.

„Was befehlen Sie?" fragte er.

„Sie sollen die Treppe da fortnehmen," antwortete Königsau.

„Sapperlot! Warum?"

„Napoleon hat erfahren, daß ich nicht der Seecapitän Sainte-Marie, sondern ein preußischer Husar bin. Er läßt aussuchen."

„Sie meinen, daß man auch hierher kommen wird?"

„Ich vermuthe es."

„Gut. Dann nehmen wir die Treppe weg."

„Geht dies so leicht?"

„Ja. Ich brauche nur zwei Schrauben aufzudrehen."

„Wo kommt die Treppe hin?"

„Hinunter in den Stall, unter den Dünger."

„Wird man den Ausgang nach dem Dache nicht trotzdem entdecken?"

„Nein. Haben Sie noch nicht bemerkt, daß die Eisenplatte genau dieselbe Farbe wie die Decke ihres Zimmers hat."

„Ich habe nicht so genau aufgemerkt. Uebrigens ist es ja ganz dunkel hier. Wir wollen schnell aus Werk gehen. Es ist keine Zeit zu verlieren."

„So steigen Sie hinauf."

„Ah. Ich bleibe auf dem Dache?"

„Ja. Sie steigen hinaus und schließen die Platte von draußen zu. Sie müssen freilich auf dem Dache bleiben, bis die Gefahr beseitigt ist. Ich werde überdies, so bald es mir möglich ist, kommen, um Sie zu benachrichtigen."

Unterdessen hatte Capitän Richemonte im Vorzimmer gewartet. Als der Kaiser zurückkehrte, mußte er mit diesem wieder eintreten.

„Man beginnt soeben die Haussuchung," sagte Napoleon. „Er wird uns nicht entgehen, wenn er sich noch hier befindet. Würden Sie ihn erkennen?"

„Sofort."

„Und ihn recognosciren können?"

„Ja. Uebrigens befindet sich ein Zweiter hier, der ihn ebenso genau kennt wie ich."

„Wer ist dies?"

„Der Baron de Reillac."

„Hier auf Jeanette?"

„Nein, sondern in Sedan."

„So könnte man ihn kommen lassen. Wie ist übrigens dieser Königsau mit Ihrer Schwester bekannt geworden?"

„Majestät, ich weiß dies nicht."

„Wer hat die Einwilligung zur Verlobung gegeben?"

„Meine Stiefmutter."

„Trotzdem er ein Deutscher ist."

„Sie selbst ist auch eine Deutsche."

„Ah, man hat also doppelt vorsichtig zu sein! Gab es denn keinen Franzosen, welchem es hätte gelingen können, daß Herz Ihrer Schwester zu erobern?"

Der Capitän sah ein, daß der Kaiser ein persönliches Interresse für Margot hege. Er konnte dies zu seinem Vortheile ausnutzen; es gab ihm ferner Gelegenheit, sich an Königsau, seinem Todfeinde, zu rächen. Er antwortete:

„Dieser Husarenlieutenant machte mir einen meiner besten Pläne zu Schanden."

„Ah, Sie hatten einen Plan? Welchen?"

„Schon mein Vater bestimmte auf seinem Sterbebette, daß Margot die Gemahlin seines und meines besten Freundes, nämlich des Barons Reillac, werden solle —"

„Des Baron Reillac? Sie meinen meinen Lieferanten?"

„Ja, Sire."

„Er erhielt aber die Zuneigung Ihrer Schwester nicht?"

„Leider nein."

Ueber die ehernen Züge des Kaisers glitt ein Lächeln, welches man theils erfreut und theils schadenfroh nennen konnte. Er blickte eine Zeit lang sinnend vor sich hin und sagte dann:

„Der Baron hat dieses Project fallen lassen?"

„Nein. Mutter und Schwester ergriffen die Flucht; der Baron half mir, ihre Spuren zu entdecken, und ist jetzt so wenig wie vorher gesinnt, seinen Absichten zu entsagen."

„Man muß zugeben, daß er einen sehr guten Geschmack besitzt. Ihre Schwester ist ganz geeignet, den feinsten Salon zu schmücken. Ich war bereit, ihr den Weg zu ebnen; sie aber hat verzichtet, dies zu acceptiren."

Jetzt wußte der Capitän ganz genau, daß der Kaiser in Margot verliebt sei. Er sagte im Tone des tiefsten Erschreckens:

„Himmel, das ist ja gar nicht möglich. Eine solche Gnade zurückzuweisen! Wenn Majestät mich mit diesem Arrangement betrauen wollten, so bin ich überzeugt, den sträflichen Eigenwillen der Schwester zu besiegen."

„Sie würden auf einen sehr energischen Widerstand stoßen."

„Mit der Vollmacht von meinem Kaiser in der Hand, würde ich diesen Widerstand nicht fürchten."

„Sie würden ihn nicht blos bei der Tochter, sondern auch bei der Mutter finden."

„Die Mutter ist verständig und lebenserfahren genug, um einzusehen, welch einen unverdienten Schatz die Huld des Kaisers bildet."

„So muß man sich die Angelegenheit überlegen. Vorher aber wollen wir sehen, ob es uns gelingt, diesen Lieutenant Königsau zu ergreifen. Dieser Baron Reillac ist kein Jüngling mehr, wie es scheint?"

„Er ist ungefähr fünfzig, Sire."

„So ist seine Liebe keine rein leidenschaftliche?"

„Er glüht wie ein Milchbart."

„Ah, das will einem so bejahrten Manne nicht wohl anstehen. Ich meinte, er begehre die Hand Ihrer Schwester nur, um mit ihr zu glänzen, um die Traditionen seines Hauses in schöne Aufbewahrung zu geben."

Bei den Worten „Traditionen seines Hauses" lächelte Napoleon überlegen. Er hatte Reillac ja erst den Adel verliehen. Von solchen Traditionen konnte also keine Rede sein.

„Vielleicht ist die glühende Ueberregung nur vorübergehend, Sire."

„Man müßte dies hoffen. Der Baron hätte also Ihre Zustimmung?"

„Ich habe sie ihm bereits gegeben."

„Sie werden ihn sehen und sprechen?"

„Ja."

„Wann?"

„Morgen, wenn ich nach Sedan komme."

„Nun wohl, so will ich diese Angelegenheit Ihrer Hand anvertrauen und sehen, ob Sie sich so geschickt erweisen, wie ich es erwarte."

Der Capitän verbeugte sich so tief wie möglich.

„Sire," sagte er, „mein Leben gehört meinem Kaiser."

„Ich bin überzeugt davon." Und nach einer Pause fuhr er fort: „Sie wissen, Capitän, daß es Dinge und Arrangements giebt, über welche man nicht spricht — — —"

Richemonte verbeugte sich stumm.

„Welche man ordnet, ohne sich vorher Instruction zu holen — — —"

Eine zweite Verbeugung war des Capitäns Antwort.

„Eine solche Angelegenheit ist die gegenwärtige. Ich gebe Ihnen nur zu überlegen, daß ich als Kaiser Vormund aller Waisen bin."

„Eins der schönsten Vorrechte der Krone, Sire."

„Daß Ihre Schwester eine Waise ist."

„Leider eine etwas selbstständige Waise."

Der Kaiser beachtete diese Bemerkung nicht, sondern fuhr ruhig fort:

„Daß ich meine Vormundschaft nicht mit Gewalt zur Geltung bringen möchte. Eine Dame darf die möglichsten Rücksichten erfordern — — —"

„Bis zu einer gewissen Grenze, Majestät."

„Ich sehe, Sie verstehen mich. Diese Grenze dürfte nur im Nothfalle überschritten werden, und dann zwar in einer Weise, welche nicht von sich reden macht. „Ich muß das ganz allein Ihrer Klugheit überlassen."

„Ich hoffe, die richtige Weise zu treffen, Sire."

„Gut. So beauftrage ich Sie, dem Baron Reillac mitzutheilen, daß ich geneigt bin, ihn als den Verlobten Ihrer Schwester zu betrachten."

„Er wird diese freudige Nachricht morgen empfangen."

„Ich verbiete ihm aber, sich der Dame zu nähern, bevor ich ihm meine Erlaubniß dazu ertheile. Verstanden?"

„Er wird gehorchen, obgleich ihm die Erfüllung dieses Befehles nicht leicht werden kann."

„Sie haben darüber zu wachen, daß dieser Punkt streng respectirt wird."

„Majestät ich muß mir doch erlauben, eine solche Verantwortlichkeit von mir zu weisen."

„Warum?"

„Weil ich der Schwester fern stehe und andere Pflichten —"

„Pah," unterbrach ihn der Kaiser. „Sie werden der Schwester nahe gestellt werden, und die Erfüllung Ihrer anderen Pflichten wird man anderen Händen anvertrauen."

„Dann soll es meine Aufgabe sein, darüber zu wachen, daß die Intention Ew. Majestät genau befolgt werde."

„Ich erwarte das. Das Hauptquartier wird in kurzer Zeit den Meierhof Jeanette verlassen, doch werde ich eine Etappe auf dem Platze lassen."

Der Capitän erröthete vor Freude. Er ahnte, was kommen werde.

„Das Kommando derselben werden Sie überkommen," fuhr der Kaiser fort. „Ich werde General Drouet das Nöthige mittheilen. Außer den Instructionen, welche Sie von ihm erhalten, haben Sie mir täglich briefliche Nachricht von dem Befinden Ihrer Schwester in das Quartier zu senden. Sollte sich etwas Ungewöhnliches ereignen, so benachrichtigen Sie mich sofort per Estafette."

„Majestät, ich fühle mich glücklich, mit diesen Aufträgen beehrt zu werden, muß aber bemerken, daß ich über meine Befugnisse eine, wenn auch nur ganz kleine Andeutung nothwendig habe.

„Diese Andeutung ist kurz. Sie lautet: Ihre Schwester und Ihre Mutter sind Ihre Gefangenen, natürlich nicht officiell, sondern geheim. Die beiden anderen Damen dürfen den Meierhof ohne meine Erlaubniß nicht verlassen."

So weit war die Instruction gegeben, da wurde Drouet gemeldet. Der General trat gleich unmittelbar hinter dem meldenden Diener ein. Napoleon wendete sich ihm zu:

„Gefangen?" fragte er.

„Leider noch nicht, Sire," lautete die Antwort.

„Ich glaubte, annehmen zu dürfen, daß Ihr Kommen mich zu der Ueberzeugung berechtigte, daß Sie den Gesuchten bereits gefunden haben."

„Man hat bisher noch keine Spur entdeckt."

„So hat man vielleicht schlecht gesucht."

„Man hat bisher unterlassen, die Zimmer der Damen zu untersuchen."

„Welche Damen meinen Sie?"

„Die Baronin und die Damen Richemonte."

„Man suche auch bei ihnen."

„Wird auf die Verwundung von Mademoiselle Margot nicht einige Rücksicht zu nehmen sein?"

Napoleon blickte vor sich nieder, dann antwortete er:

„Die einzige Schonung, welche ich gewähren kann, ist diejenige, daß nicht fremde Leute, sondern ihr Bruder bei ihr suchen soll."

Das war eine Rache an Margot für ihre Zurückweisung. Der Kaiser fuhr fort:

„Capitän, Sie werden sich sofort nach den Gemächern Ihrer Verwandten begeben und dort die genaueste Nachsuchung halten."

Der Capitän verbeugte sich und sagte:

„Ich erlaube mir, zu bemerken, daß unser Suchen trotz allen Eifer und aller Sorgfalt vielleicht vergebens sein kann und der Deutsche sich trotzdem hier versteckt aufhält. Dieser alte Meierhof hat Schlupfwinkel. Um ganz sicher zu gehen, müßte man sich mit Jemandem verständigen, welcher das Haus genau kennt."

„Es wird sich Keiner finden, der sich dazu hergiebt, die Herrschaft zu verrathen," sagte Drouet.

„Ich kenne Einen," bemerkte Richemonte.

„Wer wäre das?"

„Der alte Kutscher Florian."

„Grad dieser scheint seiner Herrschaft sehr ergeben zu sein."

„Dies scheint nur so, mein General. Ich habe Beweise, daß er mir ergebener ist, als der Baronin oder dem Baron de Sainte-Marie."

„Dieser Baron scheint ein etwas leichtsinniger Patron zu sein?" fragte Napoleon.

„Er ist nicht als sehr charactervoll bekannt," antwortete der Capitän.

„Solche Leute sind schwach und lassen sich leicht erschrecken. Man wird ein Wenig ernst auftreten und den Baron so damit erschrecken, daß er die Wahrheit eingesteht. Ich habe soeben den Capitän Richemonte zum Etappenkommandanten von Jeanette ernannt. Er wird sich jetzt zu der Baronin und ihrem Sohne, ebenso zu den Damen Richemonte begeben und ihnen ankündigen, daß sie seine Gefangenen sind.

„Diese strenge Maßregel — — —" wollte der General bemerken.

„Ist sehr begründet," fiel Napoleon schnell ein. „Man nimmt einen preußischen Spion hier auf; man verbirgt ihn; das ist Landesverrath, in Kriegszeiten doppelt strafbar. Das Gesetz bedroht dieses Verbrechen mit dem augenblicklichen Tode. Man lasse sofort den Kutscher kommen, von dem Sie gesprochen haben."

Diese Worte waren an Richemonte gerichtet. Er meldete dem Diener den Befehl, Florian sofort zur Stelle zu bringen, was augenblicklich befolgt wurde.

(Fortsetzung folgt.)

Die Liebe des Ulanen.
Original-Roman aus der Zeit des deutsch-französischen Krieges von Karl May.
(Fortsetzung.)

Als Florian eintrat, geschah es augenscheinlich mit jener Scheu, welche ein niedrig stehender Mann gewöhnlich vor hochgestellten Personen hegt. Er verstand es, seine Rolle zu spielen.

„Sie sind der Kutscher der Baronin?" fragte ihn der Kaiser.

„Zu dienen, Majestät," antwortete er, sichtbar ängstlich.

„Dienen Sie ihr bereits schon lange Zeit?"

„Schon viele Jahre."

„Sind Sie mit ihr zufrieden?"

„Hm," brummte der Gefragte verlegen.

Florian drehte seine Mütze verlegen hin und her und antwortete endlich:

„Es bleibt Manches zu wünschen übrig."

„Man hat einen besseren Dienst für Sie, wenn Sie sich desselben würdig zeigen."

Da hellte sich das Gesicht des Kutschers freudig auf.

„O, ich habe schon längst fort gewollt," sagte er.

„Gut, so seien Sie einmal aufrichtig, wenn Sie sich nicht unglücklich machen wollen."

„Der Baronin und meines Dienstes wegen mache ich mich nicht unglücklich."

„Sagen Sie, ob Sie einen Deutschen kennen, welcher Husarenofficier ist und heimlich hier auf dem Meierhofe verkehrt."

„Nein, ich kenne keinen, Sire."

„Sie reden da die Wahrheit?"

„Ja."

„Vielleicht ist dieser Mensch unter einem anderen Namen hier gewesen?"

„Das würde mir aufgefallen sein. Es haben nur stets Bekannte hier verkehrt."

„So kennen Sie wohl einen Bekannten, oder Verwandten der Baronin, welcher Seecapitän ist?"

„Ja, den kenne ich."

„Er ist hier auf Besuch?"

„Er war hier. Es ist der Herr, welcher heute die Marodeurs so gut bediente."

„War er schon längere Zeit hier?"

„Einige Tage."

„War er viel mit Mademoiselle Margot zusammen?"

Florian blickte dumm verlegen vor sich nieder.

„Hm. Ja," antwortete er mit breitem Lachen.

„Warum lachen Sie?"

„Na, sie waren ja Liebesleute."

„War dies allgemein bekannt?"

„Man sah es ja. Sie schnäbelten wie die Tauben."

„Wo ist er jetzt?"

„Fort! Futsch!"

„Man bezweifelt das. Er soll hier versteckt sein?"

„Versteckt? Das fällt ihm gar nicht ein. Ich weiß das viel besser, Sire."

„So. In wiefern wissen Sie das besser?"

„Weil er es mir gesagt hat."

„Ah, endlich eine Spur. Was hat er gesagt?"

„Daß er entflieht."

„Aber er hat die Flucht doch nicht sofort ergriffen?"

„Sofort."

„Das ist kaum glaublich."

„O, er sagte es mir selbst. Ich war, als wir an der Waldschänke standen, etwas bei Seite getreten, und da kam er zu mir. Er sagte, daß er fliehen müsse, weil — weil —"

Der Kutscher steckte in ganz schauderhafter Verlegenheit.

„Fahren Sie fort," sagte der Kaiser. „Ich befehle Ihnen,

die volle Wahrheit zu sagen. Weshalb mußte er fliehen? Was gab er an?"

Florian antwortete sehr befangen und schamhaft:

„Er sagte, er müsse fort, weil — weil — — er, weil der Kaiser die Margot für sich haben wolle und sich deshalb mit ihm gezankt habe."

„Pah!" sagte Napoleon verächtlich und mit unbeschreiblichem Stolze.

„Ja, so sagte er," fuhr Florian fort. „Er meinte, wenn er sich hier noch einmal sehen lasse, so sei er verloren. Er wolle aber seine Liebste und die Baronin nicht in Verlegenheit bringen; darum ergreife er auf der Stelle die Flucht."

„Wohin?"

„Ich solle der gnädigen Frau sagen, daß er zunächst nach Luxemburg und dann nach Cöln gehe. Er verließ mich in der Richtung nach Donzy zu."

„Sie sagen die Wahrheit?" fragte der Kaiser streng.

„Ja. Warum sollte ich lügen?"

„Weiter sagte er nichts?"

„O ja."

„Was?"

„Daß er wiederkommen werde."

„Wann?"

„Dann, wenn — wenn — — ich kann das nicht sagen, Majestät."

„Warum nicht?"

„Sie werden sich ärgern."

„Ich befehle Ihnen dennoch, es zu sagen."

„Nun, er sagte, er werde wiederkommen, wenn — wenn — — sobald der Kaiser die richtigen Keile von den Alliirten erhalten habe."

Ueber das Angesicht Napoleons ging ein schnelles, eigenthümliches und undefinirbares Mienenspiel. Er bezwang sich aber und fragte weiter:

„Das ist Alles, was Sie von ihm wissen und was er sagte?"

„Noch nicht Alles."

„Was noch?"

„Noch Zweierlei. Er sagte, ich solle den Damen und dem Baron tausend Grüße bringen, Mademoiselle Margot aber tausend Küsse von ihm geben."

Drouet lächelte belustigt; der Kaiser aber fragte, ernst bleibend:

„Und das Zweite?"

„Ich soll gut aufpassen und ihm später Alles genau sagen."

„Aufpassen? Worauf?"

„Ob der Kaiser viel bei Margot sei, und ob er sie oft küsse."

„Mensch, Sie sind bei Gott höchst aufrichtig!" rief Napoleon.

„Ja, das bin ich!" sagte der Kutscher sehr stolz.

Er schien den ärgerlichen Ausruf des Kaisers für ein Lob zu nehmen.

„Sie sind also überzeugt, daß er wirklich fort ist?" examinirte Napoleon weiter.

„Ja. Ich habe ihn ja gehen sehen."

„Er kann Sie auch getäuscht haben."

„Mich?" fragte Florian ganz erstaunt. „Der wäre mir der Kerl dazu. An mich kommt da nicht gleich Einer heran."

„Das sieht man Jnen an," meinte Napoleon ironisch. „Dennoch aber ist es möglich, daß er nicht nach Donzy gegangen ist, sondern sich heimlich hier verborgen hält. Giebt es hier nicht Orte, die man als Versteck benutzen kann?"

„O, viele."

„Wo?"

„Der Taubenschlag zum Beispiel."

„Unsinn!"

„Ferner die Milchkammer. Da stecke ich manchmal selber."

„Gut, gut!" rief Napoleon, nach der Thür winkend. Sie können gehen!"

Florian schickte sich an, das Zimmer zu verlassen, drehte sich aber an der Thür noch einmal um und fragte:

„Aber die neue Stelle, Majestät? Bitte, ja nicht vergessen!"

Damit verschwand er.

Der Kaiser wendete sich mit mitleidigem Achselzucken an Capitän Richemonte:

„Sie haben uns da einen sehr schlauen Diplomaten empfohlen. Er ist ebenso bornirt, wie aufrichtig, und ich bin überzeugt, daß er uns die Wahrheit gesagt hat."

Hätte der Kaiser geahnt, daß durch den Ventilator in der Zimmerecke derjenige herabblickte und Alles hörte, den man so gern fangen wollte, so hätte er wohl ganz anders gesprochen. Er fuhr fort:

„Dennoch ist es sehr leicht möglich, daß der Gesuchte sich hier aufhält. Das Geheimniß, welches ihn umhüllt, muß schleunigst aufgeklärt werden. Man muß erfahren, ob jener Seecapitän und der Husarenlieutenant dieselbe Person sind, oder nicht. Ich lege diesen Auftrag in Ihre Hand, Capitän. Gehen Sie."

„Ich bin nicht in Uniform, General," wendete sich Richemonte an Drouet. „Darf ich zu meiner Legitimation mich eines Piquets bedienen?"

„Nehmen Sie so viele Mann, als Sie brauchen."

Der Capitän ging.

Es jubelte ihm das Herz in der Brust. Er sah sich mit einem Male als Meister der ganzen Situation. Mutter und Schwester waren in seine Hand gegeben. Wurde Margot die Maitresse des Kaisers, so war sein Glück gemacht.

Zu gleicher Zeit hatte Napoleon ihm eine Waffe gegen den Baron Reillac in die Hand gegeben. Dieser sollte sie nicht berühren dürfen; er mußte ihn, den Capitän, von jetzt an mit Schonung behandeln, da dieser jetzt sichtlich unter dem unmittelbaren Schutze Napoleons stand.

Richemonte stieg daher in einer höchst selbstbewußten Haltung zur Wache hinab, wo er sich einige Mann aussuchte, welche ihm zu folgen hatten.

Zunächst begab er sich, nachdem er Erkundigungen über den Aufenthalt der einzelnen Personen eingezogen hatte, in das Parterrezimmer zu dem Baron.

„Kennen Sie mich, Baron?" fragte er diesen.

„Nein," antwortete dieser, ganz erstaunt darüber, einen Menschen so ungenirt bei sich eintreten zu sehen.

„Ich bin Capitän Richemonte, der Sohn und Bruder der beiden Damen, welche sich als Ihre Gäste gegenwärtig hier befinden."

Er hatte gehofft, den Baron sehr überrascht zu sehen. Dieser aber war von seiner Anwesenheit bereits unterrichtet, und sagte einfach:

„So! Was wünschen Sie?"

„Der Kaiser sendet mich. Sie sind mein Gefangener."

Auch hierauf war der Baron vorbereitet.

„Ihr Gefangener?" fragte er. „Darf ich nach dem Grunde fragen?"

„Sie sind des Landesverrathes verdächtig. Sie beherbergen einen Spion bei sich."

Der Baron zuckte geringschätzend die Achsel und meinte:

„Suchen Sie ihn hier?"

„Er wird sich schon finden, wenn auch nicht hier in Ihrem Zimmer, aber doch sicher irgendwo. Es ist am Besten, Sie legen ein offenes Geständniß ab."

„Habe ich auch Ihre Beleidigungen mit anzuhören?" fragte der Baron scharf.

„Gut. Ich verlasse Sie einstweilen, um auch die Baronin festzunehmen. Ich bemerke Ihnen jedoch, daß ich vor Ihrer Thür ein Piquet zurücklasse. Der Mann hat Auftrag, auf Sie zu schießen, sobald Sie den Versuch machen sollten, Ihr Zimmer zu verlassen."

„Ich habe keine Veranlassung, zu fliehen. Gehen Sie."

Richemonte fühlte, daß es ihm ganz und gar nicht gelungen sei, dem jungen Manne zu imponiren. Dies brachte ihn zu dem Vorsatze, sich auf alle Fälle Respect zu verschaffen. Er begab sich zur Baronin und trat bei derselben in einer Haltung ein, welche sofort zu erkennen gab, daß er in einer feindseligen Absicht komme. Sie war von seinem Kommen bereits unterrichtet, that aber so, als ob sie nichts davon wisse. Er hatte es vorgezogen, unangemeldet einzutreten. Sie blickte ihn daher befremdet an und sagte:

„Mein Herr, Sie scheinen irre gegangen zu sein. Sie suchen jedenfalls irgend einen meiner Domestiken."

Er lächelte überlegen und antwortete:

„Sie selbst sind es, welche irrt, nicht aber ich bin es. Sie sind die Baronin de Sainte Marie?"

„Ja."

„Nun, zu Ihnen will ich. Sie sehen also, daß ich nicht irre gegangen bin."

„So beklage ich es, daß Sie sich nicht zuvor an meinen Diener gewendet haben. Ich pflege nur solche Personen zu empfangen, welche die mir gebührende Höflichkeit und Rücksicht besitzen, sich bei mir anmelden zu lassen. Die gegenwärtige Audienz ist also zu Ende, noch bevor sie begonnen hat."

Sie drehte sich um und stand im Begriff, in das Nebenzimmer zu gehen.

„Halt!" rief er ihr da zu. „Sie bleiben!"

Dieser Ton war so gebieterisch, daß sie erstaunt stehen blieb, ihm den stolzesten ihrer Blicke zuwarf und dann sagte:

„Was fällt Ihnen ein? Sie sprechen mit der Gebieterin dieses Hauses!"

„Sie waren das bis jetzt; von diesem Augenblicke an aber sind Sie es nicht mehr!"

„Ah!"

Diese eine Silbe durchlief die Stufenleiter aller der Baronin zur Verfügung stehenden Töne, vom tiefsten bis zum höchsten hinauf. Es drückte sich in dieser Tonfolge das verachtungsvolle Staunen aus.

„Ja," fuhr er fort. „Thun Sie noch so stolz; Ihre Herrschaft hier ist doch zu Ende."

„Wer sind Sie?" fragte sie kalt und streng.

„Jedenfalls ist Ihnen mein Name nicht unbekannt. Ich bin der Capitän der kaiserlichen Garde; mein Name ist Richemonte."

„Richemonte?" sagte sie kopfschüttelnd. „Ich kenne Sie nicht."

„So beeile ich mich, Ihrem Gedächtnisse zu Hilfe zu kommen, Madame. Es befinden sich als Ihre Gäste zwei Damen bei Ihnen, welche auch Richemonte heißen?"

„Allerdings."

„Nun, ich bin der Sohn der Einen und der Bruder der Anderen."

Die Baronin simulirte die Miene des Nachdenkens und antwortete:

„Ich besinne mich allerdings, von Frau Richemonte gehört zu haben, daß sie einen Stiefsohn besitze; doch ist das Verhältniß zwischen ihr und ihm nicht ein solches, daß mir seine Gegenwart lieb sein könnte, zumal wenn er sich den Zutritt auf eine Art und Weise erzwingt, welche allen Regeln der gesellschaftlichen Ordnung entgegen ist."

„Und doch werden Sie sich meine Gegenwart gefallen lassen müssen," sagte er mit Nachdruck. „Sie können nicht das Mindeste dagegen thun."

„Sie wollen doch nicht etwa sagen, daß mir mein Hausrecht nicht zustehe?"

„Ja, gerade dies will ich sagen. Ich komme nämlich in amtlicher Eigenschaft zu Ihnen."

„Ah! Haben Sie vielleicht den Grad eines Capitäns mit demjenigen eines Dorfbüttels vertauscht? Ihr Auftreten läßt dies allerdings vermuthen."

Das war ihm denn doch zu viel. Er fletschte die Zähne; aber er bezwang sich in der Hoffnung eines endlichen Triumphes doch noch und antwortete:

„Ich stehe als der Bevollmächtigte des Kaisers vor Ihnen und ersuche Sie dringend, sich derjenigen Höflichkeit zu befleißigen, welche ich als solcher zu fordern habe. Das Gegentheil könnte sehr zu Ihrem Schaden ausfallen."

„Als Bevollmächtigter des Kaisers? Wo ist Ihre Vollmacht?"

„Ich habe ganz und gar nicht nöthig, Ihnen ein schriftliches Document vorzuzeigen. Meine Vollmacht steht vor der Thür."

Er öffnete die Thür und ließ die Soldaten sehen, welche draußen standen.

„Das genügt allerdings," erklärte die Baronin. „Nur bin ich sehr begierig, zu erfahren, welchem Umstande ich es zu verdanken habe, daß Seine Majestät mich mit Ehrenposten auszeichnet."

„Wenn Sie diese Leute für Ehrenposten halten, so befinden Sie sich in einem ganz bedeutenden Irrthum. Es sind vielmehr Sicherheitswächter, welche die Aufgabe haben, die Flucht meiner Gefangenen zu verhindern."

„Soll das etwa heißen, daß ich Ihre Gefangene bin?"

„Ja."

„Sie setzen mich da in das größte Erstaunen. Ich ersuche Sie natürlich, mir die Gründe dieses Verhaltens anzugeben."

„Der Grund ist ein sehr ernster. Er heißt Landesverrath."

„Sie scherzen! Welches Land sollte ich verrathen haben?"

„Frankreich!"

„Frankreich? Sie fabuliren!"

Sie begleitete diese Worte mit einem lustigen, sorglosen

Lachen. Er aber zog die Brauen finster zusammen und antwortete:

„Lachen Sie nicht! Sie beherbergen heimlich einen Feind des Vaterlandes. Das ist natürlich Landesverrath und wird mit dem Tode bestraft."

„Einen Feind des Vaterlandes? Wer sollte dies sein?" fragte sie erstaunt.

„Es ist ein gewisser Königsau, preußischer Husaren-Lieutenant."

„Ich wiederhole, daß Sie fabuliren."

„Pah! Dieses Fabuliren kann Ihnen sehr leicht den Kopf kosten! Wo haben Sie den Menschen versteckt?"

„Ihre Frage ist eine mehr als zudringliche!"

„Wenn Sie keine Antwort geben, werde ich suchen müssen."

„Suchen Sie!"

„Wohlan, zeigen Sie mir Ihre Gemächer!"

„Sie dürfen nicht erwarten, daß ich die Führerin eines Capitän Richemonte mache. Sehen Sie selbst."

„Nehmen Sie sich in Acht, daß Sie Ihr Verhalten nicht zu beklagen haben! Ich bin den Ton nicht gewöhnt, welchen Sie jetzt gegen mich anschlagen. Ich werde suchen."

„Aber nichts finden."

„Wollen Sie uns wirklich glauben machen, daß der sogenannte Retter des Kaisers ein Seemann und Ihr Verwandter sei?"

„Was Sie glauben oder bezweifeln, ist mir vollständig gleichgiltig. Mein Cousin hat allerdings den Kaiser gerettet. Welcher Dank ihm dafür wird, das ist nicht meine, sondern des Kaisers Sache."

Richemonte öffnete sich nun selbst die Zimmer, welche die Baronin bewohnte und durchsuchte dieselben sehr genau; aber er fand natürlich den Gesuchten nicht.

„Man konnte sich allerdings denken, daß eine ältere Dame nicht so glücklich ist, einen Husarenlieutenant bei sich verstecken zu dürfen," sagte er mit giftigem Hohne. „Ich hoffe, ihn bei einer jüngeren zu finden."

Die Baronin zuckte die Achsel, ohne ihm ein Wort zu entgegnen.

„Mein Besuch bei Ihnen ist beendet," fuhr er fort.

„Das ist mir sehr lieb!" fiel sie ihm in das Wort.

„Wir sind trotzdem noch nicht mit einander fertig," fuhr er im Tone der Ueberlegenheit fort. „Ich habe Ihnen zu sagen, daß Sie meine Gefangene sind."

„Im Auftrage des Kaisers?"

„Allerdings."

„Ich finde eine solche Vergeltung der Gastfreundschaft keineswegs kaiserlich!"

„Die Schuld liegt an Ihnen. Ich verbiete Ihnen, Ihr Zimmer zu verlassen. Ich lasse einen Posten zurück, welcher den strengen Befehl hat, auf Sie zu schießen, sobald es Ihnen beikommen sollte, meinem Gebote entgegen zu handeln."

„Ich muß mich fügen, behalte mir aber das Recht der Beschwerde vor und hoffe, daß Sie mich jetzt verlassen."

„Mit größtem Vergnügen, Madame. Eine Hochverrätherin ist ja durchaus keine passende Gesellschaft für einen anständigen Officier."

Er ging und gab einem der Soldaten den Befehl, die Baronin zu bewachen. Mit den übrigen Leuten begab er sich nach den Zimmern, welche Frau Richemonte und Margot angewiesen worden waren.

Auch dort wurde er bereits erwartet.

Florian, der treue Kutscher, hatte, sobald er vom Kaiser entlassen worden war, sofort durch seinen Stall hindurch das Zimmer Königsau's aufgesucht. Nach Wegnahme der sehr leicht zu entfernenden Treppenleiter, welche auf das Dach zu dem Deutschen führte, schaffte er dieselbe in den Garten, wo ihr Zweck nicht errathen werden konnte, selbst wenn sie gefunden werden sollte. Sodann machte er sich an die unteren Stufen, welche aus dem Verschlage des Stalles nach oben führten. Er entfernte auch sie und schaffte allerlei Dünger und Streu dorthin, wo sie sich befunden hatten.

„So," brummte er vergnügt; „wenn es dem Kerl einfällt, da oben nachzusuchen, so mag er sehen, wie es riecht, wenn man die Nase in Dinge steckt, die Einem nichts angehen."

Dann verschloß er den Verschlag und stellte sich auf die Lauer.

Richemonte fand das Zimmer seiner Stiefmutter leer. Sie saß bei Margot, als er dort eintrat.

„Guten Abend, Mama," grüßte er höhnisch. „Eine ganz außerordentliche Ueberraschung. Nicht wahr?"

Er hatte allerdings erwartet, sie ganz und gar betroffen zu sehen, und darum wunderte er sich, in den Gesichtern der beiden Damen nur den Ausdruck verächtlicher Abneigung lesen zu können.

„Was willst Du?" fragte Frau Richemonte.

„Zunächst allerdings nur Euch," antwortete er. „Ich habe, seit ich Euch vermißte, so außerordentliche Sehnsucht nach Euch gehabt, daß meine Freude, Euch endlich wiederzufinden, eine um so größere ist. Wie geht es Euch?"

Margot lag noch im Bette. Sie drehte sich hinum, ohne ihm zu antworten. Sie nahm sich vor, kein Wort mit ihm zu sprechen.

„Treibe keine Comödie!" sagte ihre Mutter zu ihm. „Ich wiederhole meine Frage: Was willst Du?"

„Euch sehen und begrüßen natürlich, wiederhole auch ich."

Bei diesen Worten nahm er auf einem Stuhle Platz, und zwar mit einer Miene, als ob er mit den Damen auf dem freundschaftlichsten Fuße stehe.

„Du siehst uns, was nun weiter?" fragte die Mutter.

„Ich möchte vor allen Dingen wissen, warum Ihr Paris verlassen habt?"

„Sehr einfach, weil es uns dort nicht mehr behagte."

„Das ist mir neu! Ich dachte im Gegentheile, daß Ihr Euch in der Hauptstadt außerordentlich wohl befändet. Es gab dort so liebe und angenehme Unterhaltung."

„Rechnest Du Mordanfälle und Menschenräuberei zu den Arten, sich angenehm zu unterhalten?"

„Gewiß!" lachte er. „Uebrigens weiß ich nicht, wovon Du sprichst und was Du meinst. Wie steht es mit der berühmten Verlobung mit jenem Lieutenant von Königsau?"

„Das ist Margots Sache."

„Allerdings, denn sie ist ja mit ihm durchgebrannt!"

„Schweig, Unverschämter! Du selbst weißt am Besten, was uns fortgetrieben hat."

„Die Liebe, Mama, die Liebe!" lachte er. „Und ebenso ist es die Liebe, welche mich heute zu Euch führt, nämlich die Kindes- und Geschwisterliebe."

Das Gesicht seiner Mutter röthete sich vor Zorn.

„Entweihe die heiligsten Gefühle des Menschenherzens

nicht dadurch, daß Du von ihnen sprichst!" rief sie. „Wann hätte Dein Herz je Liebe gefühlt?"

„Jetzt zum Beispiel, liebe Mama," antwortete er. „Die Liebe zu Euch treibt mich, Euch aufzusuchen. Ich habe Euch vor einer großen Gefahr zu warnen und auf ein noch größeres Glück hinzuweisen."

„Wenn Du es bist, der dieses sagt, so ist die Gefahr ein Glück für uns und das Glück eine Gefahr."

„Du täuschest Dich vollständig, liebe Mama. Ich komme nicht in meinem Interesse, sondern als Unterhändler des Kaisers zu Euch."

„Seine Majestät hat nicht nöthig, einen Unterhändler zu senden."

„Ah! Der persönliche Besuch wäre Euch wohl also angenehmer?"

„Jeder Besuch ist uns angenehmer als der Deinige. Aber die Angelegenheit, in welcher Du zu kommen scheinst, ist bereits erledigt."

„Wieso?"

„Deine Frage ist zudringlich, behalte sie für Dich! Wir haben uns von Dir getrennt. Wir interessiren uns ferner nicht mehr für Deine Angelegenheiten, und so erwarten wir ganz entschieden, daß Du Dir auch die unserigen vollständig gleichgiltig sein läßt."

„Das ist sehr deutlich gesprochen, leider nur nicht den Verhältnissen angemessen, welche zu berücksichtigen Ihr auf alle Fälle gezwungen seid."

„Von welchen Verhältnissen sprichst Du?"

„Erstens davon, daß der Wille eines Kaisers zu berücksichtigen ist."

„Und zweitens?"

„Zweitens, daß ich seit einer halben Stunde Etappencommandant des Meierhofes Jeanette bin."

„Ah! Wer hat Dich dazu gemacht?"

„Der Kaiser selbst," antwortete der Gefragte in stolzem Tone.

„So denke ja nicht, daß dies eine Belohnung Deiner Verdienste ist. Der Kaiser braucht ein Werkzeug, und Du wirst es sein, jedoch vergeblich. Wir werden Deinen Plänen hier ganz denselben Widerstand entgegensetzen wie in Paris."

„Gut! Ihr sprecht von meinen Plänen. Als ein Mann habe ich den Muth, Euch einzugestehen, daß ich Pläne habe, und zwar Pläne mit Margot. Sie ist meine Schwester, und ich darf von ihr fordern, daß sie ihr Möglichstes thut, mich avanciren zu machen. Der Kaiser widmet ihr eine mehr als gewöhnliche Theilnahme, und diese Theilnahme soll sowohl zu ihrem, als auch zu meinem Glücke ausgenutzt werden. Leistet sie diesem Plane Widerstand, so muß sie es sich gefallen lassen, wenn ich meine brüderliche Gewalt in Anwendung bringe. Und das würde ich ganz sicher thun!"

„Es ist Dir zuzutrauen, doch fürchten wir Dich nicht."

„Nicht?" fragte er höhnisch. „O, meine Gewalt ist größer und bedeutender, als Ihr vielleicht meint."

„Du überschätzest Dich! Der Kaiser selbst muß Margot schützen."

„Allerdings. Er hat sie und Dich ja bereits meinem Schutze empfohlen."

„Wir verzichten auf diesen Schutz."

„Ich möchte wissen, wie Ihr das anfangen wollt! Hofft Ihr vielleicht auf die Hilfe Eures Königsau? Pah! Er ein Lieutenant, und Napoleon, der mächtige Kaiser der französischen Nation!"

„Noch ist sein Thron nicht wieder befestigt."

„Hofft Ihr etwa darauf, daß er geschlagen wird? Ich gebe Euch mein Wort, daß dieser tölpelhafte Marschall „Vorwärts" nicht zum zweiten Male nach Paris kommt. Der Feldzug ist bereits im Beginn. Die Feinde Frankreichs werden von uns niedergemäht werden wie Gras. Uebrigens wird Königsau gar nicht gegen uns kämpfen. Er wird als Spion von uns aufgehängt werden, noch ehe der erste Schuß gefallen ist."

„Versuche, ob Du aus dieser Drohung Wahrheit machen kannst!"

„Ich stehe soeben im Begriff, es zu thun. Wo habt Ihr ihn versteckt?"

„Wen?"

„Königsau, Margots Seladon."

„Ah, Du vermuthest ihn hier auf dem Meierhofe? Lächerlich!"

„Ihr wollt mir doch nicht etwa glauben machen, daß Eure List der meinen überlegen ist?"

„Glaube, was Du willst!"

„Wohl! Ich glaube, daß jener Capitän aus Marseille niemand anderes ist als Königsau. Er ist hier versteckt und ich werde ihn finden."

„Suche ihn!"

„Das werde ich allerdings thun. Ich mache Euch aber darauf aufmerksam, daß es besser für Euch ist, wenn Ihr ihn mir freiwillig überliefert."

„Das würden wir nicht thun, selbst wenn er bei uns versteckt wäre."

„So erkläre ich Euch, daß Ihr bis auf Weiteres meine Gefangenen seid und ohne meine ausdrückliche Erlaubniß Eure Zimmer nicht verlassen dürft."

„Wir lachen darüber!"

„Lacht immerhin! Um Euch zu zeigen, daß ich keinen Scherz mache, werde ich einen Posten vor der Thür lassen. Er hat den Befehl, auf Euch zu schießen, sobald Ihr den Austritt erzwingen wollt."

Da trat seine Mutter auf ihn zu und fragte flammenden Auges:

„Dies ist Dein Ernst?"

„Mein völliger," antwortete er kalt.

„Du willst uns, Deine nächsten Verwandten, in Banden schlagen?"

„Ihr zwingt mich ja dazu!"

„So mag der Himmel Dich dafür strafen! Wir sagen uns von Dir los; wir erklären Dich für den herzlosesten Bösewicht unter der Erde und werden Gott bitten, Dich unschädlich zu machen."

„Das klingt sehr dramatisch, liebe Mama. Das ist ein ganz hübscher Theatercoup. Nur schade, daß wir uns nicht auf der Bühne befinden. Euer Gott wird mir wohl nicht sehr gefährlich werden. Ich handle für den Kaiser, und dieser ist's, der die Macht in den Händen hat."

„Gottloser Lästerer! Die Strafe wird Dich sicherlich ereilen!"

„Ich werde das ruhig abwarten. Zunächst aber werde ich mich hier bei Euch ein wenig umschauen."

Er untersuchte die beiden Zimmer sehr genau, doch ohne

eine Spur von Königsau zu finden. Da bemerkte er die die Thür, welche nach dem Zimmer ging, in welches der Lieutenant von dem Kutscher gebracht worden war.

„Wohin führt diese Thür?" fragte er.

„Ich weiß es nicht," antwortete die Mutter.

„Das willst Du mich glauben machen? Ihr wollt nicht wissen, was hinter diesem Eingange versteckt ist?"

„Er war von der anderen Seite verschlossen."

„Ah, ein Eckzimmer, allem Anscheine nach, und von Innen verschlossen! Ich vermuthe, auf der richtigen Fährte zu sein. Man wird öffnen müssen."

Er klopfte an, aber es ertönte keine Antwort.

„Wer ist da drüben?" fragte er laut.

Es antwortete jetzt ebenso Niemand wie vorhin.

„Nun, so wollen wir sehen, wie fest dieses Schloß sein wird."

Er drückte auf die Klinke. Sie gab nach, und die Thür öffnete sich.

„Ah, also doch nicht verschlossen! Du hast mich belogen, Mutter! Das kommt mir verdächtig vor. Ich werde da drüben genau nachforschen."

Er rief einen der Soldaten zu sich und nahm die Lampe. Als sie in den Nebenraum traten, bemerkten sie zwar die wenigen Meubles, es aber befand sich Niemand da. Die Dachöffnung war so gut verschlossen, daß sie nicht entdeckt wurde.

„Leer!" sagte er. „Aber da ist noch eine Thür. Wohin führt sie?"

Er gab dem Soldaten die Laterne und öffnete.

„Das ist ein Stroh= oder Heuboden," meinte Richemonte. „Wir befinden uns über dem Stalle. Hier giebt es ein Versteck."

Er ließ sich leuchten und suchte. Er fand die schmale Treppe, welche abwärts nach Florians Stallverschlag führte.

„Hier geht es hinunter. Hier ist er hinab. Rasch, ihm nach!"

Während der Soldat mit der Lampe hinter ihm herschritt, stieg er so rasch wie möglich die Stufen hinab. Eine — zwei — drei — vier — — da waren sie plötzlich alle. Florian hatte ja die untersten Stufen weggenommen. Richemonte wollte fest auftreten, trat aber in die Luft und verlor das Gleichgewicht und den festen Halt.

„Tausend Donner!" rief er.

Es gelang ihm nicht, einen festen Gegenstand zu erfassen. Er schoß hinab und stürzte auf eine weiche, zähe Masse, welche einen sehr üblen Geruch ausströmte.

„Alle Wetter, wo bin ich da?" rief er. „Leuchte einmal herab!"

Der Soldat knieete nieder und hielt die Lampe so weit wie möglich herunter. Es ließ sich nicht viel erkennen, dennoch aber rief Richemonte:

„Es fehlt der niedere Theil der Treppe, und ich bin in die Dunge gestürzt. Binde die Lampe an den Säbelriemen und laß sie mir herab. Ich fühle keinen Ausgang hier."

Der Soldat gehorchte, und als der Verunglückte nun die Lampe hatte, bemerkte er die Thür, welche aus dem Verschlage nach dem Stalle führte.

„Jetzt werde ich frei," rief er noch oben. „Gehe zu Deinen Kameraden zurück, und warte, bis ich Dich abhole."

Der gute Florian Rupprechtsberger hatte bisher in seinem Stalle versteckt gelegen. Ein großer Hund befand sich bei ihm. Als dieser zuerst das Geräusch und sodann die fremde Stimme hörte, stieß er ein leises, drohendes Knurren aus.

„Still!" sagte der Kutscher leise zu ihm. „Du verdirbst sonst Dir und mir den Spaß."

Jetzt öffnete Richemonte die Thür, welche zu dem Verschlage führte, und trat in den Stall. Er bemerkte weder den Knecht noch den Hund, da diese Beiden versteckt in der Ecke lagen.

„Jetzt faß ihn, und wirf ihn recht hübsch ins Weiche!" flüsterte der Kutscher.

Da fuhr der Hund, ohne einen Laut von sich zu geben, auf den Capitän los und warf ihn nieder. Der Ueberfallene stieß einen lauten Schrei aus; wagte aber nicht, denselben zu wiederholen, da er die Zähne des Hundes an der Kehle fühlte. Er ahnte, daß das Thier bei der geringsten Bewegung oder beim ersten Laute zubeißen werde.

Als Florian sich überzeugt hatte, daß der Franzose sich in so guten Händen befinde, und daß die Laterne ausgelöscht sei, ohne Etwas anzubrennen, schlich er sich geräuschlos aus seiner Ecke hervor, öffnete die Thür, welche nach dem Garten führte und verließ durch dieselbe den Stall, ohne von Richemonte bemerkt worden zu sein. Von dem Garten aus konnte er leicht den Hof erreichen, ohne daß Jemand geahnt hätte, daß er sich vorher im Stalle befunden hätte.

Napoleon erwartete mit Ungeduld das Ergebniß der Nachforschung des Capitäns, doch konnte er sich seinen Pflichten nicht entziehen. Es befanden sich jetzt die beiden Marschälle und Drouet bei ihm. Aus dem Hauptquartier zu Sedan war ein Adjutant nach dem Meierhofe gekommen und hatte außerordentliche wichtige Depeschen gebracht. Nun wurde großer und geheimer Kriegsrath gehalten. Aber so geheim, wie diese Herren dachten, war die Unterredung denn doch nicht. Droben vor dem Schalloche lag Königsau auf dem Dache und hörte jedes Wort, welches hier unten gesprochen wurde. Er wurde auf diese Weise Zeuge des großen Feldzugsplans, welcher entworfen wurde. Napoleon zeigte sich in demselben als der alte, nur schwer zu besiegende Meister der Schlachten und als ein feiner Kenner der Verhältnisse und Personen, denen er gegenüberstand.

Die Verhältnisse zeigten sich so dringlich, daß der sofortige Abmarsch beschlossen wurde. Auch Napoleon selbst wollte bereits nach kurzer Nachtruhe aufbrechen und sich nach Maubeuge begeben, um seine Truppen dort zu concentriren. Ney ritt nach beendigtem Kriegsrathe sofort nach Sedan, um seine Maßregeln schleunigst und persönlich zu treffen.

Der Adjutant hatte auf diese Weise eine plötzliche Bewegung in die gegenwärtige Bewohnerschaft des Meierhofes gebracht. Auch Drouet war zum baldigen Aufbruche bereit. Boten kamen und gingen während der ganzen Nacht; eine Ordonnanz folgte der anderen und kein Mensch hätte am vorigen Tage gedacht, daß der kleine Meierhof Jeanette jetzt der Ort sein werde, an welchem diejenigen Pläne geboren wurden, von denen das ganze Europa abhängig war.

Napoleon dachte, sobald er seiner Pflicht als Feldherr genügt hatte, sogleich an Capitän Richemonte. Er wunderte sich, denselben nicht bereits wieder bei sich zu sehen, und darum sandte er nach ihm.

Der Bote kehrte bald mit der Meldung zurück, daß der Capitän nirgends zu sehen sei. Darum wurden ernste Nachforschungen nach ihm angestellt, welche zur Folge hatten, daß man ihn endlich im Stalle unter den Zähnen des Hundes fand.

„Schießt die Bestie nieder!" meinte einer der Soldaten, indem er sich anschickte, sein Gewehr zu holen.

„Um Gotteswillen, nein," meinte ein Zweiter, welcher vorsichtiger war als sein Kamerad.

„Warum nicht?" fragte der Erstere. „Wie wollen wir den Hund wegbringen? Unserem Rufen gehorcht er nicht, und ihn anfassen und wegziehen? Brrrr! Ich mag das nicht versuchen."

„Der Hund würde den Capitän sofort todtbeißen, sobald man eine Waffe auf ihn richtete. Man muß einen Mann suchen, dem er gehorcht."

Da trat einer der Knechte hinzu und sagte:

„Er gehorcht keinem Anderen als nur dem Kutscher Florian."

„Wo ist dieser?"

„Ich weiß es nicht."

„Man muß ihn schleunigst holen."

Erst nach längerer Zeit gefiel es dem schlauen Florian, sich finden zu lassen. Er wurde herbei gebracht, wo vor und in dem Stalle eine ganze Menge von Menschen stand, um sich das Schauspiel mit anzusehen.

„Was ist denn los?" fragte er gemächlich. „Man sagt mir, daß mein Hund einen Capitän am Kragen habe."

„Ja," antwortete man. „Rufe das Thier zurück."

„Nur langsam, langsam. Erst muß man sich den Capitän doch einmal ansehen, um zu wissen, ob man sich nicht vielleicht irrt."

„Kerl, Du hast gar nicht zu zaudern!" rief derjenige, welcher vorhin vom Todtschießen gesprochen hatte. „Oder willst Du einen Capitän der alten Garde unter den Zähnen Deines Hundes sterben lassen?"

„Ich glaube nicht an diesen Capitän. Ein Capitän der alten Garde schleicht sich nicht heimlich wie ein Dieb in die Stallungen anderer Leute."

„Und doch ist es so! Man wird das Thier erschießen, zur Strafe dafür, daß es sich an einen Officier des großen Kaisers vergriffen hat."

„Pah! Mein Hund hat seine Pflicht gethan. Wer sich an ihm vergreifen will, der hat es mit seinen Zähnen und mit mir zu thun. Merkt es Euch: er ist ein echter Pyrenäenhund, stark wie ein Bär, klug wie ein Fuchs und geschwind wie der Blitz. Ich rathe Euch, keine Dummheiten zu machen."

Er nahm einem der Knechte die Laterne aus der Hand und schritt auf die Gruppe zu, welche eine so große Aufmerksamkeit auf sich zog.

Als der Hund seinen Herrn erkannte, wedelte er mit dem Schwanze, nahm aber seinen Rachen nicht von der Gurgel des Capitäns weg.

„Holla, Tiger, wen hast Du denn da gefangen?" fragte der Kutscher, indem er sich zu dem am Boden Liegenden niederbog. „Alle Teufel! Es ist wahr! Das ist ja Capitän Richemonte! Geh fort, Tiger. Dieser Mann ist kein Spitzbube, sondern ein ebenso tüchtiger Kerl wie Du!"

Auf dieses Commando ließ der Hund gehorsam von seinem Gefangenen ab und zog sich zurück. Richemonte erhob sich langsam und taumelnd. Er war mehr todt als lebendig, und tiefe Blässe bedeckte sein Gesicht.

„Schießt das Scheusal nieder!" waren seine ersten Worte.

„Ich rathe Ihnen Gutes!" antwortete der Kutscher.

„Der Hund ist dressirt, bei der geringsten feindseligen Bewegung auf den Mann zu springen. Aber, zum Teufel, wie kommen Sie in diesen Stall?"

„Ich suchte nach dem Flüchtlinge."

„Der soll hier sein? Ich habe ja dem Kaiser bereits gesagt, daß er jetzt schon weit fort ist! Und wie sehen Sie aus, Capitän."

„Ich bin von oben herabgestürzt."

„Wo, von oben?"

„Von der verdammten Treppe da drin in dem Verschlage."

„Alle Teufel! Wie kommen Sie da hinauf? Es giebt ja nur eine halbe Treppe dort? Aber so ist es, wenn ehrlichen Leuten nicht geglaubt wird. Nun sehen Sie aus, wie — wie — — na, und wie! Und nun riechen Sie mir — wie — — na, und wie."

„Und dabei sollen Sie sofort zum Kaiser kommen!" sagte der Bote, welchen Napoleon gesandt hatte.

„Zum Kaiser? Mein Gott, was thue ich da?"

„Nun, Sie gehen herein in das Wachtlocal, reinigen sich schnell und ziehen einstweilen die Uniform eines Soldaten an. Ich werde unterdessen dem Kaiser melden, welcher Unfall es Ihnen unmöglich macht, sofort zu erscheinen."

Dies geschah. Die neugierige Menge verlief sich schnell, und als Florian sich mit seinem Hunde allein sah, strich er ihm liebkosend über das Fell und sagte:

„Das hast Du gut gemacht, Tiger! Der Kerl wird eine wirkliche Todesangst ausgestanden haben, und das kann ihm gar nichts schaden."

Einige Zeit später stand Richemonte vor dem Kaiser. Dieser empfing ihn mit einem seiner ironischen Blicke, von denen Keiner gern getroffen wurde, und sagte unter einem leisen Lächeln:

„Sie sind Märtyrer unserer Sache geworden, wie ich höre, Capitän?"

„Allerdings, Sire, nur nicht in einer sehr religiösen Weise."

„Ich bemerke freilich, daß Sie in einem keineswegs heiligen Geruche stehen. Welches Ergebniß haben Ihre Nachforschungen gehabt?"

„Bisher leider noch keins. Ich wurde durch den Unfall verhindert, meine Nachforschungen fortzusetzen."

„Bei wem waren Sie?"

„Zunächst beim Baron."

„Was sagte er?"

„Er leugnete. Ich habe mir erlaubt, ihm Zimmerarrest zu geben und einen Posten vor seine Thür zu stellen."

„Gut. Weiter!"

„Sodann suchte ich seine Mutter auf. Auch sie leugnete."

„Gaben Sie auch ihr Arrest?"

„Ja."

„Hm! Man hätte das lieber umgehen sollen. Sie ist die Dame des Hauses, und ich bin ihr Gast. Wohin begaben Sie sich dann?"

„Zu Margot."

Das Gesicht des Kaisers belebte sich.

„Wie fanden Sie die junge Dame?" fragte er mit sichtlichem Interesse.

„Sie hütete das Bett. Die Mutter war bei ihr."

„Was sagte sie auf Ihre Erkundigungen?"

„Margot hat kein Wort gesprochen."

Das Gesicht Napoleons verfinsterte sich wieder.

„Sie scheint einen sehr ausgeprägten Character und einen starken Willen zu haben," sagte er. „Die schönste Zierde des Weibes aber ist Sanftmuth, Milde und ein weiches, biegsames Gemüth. Welche Auskunft gab Ihnen die Mutter?"

„Gar keine. Sie gestand weder Etwas, noch leugnete sie."

„Ah! Auch stolz! Sollte die Schuld an dem Boten liegen?"

„An mir? O, nein, Sire!"

„Vielleicht doch! Sie stehen mit den Damen auf einem sehr feindseligen Fuße; da wird es schwierig sein, Concessionen zu erlangen."

„Ich verpfände meine Ehre, Sire, daß die Damen mir doch noch gehorchen werden. Es gilt ja nur, den Einfluß jenes Deutschen zu brechen, und diese Aufgabe ist eine sehr leichte."

„Glauben Sie auch jetzt noch an seine Anwesenheit?"

„Ich bin irre geworden."

„In wiefern?"

„Befände er sich noch hier, so hätte ich bei den Damen ganz sicher wenigstens einige Unruhe bemerkt."

„Und dies war nicht der Fall?"

„Nicht im Geringsten."

„Kein jähes Erröthen, kein Erbleichen, keine heftige Zuckung mit der Hand, oder irgend einem andern Gliede, als Sie sagten, daß Sie nach ihm suchen würden?"

„Nein, keins von diesen Anzeichen, Sire."

„Wohin begaben Sie sich dann?"

„In dem Zimmer Margots gab es eine Thür, welche in einen Nebenraum führte. Ich trat dort ein und gelangte auf einen Stallboden, welcher sich recht gut zu einem Verstecke zu eignen schien; aber es befand sich kein Mensch dort."

(Fortsetzung folgt.)

Die Liebe des Ulanen.
Original-Roman aus der Zeit des deutsch-französischen Krieges von Karl May.
(Fortsetzung.)

Der Capitän Richemonte erzählte sein Unglück weiter. Der Kaiser hörte ihm zu und sagte dann:

„Ihr Debüt ist nicht nach Wunsch ausgefallen. Ich hoffe, daß Ihre späteren Bemühungen von Erfolg sein werden."

„Majestät, ich stelle alle meine Kräfte zu Diensten."

Der Kaiser nickte zufrieden.

„Hat man noch anderweite Nachforschungen angestellt?" fragte er.

„Ja. Ich komme von der Wache, wo ich erfuhr, daß General Drouet die Durchsuchung des ganzen Meierhofes angeordnet hat. Aber auch dies ist vergeblich gewesen."

„So mögen alle diese unnützen Bemühungen eingestellt werden. Man hat das Beste gethan, wenn man für jetzt die Damen einfach isolirt. Sie haben das in der Hand. Meine Intentionen kennen Sie. Und um allen Eventualitäten zuvor zu kommen, wird man es angemessen finden, die junge Dame baldigst zu verheirathen."

Richemonte verbeugte sich.

„Dürfte ich die Bitte um eine kleine Andeutung aussprechen?" fragte er.

„Sie sprachen zu mir von Baron Reillac?"

„Allerdings, Majestät."

„Er liebt Ihre Schwester?"

„Er hat sich alle Mühe gegeben, mich davon zu überzeugen."

Da legte der Kaiser nach seiner eigenthümlichen Weise die Hände auf den Rücken und schritt langsam und nachdenklich im Zimmer auf und ab. Erst nach einer längeren Weile blieb er vor Richemonte stehen, faßte diesen beim Knopfe seiner Uniform und fragte:

„Ich denke, daß man sich auf Sie verlassen kann?"

„Mein Leben gehört Euer Majestät!" antwortete der Capitän.

„Werden Sie eine Vollmacht auszuführen verstehen, wenn Sie nur im allerhöchsten Nothfalle die Erlaubniß haben, sich auf dieselbe zu berufen?"

„Ich denke es, Sire."

„So sage ich Ihnen, daß Ihre Schwester bereits in den nächsten Tagen die Frau des Baron de Reillac sein soll?"

„Ich stehe zu Befehl, Majestät, obgleich ich überzeugt bin, einen nicht geringen Widerstand zu finden."

„Von welcher Seite?"

„Von Seite meiner Schwester zunächst."

„Sie werden ihn überwinden, denn Sie sind der Bruder. Und sodann?"

„Von Seiten der — Behörde," antwortete Richemonte zögernd.

Napoleon zog die Stirn in Falten.

„Die Behörde bin ich!" sagte er.

„Ich habe diese Ueberzeugung, Sire. Aber ich bedarf des Jawortes meiner Schwester. Ich befürchte, daß sie es mir verweigert."

„Warten Sie!"

Der Kaiser trat an den Tisch, legte sich ein Blatt Papier zurecht und schrieb. Dann reichte er die Zeilen dem Capitän.

„Lesen Sie!" befahl er.

Richemonte gehorchte. Kaum hatte er einen Blick auf das Papier geworfen, so nahm sein Gesicht den Ausdruck des Triumphes an.

„Wird dies genügen?" fragte Napoleon selbstbewußt.

„O, man wird sich beeilen, die Ordre Ew. Majestät zu erfüllen."

„Ich bin überzeugt davon. Haben Sie noch Wünsche?"

„Keinen als den, daß mir die Huld meines Kaisers erhalten bleibe."

„Das ist Ihre eigene Sache. Ich weiß treue Diener zu belohnen. Die Lösung Ihrer Aufgabe ist mit pecuniären Opfern verbunden. Ich werde Befehl geben, Ihnen die nöthigen Mittel zur Verfügung zu stellen. Jedenfalls aber werde ich Sie vor meiner Abreise noch einmal sprechen."

„Dürfte ich morgen nach Sedan zu Reillac reiten, Sire?"

„Thun Sie es. Aber sorgen Sie dafür, daß während Ihrer Abwesenheit keine Ihrer Maßregeln verabsäumt werde."

Der Kaiser machte die Bewegung der Entlassung, und der Capitän entfernte sich mit einer tiefen Verneigung. Jetzt war er seines Sieges sicher. Er hatte eines jener Papiere in den Händen, vor denen sich die höchsten Behörden beugen mußten, gegen welche es keinen Widerstand, keine Appellation gab und gegen welche alle Paragraphen aller Gesetze schweigen mußten.

Königsau hatte sich kein Wort von dieser Unterredung entgehen lassen. Er wartete noch, bis er sah, daß der Kaiser im Begriff stand, zur Ruhe zu gehen. Dann erhob er sich aus seiner liegenden Stellung.

Fast hätte er einen Schrei der Ueberraschung ausgestoßen, denn er bemerkte eine Gestalt, welche dicht neben ihm stand.

„Pst," sagte dieselbe. „Erschrecken Sie nicht!"

„Ach, Florian, treue Seele! Aber ich denke, die Treppe ist fort?"

„Ja, sie ist fort. Sie liegt gut aufgehoben im Garten. Doch habe ich Ihnen bereits gesagt, daß noch ein Hauptaufgang nach dem Dache führt."

„Welch ein Glück, daß man nicht daran gedacht hat, ihn zu benutzen, um mich hier zu suchen."

„Allerdings. Gerade das Klügste haben diese Kerle unterlassen."

„Ich wäre vielleicht verloren gewesen."

„Noch nicht, Herr Lieutenant. Ich stand bereits auf der Lauer und hätte Ihnen ein Mittel an die Hand gegeben, zu verschwinden."

„Welches?"

„Dieses."

Er trat einige Schritte zurück und nahm einen langen Gegenstand in die Höhe, in welchem Königsau eine Leiter erkannte.

„Sie hätten mit Hilfe dieser Leiter in Ihr Zimmer verschwinden können," sagte der Kutscher. „Haben Sie gut aufgepaßt?"

„O, ich habe viel, sehr viel gehört."

„Was Ihnen Nutzen bringt?"

„Ja. Ich habe mit Mademoiselle Margot und ihrer Mutter zu sprechen. Werde ich dies wagen dürfen?"

„Warum nicht?"

„Es steht ein Posten vor ihrer Thür."

„Vor der Thür, ja, aber doch nicht im Zimmer. Sie werden leise sprechen. Uebrigens kann ich ja herunter gehen und mich mit dem Manne unterhalten, um seine Aufmerksamkeit abzulenken. Aber sagen Sie, ob Sie beabsichtigen, noch längere Zeit hier zu bleiben."

„O nein. Ich muß fort, schleunigst fort."

„Etwa noch während dieser Nacht?"

„Ja."

„Das ist zu gefährlich."

„Warum?"

„Man hat reitende Boten nach Ihnen ausgeschickt."

„Hm. Und dennoch muß ich. Es hängt viel, sehr viel davon ab. Ich muß sofort zu Blücher."

„Das ist etwas Anderes. Das besiegt ein jedes Bedenken."

„Wenn ich mich verkleiden könnte."

„Warum nicht? Ah, da kommt mir ein sehr guter Gedanke. Wissen Sie, welche Verkleidung die beste sein würde?"

„Nun, welche?"

„Sie legen französische Officiersuniform an."

„Dieser Vorschlag ist allerdings höchst acceptabel. Aber woher soll ich eine Uniform nehmen."

„Stehlen."

„Florian."

„Ah, pah. Sie wird gemaust. Wie wollen wir sie sonst bekommen? Oder wollen Sie vielleicht einem der Generäle eine Staatsvisite machen, um ihn zu bitten, Ihnen eine Uniform zu leihen?"

„Das ist richtig. Uebrigens wäre hier ein jedes Bedenken lächerlich. Aber wer soll der Bestohlene sein? Er muß meine Figur haben."

„Er hat sie auch."

„Wer?"

„Ist es Ihnen recht, als Major zu reiten?"

„Gewiß! Warum nicht? Es ist ja ein Avancement."

„Nun, der Adjutant, welcher gekommen ist, ist ein Dragonermajor. Er hat sich müde geritten und sogleich schlafen gelegt. Er schnarcht wie eine Ratze und wird nicht aufwachen. Ich schleiche mich hinein und nehme ihm seine ganze Uniform weg."

„Aber im Falle des Erwischens."

„Da spreche ich, daß ich ihm die Sachen reinigen will."

„Das geht. Aber ein Pferd?"

„Wird versorgt. Sie sollen keinen alten Ziegenbock reiten."

„Gut. Aber nun die Hauptsache, das Schwierigste: Margot muß mit und ihre Mutter auch."

„Donnerwetter," fuhr es dem Kutscher heraus.

„Ja, das ist ganz und gar nothwendig."

„Darf ich fragen warum?"

„Der Kaiser will sie in den nächsten Tagen verheirathen."

„Mit wem?"

„Mit dem Baron Reillac."

„Den soll der Teufel holen. Aber Mademoiselle Margot wird doch unmöglich Ja sagen!"

„Sie soll gezwungen werden. Richemonte hat des Kaisers Befehl oder Vollmacht in der Tasche."

„Dann müssen die Damen allerdings fort, und zwar noch diese Nacht. Können Sie reiten?"

„Ja. Ich habe von Margot gehört, daß sie Reitunterricht erhalten hat. Auch Mama ist früher gezwungen gewesen, mit ihrem Manne auszureiten."

„Aber als Mann, oder als Dame zu reiten, das ist ein Unterschied."

„Ah! Auch eine Verkleidung der Damen?"

„Natürlich. Sie müßten als Ihre Diener gehen."

„So werden sie versuchen, sich im Herrensattel zurecht zu finden. Aber wie steht es mit der Kleidung?"

„Wird auch gestohlen."

„Florian, Florian! Man ist ja ein recht großer Spitzbube."

„O, aus Liebe für Sie und Mademoiselle Margot stehle

ich die Kirche von Notre Dame und schleppe sie von Paris bis nach Sibirien."

"Auch Pferde?"

"Ja. Ich werde für zwei recht geduldige und doch schnellfüßige Gäule sorgen. Aber wohin wird die Reise gehen?"

"Ich muß nach Lüttich, oder Namur."

"So weit können die Damen unmöglich mit."

"Das ist leider allzu wahr. Der Weg ist zu weit."

"Das ist noch nicht das Schlimmste. Die Straße ist jetzt vom Militär belebt. Man würde in den beiden Reitern sofort Frauen erkennen."

"Ich könnte zwar Schleichwege reiten; aber es ist die größte Eile nothwendig, um zur rechten Zeit zu Blücher zu gelangen."

"Was thut man da?" fragte der Kutscher nachdenklich.

"Hm, vielleicht finde ich einen guten Rath. Es fragt sich, ob Sie mir beistimmen."

"So werde ich ja hören."

"Ich habe in Gedinne einen Gevatter, eine gute treue Seele. Er wohnt einsam am Waldesrande, und keine Verrätherei wäre da zu befürchten."

"Die Damen sollen zu ihm?"

"Ja, als Besuch, als entfernte Verwandte."

"Das erfordert viel Vertrauen."

"Ich garantire für ihn."

"Ist er französisch gesinnt?"

"Er ist ein geborener Holländer und haßt die große Nation."

"Aber die Damen so ganz allein bei ihm, an einem fremden Ort. Der Krieg kann sich in jene Gegend ziehen."

"Desto besser."

"Warum?"

"Die Deutschen werden siegen. Stellen sie sich dann dort ein, so sind die Damen erst recht geborgen. Uebrigens werde ich bei ihnen bleiben, wenn sie es wünschen, um ganz sicher zu sein."

"Wird die Baronin es erlauben?"

"Sie würde es sofort erlauben; aber ich reite mit, ohne sie zu fragen."

"Warum?"

"Hm! Ich denke, es ist besser, die Herrschaft erfährt jetzt gar nichts. Sie hat dann auch nichts zu verantworten."

"Das ist richtig. Also werde ich jetzt zu den Damen gehen, um mit Margot zu sprechen. Es fragt sich, ob sie sich als Verwundete stark genug fühlt."

"Die Noth bricht Eisen. Ich hoffe, daß es gehen wird."

"Wie lange reiten wir bis Gedinne?"

"Es sind ungefähr fünf deutsche Meilen. Ich weiß nicht, wie die Damen reiten, und überdies werden wir doch gezwungen sein, Seitenwege einzuschlagen. Wir reiten über Sedan und Bouillon: dann werfen wir uns links in die Berge. Sie können ja später wieder die Heerstraße gewinnen, um rasch vorwärts zu kommen."

"Gut, ich nehme diesen Vorschlag an. Es ist zunächst die Hauptsache, die beiden Damen diesem Capitän Richemonte aus den Augen zu rücken. Dieses Gedinne ist ein einsamer Ort?"

"Ganz und gar einsam. Mein Gevatter hat ein kleines Stübchen im oberen Geschoß. Dort können die Damen wohnen, ohne daß Jemand das Geringste über ihre Anwesenheit erfährt. Also jetzt werde ich den Spitzbuben machen. Nehmen Sie unterdeß die Leiter und besuchen Sie Mademoiselle Margot."

Er schlich sich leise fort. Königsau öffnete die Treppenluke, durch welche man in sein Zimmer gelangte, ließ die Leiter, welche gerade paßte, hinab und stieg hinunter. Unten horchte er an der Thür, welche zu Margots Zimmer führte. Er vernahm ein leises Flüstern. Worte waren nicht zu unterscheiden, doch hatte er die Ueberzeugung, daß keine fremde Person sich mit in dem Zimmer befinde.

Er klopfte leise an. Man horchte. Dies merkte er daraus, daß das Flüstern verstummte. Jetzt drückte er die Klinke nieder und öffnete die Thür um eine schmale Spalte. Er sah Margot im Bette liegen und ihre Mutter neben ihr sitzen. Sonst war Niemand zu sehen.

"Pst. Keinen Laut der Ueberraschung!" warnte er leise.

Nun erst stieß er die Thür vollends auf und trat ein. Margots bleiche Wangen rötheten sich, und ihre bisher matten Augen blitzten auf vor Freude.

"Hugo!"

Bei diesem Worte streckte sie ihm beide Arme entgegen. Er trat heran zu ihr, und da schlang sie die Arme um seinen Nacken und zog ihn zu sich nieder, so daß seine Wange an ihre Brust zu liegen kam.

"Mein Gott, was wagen Sie!" sagte ihre Mutter im Flüsterton. "Es steht ein Posten vor der Thür."

"Tritt er ein?" fragte er.

"Er hat es noch nicht gethan; aber er kann es in jedem Augenblick versuchen."

"Das wollen wir ihm unmöglich machen."

Er befreite sich leise aus der Umschlingung der Geliebten, glitt nach der Thür hin und schob den Innenriegel vor.

"Wenn man es merkt, daß wir verriegelt haben, wird man doppelt mißtrauisch sein," bemerkte die Mutter.

"Das schadet nichts," antwortete er. "Bevor Sie öffnen, bin ich längst wieder verschwunden."

"Wohin mein Hugo?" fragte Margot.

"Hinauf auf das Dach."

"Bist Du dort sicher?"

"Vollständig. Der brave Florian wacht über mich. Aber sage mir, mein Leben, wie Du Dich befindest."

"Ich war sehr matt; jetzt aber bin ich wieder sehr stark," antwortete sie mit einem glückseligen Lächeln in dem schönen Gesichte.

"Hast Du Schmerzen?"

"Die Wunde fühle ich nicht; doch um Dich habe ich Wehe."

"Um mich? Warum?"

"Daß Du um meinetwillen solche Beleidigungen und Kränkungen zu erdulden hast. Du warst so stark, so gut und kühn, und zum Dank dafür trachtet man Dir nach dem Leben."

Er nahm ihr Köpfchen an seine Brust, blickte ihr tief in die Augen und sagte im innigsten Tone.

"Ein Wort, ein Blick von Dir macht das Alles wieder gut."

"Hast Du mich wirklich so lieb?"

"Ja, unendlich!"

"Und ich Dich ebenso. Darum ist mir so bange um Dich, mein Hugo. Wenn man Dich ergreift, so bist Du verloren."

"Habe keine Angst! Man wird mich nicht ergreifen."

"Ich hoffe es; denn Du wirst Dich hier verbergen, bis der Weg rein und frei ist."

„Leider ist mir dies unmöglich, meine Margot."
„Warum?"

„Und dennoch wirst Du mich sofort fortlassen, wenn ich Dir sage, daß die Pflicht mich dazu zwingt."

In der Scheidestunde.

„Weil ich diese Nacht wieder fort muß."
„Mein Gott, wie gefährlich! Hugo, ich lasse Dich nicht fort."
Sie umschlang ihn fester als bisher mit ihren Armen.

„Diese böse Pflicht, von welcher Ihr Männer doch immer redet. Ist es denn wirklich Eure Pflicht, Euch aus einer Gefahr immer in die andere zu stürzen?"

„Zuweilen, ja. Der Mensch ist zu keiner Stunde seines Lebens sicher, und ein Officier darf dies mit noch größerer Berechtigung von sich sagen. Uebrigens gilt es, unserem Freunde einen hochwichtigen Dienst zu erweisen."

„Welchem Freunde?"

„Dem Marschall."

„Ah, unserm Vater Blücher! Seinetwegen mußt Du fort."

„Ja. Er hat mich ausgesandt, um so viel wie möglich über die Absichten unserer Feinde zu erfahren. Jetzt muß ich schleunigst zu ihm zurück."

„Hast Du Etwas erfahren?"

„Ja."

„Wichtiges?"

„Höchst Wichtiges. Ich habe die sämmtlichen Pläne Napoleons belauscht."

„Mein Gott, welch ein Glück für Dich! Ja, dann ist es wahr, daß zu dem Marschall mußt. Aber mit welcher Gefahr ist das verbunden."

Und ihr Köpfchen innig an ihn schmiegend, fügte sie hinzu:

„Ich wollte sehr, daß ich sie mit Dir theilen könnte."

Da strich er ihr mit der Hand zärtlich über das reiche Haar und antwortete:

„Wenn Dir dieser Wunsch in Erfüllung ginge, mein Leben?"

Sie hob schnell die Augen zu ihm empor und fragte:

„Wie meinst Du das, Hugo?"

„Ich meine, ob Du, wenn Du gesund wärest, den Muth hättest, mich zu begleiten?"

„O, den habe ich. Ich könnte an Deiner Seite den Donner der Schlachten ruhig ertragen. Glaubst Du mir das?"

„Ich glaube es; denn Du hast es ja bereits bewiesen."

„Ich bewiesen? Wann und wo?"

„In Paris. Da bist Du mir schützend nachgefolgt, als ich überfallen werden sollte. War das nicht muthig?"

„O, das war kein Muth. Das war nur der Stimme des Herzens gefolgt."

„Das beweist eben, daß Du ein muthiges Herz hast. Also Du würdest auch heut die Gefahr mit mir theilen?"

„O wie gern."

„Aber Du bist krank. Du bist zu schwach."

„Wenn es nothwendig wäre, würde ich schon stark dazu sein."

„Wirklich?"

„Gewiß."

„Nun, so will ich Dir sagen, daß es vielleicht nothwendig sein wird."

„Was Sie sagen!" fiel da die Mutter ein. „Sie meinen, daß wir veranlaßt sein könnten, Jeanette zu verlassen?"

„Leider, meine liebe Mama."

„Aus welchem Grunde? Ah, ich vermuthe ihn!"

Sie begleitete diese Worte mit einem halb und halb mißbilligenden Blicke.

„Ich bin überzeugt, daß Sie sich irren," sagte er.

„Ich errathe sicher das Richtige."

„Versuchen wir es einmal."

„Sie sind ein wenig eifersüchtig, mein lieber Herr von Königsau."

„Nicht im Mindesten!"

„O doch! Und Sie denken, der Titel eines Kaisers sei wohl im Stande, ein Mädchenherz zu verwirren."

„Dieses Mädchenherz müßte nicht so stark sein wie das Herz meiner Margot, für welche es geradezu beleidigend sein würde, wenn ich Eifersucht fühlen sollte."

„Ich danke Dir, Hugo," sagte Margot. „Der Grund ist also ein anderer?"

„Ja, es droht Dir von Seiten des Kaisers eine große Gefahr."

„Also doch eine Art von Eifersucht!" lächelte Frau Richemonte.

„O nein. Es ist gegen Margot ein Plan im Werke, den zu belauschen ich so glücklich war. Daß Capitän Richemonte hier Estafettenkommandant geworden ist, wissen Sie vielleicht, Mama?"

„Ja. Er hat es uns selbst gesagt."

„In dieser seiner Eigenschaft ist er mit ungewöhnlicher Macht ausgerüstet. Man hat ihm zu gehorchen, ohne ihn zunächst zur Verantwortung ziehen zu können. Und außerdem hat ihm der Kaiser den Befehl ertheilt, Sie hier gefangen fest zu halten."

„Doch weil man Sie hier vermuthet?"

„Nein, sondern weil man Margot mit dem Baron Reillac vermählen will."

Margot fuhr rasch empor.

„Mit diesem Menschen?" fragte sie.

„Ja."

„Wer will mich zwingen?"

„Dein Bruder, und zwar im Auftrage des Kaisers."

„Kein Kaiser hat die Macht dazu."

„O doch, liebe Margot. Ich habe gesehen und gehört, daß Napoleon Deinem Bruder eine schriftliche Vollmacht überreicht hat. Es stehen ihm alle Behörden zur Verfügung, Dich auf irgend eine Weise zu dieser Vermählung zu zwingen."

„Mein Gott! Ist das wirklich wahr?" fragte die Mutter.

„Ja, leider!" antwortete er. „Morgen wird der Capitän nach Sedan reiten, um Reillac zu benachrichtigen."

„Aber zu welchem Zwecke soll ich die Frau dieses Mannes werden?" fragte Margot.

„Ich muß Dir sagen, liebe Margot, daß Reillac als Dein Mann den strengen Befehl erhalten würde, Dich nicht eher anzurühren, als bis der Kaiser es ihm erlaubt."

Margot erglühte.

„Schütze mich, Hugo!" bat sie.

„Ich bin bereit dazu, meine Margot. Doch kann ich Dir nur dann Schutz gewähren, wenn Du Jeanette mit mir zugleich verläßest."

„Noch diese Nacht, Hugo?"

„Ja."

„Ich gehe mit."

Frau Richemonte war ganz blaß geworden.

„Das ist doch noch zu prüfen," sagte sie. „Ich setze nicht den mindesten Zweifel in die Wahrheit dessen, was Sie sagen, lieber Sohn; denn Sie haben Alles selbst gehört?"

„Alles."

„Nun gut. Aber giebt es wirklich kein anderes Mittel, als diese Flucht?"

„Ich weiß keins."

„Wenn wir nun an die Großmuth des Kaisers appelliren?"

„Wie großmüthig er ist, hat er an mir bewiesen, Mama!"

„Das ist allerdings wahr. Aber ist die Flucht denn möglich?"

"Ich denke, ja."

"Wir sind ja gefangen; wir werden bewacht."

"Diese Wohnung hat noch einen andern Ausgang."

"Auch ich soll mich an der Flucht betheiligen?"

"Ich bitte Sie darum."

"Wohin werden Sie uns bringen? Zu Blücher?"

"Das ist für jetzt unmöglich. Der Kaiser hat heut Marschordre ertheilt, und morgen sind alle Militärcolonnen in Bewegung. Wir würden nicht so weit durchkommen. Florian hat mir einen braven Mann empfohlen, bei dem Sie ganz sicher sein würden. Er wird uns selbst begleiten."

"Wohin?"

"Nach Gedinne."

"Das ist nach Givet zu; also müssen wir durch Sedan, grade durch die Franzosen hindurch. Ist das nicht zu gefährlich?"

"Nein. Ich reise als französischer Major."

"Und wir?"

"Als meine Diener."

Frau Richemonte blickte ihn erstaunt, ja betroffen in das Angesicht.

"Als — Ihre Diener?" fragte sie.

"Ja."

"Sie scherzen."

"Es ist im Gegentheil mein völligster Ernst. Männerkleidung müssen Sie anlegen, weil bereits morgen früh, sobald man Ihre Flucht bemerkt, überall nach zwei Damen geforscht werden wird."

"Welch ein Fall."

"Welch ein Abenteuer!" sagte Margot. "Ich als Dein Diener."

"Aber wie reisen wir?" fragte ihre Mutter. "Zu Wagen?"

"Nein. Das wäre zu auffällig und zu beschwerlich. Wir werden reiten."

"In Männerkleidung?"

"Ja."

Es wurde Königsau schwer, Frau Richemonte zur Annahme seines Planes zu bewegen. Margot hingegen freute sich förmlich darauf.

"Wenn geht es fort?" fragte sie.

"Florian wird uns benachrichtigen. Aber sage, ob Du nicht zu schwach zu einem solchen Ritt sein wirst?"

"Ich fühle mich stark genug dazu."

"Gott wolle es, daß Du Dich nicht täuschest."

"Weiß meine Cousine bereits davon?" fragte Frau Richemonte.

"Nein. Sie und Niemand darf etwas wissen, damit keine Verantwortlichkeit auf Jemand fällt."

So weit war das Gespräch gekommen, als die Thür, durch welche Königsau eingetreten war, leise geöffnet wurde. Florian trat ein, einen mächtigen Pack Kleidungsstücke mit sich schleppend.

"Da ist Alles, was wir brauchen," flüsterte er.

"Mein Majorsanzug?" fragte der Lieutenant.

"Ja. Und hier zwei andere Anzüge für die Damen."

"Werden sie passen?" fragte Margot.

"Hm, das ist sehr fraglich. Ich habe sie im Finstern gestohlen, und dabei ist es nicht gut möglich, genau Maaß zu nehmen."

"Gestohlen?" fragte Frau Richemonte erschrocken.

"Ja, Madame."

"Aber, warum denn stehlen?"

"Weil auf andere Weise das Nöthige nicht zu bekommen wäre."

"Aber da sind wir ja straffällig?"

"Machen Sie sich da keine große Sorge, liebe Mama," hat Königsau. "Wir fliehen, um der Gefangenschaft und noch Anderem zu entgehen; da darf man es mit den Nebensachen nicht so streng nehmen. Aber hier sehe ich doch auch Frauenkleider."

"Ja," antwortete Florian. "Ich habe für jede der Damen einen Anzug mitgebracht, wie er von den wohlhabenden Mädchen und Frauen dieser Gegend getragen wird."

"Auch gestohlen?"

"Nein. Ein solches Raubgenie bin ich denn doch nicht ganz. Ich habe mir diese Sachen nur ein Wenig geborgt."

"Von wem?"

"Von der Wirthschafterin."

"So ist sie in den Plan eingeweiht worden?"

"O nein. Ich habe ihr gesagt, daß es sich um einen kleinen Hochzeitsscherz handele, und da ich sonst nicht sehr spaßhaft bin, so hat sie es geglaubt."

"Aber wozu Frauenkleider, Florian?"

"Das ist doch sehr einfach. Am Tage müssen die Damen in ihrer Verkleidung einem Jeden auffallen, der Augen hat. Die Militärsachen sind nur da, um durch Sedan zu kommen, dann werden wir weiter sehen. Uebrigens dürfen die Damen nur in Frauenkleidern nach Gedinne kommen. Jetzt will ich gehen, um zu sehen, auf welche Weise wir am Leichtesten zu den nöthigen Pferden kommen."

"Halten Sie es für möglich, daß Capitän Richemonte nochmals hierher kommt, um zu revidiren?" fragte Frau Richemonte.

"Ich halte es sogar für sehr wahrscheinlich."

"Aber dann wird er vielleicht diese Kleider bemerken."

"Nein. Ich werde den Herrn von Königsau bitten, sie mit hinauf auf das Dach zu nehmen, um dort auf mich zu warten. Ich habe die Sachen jetzt nur gebracht, damit Sie sich dieselben einmal betrachten können."

Er ging. Auch Königsau kehrte nach einiger Zeit auf das Dach zurück. Er hatte die Kleider mitgenommen und wartete nun auf die Rückkehr des braven Kutschers, welcher es so gut verstanden hatte, ihn vorher über seine Pfiffigkeit zu täuschen.

Es war fast gegen Mitternacht, als ein einzelner Reiter vor dem Thore hielt. Es war sehr finster geworden.

"Wer da?" fragte die dort postirte Schildwache.

"Armeelieferant de Reillac," lautete die Antwort.

"Kann passiren!"

Der Baron ritt in den Hof ein und stieg da vom Pferde. Als er sein Thier an eine Zaunlatte angebunden hatte, begab er sich nach dem Wachtlocal, welches sehr leicht dadurch zu erkennen war, daß es erleuchtet war. Als er dort eintrat, fuhr er erstaunt einen Schritt zurück.

"Sie hier, Capitän?" fragte er.

Wirklich befand sich Capitän Richemonte augenblicklich bei dem Wachthabenden. Er hatte sich fest vorgenommen, diese Nacht nicht zu schlafen, sondern ohne Unterlaß um den Meierhof zu patrouilliren. Es war doch möglich, daß Königsau, falls er sich hier befand, ihm dabei in die Hände lief.

„Und Sie hier, Baron?" gegenfragte Richemonte.

„Allerdings. Ich erfuhr, daß der Kaiser hier abgestiegen sei, und ritt hierher, um am Morgen um eine Audienz zu bitten."

„In Lieferungssachen?" fragte Richemonte lachend.

„Natürlich."

„Sie wollen bitten, die Schlachtochsen nicht gar so fett kaufen zu müssen."

„Und die Stiefel nicht gar so lang," fügte der Wachthabende hinzu.

„Scherzen Sie immerhin," meinte Reillac. „Mir ist die Sache so ernst. Bei mir stehen Millionen auf dem Spiele. Heut kam die Ordre zum Marschieren. Ich habe mir die Befehle des Hauptquartieres einzuholen, glaubte aber nicht, Sie hier zu finden, Capitän."

„O, ich bin überall da, wo es gilt, Ihnen einen Dienst zu erweisen," antwortete Richemonte.

Reillac blickte ihn einigermaßen verblüfft an.

„Sie mir?" fragte er.

Allerdings war gewöhnlich er es gewesen, welcher dem Capitän Dienste geleistet hatte.

„Ja, ich Ihnen," antwortete der Gefragte ruhig.

„Welcher Dienst wäre das?"

„Wollen Sie es erfahren, so folgen Sie mir nach meiner Wohnung."

„Sie haben eine Wohnung hier?"

„Ja. Oder soll ich als Etappencommandant nicht auf der Etappe wohnen dürfen?"

„Etappencommandant? Von Jeanette?"

„Ja."

„Und ich vermuthete sie in der Nähe der feindlichen Aufstellungen."

„Von dort bin ich zurückgekehrt. Doch kommen Sie."

Er nahm ihn am Arme und führte ihn nach dem Zimmer, welches er sich hatte anweisen lassen. Dort angekommen, brannte er sich eine Cigarre an und warf sich mit der Miene eines gemachten Mannes auf das Sopha.

„Setzen Sie sich, Baron!" sagte er in der Weise eines Gönners, der gerade einmal bei guter Laune ist.

Der Armeelieferant nahm langsam Platz, betrachtete sich kopfschüttelnd sein Gegenüber und sagte dann:

„Capitän, mit Ihnen ist Etwas vorgegangen!"

„Allerdings!" nickte Richemonte.

„Aber was?"

„Vieles! Und ich hoffe, daß auch noch Verschiedenes mit mir vorgehen wird."

„Wie kommen Sie dazu Etappencommandant von Jeanette zu werden?"

„Pah! Wie kommen Sie dazu, Armeelieferant zu werden?"

„Ich habe das Geld für diesen Posten."

„Und ich habe das Geschick zu meinem Posten."

„Donnerwetter, Sie scheinen seit Kurzem an Selbstbewußtsein zugenommen zu haben. Wie kommt das?"

„Das werden Sie vielleicht erfahren. Vorher aber eine Frage."

„Fragen Sie."

„Können Sie mir zehntausend Franks borgen?"

„Nicht zehn Sous."

„Warum nicht? Haben Sie kein Geld?"

„Geld habe ich, aber für Sie nicht. Sie sind ein Blutegel, welcher immerwährend saugt, ohne jemals Etwas zurückzugeben."

„Nun gut, so will ich Ihnen sagen, daß ich nur im Scherze sprach. Ich brauche Ihr Geld nicht mehr!"

„Das glaube Ihnen der Teufel, aber ich nicht! Es hat in Ihrem Leben nicht einen einzigen Augenblick gegeben, an welchem Sie nicht Geld gebraucht hätten."

„Das ist leider sehr wahr; heute aber ist der Augenblick gekommen."

„Vom Himmel herabgefallen?" hohnlächelte der Baron.

„So ziemlich!" antwortete der Capitän ruhig.

„Gratulire."

„Danke."

„Vielleicht kommt dann auch einmal die Zeit, in welcher Sie an Ihre Accepte denken, welche ich noch immer in den Händen habe."

„Ich denke eben jetzt daran."

„Haben Sie vielleicht den edlen Vorsatz, sie einzulösen?"

„Warum sollte ich ihn nicht haben?"

„Donnerwetter, dazu gehört viel Geld."

„Pah. Die Chatoulle des Kaisers steht mir zur Verfügung."

„Sie schwärmen, theurer Capitän."

„Sie sind ein großer Esel, geliebter Baron."

„Warum?"

„Weil Sie mir nicht zutrauen, auch einmal auf einen grünen Zweig zu kommen. Glauben Sie, der Kaiser hätte mich so ohne alle Veranlassung auf den gegenwärtigen verantwortlichen Posten gesetzt?"

„Das ist wahr. Sie müssen ihm bedeutende Dienste geleistet haben."

„Allerdings," nickte der Capitän gewichtig.

„Darf man fragen, welche?"

„Das bleibt zunächst Geheimniß. Ich deute nur an, daß ich mich einige Tage lang in der Nähe des feindlichen Hauptquartieres aufhielt."

„Hm. Das Weitere läßt sich errathen. Der Etappenposten ist also erklärt, aber das mit der kaiserlichen Chatoulle leuchtet mir noch nicht ein."

„Meinetwegen. Mir ist es ziemlich gleichgiltig, ob Sie erleuchtet sind oder nicht. Da Sie mir aber einige Dienste erwiesen haben, will ich Sie doch fragen, ob ich Ihnen in irgend einer Weise dankbar sein kann."

Der Baron sperrte unwillkürlich den Mund weit auf.

„Sie thun ja ganz außerordentlich einflußreich, Capitän," sagte er.

„Bin es auch!" antwortete Richemonte kurz.

„Nun, so zahlen Sie zunächst Ihre Accepte."

„Werde es nächstens thun."

„Oder, noch lieber wäre es mir, und Ihnen vielleicht auch — hm! —"

Er hielt zögernd inne, den Capitän mit dem Auge musternd.

„Nun sprechen Sie weiter!" sagte dieser.

„Ich meine, daß es vortheilhafter wäre, wenn Sie mich in der bereits so oft angedeuteten Weise bezahlen könnten."

„Welche Weise wäre das?" fragte der Capitän zurückhaltend.

„Ich denke dabei an Margot."

„Ah! So haben Sie noch immer nicht verzichtet?"

„Spielen wir nicht Theater. Sie kennen meine Absichten nur zu gut."

„Diese Absichten dürften bei der allerhöchsten Protection, deren ich mich jetzt erfreue, nicht mehr hoffnungslos sein."

„Was wollen Sie damit sagen?"

„Bis jetzt noch gar nichts. Lassen Sie uns vorher das Nöthige strikt formuliren. Sie beabsichtigen noch meine Schwester zu heirathen?"

„Ja."

„Was geben Sie mir, wenn ich diese Heirath zu Stande bringe?"

„Ich zerreiße die Wechsel."

„Welchen Nutzen bringt die Ehe meiner Schwester?"

„Ich setze ihr im Falle meines Todes ein großartiges Wittwengehalt aus."

„Pah. Haben Sie viel Verwandte?"

„Sehr wenig und entfernte."

„So mache ich die Bedingung, daß meine Schwester im Falle Ihres Todes Ihre Universalerbin wird."

„Capitän, Sie verlangen viel."

„Und Sie nicht weniger. Meine Schwester ist ein Vermögen werth."

„Es ließe sich allerdings noch weiter darüber sprechen."

„Sprechen? O nein, Baron. Ich sage Ihnen ganz aufrichtig, daß ich ganz und gar nicht Lust habe, in dieser Angelegenheit blos Worte zu verlieren."

„Sie wollen Thaten? Also welche?"

„Sie geben mir ein Document darüber, daß meine Schwester Ihre Universalerbin wird — — —"

„Natürlich nach der Hochzeit."

„Natürlich vor der Hochzeit. Nach derselben wäre es zu spät, und ich habe ganz und gar die Absicht, so sicher wie möglich zu gehen."

„Gut; ich stimme bei. Weiter?"

„Sie zerreißen meine sämmtlichen Accepte."

„Natürlich nach der Hochzeit."

„Nein, sondern auch vor der Hochzeit. Ich gehe am liebsten sicher."

„Ich ebenso. Wie nun, wenn ich heute die Accepte zerreiße, und morgen erfahre ich, daß aus der bereits geplanten Verbindung wieder nichts wird?"

„Ich gebe Ihnen Sicherheit."

„Welche?"

„Würde Ihnen der Befehl des Kaisers genügen?"

„Donnerwetter! Natürlich vollständig."

„Nun gut, so zerreißen Sie die Wechsel."

„Sie wollen doch nicht sagen, daß der Kaiser diesen Befehl geben wird?"

„Nein, sondern ich will nur sagen, daß er ihn bereits gegeben hat."

Diese Worte waren mit so kalter Ueberlegung gesprochen, daß der Baron sich von seinem Stuhle erhob und schnell fragte:

„Hölle und Teufel! Sind Sie recht gescheidt oder nicht?"

„Ich wenigstens halte mich nicht für ganz dumm. Aber Sie?"

„Nun, für dumm halte auch ich Sie nicht, aber für ziemlich leichtsinnig."

„So glauben Sie, daß ich Ihnen jetzt einen blauen Dunst vormache?"

„Das glaube ich allerdings, wie ich Ihnen ganz aufrichtig gestehe."

„Ich werde Ihnen beweisen, daß ich die Wahrheit sage."

Die Leidenschaft, welche der Baron für Margot fühlte, prägte sich in seinem ganzen Gesichte aus, als er mit demselben rasch näher fuhr.

„Beweisen Sie es!" sagte er.

„Ich bin bereit, Ihnen den schriftlichen Befehl des Kaisers zu zeigen und auch nach demselben zu handeln, stelle aber zwei Bedingungen."

„Welche?"

„Sie geben mir gleich jetzt Ihre Unterschrift, daß meine Schwester Ihre Universalerbin wird, und Sie reiten gleich jetzt nach Sedan, um mir noch vor Anbruch des Tages meine Wechsel zur Verfügung zu stellen."

„Warum diese Hast?"

„Weil der Kaiser bereits früh abreist. Begreifen Sie nicht, daß ich Sie ihm als den Verlobten meiner Schwester vorstellen will?"

Die Augen des Barons glühten vor Begierde.

„Das ist wahr, Capitän?" fragte er.

„Ja, vollständig wahr."

„Nun, so werde ich Ihnen die Unterschrift geben, sobald Sie mir die Ausfertigung des Kaisers zeigen, und dann sofort nach Sedan reiten, um Ihnen die Wechsel zu bringen."

„Sie haben sie nicht mit?"

„Nein."

„Sie geben mir Ihr Ehrenwort, daß Sie Ihre Versprechungen halten?"

„Mein Ehrenwort," antwortete der Baron unter eifrigem Kopfnicken.

„Nun, so sehen Sie einmal."

Der Capitän zog seine Brieftasche hervor, öffnete dieselbe und nahm das Blatt heraus, welches er von dem Kaiser erhalten hatte. Der Baron griff darnach und verschlang die Worte mit weit geöffneten Augen. Dann hielt er das Document gegen das Licht, um es zu prüfen.

„Es ist ächt, ächt, ächt!" rief er triumphirend. „Margot wird meine Frau, endlich, endlich, endlich! Alle Teufel, wie will ich sie in der ersten Zeit dafür strafen, daß ich so lang warten mußte."

„Thun Sie das, Baron. Sie hat es verdient."

„O, aber dann soll sie den Himmel auf der Erde haben."

„Und Sie die Hölle in diesem Himmel. Zeigen Sie wieder her."

Er nahm dem Barone das Document wieder aus der Hand.

„Ich darf es nicht behalten?" fragte dieser.

„Wozu? Haben Sie es nicht gelesen, daß mir die Vollmacht ertheilt wird, die Arrangements zu treffen?"

„Allerdings."

„Und haben Sie die von mir gestellten Bedingungen bereits erfüllt."

„Muß es wirklich gleich sein?"

„Ja. Die Gegenwart des Kaisers muß benutzt werden."

„So geben Sie Papier her. In welcher Form wünschen Sie meine Erklärung niedergeschrieben.

„Ganz kurz. Sie sagen, daß meine Schwester Ihre Universalerbin sei, indem Sie die Absicht haben, dieselbe zu Ihrer Frau zu machen."

Vor Freude und Entzücken über die zu erwartende Erfüllung seines so lange Zeit vollständig vergeblichen Wunsches dachte der Baron gar nicht daran, diese so ganz und gar verfängliche Wortstellung und Ausdrucksweise einer Prüfung zu unterwerfen. Er schrieb, wie es ihm angegeben worden war, und setzte seinen Namen und das Datum darunter.

„So! Genügt das?" fragte er.

„Vollständig," antwortete der Capitän.

Sein Auge ruhte wie dasjenige eines Raubthieres auf diesem wichtigen Documente, als er es zusammenfaltete und in seine Brieftasche steckte.

„Haben Sie bereits mit Margot gesprochen?" fragte der Baron.

„Ja."

„Kennt sie den Willen des Kaisers?"

„So ziemlich."

„Und wie verhält sie sich dazu?"

„Mehr passiv als activ."

„So haben wir ja bereits mehr als halb gewonnen! Und die Mutter?"

„O, die ist noch leichter zu zähmen als die Tochter! Ich habe dem Kaiser ganz einfach die Wahrheit gesagt."

„Welche Wahrheit meinen Sie?"

„Daß die beiden Damen sich bisher gegen Ihre Huldigungen sträubten."

„Donnerwetter! War dies nicht blamirend für mich?"

„Ganz und gar nicht. Sie sind weder schön noch jung; es läßt sich also begreifen, das ein lebensfrisches Mädchen einen feschen Husarenofficier Ihnen vorzieht. Wo liegt da die Blamage?"

„Sie sind fast mehr als aufrichtig, Capitän."

„O, ich gebe der Sache nur die richtigen Worte."

„Sie kommen aber da sehr leicht in die Gefahr, für grob gehalten zu werden."

„Das bin ich auch zuweilen wirklich."

„Wie zum Beispiel grade jetzt."

„Meinetwegen. Unter Freunden rechnet man nicht so streng, und daß ich Ihr Freund bin, glaube ich Ihnen bewiesen zu haben."

„Und nebenbei handelten Sie in Ihrem eigenen Interesse."

„Ich leugne dies gar nicht, obgleich mein Interesse es gar nicht erforderte, Margot so scharf auf die Folter zu nehmen, wie es geschehen ist."

„Was meinen Sie? Was ist geschehen?"

„Margot ist meine Gefangene."

„Alle Teufel! Warum?"

„Um sie zur Raison zu bringen. Sie giebt entweder ihr Jawort freiwillig, und dann wird die Hochzeitsceremonie öffentlich und in solenner Weise vorgenommen werden. Oder sie verweigert es, und dann wird sie in ihrem Zimmer Ihre Frau, ohne gefragt zu werden."

„Hat dies Geltung?"

„Wer kann gegen des Kaisers Befehl?"

„Allerdings! Aber man kann doch zuweilen nicht wissen, was — — —"

„Pah!" unterbrach ihn rasch der Capitän. „Ich habe Vollmacht, nach Belieben zu handeln. Kann Margot nicht krank sein? Kann sie nicht vom Schlage getroffen und der Sprache beraubt worden sein? Lassen Sie mich nur machen."

„Capitän, Sie sind bei Gott ein ausgezeichneter Kerl. Sie sind werth, mein Schwager zu sein."

„Danke! Dieses Compliment bringt mich ganz und gar nicht um den Verstand. Uebrigens muß ich Sie fragen, ob Sie bereits wissen, was dem Kaiser heut unterwegs passirt ist."

„Ich habe es in Sedan erzählen hören. Er ist überfallen worden."

„Was hat man über seine Rettung gesagt?"

„Viel Abenteuerliches. Ein junger Mensch soll ihn gerettet haben, ein wahrer Roland, ein Goliath, welcher die Räuber niedergemäht hat wie Halme."

„Unsinn! Wissen Sie, wer dieser Goliath gewesen ist?"

„Nun?"

„Sie kennen ihn sehr genau; denn auch Sie haben mit ihm zu thun gehabt, und zwar in Paris: ich meine nämlich Königsau."

Der Baron schüttelte ungläubig den Kopf.

(Fortsetzung folgt.)

Die Liebe des Ulanen.

Original-Roman aus der Zeit des deutsch-französischen Krieges von Karl May.

(Fortsetzung.)

Capitän Richemonte blickte seinen Partner, den Baron Reillac, triumphirend an, und weidete sich an dem Erstaunen desselben.

„Ja, ja, ich meine wirklich den Lieutenant Königsau," wiederholte der Capitän, jedes Wort scharf betonend.

Der Baron sperrte den Mund abermals weit auf. Dieses Mal wurde es ihm wirklich schwer, zu Worte zu kommen.

„Kö — nigs — au?" fragte er endlich gedehnt.

„Ja."

„Dieser preußische Husarenlieutenant soll den Kaiser gerettet haben?"

„Allerdings."

„Unmöglich."

„O, höchst wahrscheinlich."

„Ich hörte doch, es sei ein Seecapitän aus Marseille gewesen."

„Königsau war es. Er hat sich allerdings für einen Seecapitän ausgegeben, da er als Spion in dieser Gegend gewesen ist. Wir haben den ganzen Meierhof nach ihm durchsucht."

„War er hier?"

„Jedenfalls."

„Aber man hat ihn nicht gefunden?"

„Leider nein."

„Jammerschade."

„Allerdings. Ich selbst erhielt vom Kaiser den Auftrag, nach ihm zu suchen; aber auch meine Bemühungen waren erfolglos. Uebrigens habe ich dabei eine Bemerkung gemacht. Sie kennen den Kutscher Florian?"

„Ja. Er ist von mir bestochen."

„Sie glauben, ihm trauen zu dürfen?"

„Gewiß."

„Ich warne Sie vor ihm. Es ist mir ein häßlicher Streich gespielt worden, dessen Urheber ich in ihm vermuthe. Er scheint mir überhaupt nicht so sehr einfältig zu sein, wie er gern erscheinen möchte."

„Er hat mir aber bereits sehr viel genützt."

„Und im Geheimen wohl noch viel mehr geschadet. Ich werde auf diesen Menschen ein scharfes Auge haben. Ich bemerke zum Beispiel, daß er heut Abend ruhelos von einem Orte zum andern schleicht. Ich glaube, er hat Etwas vor. Vielleicht steckt er gar mit diesem Königsau im Bunde."

„Das glaube ich nicht."

„Er soll es sich auch nicht einfallen lassen. Uebrigens habe ich mit Ihnen bereits zu viel Zeit versäumt. Wir müssen uns trennen."

„Was giebt es für Sie noch so Nöthiges zu thun?"

„Ich passe auf, ob ich vielleicht doch noch den Preußen erwische. Ich schleiche mich ohne Unterlaß um den Meierhof herum. Dabei habe ich eben diesen Florian bemerkt, welcher mir dadurch verdächtig geworden ist."

„So will ich Sie nicht stören, Capitän. Es wäre ja auch mir ein wahres Gaudium, wenn es Ihnen gelänge, diesen Königsau zu fangen. Ich reite also jetzt nach Sedan zurück, um Ihnen die Wechsel zu holen. Doch sage ich Ihnen vorher, daß Sie dieselben erst nach unserer Audienz beim Kaiser ausgehändigt erhalten."

„Mir ist das gleich. Geben Sie die Wechsel nicht, so erhalten Sie Margot nicht; das steht unumstößlich fest."

„Man muß unter Freunden ehrlich sein, und Freunde sind wir Beide hoffentlich doch. Also auf Wiedersehen, Capitän."

„Auf Wiedersehen!"

„Wann steht der Kaiser auf?"

„Bei Tagesanbruch."

„So muß ich mich bereiten."

Er verließ das Zimmer. Der Capitän blieb lauschend stehen, bis die Schritte verklungen waren. Dann murmelte er tief aufathmend:

„Endlich, endlich gesiegt. Diese verdammten Accepte werden vernichtet, und das Erbschaftsdocument, ah, wozu ist das nicht zu gebrauchen. Den Namen verändert, so bin ich der Universalerbe. Diese Angelegenheit läßt sich überhaupt auf sehr verschiedene Weise nutzbar machen. Der Kaiser will mir wohl; Margot wird gezähmt; ich bin meine Schulden los und darf nun endlich aufathmen. Freilich darf ich diesem Baron jetzt noch nicht mittheilen, daß er sich zu hüten hat, Margot anzurühren. Ich glaube, es fiele ihm ein, noch in letzter Stunde scheu zu werden."

Nach diesem Selbstgespräch begab er sich wieder hinaus in die Nacht, um seinen Patrouillengang fortzusetzen.

Kurze Zeit vorher war Florian auf das Dach zu Königsau gekommen. Dieser hatte geglaubt, daß es Zeit zum Aufbruche sei.

„O nein," sagte da der Kutscher. „Ich befürchte fast, daß es uns unmöglich sein wird, fortzukommen."

Königsau erschrak.

„Warum sollte es unmöglich sein?" fragte er.

„Weil dieser Richemonte gar nicht zur Ruhe kommen will."

„Was thut er?"

„Er schleicht ruhelos aus einer Ecke in die andere. Fast scheint es mir, als ob er ahne, daß Sie sich noch auf Jeanette befinden."

„Er wird das Schleichen schon noch satt bekommen. Haben wir nur noch einige Zeit lang Geduld."

Es verging abermals eine Stunde, während welcher Florian auf sich warten ließ. Endlich erschien er. Königsau hörte, daß er einen leisen Fluch ausstieß.

„Was giebt es abermals?" fragte er.

„Jetzt hatte ich ein wenig Luft," antwortete der Kutscher. „Es kam ein Reiter, mit welchem der Capitän sich bis jetzt unterhalten hat. Diese Zeit habe ich benutzt, um die Pferde nach dem Garten zu bringen. Mit dreien ist es mir gelungen, aber das vierte befindet sich noch im Stalle."

„Der Capitän schleicht wieder?"

„Freilich."

„Das könnte man ihm verleiden. Dauert es lange, das vierte Pferd nach dem Garten zu bringen?"

„Höchstens fünf Minuten."

„Kann man aus dem Garten fortreiten, ohne gehört zu werden?"

„Ja, sobald das große Thor von Innen geöffnet wird."

„Wo schleicht der Capitän?"

„Jetzt meist außen um die ganze Besitzung herum."

„Wäre da der Hund nicht zu gebrauchen?"

„Sacristi! Ja, an den habe ich doch gar nicht gedacht."

„Also. Er mag ihn festhalten, so lange als es für uns nothwendig ist."

„Das werde ich sofort besorgen. Ziehen Sie sich einstweilen um, Herr von Königsau, und tragen Sie auch den Damen die Kleider hinab. Ihr jetziger Anzug und die Frauenanzüge, welche ich geborgt habe, werden in die Mäntel geschnallt. Alles übrige Besitzthum der Damen bleibt hier. Sind Sie hinreichend mit Geld versehen?"

„Vollständig."

„Sonst hätte ich Ihnen Einiges zur Verfügung gestellt."

Er entfernte sich rasch aber leise wieder und begab sich zunächst nach dem Stalle, in welchem Tiger an der Kette lag. Er machte ihn los und sagte ihm:

„Komm, mein Hund. Du sollst den Kerl noch einmal fassen, aber still, ganz still, damit kein Lärm entsteht. Uebrigens wirst Du uns dann begleiten, denn Du bist ein tapferer Kerl und kannst uns von großem Nutzen sein."

Er schlich mit ihm hinaus und legte sich draußen hinter einem der Nebengebäude auf die Lauer. Er hatte ungefähr eine Viertelstunde gewartet, als er leise Schritte hörte. Er legte sich auf den Boden, um den Nahenden möglichst gegen den Himmel betrachten zu können. Trotz der Dunkelheit erkannte er in demselben den Capitän. Er ließ ihn vorüber.

„Halte ihn!" gebot er dann leise dem Hunde.

Das Thier schnellte sich mit einigen weiten Sätzen vorwärts. Ein unterdrückter Schrei, der Fall eines Körpers und dann ein grimmiges Knurren war Alles, was man hörte; dann war es still.

Jetzt wußte der Kutscher sich sicher und den unbequemen Späher unter der besten und schärfsten Bewachung. Er kehrte nach dem Stalle zurück und führte das Pferd nach dem Garten. Dann koppelte er die Thiere zusammen und führte sie aus dem Garten hinaus nach einer einzelnen Linde, welche in einiger Entfernung vom Meierhofe auf dem Felde stand.

Nun wendete er sich wieder rückwärts, ging erst zu sich selbst, um Alles, was er für nöthig hielt, zu sich zu stecken und stieg dann auf das Dach hinauf. Dort fand er Königsau bereits in der Dragoneruniform.

„Ist Alles gut gegangen?" fragte dieser.

„Ja."

„Der Capitän liegt fest."

„Ja; der Hund hat ihn. Wie weit sind die Damen?"

„Sie sind auch bereit. Es ist schneller gegangen, als ich dachte."

„So will ich sie holen."

Florian stieg zur Leiter hinab und brachte bald die beiden verkleideten Frauen hinauf. Er zog die Leiter nach und schloß dann die Treppenöffnung zu. Die Leiter legte er neben die Esse, daß es den Anschein hatte, als sei sie von einem Schornsteinfeger gebraucht worden.

„Jetzt bitte ich, mir zu folgen," sagte er dann. „Aber möglichst leise, damit wir nicht bemerkt werden."

Die drei Anderen schritten unter seiner Führung über das Dach hinüber und kamen an den Hauptausgang, von da auf die Treppe, in einen finsteren Corridor, auf welchem sie sich bei den Händen fassen mußten, sodann auf eine Nebentreppe, in einen kleinen Hof, aus demselben in den Garten und von da hinaus auf das Feld.

„Wo sind die Pferde?" fragte jetzt Königsau. „Ich dachte, sie in dem Garten zu finden."

„Ich habe sie weiter fortgeschafft, weil mir das sicherer erschien."

Nach diesen Worten führte der Kutscher die Anderen u der Linde, wo er jeder Person das betreffende Pferd anwies.

„Jetzt bitte ich, einige Augenblicke zu warten. Ich muß Richemonte frei lassen."

„Warum?"

„Weil ich meinen Hund mitnehmen will. Er kann uns nützlich werden."

Er schlich sich wieder zurück. In der Nähe der Stelle angekommen, an welcher Richemonte lag, trat er fester auf und that ganz so, als ob er eben um die Ecke herumkomme.

„Holla. Was ist das?" fragte er. „Tiger, bist Du es? Was hast Du denn da? Zeige einmal her."

Er bückte sich nieder.

„Ah, einen Kerl! Ist der Königsau also doch hier gewesen und mir in die Falle gegangen. Wie gut, daß ich gewacht habe! Wart, Bursche, ich werde Dich dem Herrn Capitän Richemonte überliefern. Du darfst zwar aufstehen, aber versuche nicht, mir auszureißen! Mein Hund hätte Dich sofort wieder beim Kragen, und dann könnte ich es ihm nicht mehr wehren; es wäre um Dich geschehen. Laß gehen, Tiger; aber passe noch gut auf."

Der Hund gab den am Boden Liegenden frei, entfernte sich aber keineswegs von ihm hinweg. Richemonte raffte sich empor.

„Donnerwetter!" sagte er. „Das ist nun bereits zum zweiten Male."

„Wie, Herr Capitän, Sie sind es, Sie?" fragte Florian ganz erstaunt.

„Ja, ich! Mensch, warum lässest Du denn diesen Hund so frei umherlaufen?"

„Weil er mir den Königsau fangen sollte."

„Du selbst behauptetest doch, daß er fort sei."

„Ja; aber der Kaiser sagte, daß er vielleicht doch noch hier herum versteckt sei. Es ärgerte mich furchtbar, von diesem Deutschen belogen worden zu sein, und darum gab ich mir alle Mühe, ihn zu fangen."

„Das war ganz überflüssiger Eifer. Ich habe darunter leiden müssen und bin nun zum zweiten Male dem Tode nahe gewesen."

„Ja, der Tiger ist ein ausgezeichneter Hund."

„Hole ihn der Teufel! Du aber kannst Dich in das Bett scheeren, anstatt Andere in Lebensgefahr zu bringen."

„Pst, sprechen Sie nicht so barsch, Monsieur."

„Warum nicht? Hast Du es etwa nicht verdient?"

„Ich weiß nicht. Aber mein Hund könnte sonst denken, daß Sie sich mit mir zanken, und dann reißt er Sie wieder nieder."

„Miserable Bestie! Halte ihn einmal fest!"

„Warum?"

„Weil ich mich entfernen will."

„Gut. Ich denke, es wird auch für Sie besser sein, sich zu Bette zu begeben. Diese Deutschen sind gar nicht werth, daß man sich von ihnen an der Nase herumführen läßt. Verstanden, Herr Capitän?"

Richemonte hatte sich bereits um einige Schritte entfernt; jetzt blieb er stehen.

„Wie meinst Du das?" fragte er.

„Ganz so, wie ich es gesagt habe, Herr Capitän."

„Höre, mir scheint, Du treibst ein falsches Spiel mit mir. Nimm Dich in Acht, daß ich Dich nicht dabei ertappe, sonst bekommst Du es mit mir zu thun."

„Ja, bisher habe ich Sie stets dabei ertappt, und da hatten Sie es mit dem Hunde zu thun."

Richemonte ging wüthend davon, und der Kutscher begab sich zu seinen drei Gefährten, welche ein jedes Wort mit angehört hatten.

„Das war ein wenig unvorsichtig," meinte Königsau. „Es war besser, dem Hunde zu pfeifen, als hingehen und sich dem Manne zu zeigen."

„Das ist egal. Der Mann muß auch wissen, wer es ist, der ihn auslacht; sonst hat man kein Vergnügen daran."

Er stieg zu Pferde, und der Ritt begann.

Es war doch ziemlich spät geworden. Der Schleicher Richemonte hatte ihren Aufbruch verzögert; die beiden Damen konnten sich noch nicht in die gegenwärtige Art und Weise zu reiten schicken; darum kam man nur langsam vorwärts, und die halbe Wegsstrecke bis Sedan war kaum zurückgelegt, so begann der Tag zu grauen.

„Wir müssen uns sputen, sonst laufen wir Gefahr, in Sedan aufgehalten zu werden," meinte Florian.

„Ja, es ist unangenehm, daß der Tag bereits beginnt. Jetzt — — ah, dort kommt uns ein Reiter entgegen!" fragte Königsau.

Florian strengte seine Augen an; aber erst als der Betreffende ziemlich nahe heran gekommen war, erkannte er ihn.

„Sacristi! Wissen Sie, wer das ist?" fragte er den Lieutenant.

„Nun? Wer?"

„Der Baron de Reillac."

„Mein Gott, wie gefährlich! Giebt es keinen Seitenweg, den wir einschlagen können? Ja, er ist es wirklich. Jetzt erkenne auch ich ihn genau."

„Einen Seitenweg giebt es leider nicht," antwortete der Kutscher.

„So giebt es nur ein einziges Mittel: Wir reiten im Galopp an ihm vorüber, ohne uns um ihn zu bekümmern. In der Schnelligkeit bekommt er unsere Gesichtszüge nicht so gut weg."

„Das ist wahr," meinte Florian. „Ich werde mir außerdem noch Mühe geben, seine Aufmerksamkeit auf mich zu locken."

Sie nahmen die Pferde in Galopp, und als der Armeelieferant nahe genug herangekommen war, ließ Florian das seinige bocken und that, als ob er alle Mühe habe, sich im Sattel zu erhalten. Es gelang ihm dadurch allerdings einigermaßen, die Augen des Barons von den drei Andern abzulenken, aber doch nicht ganz. Er überflog sie mit einem raschen Blicke, stutzte und sagte:

„Florian, alle Teufel, wo soll dieser Ritt hingehen?"

„Nach Sedan, Herr Baron," antwortete der Gefragte, scheinbar noch immer über Maßen mit seinem Pferde beschäftigt.

„Warum so eilig?"

„Hm! Weil die Pferde laufen."

„Wer war der Officier mit den beiden jungen Kerls?"

„Ich weiß nicht; sie sind ja nun vorbei."

„Du kamst doch mit ihnen."

„Nein, sie mit mir. Adieu, Herr Baron."

Damit nahm er sein Pferd in die Zügel und sprengte den Anderen nach.

Dieses kleine unangenehme Intermezzo hatte die Damen in den Galopp eingerichtet. Sie behielten denselben bei, und selbst als sie Sedan erreichten, hielten sie nicht an. An der Brücke hielt ein Posten. Er präsentirte das Gewehr. Vorüber ging es, durch die Stadt hindurch, von hunderten von Officieren und Soldaten neugierig betrachtet und bewundert, drüben wieder hinaus und in demselben Tempo auf der Straße nach Bouillon zu.

Je näher sie diesem Orte kamen, desto mehr verminderte sich dann allerdings die Eile; der Hauptwaffenplatz Sedan lag ja glücklich hinter ihnen, und den beiden Reiterinnen wurde es schwer, auszudauern. Königsau hielt den besorgten Blick auf sie gerichtet. Sie war sehr blaß geworden, und eben, als sie durch Bouillon kamen, wankte sie im Sattel.

„Es wird Dir zu schwer, Margot," sagte er, sie schnell unterstützend. „Schmerzt Deine Wunde?"

„Nein, gar nicht," antwortete sie mit einem leisen Lächeln. „Ich bin nur matt."

„Sehr?"

„Sehr," nickte sie.

„Wir sollten hier absteigen, um Dich auszuruhen; hier ist ein Einkehrhaus; aber die Leute kennen mich. Hälst Du es nicht vielleicht noch zwei Minuten aus, bis wir die Stadt hinter uns haben?"

„Vielleicht."

„Ich unterstütze Dich."

Er bog sich zu ihr hinüber und legte ihr den Arm um die Taille. Aber lange ging es nicht. Sie schloß plötzlich die Augen und wäre ganz sicher aus dem Sattel gefallen, wenn er sie nicht mit beiden Armen gehalten hätte.

„Wasser!" flüsterte sie.

Er sprang ab, faßte sie an und trug sie nach dem Bache. Er war so um sie besorgt, daß er gar nicht bemerkte, daß zwei Leute dort auf der Wiese beschäftigt waren. Es war der alte Wirth und seine Frau, bei denen er auf der Herreise eine Nacht geschlafen hatte.

„Du sieh!" sagte die Frau, sich auf den Rechen stützend. „Dem jungen Soldaten wird es schlecht. So ein junges Blut schon in die Montur zu stecken."

„Ja," nickte der Mann nachdenklich. „Aber der Officier scheint ein guter Kerl zu sein. Er nimmt ihn vom Pferde. Ah, er trägt ihn sogar her zum Wasser."

Da faßte die Alte den Alten beim Arme und sagte hastig:

Freuden des Landlebens.

„Sieh Dir den Officier einmal an, Vater!"

„Warum?"

„Kennst Du ihn?"

„Hm! Den muß ich freilich schon gesehen haben."

„Natürlich hast Du ihn gesehen."

„Wo denn?"

„Bei uns."

„Bei uns ist doch nie ein Major eingekehrt," meinte der Alte, sich die etwas blöd gewordenen Augen wieder heller reibend.

„Er war doch gar nicht als Major da."

„Als was denn sonst?"

„Als Musikus. Besinnst Du Dich nicht auf ihn? Wir haben ihm ja die Geschichte von der Kriegskasse erzählt."

„Ach ja, der ist es; der ist es ganz gewiß! Also ein Officier! Er hat uns getäuscht. Warum aber übernachtete er gerade bei uns?"

Da faßte die Alte ihren Mann abermals und drückte ihm den Arm mit aller Gewalt.

„Was giebt es denn?" fragte er.

„Siehst Du es, siehst Du?"

„Was denn?"

„Der junge Soldat ist ein Mädchen."

„Unsinn."

„Unsinn? Siehst Du denn nicht die fürchterlich schönen, langen Haare, welche jetzt aufgegangen sind."

„Das sind Haare? Hm! Das ist eigenthümlich."

Margots Schwäche war ebenso schnell gewichen, wie sie gekommen war. Königsau hatte ihr Gesicht mit Wasser besprengt und ihr einen Schluck eingeflößt; dann konnte sie von selbst aufstehen.

„Ich danke Dir!" sagte sie. „Ich bin wieder wohl."

„Aber reiten kannst Du noch nicht wieder."

„Es wird vielleicht doch gehen. Hilf mir wieder in den Sattel."

Er that dies, und siehe da, das schöne Mädchen hielt sich von jetzt an wacker. Leider aber stellte es sich heraus, daß die Mutter sich von Minute zu Minute schwächer fühlte. Sie klagte zwar noch nicht, aber ihre Haltung zeigte, daß sie sich nach einer Stütze, oder nach Ruhe sehnte.

Da bog Florian links ab, gerade an derselben Stelle, an welcher Königsau es auch gethan hatte, als er den beiden Kriegskassendieben folgte. Dieser wendete sich daher überrascht mit der Frage an ihn:

„Wohin soll das gehen, Florian?"

„In die Berge, wie ich Ihnen bereits sagte. Wir entgehen dadurch der Beobachtung und täuschen unsere Verfolger. Die Damen können da eher einmal absteigen und ausruhen, als auf der offenen Landstraße."

„Man folgte dem Bergwege, den Königsau damals auch gegangen war. Als sie zu der verlassenen Köhlerhütte gelangten, bat Frau Richemonte:

„O bitte, geben Sie mir nur fünf Minuten Zeit, mich zu erholen; dann wird es sicher wieder gehen."

Florian half ihr ab. Sie setzte sich in das weiche Moos und holte tief Athem. Da kam Königsau ein Gedanke.

„Welcher Richtung folgen wir nun?" fragte er. „Der Weg hört auf."

„Immer gerade aus, über den Berg hinweg. Wir kommen an einer tiefen Schlucht vorüber, welche sich rechts in die Felsen zwängt."

„Bist auch Du wieder sehr müde, Margot?"

„Nein, mein Hugo."

„So wollen wir bis an jene Schlucht voran reiten. Mama mag mit Florian nachkommen, sobald sie sich gekräftigt fühlt."

„Warum?"

„Du erlaubst, daß ich Dir dies dann erkläre."

Sie ritten langsam mit einander weiter. Er kannte die Richtung noch ganz genau und erreichte den Eingang zur Schlucht ohne fehlgegangen zu sein.

„Hier laß uns absteigen," sagte er.

„Du thust so ernst, so geheimnißvoll, Hugo."

„Ich bin Beides auch wirklich, liebste Margot."

Reisebilder aus Italien.

„So ist Dir diese Gegend wohl nicht unbekannt?"

„Nein! ich kenne sie. Ich habe hier, wo wir jetzt stehen, bereits gestanden, und diese Schlucht ist der Schauplatz einer der wichtigsten Episoden meines Lebens. Ich werde sie Dir jetzt an Ort und Stelle erzählen. Komm."

Sie waren unterdessen abgestiegen. Königsau band die Pferde an einen Baum und führte die Geliebte tiefer in die Schlucht hinein. —

Als Baron de Reillac vorhin den Kutscher fortsprengen sah, ohne von ihm die gewünschte Auskunft zu erhalten, blickte er ihm kopfschüttelnd nach.

„Hm, da ist auf dem Meierhofe ganz sicher Etwas los!" dachte er, indem er sein Pferd antrieb, den Weg wieder fortzusetzen. „Aber was? Diesen Officier habe ich jedenfalls bereits gesehen. Sehr jung zu dem Range eines Majors. Und die beiden Soldaten hatten auch so et as Bekanntes an sich."

Er sann und sann, ohne auf das Richtige zu kommen.

„Ah pah! Warum mir den Kopf zerbrechen. Ich werde auf Jeanette ja Alles erfahren!" rief er so laut, als ob es Jemand hören solle.

Das Pferd mochte glauben, gemeint zu sein, denn es setzte in ein beschleunigteres Tempo ein. So ging es fort und schon war der Meierhof fern in Sicht, als der Reiter plötzlich sein Pferd mit einem Rucke anhielt.

„Donnerwetter! Welch ein Gedanke!" rief er. „Wenn dies wahr wäre. Richemonte traute diesem Florian nicht. Das wäre ein ganz verfluchter Strich durch unsere Rechnung. Rasch vorwärts! Ich muß so rasch wie möglich Gewißheit und Aufklärung haben."

Er spornte sein Pferd, daß es in Carriere davon flog, und hielt nicht eher an, als bis er sich auf dem Hofe der Meierei befand. Dort sprang er ab und eilte nach dem Zimmer des Capitäns. Er fand diesen wachend auf dem Sopha liegen. Richemonte erhob sich nachlässig.

„Wieder da?" fragte er.

„Wie Sie sehen."

„Die Wechsel mitgebracht?"

„Ja. Doch ob wir sie vernichten, ist noch nicht ganz gewiß."

„Wieso?"

Er betrachtete erst jetzt den Baron aufmerksamer und bemerkte alle Zeichen einer nicht gewöhnlichen Unruhe. Er fuhr darum fort:

„Was haben Sie? Ist Etwas passirt?"

„Vielleicht sehr viel. Beantworten Sie mir schnell einige Fragen."

„Fragen Sie."

„Wurde noch später eine Spur von diesem Königsau gefunden?"

„Nein."

„Ist Deine Mutter und Schwester noch hier?"

„Natürlich."

„Sie können nicht entkommen?"

„Es steht ein Posten vor der Thür."

„Dann ist es räthselhaft. Befindet sich Florian noch auf dem Meierhofe?"

„Jedenfalls. Wenigstens habe ich erst vor Kurzem mit dem Menschen gesprochen."

„Er ist nicht mehr da. Auch ich habe mit ihm gesprochen."

„Wo?"

„Zwischen hier und Sedan. Es war ein Dragonermajor mit zwei Soldaten bei ihm. Eine Täuschung ist nicht möglich, denn ich sprach mit ihm."

„Kam der Major von Jeanette?"

„Ja."

„Es ist nur ein einziger hier. Er kam gestern als Ordonnanz und schläft noch."

„Das ist möglich, denn der Major, welchen ich gesehen habe, war kein Anderer als dieser Königsau."

Bei diesem Worte sprang Richemonte gleich zwei Schritte vorwärts.

„Baron, was sagen Sie?" rief er.

„Ja, es war Königsau; dieser Florian ist ein Verräther."

„Irren Sie sich nicht?"

„Nein. Der Deutsche flog im Galoppe an mir vorüber; ich konnte sein Bild also nur höchst flüchtig in mir aufnehmen. Darum mußte ich längere Zeit angestrengt nachdenken, ehe ich darauf kam, wem dieses Gesicht gehörte."

„Verdammt! Sie hätten ihm sonst nachreiten können, um ihn in Sedan festnehmen zu lassen."

„Allerdings. Das ist es ja, was mich ärgert."

„Nun jetzt ist er entkommen."

„Und die beiden Soldaten mit. Ich will nur wünschen, daß ich mich in ihnen irre. Das Gegentheil wäre eine höllische Fatalität."

„Was ist's mit den Soldaten?"

„Sie sahen Ihrer Mutter und Schwester außerordentlich ähnlich."

Richemonte erbleichte.

„Sie wollen doch nicht etwa sagen, daß —" stotterte er.

„Daß dieser verdammte deutsche Lieutenant sich in unser Hauptquartier und in die unmittelbare Nähe des Kaisers wagt, um mir meine Braut vor meinen Augen zu entführen? Ja, gerade das will ich sagen."

„Das ist ein Unding, eine Unmöglichkeit. Wenn dies wahr wäre, so würde ich fast gezwungen sein, mich einfach zu erschießen."

„Ueberzeugen Sie sich."

„Ja. Kommen Sie mit."

Die beiden Männer begaben sich nach dem Zimmer Margots. Vor demselben hielt der Posten.

„Etwas passirt?" fragte Richemonte.

„Nein."

„Viel Geräusch gehört?"

„Gar keins."

Der Capitän sowohl, als der Baron sahen einander verdutzt an, und es schien, als ob sie wieder Vertrauen in die Lage ihrer Sache gewonnen hätten.

(Fortsetzung folgt.)

Die Liebe des Ulanen.

Original-Roman aus der Zeit des deutsch-französischen Krieges von Karl May.

(Fortsetzung.)

Richemonte wandte sich nun an den wachthabenden Posten mit der weiteren Frage:

„Ist da im Zimmer nicht gesprochen worden?"

„Nein," rapportirte der Soldat.

„Treten wir ein!" erklärte der Capitän.

Er öffnete die Thür. Dies war jetzt möglich, da Margot vor ihrer Entfernung den Riegel mit Absicht wieder zurückgezogen hatte.

„Kein Mensch hier," sagte er. „Aber dort ist noch eine Thür."

Er gelangte in das Zimmer, welches für Königsau bestimmt gewesen war. Auch hier war nichts zu sehen. Von da aus wagte er sich bis an die Treppe, welche in den Stall führte, und zu welcher er hinabgestürzt war.

„Hier sind sie hinab," sagte er. „Der Schurke von Florian ist ihnen dabei behilflich gewesen und hat auch den Deutschen irgendwo versteckt gehabt. Wir müssen sehen, ob die Baronin und ihr Sohn mit ihm im Bunde gewesen sind."

Er eilte, von Reillac gefolgt, nach dem Zimmer der Baronin. Dort stand der Posten, welchen er vor der Thür gelassen hatte.

„Ist die Gefangene noch anwesend?" fragte er.

„Ja," antwortete der Mann.

„Hast Du sie gehört?"

„Ich habe soeben mit ihr gesprochen."

„Was?"

„Sie trat an die Thür und verlangte ihre Bedienung zur Toilette."

„Ist das Mädchen bereits bei ihr?"

„Sie ist im Augenblicke eingetreten."

„Wollen sehen."

Er öffnete die Thür. Die Baronin saß, von dem Frisir-mantel umhüllt, auf einem Stuhle. Beim Anblicke der beiden Männer erhob sie sich überrascht.

„Madame, haben Sie während der Nacht dieses Zimmer einmal verlassen gehabt?" fragte Richemonte, ohne sie vorher zu grüßen.

Sie warf ihm einen erstaunt-verächtlichen Blick entgegen und antwortete: „Monsieur, seit wann ist es Sitte, ohne Anmeldung und Gruß in das Boudoir einer Dame einzudringen?"

„Seit jeher, falls die Dame nämlich Gefangene ist. Sie haben meine Frage gehört, und ich ersuche Sie, mir eine Antwort zu geben."

Sie zuckte die Achseln und entgegnete:

„Es kann hier von einer Antwort keine Rede sein. Ich spreche nur mit Personen, welche die im Verkehre mit Damen so nothwendige Höflichkeit besitzen. Ihnen aber entgeht dieselbe vollständig."

„Ach!" meinte er zornig. „Vergessen Sie nicht, daß Sie sich in meiner Gewalt befinden!"

„Jedenfalls in der des Kaisers, dessen Kerkermeister, oder Büttel Sie ja nur sind. Verlassen Sie mich!"

„Ich werde nicht eher gehen, als bis Sie meine Frage beantwortet haben."

Sie wendete sich stolz von ihm ab und schwieg.

„Ich muß Ihnen nämlich sagen, daß meine Mutter und Schwester während dieser Nacht entflohen sind — — —!"

Bei diesen Worten des Capitäns zuckte die Baronin zusammen. Sie konnte diesen Ausdruck der Bewunderung doch nicht beherrschen oder verbergen, doch schwieg sie noch immer.

„Und daß Sie der Beihilfe zu dieser Flucht dringend verdächtig sind," fuhr er in barschem Tone fort.

Sie gewann es auch jetzt über sich, zu schweigen. Dies

9.

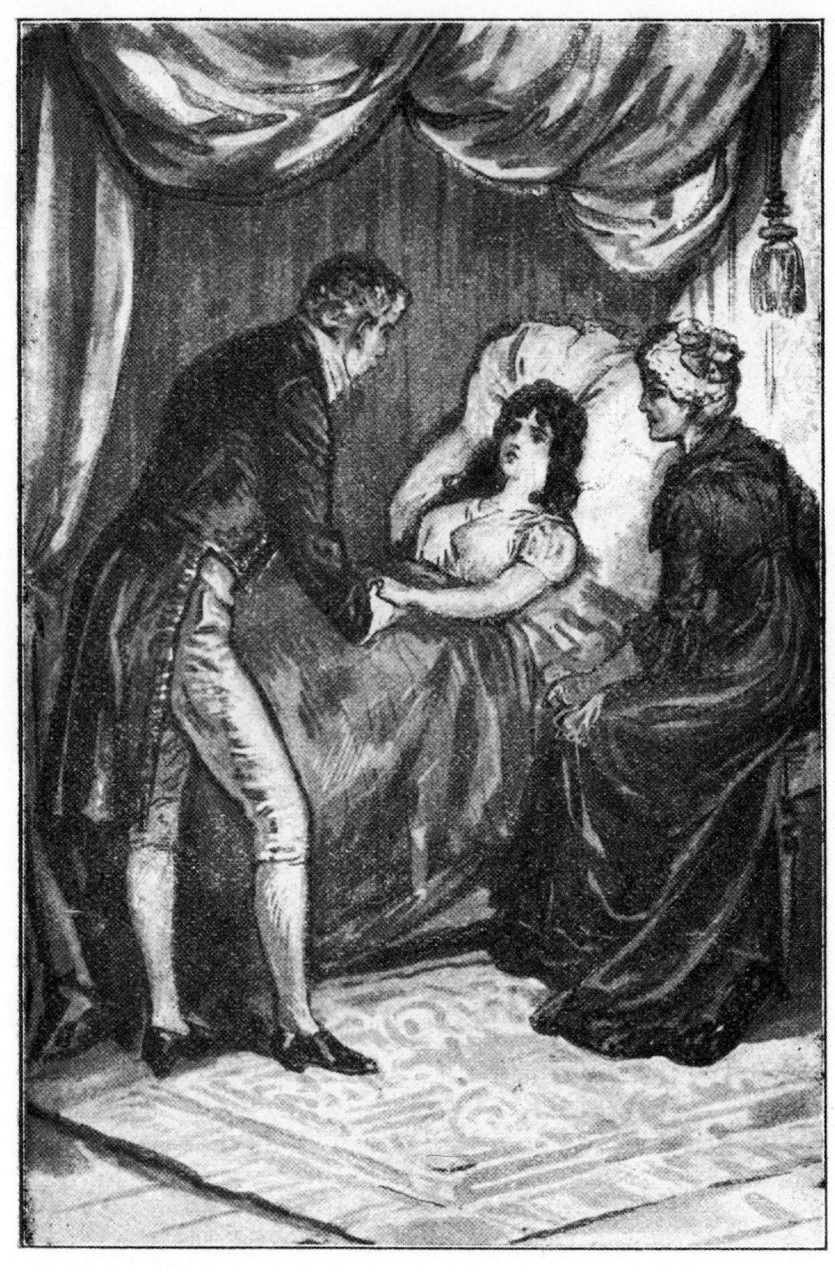

10.

steigerte seinen Zorn in der Weise, daß er nahe an sie herantrat und ihr zurief:

„Haben Sie das Sprechen verlernt, Madame? Man wird rasch genug Mittel finden, Sie zu Worte zu bringen."

Auch dieser rüden Drohung würdigte sie keine Antwort. Da mischte sich Reillac in die Angelegenheit, indem er Richemonte beim Arme ergriff und zurückzog.

„Dieses Zimmer hat nur den einen Ausgang," sagte er. „Der Posten hat gesagt, daß Madame es nicht verlassen habe, und so meine ich, daß wir es glauben können."

„Möglich!" antwortete der Capitän. „Aber ich bin gewöhnt, Antwort zu erhalten, wenn ich frage."

„Lassen wir das jetzt. Wir versäumen damit nur ganz unnütz die kostbare Zeit. Jedenfalls steht der junge Baron mit im Bunde."

„O, das ist nicht nur möglich, sondern sogar sehr wahrscheinlich. Also schnell zu ihm. Und wehe ihm, wenn ich ihn schuldig finde."

Sie verließen das Gemach und begaben sich nach den Parterreräumlichkeiten, welche der Baron bewohnte. Auch hier berichtete der Posten, daß der Gefangene das Zimmer nicht verlassen habe. Vor den Fenstern der Wohnung hatte ein zweiter Soldat Wache gehalten, und da auch dieser aussagte, daß er nichts Verdächtiges bemerkt habe, so hätte man eigentlich die Unschuld des Barons für erwiesen achten können, aber dennoch drangen die Beiden ohne Gruß und Anmeldung in dessen Zimmer ein.

Er lag auf dem Sopha und schien die Nacht schlaflos zugebracht zu haben. Als die Beiden erschienen, gab er seine liegende Stellung auf.

„Sie sind beschuldigt, Mitwisser eines Ereignisses zu sein, welches eine für Sie sehr strenge Strafe nach sich ziehen kann," sagte der Capitän rauh. „Ich hoffe, daß Sie diese Strafe dadurch zu mildern suchen, daß Sie mir meine Fragen aufrichtig und reuevoll beantworten."

Der Baron sah den Sprecher ganz erstaunt an.

„Reuevoll!" sagte er. „Ich bin mir bewußt, nichts gethan zu haben, was ich zu bereuen hätte."

„Das wird sich finden! Haben Sie während der verflossenen Nacht dieses Zimmer verlassen?"

„Nein."

„Es ist aber Jemand bei Ihnen gewesen?"

„Kein Mensch."

„Oder Sie haben wenigstens mit irgend Jemand Zeichen gewechselt, oder in irgend einer anderen Weise sich mit ihm in Verbindung gesetzt?"

„Nein."

„Wollen Sie wirklich leugnen?"

„Ich brauche nicht zu leugnen."

„Sie wissen aber, was während dieser Nacht geschehen ist?"

„Ich weiß nur, daß es mir während der Nacht gelungen ist, ein Buch bis zu Ende zu lesen."

„Versuchen Sie nicht, mich zu täuschen. Sie haben gelesen; Sie sind also stets wach gewesen?"

„Allerdings."

„Nun, das genügt nicht nur, unsern Verdacht zu bestärken, sondern es stellt sogar Ihre Mitthäterschaft außer allen Zweifel."

„Sie sprechen in Räthseln, Monsieur. Mitthäterschaft! Was ist denn geschehen, woran ich theilgenommen haben soll?"

„Gut, ich werde es Ihnen sagen, obgleich Sie es eher wußten, als wir es erfuhren. Madame und Mademoiselle Richemonte sind entflohen."

Der Baron machte eine Bewegung des Erstaunens.

„Entflohen? Unmöglich!"

„Nein, wirklich."

„Aber warum?"

„Das werden Sie wohl wissen."

„Und wohin?"

„Auch diese Frage werden Sie beantworten können."

„Bei meiner Ehre! Ich weiß kein einziges Wort davon."

„Auch nicht, daß Ihr Kutscher mit ihnen fort ist?"

„Florian?"

„Ja."

„Wie soll ich das wissen? Vor meiner Thür steht ein Posten und vor den Fenstern ein zweiter. Ich bin vollständig isolirt gewesen."

„Ich werde Ihnen aber doch beweisen, daß Sie lügen."

Da runzelte der Baron die Stirn.

„Monsieur," sagte er, „Sie gebrauchten soeben einen Ausdruck, den zurückzunehmen ich Sie bitten muß."

„Das kann mir nicht einfallen. Sie sind Mitwisser des Ereignisses."

„Ich versicherte Ihnen bereits bei meiner Ehre, daß ich nichts weiß."

„Ich glaube Ihnen nicht."

„Donnerwetter, Sie glauben meinem Ehrenworte nicht? Wissen Sie was das zu bedeuten hat?"

„Das hat nichts zu bedeuten, als daß ich als Untersuchender dem Inculpaten keinen Glauben zu schenken brauche, ja, daß es vielmehr die größte Unvorsichtigkeit und der größte Fehler sein würde, ihm zu vertrauen."

„Sie meinen also, daß Sie mich als Lügner betrachten?"

„Ja, das meine ich," antwortete der Capitän kaltblütig.

„Nun, Sie wissen, daß ich Cavalier und Edelmann bin. Sie werden mir jedenfalls Genugthuung geben."

„Fällt mir nicht ein! Sie sind jetzt weder Cavalier, noch Edelmann, sondern Untersuchungsgefangener."

Da trat der Baron nach der Ecke des Zimmers, in welcher ein Spazierstöckchen lehnte. Er griff darnach und sagte:

„Pah! Sie sind nicht der Mann, der mich seinen Inculpaten oder Untersuchungsgefangener nennen könnte. Ich frage Sie einfach, ob Sie mir Genugthuung geben wollen, oder nicht?"

„Fällt mir nicht ein!" wiederholte der Capitän.

„Nun, so werde ich Sie zwingen."

Bei diesen Worten machte der Baron Miene, mit dem Stocke auf seinen Gegner einzudringen. Dieser aber trat schnell zurück, so daß der Posten sichtbar wurde, und rief:

„Halt! Einen Schritt weiter, so giebt Ihnen dieser Mann eine Kugel!"

Der Baron blieb stehen. Er besann sich und warf den Stock von sich.

„Monsieur, Sie sind ein ehrloser Feigling!" sagte er. „Aber," fügte er rasch hinzu, „dort sehe ich Einen, welcher mir Genugthuung verschaffen muß und auch verschaffen wird."

Der Kaiser war nämlich bereits wach geworden und trat

soeben aus dem Portale. Der Baron hatte ihn erblickt und öffnete, ehe es verhindert werden konnte, das Fenster.

„Sire! Majestät!" rief er mit lauter Stimme.

In seiner gegenwärtigen Aufregung dachte er gar nicht daran, daß es eigentlich ganz unerhört sei, sich in dieser Weise an den Kaiser zu wenden. Dieser wendete sich ihm zu und trat näher. Seine Stirn verfinsterte sich.

„Ah, Baron! Was wollen Sie?" fragte er kurz und streng.

„Gerechtigkeit, Sire."

„Sie wird Ihnen werden."

Er machte Miene, sich umzudrehen, doch der Baron hielt ihn mit den Worten fest:

„Man hält mich ohne Recht gefangen; man bringt auf die unverschämteste Weise bei mir ein; man beleidigt meine Ehre und verweigert mir doch die Genugthuung. Ich verlange, gehört zu werden."

Der Kaiser richtete einen finstern, beinahe starren Blick auf ihn."

„Junger Mann, Sie sind sehr kühn!" sagte er. „Ich komme selbst."

Er hatte natürlich im Hofe gestanden, jetzt kehrte er durch das Portal zurück, um zum Baron zu gelangen.

Dieser wurde jetzt von Richemonte und Reillac vom Fenster weggerissen, aber freilich zu spät.

„Unsinniger, was wagen Sie!" rief Reillac.

„Der Kaiser, ah, der Kaiser kommt," sagte Richemonte.

Er war todesbleich geworden. Er hatte die Bewachung der Entflohenen übernommen und fühlte fürchterliche Angst bei dem Gedanken, wie Napoleon die Kunde von ihrer Entweichung aufnehmen werde.

„Ja, er kommt," meinte der Baron. „Ich habe ihn nicht zu fürchten."

„Hole Sie der Teufel! Aber machen Sie sich auf das Schlimmste gefaßt, wenn Ihnen nur der kleinste Gedanke einer Mitschuld zu beweisen ist."

In diesem Augenblicke präsentirte der Posten das Gewehr. Der Kaiser nahte. Er trat langsam ein, warf einen raschen Blick auf die drei Anwesenden und fragte dann:

„Capitän Richemonte, was ist geschehen?"

„Sire, Etwas, was ich Eurer Majestät nur auf Dero Zimmer melden kann," antwortete der Gefragte.

„Sprechen Sie hier!" klang es kurz und befehlerisch.

Der Capitän räusperte sich in größter Verlegenheit und meldete:

„Die Gefangenen sind entflohen, Sire."

Es ging ein schnelles, unheilverkündendes Zucken über Napoleons Gesicht.

„Welche Gefangenen?" fragte er.

„Meine Mutter und Schwester."

Das broncene Gesicht des Kaisers wurde um einen Schein dunkler. Er trat rasch zum Fenster und blickte hinaus, als ob er irgend etwas Auffälliges da draußen bemerkt habe. Doch geschah dies nur, um seine Gefühle zu verbergen und Zeit zu gewinnen, ruhig zu erscheinen. Als er sich wieder umdrehte, war in seinen eisernen Zügen nicht die mindeste Aufregung zu bemerken.

„Wann sind sie entflohen?" fragte er.

„Während des Morgengrauens," antwortete der Capitän.

„Das zu untersuchen, begab ich mich hierher, Majestät.

Ohne Beihilfe von anderer Seite wäre den Damen die Flucht unmöglich gewesen."

„Wann hat man ihre Entfernung bemerkt?"

„Herr Baron de Reillac ist ihnen zwischen hier und Sedan begegnet."

„Ah! Er hat sie nicht festgehalten?"

„Er hat sie nicht erkannt, da sie als Soldaten verkleidet waren."

„Sie waren allein?"

„Nein, der Kutscher Florian begleitete sie, und der Anführer der Truppe war jener deutsche Lieutenant Königsau."

Der Kaiser preßte die Lippen zusammen. Es dauerte eine Weile, ehe er weiter forschte:

„Hatten Sie nicht Posten vor die Thür beordert?"

„Ja, Majestät."

„So hat dieser Mann geschlafen."

„Schwerlich. Die Gefangenen sind mit Hilfe des Kutschers nach dem Stalle und von da in das Freie gekommen."

„So hatte das Zimmer derselben noch einen zweiten Ausgang?"

„Allerdings, Sire."

„Es stand kein Posten davor?"

„Nein."

„Kannten Sie diesen zweiten Ausgang?"

Die Fragen des Kaisers folgten sich mit außerordentlicher Geschwindigkeit, so daß der Capitän Mühe hatte, seine Antworten mit derselben Schnelligkeit zu geben. Jetzt aber stockte er.

„Nun, Antwort!" befahl der Kaiser streng.

„Ja, ich kannte ihn," antwortete Richemonte gepreßt.

„Warum ließen Sie ihn nicht besetzen?"

„Weil ich ihn für unpassirbar hielt. Es waren dieselben Stufen, von denen ich selbst heruntergefallen war."

„Was thun Sie dann hier?"

„Ich kam, um den Baron zu verhören, nachdem ich vorher auch bereits bei seiner Mutter gewesen war."

„Was sagte die Dame aus?"

„Daß sie von nichts wisse."

„Und Sie, Baron?"

Mit dieser Frage wendete Bonaparte sich direct an Sainte-Marie.

„Auch ich weiß von nichts," antwortete dieser. „Ich versicherte dies dem Capitän auf Ehrenwort, als Edelmann und Cavalier: er aber nannte mich einen Lügner, und als ich Genugthuung verlangte, verweigerte er mir dieselbe, weil ich Inculpat sei."

Der Kaiser blickte den Capitän mit einem undefinirbaren Ausdruck in das Gesicht und fragte ihn:

„Also die beiden Posten haben ihre Schuldigkeit gethan?"

„Ja, Majestät," antwortete er.

„Das Zimmer der Baronin hat nur den einen Ausgang, welcher bewacht wurde?"

„Ja."

„Und dieses auch?"

„Ja, wie Majestät sich selbst überzeugen können."

„Nun, so sind Sie allein schuld an dem Entweichen der Gefangenen, in dem Sie die Treppe nicht bewachen ließen. Ich sollte Sie streng bestrafen."

Er ließ den vor Angst fast vergehenden Capitän ein Weilchen warten; dann fuhr er fort:

„Doch ist diese ganze Angelegenheit eine so untergeordnete und gleichgiltige, daß ich davon absehe. Diese Leute mögen sich immerhin entfernt haben; es liegt nichts an ihnen. Der Baron de Sainte-Marie und seine Mutter aber sind auf alle Fälle unschuldig; der Zimmerarrest ist aufgehoben; sie sind Beide frei."

„Majestät, ich danke!" rief der Baron. „O, ich wußte, daß mein Kaiser uns die Gerechtigkeit nicht verweigern werde."

Napoleon beachtete diese Worte nicht; er wendete sich an Richemonte.

„Diese Angelegenheit ist also erledigt. Nehmen Sie die Posten weg und verfügen Sie sich dann nach Ihrem Zimmer. Der Baron de Reillac wird Sie begleiten."

Er wendete sich kurz um und ging. Die Beiden folgten ihm. Als sie nach kurzer Zeit Richemonte's Zimmer betraten, meinte dieser:

Zu welchem anderen Zwecke denn, als sofort bei der Hand zu sein, wenn er schickt."

„Ich könnte mich vor Grimm verzehren. Es ist wirklich — — —"

Er wurde unterbrochen, denn ohne daß vorher angeklopft worden war, öffnete sich die Thür und — der Kaiser trat ein.

Die Beiden standen in strammer Haltung, aber auch banger Erwartung vor ihm. Er zog die Thür zu, versicherte sich, daß sie wirklich verschlossen sei und wendete sich zuerst an Reillac:

„Baron, ich höre, daß Sie diese Margot Richemonte lieben?"

Der Gefragte verneigte sich stumm.

„Sie ist Ihre Verlobte?"

„Noch nicht, Sire."

Auf dem Wege zum Ruin.   Siebente Illustration zur Erzählung: „Wiedergefunden"

„Was sagen Sie nun, Baron?"

„Ein ganz verfluchter Fall."

„O, ich brenne vor Wuth, daß der Kaiser mir vor diesem jungen Menschen den Verweis geben mußte. Nun werden die Weiber entkommen."

„Meinen Sie? Ich glaube es nicht."

„Nicht? In wiefern?"

„Ich bin überzeugt, das die Gleichgiltigkeit des Kaisers nur affectirt gewesen ist. Er hat die Absicht gehabt, den Baron und dessen Mutter sicher zu machen. Es sollte mich gar nicht wundern, wenn Sie in der nächsten Minute zu ihm gerufen würden."

„Verdammt! Aber ich möchte es auch fast glauben."

„Natürlich! Wir sollen uns in Ihr Zimmer verfügen.

Die Stimme des Kaisers klang scharf und schneidend, als er antwortete:

„Sie ist es! Ihr Kaiser sagt es, und hier haben Sie meine schriftliche Bestätigung. Nehmen Sie."

Er hatte bisher einen zusammengefalteten Bogen in der Rechten gehalten. Jetzt übergab er denselben dem Baron und fuhr dann fort:

„Die Braut ist Ihnen entflohen. Was ist Ihre Pflicht?"

„Ihr nachzueilen," antwortete Reillac rasch.

„Allerdings. Ich hoffe, daß Sie es schleunigst thun werden!"

„Gern, Majestät! aber meine anderen so wichtigen Verpflichtungen — — —"

„Welche meinen Sie?"

„Ich bin Armeelieferant, Majestät!"

„Pah! Haben Sie Stellvertreter?"

„Die Verwaltung meines Geschäftes ist allerdings so organisirt, daß ich mich ohne Schaden eine kurze Zeit entfernen könnte."

„So eilen Sie! Ich hoffe, daß es Ihnen gelingen wird, die Flüchtigen baldigst einzuholen. Erzählen Sie schnell, wie und wo sie dieselben getroffen haben!"

Der Baron stattete seinen Bericht ab, welchem der Kaiser mit der gespanntesten Aufmerksamkeit folgte. Dann wendete sich der Monarch mit einer raschen Bewegung zu Richemonte:

„Capitän," sagte er in jenem Tone, welcher bei ihm so gefürchtet war.

„Sire!" antwortete Richemonte, beinahe zitternd.

„Es ist Genugthuung von Ihnen gefordert worden?"

Richemonte machte eine kurze, bejahende Verneigung.

überzeugt, daß der deutsche Husarenlieutenant bei den Damen gewesen ist."

„Ja, Majestät."

„Bringen Sie ihn mir lebendig oder erschießen Sie ihn, sobald Sie ihn treffen. Die Damen aber muß ich auf alle Fälle haben."

„Wir werden augenblicklich aufbrechen."

„Aber wohin?"

„Zunächst nach Sedan, wo wir wohl erfahren werden, in welcher Richtung die Entwichenen zu suchen sind. Majestät geruhen wohl, uns die Erlaubniß zu ertheilen, die zur Verfolgung nöthigen Mannschaften zu requiriren."

„Welch ein Gedanke!" zürnte Napoleon. „Wollen Sie zwei Frauen mit einem Reiterregimente fangen? Wollen Sie die Augen der Welt auf dieses private Unternehmen ziehen? Drei bis höchstens vier Mann genügen vollständig. Diese

Eine Negerhochzeit.

„Sie haben dieselbe verweigert — einem Edelmanne verweigert?"

Dieselbe Verneigung. Man hätte das Herz des Capitäns klopfen hören können, so war er von Angst erfüllt.

„Sie haben Leute entkommen lassen, welche ich selbst Ihnen anvertraute. Wissen Sie, was dies heißt?"

Dem Capitän tröpfelte der Schweiß von der Stirn.

„Ich habe Ihnen vorhin gesagt, daß ich Ihnen das Letztere verzeihe. Die Gegenwart des Barons von Sainte-Marie zwang mich dazu. Aber ich kann Sie kaum mehr als Officier und Ehrenmann betrachten. Schließen Sie sich der Verfolgung der Flüchtlinge an und lassen Sie sich ohne dieselben nie wieder vor mir sehen. Sind Sie in der Ergreifung derselben glücklich, so können Sie vielleicht auf eine mildere Beurtheilung Ihres Verhaltens rechnen. Sind Sie

nehmen Sie gleich von hier mit. Wenn Sie scharf reiten, werden Sie die Frauen in kürzester Zeit einholen."

Nach diesen Worten drehte er sich scharf auf dem Absatze herum und schritt zur Thür hinaus.

„Sehen Sie, daß ich Recht hatte?" sagte Reillac. „Er ist sogar selbst gekommen, anstatt uns zu sich zu befehlen. Nun aber zunächst diesen Bogen und seinen Inhalt kennen lernen."

„Nein, nein!" meinte Richemonte. „Das können Sie unterwegs vornehmen. Wir müssen augenblicklich aufbrechen, denn der Kaiser wird uns scharf beobachten."

In demselben Augenblicke schritt Napoleon auf die Treppe zu, welche nach seinen Gemächern führte, als eine Thür geöffnet und ihm gerade an den Kopf gestoßen wurde.

„Donnerwetter, wer hat — — —" rief eine zornige Stimme aus dem geöffneten Zimmer.

Zu gleicher Zeit erschien ein bärtiger Mann, welcher eine fast paradiesische Erscheinung bildete, denn er war nur mit dem Hemde bekleidet." Es war jener Dragonermajor, welchem Florian die Uniform entwendet hatte, um sie Königsau zu bringen.

Napoleon fuhr sich mit beiden Händen an den Kopf und sagte:

„Mon dieu! Wer kann so unvorsichtig sein!"

Der Mann sah, wem er die Thüre in das Gesicht geschlagen hatte.

„Alle Teufel; Der Kaiser!" rief er, auf das Heftigste erschreckt.

„Ja, der Kaiser! Ich rathe Ihnen, in Zukunft — — ah!" unterbrach er sich. „Major Marbeille!"

„Pardon, Majestät," stotterte der Officier. „Ich suchte meine Kleidung, welche man aus irgend welchem Grunde entfernt hat."

Napoleon hatte sich bereits in die Scene gefunden.

„Man hat sie gestohlen," meinte er, über die vor ihm stehende Figur nur mit Mühe ein Lächeln unterdrückend.

„Gestohlen! Bei Gott, den Dieb lasse ich hängen!"

„Man wird erst sehen müssen, ob er sich fangen läßt!"

„Aber, was fange ich an?"

„Leihen Sie sich einstweilen eine andere Uniform, und schließen Sie jetzt die Thür, Major."

Bei diesen Worten schritt er davon. Der Major aber kam erst jetzt zum vollen Bewußtsein der Situation, in welcher er sich hatte überraschen lassen.

„Donnerwetter!" sagte er. „Im Hemde! Und es war der Kaiser. Ich werde sogleich nach anderen Kleidern klingeln und dann nach dem Spitzbuben forschen. Erwische ich ihn, so lasse ich ihn hängen, erschießen und rädern für die Blamage, die er mir bereitet hat."

Er drückte seine Thür grad zur rechten Zeit zu, um nicht auch noch von Richemonte und Reillac bemerkt zu werden, welche eben jetzt vorüber schritten. Nach einigen wenigen Minuten verließen Beide den Meierhof zu Pferde, gefolgt von drei bärtigen Cavalleristen, mit denen sie in gestrecktem Galopp auf Sedan zusprengten.

Dort erfuhren sie zunächst, daß die Gesuchten hier durchgekommen seien, und am jenseitigen Ausgange der Stadt gab man ihnen dann an, daß sie die Richtung nach Bouillon eingeschlagen hatten.

Sie verfolgten natürlich dieselbe Richtung.

(Fortsetzung folgt.)

Die Liebe des Ulanen.
Original=Roman aus der Zeit des deutsch=französischen Krieges von Karl May.
(Fortsetzung.)

Die Verfolger kamen viel schneller vorwärts als Königsau, welcher die Damen hatte berücksichtigen müssen. In verhältnißmäßig kurzer Zeit erreichten sie Bouillon. Jenseits dieses Ortes erblickten sie zwei Personen auf einer Wiese. Dort hielten sie an.

„Seid Ihr von hier?" fragte Richemonte.

„Ja, Monsieur," antwortete der Mann.

„Wer seid Ihr denn?"

„Ich bin der Besitzer des Gasthauses dort, und das ist meine Frau."

„Wie lange arbeitet Ihr heute bereits hier?"

„Seit zwei Stunden."

„Sind keine Reiter hier vorüber gekommen?"

„Ja doch."

„Wie viele?"

„Vier waren es."

„Soldaten?"

„Drei Soldaten; einer von den Dragonern und drei Gemeine."

„Wer war der Vierte?"

„Das muß ein Landsmann gewesen sein."

„Ist Euch an diesen Leuten nichts aufgefallen?"

Der Mann blickte seine Frau und sie ihn an.

„Soll man es verrathen?" flüsterte er.

„Hm! Wer weiß denn, was das Klügste ist," antwortete sie ebenso leise, wie er gesprochen hatte.

Richemonte bemerkte ihr Flüstern und ihre Ungewißheit, und sagte:

„Ich bin ein Abgesandter des Kaisers. Ihr habt mir die Wahrheit zu sagen, wenn Ihr nicht in Strafe kommen wollt. Also, ist Euch nicht etwas Ungewöhnliches an diesen Reitern aufgefallen?"

„Ja, doch," antwortete der Mann zögernd.

„Was?"

„Der von den Soldaten war ein Mädchen."

„Ah! Woher wißt Ihr das?"

„Weil ihr das Haar aufging, als der Major sie vom Pferde hob."

„Er hob sie vom Pferde? Weshalb?"

„Es mochte ihr übel geworden sein, denn er trug sie zum Wasser und gab ihr zu trinken."

„Blieben sie lange hier?"

„Nein. Sie ritten bereits nach kurzer Zeit wieder fort."

„Wohin? Wohl jedenfalls nach Paliseul zu?"

„Nein, sondern links da in die Berge hinauf."

„Donnerwetter! Was wollen sie dort!" sagte er zu Reillac. „Sie fangen es nicht ganz übel an, uns zu entkommen."

„Ja," meinte der Baron. „Da in den Bergen und Wäldern wird es uns verdammt schwer werden, ihnen auf der Spur zu bleiben. Wir sind leider keine wilden Indianer, welche jeder Fährte zu folgen vermögen. Aber nach müssen wir ihnen doch!"

„Das versteht sich ganz von selbst."

Und zu dem Wirthe gewendet, fragte er weiter:

„Ritten diese Leute sehr schnell?"

„Nein, sondern sehr langsam."

„Haben Sie mit Euch gesprochen?"

„Kein Wort. Aber den Major kennen wir."

„Wieso? Wie heißt er?"

„Das wissen wir nicht. Er hat vor kurzer Zeit eine Nacht bei uns geschlafen."

„Als Einkehrgast?"

„Ja."

„In Uniform?"

„O nein. Er gab sich für einen Musikus aus Paris aus."

„Das ist eine Lüge. Ich will Euch sagen, daß er ein preußischer Spion ist, den wir fangen wollen. Wohin führt der Weg, den sie geritten sind?"

„Nur in den Wald zu einer alten Kohlenbrennerhütte."

„Nicht weiter? Nach keiner Stadt und keinem Dorfe?"

„Nein."

„Das ist schlimm. Wie lange ist es her, daß sie hier waren?"

„Vielleicht eine halbe Stunde."

„Hurrah, so erwischen wir sie vielleicht noch, bevor der Weg aufhört und der Wald anfängt?"

„Ja, wenn Sie die Pferde anstrengen wollen, so ist es möglich, daß Sie sie noch bei der Hütte einholen."

„Dann vorwärts!"

Er gab seinem Pferde die Sporen und lenkte in den schmalen Bergweg ein. Die Anderen folgten.

Es war schwer, hier reitend empor zu kommen, aber die beiden Verfolger hatten keineswegs die Absicht, ihre Thiere zu schonen. Diese wurden vielmehr zum möglichst schleunigen Tempo angetrieben," und so kam es, daß die Entfernung sehr rasch zurückgelegt wurde.

Richemonte ritt voran. Er spähte höchst aufmerksam nach vorn und hielt, eben als er um einen Busch biegen wollte, sein Pferd plötzlich an.

„Was giebt es?" fragte Reillac.

„Da, sehen Sie."

Bei diesen Worten streckte Richemonte den Arm aus und deutete nach vorn. Reillac folgte mit seinen Augen der angegebenen Richtung.

„Hölle und Teufel!" sagte er. „Das muß die Köhlerhütte sein."

„Natürlich! Und die Beiden, welche da im Moose sitzen."

„Das ist dieser verfluchte Florian."

„Und der Soldat neben ihm? Er dreht uns den Rücken zu."

„Ah, jetzt dreht er sich etwas herum. Richemonte, das ist Ihre Mutter."

„Wahrhaftig! Wer hätte diesem Weibe jemals zugetraut, sich in die Montur eines gemeinen Soldaten zu verstecken! Aber wo mögen die beiden Andern sein?"

„Königsau und Margot? Jedenfalls im Innern der Hütte."

„Das glaube ich nicht," meinte der Capitän kopfschüttelnd.

„Warum nicht?"

„Weil ihre Pferde nicht zu sehen sind."

„Ah, richtig! Sollten sich diese Leute getrennt haben, um die etwaigen Verfolger irre zu führen?"

„Unsinn! Diese Beiden werden ein Wenig vorausgeritten sein. Sie sind ja Liebesleute!"

„Hole sie der Teufel! Was thun wir?"

„Wir fallen natürlich über sie her, ganz plötzlich, so daß dieser brave Florian sich gar nicht zu vertheidigen vermag."

„Da ist es am Besten, wir reiten heimlich um die Hütte herum, steigen ab, schleichen uns näher und überfallen sie von hinten."

„Richtig! Thun wir das! Vorwärts."

Sie ritten einen Bogen und gelangten an den Theil des Waldes, welcher an der Rückseite der Hütte lag. Hier stiegen sie ab und schlichen sich leise herbei. Die Beiden, denen dieser Ueberfall galt, ahnten nicht, welche Gefahr ihnen so nahe war. Auch Tiger, der Hund, merkte nichts."

„Wird es nun bald wieder gehen, Madame?" fragte Florian.

„Ich hoffe es," antwortete Frau Richemonte. „Ich habe mich ein wenig ausgeruht und denke, daß wir aufbrechen können. Aber werden wir die Beiden glücklich wiederfinden?"

„Natürlich."

„Also an einer Schlucht erwarten sie uns?"

„Ja, ich kenne sie. Darf ich Ihnen in den Sattel helfen."

„Ich bitte, lieber Florian."

Sie erhob sich aus dem Moose. Florian wollte dasselbe thun, kam aber nicht dazu, denn ohne daß ein Laut die Nähe der Verfolger angezeigt hätte, wurde er von sechs kräftigen Armen gefaßt und niedergedrückt, nachdem zunächst der Hund durch einen Kolbenschlag unschädlich gemacht worden war, während vier andere Arme sich um Frau Richemonte schlangen.

„So! Endlich haben wir Euch!" sagte der Capitän tief aufathmend.

Sie wandte ihm ihr Gesicht zu.

„Albin! Mein Gott, es ist Albin!" rief sie, auf das Heftigste erschrocken.

„Ja," höhnte er. „Es ist der liebe Albin, und mit ihm kommt der heißgeliebte Bräutigam, um sich seine Braut zu holen!"

„Verdammt! Laßt mich los!"

Bei diesen Worten machte Florian eine gewaltige Kraftanstrengung, um sich zu befreien, aber dies war ihm, Dreien gegenüber, unmöglich.

„Bursche, füge Dich!" meinte Reillac. „Sonst geht es Dir nicht gut! Du bist ein Lügner und Verräther!"

„Pah! Ich reite spazieren, mit wem ich will!" meinte der Kutscher.

„Ja; aber der gegenwärtige Spazierritt wird Dir schlecht bekommen. Wo ist dieser Monsieur Königsau?"

„Ich weiß es nicht."

„Und Margot."

„Jedenfalls bei ihm."

Florian glaubte, daß es dem Lieutenant doch möglich sein werde, mit der Geliebten den Verfolgern zu entkommen.

„Mensch, antworte besser, sonst bekommst Du Hiebe! Wo sind die Beiden zu treffen?"

„Ich weiß es nicht. Schlagt immer zu."

„Dazu ist es noch später auch Zeit. Uebrigens irrst Du Dich, wenn Du meinst, daß wir sie nicht finden. Die Schlucht, von welcher Ihr vorhin redetet, wird nicht sehr weit entlegen sein?"

„Hier sind sie fortgeritten; man sieht ihre Spuren."

Während Richemonte diese Worte sprach, deutete er auf die Erde.

„Wirklich!" antwortete Reillac. „Es wird hier nicht sehr schwer sein, ihnen zu folgen."

„Sie haben auf die Mama und den lieben Florian warten wollen. Wir dürfen uns also Zeit nehmen und können zu Fuße gehen."

„Das wird das Beste sein. Zu Pferde geht es schlecht. Aber vorher wollen wir dafür sorgen, daß diese zwei Vögel uns nicht wieder ausfliegen."

Florian wurde sehr fest, Frau Richemonte aber leichter

gefesselt. Die drei Soldaten erhielten den Befehl, sie zu bewachen, und dann folgten Richemonte und Reillac der Spur Königsau's.

Diese hatte sich dem lockeren Waldboden tief genug eingedrückt, um leicht genug erkannt zu werden. Auch waren die Schritte der Beiden unhörbar, so daß ihr Nahen nur schwer bemerkt werden konnte.

So gelangten sie bald zur Stelle, wo die Pferde angebunden waren.

Richemonte erblickte die Thiere zuerst. Er faßte den Gefährten am Arme und hielt ihn zurück.

„Halt!" sagte er. „Sehen Sie dort die Pferde?"

„Natürlich! Wo aber mögen die Reiter sein?"

„Jedenfalls in der Nähe."

„Warten wir hier, bis sie kommen?"

„Nein. Ich habe nämlich so meine Gedanken."

„Welchen?"

„Sie haben an der Schlucht warten wollen. Daraus schließe ich, daß sie das Innere derselben haben aufsuchen wollen."

„Dazu müßte ein Grund vorhanden sein."

„Allerdings, und zwar muß dieser Grund ein Geheimniß enthalten, denn sie haben die beiden Anderen nicht mitgenommen."

„Es wäre doch merkwürdig, wenn wir hier etwas Wichtiges erführen."

„Das ist sehr möglich. Schleichen wir uns also einmal am oberen Rande der Schlucht hin; aber leise und vorsichtig."

Sie thaten es und bemerkten gar bald Königsau, welcher mit Margot auf einem Steine saß und ihr etwas sehr Interessantes zu erzählen schien. Sie hörte sehr aufmerksam zu.

„Dort sitzen sie," flüsterte Reillac.

„Ja. Er erzählt. Was mag es sein? Wer es doch hören könnte!"

„Man könnte sie ja belauschen."

„Das ist wahr. Gleich neben ihnen steht ja Gesträuch, welches dicht genug ist, uns zu verbergen."

„Aber wenn sie uns bemerken?"

„Was ist da weiter? Wir fallen sofort über ihn her. Margot wird sich nicht sehr wehren können."

„Tödten wir ihn?"

„Nur dann, wenn es nicht anders geht. Ist es aber möglich, so soll er leben bleiben, um seiner Strafe und unserer Rache willen."

Obgleich der Eine von ihnen vorher gesagt hatte, daß sie keine wilden Indianer seien, denen es möglich ist, der leichten Fährte zu folgen, gelang es ihnen doch, ganz unbemerkt hinter das erwähnte Gebüsch zu kommen, wo sie sich niederduckten und so nahe waren, daß sie ein jedes Wort verstehen konnten.

„Das war also dieselbe Kriegskasse, von welcher der Wirth erzählt hatte?" fragte soeben Margot.

„Ja, jedenfalls."

„Weißt Du, wie viel darinnen ist?"

„Nein; jedenfalls aber zählt es nach Millionen."

„Wer aber mag noch davon wissen."

„Einige; Niemand aber kennt den Ort, wo sie vergraben liegt. Nur ich allein weiß denselben."

„Aber wie wirst Du das benutzen?"

„Ich werde zunächst abwarten, welche Ereignisse der bevorstehende Krieg mit sich bringt. Dann erst werde ich wissen, was zu thun ist."

„O bitte, zeige mir den Ort, lieber Hugo! Ich möchte einmal wissen, wie es ist, wenn man auf einem verborgenen Schatze steht."

„Das sollst Du sofort erfahren. Komm."

Er nahm sie bei der Hand und zog sie nach der Stelle, wo er genau wußte, daß da die Kasse vergraben lag.

„Hier, Margot, stehst Du auf einem sehr, sehr großen Reichthum," sagte er. „Die Geister der beiden Todten werden ihn bewachen, so daß er keinem Anderen in die Hände fällt."

Er drehte sich bei diesen Worten ein wenig nach rechts herum, um nach der Stelle zu deuten, wo der Mörder neben seinem Opfer lag, und dabei fiel sein Auge auf die Sträucher, hinter denen die beiden Lauscher steckten.

„Donnerwetter! Jetzt hat er mich gesehen," flüsterte Richemonte.

„Ich denke es auch," sagte Reillac ganz leise.

„Nein, doch nicht. Er spricht mit Margot ganz unbefangen weiter. Der Kerl muß keine Augen haben."

Der Sprecher irrte sich sehr. Königsau hatte nicht nur ihn gesehen, sondern auch bemerkt, daß noch ein Zweiter in der Nähe stecke. Er erschrak zwar, hatte aber die Geistesgegenwart, sich nichts merken zu lassen, und fuhr ruhig in seinem Gespräche fort:

„Uebrigens ist dies nicht der einzige Schatz, den ich kenne."

„Wie? Du kennst noch mehrere?" fragte Margot erstaunt.

„Ja, liebes Kind. Ich bin an jenem Tage außerordentlich glücklich gewesen. Jene Spitzbuben hatten nämlich zu derselben Zeit einen großartigen Diamantendiebstahl ausgeführt. Die Steine sind hier in der Nähe vergraben."

„Wo?"

„Nicht weit vom Ausgange der Schlucht."

„Was für Wunderbares ich heut erfahre! Das hast Du Alles damals belauscht, lieber Hugo?"

„Ja."

„Was wirst Du mit den Steinen beginnen?"

„Jetzt darf ich mich leider noch nicht sehen lassen; später aber werde ich sie den rechtmäßigen Eigenthümern wieder zustellen.

„Ich danke Dir, Hugo, obgleich ich es von Dir nicht anders erwarten konnte. Für einen Anderen wäre die Versuchung, die Steine für sich zu behalten, außerordentlich groß gewesen."

„Für mich nicht, ich kenne meine Pflicht. Und zu dieser gehört es, daß ich für die Sicherheit dieses Schatzes Sorge trage. Die Steine sind nämlich so unvorsichtig versenkt, daß sie durch den einfachsten Zufall leicht entdeckt werden können. Darum bin ich mit Dir hierher gegangen, um sie mit Deiner Hilfe besser zu verbergen."

„Wohin?"

„Ich habe den Plan, sie mit zur Kriegskasse zu stecken. Diese liegt ja an einem Orte, der niemals in den Verdacht kommen wird, einen Schatz, und zwar einen so großen, zu verbergen. Stimmst Du bei?"

„Was Du thust, das ist mir recht."

„So warte hier, liebe Margot, bis ich wiederkomme. Ich werde jetzt die Diamanten holen."

„Wie lange währt es, bis Du wiederkommst?"

"Vielleicht zehn Minuten."

"O, das ist sehr lange! Wie nun, wenn wir verfolgt werden?"

"Das geschieht vielleicht. Aber kein Mensch wird ahnen, daß wir hier in den Bergen stecken. Wir sind vollkommen sicher."

"O, ich fürchte meinen Bruder."

"Ich nicht. Ich glaube nicht, daß er mir gewachsen ist."

"Aber ich mag nicht zehn Minuten lang hier allein bleiben, wo diese beiden Todten begraben liegen. Bitte, nimm mich lieber mit."

"Nun gut. In zehn Minuten sind wir wieder hier, und fünf Minuten dauert das Vergraben der Steine; so können wir also nach einer Viertelstunde wieder aufbrechen."

Er nahm sie bei der Hand und führte sie nach dem Ausgange der Schlucht hin, wo die Pferde standen, welche aber von hier aus nicht mehr gesehen werden konnten.

Richemonte und Reillac blickten einander an.

"Rasch, ihnen nach!" flüsterte der Letztere, indem er Miene machte, sein Versteck zu verlassen.

"Halt! Keine Dummheit, Baron!" warnte der Capitän, indem er ihn zurückhielt. "Wir müssen hier bleiben."

"Ah! Warum?"

"Erstens könnten wir uns verrathen, so daß er uns bemerkt, und dann wären die Diamanten für uns verloren, denn wir würden den Ort nicht erfahren, an welchem sie stecken."

"Das ist allerdings wahr!"

"Und zweitens ist uns der Schmuck ja gewiß; er holt ihn doch herbei."

"Hm! Wird er auch Wort halten?"

"Jedenfalls! Aber sagen Sie! Haben Sie Alles gehört?"

"Jedes Wort!"

Die Augen des Capitäns glühten vor Habsucht. Er, der arme Teufel, welcher des Geldes wegen so Vieles gewagt und gethan hatte, des Mammons wegen vor keiner Unthat zurückgeschreckt war, stand oder lag vielmehr hier vor der Quelle eines Reichthums, der groß genug war, ihn tausendmal aus allen Verlegenheiten zu reißen. Aber an dieser Quelle lag noch ein Zweiter. Sollte dieser auch mittrinken, mitgenießen können? Hatte dieser Zweite nicht die Wechsel in der Tasche, welche der Grund so vielen Aergers gewesen waren. Hatte dieser Zweite nicht Margot zu seiner Universalerbin eingesetzt. Und sie konnte ihn nur dann beerben, wenn er — — todt war.

Ein finsterer Gedanke zuckte durch Richemontes Gehirn, und dieser Gedanke wurde sofort zum festen Vorsatze.

"Was sagen Sie dazu?" fragte er.

"Außerordentlich! Ganz außerordentlich!"

"Ja, wer hätte dies gedacht! Aber hatte ich nicht Recht als ich sagte, daß wir hier ein Geheimniß erfahren würden?"

"Ja, wunderbar. Wer kann hier eine vergrabene Kriegskasse vermuthen."

"Und wie schön hat dieser Königsau uns den Ort verrathen."

"Prächtig, Capitän, prächtig! Aber wie ist er selbst denn eigentlich zu diesem Geheimnisse gekommen?"

"Wer weiß es. Wären wir eher gekommen, so hätten wir es gehört. Doch ist das ja ganz gleichgiltig. Es fragt sich nur, was wir thun werden.

Der Zudringliche.

"Nun, das ist doch sehr einfach."

"Was meinen Sie?"

"Zunächst nehmen wir sie gefangen, verrathen aber nicht, daß wir sie belauscht haben. Wir bringen sie alle Vier zum Kaiser, und dann — — —"

"Nun, dann?"

"Dann holen wir uns die Kasse."

"Wenn wir diesen Plan ausführen wollen, dürfen wir sie aber nicht hier gefangen nehmen."

"Warum nicht?"

„Weil sie sonst wissen würden, daß wir sie belauscht haben. Und dann wäre die Kasse für uns verloren."

„Das ist wahr. Es wird also am Besten sein, wir sehen uns erst das Vergraben der Diamanten mit an, und dann wird sich ja ganz von selbst ergeben, was zu thun ist."

„Richtig. Aber da wollen wir etwas tiefer in das Gebüsch kriechen. Wir könnten leicht bemerkt werden."

„Ja, kommen Sie."

Reillac kroch voran, und Richemonte folgte ihm, placirte sich aber in der Weise ein Wenig rückwärts neben ihm, daß es ihm leicht war, seinen Plan in Ausführung zu bringen. Er griff nämlich, unbemerkt von dem Andern, in seine Tasche und zog einen Nickfänger hervor, welcher, sobald die Klinge aufgeklappt war, einen Dolch bildete.

„Und wenn wir die Kriegskasse haben, was thun wir mit ihr?" fragte er, um den Andern zu beschäftigen.

Bewegung machte, sich nach ihm um- und zurück zu drehen.

„Sie denken, ich soll den Schatz Ihnen allein überlassen, Capitän?"

„Ja."

„Nein, so verrückt bin ich doch nicht, denn — — — oh — ooh!!!"

Er stieß diesen Ruf nur halblaut aus; mehr war ihm nicht möglich, denn gerade in diesem Augenblicke war Richemontes Klinge ihm durch den Rücken genau bis in das Herz gedrungen. Ein krampfhaftes Zittern durchlief seine Glieder; dann streckten sich seine Extremitäten; er war — — todt.

„So, mein Herr Baron!" grinste der Capitän. „Nun theilen Sie, mit wem Sie wollen. Sie haben meinen Vater verführt und mich unglücklich gemacht. Sie haben den Grund gelegt zu Allem, was ich bin. Jetzt kommt die Strafe. Dem Kaiser werde ich sagen, das Königsau Sie im Kampfe

Erwarteter Besuch.

„Theilen, natürlich!" antwortete Reillac. „Wir haben heute Beide den glücklichsten Tag unsers Lebens."

„Beide? O nein!"

„Nicht? In wiefern nicht? Sie werden doch nicht etwa so dumm sein, eine Theilung des Schatzes auszuschlagen."

„Nennen Sie das wirklich dumm?"

„Natürlich."

„Warum?"

„Nun, wer soll die Kasse denn sonst erhalten, als wir. Wollen Sie sie gar dem Staate überlassen?"

„Das fällt mir gar nicht ein. Aber auf eine Theilung brauche ich trotzdem nicht einzugehen. Ich brauche das Geld für mich allein."

„Ah! Meinen Sie?" fragte der Baron, indem er eine

erstochen habe. Die Kriegskasse ist mein; die Diamanten werden mein und die Wechsel auch."

Er öffnete den Rock des Todten und visitirte die Taschen desselben.

Er fand eine reich gespickte Börse und ein Portefeuille, welches voller Banknoten war. Auch die Wechsel und die kaiserliche Bestätigung der Verlobung befanden sich darin.

„Das genügt, um Margot zu seiner Universalerbin zu machen. Sie wird in meine Hand gegeben sein; folglich bin ich der eigentliche Erbe," murmelte er. „Jetzt nun mag Königsau kommen und die Steine vergraben. Ich schieße ihn einfach nieder, sobald er im Begriffe steht, sein Pferd wieder zu besteigen."

Während er auf das Erscheinen des Lieutenants wartete,

steckte er seinen Raub zu sich. Er hatte das kaum gethan, so fuhr er zusammen, denn ein Schuß erscholl.

„Was war das?" fragte er. „Ein Schuß! Donnerwetter, noch einer — — und noch einer. Drei Schüsse! Sie kamen aus der Gegend, wo die Köhlerhütte liegt! Drei Schüsse und drei Wächter bei den Gefangenen! Was ist da vorgegangen? Ich muß es wissen."

Er kroch eilig aus den Sträuchern hervor und sprang dem Ausgange der Schlucht zu. Dort blieb er einen Augenblick halten.

„Die Pferde fort!" sagte er. Und sich mit der Faust an den Kopf schlagend, fügte er hinzu: „Beim Teufel, dieser Königsau ist mir wirklich abermals überlegen gewesen. Die Kasse liegt da, aber das von den Steinen war Schwindel, augenblicklich erdacht, um mit guter Manier fortzukommen. Denn jetzt ist es gewiß, daß er mich bemerkt und gesehen hat. Aber noch sind wir nicht fertig, Monsieur Königsau. Noch bin ich da, um ein letztes Wort mit Ihnen zu sprechen."

Seine beiden Pistolen ziehend und schußfertig haltend, eilte er auf die Köhlerhütte zu, sich jedoch vorsichtig in Deckung der Bäume haltend.

Seine Vermuthung war eine ganz richtige.

Als Königsau die Hand der Geliebten ergriffen und mit ihr die Pferde erreicht hatte, band er die Letzteren los und sagte leise:

„Schnell auf das Pferd, Margot! Schnell, schnell!"

„Warum?" fragte sie, ganz erstaunt über den plötzlich ganz veränderten Ausdruck seiner Gesichtszüge.

„Das sage ich Dir noch."

Bei diesen Worten hatte er sie auch bereits in den Sattel gehoben. Im nächsten Augenblicke saß auch er auf, ergriff den Zügel ihres Pferdes und lenkte nach der Hütte zurück, aber auf einem Umwege.

„Zurück?" fragte sie. „Warum?"

„Um Mama zu retten," antwortete er.

„Zu retten? Befindet sie sich denn in Gefahr?"

„Ja, in einer sehr großen. Sie ist gefangen."

„Mein Gott! Das ist ja unmöglich! Wie könntest Du das wissen?"

„Ich weiß es. Weißt Du, wen ich gesehen habe, als wir auf der Stelle standen, wo die Kriegskasse liegt?"

„Wen?" fragte sie voller Angst.

„Deinen Bruder. Er lag in dem Gebüsch. Und hart neben ihm bemerkte ich noch zwei Beine. Sie haben unsere Spur gefunden; sie sind uns gefolgt und haben uns belauscht. Sie wissen nun auch das Geheimniß der Kriegskasse. Ganz sicherlich hätten sie mich erschossen und Dich gefangen genommen, wenn ich nicht augenblicklich die Fabel von den Diamanten erfunden hätte."

„Das war nicht wahr?"

„Nein. Ich sagte es nur, um uns zu retten. Sie haben uns erlaubt, uns zu entfernen, weil sie dachten, auch in den Besitz der Steine zu kommen, welche ich auch eingraben wollte.

„O Ihr Heiligen! Meine Mama! Hugo, mein Hugo, was ist zu thun? Was ist mit ihr geschehen?"

„Wenn die Verfolger sich bereits in der Schlucht befinden, so ist als ganz sicher anzunehmen, daß sie die beiden Zurückgelassenen schon vorher in ihre Gewalt bekommen haben."

„So sind sie verloren."

„Noch nicht. Es kommt darauf an, mit wie viel Verfolgern wir es zu thun haben. Ich lasse Dich hier zurück und gehe recognosciren."

Sie waren an ein dichtes Tannicht gekommen, welches nicht weit von der Köhlerhütte lag. Hier hielt er die Pferde an.

„Nein! Um Gotteswillen, verlaß mich nicht," bat sie.

„Sei ohne Sorge," beruhigte er sie. „Hier bist Du sicher, und ich komme ganz gewiß zurück."

„Ist es wahr?"

„Ja, mein Leben."

„Du wirst Dich in keine Gefahr begeben, ohne mich vorher zu fragen?"

„Nein."

„Nun, so gehe, Hugo! Aber denke an mich! Ich wäre dann ohne alle Rettung verloren, wenn auch Du ergriffen würdest."

Er stieg vom Pferde und schlich sich nach der Hütte hin. Als sein Blick sie zu erreichen vermochte, sah er Frau Richemonte gefesselt an der Erde sitzen; neben ihr lag Florian, an Händen und Füßen gebunden, und daneben standen drei französische Soldaten als Wächter.

„Arme Teufels!" sagte er. „Aber ich darf sie nicht schonen."

Er schlich sich glücklich bis an diejenige Wand der Hütte, welche der beschriebenen Gruppe entgegengesetzt lag, und zog seine beiden geladenen Pistolen, deren Hähne er spannte. Er that dies sehr vorsichtig; aber den kriegsgeübten Ohren der Franzosen entging doch dieses eigenthümliche Knacken nicht.

„Wer da?" fragte der Eine, indem er rasch um die Ecke trat.

Er erhielt in demselben Augenblicke Königsau's Kugel in den Kopf, und ehe die beiden Anderen zu den Waffen greifen konnten, hatte sie das gleiche Schicksal ereilt.

„Herr Lieutenant!" rief Florian erfreut.

„O, mein Sohn!" stimmte Frau Richemonte bei.

„Gelungen!" rief Hugo, den Gefangenen die Bande zerschneidend. „Aber, vor allen Dingen, mit wie vielen haben wir es zu thun?"

„Nur der Capitän und Reillac," antwortete Florian.

„So schnell auf die Pferde, ehe sie kommen."

Diesem Rufe wurde schleunigst Folge geleistet, und dann ging es der Stelle zu, an welcher sich Margot befand. Sie hatte natürlich die Schüsse vernommen und schwebte in höchster Angst. Ihr Gesicht hellte sich auf, als sie die Nahenden erblickte.

„Wer hat geschossen?" fragte sie, noch immer nicht beruhigt.

„Ich," antwortete der Lieutenant.

„Auf wen?"

„Später, später! Jetzt haben wir keine Zeit zu Auseinandersetzungen. Kommt, kommt, mir nach."

Er ritt voran und zwar wieder nach der Schlucht zurück. Wäre er nicht den vorigen Bogen geritten, so hätte er auf Richemonte treffen müssen, welcher ja eben jetzt zur Hütte eilte. Als er in die Schlucht einbog, fragte Florian erstaunt:

„Warum hier herein?"

„Nicht fragen, sondern folgen. Wir müssen dieses Gras ein Wenig zerstampfen; aber schnell."

Er lenkte sein Pferd der Stelle zu, an welcher er Richemonte gesehen hatte, und bemerkte eine fürchterliche Blutlache.

„Was ist das?" fragte er. „Blut? Die Beiden können nicht mehr hier sein. Sie haben die Schüsse gehört und sind jedenfalls fortgeeilt, um ihren Untergebenen Hilfe zu bringen. Was ist es?"

Florian war nämlich vom Pferde gesprungen und an das Gesträuch getreten, wo man die Lache bemerkte.

„Herrgott, ein Todter!" sagte er.

Die beiden Damen wendeten sich schaudernd ab. Königsau aber sprang auch vom Pferde und trat hinzu. Sie zogen den Körper aus dem Busche heraus und drehten ihn um.

„Reillac!" rief Florian, ganz und gar erschreckt.

„Ja, Reillac!" bestätigte Königsau.

Er bog sich zu dem Todten nieder, um ihn zu untersuchen.

„Er ist noch warm, aber todt. Ein Stich durch den Rücken bis in das Herz. Uhr und Börse, Alles ist fort. Capitän Richemonte ist der Mörder."

Frau Richemonte stieß einen Schrei des Entsetzens aus.

„Gott, das ist nicht möglich!" rief sie.

„Er war es. Es war kein Anderer bei dem Barone. Ich kenne den Grund, weshalb er diesen erschossen hat. Aber jetzt haben wir keine Zeit. Es kann uns in jedem Augenblicke seine Kugel treffen. Fort von hier. Der Todte mag liegen bleiben!"

Er tummelte sein Pferd noch einige Male dort hin und her, um den Platz, den er als die Stelle des Schatzes bezeichnet hatte, möglichst unkenntlich zu machen, und dann ritten sie gleich an der Böschung der Schlucht empor, um keinen Umweg zu machen.

Als Richemonte bei der Hütte ankam, erblickte er die drei Todten.

Hölle und Teufel! Er hat sie erschossen und die Gefangenen befreit!" rief er. „Wo aber sind sie hin? Er hat mich in der Schlucht gesehen. Er wird wieder hin sein, um auch mit mir abzurechnen; aber da soll er sich irren. Meine Kugel trifft ihn, ehe er mich erblickt."

Er band die mitgebrachten Pferde los und ließ sie, außer dem seinigen, welches er bestieg, frei. Dann ritt er nach der Schlucht zurück. Erst nach längerem Recognosciren bemerkte er, daß sie verlassen war. Er ritt in sie hinein und betrachtete Alles.

„Ja, sie sind hier gewesen," knirschte er grimmig. „Sie haben den Boden zerstampft; aber ich werde die Kasse dennoch finden. Und da — Donnerwetter! Da liegt der Baron! Sie haben ihn gefunden. Sie wissen, daß ich ihn erstochen habe. Das kann schlimm ausfallen. Schnell ihnen nach! Die beiden Kerls müssen sterben! Mutter und Schwester habe ich nicht zu fürchten!" —

Es war am vierzehnten Juni, nur ganz kurze Zeit nach dem Erzählten, als ein jugendlicher Reiter in höchster Eile von Lüttich nach Namur sprengte. Er hatte Civilkleider an, aber auf der von preußischem Militär reich belebten Chaussee gab es manchen Officier, der ihn vertraulich grüßte, wenn er an ihm vorüberflog.

In Namur angekommen, fragte er nach dem Quartier des Feldmarschall's Blücher. Dort angekommen, meldete er sich sofort zur Audienz und wurde sogleich vorgelassen.

Bei dem Marschalle befanden sich eben Gneisenau, der Generalmajor von Grolman, welcher Generalquartiermeister war, und der Adjutant Major von Drigalski. Trotz der Anwesenheit dieser hochgestellten Persönlichkeiten ging Blücher dem Eintretenden höchst erfreut entgegen.

„Königsau! Junge!" rief er. „Bringt Dich der Teufel schon wieder zurück? Hast Du mich etwa in Lüttich gesucht?"

„Ja, Excellenz. Ich wußte noch nicht, daß Sie Ihr Hauptquartier nach Namur verlegt haben."

„Das war nothwendig, denn es geht los, mein Sohn. Keile setzt es, fürchterliche Keile! Aber wer sie zunächst bekommt, das weiß man nicht. Weißt Du es vielleicht?"

„Auch nicht. Aber wer sie bekommen soll, das wenigstens weiß ich."

„Ah! Wer denn?"

„Euer Excellenz."

„Wie? Wa — wa — was?" fragte der Alte. „Ich? Ich soll die Keile kriegen? Wer sagte das denn?"

„Der Kaiser selbst."

„Er selbst? Dann ist er verrückt, total verrückt, was ich übrigens schon längst nicht mehr bezweifelt habe. Aber zu wem hat er es denn gesagt?"

„Zu Ney, Grouchy und Drouet."

„Ha, das sind lauter hübsche Kerls, die ich wohl noch unter die Fäuste bekommen werde. Bist Du etwa verwandt mit Einem von ihnen, ha?"

„Danke für diese Ehre, Excellenz!"

„Na, ich dachte beinahe, weil Du so genau weißt, was sie mit dem Napoleon gesprochen haben."

„Ich habe sie belauscht."

„Wo denn?"

„Auf dem Meierhofe Jeanette."

„Dort? Wohin Du Dein Mädel geschafft hast? Dort war der Bohneaaparte?"

„Ja, Excellenz."

„Was wollte er denn dort?"

„Hm! Ich glaube, er hatte die Absicht, mich um meine Braut zu bringen."

„Du flunkerst wohl, he?"

„Nun. Thatsache ist, daß er der Margot eine förmliche Liebeserklärung gemacht hat."

„Donnerwetter! Der sollte sich doch lieber um ein Paar warme Filzschuhe und um ein seliges Ende bekümmern! Erzähle!"

„Excellenz, es ist da sehr viel Privates dabei, dessen Bericht eine sehr kostbare Zeit wegnehmen würde. Darf ich nicht lieber vorher über die strategischen Absichten Napoleons berichten, welche sofortige Dispositionen unserer Seits nothwendig machen?"

„Natürlich! Rede also! Wird er angreifen?"

„Ja."

„Wann?"

„Morgen oder spätestens übermorgen."

„Gut! Je eher die Prügel, desto wärmer sind sie. Aber wen?"

„Sie, Excellenz."

„Nicht Wellington?"

„Nein. Ich kenne auch den Grund, weshalb er zunächst Sie angreift."

„Laß ihn hören, mein Sohn!"

„Er sagte, Euer Excellenz seien schnell und hitzig, Wellington aber überlege und wäge gern ab. Greife er den Letzteren an, so wäre Feldmarschall Blücher schnell mit der Hilfe bei der Hand — — —"

„Das ist wahr. Wir werden ihn schon kurranzen."

„Greife er aber Ew. Excellenz an, so würde Wellington wohl so lange zaudern und sinnen, bis die Preußen geschlagen sind."

„Höre, Junge, der Kerl ist doch noch nicht ganz so sehr verrückt, wie ich dachte. An dem Zeuge ist sehr viel Wahres. Nehmen wir uns also wohl in Acht."

Königsau erzählte nun weiter Alles, was er auf Jeanette erlauscht und dann auch später während seines Rittes noch erfahren hatte. Es stellte sich heraus, daß in Folge dieser Berichte allerdings schleunige Dispositionen nöthig waren, welche den Marschall so in Anspruch nahmen, daß er erst am Abende eine kurze Zeit für Königsau übrig hatte.

Da saßen sie denn beisammen, ein Jeder eine brennende Thonpfeife in der Hand, und der Lieutenant erzählte die Erlebnisse der letzten Tage ausführlich. Blücher unterbrach ihn öfters durch einen kräftigen Fluch, eine drastische Bemerkung, oder eine Frage, welche bewies, mit welchem Interesse er diese Erzählung verfolgte. Als Königsau geendet hatte, meinte der Marschall:

„Du glaubst also, daß dieser Richemonte Euch auch noch weiter verfolgt hat?"

„Ich denke es."

„So hälst Du Deine Margot also auch in Gedinne nicht für sicher?"

„Nein, obgleich der brave Florian sie bewacht."

„Hm! Was Du mir da erzählst, ist der reine Roman. Aber es ist ein sehr wahrer Roman, welcher ernst genommen sein will. Wir wissen nicht, was die nächste Zeit bringt, und darum soll ein Jeder das Seinige thun. Auch Du."

„Geben Excellenz mir Gelegenheit dazu."

„Sogleich, mein Sohn. Weißt Du, was jetzt das Nothwendigste für Dich ist?"

„Ich bitte, es erfahren zu dürfen."

„Du mußt Dir Dein Mädel zu erhalten suchen."

„Excellenz."

„Schon gut! Ich weiß, was Du sagen willst. Aber indem Du so für Dein Glück sorgst, kannst Du zu gleicher Zeit auch dem Vaterlande einen großen Dienst erweisen. Ahnest Du, worauf ich ziele?"

„Vielleicht auf die Kriegskasse?"

„Ja. Du denkst, daß Richemonte bestrebt sein wird, sich ihrer so rasch als möglich zu bemächtigen?"

„Ja."

„Nun, so ist es nothwendig, daß wir ihm zuvor kommen. Aber wie? Der Ort liegt in Feindes Land."

„Es wird bald das unserige sein."

„Ja; aber bis dahin kann der Teufel die Kasse geholt haben. Man müßte sie wenigstens bewachen, bis wir kommen."

„Das ist entweder zu gefährlich oder zu umständlich oder zu langwierig, Excellenz."

„Weißt Du einen besseren Plan?"

„Ich meine, daß es genügen würde, die Kasse herauszunehmen und ihr eine neue Stelle anzuweisen. Da kann sie liegen, bis die Preußen kommen, und dieser Richemonte findet sie nicht."

W. VIII. 472.

„Donnerwetter, Junge, das ist wahr! Willst Du das übernehmen?"

„Von Herzen gern!"

„Warum aber hast Du es nicht bereits gethan?"

„Ich hatte die nöthigen Kräfte nicht. Auch gehören treue und verschwiegene Leute dazu."

„Ja; die müßte ich Dir mitgeben. Wie viele brauchtest Du."

„Mit zehn Mann glaube ich, es fertig zu bringen."

„Gut, Du sollst sie haben. Suche sie Dir selbst aus. Wie Du es aber anfängst, das ist ganz und gar Deine eigene Sache. Als Extrabelohnung für Dich aber werde ich dafür sorgen, daß der schändliche Meuchelmord, welchen dieser Richemonte an seinem Cumpan begangen hat, nicht verschwiegen bleibt!"

Einige Tage später zog durch den Ort Gedinne ein zerlumpter Kerl, dessen Kleider kaum zureichten, seine Blöße zu bedecken, desto mehr Lappen aber hatte er um seinen Kopf gewickelt.

Am Wirthshause blieb er stehen, als besinne er sich, ob es möglich sei, auch ohne Geld einen Schluck zu erlangen. Da klopfte es von innen an das Fenster.

„Komm herein, Kerl, wenn Du Hunger hast!" rief eine laute Stimme.

Das ließ sich der Mann nicht zweimal sagen. Er trat in das Haus und dann in die Stube. Dort saßen verschiedene Gäste, alle aus dem Orte gebürtig, vielleicht außer Einem, eben Demjenigen, welcher den Vagabunden hereingerufen hatte.

Als dieser eintrat, waren Aller Augen auf ihn gerichtet. Man schüttelte mißbilligend die Köpfe, und der Wirth fragte:

„Mensch, wer bist Du?"

„Ein armer Savoyard," antwortete er bescheiden.

„Was willst Du hier?"

„Ich weiß nicht, was ich soll. Dieser Monsieur hat mich gerufen."

Da wendete sich der Wirth an den Bezeichneten und fragte:

„Monsieur, warum bringen Sie mir solche Leute in die Stube?"

Der Gefragte war ein noch junger Mann von anständigem Aeußern. Er blickte den Wirth von oben bis unten an und fragte:

„Kennen Sie mich?"

„Nein," lautete die Antwort.

„Nun, so will ich Eure Frage verzeihen. Ich hoffe, daß Ihr ein guter Franzose seid?"

„Das bin ich, Monsieur!"

„Und diese anderen Herren auch?"

„Ja."

„Habt Ihr von dem Armeelieferant Baron von Reillac gehört?"

„Den Millionär? Den kennen wir Alle, wenigstens seinen Namen."

„Nun gut. Er ist plötzlich spurlos verschwunden, und ich bin von dem Kaiser beauftragt, nach ihm zu forschen, da man ein Verbrechen ahnt."

„So seid Ihr wohl Procurator?"

„Ja. Aus Paris. Wenn ich also diesen Mann hereinkommen lasse, weil ich ihm die Noth, den Hunger und den Durst ansehe, so werde ich es wohl verantworten können!"

„Ihr habt Recht, Monsieur! Thut, was Euch beliebt.

Nur seht zu, daß dieser Mann auch mit Legitimation versehen ist!"

„Das soll sogleich geschehen. „Und sich zu dem Vagabunden wendend, fügte er hinzu: „Was bist Du eigentlich?"

„Ich war Besitzer eines Affen und eines Murmelthieres," antwortete der Gefragte in seinem savoyardischen Dialecte. „Ich war mit diesen meinen Ernährern bis hinein nach Holland. Da kam ich in die Hände der Preußen, und sie nahmen mir meine Thiere und auch mein Geld ab. Nun bettle ich mich nach Hause!"

„Laß Dir auf meine Rechnung zu essen und zu trinken geben armer Teufel, und setze Dich mit her zu mir!"

„Der Savoyarde folgte dieser Einladung wie Einer, dem ein großes Glück begegnet, und ließ sich das, was ihm vorgesetzt wurde, vortrefflich schmecken. Der Procurator ließ sich in ein gleichgiltiges Gespräch mit ihm ein, welches zuweilen bis zum Flüstertone herabsank.

„Sind Alle beisammen?" fragte er in einem Augenblicke, in welchem Niemand auf sie horchte.

„Alle bis auf einen," antwortete der Savoyarde.

„Und die Werkzeuge?"

„Liegen im Walde, Herr Korporal."

„Laß den Korporal! Ich wundere mich über die Virtuosität, mit welcher Du Deine Rolle spielst."

„Sie ist nicht schwer. Wo treffe ich den Herrn Lieutenant."

„In dem einsamen Hause am Anfange des Waldes."

„Welchen Namen führt er?"

„Du fragst nach dem Florian. Das Andre findet sich. Die Befehle des Lieutenants bringst Du nach dem Rendezvous. Jetzt will ich gehen. Halte auch Du Dich nicht zu lange hier auf."

(Fortsetzung folgt.)

Die Liebe des Ulanen.
Original-Roman aus der Zeit des deutsch-französischen Krieges von Karl May.
(Fortsetzung.)

Der vermeintliche Procurator bezahlte seine Zeche und entfernte sich. Der Savoyarde folgte sehr bald diesem Beispiele. Er hatte das Zimmer noch nicht lange Zeit verlassen, so trat ein weiterer neuer Gast ein. Er blickte sich im Kreise um und sagte im vornehmen Tone:

„Ich bin der Capitän Richemonte und fand den Maire nicht zu Hause. Man sagte mir, daß er hier sei?"

Da erhob sich einer der Anwesenden.

„Der Maire bin ich, Monsieur," sagte er. „Was wünschen Sie?"

„Eine Auskunft."

„Ich stehe zu Diensten."

„Hat sich in letzter Zeit die Einwohnerschaft Ihres Ortes vermehrt?"

„Ja, allerdings."

„Wie?"

„Wir haben in zwei Wochen eine Geburt gehabt."

„Pah! Unsinn! Das meine ich nicht, sondern ob vielleicht Fremde bei Ihnen sich niedergelassen haben."

„Nein, das ist nicht der Fall."

„Müssen Besuche bei Ihnen angemeldet werden?"

„Ja."

„Sind solche Anmeldungen eingegangen?"

„In letzter Zeit gar nicht."

„Gut. Ich suche nach drei Personen, zwei Damen und einen Knecht; die Damen sind Mutter und Tochter. Sie müssen sich in dieser Gegend verborgen halten, und ich würde Denjenigen, der sie mir nachweisen könnte, sehr gut belohnen."

„Würden Sie mir diese Personen beschreiben können?"

„Ist vielleicht nicht nöthig. Die Tochter soll sehr schön sein."

„Eigenthümlich. Heut wird nur immer gesucht. Soeben war ein Procurator aus Paris da, welcher auch Jemand suchte."

„Ah! Wen suchte er?"

„Einen Baron Reillac, welcher Armeelieferant ist und verschwunden sein soll."

Der Capitän verfärbte sich.

„Wohin begab sich der Procurator von hier aus?"

„Ich weiß es nicht, Monsieur."

„Giebt es noch Militär hier?"

„Nein. Es lag sehr vieles hier; aber da der Kaiser gestern die Schlacht bei Ligny gewonnen hat, wird er den Feind immer weiter nach Norden drängen, und so wurden die Truppen von hier fortgezogen. Befehlen Sie Etwas?"

„Ein Glas Wein."

Der Capitän setzte sich und trank seinen Wein schweigend aus. Er schien in seinem Innern außerordentlich beschäftigt zu sein. Als er das Haus verlassen hatte, schlug er den Weg nach Paliseul ein. Unterwegs sprach er laut mit sich, blieb stehen, ging weiter und blieb abermals stehen.

„Verdammtes Unglück," brummte er. „Die Armee gewinnt Schlachten, und ich darf mich nicht vor dem Kaiser, das heißt, also in Reih und Glied sehen lassen. Warum verlor ich doch die Spur dieser verteufelten Weiber! Könnte ich wenigstens diesen Königsau erwischen?"

Er schritt weiter, blieb abermals stehen und fuhr fort:

„Diese Kriegskasse wird mich für Alles entschädigen. — Aber ist es denn auch wirklich wahr, daß eine dort vergraben liegt? Warum überzeuge ich mich nicht lieber, anstatt dieser Margot nachzurennen, ohne sie zu finden? Dort liegt Reillac noch unbegraben. Wenn man ihn findet. Waren die drei Grenadiers wirklich todt? Wenn Einer noch lebte und als Zeuge gegen mich aufträte. Ich habe mich nicht überzeugt, ob das Leben wirklich aus ihnen gewichen sei. Ich werde heut in Paliseul bleiben und morgen mit dem Frühesten hinauf nach der Schlucht gehen, um die Sache in Ordnung zu bringen."

Er blieb stehen und horchte. Es war ihm, als ob er ein Geräusch gehört habe, dem entfernten Donner ähnlich.

„Sollte man sich wieder schlagen?" fragte er sich. „Pah! Mordet Euch immer hin; aber laßt mir nur die Kriegskasse."

Er ahnte nicht, daß er sich auf dem gegenwärtigen Wege von Dem entfernte, was er so sehnsüchtig gesucht hatte.

Drüben am Waldesrande stand nämlich ein kleines Häuschen. Es sah nicht reich, aber hübsch und sauber aus. Der Besitzer war ein Freund und Verwandter Florians und war gern bereit gewesen, die beiden Frauen aufzunehmen und zu verbergen. In den letzten Tagen war ihm dies freilich schwer geworden. Es hatte viel Militär im Orte gelegen, und auch ihm hatte man reichliche Einquartierung gegeben. Darum war er gezwungen gewesen, die Frauen im Keller zu verbergen. Jetzt aber befanden sie sich in dem kleinen Giebelstübchen, während er mit Florian in dem Gärtchen saß und über allerlei plauderte.

Da plötzlich stockte das Gespräch und Beide horchten.

„Hast Du es gehört, Florian?" fragte der Wirth.

„Ja," antwortete der Gefragte, „schon einige Male."

„Das ist ein Erdbeben!"

„Nein, wie Donner. Ich bemerke es bereits seit Mittag."

„Sollte es eine Schlacht sein."

„Jedenfalls."

„So werden die Deutschen abermals geschlagen!"

Bei diesen Worten blickte er den Kutscher forschend von der Seite an.

„Warum gerade wieder die Deutschen?" fragte dieser.

„Ich denke es mir."

„Das wäre Dir wohl sehr lieb?"

„Nein. Du weißt, daß ich kein geborener Franzose bin. Aber weil Du gar so heimlich mit mir thust, wird es mir wohl auch erlaubt sein, mit meinen Gesinnungen Versteckens zu spielen."

„Das bringst Du gar nicht fertig. Ich weiß doch, daß Du ein braver Kerl bist."

„Warum also hast Du kein Vertrauen zu mir?"

„Kein Vertrauen? Worüber hättest Du in dieser Beziehung zu klagen?"

„Ich habe wohl zu klagen. Habe ich nicht bereits seit heute früh bemerkt, daß fremde Gestalten sich da drüben im Walde befinden, welche von Zeit zu Zeit nach meinem Hause blicken?"

„Das habe ich noch nicht bemerkt," meinte Florian sehr aufrichtig.

„So sage, wer eigentlich jener Herr war, welchen Du mit den Damen zu mir brachtest?"

„Hm! Es ist mir zwar von ihm verboten; aber ich weiß, daß ich Dir Vertrauen schenken darf. Er ist ein Deutscher."

„Ein Deutscher? Ah, da hat er viel gewagt!"

„Allerdings. Aber er hat noch mehr gewagt, als Du von ihm weißt. Ich werde Dir erzählen."

Und er erzählte. Der Wirth hörte sehr aufmerksam zu. Als Florian geendet hatte, sagte er:

„Das klingt, als hättest Du es in einem Buche gelesen; aber ich will es Dir glauben. Doch siehe, da kommt Einer mit einem Wägelchen gefahren. Gewiß ein Hausirer. Wollen einmal sehen, was er hat."

Der Mann, welcher sich jetzt langsam dem Hause näherte, hatte rothes fuchsiges Haar und eben solchen Bart. Er war zwar nicht lumpig, aber beinahe lüderlich gekleidet und zog einen vierräderigen Karren nach sich.

Als er das kleine Vorgärtchen erreichte, griff er an die Mütze und grüßte. Die beiden Männer begaben sich zu ihm.

„Womit handelt Ihr? fragte der Wirth. „Was habt Ihr zu verkaufen?"

„Nichts," antwortete er. „Ich kaufe im Gegentheile ein."

„Was?"

„Knochen, altes Eisen, Zinn und Aehnliches. Habt Ihr nichts für mich?"

Florian hörte die Stimme, blickte den Mann scharf an, schlug sodann die Hände zusammen und rief:

„Ist es möglich, Monsieur! Aber wahrhaftig, Sie sind fast gar nicht zu erkennen. Diese Perrücke und der Bart verstellen Sie ganz."

„Wer ist es denn?" fragte der Wirth.

Da griff Florian schnell zu, nahm dem Mann die Mütze und die Perrücke ab und sagte:

„Da sieh einmal selbst!"

Vor den Beiden stand — Königsau.

„Verzeihen Sie die Täuschung!" sagte er. „Aber ich nehme an, daß Florian Ihnen wohl bereits gesagt hat, daß ich ein Deutscher bin?"

Ehe der Wirth noch antworten konnte, wurde eben das kleine Giebelfensterchen geöffnet, und die Stimme Margots ertönte:

„Hugo, mein Hugo! Darf ich hinunter kommen?"

Er blickte mit glücklichem Lächeln empor und antwortete:

„Nein, sondern ich komme zu Dir."

Und im Nu war er in das Haus getreten und flog die Treppe empor. Sie öffnete und lag in seinen Armen.

„Ich sah Dich kommen!" sagte sie.

„Und Dein Herz klopfte vor Liebe und Seligkeit?" lächelte er.

„Ah, ich erkannte Dich ja nicht. O, diese häßlichen rothen Haare!"

„Wenn Du wüßtest, wer mich soeben auch nicht erkannte."

„Wer war es?"

Er trat mit ihr in das Stübchen, begrüßte vorerst auch die Mutter und deutete sodann zum Fenster hinaus.

„Siehst Du den Mann da auf dem Wege nach Paliseul?"

„Ja. Dieser Mann ist kein Anderer als Dein Bruder."

„Der Capitän?" fragte sie erschrocken.

„Ja."

„Hat er Dich erkannt?"

„Nein. Er mag wohl geglaubt, mich bereits einmal gesehen zu haben, und darum hat er mir so lange nachgeblickt; aber erkannt hat er mich sicherlich nicht."

„Das würde auch ein großes, großes Unglück sein, denn er sucht nach uns. Der Wirth erzählte, daß er überall nach zwei Damen und einem Knechte frage. Aber, Lieber, welcher Umstand führt Dich wieder zurück?"

11.

12.

„Der Feldmarschall schickt mich in die Berge, um die Kriegskasse in Sicherheit zu bringen."

„Fortschaffen? Das ist ja unmöglich."

„Ich soll ihr nur eine andere Stelle geben, damit der Capitän sie nicht findet. Ich habe Leute hierher bestellt, welche heute eintreffen werden."

„Ist es wahr, daß die Preußen eine Schlacht verloren haben?"

„Ja, bei Ligny. Sie wurden fast erdrückt, da Wellington ihnen nicht Stand halten konnte. Dafür aber werden sie heute eine desto bedeutendere gewinnen. Hast Du gehört, daß man sich wieder schlägt?"

„Ja. Wo wird es sein?"

„Im Süden von Brüssel, vielleicht in der Gegend von Waterloo."

„Aber wenn die Verbündeten doch nicht siegen?"

„Sie siegen; das ist meine Ueberzeugung."

„Wie hat der Marschall Dich empfangen?"

„Auf diese Frage hin kam er in das Erzählen. Dies nahm ihn so sehr in Anspruch, daß er den Savoyarden gar nicht bemerkte, welcher sich dem Hause näherte. Als dieser die beiden Männer bemerkte, grüßte er sehr höflich und fragte:

„Verzeihung! Wohnt ein Monsieur Florian hier?"

„Ja; der bin ich," antwortete der Kutscher.

Der Fremde betrachtete ihn aufmerksam und sagte dann:

„Ich habe mich bei Ihnen nach Jemanden zu erkundigen."

„Nach wem?"

„Das darf ich nicht sagen."

„Ah," nickte der Kutscher, „Sie sind eingeweiht. Sie meinen den Herrn Lieutenant Königsau?"

„Allerdings," antwortete der Andere. „Ist er anwesend?"

„Er ist soeben erst gekommen. Wollen Sie ihn sprechen?"

„Ja."

„Ich werde ihn holen."

Er ging und brachte den Lieutenant von den Damen herab. Als dieser den Savoyarden bemerkte, stieß er ein helles Lachen aus und sagte:

„Prächtig, Kunze! In Dir sucht Niemand einen Preußen. Was hast Du mir zu sagen?"

„Daß sie alle da sind, außer Einen."

„Wer ist es?"

„Ich weiß es noch nicht."

„Die Werkzeuge sind da?"

„Ja."

„Darf man wissen, um was es sich handelt?"

„Jetzt noch nicht. Kann ich meinen Wagen sicher bei Ihnen einstellen?"

„Das versteht sich."

„Er enthält außer den Knochen und dem alten Eisen, welches nur als Firma dient, Gewehre und Munition, welche wir brauchen. Hören Sie die Kanonade? Es scheint heiß herzugehen."

„Gebe Gott nur den Verbündeten Sieg," sagte Florian.

„Er wird diesen Wunsch erhören, und unser Siegeszug wird ein schnellerer sein als das vorige Mal."

Die Männer besprachen dieses Thema noch einige Zeit, und dabei merkte Königsau, daß er dem Wirthe vollständig vertrauen könne. Später kehrte er zu den Damen zurück, denen es ein Trost war, ihn wieder bei sich zu sehen. Margot hatte sich von ihrer Verwundung völlig erholt. Sie war schön und reizend wie immer und freute sich im Stillen innig darüber, daß der Geliebte heute nicht den Schlachtgeschossen ausgesetzt war.

„Was wird Napoleon thun, wenn er siegt?" fragte sie.

„Er wird sofort Herr des Rheines sein."

„Und wenn wir siegen?"

„So stehen wir binnen einer Woche vor Paris und dictiren einen Frieden, welcher gewiß nicht wieder gebrochen wird. Und weißt Du, was hernach geschieht, meine Margot?"

„Was?" fragte sie lieblich erröthend.

„Dann wirst Du Deinen Siegeszug nach Berlin antreten."

„Unter Deinem Schirme und Schilde, ja, Geliebter."

Sie legte die Arme um ihn und flüsterte ihm zu:

„Weißt Du denn noch, daß Du mir theurer warst als sogar der Kaiser?"

„Ja," sagte er. „Und das werde ich Dir niemals vergessen."

Der Tag verging; aber der Kanonendonner wollte nicht aufhören. Noch am späten Abende war er zu vernehmen. Ja, er schien sogar immer näher zu kommen.

Gegen Mitternacht begab der Lieutenant sich zu dem Stelldichein im Walde, wo er zehn muthige und kräftige Burschen fand, welche ganz geeignet waren, auch in Feindesland ein Abenteuer auszuführen, wie das projectirte eines war. Der Karren mit den Waffen wurde geholt und dann trat man den nächtlichen Weg an.

Sie erreichten den Fuß der Höhe mit Tagesanbruch und begannen dann den Aufstieg. Der Forst lag still und menschenleer. Sie gelangten nach der Schlucht, ohne von Jemand gesehen zu werden.

„Hier ist es," sagte der Lieutenant zu den Leuten. „Haltet hier Wache, bis ich zurückkehre. Ich werde einen passenden Ort suchen, welcher in nicht zu großer Entfernung liegen darf."

Wer den Sprecher jetzt sah, hätte ihn allerdings nicht für einen preußischen Husarenlieutenant gehalten, denn er trug Perrücke und rothen Bart, gerade so, wie auch die Anderen in ihrer Verkleidung steckten.

Als er sich entfernt hatte, lagerten sich die Anderen zwischen den Büschen, um seine Rückkehr zu erwarten.

„Pfui Teufel, was stinkt da?" fragte Einer. „Herrgott eine Leiche hier hinter dem Strauche!"

Sie traten näher. Es war der Körper Reillacs.

„Das wird der französische Baron sein, von welchem der Herr Lieutenant erzählt hat," meinte der Corporal. Er sagte, daß wir ein Document darüber ausstellen würden."

Erst nach längerer Zeit kehrte Königsau zurück. Es war nicht leicht gewesen, einen passenden Ort zu finden.

„Grabt ein!" befahl er.

Bei der Arbeit so rüstiger Hände ging das Bloslegen der Kriegskasse rasch von statten. Es wurde aus abgeschnittenen Stämmchen eine Trage gemacht, mit deren Hilfe man sie nach ihren neuen Bestimmungsort brachte. Dort wurde sie sehr vorsichtig eingegraben, worauf man noch vorsichtiger jede, auch die geringste Spur vertilgte.

Dann zog der Lieutenant Papier und Stift hervor, um einen Situationsplan auszufertigen, mit dessen Hilfe es einem Dabeigewesenen leicht war, den Platz wieder zu finden.

Während dieser Arbeit war es über Mittag geworden. Die Leute nahmen einen kurzen Imbiß zu sich und kehrten dann nach der Schlucht zurück, um das dort offen gelassene Loch wieder zuzuwerfen.

Auch der Capitän Richemonte hatte sein gestriges Vorhaben ausgeführt. Er hatte sich mit einem Spaten versehen und war mit dem heutigen Morgen in die Berge gegangen. Er hatte die Absicht, Reillac einzuscharren und sich dann zu überzeugen, ob die Kriegskasse denn auch wirklich vorhanden sei.

In der Schlucht angekommen, ging er ahnungslos auf die bewußte Stelle zu, blieb aber starr vor Schreck stehen, als er das Loch bemerkte, dessen glatt gedrückte Seiten zur Evidenz bewiesen, daß sich hier ein großes Gefäß befunden habe.

Menschen an dem offenen Loche heftig gesticuliren sah. Er winkte seinen Leuten, ihm leise zu folgen, und schlich sich auf den Fußspitzen vorwärts. Er erkannte den Capitän und legte ihm die Hand auf den Arm.

„Mit wem sprechen Sie hier, Capitän Richemonte?" fragte er.

Der Gefragte fuhr herum und wurde leichenblaß vor Schreck.

„Wer — wer seid Ihr?" stammelte er.

„Schatzgräber, grad wie Sie, aber glücklicher. Doch, Sie kommen uns grad gelegen. Treten Sie doch gefälligst einmal zu dieser Leiche. Kennen Sie dieselbe?"

Richemonte blickte jetzt dem Sprecher schärfer in das Gesicht

Der Wanderbursche.

„Fort! Weg!" rief er. „Herrgott, ich komme zu spät!"

Es war ihm, als sei alles Leben aus seinen Gliedern gewichen.

„Das ist nur vor kurzer Zeit geschehen," fuhr er fort, „denn die Erde ist noch ganz frisch. Wer aber ist es gewesen?"

Er blickte umher, konnte aber nichts finden, was ihm einen Anhalt hätte bieten können. Er stampfte den Boden mit dem Fuße und rief:

„Nun ist auch diese Hoffnung hin! Gewiß ist es dieser Königsau gewesen. O, ich wollte, ich hätte ihn in diesem Augenblicke hier bei mir! Wie sollte er meine Rache fühlen."

Grad zu dieser Zeit kehrte Königsau nach der Schlucht zurück. Er dachte an nichts weniger als daran, daß er Jemand da antreffen werde. Daher erstaunte er, als er einen

„Verflucht!" knirschte er. „Königsau."

„Ja, ich bin es! Aber haben Sie keine Sorge; ich werde Ihnen nichts zu leide thun. Nur gestehen sollen Sie mir, daß Sie der Mörder dieses Mannes sind."

„Den Teufel werde ich gestehen, aber dieses nicht."

Bei diesen Worten bemühte er sich, von der Faust Königsau's loszukommen. Dieser aber hielt ihn fest.

„Sie geben wenigstens zu, daß diese Leiche diejenige Ihres Freundes Reillac ist?" fragte er.

„Was geht mich dieser Kadaver an!"

„Mir auch recht! Aber da wollen wir dem Herrn doch einmal in die Taschen sehen. Haltet ihn fest."

Er wurde trotz seines Sträubens so fest gehalten, daß er sich nicht zu bewegen vermochte. Er schäumte vor Wuth, konnte aber doch nicht verhindern, daß Königsau die Börse und die Brieftasche des Ermordeten zum Vorscheine brachte, Beides war mit dem Namen und Wappen Reillacs versehen.

"So, das ist genug," meinte der Lieutenant. "Mehr brauchen wir nicht. Ich werde diese Gegenstände behalten und an geeigneter Stelle deponiren. Nehmt ihm die Waffen, und gebt ihm einen Fußtritt. Das ist Alles, was er von uns zu fordern hat."

Man kam diesem Befehle sofort nach. Dann wurde die Leiche untersucht und begraben. Ein kurz abgefaßtes Protocoll, an Ort und Stelle abgefaßt und von sämmtlichen Leuten unterschrieben, steckte er zu sich; dann wurde der Rückweg angetreten.

Richemonte wußte nicht, wie ihm geschehen war. Er hatte kein Wort zu sprechen gewagt und sogar den Fußtritt ruhig hingenommen. Er hatte dann den Fuß des Berges

des Anführers befinde sich jedenfalls in dem einsamen Hause am Waldesrande.

Die Bürger des Ortes ließen sich nicht so leicht hinreißen wie die Soldaten, welche sofort unter Richemontes Führung nach dem Häuschen zogen, es besetzten und die Bewohner desselben gefangen nahmen. Während Einige als Wache zurückblieben, zogen die Andern den "deutschen Spionen" entgegen, um sie zu vernichten.

Die Preußen hatten es nicht für nöthig gefunden, sich jetzt nun noch zu zerstreuen. Königsau hatte ihnen dies angerathen und sich dann von ihnen getrennt. So kamen sie, die Karre mit sich führend, ahnungslos daher; da krachte eine Salve, und alle Zehn stürzten, zum Tode getroffen, zu Boden.

Richemonte untersuchte sie.

Zur Wochenvisite.

erreicht, als ob es im Traume geschehen sei. Dann aber kam er zu sich. Er blieb stehen, ballte einen Augenblick die Faust und rief:

"Rache! Rache! Ich weiß jetzt Alles! Dieser verkleidete Officier ging nach dem einsamen Hause. Dort wird sich seine Dulcinea befinden. Man wird ja sehen, was geschieht."

Er eilte so, daß er noch vor Anbruch des Morgens nach Gedinne kam. In dem Orte schlief kein Mensch. Eine flüchtige Soldatenschaar, welche noch jetzt da rastete, hatte die Meldung gebracht, daß der Kaiser völlig geschlagen und Frankreich verloren sei. Da gab es ein Jammern und Klagen, welches dem Capitän höchst willkommen war. Er ergriff das Wort und erzählte, daß er diesen braven Patrioten elf deutsche Spione in die Hände liefern wolle. Die Braut

"Der Anführer ist nicht dabei," sagte er. "Er wird noch nachkommen. Er darf uns nicht entgehen."

Er täuschte sich. Königsau hatte unterwegs daran gedacht, daß er von Richemonte auf seinem Wege zum Waldhäuschen beobachtet worden sei, und das hatte ihn besorgt gemacht. Daher trennte er sich von dem langsamen Zuge seiner Leute und eilte ihnen voraus. Dabei schlug er durch Dick und Dünn die grade Richtung ein und wurde so von Richemonte nicht getroffen.

In der Nähe des Häuschens angekommen, merkte er sofort, was geschehen war; aber er bemerkte auch, daß die Besatzung keine vielzählige sein werde. Was er aber nicht bemerkte, das war eine preußische Husarenpatrouille, welche am abliegenden Waldesrande dahergeritten kam.

Er schritt auf das Häuschen zu und trat ein. Der an

der Thür stehende Posten wollte es ihm verwehren, aber in demselben Augenblicke hörte er Margots Stimme um Hilfe rufen. Sofort riß er die Pistolen hervor und drang ein. In der Stube rang Margot mit vier Soldaten. Der Wirth und Florian lagen gebunden in der Ecke, und Frau Richemonte war ohnmächtig. Die vier Schüsse krachten, und die vier Angreifer stürzten todt zu Boden; aber der Posten war dem Lieutenant gefolgt.

Margot stieß einen schrillen Warnungsruf aus. Königsau wollte sich schnell umdrehen, aber es war zu spät. Der Pallasch des Franzosen sauste durch die Luft und fuhr ihm in den Kopf. Er sank nieder und Margot neben ihm.

Unterdessen war die Patrouille aus dem Walde hervorgebrochen. Der sie befehligende Officier hielt an und schaute sich um. Da fielen in dem nahen Hause vier Schüsse, und dann hörte man einen schrillen Angstschrei.

„Was ist das? Dort kämpft man!" sagte der Officier. „Vielleicht bedarf man unserer Hilfe. Vorwärts!"

Sie sprengten herbei, sprangen ab und drangen ein. Da sprang gerade eben der Franzose, welcher den Hieb gegen Königsau geführt hatte, zum Fenster hinaus, da er sich nicht anders retten konnte. Aber der Husar erkannte auf den ersten Blick, was hier geschehen war, und sandte ihm eine Kugel nach, welche auch ihr Ziel nicht verfehlte.

Florian und der Wirth wurden ihrer Fesseln entledigt und erfuhren, daß eine größere preußische Truppenabtheilung im Anzuge sei, so daß sie nun nichts mehr zu befürchten hatten. Sie erzählten in kurzen Umrissen, was geschehen war, und mußten auf Befehl des Officiers die Damen nach oben bringen.

Königsau's Kopfwunde war lebensgefährlich. Er erhielt einen nothdürftigen Verband, bis nach ungefähr einer Stunde die erwähnten Truppen ankamen und ein Arzt sich seiner annehmen konnte. Dieser schüttelte höchst bedenklich den Kopf, gab aber doch der inzwischen wieder zu sich gekommenen Margot eine tröstliche Antwort, obgleich er ihr nicht erlaubte, den Geliebten zu sehen.

Richemonte kehrte nicht nach dem Hause zurück; er hatte unterwegs von dem Anrücken der Preußen gehört und es vorgezogen, sich nicht in eine gar zu große persönliche Gefahr zu begeben. Von der Verwundung seines Todfeindes wußte er allerdings noch nichts. ———

Die Tochter des Kabylen.

Oft treten im Laufe der Ereignisse Pausen ein, welche vermuthen lassen, daß der Faden der Geschichte vollständig abgerissen sei. Aber das Leben gleicht dem Weltmeere. Die Wogen, welche es wirft, sind nicht die Folgen einer horizontalen Bewegung, sondern die Wasser steigen auf und nieder. Der Tropfen, welcher sich jetzt, hochaufspritzend, aus den Wellenkämmen erhebt, sinkt im nächsten Augenblicke vielleicht in die Tiefe des Grundes hinab und kommt erst lange Zeit später in seiner Auflösung oder Vereinigung mit anderen Tropfen auf der Oberfläche wieder zum Vorscheine.

So verschwinden auch im Leben der Völker oder des einzelnen Menschen die Ereignisse zuweilen von der Oberfläche und kommen zu unserer Ueberraschung ganz plötzlich an einem Orte und zu einer Zeit wieder zum Vorscheine, wo und wann wir es am allerwenigsten erwartet haben.

Seit den letzt erzählten Ereignissen waren mehrere Jahrzehnte vergangen, als in einem Kaffeehause zu Biskara einige französische Officiere rauchend, trinkend und plaudernd beisammen saßen.

Biskara oder Biskra, wie der Araber das Wort ausspricht, ist ein Städtchen der Provinz Constantine in Algerien, wichtig als an der großen Karawanenstraße gelegener Handelspunkt und damals zur Zeit seiner Märkte sehr besucht von den Berbern und Beduinen der Umgegend, welche herbei kamen, um zu tauschen oder ihre Einkäufe zu machen.

Das Kaffeehaus, von welchem hier die Rede ist, hatte mehr ein europäisches als ein orientalisches Aussehen. An einem der Boulevards von Paris hätte es sich allerdings wohl ein wenig fremdartig ausgenommen, aber hier in Biskara war ganz dasselbe der Fall, freilich vom entgegengesetzten Standpunkte aus.

Das Gebäude war in maurischem Stile errichtet, doch hatte man einige Fensteröffnungen durch die vordere Mauer gebrochen und über dem Eingang ein mit einer französischen Firma versehenes Schild angebracht.

Während der Muhammedaner in seinen Kaffeehäusern sich mit untergeschlagenen Beinen auf den Teppich niederläßt, welcher ganz einfach auf den bloßen Fußboden ausgebreitet wird, gab es hier einige allerdings ziemlich roh gezimmerte Tische und Stühle, an und auf denen die Officiere saßen. Und was diese Herren tranken, war nicht Kaffee, sondern Wein, schwerer portugiesischer Wein, wie die Etiquetten besagten, welche an den zahlreich geleerten Flaschen zu lesen waren.

Die Herren schienen ziemlich angeheitert zu sein; einige waren sogar von dem Geiste des Weines so sehr in Beschlag genommen, daß sie gar nicht viele Gläser mehr zu leeren brauchten, um vollständig betrunken zu sein.

Der Wirth, welcher diese Gäste bediente, trug die Tracht eines Zuaven, war aber allem Anschein nach nicht ein Eingeborener, sondern ein Franzose, denn er sprach, wenn er gefragt wurde und Rede stehen mußte, genau den Dialect, welchen man in der Gegend von Tours zu hören bekommt. Eben jetzt erst hatte man ihm eine Frage gestellt. Er schüttelte den Kopf und antwortete:

„Wie kann ich wissen, ob dieser Mann bereits einmal in Biskara gewesen ist, Messieurs? Ich könnte günstigen Falls nur wissen, ob er mein Café einmal besucht hat."

„Und das hat er wohl nicht?"

„Nein, obgleich ich die Möglichkeit zugebe, daß es einmal geschehen sein kann. Ich kenne ihn ja nicht."

„Er ist also wirklich eine so räthselhafte Persönlichkeit?"

„Ja. Niemand kennt ihn. Er sitzt vielleicht unter uns, ohne daß wir es wissen. General Cavaignac ist wohl der Einzige, der ihn kennt."

„Verkehrt er nur mit diesem?"

„Wer weiß das."

„Und wie heißt er?"

„Auch das weiß Niemand. Er ist weder uns noch unsern Feinden, den Beduinen, bekannt. Sie geben ihm nach ihrer Weise einen Namen, welcher ganz genau sagt, wofür sie ihn halten."

„Wie heißt dieser Name?"

„'ain el fransawi, das heißt, Auge der Franzosen, oder noch deutlicher, Spion oder Kundschafter der Franzosen. Man will ihn hier oder da gesehen haben; man beschreibt ihn bald als alt und bald als jung, aber man weiß nichts Genaues über ihn. Fragen Sie Cavaignac, den Generalgouverneur. Er kann und wird Ihnen Auskunft geben — wenn er will."

Im hintersten Winkel des Café's saß in schlechter, beduinischer Tracht ein Mann, welcher gegen dreißig Jahre zählen mochte. Er hatte auf seinem Stuhle in einer Weise Platz genommen, daß man leicht merken konnte, er sei eher auf Kissen und Matten als auf Stühlen zu sitzen gewohnt. Sein Bart war dünn, wie es bei Arabern gewöhnlich zu sein pflegt, und er starrte mit jener Gleichgiltigkeit gerade vor sich hin, welche den fatalistischen Muselmann eigen zu sein pflegt. Er hatte ein Täßchen Kaffee vor sich stehen und hielt einen Tschibuk in der Hand, aus welchem er dann und wann einen Zug that, um den Rauch zu verschlucken und dann durch die Nase wieder von sich zu geben. Der Araber nennt diese Art des Rauchens „Tabak trinken."

„Wer ist dieser Kerl?" fragte einer der Officiere den Wirth.

„Ich kenne ihn nicht."

„Ein Beduine?"

„Jedenfalls, denn er verlangte Pfeife und Kaffee in arabischer Sprache."

„Vielleicht versteht er uns. Es ist unangenehm, fremde Lauscher in der Nähe zu haben."

„Versuchen Sie, ob er Französisch spricht."

Der Officier that dies. Er wandte sich an den Fremden und fragte französisch:

„Wer bist Du?"

„Tugger — ein Kaufmann," antwortete der Gefragte, indem er nur dieses einzige arabische Wort aussprach.

„Womit handelst Du?"

„Fewakih — mit Früchten."

„Woher bist Du?"

„Wadi Dscheddi."

Wadi heißt im Arabischen sowohl Fluß als auch das Thal eines Flusses. Der Mann war also aus dem Thale des Flusses Dscheddi, welcher seine wenigen Wasser im Süden von Biskra in den Schott Melair laufen läßt."

„Verstehst Du Französisch? Ja, wie es scheint?"

„Kalil — wenig."

„Wo hast Du es gelernt?"

„Algier."

„Ah, Du warst in Algier?"

„Na'm — ja."

„Lange Zeit?"

„La — nein."

Der Mann hatte seine Antworten mehr durch Gesticulationen als durch die kurzen Worte gegeben, welche er aussprach. Dennoch fragte der Franzose weiter:

„Hast Du von dem Manne gehört, welchen Ihr 'ain el Fransawi nennt?"

„Lissa ma — noch nicht."

„Bist Du reich?"

„Ma li scheh — ich habe nichts."

„Armer Teufel. Hier trinke ein Glas Wein."

Dieses Bedauern war nur ein scheinbares. Der Officier wußte recht gut, daß der Beduine als Muselmann keinen Wein trinken durfte. Dieser machte auch sofort eine zurückweisende Handbewegung und sagte:

„Kullu muskürün haram — Alles, was trunken macht, ist verboten."

Es war dies die wörtliche Anführung von dem Verbote Muhameds.

„So laß es bleiben, und gehe nicht an Orte, wo man Wein trinkt! Weißt Du nicht, daß Deine Weigerung eine Beleidigung für mich ist?"

„La — nein."

„So packe Dich zum Teufel, oder trinke mit. Wir brauchen keinen Maulaffen, welcher nur zuhört, aber nicht mitthut."

Es wäre wohl zu einer unangenehmen Scene gekommen, wenn nicht die Aufmerksamkeit der Franzosen von dem Beduinen abgezogen worden wäre. Der Gehilfe des Kaffeewirthes trat nämlich ein und legte die neuesten Zeitungen auf den Tisch, welche soeben angekommen waren. Hier auf den Höhen des Atlasgebirges waren die Neuigkeiten aus Paris wichtiger als das Anrempeln eines nichtsbedeutenden Arabers, der doch dagegen nichts Anderes thun als sich nur schweigend entfernen konnte.

Die Gazetten waren im Nu auseinander genommen und vertheilt, so daß ein Jeder mehrere Blätter in den Händen hielt. Man wartete nicht bis jeder Einzelne seine Seiten herabgelesen hatte, sondern sobald etwas Wichtiges entdeckt wurde, gelangte es zur sofortigen Vorlesung. Einer der Herren meinte:

„Ich bin es jedenfalls, der das Interessanteste erwischt hat. Da sind nämlich die Nachrichten über Algerien."

„Ah! Was schreibt man über diese Colonie?" fragte ein Anderer.

„Mehr, als wir selbst über sie wissen. Da ist zum Beispiel auch der Marabut Hadschi Omanah erwähnt."

Ein Marabut ist ein moslemitischer Einsiedler, welcher von der Bevölkerung für heilig gehalten wird. Hadschi aber wird ein jeder Moslem genannt, welcher eine Pilgerreise nach Mekka oder Medina mitgemacht hat.

„Was schreibt man über ihn?"

„Hier steht: Die Haltung des berühmten Marabut Hadschi Omanah ist noch immer eine unerforschliche. Er übt einen ungeheuren Einfluß auf die am Aurasgebirge wohnenden Stämme aus, weshalb es von großem Vortheile sein würde, zu wissen, ob man ihn gegebenen Falles als Feind zu betrachten hat. Man spricht davon, daß das Generalgouvernement bedacht gewesen ist, durch Abgesandte seine Stimmung erforschen zu lassen; aber er hat sich stets als unnahbar gezeigt. Auch seine Abstammung liegt im Dunkeln. Er trägt den grünen Turban, ein Recht, welches nur den directen Abkömmlingen Muhameds zusteht. Seine Verehrer sagen, daß er aus den heiligen Gegenden Arabiens nach dem Aurasgebirge gekommen sei. Dabei ist zu verwundern, daß seine Gesichtszüge auf das Abendland hindeuten, wie ja auch die Sage geht, daß ein französischer Reisender, welcher ihn einst in der Nähe zu sehen bekam, in ihm einen Bekannten aus der Gegend von Metz oder Sedan wiedergefunden zu haben meint. Eine gewisse Aehnlichkeit wird der Grund dieser Behauptung sein, welche sicherlich auf einer Täuschung beruht."

„Da sind wir gerade so klug wie vorher," meinte einer der Zuhörer. „Was da gesagt wird, das wußten wir bereits längst. Hat man nicht bisher gemeint, daß diese Marabuts unverheirathet seien und in tiefster Einsamkeit leben?"

„Allerdings."

„Nun, so ist es jedenfalls auffallend, daß dieser Marabut verheirathet gewesen sein muß."

„Das ist kein Verstoß. Er kann ja trotzdem einsam leben."

„Das thut er aber nicht."

„Wieso?"

„Er hat einen Sohn bei sich. Ist das Einsamkeit?"

„Nicht ganz. Aber wenn in unseren Klöstern Mönche in tiefer Abgeschlossenheit bei einander leben, ist das keine Einsamkeit?"

„Eine vollständige jedenfalls nicht. Uebrigens soll der Sohn beinahe ganz in demselben Geruche der Heiligkeit stehen wie der Vater. Was liest man weiter über Algerien?"

„Hier steht weiter unter der Bezeichnung „Timbuktu:" Die Expedition, welche vor zwei Jahren von der deutschen wissenschaftlichen Gesellschaft ausgerüstet und abgeschickt wurde, um den Sudan zu erforschen, scheint bessere Erfolge zu verzeichnen haben als verschiedene vorhergehende. Es verlautet, daß das militärische Mitglied dieser Expedition, Oberlieutenant von Königsau, sich von Timbuktu aus bereits auf dem Heimwege befindet. Er soll außer den rein wissenschaftlichen Errungenschaften auch bedeutende materielle Reichthümer mit sich führen und seinen Weg über Insalah, el Golea und Tuggurt nehmen."

„Donnerwetter!" rief einer der Franzosen. „So wird dieser Deutsche auch hierher nach Biskra kommen. Man kennt diese unangenehmen Menschen, welche sich seit den Jahren vierzehn und fünfzehn einbilden, auf uns herabsehen zu müssen. Königsau? Ist Ihnen dieser Name nicht bekannt, Messieurs."

„Nein," antwortete es im Kreise.

„Mir scheint, daß ich ihn bereits einmal gehört habe."

Er machte die Miene des Nachdenkens, nickte dann und sagte:

„Ah, ich habe es! Königsau hieß ja jener Liebling des alten Grobian Blücher, welcher mit dem Gardecapitän Richemonte so verschiedene Recontres hatte. Sie haben doch jedenfalls von Richemonte gehört?"

„Derselbe, welcher nach der Schlacht bei Belle Alliance infam cassirt wurde?"

„Ja, derselbe. Ich erinnere mich, verschiedene Niederträchtigkeiten über ihn gehört zu haben. Mein Oheim hatte mit ihm gedient und kannte ihn genau."

„Man hat niemals wieder Etwas über ihn gehört. Er scheint untergegangen zu sein."

„Dies könnte ein Irrthum sein. Richemonte war zwar gezwungen, Frankreich zu verlassen, aber verschollen ist er doch noch nicht. Sie wissen, welch eine Begebenheit der Grund war, daß Frankreich im Jahre 1827 Algier blockirte?"

„Ja. Der Dey von Algier hatte dem französischen Consul Deval mit dem Fliegenwedel in das Gesicht geschlagen."

„Nun Deval behauptete später, Richemonte in der unmittelbaren Umgebung des Deys gesehen zu haben."

„Hat er ihn denn gekannt?"

„Ja. Deval hatte mit ihm in Paris verkehrt, und zwar so viel und oft, daß an ein Verkennen gar nicht zu denken ist."

„Trug Richemonte in Algier maurische Kleidung?"

„Ja."

„Mit einem Turban?"

„Ja, wie Deval berichtete."

„So ist es sicher, daß er Muhamedaner geworden ist."

„Diesem ehrlosen Menschen ist dies recht gut zuzutrauen. Giebt es noch etwas, was über Algier zu lesen ist?"

„Ja, hier wird berichtet, daß der Generalgouverneur sich auf einer Inspectionsreise durch die Colonie befindet. Das ist es, was uns am Meisten interessirt."

„Cavaignac wird uns ganz sicher überraschen. Er gehört zu denjenigen Generälen, welche es lieben, die Truppen stets auf dem Qui vive zu erhalten. Man erwartet ihn binnen einer Woche hier, aber ich wette, daß er früher — — —"

Er wurde unterbrochen. Die Thür wurde aufgerissen, und ein jüngerer Officier trat ein. Man sah es ihm an, daß er sehr schnell gelaufen war.

„Was ist's? Was giebt's? Was bringen Sie?" tönte es ihm entgegen.

Der Gefragte holte tief Athem und ergriff eines der vollen, auf dem Tische stehenden Gläser. Als er es hineingestürzt hatte, antwortete er:

„Eine Neuigkeit, Messieurs."

„Gut oder schlimm?"

„Wie man es nimmt. Cavaignac, der Generalgouverneur wird sogleich ankommen."

„Alle Teufel!" rief der vorige Sprecher. „So habe ich ganz recht geweissagt. Also er ist noch nicht da?"

„Nein, aber soeben traf einer seiner Adjutanten ein. Der General befindet sich noch auf der Straße von Busada her, wird aber in einer halben Stunde eintreffen."

„Dann bleibt uns noch Zeit, die Geister des Weines in Wasser zu ersäufen."

Er ergriff ein Wasserglas und leerte es in einem Zuge. Die Andern folgten diesem Beispiele und stürmten dann zum Hause hinaus.

Außer dem Wirthe befand sich nur noch der Beduine im Zimmer. Er hatte die Worte des Gespräches scheinbar gar nicht beachtet, aber doch Alles deutlich vernommen. Er erhob sich jetzt von seinem Stuhle, legte die Pfeife hin und griff in die Tasche. Nachdem er ein kleines Silberstück neben die Tasse gelegt hatte, verließ er das Kaffeehaus und trat hinaus auf den freien Platz vor demselben.

Im Schatten der Häuser hielten die Verkäufer ihre Waaren feil. Er schritt auf einen Mann zu, welcher hinter einem Haufen von getrockneten Datteln saß.

Dieser Mann war lang und hager und trug die Tracht der Eingeborenen. Er schien nicht wohlhabend zu sein, denn sein Turban war aus einem alten, zerfetzten Shwal gewickelt, und sein schmutziger Burnus wurde von einem kameelharenen Strick zusammengehalten.

„Sie sind fort," sagte er leise zu dem Kommenden. „Ich sah sie gehen. Hast Du Etwas erlauscht?"

Diese Worte waren in fließendem Französisch gesprochen. Der Gefragte antwortete ganz geläufig in derselben Sprache:

„Ja."

„Von wem sprachen sie?"

„Von Dir."

„Von mir? Alle Teufel! Wie kommen sie auf mich?"

„Sie kamen auf Dich, weil sie vorher von einem Oberlieutenant von Königsau redeten."

Der Sitzende schien nahe am sechzigsten Jahre zu sein, konnte aber auch noch mehr zählen. Sein Haupthaar wurde vom Turban vollständig verdeckt. Sein Gesicht zeichnete sich durch einen großen, dichten, fast weißen Schnurrbart aus. Als er den letzt ausgesprochenen Namen hörte, zog sich sein Schnurrbart in die Höhe, so daß man zwei Reihen großer, gelber Zähne sehen konnte. Es war, als ob ein Raubthier gegen einen Angreifer die Zähne fletsche.

„Königsau? Lieutenant?" fragte er. „Ein Deutscher?"

„Ja."

Die Augen des Alten glühten unheimlich auf, doch nach einem kurzen Nachdenken ließ er den erhobenen Kopf sinken und sagte:

„Er ist es nicht. Es muß ein Anderer sein."

„Warum?"

„Der, welchen ich meine, kann jetzt längst nicht mehr Oberlieutenant sein. Es sind über dreißig Jahre vergangen. Was ist der Königsau, von dem sie sprachen?"

„Er ist Mitglied einer afrikanischen Expedition, welche von Deutschland ausgerüstet wurde."

„Woher stammt er?"

„Ich weiß es nicht."

„Wo befindet er sich?"

„Auf dem Heimwege von Timbuktu."

„Ah! Das ist interessant."

„Höchst interessant, Cousin. Er führt nämlich große Schätze bei sich."

„Alle Teufel! Weißt Du das genau?"

„Die Officiere sagten es. Es steht in der Zeitung."

Die Augen des Alten glänzten und funkelten wie diejenigen eines Raubthieres.

„Ah! Vortrefflich. Welchen Weg schlägt er ein?"

„Er kommt über Insalah und el Golea nach Tuggurt."

Da wäre der Alte vor Freude beinahe von seinem Sitze aufgefahren."

„Nach Tuggurt?" sagte er. „So ist es jedenfalls der Europäer, den Dir unsere Späher angemeldet haben."

Der Andere nickte zustimmend mit dem Kopfe. Er hatte jetzt nicht mehr das gleichgiltige Gesicht von vorhin, sondern dasselbe hatte einen höchst verschmitzten Ausdruck angenommen. Er antwortete:

„Ich zweifle nicht daran."

„Wann wird er nach Tuggurt kommen?"

„Das konnte noch nicht gesagt werden."

„Welche Begleitung hatte er?"

„Außer den Kameeltreibern dreißig Krieger vom Stamme der Iba Batta."

„Die werden zu überwältigen sein. Also die Officiere sprachen von mir?"

„Ja."

„Was?"

„Daß Du nach der Schlacht bei Belle Alliance infam cassirt worden seist."

„Der Teufel soll sie holen? Was noch?"

„Daß man Dich in der Umgebung des Dey erkannt hat."

„Ich wollte, dieser Consul wäre blind gewesen."

„Sie sprachen ferner von Dir, ohne zu wissen, daß Du es bist."

„Wie soll ich das verstehen?"

„Ich meine, daß sie von 'ain el fransawi redeten."

„Was sagten sie da?"

„Daß dieser Mann ihnen ein Räthsel sei."

„Hoffentlich werde ich es auch bleiben."

„Ferner erwähnten sie den Marabut Hadschi Omanah."

„Jedenfalls war auch dieser ihnen ein Räthsel?"

„Ja."

„Daran sind sie selbst schuld. Sie mögen nur gescheidte Kerls zu ihm schicken, welche es verstehen, ihn auszuhorchen. Aber warum liefen sie so schnell davon?"

„Weil sie die Nachricht erhielten, daß Cavaignac komme."

„Ah! Ich dachte es. Wann kommt er?"

„In einer halben Stunde. Und diese Zeit ist fast vorüber."

„So spute Dich. Eile ihm entgegen, damit er erfährt, daß ich hier bin."

Der Andere entfernte sich augenblicklich, ohne ein weiteres Wort zu sagen. Er schritt dem Orte zu, wo sich draußen vor dem Städtchen die französischen Truppen versammelten, um den Generalgouverneur zu empfangen.

Dort standen auch bereits viele Einheimische, welche gehört hatten, daß Cavaignac komme, der sich durch seine Siege berühmt gemacht hatte, aber gerade deshalb bei ihnen nichts weniger als beliebt war.

Als der Maure dort ankam, sah man bereits die Calvacade vom Westen her herbeigesprengt kommen, geführt von einigen Turkos, welche den Wege kannten und begleitet von einer hinreichenden Schaar von Chasseurs d'Afrique, um ihnen Sicherheit zu bieten.

(Fortsetzung folgt.)

Die Liebe des Ulanen.

Original-Roman aus der Zeit des deutsch-französischen Krieges von Karl May.

(Fortsetzung.)

Als General Cavaignac in der Nähe der Truppenaufstellung angekommen, zogen sich die Führer zurück, so daß der General nun an der Spitze ritt. Die Trommeln wirbelten, die Musik fiel ein, und die Truppen präsentirten. Der General salutirte, ritt an der Front vorüber und wendete sich dann dem Eingange des Ortes zu, nachdem der Befehlshaber der Truppen ihm eine kurze Meldung gemacht hatte.

Er winkte den Letzteren an seine linke Seite und fragte im Reiten:

"Sind Sie mit der Bevölkerung zufrieden?"

"Bis jetzt kann ich nicht klagen, mein General."

"Sie werden auch in Zukunft nicht zu klagen haben, so lange Sie meine Grundsätze befolgen. Der Beduine hält jede Milde für Schwachheit. Man muß ihn streng und gerecht behandeln; das imponirt ihn. Wie steht es mit den Stämmen im Gebirge?"

"Sie halten sich von der Stadt fern."

"Haben ihre Scheiks die Burnusse angenommen?"

Frankreich schenkte nämlich einem jeden Scheik einen kostbaren Burnus. Die Beduinen sollten das für einen von Frankreich geleisteten Tribut ausgeben; doch wußten sie gar wohl, daß sie sich durch die Annahme dieses Geschenkes in Abhängigkeit zu Frankreich stellten."

"Nein," antwortete der Commandant.

"Das ist ein schlimmes Zeichen. Haben Sie ihnen die Burnusse nicht angeboten?"

"O doch."

"Und man hat die Annahme geradezu verweigert?"

"Nein. Dazu sind diese Leute zu schlau."

"Was sonst?"

"Wenn meine Boten an die Orte kamen, wo die Lager gestanden hatten, waren dieselben allemal abgebrochen."

"Das ist noch schlimmer. Das ist gerade als wenn eine Kugel in weiche, nachgiebige Erde fährt. Ein solcher Schuß ist nutzlos, während eine Kugel den festesten Stein zerbricht und zermalmt. Ich möchte Ihnen rathen — — —"

Er hielt inne. Sein Auge war auf den Mauren gefallen, welcher gerade an dem Wege stand, wo sie vorüberkamen. Er hielt sein Pferd an, und sein sonst so strenges Gesicht zeigte den Ausdruck der Zufriedenheit.

"Ah! Da bist Du!" sagte er.

Der Maure kreuzte die Arme über die Brust, verbeugte sich tief und antwortete

"Allah jikun ma'ak!"

Diese Worte heißen zu Deutsch: "Gott sei mit Dir."

"Bist Du allein?"

"La — nein."

"Dein Verwandter ist mit da?"

"Na'm — ja."

"Wo ist er?"

"Hunik, fil suk — dort auf dem Markte."

"Er handelt mit Früchten?"

"Ja."

"Sind sie gut?"

Diese Frage mußte irgend eine Nebenbedeutung haben, denn der Maure lächelte verständnißvoll und antwortete:

"S'lon daiman — wie immer."

"So mag er mir welche bringen. Er wird erfahren, wo ich mein Quartier nehme."

Er nickte dem Manne wohlwollend zu und ritt weiter.

Der Commandant wunderte sich nicht wenig, daß der General einen Mann kannte, welcher hier in Biskra war. Er fragte:

"Sie kennen diesen Menschen, mein General?"

„Ja," antwortete Cavaignac kurz.

„Ich habe ihn noch nie gesehen."

„Ich sehr oft. Er ist ein Fruchthändler, welchen ich in Blidah kennen lernte. Wo werde ich wohnen?"

„Ich gebe mir die Ehre, Ihnen mein Quartier anzubieten."

„Ich nehme es an. Wenn der Verwandte dieses Mannes kommt, mag er sofort zu mir gelassen werden. Ich interessire mich für ihn."

„Woran wird man ihn kennen?"

„An seinem großen, grauen Schnurrbarte und an seinem Namen. Es ist der Fakihadschi Malek Omar."

Fakihadschi heißt Fruchthändler.

Während der General nach seinem Quartiere ritt, begab der Maure sich nach dem Markte zurück, wo der Alte auf ihn wartete.

„Nun?" fragte ihn dieser erwartungsvoll.

„Ich habe mit ihm gesprochen."

„Was?"

„Er mußte sehr kurz sein. Er fragte mich, ob Du anwesend seist."

„Das konnte er sich denken. Weiter."

„Ich beantwortete diese Frage, und darauf sagte er, daß Du zu ihm kommen sollst."

„Wo wohnt er?"

„Das weiß ich nicht. Wir werden es erfahren."

„So gehe und erkundige Dich!"

Der Andere ging, während der Alte bei den Früchten zurückblieb. Der geneigte Leser hat in diesem ganz sicher den einstigen Capitän Richemonte wiedererkannt.

„Sein Gehilfe, der sich „Cousin" mit ihm nannte, kehrte nach einer Weile zurück und nannte ihm das Haus, in welchem der General abgestiegen war. Nun füllte Richemonte ein aus Dattelfaser geflochtenes Körbchen mit Früchten und begab sich mit den gravitätischen Schritten eines freien Arabers nach dem angegebenen Orte, an dessen Eingange zwei Posten standen.

„Wohin?" fragte der Eine.

„Fil seri' asker," antwortete der Gefragte.

„Was heißt das? Rede französisch, Bursche!"

„Ge — ne — ral!" buchstabirte der Andere, scheinbar mit großer Mühe.

„Zu General Cavaignac?"

Der Gefragte nickte.

„Wer bist Du?"

„Fakihadschi Malek Omar."

„Das ist wieder Arabisch; aber ich denke, so klang der Name, welcher uns genannt wurde. Du kannst passiren!"

Richemonte trat ein, schritt durch den dunklen, engen Hausgang und gelangte nach einem Hofe, welcher rundum von einer Säulenhalle umgeben war. Dort stand eine Ordonnanz, welche die Fragen wiederholte und ihn dann nach einem großen Gemache geleitete, in welchem der General vom langen Ritte ausruhte. Als er den Eintretenden erkannte, erhob er sich aus seiner bequemen Stellung und sagte:

„Pünktlich wie immer! Sie wußten, daß ich nach Biskra kommen werde?"

„Ja, mein General."

„So hat mein Bote Sie getroffen?"

„Vor vier Tagen. Ich befand mich im Wadi Hobla und bin sofort hierhergeritten, um Ihre Befehle entgegen zu nehmen."

Er sprach jetzt sein fließendes Französisch.

„Haben Sie mir Ungewöhnliches zu melden?"

„Nicht viel. Der Stamm der Beni Hassan rüstet sich zum Widerstande."

„Ah! Wo wohnt der Stamm?"

„Im Süden von Biskra."

„Wie viele Krieger zählt er?"

„Wenn alle Unterabtheilungen sich betheiligen, so können einige tausend zusammenkommen."

„Ah! Das ist beträchtlich und also gefährlich. Wer regt sie auf?"

„Der Marabut Hadschi Omanah, wie ich glaube."

„So nimmt dieser Mann jetzt gegen uns eine feindliche Stellung ein?"

„Wie es scheint. Doch glaube ich nicht, daß eine Macht wie die angegebene zusammenkommt, da sich einige Unterabtheilungen weit nach Süden und einige andere auf tunesisches Gebiet hinübergezogen haben."

„Das beruhigt mich einigermaßen. Wir haben jetzt im Norden und Westen des Landes so viel zu thun, daß es uns unmöglich ist, größere Truppenmassen nach Süden zu geben. Sind ihre Berichterstatter noch treu?"

Richemonte zuckte die Achseln.

„So lange ich gut bezahle, ja," antwortete er.

Der General lächelte.

„Sie wollen sagen, daß Sie sich ausgegeben haben?" fragte er.

„Nichts Anderes, mein General."

„Nun ich werde Ihre Kasse wieder füllen, da ich der Werth eines guten Kundschafters zu schätzen weiß. Uebrigens bin ich in der Lage, Sie in den Stand zu setzen, sich eine beträchtliche Extragratification zu verdienen."

„Ich stelle mich zur Verfügung."

„Es handelt sich nämlich um den Marabut."

„Ich ahnte es."

„So hat Ihr Scharfsinn Sie nicht getäuscht. Es gilt, endlich einmal zu erfahren, was man von ihm zu halten hat."

„Sie wußten das bis jetzt noch nicht?" fragte der Spion lächelnd.

„Leider nein. Ich hatte meine Aufträge unfähigen Leuten übergeben, wie es scheint, und werde mich nun an sie wenden. Getrauen Sie sich, den Mann aufzusuchen und auszuhorchen?"

Der Gefragte machte ein sehr bedenkliches Gesicht.

„Das ist schwer!" sagte er.

„Ich weiß es."

„Und gefährlich für mich."

„Gefährlich? Ah, Sie wollen Ihr Verdienst steigern, damit ich die Gratification entsprechend vergrößere. Sie sind ein Schlaukopf!"

„Ich spreche nur die Wahrheit," meinte Richemonte im Tone der Kränkung.

„Wie könnte ein Besuch bei dem Marabut gerade Ihnen gefährlich sein? Sie gelten für einen guten Moslem, und tausende von Muselmännern besuchen den Heiligen, ohne daß ihnen dabei eine Gefahr droht."

„Das mag sein. Aber bedenken Sie, mein General, daß ich „das Auge der Franzosen" genannt werde. Grad so, wie ich darauf brenne, den Marabut zu durchschauen, glüht er darauf, das „Auge der Franzosen" in seine Hand zu bekommen. Der kleinste Umstand genügt, mich ihm zu verrathen, und dann bin ich verloren."

„So haben Sie nichts zu thun als vorsichtig zu sein?"

„Das sieht leichter aus, als es ist."

„Das heißt, Sie wollen diesen Auftrag nicht übernehmen."

„O doch, wenn ich mit der Belohnung zufrieden bin."

„Ah, da kommt es! Wie viel verlangen Sie für eine sichere Nachricht über die Stimmung und Haltung des Marabut uns gegenüber?"

„Außer den gewöhnlichen Spesen fünftausend Franken."

Cavaignac erhob sich und schritt einige Male im Raume hin und her. Endlich blieb er vor dem Spione stehen und sagte:

„Das ist bedeutend, aber ich bin dennoch bereit, Ihnen diese Summe zu zahlen, falls sie Ihre Aufgabe gründlich lösen. Sie kennen den Aufenthalt des Marabut?"

„Ja."

„Sie waren bereits einmal dort?"

„Nein."

„So haben Sie ihn noch gar nicht gesehen?"

„Nein. Sie wissen, daß ich seit langen Jahren im westlichen Algerien und Marokko beschäftigt gewesen bin."

„Allerdings. Sie haben uns da sehr gute Dienste geleistet, so daß ich hoffe, Sie werden auch Ihre jetzige Aufgabe lösen. Sind Sie vollständig ausgerüstet dazu?"

„Ich habe Alles; nur das Metall fehlt."

„Ich erwartete Sie und habe bereits das Nöthige zu mir gesteckt. Hier haben Sie. Die Extragratification werden Sie sich allerdings erst verdienen müssen."

Er zog eine sehr umfangreiche Börse aus der Tasche und hielt sie ihm entgegen. Als er sie schüttelte, gab ihr Inhalt einen goldenen Klang. Richemonte nahm sie und steckte sie ein und sagte:

„Ich bin überzeugt, daß ich mir diese Gratification verdienen werde."

„Wann werden Sie Ihre Reise antreten?"

„Bereits heute, mein General."

„Gut! Und wann kann ich nach Constantin Nachricht erhalten?"

„Das ist unbestimmt, doch hoffe ich, in nicht viel über zwei Wochen dort eintreffen zu können?"

„Das ist sehr lange. Ich glaube nicht, Sie so lange entbehren zu können."

„So haben Sie noch weitere Aufträge für mich?"

„Allerdings. Sie sprachen ja davon, daß die Beni Hassan im Begriff stehen sich gegen uns zu erheben. Haben Sie sichere Anzeichen beobachtet?"

„Ja. Ich habe mit einigen Scheiks darüber gesprochen."

„Sie sind Freund mit ihnen?"

„Noch mehr als Freund; ich bin Gast bei ihnen."

„Als was kennt man Sie dort?"

„Ich bin aus einer östlichen Oase und durchsuche die westliche Sahara nach einem Manne, gegen den ich eine Blutrache habe. Anders konnte ich meine unstäte Lebensweise bei diesen Leuten nicht erklären."

„Und man glaubt es Ihnen?"

„Ja. Nichts legitimirt bei diesen Leuten mehr, als eine Blutrache."

„Das ist gut. Darum wäre es mir eigentlich lieb, wenn Sie jetzt bei diesem gefährlichen Stamme bleiben könnten. Ich wäre dann sicher, durch Ihre Beobachtungen immer auf dem Laufenden erhalten zu bleiben."

„Keine Sorge, mein General! Zur Erhebung eines Stammes gehört Zeit. Die Vorbereitungen, die Verhandlungen und Berathungen nehmen da Monate in Anspruch. Ich bin überzeugt, daß ich vom Marabut zurück sein werde, ehe ein fester Entschluß gefaßt worden ist."

„Das heißt, daß innerhalb zweier Wochen nichts geschehen wird?"

„Innerhalb eines Monats sogar."

„Das beruhigt mich. So treten Sie denn Ihre Reise an, und lassen Sie sich möglichst bald in Constantin sehen! Haben Sie mir sonst noch Etwas zu sagen?"

„Nein."

„Nun, so bin ich es, der noch einen Punkt mit Ihnen besprechen möchte."

„Ich bin bereit dazu."

„Zu jeder Auskunft?"

„Zu jeder."

Der General sah ihn scharf und forschend an und fragte im Tone des Nachdrucks:

„Wirklich zu jeder?"

Die Miene des Spions wurde weniger zuversichtlich. Er antwortete:

„Zu jeder, welche sich mit meinen Verhältnissen verträgt, natürlich."

„So machen Sie also doch eine Bedingung! Welche Verhältnisse meinen Sie?"

„Meine persönlichen."

„Und auf diese bezog ich mich ebenfalls. Seit wann haben Sie Frankreich hier in Algerien gedient?"

„Seit dem Jahre achtzehnhundert und Dreißig."

„Stets in Ihrer gegenwärtigen Eigenschaft?"

„Meist."

„Hat keiner Ihrer Vorgesetzten oder Auftraggeber gewußt, wer Sie eigentlich sind?"

„Keiner."

„Warum beobachten Sie eine so strenge Verschwiegenheit?"

„Weil es theils in meinem Charakter, theils auch in meinem Interesse liegt."

„Würden Sie sich nicht entschließen, Vertrauen zu mir zu haben?"

„Ich vertraue Ihnen, mein General, sonst würde ich Ihnen nicht dienen; aber in diesem Punkte zwingt mich eine Pflicht, welche ich unmöglich verletzen darf, zur Verschwiegenheit."

„So werde ich diese Pflicht gelten lassen müssen, obgleich es mir natürlich lieb und erwünscht sein muß, nur mit Männern zu thun zu haben, deren Verhältnisse offen vor mir liegen. Doch wenigstens fragen darf ich wohl, ob Sie ein geborener Franzose sind?"

„Das bin ich allerdings."

„Welches war Ihr früherer Stand?"

„Ich bitte um die Erlaubniß, diese Frage übergehen zu dürfen."

Die Miene des Generals verfinsterte sich.

„Ich glaube, daß Sie mit Ihrer Schweigsamkeit zu weit gehen," sagte er. „Es scheint, Sie waren gezwungen, Frankreich zu verlassen."

„Nein. Ich ging freiwillig von zu Hause fort."

„Ihr Ton ist der Ton der Wahrheit; ich will Ihnen glauben. Ich möchte gern, daß ich Etwas für Sie thun könnte. Haben Sie Verwandte in der Heimath?"

„Nein, wenigstens keine näheren."

„Und soll es auch fernerhin verborgen bleiben, daß der Fruchthändler Malek Omar derjenige ist, welchen man das Auge der Franzosen nennt?"

„Ja. Es liegt ganz in Ihrem eigenem Interesse. Erführe man die Wahrheit, so könnte ich unmöglich weiter thätig für Sie sein."

„Nun gut! Sie hüllen sich in ein undurchdringliches Geheimniß und zwingen mich, es zu achten. Darum dürfen Sie aber nicht erwarten, daß ich mich Ihnen unbedingt übergebe. Nur Vertrauen verdient Vertrauen. Sie spielen gegen die Beduinen gerade so den geheimnißvollen Freund wie gegen mich und uns überhaupt. Gegen wen sind Sie nun wahr und ehrlich?"

„Natürlich gegen Sie und meine Landsleute, General!"

Diese Worte waren im Tone der aufrichtigsten Betheuerung gesprochen; aber die Spur von Mißtrauen, welche in den Worten des Generals lag, machte doch, daß sich der graue Schnurrbart in die Höhe zog, so daß die Zähne sich fletschend sehen ließen. Cavaignac bemerkte dies und sagte:

„Ich hoffe das um Ihretwillen. Das Gegentheil würde ja nur zu Ihrem eigenen Verderben führen. Nehmen Sie sich dies zu Herzen."

Die sonnverbrannten Wangen des früheren Gardecapitäns rötheten sich. Aus seinem Auge schoß ein unbewachter Blitz auf Cavaignac. Er fragte:

„Wie kommen Sie zu diesem plötzlichen Mißtrauen, mein General? Haben Sie mich vielleicht einmal unzuverlässig gefunden?"

„O, dazu sind Sie zu vorsichtig. Aber ich will gegen Sie aufrichtiger sein, als Sie gegen mich, und Ihnen sagen, daß es mir bisweilen geschienen hat, als wenn sie nur unter einer gewissen Reserve Frankreich Ihre Dienste zur Verfügung stellten. Auch der klügste, der geriebenste Mensch exponirt sich einmal, wenn er es nicht durch und durch ehrlich meint.

Es will mir scheinen, als ob Sie dem Herrn dienten von dem Sie den größten Lohn erwarteten. Frankreich ist reicher als so ein Beduinenscheik. Wäre es umgekehrt der Fall, was würden Sie thun?"

„Ich würde dennoch Frankreich dienen!" antwortete Richemonte mit Emphase.

„Ah! Wirklich?"

„Ich bin sogar bereit, für Frankreich zu sterben!"

„Nun warten Sie damit noch einige Zeit! Es ist zwar sehr rühmlich, für sein Vaterland zu sterben, vortheilhafter aber ist es doch, für sein Vaterland zu leben. Ich will hoffen, daß ich mich in jeder Beziehung auf Sie verlassen kann! Aber noch Eins: Wie nennt sich Ihr Gefährte:"

„Ben Ali."

„Also der Sohn Ali's. Er ist also nicht Ihr Sohn?"

„Nein."

„Ein Verwandter von Ihnen?"

„Ein Cousin von mir."

„Also auch ein Franzose?"

„Ja."

„Hat er über seine Verhältnisse dasselbe Stillschweigen zu beobachten wie Sie?"

„Ganz dasselbe."

„Eigenthümlich! Nun, ich will nicht in sie dringen. Dienen Sie mir gut, so finden Sie Ihren Vortheil dabei. Ertappe ich Sie aber bei einer Untreue, so hoffe ich, daß Ihnen meine Strenge und Gerechtigkeit bekannt ist. Ich erwarte Sie baldigst in Constantin zu sehen. Adieu."

Richemonte machte eine sehr devote Verbeugung und ging. Cavaignac blickte ihm nach, bis er hinter der Thür verschwunden war. Dann fuhr er sich mit der Hand über das Gesicht und murmelte:

„Und dennoch habe ich dieses Gesicht gesehen! Es sind keine guten, ehrlichen, Vertrauen erweckenden Züge. Als ich noch als Knabe in Paris lebte, wohnte den Eltern gegenüber in der Rue d'ange ein Officier, an welchem ich dasselbe Zähnefletschen bemerkte, wenn er zuweilen aus dem Fenster sah. Er bewohnte die Hälfte der ersten Etage, während seine Mutter mit der Schwester die andere Hälfte inne hatte. Leider kann ich mich nicht mehr auf den Namen besinnen. Ich weiß nur noch, daß einst ein preußischer Husarenlieutenant

Der Mutter Ermahnung.

diese Etage vor der Plünderung rettete. Ich traue diesem Spion nicht ganz und werde vorsichtig sein."

Seine Erinnerung hatte ihn ganz richtig geleitet.

Richemonte verließ das Local keineswegs in guter Stimmung. Er suchte sein Gesicht zu beherrschen; aber als er zu seinem Gefährten zurückkehrte und hinter den Datteln neben ihm Platz nahm, machte er seiner Stimmung Luft.

„Dein Gesicht glänzt nicht wie Sonnenschein," sagte der Cousin, welcher sich also Ben Ali nannte.

„Ich habe auch Veranlassung dazu," antwortete er, indem er die wieder mitgebrachten Datteln aus dem Körbchen auf den Haufen schüttete.

„Welche Unvorsichtigkeit!" meinte der Cousin.

„Was?"

„Daß der General diese Datteln nicht behalten hat. Man wird nun ahnen, daß er Dich aus einem anderen Grunde kommen ließ."

„O, wir hatten keine Zeit, an die Datteln zu denken!"

„Gab es so viel Wichtiges?"

„Gewiß. Vor allen Dingen aber sage ich Dir, daß ich diesen Generalgouverneur von heute an glühend hasse."

„Das ist mir etwas ganz Neues. Warum gerade von heute an."

„Weil er mich tödtlich beleidigt hat."

Er ließ seine gelben Zähne auf eine wirklich drohende Weise sehen."

„Womit?" fragte Ben Ali neugierig.

„Er traut mir nicht."

„Ah! Warum nicht?"

„Er sagt, daß er denke, ich werde dem Herrn dienen, welcher mir das Meiste bietet."

Der Cousin ließ ein leises Kichern hören.

„Hat er da Unrecht?" fragte er.

„Nein! Aber denken soll er es nicht und sagen noch weniger."

„Nun, dieser General scheint kein dummer Kerl zu sein.

Ein schweres Exempel.

Das ist Alles! Willst Du Dich darüber ereifern und wohl gar auf unsern Vortheil verzichten?"

„Das fällt mir gar nicht ein!" brummte der Alte.

Er stützte den Kopf in die Hände und blickte einige Zeit lang sinnend vor sich nieder. Dann sagte er:

„Ich habe Unglück gehabt, so lange ich mich kenne —"

„Das ist also, so lange Du lebst!"

„Schweig! Ich hatte Ruhm und Carrière vor mir. Da kam jener verfluchte Königsau. Es lag ein Reichthum vor mir, Millionen groß — abermals kam dieser Königsau. Meine Ehre war hin, und ich mußte das Land verlassen. Jetzt gab es nur einen Gedanken. Reich wollte ich werden; reich wollte ich zurückkehren, denn der Reichthum bringt Ehre. Ich diente dem Dey; ich diente den Engländern, den Franzosen, den Beduinen. Was habe ich erworben? Nichts, gar nichts! Ich ließ Dich aus der Heimath kommen, um Unterstützung meiner Pläne zu finden. Ich fand sie, aber dennoch blieb der Reichthum aus. Nichts, nichts will mir mehr glücken. Jetzt sind mir lumpige fünftausend Franken geboten. Was helfen sie mir?"

„Fünftausend Franken? Wofür?"

„Ich soll den Marabut Habschi Omanah ausforschen."

„Wirst Du es thun?"

„Was bleibt mir anderes übrig? Kann ich diese Summe etwa bei den Beduinen verdienen?"

„Warum nicht?" fragte Ben Ali langsam und mit Nachdruck.

Der Alte blickte ihn zweifelnd an.

„Was fällt Dir ein? Woher nimmt der Kabyle so viel baares Geld? Und welchen Dienst könnte ich ihm leisten, um es zu bekommen?"

„O, das scheint mir sehr leicht zu erklären!"

„Willst Du klüger sein als ich?"

„Nein; aber vielleicht bin ich es doch!"

„So rede!"

„Du fragst, woher ein Beduine Geld nehmen soll? Nun, so verschaffe es ihm doch; dann wird er Dir Deinen Theil gern auszahlen."

„Ich glaube, Du sprichst am hellen Tage im Traume!"

„Ich werde Dir beweisen, daß ich sehr wach bin. Sprachst Du nicht soeben von diesem Königsau, von dem Du mir bereits so oft erzählt hast?"

„Du hörtest es ja deutlich genug."

„Wird es in Deutschland Viele geben, welche diesen Namen tragen?"

„Ich glaube nicht."

„Nun, so sind er und Derjenige, welcher jetzt mit so großen Schätzen aus Timbuktu kommt, jedenfalls Verwandte."

„Möglich! Ah, jetzt errathe ich!"

„Was erräthst Du, Cousin?"

„Du meinst, ich soll mich an dem einen Königsau rächen, indem ich dem anderen seinen Reichthum abnehme."

„Natürlich."

„Der Gedanke ist gut, außerordentlich gut. Er thut meinem Herzen wohl und würde mich zum reichen Manne machen, wenn er ausführbar wäre."

„Warum soll er nicht ausführbar sein?"

„Dieser Königsau hat dreißig Krieger der Iba Batta bei sich; wir aber sind nur zwei Personen!"

Da legte der Junge dem Alten die Hand auf die Schulter und sagte:

„Cousin, Du verleugnest Dich ganz! Wir waren so lange Zeit bei den Beni Hassan, und Du hast doch gehört, daß sie in Blutsfehde mit den Iba Batta leben."

Da sprang Richemonte dieses Mal wirklich von seinem Sitze auf.

„Mensch!" sagte er. „Daran dachte ich wirklich nicht. Jetzt bemerke ich, daß Du bei mir in einer ausgezeichneten Schule gewesen bist. Laß uns jetzt kein Wort, keinen Augenblick verlieren. Wir brechen augenblicklich auf."

„Wohin?"

„Zu unsern Gastfreunden, den Beni Hassan."

„Ich denke, Du mußt zu dem Marabut?"

„Das hat Zeit."

„Aber unsere Datteln hier?"

„Die verkaufen wir im Ganzen. Dort unter jenem alten Dache haust ein Tagir (Händler), welcher mir Alles abkaufen wird, wenn ich einen billigen Preis fordere. Wir haben die Früchte ja nur zum Scheine. Ich werde ihn holen."

Er schritt mit einer Eile über den Platz hinüber, welche sich mit der muselmännischen Gravität nicht sehr in Einklang bringen ließ, und brachte wirklich bereits nach einigen Minuten den Händler herbei, welcher nach kurzem Feilschen die Datteln kaufte und bezahlte.

Jetzt wollte Richemonte sofort aufbrechen, aber der Cousin fragte:

„Hast Du von dem General Geld erhalten?"

„Ja."

„Wie viel?"

„Ich habe es wirklich noch nicht gezählt."

„So zähle es sofort!"

„Warum?"

„Weil ich meinen Antheil brauche."

„Das hat Zeit, bis wir zum Theilen Muse haben."

„Nein, das hat keine Zeit. Ich will mir Verschiedenes hier kaufen."

„Kaufen? Hast Du nicht Alles, was Du brauchst?"

„Ja, das habe ich; aber ich habe keine Kassabe (Pfeife) keine Bawaby (Pantoffel), keine Halkar (Ringe) und keinen Semsije (Sonnenschirm)."

„Bist Du des Teufels! Wozu willst Du das Alles?"

„Da fragst Du noch? Die Pfeife will ich für Scheik Menalek, und die Ringe, Pantoffel und den Sonnenschirm soll seine Tochter Liama erhalten."

„Also bist Du wirklich so verliebt in dieses Mädchen?"

„Sie muß mein werden."

Er sagte dies in einem Tone, der jede Gegenrede abschnitt. Richemonte zog den Beutel heraus und zählte das Geld.

„Hier," sagte er. „Zwei Drittel für mich und ein Drittel für Dich."

„Gut. Gehst Du mit?"

„Ja. Ich müßte sonst zu lange warten."

Sie gingen in einige Bazars, und bald waren die erwähnten Gegenstände gekauft, eine prächtige Pfeife für den Scheik der Beni Hassan und für seine Tochter silberne Arm- und Knöchelringe, ein Paar Pantoffel aus blauem Sammet, mit Stickerei verziert und ein seidener Sonnenschirm.

Mit diesen Sachen wanderten die Beiden zur Stadt hinaus. Diese liegt am Wadi Biskra. Am rechten Ufer desselben zog sich ein Terebinthengebüsch hin, in welches sie eindrangen, bis ihnen das Schnauben von Pferden entgegentönte. Sie gelangten an eine Stelle, an welcher zwei Reitpferde versteckt waren.

„Da sind sie noch. Welch ein Glück!" sagte der Cousin.

„Wer sollte sie uns genommen haben?" fragte Richemonte.

„Diebische Beduinen."

„Die ahnen nicht, daß sich hier Pferde befinden."

„Oder Raubthiere."

„Löwen und Panther giebt es hier nicht, und wenn es welche gebe, so gehen diese Thiere erst des Nachts auf Raub aus. Ziehen wir uns rasch um."

An jedem der beiden Lehnsattel war ein Bündel gehängt. Sie wurden geöffnet, und da zeigte es sich, daß sie Alles enthielten, was zu einer reichen Kleidung und Bewaffnung gehört. Das Habit, welches ein Jeder der Beiden in der Stadt getragen hatte, war nur eine Verkleidung gewesen. Die Anzüge wurden gewechselt, und bald hatten die zwei Spione das Aussehen von wohlhabenden Beduinen.

Die alten Sachen wurden in Bündel geschnürt und hinter die Sättel befestigt. Dann führten sie die Pferde in das Freie, stiegen auf und ritten, nicht das Wadi entlang, sondern nach Süden auf dem Wege nach Uinasch davon. Das war allerdings nicht die Richtung nach dem Marabut.

Während des Rittes nun hatten sie Zeit, die vorhin unterbrochene Unterhaltung wieder aufzunehmen.

„Glaubst Du, daß wir die Beni Hassan dazu bringen werden, den Deutschen zu überfallen?" fragte der Junge.

„Ganz gewiß," antwortete der Alte. „Wir müssen nur sagen, daß er ein Franzose sei; sie sind ja den Franzosen feindlich gesinnt. Und übrigens wird er von Leuten des

Stammes Iba Batta begleitet, mit denen sie sich in Blutrache befinden. Es bedarf also nur eines Wortes."

„Aber werden sie uns die Schätze lassen?"

„Ich hoffe es. Es kommt darauf an; es klug anzufangen. Gehen sie nicht mit darauf ein, so zwingen wir sie."

„Zwingen? Wie wäre das möglich?"

„Siehe, jetzt bin ich Dir überlegen," lachte der Alte. „Ich würde sie ganz einfach durch die Franzosen zwingen."

„Wieso?"

„Ich hole die Franzosen und überfalle sie. Die Schätze reclamire ich dann als mein Eigenthum."

„Werden die Franzosen auf diesen Ueberfall eingehen?"

„Unbedingt. Ich habe bereits heute dem General die Mittheilung gemacht, daß die Beni Hassan im Begriff stehen, sich aufzulehnen."

„Das ist gut. Aber — — —"

„Was aber?"

„Liama."

„Mensch, ich begreife Dich nicht! Dieses Mädchen hat Dich wirklich um Deinen ganzen Verstand gebracht."

„Ist es ein Wunder? Sie ist schön wie ein Engel."

„Pah! Es ist zwar wahr, daß sie sehr schön ist; aber in Frankreich kommt zu der Schönheit noch die Bildung."

„Welche schöne und gebildete Französin würde einen Spion heirathen."

„Du gebrauchst da ein nicht sehr schönes Wort. Weiß es übrigens die Französin, daß Du hier Spion warst?"

„Sie kann es erfahren."

„Wir bringen Reichthümer mit. Das gleicht Alles aus."

„Dieses Mädchen ist mir lieber als aller Reichthum."

Der Alte zog den Schnurrbart in die Höhe.

„Du bist unverbesserlich! Liebt sie Dich denn wieder?"

„Ich weiß es nicht."

„Du hast noch nicht mit ihr gesprochen?"

„Nein."

„Ah, Du bist ein guter Rechner. Du rechnest mit Seifenblasen."

„Warum sollte eine Beduinin nicht einen Franzosen lieben?"

„Richtig!" lachte der Alte. „Du brauchst ja nur zu kommen und die Hand auszustrecken. Und der Scheik? Was wird er dazu sagen?"

„Er wird Ja sagen, sobald er sieht, daß sie mich liebt."

„Aber ein Fremder erhält die Tochter eines Scheiks nie anders, als daß er Mitglied des Stammes wird."

„Gut, so werde ich Beduine."

„Mensch, ich fange wirklich an, zu glauben, daß diese sogenannte Liebe auch ein sonst verständiges Individuum von Sinnen bringen kann."

„So hast Du nie geliebt?"

„O, doch."

„Ah! Du sprachst doch noch nie davon."

„Das war auch nicht nothwendig. Ich habe geliebt und liebe noch."

„Wen?"

„Mich. Jetzt weißt Du es. Dies ist die einzige und vernünftige Liebe, welche ich kenne. Uebrigens würde ich Dir Deine Ueberspanntheit strengstens untersagen, wenn ich nicht dächte, auch meine Rechnung dabei zu finden."

„Das glaube ich Dir. Ein Egoist, wie Du bist, thut nichts, wobei er nicht irgend einen Vortheil im Auge hat. Welche Rechnung meinst Du da?"

„Du weißt, daß ich bei dem Beni Hassan für Deinen Vater gelte. Wenn mein Sohn der Eidam des Scheiks wird, gewinne ich bedeutend an Einfluß. Der Stamm, wenn er alle Abtheilungen zusammenzieht, stellt über dreitausend Gewehre ins Feld. Du siehst ein, daß man damit einen bedeutenden Druck ausüben kann."

„Ich gebe Dir Recht. Uebrigens denke ich dabei auch an diesen Königsau."

„In wiefern?"

„Wenn der Scheik mein Schwiegervater ist, so wird er nichts dagegen haben, daß wir die Schätze, welche dieser Deutsche mit sich führt, unter uns Zweien theilen."

„Theilen? Hm!" brummte der Alte.

„Unserm bisherigen Abkommen gemäß erhalte ich stets zwei Drittel."

„Das ist hier eine ganz andere Sache. Es war bisher nur von dem die Rede, was wir uns durch unsere Kundschafterei verdienten."

„Und Du denkst, daß Du von Königsau's Sachen die Hälfte erhältst?"

„Ich denke es nicht blos, sondern ich verlange es."

„Gut! So ist aber die Kriegskasse da drüben in den Ardennen auch eine andere Sache. Ich werde sie selbst heben, ohne Dich zu brauchen."

„Du weißt nicht, wo sie liegt."

„Ich werde den Ort finden."

„Du wirst Dich wohl kaum wieder nach Frankreich begeben."

„Warum nicht? Sobald ich als reicher Mann auftreten kann, gehe ich hinüber." — — —

Zwischen den zwei Karawanenwegen, welche westlich von Uinasch nach El Baadsch und östlich von Tahir Nassa nach Um el Thiur gehen, liegt eine Ebene, welche sich lang von Norden nach Süden erstreckt. Ihr nördlicher Theil wird vom Wadi Dscheddi und ihr südlicher vom Wadi Itel durchzogen, ein sicherer Beweis, daß es diesem Theile der Wüste nicht ganz an Wasser und Feuchtigkeit fehlt.

Um el Thiur heißt zu Deutsch Mutter der Vögel, und wo es Vögel giebt, da muß es auch Baum oder Strauch geben, und in der That ist diese Gegend auch mehr Weideland als Wüste.

Hier hatte sich der Theil der Beni Hassan, welcher unter dem bereits genannten Scheik Menalek stand, für einige Zeit niedergelassen, um seine Heerden weiden zu lassen.

Die Ebene war mit einem zwar nicht reichen aber doch zulänglichen Grün bedeckt, von welchem die weißen Zelte der Beduinen angenehm abstachen. Pferde sprangen hin und her; Rinder grasten, indem sie sich in ruhigem Schritte vorwärts bewegten, und Kameele und Schafe lagen, mit Wiederkäuen beschäftigt, an der Erde. Dabei standen die Hirten, um aufzupassen, daß keines dieser Thiere sich in die Weite verlaufe.

In der Nähe der Zelte jagten die Beduinen hin und her, um ihren jungen Pferden die berühmte arabische Schule beizubringen. Andere lagen, ihre Pfeife rauchend, in oder vor und zwischen den Zelten, um dem geschäftigen Treiben ihrer Frauen und Töchter zuzusehen, welche unverschleiert ab und zu gingen. Der Beduine zwingt das weibliche Geschlecht nicht, wie der Städtebewohner, das Gesicht, den edelsten Theil des menschlichen Körpers, unter der neidischen Hülle zu verbergen.

Im Westen, vom Wadi Jahama her, welches sich bei el Baadsch mit dem Wadi Jtel vereinigt, kam ein Reiter geritten.

Sein Pferd mußte einen weiten Weg zurückgelegt haben, denn es zeigte sich so ermüdet, daß es ihm schwer hielt, ihm einen kurzen Trab abzugewinnen. Er war ein noch junger Mann von wenig über zwanzig Jahren, und nur ein kurzer, weicher Flaum bedeckte seine Oberlippe. Er trug den weißen Burnus der Beduinen, und sein Kopf war gegen die Strahlen der Sonne durch ein buntes Tuch geschützt, welches er malerisch um denselben geschlungen hatte. Auch das Sattel- und Riemenzeug war arabisch, aber seine Waffen schienen nicht die hier gewöhnlichen zu sein.

Er hatte nämlich eine doppelläufige Büchse quer vor sich liegen, und aus den Satteltaschen guckten die Kolben von zwei Pistolen hervor, welche man bei näherer Betrachtung als ächte Kuchenreuter'sche erkannt hätte.

Dennoch war dieser junge Mann kein Europäer, sondern ein Beduine. Das sah man schon dem freudeglänzenden Blicke an, welchen er auf die sich vor ihm entfaltende Scenerie warf. Es war der Blick eines Menschen, welcher, heimkehrend nach langer Zeit den schmerzlich entbehrten Anblick genießt, welchen er seit frühester Kindheit gewohnt war.

Die Hirten hatten ihn schon von Weitem beobachtet. Jetzt zwang er sein Pferd, die letzten Kräfte an einen Galopp zu setzen; dann parirte er es vor dem Hirten, welcher am entferntesten von dem Duar oder Zeltdorfe stand.

„Mubarak — Dein Tag sei gesegnet!" sagte er.

„Neharak saaide — Dein Tag sei beglückt!" antwortete der Hirte.

Aber als er das Gesicht des Ankömmlings genauer betrachtet hatte, rief er aus:

„Allah il Allah! Du bist Saadi, und fast hätte ich Dich nicht erkannt!"

„Hat die Zeit mein Angesicht so sehr verändert?" fragte der Jüngling lächelnd.

„Nein; aber meine Augen waren mit Blindheit geschlagen."

„Wie geht es den Söhnen der Abu Hassan?"

„Sie dienen Allah, und er hat sie lieb."

„Und den Töchtern des Stammes?"

„Allah begnadigt sie mit Schönheit des Leibes und der Seele."

„Den Heerden?"

„Allah macht sie fruchtbar, daß sie wachsen von Tag zu Tag."

„Ist Menalek, der Scheik des Stammes, im Dorfe?"

„Er sitzt vor seinem Zelte und freut sich seiner Weisheit."

„Ist Abu Hassan, der Bruder meines Herzens, gesund?"

„Allah verkündete ihm langes Leben und Freude an seinem Sohne."

„So will ich sehen, ob er sich auch über mich, seinen Bruder freut."

Er zwang sein Pferd zu einem abermaligen Galopp, der ihn durch die Heerden hindurch bis an das Zelt des Scheiks brachte. Dieser saß, wie der Hirte gesagt hatte, rauchend vor seinem Zelte. Er hatte den Reiter kommen sehen. Als dieser jetzt vom Pferde stieg, um ihn, den Obersten des Stammes, ehrfurchtsvoll zu grüßen, zog sich seine Stirn in Falten.

„Alla jikun ma'ak — Gott sei mit Dir!" sagte der Jüngling.

„Ruh lil dschehennum — geh zum Teufel!" lautete die Antwort.

Da hob der Angekommene den Kopf stolz empor.

„Ma fehimtu — ich habe es nicht verstanden," sagte er.

„Geh zum Teufel!" wiederholte der Scheik.

Da blitzten die Augen des Andern auf.

„Dein Alter ist größer als das meinige; ich verzeihe Dir!" sagte er.

„Ich brauche Deine Verzeihung nicht."

Schon hatte der junge Mann eine scharfe Entgegnung auf den Lippen; da öffnete sich der Vorhang des Zeltes, und es war ein Bild zu sehen, so lieblich, so hold, daß er seine Worte vergaß.

Ohne daß der Vater es merkte, war hinter ihm die Tochter erschienen. Sie konnte siebzehn Jahre zählen, war aber bereits vollständig entwickelt.

Ihre Züge waren jene reinen, weichen, melancholischen, wie man sie so oft bei Perserinnen höheren Standes beobachtet. Ihr großes Auge hatte einen Ernst an sich, welcher Ihrer Jugend eine ergreifende Weihe gab. Das herrliche, schwarze Haar hing in schweren, dicken Flechten herab und war mit goldenen Fäden verziert. Stirn und Hals schmückten Reihen großer Gold- und Silberstücke. Die Beine steckten in rothseidenen Hosen und die nackten, schneeweißen Füßchen in Pantöffelchen von eben solcher Farbe. Der Oberleib war mit einem blauen, goldgestickten und ärmellosen Jäckchen bekleidet, welches, vorn offenstehend, eine herrliche Büste sehen ließ, welche von einem weißen Hemde verhüllt wurde, dessen weite Aermel, aus der Jacke hervorquellend, zwei schöne, volle Arme nur halb bedeckten. An den Fußknöcheln und Handgelenken trug dieses zauberhaft schöne Wesen Ringe von Silber und Spangen von massivem Golde.

Als sie den Jüngling erblickte, rötheten sich ihre Wangen. Sie legte den Finger bittend an den Mund und verschwand augenblicklich wieder hinter dem Vorhange, welcher den Eingang des Zeltes verschloß.

Ihr Vater hatte ihr Erscheinen gar nicht bemerkt. Saadi aber hatte verstanden, was ihm der an den Mund gehaltene Finger sagen sollte. Darum drängte er die bittere Antwort zurück und sagte in mildem Tone:

„Vergieb mir! Du hast Recht. Die Jugend darf nicht wagen, dem Alter zu verzeihen!"

Er ergriff sein Pferd beim Zügel und führte es an den Zelten hin, bis er vor einem der kleinsten und ärmlichsten halten blieb. Bei dem Geräusche, welches die Tritte seines Pferdes verursachten, öffnete sich dasselbe, und es trat ein Beduine hervor, in welchem man sofort den älteren Bruder des Jüngeren erkennen mußte.

„Abu Hassan!"

„Saadi!"

Nur diese beiden Rufe erschallten, dann lagen sich die Brüder in den Armen. Da öffnete sich das Zelt abermals und es kam eine Frau zum Vorscheine, welche Kleider trug, deren Aermlichkeit aber ihre Schönheit nicht zu verdunkeln vermochten. Sie wartete, bis die Männer ihre Umarmung gelöst hatten, schritt dann auf Saadi zu, streckte ihm mit strahlender Miene die Hand entgegen und sagte:

„Ta ala, marhaba — komm und sei willkommen!"

„Allah sei Dank!" meinte Saadi. „Endlich höre ich ein Willkommen."

„Wer hat Dir dieses Wort versagt?" fragte sein Bruder schnell ernst werdend.

„Der Scheik."

„Du mußt ihm verzeihen, denn er ist sehr erzürnt auf Dich."

„Warum?"

„Weil Du zu den Giaurs gegangen bist."

„Hat Allah dies verboten?"

„Nein; aber er haßt die Franzosen."

„Ich habe Euch nicht der Franzosen wegen verlassen."

„War der Inglis, mit dem Du gingst, nicht auch ein Giaur?"

„Ja. Aber war er nicht vorher der Gast des Scheiks?"

„Du hast Recht, doch er haßt Dich auch deshalb, weil Liama, seine Tochter, Dich nicht vergessen will."

„Allah allein ist Herr des Herzens, aber nicht der Mensch. Darf ich in Dein Zelt treten, mein Bruder?"

„Tritt herein! Was mein ist, das ist Dein; ich bin Du, und Du bist ich."

Die Beiden verschwanden in dem Zelte. Die Frau des älteren Bruders nahm dem Pferde den Sattel und gab ihm dann einen Schlag, um ihm zu sagen, daß es frei sei und weiden könne. Dann trat auch sie hinein, um ihren Gast zu bedienen.

(Fortsetzung folgt.)

Die Liebe des Ulanen.
Original-Roman aus der Zeit des deutsch-französischen Krieges von Karl May.
(Fortsetzung.)

Einige Zeit später verließ Liama ihr Zelt und schritt hinaus zu den Heerden. Zuweilen blieb sie stehen, um sich umzusehen. Da, wo eine Schlucht sich nach dem Wadi hinunterzog, verschwand sie in der Tiefe derselben.

Bald darauf öffnete sich auch das Zelt der beiden Brüder; Abu Hassan und Saadi traten hervor. Der Blick des Letzteren glitt sofort nach des Scheiks Zelte hin. Dieser war nicht zu sehen; er hatte sich zurückgezogen.

Die Brüder gingen von Zelt zu Zelt und dann von Mann zu Mann. Saadi mußte sich begrüßen lassen. Als dies vorüber war, trennte er sich von dem Bruder und schritt der Schlucht entgegen.

Ihr mußte er vor allen Dingen seinen Besuch machen, denn hier war es vor zwei Jahren gewesen, daß, als der Stamm ebenso wie jetzt hier lagerte, ihm Liama gestanden hatte, daß er ihr lieber sei als alle Männer und Heerden der Abu Hassan zusammen genommen.

Er hatte keine Ahnung, daß die Geliebte vor ihm desselben Weges gegangen sei. Er stieg langsam in die mit Büschen besetzte Schlucht hinab, um zu der Stelle zu gelangen, an welcher er damals mit Liama gesessen hatte.

Als er dort anlangte und die Sträucher auseinander schob, stieß er einen Ruf des Entzückens aus. Er stand vor Derjenigen, an welche er soeben gedacht hatte.

„Liama!" sagte er, halb flüsternd und halb frohlockend.

Sie erglühte über und über.

„Saadi," hauchte sie.

Er ergriff ihre beiden Hände.

„Warum gingst Du hierher an diesen Ort?" fragte er.

Sie schlug die Augen nieder und antwortete nicht.

„Warum gingst Du hierher?" wiederholte er.

„Ich bin alle Tage hier," antwortete sie endlich. „Aber warum ist Dein erster Gang zu dieser Stelle?"

„Weil ich Dich hier gefunden habe."

Sein Auge verschlang fast das herrliche Mädchen. Sie war viel, viel schöner geworden, seit er sie nicht gesehen hatte.

„Ich dachte, Du habest diesen Ort vergessen," sagte sie.

„Nie, nie, werde ich ihn vergessen, so lang Allah mir das Leben schenkt. Und auch Du bist hierhergegangen? Täglich?"

„Täglich!" antwortete sie.

Er bog sich nieder, sah ihr tief in die herrlichen Augen und fragte leise:

„Nur des Ortes wegen?"

„Nein, sondern des Andenkens wegen."

„Des Andenkens? An wen?"

Sie zögerte mit der Antwort. Da legte er den Arm um sie, zog sie leise an sich heran und bat:

„Sage es, Liama! An wen?"

Da hob sie ihren feuchten Blick zu seinen Augen empor und antwortete:

„An Dich."

„So hast Du an mich gedacht?" fragte er hochbeglückt.

„Ja."

„Und nicht vergessen?"

„Nie."

„Mich, den armen Mann? Du, die Tochter des reichen Scheiks."

„Allah macht alle Menschen reich!"

„Ja, Du hast Recht! Auch ich bin reich, reich an unendlicher Liebe für Dich, Du schönste, herrlichste Tochter aller Zelte in der Wüste. Weißt Du, was wir uns versprachen, ehe wir uns trennten."

Sie sagte nichts, aber sie nickte leise mit dem Kopfe.

„Sage es!" bat er sie.

„Sage Du es!"

„Wir versprachen uns, einander treu zu bleiben für das ganze Leben. Ich halte diesen Schwur. Und Du, meine Liama?"

„Ich auch," bekräftigte sie.

„Ich danke Dir, Du Wonne meines Lebens."

Er drückte sie inniger an sich und küßte ihre vollen, rothen Lippen. Sie ließ sich dies gefallen; ja, er fühlte deutlich, daß ihr Mund den Druck des seinigen erwiderte.

„Aber Dein Vater?" fragte er dann.

„Allah wird seinen Willen lenken."

„Ja, Allah ist allmächtig und allgütig. Verdammst auch Du mich, daß ich mit dem Inglis gegangen bin?"

„Nein — — —"

Er merkte, daß sie seinen Namen hatte aussprechen wollen.

„Sprich weiter!" bat er. „Sage das Wort!"

Sie drückte ihr Köpfchen fester an seine Brust und hauchte erglühend:

„Mein Saadi."

„Ich danke Dir!" sagte er, während sein Herz diese Wonne kaum zu fassen vermochte. „Soll ich mit Deinem Vater sprechen?"

„Ja."

„Soll ich ihm sagen, daß Du mein sein willst?"

„Sage es ihm."

„Ich war zwei Jahre nicht hier. Ist Keiner gekommen, welcher seine Hand nach Dir ausstrecken wollte?"

„Es waren Mehrere hier."

„Was sagte der Scheik?"

„Sie waren ihm zu arm."

„O, ich bin ja noch viel ärmer als sie. Ich habe nicht einmal ein Lamm, um es zu schlachten, wenn mich ein Gast besucht."

Da legte sie alle Zurückhaltung ab, schlang die Arme um ihn und sagte:

„Nein, Du bist reich, denn die Tochter des Scheik Menalek liebt nur Dich und hat Dir versprochen, Dein Weib zu sein."

„Und dieses Wort wirst Du halten?"

„Ja. Nur der Tod soll uns trennen."

„Schwöre es mir."

„Ich schwöre es Dir bei Allah und seinem Propheten."

„Habe Dank! Du bist süßer als die Houries des Himmels und reiner als die Engel des Lichtes. Wer waren die Männer, welche kamen, um zu versuchen, Dich mir zu rauben?"

„Der Sohn eines Scheiks der Merasig, ein alter Emir der Uelad Sliman und dann ein Scheik der Beni Hamsenad. Auch kamen zwei fremde Araber aus dem Osten, Vater und Sohn, einer Blutrache wegen. Der Sohn folgte meinen Schritten, und ich mußte ihn immer fliehen."

„Wo sind sie jetzt?"

„Ich weiß es nicht. Sie werden sehr bald wiederkommen."

„Dies sagte Dir der Sohn?"

„Ja."

„Wie hieß er?"

„Ben Ali."

„Und sein Vater?"

„Malek Omar."

„Wie kann dieser Abkömmling der Araber Ben Ali, der Sohn Alis heißen, wenn sein Vater Malek Omar heißt. War er jung?"

„Er war älter als Du."

„Schön?"

„Er war nicht häßlich."

„Tapfer?"

„Ich habe nichts gesehen."

„Reich?"

„Die beiden Männer hatten stets viele Goldstücke bei sich."

„Malek Omar! Ich habe einen Mann gesehen, welcher Malek Omar hieß und ein Fakihadschi war. Er handelt mit Früchten und ging im Hause des Generals aus und ein. Aber dieser ist ein anderer Mann. Hat sein Sohn Dir gesagt, daß er Dich lieb hat?"

„Nein. Aber seine Augen redeten, was seine Lippen verschwiegen."

„Es ist gut! Es soll Keiner um Dich werben. Ich werde morgen mit Deinem Vater sprechen, und er wird mich anhören."

„Nicht morgen, sondern heute."

Diese Worte erschallten im zornigsten Tone neben ihnen. Sie fuhren überrascht herum und erblickten den Scheik, welcher vor ihnen stand. Sein Gesicht war vom Zorne geröthet, und seine Augen funkelten.

„Giaur."

Nur dieses eine Wort warf er Saadi entgegen, aber es giebt keine größere Beleidigung, als dieses eine Wort einem gläubigen Moslem zu sagen. Es enthält alles Schlimme, was man kaum mit tausend anderen Worten sagen könnte.

Saadi trat einen Schritt zurück und fuhr mit der Hand an das Messer.

„Was wagtest Du?" donnerte er.

„Giaur, Ungläubiger!" wiederholte der Scheik.

Saadi zog sein Messer aus der Scheide, aber Liama fiel ihm um den Hals.

„Zurück! Stecke Dein Messer ein! Es ist mein Vater," rief sie.

Das war genug, um ihm seine ganze Selbstbeherrschung zurückzugeben.

„Ich will Dir gehorchen, Liama," sagte er. „Aber verlaß diesen Ort! Du darfst nicht hören, was gesprochen wird. Was nur meine Ohren hören, das kann ich verzeihen; was aber Andere hörten, das müßte ich rächen."

„Nein, bleib!" gebot ihr der Scheik. „Du sollst sehen, wie ich diesen Freund der Franzosen zur Erde treten werde."

Sie wußte nicht, ob sie gehen oder bleiben solle. Vom Standpunkt der Ehre aus hatte Saadi Recht, aber was konnte Alles geschehen, wenn sie sich entfernte und also nicht vermitteln konnte. Der Geliebte errieth ihr Bedenken.

„Geh, Liama!" bat er. „Ich liebe Dich; ich werde nichts thun, was Dich betrüben könnte."

Sie blickte ihm forschend in die aufrichtigen Augen und sagte dann:

„Ich vertraue Dir; ich gehe!"

„Nein, Du bleibst!" befahl der Scheik.

Er streckte seine Hand aus, um sie zu halten, aber sie entschlüpfte ihm und verschwand hinter den Büschen.

„Ah! Dir gehorcht sie eher wie mir," rief der Scheik.

„Bei Allah, ich werde ein strenges Gericht über Euch halten. Zuvor aber werde ich Dich hier zu meinen Füßen niederschlagen."

Er erhob die Faust. Saadi reckte sich hoch empor und sagte:

„Scheik Menalek, bist Du ein Kind oder ein Mann? Sagt nicht der Prophet: Weiber und Kinder sind Sclaven des Zornes; aber ein Mann beherrscht ihn? Ich sage Dir, daß ich Liama mein Wort gegeben habe, nichts zu thun, was sie kränken könne; aber sobald Du mich berührst, bist Du ein Sohn des Todes."

Menalek ließ doch die Hand sinken; er kannte Saadi und wußte, daß dieser seine Worte wahr machen werde.

„Ah, Du drohst mir?" fragte er.

„Nein. Du selbst drohst Dir, indem Du mich zwingst, es zu thun. Jetzt rede, was Du zu reden hast. Ich werde Dich ruhig anhören und Dir dann Antwort geben."

Der Scheik warf einen haßerfüllten Blick auf ihn und fragte:

„Du wirfst Dein Auge auf meine Tochter?"

„Ich liebe sie."

„Und sie?"

„Sie liebt mich wieder."

„Du hast Sie verführt. Wer bist Du und was bist Du?"

„Ein freier Krieger der Beni Hassan. Bist Du mehr?"

„Ich bin der Scheik des Stammes."

„Wer hat Dich dazu gemacht? Etwa Du selbst? Du wurdest gewählt und kannst wieder abgesetzt werden."

„Zähle meine Heerden! Was aber hast Du?"

„Ich habe Allah und mich; das ist genug."

„Lästere nicht! Du hast Allah verloren, denn Du bist zu den Giaurs gegangen."

„Sind die Giaurs nicht Deine Gäste gewesen?"

„Verbietet das der Kuran?"

„Verbietet der Kuran etwa, zu den Giaurs zu gehen?"

„Du hast ihren Glauben gehört und bist nun selbst Giaur geworden."

„Wer sagt Dir das?"

„Ich sehe es. Wärst Du ein Anhänger des Propheten geblieben, so würdest Du die Gewalt des Vaters achten. Du willst das Kind dem Vater rauben."

„Nein, sondern ich will dem Vater zu seinem Kind noch einen Sohn geben, mich."

„Ich mag Dich nicht! Du bist die Schande der Beni Hassan."

„Deine Beleidigung ist eine tödtliche. Mein Messer hätte längst Dein Herz gefunden, wenn ich nicht des Wortes dächte, welches ich Liama gegeben habe."

„Dein Messer? Ah, Du getraust Dir nicht, Dich zu rächen; Du bist ein Feigling."

Saadis Wangen wurden bleich. Er mußte die ganze Macht seiner Liebe zu Hilfe nehmen, um ruhig zu bleiben.

„Was habe ich Dir gethan, daß Du solche Worte sagst?" fragte er. „Ich liebe Deine Tochter und schenke Dir meine Ehrerbietung; dafür dankst Du mir mit Beleidigungen, welche ein jeder Andere mit dem Leben bezahlen würde. Soll ich den Stamm seines Scheiks und Liama ihres Vaters berauben? Soll ich die Blutrache in die Zelte Deiner und meiner Verwandten tragen, nur um einer Liebe willen, welcher ich nicht widerstehen kann, weil Allah selbst sie in mein Herz gelegt hat?"

Der Scheik schüttelte verächtlich mit dem Kopf.

„Du wirst an keiner Blutrache Schuld sein, denn Du bist ein Feigling," sagte er. „Ich habe bei Dir die Waffe der Giaurs gesehen. Sie sind nicht gefährlich, denn Du verstehst nicht, sie zu gebrauchen."

„Du irrst. Ich habe mit ihnen den Löwen erlegt und den Panther des Gebirges."

„Lüge nicht. Du wirst mit dabei gewesen sein, als Hunderte von Giaurs sich aufmachten, eine armselige Katze zu jagen, welche Du in Deiner Feigheit für einen Panther gehalten hast. Die Giaurs brüllen vor Angst, wenn sie eine Katze sehen, und das hast Du von ihnen gelernt."

„Hat Dir nicht der Inglis, welcher in Deinem Zelte wohnte und den ich dann begleitete, gesagt, daß er ganz allein ausgeht, um den Löwen zu schießen?"

„Er hat gelogen, und ich glaubte es ihm nicht. Um einen Löwen zu tödten, sind mehr als fünfzig tapfere Jäger erforderlich."

„Er hat nicht gelogen, denn ich selbst bin dabei gewesen, als er den Löwen tödtete, und ich erschoß das Weib des Löwen."

„Du lügst noch mehr als dieser Inglis. Wenn der Sohn eines Stammes auf die Rache des Blutes auszieht, so ist dies eine Pflicht und eine Ehre; aber wenn der Nachkomme eines Vaters das Dorf verläßt, nur um die Städte der Ungläubigen zu besuchen, so erntet er Schande."

„Ich habe den Stamm für kurze Zeit verlassen, weil ich arm war."

„O Allah! Du wolltest Dir Geld verdienen?"

„Ja."

„Du, ein freier Araber?"

„Ja."

„Du gingst in den Dienst eines Ungläubigen? Schande über Dich."

„Ich war nicht sein Diener, sondern sein Beschützer. Ich zeigte ihm die Wege der Wüste und der Steppe und machte ihn dafür bekannt mit den Stämmen unserer Freunde. Ist dies eine Schande?"

„Ja, denn er gab Dir Lohn dafür."

„Er gab mir keinen Lohn. Ich verlangte nichts von ihm; ich ging nur deshalb mit ihm, weil ich ein Geschenk von ihm erwartete und andere Gegenden kennen lernen wollte. Ist es eine Schande, ein Geschenk anzunehmen?"

Darauf konnte oder mochte der Scheik nicht antworten. Er fragte höhnisch:

„Ist sein Geschenk reich ausgefallen?"

„Ich bin zufrieden," sagte Saadi zurückhaltend.

„Was hat er Dir gegeben?"

„Er hat mir Gold gegeben. Dieser Inglis war sehr reich und er hatte mich lieb. Ich kann mir ein Zelt erbauen."

„So erbaue es, und führe als Weib hinein, wen Du willst, nur aber meine Tochter nicht. Wenn ich Dich noch einmal bei ihr sehe, so werde ich Dich durchpeitschen lassen grad so, wie die Beherrscher von Algier ihre Sclaven schlagen ließen."

„Ich wiederhole Dir, daß ich Dich tödten würde, sobald Du es wagtest, die Hand an mich zu legen."

„O, Du thust dies nicht; Du bist ja ein Feigling."

„Deine Worte sind nicht die Worte eines weisen Mannes. Lerne von mir, dem Jüngeren, wie es sich schickt, seine Leidenschaften zu beherrschen. Allah ist gnädig und allgütig, aber auch seine Geduld kann ein Ende haben, warum also nicht diejenige eines Sterblichen. Darum gehe ich und lasse Dich stehen, denn ich denke an Liama, welche Deine Tochter ist."

Er wandte sich um und ging.

"Feigling!" rief ihm Menalek laut nach.

Saadi war im tiefsten Herzen empört. Sein Inneres wallte und kochte. Er mußte dieses schöne Mädchen unendlich lieb haben, da er die Kraft gefunden hatte, ihretwegen so schwere Beleidigungen ungeahndet über sich ergehen zu lassen.

Wie hatte sich seine Seele nach der Heimath gesehnt! Und nun er sich bei den Zelten seines Duars befand, erntete er Haß anstatt Liebe, und grimmige Verachtung anstatt Wohlwollen. Das Gebüsch, durch welches er schritt, bestand aus wilden, dornigen Akazien und stacheligen Mimosen. Er bemerkte gar nicht, daß diese Dornen und Stacheln ihn verwundeten. Er strich durch die Sträucher hin, nur daran denkend, seine Seele zu beruhigen.

Die Schlucht wurde immer breiter und höher, da sich ihre Sohle immer tiefer senkte. Der bisher sandige Boden wurde steinigt, und hier und da lagen Steintrümmer, von Felsen herrührend, welche von den Wänden der Schlucht herabgestürzt waren.

An einem solchen Steine blieb das Auge Saadis plötzlich haften. Der Stein zeigte Eindrücke, als ob man mit einer scharfen, mehrzinkigen Harke über denselben hinweg gefahren sei. Saadi bückte sich nieder und blickte, da es in der Tiefe dieser Schlucht bereits zu dunkeln begann, genauer hin.

"O Allah! Der Heerdenwürger," sagte er.

Heerdenwürger wird der Löwe genannt. Der König der Thiere war in jenen Gegenden ganz und gar nicht selten.

Saadi untersuchte die Eindrücke auf dem Stein und murmelte:

"Sie sind ganz neu. Der Löwe ist bereits des Morgens hier gewesen. Er hat Hunger, denn er hat seine Krallen an diesem Steine geschärft. Er wird heute Nacht nach dem Dorfe kommen, um sich Fleisch zu holen."

Er betrachtete den Boden genau und fand die Fährte des Thieres, welcher er eine Zeit lang folgte. Sie führte hin und her. Das Thier war ungewiß gewesen, wohin es sich wenden solle.

"Er hat noch kein bestimmtes Lager gehabt, sondern es sich erst gesucht," meinte Saadi. "Er ist also erst am Morgen hier angekommen, um eine neue Wohnung zu finden. Er hat die Wanderung während der Nacht gemacht. Er ist allein; er hat also sein Weib und seine Kinder zurückgelassen. Er wird sie nachholen, sobald er findet, daß es hier gute Beute giebt."

Diese Calculation zeigte, daß Saadi wirklich nicht unerfahren sei. Der Engländer, welchem er sich angeschlossen hatte, war jedenfalls kein sogenannter Aas- oder Sonntagsjäger gewesen.

"Soll ich diese Spuren weiter verfolgen?" fragte sich Saadi. "Nein. Ich habe mein Gewehr nicht bei mir, und es wird die Nacht gleich hereinbrechen. Der Würger der Heerden versteckt sich am Tage, aber des Nachts kommt er heraus. Wenn er mich fände, würde er mich tödten und fressen. Ich muß zurückkehren, um die Männer des Dorfes vor ihm zu warnen, damit sie auf ihrer Hut sein werden, wenn er kommen wird, um die Heerden zu besuchen."

Er stieg an der Seite der Schlucht empor. Das Dorf lag in weiter Ferne; er konnte es kaum erkennen, denn die in jenen Gegenden so kurze Dämmerung war hereingebrochen und ging sehr schnell in das Dunkel des Abends über.

Noch ehe er die Zelte erreichte, sah er die kleinen Feuer des Lagers glimmen, an denen die Frauen ihr Abendmahl bereiteten. Dort angekommen, schritt er gerade auf das Zelt des Scheiks zu; er hielt es für seine Pflicht, gerade diesem Letzteren seine Meldung zu machen, denn er selbst hatte nicht das Recht, die Versammlung zusammen zu rufen.

Auch vor diesem Zelte brannte ein Feuer. Menalek saß bei demselben und sah zu, wie sein Weib und seine Tochter das Kuskussu bereiteten. Als er den Nahenden erblickte, griff er mit der Hand nach seinem Messer. Er glaubte, dieser komme, um sich an ihm zu rächen.

"Was willst Du?" fragte er drohend. "Packe Dich fort von hier."

Mutter und Tochter fühlten die größte Angst, was jetzt kommen werde.

"Du darfst mich nicht fort weisen," sagte Saadi mild und ruhig. "Du bist der Scheik, und ich habe mit Dir zu sprechen."

"Hast Du mit Menalek oder mit ihm als Scheik zu sprechen?"

"Ich komme zum Scheik."

"So rede, wenn die Frauen es hören dürfen."

"Sie dürfen. Laß die Männer zusammenkommen und sage ihnen, daß heute Nacht der Herr des Erdbebens kommen wird, um unseren Heerden einen Besuch abzustatten."

Der Löwe wird auch Herr des Erdbebens genannt, weil seine Stimme, besonders wenn sie in weiter Ferne erschallt, gerade so klingt, als ob die Erde bebte.

"Du bist toll!" antwortete der Scheik.

"Ich habe seine Spur gesehen."

"Wo?"

"In der Schlucht."

"Du hast von der Katze geträumt, welche Du mit den Giaurs getödtet hast."

"Ich weiß die Spur einer Katze von der eines Löwen zu unterscheiden."

"Deine Augen sind vor Liebe blind. Gehe nach dem Zelte Deines Bruders, um Dich auszuschlafen. Morgen wirst Du bei Sinnen sein!"

"Dein Haß ist groß; aber er darf Dich nicht veranlassen, Deine Pflicht zu vernachlässigen. Wenn dem Scheik die Nähe des Löwen gemeldet wird, hat er sofort die Männer des Lagers zu versammeln."

"Willst Du mir drohen?"

"Nein. Aber wenn Du es nicht selbst thust, so werde ich in das Horn stoßen."

Er zeigte auf ein großes Büffelhorn, welches am Eingange des Zeltes hing. Es hatte den Zweck, durch seinen Ton die Versammlung herbei zu rufen.

"Wage es!" sagte der Scheik.

Saadi trat trotz dieser Warnung hinzu. Da zog Menalek das Messer.

"Zurück! Wenn Jemand ohne meine Erlaubniß näher tritt, so habe ich das Recht, ihn zu tödten."

Saadi blieb stehen und sagte ernst:

"Ich fürchte Dein Messer nicht, aber ich achte die Gesetze des Stammes. Ich werde also Deinem Zelte nicht zu nahe kommen; aber ich bitte Dich zum letzten Mal, die Versammlung zu berufen."

"Es fällt mir nicht ein, die Männer mit Deinen Lügen zu belästigen."

"Du bist ein freier Mann und hast Deinen Willen, ich aber habe den meinigen auch. Ist es Dir nicht passend, Deine Pflicht zu erfüllen, so weiß ich, was ich zu thun gezwungen bin. Merke auf!"

Er legte zwei Finger an den Mund und stieß einen schrillen Pfiff aus. Dies war das Alarmzeichen der Beni Hassan.

"Was thust Du?" fragte Menalek erschrocken.

"Ich werde die Dschemma zusammenrufen, um sie vor dem Löwen zu warnen und sie zugleich zu fragen, was der Scheik verdient, welcher es verschmäht über die Seinigen zu wachen."

Die Dschemma ist die Versammlung der Aeltesten. Sie hat über alle Angelegenheiten zu berathen und besitzt sogar die Macht, einen Scheik abzusetzen.

"Du zwingst mich?" sagte der Scheik zornig. "Gut! Aber bedenke, daß es in meiner Macht steht mich zu rächen."

"Ich fürchte mich nicht vor Dir, sobald es sich um meine Pflicht handelt."

Als Saadi den Pfiff erschallen ließ, waren alle Männer von ihren Feuern aufgesprungen oder aus ihren Zelten getreten. Sie horchten nun auf das zweite Zeichen, um zu wissen, nach welcher Richtung sie sich zu wenden hätten. Jetzt setzte Menalek gezwungener Weise das Horn an den Mund und blies hinein. Kaum war der Ton erklungen, so kamen alle Männer herbeigeeilt. Die Frauen und Mädchen blieben zurück. Sie wußten, daß sie nicht die Erlaubniß hatten, an einer Berathung theil zu nehmen. Selbst Liama und ihre Mutter mußten sich entfernen, damit sie kein Wort der Verhandlung hören konnten.

Es wurde ein großer Kreis gebildet, in dessen Mitte der Scheik trat.

"Hört, Ihr Männer des Duars, was ich Euch zu sagen habe!" begann er. Und auf Saadi zeigend, fuhr er fort: "Dieser Abtrünnige, welcher mit den Giaurs gereist ist, hat mich gezwungen, Euch zu rufen, um Euch zu sagen, daß der Herr des Erdbebens heute Nacht zu uns kommen werde. Glaubt Ihr das?"

"Das ist nicht wahr!" rief die Stimme eines vorlauten, jungen Mannes.

"Auch ich halte es für eine Lüge. Darum bitte ich Euch um Verzeihung, daß ich gezwungen wurde, Euch zu belästigen."

Da meinte ein hochbetagter Greis, der mit zur Versammlung der Alten gehörte:

"Seit wann ist es bei den Beni Hassan Sitte, daß die Jungen ihre Stimmen erheben, ehe die Greise gesprochen haben. Seit wann ist es Sitte, ein Wort, welches zwar unwahrscheinlich klingt, ohne Weiteres eine Lüge zu nennen. Wir haben seit vielen Jahren kein Thier unserer Heerde verloren, aber warum soll es nicht Allah einmal gefallen, den Herrn des Erdbebens über uns zu senden? Ich fordere Saadi auf, uns zu sagen, was er gesehen hat!"

Die Würde des Alters übte einen solchen Einfluß aus, daß es dem Scheik gar nicht einfiel, zu widersprechen. Auch die Uebrigen gaben durch ihr Schweigen zu erkennen, daß sie mit dem Greise übereinstimmten. Darum trat Saadi hervor und sagte:

"Was ich gemeldet habe, ist die Wahrheit und keine Lüge. Ich befand mich in der Schlucht, welche nach dem Wadi Jtel geht; da sah ich ganz deutlich die Spuren des Löwen. Sie waren groß. Dieser Würger der Heerden ist ein sehr starkes und altes Thier."

"Kennst Du die Fährte des Löwen?" fragte der Alte.

"Ja. Der Jnglis, mit welchem ich zwei Jahre lang ritt, lehrte mich, die Spuren aller Thiere zu unterscheiden."

"Aber wenn sich der Herr des Erdbebens in der Schlucht befände, würde er unsere Heerden bereits längst besucht haben."

"Er ist während der letzten Nacht von fern her gekommen."

"Woraus siehst Du das?"

"Die Spur führt bald dahin und bald dorthin. Er hat sich nach einem Lager umgesehen. Ich fand einen Stein, an welchem er sich die Krallen geschärft hatte. Er ist also hungrig und zum Raube bereit."

"So glaube ich, daß Du die Wahrheit sagst. Laßt uns berathen, was wir thun werden; aber die Alten werden sprechen und die Jungen mögen schweigen."

Die Berathung begann und war sehr kurz. Außer dem Scheik wurde Saadis Berichte von Allen Glauben geschenkt. Man beschloß, große Feuer anzubrennen und die Heerden ganz in die Nähe der Zelte zu bringen. Kam der Löwe wirklich, so mußte man ihm sein erstes Opfer überlassen; morgen sollte dann aber eine Jagd auf ihn abgehalten werden.

Der Araber ist ein sehr schlechter Löwenjäger. Er wagt das Thier nur in großer Ueberzahl anzugreifen, und zwar bei Tage, nie des Nachts. Dann wird so lange auf das Thier geschossen, bis es vor Blutverlust aus meist leichten Wunden zusammenbricht, vorher aber mehrere der Jäger zerrissen hat.

Saadi war jung. Er hatte seine Pflicht gethan und wagte nicht, eine andere Ansicht laut werden zu lassen.

"Ihr habt beschlossen; thut was Ihr wollt!" meinte der Scheik. "Ich aber glaube nicht daran und werde mich an keinen Löwen kehren. Uebrigens brauchen wir jetzt gar keine Sorge zu haben. Der Herr des Erdbebens holt sich nie vor Mitternacht seinen Fraß."

In letzterer Beziehung gaben ihm die Anderen Recht; Saadi aber meinte:

"Die Ehrwürdigen mögen mir, obgleich ich jung bin, noch ein Wort gestatten!"

"Rede, mein Sohn!" sagte der Aelteste der Alten.

"Ich habe bereits gesagt, daß der Herr des Erdbebens erst heute Nacht gekommen ist. Vielleicht hat er einen weiten Weg zurückgelegt; er ist sehr hungrig. Er hat die Krallen geschärft; er ist also ungeduldig. Es ist leicht möglich, daß er bereits vor Mitternacht kommt."

"Deine Worte sind wohl erwogen; aber ehe er kommt, wird er es uns melden."

Der Löwe pflegt nämlich, wenn er auf Raub ausgeht, laut zu brüllen.

"Du hast Recht," meinte Saadi. "Aber es giebt dennoch alte, erfahrene Thiere, welche so schlau sind wie ein Panther. Sie brüllen erst dann, wenn sie ihre Beute zerrissen haben. Uebrigens glaube ich nicht, daß der Herr des Erdbebens über die Ebene kommen wird. Er wird in der Schlucht heraufkommen, welche hier ganz in der Nähe mündet, und dann ist es zu spät, erst noch Maßregeln der Vorsicht zu treffen."

"Was Du sagst, ist gut. Laßt uns also sofort beginnen. Wir müssen die Heerden so stellen, daß zwischen ihnen und der Schlucht sich das Duar befindet."

Dies geschah. Nur der Scheik war trotz aller Bitten und Vorstellungen nicht dazu zu bewegen, seine Thiere jetzt schon in Sicherheit zu bringen. Er wollte Saadi nicht als Sieger anerkennen.

Dieser nahm mit seinem Bruder ein frugales Mal ein. Dieser Letztere besaß nur wenige Thiere, welche so nahe am Zelte untergebracht wurden, daß sie vor einem Ueberfalle vollständig sicher waren. Dann griff Saadi nach seiner Doppelbüchse, sah nach der Ladung und schickte sich an, zu gehen.

"Wohin willst Du?" fragte Abu Hassan besorgt.

"Ich will einmal nach den Heerden sehen."

"Was gehen sie Dich an? Du begiebst Dich unnütz in Gefahr."

"Beruhige Dich, mein Bruder. Für mich giebt es keine Gefahr."

Er ging, und zwar gerade nach der Seite hin, auf welcher sich die Thiere des Scheiks befanden. Er prüfte den leisen Abendwind, welcher sich erhoben hatte. Dieser wehte gerade von der Schlucht herüber. Er war überzeugt, daß der Löwe von dort her kommen werde, und er wollte ihn erwarten. Der Scheik hatte ihn einen Feigling genannt, und er wollte ihm beweisen, daß er es nicht sei.

Darum legte er sich zwischen den Thieren und dem Ausgange der Schlucht auf den Boden nieder und harrte der Dinge, die da kommen sollten.

Rund um das Lager brannten hohe Feuer, von trockenen Akazienzweigen genährt. Die ganze Gegend war hell erleuchtet. Zeit um Zeit verging. Es konnte kaum mehr eine Stunde an Mitternacht fehlen. Da sah Saadi vom Duar her eine Gestalt kommen. Es war der Scheik, welcher nun den Knechten, welche sich noch bei den Thieren befanden, den Befehl ertheilen wollte, diese Letztere in die Nähe der Zelte zu treiben. Um zu zeigen, daß er an Saadi's Worte nicht glaube, kam er selbst herbei. Die Thiere wurden fortgetrieben. Der Scheik aber, um durch die That zu zeigen, wie sehr er Saadi's Warnung verachte, schloß sich nicht an, sondern schritt langsam dem Ausgange der Schlucht zu.

In der Nähe derselben blieb er stehen. Sein weißer Burnus war weithin sichtbar, so daß man seine Gestalt im Lager deutlich sehen konnte. Die Stimmen seines Weibes und seiner Tochter ließen sich vernehmen. Sie baten ihn voller Angst, zurückzukommen. Er befand sich kaum zwanzig Schritte von Saadi entfernt, sah ihn aber nicht, denn dieser hatte seinen weißen Burnus nicht mitgenommen und lag in seinem dunklen Untergewande an der Erde, so daß er von derselben nicht unterschieden werden konnte.

"O Allah!" hörte man Liama rufen. "Komm zurück, Vater! Der Löwe könnte kommen."

"Schweig!" rief er zurück. "Es giebt keine Katzen hier."

Aber in demselben Augenblicke war es, als ob die Erde unter ihm berste. Es erscholl gerade vor ihm ein tiefer, dumpf grollender Ton, der schnell zu einem lauten, mächtigen Brüllen anschwoll, mit welchem der stärkste Donner nicht verglichen werden kann, und sich dann zu einem Röcheln abdämpfte,

welches nicht anders klang, als ob eine ganze Heerde von Rindern im Sterben liege.

Bei diesen Tönen war die ganze Natur starr und stumm vor Schreck.

Auch der Scheik vermochte nicht, ein einziges Glied zu bewegen. Er sah den Löwen langsam und majestätisch aus den Büschen treten, gerade da, wo Saadi es vermuthet hatte. Es war ein gewaltiges, riesenhaftes Thier. Beim täuschenden Scheine der flackernden Feuer schien es mehr als Ochsengröße zu besitzen.

Der Löwe schüttelte seine Mähnen und senkte den Kopf. Er hatte den Scheik erblickt und stieß ein zweites Brüllen aus, bei dessen Klange jeder Lebensfunken im Körper Menaleks zu verlöschen schien. Der Löwe stand keine dreißig Fuß von ihm entfernt und buckte sich jetzt nieder, zum Sprunge bereit. Drei Secunden später mußte der Scheik verloren sein. Dies gab ihm die Sprache wieder.

"Ma una meded — zu Hilfe!" rief, nein, sondern brüllte er; aber ein Glied zu rühren, vermochte er nicht.

"Siehst Du, daß es hier Katzen giebt?" klang es in seiner Nähe.

Ein Schuß krachte. Ein fürchterliches Brüllen antwortete. Ein zweiter Schuß folgte gedankenschnell. Der Scheik wurde mit fürchterlicher Gewalt zu Boden gerissen und verlor die Besinnung.

Als er erwachte und die Augen öffnete, sah er viele Leute um sich stehen. Mehrere hatten Fackeln in der Hand. Neben ihm knieeten sein Weib und seine Tochter, ängstlich mit ihm beschäftigt.

"Was ist's? Wo bin ich?" fragte er.

"Bei uns, mein Vater," antwortete Liama. "O, Allah sei Dank, daß Du lebst! Er hat Dich aus der Gefahr des Todes errettet, als der Herr des Donners Dich zerreißen wollte. Bist Du verletzt?"

"Ich glaube nicht. Wo ist der Löwe?"

Er besann sich erst jetzt auf Das, was geschehen war. Liama deutete hinter ihn.

"Hier liegt er," sagte sie. "Kannst Du Dich erheben, um ihn zu sehen?"

Er richtete sich empor. Da lag der Löwe, der gewaltige Beherrscher der Steppe, todt und überwunden. Und bei ihm knieete Saadi, im Begriffe, ihm das Fell abzunehmen. Der Scheik erblickte ihn und fragte:

"Wer hat geschossen?"

"Saadi war es," antwortete Liama.

"Saadi!"

Es lag ein ganz eigenthümlicher Ausdruck in diesem Worte, welches der Scheik aussprach. Er versuchte, sich zu erheben, und es ging. Er trat zu dem Jüngling, betrachtete mit Blicken des Entsetzens die seltene Größe des entsetzlichen Thieres und fragte:

"Saadi, Du warst es, der mich rettete?"

"Ich war es, o Scheik," antwortete der Gefragte. "Allah ist gütig und gnädig; er hat es so gewollt. Ihm sei Dank, aber nicht mir."

"Aber wie ist das gekommen?"

"Ich sah Deine Heerde in Gefahr und wußte, daß der Löwe kommen werde. Darum ging ich hinaus, ihm entgegen, um ihn zu erwarten. Da kamst Du, und er trat Dir entgegen. Du rieffst um Hilfe, und ich schoß. Meine Kugel glitt am Stirnknochen ab und drang nicht in das Auge ein, wie ich es gewollt hatte. Er sprang auf Dich ein, aber mitten im Sprunge traf ihn meine Kugel in das Herz. Er riß Dich zwar nieder, aber er verwundete Dich nicht. Jetzt liegt er todt hier, und Du stehst lebend vor ihm. Allah sei Dank, der Herr ist über Leben und Tod."

Der Scheik vermochte nicht, zu antworten; tausend mächtige Gefühle stürmten auf ihn ein. Er vergegenwärtigte sich den Augenblick der Gefahr; er sah den Löwen augenrollend vor sich stehen; er hörte den markerschütternden Ton seiner gewaltigen Stimme; er vergegenwärtigte sich den Augenblick, an welchem die Glieder des Raubthieres sich zum tödtlichen Sprunge zusammenballten, und er hatte nicht Kraft genug, zu verhüten, daß bei dieser Erinnerung ein Zittern sich seines Körpers bemächtigte. Er reichte Saadi die Hand und sagte:

"Du hast mich vom Tode errettet. Du bist klüger als ich, und Allah hat Dir ein muthiges Herz gegeben, welches nicht erbebt vor dem Herrn des Donners. Willst Du vergessen, daß ich Dich beleidigt habe?"

Die Augen des jungen Mannes leuchteten vor Entzücken.

"Alles, was Du zu mir sagtest, soll so sein, als ob ich es nicht gehört hätte," antwortete er. "Du bist der Scheik, und ich darf Dir nicht zürnen."

"So komm zu mir, sobald Du das Fell des Löwen genommen hast."

Menalek ergriff die Hand seines Weibes und seiner Tochter und schritt mit ihnen seinem Zelte zu.

"Kannst Du den Retter nun noch hassen?" wagte die Mutter zu fragen.

"Ich liebe ihn," antwortete er. "Er hat gezeigt, daß ein Jüngling zuweilen einen Alten beschämen kann."

Er gestand diese Beschämung ein, ohne sich von derselben zur Bitterkeit fortreißen zu lassen. Er war ein stolzer, aber auch ein einsichtsvoller Mann.

Die meisten der Zeltbewohner blieben bei Saadi zurück, um die außerordentliche Größe des Löwen zu bewundern. Dieser war jedenfalls eines jener alten Thiere, welche in Einsamkeit leben und selbst zu ihresgleichen in immerwährender, grimmiger Feindschaft stehen. Solche Exemplare werden, gerade wie bei den Elephanten, Einsiedler genannt und sind wegen ihrer Erfahrung, List und Verschlagenheit doppelt gefährlich.

Kurze Zeit später wurde Saadi im Triumphe in das Zeltdorf geleitet. Er übergab das Fell des Löwen seiner Schwägerin, der Frau seines Bruders, zur Zubereitung, und begab sich dann nach dem Zelte des Scheiks.

Er wurde dort ganz anders empfangen als vorher. Er mußte sich neben Menalek auf den Ehrenplatz setzen und erhielt Tabak und Pfeife, wobei Liama ihn bedienen mußte, was sie natürlich mit der größten Freude that.

Die beiden Männer rauchten lange Zeit schweigend, ohne ein Wort zu sprechen; endlich aber legte der Scheik die Pfeife weg und sagte:

"Saadi, Du tapferer Sohn der Beni Hassan, Du hast mich am Leben erhalten, als ich bereits an der Pforte des Todes stand. Du liebst Liama, meine Tochter?"

Der Gefragte legte nun auch seine Pfeife fort und antwortete:

"Ich liebe sie von ganzem Herzen. Mein Leben gehört Dir und ihr; darum habe ich es für Dich gewagt, als der Herr des Donners Dich zerreißen wollte."

Der Scheik wendete sich an seine Tochter:

"Liama, Du Weide meiner Augen ist Deine Seele diesem Tapfern zugethan?"

"Ja, Vater," antwortete sie. "Allah hat ihm mein Herz geschenkt; Allah ist allmächtig; ihm ist nicht zu widerstehen."

"So möge er Dein Herr sein, und Du sollst sein Weib sein, so lange Allah Euch das Leben schenkt. Mein Segen sei Euer Eigenthum und leuchte Euch bis zur letzten Stunde Eurer Tage."

Er legte ihre Hände in einander. Sie knieeten vor ihm nieder und er segnete sie. Dann trat auch sein Weib herbei und legte unter Thränen ihre Hände auf die Häupter der Beiden. Diese Abkömmlinge Ismaels hatten die Sitten ihrer Urahnen in solcher Ursprünglichkeit erhalten, daß die gegenwärtige Scene sehr leicht in die alttestamentliche Zeit zurückgedacht werden könnte.

"So seid Ihr denn bereits heute Mann und Weib," sagte der Scheik. "Doch wenn der neue Monat beginnt, soll Eure Hochzeit gefeiert werden so weit die Heerden der Beni Hassan weiden. Von jetzt an soll Saadi in meinem Zelte wohnen. Liama ist mein Kind und er mein einziger Sohn. Was ich habe, ist auch sein Eigenthum. Der Wille Allahs soll geschehen."

Hierauf zog er sich in den hinteren Theil des Zeltes zurück; die Liebenden aber, welche so unerwartet und plötzlich glücklich geworden waren, traten aus demselben hinaus, um beim Scheine der Sterne von der Seligkeit zu flüstern, welche jetzt in ihrem Herzen wohnte.

Am anderen Morgen, als die Schläfer sich noch nicht längst erhoben hatten, ritten drei Männer in das Zeltdorf ein. Sie sahen ungeheuer staubig aus und hatten ganz das Aussehen von Leuten, welche eine große Reise hinter sich haben.

Sie sprangen vor dem Zelte des Scheiks vom Pferde. Dieser trat hinter dem Vorhange hervor. Als er sie betrachtete, legte sich seine Stirn in Falten.

"Wer seid Ihr?" fragte er.

"Wir sind Tuareks," antwortete einer der Männer in stolzem Tone.

Die Tuareks sind ein vielstämmiges Wüstenvolk, dunkler gezeichnet als die Mauren und als unverbesserliche Räuber bekannt.

"Was wollt Ihr bei den Zelten der Beni Hassan?" fuhr der Scheik fort.

"Bist Du Scheik Menalek?"

"Ich bin es."

"Wir suchen zwei Männer, welche unter dem Schutze Deines Stammes wohnen."

"Wer sind sie?"

"Es ist Vater und Sohn. Sie stammen aus dem Osten und kamen in diese Gegend, um einer Blutrache zu gehorchen."

"Wie heißen sie?"

"Malek Omar und Ben Ali."

"Ich kenne sie."

"Wo befinden sie sich?"

"Sie sind fortgeritten, ohne mir zu sagen, welches ihr Ziel ist."

"Werden sie wieder kommen?"

„Sie sagten es."

„Wann?"

„Ich weiß es nicht."

„Sie haben uns gesagt, daß sie uns hier erwarten werden Wirst Du uns erlauben, bis zu ihrer Rückkehr das Salz und Brot Deines Stammes zu essen?"

Es dauerte eine Weile, ehe er sagte:

„Ich erlaube es, wenn Ihr Freunde dieser Männer seid."

„Wir sind ihre Freunde."

„Sie sind unsere Gäste, und die Freunde meiner Gäste sind auch meine Freunde. Tretet bei mir ein, um Salz und Brot zu essen und Euch bei mir auszuruhen; denn ich sehe, daß Ihr einen weiten Weg zurückgelegt habt."

„Wir sind mehrere Tage und Nächte geritten, um Deinen Gästen eine sehr wichtige Botschaft zu überbringen."

Sie ließen ihre Pferde frei stehen und folgten dem Scheik in sein Zelt. Sie hatten dasselbe aber noch nicht lange betreten, so langten zwei andere Reiter an, welche von Norden herbei geritten kamen. Es war Richemonte mit seinem Cousin.

Auch sie hielten vor dem Zelte des Scheiks, und dieser trat aus demselben hervor, um sie zu empfangen. Er sagte ihnen, daß drei Tuareks angekommen seien, um ihnen eine wichtige Botschaft zu bringen.

„Wo sind sie?" fragte Richemonte.

„In meinem Zelte."

„Laß ihren Führer hervortreten! Wir werden mit ihm sprechen."

Die beiden verkappten Franzosen stiegen von den Pferden. Der Tuarek, welcher vorhin den Sprecher gemacht hatte, kam herbei und wurde von ihnen durch die Zeltreihe hinaus in das Freie geführt, wo man reden konnte, ohne sich der Gefahr auszusetzen, belauscht zu werden.

Sie trafen dabei auf Saadi. Er war mit Liama zu den Heerden gegangen, um diese zu besichtigen. Das Mädchen war dort bei ihrem Lieblingskameele zurückgeblieben. Er betrachtete im Vorübergehen die fünf Männer, und dabei begegneten seine Augen denen Richemontes. Ueber Beider Angesicht zuckte es wie ein plötzliches Erkennen, doch setzten sie ihren Weg ruhig in entgegengesetzter Richtung fort. Der Scheik stand noch vor dem Zelte, als Saadi dort ankam.

„Wer waren diese Leute?" fragte der Letztere.

„Zwei Araber aus dem Osten, welche meine Gäste sind," antwortete der Gefragte, „und Einer von den drei Tuareks, welche jetzt kamen, um sie aufzusuchen."

„Wie heißt der Gast mit dem grauen Barte?"

„Malek Omar."

Sofort erinnerte sich Saadi des gestrigen Gespräches mit der Geliebten. Der Jüngere der beiden Gäste war also Ben Ali, welcher Liama liebte.

„Ich kenne ihn," sagte er.

„Du kennst ihn?" fragte Menalek erstaunt. „Du warst ja nie in den östlichen Oasen. Wo hast Du ihn gesehen?"

„In Algier."

„Du irrst. Er ist nie in Algier gewesen."

„Ich irre nicht. Es ist Malek Omar, der Fruchthändler."

„Mein Sohn, Dein Auge wird Dich täuschen."

„Mein Auge betrügt mich nicht. Ich sah diesen Mann einige Male in das Haus des Generalgouverneurs gehen. Glaubst Du, daß man dieses Gesicht verkennen kann?"

„Nie!" antwortete der Scheik nachdenklich.

„Haben diese beiden Männer die Sprache des Ostens?"

„Ich habe sehr viele Dialecte gehört, aber der ihrige ist mir unbekannt. Sie müssen aus einer Oase oder aus einem Lande stammen, wo ich noch nicht gewesen bin."

„Reden sie vielleicht die Sprache unseres Volkes so, wie von den Franken gesprochen wird?" (Fortsetzung folgt.)

Die Liebe des Ulanen.
Original=Roman aus der Zeit des deutsch=französischen Krieges von Karl May.
(Fortsetzung.)

Ueber das Gesicht des Scheiks ging ein rasches, eigenthümliches Zucken.

"Allah ist groß! Du hast richtig gerathen!" rief Saadi.

"Sie sind wegen einer Blutrache da?"

"Ja."

"Denke über sie nach, o Scheik! Ich war dort, wo die Franken wohnen und habe erfahren, daß ihr Herz falsch ist. Diese Männer kommen von Osten und sagen nicht, wo ihre Heimath ist. Sie haben eine Blutrache und sprechen nicht davon. Sie verkehren mit Tuareks, welche Räuber und Mörder sind. Sie sprachen wie die Franken. Der Vater heißt Malek Omar, und der Sohn nennt sich Ben Ali. Müßte er nicht Ben Malek Omar heißen, wenn er wirklich der Sohn des Anderen wäre? Ich habe diesen Fruchthändler in Algier gesehen, und er hat Dir gesagt, daß er noch nie dort gewesen sei? An diesen Männern klebt die Lüge. Ich sage Dir, sie sind nicht das sind, wofür sie sich ausgeben."

"Du hast Recht mein Sohn," meinte der Scheik, indem sein Auge finster die Richtung suchte, in welcher die drei Männer verschwunden waren. "Aber warum belügen sie mich? Wer sollen sie sein?"

Saadi blickte nachdenklich vor sich hin und fragte:

"Hast Du von dem Manne gehört, welcher das Auge der Franzosen genannt wird?"

"Ja. Er ist der Spion der Franken."

"Keiner kennt ihn!"

"Keiner!"

"Ich denke an ihn, indem ich an diesen Fruchthändler Malek Omar denke."

Es sah fast aus, als ob der Scheik erschrecken wollte.

"Allah il Allah!" rief er. "Mein Sohn, Deine Gedanken sind schlimm."

"Vielleicht aber treffen sie das Richtige!"

"Du meinst, er ist es?"

"Es ist möglich, daß er es ist, obgleich ich es ihm nicht beweisen kann."

"Er ist mein Gast; aber dennoch müßte er sterben, wenn er es wäre."

"Vielleicht entdecken wir es, aber nicht sofort. Laß uns ihn prüfen."

"Wie?"

"Ich werde ihm sagen, daß ich ihn in Algier gesehen habe."

"Das soll eine Prüfung sein?"

"Ja. Wenn er gerechte Sache hat, wird er zugeben, daß er dort gewesen ist; leugnet er es aber, so ist sein Herz voller Trug gegen uns."

"Aber wir haben dann doch noch keine Gewißheit."

"Nein; aber wir wissen wenigstens, daß wir ihm nicht trauen dürfen."

"Deine Sprache ist die Sprache der Vorsicht und Weisheit. Bleibe bei mir; denn Du sollst gegenwärtig sein, wenn diese Männer mit mir zu sprechen verlangen. Warst Du längere Zeit in Algier?"

"Mehrere Monate."

"Hast Du die Sprache der Franken gehört?"

"Ja."

"Hast Du Etwas von ihr behalten?"

"Ich kenne viele ihrer Worte und auch mehrere Fragen."

"Sprich einige solche Worte zu diesen beiden Männern, und zwar dann, wenn sie es nicht erwarten. Vielleicht werden sie überrascht und gefangen, indem sie Dir darauf antworten."

"Dein Rath ist klug, o Scheik. Ich werde ihn befolgen."

Während dieses Gespräches hatten die Drei, von denen die Rede war, das Zeltdorf verlassen und den Eingang der

Schlucht erreicht, wo gestern der Löwe getödtet worden war. Der Cadaver desselben war aus Ehrfurcht vor dem Herrn des Donners in den Sand vergraben worden; darum fanden sie keine Spur desselben. Sie setzten sich an dem Rande der Schlucht nieder, so daß sie sicher waren, jeden Nähernden sofort zu bemerken.

Sie hatten bis jetzt kein Wort gesprochen; nun aber begann Richemonte:

„Seit wann befindet Ihr Euch in diesem Lager?"

„Wenige Augenblicke," antwortete der Tuarek.

„Welche Botschaft bringt Ihr?"

„Die welche Du verlangtest."

„So habt Ihr den Reisenden gesehen, welcher von Timbuktu kommt?"

„Wir haben ihn gesehen, denn wir sind zwei Tagereisen weit mit seiner Karawane geritten."

„Habt Ihr Etwas erfahren?"

„Alles!"

„So erzähle."

„Wir stießen zwei Tage vor Inselah zu dieser Karawane und wurden friedlich aufgenommen. Der Herr des Zuges stammt aus einem ferneren Lande des Nordens. Er ist ein Nemtse.

Nemtse heißt Deutscher.

„Habt Ihr seinen Namen erfahren können?"

„Ja. Es ist ein Name, wie ihn nur ein Barbar, ein Ungläubiger tragen kann. Ich habe meine Zunge lange Zeit vergeblich gezwungen, ihn auszusprechen. Er lautet ohngefähr wie Ko=ni=kau."

„Königsau?" fragte Richemonte.

„Deine Zunge ist gelenkiger als die meinige, denn ganz so, wie Du ihn aussprichst, ist dieser Name."

„Hatte er viele Leute bei sich?"

„Er hatte einen Führer und einen Obersten des Kameeltreibers nebst fünfzehn Treibern. Und zum Schutze seiner Waaren begleiteten ihn dreißig Krieger vom Stamme der Iba Batta."

„Was trugen seine Kameele?"

„Viele trugen trockene Pflanzen, ausgestopfte Thiere und Bücher, auch Flaschen, in denen allerlei Gewürm sich befand. Mehrere Kameele aber waren mit kostbaren Waaren beladen, welche die Franken brauchen, die Tuareks aber nicht."

„Wann wird diese Karawane nach Tuggurt kommen?"

„Erst wenn zwei Wochen vergangen sind."

„Könnt Ihr sie dort beobachten?"

„Was bietest Du uns dafür?"

„Was verlangt Ihr?"

„Ich werde mich mit meinen Gefährten besprechen."

„Thue dies. Ihr werdet uns in zwei Wochen hier in diesem Zeltlager finden, um uns zu sagen, wenn die Karawane von Tuggurt aufbricht."

„So dürfen wir uns nicht ausruhen; denn wir müssen ihr bis Rhabames entgegenreiten. Werden wir hier frische Pferde bekommen?"

„Ihr könnt die Eurigen umtauschen; ich werde Euch dabei behilflich sein. Jetzt aber kannst Du in das Zelt des Scheiks zurückkehren, denn Du bedarfst der Ruhe, und ich habe mit meinem Sohne zu sprechen."

Der Tuarek befolgte diese Weisung, und die beiden Zurückbleibenden begannen, sich in französischer Sprache zu unterhalten.

„Weißt Du, daß ich vorhin tüchtig erschrocken bin," sagte Richemonte.

„Worüber?" fragte der Cousin.

„Hast Du den jungen Kerl gesehen, welcher uns begegnete?"

„Ja."

„Ich kenne ihn, und ich befürchte, daß er auch mich erkannt hat."

„Ah! Woher kennst Du ihn?"

„Von Algier aus. Er war der Begleiter des englischen Consuls gewesen und hat mich einige Male gesehen, als ich zum Gouverneur ging.

„Das ist verteufelt unangenehm."

„Ganz und gar."

„Aber gefährlich doch noch nicht."

„Das bezweifle ich. Wenn der Mensch nun davon spricht, daß er mich in Algier gesehen hat?"

„Nun, was thut das? Du giebst einfach zu, daß Du dort gewesen bist."

„Was soll ich dort gewollt haben?"

„Die Blutrache! Können wir nicht Den, welchen wir tödten wollen, in Algier gesucht haben?"

„Das wäre allerdings möglich; aber Du vergissest, daß ich zu Scheik Menalek bereits gesagt habe, daß ich Algier noch gar nicht kenne."

„Verdammt!"

„Ja. Es bleibt mir nichts übrig, als Alles abzuleugnen."

„Das wird unter diesen Umständen allerdings das Beste sein. Doch glaube ich nicht, daß wir Mißtrauen erwecken. Wer weiß, ob der Kerl sich Dein Gesicht gemerkt hat."

„Er hat es sich gemerkt, und ich bin ihm aufgefallen; das habe ich sogleich gesehen, als er uns begegnete; ich sah es ihm an den Augen an."

„Nun, so hat er sich einfach geirrt. Menschen sehen sich ja ähnlich. Aber, da fällt mir ein, daß, wenn wir ja Mißtrauen erwecken, der Scheik sich sehr hüten wird, mit uns im Bunde die Karawane zu überfallen."

„Das wäre allerdings ein dicker Strich durch unsere Rechnung."

„Was thäten wir in diesem Falle?"

„Wir müßten uns auf die Tuareks verlassen. Sie könnten eine Anzahl der Ihrigen anwerben. Ich glaube, daß sie dazu bereit sein würden."

„Aber diese Räuber würden Alles nehmen und uns nichts lassen."

„Das befürchte ich nicht. Vieles von Dem, was der Deutsche mit sich führt, wird vollständig unbrauchbar für sie sein. Gehen wir zum Scheik, um mit ihm zu sprechen und Gewißheit zu erhalten, ob ich erkannt worden bin."

Sie machten sich auf, um diesen Vorschlag auszuführen. Indem sie langsam wieder den Zelten entgegenschritten, bemerkte der Cousin Liama, welche bei einem wunderschönen Kameelfüllen stand und dasselbe zärtlich streichelte.

„Siehst Du dort die Tochter des Scheiks?" fragte er.

„Ja, sie ist's," antwortete Richemonte.

„Ich muß hin."

„Halt, jetzt nicht."

Diese letzten Worte kamen zu spät. Der Andere hatte sich bereits mit raschen Schritten entfernt. Richemonte setzte seinen Weg fort, indem er eine zornige Verwünschung über den Verliebten in den Bart brummte.

Dieser näherte sich dem schönen Mädchen, indem seine Augen mit Gier auf ihren reizenden Formen ruhten.

„Sallam aaleïkum — Friede sei mit Dir!" grüßte er sie.

„Aaleïkum sallam," antwortete sie, indem sie sich zu ihm umdrehte.

Aber als sie ihn erkannte, war es keineswegs ein freundlicher oder gar aufmunternder Blick, welcher auf ihn fiel.

„Die Tochter der Beni Hassan ist heute so schön wie immer," sagte er.

„Und der Mann aus dem Osten schmeichelt wie immer," antwortete sie.

„Es ist die Wahrheit, welche ich sage."

„Es ist nicht nöthig, daß Du es sagst."

„Warum nicht? Ist es Dir nicht lieb, schön zu sein?"

„Allah giebt die Schönheit, und er nimmt sie. Sie gehört ihm, aber nicht uns."

„Du hast Recht. Aber so lange man sie besitzt, soll man sich ihrer freuen. Oder weißt Du nicht, welches Glück die Schönheit bringt?"

„Welches?" fragte sie im gleichgiltigsten Tone.

„Schönheit bringt Liebe."

„Liebe, nur durch Schönheit erweckt, mag ich nicht."

„Warum nicht?"

„Die Liebe hat nur dann Werth, wenn sie die Tochter der Herzensgüte ist."

„Auch jetzt hast Du Recht. Aber sage, ob Dein Herz gut ist?"

„Wer kann sein eigenes Herz erkennen? Wer darf von sich selbst sagen, daß er gut sei? Nur Allah sieht in die Verborgenheit."

„Du sprichst so weise wie ein Marabut. Wenn man auch nicht den Werth seiner Seele erkennt, so kann man doch die Gefühle seines Herzens kennen. Sage mir, Liama, ob Dein Herz noch frei ist."

„Frei? Kann das Herz ein Sclave sein?"

„Ja, ein Sclave der Liebe."

„Dann würde ich die Liebe hassen, denn nur ein Tyrann besitzt Sclaven."

„Und dennoch ist die Liebe ein Tyrann. Sie beherrscht das Herz, in welchem sie wohnt, vollständig. Auch mein Herz ist ihr Sclave."

„Ich bedaure Dich," sagte sie kalt.

„Ja, bedaure mich, aber erlöse mich auch."

Er trat ihr einen Schritt näher und erhob den Arm, als ob er denselben um sie legen wolle. Sie aber wich zurück und sagte:

„Ich verstehe Dich nicht. Wie könnte ich Dich erlösen!"

„Indem Du meine Liebe erhörst. Ja, Liama, ich muß Dir sagen, daß ich Dich liebe, daß ich an Dich denke bei Tage und bei Nacht, daß ich ohne Dich nicht glücklich werden kann. Sage mir, ob Du mich wieder liebst."

Seine Augen leuchteten in der Gluth der Leidenschaft. Er hatte diese Worte fast zischend zwischen den Lippen hervorgestoßen.

„Nein," antwortete sie kalt.

„Nicht?" fragte er. „Warum nicht?"

„Ich weiß es nicht. Allah allein giebt Liebe."

Er biß sich auf die Lippe. Das hatte er nicht erwartet. Er, ein Franzose, ein Angehöriger der großen Nation, sollte bei diesem Arabermädchen keine Liebe finden? Das hatte er gar nicht für möglich gehalten.

„Bin ich Dir zu häßlich?" fragte er.

„Nein" antwortete sie lächelnd.

„Zu alt?"

„Nein."

„Zu arm?"

„Ich weiß ja gar nicht, wie viel Du besitzest."

„Oder liebst Du bereits einen andern?"

Da richtete sich ihre Gestalt stolz empor.

„Wie darfst Du wagen, der Tochter des Scheik Menalek diese Frage vorzulegen," sagte sie. „Bin ich Deine Dienerin, daß ich Dir antworten muß?"

Sie war in ihrem Stolze, in ihrem Zorne doppelt schön. Sein Auge verschlang sie fast. Seine Leidenschaft ließ sein Herz so heftig klopfen, als ob er durch einen Dauerlauf athemlos geworden sei.

„Nein, antworten mußt Du mir nicht," sagte er, „sondern ich bitte Dich nur, mir eine Antwort zu geben."

„Du hast keine Erlaubniß zu dieser Bitte."

„Ah, Du liebst," zischte er.

„Was geht es Dich an?"

„Viel, sehr viel. Ich habe Dir gesagt, daß ich Dich liebe. Jeder meiner Athemzüge gehört Dir; alle meine Gedanken sind Dein Eigenthum. Du sollst und Du mußt mich lieben; Du mußt mein Weib werden. Ich werde um Dich kämpfen, und ich sage Dir, daß ich Dich besitzen werde."

Ehe sie Zeit fand, auszuweichen, hatte er ihre beiden Hände ergriffen.

„Laß mich!" sagte sie.

„Nein, ich lasse Dich nicht! Meine Liebe giebt mir ein Recht auf Dich."

Sie versuchte, ihre Hände zu befreien, aber es gelang ihr nicht.

„Ich befehle Dir, fortzugehen!" sagte sie in gebieterischem Tone.

„Fortgehen? O nein, nein, und tausendmal nein!" antwortete er, indem er sich bestrebte, sie an sich zu ziehen.

Er vergaß, wo er war; er vergaß, daß man ihn hier auf der offenen Ebene beobachten konnte, ja, daß man ihn sehen mußte. Die Leidenschaft machte ihn blind, so daß er nicht einmal die beiden Männer bemerkte, welche hinter seinem Rücken rasch herbei geschritten kamen. Sie aber hatte dieselben gar wohl bemerkt, nur entging ihm das freudige Aufleuchten ihrer Augen.

„Soll ich um Hilfe rufen?" fragte sie.

„Rufe!" antwortete er. „Es wird Dir nichts nützen, denn ich werde noch in dieser Stunde bei Deinem Vater um Dich anhalten."

Da erklang es hinter ihm laut und in französischer Sprache:

„Was thust Du da?"

Er drehte sich rasch um. Er bemerkte Saadi, welcher in kurzer Entfernung hinter ihm stand und antwortete schnell und zornig in derselben Sprache:

„Was geht es Dich an?"

Saadi war nämlich mit dem Scheik noch im Gespräche begriffen gewesen, als der Tuarek von der Schlucht zurückkehrte. Kurze Zeit später sahen sie auch die beiden Anderen daherkommen. Sie bemerkten, daß der Jüngere seitwärts abbog und nach der Gegend eilte, in welcher sich Liama befand.

„Er geht zu ihr!" sagte Saadi, indem sich seine Brauen zusammenzogen.

„Zu Liama?" fragte der Scheik.

„Ja."

„Was will er dort?"

„Hat Liama es Dir nicht gesagt?"

„Nein."

„Daß er ihr nachgeht, daß er ihr Schritt auf Schritt folgt?"

„Nein. Hat sie es Dir gesagt?"

„Ja."

„Er mag sich hüten! Er ist ein Fremdling, den ich gastlich aufgenommen habe. Verletzt er das Gastrecht, indem er mein Kind beleidigt, so wird mein Dolch sein Herz finden. Und ist er gar ein Franzose, so ——"

„Er hielt inne; aber seine Miene sagte deutlich, was er auszusprechen zögerte.

„Sieh, er spricht mit ihr! Komm!" sagte Saadi.

Er faßte den Scheik bei der Hand und zog ihn mit sich fort. Sie schritten schnell zwischen einigen Zelten hindurch und gelangten in das Freie. Die dort weidenden Thiere boten ihnen Deckung genug, unbemerkt in die Nähe des bedrängten Mädchens zu kommen. Ein starkes Lastkameel stand da, welches an den spärlichen Halmen naschte.

„Verstecke Dich hinter das Thier," sagte Saadi.

„Warum?"

„Ich werde ihn in der Sprache der Franzosen anreden. Vielleicht antwortet er mir in derselben; er würde dies aber nicht thun, wenn er Dich sofort mit bemerkte. Der Sand wird unsere Schritte dämpfen."

Der Scheik nickte und huschte mit einer Behendigkeit, welche man dem ernsten, gravitätischen Muselmann gar nicht zugetraut hätte, vorwärts, bis ihn der Leib des Kameeles verbarg.

Saadi schlich sich ebenso behende heran und rief die bereits erwähnten Worte:

„Was thust Du da?"

„Was geht es Dich an?" der Andere ebenso französisch, indem er sich herumdrehte und zornig über die Störung, den Beduinen anblickte.

„Mehr als Du denkst."

„Mille tonnerre, wie meinst Du das?"

Da trat der Scheik hinter dem Kameele hervor und sagte:

„Allah ist groß! Du redest die Sprache der Franzosen?"

Der Spion merkte jetzt erst, welch einen Fehler er begangen hatte; aber er faßte sich augenblicklich und antwortete, indem er auf Saadi deutete:

„Dieser doch auch."

„Von ihm wußte ich es, von Dir aber nicht. Was thust Du hier?"

Erst jetzt ließ der Franzose die Hände des Mädchens los.

„Ich spreche mit Liama, Deiner Tochter," antwortete er.

„Aber Du sprichst so mit ihr, daß sie um Hilfe rufen wollte!"

„Die Hand des Scheiks hatte sich unwillkürlich an den Griff des Dolches gelegt.

„Ich habe ihr nichts Böses gethan," meinte der Franzose.

„Sie hat mit Dir gerungen."

„Das thut ein jedes Mädchen im ersten Augenblicke, wenn man mit ihr von Liebe spricht. Scheik Menalek, ich bitte Dich, mit nach Deinem Zelte zu kommen, denn ich habe nothwendig mit Dir zu sprechen."

„Worüber?"

„Ueber Liama."

„Hier steht sie, und hier stehe ich. Rede! Wir brauchen nicht erst nach dem Zelte zu gehen, denn wir können Deine Worte hier ebenso deutlich verstehen."

Das kam dem Franzosen unerwartet. Auch war die Miene des Scheiks keineswegs so, daß sie ihm hätte Muth machen können. Bei einer Unterredung im Zelte hätte er auf den Beistand Richemontes rechnen können, während er hier allein war. Darum sagte er, auf Saadi deutend:

„Aber dieser hier?"

„Er darf Alles hören," antwortete der Scheik. „Sprich! Ich höre."

Dagegen gab es nun keine weiteren Einwendungen. Darum begann er zögernd:

„Ich — ich — — ich liebe Deine Tochter."

Der Scheik nickte ernst, ohne eine Antwort zu geben.

„Ich hoffe, daß Du mir dies nicht verbietest."

„Ich kann es nicht verbieten."

„Ich bitte Dich, sie mir zum Weibe zu geben."

Der Scheik warf mit einem stolzen Lächeln den Kopf zurück und sagte:

„Du sprichst mit sehr kurzen Worten. Ich bin Menalek, der Scheik der Beni Hassan. Die Heerden, welche Du hier siehst, sind mein Eigenthum. Wer aber bist Du, und wo weiden Deine Heerden?"

Diese Fragen brachten den Franzosen in Verlegenheit. Er konnte ohne in Gegenwart Richemontes keine Auskunft ertheilen; darum antwortete er:

„Ich bin reich!"

„Beweise es!"

„Sprich mit meinem Vater!"

„Ich kenne ihn nicht."

„Er wird Dir sagen, wer wir sind und was wir besitzen."

„Wird er mir das in der Sprache der Franzosen sagen?" fragte der Scheik boshaft.

„Er versteht sie nicht; er ist ein Beduine gerade wie Du."

„Aber Du verstehst sie."

„Nur einige Worte, welche ich zufällig gehört habe."

„Hast Du Liama gesagt, daß Du wünschest, sie zum Weibe zu haben?"

„Ja."

„Was hat sie Dir geantwortet?"

Der Franzose zögerte mit der Antwort. Er fühlte sich höchst verlegen.

„Liebt sie Dich?"

„Ich weiß es nicht."

„Du lügst! Du weist daß sie Dich nicht liebt; sie muß es Dir gesagt haben, denn sie hat ihr Herz bereits einem Anderen geschenkt."

Der Franzose fuhr empor.

„Wem?" fragte er rasch.

Der Scheik deutete auf Saadi und antwortete:

„Hier steht er, den sie liebt und dem ich sie versprochen habe. Du kommst zu spät. Laß Dich nicht wieder bei Liama sehen. Er hat gestern den Herrn des Donners getödtet, und würde auch Dich tödten, wenn er noch einmal sehen müßte, daß Du diejenige berührst, welche sein Eigenthum ist. Hast Du mir noch Etwas zu sagen?"

Der Franzose war bleich geworden. Die Eifersucht wühlte tief in seinem Innern. Aber aus diesem leichenblassen Angesichte schoß sein Auge einen Blick glühendsten Hasses auf seinen bevorzugten Nebenbuhler.

„Wer ist Dieser?" fragte er.

„Es ist Saadi, ein Angehöriger der Beni Hassan.

„Gut! Du fragst, ob ich Dir noch Etwas zu sagen habe? Nein, jetzt nicht Scheik, aber jedenfalls später."

Er drehte sich um und ging den Zelten zu.

„Allah sei uns gnädig. Er wird sich rächen!" sagte Liama, als er sich bis auf Hörweite entfernt hatte.

„Rächen? Dieser?" fragte der Scheik verächtlich. „Wir fürchten ihn nicht. Wie will er sich rächen, da er uns braucht, um die Karawane der Franzosen zu überfallen. Er hat uns nöthig, nicht aber wir ihn. Komm, Saadi, mein Sohn. Laß uns nach dem Zelte gehen, um weiter zu hören, was dieser Vater und dieser Sohn mit den Tuareks gesprochen haben."

Indem sie neben einander herschritten, fragte er seinen Begleiter nach den französischen Worten, welche dieser vorhin ausgesprochen hatte. Saadi gab ihm eine Uebersetzung derselben.

„Kann es möglich sein, daß er nur wenige Worte versteht?" fragte der Scheik.

„Nein. Was er gesprochen hat, kann nur Einer sagen, der mehr als nur einige wenige Worte gehört hat."

„So glaubst Du, daß er ein Franzose ist?"

„Ich glaube es. Er redet unsere Sprache gerade so, wie ich es in Algier gehört habe, wenn die Officiere der Franzosen arabisch sprachen."

„So wollen wir vorsichtig sein. Wenn er ein Spion ist, so will er uns veranlassen, eine französische Karawane zu überfallen nur zu seinem Vortheile und zu unserm Schaden. Er würde den Raub an sich nehmen; wir aber würden die Rache des Gouverneurs auf uns laden und auf unsern Weideplätzen überfallen und getödtet werden."

Als die Beiden in das Zelt traten, hatte der Cousin sich soeben neben Richemonte niedergelassen, ohne Zeit gefunden zu haben, Diesem das jetzt Erlebte mitzutheilen. Sie griffen, ohne sich Etwas merken zu lassen, zu ihren Pfeifen, während die Frau des Scheiks beschäftigt war, den Gästen ein Morgenmahl vorzulegen.

Dasselbe wurde verzehrt, ohne daß der Scheik und Saadi an demselben Theil nahmen. Dies war eigentlich ein sicheres und deutliches Zeichen, daß diese Beiden jetzt gewillt waren, die Gastlichkeit nicht in vollem Umfange in Anwendung zu bringen. Richemonte merkte dies gar wohl. Er fragte:

„Warum nimmst Du nicht von dieser Speise?"

„Ich pflege nicht, des Morgens zu essen," antwortete der Scheik.

„Aber doch habe ich Dich des Morgens essen sehen."

„Nur selten," entgegnete Menalek kurz.

(Fortsetzung folgt.)

Die Liebe des Ulanen.
Original=Roman aus der Zeit des deutsch=französischen Krieges von Karl May.
(Fortsetzung.)

Als das Mahl beendet war und ein Jeder sich die fettigen Finger am Burnus abgewischt hatte, brachte Richemonte das Hauptthema zur Sprache.

„Ich hörte, daß Du in Blutrache mit den Jbu Batta lebst?" fragte er.

„So ist es," antwortete der Scheik. „Sie haben zwei Beni Hassan getödtet."

„Nun wirst Du jeden Jbu Batta tödten, der in Deine Hände fällt?"

„Ja, ich werde ihn tödten."

„Wirst Du mir dankbar sein, wenn ich Dir Deine Feinde in die Hand liefere?"

„Ich werde es Dir danken."

„Nun, so will ich Dir sagen, daß dies bald geschehen wird."

„Wann?"

„Wenn zwei Wochen vergangen sind."

„Wo?"

„Auf dem Wege von hier nach Tuggurt. Es wird da die Karawane der Franzosen ankommen, welche von Timbuktu unterwegs ist."

„Was gehen mich die Franzosen an."

„Es sind dreißig Krieger der Jbu Batta bei ihnen."

„Ich werde ihnen nichts zu Leid thun," sagte der Scheik kalt.

Richemonte erstaunte.

„Diese will ich nicht."

„Warum gerade diese nicht?"

„Weil sie jetzt Diener der Franzosen sind."

„Sie sind dennoch Deine Blutsfeinde."

„Aber die Franzosen würden sie an mir rächen."

Richemonte wußte jetzt wirklich nicht, woran er mit dem Scheik war.

„Fürchtest Du die Franzosen?" fragte er.

„Ich fürchte sie nicht."

„Du hassest sie?"

„Ja, aber ich will trotzdem in Frieden mit ihnen leben."

„Wie kommt es, daß Du Deine Ansichten so schnell änderst, Scheik Menalek?"

„Ich ändere sie nicht. Meine Ansicht ist stets gewesen, niemals das zu thun, was mir und den Meinen Schaden bringt."

„Schaden? Ah, ich sage Dir, daß Du großen Vortheil haben würdest!"

„Welchen Vortheil meinst Du?"

„Die Karawane ist sehr bedeutend."

„Meinetwegen mag sie so lang sein, wie die Wüste breit ist."

„Sämmtliche Kameele, Pferde und Waffen würden in Eure Hände fallen. Nur das Uebrige würde ich für mich nehmen."

„Nur?" fragte der Scheik mit ironischer Betonung.

„Ja, nur; denn das Alles ist nicht so viel werth als die Beute, welche Ihr machen würdet."

„Ich mag kein Kameel, kein Pferd und keine Waffe der Franzosen. Ich weiß, daß Du nur Scherz mit mir treibst."

„Scherz? Wie kommt Dir dieser Gedanke?"

„Wie kannst Du ernstlich meinen, daß ich eine französische Karawane überfallen soll, da Du doch ein Freund der Franzosen bist."

„Ich?" fragte Richemonte erstaunt. „Wer hat Dir das gesagt?"

„Ich vermuthe es."

„Weshalb?"

„Weil Du mit den Franzosen verkehrst."

„Allah behüte Deinen Verstand. Wo soll ich mit ihnen verkehren?"

"In der Stadt Algier."

"Dort? Ich bin ja niemals dort gewesen."

"Und doch hat man Dich dort gesehen."

"Wer behauptet das?"

"Ich, denn hier Saadi, der Mann meiner Tochter, hat Dich dort gesehen."

Richemonte spielte den Ueberraschten. Er sah Saadi erstaunt an und fragte:

"Du? Du willst mich in Algier gesehen haben?"

"Ja," antwortete Dieser ruhig.

"So zürne Deinen Augen, denn sie haben Dich belogen."

"Meine Augen haben mir noch niemals die Unwahrheit gesagt. Ich habe Dich gesehen."

"Wo?"

"Du gingst zum Generalgouverneur. Ich weiß auch Deinen Namen."

"Allah schütze Dich! Natürlich weißt Du meinen Namen. Jedermann hier im Lager kennt ihn. Man wird ihn Dir gesagt haben. Ich heiße Malek Omar."

"Ja, Malek Omar, der Fruchthändler, der Fakihadschi."

"Ich verstehe Dich nicht. Ich kenne keinen Fakihadschi. Ich bin niemals Fruchthändler gewesen."

Der Scheik machte eine Geberde der Ungeduld und fragte ihn:

"Du hast von dem gehört, welchen wir das Auge der Franzosen nennen?"

"Ja."

"Du hast ihn auch gesehen?"

"Nie."

"O doch!"

"Allah il Allah! Wo soll ich diesen geheimnißvollen Mann gesehen haben?"

"Ueberall, wo Du nur bist. Du brauchst nur in einen Spiegel oder in ein Wasser zu sehen, so erblickst Du ihn."

Der Scheik hatte die Absicht, ihn zu überrumpeln, aber es gelang ihm nicht. Richemonte besaß genug Geistesgegenwart, ruhig zu bleiben.

"Ich verstehe Dich nicht," sagte er. "Du sprichst in Räthseln, welche ich nicht zu lösen vermag. Ich bitte Dich, deutlicher zu reden."

"Nun, so will ich deutlicher sprechen. Du selbst bist das Auge der Franzosen."

Bei dieser directen Anklage spielte Richemonte den Erstaunten so vortrefflich, daß er jeden anderen getäuscht hätte.

"Bist Du toll, Scheik Menalek!" rief er. "Willst Du mich beleidigen! Willst Du die Sünde auf Dich laden, einen treuen Anhänger des Propheten einen französischen Spion zu nennen! Kennst Du mich nicht besser?"

"Ich kenne Dich nicht! Du hast mir nie gesagt, wo Deine Zelte stehen."

Richemonte fühlte, daß er, um den Verdacht, dessen Ursache er nicht begriff, zu zerstreuen, jetzt den Namen irgend eines Ortes nennen müsse.

"Meine Heimath ist Sella im Norden der Harudschberge," sagte er.

"Auch Ben Ali stammt dorther?"

"Ja; er ist ja mein Sohn."

"Wohnen dort Franzosen?"

"Nein."

"Bist Du jemals mit Franzosen zusammengekommen?"

"Niemals. Ich schwöre es bei Allah und den Propheten."

"Aber dennoch sprichst Du ihre Sprache."

Richemonte glaubte, der Scheik wolle nur auf den Busch schlagen. Er antwortete:

"Wie kommst Du auf diesen Gedanken; Ich verstehe kein Wort davon."

"Auch Ben Ali, Dein Sohn nicht?"

"Auch er nicht."

Er war so sehr bemüht, sich zu rechtfertigen, daß er die verstohlenen Winke, welche ihm sein Cousin gab, gar nicht bemerkte, oder beachtete.

"Und er ist auch nie mit Franzosen zusammengekommen?"

"Niemals, grad so wie ich."

"Allah il Allah! Du bist ein Ungläubiger, ein Giaur!" rief da der Scheik.

"Ich? Ein Giaur?" entgegnete Richemonte mit erhobener Stimme. "Zügele Deine Zunge, Scheik Menalek. Wäre ich nicht Dein Gast, so würde ich Dir die Klinge meines Messers zwischen die Rippen stoßen."

"Und dennoch bist Du ein Giaur."

"Beweise es!"

"Du schwörst bei Allah und dem Propheten und redest doch die Unwahrheit. Das thut nur ein Giaur, der nicht an Allah glaubt und den Propheten schändet."

"Dein Vorwurf trifft mich nicht. Wie kannst Du sagen, daß ich die Unwahrheit spreche. Sage mir eine einzige Lüge, welche Du von mir gehört hast."

"Du sagst, Dein Sohn verstehe nicht die Sprache der Franzosen."

"Das ist die Wahrheit."

"Nein, sondern das ist eine Lüge, denn ich selbst habe ihn mit diesen meinen Ohren französisch sprechen gehört."

Erst jetzt warf Richemonte einen beobachtenden Blick auf seinen Cousin. Er sah, daß dieser leise mit den Augenliedern zwinkerte und ahnte sogleich, daß irgend eine Unvorsichtigkeit vorgefallen sei.

"Du selbst? Wo?" fragte er.

"Draußen vor den Zelten, als ich ihn mit meiner Tochter überraschte."

"Hat er fremde Worte gebraucht, so ist es nicht französisch, sondern eine andere Sprache gewesen. Er versteht die Sprache der Türken."

"Diese war es nicht. Hier Saadi hat es auch gehört. Er versteht das Französische und hat mit Deinem Sohne in dieser Sprache gesprochen."

"Er lügt."

Die Angst Richemontes trieb diese Worte in einem zornigen Tone heraus. Kaum aber waren sie ausgesprochen, so riß Saadi sein Messer aus dem Gürtel und sprang auf, um sich auf den Sprecher zu werfen. Aber der Scheik faßte ihn noch zur rechten Zeit, hielt ihn fest und sagte:

"Halt! Ich befehle Dir, Dein Messer einzustecken! Dieser Mann wohnt unter meinem Zelte und hat mein Brod gegessen. Noch steht er jetzt unter meinem Schutze." Und sich wieder zu Richemonte wendend, fügte er hinzu: "Du sagst, Deine Heimath sei Sella, im Norden der Herudschberge. Sprichst Du die Sprache dieser Gegend?"

"Ja," war Richemonte gezwungen, zu antworten.

"Nein. Ich kenne Sella. Ich war dort und auch in Fugha, als ich meine erste Pilgerreise machte. Ich kenne jenen Dialect. Du redest unsere Sprache, wie sie von den Franken gesprochen wird. An Dir ist Alles Lüge. Dieser Mann ist Dein Sohn gar nicht!"

„Beweise es."

„Er müßte Deinen Namen tragen und Ben Malek Omar heißen."

„Ich habe ihn nach seinem Großvater genannt, welcher Ali hieß."

„Das ist nicht wahr, denn dann wäre sein Name Ben Malek Omar Jbu Ali. Du verräthst Dich selbst; Du kennst unsere Sitte nicht. Dieser, von dem Du sagst, daß er Dein Sohn sei, hat das Gastrecht verletzt, indem er Liama, meine Tochter, beleidigte. Sie hat mit ihm ringen müssen. Das thut kein wahrer Anbeter des Propheten, kein echter Sohn eines Beduinen. Ihr seid Spione der Franzosen und kommt, um mich zu einer That zu verleiten, welche großes Unheil über mich und meinen Stamm bringen würde. Ich bin Euer Gastfreund nicht mehr. Jetzt ist Euer Leben noch nicht in Gefahr. Verlaßt augenblicklich mein Zelt! befindet Ihr Euch in einer Stunde noch in der Nähe meines Lagers, so werde ich Euch ohne Gnade tödten lassen."

Er hatte sich von seinem Sitze erhoben und sprach diese Worte in einem so gebieterischen Tone, daß die beiden Franzosen auch von ihren Matten auffuhren.

„Redest Du wirklich im Ernst?" fragte Richemonte.

Es kam das Alles vollständig unerwartet über ihn; er konnte das Verhalten des Scheiks nicht recht begreifen; aber sein Schnurrbart zog sich in die Höhe, und seine Zähne zeigten jenes raubthierart'ge Fletschen, welches bei ihm stets ein Zeichen einer gefährlichen Seelenerregung war.

„Es ist mein Ernst," antwortete der Scheik.

„Weißt Du, welchen Schimpf Du uns anthust?"

„Ja. Es ist eine todeswürdige Schande."

„Nun gut. Wir gehen! Du wirfst einen unaustilgbaren Fleck auf die Gastfreundschaft der Beni Hassan; Du entehrst und beschimpfest Die, denen Du Schutz und Freundschaft zugesagt hast. Die Folgen werden über Dich kommen."

„Ich verachte Deine Drohung."

„Und was sagst Du zu diesen drei Kriegern der Tuarek?"

„Sie sind Eure Brüder und Spione. Sie mögen auch gehen."

Da standen auch die Tuareks von ihren Plätzen auf. Derjenige von ihnen, welcher den Sprecher gemacht hatte, fragte den Scheik:

„Auch uns weisest Du aus Deinem Zelte fort?"

„Ja. Kämt Ihr zu mir und nicht zu diesen Spionen, so würde ich Euch willkommen heißen. Nun aber habt Ihr gleiches Schicksal mit ihnen."

Der dunkelhäutige Mann blickte dem Scheik drohend in das Gesicht.

„Weißt Du, daß dies schlimmer ist als Mord?" fragte er.

„Ich weiß es," antwortete der Gefragte ruhig.

„So bist Du der Todfeind aller Tuareks, und Dein Stamm soll von der Erde verschwinden bis auf den letzten Mann. Die Hölle wird Euch verschlingen mit allen Euren Söhnen, Töchtern und Kindeskindern."

Jetzt verließen die fünf Ausgewiesenen das Zelt und bestiegen ihre Pferde.

„Wohin?" fragte der Cousin Richemontes leise.

„Zunächst nach Osten, um diesen Kerls nicht merken zu lassen, in welcher Richtung wir uns entfernen."

Ihre Pferde hatten sich noch lange nicht erholt, stoben aber im raschesten Galopp um die Schlucht herum und dann nach Sonnenaufgang zu, immer längs des Wadi Jtel dahin. Erst nach mehreren Stunden, als man fast das Ufer des Schott (See) Melrir erreicht hatte, hielt Richemonte sein Pferd an und stieg ab. Die Anderen thaten dasselbe.

„Jetzt wollen wir sprechen," sagte er. „Komm."

Sein Verwandter folgte ihm abseits, während die Tuareks sich scheinbar gleichgiltig in den von der Sonne heißgeglühten Sand lagerten.

„Was soll das heißen? Wie kam das Alles?" fragte Richemonte. „Ich verstehe und begreife es nicht. Hast Du französisch gesprochen?"

„Leider, ja," gestand der Gefragte.

„Esel! Welch ein ungeheurer Schnitzer. Wie konntest Du Dich so vergessen."

„Dir wäre es ebenso passirt."

„Wie kam es?"

„Ich sprach mit Liama — — —"

„Das war der Anfang des Unsinns. Ich rief Dich zurück; aber Du hörtest mich nicht. Hast Du ihr eine Erklärung gemacht?"

„Ja."

„Was antwortete sie?"

Der Gefragte stieß einen grimmigen Fluch aus und antwortete:

„Sie — ah, sie mag mich nicht."

„Ich dachte es. Was gab sie für einen Grund an?"

„Einen sehr triftigen: Sie ist bereits versprochen."

„Alle Teufel! Mit wem?"

„Mit diesem Saadi, den der Teufel herbeigeführt haben muß."

„Und der verrathen hat, daß er mich in Algier gesehen hat."

„Und der es auch war, welcher mich zum Französischreden brachte."

„Ah! Wie kam das?"

„O, der Kerl hat es schlau angefangen. Ich stand gerade im Begriff, das Mädchen zu umarmen; da rief es in französischer Sprache hinter mir: „Was machst Du da!" Und unwillkürlich gab ich eine französische Antwort."

„Das war der dümmste Streich Deines Lebens."

Richemonte ließ nun eine ganze Fluth ärgerlicher Ausdrücke über ihn los. Der Andere ließ dieselbe ruhig über sich ergehen, bis sie zu Ende war.

„Und was nun?" fragte der frühere Gardecapitän.

„Rache!"

„Natürlich. Aber wie?"

„Ich entführe das Mädchen."

„Laß von diesem Geschöpfe! Was willst Du mit ihr anfangen?"

„Sie wird meine Frau."

„Unsinn."

„Und gerade erst recht. Ich muß sie haben, und ich will sie haben. Dieser Saadi aber soll nicht nur sie, sondern auch das Leben lassen."

„Das versteht sich ganz von selbst. Uebrigens will ich Dir das Mädchen gönnen, denn sie ist wirklich einzig schön, und Du bist verliebt. Verliebte aber bleiben so lange unzurechnungsfähig, bis man sie dadurch heilt, daß man ihnen den Willen läßt. Aber sie zu Deiner Frau zu machen, das wäre Wahnsinn."

„Streiten wir uns nicht; das wird sich Alles finden!" sagte der Andere hartnäckig.

„Jawohl! Jetzt gilt es vor allen Dingen, keine Zeit zu verlieren. Wir müssen einen Plan haben, uns zu rächen."

„Und zugleich, die Reichthümer des Deutschen an uns zu bringen."

„Natürlich! Ich denke, zu Beiden werden sich die Tuareks gebrauchen lassen."

„In wiefern?"

„Sie mögen den Deutschen überfallen."

„Denkst Du, sie dazu zu bringen?"

„Ja."

Das läßt uns Gelegenheit, den Auftrag zu lösen, welchen wir der Gouverneur übergeben hat."

„Du meinst in Beziehung auf den Marabut?"

„Ja. Wir suchen ihn auf."

„Wie weit ist es hin zu ihm?"

„Mit unsern müden Pferden werden wir sicherlich fünf Tage brauchen."

„Fünf hin und zurück, macht zehn. Da können wir vier Tage bleiben."

„Vielleicht ist es in kürzerer Zeit abgethan. Es kommt darauf an, ob das Glück uns begünstigt oder nicht. Ruhe Dich jetzt aus. Ich werde mit den Tuareks verhandeln; dann trennen wir uns von ihnen."

Während er sich zu den schwarzen Söhnen der Wüste begab, legte sein Verwandter sich in den Sand, um die letzt

Rückkehr vom Markt.

„Das wäre der eine Theil. Und der Andere, die Rache?"

„Hängt eng mit dem Vorigen zusammen. Die Tuareks überfallen den Deutschen, wir aber schieben die Schuld auf die Beni Hassan."

„Donner und Doria! Das geht."

„Natürlich geht es. Es ist sehr leicht. Cavaignac wird gezwungen sein, sie zu züchtigen. Wir Beide machen die Führer. Dabei bitte ich mir den alten Hallunken, den Scheik, und diesen Saadi aus, und Du kannst die Bedingung machen, daß Dir Liama überlassen wird."

„Sie ist mir auf diese Weise sicher!" rief der Cousin triumphirend. „Sprechen wir mit den Tuareks."

„Geduld! Ehe es zu dieser Katastrophe kommt, haben wir zwei Wochen Zeit, da erst dann der Deutsche kommt.

erlebten Stunden nochmals an sich vorübergehen zu lassen. In seinem Innern glühte, kochte und tobte es von Liebe, Haß und Rachgier. Er liebte die schöne Maurin mit einer Gluth, welche nahe daran war, ihn unzurechnungsfähig zu machen. Der Wunsch, sie zu besitzen, war in ihm fast zur Manie geworden. Vielleicht war sein Körper nicht kräftig genug, dem Sonnenbrande der Wüste zu trotzen. Sein Gehirn war nicht widerstandsfähig, und so hatte diese Liebe so in ihm Platz gewonnen, so daß alle seine Gedanken nur auf sie gerichtet waren.

Natürlich dachte er, im Gegentheile davon, nur mit dem wildesten Haß an Den, welcher ihm die Geliebte weggenommen hatte. Es dünkte ihm eine Seligkeit, diesen Menschen zu tödten, und er nahm es sich vor, dies bei der ersten Gelegenheit zu thun. So lag er da im tiefen Sande, unbekümmert um die Unterredung der Andern. Er gab nur seinen Leidenschaften und Begierden Audienz, bis ihn ein Ruf Richemontes aus seinen wilden Gedanken schreckte:

„Auf! Wir sind fertig!"

Als er sich erhob, sah er die Tuareks zu Pferde sitzen.

„Sallam!" riefen sie ihm kurz zu.

„Sallam!" antwortete er instinctmäßig.

Dann stoben sie auf ihren Rossen davon, dem Süden entgegen.

„Brechen auch wir gleich auf?" fragte er.

„Natürlich!" antwortete Richemonte.

„Bist Du mit ihnen einig geworden?"

„Vollständig."

Dieses Wort wurde mit einem tiefen Seufzer gesprochen, welcher deutlich verrieth, daß der Sprecher seine Absichten vollständig erreicht habe.

„Was hast Du mit ihnen ausgemacht?"

„Sie reiten der Karawane bis zum Brunnen Ben Abbu entgegen und ziehen unterwegs so viele Tuareks an sich, als nothwendig sind, die Männer der Karawane zu überfallen und zu tödten. Dann begleiten sie dieselbe, natürlich unbemerkt über Rhadames und Tuggurt bis auf das Gebiet der Beni Hassan, wo der Ueberfall stattfindet."

„Wir sind dabei?"

„Natürlich."

„Was erhalten wir?"

„Sechs Kameelladungen, welche wir uns auswählen können."

„Ist das nicht zu wenig?"

„Ah! Zu viel! Wir nehmen natürlich die Ladungen, welche am kostbarsten sind. Das Uebrige gehört den Tuareks. Außerdem beanspruchen sie die Waffen und Thiere. Hauptsache aber war ihnen die Rache an dem Beni Hassan."

„Wird der Gouverneur glauben, daß diese die Räuber gewesen sind."

„Dafür laß mich sorgen! Jetzt steige auf! Unser Weg ist weit, und es ist sehr leicht möglich, daß wir verfolgt werden."

Einige Minuten später ritten sie davon, dem Norden zu, gerade entgegengesetzt der Richtung, in welcher die Tuareks diesen Platz verlassen hatten.

Da wo die Höhen des Aurasgebirges im Westen des Wadi el Arab sich nach Südosten allmählig zur Ebene niedersenken, sind sie von tiefen, steilen Einschnitten und Schluchten zerrissen, welche das Gebirge nur sehr schwer zugänglich machen. In diesen Schluchten haust der Löwe und der schwarze Panther; das Geschrei der Hyänen und Schakale erschallt des Nachts, und nur selten trifft man einen Menschen, welcher es wagt, in die tiefe und gefährliche Einsamkeit dieser Gegend einzudringen.

Ein einziger Ort war hiervon ausgenommen.

Stieg man im Thale des Wadi Mahana empor, so gelangte man an einen mit außerordentlich starkem Baumwuchse bedeckten Vorberg, welcher wie ein riesenhafter Altan aus der Masse des Gebirges trat. Der ihn bedeckende Wald gab ihm ein düsteres Aussehen. Aber von diesem Dunkel stach ein glänzend weißer Punkt ab, welchen man oben fast auf der Spitze des Berges bemerken konnte. Es war dies ein weiß getünchtes Bauwerk, klein und unscheinbar, aber doch berühmt im Umkreise von vielen, vielen Meilen.

Dort oben hauste der fromme Marabut Hadschi Omanah, zu dessen Wohnung Tausende pilgerten, um dort ihr Gebet zu verrichten und dann mit dem Bewußtsein heimzukehren, eine Allah wohlgefällige Handlung gethan zu haben

(Fortsetzung folgt.)

Die Liebe des Ulanen.
Original=Roman aus der Zeit des deutsch=französischen Krieges von Karl May.
(Fortsetzung.)

Früher hatte man den Marabut gesehen, wenn er aus seiner weiß getünchten Hütte trat, um mit erhobenen Händen die Gläubigen zu segnen. Jetzt aber geschah dies nicht mehr. An seiner Stelle erschien sein Sohn an der Thür und brachte den Betenden den Segen seines Vaters, welcher die Wohnung nicht mehr verließ.

Woher der Marabut stammte und wie er ursprünglich geheißen hatte, das wußte Niemand. Er nannte sich Hadschi Omanah und sein Sohn wurde in Folge dessen Ben Hadschi Omanah geheißen, das ist Sohn des Mekkapilgers Omanah.

Ungefähr fünf Tage nach den oben erzählten Ereignissen hielten zwei Männer inmitten eines dichten Gebüsches am Fuße des Berges. Sie hatten sich mit ihren Pferden hier herein gearbeitet und führten ein halblautes Gespräch mit einander.

Es war Niemand Anderes als Richemonte und sein Verwandter.

„Du glaubst, daß die Pferde hier sicher sind?" fragte der Letztere.

„Ja."

„Aber wenn doch Jemand kommen sollte!"

„Hierher? Wer sucht Pferde in diesem Dickich? Uebrigens ist jetzt nicht die Zeit der zahlreichen Pilgerwanderungen. Stecke Deine Waffen zu Dir, und komm!"

„Wann werden wir oben anlangen?"

„Es führt kein eigentlicher Weg hinauf. Stunden vergehen sicherlich, ehe wir die Höhe erreichen."

„So wird es ja dann Nacht."

„Eben das ist ja meine Absicht!"

Der Andre blickte Richemonte fragend an.

„Was wollen wir des Nachts da oben? Wird er da zu sprechen sein?"

„Zu sprechen? Was fällt Dir ein. Will ich denn mit ihm sprechen?"

„Was sonst? Wie willst Du anders ihn aushorchen oder Auskunft über ihn erlangen?"

„Dummkopf! Deine Liebe zu der Maucin hat Dich wirklich um den Verstand gebracht. Dieser Marabut wohnt mit seinem Sohne oben. Sie werden nicht stumm sein, sondern mit einander sprechen. Sie werden sich über ihre Lage, über ihre Vergangenheit unterhalten. Wer dies belauschen kann, wird Vieles erfahren. Wann aber ist das Lauschen am Leichtesten?"

„Abends, wenn es dunkel ist."

„Gewiß! So hast Du wenigstens noch einmal einen vernünftigen Gedanken. Binde das Pferd an, aber so, daß es Raum hat, die Blätter abzufressen, und dann wollen wir keine weitere Zeit verlieren."

Nur den umwohnenden Beduinen bekannt, führte ein versteckt liegender, schmaler Pfad in zahlreichen steilen Windungen zur Höhe des Berges empor. Diesen Beiden aber war er unbekannt, und so sahen sie sich gezwungen, sich durch dichtes Gestrüpp und über zahlreiche Felsentrümmer langsam und mühselig empor zu arbeiten.

Als sie den Gang begannen, war bereits die erste Hälfte des Nachmittages verstrichen, und als sie endlich oben anlangten, hatte die Sonne soeben den westlichen Horizont erreicht.

Sie hielten unter den Bäumen, wo sie nicht bemerkt werden konnten, und sahen eine nicht tiefe, aber breite lichte Stelle vor sich, auf welcher sich die Hütte des Eremiten befand. Diese war durchaus aus rohen Steinen errichtet und mit Kalk angestrichen, so daß sie, von Früh bis Abend von der glühenden Sonne getroffen, auf Meilenweite hinaus in die Ebene leuchtete.

„Wird er zu Hause sein?" flüsterte der Cousin.

„Natürlich! Oder hast Du nicht in Seribet Ahmed gehört, daß er die Hütte nie mehr verläßt?" antwortete Richemonte.

„Ich meine den Sohn."

„Das ist etwas Anderes. Wir müssen es abwarten."

„Sie brauchten nicht lange zu warten, so sahen sie einen Menschen; aber er trat nicht aus der Hütte des Marabut, sondern er kam aus den gegenüberliegenden Büschen und schritt auf die Letzteren zu.

Seine Züge waren dunkel gebräunt. Er mochte gegen dreißig Jahre zählen, trug einen langen, kameelhärenen Burnus, welcher mit einem derben Strick um den Leib befestigt war, und einen grünen Turban, was nur ein Vorrecht derjenigen Moslemin ist, welche von den Propheten abstammen. Von Waffen war bei ihm nichts zu sehen, aber an seinem Gürtel oder vielmehr an dem Stricke hingen mehrere kleine Säckchen, welche Verschiedenes zu enthalten schienen.

Beim Anblicke der untergehenden Sonne hielt er seinen Schritt inne. Er wendete sich dem Osten zu, in der Richtung nach Mekka, kniete nieder und verrichtete mit lauter Stimme sein Abendgebet.

Aus der offenstehenden Hütte antwortete eine zweite Stimme, deren Ton ein müder, dumpfer war.

Als der Beter geendet hatte, schritt er, nachdem er sich vom Boden erhoben hatte, auf die Hütte zu und trat in dieselbe ein.

Ihr Inneres war mehr als einfach, war geradezu armselig. Auf dem Boden lag eine breite Schicht von Moos, gerade genug um das Lager zweier Menschen zu bilden. In einem Mauerloche lag ein aufgeschlagenes Buch, der Koran in arabischer Sprache, und in einer Ecke erblickte man einige alte Töpfe und Tiegel, denen man es ansah, daß sie zur Zubereitung von Pflastern und Salben dienten.

Auf dem Moose lag eine menschliche Gestalt, welche in ein ähnliches härenes Gewand eingehüllt war. Man sah nur dieses Gewand, den grünen Turban und ein unendlich hageres, eingefallenes Gesicht, welches mehr einem Todtenkopfe als einem lebenden Wesen anzugehören schien.

„Sallam!" grüßte der Eintretende.

„Sallam!" antwortete der Alte auf dem Lager. „Gab Allah seinen Segen?"

„Ja, Vater. Der Kranke wird genesen."

„Allah sei Dank. Er giebt Freude den Sündern und Bußfertigen.

Der Alte sprach sehr langsam und fast leise. Man hörte deutlich, daß ihm das Reden schwer wurde. Und wie sich unter dem schlechten Gewande seine Brust fast fieberhaft schnell hob und senkte, hatte es ganz das Aussehen, als ob er ein Sterbender sei, dessen Geist im Begriffe stehe, mit den letzten, hastigen Athemzügen den befreienden Weg aus dem schwachen, engen Körper zu suchen.

Der Angekommene öffnete die kleinen Säckchen und Schachteln und entnahm ihnen mehrere Büchsen und Schachteln, welche er zu den Töpfen und Tiegeln legte. Der Alte beobachtete dies schweigend, während seine tief, sehr tief liegenden Augen mit dem Ausdrucke innigster Liebe jeder Bewegung des Sohnes folgten. Dann sagte er:

„Hast Du sonst heute nichts Gutes gethan, mein Sohn?"

„Leider nein, mein Vater," lautete die Antwort. „Vielleicht ist es sogar etwas Böses, was ich gethan habe."

„Allah behüte Dich davor. Das Böse ist wie das Raubthier, welches man jung aufzieht: Es frißt später seinen eigenen Herrn."

„Ich hätte es nicht gethan, aber die Sprache der Franken war daran schuld."

„Die Sprache der Franken? Erzähle!"

„Ich war bei einigen Kranken gewesen und ging hinüber nach dem Wadi Sofama. Unterwegs suchte ich im Walde heilsame Kräuter, als ich plötzlich Stimmen von Menschen hörte."

„Im Walde von Sofama, wo jetzt der Panther haust?"

„Ja. Die, welche miteinander sprachen, wußten von dem Panther nichts; sie waren fremd, denn sie redeten französisch."

Der Blick des Alten belebte sich ein wenig.

„Französisch!" sagte er. „Wie waren sie gekleidet?"

„Wie Beduinen. Auch hatten sie Pferde bei sich. Es waren ihrer Zwei. Sie saßen an einem Baume. Ich stand ganz in der Nähe und konnte jedes Wort hören, welches sie sprachen."

„Mein Sohn, hast Du sie belauscht?"

„Ja, mein Vater."

„Du hast sehr unrecht gethan."

„Vielleicht verzeihst Du mir, wenn Du erfährst, was ich hörte."

„So sage es."

„Sie redeten von unseren Freunden, den Beni Hassan," antwortete der Sohn.

„In welcher Weise sprachen sie von ihnen?"

„In sehr feindseliger Weise. Sie fluchten ihnen. Es war ein alter Mann mit einem großen und dichten grauen Schnurrbart und ein jüngerer, der ungefähr so alt wie ich sein konnte. Ich hörte aus ihrem Gespräche, daß sie Gäste der Beni Hassan gewesen seien, aber von ihnen als Spione fortgejagt worden sind. Der Jüngere scheint die Tochter des Scheik begehrt zu haben, doch ist diese bereits mit Saadi versprochen gewesen."

„Saadi, der Bruder Hassan des Zauberers? Ich kenne ihn. Er ist der tapferste und umsichtigste unter allen jungen Männern des Stammes."

„Ferner sprachen sie von einem Deutschen, welcher mit Schätzen aus Timbuktu kommt. Sie wollen ihn mit Hilfe der Tuarek überfallen."

„O Allah! Einen Deutschen? Haben sie seinen Namen genannt?"

„Ja. Er heißt Königsau."

„Königsau?"

Dieses Wort kam fast wie ein Schrei aus der schneller athmenden Brust des Sterbenden.

„Hast Du diesen Namen richtig verstanden?" fragte er weiter.

„Ja, mein Vater. Ich habe mir denselben ganz genau gemerkt."

„Hast Du nicht gehört, was er ist?"

„Oberlieutenant."

„O Allah! Und er soll überfallen werden?"

„Ueberfallen und getödtet."

„Wo?"

„Auf dem Gebiete der Beni Hassan, damit der Verdacht und die Schuld auf diese falle."

„Welch ein teuflischer Plan! O, mein Sohn, wie gut ist es, daß Du gelauscht hast. Allah selbst ist es gewesen, der Deine Schritte gelenkt hat, um eine finstere, blutige That zu verhüten. Eile, eile zu den Nachbarn, um Dir das schnellste Pferd zu leihen. Reite zu Menalek, dem Scheik der Beni Hassan. Erzähle ihm Alles, was Du gehört hast, und sage ihm, daß ich ihm im Namen des gerechten und allbarmherzigen Gottes befehle, mit seinen Kriegern diesem Königsau entgegen zu reiten, um ihn zu beschützen. Eile, eile, mein Sohn!"

„Mein Vater, ich darf Dich doch nicht verlassen. Du bist krank."

„Allah wird mich schützen."

„Du kannst Dich nicht einmal erheben."

„Allah wird mich stützen."

„Du könntest unterdessen sterben."

„Allah wird mein Helfer sein. Eile, eile, mein Sohn."

„Vielleicht hat es noch Zeit, mein Vater. Die beiden Männer sprachen davon, daß sie erst in neun Tagen zu den Tuarek kommen wollten."

„Gott ist gnädig. Diese Frist genügt. Aber hast Du auch recht gehört?"

„Ja. Sie haben zwei Wochen Zeit und sind erst fünf Tage unterwegs."

„Wohin wollten sie?"

„Das habe ich nicht gehört; sie sprachen davon nicht. „Wir brauchen es auch nicht zu wissen. Es genügt, daß der Ueberfall erst so spät stattfinden soll. O, wie mich diese Nachricht ergriffen hat."

Er hatte das härene Gewand, welches ihn bedeckte, halb von sich geschoben, und nun wurden zwei Arme frei, welche nur noch aus den Knochen bestanden, um welche die Falten der Haut schlotterten. Der Turban war ihm entfallen, und es kam ein kahler, haarloser Schädel zum Vorschein, der ganz und gar einem anatomischen Präparate glich.

Der Sohn ließ sich knieend an dem Lager nieder.

„Du bist so schwach, mein Vater," sagte er im Tone der größten Zärtlichkeit und Besorgniß. „Soll ich Dir Wasser zur Stärkung reichen?"

„Nein. Ich bedarf keiner irdischen Stärkung mehr. O, Allah, ich danke Dir, daß dieser Ueberfall noch Frist hat. Du erlaubst mir, in den Armen meines Sohnes zu sterben."

„Mein Vater!"

In diesen zwei Worten sprach sich der ganze Schmerz eines Kindes aus, welches den Vater von dem nahen Tode sprechen hört.

„Sei still," bat der Alte. „Ich gehe zu Gott, von dem ich gekommen bin. Ich verlasse das Land der Trübsal, des Irrthums und der Sünde, um in die Gefilde der Reinheit und der Seligkeit zu fliehen. Ist die Sonne bereits untergegangen?"

Der Sohn eilte zum Eingange, blickte hinaus und antwortete:

„Nein, mein Vater. Ihre letzten Strahlen sind noch zu sehen."

„So trage mich hinaus. Ich will das scheidende Licht des Tages sehen und den Aufgang der Sterne. Mein Scheiden hier wird auch ein Aufgang sein, ein Aufgang jenseits der Grenzen dieser schönen und doch trügerischen Erde."

Der Sohn beeilte sich, Moos vor die Hütte zu schaffen. Dann umschlang er den sterbenden Vater mit kräftigen Armen, trug ihn hinaus und setzte ihn so nieder, daß er mit dem Rücken an der Mauer der Hütte lehnte und die goldenen Strahlen schauen konnte, mit welchen die scheidende Königin des Tages den westlichen Horizont überfluthete.

Die Augen des Marabut waren auf diese blitzenden Feuergarben gerichtet.

„Mein Sohn," sagte er; „Du hast vorhin das Abendgebet der gläubigen Moslemin gesprochen. Kennst Du noch die Lieder der Christen, welche ich Dir lehrte?"

„Ja."

„Auch das Abendlied, welches von der sinkenden Sonne und den tausend aufgehenden Sternen spricht?"

„Ich kenne es."

„Bete es, mein Sohn."

Sie falteten Beide die Hände. Der Sohn kniete nieder und betete mit lauter Stimme diese Verse des Liedes. Es war gewiß wunderbar, hier in Mitten einer muhammedanischen Bevölkerung und vor dem Heiligthume eines Marabut ein christliches Kirchenlied erklingen zu hören. Als die Worte:

> „Wer bin ich? Staub und Sünder;
> Doch Vater aller Kinder,
> Auch mich begnadigst Du.
> Wenn still geweinte Zähren
> Dir meine Reu' erklären,
> So rufest Du mir Gnade zu!"

gesprochen worden waren, senkte der Alte langsam das Haupt und sagte ein tiefes seufzendes Amen."

Der Sohn blieb auf den Knieen liegen. Es herrschte eine tiefe, ernste Stille an diesem einsamen, abgeschiedenen Orte. Das Licht des Tages verschwand, und mit der jenen Gegenden eigenthümlichen Schnelligkeit kam die Dunkelheit von Osten her geflogen. In der Nähe des Aequators giebt es keine Dämmerung.

Die beiden Lauscher hielten noch unter den Bäumen. Sie hatten keine Ahnung davon, daß sie selbst heute von dem Sohne des Marabut belauscht worden seien.

„Das muß der alte Heilige sein," flüsterte der Cousin, als der Sohn den Vater aus der Hütte getragen brachte und ihm seinen Platz vor derselben gab.

„Jedenfalls," antwortete Richemonte. „Sieh, die alte Vogelscheuche! Es scheint, die muselmännische Heiligthuerei macht nicht fett. Horch, ich glaube gar, sie beten."

Der Sohn kniete eben nieder und betete das Lied.

„Tausend Donner!" sagte Richemonte. „Sie beten französisch! Das ist ja ein Lied, wie es daheim in den Kirchen geträllert wird! Ist das nicht wunderbar?"

„Ungeheuer! Ich glaube, wenn wir sie belauschen könnten würden wir ganz Außerordentliches zu hören bekommen. Sollten diese verkappten Muselmänner etwa gar geborene Franzosen sein."

„Das möchte man fast wahrscheinlich nennen. Die Sonne geht unter. In fünf bis zehn Minuten ist es dunkel. Wenn wir uns vorsichtig an die andere Seite der Hütte schleichen, können wir Alles hören."

„Aber wenn wir bemerkt werden?"

„Was schadet das? Fürchtest Du etwa dort das heilige

Gerippe oder Den, der am Boden knieet, um fromme Lieder zu plappern?"

„Nein."

„Also. Wir zwei nehmen hundert solche Kerls auf uns. Laß uns am Rande der Büsche hinschleichen, daß wir auf die andere Seite kommen. Ich soll möglichst viel über diesen frommen Marabut erfahren, und ich glaube, daß wir gerade zur richtigen Stunde gekommen sind, um Dinge zu hören, welche sonst Keiner weiß. Komm."

Sie huschten hinweg von dem Orte, an welchem sie bisher gestanden hatten. Die so sehr schnell hereinbrechende Dunkelheit begünstigte ihr Vorhaben, so daß sie völlig unbemerkt an die Hinterwand der Hütte gelangten, vor welcher sich der sterbende Einsiedler mit seinem Sohne befand.

Die Dunkelheit nahm von Minute zu Minute tiefere Schatten an, so daß am Himmel bald die Sterne funkelnd hervortraten. Bis jetzt hatte das Schweigen gedauert, in welches Vater und Sohn nach dem Gebete versunken waren. Nun aber sagte der Erstere, indem er langsam den gesenkten Kopf emporhob:

„Wie strahlend nahm die Sonne Abschied von der Erde. Ich dachte, daß der Tag meines Lebens einst auch so herrlich enden werde; aber wie ist es geworden. Ich bin eingegangen wie die Pflanze, an welcher Würmer nagten."

„Mein Vater, schone Dich," bat der Sohn.

Der Marabut beachtete dies nicht; er fuhr langsam fort:

„Ja Würmer, Würmer des Vorwurfes und der Reue. Mein Sohn, es giebt eine Last, welche größer ist als jede andere, es ist die Schuld."

„Du wirst diese Last niemals getragen haben, mein Vater"

„Glaubst Du? O, wie sehr irrst Du Dich doch! Nur die Reue kann diese Last vermindern. Und wie habe ich sie bereut. Der Glaube der Christen sagt, wer seine Sünden bekennt, dem sollen sie vergeben werden. Ich will meine Schuld nicht hinüber in das Jenseits nehmen, sondern ich will sie bekennen; ich will sie Dir beichten, mein Sohn."

„Mein Vater, Deine Worte zerreißen mir das Herz."

„Und dennoch mußt Du diesen bitteren Trank genießen, mir zur Liebe und mir zur Buße. Komm her zu mir. Setze Dich neben mich nieder und höre, was ich Dir zu sagen habe, vielleicht bietet mir Dein Herz Verzeihung an."

„O Allah! Was könnte ich Dir zu verzeihen haben?"

„Viel, sehr viel, denn auch gegen Dich habe ich gesündigt. Komm, Dein sterbender Vater redet zu Dir. Du sollst in seine Seele blicken und Geheimnisse erfahren, von deren Dasein Du bis jetzt gar keine Ahnung hattest."

Die beiden Lauscher hörten jedes Wort.

„Was werden wir jetzt erfahren!" flüsterte der Cousin.

„Still!" antwortete Richemonte. „Es darf uns kein Wort des Gespräches entgehen. Horch, er beginnt!"

Der Kranke war während dieser kurzen Pause beschäftigt gewesen, ein Packetchen aus seinem härenen Gewande hervorzuziehen. Er hielt dasselbe seinem Sohne hin und sagte:

„Oeffne das!"

„Was ist darin, mein Vater?"

„Ein kostbares Eigenthum, welches Dir gehört."

Der Sohn entfernte den Umschlag und brachte einige wohl verwahrte gewesene Papiere zum Vorschein. Es war gerade noch hell genug, die auf demselben befindlichen Schriftzüge zu lesen.

„O, Allah, das sind ja Worte in der Sprache der Franken," sagte er.

„Ja," antwortete sein Vater. „Du sollst jetzt erfahren, warum ich Dich gelehrt habe, die Sprache der Franzosen und Deutschen zu sprechen und zu lesen. Du sollst hören, aus welchem Grunde ich Dein Lehrmeister gewesen bin in Allem, was die Franken können und verstehen. Wir nennen sie Giaurs und Ungläubige; aber sie sind viel klüger und weiser als der Moslem, welcher sie verachtet. Lies diese Papiere, mein Sohn. Sie werden Dir ein großes Geheimniß enthüllen."

Der Sohn gehorchte. Er faltete das erste Document auseinander. Es war mit einem Amtssiegel und einer behördlichen Unterschrift versehen. Als er fertig war, blickte er seinen Vater befremdet an und sagte:

„Das ist der Geburtsschein eines Knaben, welcher Arthur de Sainte-Marie heißt, lieber Vater?"

„Ja," nickte der Alte.

„Sein Vater ist der Baron Alban de Sainte-Marie auf Schloß Jeanette?"

„Ja, mein Sohn."

„Wo liegt dieses Schloß, mein Vater?"

„Im schönen Frankreich, in der Nähe der Stadt Sedan."

„Dieser Baron Alban war von Adel. Die Mutter des Knaben aber hat, wie ich hier sehe, nur Bertha Marmont geheißen. Sie war also nicht von Adel?"

„Nein. Sie stammte aus einem einfachen Wirthshause."

„Und doch habe ich gehört, daß bei den Franken nur solche Personen Mann und Weib werden, welche gleichen Standes sind."

„Das ist im Allgemeinen der Fall; doch kommen auch Ausnahmen vor. Aber nimm das zweite Papier!"

„Der Sohn that dies. Als er es gelesen hatte, meinte er:

„Es handelt von demselben Knaben. Es ist sein Taufzeugniß. Er ist einige Wochen nach seiner Geburt in Berlin getauft worden, Zeugen waren drei Personen der Familie Königsau. Ah, mein Vater, das ist ja der Name des Lieutenants, welcher überfallen werden soll!"

„Allerdings. Aber lies auch die übrigen Papiere!"

Der Sohn gehorchte und erklärte der Reihe nach:

„Hier ist das Geburtszeugniß des Barons Alban de Sainte-Marie. Hier ist der Schein über seine Trauung mit jener Bertha Marmont. Dann sehe ich hier einige seiner Pässe, und da am Ende finde ich einige Briefe, welche von einem Notar an ihn gerichtet sind."

„Das Alles stimmt. Und Du, mein Sohn, hast nicht die mindeste Ahnung, wie nahe Dich alle diese Schriften angehen."

„Mich? Was könnte ich mit ihnen zu schaffen haben? Ich bin niemals auf Schloß Jeanette oder in Berlin gewesen."

„Und dennoch warst Du an beiden Orten."

„Ich?" fragte der Sohn verwundert.

„Ja, Du warst daselbst; nur war damals Dein Alter zu gering, als daß Du Dich jetzt noch darauf besinnen könntest. Rechne einmal nach, wie alt dieser Knabe Arthur de Sainte-Marie jetzt sein müßte."

Er nahm den Geburtsschein zur Hand, rechnete und sagte dann:

„Gerade so alt wie ich, nämlich neunundzwanzig fränkische Jahre.

Der Alte schwieg eine Weile; dann sagte er langsam und wie sinnend:

„Ja neunundzwanzig Jahre. Welch eine lange, lange Zeit! Und wie dunkel und drohend sind die Schatten, welche aus dem Abgrunde dieser Zeit auftauchen, um mich zu ängstigen. O, mein Gott, könnte mir vergeben werden. Könnte ich von hinnen scheiden mit dem Bewußtsein, daß Gott mir vergeben werde, um meiner Reue und um seines Sohnes Jesu Christi willen, der für uns am Kreuze gestorben ist!"

Es entstand eine peinliche Pause, welche der Sohn durch die Worte abzukürzen versuchte:

„Allah vergiebt allen Sündern um des Verdienstes des Propheten und der heiligen Kalifen willen."

Der Alte schüttelte langsam den Kopf und antwortete:

„Ich verzichte auf das Verdienst des Propheten und der Kalifen. Sie waren Menschen; Christus aber war wahrer Gott von Ewigkeit zu Ewigkeit."

Der Sohn erschrak.

„Wie, mein Vater?" fragte er. „Du bist unter den Gläubigen bekannt als ein Heiliger, und dennoch lästerst Du den Propheten?"

„Mein Sohn, Du sollst den Anfang des Geheimnisses hören: Ich bin kein Moslem, sondern ein Christ."

„Allah il Allah!" rief der Andere erschrocken.

„Ja. Und auch Du bist ein Christ."

„Ich?" fragte der Sohn, indem er unwillkürlich zurückfuhr.

„Ja. Du bist als Christ getauft, wenn auch nicht dann confirmirt oder gefirmt. Niemals habe ich mit Dir eine Ceremonie vornehmen lassen, durch welche Du zu den Anhängern des Propheten übergetreten wärst. Ich habe Dich den Glauben der Christen und auch den Glauben der Muhamedaner kennen gelehrt. Du betest die Suren des Kuran; Du absolvirst die vorgeschriebenen Werke und Waschungen; aber Du betest auch die Gebote der Christen und ihre Lieder. Der Taufe nach bist Du ein Christ; dem Leben und der Gesinnung nach bist Du weder Moslem noch Christ, sondern ein frommer Mensch, welcher seinem Schöpfer dient, ohne zu fragen, ob er denselben Gott oder Allah nennen müsse."

Der Sohn schwieg eine Weile, mehr überrascht als bestürzt. Dann fragte er:

„Aber, mein Vater, warum sagst Du mir dies erst heut?"

„Ich glaubte die Zeit noch nicht gekommen. Jetzt aber tritt der Tod an mich heran, und so sollst Du Alles erfahren was ich Dir bisher verschwiegen habe."

Der junge Mann bemerkte, daß das Reden seinen Vater außerordentlich anstrengte; darum bat er:

„Schone Dich, mein Vater. Gott wird mir nicht das Herzeleid anthun, Dich so schnell von mir zu rufen."

„Wem der Engel des Todes naht, der hört seine Fittiche bereits von Weitem rauschen. Dann soll er nicht zögern, seine Rechnung mit dem Leben zu schließen. Willst Du nicht rathen, mein Sohn, warum jener Knabe jetzt gerade so alt sein würde, wie Du bist!"

„Wie vermöchte ich, dies zu errathen."

„So will ich Dir es mittheilen: Du bist es selbst."

„Ich?" rief der Sohn. „Wer — wer soll ich sein?"

„Du bist jener Knabe, der in Berlin getauft wurde und dabei den Namen Arthur de Sainte-Marie erhielt."

„Allah akbar, Allah ist groß. Bei ihm ist nichts unmöglich, denn er ist allmächtig. Wie aber könnte ich jener Knabe sein?"

„Weil ich Dein Vater bin."

„Ja, das bist Du. Du bist mir ein lieber und treuer Vater gewesen in jedem Augenblicke meines Lebens."

„Ich habe an Dir sühnen wollen die Sünden meiner Jugend, denn wisse, ich bin jener Baron Alban de Sainte-Marie."

Da schlug der Sohn die Hände zusammen und sagte:

„Welch ein Wort! Ist dies wahr, mein Vater?"

„Am Ende des Lebens treibt man keinen Scherz!"

„So bist Du also nicht ein Araber vom Stamme der Schammar?"

„Nein."

„Sondern ein Franzose?"

„Ja."

„Und jene Tochter eines Wirthes ist meine Mutter?"

„Ja."

„O, mein Vater, schnell, schnell! Sage mir, ob sie noch lebt."

Der Alte schüttelte langsam und traurig den Kopf und antwortete:

„Nein, sie lebt nicht mehr; sie ist todt."

„O, warum hat Allah sie aus dem Leben gerufen! Wie glücklich würde ich sein, das Antlitz meiner Mutter sehen zu können!"

„Ja, Du würdest glücklich sein. Sie war ein sanftes und gutes Weib. Aber desto größer ist meine Schuld, denn ich bin es gewesen, der — — oh!"

Er stockte und fuhr sich mit den dürren Händen nach dem Kopfe.

„Sprich weiter, mein Vater!" bat der Sohn.

„Ich soll sprechen, und doch wie schwer fällt es mir. O, mein Sohn, o Arthur, denn so ist ja Dein eigentlicher, richtiger Name; hier, hier ist es; hier ist der Ort von dem die Bibel spricht: „wo das Feuer brennt, welches nie verlischt, und wo der Wurm beißt, der niemals stirbt!""

Dabei deutete er mit den Händen nach seinem Kopfe und seinem Herzen.

„Du und Ihr Alle hieltet mich für einen frommen Mann, für einen Liebling Gottes und des Propheten," fuhr er fort. „Und doch war ich etwas ganz Anderes. Ich war — — ein Dieb, und ich war — — — ich war ein Mörder."

Er hatte dieses letzte Bekenntniß wie mit Gewalt, mit aller Anstrengung herausgestoßen. Es wurde seinem Sohne fast angst dabei. Er ergriff die Hand des Vaters und sagte:

„Du irrst, Du irrst! Mein Vater kann kein Dieb und kein Mörder sein!"

„Und doch bin ich es!" erwiderte der Alte. „Und weißt Du, wessen Mörder ich bin, Arthur?"

„Nein: wie sollte ich das wissen!" sagte Arthur zaghaft.

„Ich habe Diejenige gemordet, welche Du so gern zu sehen wünschest, nämlich Deine — — o wie mir dies schwer fällt, auszusprechen! Ich bin der Mörder Deiner — Mutter."

„Allah kerihm! Meine Mutter willst Du gemordet haben? Dein eigenes Weib?"

„Ja, Bertha, meine einstige Geliebte, mein eigenes Weib!" stöhnte der Kranke.

Arthur fuhr erschreckt empor.

„Sage, daß es aus Versehen geschehen ist, mein Vater!" rief er.

„O, wenn ich das sagen könnte!"

„Mein Gott! So hast Du es mit Absicht gethan?"

„Ja, mit Absicht; aber es geschah im Zorne."

Da drang ein Ruf der Erleichterung aus dem Munde des Sohnes.

„Allah sei Dank!" rief er. Im Zorne ist es geschehen. Der Prophet sagt, daß der Mensch nicht zu verantworten habe, was der Zorn gethan hat."

„O, was der Prophet sagt, das beruhigt mich nicht. Der starke, mächtige Gott der Christen ist es, der mit mir in's Gericht gehen wird!"

Da ergriff Arthur die Hand des Vaters und sagte:

„Hast Du mich nicht gelehrt, daß dieser starke, mächtige Gott auch die Liebe, die Gnade und Barmherzigkeit ist? Hast Du mir nicht gesagt, daß im Himmel der Christen über einen Sünder, welcher Buße thut, mehr Freude sei als über neunundneunzig Gerechte?"

„Ja, mein Sohn, das habe ich Dir gesagt. Das war mein einziger Trost im Leben und ist nun auch mein einziger Trost im Sterben."

„So fasse Muth, mein Vater! Vertraue mir an, was Dich bedrückt. Vielleicht, daß dann die Last von Deinem Herzen verschwindet!"

„Ja, ich will es thun. Ich habe Dir bereits vorhin gesagt, daß ich beichten will. Vielleicht kannst Du mir verzeihen, und dann will ich mit der Hoffnung von hinnen gehen, daß auch der ewige Richter meiner armen Seele gnädig ist."

„So erzähle, mein Vater, erzähle!"

„Ich will erzählen; ich muß erzählen! Lege mir mein Haupt höher auf das Moos und komm nahe heran, daß Du Alles hörst. Es ist mir, als ob die Vampyre der Hölle mit dunkeln Flügeln mir um den Kopf strichen. Mir graut vor den nächsten Augenblicken. Aber mein Sohn soll mein Richter sein. O, Gott im Himmel, gieb in Gnaden, daß er mich nicht gnadenlos in die Ewigkeit gehen läßt!"

Arthur erfüllte die Bitte des Vaters. Er legte ihm das Moos höher und rückte so nahe wie möglich zu ihm heran.

Die Dämmerung war unterdessen schnell vergangen, und die Dunkelheit der Nacht lagerte sich auf die Ebene und um die Berge. Aber es war die Dunkelheit des Südens, geschmückt mit Millionen Sternenlichtern, mit denen der nördliche Glanz der Sterne nicht verglichen werden kann. Von den Zweigen der Bäume wehte eine erquickende Frische, mit welcher sich der eigenthümliche, imponirende Duft der Wüste, welcher aus der Tiefe emporstieg, mischte.

Es herrschte zwischen den Beiden eine längere Stille. Dem Alten wurde es schwer, mit seinen Bekenntnissen zu beginnen und dem Sohne war es so eigenthümlich bang. Er hatte in seinem Vater einen Heiligen verehrt und sollte nun erfahren, daß dieser nicht nur ein gewöhnlicher, sündhafter Mensch, sondern sogar ein schwerer Verbrecher sei.

Die beiden Lauscher hatten bisher jedes Wort vernommen. Als die jetzige Pause eintrat, stieß der Cousin Richemonte leise an und flüsterte:

„Hast Du es gehört?"

„Ja," flüsterte der alte Spion.

„Er ist kein Marabut, kein Muhamedaner, sondern ein Christ!"

„Ein Dieb!"

„Sogar ein Mörder!"

„Ich wußte das längst."

„Du?" fragte der Cousin verwundert.

„Ja."

„So kennst Du diesen Marabut?"

„O, sehr gut!"

„Aber warum hast Du da diesen heillosen Ritt gemacht, um bei ihm zu eclairiren?"

„Ich hatte keine Ahnung davon, daß dieser fromme Hadschi Omanah ein alter Bekannter von mir sei!"

„Ein alter Bekannter? So kennst Du ihn bereits von Frankreich her?"

„Ja."

„Und er Dich auch?"

„O, nur zu gut. Es ist möglich, daß er jetzt auch Einiges von mir erzählt."

„Das wäre interessant."

„Für mich nicht."

„Ah, warum nicht?"

„Hm! Kann ich Deiner sicher sein?"

„Warum nicht? Zweifelst Du daran?"

„Vielleicht. Du bist nie ein starker, zuverlässiger Charakter gewesen. Aber ich gebe Dir zu bedenken, daß ich Dich in meiner Gewalt habe."

„Oho!" meinte der junge Mann, und zwar etwas lauter als es unumgänglich nöthig war.

„Leise, leise," gebot der Capitän. „Sie dürfen keine Ahnung haben, daß sich Andere hier in der Nähe befinden. Uebrigens wollte ich Dich nur warnen."

„Wovor?"

„Du wirst wohl Einiges von mir hören, was Dir noch nicht bekannt sein dürfte — — —"

„Solche Dinge mag es noch genug geben!" unterbrach ihn der Andere.

„Schweig! Ich hoffe, daß Du alles so verschwiegen hälst als ob es im Grabe läge! Ich würde mich, falls das Gegentheil stattfände, ganz gewißlich sicher zu stellen wissen. Ich spaße mit solchen Dingen nicht!"

„Ah! Du willst mir drohen?"

„Nimm es, wie Du willst! Uebrigens werde ich Deine Verschwiegenheit auch gehörig zu belohnen wissen."

„Wieso?"

„Das wirst Du später erfahren."

„Wann?"

„Vielleicht heute noch. Ich habe einen Plan, einen famosen Plan. Dieser Abend erweckt längst gestorbene Gedanken von den Todten. Einst, als Du noch ein Knabe warst, hatte ich großes mit Dir vor. Es glückte nicht; es kam nicht zur Ausführung. Vielleicht ist jetzt das möglich, was damals unmöglich war."

„Du machst mich neugierig."

„Warte noch! Horch, er räuspert sich; er will beginnen. Sei still!"

Der Marabut hatte jetzt tief, tief Athem geholt und stieß jenen leisen Husten aus, dem man es anhört, daß nun gesprochen werden soll. Er begann:

„Ich habe Dir so viel von Napoleon, dem großen Kaiser, erzählt?"

„Ja," antwortete Arthur. „Er wird sogar von den Arabern verehrt und von ihnen nicht anders als Sultan el Kebir, der große Sultan genannt."

„Ja, er war groß; aber er war auch ein Sterblicher. Seine Gebeine verfaulen jetzt auf dem Felseneilande, an welches man den Riesen schmiedete, weil man sich vor ihm fürchtete."

„Man sagt, er sei nicht gestorben, sondern er lebe noch."

„Das ist eine müßige Sage. Sein Leib ist längst zur Erde gegangen. Aber ja, sein Geist lebt noch, und dieser ist es, welcher einst, wenn die Stunde gekommen ist, alle Die, welche ihn stürzten, zu Boden werfen wird. Ich habe ihn nicht geliebt, ich habe einst sogar gegen ihn gehandelt; aber es hat mir keine Frucht gebracht; ich bin doch ein armer Flüchtling geworden."

„Du hast fliehen müssen, mein Vater?"

„Ja."

„Man hat Dich aus dem Vaterlande getrieben?"

„Man? O, wenn ich dieses sagen könnte. Aber ich bin selbst schuld daran, daß ich mich verbergen mußte. Höre also, mein Sohn!"

Er schloß für einen Augenblick die matten Lider, als wolle er in die ferne Erinnerung blicken, die ja nur in seinem Innern lag, dann fuhr er weiter fort:

„Ich war jung, reich und voller Hoffnung für das reiche, schöne Leben. Ich war Edelmann. Man nannte mich Baron Alban de Sainte Marie. Ich hatte eine gute, liebevolle Mutter; aber ich besaß ein schwankes Herz, und leichtes Temperament und einen Charakter, der keine Zeit und Gelegenheit gehabt hatte, in der Schule des Lebens zu erstarken. Doch war ich überzeugt, daß ich der beste Mensch, der schönste junge Mann und der untadelhafteste Cavalier der Erde sei."

Er holte Athem und fügte dann leiser hinzu:

„Und jetzt! Ein Gerippe, mit einer Vergangenheit voller Ent- und Selbsttäuschung, voller Fehler und Sünden."

„Sprich nicht so, mein Vater!" bat der Sohn. „Erzähle lieber so, als ob Du von einem vollständig Fremden redetest."

„Ich will mir Mühe geben, dies fertig zu bringen. Sage mir, mein Sohn, ob Du bereits einmal geliebt hast."

„Geliebt?" fragte Arthur verwundert.

„Ja. Ich habe nie bemerkt, daß Du eine der Töchter bekannter Stämme ausgezeichnet hättest, und ich habe Dich auch nie gefragt."

„Mein Herz hat nur Dir gehört, mein Vater."

„Du hast kein Mädchen gekannt, von welcher Du gewünscht hättest, daß sie Dein Weib werde?"

„Niemals."

„So wirst Du mich schwerlich verstehen und begreifen. Die Liebe ist eine Macht, der nur wenige Menschen widerstehen können. Es geht über die Kräfte der meisten Sterblichen, mit kaltem Blute die Gefühle des Herzens zu beherrschen. Es giebt Schichten der Bevölkerung, in denen es Sitte und Gepflogenheit ist, mit diesen Gefühlen einen sündhaften Sport zu treiben. Es giebt da tausende von jungen Männern, welche sich bemühen, hübsche und unbescholtene Mädchen zu bethören. Sie lügen ihnen Liebe vor und verlassen sie, sobald sie erhört worden sind."

„Ist das unter den Christen, mein Vater?"

„Ja."

„Gott wird sie strafen!"

„Ja, so, wie er mich gestraft hat."

„Auch Du gehörtest zu ihnen."

„Auch ich. Ich habe viele Mädchen gekannt, deren Liebe ich mir errang. Die Letzte unter ihnen war Bertha Marmont, welche dann Deine Mutter wurde."

„Aber sie war Dein Weib?"

„Ja. Es lag nicht in meiner Absicht, sie zu meinem Weibe zu machen. Ich spielte mit ihr, wie der Verführer mit seinem ahnungslosen, vertrauenden Opfer spielt. Aber sie war rein und gut; es gelang mir nicht, sie zu Denen zu zählen, welche ich nach kurzer Bekanntschaft wieder verlassen hatte. Dies stachelte mich. Ich glaubte, sie wirklich heiß zu lieben, und beschloß, sie um jeden Preis zu besitzen."

„Als Weib?"

„Ja, auch als Weib."

„Willigte sie ein?"

„Ich fragte sie nicht sogleich. Meine Mutter war gut, aber stolz. Sie bemerkte meinen Umgang mit dem armen, bürgerlichen Mädchen und verbot mir jeden Umgang mit ihr."

„Du gehorchtest?"

„Mein Sohn, gegen eine solche Liebe vermag das Gebot der besten Mutter nicht. Ich beschloß, Bertha im Geheimen zu meinem Weibe zu machen."

„Ah! Du thatest es auch?"

„Nicht sogleich, denn es trat ein Ereigniß dazwischen, welches mit einem einzigen Schlage alle meine Gefühle und Sinne gefangen nahm. Es kam nämlich eine entfernte Verwandte zu uns auf Besuch; sie brachte eine Tochter mit, ein Mädchen von so unvergleichlicher Schönheit, daß sofort die arme Bertha vergessen war."

„Wie hieß diese Andere?"

„Margot Richemonte. Ich war unter ihrem Zauber gefangen, daß ich vom ersten Augenblicke an nur darnach trachtete, sie zu besitzen."

„War sie gut, so gut wie Bertha?"

„Ja. Sie war stolz, edel und rein wie die Rose, welche noch keines Menschen Hand berührt hat. Aber schon nach kürzester Zeit erfuhr ich, daß meine Liebe hoffnungslos sei."

„Warum? Sie liebte Dich nicht?"

„Sie war bereits verlobt."

„Allah il Allah! Mit wem?"

„Mit einem deutschen Officier, welcher mit nach Frankreich gekommen war, um den Kaiser, um den Sultan el Kebir zu besiegen."

„Einen Feind des Vaterlandes!"

„Ja, aber nicht einen Feind von uns, denn Mutter war von Geburt auch eine Deutsche, und ich hatte nicht gelernt, die Deutschen zu hassen."

„Aber diesen hassest Du?"

„Nein. Ich wollte es, aber ich brachte es nicht fertig, denn er war ein Mann, den man achten und lieben mußte."

„Wie hieß er?"

„Hugo von Königsau."

„Königsau? Das ist ja abermals der Name jenes Lieutenantes, welcher überfallen werden soll!"

„Ja. Er kam zu uns, um seine Verlobte zu besuchen. An demselben Tage kam auch der Kaiser nach Schloß Jeanette in Quartier. Er sah Margot und liebte sie. Er wollte sie an sich fesseln, sie aber entfloh mit ihrem Verlobten."

"So war sie wirklich stolz und rein, wie Du sagtest."

"Sie hatte einen Bruder, welcher ganz das Gegentheil von ihr war. Er jagte ihr nach, um sie dem Kaiser zurückzubringen, aber es gelang ihm nicht; denn die Flüchtigen wurden zwar entdeckt, aber der Kaiser hatte die Schlacht von Waterloo verloren, mußte fliehen und wurde dann von den Engländern nach St. Helena geschafft."

"Was geschah mit Margot und Königsau?"

"Königsau war schwer verwundet worden; aber der fürchterliche Hieb, den er über den Kopf erhalten hatte, heilte zu. Er zog nach Berlin und Margot wurde seine Frau."

"Konnte er das, da er Officier war?"

"Ja. Er hatte den Abschied genommen."

"So jung!"

"O, er mußte. Der Hieb hatte das Gehirn verletzt. Eine eigenthümliche Gedächtnißschwäche war die Folge. Er konnte sich nicht auf das besinnen, was vor seiner Verwundung geschehen war. Diese Schwäche hätte sich auch bei späteren, dienstlichen Verhältnissen äußern können, und so nahm er seinen Abschied. Er hatte übrigens dem Vaterlande wichtige Dienste geleistet und wurde dafür nebst seiner Pension so belohnt, daß er keine Sorgen zu haben brauchte."

"Was aber thatest Du, bei der großen Liebe, welche Du zu Margot gehegt hattest?"

"Ich war jung, und ich war oberflächlich. Vorher hätte ich gedacht, sterben zu müssen, wenn ich gezwungen sein solle, von dem schönen Mädchen zu lassen. Nun es aber in Wirklichkeit so gekommen war, wurde mir es nicht sehr schwer, mich mit der Thatsache zu befreunden. Ich kehrte zu der früheren Geliebten zurück."

"Zu Bertha Marmont?"

"Ja. Ich war störrisch geworden, und so schwor ich mir von dieser nicht auch so zu lassen, wie ich gezwungen gewesen war, Margot zu entsagen. Mutter widersprach mir. Sie wiederholte ihren früheren Befehl; aber es war umsonst. Ich hatte mich in eine wahre Lust des Widerstandes hineingearbeitet und ließ mich nicht besiegen."

"Da gab sie nach?"

"Nein. Sie sorgte dafür, daß Bertha plötzlich verschwand. Das ergrimmte mich so, daß ich Gehorsam und Dankbarkeit vergaß. Ich sagte mich von der Mutter los und ging in die weite Welt."

"Allah il Allah! Allein? ohne die Geliebte?"

"Ohne sie. Aber ich hatte Ihre Spur entdeckt und genau, wo sie zu finden sei."

"Sie war arm. Und Du jetzt auch, mein Vater!"

Der Kranke schloß die Augen, als ob der Strahl der Sterne ihn blende. Erst nach einer Weile öffnete er sie wieder und antwortete:

"Nein, mein Sohn. Ich war reich, denn ich war — ein Dieb geworden."

(Fortsetzung folgt.)

Die Liebe des Ulanen.

Original-Roman aus der Zeit des deutsch-französischen Krieges von Karl May.

(Fortsetzung.)

Der Sohn legte rasch die Hand auf den Arm des Vaters und fragte:

„Du hast fremdes Eigenthum an Dich genommen?"

„Ja."

„Wessen?"

„Der Mutter."

„Allah kerihm! Ich bin erleichtert. Das Eigenthum der Mutter war ja auch das Deinige. Du hast keinen Diebstahl begangen, mein Vater."

„Und doch. Das Besitzthum der Mutter war noch nicht mein Eigenthum. Ich hatte mir alles Geld, was vorhanden war, mitgenommen; ich war in Paris gewesen, um auf Rechnung der Mutter große Summen aufzunehmen, und ich nahm sogar den kostbaren Familienschmuck mit, in welchem der größte Reichthum unseres Hauses bestand. Ich ging — als ein Dieb."

„Was that Deine Mutter?"

„Sie that nichts. Sie ließ mich nicht verfolgen. Sie ließ mir Alles, was ich ihr geraubt hatte. Aber sie ließ mir, nachdem sie erfahren hatte, wo ich mich befand, sagen, daß ich nicht mehr ihr Sohn sei und niemals wieder ihr Angesicht sehen werde."

„Mein armer, armer Vater. Hat dieser Fluch sich erfüllt?"

„Ja, mein Sohn!"

Er sagte diese drei Worte langsam und stockend. Man hörte es seinem Tone an, daß es wirklich ein Fluch für ihn gewesen war.

„Hast Du sie nie um Barmherzigkeit angefleht?"

„Ich habe es versucht."

„Aber ohne Erfolg?"

„Ich wurde niemals vorgelassen. Ich brachte ihr den größten Theil dessen wieder, was ich ihr genommen hatte; aber ich wurde dennoch abgewiesen. Sie wollte mich nicht sehen und wollte nichts wieder haben, obgleich ich mich von Bertha getrennt hatte."

„Ah! Ihr bliebt nicht beisammen?"

„Nein. Es war in Berlin, als sie mir einen Sohn gebar. Margot, Königsau und dessen Mutter waren Pathen, als dieser getauft wurde. Ich ließ ein Bild des Kindes anfertigen und sandte es der Mutter. Sie schickte es wieder retour. Ich wurde er- und später auch verbittert. Mein Weib mußte das empfinden. Unser Sohn warst Du. Deine Geburt hatte Deiner Mutter die Schönheit und die Gesundheit gekostet; ich hörte auf, sie zu lieben."

„Meine arme, arme Mutter!"

„Jawohl arm! Bald haßte ich sie. Ich gab ihr die Schuld an Allem, was ich gethan und zu tragen hatte. Ich vernachlässigte sie; ich machte ihr Vorwürfe. Sie wurde von Tag zu Tag unglücklicher, und eines Abends, als ich nach Hause kam, war sie verschwunden."

„Allah! Wohin?"

„Ich wußte es lange nicht."

„Allein?"

„Nein. Sie hatte Dich mitgenommen."

„Ah! Was thatest Du? Sie hatte mich lieber als Du!"

„Nein, mein Sohn. Ich war grausam gegen sie; an Dir aber hing meine ganze Seele, denn Du warst mein Ebenbild. Dich wollte und konnte ich nicht missen; ich mußte Dich wieder haben. Ich begann meine Nachforschungen."

„War sie nicht nach der Heimath gegangen?"

„Das ahnte ich auch."

„Du folgtest ihr?"

„Ja, und ich fand, daß ich mich nicht getäuscht hatte.

„Ich fand ihre Spur, aber dabei auch diejenige eines Menschen, in dessen Gesellschaft ich Bertha niemals vermuthet hätte."

„Wer war dieser Mensch?"

„Capitän Richemonte, welcher Margot, seine eigene Schwester, dem Kaiser hatte zubringen wollen. Wie war er auf Bertha getroffen? Welche Absichten hatte er mit ihr?"

„Hast Du es erfahren?"

„Das Erstere wohl, aber das Letztere nicht."

„Du hast sie Beide getroffen?"

„Ja. Richemonte war aus irgend welchen Gründen, die ich nicht erfuhr, aus dem Officiercorps gestoßen worden und zunächst nach Deutschland gegangen. Er mochte in Berlin nach Königsau gesucht haben, um sich an diesem zu rächen, hatte aber vielleicht keine Gelegenheit dazu gefunden. Da traf er Bertha, die er von Schloß Jeanette her kannte. Er erfuhr, daß sie meine Frau sei und höchst unglücklich mit mir lebe. Einem Menschen von seinen Eigenschaften konnte es nicht schwer fallen, die von mir auf das Aeußerste gebrachte Frau zu bereden, mich zu verlassen. Er hatte sie bis nach Marseille geführt, wo sie eine Anstellung finden sollte. Sie Beide waren nur zwei Tage vor mir angekommen."

„Du fandest sie und suchtest sie auf?"

„Ja."

„Was sagte er?"

„Er war ausgegangen. Nur Bertha war daheim im Gasthofe."

„Wohnten sie beisammen?"

„Nein. Die Geliebte eines anderen Mannes hätte Bertha niemals werden können. Sie hatte mich verlassen, um nicht länger mit mir unglücklich zu sein, und war ihm gefolgt, weil er ihr bei Verwandten von sich eine Stellung angeboten hatte. Das war Alles."

„Besaß er denn Verwandte in Marseille?"

„Nein, so viel ich weiß. Es mußte ihn also irgend eine geheime, jedenfalls schlimme Absicht veranlaßt haben, mir das Weib und den Sohn zu entführen. Ich habe sie aber weder erfahren noch errathen können."

„Wie empfing Dich meine Mutter?"

„Sie war voller Schreck, doch faßte sie sich schnell. Ich bat sie, wieder mit mir umzukehren; sie weigerte sich. Ich drohte ihr; auch das half nichts. Ich verlangte wenigstens mein Kind. Da sagte sie, daß sie sich lieber tödten als von demselben trennen werde."

„Meine arme, gute Mutter."

„Deine Worte sind tödtliche Stiche für meine schuldige Seele."

„Wenn sie todt ist, so befindet sie sich im Himmel und wird Dir längst verziehen haben, mein lieber Vater."

„Todt? Jawohl ist sie todt," sagte der Alte in dumpfem Tone.

„Seit wann ist sie todt?"

„Seit — seit jenem Abende."

„An welchem Du sie in Marseille fandest?"

„Ja. Ich konnte weder durch Bitten noch durch Drohungen in Deinen Besitz gelangen. Ich versuchte es mit Gewalt. Da stellte sie sich wie eine Löwin, welche ihr Junges zu beschützen hat, vor Dein Bettchen. Auf dem Tische hatte ein Messer gelegen, spitz und scharf wie ein Dolch. Sie ergriff es und drohte, mich zu erstechen, falls ich Gewalt anwende. Ich lachte über diese Worte. Ich kannte den Muth einer Mutter noch nicht. Ich faßte sie an, um sie von Dir fortzuschleudern. Sie wehrte sich. Wir kamen in das Ringen. Ihre Kräfte waren den meinigen nicht gewachsen. Da gebrauchte sie das Messer. Sie stieß es mir durch den Arm."

„Welch ein Weib."

„Ja, welch eine Mutter! Aufgeregt durch meine Liebe zu Dir und durch mein Verlangen, Dich zu besitzen, durch Bertha's Widerstand und durch den Stich, den ich erhalten hatte, riß ich ihr das Messer, welches sie sofort wieder aus der Wunde gezogen hatte, um einen zweiten Stich zu versuchen, aus der Hand. Ich kannte mich vor Wuth nicht mehr und stieß zu. Mit einem halblauten Aufschrei brach sie zusammen. Ich hatte sie mitten in das Herz getroffen."

„O Allah'l Allah! Du warst ihr Mörder."

„Ja, mein Sohn, ich war und bin ihr Mörder," sagte der Alte.

Es trat eine Pause ein, während welcher eine tiefe Stille herrschte. Dann brach Arthur das Schweigen zuerst. Er fragte:

„Was dachtest und was thatest Du nun, mein armer Vater?"

„Ich dachte und that zuerst gar nichts," antwortete der Marabout. „Ich starrte vor Entsetzen wie abwesend auf die Leiche der einst so sehr Geliebten. Aber die Angst um mich und ebenso die Angst, Dich nun ganz zu verlieren, brachte mich bald zur Besinnung. Ich mußte handeln."

„Hatte man Euch denn nicht gehört?"

„Ich glaube, nein. So lebhaft unser Wortwechsel gewesen war, wir hatten ihn doch nur mit halblauter Stimme geführt. Und der Kampf war gar in voller und heimtückischer Stille vor sich gegangen."

„So konntest Du entkommen."

„Ja. Ich riß mir den Rock herunter und zog ihn erst dann wieder an, als ich mir das Taschentuch fest um die Wunde gebunden hatte. Dann nahm ich Dich, hüllte Dich in Dein Kleidchen und verließ mit Dir das Zimmer, dessen Schlüssel ich zu mir steckte, nachdem ich die Thür verschlossen hatte."

„Warum thatest Du das?"

„Richemonte sollte bei seiner Rückkehr, und ebenso auch die Bediensteten des Hauses, denken, daß Bertha bereits schlafen gegangen sei. Auf diese Weise gewann ich einen weiten Vorsprung zur Flucht."

„Aber Mutter mußte sich ja rettungslos verbluten, falls der Stich ja vielleicht nicht tödtlich gewesen wäre."

„Er war absolut tödtlich. Ich untersuchte sie ja. Sie war eine Leiche."

„Aber Richemonte mußte bei seiner Rückkehr erfahren, daß ein Fremder zur Mutter gegangen sei. Das mußte seinen Verdacht erwecken?"

„Man hatte mich nicht gesehen. Ich war unbemerkt bei ihr eingetreten."

„Hattest Du nicht vorher fragen müssen, in welchem Zimmer sie wohne?"

„Nein, denn ich hatte sie am erleuchteten Fenster stehen sehen. Zum Glücke gelang es mir, ebenso unbemerkt zu entkommen, wie ich zu ihr gelangt war."

„Das ist mir eine Beruhigung, mein Vater. Es ist ein großes Unglück, daß meine Mutter durch Deine eigene Hand sterben mußte; ein doppeltes, ja dreifaches Unglück aber wäre es gewesen, wenn man Dich ergriffen hätte. Ich wäre dann eine Waise gewesen."

„Gewiß, mein Sohn. Ich hätte das Schicksal gefunden, welches eines Gattenmörders wartet: Ich wäre hingerichtet worden."

„Aber Du warst verwundet; Du warst voller Blut! Wie entkamst Du?"

„Es galt zunächst, unbemerkt das Zimmer, welches ich in meinem Hotel bewohnte, zu erreichen. Ich hatte das Glück eines Bösewichtes: Es gelang mir auch das. Du warst so still, so ruhig. Du schliefst in meinen Armen; von Dir hatte ich keinen Verrath zu befürchten."

„Aber dann weiter."

„O, zum größten Glücke wußte ich, daß in meinem Hotel ein Schiffer aus Ajaccio war, welcher noch diese Nacht nach Hause segeln wollte. Ich fragte ihn, ob er mich mitnehmen wollte, und er machte nicht die geringsten Schwierigkeiten, da ich Geld hatte und mich im Besitze guter Papiere befand. Natürlich hatte ich mich gewaschen und andere Kleider angelegt. Während Du schliefest, brachte ich Dich in einem leeren Reiseköfferchen an Bord. Ich befand mich bald in Ajaccio und also wenigstens einstweilen in Sicherheit."

„Du warst für jetzt entkommen, mein Vater; aber konntest Du auch vor Dir selbst entfliehen?"

„Mein Sohn, darüber will ich jetzt noch schweigen."

„Was wird man gesagt haben, als man am andern Morgen die Leiche fand?"

„Das erfuhr ich auf Sicilien, wohin ich schleunigst die erste Gelegenheit ergriff. Man hatte Bertha's Leiche bereits während der Nacht entdeckt. Das Blut war durch die Decke gedrungen. Die Mutter war erstochen worden, und das Kind fehlte. Von ihren Habseligkeiten war nicht das Geringste entwendet worden. Wer konnte der Thäter sein? Kein Anderer als der Vater, dem sie entflohen waren. Man forschte. Man erfuhr, daß ich sie wirklich verfolgt hatte. Nun war man außer allem Zweifel. Ich durfte nie mehr nach der Heimath zurückkehren."

Das Sprechen griff den Kranken von Minute zu Minute mehr an. Er war erschöpft und machte eine Pause. Auch der Sohn schwieg. Ihn erfüllte eine Traurigkeit, welche nicht geringer war als die Reue, welche der Vater fühlte. Endlich ergriff dieser Letztere wieder das Wort:

„So war aus einem Diebe ein Mörder geworden und aus dem Mörder ein heimathloser Ahasver, welchen die Furien seines Innern von Ort zu Ort verfolgten. Ich erfuhr, daß man meine Flucht nach Ajaccio entdeckt hatte und dort weiter nach mir suchte. Wo fand ich Sicherheit? Ich ging nach Egypten. Nicht lange war ich dort, so hörte ich, daß man bereits von meinem Aufenthalte auf Sicilien wisse. Bald mußte man erfahren, daß ich von dort nach Egypten gegangen sei. Um sicher zu sein, galt es mich von Dir zu trennen. Du mußtest unbedingt für das Kind eines Moslem gelten; daher war es nothwendig, Dich zu beschneiden. Aber das durfte ich keinem Andern überlassen. Ich beschnitt Dich selbst, und als die Wunde geheilt war, brachte ich Dich an eins der Findelhäuser, welche damals noch mit einigen Moscheen in Kairo verbunden waren. Ich wartete im Verborgenen, bis man Dich gefunden und aufgenommen hatte und ging nun den Nil aufwärts bis über die Grenze von Nubien. Dort blieb ich zwei Jahre lang. Während dieser Zeit hatte ich gelernt, das Arabische zu sprechen wie ein Eingeborener. Die größte Sicherheit bot sich mir, wenn ich mich für einen geborenen Araber, für einen wahren Gläubigen ausgab. Ich that dies und bin niemals in Verdacht gekommen, das zu sein, was ich bin."

„Jetzt mein Vater erwacht meine Erinnerung. Ich sehe mich bei alten bärtigen Männern in einem heißen Hofe, welcher mit einer hohen Mauer umschlossen ist, und viele andere Knaben sind bei mir."

„Das ist der Findelhof an der Moschee. Ich kehrte nach Kairo zurück und suchte Dich auf. Ich sagte, daß ich ein kinderloser Mann sei und die Absicht habe, einen Knaben an Kindesstatt zu mir zu nehmen. Gegen ein Geschenk für die Moschee durfte ich unter den Knaben wählen. Ich erkannte Dich wieder, auch gab man mir das Kleidchen, welches Du getragen hattest, als man Dich fand. Ich hatte es bei einem Juden in einer der engsten Gäßchen von Kairo gekauft. Es war gerade die Zeit der großen Pilgerreise nach Mekka. Ich schloß mich an, denn ich wollte von nun an nur Dir allein leben, und das konnte ich nur dann, wenn ich als ächter Muselmann in vollkommener Sicherheit lebte."

„Von nun an weiß ich Alles, mein Vater. Du nahmst mich mit nach Mekka."

„Ja. Dort blieb ich fünf volle Jahre, um den Islam zu studiren. Dann aber sehnte ich mich nach einem Aufenthalt, an welchem es möglich war, zuweilen Etwas von der Heimath zu hören. Ich verließ also Arabien und ging nach Egypten zurück."

„Und von da durch die Wüste nach Tunesien und später nach Algerien."

„So ist es. Ich hatte in Mekka einen arabischen Namen getragen. Auf diesen hatte mir der Scheriff meine Zeugnisse und Legitimationen ausgestellt. Ich hatte den Koran aus Mekka am Halse hängen, ich trug das Fläschchen mit dem Wasser des heiligen Brunnens Zemzem am Gürtel; ich besaß viele Reliquien der heiligen Stadt und ebenso von Medina. Ich galt überall als ein außerordentlich frommer Hadschi (Pilger). Kein Mensch hätte in mir einen entflohenen Mörder vermuthet. Der Gram und die Reue hatten mich eingetroknet, die Sonne hatte mich schwarz gebrannt. Ich trug sogar den grünen Turban der Abkömmlinge des Propheten, was ich zwar in Algerien, nie aber in Mekka hätte wagen dürfen. Und wenn mir jetzt meine Mutter, oder Margot, oder selbst dieser Richemont begegnet wäre, Keins von ihnen hätte mich erkannt."

„Hattest Du nun sofort die Absicht, in steter frommer Zurückgezogenheit zu leben?"

„Nein. Ich wollte Dein Vater und zugleich Dein Lehrer sein. Von mir solltest Du alle diejenigen Schätze des Charakters und Gemüthes empfangen, welche meiner Jugend gefehlt hatten. Ich träumte von einem Sohne, welcher berufen sein solle, eine hohe Stelle einzunehmen. Aber dieser Traum zerrann in nichts, nicht schnell und plötzlich, sondern nach und nach, aber desto sicherer. Ich hatte in der Heimath die Universität besucht und mich vorzugsweise mit Medizin beschäftigt. Auf diesen Bergen wachsen tausend heilsame Kräuter. Ich sammelte sie und erprobte ihre Wirkung. Bald war ich der Wohlthäter vieler Stämme. Konnte ein schöneres besseres Loos eines Mörders harren?"

„Nein, mein Vater!"

"Du hast Recht, und ich danke Dir. Ich baue mir diese Hütte und blieb was ich war. Du solltest mein Nachfolger werden. Niemals solltest Du erfahren, wer ich war und wer Du eigentlich bist."

"Und dennoch hast Du es mir erzählt."

"Mein Sohn, die Gedanken und Entschlüsse des Menschen sind wie das Haar, welches sich im Sande niedergelassen hat. Der erste Lufthauch nimmt es mit sich fort. Ich war Dein Vater und Beschützer. Nun aber gehe ich von hinnen, und Du bleibst allein zurück. Wen sollst Du lieben, und wer liebt Dich? Du wirst unter Moslemim stehen allein, zwar hoch geehrt, aber Dein Herz wird keine Worte finden dürfen. Ich habe Dich in die Wüste geführt; ich habe Dich der Civilisation und dem göttlichen Erlöser geraubt. Ich muß Dich dahin zurücksenden, von wo Dein Leben ausgegangen ist."

"Soll ich Dich verlassen, mein Vater? Niemals."

"Mein Leben ist zu Ende. In kurzen Augenblicken werde ich zu Staub geworden sein."

"Soll ich Dein Grab verlassen?"

"Ja. Mein Segen und mein Geist werden bei Dir sein! Und nun, Arthur, mein Sohn, hast Du meine Beichte vernommen. Dein Vater liegt vor Dir; seine Seele steht unter Thränen bitterer und lang verborgener Reue, und sein Herz schreit auf nach einem Worte der Vergebung. Da droben strahlen Gottes Sterne; sie leuchten Liebe und Barmherzigkeit herab. Du kennst mein Thun. Verdamme oder begnadige mich, wie Dir es der Allwissende eingiebt jetzt in der Stunde, welche die letzte meines Lebens ist. Ich habe zu viel gesprochen, ich bin müde zum ewigen Schlafe. Bereits werden die Beine kalt und starr. Vielleicht ist in wenigen Augenblicken das Ohr nicht mehr offen, um Deinen Richterspruch zu hören."

Er streckte die Beine aus und faltete die Hände. So wartete er auf das Wort, welches er aus dem Munde des Sohnes ersehnte. Dieser schluchzte laut vor Schmerz und umschlang den sterbenden Vater mit beiden Armen.

"Mein Vater, o mein Vater!" meinte er. "Will Gott Dich wirklich von mir nehmen, sollen wir wirklich scheiden, so habe Dank für Deine tausendfältige Liebe und für Dein treues Sorgen! Ich wollte ich könnte mit Dir sterben!"

"Keinen Dank!" antwortete der Alte. "Den Richterspruch!"

"Gott ist die Liebe, mein Vater. Er zürnt Dir nicht, sondern er hat Dir vergeben."

"Und Du, Arthur?"

"Auch ich. Mein Schmerz um Dein Scheiden ist unsäglich, aber der Wunsch, alle Schuld von Dir zu nehmen, ist noch tausendfältig größer. Gehe getrost aus dieser Welt, da oben wird es keinen Vorwurf geben."

Da entflog dem Munde des Sterbenden ein langer, tiefer Seufzer unendlicher Erleichterung. Man sah beim Scheine der Sterne, daß sich ein seliges Lächeln über sein Antlitz breitete.

"Ich danke Dir, mein Sohn, o, ich danke Dir!" sagte er langsam und mit Anstrengung. "Nun sterbe ich ruhig, denn ich habe Barmherzigkeit gefunden. Grabe in der Hütte unter meinem Lager nach. Dort findest Du wohl verwahrt das Kleidchen, welches Du in Marseille trugst, meine Aufzeichnungen, welche Dich legitimiren werden, den Schmuk und den Rest des Geldes, welches ich raubte. Gehe damit nach Jeanette und siehe, ob Du dort Gnade findest, so wie ich sie bei Dir gefunden habe."

Der Sohn hielt den Vater noch immer fest umschlungen. Er küßte ihn auf den bleichen, bereits erkaltenden Mund und fragte unter strömenden Thränen:

"Ist's wahr, ist's denn wirklich wahr, daß Du sterben mußt?"

"Ja, mein Sohn, mein lieber, lieber Sohn. Und wenn ich todt bin, so lege mich in die Hütte und maure, ehe Du gehst, den Eingang zu. Nur oben laß gegen Osten eine kleine Oeffnung, damit täglich ein Strahl der aufgehenden Sonne in das Grab des Mannes falle, dessen Leben von so wenigen Strahlen erwärmt und erleuchtet wurde."

"Ich werde es thun! Ja, mein Vater, ich werde es thun."

"Und noch den letzten Wunsch, mein Kind. — — Bereits kann ich — — kaum mehr sprechen. Du hast vorhin ein Lied gebetet. Jetzt — — das Lied noch vom — — Leben und vom Ende."

"Ja, mein guter, mein lieber Vater!"

"Richte mich auf! Lehne — — meinen Rücken höher — — — an die Hütte, damit ich — — noch einmal den Sternenhorizont — — — überschaue."

Unter immer strömenden Thränen that Arthur ihm den Willen. Sodann kniete er nieder und faltete die Hände. Er drückte mit aller Anstrengung das Schluchzen hinab und betete mit lauter aber schwer zitternder Stimme:

"Bedeckt mit Deinem Segen
Eil ich der Ruh' entgegen;
Dein Name sei gepreist.
Mein Leben und mein Ende
Ist Dein. In Deine Hände
Befehl ich, Vater, meinen Geist!"

Die Worte klangen laut zu den Wipfeln der Bäume empor und von der Bergeshöhe hinab. Es war ein christliches Sterbegebet inmitten eines durchaus muhammedanischen Landes.

"A — — — men!" hauchte es von der Mauer herüber.

Dann war es still. Der Beter regte sich nicht. Er wartete, daß der Vater ihn rufen, noch ein Wort, ein einziges Wort sagen solle — — vergebens!

Da endlich erhob er sich und trat zu ihm. Er bückte sich zu ihm nieder.

"Vater, lieber Vater!"

Keine Antwort.

"Schläfst Du, Vater!"

Auch jetzt erhielt er keine Antwort. Da nahm er die Hände des Entschlafenen leise und behutsam in die seinigen. Sie hatten noch eine Spur von Lebenswärme, wurden aber bald völlig kalt.

"Gott, mein Gott, ist er wirklich todt, todt, todt?"

Die beiden Lauscher hörten das schnelle Rauschen eines Gewandes. Der Sohn fühlte nach dem Herzen des Vaters, um sich zu überzeugen, ob der eingetretene Schlummer wirklich der ewige sei.

"Allah! Allbarmherziger! Er ist gestorben! Sei ihm gnädig da oben und auch mir hier in meiner Einsamkeit."

Das wurde unter lautem Schluchzen gesprochen. Dann warf sich der Lebende neben dem Todten nieder. Es herrschte tiefe Stille rings umher. Nur in den Zweigen war ein leises, leises Rauschen zu hören, als ob eine Seele die Schwingen breite, um sich zum Fluge nach der ewigen Heimath zu erheben.

Richemonte stieß jetzt seinen Gefährten an.

„Komm!" flüsterte er ihm zu.

„Wohin?"

„Immer hinter mir her. Aber leise, damit er uns ja nicht hört."

Sie schlichen sich von der Hütte fort und nach dem Rande der Lichtung hin. Dort angekommen, faßte der Capitän den Anderen bei der Hand und zog ihn ziemlich tief in das Dunkel des Waldes hinein.

„So!" sagte er, endlich stehen bleibend. „Jetzt sind wir so weit entfernt, daß er auch ein Räuspern nicht vernehmen kann. So lange Zeit ganz und gar lautlos bleiben zu müssen, ist wirklich eine fürchterliche Anstrengung. Ich hätte es nicht fünf Minuten länger ausgehalten."

„Ich auch nicht."

„Hast Du Alles gehört?"

„Jedes Wort."

„Was sagst Du dazu?"

„Wer hätte das gedacht! Alle Teufel, wer hätte das gedacht."

„Hm! Als ich hörte, daß der Kerl beichten wolle, ahnte ich einen ziemlichen Theil dessen, was wir dann wirklich zu hören bekamen."

„Und es ist Alles wahr?"

„Ja."

„Der Kaiser war wirklich in Deine Schwester verliebt?"

„Rasend."

„Sie entfloh?"

„Leider! Mit diesem verdammten Königsau."

„Welch eine kolossale Dummheit von ihr! Du aber verfolgtest sie?"

„Natürlich."

„Doch aber nicht auf den Befehl Napoleons?"

„Auf seinen ausdrücklichen Befehl. Hätte er die Schlacht nicht verloren, so wäre er mit einem Schlage Meister der ganzen Situation und Herr Europa's geworden. Margot hätte die Stelle einer Maintenon oder Pompadour eingenommen, und ich — alle tausend Teufel, was für Chancen hätten sich mir geboten! Was wäre ich heute?"

„Mußtest Du denn wirklich aus der Armee treten?"

„Das geht Dich ganz und gar nichts an. Glaube es, oder glaube es nicht; mir ist dies ganz und gar egal."

„Und Du hättest Dich wirklich nach Deutschland, nach Berlin gewagt?"

„Natürlich! In Frankreich war ja meines Bleibens nicht."

„Was wolltest Du?"

„Hm! Ich wollte mit diesem guten Königsau einige Worte sprechen; aber der Satan legte sich mir immer in den Weg, so daß ich nicht so an ihn kommen konnte, wie ich wollte. Da entdeckte ich diesen dummen Sainte-Marie mit seiner noch einfältigeren Dulcinea. Das war mir natürlich im höchsten Grade willkommen."

„In wiefern? Seines Geldes wegen?"

„Auch! Das wäre später mein geworden. Zunächst hatte ich es natürlich auf seinen Buben gemünzt."

„Auf den Knaben? Das verstehe ich nicht. Das Geld und der Schmuck wären mir ja tausendmal lieber und willkommener gewesen."

„Da sieht man wieder einmal, was für ein Schwachkopf Du bist."

„Pah! Ich sehe keine sehr große Geistesstärke darin, einen Menschen mit Hunderttausenden laufen zu lassen und dafür sich mit einem Säugling zu begnügen, der einem nur Arbeit und Sorge bringen kann."

„Hm! Wie Du es verstehst."

„War diese Bertha denn gleich bereit, mit Dir zu gehen?"

„Ich brauchte meine Ueberredungsgabe allerdings nicht sehr anzustrengen. Sie hatte ihren Mann hassen gelernt und strebte darnach, von ihm fortzukommen, um ihr Kind aus seiner Nähe zu bringen. Es war dann allerdings für mich ein harter Schlag, als ich ihre Leiche fand, die Leiche ganz allein, ohne das Kind."

„Aber, welche Absichten hattest Du denn eigentlich mit dem Letzteren?"

„Das erräthst Du nicht?"

„Wie sollte ich."

„Ja," lachte der Capitän leise vor sich hin. „Dieser Richemonte ist ein Kerl, dessen Combinationen nicht so leicht ein Anderer folgen kann. Wer war denn der Vater des Kindes he?"

„Nun, der Baron der Sainte-Marie."

„Schön! Wer war also der Junge?"

„Hm!" brummte der Andere ziemlich verblüfft. „Sein Sohn natürlich."

„Sehr geistreich geantwortet. Weißt Du, was ein Fideicommis ist?"

„Ich denke."

„Nun?"

„Eine Besitzung, welche ungeschmälert vom Vater auf den Sohn oder überhaupt auf den Erben übergeht, ohne verkauft werden zu können."

„Ja. In Frankreich darf sogar auch nicht zu Gunsten eines Anderen darüber verfügt werden, im Falle der eigentliche Erbe mißliebig wird. Verstehst Du mich nun?"

„Noch nicht."

„So beklage ich die Kürze Deines Verstandesfadens. Der Junge war unbedingt der Erbe seines Vaters."

„Ah! So ist er es ja auch jetzt noch."

„Sehr richtig."

„Dieser wilde Beduine. Der Erbe der sämmtlichen Güter."

„Ja."

„Donnerwetter! Und so ein civilisirter Kerl, wie Unsereiner ist, hat oft weder zu trinken noch zu beißen."

„Du bist nur selber schuld."

„In wiefern?"

„Du brauchst es ja nur zu ändern."

„Ich? Du bist wohl närrisch, Alter! Wie sollte ich es ändern können?"

„O, sehr leicht, sehr leicht sogar."

„So erkläre es mir. Ich bin zu einer solchen Aenderung auf der Stelle und herzlich gern bereit. Das kannst Du mir wohl glauben."

„Ein Schuß, ein Stich in das Ganze, was nöthig sein würde."

„Du sprichst abermals in Räthseln."

„Und für Dich wird ein jeder gute Plan, ein jeder geistreiche Gedanke in Ewigkeit ein Räthsel bleiben. Du fragtest vorhin, was ich mit dem Sprößlinge dieses Sainte-Marie und dieser Bertha wollte — —"

„Ja."

„Nun, hast Du Dich vielleicht auch gefragt, was ich damals mit Dir wollte?"

„Nein. Damals war ich zu jung, um mir eine solche Frage vorzulegen. Ich glaube, ich habe damals kaum die Wickeln verlassen gehabt."

„Du warst bereits ein zweijähriger Bube."

„Aber doch noch immer zu jung zu so einer ungewöhnlichen Frage."

„So frage Dich jetzt."

„Gieb mir lieber sogleich die Antwort."

„Bei Deinem Schwachkopfe bleibt mir allerdings gar nichts Anderes übrig. So höre also! Du hattest damals bereits weder Vater noch Mutter mehr."

„Leider! Ich wurde von einer alten Base ausgehungert und durchgeprügelt. Das nannte sie erziehen. Jetzt aber werde ich von Dir erzogen."

„Jedenfalls ist meine Manier besser als die ihrige, obgleich ich auch noch keinen Erfolg verspüre. Ich kam damals in dieser Base und bat sie, Dich mir zu überlassen — — —"

„Sie ging sofort darauf ein, wie sie mir dann später erzählte."

„Ich machte ihr allerdings den ihr sehr erwünschten Vorschlag, Dich zu adoptiren. Auf diese Weise wäre sie Dich los geworden."

„Leider aber wurde sie mich nicht los. Du kamst nicht wieder. Warum? Das habe ich Dich oft gefragt, ohne aber jemals eine Antwort zu erhalten."

„Mein Schweigen hatte seine Gründe; jetzt aber kann ich endlich sprechen."

„So rede! Ich bin sehr neugierig auf Das, was ich erfahren werde."

„Du weißt, daß durch die Adoption beide Theile in die Naturrechte eintreten?"

„Was nennst Du Naturrechte?"

„Beide gelten wie leiblicher Vater und leiblicher Sohn."

„Ah, ja."

„Was der Eine hat, gehört dem Andern."

„Ja."

„Und was der Eine erwirbt, genießt auch der Andere mit."

„Natürlich."

„Nun, ich wollte Dein wirklicher Vater werden, um das mit genießen zu können, was Dir später zufallen würde."

„Parbleu! Du thust ja gerade, als ob mir irgend ein Fürstenthum hätte zufallen sollen."

„Wenn auch nicht gerade ein Fürstenthum!"

„So doch eine Grafschaft?"

„Auch diese nicht ganz!"

„Meinst Du etwa eine Baronin?"

„Das ist viel eher und leichter möglich!"

„Du phantasirst!"

„Pah! Ich weiß stets genau, was ich sage und thue. Ich werde Dir meinen damaligen Plan anvertrauen. Aber ich hoffe, daß ich das ohne irgend eine Befürchtung zu thun vermag. Verstehst Du mich?"

„Wenn es sich um eine Baronin handelt, werde ich zu schweigen wissen."

Er hatte diese Worte in einem ironischen Tone ausgesprochen.

„Laß diesen Ton! Er gefällt mir nicht und paßt auch nicht hierher!" sagte der Capitän. Also höre! Dieser Bertha wollte ich irgend eine Stellung verschaffen, wie Du bereits gehört hast."

„Ihr und dem Kinde etwa?"

„Nein. Es wäre das auf alle Fälle eine Stellung gewesen, in welcher sie sich von dem Kinde scheinbar nur auf kurze Zeit hätte trennen müssen."

„Wäre sie darauf eingegangen?"

„Ich hätte sie schon zu bearbeiten verstanden. Natürlich hätte sie den Jungen irgendwo in Pflege thun müssen. Und weißt Du, bei wem dies gewesen sein würde?"

„Ich habe keine Ahnung davon!"

„Nun, nirgends anders als bei Deiner alten Base."

„Donnerwetter! Bei dieser? Aus welchem Grunde gerade bei ihr?"

„Zunächst wäre die brave Bertha verschwunden."

„Ah! Wie denn und wohin denn?"

„Meine Sache! Sodann wäre ihr Sprößling verschwunden."

„Aber zu welchem Zwecke denn?"

„Schwachkopf! Du wärst an seine Stelle getreten. Die Papiere waren da. Wer hätte beweisen können, welcher von den beiden Buben der richtige Erbe der Baronin ist?"

Der „Schwachkopf" ließ ein leises, verwundertes Pfeifen hören.

„Alle Teufel, ist es das," sagte er. „Die Nachbarn hätten es beweisen können, denn sie kannten mich und die Alte sehr genau."

„Die Alte hätte den Wohnort gewechselt. Dann war Alles gemacht. Ich hätte einen Baron de Sainte-Marie adoptirt gehabt. In Frankreich geht das, während es in andern Ländern schwieriger sein würde."

„Donnerwetter, welch ein Plan! Schade, daß nichts daraus geworden ist."

„Der Mord kam mir darein und das Verschwinden des Knaben."

„Aber warum hast Du mich dann doch noch adoptirt?"

„Du bist allerdings zugleich mein Cousin und mein Sohn. Ich that es, weil ich doch noch Hoffnung hegte, den Kerl zu erwischen."

„Und da mußte er entkommen! Ich könnte Baron sein, Baron!"

„Was damals nicht möglich wurde, kann vielleicht jetzt noch geschehen."

„Ah! Wenn das wäre!" meinte der Andere höchst eifrig.

„Warum nicht?"

„Auf welche Weise?"

„Abermals Schwachkopf! Ein Schuß oder ein Stich, sagte ich ja vorhin."

„Donnerwetter! Jetzt beginnt mein Schwachkopf zu begreifen."

„Das ist zu wünschen. Der junge Baron muß, gerade wie damals, spurlos verschwinden. Eine einzige Kugel ist vollständig genug."

„Das ist wahr."

„Die Papiere sind da."

„Allerdings! Geburtsschein und Taufzeugniß, sämmtliche Legitimationen seines Vaters, dazu das Geld und die Schmucksachen!"

„Das ist Legitimation genug. Du hast fast das gleiche Alter, hast in der Wüste gelebt, sprichst Arabisch und kennst nun auch die ganze Vergangenheit Deines Vaters, des Barons Alban de Sainte-Marie."

Der Andere schwieg. Richemonte hütete sich, ihn zu stören. Er wußte, daß der ausgestreute Samen mit riesiger Schnelligkeit heranwachsen werde. Er hatte richtig gerechnet, denn sein Gefährte meinte bald:

„Der Kerl da drin wäre bald beseitigt. Aber die Schwierigkeiten in der Heimath! Ich bin zu wenig dazu."

„Pah. Ich helfe Dir!"

„Hm. Wenn ich mich wirklich auf Dich verlassen könnte, Alter!"

„Natürlich! Ich setze allerdings voraus, daß ich nicht umsonst arbeite."

„Das versteht sich ganz von selbst."

„Also, Du denkst, daß es geht?"

„Sehr leicht sogar. Nur müssen wir schnell handeln. Hast Du gehört, daß sie von diesem Königsau sprachen?"

„Ja. Wie könnten sie davon wissen."

„Ob uns der Junge etwa gar im Walde belauscht haben sollte?"

„Das ist möglich."

„Nun, so ist es höchst wahrscheinlich, daß er sich sputen wird, Königsau und die Beni Hassan zu warnen."

„Donnerwetter, das wäre ein Strich durch unsere Rechnung."

„Und abermals ein gewaltiger. Wer steht uns dafür, daß er nicht den Alten liegen läßt, seine Siebensachen nimmt und noch diesen Augenblick aufbricht, während wir uns hier langathmig berathen?"

„Ja, Cousin, wir müssen handeln."

„Nun, also vorwärts."

„Halt. Vorher noch Eins!"

„Was?"

„Ich sage Dir im Voraus, daß ich ohne Erfüllung dieser einen Bedingung von der ganzen Sache nichts wissen will!"

„So rede doch!"

„Es handelt sich um Liama."

„Wieder dieses Mädchen," zürnte der Alte „Was willst Du mit ihr? Jetzt stehen die Sachen ganz anders als noch vor zwei Stunden."

„Meine Liebe ist ganz dieselbe geblieben."

„Du kannst sie doch wahrhaftig nicht zur Baronin de Sainte-Marie machen."

„Warum nicht?"

„Das wäre horribel. Das wäre der größte Blödsinn, den es giebt!"

„Ich thue es nicht anders."

„Kerl, nimm Verstand an!"

„Und Du, nimm Herz an! Ich habe sie lieb, und ich will sie haben."

„Meinetwegen, als Geliebte!"

„Nein, als Frau?"

„Das ist ja ganz unmöglich! Du kannst ja nicht als Prätendant der Baronin auftreten und dann, wenn man sie Dir zugesprochen hat, diese halb wilde Beduinin heirathen."

„Das ist auch nicht nöthig. Ich heirathe sie bereits hier."

„Sie kennt Dich als meinen Sohn Ben Ali. Der junge Sainte-Marie aber muß als Ben Hadschi Omanah auftreten."

„Warum?"

„Dieser Name ist in den Aufzeichnungen des Marabut sicher genannt."

„So nehme ich ihn an."

„Sie wird es verrathen!"

„Ist sie einmal meine Frau, wird sie sich meinem Willen fügen müssen!"

Richemonte sah ein, daß jetzt nichts zu erreichen sei. Er hoffte den Plan seines Gefährten doch noch zu durchkreuzen. Jetzt galt es, schnell zu handeln, daher gab er scheinbar nach und meinte nach einigem Ueberlegen:

„Wem nicht zu rathen ist, dem ist auch nicht zu helfen. Du sollst meinetwegen Deinen Willen haben, aber ich bitte Dich im Voraus, etwaige unangenehme Folgen nicht etwa mir aufzubürden. Gehen wir also zu diesem Sohne des Marabut!"

Er wendete sich ab, um die Stelle zu verlassen; da aber faßte ihn der Andre beim Arme und sagte:

„Wer soll ihn denn — hm!"

„Was?"

„Wer soll ihm denn zum Verschwinden helfen, meine ich Du oder ich?"

„Natürlich Du!"

„Warum ich? Du triffst viel sicherer."

„Das mag sein; aber ich werde mich hüten, für einen Andern die gebratenen Kastanien aus dem Feuer zu holen und mir die Finger zu verbrennen."

„Für einen Andern? Dieser Andere bin ich, Dein Adoptivsohn."

„Wenn zehnmal!"

„Du genießest die Früchte ebenso wie ich!"

„Das gilt erst abzuwarten. Ich war vorher bereit, dem Kerl meine Kugel zu geben; wie die Sache aber jetzt steht, sehe ich hiervon ab."

„Warum?"

„Deiner Liama wegen."

„Ihretwegen? Das begreife ich nicht."

„Es ist doch sehr leicht erklärlich. Sie weiß, daß Du nicht der Sohn des Marabuts bist. Sie kann Alles verrathen, und in diesem Falle will wenigstens ich nicht Derjenige sein, dem man den Mord aufwälzt."

„Ist es das? Gut so werde ich den Schuß abgeben. Für dieses Mädchen thue ich Alles. Sie aber wird uns nicht verrathen."

Richemonte lachte in sich hinein. Er hätte die Ermordung des Opfers auf keinen Fall auf sich genommen. Es lag ihm sehr daran, an dem späteren Baron de Sainte-Marie ein willenloses Werkzeug zu besitzen, und dies war nur dann der Fall, wenn er ihn mit Drohungen einzuschüchtern vermochte. Einem Mörder ist am Leichtesten zu drohen.

„So komm. Hast Du gut geladen?" fragte er.

„Ja."

Sie huschten leise zwischen den Bäumen hindurch, bis sie die Lichtung wieder erreichten. Dort duckte Richemonte sich auf den Boden nieder und kroch langsam und leise auf die

Hütte zu. Der Andere folgte ihm. Auf halbem Wege blieben sie plötzlich halten. Es war ein lichter Strahl aus dem Innern der Hütte auf den Platz herausgefallen.

„Gut für uns," flüsterte der Capitän. „Er ist drin. Wir können herankommen, ohne kriechen zu müssen."

„Er hat Licht."

„Desto besser. Das giebt für Dich ein festes, sicheres Ziel. Machen wir uns den Spaß, ihn zu überraschen. Welch' ein Gesicht er machen wird, wenn so plötzlich zwei unbekannte Personen inmitten der Nacht bei ihm erscheinen."

„Er wird Waffen in der Hütte haben."

„Feigling. Ein Marabut, und Waffen."

„Von früher her vielleicht."

„In diesem Falle erwarte ich, daß Du schneller bist als er. Komm!"

Sie schlichen sich leise bis an die Mauer. Dort lehnte noch der todte Marabut. Sie schritten um denselben hinum und standen nun vor dem Eingange. Sie konnten das Innere der Hütte überschauen.

(Fortsetzung folgt).

Die Liebe des Ulanen.

Original=Roman aus der Zeit des deutsch=französischen Krieges von Karl May.

(Fortsetzung.)

Ein kleines Thongefäß, mit Fett gefüllt, in welchem ein Docht steckte, bildete eine Lampe, deren Licht gerade hinreichend genug war, die Gegenstände im Innern der Hütte zu erkennen. Der Sohn des todten Heiligen hatte das Lager zur Seite geschoben und war damit beschäftigt, mit einem spatenartigen Werkzeuge den Boden aufzugraben. Da ertönten plötzlich, so daß er erschrocken emporfuhr, hinter ihm die lauten Worte:

„Mesalcheer — guten Abend."

Er drehte sich um und sah zwei bewaffnete Beduinen am Eingange stehen. So sehr erschreckt er war, er faßte sich doch schnell und antwortete:

„Allah jumessik! Was wollt Ihr?"

„Wir kommen, um einige Worte mit Dir zu sprechen," antwortete Richemonte.

„Tretet näher."

Sie traten ein, und nun fragte der Capitän, auf das Loch deutend:

„Was thust Du hier?"

„Ich grabe die Grube für den Todten, welcher draußen vor der Thüre liegt," antwortete er, schnell gefaßt.

„Wer ist dieser Todte?"

„Mein Vater, der fromme Marabut Hadschi Omanah."

„Du lügst."

„Du irrst! Ich sage keine Lüge."

„Und dennoch lügst Du."

„Ich kenne Euch nicht; Ihr seid Fremde; darum will ich Euch verzeihen. Ein Mann eines der nahe wohnenden Stämme würde anders sprechen. Aber auch für Euch ziemt es sich nicht; den Mann, unter dessen Dach Ihr tretet, einen Lügner zu nennen. Die Leiche eines Marabut heiligt den Ort, an dem sie sich befindet, Ihr aber entweiht und entheiligt ihn."

Er hatte sehr ernst und furchtlos gesprochen; der Capitän aber antwortete ganz in seiner vorigen Weise:

„Ich wiederhole, daß Du lügst. Ich kenne den Mann, dessen Leiche ich da draußen liegen sah."

„Wenn Du ihn besser kennst als ich, der ich sein Sohn bin, so sage mir, wer Du meinst, daß er sei."

„Jetzt ist er nichts als Staub und Erde. Vorher aber war er der Baron Alban de Sainte=Marie," sagte Richemonte in französischer Sprache.

„Allah!" rief der junge Mann erschrocken.

„Der Mörder seines eigenen Weibes."

Die Augen Arthurs öffneten sich vor Entsetzen fast übermäßig weit.

„Der seine eigene Mutter beraubte und bestahl."

„Wer seid Ihr?" stieß der Ueberraschte hervor.

„Ich bin Derjenige, von Dem er Dir vorhin erzählt hat."

„Ah! Ihr habt uns belauscht?"

„Ja. Hast Du Dir den Namen Richemonte gemerkt?"

„Des französischen Capitäns? Ja."

„Ich bin es."

„Gott schütze mich!"

„Ja, Gott schütze Dich!" rief jetzt der Andere. „Aber er wird es nicht vermögen, Dich, den abtrünnigen Muselmann, zu schützen."

Er zog blitzesschnell seine Pistole hervor, zielte und drückte ab. Der Schuß krachte weit in die Nacht hinaus. Arthur de Sainte=Marie stürzte lautlos mit zerschmetterter Stirn zur Erde. Der Capitän beugte sich über ihn nieder und untersuchte ihn.

„Ausgezeichnet gemacht, mein Junge!" sagte er. „Die Kugel ist ihm bis in's kleine Gehirn gedrungen. Er war sofort todt und hat nicht viel zu leiden gehabt. Auch das ist der Tod eines Heiligen."

Der Mörder aber drehte sich scheu zur Seite. Er wagte kaum, einen Blick auf sein unschuldiges Opfer zu werfen.

„Du meinst, ich habe gut getroffen?" fragte er, um nur Etwas zu sagen.

„Ja."

„So schaffe ihn hinaus."

„Warum?"

„Ich mag den Kerl nicht vor Augen haben. Dieses Loch im Kopfe, diese krampfhaft geballten Fäuste, diese starren, fürchterlichen Augen!"

Er schüttelte sich, als ob es ihn fröstele.

„Hasenherz! Aber es ist dennoch wahr. Wir müssen ihn hinausschaffen, um Platz zu haben, seine begonnene Arbeit fortzusetzen. Fasse an."

„Thue es allein!"

„Meinetwegen! Ich brauche mich nicht zu fürchten und zu scheuen, denn ich bin es nicht, der ihn erschossen hat. Ich bin unschuldig an diesem Blute."

Diese Worte trafen den Andern wie ein Donnerschlag.

„Du unschuldig?" fragte er. „Hast Du nicht die ganze Sache angestellt?"

„Pah! Mußt Du thun, was Andere sagen? Wenn ich Dir rathe, Dir selbst eine Kugel durch den Kopf zu jagen, wirst Du es auch thun? Ein Jeder trägt die Verantwortung seines Thuns. Die Gründe dazu liegen in ihm selber, wenn auch zehnmal der Anstoß von Außen kommen sollte. Ich wünsche übrigens nicht, daß Du mir noch einmal zu hören giebst, ich sei es, der Dich zu diesem Morde veranlaßt habe."

In diesem Augenblicke begann die Taktik, welche er dann später auch auf Schloß Ortry zu befolgen pflegte. Er faßte den Erschossenen bei den Armen und schleifte ihn auf dem Rücken hinaus vor die Thür. Wieder eingetreten, untersuchte er das Loch und gebot dann seinem Gefährten:

„Nun, was soll die Pistole noch in der Hand? Der Geruch des Blutes hat Dich wohl um die Besinnung gebracht? Hier, grabe weiter, Junge!"

Der Andere gehorchte, ohne eine Widerrede zu versuchen. Er steckte die Pistole in die Tasche, ergriff den Spaten und begann zu graben. Bereits nach kurzer Zeit stieß er auf etwas Hartes.

„Hier wird es sein," meinte er monoton.

„So schaff die Erde weg! Ich bin begierig, zu sehen, was es ist."

Dies geschah, und nun zeigte es sich, daß ein großer, vasenartiger Topf, welcher mit einem thönernen Deckel belegt war, in der Erde steckte.

Der Capitän nahm den Deckel ab. Ein ziemlich dickes Papierheft kam zum Vorscheine. Richemonte öffnete es, beleuchtete es mit der Lampe und blätterte darin umher.

„Die Aufzeichnungen des alten Sünders," sagte er. „Sie behandeln die Zeit von dem Tage an, an welchem er Jeanette verließ, um seinem Mädchen nachzulaufen, bis einige Jahre vor seinem Tode. Weiter!"

Unter dem Hefte befand sich ein alter, wollener Lappen. Als dieser entfernt worden war, entfuhr den beiden Männern ein Ausruf der freudigsten Ueberraschung. Was sie sahen, war kostbares, mit Perlen und Edelsteinen besetztes Geschmeide, unter welchem der Topf mit lauter englischen Guineen angefüllt war.

„Alle Teufel, das ist mehr, als ich dachte!" rief Richemonte erfreut.

„Das ist ein großer Reichthum," meinte der Andere, den Inhalt des Topfes mit gierig funkelnden Augen musternd.

Er wollte die Hand darnach ausstrecken, allein der Capitän schob ihn zurück und sagte im gebieterischen Tone:

„Halt, mein Junge! Das ist vor der Hand noch nichts für Dich."

„Ah! Bin ich nicht Ben Hadschi Omanah, der Baron de Sainte=Marie?"

„Du sollst es erst werden!"

„Dann ist das Alles mein Eigenthum!"

„Natürlich! Bis dahin aber werde ich es in meine eigene Verwahrung nehmen. Ich kenne Dich. Sobald Du Geld in der Tasche hast, bekommt es Flügel. Du bist im Stande, Deiner Liama hier den ganzen Kram für einen einzigen Kuß an den Hals zu werfen."

„So verrückt bin ich allerdings wohl nicht!"

„Vorsicht bleibt Vorsicht! Ich will Dir erlauben, Dich her zu setzen, um mit zu zählen. Eingesteckt aber wird kein einziges dieser Goldstücke. Was wir für die nächste Zeit brauchen, das habe ich in Biskra erhalten."

„Aber was soll denn mit diesem Schatze geschehen?"

„Vergraben wird er, bis wir mit Königsau fertig sind. Dann holen wir ihn und kehren nach Frankreich zurück, um zu sehen, ob dort die Verhältnisse unserem Vorhaben günstig sind."

„Wollen wir nicht die Thüröffnung verschließen?"

„Warum?"

„Es ist doch immerhin eine Ueberraschung im Bereiche der Möglichkeit!"

„Pah, wer soll kommen. Draußen liegen die beiden Todten, Einer hüben und der Andere drüben. Sie halten so gut Wache, daß kein Mensch herein kann. Komm her, Junge, wollen an unsere Arbeit gehen."

Zunächst wurde der Schmuck besichtigt. Er bestand aus vielen Gegenständen und repräsentirte einen wirklich hohen Werth. Dann zählten die beiden Mörder die Goldstücke; es waren ihrer gegen drei Tausend.

„Dieser heilige Marabut ist wirklich ein großer Spitzbube gewesen," meinte Richemonte. „Bescheiden hat er sich bei dem Diebstahl ganz und gar nicht aufgeführt. Desto besser aber ist das für uns, die wir seine dankbaren Erben sind. Er mag in Allah ruhen und selig werden!"

„Es ist wirklich zu verwundern?" sagte sein Gefährte, „daß seine Mutter sich keine Mühe gegeben hat, wieder zu dem Ihrigen zu gelangen!"

„Zu verwundern? O nein! Es beweißt das blos, daß sie viel Stolz und Ehrgefühl besessen hat, daß sie zweitens den Sohn wirklich aus dem Herzen gerissen hat, und daß sie drittens reich genug war, diesen Verlust verschmerzen zu können. Du siehst also ein, daß es sich sehr der Mühe verlohnt, Baron de Sainte=Marie zu werden."

„Ob die alte Frau wohl noch leben wird?"

„Wer kann das wissen. Frauen haben oft ein zähes Leben. Wahrscheinlich aber ist sie gestorben. Sie war bereits damals die Jüngste nicht mehr."

„Wo vergraben wir diese Sachen? Hier oben?"

„Fällt mir gar nicht ein! Unten im Dickicht liegen sie sicherer."

„Und was thun wir mit den Leichen?"

„Den Marabut mag man in Gottes und Allahs Namen immerhin finden. Wir legen ihn in die Hütte, natürlich nachdem wir dieses interessante Loch zuvor wieder zugeworfen haben. Den Andern aber müssen wir irgendwo verscharren, wo er niemals entdeckt werden kann."

„Wenigstens nicht eher, als bis er zur Unkenntlichkeit verwest sein wird, da ich es bin, der für ihn zu gelten hat. Machen wir, daß wir aus der Hütte hinauskommen. Die Lampe ist fast ganz herabgebrannt, und im Dunkeln mag ich nicht hier bleiben."

„Ja, machen wir das Loch zu!"

Diese Arbeit wurde schnell beendet. Das fest getretene Erdreich wurde wieder mit dem Moose des Lagers bedeckt, und dann holte der Capitän den Marabut herbei, den er darauf legte.

„So!" sagte er. „Die Thür werden wir ihm nicht zumauern, wie er es sich bedungen hat. Er wollte nur einen einzigen Sonnenstrahl täglich haben, wir sind aber Christen und gönnen ihm mehr."

„Und der Andere?"

„Der muß liegen bleiben, bis der Morgen anbricht. In der nächtlichen Dunkelheit ist es ganz unmöglich, eine solche Arbeit vorzunehmen."

„Und wo bleiben wir bis dahin?"

„Draußen irgendwo unter den Bäumen. Vom Schlafe ist keine Rede."

„Diesen Schatz nehmen wir doch mit uns?"

„Ja, obgleich er hier bei den Todten sicher aufgehoben sein würde. Aber, alle Wetter, da hätten wir ja beinahe die Hauptsache vergessen."

„Was?"

„Die Legitimationen, welche der junge Marabut zu sich gesteckt hat. Wenn wir sie mit ihm vergraben wollten, so würde es Dir wohl verteufelt schwer werden, den Baron de Sainte=Marie zu spielen."

„Er hat sie in die Innentasche seiner Kutte gesteckt. Ich habe es gesehen."

„So nimm sie heraus."

„Das kannst Du ebenso gut."

„Abermals Hasenherz!"

„Spotte immerhin. Am hellen Tage und im offenen Kampfe, da stelle ich meinen Mann, des Abends oder gar des Nachts aber mag ich von Leichnamen nichts wissen. Es ist das ein alter Grundsatz von mir."

„Ja, Feiglinge pflegen in dieser Beziehung die festesten Grundsätze zu haben. Ich will hinausgehen, die Papiere zu holen. Siehe Du inzwischen, ob vielleicht noch Blutflecke zu vertilgen sind. Wer morgen kommt, darf nichts ahnen. Man muß denken und annehmen, daß der Alte gestorben ist, während der Junge sich auf einer Excursion auswärts befindet."

Die Papiere wurden gefunden. Der Capitän steckte sie zu sich. Als nun auch noch einige sichtbare Blutspuren vertilgt worden waren, löschten die Beiden die Lampe aus und begaben sich mit dem Topfe unter den Bäumen nach dem Orte hin, wo sie bereits vorhin, als ihre Belauschung beendet gewesen war, miteinander gesessen hatten.

Sie fühlten trotz der Länge ihres anstrengenden Rittes nicht die mindeste Müdigkeit. Das heutabendliche Erlebniß hatte ihre Nerven angestrengt, so daß auch keine Spur von Schläfrigkeit zu bemerken war.

Sie versuchten, sich die Zeit durch leise geführte Gespräche zu vertreiben, wozu ihnen allerdings Stoff genug geboten war. Während einer Pause fragte der Jüngere den Capitän:

„Lebt Deine Schwester Margot noch?"

„Ich weiß es nicht."

„Und ihr Mann?"

„Jener verfluchte Hugo von Königsau, der Günstling des alten Blüchers? Ihm habe ich viel Malheur zu verdanken. Ich wollte, daß ihn der Teufel hätte! Ob er ihn aber schon hat, das kann ich nicht sagen, da ich so lange Zeit nicht wieder drüben gewesen bin."

„Ob der Lieutenant von Königsau, den wir jetzt so freudig überraschen wollen, wirklich ein Verwandter von ihm ist?"

„Natürlich! Er ist ein Sohn von ihm und meiner Schwester. Wenn dieser Laffe wüßte, daß sein lieber Onkel ihm unterwegs auflauert, um ihn um einige Tropfen Blutes und verschiedene Kameelladungen leichter zu machen. Ich glaube, daß endlich, endlich meine Zeit begonnen hat. Ich habe Jahrzehnte lang vergebens auf sie gehofft und gewartet, und sie ist nicht gekommen. Ich habe gedarbt und gekämpft fast ein ganzes Menschenalter, ohne daß meine Hoffnung erfüllt worden ist. Jetzt aber leuchtet mir die Erfüllung meiner Wünsche. Rache will ich haben, Rache an diesem Königsau und ihrer ganzen Sippe, und auch, wo möglich, Rache an der ganzen Nation dieser vermaledeiten Deutschen, deren Anwesenheit in Paris ich es zu verdanken habe, daß Andre, welche damals neben mir dienten, heute bereits die Marschallsinsignien tragen. Vielleicht giebt der Satan, wenn ich wieder im Vaterlande wohne, diesen Deutschen die gehörige Portion Verblendung, einen Krieg mit uns zu beginnen; dann werde ich Alles, Alles thun, um Blut fließen zu sehen, Blut, Blut und Blut."

Wäre es nicht dunkel gewesen, so hätte man an ihm jenes Zähnefletschen beobachten können, welches bei ihm stets ein Zeichen grimmiger Aufregung war. Er befand sich jetzt in der Stimmung, in welcher er sich am Wohlsten fühlte.

„Wer hätte gedacht," meinte sein Gefährte, „daß wir heute so rasch zum Ziele kommen würden!"

„Und zu welch' einem Ziele! Zwei Sainte=Marie's sind todt, und ein Richemonte wird Baron! Das ist überschwänglich mehr, als selbst die kühnste Hoffnung erwarten konnte. Wir können zufrieden sein."

„Welche Nachricht wirst Du dem Gouverneur Cavaignac bringen?"

„Bringen? Keine. Ich werde sie ihm schicken."

„Durch wen?"

„Durch den Commandanten von Biskra, zu dem wir reiten. Es hat sich durch unser heutiges Abenteuer so Vieles geändert, daß auch ich meinen Plänen eine andere Richtung geben muß. Es wird dies der letzte Dienst sein, den wir dem Gouverneur erweisen. Ich habe die Spionage satt."

„Wird er erfahren, wer der Marabut eigentlich gewesen ist?"

„Wo denkst Du hin! Er wird erfahren, daß er den frommen Hadschi Omanah nicht mehr zu fürchten brauche, weil dieser heute gestorben ist."

"Und unsern Lohn?"

"Werden wir sicher erhalten. Ich hole ihn mir nach dem Ueberfall der Karawane des Deutschen."

"Mir recht. Noch aber ist mir nicht klar, wie wir die Beni Hassan in den Verdacht bringen wollen, den Deutschen überfallen zu haben."

"Das laß nur meine Sorge sein. Der Plan dazu ist in meinem Kopfe so ziemlich fertig. Er harrt nur noch der Ausführung und des Gelingens."

"Ich mache aber die strenge Bedingung, daß dieser Saadi, der Geliebte Liama's, sterben muß."

"Am liebsten ließe ich den ganzen Stamm vernichten und Deine süße Liama zu allererst. Du wirst sehen, wohin Du Dich in dieser Liebesblindheit tasten wirst. Ich habe meine Schuldigkeit gethan und Dich gewarnt; jetzt siehe Du zu, ob Du auch im Stande sein wirst, die voraussichtlichen Folgen Deiner Starrköpfigkeit auf Deine eignen Achseln zu nehmen."

"Das laß nur immerhin meine Sorge sein," antwortete der Andere so kurz wie möglich, "Du sollst gar nicht das Glück genießen, die Folgen dieses dummen Streiches, wie Du ihn nennst, mit genießen zu können."

Mit dieser etwas scharfen Entgegnung wurde das Gespräch abgebrochen. —

Noch stieg der Duft der Wüste empor; noch wehte es leise, leise in den Zweigen, wie Flügelschlag einer fliehenden Seele; noch lächelten die Funken des Südens herab, als ob es kein Ereigniß gegeben habe, durch welches die Ruhe und der tiefe Frieden des heiligen Berges in so entsetzlicher Weise gestört worden sei. Als Arthur auf Wunsch des sterbenden Vaters betete:

"Mein Leben und mein Ende
Ist Dein. In Deine Hände
Befehl ich, Vater, meinen Geist!"

hatte sein Schmerz und sein gewaltsam niedergehaltenes Schluchzen nur diesem Vater gegolten, und doch hatte er sein eigenes Sterbegebet gesprochen. Er hatte die Wüste verlassen sollen, um nach dem Heimathslande seines Vaters zu pilgern; nun aber war er mit diesem Vater eingegangen in eine Heimath, welche höher und herrlicher ist als alle Stätten der Erde. — —

Kaum begann im Osten der Horizont sich leise aufzuhellen, so machten die beiden Mörder sich an die Arbeit, den Topf mit dem Golde und den Kostbarkeiten einzugraben. Sie fanden bereits nach kurzem Suchen einen außerordentlich gut passenden Ort, an welchem sie den geraubten Schatz für voraussichtlich nur kurze Zeit der Erde anvertrauten. Einige nur ihnen in die Augen fallende Kennzeichen dienten zur Bezeichnung dieser Stelle, und sodann begaben sie sich wieder nach der Hütte des Marabut.

Sie traten nochmals in das Innere, um sich nun auch beim Lichte des heranbrechenden Morgens zu überzeugen, daß keine Spur ihrer schaurigen That vorhanden sei. Dann ergriffen sie die Leiche des Ermordeten, um sie im tiefen Walde zu verscharren, zu welchem Zwecke sie den in der Hütte vorgefundenen Spaten mitnahmen. Auch dieses unheimliche Geschäft wurde rasch und zu ihrer Zufriedenheit beendet. Dann machten sie sich auf den Weg, um ihre zurückgelassenen Pferde aufzusuchen. Sie fanden dieselben an Ort und Stelle und trabten bald, da die Thiere sich mittlerweile ziemlich erholt hatten, munter dem Osten zu, in welcher Richtung Biskra, ihr nächstes Ziel, zu suchen war. —

Zum besseren Verständnisse des nun Folgenden ist ein kurzer Rückblick auf diejenigen Personen nöthig, deren Erlebnisse gewiß das größte Interesse des freundlichen Lesers in Anspruch genommen haben.

Der alte "Marschall Vorwärts" hatte nach der siegreichen Schlacht bei Waterloo Frankreich zum zweiten Male niedergeworfen. Paris war erobert und ein erneuter Frieden geschlossen worden. Dieser Frieden hatte Napoleon seinen Thron und — seine Freiheit gekostet: Er war nach der Insel St. Helena verbannt worden, von wo eine Rückkehr nicht so leicht zu bewerkstelligen war, als von dem so nahe gelegenen Elba.

An diesem Niederringen der Cohorten des großen Corsen hatte Hugo von Königsau leider nicht mit Theil nehmen können. Er war von den Folgen der fürchterlichen Hiebwunde Monate lang an das Lager gefesselt worden. Lange, lange Zeit hatte er in völliger Bewußtlosigkeit gelegen. Diese war zunächst in einen apathischen, dann in einen traumhaften Zustand übergegangen, und erst später hatte es hier und da einen kurzen, lichten Augenblick gegeben, an welchem das Auge des Schwerkranken mit Bewußtsein an der Gestalt seiner Pflegerinnen gehangen hatte.

Diese Pflegerinnen waren seine aus Berlin herbei geeilte Mutter, Frau Richemonte und ihre Tochter Margot, seine Geliebte.

Er erkannte sie alle Drei. Er lernte, sich von Stunde zu Stunde besser und deutlicher auf Alles, was früher geschehen war, besinnen. Seine Erinnerung reichte bis zu seiner Ankunft auf dem einsamen Hofe, wo der brave Kutscher Florian seine Geliebte in Sicherheit gebracht hatte. Aber, eigenthümlich im allerhöchsten Grade, weiter konnte er sich nicht besinnen, so sehr er seinen leidenden Kopf auch anstrengte.

Und selbst als die Aerzte ihn für hergestellt erklärten, war in diesem Punkte sein Gedächtniß noch immer nicht geheilt.

Er wußte ganz genau, daß er nach dem Hofe gekommen war, um die Kriegskasse an einer andern, sicheren Stelle zu verbergen. Er hatte auch den Situationsplan bei sich, den er gezeichnet hatte, er wußte den Ort, an welchem die Kasse zuerst verborgen gewesen war, ganz genau, seine erste Excursion nach seiner Genesung führte ihn hinauf nach der Schlucht, wo er bei der dort vorgenommenen Nachgrabung auch die Leichen der beiden Mörder fand; er besaß sogar noch das über die Ermordung des Barons de Reillac abgefaßte und von seinen Untergebenen unterzeichnete Protocoll — aber dennoch blieb es ihm vollständig unmöglich, sich auf das zu besinnen, was in der Zeit von ungefähr innerhalb zwölf Stunden vor seiner Verwundung geschehen war.

Er kannte die Namen Aller, welche bestimmt gewesen waren, ihn nach der Schlucht zu begleiten und ihm bei der Ausgrabung der Kasse behilflich zu sein. Er hielt genaueste Nachforschung und erfuhr, daß sie nie wieder zurückgekehrt seien.

So sah er sich gezwungen, nach Berlin zu gehen, ohne in dieser wichtigen Angelegenheit Klarheit gewonnen zu haben.

Auch Blücher kehrte nach dem Friedensschlusse nach der Hauptstadt Preußens zurück. Er wurde natürlich sofort von

Königsau aufgesucht und Jener empfing denselben mit seiner herkömmlichen, freundlichen Derbheit.

„Guten Morgen, mein Junge!" meinte der Marschall. „Ich hörte, Du hättest einen solchen Schmiß über den Kopf erhalten, daß der Teufel an jedem Augenblicke bereit gewesen sei, Dich zu holen?"

„Ja, es war ein verfluchter Schmiß, Excellenz," antwortete Hugo.

„Der Teufel hat aber doch auf Dich verzichten müssen? Na, das ist gut, das freut mich! Quecken, Heederich, Sauerampfer und anderes Unkraut verliert sich nicht so leicht; das habe ich an mir selber hundertmal erfahren."

„Aber eine verdammte Geschichte war es doch, Durchlaucht!"

„Hm! Ja! So ein Hieb wirft Einen auf's Bette. Da giebt's rothrussisches Seifenpflaster, Weiermüllers Universalpflaster, Schwarzburger Zugpflaster, gelben Zug, rothen Theakel, Heinswalder Canaillenpflaster, Brausebeutel, Rhicinusöl, Brechmittel, Purganzen und lauter solches verfluchtes Zeug, was einen Kranken nur noch elender macht, anstatt ihm auf die Socken zu helfen. Ich kenne das, o, ich kenne das sehr genau. Mir aber dürfen diese Pflasterkasten nicht wieder an den Corpus. Wenn ich einmal meinen letzten Athem schnappe, so will ich ohne Medicin gen Himmel fahren."

„Mag sein, Excellenz. Aber das ist es nicht, was mich am Meisten geärgert hat."

„Nicht? Nun, was hat Dich denn sonst gewurmt?"

„Zweierlei."

„Laß es hören!"

„Erstens, daß ich nicht weiter mitmachen konnte."

„Ja, das ist allerdings für einen jeden braven Kerl eine verflucht unangenehme Geschichte; aber man muß sich mit Lakritzensaft drein finden."

„Das ist nicht so leicht, Excellenz."

„Aber man bringt es dennoch fertig."

„Ja, wenn man sich über Verschiedenes hinwegzusetzen vermag."

Blücher klopfte seine Thonpfeife an der Ecke des Tisches aus, so daß die noch klimmende Asche auf den Teppich fiel und ihn versengte, blickte den Lieutenant von der Seite forschend an und fragte:

„Ueber Verschiedenes? Was wäre das wohl, he?"

„Nun," antwortete Hugo etwas zögernd, „das versäumte Avancement zum Beispiel."

Der Alte nickte bedächtig und wohlwollend.

„Hm, ja, das ist allerdings wahr," sagte er. „So etwas ist zum Ohrfeigen-Kriegen. Aber da kann man doch wohl ein wenig nachhelfen. Du hast uns ganz famose Dienste geleistet. Du hast uns hundertmal mehr genützt, als wenn Du Compattant geblieben wärst. Laß mich sorgen, mein Junge. Ein Wort, welches der alte Blücher sagt, wird schon noch gelten. Meinst Du nicht auch?"

„Ich denke es," antwortete Königsau lächelnd.

„Na, also! Ich wollte es ihnen auch nicht gerathen haben, eine Empfehlung von mir in den Winkel zu schmeißen. Ich bin in solchen Dingen ein ganz curioser Kauz. Aber, was ist denn nun das Andere, worüber Du Dich so ärgerst?"

„Die Kriegskasse, Excellenz."

„Die Kriegskasse? Alle Wetter, ja! Ich detachirte Dich doch mit einer kleinen Anzahl von Leuten, um diese alte Sparbüchse anderweit in Sicherheit zu bringen. Du kamst nicht wieder, und ich mußte weiter, immer hinter diesem Bounaparte her, um ihm zu zeigen, was deutsche Hiebe für Beulen machen. Dann hörte ich, daß Du verwundet worden seist. Wie ist es denn mit der Kasse geworden?"

„Ja, das weiß ich nicht, Excellenz."

„Nicht?" fragte Blücher verwundert. „So bist Du verwundet worden, noch ehe Du zur Kriegskasse kamst?"

„Nein, später."

„Aber, da mußt Du doch wissen, ob Du sie gefunden hast!"

„Jedenfalls habe ich sie gefunden."

„Und anderswo vergraben?"

„Ich denke es."

„Ich denke es? Alle Teufel, was ist das für ein dummes Wort! Hier kann es ja gar nichts zu denken geben!"

„Eigentlich nicht, Durchlaucht. Aber ich habe es leider vergessen."

„Vergessen? Das mit der Kriegskasse?"

„Ja."

„Alles? Den ganzen Schwamm?"

„Ja."

„Mensch! Kerl! Bist Du denn ein Kind, so etwas Wichtiges zu vergessen?"

Königsau deutete an die blutrothe Narbe, welche sich über den ganzen Kopf und noch über die Stirn bis auf die Nasenwurzel herab zog, und antwortete:

„Ich kann nicht dafür, Excellenz. Diese da ist schuld."

„Die Wunde?"

„Ja."

„Heiliges Donnerwetter! Hat sie Dich um das Gedächtniß gebracht?"

„Leider! Ich bin nicht im Stande, mich auf das zu besinnen, was in der Nacht vor meiner Verwundung geschehen ist."

„Du hast Dir keine Mühe gegeben, mein Junge!"

„O doch, und welche Mühe! Ich habe ganze Tage und Nächte durchgedacht, gesonnen und gegrübelt. Die Erinnerung aber hat nicht kommen wollen."

„Partout nicht?"

„Nein."

„Das ist wunderbar! Es ist Dir da irgend ein Rad im Kopfe ausgeschnappt, oder der Hieb hat Dir einen Theil des Gedächtnißkastens lädirt. So etwas läßt sich nicht wieder flicken oder zusammenkleistern. Aber oben bist Du gewesen, wo die Kasse vergraben lag."

„Ja."

„Und die Leute mit Dir?"

„Jedenfalls."

„Und die Kasse habt Ihr herausgenommen?"

„Ich denke es."

„Wenn Du das nur gewiß wüßtest."

„Ich denke, daß es so ist. Ich bin nach meiner Genesung oben gewesen und habe gefunden, daß die Kasse nicht mehr vorhanden war."

„Es kann sie auch ein Anderer gefunden und gehoben haben."

„Hm, wahrscheinlich ist es nicht, obwohl aber doch möglich."

„Möglich doch? Wieso?"

„Ich traue diesem Capitän Richemonte nicht."

„Ah, diesem Kerl! War er denn oben?"

Königsau machte ein etwas verlegenes Gesicht, zuckte die Achsel und antwortete:

„Höchst wahrscheinlich."

„Wider höchst wahrscheinlich! Donnerwetter! Junge, ich bin mit Dir ganz und gar nicht zufrieden! Was thue ich mit einer Wahrscheinlichkeit? Gewißheit will ich haben."

„Nun, vielleicht kann ich auch diese geben. Es ist nämlich fast für sicher anzunehmen, daß ich es gewesen bin, der die Kasse exhumirt hat, denn ich habe einen Situationsplan gezeichnet und später bei mir gefunden, welcher jedenfalls den Ort anzeigen soll, an welchem ich das Geld wieder versteckt habe."

„Ah! Hast Du ihn noch?"

„Ja."

„Her damit."

„Hier ist er."

Blücher nahm das Papier und betrachtete es genau.

„Der Plan ist gut und deutlich. Hier Fichten, dort Birken und drüben einige Kiefern. Hier ein Kreuz — jedenfalls die Stelle, wo Ihr die Kasse wieder eingegraben habt. Das muß doch zu finden sein."

„Ich habe vergebens gesucht."

„Ah, Du hast gesucht."

„Ja, Tage lang."

„Aber den Ort nicht gefunden?"

„Nein."

„Die Fichten, Birken und Kiefern auch nicht, mein Junge?"

„Nein. Ich kann mich absolut nicht besinnen, in welcher Richtung wir uns damals von der Schlucht aus gehalten haben."

„Das ist eine verdammte, ganz und gar miserable Geschichte. Das ist eine Geschichte, bei welcher einem sogar die Pfeife ausgehen kann."

Er legte die Pfeife fort, welche er sich vorher neu gestopft und angebrannt hatte. Mit dem Plane in der Hand, ging er nachdenklich in dem Zimmer auf und ab. Dann warf er ihn auf den Tisch und sagte:

„Na, Du kannst jedenfalls nicht dafür. Der verfluchte Hieb hat Dein Gehirn bankerott gemacht; da ist nichts daran zu ändern. Aber wo sind die Anderen, welche dabei waren? Sie müssen sich doch besinnen können!"

„Ich habe nach ihnen geforscht. Es lebt Keiner mehr."

„Hols der Teufel! Sie sind in den späteren Kämpfen gefallen?"

„Nein, sondern wohl noch während jenes Tages. Das Haus, von welchem unsere Excursion ausging, wurde von Franzosen überfallen, wobei ich meinen Hieb erhielt. Preußische Husaren kamen zu Hilfe und fanden später in der Richtung nach den Bergen zu grad so viele erschossene Männer, als ich bei mir gehabt hatte."

„Fand man nichts bei ihnen, was einen Anhalt hätte geben können, wer sie gewesen sind?"

„Nein. Sie waren vollständig ausgeplündert."

„Das ist fatal! Na, wir haben wenigstens einen Trost dabei, nämlich den, daß wir die Kasse auch dann nicht bekommen würden, falls Du es ganz genau wüßtest, wo sie verborgen liegt."

„Nicht?" Ich würde es in diesem Falle für nicht schwer halten, sie zu holen, Excellenz."

„Diebstahl, mein Junge! Sie liegt auf französischem Grund und Boden. Aber meintest Du nicht, daß dieser Capitän Richemonte mit Euch oben in den Bergen gewesen sei?"

„Ja."

„Woraus schließest Du das?"

„Weil ich hier ein Document habe, nach welchem er da oben den Baron de Reillac ermordet hat. Ich selbst bin Zeuge gewesen. Hier nun steht klar und deutlich, daß wir die Leiche Reillacs gefunden haben, und daß Richemonte bei ihr stand. Auch sind die Gegenstände verzeichnet, welche er bei sich trug, die aber Reillac gehörten."

„Ihr habt sie ihm doch abgenommen?"

„Das versteht sich."

„Wo sind sie?"

„Ich habe sie später in meinem Besitze gefunden und habe sie noch."

„Aber wie es scheint, ist Euch Richemonte selbst entkommen?"

„Entweder ist er uns entkommen, oder wir haben ihn freiwillig gehen lassen, Excellenz."

„Das Letztere wäre eine unendliche Dummheit von Euch gewesen."

„Entschuldigung, Excellenz! Ich möchte es doch nicht so bezeichnen!"

„Nicht? Warum nicht, he?"

„Es gilt, zu bedenken, daß wir uns in Feindes Land befanden."

„Ach so! Hm! Ja! Ihr wart gleichsam Spione; wenigstens befandet Ihr Euch heimlich mitten unter einer feindlichen Bevölkerung. Da war es allerdings nicht gerathen, den Kerl zu arretiren."

„Vielleicht könnte man ihn noch jetzt beim Schopfe nehmen."

„Noch jetzt? Ah, ja! Das ist wahr; würde man Reillacs Leiche finden?"

„Jedenfalls."

„Hm! Der Gedanke ist nicht schlecht. Beweise hätten wir auch, nämlich das, was Du gesehen hast, Eure Unterschriften und dann die Gegenstände, welche Reillac gehörten und die Ihr ihm abgenommen habt."

„O, es giebt noch mehr Beweise, Excellenz."

„Welche?"

„Margot hat einen Brief von ihm erhalten, in welchem er ihr mittheilt — — —"

Blücher machte eine schnelle Bewegung und unterbrach ihn:

„Margot! Ah, Donnerwetter! An dieses alte Mädel habe ich gar nicht gedacht! Wie dumm von mir! Wo steckt sie denn eigentlich?"

„Hier in Berlin bei meiner Mutter."

„So! Die muß ich besuchen, und das sehr bald, mein Junge."

Königsau räusperte sich ein wenig und sagte dann:

„Es war jetzt meine Absicht, Ew. Excellenz zu einem solchen Besuche ganz gehorsamst einzuladen."

„Wirklich? Giebt es vielleicht eine besondere Bewandtniß dabei?"

„Allerdings, Durchlaucht."

„Welche?"

„Hochzeit."

„Hochzeit? Kreuzmillionensternhagel! Du willst heirathen, Alter?"

„Ja."

„Die Margot?"

„Natürlich!"

„Wenn denn?"

„Uebermorgen ist die Trauung."

„Schon übermorgen? Da schlage doch das Wetter drein! Wie kann ich bis dahin mit dem Hochzeitsgeschenk fertig werden! Bis übermorgen kriege ich ja weiter nichts zu haben als höchstens eine Kohlenschaufel, einen Kinderkorb und einen Strauß von Aurikeln und Lindenblüthen! Kerl, warum habe ich das denn nicht eher erfahren?"

„Excellenz sind ja so eben erst in Berlin angekommen."

„Das ist wahr! Aber höre, hast Du bereits einen Brautführer?"

„Ja."

„Wer ist es?"

„Lieutenant von Wilmersdorf."

„Der Wilmersdorf?" fragte der Marschall. „Wirklich der?"

„Ja, Durchlaucht."

„Donnerwetter! Warum denn diesen Kerl?"

„Er ist ein guter Freund von mir."

„Unsinn. Freund hin, Freund her! Es giebt noch andere Leute, die Deine und Margots Freunde sind. Nicht jeder Freund hat das Zeug, ein tüchtiger Brautführer zu sein. Hast Du Dir den Wilmersdorf denn einmal ganz genau angesehen, he?"

„Sehr oft," antwortete Hugo unter einem ahnungsvollen Lächeln.

„Diese dünnen krummen Beine!"

„Hm! Nicht sehr schlimm."

„Stumpelnase."

„Ein Wenig!"

„Drei Haare im Schnurrbart!"

„Vielleicht doch einige mehr, Excellenz!"

„Unsinn! Da siehe mich einmal dagegen an! Hier, guk her!"

Er drehte sich einige Male um seine eigene Achse und fuhr dann fort:

„Habe ich etwa dünne Beine?"

„Nein, Excellenz," antwortete Königsau.

„Oder sind sie krumm?"

„Nicht im Mindesten!"

„Ist meine Nase stumpelig?"

„O nein."

„Oder fehlt es meinem Barte an Melissengeist?"

„Excellenz haben allerdings kein solches Frühbeetmittel nöthig."

„Na also. Oder ist dieser Lieutenant von Wilmersdorf etwa ein honnetterer Kerl als ich?"

„Das glaube ich nicht."

„Du glaubst es nicht? Ah, Du glaubst es blos nicht. Sieh doch einmal an! Kerl mache mir keine dummen Witze, sonst heirathe ich Dir die Margot vor der Nase weg! Ich sage Dir: Wäre ich fünfzehn Jahre jünger, so müßte sie meine Frau werden. Da ich aber nun einmal das Pech habe, so ein alter Methusalem zu sein, so will ich wenigstens das Vergnügen haben, ihr Brautführer zu sein. Verstanden?"

„Zu Befehl, Excellenz!"

„Zu Befehl? Lauf zum Kukuk mit Deinem Befehl! Diese Geschichte soll nicht durch einen Armeebefehl erzwungen werden. Liegt Dir nichts daran, so thue den Schnabel auf."

„O, Durchlaucht, es gereicht mir ja nicht blos zur größten Ehre, sondern es gewährt uns auch das innigste Glück, Ihren Wunsch zu erfüllen!"

„Na also! Endlich nimmt der Mensch drei Zoll Verstand an. Nun führe ich die Margot bis in die Ehe, und dieser Lieutenant von Wilmersdorf mag Hunde führen bis Bautzen. Aber sagtest Du nicht, daß dieser Richemonte an Margot geschrieben hätte?"

„Ja, bereits dreimal."

„Ah. Wie kann sie sich mit diesem Kerl in Briefwechsel stellen!"

„Das fällt ihr gar nicht ein,"

„Aber sie hat ihm doch geantwortet?"

„Nein."

„Wo befindet er sich jetzt?"

„Für zwei Wochen in Straßburg."

„Habt Ihr seine Adresse?"

„Ja. Er erwartet dort unsere Antwort."

„Das ist gut. Da wissen wir, wo der Herr Urian zu finden ist. Was schreibt er denn?"

„Margot soll mich verlassen und zu ihm kommen."

„Der Kerl ist verrückt! Das Mädel wird Dich eben aufgeben!"

„O, er giebt einen sehr gewichtigen Ueberredungsgrund an."

„Da bin ich doch neugierig."

„Margot ist arm; er aber will, sobald sie mich verläßt und zu ihm kommt, sie zu einer reichen, ja zu einer steinreichen Erbin machen."

„Sapperlot! Welcher Krösus ist denn gestorben?"

„Reillac."

Blücher fuhr erstaunt zurück.

„Reillac?" fragte er in einem unendlich gedehnten Tone

„Ja,"

„Natürlich ist er todt! Aber, er ist es, den sie beerben soll?"

„Er und kein Anderer."

„Da sollen doch gleich tausend Bomben platzen! Wie geht das zu?"

„Wissen Euer Excellenz, daß Baron Reillac sehr, sehr reich war?"

„Ja. Aber er war reich, weil er ein großer Schuft war. Er machte den Gurgelabschneider und sammelte sich als Armeelieferant Millionen, während die armen Soldaten hungern mußten und in Lumpen gingen."

„Erinnern sich Excellenz auch noch meiner früheren Mittheilung, daß Napoleon Margot gesehen hatte?"

„Ja, er hatte ein Auge auf sie geworfen, oder auch wohl alle beide."

„Nun, es ist im Plane gewesen, daß Reillac sie heirathen solle."

„Der? Dem sollte ein heiliges Wetter auf den Leib fahren, aber kein solches Prachtmädel, wie die Margot ist. Aber hätte der Kaiser denn dazu seine Einwilligung gegeben?"

„Natürlich! Von diesem ist ja der Plan ausgegangen.

Margot sollte als Baronin de Reillac am kaiserlichen Hofe Zutritt erhalten."

"Ah, damit Napoleon Gelegenheit erhalte, sie zuweilen beim Kopfe zu nehmen? Das mag er sich vergehen lassen! Jetzt mag er auf St. Helena Käse reiben, aber an solche Sachen mag er ja nicht denken."

"Richemonte hat die Hand dabei im Spiele gehabt. Er schreibt, daß Reillac gestorben sei, ohne einen nahen Erben zu hinterlassen."

"Was geht das Margot an?"

"Er schreibt ferner, daß er die schriftliche Einwilligung des Kaisers zur Verheirathung Margots mit Reillac in den Händen habe."

"Ah. Das galt damals als vollzogene Verlobung!"

"Auch jetzt noch?"

"Hm. Kommt auf Umstände an. Ich bin kein Advocat oder Rechtswurm."

"Ferner hat Reillac ein Testament hinterlassen."

"Doch? Also giebt es einen Erben."

"Ja."

"Wer ist es?"

"Eben Margot."

"Heiliges Pech! Margot? In wiefern denn?"

"Reillac hat seine Verlobung oder die kaiserliche Einwilligung dadurch erkauft, daß er für den Fall seines Todes Margot als unumschränkte Erbin seiner sämmtlichen Hinterlassenschaft einsetzte."

"Welch ein Glück für Euch, oder welch eine Schande für Euch."

"Kein Glück, sondern eine Schande, wenn Margot acceptirte."

"Richtig, mein Junge. Du bist ein tüchtiger Kerl und hast Ehre im Leibe. Aber wo befindet sich das Testament?"

"Richemonte hat es."

"Wird es ächt sein?"

"Es müßte geprüft werden."

"Dem Kerl ist Alles zuzutrauen. Aber ein Esel ist er doch, ein großer Esel."

"In wiefern, Excellenz?"

"Er will mit diesem Testamente Margot zu sich locken?"

"Ja, wie ich bereits sagte."

"Wenn sie ihm aber nicht folgt — — —?"

"So soll sie keinen Genuß davon haben."

"Unsinn. Es wäre leicht, ihm das Testament abzunehmen. Dazu sind die Behörden da, und eben darum ist er ein großer Esel, mein Junge."

"O, Durchlaucht, er würde das Testament versteckt halten und sagen, daß er die Unwahrheit gesagt habe, er würde behaupten, daß die Erfindung von dem Testamente nur eine Lockung gewesen sei."

"Das ist allerdings richtig. Was sagt Margot dazu?"

"Sie will natürlich nichts von ihm wissen."

"Und von der Erbschaft?"

"Auch nichts."

"Brav. Ihr habt zwar Beide kein Vermögen, aber ich will schon für ein rasches Avancement sorgen, und dann leidet Ihr ja keine Noth."

Die Züge Königsau's verdüsterten sich.

"O, Excellenz," sagte er, "mit dem Avancement wird es vorüber sein."

"Vorüber?" fragte Blücher. "Warum?"

Königsau deutete zum zweiten Male nach der Narbe und antwortete:

"Hier liegt der Grund."

"Donnerwetter! Ist so eine ehrenvolle Narbe etwa ein Schandfleck?"

"Ganz und gar nicht."

"So brauchst Du Dich doch auch nicht wegen ihr zu schämen, fort zu dienen."

"Zu schämen? Ganz und gar nicht, Durchlaucht!"

"Nun, und dennoch soll sie der Grund sein, daß es mit dem Avancement vorüber ist? Das begreife, wer da will, ich aber nicht."

Königsau lächelte trübe, beinahe bitter.

"Haben Excellenz nicht vorhin selbst gesagt, daß in meinem Kopfe irgend ein Rad zersprungen sei?" fragte er.

(Fortsetzung folgt.)

Die Liebe des Ulanen.
Original-Roman aus der Zeit des deutsch-französischen Krieges von Karl May.
(Fortsetzung.)

Blücher ahnte, was da kommen werde, darum antwortete er rasch:

„Papperlapapp. Das war ja nur im Spaße gesagt."

„Ich weiß das, und dennoch ist es bitterer Ernst."

„Unsinn."

„Mein Gedächtniß hat gelitten — —"

„Meinetwegen."

„Es ist nicht mehr zuverlässig."

„Doch blos in dem einen vorhin erwähnten Punkte."

„Bisher, ja. Aber es kann mich in jedem Augenblicke bei jedem Punkte, der vielleicht von größter dienstlicher Wichtigkeit ist, ebenso verlassen."

„Donner und Doria. Wer sagt das?"

„Die Aerzte."

„Welche Aerzte?"

„Die mich behandelten und die, als Sachverständige, jetzt über meine Zukunft zu entscheiden haben."

Blücher blickte ihn mit einem ganz eigenthümlichen Ausdrucke an.

„Sachverständige?" fragte er. „Zukunft? Entscheiden?"

„Ja."

„Ich verstehe das nicht."

„Ich wollte es auch nicht verstehen, sah mich aber bald dazu gezwungen. Ich werde meinen Abschied fordern müssen."

„Abschied? Kerl, ist Er verrückt?" rief der Marschall.

„O, man hat es mir bereits angedeutet."

Da trat Blücher an das Fenster, blickte ein Weilchen stumm hinaus und drehte, als er seiner Gefühle Herr geworden war, sich wieder um. Seine Wangen waren roth geworden, und seine Augen schimmerten feucht, als er in scheinbar ruhigem, aber aufrichtig herzlichem Tone sagte:

„Also Dir hat man angedeutet, daß Du Deinen Abschied fordern sollst?"

„Ja."

„So einem jungen, talent- und hoffnungsvollen Officier. Was hast Du zu thun beschlossen?"

„Zu gehorchen."

„Auch wenn ich Dir abrathe?"

„Auch dann!"

„Millionendonnerwetter! Kerl, warum auch dann?"

„Weil ich den Abschied erhalte, wenn ich ihn nicht fordere."

„Da werde ich mich denn doch in der Länge und der Breite dazwischen legen."

„Ich bin Excellenz außerordentlich verbunden! Aber, darf ich aufrichtig reden?"

„Rede nur gerade so, wie Dir's vom Maule kommt!"

„Ihre Intervention würde allerdings mächtig genug sein, mich zu halten; aber ich würde denn doch den Verhältnissen und den nächsten Vorgesetzten gegenüber zu kämpfen haben."

„Diese vorgesetzten Hallunken sollte der Teufel holen!"

„Das geht nicht so schnell. Es würde da Scheereien geben, die — — —"

„Ja, ja," fiel Blücher schnell ein. „Ich weiß, was Du meinst. Es giebt so kleine, ganz kleine Teufeleien, die in fürchterlicher Menge und Schärfe kommen und gegen welche ich Dich nicht schützen könnte. Ich kann Dir da allerdings nicht Unrecht geben, armer Kerl!"

„Und wie nun, wenn die Aerzte wirklich Recht haben?"

„Mit dem Rade im Kopfe?"

„Nicht in dieser Bedeutung, Excellenz. Meine Denk- und Urtheilskraft hat nicht im Mindesten gelitten; wie aber, wenn dies nur so scheint? Meine Wunde verursacht mir mancherlei Schmerzen und Beschwerden. Wenn ich gerecht

77

und unparteiisch denke, so muß ich die Möglichkeit zugeben, daß eine so bedeutende Hirnverletzung noch schwerere, unvorhergesehene Folgen nach sich ziehen kann."

„Mensch, Du bist ein Schwarzseher!"

„Ich bemühe mich nur, keine Eventualität unberechnet zu lassen."

„Mag sein! Aber schade, jammerschade ist es doch! Also Du bist wirklich gewillt, um Deinen Abschied einzukommen?"

„Fest gewillt."

„Na, meinetwegen! Thue es! Aber wenn denn?"

„So bald als thunlich."

„Unsinn! Hat Dein Kopf etwa so gelitten, daß Du über einem solchen Gesuche drei Vierteljahre zubringen wirst?"

„Nicht ganz," antwortete Königsau lächelnd.

„So schreibe es heute!"

„Excellenz, ich erlaube mir die Meinung, daß ———"

„Unsinn! Maul halten! Wer hat hier eine Meinung zu haben, Er oder ich?" donnerte da der Alte los. „Mache Er die Sache kurz. Hat Er während Seines Krankenlagers das Schreiben verlernt?"

„Nein," antwortete Königsau kurz.

„Gut! Dort sieht Er Dinte, Papier und Gänsewische. Reiße Er sich eine Feder heraus. Das Messer, sie zu schneiden, liegt auch dort. Dann setze Er sich hin, und fertige Er sein Gesuch. Ich werde mir inzwischen eine andere Pfeife anbrennen. Also gehe Er los! Aber so kurz wie möglich."

Königsau gehorchte. Er setzte sich. Auf dem Tische lag ein ganzer Federwisch, der Flügel einer Gans, wie man sie zum Ausfegen und Abstäuben damals in Gebrauch hatte. Er riß sich eine Feder heraus, schnitt sie, da sie nicht gezogen war, mühsam zurecht, und schickte sich an, zu schreiben.

„Halt!" meinte da der Marschall. „Wie denkt es sich besser nach, mit Pfeife oder ohne Pfeife?"

„Mit!" antwortete Königsau.

„So stopfe Dir eine, ehe Du die Klexerei beginnst. Da, greif zu!"

Der Lieutenant mußte gehorchen. Er stopfte sich eine holländische Thönerne, setzte sie in Brand und begann dann.

„Halt!" rief der Alte abermals. „An wen adressirst Du das Gesuch?"

„Vorgeschriebener Weise an das Regimentscommando."

„Unsinn! Dich geht diese vorgeschriebene Weise ganz und gar nichts mehr an. Man will Dich los sein, und man soll den Willen haben. Aber mit diesen Kerls sollst Du nun auch nicht mehr schriftlich verkehren."

„An wen meinen Excellenz sonst, daß ich adressiren soll?"

„Wie? Was? Das leuchtet Dir nicht ein?"

„Nein."

„Da schlage doch das Wetter drein! Muß ich Dich denn geradezu mit der Nase hineindrücken? Du adressirst Dein Abschiedsgesuch an mich alten Hallunken; das ist das Gescheidteste, was Du thun kannst."

„Mit Uebergehung sämmtlicher anderer Competenzen?"

„Jawohl, anders nicht."

„Ganz, wie Excellenz befehlen!"

„Ja, das befehle ich. Und nun fange endlich einmal an. Drücke aber vorher den Tabak nieder, sonst fällt er Dir aus der Pfeife auf das Papier herunter."

Königsau schrieb. Er gab sich trotz der Eile die möglichste Mühe; als zehn Minuten vergangen waren, legte er die Feder weg.

„Fertig? fragte Blücher.

„Ja."

„Vorlesen!"

Königsau erhob sich vom Stuhle, nahm den Bogen empor und begann:

„An seine fürstliche Durchlaucht, Herrn Feldmar ———"

„Halt!" donnerte da Blücher. „Das ist die Ueberschrift?"

„Ja."

„Die Adresse?"

„Ja."

„Meine Adresse?"

„Allerdigs."

„Kerl, Dich soll der Teufel reiten. Wenn so ein vorgesetzter Kerl von Dir an mich schreibt, so verlange ich allerdings, daß er Alles, Alles bringt, nämlich den Fürsten, den Gebhardt Leberecht, den Marschall, die Excellenz, den alten Blücher, die Durchlaucht, die Hoheit und das Euer Gnaden. Wehe ihm, wenn er ein Jota weglassen wollte. Aber wenn Du, der Zurückgesetzte von diesen Vorgesetzten, mir schreibst, so ist das überflüssig. Ich will diesen Kerls beweisen, daß ich Etwas auf Dich halte. Wie viele Zeilen hat denn Dein Gesuch?"

„Zweiundfünfzig."

„Mein Gott, zweiundfünfzig! Ist denn solch ein Quirlquatsch nöthig? Setze Dich hin, und nimm einen anderen Bogen. Ich werde Dir dictiren."

Königsau gehorchte. Blücher steckte die Pfeife ordentlich in Brand, lief nachdenklich im Zimmer auf und ab und fragte nach einer Weile:

„Kann's losgehen?"

„Ja."

„Gut, also jetzt! Was haben wir heute für Einen?"

„Den Dreiundzwanzigsten."

„Ah, ja, übermorgen ist ja Weihnachten. Also gerade zu Weihnachten läßest Du Dich trauen? Das freut mich, und das paßt mir. Hast Du die Feder auch gehörig eingetunkt?"

„Ja."

„So schreibe! Berlin den dreiundzwanzigsten Januar 1816. An meinen Freund und Gönner Gebhardt Leberecht von Blücher. ——— Fertig?"

„Ja."

„Also weiter!" Lieber Freund und Kampfgenosse! Ich habe einen gottserbärmlichen Schmiß über den Kopf bekommen. Ich soll deshalb den Abschied nehmen. Ich thue es hiermit. Gieb mir ihn? Von Dir ist er mir lieber, als von Anderen; denn Du weißt, daß ich meine Pflicht gethan habe. Dein treuer Hugo von Königsau, Lieutenant."

„Fertig?" fragte er eine Minute nach dem letzten Worte.

„Ja," antwortete Hugo.

„Na, weißt Du nun wie ein Abschiedsgesuch gemacht wird?"

„Excellenz, die Worte wollten mir nicht aus der Feder."

„Warum nicht?"

„Dieser Scherz ist mir allerdings ein erfreulicher Beweis Ihres ———"

„Unsinn!" unterbrach ihn Blücher. „Es ist kein Spaß, sondern mein Ernst. Zeig mal her! Hast Du Streusand drauf?"

„Noch nicht."

„Schütt Tabaksasche drauf! Die löscht viel besser als Sand."

Dies wurde gethan, und dann nahm Blücher den Bogen her, um ihn zu lesen.

„Hast wirklich keine üble Hand," meinte er. „Deines ist besser zu lesen als meines. Rathe, wer das zu lesen bekommt."

„Ich habe keine Ahnung, Excellenz."

„Keine Ahnung? Dummkopf, wer anders als der König!"

Königsau hatte sich das gedacht, aber er erschrak dennoch.

„Excellenz!" meinte er zögernd. „Es scheint mir, als ob in diesem Falle das Gesuch denn doch eine veränderte Fassung erhalten müßte."

„Eine andere Fassung? Wie meinst Du das? Den Bogen zusammengebrochen? Das versteht sich ja ganz und gar von selber. Es kommt sogar ein Couvert darüber."

„Ich meine, daß der Inhalt durch veränderte Worte ausgedrückt werden müsse."

Blüchers Brauen zogen sich zusammen.

„Die Worte verändert?" fragte er.

„Ja, so einigermaßen."

„Mensch, Kerl, Junge, Königsau, was fällt Dir ein. Denkst Du etwa, daß ich kein Gesuch entwerfen kann?"

Hugo erschrak.

„Excellenz," beeilte er sich, zu antworten, „ich bin vollständig überzeugt — — —"

„Oder, daß ich nicht dictiren kann?" unterbrach ihn Blücher. „Dieses Gesuch ist ein stylistisches Meisterwerk, und der König bekommt es zu lesen. Damit pasta und punktum. Aber nun weiter. Wie steht es mit diesem Richemonte. Wollen wir ihn absagen?"

„Ich weiß nicht, ob dies möglich ist."

„Warum nicht? Du weißt ja seinen Aufenthalt."

„Aber Straßburg gehört zu Frankreich."

„Das ist egal. Wie heißt in Frankreich der oberste Ankläger?"

„Generalprocurator."

„Nun gut. An diesen Generalprocurator schreibe ich. Ihm schicke ich die Anklage. Und dann will ich sehen, ob man es wagen wird, einen Antrag des alten Blücher unbeachtet zu lassen. Was hattet Ihr diesem Richemonte an der Leiche seines Opfers abgenommen?"

„Reillac's Börse und Brieftasche."

„Ist es erwiesen, daß Beides diesem gehörte?"

„Sein Wappen und Namenszug befindet sich darauf."

„Das ist hinreichend. Ihr habt die Leiche begraben?"

„Ja."

„Könntest Du die Stelle heute noch finden?"

„Ganz gewiß."

„Es wäre ja möglich, daß man Deine Gegenwart forderte. Hast Du die Ermordung direct gesehen."

„Nein."

„Das ist dumm. Nun kann er leugnen."

„O, doch nicht. Ich sah ihn mit Reillac beisammen. Nach einer Entfernung von kaum fünf Minuten kehrte ich zurück. Richemonte war fort, Reillac aber lag erstochen am Boden. Er war noch warm. Es fehlten ihm die Gegenstände, welche wir dann bei Richemonte fanden."

„Das ist allerdings genug. Wie mag das Testament in die Hände des Capitäns gekommen sein?"

„Vielleicht ist es gefälscht. Ist es jedoch wirklich ächt, so kann es für Reillac ja irgend einen Grund gegeben haben, es den Händen Richemontes anzuvertrauen."

„Das ist wahr," meinte Blücher. „Richemonte hat kein Vermögen?"

„Nein, aber desto mehr Schulden, wie Excellenz ja bereits wissen."

„Dann muß es allerdings verteufelt fatal für ihn sein, in diesem Testament ein riesiges Vermögen in der Hand zu halten, von welchem er nicht einen Heller erhalten wird."

„Deshalb will er Margot zu sich locken."

„Ja, er würde die Erbschaft für sie erheben und dann schleunigst durchbringen. Das soll ihm nicht gelingen. Na, übermorgen bin ich bei Euch, da besprechen wir Alles, und dann wird gehandelt. Jetzt kannst Du Dich von dannen trollen, mein Junge. Grüße mir die Margot und auch die anderen beiden Frauen! Das Abschiedsgesuch wird besorgt, Adieu!"

„Adieu, Excellenz!"

Er ging. War er durch seine kaum überwundenen Leiden in eine trübe Stimmung und dann durch den Wink, seinen Abschied zu nehmen, verbittert worden, so hatte ihn jetzt die Unterredung mit dem alten Haudegen förmlich erquickt und wieder aufgerichtet. Er kehrte mit frischem Muthe zu den Seinigen zurück.

Zwar war es wahr, daß er keinen Reichthum besaß. Das kleine Gut, welches er sein Eigenthum nannte, brachte nicht mehr ein, als er zur nothwendigen Befriedigung bescheidenster Lebensansprüche bedurfte; aber wenn er die Augen seiner Margot so glücklich und vertrauensfreudig auf sich gerichtet sah, so war es ihm, als ob es niemals einen Tag geben werde, an welchem er mit seinem Schicksale hadern könne.

„Hat er Dich freundlich empfangen?" fragte sie, als er sich neben ihr niedergelassen hatte.

„Er hat mir wahrhaftig die alte Zuneigung und Güte bewahrt," antwortete er. „Laß Dir nur erzählen, meine Margot."

Er berichtete, und freute sich, als sie seine Augen nach so langer Zeit wieder vor Freude und Vergnügen leuchten sah. Und als er geendet hatte, meinte sie im Tone innigster Ueberzeugung:

„Blücher ist nicht der Mann, Etwas fallen zu lassen, was er einmal ergriffen hat. Glaube mir, daß er bemüht sein wird, Dich für die Unthätigkeit zu entschädigen, in welche man Dich zwingen will."

Und sie hatte Recht.

Der Weihnachtstag kam heran, und Hugo erhielt das kostbarste Geschenk, welches ihm jemals an diesem Tage geworden war: ein Weib, wie es schöner, lieber und besser kein Mensch besitzen konnte.

Wie entzückend war Margot in ihrem einfach weißen Brautkleide! Sie glich einem überirdischen Wesen und wurde durch keine Brillanten, durch keine künstlichen Raffinements, sondern nur durch die eigenen Reize, die eigene Lieblichkeit geschmückt.

Die Gäste waren schon alle versammelt, als der Marschall erschien. Er hatte seinen beiden Lieblingen zu Ehren seine beste Hof-, Parade- und Galauniform angelegt. So alt er war, als er eintrat, schien ein Hauch erhöhter Jugend und gesteigerten Wohlbefindens durch die Versammlung zu wehen. Das ist stets der Fall, wenn ein Charakter naht, welchem die Stimme der Natur mehr gilt als die störenden Ansprüche einer berechnenden und künstlich emporgeschraubten Welt.

„Guten Tag alle mitsammen!" rief er heiter, indem er sich umblickte. „Donnerwetter, ist das ein Weihnachten! Da bringt das Christkind Braut und Bräutigam. Ich wollte, ich könnte es auch noch einmal so gut haben. Langt zu, Ihr Jüngeren! Wo ist denn dieser Mosiöh, der Herr Lieutenant von Wilmersdorf?"

„Hier, Excellenz," meldete sich der Genannte, indem er vortrat und die Fersen klirrend zusammenschlug.

Blücher betrachtete ihn vom Kopfe bis zu den Füßen herab und sagte dann:

„Also Er ist der Urian, der mir die Brautführerschaft wegschnappen wollte? Mit ihm sollen doch gleich drei Schock Schulpferde durchbrennen!"

Der Lieutenant wurde einigermaßen verlegen, faßte sich aber und sagte:

„Mit Verlaub, Excellenz, ich hatte keine Ahnung davon, daß ich mit meinem Oberfeldherrn rivalisirte. Ich trete feierlichst zurück."

„Er muß auch! Ob er das feierlich thut oder nicht, das kommt ganz und gar auf Seinen Geschmack an. Na, Scherz muß sein! Damit Sie aber sehen, Lieutenant, daß ich Sie nicht ganz berauben will, so sollen Sie wenigstens jetzt Gelegenheit erhalten, den Brautführer zu machen. Wo befindet sich Fräulein Margot?"

„Im Nebenzimmer."

„Eigentlich hätte ich sie aufzusuchen; aber um Ihnen die besagte Gelegenheit zu geben, so gehen Sie einmal und bringen Sie sie mir herbeigebracht"

Der Lieutenant entfernte sich eilig, um diesem Gebote Folge zu leisten. Unterdessen unternahm Blücher es, Königsau und die Anderen zu begrüßen. Als dann aber Margot eintrat, machte er eine Miene größter Ueberraschung.

„Millionendonnerundhagel!" rief er. „Ist das wirklich unsere Margot?"

Und Recht hatte er. Ein wahrhaft reines und braves Mädchen macht als Braut den Eindruck, als ob sie eine ganz Andere sei.

Er ließ sie nicht völlig herankommen, sondern er schritt in einer Haltung und mit einer Courtoisie auf sie zu, als ob sie die Prinzessin eines königlichen Hauses sei. Er zog ihre Hand galant an seine Lippen, blickte ihr liebevoll in die Augen, als ob er ihr Vater und sie seine Tochter sei und sagte dann mit sichtlicher Rührung:

„Fräulein, wissen Sie, daß der alte Blücher nicht mehr lange leben wird? Wenn ich es mir auch nicht merken lasse, aber ich bin überzeugt, daß dieser armselige Klapperbein doch so langsam seine Hand nach mir ausstreckt. Es ist mir nicht viel Vergnügen mehr bescheert, und so sage ich Ihnen aufrichtig, daß die Freude, welche ich gegenwärtig empfinde, wohl die beste und reinste sein wird, die ich noch genieße."

Diese Worte des alten Helden machten einen eigenthümlichen, tiefen Eindruck, den er aber bald durch einige seiner jovialen, derben Scherzworte wieder zu verwischen trachtete. Es gelang ihm dies auch recht gut.

W. VIII. 613

Es hatte sich ganz von selbst herumgesprochen, daß Blücher sich ausgebeten habe, bei Königsau's Hochzeit der Führer der Braut zu sein. Daher kam es, daß in der Kirche ein so dicht gedrängtes Publikum vorhanden war, als ob Gottesdienst gehalten werde. Die anwesenden jungen Männer beneideten den Lieutenant um die schöne Französin, welche er sich als Kriegsraub mitgebracht hatte, und alle Damen gönnten dem schönen, hoch gewachsenen und mit einer solchen Narbe geschmückten Manne das Glück, welches er sich erobert hatte. Und sie Alle ohne Ausnahme, freuten sich darüber, daß Blücher um eines einfachen und armen Lieutenants willen die stolzen Regeln der hohen Gesellschaft verletzt hatte und nur seinem Herzen gefolgt war.

Als die Trauung vorüber war und die beiden Glücklichen den Segen des Priesters empfangen hatten, nahm Blücher Königsau bei der Hand und sagte:

„Junge, nun ist sie Deine Frau. Halte sie werth wie den größten Edelstein, den es auf der Erde giebt. Thue mir das zu Gefallen!"

Und Margot drückte er einen leisen Kuß auf die Stirn, bevor er ihre Hand ergriff und ihr sagte:

„Mein Kind, er ist ein tüchtiger Kerl. Mache es ihm leicht, wenn das Leben ihm verweigert, was er verdient hat. Der warme Blick einer Frau macht alles Unrecht und alle Kränkung gut!"

Er hatte ganz unwillkürlich, so wie es in seiner Gewohnheit lag, so laut gesprochen, daß man es durch die ganze Kirche hörte. Seine einfachen schlichten Worte brachten eine tiefe Rührung hervor, tiefer als die Rede des Geistlichen es vermocht hatte. Es gab unter ihnen allen kein Paar, dem ein solcher Mann eine solche Traurede gehalten hatte.

Aber dann später, als die Festgäste beim Mahle saßen, floß mancher Witz aus dem Munde des Alten, welcher noch das Herz und Gemüth eines Kindes und den Muth und die Lebenslust eines Jünglings besaß. Hier und da war auch ein Wort zu hören, welches nicht ganz im Einklange mit der Subordination stand; er aber überhörte das.

Endlich stand er auf und sagte.

„Kinder," sagte er; „wir haben heute schon die ganze Zahl von Toasten gebracht, welche an einem solchen Tage nothwendig sind. Was ich jetzt bringen will, ist kein Toast, sondern eine Bitte. Komm her, Königsau, mein Junge, schenke mir noch einmal ein! So! Und nun hört, Ihr Leute, der alte Blücher ist heut zu Tage ein berühmter Mann, woraus er sich aber den Teufel macht. Man wird von ihm reden und erzählen. Die Scriblifexers werden Geschichten von ihm erzählen, allerhand Wahres und Falsches; ja in den Schulen wird es Weltgeschichtsbücher geben, in denen auch sein Name steht; aber was bringt das ihm für einen Nutzen? Keinen. Er weiß doch, daß Alles, was er mit dem Säbel mit Hilfe Gottes und seiner Soldaten zu Stande gebracht hat, durch die Federfuchser wieder verdorben wird. Nach jedem Delirium tritt eine Abspannung ein, und einem Jahre der Begeisterung pflegt ein Jahr der Reaction zu folgen. So wird es auch hier sein. Was wir mit Blut errungen haben, wird für Tinte wieder futsch gehen. Man wird nicht halten, was man versprochen hat. Aber ich sage Euch, daß der liebe Gott doch weiß, was er will. Das Blut eines Volkes ist ein kostbarer und fruchtbarer Saamen, welcher sicher, wenn auch früher oder später Früchte bringen muß. So wird auch einst die Zeit kommen, in denen Deutschlands große Ernte beginnt. Ich erlebe es nicht, Ihr aber könnt es wohl noch wachsen und reifen sehen. Wenn dann an dem Baume unserer Thaten die Früchte hängen, welche uns leider für dieses Mal von den Diplomatenwürmern und Politikermaden abgefressen werden, dann denkt an Euern alten Blücher. Und solltet Ihr es nicht erleben, so sagt es Euern Kindeskindern, daß sie dann, wenn der Deutsche wieder dreingehauen hat und es kein solches Ungeziefer mehr giebt, das Glas zur Hand nehmen und es leeren auf das Andenken des alten Marschalls Vorwärts, der am Liebsten den ganzen Wiener Congreß ebenso zusammengehauen hätte wie die Frauenzimmer jenseits des Rheins! Es ist das letzte Glas, welches Ihr in diesem Leben mit dem Gebhardt Leberecht trinkt!"

Die Wirkung dieser Worte und der Eindruck, welchen sie hervorbrachten, läßt sich gar nicht beschreiben. Die Versammlung war auf das Tiefste ergriffen. Der Alte hatte seiner Erbitterung hier einmal Luft gemacht; er hatte dann gesprochen wie ein Prophet des alten Testaments, welcher dem Volke Gottes den Vorhang der Zukunft öffnet, und endlich war sein letzter Wunsch für sie ein Vermächtniß geworden, welches sie, Kinder und Kindeskinder zu vererben hatten. Es war ein Augenblick, so feierlich wie bei solchen Gelegenheiten selten einer. Die Gläser wurden still und wortlos geleert, als ob man sich scheue, die Heiligkeit dieses Momentes zu entweihen.

Blücher aber war es selbst, welcher es unternahm, die vorige fröhliche Stimmung wieder hervorzurufen. Er sagte nämlich, auf eine Seitentafel zeigend, auf welcher man die Hochzeitsgeschenke geordnet hatte:

„Aber jetzt schaut einmal dorthin, Kinder. Was werdet Ihr sagen? Ihr werdet meinen, der alte Isegrimm könne wohl Reden halten, aber die Hauptsache habe er vergessen. Da irrt Ihr Euch jedoch. So Etwas lasse ich mir nicht nachsagen. Ich bin kein reicher Kerl, und Ihr wißt, Spiel und Wein haben mich immer ein Heidengeld gekostet. Wenn unser König nicht ein Einsehen gehabt hätte, so wäre ich oftmals bankerott gewesen. Große Gaben kann ich nicht bringen, ein Schuft giebt mehr als er hat; aber Etwas bringe ich doch. Da, Margot, nehmen Sie es hin, und geben Sie es Ihrem jungen Manne, wenn ich jetzt ausgerissen sein werde."

Er zog aus der Tasche seines Waffenrockes ein großes Couvert, welches er Margot überreichte. Sie nahm es zögernd entgegen und öffnete bereits die Lippen, um einen Dank und Sonstiges auszusprechen; er aber ließ sie gar nicht zu Worte kommen, sondern fiel ihr schnell ein:

„Halt! Still, kleines Plappermäulchen! Ich mag nichts hören! Ich will nur verrathen, daß der König herzlich gelacht hat, als er ein gewisses Abschiedsgesuch gelesen hatte. Und die gute Stimmung, in welcher sich die Majestät in Folge dessen befand, hat Euer alter Freund kluger Weise benutzt, um von einem gewissen Lieutenant Königsau zu erzählen. Das ist Alles was Ihr zu wissen braucht. Und nun lebt wohl! Seid so glücklich, wie ich es Euch wünsche, und thut mir den kleinen Gefallen, mich nicht allzurasch zu vergessen!"

Er schob seinen Stuhl zur Seite und war, ehe sie es sich versahen oder es zu hindern vermochten, zur Thür hinaus. Hugo eilte ihm zwar nach, aber der Alte entging ihm mit fast jugendlicher Schnelligkeit. Nicht weit vom Hause hielt ein Wagen, in welchen er stieg, um schnell davon zu kommen.

Hugo merkte, daß der alte Haudegen sich diesen Wagen zur bestimmten Zeit bestellt haben müsse.

Als er wieder zu seinen Hochzeitsgästen zurückkehrte, fand er diese voller Wißbegierde, was das Couvert wohl enthalten werde. Ihnen zu Gefallen und weil er selbst auch eine gleich große Neugierde empfand, öffnete er es. Es enthielt zwei königliche Schreiben. Er las das erste durch und reichte es dann Margot hin.

„Mein Abschied," sagte er unter einem eigenthümlichen Lächeln.

In diesem Lächeln war eine gewisse Freude nicht zu verkennen, obgleich sich in demselben auch der Schmerz um eine verlorene Lebensstellung, welche er mit Begeisterung auszufüllen bestrebt gewesen war, aussprach.

Sie blickte ihn mit einer gewissen Besorgniß in die Augen.

„Lies nur, liebes Herz!" nickte er ihr aufmunternd zu.

Sie that es. Als sie fertig war, sagte sie mit unverkennbarer Genugthuung:

„Allerdings Dein Abschied, mein Lieber, aber in den allergnädigsten Ausdrücken."

„Und mit einer Art von Avancement," fügte er hinzu.

„Als Rittmeister, also Hauptmann, mit der Erlaubniß, die Uniform zu tragen. Das ist selbst in der Entsagung eine Freude."

Alle Anwesenden beglückwünschten ihn mit aufrichtigem Herzen.

„Und nun das Andere!" bat Frau Richemonte.

Königsau öffnete auch das zweite Schreiben. Als er es rasch überflogen hatte, erheiterte sich sein Gesicht zusehends.

„Da, liebe Margot," sagte er. „Das haben wir unserm guten, alten Marschall zu verdanken."

Sie griff nach dem Papiere und las die Zeilen.

„Ist das möglich?" fragte sie, auf das Freudigste überrascht.

„Was? Was?" ertönte es rund im Kreise.

„Ein Geschenk," antwortete sie. „Ein königliches Geschenk, wie wir es uns gar nicht träumen lassen konnten."

„Wohl gar eine Dotation?"

„So etwas Aehnliches. Seine Majestät macht für im Kriege geleistete wichtige Dienste meinen Hugo zum Besitzer des Gutes Breitenheim."

Das machte Aufsehen. Man fragte nach diesen wichtigen Diensten, und Königsau erzählte, wie er Napoleon und seine Marschälle belauscht habe und dadurch in den Stand gesetzt worden sei, Blücher und Wellington über die Absichten und Pläne des Kaisers auf das Genaueste zu unterrichten. Und dann fügte er hinzu:

„Das ist ein Geschenk, welches alle Sorgen von uns fern hält, liebe Margot. Wir müssen um eine Audienz nachsuchen, um uns bei dem Könige persönlich zu bedanken. So viel habe ich nicht verdient. Wir haben das, wie bereits gesagt, nur Blüchern zu verdanken. Ich hätte höchstens an ein Avancement gedacht. Aber weißt Du, was dieses Geschenk besonders werthvoll für uns macht?"

„Nun, mein Lieber?"

„Das ist der Umstand, daß Breitenheim mit meinem Gute zusammengrenzt. Ich glaube, Beide, der König sowohl, wie der Marschall, haben das mit in Rücksicht genommen. Mein Abschied machte mich trauriger, als ich es Euch merken ließ. Nun aber bin ich versöhnt. Ich habe jetzt ein neues

Feld, ein Gebiet, auf welchem ich mit Segen für mich und andere wirken kann."

Die Zukunft zeigte, daß dies ein wahres Wort gewesen sei.

Die Audienz wurde bereits an einem der nächsten Tage erlangt. Natürlich begab sich das junge Ehepaar auch zu Blücher, um ihm Dank zu sagen. Bei dieser Gelegenheit wurde von der Anzeige gegen Capitän Richemonte gesprochen. Blücher hatte diesen Gegenstand bereits auf der Hochzeit zur Sprache bringen wollen, dies aber wegen der Anwesenheit der Gäste unterlassen.

„Soll ich ihn gerichtlich verfolgen lassen?" fragte er.

„Er hat es zehnfach verdient," antwortete Königsau.

„Aber Sie, Frau von Königsau? Er ist Ihr Bruder."

Margot zögerte eine Weile; dann antwortete sie:

„Wird es hart erscheinen, wenn ich ihn verdamme?"

„Nicht im Geringsten. Wie aber denkt Ihre Frau Mutter?"

„Gerade so wie ich. Er ist der böse Geist unseres Lebens gewesen, und wir haben ihn noch heute zu fürchten. Er ist uns ja nur Stiefbruder und Stiefsohn. Ich bin überzeugt, daß er Gelegenheit suchen wird, unser Glück nicht nur zu stören, sondern sogar zu vernichten."

„Gut, so wollen wir ihn unschädlich machen. Ich werde noch heute zu dem französischen Gesandten fahren, um ihm den Fall vorzustellen."

Er that dies auch, und der Gesandte versprach ihm, das Gehörte schleunigst weiter zu verfolgen. Doch kam es anders, als sowohl Blücher wie auch Königsau es sich gedacht hatten.

Der Letztere erhielt eine Vorladung vor Gericht, wo er seine Aussagen zu Protocoll zu geben und Börse nebst Brieftasche, sowie auch das damals in der Schlucht abgefaßte Schriftstück zu deponiren hatte.

„Wo befindet sich Richemonte?" fragte er.

„In Straßburg in Gewahrsam," lautete die Antwort.

„Ist dieses Gewahrsam sicher?"

„Jedenfalls. Man pflegt wenigstens bei uns einen Mörder nicht so leicht einzuschließen."

„In diesem Falle aber kommt die Anzeige vom Auslande, und die Deutschen werden von den Franzosen gehaßt."

„Sie mögen Recht haben, obgleich ich das in meiner amtlichen Stellung allerdings nicht zuzugeben habe. Wünschen Sie, daß ich eine darauf bezügliche Bemerkung anfüge?"

„Sehr! Ich bitte, die Straßburger Behörde darauf aufmerksam zu machen, daß Richemonte ein höchst gefährlicher und auch unternehmender Mann sei, dem eine gewaltsame Flucht sehr wohl zuzutrauen ist."

„Ich werde das thun, obgleich ich nicht glaube, daß er zu fliehen so sehr nöthig hat."

„Ah, Sie meinen, daß man ihn von selbst entlassen werde?"

„Hm! Ich kann nur sagen, daß bei den Herren Franzosen Alles möglich ist, sobald es nur gilt, uns zu zeigen, wie gern sie uns zu Diensten sind."

Es zeigte sich allerdings im Verlaufe der nächsten Monate, daß der Beamte ganz richtig vermuthet hatte. Königsau hörte, daß Richemonte unter Bedeckung nach Sedan und von da in die Berge geführt worden sei. Hugo hatte mit Sicherheit erwartet, daß man ihn dazu rufen werde; allein dies geschah nicht. Man schrieb dem Berliner Gerichte, daß die Angaben des Anklägers vollständig hinreichend seien, den Ort zu finden, an welchem der Baron de Reillac eingescharrt worden sei.

Kurze Zeit später wurde Königsau zur Amtsstelle citirt. Es wurde ihm da mitgetheilt, daß Richemonte keineswegs gethan habe, als ob er in der Schlucht unbekannt sei. Er hatte ganz im Gegentheile selbst und aus freien Stücken den Ort angegeben, an welchem er vor der Leiche Reillacs gestanden hatte. Und nun kam die Pointe, welche Hugo nicht wenig in Bestürzung brachte. Richemonte hatte nämlich den Spieß umgedreht und ausgesagt, der deutsche Lieutenant und Spion sei es gewesen, welcher den Baron ermordet und beraubt habe; er trage mit allem Nachdrucke darauf an, diesen fest zu nehmen, um ihm den Prozeß zu machen.

Was sollte Hugo antworten? Er war zur Zeit des Mordes wirklich dort gewesen; er hatte sich im Besitze der geraubten Sachen befunden, und er war es gewesen, der Reillac begraben hatte. Von den Soldaten, welche dabei gewesen sein sollten, war keiner beizubringen. Seine Aussage klang wie eine Fabel Sollte er die Kriegskasse in Erwähnung bringen?

Zum Glücke hatte er Margot und ihre Mutter, welche seinen Aussagen beitraten. Auch der Kutscher Florian, welcher ihm nach Deutschland gefolgt war und jetzt in seinem Dienste stand, trat als Zeuge für ihn auf. Dennoch aber wären Ungelegenheiten für ihn gar nicht zu vermeiden gewesen, wenn nicht Blücher ein gewichtiges Wort gesprochen hätte, in dessen Folge Königsau keine Unannehmlichkeiten zu erleiden hatte.

Daraufhin erklärte die französische Behörde Folgendes: Es sind zwei Verdächtige da, ein Deutscher und ein Franzose. Beide klagen einander an. Der Deutsche ist der bei weitem Gravitere. Trotzdem sieht seine Behörde sich nicht veranlaßt, gegen ihn einzuschreiten, und so nehme die französische Behörde ganz einfach an, daß der Fall nicht aufzuklären sei. Die Hinterlassenschaft Reillacs fiel sehr entfernten Verwandten von ihm zu, und Richemonte wurde auf freien Fuß gesetzt.

Man hatte bei ihm nicht eine Spur von Reillacs Testament und auch nicht die kaiserliche Erlaubniß zur Verlobung Margots mit dem Barone gefunden. Er hatte, als seine an Margot gerichteten drei Briefe ihm vorgelegt worden waren, wirklich ausgesagt, daß er dieses Märchen erfunden habe, um seine Schwester zu retten; sie habe nicht die Frau des Mörders seines Freundes werden sollen.

Gerade um diese Zeit stand Hugo und Margot eine Ueberraschung bevor. Der junge Baron de Sainte-Marie besuchte sie in Berlin. Bertha Marmont, welche heimlich seine Frau geworden war, befand sich bei ihm. Sie hatte ihm ein Söhnchen geschenkt, zu welchem die Beiden und Frau Richemonte Pathe standen. Daß er eine Meßalliance eingegangen sei, und zwar so ganz und gar gegen den Willen seiner Mutter, konnten die Pathen nicht ändern. Sie bemerkten zu ihrer Beruhigung, daß er nicht mittellos sei, und schlossen hieraus, daß er von seiner Mutter freiwillig mit dem Nöthigen bedacht worden sei.

Da Königsau für nöthig hielt, auf seinen Gütern anwesend zu sein, verließ er Berlin. Auf diese Weise entging es ihm, wie unglücklich noch einige Zeit der Baron mit Bertha lebte. Später erhielt er von diesem einen Brief, in welchem er ihm anzeigte, daß Bertha mit dem früheren

Capitän Richemonte durchgegangen sei und daß er das Paar schleunigst verfolge.

So war Richemonte doch in der Nähe gewesen, wohl um Rache zu nehmen. Nur das Zusammentreffen mit Bertha hatte ihn davon abgehalten. Eine geraume Zeit später schrieb die Baronin de Sainte-Marie an Frau Richemonte, daß sie ihren Sohn nun auch moralisch verloren habe. Sie hatte in Erfahrung gebracht, daß in Marseille seine arme Frau von ihm ermordet worden sei.

Seit jener Zeit blieb Capitän Richemonte ebenso wie der Baron de Sainte-Marie spurlos verschwunden. Der Erstere hatte übrigens, meist in Folge davon, daß er wegen Verdacht des Mordes in Untersuchung gesessen hatte, übrigens aber auch aus anderen Gründen, aus der Armee treten müssen. Daß die beiden Genannten sich drüben in Afrika befanden, der Eine als Marabut und der Andere als Spion der Invasion, konnte Niemand ahnen. Nur der freundliche Leser hat es erfahren.

Die Zeit verging. Am zwölften September 1819 starb Blücher, von ganz Deutschland, am Allermeisten aber von unseren Bekannten, tief und innig betrauert.

Kurze Zeit später beglückte Margot ihren Gatten mit einem Söhnchen, welcher zu Ehren Blüchers Gebhardt genannt wurde. Er wuchs heran, ein viel versprechendes Ebenbild seines Vaters und seiner Mutter. Er war nur kurze Zeit dem Knabenalter entwachsen, so kam die Nachricht, daß die Baronin de Sainte-Marie gestorben sei und ihm, da sie keine anderen Verwandten besitze, den Meierhof Jeanette vermacht habe. Das war eine traurige und zugleich erfreuliche Ueberraschung.

Natürlich war es Hugo's Wunsch, daß sein Sohn Officier werde. Gebhardt hatte nicht nur die Lust, sondern auch die nöthige Begabung dazu, und so kam es, daß er sich unter den Militärschülern bald auszeichnete. Ein Einziger war es, der mit ihm gleichen Schritt hielt, Namens Kunz von Goldberg. Beide schlossen sich an einander an und unterstützten sich in ihren Bestrebungen.

Die Jugend träumt gern von der Ferne. Auch die beiden jungen Freunde träumten diesen Traum. Er sollte ihnen erfüllt werden. Sie hatten ihr Examen bestanden und ihr Officierspatent in der Tasche. Nach verhältnißmäßig kurzem Dienste wurde Goldberg der Pariser Gesandtschaft attachirt. Er trat somit in das Leben hinaus, wo ihm leichter Gelegenheit geboten war, sich auszuzeichnen.

Vielleicht erinnert sich der geneigte Leser noch des Namens Kunz von Goldberg. Er war später General, und sein Name nebst seinem Bilde fand nach Jahren die schöne Nanon in dem Innern des Löwenzahnes, welchen Fritz Schneeberg, das Findelkind, an einer goldenen Kette an seinem Halse trug. Es naht jetzt die Zeit, in welcher jenes Geheimniß seinen Anfang nimmt.

Wohl über ein Jahr hatte Kunz von Goldberg sich in Paris befunden, als sich auch für Gebhardt von Königsau Gelegenheit fand, seiner Wanderlust und seinem Wissensdurste Genüge zu leisten.

Es wurde nämlich eine Expedition durch die Sahara nach Timbuktu ausgerüstet, und man sah sich dabei nach einem jungen, muthigen und zugleich auch in Beziehung auf andere Wissenschaften nicht ungebildeten Militär um, welcher geeignet sei, die Expedition zu begleiten. Die Wahl fiel auf Gebhardt, und dieser willigte mit hoher Freude ein, obgleich es seinen Eltern nicht leicht wurde, sondern im Gegentheile schwere Ueberwindung kostete, ihr einziges Kind so großen Gefahren entgegen gehen zu lassen. Die Sahara war damals dem Wanderer noch weit gefährlicher als jetzt, wo sie zu einem bedeutenden Theile erschlossen ist.

Es gab da Vieles anzuschaffen, Karten, Instrumente und viele andere Dinge, welche entweder nur oder doch in bester Qualität in Paris zu haben waren. Daher wurde diese Stadt zum Sammelpuncte der verschiedenen Mitglieder der Expedition bestimmt.

(Fortsetzung folgt.)

Die Liebe des Ulanen.
Original=Roman aus der Zeit des deutsch=französischen Krieges von Karl May.
(Fortsetzung.)

Gebhardt reiste ab, nachdem er den zärtlichsten Abschied von den Seinen genommen hatte. In Paris angekommen, war es sein Erstes, seinen Freund Kunz von Goldberg aufzusuchen, von welchem er mit Freuden empfangen wurde. Er hatte noch keine Ahnung, zu welchem Zwecke Gebhardt nach Paris gekommen sei, da dieser ihm dies nicht geschrieben hatte, um ihn zu überraschen.

"Du in Paris?" fragte Kunz. "Wohl eine Erholungsreise?"

"Ja, wenn Du meinst, daß man sich in der Sahara erholen kann."

"In der Sahara?" fragte Kunz erstaunt.

"Ja, mein Freund."

"Du willst doch nicht sagen, daß Du die Absicht hast, nach der Wüste zu gehen!"

"Nicht nur nach der Wüste, sondern sogar quer durch dieselbe."

"Mein Gott, ich träume!"

"Nein, mein Lieber, Du bist im Gegentheil ganz außerordentlich wach."

"So bitte ich Dich dringend, mir das Räthsel zu erklären!"

"Meine Erklärung ist ganz einfach die, daß ich das Glück habe, Mitglied einer Expedition zu sein, welche nach Timbuktu gehen soll."

"Nach Timbuktu? Das klingt ja wie ein Märchen aus tausend und eine Nacht."

"Es kommt mir selbst so vor."

"Aber sage doch, wie kommst Du dazu? Wer Alles ist Mitglied dieser Expedition, und welche Zwecke soll dieselbe in Timbuktu verfolgen?"

Als er den erbetenen Aufschluß bekommen hatte, umarmte er den Freund vor Freude und sagte:

"Ich gratulire Dir, lieber Gebhardt. Du glaubst nicht, wie glücklich ich bin, zu hören, daß wenigstens Dir unser Lieblingswunsch in Erfüllung geht. Du lernst die Sahara kennen."

"Ich danke!" antwortete Gebhardt in scherzender Ironie. "Ich lerne die Sahara kennen; ich wade im tiefsten Sande, während Du in den feinen Salons Deine Studien machst. Du bereicherst Dich mit Kenntnissen, während ich von der Sonne ausgebra'en werde. Wenn ich dann später zurückkehre, bist Du Major, oder Oberst, ich aber —— ein Mohr."

"Meinetwegen!" meinte Kunz lustig. "Ich wollte doch ich könnte mit Dir tauschen. Welche Perspective auf Abenteuer eröffnet sich Dir! Du wirst Dich mit den wilden Berbern, Arabern und Tuareks herumschlagen, Du wirst Hyänen, Schakale und Löwen tödten — Löwen, sacré, Löwen, da fällt mir Hedwig ein!"

"Hedwig?" fragte Gebhardt. "Hyänen, Schakale, Löwen und Hedwig? Soll das eine Steigerung der Wildheit bedeuten?"

"Hm! Beinahe! Hedwig ist nicht sehr zahm."

"Ah!" lachte Gebhardt. "So ist diese Hedwig wohl eine ungezähmte Tigerin, welche ihre Wohnung im zoologischen Garten hat?"

Kunz schüttelte geheimnißvoll den Kopf und antwortete:

"Nein. Hedwig ist ein wunderschönes, allerliebstes Creatürchen, welches allerdings einen gewissen, höchst bezaubernden Grad von Unbezähmbarkeit besitzt, aber nicht in einem Tigerkäfig, sondern in einem der besten Paläste der Rue de Grenelle wohnt."

"Ah! Also kein Raubthier?"

"Nein."

"Sondern genus homo?"

„Ja."

„Jung?"

„Achtzehn."

„Schön?"

„Zum Verrücktwerden."

„Reich?"

„Bedeutende Erbschaft zu erwarten."

„Wohl reicher Onkel?"

„Nein, sondern steinreiche Tante."

„Alle Teufel! Nimm Du die Hedwig, und laß mir die Tante!"

„Mit größtem Vergnügen! Besser für Dich aber wäre es, wenn Du nach der Schwester trachtetest. Da theilten wir die Erbschaft."

„Sapperlot! Diese Hedwig hat eine Schwester?"

„Ja."

„Auch nicht übel, besonders wegen der Erbschaft. Darf ich um eine möglichst genaue Beschreibung dieser Schwester bitten?"

„Dir stehe ich sehr gern zur Verfügung, einem Andern aber nicht."

„Welch eine Auszeichnung! Nimm meinen Dank! Also beginnen wir mit der Beschreibung: Alter?"

„Siebzehn."

„Also ein Jahr jünger als Hedwig. Haar?"

„Mittelblond."

„Schön," meine Lieblingsfarbe. Augen?"

„Hellgrau, mild leuchtend wie ein Stern."

„Komet oder Planetoid?"

„So sanft und mild, wie Du nur willst."

„Du zeichnest ganz mein Ideal! Gestalt?"

„Schlank, aber voll, trotz ihrer Jugend."

„Stimme?"

„Wie ein silbernes Glöckchen."

„Hm! Sehr nach Goldarbeiter klingend! Hat sie einen?"

„W – s?"

„Nun, so einen wie die Hedwig bereits hat?"

„Dich, mein Sohn!"

„Alle Teufel, wenn sie mich doch hätte! Da aber liegt der Hase im Pfeffer."

„Wohl schwerlich! Ich denke mir vielmehr, sie hat Dich, Du aber nicht sie."

„Magst Recht haben! Also, ob sie so Einen hat? Noch nicht."

„Höchst günstig! Der Name?"

„Ida."

„Klingt nicht ganz unschön. Eltern?"

„Keine."

„Ah! Also fertig zum Heirathen?"

„Leider nicht. Der alte Cerberus liegt vor der Thür."

„Besteht dieser Cerberus, zu Deutsch Höllenhund, etwa in der alten, reichen Tante?"

„Ja."

„Wir machen es wie Herkules: wir besiegen diesen Hund."

„Mit dem Knittel oder mit Liebenswürdigkeit; je nachdem."

„Da hilft weder Waffe noch Gesellschaftskunst. Ich liebe unglücklich."

Kunz seufzte komisch.

„Man sieht es Dir an," meinte Gebhardt „Das Un= glück hängt um Dich herum wie die Mönchskutte um den Bajazzo. Vielleicht bin ich glücklicher."

„Will es Dir wünschen."

„Wirklich?"

„Von Herzen."

„So thue Deine Pflicht."

„Welche?"

„Mich nach der Rue de Grenelle zu dem Cerberus zu führen."

„Ich befürchte sehr, daß er bellt, heult und beißt!"

„Schrecklich! Aber ich fürchte mich dennoch nicht. Ich heiße Leberecht; mein Pathe war ein gewisser Blücher, und mein Wahlspruch heißt vorwärts."

„Versuche es!"

„Du sprichst von Bellen, Heulen und Beißen. In welcher Unterabtheilung des menschlichen Geschlechtes gehört denn da die alte, reiche Tante?"

„Gräfin."

„Eine Gräfin? Sapperlot, diese Traube hängt hoch! Der Name?"

„Rallion, Gräfin de Rallion."

„Wie kamst Du zu ihr?"

„Wurde ihr von unserm Sekretär vorgestellt."

„Sie ist also nicht umgänglich?"

„Ausgezeichnete Deutschenhasserin. Sie liebt überhaupt keinen Menschen."

„Aber Du liebst ihre Nichte Hedwig."

„Leider! Mit Hindernissen!"

„Welche sind das? Die Alte?"

„Erstens diese, zweitens die Hedwig selbst und drittens so ein verteufelter Cousin, der mir immer im Wege herumläuft."

„Auch ein Graf?"

„Ja, Graf Jules de Rallion."

„Gieb ihm einen Hieb, daß er aus dem Wege fliegt."

„Bei nächster Gelegenheit ganz sicher."

„Bevorzugt ihn denn der Drache?"

„Nicht im Mindesten. Der Drache hat überhaupt nicht die mindeste Lust, einen Menschen zu bevorzugen."

„Hm! Scherz bei Seite! Du machst mir wirklich Lust, die Familie kennen zu lernen."

„Soll ich Dich einführen?"

„Ich bitte Dich darum!"

„Wie lange bleibst Du hier?"

„Nicht viel mehr als zwei Wochen."

„Gut, so bist Du mir nicht sehr gefährlich. Ich werde Dich einführen."

„Oho! Ich Dir gefährlich? Wo denkst Du hin."

„Pah! Du bist größer, stärker, überhaupt hübscher als ich."

„Aber ich bin Dein Freund! Hedwig hat nichts zu befürchten. Uebrigens bete ich ausgelassene Naturen, wie sie eine zu sein scheint, nicht sonderlich an."

„Sie ist ausgelassen. Ida ist mild und sanft. Ich bin überzeugt, daß Du ihr gut werden würdest, wenn Du länger hier bleiben könntest."

„Zwei Wochen genügen," lachte Gebhardt. „Ich kam, sah und ward besiegt. Aber sage einmal, hat denn die Tante nicht eine schwache Seite, irgend eine Eigenheit, bei welcher sie zu fassen wäre?"

„Eigenheit? Donner und Wetter. Davon bin ich ganz abgekommen. Davon wollte ich ja sprechen, als ich vorhin sagte, daß mir Hedwig eingefallen sei. Freilich hat die Alte eine schwache Seite, und Hedwig ebenso."

„Welche Schwäche wäre das?"

„Eine ganz und gar eigenthümliche, wie man sie bei Damen wohl selten finden wird. Hast Du von Gérard gehört?"

„Gérard? Welcher Gérard? Der General?"

„Nein, der Löwentödter."

„Der berühmte Saharajäger? Natürlich! Was ist es mit ihm?"

„Tante und Hedwig schwärmen für ihn."

„Das ist sonderbar, aber nicht gerade unweiblich."

„Mir aber desto unangenehmer, sintemal ich leider kein Löwenjäger bin."

„Ah! Die Kleine will nur einen Löwenjäger heirathen?"

„So spricht sie."

„Bizarr. Vielleicht nur um Dich zu ärgern?"

„Möglich."

„In diesem Falle kannst Du Dir ja Glück wünschen."

„Wieso?"

„Ein Mädchen, welches es partout darauf anfängt, einen Herrn, der ihm nichts gethan hat und es im Gegentheil auszeichnet, zu ärgern, ist sicherlich in ihn verliebt."

„Meinst Du wirklich?"

„Ich bin überzeugt davon."

„Herrgott, hast Du Erfahrungen."

„Massenhaft!" lachte Gebhardt unter einer Miene komischen Stolzes.

„Das ist aber keine große Ehre für Dich. Ich habe Dich bisher stets für einen unverdorbenen Jüngling gehalten!"

„Das bin ich auch, lieber Kunz. Es hat sich nämlich noch keine die Mühe gegeben, mich zu verderben. Wie aber kommt es, daß die beiden Damen so begeistert für diesen Löwenjäger sind?"

„Das hat zwei Gründe anstatt nur einen."

„Laß sie hören! Der erste?"

„Die Tante liest außerordentlich viel, fast den ganzen Tag — — —"

„Romane?"

„Fällt ihr gar nicht ein! Romane verachtet sie. Sie liest nur Reisebeschreibungen. Hedwig liest sehr schön und muß ihr also vorlesen. Daher kommt es, daß Beide eine besondere Vorliebe für Abenteuer haben und für diejenigen Personen, welche solche Abenteuer bestehen. Gérard ist jetzt in Aller Munde. Was Wunder also, wenn auch diese Beiden für ihn schwärmen!"

„Das ist ein Grund. Und der zweite?"

„Der liegt nur in der Tante. Sie hat nämlich Gérard gesehen. Sie hat ihn sogar einmal eingeladen. Sie hat seinetwegen eine Soirée gegeben, was bei ihrem Geize ein fürchterliches Opfer gewesen ist. Dabei aber hat sie eine ganz besondere Aehnlichkeit herausgefunden zwischen Gérard und — — — hm, ich weiß nicht, ob ich das sagen darf. Ich werde indiscret."

„Pah! Wir sind Freunde!"

„Allerdings. Also sie hat gefunden, daß Gérard eine bedeutende Aehnlichkeit besitzt mit einem ihrer früheren Anbeter, den sie begünstigt haben muß."

„So so! Und das hat sie Dir gesagt?"

„Fällt ihr natürlich gar nicht ein!"

„Woher weißt Du es?"

„Mein Sohn, ich bin Diplomat!"

„Ich denke, einstweilen noch Lieutenant!"

„Aber dem diplomatischen Chore einstweilen beigezählt, also doch Diplomat."

„Schön! Meine Hochachtung, lieber Papa."

„Als Diplomat aber lernt man, intriguiren, combiniren, spioniren — — —"

„O weh, o weh, o weh!"

„Ja, und manches herausbüfteln und schließen, was Andern verborgen bleibt."

„Du bist, bei Zeus, ein Kerl, von dem die Welt einst reden wird."

„Ich hoffe es!" lachte Kunz.

„So hast Du also den früheren, begünstigten Liebhaber der Alten auch herausgedüftelt?"

„Ja, mit unvergleichlichem Scharfsinn."

„Auf welche Weise?"

„Ich war einst in ihrem Boudoir — —"

„Donner! Nicht als früherer, sondern als gegenwärtiger Liebhaber?"

„Als keins von Beiden, sondern einfach als Vorleser. Eine Mappe, welche sie mir zeigte, enthielt nur Bilder von Anverwandten. Ein einziges Aquarell war das Portrait eines Nichtverwandten. Sie betrachtete es mit einem so ganz besonderen Blick, so liebevoll! sie konnte es fast gar nicht aus der Hand bringen, und es war auch wirklich ein schöner Kopf."

„Ah, da begann nun Dein berühmtes Düfteln."

„Natürlich! Ich fragte sofort, wessen Bild das sei."

„Neugierde, holder Jüngling."

„Das ist wahr. Sie wurde aber befriedigt. Ich erfuhr, daß das Original der Banquier ihres seligen Mannes gewesen sei. Da aber mochte sie doch ahnen, daß sie sich verrathen habe, denn sie setzte schnell hinzu, daß das Aquarell sich nur deshalb in der Mappe befinde, weil es von Meisterhand gefertigt sei."

„Das war so halb und halb herausgebissen."

„Aber doch nicht ganz. Ich wußte nun, woran ich war."

„Schlaukopf. Den Namen des Banquiers hast Du nicht erfahren?"

„O, doch."

„Von der Alten?"

„Nein. Die hätte sich gehütet, ihn mir zu sagen. Ich wendete mich vielmehr an die Nichte, nämlich an Iba."

„Ah, an die Sanfte, Freundliche, Zarte."

„Ja, an die Unbefangene. Sie wußte den Namen und gab mir Auskunft. Es war ein Pariser Banquier, der sich einst sehr gut gestanden hatte, später aber durch die Verführung eines Barons de Reillac herunterkam, so daß er elend zu Grunde ging."

„Reillac?" fragte Gebhardt schnell. „Wie hieß der Banquier?"

„Richemonte."

„Richemonte, mein Gott, wäre es vielleicht — ah!"

Kunz blickte den Freund betroffen an.

„Was ist mit Dir?" fragte er. „Dieser Name frappirt Dich?"

„Ungeheuer sogar."

„Weshalb?"

„Das ahnst, das begreifst Du nicht? Denke an die Familie meiner Mutter."

„Sapperlot! Ja, da fällt mir ein, daß Deine Mutter eine Französin ist, eine geborene Richemonte."

„Deren Vater Banquier war — —"

„Der von jenem Baron de Reillac verführt und betrogen wurde — —"

„So daß er zu Grunde ging und Frau und Tochter unglücklich machte."

Wahrhaftig! Verzeihung, lieber Gebhardt, daß ich nicht daran dachte! Ich hatte nicht die mindeste Ahnung von dem Zusammenhange dieser Dinge."

„Ich bin überzeugt davon lieber Freund. Uebrigens war ich eben nur frappirt. Ich habe den Großvater nicht gekannt, also auch nicht lieb gehabt. Ob ich sein Andenken in Ehren zu halten habe, darüber bin ich mir noch jetzt im Zweifel. Also Du meinst, daß er ein Anbeter dieser alten Gräfin de Rallion gewesen sei?"

„Jedenfalls, obgleich ich Dich damit vielleicht kränke."

„Nicht im Mindesten. Meine Mutter war seine zweite Frau. Vielleicht ist das vorher gewesen. Das interessirt mich außerordentlich."

„Ich glaube das. Uebrigens mag die Gräfin früher ganz und gar nicht häßlich gewesen sein. Sie hat noch heute den Teufel im Leibe, wenn auch in anderer Weise, als es in jüngeren Jahren der Fall zu sein pflegt. Ich glaube, daß sie das Temperament besessen hat, einen Mann zu verlocken."

„Wie gut, daß Du sie damals nicht gekannt hast."

„Freilich! Jetzt lasse ich mich von der Nichte verlocken."

„Von der unbezähmbaren! Ich gestehe Dir offen, daß ich beginne, mich auf das Lebhafteste für diese Familie zu interessiren."

„So muß ich Dich wirklich einführen."

„Wann?"

„Hm! Du hast es natürlich gewaltig nothwendig?"

„Das versteht sich, da mir hier nur so kurze Zeit geboten ist. Zu welcher Tageszeit empfängt die Gräfin am liebsten Besuche?"

„Des Abends, obgleich ich auch des Tages hingehe, oft sogar zweimal."

„Das ist bei einem Verliebten ganz und gar glaubhaft."

„Spotte immer! Wenn Du Hedwig siehst, so wirst Du Dich nicht wundern, daß man sie liebt. Ein Glück, daß die Gräfin nicht viele Besuche empfängt! Sonst wären die beiden Nichten längst vergriffen."

„Trotz des Drachen?"

„Ja, trotz des Drachen."

„Und nun möchtest Du die eine Nichte vergreifen! Na, ich will Dir gern wünschen, daß es Dir gelingt."

„Ich will Dir gestehen, daß dies mein höchstes Verlangen ist. Ich liebe Hedwig so wahr und innig, daß ich es für eine Unmöglichkeit halte, von ihr lassen zu können, um einer Andern das gleiche Gefühl entgegenzubringen. Würde es Dir heute Abend passen?"

„Ich bin so halb und halb versagt; aber ich werde es doch passend machen."

„Acht Uhr?"

„Ja. Wir treffen uns hier bei Dir?"

„Ich ersuche Dich darum und werde die Gräfin noch im Laufe des Nachmittags besuchen, um Dich anzumelden."

„Wäre es nicht vielleicht gerathener, dies zu unterlassen?"

„Warum?"

„Sie könnte es abschlagen, während, wenn Du mich am Abende unangemeldet mitbringst, sie mich annehmen muß."

„Du kennst sie nicht. Sie kennt nur ihren Willen, welcher gilt. Gesellschaftliche Rücksichten sind ihr fremd. Bringe ich Dich mit, ohne ihr vorher davon zu sagen, so muß ich gewärtig sein, daß sie uns Beide nicht empfängt."

„So thue, was Du für das Beste hältst. Aber ich ersuche Dich, von meinen Familienverhältnissen noch nichts zu sagen. Ich selbst möchte es sein, der zuerst davon mit ihr spricht, um aus ihrem Verhalten meine Schlüsse zu ziehen."

„Ob Dein Großvater wirklich ihr Bekannter war?"

„Ja. Jetzt aber gehe ich. Da ich den Abend Dir zu widmen beabsichtige, muß ich meinen anderweiten Verpflichtungen bereits vorher nachkommen."

Sie trennten sich. Es war Gebhardt ganz eigenthümlich zu Muthe. Das Familienbild, welches der Freund vor ihm entrollt hatte, interessirte ihn auf das Lebhafteste. Er hatte noch nie geliebt. Er konnte jetzt, da er eine lange und gefährliche Reise antrat, auch nicht die Absicht haben, ein Verhältniß einzugehen. Aber doch war es ihm wie eine Ahnung, daß hier von Personen die Rede gewesen sei, denen er auf diese oder auf jene Weise später nahe stehen werde. Darum fand er sich des Abends pünktlich zur angegebenen Zeit bei Kunz von Goldberg ein.

„Welch eine Pünktlichkeit!" sagte dieser, welcher bereits in Gesellschaftstoilette seiner wartete. „Ida, die Sanfte, scheint Zugkraft zu besitzen."

„Der Drache vielleicht ebenso," lachte Gebhardt. „Die allermeiste aber jedenfalls Hedwig, die Unbezähmbare."

„Wieso?"

„Weil Du bereits in Gala meiner wartest."

Kunz erröthete ein wenig.

„Soll ich Dich etwa im Schlafrocke empfangen?" fragte er.

„Warum nicht? Ich hätte es Dir nicht übel genommen. Aber da Du bereit stehst, so scheint es, daß die Gräfin mich empfangen will?"

„Allerdings. Das hast Du meiner ganz bringlichen Empfehlung zu danken."

„So nimm den Dank, Bruderherz!"

„Ich spreche im Ernste. Sie ist nicht Freundin von zahlreichen Bekanntschaften. Als sie hörte, daß Du ein Deutscher seist, runzelte sie die Stirn, und als sie gar hörte, daß Du ein junger Lieutenant seist, da — — —"

„Da runzelte sie sogar das Kinn, die Ohren und die Wangen!" fiel Gebhardt lachend ein.

„Fast war es so. Sie sagte, daß sie für Dich nicht zu sprechen sei."

„Wie kam es, daß sie diesen Entschluß doch noch änderte?"

„Ich sagte ihr, daß ich Dir mein Wort gegeben hätte, sie werde Dich empfangen. Ich muß doch nicht ganz übel bei ihr stehen, daß sie darauf Rücksicht nahm. Im anderen Falle wäre es ihr höchst gleichgiltig gewesen, ob ich gezwungen sei, wortbrüchig zu sein oder nicht. Uebrigens bedeutete sie mich, daß sie Dich nur dieses eine Mal empfangen werde."

„Alle Teufel, das ist sehr kategorisch."

„Ich rathe Dir, den Angenehmen zu spielen."

„Fällt mir gar nicht ein."

„So thust Du mir leid."

„Ich gebe mich stets so, wie ich bin. Wer mich angenehm haben will, der mag mir angenehm entgegenkommen."

„Mein lieber Freund, man merkt es, daß Du nach der Wüste reisest. Du handelst bereits ganz und gar nach den Regeln der Sahara."

„Und Du bist bereits ganz und gar ein Diplomat. Dein Hauptgrundsatz ist, Dich möglich angenehm aufzuspielen. Uebrigens scheint es nicht, daß diese alte Tante so sehr für Reisen schwärmt."

„Wieso?"

„Weil sie mich, den angehenden berühmten Afrikareisenden nicht bei sich empfangen wollte. Ist das etwa Sympathie für die Sahara?"

„Vergieb es ihr. Sie weiß kein Wort davon."

„Wie? Kein Wort?"

„Kein einziges!"

„Du hast ihr nichts davon gesagt?"

„Nein. Da Du mir verboten, von Deinen Familienverhältnissen zu sprechen, so hielt ich es für angezeigt, auch über das Andere zu schweigen."

„Hm! Vielleicht hast Du recht daran gethan. Gehen wir, lieber Kunz?"

„Ja, komm, alter Wüstenräuber."

Sie nahmen einen Fiakre und erreichten in kurzer Zeit die Rue de Grenelle und die Wohnung der Gräfin. Es war ein großes, massiv gebautes Haus; dennoch stand kein Portier am Thore, und im hohen Flur brannte nur ein ärmlich zu nennendes Lämpchen. Ebenso war es auf Treppe und Corridor, welche Beide nur spärlich erleuchtet waren. Doch fanden sie da oben wenigstens einen Diener, an den sie sich wendeten.

„Madame, die Gräfin, zu sprechen?" fragte Kunz.

„Ja, für Sie Beide, Monsieur," antwortete der Mann.

„Wo befindet sie sich?"

„Bereits im Salon."

„Doch nicht allein?"

„Nein. Die gnädigen Demoiselles sind bei ihr."

„Sonst Niemand?"

„O, doch!" antwortete der Diener unter einem listigen Augenwinkern.

Kunz griff in die Tasche, zog ein Frankenstück hervor und gab es ihm.

„Wer?" fragte er.

Der Diener, dem bei dem Geize der Gräfin nur selten selbst ein so geringfügiges Geschenk in die Hand fließen mochte, verbeugte sich tief und antwortete:

„Graf Rallion, der Neffe. Danke sehr Monsieur!"

„Bereits lange hier?"

„Nein vor fünf Minuten erst gekommen."

„Melden Sie mich und Monsieur den Lieutenant von Königsau!"

Der Domestike gehorchte dieser Weisung, und dann traten die Beiden ein.

Der Salon war ein ziemlich großes Gemach mit Möbeln, welche früher sicher reich und kostbar gewesen waren, jetzt aber nur noch an eine glänzende Vergangenheit zu erinnern vermochten. Auf dem Tische, welcher in der Mitte stand, brannten zwei Kerzen auf einem sechsarmigen Leuchter. Das gab ein sehr spärliches Licht, und darum hatten sich die anwesenden Personen ganz nahe um diesen Leuchter gruppirt. Sie erhoben sich, als die beiden Deutschen eintraten.

Der Blick Gebhardt's von Königsau fiel zunächst auf die Gräfin, die ihm am nächsten stand. Sie war eine nicht sehr hohe aber wie es schien, sehr bewegliche Dame, im Anfang der sechziger Jahre, mit scharfem Gesichte und ebenso scharfen, dunkel glühenden Augen. Gebhardt gab seinem Freunde Recht, sie mußte früher sehr hübsch, wohl gar schön gewesen sein und schien noch heute ein Etwas in Blick, Bewegung und Miene zu besitzen, was auf Sieg berechnet zu sein schien.

Ihr zur Rechten und zur Linken standen zwei Wesen, welche von der dunkel gekleideten Gräfin sich hell und sympathisch hervorhoben. Die Rechte war jedenfalls Hedwig, die Unbezähmbare. In graue Seide gekleidet glich sie einer Sylphide, welche darauf wartet, von Zeus zur Venus umgewandelt zu werden. Obgleich sie jetzt bewegungslos dastand, war es doch, als müßten auf ihren zart gerundeten Schultern goldene Flügel zum Vorschein kommen, um sie schwebend durch den dämmerigen Raum zu tragen. Blitzende Augen, neckische Grübchen in Wangen und Kinn, ein spöttisches Mündchen und ein leise zurückgeworfenes Köpfchen gaben ihr etwas Kampfbereites, welches allerdings verführen konnte.

Ganz anders dagegen die Schwester. Obgleich ein Jahr jünger, war Ida doch fast mehr entwickelt als Hedwig. Sie glich einer Hebe, deren wohl gerundete Glieder sich in rosa Seide hüllten. Ihr kleines Köpfchen schien die Fülle des Haares zu schwer zu finden; es senkte sich leise und bescheiden nieder. Sanfte, seelenvolle Augen, von langen Wimpern halb und züchtig verhüllt, zart rosig angehauchte Wangen, ein feines Kinn und volle, schön gebogene Lippen bildeten mit der elfenbeinernen Stirn und den lieblich geschweiften Brauen ein Ensemble, welches auf Gebhardt den Eindruck machte, als müsse er sogleich nahe treten, um die Hand des holden Wesens mit den Worten zu ergreifen: „Wie schön und gut bist Du, Wer Dich nicht liebt, der ist ein böser Mensch!"

Die vierte Person war einige Schritte seitswärts getreten, um unter dem Schutze des Halbdunkels Beobachtungen anzustellen, ohne selbst scharf beobachtet werden zu können. Graf Rallion, der „Neffe," war jedenfalls bereis dem dreißigsten Jahre nahe. Lang und hager gebaut, war auch sein Kopf aus der Breite in die Höhe gedrückt. Das schmale, scharfe Gesicht glich dem Kopfe eines Raubvogels. Die Augen waren stechend, die Brauen buschig und an der Nasenwurzel zusammenstoßend; die Nase besaß eine schlimme Schärfe; die Lippen waren schmal, und das Kinn machte über dem langen dünnen, aus einer hohen Cravatte hervorschießenden Halse, wie es schien, eine Bewegung nach seitwärts, als erheische es der aristokratische Stolz seines Besitzers, sich nicht berühren zu lassen. Das war Graf Jules de Rallion.

Vielleicht erinnert sich der freundliche Leser, daß längere Zeit später, nämlich im Jahre 1870 ein Graf Jules de Rallion nach Ortry zu dem alten Capitän Richemonte kam, um seinen Sohn mit der schönen Marion zu verheirathen, welche Doctor Müller, der verkleidete deutsche Officier liebte. Und ebenso wird wohl noch erinnerlich sein, daß die sterbende Seiltänzerin damals, als sie vom Seile gestürzt war, dem braven Diener Fritz Schneeberg die Worte in das Ohr flüsterte: „General — Kunz von Goldberg — Vater — Rauben lassen Graf — Jules Rallion — Cousin Hedwig

— Bajazzo — bezahlt." Es schürzt sich hier eben der Knoten, von welchem die Fäden nach verschiedenen Richtungen auseinandergehen, um in dem angegebenem Jahre in Ortry zusammenzulaufen. So spinnt das Leben seine wunderbaren Gewebe, und der schwache Mensch steht vor dem Ende, um die Weisheit des Schicksals staunend zu bewundern, dessen tief und scharf berechnendes Walten eine jede irdische That mit untrüglicher Genauigkeit abzuwägen und mit wunderbarer Gerechtigkeit zu belohnen oder zu bestrafen weiß.

Die beiden Officiere, welche hier allerdings in Civil gekleidet gingen, verbeugten sich vor den Anwesenden, und Kunz von Goldberg sagte:

„Meine Damen und mein Herr, ich stütze mich auf die mir heute gewordene Erlaubniß, Ihnen meinen Freund, den Lieutenant Gebhardt von Königsau, vorzustellen!"

Die Gräfin trat einen Schritt näher, betrachtete den Genannten mit kalten und scharfen Augen und antwortete:

„Ich heiße Sie willkommen, Lieutenant von Goldberg. Herr Lieutenant von Königsau, Sie sehen hier zwei Comtessen von Rallion, meine Nichten, und da den Grafen Jules de Rallion, meinen Neffen."

Sie hatte also nur Kunz willkommen geheißen, nicht aber auch Gebhardt. Dieser that, als ob er diese Unhöflichkeit nicht bemerkt habe, verbeugte sich abermals und antwortete im höflichsten Tone!

„Tief ergebensten Dank, gnädige Frau! Ich kam erst heute in Paris an; dieser erste Tag mußte meinem Freunde gewidmet sein, und da er Ihnen den Abend zu widmen hatte, so sah ich mich leider gezwungen, mich ihm anzuschließen, wenn ich nicht auf seine Gesellschaft verzichten wollte."

Das war natürlich mit anderen Worten gesagt: Ich komme nicht um Euretwillen, sondern meines Freundes wegen. Gebhardt hatte also der Unhöflichkeit der Gräfin eine zweite entgegengesetzt, die aber in ein besseres Gewand gekleidet war als die ihrige.

Die Gräfin warf einen erstaunten Blick auf den jungen Menschen, welcher dieses wagte. Die Lieder Idas hoben sich einen kurzen Augenblick empor, um einen warnenden Blick passiren zu lassen. Hedwig legte das Köpfchen sofort noch Etwas weiter nach hinten und schnipfte leise mit den rosigen Fingerchen; Graf Rallion ließ ein halblautes, indignirtes Hüsteln hören, und selbst Kunz von Goldberg konnte nicht umhin, dem Freunde einen warnenden Blick zuzuwerfen.

„Setzen Sie sich!" sagte die Gräfin kurz und scharf. Und als dies geschehen war, fuhr sie, zu Kunz gewendet, fort: „Also, Monsieur, Ihr Freund wollte heute Abend Ihnen gehören?"

„Allerdings," antwortete der Gefragte gewandt; „aber allerdings nicht so ausschließlich, wie die Herrschaften seine Worte vielleicht verstanden haben."

„So mag es gelten," erwiderte sie in einem ironischen Tone. „Vielleicht ist er des Französischen nicht so sehr mächtig, als nothwendig ist, sich präciser Ausdrücke zu bedienen."

Der Graf nahm augenblicklich diese Gelegenheit, seinem Aerger Luft zu machen, wahr, indem er meinte:

„Die Deutschen sprechen nie ein gutes Französisch. Und was haben sie für unbequeme Namen. Der Vorname des Lieutenants ist Gepar; wie sinnlos! Wie schwer auszusprechen."

„Sie irren Graf," entgegnete Königsau. „Nicht Gepar sondern Gebhardt ist mein Name. Und wenn unsere deutschen Worte Ihnen so schwer fallen, so beweist dies nur, daß Sie des Deutschen nicht so mächtig sind wie wir des Französischen. Ich muß nämlich auch die Frau Gräfin dahin berichtigen, daß ich des Französischen so vollständig Herr bin wie ein geborener Franzose, und daß ich auch in dieser Sprache gerade nur das und so viel sage, was und wieviel ich sagen will."

Das war gerade, als sei ein Stück der Decke eingefallen. Die Rallions blickten einander mit großen Augen an. Kunz stieß den kühnen Sprecher mit dem Fuße, und nur Ida ließ keinen Unwillen bemerken. Sie wußte, daß der Deutsche zuerst von ihrer Tante beleidigt worden sei und bewunderte den Muth und die Kaltblütigkeit, mit welchem er diesen gesellschaftlichen Fehler zurechtwies.

„Pah!" schnarrte der Graf zornig. „Gebhardt ist doch ein schlechter Name. Blücher hieß ebenso."

„Mich hat man so genannt, weil der Feldmarschall von Blücher der Freund meines Vaters und mein Pathe war," antwortete Königsau.

„Wie, Monsieur, Blücher war Ihr Pathe?" fragte der Graf.

„Ja, Monsieur."

„Dann werde ich Ihnen rathen, hier diesen Umstand zu verschweigen oder gar keine Pariser Gesellschaft zu besuchen."

„Warum?"

„Weil Blücher ein Ungeheuer war, der das schöne Frankreich unendlich unglücklich gemacht hat."

„So meinen Sie wohl, daß Napoleon ein Engel war, der das häßliche Deutschland unendlich glücklich gemacht hat? Ehe Sie mir einen Rath geben, lernen Sie erst, Nationen und weltgeschichtliche Personen gerecht beurtheilen. Ich bin hier mit ausgesuchter Unhöflichkeit empfangen worden, Herr Graf und Madame. So etwas könnte bei den Deutschen, welche Sie Barbaren nennen, niemals vorkommen. Meine Mutter ist eine geborene Pariserin; ich bin also Ihrer Nation, welche ich achte, nicht fremd und weiß ihre Fehler und Vorzüge genau zu beurtheilen. Man hat mich bisher überall, wo ich eingeführt wurde, willkommen geheißen, nur hier bei Ihnen nicht, wo man sich im Gegentheile sogleich im ersten Augenblicke über meinen Namen und mein Französisch, welches doch dem Ihrigen vollständig ebenbürtig ist, moquirte. Ich reise von hier nach der Sahara und bin überzeugt, daß der wilde Tuba oder Tuareg, in dessen Zelt ich trete, mir sein „Habakek ia Sihdi, sei willkommen, o Herr," zurufen wird. Wünschen Sie, daß ich diesen räuberischen Nomaden erzählen soll, daß in Paris, der großen Metropole der Civilisation, diese schöne Sitte noch nicht herrscht, oder daß selbst hochgräfliche Personen Frankreichs es darauf ansetzen, von einem bildungslosen Kameelhirten an Höflichkeit übertroffen zu werden?"

Er schwieg. Lautlose Stille herrschte. Da Niemand antwortete, erhob er sich von seinem Stuhle und fuhr fort:

„Sie wurden mir von meinem Freunde als Aristokraten feinster Distinction geschildert, und ich kam zu Ihnen, innig erfreut von dem Bewußtsein, bei der ersten Familie, welche mir Zutritt gestattet, den Beweis zu finden, daß in den Franzosen sich wirklich der Begriff des untadelhaften Cavaliers krystallisirt. Herr von Goldberg ist trotz seiner Jugend ein tüchtiger Menschenkenner. Sagen Sie mir, ob er sich heute zum ersten Male geirrt hat."

Noch immer schienen Alle ganz starr zu sein vor Staunen, vor Schreck oder Zorn; aber da erklang eine volle, reine Altstimme:

"Wie, Herr Lieutenant, Ihre Mama ist eine geborene Pariserin?"

"Ja, mein Fräulein," antwortete Gebhardt.

"Und Sie gehen von hier wirklich nach der Sahara?"

"Durch die Sahara hindurch bis nach Timbuktu und vielleicht noch weiter."

"Dann muß Ihre Mama sehr muthig sein, wenn sie ihren Sohn solchen Gefahren entgegengehen läßt. Ich wollte, ich könnte ihr sagen, daß ich ihr Gottvertrauen bewundere."

Ida war die Sprecherin. Mit jener Schlauheit, welche selbst dem reinsten, unverdorbensten Weibe eigen ist, hatte sie aus Gebhardt's Rede jene beiden Punkte herausgegriffen, welche geeignet waren, das Interesse der zornigen Tante zu erwecken. Ihre Stimme war wie ein versöhnender Engelsruf durch den Salon gedrungen.

Gebhardt trat auf sie zu, reichte ihr die Hand entgegen und sagte:

"Mademoiselle, ich danke Ihnen innig! Sie retten in meinem Innern die Ehre der französischen Nation, deren Kind auch ich mich nenne. Sie sprechen mit freundlicher Sympathie von meiner heißgeliebten Mutter, obgleich Sie dieselbe nicht kennen. Ich nahm ihr Bild mit aus der Heimath fort, um die theuren Züge auch im Sonnenbrande der Wüste bei mir zu haben. Sie sollen meine Mutter wenigstens im Bilde kennen lernen, und wenn ich einst nach Hause zurückkehre, so werde ich ihr erzählen von der hochherzigen Landsmännin, die mir das erste freundliche Wort gönnte, weil ich eine edle, gute, muthige Mutter habe."

Er nestelte ein Medaillon von seiner Uhrkette los, öffnete es und reichte es ihr hin. Sie trat mit demselben näher an das Licht heran, um es zu betrachten.

"O, mein Herr," sagte sie; "welch' schöner, herrlicher Kopf; was für prächtige, seelengroße Augen. Ja, Ihre Mutter muß ein großes, edles Weib sein. Liebe Tante, magst Du Dir nicht einmal diesen Kopf betrachten?"

Sie reichte das Medaillon der Gräfin hin, und diese, noch im Zweifel, ob sie zornig losbrechen oder diesen Fremden lieber mit einem stillen aber gebieterischen, unwiderstehlichen Wink der Hand zur Thür hinausweisen solle, hatte das kleine Elfenbeinbild in den Fingern, sie wußte nicht, wie. Unwillkürlich senkte sich ihr Blick nieder auf dasselbe. Im nächsten Momente stand auch sie nahe am Leuchter, um das Portrait besser und schärfer betrachten zu können. Dann blickte sie rasch zu Gebhardt hinüber und fragte:

"Das ist wirklich das Portrait Ihrer Mutter?"

Ihre Stimme klang noch immer hart und zurückweisend.

"Ja, Madame," antwortete er.

"Sie behaupten, daß dieselbe aus Paris stamme?"

"Ja."

"Wie lautet der Familienname Ihrer Mutter?"

"Richemonte."

"Richemonte? Ah, ich habe eine Familie dieses Namens gekannt. Es war eine Tochter da, welche ich öfters gesehen habe. Sie würde jetzt ungefähr dieselben Züge besitzen, welche ich hier sehe. Was war der Vater Ihrer Mutter?"

"Ursprünglich Banquier, Madame."

Ihr Auge verlor seine bisherige Schärfe, und unter einer raschen Bewegung ihrer Hände und mit sichtlichem Interesse fragte sie weiter:

"Wie war sein voller Name?"

"Jean Pierre Richemonte; eigentlich de Richemonte. Ein Vorfahre hatte das adelige „Von" aus irgend einem Grunde abgelegt."

Das Gesicht der Gräfin begann, sich zu beleben. Ihre Züge wurden sichtlich milder, und ihr Auge ruhte mit einer Art von Wärme auf der Gestalt Gebhardt's als sie fortfuhr:

"Mon dieu! Ich glaube, das ist der Mann, dessen Familie ich gekannt habe. Können Sie mir sagen, wo er wohnte?"

"Er hatte sein Bureau in der Rue de Vaugirard gehabt. Später, nach seinem Tode, zog Mama nach der Rue d'ange, wo mein Vater, welcher damals preußischer Officier war, sie kennen lernte."

"Sie hat ihn geliebt?" fragte sie, hörbar mit wieder steigender Härte. Kunz von Goldberg hatte sie ja als „Deutschenhasserin" bezeichnet.

"Ja, gnädige Frau. Sie liebt ihn sogar noch," antwortete Gebhardt lächelnd.

"War und ist das recht von ihr, als Französin?"

"Jedenfalls, Madame. Schon Christus will, daß alle Menschen, welcher Nationalität sie auch sein mögen, sich lieben sollen. Und der gute Gott hat uns ja ein Herz gegeben, dessen Sprache so mächtig wirkt, daß vor ihr die Stimme des Parteihasses, der Rache, des Vorurtheiles verstummen muß. Dieses Herz hat wohl in jeder menschlichen Brust einmal gesprochen. Wohl dem, welchem es erlaubt war, diesen süßen und beglückenden Einflüsterungen Folge zu leisten."

Ida's Augen ruhten mit zustimmendem Wohlgefallen auf ihm. Es lag eine Art von Bewunderung in ihrem Blicke, Bewunderung der beredten Art und Weise, in welcher er seine Sache zu führen verstand.

Auch auf ihre Tante schienen seine Worte nicht ohne Eindruck zu bleiben. Ihre vorher mißfällig zusammengekniffenen Augen erweiterten sich wieder. Ihr Blick richtete sich empor, ins Weite. Er schien in der Ferne zu ruhen, in welcher sich ihm Erinnerungsbilder der Liebe boten, von welcher der junge Mann soeben gesprochen hatte.

"Sie mögen Recht haben," sagte sie langsam und zögernd. "Ich will nicht richten, zumal ich keineswegs annehmen darf, dazu berufen zu sein. Aber noch weiß ich nicht, ob Ihre Familie wirklich diejenige ist, an welche ich denke. Hatte Ihre Mutter Geschwister?"

"Einen Bruder."

"Wie war sein Name?"

"Albin."

"A la bonne heure! Was war er? Auch Kaufmann oder Banquier?"

"Nein, Madame. Er war Officier, Capitän bei der alten Kaisergarde."

"Das stimmt; das stimmt! Lebt er noch?"

"Vielleicht. Niemand weiß es."

"Niemand weiß es? Sie müssen doch über die Schicksale eines so nahen Verwandten irgend welche Nachrichten haben!"

"Dies ist hier nicht der Fall, gnädige Frau. Er war den Meinen zwar bluts= aber nicht geistig verwandt."

"Sie haben keinen Umgang mit ihm gepflogen?"

„Sie haben ihn gemieden. Und wenn er selbst eine vorübergehende Annäherung herbeiführte, so ist die Folge stets ein Unglück für sie gewesen."

Sie nickte langsam mit dem Kopfe.

„Ja," sagte sie; „er war ein Bube, ein böser Mensch, welcher mit geholfen hat, seinen Vater in das Unglück zu stürzen. Wissen Sie davon?"

„Es ist mir allerdings Einiges bekannt."

„Kennen Sie auch seinen Verbündeten, mit welchem er daran arbeitete, die Eltern und die Schwester in das Elend zu führen?"

„Sie meinen den Baron de Reillac?"

„Ja. Ob dieser Mensch wohl noch vorhanden ist?"

„Nein; er ist todt."

„Ah! So besitzt die Erde eine gefährliche Kreatur, ein Raubthier weniger. Er hat einen schlimmen Tod verdient. Woran ist er gestorben?"

„An keiner Krankheit, sondern unter der Hand eines Mörders."

„Gott! Er ist ermordet worden?"

„Ja."

„Wann?"

„Schon längst, nämlich am Tage oder einige Tage vor der Schlacht bei Ligny."

„Wer war der Mörder?"

„Sein Freund, Capitän Richemonte."

„Ihr Onkel?"

„Ja."

„Sein eigener Freund, Cumpan und Verbündeter? Welch eine Fügung! Sie werden mir davon erzählen müssen, auch von den Ihrigen. Zuvor aber" — und dabei nahm ihre Stimme wieder den harten, klanglosen Ausdruck an — „zuvor aber muß ich Ihnen sagen, daß die Art und Weise, in welcher Sie sich bei mir eingeführt haben, keineswegs eine angenehme und empfehlende ist."

(Fortsetzung folgt.)

Die Liebe des Ulanen.
Original-Roman aus der Zeit des deutsch-französischen Krieges von Karl May.
(Fortsetzung.)

Der Blick der Gräfin ruhte forschend und auffordernd auf Königsau, als ob sie eine Entschuldigung erwarte. Er aber verbeugte sich unter einem höflichen Lächeln und antwortete, indem er leise mit der Achsel zuckte:

„Madame, der Deutsche besitzt ein oft angewendetes Sprichwort, welches auch hier am Platze sein dürfte."

„Wie lautet es?"

„Wie es in den Wald schallt, so schallt es wieder heraus."

„Dieses Sprichwort klingt nicht gut. Es beweist, daß der Deutsche der Mann der Vergeltung, der Rache, der Revanche ist, welche er doch dem Franzosen so gern und geflissentlich vorzuwerfen pflegt."

„O, er will damit doch nur einen gewöhnlichen Erfahrungssatz ausdrücken, welchen auch Sie anerkennen werden. Der Charakter des Deutschen scheint mir mehr ein passiver, als ein activer zu sein. Er schreitet nur dann zur Vergeltung, wenn er mit Gewalt dazu getrieben wird."

„Wer hat vorhin Sie mit Gewalt dazu getrieben?"

„Die Antwort liegt in Ihrer eigenen Frage, gnädige Frau Gräfin. Indem Sie zugeben, daß ich mich zu einer Art von Abwehr treiben ließ, gestehen Sie ein, daß vorher ein Angriff stattgefunden hat."

„Dieser Angriff war kein directer."

„Aber dennoch ein sehr fühlbarer und energischer."

„O, nur ein kleiner, gesellschaftlicher Unterlassungsfehler, wie er sehr leicht einmal vorkommen kann. Und besonders, da er von einer Dame begangen wurde, so wäre es höflich gewesen, denselben mit Stillschweigen zu übergehen."

Ihr Blick ruhte streng und herausfordernd auf ihm. Er hatte große Lust, den bereits aufgenommenen Fehdehandschuh nicht wieder hinzuwerfen; aber er sah das Auge Ida's mit stummer und doch beredter Bitte auf sich gerichtet; darum nahm er einen heitereren, leichtereren Ton an und antwortete:

„Sie haben Recht, gnädige Frau. Eine Dame hat unter allen Umständen diejenigen Aufmerksamkeiten zu erwarten, welche ihr von den Gesetzen und Regeln der gesellschaftlichen Déhors zugesprochen worden. Habe ich gegen diese Regeln gesündigt, so würde ich recht glücklich sein, von Ihnen Absolution zu empfangen."

Die Falten ihrer Stirn verschwanden. Er bat sie um Verzeihung. Sie hatte also, wenigstens scheinbar, einen Sieg über ihn errungen. Das erlaubte ihr, nun Freundlichkeit und Milde walten zu lassen. Sie antwortete:

„Ich will keineswegs grausam sein, Herr von Königsau. Ich verzeihe Ihnen also und heiße Sie nachträglich willkommen."

Sie reichte ihm die Hand entgegen, welche er ergriff und hochachtungsvoll küßte. Ueber Hedwigs hübsches Gesichtchen glitt ein Zug, welcher ganz deutlich sagte: „Er hat aber doch gesiegt, dieser Deutsche." Ida's Augen strahlten dem Letzteren warm entgegen; aber aus dem Halbdunkel, in welches sich der Graf zurückgezogen hatte, erklang es scharf und wie zurechtweisend:

„Liebe Tante, Du vergissest, daß Du Dich nicht allein hier befindest."

Sie wendete sich ihm mit einem Ausdrucke des Erstaunens zu und fragte:

„Du willst damit sagen?"

„Daß mehrere Personen vorhanden sind, welche beleidigt wurden, und daß Du also nicht eigenmächtig verzeihen darfst."

„Ah," meinte sie, „ich ahnte nicht, daß Du annimmst,

auch angegriffen worden zu sein. Fühlst Du Dich beleidigt, so ist das einfach Deine Sache. Jedenfalls aber nehme ich für mich das Recht in Anspruch, für meine Person verzeihen zu können. Das Andere aber gehet mich nichts an."

„Ich denke doch, daß es Dich tangiren muß."

„In wiefern?"

„Ich will nicht bestreiten, daß Du das Recht hast, für Dich persönlich zu verzeihen; aber ich habe auch die Ueberzeugung, daß Du in Deiner Eigenschaft als meine Tante einen Angriff auf Deinen Neffen nicht so gleichgiltig übersehen darfst, wie es in Deiner Absicht zu liegen scheint."

„Ja, wenn dieser Neffe ein Kind wäre, welches dieses Schutzes bedarf. Ihr Herren aber seid stets so passionirt, Euch Männer zu nennen, daß ich mir in dieser Angelegenheit wohl erlauben darf, Dich Dir selbst zu überlassen."

„Das heißt, Du nennst diesen Mann wirklich willkommen?"

„Jawohl; Du hast es gehört."

Da trat er aus dem Halbdunkel hervor auf sie zu.

„So muß ich allerdings annehmen," sagte er, „daß ich Dir weniger willkommen, vielleicht sogar unwillkommen bin."

Er hatte die Augen finster zusammengekniffen, und die Stellung, welche er einnahm, war eine herausfordernde, ja fast drohende zu nennen.

Sie dagegen behielt ihre vollständige Ruhe bei. Ihm einen nur verwunderten Blick zuwerfend, sagte sie:

„Mein Neffe ist mir jederzeit willkommen gewesen, und auch noch jetzt kenne ich keinen Grund zu einer Aenderung hierin. Wen ich aber außer ihm bei mir empfangen will und werde, darüber steht mir sicher das alleinige Urtheil zu. Mein Haus ist mein Eigenthum, und ich kenne keinen Menschen, welchem ich erlauben werde, die für mich daraus hervorgehenden Rechte mir streitig zu machen."

Er zog unter einem beinahe höhnischen Lächeln die Schultern nach vorn, machte eine ironische Verbeugung und sagte:

„Ich lasse Dir natürlich dieses Recht; es kann mir gar nicht einfallen, es Dir zu schmälern, da ich nicht die Erlaubniß dazu habe. Aber ich bitte um die Erlaubniß, zu den Stunden, in welchen Du mir unsympathische Personen empfängst, auf das Glück Deiner Nähe verzichten zu dürfen."

Da legte sie den Kopf in den Nacken, grad so, wie es die hübsche Hedwig in ihrer Gewohnheit hatte, warf ihm einen ernsten, dominirenden Blick entgegen und antwortete:

„Ich habe nichts dagegen, daß Du selbst in den Stunden, in denen Du Dich wohl bei mir fühlen würdest, auf mich verzichtest. Ich verliere nichts dabei."

„Fällt mir nicht ein," entgegnete er. „Eines Fremden, eines Eindringlings wegen, gebe ich Dich ebenso wenig auf, als ich auf eine Person oder Sache verzichten würde, welche mir lieb und angenehm ist. Ich habe keineswegs die Absicht, Dich zu beleidigen, sondern ich will Dich nur warnen, Bekanntschaften anzuknüpfen, welche Dir nur Enttäuschung bringen können. Ich hoffe, Cousinchen Ida ist ganz gleicher Meinung mit mir?"

Diese letztere Frage war an die Genannte direct gerichtet. Sie sah sich darum zu einer Antwort gezwungen.

„Ich wohne bei der Tante und habe mich nach ihr zu richten," sagte sie. „Auch kann ich **nicht** sagen, daß Herr von Königsau mich beleidigt hat."

Der Graf hatte diese Antwort vielleicht nicht erwartet. Er verschmähte, eine Gegenbemerkung zu geben, und wendete sich an die andere Schwester:

„Und Du, liebe Hedwig?"

Diese zuckte leichthin die Achsel, zog ein schnippisches Mäulchen und sagte:

„Cousin, Du mußt gestehen, daß Du außerordentlich unartig bist. Schwestern sollen stets einerlei Meinung haben; ich stimme Ida vollständig bei."

Da bleichte der Zorn seine Wangen. Er trat zurück und sagte:

„So stehe ich also allein! Ich konnte es mir denken. Treue Herzen pflegen ja oft dem ersten besten hergelaufenen Fant geopfert zu werden. Aber es wird die Zeit kommen, in welcher Ihr einsehen lernt, wer Euch wirklich nahe steht und auf wessen Meinung Ihr hättet Gewicht legen sollen. Ich verabschiede mich für heute Abend von Euch."

Und sich mit einer raschen Umdrehung zu Kunz von Goldberg wendend, fuhr er mit erhobener Stimme fort:

„Mein Herr, Sie haben seit der ersten Stunde, da wir uns hier trafen, merken müssen, daß mir Ihre Besuche höchst unangenehm waren. Sie haben dieselben trotzdem fortgesetzt. Ich finde das höchst sonderbar."

„Pah!" antwortete Kunz. „Ich glaubte, Sie würden seit der ersten Stunde, da wir uns hier trafen, gemerkt haben, daß meine Besuche nicht Ihnen galten. Daß Sie dies selbst jetzt noch nicht einsehen, finde ich noch sonderbarer."

„Diable! Wollen Sie mich etwa höhnen?"

„Nein. Ich will Ihnen damit nur sagen, da ich nicht Sie, sondern Ihre Tante, die Frau Gräfin besuche, so kann es mir sehr egal sein, ob Ihnen meine Anwesenheit angenehm ist oder nicht. Und hinzufügen will ich noch, daß mir überhaupt auch alles Andere, was Sie denken und meinen, vollständig gleichgiltig ist. Sie müssen bereits längst erkannt haben, daß Sie für mich gar nicht existiren."

„Nun, so werde ich hoffentlich und wenigstens für Ihren Freund existiren."

Er wendete sich zu Gebhardt, welcher unterdessen wieder Platz genommen hatte und bisher ein scheinbar theilnahmloser Hörer von des Grafen Expectorationen gewesen war, und fragte:

„Sie sind Officier, Herr von Königsau?"

„Ja, wie Sie gehört haben," antwortete dieser kurz und gelassen.

„Ich zweifle daran."

„Das kann mir gleichgiltig sein."

Der Graf trat ihm einen Schritt näher. Er sagte in einem Tone, dem man die beabsichtigte Provocation anhören mußte:

„Sie sind in Wirklichkeit nicht Officier."

Gebhardt wendete sich zur Seite und verzichtete darauf, eine Antwort zu geben. Der Graf trat ihm noch näher und meinte:

„Ich sehe, daß Sie nicht antworten. Nun, wenn ich sage, daß Sie in Wirklichkeit nicht Officier sind, so meine ich damit, daß ich Sie für einen Lügner erkläre, wenn Sie behaupten Officier zu sein."

In Gebhardts Augen blitzte es auf. Aber er verstand es, sich zu beherrschen, und seine Stimme klang hell und ruhig, als er entgegnete:

„Sie erlauben mir, Ihnen meine Antwort morgen zu geben."

„Ich brauche Ihre Antwort nicht. Wer sich da eindrängt, wo er unangenehm ist, der ist kein Officier und Cavalier. Sie haben die Frau Gräfin beleidigt; Sie haben sich mit ausgesuchter Grobheit betragen und besitzen die Stirn, hier Ihren Platz festzuhalten: Sie sind nicht Officier."

„Ich habe Ihnen bereits gesagt, daß ich Ihnen meine Antwort morgen geben werde."

„Und ich habe Ihnen darauf bemerkt, daß ich darauf verzichte, eine Antwort von Ihnen zu empfangen."

Jetzt verließ auch Gebhardt seinen Stuhl. Er erhob sich und stand ganz nahe vor dem Grafen, so daß beim Sprechen ihr Athem sich berühren mußte.

„Wissen Sie wohl," sagte er, „was ich meinte, als ich Ihnen zweimal erklärte, daß Sie meine Antwort morgen empfangen werden?"

„Ich habe wirklich keine Ahnung davon," erklärte der Graf.

„Ah! Sind Sie Officier?"

„Nein."

„Aber Edelmann?"

„Allerdings. Ich bin, wie Sie gehört haben, Graf Jules de Rallion."

„Und dennoch wissen Sie nicht, was ich gemeint habe?"

„Ganz und gar nicht!"

„Nun, ich habe bisher geglaubt, daß auch die Edelleute Frankreichs sich auf die Art und Weise gewisser Antworten verstehen, welche nicht mit dem Munde gegeben werden; ich scheine mich aber doch geirrt zu haben."

Da forcirte der Graf ein erstauntes Gesicht. Er wich, wie in Folge einer plötzlichen Verwunderung zurück, und fragte:

„Sie meinen doch nicht etwa ein Duell?"

„Ah, Sie scheinen auch das nicht zu wissen, daß man in Gegenwart von Damen nicht über gewisse Dinge zu sprechen pflegt!"

„Was mich angeht, können diese Damen hören. Sie wollen sich mit mir schlagen, mein Herr?"

„Sie werden das anderweit erfahren."

„Nun, ich erkläre Ihnen hiermit, daß ich mich auf keinen Fall mit Ihnen schlagen werde."

„Warum?"

Der Graf warf sich in eine Attitude, welche Furcht erwecken sollte, nahm eine Stellung an, als ob er sich auslegen wollte und antwortete:

„Weil ich Sie schonen müßte. Ich bin lange Jahre Fechtmeister gewesen und würde Sie in Grund und Boden hauen!"

Gebhardt konnte sich eines Lächelns nicht erwehren. Er entgegnete mit einem beredten Blicke auf Kunz:

„Sie würden mich nicht im Mindesten zu schonen brauchen. Mein Kamerad, Herr von Goldberg hier, wird mir gern bezeugen, daß ich als ein Schläger bekannt bin, der keinen Andern zu fürchten braucht."

Der Graf bezwang sich, ein enttäuschtes Gesicht zu verbergen.

„Mon dieu!" meinte er leichthin. So würde ich Sie in Grund und Boden schießen!"

„Auch das verfängt nicht, mein Herr. Ich schieße die Schwalbe aus der Luft. Und um Ihnen zu beweisen, daß ich wirklich Officier bin, der im Kriege seinen Mann nicht verfehlen darf, würde ich Ihnen meine erste Kugel durch den Kopf jagen."

Der Graf war sichtlich entmuthigt. Er wußte nicht, was er sagen sollte, und meinte endlich:

„Das wird Ihnen nicht gelingen; ich versichere es Ihnen."

„Warum nicht, Monsieur?"

„Weil ich mich überhaupt niemals mit Ihnen schlagen werde."

„Ich darf wohl jedenfalls nach dem Grunde dieses höchst sonderbaren Entschlusses fragen?"

„Ich schieße mich mit keinem Menschen, der nicht satisfactionsfähig ist."

„Sie meinen, ein solcher Mensch sei ich?"

„Ja."

„Warum?"

„Weil Sie durch Ihr heutiges Verhalten bewiesen haben, daß Sie kein Ehrenmann sind."

„Ah, eine neue Beleidigung. Nun, da Sie diese heikle Sache vor das Forum der Damen förmlich gezwungen haben, so will ich Ihnen auch in Gegenwart derselben meine Entscheidung sagen; ich werde nämlich — —"

„Ich bin neugierig, dieselbe zu hören, da ich mir nicht erklären kann, wie gerade Sie dazu kommen, eine Entscheidung zu fällen," unterbrach ihn der Graf.

„Ich bin der Beleidigte und habe also auf Satisfaction zu bringen, wäre es auch nur, um Ihnen die Ueberzeugung beizubringen, daß ich wirklich ein Ehrenmann bin. Herr von Goldberg wird die Güte haben, mir zu secundiren. Morgen früh punkt neun Uhr ist er bei Ihnen, um zu hören, welchen Herrn Sie zum Beistand wählen, und wie Sie mit diesem sich vereinbaren. Sollten Sie meine Forderung nicht annehmen, so erkläre ich Sie für den größten Feigling Frankreichs, und werde das auch öffentlich bekannt geben."

„Sie wollen mich fürchten machen; das aber soll Ihnen doch nicht gelingen," antwortete der Graf. „Ich weiß ganz genau, wie Leute ihres Schlages zu behandeln sind, und werde Ihnen das beweisen. Gute Nacht, die Damen."

Er drehte sich scharf auf dem Absatze um und ging fort.

Wie bei solchen unangenehmen Scenen gewöhnlich, trat zunächst eine Pause ein, welche allerdings nicht lange währte, denn die Gräfin begann unter völliger Ignorirung des zuletzt Vorgefallenen:

„Herr von Königsau, Sie versprachen mir, uns von dem Tode dieses Barons de Reillac zu erzählen."

„Ich bin gern bereit, mein Wort zu halten," antwortete Gebhardt. „Nur weiß ich nicht, ob die Ermordung eines Menschen ein Damenthema ist."

Da ergriff ihm gegenüber Hedwig zum ersten Male das Wort:

„Erzählen Sie immerhin, Herr Lieutenant," sagte sie, indem sie sich behaglich in ihrem Sessel zurechtrückte. „Ein Mord ist allerdings ein fürchterliches Thema; aber wenn Sie wüßten, wie gern ich grusele, so würden Sie mich keinen Augenblick warten lassen."

„Nun, mein Fräulein," antwortete er lächelnd, „so muß ich es allerdings versuchen. Und ich hoffe, daß Ihnen der Genuß des Gruselns nicht verloren geht."

Er erzählte. Die Damen hörten mit gespannter Erwartung zu, ihn nur zuweilen durch einen theilnahmsvollen Ausruf unterbrechend. Das Erlebniß, von welchem er berichtete, stand in so innigem Zusammenhange mit seinen Familienverhältnissen, daß dann später Frage auf Frage ausgesprochen wurde, die er zu beantworten hatte.

So entspann sich eine außerordentlich animirte Unterhaltung. Er war ein guter Sprecher und ein sehr angenehmer Gesellschafter, überhaupt ein hübscher, kenntnißreicher und gewandter junger Mann. Die Damen lauschten seiner Unterhaltung. Sie hörten aus jedem seiner Worte, daß er trotz seiner für seine Jugend höchst bedeutenden Kenntnisse nicht die mindeste Einbildung besaß, sondern sich selbst aus dem Zusammenleben mit den Angehörigen des Officiercorps seine ursprüngliche Einfachheit und Bescheidenheit gerettet hatte.

Das zog sie zu ihm hin. Die sonst so muntere Hedwig war schweigsam und hörte lieber auf ihn, als daß sie sich zum vordringlichen Sprechen entschloß. Ida, schon sonst schweigsam, weil contemplativ angelegt, sprach fast kein Wort. Aber ihr Auge sprach desto mehr, und immer und immer wieder begegnete ihr Blick dem seinigen, so daß sie hundert Mal gezwungen war, die schönen, geheimnißvollen Wimpern niederzuschlagen und das leise feine Roth ihrer Wangen zu verbergen, welches sie zwar nicht sehen konnte, aber an dem frohen Klopfen ihres Herzens fühlte.

So kam es, daß die Kosten der Unterhaltung fast nur von den beiden Officieren und der Gräfin getragen wurden.

Die Letztere hatte ihr vorheriges Wesen vollständig abgelegt. Sie war mittheilsam und gesprächig geworden und besonderen Dank verdiente sie sich bei Gebhardt dadurch, daß sie mit keiner Sylbe ihres Neffen gedachte, der zu einer so außerordentlich peinlichen Scene Veranlassung gegeben hatte. Ihre völlig umgewandelte Gesinnung erhielt endlich den besten Ausdruck dadurch, daß sie die beiden jungen Männer einlud, am Souper theilzunehmen, was natürlich mit großem Danke angenommen wurde.

Am meisten schienen sich die beiden Nichten darüber zu freuen. Es war so außerordentlich selten, daß die Tante einem Herrn die Ehre gönnte, mit ihnen zu speisen, und so kam es, daß sie durch die Einladung der Gräfin in die beste Laune versetzt wurden, welche wieder ihren guten Einfluß auf die Andern äußerte.

Kurz vor der Tafel entfernte sich die Gräfin auf kurze Zeit, und diesen günstigen Augenblick benutzte Kunz von Goldberg, um Hedwig zu folgen, welche an das Piano getreten war und sich mit den darauf liegenden Noten zu beschäftigen begann. In den Letzteren blätternd und scheinbar sich über dieselben unterhaltend, führten Sie ein halblautes Gespräch, von welchem die beiden Andern nichts verstehen konnten oder vielmehr nichts verstehen gekonnt hätten, selbst wenn es ihre Absicht gewesen wäre, einige der Worte zu erlauschen.

„Sagen Sie einmal, Herr von Goldberg," begann Hedwig; „war es Ihrem Freunde mit der Forderung wirklich Ernst?"

„Ganz gewiß, Mademoiselle," antwortete er.

„Das Duell wird also stattfinden?"

„Ich bin davon überzeugt."

„Wie uninteressant!"

„Uninteressant?" fragte er. „Und Sie gruseln doch so gern. Ist bei Ihnen vielleicht nur die Erzählung eines Mordes interessant?"

Sie blickte ihn ein wenig verächtlich von der Seite an und sagte:

„Was Ihr Deutschen doch für Menschenkenner seid."

„Nicht wahr?" lachte er, ohne zu thun, als ob er den Blick bemerkt habe.

„Ja. Sagten Sie nicht erst vorgestern, daß es Ihnen ein außerordentliches Interesse gewähre, mich zu studieren?"

„Gewiß."

„Und daß Sie sich schmeicheln, mich ganz und genau zu kennen?"

„Auch das."

„Und doch glauben Sie, daß nur ein Mord mich interessiren könne?"

„Muß ich es nicht glauben, da Sie ein Duell uninteressant nennen?"

Sie zog die schönen, vollen Schultern verächtlich empor, so daß das rosige Fleisch derselben aus dem Ausschnitte des Kleides hervortrat, um sich nur langsam wieder unter den weichen Stoff zu verbergen, und antwortete:

„Es kommt auf die Veranlassung an."

„Wieso, Mademoiselle?" fragte er.

„Ein Duell nur deshalb, weil Einer nicht glaubt, daß der Andere ein Officier ist — wie kindisch."

„Oder, wollen Sie sagen, ein Duell, weil der eine den Andern gewaltsam provocirt."

„Das ist barbarisch, aber doch nicht interessant."

„Wann würde denn ein Duell für sie interessant sein?"

„Hm! In vielen Fällen," antwortete sie, indem sie ein höchst nachdenkliches Gesichtchen zog, welches ihr ganz allerliebst stand.

„Darf ich vielleicht einen von diesen vielen Fällen erfahren?"

„Neugieriger! Aber es ist wahr, Sie sind in Beziehung auf das Duell so ganz und gar unwissend, daß ich es schon unternehmen muß, Ihnen Unterricht zu geben."

„Sie zog die Brauen empor und bemühte sich, die strenge gelehrte Miene eines pedantischen Lehrers anzunehmen. Das sah so allerliebst aus, daß Kunz sie am Allerliebsten gleich hätte umarmen mögen. Er sagte:

„Ich brenne vor Wißbegierde. Belehren Sie mich, Mademoiselle."

„Nun, es kommt vor allen Dingen auf den Gegenstand an, wegen dessen man sich schlägt. Ist dieser interessant, so ist es auch das Duell. Nun, mein Herr von Goldberg, nennen Sie mir einmal einen Gegenstand, welcher interessanter ist als eine rohe oder kindische Provocation."

Er nickte ihr mit einem ahnenden Lächeln zu und antwortete:

„Darf ich es da nicht am Besten gleich wagen, den interessantesten Gegenstand zu nennen?"

„Ja. Aber ich bitte mir aus, nicht im Besonderen, sondern nur im Allgemeinen zu sprechen."

„Ah, meine schöne Hedwig, Sie haben mich im Verdachte, daß ich sofort eine gewisse Person nennen würde?"

„Ja, ich habe sie da sogar in einem sehr dringenden Verdachte."

„Warum?" fragte er leise flüsternd, indem er sich ganz nahe zu ihr hinüberbog.

Sie versetzte ihm einen leisen, scherzenden Schlag mit dem Fächer und antwortete:

„Diese Deutschen sind allesammt rechte, ächte Bären, und Sie in'sbesondere sind — —"

Sie stockte.

„Was? Was bin ich?" fragte er.

Sie blickte ihn wie furchtsam von der Seite an und antwortete rasch:

„So ein ganz gewaltiger Doppelbär."

Er fuhr in scherzhaftem Schreck zurück und sagte:

„Mademoiselle, Sie kommen da ganz gewaltig von unserm Thema ab!"

„O nein, mein Herr, wir sind ganz gewaltig dabei."

„Beim Duell?"

„Ja, beim Duelle?"

„Bei der Frage, welches Duell interessant ist?"

„Ja, bei dieser Frage!"

„Das sehe ich nicht ein. Oder meinen Sie vielleicht, daß nur ein Duell zwischen Doppelbären interessant ist?"

„O nein. Ich möchte mich da gern eines deutschen Wortes bedienen. Wie übersetzen Sie das schöne französische Wort lourdaud in das Deutsche?"

„Dieses Wort würde das schöne deutsche Wort Tolpatsch ergeben."

„Schön. Das ist ein Dingwort, ein Hauptwort?"

„Ja."

„Und das Eigenschaftswort davon? Wie würde es lauten?"

„Tolpatschig."

„Nun, so will ich Ihnen sagen, daß ein Duell zwischen Doppelbären höchst tolpatschig aussehe, also ganz und gar nicht interessant sein würde. Wir sprachen aber gar nicht von Bären, am Allerwenigsten von Doppelbären."

„Wovon sonst, meine schöne Tadlerin?"

„Nur Sie allein sind so ein langweiliger Mensch, welcher niemals bei einem Thema Stand halten kann. So oft ich mich mit Ihnen unterhalte, habe ich mir die größte Mühe zu geben, Sie bei der Sache festzuhalten."

Sie sprach das so ernsthaft aus, daß er lachen mußte.

„Gut," meinte er. „Halten wir jetzt also Stand."

„Ja, ich fordere Sie allen Ernstes dazu auf. Der bekannte Bär kam nur deshalb zum Vorscheine, weil Sie mich fragten, weshalb ich Ihnen die Nennung einer ganz besonderen Person zutraue."

„Ah, jetzt endlich besinne ich mich. Ich habe Sie wirklich zu bitten, nachsichtig mit meinem allzu altersschwachen Gedächtnisse zu sein — — —"

„Altersschwach wohl nicht, aber sehr ungeübt," fiel sie ihm in die Rede.

„Mag sein. Also ich sollte keine Person nennen, sondern nur ganz im Allgemeinen sprechen?"

„Ja. Sie sollen mir einen Gegenstand nennen, welcher interessant ist."

„Nun, ist der Ausdruck Dame ein allgemeiner?"

„Aus alter Rücksicht für Sie will ich das einmal zugeben."

„Und ist eine Dame interessant?"

„Sie blickte ihn erstaunt an und antwortete unter Kopfschütteln:

W. VIII. 646.

„Natürlich. Was kann interessanter sein, als eine Dame. Etwa ein Herr?"

„Natürlich niemals!"

„Nun also! Wie weiter?"

„Sie schließen: Da eine Dame interessant ist, wird ein Duell auch interessant sein, wenn es wegen einer Dame vorgenommen wird."

„Ja, das ist meine Meinung."

„Ich möchte diesen Schluß einer kleinen Beschränkung unterwerfen."

„Welcher?"

„Es giebt auch uninteressante Damen — — —"

„Ah, das ist mir völlig neu."

„Ja. Ein Duell wegen einer solchen würde also nicht interessant sein."

„Sie sind abermals ein Bär! Nennen Sie mir eine einzige uninteressante Dame; dann will ich glauben, daß es solche giebt."

„Nun, würden Sie sich für eine Schlägerei wegen eines Aepfelweibes interessiren?"

„Fi donc! Nein!"

„Wegen Ihrer Nätherin?"

„Vielleicht."

„Wegen Ihrer Zofe?"

„Schon mehr."

„Wegen Ihrer Tante?"

„Sehr!"

„Wegen Ihnen selbst?"

„O, ganz gewaltig."

„Ah," lachte er; „damit sagen Sie nun selbst, was zu sagen Sie mir vorher so streng verboten haben."

„Was?"

„Daß Sie die interessanteste Dame sind."

Wieder gab sie ihm einen Schlag mit dem Fächer, dieses Mal aber einen derberen.

„Viel Ehre!" meinte sie. „Aepfelhändlerin, Nätherin, Zofe, Tante, das ist die Gesellschaft, in welche Sie mich bringen. Sie sind zum dritten Male ein Bär! Aber lassen Sie uns nicht scherzen. Sagen Sie mir lieber, ob Ihr Freund wirklich ein so guter Fechter ist, wie er sagt."

„Er ist der beste Fechter, den ich kenne."

„Auch Schütze?"

„Ja, gewiß."

„So ist mein Cousin verloren."

„Wieso?"

„Weil er nicht mit den Waffen umzugehen versteht."

„Ich denke, er will meinen Freund in Grund und Boden schlagen."

„Fällt ihm gar nicht ein."

„Oder in Grund und Boden schießen."

„Er lügt."

„Ah, er sagte doch, daß er längere Zeit Fechtmeister gewesen sei."

„Das war Aufschneiderei. Er that es vor Angst. Er hat eine angeborene Aversion gegen Alles, was Waffe heißt; daher ist er nicht Militär geworden."

„Mein Freund wird dennoch auf Satisfaction beharren."

„Aber wenn der Graf nicht einwilligt."

„Aus welchem Grunde?"

„Weil er nicht versteht mit den Waffen umzugehen."

„Dann darf er es auch nicht unternehmen, einen Ehrenmann in so schmachvoller Weise zu beleidigen. Uebrigens ist es nicht gesagt, daß der Sieg nur dem gehört, welcher Herr seiner Waffe ist."

„Ein Anderer kann auch treffen?"

„Sehr gut sogar, wie es bereits vorgekommen ist."

„Mein Gott, das wäre sehr schlimm," meinte sie ängstlich.

„Warum?"

„O, wenn Herr von Königsau verwundet würde."

Die Sorge, welcher sie jetzt Worte gab, war keine geheuchelte, sondern eine wirkliche; das sah man ihr an. Kunz bemerkte dies. Ueber seine Stirn zog sich ein kleines, dunkles Fältchen, und er fragte:

„Würde Ihnen dies so unangenehm sein?"

„Sehr, allerdings sehr."

„Ah, so beneide ich ihn."

Sie verstand ihn sofort.

„Warum beneiden Sie ihn, mein Herr?"

„Weil Sie für ihn fürchten. Wer weiß, ob Sie die geringste Sorge hätten, wenn ich vor einem Zweikampf stände."

„Sorge?" lachte sie. „Sorge? Ihretwegen, Monsieur? O, nicht die mindeste!"

Das Fältchen auf seiner Stirn wurde tiefer, ohne daß sie darauf zu achten schien. Er schwieg einen Augenblick, ehe er sich mit stockender Stimme erkundigte:

„Ist das wahr, mein Fräulein?"

„Gewiß," antwortete sie.

„Ganz gewiß? Wirklich gewiß?"

„Wirklich und ganz gewiß."

„Leben Sie wohl."

Er wollte sich rasch abwenden, doch gelang ihm dies nicht, denn noch rascher hatte sie ihn beim Aermel erfaßt, so daß er bleiben mußte, wenn er die beiden Anderen nicht aufmerksam machen wollte.

„Wohin, Herr von Goldberg?" fragte sie.

„Von Ihnen fort," antwortete er kurz.

„Warum?"

Er schwieg. Ihr Auge blickte noch immer neckisch auf ihn, als sie fragte:

„Wohl weil ich keine Sorge für Sie haben würde?"

Er antwortete auch jetzt nicht.

„Ja, Sie sind ein Bär, ein rechter, großer Bär! Sagen Sie mir doch einmal, was mich verpflichten soll, mich gerade um Sie zu sorgen."

Er hob das Auge, in welchem ein eigenthümliches Licht schimmerte, langsam zu ihr empor und antwortete:

„Sie haben Recht, Comtesse! Was geht Sie der deutsche Tolpatsch an! Er ringt seit langer, langer Zeit nach einem freundlichen Worte, nach einem warmen Blicke von Ihnen. Mag er ringen, mag er sich sehnen; mag er hoffen und harren; käme er einmal in Gefahr, Sie hätten nicht die geringste Sorge für ihn."

Er hatte das in tiefer Erbitterung gesprochen; dennoch antwortete sie:

„Ja, das ist wirklich wahr."

„Wie? Das wiederholen Sie?"

„Gewiß."

„So lassen Sie mich doch auch gehen."

„Aber warum doch nur?" fragte sie, indem sie ihn abermals festhielt.

Da legte er seine Hand auf die ihrige und bat in tiefem Ernste:

„Hedwig, bitte, treiben Sie nicht Spiel mit mir. Sagen Sie mir einmal aufrichtig: Hassen Sie mich?"

„Hassen? O nein," flüsterte sie.

„Aber gleichgiltig bin ich Ihnen?"

„Auch das nicht. Ein Freund des Hauses kann doch nicht gleichgiltig sein."

„Ich habe also für Sie das Interesse, welches ein Freund Ihres Hauses zu beanspruchen hat?"

„Natürlich, ja."

„Mehr nicht?"

Sie senkte das Köpfchen tief in ein aufgeschlagenes Notenbuch, antwortete aber nicht. Da ergriff er auch ihre andere Hand und flehte:

„Hedwig, bitte, nicht dieses tödtliche Schweigen. Geben Sie eine Antwort."

Da flüsterte sie:

„Ich soll noch größere Theilnahme für Sie hegen?"

„O, wie unendlich glücklich würde das mich machen."

„Ah, womit hätten Sie sich denn diese Theilnahme verdient, mein Herr?"

Da ließ er ihre Hände los und seufzte:

„So können Sie fragen? Ja, ich will Ihnen antworten. Ich habe mir eine so große Theilnahme allerdings nicht verdient. Man kann alles Große thun, und doch wär ein solcher Lohn doch noch zu hoch. Aber daß es Ihnen so gleichgiltig sein würde, wenn ich in Todesgefahr käme, das thut weh."

„Wer hat denn das gesagt?" fragte sie rasch.

„Sie selbst."

„Wann denn?"

„Soeben, vorher."

„Das weiß ich nicht."

„Sagten Sie nicht, daß Sie sich ganz und gar nicht um mich sorgen würden?"

„Allerdings."

„Nun, ist das nicht der größte Grad von Gleichgiltigkeit?"

„Ganz und gar nicht."

„So begreife ich Sie nicht."

„Sie sind abermals und abermals ein Bär. Das begreifen Sie nicht? Wenn der Bär geht, um mit dem Wolf oder Fuchs zu kämpfen, wer wird da Sorge um ihn haben? Er muß und wird auf alle Fälle siegen."

Er schüttelte den Kopf.

„Nie und nie werden Sie den Scherz lassen können!" klagte er.

Da erweiterten sich ihre Augen; ihr Blick war groß und voll auf ihn gerichtet, und in tieferem Tone als gewöhnlich antwortete sie:

„O, mein Herr, ich kann auch ernsthaft sein."

„Darf ich das glauben?"

Sie nickte ihm freundlich zu und sagte:

„Glauben Sie es. Ich kann sehr, sehr ernst sein, nämlich dann, wenn es wirklich gilt, ernst zu sein."

„Wenn das ist, so erfüllen Sie mir eine einzige Bitte."

„Welche?"

„Seien Sie auch jetzt einmal ernst, Mademoiselle Hedwig."

„Ist denn das so sehr nothwendig?"

„Ja; ich versichere es Ihnen."

„Nun gut, so will ich Ihnen diese Bitte erfüllen."

„Warum sagten Sie vorhin, daß Sie um mich keine Sorge haben würden?"

Jetzt war sie es, welche ihr Händchen auf seinen Arm legte.

„Ich will ernst sein, sehr ernst," sagte sie, „und dennoch muß ich Sie abermals einen Bär nennen. Ueberlegen Sie sich doch meine Worte! Sind Sie denn nicht ein klein wenig Logiker?"

Er schüttelte langsam und zweifelnd den Kopf, indem er antwortete:

„Ich wollte, ich könnte Sie verstehen und begreifen."

„So bin ich wahrhaftig gezwungen, mich Ihnen verständlich zu machen. Wissen Sie, um wem man Sorge hat?"

„Nun?"

„Um Kinder — —"

„Ah."

„Ja, um Kinder, um unsichere und unzuverlässige Personen. Ich weiß nicht, ob ich Recht habe und ob ich mich richtig ausgedrückt; aber um Personen, denen man ein volles Vertrauen schenkt, die man achtet oder hochachtet, kann man sich nicht sorgen."

„Aber das Weib eines Kriegers, der im Felde ist?"

„Ist das Sorge, was sie fühlt? Ist es nicht vielmehr Angst?"

„Mag sein. Also Sie sorgen sich nicht um Jemand, den Sie achten und dem Sie vertrauen?"

„Das habe ich gesagt."

„Auch nicht um Jemand, den Sie lieben?"

Da zog sie ihre Hand wieder von seinem Arme und antwortete:

„Sie fragen zu viel, Monsieur."

Er haschte ihr Händchen wieder, hielt es fest und fuhr fort:

„So sagen Sie wenigstens, ob Sie bereits Jemand kennen, um den Sie sich nicht sorgen, weil Sie ihn lieben."

Da glitt ihr gewöhnliches schalkhaftes Lächeln wieder über ihr Gesicht.

„Ja," antwortete sie in versicherndem Tone.

Er schien fast zu erschrecken und fragte leise und stockend!

„Wer ist das, wer? Darf ich das erfahren?"

„Ja, mein Herr; es ist ja kein Geheimniß."

„Nun, wer ist es?"

„Ida, meine Schwester."

„Donnerw — —" fast hätte er diesen Fluch ausgestoßen. Er hielt aber die zweite Hälfte desselben glücklich zurück und fuhr fort: „Mein Gott, Comtesse, wollen Sie mich denn wirklich in Verzweiflung bringen? Ich versichere Ihnen, daß ich Ihre Schwester nicht gemeint habe."

Da endlich schien sie ihn zu verstehen; sie machte ein sehr ernsthaftes Gesicht und sagte:

„Ah, jetzt erst weiß ich, woran sie dachten!"

Ihre Miene gab ihm Veranlassung, neue Hoffnung zu schöpfen, darum sagte er, zu ihr hinübergeneigt:

„Gott sei Dank. Also, giebt es eine solche Person?"

„Ja, Herr Lieutenant," antwortete sie leise und ihm freundlich zunickend.

„Wer ist es?"

„Meine Tante, die Gräfin."

Das war ihm zu toll. Er öffnete bereits den Mund, um irgend ein derbes Wort zu sagen, besann sich aber noch und hielt zurück. Doch drehte er sich um, um sich von ihr zu entfernen. Sie wollte ihn abermals festhalten, dies gelang ihr aber nicht, und so that sie, was in diesem Falle am Gerathensten war. Sie folgte ihm, um an seiner Seite zu den beiden Anderen zurückzukehren. Doch während der wenigen langsamen Schritte, die sie bis dahin thaten, sagte sie:

„Sie zürnen mir?"

„Ja," antwortete er kurz.

„Habe ich das verdient?"

„Sehr, Comtesse!"

„Womit?"

„Ich glaubte, einen Stern in Ihnen zu finden, Sie aber sind der reine Irrwisch."

Nur der Aerger hatte vermocht, ihm dieses letztere Wort zu entreißen.

„Mein Herr, Sie sind nun wieder und wieder ein Bär," antwortete sie. „Vielleicht ist ein Irrwisch gerade für einen Bär ein Stern. Uebrigens muß ich Ihnen sagen, daß auch ich höchst zornig auf Sie bin."

„Ah! Warum?"

„Sagen Sie, wollen Sie heirathen."

Er war ganz verblüfft über diese Frage. Sie hatte er keinesfalls erwartet. Es fiel ihm in der Schnelligkeit keine andere Antwort ein, als:

„Natürlich werde ich einmal heirathen."

„Aber wann?"

„Zum Teufel," dachte er bei sich im Innern; „wozu diese nüchternen Fragen;" Laut jedoch antwortete er ebenso nüchtern:

„Sobald mein Beruf und die Verhältnisse es erlauben, Mademoiselle."

„So haben Sie also mit Ihrem Berufe und mit den Verhältnissen zu rechnen?"

„Leider!"

„O weh. Ich beklage ein jedes Herz, welches zu rechnen hat!"

„Beklagen Sie auch das meinige?"

„Vielleicht mehr als jedes andere."

„Mehr? Wohl weil es umsonst rechnet und fühlt?"

„Nein, sondern weil ich wünsche, daß es fühlen dürfe, ohne zu rechnen."

„Ja, die Damen hassen gewöhnlich das Rechnen."

„Ich nicht. Ich halte es für ein angenehmes Turnen des Geistes."

„So möchte ich Sie bitten, mir beizustehen."

„Im Rechnen?"

„Ja."

„Gut. Hier meine Hand. Wir wollen mit einander berechnen."

„Die Ansprüche Ihres Berufes und die Gunst oder Ungunst der Verhältnisse."

„Bis wie lange?"

„Bis wir ein gutes Facit erreichen."

„Und dieses Facit heißt?"

„Schon wieder ein Bär! Man darf nicht mit den Pranken dreinschlagen."

„Verzeihung. Aber ehe wir das Facit erlangen, könnte das Irrlicht verlöschen."

„Oder doch zeigen, daß es kein Irrlicht, sondern ein Stern sei."

„Aber nicht für mich!"

13.

14.

„Für wen sonst?"

„Für einen Andern."

Sie waren während der wenigen Schritte, welche sie zu thun hatten, einige Male halten geblieben. Auch jetzt blieb Hedwig stehen und sagte:

„Warum glauben Sie das?"

„Weil es so die Natur des Irrlichtes ist."

„Aber es ist ja ein Stern, und Sie wissen, daß ein jeder Stern treu und unverdrossen um einen andern kreist. Haben Sie denn nie Vertrauen?"

„Mein Gott, wer kann Vertrauen haben, wenn man nie ein Wort hört, welches so ernst ist, daß man darauf bauen könnte".

Da trat sie ganz nahe zu ihm heran, ergriff seine Hand und sagte:

„Ist Hedwig ein Wort."

„Ja, ein Name."

„Bauen Sie auf dieses Wort. Ein besseres, festeres und sicheres kann ich Ihnen nicht sagen."

Dann trat sie von ihm hinweg und begab sich nach dem Fenster, an welchem Ida mit Gebhardt gestanden hatte, und zwar so vertieft in ihre Unterhaltung, daß sie auf Hedwig und Kunz gar keine Aufmerksamkeit gerichtet hatten.

(Fortsetzung folgt.)

Die Liebe des Ulanen.
Original-Roman aus der Zeit des deutsch-französischen Krieges von Karl May.
(Fortsetzung.)

Vorhin, grad als Hedwig nach der Entfernung der Gräfin sich vom Stuhle erhoben hatte, um an das Piano zu treten, hatte sich Ida dem Fenster genähert, wie um irgend etwas in einem dort stehenden Stickkörbchen zu suchen. Da Gebhardt sich nun allein am Tische befunden hatte, war er ihr langsam gefolgt. Sie hörte das Nahen seines leisen Schrittes und wendete sich langsam zu ihm um.

„Herr Lieutenant," sagte sie, „glauben Sie, daß es mir erst in diesem Augenblicke einfällt, daß ich beinahe einen Raub an Ihnen begangen hätte?"

Er wußte, was sie meinte. Als die Gräfin das Bild seiner Mutter betrachtet gehabt hatte, hatte sie dasselbe an Ida als Derjenigen, der es von ihm anvertraut worden war, zurückgegeben. Das schöne Mädchen hatte es spielend in der Hand behalten; spielend hatte sie es im Laufe der Unterhaltung an ihre eigene Uhrkette genestelt und später nicht wieder daran gedacht. Erst jetzt war es ihr wieder eingefallen.

„Ja, einen Raub, einen großen Raub haben Sie an mir begangen," antwortete er, indem er neben sie in die Fensternische trat, in welcher sie stand.

Sie wurden Beide von den Gardinen so verdeckt, daß sie von der Schwester und Goldberg gar nicht gesehen werden konnten.

Bei dieser Antwort erröthete Ida.

„Ich habe es vergessen," meinte sie verlegen, „hätte Tante nicht während des Soupé's Ihre Gegenwart gewünscht, so wären Sie gegangen und ich hätte das Kleinod zurückbehalten, — ganz ohne Absicht."

„Ich wäre wiedergekommen und hätte es von Ihnen zurückerhalten," antwortete er. „Aber, Fräulein, ich meinte einen anderen Raub."

„Einen andern? Ich habe keine Ahnung ———!"

Sie hatte mit gedämpfter Stimme gesprochen. War es in Folge einer leisen Ahnung, trotzdem sie behauptete, nichts zu ahnen?

„Sie ahnen es nicht, Comtesse? Ahnungslosigkeit ist in vielen Fällen ein sehr beneideter Zustand, und so will ich Ihnen denselben nicht stören."

„O nein, Monsieur," entgegnete sie schnell, „habe ich ein Unrecht an Ihnen begangen, so bitte ich Sie um Verzeihung und um Mittheilung desselben."

„Unrecht?" sagte er. „O nein, tausendmal nein! Bitte, Mademoiselle, geben Sie mir einmal Ihr Händchen."

Sie reichte ihm vertrauensvoll ihre Rechte dar. Er ergriff dieselbe und sagte:

„So! Diese Hand muß ich Ihnen drücken voll inniger Dankbarkeit, daß Sie mir an einem Augenblicke zu Hilfe kamen, an welchem ich schon Alles verloren gab."

Sie ließ ihm ihre Hand und antwortete:

„Sie haben einen vollständigen Sieg errungen, Herr von Königsau."

„O nur durch Ihr rechtzeitiges Einschreiten!"

„Ich that nur, was mir mein Herz gebot. Tante hatte ein großes Unrecht gegen Sie begangen. Wie freut es mich, daß sie ihre Meinung so schnell geändert hat! Sie haßt leider die Deutschen und — die Officiere, oder vielmehr den Stand der Letzteren."

„Warum, mein Fräulein?"

„Sie ist leidenschaftlich Französin."

„Und da meinen Sie, müsse sie die Deutschen hassen?"

„Nicht meine Meinung ist es, sondern die ihrige, mein Herr."

„Sie würden also Keinen hassen aus dem einzigen Grunde, daß er ein Deutscher ist?"

„Nein, nie! Sie haben mir vielmehr ganz aus der Seele gesprochen, als Sie jenes schöne Gebot des Erlösers erwähnten und die Stimme des Herzens, welche — — —"

Sie stockte. Dachte sie, zuviel gesagt oder überhaupt ein Gebiet berührt zu haben, welches zu betreten sie keine Berechtigung hatte? Er hielt ihr Händchen noch immer in der seinigen. Sie machte nicht die leiseste Anstrengung, es ihm zu entziehen. Es war Beiden, als ob es so sein müsse und nicht anders sein könne. Ein süßer Schauer durchrieselte ihren Körper, als sie jetzt von ihm einen leisen Fingerdruck fühlte und dann die Worte hörte:

„Die Stimme des Herzens, welche — — —? O bitte, fahren Sie fort."

„Nein, nein, ich weiß es nicht," flüsterte sie verlegen.

„Ich glaube es Ihnen," antwortete er zart. „Auch ich wußte es nicht, bin aber so glücklich, es erfahren zu haben."

Es war ihm, als ob er ein ganz, ganz wenig bemerkbares Zucken ihrer Hand empfinde. War das in Folge seiner Worte? Er konnte dies nicht erfahren, denn sie brachte ein anderes Thema, indem sie fragte:

„Sie erzählten von jener bösen Hiebwunde, welche Ihr Papa empfangen hat. Leidet er noch jetzt daran?"

„Sie verursacht ihm zuweilen Schmerzen."

„Wie leid, wie sehr leid mir das thut. Ihr Vater muß ein außerordentlich angelegter Charakter sein."

„Ich bin allerdings überzeugt, daß er schnell Carrière gemacht hätte, wenn jene Verwundung nicht dazwischen gekommen wäre."

„Das ist lebhaft zu bedauern. Glauben Sie, daß ich Ihre Eltern persönlich kenne?"

„Wie? In Wirklichkeit persönlich?" fragte er, im höchsten Grade überrascht.

Ein leises Lächeln glitt über ihre schönen, sanften Züge.

„Ich bitte es nicht so ganz wirklich zu nehmen," sagte sie. „Sie sind ein sehr guter Erzähler. Sie schildern so lebhaft und anschaulich, daß man die Personen, von denen Sie sprachen, gewissermaßen vor sich sieht und so lieb gewinnt. Das ist es, was ich sagen wollte, und so habe ich es gemeint."

„Sie haben meine Eltern lieb?"

„Ja. Wer könnte das Bild Ihrer Mama sehen, ohne ihr die wärmste, vollste Sympathie zuzuwenden? Und Derjenige, dem sie sich für das Leben anvertraut hat, muß ihrer würdig sein."

Wie wohl thaten diese Worte dem Lieutenant! Sie liebte seinen Vater und seine Mutter. War er nicht berechtigt, folgendermaßen weiter zu schließen: Sie liebt meinen Vater, weil er der Mutter würdig ist; nach den Gesetzen der Natur und Erfahrung werde ich der Eltern nicht unwerth sein, folglich kann auch mir ihre Liebe zu Eigen werden. Sie fuhr fort:

„Ihr Vater ist ein sehr muthiger, sogar verwegener Mann gewesen. Ich bin überzeugt, daß Sie sein Ebenbild sind."

„Woher vermuthen Sie das?" fragte er.

„Es ist keine Vermuthung, sondern Ueberzeugung. Wer in die Sahara geht, der hat ein muthiges Herz. Und daß Sie ein solches besitzen, haben Sie ja auch heute wiederholt und zur Genüge bewiesen. Werden Sie mir glauben, daß ich für Sie gezittert habe?"

„Dieses Duelles wegen?"

„O nein, Herr Lieutenannt, sondern der Tante wegen."

„Ist sie so schlimm?" fragte er in einem scherzhaften Tone.

„Schlimm nicht, aber sehr eigen. Fast befürchtete ich, daß sie dem Diener Befehl geben werde, Sie fort zu führen. Sie hat das bereits öfters gethan. Wegen des Duelles aber befürchte ich nicht das Geringste."

„Das ist ein Beweis, daß auch Sie ein muthiges Herz besitzen."

„O nein; ich bin im Gegentheile ein ganz und gar zaghaftes Wesen."

„Aber, Mademoiselle, ein Duell ist eine sehr ernsthafte Sache!"

„Ich weiß das, mein Herr."

„Man kann verwundet werden."

„Leider."

„Man kann sogar fallen."

„Wie sehr haben Sie Recht! Deshalb habe ich es auch nie begreifen und verstehen können, daß gewisse Gesellschaftsklassen gezwungen sein sollen, ihre Differenzen auf eine so rohe, meist auch ungerechte Weise beizulegen, während andere Kreise die Wohlthat einer geordneten Gesetzgebung genießen."

„Es mag sein, daß die Angehörigen der ersteren Klassen vielfach von Gebrauch, Herkommen und Vorurtheil fortgerissen werden. Aber ich bitte Sie, mir zu sagen, wie anders ich Ihrem Cousin hätte antworten dürfen?"

„Sie mußten ihn allerdings fordern, um nicht als Feigling zu gelten. Das ist, wie ich gehört habe, in Officiersfreisen die Gepflogenheit."

„Es war sogar das Wenigste, was ich thun konnte."

„Noch mehr also?"

„Ja. Wäre er mir an einem anderen Orte und nicht in Ihrer Gegenwart in dieser Weise entgegengetreten, so hätte ich ihn an Ort und Stelle und zwar augenblicklich persönlich gezüchtigt."

„Mon dieu!" rief sie erschrocken. „Wie gut, daß das nicht stattgefunden hat."

„Ich begreife die Rücksicht, mit welcher die Frau Gräfin diese unangenehme Angelegenheit mit Schweigen übergangen hat; aber aufrichtig muß ich Ihnen gestehen, daß ich diese Ruhe deshalb bewundere, weil es sich dabei doch um einen so nahen Verwandten handelt."

„Daran ist nichts zu bewundern," lächelte sie. „Ich hörte, daß Sie ein so guter Schütze und Fechter sind?"

„O, das war nur Redensart, die ich in Anwendung brachte, weil ihr Cousin behauptete, mich in Grund und Boden hauen oder schießen zu wollen."

„Und doch weiß ich, daß Sie die Wahrheit gesagt haben. Aber alle Ihre Kunst und Geschicklichkeit wird hier vergeblich sein."

„Ah, Sie meinen, daß mein Gegner mir überlegen sei?"

„Ganz und gar nicht. Ich meine vielmehr, daß das Duell gar nicht stattfinden wird."

„Ich habe eine andere Ueberzeugung."

„Ich spreche aus Erfahrung."

„So hat der Graf schon einmal oder mehrere Male sich geschlagen?"

„O, nicht ein einziges Mal. Er schlägt sich ja überhaupt nie."

"Aber, ich denke, daß Sie aus Erfahrung sprechen?"

"Allerdings. Er war schon öfters gefordert, hat aber nicht angenommen."

"Ah, wissen Sie, daß dies ehrlos ist."

Sie schwieg ein Weilchen und antwortete dann:

"Sie haben Recht. Er ist ein großer Feigling. Tante verachtet ihn, und wir — — —"

"Und Sie — —?" fragte er, als sie fortzufahren zögerte.

"Wir können ihn weder lieben noch anbeten."

"Ich werde ihn zwingen, ehrenvoll zu handeln."

"Wieso?"

"Indem ich ihn zwinge, sich mit mir zu schlagen."

"Das wird Ihnen auf keinen Fall gelingen."

"Dann werde ich Sie, Mademoiselle, wohl niemals wiedersehen dürfen."

"Niemals? Warum?" fragte sie rasch.

"Weil ich etwas thun werde, was mir Ihren Zorn zuziehen wird."

"Dürfen Sie mir dies mittheilen?"

"Ja, ich will, ich muß es Ihnen sagen. Vielleicht besitzen Sie so viel Einfluß auf Ihren Cousin, das drohende Unheil von ihm abzuwenden."

"Ah, Sie machen mich wirklich fürchten."

Er mußte leise lächeln, als er ihr mit der Frage antwortete:

"So lieben Sie also das Gruseln nicht so wie Comtesse Hedwig?"

"O nein, nein; ich fürchte es. Aber welches Urtheil droht dem Grafen?"

"Wenn er meine Forderung zurückweist, werde ich ihn öffentlich demüthigen."

"Wirklich?"

"Ja."

"Muß das denn geschehen?"

"Ja. Wenn ich mich ohne Dieses abweisen lasse, würde der Vorwurf der Feigheit auf mich fallen."

Sie schüttelte mißbilligend das schöne Köpfchen.

"Ich mache Ihnen keine Vorwürfe," sagte sie; "aber ich beklage Sie und alle Ihre Standesgenossen, welche von derartigen Anschauungen und Herkömmlichkeiten abhängig sind. Doch sehe ich ein, daß Sie den Vorwurf der Feigheit auf keinen Fall auf sich laden dürfen. Darf ich wissen, auf welche Weise Sie in diesem Falle die Demüthigung des Grafen vornehmen würden?"

"Das weiß ich selbst noch nicht; es wird dies durch die gegebenen Umstände bestimmt werden."

"Wird es durch Schrift oder Wort geschehen?"

"Vielleicht."

"Oder gar durch die That?"

"Auch das ist möglich, vielleicht noch eher möglich als das Andere."

Sie schwieg und blickte sinnend zum Fenster hinaus. Noch immer hielt er ihre Hand in der seinigen. Da drehte sie sich rasch herum, gab ihm auch die Linke und sagte, indem sie den Kopf näher zu ihm neigte:

"Werden Sie mir eine Bitte, eine recht eigenthümliche Bitte erfüllen und mir sie auch nicht anders deuten als sie gemeint wird?"

Es war ein höchst unangenehmes Gefühl, welches ihn überschlich.

"Ich glaube, diese Bitte errathen zu können," sagte er. "Aber leider wird es mir unmöglich sein, sie zu erfüllen."

"Nein, Sie errathen Sie nicht, und bei nur einigem guten Willen wird es Ihnen gar nicht schwer werden, mir diese Liebe zu erweisen."

Liebe — dieses Wort hatte sie ausgesprochen. Es wurde ihm so warm, so weit, so eigenthümlich und unbeschreiblich im Herzen.

"Sie wollen für Ihren Cousin um Schonung bitten?" fragte er zagend.

"Nein, o nein! Wie könnte ich dieses thun! Wie könnte ich einen Wunsch aussprechen, mit dessen Erfüllung ihre Ehre beleidigt würde."

"So sprechen Sie, Mademoiselle."

"Ja, ich will wagen, zu sprechen. Bitte, handeln Sie in dieser Angelegenheit so, daß das Bild, welches Sie Ihrer Mama von sich zurückgelassen haben, nicht getrübt werde! Das ist meine Bitte. Und nun sagen Sie mir, ob Sie mir zürnen oder ob Sie mir verzeihen können."

"Jetzt, nun verstehe ich Sie vollkommen," antwortete er, und aus seinem halblauten Tone klang es wie Glück und Jubel heraus. "Ich Ihnen zürnen? O nein und tausendmal nein. Ich werde zwar so handeln, wie ich auf alle Fälle gehandelt hätte; aber ich habe von Ihnen ein Geschenk empfangen, so kostbar, so werthvoll, daß ich es gegen Schätze und Reichthümer nicht vertauschen würde."

"Ein Geschenk?" fragte sie ahnungslos.

"Ja, ein großes, kostbares Geschenk, welches Sie mir freiwillig darbringen, ohne es zu wissen. Mademoiselle, Sie haben mit Ihrer Bitte aufrichtig zu mir gesprochen; darf ich ebenso aufrichtig gegen Sie sein?"

"Ja, Monsieur, sprechen Sie!"

Sie nickte ihm dabei so freundlich und aufmunternd zu daß er Muth faßte.

"Sie haben das Bild meiner Mutter gesehen," begann er. "Sie ist ein Engel an Schönheit gewesen, aber auch ein Engel an Reinheit und Herzensgüte."

"Ich bin davon überzeugt, Herr von Königsau."

"Mein Vater war ein tüchtiger Officier, offen, bescheiden, aber kenntnißvoll, schneidig und sogar verwegen. Als diese Beiden sich zum erstenmale sahen, fühlten sie sofort, daß sie sich für das Leben angehörten. Glauben Sie, daß die Liebe so stark, so mächtig und — so schnell sein kann?"

Sie senkte erröthend das Köpfchen und antwortete sehr leise:

"Fast glaube ich es."

"Werden Sie auch glauben, daß mein Vater dann beim ersten Beisammensein der Mutter von seiner Liebe gesprochen hat?"

"Sie sagen es, und da muß es ja wahr sein."

"Werden Sie das nicht für eine Verwegenheit von ihm erklären?"

"Ich habe keinen Maßstab für solche Vorkommnisse, Herr Lieutenant; aber ich denke, wer eine wirkliche und wahre Liebe, die keine Täuschung enthält, im Herzen trägt, der muß auch die Erlaubniß haben, von ihr sprechen zu dürfen."

"Sie meinen doch die Erlaubniß, zur Geliebten sprechen zu dürfen?"

"Ja. Es ist besser, er erfährt gleich in der ersten Stunde, daß seine Liebe erhört werden kann oder eine vergebliche sei, da ihm in dem letzteren Falle wohl noch die Möglichkeit bleibt, sie zu bekämpfen."

„Da ist aber vorausgesetzt, daß die geliebte Person auch gleich in der ersten Stunde einen Eindruck empfangen hat, der es ihr möglich macht, über ein so großes Glück oder ein so schweres Wehe zu entscheiden."

„Ist dies nicht stets der Fall, Monsieur?" fragte sie.

Diese Frage brachte einen solchen Sturm von Gefühlen in ihm hervor, daß er eine volle Minute schweigend verharrte, ehe er antwortete:

„Ich glaube, ja, es ist dies meistentheils der Fall. Und nun will ich Ihnen sagen, daß auch ich die Stimme des Herzens gehört habe, von welcher Sie vorhin sprechen wollten, aber nicht weiter sprachen. Es ist das gekommen so schnell und unerwartet; es hat mich das überfallen so hell und blendend wie ein mächtiger, gewaltiger Sonnenstrahl, der in die Tiefe bringt, und dann regen sich Millionen und aber Millionen unbekannte Triebe, um hinauszustreben und hinauszuwachsen in das Reich des Lichtes und der Wonne "

Er hatte langsam und mit Innigkeit gesprochen. Noch immer hielt er ihre Hände gefaßt, die sie ihm noch nicht entzogen hatte. Sie schwieg; aber es war ihm, als ob er diese weichen, warmen Händchen leise, leise beben fühle.

„Und Sie fragen nicht," fuhr er fort, „wer diese Sonne ist, deren Strahl so mächtig, so schöpferisch in mein Herz gedrungen ist?"

„Wie dürfte ich fragen?" sagte sie nach einer Pause des Zögerns.

„Sie dürfen! Ja, Sie sind es, welche es am Ersten und am Meisten darf. Soll ich Ihnen es sagen, Mademoiselle Ida?"

Sie wendete das Köpfchen langsam zur Seite.

„Bitte, bitte! Darf ich?" wiederholte er mit dringlicher Innigkeit.

„Sprechen Sie?" hauchte sie, so daß er es kaum hören konnte.

„Es giebt eine Sage, daß Gott immer zwei Seelen zur Erde sende, welche zu einander gehören. Sie nehmen Wohnung in menschlichen Körpern, welche näher oder entfernter von einander wohnen; aber wenn sich diese beiden Menschenkinder begegnen, so erkennen sich die Seelen und bleiben von nun an bei einander für das ganze Erdenleben."

„Welch' eine schöne Sage!" flüsterte sie.

„Sie fiel mir ein, als ich heute bei Ihnen Zutritt nahm. Ich sah da zwei Augen auf mich gerichtet, zwei Augen von wunderbarer Tiefe und Milde, so rein und innig, wie ich noch keine je gesehen hatte. Aus diesen Augen blickte mir es entgegen wie ein treuer Gruß aus einer anderen Welt; ich fühlte, daß ich hier meine Seele gefunden habe, welche mir ihr Willkommen entgegenstrahlte. Habe ich mich geirrt, Mademoiselle?"

Sie war von einer tiefen Bewegung ergriffen. Ihr Busen wogte, und ihr Athem wurde hörbar. Sie hatte seine Worte bereitwillig angehört, sie entzog ihm ihre Hände nicht, aber sie wagte nicht eine Antwort zu geben.

„Soll ich vergebens fragen?" fuhr er fort. „O bitte, bitte, sagen Sie mir, ob ich mich geirrt habe oder nicht."

Er neigte das Ohr zu ihr nieder, um ihre Antwort besser zu vernehmen. Er lauschte längere Zeit vergeblich; da aber klang es endlich, kaum hörbar:

„Kann denn ich das wissen?"

„Ja, Sie allein können es wissen, Sie und keine Andere, denn Sie sind es ja, aus deren Augen mir dieser Gruß entgegenfluthete. Sie sind es, zu der mich meine Seele zieht. Sie sind es, die mir vorkommt wie eine fleischgewordene Verheißung unendlichen Glückes und unendlicher Seeligkeit. Ihr Blick ist es gewesen, welcher mir in das Herz gedrungen ist

Ein verhängnißvoller Fang.

wie ein übermächtiger Sonnenstrahl. Und nun ist jeder Puls meines Herzens, jeder Zug meines Athems und jede Faser meines Innern eine Frage an Sie, ob es so wahr ist, ob Sie mein Licht, mein Sonnenstrahl und meine Seele sind.

„O Gott," flüsterte sie; „kann ich denn antworten? Darf ich antworten? Was soll ich Ihnen sagen?"

„Nur das, was sie selbst fühlen, nichts Anderes."

„Und doch kann ich nicht sprechen," hauchte sie in holder Verwirrung. „Das kommt so schnell so ungeahnt. Das ist so unbesiegbar, so gewaltig und macht mir doch so bang und bringt mir Angst und Furcht."

Er sah zwei große Tropfen in ihren Augen stehen. Die ächte, wahre Liebe ist unüberwindlich. Er zweifelte nicht an seinem Glücke; aber er begriff die gewaltige Aufregung, welche seine Worte in dieser reinen, bisher so ruhigen Mädchenseele hervorbringen mußten. Nicht Leid und Weh, sondern dieser Sturm des Herzens war es, welcher die Thränen emporgetrieben hatte, daß sie nun als Perlen an den Wimpern glänzten, beredte Zeugen einer Gemüthstiefe, welche noch andere Schätze bergen mußte als nur diese Perlen. Es wurde ihm so wunderbar zu Muthe. Es wäre ihm unmöglich gewesen, die Aufregung der Geliebten zu benutzen, um sich einen Beweis der Zärtlichkeit zu erlauben. Die Nähe einer reinen unbefleckten Seele wirkt heiligend. Er hielt nur immer noch ihre Hände in den seinigen und sagte bittend und in beruhigendem Tone:

„Sie können sprechen, Ida! Haben Sie nicht Angst und Furcht! Es ist mir, als stehe meine Mutter neben uns und höre ein jedes meiner Worte. Ich spreche aus der tiefsten Tiefe meines Herzens zu Ihnen, aber ich habe die Kraft, die Pforte dieses Herzens augenblicklich zu schließen, wenn Sie meine Worte nicht hören wollen. Ich würde unendlich traurig von Ihnen scheiden; aber ich würde das Bewußtsein mitnehmen, zwar aufrichtig gewesen zu sein, Sie aber nicht gekränkt zu haben. Nur diese lieben, lieben Händchen will ich halten; nur in Ihr Auge will ich blicken, und Ihre Stimme will ich hören. Können Sie mich lieben, so bin ich selig und unendlich beglückt; aber ich werde nichts, nichts weiter von Ihnen verlangen und erbitten als nur dies eine Wort, welches zwischen uns entscheidet. Ich werde meinem Beruf folgen und in die Fremde gehen; ich werde das Andenken an Sie und meine gute Mutter mitnehmen als das Doppelgestirn, zu dem ich voller Dank und Ehrfurcht emporblicke, und dann, wenn ich zurückkehre und Sie die Ueberzeugung gewonnen haben, daß ich Ihrer würdig bin, dann erst werde ich mir eine süße Gabe von Ihnen erbitten, eine Gabe, welche mir bisher nur von der Mutter wurde — einen Kuß, den ersten Kuß der Liebe."

Da plötzlich entzog sie ihm die Hände. Schon glaubte er, sie beleidigt zu haben; aber er sah den eigenthümlich seligen Blick, mit welchem sie ihre Augen groß und voll auf sein Antlitz richtete.

„Dann, nach so langer Zeit erbeten Sie den Kuß?" fragte sie.

„Ja," antwortete er.

„Und jetzt genügt Ihnen das Wort, daß ich die Ihrige bin?"

„Genügen? Ida, welch ein Wort! Die Ueberzeugung, daß Sie mir gehören wollen, wiegt ja alle Schätze der Erde auf."

„Das vorhin so ängstliche Mädchen war plötzlich ganz anders geworden. Die Liebe ist allmächtig. Ein süßer, unwiderstehlicher Drang trieb Ida, die Arme um den Hals des Geliebten zu legen. Sie schlang sie um seinen Nacken, legte das Köpfchen an seine Brust und flüsterte:

„Hier hast Du diese Schätze, und hier hast Du auch den Kuß, nicht nach Jahren, sondern bereits heute!"

Und ehe er es sich versah, fühlte er ihren warmen Mund an seinen Lippen. Er legte voller Wonne die beiden Arme um sie, erwiderte den Kuß und fragte:

„Ist es wahr, Du Liebe, Du Reine, Du liebst mich wirklich?"

„O, wie sehr, wie innig!" hauchte sie.

„Und kennst mich doch erst nur diese zwei Stunden."

„Sagtest Du nicht selbst, daß die Liebe so mächtig, so unwiderstehlich — so schnell sei?"

„Ja, das sagte ich, denn ich hatte es an mir selbst erfahren. Und Dir ist es ebenso ergangen?"

„Ganz so wie Dir, Geliebte. Die Sage von den beiden Seelen ist wahr."

„Sie ist wahr. Die Seelen haben sich gefunden, und nun sollen sie nicht mehr zwei sondern eine Seele sein."

So standen sie, innig an einander geschmiegt, am Fenster beisammen, bis Kunz von Goldberg und Hedwig herbeitraten. Wie anders war Ida als Hedwig, und doch waren Beide Schwestern. Und doch fühlte auch Goldberg sich beglückt. Die letzten Worte der schönen „Unbezähmbaren" hatten ihm Hoffnung gemacht, daß sein Herzenswunsch sich doch noch erfüllen werde.

„Ah, Vorstudien!" sagte er munter.

„Wieso?" fragte Gebhardt, indem er sich zwang, auf seinem Gesichte nichts von dem Glücke, welches ihn beseligte, merken zu lassen.

„Du stehst mit Deiner Dame am Fenster und zählst die Sterne. Das soll in der Wüste noch viel leichter und interessanter sein. Ist nicht der Sirius dort dreimal so groß wie hier bei uns der Mond?"

„Das glaube ich kaum; aber in meinem ersten Briefe, den Du erhältst, werde ich Dir darüber eine ganz genaue Auskunft ertheilen."

„Ich hoffe es. Jetzt hätten wir auch keine Zeit zu so himmlischen Betrachtungen, denn da kommt die gnädige Frau zurück."

Die Gräfin trat wieder ein, und gleich darauf wurde gemeldet, daß angerichtet sei. Nun während der Tafel erst brachte die Dame des Hauses das Gespräch auf ihr Lieblingsthema, auf das Reisen und die Erforschung fremder Continente und Länder. Sie war auf diesem Gebiete außerordentlich belesen und hatte sich geographische Kenntnisse angeeignet, welche man nicht gewöhnt ist, bei einer Dame zu finden.

Gebhardt konnte ihr treulichst secundiren, was sie in ein wahres Entzücken versetzte. Und als er nun gar sich innig vertraut mit den Erlebnissen von Gérard, dem Löwenjäger, zeigte, da hatte er ihre vollständigste Zuneigung sich erobert.

„Sonst sind die Deutschen große geographische Ignoranten," meinte sie. „Wie kommt es, daß Sie eine so rühmliche Ausnahme machen?"

Gebhardt hütete sich, zu verrathen, daß er ihrer Behauptung nicht beipflichte, sondern vollständig anderer Meinung sei. Er antwortete:

„Ich interessirte mich schon als Knabe für dieses Fach und habe mir wirkliche Mühe gegeben, mir einige Kenntnisse anzueignen."

„Einige? Sie sind sogar sehr gut bewandert, und ich glaube, daß selbst ich nicht viel vor Ihnen voraus habe. Ihre Sprachkenntnisse besitze ich nicht. Sagen Sie, ob Sie auch Arabisch verstehen. Sie brauchen doch dasselbe bei ihrer Reise durch die Wüste."

„Ich hatte mich bislang noch nicht mit dieser Sprache beschäftigt; aber sobald ich meine gegenwärtige Bestimmung erhielt, habe ich schleunigst ihr Studium begonnen. Wir werden übrigens gute Dolmetscher haben."

„Besuchen Sie mich täglich. Ich werde Professor Grènaux einladen; er ist Lehrer der arabischen Sprache und wird Ihnen nützlich sein können."

Das war außerordentlich viel. Kunz von Goldberg sprach sich ganz verwundert darüber aus, als sie auf dem Heimwege begriffen waren.

„Glückskind!" sagte er. „Wer hätte das gedacht!"

„Ich selbst auch nicht," antwortete Gebhardt.

„Ich kann Dir aufrichtig sagen, daß ich Dich erst für etwas verrückt hielt."

„Als ich der Gräfin meine Meinung sagte?"

„Ja. Das war mehr als verwegen."

„Hat aber gewaltig imponirt!" lachte Königsau vor sich hin.

„Und dann dieser Graf Rallion. Ich glaube, daß er sich nicht wieder bei der Tante sehen läßt, sobald wir bei ihr sind."

„Ich hoffe, daß Du mir morgen zu Diensten sein wirst."

„Gewiß. Ich werde zur angegebenen Zeit bei ihm vorsprechen und Dir das Resultat mittheilen. Wie gefällt Dir die Gräfin?"

„Sehr gut."

„Ah, weil Du Hans im Glücke bei ihr gewesen bist. Siehe zu, daß Du es auch ferner bleibst. Und was sagst Du zu den Nichten?"

„Hm. Junge Mädchen."

„Was?" fragte Goldberg erstaunt. „Junge Mädchen? Weiter nichts?"

„Was weiter?"

„Hübsch."

„So la la!"

„Geistreich."

„Aber unbezähmbar."

„Große Erbschaft zu erwarten."

„Haben sie aber noch nicht."

„Erlaube mir, Dich nicht zu begreifen."

„Ist Dir sehr gern gestattet."

„Erst branntest Du vor Begierde, die Familie kennen zu lernen, und nun ich Dich eingeführt habe, bist Du die personificirte Gleichgiltigkeit."

„Hm, ich bin befriedigt!" antwortete Gebhardt zweideutig.

„So so! Wirst Du wieder hingehen?"

„Das versteht sich. Die Gräfin interessirt mich außerordentlich."

„Aber die Nichten weniger. Mensch, Du hast wirklich Fischblut in den Adern. Sage mir übrigens, welcher von den beiden Mädchen Du den Vorzug würdest?"

„Ida. Du ziehst natürlich die Unbezähmbare vor."

„Allerdings."

„Ihr wart heute verteufelt musikalisch."

„Bitte, nicht zu sticheln. Wir studirten einfach Partituren und Noten."

„Gab es da vielleicht die Partitur einer gewissen Oper, die Zähmung der Widerspenstigen genannt?"

„Du, ist das nicht vielmehr ein Schau- oder Lustspiel?"

„Mir gleich, wenn Dir nur die Zähmung gut gelungen ist."

„Vielleicht."

„Ah, wirklich?"

„Ja. Weißt Du, lieber Freund, ich glaube, daß ich Hedwig bisher doch falsch behandelt habe. Sie ist munter, übersprudelnd, voller Schnacken und Schnurren; ich aber bin stets furchtbar elegisch gewesen."

„Das ist ein Fehler."

„Der aber von nun an besser gemacht werden soll."

„Wünsche guten Erfolg."

Die beiden Freunde trennten sich von einander, Jeder erfüllt von der Gewißheit, daß er von der Geliebten träumen werde. Aber der Traumgott ist ein neckischer, schadenfroher Kerl, es beliebte ihm heute, diesen Wunsch weder Goldberg noch Königsau zu erfüllen.

Am nächsten Abende begaben Beide sich wieder zur Gräfin bei welcher sie versprochener Maßen den Professor fanden. Beide nahmen Königsau so in Beschlag, daß es ihm unmöglich war, mit Ida ein vertrauliches Wort zu sprechen. Erst als nach der Tafel Hedwig, welche eine gewandte Pianistin war, sich an das Instrument setzte, um eine längere Bethovensche Composition vorzutragen, nahm er neben der Geliebten Platz und flüsterte mit ihr, während Beide sich jedoch den Anschein gaben, als ob sie dem Vortrage mit der größten Aufmerksamkeit folgten.

Die erste Frage Ida's galt ihrem Cousin, dem Grafen.

„War Dein Freund bei ihm?" erkundigte sie sich.

„Ja."

„Abgewiesen, nicht wahr?"

„Nein; aber er hat ihn gar nicht getroffen."

„Ah, er hat sich Euch durch einen Spaziergang entzogen?"

„Nein, sondern sogar durch eine Reise."

„Das ist ebenso vorsichtig wie feig. Wo ist er hin?"

„Nach Genf und dann weiter."

„Was beabsichtigst Du nun, gegen ihn zu unternehmen?"

„Jetzt gar nichts. Es wurde gesagt, daß er erst nach Monaten wiederkehren werde; dann bin ich längst nicht mehr hier. Ich werde mit dieser Angelegenheit also warten müssen, bis auch ich von meiner Reise zurückkehre."

„Und dann?"

„Dann sollst Du meine Rathgeberin sein, meine Seele."

„Wirklich? Wirst Du auf mich hören?"

„Gewiß, denn ich bin überzeugt, daß Du nichts wünschen wirst, was die Rücksicht auf meine Ehre Dir abschlagen müßte. Wir besitzen seit gestern nur ein Leben und ein Wollen, also hast Du in dieser Angelegenheit ebenso zu entscheiden wie ich."

Sie drückte ihm voll innigster Dankbarkeit die Hand.

So fand er sich täglich bei der Gräfin ein, oft des Tages zweimal, und obgleich er sich nicht direcre Mühe gab, ihr Wohlwollen zu befestigen, schien dasselbe doch von Tag zu

Tag zu wachsen. So lange er sich in Paris befand, schrieb er täglich an die Eltern und erhielt auch täglich eine Antwort. Diese Briefe überließ er der Gräfin zur Durchsicht, wodurch sie immer weitere Einsicht in die Verhältnisse seiner Familie erhielt und ein immer größeres Interesse an den Seinigen gewann.

So nahte der Tag seiner Abreise immer weiter heran. Endlich war der Aufbruch für übermorgen bestimmt. Er saß des Abends wieder bei der Gräfin, mit ihr über Jagd- und Reiseabenteuer sprechend, während Kunz mit den beiden jungen Damen das hörende Auditorium bildete. Da unterbrach sich die Gräfin plötzlich im Redeflusse, indem sie fragte:

"Ah, was ich vorhin vergaß! Ist kein Brief von Ihren guten Eltern angekommen?"

"Ja, Madame; der letzte, den ich in Paris zu erwarten habe."

"Ist er discreter Natur?"

"Nein gar nicht. Darf ich ihn Ihnen zur Verfügung stellen?"

"Ich bitte darum."

Er gab ihr das Schreiben. Sie setzte die Brille auf, zog die Astrallampe näher und begann zu lesen. Unterdessen unterhielten die jungen Leute sich halblaut mit einander, wobei jedoch Gebhardt die Gräfin scharf aber verstohlen beobachtete.

Da plötzlich, bei einer Stelle, blickte sie über das Papier scharf zu ihm herüber. Sie fixirte ihn eine ganze Weile, ohne daß er that, als ob er es bemerkte. Ihr Gesicht hatte dabei nach langer Zeit wieder einmal den alten, harten Ausdruck angenommen. Dann sah sie wieder in den Brief zurück um ihn bis zum Ende zu lesen.

Als sie fertig war, gab sie ihm denselben zurück, ohne aber, wie früher gewöhnlich, eine ganze Reihe von Bemerkungen daran zu knüpfen. Aber nach der Tafel machte sie ihm die Mittheilung, daß heute einige geographische Werke angekommen seien. Wenn er Einsicht in dieselben nehmen wolle, möge er in ihr Zimmer folgen.

Diese Auszeichnung war ihm noch nicht zu Theil geworden. Er folgte ihr. Durch mehrere Räume, und auch die Bibliothek, welche er kennen gelernt hatte, hindurchschreitend, führte sie ihn in ihr Boudoir. Er kannte dasselbe aus der Beschreibung, welche ihm Kunz davon gegeben hatte. Dort bot sie ihm einen Sessel an, während sie selbst nicht Platz nahm, sondern im Raume hin und her schritt, wie es ihre Angewohnheit war, wenn sie von irgend einem Gedanken oder einer Angelegenheit mehr als gewöhnlich in Beschlag genommen wurde.

"Junger Mann, Sie erwarten, geographische Werke zu sehen," begann sie; "aber ich gestehe Ihnen, daß ich keine bekommen habe."

Er hatte das geahnt, machte aber doch ein einigermaßen verwundertes Gesicht, als ob er sich die Ursache ihres Verhaltens gar nicht denken könne.

"Es war dies nur ein Behelf, mit Ihnen unter vier Augen sprechen zu können. Es betrifft einen wichtigen Gegenstand. Werden Sie aufrichtig mit sich reden lassen?"

"Ich hoffe, gnädige Frau, daß Sie mich kennen — —"

"Schon gut! Sie selbst aber sind keineswegs aufrichtig mit mir gewesen."

Er that, als ob er sie nicht recht verstehe; darum fuhr sie fort:

"Darf ich mir den Brief Ihrer Mama nochmals erbitten?"

"Gern! Hier ist er."

Sie nahm ihn, faltete ihn auseinander und sagte:

"Ich werde Ihnen einige Zeilen, welche ich hier fand, vorlesen, obgleich Sie dieselben bereits ebenso gut und noch besser kennen als ich. Hören Sie."

Sie las:

"Was nun die so hochwichtige Mittheilung betrifft, welche Du uns in Deinem letzten Schreiben machst, so ist mein Mutterherz voller Freude, daß Du gerade in Paris, meiner Vaterstadt, ein Wesen gefunden hast, welches Deiner so sehr werth zu sein scheint und Dich mit seiner Liebe beglücken will. Unserer Zustimmung bedarfst Du nicht. Wir kennen Dich und wissen, daß Deine Wahl eine gute sein wird. Nimm daher unsern Segen und sei mit dem lieben Kinde, nachdem es Dein Weib geworden ist, ebenso glücklich, wie Deine Eltern es durch einander wurden."

Obgleich der Brief weiter ging, las die Gräfin nur bis hierher. Sie gab ihm das Papier zurück, ging einige Male nachdenklich hin und her und begann dann mit einem sehr ernsten Tone:

"Geben Sie zu, nicht aufrichtig mit mir gewesen zu sein?"

"Ah, Madame, Sie meinen, weil ich Ihnen nicht dieselbe Mittheilung gemacht habe, welche ich hier meinen Eltern machte?"

"Ja. Ich habe zwar kein directes Recht, eine solche Aufrichtigkeit zu verlangen; aber es hätte mich doch sehr gefreut, sie zu finden."

"So habe ich Sie allerdings sehr um Verzeihung zu bitten!"

"Ich verzeihe Ihnen. Aber seien Sie jetzt aufrichtig! Ich glaubte, daß Sie Ihre Heimath verlassen haben, ohne Ihr Herz dort zurückzulassen?"

"So war es auch, wenigstens in dem Sinne, welchen Sie meinen."

"Jetzt aber lieben Sie?"

"Ja."

"Eine Pariserin?"

"Ja."

"Ich will nicht weiter in Sie dringen, als unbedingt nöthig ist. Ist es ein Mädchen aus anständiger Familie?"

"Ja."

"Ihnen ebenbürtig?"

"Vollständig."

"Sie erwidert Ihre Liebe?"

"Herzlich."

"Es ist also keine Vernunftsheirath, welche Sie beabsichtigen?"

"Nein, sondern eine Herzensverbindung."

"Ich beneide Sie!"

Sie blieb stehen und blickte zum Fenster hinaus, welches sie geöffnet hatte. Der Schein des Lichtes erhellte ihr Profil und Gebhardt meinte, dasselbe noch nie so weich gesehen zu haben. Welche Gedanken mochten jetzt durch ihre Seele gehen.

Da trat sie zurück, öffnete ein Pult und zog eine Mappe

hervor. Aus derselben nahm sie ein Aquarellportrait und gab es ihm.

„Sehen Sie diesen Mann. Kennen Sie ihn?"

Gebhardt ahnte, wer es sei, doch antwortete er, wenn auch wahrheitsgemäß:

„Ich habe ihn nie gesehen."

„Das weiß ich, und dennoch steht er Ihnen nahe, viel näher, als Sie es denken."

Sie blieb vor ihm stehen, kreuzte die Arme über die Brust, wie es willenskräftige Frauen gern zu thun pflegen, und fuhr fort:

„Auch ich war einmal jung; auch ich liebte — diesen da. Mein Vater war Baron, der seinige jedoch ein einfacher Bürgersmann, dessen Vorfahren auf ihr „Von" verzichtet hatten. Man trennte uns. Es war ein Herzeleid. Ich wurde Gräfin Rallion, und er nahm sich auch ein Weib. Wir sahen uns nicht, aber wir vergaßen uns auch nicht. Er war Banquier und wurde der finanzielle Rath meines Mannes. Nun sahen wir uns öfterer. Die alte Liebe erwachte, aber wir mußten uns fremd bleiben. Eins nur habe ich gerettet außer der Erinnerung — dieses Portrait. Es ist mir mehr werth als manches Juwel, welches ich besitze. Er starb. Auch mein Mann starb, und ich wurde Wittwe. Ich war reich gewesen aber nicht glücklich; ich blieb reich, aber auch unglücklich. Da begegnete mir ein Nachkomme dieses Mannes, und sofort erwachte das alte Gemüth und das alte Herz, welches ich todt und verknöchert wähnte. Rathen Sie, wer der Nachkomme ist!"

Gebhardt sah sich gezwungen, eine kleine Unwahrheit zu sagen.

„Ich habe keine Ahnung," antwortete er.

„Nicht?"

„Nein."

„Sie sind es, Sie selbst."

„Ich?" fragte er im Tone des höchsten Erstaunens.

„Ja, Sie! Sie sehen hier das Portrait von Ihrem Großvater, dem Banquier Richemonte, dem Vater Ihrer Mutter."

„Ah! Das wäre er? Das wäre er?" rief er aus.

Er hatte es vorher geahnt und das Bild doch nur oberflächlich betrachtet, da seine Hauptaufmerksamkeit auf die Gräfin gerichtet war. Jetzt aber trat er mit dem Bilde näher zum Lichte.

„Ja, besehen Sie sich ihn," sagte sie. „Er war ein schöner Mann und ist elend zu Grunde gegangen, wie Sie ja wissen. Ich lernte Sie kennen; ich prüfte Sie und war mit Ihnen zufrieden. Wir hatten die gleichen Liebhabereien und Sympathien. Sie waren es werth, und so beschloß ich, Ihr Glück zu machen."

„Mein Glück?" fragte er, ziemlich betreten.

„Ja. Oder meinen Sie, daß ich nichts hätte für Sie thun können?"

„Gnädige Frau, Sie haben bereits genug an mir gethan."

„Ich hatte noch mehr vor, viel mehr und Besseres. Sie haben es mir aber unmöglich gemacht."

„Wieso, Madame?"

„Durch — ja, durch Ihre so unerwartete Liebe."

„Durch meine Liebe, gnädige Frau?"

„Ja. Ich will aufrichtig sein. Ich wollte Sie verheirathen."

Das hatte er nicht erwartet; er war so überrascht, daß ihm wirklich der Mund für einige Augenblicke offen stand.

„Sie staunen?" fragte sie. „Es ist dennoch wahr. Sie wissen, daß ich eine Sympathie für weit gereiste Leute hege. Sie gehen nach der Wüste; Sie besitzen Muth und Kenntnisse; Sie werden ein berühmter Mann werden. Das ist es, was mich im Stillen entzückte. Wenn Sie als Capazität wiederkehrten, wollte ich Ihnen das Kostbarste geben, was ich besitze."

„Was, Madame?" fragte er, noch immer wie auf Wolken schreitend.

„Eine Frau."

„Alle Wetter! Wen denn?"

„Ich sagte bereits, das Kostbarste, was ich habe, nämlich meine Nichte."

„Sie haben deren zwei."

„Ich meine Ida, meine stille, gute Ida, welche ich zärtlich liebe, ohne daß ich es mir so merken ließ."

Er hätte am Liebsten grad hinausgejubelt. Aber die Situation war eine so glückliche und interessante, daß er sich beherrschte.

„Ida?" fragte er. „Comtesse Ida, sagen Sie?"

„Ja."

„Wären Sie dieser Dame dann auch sicher gewesen?"

„Ich bin überzeugt davon."

„Wußte Mademoiselle Ida von Ihrem Plane?"

„Kein Wort. Ich hoffte, Ihre Herzen sollten sich gegenseitig finden."

„Leider kann dies nicht mehr stattfinden," sagte er im Tone des innigsten Bedauerns.

„Ja, Sie haben Ihr Herz verschenkt."

„Ida das Ihrige auch."

Sie machte eine Bewegung des Erschreckens.

„Wie? Was sagen Sie? Ida — Ida liebt?"

„Ja."

„Wen?"

„Einen Officier, einen Deutschen."

„Mon dieu! Sie meinen doch nicht etwa Herrn von Goldberg?"

„Madame, Sie wissen, daß Goldberg mein Freund ist. Ich werde niemals das Geheimniß eines Freundes verrathen."

„Ah, er ist's, er ist's! Er ist ja noch da! Er ist ja noch anwesend. Kommen Sie, Herr von Königsau, kommen Sie! Ich werde — — —"

Sie wollte forteilen. Es hatte sich ihrer ein außerordentlicher Zorn bemächtigt. Gebhardt ergriff sie bei der Hand.

„Bitte, Madame! Warten Sie noch! Ich muß Ihnen sagen, daß — — —"

„Nichts will ich hören, nichts, gar nichts! Kommen Sie schnell!"

Sie riß sich los und eilte fort. Er folgte ihr, innerlich sich die nun folgende Scene bereits ausmalend.

Die beiden Schwestern saßen mit Goldberg am Tische, als die Gräfin die Thür aufriß und hereingestürmt kam. Bei ihrem Anblicke erhoben sich alle drei. Sie erkannten sofort, daß sie sich im Zustande zorniger Aufregung befand.

„Herr von Goldberg, ich habe mit Ihnen zu sprechen!" rief sie.

„Ich stehe zur Verfügung, gnädige Frau," antwortete er.

„Das erwarte ich. Ich verlange von Ihnen, daß Sie mir die volle Wahrheit sagen!"

„Gewiß!"

Er hatte nicht die mindeste Ahnung, worüber er überhaupt die reine Wahrheit sagen solle. Sie stellte sich mit zornig funkelnden Augen vor ihn hin und fuhr fort:

„Sie sind ein Verführer!"

Er war wie aus den Wolken gefallen und fragte:

„Ein Verführer? Ich? Madame, ich bitte Sie!"

„Ja, ein Verführer sind Sie. Ich habe die Beweise in den Händen!"

„Welche Beweise?"

„Sie leugnen noch? Wollen Sie leugnen, daß Sie lieben?" Er fuhr ganz erstaunt zurück.

„Ich lieben? Ich, gnädige Frau?"

„Ja, Sie! Sie lieben!"

„Wen denn, gnädige Frau?"

„Meine Nichte!"

Der also Interpellirte wußte in dem ersten Augenblicke nicht, wie er dieser Anklage zu begegnen habe; er blickte verwundert auf die Dame, die wie eine Richterin vor ihm stand.

(Fortsetzung folgt.)

Die Liebe des Ulanen.
Original-Roman aus der Zeit des deutsch-französischen Krieges von Karl May.
(Fortsetzung.)

Goldberg ging ein Licht auf. Die Gräfin war mit Gebhardt allein gewesen. Sie hatten miteinander gesprochen, und jetzt kam sie zurück, von Zorn erfüllt.

„Ah, Du hast es verrathen?" fragte er den Freund.

„Verrathen hat es Niemand," antwortete die Gräfin; „aber errathen hat es Jemand, Ihr Freund ist verschwiegen; er hat mir Ihren Namen nicht genannt; ich aber habe es dennoch erfahren. Wollen Sie noch leugnen?"

Er glaubte sich wirklich verrathen; er sah ein, daß kein Leugnen helfen könne; darum antwortete er:

„Madame, die Stimme des Herzens ist oft übermächtig; es ist ganz — — —"

„Schweigen Sie von der Stimme des Herzens! Sprechen Sie lieber von der Stimme der Vernunft und Pflicht. Es wäre Ihre Pflicht gewesen, zuvor mit mir zu sprechen. Von einem Ehrenmanne mußte ich das erwarten."

„Ich war ja der Einwilligung von Mademoiselle noch gar nicht sicher!"

„Aber jetzt sind Sie sicher?"

„Leider auch noch nicht ganz!"

„Wie, noch nicht ganz?"

„Ich sage die Wahrheit!"

„Ich werde mich überzeugen!"

Sie trat auf Ida zu und forderte diese im strengsten Tone auf:

„Wenn er noch leugnet, so hoffe ich wenigstens von Dir, daß Du die Wahrheit sagst. Ich habe das an Dir verdient. Liebst Du ihn?"

Ida war bereits über das von großem Zorne zeugende Hereintreten der Tante höchst erschrocken gewesen. Die jetzige strenge Frage brachte sie um alle weitere Fassung. Sie unterschied in diesem Augenblicke nicht, wer mit dem „Er" gemeint sei, und antwortete voller Angst:

„Liebe Tante, Verzeihung!"

„Ich will wissen, ob Du ihn liebst!" wiederholte die Gräfin.

„Ja, beste Tante!"

„Und er Dich?"

„Ja."

„Ihr habt miteinander darüber gesprochen?"

„Ja."

„Wann?"

„Am Schlusse voriger Woche."

„Er hat Dir also seine Liebe in aller Form gestanden?"

„Ja."

Die Gräfin wollte soeben ihrem Zorne einen erneuten Ausdruck geben, als sie hinter sich ein lautes Schluchzen hörte. Sie drehte sich um und sah, daß es von Hedwig kam, welche bleich wie eine Leiche da stand und das Taschentuch an die Augen hielt.

„Was ist's mit Dir?" fragte sie. „Warum weinst Du?"

„O, der Schreckliche!" schluchzte die Gefragte."

„Wer?"

„Dieser Lügner!"

„Ich frage, wer!"

„Lieutenant von Goldberg!"

„Warum nennst Du ihn einen Lügner?"

„Weil er auch zu mir von Liebe gesprochen hat."

„Ah! Wirklich?" rief die Gräfin, jetzt beinahe außer sich vor Zorn.

„Ja."

„Und Du? Was hast Du geantwortet?"

„Ich — ich — — ich — — —!"

"Heraus damit! Ich will die Wahrheit hören, die volle Wahrheit!"

Goldberg hatte ganz perplex dagestanden. Jetzt endlich gelang es ihm, sich zu fassen und zu Worte zu kommen. Er trat rasch heran und sagte:

"Gnädige Frau, das muß ein Irrthum sein!"

"Ein Irrthum? Schweigen Sie! Hedwig wird mich nicht belügen!"

"Nein, sie lügt allerdings nicht; sie hat die Wahrheit gestanden."

"Nun, was sprachen Sie da von einem Irrthum?"

"Ich meine Mademoiselle Ida."

"Diese? Nun, die lieben Sie ja auch!"

"Keineswegs! Ich begreife gar nicht, wie — — —!"

"Schweigen Sie!" unterbrach sie ihn. "Hedwig hat mir ganz sicher die Wahrheit gesagt. Sie hat mich noch nie belogen!"

"Und doch ist sie dieses Mal der Wahrheit nicht treu geblieben."

"Ja, Tante," stimmte Hedwig höchst verlegen bei. "Ich habe mich geirrt!"

Da schlug die Gräfin die Hände zusammen und rief:

"Geirrt hast Du Dich? Herr von Goldberg hat Dir nicht gesagt, daß er Dich liebt?"

"Nein."

"Das hast Du ja vorhin gestanden!"

"Ah, ich dachte — mein Gott, ich — ich dachte — —!"

Weiter konnte sie nicht vor Angst. Die Gräfin aber drang in sie:

"Was dachtest Du? Ich will die volle Wahrheit hören!"

"Ich dachte, du meintest — einen Anderen," stieß Ida endlich hervor.

Frau von Rallion wußte in diesem Augenblicke vor Schreck gar nicht, was sie denken und sagen solle. Erst nach einer Weile rief sie:

"Einen Andern? Einen Andern, der Dich liebt?"

"Ja, liebe Tante."

"Und den Du wieder liebst?"

"Ja, beste Tante."

"Und der zu Dir von Liebe gesprochen hat?"

"So ist es!"

"Ah, ist es möglich, daß so etwas hinter meinem Rücken vorgeht! Bester Herr von Königsau, entschuldigen Sie! Sie sehen, daß es sich hier um sehr zarte und discrete Angelegenheiten handelt. Sie gestatten wohl, Sie morgen Vormittag zu empfangen."

Gebhardt machte eine verbindliche Verbeugung und antwortete:

"Gewiß, gnädige Frau. Also wünschen Sie, daß ich mich zurückziehe?"

"Ich muß Sie leider darum ersuchen!"

"Wenn Sie es wünschen, muß ich gehorchen, obgleich ich glaube, daß gerade meine Gegenwart hier am Nothwendigsten ist?"

"Die Ihrige? Wieso?"

"Weil ich im Stande bin, Ihnen die nöthige Aufklärung zu geben."

"Worüber?"

"Ueber das gegenwärtige Quiproquo. Ich bin nämlich dieser Andere."

"Welcher Andere?"

"Von welchem Mademoiselle Ida sprach."

"Was? Der sie liebt?"

"Ja."

"Und sie ihn wieder?"

"Gott sei Dank, ja!"

Er trat bei diesen Worten zu Ida heran, legte die Hand um ihre Taille, strich ihr mit der anderen Hand beruhigend über das reiche Haar und sagte:

"Sei nicht ängstlich, meine Seele! Unsere liebe, gute Tante wird Dir das Mißverständniß gern verzeihen."

Jetzt hätte man das Gesicht der Gräfin studiren müssen. Erstaunen, Aerger, Freude und Zorn stritten sich auf demselben um die Herrschaft. Das Erstaunen behielt zunächst die Oberhand.

"Ihr Beide also liebt Euch?" fragte sie.

"Ja, und dort die Beiden auch," antwortete Königsau, indem er auf Hedwig und Goldberg deutete.

"Mit diesen Beiden werde ich nachher sprechen. Jetzt habe ich es mit Ihnen zu thun. Sie sagten doch, daß Sie eine Andere liebten."

"O nein, Madame. Ich habe keinen Namen genannt."

"Dann sagten Sie, daß Herr von Goldberg Ida liebe!"

"Auch das nicht. Sie selbst haben ja erst vorhin bestätigt, daß ich ihn gar nicht genannt habe."

"Mein Gott, da werde ich an mir selbst ganz irre. Was haben Sie denn überhaupt gesagt?"

"Daß ich von ganzem Herzen ein liebes, prächtiges Mädchen liebe. Und sodann habe ich gesagt, daß Ida auch liebt, und zwar einen deutschen Officier."

"Aber, warum haben Sie mir denn nicht sofort gesagt, daß Ihre Geliebte und Ida identisch sind?"

"Darf ich Ihnen die volle Wahrheit mittheilen, gnädige Frau?"

"Ich bitte sehr energisch darum."

"Ich bemerkte die Zuneigung, welche mein Freund Goldberg für Mademoiselle Hedwig hegte und sah, daß dieselbe erwidert wurde — — —"

"Sie haben das wirklich bemerkt? Ich nicht!"

"Ich wußte das. Ebenso sah ich, daß sie sich liebten, ohne zur Klarheit, zu einem Resultate zu kommen. Das war Unrecht; das tödtet die Liebe. Hier war ein Gewaltstreich nöthig, und ich habe es gewagt, ihn auszuführen. Jetzt hat Herr von Goldberg gestanden, daß er Fräulein Hedwig liebt, und diese hat das Geheimniß ihres Herzens verrathen. Mein Zweck ist erfüllt. Ich bitte um gnädige Strafe!"

Die Anderen standen da und blickten einander an.

"Garstiger!" rief endlich Hedwig, die sich noch darüber ärgerte, daß sie über Goldbergs vermeintliche Untreue geweint hatte.

"Intriguant!" flüsterte Ida ihm zu, obgleich es ihr gar nicht wohl zu Muthe war. Sie kannte ja den Inhalt des Gespräches nicht, welches er mit der Gräfin geführt hatte.

Diese Letztere wußte wirklich nicht, ob sie zürnen oder über die vorgekommenen Verwechselungen lachen solle. Sie fühlte sich ganz glücklich, daß ihr ursprünglicher Plan doch noch gerathen sei, und war doch bös darüber, daß auch Goldberg eine Nichte für sich in Anspruch nahm.

In diese Pause hinein erscholl Kunzens an Gebhardt gerichtete Frage:

„Geheimnißkrämer. Warum hast Du mir das verschwiegen?"

„Unglückliche Liebe klagt, glückliche aber schweigt," antwortete Königsau.

„Seit wann seid Ihr denn einig?"

„Gleich seit dem ersten Tage."

„Unsinn!"

„Wirklich. Nicht wahr, Ida?"

Sie nickte mit dem Köpfchen. Da fragte auch die Gräfin:

„Wirklich seit dem allerersten Tage?"

„Ja, gnädige Frau," antwortete Gebhardt.

„Mein Gott, wie habt Ihr das denn eigentlich angefangen?"

„Das wird Ihnen Ida unter vier Augen erzählen müssen. Wir waren eben für einander bestimmt."

„Und sagtet Euch das hinter meinem Rücken."

Sie wollte beginnen wieder zornig zu werden; er aber drohte ihr scherzend mit dem Zeigefinger und sagte:

„Die Vorherbestimmung war auch hinter unserm Rücken geschehen!"

Da endlich brach sie in ein herzliches Lachen aus.

„Diese Jugend ist doch unverbesserlich. Niemand lernt sie durchschauen. Und glaubt man, einmal einen Aufrichtigen gefunden zu haben, so entpuppt er sich ganz unversehens als ein Intriguant comme il faut. Na, ich werde Euch Eure Strafe noch dictiren."

Da ergriff Gebhardt ihre Hand und zog sie an seine Lippen.

„Verzeihung, beste Gräfin!" bat er. „Ich hatte Ida gesagt, daß ich sie über mein Leben lieb habe, aber ich hatte auch hinzugefügt, daß ich dieser Liebe erlauben werde, nur erst nach meiner Rückkehr von der Reise zu sprechen. Darum schwiegen wir. Ich wollte mir erst Ihre Achtung verdienen. Habe ich daran unrecht gethan, so hoffe ich dennoch Gnade zu finden."

Da trat in ihr Auge ein feuchter Glanz, wie ihn selbst die Nichten noch nicht in demselben bemerkt hatten, und mit bewegter Stimme antwortete sie:

„Ich verzeihe Euch Beiden. Es mag bei Dem, was ihr besprochen habt, bleiben. Eure Liebe mag sich bewähren. Thut sie das, so soll sie ihren Lohn finden. Nun aber zu den beiden Andern! Also, Herr von Goldberg, Sie behaupten, meine Nichte Hedwig zu lieben?"

„Von ganzem, ganzem Herzen!" antwortete er.

„Und Du, Hedwig?"

Bei dieser trat sofort das ursprüngliche neckische Wesen hervor.

„Ich? O, ich mag ganz und gar nichts von ihm wissen," antwortete sie schmollend.

„Warum nicht?"

„Er hat mich einen Irrwisch genannt."

„Der bist Du auch!" bestätigte die Tante.

„Sie aber hat mir versprochen," fügte Goldberg bei, „daß aus diesem Irrlichte ein Stern werden solle, auf dessen sicheren, treuen Glanz ich mich verlassen könne."

„Ist das wahr, Hedwig?"

Die Gefragte neigte das Köpfchen verlegen zur Seite, antwortete aber doch:

„Ja, liebe Tante, das habe ich ihm versprochen."

„Und Sie glauben an dieses Versprechen, Herr von Goldberg?"

„Wie an Gottes Wort, gnädige Frau," betheuerte der Gefragte.

„So sagen Sie mir zunächst, was Sie meiner Nichte zu bieten haben."

„Für jetzt ein Herz voll innigster Liebe und den festen Willen, mir eine Zukunft zu gründen, welche ihrer würdig ist."

„Suchen Sie dieses Ziel zu erreichen; dann wird auch Ihre Liebe nicht vergeblich sein. Wie Schade, daß Sie kein Geograph sind!"

„Ich kann in meiner gegenwärtigen Stellung ebenso Gutes wirken."

„Aber Sie konnten Herrn von Königsau begleiten. Ihr Name wäre dann mit einem Male berühmt. Das werden Sie doch einsehen."

„Madame mögen Recht haben, doch muß ich mit den Aussichten, welche sich mir bieten, fürlieb nehmen. Ich habe alle Hoffnung, Ihnen beweisen zu können, daß nun, da das Irrlicht verlischt und mein Stern mir aufgegangen ist, auch in Beziehung auf meinen Beruf mir Sterne aufgehen, deren Leitung ich mich anvertrauen kann. — —

Nach diesen Ereignissen waren volle zwei Jahre vergangen, da kamen drüben im Süden von Algerien drei Reiter das Wadi (Thal) Guell herabgeritten. Anstatt auf Pferden, saßen sie auf hochbeinigen Dromedaren, schienen aber sehr gut beritten zu sein, denn ihre Thiere gehörten zu jener grauhaarigen Race, welche Bischarihnkameele genannt werden.

Zwei davon waren Europäer, Herr und Diener allem Anscheine nach. Der Dritte war ein Beduine, welcher ihnen als Führer diente. Er sprach mit ihnen jenes Gemisch von Arabisch, Französisch und Italienisch, welches an der Nordküste Afrika's gebräuchlich ist.

Es war noch am Morgen; aber die Sonne lag doch bereits brennend auf dem Sande und den Felsen der Wüste. Darum war es kein Wunder, wenn der Europäer sich nach einem Orte umsah, an welchem ein wenig Schatten zu finden sei, um in demselben während der heißen Mittagszeit einige Kühlung zu finden.

„Giebt es in der Nähe keinen Ruheort?" fragte er den Führer.

„Nein, Herr. Erst am Ziele, am Ende des Wadi finden wir Felsen und Mimosen, welche uns Schatten bieten."

„Wie weit ist es bis dahin?"

„Zur Zeit des Mittags sind wir dort."

„Und dort soll der Löwe sein?"

„Ja, dort ist der Herr des Erdbebens," welcher fast sämmtliche Rinder des Stammes gefressen hat."

„So laß die Thiere ausgreifen, daß wir den Ort baldigst erreichen."

Der Führer zog eine einfache Holzpfeife hervor, um auf derselben, die nur drei Töne hatte, eine monotone Melodie zu pfeifen. Bei diesen Klängen stutzten die Kameele die Ohren und verdoppelten ihre Schritte.

So ging es ohne Aufenthalt immer nach Osten. Die Sonne stieg höher und höher, und endlich, als sie den Zenith erreicht hatte, war auch das Versprechen des Führers erfüllt. Das Thal trat enger zusammen, zu seinen beiden Seiten stiegen hohe Felsen empor, und stachelige Mimosen bildeten kleine Wälder, in welchen es allerdings nicht ungefährlich war, Zuflucht vor dem Sonnenbrande zu suchen.

„Allah sei Dank!" rief da der Führer. „Seht Ihr die Zelte?"

„Wo?"

„Da links im Thale. Dorthin haben sich die Söhne der Wüste vor dem Löwen zurückgezogen. Reiten wir hin."

„Werden wir willkommen sein?"

„Ja. Wir werden Salz, Brod und Datteln bekommen, denn diese Beduinen sind keine Tuareks, denen nicht zu trauen ist."

An der einen Seite des Wadi standen fünf einsame Zelte, vor denen einige Kameele und Pferde angebunden waren. Eine kleine Anzahl von Schafen weideten in der Nähe.

„Und dennoch wollen Sie den Löwen schießen."

„Allah hat ihnen den Verstand genommen. Wir sind zu Sechzig ausgeritten, um ihn zu tödten; er aber hat vier Männer von uns getödtet und viele verwundet, ohne daß wir ihn bestrafen konnten."

„Hast Du noch nicht gehört, daß oft nur ein einziger Franke ausgeht, um den Löwen zu schießen?"

„Allah ist groß. Die Franken sind böse Geister, die sich nicht zu fürchten brauchen."

Als der Führer zu seinem Gebieter zurückgekehrt war, theilte er ihm mit, was er erfahren hatte. Der Herr blickte nach dem Seitenthale hinüber und schätzte die Entfernung mit dem Blicke ab.

„Wir bleiben hier, um beim Morgengrauen unser Heil

Graf Romanow.

Als sich die Fremdlinge näherten, wurden die Zelte geöffnet, und die männlichen Bewohner traten hervor. Sie brachten Salz und Brod zum Zeichen des Willkommens und theilten auch ihre wenigen Datteln mit ihnen.

Der Bey el urdi (Herr des Lagers) winkte den Führer abseits und fragte:

„Wer sind die Fremdlinge, welche Du uns gebracht hast?"

„Es sind zwei Franken," lautete die Antwort.

„Ich liebe die Franken nicht. Wann reiten sie wieder ab?"

„Wenn sie den Herrn des Erdbebens geschossen haben."

„Den Löwen? Allah 'l Allah! Sie wollen den Löwen schießen?"

„Ja. Wir hörten, daß er hier in der Nähe sei."

„Er hat sein Lager oben im Nebenthale, welches Du von hier erblickst. Aber sie sind ja nur zu Zweien!"

zu versuchen. Endlich, endlich einmal ein Löwe. Ich hoffe, daß ich Wort halten kann!"

Beide hatten ein ächt militärisches Aussehen und sprachen jetzt reines Französisch mit einander. Der Diener antwortete:

„Auch ich wünsche, daß wir einmal so ein Thier zu Gesicht bekommen. Es ist doch ein eigener Wunsch von einer Braut, die Haut und die Reißzähne eines Löwen zu besitzen. Dies Beides zu holen, ist gefährlich."

„Fürchtest Du Dich?"

„Nein. Ein Löwe ist doch nur eine etwas größere Katze."

„Hm. Eine etwas sehr große Katze sogar. Es geht mir gerade wie Dir, ich habe auch noch keinen wirklich wilden gesehen. Vielleicht wäre es gut, wenn wir während des Mittags die Gegend einmal regocnoscirten."

„Das Seitenthal, wo das Vieh stecken soll?"

„Ja. Natürlich zu Fuße. Wir hätten nur eine halbe Stunde bis hinüber."

„Ich stehe zu Befehl, Herr Hauptmann."

Einige Zeit später brachen sie auf, gerade so, als ob sie einen Gang auf Hasen oder Hühner unternehmen wollten. Die Beduinen sahen ihrem Beginnen mit Kopfschütteln zu; es war ihnen ein wahnsinniges Wagestück.

Die Beiden wanderten über die Breite des Hauptthales hinüber und schritten dann das weit engere Nebenthal empor. Es war mit Mimosen und Therobinthen bestanden und mit wirrem Fels und Geröll angefüllt. In diesem Thale sollte, wie sie bereits gestern erfahren hatten, ein männlicher Löwe sein Lager haben. Sie hofften, seine Fährte zu finden und so den Ort zu entdecken, wo sie ihn morgen bei Tagesgrauen aufsuchen wollten.

Es ist wahr, daß der Löwe sich nur selten zur hellen Mittagszeit zeigt. Indessen, durch irgend einen Umstand aus seiner Ruhe aufgescheucht, kann er doch einmal zum Vorschein kommen, und dann ist es gefährlich, ihm zu begegnen. Er rächt sich für die ärgerliche Störung.

Indem sie so zwischen Busch und Felsen emporstiegen, blieb der Diener plötzlich halten und faßte den Herrn am Arme.

„Um Gotteswillen, was ist das?" fragte er, empor nach der Thalwand deutend.

Der Hauptmann folgte mit dem Blicke der angedeuteten Richtung und zuckte zusammen, ob vor Ueberraschung oder Schreck, das war schwer zu unterscheiden.

„Tausend Donner. Ein Löwe!" flüsterte er. „Ja, das ist ein ächter, richtiger Löwe und nicht so einer, wie man in der Menagerie findet. Was thun wir? Wagen wir es?"

Seitwärts vor ihnen und zwar etwas über ihnen kam ein riesiges Thier thalabwärts geschritten, langsam und majestätisch im Bewußtsein seiner Riesenkraft. Noch zwei Minuten, so mußte der Löwe die Beiden sehen. Der Diener war ein wagehalsiger Patron. Er antwortete:

„Der Kerl ist gerade noch einmal so groß als ich mir ihn vorgestellt habe; aber geschossen wird er. Wer weiß ob wir ihn morgen so vor die Büchse bekommen. Wohin schießt man ihn?"

„In das Herz. Nur im Nothfalle zielt man in das Auge."

„Gut. Ducken wir uns hier hinter die Büsche nieder. Da sieht er uns nicht. Jeder hat zwei Kugeln; das giebt vier und wird genügen."

Gesagt, gethan! Sie knieeten hinter den Büschen nieder und legten die Gewehre an. Das Thier befand sich jetzt wohl dreißig Schritt vor ihnen und zwanzig Fuß höher als sie.

„Schieß Du zuerst," befahl der Hauptmann. „Ich bleibe zur Sicherheit in Reserve."

Er that recht daran, wie sich sofort zeigte. Der Diener zielte und drückte ab. Der Schuß krachte, allein der Löwe blieb unversehrt. Die zweite Kugel traf ihn in den Leib, ohne ihn tödtlich zu verletzen.

Jetzt aber hatte er auch die Stelle bemerkt, von welcher aus er angegriffen worden war. Er stieß ein tiefes, fürchterliches Brüllen aus und kam herbeigesprungen. Dazu genügten ihm fünf Sprünge.

„Um Gotteswillen, wir sind verloren!" schrie der Diener und warf sich zu Boden. Vorher so verwegen, war es jetzt mit seinem Muthe vorüber.

Der Hauptmann blieb unbeweglich knieen. Als der Löwe im Sprunge sich in der Luft befand, drückte er zum ersten Male ab, und gleich darauf folgte auch die zweite Kugel. Das gewaltige Thier machte mitten im Sprunge eine Wendung seitwärts und stürzte zur Erde nieder. Ein kurzes, dumpfes Brüllen und Röcheln, ein krampfhaftes Schlagen und Zucken der Pranken; dann war es todt.

„Gott sei tausend Dank. Das waren zwei Meisterschüsse!" meinte der Diener. „Ich glaubte bereits, mein Ende sei gekommen."

Der Hauptmann sagte gar nichts. Er trat an das Thier heran und betrachtete es. Dann strich er sich den Angstschweiß von der Stirn und meinte:

„Zum ersten und zum letzten Male! Es waren nur drei Secunden; aber ich bin während ihrer Dauer fünfmal gestorben. Was werden die Araber sagen! Jetzt das Fell herunter und die Reißzähne heraus."

(Fortsetzung folgt.)

Die Liebe des Ulanen.
Original-Roman aus der Zeit des deutsch-französischen Krieges von Karl May.
(Fortsetzung.)

Besonders die letztere Arbeit war eine außerordentlich schwierige. Sie nahm einige Stunden in Anspruch. Eben waren die Beiden fertig und schickten sich an, aufzubrechen, als sie Pferdegetrappel vernahmen. Sie lauschten und sahen bald, daß zwei Reiter sich näherten, welche das Thal herunterkamen. Die Löwenjäger par Improvisation konnten nicht gesehen werden, da sie ebenso wie der Cadaver des erlegten Thieres hinter dem Busche versteckt lagen.

Die Reiter kamen rasch näher und hielten gerade vor dem Busche an. Der Aeltere von ihnen trug einen langen, grauen Bart. Beide schienen Beduinen zu sein; aber der Graubärtige sagte im reinsten Französisch zu seinem Gefährten, welcher noch ziemlich jung zu sein schien.

„Dort geht das Wadi zu Ende. Wir müssen vorsichtig sein. Reite vor, und recognoscire, ob es dort Leben giebt."

Der Jüngere gehorchte. Als er nach kurzer Zeit zurückkehrte, meldete er:

„Fünf Zelte im Wadi Quelb."

„Viele Leute dabei?"

„Nein."

„Wir dürfen uns dennoch nicht sehen lassen. Wenn der Handstreich gelingt, wird er großes Aufsehen erregen, und man wird sich nach jedem einzelnen Passanten erkundigen, um die Thäter zu entdecken."

„Wo hat dieser Deutsche sein letztes Nachtlager gehalten?"

„Wir werden gegen Abend im Osten des Brunnens Saadis auf ihn stoßen. So meldeten gestern die Kundschafter. Wir Beide entfernen uns so schnell wie möglich mit unserm Antheile. Die Beni Hassan aber wird man als Thäter festnehmen und bestrafen."

„Wie reiten wir jetzt?"

„Schnell zurück und dann einen Bogen nach Osten hinüber. Wir müssen wirklich eilen, sonst entkommt uns dieser Königsau mit seinen ganzen Schätzen doch vielleicht noch."

Sie wendeten ihre Thiere und eilten zurück. Es war niemand Anderes als Capitän Richemonte und sein Verwandter.

Die beiden Lauscher blickten einander erschrocken an.

„Was war das, Herr Hauptmann?" fragte der Diener.

„Ueberfallen wollen diese Kerls Jemand, wenn ich recht gehört habe?"

Der Gefragte war aufgesprungen und hatte sein Gewehr ergriffen.

„Herrgott," sagte er; „mein Freund Königsau soll überfallen und ausgeraubt werden. Dieser gefährliche Löwe hat uns doch noch Glück gebracht. Auf auf! In vollstem Laufe nach den Zelten zurück! Wir müssen diesen Menschen zuvorkommen."

Der Diener hatte gar keine Zeit zu weiteren Erkundigungen und Fragen. Sie rafften das Fell des Löwen empor und eilten trotz der glühenden Hitze im hastigsten Laufe das Thal hinab und den Zelten zu.

Als sie dort ankamen, wollten die Araber gar nicht glauben, daß sie einen Löwen erlegt hätten, und als sie es dennoch glauben mußten, sollte ein großes Freudengeschrei erhoben werden; aber der Hauptmann machte dem ein rasches Ende, indem er sich an seinen Führer wendete.

„Kennst Du den Brunnen Saadis?" fragte er.

„Ja, Herr," lautete die Antwort.

„Wie weit ist es bis dorthin?"

„Es ist der fünfte Theil einer Tagereise."

„Wir müssen sofort aufbrechen."

„Herr, das halten meine Thiere nicht aus."

„Ich zahle Dir, was Du verlangst."

15.

16.

„Ist es nothwendig?"

„Ja. Es hängen vielleicht Menschenleben von unserer Eile ab."

„Giebst Du sechzig Münzen, welche Ihr Franken nennt?"

„Ja, Du sollst sechzig Franks erhalten."

„So werde ich sogleich satteln."

Eine Viertelstunde später flogen sie auf ihren flüchtigen Kameelen weiter. Die Thiere hatten sich nicht einmal ausgeruht; aber es hätte sie doch kein frisches Pferd einzuholen vermocht.

Wüste und immer wieder nur Wüste war zu sehen, bis endlich kurz vor Einbruch des Abends sich am Horizonte einige Palmen zeigten.

„Was ist das?" fragte der Hauptmann.

„Es ist der Brunnen Saadi, zu dem Du willst," berichtete der Führer.

Der Brunnen Saadis ist keine hervorragende Tränkestelle. Höchstens zwei Dutzend Palmen wachsen um eine Quelle herum, welche langsam aus dem Sande steigt, um ebenso schnell wieder in demselben zu verschwinden.

Als die drei Reiter sich näherten, bemerkten sie, daß die Quelle bereits besetzt sei. Es waren wohl an die zwanzig Reit- und Lastkameele zu sehen, bei denen sich aber nur fünf Männer befanden. Diese erhoben sich beim Anblicke der sich Nähernden.

Der Hauptmann sprang vom Kameele und betrachtete sich die Leute Einen nach dem Andern. Ehe er aber noch den Richtigen erkannt hatte, rief dieser schon, und zwar in deutscher Sprache:

„Kunz! Goldberg! Ist das eine Menschenmöglichkeit?"

Der Genannte betrachtete sich den Sprecher und antwortete:

„Gebhardt! Königsau. Mohr! Neger! Mumie; welcher Teufel soll denn Dich wieder erkennen? Du bist ja schwärzer als der Teufel!"

„Welch eine Ueberraschung! Welch ein Wunder. Wie kommst denn Du in die Sahara?"

„Davon später. Zunächst kam ich, Dich zu retten."

„Zu retten? Wovor?"

„Vor einem Ueberfall."

„Alle Teufel. Wer will mich überfallen?"

„Zwei Franzosen mit Hilfe der Beni Hassan."

„Wer sind die Franzosen?"

„Ich kenne sie nicht."

„Und wo soll der Ueberfall stattfinden."

„Im Osten von hier, heute vor Anbruch der Nacht."

„Ah, welch, ein Glück, daß ich zurückgeblieben bin."

„Ja, persönlich bist Du wohl gerettet; aber Deine Sachen?"

„Befinden sich auf diesen Thieren. Ah, ich wußte, daß die Kunde von meiner Ladung wie ein Feuer vor mir herlaufen werde. Ich ließ daher stets die Kaffila vorausziehen und folgte selbst eine halbe Tagereise später. Diesem Umstande habe ich also auch heute meine Rettung zu verdanken."

„Aber die Kaffila ist verloren?"

„Jedenfalls. Ich werde sofort einen Boten auf einem Eilkameele nachsenden, um sie zu warnen, falls noch Zeit dazu ist."

„Und wenn es zu spät ist."

„So kann ich nichts ändern. Dreißig Krieger der Jba Batta haben mich begleitet. Sind sie niedergemacht worden, so haben sie doch nur den Lohn für ihre früheren Thaten erhalten. Diese Kerls sind alle Mörder und Räuber. Diese Dreißig sollten meine Beschützer sein und wurden dafür bezahlt, dennoch aber haben sie mich Tag und Nacht bestohlen, so daß ich nur froh sein kann, sie los geworden zu sein. Aber nun sage um Gotteswillen, wie Du nach der Sahara kommst?"

„Als Löwenjäger. Siehst Du dort das Fell?"

„Ah, Du hast einen erlegt?"

„Ja. Bist Du auch so glücklich gewesen?"

„Oefters, mein Freund. Aber fast kann ich mir denken, weshalb Du den Löwenjäger spielst."

„Nun, weshalb?"

„Du hast Urlaub?"

„Ja."

„Deine Hedwig und die liebe Schwiegermama wollen, daß auch Du berühmt werden sollst, und so hast Du Deinen Urlaub zu einem Pirschgange auf Löwen verwendet. Nicht?"

„Genau errathen! Ich soll wenigstens ein Löwenfell und zwei Löwenzähne und sodann sichere Nachricht von Dir bringen."

„Du wirst mich selbst bringen. Was macht Ida?"

„Die sanfte? Sie sehnt sich zu Tode nach Dir, während meine „unbezähmbare" mich unter die Löwen jagt. Bin übrigens Hauptmann geworden!"

„Und ich Mohr, wie ich es Dir prophezeit habe. Gratuliere bestens."

„Danke!"

Den Gegenstand ihrer höchst belebten Unterhaltung bildete natürlich das halbe Wunder, sich am fernen Wüstenbrunnen zu treffen, der Eine als der Retter des Andern. Dann mußte der Hauptmann von Goldberg, der spätere General, von der fernen Heimath berichten, und endlich erzählte Königsau von seinen abenteuerlichen Erlebnissen auf der wunderbaren Reise nach Timbuktu.

So wurde es Nacht. Die Sterne stiegen höher und höher. Erst um Mitternacht kehrte der ausgesendete Bote zurück.

„Hast Du sie eingeholt?" fragte Königsau.

„Ja," antwortete er einsylbig.

„Und sie gewarnt?"

„Nein."

„Warum nicht?"

„Sie hörten mich nicht. Sie waren todt!"

Diese Botschaft erregte zunächst Schreck, dann aber auch Freude über die ebenso glückliche wie wunderbare Rettung der Hauptperson und der Hauptschätze der Karawane. Dreißig Jbu Batta-Krieger und zahlreiche Handelsleute, welche sich der Karawane angeschlossen gehabt hatten, waren getödtet und ausgeraubt worden. Es war ein Fall, der, so nahe an der Grenze der Civilisation passirt, jedenfalls eine exemplarische Bestrafung zu erwarten hatte.

„Was aber wirst Du nun thun?" fragte Goldberg den Freund.

„Ich verändere meine Route?" antwortete dieser.

„Wohin?"

„Ich gehe grad nach Nord. Es bleibt mir nichts Anderes übrig."

„Und ich gehe mit Dir. Die Stämme, an denen wir vorüberkommen, sind den Europäern freundlich gesinnt. Wann brechen wir auf?"

„Sofort. Ich warte nicht bis zum Morgen."

„Warum nicht?"

„Die Räuber, welche die Karawane überfallen haben, möchten bemerkt haben, daß ich zurückgeblieben bin, und mir einen Besuch abstatten. Sicher ist sicher. Ich habe diese Kerls kennen gelernt."

Es wurde gepackt, und dann setzte sich der kleine Trupp in Bewegung. Eine Zeit lang von dem Glanze der Sterne bestrahlt, verschwand er jedoch bald im Dunkel des nördlichen Horizontes.

Königsau war um keine Viertelstunde zu früh aufgebrochen. Denn gerade diese Zeit später kamen die Tuarek, welche die Karawane überfallen hatten, nach dem Brunnen, um nach ihm zu suchen. Sie mußten zu ihrem Aerger mit leeren Händen abziehen.

Kurze Zeit später bewegte sich ein langer, langer Zug französischer Chasseurs d'Afrique von den Bergen herab, welche das Gebiet der feindlichen Beni Hassan im Norden begrenzen. An der Spitze dieses Zuges ritten zu beiden Seiten des Commandeurs die beiden Verräther Richemonte und sein Cousin. Beide gaben dem Officier den besten Rath, die Beni Hassan mit einem Schlage zu vernichten.

„Glaubt Ihr, daß man uns Widerstand leisten wird?" fragte er sie.

„Wenig oder gar nicht. Diese Kerls sind viel zu feig. Sie haben nur Muth zu nächtlichen Räubereien und Ueberfällen."

„Und sie sind die Thäter wirklich gewesen?"

„Sicher! Man wird die Effecten der Ermordeten noch bei ihnen finden."

„Wie viele sind gefallen?"

„Dreißig Krieger der Ibu Batta, ein Führer, fünfzehn Treiber, der Oberste der Kameelbesitzer und der deutsche Officier mit mehreren Leuten."

Er wußte am Besten, daß dies Letztere eine Lüge sei. Er selbst hatte einige der erbeuteten Kameele nebst ihren Lasten bis in die Nähe des Lagers der Beni Hassan getrieben und sie dort stehen gelassen. Er war überzeugt, daß man sich ihrer bemächtigt hatte. Das gab Beweis genug, daß die Beni Hassan die Raubmörder gewesen seien.

Es wurde so eingerichtet, daß die Truppen das Lager mitten in der Nacht erreichten. Es wurde umzingelt, und als die unschuldigen Araber des Morgens aus ihren Zelten traten, sahen sie sich von allen Seiten von einer von Waffen starrenden Mauer umgeben.

Der Scheik Menalek sandte sofort einen Boten zu dem Anführer. Dieser Letztere ließ auf Anrathen Richemontes zunächst die Dschemma, die Versammlung der Aeltesten des Stammes, zu sich kommen, um sich ihrer zu versichern. Man versteht darunter nicht etwa ausnahmslos die an Jahren Aeltesten. Es sind auch junge Männer mit dabei, gewöhnlich Verwandte des Scheik. So kam es, daß sich auch Saadi, der Schwiegersohn des Scheiks Menalek, dabei befand. Sie wurden in Fesseln gelegt und dann einem Verhöre unterworfen.

„Ihr habt eine Karawane der Ibu Batta überfallen," war die wiederholte Behauptung, welche man ihnen entgegenschleuderte.

„Nein; wir sind unschuldig," war ihre stehende, bestimmte Antwort.

„Man wird suchen und finden!" drohte endlich der Commandeur.

„Ja, man wird allerdings finden," antwortete Menalek. „Wir fanden des Morgens vier beladene Kameele neben unseren Zelten und haben sie zu uns genommen. Und dann fanden wir auf unserem Gebiete die Leichen der Beraubten. Wir begruben sie nach den Regeln des heiligen Koran, nahmen ihnen aber vorher weg, was ihnen nichts mehr nützen konnte. Das Alles werdet Ihr finden."

Das wurde natürlich nur für Ausflucht gehalten. Man holte mehr und mehr Männer aus dem Lager, bis endlich die ganze männliche Bevölkerung in Banden lag. Jetzt wurde das Urtheil gefällt. Es lautete kurz und bestimmt auf Tod durch die Kugel.

Die Kunde davon rief ein geradezu unbeschreibliches Jammergeschrei unter den Weibern und Kindern des Lagers hervor. Sie wollten bitten und flehen; sie wollten sich den unmenschlichen Richtern weinend zu Füßen werfen; aber das Lager war mit Posten umstellt worden, so daß Niemand es verlassen konnte.

Bereits zu Mittag, als die Sonne am höchsten stand, sollte die Vollstreckung des Todesurtheiles beginnen. Um diese Zeit schritt der Cousin Richemontes durch die Postenkette in das Lager. Ueberall tönte ihm Jammergeschrei und Wehklagen entgegen; er hörte nicht darauf. Beim Zelte des Scheikes trat er ein. Das Weib desselben und Liama lagen weinend am Boden. Sie sprangen empor, als sie ihn erblickten.

„Sallam aaleïkum!" grüßte er.

„Wie, Du bringst den Gruß des Friedens," rief das arme Weib, „und draußen harrt der Tod unserer Männer und Söhne!"

„Es wird Keiner entgehen; nur Euch allein bringe ich Frieden. Ist Liama bereits das Weib Saadi's geworden?"

„Ja," antwortete ihre Mutter.

Liama sah als Frau noch schöner denn als Mädchen. Vor Jammer hatte sie die gewohnte Sorgfalt für ihr Aeußeres außer der Acht gelassen; ihr Gewand hatte sich verschoben, so daß das Auge des fast unsinnig verliebten Schurken genug Punkte fand, an denen sich seine Gluth verdoppeln konnte.

„Der Scheik muß sterben und auch Saadi!" sagte er.

„O Allah, giebt es keine Rettung für sie?" rief Liama.

„Keine."

Da näherte sie sich ihm und sagte, indem sie die Hände faltete:

„Du bist ein Freund der Franken. Unsere Männer sind unschuldig. Du vermagst viel. Vielleicht könntest Du sie retten."

„Es ist mir nur erlaubt, zwei zu retten."

„Wen, wen?" fragten die beiden Frauen schnell.

„Ich darf sie mir auswählen."

„O, so rette den Scheik, meinen Mann!" rief die Mutter.

„Und rette Saadi, welcher schuldlos ist!" rief die Tochter.

„Welchen Dank erhalte ich?" fragte er.

„Fordere Alles, was Du begehrst!" sagte die Mutter.

„Werde ich es erhalten?"

„Ja."

„Nun wohl! Ich habe Liama zum Weibe begehrt, und

man hat sie mir verwehrt. Wenn sie ein illigt, mein Weib zu werden und mit mir zu ziehen, so sollen der Scheik und Saadi gerettet werden.

Liama erbleichte. Ihre Mutter erschrak nicht so sehr. Einen andern Schwiegersohn zu haben, das war nicht so schlimm als der Tod ihres Mannes.

„Wirst Du Wort halten?" fragte sie.

„Ja," antwortete er.

„Schwöre es mir!"

„Ich schwöre es bei dem Barte des Propheten!"

„Liama aber rang die Hände und rief:

„Er mag schwören, ich gehe doch nicht mit ihm!"

„Willst Du die Mörderin Deines Vaters sein!" klagte ihre Mutter.

„So seht her und lest diese Schrift!"

Die Mutter konnte nicht lesen; aber Liama buchstabirte den Befehl ihres Vaters und ihres Mannes zusammen. Beide geboten ihr, augenblicklich mit dem Ueberbringer dieses Schreibens zu gehen, um Mann und Vater zu retten und so ein Allah wohlgefälliges Werk zu thun.

„Kennt Ihr auch die Hamaïls des Scheiks und Saadi's?" fragte er weiter.

„Ja," antwortete sie.

Unter Hamaïl verstehet man ein Exemplar des in Mekka geschriebenen Koran, welches sich die Pilger dort kaufen und dann während der ganzen Lebenszeit am Halse tragen. Nur in der alleräußersten Noth giebt der Moslem dieses Hamïl von sich.

„Hier sind sie beide!"

In einem Münchener Brauhaus.

„Ich kann nicht! Ich liebe ihn nicht. Ich gehöre zu Saadi!"

„Nein; er giebt Dich frei, um Dich zu retten," antwortete er.

„Beweise es!" rief die Mutter.

„Auch der Scheik befiehlt Euch, zu thun, was ich verlange, damit er sein Leben nicht verliere."

„Beweise es!"

„Hier!" sagte er.

Er zog aus der Tasche ein Stück beschriebenes Pergament hervor, welches in französischer Sprache und arabischer Schrift beschrieben war.

„Hier ist das Document, welches unser Commandant und der Scheik und Saadi unterschrieben haben. Kennt Ihr das Siegel des Scheiks?"

„Ja," antworteten Beide.

Bei diesen Worten reichte er ihnen die zwei Koranexemplare hin, die sie sofort erkannten. Das war mehr als genug Beweis für sie.

„Ich glaube Dir!" sagte die Mutter.

Sie ahnte nicht, daß das Schreiben gefälscht sei, und das der unmenschliche Schurke den beiden Gefangenen Siegel und Hamïl mit Gewalt entrissen hatte. Liama hatte sich schluchzend auf den Boden geworfen.

„O Allah, o Allah!" rief sie. „Sie gebieten es mir; aber ich kann dennoch nicht! O Allah, Allah, was soll ich thun!"

„Gehorchst Du nicht, so müssen sie sterben," antwortete er kalt.

„Meine Tochter, gedenke Deiner Pflicht!" mahnte die Mutter ängstlich.

„Ja," meinte der verkappte Franzose. „Ich werde vor

das Zelt treten, um Euch eine kleine Weile allein zu lassen. Beredet Euch, und thut dann, was Ihr beschlossen habt. Aber zögert nicht lange; die Zeit ist kostbar."

Er trat hinaus. Im ganzen Zeltdorfe ertönte ein lautes Wehklagen, und doch hörte er noch deutlicher das verzweifelte Jammern Liama's im Innern des Zeltes. Harte Worte der Mutter sich ließen dazwischen hören.

Da plötzlich krachte draußen vor dem Lager eine Gewehrsalve. Ein einziger aber vielstimmiger, schriller Angstschrei ertönte durch das Lager. Er trat in das Zelt, dessen Thür das Weib des Scheikes soeben aufreißen wollte. Liama stand todtenbleich inmitten des Raumes.

„Wer hat geschossen? Was hat man gethan?" fragte die Mutter.

„Man hat die ersten fünf Mann erschossen," antwortete er.

„O Allah! ist der Scheik dabei?"

„Noch nicht; aber in zwei Minuten werden wieder fünf Mann fallen, und der Scheik und Saadi werden dabei sein."

„Liama geht mit!" rief die Mutter in höchster Angst.

„Ist es wahr?" fragte er die schöne, junge Mauerin.

„Ja," hauchte sie, mehr todt als lebendig.

„So ziehe Dich zur Reise an. Ich werde unterdessen das Zeichen geben, daß man die Beiden verschonen soll!"

Einige Zeit später öffnete sich der Cordon, welchen die Chasseurs bildeten. Man ließ zwei Pferde und ein Kameel passiren. Auf den Ersteren saßen Richemonte und sein Cumpan, und das Letztere trug eine Atuscha, in welcher ein wunderbar schönes Weib unter heißen Thränen vor Leid und Weh zu sterben meinte. Es war Liama, die spätere Bewohnerin des schwarzen Thurmes in der Nähe vom Schloß Ortry.

Auch von den beiden Löwenzähnen, welche Kunz von Goldberg dem „Herrn des Erdbebens" ausgebrochen hatte, ist der freundliche Leser dem einen bereits begegnet. Fritz, der Diener des verkleideten Doctor Müller, trug ihn an seinem Halse. — — —

(Fortsetzung folgt.)

Deutscher Wanderer

Lfg. 45.   8. Bd.

Illustrirte Unterhaltungs-Bibliothek für Familien aller Stände.
Druck und Verlag von **H. G. Münchmeyer** in Dresden und New-York.

Die Liebe des Ulanen.
Original-Roman aus der Zeit des deutsch-französischen Krieges von Karl May.
(Fortsetzung.)

Verarmt.

Seit den letzterzählten Ereignissen war eine Reihe von Jahren vergangen. Noch lebte Hugo von Königsau, der einstige Liebling des alten Feldmarschalls „Vorwärts", in stiller Zurückgezogenheit auf seinen beiden, nebeneinander liegenden Gütern. Er genoß an der Seite seiner treuen Margot ein Glück, wie es nur wenigen Irdischen beschieden ist.

Ein einziges Mal wurde dasselbe getrübt, als Margots Mutter, Frau Richemonte, starb. Wäre außerdem eine Trübung desselben möglich gewesen, so hätte das nur dadurch sein können, daß er sich noch immer mit jener leeren, dunklen Stelle beschäftigte, welche in Folge des empfangenen Hiebes in seinem Gedächtnisse zurückgeblieben war.

Fast so alt geworden wie der treue Kutscher Florian Rupprechtsberger, der ihm aus Jeanette nach Preußen gefolgt war, saß er mit diesem stundenlang beisammen, um über diesen unaufgeklärten Punkt zu verhandeln; aber vergebens: denn es war und blieb ihm unmöglich, sich auf den Ort zu besinnen, an welchem er die Kriegskasse vergraben hatte. Wenn dann Margot dazu kam, so ahnte sie stets, welches der Gegenstand des Gespräches gewesen war. Sie legte ihm den Arm um den Nacken und meinte dann gewöhnlich in bittendem Tone:

„Ich vermuthe, daß Du wieder über diese böse Kriegskasse nachgedacht hast. Ist es nicht so, lieber Hugo?"

„Leider ja!" pflegte er dann entweder trübe oder ärgerlich zu antworten.

„Laß das doch endlich auf sich beruhen! Wie oft habe ich Dich schon darum gebeten, und doch willst Du mir nicht diesen einzigen Gefallen thun!"

„Ich möchte wohl gern, das darfst Du mir glauben; aber wenn der Gedanke kommt, so habe ich doch nicht die Macht ihn von mir zu weisen."

„Es ist aber überflüssig und vergeblich. Selbst wenn Du Dich auf den Ort besinnen könntest, dürftest Du den Schatz ja doch nicht haben."

„Warum nicht, meine Liebe?"

„Weil die Kriegskasse eine französische ist. Ihre Aneignung würde ja ein Diebstahl sein. Anders wäre es allerdings, wenn sie deutsches, oder überhaupt Eigenthum der Verbündeten gewesen wäre."

„Ich kann Dir nicht Unrecht geben. Aber wenn wieder einmal ein Krieg zwischen den Deutschen und Franzosen ausbrechen würde, wenn wir jene Gegend occupirten, dann hätten wir das Recht, uns der Beute, welche uns damals entgangen ist, zu bemächtigen."

„Hoffen wir nicht, daß sich jene Zeit des Blutvergießens wiederhole."

„Ich stimme Dir bei. Aber auch unter den gegenwärtigen Verhältnissen würde es vortheilhaft für mich sein, wenn ich mich auf den Ort besinnen könnte. Ich könnte eine bedeutende Gratification von Frankreich erlangen, wenn ich anzugeben vermöchte, wo eine solche Summe zu finden ist."

„Laß das gut sein, lieber Hugo! Wir sind ja nicht in der bedrängten Lage, eine Gratification zu bedürfen."

Auf diese Bemerkung pflegte der alte Rittmeister nicht zu antworten; er that, als sei er beruhigt, aber im Stillen sann und grübelte er weiter.

Margot hatte sehr Recht, wenn sie sagte, daß sie sich nicht in einer bedrängten Lage befänden. Ihre beiden Güter brachten ihnen ein, was sie brauchten. Uebrigens hatten sie ja den großen Meierhof Jeanette von der verstorbenen Baronin de Sainte-Marie geerbt. Diesen Besitz hatten sie im Laufe der Jahre sehr verbessert und dann einem tüchtigen Pächter übergeben. Er stand jetzt viel höher im Werthe als vorher, obgleich sie dort, da der Hof ja in Frankreich lag, sich nur äußerst selten sehen ließen.

Ihr Sohn Gebhardt war glücklich aus Afrika zurückgekehrt. Er hatte seine Forschungen veröffentlicht und sich dadurch einen ehrenvollen Ruf erworben. Das veranlaßte ihn, auf diesem Felde weiter zu arbeiten. Er nahm zunächst Urlaub, um sich an weiteren Expeditionen zu betheiligen, welche ihm neue Ehren einbrachten. Darum kam er endlich um seinen Abschied ein. Da nicht die mindeste Aussicht auf einen Krieg war, so konnte er dies, ohne sich eine Blöße zu geben oder einen unwürdigen Verdacht auf sich zu laden. Er erhielt ihn sofort, da man gar wohl wußte, daß er dem Allgemeinen durch seine jetzige Thätigkeit weit mehr Nutzen bringe, als wenn man ihn auf eine enge Garnison beschränke. Und so war er von da an im Dienste der Wissenschaft oft lange Zeit von seinem Vaterlande abwesend.

Ida de Rallion war seine Frau geworden. Sie liebten sich von ganzem Herzen und fanden in ihrer Ehe ganz dasselbe Glück, welches Gebhardts Eltern in ihrer Vereinigung gefunden hatten. Freilich sah Ida es nicht gern, daß Gebhardt so oft und lang von der Heimath entfernt war; aber sie freute sich seines Ruhmes und fühlte doppelte Seligkeit, wenn er einmal zu ihr zurückkehrte. Während er in fernen Zonen weilte, fand sie ja Trost bei den geliebten Schwiegereltern, und als sie nun gar die Wonne hatte, erst einen Sohn und dann später auch eine Tochter zu haben, so pflegte ihr die Zeit des Wartens nicht mehr so lang zu werden wie früher.

Ihr Sohn war Richardt genannt worden. Vater und Mutter hingen in vereinter Liebe an ihm und dem kleinen Schwesterchen, und doch schien es beinahe, als ob ihre Zärtlichkeit von derjenigen der Großeltern fast noch überboten werde. Natürlich erhielt der Knabe die Bestimmung, einst Officier zu werden, und seine Erziehung erhielt eine streng nach diesem Ziele visirte Richtung. Bei der reichen Begabung, durch welche er sich auszeichnete, brachten die Bemühungen seiner Großeltern, Eltern und Lehrer überreichliche Früchte, und es ließ sich hoffen und erwarten, daß er einst dem Stande, für welchen man ihn bestimmt hatte, alle Ehre machen werde. —

Während so die Familie Königsau sich eines reinen und beinahe ungetrübten Glückes erfreute, zog sich im Südwesten von ihnen eine schwere Wetterwolke gegen sie zusammen.

Napoleon der Dritte war erst Präsident und dann Kaiser von Frankreich geworden. Dieses Ereigniß kam Zweien sehr gelegen, welche bisher vergeblich auf eine Erfolg versprechende Gelegenheit gewartet hatten, ihre Pläne in Ausführung zu bringen: Capitän Richemonte und sein Verwandter und Adoptivsohn, welcher sich in Afrika Ben Ali genannt hatte.

Sobald der Neffe des Onkels Kaiser geworden war, ließ sich annehmen, daß für alle Diejenigen, welche an den Traditionen des ersten Kaiserreiches festgehalten hatten und Anhänger des Kaisers gewesen waren, nun endlich die längst ersehnte Zeit gekommen sei, sich geltend zu machen. Und sie hatten Recht. Der Neffe, welcher keineswegs den gewaltigen Geist des Onkels hatte, suchte doch, ein Portrait desselben zu sein. Er schmeichelte sich in seine Fußstapfen treten zu können, und war doch nichts als ein Nachäffer der äußeren Eigenthümlichkeiten und Gepflogenheiten des großen Corsen.

Aber der Stand der Dinge in Europa war ihm günstig. Das Flittergold seiner Krone schien echtes Metall zu sein, und die Glasflimmer mit denen er sich schmückte, warfen einen Glanz, welchen man für die Brillanz echter Diamanten hielt. Hatte der Onkel durch die Gewalt seines Genies sich zum Schiedsrichter der halben Welt gemacht, so gelang es dem Neffen, durch verschlagene Taschenspielerstückchen die Völker und sogenannten Diplomaten zu täuschen. Man staunte, man war verblüfft; man bewunderte ihn sodann, und das war es ja, was er beabsichtigte; denn vom Angestaunt- und Bewundertwerden bis zur wirklichen Herrschaft ist ja nun ein kleiner Schritt, und diesen Schritt zu thun, säumte er nicht.

Hatte Napoleon es verstanden, das Genie zu sich emporzuziehen, selbst wenn er es in der niedersten Klasse des Volkes zu suchen hatte, so äffte ihm auch hier der Neffe nach, indem er es nicht versäumte, sich Kreaturen zu schaffen, welche er für geeignet hielt, zu dem falschen Glanze seines Thrones einen kleinen Strahl hinzu zu fügen. Welchen Werth diese Männer hatten, zeigte sich erst, als dieser Thron zusammenbrach. Und vielleicht gab es nur zwei Männer, welche diesen Werth oder vielmehr Unwerth erkannt hatten und richtig zu beurtheilen verstanden — Bismarck und Moltke, welche es ja waren, unter deren Fausthieben der ganze Kartenbau des Kaiserreiches später zusammenfiel.

Seit einiger Zeit gehörte zu jenen Günstlingen des Kaisers und der Kaiserin ein Mann, der uns bereits begegnet ist, nämlich Graf Jules Rallion, welcher zu wenig Ehre besessen hatte, auf die Forderung Gebhardts von Königsau mit der Waffe in der Hand zu antworten.

Er war damals feig entflohen, hatte sich aber nach Gebhardt's Entfernung sofort wieder eingefunden, um seine Bewerbung um seine Cousine Ida fortzusetzen. Er war aber mit Verachtung zurück- und zurechtgewiesen worden und hatte mit Grimm sehen müssen, daß der Deutsche seine schöne Verwandte als Frau in sein Vaterland führte.

Seit jener Zeit haßte er Königsau noch mehr als früher, und dieser Haß erstreckte sich auch auf Kunz von Goldberg, welcher es verstanden hatte, die zweite Cousine und ebenso auch die alte, strenge Tante zu gewinnen. Wie gern hätte er sich an diesen beiden Deutschen gerächt! Aber leider fand sich keine Gelegenheit dazu. Und eine solche herbeizuführen, dazu war er weder muthig noch erfinderisch genug.

Obgleich ihm diese beiden Eigenschaften entgingen, gelang es ihm dennoch, sich bei Hofe einzubürgern. Eine Grafenkrone giebt Relief genug, um die Blicke von Schwächen abzuziehen, welche nicht geeignet waren, den Träger dieser Krone zu Ehren zu bringen. In Folge seines unterthänigen Wesens und anderer negativer Eigenschaften, welche aber von einem glanzsüchtigen Fürsten lieber bemerkt werden als positive Vorzüge, wußte er sich besonders in die Gunst der Kaiserin einzuschmeicheln, und bald war es allgemein bekannt, daß die Stimme des Grafen Rallion das beste Mittel sei, sich das Kaiserpaar geneigt zu machen.

Capitän Richemonte hörte davon. Schlau und rücksichtslos, wie er war, fand er bald Gelegenheit, sich dem Grafen auf eine verbindende Weise nützlich zu machen. Er erhielt Zutritt in dessen Gemächer, und seiner diabolischen Natur wurde es nicht schwer, bald einen gewissen Einfluß auf den schwachen Günstling zu gewinnen.

Nun erzählte er ihm von dem Baron de Sainte-Marie, welcher als Marabut gestorben sei und einen Sohn hinterlassen habe, welcher im Besitze der nöthigen Papiere sei, sich als den rechtmäßigen Besitzer des Meierhofes Jeanette auszuweisen.

Der Graf nahm diese Erzählung mit Verwunderung entgegen. Als aber Richemonte erzählte, daß Bounaparte eine Nacht auf jener Besitzung zugebracht und dabei sein Herz verloren habe, fragte er schnell:

„An wen, lieber Capitän?"

„An meine Schwester."

„Wie? Sie haben eine Schwester?"

„Ja, gnädiger Herr."

„Eine Schwester, welche von Bounaparte geliebt wurde? Und Sie haben mir dieselbe noch nicht vorgestellt? Das muß ich sehr übel vermerken, Capitän; Eine Dame, welche die Zuneigung des großen Kaisers besessen hat, würde persona grata am hiesigen Hofe sein. Sie haben da eine Unterlassungssünde begangen, welche ich Ihnen fast gar nicht verzeihen darf."

„Ich hätte das, was Sie eine Unterlassungssünde nennen, sicherlich nicht begangen, Verehrtester, wenn es mir überhaupt möglich gewesen wäre, die Schwester Ihnen vorzustellen. Sie lebt nicht in Frankreich, sondern in Deutschland."

Rallion blickte den Capitän erstaunt an.

„In Deutschland?" fragte er. „Wie kommt es, daß sie es sich bei den Feinden ihres kaiserlichen Geliebten gefallen läßt?"

„Sie würde sich die Anwendung des zärtlichen Wortes, welches Sie soeben in Anwendung brachten, wohl verbitten. Sie ist der Zuneigung des Kaisers nicht werth gewesen; sie hat sich ablehnend verhalten und ihm einen deutschen Lieutenant vorgezogen, dessen Frau sie geworden ist."

„Ah, sie ist in Deutschland verheirathet?"

„Ja, leider!"

„Welch ein Unsinn! Welch eine Dummheit! Welch ein Verrath an dem Lande, in welchem sie geboren wurde!" rief der Graf. „Aber ich habe freilich auch andere Mädchen gekannt, von denen diese ungeleckten deutschen Barbaren uns vorgezogen wurden. Man sollte diese Art von Frauenzimmern mehr als mit bloßer Verachtung strafen. Ich sage dies, obgleich Diejenige, von welcher soeben die Rede war, Ihre Schwester ist. Dem Patriotismus dürfen Sie das nicht übel nehmen!"

„Daran denke ich nicht im Entferntesten! Diese Abtrünnigkeit der Schwester ist es ja gewesen, welche veranlaßt hat, daß ich mich von der Letzteren vollständig losgesagt habe."

„Ah! Sie verkehren gar nicht mit ihr?"

„Nein. Ich denke aber, jetzt wenigstens aus der Ferne und durch den Advocaten mit meinem Herrn Schwager in Verhandlung zu treten; denn diese verhaßte Familie ist es ja, welche sich unrechtmäßiger Weise in den Besitz jenes Meierhofes Jeanette gesetzt hat, dessen rechtmäßiger Eigenthümer eigentlich der Baron de Sainte-Marie ist, von welchem ich Ihnen erzählte."

Der Graf machte eine Bewegung der Ueberraschung und sagte:

„Ah, wirklich? Ist es so? Das wäre ein Umstand, welcher hier sehr in Betracht zu ziehen sein dürfte. Wie heißt jener Schwager?"

„Königsau."

Der Graf trat unter allen Zeichen der höchsten Ueberraschung einen Schritt zurück und rief:

„Königsau? Wäre das möglich?"

„Ist Ihnen der Name bekannt?" fragte der Capitän, jetzt ebenso überrascht, wie vorher, der Graf.

„O, mehr als bekannt!" antwortete dieser. „Wie ist der Vorname jenes Königsau?"

„Hugo."

Der Graf sann einen Augenblick nach und meinte dann:

„Ich lernte einst bei meiner Tante einen Lieutenant von Königsau kennen, welcher erzählte, daß sein Vater viel mit diesem alten Barbaren, dem Marschall Blücher, verkehrt habe."

„So hat er Hugo von Königsau gemeint und ist sein Sohn gewesen."

„Er nannte sich Gebhardt."

„Das stimmt. Ich bin zwar jetzt nicht in Deutschland gewesen, aber ich habe Erkundigungen über die Familie eingezogen. Hugo von Königsau hat einen Sohn, welcher Gebhardt heißt."

„Und jetzt besinne ich mich, bei meiner Tante gehört zu haben, daß Königsau, der Vater, eine gewisse Margot Richemonte geheirathet habe."

„Das eben war meine Schwester. Sein Sohn, jener Gebhardt, hat eine Dame Ihres Namens, welche Französin ist, eine gewisse Ida de Rallion, zur Frau genommen."

Das Gesicht des Grafen verfinsterte sich. Es war darin der Ausdruck eines tiefen, unversöhnlichen Hasses zu erkennen.

„Diese Ida de Rallion war meine Cousine," sagte er.

Der Capitän warf einen forschenden Blick auf den Grafen. Seinem Scharfsinne fiel es nicht schwer, das Richtige zu errathen. Ein solcher Haß konnte nur entweder ein verlorenes Erbtheil oder verschmähte Liebe, vielleicht auch Beides zugleich, zum Grunde haben.

„Ich hoffe nicht, daß Sie diese Cousine, welche nun ich eine Abtrünnige zu nennen mir erlaube, vermißt haben?" fragte er schlau.

Der Graf ballte die Faust und antwortete:

„Wir waren so viel wie versprochen mit einander," sagte er. „Aber wenn Ihre Schwester einen deutschen Lieutenant dem Kaiser vorgezogen hat, so darf ich mich nicht wundern, wenn es meiner Cousine eingefallen ist, mich gegen einen eben solchen Menschen zurückzusetzen. O, wie hasse ich diese Deutschen! Und wie erst hasse ich Alles was Königsau heißt und mit dieser Sippe in Verbindung steht!"

Der Capitän nickte mit dem Kopfe. Er ließ jenes Fletschen der Zähne sehen, welches bei ihm in Augenblicken des Aergers, des Grimmes zu bemerken war. Doch dabei spielte ein Zug um seinen Mund, welcher es einem aufmerksameren Beobachter, als der Graf war, leicht hätte errathen lassen, daß ihm der Zorn desselben ganz willkommen sei.

„Mein Haß begegnet sich mit dem Ihrigen," sagte er, Rallion mit verstecktem Blicke beobachtend. „Ich gäbe viel darum, wenn ich ein Mittel wüßte, diese ganze Brut zu verderben!"

Der Graf ging sofort in die Falle, indem er eifrig zustimmte:

„Das ist ja auch mein Wunsch! Leider reicht mein Einfluß nicht weit genug. Man darf eine Faust in der Tasche machen, weiter nichts."

„Und doch hätten wir gerade jetzt die beste Gelegenheit, diesen Königsau's einen prächtigen Streich zu spielen," meinte er nachdenklich.

„Wieso?"

„Indem wir sie zwingen, Jeanette herauszugeben."

„Ah, wirklich! Das ist ja wahr! Aber dann müßte Ihr Schützling vorher als Baron de Sainte-Marie anerkannt sein!"

„Dem steht nichts im Wege. Wir haben ja die klarsten Beweise in den Händen."

„Darf ich dieselben sehen?"

„Wenn Sie erlauben, werde ich sie Ihnen vorlegen und Ihnen dabei auch Den vorstellen, welchen Sie meinen Schützling nennen."

und Episoden hinzu, welche nur zu dem Zwecke erfunden waren, ihn selbst in einem günstigen Lichte, die Königsau's aber in einem desto gehässigeren erscheinen zu lassen. Als er geendet hatte, meinte der Graf:

„So also ist es gewesen! Interessant, höchst interessant! Ich will Ihnen gestehen, lieber Capitän, daß Sie mir gleich im Augenblicke unserer ersten Begegnung eine warme Sympathie eingeflößt haben. Jetzt verstehen wir einander noch besser, und ich denke, daß eine Gelegenheit kommen werde, den Gefühlen, welche wir gleicherseits hegen, einen Ausdruck zu geben, welcher dieser deutschen Familie nicht angenehm sein wird. Ich bin nicht der Mann, der eines Menschen Verderben will, aber einem Königsau werde ich niemals verzeihen können, daß er diesen Namen trägt. Reichen wir uns die Hand zu dem Uebereinkommen, uns gegenseitig zu unter-

Der Liebesspiegel als Verräther.

„Ich bitte Sie darum! Es wird mir nicht schwer werden, den Kaiser für ihn zu interessiren. Ja, ich hoffe sogar, daß dieser mit ihm und Ihnen zu sprechen verlangen wird. Er wird sofort auch für Sie Theilnahme empfinden, wenn ich ihm erzähle, daß Ihre Schwester schön und interessant genug war, die Augen Bonaparte's auf sich zu ziehen. Um dies zu können, muß ich aber besser unterrichtet sein, als dies jetzt der Fall ist. Wollen Sie mir nicht erzählen, auf welche Weise Ihre Schwester dem Kaiser begegnete?"

Richemonte folgte dieser Aufforderung. Seinem Berichte lag jener Ueberfall im Walde und der Aufenthalt Napoleons auf dem Meierhofe Jeanette zu Grunde. Dies war aber auch das einzige Wahre daran. Er fügte Ausschmückungen

stützen, wenn es gilt, denen, welche uns auf eine solche Weise beleidigten, zu zeigen, daß ein Franzose sich wenigstens von einem Deutschen nie ungeahndet beleidigen läßt!"

Nichts konnte dem Capitän willkommener sein als diese Aufforderung. Er schlug sofort in die dargebotene Hand des Grafen und sagte:

„Ich bin von ganzem Herzen bereit, auf ein solches Bündniß einzugehen. Es liegt ja in der menschlichen Natur, ja, es ist sogar die heiligste Pflicht eines Jeden, der sich einen Mann nennt, keine Beleidigung ungerächt zu lassen. Wir erfüllen also nur diese Pflicht, indem wir die Absicht, welche Sie andeuteten, zur Wirklichkeit werden lassen."

„Sie haben Recht. Ich bin heute zur Kaiserin befohlen und werde nicht versäumen, die Angelegenheit des Barons de Sainte-Marie zum Vortrag zu bringen. Daß Baron Alban de Sainte-Marie der Mörder seiner Frau gewesen ist, darf der Sohn nicht entgelten. Und daß dieser Letztere zugleich der Sohn eines Mädchens ist, welches nicht zum Adel gehörte, kann auch kein Hinderniß sein, die Rechte, welche sein Vater beanspruchen durfte, auf ihn übergehen zu lassen. Bringen Sie ihn sofort unverweilt zu mir, und dann werde ich Ihnen morgen am Vormittage mittheilen, welche Hoffnungen wir hegen dürfen!"

Diese für den nächsten Morgen angekündigte Unterhaltung fand statt, und es stellte sich heraus, daß Richemonte allerdings große Hoffnungen hegen durfte, seinen Plan in Erfüllung gehen zu sehen. Der Kaiser hatte verlangt, ihn in einer Privataudienz zu empfangen, bei welcher auch die Kaiserin zugegen sein sollte. Diese Letztere, die einstige Dame des im höchsten Grade schlüpfrigen spanischen Hofes, gutirte gewisse Dinge, welche sonst nicht vor das Ohr einer Dame zu gehören pflegen. Sie war neugierig, Etwas über die letzte Liebe Napoleons zu erfahren, und interessirte sich daher schon im Voraus lebhaft für den Mann, welcher ihr diesen Genuß bereiten sollte.

Die Audienz fand statt. Richemonte verstand es, diese Gelegenheit zu benutzen. Er stellte seine damaligen Erlebnisse und Thaten in ein möglichst vortheilhaftes Licht, gab sich so zu sagen als Märtyrer, und als er entlassen wurde, ging er mit der Gewißheit von dannen, daß er, der einst aus der Armee Gestoßene, rehabilitirt werde. Und was den angeblichen Sohn des in Afrika verstorbenen Barons de Sainte-Marie betrifft, so hatte Napoleon der Dritte sich alle auf ihn bezüglichen Legitimationen und Documente vorlegen lassen und dann nach Durchsicht derselben sich befriedigt erklärt und das Versprechen gegeben, diese Angelegenheit sofort in die besten Hände niederzulegen.

Um diese Zeit befand Gebhardt von Königsau sich in der Heimath, und so war es die vollzählige Familie, welche von der amtlichen Mittheilung getroffen wurde, daß ein Sohn des einst verschwundenen Sainte-Marie erschienen sei und die Rückgabe des ihm rechtmäßiger Weise zukommenden Erbes verlange.

Es wurde sofort der Rath eines tüchtigen Juristen eingeholt; er bestand in einem Achselzucken. Die Achseln anderer Sachverständigen wurden ebenso gezuckt. Darauf ging die Nachricht ein, daß die betreffende Person sich vollständig als der Sohn des Barones ausgewiesen habe und selbst vom Kaiser als derselbe anerkannt worden sei. Sollte man einen langwierigen Actenkampf beginnen, dessen Ende gar nicht abzusehen sei? Nein! Königsau, Vater und Sohn, entschlossen sich, den Meierhof abzutreten, und in Wahrheit mußten sie noch froh sein, daß ihnen nicht auch noch zugemuthet wurde, für die Zeit, während welcher derselbe in ihrem Besitze gewesen war, Entschädigung zu zahlen.

Es war das kein geringer Verlust, welcher sie traf; aber sie verschmerzten ihn doch bei dem Gedanken, daß sie durch ihn noch lange nicht verarmt seien. Besaßen sie doch ihre zwei Güter, welche ihnen Niemand nehmen konnte.

Niemand? Wie leicht ist oft etwas möglich, was unmöglich scheint! Der erste Blitz, welchen die im Südwesten aufgegangene Gewitterwolke entsendete, hatte getroffen, wenn auch nicht zerstörend gewirkt. War aber dadurch die electrische Spannung ausgeglichen worden?

Der falsche Baron de Sainte-Marie hatte den Besitz der Meierei angetreten, aber nicht selbstständig, sondern unter der heimlichen Bevormundung des alten Capitäns. Dieser hatte ein doppeltes Ziel erreicht. Er war, wenn auch nicht der nominelle, aber doch der thatsächliche Gebieter von Jeanette geworden und hatte sich zugleich an seinem Todfeinde gerächt.

Der Baron spielte in jeder Beziehung eine jämmerliche Rolle, freilich ohne sich derselben zu schämen. Ein einziges Mal hatte er es gewagt, dem Capitän Widerstand leisten zu wollen, war aber auf das Energischeste zurückgewiesen worden. Der Capitän hatte ihm erklärt, daß er hier auf dem Meierhof nichts zu sagen habe.

„Aber wer ist der Herr?" hatte der Baron gefragt. „Du oder ich?"

„Ich!" hatte die feste und bestimmte Antwort gelautet.

„So? Ah! Und wer ist der Baron? Du oder bin ich es?"

„Du bist es; aber durch einen Mord. Du hast den Sohn des Einsiedlers erschossen und Dich an seine Stelle gesetzt. Ich will Dir ein für alle Male sagen, daß Du mir nicht dominiren kannst. Hüte Dich, mich zu reizen! Der Versuch dazu würde Dich Deine Baronin kosten."

„Willst Du etwa damit sagen, daß Du mich als Mörder anzeigen willst?"

„Ja, nichts Anderes."

„Du hast mir dabei geholfen!"

„Beweise es!"

„So beweise, daß ich der Mörder war, ohne daß Du dabei gezwungen sein wirst, Deine Mitthäterschaft einzugestehen!"

„Rede nicht kindisch! Ich werde es Dir natürlich nicht sagen, wie ich es anfangen würde, Dich unschädlich zu machen. Du weißt ganz genau, daß Du mir nicht gewachsen bist, und das ist genug. Sei froh, daß Du, der einstige Spion, Baron de Sainte-Marie genannt wirst und ein behagliches, ruhiges und sorgenfreies Leben führen kannst, und sei ferner froh, daß ich Dir Deinen glühendsten Wunsch erfüllt habe, das schönste Weib der Erde zu besitzen!"

„Du meinst Liama?"

„Wen sonst?"

„Die ist ja nicht mein Weib!"

„Das ist nicht meine Sache, sondern die Deinige. Bist Du so dumm, sie nicht factisch als Frau zu besitzen, so ist das Deine eigne Schuld."

„Ich bin ja nicht mit ihr getraut. Sie ist Muhammedanerin geblieben."

„Das braucht kein Mensch zu wissen!"

„Und sie läßt sich von mir nicht berühren."

„So handelst Du eben geradezu lächerlich. Du bist in sie verliebt noch weiter als bis zu den Ohren; Du girrst um sie wie ein Tauber um sein Täubchen; sie befindet sich vollständig in Deiner Gewalt, und doch wagst Du es nicht, sie anzurühren. Das verstehe, wer es verstehen kann; ich aber vermag nicht, es zu begreifen!"

Und doch war es sehr leicht zu begreifen. Einer reinen keuschen Weiblichkeit gegenüber fühlt ein muthloser Bösewicht sich ohne Macht. Das konnte der Capitän, welcher doch ein Menschenkenner war, sich leicht sagen.

Diese beiden Menschen hatten Liama aus ihrer Heimath durch einen gräßlichen Betrug hinweggelockt. Sie hatte ihnen vertraut und war ihnen in der Ueberzeugung gefolgt, dadurch ihren Vater und den geliebten Mann zu retten. Später hatte sie Gelegenheit gehabt, ihr Thun und Treiben zu beobachten, und war sie mißtrauisch geworden. Es war ihr der Zweifel gekommen, ob das ihr gegebene Versprechen erfüllt worden sei. Sie hatte nach Beweisen verlangt, daß ihr Mann und Vater am Leben geblieben seien, und diese Beweise waren ihr aber nicht geliefert worden. Hatte sie die beiden bereits früher gehaßt, so haßte sie dieselben jetzt noch vielmehr. Es kam ihr der Gedanke an Flucht; aber wie sollte sie diese bewerkstelligen? Sie verstand kein Wort Französisch; sie wurde in Jeanette fast wie eine Gefangene gehalten und bemerkte, daß sie keinen einzigen Augenblick ohne Aufsicht gelassen wurde. Der Capitän war von allem Anfange an gegen die wahnwitzige Liebe seines Verwandten gewesen; er hatte dennoch Gründe gehabt, derselben zu willfahren; aber er sah gar wohl ein, in welcher Gefahr er Liama gegenüber sich stetig befand, und so war es kein Wunder, daß er ihr feindlich gesinnt blieb und sie fest im Auge behielt.

Dennoch aber hätte das arme, betrogene Weib ihren Entschluß, zu fliehen, ausgeführt, wenn nicht ein Ereigniß eingetreten wäre, welches sie zwang, noch auszuhalten. Sie wurde nämlich Mutter und gab einem Mädchen das Leben, in dessen lieben Gesichte sie die Züge ihres Saadi wiederzusehen glaubte. Dieser ihr von dem Kadi angetraute Mann war der Vater des lieblichen Kindes. Alle ihre Liebe, welche sie dem Ersteren nicht mehr zu widmen vermochte, concentrirte sich auf das Letztere. Sie vergaß ihr Elend und lebte nur in dem Wesen, welchem sie das Leben gegeben hatte.

Diese Liebe war es auch, welche ihr die Kraft und Ausdauer verlieh, sich den Ansprüchen und Liebkosungen des Barons zu widersetzen. Er besuchte sie täglich wiederholt in den Räumen, welche ihr ausschließlich angewiesen waren und welche sie nicht verlassen durfte. Er knüpfte an die Erhörung seiner Wünsche die Erlaubniß zu einer freieren Bewegung; aber mit dem Scharfsinne des Naturkindes erkannte sie seine Schwäche und errieth, daß er dem Capitän gegenüber vollständig machtlos war, während dieser Letztere es eigentlich war, in dessen Händen sie sich befand.

Je länger und fester sie widerstand, desto mehr steigerte sich die Gier des Barones. Es gab Augenblicke, in denen er sich fast sinnlos geberdete. Dazu kamen Bilder aus der Vergangenheit, welche ihn des Nachts beängstigten. Finstere, drohende Schatten bewegten sich in seinen Träumen; Schüsse knallten, blutige Tropfen umspritzten ihn, und wenn er dann erwachte, war es ihm, als ob er mit wirklichen Gestalten zu kämpfen gehabt hatte; er stöhnte und wimmerte leise vor sich hin, und es gab nur Einen, der ihn zum Schweigen brachte — der alte Capitän, welcher erst zu Drohungen, dann aber zu Thätlichkeiten griff, um die Geister zu bannen, die sich des Barons bemächtigt hatten.

Diese Anfälle traten je länger desto öfterer ein. Es kam vor, daß der Baron selbst durch die angegebenen Mittel nicht zur Ruhe und zum Schweigen gebracht werden konnte. In diesem Zustande der Angst, Furcht und Verzweiflung verlangte er nach Liama, und der alte Richemonte war klug genug, sich diesem Wunsche nicht zu widersetzen. Liama, die Betrogene, wurde die Trösterin des Betrügers. Ihr bloßer Anblick genügte, ihn zu beruhigen und ihm den Gebrauch seiner Sinne zurückzugeben.

Dies rettete ihr vielleicht das Leben. Der Capitän kannte

ihren glühenden Wunsch nach Befreiung aus ihren Fesseln. Ihr Entkommen aber wäre sein Verderben gewesen, und da ihre immerwährende und ausgesetzte Bewachung keine leichte war, so ließ sich bei seiner Rücksichts= und Gewissenlosigkeit wohl vermuthen, daß er zu dem Entschlusse kommen könne, sich durch eine Gewaltthat seine Sicherheit wiederzugeben. Aber ebenso gefährlich war ihm der Wahnwitz des Barons, und da die Ausbrüche desselben nur durch Liama gemildert und beruhigt werden konnten, so war es nothwendig, sie leben zu lassen.

Das Kind der Baronin, von welchem der Baron wohl wußte, daß es nicht das seinige sei, wurde schweigend von ihm anerkannt und auf den Namen Marion getauft. Sein junges Leben bildete die Kette, durch welche die unglückliche Mutter in ihrer Gefangenschaft festgehalten wurde. Es wäre ihr niemals in den Sinn gekommen, ohne dasselbe zu fliehen; das erkannte der Capitän, und daher bewachte er die kleine Marion noch sorgfältiger als ihre Mutter, und bedeutete die Letztere übrigens noch, daß der geringste Ungehorsam gegen ihn dem Mädchen das Leben kosten werde. Das war mehr als genug, jeden Fluchtgedanken von Liama fern zu halten.

Was die Bevölkerung der Umgegend betrifft, so war derselben wohl bekannt geworden, daß der Baron verheirathet sei; das Weitere ging ja keinem Menschen etwas an. Zwar gelang es zuweilen zufälliger Weise einem Auge, die schöne, geheimnißvolle Frau zu erblicken; aber warum dieselbe sich in so außerordentlicher Verborgenheit halte, das versuchte man gar nicht, zu ergründen. Vornehme Herrschaften haben ja ihre Schrullen.

Selbst wenn Graf Rallion, welcher hier und da einmal nach Jeanette kam, zugegen war, wurde Liama nicht zur Gesellschaft gezogen. Ein kleiner Umstand hätte ja leicht Alles verrathen können. Daß der Graf einmal energisch nach der Baronin verlangen könne, stand gar nicht zu erwarten. Er erkundigte sich in zwar höflicher aber gleichgiltiger Weise nach ihr, wenn er kam; er ließ sich ihr dann empfehlen, wenn er wieder abreiste; das war Alles, was er that.

Dieses Verhalten war zwar seltsam, aber dennoch leicht zu erklären.

Die Beiden, er und der Capitän, hatten sich nach und nach einander immer besser kennen gelernt. Jeder erblickte ein höchst brauchbares Werkzeug in dem Andern. War der Graf feig und gewissenlos, so war der Capitän feig und rücksichtslos. Der Erstere hielt es am Liebsten mit der weniger gefährlichen Hinterlist, während der Letztere vor keiner Gefahr, vor keiner That zurückbebte, wenn es galt, seinen Zweck zu erreichen. So ergänzten sich Beide, sobald ihre Zwecke dieselben waren, und dieser Fall kam nicht sehr selten vor.

Wenn sie bei einander saßen, kam die Rede stets auch auf die Familie Königsau. Beide fühlten sich sehr befriedigt darüber, daß es ihnen gelungen war, ihr den Meierhof Jeanette zu entreißen; aber noch weit größere Freude hätten sie empfunden, wenn ihnen die Mittel geworden wären, diese verhaßte Familie ganz und vollständig zu verderben.

So befanden sie sich einst bei einer abermaligen Anwesenheit des Grafen in dem Zimmer des Capitäns und unterhielten sich über dieses Thema. Sie suchten mit wahr=

haft diabolischem Scharfsinne nach einem Wege, auf welchem es möglich sei, eine vollständige Rache auszuüben, aber all ihr Sinnen und Forschen führte zu keinem befriedigenden Resultate. Darum gingen sie mißmuthig auseinander, um sich schlafen zu legen.

Der Capitän hatte die Gewohnheit, stets, bevor er sich zur Ruhe begab, seine geschäftlichen Angelegenheiten in Ordnung zu bringen. Er hatte heute von einem Getreidehändler eine größere Summe Geldes geschickt bekommen, welche von ihm noch nicht gebucht und nachgezählt worden war. Darum schloß er den Laden, setzte sich an den Schreibtisch und zog das Geld hervor.

Die leichte Arbeit war bald gethan, und eben hatte er das Geld wieder verschlossen und den Schlüssel zu sich gesteckt, als es ihm war, als ob er draußen auf dem Gange leise Schritte vernehme.

Er lauschte. Ja, wirklich! Da draußen schlich sich Jemand näher, und hielt vor seiner Thüre an. Wer war das? Was wollte man? Kam ein Diener, um ihm noch etwas Nothwendiges mitzutheilen? Das war sehr unwahrscheinlich. Er hatte Geld gezählt; der Gedanke an einen Dieb lag ihm daher nahe. Rasch entschlossen, wie er stets war, löschte er sein Licht aus, nahm das Terzerol, welches stets geladen neben seinem Bette hing und legte sich in das Bett. Er deckte sich so zu, daß nur sein Kopf zu sehen war, so, daß man nicht bemerken konnte, daß er noch angekleidet sei.

Das Terzerol schußbereit haltend, wartete er still und bewegungslos der Dinge, die da kommen sollten.

Er brauchte nicht lange zu warten. Er bemerkte, daß fast unhörbar, wie von der Hand eines Fachkundigen, von Außen ein Schlüssel angesteckt wurde. Er hatte den seinigen von Innen abgezogen und dann den Nachtriegel vorgeschoben. Nach seiner Ansicht war es also unmöglich, in das Zimmer zu gelangen, da der Nachtriegel ja nicht mittelst eines Schlüssels zurückgeschoben werden konnte. Aber er täuschte sich. Zu seinem Erstaunen hörte er, daß der Riegel leise, ganz leise sich bewegte, und ein kühler Luftzug, welcher hereindrang, verrieth ihm trotz der Dunkelheit, daß die Thür geöffnet worden sei.

Er lauschte in athemloser Spannung. Eine ganze Weile lang war nicht der Hauch eines Geräusches zu vernehmen. Es stand fest, daß Derjenige, welcher geöffnet hatte, unter der Thüre stand und horchte, um zu hören, ob der Capitän fest schlafe. Dieser ließ daher jetzt die ruhigen, gleichmäßigen Athemzüge eines Schläfers hören, welcher im ersten Schlummer liegt.

Diese Manipulation war von Erfolg. Fast unhörbare Schritte nahten sich langsam bis in die Nähe des Bettes. Abermals wurde gelauscht, und dann erhellte ein plötzlicher Lichtstrahl das ganze Zimmer.

Der Capitän hielt das eine Auge fest geschlossen; das Bild des anderen aber, welches mehr im Schatten war, öffnete er ein ganz klein wenig und gewahrte so einen Mann, welcher ungefähr drei Fuß vor seinem Bette stand und den Schein einer rasch geöffneten Blendlaterne auf das Letztere fallen ließ. Eine Waffe war nicht zu sehen. Er hatte eine Maske vor das Gesicht gebunden und beobachtete den Capitän, ob derselbe wirklich fest im Schlafe liege.

Richemonte setzte sein ruhiges Athmen fort, war aber bereit, bei der geringsten, gefährlich erscheinenden Bewegung des Eingedrungenen die Hand mit dem Terzerole unter der Bettdecke hervorzustrecken.

Der Verlarvte schien befriedigt zu sein. Er wendete sich ab und trat völlig unhörbar zum Schreibtische. Dabei fiel der Schein der Laterne auf die Thür, und der Capitän bemerkte, daß dieselbe zugeklinkt worden sei. Der Dieb schien in seinem Handwerke außerordentlich gewandt und erfahren zu sein.

Er griff in eine Tasche und zog einen Schlüssel hervor. Es zeigte sich, daß derselbe ganz genau in das Schloß jenes Faches passe, in welchem das Geld lag. Der Mann öffnete, zog den Kasten auf und steckte das Geld zu sich, und zwar mit einer Sicherheit, als ob er von den Verhältnissen auf das Genaueste unterrichtet sei. Dann schloß er das Fach wieder zu, steckte den Schlüssel ein und schickte sich an, sich ebenso leise zu entfernen, wie er gekommen war.

Ihm dies zu gestatten, lag aber ganz und gar nicht in der Absicht des Capitäns. Dieser war schlau genug, einzusehen, daß er sich vor allen Dingen der brennenden Laterne bemächtigen müsse, wenn es ihm gelingen solle, sich des Diebes zu bemächtigen und einen jedenfalls gefährlichen Kampf im Finstern zu vermeiden. Er fuhr daher in dem Augenblicke, an welchem der Mann sich vom Schreibtische abwendete, aus dem Bette empor und mit einem raschen Sprunge an dem Diebe vorüber, welchem er dabei die Laterne entriß. Sich zwischen ihn und die Thür stellend, ließ er den Schein des Lichtes auf ihn fallen und hielt ihm zugleich das Terzerol entgegen.

„Halt!" gebot er ihm in nicht zu lautem aber doch befehlendem Tone.

Der Mann war so überrascht, so erschrocken, daß er einige Augenblicke lang wie erstarrt stehen blieb. Dann aber drehte er sich, da ihm die Flucht durch die Thür unmöglich schien, nach dem Fenster um.

„Abermals halt!" gebot der Capitän. „Auch dort lasse ich Dich nicht durch, mein Bursche!"

Da zog der Mensch ein langes Messer aus der Tasche und machte Miene, sich den Ausgang mit demselben zu erzwingen.

„Stecke das Messer ein, Kerl, sonst drücke ich los!"

Dieser Befehl war in einem so nachdrücklichen Tone gegeben worden, daß der Dieb die Hand mit dem Messer sinken ließ.

„Weg das Messer, sage ich; sonst schieße ich!" wiederholte Richemonte. „Eins — zwei — — dr — — —!"

Er kam nicht dazu, die „Drei" auszusprechen. Der Dieb mochte immerhin ein verwegener Kerl sein, aber er mußte doch einsehen, daß eine Kugel schneller ist als eine Messerklinge. Er steckte also das Messer langsam wieder zu sich.

„Lege das Geld wieder hin auf den Schreibtisch!"

Der Mann schien zögern zu wollen, als aber Richemonte ihm mit der erhobenen Terzerole drohend einen Schritt näher trat, wendete er sich nach dem Tische, zog die Beutel, in denen sich die Summe befand, hervor und legte sie an den angegebenen Ort.

„Nun die Maske ab!" befahl der Capitän.

„Das thue ich nicht!"

Das waren die ersten Worte, welche er hören ließ. Bei dem Tone dieser Stimme zuckte der Capitän zusammen.

„Alle Teufel! Höre ich recht?" fragte er. „Du willst Dein Gesicht also nicht sehen lassen, mein Bursche?"

„Nein!"

„So weiß ich gar wohl, warum!"

Der Mann schwieg; darum fuhr Richemonte fort:

„Du schämst Dich, Dein Gesicht zu enthüllen, weil es jedenfalls schmachvoller ist, seinen Herrn zu bestehlen als einen Fremden. Habe ich Recht, Henry?"

Er erhielt keine Antwort.

„Nun," meinte der Capitän, „wenn Du weder sprechen, noch Dich demaskiren willst, so ist das um so schlimmer für Dich. Ich werde Leute herbeirufen, während ich im andern Falle vielleicht geneigt sein dürfte, diese Angelegenheit unter vier Augen mit Dir in Ordnung zu bringen."

Er war sonst ganz und gar nicht der Mann, eine solche Milde walten zu lassen; aber es war ihm im gegenwärtigen Augenblicke ein Gedanke gekommen, welcher mehr werth war, als die Genugthuung, einen Dieb bestraft zu sehen.

„Ist das wahr?" fragte jetzt der Mann.

„Ja."

„So versprechen Sie es mir mit Ihrem Ehrenworte!"

„Unsinn! Einem Spitzbuben giebt man kein Ehrenwort. Das merke Dir! Ich habe ja noch gar nicht gesagt, daß unter dem Ordnen unter vier Augen eine Straflosigkeit gemeint sei; aber es ist dennoch möglich, daß dieser Fall eintritt, wenn Du mir nämlich unbedingt gehorchst. Versprechen aber werde ich nichts."

„Nun ich bin ja doch in Ihrer Hand. Diese verdammte Pistole hatte ich in meinem Programme nicht mit aufgeführt. Ich muß mich also auf Gnade oder Ungnade ergeben."

„Gut! Also fort mit der Larve!"

Jetzt gehorchte der Mann. Er nahm die Larve ab, und nun kam ein Gesicht zum Vorscheine, welches einem vielleicht noch nicht ganz dreißig Jahre alten Manne gehörte. Dieses Gesicht hätte keineswegs den Verdacht erregt, einem Spitzbuben anzugehören. Die Züge waren regelmäßig und beinahe hübsch zu nennen. Freilich weiß man ja, daß gerade solche Gesichter am Meisten täuschen.

„Henry!" sagte der Capitän. „Also habe ich mich doch nicht getäuscht, als ich glaubte, Dich an der Stimme zu erkennen. Mein eigener Diener bricht bei mir ein!"

Es mochte in dem Tone, oder aber in dem Gesichte des Alten etwas für den Dieb Beruhigendes liegen, denn die Züge des Letzteren nahmen einen frivolen Ausdruck an, indem er antwortete:

„Aber er wird dabei erwischt!"

„Ja, Mensch! Das Erwischen ist schlimmer als das Einbrechen. Ich wenigstens rechne Dir das Erstere viel mehr an, als das Letztere. Du hast Dich da ganz schauderhaft blamirt!"

„O, Herr Capitän, ich werde es nicht wieder thun!"

„Was? Das Einbrechen oder das Erwischenlassen?"

„Das weiß ich nicht genau!"

Der Alte bemühte sich, ein grimmiges Gesicht zu ziehen, und doch vermochte er es nicht, ein befriedigtes Zucken zu verbergen. Das grimmige Zähnefletschen, welches man jetzt hätte erwarten sollen, war ganz und gar nicht zu bemerken.

„Bist Du toll!" meinte er. „Ist das die Stimme eines Spitzbuben, welcher auf der That ertappt worden ist?"

„Nein," lachte der Mann. „Es sind vielmehr die Worte eines ehrlichen Menschen, welcher offen sagt, was er denkt."

„Du weißt also wirklich noch nicht genau, ob Du nach der Lehre, welche Du gegenwärtig empfängst, das Einbrechen lassen wirst?"

„Nein, ich weiß es nicht."

„Donnerwetter! Kerl! Mensch! Was soll ich da von Dir denken? Hast Du nicht bereits in der Schule gelehrt bekommen, daß nur die wahre Reue Rücksicht und Begnadigung verdient?"

„Ja; aber ich glaube nicht daran."

„Henry, Du bist wirklich ein ganz und gar schlechter Kerl!"

„Das ist vielleicht recht gut für mich. Ich habe sehr oft gesehen und erfahren, daß es den schlechtesten Menschen am Besten geht, während die Guten elend und unglücklich sind."

„Das ist aber nicht der regelrechte Verlauf der Dinge, und eine Ausnahme darf man sich doch nicht zur Richtschnur dienen lassen!"

„O doch! Die Ausnahme, welche ich mir zum Vorbilde genommen habe, werden Sie jedenfalls gelten lassen!

„Ah! Welche wäre das?"

„Sie selbst!"

„Ich? Tausend Donner! Mensch, werde um Gotteswillen nicht frech! Das könnte Dir bei mir sehr üble Früchte bringen."

(Fortsetzung folgt.)

Deutscher Wanderer

Illustrirte Unterhaltungs-Bibliothek für Familien aller Stände.
Druck und Verlag von H. G. Münchmeyer in Dresden und New-York.

Die Liebe des Ulanen.
Original-Roman aus der Zeit des deutsch-französischen Krieges von Karl May.
(Fortsetzung.)

Der Dieb, welcher als der Diener Henry erkannt worden, ließ sich keineswegs irre machen. War er im Augenblicke des Ertapptwerdens erschrocken gewesen, so schien er sich jetzt vollständig beruhigt zu fühlen. Er zeigte ein cynisch sicheres Lächeln und antwortete achselzuckend:

„Wollen Sie mich wirklich zum Fürchten machen, Herr Capitän?"

„Glaubst Du etwa, daß ich scherze?"

„Ja, gerade das glaube ich!"

„Das wäre toll! Ich sage Dir, daß ich ganz und gar nicht mehr geneigt bin, auf den Gedanken zurückzukommen, Nachsicht walten zu lassen."

Der Mann verneigte sich tief und fast ironisch und antwortete:

„Herr Capitän, Sie werden diesen Gedanken dennoch festhalten. Ich kenne ein Mittel, Sie dazu zu bewegen."

„Wirklich? So bin ich neugierig, ob Du es wagen wirst, es in Anwendung zu bringen."

Der Dieb warf den Kopf leicht und sorglos zur Seite und meinte:

„Es ist ganz und gar kein Wagniß dabei. Ich schlage vor, Herr Capitän, unsere gegenwärtige Lage in Ruhe zu besprechen."

Die Augen des Alten wurden vor Erstaunen größer und weiter. Er schüttelte langsam den Kopf und sagte:

„Fast scheint es, als ob Du glaubest, mir hier mein Verhalten vorschreiben zu können."

„So ist es auch."

„Schurke!"

„Pah! Vielleicht können Sie mich gerade darum am Besten gebrauchen, weil ich ein Schurke bin. Sie entsinnen sich doch, daß ich zuerst bei dem Grafen Rallion conditionirte?"

„Wozu diese Frage? Die Empfehlung des Grafen war es ja, welche mich bewog, Dich in meine Dienste zu nehmen."

Der Diener zuckte lächelnd die Achseln und sagte dann:

„Glauben Sie nicht etwa, daß Sie dem Grafen für diese Empfehlung Dank schuldig sind. Er war im Gegentheile sehr froh, mich los zu werden."

Dem Alten wäre vor Erstaunen über eine solche Frechheit beinahe das Terzerol entfallen. Er machte ein Gesicht wie ein Mensch, welcher absolut nicht weiß, was er denken soll, und rief:

„Kerl! Ich werde an Deinem Verstande irre."

„Ich nicht, Herr Capitän! Der Graf benutzte mich zu allerlei Dingen, zu welchen sich nicht jeder Andere eignet. Ich gewann dadurch Einsicht in Verhältnisse, in welche man nicht gern fremde Augen blicken läßt, und der Graf mochte bemerken, daß meine Hochachtung vor ihm je tiefer sank, desto mehr er mich in jene Verhältnisse eindringen ließ. Er sah sich genöthigt, mich mit guter Miene zu entlassen, und da Sie um dieselbe Zeit ihm sagten, daß Sie in der Lage seien, sich einen zuverlässigen und verschwiegenen Diener zu suchen, so wurde ich Ihnen von ihm sehr warm empfohlen. Dadurch wurde er mich auf gute Art los, ohne gewisse Rachegedanken in mir zu erregen."

„Wenn das wirklich die Wahrheit ist, so schulde ich ihm allerdings sehr wenig Dankbarkeit!"

„Es ist wahr. Ich trat bei Ihnen ein und machte ganz dieselbe Erfahrung wie bei dem Grafen, die mir nicht angenehm sein konnte."

„Welche Erfahrung meinst Du, Spitzbube?"

„Ich wurde zu außerordentlichen Diensten verwendet, ohne aber auch ebenso außerordentlich honorirt zu werden."

„Mensch, ich erwürge Dich!" rief der Alte vor Zorn.

"O, was das betrifft, so soll das Erwürgen eine der angenehmsten Todesarten sein! Ich hatte da zum Beispiel bei Ihnen den Wächter der Baronin und der kleinen Marion zu machen. Das erforderte einen Tag und eine Nacht angestrengte Aufmerksamkeit; aber eine Gratification wollte sich, ärgerlicher Weise für mich, nicht einstellen — — —"

"Mensch, Du hast die beste Anlage zum Galgenfutter!"

"Mag sein! Ich habe immer Unglück gehabt. Mein Ziel war, so viel zu verdienen, daß ich einmal sorgenfrei von meinem Einkommen leben könne; aber es rückte in immer weitere Ferne, bis ich auf den Gedanken kam, dem Glücke ein Wenig nachzuhelfen. Ich sah heute, welche Summe Sie empfingen. Einen Schlüssel zu Ihrem Schreibtische hatte ich schon längst bereit — — —"

"Ah! So ist es!" dehnte der Capitän. "Wer hat den Schlüssel gefertigt?"

"Ich selbst. Sie müssen nämlich wissen, daß ich ursprünglich Kunstschlosser bin. Ich wußte, daß Sie stets den Nachtriegel vorzuschieben pflegen; daher machte ich mich während ihrer Abwesenheit an Ihr Thürschloß, um demselben eine solche Einrichtung zu geben, daß beim Aufschließen von draußen auch der Riegel mit zurückgeschoben werde."

"So hattest Du auch einen Schlüssel zur Thür?"

"Natürlich! Heute nun wollte ich mir die erwartete Gratification von Ihnen holen. Es war Alles so schön vorbereitet; daß es mißlingen konnte, vermag ich nicht zu begreifen, und ich möchte Sie ersuchen, mir zu sagen, in welcher Weise Ihr Verdacht, daß Ihr Geld in Gefahr stehe, abgeholt zu werden, entstanden ist."

Das war eine mehr als ungewöhnliche Unterredung zwischen Herrn und Diener. Der Capitän, welcher doch selbst ein Bösewicht war, konnte dennoch nicht begreifen, wie der Diener es wagen könne, mit solcher Frechheit und Unverschämtheit zu sprechen. Er glaubte, seinen Ohren nicht trauen zu dürfen und fragte daher:

"Schuft! Habe ich recht gehört? Du verlangst von mir noch gar die Mittheilung, was meinen Verdacht erregt habe?"

"Ich habe sie nicht verlangt, sondern nur darum gebeten."

"Der Teufel wird Dir antworten, aber nicht ich! Ich hatte es erst mit Dir anders vor. Nun ich aber sehe, welch ein galgenreifer Patron Du bist, werde ich mich hüten, Milde walten zu lassen."

"O, Sie werden sicherlich nichts unternehmen, was Ihnen Schaden bringen könnte. Dazu sind Sie zu klug."

"Welchen Schaden könnte es mir bringen, wenn man Dich einige Jahre lang hinter Schloß und Riegel steckt?"

"Den Schaden, daß ich Schloß und Riegel von meinem Munde nehmen würde."

Die Augen des Alten flammten grimmig auf. Es war, als ob er den Diener mit seinem Blicke versengen und verbrennen wolle.

"Tod und Teufel!" rief er. "Willst Du mir etwa drohen?"

"Ja!" antwortete Henry, indem er seine Gestalt hoch und zuversichtlich aufrichtete. "Halten Sie das für unmöglich? Ich gebe zu, daß der Einbruch, welchen ich unternahm, etwas unvorsichtig ausgeführt wurde; ich bin in solchen Sachen sonst niemals leichtsinnig gewesen; hier aber sagte ich mir, daß ich selbst im Falle, daß ich von Ihnen erwischt werde, nichts zu fürchten habe. Und daß ich einen Augenblick erstarrt schien, war nicht eine Folge der Angst oder Furcht, sondern nur der momentanen Ueberraschung."

Dem Capitän war es, als ob er diesen Menschen sofort zermalmen müsse. Er setzte die Hähne seines Terzerols in Ruhe, warf die Waffe auf den Tisch und ballte die Fäuste, als ob er bereit sei, zum Angriffe vorzugehen. Henry aber zeigte nicht die mindeste Besorgniß; er trat vielmehr einen Schritt näher und sagte im Tone größter Kaltblütigkeit und Seelenruhe:

"Ich will nicht hoffen, daß Sie sich mit mir messen wollen. Ich bin nicht unerfahren im Handgemenge, da ich Soldat gewesen bin."

"Was? Soldat warst Du?" knirschte der Alte. "Macht man auch Diebe zu Soldaten?"

"Jawohl. Diebe, Räuber und Mörder. Man macht sie nicht blos zu Soldaten, sondern sogar zu Officieren. Es ist möglich, daß es der größte Spitzbube bis zum Capitän und Ehrenlegionär, villeicht noch höher bringen kann."

Jetzt endlich zeigte sich jenes gefährliche Zähnefletschen, welches dem Alten in Augenblicken des höchsten Zornes eigen war.

"Wie meinst Du das, oder wen meinst Du?" fragte er.

"Wen? Hm. Das ist vielleicht nicht ganz gleichgiltig. Ich will nur erwähnen, daß ich die angedeutete Erfahrung in Afrika, in Algerien gemacht habe."

Der Schnurrbart des Alten sank augenblicklich herab, und das Fletschen der Zähne war verschwunden.

"Wie? Was?" fragte er. "In Afrika, in Algerien warst Du? Dort hast Du gestanden?"

"Ja."

"Als was?"

"Nur als Chasseur d' Afrique," lachte der Diener.

Da entfärbte sich der Capitän. Sein Gesicht war leichenblaß geworden. Er begann zu ahnen, daß Henry ihn selbst gemeint habe, als er sagte, daß der größte Spitzbube es bis zum Capitän und Ehrenlegionär bringen könne.

"Mensch, warum hast Du mir das nicht früher gesagt!" rief er.

Der Diener zuckte die Achsel und antwortete:

"Weil ich nicht glaubte, daß es Sie interessiren würde."

"Wie lange warst Du dort?"

"Lange genug, um ein Wenig Arabisch verstehen zu lernen."

Der Alte fuhr zurück. Erst bei diesen Worten Henry's begann er das Richtige zu ahnen.

"Ah!" fragte er in tief grollendem Tone. "Du verstehst Arabisch?"

"So ziemlich!"

"Du hast die Baronin bewachen sollen, und sie hat Arabisch gesprochen?"

"Ja," lachte der Diener.

"Mit Dir?"

"Nein, kein Wort."

"Mit wem sonst?"

"Mit der kleinen Comtesse Marion."

"Lüge nicht."

"Warum sollte ich lügen? Ich ersehe keinen Grund dazu!"

"Wie könnte sie mit dem Kinde sprechen, welches ja kaum zu lallen versteht!"

„Hm! Haben Sie noch keine Mutter beobachtet? Haben Sie noch nie gesehen oder gehört, daß eine Mutter bereits mit ihrem Neugeborenen spricht, um ihm süße Namen zu geben und ihm Allerlei mitzutheilen, was eben ein Mutterherz sagt und versteht?"

„Unsinn. Kinderei!"

„Nein, kein Unsinn. Das Mutterherz quillt über von Glück und Liebe; es will sich mittheilen, und daher spricht die Mutter mit dem Kinde, obgleich sie weiß, daß dasselbe kein Wort versteht. Aber wenn die Augen des Kindes offen und lächelnd auf die Mutter gerichtet sind, so versteht sich die Letztere in die süße Täuschung, von dem kleinen Lieblinge verstanden worden zu sein."

„Nichts als Schwätzerei!"

„Wohl nicht. Was da gesprochen wird, ist nicht immer unsinniges Zeug. Und wenn eine Frau, welcher es an Umgang und Gesellschaft keineswegs mangelt, mit ihrem Kinde redet, was wird dann eine Andere, welche arm, einsam und gefangen, wie die Frau Baronin gehalten wird, erst recht thun? Mit ihrem Kinde reden. Und was wird sie mit ihm sprechen? Was wird sie ihm erzählen?"

Das Auge des einstigen Chasseurs d'Afrique und jetzigen Einbrechers war scharf und triumphirend auf den Alten gerichtet.

„Nun, was?" fragte dieser stockend.

„Sie wird ihm erzählen, warum sie so arm, so elend ist. Sie wird ihm erzählen von der Wüste, von den hingemordeten Stämmen der Beni Hassan, von Saadi, dem richtigen Vater des Kindes — — —"

„Tausend Donner."

„Von dem Fakihadschi Malek Omar," fuhr der Diener unbeirrt fort, „und von dessen Sohne oder Gefährten Ben Ali, der aber gar nicht sein Sohn sein kann."

„Mensch, Du faselst."

„Ich wiederhole nur Das, was ich gehört habe."

„Du träumst oder hast geträumt!"

„O, ich war im Gegentheile sehr wach und munter. Aber in diesem Augenblicke ist Alles ja gleichgiltig; es würde seine Bedeutung erst vor dem Richter erhalten. Für jetzt frage ich Sie blos, ob Sie geneigt sind, mich als Einbrecher anzuzeigen."

Der Alte steckte die Hände in die Tasche, als ob, wenn er ihnen die Bewegung raube, auch sein Inneres zur Ruhe kommen müsse.

„Setze Dich!" gebot er.

Er schritt, als Henry gehorcht hatte, mehrere Male im Zimmer auf und ab, trat dann zur Thür, schob den Riegel vor und wendete sich dann mit weit gedämpfterer Stimme als vorher an den Anderen:

„Es ist also wahr, daß Du die Baronin in ihrem Arabisch belauscht hast?"

„Ja, Herr Capitän."

„Und sie hat wirklich Das gesagt, was Du vorhin erwähntest?"

„Wüßte ich sonst davon?"

„Wovon hat sie sonst gesprochen?"

Das Gesicht des Dieners nahm einen unbeschreiblich schlauen, aber ebenso zurückhaltenden und berechnenden Ausdruck an. Wäre ein Zeichner zugegen gewesen, so hätte er diesen Menschen als die Personifikation der größten Verschlagenheit in die Mappe bringen können.

„Von sehr Vielem noch," antwortete er.

„Ich will das hören! Verstehst Du? Ich muß es wissen!"

„Hm! Ich kann es nicht sagen."

„Warum nicht?"

„Weil es mir nicht augenblicklich einfällt."

„So besinne Dich. Denke nach."

„Das geht nicht so schnell und auf Commando, wie Sie es wünschen und verlangen. Es können Tage, ja Wochen vergehen, ehe ich mich klar und deutlich erinnern kann."

„Ich verstehe Dich, Hallunke. Aber glaube ja nicht, daß die dunklen Andeutungen, welche Du doch nur gehört haben kannst, im Stande sein werden, mich in Verlegenheit zu bringen."

„O, es waren mehr als dunkele Andeutungen! Warum erhält übrigens die Frau Baronin keine Gelegenheit, Französisch zu lernen? Warum darf Niemand mit ihr sprechen?"

„Das geht Dich den Teufel an! Du hast mir zu antworten, nicht aber mich zu fragen! Also gestehe, ob Du mit der Baronin gesprochen hast!"

„Kein Wort!"

„Das lügst Du! Ich glaube Dir nicht!"

„Dann halten Sie mich leider für dümmer, als ich bin. Es lag mir natürlich daran, so viel wie möglich zu hören und zu erlauschen; darum mußte ich so thun, als ob ich kein einziges Wort verstehe. Hätte die Baronin das Gegentheil gemerkt, so hätte ich wohl vergebens gewartet, meine Neugierde befriedigt zu sehen."

„Du hattest nicht zu lauschen und nicht hinzuhören!"

„Sollte ich mir die Ohren verbinden?"

Der Capitän war für den Gegenstand ihres Gespräches so außerordentlich interessirt, daß er es gar nicht beachtete, welch ein Spiel sein Diener mit ihm trieb und in welchen Ausdrücken dieser sich bewegte. Er drohte nur:

„Ich werde mich bei meiner Schwiegertochter erkundigen, und ich befinde mich im Besitze der nöthigen Mittel, sie zum Geständnisse zu bringen, ob Du mit ihr gesprochen hast."

„Thun Sie das! Ich kann ruhig sein."

„Ich hoffe es. Aber nun sage mir, was Du gethan hättest, wenn Dir der jetzige Raub geglückt wäre?"

„Was hätte ich thun sollen? Ich hätte das Geld einstweilen vergraben."

„Aber der Verdacht hätte auf Dich kommen können!"

„Das glaube ich nicht!"

„Der Dieb konnte nur im Hause sein!"

„Pah! Man hätte keine Spur entdeckt. Es war kein Schloß verletzt. Sie hatten Ihr Geld gezählt und sich dann eingeriegelt. Der Diebstahl wäre vollständig unerklärlich geblieben und auch niemals aufgeklärt worden. Das Geld hätte ich wie gesagt, an einem sicheren Orte einstweilen vergraben."

„Aber man hätte die Nachschlüssel bei Dir finden können. Ich hätte natürlich Haussuchung halten lassen."

„Man hätte nichts gefunden. Auch sie wären vergraben worden."

„Aber der Zufall und der Teufel treiben oft ihr Spiel. Am sichersten für Dich wäre doch die Flucht gewesen!"

Bei diesen Worten hielt er sein Auge forschend auf Henry

gerichtet. Dieser bemerkte diesen lauernden Blick und antwortete:

„Halten Sie mich für unzurechnungsfähig! Ich hätte ja grade durch diese Flucht den Verdacht auf mich gelenkt!"

„Hm! Ich sehe, daß ich mich vielleicht in Dir getäuscht habe. Da Du Dich erwischen ließest, so hatte ich keine große Meinung von Deiner Umsicht und Geschicklichkeit."

„Ich habe Ihnen bereits gesagt, daß ich überzeugt war, im Falle des Mißlingens straffrei auszugehen. Bei anderer Gelegenheit würde ich sicherlich nicht ergriffen werden."

„Bist Du so überzeugt davon?"

„Vollständig! Ein tüchtiger Einbrecher schlägt lieber zehn Angreifer todt, als daß er sich ergreifen läßt."

„Mensch, ich beginne zu glauben, daß Du ein höchst gefährliches Subjekt bist!"

„Möglich!" nickte Henry kaltblütig.

„Du sprichst vom Einbrechen ganz in der Weise, als ob Du Aehnliches bereits begangen hättest."

„Ich leugne es auch gar nicht."

„Und als ob Du bereit seist, ganz dasselbe wieder zu thun?"

„Hier wenigstens nicht, Sie werden schon dafür sorgen, daß Ihre Kasse von jetzt an sicher ist."

„Aber anderwärts?"

Henry blickte seinen Herrn ziemlich lange von der Seite an; dann meinte er langsam und mit Betonung:

„Das wird ganz allein von der Lage abhängen, in welche Sie mich versetzen. Jagen Sie mich ohne Zeugniß fort, so erhalte ich keine Stelle wieder und muß sehen, was ich thue."

„Wie nun, wenn ich Dich nicht fortjage?"

„Wollen Sie den Fuchs im Stalle behalten?"

Die Wilderer.

„Nein. Aber ich will ein anderes Thier zum Vergleiche heranziehen. Der Leopard raubt und mordet, aber sobald man klug ist, kann man sich seiner zur Jagd bedienen."

Der Diener nickte leise vor sich hin.

„Das oder so etwas Aehnliches habe ich mir gedacht," sagte er. „Das lag auch mit in meiner Calculation, ehe ich mich daran machte, den Schlüssel in Ihr Schloß zu stecken."

Der Alte, welcher noch immer auf und ab schritt, blieb jetzt vor ihm halten und sagte:

„Henry, wenn das wahr ist, so bist Du allerdings ein Kopf der zu gebrauchen ist. Ich habe wirklich Lust, Dich zu begnadigen!"

„Damit Sie mich als Jagdleopard gebrauchen können?" lachte der Diener.

„Ja."

„Versuchen Sie es einmal, Herr Capitän!"

„Wärst Du bereit dazu?"

„Warum nicht? Aber man muß seine gute Rechnung dabei finden."

„Ich würde dafür sorgen, daß dies der Fall ist. Aber hier gilt es Verwegenheit, Verschlagenheit und Verschwiegenheit."

„Mit diesen drei Gerichten kann ich Ihnen aufwarten! Sagen Sie mir nur, was ich zu thun habe!"

„Geduld! Geduld! Ich muß vor allen Dingen Deiner sicher sein."

„Sind Sie das etwa nicht?"

„Du verlangst doch nicht etwa, daß ich Dir ganz plötzlich vertraue, nachdem ich Dich wenige Minuten vorher beim Einbruche ertappt habe."

„Habe ich Ihnen nicht gerade durch diesen Einbruch bewiesen, daß Sie mir Aehnliches sorgenlos anvertrauen können?"

„Vielleicht. Aber — hm, es geht doch nicht! Es fehlt

Dir Etwas, was jedenfalls unumgänglich nothwendig vorhanden sein muß."

„Was?"

„Hm! Du verstehst nicht Deutsch!"

Da stand Henry vom Stuhle auf und antwortete lächelnd:

„Wer hat Ihnen diese Lüge aufgebunden?"

„Alle Wetter! Verständest Du es?"

„Leidlich, vielleicht sogar besser als leidlich."

„Wo hast Du es gelernt?"

„Von meiner Gouvernante."

Richemonte nahm an, daß diese Antwort ein Scherz sein solle, aber als er sah, welch ernstes Gesicht der Diener dabei zeigte, fragte er:

„Eine Gouvernante hast Du gehabt, Kerl?"

„Eine ganze Reihe vielmehr. Es konnte es keine bei mir aushalten, denn ich war ein verdammt wilder Bube. Meine Eltern ließen mir Alles zu. Ich weiß ihnen das jetzt keinen Dank, denn sie allein sind schuld, daß ich das geworden bin, was ich bin."

„Wer war Dein Vater?"

Der Einbrecher starrte fast eine ganze Minute lang in das Licht der Laterne, ohne zu antworten. Was zuckte nur jetzt über sein nicht unschönes Gesicht? Waren es Schatten, von der Laterne darüber hingeworfen, oder waren es die Zeichen einer plötzlich über ihn gekommenen Rührung, einer milden, reuigen Regung, wie sie ja auch der ärgste Verbrecher nicht immer von sich zu weisen vermag? Dann aber fuhr er mit der Hand durch die Luft und antwortete, indem seine Stimme einen halb heiseren Klang hatte:

„Pah! Man soll nicht an Vergangenes denken, sondern es lieber ruhen lassen! Ich sitze auf der Lawine, und sie rollt bergab. Vielleicht begräbt sie mich unter sich, vielleicht auch rettet mich ein kühner Sprung im rechten Augenblicke."

„Nun also, was war Dein Vater?"

„Erlassen Sie mir die Antwort. Sie kann nichts nützen und es hätte ja auch keinen Zweck, wenn ich Ihnen eine Unwahrheit aufladen wollte. Es mag genug sein, daß mir mein jetziges Schicksal nicht an der Wiege gesungen und prophezeit wurde. Was ich war, das geht mich nichts mehr an; ich will es vergessen; ich will nichts mehr davon sagen und hören. Und was ich jetzt bin, das will ich aber auch ganz sein!"

Da streckte ihm der Capitän die Hand entgegen und sagte:

„So ist es recht! Ich sehe ein, daß ich mich auf Dich werde verlassen können. Hat Dir das Geschwätz dieser dummen Baronin wirklich erlaubt, einen kleinen, kurzen Blick in verborgene Sachen zu werfen, so wirst Du erkannt haben, daß auch mein Schicksal kein erfreuliches gewesen ist. Aber ich habe gerade wie Du gesagt: Die Vergangenheit vergessen, die Gegenwart ergreifen und für die Zukunft sorgen. So ist es mir gelungen, und ich bin überzeugt, daß es auch Dir gelingen wird, Herr Deines Geschickes zu werden. Der Mensch ringt dem Schicksal kein Jota mehr ab, als was sein eigener Werth beträgt. Kann ich mich auf Dich verlassen?"

Henry schlug in die dargebotene Hand ein und antwortete:

„Ich denke es und werde es Ihnen beweisen."

„So laß uns aufrichtig sprechen! Schreckst Du vor einem Diebstahle zurück, wenn er Dir reichlich belohnt wird?"

„Nein."

„Auch wenn es ein schwerer, ein Einbruch sein würde?"

„Nein."

„Aber wenn man Dich dabei überraschte und Dich ergreifen wollte?"

„Pah! Ich würde gut bewaffnet sein!"

„Das heißt, Du würdest von den Waffen entschlossenen Gebrauch machen und Dich vertheidigen?"

„Ja. Wer mich angreifen wollte, müßte daran glauben!"

„Welche Belohnung würdest Du fordern?"

„Das käme auf die Schwierigkeit des Unternehmens und auf den Werth des Objectes an, Monsieur Capitän."

„Beides ist bis jetzt noch nicht zu bestimmen. Aber erkläre mir noch einen Widerspruch. Erst sagtest Du, daß Du eigentlich Kunstschlosser seist, und dann ließest Du ahnen, daß Deine Wiege nicht an einer gewöhnlichen Stelle gestanden habe."

„Beides ist richtig. Ich stürzte von der Stelle hinab, auf welcher ich geboren wurde. Ich wurde zunächst ein Glücksritter und später etwas noch weniger Gutes, und dabei war es nothwendig, sich zuweilen mit gewissen Schlosserarbeiten zu beschäftigen. Einer meiner Collegen hatte dieses Handwerk, oder wie es hier genannt werden muß, diese Kunst gelernt, und zu ihm ging ich in die Lehre."

„Das befriedigt mich. Für heute mag es genug sein. Vielleicht ist es zu Deinem Glücke, daß Du heute Deine Kunst an meiner Kasse versuchtest. Ich hoffe, Du bist überzeugt, daß Du von mir nichts zu befürchten hast?"

„Ich befürchte nicht das Mindeste!"

„Nun, solltest Du dennoch einen kleinen Zweifel hegen, so will ich denselben hiermit zerstreuen. Da, nimm!"

Er öffnete den einen der noch auf dem Tische liegenden Beutel, welcher lauter Gold enthielt, nahm eine Hand voll heraus und gab es ihm.

„Danke, Monsieur!" meinte Henry, indem er das reiche Geschenk in seine Tasche verschwinden ließ. „Wenn ich von der Höhe dieses unerwarteten Geschenkes auf das schließen soll, wobei es sich um den erwähnten weiteren Einbruch handelt, so darf ich es mir nicht als einen Pappenstiel denken."

„Es wird sich allerdings nicht um eine Kleinigkeit handeln."

„Sie sollen mit mir zufrieden sein!"

„Ich hoffe es! Das Nähere vielleicht bald. Alles Uebrige das heißt, Deine jetzige Arbeit und so weiter, bleibt beim Alten. Gute Nacht!"

„Gute Nacht!"

Er ging und begab sich leise nach demjenigen Theile des Schlosses, an welchem die Dienerschaft schlief. In seinem kleinen Zimmerchen angekommen, öffnete er die Laterne und warf sich in einen Stuhl. Er stemmte den Kopf in die Hand und begann zu grübeln. Das Licht beleuchtete sein Gesicht, und wenn es einmal aufflackerte, so huschten gespenstige Schatten durch den Raum. Er bemerkte es nicht.

Woran mochte er denken? An die Eltern, denen er vorhin die Schuld aufgebürdet hatte, ihn zu Dem gemacht zu haben, der er war — zum kühnen und verschlagenen Verbrecher? Wer kann das wissen! Wußte doch er selbst es kaum. Er gab sich seinen Gedanken widerstandslos hin, ohne Rechenschaft von sich zu fordern. Das Licht brannte herab: es flackerte einige Male kurz auf und verlöschte dann. Erst jetzt erwachte er aus seinem Grübeln.

„Finster," murmelte er. „So geht es auch mit dem Lichte der Jugend, des Glückes und des Lebens. Aber sorgen wir dafür, daß ein neues vorhanden sei, um angezündet zu werden, wenn das alte verlöschen will! Was nutzt das Grübeln und Sorgen! Ich sehe, daß ich richtig gerechnet und mich in dem Kapitän nicht getäuscht habe. Er meint mir überlegen zu sein; er denkt, in mir ein gutwilliges, dankbares und einträgliches Werkzeug gefunden zu haben; er wird entschlossen sein, mich auszunutzen, bis er mich nicht mehr braucht. Aber er irrt sich. Ich werde ihm dienen um meines eigenen Vortheiles willen, aber mich zu betrügen, das soll ihm nicht gelingen!"

Als am anderen Morgen der Capitän erschien, um sich mit dem Grafen zum Frühstücke, welches sie allein einnahmen, niederzusetzen, zeigte sein sonst so strenges Gesicht einen Ausdruck von Heiterkeit, welcher Rallion sofort auffallen mußte. Dieser fragte daher:

„Ueber welches Glück sind Sie denn bereits heute am frühen Tage hinweggestürzt, daß ich Sie bei so vortheilhafter Laune sehe?"

„Heute nicht, sondern bereits am gestrigen Abende, gleich nachdem wir uns getrennt hatten," antwortete der Gefragte. „Und zwar ist es ein Glück, welches Sie ebenso nahe angeht, wie mich selbst."

„Sie machen mich um so neugieriger. Darf man dieses Glück, von welchem ich mir also auch einen Theil erhoffe, kennen lernen?"

„Ja. Erinnern Sie sich des Gegenstandes, über welchen wir vor unserer Trennung sprachen?"

„Natürlich! Wir sprachen über Königsau."

„Und fanden keine Handhabe, sehr fataler Weise. Aber ich bin sehr erfreut, Ihnen sagen zu können, daß mir ein außerordentlich glücklicher Gedanke gekommen ist."

„Ist er wirklich glücklich und auch ausführbar, so ist er mehr als Goldes werth. Ich hoffe, daß ich ihn erfahren werde."

„Das versteht sich. Vorher will ich Ihnen aber von einem anderen Glücke berichten, welches ich gestern Abend noch gehabt habe. Es wurde nämlich bei mir eingebrochen."

Der Graf öffnete erstaunt den Mund und sah den Alten erwartungsvoll an.

„Eingebrochen?" fragte er.

„Ja."

„Hier im Schlosse?"

„Ja, sogar in meinem Schlafzimmer."

„Himmel! Welch ein Wagniß! Eingebrochen in Ihrem Schlafzimmer! Und das nennen Sie ein Glück?"

„Sogar ein sehr großes, ein sehr bedeutendes."

„Das begreife der Teufel! Ich halte einen Einbruch für einen sehr gewagten Streich von Seiten des Einbrechers und für ein großes Malheur für den Betroffenen."

„Hm. Ja. Von gewagten Streichen sind Sie ja überhaupt nie ein Freund gewesen!"

„Der Graf runzelte die Stirn und fragte in nicht sehr freundlichem Tone:

„Zweifeln Sie etwa an meinem Muthe?"

„O, ganz und gar nicht," lachte der Alte. „Es giebt ja sehr verschiedene Arten von Muth."

„Das ist mir neu. Muth ist doch Muth!"

„O nein. Es giebt Muth der Unbesonnenheit, den Muth der Liebe, den Muth der Entsagung, der Verzweiflung, ja, sogar den Muth der Feigheit."

„Der letztere ist ein Unding!"

„Keineswegs. Aber jedenfalls war er Demjenigen fremd, welcher gestern Abend bei mir eingebrochen ist."

„Was hat er gestohlen?"

„Nichts, gar nicht. Der Einbruch ist ihm nicht gelungen. Ist das nicht ein Glück für mich zu nennen, da ich über zwanzigtausend Franks im Kasten hatte, den er öffnete?"

„Das wäre allerdings ein Glück!"

„Und das nicht allein. Ich habe ihn sogar erwischt und festgehalten. Ist das kein Glück?"

„Ein sehr großes. Festgenommen also haben Sie ihn? Sie allein?"

„Ja."

Der Graf machte eine Bewegung des Schreckes und rief:

„Unvorsichtiger! Wie können Sie so Etwas wagen! Einen Einbrecher festzunehmen! Ohne alle andere Hilfe! Wie nun, wenn er Sie massacrirt hätte? Das wäre ja leicht möglich."

„Er hat es aber doch nicht gethan."

„Er hatte also den Kasten offen?"

„Ja, und das Geld bereits in der Tasche; aber ich zwang ihn, es wieder herauszugeben."

„Capitän, das ist wirklich entsetzlich! Das sind leichtsinnige Jugendstreiche von Ihnen. Ich rühme mich doch auch meiner gehörigen Portion von Muth und Verwegenheit, aber einem Einbrecher jage ich seinen Raub niemals wieder ab. So etwas kann höchst unglücklich ausfallen, wie sehr zahlreiche Beispiele beweisen. Aber, da fällt mir ja ein, daß man gar nichts gehört und bemerkt hat."

„Was sollte man denn hören?"

„Hilferuf und Kampfgetümmel!"

„Nichts weniger als das. Es ist vielmehr sehr ruhig dabei hergegangen."

„Das begreife ich nicht. Wo steckt denn der Kerl? Es war nur einer?"

„Glücklicher Weise, ja."

„Sie haben ihn doch sofort in Eisen schmieden und forttransportiren lassen?"

„Fällt mir gar nicht ein."

„Nicht? Was denn sonst?"

„Ich habe ihn wieder freigelassen."

Da machte der Graf ein Gesicht, als ob er geradezu Ungeheuerliches vernommen habe. Er starrte den Capitän eine ganze, lange Weile sprachlos an und rief dann aus:

„Freigelassen? Sie scherzen doch wohl nur?"

„Nein, ich spreche im völligen Ernste."

„Welch eine Unverzeihlichkeit! Einen Dieb, einen Mörder, einen Einbrecher frei zu lassen, der nun bei Anderen abermals einbrechen wird."

„Das ist ja gerad der Grund, weshalb ich ihm die Freiheit schenkte!"

„Daß er auch Andere nächtlich überfallen soll?"

„Ja doch! Gerade dieses."

„Da hört denn doch Alles auf! Sind Sie denn verrückt, Capitän?"

„Nicht die Spur. Ich handelte aus schlauer Berechnung, was bei Verrückten und Wahnsinnigen doch nicht vorzukommen pflegt."

„Aber wo ist der Mensch nun hin?"

„Er ist hier im Schlosse."

Da zog der Graf die Beine erschrocken an sich, als ob er Sorge trage, daß der freigelassene Einbrecher sich unter dem Tische befinde.

„Im Schlosse?" fragte er. „Ist das wirklich wahr? Höre ich recht?"

„Ihr Gehör scheint ganz ausgezeichnet zu sein. Der Mann befindet sich hier im Schlosse; er gehört zu meiner Dienerschaft."

„Donnerwetter! Bedient er etwa auch mich mit?"

„Ja, allerdings."

„War er bewaffnet, als er einbrach?"

„Mit einem langen, scharfen und sehr spitzigen Messer."

Da schnellte der Graf von seinem Sessel empor, als ob er von einer Spannfeder in die Höhe getrieben worden sei, und rief entsetzt:

„Das ist genug! Nein, nein, das ist sogar zu viel, mehr als zu viel! Capitän, wollen Sie mir einen großen Gefallen erweisen?"

„Gern, wenn ich vermag."

„Sie vermögen es. Lassen Sie sofort und unverweilt anspannen."

„Warum, lieber Graf?"

„Weil ich abreisen will, schleunigst abreisen. Oder denken Sie etwa, daß es mir einfallen kann, hier zu bleiben und zu warten, bis der Kerl kommt, mit dem Messer in der Hand, um nun auch bei mir einzubrechen? Ich bin im glücklichen Besitze einer tüchtigen Portion Muth und Verwegenheit; ich bin sogar in meinem Leben schon sehr oft geradezu tollkühn gewesen, aber ein vorsichtiger Mann ist nur dann muthig, kühn und verwegen, wenn es sich nicht um Tod und Leben handelt. Ich habe keine Lust, mich erdolchen zu lassen."

Der Alte lachte kurz und leise auf, zog die Spitzen seines weißen Schnurrbartes breit und sagte unter einem nicht sehr bewundernden Blicke:

„Ja, ja, tollkühn sind Sie sehr oft gewesen, dagegen läßt sich ja gar nicht streiten; aber dieses Mal werden Sie ja gar keine Gelegenheit haben, Ihre Verwegenheit zu bethätigen. Ich habe den Mann völlig unschädlich gemacht."

„Unschädlich? Völlig?" fragte der Graf, indem er tief Athem holte und sich langsam wieder auf seinen Sitz niederließ. „Ihn freigelassen und doch unschädlich gemacht? Wie haben Sie das angefangen?"

„Ich habe mich mit ihm in aller Freundlichkeit noch eine ganze Weile unterhalten und ihn sogar wegen des Einbruchs belohnt."

„Belohnt?! Capitän, jetzt bemerke ich allerdings, daß Sie nur flunkern, ganz gewaltig flunkern. Sie wollen mir ein Märchen aufbinden, um zu sehen, ob ich wirklich Muth besitze, ob ich in Wirklichkeit kühn sein kann. Ich bitte Sie, mich heute und die nächsten Tage in dem betreffenden Zimmer schlafen zu lassen. Wenn es ihm einfallen sollte, den Einbruch abermals in Scene zu setzen, so will ich ihn empfangen. Ich werde ihm die Knochen so zusammenschütteln, wie ein Knabe die Steinchen und Gläser eines Kaleidoscopes zusammenwirft."

„Hm! Ja, das traue ich Ihnen zu," lachte Richemonte. „Leider aber werden Sie keine Gelegenheit finden, diesen Muth zu bethätigen. Was ich Ihnen erzählte, ist zwar wörtlich wahr; aber der Mann wird nicht wieder als Einbrecher, sondern nur als mein Verbündeter das Zimmer betreten, von welchem Sie sprechen."

„Als Ihr Verbündeter? Alle Wetter! Das klingt ja ganz und gar, als ob Sie von jetzt an in Gemeinschaft mit ihm den Einbrecher machen wollten."

„So ist es auch."

„Diable. Ich vermag Sie nicht zu verstehen. Sie geben mir da Räthsel auf, welche ich nicht zu lösen vermag, obgleich ich mich rühmen kann, eine ganz gehörige Portion von Scharfsinn zu besitzen."

„Ich beabsichtige gar nicht, diesen mir so wohl bekannten Scharfsinn auf die Probe zu stellen: er ist mir bereits bekannt. Ich will Ihnen Alles kurz erklären, indem ich Ihnen sage, daß der gestrige Einbruch mich eben auf den Plan gebracht hat, mit dessen Hilfe wir den Königsau's eine Schlappe beibringen, welche sie nie verwinden werden."

Kaum waren diese Worte gesprochen, so rückte der Graf näher.

„Ah. Wirklich?" fragte er schnell. „Sprechen Sie! Theilen Sie es mir mit."

„Dieser Einbrecher wird das Werkzeug sein, mit dessen Hilfe wir die Familie unserer Feinde ein für allemal ruiniren werden. So unwahrscheinlich das klingen mag, so wahr und sicher ist es doch. Hören Sie. Aber leise, damit kein zufälliger Lauscher ein Wort vernehmen kann."

Sie führten lange und in sichtlicher Erregung ein leise geflüstertes Gespräch. Die Augen des Alten glühten in tückischer Freude, und im Gesichte des Grafen war eine Spannung zu bemerken, welche nach und nach in den Ausdruck der Genugthuung überging.

„Nun, was sagen Sie zu dem Plane?" fragte endlich der Capitän."

„Das er herrlich ist, geradezu genial erdacht."

„Er wird gelingen."

„Das ist das Allerbeste an ihm. Wir wagen nichts."

„Trotzdem wir bei Ihrer bekannten Tollkühnheit vor einem Wagnisse keineswegs zurückschrecken würden!" meinte der Alte im Tone versteckter Ironie.

„Ganz und gar nicht!" stimmte der Graf eifrigst bei. „Aber der Geldpunkt? Wie regeln wir diesen?"

„Wie Freunde dergleichen unter einander zu regeln pflegen."

„Das heißt, wir theilen?"

„Ja."

„Mir ist das recht. Aber wer hat das Geld zu beschaffen?"

„Beide, wenn auch Jeder nach seinen Kräften. Sie sind viel, viel reicher als ich; aber ich glaube doch, daß es mir möglich sein wird, baare hunderttausend Franks aufzubringen."

„Gut. Das Uebrige zahle ich. Wieviel wird es ungefähr betragen?"

„Ich weiß das nicht. Wir werden, um uns eine Zurückweisung zu ersparen, natürlich sehr weit über den eigentlichen Werth bieten müssen; aber das bringt uns doch nicht den mindesten Schaden."

„Es gilt dabei zu bedenken, daß sie uns Beide kennen. Ich fürchte, daß sie von uns gar nichts werden wissen wollen."

„Wir werden doch nicht solche Thoren sein, das Geschäft in unseren Namen oder gar persönlich entriren zu wollen!"

„Ah. Vielleicht einen Strohmann?"

„Nichts Anderes. Wir schieben einen Strohmann vor, der uns für einige hundert Franks gern zu Diensten sein wird."

„Und wie wird es diesem famosen Diener Henry, diesem verteufelten Einbrecher, gelingen, seine Aufgabe zu erfüllen?"

„Er sucht Zutritt in der Familie."

„Etwa als Diener, gerade wie er zu Ihnen gekommen ist? Weiß man denn, ob sie einen Diener gebrauchen können und engagiren werden?"

„Von solchen Unwahrscheinlichkeiten dürfen wir das Gelingen unseres Vorhabens ganz und gar nicht abhängig machen. Ich habe während dieser ganzen Nacht mir Alles zurecht gelegt und auch einen sehr leichten Weg gefunden, Henry den Zutritt zu eröffnen."

„Er wird nach Berlin müssen."

„Noch weiter. Die Verhältnisse derjenigen Menschen, welche ich entweder liebe oder hasse, sind mir stets genau bekannt; nur um die Schicksale mir gleichgiltiger Leute bekümmere ich mich nicht. So lasse ich auch die Familie Königsau stets beobachten. Ich weiß, daß sie sich gegenwärtig auf Breitenheim befindet, jenem Gute, welches der alte Hugo auf Blücher's Bemühung hin geschenkt erhielt. Nur Einer fehlt dort, nämlich Gebhardt Königsau, welcher sich gegenwärtig im Oriente befindet. Dieser Umstand ist für uns von großem Werthe."

„Wieso?"

„Weil er es uns möglich macht, Henry auf gute Weise einzuführen. Habe ich Ihnen erzählt, daß Henry als Chasseur d'Afrique in Algerien gestanden hat?"

„Ja."

„Nun, Gebhardt Königsau ist ja auch dort gewesen."

Da schnippste der Graf mit den Fingern und rief bewundernd:

„Ah, ich ahne. Genial, wahrhaft genial. Sie sind ein verdammt spitzer Kopf! Wenn Sie in Bezug auf Scharfsinn auch nicht gerade an Unsereinen reichen, so würden Sie doch einen ganz netten Diplomaten abgeben, Capitän!"

„Meinen Sie?" fragte Richemonte ironisch.

„Ja. Wenn ich das sage, so ist es wahr, denn ich bin ja Diplomat. Also Henry wird Gebhardt in Algerien getroffen haben. Wo liegt dieses Gut Breitenheim?"

„Im preußischen Regierungsbezirke Gumbinnen, eine kleine Strecke hinter Nördenburg."

„Gumbinnen? Der Teufel hole diese deutschen oder preußischen Namen, bei denen man sich die Zunge verrenkt und verstaucht. Und wo liegt dieses Gumbinnen?"

„Nach der russischen Grenze zu."

„So weit? Doch das ist egal. Also Henry hat Gebhardt von Königsau in Algerien getroffen; er befindet sich auf einer Reise nach Petersburg; kommt durch diese Gegend; da fällt ihm ein, daß sein Freund hier wohnt; er geht, ihn zu besuchen; er findet ihn nicht, bedauert das natürlich sehr, wird aber herzlich und gastfreundlich aufgenommen."

„Ja, so ist mein Plan," stimmte der Alte bei.

„Es ist wirklich genial; aber es giebt dabei doch einige Bedenken."

„Ich kenne kein einziges."

„Gebhardt wird nichts von diesem Freunde erzählt haben."

„Was schadet oder hindert das? Königsau wird während seiner Reise mehrere Bekanntschaften angeknüpft haben, ohne ausdrücklich von ihnen zu berichten."

„Gut! Aber Henry wird gefragt werden, wo und wie er den Deutschen in Algerien getroffen hat. Wird das, was er antwortet, mit den Erlebnissen Gebhardts stimmen?"

„Ganz genau."

„Das bezweifle ich sehr."

„O, ich habe auch hier bereits gesorgt. Diese Deutschen haben nämlich, trotzdem sie die größten Ignoranten der Wissenschaft und Bildung sind, die famose Monomanie, über Alles, was sie sehen, hören oder denken, ein Buch zu schreiben —"

„Mein Himmel, welch ein Blödsinn!" fiel der Graf ein. „Wer soll so ein Buch, so ein Schriftwerk, solches Makulatur kaufen?"

„Es giebt genug Dumme, welche dies thun. Gebhardt von Königsau hatte natürlich nach seiner Rückkehr aus Afrika auch nichts Eiligeres zu thun, als schleunigst ein Volumen zusammenzuschmieren."

„Welcher Unsinn! Was soll in dem Buche stehen?"

„Seine Erlebnisse."

„Wer in Deutschland kann sich für Afrika interessiren? Kein einziger Mensch. Was weiß ein Deutscher überhaupt von Afrika. Es ist ja bekannt, daß die Deutschen die miserabelsten Geographen sind. Die Meisten werden den Namen Afrika noch gar nicht gehört haben. Sie wohnen ja viel zu weit nach Norden; Algerien aber, also Afrika, gehört uns. Wir Franzosen sind es, welche sich ausschließlich mit der Civilisation von Afrika abgeben, und so gebührt uns auch das ausschließliche Recht, Bücher über diesen Erdtheil zu schreiben. Daran mögen sich die Deutschen nur niemals wagen."

„Ich kann Ihnen nicht ganz Unrecht geben, trotzdem aber ist jenes Buch von Königsau geschrieben worden und sogar in einer französischen Uebersetzung erschienen. Hier erkennt man wieder einmal die selbstlose Großmuth unserer glorreichen Nation. Es hat sich ein mitleidiger französischer Verleger gefunden, um diesem beklagenswerthen Deutschen in Form des Honorares eine Almosengabe zukommen zu lassen. Da ich, wenigstens negativ, mich für Königsau interessiren muß, so habe ich mir diese Uebersetzung gekauft. Sie gleicht einem Tagebuche und giebt ganz genau an, was von Datum zu Datum erlebt wurde. Ich werde dem Henry dieses Buch zu lesen geben, und so wird er leicht wissen können, was er zu antworten hat."—

Wie dieser Punkt, so wurden auch noch andere Punkte eingehend besprochen, deren Erörterung zum Gelingen des Planes unumgänglich nothwendig war. Das Gewitter im Südwesten stand im Begriff, seinen zweiten Blitzstrahl zu versenden, von welchem anzunehmen war, das er zerstörender wirken werde, als der erste. —

(Fortsetzung folgt.)

Illustrirte Unterhaltungs-Bibliothek für Familien aller Stände.
Druck und Verlag von H. G. Münchmeyer in Dresden und New-York.

Die Liebe des Ulanen.
Original-Roman aus der Zeit des deutsch-französischen Krieges von Karl May.

(Fortsetzung.)

Einige Wochen später fuhr eine Droschke erster Klasse an einem breiten Hauseingange einer der belebtesten Straßen Berlins vor. Der Insasse, ein langer, schmächtiger Herr in elegantem Reiseanzuge, aus dessen ganzem Aeußeren man den Franzosen vermuthen konnte, stieg aus und trat in den Flur. Dort gab es linker Hand eine Glasthür, an deren Scheibe dieselben Worte wie auf der über dem Thore angebrachten Firma zu lesen waren: „Samuel Cohn, Bank-Geschäft und Länderagentur."

Der Fremde öffnete diese Thür, trat ein und fragte den in diesem Raume befindlichen Commis in französischer Sprache:

„Ist Monsieur Cohn zu sprechen."

„Ja, Monsieur; der Chef ist soeben gekommen," antwortete der Commis mit einer sehr gewandten Verbeugung, aber in einem desto weniger gewandten Französisch.

„Hier, mich melden!"

Er gab dem Jünglinge die Karte. Kaum hatte dieser einen Blick auf dieselbe geworfen, so zog er, fast wie ein Kautschukmann eine abermalige Verbeugung, welche aber alle zweiunddreißig Richtungen der Windrose durchlief, und sprang dann mit einer Eilfertigkeit davon, als sei er in jeder dieser Richtungen von fünf Taranteln und zehn Scorpionen gezwickt und gebissen worden.

Er durcheilte das nächste lange, aber schmale Zimmer, in welchem mehrere Commis an Stehpulten arbeiteten, riß dann eine Thür auf und schrie hinein:

„Herr Cohn, Herr Cohn, Herr Samuel Cohn, beeilen Sie sich schleunigst zu beginnen sich zu erheben, um aufzustehen von dem Stuhle, auf welchem Sie doch nicht in sitzend ausruhender Stellung empfangen können den Herrn, welcher auf französische Manier präsentirt eine Karte mit der Krone eines Grafen und begehrt zu sprechen das Bankgeschäft und die Länderagentur des Herrn Samuel Cohn in Berlin."

Der Prinzipal riß dem Commis die Karte aus der Hand, betrachtete sie nur den fünfzigsten Theil einer Secunde und antwortete dann, dem Jünglinge eine tiefe Verbeugung machend, welche eigentlich dem zu erwartenden Besuche galt:

„Eine Krone, ein Graf! Seltene Ehre! Feines Geschäft jedenfalls! Mag eintreten!"

Der Commis wollte zurück, rannte dabei im Umdrehen aber an den Fremden, welcher bereits hinter ihm stand, da er es nicht für opportun gehalten hatte, zu warten.

„Monsieur Cohn?" fragte er in stolzem Tone.

„Habe die Ehre, habe die große Ehre! Bin Cohn selbst, Samuel Cohn vom Bank- und Ländergeschäft!"

Diese Worte stieß der Chef unter einem Dutzend seiner tiefsten Verbeugungen hervor und zog die Thür dabei hinter dem schnell eintretenden Fremden zu. Dieser ließ sich ohne Aufforderung und alle Umstände in den hier befindlichen Divan nieder, zog eine Cigarre hervor, setzte sie in Brand und sagte dann:

„Ich bin Graf Jules Rallion ———"

Der Bankier wollte mit einer Fluth von Höflichkeiten antworten; aber der Franzose schnitt ihm dieselbe durch eine rasche Handbewegung ab und fuhr fort:

„Keine überflüssigen Worte! Ich liebe im Geschäfte die Kürze. Ich will mit Ihnen ein Geschäft machen."

„Da wird Heil wiederfahren meinem ———"

„Lassen Sie das Heil fahren, wohin es will! Die Hauptsache ist das Geschäft. Ist Ihnen der Name Königsau bekannt?"

„Königsau? Ja, ja! Guter Name, gute Zahler, feine Leute, pünktliche ———"

„Gut, gut! Wissen Sie, wo die Familie wohnt? Aber antworten Sie möglichst mit kurzen Worten."

„Ganz wie der Herr Graf befehlen! Diese Familie bewohnt das Gut Breitenheim in der Nähe von Nordenburg. Sie besitzt noch ein zweites Gut, welches an das erstere grenzt und — — —"

„Schon gut! Ich weiß das! Wissen Sie vielleicht, ob diese beiden Güter verkauft werden?"

Der Jude zog ein langes Gesicht und antwortete dann in verwundertem Tone:

„Verkauft? Nein. Warum sollten werden die Güter verkauft? Hat doch die Familie nicht einen Heller Schulden, oder Hypothek auf ihnen."

„Das ist mir egal!" antwortete der Graf in zurechtweisendem Tone. „Ich will die Güter kaufen. Ich bin durch jene Gegend gekommen, und sie hat mir gefallen. Ich suche Ihre Vermittelung. Wenn Sie denken, daß Sie nichts thun können, so wende ich mich an einen anderen Agenten."

Der Jude erschrak. Er versuchte zwar noch einmal den Einwand: „Aber der Besitzer beabsichtigt ja gar nicht, zu verkaufen."

Doch da erhob sich der Graf von seinem Sitze und meinte:

„Gut! Wenn Sie kein Geschick haben, den Besitzer zum Verkaufen zu bewegen, so suche ich mir einen gewandteren Vermittler."

Da sprang ihm der Agent in den Weg und rief:

„Bleiben Sie, erlauchter Graf! Gehen Sie nicht fort, durchlauchtigster Monsieur! Was ein Anderer kann, das bringt Samuel Cohn auch zu Stande. Sagen Sie mir nur, ob Sie die Güter partout haben wollen."

„Partout."

„Das heißt, um jeden Preis?"

„Um jeden Preis."

„Aber das wird Ihnen kosten ein großes und schweres Geld."

„Was geht das Sie an! Wissen Sie, welchen Werth sie haben?"

„Nein. Wie viel wollen Sie an diesen Besitz wenden?"

„Bieten Sie, bis man zuschlägt. Die Summe bezahle ich."

„Wann, und in welcher Weise? gnädigster Herr?"

„Sofort und baar."

„Anweisung würde genügen."

„Ich bezahle baar; dabei bleibt es," meinte Rallion hartnäckig.

So ein Geschäft und so ein Mann war dem Bankier noch nicht vorgekommen. Dieser Franzose trat auf wie ein Engländer, der seine Guineen gar nicht zählen kann.

„Gut! Schön!" meinte Cohn. „Ich werde sprechen in eigener Person mit Herrn von Königsau. Wann soll ich reisen?"

„Sofort."

„Wohin soll ich geben die Nachricht von meinem Erfolge?"

„Ich reise mit Ihnen bis Rastenburg. Dort erwarte ich Ihren persönlichen Bericht. Ihr Honorar können wir unterwegs besprechen. Vorher aber muß ich eine Bedingung machen. Mein Name darf nicht genannt werden. Der Besitzer darf nicht wissen, daß ich es bin, welcher die Güter kauft. Ist dies möglich zu machen?"

„Es ist nicht leicht; aber Samuel Cohn verspricht, möglich zu machen, was möglich ist."

„Wohlan, so fahre ich nach dem Bahnhofe voraus; beeilen Sie sich nachzukommen! Ich bin nicht gewohnt, zu warten."

Er ging und ließ den Agenten in einem Seelenzustand zurück, welcher die größte Aehnlichkeit mit einem Rausche hatte. Trotz dieser Aufregung und trotz Allem, was in größter Eile noch zu besorgen war, gelang es dem Agenten, den Bahnhof noch vor Abgang des betreffenden Zuges zu erreichen. Er nahm die Beiden mit sich fort.

Und einige Tage später rollte ein eleganter Miethswagen auf der Straße dahin, welche von Nordenburg nach Darkehmen führt. Diese Straße durchschneidet den zu dem Gute Breitenheim gehörigen Wald, wo links einen Fahrweg abgeht, auf welchem dasselbe zu erreichen ist.

In diesen letzteren bog die Kutsche ein und fuhr nach ungefähr fünf Minuten in den offenen Hof der Besitzung. Ein junger, elegant gekleideter und wohlfrisirter Herr stieg aus. Zwei der auf dem Hofe befindlichen Knechte eilten herbei zu seinem Dienste. Er trat ihnen entgegen und fragte in einem ein wenig fremden Dialecte:

„Dieses Gut gehört Herrn von Königsau?"

„Ja, mein Herr," antwortete der Eine der Beiden.

„Ist dieser Herr zu Hause und zu sprechen?"

„Er ist daheim und hoffentlich auch zu sprechen. Wollen Sie die Güte haben, mir zu folgen."

Er wurde über den sehr sauber gehaltenen Hof nach dem Herrenhause geführt und dann, in einem Vorzimmer angelangt, wo er seine Karte abgab, gebeten, einen Augenblick zu verziehen. Der Knecht, welcher in augenblicklicher Abwesenheit eines Dieners dessen Stelle vertrat, kehrte sehr rasch zurück und bat den Fremden, ihm zu folgen. Sie gelangten durch zwei Zimmer hindurch in ein drittes, welches augenscheinlich die Bibliothek des Besitzers war. Karten und Pläne lagen auf den Tischen und Stühlen, und an allen drei Wänden ragten Gestelle voller Bücher bis zur Decke empor. Hier war alles einfach; keine Spur von Luxus ließ sich sehen, und doch machte dieses Arbeitszimmer den Eindruck einer anspruchslosen und unbewußten Vornehmheit.

An dem mittleren der drei hohen und breiten Bogenfenster stand ein bequemer Sorgenstuhl, in dessen Kissen eine männliche Gestalt ruhte, deren Eindruck man gleich auf den ersten Augenblick einen imponirenden nennen mußte.

Schneeweißes aber kurz geschnittenes Haar ließ die Formen eines edel gewölbten Schädels deutlich erkennen; ein dichter Vollbart von eben derselben Farbe umrahmte ein leicht gebräuntes schönes Greisenangesicht, aus welchem ein Paar Augen blickten, so hell, so klar, wie man es bei so hohem Alter selten zu bemerken pflegt. Ueber diesem Angesichte lag es wie ein milder Seelenfrieden ausgebreitet, und doch konnte man bei näherer Betrachtung zwei kleine Fältchen nicht unbemerkt lassen, welche, obwohl von den Spitzen des Schnurrbartes leicht verdeckt, sich an den Mundwinkeln schräg vorüberzogen und eine leichte Störung dieses Seelenfriedens zu bedeuten schienen. Die Gestalt dieses Mannes, welcher ein geöffnetes Buch in der Hand hielt, in welchem er soeben mit noch unbewaffnetem Auge gelesen hatte, war hoch und breit. So und nicht anders mußten die Recken Carls des

Großen gebaut gewesen sein, welche mit größter Leichtigkeit Rüstungen von solcher Schwere trugen, daß ein jeder Andere zur Erde niedergedrückt worden wäre.

Seinem Stuhle gegenüber, an dem Pfeiler, an welchem ein hoher und breiter Spiegel befestigt war, stand ein zweites Ruhemöbel, halb Bette und halb Stuhl. In den darauf befindlichen Kissen erblickte man, halb sitzend und halb liegend, eine Frauengestalt, welche nicht weniger Interesse erregte als der vorher Beschriebene.

Unter starken und langen schneeweißen Locken welche jetzt zu einer Art Kranz geflochten waren, erblickte man einen unbeschreiblich schönen Matronenkopf. Zwar zeigte das Gesicht desselben eine krankhafte, fast wächserne Blässe; aber das milde Licht, welches aus den großen, dunklen Augen strahlte, der versöhnliche Ernst, welcher auf der trotz des Alters noch faltenfreien Stirn thronte, die fast noch jugendlich zu nennende Rundung der Wangen, das Kinn, welches weder zu voll noch zu spitz und scharf in den weißen Hals überging, sie bildeten zusammen eine löbliche Demonstration der Wahrheit, daß der Mensch nicht alt werden kann, so lange das Herz gesund bleibt. Nur die Lippen, einst jedenfalls voll, schön entworfen und zum Küssen einladend, waren dünner und bleicher geworden, und ihre etwas zusammengezogene Stellung gegen einander ließ vermuthen, daß diese Greisin in unbewachten und unbeobachteten Augenblicken den Mund heimlich zusammenpresse, um innere Schmerzen zu unterdrücken und zu verbergen, welche von den Ihrigen nicht geahnt und entdeckt werden sollten.

Der untere Körper dieser Dame war bis über die Füße herab mit einer wollenen Decke verhüllt. Sollte diese Greisin, deren Auge noch so froh und jugendlich zu lächeln verstand, ein von ihr aus Liebe nicht eingestandenes Leiden in sich tragen, welches von den Füßen auf begonnen hatte, dem Körper die so nothwendige Lebenswärme zu entziehen?

Diese Beiden, der Greis und die Matrone, wer waren sie? Hugo von Königsau, der einstige Liebling Blüchers, und Margot, seine Frau, welche das Glück an seiner Seite der Liebe eines Kaisers vorgezogen hatte.

Aus dem ehrwürdigen Haare Hugo's lief ein rother, fingerbreiter Streif schräg bis über die Hälfte der Stirn herab. Das war die Narbe jenes verhängnißvollen Hiebes, welcher ihm fast das Leben gekostet und in sein Gedächtniß eine unausfüllbar scheinende Lücke gerissen hatte.

Margot hielt die Hände wie zum Gebete gefaltet, aber nicht zu einem Gebete, welches sich in Worte kleidet, sondern zu jenem Gebete, welches unbewußt aus dem Auge blickt, von der Wange strahlt, um die Lippen lächelt und um den ganzen Menschen weht, wie der süße, reine Duft den Kelch der bescheidenen Resedablüthe umzittert.

Ihr Auge war auf die Mitte des Zimmers gerichtet, wo ein Knabe auf Händen und Füßen hin und wieder trabte, um den englischen Zelter vorzustellen, auf welchem eine kleine allerliebste Reiterin saß und seinen Rücken mit den quatschigen Fäustchen tractirte, um den armen, bereits schwitzenden Gaul aus dem Trabe gar noch in den Galopp zu treiben. So ein kleines Tausendschönchen weiß eben auch bereits schon ganz genau, daß es sich ungestraft erlauben darf, das gutmüthige stärkere Geschlecht in Zaum und Zügel zu nehmen.

Und daneben stand, diese Gruppe betrachtend, mit glückstrahlendem Auge eine liebe, milde Madonnengestalt, die Mutter dieser beiden schönen Kinder, und doch noch so jungfräulich angehaucht, als ob die Liebe noch gar nicht da gewesen sei, ihr Herz, Mund und Sinn zu erschließen — Ida von Rallion, die Frau Gebhardt von Königsau's, welcher leider jetzt in der Ferne weille.

Dieses Stilleben wurde durch den Knecht unterbrochen, welcher eintrat, um eine Karte zu überbringen und dabei zu melden, daß ein fremder Herr angekommen sei und nach Herrn von Königsau gefragt habe. Hugo nahm die Karte, warf einen Blick auf dieselbe und las laut:

„Henry de Lormelle. Diesen Namen kenne ich nicht. Hast Du ihn vielleicht einmal gehört, beste Margot?"

„Nie," antwortete die Matrone.

„Oder Du, liebe Ida?"

„Ich auch nicht, Papa."

„Nun, wir werden ja gleich sehen. Ich bitte den Herrn, einzutreten."

Diese Worte waren an den Knecht gerichtet, welcher sich entfernte, um den Fremden herbei zu bringen. Als derselbe eintrat, grüßte er stumm, aber mit einer Verbeugung, welche bewies, daß er gewohnt sei, sich in guter Gesellschaft zu bewegen. Er wurde nicht mit jenen kalten, neugierig oder gar zudringlich fragenden und taxirenden Blicken empfangen, mit denen in manchen Familien der zum ersten Male Zutritt Nehmende begafft, beleidigt oder gar verwundet wird, sondern Königsau legte sein Buch weg, erhob sich, ging ihm entgegen, reichte ihm die Hand und begrüßte ihn französisch, da er aus dem Namen schließen konnte, daß der Besuch ein Franzose sei.

„Willkommen, Monsieur de Lormelle! Ich heiße Königsau, und diese Damen sind meine Frau und die Gattin meines Sohnes. Die Enkel spielen dort Cavallerie, was ich gütigst zu entschuldigen bitte. Ebenso mögen Sie verzeihen, daß meine Frau sich nicht erheben kann. Ihr Leiden verhindert sie, Sie anders als sitzend zu begrüßen."

Das klang so warm, so herzlich, als ob der Franzose bereits seit Jahren Bekannter der Familie sei. Er schritt auf Margot zu, küßte ihr die Hand und sagte:

„Ich würde es sehr beklagen, wollten Sie sich meinetwegen auch nur eine Spur von Schmerz bereiten, Madame. Gott lasse Sie gesunden durch die Freude, welche Sie an diesem herzlieben Bild haben müssen, eine Freude an welcher die Mama dieser reitenden Cavallerie sicherlich theilnehmen wird!"

Dabei deutete er mit der Linken auf die beiden Kinder und ergriff mit der Rechten auch die Hand Ida's, um sie zum chevaleresken Gruße an seine Lippen zu ziehen.

Das Alles geschah so gewandt, so ungesucht, daß es auf die Familie den besten Eindruck machte.

„Nehmen Sie Platz!" meinte Königsau. „Und denken Sie, bei Freunden oder Bekannten zu sein."

Der Fremde verbeugte sich dankend und antwortete deutsch:

„Unter Bekannten pflegt man sich der Sprache des Hauses zu bedienen. Gestatten Sie mir, in der Ihrigen zu sprechen und verzeihen Sie mir die Regelwidrigkeiten, welche zu unterlassen, ich nicht vermögen werde."

„Wir werden möglichst milde Richter sein," meinte Margot, indem sie ihm mit einem freundlichen Lächeln zunickte.

„Davon bin ich überzeugt," antwortete er. „Ich werde ja bereits im ersten Augenblicke von der angenehmen Gewißheit berührt, mich einem Familienkreise genähert zu haben, in welchem Liebe, Güte und Milde das Scepter führen. Dies ist mir um so wohlthuender, als ich wirklich in der Ueberzeugung, hier einen Freund zu finden, um Erlaubniß zum Zutritt ersuchte."

"Einen Freund?" fragte Ida. "O, da ist es ja nicht anders möglich, als daß Sie meinen Gatten meinen."

"Gebhardt?" fragte die Matrone. "Solltest Du richtig rathen?"

"Die gnädige Frau hat sich nicht geirrt," sagte Henry. "Ich berührte auf meiner Reise nach Petersburg diese Gegend und erinnerte mich dabei der Heimath meines Freundes Gebhardt von Königsau, welchen ich in Algerien kennen gelernt habe."

"In Algerien?" fragte Hugo. "Herr de Lormelle, Sie bereiten uns da eine höchst angenehme Ueberraschung. Mein Sohn ist leider gegenwärtig von der Heimath abwesend, aber Sie sollen trotzdem in Ihrer Ueberzeugung, hier Freunde zu finden, nicht getäuscht werden. Ich heiße Sie nochmals und zwar von ganzem Herzen willkommen."

Er gab ihm die Hand zum zweiten Male und fuhr dann fort:

"Sie lassen uns doch hoffen, daß Petersburg Sie nicht gar zu sehnlichst erwartet?"

"Ich reise allerdings nur zum Vergnügen," antwortete Henry, "werde aber in der Stadt an der Newa doch vielleicht bereits erwartet."

"O, was das betrifft, so hat man jenseits der Grenze genugsam gelernt, sich in Geduld zu üben. Eine kurze Ruhepause auf Breitenheim wird Ihnen wohl erlaubt sein. Nicht wahr, Richardt?"

Diese letztere Frage war lächelnd an den Knaben gerichtet worden, welcher sein Schwesterchen abgeworfen hatte, um herbei zu treten und, die Hände auf den Rücken gelegt, mit komisch wirkender Kennermiene den Fremden zu betrachten.

"Es wird sich gleich finden, ob ich es ihm erlaube, lieber Großpapa," antwortete der Knabe wichtig.

"So, so!" lachte der Großvater und Alle stimmten in sein Lachen ein.

Der kleine Richardt aber blieb ernsthaft und fragte:

"Sie haben meinen Papa gesehen, Monsieur?"

"Ja," antwortete Henry, sich zu gleichem Ernste zwingend.

"Hat er Sie lieb gehabt?"

"Ja, und ich ihn auch, wie ich gern gestehen will."

"Nun, das ist die Hauptsache, und so können Sie also hier bleiben."

Gerade der gravitätische Ernst, mit welchem diese Worte ausgesprochen wurden, wirkte so Heiterkeit erregend, daß es gar nicht möglich war, an Worte wie „kindlich vorlaut" oder „von den Eltern verzogen" zu denken. Die ausdrücklich gegebene Genehmigung des Kindes, daß der Gast dableiben dürfe, bildete den Ausgangspunkt eines sehr animirten Gespräches, an welchem Alle gleichen Antheil nahmen. Das kleine Enkelchen war in den Schooß der Mama geklettert; Richardt aber hatte sich in eine Ecke zurückgezogen und sich auf die unterste Stufe einer Treppenleiter gesetzt. Indem er dort eine Bildermappe durchstöberte, schien es, als ob er seine Aufmerksamkeit ganz allein auf diese richte; aber doch schweiften seine Augen häufig zu dem Gaste hinüber und blieben an dem Gesichte desselben hangen. Niemand bemerkte dies, als nur der allein, dem diese Blicke galten.

Später wurden dem Franzosen zwei Zimmer angewiesen, wobei man ihn bat, sich zunächst von der unbequemen Fahrt auszuruhen. Als er sich dort allein und ungestört wußte, trat er an den Spiegel, um sein Ebenbild zu studiren.

Fortsetzung folgt.

Die Liebe des Ulanen.
Original-Roman aus der Zeit des deutsch-französischen Krieges von Karl May.
(Fortsetzung.)

Der Gast der Familie Königsau schien in der Musterung seiner äußeren Erscheinung sehr zufrieden zu sein; denn ein siegesbewußtes Lächeln spielte um seine Lippen, als er sich vom Spiegel wandte.

„Hm!" brummte er. „Ich finde gar nichts Auffälliges an mir. Ich bin vollständig überzeugt, bei Allen einen recht guten Eindruck hervorgebracht zu haben, und da man sagt, daß der erste Eindruck der richtige und maßgebende sei, so kann ich mit meinem hiesigen Debut sehr zufrieden sein. Warum aber brachte dieser Knabe die Augen gar nicht von mir weg? Ist es wahr, was man sagt, daß das Ahnen des Kindes in der Beurtheilung des Menschen glücklicher sei als oft der Scharfblick eines Menschenkenners? Der Junge scheint intelligent zu sein; er kann mich nicht leiden. In seiner Naivität erlaubte er mir nur aus dem Grunde dazubleiben, weil sein Vater mich lieb gehabt habe. Es ist klar: Er hat eine Antipathie gegen mich, und da es Eltern giebt, welche gern auf Regungen ihrer Kinder achten, ja sogar nach diesen Regungen handeln, so ist der Junge das einzige Glied dieser Familie Königsau, welches mir Besorgniß einflößen könnte. Ich werde ihm mehr Aufmerksamkeit schenken müssen als seinen Verwandten."

Nach diesem Selbstgespräch begann er, es sich bequem zu machen; doch war die Einsamkeit, in welcher er sich befand, von keiner langen Dauer, denn er wurde bereits nach kurzer Zeit zum Mahle gebeten, welches man des Gastes wegen auf eine andere Stunde verlegt hatte. Er war Diener vornehmer Häuser gewesen und hatte sich als solcher genug Gewandtheit und Lebensanschauung angeeignet, um die Rolle eines Mannes der vornehmen Gesellschaft spielen zu können. Es gelang ihm auch das Vertrauen der Familie zu gewinnen, mit alleiniger Ausnahme des Knaben, welcher sich zu seinen Liebkosungen und geschickt angebrachten Schmeicheleien sehr abweisend verhielt, fast in der Weise, wie verzogene Kinder sich zu Personen zu verhalten pflegen, denen es nicht gelungen ist, ihre Zuneigung zu gewinnen.

Der Tag wurde im Familienkreise verbracht, da anzunehmen war, daß der Gast von der Reise ermüdet sei. Aber bereits am anderen Vormittage fragte Königsau ihn, ob es ihm genehm sei, einen kleinen Ritt mitzumachen, da er im Begriff stehe, die Feldarbeit zu inspiciren. Natürlich schloß der Franzose sich ihm an. Er hoffte, daß während des Rittes das Gespräch auf das Thema kommen werde, welches bisher noch nicht berührt worden war, obgleich Henry sehr viel daran lag, den Gegenstand zur Sprache gebracht zu sehen.

Großvater Königsau erwies sich als ein, trotz seines Alters, noch sehr guter und sicherer Reiter. Der Franzose, welcher in dieser Kunst keine sehr große Uebung besaß, hatte Mühe, mit ihm gleichen Schritt zu halten und eine Blamage zu vermeiden.

In einem kleinen Vorwerke wurde Halt gemacht und ein Imbis genommen. Im Verlaufe des beinahe frugalen Dijeuners meinte Henry:

„In der Bewirthschaftung größerer Complexe sind die Deutschen den Franzosen doch entschieden überlegen. Finden Sie das nicht auch, Herr von Königsau?"

Der Gefragte antwortete langsam und bedächtig:

„Ich möchte das nicht so ungeprüft gelten lassen, denn es entgehen mir die Erfahrungen, um hier einen entscheidenden Vergleich ziehen zu können. Wollte ich nach Ihren Worten gehen, so müßte ich schließen, daß die Franzosen uns in der Bewirthschaftung kleinerer Liegenschaften überlegen sind."

„Das ist es, was ich meine."

„Nun, das liegt doch wohl weniger in den individuellen Eigenschaften, oder gar in der Verschiedenheit des Nationalcharakters, sondern vielmehr an den wirthschaftlichen Zuständen der beiden Länder. Frankreich ist ein Wein bauendes Land, und bei dieser Art der Fruchtgewinnung ist der Parzellenbau ein einträglicherer."

„Sie mögen Recht haben; doch wenn ich denke, in welcher musterhaften Ordnung sich Ihre Besitzung befindet, so habe ich doch alle Lust, meine vorhergehende Behauptung aufrecht zu erhalten. Es muß eine wahre Lust sein, sich den Besitzer einer solchen Liegenschaft nennen zu können."

„Ach, mein lieber Herr de Lormelle, das klingt ja, als ob Sie sich nicht im Besitze eines Gutes befänden."

„Meine Familie ist nicht nur wohlhabend, sondern sogar reich, sehr reich; aber Sie wissen, wir Franzosen sind Genußmenschen, und wenn wir ja arbeiten, so beschäftigen wir uns lieber mit Kunst und Wissenschaft, mit Literatur und Politik, als mit der Zerkleinerung der Ackerschelle, welcher wir doch nichts weiter abzuringen vermögen als die höchst prosaische Frucht der Kartoffel, der Rübe oder des Kohles."

„Aber doch sind diese höchst prosaischen Früchte unbedingt nothwendig. Auch die Kunst und Wissenschaft, die Literatur und sogar in gewisser Beziehung die Politik beschäftigen sich mit ihnen."

„Ich gebe das gern zu, möchte aber doch lieber eine Gruppe dieser Früchte auf Leinwand malen, oder ein Buch über den materiellen Anbau der Kartoffel schreiben, als gezwungen sein, diese schmutzige Knolle aus der Erde zu wühlen."

„Wer ein solches Buch schreiben will, darf die Kartoffel nicht nur auf der Leinwand eines Malers gesehen haben. Das Leben des Landmannes ist ein vorzugsweise nüchternes und mühevolles, ich gebe das zu; aber es hat auch seine Lichtseiten. Es bewahrt vor Oberflächlichkeit und Zerstreuung, es macht den Menschen gewissenhaft und ernst; es giebt ihm Liebe zur Heimath und lenkt sein Denken und Sinnen auf den Schöpfer und Erhalter aller Dinge. Lasse ich das Korn meines selbst erbauten Roggens oder Weizens durch die Finger gleiten, so fühle ich dieselbe Genugthuung, welche den Künstler erfüllt, wenn ihm eine Frucht seiner Phantasie gerathen ist."

„Von dieser Seite aus habe ich die Landwirthschaft allerdings noch nicht betrachtet. Ich bin zufrieden, wenn meine Verwalter und Pächter ihre Gelder zahlen. Das Gold, welches dann durch meine Finger rinnt, ist mir werthvoller als das Gold der Aehren und Körner."

„Und doch ist es wahr, daß dieses eine Gold ohne das andere eine Chimäre sein würde. Das Metall ist nur ein Tauschmittel; die Landwirthschaft aber ist es, welche mit ihren Erträgnissen und Preisen die wahren, wirklichen Werthe bestimmt."

„Sie sind, wie ich höre, Nationalöconom, ich aber bin es nicht und darf mich also auf keine Controverse einlassen. Aber sollte es in Wahrheit sein, daß das Landleben die Liebe zur Scholle, also auch die Liebe zum Vaterlande, den Patriotismus groß zieht?"

„Es ist so."

„Dann müßten Sie Ihre Besitzung außerordentlich lieb haben."

„Sie ist mir werth und theuer."

„So, daß Sie dieselbe nie veräußern würden?"

„Ich würde mich nur sehr schwer von ihr trennen."

„Selbst wenn Ihnen bedeutende Vortheile geboten würden?"

„Es käme darauf an, welche Bedeutungen diese Vortheile für mich hätten. Ich befinde mich gerade gegenwärtig in der Lage, über diesen Gegenstand reiflich nachzudenken."

Der Franzose sah sich nun auf dem Wege, welchen er hatte einschlagen wollen.

„Ah!" meinte er. „Wieso, Herr von Königsau?"

„Man will mir meine beiden Besitzungen abkaufen."

„Dann muß der Käufer reich sein."

„Er ist es."

„Jedenfalls ein Bewohner der Umgegend, welcher den Werth Ihres Eigenthums genau kennt?"

„Nein, sondern ein Fremder, ein Russe."

„Was hat er für einen Grund, sich hier ansiedeln zu wollen?"

„Ich weiß es nicht und habe auch kein Recht, darnach zu fragen. Ich habe erfahren, daß ihm die Gegend gefällt und daß er sich sehr eingehend nach dem Zustande meiner Besitzungen erkundigt hat."

„Ich bin überzeugt, daß er nur Vortheilhaftes erfahren konnte."

„Das ist allerdings der Fall. Er hat sich dann durch einen Berliner Agenten an mich gewendet."

„Durch einen Berliner? Ist das nicht vielleicht ein Umstand, welcher Veranlassung giebt, vorsichtig zu sein?"

„Es giebt überall ehrliche und unehrliche Leute. Von diesem Agenten aber weiß ich, daß er sich in der Geschäftswelt keines ungünstigen Rufes erfreut."

„Ich wäre wirklich neugierig zu erfahren, ob dieser Russe geneigt ist, gut zu zahlen. Die Russen pflegen im Geldpunkte nicht immer anständig zu sein."

„Was das betrifft, so hat mir dieser Herr ein Gebot thun lassen, welches mich wirklich in Verlegenheit brachte."

„Wieso?"

„Das Gebot beträgt über hunderttausend Thaler mehr, als meine Liegenschaften werth sind."

„Ah!" machte der Franzose im Tone des Erstaunens.

„Ja, ich füge hinzu, als sie sogar unter Brüdern werth sind."

„Was gedenken Sie, zu thun?"

„Ich habe nie daran gedacht, zu verkaufen. Ich bin mit meinem Besitze zu sehr verwachsen, als daß ich mich so leicht von ihm trennen könnte."

„Selbst bei Ihrem Alter? Sie entschuldigen die Frage!"

„O, ich nehme sie Ihnen gar nicht übel, denn ich habe sie mir ja selbst bereits vorgelegt. Es ist wahr, ich habe jedenfalls kein Jahrzehnt mehr zu leben und muß mich also endlich doch von dem Acker trennen, den ich bebaute; aber ich überlasse ihn meinem Sohne. Das ist etwas ganz Anderes, als ihn in fremden Händen zu sehen."

„Im anderen Falle aber hinterlassen Sie Ihrem Sohne über hunderttausend Thaler mehr."

„Das fällt allerdings ins Gewicht. Dazu kommt der Umstand, daß ich gerade jetzt Gelegenheit hätte, eine Besitzung zu erwerben, welche ich baar bezahlen könnte, obgleich sie bedeutend mehr werth ist als die meinige."

"So würde ich zugreifen."

"Dieser Gedanke liegt allerdings sehr nahe, doch ist es mir unmöglich, auf eigene Faust zu handeln."

"Sie sind ja selbstständig."

"Ein Gatte und Vater ist niemals selbstständig. Ich kann das Erbe meines Sohnes nicht veräußern, ohne demselben Nachricht davon zu geben."

"Das müssen Sie allerdings schleunigst thun."

"Ich habe es auch bereits gethan, und zwar augenblicklich, nachdem ich dieses vortheilhafte Gebot entgegengenommen hatte."

"Ich befürchte, daß Sie diesen vortheilhaften Handel doch zurückweisen werden."

"Warum?"

"Ihr Herr Sohn befindet sich ja im Oriente."

"Sie meinen, daß seine Entscheidung, seine Antwort zu spät eintreffen werde?"

"Das ist es allerdings, was ich sagen wollte. Unsere Verbindungen, nämlich die postalischen, sind höchst mangelhaft."

"Zufälliger Weise befindet Gebhardt sich gegenwärtig an einem Orte, mit welchem man telegraphisch verkehren kann."

"So haben Sie also telegraphirt?"

"Natürlich."

"Und die Antwort bereits erhalten?"

"Noch nicht, obgleich sie längst da sein könnte. Jedenfalls handelt es sich dabei um eine zufällige und kurze Abwesenheit meines Sohnes von diesem Orte, und ich erwarte alle Augenblicke, den Telegraphenboten zu sehen."

"Bei dem regen Antheile, den ich an Ihnen und Ihrer lieben Familie nehme, bin ich wirklich neugierig, wie die Antwort meines Freundes Gebhardt lauten wird."

"Ich vermuthe, daß sie zustimmend lauten werde."

"Haben Sie einen Grund dazu?"

"Ja. Es war ihm störend, so weit entfernt von der Hauptstadt wohnen zu müssen, so oft er sich in der Heimath befand. Seine wissenschaftliche Stellung bringt es mit sich, mit den Capacitäten, welche da weilen, in naher Berührung zu sein. Und sodann liegt die Besitzung, welche ich gerade jetzt so billig kaufen könnte, an der Bahn, nur wenige Stunden von Berlin entfernt, welches man also in kürzester Zeit erreichen könnte."

"Das ist allerdings vortheilhaft. Jetzt bin ich beinahe überzeugt, daß die Antwort Gebhardts zustimmend lauten wird. Werden Sie in diesem Falle verkaufen?"

"Ich würde, aber ich bin noch von anderer Seite gebunden. Hat mein Sohn, während Sie in Algier mit ihm verkehrten, Ihnen erzählt, wie ich in den Besitz des Gutes Breitenheim gekommen bin?"

"Ich glaube, mich entsinnen zu können," antwortete der Franzose nachdenklich. "Erhielten Sie es nicht von Marschall Blücher?"

"Durch seine Vermittelung. Breitenheim ist ein Geschenk des damaligen Königs."

"Ah, ja! Sie hatten sich ausgezeichnet!"

"Was man geschenkt erhält, darf man nicht veräußern. Ich habe die Verpflichtung, und zwar in moralischer Beziehung, Breitenheim festzuhalten."

"O weh! Sie müssen also den Ihnen gebotenen Vortheil von der Hand weisen?"

"Vielleicht auch nicht. Es gilt allerdings eine Anfrage an der betreffenden Stelle, ob der Verkauf des Gutes dort ungnädig bemerkt werde."

"Haben Sie diese Anfrage thun lassen?"

"Ja. Ich habe den Auftrag dazu brieflich ertheilt, und zwar noch bevor ich meinem Sohne telegraphirte."

"Müßte die Frage nicht von einer einflußreichen Person ausgesprochen werden?"

"Allerdings. Ich habe einen Verwandten — — ah, Sie müssen ihn doch auch kennen. Haben Sie den Namen Goldberg gehört?"

Henry war vorzüglich unterrichtet. Er antwortete sofort:

"Natürlich. Gebhardt hat mir von einem Freunde erzählt, welcher diesen Namen trägt. Und dann später erzählte er mir in dem einzigen Briefe, welchen ich von ihm besitze, daß dieser Herr von Goldberg die Schwester Ihrer Frau Schwiegertochter heimgeführt habe."

"Ja, dieser Goldberg ist es, den meine ich. Er wohnt in Berlin und erscheint bei Hofe, wo er nicht ungern gesehen wird. Er ist die geeignetste Person, diese Angelegenheit in Ordnung zu bringen."

"Dann darf ich Ihnen bereits im Voraus gratuliren."

"O, thun Sie das nicht zu früh?"

"Sie meinen, daß eine der beiden Antworten ablehnend ausfallen könne?"

"Nein, obgleich die Möglichkeit dazu immerhin vorhanden ist. Ich weiß nicht, ob der Russe zahlen wird, was ich verlange."

"Donner und Wetter. Sie wollen noch mehr profitiren als hunderttausend Thaler?"

Henry machte bei dieser Frage ein sehr erstauntes Gesicht. Ihm schien es ganz unmöglich, daß Jemand einen so hohen Gewinn von sich weisen könne. Und zugleich trat bei ihm die Besorgniß ein, daß aus dem Handel nichts werden könne. In diesem Falle war es ihm auch unmöglich, den Streich auszuführen, um dessen willen er nach Deutschland gekommen war. Er wollte nicht nur Königsau, sondern auch seine beiden Auftraggeber betrügen: Den alten Capitän und den Grafen Rallion.

"Glauben Sie," antwortete Königsau, "daß diese Hunderttausend ein hinreichendes Aequivalent sind für das, was ich aufgebe, wenn ich einen Ort verlasse, der mir und meiner Familie so lieb, so theuer geworden ist?"

"Sie werden Ihre spätere Heimath ebenso lieb gewinnen."

Königsau schüttelte unter einem milden, trüben Lächeln den Kopf.

"Nein, niemals!" antwortete er. "Ich bin zu alt, um mich anderswo noch mit meinem Herzen einleben zu können."

"So wollen Sie den Preis höher stellen?"

"Ja."

"Wenn aber der Russe zurücktritt."

"So mag er es thun. Ich bin zum Verkaufe ja nicht gezwungen. Wenn er noch fünfzigtausend Thaler zulegt, werde ich auf den Handel eingehen, sonst aber nicht."

"Das scheint mir zu viel zu sein."

"Tragen Sie keine Sorge. Ein Mann, der es gerade auf mein Besitzthum abgesehen hat, wird geben, was ich verlange."

Henry wagte keine weitere Bemerkung. Ihm war es auch nicht unwahrscheinlich, daß Rallion und Richemonte auf die Forderung Königsau's eingehen würden. In diesem Falle war er selbst es, welcher die Summe in den Säckel strich.

Jetzt wurde der Ritt, welcher den ganzen Vormittag in Anspruch nahm, fortgesetzt, ohne daß der Gegenstand des beendeten Gespräches wieder in Erwähnung kam. Dieses Letztere sollte aber schon sogleich bei ihrer Rückkehr geschehen; denn kaum waren sie eingetreten, so nickte Margot, die Großmama, ihrem Manne freundlich und verheißungsvoll zu und meinte:

„Ich habe eine Ueberraschung für Dich, lieber Hugo."

„Eine gute?" fragte er.

„Ja. Rathe."

„Ein Brief unsers Goldberg?"

„Nein."

„Nun, so ist es eine Depesche von Gebhardt?"

„Richtig gerathen!" stimmte sie bei.

„Wo ist sie? Habt Ihr sie bereits gelesen?"

„Nein. Oder hätte ich mir jemals erlaubt, mich Deiner Correspondenz zu bemächtigen? Die Depesche ist ja an Dich adressirt. Hier hast Du sie."

Sie zog sie unter der Decke hervor, mit welcher sie sich auch heute eingehüllt hatte. Es waren alle Glieder der Familie anwesend. Auch auf dem Gesichte Ida's, der Schwiegertochter, war die neugierige Erwartung zu lesen, was ihr Mann antworten werde.

Königsau öffnete das Papier und las.

„Nun, was antwortet er?" fragte er die beiden Damen.

„Lies vor, lies vor!" baten sie.

„Gut! Hier steht kurz und bündig: Verkaufe. Ich befinde mich wohl. Brief längst unterwegs. Grüße und Küsse von mir!" Er willigt also ein. Ist Dir dies lieb, Margot?"

Sie strich sich mit der Rechten langsam über das Haar und antwortete dann beinahe leise, damit man ihrer Stimme die Bewegung nicht anhören möge:

„Ihr wißt ja, daß ich da glücklich bin, wo Ihr es auch seid."

Hugo kannte sie aber zu gut. Er trat an sie heran, küßte sie auf ihre Lippen und sagte:

„Ich weiß das, Margot. Bist Du mir doch aus dem Vaterlande in die Fremde gefolgt. Gehen wir auch fort von hier, so werden wir uns doch nicht verlassen. Billig aber verkaufe ich den Ort, an welchem wir so glücklich gewesen sind, auf keinen Fall."

Damit war der Gegenstand für jetzt erledigt. —

Im besten Gasthofe des Städtchens Rastenburg wohnte Graf Rallion, welcher hier aber anders genannt wurde, weil er sich unter einem fremden Namen eingetragen hatte. Die Zeit des Wartens wurde ihm ungeheuer lang. Er gab sich zwar Mühe, sich mit der Lecture des kleinen Stadtblättchens zu zerstreuen, aber er konnte dem Inhalte desselben kein Interesse abgewinnen. Eben stand er im Begriffe es mißmuthig fortzuwerfen, als von draußen an die Thür geklopft wurde.

„Herein."

Zwei Männer traten ein. Der Eine war der Jude Samuel Cohn, den Andern hatte der Graf noch nicht gesehen. Der Inhaber des Bankgeschäftes und der Länderagentur grüßte mit einer demüthigen Verbeugung, welche sein Begleiter nachahmte und sagte dann:

„Hier bin ich im Begriff, zu bringen dem Herrn Grafen Rallion den Herrn, welcher wird kaufen die Güter, um sie zu verkaufen sofort wieder dem Herrn Grafen, damit dieser werde Königlich preußischer Unterthan mit zwei Rittergütern, von denen das eine ist ein Andenken an den großmächtigen Marschall Blücher, welcher ist gemacht worden zum Fürsten von Wahlstadt, weil er — —"

„Unsinn!" rief ihm der Graf ärgerlich entgegen, und

Nach der Schule.

wehrte seinen Wortschwall mit einer Geberde des Unwillens ab. „Keine unnöthigen Worte machen," setzte er hinzu. — „Wer sind Sie?"

Mit dieser letzteren Frage wendete er sich an den Fremden. Dieser wiederholte seine tiefe Verbeugung von vorhin und antwortete:

„Graf Smirnoff ist mein Name."

Rallion zog die Augenbrauen zusammen. Der Fremde trug zwar einen feinen Anzug, doch war es zu verwundern, daß sich ein Graf bereit finden ließ, ein Geschäft wie das in Rede stehende zu übernehmen.

„Sie sind Russe?" fragte er ihn.

„Nein, Pole."

„Exilirt?"

„Ja."

„Können Sie sich legitimiren?"

„Vollständig. Da es sich um einen Kauf handelt, habe ich mich mit den nöthigen Documenten versehen."

„Sind Sie bemittelt?"

„Leider, nein."

„Herr Cohn hier hat Ihnen bereits mitgetheilt, um was es sich handelt?"

„Ich bin vollständig informirt."

„Wie hoch schätzen Sie Ihre Beihilfe?"

„Es sind mir zweitausend Thaler geboten worden."

„Sie werden diese Summe allerdings erhalten, aber nur dann, wenn das Geschäft wirklich zu stande kommt. Welche Sicherheit aber gewähren Sie mir, daß Sie mir die beiden Güter factisch übergeben, nachdem sie von mir auf Ihren Namen bezahlt worden sind?"

„Mein Ehrenwort."

Es war ein fast höhnisches Lächeln, welches der Graf jetzt sehen ließ; aber dennoch klang seine Stimme höflich, als er bemerkte:

„Ich ziehe Ihr Ehrenwort auf keinerlei Weise in Zweifel; aber Sie werden zugeben, daß einer solchen Summe gegenüber schwere Garantieen erforderlich sind."

„Ich wüßte keine andere, da ich nicht reich bin."

„Nun so weiß ich eine. Sie erhalten, sobald der Handel abgeschlossen ist, die Kaufsumme gegen die Acceptation eines Wechsels auf Sicht und auf die gleiche Summe lautend. Sobald ich Ihnen das Object abgekauft habe, bezahle ich es mit diesem Wechsel und lege baare zweitausend Thaler zu. Sind Sie einverstanden?"

„Jawohl."

„Sollten Sie zögern, so präsentire ich den Wechsel und pfände Ihnen die Güter ab. Die zweitausend Thaler büßen Sie dann ein!"

Da ergriff der Jude das Wort:

„O, der Herr Graf de Rallion kann sicher sein, daß ich mir einen Herrn ausgesucht habe, welchem Vertrauen zu schenken ein Jeder bereit sein kann auch ohne zu kennen die Verhältnisse, von denen der Herr Graf von Smirnoff ist gezwungen worden, einzugehen ein Geschäft, von denen er sich sagt, daß es ihm —"

„Unsinn!" fiel ihm Rallion in die Rede. „Sie wissen, daß ich unnütze Reden nicht leiden kann. Wann sind Sie zu Königsau bestellt worden?"

„Es wurde kein bestimmter Tag genannt. Er wollte eine Antwort aus Berlin erwarten."

„Kann er diese erhalten haben?"

„Sie kann bei ihm sein."

„So ist es besser, abzureisen. Was haben Sie hier zu thun?"

„Nichts. Nur den Grafen de Rallion wollte ich sprechen, um ihm vorzustellen den erlauchten Grafen von Smirnoff, damit zu Stande komme die Uebereinkunft wegen dem —"

„Gut, gut! Wie ich höre, haben Sie hier nichts zu thun. Ich habe den Herrn Grafen Smirnoff kennen gelernt, und wir sind also fertig. Reisen Sie ab und benachrichtigen Sie mich sofort, wenn Sie das Geld brauchen."

„So möchte ich sagen, daß die Entfernung zu groß ist, um das Geschäft schnell zu Stande zu bringen. Möchten der Herr Graf nicht näher zu den Königsau's herankommen?"

„Ich will mich nicht von ihnen sehen lassen."

„Wenn Sie mit nach Drengfurth gehen, so werden Sie nicht in die Gefahr kommen, gesehen zu werden. Es ist noch Platz in unserm Wagen."

Rallion machte eine abwehrende Handbewegung.

„Geht eine Post von hier nach Drengfurth?" fragte er.

„Jedenfalls."

„So fahre ich per Post. Sie können sofort abreisen."

Der Jude entfernte sich mit seinem Begleiter, nachdem vorher der Gasthof bestimmt worden war, in welchem man sich in dem angegebenen Orte treffen wollte. Dann erkundigte sich Rallion nach der Post und erfuhr, daß dieselbe erst am nächsten Morgen abgehen werde. Er entschloß sich, sie zu benutzen.

Es war noch dunkel, als er sich einfand, um den Fahrschein zu lösen. Es währte nur noch kurze Zeit bis zum Abgange, und der Postillon saß bereits auf dem Bocke. Er erfuhr, daß nur noch ein einziger Passagier mitfahren werde.

Als er sich zum Einsteigen anschickte, saß dieser Passagier bereits im Fond des Wagens.

„Rücken Sie zu!" gebot der Graf in befehlendem Tone.

Der Schein der Wagenlaterne fiel dabei auf sein Gesicht, so daß der Andere dasselbe deutlich erkennen konnte.

„Wieso?" fragte er.

„Ich bin nicht gewöhnt, verkehrt zu fahren!"

„Ich auch nicht!" meinte der im Wagen Sitzende ruhig.

„Ich habe meinen Schein gelöst und bezahlt."

„Ich auch."

„Herr, ich bin Edelmann."

„Herr, ich auch."

„Mille tonneres! Ich werde mit dem Postillon sprechen."

„Ich nicht."

Der Graf trat zum Kutscher und befahl ihm:

„Sorgen Sie dafür, daß ich den Platz erhalte, welcher mir gebührt."

Der Rosselenker streckte den Arm phlegmatisch aus und antwortete:

„Her damit."

„Was?" fragte Rallion erstaunt.

„Den Fahrschein."

„Ah, so! Hier!"

Er reichte ihm das Papier hinauf. Der Kutscher hielt es an die Laterne und gab sich Mühe, den Inhalt zu entziffern.

„Lautet auf Nummer Zwei. Das ist der Platz in der

linken Ecke auf dem Hintersitze. Die rechte Ecke hat der andere Herr auf Nummer Eins, die er sich bereits gestern Abend gelöst hat. Wenn Ihnen Ihr Platz nicht paßt, können Sie sich auf den Rücksitz setzen, da blos zwei Personen da sind."

„Was fällt Ihnen denn ein! Ich bin — —"

Da fiel ihm der Kutscher schnell in die Rede:

„Was mir einfällt? Daß Sie Passagier Nummer Zwei sind, das fällt mir ein. Darum bekommen Sie den Platz Nummer Zwei. In einer halben Minute geht es fort. Wer da noch nicht eingestiegen ist, der bleibt stehen. Pasta."

Der Graf wäre am Liebsten zurückgeblieben, aber er hatte auch nicht Lust, noch einen Tag bis zur nächsten Post zu warten. Darum stieg er mit seinem Handköfferchen ein, welcher die Summe enthielt, die er für den beabsichtigten Kauf zu brauchen gedachte. Aber sich schweigend zu fügen, dazu war er nicht der Mann.

„Sie sagen, daß Sie Edelmann sind?" fragte er den andern Passagier, nachdem er diesem gegenüber Platz genommen hatte.

„Ja," antwortete er kurz.

„Nun, ich bin sogar Graf!"

„Ich sogar auch."

„Herr, ich werde Satisfaction von Ihnen verlangen."

Der Andere stieß ein höhnisches, kurzes Lachen aus als einzige Antwort, welche er gab.

„Haben Sie es gehört?" fragte Rallion.

„Sehr."

„Nun, ihre Antwort."

„Haben Sie gehört: Ich lache."

„Herr!" knirrschte Rallion. „Wissen Sie was man unter Satisfaction versteht?"

„O, sehr genau."

„Daß Sie sich mit mir schlagen werden!"

„Schön. Das sollte mir ein Gaudium sein. Aber ich befürchte nur, es wird nichts daraus."

„Dann sind Sie ein Feigling, ein Elender!"

„Ich wohl nicht, aber Sie."

„Monsieur, Sie scheinen unzurechnungsfähig zu sein."

„Nein, sondern ich scheine nur zu wissen, mit wem ich es zu thun habe."

„Nun, mit wem?"

„Mit einem Menschen, welcher beim Anblicke eines Degens in Ohnmacht fällt und, wenn er das Wort Pistole hört, davon läuft."

Der Graf fühlte sich frappirt. Aber er befand sich hier in der Fremde. Wer sollte ihn kennen. Er antwortete:

„Ich wiederhole, daß Sie unzurechnungsfähig sind."

„Und ich sagte Ihnen, daß ich keine Lust habe, mich mit Ihnen zu zanken. Ich bin müde und werde schlafen, bis der Tag anbricht. Dann werde ich mich Ihnen vorstellen, unser Gespräch fortzusetzen. Sagen Sie aber jetzt noch ein einziges Wort zu mir, so gebe ich Ihnen eine solche Ohrfeige, daß Ihr ganz werther Corpus durch die Kutschwand hinaus auf die Straße fliegt."

Diese Worte waren in einem solchen Tone gesprochen, daß es Rallion angst und bange wurde. Es war ihm, als ob er trotz der im Wagen herrschenden Dunkelheit den Arm seines Gegenüber bereits in Bewegung sehe. Daher verzichtete er auf jedes weitere Wort und legte sich so bequem wie möglich auf seinen Sitz zurück.

So verging die Zeit in völliger Schweigsamkeit. Die Räder mahlten im tiefen Sande, und zuweilen ließ sich ein kurzer Zuruf des Kutschers hören. Es war dem Grafen nicht ganz geheuer; aber die im Wagen herrschende Stille, verbunden mit dem eintönigen Geräusche der Bewegung übte eine einschläfernde Wirkung auf ihn aus. Er faßte sein Köfferchen mit den Händen, drückte es an sich und — — schloß die Augen.

Als er sie wieder öffnete, war es hell geworden. Sein erster Blick galt natürlich dem Manne, welcher ihm gegenüber saß. Er konnte von demselben nichts erkennen als ein paar Stiefel, eine Reisemütze und einen weiten Mantel, welcher hoch emporgezogen war. Ganz oben, zwischen Mütze und Kragen, blickten zwei dunkle Augen hervor.

Sobald aber der Inhaber dieser Augen jetzt bemerkte, daß der Graf seinen Schlummer unterbrochen habe, ließ er den Mantel herab und gab ein aristokratisch feines Gesicht zu sehen, welches von einem dichten, dunklen Vollbarte eingerahmt wurde.

Rallion kam es vor, als ob er dieses Gesicht bereits einmal gesehen habe, aber er konnte sich nicht entsinnen, wo und wann dies geschehen sein solle.

Jetzt zog der Andere ein Etuis hervor und steckte sich, ohne um Erlaubniß zu fragen, eine Cigarre an. Dann ließ er das eine Wagenfenster herab und blickte hinaus, um zu sehen, wie weit man gekommen sei. Als er nach einer kurzen Weile den Kopf zurückzog, warf er einen halb höhnischen, halb feindseligen Blick auf den Grafen und sagte:

„So, mein Herr, der Sie ein Graf sein wollen, jetzt können wir unser Gespräch fortsetzen. Vorher war es dunkel und ich liebe es, Demjenigen, der mich fordert, in das Gesicht zu sehen."

„Ich ebenso."

„Das bezweifle ich. Sie haben nur Muth, im Dunklen zu intriguiren. Sie sind ein Schuft, ein Schurke, ein Lump, bei dessen Anblicke es Einem ist, als ob man eine häßliche Spinne entdecke. Ich sage Ihnen das aufrichtig in das Gesicht, bin aber überzeugt, daß Sie mich nicht zur Rechenschaft ziehen, sondern vor mir ausreißen werden."

Das Gesicht des Grafen war todtesbleich geworden. Er ballte beide Fäuste und antwortete:

„Hielte ich nicht meine bereits ausgesprochene Meinung, nämlich daß Sie unzurechnungsfähig sind, für die richtige, so sollten Sie erfahren, welche Antwort ich auf solche Worte gebe."

„Pah! Natürlich werden Sie diese Meinung aufrecht erhalten, damit Sie einen Grund haben, sich zurückzuziehen; aber ich lasse Ihnen die Flucht nicht gelingen. Daß Sie den besten Platz im Wagen beanspruchten, beweist, daß Sie weder Lebenserfahrung noch Höflichkeit besitzen. Daß Sie mich forderten, weil ich meinen Sitz behielt, brächte einen jeden Andern, nur mich nicht, auf den sehr berechtigten Gedanken, daß Sie entsprungener Irrenhäusler sind. Ich hätte Ihnen die Ohrfeige, welche ich Ihnen anbot, nicht nur angedroht, sondern auch wirklich gegeben, aber ich habe es nicht gethan aus Rücksicht auf den unglücklichen Umstand, daß Sie leider mein Verwandter sind."

Der Graf machte eine Bewegung der Ueberraschung.

„Ich? Ihr Verwandter?" fragte er. „Sie träumen?"

„Ich bin vielmehr sehr wach. Sie sind doch jedenfalls der brillante Graf Jules Rallion nicht?"

„Teufel. Woher wissen Sie das?"

„Mein lieber, lieber Cousin, fragen Sie doch nicht so dumm. Gerade weil ich Sie so genau kenne, weiß ich auch, was Ihre Forderung, Ihr Verlangen nach Satisfaction zu bedeuten hat. Sobald ich mich bereit zeige, mich mit Ihnen zu schlagen, werden Sie hier durch das Fenster springen und querfeldein laufen, so lange, bis der Postwagen nicht mehr zu sehen ist."

„Ich werde Sie vom Gegentheile überzeugen, fordere aber vorher eine Erklärung, welcher Umstand Ihnen die Erlaubniß giebt, mich Ihren Verwandten zu nennen."

„Ah! Sollten Sie mich in der That nicht erkennen?"

„Ich bin ganz ahnungslos."

„Nun Sie sahen mich zum ersten Male bei einer Gelegenheit, die Veranlassung gab, vor einem Duell davonzulaufen. Sie wurden von Gebhardt von Königsau gefordert und gaben sich Mühe, schleunigst zu verschwinden."

Jetzt begann der Graf zu ahnen.

„Teufel!" rief er. „Sie sind — Sie sind doch nicht etwa — — —"

„Nun, wer?"

„Graf Kunz von Goldberg — —"

„Der Gemahl Ihrer schönen Cousine Hedwig?"

„Ja."

„Natürlich bin ich es, mein lieber, mein verehrtester Cousin. Ich bin sehr verwundert, Sie hier zu sehen. Bevor ich Sie aber frage, welchem freundlichen Umstande ich das Glück, Ihnen im Postwagen zu begegnen, verdanke, wollen wir unsere Satisfactionsangelegenheit in Ordnung bringen. Schwager Königsau wohnt gar nicht weit von hier, und so bietet sich die beste Gelegenheit, seine damalige Forderung zum Austrag zu bringen. Vorher aber werde ich so höflich sein, Ihnen die verlangte Genugthuung zu geben. Blicken Sie hinaus. Sehen Sie den Wald, da vorn, jenseits des Dorfes?"

„Ja," stieß der Graf hervor.

„Nun, dort liegt ein Forsthaus, an welchem wir vorüberkommen. Ich kenne den Förster. Er hat prächtige Waffen und wird uns gern zwei gute Pistolen zur Verfügung stellen. Dann gehen wir in den Wald, aus welchem, darauf gebe ich Ihnen mein Wort, nur Einer lebendig zurückkehrt. Und dieser Eine werde ich sein. Einverstanden?"

Er sah den Grafen mit Augen an, aus denen dieser nicht recht klug werden konnte.

„Natürlich bin ich einverstanden!" antwortete Rallion.

„Und ich glaube besser zu wissen, wer der Eine ist, welcher lebendig aus dem Walde zurückkehrt!"

„O, was das betrifft, so bin ich vollständig überzeugt, das Der, welchen Sie meinen, den Wald gar nicht erreichen wird!"

„Das wird sich finden."

Damit war die Discussion beendet. Der Postwagen rollte nach kurzer Zeit in das Dorf und hielt vor dem Wirthshause, um die dort liegenden Briefschaften aufzunehmen.

„Zehn Minuten Zeit, meine Herren!" meldete der Postillon.

Rallion stieg aus und trat mit seinem Köfferchen in das Haus. Goldberg folgte ihm langsam. Um seine Lippen spielte ein eigenthümliches Lächeln. Als er die Gaststube erreichte, war dieselbe leer. Nur der Wirth befand sich da.

„Ist kein Passagier hier eingetreten?" fragte Goldberg.

„Nein, mein Herr."

Goldberg begab sich in den Hof und dann in den Garten. Dort fand er einen Knecht, welcher mit dem Spaten arbeitete.

„War ein Fremder hier im Garten?" erkundigte er sich.

„Ja," lautete die Antwort.

„Wohin ist er?"

„Durch die Pforte in's Freie."

Goldberg trat zur Pforte und kam gerade noch zur rechten Zeit, die Gestalt des flüchtigen Franzosen hinter einem Gesträuch verschwinden zu sehen. Er lachte heimlich vor sich hin und kehrte in die Stube zurück.

Es war mehr als eine halbe Stunde vergangen, als der Knecht Schritte hörte. Er blickte sich um und sah den Fremden, welcher durch die Pforte zurückkehrte, und schüttelte den Kopf. Rallion aber schritt stracks nach dem Gastzimmer, in welchem der Wirth saß, seine Pfeife rauchend. Als dieser den Eintretenden erblickte, sagte er:

„Sapperlot! Sind Sie nicht vorhin mit der Post gekommen?"

„Ja."

„Der Postillon hat Sie gesucht."

„Warum?" fragte Rallion unbefangen.

„Na, weil er nicht länger warten konnte."

„Nicht länger warten?" klang es erstaunt. „Ich will doch nicht hoffen, daß die Post fort ist."

„Bereits seit zwanzig Minuten."

„Donnerwetter! Der Postillon sagte ja, daß er fünfzig Minuten hier zu warten habe."

„Da haben Sie gewaltig verkehrte Ohren gehabt! Hier wird zehn Minuten gehalten, keine Secunde länger."

„Er sagte fünfzig. Ich werde mich beschweren."

„Versuchen Sie es! Es wird Ihnen nichts helfen. Uebrigens meinte der andere Passagier, daß wir Sie nicht zu suchen brauchten."

„Ah! Wieso?"

„Das weiß ich nicht. Wohin wollen Sie denn?"

„Nach Drengfurth."

„Dahin giebt es jetzt keine Gelegenheit."

„Kann ich denn keinen Wagen bekommen?"

„Nein. Kein Mensch im Dorfe hat einen Kutschwagen; aber am Nachmittage kommt ein Stellwagen durch, auf dem Sie einen Platz finden werden."

„So werde ich warten. Sagen Sie einmal, wie lange man fahren muß, um jenseits des Dorfes durch den Wald zu kommen."

„Wie lang?" Das ist kein Wald, sondern nur ein kleines Eckchen Holz. In zwei Minuten ist man hindurch."

„Es giebt aber ein Forsthaus da?"

„Nein."

„Wie? Auch keinen Förster?"

„Fällt Niemand ein."

Jetzt sah Rallion ein, auf welch schmähliche Weise er sich blamirt hatte. Er biß die Zähne zusammen und wollte etwas sagen, um seine üble Laune an dem Wirthe abzuleiten, als draußen ein Kutschwagen im Trabe angerollt kam und vor der Thüre hielt. Der Kutscher klatschte mit der Peitsche und fragte, als der Wirth herbeieilte:

„Ist die Post längst vorüber?"

„Seit einer halben Stunde."

„Danke! Adieu!"

Er wollte eben die Zügel annehmen, wurde aber daran verhindert. Der Kutschenschlag wurde nämlich geöffnet, und der Insasse sprang heraus.

„Halten bleiben!" gebot er den Kutscher. Dann wollte er eiligen Schrittes in das Haus treten; dort aber kam ihm Rallion bereits entgegen.

„Capitän! Sie hier!" rief der Letztere.

„Ja, ich!" antwortete Richemonte. „Ich sah Sie am Fenster stehen und stieg natürlich sofort aus."

„Welch ein Zusammentreffen! Aber sagen Sie, was Sie veranlaßt, in diese Gegend zu kommen."

„Was haben Sie hier im Koffer?" fragte statt der Antwort der Capitän, indem er auf das Köfferchen deutete, welches der Graf noch in der Hand hatte.

„Geld."

„Ah so! Hinein damit in den Wagen! Uebrigens, da ich Sie hier treffe, so haben wir Zeit. Kommen Sie, um nicht gehört zu werden. Die Pferde mögen einige Minuten ruhen."

Er nahm den Arm des Grafen unter den seinigen und schritt mit ihm abseits.

„Haben Sie wirklich geglaubt, lieber Graf," fragte er dann, „daß ich mich um diese wichtige Angelegenheit nicht weiter kümmern werde? Wie weit sind Sie?"

„Ich denke, daß die Sache heute oder morgen entschieden sein wird."

„Wieso?"

Rallion unterrichtete den Capitän über den Stand der Dinge und meinte dann:

„Aber Sie hier zu sehen, habe ich nicht erwartet!"

„Nicht wahr?" lachte der Capitän. „Ich komme, um einen Fehler gut zu machen, welchen wir begangen hätten, und der uns großen Schaden bereiten müßte."

„Welchen?"

„Denken Sie sich einmal, was wir veabsichtigen, was geschehen soll. Nachdem Henry verschwunden ist, erfährt dieser Königsau, daß Graf Rallion der eigentliche Käufer ist."

„Was weiter? Was kann das mir schaden?"

„Ungeheuer viel! Graf Rallion ist sein Todfeind. Dieser Deutsche wird die That, welche ihn ruinirt, mit dieser Todfeindschaft in Verbindung bringen; er wird sich an die Polizei wenden; man wird nachforschen, und was wird man erfahren — — —?"

„Nun?"

„Daß Graf Rallion, der Käufer, mit diesem sogenannten Henry de Lormelle im Einvernehmen gestanden hat."

„Alle Teufel! Ich muß aber doch mit Henry im Einvernehmen bleiben."

„Nein! Das eben dürfen Sie nicht. Das eben ist mir nachträglich eingefallen, und daher komme ich Ihnen nach."

„Wie aber haben Sie mich gefunden?"

„Ich wußte die Adresse des Juden. Dort erfuhr ich, daß Sie in Rastenburg seien, und da angekommen, wo Sie sich eines anderen Namens bedient hatten, erfragte ich dennoch, daß Sie mit der Post abgereist seien. Ich nahm ein Privat-Fuhrwerk, eilte Ihnen nach und — da bin ich."

„Ist mir lieb! Also Sie wollen den Henry auf sich nehmen?"

„Ja. Sie müssen Ihr Alibi nachweisen können. Man wird erforschen, daß Sie sich zur Zeit der That in dieser Gegend befunden haben, aber man darf Ihnen nicht sagen können, daß Sie diesen Henry de Lormelle gesprochen oder auch nur ihn gesehen haben."

„Wie aber wollen Sie ihn treffen, ohne von Andern bemerkt zu werden?"

„Dafür lassen Sie mich sorgen! Aber sagen Sie mir zunächst, was Sie so allein hier thun, und wohin die Postkutsche ist, welcher Sie sich anvertraut hatten."

„Ja, mein lieber Capitän, das ist eine ganz verteufelte Angelegenheit. Ich steige heute in den Wagen, und wer sitzt drin? Rathen Sie einmal!"

„Einer von den Königsaus?"

„Zwar kein Königsau, aber ebenso schlimm, ein Verwandter von ihnen, nämlich dieser Graf von Goldberg ———"

„Der Mann Ihrer Cousine?"

„Ja."

„Ich denke, er befindet sich in Berlin! Was will er hier?"

„Weiß ich es?"

„Hat er Sie erkannt?"

„Ich denke, nein," antwortete Rallion zögernd. „Sobald ich ihn bei Tagesanbruch erkannte, bin ich hier ausgestiegen."

„Eine Vorsicht, welche ich loben muß. Aber sagten Sie mir nicht, daß Königsau, um sich entscheiden zu können, einen Brief aus Berlin erwarte?"

„So ist es."

„Nun, dann ist Goldberg dieser Brief. Er kommt persönlich anstatt brieflich, und wir sind nun sicher, daß die Entscheidung vor der Thür steht. Kommen Sie, steigen wir ein."

„Bis wohin fahren wir?"

„Sie bis Drengfurth, wo Sie aussteigen, ohne daß ich mich sehen lasse. Ich fahre dann irgend wohin, wo ich den Kutscher los werden kann, ohne Verdacht zu erregen. Wenn ich mit Ihnen zu sprechen habe, werde ich Sie zu finden wissen. Schlau wird das allerdings anzufangen sein, denn auch mich darf man mit Ihnen jetzt nicht zu sehen bekommen."

(Fortsetzung folgt.)

Die Liebe des Ulanen.
Original-Roman aus der Zeit des deutsch-französischen Krieges von Karl May.
(Fortsetzung.)

Kunz von Goldberg war mit der Post weiter gefahren und hatte über das Zusammentreffen mit Rallion ein innerliches Gaudium gefühlt. Welche Bedeutung diese Begegnung für die Familie Königsau haben sollte, davon hatte er keine Ahnung.

Auf Breitenheim richtete sein Erscheinen große Freude an. Er eilte gleich nach dem Aussteigen in das ihm wohlbekannte Zimmer, in welchem sich die Familie zu befinden pflegte, und traf hier Margot und Ida, ihre Schwiegertochter. Er umarmte Beide herzlich und fragte dann nach Königsau.

„Er befindet sich bei den Gästen," antwortete Margot.

„Ah, ich habe noch gar nicht gesagt, wen wir hier haben."

„Ich werde es wohl erfahren."

„Es ist der polnische Graf von Smirnoff, welcher sich als Käufer präsentirt, und ein Berliner Banquier, welcher seine finanzielle Beihilfe zu sein scheint. Mein Mann hat mit Sehnsucht auf Ihre Antwort gewartet, lieber Kunz."

„Ich habe es vorgezogen, sie persönlich zu bringen und Ihnen meinen Beirath anzubieten, da Gebhardt nicht anwesend ist."

„Wir sind Ihnen zu großem Dank verbunden. Welchen Bescheid aber bringen Sie uns?"

„Einen guten. Man sieht nicht die Spur eines Grundes ein, einer rein geschäftlichen Entschließung Eurerseits hindernd in den Weg zu treten, sondern, was ich mir gleich dachte, man sagt sich, daß Ihr Herr Eures Besitzes seid und mit demselben thun könnt, was Euch beliebt."

„So befürchte ich, daß Hugo verkaufen wird!"

„Sie befürchten es?" fragte Goldberg, das mittlere Wort betonend. „Warum befürchten?"

„Glauben Sie nicht, daß man nur ungern von hier scheidet?"

„Das glaube ich Ihnen ohne alle Versicherung. Aber bedenken Sie die Vortheilhaftigkeit des Handels, welcher Ihnen in Aussicht steht."

„Wiegt dieser pecuniäre Vortheil das auf, was wir nach unserm Wegzuge von hier vermissen werden?"

„Ja, das bin ich überzeugt, liebe Tante. Ich habe gar wohl geahnt, daß Sie gegen diesen Verkauf sein werden, und darum bin ich ja gekommen, um mit Ihnen zu sprechen."

„Sie wollen mir zureden?"

„Ja, das gestehe ich Ihnen offen. Ich möchte Sie bitten, nicht allein Ihre Gefühle zu berücksichtigen, sondern vor allen Dingen an Ihre Kinder zu denken. Ihr kleiner Richard soll Offizier werden; da ist eine Vergrößerung des Vermögens um hunderttausend Thaler, oder gar noch mehr, sehr mit in Rechnung zu ziehen."

„Das mag sein. Wir Frauen rechnen weniger nach Zahlen; unser Einmaleins ist das Gefühl, und das ist nicht immer untrüglich."

„Sie werden also nicht dagegen sein, liebe Tante?"

„Nein," antwortete sie mit einem milden Lächeln, in welchem sich fast eine Art Entsagung aussprach.

„Was hat Gebhardt geantwortet?"

„Auch er ist Ihrer Meinung. Wir sollen verkaufen."

„Sehen Sie! Ich bin überzeugt, daß Sie die mit dem Verkaufe in Verbindung stehende Ortsveränderung bald überwinden werden, und hoffe, daß Onkel Königsau mir beistimmt."

Er hatte richtig vermuthet. Königsau hatte fünfzigtausend Thaler mehr verlangt, und der Pole war mit der Bitte um eine kurze Ueberlegungsfrist hervorgetreten. Während derselben hatte er sich bei Rallion Instruction geholt und den Auftrag erhalten, die geforderte Summe zu zahlen. Rallion war ja überzeugt, nicht nur in den Besitz der beiden Güter zu gelangen, sondern die Kaufsumme auch wieder zu erhalten, welche er dann mit dem Capitän theilen wollte.

Der Handel wurde abgeschlossen und unter Hinzuziehung giltiger Zeugen mit gerichtlicher Hilfe rechtskräftig gemacht. Dann zahlte Smirnoff die vollständige Kaufsumme vor allen Anwesenden in baarem Gelde auf. Der geringste Theil bestand in wohlgezählten Goldrollen, das Andere aber in gewichtigen Kassenscheinen. Das Geld wurde geprüft und für richtig erklärt.

Diese hohe Summe hatte sich in dem Köfferchen befunden, welchen Rallion bei sich geführt hatte. Auf die Frage nach der Rückgabe desselben hatte Smirnoff aus Höflichkeit erklärt, da er nun nicht mehr im Besitze des Geldes sei, so habe auch der Koffer keinen Werth mehr für ihn, und ihn dem Verkäufer geschenkt. Er ahnte gar nicht, wie schwer dieser Umstand in die Wagschale fallen werde.

Hugo von Königsau hatte den Koffer eigenhändig in sein Zimmer getragen und dort eingeschlossen. Ganz wie zufällig war ihm dabei auf dem Corridore Henry begegnet und dann nach den beiden Zimmern gegangen, welche ihm zur Wohnung angewiesen worden waren.

Dort öffnete Henry den großen Reisekoffer, welchen er mitgebracht hatte, räumte einige Wäschesachen zur Seite und zog zwei Gegenstände hervor. Der eine derselben war ein Köfferchen von ganz genau derselben Arbeit und Größe wie dasjenige, welches die Kaufsumme enthielt.

„Steine darin!" murmelte der Franzose. „Was für Augen wird der Alte machen, wenn er sie anstatt des Geldes findet."

Dann nahm er den anderen Gegenstand in die Hand. Es war ein Bund mit zahlreichen Nachschlüsseln.

„Ein Dietrich ist doch eine hübsche Erfindung," flüsterte er leise vor sich hin. „Dieser Schlüssel öffnet die Zimmerthür und dieser andere hier den Schrank, in welchen der Alte allem Vermuthen nach den Koffer eingeschlossen hat. Jetzt nun gilt es, zur raschen That zu schreiten!" Er steckte die beiden Schlüssel ein; da hörte er, daß Sand gegen sein Fenster geworfen wurde. Er lauschte. Abermals Sand! Schnell versteckte er den kleinen Koffer wieder in den großen und verschloß den Letzteren. Dann trat er an das Fenster und öffnete es.

„Pst!" hörte er es unten erklingen.

„Wer ist da?" fragte er so leise wie möglich.

„Sind Sie Herr de Lormelle?"

„Ja."

„Können Sie einmal herunterkommen?"

„Wozu?"

„Das kann ich nicht so da hinauf rufen. Kommen Sie sogleich nach der großen Kastanie im Garten!"

„Wer sind Sie?"

„Das erfahren Sie nachher!"

„Ist es so sehr nothwendig?"

„Ja."

„Gut, ich komme."

Er verließ das Zimmer, verschloß es und ging nach dem Garten.

Da der bei einem Kaufe gebräuchliche Schmauß gegeben wurde, so hatten sich die Bewohner des Schlosses mit den Gästen im Speisesaale versammelt, und die Diener waren so beschäftigt, daß Henry gar nicht beachtet wurde. Er gelangte ganz gut in den Garten und an die erwähnte Kastanie, unter welcher ihm eine lange, dunkle Gestalt entgegentrat.

„Henry?" flüsterte dieselbe fragend.

„Ja," antwortete er. „Wer sind Sie?"

„Ah, die Verkleidung scheint sehr gut zu sein, da Du mich nicht erkennst."

Diese Worte waren mit der natürlichen, unverstellten Stimme gesprochen worden. Der Diener trat bestürzt zurück.

„Wie? Höre ich recht?" fragte er.

„Jedenfalls!"

„Sie sind es, Herr Capitän."

„Ja, ich."

„Aber was wollen Sie hier? Wenn man Sie erwischt und festhält, so ist Alles verrathen."

„Wieso? Erstens wird man mich nicht erwischen, festhalten aber gar nicht. Und selbst wenn dies geschähe, so wäre doch noch nicht das Mindeste verrathen. Ich vermuthe, daß das Geld soeben erst in den Besitz Königsaus gelangt ist?"

„Vor einer Viertelstunde."

„Du hast es also noch nicht?"

„Nein."

„Nun, was sollte denn da verrathen sein, wenn man mich erwischte! Uebrigens hat meine Anwesenheit einen wohl überlegten Zweck. Ich komme nämlich um Deines eigenen Vortheiles willen und bin froh, Dich getroffen zu haben."

„Darf ich fragen, in wiefern und weshalb?"

„Natürlich! Es war verabredet, daß Du Dich mit dem Gelde sofort entfernen solltest."

„Das werde ich auch."

„Nein; das geht nicht."

„Warum nicht?"

„Weil man sofort wissen würde, wer der Thäter ist."

„Das mag man immerhin wissen, wenn wir nur das Geld haben."

„Nein. So unvorsichtig wollen wir denn doch nicht sein! Man würde Dir sofort nachforschen und könnte leicht auf Deine Spur kommen. Dann bist Du verrathen und verloren, und wir sind es mit Dir. Nein, Du mußt bleiben."

„Da wird man auch bei mir suchen und das Geld finden. Das ist doch dumm und noch viel schlimmer als das Andere."

„Sei nicht blödsinnig! Das Geld bleibt nicht bei Dir liegen, sondern Du bringst es mir hierher, und ich schaffe es sofort in Sicherheit."

„Ah, nicht übel."

Wäre es Tag gewesen, so hätte der Capitän über das Gesicht, welches Henry dabei machte, erschrecken können. So aber meinte er:

„Nicht wahr, nicht übel?"

„Ja, allerdings."

„Man wird den Verlust bemerken und Alles aussuchen, aber nichts finden. Der Diebstahl wird in das tiefste Dunkel gehüllt bleiben, und Du reisest dann ruhig ab."

„Das wird mir nicht gut möglich sein."

„Wieso?"

„Man wird, da ich hier fremd bin, nach meinen Verhältnissen forschen und da entdecken, daß ich gar nicht ein Herr de Lormelle bin. Dann bin ich verloren."

„Wie könnte man das entdecken? Die Papiere, welche Dir Graf Rallion gegeben hat, sind gut."

„Ja, aber wie nun, wenn man an Gebhardt von Königsau telegraphirt, ob es wahr ist, daß wir uns in Algier getroffen haben und daß ich sein Freund bin?"

„Das wird man nicht!"

„Man wird es, gerade wie man an ihn telegraphirt hat, ob er dem Verkaufe der Güter seine Beistimmung ertheilt."

„Du besitzest als sein Freund das Vertrauen der Seinigen."

„Aber nicht das Vertrauen der Polizei, welche jeden Schloßbewohner scharf in das Auge nehmen wird, mich also auch."

„Ich werde Dich benachrichtigen, sobald man telegraphirt."

Diese beiden Männer durchschauten sich einander; ein Jeder von ihnen wollte den Andern betrügen. Henry war heute der Klügere. Er beschloß, den Capitän sicher zu machen.

„Werden Sie das erfahren?" fragte er.

„Ja. Ich werde genau beobachten."

„Nun, wenn das ist, so denke ich allerdings, daß Ihre Ansicht die richtige ist. Ich lade keinen Verdacht auf mich, brauche nicht zu fliehen und kann jederzeit in mein Vaterland zurück."

„Gut, daß Du das einsiehst! Das sind Vortheile, welche man nicht genug berücksichtigen kann."

„Wo aber treffe ich Sie dann später?"

„Es ist gar nicht nöthig, Dir einen Ort dazu anzugeben."

„Ah! Wieso?"

„Graf Rallion kauft diesem Smirnoff Alles ab und tritt sodann als Besitzer auf. Du brauchst also gar nicht nach ihm und mir zu suchen. Verstanden?"

„Das ist nun allerdings zu verstehen."

„Gut also! Wann bringst Du das Geld herunter?"

„Das kann ich jetzt unmöglich wissen. Ich muß den geeigneten Augenblick abwarten."

„Wo ist der Koffer?"

„Im Zimmer des Alten."

„Die Nachschlüssel hast Du jedenfalls probirt?"

„Ja, sie passen. Aber sehen Sie da oben die beiden erleuchteten Eckfenster?"

„Ich sehe sie. Was ist mit ihnen?"

„Das ist das Zimmer des Alten. Die Kinder sind mit der Gouvernante darin, und ich muß warten, bis sie fort sind."

Das war eine Lüge. Das Zimmer Hugo's lag auf der anderen Seite der Vorderfronte.

„Das ist unangenehm," meinte der Capitän. „Ich werde wohl lange warten müssen."

„Hoffentlich nicht so sehr lange. Uebrigens wenn es sich um eine solche Summe handelt, so ist es nicht zu viel verlangt, sich ein Wenig in Geduld zu fassen."

„Predige keine Moral, Spitzbube, sondern gehe jetzt. Ich lege mich hier in das Gras und bin bei Deiner Geschicklichkeit überzeugt, daß Alles gelingen wird. Gieb Dir Mühe."

„Das versteht sich ganz von selbst."

Henry ging. Der Capitän streckte sich auf den Boden nieder und vertrieb sich die Langeweile, welche allerdings nicht ohne Spannung war, damit, daß er an seinem Schnurrbart herumkaute.

„Ein dummer Kerl, dieser Henry!" dachte er. „Er ahnt gar nicht, daß er von dem Gelde nicht einen Heller erhalten wird. Er muß froh sein, unerwischt davonzukommen. Habe ich erst den Koffer, so hat er auch etwas, nämlich das Nachsehen. Und diese guten Königsau sind dann ruinirt für's ganze Leben. Da oben befindet sich meine liebe, gute Schwester Margot, die Liebe Napoleons. Wenn sie wüßte, daß ich hier unten liege und auf ihr Geld laure. Ihre Verwandten wissen nichts davon, aber ich habe doch erfahren, daß ihr Arzt von einem Leiden gesprochen hat, welches innerlich an ihr zehrt. Kommt der Schreck über den Verlust des ganzen Vermögens dazu, so ist es leicht möglich, daß sie den Tod davon trägt. Darüber wollte ich mich freuen! Das wäre eine Rache, wie ich sie mir besser und leichter gar nicht wünschen könnte. Ich würde sogar noch fürstlich dafür bezahlt sein!"

Und Henry, welcher betrogen werden sollte, schlich sich vorsichtig nach dem Schlosse zurück und dachte dabei:

„Der alte Schlaukopf will mich betrügen; aber das soll ihm nicht gelingen. Wie würde er lachen, wenn er das Geld hätte und mir nichts davon zu geben brauchte. Ich könnte kein Wort dagegen sagen, denn ich bin der Dieb, der Einbrecher und würde nur mich selbst in Strafe bringen. Dieser alte Capitän weiß gut zu rechnen; aber dieses Mal soll er sich doch getäuscht haben!"

Er gelangte in sein Zimmer zurück und zog ein Fläschchen hervor, um die beiden Nachschlüssel einzuölen. Dabei schritt er nachdenklich in der Stube auf und ab. Plötzlich flog ein lustiges Lächeln über sein Gesicht.

„Donnerwetter," murmelte er; „da kommt mir ein famoser Gedanke! Ja, der wird ausgeführt! Alle Teufel! Ich möchte das Gesicht des Alten sehen, wenn er den Koffer öffnet und den Zettel zu sehen bekommt."

Er setzte sich an den Tisch, nahm ein Stück Papier und schrieb mit Dinte in großer Schrift darauf:

„Seinem lieben Freunde und Collegen Richemonte zum Andenken an den Schatz, nach welchem ihm umsonst der Mund gewässert hat. Henry de Lormelle."

Nachdem die Schrift getrocknet war, legte er das Blatt zusammen und steckte es zu sich. Dann begab er sich nach dem Speisesaale, wo man ihn nicht vermißt zu haben schien. Hier blieb er eine ganze Weile, bis er die Ueberzeugung hegen durfte, daß jetzt Niemand den Saal verlassen werde. Dann kehrte er in sein Zimmer zurück, nahm eine sehr lange und feste Schnur und das kleine Köfferchen aus dem großen Koffer heraus. Aus dem Letzteren steckte er Alles zu sich, was beim Auffinden ihm hätte schädlich werden können, und dann verließ er das Zimmer. Er schloß die Thür zu und steckte den Schlüssel ein.

Auf dieser Seite des Corridors war Alles still und ruhig. Der Speisesaal lag auf der anderen Seite des Hauses.

Rasch und unhörbar huschte er bis an die Thür, welche in das Zimmer Königsau's führte. Ein leises Klirren, und sie war geöffnet. Er trat ein und verriegelte die Thür hinter sich. Er war auf diese Weise sicher, daß er nicht erwischt werden könne. Selbst wenn Jemand kam, konnte er die Flucht durch das offene Fenster ergreifen.

Es brannte kein Licht in dem Raume. Ein Streichholz flackerte in seinen Fingern auf. Beim Scheine desselben bemerkte er, daß der gesuchte Koffer nicht zu sehen war und also eingeschlossen sein mußte. Er zog den zweiten Schlüssel hervor und öffnete mit demselben den bewußten Schrank. Richtig, er fühlte den gesuchten Gegenstand mit der Hand und nahm ihn heraus. Er stellte dafür den mitgebrachten kleinen Koffer hinein, welcher von derselben Schwere war. Dann verschloß er den Schrank wieder.

Nun entwickelte er die mitgebrachte Leine, band den gestohlenen Koffer daran und ließ ihn zum Fenster hinab. Er hatte sich am Tage genau orientirt und wußte, daß der Raub auf diese Weise hinter ein kleines Nachtschattengesträuch zu liegen komme. Es war so finster, daß selbst Jemand, der sich nicht in ganz unmittelbarer Nähe befand, nichts bemerkt hätte.

Jetzt zog er den Thürriegel wieder zurück. Ein Blick durch die nur eine Spalte breit gemachte Thüröffnung belehrte ihn, daß Niemand zugegen sei, und so trat er heraus auf den Corridor, schloß zu, steckte den Schlüssel ein und begab sich hinab vor das Fenster.

Der Raub war gelungen. Der Schlüssel steckte im Kofferchen. Er trug denselben nach dem hintersten Theile des Gartens, öffnete ihn, nahm den Inhalt heraus und steckte ihn sorgfältig in die Ecke der Mauer. Dort lagen mehrere Steine, welche von schadhaften Stellen der Mauer gefallen waren. Mit diesen und mit herumliegendem Laube füllte er den Koffer, that den Zettel dazu, welchen er geschrieben hatte, und verschloß ihn dann.

Erst nun trug er ihn nach dem entgegengesetzten Theile des Gartens, wo unter der Castanie der Capitän auf ihn wartete. Dieser hörte ihn kommen und zog sich hinter den Stamm des Baumes zurück. Der Nahende konnte ja auch ein Anderer sein.

"Pst!" machte Henry.

Der Alte regte sich nicht.

"Pst, Herr Capitän!"

"Wer ist da?" fragte dieser leise.

"Ich, Henry!"

"Ah," athmete Richemonte erleichtert auf. "Nun? Gelungen?"

"Ja."

"Wo ist das Geld?"

"Hier habe ich es!"

"Zeig her."

Henry gab ihm den Koffer in die Hände. Als der Capitän denselben fühlte, mußte er sich Mühe geben, nicht laut aufzujubeln.

"Donner!" meinte er. "Also wirklich gelungen."

"Wirklich und vollständig."

"Hat Niemand etwas bemerkt?"

"Kein Mensch. Aber, Herr Capitän, ich werde das Versprochene doch auch wirklich erhalten?"

"Natürlich! Oder traust Du mir etwa nicht?"

"Warum sollte ich Ihnen nicht trauen? Es war nur so ein Gedanke, welcher mir plötzlich kam. Aber ich wünschte doch, ich könnte, da Sie so viel in den Händen haben, wenigstens einen kleinen Abschlag auch in meine Hand bekommen. Mein Geld ist fast alle; wer weiß, was passirt, und es wird immerhin einige Zeit vergehen, ehe ich zu Graf Rallion kommen kann."

Der Capitän fühlte ausnahmsweise auch einmal ein leichtes menschliches Rühren. Er wußte sich im Besitze des Reichthumes; es war, als sei eine Art von Rausch über ihn gekommen, und im Eindrucke desselben griff er in die Tasche, zog seine Börse hervor, gab sie Henry und sagte:

"Da! Es sind einige Goldstücke drin; ich habe nicht mehr bei mir. Du wirst später desto zufriedener sein. Jetzt aber will ich mich schleunigst aus dem Staube machen. Ich habe sehr weit zu gehen und schwer zu tragen. Gute Nacht, lieber Henry."

"Gute Nacht, lieber Herr Capitän."

Richemonte verschwand im Dunkel der Nacht. Jenseits des Gartens angekommen blieb er aufathmend stehen.

"Ich bin doch besser, als ich dachte," brummte er. "Gegen fünfzig Thaler werden es sein, die ich ihm gegeben habe. Lieber Herr Capitän, sagte er. Was er wohl später sagen wird, wenn er merkt, daß er nichts weiter bekommt? Am Liebsten möchte ich Alles für mich behalten. Aber das geht nicht. Der Einfluß Rallions ist groß; ich kann durch ihn weit mehr Vortheile ziehen, als die Hälfte dieses Diebstahls beträgt. Gute Nacht, Königsau! Gute Nacht, Madame Margot. Ihr werdet an diesen Abend lebenslang gedenken."

Und Henry murmelte, zum Schlosse zurückkehrend, bei sich:

"Dummkopf! Giebt mir auch noch eine Hand voll Goldstücke obendrin. Wie ihn das wurmen wird, wenn er die Christbescherung erkennt! Es ist dem alten Spitzbuben recht! Nun aber muß ich machen, daß ich in Sicherheit komme."

Er kehrte in das Innere des Schlosses zurück und gab einem Diener den Auftrag, sobald nach ihm gefragt werde, zu sagen, daß ihn ein leichtes Unwohlsein befallen habe und er um Entschuldigung bitten lasse. Dann suchte er sein Zimmer auf. Dort warf er seinen Reisemantel und eine lederne Reisetasche, welche er bei seiner Ankunft getragen hatte, durch das Fenster und ließ sich selbst dann an der Leine hinab, welche er, als er den Boden erreicht hatte, hinter sich herzog.

Dann schlich er sich nach der Gartenecke, wo er den Schatz versteckt hatte. Seine Taschen langten zu, Alles aufzunehmen, und nun sagte er dem Orte Ade, an welchem er so freundlich aufgenommen worden war. —

Das Mahl hatte zu einer so späten Stunde geendet, daß die Theilnehmer es vorgezogen hatten, im Schlosse zu übernachten, anstatt noch während der Nacht abzureisen. Aber am frühen Morgen brachen Alle auf. Smirnoff und Samuel Cohn waren die Ersten; welche anspannen ließen, um nach Drengfurth zu Rallion zu fahren, welcher ganz sicher sehnlichst auf sie wartete. Sie fanden ihn in Reisekleidern, worüber sie sich wunderten.

"Wie?" fragte der Pole. "Hat dies nicht den Anschein, als ob Sie den Ort verlassen wollten?"

"Das beabsichtige ich allerdings. Ich habe nämlich ein Leiden, welches mich öfters ganz plötzlich überfällt. Gestern in der Dämmerung erlitt ich einen solchen Anfall, daß ich nach einer Wärterin schicken mußte, welche bis zum Morgen bei mir bleiben mußte. Auch der Wirth hat während der Nacht nicht schlafen können. Ich muß schleunigst nach Berlin, um einen bessern Arzt zu sprechen, als ich hier finde."

Er hatte Alles aus Berechnung gethan. Die Wärterin und das Hotelpersonal konnten beschwören, daß er sein Zimmer nicht verlassen hatte. Das bezweckte er.

"Und wir?" fragte Smirnoff.

„Nun, wie ist es gegangen?"

„Nach Wunsch. Ich stelle mich Ihnen als den gerichtlich anerkannten Besitzer Ihres Eigenthumes vor."

„Zeigen Sie die Papiere."

„Hier! Kauf, Quittung, Alles ist vorhanden. Wo es sonst mehrerer Wochen bedarf, um mit den Herren vom Amte auf das Reine zu kommen, sind wir hier schnell fertig geworden. Geld ist eine Macht, und ich wünschte, daß ich mich im Besitze dieser Macht befände."

„Das wird bald der Fall sein. Wir werden den zweiten Theil unseres Geschäftes in Berlin zum Abschluß bringen; das ist dort ja ebenso gut möglich wie hier. Ich halte es überhaupt für besser und klüger, es dort zu thun als hier. Wir reisen zusammen. Sind wir fertig, erhalten Sie Beide Ihr Salair."

Dieses schnelle Abreisen war auch vorher zwischen ihm und dem Capitän, welcher schleunigst nachkommen wollte, verabredet. Sie hatten sogar ein Wirthshaus geringeren Ranges als Rendezvous bestimmt, obgleich Beide in besseren Hotels absteigen wollten.

Nach diesem Gasthause begab sich Rallion bereits am zweiten Tage nach seiner Ankunft und erkundigte sich dort nach Richemonte, der hier natürlich einen anderen Namen trug. Er war angekommen. Rallion erhielt die Nummer des Zimmers genannt und begab sich zu ihm.

„Endlich!" rief der Capitän. „Mir ist die Zeit bis zu Ihrem Eintreffen unendlich lang geworden."

„Wieso? Hatten Sie keine Beschäftigung?"

„Ah pah! Was hätte ich thun sollen?"

„Geld zählen!"

„Fällt mir doch ganz und gar nicht ein!"

„Warum nicht?"

„Aus Vorsicht."

„Ah, so! Ich befürchtete bereits, zu hören, daß Sie kein Geld zählen könnten, weil keins vorhanden sei."

„Sie glaubten, der Coup sei nicht gelungen?"

„Das war doch immerhin möglich. Also Henry hat seine Schuldigkeit gethan?"

„Er hat Alles ausgezeichnet gemacht."

„Gut, aber bekommen wird er nichts. Das soll die Strafe sein für seine früheren Spitzbübereien. Sind Sie mit dem Koffer vorsichtig gewesen?"

„Ja. Ich habe ihn in einen Korb gepackt und diesen als Behälter von Mineralienproben declarirt."

„Das ist klug gehandelt. Wo ist er?"

„Hier."

Er zog den Korb unter dem Bette hervor, zerschnitt die Stricke und öffnete ihn. Er enthielt Steine und das kleine Köfferchen, welches von Beiden mit liebevollen Blicken beäugelt wurde."

„Eine Mineralienprobe!" lachte der Graf. „Köstlicher Gedanke! Jedenfalls wird nach diesem Koffer bereits geforscht. Das Geld nehmen wir; die Mineralien aber füllen wir hinein und senden ihn dann der Polizei. Ueberhaupt ist der ganze Coup ein wahres Meisterstück Ihrer Spitzfindigkeit, Capitän. Zwei Rittergüter kaufen und baar bezahlen, das Geld aber sich sofort wieder zurückstehlen; das ist grandios! Aber, öffnen Sie!"

„Der Schlüssel fehlt leider."

„Warum?"

„Henry hat ihn jedenfalls nicht vorgefunden. Königsau wird ihn zu sich gesteckt haben."

„So müssen wir uns nach Werkzeugen umsehen."

„Ich habe bereits Hammer und Meißel besorgt. Ich werde öffnen."

Das Köfferchen war nicht so außerordentlich durabel gemacht, daß es lange Widerstand hätte leisten können. Der Deckel sprang bereits nach einigen Schlägen auf. Die Augen der beiden Männer fielen neugierig auf den Inhalt.

„Was ist das?" fragte der Graf. „Laub!"

„Und ein Zettel darüber," fügte der Capitän hinzu. „Dieser Königsau ist doch ein eigener Kauz, das Geld mit Laub zu bedecken. Diese Deutschen sind überhaupt alle halb verrückte Kerls. Was mag auf dem Zettel stehen?"

„Jedenfalls hat er sich die Nummern der Werthpapiere aufgezeichnet und dieses Verzeichniß mit zum Gelde gelegt. Wie unsinnig! Nun ist das Geld mit sammt dem Verzeichnisse fort, und es wird ihm unmöglich sein, der Polizei die Nummern anzugeben. Wir brauchen uns mit der Ausgabe dieses Geldes gar nicht zu geniren."

Der Capitän hatte den Zettel ergriffen und warf einen Blick darauf. Seine Augen wurden weit und er ließ ein Schnaufen hören wie von einem Thiere, welches in Zorn gerathen ist.

„Himmel und Hölle!" rief er. „Mir scheint allerdings, daß wir uns mit der Ausgabe ganz und gar nicht zu geniren brauchen!"

„Nicht wahr?"

„Ja, und zwar, weil wir es gar nicht ausgeben können."

„Nicht? Warum? Was haben Sie? Was ist mit Ihnen?"

„Wir können es nicht ausgeben, weil wir es nicht haben."

Der Graf blickte ihn bestürzt an.

„Wir haben es nicht? Das ist ja der Koffer, in welchem es sich befand," meinte er.

„Ja, aber was steht da auf dem Zettel?"

„Da, lesen Sie selbst."

Der Graf nahm den Zettel und las laut die Worte:

„Seinem lieben Freunde und Collegen Richemonte zum Andenken an den Schatz, nach welchem ihm umsonst der Mund gewässert hat. Henry de Lormelle."

Er blickte den Capitän wie rathlos an. Dieser meinte:

„Das ist sehr deutlich. Oder verstehen Sie es vielleicht nicht?"

„Verstehen? Ah, der Schurke wird uns doch nicht betrogen haben."

„Was sonst? Was anders? Da, lassen Sie uns einmal nachsehen!"

Sie besahen sich den Inhalt des Koffers; sie durchwühlten den Letzteren und warfen Alles heraus.

„Alle Teufel! Steine und Laub!" rief der Graf.

„Laub und Steine!" wiederholte der Capitän im grimmigsten Tone.

„Er hat uns betrogen!"

„Betrogen und bestohlen! Aber ich werde den Schurken suchen; ich werde ihn ganz sicher finden und zermalmen!"

Sein Gesicht nahm einen schrecklichen Ausdruck an; sein Schnurrbart ging in die Höhe und ließ die langen, gelben Zähne sehen.

„Oder handelt er im Einverständnisse mit Königsau?" bemerkte Graf Rallion.

Richemonte fühlte sich von diesen Gedanken betroffen.

„Donner!" meinte er. „Ach das ist möglich!"

„Vielleicht hat er geahnt und errathen, daß er nichts bekommen sollte, und Königsau Alles mitgetheilt!"

„Das ist mir doch nicht sehr wahrscheinlich. Er hätte sich ja als Spitzbuben hinstellen müssen!"

„Das ist richtig!"

„Ja, er hat uns betrogen; er hat das Geld an sich genommen und uns diese Steine dafür gegeben!"

„Mineralienproben!" meinte der Graf mit einem bösen Fluche.

„Brechen wir auf! Kehren wir sofort zurück, um ihn zu fangen!"

„Pah! Wir bekommen ihn doch nicht! Er wird schon längst über alle Berge sein!"

„Aber ich suche seine Spur! Ich finde sie und bringe ihn zur Anzeige. Ich werde der Polizei melden, daß er der Dieb ist!"

Der Capitän ließ sich von seinem Grimme hinreißen. Der Graf zeigte sich besonnener. Er entgegnete:

„Damit würden wir nur uns selbst schaden. Nimmt man ihn gefangen, so wird er Alles gestehen, und es geht dann uns ebenso wie ihm an den Kragen!"

„Wir bestreiten Alles! Er ist ein Lügner!"

„Man wird ihm dennoch glauben. Das Klügste ist, das wir heimlich nach ihm forschen. Meine Geschäfte hier sind abgemacht. Ich habe den Kauf hier in den Händen. Vernichten wir den Koffer! Stecken wir ihn hier in den Ofen, um ihn zu verbrennen. Dann brechen wir auf. Die Güter sind mein; die Rache an Königsau ist gelungen; nur das ist verloren; was wir zu viel bezahlt haben. Und wenn wir es klug anfangen, wird es uns vielleicht doch gelingen, dieses Schurken habhaft zu werden und ihm seinen Raub wieder abzujagen."

Die beiden Männer erkannten, daß sie betrogen worden seien und in ihrem ehemaligen Diener ihren Meister gefunden hatten. Die Gier nach Rache überstieg noch den Grimm über den Betrug, welcher an ihnen verübt worden war. Sie verbrannten den Koffer und saßen einige Stunden später im Bahnwagen, um den gegen Königsau gerichteten Schlag auszuführen und zugleich nach Spuren Dessen zu suchen, der sie um ihren Raub gebracht hatte.

Was Königsau betrifft, so hatte er am Morgen nach dem Kaufe Smirnoff und Samuel Cohn abfahren lassen, ohne eine Ahnung von dem schweren Verluste zu haben, welcher ihn betroffen hatte. Erst als beim Frühstücke der Gerichtsamtmann, welcher die actuelle Handlung geleitet hatte, die Bemerkung machte, daß vorsichtigermaßen ein Verzeichniß der Nummern der Staatspapiere anzulegen sei, öffnete er den Schrank und nahm den Koffer hervor.

Der Schlüssel fehlte. Das fiel ihm auf, denn er wußte ganz genau, daß er denselben stecken gelassen hatte. Da er ihn trotz alles Suchens nicht fand, so wurde ihm ängstlich zu Muthe. Er ließ die noch anwesenden Herren rufen und theilte ihnen die beunruhigende Entdeckung mit, welche er gemacht hatte.

Es wurde beschlossen, gar nicht erst auf die Ankunft eines Schlossers zu warten, sondern den Koffer sofort aufzubrechen. Das geschah. Der Schreck und die Aufregung, welche sich nun Aller bemächtigte, ist gar nicht zu beschreiben. Der Amtmann gab den Befehl, daß kein Mensch, welcher sich auf dem Schlosse befinde, dasselbe ohne Erlaubniß verlassen dürfe. Ein sicherer Bote wurde nach der Polizei geschickt, und dann begann eine allgemeine Aussuchung. Die gestohlene Summe war so bedeutend, daß an eine Schonung der Gefühle des Einzelnen gar nicht gedacht werden konnte.

Diesem ersten Schlage folgte ein zweiter, noch größerer. Frau Margot hatte sich noch in ihrem Zimmer befunden, als die schlimme Entdeckung gemacht wurde. Sie war schon längere Zeit unfähig, allein zu gehen. Jetzt hörte sie ein Rennen und Rufen, ein Klagen und Fragen. Sie klingelte, sie rief nach Dienerschaft, aber vergeblich. Jetzt bemächtigte sich ihrer eine ungewöhnliche Angst, und diese Angst nahm zu, je lauter der Lärm wurde, und je weniger man sich um sie bekümmerte.

Sie versuchte, sich von ihrem Stuhle zu erheben. Es gelang ihr, aber unter großen Schmerzen. Sie griff sich an der Wand und an den Möbeln hin bis an die Thür, öffnete dieselbe und schob sich hinaus. Einer der Diener kam gerannt und wollte vorüber, ohne sie zu beachten.

„Wilhelm! Wilhelm!" rief sie. „Was giebt's? Was ist geschehen?"

Erst jetzt bemerkte er sie.

„O Gott, gnädige Frau," rief er ganz außer sich; „man ist eingebrochen; man hat Sie bestohlen, fürcherlich bestohlen!"

„Eingebrochen? Uns bestohlen? Um Gott, was ist es denn, was man gestohlen hat?"

„Alles! Alles! Das ganze Vermögen!"

Es war ihr, als ob sie einen Keulenschlag auf den Kopf erhielte.

„Das ganze Vermögen?" ächzte sie. „Wo denn?"

„Das Kaufgeld, die ganze Kaufsumme, aus dem Koffer, in welchem sie verschlossen war."

„O — Gott — Gott — — Gott — — ver — verkauft — — ver — — verloren — meine — Ah — Ah — Ahn — — — !"

„Ahnung!" wollte sie sagen, aber sie vermochte nicht, das Wort vollständig auszusprechen; sie brach zusammen.

Der Diener rannte zu Königsau, welcher rath- und fast gedankenlos unter den Seinen stand.

„Gnädiger Herr," rief er. „Schnell, schnell! Die gnädige Frau ist in Ohnmacht gefallen!"

Alles eilte mit ihm fort; aber Hugo vermochte nicht, ihm zu folgen. Hätten ihn nicht Zwei ergriffen und gehalten, so wäre er zu Boden gesunken. Auf diese gestützt, vermochte er erst nach einiger Zeit, fortzuwanken, um nach seiner Frau zu sehen. Man hatte sie auf das Ruhebette gebracht; sie schien todt zu sein; ihre Augen waren starr und offen, und vor ihrem Munde stand ein bräunlicher Schaum. Er brach mit einem lauten Aufschrei neben ihr zusammen.

Der Amtmann schickte sofort einen reitenden Boten nach dem Arzte. Als dieser kam, untersuchte er die Beiden und erklärte, daß Frau Margot vom Schlage getroffen sei und nur noch einige Tage, vielleicht nur Stunden zu leben habe, bei Herrn Hugo aber sei ein hitziges Fieber im Anzuge, weches sein Leben in die größte Gefahr bringen könne; nur die sorgsamste Pflege werde ihn zu retten vermögen.

In diesem Jammer zeigte es sich, was ein zartes Frauenherz vermag, wenn die Wolken des Unglücks sich zu entladen beginnen. Ida, die Schwiegertochter der beiden Kranken, hatte von dem Augenblicke an, an welchem sie die Kunde von dem Unglücke vernommen, kaum ein Wort gesprochen. Ihr ganzes Wesen schien in Thränen erstarrt zu sein, und doch war sie die Einzige, welche Ruhe und Fassung zeigte und durch entschiedene Winke erklärte, daß sie die Sorge um die Eltern nur allein auf sich nehme und einem jeden Andern verbiete, sich ihnen zu nahen.

In all diesem Jammer und Wehklagen, in diesem Schrecke und dieser Angst war es keinem Menschen eingefallen, an den französischen Gast zu denken. Nur Einer dachte an ihn, und der war — ein Kind.

Der kleine Richardt hatte noch in seinem Bettchen gelegen, als sich das Rennen und Rufen erhob. Er war, neugierig geworden, aufgestanden, hatte die Thür geöffnet und blickte auf das Durcheinander hin und her rennender Menschen, ohne zu wissen, was er davon halten solle. Da aber kam Einer weinend den Seitencorridor herauf, Einer, von welchem er wußte, daß dieser mit ihm sprechen werde. Es war der alte Kutscher Florian, welcher, vom Schreck auch fast gelähmt, herbeigewankt kam in der Haltung eines Menschen, welcher Mühe hat, seine Gedanken in Ordnung zu halten.

„Florian, Florian!" rief der Knabe. „Komm her, Florian! Warum eilen diese Leute so?"

Der Alte trat herbei, nahm den Kopf des Knaben zwischen seine Hände, beugte sich nieder, küßte ihn auf das weiche Haar und antwortete weinend:

„Richard, lieber Richard, es ist Dir ein großes, sehr großes Unglück geschehen! Die Großmama und der Großpapa — — —"

Er hielt inne; er besann sich, ob es denn auch klug und erlaubt sei, dem Kleinen Alles zu sagen.

„Der Großpapa und die Großmama?" fragte Richard. „Was ist mit ihnen lieber Florian?"

„Nichts, o nichts! Sie schlafen. Aber man hat ihnen Geld gestohlen, viel Geld, alles Geld!"

Da richtete der Kleine die klugen Augen auf den Sprecher und fragte:

„Deshalb weinst Du wohl, Florian?"

„Ja."

„Man wird das viele Geld wiederbringen müssen!"

„O nein; der Dieb wird es behalten!"

„Wer ist der Dieb?"

„Wir wissen es nicht, aber wir suchen ihn."

„Wo hat sich das Geld befunden?"

„In dem Zimmer Deines Großpapa."

Da schlug der Kleine vor Freude jauchzend die Hände zusammen und rief aus:

„O, Florian, dann weiß ich, wer der Dieb ist!"

Der alte Kutscher glaubte, daß es sich hier auch, wie so oft, um einen kindlichen Einfall handle, und antwortete:

„Das wirst Du wohl nicht wissen, Richardt!"

„Grad weiß ich es! Ich weiß es sehr genau!"

„Nun, wer ist es?"

„Herr de Lormelle."

„Um Gottes willen!" rief Florian. „Laß das ja Niemand hören!"

„Warum denn nicht?"

„Weil Herr de Lormelle ein vornehmer Herr ist und ein Freund Deines guten Papa, aber kein Dieb!"

„Er ist ein vornehmer Herr, aber ich habe ihn nicht lieb. Er ist gestern Abend ganz allein im Zimmer des Großpapa gewesen."

Jetzt wurde der Diener aufmerksam.

„Hast Du das gesehen?" fragte er.

„Ja."

„Wann war es?"

„Als die vielen Herren im Saale speisten und ich schafen gehen mußte."

„So ist er mit dem Großpapa im Zimmer gewesen."

„Nein. Großpapa war mit den Herren im Saale. Ich konnte nicht schlafen; ich war so allein, denn das Schwesterchen schlief. Ich wollte auch mit speisen im Saale, und da stand ich auf und wollte Dich rufen. Du solltest mich ankleiden. Aber als ich die Thür öffnete, da sah ich Herrn de Lormelle kommen. Er trat so leise auf, als ob er mich fangen wolle, und da zog ich die Thür heran und ließ nur ein ganz, ganz kleines Lückchen."

Der alte Diener lauschte beinahe athemlos.

„Und was sahst Du da?"

„Ich sah, daß er einen Schlüssel aus der Tasche nahm und Großpapa's Thür aufschloß; er trat ein und kam erst nach langer, langer Zeit wieder heraus."

„Hatte er Etwas in der Hand?"

„Nein, lieber Florian; ich habe nichts gesehen."

„Merkwürdig, sehr merkwürdig! Würdest Du das auch Andern so erzählen, wie Du es mir erzählt hast?"

„Wem denn?"

„Dem Onkel Kunz."

„Ja, dem werde ich es erzählen."

„Auch wenn der Herr Gerichtsamtmann dabei ist, lieber Richardt?"

„Auch dann."

„So warte einmal. Ich werde die Beiden sogleich holen."

Er ging und brachte Kunz von Goldberg nebst dem Amtmanne herbei, denen der Knabe seine Entdeckung in kindlich stolzer Weise mittheilte. Der Jurist folgte der Erzählung mit aller Aufmerksamkeit und fragte dann Herrn von Goldberg:

„Haben Sie diesen Herrn de Lormelle heute bereits gesehen?"

„Nein. Ich denke erst jetzt an ihn."

„Ich ebenso. Merkwürdig ist es, daß er sich bei diesem Lärm noch nicht hat sehen lassen. Gehen wir nach seinem Zimmer."

Dort angekommen, fand man dasselbe verschlossen. Das war im höchsten Grade auffällig. Als auch auf wiederholtes Klopfen nicht geöffnet wurde, befahl der Amtmann, die Thür zu erbrechen. Dies geschah, und als man nun eintrat, fand man das Bette noch unberührt. Der Franzose mußte sich durch das Fenster entfernt haben, denn die Thür war von innen verschlossen gewesen. Das Fenster stand offen, und als man hinabblickte, bemerkte man die Leine, welche unten lag.

Nun wurden zunächst die Habseligkeiten des Verdächtigen untersucht. Sein Koffer stand offen. Er enthielt etwas Wäsche und einige Kleidungsstücke, die aber weiter keinen

Anhalt boten. Aber zwischen dem Koffer und der Wand lag — ein Gebund falscher Schlüssel. Henry hatte vergessen, gerade die Hauptsache mitzunehmen.

„Er ist der Dieb," rief der Amtmann. „Diese Nachschlüssel erklären Alles. Er hat mit einem derselben das Zimmer Herrn von Königsaus geöffnet und dann auch den Schrank, in welchem sich das Geld befand. Er hat das Köfferchen gerade so gut öffnen können wie der Besitzer, da dieser Letztere den Schlüssel stecken ließ. Mit dem Gelde in den Taschen hat er sich dann entfernt. Ich werde sofort seine Verfolgung veranlassen."

Die Combinationen des Beamten waren nicht vollständig richtig, aber der Schuldige war doch entdeckt. Es wurden schleunigst alle möglichen Maßregeln ergriffen, seiner habhaft zu werden, doch vergeblich. Er war und blieb für jetzt und lange Zeit verschollen.

(Fortsetzung folgt.)

Die Liebe des Ulanen.
Original-Roman aus der Zeit des deutsch-französischen Krieges von Karl May.
(Fortsetzung.)

Die Vorhersage des Arztes ging in Erfüllung: Hugo von Königsau wurde von einem hochgradigen, hitzigen Fieber ergriffen, während dessen er nur von Gutsverkäufen, Einbrechern und Kriegskassen phantasirte. Bei seinem hohen Alter war wenig Hoffnung vorhanden, ihn genesen zu sehen. Frau Margot starb am vierten Tage, ohne wieder im Besitz ihrer Sinne gekommen zu sein. Es war in dem Hause langjährigen Glückes tiefe Trauer und großer Jammer eingekehrt; Armuth, Krankheit und Tod hatten jählings ihren Einzug gehalten, und Keiner machte sich solche Vorwürfe wie Kunz von Goldberg, welcher sich einbildete, daß aus dem Verkaufe nichts geworden wäre, wenn er sich nicht so warm dafür erklärt hätte.

Man hatte natürlich sofort an Gebhardt telegraphirt, und die Antwort lautete, daß er schleunigst kommen werde, indessen keinen Freund Namens de Lormelle kenne. Goldberg ließ sich Urlaub geben, um der jetzt verwaisten Familie ein Helfer sein zu können. Auch Hedwig, seine Frau, rief er herbei.

Aber ehe Beide eintrafen, nämlich Hedwig und der Urlaub, stellten sich zwei Andere ein. Am fünften Tage nach dem Unglücksfalle kam einer der Diener und meldete Kunz von Goldberg, daß zwei Fremde angekommen seien, welche mit Herrn Hugo von Königsau zu sprechen verlangt hätten.

„Du sagtest doch, daß dieser krank sei und unfähig, Jemand zu empfangen?"

„Allerdings. Darum wünschten sie, bei Ihnen eintreten zu dürfen."

„Ihre Namen?"

„Sie wollten dieselben Ihnen selbst sagen."

„Eigenthümlich! Aber führe sie zu mir."

Nach einigen Augenblicken traten die Angemeldeten ein.

Kaum hatte Kunz einen Blick auf sie geworfen, so sprang er von seinem Stuhle auf. Nicht Rallion war es, welcher seine Aufmerksamkeit hervorrief, sondern Richemonte, dessen Antlitz er mit seinem Blicke durchbohren zu wollen schien. Wer dieses Gesicht einmal gesehen hatte, der war nicht im Stande, es wieder zu vergessen. Und er hatte es gesehen, drüben in Africa, kurz nach der Löwenjagd.

Die Beiden verbeugten sich, aber auf eine Weise, welche die Absicht erkennen ließ, das gerade Gegentheil von Höflichkeit erkennen zu lassen.

„Sie sind Herr von Goldberg?" fragte Rallion.

„Wie Sie wissen!" antwortete Kunz. „Sie kommen jedenfalls, um mir Ihr Verschwinden aus dem Postwagen zu erklären."

„O, ich werde Ihnen noch ganz andere Sachen zu erklären haben."

„Vielleicht werden Sie mir endlich auch Satisfaction geben wollen!" meinte Kunz in verächtlichem Tone.

„Gewiß! Das ist ja gerade der Grund meiner Anwesenheit. Ich komme nämlich, um Ihnen mitzutheilen — — —"

„O bitte, bitte!" unterbrach ihn Kunz. „Wollen Sie mir nicht vorher den andern Herrn vorstellen?"

„Eigentlich wollte ich dies erst später thun, doch kann ich Ihnen den Namen meines Freundes sagen: Herr Capitän Albin Richemonte."

Goldberg fühlte sich einen Augenblick lang nicht im Stande, sich zu bewegen oder einen Laut von sich zu geben; aber er war ein vollendeter Charakter und beim Militär so gut geschult, daß er seine Züge zu beherrschen verstand. Also das war der Mensch, welcher der Teufel der Familie Königsau genannt werden müßte.

Im Gesichte Goldbergs zuckte keine Miene. Sein Auge

ruhte mit einem starren, fast todten Ausdrucke auf dem Capitän; dann meinte er zu Rallion:

"Fahren Sie jetzt fort."

"Das wird sofort geschehen. Herr von Königsau hat seine bisherigen Besitzungen an den Grafen von Smirnoff verkauft?"

"Ja."

"Unter der Bedingung, diese Besitzungen mit seinem Privateigenthum binnen einem Monate, vom Tage des Kaufabschlusses an gerechnet, zu verlassen?"

"Ja."

"Nun, so theile ich Ihnen mit, daß ich in alle Rechte des Grafen Smirnoff getreten bin. Ich habe ihm die beiden Güter abgekauft."

Zwischen Goldbergs Zähnen drang ein zischendes Pfeifen hervor, der einzige Laut, welchen er während einer ganzen Weile hören ließ. Tausend Gedanken und Vermuthungen kreuzten sich in seinem Kopfe.

"Ich hoffe, daß Sie gehört haben, was ich soeben sagte!" meinte Rallion.

Goldberg nickte leise und antwortete sodann:

"Ich habe Sie sehr wohl verstanden. Ich glaube sogar, daß Sie mir mehr, viel mehr mitgetheilt haben, als was Sie bezweckten. Ich ersuche Sie, mir in das Nebenzimmer zu folgen!"

Er stieß eine Thür auf und ließ die Beiden vorangehen. Sie blieben wie gebannt am Eingange stehen. Das Gemach, in welchem sie sich befanden, war mit schwarzem Tuche ausgeschlagen; kein Tisch, kein Stuhl, kein Möbel war vorhanden. In der Mitte des Raumes aber erhob sich ein imposantes Castrum doloris, ein mit schwarzem Krepp und Sammet drapirter Katafalk, an dessen Seiten auf hohen Leuchtern eigenartig duftende Walrathskerzen brannten. Die Fenster waren verhangen, und das Licht der Kerzen fiel auf einen Sarg, welcher die Blicke der beiden Eingetretenen magnetisch auf sich zog. In demselben lag Margot, die einstige Liebe eines Kaisers, in helles, schimmerndes Weiß gekleidet. Der schöne Mund war scharf geschlossen, das herrliche Auge gebrochen, die glänzende Wange eingefallen. Auf der einst so elfenbeinernen Stirn spielten gelbgraue Töne, und das Grau des einst so herrlich blauschwarzen Haares hatte im Tode seinen Glanz verloren.

Niemand schien bei der Leiche zu sein, aber unten am Katafalke hatte ein vom vielen Weinen bleicher und matter Knabe gesessen und immerfort geschluchzt: "Großmama, meine liebe, traute Großmama!" Aber als sich die Thür geöffnet hatte, da hatte er sich in die tiefen Falten des Sammets versteckt.

Kunz von Goldberg stieg die Stufen empor und deutete mit der Rechten auf die Todte.

"Kennen Sie Diese hier?" fragte er mit tiefer Stimme, welcher man nicht abnehmen konnte, ob sie vor Rührung oder vor Gram zitterte. "Ich sagte vorhin, daß Sie mir mehr mitgetheilt haben, als Sie eigentlich beabsichtigten. Sie haben mir eingestanden, daß Sie das Eigenthum dieser Hingemordeten durch einen Dritten kauften und den Kaufpreis durch einen Vierten rauben ließen, um ein Werk entsetzlicher Rache auszuüben. Die Hingegangene ist ein Opfer dieser Rache geworden, und auch Der, mit welchem sie im Leben verbunden war, ringt mit dem Tode. Ich lege meine Hand auf das erstarrte Herz der Todten und schwöre bei Gott und bei allen Mächten seines Himmels, daß ich nicht ruhen und rasten werde, bis Eure Thaten an das Licht gebracht sind und ihren Lohn gefunden haben. Graf Rallion, feiger Mörder, wagen Sie es, Ihrem Opfer in das Angesicht zu blicken? Capitän Richemonte, fühlen Sie beim Anblicke Ihrer Schwester nicht den Brand einer Hölle in Ihrem Herzen? Nein, Sie sind ein Teufel und haben diesen Brand nicht zu fürchten. Aber es wird der Tag kommen, an welchem wir im Namen der ewigen Gerechtigkeit mit Ihnen zusammenrechnen, und dann wird sich kein Engel finden, der um Erbarmen für Sie bittet. Gehen Sie, gehen Sie! Es ist hier nicht Raum für Sie und die Leiche dieser Reinen, deren Mörder Sie sind."

Er zeigte mit der Linken nach der Thür. Rallion fühlte ein unendliches Grauen in allen seinen Gliedern und wendete sich zum Gehen. Richemonte aber faßte ihn am Arme.

"Warten Sie!" sagte er zu ihm.

Dann ging er langsam näher, stieg die Stufen empor, trat ganz nahe zum Sarge hin, und nahm die Leiche mit einem kalt musternden Blicke in Augenschein. Es zeigte sich in seinem kalten Gesichte nicht die mindeste Spur einer Gefühlsregung. Dieser Mensch schien da, wo bei Anderen das Herz klopft, welches man ja als Sitz der Empfindungen zu bezeichnen pflegt, eine leere Stelle zu haben. Er hatte die Todte, welche seine Schwester gewesen war, verfolgt, so lange er sie kannte. Und nun sie als Leiche vor ihm lag, war bei ihm von Reue nicht die Rede. Er hatte kein Gewissen.

Nachdem er sie betrachtet hatte, wie man eine Wachsfigur in Augenschein nimmt, wandte er sich ruhig ab, zuckte die Achsel und sagte:

"Sie ist nicht zu bedauern. Sie hat trotz aller Mühe, welche ich mir mit ihr gegeben habe, nie erkannt, was zu ihrem Besten dient. Ich habe es nicht glauben wollen, aber es giebt wirklich Menschen, welche Alles wollen, Alles, nur ihr eigenes Glück nicht."

Das war eine Frechheit sonder Gleichen. Goldberg fühlte sich im tiefsten Innern darüber empört.

"Schurke!" stieß er zornig hervor.

Richemonte wendete sich an ihn und fragte:

"Meinen Sie etwa mich, Monsieur?"

"Ja, Sie! Keinen Anderen."

"Sie sind nicht zurechnungsfähig."

"Und Sie würde ich niederschlagen und dann aus dem Hause werfen lassen, wenn mich nicht ehrfürchtige Scheu vor dieser Todten abhielt, jetzt so Etwas zu thun."

Da ermannte sich auch Rallion wieder.

"Herr von Goldberg," sagte er, "nehmen Sie sich in Acht, daß nicht Sie es sind, welcher hier aus dem Hause geworfen wird!"

"Feigling."

Dies war das einzige Wort, mit welchem Goldberg antwortete.

"Feigling?" meinte Rallion. "Es hat ein jeder Mensch seine eigene Manier, zu kämpfen. Während Andere im Kugelregen fechten, thut der Minirer seine Pflicht unter der Erde, und er ist nicht weniger muthig als die Ersteren. Gebhardt von Königsau war einst so toll, mich zu fordern. Ich habe diese Aufforderung angenommen, aber ich verzichtete darauf, mit Waffen zu kämpfen, welche ihm als Officier geläufiger waren als mir. Die Parthie wäre ungleich gewesen, und die Entscheidung würde eine ungerechte geworden sein. Ich habe nach anderen Waffen gegriffen; ich habe mit ihm nicht um das Leben, sondern um seine Existenz gekämpft, und Sie sehen jetzt, daß ich Sieger bin."

Da trat Goldberg rasch einen Schritt vor und rief:

„Ah, damit geben Sie zu, daß der Schlag, welcher die Familie Königsau getroffen hat, von Ihnen ausgeführt wurde."

„Pah. Denken und vermuthen Sie, was Sie wollen! Sollten Sie so sinnlos sein, anzunehmen, daß ich bei Ihnen eingestiegen bin und das Geld genommen habe, welches Ihnen abhanden gekommen ist, so habe ich nichts dawider. Ich begnüge mich damit, Herr der Besitzung zu sein, welche meinem Gegner gehörte. Wollen Sie den Kampf noch weiter treiben, so bin ich bereit, ihn wieder aufzunehmen. Ich theile Ihnen mit, daß ich hier nicht wohnen, sondern die Verwaltung der Besitzung einem Beamten anvertrauen werde. Glauben Sie vielleicht, irgend welchen Rechtstitel geltend machen zu können, so bedienen Sie sich meinetwegen der Ihnen zur Verfügung stehenden gesetzlichen Mittel: aber sorgen Sie dann dafür, daß mein Verwalter bei seinem Anzuge Niemand von denen vorfindet, welche zu lieben ich keine Veranlassung habe. Ich würde in diesem Falle in unnachsichtlicher und strengster Weise mein Hausrecht in Anwendung bringen! Adieu, Monsieur!"

Er ging, und Richemonte folgte ihm.

Der Schlag war gefallen, und er traf alle Betheiligten schwer. Wie gut, daß Margot von Königsau durch den Tod verhindert worden war, ihn mitzufühlen. Sie wurde begraben. Alle ihre einstigen Untergebenen betrauerten in ihr eine Herrin, welche wie eine Mutter für das Wohl Aller bedacht gewesen war.

Hugo von Königsau hatte seine kräftige Natur bis in sein gegenwärtiges Alter bewahrt. Er war von dem Fieber zwar niedergeworfen worden; es hatte ihn dem Tode nahe gebracht, aber er starb nicht, sondern er genaß.

Als er das erste Mal das Lager verlassen konnte, befand er sich bereits seit langer Zeit nicht mehr auf der verlorenen Besitzung, sondern in Berlin, wo Kunz von Goldberg ihm eine Wohnung gemiethet hatte. Seine Schwiegertochter und seine beiden Enkel waren bei ihm, aber er fühlte sich trotz ihrer Gegenwart einsam und fast verlassen. Ihm fehlte das treue Weib, Margot, die seine Seele gewesen war. Man hatte ihm ihren Verlust natürlich erst dann mittheilen können, als die Aerzte es gestatteten; aber dennoch war es als ob diese Schreckenskunde ihn wieder auf das Lager werfen wollte. Es bedurfte der ganzen Liebe und Anhänglichkeit der Seinigen, seine Gedanken von diesem Verluste, den er erlitten hatte, wenigstens zeitweilig abzulenken.

Besser wurde dies, als Gebhardt endlich eintraf. Er war zwar von Allem unterrichtet worden; er wußte, daß seine Mutter todt und sein Vater schwer krank sei; er wußte auch, daß ihr Vermögen verloren sei und daß ihr Feind sich auf ihrem Eigenthume eingenistet habe. Er hatte darum seine Rückkehr nach Kräften beeilt, aber es war ihm nicht möglich gewesen, eher zu kommen.

Jetzt nun nahm er das Werk in die Hand, an welchem bereits Goldberg und die Polizei vergeblich gearbeitet hatten, nämlich die Erforschung dessen, was damals geschehen war.

Bei reiflicher Erwägung schien es fast sicher, daß zwischen jenem Diebstahle und dem Ankaufe der Güter durch Rallion ein Zusammenhang stattfinde; aber war die Lüftung des darüber ausgebreiteten Schleiers bisher eine Unmöglichkeit gewesen, so blieben auch alle weiteren Nachforschungen ohne Erfolg. Dieser Letztere war nur denkbar, wenn der Dieb, der sogenannte Henry de Lormelle, entdeckt und ergriffen wurde; aber es gelang nicht, auch nur die leiseste Spur von ihm aufzufinden.

Inzwischen war zu dem bereits erlebten Unglück auch noch ein weiteres gekommen. Eines Tages nämlich traf ein schwarzgeränderter und ebenso schwarzgesiegelter Brief aus Paris bei Gebhardt von Königsau ein, welcher folgendermaßen lautete:

„Mein Herr!

Hierdurch wird Ihnen mitgetheilt, daß Ihre entfernte Verwandte, die hochselige Frau Gräfin Juliette de Rallion, in Folge eines plötzlichen Schlaganfalles mit dem Tode abgegangen ist und kein Testament hinterlassen hat.

Aus diesem letzteren Grunde und ebenso zu Folge des Umstandes, daß Ihre Frau Gemahlin und deren Schwester, Frau Hedwig von Goldberg, an Ausländer verheirathet sind und auch über die gesetzlich hier einschlagende Frist im Auslande gewohnt haben, fällt das Ganze der Hinterlassenschaft dem einzigen männlichen Erben der Verstorbenen, dem Herrn Grafen Jules Rallion zu. Ergebenst

Ernesta Bafot,

Oeffentlicher Notar u. Nachlaßverwalter."

Die gute Tante Rallion war hochbetagt gewesen, und Gebhardt machte kein Hehl daraus, daß er gehofft habe, es werde ihm bei ihrem Ableben ein Theil ihres Nachlasses zufallen. Das wäre in seiner gegenwärtigen Lage eine große Hilfe für ihn gewesen. Nun war auch diese Hoffnung vernichtet. Ihr Feind, der Graf Jules Rallion, war auch hier vom Glücke begünstigt worden.

Nun galt es, zu arbeiten und zu schaffen, damit die nackte Armuth nicht ihren Einzug halte.

Zwar hatte Gebhardt an seinem Schwager Goldberg einen Freund, dessen ganzes Eigenthum ihm zur Verfügung gestanden hätte, aber er zog es vor, sich selbst allein das Dasein zu verdanken. Er versuchte, die Erfahrungen und Anschauungen, welche er sich auf seinen Reisen gesammelt hatte, zu verwerthen. Er schrieb Bücher, Berichte und Gutachten und hatte die Freude, seine Mühen anerkannt und belohnt zu sehen. Es gelang ihm, sich mit der Feder eine, wenn auch nicht glänzende, aber doch zufriedenstellende Existenz zu erobern.

Aber die Zeit rückte vor, und mit ihr stiegen die Ansprüche, welche das Leben und die Sorge für die Seinen an ihn machten. Der kleine Richardt hatte das Alter erreicht, in welchem er als Cadet eintreten sollte; dazu waren Mittel erforderlich, welche Gebhardt leider nicht besaß. Zwar griff hier Kunz von Goldberg ein; aber es war vorauszusehen, daß die Ausgaben von Jahr zu Jahr steigen würden. Schwager Goldberg sollte nicht gewohnheitsmäßig in Anspruch genommen werden; man mußte daran, sich irgend eine Hilfsquelle zu öffnen.

So saßen Großvater, Vater und Mutter oft sorgend beisammen, um zu berathen und Pläne zu entwerfen, welche sich aber stets als nicht wohl ausführbar erwiesen.

Ein einziger unter diesen Plänen war es, welcher, so abenteuerlich er auch auf dem ersten Blick erschien, doch eine kleine Hoffnung des Gelingens gab. Und stets war es Großvater Hugo, welcher die Rede auf ihn brachte.

„Die Kriegskasse," meinte er; „könnten wir doch die Kriegskasse finden!"

„Sie gehört nicht unser; sie ist Eigenthum Frankreichs," wendete Gebhardt ein.

„Aber Frankreich muß dem Finder eine Gratification zahlen."

„Nun wohl! Aber wo soll man sie suchen?"

„Ich kann mich leider nicht mehr besinnen; aber so weit meine Gedanken reichen, muß ich mir sagen, daß ich sie nicht gar sehr weit, und zwar südlich von dem Orte vergraben habe, wo sie erst lag. Die Zeichnung, welche ich damals fertigte, hat zwar Blücher erhalten, aber ich habe eine Copie genommen, welche wir noch jetzt besitzen."

Dieses Gespräch wiederholte sich so oft, daß Gebhardt von Königsau sich endlich an den Gedanken gewöhnte, der verlorenen Kriegskasse nachzuforschen. Im Stillen that auch Ida alles Mögliche, ihn in diesem Beschlusse zu bestärken. So saßen sie auch einstmals in dem kleinen Gärtchen, welches zu ihrer gegenwärtigen Wohnung gehörte, und sprachen über denselben Gegenstand. Da erwärmte sich Großpapa Hugo so sehr für denselben, daß er schließlich ausrief:

„Nun gut, Gebhardt! Wenn Du nicht gehst, so gehe ich!"

„Du?" fragte der Angeredete. „Das geht nicht!"

„Warum nicht?"

„Grad jetzt macht Dir Deine alte Wunde sehr viel zu schaffen. Du bedarfst der Ruhe und hast für Monate hinaus jede größere Anstrengung zu vermeiden."

„Die Reise ist keine Anstrengung!"

„Sie kann sogar eine sehr große werden!"

„Wieso?"

„Es ist keine Erholung, dort im Gebirge herum zu klettern und nach einem Ort zu suchen, den man nicht kennt! Dazu kommt, daß es heimlich geschehen muß, so daß Niemand Etwas davon merkt. Das Wetter darf gar nicht berücksichtigt werden; im Gegentheile, je schlimmer es ist, desto sicherer ist man vor etwaigen Lauschern."

„Hm! Das mag sein! Also muß ich leider darauf verzichten; aber Du, lieber Gebhardt, könntest es doch versuchen!"

„Wenn Ihr es denn so dringend wünscht, so will ich Euch den Willen thun. Aber, wie es anfangen?"

Da ließ sich hinter ihm eine Stimme vernehmen:

„Das ist nicht schwer!"

Er drehte sich um. Da stand der alte, treue Kutscher Florian Rupprechtsberger, welcher damals mit Hugo nach Deutschland gekommen war und auch dann die Familie nicht verlassen hatte, als sie arm geworden war.

„Nicht schwer? Wieso?" fragte Gebhardt.

„Ich gehe mit!"

„Du? Hm!"

Florian war alt geworden. Gebhardt betrachtete seine Gestalt mit prüfendem Blicke, wie um zu taxiren, ob der brave Mann den Anstrengungen einer solchen Reise auch noch gewachsen sei.

„Das ist wahr," sagte der Großvater. „Da ich nicht mit darf, so ist unser Florian der Einzige, welcher jene Gegend kennt."

„Wird er sich ihrer auch erinnern können?" meinte Gebhardt.

„Gewiß?" antwortete Florian. „Ich war ja mit in der Schlucht, wo das Geld erst vergraben war. Das war an dem Tage, an welchem wir verfolgt und angegriffen wurden, und an welchem der Capitän Richemonte den Baron de Reillac ermordete."

„Das hast Du schon oft erzählt; aber wirst Du diese Schlucht auch heute noch wiederfinden?"

„Das versteht sich!"

„Beschreibe den Weg!" befahl der Großvater.

„Man geht durch Bouillon, an dem Wirthshause vorüber, in welchem Sie einmal eingekehrt waren, ein Stück am Wasser hin, und dann bei den Bäumen biegt man links ein, um den schmalen Weg zu verfolgen, welcher an der Köhlerhütte vorüberführt. Von da aus hat man nur einige Minuten weiter durch den Wald zu steigen; dann öffnet sich zur rechten Hand die Schlucht."

„Das ist sehr richtig," meinte der Großvater. „Aber seit jener Zeit sind viele Jahre vergangen, und es wird Manches verändert sein, vielleicht so verändert, daß man das Terrain gar nicht mehr wieder erkennt."

„Den Berg haben sie doch nicht fortschaffen können, und die Schlucht ist also auch noch da."

„Wohl wahr! Aber wenn Ihr nun die Schlucht gefunden habt, was dann?"

„Dann nehmen wir den Situationsplan in die Hand, den Sie damals gezeichnet haben, und suchen, indem wir uns von der Schlucht aus immer nach Süden halten."

„Glaubst Du denn, daß Du eine solche Reise noch mit unternehmen kannst?"

„Ich?" fragte der treue Diener im zuversichtlichsten Tone. „Ich laufe mit um die Erde herum, wenn es gilt, Etwas zu thun, was Ihnen Freude macht!"

„So habe ich nichts dagegen, daß Du mit Gebhardt reisest. Und da wir einmal diesen Entschluß gefaßt haben, so wollen wir auch nicht lange zögern, ihn in Ausführung zu bringen!"

Der gute Florian zeigte eine außerordentliche Freude über die Erlaubniß, welche ihm geworden war.

„Wie schön! Wie herrlich!" rief er aus. „Bei dieser Gelegenheit kann ich auch einmal meine Verwandten besuchen. Die Alten sind freilich gestorben, und die Jungen habe ich noch gar nicht gesehen; aber wir schreiben uns zuweilen. Und dann das schöne Geld, welches Sie erhalten werden! Vielleicht werden Sie dadurch wieder grad so reich, wie Sie gewesen sind!"

Das erregte die Wißbegierde Ida's. Sie fragte:

„Den wievielten Theil des Ganzen würdet Ihr wohl erhalten?"

Da antwortete Großvater Hugo lächelnd:

„Ich bin mit dieser Frage, natürlich ohne mich zu verrathen, hier bei einem Advocaten gewesen. Er hat nachgeschlagen und gesagt, daß eine Kriegskasse, welche so lange Zeit vergraben liege, unter den Begriff des Schatzes falle. Und nun rathet, wieviel in Frankreich da der Finder erhält!"

„Den zwanzigsten oder wohl gar den zehnten Theil?" rieth Frau Ida von Königsau.

„Das wären fünf oder zehn Procent. Nein; er bekommt gerade die Hälfte, während die andere Hälfte dem Besitzer des Grundes und Bodens gehört, auf welchem der Schatz gefunden wird."

Diese Auskunft erweckte geradezu eine Art Begeisterung für das Unternehmen, und es wurde einstimmig beschlossen, die Vorbereitungen zur Abreise sofort zu treffen. —

Unterdessen wohnte der Capitän Richemonte mit dem Baron und der Baronin Liama de Sainte-Marie noch auf Jeanetta. An dem Zustande des Barons hatte sich nichts gebessert; er war vielmehr noch tiefsinniger geblieben. Der in der Sahara an den unschuldigen Arabern verübte Massenmord quälte sein Gewissen und der Gedanke an jene ruchlose That versetzte ihn zeitweilig in einen Zustand finstern, dumpfen Brütens. Später traten sogar Stunden ein, in denen er die Geister der Ermordeten zu sehen glaubte und mit ihnen kämpfte.

Er durfte gar nicht mehr ohne Aufsicht gelassen werden, und diese Aufsicht mußte der Capitän selbst übernehmen. Wäre eine andere Person damit betraut worden, so stand ja zu befürchten, daß die ganze Vergangenheit verrathen werde.

Schließlich aber mußte doch ein Arzt zu Rathe gezogen werden. Er erhielt so viel mitgetheilt, als möglich war, ohne gefährliche Vermuthungen in ihm zu erwecken, und rieth nach einiger Beobachtung des Kranken Zerstreuung und eine Ortsveränderung, welche in einer Reise bestehen könne. Diese Reise müsse aber möglichst anstrengend sein, da körperliche Anstrengung und Ermüdung einen heilsamen Einfluß auf den erkrankten Geist üben werde.

Der Capitän fluchte im Stillen über den krankhaften Zustand seines Verwandten und Adoptivsohnes. Sich seiner zu entledigen, ihn aus der Welt zu schaffen, wäre nichts sein Gewissen Belästigendes gewesen, da er ja überhaupt gar kein Gewissen besaß; aber er überlegte es sich, daß dies nur heiße, einen sehr dummen Streich begehen. Starb der Baron de Sainte-Marie, so gab es keine anderen Erben als die Familie Königsau, welcher dann Jeanetta wieder zufiel. Darum mußte der Kranke weiter leben.

Richemonte beschloß, mit ihm eine Fußreise zu unternehmen, und zwar in das Gebirge, da eine Gebirgsreise ja angestrengter ist als jede andere. Er wollte nach den Argonnen hinauf und dann in den Ardenner Wald.

Die Vorbereitungen machten nicht viele Umstände. Ein junger, starker Knecht wurde als Diener mitgenommen, um bei der Bewältigung des Kranken behilflich zu sein, wenn sich bei demselben ja ein Anfall von Tobsucht einstellen sollte. Dann ging es fort.

Erst ging es mit der Post nach Chalons und dann in den Argonner Wald, welcher von Bar le Duc bis nach Launoy durchwandert wurde. Diese anstrengende Fußtour war von ganz ausgezeichneter Wirkung auf den Baron. Einige leichtere Anfälle in den ersten Tagen abgerechnet, war über ihn nicht zu klagen gewesen, und selbst sein Trübsinn, welcher ihn seit Jahren nicht verlassen hatte, schien nach und nach einer andern Stimmung Platz zu geben. Er wurde von Tag zu Tag heiterer und gesprächig und begann, sich für Alles, was er erblickte, immer lebhafter zu interessiren.

Nur von der Vergangenheit zu sprechen, mußte Richemonte streng vermeiden. Selbst wenn der Kranke nur an dieselbe dachte, stellte sich sofort die frühere trübe Stimmung wieder ein.

Zwischen Launoy und Signy le Grand liegt ein allerliebstes kleines Dörfchen, in welchem lauter gut situirte Landleute wohnen. Es gab nur eine einzige Familie, welche wirklich arm genannt werden konnte, nämlich diejenige des Hirten, welcher Verdy hieß. Er bewohnte eine kleine Hütte, welche nur einen einzigen Raum bildete und Mensch und Vieh zu gleicher Zeit beherbergte. Er besaß Nichts, als was er auf dem Leibe trug, und da sein Einkommen ein außerordentlich spärliches war, so hätte er wohl Hunger leiden müssen, wenn seine Familie eine zahlreiche gewesen wäre. Glücklicher Weise aber bestand dieselbe nur aus drei Personen, aus ihm, seinem Weibe und einer Tochter.

Diese Letztere war sein Augapfel, machte ihm aber fast mehr zu schaffen als der sämmtliche Thierbestand des Dorfes, über welche er auf der Weide die Aufsicht zu führen hatte.

Die Tochter führte den für ein Hirtenkind nicht ganz passenden Namen Adeline. Sie war als Kind von den Kindern der reichen Bauern verachtet und zurückgesetzt worden; darum hatte sie sich an die Einsamkeit gewöhnt. Aber sie wäre gar so gern auch reich gewesen und hätte sich eben so gern hübsch gekleidet wie die Andern.

Sie war eitel. Je älter sie wurde, desto mehr wuchs diese Eitelkeit. Sie sah sich im Spiegel; sie verglich sich mit den andern Mädchen, und sie kam zu der Ueberzeugung, daß sie unter ihnen Allen die Schönste sei.

Nun wollte sie sich putzen. Dazu fehlte ihr nicht mehr als Alles, und so sann sie nach, ob sie nicht Etwas verdienen könne. Als Magd vermiethen wollte sie sich nicht; sie wollte sich nicht von den Mädchen befehlen lassen, welche nicht so schön waren wie sie.

Da kam ihr ein anderer Gedanke. Ihr Vater hatte einige Erfahrung in der Behandlung kranker Thiere. Sie hatte oft für ihn hinaus auf das Feld und in den Wald gehen müssen, um heilsame Pflanzen zu holen. Sie wußte, daß die Apotheker solche Kräuter brauchen und von Sammlern kaufen müssen. Darum begann sie, Theepflanzen zu holen und an die Apotheker zu verkaufen. Das war eine leichte, sogar hübsche Arbeit und brachte Geld ein, viel zwar nicht, aber doch immer so viel, wie sie für sich brauchte.

Es dauerte nicht lange, so hatte sie Schuhe und Strümpfe, einen hübschen Rock und eine weiße Schürze. Einige Bänder und Schleifen kamen dazu, und nun begannen auch die Burschen, ihre Blicke auf sie zu richten. Aber sie wollte nichts von denen wissen, von welchen sie zuvor nicht beachtet worden war.

Während ihres einsamen Aufenthaltes in Wald und Feld gab sie allerlei Gedanken Audienz, guten und schlimmen, und da sie verachtet worden war und sich darüber verbittert fühlte, so war es kein Wunder, daß sie mehr schlimme als gute Gedanken hatte. Vor allen Dingen wollte sie sich rächen. Aber wie?

Sie sann lange Zeit darüber nach, bis ihr endlich die Ueberzeugung kam, daß die eclatanteste Rache darin bestehe, den Mädchen den vornehmsten Burschen des Dorfes wegzuangeln. Dies war natürlich der Sohn des Maire.

Von diesem Augenblicke an begann sie, die Angeln nach ihm auszuwerfen. Die Andern merkten dies und verspotteten sie; aber der Bursche sah recht gut, daß sie die Hübscheste von Allen sei, und that sein Möglichstes, um gefangen zu werden.

Zuerst trafen sie sich zufällig hier oder da; sodann geschah das Zusammentreffen weniger zufällig, aber stets da, wo sie mit einander nicht gesehen wurden. Und endlich wurden wirkliche Verabredungen getroffen.

Sie war ein Naturkind, besaß aber eine gute Dosis angeborener Schlauheit. Sie erzwang von ihm die Einwilligung, auch einmal beim Tanz erscheinen zu dürfen. Sie hatte sich bisher dort nie sehen lassen, und so war es für sie ein unendlicher Triumph, als der Sohn des Maire sich mit ihr im Kreise drehte und auch nicht eine einzige Andere engagirte.

Der Bursche war ihr wirklich gut. Er hatte ganz ehrliche Absichten, aber mit diesen stimmten nicht diejenigen seiner Eltern überein. Es kam zu Vorwürfen und Erklärungen, deren Resultat und Ende war, daß der Vater dem Sohne verbot, mit diesem Mädchen jemals wieder ein Wort zu sprechen.

Der Befehl wurde zwar angehört, aber nicht befolgt. Die Beiden trafen sich nun im Stillen, hinter dem Rücken seiner Eltern. Jedermann aber weiß, daß solche verbotene Zusammenkünste mit bedenklichen Gefahren verknüpft sind, und diesen Gefahren erlag die schöne Hirtentochter.

Es kam die Stunde, in welcher sie weinend dem Geliebten gestand, daß sie sich unglücklich fühle, weil sie Etwas verheimlichen müsse, was später an den Tag kommen werde.

Das gab dem Burschen seine Ueberlegung zurück. Es regte sich der reiche Bauernsohn in ihm. Er begann, zu überlegen, und kam ganz von selbst zu der Einsicht, daß die Tochter des armen Hirten keine Frau für ihn sei.

In Folge dieser Erkenntniß begann er, sich von ihr zurückzuziehen. Sie bemerkte es und stellte ihn weinend zur Rede. Die Thränen der Geliebten fallen wie glühende Tropfen auf das Herz; es kann durch sie auch ein sonst willenskräftiger Mann besiegt werden. Aber die Thränen einer Person, welche man bereits nicht mehr so gut leiden kann wie früher, haben eine ganz andere Wirkung. Das Weinen ist dann etwas sehr Unschönes, ja Widerwärtiges und spült den noch vorhandenen Rest der Liebe vollends von dannen.

So ging es auch hier. Die Vorwürfe und Thränen des Mädchens erkälteten den Burschen. Er nahm sich vor, gar nicht wieder mit ihm zu sprechen. Was sich so ein reicher Dorfsprinz einmal vorgenommen hat, das pflegt er auch zu halten. Landleute haben einen harten Kopf. Es gab für das verlassene Mädchen fast gar keine Gelegenheit mehr, den Geliebten zu sehen, als den Tanz. Darum ging es hin. Aber es feierte keine Triumpfe mehr, sondern es erlitt Niederlagen.

Das kränkte Adeline erst ganz entsetzlich; dann ärgerte es sie, und endlich fühlte sie an Stelle der früheren Liebe nur den Wunsch, sich zu rächen. Aber wie sollte sie sich an ihm rächen, sie, das blutarme Mädchen an dem reichen Sohne des Dorfschulzen! Ja, wenn Einer gekommen wäre, der noch vornehmer wäre als er. Welch eine Rache wäre das gewesen! Mit diesem Gedanken ging sie schlafen, und mit ihm erwachte sie.

Da, eines Sonntags Abends saß sie wieder im Saale. Alle waren lustig; nur sie blieb allein und unbeachtet. Keiner Keiner kam, um sie zum Tanze abzuholen.

Da plötzlich richteten sich Aller Augen nach der Thür.

Es waren zwei Männer eingetreten, zwei fremde Herren, welche dem Tanze zuschauten. Fremd mußten sie sein, denn es kannte sie Niemand, und Herren, vornehme Herren waren es; das sah man an der feinen Kleidung, welche sie trugen.

Der Eine war ein alter Herr mit grauem Schnurrbarte. Er blickte gar grimmig drein, und es ließ sich vermuthen, daß mit ihm nicht gut Kirschen essen sei. Der Andere war jünger, viel jünger; er konnte wohl der Sohn des Ersteren sein. Er war zwar nicht mehr ganz jung, aber er war nicht häßlich und hatte einen so eigenthümlich leidenden Blick, so etwas Duldendes an sich, was bekannt große Anziehungskraft auf Frauen auszuüben pflegt.

Nachdem sie eine Weile zugeschaut hatten, schien der Alte sich zu langweilen. Er ging. Der Andere aber blieb neben dem Eingange stehen und setzte seine Beobachtungen fort. Adeline sah, daß sein Blick von einem Mädchen zu dem andern ging, als ob er ihre Schönheit prüfen wolle, und jetzt, jetzt ruhte sein Auge auch auf ihr.

Sie senkte den Blick und fühlte dabei, daß ihr das Blut in die Wangen stieg. Als sie nach einer Weile die Augen wieder aufschlug, sah er sie noch immer an, und dabei lag ein leises, freundliches Lächeln auf seinem Gesichte.

„Ich habe ihm gefallen!" dachte sie. „Was mag er sein?"

Sie beobachtete ihn heimlich und bemerkte, daß sein Auge wieder und immer wieder zu ihr zurückkehrte. Endlich nickte er ihr gar zu, leise zwar, daß kein Anderer es bemerken konnte, aber doch so, daß sie sah, daß er sie meine. Sie erglühte von Neuem. Hatte er bemerkt, daß auch sie ihn beobachtete?

Da, jetzt fühlte sie, das ihr das Herz laut unter dem Mieder zu klopfen begann. Er hatte seinen Platz verlassen und schritt langsam, wie promenirend, an der Seite des Saales entlang, wo die Mädchen saßen und die Burschen, welche ihm jetzt während der Pause im Wege standen, ihm ehrerbietig Platz machten.

Er kam näher und näher. Jetzt war er da. Sie senkte die Augen. Sie fühlte eine peinigende Angst. Worüber? Ob er vorüber gehen, oder ob er sie anreden werde? Er war bei ihr stehen geblieben, denn jetzt hörte sie seine Stimme:

„So allein und abgesondert von den Andern, Mademoiselle!"

Sollte sie ihm antworten? Jedenfalls. Das Gegentheil wäre ja unhöflich gewesen. Sie war also gezwungen, den Blick zu erheben. Sie sah Aller Augen auf sich und ihn gerichtet. Sie sah die freundliche Miene, mit welcher er sie anblickte, und da antwortete sie:

„Ich bin stets allein, Monsieur."

„Warum, mein Kind?"

„Die Andern sind reich, ich aber bin arm!"

„Was thut das! Sind die Andern denn so stolz?"

„Ja, sehr stolz."

„Lächerlich! Worauf kann so ein Bauernknabe oder so eine Bauerndirne denn stolz sein? Auf Bildung und Kenntnisse etwa? Jedenfalls nicht!"

Wie wohl thaten ihr diese Worte! Und wie schade, daß nur sie allein dieselben gehört hatte! Er fuhr fort:

„So tanzen Sie wohl gar nicht?"

„Nein."

Das war ein Geständniß, welches ihr die Schamröthe in

das Gesicht trieb. Er aber schien ihr die Zurücksetzung gar nicht entgelten zu lassen, denn er sagte:

„Daran thun Sie recht! Aber Sie tanzen wohl gern?"

„Ich habe noch nicht viel getanzt, aber ich tanze nicht ungern."

„Dürfen auch Fremde an diesem Vergnügen theilnehmen?"

„Wer wollte es ihnen untersagen, Monsieur?"

„Nun wohl! Werden Sie mir die Erlaubniß ertheilen, die nächste Tour mit Ihnen zu versuchen?"

Das Herz wollte ihr vor Freude zerspringen. Sie mußte die Hand auf den vollen Busen legen, damit derselbe nicht so unruhig woge und vielleicht gar das Mieder zersprenge.

„Sie scherzen!" hauchte sie.

„O nein, ich scherze nicht! Auch ich tanze gern; aber ich war lange Zeit nicht in Frankreich, sondern in einem Lande, wo man nicht tanzt. Werden Sie mir die Erlaubniß verweigern?"

„O nein!"

„So bitte, kommen Sie! Die Musik beginnt!"

Es wurde ein Walzer gespielt. Der Fremde legte den Arm um sie, ergriff mit der Linken ihre rechte Hand und begann.

Sie war so glücklich. Sie ließ sich von ihm willenlos dirigiren. Sie hielt die Augen geschlossen, und darum bemerkte sie nicht, daß kein anderes Paar an diesem Tanze theilnahm. Man fürchtete, den fremden Herrn zu verletzen, wenn man ihm in den Weg tanze. Aber als er ruhend mit ihr stehen blieb, ergriffen einige Burschen ihre Mädchen und schwenkten in die Reihe.

Noch zwei Mal kam an die Beiden die Reihenfolge, dann schwieg die Musik. Und während der augenblicklichen Stille, welche da eintrat, kam ein dritter Fremder in den Saal, schritt auf ihren Tänzer zu, und sagte laut, daß Alle es hörten:

„Herr Baron, der Herr Capitän läßt fragen, ob Sie jetzt mit zu Abend speisen werden!"

„Nein," antwortete er. „Sage ihm, daß er nicht auf mich warten möge. Ich esse später."

Der Bote — es war der Diener, der Knecht aus Jeanetta — kehrte nach der Gaststube zurück.

„Nun?" fragte Richemonte, welcher bereits an dem einfach gedeckten Tische saß.

„Der Herr Baron bittet, nicht auf ihn zu warten."

„Ah! Wie kommt das? Amüsirt er sich denn da oben?"

„Er scheint," meinte der Diener zögernd, „soeben einen Tanz versucht zu haben."

„Donnerwetter! Wirklich?"

„Ja. Der Walzer war zu Ende, und der Herr Baron hatte noch sein Mädchen am Arme."

Das Gesicht Richemontes verzog sich zu einem ironischen Lächeln, und dann sagte er:

„Was war es denn für eine Nymphe? Hübsch oder häßlich, lang oder kurz, dick oder dünn?"

„Sie war sehr hübsch."

„Hm. Wir sind hier nicht gekannt; da mag es gehen. Er mag also in seinem Spaße ungestört bleiben. Ich gehe nach dem Essen sofort schlafen; Du aber magst ihn dann bedienen!"

Droben hatten die Worte des Dieners eine ungeheure Wirkung hervorgebracht. Ein Capitän und ein Baron waren da, und der Letztere hatte mit der Tochter des Schäfers getanzt!

Adeline schwamm in einem Meere von Wonne. Sie hätte die ganze Welt umarmen mögen. Ein Baron war er, ein Baron. Das war die Rache für den untreuen Geliebten, der jetzt dort in der Ecke stand und ein Gesicht machte, als ob er nicht genau wisse, ob er sich ärgern solle oder nicht.

Der Baron hatte sie nicht wieder nach der Bank geführt, auf welcher sie gesessen hatte, sondern an einen Tisch. Das war viel feiner und anständiger.

„Werden Sie mir erlauben, mich zu Ihnen zu setzen, Mademoiselle?" fragte er, und zwar mit einer Verbeugung.

Das war ihr noch nie geschehen. Aber sie hatte sich bereits in das Ereigniß gefunden und ihre Verlegenheit überwunden. Sie antwortete:

„Ich bin solche Ehren nicht gewohnt, Monsieur."

„Aber werth sind Sie solcher Ehren. Wissen Sie, daß Sie schön sind, sogar sehr schön, mein Kind?"

„Sie erröthete bis über den Nacken herab und schwieg. Er fuhr fort:

„Ich wünsche, ich wäre der Sohn eines Bauern, wie diese hier."

Und als sie ihm abermals nicht antwortete, fügte er hinzu:

„Können Sie sich nicht denken, weshalb ich diesen Wunsch hege?"

„Nein."

Aber sie konnte es sich gar wohl denken, durfte es ihm aber nicht sagen. Er bog sich ein Wenig weiter zu ihr herüber und meinte:

„So werde ich es Ihnen sagen. Wenn ich ein Bauernsohn wäre, so könnten Sie öfters meine Tänzerin sein!"

„O, Monsieur, Sie würden sein wie die Anderen und eine Reiche vorziehen!"

„Nein. Ich würde die vorziehen, welche mir gefällt, und das sind Sie. Haben Sie noch Eltern?"

„Ja. Beide leben noch."

„Und was ist Ihr Vater?"

„Er ist nur der Hirt des Dorfes."

„Nur! Warum gebrauchen Sie dieses Wort? Ein jeder Mann ist ein ganzer Mann, wenn er seinen Platz ausfüllt. Sie werden mich neugierig schelten und mir zornig werden. Aber ich möchte so gern erfahren, ob Sie einen Geliebten haben. Wollen Sie mir das sagen?"

„Ich habe keinen," antwortete sie erröthend.

„Sagen Sie die Wahrheit?"

„Gewiß, Monsieur."

„Aber Einen, den Sie lieb hatten, hat es bereits gegeben?"

Sie blickte verlegen vor sich nieder und zögerte, zu antworten; darum sagte er nach einem Weilchen:

„Ich sehe Sie heute zum ersten Male und bin Ihnen fremd; daher ist es unrecht von mir, Ihnen solche Fragen zu stellen."

Da blickte sie voll zu ihm auf und antwortete:

„Und doch will ich Ihnen antworten, Monsieur. Ja, ich habe einen Geliebten gehabt; aber wir sprechen nicht mehr mit einander."

„Ah! Wirklich? Befindet er sich heut Abend hier?"

„Ja, er ist hier."

„Wollen Sie mir ihn zeigen?"

„Er steht jetzt ganz allein am Büffet und läßt sich Wein geben."

„Dieser ist es? Er hat keinen Geschmack, Mademoiselle, keinen Geschmack und kein Herz, und darum wären sie nicht glücklich mit ihm gewesen. Sie haben mir auf meine so zudringliche Frage geantwortet; das giebt mir den Muth, noch zwei weitere Erkundigungen einzuziehen. Darf ich?"

„Ich werde Ihnen antworten."

„Verstößt es gegen den Gebrauch dieser Gegend, wenn ich Sie einlade, heute Abend mit mir zu speisen?"

„Nein. Aber es würde auffallen, wenn wir dies an einem andern Orte thäten, wo wir allein wären."

„Also müßte es hier geschehen?"

„Ja, hier, wo man uns offen beobachten kann."

„Gut! So sagen Sie mir nur noch, ob es auffällig sein würde, wenn ich Sie nachher nach Hause begleitete."

„Ja; man würde sehr darüber sprechen, und ich dürfte mich nicht wieder sehen lassen."

„Und doch wäre ich so glücklich gewesen, wenn Sie mir die Erlaubniß dazu hätten ertheilen können!"

Sie befand sich in einer großen Verlegenheit. Sie hatte geträumt von Einem, der vornehmer sein müsse, als der Sohn des Maire; dieser Traum war so wunderbar in Erfüllung gegangen. Sollte sie sich die Gunst des Schicksals dadurch verscherzen, daß sie diesem Baron seine Bitte versagte. Und doch wußte sie, daß sie sich einem bösen Gerede aussetze, wenn sie auf seinen Wunsch einging.

Er sah, daß sie mit sich kämpfte, daß sie wohl nicht ganz abgeneigt war, ihm die erbetene Erlaubniß zu ertheilen. Daher fügte er weiter hinzu:

„Könnten wir es nicht so einrichten, daß man es nicht bemerkt?"

„Was würden Sie da von mir denken, Monsieur!"

„Ich würde nur denken, daß Sie ein sehr verständiges Mädchen sind, Mademoiselle."

„Was veranlaßt Sie aber zu dem Wunsche, mich zu begleiten?"

„Wenn Sie sich das nicht selbst sagen wollen, kann ich es Ihnen auch nicht erklären. Eine schöne Musik hört man gern so lange wie möglich, und ein schönes Gemälde betrachtet man, bis man seine Schönheiten alle aufgefunden und genossen hat. Das Glück, bei einer jungen, hübschen Dame sein zu dürfen, dehnt man aus demselben Grunde so weit wie möglich aus. Es wäre ja ganz leicht, daß ich vor Ihnen denn Saal verlasse und Sie dann erwarte. Der Abend ist so schön. Wir könnten noch ein Wenig promeniren gehen."

„Dann würde es klüger sein, daß ich eher gehe und Sie erwarte."

„Warum?"

„Weil es ungebräuchlich ist, daß die Dame den Herrn erwartet. Man wird also nicht so leicht auf den Gedanken kommen, daß ich dies thue, sondern glauben, daß ich nach Hause gegangen bin."

„Ah, Sie sind nicht blos schön, sondern auch klug! Also werde ich Sie begleiten dürfen?"

„Ich weiß noch nicht. Um dies sagen zu können, müßte auch ich Ihnen eine Frage vorlegen dürfen."

„So fragen Sie!"

„Aber diese Frage wird Sie vielleicht verletzen!"

„Aus Ihrem Munde verletzt sie mich nicht."

„Nun wohlan! Sie sind verheirathet?"

Er hatte gewußt, daß es diese Frage sei, und doch wußte er nicht sofort, was er antworten solle; erst nach einer kleinen Pause erklärte er ihr:

„Nein. Ich war es, aber meine Frau ist gestorben."

„So sind Sie Wittwer?"

„Ja."

„In diesem Falle ist es mir erlaubt, Ihre Begleitung anzunehmen. Wenn Sie nach mir den Saal verlassen, so gehen Sie rechter Hand des Dorfes hinaus. Es ist nur zwei Minuten bis zum letzten Hause; dort werde ich Sie erwarten."

Er nickte ihr dankbar zu. Er hätte ihr gern die Hand dafür gedrückt, oder ihr einen Kuß gegeben; aber das Erstere wäre aufgefallen, und das Letztere war gar unmöglich.

Sie blieben für den Abend mit einander an dem Tische beisammen. Er tanzte noch öfters mit ihr, und so fiel es gar nicht auf, daß sie an seinem Mahle theilnehmen durfte. Höchstens fühlte man anstatt Mißtrauen, Mißgunst. Und als sie endlich Abschied nahm und von ihm höflich entlassen wurde, war allen Hintergedanken die Möglichkeit abgeschnitten.

Er wartete noch einige Minuten und ging dann auch. Er suchte seinen Diener auf und befahl ihm, da er noch ein Wenig frische Luft schöpfen wolle, dafür zu sorgen, daß er bei seiner Rückkehr die Thür noch offen finde. Dann verließ er das Haus.

(Fortsetzung folgt).

Die Liebe des Ulanen.
Original-Roman aus der Zeit des deutsch-französischen Krieges von Karl May.
(Fortsetzung.)

Kallion fand die reizende Adeline an dem angegebenen Orte seiner wartend. Sie weigerte sich nicht, ihm ihren Arm zu geben, und dann spazierten sie mit einander unter den Bäumen dahin, welche die nach Mezières führende Landstraße zu beiden Seiten einfaßte.

Sie sprachen über Nichts und Vieles. Bei einem solchen Beisammensein gewinnt ja das Nichtssagendste eine Bedeutung. Er hatte bald den Arm um ihre Taille gelegt, was sie ihm nicht verwehrte, und endlich versuchte er, ihr einen Kuß zu geben, und fand einen Widerstand, der nicht schwer zu besiegen war.

Doch machte Adeline ganz und gar nicht den Eindruck auf ihn, als ob sie gegen einen jeden Andern in gleicher Weise sich verhalten hätte.

Auf dem Rückwege war ihre Umschlingung schon weit inniger geworden, und sie blieben von Zeit zu Zeit stehen, um ihre Lippen zu einem Kusse zu vereinigen. Als dann das Dorf wieder vor ihnen lag, sagte er im Tone des Bedauerns:

„Wie schnell ist diese Stunde vergangen! Ich wünsche sehr, Sie näher kennen zu lernen."

„Ist das etwas so Schweres?" fragte sie.

„Gut! Ich werde morgen noch hier bleiben!"

„Werden Sie die Zustimmung Ihres Gefährten erlangen."

„Er wird zustimmen müssen. Aber wird es uns auch möglich sein, uns zu treffen und zu sprechen?"

„Ja, wenn Sie es wünschen."

„Ich wünsche es sogar sehr. Bitte, geben Sie Zeit und Ort an!"

Sie blieb stehen und deutete nach rechts hinüber.

„Sehen Sie im Mondenscheine dort die Waldesecke?" fragte sie.

„Ja."

„Am Tage werden Sie eine hohe Eiche bemerken, welche dort steht. An dieser Eiche treffen Sie mich Mittag punkt ein Uhr. Ich gehe Pflanzen sammeln."

„Ah! Köstlicher Gedanke! Ich werde Ihnen helfen!"

„Wir werden fleißig sein. Jetzt gute Nacht, Monsieur."

„Gute Nacht."

Es erfolgte eine lange und innige Umarmung, begleitet von sich wiederholenden heißen Küssen. Es war ganz so, als ob sie sich bereits seit langer Zeit gekannt hätten. Dann schieden sie. Sie begab sich trauernd nach der Hütte ihrer Eltern, und er schritt nach dem Gasthause zu wie Einer, der sich einen Genuß verschafft hat, welcher ihm ganz und gar nicht verboten ist.

Während seiner Abwesenheit hatte sich etwas nicht Unwichtiges ereignet, oder vielmehr schon bereits während er sich noch auf dem Saale befand.

Gerade als der Capitän sein Abendbrod verzehrte, waren zwei neue Gäste angekommen, ein älterer und ein jüngerer Mann. Sie nahmen an einem nahen Tische Platz. Es war Richemonte ganz so, als ob er den älteren bereits gesehen habe, doch konnte er sich nicht besinnen.

Beide bestellten sich Trank und Speise. Während dieses Letztere aufgetragen wurde, fragte der Aeltere:

„Logirt nicht ein fremder Herr bei Ihnen, welcher seinen Namen Laroche eingetragen hat?"

„Ja, Monsieur," antwortete der Wirth.

„Haben Sie noch Platz für uns Beide?"

„Sind Sie die zwei Herren, welche Monsieur Laroche erwartet?"

„Ja. Hat er von uns zu Ihnen gesprochen?"

„Er hat mir gesagt, daß Sie sich hier treffen wollen. Er

wird nicht schlafen gehen, sondern Sie auf seinem Zimmer erwarten."

„Welches Zimmer ist es?"

„Nummer Drei."

„Gut! Geben Sie auch uns ein Zimmer!" Und zu seinen Gefährten gewendet, fragte er: „Wir brauchen doch nicht verschiedene Stuben?"

„Nein, wir bleiben bei einander, Onkel Florian."

Bei dieser Antwort des Jüngeren ging es wie ein helles Licht durch Richemontes Gedächtniß. „Onkel Florian!" Ja, jetzt besann er sich. Diesen Menschen hatte er nicht nur irgendwo gesehen, nein, den kannte er sogar sehr genau. Es war Florian Rupprechtsberger, der einstige Kutscher von Jeanette. Was wollte dieser Mensch hier? Er wohnte in Berlin bei der Familie von Königsau! Wer war dieser sogenannte Herr Laroche, welcher ihn erwartete?

Diese Fragen legte er sich vor. Er hatte Zimmer Nr. Zwei und lag also neben diesem Laroche. Er stand, kurz entschlossen auf und begab sich nach oben; ganz unhörbar schritt er auf die Thür seines Zimmers zu und öffnete ebenso leise mit dem Schlüssel. Sodann stellte er einen Sessel hart an die von seiner Seite aus verriegelte Verbindungsthür der beiden Zimmer, und nahm Platz darauf, um schweigend das Kommende abzuwarten. Er war überzeugt, sich äußerlich so verändert zu haben, daß Florian ihn nicht erkannt haben könne.

Endlich, nach längerer Zeit hörte er Schritte. Man klopfte drüben.

„Wer ist da?" fragte eine Stimme von innen.

„Ich, Florian."

Es wurde geöffnet, und der Genannte trat ein.

„Welche Unvorsichtigkeit, Deinen Namen draußen auf dem Corridor zu nennen!" hörte Richemonte. „Wir gehen hier unter fremden Namen und müssen dieselben beibehalten! Du kommst sehr spät. Ich dachte, daß es sich bei Nacht im Walde sehr schlecht suchen lasse."

„Ich denke, daß ich Ihre Verzeihung schon erlangen werde. Wie gut, daß wir uns trennten! Man bestreicht da in der gleichen Zeit eine größere Fläche."

„Wie?" fragte der Andere schnell und freudig. „Bist Du vielleicht glücklich gewesen?"

„Oder Sie, gnädiger Herr?"

„Ich wurde nicht vom Glücke begünstigt."

„Und ich denke, den Ort gefunden zu haben. Sie hatten zwar den Situationsplan bei sich, aber ich habe mir Alles ganz genau gemerkt. Die Bäume, welche auf dem Plane stehen, sind natürlich größer und stärker geworden; zwischen ihnen kann Gebüsch entstanden sein; aber es stimmte Alles: die Erhöhungen und Vertiefungen, die Bäume; nur der Baumstumpf fehlte, welcher mit angegeben ist."

„Er kann währenddem ausgefault sein. Hast Du nicht den Boden untersucht?"

„Wir hatten keine Werkzeuge mit als unsere Stöcke und Messer, und eine Kriegskasse vergräbt man doch tiefer, als daß man sie mit dem Messer erreichen kann. Wir müssen uns morgen einen Spaten verschaffen und den Ort gemeinschaftlich untersuchen."

„Natürlich! Für morgen genügt es nur, zu wissen, ob wir den richtigen Ort gefunden haben, und dann ———"

Da begann drüben die Tanzmusik wieder aufzuspielen, und Richemonte konnte kein Wort mehr verstehen.

„Donnerwetter!" flüsterte er erregt. „Da taucht die Kriegskasse wieder auf! Sie suchen sie; sie haben sie vielleicht schon gefunden, wenigstens den Ort an welchem sie vergraben liegt. Dieser Laroche ist ganz sicher ein Königsau! Welch' ein Glück, daß wir hier eingekehrt sind! Aber diesesmal sollen sie mir nicht entkommen. Die Kasse wird mein, oder der Teufel ist mit ihnen im Bund!"

Noch während die Musik spielte, hörte Richemonte drüben die Thüre gehen. Florian entfernte sich. Jetzt gab es nun nichts mehr zu erlauschen; darum entkleidete Richemonte sich leise und legte sich zu Bette. Aber der Schlaf floh von seinen Augen; die Gestalten der Vergangenheit wurden lebendig und traten vor seine Seele; all sein Zorn, sein Grimm, sein Haß wurde wieder wach gerufen. Er wälzte sich auf dem Lager hin und her und zog, als der Tag anbrach, es vor, auf den Schlaf nun zu verzichten.

Er durfte sich jetzt unten nicht sehen lassen; aber er verließ leise sein Zimmer, um dem Diener einzuschärfen, wie er sich zu verhalten habe. Als er dann zurückgekehrt war, schloß er sich ein und zog sich leise an. Er mußte, wenn die Kriegskassensucher das Gasthaus verließen, bereit sein, ihnen zu folgen.

Als dann das Leben sich im Hause zu regen begann, huschte er einmal hinab, um zu gebieten, daß Keinem, der etwa nach ihm und seinem Gefährten fragen würde, Auskunft ertheilt werden solle. Ein Baron und ein Capitän, das waren hier so seltene und so vornehme Leute, daß er überzeugt war, man werde genug Respect haben, sein Gebot zu befolgen.

Nun stellte er sich auf die Lauer. Er bedauerte, daß er keine Waffen bei sich trug; doch hatte er ein Einschlagemesser bei sich, dessen eine Klinge so lang, scharf und spitz war, daß es sich immerhin als Vertheidigungs- unter Umständen sogar auch als Angriffswaffe gebrauchen ließ.

Endlich regte es sich in dem Zimmer neben ihm. Der Bewohner desselben hatte ausgeschlafen und begab sich nach kurzer Zeit hinab in die Gaststube. Eine halbe Stunde verging, und dann sah Richemonte, daß drei Personen aus dem Hause traten und sich langsam entfernten. Zwei waren der frühere Kutscher Florian und sein Verwandter, und das Gesicht des Dritten zeigte eine solche Familienähnlichkeit, daß der Capitän in ihm sofort einen Königsau erkannte

Jetzt verließ auch er sein Zimmer und begab sich eiligst zu dem Baron, den er noch im Bette fand.

„Schon wach?" fragte Sainte Marie. „Wir sollen doch nicht etwa schon aufbrechen?"

„Nein," antwortete er. „Du kannst ruhig liegen bleiben. Wir werden heute noch nicht abreisen."

„Nicht?" rief der Baron, ebenso erfreut wie verwundert. „Aus welchem Grunde?"

„Ich habe keine Zeit Dir das jetzt auseinanderzusetzen. Ich muß schleunigst ausgehen und komme wohl erst am Abende nach Hause. Dann wirst Du erfahren, um was es sich handelt. Ich hoffe, daß Du Dir die Zeit nicht lang werden läßest."

Er hatte keine Ahnung von der Freude, welche er mit dieser Mittheilung seinem Verwandten machte, und verließ nun das Gasthaus mit dem festen Vorsatze, Königsau und seine beiden Begleiter nicht aus dem Auge zu lassen.

Draußen vor dem Dorfe bekam er sie zu Gesicht. Sie waren von der Straße abgewichen und machten sich an einem Felde zu schaffen. Bei demselben stand nämlich ein Pflug, neben welchem eine Hacke und eine Schaufel lagen. Die beiden letzteren Instrumente waren ihnen ein sehr willkommener Fund. Sie nahmen dieselben auf und entfernten sich rasch, um nicht etwa mit dem Eigenthümer in Collision zu kommen.

Richemonte folgte ihnen von Weitem. Das Terrain war ein sehr coupirtes, und so wurde es ihm nicht schwer, sie im Auge zu behalten, ohne von ihnen gesehen zu werden. Erst als sie den Wald erreichten, mußte er sich näher an sie heranmachen, um sie sich nicht entgehen zu lassen.

Was den Baron betrifft, so dachte er mit Wohlgefallen an sein gestriges Abenteuer. Er befahl dem Diener, ihn im Gasthofe zu erwarten, und begab sich zu der verabredeten Zeit nach dem Rendezvous, welches sehr leicht zu finden war, da der betreffende Baum weit über seine Umgebung emporragte.

Adeline hatte bereits auf ihn gewartet und duldete es ohne Widerstreben, daß er sie mit einem Kusse begrüßte.

"Beinahe wäre es mir unmöglich gewesen, Wort zu halten," sagte sie.

"Warum?"

"Weil mein Vater heute selbst geht, um Kräuter zu suchen, die ich noch nicht kenne. Er hat einige Patienten in seiner Heerde, für welche er die Pflanzensäfte braucht. Nun sollte ich mit der Mutter bei den Thieren bleiben, habe aber einen alten Gevatter zu ihnen gestellt."

"Das hast Du recht gemacht, mein liebes Kind. Wir werden nun mit einander durch Busch und Wald streifen und einige sehr schöne und glückliche Stunden genießen."

Das geschah. Sein Kopf war geschwächt; er dachte nicht an die Folgen, welche seine Begegnung mit der reizenden Adeline haben könne; er sagte ihr seinen Namen, nannte ihr seinen Wohnort und gab ihr schließlich in seiner Gedankenlosigkeit das Versprechen, sie zu heirathen.

Was Adeline betrifft, so fühlte sie keine Leidenschaft für ihn. Seine Person war keine unangenehme; sie konnte ihn gut leiden. Die Hauptsache für sie bestand in seinem vornehmen Range, und als er ihr endlich gar das erwähnte Versprechen gab, da war für sie kein anderer Gedanke und keine andere Rücksicht vorhanden, als ihm bei diesem Versprechen fest zu halten. Baronin von Sainte-Marie zu werden, welch ein Gedanke! Um ihn zu verwirklichen, wäre sie zu Allem fähig gewesen, vielleicht selbst zu einem Verbrechen.

So streiften sie durch den Wald, zuweilen sich zu einer kurzen Ruhe niedersetzend, um die Süßigkeiten der Liebe gegenseitig auszutauschen. Sie achteten dabei nicht auf die Richtung und den Weg; die Liebe war der einzige Gedanke, den sie hatten.

Sie saßen jetzt abermals im duftenden Moose, sich liebkosend und von der glänzenden Zukunft sprechend, welche dem armen Hirtenmädchen bevorstand, als plötzlich gar nicht weit von ihnen ein lauter Schrei erschallte.

Sie horchten auf, und Adeline sagte:

"Mein Gott, das war kein gewöhnlicher Schrei! Es ist — — —"

Sie hielt inne und fuhr erschrocken zusammen, denn es erscholl ein Hilferuf, laut und gräßlich, wie ihn nur Einer, welcher sich in Todesgefahr befindet, ausstoßen kann.

"Was geschieht da!" stieß sie hervor. "Mein Vater ist im Walde! Komm!"

Sie faßte den Baron bei der Hand, um ihn fortzuziehen.

"Ja," sagte er. "Es befindet sich Jemand in Todesgefahr. Komm! Wir müssen helfen!"

Er rannte voran, und sie folgte ihm. Die beiden Rufe hatten ihnen die Richtung angegeben. Sie gelangten an eine Stelle, wo der Boden des Waldes sich zu einer Art von Schlucht niedersenkte. Da unten war der Schauplatz eines erbitterten Kampfes.

Zwei Männer hatten einen Dritten gepackt; sie strengten sich an, denselben nieder zu ringen, während er sich mit einem Messer gegen sie wehrte. Nicht weit von ihnen lag ein Vierter auf der Erde; er schien todt zu sein. In kurzer Entfernung von der ringenden Gruppe sah man ein breites, frisch ausgegrabenes Loch, aus welchem die Stiele einer Hacke und einer Schaufel emporragten.

Die beiden Ersteren waren Florian und sein Neffe; der Dritte mit dem Messer war Richemonte, und Der, welcher mit einer Stichwunde in der Brust an der Erde lag, war kein Anderer als Gebhardt von Königsau.

Der Baron sah seinen Verwandten in offenbarer Lebensgefahr. Er wußte zwar nicht, um was es sich handele, aber er fühlte den Drang, Richemonte beizustehen. Er sprang die steile Böschung hinab, ohne von den Ringenden, welche nur mit sich selbst beschäftigt waren, bemerkt zu werden, ergriff die Hacke, holte aus und schlug mit solcher Gewalt auf Florian ein, daß der arme, treue Mensch mit vollständig zerschmettertem Kopfe zusammenbrach. Ein zweiter Hieb traf den Verwandten des einstigen Kutschers. Richemonte hielt ihn mit den Armen fest umschlossen.

"Ah! Du!" rief er. "Welch ein Glück! Komm, schlage auch Den nieder! Ich halte ihn fest!"

Der junge Mensch konnte sich nicht bewegen. Er sah die Hacke hoch erhoben, stieß einen fürchterlichen Angstschrei aus und lag im nächsten Momente neben seinem ermordeten Oheim.

Richemonte schnaufte noch vor Anstrengung. Er hatte es mit kräftigen Gegnern zu thun gehabt. Fast athemlos fragte er:

"Aber wie kommst Du hierher?"

Der Baron stand wie eine Bildsäule vor ihm. Mit noch erhobener Hacke starrte er nach den Leichen der beiden Männer, welche er getödtet hatte.

"Nun?" drängte Richemonte.

Da sah ihn der Baron wie abwesend an und antwortete:

"Was sagtest Du?"

"Ich will wissen, wie Du an diesen Ort gekommen bist."

"Ich ging spazieren. Aber, mein Gott! Die Hacke ist voller Blut und Dein Messer auch."

Richemonte blickte es an, verzog den Mund zu einem grimmigen Lächeln und antwortete:

"Natürlich ist es blutig! Ich habe ja diesen Menschen damit niedergestochen!"

"Wer ist er? Warum griffen sie Dich an?"

"Sie mich? Pah! Ich war es, welcher angriff!"

„Du? Warum?"

„Seine Augen zeigten einen eigenthümlichen, irren Flimmer, und der Ton seiner Stimme war nicht mehr derjenige eines Menschen, welcher vollständig selbstbewußt redet und handelt. Der Anblick des Blutes hatte die alten Erinnerungen wachgerufen.

„Du kennst diesen Menschen nicht," antwortete Richemonte, auf Gebhardt deutend. „Er hat mit den beiden Andern hier dieses Loch gegraben. Kannst Du Dir denken, warum er von Deutschland hierhergekommen ist, um die Hacke in diesen Boden einzuschlagen?"

„Nein."

„So will ich Dir sagen, daß hier die Kriegskasse vergraben liegt, welche wir so lange gesucht haben."

Da kehrte das Bewußtsein in den Blick des Barons zurück. Seine Augen leuchteten auf, und er rief:

„Die Kriegskasse? Donnerwetter! Wir werden reicher!"

„Ja, wir werden Millionen besitzen. Dieser Mensch ist Gebhardt von Königsau, welchen wir bereits in Algerien verfolgten. Er ist uns damals entgangen; jetzt aber habe ich meine Rechnung vollständig mit ihm abgeschlossen. Der Andere hier ist der Kutscher Florian, und der Dritte sein Verwandter, wie ich gestern erlauschte."

Der Baron war an den Rand des Loches getreten. Er blickte hinab, die Hacke noch immer in der Hand. Sein Gesicht hatte jenen Ausdruck wieder angenommen, welcher ein Vorbote eines jener Anfälle war, unter denen der geistig Gestörte zu leiden hatte.

„Das Geld ist da unten! Der Schatz! Die Kriegskasse! Da muß man hacken, hacken! Heraus mit dem vielen Gelde, und hinein mit den Erschlagenen!"

Während er diese Worte sprach, sprang er in das Loch hinab und begann zu hacken, ohne sich weiter um den alten Capitän zu bekümmern.

Dieser hatte antworten und in seiner Erklärung fortfahren wollen, kam aber nicht dazu. Seine Augen waren erschrocken nach dem Rande der Schlucht gerichtet, von welchem zwei Personen langsam herabgestiegen waren.

Während nämlich der Baron dem Capitän zu Hilfe gesprungen war, hatte Adeline vor Schreck über den Anblick der Kämpfenden ihre Schritte gehemmt. Sie war kein furchtsames Wesen, der erste Eindruck war rasch bekämpft, und schon wollte sie dem Geliebten folgen, als sie hinter sich das Geräusch von schnellen Schritten hörte.

Sie drehte sich um und erblickte — ihren Vater, welcher, als er sie erkannte, erstaunt stehen blieb. Er hatte ein Messer mit sehr langer Klinge in der Hand. Es diente ihm zum Ausgraben der Wurzeln.

„Du hier, Mädchen?" fragte er. „Ich denke, Du bist daheim! Wer hat gerufen? Wer befindet sich in Gefahr?"

„Da, sieh!" antwortete sie, nach unten deutend.

Er blickte hinab, grad an dem Augenblicke, an welchem der Baron den Zweiten niederschlug.

„Ah! Mörder!" meinte er. „Ich muß hinab!"

Sie faßte ihn am Arme und hielt ihn zurück.

„Halt, halt!" raunte sie ihm zu. „Der Eine ist mein Geliebter, ein Baron. Wenn Du willst, daß ich eine Baronin werden soll, so sei still und menge Dich nicht eher in diese Sache, als bis ich es will!"

Er machte ein höchst verblüfftes Gesicht.

„Du, eine Baronin?" fragte er.

„Ja; komm mit hinab! Richte Dich nur ganz genau nach meinem Verhalten!"

Richemonte sah sie kommen. Der Schreck verzerrte für einen Augenblick seine Züge. Er nahm den Griff seines Messers fester in die Hand. Der Schäfer hielt aber das seinige auch noch gefaßt. Zwei Zeugen des Mordes! Sollte es nochmals zum Kampfe kommen!

„Herr Capitän, befürchten Sie nichts!" rief ihm Adeline entgegen. „Wir kommen als Freunde!"

„Wie! Sie kennen mich?" fragte er.

„Ja. Ich habe dem Herrn Baron im Walde Gesellschaft geleistet, und da wurde natürlich auch von Ihnen gesprochen."

„Wer sind Sie?" fragte er finster.

„Ich heiße Adeline Verdy. Mein Vater ist Schäfer in dem Orte, wo Sie heute übernachteten."

„Ah! So sind Sie wohl eine Tänzerin von gestern Abend?"

„Ja."

„Sie hatten ein Stelldichein im Walde verabredet?"

„So ist es!" antwortete sie offen, obgleich seine Miene eine höchst verächtliche war.

„So sind Sie eine Courtisane?"

„Ich weiß nicht, was dieses Wort bedeutet. Was ich bin, das werden Sie wohl noch erfahren."

„Schön, schön, meine Verehrteste! Sie haben gesehen was hier geschehen ist?"

„Natürlich!"

„Auch gehört, was wir gesprochen haben?"

„Jedes Wort!"

„Hole Sie der Teufel!" Wie können Sie meinen Gefährten verführen, mit Ihnen im Walde herum zu schleichen! Wie können Sie sich mit Angelegenheiten befassen, welche nicht die Ihrigen sind?"

„Diese Angelegenheit ist gerade so gut die meinige wie die Ihrige; auch das werde ich Ihnen zu beweisen wissen. Hier ist ein Schatz vergraben, eine Kriegskasse. Diese drei Männer wollten sie holen und wurden dabei von Ihnen und dem Baron ermordet. Lassen Sie uns sehen, ob hier in Wirklichkeit Etwas vergraben liegt! Du aber, Vater, halte Dein Messer bereit. Dem Herrn Capitän ist nicht sehr zu trauen!"

Sie trat an das Loch, um den Bemühungen des Barons zuzuschauen. Der Schäfer bog sich zu den Todten nieder, um sie genauer zu betrachten. Richemonte wußte gar nicht, wie er sich verhalten solle. Dieses Mädchen hatte ihm gegenüber eine Sicherheit entwickelt, welche ihn in Bestürzung versetzte. Sie mußte sich im Besitze einer Thatsache befinden, welche ihr Grund gab, sich nicht vor ihm zu fürchten. Er trat zu ihrem Vater und fragte:

„Sie waren auch mit dem Baron im Walde?"

„Das geht Sie nichts an!" brummte der Schäfer, welcher nicht wußte, ob er mit Ja oder Nein antworten solle. „Wir haben gesehen, daß Sie diese drei Männer ermordeten. Das Weitere wird sich finden."

„Ah! Sie wollen den Inhalt der Kasse wohl mit uns theilen?"

„Was wir wollen, geht Sie jetzt noch nichts an! Sehen Sie zunächst zu, ob die Kasse wirklich zu finden ist!"

Der Capitän zog die Lippe empor und entblößte seine

langen, gelben Zähne. Er hätte den Schäfer und dessen Tochter am liebsten erstochen, fürchtete sich aber vor den Messer des Ersteren und wollte auch erst abwarten, was die beiden Personen gegen ihn unternehmen würden. Darum beschloß er, ihre Gegenwart zunächst zu ignoriren und dem Baron bei seiner Arbeit zu unterstützen. Er stieg in die Grube und nahm die Schaufel in die Hand.

Der Baron arbeitete, ohne sich um irgend wen zu kümmern, wie ein Wahnsinniger, der er in diesem Augenblicke auch wirklich war. Das Loch wurde zusehends breiter und tiefer, aber es zeigte sich keine Spur eines Kastens oder sonstigen Gefäßes.

Der Schäfer stand mit seiner Tochter am Rande der Grube. Es war ihm, als ob er träume. Seine Tochter wollte eine Baronin werden; man wollte hier eine Kriegskasse ausgraben. Beides war ja unglaublich! So verging eine halbe Stunde nach der andern, ohne daß man Etwas fand. Da sprang der Capitän aus der Grube und rief:

„Nichts liegt da, gar nichts! Dieser Kerl, dieser Königsau, muß sich geirrt haben! Er hatte einen Zettel, einen Plan, nach dem er sich richtete. Wo muß er ihn haben? Wo ist dieses Papier hingekommen?"

Er suchte überall, ohne das Gesuchte zu finden. Da meinte die Schäferstochter, welche eine Sicherheit entwickelte, als ob sie in alle Verhältnisse eingeweiht sei:

„Hat er ihn vielleicht eingesteckt? Vater, suche den Todten dort einmal aus!"

Der Zettel war allerdings jetzt unmöglich zu finden. Er war, als Königsau von dem Capitän rücklinks überfallen wurde, und den Messerstich erhielt, zur Erde gefallen. Während des nachfolgenden Ringens hatten die drei Männer ihn in das aus der Grube aufgeworfene Land so tief hineingetreten, daß er nicht mehr zu sehen war, und Richemonte hatte dann so viel Land darauf geschaufelt, daß alles Nachsuchen vergeblich sein mußte.

Während der alte Schäfer in die Taschen Gebhardts griff und denselben hin und her wendete, begann aus der Wunde, welche nicht mehr geblutet hatte, das Blut von Neuem zu fließen. Zu gleicher Zeit bewegte der Todtscheinende die Arme.

„Herrgott! Er lebt noch!" rief der Schäfer.

„Wirklich? Ist es wahr?" fragte Richemonte, indem er schnell hinzutrat.

„Ja; er bewegte die Arme. Ich werde ihn untersuchen."

Der Mann mochte einige chirurgische Kenntnisse besitzen. Er unterwarf den Deutschen einer eingehenden, möglichst genauen Untersuchung und meinte dann:

„Er lebt wirklich. Er ist nicht todt."

„Wird er wieder zum Bewußtsein kommen?" fragte Richemonte.

„Gleich wohl nicht. Die Verwundung ist eine schwere, eine lebensgefährliche. Er könnte bei guter Pflege wohl noch gerettet werden. Aber ehe er zum Bewußtsein gelangen könnte, wird ihn das Wundfieber gepackt haben."

„Verdammt! Wir haben ihn in unserer Gewalt. Wir könnten ihn zwingen, uns das Geheimniß mitzutheilen. Wenn er stirbt, geht es verloren; wenn er aber leben bleibt, so wird er uns gefährlich!"

Er strich sich nachdenklich die Spitzen seines Bartes; dann wendete er sich mit einer raschen Bewegung an das Mädchen:

„Mademoiselle, haben Sie gelernt, zu schweigen?"

„Ja," antwortete sie.

„Kann man sich auch auf Ihren Vater verlassen?"

„Gerade so, wie auf mich selbst."

„Und würden Sie Beide schweigen, wenn ich Ihnen verspreche, daß, falls wir die Kasse noch finden, Sie einen Theil der darin befindlichen Summe erhalten sollen?"

„Ja," antwortete sie bedenklich. „Ich setze aber voraus, daß dieser Theil nicht ein zu armseliger ist. Wieviel geben Sie?"

„Den zehnten Theil."

„Das ist genug. Wir werden also schweigen."

Es war eigenthümlich, die Gesichter der Beiden jetzt zu beobachten. Der Capitän machte das Gesicht eines Fuchses, welcher mit der Henne einen ewigen Frieden schließt, um sie desto eher verspeisen zu können. Das Mädchen aber ließ ein Lächeln sehen, hinter welchem viel mehr verborgen lag, als der Alte ahnte. Der Letztere fuhr fort:

„So sind wir also einig. Der Zufall hat uns zusammengeführt, und so wollen wir auch Verbündete bleiben. Es gilt, diesen Verwundeten heimlich so lange zu pflegen, bis er sprechen und uns sein Geheimniß mittheilen kann. Könnten Sie ihn nicht in Ihrer Wohnung aufnehmen?"

„Es würde sich vielleicht ermöglichen lassen, Monsieur."

„Aber es dürfte kein Mensch Etwas merken!"

„Das versteht sich ganz von selbst. Vorsicht und Verschwiegenheit liegen ja in unserm eigenen Interesse."

„Nun gut! So wollen wir ihn verbinden, damit er sich nicht verblutet. Sie halten mich für den Mörder dieser Leute?"

„Ja," antwortete sie, ihn furchtlos anblickend.

„Sie irren sich. Ich werde Sie von den Verhältnissen unterrichten, und dann sollen Sie sehen, daß Ihre gegenwärtige Meinung eine falsche ist."

Sie nickte ihm freundlich zu und antwortete:

„Und Sie sollen auch meine Verhältnisse kennen lernen. Dann werden Sie überzeugt sein, daß ich alle Ursache habe, nichts zu thun, was zu Ihrem Schaden ist."

„Ah! Wieso?"

„Davon sprechen wir später. Jetzt haben wir mehr zu thun."

„Sie haben Recht. Den Verwundeten können wir erst dann, wenn es dunkel ist, nach Ihrer Wohnung bringen. Bis dahin haben wir zu thun. Das Loch muß wieder zugeschüttet werden."

„Und die Leichen?"

„Legen wir mit hinein. Vorwärts! Komm heraus!"

Diese letzten Worte galten dem Baron, welcher noch immer im Schweiße seines Angesichts an der Vergrößerung des Loches arbeitete. Der Capitän mußte ihn am Arme ergreifen und herausziehen. Er war von einem Ueberfalle seiner Krankheit ergriffen worden. Sein Blick fiel auf die zerschmetterten Köpfe der beiden Leichen. Sie sahen gräßlich aus. Seine Augen wurden noch stierer, als sie vorher gewesen waren; er fuhr sich mit beiden Händen in die sich sträubenden Haare und rief in jammerndem Tone:

„Gott, ich habe sie gemordet! Ich bin ein Mörder! Wo ist die Kriegskasse? Wo ist sie?"

„Still!" raunte ihm der Capitän zu. „Soll man uns etwa hören und erwischen!"

W. VIII. 806.

„Erwischen? Nein, nein! Seid still, still! Sprecht leise, ganz leise! Aber der Mörder bin ich doch!"

„Es giebt Stunden, in denen sein Geist krank ist," erklärte Richemonte den beiden Andern.

„Ich werde ihn gesund machen," meinte Adeline.

Sie trat zu dem Baron, legte den Arm um ihn, drückte ihn zärtlich an sich und sagte:

„Sei ruhig! Sei still! Du bist doch kein Mörder!"

Er blickte ihr forschend in das Angesicht, und dabei schien es in seinem Geiste ein wenig heller zu werden.

„Kein Mörder?" fragte er. „Wer aber bist denn Du? Ah, Du bist meine Tänzerin, Adeline, die schöne Hirtentochter! Ja, ich bin kein Mörder. Du aber bist meine Braut, meine Geliebte. Komm, laß Dich küssen!"

Er zog sie an sich und küßte sie auf den Mund. Sie litt es geduldig, als ob sich das von selbst verstehe.

„Adeline!" meinte ihr Vater verwundert.

„Donnerwetter!" bemerkte der Capitän. „Eure Bekanntschaft scheint eine sehr innige zu sein!"

„Aber eine heilsame für den Kranken, wie Sie sehen," antwortete Adeline.

Sie führte den Baron, der sich willenlos von ihr leiten ließ, nach einer kleinen Bodenerhöhung, wo sie mit ihm wie auf einer Bank Platz nahm. Ihr Vater sah ihr verwundert zu. Sie schien ihm ein ganz anderes Wesen geworden zu sein. Der Capitän aber brummte in den Bart:

„Alle Teufel! Da kommt mir eine Person in den Weg, welche mir sehr bequem, aber auch sehr unbequem werden kann. Welches von Beiden das Richtige ist, das wird sich ja wohl zeigen, und darnach habe ich mich dann zu richten."

Er forderte den Schäfer auf, ihm bei der Zuwerfung der Grube behilflich zu sein. Der Mann gehorchte. Er war, so lange er lebte, ein armer aber ehrlicher Kerl gewesen. Jetzt war er auf einmal Zeuge eines mehrfachen Mordes geworden; er fühlte sich betäubt; er arbeitete, ohne zu wissen, was er eigentlich that; er half, die beiden Leichen in das Loch legen; er schüttete das Land in dasselbe; er stampfte es fest und streute Laub und Reißignadeln auf die Stelle, welche nun bedeutend höher geworden war als vorher. Er that das fast ganz ohne Willen und Absicht, so ungefähr, wie ein Nachtwandler es gethan haben würde.

Unterdessen hatten der Baron und Adeline sich leise flüsternd unterhalten. Der Erstere hatte unter fortwährenden Liebkosungen ihr Mittheilungen gemacht, welche von ungeheurer Wichtigkeit für sie waren, wie ihre verstohlenen Blicke zeigten, welche sie von Zeit zu Zeit triumphirend auf Capitän Richemonte richtete.

Endlich brach der Abend herein, und nun wurde der Verwundete auf eine bis dahin improvisirte Tragbare gelegt und von Richemonte und dem Schäfer nach dem Häuschen des Letzteren getragen. Der Baron und Adeline folgten Arm in Arm, als ob es sich ganz von selbst verstehe, daß sie so innig zusammen gehörten.

Was an diesem Abende in der Hütte des Schäfers noch geschah und verhandelt wurde, das deckte der Schleier des Geheimnisses. Der Knecht aus Jeanette wunderte sich nicht wenig, daß seine beiden Herren so spät nach dem Gasthofe zurückkehrten. Geradezu bestürzt aber war er über den aufgeregten Zustand des Barons, welcher fast an Raserei grenzte.

Das, was Sainte-Marie laut schrie und erzählte, war geradezu gefährlich. Der Capitän mußte ihn mit Hilfe des Dieners binden und knebeln. Unter diesen Umständen war von einem Hierbleiben keine Rede. Es wurde ein Wagen zur Stelle geschafft; man lud den Baron auf und verließ noch während der Nacht den so verhängnißvollen Ort.

Das Ende der Reise, deren Erfolg erst ein so vortheilhafter gewesen war, zeigte sich als dem gerade entgegengesetzt. Der Baron war kaum zu bändigen. Er sah nur die Geister erschlagener Menschen und tief geöffnete Gruben mit Kriegskassen. Er bildete sich ein, während jeder Schlacht, bei Austerlitz, Magenta, Solferino und vielen anderen, Kriegskassen gestohlen zu haben. Er schrie einmal nach Liama und das andere Mal nach Adeline, um bei ihnen Rettung zu suchen vor den Gestalten, welche ihn verfolgten.

Die Aerzte, welche zu Rathe gezogen wurden, riethen zu einer dauernden Ortsveränderung, und da sich gerade Gelegenheit bot, Jeanette mit einer anderen Besitzung zu vertauschen, so ging der Capitän auf diesen Handel ein. Er war im Grunde genommen ganz froh, von Jeanette fortzukommen, denn mit diesem Orte waren zu unangenehme Erinnerungen für ihn verknüpft, und außerdem hatte er die Erfahrung gemacht, daß die Bewohner desselben mehr von seinen Verhältnissen erfahren hatten, als ihm lieb und angenehm sein konnte.

Der Ort, nach welchem er übersiedelte, war Ortry. Er hatte nur erst kurze Zeit da gewohnt, als ihm gemeldet wurde, daß eine junge Dame angekommen sei, welche ihn zu sprechen wünsche. Er erstaunte nicht wenig, in dieser Dame Adeline, die Schäferstochter, zu erkennen. Sie war ganz wie eine Dame von Stande gekleidet. Jedenfalls hatte sie dazu einen Theil der Summe verwendet, welche der Capitän ihrem Vater zurückgelassen hatte, um die zur Pflege Gebhardts nöthigen Ausgaben zu bestreiten.

„Bringen Sie mir gute Nachricht?" fragte er sie.

„Ja," lautete die Antwort. „Der Verwundete ist so weit hergestellt, daß für sein Leben nichts mehr zu befürchten ist."

„Haben Sie über die Kriegskasse mit ihm gesprochen?"

„Ja. Er verweigert jede Auskunft."

„Mir wird er sie nicht verweigern. Ich werde ihn zum Reden zu zwingen wissen! Noch heute fahren wir ab. Ich werde sogleich meine Reisevorkehrungen treffen."

„Sie meinen, daß ich mit Ihnen fahren soll?"

„Natürlich!"

„Kann ich nicht vorher den Herrn Baron sehen?"

„Wozu?"

„Nun, es versteht sich ja ganz von selbst, daß ich gern sehen möchte, wie er sich befindet."

„Das muß Ihnen gleichgiltig sein. Sie scheinen zu vergessen, daß er sich nur in einem Anfalle seiner Krankheit auf einige Augenblicke mit Ihnen beschäftigt hat. Zwischen einem Barone und einer Schäferstochter aber ist eine so große Kluft, daß Sie sich um das Befinden meines Sohnes gar nichts zu kümmern haben."

Da stand sie von dem Stuhle auf, auf welchem Sie Platz genommen hatte. Indem ihre Augen zornig aufblitzten, antwortete sie:

„Sie irren sehr, Herr Capitän! Der Unterschied zwischen einer ehrlichen Schäferstochter und Mördern, Dieben und gewesenen Spionen ist nicht so groß, wie Sie ihn hinstellen."

Er machte eine Bewegung des zornigsten Erstaunens und rief:

"Wie meinen Sie das? Was wollen Sie damit sagen?"

"Ich will damit sagen, daß der Herr Baron mir Alles erzählt hat. Während Sie die Grube zuwarfen, habe ich Ihre ganze Biographie von ihm erhalten. Ich weiß Alles, Alles, was Sie gethan und verbrochen haben; ich stehe Ihnen mehr als ebenbürtig gegenüber und werde Ihnen beweisen, daß es ein großer Fehler ist, mich zu verachten, weil ich die Tochter eines ehrlichen Hirten bin."

Da blitzte es heimtückisch in Richemontes Augen auf.

"Ah!" sagte er. "Was mein Sohn gesprochen hat, ist ein Erzeugniß des Wahnsinns gewesen. Kommen Sie sofort mit zu ihm. Er wird Alles, Alles widerrufen."

"Ich danke!" antwortete sie, überlegen lächelnd. "Ich habe gehört, daß es in diesem Schlosse viele verborgene Winkel giebt, in denen ich nicht gern verschwinden möchte. Ich gehe. Am Bette des Deutschen, den Sie tödten wollten wie seine beiden Begleiter, werde ich mit Ihnen meinen Vertrag abschließen. Gehen Sie nicht auf denselben ein, so wird mein Vater sofort Anzeige des Geschehenen erstatten. Der, welcher verwundet in unserer Hütte liegt, ist der rechtmäßige Besitzer Ihres Eigenthums, denn der einzige Sainte-Marie, welchen es nach dem Tode des Marabut noch gab, ist von Euch erschlagen worden. Ich rathe Ihnen: Machen Sie Ihren Frieden mit mir, sonst sind Sie verloren!"

Ehe er in seinem Grimme Worte zur Antwort fand, hatte sie das Zimmer verlassen, und nach einer Minute lag auch bereits Schloß Ortry hinter ihr — — —.

Ein Kundschafter.

Der große Turenae sagte einstmals zum französischen Minister Louvois: "Ein unfriedfertiger Nachbar ist der schlimmste aller Feinde. Man ist gezwungen, ihm gegenüber stets auf dem „Qui vive" zu stehen, und dieses Mißtrauen ist ein ewiges Hinderniß aller friedlichen Bestrebungen. Sieger kann nur derjenige bleiben, welcher von Beiden der Verschlagenere und Rücksichtslosere ist."

Mag die augenblickliche Ursache dieses Ausspruches gewesen sein, welche sie wolle, der berühmte französische Feldherr hat mit diesen seinen Worten das Verhältniß Frankreichs zu Deutschland, wie es stets war und immer sein wird, ganz vortrefflich gezeichnet. Frankreich ist der unfriedfertige Nachbar, gegen welchen die deutsche Wachsamkeit stets auf dem Posten sein muß. Bald durch fränkische Hinterlist, bald durch offene Gewalt geschädigt, hat Deutschland durch Jahrhunderte fortgesetzt erfahren müssen, wie sehr wahr Marschall Turenae gesprochen habe.

In Friedrich dem Großen war allerdings ein Deutscher erstanden, dessen Scharfsinn und politische Feinheit der französischen Verschlagenheit überlegen waren. Er, der kleine deutsche Fürst, verstand es ganz vortrefflich, aus den Intentionen des Erbfeindes für sich die vortrefflichsten Früchte zu ziehen, und seine diplomatische und kriegerische Wachsamkeit und Schlagfertigkeit führten zu Erfolgen, welche dem bösen Nachbar nur gezwungener Weise abgelockt werden konnten.

Dann erhob der korsische Ländereroberer seine Riesenfaust gegen Deutschland. Er trat das Kaiserreich in Trümmer und spannte die Fürsten desselben an seinen Triumphwagen. Nur der unerbittlichen Gegnerschaft Englands und dem vereinigten Zusammengreifen Rußlands, Oesterreichs und Preußens gelang es schließlich, den Gewaltigen niederringen und ihn, wie einen zweiten Prometheus, an den fernen Felsen im einsamen Weltmeere festzuschmieden.

Seit jenen Tagen herrschte in Frankreich die feste Ueberzeugung, daß es auch späterhin nur einer Vereinigung dieser Mächte möglich sei, die Fänge des französischen Adlers in Banden zu schlagen. Napoleon der Dritte ahmte als Neffe in allen Stücken seinem Onkel nach, und seine Erfolge in Italien und der Krim gaben seinem Eigendünkel Nahrung. Er hatte durch Palikao wehrlose Chinesen besiegt und sogar drüben in Mexico seine Adler fliegen lassen; das machte ihn so übermüthig, daß er schließlich glaubte, ein eben solcher Schlachtengott zu sein wie der Gründer des Thrones Bonaparte. Er hegte die Ansicht, daß es kein Reich der Erde gebe, welches ohne Verbündete es wagen könne, einen Krieg mit Frankreich zu planen.

Er überschätzte seine Kräfte und unterschätzte diejenigen der anderen Nationen, besonders der Deutschen.

Der Deutsche ist der Phlegmatiker in der europäischen Völkerfamilie. Unter seinem ruhigen, anspruchslosen, scheinbar gleichgiltigen und träumerischen Wesen verbirgt sich eine außerordentlich kraftvolle, widerstandsfähige Constitution. Seine sprichwörtlich gewordene Geduld giebt ihm den Anschein eines Menschen, den man ungestraft am Barte zausen könne; aber unter dieser äußeren Ruhe verbirgt sich ein reges Ehrgefühl, welches, wenn rücksichtslos beleidigt, sich plötzlich gewaltig emporbäumt, und dann pflegt der so falsch beurtheilte „deutsche Michel" ein ganz anderer Kerl zu werden. Er geht dann gerade auf seine Feinde los und schlägt mit dem Kolben so machtvoll drein, daß es „flucht," wie der alte Blücher zu sagen pflegte. In solchen Fällen pflegt der sonst so späte Germane sogar eine Beweglichkeit zu entwickeln, gegen welche die sogenannte „affenartige Behendigkeit" der französischen Gamins nicht aufzukommen vermag.

Nach den napoleonischen Kriegen hatte eine verhältnißmäßig lange Ruhe den Deutschen und besonders den Preußen innerlich kraftvoll erstarken lassen, ohne daß der oberflächlich urtheilende Franzose es bemerken oder zugeben wollte. Der verbesserte Volksunterricht und treffliche Kriegsschulen hatten die Aufgabe gehabt, ausgezeichnete Officiere und ein intelligentes Heer heranzubilden. Zöglinge dieser Kriegsschulen waren in entfernte Länder gesandt worden, um sich in den dortigen Kriegen an Erfahrungen und Anschauungen zu bereichern. Sie kehrten als tüchtige Strategen und Taktiker zurück, ohne daß dies von Anderen beobachtet wurde.

Während Napoleon über Marschälle und Generale verfügte, welche sich in Afrika, Rußland, China, Italien und Mexiko einen berühmten, vielleicht aber auch berüchtigten Namen geholt hatten, besaß Preußen nur seinen Wrangel, welcher zu alt war, um eventuellen Falles eine Heerleitung zu übernehmen. Andere waren während des Schleswig-Holsteinischen Krieges zwar auch genannt worden, aber so oberflächlich, daß auswärts gar keine Notiz von ihnen genommen wurde.

Daß sogar preußische Prinzen, wie zum Beispiel Friedrich Karl, strategische Werke verfaßt hatten, hielt man für Spielerei, und war ja einmal von einer Verbesserung oder Neuorganisation kriegerischer Institutionen die Rede, so verhallte die Kunde davon in dem Stimmengewirr von Ereignissen, welche von eclatanterer Wichtigkeit zu sein schienen. Der deutsche Michel besitzt eben einen guten Theil Mutterwitz und hatte es verstanden, im europäischen Spiele nicht ahnen zu lassen, welche Karten er habe und welche Trümpfe zuletzt aufzulegen er im Stande sei. Ihm das edle Schach anzubieten, hielt man ihn für zu ungebildet und befangen; man hatte ihm nur erlaubt, an einer ungeschickten Partie Schafkopf theil zu nehmen. Warf man ihm ja einen Stecher hin, so gab er klein zu. Man ahnte nicht, daß er schlauer Weise die Matadore in der Hand behielt, um am Schlusse die Gegner desto sicherer zu schlagen.

War in Paris von Bismarck, von Moltke die Rede, so zuckte man die Achseln. Der Erstere war ein mittelmäßiger Staatsmann mit ungewandten Manieren und der Letztere ein Officier, weiter nichts. Mit solchen Männern brauchte man nur so zu rechnen, wie der Spieler mit gewöhnlichen Blättern rechnet: sie gehören zur Karte, sind aber nichts weniger als entscheidend.

Als Napoleon die mexikanische Schlappe erhalten hatte, ließ er sich im Gefühle der Blamage, an welcher er laborirte, allerdings herbei, mit diesem Bismarck in einen Notenwechsel zu treten. Er bot Preußen eine Gebietsvergrößerung um acht Millionen Einwohner an und verlangte dafür den preußischen, bayrischen und hessischen Landestheil, welcher zwischen dem Rhein und der Mosel liegt. Dieser Streich sollte das Ansehen, welches er bei seinem Volke verloren hatte, wieder herstellen. Wie ungeschickt, wie tölpelhaft, daß dieser Bismarck nicht auf denselben einging! Mit diesem sogenannten Lenker des preußischen Staatswesens war eben ganz und gar nicht anständig zu verkehren!

Nun knüpfte Napoleon mit Wien ganz ähnliche Verhandlungen an. Oesterreich ging darauf ein, Venetien abzutreten und dafür preußisch Schlesien zu erhalten. Zu gleicher Zeit erklärte der Kaiser der Franzosen, daß den deutschen Mittel- und Kleinstaaten mehr Selbstständigkeit zu gewähren sei. Damit hatte er dem „ungeschickten" Bismarck den Rache- und Fehdehandschuh hingeworfen. Der ungelenke Deutsche bückte sich gleichmüthig und hob ihn auf.

Napoleon hatte in Mexiko einen österreichischen Erzherzog in das Verderben und den Tod getrieben; jetzt trieb er das Vaterland des armen Max von Mexiko in das Unglück.

Preußen marschirte. Die Namen seiner Feldherren waren fast unbekannt; Oesterreich konnte ihm berühmte Männer entgegenstellen. In Paris speculirte man auf eine rasche Niederwerfung Preußens oder, was man noch lieber sah, auf ein langwieriges, wechselvolles Ringen der beiden Gegner. Ein solches Ringen hätte Frankreich Gelegenheit zu hundert günstigen Schachzügen gegeben. Aber es kam anders. Preußen siegte; es warf seinen Gegner, der leider sein Bruder war, mit ungeahnter Schnelligkeit darnieder; dasselbe geschah mit den anderen deutschen Staaten.

Auch jetzt noch unterschätzte Napoleon die Kräfte des Siegers. Er verlangte durch den Gesandten Benedetti die Grenze vom Jahre 1814. Dadurch wäre Rheinbayern und Rheinhessen nebst Mainz an Frankreich gekommen. Außerdem sollte Preußen auf das Besatzungsrecht in Luxemburg verzichten. Im Weigerungsfalle drohte der Neffe des Onkels mit Krieg gegen Preußen.

Bismarck schloß, ohne Frankreich zu fragen, Frieden mit Oesterreich und antwortete dem Kaiser kurz entschlossen: „Gut, so machen Sie Krieg! Bekommen werden Sie nichts!"

Nur auf Zurathen Anderer nahm Napoleon seine Kriegsandrohung zurück, wendete sich aber, um auch diese Schlappe zu verbergen, wegen Ankaufs von Luxemburg an den König von Holland. Er wollte den Franzosen auf alle Fälle eine Gebietserweiterung bringen. Der König von Holland war nicht abgeneigt; aber Bismarck erfuhr davon und erklärte öffentlich, daß er seine Einwilligung versage. Zugleich machte er die Bündnißverträge bekannt, welche er mit den süddeutschen Staaten abgeschlossen hatte, und so sah Napoleon sich abermals durch den Deutschen zurückgewiesen und besiegt.

Diese wiederholten Niederlagen Napoleons gegen Bismarck wirkten sehr verhängnißvoll auf die inneren Verhältnisse Frankreichs zurück. Der Kaiserthron verlor immer mehr und mehr von seinem Glanze. Die Partheien begannen, an demselben zu rütteln. Man verlangte Rache an Deutschland, und die Kaiserin Eugenie that Alles, um den Kaiser zu einem Kriege zu bestimmen. Napoleon hörte nicht auf, Preußen durch Anerbietungen auf Kosten Deutschlands und Belgiens in Versuchung zu führen, mußte aber einsehen, daß alle diese Anträge an der eisernen Stirn Bismarcks abprallten. So wurde denn der Krieg beschlossen und die Vorbereitungen dazu heimlich begonnen. Napoleon sah ein, daß sein bereits wankender Thron stürzen werde, wenn es ihm nicht gelinge Deutschland in den Staub zu treten. Er erklärte, um seine Absicht zu verbergen, daß die Aufrechterhaltung des Friedens zu keiner Zeit gesicherter gewesen sei als eben jetzt; aber Bismarck war nicht der Mann, sich durch eine so grobe List täuschen zu lassen.

Dieser große Staatsmann war überzeugt, daß Frankreich nur nach einer Ursache suche, um den Krieg erklären zu können, und daß es schließlich den ersten besten Vorwand dazu vom Zaune brechen werde.

Napoleon überschätzte die Vortheile der französischen Heeresverfassung. Er hatte bei General Lebeuf, dem Kriegsminister, angefragt und von diesem die Antwort erhalten: „Nous sommes archiprêt." Das heißt zu Deutsch: „Wir sind erzbereit," also im höchsten Grade bereit. Auch das hatte Bismarck erfahren, und es läßt sich denken, daß er seine Maßregeln darnach ergriff. ———

In jener Zeit lag in einer der engen Nebengassen, welche die Rue des Poissonniers mit der Chaussée de Clignancourt verbinden, eine jener unheimlichen Tabernen, deren Existenz nur darum von der Polizei geduldet wird, weil sie als Mausefallen benutzt werden. Solche Kneipen bleiben lange Zeit scheinbar unbeobachtet und unbeaufsichtigt; aber dann stellen sich plötzlich eines schönen Abends die Sicherheitsbeamten ganz unvermuthet ein, um einen reichen Fang zu machen.

Der Wirth dieser Taberne, ein verschlagener und zugleich verwegener Mensch, machte den Dieb und Hehler zu gleicher Zeit; aber noch niemals war es der Polizei gelungen, ihn so zu fassen, daß man ihn hätte bestrafen können. Die bei ihm verkehrenden Gäste waren Leute, welche mit den Gesetzen mehr oder weniger in Conflict gerathen waren, und wurden von Kellnerinnen bedient, deren Charakter ein mehr als zweideutiger zu nennen war.

Das Haus hatte eine sehr schmale Fronte, und nie zeigte dieselbe des Abends ein erleuchtetes Fenster. Es schien ganz unbewohnt zu sein, außer dem Keller, in welchem sich die betreffende Restauration befand und in welchen man von Außen auf einer Reihe von gebrechlichen Stufen hinabsteigen mußte.

Dieser Keller war lang und schmal. Man hatte ihn in verschiedene Abtheilungen getheilt, deren vorderste die Gäste inne hatten. Nur Diejenigen, denen der Wirth ein besonderes Vertrauen schenkte, hatten die hinteren betreten dürfen, worüber sie aber gegen Andere kein Wort verloren.

Heute saßen vielleicht ein Dutzend Männer an einer Tafel. Ein Jeder hatte ein großes Glas mit scharfem Schnaps neben sich stehen. Die Unterhaltung war eine höchst einsilbige. Den Wirth hatte heute noch Niemand gesehen. Das Aeußere der beiden Kellnerinnen, welche zugegen waren, das heißt ihr Aussehen und ihre beinahe freche Bekleidung, ließ auf ein vollständig destruirtes Ehrgefühl schließen. Die Eine saß mitten unter den Männern, hatte den Einen derselben beim Kopfe genommen und that von Zeit zu Zeit einen tüchtigen Zug aus seinem Glase. Die Andere saß allein in einer Ecke, hatte den Kopf in die Hand gestützt, so daß ihr Gesicht im Schatten lag, und schien nicht bei sehr guter Laune zu sein.

Der ihr am Nächsten Sitzende wendete sich ihr zu und sagte:

„Was ist denn mit der Sally? Sie sieht ja aus, als ob sie von Vater Main den Abschied bekommen hätte?"

„Den Abschied?" lachte das andere Mädchen. „O, der ist ihr sicher genug! Vater Main ist nur ungehalten, weil sie seit letzter Zeit so ungeheuer zimperlich und spröde geworden ist."

„Spröde? Das war sie doch früher nicht. Man hat sich mit ihr stets sein Vergnügen machen können."

Das Mädchen zuckte die Achseln, warf den Mund auf und meinte:

„Hm! Sie hat einen Anbeter."

„Einen Anbeter? Einen Geliebten? Donnerwetter! Wer ist der Kerl? Kenne ich ihn?"

„Nein. Du bist ja längere Zeit nicht hier gewesen. Er ist ein Fremder, der erst seit einiger Zeit hier verkehrt!"

„Dann ist Vater Main sehr unvorsichtig geworden!"

„Wieso?"

„Nun, einen Fremden läßt man doch nicht so schnell einheimisch werden, daß er den Stammgästen das Mädel wegschnappt."

„O, er schnappt noch Anderes weg."

„Was?"

„Das Geld."

„Ah! Er spielt?"

„Ja, und zwar sehr gut."

„Bei Euch? Da oben?"

Dabei machte der Frager eine geheimnißvolle Fingerbewegung nach der Decke zu.

„Natürlich da oben!"

„Wagt man denn nicht zu viel, ihn da einzuweihen? Ist er einer der Unserigen?"

„Er gehört zu uns. Es ist ein Changeur."

Dieses Wort bedeutet eigentlich einen Geldwechsler, war aber hier im Sinne eines Wechselfälschers gemeint.

„Ein Changeur? Ja, diese Leute machen viel Geld; sie können spielen, und zwar hoch spielen. Zu diesem gefährlichen Geschäfte gehören feine und gescheidte Köpfe. Wie heißt er?"

„Er sagt es nicht. Wir nennen ihn nur den Changeur. Er ist außerordentlich vorsichtig. Sally aber nennt ihn ihren Arthur."

„Wo ist er her?"

„Er sagt, daß er aus den Pyrenäen stamme."

„Ob es wahr ist!"

„Jedenfalls. Er spricht ganz den Dialect, welcher in Foix oder Roussillon gebräuchlich ist. Uebrigens ist er ein ganz charmanter Kerl, der keinen Spaß verdirbt und gewöhnlich Das, was er im Spiele gewinnt, wieder zum Besten giebt."

„Da ist er ein Mann! Das liebe ich. Ein gescheidter Mensch, welcher aus den Taschen der Reichen lebt, darf gegen seine armen Kameraden nicht knausern. Wird er heute kommen?"

„Das ist unbestimmt. Er ist seit einigen Tagen nicht hier gewesen. Darum macht die Sally ein solches Gesicht. Das alberne Mädchen denkt, er ist ihr untreu geworden."

„Pah! Was wäre das weiter! Ist es Der nicht, so ist es Jener! Komm, Sally; trinke mit mir!"

Die Angeredete machte eine abwehrende Bewegung. Darum wendete der Sprecher sich zu der Anderen:

„Bei Gott, Du hast Recht! Sie ist spröde geworden. Der Teufel hole die Frauenzimmer!"

„Mich auch mit?" fragte sie lachend.

„Nein. Um Dich zu bekommen, soll er noch längere Zeit warten. Du bist immer ein gutwilliges Kind gewesen. Komm; trink, und gieb mir einen Kuß!"

Sie erhob sich, trat zu ihm hin, trank sein Glas halb leer und küßte ihn dann in das hagere, abgelebte und abgeschminkte Gesicht. Es war ein häßlicher Anblick, die Zärtlichkeit zu sehen, welche dieses verworfene Mädchen dem alten Manne erwies. Die Anderen lachten.

„Wohl bekomme es, Lermille!" rief einer der Gäste. „Du machst ja ein Gesicht, als habest Du eine Delicatesse genossen, welche Dir seit langer Zeit nicht zu Gute gekommen ist."

„Es ist auch so!" antwortete er, mit der Zunge schnalzend.

„Das mache nur uns nicht weiß! Wir kennen Dich! Wir wissen Alle, daß Deine Stieftochter Deine Geliebte ist. Wo hast Du sie?"

Der Alte erbleichte, und seine Augen erhielten einen eigenthümlichen ängstlichen Flimmer. Er antwortete:

„Ich habe sie nicht mehr."

„Nicht mehr? Wo steckt sie denn?"

„Sie ist todt."

„Todt? Unmöglich! Dieses kräftige, strotzende Mädchen, um die ich Dich und Andere oft beneidet haben, ist todt? An welcher Krankheit ist sie denn gestorben?"

„Hm! An der Seilerkrankheit."

„Der Kukuk soll mich holen, wenn ich von dieser Krankheit jemals Etwas gehört habe!"

„Ich meine, sie ist vom hohen Seile gestürzt."

„Donnerwetter! Ist das wahr?"

„Natürlich! Ich bin ja dabei gewesen!"

„Das ist ein ungeheures Pech für Dich. Die verdiente ein schönes Geld, und Du wärst gut mit ihr verkommen, wenn sie nicht die dumme Angewohnheit gehabt hätte, mit Andern mehr zu liebäugeln als mit Dir."

„Das ist ja auch ihr Tod gewesen."

„Wieso?"

„Nun, sie hatte sich Einen angeschafft, einen armseligen Kräutersammler. Auf ihm hat sie die Augen gehabt und nicht auf dem Seile. Darum hat sie die Balance verloren und ist herunter gefallen."

„War sie gleich todt?"

„Sofort. Das war noch ein Glück. Sie hatte alle Rippen und Glieder gebrochen."

„Wo ist das geschehen?"

„In Thionville. Aber sprechen wir nicht weiter davon. Ich mag von dieser Angelegenheit nichts mehr hören."

„Warst Du da noch bei der Truppe des Abu Hassan?"

„Ja."

„Warum hast Du sie verlassen? Er zahlte ja so gut."

„Ich mochte nichts mehr vom Geschäfte wissen, nachdem ich so elender Weise um das Mädchen gekommen war."

„Und was treibst Du nun? Wovon lebst Du jetzt?"

„Was geht das Dich an! Kümmere Du Dich um Deine Angelegenheiten, aber nicht um die meinigen! Jetzt privatisire ich."

„Alter, das glaube ich nicht."

„Nicht? So! Warum nicht?" fragte der einstige Bajazzo, welcher der Mörder seiner Stieftochter war, im höhnischen Tone.

„Weil zum Privatisiren Geld gehört."

„Nun, wer sagt Dir denn, daß ich keins habe?"

Der Andere machte ein erstauntes Gesicht und antwortete:

„Ah! Du hast welches? Das ist etwas Anderes! Aber wissen möchte ich doch, wie Du so plötzlich reich geworden bist. So lange ich Dich kenne, ist Alles, was Du verdientest, Dir durch die Gurgel gerollt. Erspart hast Du Dir keine Centime. Ich denke mir, Du hast irgend einen klugen Streich verübt."

„Wenn es so wäre, was geht es Dich an."

„Richtig! Mich geht es ganz und gar nichts an. Aber komme einmal her, Alter! Ich muß Dir doch einmal in Dein versoffenes Spitzbubengesicht sehen."

Der Bajazzo sträubte sich, aber vergebens. Der Andere drehte seinen Kopf nach sich herum, betrachtete erst das Gesicht und dann auch den Anzug des Akrobaten und sagte dann:

„Dieses Gesicht kenne ich, und diesen Anzug auch. Als Ihr in Remilly arbeitetet, trug ihn Dein Collega, welcher den Herkules machte. Dir sind Rock, Hose und Weste viel zu weit. Und von so einem Director, wie Abu Hassan, der Zauberer war, geht man als armer Bajazzo nicht einer bloßen Gefühlsregung wegen fort. Ich traue Dir überhaupt verteufelt wenig Gefühl und Gemüth zu. Du hast das Alles im Branntwein ersäuft. Ich glaube ganz richtig zu ahnen, wenn ich vermuthe, daß Du Deiner Gesellschaft mit der Kasse und in diesem fremden Anzuge durchgegangen bist."

„Unsinn!"

„Pah! Gestehe es nur ein, Alter!"

Da riß sich der Bajazzo los und meinte zornig:

„Ich wiederhole Dir, daß Du Dich ganz und gar nicht um meine Angelegenheiten zu bekümmern hast, Du nicht und auch kein Anderer."

„Und ich wiederhole Dir, daß Du damit ganz recht gesprochen hast. Aber ich wollte Dir nur zeigen, daß ich Dich durchschaue. Uebrigens sind wir, die wir hier sitzen, überhaupt Alle, welche hier verkehren, gute Kameraden, von denen Keiner den Andern verräth. Was ich gesagt habe, kann Dir also nicht den geringsten Schaden machen. Und darum denke ich, daß Du Deinen Freunden einige Flaschen anbieten wirst, da Du jetzt so gut bei Mitteln bist."

„Das fällt mir gar nicht ein. Ich habe nicht so viel Geld, wie Du vielleicht denkst, und muß damit langen, bis ich wieder eine neue Stellung habe."

„Geizhals! Eigentlich hast Du, da Du so lange Zeit nicht hier gewesen bist, wieder Einstand zu zahlen, und so denke ich — — na, er soll Dir erlassen bleiben; denn da kommt Einer, der nicht so knauserig ist wie Du."

Bei diesen Worten drehte er sich nach der Thür, durch welche ein neuer Ankömmling eingetreten war.

Dieser war ein junger, vielleicht achtundzwanzigjähriger Mann mit angenehmen, sogar männlich schönen Gesichtszügen. Das ziemlich kurz verschnittene Haar war ebenso wie der volle Schnurrbart, welcher seine Oberlippe buchstäblich zierte, von tief schwarzer Farbe, gegen welche der helle Teint frappirend abstach. Seine Gestalt war nicht zu hoch, aber breit und kräftig gebaut. Er machte trotz des einfachen Anzuges, welchen er trug und dessen Haupttheil in einer blauen Leinwandblouse bestand, einen sehr angenehmen, fast möchte man sagen, an diesem Orte distinguirten Eindruck.

„Das ist der Changeur!" rief der vorherige Sprecher. „Willkommen! Warum bist Du an den letzten Tagen nicht dagewesen?"

Der Ankömmling bekam von Allen die Hände. Sally, die Kellnerin, war mit einem lauten Freudenschrei aufgesprungen und ließ ihm gar keinen Augenblick Zeit, auf Gruß und Frage zu antworten.

„Endlich, endlich kommst Du!" rief sie, indem sie beide Arme um ihn schlang. „Wo bist Du während dieser langen Zeit gewesen?"

„Lange Zeit?" fragte er unter einem seltsamen Lächeln, welches wohl freundlich sein sollte, aber einen mühsam niedergedrückten Widerwillen doch nicht ganz zu verbergen vermochte. „Es sind ja nur drei Tage!"

„Aber dennoch eine Ewigkeit für meine Sehnsucht! Warum bist Du nicht gekommen?"

„Geschäfte!" antwortete er unter einem leichten Achselzucken.

„Sind sie Dir gelungen?"

„Wie stets!"

„Ja, Du bist ein kluger Kopf!" meinte sie stolz. „Du wirst Dich nie erwischen lassen. Komm! Du mußt mir erzählen!"

Sie wollte ihn nach ihrem vorigen Sitze ziehen; er aber wehrte ab und antwortete:

„Später, Sally! Ich darf die Kameraden nicht vernachlässigen; auch habe ich vor allen Dingen Durst. Gieb mir Wein; aber vom Guten. Verstanden? Und diesen Messieurs bringst Du drei Flaschen Absynth. Sie trinken dieses starke Zeug lieber als den Wein. Wenn man gute

Geschäfte gemacht hat, muß man auch die Kameraden leben lassen."

„Siehst Du, Bajazzo, daß der Changeur nobel ist?" fragte der frühere Wortführer. „Er beginnt zu regaliren, nachdem er kaum hereingetreten ist!"

Der Changeur nahm bei den Uebrigen Platz, während Sally sich schmollend über seine Weigerung, sich zu ihr zu setzen, entfernte, um das Verlangte herbei zu holen.

„Bajazzo?" fragte er, den Alten betrachtend. „Ein neuer Kamerad?"

„Ja. Ein alter Sünder, dem man Vertrauen schenken kann."

„In was arbeitet er?"

„In Allem. Er nimmt mit, was er bekommen kann. Der Mann war nämlich bei der Truppe eines maurischen Gauklers, den man Abu Hassan, den Zauberer nennt. Dort ist seine Stieftochter, die Thurmseilkünstlerin, vom Seile gestürzt und hat den Hals gebrochen, und vor Schmerz darüber ist er der Gesellschaft mit der Kasse und diesem prachtvollen Anzuge durchgebrannt."

„Schuft!" rief der Bajazzo.

„Schweig!" rief der Andere. „Deine Art und Weise kenne ich! Ah, da kommt der Wein und der Absynth. Laßt uns einschenken und anstoßen! Wer weiß, wie oft wir noch in dieser Weise beisammen sein können."

„Hast Du Sorge, daß man Dich erwischt und einsteckt?" fragte die Kellnerin, welche vorhin dem Bajazzo einen Kuß gegeben hatte.

„Halte das Maul, Betty! Es handelt sich hier um ganz andere Dinge!"

„Wichtige natürlich!" meinte sie schnippisch.

„Ja, sehr wichtige!"

Er schenkte sich und den Andern ein und erhob sich dann.

„Stoßt an!" forderte er sie auf. „Der alte Capitän soll leben!"

Sie stießen zwar mit an, waren aber über diesen unerwarteten Toast so erstaunt, daß sie zu trinken zögerten.

„Der alte Capitän? Wer ist das, Levier?" fragte Einer von ihnen.

Das französische Wort Levier bedeutet Brechwerkzeug, Brecheisen. Diesen Namen trug der Mann, eine deutliche Erklärung des Handwerkes, welches er betrieb.

„Wer der alte Capitän ist?" meinte er. „Ich dachte, daß es doch wenigstens Einen unter Euch geben werde, der ihn kennt oder doch von ihm gehört hat. Ich habe ihn auch noch nicht gesehen; aber es steht zu erwarten, daß die Zeit bald kommt, in welcher wir ihn kennen lernen werden. Dann blüht unser Weizen; dann wird es viel, viel besser für uns, als es jetzt ist. Darauf könnt Ihr Euch verlassen."

„Wieso? Rede! Sprich!" erscholl es von allen Seiten.

Auch Sally kam herbei, um die Sache mit anzuhören. Sie setzte sich neben den Changeur und legte ihm vertraulich die Hand auf die Schulter. Er zuckte bei dieser Berührung leicht zusammen, ließ es ihr aber weiter sonst nicht merken, ob diese Annäherung ihm angenehm sei oder nicht.

„Nun," begann Brecheisen seine Erklärung mit wichtiger Miene. „Ihr wißt doch, daß der Marschall Niel schon längst unserer Armee eine neue Organisation gegeben hat?"

„Natürlich weiß ich das!" antwortete sein Nachbar.

„Ja, Du vor allen Dingen mußt das wissen, Rossignel. Du warst ja ganze drei Monate Soldat, machtest dann aber lange Finger und mußtest dann am Schlusse der Strafzeit das Unglück haben, daß man Dich nicht mehr bei der Armee sehen wollte.

Rossignel heißt Nachtigall, aber auch Dietrich. Der also Genannte war also auch ein Einbrecher. Er lachte und sagte dann:

„Ja; sie meinten, ich hätte keine Ehre mehr. Dummheit und Ehre! Ich kam auf diese Weise vom Militärdienste frei. Aber fahre doch fort, Brecheisen!"

„Nun," ließ der Andere sich weiter vernehmen, „schon als im Jahre Siebenundsechzig wegen der luxemburgischen Frage der Tanz beginnen sollte, bildeten sich Schützengesellschaften, welche den Namen Sociétés des Franc-tireurs erhielten. Die Sache schlief leider damals ein, denn dieser Bismarck wagte es, uns einen Strich durch die Rechnung zu machen. Jetzt aber ist alle Aussicht vorhanden, daß diese Gesellschaften Arbeit erhalten werden."

„Wieso denn?"

„Das fragst Du noch? Weißt Du denn eigentlich, was man unter einem Franctireur versteht?"

„Nun, einen bewaffneten Franzosen, welcher das Recht hat, jeden Feind seines Vaterlandes niederzuschießen."

„Das ist richtig und doch auch falsch. Schon jeder Soldat der Linie und der Mobilgarden wäre dann ja ein Franktireur. Man beabsichtigt allerdings, Gesellschaften von freien Schützen zu bilden und sie den verschiedenen Armeecorps beizufügen. Das sind dann Privatleute, welche vom Kaiser das Recht erhalten, ihr Vaterland zu vertheidigen. Kein Völkerrecht kann ihnen Etwas anhaben. Selbst wenn man sie ergreift, müssen Sie als einfache Kriegsgefangene behandelt werden, welche man ordentlich verpflegt und nach dem Friedensschlusse wieder frei läßt. Aber ich meine, es ist sehr gut, für das Vaterland zu kämpfen, noch besser und gescheidter aber ist es, für sich selbst ein wenig den Freischützen zu spielen. Ist das nicht wahr, Dietrich?"

„Das denke ich auch!" antwortete der Gefragte.

(Fortsetzung folgt.)

Die Liebe des Ulanen.

Original=Roman aus der Zeit des deutsch=französischen Krieges von Karl May.

(Fortsetzung.)

Es wird noch Mehrere, noch Viele, Viele geben, welche ebenso denken. Diese werden nicht so dumm sein, sich der Armee anzuschließen, um für geringe Löhnung und elendes Kommisbrod sich todtschießen zu lassen, sondern: sie werden eigene, freie Compagnien bilden und, ohne ihre Gesundheit, ihre Freiheit und ihr Leben zu riskiren, ihre nächste Pflicht erfüllen, nämlich vor allen Dingen auf ihren persönlichen Vortheil zu sehen."

"Das wäre gar nicht übel. Aber das geht ja nur dann, wenn man Krieg hat."

"Nun, den werden wir wohl haben!"

"Mit wem?"

"Donnerwetter! Mit wem anders, als mit diesen Deutschen, an denen wir Rache für Sadowa zu nehmen haben!"

"Was geht uns Franzosen Sadowa an!"

"Du bist ein Dummkopf! Stehen wir nicht an der Spitze der Civilisation oder — — —"

"Ja," unterbrach ihn der Andere lachend, "wir stehen an der Spitze der Civilisation, denn Du heißest Brecheisen, und mich nennt man den Dietrich!"

"Mache keine albernen Witze! Selbst in unserm Handwerke sind wir den Deutschen weit überlegen. Der Deutsche ist ein Tölpel in jeder Beziehung. Er bekommt seine Weine und Moden, seine Seiden= und seine Leder=Waaren, seine Parfüms und Odeurs, seine ganze Bildung von uns. Wir sind seine Herren. Er aber hat es gewagt, mit Oesterreich Krieg zu führen und Frieden zu schließen, ohne uns zu fragen. Er hat seitdem unsere Politik auf jede mögliche Art und Weise durchkreuzt. Wir wollen Rache für Sadowa und er muß Haue haben! Ich sage Euch, daß so Etwas in der Luft liegt. Wohin man kommt, hört man von weiter nichts als von Depeschenwechsel und Krieg sprechen. Und macht man Augen und Ohren auf, so hört man nicht nur, sondern man sieht auch, daß überall eine gewisse Aufregung herrscht und daß allerlei heimliche Anstalten getroffen werden, welche sich nur auf den baldigen Ausbruch eines Krieges beziehen können."

"Und steht das mit Deinem alten Capitän in Beziehung?"

"Natürlich. Er wird nämlich einer der höchsten Commandanten der Franctireurs sein."

"So muß man ihn kennen lernen. Wo wohnt er, und wie heißt er denn?"

"Er wohnt in Schloß Ortry bei Thionville und heißt Albin Richemonte. Er soll bereits ein steinalter Herr sein und die Kriege und Siege des ersten Kaiserreichs mitgemacht haben. Er ist ein Held der Kaisergarde und steht mit den höchsten Herrschaften des Hofes in Verbindung. Daher hat man ihm diesen Posten anvertraut. Er sendet jetzt geheime Emissairs umher, und einer dieser Leute hat mich beauftragt, für ihn anzuwerben."

"Alle Donner! Das klingt ja recht ernsthaft!" rief Dietrich.

"Ernsthaft ist es auch! Dieser alte Capitän soll irgendwo ein ungeheures Lager von Waffen und Munition aller Art haben, bereits seit Jahren angelegt, und von Tag zu Tag wird es immer mehr vervollständigt. Er hat in den nahen Departements bereits angeworben und nun, wie ich bereits sagte, seine Emissairs nach Paris geschickt, um weitere Theilnehmer zu engagiren. Jede Compagnie darf sich ihre Officiers und Unterofficiers selbst wählen, nur unter der Bedingung, daß das Obercommando respectirt werde. Machen wir mit, so können wir Officiers werden. Nach Stand und Vergangenheit wird nicht gefragt, auch nach dem Alter nicht;

nur wird vorausgesetzt, daß sich allein tüchtige Kerls melden. Wenn Ihr wollt, so werde ich den Emissair morgen mitbringen."

„Bringe ihn mit! Bringe ihn mit!" lautete die Entscheidung Aller.

Auch der Changeur stimmte begeistert mit ein. Er hatte der Auseinandersetzung mit allergrößter Aufmerksamkeit gelauscht, und bei der Erwähnung, daß man sich seine Chargen selbst wählen könne, schien sich auf seinem lachenden Gesichte die Gewißheit auszudrücken, daß er bei seinen körperlichen und geistigen Vorzügen ganz sicher eine Officiersstelle bekommen werde.

Es wurde noch einige Zeit lang über dieses Thema, über die Gewißheit, daß man bald Krieg haben werde, gesprochen, dann trat der Wirth, Vater Main, aus dem hinteren Raume ein. Er setzte sich zu seinen Gästen und nahm einige Minuten lang an diesem Gespräche Theil, dann aber gab er Sally einen heimlichen Wink.

Das Mädchen verstand ihn sofort, aber der Changeur hatte ihn auch bemerkt, that aber so, als ob er gar nicht hingesehen habe.

Sally erhob sich und brachte ihrem Herrn ein Glas; dann nahm sie an dem Eckplatze, auf welchem sie sich vorher befunden hatte, ihren Sitz wieder ein. Der Changeur war überzeugt, daß dieses scheinbar ganz unabsichtliche Arrangement nur ihm allein gelte. Man wollte ihn vom Tische entfernen.

Daß er richtig geahnt habe, zeigte sich in Kurzem. Sally gab ihm einen Wink, sich zu ihr zu setzen. Er berechnete, daß es am Klügsten sei, ihr zu folgen. Darum nahm er seinen Wein, verließ den Tisch und setzte sich zu ihr. Als er dabei einen heimlich forschenden Blick auf den Wirth warf, bemerkte er ein sehr befriedigtes Lächeln auf dem Gesichte desselben.

Aber auch Brechstange hatte den ganzen Vorgang mit beobachtet und verstanden. Er neigte sich zu dem Wirthe herunter und fragte leise:

„Warum soll der Changeur von dem Tische fort, Vater Main?"

„Jetzt nicht," antwortete der Gefragte. „Er merkt es sonst, daß wir von ihm sprechen."

Aber in diesem Augenblicke traten mehrere neue Gäste ein. Sie setzten sich an einen anderen Tisch, wurden da von Sally bedient und sprachen dabei so laut unter einander, daß der Wirth nicht mehr befürchtete, von dem Changeur gehört zu werden, darum sagte er, zwar leise, aber doch so, daß er von den bei ihm Sitzenden gehört werden konnte:

„Ich traue ihm nicht."

„Warum denn nicht?" fragte der Dietrich.

„Er ist mir zu nobel. Er hat etwas an sich, welches mir sagt, daß er nicht zu uns gehört."

„O, ich halte ihn im Gegentheile für ehrlich und sicher."

„Ich möchte darauf schwören, daß Du Dich täuschest."

„Er hat doch ganz aufrichtig zu verstehen gegeben, daß er Wechselfälscher ist! Und erst vorhin sagte er, daß er wieder sehr gute Geschäfte gemacht habe."

„Damit kann er Dich und Euch täuschen, mich aber nicht. Trinket meinetwegen mit ihm, so viel und so oft Ihr wollt; das kann mir ja ganz lieb sein, denn er macht

tüchtige Zechen; aber laßt ihm ja niemals etwas von unsern Geschäften merken. Ich halte ihn für einen Geheimpolizisten."

„Unsinn! Daß er selbst die Polizei zu scheuen hat, weiß ich ganz sicher."

„Wieso?"

„Habt Ihr Euch seinen Bart und seine Haare einmal genau angesehen?"

„Wozu das?"

„Nun, sie scheinen schwarz zu sein, sind es aber nicht. Ich habe sie heute wieder scharf geprüft. Zwischen dem Schwarzen und der Haut sind sie, allerdings kaum zu bemerken, von hellerer Farbe. Ich meine, daß Bart und Haar blond sind. Er hat sie seit einigen Tagen nicht nachgefärbt. Wäre diese Verstellung nöthig, wenn er mit der Polizei auf gutem Fuße stände?"

„Das beweist noch nichts. Er kann das Haar gefärbt haben, um nicht zufällig von Einem der Unserigen, der ihn einmal gesehen hat, erkannt zu werden."

„Warum dann aber die Perrücke?"

„Welche Perrücke?" fragte der Wirth erstaunt. „Sein Haar kann zwar gefärbt sein, ist aber jedenfalls sein eigenes."

„Und dennoch trägt er zuweilen Perrücke. Als er das vorletzte Mal hier war, wollte er sein Taschentuch nehmen, zog aber an Stelle desselben eine Perrücke aus der Tasche."

„Wie benahm er sich dabei?"

„Er lachte ganz gleichmüthig."

„Er wurde also nicht verlegen?"

„Nein. Er wußte ja, daß er bei Leuten war, welche auch zuweilen gezwungen sind, sich auf diese Weise unkenntlich zu machen."

Der Wirth wiegte den Kopf hin und her und sagte bedenklich:

„Und auch das beweist noch nicht, daß er es ehrlich mit uns meint. Ein Geheimpolizist weiß auch falsche Haartouren zu gebrauchen. Hat der Changeur jemals aufrichtig gesagt, wo er ein Geschäft gemacht habe?"

„Allerdings nicht. Er hat das auch nicht nöthig. Niemand wird ihm das abverlangen."

„Oder habt Ihr Etwas gehört oder gelesen, was darauf schließen läßt, daß er wirklich Changeur ist, das heißt, daß er nur von Wechselfälschung lebt? Solche Fälschungen kommen in Paris massenhaft vor; das ist ja wahr; aber stets ist der Thäter eine den Betheiligten bekannte Persönlichkeit. Daß es aber hier einen Menschen giebt, welcher sich nur auf dieses Fach legt und stets unentdeckt bleibt, darüber habe ich noch kein einziges Anzeichen bemerken können. Ihr seid noch jung und habt die Schule noch nicht durchgemacht, welche ich hinter mir habe. Mich täuscht und betrügt man nicht so leicht. Wißt Ihr denn etwa, wo er wohnt? Hat er Euch das gesagt?"

„Ja," antwortete Brecheisen.

„Das sollte mich wundern. Nun, wo wohnt er denn?"

„In der Rue de Paradis."

„Welche Nummer und wie viele Treppen?"

„Wir haben so weit nicht gefragt. Wir wissen nur, daß er von hier nie weiter einkehrt, sondern stets nach Hause geht und dann allemal diese Richtung auch wirklich einschlägt."

„Wir müssen uns klar über ihn werden. Wir müssen ihn beobachten. Willst Du das übernehmen?"

„Ja," antwortete Brecheisen. „Ich bin aber überzeugt, daß wir nur bemerken werden, daß er uns nicht täuscht. Er hat ein nobles Aussehen und Auftreten, aber das gehört ja zu seinem Fache. Du meinst, Vater Main, daß ich ihm nachgehen soll?"

„Ja. Wenn Du siehst, daß er wirklich in der Straße des Paradieses wohnt, so trittst Du eine Weile nach ihm ein und erkundigst Dich beim Portier nach ihm."

„Ich vermuthe, daß dieser Mann sich weigern wird, mir Auskunft zu ertheilen."

„Meinst Du wirklich?" sagte der Wirth im Tone der Verlegenheit. „Da kennst Du mich sehr schlecht. Was ich will, das führe ich auch aus; ich habe die Mittel dazu. Hat die Polizei ihre heimlichen Verbündeten unter uns, welche uns seiner Zeit verrathen, so habe ich meinen Verbündeten bei der Polizei, welcher mir zu Diensten steht. Daher kommt es, daß ich niemals zur Anzeige oder in Strafe komme. Ist etwas gegen mich oder meine Freunde im Werke, so werde ich sofort benachrichtigt."

„Donnerwetter! Wenn das wirklich so ist, so bist Du allerdings ein ungewöhnlicher Schlaukopf, Vater Main!"

„Pah! Es kostet mich einiges Geld. Ihr könnt Euch natürlich denken, daß ich meinen Verbündeten gut besolden muß. Um keinen Verdacht zu erregen, lasse ich zuweilen irgend einen müßigen Bummler, welcher nicht zu uns gehört, bei mir abfangen. Das macht mir keinen Schaden, sondern es bringt mir nur Nutzen, weil ich damit den Herren des Sicherheitsdienstes Sand in die Augen streue. Daher will ich auch über diesen Changeur klar werden, um zu wissen, wie ich ihn zu behandeln habe. Verdient er mein Vertrauen nicht, so benachrichtige ich die Polizei, daß ein Mensch, den ich für einen Schwindler halte und der sich selbst für einen Fälscher ausgiebt, bei mir verkehrt. Er wird dann abgefangen."

„Du vergissest, Vater Main, daß er sich nicht direct und offen einen Changeur genannt hat. Er hat es uns nur ahnen lassen und duldet es nebenbei, daß wir ihn so benamsen."

„Das ist egal. Mein Freund bei der Polizei hat mich in den Besitz von einigen Marken gesetzt. Ich gebe Dir eine davon. Du wirst Dich bei dem Portier also als Geheimpolizist legitimiren können, und er ist in Folge dessen gezwungen, Dir Rede und Antwort zu stehen."

„Wie? Du hast Marken?" fragte der Einbrecher freudig erstaunt. „Welch ein Glück! Im Besitze einer solchen Medaille ist man ja sicher, niemals ergriffen zu werden."

„O doch!" Und dann würde man entdecken, von wem die Marken stammen. Ich wende sie daher nur zu ungefährlichen Zwecken an. Du wirst also dem Changeur nachschleichen, dann aber sofort nach hier zurückkehren, um mir die Marke wieder zu überbringen."

„Wann soll das geschehen? Heute noch?"

„Ja. Ich mag nicht länger im Unklaren über ihn sein."

„Aber wir haben ja heute mehr zu thun!"

„Vielleicht sind wir fertig, wenn er geht. Wir haben noch anderthalb Stunde bis zum Schlusse der Oper. Es ist also möglich, daß er sich bereits vorher entfernt. Er wird heute nämlich nicht spielen; denn ich habe dafür gesorgt, daß diejenigen, mit denen er oben sein Spiel zu machen pflegt, heute gar nicht kommen."

„Wieder schlau."

„O, ich mußte das nicht blos seinetwegen thun, sondern auch unsers Unternehmens wegen. Ich erleide dadurch, da mir das Spiel viel einbringt, allerdings eine Einbuße; aber wenn heute unser Coup gelingt, so werden wir ein horrendes Geld einnehmen."

„Ist der alte General wirklich so reich?"

„Er besitzt Millionen. Die Dame ist seine einzige Verwandte, seine Enkelin. Er hat sie außerordentlich lieb und wird ganz in Verzweiflung sein, wenn er hört, daß sie verschwunden ist. Hunderttausend Franken wird er zahlen, um sie wieder zu bekommen."

„Eine ungeheure Summe!" meinte Dietrich, indem seine Augen begierig leuchteten. „Aber das Unternehmen ist auch gefahrvoll."

Der Bajazzo hatte bisher schweigend zugehört. Jetzt fragte er:

„Alle Teufel! Ihr wollt doch nicht etwa die Enkelin eines Generales entführen?"

„Warum nicht?" antwortete der Wirth.

„Sprechen wir lieber nicht davon!" rieth Brecheisen. „Wer garantirt uns, daß dieser alte Bajazzo uns nicht verräth!"

Der Wirth machte eine eigenthümliche Handbewegung und sagte in einem höchst selbstbewußten Tone:

„Keine Sorge! Der Alte ist uns sicher. Ich garantire für ihn, ich selbst! Ist das genug?"

„Diese Bürgschaft nehmen wir an, Vater Main. Aber bist Du seiner auch wirklich sicher?"

„So sicher, wie meiner selbst. Nicht wahr, Hanswurst? Denkst Du noch an den Knaben mit dem Löwenzahn damals? Das kann uns auch noch ein schönes Geld einbringen."

Der Bajazzo antwortete schnell und mit ängstlicher Miene:

„Still, still! Ich mag jetzt davon nichts hören! Wir sprechen später darüber. Ich bin deswegen nach Paris gekommen. Redet lieber von Eurer heutigen Angelegenheit. Das scheint mir wichtiger zu sein."

„Hast Recht, Alter!" nickte der Wirth. Und sich wieder zu den Andern wendend, fuhr er fort: „Ein Jeder von Euch hat seinen Posten, und ich habe mich überzeugt, daß sie wirklich nach der Oper fährt. Das ist eigentlich Alles, was zu sagen ist. Du, Brechstange, machst den Fiakerkutscher. Das Geschirr wird zur rechten Zeit bereit stehen. Die Nummer ist bereits aufgeklebt und wird dann wieder abgemacht. So wird die Polizei irre geführt. Haartouren und Bärte findet Ihr im hinteren Zimmer, und an der Mauer wird die Pforte zur rechten Zeit offen sein. Gelingt der Streich, so theilen wir; gelingt er aber nicht, so werdet Ihr erwischt, ich aber habe nichts riskirt, denn mir wird Niemand etwas nachweisen können. Es liegt also in Eurem eigenen Interesse, Euch Mühe zu geben. Jetzt genug davon!"

Er erhob sich und trat zu den Gästen, welche zuletzt angekommen waren. Dabei warf er einen Blick nach dem Changeur. Er fühlte sich beruhigt, denn der Fälscher saß mit dem Rücken gegen den Tisch, an welchem er erst gesessen hatte, und war in das Damenspiel vertieft, mit welchem er sich die Zeit vertrieb. Er hatte also jedenfalls auf den Wirth und die Anderen gar nicht geachtet.

Und doch täuschte sich Vater Main.

Als der Changeur sich zu Sally gesetzt hatte, war diese herangerückt und hatte, ihm liebevoll in die Augen blickend, gesagt:

„Endlich! Endlich habe ich Dich allein bei mir! Du Böser! Warum wolltest Du nicht gleich her zu mir kommen?"

Sie war früher jedenfalls ein sehr schönes Mädchen gewesen. Sie war jetzt noch hübsch und verführerisch, allerdings nur für Einen, welcher sich über die Zeichen hinwegsetzt, welche ein unkeuscher Lebenswandel im Wesen einer jeden Gefallenen zurückläßt.

Er schüttelte leise den Kopf und antwortete:

„Was hast Du für ein Recht dazu, mich bei Dir zu haben?"

„Das Recht der Liebe!"

„Pah! Mir machst Du nicht weiß, daß Du mich liebst!"

Sie zog erstaunt den Kopf zurück, sah ihn forschend an und sagte in vorwurfsvollem Tone:

„Du glaubst nicht, daß ich Dich liebe? Hast Du Gründe dazu?"

„Ja," antwortete er kurz und ernst.

„So sage sie!"

„Vor allen Dingen einen: Du spielst mit Vater Main unter einer Decke!"

„Pst! Nicht so laut! Er könnte es hören!"

Da aber traten eben jene neuen Gäste ein, und die laute, lebhafte Unterhaltung, welche diese führten, gaben dem Changeur Gelegenheit, in dem Thema weiter fortzufahren:

„Er hört es nicht. Also antworte mir."

„Ich stehe in seinem Dienste, also muß ich ihm gehorchen."

„Auch gegen mich?"

„Gegen Dich, Arthur? Was habe ich gegen Dich gethan?"

„Er wollte, daß ich dort fortgehen solle. Er winkte Dir, und Du riefst mich hierher. Du verbündest Dich also mit ihm gegen mich. Ist das nicht so?"

„Nein."

„Was sonst?"

„Es war das nur eine Geschäftsrücksicht. Er hat mit den Andern irgend ein Geschäft zu besprechen. Du solltest nichts davon hören. Das ist Alles."

„Was für ein Geschäft ist es?"

„Ich weiß es nicht."

„Ah, Du bist zurückhaltend. Und da soll ich an Liebe glauben!"

Sie liebte den schönen Mann mit der ganzen Gluth, welche Mädchen dieser Art fühlen, wenn sie einem ihnen moralisch überlegenen Menschen eine tiefere und dauerndere Theilnahme widmen. Sie sah sich in die Enge getrieben und sagte:

„Arthur, ich habe Dich so lieb, daß ich für Dich sterben könnte. Das würde mir nicht schwer werden, denn dieses Leben ist mir doch zur Last. Es passirt allerdings sehr viel in diesem Hause, was Niemand wissen und erfahren darf; selbst ich weiß nicht Alles; aber das Wenige, was ich weiß, würde ich Dir nicht verschweigen, wenn ich sähe, daß ich Dir nicht zuwider wäre. Du aber kannst mich nicht leiden!"

Sie hatte das im Tone so ehrlicher Aufrichtigkeit, so innigen Bedauerns gesprochen, daß er sich des Mitleides nicht erwehren konnte.

„Warum denkst Du denn, daß ich Dich nicht leiden kann?" fragte er freundlicher, als er bisher mit ihr gewesen war.

„Das fragst Du noch? Wie oft sind wir allein gewesen, und selbst, wenn das nicht der Fall ist, bekümmert sich kein Mensch um Das, was wir thun. Hast Du mir jemals vermuthen lassen, daß Du ein Interesse für mich hast? Du kommst herein und setzest Dich zu Andern, wenn Gäste da sind. Und bin ich allein, so suchst Du Dir einen fernen Stuhl. Berühre ich Dich ja mit der Hand, so zuckst Du zusammen, gerade wie vorhin. Hast Du mich jemals mit einem Finger berührt? Nein! Und als ich Dich kürzlich um einen Kuß bat, da wurdest Du so zornig, wie ich es Dir bei Deinem stillen Wesen gar nicht zugetraut hätte!"

„Sally, ein Mädchen darf nicht um einen Kuß bitten!"

„Aber wenn sie so sehnlichst einen wünscht und doch keinen erhält!"

„So muß sie Geduld haben. Du kennst die Liebe nicht. Gerade wenn man sie überlaut ruft, zieht sie sich zurück."

Er hatte unwillkürlich ihre Hand ergriffen. Es war dies das erste Mal, das es geschah, und bei dieser Berührung trieb ihr der Herzschlag das Blut empor, daß ihr Gesicht vor Glück erglühte. Dieses arme Mädchen war vielleicht ohne eigenes Verschulden durch die Verhältnisse von Stufe zu Stufe in die Tiefe getrieben worden. In einer Weltstadt steigt und fällt man leichter als anderswo, auch moralisch.

„Sie zieht sich zurück?" fragte sie aufathmend. „Sie wäre also dennoch da und wollte blos sich nicht erblicken lassen?"

Sie sah ihm dabei so warm, so innig, so sehnsüchtig in die Augen, daß er, ganz ohne es zu wollen, ihre Hand drückte.

„O," meinte er, „sie will sogar, daß man nicht einmal von ihr spricht, wenigstens so lange nicht bis sie selbst das Wort ergreift."

Sie schüttelte traurig den Kopf.

„Ich verstehe Dich nicht ganz. Ich höre nur, daß ich schweigen soll, und ich werde schweigen. Aber als ich Dich stets so kalt sah, während Andere so viel anders sind, so dachte ich, daß mein Herr doch Recht haben könne."

„Recht? Worin?"

„Er hält Dich für einen Polizisten. Er traut Dir nicht."

„Da ist er allerdings kein sehr scharfsinniger Mann. Er traut mir nicht! Also deshalb mußte ich den Tisch verlassen?"

„Ja, deshalb."

„Er hätte mich ruhig und unbesorgt sitzen lassen können. So lange er mir nicht schadet, hat er auch von mir nichts Schlimmes zu erwarten. Aber neugierig bin ich doch, zu wissen, was es ist, weshalb man mich forttrieb."

„Ich weiß es auch nicht."

„Wirklich nicht?"

„Nein," antwortete sie im Tone der Aufrichtigkeit. „Ich kann Dir allerdings anvertrauen, daß er einer der berühmtesten Hehler der Hauptstadt ist, aber beweisen könnte selbst ich ihm nichts. Er duldet niemals, daß man ihn beobachtet. Um ein solches Geschäft scheint es sich auch heute zu handeln."

„So geht es mich allerdings nichts an. Schweigen wir also darüber!"

„Daraus sehe ich, daß Du allerdings kein Detective bist, denn ein solcher würde mich so weit wie möglich ausfragen. Wenn Vater Main nämlich eine Sendung gestohlener Waaren erwartet, so ölt er stets zuvor die Angeln der alten Thür ein, welche sich hinten in der Mauer befindet."

„Das hat er heute also auch gethan?"

„Ja. Ferner verbietet er uns, das Schänklokal zu verlassen. Erst wenn die Waare geborgen und der Hof wieder leer ist, meldet er, daß wir nun wieder hinaus dürfen."

„Dieses Verbot hat er auch heute ausgesprochen?"

„Ja. Wir dürfen nicht einmal die Treppe empor. Er muß eine ungewöhnlich bedeutende Sendung erwarten, denn er hat ein Zimmer des dritten Stockes ausgeleert. Unbegreiflicher Weise aber hat er einige Möbels hineingesetzt."

„Ich befürchte, daß er zu viel wagt und trotz seiner List doch einmal erwischt wird. Es sollte mir sehr leid thun, wenn auch Du dann in Verdacht kämst!"

„Thät es Dir wirklich leid?" fragte sie erfreut. Natürlich würden auch wir arretirt, wenn man ihn ergreift. Aber man würde uns doch laufen lassen müssen!"

„Ich würde lieber vorher laufen!"

„Wohin? Wer nimmt mich weg? Wer nimmt mich auf? Von einem Mädchen meines Standes mag kein Mensch Etwas wissen. Wir sind verloren. Wer rettet uns!"

„Giebt es nicht Rettungshäuser und Magdalenenstifte?"

Sie sah ihn groß an.

„Das sagst Du mir? Du?" fragte sie. „Soll ich in ein solches Haus gehen, um mich dort parade führen zu lassen? Ist der Mensch ein Material, an welchem man Experimente macht? Habe ich mich dann einige Jahre gut geführt, so bekomme ich ein Zeugniß, daß ich eine gebesserte Sünderin bin, der man doch aus Mitleid Vertrauen schenken und irgend eine Arbeit geben möge. Nein! Entweder sterbe ich hier, oder ich steige aus diesem Elende empor an einen Ort, an welchem man mich nicht kennt, an welchem ich leben und arbeiten kann, ohne mich bis an das Ende meiner Tage schämen zu müssen!"

Er fühlte, was sie sagen wollte; er begriff, daß sie nicht ganz Unrecht habe, obgleich sie ihren Gedanken nicht den gehörigen Ausdruck zu geben vermochte. Dieses Mädchen besaß doch vielleicht noch genug Kraft, sich aufzuraffen, und so sagte er, von Mitleid bewegt:

„Wenn Du nun die Mittel hättest, ein anderes Leben zu beginnen, würdest Du niemals wieder Kellnerin eines solchen Ortes werden?"

„Niemals, nie! Ich würde lieber arbeiten, daß mir die Haut von den Händen fiele. Aber woher soll ich diese Mittel nehmen? Ich habe Niemand, der sich mein erbarmt!"

Die Thränen waren ihr in die Augen getreten. Er fühlte sich aufrichtig bewegt und meinte:

„Hast Du nicht mich?"

„Dich? O ja, an Dich würde ich glauben? Dir traue ich es zu, daß Du mir helfen möchtest! Aber es wäre ja Wahnsinn, zu glauben, daß Du mich zu Dir nehmen wolltest."

„Ich sehe, daß Du verständig bist, Sally. Du liebst mich, und ich hege eine innige Theilnahme für Dich; aber unsere Wege führen uns auseinander. Dennoch werde ich Dich bitten, eine Summe von mir anzunehmen, welche Dich in den Stand setzt, ein gutes Mädchen und dann vielleicht auch eine glückliche und geachtete Frau zu werden.

Sie war bleich geworden. Ihr Auge ruhte auf ihm mit einem Ausdrucke, den er nicht zu definiren vermochte. Was für Regungen kämpften jetzt in ihrem Innern mit einander? Hatte sie vielleicht doch einen Augenblick lang geglaubt, daß sie die Frau dieses Mannes werden könne, den sie ja doch auch nur für einen mit den Gesetzen Zerfallenen halten mußte? Endlich, endlich kehrte die Farbe wieder in ihr Gesicht zurück. Sie ergriff seine beiden Hände und fragte leise und mit bebenden Lippen:

„Wolltest Du das wirklich thun, Arthur, wirklich?"

„Ja," antwortete er, „und zwar gern, sehr gern!"

Da legte sie die Hände wie betend zusammen, blickte ihn mit rührender Dankbarkeit in das Gesicht und flüsterte:

„O mein Gott, so könnte ich zu meinem Bruder gehen!"

„Wie? Du hast einen Bruder?"

„Ja. Wir waren Waisenkinder und wurden von einer alten Frau erzogen, mit welcher wir betteln gehen mußten. Mein Schicksal kennst Du. Mein Bruder war glücklicher. Er entfloh dem Weibe, weit fort von Paris, und wurde Knecht auf einem Gute. Das ist er noch. Vielleicht bringt er es so weit, daß ich dort einen Dienst finde!"

„Das wollen wir uns überlegen. Morgen komme ich wieder und werde Dir Bescheid sagen. Jetzt wollen wir nach dieser Aufregung ein kurzes, beruhigendes Spielchen machen."

Er griff nach dem Damenbrete, welches auf dem nahen Fenster lag, und begann, die Steine zu ordnen. Er hatte zwei Gründe dazu. Einmal wollte er von dem jetzigen Thema ablenken, und sodann sagte er sich, daß es ihm während des Spieles vielleicht gelingen werde, Etwas von der leisen Unterhaltung zu hören, die hinter ihm geführt wurde.

Sally spielte leidlich Dame. Sie war glücklich, bei dem Geliebten sitzen zu dürfen, und hatte nichts gegen seinen Vorschlag einzuwenden. Er war ein Meister und ihr weit, sehr weit überlegen; aber dennoch that er vor jedem Zuge, als ob er denselben reiflich überlegen müsse. Während dieser Augenblicke lauschte er aufmerksam hinter sich, und es gelang ihm wirklich, Einiges zu vernehmen.

„Ist der alte General wirklich so reich?" hörte er fragen.

„— — — — — hunterttausend Franken wird er bezahlen, um sie wieder zu bekommen," lautete die Antwort, deren ersten Theil er nicht hatte verstehen können.

„— — — — eines Generales entführen?" klang es weiter.

Jetzt mußte der Changeur einen Zug thun. Sally sprach einige kurze, bemerkende Worte, und erst dann hörte er hinter sich wieder die flüsternde Stimme des Wirthes:

„— — — Fiakerkutscher — — — Nummer — aufgeklebt — — — Haartouren und Bärte — — so theilen wir — — mir wird Niemand Etwas nachweisen können."

Dies waren lauter Worte und Satztheile, welche für ihn keinen Zusammenhang hatten. Er konnte nicht entscheiden, ob etwas Vergangenes erzählt oder etwas Folgendes verabredet werde; aber doch machten die Worte den Eindruck auf ihn, daß sie werth seien, gemerkt zu werden.

Der Wirth hatte sich erhoben, trat erst an den andern Tisch und nachher zu ihm mit der Bemerkung:

„So recht, Changeur! Spiele mit der Sally. Nach dem Spielzimmer wirst Du heute ja doch nicht kommen."

„Warum nicht?"

„Weil heute nicht gespielt wird. Die Kameraden haben abgesagt."

„Mir recht. Ich hatte überhaupt gar nicht die Absicht, lange hier zu bleiben. Ich gehe heim."

„O nein; bleib noch hier!" bat Sally.

„Bis diese Partie zu Ende ist; dann gehe ich. Ich bin müde vom letzten Geschäfte und muß schlafen."

„Aber morgen kommst Du wieder? Ganz bestimmt?"

„Ja."

Der Wirth war an das Büffet getreten. Niemand blickte jetzt her. Da ergriff sie seine Hand, drückte sie an ihre Lippen und flüsterte:

„Diesen Kuß, diesen einzigen, mußt Du mir erlauben! Er ist besser als derjenige, den ich immer von Dir haben wollte."

Er bezahlte seine Zeche und ging. Kaum war er zur Thür hinaus, so trat der Wirth vom Büffet, wo er in einem Kästchen gesucht hatte, zu Brecheisen und sagte halblaut:

„Hier ist die Polizeimarke. Schnell nach."

„Giebt es denn genug Zeit dazu?"

„Vollständig! Nur spute Dich, daß Du ihn nicht aus den Augen verlierst!"

Der Einbrecher steckte die Marke zu sich und eilte dem Davongegangenen nach.

Der Changeur schritt ziemlich langsam die Straße entlang. Zwischen zwei Laternen angekommen, wo die Beleuchtung nur eine sehr spärliche war, da in diesem entlegenen Stadttheile die Lampen weiter aus einander waren als im Innern der französischen Metropole, warf er, ohne halten zu bleiben, einen raschen Blick zurück. Ungefähr fünfzig Schritte zurück bemerkte er einen Mann, mit einer Blouse bekleidet und einem breitkrämpigen Hut auf dem Kopf. Der Mann kam gerade an einer Laterne vorüber, deren Schein hell auf ihn fiel.

„Das ist Levier, Brecheisen!" murmelte der Changeur. „Er wird mir folgen, um zu sehen, ob ich wirklich an dem Orte wohne, welchen ich angegeben habe."

Seinen Weg weiter verfolgend, machte er an den Ecken die Bemerkung, daß Brecheisen sich wirklich hinter ihm hielt. So gelangte er in die Rue de Paradis und an das Haus, in welchem er wohnte. Vor demselben brannte eine Laterne, und auch der Flur war von Gas erleuchtet. Er grüßte den Portier, welcher an seinem offenen Fensterchen saß, und begab sich dann nach dem Hofe. Im Hinterhause schritt er die beiden Treppen, welche auch erleuchtet waren, empor und stand nun vor zwei unweit neben einander liegenden Thüren. An beiden waren je eine Visitenkarte befestigt. Auf der einen stand „Arthur Valley, Schreiber", und auf der andern war „Guillaume Fredoq, Statist" zu lesen.

Er zog einen Schlüssel und öffnete die erstere Thür. Das Zimmer, in welches er trat, war finster, bald aber hatte er ein Licht angebrannt. Jetzt zog er den Schlüssel von außen ab und verriegelte die Thür von innen. Das Stübchen war nur spärlich möblirt. Aus demselben führte eine verschlossene Seitenthür nach dem zweiten Zimmer, an dessen Thür der andere Name gestanden hatte. Er öffnete diese Seitenthür und trat in den andern Raum.

„So!" lächelte er vor sich hin. „Jetzt war ich der Schreiber Arthur Vally, und nun will ich der Statist Guillaume Fredoq werden. Niemand im Hause ahnt, daß diese beiden Personen ein und derselbe Kerl sind. Auf diese Weise führe ich jede Beobachtung irre."

Er öffnete einen Kleiderschrank, zog einen andern, höchst eleganten Anzug an, setzte eine schwarze Haartour auf und legte sich einen ebenso schwarzen Backenbart an. Eine Brille vollendete die Verwandlung. Nachdem er einen nach der neuesten Façon gearbeiteten Hut aufgesetzt und ein zierliches Stöckchen genommen hatte, nahm er vom Fensterbrette zwei kleine Kieselsteine und steckte sie sich in den Mund, den einen rechts und den andern links.

Nun löschte er das Licht aus und verließ das Zimmer, dasjenige nämlich, an dessen Thür der Name Fredoq stand. Als er diese Letztere hinter sich verschlossen hatte, waren seit seinem Eintritte durch die erste Thür kaum fünf Minuten vergangen.

Mit fast unnachahmlicher Nonchalance schaukelte er sich die Treppe hinab und über den Hof hinüber. Als er den Flur erreichte stand Brecheisen noch am Fenster des Hausmannes.

Der Einbrecher hatte nämlich erst einige Minuten verstreichen lassen, ehe er eingetreten war. Dann hatte er den Hausmann in dem selbstbewußt höflichen Tone, welcher der Polizei eigen zu sein pflegt, gegrüßt und die Frage ausgesprochen:

„Ach, mein Lieber, kennen Sie vielleicht den jungen Mann, welcher vor drei Minuten von der Straße kam?"

„Ja," antwortete der Gefragte, indem er den Blousenmann mit nicht sehr großer Ehrfurcht musterte. „Warum sollte ich ihn nicht kennen? Er wohnt ja in diesem Hause."

„Im Vorderhause?"

„Nein, sondern hinten."

„Wie ist sein Name?"

„O, Monsieur, wollen Sie mir nicht vorher sagen, wer Sie sind? Ich habe die Pflicht, zu erfahren, wer sich nach den Bewohnern dieses Hauses erkundigt."

Brecheisen zog gravitätisch seine Marke hervor, hielt sie dem Hausmann vor das Gesicht und fragte:

„Genügt Ihnen das?"

Sofort verbeugte sich der Hüter des Einganges und antwortete in einem um Vieles höflicheren Tone als vorher:

„Gewiß genügt das, gewiß, Monsieur! Ich bin natürlich zu jeder Auskunft, welche ich zu geben vermag, sehr gern bereit. Bitte, fragen Sie!"

„Wie also heißt der junge Mann?"

„Arthur Valley. So steht hier auf der Bewohnerliste."

„Was ist er?"

„Schreiber."

„Seit wann wohnt er hier?"

„Seit vielleicht zwei Wochen erst."

„Hat er viel Verkehr im Hause?"

„Nein. Er erhält nie Besuch und hält sich stets allein."

„Aber er geht viel aus?"

„Täglich einmal."

„Ist er des Nachts oft außer dem Hause?"

„Nie. Er kommt um die jetzige Zeit oder noch früher, und geht erst am andern Tage zur Zeit der Dämmerung aus, ganz entgegengesetzt seinem lüderlichen Nachbar, diesem Statisten Fredoq, welcher um die gegenwärtige Zeit ausgeht und des andern Tages zur Dämmerzeit erst wiederkommt. Ich hoffe nicht, daß Sie einen unlieben Grund haben, sich nach dem höchst soliden jungen Manne zu erkundigen!"

„O nein! Er ging an mir vorüber, und eine Aehnlichkeit verleitete mich, ihn mit einem Andern zu verwechseln."

In diesem Augenblicke tänzelte der Changeur an ihnen vorüber und zum Thore hinaus. Er pfiff ein Liedchen vor sich hin, schien sich gar nicht um sie zu bekümmern, kam aber nach zwei Augenblicken wieder bis an das Thor zurück und sagte:

„Heda, Alter! Wenn Jemand nach mir fragen sollte, ich bin fort!"

„Sehr wohl, Monsieur Fredoq!"

Keiner hatte den Passirenden erkannt. Auch seine Stimme hatte in Folge der Kieselsteinchen anders geklungen. Als er verschwunden war, meinte der Hausmann zu dem scheinbaren Polizisten:

„Das war der Statist. Heda, Alter, ruft er mich! Wie freundlich dagegen dieser brave Monsieur Valley grüßt!"

„Nicht ein Jeder hat die gleiche Bildung, mein Lieber," antwortete Brecheisen. „Nehmen Sie meinen Dank für Ihre freundliche Auskunft! Gute Nacht!"

„Gute Nacht!"

Der Einbrecher begab sich nach der Taverne zurück und setzte sich wieder bei seinen Genossen nieder. Der Wirth kam herbei, um seine Marke zurück zu bekommen, und fragte:

„Nun, was hast Du erfahren?"

„Daß wir ihm trauen können. Er kommt an jedem Abende regelmäßig nach Hause und geht erst zur Dämmerungszeit des nächsten Tages wieder aus. Das könnte er nicht, wenn er ein Polizist wäre. Er hält sich ganz einsam, und ich denke, daß er diese Abgeschiedenheit zur Anfertigung seiner gefälschten Dokumente benutzt.

„Wenn das so ist, so habe ich mich allerdings in ihm geirrt. Aber macht, daß Ihr mit Eurem Absynth fertig werdet. Es wird bald Zeit, Euch anzukleiden und Euch auf Eure Posten zu begeben!"

Unterdessen war der Changeur bis nach dem nächsten Halteplatz der Fiaker gegangen.

„Nach der großen Oper!" befahl er, in einen der Wagen steigend, der sich sofort mit ihm in Bewegung setzte.

Er fuhr die Straße de Faubourg Sanct Denis hinab, bog dann rechts in die Boulevards Bonne Novelle, Poisonnière und Montmartre ein, und hielt nun vor der großen Oper, welche sich mit der andern Seite an die Straße Lepelletier lehnte und später, im October 1873 leider vom Feuer zerstört wurde. Sie fand ihre Auferstehung in prächtiger Form am Boulevard des Capucines.

Als er ausgestiegen war, den Kutscher bezahlt hatte und nun in das berühmte Gebäude trat, hatte er eine ganz andere Haltung angenommen als vorher dem Hausmann gegenüber. Der Kutscher hatte gar nicht bemerkt, welch' eine Verwandlung mit seinem Fahrgaste vorgegangen war. Dieser hatte nämlich die Perrücke und den Vollbart wieder abgenommen.

Welchen Eindruck machte er jetzt gegen vorher, da er in der Blouse bei der Kellnerin gesessen hatte! Das feine Habit stand ihm ausgezeichnet. Er glich in seinem gemessenen, vornehmen Wesen, ganz einem Manne, der sich bewußt ist, den bevorzugten Kreisen der Aristokratie anzugehören.

Im Innern des Musentempels angekommen, bemerkte er, daß Zwischenact sei, und begab sich sogleich nach dem Foyer Dieses machte einen blendenden Eindruck. Zwischen reich besetzten Büffets wandelten Herren und Damen oder standen in Gruppen beisammen, um mit einander zu plaudern.

Sein Auge flog forschend umher, und dann flog ein Lächeln des Glückes und der Befriedigung über sein schönes Antlitz. Er hatte gefunden, was er suchte. Zwei Damen standen in einem lebhaften Gespräch beisammen, eine ältere und eine junge. Von der Ersteren war weiter nichts zu sagen, als daß sie ein sehr vornehmes Aussehen hatte; bei der Jüngeren aber mußte jeder Blick, der auf sie fiel, unwillkürlich verweilen.

Sie war von Mittelgröße, eine ächte Französin, dunkelblond und von Eleganz umflossen. Das dunkel rosenfarbige Seidenkleid, in eine schwere Schleppe auslaufend, schmiegte sich so eng um die Taille, daß man, mit dem Auge von den runden, vollen Hüften abgleitend, eine so seltene Schlankheit geradezu bewundern mußte, zumal der Oberkörper sich dann zu einer beinahe üppigen, entzückenden Büste aufbaute. An Brust und Schultern ging der seidene Stoff in kostbare Spitzen über, deren durchbrochene Muster einen göttlichen Busen und einen schneeweißen Nacken hindurchschimmern ließen. Dieselben Spitzen drapirten sich in leichten Falten von der Achsel hernieder. Aus ihnen glänzten zwei Arme hervor, wie sie Canova nicht herrlicher hätte meiseln können. Fleischig voll und doch den Regeln der Schönheit über alle Beschreibung angemessen, zeigten sie am Ellbogen die seltene Zierde eines Grübchens, welches sinnberückend wirkte, und gingen dann zu zwei Händchen herab, welche einem Kinde anzugehören schienen.

Das Haar wurde einfach getragen und war nur mit einer Rose geschmückt, wie ebenso eine dunkle, zum Aufbruche bereite Knospe an dem Busen duftete. Und doch war an dieser Dame das Gesicht das Allerschönste! Die geistvollen und doch kindlich frohen Augen, diese klare, reine, unschuldige Stirn, das feine Näschen, der schalkhaft geschnittene, süß lächelnde Mund, die zarte und doch volle Formung der leicht angehauchten Wangen, das Alles spottete jeder Beschreibung.

Und während sie sprach, war jede Bewegung ihrer bezaubernden Gestalt, ihrer Arme und ihrer Hände so schön, so harmonisch, als hätte die Göttin der Anmuth ihre oft so schwer zu befolgenden Gesetze in diesem einzigen Wesen zur unwiderstehlichsten Incarnation gebracht.

Sie schien gar nicht zu bemerken und zu wissen, daß Aller Augen sich an ihrer Schönheit weideten und mancher Blick begeistert und verlangend auf ihr haften blieb. Sie stand so unbefangen da, als ob es gar keine Herren in der Nähe gebe, deren Herzen einen lebendigen Pulsschlag in sich trugen. Aber doch, doch, zwei Augen hatte sie bemerkt, zwei Augen, welche sich mit einem großen, strahlenden Blick auf sie gerichtet hatten, und da, da schlug sie, leise erröthend, die langen, schweren, wie aus den Fäden glücklicher Träume gewebten Wimpern hernieder.

Wer war es, dem diese Augen gehörten? Kein Anderer als der Changeur!

Er schritt langsam auf sie zu und nahe an ihr vorüber. Kein Mensch hätte sagen können, daß er sie sähe und sie ihn. Er hatte ja mit diesem herrlichen Wesen noch kein einziges Wort gesprochen. Er hatte sie nur hier gesehen, hier und in der Loge des ersten Ranges, welche an die seinige stieß. Er nahm am Büffet eine kleine Erfrischung und sie eine Minute später auch. Ihre Blicke trafen sich nicht. Sie kannten einander ja nicht; sie waren einander ja vollständig fremd! Dann ertönte das Zeichen, daß in kurzer Zeit der neue Act beginnen werde. Sie ging, und er folgte ihr. Auf dem Corridore, welcher vom Foyer nach den Logen führte, sah er eine Knospe liegen. Es war diejenige, welche sie an ihrem Busen getragen hatte. Er bückte sich schleunigst und hob sie mit einer Hast auf, als sei er ein armer Diamantenwäscher und habe den größten Edelstein der Welt gefunden. Er drückte die Rose an seine Lippen; er sog ihren süßen, würzigen Duft ein, und es war ihm, als habe er damit einen Theil der Seele Derer eingeathmet, an deren Brust die Blüthe vorher geschimmert hatte.

Er trat in seine Loge. Seine Nachbarin befand sich ganz allein in der ihrigen. Sie schien nicht zu ihm herüber zu blicken; er durfte sie ja auch gar nicht grüßen; aber warum flog gerade jetzt eine so tiefe, glühende Röthe ihr über Stirn, Wangen und Nacken, so daß sie das Battisttuch mit einer unwillkürlichen Bewegung zu ihrem Gesichtchen erhob? Hatte sie vielleicht dennoch bemerkt, daß ihre Rose jetzt einen Platz an seiner Brust gefunden hatte? Hatte sie diese Rose ohne ihr Wissen verloren, oder war ihre Hand der Bewegung ihres Herzens gefolgt, um, da sie ihn hinter sich wußte, ihm ein duftendes Zeichen zu geben, daß — —"

Da erhob der Dirigent den Tactstock, und der Act begann.

(Fortsetzung folgt.)

Illustrirte Unterhaltungs-Bibliothek für Familien aller Stände.
Druck und Verlag von **H. G. Münchmeyer** in Dresden und New-York.

Die Liebe des Ulanen.
Original-Roman aus der Zeit des deutsch-französischen Krieges von Karl May.
(Fortsetzung.)

Was die Musiker spielten und bliesen, was die Künstler und Künstlerinnen sangen, er hörte es nicht, er wußte es nicht. Wäre er später darnach gefragt worden, so hätte er nicht zu antworten vermocht. Er vernahm Musik; ja, er hörte die Töne von Instrumenten und menschlichen Stimmen; aber es war ihm, als ob er über den Wolken fliege, und hoch, hoch über ihm klinge wie ein himmlisches Märchen jene Harmonie dahin, welche man die Musik der Sphären nennt, welche das menschliche Ohr nie wahrnehmen, sondern die der menschliche Geist nur ahnen kann.

Und neben ihm — — —! Er wagte es nicht, hinüber zu blicken, zu ihr, aber er fühlte und bemerkte jede, auch die leiseste ihrer Bewegungen, gerade als ob seine Nerven und Fibern mit denen ihres Körpers in einem magnetischen Rapporte ständen.

Erst als ein stürmischer Applaus ihm sagte, daß die Vorstellung ihr Ende erreicht habe, gab er sich Mühe, den Seelenzustand von sich abzuwehren, für welchen er selbst gar keine Bezeichnung zu finden vermochte. Er erhob sich.

Drüben in der Nachbarloge war ein galonnirter Diener eingetreten, welcher seiner jungen Herrin einen Umhang über die Schultern legte. Dann ging sie.

Hatte sie vorher einen Blick herüber geworfen, einen kleinen, wenn auch ganz und gar kleinen und kurzen Blick? Er vermochte nicht, sich auf diese Frage eine bestimmte und sichere Antwort zu geben, und die Röthe, welche er sich in die Wangen steigen fühlte, konnte ja nicht als eine deutliche Erwiderung gelten.

Als er hinaustrat, war sie bereits fort. Er ließ sich widerstandslos vom Gedränge des Publikums erfassen und die breiten Treppen hinunter auf die Straße treiben. Dort nahm er einen der bereit stehenden Fiaker, um sich nach seiner eigentlichen Wohnung, welche in der Rue Richelieu lag, bringen zu lassen.

Diejenige, welche einen solchen Eindruck auf ihn gemacht hatte, war unten in die auf sie harrende Equipage gestiegen, und der Diener hatte sich hinten aufgestellt. Im Galopp fuhr der Kutscher von dannen. Er bemerkte gar nicht, daß ein Fiaker ihm fast auf dem Fuße folgte. Das Pferd desselben konnte kein gewöhnlicher Droschkengaul sein, sonst hätte es nicht eine solche Schnelligkeit entwickeln können.

Zwei Straßen weiter, da wo es jetzt nur noch vereinzelte Passanten gab, standen vier Männer, zwei hüben und zwei drüben auf dem Trottoir. Sie hielten die beiden Enden eines dünnen aber festen Seiles, welches quer über die Straße reichte, in den Händen. Da hörten sie das laute Rasseln von zwei Wagen um die Ecke kommen, welche sich mit großer Geschwindigkeit näherten.

„Aufgepaßt!" rief der Eine hinüber zu den beiden Anderen.

„Werden sie es auch wirklich sein?" antwortete es herüber.

„Ja. Horch, das Zeichen!"

Der Lenker des Fiakers klatschte vier mal laut mit der Peitsche. Die vier Männer zogen das Seil fest. Die Pferde der Equipage kamen im schnellsten Tempo heran, rannten an das Seil, verfingen sich in demselben und stürzten zu Boden. Die Deichsel brach ab; der Wagen erlitt einen gewaltigen Stoß und blieb dann stehen. Der Kutscher war vom Bocke gerissen und der Diener hinten von seinem Tritte geschleudert worden. In den Doppelschrei, welchen sie ausstießen, mischte sich der laute Schreckensruf der Dame.

In demselben Augenblicke hielt der Fiaker neben dem Gewirr von Equipage, Pferden, Kutscher und Diener, welche beide Letzteren noch gar nicht Zeit gefunden hatten, sich wieder aufzuraffen.

„Herein!" rief der Lenker des Fiakers.

Die Dame stieß einen zweiten Schrei aus; es war ein Hilferuf. Vier starke Arme hatten sie erfaßt. Sie wurde im Nu aus den Kissen ihres Wagens gerissen und hinüber in den Fiaker gezogen, in welchen die beiden Männer mit sprangen.

„Fort!" gebot der Eine derselben.

Der Wagen setzte sich in Bewegung und jagte rasenden Laufes davon. Die unglückliche Dame wollte abermals rufen; aber zwei harte, knochige Hände verschlossen ihr den Mund, in welchen ihr dann mit bewundernswerther Geschicklichkeit ein Knebel geschoben wurde. Sie wollte sich wehren, doch Arme und Beine wurden ihr zusammen gepreßt und dann mit Stricken gefesselt. Man hörte nur noch ein kurzes, durch den Knebel unterdrücktes Stöhnen; dann war es still.

„Wie steht es?" fragte der Kutscher, sich rückwärts wendend, während er die Pferde unaufhaltsam ausgreifen ließ.

„Gut!" wurde geantwortet. „Sie ist ohnmächtig."

„Das können wir uns nicht besser wünschen."

„Es hat überhaupt Alles prachtvoll geklappt. Die hunderttausend Franken sind so gut, wie verdient!" —

Als die Ohnmächtige wieder zum Bewußtsein kam, vermochte sie noch immer nicht, ihre Arme und Füße zu bewegen. Sie waren ihr noch immer fest angebunden; aber sie befand sich nicht mehr in dem Wagen, sondern in einem kleinen Stübchen, in welchem außer den nackten, kahlen und schmutzigen Wänden nichts zu sehen war als ein elender Tisch und ein noch viel elenderer Stuhl. Auf dem Tische steckte in dem Halse einer Flasche ein stinkend brennendes Talglicht. Die Thür schien verschlossen zu sein. Gefesselt war die Gefangene an zwei eiserne Haken, welche unterhalb Knie- und Schulterhöhe in die Mauer eingetrieben waren.

Sie mußte sich besinnen, was mit ihr geschehen war. Das Gedächtniß kehrte ihr erst langsam zurück. Sie dachte an die große Oper und an Den, welchen sie dort bereits einige Male in der Nachbarloge gesehen hatte. Sie kannte ihn nicht. Wer war er? Dann war sie nach Hause gefahren und unterwegs bei dem Unfalle, welcher ihr begegnet war, aus dem Wagen gerissen, in einen andern gebracht und dort gefesselt und geknebelt worden.

Damit war sie beim vollen Bewußtsein angelangt. Was wollte man mit ihr? Wo befand sie sich? Wer waren die fürchterlichen Männer, welche sich ihrer bemächtigt hatten?

Indem sie sich diese Fragen stellte, kam eine entsetzliche Angst über sie. Man hatte sie auf eine ebenso raffinirte wie gewaltsame Weise ergriffen und hierher gebracht. Es gehörte nicht viel Scharfsinn dazu, um einzusehen, daß der Sturz ihrer Pferde mit der Entführung im innigsten Zusammenhange stehe. Sie sann und sann, um sich einer Person ihrer Bekanntschaft zu erinnern, welche sie eines solchen Vergehens für fähig halten und welcher sie Veranlassung dazu gegeben haben könne. Vergebens; es fiel ihr Niemand ein.

Sie hatte Anbeter gehabt; aber dieselben waren ja nicht beleidigt, sondern nur mit stillabweisender Gleichgiltigkeit von ihr behandelt worden. Einen wirklichen Feind, welcher Grund zu einem solchen Acte der Rachgier zu haben vermeinen könne, kannte sie nicht. Eine entsetzliche Angst erfaßte sie und diese Angst wuchs, je weniger sie eine Erklärung finden konnte, daß man sich in einer rohen Weise ihrer Person versichert hatte.

Warum schloß man sie nicht einfach ein? Warum fesselte man sie an die Mauer? Sie hätte ja nicht zu entfliehen vermocht, denn die Thür war verschlossen, und das Zimmer hatte nicht ein einziges Fenster. Es glich einer alten Rumpelkammer, welche nur zu dem Zwecke angelegt war, allerlei altes, unbrauchbar gewordenes Geräth dort aufzubewahren.

Sie war keineswegs ein von der Natur furchtsam angelegtes Menschenkind, aber ihre jetzige Lage flößte ihr doch ein Gefühl ein, für welches der Ausdruck Besorgniß zu schwach war.

Daß sie in außerordentlich rohe, gewaltthätige und rücksichtslose Hände gerathen sei, hatte sie bereits erfahren. Beim Scheine des qualmenden Lichtes sah sie, daß man ihre kostbare Toilette in Fetzen gerissen habe. Was stand also zu erwarten? Mochte Das, was man mit ihr beabsichtigte, sein was es wolle, auf Schonung und Achtung durfte sie keineswegs rechnen.

Sie mußte trotz der Angst, welche sie empfand, tief erröthen, wenn sie an sich herniederblickte und den Zustand sah, in welchem sich ihre Kleidung befand. Der Ueberwurf, welchen ihr der Diener in die Loge gebracht hatte, war gar nicht mehr vorhanden. Die feinen Brüsseler Spitzen, welche Brust und Nacken so entzückend transparent umhüllt hatten, waren zerrissen, so daß die Schönheit ihrer Büste den Blicken Derer, welche sie erwarten mußte, preisgegeben war, und der übrige Theil der seidenen Robe hing ihr ebenso in Stücken um den Leib.

Es wurde ihr heiß und kalt zu gleicher Zeit. Sie hätte um Hilfe rufen mögen, aber sie sah ein, daß man sie jedenfalls an einen Ort gebracht habe, von welchem aus ein solcher Ruf nicht gehört werden könne.

Da hörte sie draußen ein Geräusch. Es war an der Thür. Man nahm ein Vorlegeschloß ab; eine Eisenstange klirrte, und dann wurde die Thür geöffnet. Ein Mann trat ein. Man konnte seine Gestalt ebenso wenig wie sein Gesicht erkennen, denn die Erstere war in einen alten, abgetragenen Domino gehüllt, und vor dem Letzteren war eine ebenso ziemlich defecte Larve von Papiermaché befestigt. Es ließ sich annehmen, daß der Kerl auch den Ton seiner Stimme, welcher übrigens bereits durch die Larve ein anderer werden mußte, verbergen werde.

Bei seinem Eintritte wollte sie unwillkürlich mit den Händen nach dem Busen fahren, um diesen den Blicken dieses Menschen schamvoll zu entziehen; aber es ging ja nicht. Ihre Arme waren in der Weise an die Mauer befestigt, daß die Ausführung einer solchen Bewegung eine Unmöglichkeit wurde.

Er machte die Thüre hinter sich zu, betrachtete sie eine Weile wortlos und nahm dann auf dem Stuhle Platz.

Sie wollte sprechen; sie wollte ihn mit einer ganzen Fluth von Fragen und Vorwürfen überschütten, aber sie brachte es nicht fertig. Die Luftröhre war ihr wie zugeschnürt; ihr Herz klopfte ungestüm; sie rang nach Athem, ihr Angesicht war so blaß wie dasjenige einer Leiche geworden.

Da endlich begann er zu sprechen. Seine Stimme klang dumpf und drohend unter der Maske hervor. Die natürliche Klangfarbe derselben war unmöglich zu erkennen.

„Ich warne Sie, ein Wort so laut auszustoßen, daß es weiter gehört werden kann als bis zu diesem Stuhle," sagte er. „Auch warne ich Sie, irgend einen Vorwurf oder eine Schmähung auszustoßen. Es würde Ihnen nicht nur nichts helfen, sondern Ihre Lage nur verschlimmern."

Er griff unter den Domino und zog ein langes, spitzes Messer hervor. Er hielt ihr die blanke, glänzende Klinge entgegen und fuhr fort:

„Sie sehen dieses Messer. Die Klinge desselben fährt Ihnen augenblicklich in das Herz, sobald Sie das Kleinste sagen oder thun, was mir nicht gefällt!"

Jetzt endlich fand Sie Athem und mit demselben die Fähigkeit zum Sprechen. Aber ihr erstes Wort hatte nicht den Inhalt, den er vermuthet haben mochte.

„Giebt es ein Tuch in der Nähe?" fragte sie.

„Nein. Aber ein Taschentuch habe ich bei mir."

„Binden Sie es mir vor! Ich friere!"

Er sah ihre Blöße. Er hätte eigentlich Mitleid haben sollen; aber dieses Gefühl war ihm fremd. Er stieß ein höhnisches, widerliches Lachen aus und antwortete:

„Frieren? Die Jahreszeit des Eises und der Schneeflocken ist vorüber Lassen Sie immerhin sehen, daß Sie schön sind. Von mir haben Sie da nichts zu befürchten. Ich bin kein achtzehnjähriger Knabe, und wenn Sie mir gehorchen, so versichere ich Ihnen, daß Niemand als nur ich allein bei Ihnen eintreten wird und daß Ihr Aufenthalt hier nicht länger als nur zwei Tage in Anspruch nehmen soll."

Sie senkte das schöne Köpfchen.

„Sie sind wohl kein Cavalier!" sagte sie.

„Cavalier?" lachte er. „Nein, das fällt mir gar nicht ein. Zartheit und Aehnliches haben Sie von mir nicht zu erwarten. Wenn ich darauf verzichte, Sie auch nur mit einem Finger zu berühren, so macht es mir doch einen unendlichen Genuß, einmal eine vornehme Dame in dieser Weise zu sehen. Ich betrachte Sie, wie man ein Gemälde schöner Mädchen betrachtete. Man bewundert dessen Reize, aber man kann dieselben nur mit dem Auge genießen."

Sie hätte vor Scham in Ohnmacht sinken mögen; aber diese Wohlthat wurde ihr nicht zu theil.

„Sie sind mehr als grausam!" murmelte sie erregt. „Hätten Sie mir nicht mit dem Messer gedroht, so würde ich Ihnen sagen, wie ein solcher Mann zu nennen ist. Nach dem aber, was man mit mir vorgenommen hat, kann ich gar nicht zweifeln, daß Sie auch im Stande sind, mich zu tödten. Ich bin in Ihrer Gewalt und muß mich fügen: aber die Strafe wird Sie ganz sicher ereilen!"

„Das lassen Sie meine Sorge sein!" meinte er rauh. „Ihre Rache fürchte ich nicht. Sie werden niemals erfahren, wo und bei wem Sie sich gegenwärtig befinden."

„Nun, so sagen Sie wenigstens, was Sie von mir wollen und weshalb Sie sich meiner bemächtigt haben?"

„Ja, das sollen Sie hören. Vorher aber muß ich wissen, ob man in Ihnen auch wirklich die Richtige ergriffen hat. Wer sind Sie?"

„Mein Name ist Latreau."

„Sie sind die Comtesse Ella de Latreau? Nicht?"

„Ja."

„Sie haben keine Eltern mehr?"

„Nein."

„Nur einen Großvater?"

„Ja."

Dieser Großvater ist der pensionirte General de Latreau?"

„Ja."

„Ist Ihr Großvater reich?"

„Ja," antwortete sie.

Bei dieser Frage begann sie zu ahnen, daß die Ursache ihrer Gefangenschaft nur eine gewinnsüchtige sei.

„Hat er stets Geld in seiner Wohnung liegen?" fragte er weiter.

„Ich weiß es nicht. Großpapa hat mit mir noch niemals von Geschäften gesprochen."

„Aber er hat einen Banquier, bei dem seine Anweisung respectirt wird?"

„Ich bin davon überzeugt."

„Nun wohl, so will ich Ihnen sagen, daß ich Sie nur um eines Geldgeschäftes willen zu mir habe bringen lassen. Warum ich dabei gerade auf Sie gekommen bin, das brauchen wir dabei ja gar nicht zu erörtern. Ich habe eine nicht ganz unbedeutende Summe Geldes nöthig; aber ich bin arm, und darum kann oder will mir Niemand so viel beschaffen, wie ich brauche. Es giebt reiche Leute, welche die Summe recht gut entbehren können, ohne den Verlust zu empfinden. Aber welcher Reiche verschenkt sein Geld freiwillig? Man muß ihn dazu zwingen."

Er hielt einen Augenblick inne. Nun sie wußte, um was es sich handelte, fühlte sie sich ziemlich beruhigt. Er fuhr wieder fort:

„Ein Dieb und Einbrecher bin ich nicht. Man weiß da ja auch niemals, ob man auch so viel findet, als man braucht, und so habe ich mich entschlossen, irgend einen Reichen auf irgend eine möglichst für mich ungefährliche Weise zu zwingen, mir das zu geben, was ich nöthig habe."

„Wie viel bedürfen Sie?" fragte sie.

„Warten Sie!" antwortete er. „Es muß Alles hübsch nach der Ordnung gesagt werden! Ganz zufällig erfuhr ich, daß Ihr Großvater steinreich ist, daß sie nicht nur seine einzige Erbin, sondern auch sein Liebling sind. Ich bin stets kurz entschlossen; der Plan war fertig. Ich ließ Sie beobachten; ich erfuhr, daß Sie heute zur Oper gehen würden; meine Leute lauerten Ihren Wagen ab, überfielen Sie und brachten Sie hierher. Sie wissen nun, weshalb Sie hier sind, und was ich will."

„Gut! Also wie viel brauchen Sie?" wiederholte sie.

Er schwieg ein kleines Weilchen und wiegte den maskirten Kopf hin und her. Dann antwortete er:

„Apropos, Mademoiselle, wie viel denken Sie, daß Sie werth sind?"

„Das ist hier Nebensache! Welche Summe wollen Sie haben?"

„Nun gut! Ich sage Ihnen im Voraus, daß ich Ihnen die Summe nennen und mir nicht eine Centime davon abhandeln lassen werde Ich muß rund hunderttausend Franken haben."

Sie erschrak doch ein Wenig. Eine solche Summe ist

selbst für einen reichen Mann nicht eine Kleinigkeit zu nennen, zumal wenn er sie geben muß, um das Verbrechen anderer Leute zu honoriren. Sie zögerte also, zu antworten. Darum fragte er:

„Nun, wie steht es? Was sagen Sie dazu?"

„Sie fordern viel, sehr viel!"

„Ich fordere es von einem Manne, der es bezahlen kann!"

„Und wenn er es nicht geben will?"

„So sind Sie am dritten Tage eine Leiche!"

Es lief ihr bei dieser Drohung eiskalt über den Rücken. „Unmensch!" seufzte sie.

Da stieß er abermals ein höhnisches Lachen aus, welches unter der Maske hervor wie das Gelächter eines Teufels erklang und antwortete:

„O, Mademoiselle, das ist noch nicht Alles! Ehe Sie sterben, werde ich erst meinen Leuten erlauben, sich ein Wenig mit Ihnen zu beschäftigen. Sie sind alle jung und Liebhaber des anderen Geschlechtes. Keiner von ihnen hat jemals das Glück gehabt, die Tochter eines Grafen und Generales umarmen zu können. Dieses Glück will ich ihnen gewähren, um sie dafür zu entschädigen, daß sie den Lohn nicht erhalten, den ich ihnen für Ihre Entführung versprochen habe."

„Sie sind ein Ungeheuer!"

„O nein! Ich bin sogar ein sehr rücksichtsvoller Mann; das sehen Sie ja deutlich aus der Weise, in welcher ich für mein Personal besorgt bin. Also, geben Sie mir eine Antwort."

„Gut! Papa wird zahlen!"

„Schön! Ich sehe, daß Sie nicht nur eine vornehme und schöne, sondern auch eine verständige Dame sind."

„Aber ich mache eine Bedingung," fiel sie ein.

„Welche?"

„Sie binden mich los und gewähren mir, so lange ich noch gezwungen bin, bei Ihnen zu bleiben, eine menschenwürdige Gefangenschaft und Behandlung."

Er wiegte den Kopf nachdenklich hin und her und antwortete:

„Das geht nicht! Ich kann Sie nicht losbinden, denn ich würde mich da in Gefahr setzen. Es kann einer Gräfin gar nichts schaden, einmal einen Tag oder zwei in einer unbequemen Stellung zuzubringen. Und sodann bin ich der Ueberzeugung, daß ich das Geld um so eher und leichter erhalten werde, je weniger es Ihnen bei mir gefällt."

„Das ist mehr, vielmehr als grausam! Geben Sie mir wenigstens ein Kleidungsstück!"

„Ihre Toilette gefällt mir gerade so, wie sie ist, am Allerbesten. Lassen wir sie also, wie sie ist!"

Sie war ein schwaches Weib, aber wenn sie sich jetzt hätte frei bewegen können, wahrlich, sie hätte den Versuch gemacht, diesen Unmenschen zu erwürgen. So aber konnte sie nur, bebend vor Zorn, rufen:

„Ich bin hilflos in Ihrer Gewalt; aber Gott wird Sie strafen!"

Da hielt er ihr das Messer vor und sagte:

„Sprechen Sie leiser, und enthalten Sie sich solcher Reden, sonst mache ich die Drohung wahr, welche ich vorhin ausgesprochen habe! Regen wir uns überhaupt nicht auf! Wir stehen im Begriff, ein Geschäft abzuschließen, und da ist es gerathen, seine Kaltblütigkeit und Ueberlegung zu bewahren. Ihr Großvater muß benachrichtigt werden. Das muß auf eine Art geschehen, welche mich keiner Gefahr aussetzt; ebenso die Auszahlung des Geldes. Ist ihm Ihre Handschrift bekannt?"

„Das versteht sich wohl ganz von selbst."

„Haben Sie einen Siegelring anstecken?"

„Nein."

„Gut! Sie werden schreiben. Vorher aber muß ich Ihnen Einiges sagen. Sobald ich nämlich merke, daß Ihr Großvater die Polizei beauftragt, mir entgegen zu arbeiten, sind Sie verloren. Ich würde Sie dann selbst gegen Geld nicht frei geben."

„Aber die Polizei wird vielleicht bereits nach mir suchen!"

„Dagegen habe ich nichts. Nur Ihr Verwandter soll sich davon fern halten. Meine Adresse wird natürlich nicht in Ihrem Briefe stehen. Ich werde das Geld da und so in Empfang nehmen, wo und wie ich keine Gefahr für mich zu befürchten habe. Sie schreiben also, daß der General keine Nachforschungen anstellen und sodann, daß er übermorgen Vormittags punkt zehn Uhr sich zu Fuß und ohne Waffen auf der Straße von Passy nach Saint Germain einfinden soll. Er hat das Taschentuch in der linken Hand zu halten und wird einem Reiter begegnen, welcher ihm eine von Ihnen geschriebene Quittung giebt, um dafür dort auf offener Straße das Geld in Empfang zu nehmen. Dieses Letztere hat nur in Gold zu bestehen, und darf er dasselbe in einem Köfferchen mitbringen. Wird bemerkt, daß geheime Vorbereitungen getroffen sind, den Reiter zu fangen, so schießt derselbe Ihren Großvater nieder. Ist der Letztere aber ehrlich, so werden Sie des Abends freigelassen."

„Sie treffen da Vorsichtsmaßregeln, denen ich auch die meinigen entgegensetzen möchte," bemerkte Ella von Latreau.

„Sie? Vorsichtsmaßregeln?" fragte er verwundert. Welche könnten das sein?"

„Sie erhalten des Vormittags das Geld. Wer aber garantirt mir, daß ich dann des Abends auch wirklich auf freien Fuß gesetzt werde?"

„Mein Wort."

„Ah! Das Wort eines Räubers!"

„Mademoiselle" sagte er drohend, „ich wiederhole, daß Sie sich solcher Ausdrücke zu enthalten haben! Sogar der raffinirteste Spitzbube hat ein Ehrenwort, welches er zu halten pflegt!"

„Aber wer um Geldes willen eine Dame raubt, kann leicht auf den Gedanken kommen, noch mehr zu verlangen. Wie leicht ist es Ihnen gemacht, noch einmal die gleiche Summe zu fordern, wenn Sie die Hunderttausend empfangen und mich noch in Ihrer Gewalt haben!"

„Ich habe eine bestimmte Summe gefordert und werde nicht weniger nehmen, aber auch nicht mehr verlangen!"

„Ich habe bereits gesagt, daß ich mich in Ihrer Gewalt befinde; ich kann leider nichts Anderes thun als Das, was Sie bestimmen. Wann soll ich schreiben?"

„Sogleich!"

„In Fesseln?"

„Ich werde Sie losbinden. Natürlich nur so lange, bis Sie mit dem Briefe fertig sind."

Er zog ein Fläschen mit Tinte, eine Feder, Briefpapier

und ein Couvert, hervor, legte das Alles auf den Tisch und machte dann die Stricke los, mit denen Ella festgebunden war. Dabei sagte er:

„Ich mache Sie aber darauf aufmerksam, daß ich mit dem Messer in der Hand bei Ihnen stehen werde. Der geringste Versuch zur Flucht oder die kleinste drohende Bewegung gegen mich kostet Ihnen das Leben!" —

Gleich nach Schluß der Oper hatte der Changeur sich nach seiner in der Rue Richelieu liegenden Wohnung verfügt. Das Haus, in welchem er sich eingemiethet hatte, war ein ziemlich neues und glich mehr einem Palaste als einem Privatgebäude.

Als er eintrat, grüßte der Portier ehrerbietig. Eine Treppe hoch stand auf einem an der Vorsaalthür angebrachten Porzellanschilde der Name „Arthur Belmonte". Eine Bezeichnung des Standes war nicht zu lesen. Er zog die Glocke, und ein junger Mann von vielleicht dreiundzwanzig Jahren, in welchem man einen Diener vermuthen konnte, öffnete. Als der Changeur sein Zimmer erreicht hatte und die Thüren hinter ihm verschlossen waren, fragte er Den, der ihm geöffnet hatte:

„Guten Abend, lieber Martin! War Jemand da?"

„Nein, Herr Belmonte," lautete die Antwort.

„Keine Anfrage gehalten?"

„Gar keine."

„Briefe?"

„Ein einziger. Der Poststempel deutet auf Meudon."

„Meudon?" fragte Belmonte mit freudiger Miene. „Ah, vielleicht doch von dem Director der Geschützfabrik! Zeige her!"

Martin brachte den Brief. Belmonte öffnete ihn und las. Während des Lesens erheiterte sich sein Gesicht zusehends.

„Ja, er ist von ihm," sagte er dann. „Unser Wein aus Rossillon thut Wunder."

„Wird er welchen kaufen?"

„Wahrscheinlich. Zunächst soll ich ihn besuchen, um eine Probe durchzukosten. Morgen Vormittage oder bereits früh reise ich nach Meudon."

„Donnerwetter! Vielleicht läßt er Ihnen die Fabrik sehen, Herr Belmonte!"

„Ich hoffe es."

„Dann bekommen Sie auch die famosen Mitrailleusen zu Gesicht. Ich wollte, daß ich dabei sein könnte!"

„Das laß mir allein über! Uebrigens muß Einer von uns Beiden zu Hause sein."

Belmonte hatte seinen südfranzösischen Dialect gesprochen, der Diener aber ein so reines Französisch, daß man hätte meinen sollen, er müsse unbedingt ein geborener Franzose sein. Sein Herr zog den Rock aus, legte dafür ein leichteres Hausjaquet an und sagte dann:

„Du mußt heute Abend noch auf das Telegraphenbureau."

„So spät!" meinte Martin, indem sein hübsches Gesicht den Ausdruck der Enttäuschung annahm. Doch war dieser Ausdruck von dem des Mißmuthes weit entfernt.

„Ja, ich habe nämlich Wichtiges erfahren, was ich sogleich benachrichten muß."

„Wohl in Beziehung des Krieges?" fragte Martin rasch.

„Ja. Es handelt sich um die Bildung von Francstireurs-Corps und großen Waffenniederlagen."

Martin nahm schleunigst an dem Schreibtische Platz, zog einen Papierbogen hervor, griff zur Feder und fragte:

„Sie werden mir die Depesche, wie gewöhnlich, dictiren?"

„Allerdings. Brennen wir uns aber zuvor eine Cigarre an?"

Es schien ein eigenthümlich freundliches Verhältniß zwischen diesen Beiden zu herrschen, ein Verhältniß, welches man nur aus ganz ungewöhnlichen Umständen herzuleiten vermochte. Die Vertraulichkeit zwischen ihnen hatte dabei ganz und gar nicht den Anstrich jener Familiarität, welche man zwischen langjährigen Dienern und deren Herren zu beobachten pflegt.

Beide steckten sich eine Cigarre aus einem und demselben Kistchen an; Martin wartete schreibfertig, und Belmonte ging nachdenklich im Zimmer auf und ab. Dann begann das Dictat.

Wer aber geglaubt hätte, dasselbe verstehen oder gar belauschen zu können, der hätte sich geirrt, denn das, was Belmonte dictirte, waren keine Worte, sondern — Ziffern, und sogar sehr viele, lange, lange Reihen von Ziffern. Die Adresse bestand aus einem einfachen, bürgerlichen Vor- und Zunamen, lautend auf die Behrenstraße in Berlin.

Als Belmonte geendet hatte, sprang der Diener auf.

„Ah, also Capitän Richemonte heißt der Mann!" sagte er. „Waffenvorräthe legt er an? Das ist von großer, von der allergrößten Wichtigkeit für uns!"

„Natürlich! Ich bin begierig, welche Instructionen ich erhalten werde. Eigentlich ist es jetzt gefährlich, von Paris in Chiffern nach Berlin zu telegraphiren. Man wird die Depesche scheinbar aufgeben, factisch sie aber erst dann befördern, wenn sie der Polizei zur Entzifferung vorgelegen hat. Doch da kann ich mich auf Dich verlassen. Du bist ja ein sehr geschickter Telegraphist, lieber Martin."

Der Diener machte ein überaus komisch pfiffiges Gesicht und antwortete:

„Ja, es soll diesen Franzosen etwas schwer werden, mich zu meiern, denn ich weiß mich zu — — —"

Er wurde von einer warnenden Geberde seines Herrn unterbrochen. Dieser hatte selbst den Namen seines Dieners nicht deutsch, sondern französisch, also Marteng ausgesprochen; Martin aber hatte sich bei seinen letzten Worten der deutschen Sprache bedient.

„Pst! Pst! Nicht deutsch reden!" meinte Belmonte. „Du sprichst Dein gutes Französisch, und ich rede den südlichen Dialect. Ich bin Agent meines Weingroßhauses und verkaufe am liebsten den in meiner südlichen Heimath wachsenden Roussillon, und Du bist mein Diener, den ich während meiner Tour in Lyon engagirt habe. Dabei bleibt es. Französisch sprechen wir selbst dann, wenn wir unter vier Augen sind."

„Verzeihung, Monsieur Belmonte! Ich hatte sagen wollen, daß Sie sich in Beziehung auf die Depesche ganz auf mich verlassen können. Ein guter Telegraphist liest sogar von fern die Depesche: er kennt das Ticken des Apparates sehr genau und weiß ich, ohne bei demselben zu stehen, die Zeichen und Worte zusammenzusetzen. Ich werde eine Abschrift des Telegrammes nehmen."

„Wozu? Das ist gefährlich; wenn sie nun in falsche Hände kommt!"

„Das steht bei mir nicht zu befürchten. Es ist immerhin möglich, daß ich die Abschrift brauche, um den Telegraphisten zu überführen."

„So nimm sie, aber vernichte sie sofort!"

Martin setzte sich abermals nieder, um die Depesche zu copiren. Als er fertig war, sagte er, sich erhebend:

„So, das ist gemacht. Vorher aber, ehe ich gehe, habe ich Ihnen Etwas mitzutheilen, Herr Belmonte."

„Etwas Wichtiges?"

„Ja, wichtig, nämlich für einen gewissen Besucher der großen Oper in der Straße Lepoletier."

Belmonte erröthete ein wenig und gebot:

„Nun, so sprich!"

„Ich habe nämlich ganz genau erfahren, wer eine gewisse Dame ist, welche gewöhnlich in der Loge neben derjenigen dieses gewissen Herrn zu sitzen pflegt."

„Ah, wirklich? Ich gab Dir diesen Auftrag, weil ich Gründe habe, mich nicht selbst nach ihr zu erkundigen. Wer ist sie?"

„Eine Gräfin, oder vielmehr eine Comtesse."

„O weh!"

„Ja. Der gewisse Weinagent ist nur Baron!" lachte Martin.

„Ihre Eltern?"

„Hat keine!"

„Geschwister?"

„Auch keine! Sie hat nur einen einzigen Anverwandten, welcher ihr Großvater ist."

„Was ist er?"

„General, aber pensionirter."

„O weh!"

„Ja. Der gewisse Weinagent ist aber nur Husarenrittmeister!"

„Wie ist der Name?"

„Sie heißt Ella, Comtesse de Latreau. Ihre Wohnung wissen Sie ja bereits. Reich sind diese Leute, steinreich sogar. Aber einen Fehler, einen sehr großen Fehler hat diese Dame leider."

„Wirklich? Welcher Fehler wäre das?"

„Sie ist verlobt."

Belmonte entfärbte sich. Man sah es ihm an, daß er bei dieser Nachricht mehr als oberflächlich erschrocken war."

„Verlobt ist sie?" sagte er fast tonlos. „Weißt Du mit wem?"

„Mit einem gewissen Bernard de Lemarch, Chef d'Escadron."

„Also ein Offizier! Weißt Du etwas Näheres über diese Sache?"

„Nun, der alte General Graf von Latreau hat einen Schwager, den Grafen de Lemarch. Ferner hat der Erstere eine Tochter und der Letztere einen Sohn. Als Sohn und Tochter noch Kinder waren, spielten sie zusammen öfters Mann und Frau, sie waren ja Cousin und Cousine. Und das hat die Alten auf den Gedanken gebracht, sie später mit einander zu verheirathen. Man weiß es gar nicht anders, als daß sie Mann und Frau werden."

„Sind sie denn einverstanden?"

„Hm! Von einer Verlobung im strengen Sinne des Wortes weiß man allerdings noch nicht's; sie sind eben, wie es ja öfters vorzukommen pflegt, bereits in ihrer Jugend mit einander versprochen worden. In gewissem Sinne kann man das ja auch eine Verlobung nennen."

„Eine unangenehme, sehr unangenehme Geschichte!"

„Unsinn, Monsieur Belmonte!" lachte Martin. „Verlieben und Verloben ist Zweierlei! Warten wir das Ding nur ganz ruhig ab."

„Wo steckt denn dieser Bernard Lemarch?"

„Sie werden sich wundern, daß ich auf einmal so ziemlich allwissend geworden bin. Aber ich habe eine wunderhübsche Kneipe entdeckt, wo meist nur Bedienstete großer Herren zu verkehren pflegen. Da thut eine Flasche Wein die beste Wirkung. Da saß zum Beispiel der Leibdiener des alten Lemarch und erzählte mir in seiner Weinlaune, daß der junge Lemarch plötzlich zum Grafen Rallion nach Metz berufen worden sei. Und da saß ferner der Oberkoch des Grafen Rallion und erzählte mir, daß sein Herr nach Schloß Ortry gereist sei, also der junge Lemarch wohl mit ihm."

„Ortry? Das ist ja derselbe Name, welchen wir nach Berlin telegraphiren!"

„Das fiel mir eben auch auf. Ferner erzählte mir dieser dicke Oberkoch, daß der Graf Rallion auf Befehl des Kaisers, welcher der Polizei nicht zu trauen scheint, in seinem Hotel ein Bureau für die Entzifferung aller zwischen Frankreich und Deutschland hin und her fliegenden Depeschen errichtet habe. Wird die unserige beanstandet, so geht sie in dieses Bureau, aber nicht nach der Polizei. Und sodann erzählte er mir, daß in der Hand Rallions, der ja ein erklärter Günstling des Kaisers ist, Fäden zusammenlaufen, von denen selbst die Minister keine Ahnung haben.

Belmonte machte ein ganz erstauntes, ja betretenes Gesicht.

„Welch eine Nachricht!" rief er. „Wenn das wahr wäre."

„Es ist wahr!"

„Sei nicht zu sicher! Was kann ein Koch wissen!"

„Hm. Oft sehr viel. Vielleicht zuweilen mehr als der Herr selbst. Wenn der Herr ein Gourmand ist, so beeinflußt der Koch den Magen des Herrn, der Magen den Kopf und der Kopf die Gedanken und Handlungen. Das ist bei Graf Rallion und seinem Koche der Fall. Dieser Koch hat einen Neffen, und dieser Neffe hat wieder eine Schwester, ein großes Glück für uns."

„Wieso? Ich verstehe Dich nicht."

„Nun, der Neffe ist vor einigen Jahren in Folge des Einflusses seines Küchenonkels Geheimsecretär des Grafen geworden. Er kennt also Alles, was im Bureau des Grafen vorkommt."

„Ah! Wir müssen die Bekanntschaft dieses Neffen machen."

„Wer von uns Beiden, Herr Belmonte? Sie oder ich?"

„Du natürlich."

„Das thue ich nicht."

„Warum nicht?" fragte Belmonte, die Brauen ein wenig zusammenziehend.

„Weil ich eine bessere Bekanntschaft vorgezogen habe."

Dabei machte Martin wiederum eines seiner verschmitzten Gesichter, daß Belmont lachend sagte:

„Kerl, Du hast jedenfalls wieder, wie so oft, Alles bereits in das beste Geleis gebracht, ehe ich Dir nur einen Wink gab!"

„Möglich!" nickte Martin. „Ich sagte doch bereits, daß dieser Neffe eine Schwester habe?"

"Allerdings."

"Nun, diese Schwester ist ein nettes, sauberes Mädchen, gradezu zum Anbeißen, mein verehrtester Monsieur Belmonte!"

Dabei schnalzte er mit der Zunge, als ob er eben eine der feinsten Delicatessen verschlungen habe. Belmonte lachte, drohte ihm mit dem Finger und sagte:

"Martin, Du bist ein sauberer Patron! Fast bereue ich, den Sohn meines alten, braven Gutsinspectors eine solche Laufbahn eröffnet zu haben, weil er einst mein Lern- und Spielkamerad war. Du treibst alle möglichen Sorten und Arten von Allotria, und ich beginne sogar zu vermuthen, daß Du jetzt zu allem Andern noch angefangen hast, den Mädels nachzulaufen!"

"Hm. Einmal muß doch angefangen werden!" lachte Martin munter. "Ich habe ja leuchtende Beispiele vor mir. Meine Spielkameraden laufen ihren Schönheiten wegen in die große Oper; da ich aber nicht die Mittel besitze, mir eine theuere Loge zu miethen, so muß ich meiner Passion auf minder glänzende Weise Rechnung zu tragen suchen."

"Der Hieb war gut parirt! Ich constatire, daß ich mich getroffen fühle. Also Du hast mit der Schwester dieses Geheimsecretärs bereits Bekanntschaft angeknüpft?"

"Ich mit ihr und sie mit mir. Es schien mir das vortheilhafter, als mich an ihn selbst zu machen. Er liebt den Wein, und da kommt es öfters vor, daß er sich einen Käfer, einen Aal, einen Spitz, oder sogar einen Affen holt."

"In solchen Zeiten ist man mittheilsam. Du hättest also doch vielleicht besser gethan, Dich mit ihm bekannt zu machen."

"Habe es versucht, aber mit dem vollständigsten Mißerfolge. Dieser Mensch wird nämlich, wenn die Geister des Weins über ihn kommen, nicht mittheilsam, sondern verschlossener, als er vorher schon war. Er spricht kein Wort und stiert nur so vor sich hin. Solche Menschen giebt es ja auch. Was ist da aus ihnen herauszuholen? Zudem brachte ich in Erfahrung, daß er sehr oft aus dem Bureau des Grafen Rallion Concepte, Pläne und dergleichen mit nach Hause nimmt, um sie während der Zeit außerhalb der Bureaustunden zu mundiren. Der Kaiser verlangt, daß alle Eingaben an ihn calligraphisch schön gefertigt sind, und da dachte ich, daß es wohl möglich sei, mit Hilfe der Schwester, aber natürlich ohne ihr Vorwissen, so Etwas einmal in die Hand zu bekommen."

"Schlauer Kerl. Dazu aber mußt Du ja Eintritt in die Wohnung haben!"

"Hat ihm schon!" lachte Martin.

"Sapperlot! Wirklich?"

"Ja, ich war bereits einmal droben bei ihr, natürlich ohne Wissen des Bruders."

"Wie wohnen sie?"

"Sie bewohnen vier Zimmer einer zweiten Etage. Im Hause giebt es keinen Portier und auch keinen Hausmann. Ein Dienstmädchen haben sie nicht, denn die gute Alice — so heißt sie nämlich — arbeitet und besorgt Alles selbst, die alte, gute Haut! Erst kommt sein Arbeitszimmer, dann sein Schlafzimmer, dann der Miniatursalon meines Schätzchens. Die Küche hat sich in eine Ecke des Corridors verkrochen. Sonst noch Etwas, Herr Belmonte?"

"Danke, mein Lieber! In welchem Zimmer warst Du mit ihr?"

"Sehr vornehm! Im Salon!"

"Nicht in ihrer Schlafstube?"

"Fällt ihr nicht ein, mir aber auch nicht, da meine Absichten nur auf die Zimmer ihres Bruders gerichtet sind."

"Wann sollst Du wiederkommen?"

"Das ist ja eben die verteufelte Geschichte! Ich sollte heute Punkt Neun eintreffen. Ihr Bruder, der Geheimsecretair, wollte halb Neun Uhr ausgehen, und da ließ sich erwarten, daß er erst zu später Stunde nach Hause kommen werde. Nun aber ist es zu spät."

"Das thut mir wirklich leid! Bei Deiner Schlauheit und Gewandtheit hätte sich vermuthen lassen, daß Dein heutiger Besuch einigen Nutzen gehabt hätte."

"Vielleicht ist es doch noch Zeit!"

"So spät?"

"Ja. Wenn der Herr Secretair einmal in der Kneipe sitzt, so sitzt er ordentlich. Und hat er gar zu tief in's Glas geguckt, so sitzt er nicht blos, sondern er klebt."

"So versuche es! Ich werde selbst nach dem Telegraphenamte gehen."

"Bitte um Entschuldigung! Das mit der Depesche ist meine Sache. Ich bin Telegraphist, wenn ich auch jetzt diene, und so wird es den Beamten dort nicht leicht, mir ein X für ein U zu machen. Auf dem Rückwege kann ich ja doch einmal nach Alice sehen. Sie wohnt am Wege. Haben Sie vielleicht noch eine Verordnung für mich?"

"Nein. Gehe immerhin! Ich weiß, daß ich Dich nicht zur Vorsicht zu ermahnen brauche!"

"Uebel angebracht wäre es doch vielleicht nicht!" meinte Martin, indem er ein komisch ernstes Gesicht machte.

"Also doch! Wieso?"

"Weil ich glaube, sehr unvorsichtig gewesen zu sein."

"Ich will doch nicht hoffen, daß Du irgend einen Fehler begangen hast?" fragte Belmonte, indem er die Brauen emporzog.

"Einen sehr großen sogar!"

"Alle Teufel! Ich hoffe, daß er zu verbessern sein wird!"

"Wohl schwerlich!"

Belmonte schwieg, betreten, wie er doch ein wenig war. Martin bemerkte das und fuhr daher sogleich fort:

"Der Fehler ist nämlich glücklicher Weise nur ein privater; aber trotzdem meine ich, daß Ihre Warnung zur Vorsicht gar nicht übel angebracht gewesen wäre. Ich lernte nämlich diese Alice nur kennen, um sie nach ihrem Bruder auszuforschen; ich wollte sie und ihn fangen; nun aber — habe ich meinen eigenen Angelhaken mit sammt der ganzen Köderfliege verschluckt. Ich selbst bin gefangen."

Da lachte Belmonte erleichtert auf.

"So also ist es! Das meintest Du! Du bist wirklich verliebt?"

"Ich denke es. Ist man verliebt, wenn man den Krampf, das Schneiden und Grimmen im Herzen hat statt im Magen? Ich habe da keine Erfahrung. Vielleicht können Sie mir bessere Auskunft geben, Monsieur Belmonte."

"Keine Anzüglichkeit! Frage Deine Alice nach Auskunft; ich lehne es ab, Rath zu ertheilen!"

"Nun wohl, so will ich meine Krankheit sich entwickeln

laſſen, ob zu meinem Heile oder Unheile, das wird ſich zeigen."

„Kerl! Du wirſt doch nicht gar auf den Gedanken kommen, eine Franzöſin zu heirathen?"

„Warum nicht? Will man einmal in das Unglück hineintappeln, dann iſt es ganz egal, ob es auf franzöſiſche Manier oder auf deutſche Weiſe geſchieht. Im Gegentheile! Heirathe ich eine Franzöſin, welche nicht Deutſch verſteht, ſo zanke ich deutſch, wenn ich wüthend werde, und verſtehe franzöſiſch nicht, wenn ſie in ihrer Mutterſprache antwortet. Das giebt viel Sujets zu Luſtſpielen; ich verkaufe dieſelben halb an deutſche und halb an franzöſiſche Dichter, ſtecke die Fünfzigthaler- und Hundertfrankenſcheine ein und werde dabei ein reicher Mann, ein glücklicher Gatte und ein fameuſer Familienvater."

„Du biſt unverbeſſerlich! Mach, das Du fortkommſt!"

„Dachte es mir! Gehen Sie heut' noch aus?"

„Nein; ich ſchlafe."

„So darf ich mir vielleicht Ihr kleines Laternchen einſtecken; wenn Sie es nicht brauchen?"

„Wozu?"

„Das weiß ich noch nicht. Auf den Wegen, welche ich wandle, iſt es oft vortheilhaft, ſeine Fußtapfen beim Scheine einer Leuchte in den Pfefferkuchen zu drücken."

„Nimm Sie, und „gute Nacht!" wenn wir uns nicht wiederſehen ſollten."

„Gute Nacht, Monſieur Belmonte!"

(Fortſetzung folgt.)

Die Liebe des Ulanen.

Original-Roman aus der Zeit des deutsch-französischen Krieges von Karl May.

(Fortsetzung.)

Der lustige Diener steckte die Depesche nebst der Abschrift zu sich, versah sich mit dem Laternchen und trat den Gang nach dem Bureau des Telegraphen an. Dasselbe war jetzt allerdings geschlossen, aber gegen eine unbedeutende Erhöhung der Gebühr mußte der Nachtbeamte zur Verfügung stehen. Dieser blickte verwundert über die Ziffern hin und meinte mürrisch:

„Verdammte Arbeit! Können Sie nicht in Worten telegraphiren?"

„O ja, das kann ich. Können Sie es?" antwortete Martin.

„Der Mann blickte ihn grimmig an und sagte:

„Wie meinen Sie das, Monsieur?"

„Sie erkundigten sich nach meiner Fertigkeit, und da glaubte ich das Recht zu haben, auch in Beziehung auf die Ihrige Nachfrage zu halten."

„Meine Fertigkeit steht über allen Zweifel erhaben, sonst hätte man mich nicht angestellt. Das lassen Sie sich gesagt sein! Uebrigens, wenn Sie sagen, daß Sie sich auch der Worte hätten bedienen können, warum haben Sie das nicht gethan?"

„Weil es mir frei steht, mich sowohl der Worte wie auch der Ziffern zu bedienen. Und wenn ich irgend einem Bekannten zehntausend Gedankenstriche zusenden will, so müssen Sie dieselben auf den Apparat übertragen. Uebrigens habe ich mich für die Ziffern entschieden, weil nicht jeder Telegraphenbeamter zu wissen braucht, wie viel ich meinem Wichslieferanten schuldig bin!"

„Sie führen eine hier sehr ungewöhnliche Sprache! Ich werde sofort die Gebühr berechnen und dann die Depesche abgehen lassen."

„Ich bitte um eine Bescheinigung, daß sie abgegangen ist!"

„Die sollen Sie haben!"

Das Formelle der Sache wurde abgemacht; Martin bezahlte und erhielt die Bescheinigung ausgestellt. Aber anstatt sich zu entfernen, blieb er ruhig stehen. Der Beamte blickte ihm zornig in das Gesicht und fragte:

„Nun? Was stehen Sie noch? Warum gehen Sie nicht?"

„Weil ich mir eine ergebene Frage gestatten muß?"

„Sprechen Sie! Aber machen Sie es kurz. Ich habe für solche Querulanten keine Zeit übrig."

Martin that, als ob er das beleidigende Wort gar nicht vernommen habe. Er machte das ehrlichste, treuherzigste Gesicht, welches ihm möglich war, und fragte sehr freundlich:

„Ist die Depesche schon abgegangen?"

Da fuhr der Beamte zornig auf.

„Herr, was denken Sie!" rief er. „Meinen Sie etwa, daß es nur der Uebergabe dieses Papieres bedarf, um den Inhalt desselben nach Berlin zu übermitteln? So weit haben wir es denn doch noch nicht gebracht!"

„Ah, ich dachte, sie wäre bereits fort," meinte Martin unbefangen. „Hier auf meiner Bescheinigung steht, daß die Depesche Elf Uhr vier Minuten hier aufgegeben worden sei. Ich glaubte also, ein Recht zu meiner Frage zu haben. Aber Sie geben doch zu, daß diese Bescheinigung eine Lüge enthält, wenn meine Correspondenz noch unerledigt sich in Ihren Händen befindet!"

Der Beamte richtete seine Augen mit einem Ausdrucke auf ihn, aus welchem zu ersehen war, daß er sich in Ungewißheit darüber befinde, wie er ihn beurtheilen solle. Er sah die Depesche noch einmal durch und sagte dann barsch:

„Warten Sie!"

„Nach diesen Worten entfernte er sich nachdenklich und

trat in ein Nebenzimmer. Martin nickte lächelnd vor sich hin und flüsterte, indem er eine sehr zufriedene Miene machte:

„Er wollte die Ziffern nach dem Bureau des Grafen Rallion zum Entziffern schicken, ehe er sie dem Apparate übergiebt. Nun erkundigt er sich bei irgend einem Vorgesetzten, was zu machen sei, da ich nicht von der Stelle gehe. Wie wird der Bescheid lauten? Natürlich wird man mich täuschen wollen und so thun, als ob man telegraphire. Schön! Das giebt mir Spaß!"

Nach einiger Zeit trat der Telegraphist wieder ein und fragte:

„Wer ist denn dieser Herr Walther, an welchen die Depesche gerichtet ist?"

„Ich weiß es nicht, werde es aber schleunigst erfahren."

„Wieso? Sie telegraphiren an Jemand, den Sie gar nicht kennen? Das ist mir unbegreiflich!"

„Mir nicht. Ich hörte vor einer Viertelstunde, daß in Berlin auf der Behrenstraße ein Mann wohnt, welcher Walther heißt. Ich habe niemals Etwas von diesem Herrn gehört; das machte mich wißbegierig. Und da ich ahne, daß auch Sie neugierig würden, so beschloß ich, ihn zu fragen, was und wer er eigentlich sei. Ich hätte das mit viel weniger Kosten brieflich thun können; um aber Ihre Neugierde schleunigst zu befriedigen, zog ich es vor, zu telegraphiren. Nun werden Sie mich wohl begreifen!"

Jetzt endlich sah der Beamte ein, daß er es mit einem überlegenen Kopfe zu thun habe. Er wollte in eine zornige Bemerkung ausbrechen, befürchtete aber eine nochmalige Zurechtweisung und sagte daher kurz nur:

„Sie thäten weit besser, Ihre Gedanken bei sich zu behalten. Ich werde sofort telegraphiren."

„Ich bitte darum, da bereits zwanzig Minuten über die Zeit vergangen sind, welche Sie mir hier auf der Bescheinigung angegeben haben."

Der Beamte trat an den Apparat und setzte ihn in Bewegung. Das Ticken und Klappern begann und wurde einige Male durch das Glockenzeichen unterbrochen. Nach einer Weile hörte es auf. Der Telegraphist trat auf Martin zu und sagte in stolz verächtlichem Tone:

„So, jetzt ist es gethan! Sie können sich entfernen!"

„Ich muß mir noch eine Frage erlauben," meinte Martin in dem gleichmüthigsten Tone der Welt.

„Ich habe keine Zeit mehr für Sie! Gehen Sie!"

„Ich bleibe. Wenn Sie für mich nicht zu sprechen sind, so werde ich unter Ihren Vorgesetzten doch einen finden, welcher Zeit für meine Beschwerde hat."

„Beschwerde? Was fällt Ihnen ein. Sie haben keine Veranlassung zur mindesten Beschwerde!"

„O doch! Ich habe vielmehr Veranlassung zur größten Beschwerde. Ich werde anfragen, ob der Apparat dieser Station den Zweck hat, Lügnern und Fälschern als Mittel ihrer Unterschlagungen zu dienen."

„Herr!" brauste der Beamte auf.

„Uebernehmen Sie sich nicht im Athmen. Sie haben meine Aufgabe gar nicht depeschirt!"

„Wie können Sie das sagen!"

„Sie haben nicht nach Berlin, sondern nach Epernay telegraphirt. Das ist die Station, bis zu welcher die Leitung augenblicklich offen war."

Der Telegraphist machte ein verlegenes Gesicht. Er konnte gar nicht begreifen, wie Martin das so genau wissen könne. Dennoch nahm er schnell eine strenge Miene an und entgegnete in drohendem Tone:

„Monsieur, Sie beleidigen mich! Sie haben ferner vorhin von Lügnern und Fälschern, von Unterschlagung gesprochen. Ich habe das Recht, Sie sofort arretiren zu lassen!"

„Thun Sie das!" antwortete Martin kalt. „Das würde der beste und kürzeste Weg für mich sein, Genugthuung für mich und Bestrafung für Sie zu erlangen. Ich will an Herrn Walther eine Depesche aufgeben, um ihm, der ein bedeutender Banquier ist, zu sagen, welche Papiere er morgen früh auf der Börse kaufen soll; es hängen Hunderttausende, ja vielleicht Millionen davon ab, daß er die Depesche frühestens erhält, und sie weigern sich, sie aufzulegen. Sie sollen Ihren Willen meinetwegen haben, aber wir werden wissen, an welcher Stelle wir uns den Ersatz des Schadens, welchen wir erleiden, auszahlen lassen."

Jetzt wurde der Mann in Wirklichkeit verlegen, so verlegen, daß er es nicht verbergen konnte.

„Aber, wie kommen Sie denn zu der wunderbaren Ansicht, daß Ihre Depesche nicht abgegangen ist?" fragte er.

„Soll ich Ihnen etwa sagen, was Sie telegraphirt haben?" entgegnete Martin, sich zornig stellend.

„Nun? Ich bin begierig, es zu hören!"

„Ja, Sie sollen es hören! Zunächst haben Sie angefragt, ob die Strecke frei sei, und dann lauteten Ihre Worte „Lieber College. Hier steht Einer, welcher nach Berlin telegraphiren läßt und nicht eher fortgeht, als bis er mich in Thätigkeit gesehen hat. Seine Depesche ist chiffrirt, ich muß sie zum Entziffern einsenden. Um ihm nun glauben zu machen, daß sie abgeht, will ich mich mit Ihnen unterhalten. „Ah, Sie werden blaß. Ich brauche also nicht weiter fortzufahren!"

Der Beamte stand da, als hätte ihn der Schlag gerührt.

„Mein Gott, wie können Sie das wissen!" stammelte er.

„Das ahnen Sie nicht?"

„Nein."

„Sie dauern mich. Daß ich Ihre Worte dem Apparate abgelauscht habe, muß Ihnen doch sagen, daß ich selbst ein erfahrener Kenner des Telegraphen bin, vielleicht ein besserer Kenner als Sie! Ich frage Sie ernstlich, ob meine Depesche abgehen wird, oder ob ich mich augenblicklich an die Behörde wenden soll!"

„Warten Sie!"

Er wollte sich wieder in das Nebenzimmer begeben, aber Martin hielt ihn mit den Worten auf:

„Halt. Sie wollen Erkundigungen einziehen. Sagen Sie bei dieser Gelegenheit, daß ich, während der Apparat in Thätigkeit ist, dabei stehen werde, um die Worte genau zu collationiren."

Der Mann zog es vor, keine Antwort zu geben und entfernte sich. Bereits nach kurzer Zeit trat er mit einem anderen Beamten ein. Dieser warf einen finsteren, forschenden Blick auf Martin und fragte dann:

„Sie sind selbst bewandert im Telegraphiren?"

„Ja." lautete die Antwort.

„Wer sind Sie?"

„Monsieur, befinde ich mich gegenwärtig im Telegraphen- oder im Polizeibureau?"

„Im Ersteren natürlich. Ich wollte nur gern wissen, wer der Mann ist, welcher uns so viel Stoff zur Unterhaltung giebt. Handelt es sich wirklich um eine rein geschäftliche Depesche?"

„Ich habe keine Veranlassung, mich abermals darüber zu äußern."

„Gut. Sie sollen Ihren Willen haben! Treten Sie näher und hören Sie. Ich werde die Depesche selbst abgehen lassen."

Martin zog seine Abschrift hervor und verglich aufmerksam, während der Apparat arbeitete. Als es zu Ende war, fragte der Beamte in ironischem Tone:

„So. Sind Sie nun zufrieden?"

„Ja."

„So werden Sie nun endlich gehen!"

„Allerdings. Zuvor jedoch mache ich die Bemerkung, daß ich Ihre Bescheinigung, welche übrigens bereits jetzt nicht stimmt, sofort brieflich nach Berlin senden werde, um von dort aus Recherchen zu veranstalten, ob die soeben abgegangene Depesche vielleicht unterwegs noch, nachdem ich mich von hier entfernt habe, von Ihnen aufgehalten und cassirt wird. Ich warne Sie hiermit, dies zu thun! Gute Nacht!"

Er ging.

„Ein entsetzlicher Mensch!" hörte er hinter sich, noch bevor er die Thür wieder zugemacht hatte.

Draußen stellte er sich gegenüber in den Schatten eines Thorweges, um aufzupassen.

„Sie haben," dachte er, „meine Depesche unentziffert absenden müssen; nun aber werden sie den Zettel schleunigst nach dem Bureau des Grafen Rallion bringen, um doch noch zu erfahren, um was es sich handelt. Haha, vergebliche Mühe! Unser Schlüssel ist so complicirt, daß selbst ein Meister der Dechiffrirkunst ihn nicht finden kann!"

Er hatte noch nicht zwei Minuten gestanden, so kam ein Mann drüben heraus und lief eiligen Schrittes davon.

„Ah, das ist der Bote, der den Zettel hat! Viel Glück, Ihr armen Leute! Ihr werdet Euch vergeblich die Köpfe zerbrechen!"

Er ahnte nicht, wie bald er seine Schrift wieder vor die Augen bekommen werde, und wie wenig es Demjenigen, der sie hatte, einfiel, sich den Kopf darüber zu zerbrechen.

Jetzt entfernte auch er sich. Beschleunigten Schrittes kam er durch zwei Straßen und blieb da auf dem Trottoir stehen. Seine Blicke suchten die Fenster der zweiten Etage eines Hauses, welchem er gegenüberstand.

Da oben war noch ein Fenster erleuchtet; es stand offen, und ein weiblicher Kopf sah heraus.

„Das ist Alice," murmelte er. „Sie wird ihren Bruder erwarten. Oder sollte sie vielleicht meinen, daß ich doch noch kommen könne? Ich werde ihr zeigen, daß ich da bin."

Er trat auf die Mitte der Straße und hustete einige Male halblaut. Als er dies wiederholt hatte, bog sich der Kopf noch weiter heraus, und eine unterdrückte Stimme fragte:

„Robert, bist Du es?"

Das war der Name ihres Bruders.

„Nein!" antwortete der Diener empor.

„Monsieur Martin?"

„Ja."

„Warten Sie!"

Der Kopf verschwand. Martin trat zur Thüre. Nach kurzer Zeit wurde im Schlosse derselben leise ein Schlüssel herumgedreht; sie öffnete sich, und das Mädchen trat heraus.

„Ah, Sie Böser!" flüsterte sie. „Ich habe so lange gewartet. Warum kamen Sie nicht?"

Er ergriff ihre Hand, zog dieselbe an seine Lippen und antwortete ebenso leise, wie sie gesprochen hatte:

„Und ich habe so lange, so sehr lange wie auf der Tortur gesessen. Ich freute mich auf Sie; ich sehnte mich so sehr nach Ihnen und konnte doch nicht fort!"

„Wo waren Sie, was hielt Sie ab?"

„Es gab Berichte nach Hause zu senden. Monsieur Belmonte dictirte, und ich mußte schreiben. Erst vor zwei Minuten sind wir fertig geworden."

„Dieser böse Belmonte!"

„O, ich bin sonst sehr zufrieden mit ihm; heute konnte er selbst nicht anders. Werden Sie mir verzeihen?"

„Ich muß wohl, da Sie nicht der Schuldige sind! Aber ich darf nicht hier stehen. Man könnte kommen und mich hier überraschen. Waren da oben noch viele Fenster erleuchtet?"

„Nein, nur das Ihrige."

„So sind alle Bewohner zur Ruhe gegangen. Ich werde das auch thun, nun ich Sie wenigstens gesehen habe."

„O nein, nein, thun Sie das noch nicht! Wann ging, Monsieur, Ihr Bruder fort?"

„Er war noch gar nicht hier; er ist seit Mittag gar nicht nach Hause gekommen. Ich hätte Sie also gar nicht oben bei mir empfangen können."

„Auch jetzt nicht?"

„Nein. Er kann an jedem Augenblicke nach Hause kommen."

„Das befürchte ich nicht. Er hat viel und nothwendig zu arbeiten gehabt, so daß er zum Abendessen doch zu spät gekommen wäre; daher hat er vorgezogen, das Souper in seiner Weinstube einzunehmen. Da befindet er sich noch. Und Sie kennen ihn ja: Ist er einmal dort, so bleibt er bis längere Zeit nach Mitternacht."

„Das ist leider wahr!" seufzte sie.

„Darum bliebe uns immer ein Stündchen übrig, vielleicht auch zwei. Wollen Sie mich wirklich abweisen, nachdem ich mich so sehr nach Ihnen gesehnt habe?"

Sie ging ein Weilchen mit sich zu Rathe; dann meinte sie:

„Man kann doch unmöglich so spät noch einen Herrenbesuch empfangen!"

„Es wird ja Niemand Etwas bemerken."

„Ich möchte nicht haben, daß Sie eine ungute Ansicht von mir erhalten, Monsieur Martin!"

„O, wenn es nur das ist, so kann ich Sie sehr leicht beruhigen!"

Er nahm auch ihre andere Hand in Beschlag und fuhr dann fort:

„Sagen Sie mir einmal, Mademoiselle Alice, ob es Ihnen lieb sein würde, wenn wir wieder auseinander gehen müßten!"

„Lieb? Wie könnte mir das lieb sein!"

„Sie meinen also, daß es besser sei, wir lernen uns kennen?"

„Ja," flüsterte sie.

„Nun wohl! Wie aber wollen wir das bewerkstelligen? Des Tages muß ich in dieser großen Stadt herumgehen, um für unser Geschäft thätig zu sein, also können wir uns doch nur allein des Abends sehen und sprechen."

„Aber nicht so spät!"

„Wenn ich nun nicht eher kann?"

„So müssen wir unsere Zusammenkünfte auf solche Abende verlegen, an denen Sie Muse dazu haben."

„So glauben Sie also, daß ich sehr lange hier bleiben werde?"

„Ja. Ist es nicht so?"

„Nein. Wir haben auch anderwärts sehr viel zu thun. Es kann bereits morgen für mich die Weisung eintreffen, Paris zu verlassen."

Sie erschrak; das fühlte er am Zucken ihrer Hände.

„Das habe ich nicht gewußt," meinte sie im bedauernden Tone.

„Sie sehen also ein, daß mir ein jeder Augenblick, an welchem ich bei Ihnen sein kann, kostbar und theuer sein muß. Ich wünsche, daß Sie mich kennen lernen sollen, und Sie versagen es mir!"

„O nein, Monsieur Martin, ich versage es Ihnen ja nicht!"

„Aber Sie wollen mich ja fortschicken! Wie nun, wenn ich morgen abreisen muß!"

„Es würde mir sehr, sehr leid thun! Aber Sie würden doch wohl wiederkommen?"

„Wenn wir hier einmal fertig sind, können Jahre vergehen, ehe ich zurückkehre. Hätte ich eine Geliebte, eine Braut hier zurückgelassen, so würde ich gern die Erlaubniß erhalten, sie zu besuchen. Aber einer Dame wegen, welche ich nur flüchtig kennen gelernt habe, erhalte ich diese Erlaubniß nicht."

Sie schwieg nachdenklich, und erst nach einer Weile sagte sie:

„Sie mögen Recht haben. Aber ist die Stunde nicht zu spät?"

„Mißtrauen Sie mir etwa? Ich gebe Ihnen die Versicherung, daß ich gegen Sie nicht anders sein werde, als ich sein würde, wenn Vater und Mutter sich dabei befänden."

„Glauben Sie nicht, daß ich Ihnen mißtraue, Monsieur Martin! Wäre das der Fall, so wäre ich jetzt nicht heruntergekommen. Ich befürchte jedoch, daß mein Bruder zurückkehren und uns überraschen könnte."

„Er würde mich nicht sehen."

„Wie wollten Sie das bewerkstelligen?"

„O, diese kleine, allerliebste Alice würde wohl scharfsinnig genug sein, irgend eine Weise zu ersinnen, auf welche es mir möglich wäre, mich seinem Blicke zu entziehen. Vielleicht würde sie mir ein Zimmer oder die Küche anweisen, wo ich mich dann erst entfernte, wenn er zur Ruhe gegangen ist."

„Das ist immerhin bedenklich, Monsieur!"

„Der Liebe fällt nichts zu schwer!"

Da ließ sie ein leises, munteres Lachen hören und fragte:

„Sie glauben also, daß ich Sie liebe?"

Er legte den Arm um ihre Taille, zog sie an sich heran, strich ihr mit der Hand liebkosend über das weiche Haar und antwortete:

„Ich möchte es glauben, meine theure Alice! Es ist der größte Wunsch meines Lebens, mein Bild recht tief, tief in Ihr gutes, reines Herzchen einzugraben, so daß Sie es nie und nimmer wieder vergessen können."

Sie lehnte ihr Köpfchen leise an ihn an und sagte:

„Das sagt man oft als bloße Redensart."

„Bei mir aber ist es die reine, wirkliche Wahrheit!"

„Ist das wahr, Monsieur?"

„Ja; ich schwöre es Ihnen!"

„So will ich es wagen, Sie heute nicht fortzuschicken, obgleich die Mitternacht bereits sehr nahe ist. Kommen Sie! Aber bitte, wir müssen sehr leise sein!"

Er trat in den nur spärlich erleuchteten Flur. Sie verschloß die Thür hinter ihm, und dann stiegen sie geräuschlos die beiden Treppen empor. Die Wohnung, welche sie betraten, war nicht luxurios eingerichtet; aber es glänzte hier Alles von Sauberkeit. Man sah, daß hier ein Wesen waltete, welches bereits an der Wiege von dem Geiste der Häuslichkeit geküßt worden war.

Sie führte ihn in den kleinen Salon. Dort nahm sie auf dem Sopha Platz und er auf einem Stuhle neben demselben. Jetzt beim Scheine der Lampe konnte man sehen, daß Martin nicht ohne Geschmack gewählt hatte. Alice war ein hübsches Mädchen. Alles an ihr war schmuck und nett; sie war wirklich zum Küssen.

„Nun sagen Sie einmal, daß ich, um Ihnen gefällig zu sein, nichts wage," meinte sie, ihn mit offenem Auge anblickend.

„Ich wollte, ich könnte Ihnen beweisen, daß ich um Ihretwillen noch mehr wagen würde," antwortete er. „Ich bin Ihnen herzlich dankbar für das kleine Wagniß. Vielleicht schickt es Gott, daß wir einst in einer ebenso traulichen Häuslichkeit bei einander sitzen, ohne Befürchtungen hegen zu müssen!"

Sie erröthete leise. Ihre Fingerchen glitten irr über die kleine Stickerei, welche sie zur Hand genommen hatte; ihr Busen hob sich unter einem tiefen Athemzuge, und dann bemerkte sie:

„Gott ist es allerdings allein, den man um ein solches Glück zu bitten hat."

Da ergriff er schnell ihr Händchen, zog es zu sich heran und fragte in innigem Tone:

„Würden Sie es wirklich für ein Glück halten, mit mir ein liebes Heim Ihr Eigen nennen zu können?"

Da schlug sie die Augen groß zu ihm auf und antwortete:

„Monsieur Martin, ich habe keine Eltern mehr, und mein Bruder bekümmert sich um mich nicht sehr. Ich bin fast nur allein auf mich angewiesen und sehne mich doch nach Jemand, der gut zu mir ist, dem ich vertrauen kann und dem es eine liebe Beschäftigung wäre, sich ein wenig mit meinen kleinen Gedanken und Gefühlen zu bemühen. Das hat bisher noch Niemand gethan. Ich lebte einsam, bis Sie kamen und mir sagten, daß Sie gern an mich dächten. Ich habe mir dann vorgestellt, wie schön es sein würde, wenn Sie mir Vater, Mutter und Bruder sein wollten. Ich würde glücklich sein. Ich sage Ihnen das aufrichtig und bitte Sie von ganzem Herzen, ebenso ehrlich zu mir zu sein. Ich fürchte mich vor dem Unglücke des Lebens; aber an der Seite eines geliebten Mannes würde mich alles Leid und alle Sorge angstlos lassen. Ihm würde ich gehören, nur ihm allein; für ihn würde ich schaffen und arbeiten; mein Herz, meine Seele, mein ganzes Leben, mein Denken und Empfinden müßte wie ein Krystall sein, welchen er durchblicken könnte. Ich bin nicht schön; ich bin auch keine feine Dame; aber ich möchte stets so hübsch sein, daß er mich immer lieben möchte, und ich würde immer Mittel finden, mir sein Herz warm und offen zu erhalten. Würden Sie mit einer solchen Frau glücklich sein können, Monsieur Martin?"

Das war die Sprache eines reinen Herzens, eines warmen Gemüthes. Martin fühlte sich davon so ergriffen, daß seine Augen feucht wurden. Er saß im nächsten Augenblicke neben ihr, er wußte gar nicht, wie es gekommen war. Er schlang seine beiden Arme um sie, zog ihr kleines Köpfchen an seine Brust und sagte:

"Ja, mit einer solchen Frau würde ich sehr, sehr glücklich sein. Und dieses Glück werde ich nur bei Ihnen finden. Alice, sagen Sie, ob dieses kleine, gute, reine Herzchen mir gehören möchte!"

Er legte ihr die Hand auf den leise sich bewegenden Busen, da wo unter demselben das Herz klopfte, von welchem er sprach. Sie duldete diese Berührung, schlug die Augen zu ihm auf und antwortete unter hervorquellenden Thränen:

"Ja, es soll Ihnen gehören, Ihnen ganz allein, ganz allein! Wollen Sie es denn auch haben!"

"Ob ich es haben will. Ein solches Herz ist ja kostbar, so werthvoll, daß es mit allen Schätzen der Erde nicht zu erkaufen ist. Ja, ja, und tausendmal ja, ich will es haben. Und wenn ich es nicht bekommen sollte, so würde ich Alles, Alles thun, um es endlich doch noch zu erlangen!"

"So lieben Sie mich? Wirklich, wirklich?"

"Wie sehr, o wie sehr!"

Er legte ihr die Hand unter das zarte Kinn, hob ihr Gesichtchen zu sich empor und küßte sie auf die warmen Lippen, welche seinen Kuß leise und verschämt erwiderten. Dann aber legte sie plötzlich die Arme um seinen Nacken und sagte in bittendem Tone:

"Martin laß dies keinen bloßen Scherz sein. Viele tausend Männer giebt es, welche solche Worte sagen, um für kurze Zeit eine Unterhaltung zu haben. Ich würde sterben und vergehen, wenn ich Dir heute mein Herz und meine Seele schenkte und Du stießest sie dann wieder von Dir."

Da drückte er sie fest und innig an sich, so fest, das Beide gegenseitig ihre Herzen schlagen fühlten, und betheuerte:

"Alice, Du sollst mein Leben, meine Wonne sein, und eher will ich Alles meiden und Alles von mir geben, ehe ich Dir entsage. Willst Du das glauben, Geliebte?"

"Ich glaube es!" flüsterte sie, indem ein strahlender Blick durch Thränen hindurch ihn traf.

"Und wenn ich Paris verlassen muß und einige Zeit lang nicht wiederkommen kann, wirst Du da immer an mich denken und mir treu bleiben?"

"Immer und immer! Ich werde nur an Dich denken und täglich und stündlich zu Gott beten, daß er Dich recht bald wieder zu mir bringen mag. Und dann —"

Sie stockte, und bei dem Gedanken, was sie, hingerissen von der Aufrichtigkeit ihres Herzens, noch hatte hinzufügen wollen, trat eine tiefe Röthe in ihre Wangen.

"Und dann — —?" fragte er. "Willst Du nicht weiter sprechen?"

"Ich darf es nicht sagen!" antwortete sie in holder Scham.

"Warum?"

"Kein Mädchen soll das sagen dürfen."

"O doch! Versprachst Du mir nicht, stets wie ein Krystall zu sein, dessen Klarheit ich durchschauen könne?"

"So meinst Du, das ich es wirklich sagen soll?" fragte sie zagend.

"Ja. Bitte! bitte! Und dann —?"

"Und dann, wollte ich sagen, wenn Du zurückgekehrt bist, dann können wir wie die Schwalben sein, welche mit einander davon zwitschern, wohin sie ihr Nestchen bauen wollen."

Er war ganz hingerissen von dieser kindlichen, natürlichen Naivität. Er küßte und küßte sie entzückt auf Stirn, Mund und Wangen und antwortete:

"Ja, meine Alice, mein Schwälbchen, dann sprechen wir von dem Nestchen, welches wir bauen wollen. Groß wird es allerdings nicht werden!"

"O, groß soll es auch nicht sein, groß will ich es gar nicht haben. Es soll gerade so groß sein, daß zwei Vögel, welche sich lieben, Platz darin haben und lustig aus- und einfliegen können, um sich Mücken und allerlei andere Leckerbissen zu fangen. Und wie schön würde ich es einrichten. Und wie sehr, wie sehr würde ich mich freuen, wenn es Dir darin gefiele!"

So sprachen und flüsterten sie weiter. Für die Liebe hat ja selbst das sonst Werthlose Bedeutung, wenn man nur die Stimme Dessen hört, den man liebt. Sie achteten nur auf sich; sie hatten vergessen, daß die Zeit für den Unglücklichen Schneckenfüße, für den Glücklichen aber Flügel hat, bis Alice plötzlich aufhorchte.

Draußen an der Vorsaalthüre wurde ein Schlüssel umgedreht. Das Mädchen wurde vor Schreck leichenblaß; sie flog aus den Armen Martins fort, schlug die Hände angstvoll zusammen und flüsterte:

"Gott, mein Bruder. Was thun wir?"

"Ich verstecke mich!"

"Wohin aber so schnell?"

"Hier herein."

Er raffte seinen Hut vom Stuhle auf und öffnete die nächste Thür.

"Um Gotteswillen, da nicht! Das ist ja seine Schlafstube!"

Ihre Warnung kam bereits zu spät. Martin hatte die Thür schon hinter sich zugezogen. Der Raum war finster, aber beim Oeffnen der Thüre war ein Lichtstrahl hereingefallen, und der junge Mann hatte die hier stehenden Möbel ziemlich deutlich erkennen können. Es befand sich hier ein Bett, ein Waschtisch, ein Spiegel, ein Kleiderschrank und außer drei Stühlen noch ein Tisch, welcher in der Mitte stand.

Martin meinte es ehrlich mit der Geliebten, er sagte sich also, daß er eigentlich keine Veranlassung habe, den Bruder

17.

18.

derselben zu scheuen. Unter anderen Umständen wäre er demselben jedenfalls ruhig entgegengetreten, um ihm den Grund seiner Anwesenheit offen zu erklären. Hier aber war er nicht bloß der Geliebten wegen anwesend; er hatte sich nebenbei eine weitere Aufgabe noch gestellt.

Er hätte leicht in das Schlafzimmer Alicens treten können, wohin zu kommen, ihrem Bruder wohl nicht eingefallen wäre, aber einestheils war ihm die Geliebte zu rein und heilig erschienen, als daß er selbst aus Angst vor einer Entdeckung ihr Sanctuarium hätte entweihen mögen, und sodann kam es ihm darauf an, Zutritt zu dem Zimmer des Secretärs zu finden. Daher hatte er es vorgezogen, in dasselbe zu treten.

Er probirte den Kleiderschrank. Er war verschlossen, und der Schlüssel steckte nicht an. Ob er in der nächsten Stube dem Arbeitszimmer des Secretärs einen Zufluchtsort finden werde, war zweifelhaft; die Arbeitszimmer unverheiratheter Männer sind gewöhnlich mit Möbels nicht sehr überladen. Daher blieb ihm nur der Tisch und das Bett übrig.

„Sich unter dem Bette zu verbergen, das war eine ebenso unbequeme wie gefährliche Geschichte; aber auf dem Tische lag eine große Decke ausgebreitet, deren Ecken bis auf den Fußboden nieder reichten. Er hob also eine dieser Ecken auf, kroch hinunter und machte es sich in sitzender Stellung zwischen den vier Beinen so bequem wie möglich.

Als ihr Bruder eintrat, hatte Alice ihren Schreck noch nicht vollständig bemeistert; aber er bemerkte es nicht. Sein Gang war wankend, und seine Augen zeigten einen trüben, gläsernen Glanz. Er befand sich jedenfalls in demjenigen Zustande, welchen Martin dem Changeur gegenüber mit Käfer, Aal und Affen bezeichnet hatte. Damit waren Steigerungen der Betrunkenheit bezeichnet. Welcher Ausdruck hier der treffende sei, ob der kleine Käfer oder der große Affe, das war sehr leicht zu erkennen: Der Secretär hatte einen riesigen Affen, einen Chimpanse, einen Oran-Utang oder gar einen riesenhaften und schrecklichen Gorilla.

„Noch nicht schlafen?" brummte er. „Warum bist Du denn noch auf?"

„Ich wollte Dich erwarten," antwortete sie. „Du hast ja noch gar nicht zu Abend gespeist."

„Speist, Abend —" stotterte er. „Habe gegessen — Weinstube — fameuser Wein — vier Flaschen, ah!"

Er taumelte auf die Thür seines Schlafzimmers zu, hinter welcher Martin verschwunden war. Alice bekam Angst, sie faßte ihn am Arme und sagte:

„Nimm doch hier erst noch ein wenig Platz!"

„Platz?" fragte er, sie erstaunt anstierend. „Hier — erst noch —? Warum? Oh!"

„Ich habe mit Dir zu reden."

„Reden? Oh — — nein. Mag nicht — nicht reden. Kann nicht — — nicht mehr reden."

Er faßte die Klinke; aber sie ließ ihn nicht los.

„Nur einen Augenblick setze Dich hier nieder!" bat sie.

„Au — augenblick — blick? Unsinn, Blick! Mag nichts erblicken — nichts sehen. Aergere mich nicht, Mädchen. Habe mich — — schon — schon sehr — sehr genug geärgert — ärgert!"

„Worüber denn?" fragte sie, indem sie den Versuch machte, ihn wenigstens durch das Gespräch noch eine kurze Zeit fest zu halten.

Da stellte er sich kerzengerade auf, sah sie zornig an, fuchtelte mit dem Stocke, welchen er noch in der Hand hielt, wild um sich herum und antwortete:

„Wo—rüber? Donnerwetter. Verdamm — dammte Depesche — pesche. Kann der Teufel holen — holen."

„Welche Depesche denn?"

„Hatte lange — lange gearbeitet — beitet. Sitze beim Glas Wein. Kommt der Kerl — Kerl, — Bureaudiener. Noch eine Depesche — pesche angekommen, zum Entziffern, — ziffern. Kein Mensch mehr dagewesen. Muß sie also — also mir bringen — bringen. Depesche nach — Berlin — lin. Gebracht werden von — — von einem Kerl — — frecher Kerl. Muß sie einmal, — — einmal ansehen — sehen."

Er öffnete die Thür, sie konnte es nicht mehr verhindern und folgte ihm mit der Lampe. Er setzte sich sofort auf einen der Stühle. Ihr Auge schweifte angstvoll im Zimmer umher. Es war keine Spur von Martin zu erblicken. Sie glaubte in Folge dessen, er müsse draußen in der Arbeitsstube seine Zuflucht gesucht haben. Nun galt es, den Bruder vom Betreten derselben abzuhalten.

Dieser kramte gähnend in seinen Taschen herum.

„Was suchst Du?" fragte sie.

„Du? Du nicht. Ich suche!" meinte er, sich verbessernd.

„Ja. Was aber denn?"

„Die — die De die die De — Donnerwetter, die De De Diepesche — pesche!"

„Hier wird sie sein."

Sie zog aus seiner Seitentasche ein Schriftstück hervor. Das war aber keine Depesche; dazu war es zu dick.

„Depesche?" fragte er. „Unsinn. Das ist — ist der Feld — Feldzugsplan — plan, gegen die Preu — reußen."

Sie legte das Schriftstück auf den Tisch und meinte:

„Ein Feldzugsplan gegen die Preußen?"

„Ja," nickte er. „Preu — reußen und Süddeut — deutschen."

„Mein Gott. Giebt es denn Krieg?"

„Krieg, ja! Krieg — Sieg — Keu — keule und Revan — vanche! Aber pst! Still! Ruhig! Kein Mensch darf — darf es jetzt erfahren — fahren! Ich soll den Plan — Plan auf's Reine schrei — schreiben. Famos! Bismarck kriegt tüchtige Prü — rügel. Die Preu — reußen die Bay — ayern, die Würtember — erger, die Westphalen, die Sach — achsen und die Pom — pommer — pommeranzen. Alles kriegt Hie — Hiebe! Wo — wo Donnerwetter, wo ist die De Die De Diepesche?"

Sie half ihm suchen und brachte schließlich den Zettel, welchen Martin nach dem Telegraphenbureau getragen hatte, in einem höchst zerknitterten Zustande aus seiner Westentasche hervor.

„Ist sie das?" fragte sie.

„Ja — ja! Muß sie le — le — lesen, entziff — ziff — schiff — schiffern."

Er klaubte den Zettel mühsam auseinander und rückte mit Lebensgefahr seinen Stuhl zum Tische.

„Aber," meinte seine Schwester, „Du wirst doch nicht noch lesen und arbeiten wollen!"

„Wa — rum nicht? Muß — muß! Pflicht — licht! Muß morgen wissen — — was in der De — Depesche steht!"

Die Liebe des Ulanen.
Original-Roman aus der Zeit des deutsch-französischen Krieges von Karl May.
(Fortsetzung.)

Martin hatte in seinem Verstecke Alles mit angehört. Er ahnte, daß von seiner eigenen Depesche die Rede sei, und als er den Zettel am Boden liegen sah, war er sogar davon überzeugt. Aber es war auch von Krieg und von einem Feldzugsplane die Rede. Was war damit gemeint? Bot sich ihm hier etwa gar ein Fund, welcher von Wichtigkeit sein konnte?

Er lugte unter der Tischecke hervor. Der Schläfer regte sich nicht. Langsam und vorsichtig kroch Martin hervor und richtete sich auf. Da auf dem Tische lag das Schriftstück. Auf die Gefahr hin, ertappt zu werden, griff er darnach und schlug die erste Seite auf. Da stand in großer Fracturschrift zu lesen:

„Entwurf des strategischen Aufmarsches der französischen Heere im Kriege gegen Preußen und Süddeutschland."

Es durchzuckte ihn, als ob er electrisirt worden sei. Er war noch jung, aber ebenso entschlossen und besonnen wie ein Alter. Diesen Entwurf durfte er nicht mitnehmen; aber wie nun, wenn es ihm gelang, eine Abschrift davon zu nehmen? Er klinkte leise an der Thür, welche nach dem Arbeitszimmer führte. Sie öffnete sich, ohne ein Geräusch zu verursachen.

Er hatte sein Laternchen mit, aber das Licht derselben reichte nicht aus. Die Lampe konnte ihm gefährlich werden, wenn sie hier stehen blieb. Ihr Schein konnte den Schläfer wecken, welcher jedenfalls ruhig weiter schlief, wenn es im Zimmer dunkel war. Er ergriff sie und den Entwurf und schlich sich mit Beiden in das Arbeitszimmer.

Hier gab es, wie er vermuthet hatte, nicht viel Möblement. Ein Schreibtisch, ein Büchergestell und einige Stühle, das war Alles, was er erblickte. Er setzte die Lampe auf den Tisch, auf welchem zehnmal mehr Papier lag, als er brauchte, und zog dann die Thür leise hinter sich zu, die er dann verriegelte, nachdem er aus Vorsicht den Schlüssel drüben abgezogen und hüben wieder angesteckt hatte.

Auch Tinte und Feder waren vorhanden. Er setzte sich und begann zunächst zu lesen. Falls er ja erwischt wurde, war es gut, wenn er wenigstens den Inhalt kannte. Als er zu Ende war, verklärte sich sein Gesicht.

„Welch ein Fund!" dachte er. „Diese Blätter sind Hunderttausende werth. Wie gut, daß ich Stenographie gelernt habe; da geht es schnell. O, Alice, verzeihe, daß ich diesen Raub begehe; aber Du bist es ja nicht, an Der ich mich versündige!"

Einige Augenblicke flog die Feder mit ungewöhnlicher Geschwindigkeit über das Papier. Viertelstunden vergingen, eine Stunde und noch eine, und als er zu Ende war zog er die Uhr.

„Drei und eine Viertelstunde habe ich geschrieben!" murmelte er. „Das war eine Riesenarbeit; ich habe fast den Krampf in der Hand. Nun aber fort. Wo wird Alice sein. Sicher schläft sie nicht, sondern wartet auf mich!"

Er faltete seine Abschrift zusammen und steckte sie mit dem Gefühle zu sich, als ob es lauter Tausendthalerscheine seien. Sonach brachte er auf dem Schreibtische Alles in die gehörige Ordnung. Dann löschte er die Lampe aus, riegelte die Thür leise auf, steckte den Schlüssel wieder an und lauschte.

Der Betrunkene schlief noch und schnarchte leise. Martin setzte die Lampe auf den Tisch und legte den Entwurf daneben. Dann schloß und riegelte er die Thür auf, welche nach dem Salon führte und die der Secretär vor seiner

Schwester verschlossen hatte. Als er hinausgetreten war und die Thüre wieder in die Klinke schob, hörte er ein leises:

„Martin?"

„Ja," antwortete er ebenso leise.

„Gott sei Dank!"

Dabei fühlte er, daß sich zwei warme, weiche Arme um ihn legten.

„Du hast auf mich gewartet?" fragte er.

„Ja. O, was habe ich für eine Angst ausgestanden. Ich glaubte, er würde Dich entdecken."

„Das wäre nicht schlimm gewesen. Ich hätte ihm gesagt, daß wir uns lieben und daß Du mein Weibchen werden willst."

„Und wenn er dann gezankt hätte?"

„Keine Sorge. Ich wäre schon mit ihm verkommen. Einmal muß er es doch erfahren."

„Wo hast Du gesteckt?"

„Unter dem Tische in seiner Schlafstube."

„O weh, welch eine unbequeme Situation. Du armer, armer, lieber Martin."

Sie strich ihm mit dem kleinen Händchen liebkosend über die Wange. Er drückte sie an sich und flüsterte glücklich:

„Für Dich würde ich noch viel schlimmere Situationen nicht scheuen; das darfst Du mir getrost glauben, mein gutes, süßes Schwalbenweibchen!"

„Und ich war im Schlafzimmer und habe Dich nicht bemerkt! Warum kamst Du nicht eher?"

Er sah sich gezwungen, eine Unwahrheit zu sagen:

„Es war unmöglich. Er hatte den Zettel fallen lassen, wollte ihn aufheben und fiel nun selbst hin. Da blieb er an der Thür liegen, so daß ich sie nicht öffnen konnte. Schließlich kam ich auf den Gedanken, ihn durch leise Stöße nach und nach zu wecken. Es gelang. Er raffte sich auf und legte sich auf das Bett. Dann erst konnte ich fort."

„Mein Gott, was mußt Du denken. Er will es mir nie zur Liebe thun und weniger trinken. Kannst Du denn wirklich ein Mädchen lieb haben, dessen Bruder Du betrunken gesehen hast?"

„Warum nicht? Kannst Du dafür?"

„Er schläft also fest?"

„Ja, sehr fest."

„So kannst Du Dich also entfernen, ohne daß er es hören wird?"

„Wir sind vollständig sicher. Nun aber hast Du, Arme, auf den Schlaf verzichten müssen."

„Du ebenso. Aber wir werden es nachholen, und ich werde Dir sicher sagen können, daß ich von Dir geträumt habe."

Er zog sie an sich heran, küßte sie und fragte:

„Hast Du mich denn wirklich so lieb, daß ich Dir sogar im Traume erscheinen darf?"

„O," gestand sie ihm. „Es wäre wohl nicht das erste Mal, daß dies geschieht."

„So hast Du bereits von mir geträumt? Ich von Dir noch nicht, leider; aber ich werde es jetzt thun, wenn ich nach Hause gekommen bin. Erlaubst Du mir, daß ich nun gehe?"

„Ja. Ich werde Dich bis zur Thür begleiten."

Sie führte ihn hinunter bis zum Eingange des Hauses, den sie öffnete. Der Morgen begann bereits zu grauen.

„Wann sehen wir uns wieder?" fragte sie.

„Wann wünschest Du, liebes Kind?"

„Ich würde mich freuen, wenn es heute möglich sein könnte."

„Wann geht heute Abend Dein Bruder aus."

„Das weiß ich nicht. Vielleicht bleibt er gar zu Hause, weil er dieses Mal so spät gekommen ist."

„So müssen wir also leider für den Abend verzichten."

„Am Nachmittage befindet er sich im Bureau. Da bin ich ganz allein daheim. Könntest Du da nicht vielleicht kommen?"

„Nein. Monsieur Belmonte verreist, und da bin ich gezwungen, daheim zu bleiben. Wenn etwas eingeht, muß Jemand vorhanden sein. Ah, da fällt mir etwas Schönes ein."

„Was?"

„Ich bin also am Nachmittag zu Hause."

„So wie ich!"

„Und zwar ganz allein. Gehest Du zuweilen aus?"

„Nur um meine Einkäufe zu machen."

„Spazieren nicht?"

„Höchst selten."

„Aber heute möchte doch einmal eine Ausnahme stattfinden."

„Warum?"

„Da ich nicht zu Dir kommen kann, so könntest Du mir die Freude machen, zu mir zu kommen!"

„Eine Dame auf Besuch zu einem Herrn? Das geht ja nicht!"

„Nicht eine Dame zu einem Herrn, sondern ein Schwälbchen zu ihrer Schwalbe, ein gutes Mädchen zu ihrem Verlobten, der sie so herzlich liebt und so glücklich sein würde, wenn sie zu ihm käme."

„Ist das wahr?" fragte sie, glücklich lächelnd.

„Du darfst ganz und gar nicht daran zweifeln."

„Und wenn ich komme, wer öffnet mir die Thür, wer wird mich ganz erstaunt mit grimmigen Augen anblicken?"

„Nun, wer?"

„Dein Monsieur Belmonte."

„Ich versichere Dir, daß er nicht zu Hause sein wird."

„So dürfte ich es vielleicht wagen, Dir zu Liebe natürlich, und weil ich bereits jetzt merke, daß ich große Sehnsucht nach Dir haben werde, wenn ich Dich von jetzt an bis zum Nachmittag nicht zu sehen bekomme."

„Du gutes, gutes Schwälbchen! Ja, meine Alice, wir wollen immer so lieb und brav gegen einander sein! Also ich darf Dich sicher bei mir erwarten?"

„Ja, obgleich es gegen die Regel ist. Um wie viel Uhr?"

„Wann Du Deiner Sehnsucht nicht mehr Herr werden kannst."

„O, da wird es sehr bei Zeiten werden. Aber ich weiß Deine Wohnung nicht genau."

„Rue de Richelieu 12 erste Etage. Sobald Du klingelst, werde ich gesprungen kommen, um Dir zu öffnen. Gute Nacht, meine Alice, mein Leben!"

„Gute Nacht, mein Martin. Behalte mich treu und lieb."

„Das kannst Du glauben. Ich weiß, daß ich heute bei Dir ein Glück gefunden habe, wie es größer gar keins geben kann!"

Er küßte sie innig auf die Lippen, welche sie ihm liebevoll entgegenhielt, und entfernte sich dann. Er hatte seine letzten Worte aus vollster Seele gesprochen. Der Fund, welchen er in dem Entwurfe gethan hatte, war von allerhöchstem Werthe, persönlich lieber noch aber war ihm der Schatz, welchen er so glücklich gewesen war, in dem Gemüthe dieses einfachen, unentweihten, reinen Mädchens zu entdecken.

Als er seine Wohnung erreichte, war es bereits ziemlich hell geworden, und der Portier, welcher öffnen mußte, machte darüber ein erstauntes Gesicht. Er hatte noch nicht bemerkt, daß dieser Hausbewohner ein solcher Nachtschwärmer sei.

Oben im Logis angekommen, begab er sich sofort nach dem Schlafcabinet seines Herrn. Dieser, welcher einen sehr leisen Schlaf besaß, erwachte, als er eintrat.

„Martin, Du bist es?" fragte er

„Ja. Entschuldigung, daß ich Sie stören muß!"

„Ich lasse mich sehr gern stören, denn daß Du mich weckst, giebt mir die Ueberzeugung, daß Du mir etwas Wichtiges und Gutes mitzutheilen hast."

„Sie haben es errathen. Nicht wahr, Sie können stenographiren?"

„Spaßest Du schon wieder! Wir haben es ja Beide zusammen gelernt und dann mit einander geübt!"

„Nun, so wollen wir diese Uebung fortsetzen!"

„Muß das sogleich sein?"

„Sogleich!"

„Dann vermuthe ich, daß Du mir ein Stenogramm zu lesen bringst. Ist es so oder nicht?"

„Es ist so. Ich will die Lampe anzünden. Es ist zwar bereits Tag, aber durch die dichten Vorhänge kann das Morgenlicht doch noch nicht herein."

Während er dieses vornahm, erhob sich Belmonte von seinem Lager. Ueber dem Ankleiden fragte der Letztere nach der Depesche, und Martin erzählte, was er da erlebt hatte. Beide mußten herzlich darüber lachen.

„Aber woher kommst Du so spät?" fragte dann Belmonte, als er nach der Uhr gesehen hatte.

„Das rathen Sie nicht? Sehen Sie mich doch einmal an!"

Er stellte sich stramm vor seinen Herrn hin. Dieser blickte ihm in das lachende Gesicht, zuckte die Achsel und meinte:

„Ich ersehe mir an Dir jetzt ebenso wenig wie sonst."

„Das möchte ich nicht glauben! Bin ich nicht auf einmal ein ganz anderer Kerl geworden? Sehe ich nicht gerade so aus wie das Männchen von einem glücklichen Schwalbenpärchen?"

„Unsinn!" antwortete Belmonte. Dann aber, sich besinnend, lachte er laut auf und sagte: „Ich glaube gar, Du hast noch fester in die Angel gebissen, so daß Du die Fliege, von welcher Du gestern Abend sprachst, vollständig verschluckt hast!"

„Getroffen!" stimmte Martin in das Lachen ein.

„Du bist also der Liebste?"

„Ja, und sie ist die Liebste!"

„Ein Schwalbenpärchen habt Ihr Euch genannt?"

„Freilich! Und diesen trefflichen Vergleich hat die Schwalbin zusammengebracht!"

„Eine geistreiche Schwalbe! Gratulire! Das mag ein Gezwitscher und Gepipe gewesen sein!"

„Zum Entzücken!"

„Ich glaube es und hätte dabei sein mögen. Aber wo bleibt das Stenogramm? Wir vergessen es über diese Schwalbengeschichte sonst ganz und gar."

„Hier!"

Er zog die zusammengefalzten Blätter aus der Tasche hervor und reichte sie ihm hin. Belmonte setzte sich zum Lesen nieder, öffnete und warf den Blick zunächst auf die Ueberschrift. Als er diese erblickte, warf er einen erstaunten Blick auf Martin.

„Dieser Titel ist ja außerordentlich!" sagte er.

„Das dachte ich auch, als ich ihn sah," antwortete der Diener.

„Aber ob der Inhalt ihn rechtfertigen wird!"

„Vollständig! Bitte, lesen Sie nur, Monsieur Belmonte!"

Der Changeur begann zu lesen. Je weiter er kam, desto aufmerksamer wurde er, desto mehr Ausrufe des Staunens und der Verwunderung ließ sich hören. Und als er zu Ende war, sprang er erregt vom Stuhle auf und rief:

„Mensch, wo hast Du diesen Fund gemacht?"

„Sie meinen, wo ich diesen Diebstahl begangen habe!"

„Das ist mir einerlei! Antworte!"

„Bei der Schwälbin."

„Wie? Bei diesem Mädchen? Ah, der Bruder ist ja Secretär des Grafen Rallion! Erzähle!"

Martin berichtete nun von seinem Erlebnisse. Belmonte schritt dabei im Zimmer auf und ab. Dann, als der Diener zu Ende war, blieb er vor demselben stehen und sagte:

„Kerl, Du bist ein Glückskind, ein wirklicher, wahrhaftiger Glückspilz! Dieser Fund wird Dir reiche Früchte bringen. Hier giebt es kein Säumen. Das Schriftstück muß abgeschrieben und sogleich nach Hause gesandt werden. Einer bringt zu lange zu; wir werden Beide sofort beginnen. Vorwärts, zur Feder!"

Sie theilten sich in die Blätter, und bald waren Beide in die Arbeit so vertieft, daß sie für nichts Anderes Augen hatten. Selbst als die Zeitungen kamen, wurden dieselben unbeachtet bei Seite geworfen. Sie brachten bis weit in den Vormittag hinein zu; dann wurde die Currentschrift sorgfältig eingepackt, und Belmonte trug sie selbst fort, um sie derjenigen Person zu bringen, welche für solche Fälle in Bereitschaft stand. Das Schriftstück hatte einen zu hohen Werth, als daß man es der Post hätte anvertrauen können. Es mußte durch einen sichern, zuverlässigen Courir überbracht werden.

Als Belmonte von diesem kurzen Gange zurückgekehrt war, bereitete er sich auf die Fahrt nach Meudon vor. Eben wollte er aufbrechen, als der Telegraphenbote eintrat. Er brachte bereits die Antwort auf das gestrige Telegramm. Dasselbe war in Mainz aufgegeben worden und lautete:

„Herrn Arthur Belmonte, Paris, Rue Richelieu 12. Reichenberger Rothwein nicht gebraucht; bereits vortrefflich versorgt. Aber möglichst schnell Risparger Auslese und dann sofort Metzheimer Berg und Thal in bester Qualität.

Albrecht, Weingroßhandlung."

Belmonte wußte, daß er dem braven Martin sein Vertrauen schenken könne. Er las ihm daher das Telegramm vor. Der Diener schüttelte den Kopf und meinte:

„Und das soll die Antwort auf unser chiffrirtes Telegramm sein?"

„Natürlich!"

„Es kommt ja aus Mainz!"

„Das ist sehr klug gehandelt. Es kommt aus Berlin, hat aber in Mainz Station gemacht, damit die hiesigen Beamten irre geleitet werden und nicht denken sollen, daß beide Depeschen im Zusammenhange stehen."

„Nun, das ist freilich zu begreifen; aus dem Inhalte aber werde der Teufel klug, ich nicht."

„So muß ich ihn Dir erklären. Von welcher Person handelte unser Telegramm?"

„Von dem alten Capitän Richemonte."

„Wie würdest Du diesen Namen in's Französische übersetzen?"

„In das Wort Reichenberg."

„Nun, hier steht, daß Reichenberger Rothwein nicht gebraucht werde und man bereits vortrefflich versehen sei."

„Donnerwetter! Ich beginne, zu begreifen!"

„Was?"

„Man kennt diesen Richemonte bereits und hat vortreffliche Maßregeln getroffen. Habe ich Recht?"

„Ja. Aber nun weiter! Es wird möglichst schnell Risparger Auslese verlangt. Auslese bedeutet für uns natürlich eine Auswahl unserer Beobachtungen. Was aber soll das Wort Risparger?"

„Da steht mein Verstand am Ende der Welt!"

„So weit brauchst Du gar nicht zu gehen. Bleibe nur in Paris, wo wir uns befinden! Also Paris. Wie viel Silben?"

„Zwei."

„Setze die erste hinter und die zweite vor!"

„Rispar — ah, Risparger Auslese! Jetzt habe ich es endlich!"

„Schön! Das dritte Wort wird Dir nicht so sehr viel zu schaffen machen wie die anderen."

„Metzheimer? Ich denke, daß hier nur die erste Silbe gilt."

„Das ist jedenfalls das Richtige: Metz. Und Berg und Thal, was soll das bedeuten?"

„Nicht blos Stadt und Festung Metz, sondern auch Berg und Thal, die ganze Umgegend."

„Wie würdest Du also die ganze Antwort deuten?"

„Wir sollen uns um diesen Richemonte nicht bekümmern, da man bereits vortrefflich dafür gesorgt hat, daß dieser Mann nicht mit der Nase in den Wolken hängen bleibt. Wir sollen möglichst schnell mittheilen, was wir über Paris wissen, und endlich sollen wir dann sofort nach Metz gehen, um uns dieser guten Festung nebst ihrer Umgebung liebevoll anzunehmen."

Aus Trikala.

„Ja, das ist die Instruction, welche wir zu befolgen haben. Nur in einem Stücke werde ich ein Wenig abweichen."

„Ist diese Abweichung gefährlich?"

„Gar nicht. Ich werde mich nämlich um diesen Richemonte doch ein Wenig bekümmern."

Martin nickte mehrere Male sehr eifrig und sagte lachend:

„Ja, ja; ich verstehe!"

„Was denn?"

„Ein gewisser Weinagent möchte sich um diesen alten Capitän ein Wenig bekümmern, weil es gestern ruchbar geworden ist, daß sich bei dem Alten ein gewisser Bernard de Lemarch befindet, welcher verlobt ist mit einer gewissen dritten Person, der die Ehre geworden ist, in der großen Oper neben dem erwähnten Weinagenten zu sitzen."

„Schlingel!"

„O, der Wahrheit muß man die Ehre stets geben!"

„Ich leugne ja auch nicht."

„Sie wollen also doch einen Abstecher nach Ortry machen?"

„Hm! Wenn wir von hier nach Metz reisen, ist es ja gar nicht so weit nach Ortry. Einige Stunden abseits werden uns in der Erfüllung unserer Pflichten nicht sehr hinderlich sein. Und sodann habe ich eine Vermuthung, der ich nachgehen möchte."

„Darf ich mitgehen?"

„Natürlich!"

„So ist es mir wohl auch erlaubt, diese Vermuthung kennen zu lernen?"

„Ich kann sie Dir immerhin mittheilen. Da man uns sagt, daß in Betreffs Richemontes vortreffliche Fürsorge getroffen worden sei, so denke ich, daß sich ein Kamerad von uns bei ihm befindet, den man auf irgend eine feine Weise dort placirt hat. Stellt sich das als richtig heraus, so wäre es vielleicht ganz vortheilhaft, mit demselben Fühlung zu nehmen."

„Das leuchtet mir ein. Sehen wir also zu! Wann reisen wir von hier ab?"

„In kürzester Zeit. Die Hauptsache hast Du gethan. Mit Erlangung des Entwurfes sind die Karten des Feindes verrathen. Ich will mir heute nur noch die Mitrailleusen ansehen; dann sind die Berichte in höchstens drei Tagen fertig zu stellen. Nachher reisen wir ab."

sicher wieder zusammen. Wenn aber so ein Tauber nach einer Taube girrt, die er nur von Weitem gesehen hat und welche bereits für einen Andern bestimmt ist, so mag der Teufel dreinschlagen. Aber nur Muth! Die Hilfe ist bereits unterwegs!"

„Ich weiß nichts davon!"

„Nicht? So! Wird nicht vielleicht schon bald der Tag kommen, an welchem der hiesige Boden unter den Hufen unserer Pferde erzittern wird? Als Sieger und Rittmeister oder gar Major und Oberst sitzt es sich ganz anders in der großen Oper als obscurer Weinagent, der von Weitem zusehen muß, wie bereits in frühester Jugend die Paare zusammengekoppelt werden. Monsieur Belmonte, mich zuckt es; mir zuckt es bereits in den Gliedern, daß es bei unserer Schwadron Zwei geben wird, von denen Jeder bei der Heimkehr eine schmucke Französin vor sich auf den Sattel

Eine Hochzeitsfeier.

Martin schüttelte wehmüthig den Kopf, schlug die Augen gen Himmel, faltete die Hände und rief:

„In drei Tagen schon! O Schwälbchen, o Schwälbchen, wie wirst Du die Flüglein hängen lassen! Dein Schwalbert nimmt Abschied von Dir!"

Belmonte machte ein ernstes, fast trübes Gesicht. Er zuckte die Achsel und sagte:

„Heute zusammengefunden und in drei Tagen bereits wieder scheiden; das ist allerdings höchst bedauerlich. Und dennoch möchte ich Dich beneiden!"

Da wurde auch Martin ernst und antwortete:

„Ich glaube es Ihnen! So eine echte, richtige Liebe ist ein wunderbares Ding. Ich habe mein Schwälbchen. Wir sind Eins geworden, und wenn wir auch für ein Weilchen auseinander fliegen, so finden wir uns doch ganz

sitzen hat. Die Chefs d'Escadron, welche uns daran verhindern wollen, werden einfach in die Pfanne gehauen! Hurrje, wenn meine Schwalbe wüßte, daß sie Gräfin wird, nämlich Tele=Gräfin! Ich wollte, es ginge lieber heute als morgen los!"

Was der brave Mensch bezweckte, nämlich, den Trübsinn seines Herrn nicht aufkommen zu lassen, das erreichte er. Die Züge Belmontes heiterten sich auf und als er sich in den Wagen setzte, welcher ihn nach Meudon bringen sollte, hatte er das glücklichste Gesicht, welches es nur geben kann.

Nun erst, nachdem die Arbeit vollendet und abgeschickt worden war und Belmonte sich entfernt hatte, fand Martin Zeit, nach den Journalen zu greifen. Er pflegte nur das Politische und Wissenschaftliche zu lesen, aber bereits als er das erste Blatt aufschlug, fiel ihm eine fett gedruckte Alinea auf, welche unter der Rubrik „Polizeibericht" zu lesen war. Sein Auge flog halb unachtsam darüber hin. Da aber traf es einen Namen, der ihn frappirte.

„Gräfin Ella von Latreau?" sagte er vor sich hin. „Das ist ja die heimlich Angeschmachtete meines Ritt — — wollte sagen meines famosen Herrn Weinagenten! Was ist mit der? Das muß ich lesen!"

Aber kaum hatte er die letzte Zeile verschlungen, so fuhr er empor, schlug mit der Faust auf den Tisch und rief:

„Höllenteufelschockmillionenhagelwett — — ist das wahr, oder ist das nicht wahr? Hier mitten in dem großen Dorfe, welches sie die Metropole der Intelligenz nennen, wird eine Dame, eine Comtesse, eine Generalsenkelin, eine heimlich Geliebte von uns aus der Equipage gerissen, in eine Droschke geworfen, welche die Nummer 996 hat, und irgend wohin geschleppt, vielleicht gar in die Unterwelt? Und diese Polizei will der Herkules sein, der den Cerberus todtbeißt? Steht es denn auch in den anderen Journalen? Ich muß doch sofort nachsehen!"

Er schlug nach und fand ganz denselben Bericht, nur dem Wortlaute nach verändert, in allen anderen Blättern.

„Es ist wahr!" rief er. „Sie ist fort, sie ist futsch! Sie wird nicht mehr in der großen Oper zu sehen sein! Und diese Polizei, was hat sie herausgebracht? Daß die betreffende Droschke eine gefälschte Nummer gehabt hat; die richtige Nummer hat nachgewiesen, daß sie sich um die betreffende Zeit in einem ganz anderen Stadttheile mit dem Transporte von zwei alten Mamsellen abgewürgt hat. Der Diener der Equipage hat, als er von seinem Sitze herabgeschleudert worden war und an der Erde lag, die Nummer 996 ganz deutlich am Schlage des Fiakers gesehen. Ist das Alles? Ja! Die Polizei ist in allgemeiner Bewegung, heißt es. Das bedeutet, daß diese Herren entsetzlich lange Beine machen, durch alle Straßen jagen, an allen Ecken zusammenrennen und heute Abend schweißtriefend sich zu Bette legen werden. Und unterdessen geht die geraubte Gräfin zu Grunde oder sie wird zu einer Ehe mit irgend einem Menschen gezwungen oder auf irgend eine andere Weise abgemurkst. Der Teufel soll mich holen, wenn ich da ruhig zusehe! Da muß ich auch dabei sein! Ich muß meinen Senf auch mit dazubringen! Ich mache mich auch auf die Beine! Finde ich eine Spur, so reiße ich die Comtesse vom Himmel herunter, wenn man sie etwa da hinauf gehängt hat. Und finde ich nichts, so kann ich doch wenigstens mit der Polizei um die Wette rennen und zu meinem Herrn, wenn er von Meudon kommt, sagen, daß ich nicht die Beine müßig in den Schooß gelegt habe."

Er machte sich zum Ausgehen fertig, aber mitten in der Eile, mit welcher er das that, hielt er plötzlich inne und blickte nachdenklich vor sich nieder.

„Aber die Alice, die Schwalb?" fragte er sich. „Die will doch kommen! Was wird sie denken, wenn ich nicht zu Hause bin! Vielleicht kommt sie in ihrer Angst gar auf die Idee, daß man mich auch in einer Droschke 996 fortgeschleppt hat! Da muß ich vorbeugen. Ich werde eine Karte in die Thürritze stecken, worauf geschrieben steht: Ich lebe, aber ich bin nicht da, oder: Ich bin einstweilen in die Wicken, aber ich komme bald wieder!"

Trotz seiner Aufregung doch bei Humor, nahm er wirklich eine Karte und schrieb auf die Rückseite derselben die Worte:

„Mein Schwälbchen, verzeihe! Ich konnte nicht warten, aber ich komme heute Abend zu Dir geflogen."

Diese Karte steckte er, als er ging in die Thürritze, so, daß sie von Dem, welcher klingeln wollte, unbedingt bemerkt werden mußte. Dann eilte er von dannen.

Der Vormittag verging, auch der Nachmittag zur Hälfte; da kam Alice. Sie klingelte, und als nicht geöffnet wurde, zog sie die Karte hervor, um zu sehen, was darauf geschrieben stand. Sie las die Worte und ging dann nachdenklich von dannen.

Es dunkelte bereits, als Martin wiederkehrte. Er sah, daß die Karte verschwunden war und sagte zu sich:

„Nun weiß sie wenigstens, woran sie ist. Ich will — ah, da kommt ein Wagen gerasselt. Er hält unten vor der Thür, sollte es mein Herr sein?"

Er hatte richtig gerathen. Belmonte kam die Treppe herauf, sah ihn vor der Vorsaalthüre stehen und rief ihm bereits von Weitem zu:

„Spät zurück! Nicht wahr? Aber es war dafür auch ein sehr glücklicher Ausflug."

Er sah ganz so aus, als ob er mit dem Ergebnisse seiner Tour ganz und gar zufrieden sei. Sie traten ein und nun erst, als sie im Zimmer standen, fragte Martin:

„Haben Sie den Director angetroffen?"

„Ja. Wir haben tüchtig geprobt und getrunken. Darüber ging ihm das Herz auf und ich kehre mit reicher Ausbeute zurück. Ich wollte heute wieder in die Oper, aber das muß ich bleiben lassen, da ich zu Papier bringen muß, was ich mir in Gegenwart Anderer nicht notiren durfte."

„Hm! Aus der Oper wäre auf keinen Fall etwas geworden."

„Wieso? Was für ein Gesicht machst Du? Du siehst ja aus, als ob ein Unglück geschehen sei!"

„Das ist auch wirklich der Fall!"

„Was denn? Was denn? So rede doch!"

„Wissen Sie wirklich noch nichts?"

„Nein."

„So lesen Sie hier!"

Belmonte las. Er wurde bleich wie der Tod und fuhr sich mit beiden Armen nach den Schläfen. Dann schlug er sich vor die Stirn und schritt fieberhaft erregt hin und her. Endlich sagte er:

„Hunderttausend Franken wird er bezahlen, um sie wieder zu bekommen — Fiakerkutscher — Nummer aufgeklebt!"

Er wiederholte einen Theil dessen, was er gestern bei Vater Mate von der heimlichen Unterredung erlauscht hatte. Martin dachte, er phantasire vor Schreck.

„Monsieur Belmonte," sagte er, „es ist wohl noch nicht Alles verloren! Zwar bin auch ich umsonst hin und her gerannt, um eine Spur oder einen guten Gedanken zu finden, aber — — —"

„Unsinn!" unterbrach ihn sein Herr. „Lade unsere Revolver und mache Dich fertig zum Ausgehen! Ich weiß, wo die Comtesse steckt und werde sie befreien. Ich eile jetzt zum Generale, ihrem Großvater, mit dem ich vorher sprechen muß; dann aber werden wir sofort aufbrechen!"

Er hatte bereits die Klinke in der Hand und war mit den letzten Worten zur Thüre hinaus. Martin aber stand inmitten des Zimmers und wußte nicht, was er denken solle.

Woher konnte sein Herr wissen, wer die Dame geraubt und wohin man sie geschafft hatte?

"Na, zerbrechen wir uns den Kopf nicht!" murmelte er. "Dieser sogenannte Weinagent Belmonte ist in allen Ecken und Winkeln von Paris herumgekrochen. Vielleicht kennt er Orte, an denen man so hübsche Vögels einzusperren und zu zähmen pflegt, und will nun da nach der Comtesse suchen. Alle Teufel! Die Revolver soll ich laden! Vier Stück haben wir, zwei Todtschläger auch. Er hat sie angeschafft, weil gewisse Kneipen, in denen wir aus= und eingehen, ganz allerliebst verrufen sind. Da ist so eine Waffe zuweilen ganz nützlich. Ich werde also die Revolver laden und auch die Todtschläger hervorsuchen. Ich muß sagen, daß es heute Abend hübsch zu werden scheint. Anstatt mein Schwälbchen beim Kopf nehmen zu können, habe ich vielleicht etwelche Spitzbuben bei der Parabel zu packen. Dieses Paris ist eine höchst sonderbare Gegend; aber da ich einmal Naturfreund bin, so muß ich sie genießen, wie sie eben ist."

Nach diesem Selbstgespräche machte er sich daran, die Waffen in Stand zu setzen.

Der Changeur hatte unterdessen seinen Gang angetreten. Er schritt in höchster Eile der Straße zu, in welcher, wie er wußte, der alte General de Latreau wohnte. Das Hotel desselben war ein palastähnliches Gebäude; unter dem geöffneten Thore stand der Portier, den Stock mit dem üblichen großen, vergoldeten Knaufe in der Hand.

"Ist Se. Excellenz, der Herr General daheim?" fragte er ihn.

Der Portier musterte ihn mit mißtrauischen Blicken, doch schien das elegante Aeußere des Changeurs seine Besorgniß zu zerstreuen. Er antwortete durch die Gegenfrage:

"Was wollen Sie?"

"Ich habe mit ihm zu sprechen."

"Das wird schwer gehen. Nach dem Unglücke, welches unserem Hause widerfahren ist, sind wir gezwungen, in Beziehung der Annahme von Besuchen sehr vorsichtig zu sein."

"Ah! Halten Sie mich vielleicht für einen Straßenräuber?"

"Nein. Wenigstens sehen Sie nicht wie ein solcher aus. Gehen Sie eine Treppe hoch und melden Sie sich durch den Kammerdiener!"

Belmonte folgte dieser Aufforderung. Auch der Kammerdiener machte Schwierigkeiten; da jedoch der Changeur erklärte, daß die Ursache seines Besuches von höchster Wichtigkeit sei, so wurde die Karte, welche er überreichte, endlich angenommen. Der Diener las den Namen, zuckte die Achsel und meinte:

"Ein Weinkauf ist niemals von solcher Wichtigkeit, wie Sie es darzustellen suchen."

"Es handelt sich nicht um Wein und Aehnliches. Ich habe auch keine Zeit, Ihnen eine lange Erklärung zu geben. Melden Sie mich, oder ich bin gezwungen, mir den Zutritt selbst zu suchen."

"Sie scheinen ein sehr energischer Mann zu sein. Ich werde versuchen, ob der Herr General geneigt ist, Sie zu empfangen."

Er ging und kehrte nach einiger Zeit mit der Weisung zurück, daß Belmonte eintreten könne. Er führte den Letzteren durch einige Zimmer und öffnete dann eine Thür. Sie führte in das Cabinet des Grafen.

Dieser saß vor einem Tische, welcher fast ganz mit Geldrollen bedeckt war. Diese hatten jedenfalls die Bestimmung in ein offenes Köfferchen zu wandern, welches neben dem Tische stand. Der General war ein schöner Greis, dessen Züge allerdings durch das Ereigniß des gestrigen Abends verdüstert worden waren. Er musterte den Eintretenden, erwiderte die tiefe Verbeugung desselben mit einem einfachen Kopfnicken und fragte dann:

"Sie sind Weinhändler, wie ich sehe. Was wünschen Sie, Monsieur?"

Belleville wiederholte seine Verbeugung, allerdings etwas weniger tief als vorher, und antwortete dann:

"Zunächst, Excellenz, habe ich meinen Dank auszusprechen für die Güte, mit welcher Sie geneigt gewesen sind, einen Unbekannten zu empfangen. Sodann beeile ich mich, zu erklären, daß mich nicht die Absicht, ein Geschäft mit Ihnen abzuschließen, zu meinem Besuche veranlaßt hat. Es ist vielmehr eine ungleich wichtigere Angelegenheit, welche mich zu Ihnen führt."

Der General zog die Brauen zusammen, ließ seinen Blick abermals sehr scharf an Belmonte herabgleiten, nickte dann langsam mit dem Kopfe und sagte:

"Ich beginne, zu verstehen. Sprechen Sie, Monsieur!"

"Sie haben gestern Ihr einziges Kind verloren —"

"Allerdings. Doch hoffe ich nicht, für immer," fiel der General schnell und beinahe in scharfem Tone ein.

"Ich hoffe dies ebenso. Darf ich mir vielleicht die Frage gestatten, in welcher Weise Sie die gnädige Comtesse aus der Lage, in welcher sie sich befindet, befreien wollen?"

Jetzt nahm das Gesicht des Grafen einen wirklich finsteren Ausdruck an. Er sagte:

"Monsieur, eigentlich sollte ich Sie sofort festnehmen lassen; aber da ich meine Enkeltochter zu sehr liebe, um sie einer Verschlimmerung ihrer jedenfalls bereits genug unglückseligen Lage auszusetzen, so will ich mich doch zur Ruhe zwingen."

Jetzt kam Belmonte eine Ahnung, wie die Worte und das Benehmen des Grafen zu verstehen seien. Er machte eine energische Handbewegung und antwortete schnell und in abweisendem Tone;

"Excellenz, Sie halten mich für einen der Thäter?"

"Aufrichtig gestanden, ja."

"Der die Kühnheit oder vielmehr Frechheit besitzt, auf diese Weise erfahren zu wollen, welche Maßregeln zu ergreifen Sie beabsichtigen?"

"Natürlich!"

"Sie irren sich ganz und gar."

"Wirklich?" fragte der General, beinahe höhnisch.

"Ja. Es ist eine Folge meiner Art des Geschäftsbetriebes, daß ich mich zuweilen auch in obscure Restaurationen, ja sogar Spelunken bemühe, um dort eine Quantität meiner Waare abzusetzen. Ich war gestern an einem solchem Orte. Es verkehrten vorzugsweise Verbrecher dort. Ich hatte Gelegenheit, abgerissene Worte einer sehr eigenthümlichen Unterhaltung zu erlauschen. Heute war ich von Paris entfernt. Soeben kehrte ich zurück und erfuhr, was gestern nach dem Schlusse der Oper geschehen ist. Das, was ich gestern erlauschte, stimmt so genau zu der ruchlosen That, daß ich überzeugt bin, den Ort zu kennen, an welchen man die Comtesse gebracht hat."

„Sie sprechen sehr gut, aber Sie erreichen Ihren Zweck doch nicht. Sie wollen mich prüfen, und ich gehe darauf ein indem ich Ihnen erkläre, daß Sie unbesorgt sein können. Ich habe völlig davon abgesehen, die Hilfe der Polizei in Anspruch zu nehmen. Ich will nicht auch das Leben meines Kindes in Gefahr bringen. Sie sehen, hier steht bereits das Köfferchen, in welches ich soeben die hunderttausend Franken zählen werde."

„Hunderttausend Franken!" rief Belmonte. „Ein solches Lösegeld hat man von Ihnen verlangt?"

„Pah! Sie wissen das ganz ebenso gut, wie ich! Ich werde mich in eigener Person zur bestimmten Zeit an dem Orte einstellen, welcher im Briefe angegeben ist."

„Ah! Einen Brief hat man Ihnen geschrieben!"

„Monsieur, geben Sie sich keine Mühe, mich zu täuschen. Wollen wir denken, daß es sich einfach um ein Tauschgeschäft handelt, dessen Abschluß ich so bald wie möglich erreichen möchte. Bringen Sie mir mein Kind noch heute Abend und ich gebe Ihnen mein Ehrenwort als Edelmann und Offizier, daß ich Ihnen noch fünftausend Franken über die stipulirte Summe auszahlen und dann in Zukunft Ihre Sicherheit niemals in irgend eine Gefahr bringen werde."

Da trat Belmonte einen Schritt näher und sagte:

„Excellenz, ich bitte Sie um des Himmels willen, mir zu glauben, daß Ihre Absicht über mich eine irrige ist. Ich habe erlauscht, daß eine Dame geraubt werden soll und daß man ein Lösegeld verlangen will; das ist Alles."

„Warum haben Sie nicht sofort Anzeige gemacht? Sie haben das unterlassen, ein Umstand, welcher nicht geeignet ist, Ihnen mein Vertrauen zu schenken."

„Die einzelnen, abgerissenen Worte, welche ich vernahm, waren so zusammenhangslos, daß ich ihren Sinn unmöglich erfassen konnte."

„Aber jetzt verstehen Sie diesen Sinn."

„Nachdem die That geschehen ist: erst da konnte er mir klar werden."

„Ich glaube Ihnen nicht!"

„Und dennoch bitte ich Sie inständigst, mir Ihr Vertrauen nicht vorzuenthalten. Ich kenne die Personen, welche die Comtesse raubten, und ebenso ist mir der Ort bekannt, an welchem sie sich befindet. Es ist sehr wahrscheinlich, daß ich mich nicht irre."

Der General schüttelte den Kopf und fragte:

„Und wenn ich nun bereit wäre, auf Ihre Intentionen einzugehen, was würden Sie mir da rathen?"

„Geben Sie mir eine genügende Anzahl Polizeisergeanten mit, so hoffe ich, Ihr Kind Ihnen in Zeit von einer Stunde zurückbringen zu können."

„Diesen Vorschlag hatte ich erwartet. Ich kann nicht auf denselben eingehen, denn in ihm besteht ja eben die Prüfung, welcher Sie mich unterwerfen wollen."

„Ich schwöre Ihnen bei Gott und meiner Ehre zu, daß ich es aufrichtig mit Ihnen meine."

„Hat ein Verbrecher Ehre? Glaubt ein Verbrecher an Gott?"

Das war eine harte Probe für die Geduld des Weinhändlers. Seine Augen leuchteten zornig auf, doch beherrschte er sich und fragte:

„Darf ich fragen von wessen Hand der Brief geschrieben ist, welchen Sie bekommen haben?"

„Meine Tochter hat ihn geschrieben. Das wissen Sie natürlich ganz genau."

„Ich weiß ganz und gar nichts. Ist es nicht möglich, ihn lesen zu dürfen?"

„Sie haben ihn bereits gelesen und können es also auch zum zweiten Male thun. Hier ist er."

Der Brief lag bei den Geldrollen auf dem Tische. Er nahm ihn weg und gab ihn an Belmonte. Dieser las ihn. Das Schreiben war in herzzerreißenden, angstvollen Worten abgefaßt, und besonders bat Ella von Latreau ihren Großvater, ja nicht etwa eine Vergrößerung der Gefahr dadurch herbei zu führen, daß er die Hilfe der Polizei in Anwendung bringe.

Der Changeur gab den Brief zurück und bemerkte:

„Aus dem Inhalte dieses Schreibens läßt sich vermuthen, daß die Verfasserin wenigstens kein größeres körperliches Leid zu erdulden hatte. Das ist beruhigend. Aber man weiß nicht, was geschehen kann. Jede Minute ist von unendlicher Wichtigkeit. Glauben Sie überhaupt, daß man Ihnen die Dame wirklich zurückgeben wird."

„Ja, gegen die verlangte Summe natürlich."

„Ich glaube es nicht."

Der Graf erschrak.

„Aus welchem Grunde?" fragte er.

„Die Dame wird die Räuber kennen, und diese Letzteren werden sich nicht einer Gefahr aussetzen, indem sie die Geraubte wieder freigeben und von ihr früher oder später einmal gesehen und angezeigt werden."

„Man wird uns das Ehrenwort, für immer zu schweigen, abverlangen."

„Sie würden dieses Wort zwar geben und auch unter allen Umständen halten; aber der Verbrecher glaubt und traut einem solchen Versprechen niemals. Ich bin überzeugt, daß man unter dem Vorgeben, die Comtesse doch endlich frei zu lassen, eine Summe nach der andern von Ihnen fordern wird. Sie werden zahlen und wieder zahlen, aber Ihr Kind niemals wiedersehen."

Der General war todesbleich geworden; er sah ein, daß diese Darstellung keineswegs aller Gründe entbehre.

„Das ist eine Eventualität," meinte er, „welche man allerdings in das Auge fassen muß. Das, was Sie da sagen, erweckt den Schein, als ob Sie es ehrlich mit mir meinten. Wo haben Sie die Worte belauscht, von denen Sie sprachen?"

„In einem Bier- und Weinkeller der Vorstadt La Chapelle."

„Wie heißt der Wirth?"

„Mann nennt ihn Vater Main."

„Das scheint ein Beiname zu sein. Den richtigen Namen kennen Sie nicht?"

„Nein."

„Wer waren Diejenigen, welche Sie belauschten?"

Belmonte erzählte so viel, als er erzählen konnte. Der Graf hörte ihm aufmerksam zu und meinte dann:

„Sie können es ehrlich meinen, doch ist auch das Gegentheil denkbar. In beiden Fällen ist es gerathen, vorsichtig zu sein. Ich sehe einstweilen von allen Gewaltmaßregeln ab. Ich bin reich; zahle ich die hunderttausend Franken, so werde ich dadurch noch keineswegs arm. Warten wir also ab, wie der morgende Tag verläuft."

„Sie wünschen also, daß Ihr Kind noch eine zweite Nacht in einer Lage zubringe, welche eine geradezu fürchterliche genannt werden muß?"

„Ist meine erste Ahnung die richtige, so könnten Sie das allerdings ändern, indem Sie mir Ella noch heute gegen die angegebene Mehrzahlung ausliefern."

„Ihre Ahnung ist grundfalsch."

„Nun, so muß ich mich eben bescheiden. Eine zweite Nacht in Gefangenschaft ist doch noch besser, als daß ich Gewaltmaßregeln gebrauche, welche sehr leicht verunglücken können."

„Ist Ihnen der Wortlaut des Briefes im Gedächtnisse? Haben Sie nicht gelesen, daß der gnädigen Comtesse noch weit Schlimmeres als nur der Tod angedroht worden ist? Ich wiederhole, eine jede Minute ist kostbar."

„Diese Gefahren sind ihr eben nur für den Fall angedroht, daß ich Polizei requirire. Sie sehen also, daß ich gerade im Interesse meines Kindes handle, wenn ich mich genau nach den Wünschen desselben richte, indem ich für heute auf die Hilfe der Polizei noch verzichte."

„Aber die Menschen, welche in dem betreffenden Hause verkehren, sind zu Allem fähig!"

Da richtete sich der Graf hoch empor. Sein Gesicht nahm einen finster drohenden Ausdruck an.

„Monsieur," sagte er, indem er die geballte Hand schwer auf den Tisch legte, „bekomme ich mein Kind nicht wieder, oder nicht so rein, wie es mich verlassen hat, dann wehe diesen Schurken. Ich würde mich in diesem Falle nicht an die Gerechtigkeit der Gesetze wenden, sondern die Rache in meine eigene Hand nehmen."

„Und ich würde Ihnen helfen, wenn es mein Leben kosten sollte, Excellenz!"

Diese Worte waren in einem so tiefen Brusttone gesprochen, sie kamen so grollend, ja knirschend zwischen den Zähnen hervor, daß der Graf den Sprecher überrascht anblickte.

„Sie scheinen es doch ehrlich zu meinen!" sagte er.

„Prüfen Sie mich!" antwortete Belmonte einfach.

„Warum aber diese Theilnahme, welche sogar das Leben zu opfern im Stande ist, mit mir und meinem Kinde?"

Konnte Belmonte die Wahrheit sagen? Nein. Er antwortete:

„Excellenz, ich bin ein ehrlicher Kerl und hasse das Laster und das Verbrechen. Als Mitglied der menschlichen Gesellschaft habe ich die Pflicht, Beide zu bekämpfen."

„Das ist allerdings eine sehr lobenswerthe Gesinnung. Vielleicht nehme ich Sie beim Worte. Für heute aber kann ich keine andere als die bereits ausgesprochene Entscheidung treffen."

„Sie werden also die Summe wirklich bezahlen?"

„Ja."

„Und wenn die Comtesse zurückkehrt?"

„Werde ich schweigen."

„Wenn man Sie aber betrügt?"

„So sehe ich ein, daß Sie es ehrlich gemeint haben, und Sie werden der Erste sein, an den ich mich wende. Auf Ihrer Karte fehlt die Angabe Ihrer Wohnung, Monsieur Belmonte. Wollen Sie das nachholen! Da steht Tinte."

Als der Changeur dieser Aufforderung nachgekommen war, fuhr Graf de Latreau fort:

„Unsere Unterhaltung ist also so weit beendet, daß Sie mir nur noch ein Versprechen zu geben haben."

„Ich werde es geben, wenn ich es für zweckmäßig halte."

„Immer einen Vorbehalt! Sie geben mir die Hand darauf, daß Sie von Dem, was Sie wissen, der Polizei nicht eher Etwas sagen, als bis Sie einsehen, daß ich ohne dieselbe nichts erreichen kann."

Er hielt Belmonte die Hand entgegen."

„Gut, das kann ich versprechen," antwortete dieser, indem er einschlug. „Ich bin überzeugt, daß Ew. Excellenz mich in kurzer Zeit nicht mehr zu Denen rechnen werden, welche die Veranlassung sind, daß ein einfacher Weinagent es wagt in diesem Hause Zutritt zu suchen."

(Fortsetzung folgt.)

Die Liebe des Ulanen.
Original-Roman aus der Zeit des deutsch-französischen Krieges von Karl May.
(Fortsetzung.)

Der Changeur ging. Sein Plan war an dem Mißtrauen des Grafen gescheitert. Dennoch hatte der Letztere einen tiefen Eindruck auf ihn gemacht.

Was sollte er nun beginnen? Auf dem Rückwege nach seiner Wohnung dachte er an die Gefahren, welchen die heimlich Angebetete ausgesetzt war. In einem Hause, in dem Mädchen wie die beiden Kellnerinnen bedienten und fast nur der Abschaum der Menschheit verkehrte — was Alles konnte da bis morgen geschehen.

„Nein!" sagte er zu sich. „Ich werde zwar das Wort halten, welches ich gegeben habe, aber doch auch thun, was ich vielleicht zu thun vermag. Wenn es in meiner Macht liegt, soll dieses herrliche Wesen keine Secunde zu lang sich in den Händen dieser Ungeheuer befinden. Martin ist schlau und muthig; er soll mir helfen."

Als er nach Hause zurückkehrte, hatte der Diener bereits längst mit großer Spannung auf ihn gewartet.

„Nun, Monsieur Belmonte," fragte er, „kann der Tanz endlich losgehen?"

„Ja."

„Der General macht mit?"

„Nein. Er mißtraute mir."

„Hole ihn der teuflische Satanas!"

„Er glaubt nämlich, daß ich zu den Räubern gehöre und nur gekommen bin, um zu erfahren, ob er das Geld zahlen oder andere Maßregeln ergreifen will."

„Geld?"

„Ah, Du weißt es ja ebenso wenig, wie ich es wußte. Ich muß Dir das Nähere erläutern."

Er erzählte nun, was ihm gestern in dem Branntweinkeller begegnet war, und fügte daran die Unterredung mit dem Grafen Latreau. Martin hörte aufmerksam zu und sagte dann:

„Nachdem, was ich gehört habe, ist es dem Grafen gar nicht zu verargen, daß er Ihnen nicht traut. Aber, hunderttausend Franken! Kreuzmillionenschockdonnerwetter! Wieviele Schuhzwecken könnte man dafür kaufen, acht Stück für einen Pfennig, nämlich von der Mittelsorte! Wenn man sich diesen Sparpfennig verdienen könnte!"

„Das geht nicht!"

„Nein, aus reiner Ambition nicht! Aber gut, so machen wir es umsonst und heirathen dann das Mädchen. Dann sind die Hunderttausend doch noch unser!"

„Martin, Martin!"

„Schon gut, Monsieur Belmonte! Sie meinen, ich soll zwischen meine Ausdrücke einige Ellen Ehrerbietung mit einschieben? Das soll von jetzt an geschehen. Also, was haben Sie ehrerbietigst zu thun beschlossen?"

„Du bist unverbesserlich! Ich werde sehen, ob es nicht möglich ist, die Dame auch ohne Hilfe der Polizei zu befreien."

„Warum soll das nicht ehrerbietigst möglich sein! Der Martin ist dabei, und wo der seine Hand im Spiele hat, da ist stets das ungeheuerste Glück in schuldigster Hochachtung und tiefster Unterthänigkeit vorhanden!"

„Mensch, scherze jetzt nicht!" mahnte Belmonte unwillig. „Die Hauptsache ist natürlich, daß sich meine Vermuthung bestätigt, ich meine, daß die Comtesse sich wirklich bei Vater Main befindet."

„Ich möchte gar nicht daran zweifeln."

„Ich auch nicht."

„So müssen wir einen Feldzugsplan entwerfen!"

„Das ist unmöglich, da wir die Factoren ja gar nicht

kennen, mit denen wir zu rechnen haben. Weißt Du die Kneipe?"

„Ich kenne sie nur aus der Beschreibung, welche Sie mir von ihr gegeben haben."

„So wirst Du sie ohne mich finden."

„Wir gehen nicht mit einander?"

„Nein. Wir dürfen uns gar nicht kennen, müssen aber in inniger Fühlung bleiben, um gegebenen Falls eingreifen zu können."

„Gut, ich greife hinein, mag es nun Tinte, Quark oder Syrup sein, aus dem wir die ehrerbietigste Comtesse herausziehen müssen."

„Mache es endlich zu Ende mit diesem Unsinn! — Wir dürfen uns auch nicht zu einander setzen."

„Woher soll da die Fühlung kommen?"

„Die wird von Sally besorgt werden."

„Ah! Ist mir lieb! Solche Fühlung ist angenehmer als Tornister an Tornister, und die Ellbogen dazwischen. Sie glauben also, diesem Mädchen vertrauen zu dürfen?"

„Ich hoffe es und werde sie noch ein Wenig bearbeiten."

„Mit Fühlung?"

„Unsinn über Unsinn! Hast Du die Revolver geladen?"

„Alle vier. Dort auf dem Tische liegen sie und daneben die beiden Todtschläger."

„Das ist gut, sehr gut. An sie habe ich gar nicht gedacht, obgleich sie viel praktischer sind als Schießwaffen. Mit ihnen läßt sich ganz unhörbar arbeiten, während die Revolver trotz des nicht sehr schrecklichen Geräusches, welches sie verursachen, uns doch verhängnißvoll werden können."

„Wahr, sehr wahr! Wir befinden uns heute zwar auf sehr guten, braven und lobenswerthen Wegen; aber dennoch ist es immer besser für uns, unbemerkt zu bleiben. Die Polizei würde uns zwar zu Hilfe kommen, uns vielleicht ein Verdienstdiplom ausfertigen lassen, aber sie könnte doch wohl auch einige unbequeme Fragen an uns thun, welche am Besten unausgesprochen bleiben."

„Was das betrifft, so brauchen wir solche Fragen ganz und gar nicht zu fürchten. Ich bin mit ausgezeichneten Legitimationen versehen und stehe unter sicherem Schutze."

„Das beruhigt mich. Also, ich bin in dieser Kellerkneipe noch niemals gewesen. Darf ich um eine Beschreibung der Räumlichkeiten bitten, damit ich weiß, woran ich bin."

„Sobald Du die Stufen hinabkommst, trittst Du in das eigentliche Schanklokal. Dort kann ein Jeder verkehren. Durch eine Thür kommt man dann in einen zweiten Raum, wo sich Stammgäste und andere Bevorzugte aufhalten dürfen. Daran stößt linker Hand ein kleines Seitenkabinet, in welches sich der Wirth mit seinen Vertrauten zurückzuziehen pflegt, wenn er mit ihnen eine wichtige, heimliche Besprechung vorzunehmen hat. Von da aus liegt weiter nach hinten ein Raum, in welchem allerhand Geräthschaften und leere Fässer aufbewahrt werden, und aus welchem eine steinerne Treppe nach dem Hofe und nach dem Innern des Hauses emporführt. Hier führt nun auch eine starke, mit Eisen beschlagene Thür in den tiefen Hinterkeller hinab."

„Schön! Und das Innere des Hauses?"

„Ist mir unbekannt. Ich kenne nur ein Zimmer des ersten Stockwerkes, welches nach dem Hofe hinaus liegt, und in dem wir zu spielen pflegen."

„Schön. Wir werden jedenfalls die Laterne mitnehmen müssen."

„Allerdings. Weiter läßt sich nichts vorbereiten. Wir müssen uns nach dem Augenblicke richten."

„Und wann brechen wir auf?"

„Sofort."

„Theilen wir die Revolver?"

„Natürlich! Jeder zwei."

„Ah! Da fällt mir ein, daß wir doch die Hauptsache vergessen haben. Wenn man mich nun fragt, wer ich bin?"

„Wirklich, wirklich! Daran dachte ich nicht, das ist allerdings ein höchst kitzlicher Punkt. Für einen ehrlichen Kerl darfst Du Dich nicht ausgeben."

„Das ist mir Wurst wie Haut. Ich habe heut all mein Ehrgefühl verloren und will ein Spitzbube werden."

„Aber was für einer?"

„Wie wäre es, wenn ich mütterlicher Seits ein Urenkel vom Schinderhans und väterlicher Seits ein Großenkel des bayrischen Hiesel wäre?"

„Laß das Scherzen."

„Ein Paletotmarder?"

„Ist nichts!"

„Ein ausgewiesener Sozialdemokrat aus Sibirien?"

„Unsinn! Du giebst Dir irgend welchen Namen und bist nach der Hauptstadt gekommen, weil Du — — —"

„Weil — ah, da fällt mir es ein," unterbrach ihn der Diener. „Sie erzählten ja, daß Francstireurs angeworben werden sollen! Ich bin also nach Paris gekommen, weil ich munkeln gehört habe, daß man hier Leute suche, welche zu diesem Geschäfte passen."

„Das mag gehen!"

„Gut, so gehe ich auch! Adieu, Monsieur Belmonte!"

Er ging zur Thür hinaus, wohlgemuth und trällernd, als ob es sich darum handle, eine Vergnügungsparthie anzutreten.

Sein Herr folgte ihm bald. Er hatte die Revolver eingesteckt, den Todtschläger und das Laternchen ebenso. Er begab sich zunächst nach seiner zweiten Wohnung, in deren Nähe er die Haartour anlegte und den tänzelnden Schritt annahm.

Als er stolz an dem Portier vorüberging, murmelte dieser ärgerlich in den Bart:

„Dieser Mensch kann nicht grüßen! Gestern Abend fort und jetzt erst wieder zurück! Wo mag sich der Kerl herumtreiben. Da lobe ich mir seinen Nachbar, welcher seit gestern Abend noch nicht ausgegangen ist. Jetzt nun wird er wohl ein Wenig Luft schöpfen. Es ist ihm das zu gönnen."

Wirklich kam dieser scheinbare Nachbar in seiner Blouse gekleidet, bereits nach einigen Minuten herab.

„Spazieren, Monsieur?" fragte der Portier freundlich.

„Ja, mein Lieber. Aber nicht lange. Man hat zu arbeiten."

„Sie scheinen mit Ihrem Nachbar gar nicht zu sympathisiren?"

„Wieso?"

„Wenn er kommt, so gehen Sie und wenn Sie kommen, so geht er."

„Wir sprechen allerdings gar nicht mit einander. Auf Wiedersehn!"

„Wiedersehn!"

Als Belmonte — denn dieser war es wirklich — in den Schankkeller trat, saßen nur zwei Gäste in dem vorderen Raume. Er kannte sie nicht. Sollte Martin so zuversichtlich gewesen sein, sogleich in die nächste Abtheilung getreten zu sein, aus welcher ein wüstes Schreien und Lachen herausscholl?

Eine Kellnerin war auch nicht vorhanden. Beide waren wohl augenblicklich beschäftigt. Bald aber trat Sally ein, welche sich außerordentlich freute, als sie ihn erblickte. Er hatte sich in die Ecke zurückgezogen, in welcher er gestern mit ihr gespielt hatte und verlangte eine Flasche Wein. Nachdem sie ihm dieselbe gebracht hatte, nahm sie an seiner Seite Platz.

„Hast Du denn Zeit, heute hier zu sitzen?" fragte er.

„Warum nicht?"

„Weil darin viele Gäste zu sein scheinen. Da gilt es, aufmerksam zu bedienen."

„Gerade deshalb kann ich abkommen. Heute giebt es viel Trinkgeld; da sieht es Betty gern, wenn ich ihr allein die Gäste überlasse."

„Viel Trinkgeld? Was ist denn los?"

„Es werden Rekruten für die Francstireurs gemacht. Man trinkt nur Wein."

„Giebt es denn Leute, welche sich anwerben lassen?"

„Ja. Der Emissär des alten Capitäns ist tagsüber sehr thätig gewesen. Jetzt nun kommen sie nach und nach herbei. Der Letzte kam vor kaum einer Viertelstunde und sitzt nun auch bereits bei ihnen."

„Kennst Du ihn?"

„Nein. Er wurde gefragt. Es ist ein relegirter Student der Weltweisheit aus Tours. Er hat bereits mit Allen Brüderschaft getrunken und zu diesem Zwecke ein ganzes Dutzend Wein gegeben. Bei jedem Schlucke singt er eine lateinische Strophe. Horch, da wieder!"

Der Changeur lauschte und hörte die Worte:

„Bos bos dicetur, terris abicunque videtur."

„Was heißt das?" fragte das Mädchen.

„Kommt ein Ochs in fremdes Land, wird er gleich als Rind erkannt."

„Sonderbar! Diese Studenten sind eigenthümliche Menschen. Er ist überhaupt ein hübscher, allerliebster Junge!"

Der Changeur hatte die Stimme Martins erkannt. Dieser wollte ihm jedenfalls hören lassen, wo er sich eben befinde.

„Gefällt er Dir?"

„Nicht so, wie Du," antwortete sie.

„Schmeichelkätzchen! Wo ist der Wirth?"

„In der Seitenstube. Brecheisen, Dietrich und noch Drei sitzen bei ihm. Sie trinken schweren Wein und scheinen über außerordentliche Geheimnisse zu verhandeln. Vater Main bedient selbst. Weder ich noch Betty darf hinein."

„Hat man gestern oben noch gespielt?"

„Nein. Aber bemerkt habe ich, daß man irgend Etwas durch das Hofthor gebracht hat."

„Jedenfalls Waare?"

„Hm!" brummte das Mädchen nachdenklich.

„Nicht?" fragte er so unbefangen wie möglich.

„Ich darf nichts sagen."

„Pah! Wer zwingt Dich zum Schweigen."

„Der Wirth."

„Ich denke, Du willst fort von hier."

„Kann ich denn, bei den Schulden, die ich vorher an Vater Main zu bezahlen hätte? Fortzukommen wär mir nur dann möglich, wenn Du es gestern ernst gemeint hättest."

„Ich habe es ernst gemeint, Sally. In solchen Sachen treibe ich niemals Scherz."

„Mein Gott! Wie glücklich würde ich sein!" flüsterte sie, indem ihre Augen aufleuchteten. „Bist Du denn wohlhabend?"

„Hm, für eine gute Freundin habe ich immer einige Franken übrig."

„O, es ist mehr als nur einige Franken!"

„Wieviel bist Du schuldig?"

„Ueber dreihundert. Und wenn ich zu meinem Bruder will, brauche ich doch auch noch einiges Geld. Also vierhundert Franken. Hätte ich sie, so könnte ich ein braves, ehrliches Mädchen werden. Nun aber ist dies doch unmöglich."

„Man darf nicht verzweifeln. Vierhundert Franken würde ich wohl noch für Dich zusammenbringen."

Da fuhr sie schnell nach seiner Hand, faßte dieselbe und sagte:

„Ist's wahr, ist's wahr? O, welch ein Glück! Ich wollte Tag und Nacht arbeiten, um Dir diese Summe einst zurückzahlen zu können."

„Ich schenke sie Dir — oder vielmehr, Du könntest unter Umständen noch mehr erhalten."

Sie blickte ihn ganz erstaunt an.

„Noch mehr? Das ist doch nur Scherz. Sei aufrichtig mit mir, lieber Arthur."

Er ließ ihr seine Hand, rückte noch ein Wenig näher an sie heran und antwortete:

„Ich will aufrichtig sein. Ich habe einen Freund, einen reichen, sehr reichen Mann, der sich freuen würde, wenn Du ein gutes Mädchen werden wolltest. Er würde Dir geben, was Du zum Eintritte in ein besseres Leben bedarfst, nur aber müßtest Du ihm beweisen, daß es Dir wirklicher, voller Ernst ist."

„Wie gern, wie gern würde ich ihm das beweisen. Aber wie soll ich dies anfangen?"

„Das möchte ich Dir gern sagen, wenn ich nur wüßte ob ich mich auf Dich verlassen kann."

„Ist es etwas Unrechtes?"

„O nein, sondern im Gegentheile etwas sehr Lobenswerthes."

„So werde ich es thun."

„Ich bezweifle es noch, obgleich es Dir vielleicht tausend Franken einbringen könnte."

Sie legte die Hände zusammen wie Jemand, dem man etwas Erstaunliches, Unbegreifliches gesagt hat.

„Tausend Franken! Ist das wahr?"

„Ja, gewiß!"

„So sagt mir schnell, was ich machen soll!"

„Hast Du heute die Zeitung gelesen?"

„Nein. Vater Main leidet das nicht."

„Hast Du auch nicht gehört, was in den Zeitungen gestanden hat?"

„Nein."

„Nun, ich will Dir einmal mein ganzes Vertrauen schenken. Du brummtest vorhin so eigenthümlich, als ich fragte, ob es Waare sei, welche man gestern Abend durch das Hofthor gebracht habe. Was hat dieses Brummen zu bedeuten?"

Da legte sie ihm die Hand auf die Schulter so, daß sie ihren Mund seinem Ohre nähern konnte und antwortete:

„Auch ich will aufrichtig sein. Es war keine Waare."

„Was denn?"

„Eine Person."

„Weißt Du das genau?"

„Hast Du nicht angeklopft und gefragt?"

„Das darf ich nicht wagen. Ich bin ebenso leise fortgeschlichen, wie ich gekommen bin."

Da nahm er, ungesehen von den beiden anderen Gästen, einige Scheine aus der Tasche, zeigte sie ihr und sagte:

„Siehe hier diese fünfhundert Franken! Die könntest Du sofort als Dein Eigenthum einstecken, wenn Du mir einen Gefallen thun wolltest."

Ihre Augen wurden größer. Es wurde ihr hier eine Summe geboten, wie sie eine solche noch niemals besessen hatte, und doch schob sie die Hand Belmontes zurück und sagte:

Eine New-Yorker Gerichtsscene.

„Sehr genau. Ich weiß sogar, daß es ein Frauenzimmer ist."

Der Changeur konnte seine Freude kaum verbergen, doch zwang er sich zu einem möglichst gleichgiltigen Tone, in welchem er vor sich hinbrummte:

„Eigenthümlich! Vater Main wird Besuch bekommen haben. Vielleicht eine Verwandte."

„O nein! Ich war neugierig und schlich mich hinauf, als er seinen Mittagsschlaf hielt. Ich lauschte an der Thür, die mit zwei starken Hängeschlössern verschlossen ist, und da hörte ich ein leises Weinen. Es war die Stimme eines Frauenzimmers."

„Mein lieber Arthur, ich bin ein ungutes Geschöpf geworden, halb mit, halb ohne mein Verschulden. Ich bin die Sklavin des Vaters Main; ich darf nicht auf die Gasse, nicht in den Hof; ich habe keinen Willen und kein Recht. Ich sehe, wie glücklich Andere sind und möchte es auch gern sein. Die Summe, welche Du mir bietest, könnte mich retten, denn wenn ich meine Schuld an den Wirth bezahle, bin ich frei. Aber ich habe nach unserer gestrigen Unterredung mir selbst das heilige Versprechen gegeben, nichts Unrechtes mehr zu thun. Dieses viele Geld kann man nur durch ein Unrecht so leicht und schnell verdienen. Ich bitte Dich, es zu behalten."

Er sah, welche Ueberwindung ihr dieser Entschluß verursachte und fühlte sich im Herzen tief gerührt.

„Du irrst, liebe Sally," antwortete er. „Ich verlange kein Unrecht von Dir. Es wäre ganz im Gegentheile eine Sünde oder gar ein Verbrechen, wenn Du mir meinen Wunsch nicht erfüllen wolltest. Ich bin Dir gut, wenn ich auch nicht von Liebe reden will, ich glaube Deiner Versicherung, daß Du gern ein anderes, besseres Leben beginnen möchtest; ich habe Vertrauen zu Dir und weiß, daß Du das, was ich von Dir erbitten möchte, auch ohne Bezahlung thun würdest. Ich biete Dir das Geld nur deshalb an, damit Du überzeugt sein kannst, daß Du, wenn Du das Gute beginnst, nicht wieder zum Bösen zurückzukehren brauchst."

„Ist das wahr? Ist das wahr?" fragte sie.

„Ich will Dein Glück. Glaube es mir."

„Gut, ich will es glauben! Was soll ich thun, Arthur?"

„So höre! Es ist gestern eine Dame geraubt worden, die Enkelin eines Grafen und Generales. Ich vermuthe, daß sie sich hier im Hause befindet. Die Polizei suchte bisher vergebens nach ihr, wird sie aber noch finden, und dann wird das Verderben auch Dich mit erfassen."

„Gott, ich weiß ja gar nichts davon! Warum hat man sie geraubt?"

„Um ein Lösegeld zu erpressen."

„So haben es die Fünf gethan, welche jetzt bei dem Wirth draußen sitzen."

„Ja, sie sind es. Man muß ihnen ihr Opfer entreißen. Gelingt dies mit Deiner Hilfe, so darfst Du auf eine hohe Belohnung rechnen."

Sie blickte lange schweigend vor sich nieder. Er sah es ihr an, daß ihr Inneres sich in großer Aufregung befand. Endlich sagte sie leise:

„Vater Main würde sich fürchterlich rächen."

„Das kann er nicht. Er wird unschädlich gemacht."

„Ich fürchte die Polzei."

„Diese soll ja gar nicht dabei sein."

„Wie soll man die Dame sonst aus dem Hause bringen?"

„Das zu entwerfen wird Deine Aufgabe sein."

„Es geht nicht. Sobald der Wirth merkt, daß sie fort ist, würde es mir traurig ergehen."

„Du sollst ja dieses Haus mit ihr verlassen."

Da erhob sie schnell den Kopf und fragte:

„Ihr wollt mich mitnehmen?"

„Natürlich."

„Und für mich sorgen? Ich meine, dafür sorgen, daß der Wirth sich nicht an mir rächen kann?"

„Ja. Entschließe Dich. Die Zeit drängt."

„Arthur, ich möchte gern. Aber wenn wir ertappt werden!"

„Ich bin bewaffnet und habe einen Gehilfen mit."

„Wer wäre das?"

„Der relegirte Student da draußen. Er ist mein Diener."

„Dein Diener? Hast Du, der Changeur, einen Bedienten?"

Er nickte ihr lächelnd zu und antwortete:

„Ich bin kein Changeur, kein Verbrecher. Ich habe das nur gesagt, um hier ungestört sitzen zu können. Wenn Du thust, was ich von Dir erbitte, so stehst Du unter einem sichern Schutze, mein liebes Kind."

Da zog sie seine Hand an ihre Lippen, blickte ihn verklärten Auges an und fragte:

„So bist Du wohl ein vornehmer Herr?"

„Was ich bin, wirst Du sehr bald erfahren; hier aber ist zu solchen Mittheilungen nicht der richtige Ort. Aus meiner Aufrichtigkeit aber mußt Du sehen, welches Vertrauen ich zu Dir habe."

„Ja, ich sehe es. Und das macht mich glücklich. Sei wer Du immer seist. Ich liebe Dich und darum schmerzte es mich, Dich unter den Verbrechern zu wissen. Wenn ich von Dir träumte, erschienst Du mir als hoch und rein und nun ist dieser Traum zur Wirklichkeit geworden. Ja, Arthur, ja, ich bin bereit, zu thun, was Du von mir verlangst. Aber beantworte mir vorher eine Frage. Liebst Du die verschwundene Dame?"

Er erschrak fast über diese Frage. Aber es widerstrebte ihm, ein Wesen, welches begonnen hatte sich aus dem Schmutze empor zu ringen, durch eine Unwahrheit wieder in denselben hinabzustoßen. Er wagte viel, aber er wagte es doch, indem er antwortete:

„Ja, Sally, ich liebe sie."

„Weiß sie es?"

„Nein."

Sie war bleich, sehr bleich geworden. Sogar aus ihren Lippen war die Farbe gewichen, und auch in ihren Augen schimmerte es feucht, als sie stockend sagte:

„Ja, mich konntest Du nicht lieben. Aber daß Du mir Deine Liebe gestanden hast, ist der größte Beweis Deines Vertrauens. Eine Andere würde sich kränken und ärgern und vielleicht Schlimmes planen; aber Du hast vorhin gesagt, daß Du mir gut seist und das ist fast mehr, als ich verlangen darf. Ja, Arthur, ich werde Dir helfen. Ich werde sogar das Leben wagen, um Dir die heimlich Geliebte zu retten: aber ich thue es nicht für Geld; ich nehme nichts von Dir. Aber wenn es uns gelingt und Du wolltest mir dann für meine Beihilfe einen — einen Kuß, einen einzigen Kuß geben — Arthur, ich verlange ihn nicht, er soll nicht Bedingung sein; Du darfst ihn mir verweigern; aber dieser Kuß von Dir, der Du kein Verbrecher bist, o, es würde sein, als ob mir mit einem Male alle meine Sünden vergeben wären."

Er blickte hinüber zu zwei anderen Gästen. Der Eine schlief und der andere stierte betrunken in sein Glas. Sie beobachteten ihn und Sally gar nicht. Da legte er den Arm um sie, zog sie an sich heran und drückte seinen Mund ein, zwei, drei Mal auf ihre Lippen. Sie schloß die Augen und ließ die Arme nieder. So lag sie eine Weile an seinem Herzen. Dann aber öffnete sie die Lider, blickte ihm mit einem langen, unergründlichen Ausdrucke in die Augen und sagte, in ein leises, stilles Weinen ausbrechend:

„Ich danke Dir. Ich komme bald wieder."

Sie erhob sich und verließ das Zimmer. Er hatte nicht das Gefühl, als ob er sich durch diesen Kuß entehrt hätte; es war ihm vielmehr zu Muthe wie einem Priester, welcher einem Reuigen die Absolution ertheilt hat.

Er brauchte auf ihre Rückkehr gar nicht lange zu warten. Sie trat mit einer Hast ein, daß er sofort erkannte, daß etwas Wichtiges geschehen sei.

„Was ists?" fragte er.

„Um Gotteswillen, was soll da geschehen!" antwortete sie.

„Ich sah, daß Vater Main einen Schlüssel von seinem Bunde los machte und Brecheisen und Dietrich gab. Diese Beiden sind die Treppe hinaufgegangen."

„Und der Wirth?"

„Sitzt wieder am Tische bei den anderen Dreien."

„Was können sie oben wollen?"

„Sie können nur zu der Dame sein."

„Alle Teufel! So muß ich ihnen nach!"

„Das ist gefährlich!"

„Darnach darf ich nicht fragen. Weiß der Wirth, daß ich hier bin?"

„Noch nicht."

„Kann er mich sehen, wenn ich an der Thüre vorübergehe?"

„Nein, sie ist zu. Sie haben sie zugemacht, damit Niemand hören soll, was gesprochen wird."

„Und die Anderen, welche draußen sitzen? Sind viele Bekannte dabei?"

„Nur Einer, der Emissär nämlich, welcher Dich gestern gesehen ha‥"

„Er wird mich nicht beachten, wenn ich rasch an ihm vorübergehe. Der Bajazzo, welcher gestern bei uns saß, ist nicht hier?"

„Nein. Er wollte aber noch kommen."

„Gut. So kann es noch glücken. Gieb dem Studenten einen Wink. Wenn ich zu lange oben bin, so ist Gefahr vorhanden. Er soll mir da zu Hilfe kommen."

„Aber Du hast kein Licht."

„Ich habe eine Laterne. Vorwärts!"

Er wollte fort; sie hielt ihn noch für einen Augenblick zurück und fragte:

„Und ich? Was soll ich thun?"

„Das kann ich jetzt nicht wissen. Schicke nur den Student nach und suche dann, uns den Wirth und die Gäste fern zu halten. Wenn ich die Comtesse wirklich oben finde, so kann ich sie unmöglich durch diese Räume entfernen. Giebt es keinen anderen Weg?"

„Hinten zum Hofthore hinaus. Aber da müßte man den Schlüssel haben. Die Mauer ist viel zu hoch."

„Wo ist der Schlüssel?"

„Vater Main hat ihn am Bunde."

„Ich muß ihn haben und zwar um jeden Preis und möglichst schnell. Sage das dem Studenten."

Bei diesen Worten schob er sie von sich und trat in den zweiten Raum. Dort saßen gegen dreißig Personen, lauter Galgengesichter. Sie kannten ihn nicht und waren übrigens so sehr mit sich selbst beschäftigt, daß sie ihm nicht die mindeste Aufmerksamkeit schenkten. Er gelangte unaufgehalten an ihnen vorüber in den dritten Raum, von welchem aus die Treppe emporführte.

Nur Martin allein hatte seinen Herrn scharf angesehen und im Vorbeipassiren von ihm einen Wink hin nach der Kellnerin erhalten, welche unter der geöffneten Thüre stand. Er erhob sich, näherte sich ihr, schob sie in die vordere Stube zurück und zog die Thüre hinter sich an. Er bemerkte sofort, daß er den Schläfer und den Betrunkenen gar nicht zu berücksichtigen brauche.

„Haben Sie sich mit dem Herrn unterhalten, welcher soeben hier hinausging?" fragte er das Mädchen.

„Ja," antwortete sie schnell. „Sie sind doch sein Diener?"

„Ah, er hat sich Ihnen anvertraut?"

„Ich weiß Alles."

„Werden Sie uns helfen?"

„Ganz gewiß. Ich glaube wirklich, daß die Dame oben steckt. Zwei der Räuber sind hinauf zu ihr, und Monsieur Arthur ist ihnen nach. Sie sollen schnell folgen und den Schlüsselbund mitbringen, welchen der Wirth am Schürzenbande trägt."

Martin stieß ein kurzes, leises Lachen aus und meinte:

„So! Also den Schlüsselbund am Schürzenbande. An dieser Schürze aber hängt unglücklicher Weise eben der Wirth, der es sich nicht gefallen lassen wird, wenn ich ihn bitte, das Band aufknüpfen zu dürfen. Alle Wetter! Den Schlüsselbund am Schürzenbande! Als ob das so etwas ganz und gar Leichtes und Einfaches sei!"

„Auch ich weiß da keinen Rath!" sagte sie ängstlich.

„Auch Sie nicht?" fragte er nachdenklich. „Hm, da muß ich sehen, daß ich Rath bei mir selbst finde."

„Aber eilen Sie, eilen Sie!"

„Warum? Wie viele sind hinauf?"

„Zwei."

„O, dann hat es keine so sehr große Eile. Mit Zweien wird dieser verteufelte Monsieur Arthur schon fertig werden. Sagen Sie mir lieber, auf welche Weise die Dame aus dem Hause gebracht werden soll."

„Hinten zum Hofthore hinaus. Hier hindurch ist es unmöglich. Ich soll auch mitgehen."

„Sie auch? Das dachte ich mir. Der heutige Abend wird zu Ihrem Glücke sein. Lassen Sie uns also überlegen! Die Schürze hängt am Wirthe, das Band an der Schürze, der Bund am Bande und der Schlüssel zum Hofthore wohl am Bunde?"

„Ja, freilich, Monsieur. Aber beeilen Sie sich doch, sonst könnte Ihrem Herrn ein Leid geschehen!"

Er sah ihr ruhig in die angstvollen Züge und antwortete:

„Ein Leid? Welche Sorte von Leid meinen Sie denn?"

„Wenn sie ihn sehen, werden sie ihn ganz gewiß tödten!"

„Tödten? Ah pah! Dieser Monsieur Arthur nimmt es schon mit diesen Banditen auf! Der Thorschlüssel hängt also am Schlüsselbunde, dieses am Schürzenbande, dieses an der Schürze und diese an dem Wirthe; also, wer den Schlüssel haben will, der muß vorher den Wirth haben. Nicht?"

„Mein Gott," klagte sie, „ich begreife Sie nicht! Mir ist es nicht wie Scherz zu Muthe!"

„Mir auch nicht, denn ich habe mir zu überlegen, wie ich nun zum Wirthe komme. Ah, vielleicht habe ich's! Ihre Collegin hat uns den Wein aus dem Keller gebracht. Giebt es denn da unten nicht eine Sorte, welche der Wirth unter seiner eigenen Aufsicht hat?"

„Ja. Es ist der Champagner."

„Schön! Bestellen Sie mir ein halbes Dutzend von diesem Gemisch; aber schnell, weil Sie solche Eile haben."

„Was wollen Sie thun?"

„Das werden Sie sehen. Passen Sie auf. Ich folge dem Wirth in den Keller. Wenn ich wieder heraufkomme, müssen Sie an der Treppe bereit stehen, mir nach oben zu

19.

20.

folgen, natürlich mit einer Lampe. Nehmen Sie mit, was Sie hier haben und augenblicklich brauchen; denn Sie werden in diesem Paradiese hier nicht wieder Engel sein."

Er kehrte wieder in den andern Raum auf seinen Platz zurück. Sally zitterte vor Angst und Aufregung. Sie trat in das Seitengemach, in welchem der Wirth mit seinen drei Complicen saß und meldete, daß sechs Flaschen Champagner bestellt worden seien. Er erhob sich, um den Wein selbst zu holen.

Kaum hatte er die dritte Abtheilung betreten, so folgte ihm Martin. Er sah ihn eben noch mit dem Lichte in der Tiefe des Kellers verschwinden. So leise und vorsichtig wie möglich folgte er ihm. Auf der Sohle des Kellers angekommen, sah er ihn in der hintersten Ecke kauern, um die Flaschen aufzunehmen. Er zog den Todtschläger hervor, schlich sich hinzu und versetzte dem nichts Ahnenden einen Hieb auf den Kopf, daß er sofort zusammenbrach.

"So, lieber Papa Main!" murmelte er. "Todt bist Du nicht, aber eine Weile wirst Du doch suchen müssen, ehe Du den ersten Gedanken findest. Bis dahin leihe ich mir dieses Schlüsselbund. Später kannst Du es Dir vom Thore holen."

Er band die Schlüssel los, verlöschte das Licht und tappte sich wieder hinauf. Droben in der dritten Abtheilung, deren Thür nicht geöffnet war, erwartete ihn Sally mit einer Lampe in der Hand. Sie sah die Schlüssel und fragte bestürzt:

"Wo aber ist der Wirth, Monsieur?"

"Er studirt das große Einmaleins. Wenn er es auswendig kann, kommt er herauf. Jetzt vorwärts!"

Droben, wo die Treppe in die Hausflur mündete und man von da aus in den Hof und nach den Stockwerken gelangen konnte, war eine Thür angebracht.

"Kann man diese Thür verschließen," fragte Martin leise.

"Ja. Der Schlüssel dazu hängt auch am Bunde, welches Sie hier haben."

"So wollen wir zuschließen, damit uns die Rotte Korah Datham und Abiram da unten nicht zu folgen vermag. Dann aber rasch hinauf!" —

Vorher war Belmonte dieselbe Treppe emporgestiegen. Im Flur angekommen, hatte er seine Laterne angebrannt und beim Scheine derselben sehr leicht die weiter empor führenden Stufen gefunden. Obgleich ihm die Augenblicke kostbar erschienen, schritt er doch nur langsam weiter. Das Haus war alt. Die Treppensteine bröckelten, und die Diele des Corridors bestand aus Brettern, welche aus den Fugen gegangen waren und sehr leicht ein kreischendes Geräusch verursachen konnten. Das mußte vermieden werden.

Er gelangte an die zweite Treppe und es war ihm, als ob er da oben sprechen höre. Er steckte die Laterne ein, um sein Nahen nicht zu verrathen und tastete sich im Finstern empor. Ja, als er den oberen Corridor erreichte, erblickte er an der rechten Seite ein Lichtviereck, welches dadurch hervorgebracht wurde, daß in einem gegenüber liegenden Raume, welcher geöffnet war, eine Lampe brannte. Er war am Ziele angelangt.

Leise, ganz leise, Schritt für Schritt bewegte er sich vorwärts, bis er hinter der offenen Thüre stand und zwischen dieser und dem Thürgewände hindurchblicken konnte.

W. VIII. 887.

Da stand sie, oder vielmehr sie hing vor Ermattung in ihren Fesseln. Die Augen waren geschlossen, die Wangen bleich, ja fast weiß wie Gyps. Vor ihr standen Brecheisen und Dietrich, ihre Tabakspfeifen rauchend und die Schönheiten dieses nur halb verhüllten Körpers mit gierigen Augen verschlingend. Dabei warfen sie sich Bemerkungen zu, welche die Gefangene nicht zu verstehen schien, da ihr Aussehen vermuthen ließ, daß sie ohnmächtig sei.

"Denkst Du wirklich, daß wir sie für hunderttausend Franks hingeben?" fragte Brecheisen.

"Fällt keinem Menschen ein!" antwortete der Andere. "Der Alte muß bluten, bis wir sein ganzes Vermögen haben. Und dann —!"

"Was dann —?"

Er schnalzte mit der Zunge, schnippste mit dem Finger und sagte:

"Dann wird sie unsere Frau."

"Dann erst? Warum nicht jetzt schon? Schau her, ich werde ihr einen Kuß geben, ich, einer Gräfin! Donnerwetter! Das ist auch noch nicht dagewesen!"

Er trat ihr näher, um seine Absicht auszuführen. Da aber zeigte es sich, daß sie doch nicht besinnungslos gewesen war. Sie war schwach, todesmatt, und gegen die Blicke dieser Buben hatte sie kein anderes Mittel gehabt als desjenige des kleinen Käfers, welcher sich todt stellt, sobald er sich in Gefahr befindet. Vertheidigen kann er sich ja nicht. Sie hatte also die Augen geschlossen, um die Blicke nicht zu fühlen und den Seelenschmerz, welchen dieselben hervorrufen mußten. Aber sie hörte, was gesprochen wurde; sie vernahm, daß sie geküßt werden solle, geküßt von einem solchen Ungeheuer. Das gab ihrem Körper für den Augenblick die verlorene Spannkraft zurück. Sie öffnete die Augen, erhob das Köpfchen und rief:

"Zurück, Teufel! Dein — —"

Sie sprach nicht weiter, denn hinter den Beiden tauchte eine Gestalt auf, welche einen Todtschläger in der Hand trug. Der Schein der Lampe fiel hell auf diesen Mann. Welch ein Gesicht! Sie kannte es. Sie hatte es gesehen, gesehen in der Oper und es dann nicht wieder aus ihrem Gedächtnisse und aus ihrem — — Herzen gebracht. Ihr Athem stockte, und ihre Pulse flogen. Sie wußte nicht, war es Schreck, fürchterlicher Schreck, oder ein unendliches Entzücken, in Folge dessen die Sprache ihr versagte.

"Teufel?" lachte der Schurke höhnisch auf. "Nun, mit so einer Teufelin muß es schön sein, Teufel zu sein."

Er streckte die Arme aus.

"Halt!" ertönte es hinter ihm. Die Beiden fuhren erschrocken herum. Belmonte hatte, sich anders besinnend, die Thüre herangezogen und die Hände in die Taschen gesteckt, so daß man den Todtschläger nicht sehen konnte.

"Der Changeur!" rief Brecheisen.

"Donnerwetter, der Changeur!" fluchte auch Dietrich. "Was willst Du hier? Wer hat Dir erlaubt, nach oben zu kommen?"

"Ich selbst habe mir die Erlaubniß gegeben, um Euch zu sagen, daß in einer halben Minute hier zwei Leichen liegen werden."

"Ah! Wer?"

"Ihr Beide!"

„Mensch, was fällt Dir ein? Oder hast Du Dich etwa als Spion uns nachgeschlichen?"

„Nicht als Spion, sondern als Euer Richter. Ihr sollt an der Herrlichkeit sterben, welche Eure Augen hier entheiligt haben. Fahrt zur Hölle, über welche Ihr vorhin gelacht habt?"

Ein rascher Schritt zu ihnen hin, ein Aufschrei des Gefangenen und zwei fürchterliche, blitzschnelle Hiebe mit dem Todtschläger — Belmonte hatte sein Wort erfüllt; zwei Todte lagen mit total zerschmetterten Schädeln am Boden.

Jetzt wendete er sich zu der Comtesse zurück. Das Letztere war zu viel für sie gewesen. Ihre Fesseln waren scharf angespannt, sie hing ohnmächtig an denselben. Er zog sein Messer hervor, öffnete die feine, scharfe Klinge und zerschnitt die Stricke. Die Gestalt der Besinnungslosen festhaltend, ließ er sie langsam niedergleiten.

Erst jetzt sah er die Zerstörung ihres Anzuges in ihrer ganzen Vollständigkeit. Das Blut stieg ihm nach oben; er fühlte sein Herz laut klopfen beim Anblicke einer so unvergleichlichen Fülle von Schönheit; aber er wendete sich weg, trat hinaus und schob die Thür heran.

Er nahm die Revolver zur Hand. Es war ihm zu Muthe, als ob er Englands Kronjuwelen, als ob er alle Schätze der Erde zu bewachen habe.

War unten Alles nach Wunsch gegangen? Oder war der Anschlag verrathen worden? Leichte Schritte kamen zur Treppe herauf; der Schein eines Lichtes ging ihnen voran. Waren es Feinde, oder war es Martin? Der Changeur war entschlossen, die Comtesse im ersteren Falle bis zum letzten Blutstropfen zu vertheidigen. Da, da blickte Martins Kopf vorsichtig hinter der Treppenecke hervor.

„Heda! Wer ist das dort?" fragte er, indem er zu gleicher Zeit die Hand mit dem gespannten Revolver zeigte.

„Ich, Martin," antwortete sein Herr, erleichtert aufathmend.

„Sie selbst, Monsieur? O weh! Ich dachte, ein wenig in Bewegung kommen zu können! Sind die Beiden futsch?"

„Ja."

„Vollständig?"

„Sie wachen nicht wieder auf."

„Das ist unangenehm. Ich hätte so gern ein Bischen nachgeholfen."

„Ah, da kommt Sally mit! Wie steht es unten?"

„Sehr gut. Der Wirth ist auch futsch, aber blos halb, und die Gäste sind eingeschlossen. Hier ist der Schlüsselbund, den ich Ihnen bringen sollte."

„Wie hast Du es angefangen, ihn zu bekommen?"

„Davon später! Wie steht es mit der Comtesse?"

„Sie ist ohnmächtig. Nach Wasser zu gehen, haben wir keine Zeit; wir dürfen keinen Augenblick länger als nöthig verweilen. Sally, wo ist Ihre Stube?"

„Hier vorn, die erste Thür."

„Offen?"

„Ja."

„Haben Sie vielleicht einen Mantel oder ein Tuch?"

„Ein Umschlagetuch."

„Bringen Sie es schnell."

„Was soll ich noch mitnehmen?"

„Gar nichts. Sie werden alle Ihre Sachen später gewiß erhalten."

Das Mädchen eilte fort, stolz darauf, daß er sie jetzt mit dem ehrbaren „Sie" angeredet hatte.

Sally war zurückgekehrt. Er nahm ihr das Tuch aus der Hand, ging zu der Besinnungslosen hinein, hüllte sie in dasselbe und nahm sie auf seine Arme.

„Sie leuchten, Sally, und Du öffnest mit dem Schlüssel!" gebot er.

So gelangten sie hinunter in den Flur. Dort blieb der voranschreitende Martin stehen und lauschte.

„Im Keller ist man noch nichts gewahr geworden, wie es scheint," sagte er. „Wollen sehen, ob wir den Schlüssel zu dieser Hofthür auch mit haben."

Während er suchte und probirte und Sally ihm leuchtete, war es Belmonte, als ob die Comtesse sich bewegt hätte. Er näherte seinen Kopf dem ihrigen und sah, daß ihre Augen offen standen. Er hätte gern ein Wort zu ihr gesprochen, zog es aber doch vor, zu schweigen.

Da endlich gelang es Martin, zu öffnen. Ein Lufthauch kam ihnen entgegen und verlöschte die Lampe.

„Schadet nichts," meinte Martin. „Werfen Sie den alten Gasometer weg, Sally. Ich gehe voran. Da vorn ist das Thor."

Die Andern folgten ihm. Sie hatten aber kaum einige Schritte gethan, so stieß Martin einen lauten Schrei aus. Man hörte einen Fall und dann ein tiefes, zorniges Knurren.

„Mein Gott! Der Hund!" rief Sally.

„Giebt es hier einen Hofhund?" fragte Belmonte.

„Ja; ich habe gar nicht an ihn gedacht. Er ist eine fürchterliche Bestie."

„Locken Sie ihn an sich! Er wird Sie doch kennen."

„Er gehorcht mir so wenig wie jedem Fremden. Herr Jesus, er hat Monsieur Martin niedergerissen und gestellt."

Es war so, wie sie sagte. Martin lag an der Erde. Der Hund stand mit gefletschten Zähnen über ihm.

„Rühren Sie sich nicht!" warnte Sally. „Er zerbeißt Ihnen sonst die Kehle!"

„Das ist schlimm!" sagte Belmonte. „Wir können doch diese Kerls da drin im Keller nicht über uns kommen lassen."

Er ließ seine süße Last langsam zur Erde gleiten und bückte sich selbst auch möglichst weit nieder, um bei der im Hofe herrschenden Finsterniß den Hund erkennen zu können.

„Sie wollen sich doch nicht etwa an den Hund wagen?" fragte die Kellnerin.

Er antwortete nicht; aber einen Augenblick später hörte man ein böses Knirrschen, ein Krachen wie von Knochen und ein fürchterliches Heulen, welches aber rasch in ein ersterbendes Röcheln überging.

„Jesus Maria!" klagte Sally. „Jetzt bringt er Beide um!"

„Nein," ertönte die Stimme Martins; „sondern wir Beide haben ihn umgebracht. Wo sind denn die Schlüssel? Ah, hier liegen sie. Nun aber rasch auf und hinaus!"

(Fortsetzung folgt.)

Die Liebe des Ulanen.

Original-Roman aus der Zeit des deutsch-französischen Krieges von Karl May.

(Fortsetzung.)

Belmonte nahm die Gräfin wieder vom Boden auf. Er konnte nicht sehen, ob sie die Augen noch offen habe. Er fühlte aber, daß sie vollständig bewegungslos war.

Da klirrten die Riegel; das Thor gab nach; es öffnete sich, und nun war nichts, gar nichts mehr zu befürchten.

„Jetzt schnell zur nächsten Polizeistation, nachdem Du wieder zugeschlossen hast!" gebot Belmonte. „Erzähle was geschehen ist, und laß Alle, welche sich im Keller befinden, aufheben."

„Wo treffe ich Sie dann?" fragte Martin.

„Daheim."

„Schön! Ich werde eilen! Na, so ein Wiedersehn beim Weine!"

Er sprang davon. Sein Herr schritt mit Sally und der Comtesse, Letztere natürlich auf seinen Armen, langsam durch das enge Gäßchen hinauf, an dessen Mündung sich eine Fiakerstation befand. Hier stiegen sie in einen Wagen, um nach dem Hotel des Generals zu fahren. Er mochte die Gräfin nicht der Kellnerin anvertrauen; er legte sie vorsichtig neben sich in die Kissen und hielt ihre beiden Hände in den seinigen.

Nach einiger Zeit war es ihm, als ob er einen leisen, leisen Druck fühle. Er neigte sich ihr näher und fragte:

„Sind Sie wieder bei sich, Comtesse?"

„Ja," hauchte sie.

„Haben Sie Schmerzen?"

„Nein. Ich bin matt, sehr, sehr matt!"

Sie ließ ihre Hände nicht aus den seinigen, als ob sie bei ihrer Mattigkeit auf diese Stütze nicht verzichten könne. Nach einiger Zeit hielt der Wagen vor dem Portale, und Belmonte sprang heraus.

„Bleiben Sie!" flüsterte er hinein. „Ich muß seine Excellenz erst vorbereiten."

Der Portier erkannte ihn wieder.

„Abermals zum Herrn General?" fragte er ihn.

„Ja. Der Herr Graf sind doch zu sprechen?"

„Versuchen Sie es!"

Belmonte schritt die Treppe empor und trat in das Vorzimmer ein. Dort war Niemand vorhanden; im nächsten auch nicht, und so klopfte er an die Thür, welche zum Cabinet des Generales führte. Ein lautes „Eintreten" ließ sich hören. Als er diesem Gebote folgte, sah er den Kammerdiener neben dem Generale stehen, welcher am Tische saß.

Der alte Herr erhob sich überrascht, als er ihn erkannte.

„Monsieur Belmonte!" sagte er. „Sie wieder? Und zwar unangemeldet! Ah! Ich verstehe! Sie wollen sich die Hunderttausend nebst der übrigen Summe holen."

„Sie irren von Neuem. Ich will mir nichts holen, sondern ich bringe Ihnen Etwas."

„So erklären Sie, was —— mein Gott, was ist das? Sie bluten ja ganz entsetzlich!"

Fast erschrocken blickte Belmonte an sich nieder, und nun erst bemerkte er, daß das Blut in schweren, dicken Tropfen aus seinem linken Aermel zur Erde fiel. Er hatte bisher vor Aufregung nicht den mindesten Schmerz empfunden; aber in dem Augenblicke, an welchem er das Blut sah, fühlte er, daß er verwundet sei.

„Entschuldigung, Excellenz!" sagte er. „Ich wußte nicht, daß ich blute; sonst wäre ich nicht hier eingedrungen. Der Hund wird mich in den Arm gebissen haben."

„Welcher Hund?"

„Der mich verhindern wollte, Ihnen eine gute Nachricht zu bringen. Ich komme nämlich, Ihnen zu sagen, daß Sie die gnädige Comtesse vielleicht noch heute Abend wiedersehen werden."

„Wirklich? Wirklich? Wäre das möglich?" rief der Graf freudig. „Sind ihre Peiniger geneigt, sie bereits heute mir zurückzugeben?"

„Ihre Peiniger? Ich glaube nicht — daß — — daß diese — — daß diese — ah, wie wird — wird —!"

Er konnte kein Wort mehr hervorbringen. Ein dicker Blutstrahl schoß ganz plötzlich aus seinem Aermel hervor. Er griff mit der Rechten nach der Lehne eines nahen Stuhles und verlor, von dem schnell herzutretenden Diener gehalten, die Besinnung.

Nun war es ihm, als träume er, daß er verbunden wurde. Er hörte wie aus weiter Ferne laute Ausrufe und freudiges Schluchzen; dann verschwand diese Vision.

Als er erwachte, lag er in einem prachtvoll ausgestatteten Zimmer auf einem Ruhebette. Er war angekleidet und trug den Arm, welcher ihn sehr schmerzte in der Binde. Einige Augenblicke später war er wieder eingeschlafen. —

Die Gäste des Vater Main hatten keine Ahnung von Dem gehabt, was unter ihnen im Flaschenkeller und sodann über ihnen vorgegangen war, bis endlich der Kellnerin Betty auffiel, daß Sally sich nicht sehen ließ und ebenso wenig der Student aus Tours. Auch wußte sie, daß ihr Herr in den Keller gegangen war, um Wein zu holen. Warum kam er nicht mit demselben? Befanden sich etwa alle Drei da unten beim Weine?

Sie wurde von Minute zu Minute neugieriger und stieg endlich mit einem Lichte die Kellertreppe hinab. Da hörte sie ein leises Stöhnen. Sie erschrak und eilte zurück zu den Gästen.

„Kommt schnell herab in den Keller; da ist Etwas passirt!" rief sie ihnen zu.

Bei dieser Botschaft hörte natürlich die launige Unterhaltung sofort auf. Es wurden Lichter angebrannt, und dann begab man sich hinab. Da lag der Wirth, halb besinnungslos, hielt die Hand an den hinteren Theil des Kopfes und wimmerte.

„Hier ist Etwas geschehen," sagte der Emissär. „Er hat einen Hieb erhalten. Schafft ihn herauf und reibt ihm die Stelle mit Branntwein ein! Wer mag das gewesen sein?"

„Sally fehlt," meinte Betty.

„Sally? Die wird ihn doch nicht überfallen haben!"

„Auch der Student ist hinaus und noch nicht wieder zurück!"

„Wer weiß, wo er steckt! Er wird in die Sally verliebt sein. Diese Beiden sind es nicht gewesen."

„Was wird es sein," meinte Einer. „Vater Main ist ganz einfach zur Treppe hinabgestürzt."

„Zur Treppe hinab und so weit da hinter? Das ist ganz und gar unmöglich!"

„Er hat sich da hinter geschleppt."

„Warten wir, bis er wieder zu sich kommt; dann werden wir es erfahren."

Die Einreibung auf dem Hinterkopfe, frisches Wasser in das Gesicht und eine tüchtige Prise Schnupftabak in die Nase brachten den Wirth bald zur Besinnung. Er blickte erst ganz erstaunt um sich her und fuhr sich mit der Hand tastend nach der schmerzenden Stelle. Da aber kehrte ihm das Gedächtniß zurück, und sofort stand er auf.

„Donnerwetter, wo ist der Student?" fragte er.

„Er ist mit der Sally zur Treppe hinauf, wohl in den Hof," antwortete Betty.

„Dort würde der Hund Beide zerreißen. Der Kerl hat mir einen Hieb gegeben. Ich war gerade im Umdrehen, als er zuschlug, und habe ihn erkannt. Suchen wir ihn!"

Sie fanden die Treppenthür verschlossen, und erst nun merkte der Wirth, daß ihm die Schlüssel fehlten. Er nahm ein Licht und eilte in den Keller. Als er zurückkehrte, rief er:

„Er hat mir die Schlüssel gestohlen; er hat irgend etwas Schlimmes vor. Schnell, schnell, daß wir ihn noch erwischen."

Er riß hinter den Fässern eine eiserne Brechstange hervor, mit deren Hilfe er die Treppenthür aufsprengte. Draußen auf dem Hofe lag der Hund erwürgt; außerdem waren ihm mehrere Rippen zertreten oder mit dem Knie zerstemmt worden. Das Hofthor war verschlossen.

Jetzt eilte Main nach oben; aber nur die Drei, welche an dem Mädchenraube theilgenommen hatten, durften ihm dorthin folgen. Dort fanden sie die beiden Leichen; die Gefangene aber war fort.

„Donner und Doria, wie kommt dieser — horcht!"

Auf diese Worte des Wirthes lauschten alle Vier nach unten. Da hörte man den Ruf:

„Die Polizei, die Polizei. Hinten hinaus! Ueber die Mauer!"

„Wir sind verloren!" stöhnte der Wirth. „Nur die Flucht kann uns retten. Schnell zum Dachfenster hinaus und beim Nachbar wieder hinein!"

Martin nämlich hatte sich dem Gebote seines Herrn zufolge nach der nächstliegenden Polizeistation begeben. Dort war er mit großen Augen empfangen worden. Er hatte sich während des Ringens mit dem Hunde im Hofschmutze herumgewälzt und besaß in Folge dessen kein sehr empfehlendes Aeußere.

„Was wünschen Sie?" fragte der Polizeiofficier.

„Sie!" antwortete er.

„Mich?"

„Ja."

„Wozu? Sprechen Sie sich deutlicher aus."

„Das kann geschehen. Haben Sie vielleicht bereits gehört, daß die Comtesse von Latreau seit gestern Abend verschwunden ist?"

„Närrische Frage. Natürlich wissen wir dies."

„Die Polizei sucht nach ihr?"

„Natürlich."

„Haben Sie sie?"

„Nein. Haben Sie etwa eine Spur von ihr?"

„Nein."

„Nun, warum sprechen Sie dann über diese Angelegenheit?"

„Weil ich mich ungeheuer für sie interessire. Wir haben nämlich keine Spur, sondern wir haben die Comtesse selbst."

Der Officier glaubte, es mit einem geistig gestörten Menschen zu thun zu haben; in dieser naiven Weise halte noch Niemand mit ihm zu sprechen gewagt.

„Wer sind Sie?"

„Monsieur Arthur Belmonte ist mein Herr, und in Folge dessen bin ich sein Diener."

„Können Sie sich legitimiren?"

„Ja, hier."

Er zog eine Karte hervor und zeigte sie dem Beamten hin.

„Das reicht aus," meinte dieser. „Aber ich bitte sehr, mir Ihr Anliegen in geordneter Weise vorzutragen."

„Wie sie wünschen, Monsieur. Ich werde also mein Anliegen in die beste Ordnung bringen, um es Ihnen vorzulegen. Da ich aber dazu wenigstens drei Tage brauche und jetzt die Zeit drängt, will ich Ihnen in aller Unordnung sagen, daß wir die Comtesse gefunden haben."

„Gefunden? Ah! Wieso?"

„Gefunden und befreit."

„Wer sind diese Wir?"

„Mein Herr und ich. Ist Ihnen die Boudique des sogenannten Vater Main bekannt?"

„Natürlich. Dieser Mann wohnt ja in meinem Bezirke."

„Nun, bei ihm hat die Comtesse sich als Gefangene befunden. Wir haben sie soeben herausgeholt, und mein Herr schickte mich zu Ihnen, die in der Kneipe anwesende Versammlung zu arretiren."

„Können Sie mir beweisen, daß sich die Baronesse de Latreau wirklich dort befunden hat?"

„Fragen Sie die Dame."

„Das erfordert so viel Zeit, daß uns bis dahin die Kerls entgehen würden."

„So lassen Sie sie ausreißen. Ich gehe auch."

Damit war er zur Thüre hinaus. Und als der Beamte ihm nachrief, that er gar nicht, als ob er es höre.

Der Polizist war sich aber seiner Verantwortlichkeit bewußt. Er telegraphirte sofort an einige der nahe liegenden Bureaus nach Mannschaft, welche in Zeit von einer halben Stunde beisammen war. Aber ehe er mit diesen Leuten in den Keller eindrang, fanden die Hauptpersonen Zeit, sich in Sicherheit zu bringen. Die Festnehmung der Andern konnte zu Nichts führen.

Martin hatte die Weisung erhalten, nach Hause zu gehen. Er konnte es sich aber doch nicht versagen, einen kleinen Umweg zu machen, um am Hotel des General's vorüber zu gehen. Er wollte wenigstens an der Zahl der erleuchteten Fenster sehen, welchen Eindruck die Rückkehr der Geretteten gemacht habe.

Als er den Portier stehen sah, kam ihm der Appetit sich in dem Ruhme seiner Thaten zu sonnen. Er trat daher an ihn heran, grüßte sehr höflich und fragte:

„Sie entschuldigen, Monsieur, gehört dieses Palais dem General, Grafen de Latreau?"

Der Portier war überzeugt, eine untergeordnete Persönlichkeit vor sich zu haben; er warf sich in Aplomb und antwortete im gewichtigen Tone:

„Ja, Monsieur, es gehört uns."

„Ist dies der General, dessen Tochter gestern Abend verführt worden ist?"

„Verf — Sie wollen doch sagen, entführt?"

„Höchst wahrscheinlich. Hat man sie noch nicht wieder?"

„O ja, man hat sie wieder."

„Das ist sehr hübsch. Ist sie selbst wieder gekommen?"

„Nein. Man hat sie gebracht."

„Gebracht? Hm! Da muß es ihr auswärts sehr gut gefallen haben!"

„Hören Sie, Monsieur, ich wollte, das wäre bei Ihnen auch der Fall. Machen Sie wenigstens jetzt, daß Sie bald nach auswärts kommen."

„O, das hat noch gute Zeit. Ich stehe nämlich hier in Folge meines Amtes."

„Ah, so. Was sind Sie denn?"

„Reporter."

„Für welches Blatt?"

„Für eine türkische Zeitung in Constantinopel. Es wurde mir dorther gemeldet, daß der Sultan die Absicht habe, einige Pariserinnen mausen zu lassen. Als ich nun hörte, daß Ihnen die gnädige Comtesse abhanden gekommen ist, so dachte ich sogleich, der Sultan stäck dahinter. Nun sie aber wieder da ist, werde ich sogleich nach Constantinopel telegraphiren, daß er nicht dahinter steckt."

„Nein, der nicht. Es steckt vielmehr ein ganz obscurer Kneipenwirth dahinter. Er hat sie geraubt, um hunderttausend Franken Lösegeld zu erhalten. Das können Sie mit nach Constantinopel telegraphiren."

„Schön. Und was noch?"

„Daß die Polizei zu dumm gewesen ist, sie zu finden."

„Die Polizei? Ist die hier in Paris auch dumm? Ich dachte, blos in Constantinopel. Das muß ich hintelegraphiren. Was aber noch?"

„Daß ein Weinhändler die Gnädige errettet hat."

„Das ist hübsch von ihm! Das ist ein Beweis, daß es doch mitunter einen Weinhändler giebt, der ein Gefühl hat und ein menschliches Gemüth. Hat er es denn allein fertig gebracht?"

„Nein. Er hat seinen Diener mitgebracht. Ohne Domestiken ist so ein Rettungswerk niemals zu vollbringen."

„Sie meinen, ohne Domestiken und Portiers. Wo stecken denn nun die beiden Retter?"

„Der Diener hat sich verduftet —"

„Sapperlot! Ist er so ätherisch? Das muß ich nach Constantinopel telegraphiren. Und der Herr?"

„Der Herr liegt oben im Bette."

„Im Bette? Donnerwetter. Ist er so schläfrig?"

„Krank."

„Krank? Was fehlt ihm?"

„Ein Hund hat ihm den Arm zerbissen. Er hat viel Blut verloren, ohne es zu bemerken. Es muß ihm eine Ader, ein Arterium oder ein Ven — Ven —"

„Sie meinen, daß ihm eine Krampfader in die unrechte Kehle gekommen ist?"

„Ja ja, so wird man es wohl nennen. Er ist droben bei uns umgefallen, und man hat nach dem Arzt gesandt, der soeben bei ihm ist."

„Ist das Wahrheit oder auch so eine Krampfaderfistel?"

„Wahrheit."

„So muß ich schleunigst hinauf."

Er wollte fort; aber der Portier faßte ihn und hielt ihn zurück.

„Was wollen Sie oben? Sie gehören nicht hinauf!" meinte er.

„O doch. Ich bin nämlich der verduftete Diener, ohne dem so ein Rettungswerk gar nicht unternommen werden kann."

Damit riß er sich los und eilte die Treppe empor. Er kam gerade zur rechten Zeit, beim Anlegen des Verbandes mit zu helfen. Sodann wurde er zu dem General gerufen.

Diesem war es lieb, zu hören, daß der Diener Belmonte's da sei. Von Martin konnte er Aufklärung über Alles erhalten; besonders auch über Sally, welche mit der Comtesse gekommen war, ohne daß man ihren Antheil an der rettenden That genau kannte.

Martin erzählte Alles, so daß der General nun ganz genau unterrichtet war; dann begab er sich zu seinem Herrn, den er im tiefen Schlafe fand.

Man bot ihm ein Zimmer an; er aber lehnte es ab. Er wußte seinen Herrn in guter Pflege und beschloß daher, nach Hause zu gehen und bei dieser Gelegenheit einmal bei seinem Schwälbchen vorüber zu gehen.

Er bemerkte bereits von Weitem, daß ihre Wohnung erleuchtet sei. Das Fenster stand offen; sie selbst aber war nicht zu sehen. Er machte einen Versuch und klatschte in die Hände. Richtig, er hatte sich nicht verrechnet. Das kleine Köpfchen erschien oben im Rahmen des Fensters.

„Pst!" machte er es hinauf.

„Bruder?" fragte sie hinunter.

„Nein, Martin!"

„Ah! Ich komme."

Es dauerte nicht lange, so wurde die Hausthür geöffnet.

„Endlich! Endlich!" flüsterte sie ihm entgegen.

„Hast Du meine Karte gefunden?"

„Ja. Galt sie denn mir?"

„Freilich. Komm, sage mir guten Abend und laß Dich küssen!"

Er wollte sie an sich ziehen; sie aber wehrte ab und sagte:

„Halt! Noch nicht! Erst muß ich wissen, warum Du mir nicht Wort gehalten hast! Erst ladest Du mich ein, und dann, wenn ich komme, so bist Du ausgeflogen."

„Wie es die Schwalben zu machen pflegen."

„Aber doch nicht ohne Grund!"

„Nein."

„Welches war der Deinige?"

„Die Liebste war uns abhanden gekommen."

„Die Liebste? Uns? Wer ist denn da gemeint?"

„Wir, nämlich ich und mein Herr."

„Ihr habt also eine Liebste mit einander?"

„Na, so wörtlich doch nicht; aber mein Herz ist sein Herz und mein Rock ist sein Rock; bei uns ist Alles unser. Hast Du denn nicht von der Comtesse de Latreau gelesen?"

„O, doch! Ich bedaure sie sehr. Man sagt, daß sie ebenso schön wie reich, und ebenso reich wie gut sei."

„Ja, gut scheint sie zu sein, sehr gut. Sie hat keinen einzigen Mux gethan, als mein Herr sie auf seine Arme nahm."

„Dein Herr? Auf seine Arme?"

„Nun ja. Das mußte er doch thun, wenn wir sie retten wollten."

„Ihr habt sie gerettet, Ihr?"

„Freilich! Eben darum war ich nicht zu Hause."

„Dann, o dann bist Du entschuldigt. Aber erzähle es schnell, wie es gekommen ist, daß gerade Ihr sie gerettet habt."

„Ich werde es Dir erzählen, droben auf dem Sopha, weißt Du, auf dem wir gestern saßen."

„Wollen wir uns abermals in solche Gefahr begeben?"

„Ja. Wenn ich nur bei Dir sein darf, so krieche ich ganz gern unter den Tisch."

„So komm! Wollen es versuchen!"

Droben angekommen, blickte Martin zunächst in das Arbeitszimmer des Secretärs.

„Hier herein stecke ich mich nicht wieder," meinte er. „Ah, dort liegt das Papier, welches er gestern mitbrachte."

„Nein," antwortete sie. „Das gestrige war das falsche; er hatte es bereits einmal auf's Reine geschrieben. Heute früh merkte er es und hat sich dann am Mittag das Richtige mitgebracht."

„Darf ich es mir einmal ansehen?"

„Warum nicht? Ganz gern."

Das Heftchen war lange nicht so voluminös wie das gestrige. Er schlug es auf und las den Titel:

„Ueber die Anwendung der französischen Kriegsmarine bei dem Kampfe gegen Preußen und Süddeutschland."

Er setzte sich mit dem Hefte zu der Lampe und überflog den Inhalt. Sie verzog das Gesichtchen zu einem leichten Schmollen und sagte:

„Sprachst Du nicht von einem Kusse? Und nun geht dieses Papier vor!"

„Nein, der Kuß geht vor; Du gabst mir keinen. Sei mir nicht bös, liebes Kind. Ich finde hier gerade Etwas, was für mich von großem Werthe ist."

Da schlang sie die Arme um ihn, legte ihm ihr Köpfchen an die Schultern und fragte:

„Was dürfte für Dich von größerem Werthe sein als ich?"

„Nichts, gar nichts. Aber gewisse Werthe giebt es doch immerhin auch außer Dir."

„Nun, was denn zum Beispiel?"

„Diese Ziffern hier, mein Kind."

„Ziffern? O weh! Wie können so häßliche Dinge für Dich so werthvoll sein!"

„O, für Dich ebenso wie für mich."

„Wieso?"

„Hätte ich diese Ziffern, so könntest Du mein Weibchen noch viel früher werden als ohne sie."

„Das begreife ich nicht."

„Dann muß ich es Dir erklären. Die Marineschiffe sollen nämlich nächstens verproviantirt werden. Zum Proviante und auch zu den Medicamenten nun gehört Wein. Unser Chef nun hat sich bei der ausgeschriebenen Concurrenz mit gemeldet. Keinen der Concurrenten ist es gesagt worden, um welche Vorräthe, um welches Quantum es sich eigentlich handelt. Dürfte ich mir diese Ziffern abschreiben, so wüßten wir das Quantum, könnten eine billige und genaue Veranschlagung aufstellen und würden ganz gewiß die Lieferung bekommen."

„Und das wäre auch ein Vortheil speziell für Dich?"

„Natürlich. Der Chef kann diese Aufstellung nur durch diese meine Beihilfe machen. Eine Extragratification oder die Stipulation eines Prozentsatzes vom Gewinne würde mir sicher sein."

„Das wäre schön, sehr schön!"

„Natürlich! Je eher die Schwalben ihr Baumaterial finden, desto eher wird ihr Nestchen fertig."

Sie nickte höchst einsichtsvoll mit dem Köpfchen, fragte aber doch:

„Ist es denn erlaubt, solche Sachen abzuschreiben?"

„Wem könnte es Etwas schaden?"

„Aber meinem Bruder dürfte ich es dennoch nicht sagen."

„Warum?"

„Er hat mir streng, sehr streng befohlen, seine Scripturen keinem Menschen zu zeigen."

„Das ist traurig!"

„O, mit Dir werde ich doch eine Ausnahme machen, zumal da Du so großen Vortheil davon hast. Willst Du Papier haben?"

„Ja. Aber wenn er inzwischen kommt?"

„Ich riegle von innen zu. Bis ich ihm dann öffne, haben wir Alles in Ordnung gebracht."

„Gut, mein Herzchen! So werde ich sogleich beginnen. Ist man dann fertig, plaudert es sich desto besser." —

Am andern Morgen kam Martin nach dem Palais des Generales, um seinem Herrn einen anderen Anzug zu bringen. Bei dieser Gelegenheit legte er ihm die neu gewonnene Abschrift vor. Belmonte warf einen Blick auf dieselbe. Seine Wangen rötheten sich noch tiefer, wie es gewöhnlich bei freudigen Anlässen bei ihm zu geschehen pflegte.

„Mensch, Du bist mir ein Räthsel!" rief er aus. „Woher hast Du nun wieder dieses hochwichtige Stück?"

„Aus meiner Quelle, Monsieur Belmonte."

„Aus der Quelle, welche Alice heißt?"

„Ja. Ihr Bruder hatte es da liegen."

„Welche Unvorsichtigkeit! Sie Alle sind werth, gehangen zu werden, dieser Secretär, dieser Graf Rallion und Alle, die bei und mit ihnen beschäftigt sind. Schreibe es sofort auf's Reine! Du bist ein wahrer Liebling des Glückes. Man wird gar nicht umhin können, seiner Zeit sich Deiner zu erinnern.

Einige Zeit später ließ er anfragen, ob der General geneigt sei, ihn zur Morgenvisite zu empfangen, und erhielt sofort eine zustimmende Antwort. Er warf einen Blick in den Spiegel und durfte mit sich zufrieden sein. Daß er den linken Arm in der Binde trug, konnte ihm in den Augen des Generales doch nur Relief verleihen.

Als er bei demselben eintrat, fand er seine Enkelin bei ihm. Sie war entzückend schön. Die körperlichen und seelischen Leiden des letzten Tages hatten sie angegriffen. Die Stricke, in denen sie fast ebenso sehr gehangen wie gestanden hatte, mochten ihr zartes Fleisch verletzt haben; aber der lebhafte Glanz ihres Auges bewies, daß sie sich bereits auf dem Wege der Erholung befinde.

Ein dünnes, weißes Morgenkleid, von Rosaschleifen vorn zusammen gehalten, umhüllte ihren Körper. Sie lag wie ein Engel in dem bequemen Fauteuil. Arthur hätte vor ihr hinknieen können, um sie anzubeten.

Der General erhob sich, so bald er ihn erblickte und kam ihm entgegen. Er gab ihm in offener Freundlichkeit die Hand und sagte:

„Willkommen, Monsieur Belmonte. Verzeihen Sie Ella, daß sie sich nicht erhebt! Ich habe sie gebeten, sich zu schonen."

Arthur machte ihr eine Verbeugung, welche selbst eine Französin tadellos nennen mußte. Als er näher trat, reichte sie ihm ihr Händchen entgegen.

„Mein Retter!" sagte sie, mehr flüsternd als sprechend.

In diesem Augenblicke schien ihr schönes Gesicht nicht Fleisch und Blut, sondern nur ganz Seele, ganz Gemüth zu sein. Und doch lag eine tiefe, tiefe Röthe auf demselben, denn bei dem Worte Retter mußte sie natürlich zuerst an den Augenblick denken, an welchem er bei ihr eingetreten war, und an das Derangement, welches ihre Toilette dabei gezeigt hatte.

Er beugte sich tief, sehr tief nieder, als ob sie eine Königin sei, ergriff das dargebotene Händchen, um es ehrfurchtsvoll an seine Lippen zu drücken, und antwortete:

„Den tiefsten, den allertiefsten Dank, Comtesse!"

Sie warf einen schnellen Blick zu ihm empor, als habe sie ihn nicht verstanden; aber sogleich wußte sie auch, was er meinte. Er bedankte sich, daß er hatte ihr Retter sein dürfen. Das war das größte Compliment, welches er ihr machen konnte.

Die herzliche Dankbarkeit, welche Großvater und Enkel beseelte, half gedankenschnell über das Formelle und Steife einer ersten Vorstellung hinweg. Er mußte erzählen, wie er zu der Ahnung gekommen sei, daß die Vermißte sich in der Spelunke befinde, die er nur aus geschäftlichen Rücksichten betreten haben konnte. Er berichtete dann weiter. Er that, als ob man ihm und Martin nicht den mindesten Dank schulde und suchte nur allein das, was die Kellnerin gethan hatte, in das rechte Licht zu stellen. Sein Vortrag war fließend und von jenen ästhetischen Wellen getragen, welche nur dem Seelenleben eines hochgebildeten Geistes eigen sein können.

Beide hörten ihm mit Spannung zu und blickten, als er geendet hatte, einander an, als wollten sie sich fragen:

„Ist das wirklich ein Weinhändler? Man möchte Alles darauf wetten, daß er etwas Anderes, Besseres, weit Distinguirteres sei."

Der Graf nickte sodann leise vor sich nieder und sagte:

„Sie sind nicht nur ein kühner, scharfsinniger und gewandter Mann, sondern, was bei mir noch mehr gilt, auch ein guter Mensch. Ihre Schilderung dieser Sally hat mich tief gerührt. Sie soll einstweilen bei mir bleiben, und dann werde ich reichlich für sie sorgen. Wie aber soll ich Ihnen dankbar sein?"

Da schüttelte Ella das holde Köpfchen und sagte:

„Das ist unmöglich, Papa. Er hat für mich sein Blut vergossen; er ist für mich zum Märtyrer geworden!"

„Und ich habe ihm mit Undank gelohnt; ich habe ihn schwer beleidigt und gekränkt, indem ich ihm kein Vertrauen schenkte. Das ist eine Sünde, welche kaum vergeben werden kann. Ich darf Ihnen nur das Wort, aber nicht die That des Dankes anbieten. Und ich erhöhe meine Schuld, indem ich Sie dringend ersuche, sich meines Arztes und zwar in meinem Hause zu bedienen."

(Fortsetzung folgt.)

Die Liebe des Ulanen.

Original-Roman aus der Zeit des deutsch-französischen Krieges von Karl May.

(Fortsetzung.)

Arthur verbeugte sich abermals vor ihm und antwortete:

„Excellenz, dieser Vorschlag ist ein Zeichen großer Herzensgüte und ehrt mich weit über mein geringes Verdienst. Dennoch würde ich, um nicht undankbar zu erscheinen, denselben acceptiren, wenn ich nicht gezwungen wäre, bereits morgen Paris zu verlassen."

„Ah, Sie bleiben nicht hier! Aber macht nicht Ihre Wunde eine Verlängerung Ihres hiesigen Aufenthaltes nothwendig? Sie haben sich zu pflegen und zu erholen."

„Die Verwundung ist keineswegs gefährlich. Es war nur der Blutverlust und vielleicht die Verletzung eines hervorragenden Nerven, welche mir das Bewußtsein raubten."

„Ich ersuche Sie, diese Sache nicht leicht und meine aufrichtig gemeinte Einladung nicht für eine bloße Höflichkeit zu nehmen!"

„Auch ich schließe meine Bitte Pappa's Wünschen an," sagte Ella, indem sie ihr schönes Auge mit freundlicher Sorge auf seinem Angesichte ruhen ließ. „Ich kann unmöglich zugeben, daß mein Retter einer erneuten Gefahr entgegen geht nur aus dem Grunde, weil er vielleicht denkt, daß unsere Einladung nur ein kaltes Ergebniß der gesellschaftlichen Sitte sei."

Diese Worte thaten ihm wohl, aber dennoch sah er sich gezwungen, abzulehnen. Er war nicht Herr seiner Zeit; er hatte dringende Aufgaben zu lösen und durfte einer nicht gefährlichen Verwundung wegen keine seiner Pflichten versäumen. Darum antwortete er:

„Ich bin überzeugt, daß Ihre Güte ein Ausfluß Ihres aufrichtigen und wohlwollenden Herzens ist; aber ich bin leider nicht im Stande, frei über mich und meine Zeit zu verfügen. Ich bin von meinem Prinzipale mit dem Abschlusse sehr wichtiger geschäftlicher Verbindungen beauftragt, auf deren Zustandekommen die Versäumung weniger Stunden verhindernd einwirken kann. Meine Abreise war für morgen festgesetzt, und ich sehe mich wirklich und leider ganz außer Stande, eine Aenderung dieser Disposition aus eigenmächtigem Entschlusse eintreten zu lassen."

„Nun, wir haben kein Recht, in Sie zu bringen," meinte der General; „doch, wenn wir jetzt auf Sie verzichten müssen, so hoffen wir doch, Sie baldigst wiederzusehen."

„Ich werde bei meiner Rückkehr nach Paris nicht versäumen, mir Ihre Befehle einzuholen, gnädiger Herr."

„Wir werden uns freuen, Sie bei uns zu sehen; doch muß ich Ihnen sagen, daß wir für die Sommermonate einen anderen Aufenthalt gewählt haben. Wir pflegen uns bereits seit Jahren um diese Zeit auf Gut Fleurelle bei Etain zurückzuziehen. Wohin werden Sie von hier aus gehen?"

„Nach Metz."

„Ah, nach Metz! Sie beabsichtigen dort Verkäufe?"

„Ich hoffe, dort einige größere Bestellungen zu erhalten."

„Haben Sie bereits Verbindungen dort?"

„Noch nicht."

„Nun, so kann ich vielleicht, wenn Sie es gestatten, Ihnen behilflich sein. Welche Weine führen Sie?"

„Meist die Sorten von Roussillon."

„Ich kenne sie nicht. Sind sie gut?"

„Sehr! Besonders der weiße Maccabeo. Die rothen Sorten sind gedeckt, dick und von außerordentlich schöner Farbe."

„Eignen sie sich für medizinische und Verpflegungszwecke."

„Außerordentlich, Excellenz. Ich kann zum Beispiel für Reconvalescenten den Maccabeo dringend empfehlen."

„Das freut mich sehr. Ich habe einen Freund, den General Coffinières in Metz. Er ist zum Gouverneur dieser Festung ernannt worden. Man scheint Gründe zu haben, die dortigen Magazine zu füllen, und Sie wissen, daß zur Verproviantirung eines solchen Platzes auch das Anschaffen der nöthigen Weine gehört. Dürfte ich Ihnen eine Empfehlung an den General zur Verfügung stellen?"

Dieses Anerbieten war von außerordentlichem Vortheile für Belmonte. Er verbeugte sich zustimmend und antwortete:

„Wie könnte ich eine solche Güte von mir weisen! Ich bin entzückt, mir dadurch die Erfüllung meiner geschäftlichen Pflichten so bedeutend erleichtert zu sehen!"

In diesem Augenblicke wurde das Gespräch unterbrochen. Ein Diener trat ein und überreichte dem Grafen eine Karte, auf welcher der Name „Mr. Nathanael Robinson, Reporter," zu lesen war."

„Ein englischer Reporter, welcher Nathanael Robinson heißt?" fragte er verwundert. „Ich kenne ihn nicht. Was will er?"

„Ich versuchte, ihn abzuweisen," erklärte der Diener; „er aber ging nicht von der Stelle. Er sagte, daß er augenblicklich und zwar sehr Wichtiges mit Ihnen zu sprechen habe."

„Wie ist seine äußere Erscheinung?"

Der Diener zuckte beide Achseln und antwortete:

„Er scheint durch und durch Engländer zu sein, gnädiger Herr!"

„Ah, das giebt einen kleinen Scherz. Er mag eintreten!"

Da erhob sich Belmonte, um zu gehen, aber der General hielt ihn mit den Worten zurück:

„Bitte, bleiben Sie! Ein englischer Reporter ist nicht der Mann, dem der Retter meiner Enkelin auszuweichen hätte."

Da wurde die Thür geöffnet, und der Reporter trat ein. Er war lang und außerordentlich hager. Er trug, ganz entgegengesetzt dem englischen Carrée oder Lieblingsgrau, einen feinen schwarzen Salonanzug: Frack, Hose, weiße Weste und gelbe Cravatte: aber die Hosenbeine steckten in riesigen grauen Gamaschen; aus dem Fracke hing links der Zipfel eines roth baumwollenen Taschentuches, und rechts blickte unter dem langen Schößel eine lange Papierrolle hervor. Ueber dem Fracke trug er an einem Riemen das Futteral irgend eines optischen Instrumentes, vielleicht Fernrohr, Krimstecher oder Opernglas. Der Hals konnte, obgleich lang und dünn, nicht gesehen werden, weil zwei geradezu colossale Vatermörder ihn bedeckten. Ganz dieselbe Form wie diese Vatermörder hatte auch die Nase, welche wie ein schroffes, gefährliches Vorgebirge aus dem schmalen, scharfen Gesichte sprang. Zwei Bartcotteletten hingen beinahe bis auf die Brust herab, und auf dem jedenfalls ganz kahlen Kopfe trug er einen hohen Cylinderhut, so weit nach hinten geschoben, daß man zu befürchten hatte, er werde im nächsten Augenblicke herabstürzen. Der sonderbare Mann dachte gar nicht daran, diese balancirende Kopfbedeckung abzunehmen.

Als er jetzt eintrat, trug er in der linken Hand ein offenes Notizbuch, in der Rechten einen Bleistift und unter dem Arme eine sehr umfangreiche Maschinerie, welche zunächst das Aussehen eines Regenschirmes, aber auch noch andere Bedeutung zu besitzen schien.

„Good morning — guten Morgen!" grüßte er mit schnarrender Stimme und in einem höchst vertraulichen Tone.

Es war, als ob er sich nicht bei einem General und Grafen, sondern bei unter ihm stehenden Leuten befinde. Dabei betrachtete er sich erst den Hausherrn, dann Belmonte und endlich auch die Comtesse in einer Weise, als ob er sich in einer Schaubude befinde, in welcher Menschenfresser zu sehen seien.

„Guten Morgen!" antwortete der Graf, indem er sich Mühe gab, ein lautes Lachen zu unterdrücken. „Was wollen Sie?"

„Are You the General von Latreau?"

„Ja, der bin ich."

„I am the Master Nathanael Robinson."

„Schön! Was weiter, mein Verehrtester?"

„Reporter."

„Welches Blattes?"

„Of the Lloyds Weekly London Newspaper."

„Auf Lloyds Wochenzeitung in London? Viel Ehre, Master Robinson. Welche Absicht führt Sie zu mir?"

„I am willing to interview."

„Ah, Sie wollen mich interviewen? In welcher Angelegenheit?"

„You have a daughter — Sie haben eine Tochter?"

„Ja."

„Well! Darf ich Sie einmal sehen?"

„Hier sitzt sie."

Bei diesen Worten deutete der Graf auf seine Enkelin. Der Engländer öffnete langsam sein Lederfutteral. Jetzt sah man, daß es ein längeres Fernrohr und einen Krimstecher enthielt. Er nahm diesen Letzteren hervor und führte ihn an die Augen, um Ella durch die Gläser zu betrachten.

„Yes!" sagte er dann. „An immense beautiful and interesting girl — ja, ein ungeheuer schönes und interessantes Mädchen."

Er nickte zufrieden vor sich hin, steckte den Krimstecher wieder in das Futteral und fragte dann den Grafen weiter:

„Sie ist geraubt worden?"

„Ja."

„Des Lösegeldes wegen?"

„Ja."

„Ein junger Mensch aber hat sie wieder befreit?"

„So ist es."

„War es ein Liebhaber von ihr?"

Eine tiefe Gluth bedeckte in diesem Augenblicke das Gesicht des reizenden Mädchens. Sie warf ihrem Großvater einen Blick zu, welcher ihm deutlich sagte, daß sie es nicht verstehen könne, warum der Engländer die Erlaubniß erhalten habe, hier in dieser Weise seine Erkundigungen einzuziehen. Der General fühlte den Vorwurf heraus; aber er war Soldat und als solcher der Freund eines Scherzes, der sich allerdings innerhalb gewisser Grenzen zu halten hatte.

„Hier sitzt der Herr, welcher sie gerettet hat," antwortete er auf Belmonte zeigend.

Augenblicklich nahm der Englishman seinen Krimstecher wieder hervor, um sich den ihm Bezeichneten zu betrachten, und wendete sich dann direct an diesen mit der Frage:

„Well! Was sind Sie?"

„Reporter," antwortete Belmonte, schnell gefaßt.

„Zounds — Donnerweter. Für welches Blatt?"

„Für den Djeridei Havadis."

„Den kenne ich nicht."

„In Constantinopel."

„Oh, ah! Wie heißen Sie?"

„Mulei-Ben-Hamsa-Spleen-John-Nathanael-Bull."

Der Engländer horchte auf. Er fixirte den Sprecher scharf, um zu ergründen, ob derselbe ernst geantwortet habe. Dann fragte er:

„Sie werden den Raub auch in Ihrem Blatte berichten?"

„Natürlich."

„Erzählen Sie mir Alles. Ich werde schreiben."

Er sah sich nach einem Stuhle um; da ihm aber keiner angeboten wurde und es ihm als Engländer gar nicht einfiel, einen Sitz zu benutzen, den man ihm nicht höflich angetragen hatte, so zog er die Maschinerie unter dem Arme hervor und sagte:

„This is my umbrella-, musik- and smoking-chair!"

Also ein Regenschirm-, Musik- und Rauchstuhl war das Instrument. Er legte es auseinander. Es kamen drei Beine und ein Sitz zum Vorschein, über welchem sich der Schirm ausspannte. Der Stock dieses Schirmes war hohl und diente als Pfeifenrohr, während unter dem Sitze sich der Kopf für den Tabak befand. Sobald der Engländer den Sitz berührte, ertönte neben diesem Kopfe die englische Nationalhymne unter dem Sitze hervor. Es war da eine Spieldose angebracht.

Master Nathanael Robinson warf einen unendlich stolzen Blick auf die drei anwesenden Personen und bemerkte:

„So Etwas ist nur in Old England zu bekommen! Also, ich werde jetzt schreiben. Erzählen Sie!"

Er saß so ungenirt auf seinem Feldstuhle, als ob er sich draußen unter freiem Himmel befinde, hielt Bleistift und Notizbuch in den Händen und wartete auf Belmonte's Antwort, die ihm seiner Ansicht nach gar nicht vorenthalten werden konnte. Der Gefragte aber zuckte die Achsel und erklärte:

„Sie werden Ihre Erkundigungen wohl an einem anderen Orte einziehen müssen, Master Robinson!"

„An einem anderen Orte? Warum?" fragte der Engländer, indem er ganz erstaunt aufblickte.

„Weil nicht anzunehmen ist, daß Excellenz, der Graf von Latreau, in seinem Salon ein Auskunftsbureau unterhält."

„Wer sagt das! Ich komme nur, um zu interviewen!"

„Wenn alle Zeitungen ihre Reporter schicken wollten, nähme die lästige Störung gar kein Ende!"

„Aber ich komme ja gar nicht im Auftrage aller Zeitungen! Ich schreibe nur für Loyds Weekly London Newspapers!"

„Excellenz verzichtet, an Reporter Auskunft zu ertheilen, und es kann da keine Ausnahme gemacht werden."

„Herr, ich bin Englishman!"

„Das ändert nichts an der Sache. Begeben Sie sich nach dem Polizeibureau dieses Bezirkes, in welchem die Thäter wohnten. Dort werden Sie Alles erfahren."

„Wo liegt dieses Bureau?"

„Ich glaube, in der Rue des Poissoniers."

„Well! Ich werde gehen. Ich werde aber auch in meinem Blatte die Thatsache veröffentlichen, daß man hier einem Englishman die Auskunft verweigert hat!"

„Thun Sie das immerhin! Diese Bemerkung verlängert Ihren Bericht und vergrößert also das Honorar, welches Sie zu fordern haben werden!"

Der Engländer packte seinen Musikstuhl zusammen, steckte Notizbuch und Bleistift in die Tasche und meinte dann:

„Ich werde doch noch Alles erfahren! Good b'ye — gehabt Euch wohl!"

Er wollte gehen, drehte sich aber, als er bereits an der Thür angekommen war, noch einmal um und fragte:

„Könnte ich denn nicht wenigstens die Photographieen der geraubten Dame und ihres Befreiers erhalten? Wir würden darnach Holzschnitte anfertigen lassen und die Bilder dann veröffentlichen."

„Danke, Mylord!" lachte der Graf. „Wir verzichten auf diese Ehre, in Old England so bekannt zu werden."

„Well! Ich werde die Portraits doch noch erhalten!"

Er ging. Diese eigenthümliche oder vielmehr komische Scene hatte den drei Personen eine ganz andere Stimmung ertheilt. Der General lachte herzlich; Belmonte stimmte ein, und Ella mußte auch zugestehen, daß dieses Intermezzo mehr lächerlich als beleidigend zu nehmen sei. Die englische Nation, welche ihre Angehörigen so prätensiös zu erziehen pflegt, hatte keinen Grund, sich auf diesen Repräsentanten viel einzubilden! Belmonte dachte allerdings nicht, daß er diesen Mann noch öfters und zwar unter höchst ungewöhnlichen Umständen wiedersehen werde.

Nach einer nur noch kurzen Unterhaltung verabschiedete sich Arthur. Er konnte nicht zurückgehalten werden, mußte aber fest versprechen, daß er vor seiner Abreise noch wiederkommen werde, um sich den Brief an den Gouverneur von Metz einhändigen zu lassen. Er wurde in der Equipage des Grafen nach seiner Wohnung gebracht.

Dort angekommen, fand er seinen Martin noch bei der Arbeit, um die Reinschrift zu beenden. Dieser saß im vorderen Zimmer, er selbst begab sich in das seinige, um einige nothwendige Briefe abzufassen, welche noch heute zur Post gelangen sollten. Er war mit dieser Arbeit noch nicht zu Ende, als er einen Wagen unten an der Thür halten hörte; gleich darauf klingelte es draußen an der Vorsaalthüre. Nach wenigen Augenblicken trat Martin zu ihm herein und meldete:

„Eine Dame will mit Ihnen sprechen, Herr Belmonte."

„Eine Dame? Ich wüßte keine Dame, welche Veranlassung hätte, mich zu besuchen!"

„Ich auch nicht," lachte der Diener naiv.

„Ist sie alt oder jung?"

„Weiß es nicht. Sie geht tief verschleiert."

„Wie heißt sie?"

„Das hat sie nicht gesagt

„Wie ist sie gekleidet?"

„Fein, in Seide. Auch ihre Haltung, ihre Sprache zeigt, daß sie nichts ganz Gewöhnliches ist."

„Sapperlot, Martin, Du scheinst Erfahrung zu besitzen!"

„Ja, man profitirt bei Ihnen viel, sehr viel. Soll ich sie einlassen?"

„Natürlich! Eine Dame darf man nicht abweisen."

Martin öffnete mit einer tiefen Reverenz die Thür, ließ die Erwartete eintreten und entfernte sich dann. Sie machte Belmonte eine kleine aber höchst elegante Verbeugung. Er erwiderte dieselbe, und zwar unwillkürlich in ehrfurchtsvoller

Weise. Er hatte sich erhoben und betrachtete diese wirklich distinguirte, vornehme Erscheinung.

Sie trug ein schwarzes Seidenkleid von einfachem Schnitt; aber der Stoff dieses Kleides war schwer und jedenfalls ungewöhnlich theuer. Sie machte ganz den Eindruck, als ob sie eine Angehörige der höchsten Aristokratie sei.

Er reichte ihr einen Stuhl, ohne aber das Gespräch zu beginnen. Sie nahm Platz, fixirte ihn durch den doppelt gelegten Schleier hindurch, welcher nicht gestattete, ihre Züge deutlich zu erkennen, und fragte dann mit einer Stimme, die einen ganz eigenen, fremdartigen Klang hatte:

„Sie sind von meinem Besuch in Verlegenheit, Monsieur?"

Der kranke Liebling.

„Nein. Ich stehe überhaupt allein."

„Also keine Verwandten," nickte sie befriedigt. „Aber vielleicht sind Sie verheirathet?"

„Ich habe noch nicht dieses beneidenswerthe Unglück gehabt."

„Oder verlobt?"

„Auch nicht."

„Ist Ihr Herz völlig frei?"

Das war eine eigenthümliche Frage. Diese Dame war ihm völlig unbekannt; sie hatte ihm nicht einmal ihren Namen genannt, und er war so rücksichtsvoll gewesen, nicht nach demselben zu fragen. Und nun diese Erkundigung.

Er lehnte sich mit dem Rücken an den Tisch, schlug die Arme über der Brust zusammen, blickte ihr voll und fest entgegen und antwortete:

„Auch mein Herz ist noch nicht in Banden geschlagen. Sind diese sehr privaten Erkundigungen der Zweck Ihrer Gegenwart, Madame?"

„Ja, sonst würde ich sie nicht ausgesprochen haben. Wie ich höre, sind Sie ein eifriger Besucher der großen Oper?"

„Allerdings."

„Sie sind dort gesehen worden. Sie sind ein schöner Mann, und man hat Sie bemerkt; man ist aufmerksam auf Sie geworden."

Jetzt begann er nicht nur zu ahnen, sondern er wußte sogar bestimmt, um was es sich handle. Es galt ein Liebesabenteuer, jedenfalls mit einer verheiratheten Frau. Er nahm daher eine etwas reservirte Haltung an und verneigte sich, ohne zu antworten.

„Man hat den Wunsch, Sie kennen zu lernen," fuhr sie fort.

Abermals stumme Verneigung.

„Ja, man hat sogar den Entschluß gefaßt, Sie von diesem Wunsche zu unterrichten."

Sie hatte die letzte Bemerkung mit einer etwas erhobenen Stimme gemacht, wie um seine ganze Aufmerksamkeit auf dieselbe zu richten. Er hielt jetzt das männlich schöne Gesicht dem Fenster zugewendet. Er blickte nachdenklich hinaus. Er hielt die Augen ein ganz klein wenig zusammengekniffen, so wie man es macht, wenn man auf zweifelhafte Gedanken stößt. Sodann wendete er sich schnell um und fragte:

„Wer ist es, der mich bemerkt hat?"

„Eine Dame."

„Sie sind ihre Botin? Oder sind Sie es selbst?"

Die Gefragte ließ ein leichtes Räuspern hören und antwortete:

„Ich bin nur die Vermittlerin."

„Was haben Sie mir zu sagen? Was ist die Absicht dieser Dame?"

„Sie wünscht Ihren Besuch. Sie wünscht Sie einmal bei sich zu sehen."

„Das ist sehr angenehm und ehrenvoll für mich; darf ich vielleicht den Namen erfahren, Madame?"

„Jetzt allerdings noch nicht," antwortete sie.

Sie streifte, wie spielend, den Handschuh ab, und nun erblickte Arthur ein wunderbar schönes, zartes und doch volles Händchen, an dessen Fingern einige Steine im Werthe von Hunderttausenden blitzten.

„Also auch die Adresse nicht?"

„Nein."

„Ist sie verheirathet?"

„Hierüber habe ich ebenso zu schweigen."

„Aber sie will mich kennen lernen! Auf welche Weise soll das geschehen, wenn ich weder ihren Namen noch ihre Wohnung zu erfahren vermag. Will etwa sie es sein, die mich besucht?"

„Auch dies ist nicht der Fall. Zunächst habe ich nur zu fragen, ob Sie bereit sein werden, die persönliche Bekanntschaft dieser Dame zu machen?"

„Wohl schwerlich, Madame. Ich muß danken!"

„Ah, wirklich?" fragte sie im Tone der Ueberraschung.

„Ja. Ich liebe Aufrichtigkeit und habe meine Bekanntschaften stets bei offenem Visire gemacht."

„Aber, Monsieur, das ist hier in diesem Falle ja gar nicht möglich."

„Eben darum thut es mir zwar unendlich leid, aber ich sehe mich nicht im Stande auf Ihre Offerte einzugehen."

„Mein Herr, die Dame ist reich, sehr reich."

„Das tangirt mich nicht."

„Sie ist sehr schön."

„Ist sie so schön wie Sie, Madame!"

Er ergriff dabei das schöne Händchen und zog es an die Lippen. Sie ließ dies ruhig geschehen und antwortete:

„Viel, viel schöner als ich, Monsieur."

„Das ist unmöglich."

„Wie können Sie das wissen? Sie haben mich noch gar nicht gesehen!"

„O doch. Ich sehe dieses wunderbare, alabasterne Händchen; ich höre den Klang Ihrer Stimme; ich erkenne die Liebe athmenden Formen Ihrer reizenden Gestalt — — Sie sind schön."

„Aber dennoch muß ich zugeben, daß die Dame, welche mich sendet, noch schöner ist."

„Dann ist sie nicht ein Engel allein, sondern ein Seraph. Ueber den Stand, welchem sie angehört, haben Sie wohl das tiefste Schweigen zu bewahren?"

„So ist es. Ich darf Ihnen nur verrathen, daß die Liebe, welche Sie zu erwarten haben, an keinem niedrigen Orte für Sie blüht."

Er schüttelte abermals nachdenklich den Kopf und sagte:

„Und dennoch widerstrebt es meinem Charakter und aller meiner Lebensanschauung. Man verkehrt nur mit Personen, welche Einem offen gegenüber treten."

„Selbst wenn diese Personen Damen sind?"

„Selbst dann."

„Fürchten Sie sich etwa? Besorgen Sie irgend eine Hinterlist?"

Ihre Stimme hatte bei diesen Worten die allerdings kaum hörbare Spur eines malitiösen Klanges angenommen.

„Sie irren!" antwortete er ruhig. „Von Furcht ist keine Rede."

„Und dennoch zögern Sie? Ja, man hat sich nach Ihnen erkundigt. Man hat in Erfahrung gebracht, daß Sie — Weinhändler sind. Das heißt doch, daß Sie Kaufmann sind — ein höchst prosaisches Gewerbe. Es ist da nicht zu verwundern, daß Sie rechnen und calculiren, während ein Anderer sein Glück schnell ergreifen würde. Wären Sie Officier, wozu Sie äußerlich das ganze Zeug zu haben scheinen, Sie würden eine schöne, reiche und vornehme Dame, welche Ihre Bekanntschaft machen will, nicht einen Augenblick warten lassen."

W. VIII. 917.

„Sie irren abermals," antwortete er achselzuckend. „Ich bin Officier, trotzdem ich jetzt während meines zur Dispositionstehens die mir gehörige Zeit in prosaischer Weise, wie Sie sich auszudrücken belieben, zu verwerthen suche."

„Officier?" fragte sie rasch. „Ein Weinhändler, Officier?"

„Ja, Madame. Sie denken nicht an den Umstand, daß in Frankreich jeder junge, zwanzigjährige Mann, wenn er gesund ist, in die Armee treten kann, und daß er dann die Officiersepauletten und den Marschallstab in der Tasche trägt!"

„Ah, wo standen Sie?"

„In Marseille."

„Bei welcher Truppengattung?"

„Bei der Cavallerie. Ich bin sogar als Lieutenant Mitglied des Conseil de guerre gewesen."

„Und dennoch zögern Sie, galant gegen eine Dame zu sein."

„Ich habe für jede Dame die möglichste Aufmerksamkeit; aber kennen und sehen muß ich sie." Und unter einem ausdrucksvollen Lächeln fügte er hinzu: „Wie nun, wenn ich käme und fände sie nicht nach der Beschreibung, welche Sie mir von ihr gemacht haben!"

(Fortsetzung folgt.)

Die Liebe des Ulanen.

Original=Roman aus der Zeit des deutsch=französischen Krieges von Karl May.

(Fortsetzung.)

"Sie brauchen keine Sorge zu haben, Monsieur Belmonte. Ich garantire Ihnen dafür, daß meine Schilderung treffend ist," versicherte die Fremde.

"Und worin besteht diese Garantie, Madame?"

Ihr Händchen zuckte durch die Perlfransen ihres Kleides, und es währte eine Weile, ehe sie sich näher um die verlangte Garantie erkundigte:

"Wie denken sie sich dieselbe?"

"Aecht kaufmännisch: Was ich nicht finden würde, müßte ich mir von Ihnen fordern."

"Gut. Darauf gehe ich ein. Hier meine Hand."

Sie reichte ihm die Hand, welche er in der seinigen festhielt. Es war ihm, als ob er einen warmen Druck dieses Händchens verspüre.

"Also Sie stellen sich mir zur Disposition?" fragte sie dann.

"Ja. Befehlen Sie über mich. Aber die Zeit?"

"Heut Abend neun Uhr."

"Ich werde bereit sein."

"Ich selbst werde Sie im Wagen abholen. Von einem gewissen Punkte an aber müssen Sie es sich gefallen lassen, daß ich Ihnen die Augen verbinde."

"Ganz so, als ob wir in der Zeit der Inquisition lebten; doch ich liebe die Romantik und gehe die Bedingung ein."

Sie erhob sich, während er noch immer ihre Hand in der seinigen hielt. Sie machte auch jetzt noch nicht den Versuch, sie ihm zu entziehen. Er stand hart vor ihr und fragte:

"Und was Ihre eigene Person betrifft, Madame, muß auch diese in ein so strenges Dunkel gehüllt sein?"

"Ja, Monsieur. Sie dürfen nicht wissen, wer ich bin."

"Ich will auch auf dieses Eine verzichten, aber auf ein Zweites werde ich desto fester beharren."

Er sah sie dabei mit einem eigenthümlich forschenden Blicke an, den sie mit der in halblautem verheißungsvollem Tone ausgesprochenen Frage beantwortete:

"Nun, und was ist dieses Zweite?"

"Darf ich nicht wissen, wer sie sind, so will ich wenigstens Ihr Angesicht sehen und dabei erfahren, ob die Garantie, welche Sie mir geboten haben, eine süße und freiwillige ist."

Er legte den linken Arm um ihre Taille und erhob dabei blitzschnell die rechte Hand, um ihren Schleier zurück zu legen. Ein schönes, etwas erschrockenes Gesicht blickte ihm entgegen.

"Monsieur, was thun sie!" ertönte es aus ihrem allerliebsten, schwellenden Munde.

"Ich bringe der Schönheit den Tribut, welchen ich ihr schuldig bin."

"Dabei drückte er sie an sich und legte seine Lippen auf die ihrigen.

"Nein, nein! Das dürfen Sie ja nicht!" wehrte sie sich.

"Wenn ich das nicht darf, dann glaube ich auch nicht an die Aufrichtigkeit Ihrer Garantie."

"Sie ist aufrichtig!" betheuerte sie, indem sie sich noch immer bemühte, ihm ihren Mund zu entziehen.

"Nein. So lange Sie mir den Beweis verwehren glaube ich nicht an die Aufrichtigkeit Ihres Versprechens!"

"Nun, was verlangen Sie denn von mir, Sie kühner, stürmischer Mann?"

"Einen Kuß, einen freiwilligen Kuß."

"Und wenn ich Ihnen denselben verwehre?"

Sie drohte ihm mit der Hand und sagte:

"Sie stellen Bedingungen, während Sie froh sein sollten, daß Ihnen von so exquisiter Seite ein Stündchen der Liebe und Erhörung geboten wird? Sie sind höchst anspruchsvoll!"

„Nun gut! Nennen wir es nicht eine Bedingung, welche ich stelle, sondern einen Tribut, welchen ich Ihnen bringe. Also bitte, meine Gnädige: einen Kuß."

„Ich sehe, daß ich nachgeben muß. Hier, nehmen Sie sich ihn."

Sie reichte ihm den Mund entgegen: er aber schüttelte den Kopf und antwortete:

„Nein, nicht so! Nicht nehmen, sondern empfangen will ich ihn."

„Sie fordern fast zu viel! Aber es ist wahr, ich habe Ihnen Garantie versprochen, und nun muß ich Ihnen beweisen, daß ich wirklich gesonnen bin, sie Ihnen zu gewähren. Kommen Sie."

Sie legte ihm die Arme um den Hals, zog ihn an sich und küßte ihn mit einer Innigkeit, welche man nur dem Geliebten, dem Bräutigam oder Manne gegenüber zu zeigen pflegt. Dann fragte sie:

„So! Sind Sie nun zufrieden gestellt?"

„Vollständig. Ich danke Ihnen, Madame."

„Sie werden also Wort halten und heute Abend mitkommen?"

„Ja, gewiß!"

„So sehen wir uns also um neun Uhr wieder. Wird es nöthig sein, daß ich Sie hier im Zimmer abhole?"

„Nein. Sobald ich den Wagen halten sehe, werde ich kommen und einsteigen."

„Das ist mir angenehm. Also adieu, Monsieur."

„Adieu."

Sie reichte ihm die Hand, welche er an die Lippen führte. Dann legte sie den Schleier wieder vor das Gesicht und entfernte sich, von ihm bis an den Wagen begleitet. Er bemerkte, daß es nicht eine ihr gehörige, sondern jedenfalls nur eine gemiethete Equipage sei. Sie war vorsichtig gewesen.

Als er nach oben zurückkehrte und in das Vorzimmer trat, ließ Martin ein halblautes, ironisches Husten hören.

„Hm! Bist Du krank?" fragte Arthur.

„Sehr!"

„Was fehlt Dir?"

„Ein Mittel gegen den Husten — etwas Süßes ungefähr."

„Lauf schnell in die Apotheke!"

„Daß ich dumm wäre! Die Süßigkeit, welche mich retten kann, ist dort nicht zu finden. Oder soll ich etwa von dem Provisor einen — hm! — verlangen?"

„Was denn — hm?"

„Na, einen Kuß!"

„Kerl, ich glaube gar, Du hast gehorcht!"

„Fällt mir gar nicht ein! Ich brauchte eine Feder. Das Kästchen steht drin im Zimmer. Als ich dort eintrat, hörte ich, was Sie für einen sonderbaren Appetit hatten. Ich an Ihrer Stelle hätte das der Dame etwas weniger laut gesagt!"

„Du bist ein großer Taugenichts! Doch weil es nicht mit Absicht geschehen ist, soll es Dir vergeben sein. Hast Du denn auch gehört, daß ich den Kuß wirklich erhalten habe?"

„Nein. Als ich hörte, wonach Sie sich so außerordentlich sehnten, wurde es mir so schlimm zu Muthe, daß ich sofort ausgerissen bin. Ich hielt diese Dame für etwas Feines; nun aber sehe ich, daß ich mich geirrt habe. Wer dem ersten besten Weinagenten einen Kuß verabreicht, der — — hm!"

„Und doch irrst Du! Diese Dame ist — — nun rathe einmal?"

„Nun, was Anders als eine Grisette oder Lorette oder, wenn es sehr hoch kommt, eine Friseuse?"

„Fehl geschossen! Diese Dame ist — eine Hofdame."

Martin sprang von seinem Stuhle empor und rief:

„Eine Hofdame?"

„Ja."

„Die sich ohne alle Vorbereitung und Einleitung küssen läßt?"

„Nun, einige Einleitung hat es doch gekostet!"

„Wenn zehnmal! Sie müssen sich irren! Kennen Sie sie?"

„Ja. Ich habe sie in der Hofloge des Opernhauses gesehen."

„Donnerwetter, welch' ein Glück! Ich kann diese Loge beliebäugeln so oft und so lange ich will, es kommt Keine zu mir, um sich ihr Mäulchen an meinem Schnurrbarte abzuwischen! Das muß doch eine ganz eigene Bewandtniß haben!"

„Allerdings! Es giebt ein Abenteuer, Martin, ein ganz ungewöhnliches Abenteuer. Und da Du dabei eine kleine Rolle zu spielen haben wirst, so muß ich Dir Alles mittheilen."

„Ein Abenteuer? Und ich eine Rolle dabei? Vielleicht soll ich auch einige Küsse erhalten? Ich brenne vor Neugierde!"

„Erhalten wirst Du voraussichtlich nichts — — —"

„O weh!"

„Also diese Verschleierte kam zu mir, um mir mitzutheilen, daß eine andere Dame ein sehr großes Interesse an mir gefunden habe."

„Ein Interesse? Also verliebt? Hm! Ein Wunder ist das allerdings nicht, denn ein verdammt hübscher Kerl sind Sie; das ist wahr!"

„Hübscher wie Du?"

„Beinahe! Fragen Sie meine Schwalbe; die muß das wissen!"

„Werden sehen! Also diese Dame wünscht mich heute Abend bei sich zu haben, und ich soll punkt neun Uhr per Kutsche abgeholt werden."

„Alle Teufel! Könnte nicht auch Unsereinem einmal so ein marinirter Hering geboten werden!"

„Dein Hering ist Deine Schwalbe! Ich soll nicht wissen, wer diese Dame ist — —"

„Jedenfalls auch eine Hofdame!"

„Voraussichtlich! Mann will mir, damit sie incognito bleiben kann, unterwegs die Augen verbinden."

„Hm! Das gefällt mir nicht!"

„Mir auch nicht."

„Wer weiß, was man beabsichtigt, mein bester Herr Belmonte. Man kann Sie in irgend eine gefährliche Lage locken wollen."

„Das sage ich mir auch. Es ist sehr leicht möglich, daß man ahnt, wer oder was ich bin, und daß man mir eine

Falle stellen will. Ich werde also vorsichtig sein und Dich beauftragen, Acht zu geben, daß sich diese Falle nicht hinter mir verschließt."

"Schön! Ich bin bereit. Was habe ich zu thun?"

"Du besorgst Dir ein Pferd und bringst es hinunter in den Hof. Sobald ich eingestiegen bin und die Kutsche sich in Bewegung setzt, besteigst Du den Gaul und reitest uns nach, um zu sehen, wo ich abgeladen werde. Das Uebrige ist dann Deine Sache."

"Schön! Ich werde eine volle Stunde warten. Sind Sie dann noch nicht zurück, so stürme ich die Festung, um Sie zu befreien."

"Eine Stunde ist zu wenig."

"Hm! Ja! Schäferstunden pflegen länger zu dauern als sechzig Minuten. Also wie lange denn?"

"Diese Frage ist schwierig zu beantworten."

"Sehr wahr! Am Besten wird es sein, Sie geben sich mit der Geschichte gar nicht ab. Wer sich in Gefahr begiebt, der kommt darin um. Meinen Sie nicht?"

"Das habe ich mir natürlich bereits selbst gesagt. Eines Liebesabenteuers wegen würde ich ein solches Wagniß gar nicht unternehmen. Aber es ist leicht möglich, für unsere Aufgabe dabei Etwas zu profitiren. Eine gewöhnliche Dame ist es auf keinen Fall, zu der man mich bringen will. Es ahnt mir, als ob dieses Abenteuer Vortheil bringen werde. Ich will es auf jeden Fall bestehen, lieber Martin."

"Na, wie Sie wollen. Nehmen Sie wenigstens eine Waffe mit."

"Ich werde einen Revolver und den Todtschläger einstecken. Vielleicht ist es auch gerathen, die Laterne mitzunehmen."

"Thun Sie das. Es ist ja möglich, daß Sie mir mit derselben ein Zeichen geben können."

"Richtig! Wir können das ja gleich bestimmen. Man wird mich in ein Zimmer bringen, welches jedenfalls ein Fenster hat. Ist es nicht erleuchtet, so gebe ich das Zeichen mit der Laterne, ist es aber erhellt, so gebe ich es mit der Lampe oder der Gasflamme."

"Und worin soll es bestehen?"

"Ich lasse das Licht dreimal aufblitzen und wieder verschwinden. Das ist das Zeichen, daß Du keine Sorge zu haben brauchst."

"Gut. Wenn ich das Zeichen sehe, so brenne ich mir eine Cigarre an: das ist der Beweis, daß ich Sie richtig verstanden habe, daß etwas nicht zu befürchten ist."

"Gut."

"Aber wenn Sie das Zeichen nicht geben?"

"So wartest Du bis zum Morgengrauen und thust dann, was Du für das Angemessenste hältst. Doch hoffe ich nicht, daß dieser Fall eintreten wird. Eine Hofdame erwartet ihren Seladon nicht an einem obscuren, gefährlichen Orte."

"Das sollte ich allerdings denken!" meinte Martin. Und unter einem verschlagenen Augenzwinkern fügte er hinzu: "Sobald ich bemerke, daß Sie sich in Gefahr befinden, werde ich schleunigst Succurs holen."

"Du meinst, Polizei?"

"Nein; das fällt mir nicht ein!"

"Wen denn?"

"Eine gewisse Dame, welche Sie in der Hofoper kennen gelernt haben."

"Unsinn!"

"Natürlich. Sie muß doch erfahren, daß andere Damen ganz denselben Geschmack besitzen wie sie, und daß Sie ein — hm! — ein Freund und Bewunderer von Hofdamen sind. Uebrigens war es von Ihnen sehr klug, die Perrücke abzunehmen, als wir bei Vater Main den Coup ausführten. Comtesse de Latreau hätte sonst leicht hinter das Geheimniß kommen können, daß Sie mehrere Rollen spielen. Sie fielen in Ohnmacht, und der Arzt, welcher gerufen wurde, hätte bemerken müssen, daß Haar und Bart falsch seien. Haben Sie jetzt noch Etwas zu befehlen?"

"Nein. Bist Du mit der Reinschrift zu Ende?"

"In einer Viertelstunde."

"Dann bin ich auch mit meinen Briefen fertig. Horch! Man klingelt."

Martin begab sich in den Vorsaal und kehrte mit einem Polizeisergeanten zurück, welcher bemerkte, daß er vom General Latreau komme, und sich erkundigte, ob hier der Monsieur Belmonte sei. Arthur bejahte diese letztere Frage.

"Sie sind der Herr, welcher die Comtesse befreit hat?"

"Ja."

"So habe ich Ihnen diesen Zettel zu übergeben."

Der Zettel enthielt eine Vorladung auf das Stadthaus, wo Belmonte nebst Martin nach Verlauf von einer Stunde zu erscheinen hatten, um sich über ihr gestriges Erlebniß vernehmen zu lassen. Als der Sergeant sich entfernt hatte, meinte Martin:

"Das ist unangenehm! Das hätte man uns ersparen sollen."

"Warum?"

"Weil wir Unannehmlichkeiten haben werden."

"Pah! Ich habe gute Legitimationen."

"Das reicht nicht aus. Man wird fragen, was wir in der berüchtigten Taverne zu thun hatten."

"Ich als Weinhändler muß auch solche Orte besuchen."

"Man wird uns wiederholt bestellen!"

"Ich werde sagen, daß wir morgen abreisen müssen."

"Ist das wirklich ernsthaft gemeint?"

"Ja. Wir haben hier in Paris mehr erfahren, als wir zu erfahren möglich hielten. Ein längerer Aufenthalt könnte unserm Incognito gefährlich werden."

"Aber noch gestern sagten Sie, daß wir hier noch drei Tage zu arbeiten hätten, um unsere Beute zu Papier zu bringen."

"Das können wir auch in Metz thun. Ich glaube sehr gern, daß es Dir schwer wird, Dich von Deinem Schwälbchen zu trennen."

"Pah! Wie lange wird es dauern, so komme ich wieder geflogen! Aber Abschied zu nehmen, das werden Sie mir wohl erlauben."

"Das versteht sich ganz von selbst."

"Wann?"

"Wann es Dir beliebt."

"Hm! Heut Abend paßt es nicht, weil ich da für Ihre Sicherheit zu sorgen habe. Wie wäre es nach dem Verhöre?"

"Das wird das Beste sein. Sobald Du jetzt den Bericht fertig hast, besorge ich ihn zum Courier; dann treffen wir uns im Stadthause, und nachher suchst Du die Schwalbe auf. Ich wünsche Euch angenehme Schnäbelei."

"Danke. Mit Hofdamen läßt es sich wenigstens ebenso angenehm schnäbeln, obgleich ich nicht glaube, daß Ihre Unbekannte es an Liebenswürdigkeit mit Alice aufnehmen kann."

"Oho! Ist sie gar so hübsch?"

"Gewiß!" nickte Martin. "Wollen Sie sich überzeugen?"

"Danke: Ich will nicht stören."

"Das würde keine Störung sein. Ich bin im Gegentheile überzeugt, daß Alice sich sehr freuen und sich sehr geehrt fühlen würde, wenn ein gewisser Monsieur Belmonte die Güte haben wollte, einmal bei ihr vorzusprechen."

"Meinst Du wirklich?"

"Gewiß. Wollen Sie?"

"Gut! Ich werde kommen. Ich will auch gern gestehen, daß ich neugierig bin, den Fisch zu sehen, welcher

Mutterfreuden.

den Angler in das Wasser hinabgezogen hat. Also arbeiten wir jetzt!"

Nachdem Belmonte seine Briefe und Martin das Mundum angefertigt hatten, gingen sie Beide fort. Der Erstere besorgte die Scripturen zum Courier und auf die Post, und der Letztere trollte langsam durch die Straßen, um nach dem Stadthause zu gelangen. Er hatte noch Zeit, und so kam ihm der Gedanke, die Taverne des Vater Main aufzusuchen, um einmal zu sehen, welche Veränderung dort eingetreten sei.

Er fand vor der Thür einen Polizisten, welcher Wache stand.

„Was wollen Sie?" fragte dieser.

„Ein Glas Wein trinken."

„Hier wird heute nicht geschänkt. Ah, haben wir uns nicht bereits gesehen, Monsieur?"

„Möglich. Wo?"

„Gestern Abend. Sie kamen, um die Anzeige zu machen, daß Sie die Comtesse de Latreau gerettet hätten."

„Richtig; das bin ich gewesen."

„Ah, so können Sie eintreten. Sie werden vielleicht die Güte haben, uns das Abenteuer zu erzählen. Wir wissen noch nicht das Mindeste über dasselbe."

Er öffnete die Thür, und nun bemerkte Martin, daß sich mehrere Männer in der Kneipe befanden, welche sich als verkleidete Polizisten entpuppten. Er erzählte ihnen den Hergang der Sache nach seiner Weise und erfuhr sodann von ihnen, daß man die beiden Leichen aufgehoben, von Denen, welche arretirt worden waren, aber gar nichts erfahren habe.

Eben wollte er sich wieder entfernen, als die Thür aufgestoßen wurde. Es trat ein Mann ein, welcher in schwarzen Frack, Cylinder und graue Gamaschen gekleidet war und unter dem Arme ein Instrument trug, welches die Gestalt und das Äußere eines riesigen Regenschirmes hatte.

„Good dag!" grüßte er. „Hat hier Vater Main gewohnt?"

„Ja," antwortete einer der Polizisten. „Was wollen Sie?"

„Das Haus ansehen."

„Das ist jetzt nicht gestattet. „Wer sind Sie?"

„Ich bin Master Nathanael Robinson, Reporter of the Lloyds Weekly London Newspapers."

„Ah, ein Reporter. Sie wollen wohl einen Bericht des hier Geschehenen nach London senden?"

„Yes."

„Gehen Sie nach dem Stadthause! Dort erfahren Sie das Nähere, und dort werden Sie auch die schriftliche Erlaubniß erhalten, sich dieses verrufene Haus anzusehen."

„Well! Habe sie schon."

„Wo?"

„Hier!"

Er langte in die Tasche und zog ein Papier hervor, welches er dem Polizisten zu lesen gab.

„Es ist in Ordnung," sagte dieser. „Sie können sich hier bewegen, wie es Ihnen beliebt."

„Beliebt? Schön! Werde mich setzen und fragen."

Er machte Miene, sich auf eine der Bänke niederzulassen, zog aber, als er den Schmutz derselben bemerkte, ein erschrockenes Gesicht und rief:

„Heigh-ho, welch ein Dreck! Werde mich nicht darauf setzen."

Er nahm den Regenschirm unter dem Arme hervor.

Martin hatte den sonderbaren Mann mit erstauntem Blicke gemustert. Jetzt, als derselbe gar die Absicht zu haben schien, im Zimmer seinen Regenschirm aufzuspannen, fragte er ihn:

„Was ist das für ein Ding?"

„Das ist mein Umbrella,- musik- and smoking- chair," antwortete der Engländer, indem er das complicirte Ding aufspannte und sich dann auf dem Sitze niederließ. Sofort ließ sich die englische Nationalhymne hören. Master Robinson aber zog sein Notizbuch und den Bleistift hervor, wendete sein Gesicht dem Polizisten zu und sagte das eine Wort:

„Erzählen!"

Der Angeredete schüttelte lächelnd den Kopf und antwortete:

„Sie wünschen zu wissen, was gestern hier geschehen ist?"

„Yes."

„Das kann ich Ihnen nicht sagen."

„Warum?"

„Weil ich nicht dabei gewesen bin. Dieser Monsieur aber hat die Dame gerettet. Er ist im Stande, Ihnen Alles mitzutheilen."

Da zog der Engländer seinen Krimstecher aus dem Futterale, hielt ihn an die Augen und betrachtete sich Martin mit der Sorgfalt eines Fleischbeschauers, welcher nach Trichinen sucht.

„Dieser Mann hier?" fragte er. „Ah. Wunderbar!"

Er nahm die Gläser von den Augen fort, schüttelte den Kopf und fragte dann Martin:

„Wer seid Ihr, Master?"

Es juckte den Telegraphisten in allen Gliedern. Er kam ganz auf denselben Gedanken, auf welchen auch sein Herr gekommen war.

„Reporter," antwortete er.

„Reporter? Ah. O! Für welche Zeitung?"

„Für eine brasilianische."

„Donnerwetter! Ihr sucht in Paris nach Neuigkeiten?"

„Natürlich!"

„Und Ihr wollt es sein, welcher die Dame gerettet hat?"

„Ja."

„Das ist nicht wahr, Master."

„Oho! Wollen Sie mich beleidigen?"

„Ja. Wer mich belügt, dem sage ich meine Meinung. Wollt Ihr Euch etwa mit mir boxen? Ich stehe zur Verfügung!"

Er erhob sich in kampfbereite Stellung und hatte in Zeit von zwei Augenblicken den Frack ausgezogen.

„Danke!" lachte Martin. Sie sind nicht der Mann, dem ich den Hals brechen möchte. Sagen Sie mir lieber, warum Sie mich für einen Lügner halten?"

„Ich habe den Retter bereits gesehen und mit ihm gesprochen."

„Wo?"

„Beim General Latreau."

„Heut?"

„Ja, am Vormittage."

„Das stimmt. Sie meinen doch den Weinagenten Belmonte?"

„Nein. Ich meine den türkischen Reporter."

Da ging dem guten Martin ein Licht auf. Er ahnte,

daß er mit seinem Herrn den gleichen Gedanken gehabt habe und antwortete:

„Richtig. Jetzt weiß ich, daß Sie an der rechten Quelle gewesen sind. Und dennoch habe ich Ihnen keine Lüge gesagt. Ich und der Türke, wir Beide haben die Dame gerettet."

„Ihr und der Türke? Donnerwetter. Ist's wahr?"

„Ja."

„Dachte es mir! Habe hier bei Euch nur auf den Strauch geschlagen. Der Kerl wollte nicht mit der Sprache heraus; bin aber klug genug das Richtige zu finden. Also, erzählt, Master Brasilianer."

„Das ist sehr leicht erzählt. Wir hörten, daß die Dame geraubt worden sei: wir wußten, daß sie sich in diesem Hause befand, und wir holten sie, um sie zu ihrem Vater zu bringen."

Der Engländer sperrte den Mund erstaunt auf und fragte:

„Das ist Alles?"

„Ja, Alles."

„Kein Abenteuer dabei?"

„Nein."

„Kein Mord und Todtschlag, kein Kampf?"

„Genug."

„So erzählet!"

„Habe keine Zeit. Adieu, Master Nathanael Robinson."

Damit war Martin zur Thür hinaus. Der Engländer starrte diese Letztere an und sagte ärgerlich:

„Verdammte Kerle! Keiner sagt ein Wort. Aber ich werde doch noch Alles erfahren, Alles."

Er klappte seinen „Schirm=, Musik= und Rauchstuhl" zusammen und stieg nun die Treppen auf und ab, um sich das Innere des Hauses anzusehen; dann entfernte er sich, nachdem er noch gehört hatte, daß der eigentliche Thäter, nämlich der Wirth, noch nicht ergriffen worden sei.

Die Polizei hatte sich die äußerste Mühe gegeben, Vater Mains habhaft zu werden. An allen Bahnhöfen und Stadtausgängen waren Posten aufgestellt; in allen obscuren Wirthschaften und Winkeln wurde gesucht, doch vergeblich. Man hätte nicht in den Höhlen der Armuth suchen sollen.

Auf der Rue de Nazaire nämlich stand ein hohes, palastähnliches Gebäude, dessen Besitzer Lemartel hieß, aber allgemein unter dem Namen Roi des chiffoniers, der Lumpenkönig bekannt war. Man erzählte sich von ihm, daß er als Knabe Lumpensammler gewesen sei und es durch Fleiß und Sparsamkeit, sowie später durch eine reiche Heirath, zum Besitze von Millionen gebracht habe. Er besaß mehrere große Papierfabriken und hatte in seinem Dienste viele Hunderte von armen Teufeln, welche Tag und Nacht Paris durchwanderten, um nach Lumpen und anderen Abfällen zu suchen.

Hinter dem herrlichen Garten seines Palastes zog sich eine enge, schmutzige Gasse hin. In derselben lagen einige Häuser, welche ihm gehörten und ihm als Lagerräume für die angesammelten Abfälle verschiedener Art dienten.

Seine Lumpensammler kannten ihn persönlich; sonst aber gab es wenige Menschen, welche sich rühmen konnten, mit ihm in nähere Berührung gekommen zu sein. Zwar fuhr er fast täglich in einer glänzenden Equipage spazieren; aber er hatte sich stets so weit in die Polster zurückgelegt, daß

man sein Gesicht nur schwer zu erkennen vermochte. Dann saß allemal eine junge Dame von außerordentlicher Schönheit an seiner Seite, von welcher man sagte, daß sie seine leibliche Tochter sei. Ihre Mutter, seine Frau, sei gestorben.

In der letzt vergangenen Nacht hatte in dem engen Lumpengäßchen, wie alle Nächte, ein reges Leben geherrscht. Der Lumpensammler von Paris arbeitet am Liebsten während der Nacht, beim Scheine seiner kleinen Laterne. Er ist da keinem Passanten im Wege; die Straßenkehrer haben, sobald die Hauptstadt sich zur Ruhe gelegt hat, ihr Werk begonnen, in Folge dessen in gewissen Entfernungen Kehrichthaufen liegen, die nun von den Lumpensammlern mit Gier durchsucht werden.

Wer seinen Korb oder seine Bütte gefüllt hat, der eilt zur Niederlage, um den Vorrath abzugeben und die Arbeit von Neuem zu beginnen. Daher kommt es, daß in den abgelegenen Gäßchen, in denen die Lumpensammler zusammentreffen, ein mehr als gewöhnlicher Verkehr herrscht, während in anderen Stadttheilen das Wogen des Tages aufgehört hat.

In einem der angegebenen Häuser saß im hintersten Winkel eines niedrigen und feuchten, gewölbeartigen Raumes, welcher ganz von allerlei Abfällen gefüllt war, an einem alten Pulte ein Mann, dessen Gesicht von zahlreichen Blatternarben bedeckt war. Er hatte ein großes aufgeschlagenes Buch vor sich liegen, in welches er lange Zahlenreihen eintrug.

Durch die geöffnete Thür kamen und gingen Leute, welche ihre gefüllten Körbe ausschütteten und sich dann entfernten, ohne von diesem Manne beachtet zu werden oder ein Wort an ihn zu richten. Was sie zu reden hatten, das hatten sie bereits mit einem Beamten besprochen, welcher sich in einem Vorderraume aufhielt.

Da trat ein Mann ein, welcher weder Korb noch Bütte auf dem Rücken trug. Er schritt langsam auf den Schreibenden zu und blieb dann in der Nähe desselben stehen, um zu warten, bis er angeredet werde. Er blieb längere Zeit unbemerkt, bis endlich der am Pulte sitzende ein Blatt umzuschlagen hatte und sein Blick dabei auf den Wartenden fiel. Seine Gedanken waren so von Zahlen erfüllt, daß er zwar die Gestalt bemerkte, aber die Züge des Gesichtes nicht unterschied, obgleich der Schein der Lampe auf den Angekommenen fiel.

„Was giebt es?" fragte er kurz und mürrisch.

„Monsieur Lemartel!" antwortete der Gefragte.

„Nun ja; Monsieur Lemartel bin ich. Also, was giebt es?"

„Wollen Sie mich wirklich nicht kennen?"

Da richtete der Lumpenkönig seinen Blick schärfer auf den Andern. Seine Stirn zog sich in Falten.

„Donnerwetter!" sagte er. „Lermille! Sie? Wie kommen Sie nach Paris?"

„Aus alter Anhänglichkeit, Monsieur."

„Doch nicht etwa Anhänglichkeit gegen mich."

„Gewiß."

„Ich danke. Ich denke, Sie sind bei der Truppe des Zauberers Hassan angestellt."

„Ich war es. Meine Stieftochter starb, und da gefiel es mir nicht länger."

„Sie ist todt? Schade ist es nicht um sie. Sie war

ein höchst unartiges Subject. Was aber wollen Sie nun in Paris?"

"Ich befinde mich blos auf der Durchreise. Ich muß Ihnen sagen, daß mir leider die Mittel zur Weiterreise fehlen, und da dachte ich an unsere frühere Bekanntschaft."

Der Lumpenkönig räusperte sich und sagte:

"Sie war, wie ich mich erinnere, sehr vorübergehend."

"Aber doch so intim, daß wir uns Du nannten, obgleich Sie mich jetzt mit dem ehrenvollen Sie beehren."

"Schon gut. Sie haben die verdammt üble Angewohnheit, sich stets dann, wenn Sie sich in Geldverlegenheit befinden, meiner zu erinnern. Sie können denken, daß mir das nicht sehr angenehm sein kann. Wenn Sie wünschen, daß ich Ihr Banquier sein möge, so ersuche ich Sie vor allen Dingen, eine Summe bei mir zu deponiren, über die Sie sodann verfügen können."

"Das habe ich ja gethan!" meinte der Bajazzo spitz.

Der Lumpenmann warf einen erstaunten Blick auf ihn und fragte:

"Wie? Wann denn, und welche Summe denn?"

"Ich habe die Erinnerung bei Ihnen deponirt, und Sie werden zugeben, daß dieselbe nicht ganz werthlos ist."

"Ihr System ist das System des Raubes, der Bedrohung, der Nöthigung. Ich habe keine Lust, länger von Ihren Verlegenheiten gelangweilt zu werden. Wie viel brauchen Sie?"

"Hm! So viel wie möglich!"

"Ja, das glaube ich Ihnen. Ich werde Ihnen zum letzten Male aushelfen. Ich gebe Ihnen heute zweihundert Franken, und zwar mit der Bedingung, daß Sie nicht wiederkommen."

Der Bajazzo stieß ein kurzes Lachen aus und sagte:

"Zweihundert Franken? Welch eine Lappalie! Geben Sie zweitausend, so verspreche ich Ihnen, daß Sie mich nicht wieder sehen werden."

Der Lumpenkönig drehte sich weiter zu ihm herum, warf ihm einen stechenden Blick zu und antwortete:

"Zweihundert, nicht mehr."

"Monsieur Lemartel!"

"Schon gut. Es ist das mein letztes Wort."

"Monsieur — — Lormelle!"

Der Bajazzo sprach diesen Namen langsam und mit Nachdruck aus. Der Mann am Pulte fuhr erschrocken zusammen.

"Was ist das für ein Name?" fragte er. "Wie kommen Sie dazu, mir denselben zu geben?"

"Weil Sie ihn einst getragen haben. Sie hießen damals Henry de Lormelle. Ich entsinne mich dessen sehr genau."

"Unsinn. Was fällt Ihnen ein! Sie phantasiren!"

"Soll ich Ihnen einen Zeugen bringen?"

"Ah pah! Wen denn?"

"Vater Main."

Der Mann am Pulte fuhr abermals erschrocken zusammen.

"Vater Main?" fragte er. "Wer ist das? Wer trägt diesen Namen? Was wissen Sie von dem Manne?"

Ein triumphirendes Lächeln fuhr über das versoffene Gesicht des Hanswurstes. Er näherte sich dem Pulte und flüsterte, so daß ja kein etwa unbemerkt Anwesender es hören könne:

"Vater Main ist mein Freund."

"Wieso?"

"Wir sind alte Freunde und Verbündete. Wir haben keine Geheimnisse vor einander. Ich war gestern bei ihm. Wollen Sie den Beweis? Hören Sie."

Er raunte dem Lumpenkönige einige Worte in das Ohr. Lemartel erblaßte. Er fuhr mit dem ganzen Oberkörper zurück, als ob er ein Gespenst vor sich sähe und zischte:

"Still, still! Der Verräther! Was hat er von dieser Sache zu sprechen! Ich werde ihn zur Rede stellen."

"Thun Sie das meinetwegen. Was mich betrifft, so genügt es mir, zu erfahren, ob Sie mich wirklich mit nur lumpigen zweihundert Franken abspeisen wollen."

"Nichts, gar nichts werde ich Ihnen geben."

"Ah! Wirklich, Monsieur Henry de Lormelle? Wissen Sie, was ich in diesem Falle thun werde?"

"Ihr Thun und Lassen ist mir vollständig gleichgiltig."

"Ah, wirklich? Wie nun, wenn ich zur Polizei gehe, um ihr eine interessante Mittheilung zu machen?"

"Das werden Sie bleiben lassen!"

"Doch wohl nicht. Ich werde vorher mit Vater Main sprechen, und dieser wird, als mein Freund, mich in den Stand — — —"

Er hielt inne und fuhr erschrocken zurück. Auch der Lumpenkönig machte eine Bewegung des Erstaunens, denn gerade neben ihnen tauchte die Gestalt Dessen auf, von dem der Bajazzo soeben gesprochen hatte, die Gestalt Vater Mains.

"Guten Abend, Monsieur Lemartel!" grüßte dieser.

"Vater Main! Wo kommen Sie her?" fragte der, welchem der Gruß gegolten hatte.

"Dort zur Thür herein. Sie Beide waren so sehr in Ihre Unterhaltung vertieft, daß Sie meine Schritte gar nicht gehört haben."

"Und was wollen Sie?"

"Ihren Schutz, Monsieur."

"Meinen Schutz? Alle Teufel! Ich will doch nicht etwa hoffen, daß Sie irgend eine Dummheit begangen haben, in welche Sie mich mit verwickeln wollen."

"Von einer Dummheit kann keine Rede sein, sondern höchstens von einem Unglücke, von einem ganz verfluchten Unglücke, welches mir widerfahren ist. Ich hatte einen Streich vor, wie so klug ich noch niemals einen unternommen habe, und gerade dieser Geniestreich ist mißglückt. Die Polizei drang in mein Haus; ich mußte flüchten und bin nun gezwungen, mir ein Asyl zu suchen, wo ich für die nächsten Tage sicher bin."

Lemartel machte eine abwehrende Handbewegung und sagte:

"Ich hoffe, daß Sie ein solches finden werden."

"Gewiß, Monsieur. Ich bin sogar überzeugt, es bereits gefunden zu haben."

"Meinen Sie etwa, hier bei mir?"

"Gewiß!"

"Sie irren sich. Lassen Sie mich vor allen Dingen den Geniestreich wissen, welcher Ihnen verunglückt ist."

"Das ist gar nicht nöthig. Sprechen wir nicht darüber."

Da ergriff der Bajazzo das Wort, indem er den Wirth fragte:

"Du meinst wohl die Geschichte mit der Generalstochter?"

„Ja, freilich!"

„Alle Teufel! Der Coup ist nicht gelungen?"

„Er war gelungen. Wir bekamen sie gestern Abend in unsere Gewalt; morgen Vormittag wollte ihr Vater hunderttausend Franken bezahlen; da aber kam heute ein Mensch, welcher im heimlichen Einvernehmen mit der Sally gesteckt hat. Sie lockten mich in den Keller, wo ich einen Schlag gegen den Kopf erhielt, welcher mich besinnungslos machte. Dann befreiten sie die Gefangene und tödteten dabei Brecheisen und Dietrich, welche sich bei ihr befanden. Als ich wieder zu mir kam, war die Polizei bereits so nahe, daß mir kaum die Zeit zur Flucht übrig blieb."

Der Lumpenkrösus hatte diesem Berichte mit allen Zeichen des Schreckens zugehört. Jetzt fragte er:

„Was? Sie sind es gewesen? Sie haben den Raub ausgeführt, von welchem alle Journale erzählten?"

„Ja, ich bin es gewesen," antwortete Vater Main mit sichtbarem Stolze.

„Um Gotteswillen! Dann habe ich keinen Theil an Ihnen!"

„Das heißt, daß Sie mich von sich weisen?"

„Ja."

„Das wäre eine Unvorsichtigkeit, welche ich Ihnen nicht zutraue. Ich brauche ein solches Versteck und Sie können mir ein solches gewähren. Zeigen Sie mir die Thür, so werde ich gefangen, und dann habe ich auch keine Verpflichtung, länger über Das zu schweigen, was ich von Ihnen weiß!"

„Sie haben das Schweigen bereits gebrochen."

„Ich? Gegen wen?"

„Gegen diesen Menschen hier. Er kam, um mir eine Summe Geldes abzupressen und glaubte, dies mit Hilfe des Geheimnisses zu erreichen, welches Sie ihm mitgetheilt haben."

„Der Bajazzo? Ah, der ist ein Freund von mir. Wir brauchen einander nichts zu verschweigen. Uebrigens darf ich in meiner gegenwärtigen Lage durch unnütze Unterhandlungen keine Zeit verlieren. Geben Sie mir ein Asyl oder nicht?"

„Nein."

„Gut. So wird ein gewisses, kleines Kästchen noch heute in die Hände der Polizei gelangen."

Lemartel entfärbte sich, doch nahm er sich schnell zusammen und sagte im Tone des Unglaubens und der Ueberlegenheit:

„Drohen Sie mir doch nicht mit Dingen, welche gar nicht geschehen können. Sie haben Hals über Kopf fliehen müssen. Es ist Ihnen doch nicht möglich gewesen, das Kästchen zu retten."

Da warf der Wirth einen Blick, welcher heimlich sein und als Wink gelten sollte, auf den Bajazzo und sagte:

„Sie befinden sich sehr im Irrthum, wenn Sie glauben, daß das Kästchen sich in meinem Gewahrsam befindet. Ich habe es an einem viel sichereren Orte deponirt. Nicht wahr, Bajazzo?"

„Ja; ich selbst war mit dabei," antwortete der Gefragte.

Aber Lemartel hatte den Wink recht gut bemerkt; er mußte so ziemlich sicher, daß man ihn täuschen wolle. Er beschloß, den Klugen zu spielen und scheinbar nachzugeben. Darum sagte er:

„Welch eine Unvorsichtigkeit! Sie haben das Kästchen nicht mehr bei sich?"

„Nein," antwortete der Wirth, indem er dem Bajazzo einen befriedigten Blick zuwarf.

„Wo aber befindet es sich jetzt?"

„Das ist unser Geheimniß. Geben Sie mir für einige Tage ein Versteck, so sollen Sie als Belohnung das Kästchen zurückerhalten."

„Hm! Darf ich diesem Versprechen glauben?"

„Ich schwöre es Ihnen zu."

„Gut, so werde ich Sie beherbergen, obgleich ich mich dadurch in die allergrößte Gefahr begebe. Aber, was wollen Sie dann beginnen? In Paris dürfen Sie sich nie wieder sehen lassen."

Der Wirth dachte einen Augenblick nach und antwortete dann:

„Es ist bereits beschlossen, was ich thun werde; nämlich ich gehe unter die Franctireurs."

Dieser Gedanke frappirte den Lumpenkönig.

„Unter die Franctireurs?" fragte er. „Ich habe zwar gehört, was auch Andere hören; ich weiß, daß man im Stillen Freicorps rüstet, aber ob Sie Annahme finden werden, das ist denn doch wohl zu bezweifeln. Man wird nach der Legitimation fragen."

„Das fällt dem alten Capitän sicherlich nicht ein."

„Dem alten Capitän? Wer ist dieser Mann?"

„Haben Sie von ihm noch nichts gehört? Er scheint eine Hauptrolle in der Organisation der Franctireurs zu spielen. Er heißt Albin Richemonte, war Capitän der alten Kaisergarde und wohnt auf Schloß Ortry in der Nähe von Thionville. Zu ihm gehe ich."

Es war ein eigenthümlicher Ausdruck, welcher sich jetzt auf dem blatternarbigen Gesichte des Lumpenhändlers zeigte. Er war vorhin von dem Bajazzo Henry de Lormelle genannt worden und diesen Namen hatte ja jener Diener Richemonte's und des Grafen Rallion angenommen gehabt, welcher die Familie Königsaus um die Kaufsumme ihrer Besitzung beraubt hatte. Er beherrschte seine innere Aufregung und sagte:

„Der Mann ist mir unbekannt. Wenn er Sie aufnehmen will, so mag es mir recht sein. Haben Sie denn Reisegeld?"

„Leider nein. Ich denke, daß Sie mich mit einer kleinen Summe versehen werden."

„Gerade so wie mich," fiel der Bajazzo ein.

Der Lumpenkönig schien mürbe gemacht worden zu sein. Er meinte:

„Gut, ich will einmal Rücksicht haben. Ich zahle zweitausend Franken, wenn ich das Kästchen erhalte."

„Sie erhalten es."

„Wann?"

„In der Stunde, in welcher ich das Asyl verlasse, welches ich bei Ihnen finden werde, Monsieur Lemartel."

„Warum nicht eher?"

„Weil ich gern sicher gehe. Ich will mich nicht der Gefahr aussetzen, daß Sie mir das Versteck kündigen, nachdem ich Ihnen das Kästchen zurückgegeben habe."

„Das ist ein sehr ungerechtfertigtes Mißtrauen. Ich habe noch nie mein Wort gebrochen. Also Sie, Vater

Main, werden bei mir bleiben. Was aber thun Sie, Bajazzo?"

„Ich bleibe auch," antwortete der Gefragte.

„Oho! Bedürfen auch Sie eines Versteckes?"

„Vielleicht! Jedenfalls aber kann es mir nicht einfallen, über das Kästchen während meiner Abwesenheit verfügen zu lassen. Ich bleibe bei Vater Main, so lange er sich bei Ihnen befindet."

Lemartel that, als ob ihm das höchst unangenehm sei. Er machte eine sehr verdrießliche Miene und bemerkte:

„Sie konnten bleiben, wo Sie waren, oder wenigstens doch jetzt sich wieder dorthin begeben, woher Sie gekommen sind. Aber ich will mich nicht noch weiter aufregen. Kommen Sie. Es ist dunkel und man wird Sie nicht sehen.

Neben dem Pulte befand sich eine Thür, welche nach einem kleinen Hofe führte. Sie traten hinaus. Dort öffnete Lemartel eine Pforte, welche sich in der Mauer befand. Durch dieselbe gelangten sie in den Garten, welcher zu seinem Palais gehörte.

Es war hier allerdings so dunkel, daß man kaum drei Schritte weit zu sehen vermochte. Die Beiden folgten ihm auf dem Fuße, bis sie die hintere Fronte des Gebäudes erreichten. Er vermied den Haupteingang und öffnete eine Seitenthür. Von hieraus führte eine unerleuchtete Treppe nach oben. Sie stiegen dieselbe empor. Er öffnete eine Thür; sie befanden sich in einem Zimmer, vor dessen Fenster er zunächst die Jalousien zusammen zog, so daß kein Lichtschein nach Außen bringen konnte. Dann brannte er eine von der Decke herabhängende Lampe an.

Das Zimmer war sehr hübsch möblirt; es schien dem Wirth zu gefallen, denn er fragte:

„Hm. Ist das etwa mein Asyl?"

„Ja. Ist's gut genug?"

„Ich bin zufrieden."

„Und wo wohne ich?" fragte der Bajazzo.

„Auch hier," lautete die Antwort. „Zwei Zimmer kann ich nicht zur Verfügung stellen; das würde die Aufmerksamkeit der Dienerschaft erregen. Ich muß Sie übrigens ersuchen, sich so still wie möglich zu verhalten. Speise und Trank werde ich jetzt besorgen; um zu schlafen, haben Sie das Bett und das Sopha. Die Thüre werde ich natürlich verschließen und den Schlüssel bei mir tragen. Das geschieht zu Ihrer und auch meiner eignen Sicherheit."

Er entfernte sich und brachte nach kurzer Zeit einen Vorrath von Lebensmitteln. Dann schloß er sie ein.

Er ging durch den Garten nach dem alten Hause zurück, in welchem er sich vorher befunden hatte. Bei seinem Pulte angekommen, stieß er einen Pfiff aus und sofort eilte der Mann herbei, welcher im vorderen Raume die ein- und auspassirenden Lumpensammler zu beaufsichtigen hatte. Er war klein und verwachsen, hatte aber recht treue und ehrliche Gesichtszüge.

„Schläft Deine Tochter?" fragte sein Herr.

„Nein. Sie ist noch wach," war die Antwort.

„Rufe sie. Ich habe mit ihr zu sprechen."

Der Mann entfernte sich, und nach einiger Zeit trat ein Mädchen ein, welches sich dem Pulte näherte und in wartender Stellung vor demselben stehen blieb. Sie war nicht schön, aber auch nicht häßlich. Ihre üppigen Formen waren von dem Nachtgewande nur nothdürftig verhüllt.

„Ich habe Dich rufen lassen, um eine Frage an Dich zu richten," sagte Lemartel. „Bist Du auf Vater Main noch bös?"

Die Augen des Mädchens blitzten grimmig auf.

„Diesen Menschen vergesse ich im ganzen Leben nicht," sagte sie. „Wären Sie damals nicht gekommen, so hätte ich ihn ermordet. Ihnen verdanke ich das Leben, denn man hätte mir als Mörderin den Proceß gemacht."

„Das mag richtig sein. Er hatte Dich gemiethet; Du dachtest, eine gute Stelle zu bekommen und wurdest verführt. Na, das ist jetzt vorüber. Ich interessirte mich für Dich und gab auch Deinem Vater Stellung. Ich denke, daß Du mir ein wenig dankbar sein kannst."

„Monsieur Lemartel, ich würde alles Mögliche thun, um Ihnen zu zeigen, daß ich Ihnen danken will."

„Alles Mögliche? Und doch hast Du mir gerade Das, was ich am Meisten wünsche, abgeschlagen."

„Ah, das mit dem Verstecke?"

„Ja."

„Das geht nicht; das darf ich nicht. Er zeigte mir einst, um mich zu verblenden, sein Geld und seine Kostbarkeiten; ich mußte schwören, niemals ein Wort davon einem Anderen mitzutheilen. Sie sehen ein, daß ich das Heil meiner Seele nicht verscherzen darf."

„Hm! Das sehe ich ein. Aber höre einmal, Du hast geschworen, nie davon zu sprechen?"

„Ja."

„Hast Du auch geschworen, das Versteck nie Jemanden zu zeigen?"

„Allerdings nicht. Es war ja nur vom Sprechen die Rede."

„Nun, so bringst Du Deine Seligkeit ja gar nicht in Gefahr, wenn Du den Ort Jemandem zeigst, wenn Du nur nicht dabei redest."

Sie dachte eine kleine Weile nach und sagte dann:

„Das mag richtig sein, Monsieur, aber es nützt dennoch nichts."

„Warum?"

„Weil ich das Versteck Niemandem zeigen kann, ich bin ja nicht dort."

„Wie nun, wenn ich Dich hinführte?"

„O, Vater Main wird Sie doch nicht in den Keller lassen."

„Er muß es dulden, denn er ist heute gar nicht daheim."

„So sind die Kellnerinnen da und er hat den hinteren Keller jedenfalls verschlossen."

„Die Kellnerinnen werden uns gar nicht sehen. Ich kenne einen geheimen Weg, auf dem wir nach dem Keller kommen können. Ich will dem Vater Main nicht Etwas stehlen, sondern ich will nur sehen, ob er Etwas hat, was mir vor längerer Zeit gestohlen worden ist."

„Ah, ist es so. Er macht den Hehler. Warum wenden Sie sich nicht an die Polizei?"

„Weiß die Polizei den Ort?"

„Das ist wahr. Und ich darf ja nicht davon sprechen. Meinen Sie, daß es den Vater Main sehr ärgern würde, wenn Sie den Gegenstand finden, der Ihnen abhanden gekommen ist?"

„Natürlich! Er würde sich ungeheuer ärgern, denn er müßte ihn mir natürlich wiedergeben."

„Dann hätte ich beinahe Lust, Ihnen den Ort zu verrathen, vorausgesetzt, daß ich es nicht durch Worte zu thun brauche."

„Wenn Du es thust, so werde ich Dich reichlich belohnen."

„Ist irgend eine Gefahr dabei?"

„Nicht die geringste. Ich gebe Dir volle fünfhundert Francs."

Sie schlug die Hände zusammen und sagte:

„Fünfhundert Francs! Da kann ich ja das Schneidern oder das Putzmachen lernen! Ist das Ihr Ernst, Monsieur?"

„Ich gebe Dir mein Wort, daß Du die Summe bekommst."

„Gut, so werde ich Ihnen den Willen thun."

„Das freut mich, auch um Deiner selbst willen. Aber vorher mußt Du mir schwören, den Weg, welchen wir gehen werden, keinem Menschen jemals zu verrathen, weder durch Worte noch auf eine andere Weise."

„Ich schwöre es Ihnen zu, Monsieur."

„Ich glaube Dir. Du bist ein ehrliches Mädchen, obgleich Du bei Vater Main in Dienst gestanden hast. Gehe jetzt hinauf in Eure Wohnung und lege einen alten Anzug Deines Vaters an."

„Warum das?" fragte sie, nicht wenig verwundert.

„Weil der Weg, welchen wir einschlagen werden, in Frauenkleidern nicht gut zu passiren ist. Gehe gleich hier zu dieser Thür hinaus und komme auch da wieder herein, damit Dich kein Unberufener sieht."

Sie ging. Als sie nach einiger Zeit zurückkehrte, war sie als Mann gekleidet. Vater Main hatte gar keinen so üblen Geschmack gehabt, als er das Mädchen zur Bedienung seiner Gäste und vielleicht auch zu seiner eigenen Unterhaltung engagirte. Sie blickte einigermaßen verschämt zu Lemartel auf.

„Hat Dich Jemand gesehen?" fragte er.

„Kein Mensch; nicht einmal mein Vater."

„So komm!"

Er führte sie nach einer andern Ecke der Niederlage, wo eine Thür in ein Seitengewölbe führte. Dort war es finster, als er die Thür hinter sich zugezogen hatte; aber er brannte eine Lampe an, welche auf einem Tische stand.

Auch hier gab es Lumpen, nichts als Lumpen. In einem Winkel erblickte man eine Fallthür, welche nach abwärts führte. Ueber ihr war an der Mauer ein kleines Schränkchen befestigt. Er öffnete es und nahm zwei kleine Laternen und einen mehrfach zusammengefalteten Papierbogen heraus. An der Mauer lehnte ein alter Stockdegen.

„Jetzt muß ich Dich zunächst fragen, ob Du Dich vielleicht vor Ratten fürchtest," bemerkte er.

„Ja, im Dunkeln und wenn ich allein bin."

„Nun, wir haben zwei Laternen und ich bin bei Dir."

„Giebt es denn diese Thiere auf dem Wege, welchen wir einschlagen werden, Monsieur Lemartel?"

„Nicht nur wenige, sondern sogar in Masse. Hast Du vielleicht einmal davon gehört, daß es unter gewissen Stadttheilen von Paris Katakomben giebt?"

„Das weiß ja jedes Kind!"

„Nun, ein solcher Stadttheil ist der unserige. Diese Fallthür führt in das Labirinth der unterirdischen Gänge hinab. Sie sind so verzweigt und ineinander gewirrt, daß man sich darin verirren kann. Es hat sich schon Mancher nicht wieder heraufgefunden. Später wurde sein Skelett entdeckt. Er war elend verhungert und vielleicht gar bei lebendigem Leibe von den Ratten aufgefressen worden."

„Herrgott!" sagte das Mädchen schaudernd. „Und da hinab wollen wir vielleicht steigen?"

„Ja. Das Haus des Vater Main ist fünf Querstraßen weit von hier. Sein Keller liegt ebenso wie der meinige über den Katakomben und ich weiß, das er auch so eine Fallthür besitzt."

„Das stimmt. Ich habe die Thür damals gesehen."

„Also richtig. Ich will offen sein und Dir sagen, daß ich Grund gehabt habe, den Wirth heimlich zu beobachten. Ich bin sehr oft, ohne daß er es ahnte, in seinem Keller gewesen. Nur das Versteck konnte ich nicht entdecken. Heute wirst Du es mir zeigen."

„Das würde ich gern thun, Monsieur, denn ich habe Ihnen ja sehr viel zu verdanken; aber wie nun, wenn wir den Weg nicht zurückfinden und dann auch verhungern!"

„Ich kenne den Weg sehr genau, und übrigens habe ich für unvorhergesehene Fälle dieses Papier. Es ist der Plan der Katakomben, über denen wir wohnen. Willst Du Dich mir anvertrauen?"

Sie zögerte eine Weile und antwortete dann in entschlossenem Tone:

„Gut, ich gehe mit! Sie werden sich doch nicht selbst in eine Gefahr begeben, die Sie nicht kennen."

„Sicherlich nicht. Vorher aber noch eins! Ich befand mich nämlich in den Katakomben unter dem Keller, als Vater Main Dir sein Versteck zeigte, um Dich zu bethören. Ich hörte jedes Wort, welches zwischen Euch gesprochen wurde; aber es fiel kein einziges, aus dem ich hätte schließen können, welcher Ort das Versteck sei. Von dieser Stunde an war es beschlossen, Dich von ihm fortzunehmen, um mit Deiner Hilfe das Gesuchte zu finden. Jetzt weißt Du nun Alles und wir können den Weg antreten."

Er kehrte zur Thür zurück und verschloß sie, um nicht beobachtet zu werden. Dann brannte er die beiden Laternen an, von denen das Mädchen eine erhielt. Das Licht wurde verlöscht. Sodann öffnete er die Fallthür. Aus der schwarz empor gähnenden Oeffnung stieg ein moderiger Geruch empor und unten hörte man die Stimmen der Ratten, welche durch das Geräusch aufgeschreckt worden waren. Längs der Mauer hin lag eine Leiter. Er nahm dieselbe und ließ sie in das Loch hinab.

„Jetzt werde ich voransteigen und Du folgst mir," sagte er. „Du brauchst ganz und gar nicht bange zu sein. Es wird Dir nichts Böses geschehen."

Er zog den Degen aus dem Stocke, nahm ihn in die Rechte und die Laterne in die Linke und begann hinab zu steigen. Sie zögerte einige Augenblicke und folgte ihm dann vorsichtig.

Unten angekommen, befanden sie sich in einem gewölbten Gange, von dessen Mauern das Wasser sickerte. Es sammelte sich am Boden, wo es durch unsichtbare Ritzen verschwand. Einzelne Ratten huschten an ihnen vorüber. Die Masse dieser Thiere hatte sich vor dem Scheine der Laternen geflüchtet.

„Nun, findest Du es vielleicht zu grausig hier unten?" fragte er.

„Nein," antwortete sie. „Allein aber möchte ich auf keinen Fall und um keinen Preis hier sein."

"Weißt Du, wozu diese Katakomben früher gedient haben?"

"Man sagt, daß die Todten da aufbewahrt worden sind."

"Das ist wahr. Wir werden an einigen Stellen vorüberkommen, wo Schädel und Knochen aufgespeichert liegen. Du brauchst Dich jedoch nicht zu fürchten. Komm, gieb mir Deinen Arm!"

Er führte sie. Er fühlte, daß sie bebte. Sie war doch nicht so muthig, wie sie sich den Anschein gab. Und als sie in mehrere Nebengänge einbiegend, immer ganze Schaaren, von Ratten fliehen sahen und hörten, stieß sie zuweilen einen lauten Ruf des Schreckens aus.

Nach einer Weile kamen sie durch ein breiteres Gewölbe, an dessen beiden Seiten zahlreiche Ueberreste von Leichen aufgestapelt waren. Da drängte sie sich furchtsam an ihren Führer und beeilte ihre Schritte, so daß er ihr kaum zu folgen vermochte.

Endlich, endlich blieb er halten. Es waren in die Mauer Stufen gehauen und oben in der Decke erblickte man eine Fallthür, ganz ähnlich derjenigen, durch welche sie vorher herabgestiegen waren.

"Wir sind am Ziele," sagte er.

"Ueber uns ist der Keller des Vater Main?" fragte sie.

"Ja. Der Schlaukopf scheint auch zuweilen hier unten seine Entdeckungsfahrten unternommen zu haben; denn diese Stufen sind sicher nur von ihm in den Stein gehauen worden. Er kann da die Leiter entbehren. Ich werde einmal horchen, ob sich Jemand im Keller befindet. Hier hast Du den Stockdegen, um Dich der Ratten zu erwehren, wenn sie Dich belästigen sollten."

Er stieg empor, bis sein Kopf an die Fallthür stieß und lauschte eine kurze Zeit. Dann hob er die Thür empor, hielt die Laterne in die Höhe und blickte in den Keller. Er konnte nach dem, was er erfahren hatte, sich denken, daß das Haus von der Polizei besetzt sei. Daher war Vorsicht geboten. Glücklicher Weise bemerkte er, daß in dieser hinteren Abtheilung von einem Menschen keine Spur zu sehen sei.

"Es ist Niemand da," flüsterte er ihr zu. "Komm herauf."

Er selbst stieg vollends empor und sie folgte ihm.

"Nun, wo ist das Versteck?" fragte er. "Du kannst es mir zeigen, ohne ein Wort zu sprechen; dann hast Du Deinen Schwur gehalten."

Natürlich sprach er so leise wie möglich. Er war fieberhaft erregt, ließ es sich aber nicht merken. Das Mädchen trat einige Schritte vor, bückte sich dann fast bis zum Boden nieder und deutete auf einen Mauerstein, welcher ganz fest zwischen den andern zu stecken schien. Ein Eisenring war an ihm angebracht. Lemartel erfaßte den Ring und zog. Der Stein folgte dieser Anstrengung und nach ihm auch die rechts und links von ihm befindlichen. Dadurch wurde eine Oeffnung sichtbar, welche eine ziemliche Tiefe besaß. Der Lumpenkönig leuchtete in dieselbe hinein und mußte sich beherrschen, nicht einen lauten Ruf des Erstaunens auszustoßen.

Er erblickte Geldrollen und Packete, welche jedenfalls Papiergeld enthielten, Ringe, Ketten, Armbänder und allerlei ähnliche Schmuckgegenstände. Und ganz hinten — ah, er langte hinter und zog ein kleines Kästchen hervor, welches er genau betrachtete. Es war verschlossen und kein Schlüssel steckte im Loche.

"Das ist es!" sagte er, indem sein Auge aufleuchtete.

"Dieses Kästchen wurde Ihnen gestohlen?" fragte sie.

"Ja. Ich werde der Polizei Meldung machen."

"Warum denn, Monsieur?"

"Damit ich es wieder bekomme."

"Dazu ist ja gar keine Meldung nöthig! Wenn es Ihnen gehört, so können Sie es ja behalten. Das ist keine Sünde und auch kein Verbrechen."

Natürlich hatte er sich nur den Anschein gegeben, als ob er Anzeige machen wolle. Er nahm eine nachdenkliche Miene an und meinte flüsternd:

"Du hast eigentlich ganz Recht. Melde ich es der Polizei, so wird das Kästchen confiscirt, obgleich es mein Eigenthum ist, und ich kann Monate lang warten, ehe ich es erhalte. Also Du meinst, daß ich es mitnehmen soll?"

"Ja. Was ist drin?"

"Nichts gerade Werthvolles. Nur Scheine und Zeugnisse, welche ich vielleicht noch einmal gebrauchen werde. Die Diebe haben das Kästchen jedenfalls nur deshalb mitgenommen, weil die Elfenbeinarbeit daran eine werthvolle ist. Stecken wir die Steine wieder an ihren Platz!"

Er verschloß das Versteck wieder, wie es erst gewesen war, und nahm das kleine Kästchen an sich. Dann stiegen sie wieder hinab, wobei er die Fallthür über sich niederließ. Unten im Gewölbe angekommen, sagte das Mädchen:

"Nun sind Sie also vollständig zufriedengestellt, Monsieur?"

"Ja."

"Das ist uns leichter geworden, als ich dachte. Ich werde darum die Belohnung, welche Sie mir versprochen haben, wohl gar nicht annehmen können."

"Du wirst sie erhalten und annehmen, denn Du hast sie verdient. Komm, laß uns zurückkehren."

Sie gelangten auf demselben Wege, den sie gekommen waren, und in ganz derselben Weise in die Lumpenniederlage Lemartels zurück. Dort öffnete er sein Pult und zahlte ihr die Summe aus. Sie konnte es gar nicht fassen, plötzlich so reich geworden zu sein, und zog im Uebermaße ihres Glückes seine Hand an ihre Lippen. Dann entfernte sie sich.

Kaum aber war sie fort, so trat er den Gang zum zweiten Male an. Während er die Katakomben durchschritt, murmelte er vor sich hin:

"Soll ich etwa den Schatz liegen lassen, den dieser Spitzbube da aufgespeichert hat! Ich würde der größte Thor der Erde sein. Habe ich mir kein Gewissen daraus gemacht, damals die Familie Königsau nebst Graf Rallion und den Capitän um ihr Geld zu betrügen, so brauche ich jetzt erst recht kein Bedenken zu hegen!"

Unter der Fallthür angekommen, lauschte er. Er bemerkte, daß Jemand im Keller sei. Es wurde geklopft und gehämmert.

"Donnerwetter!" dachte er. Sollte man ahnen, daß der Alte hier ein heimliches Versteck hat, und nach demselben suchen? Das wäre fatal! Ich muß warten."

Er wartete lange Zeit; aber die Bewegung, welche im Keller herrschte, wollte nicht aufhören. Darum kehrte er endlich zurück und beschloß, den Weg am Tage nochmals zu unternehmen.

Er kam erst gegen Mittag zur Ausführung dieses Vorhabens. Jetzt fand er den Keller des Wirthes leer. Er blickte sich um, konnte aber nichts bemerken, was ihm hätte als Fingerzeig dienen können, warum man in der Nacht hier so geklopft und gehämmert habe. Das Geräusch hatte wohl im vorderen Keller stattgefunden. Er zog die Steine heraus und fand den Schatz noch vor.

Er raffte Alles in ein Tuch zusammen, welches er mitgebracht hatte, brachte die Steine wieder in ihre Lage und zog sich dann zurück, um eine Summe bereichert, deren Höhe er jetzt noch gar nicht zu bestimmen vermochte.

Er hielt sich gar nicht in seiner Niederlage auf, sondern begab sich nach dem Palais, um den Raub dort in sicheren Gewahrsam zu bringen. Wer ihn jetzt hätte durch den Garten schreiten sehen, dem wäre es ganz gewiß nicht eingefallen, ihn für den Besitzer dieses Palastes zu halten. Er war nicht anders gekleidet als einer seiner Arbeiter.

Nachdem er das gestohlene Gut versteckt hatte, begab er sich zu den beiden Männern, welche glaubten, sich in einem sicheren Asyl bei ihm zu befinden.

„Endlich!" sagte Vater Main, als er bei ihnen eintrat. „Die Zeit wird Einem in dieser Einsamkeit verteufelt lang. Giebt es nichts Neues? Was erfährt man über unsere Affaire?"

„Sehr viel und sehr wenig," antwortete Lemartel. „Ich bringe Euch eine Botschaft, welche für Euch von größter Wichtigkeit ist."

„Erfreulich?"

„Nein. Wenigstens ich glaube, daß sie Euch nicht sehr angenehm sein wird."

Aus dem Umstande, daß er Euch anstatt Ihnen sagte, hätten sie sehr leicht auf die Aenderung seiner Gesinnung schließen können. Sie beachteten das nicht. Der Bajazzo fragte:

„Was ists? Heraus mit der Sprache."

„Hier nicht. Ich muß Euch erst an einen anderen Ort bringen. Kommt, und folgt mir!"

„Wohin?"

„Das werdet Ihr sehen!"

Er öffnete die Thür und stieg, ihnen voran, die Treppe hinab. Sie sahen sich gezwungen, ihm zu folgen, wunderten sich aber nicht wenig, als sie bemerkten, daß er sie durch den Garten nach der Lumpenniederlage hinüber führte. Jenseits der Mauer angekommen ließ er sie warten.

Zur jetzigen Tageszeit war das Geschäft geschlossen. Er überzeugte sich dennoch, ob sich Jemand anwesend befinde und fühlte sich erst dann sicher, als er annehmen konnte, daß er völlig unbeobachtet sei. Nun brachte er die Beiden nach der Niederlage. Dieses Verhalten fiel doch den Beiden auf.

„Ist das etwa der Ort, an den Sie uns bringen wollten?" fragte Vater Main.

„Ja; er ist es."

„Alle Teufel. Und hier, gerade hier allein können Sie mit uns reden?"

„Nur hier! Hier ist der einzige Ort für das, was ich Euch mitzutheilen habe."

„So bin ich wirklich neugierig, es zu hören."

„Ihr sollt es sofort erfahren, ich habe nämlich vernommen, daß man Euch an allen Ecken und Enden sucht. Findet man Euch, so seid Ihr verloren."

„Das wissen wir, ohne daß man es uns zu sagen braucht!"

„Verloren ist aber auch Derjenige, bei dem man Euch findet, und darum muß ich Euch bitten, Euch ein anderes Asyl zu suchen!"

Sie blickten ihn erstaunt und wortlos an. Vater Main fand die Sprache zuerst wieder. Er fragte:

„Monsieur Lemartel, belieben Sie etwa zu scherzen?"

„Nein; ich spreche im Ernste."

„Alle Teufel! Das kann ich kaum glauben. Gerade dadurch, daß Sie uns die Thür zeigen, würden Sie das Verderben über sich herauf beschwören."

„Das klingt sehr unglaublich. Ich kann Euch nicht gebrauchen!"

„Aber wir Sie! Ich sage Ihnen: Wenn Sie uns wirklich die Thür zeigen, so befindet sich das bewußte Kästchen innerhalb einer Stunde in den Händen der Polizei."

„Daran glaube ich nicht. Wie wollen Sie in Ihr Haus zurück, um es zu holen. Sie würden der Polizei in die Hände gerathen!"

„Ich habe Ihnen ja bereits mitgetheilt, daß ich es an einem anderen Orte deponirt habe."

„Das ist eine Lüge, das Kästchen befindet sich in Ihrem Keller."

Der Wirth riß die Augen auf. Er starrte den Sprecher erschrocken an, faßte sich aber rasch wieder und sagte:

„Unsinn! Sie haben kein Geschick, auf den Strauch zu schlagen."

„Das beabsichtige ich gar nicht. Ich bin meiner Sache so sicher, daß ich Ihnen sogar sagen kann, daß das Kästchen sich in der hinteren Abtheilung Ihres Kellers befindet."

„Vermuthung! Nichts weiter!"

„Hinter den drei Steinen, welche locker sind."

Da fuhr der Wirth zurück, als ob er vor einem Abgrunde stehe. Er stieß einen Ruf des Schreckens aus und fragte:

„Hölle und Teufel! Was wissen Sie von drei Steinen? Was bringt Sie zu dieser unbegreiflichen Vermuthung?"

„Es hat mir geträumt; das ist die einzige Erklärung, welche ich zu geben vermag. Wollt Ihr das Kästchen der Polizei übergeben, so habe ich ganz und gar nichts dagegen. Die Lust aber, mich wegen Euch in Gefahr zu begeben, ist mir vergangen."

Er näherte sich der Hausthür, welche von innen verschlossen war, und zog den Schlüssel hervor, um sie zu öffnen. Da trat der Bajazzo zu ihm heran und fragte:

„Reden Sie irre, oder sprechen Sie im Ernste?"

„Das Letztere ist der Fall, Monsieur Bajazzo."

„So wollen Sie also wirklich in Ihr Verderben rennen!"

„Versuchen Sie es doch, mich zu verderben."

„Das Kästchen wird sicher abgegeben."

„Holt es Euch erst."

„Ich werde erklären, daß Sie der betreffende Henry de Lormelle sind, welcher damals — — Sie wissen ja!"

„Nichts weiß ich, gar nichts! Bringt Beweise! Hier steht die Thür offen. Packt Euch hinaus."

Er hatte die Thür aufgestoßen und deutete hinaus auf die Gasse. Das steigerte den Grimm des Bajazzo.

„Hund!" rief er. „Du sollst uns nicht umsonst hinauswerfen! Da, nimm das zum Lohne."

Er holte zum Schlage aus; aber der Lumpensammler war auf seiner Hut gewesen. Er sprang zurück und riß einen Revolver aus der Tasche, den er dem Bajazzo entgegenhielt:

"Ah, vergreifen wollt Ihr Euch an mich?" fragte er. "Noch einen einzigen Schritt, und ich schieße Euch nieder. Wenn man Euch dann erkennt, wird man mich belohnen anstatt bestrafen. Ich sage ganz einfach, daß Ihr einen Raubanfall gegen mich unternommen habt. Also geht, oder ich schieße."

Der Bajazzo sah sich ihm machtlos gegenüber. Er schäumte vor Wuth. Vater Main fühlte nicht weniger Grimm, aber er besaß mehr Selbstbeherrschung. Er faßte ihn beim Arm und sagte:

"Komm, Bajazzo; laß ihn! Er hat in diesem Augenblicke die Oberhand; aber er soll es büßen; dafür werden wir sorgen."

Er zog ihn mit sich fort, auf die Gasse hinaus. Draußen blickten sie sich vorsichtig um. Sie bemerkten nichts Verdächtiges und schritten weiter.

"Diesem Hallunken will ich es gedenken!" sagte der Bajozzo. "Ich kenne eine Affaire aus seiner Vergangenheit, welche — — —"

"Still jetzt!" unterbrach ihn der Vater Main. "Wir haben in diesem Augenblicke genugsam mit uns selbst zu thun. Es ist heller Tag. Man sucht mich jedenfalls durch ganz Paris. Ich muß auf meine Sicherheit bedacht sein."

"Wohin aber wenden wir uns?"

"Zum alten Piccard."

"Ah, zum Trödler?"

"Ja."

"Lebt er denn noch?"

"Der stirbt niemals. Er scheint das ewige Leben zu haben. Er ist mir zu Dank verpflichtet, und ich bin überzeugt, daß er mir seine Hilfe nicht versagen wird. Vorwärts also!"

Er begann, rascher als bisher auszuschreiten und der Bajazzo mußte das Gleiche thun. So kamen sie glücklich durch einige Gäßchen, ohne einem Polizisten zu begegnen und endlich traten sie in den Flur eines kleinen, armseligen Häuschen, in welchem allem Anscheine nach ein Althändler zu wohnen schien.

(Fortsetzung folgt.)

Illustrirte Unterhaltungs-Bibliothek für Familien aller Stände.
Druck und Verlag von H. G. Münchmeyer in Dresden und New-York.

Die Liebe des Ulanen.
Original-Roman aus der Zeit des deutsch-französischen Krieges von Karl May.
(Fortsetzung.)

Der Wirth hatte das Eintreten der beiden Fremden vernommen, er öffnete die Stubenthür. Der Raum war von der Diele bis zur Decke hinauf mit altem Gerümpel angefüllt. Auf einer Bank saß ein alter grauköpfiger Kerl, welcher noch vor Methusalem gelebt zu haben schien.

Kaum war der Blick dieses Mannes auf Vater Main gefallen, so sprang er mit jugendlicher Beweglichkeit von seinem Sitze auf, riß die Beiden in die Stube hinein, verriegelte die Thüre und rief im Tone des Schreckens:

„Mein Gott, ist es möglich! Vater Main! Du wagst es, Dich am hellen Tage auf der Straße zu zeigen! Weißt Du denn nicht, daß tausend Augen nach Dir forschen?"

„Ich weiß es, alter Piccard. Wirst Du mich verrathen?"

„Was denkst Du. Was fällt Dir ein."

„Ich wußte es. Du wirst mir doch aus der Schlappe helfen."

„Gern, wenn ich kann. Was verlangst Du von mir?"

„Ich mußte fliehen in demselben Anzuge, in welchem ich im Keller steckte. Hast Du keinen anderen, welcher mich unkenntlich macht?"

„Ich habe einen und werde ihn holen."

„Aber ich habe kein Geld."

„Das ist auch nicht nöthig. Du wirst mich bezahlen, sobald es Dir möglich ist. Und Du, Bajazzo, bist auch wieder hier? Sieht man Dir vielleicht auch auf die Finger?"

„Hm," antwortete der Gefragte, „auch ich habe gerade keine Veranlassung, mich viel sehen zu lassen."

„So macht Euch aus der Stadt hinaus. Draußen im Lande seid Ihr sicherer als hier."

Er suchte einen Anzug hervor und bald war der Wirth so ausstaffirt, daß man ihn, wenigstens von Weitem, nicht gut erkennen konnte. Der Trödler schob sie zur Thüre hinaus. Es war ihm doch angst, daß man sie bei ihm finden könne.

Die Beiden suchten die einsamsten Wege aus und besprachen sich dabei über Das, was sie zu thun hatten.

„Hast Du Geld, Bajazzo?" fragte der Wirth.

„Verdammt wenig. Ich bin gestern Abend so dumm gewesen, zu spielen und habe da fast Alles verloren."

„Das ist dumm. Ohne Geld können wir nicht fort. Ich habe zwar genug zu Hause und so gut versteckt, daß man es nicht finden kann; aber kann ich es holen? Nein. Die Polizei hat jedenfalls das Haus und auch die ganze Umgegend besetzt."

„Hast Du keinen Bekannten, welcher Dir vielleicht borgen würde?"

„Genug. Aber es fällt mir gar nicht ein, sie aufzusuchen. Jedem meiner Bekannten hockt ein Polizist auf dem Rücken, das ist sicher."

„Wie aber zu Geld kommen. Wir müssen welches haben."

„Du, Bajazzo, sei aufrichtig. Ist die Polizei wirklich auch hinter Dir her?"

„Leider, und zwar ganz verteufelt."

„Weshalb?"

„Ich spreche nicht darüber; aber wenn man mich erwischt, so kann es mir leicht an den Kragen gehen."

„So müssen wir alles versuchen, um uns salviren zu können. Geld muß und muß und muß geschafft werden. Weißt Du Rath?"

„Nein."

"Gut, so weiß ich welchen. Werden wir mit zehntausend Franken ausreichen?"

"Zehntausend? Bist Du verrückt? Woher sollen wir eine solche ungeheure Summe erhalten?"

"Woher? Von wem anders, als von dem Grafen Rallion."

"Von Rallion? Ah! Mensch, das ist ein sehr guter Gedanke!"

"Nicht wahr? Er muß Geld schaffen und zwar genug. Wir haben ihn in unseren Händen."

"Das ist richtig. Aber — hm."

"Was? Giebt es ein Bedenken?"

"Ja, ein sehr schweres."

"In unserer Lage haben wir keine Wahl."

"Ja doch haben wir eine Wahl."

"Welche?"

"Wer mit ihm reden soll, ob Du oder ich."

"Furcht habe ich nun wohl nicht; aber es ist doch nichts Angenehmes, so einem vornehmen Herrn entgegen zu treten."

"Du hast kein Geschick. Soll ich mit ihm reden?"

"Ja. Ich lasse es am Liebsten Dir über."

"Gut. Hast Du noch genug Geld für einen Fiaker?"

"Dazu reicht es aus. Du meinst, wir werden nicht so beobachtet, wenn wir fahren?"

"Gewiß. Befinden wir uns erst in dem Stadttheile, wo der Graf wohnt, so sind wir dort nicht so sehr bekannt, wie hier. Also wollen wir unser Glück versuchen."

Sie nahmen eine Droschke und ließen sich bis in die Nähe des Hotels Rallion fahren. Dort stiegen sie aus und lohnten den Kutscher ab. Hier in diesem Stadtviertel fühlten sie sich sicherer als vorher.

"Wo soll ich warten?" fragte der Bajazzo.

"Geh dort in der Seitenstraße auf und ab. Ich denke, daß ich Dich nicht lange warten lassen werde."

Sie trennten sich. Der Bajazzo begab sich nach der Seitengasse, wo er langsam hin und her ging, sorgsam darauf achtend, daß er nicht zu auffällig werde. Bereits kaum nach fünf Minuten sah er den Wirth kommen.

"Schon," sagte er zu ihm. "Er war wohl nicht zu sprechen?"

"Nein. Er ist verreist."

"Wohin?"

"Das weiß der Teufel. Ich konnte es nicht erfahren. Dieser verdammte Portier schien mich nicht für voll anzusehen. Aber ich weiß, wo ich ganz genaue Auskunft erhalten werde."

"Wo?"

"Beim Secretär des Grafen, welcher gar nicht weit von hier wohnt. Er wird zu Hause sein, denn es ist die Zeit zum Speisen."

Sie wanderten miteinander weiter, bis sie ihr Ziel erreichten. Hier mußte der Bajazzo abermals warten. Er trat in das Thor des gegenüber liegenden Hauses, von wo aus er Alles genau beobachten konnte. Der Wirth aber trat drüben ein und stieg die Treppe empor in der festen Ueberzeugung, den gegenwärtigen Aufenthalt des Grafen zu erfahren. —

Belmonte war mit seinem Martin im Stadthause zusammengetroffen, wo man dann die Aussagen Beider zu Protokoll genommen hatte. Darnach wollte Martin die Geliebte aufsuchen. Er blickte, aus dem Stadthause tretend, seinen Herrn von der Seite an und sagte:

"Jetzt also nun Abschied nehmen."

"Von der Schwalbe," lächelte Belmonte.

"Wollten Sie nicht mit, Monsieur?"

"Gleich mit? Ist es nicht besser, ich lasse Euch erst ein Weilchen allein und komme dann nach?"

"Hm! In solchen Angelegenheiten scheinen Sie denn doch nicht sehr bewandert zu sein."

"Wieso, mein Lieber?"

"Beim Abschiednehmen ist jeder Dritte überflüssig."

"Ah so! Du meinst, ich soll lieber gleich jetzt mitkommen und Euch dann allein lassen?"

"So denke ich allerdings."

"Gut; ich gehe mit."

Alice saß bei einer kleinen Handarbeit und dachte des Geliebten, als es draußen am Vorsaale klingelte. Sie ging hinaus, um zu öffnen. Sie erblickte einen höchst stattlichen Herrn, welcher den Hut ziehend, sich höflichst verbeugte und dann fragte:

"Entschuldigung! Bin ich hier recht bei Demoiselle Alice?"

"So heiße ich, mein Herr. Treten Sie näher."

Er trat in den Vorsaal, blieb aber so stehen, daß sie die Thür nicht schließen konnte und fuhr fort:

"Ich suche einen Herrn bei Ihnen, welcher sich Monsieur Martin nennt."

Eine tiefe Röthe überflog ihr Gesicht.

"Monsieur Martin?" fragte sie verlegen.

"Ja, Mademoiselle. Es ist ganz derselbe Martin, welcher sich vorzugsweise gern unter die Tische versteckt, wenn er bei Damenbesuch gestört wird."

Sie wurde noch verlegener; dann aber leuchtete es plötzlich in ihrem hübschen Gesichtchen auf.

"Ah, er hat geplaudert!" lachte sie. "Irre ich nicht, so sind Sie Monsieur Belmonte?"

"Wie kommen Sie zu dieser Vermuthung?"

"Weil Martin nur seinen Herrn in solche Staatsgeheimnisse einweihen wird."

Da ertönte draußen hinter der Thür ein fröhliches Lachen. Der Telegraphist drängte sich herein, nahm das Mädchen bei der Taille und sagte frohlockend:

"Habe ich es nicht gesagt, daß mein Schwälbchen Sie verrathen wird, Monsieur Belmonte. Ja, man glaubt gar nicht, was so ein Vöglein für einen Scharfsinn besitzt. Alice, hier ist mein lieber Herr, welcher Dich gern einmal sehen wollte. Darf er mit eintreten?"

Sie war überrascht, den Geliebten um diese Zeit bei sich zu sehen, aber sie fand sich rasch in die Lage.

"Es wird mir eine große Ehre sein," antwortete sie. "Bitte einzutreten, Monsieur."

Die trauliche, saubere Häuslichkeit heimelte Belmonte sofort an, und als er nun dem braven Mädchen in das liebe, vor Freude geröthete Angesicht blickte, da ging ihm das Herz auf. Er reichte ihr die Hand und sagte:

"Ich werde Sie nicht lange belästigen, Mademoiselle; aber es war mir ein Bedürfniß, die Dame kennen zu lernen, welche das Herz meines guten Martin so schnell und vollständig erobert hat. Ich möchte eifersüchtig auf Sie sein.

Er denkt jetzt kaum mehr an mich, sondern immer nur an Sie."

Sie wollte antworten, aber da ertönte die Klingel abermals.

„Gott, das wird mein Bruder sein," sagte sie.

„Erschrecken Sie darüber nicht," meinte Belmonte. „Martin hat keine Veranlassung, sich vor Monsieur, Ihrem Bruder, zu verbergen. Gehen Sie getrost, um zu öffnen."

Sie war doch ein wenig bleich geworden, aber sie folgte der an sie ergangenen Aufforderung. Die Beiden hörten, daß die Vorsaalthür aufgeschlossen wurde und dann fragte eine Stimme:

„Wohnt hier der Secretär des Grafen Rallion?"

„Ja, mein Herr," antwortete Alice.

„Ist er zu Hause?"

„Nein."

„Wann wird er kommen?"

„Er wird vielleicht bald zu sprechen sein."

„So erlauben Sie, daß ich eintrete."

Man hörte das Geräusch von Schritten, welche aber doch gleich wieder halten blieben. Alice schien sich dem Manne in den Weg gestellt zu haben. Belmonte hatte überrascht aufgehorcht.

„Sapperlot," flüsterte er. „Diese Stimme sollte ich kennen!"

„Bitte, ziehen Sie es nicht vielleicht vor, in kurzer Zeit wieder zu kommen?" fragte das Mädchen draußen.

„Nein," wurde geantwortet. „Ich werde warten bis er kommt."

„Er ist's, er ist's!" sagte Belmonte. „Es ist wahrhaftig Vater Main, oder ich müßte mich außerordentlich täuschen! Rasch hier hinein. Mich kennt er nicht sofort wieder."

Er öffnete die Nebenthür und schob Martin hinein; dann trat er zu der Thür, welche nach dem Vorsaal führte, öffnete sie und sagte zu dem Ankömmling:

„Bitte, treten Sie hier ein."

Der Angeredete folgte dieser Aufforderung. Es war wirklich der von der Polizei gesuchte Tavernenwirth. Er erkannte Belmonte nicht, da dieser anders gekleidet ging und auch nicht die falsche Haartour trug, welche er angelegt hatte, wenn er bei Vater Main erschien.

„Ah," sagte der Wirth, „man hat Sie verleugnen wollen?"

„Wieso?"

„Sie sind Monsieur, der Secretär?"

„Nein, der bin ich allerdings nicht. Aber bitte, wollen Sie nicht Platz nehmen, mein Herr?"

Vater Main setzte sich auf einen Stuhl und Belmonte stellte sich so, daß er zwischen ihm und der Thür stand. Alice war mit eingetreten. Die Anwesenheit dieses Fremden war ihr im höchsten Grade fatal. Er bemerkte das an dem Blicke, den sie mißbilligend auf ihm ruhen ließ, und suchte sich zu entschuldigen:

„Ich bin fremd in Paris, Mademoiselle, und wüßte nicht, wo ich bis zur Ankunft des Herrn Secretärs besser warten sollte als hier."

„Sie haben sehr recht," bemerkte Belmonte. „Auch mir ist es lieber, daß Sie hier eingetreten sind. Darf ich fragen, welcher Angelegenheit wir Ihre Anwesenheit verdanken?"

„Ich wollte eine Erkundigung aussprechen."

„Nach wem oder was? Vielleicht bin auch ich im Stande, Ihnen Auskunft zu ertheilen."

„Ich möchte gern erfahren, wo sich gegenwärtig Graf Rallion befindet. Ist Ihnen der Ort bekannt?"

„Ja. Was wünschen Sie von ihm?"

„Ich habe in einer wichtigen Privatangelegenheit um eine Audienz zu ersuchen."

„Vielleicht in Damenangelegenheiten?"

„Wieso? Woher diese Vermuthung?"

„Weil Sie ein Herr zu sein scheinen, der sich vorzugsweise gern mit Damen beschäftigt."

„Sie scherzen. In meinen Jahren, Monsieur — hm."

„O, auch in Ihren Jahren kann man sich noch sehr für junge Damen interessiren, wenn auch weniger aus Gefühls- als vielmehr aus pecuniären Rücksichten."

„Ich verstehe Sie nicht."

„Das begreife ich nicht. Man hat Beispiele, daß sich ein Herr Ihres Alters sich für eine Dame interessirte, um zu einem Gewinne von hunderttausend Franken zu kommen."

Der Wirth wurde leichenblaß. Er antwortete stockend: „er hat sich des Vermögens wegen mit ihr verlobt?"

„Nein, er hat sie dieser Summe wegen geraubt."

„Ah, Sie sprechen von dem Falle, welcher die ganze Hauptstadt in Aufregung gebracht hat. Es steht sehr zu wünschen, daß der Thäter ergriffen werde. Ich aber werde doch vorziehen, später wieder zu kommen, da der Herr Secretär vielleicht erst spät hier eintrifft."

Er hatte sich erhoben; er fühlte sich von einer plötzlichen Unruhe ergriffen. Der Mann, welcher da vor ihm stand, kam ihm so eigenthümlich, so inquisitorisch vor. Er machte eine Verbeugung und wollte an Belmonte vorüber. Dieser aber wich nicht von seinem Platze, sondern sagte sehr höflich:

„Bitte, zu bleiben, Monsieur. Warum wollen Sie sich entfernen, da Sie doch soeben gewünscht haben, daß der Thäter ergriffen werde."

„Ich verstehe Sie wahrhaftig nicht," stotterte der Wirth.

„Wie? Sie verstehen mich nicht? Sie kennen mich wohl auch nicht, mein Lieber?"

„Nein, Monsieur."

„Und doch sind wir so gut mit einander bekannt."

„Ich kann mich wirklich nicht erinnern —"

„So muß ich Ihr Gedächtniß unterstützen."

Er griff in die Tasche seines Rockes, zog die Haartour hervor und legte sie an. Der Wirth wich zurück. Seine Augen schienen aus ihren Höhlen treten zu wollen.

„Tausend Teufel! Der Changeur!" rief er.

„Ja, der Changeur! Und hier noch Einer!" ertönte es da durch die sich öffnende Seitenthür.

Der Wirth wendete sich um und machte eine abermalige Geberde des heftigen Schreckens.

„Der Student! Verdammt! Der Teufel hole alle Beide."

Er holte zum Sprunge aus, um Belmonte niederzurennen und dann zu entkommen, aber Martin, welcher ihm jetzt am Nächsten stand, ergriff ihn von hinten und schleuderte ihn auf das Sopha zurück. Zugleich zog Belmonte den Revolver und drohte:

„Bleib ruhig sitzen, Kerl, sonst jage ich Dir eine Kugel durch den Kopf."

Die Brust des Wirthes arbeitete unter einem Entschlusse, welchen er fassen wollte, aber er kam nicht dazu; er sah ein, daß Widerstand hier vergeblich sein würde.

„Ich bin verloren," sagte er. „Hund von Changeur, so hatte ich also doch Recht, Du bist Polizeispion. Der Satan brate Dich dafür in alle Ewigkeit."

Er schien sich in sein Schicksal ergeben zu wollen; aber im nächsten Moment ermannte er sich wieder.

„Aber noch habt Ihr mich nicht!" rief er. „Macht Platz!"

Er schnellte sich auf die Thür zu, hatte sich aber in Belmonte verrechnet. Dieser packte ihn und schleuderte ihn zurück. Mit einem lauten Wuthschrei warf er sich zwar wieder auf den Changeur, aber da wurde er auch schon wieder von Martin gefaßt und die beiden Männer rangen ihn zu Boden nieder.

„Mein Gott, mein Gott! Wer ist dieser Mensch?" rief Alice.

„Es ist der Wirth, welcher die Comtesse de Latreau geraubt hat," antwortete Martin. „Hast Du keine Stricke oder starke Schnuren da, ihn zu binden?"

„Gleich, gleich," antwortete sie.

Sie wußte jetzt, wer er war. Dieser Mensch durfte nicht entkommen. Sie eilte in die Nebenstube und kehrte schnell mit dem gewünschten Materiale zurück. Der Wirth wurde gefesselt.

„Jetzt zur nächsten Polizei, Martin," gebot Belmonte, „damit der Kerl in Sicherheit kommt."

Martin gehorchte dieser Aufforderung und bald kamen mehrere Polizeisergeanten, um den Gefangenen in Empfang zu nehmen. Er wurde fortgeschafft.

Was hatte dieser Mensch von Alicens Bruder gewollt? Keins von den Dreien wußte es zu sagen. Hatte er wirklich nur die Absicht gehabt, den Aufenthaltsort des Grafen Rallion zu erfahren? Stand er mit diesem Letzteren in irgend einer Beziehung?

Belmonte gab sich keine Mühe, darüber nachzudenken. Er beschloß aber, sich nach der Polizei zu begeben, um seine Aussage in die Feder zu dictiren. Er verabschiedete sich von Alice, welche er mit dem Geliebten allein ließ.

Als er unten aus der Thür trat, sah er gerade gegenüber einen Mann in sehr gedrückter Haltung unter dem Thorwege hervor kommen und davongehen.

„Ah, der Bajazzo!" murmelte er. „Ist er mit dem Wirthe zusammen gewesen? Hat er den Aufpasser gemacht? Ah, pah! Was geht es mich an? Der Bajazzo ist bei dem Raube nicht betheiligt gewesen; ich will ihn laufen lassen!"

Er ahnte jetzt nicht, daß er in ganz Kurzem es sehr bereuen werde, den Bajazzo jetzt nicht festgehalten zu haben.

Droben hatte Martin der Geliebten Vieles zu erklären. Sie zitterte bei dem Gedanken, daß sie sehr leicht mit diesem gefährlichen Menschen hätte allein sein können. Und doch war sie auch stolz darauf, daß er von ihrem Geliebten und sogar in ihrer eigenen Wohnung festgenommen worden war. Das Alles aber war sofort vergessen, als sie dann hörte, daß Martin eigentlich gekommen sei, um Abschied von ihr zu nehmen. Sie fuhr bei dieser Eröffnung erschrocken zusammen, und in demselben Augenblicke standen ihre Augen bereits voller Thränen.

„Mein Gott. Ist's möglich? Fort willst Du?" fragte sie, indem sie die Arme um ihn schlang.

„Ja, mein gutes, liebes Mädchen. Es ist so gekommen, wie ich es Dir vorher gesagt habe: plötzlich, schnell und unerwartet. Noch gestern wußte ich gar nichts davon."

„So soll ich Dich von mir lassen, Dich verlieren!" klagte sie.

Er zog sie an sich, strich ihr liebkosend mit der Hand über das weiche Haar und antwortete in beruhigendem Tone:

„Von Dir lassen, ja, aber verlieren doch nicht! Vielleicht komme ich bald, sehr bald zurück."

„Wohin gehst Du von hier?"

„Nach Metz. Darf ich Dir schreiben, meine Seele?"

„Ja, ja; Schreib alle Tage, mein lieber Martin!"

„Und Du antwortest mir!"

„So oft und viel ich kann! O, was für eine Sorge macht mir Dein Scheiden. Vielleicht werde ich bald ganz einsam und allein hier wohnen!"

„Wieso? Du hast doch Deinen Bruder hier."

„Es ist möglich, das er mich verlassen muß. Er sprach heute Morgen davon, daß wir ganz gewiß bald Krieg haben werden. Dann muß er fort; Du bist auch nicht da, und ich bin ganz allein."

Sie weinte leise vor sich hin. Er wußte am Besten, wie Recht sie habe; er wollte sie trösten, und da kam ihm ein plötzlicher Gedanke, dem er sogleich in Worten Ausdruck gab:

„Du wirst nicht allein sein, liebe Alice. Ich kenne eine junge Dame, welche sich sehr gern Deiner annehmen wird."

„Eine junge Dame? Wer könnte das sein?"

„Comtesse Ella von Latreau."

„Die Comtesse?" fragte Alice, beinahe erschrocken. „Die Tochter eines Grafen und ich."

„Was wäre daran zu verwundern? Ist sie nicht von Deinem Bräutigam gerettet worden. Ist der Kerl, der sie geraubt hatte, nicht bei Dir und in Deiner Gegenwart ergriffen worden? Noch ist der Krieg nicht da; aber selbst, wenn er ausbricht, sollst Du doch nicht verlassen sein!" —

Als Martin nach einiger Zeit nach Hause kam, befand auch Belmonte sich bereits daheim. Dieser nickte ihm lächelnd zu und fragte:

„Zu Ende mit dem Abschiede?"

„Gott sei Dank, ja! Das ist ein saures Stück Arbeit. Wer es nicht kennt, der glaubt es gar nicht."

„Sapperlot! Ist das ein Ernst? Das klingt ja gerade als ob Du ein Familienvater seist, der von Frau und zehn Kindern Abschied genommen hat."

„Es ist mir allerdings ganz und gar familienväterlich zu Muthe. Ich habe für Alice zu sorgen. Auf ihren Bruder kann sie sich nicht verlassen. Der Krieg bricht aus: Die Deutschen belagern Paris. Donnerwetter, was soll da aus meiner Schwalbe werden."

Belmonte nickte leise vor sich hin.

„Recht hast Du," sagte er. „Alice ist ein Prachtmädchen. Ich verdenke es Dir nicht, daß Du Dein Herz bei ihr gelassen hast. Der Krieg wird hier in diesem Babylon gar Manches und Vieles verändern. Die Franzosen sind ein unruhiges, unzuverlässiges Volk. Siegen sie, dann wehe uns. Siegen wir, dann doppelt Wehe. Aufruhr und Empörung sind dann die sicheren Folgen. Kein braver Kerl hat dann die Braut gern mitten im Heerde der Revolution. Hm. Ich habe eine Idee, Martin."

„Die möchte ich erfahren."

„Die Comtesse de Latreau geht von Paris fort."

„Alle Wetter! Heute sterben zwei Schneidergesellen!"

„Wieso?"

„Weil wir zweimal ganz den gleichen Gedanken gehabt haben, zuerst mit dem famosen englischen Reporter und sodann mit der Comtesse."

„Mit dem Reporter? Wieso?

„Nun, haben Sie sich nicht ihm gegenüber für einen türkischen Berichterstatter ausgegeben?"

„Ja. Kennst Du ihn denn?"

„Ich traf ihn bei Vater Main. Er wollte das Abenteuer erzählt haben, und ich sagte ihm da, daß ich ein Reporter aus Brasilien sei. Das ist der eine Schneidergeselle, welcher stirbt. Vorhin nun, als mir meine Schwalbe klagte, daß sie ganz einsam und verlassen sein werde, dachte ich an die Comtesse. Sie hat uns immerhin Einiges zu verdanken. Sie könnte sich, uns zu Liebe, meiner kleinen Verlassenen ein Wenig annehmen. So calculirte ich. Und jetzt bringen Sie ganz denselben Gedanken. Das ist der zweite Schneidergeselle, welcher sterben muß."

„Hm! Ja! Ich glaube, daß sich bei der Comtesse nicht schwer ein Plätzchen für Alice finden ließe."

„Aber wer soll es ihr vorstellen? Ich etwa?"

„Nein, ich. Laß mir das über. Ich werde morgen beim General erwartet und werde da Gelegenheit nehmen, eine Bemerkung zu machen, lieber Martin."

„Aber eine kräftige, wenn ich bitten darf."

„Das versteht sich."

„Das könnte eine ganz allerliebste Commandite- oder vielmehr Recommanditegesellschaft werden."

„Wieso?"

„Nun, wir Zwei und diese Zwei. Ich recommandire Ihnen die Comtesse, und die Alice recommandirt Sie der Comtesse. Auf diese Weise kann es am Schlusse des Krieges eine Doppelhochzeit geben, an welcher die Engel im Himmel ihre Freude haben, wir Beide aber noch mehr."

„Hm! So übel wäre das nun gerade nicht. Aber spielen wir jetzt nicht mit Seifenblasen, sondern denken wir an die Gegenwart. Hast Du Dich nach einem Pferde umgesehen?"

„Wegen heut Abend? Dazu ist noch Zeit genug. Mich verlangt, zu wissen, wie diese Geschichte enden wird. Gott giebt dem Unverständigen Verstand und dem Verständigen Unverstand!" —

Abends kurz vor neun Uhr ritt Martin ein Pferd in den Hof, und Belmonte stand am Fenster seines Zimmers, um die Equipage nicht auf sich warten zu lassen. Er hatte wirklich den Revolver, den Todtschläger und sein Laternchen zu sich gesteckt.

Punkt zur angegebenen Stunde kam der Wagen herangerollt und hielt vor der Thür. Belmonte eilte hinab und stieg ein. Kaum hatten sich die Pferde in Bewegung gesetzt, so kam Martin aus dem Thore geritten, um der Equipage zu folgen.

(Fortsetzung folgt.)

Die Liebe des Ulanen.

Original-Roman aus der Zeit des deutsch-französischen Krieges von Karl May.

(Fortsetzung.)

Als Belmonte den Schlag geöffnet hatte, um einzusteigen, war ihm die bekannte Stimme der unbekannten Dame entgegen geklungen:

„Ah, Monsieur, da sind Sie! Guten Abend!"

„Guten Abend, Madame," antwortete er. „Befehlen Sie?"

„Ich befehle nicht, sondern ich bitte, einzusteigen!"

„Sie saß im Fond des Wagens. Er wollte auf dem Rücksitze Platz nehmen; da aber meinte sie:

„Nein, nicht so. Setzen Sie sich an meine Seite!"

Er gehorchte. Sie hätte sich noch etwas mehr nach der Ecke zurückziehen können; aber sie that es nicht. In Folge dessen saß er so eng an ihr, daß er ihren Athem fühlte, welcher durch ihren Schleier hindurch über seine Wange strich. Der Wagen hatte sich natürlich sofort in Bewegung gesetzt. Er schaukelte in den Federn, so daß die Beiden von Augenblick zu Augenblick leise an einander stießen. Sie schien dies mit großem Behagen zu empfinden, da sie diese Berührungen länger auskostete, als es unbedingt nöthig war.

„Ihre Gedanken werden heute mit wißbegierigen Fragen beschäftigt gewesen sein?" begann sie nach einer kurzen Weile.

„Allerdings, Madame," antwortete er.

„Sie werden zu errathen gesucht haben, wohin ich Sie bringen werde?"

„Ich kann es nicht in Abrede stellen."

„Da muß ich Sie sehr ersuchen, so diskret wie möglich zu sein. Es liegt ja nicht im Bereiche der Unmöglichkeit, daß Ihnen irgend ein kleiner, von uns unbeachteter Umstand ahnen läßt, bei wem Sie sich befinden werden. In diesem Falle rechnet man auf die strengste Verschwiegenheit!"

„Ich bin nicht sehr plauderhaft!"

„Ich hoffe das. Jetzt aber muß ich Sie ersuchen, sich gefälligst die Augen verbinden zu lassen."

Sie zog ihr Taschentuch hervor.

„Kann mir das nicht erlassen werden, Madame?" fragte er.

„Auf keinen Fall."

„Und wenn ich mich weigere?"

„So sehe ich mich leider gezwungen, Sie aussteigen zu lassen. Doch hoffe ich, daß Sie nicht gegen unsere heutige Vereinbarung handeln werden."

„Gut; ich werde mich fügen. Also, bitte!"

Er hielt ihr das Gesicht entgegen, und sie band ihm das Tuch so um die Augen, daß er gar nichts zu sehen vermochte. Und dann, ah, da fühlte er ihre Hände an seinen Schultern; sie zog ihn näher und küßte ihn auf den Mund.

„So," sagte sie. „Das soll die einstweilige Belohnung Ihrer Folgsamkeit sein. Ich verlange aber, daß Sie das Tuch nicht eigenmächtig entfernen!"

„Ich werde gehorsam sein."

„Geben Sie mir Ihr Wort?"

„Ja, Sie haben es, Madame."

Jetzt war der Wortaustausch zu Ende. Die Fahrt wurde noch eine kurze Weile fortgesetzt; dann hielt der Wagen.

„Ich steige zuerst aus," sagte sie. „Sie geben mir Ihre Hand; ich werde Sie führen."

Der Schlag wurde geöffnet, und sie stieg aus. Er folgte ihr, von ihrer Hand geleitet. Er hörte, daß eine Thür geöffnet wurde. Die Schritte erklangen, als ob man auf Steinfließen gehe. Dann kam eine Treppe. Als diese erstiegen war, blieb sie stehen.

„So, jetzt werde ich das Tuch entfernen," sagte sie. „Zeigen Sie her, und sprechen Sie von jetzt an nur leise."

Das Tuch wurde entfernt, und er sah nun, daß er sich auf einem schmalen Corridor befand, welcher mit weichen

Teppichen belegt war, so daß man die Schritte kaum mehr zu vernehmen vermochte. Ein einziges Licht brannte in einer grünen Glaskugel, so daß der Schein gedämpft wurde. Rechts und Links gab es mehrere Thüren. Die Dame, welche noch immer verschleiert ging, öffnete eine derselben und verschloß sie, als sie mit einander eingetreten waren, von innen. Sie führte ihn durch einige sehr reich ausgestattete Zimmer in ein Cabinet, welches jedenfalls das Boudoir einer vornehmen Dame sein mußte. Die Vorhänge und Portièren waren von schwerer Seide, ebenso die Ueberzüge der Meubles. Einige kostbare, doch üppige Gemälde schmückten die Wände, und überall waren Nippes zerstreut, welche einen nicht gewöhnlichen Werth besaßen. Die Dame deutete auf ein Fauteuil und sagte:

„Nehmen Sie Platz! Ich werde gehen, Sie anzumelden."

Sie verschwand durch eine entgegengesetzte Thür. Er warf einen forschenden Blick über seine Umgebung.

„Hm!" flüsterte er. „Eine mehr als fürstliche Einrichtung! Jedenfalls befinde ich mich bei dem jungen Weibchen eines alten Millionärs oder Aristokraten. Nun, man muß es abwarten!"

Er nahm in dem weichen Polster Platz und athmete den süßen Duft ein, welcher das reizende Gemach erfüllte.

„Was ist das für ein Parfüm?" fragte er sich. „Das ist nicht Eau de milles fleurs, auch nicht coeur de Rose, oder sonst etwas mir Bekanntes. Pikant, außerordentlich pikant!"

Da kehrte die Dame zurück. Sie sagte:

„Monsieur, Sie werden einige Zeit Geduld haben müssen. Man hat ganz unerwarteten Besuch empfangen."

„Aber Sie werden mich nicht verlassen?" fragte er.

„Meine Gegenwart ist allerdings noch anderwärts nöthig. Hier liegen Journale, welche Ihnen Unterhaltung bieten werden, bis man kommt. Ich ziehe mich zurück und bitte Sie, hinter mir den Innenriegel vorzuschieben, damit nicht etwa zufälliger Weise ein Unberufener Zutritt nimmt. Kehre ich zurück, so werde ich leise klopfen, erst ein-, dann zwei- und dann dreimal. Das ist das Zeichen, daß ich es bin."

„Ich werde gehorchen, Madame! Aber, kann man mich nicht durch die andere Thür überraschen?"

„Nein. Da kann nur die Dame eintreten, welche Sie erwartet. Ich hoffe, daß Sie hier bleiben und nicht etwa aus Neugierde vorwärts bringen."

Sie drohte ihm mit dem Finger und verließ dann das Cabinet durch die Thür, durch welche sie eingetreten waren. Er schob den Riegel vor, setzte sich wieder nieder und langte nach den Journalen, welche auf dem Tische lagen.

„La Mode universelle," sagte er, den Titel des Einen lesend. „Weiter: La Toilette de Paris und hier la Mode française. Ich befinde mich bei einer Dame, welche in diesem Fache gern au fait zu sein scheint. Wer mag sie sein? Ich bin wirklich außerordentlich gespannt! Wird sie mit verhülltem Gesichte erscheinen? Jedenfalls."

Er begann, mehr aus Aufregung als aus Langerweile in einem der Journale zu blättern. Im Umwenden fiel ihm ein großer, dicht beschriebener Briefbogen in die Augen.

„Ein Brief!" dachte er. „Ah, vielleicht bringt er mich auf die Spur. Man sollte zwar eigentlich discret sein, aber in meiner Lage giebt es kein solches Bedenken. Sehen wir zu!"

Der Bogen hatte keine Ueberschrift; er enthielt die Fortsetzung eines vorhergehenden Volumens; aber kaum hatte Belmonte einen Blick auf die Unterschrift geworfen, so fuhr er ganz erstaunt von seinem Sitze empor.

„Oberst Stoffel!" sagte er. „Ist das denn auch wahr?"

Er las noch einmal und überzeugte sich, daß er nicht geirrt habe.

„Oberst Stoffel, der französische Militärbevollmächtigte am Berliner Hofe! Oberst Stoffel, welcher das deutsche Heerwesen genau studirt hat und in Folge dessen ganz und gar gegen einen Krieg Frankreichs mit uns ist? Was schreibt er?"

Belmonte las. Seine Züge nahmen, je länger desto mehr, den Ausdruck einer ungeheuren Spannung an. Als er geendet hatte, steckte er den Bogen wieder in das Journal, strich sich mit der Hand über das Gesicht, holte tief Athem und flüsterte:

„Welch ein Zufall! Ja, Frankreich will den Krieg, und der Oberst warnt aus allen Kräften vor demselben. Die Gründe, welche er angiebt, sind eigentlich unwiderlegbar; aber man wird verblendet genug sein, sie nicht gelten zu lassen. Hier treffe ich abermals auf eine Entdeckung, welche von ungeheurem Vortheile für mich ist. Aber, wo befinde ich mich? Wer kann es sein, an den der Oberst solche Berichte sendet?"

Er schlich sich leise zur gegenüber liegenden Portière und horchte eine Weile.

„Alles still!" nickte er. „Da drinnen ist Niemand. Schauen wir!"

Er schob die Vorhänge auseinander und erblickte ein Zimmer, welches fast noch luxuriöser ausgestattet war als das Cabinet, in welchem er sich befand.

„Wirklich kein Mensch! Schleichen wir also weiter."

Er trat ein und glitt mit unhörbaren Schritten über den weichen persischen Teppich nach dem anderen Ausgange. Als er hier horchte, war es ihm, als ob er Stimmen vernehme.

„Das muß im übernächsten Zimmer sein," dachte er. „Wage ich es, oder nicht? Ah pah! Wenn man mich bemerkt, so bin ich nicht Schuld daran! Hätte man mich nicht kommen lassen!"

Auch das nächste Zimmer war leer; aber in dem nun folgenden wurde gesprochen. Es war nicht nur durch eine Portière, sondern auch durch eine Thür von demjenigen getrennt, in welchem Belmonte jetzt stand.

„Jetzt stehe ich vielleicht vor der Lösung des Räthsels!" flüsterte er. „Soll ich horchen oder nicht? Frisch voran! Aber zur Sicherheit den Riegel vor, daß man mich nicht überraschen kann."

Er schlich zur Thür und schob den Riegel, welcher nicht das mindeste Geräusch machte, vor. Dann legte er das Ohr daran und hörte nun zwei Stimmen, welche sich sehr eifrig unterhielten.

Es war eine männliche und eine weibliche. Die Erstere sprach in geradezu unterthänigem Tone; die Letztere hatte einen scharfen, pikirten, ärgerlichen Klang.

„Sie sind höchst ungenau unterrichtet, Graf!" hörte Belmonte sagen. „Es wäre Ihre Pflicht gewesen, sich besser zu informiren!"

„Ich wage es, mich für vollständig informirt zu halten. Der Deutsche ist uns überlegen."

„Das sagt auch dieser Oberst Stoffel. Aber er hat einen deutschen Namen und es fehlt ihm an Scharfsinn. Der Kriegsminister kennt unsere Schlagbereitschaft."

„Die Deutschen sind ebenso schlagbereit."

„Sie wollen vielleicht sagen, der Preuße!"

„Ich schließe keineswegs die Süd- und Mitteldeutschen aus."

„Pah, man fürchtet sie doch nicht. Der Sachse pflegt die Traditionen, welche ihn mit dem Neffen des großen Kaisers verbinden. Man hofft, daß er neutral bleiben werde."

„Ich befürchte das Gegentheil."

„Bayern, Würtemberg und Baden trauen einander selbst nicht. Man trennt sie und besiegt sie."

„Sie werden aufstehen wie ein Mann."

„Graf, Sie sind ein Unglücksvogel! Uebrigens werden wir so schnell über die Gegner herfallen, daß sie vollständig verblüfft sein werden. Sie haben keine Ahnung davon, daß wir sie zu engagiren gedenken."

Belmonte hörte ein leichtes Räuspern, und dann antwortete der Graf:

„Ich bin überzeugt, daß man in Deutschland ahnt oder vielleicht gar weiß, was wir beabsichtigen."

„Wie sollten Sie es vermuthen?"

„Dieser Bismarck ist — — —"

„Bismarck?" fragte die weibliche Stimme schnell. „Dieser preußische Landjunker ist ein Bär, welcher wohl einmal vermöge seiner rohen Kraft, niemals aber in Folge einer Finessität Verlegenheit bereiten kann. Ich weiß genau, daß er sich mit den Süddeutschen verfeindet hat. Er ist im eigenen Lande so sehr beschäftigt, daß er gar keine Zeit hat, uns zu beobachten."

In diesem Augenblicke hörte man das Oeffnen einer Thür, und eine Stimme meldete:

„Der Herzog Gramont und der Kriegsminister!"

„Eintreten!"

Es erklangen Schritte; eine wortlose Pause trat ein, welche jedenfalls von stummen Complimenten ausgefüllt war. Dann ließ sich die weibliche Stimme vernehmen:

„Messieurs, der Graf Daru hat ganz unerwartet um eine Audienz gebeten. Er bringt mir Nachrichten, welche er für höchst wichtig hält, und ich habe Sie rufen lassen, damit Sie ihm das Gegentheil beweisen. Excellenz, sagen Sie, ob wir kriegsbereit sind oder nicht."

Diese Frage war jedenfalls an Lebœuf gerichtet. Er antwortete augenblicklich:

„Wir können in jedem Augenblicke losschlagen."

„Graf Daru behauptet, die Deutschen seien uns überlegen."

„Dem muß ich entschieden widersprechen. Die tiefgehende Reform unserer Heeresverfassung hat uns ungemein gestärkt. Wir haben keinen Feind zu fürchten. Erklären wir heute den Krieg, so haben wir morgen die Rheinpfalz überschwemmt, sind übermorgen im Besitze Süddeutschlands und spazieren am nächsten Tage auf Berlin los."

„Hören Sie es, Graf. Und Sie, Herzog, sind Sie ebenso bereit und siegesgewiß?"

„Unsere Diplomatie hat mit der Entwickelung des Heereswesens wenigstens gleichen Schritt gehalten. Schlagen wir schleunigst los, ehe es Preußen gelingt, sich der Süddeutschen zu versichern. Sachsen brauchen wir nicht zu fürchten."

Jetzt hörte Belmonte abermals das Oeffnen einer Thür.

„Ah, mein Gemahl!" rief die weibliche Stimme.

Zugleich aber war es dem Lauscher, als ob man auf die Klinke gedrückt habe. Er befand sich in einer leicht denkbaren Aufregung, sah aber auch zugleich ein, welche große Gefahr ihm drohte. Darum zog er den Riegel leise zurück und huschte, während drüben neue Stimmen erklangen, dahin zurück, woher er gekommen war.

Dort hielt er an und holte Athem, als ob er eine ganz ungewöhnliche Anstrengung hinter sich habe.

„Träume ich denn?" fragte er sich. „Das war Graf Daru, der gestürzte Minister, der Friedensmann. Das war ferner der Herzog von Gramont, sein Nachfolger, der den Krieg wünscht, und das war endlich Lebœuf, der Kriegsminister. Wer aber war die Dame? Und wer ist dieser ‚Gemahl,‘ welcher bei ihr eintrat?"

Er schüttelte den Kopf und begann, in dem Cabinete hin und her zu schreiten, ganz so, als ob er sich bei sich befand. Dann aber blieb er plötzlich stehen, schlug sich mit der Hand vor den Kopf und sagte:

„Sapperlot. Das Zeichen, welches ich Martin geben soll. Ich habe es ganz vergessen."

Er trat an das Fenster, zog die dasselbe verhüllenden Gardinen weg und blickte hinaus. Er sah einen viereckigen Hof unter sich, welcher von Gasflammen erleuchtet war.

„Das ist unangenehm. Hier im Hofe hat der Wagen nicht gehalten; hier kann auch Martin sich nicht befinden. Es ist mir also unmöglich, ihm das Zeichen zu geben, außer ich wage es nach rückwärts —"

Er hielt inne. Es klopfte leise, ein- zwei-, dann dreimal. Das war das verabredete Zeichen. Er öffnete. Die Dame trat ein. Sie war verschleiert.

„Sie haben sich gelangweilt, Monsieur?" fragte sie.

„Die Hoffnung, Sie wieder zu sehen, hat mir nicht Zeit dazu gelassen, Madame," antwortete er.

„Mich? Ich meine, daß Sie eine Andere erwartet haben!"

„Allerdings. Doch wußte ich ja, daß auch Sie kommen würden."

„Nun, das ist eher geschehen, als ich dachte. Ich habe Sie um Verzeihung zu bitten, Monsieur. Die Dame, welche Sie zu sehen wünschte, ist plötzlich anderweit in Anspruch genommen worden —"

„Jedenfalls von einem Herrn, welcher liebenswürdiger ist als ich," scherzte er.

„Davon ist keine Rede. Aber das beabsichtigte Rendezvous kann heute leider nicht stattfinden. Ich habe den Auftrag erhalten, Sie zurückzubringen."

„Und wenn ich nun zu bleiben wünschte?" lachte er.

„Das wird Ihr Wunsch nicht sein. Sie werden als Cavalier den Befehl einer Dame respectiren."

„Das werde ich allerdings. Aber ich werde auch ein Zweites!"

„Was?"

„Sie an die Garantie erinnern, welche Sie mir geboten haben!"

„Wie grausam. Ich bin nicht im Stande, Ihnen die

Dame zu ersetzen, auf deren Anblick Sie nun für heute leider zu verzichten haben."

„Ich bin überzeugt, daß diese Dame die Verdienste nicht besitzt, welche ich an Ihnen bemerke. Wir haben von einem Schadenersatze gesprochen, und ich muß sehr darauf dringen, auf ihn nicht verzichten zu müssen."

Sie ergriff seine Hand, drückte dieselbe in der ihrigen und antwortete:

„Ich will Ihnen gestehen, daß ich nicht ungern Wort halten würde, muß Sie aber doch abschlägig bescheiden. Auch ich bin plötzlich in einer Weise in Anspruch genommen, daß ich keine Minute für die Erfüllung meines Versprechens übrig habe. Es bleibt mir kaum Zeit, Sie zurück zu bringen."

„Nach meiner Wohnung?"

„Nicht ganz so weit. Sie werden bereits vorher meinen Wagen verlassen. Aber sagen Sie, ob vielleicht der morgende Abend Ihnen gehört?"

„Natürlich. Er ist mein Eigenthum."

„Darf ich Sie da abholen?"

„Ja."

„Sie werden also mit mir kommen?"

„Mit dem allergrößten Vergnügen, Madame."

„Nun gut; so folgen Sie mir jetzt!"

Sie führte ihn nach dem engen Corridor zurück, wo sie ihm die Augen wieder verband. Einige Augenblicke später saß er neben ihr im Wagen, welcher sich sogleich in Bewegung setzte. Sie lehnte sich an ihn, sie schien wohl eine Liebkosung von ihm zu erwarten, doch verhielt er sich vollständig theilnahmlos gegen sie. Da nahm sie ihm das Tuch wieder von den Augen, indem sie sagte:

„Jetzt dürfen Sie wieder sehend werden. Sagen Sie, ob Sie den Ort, an welchem sie sich befunden haben, wiederfinden würden?"

„Vielleicht, Madame."

„Ah! Sie ahnen, wo sie gewesen sind?"

„Ja."

„Nun, wo?"

„Erlauben Sie, Ihre Frage unbeantwortet zu lassen. Dieses Schweigen wird Ihnen beweisen, daß ich würdig bin, morgen dahin zurückkehren zu dürfen, wo ich heut vergeblich die Erfüllung einer süßen Hoffnung erwartete."

„Sie haben Recht. Ich bin überzeugt, daß Sie nicht ahnen, wo Sie gewesen sind, aber es ist für alle Fälle besser, gar nicht davon zu sprechen. Also auf Wiedersehen für morgen Abend! Bitte steigen Sie hier aus."

Sie waren an einer Straßenecke angelangt. Sie zog an der Schnur; der Kutscher hielt, und Belmonte verließ den Wagen, nachdem er mit einem Handkusse von ihr Abschied genommen hatte. Er stand noch da und blickte der davon rollenden Equipage nach, als ihn Jemand auf die Schulter klopfte. Er drehte sich rasch um.

„Ah, Martin!" rief er. „Du hier? Wie kommst Du an diese Straßenecke?"

„Grad so wie Sie, Herr Weinagent."

„Wie denn?"

„Nun, per Equipage."

„Du hast einen Wagen genommen?"

„Sogar den Ihrigen."

„Komm. Man beginnt hier, aufmerksam auf uns zu werden." Und vorwärts schreitend, erkundigte er sich weiter:

„Ich glaube gar, Du hast hinten aufgesessen."

„So ist es allerdings. Lieber freilich wäre es mir gewesen, ich hätte darin gesteckt. Ich bin verteufelt geschüttelt worden."

„Aber wo hast Du das Pferd?"

„Das Pferd? Hm. Denken Sie denn, daß ich so dumm sein werde, zu Pferde Wache zu halten? Als Sie mit der Dame hinter der Thür verschwanden, habe ich das Viehzeug durch einen Dienstmann zu seinem rechtmäßigen Eigenthümer bringen lassen. Das macht zwar eine Geldausgabe, aber ich denke, daß Sie mir wenigstens die Hälfte zurückerstatten werden."

„Unsinn; aber weißt Du nun, wohin man mich geschafft hat?"

„Natürlich!"

„Nun?"

„Ahnen Sie selbst es?"

„Ja. Aus verschiedenen Anzeichen schließe ich, daß ich in den Tuillerien gewesen bin."

„Richtig! Der Wagen hielt an einer schmalen Nebenthür. Man schien mit Absicht dort einige Gasflammen verlöscht zu haben."

„Es gelang Dir also mir zu folgen?"

„Natürlich. Das Pferd gab ich fort; ich selbst aber blieb zurück, trotzdem ich mir sagte, daß ich Ihnen wohl von keinem Nutzen sein könne. Die Tuillerien sind nicht der Ort, an dem ich Ihnen Rettung bringen konnte, wenn man es übel mit Ihnen meinte."

„Das ist wahr. Dann bist Du hinten aufgestiegen?"

„Ja. Ich habe es gemacht wie ein echter Berliner Schusterjunge. Sie sehen, was ich für Sie unternehme. Nutzen freilich habe ich nicht davon. Die Küsse haben Sie erhalten."

„Da täuschest Du Dich gewaltig."

„Täuschen? Ists nichts gewesen?"

„Nein. Es gab eine unerwartete Abhaltung, und ich mußte gehen, wie ich gekommen war."

„Das ist hübsch! Das kann mir gefallen. Da bin ich doch ein anderer Kerl. Ich bin anders gegangen als ich gekommen bin. Ich kam zu Pferde und ging per Equipage. So haben Sie Ihre Dame wohl gar nicht zu sehen bekommen?"

„Nein. Aber das Versäumte soll morgen nachgeholt werden."

„Sakkerment! Ich denke, morgen sind wir über alle Berge."

„Das sind wir auch. Ich habe keine Zeit und auch keine Lust, dieses Abenteuer fortzusetzen."

„Schön. So retten wir unsere Haut. Aber, haben Sie denn nicht wenigstens eine Ahnung, wer die Dame sein mag?"

„Hm! Davon will ich jetzt nicht sprechen, am Allerwenigsten aber hier auf der Straße. Laß uns eilen. Ich habe zu schreiben und Neues zu berichten. Hast Du von Deinem Schwälbchen vollständigen Abschied genommen?"

„Was nennen Sie Abschied? Ich möchte am Liebsten gleich in diesem Augenblicke wieder hin zu ihr; aber was nicht sein muß, das braucht nicht zu sein. Sie schreiben, und ich packe ein. Dann sind wir mit dem Morgen fertig."

Am Vormittag begab sich Belmonte zum General Latreau. Er wurde von diesem allein empfangen und erhielt den versprochenen Brief an den Commandanten von Metz. Latreau theilte ihm mit, daß seine Tochter sich heute nicht wohl fühle und daher das Zimmer hüte, doch erwarte sie, daß er sich zu ihr verfügen möge, damit es ihr möglich sei, ihm nochmals Dank zu sagen.

Belmonte verabschiedete sich also von dem Grafen und begab sich nach Ella's Zimmer, wo er sofort angemeldet wurde.

Er hatte erwartet, sie als Patientin zu sehen. Aber sie stand, als er eintrat, vollständig angekleidet am Fenster, und ihr Aussehen war ein so gutes, als ob sie die letzten Tage vollständig überwunden habe.

Ihre Augen glänzten ihm so warm entgegen. Sie reichte ihm das Händchen, welches er an seine Lippen zog und sagte:

„Sie kommen, um zu gehen, Monsieur; aber ich hoffe, daß wir uns nicht für immer Adieu sagen!"

„Ich würde glücklich sein, wenn das Geschick mir erlaubte, mich Ihnen noch einmal vorstellen zu können," antwortete er in möglichst gleichgiltigem Tone.

„Hoffen wir, daß uns diese Erlaubniß zu Theil werde. Und sollte es nicht sein, ich meine, nicht persönlich, so bitte ich doch wenigstens um die Erlaubniß, Ihnen diese andere Gelegenheit zu geben, mich zu sehen. Werden Sie die Güte haben, dies kleine Zeichen der Erinnerung von mir anzunehmen?"

Sie löste eine Kette von ihrem Halse. An derselben hing ein kostbares, mit Diamanten besetztes Medaillon. Sie öffnete es und hielt es ihm entgegen. Er erblickte ihr Bild, wunderbar dem Original ähnlich, auf Elfenbein gemalt.

Diese Gabe überraschte ihn so, daß er im ersten Augenblicke kein Wort fand, seinem Gefühle den rechten Ausdruck zu geben.

„Gnädige Comtesse," sagte er dann, „indem er einen Schritt zurücktrat. „Einer solchen Gnade bin ich nicht werth!"

„Nicht? Sie, der Retter meines Lebens?"

Ihr Auge hatte sich groß geöffnet. Sie stand vor ihm, nicht als ob sie es sei, die ihm die Gabe biete, sondern als Bittende. Er sah, daß seine Worte ihr wehe thaten.

„Wollen Sie wirklich mir meine Bitte nicht erfüllen?" fragte sie, ihm Kette und Medaillon entgegenhaltend.

„Das ist zu kostbar, viel zu kostbar."

„Dieser Steine wegen, Monsieur Belmonte? Pah! Doch, wie Sie wollen! Sprechen wir nicht mehr davon!"

Wie gern hätte er ihr gesagt, daß die Diamanten ihm nichts, gar nichts werth seien gegen das Miniaturportrait! Sie hatte sich, halb betrübt und halb schmollend abgewendet. Es lag in diesem Augenblick Etwas in ihrem schönen Angesichte, was mehr, vielmehr als eine bloße Enttäuschung bedeutete. Es überkam ihn so wunderbar; er wußte nicht, woher er den Muth nahm, aber er griff in die Tasche, zog ein kleines, zierliches Portefeuille hervor und sagte:

„Gnädige Comtesse, ich darf Sie nicht beleidigen; ich will Ihnen gehorchen; aber haben Sie die Gnade mir die Bedingung zu gewähren, daß auch mein Bild bei Ihnen bleiben darf."

Da zuckte es hell über ihr Gesicht. Sie wendete sich ihm schnell wieder zu und sagte:

„Sie haben auch Ihr Bild? Eine Photographie? Gut, Monsieur, tauschen wir um!"

Sie nahm die Visitenkarte aus seiner und er das Medaillon aus ihrer Hand. Er steckte das Letztere zu sich und sagte:

„Ich wage es nur, weil Sie es befehlen, Mademoiselle. Macht diese reiche Gabe es mir doch fast unmöglich, eine Bitte vorzutragen, welche ich Ihnen zu Füßen legen wollte."

„Sie haben einen Wunsch? Schnell, lassen Sie mich denselben wissen."

„Er betrifft die Braut meines Dieners — — —"

„Ah, dieser brave Mann hat eine Braut? Ist sie hier in Paris?"

„Ja. Hier auf dieser Karte ist ihre Wohnung angegeben. Sie ist ein liebes, braves Mädchen und hat auf der Welt bisher Niemanden gehabt als einen Bruder, auf welchen sie sich nicht verlassen kann. Man spricht von Krieg; es ist ihr angst. Gnädige Comtesse, ich wage viel, aber ich möchte mir für Alice Ihren Schutz erflehen!"

Sie nickte ihm freundlich zu und antwortete:

„Gern, sehr gern! Sie soll ihn haben. Ich werde so bald wie möglich mit ihr zu sprechen suchen. Und bei dieser Gelegenheit will ich nicht versäumen, Ihnen eine Mittheilung zu machen, welche sich auf die Kellnerin Sally bezieht. Nicht wahr, sie war eine Art von Schützling Ihrerseits?"

„Fast möchte man es so nennen. Ich bat sie um ihre Hilfe, als es galt, Sie den Händen des Wirthes zu entreißen, und versprach — — —"

„Ich weiß, ich weiß! Papa hat dafür gesorgt, daß sie ihren Bruder aufsuchen kann, um ihm Gelegenheit zu einer Verbesserung seiner Existenz zu bieten."

„Ich danke von ganzem Herzen, gnädige Comtesse! So sind mir zwei Wünsche erfüllt anstatt nur des einen. Gott segne Sie! Gott segne Sie!"

Er ergriff ihr kleines, wunderbar schönes Händchen und drückte dasselbe an seine Lippen. Sie entzog ihm die Hand nicht, obgleich der Kuß etwas längere Zeit in Anspruch nahm, als gewöhnlich gewährt zu werden pflegt. Dann ging er. Sie blickte ihm nach, als er über die Straße ging, und ein tiefer, tiefer Seufzer hob ihren Busen. Sie wußte selbst nicht, warum sie die Hand, in welcher sie seine Photographie noch hielt, so fest und beschwichtigend auf ihr Herz drückte.

Zum Kriege drängend.

„Station Tharandt! Eine Minute Aufenthalt!"

So riefen die Conducteurs, indem sie eilfertig die Thüren der Coupees öffneten.

„Bier, Cognac, belegte Semmeln!"

So rief der Kellner, welcher einen Korb mit gefüllten Gläsern längs des Zuges hin balancirte.

Aus zwei neben einander liegenden aber getrennten Coupees stiegen zwei Reisende aus. Der Eine war hoch und kräftig gebaut, trug graue, sehr eng anliegende Hose, ein Sammetjaquet und einen sogenannten Künstlerhut. Der Andere war kurz und ungewöhnlich dick, trotzdem er, gerade so wie der Andere, kaum mehr als sechs- bis achtundzwanzig

Jahre zählen mochte. Auf seinem Haupte saß ein riesiger Calabreserhut, dessen Krämpe hinreichte, eine ganze Familie gegen Regen oder Sonnenstich zu beschützen.

Der Hohe drehte sich in das Coupee zurück und brachte aus demselben eine ziemlich große Mappe und einen Regenschirm zum Vorscheine. Der Dicke wendete sich ebenso, als seine Füße den Erdboden erreicht hatten, nach dem seinigen zurück und zog eine riesige Mappe und einen Regenschirm hervor. Beide drehten sich, da es in diesem Augenblicke zum dritten Male läutete, hastig um, und bei dieser Gelegenheit fuhr der Hohe dem Dicken mit dem Regenschirme in das Gesicht und der Dicke dem Hohen mit dem seinigen an den Leib.

„Herr, nehmen Sie sich in Acht!" donnerte Der mit dem Künstlerhute.

„Ich bin dreimal so dick wie Sie," antwortete Der mit dem Calabreser; „ich bin also dreimal leichter zu bemerken wie Sie; folglich sind Sie es, der nicht Acht gegeben hat!"

„Schweigen Sie! Sie sind ein Esel!"

„Ja, ich ein dicker und Sie ein großer; das ist so klar wie Pudding."

Sie blickten einander grimmig in die Gesichter. Da stieß die Maschine ihren schrillsten Pfiff aus; die Wagen setzten sich in Bewegung; die beiden Fremden, welche sehr nahe am Zuge standen, sprangen erschrocken zurück und rissen, der Eine von rechts und der Andere von links, den Kellner um, welcher soeben beabsichtigt hatte, an ihnen vorüber zu eilen. Gläser, Flaschen, Teller, belegte Semmeln, Alles lag an der Erde, welche den Inhalt der Ersteren im Nu verzehrte, die Scherben aber verschmähte.

(Fortsetzung folgt.)

Die Liebe des Ulanen.
Original-Roman aus der Zeit des deutsch-französischen Krieges von Karl May.
(Fortsetzung.)

Die beiden Reisenden waren zunächst sprachlos vor Schreck und Zorn; sie blickten einander wüthend unter die Hutkrämpen. Der Kellner raffte sich schnell auf und rief:

„Meine Herren, dieses Malheur haben nur Sie angerichtet. Sechs Glas Lagerbier, fünf Cognacs, vier gestrichene Brödchen mit Schinken und Wiegebraten, nebst Flaschen und Gläser und Teller macht einen Thaler fünfundzwanzig Groschen und neun Pfennige."

Er streckte bei diesen in unfehlbarem Tone gesprochenen Worten beide Hände aus, um die Summe möglichst bald in Empfang zu nehmen.

„Sechs Glas Lagerbier?!" rief der Künstler.

„Fünf Cognacs?!" schrie der Calabreser.

„Vier Brödchen?!"

„Nebst Schinken und Wiegebraten?!"

„Jawohl, meine Herren!" antwortete der Kellner. „Die Herrschaften sind Zeugen, daß Sie mich umgerissen haben."

Er deutete dabei auf das Publicum, welches sich im Augenblicke an dem Unglücksorte versammelt hatte. Ein allgemeines Kopfnicken und Beifallsmurmeln gab ihm Recht.

„Ich war es nicht!" sagte der Hohe.

„Und ich noch viel weniger," meinte der Dicke. „Mein Bauch hat keine Ecken, an denen Kellner hängen bleiben."

„Herr! Sie waren es!"

„Herr! Sie sind's gewesen!"

„Morbleu! Wissen Sie, wer und was ich bin?"

„Hm! Viel wohl nicht."

Dabei warf der Calabreser dem Künstler einen höchst verächtlichen Blick zu. Dieser Letztere war darob im äußersten Grade erzürnt und rief:

„Ich heiße Haller und bin Maler."

„Stubenmaler etwa?"

„Nein, sondern Kunstmaler. Ich bin aus Stuttgart."

Da heiterte sich das glänzende Gesicht des kleinen Dicken auf. Er sagte, bereits viel weniger zornig:

„Herr, ich bin auch Maler!"

„Stubenmaler?"

„Nein, sondern Kunstmaler. Mein Lieblingsgenre sind Viehportraits."

„Wo sind Sie her?"

„Aus Berlin."

„Wie heißen Sie?"

„Kennen Sie meinen Namen noch nicht. Ich heiße Hironymus Aurelius Schneffke. Wir sind also Collegen, Herr!"

Jetzt war aller Groll aus dem Gesichte des Dicken gewichen. Das schien den Langen zu rühren.

„Ja, Collegen," nickte er.

„Was wollen Sie in Tharandt?"

„Die heiligen Hallen sehen."

„Ich auch. Wollen wir uns an einander schließen, Herr College?"

„Mir recht."

„Gut! So wollen wir auch diesen Pechvogel gemeinsam bezahlen!"

„Ich mache mit."

„Das beträgt pro Mann siebenundzwanzig Groschen neun und einen halben Pfennig. Den Halben spielen wir auf dem Billard aus. Nicht?"

„Einverstanden!"

„Schön! Die Hand auf, Kellner! Hier ist Asche. Aber ein anderes Mal schwänzeln Sie nicht so nahe an uns vorüber, sintemalen man die Augen nicht auf dem

Rücken hat; das ist doch so richtig wie Pudding. Kommen Sie, mein bester Herr College!"

Der Dicke nahm Mappe und Regenschirm unter den linken, und der Lange nahm diese Gegenstände unter den rechten Arm. Die beiden freien Arme aber schlangen sie in einander und wanderten also vereint dem Orte zu, von einem fröhlichen Gelächter des Publikums begleitet.

Haller hatte etwas Vornehmes, Aristokratisches an sich; aber sein Gesicht zeigte einen offenen, gutmüthigen Ausdruck. Er schien mit dem Dicken vollständig ausgesöhnt.

„Also aus Berlin sind Sie?" fragte er diesen im Gehen.

„Jawohl, Herr College."

„Sind Sie da bekannt?"

„Sehr sogar!"

„Kennen Sie eine Familie Königsau?"

„Ja, sogar sehr gut. Bei diesen Leuten wohne ich ja."

„Ah, wirklich? Das trifft sich prächtig! Es ist ein Großvater da?"

„Das stimmt!"

„Und eine Tochter, ein sehr hübsches Mädchen?"

„Hübsch ist sie; ja!" meinte der Calabreser, indem er mit der Zunge schnalzte.

„Könnten Sie mich in der Familie einführen?"

„Mit dem größten Vergnügen, verehrtester Herr College. Wann werden Sie nach Berlin kommen?"

„Ich fahre bereits morgen Vormittag hin."

„Donnerwetter, ich auch! Wir passen zusammen! Uns hat das Schicksal für irgend einen großen, erhabenen Zweck zusammengeführt."

„Fast scheint es so."

„Fahren wir morgen zusammen!"

„Gern!"

„Heute genießen wir Tharand's heilige Hallen in Gemeinschaft!"

„Ist mir lieb."

„Und jetzt schwenken wir hier in diese Kneipe ein, um unsere Bekanntschaft mit etwas Nassem zu befeuchten!"

„Ich schließe mich an."

Sie traten in die Restauration und ließen sich eine Flasche Wein geben. Der Kleine wollte das Vorrecht, sie zu bezahlen, für sich in Anspruch nehmen. Dieselbe Forderung aber erhob der Lange auch in Beziehung auf sich, und so kamen sie überein, Jeder die Hälfte zu entrichten.

„Also, Sie wohnen wirklich bei Königsau?" fragte Haller, als das Gespräch in Fluß gerathen war.

„Freilich! Bereits seit langer Zeit."

„Kommt Moltke zuweilen hin?"

„Moltke?" fragte der Dicke verwundert. „Nein."

„Oder Bismarck?"

„Nie."

„Oder verkehren andere höhere Officiere und Diplomaten dort?"

„Ich wüßte nicht, was die da wollten und sollten. Solche Leute kaufen ihre Handschuhe im Großen und Ganzen und lassen Sie niemals färben."

„Ihre Handschuhe?"

„Ja. Der Königsau ist Glacehandschuhfärber."

„Glace — — hand — — schuh — — färber?"

„Natürlich! Das ist so sicher wie Pudding!"

„O weh! Ich meine eine ganz andere Familie Königsau. Das ist eine Officiersfamilie."

„Ah, so? Hm, die kenne ich nicht, so leid es mir thut!"

„Na, sie wird wohl zu finden sein."

„Ganz gewiß. Wünschen Sie, dort eingeführt zu werden?"

„Ja. Ist man in Berlin leicht zugänglich?"

„Sehr leicht. Berlin ist nicht London, und der Preuße ist kein Engländer. Wir werden suchen. Vielleicht treffen wir diese Officiersfamilie einmal auf der Hasenhaide oder in Charlottenburg. Da macht sich die Bekanntschaft am Allerleichtesten. Man borgt sich von dem Andern das Taschentuch für einen Augenblick; das ist die ganze Einleitung. Essen wir erst, ehe wir nach den heiligen Hallen gehen?"

„Ich habe bereits ein zweites Frühstück genommen."

„Ich mein Drittes. Mit dem Vierten kann ich ja noch warten bis ich in den Wald komme. Da giebt es Schafgarbe, Sauerampfer und Brunnenkresse, meine Leibcompots zum Schinkenbrod. Ich habe alle Taschen voll Bemmen stecken. Bei einem Kunstausfluge darf man ja nicht Noth leiden wollen."

„Sie wollen heute zeichnen?"

„Ja, natürlich. Deshalb gehe ich ja in die heiligen Hallen."

„Ich denke, Sie sind Thiermaler?"

„Das bin ich allerdings. Es wird sich wohl etwas Lebendiges sehen lassen, eine Blindschleiche, eine Kaulquappe, oder eine Touristenfamilie. Wollen wir aufbrechen?"

„Einverstanden."

In Kurzem wanderten sie selbander den Weißeritzgrund hinauf. Haller gab sich gemüthlicher als er es gewöhnt war. Der kleine Dicke war ein äußerst guter Gesellschafter, und während der Unterhaltung sah Haller ein, daß er es keineswegs mit einem Minus-Manne, sondern mit einem ganz tüchtigen Künstler zu thun hatte.

„Sie haben so etwas Militärisch-Soldatisches an sich," meinte der Kleine in seiner humoristischen Ausdrucksweise zu ihm. „Man könnte Sie für einen Officier in Civil nehmen. Sind Sie Soldat gewesen?"

„Ja."

„Ich auch."

„Sie?" fragte Haller, indem er die dicke Figur seines Begleiters erstaunt betrachtete.

„Jawohl. Ich habe es sogar bis zum Unterofficier gebracht. Die Geschichte ist mir ungeheuer gut bekommen, wie Sie sehen. Meine Taille kann sich sehen lassen. Aber bitte, schlagen wir uns doch ein Bischen seitwärts in die Wälder. Vielleicht findet sich eine hübsche Baumgruppe, oder so etwas Aehnliches für unsere Stifte. Etwas mitnehmen muß ich!"

Er war, wie es sich zeigte, trotz seines ungewöhnlichen Leibesumfanges ein ganz guter Läufer und Steiger. Haller hatte einen recht ausgiebigen Schritt angenommen, aber der Kleine blieb ihm dennoch stets an der Seite.

Es war ein wunderschöner Tag. Draußen im Freien brannte die Sonne beinahe heiß hernieder, obgleich die Jahreszeit noch nicht weit vorgeschritten war. Hier im Walde warf sie schimmernde Lichter durch die Zweige. Die Ränder des jungen Grüns färbten sich goldig. Waldesduft erquickte die Lungen; Vogelgesang ertönte von den Zweigen, und von fern her tönten laute fröhliche Menschenstimmen herüber.

Nur von fern her? O nein! Die Beiden hielten unwillkürlich ihre Schritte an. Ganz in unmittelbarer Nähe, gerade vor ihnen ließ sich soeben eine Frauenstimme von ganz besonderem Wohllaute vernehmen. Die Stimmlage war im Alt, aber dieser Alt hatte eine eigenthümliche silberne Klangfarbe.

„Horchen Sie!" flüsterte der Kleine. „Das ist entweder vorgelesen oder declamirt. Das sind Verse. Lassen Sie uns einmal sehen, wer es ist."

Sie wandten sich leise durch ein lichtes Buchengebüsch hindurch und standen nun am Rande eines kleinen Kessels. Unten auf der Sohle desselben lagen einige mit Moos bewachsene Steine, und da saßen zwei Frauengestalten, ganz und gar in ihre Beschäftigung vertieft.

Die Eine war nicht mehr jung; aber man sah es ihr an, daß sie nicht sehr schön gewesen sein müsse. Ihr Gesicht war bleich, von vornehmem Schnitte und zeigte jenen stabilen Hauch der Schwermuth, welcher stets die Folge eines still getragenen Leides ist. Die Toilette dieser Dame war, obgleich von touristenmäßigem Schnitte, doch reich zu nennen.

Die andere war jung, eine wirkliche Schönheit, hoch und voll gebaut, blond von Haar und schneeig von Teint. Ihr Gewand war höchst einfach. Selbst an dem Hute, welchen sie vom Kopf genommen und neben sich hingelegt hatte, war weder Blume noch Schleife zu sehen. Sie hatte ein Buch in der Hand, aus welchem sie vorlas."

„Eine Aristokratie vom reinsten Blute; das will ich wetten," flüsterte der Kleine.

„Und die Jüngere ist Gouvernante, Gesellschafterin, Vorleserin," fügte der Lange hinzu.

„Möglich. Eine schöne Gruppe! Wollen wir?"

Er warf dabei einen bezeichnenden Blick auf seine Mappe.

„Ich möchte wohl," antwortete Haller; „aber hier können sie uns zu leicht bemerken."

„Kriechen wir da rechts hinüber. Dort hängt der Rand ein gutes Stück über; dahinter können wir uns verstecken."

Gesagt, gethan. Sie schlichen sich nach der angegebenen Stelle, machten es sich dort so bequem wie möglich, und begannen dann zu zeichnen.

„Was mag es sein, was sie vorliest?" fragte Haller.

„Ich glaube, das Buch sind Gerocks Palmblätter," antwortete der Berliner. „Ja, horchen Sie! Jetzt liest sie den Frühlingsglauben:

„Und schau ich Gottes Welt im Frühlingslicht,
Wenn junges Grün erglänzt auf allen Triften,
Wenn Blüthenschnee aus dürren Aesten bricht.
Und Lustgesang ertönt in blauen Lüften,
Dann hoff ich wieder, und noch glaub ich nicht
An die Erfüllung schon der letzten Schriften,
Wo krachend unsere sündenmorsche Welt
In Flammen des Gerichts zusammenfällt."

„Herrlich, herrlich!" flüsterte der Kleine. „Diese Betonung, diese Innigkeit des Ausdruckes! Sehen Sie, wie ihre Wangen sich geröthet haben und wie — — Mohrenschockelement! Da geht weiß Gott die Ruschel fort!"

In seiner Begeisterung hatte er sich aufgerichtet und zu weit vor gewagt. Das lockere, überhängende Erdreich, auf welchem die Beiden saßen, konnte die ungewöhnliche Last des Dicken nicht mehr halten, es gab nach und rutschte niederwärts.

„Hui! Hurre! Ich halte mich doch noch fest."

Bei diesen Worten streckte der Kleine den Arm aus und erfaßte, bereits im Abwärtsrutschen begriffen, das Bein seines langen Collegen.

„Mille tonnerres!" rief dieser. „Sie reißen mich ja mit in die Lawine hinein! Halt, Dicker, halt! Brrrr! Eh!"

Ja, leider gab es keinen Halt mehr, die Lawine fuhr zu Thal.

Die beiden Damen hatten gar keine Ahnung davon gehabt, daß sie beobachtet seien. Der kleine Thalkessel war ihnen zur Kirche geworden, und das fromme Dichterwort zum Evangelium. Diese ihre Andacht wurde nun so gewaltsam gestört durch die lauten Rufe, welche über ihnen erschallten.

Sie sprangen, im höchsten Grade erschrocken, von ihren improvisirten Sitzen auf und blickten empor. Was sie da sahen, war keineswegs erbaulich.

Eine ganze Parthie von Erde, Sand und Geröll ergoß sich vom Rande der Schlucht nach unten, und mitten in diesem Chaos wälzte, rutschte, kugelte und kollerte der Dicke schreiend, pustend und stöhnend mit hernieder. An jedem Busche, an jeder Wurzel, an welchen er vorübersauste, wollte er sich festhalten, doch vergebens. Daher die verschiedenen, schnell aufeinander folgenden Ausrufungen des Schreckes, der Hoffnung, des Aergers.

„Halt! Heh, hih, hoh! Jetzt hab ich's! Au waih! Es geht wieder weiter! Hurrjeh! Gott, vergieb mir meine Sünden! Hoppsa! Au! Pfui Teufel! Ah, da ist ein Stamm! Halt fest, Dicker! Etsch, da dampft er vorbei! Jemineh! Geht weg da unten, Ihr Weibsen! Jetzt komme ich! Links, Dicker, weiter links, sonst brichst Du Hals und Beine! So! Na, jetzt endlich nimmts ein Ende."

So kam er von oben heruntergefahren. Die Gewalt des Sturzes trieb ihn bis zu den beiden Damen hin, welche kaum wußten, ob sie fliehen oder bleiben sollten. Gerade vor ihnen blieb er beschmutzt und bestaubt, mit zerrissenen Hosen liegen, streckte alle Viere von sich und sagte:

„Ergebenster Diener, verehrte Damen! Wünsche, wohl geruht zu haben. Stelle mich Ihnen vor: Ich bin Herr Hieronymus Aurelius Schneff — — Herrjesses, wer kommt denn da noch angesaust? Na, so ein Weihnachten! Hat's denn nicht bald ein Ende?"

Haller hatte sich nämlich etwas länger zu halten vermocht, endlich aber doch dem verhängnißvollen Gesetze der Schwere nachgeben müssen. Jetzt kam er angestürmt und fuhr mit solcher Wucht gegen den Dicken an, daß dieser noch ein großes Stück fortkugelte und sich, bevor er liegen blieb, noch einige Mal überkugelte.

Der Lange raffte sich möglichst rasch auf und machte den Damen eine Verbeugung. Er wollte sich beinahe beleidigt fühlen, als er auf dem Gesichte der Jüngeren ein ziemlich spöttisches Lächeln bemerkte, da aber rief ihm der Kleine zu:

„Reiß aus, Christlieb! Guck nur Deine Hosen an! Vorn bei den Knieen und hinten!"

Die engen Beinkleider Hallers waren allerdings noch viel schlimmer zugerichtet, als diejenigen des Berliners. Er warf einen erschrockenen Blick nach unten, sah seine beiden Kniee durch zwei fürchterliche Risse gucken, wendete sich um und war im nächsten Augenblicke hinter den Büschen verschwunden.

Jetzt raffte sich auch der Dicke empor. Er bot einen so komischen Anblick dar, daß die beiden Damen nur mit allergrößter Mühe ihr Lachen verbergen konnten.

„Schneffke, wollte ich vorhin sagen, meine Damen, da aber kam dieser Hans Tapps angesaust und riß mir das Wort vom Munde weg. Hieronymus Aurelius Schneffke, Kunstmaler. Meine Visitenkarten werde ich wohl unterwegs verloren haben. Es ist eine heillose Geschichte. Sehen Sie sich nur meinen Regenschirm an, da liegt er! Der hat nur noch total zerbrochene Knochen, die Haut ist ganz und gar verschwunden."

Sein Skizzenbuch hatte die ganze Reise mitgemacht. Es lag am Boden, beschmutzt, zerrissen und zerzaust. Die jüngere Dame warf einen Blick darauf, bückte sich dann rasch und hob es auf, um das Blatt zu betrachten, welches gerade obenauf gewesen war.

„Ah, sieh, Tantchen, das sind wir," sagte sie. „Das Schicksal hat glücklicher Weise diesen Diebstahl auf das Schnellste bestraft. Komm, laß uns unsern Spaziergang fortsetzen."

Sie riß das Blatt, welches die Skizze enthielt, in kleine Stücke und streute die Letzteren umher; dann verließ sie mit der andern Dame den Thalkessel.

„Donnerwetter!" brummte ihr der Dicke nach. „Stolz lobe ich mir die Spanierin! So eine Vorleserin! Aber, hat sie denn nicht Tante gesagt? Hm! Wohl nicht. Ich habe mich verhört. Mir brummt der Kopf wie eine Baßgeige. Wo muß nun dieser Herr College stecken. Ah, dort kommt er!"

Haller hatte sich aus Scham vor den Damen zurückgezogen. Jetzt kam er aus den Büschen heraus.

„Verdammter Fall!" fluchte er. „Schauderhaftes Ereigniß! So ein Mädchen! So wunderbar schön! Mein Ideal gefunden, endlich gefunden! Und dabei zerplatzt mir die Hose."

„Das ist doch immer noch besser, als wenn Sie eine Hose gefunden hätten und dabei wäre das Ideal zerplatzt. Da oben liegen Ihr Schirm und Ihre Mappe. Sie sind viel besser weggekommen als ich. Bei mir ist Alles zum Teufel."

„Ja, das ist ein Trost. Ich habe die Skizze dieses herrlichen Kopfes, dieser köstlichen Figur erobert. Wissen Sie nicht, wer die Beiden waren?"

„Nein. Daran sind ganz allein nur Sie schuld."

„Wieso?"

„Ich hatte gerade begonnen, mich ihnen nach allen Regeln der Etikette und guten Lebensart vorzustellen, da kamen Sie geflogen und sackten mich aus dem Concept heraus. Die Damen wären verpflichtet gewesen; mir auch ihre Namen zu nennen."

„Es ist ja möglich, daß wir sie wiedersehen. Jetzt gilt es vor allen Dingen, uns zu restauriren. Es wird doch in Tharandt einen Schneider geben, der auf Lager hat, was wir brauchen?"

„Ich hoffe es. Aber Sie können sich auch in Tharandt nicht sehen lassen. Warum tragen Sie so enge Hosen!"

„So gehen wir jetzt einstweilen zu Zweien, und in der Nähe des Städtchens bleibe ich zurück und warte auf Sie."

So wurde es gemacht. Sie putzten sich, so gut es ging, den Schmutz aus den Kleidern und wanderten dann der Stadt zu. Haller blieb im Walde zurück und wurde dann von dem Dicken in den Stand gesetzt, sich wieder vor Menschen sehen lassen zu können. Aber die Freude am Ausfluge war ihnen verdorben. Sie beschlossen, mit dem nächsten Zuge nach Dresden zu fahren, von wo aus sie dann morgen nach Berlin dampfen wollten.

Auf dem Bahnhofe waren Beide gezwungen, einige Zeit auf den Zug zu warten.

„Welche Classe fahren wir, Verehrtester?" fragte Schneffke.

„Ich werde die Billets sogleich besorgen."

Sie saßen in der Restauration und hatten sich Jeder ein Bier geben lassen. Haller ging und brachte dann zwei Billets erster Classe.

„Verdammt!" sagte der Berliner. „Diese Noblesse ist mein Geldbeutel nicht gewöhnt."

„Aber der meinige! Sie haben gewünscht, daß wir uns bis Berlin an einander schließen — — —"

„Auch in Berlin!" unterbrach ihn der Dicke. „Sie gefallen mir, obgleich Ihre Hosen sich nicht sehr durabel betragen haben, und da ist es mir lieb, wenn wir uns auch in Berlin nicht ganz aus den Augen verlieren."

„Das ist mir recht, obgleich auch Ihre Hosen bei der Rutschpartie bedeutend gelitten haben. Aber wollen wir beisammen bleiben, so sind Sie gezwungen, sich in meine Art und Weise zu fügen. Ich fahre nur erster Classe!"

„Hm!" lachte der Dicke. „Welcher Classe sind Sie denn da draußen im Walde gefahren? Uebrigens bitte ich mir zu sagen, wo Sie in Dresden logiren."

„Das weiß ich nicht. Ich kam, gerade wie Sie, von Chemnitz her und nahm nur bis Tharandt Billet, um die berühmten heiligen Hallen in Augenschein zu nehmen. In Dresden bin ich noch gar nicht gewesen."

„Und ich kam aus dem Flöhathal, welches seiner landschaftlichen Schönheiten wegen bekannt ist. Ich stieg hier aus, um das seltene Vergnügen zu haben, einmal ohne Schnee auf ebener Erde Schlitten zu fahren. Ich werde im Trompeterschlößchen logiren."

„Ein Hotel?"

„Nein, sondern ein Gasthof."

„Pah!" sagte Haller verächtlich. „Wer verkehrt da?"

„Der Mittelstand."

„Der Künstler gehört nicht zum Mittelstande. Ist Ihnen, nicht ein vornehmes Haus bekannt?"

„Hotel de Saxe oder Stadt Rom am Neumarkte."

„So fahren wir nach Hotel de Saxe."

„Wie? Ich auch mit? Da soll mich Gott behüten!"

„Warum?"

„Weil leider mein Beutel zum Mittelstande gehört."

„Das ist kein Grund. Wir bleiben zusammen, und die Rechnung werde ich begleichen."

„Sapperlot, diese Ouverture ist famos componirt! Aber, bester Herr College, haben Sie denn wirklich Ihren Narren so an mir gefressen, das Sie mir solche Opfer bringen?"

„Diese geringe Ausgabe ist ja gar nicht der Rede werth;

ich bin sehr reichlich mit Reisegeld versehen. Sie gefallen mir, und zudem bin ich noch nie in Berlin gewesen und sage mir daher, daß Sie mir dort vielleicht von Nutzen sein können."

„Soll ich Ihnen dort auch neue Hosen besorgen? Ich stelle mich sehr gern zur Verfügung. Dabei ist es ein wahres Glück, daß es dort keine heiligen Hallen giebt. Ich liebe es zwar, zuweilen ein kleines Abenteuer zu erleben, aber eine Omnibusfahrt ohne Omnibus ist denn doch nicht gerade angenehm, zumal wenn man sich dabei vor zwei solchen Damen blamirt. Die Alte war interessant. Ein höchst feines, geistreiches, aristokratisches Gesicht! Die Gesellschafterin aber war noch bei Weitem wünschenswerther. Hat sie Ihnen gefallen?"

Haller blickte nachdenklich vor sich hin, als ob er sich ihr Bild noch einmal vergegenwärtigen wolle. Dann antwortete er:

„Sie ist eine Schönheit ersten Ranges!"

„Jawohl, jawohl! Allerersten Ranges! Donnerwetter! Wenn ich erstens wüßte, wer sie ist, und zweitens — — ah! Hm!"

„Was zweitens?"

„Ob — — na, ob sie bereits einen Liebsten hat oder nicht!"

„Sacree! Sind Sie verliebt in sie?"

Der Dicke fuhr sich mit beiden Händen über den Mund, schnalzte mit der Zunge und antwortete:

„Verliebt, sagen Sie? Das ist ein verteufelt unpoetisches Wort. Ich an Ihrer Stelle würde mich etwas anders ausdrücken."

„Wie denn zum Beispiel?"

„Nun, das kann ich augenblicklich auch nicht sofort sagen. Aber als ich da oben von der Höhe herabgesaußt kam und gerade vor ihren Füßen halten blieb, da überkam es mich gerade wie — wie — ja, jetzt habe ich es — gerade wie Schiller in seiner Glocke. Sie stand da vor mir herrlich, in der Jugend Prangen, wie ein Gebild aus Himmelshöhen; ich lag vor ihr auf jener menschlichen Gegend, auf welcher ungerathene Buben die meisten Prügel zu erhalten pflegen, und in diesem feierlichen Augenblicke hätte ich ausrufen mögen, gerade wie Schiller dort in der Glocke:

O zarte Sehnsucht, süßes Hoffen,
Der ersten Liebe goldne Zeit!
Ich lieg vor Dir, grad wie besoffen,
Und Du? Du lachst, wie nicht gescheidt!"

Haller konnte sich bei dieser Auslassung nicht enthalten, auch zu lachen. Der Dicke war wirklich köstlich; er ließ den Gefährten auslachen und meinte dann mit der ernsthaftesten Miene von der Welt:

„Was lachen Sie? Glauben Sie etwa, daß meine Verse ein empfängliches, sehnsuchtsvolles Mädchenherz nicht zu rühren vermögen! Ich bin in Berlin als einer der größten Don Juans bekannt!"

Der Andere musterte ihn mit einem ungläubigen Blicke und fragte:

„Sie? Ah! Wie viele Erfolge haben Sie zu verzeichnen?"

„Sehr viele! Die Eine lacht mich aus; die Andere zuckt die Achsel; die Dritte läßt mich stehen und rauscht davon, und die Vierte, Donnerwetter, wer kann sich das Alles merken. Na, Sie werden mich schon noch kennen lernen. Aber diese Gouvernante, diese Gesellschafterin, zu deren Füßen ich vorhin niedergesäußelt bin, die hat mir's angethan. Sollte ich sie jemals wieder treffen, so lasse ich eine Liebeserklärung vom Stapel, die sich gewaschen hat!"

„Viel Glück dabei, mein Lieber. Aber da ertönt das Zeichen. Lassen Sie uns aufbrechen; der Zug kommt."

Sie begaben sich nach dem Perron und stiegen, als der Train angekommen war, in ein Coupee erster Classe.

Sie hatten gar nicht die beiden Damen bemerkt, welche ganz in ihrer Nähe das Einlaufen des Zuges beobachtet hatten. Es waren dieselben, mit denen sie im Walde auf eine so ungewöhnliche Weise zusammengetroffen waren.

„Nehmen wir Frauencoupee?" fragte die Jüngere.

„Nein, liebe Emma."

„Aber man weiß nicht, welche Gefährten man trifft."

„Ich bin Officiersfrau, und als solche darf ich mich nicht fürchten."

Sie sahen ein Coupee erster Classe offen stehen und stiegen ein, die Aeltere voran, die Jüngere dann.

„Donnerwetter, Die sind's!" tönte es ihnen entgegen.

Der Dicke war es, der aus Ueberraschung diesen Ruf ausgestoßen hatte. Die ältere Dame hörte es und erkannte ihn. Sie machte sofort Miene, wieder auszusteigen, aber ihre Gefährtin, welche weder Etwas gehört noch gesehen hatte, stand bereits auf dem Trittbrette, und der Schaffner rief:

„Bitte schnell, meine Damen! Es läutet zum dritten Male!"

Unter diesen Umständen gab es keine Wahl; man mußte bleiben. Der Schaffner warf die Thür zu, und der Zug setzte sich in Bewegung.

Jetzt sah nun auch die Jüngere, in welche Gesellschaft sie gerathen war. Ein eigenthümliches, ironisches Lächeln zuckte um ihren Mund; dann ließ sie den Schleier nieder, wie um anzudeuten, daß sie für Niemand vorhanden sei.

Die beiden Herren saßen an dem einen und die Damen an dem andern Fenster.

„Glückliches Omen!" flüsterte der Berliner. „Soll ich?"

„Was?" flüsterte sein Gefährte zurück.

„Na, die Liebeserklärung."

„Unsinn. Wollen Sie die Damen beleidigen."

„Keineswegs. Ich verstehe mich ganz gut auf solche Sachen."

Er setzte sich in Positur, drehte sich nach den Damen hin, zupfte sich die Weste, welche ein Wenig emporgerutscht war, zurecht, räusperte sich verheißungsvoll und sagte:

„Darf ich Ihnen vielleicht meinen Platz anbieten, gnädige Frau? Sie fahren wohl nicht gern rückwärts."

Hätte sie angenommen, so wäre er vis — à — vis der Jüngeren zu sitzen gekommen. Seine Frage war in einem höflichen Tone gesprochen worden. Die Dame konnte also nicht umhin zu antworten. Sie neigte den Kopf ein Wenig und sagte:

„Ich danke! Ich bin nicht nervös!"

„O, ich auch nicht!" fügte er sehr geistreich hinzu, indem er einen triumphirenden Blick auf seinen Gefährten warf.

„Das habe ich bemerkt," antwortete sie, indem ein feines, satyrisches Lächeln über ihr Gesicht glitt.

„Sehr freundlich. Wo haben Sie das bemerkt, gnädige Frau?"

„Im Walde. Es ist Ihnen ganz gleich, auf welche Weise Sie fahren."

„Nicht wahr?" lachte er. „Ich brauche dazu weder Kutscher noch Pferde und Wagen, nicht einmal eine Locomotive. Ganz gewiß haben Sie unsere Fertigkeit bewundert. Ich muß allerdings annehmen, daß Ihnen das Vorkommniß ein wenig unerklärlich gewesen ist?"

„Ich gestehe das allerdings ein."

„Darf ich Ihnen die Erklärung geben?"

„Ich bitte darum."

Es hatte eigentlich gar nicht in ihrer Absicht gelegen, auf eine Unterhaltung einzugehen, aber ein Blick in das offene ehrliche und gutmüthige Gesicht des Dicken brachte sie zu dem Entschlusse, ihm nicht wehe zu thun.

„Nun sehen Sie, gnädige Frau," sagte er; „wir haben uns nämlich entschlossen, per Velociped zu fahren, haben aber die Maschinen noch nicht erhalten. Um nun keine Zeit zu verlieren, sind wir in den Wald gegangen, um uns einstweilen einzuüben. Der Mensch muß practisch sein. Wenn wir dann später die Velocipeds erhalten, besitzen wir bereits so viel Fertigkeit, daß wir uns sofort aufsetzen können. Ich hoffe, daß Sie das sehr zweckmäßig finden."

„Allerdings ebenso zweckmäßig wie außerordentlich!" lachte sie.

„Das kann nicht auffallen; wir sind ja zwei außerordentliche Menschen. Wir sind Künstler. Wenn ich mich nicht irre, habe ich bereits im Walde die Ehre gehabt, mich Ihnen vorzustellen?"

„Ja, mein Herr; aber Ihr Name ist ebenso außerordentlich wie Ihre Person; ich muß Ihnen daher gestehen, daß ich ihn leider nicht behalten habe.

„Sie haben ihn vergessen? Dieses Schicksal haben die meisten irdischen Größen zu erdulden; erst nach ihrem Tode setzt man ihnen Denkmäler. Ich werde mir aber erlauben, mein Andenken bereits jetzt zu Ehren zu bringen, indem ich Ihnen wiederhole, daß ich Hieronymus Aurelius Schneffke heiße."

„Ich danke."

Sie hielt die Sache für abgemacht; er aber blickte ihr so erwartungsvoll in das Gesicht, daß sie, innerlich im höchsten Grade belustigt, fortfuhr:

„Mein Name ist Goldberg."

Das war ihm nicht genug; darum fragte er:

„Auch Künstlerin? Vielleicht Malerin?"

„Leider nicht. Mein Mann ist General."

Er fuhr zurück und rief dabei:

„Sacristi. General von Goldberg etwa?"

„Ja."

„Der ist ja Graf."

„So viel ich weiß, ja!" nickte sie.

„Habe die Ehre, gnädige Frau Gräfin. Und wie es scheint, steht dieses Fräulein als Vorleserin und Gesellschafterin in Ihrem Dienste?"

Ueber das fein gezeichnete Gesicht der Generalin glitt ein schalkhaftes Lächeln. Sie antwortete:

„Sie haben es errathen. Fräulein Emma ist meine Vorleserin, meine liebste Gesellschafterin. Darf ich vielleicht fragen, welches Genre Sie als Maler bevorzugen?"

Er nahm eine höchst wichtige Miene an und erklärte:

„Ich bin zoologischer Künstler und habe mich ganz besonders für diejenigen Erscheinungen des Thierreiches entschieden, durch welche die Natur den Gedanken der höchsten Schönheit, der ästhetischen Vollkommenheit verkörpert."

„Ah, welche Thiere sind das?"

Die Krebse, Spinnen und Tausendfüße."

Sie warf einen Blick auf ihn, in welchem sich die deutliche Besorgniß aussprach, ob er bei Sinnen sei; er aber machte ein Gesicht, welchem sie anmerkte, daß es sich nur um einen Scherz handle. Bereits wollte sie antworten, aber da kam ihr die Gefährtin zuvor, denn hinter dem Schleier heraus erklang die Frage:

„Gehörte Ihre heutige Leistung auch diesem Genre an?"

„Welche, mein Fräulein?"

Man sah ihm die Befriedigung an, sie zum Sprechen gebracht zu haben. Sie antwortete:

„Als Sie vor mir parterre ausruhten, lag neben Ihnen das Portrait eines Wesens, von welchem es mich interessiren würde, zu erfahren, ob Sie dasselbe auch zu den Spinnen und Tausendfüßen rechnen, Herr — Herr Schneffke."

Er wußte, daß sie die Skizze ihrer eigenen Person meinte, doch brachte ihn das nicht im Mindesten in Verlegenheit. Er antwortete:

„Das ist ein ganz anderes Genre, und nicht ich bin es, der dieses Portrait gezeichnet hat."

„Ah! Wer sonst?"

„Ich habe meinem Herzen den Bleistift borgen müssen."

Da, endlich war sie heraus, die Liebeserklärung! Er strampelte vor Freuden mit den dicken Beinen, faltete die Hände befriedigt über dem Bauche und warf seinem Gefährten einen höchst stolzen, siegreichen Blick zu.

Ein kurzes, goldenes Lachen erscholl hinter dem Schleier.

„Ihr Herz zeichnet auch Figuren?" fragte sie.

„Wie es scheint," antwortete er. „Ich habe allerdings bisher davon noch nichts gewußt. Sie sind die erste Figur, an welche es sich gewagt hat."

„Ich fühle mich ganz beglückt davon, Herr — — Schneffke! Nicht wahr, so hießen Sie doch wohl?"

„Ja, Hieronymus Aurelius Schneffke. Das ist so gewiß und sicher wie Pudding. Sapperlot, das ist jammerschade!"

„Die Unterhaltung war nicht ungestört geführt, sondern oft durch das Geräusch der Räder und das Anhalten des Zuges an den kleinen Stationen unterbrochen worden. Jetzt nun waren sie auf dem böhmischen Bahnhofe in Dresden angelangt. Die Thür wurde geöffnet, und man stieg aus.

„Der Dicke wäre gern den Damen behilflich gewesen, saß aber leider auf der verkehrten Seite des Coupees. Doch sprang er, so rasch es ihm seine Corpulenz gestattete, ihnen nach und fragte, den Hut ziehend:

„Befehlen die gnädige Frau vielleicht eine Droschke?"

Sie wollte diese Höflichkeit, welche man vielleicht mit eben demselbem Rechte eine Zudringlichkeit nennen konnte, zurückweisen, brachte dies aber bei den guten, treuen Augen, deren Blick er auf sie richtete, nicht fertig.

„Mein Herr, ich darf Sie doch nicht bemühen!" meinte sie.

„Warum nicht?"

„Hm!" lächelte sie, indem sie ihn von Kopf bis zu den

Füßen betrachtete. „Ihr Aeußeres ist zu einer solchen Anstrengung wohl schwerlich prädestinirt!"

„Weil ich nicht ganz und gar hager bin? O, meine Taille genirt mich nicht im Mindesten. Einer, welcher im Walde so außerordentlich hurtige Velocipedistenübungen fertig bringt, wird wohl auch nach einer Droschke springen können. Sie sollen sehen, wie ich fliege!"

Er eilte davon, und zwar mit einer Geschwindigkeit, die sie ihm gar nicht zugetraut hätte. Er ließ sich von dem Polizisten, welcher am Ausgange stand, eine Nummer geben und suchte dann nach der Droschke, welche diese Nummer führte. Dabei brummte er befriedigt vor sich hin:

„Auf diese Weise erfahre ich, nach welchem Gasthofe oder Hotel sie fahren. Ein gescheidter Kerl darf kein dummer Esel sein; das ist so gewiß wie Pudding. Diese Gesellschafterin lasse ich mir auf keinen Fall entlaufen."

Die Generalin hatte ihm lächelnd nachgeblickt und dabei an ihre Begleiterin die Frage gerichtet:

„Konnte ich es ihm abschlagen, liebe Emma?"

„Nein, liebe Tante. Er ist ein guter Mensch, wenn auch ein sehr mittelmäßiger Geist."

„Du hast ihn erobert."

„So ist der heutige Tag der glücklichste meines Lebens," scherzte Emma von Königsau. „Aber, was sagst Du zu dem Andern?"

„Der erste Augenblick ist oft entscheidend, wenn es sich um die Beurtheilung eines Menschen handelt. Hier möchte ich diese Regel nicht gelten lassen. Er macht auf mich den Eindruck eines ungewöhnlichen Mannes."

„Diesen Eindruck hat er auf mich nicht hervorgebracht. Ich halte ihn im Gegentheile für einen sehr gewöhnlichen Menschen. Ist Dir Nichts an ihm aufgefallen?"

„Was meinst Du?"

„Seine Aehnlichkeit mit Fritz."

„Mit Fritz? Welchen Fritz meinst Du?"

„Fritz Schneeberg, den Diener meines Bruders."

„Ich habe diesen Fritz nur einmal höchst vorübergehend gesehen. Es ist möglich, daß er öfters in meine Nähe gekommen ist, aber ich habe ihn nicht bemerkt oder nicht beachtet. Aus der Aehnlichkeit mit Fritz darfst Du aber doch noch nicht schließen, daß dieser Maler ein gewöhnlicher Charakter ist."

„Geist hat er nicht. Er hat ja nicht einmal ein Wort gefunden, sich wegen des Schreckes zu entschuldigen, den er uns bereitet hat. Dieser dicke Hieronymus hat doch wenigstens einige drollige Witze darüber gemacht."

„Und dennoch ist mir der Andere außerordentlich sympatisch. Vielleicht ist es deshalb, weil — ah, weißt Du, mein Mann fast ganz dasselbe Aeußere hatte, als er in diesen Jahren war?"

„Wirklich? Nun, dann ist es erklärlich, daß Du ihn vertheidigst. Da ist die Droschke, liebe Tante!"

Sie stiegen ein und bedankten sich bei dem Maler.

„Hotel de Saxe!" befahl die Generalin. (Fortsetzung folgt.)

Die Liebe des Ulanen.
Original-Roman aus der Zeit des deutsch-französischen Krieges von Karl May.
(Fortsetzung.)

Hieronymus machte eine tiefe Verneigung und blickte dem Wagen ein Weilchen nachdenklich nach.

„Ein famoses Mädchen!" brummte er. „Wie sie sich wohl als Frau Hieronymus Aurelius Schneffke ausnehmen würde? Emma heißt sie? Hm, kein übler Name! Emma heißt: die Emsige, die Fleißige. Sie könnte mir die Farben reiben."

Da erhielt er einen Schlag auf die Schulter.

„Donnerwetter!" rief er. „Welcher Flegel ist denn — ah, Sie sind es, College! Holen Sie ein anderes Mal etwas weniger aus, wenn Sie mich liebkosen wollen!"

„Und Sie, laufen Sie nicht jedem Lärvchen nach, wenn Sie in meiner Gesellschaft bleiben wollen!" erwiderte Haller.

„Nennen Sie etwa dieses Fräulein Emma eine Larve?"

„Wen ich meine, das ist gleichgiltig. Hier habe ich eine Droschkennummer. Lassen Sie uns nach dem Hotel de Saxe fahren."

„Das werden wir vielleicht bleiben lassen!"

„Warum?"

„Die beiden Damen wohnen dort."

„Ah! Fürchten Sie sich vor ihnen? Ich denke, Sie sind in die Vorleserin verliebt!"

„Verliebt? Pfui Teufel, abermals dieser ungeeignete Ausdruck! Ihr Bild ist siegreich zu den Pforten meines Herzens eingezogen. So drücke ich mich aus. Ich möchte zwar höchst gern in ihrer beglückenden Nähe weilen, aber ich habe sehr triftige Gründe, sie einstweilen noch in zarter Schamhaftigkeit zu fliehen."

„So? Welche Gründe wären das?"

„Erstens die Art und Weise, in welcher die Bekannt- schaft angeknüpft wurde, und zweitens mein gegenwärtiger äußerer Adam. Sehen Sie mich einmal an!"

„Nun, was ist an Ihnen zu ersehen?"

„Diese verteufelte Rutschparthie hat meinen Anzug bedeutend mitgenommen, und ich habe augenblicklich nicht über Millionen zu verfügen, so daß ich mir einen neuen Gottfried kaufen könnte. Ich muß warten bis ich nach Berlin zu meinem Kleiderschrank komme. Bis dahin muß ich die Sehnsucht meines liebenden Herzens in die dickste Pappschachtel einstecken."

„Ich glaube, der Kleiderschrank wird Ihnen auch keine Station zum Glücke werden. Diese Emma sah mir gar nicht so aus, als ob sie sich von einem Krebs- und Spinnen- maler erobern ließe; hier ist unsere Nummer. Steigen wir ein. Wir fahren nach dem Hotel Stadt Rom."

Dort angekommen, ließen sie sich zwei nebeneinander liegende Zimmer geben. Haller hatte den Gedanken, in das Theater zu gehen und ließ sich zwei Billets holen.

„Was wird gegeben?" fragte der Dicke.

„Die Jungfrau von Orleans."

„Ich werde mitgehen, obgleich mir die Jungfrau von Tharandt bedeutend lieber ist. Uebrigens habe ich mich unterwegs im Coupee schauderhaft über Sie geärgert."

„Warum?"

„Sie haben keinen Laut von sich gegeben. Was müssen die beiden Damen von mir denken!"

„Von Ihnen? Wenn ich schweigsam bin, ist das doch meine, nicht aber Ihre Sache!"

„O doch! Ein Künstler, welcher sich in der Gesell- schaft eines Menschen befindet, welcher nicht reden kann, ist selbst auch blamirt."

„Pah! Sie hatten die Unterhaltung so geistreich eingeleitet, daß ich Ihnen auch den ganzen Ruhm und Genuß lassen wollte."

„Das läßt sich hören. Die Generalin ist ein Prachtfrauenzimmer. Ich bin überzeugt, daß meine Persönlichkeit einen bedeutenden Eindruck auf sie gemacht hat."

„Natürlich! Ihre Persönlichkeit wiegt ja schwer genug!"

„Einen Zentner achtundneunzig Pfund. Das hat Nachdruck. Wenn nur diese Emma nicht verschleiert gewesen wäre! Ich bin aber doch so glücklich gewesen, zu bemerken, daß sie einige bewundernde Blicke auf mich geworfen hat. Wenn ich mich nicht getäuscht habe, so wird sie am längsten Vorleserin gewesen sein. Wissen Sie, was ich jetzt thun werde?"

„Dummheiten werden Sie machen, wie es ja alle Verliebte zu thun pflegen!"

„Oho, grad recht pfiffig werde ich sein. Ich gehe nämlich jetzt nach dem Hotel de Saxe und suche zu erfahren, wie lange die Damen noch da logiren."

„Dieser Gedanke ist allerdings nicht schlecht. Gehen Sie und fangen Sie es gescheidt an!"

„So gescheidt wenigstens wie jeder Andere. Ein Trinkgeld thut ja Wunder."

Er ging. Haller trat an das Fenster und blickte nachdenklich hinab. Er sah Leute unten gehen und dennoch sah er sie nicht. Sein Geist war drüben im Hotel de Saxe.

„Was ist's nur," fragte er sich, „was mich gezwungen hat, mein Auge immer wieder auf die Generalin zu richten. Mir war es ganz, als ob ich sie kenne, als ob ich sie bereits sehr oft gesehen habe. Unbegreiflich! Es giebt Personen, welche man lieben muß vom ersten Augenblicke an. So geht es mir mit dieser Dame, für die ich viel, sehr viel thun könnte, um nur mit einem freundlichen Lächeln belohnt zu werden."

Er begann jetzt, nachdenklich im Zimmer auf und ab zu schreiten.

„Und die Andere," fuhr er fort, „ist wirklich werth, geliebt zu werden. Wäre sie nicht blos Vorleserin und wäre ich nicht bereits verlobt, so könnte sie mir gefährlich werden. Ich weiß wirklich nicht, ob Ella von Latreau schöner ist als sie."

Nach einer Weile kehrte der Dicke zurück. Er hatte den Portier im Flur des Hotels getroffen und die Unterhaltung mit einem Achtgroschenstücke eingeleitet. Der Portier hatte das Geldstück genau angesehen und dann gesagt:

„Hm! Was soll ich damit?"

„Es gehört Ihnen! Ich schenke es Ihnen!"

„Daran liegt mir nicht sehr viel, mein Herr!"

„Was? An einem Achtgroschenstücke liegt Ihnen nichts? So ein Portier ist mir doch in meinem ganzen Leben noch nicht vorgekommen. Das ist so sicher wie Pudding!"

„Aber mir sind desto mehr solcher Achtgroschenstücke vorgekommen. Sie gelten nichts."

„Nicht? Das wäre!"

„Hier, sehen Sie es sich an. Das stammt noch von dazumal aus dem Kriege, wo man aus Noth mehr Kupfer als Silber zu dem Gelde nahm."

„Zeigen Sie einmal her! Wirklich, Sie haben recht. Na, das ist ein Versehen. Hier haben Sie ein anderes. Ich habe Sie nicht betrügen wollen."

Aber der Portier war nun doch mißtrauisch geworden. Er betrachtete sich den Dicken genau und fragte dann:

„Danke. Womit also kann ich dienen?"

„Mit einer Auskunft. Nicht wahr, es wohnt eine Generalin von Goldberg bei Ihnen?"

„Ja."

„Mit ihrer Vorleserin?"

„Vorleserin? Nicht daß ich wüßte!"

„Aber ich weiß es sehr genau. Das Mädchen ist blond und hat eine bedeutende Figur."

„Hm! Ah! Gut!" lächelte der Mann. „Also das ist die Vorleserin? Ja, die ist mit hier."

„Ist noch Jemand dabei?"

„Ein Diener."

„Der war aber heute ja nicht mit in Tharandt!"

„Nein, er blieb zurück. Haben Sie die Damen in Tharandt getroffen?"

„Ja. Ich hatte da die Ehre, ihnen in der schmeichelhaftesten Weise vorgestellt zu werden. Wissen Sie vielleicht, wie lange sie noch hier in Dresden bleiben?"

„Sie reisen, so viel ich weiß, bereits morgen Vormittag ab."

„So, so! Weshalb sind sie nach Dresden gekommen?"

„Wie soll ich das wissen? Glauben Sie, daß ich mir erlauben darf, hochgräfliche Herrschaften nach dem Zwecke ihres Hierseins auszufragen?"

„Muß dieser Zweck nicht im Fremdenbuche bemerkt werden?"

„Das Fremdenbuch ist nicht mein Ressort."

„So sind Sie vielleicht einmal mit der hübschen Vorleserin zu sprechen gekommen?"

„Allerdings, sogar einige Male."

„Das ist schön, sehr schön! War sie freundlich mit Ihnen? Vielleicht sogar vertraulich?"

Der Portier bekam eine Ahnung dessen, was der Dicke bezweckte.

„Ziemlich vertraulich," antwortete er.

„Schön, schön! Wissen Sie vielleicht, wo sie her ist?"

„Das weiß ich sogar sehr genau. Ich kenne sie bereits seit mehreren Jahren."

„Prächtig! Also woher ist sie?"

„Aus Dresden."

„Donnerwetter! Hat sie einen Liebsten?"

„Gehabt. Sie war verlobt."

„Hm! Mit wem denn?"

„Mit einem pensionirten Seminardirector."

„Alle Teufel! Das muß doch ein sehr alter Kerl gewesen sein!"

„Dreiundsiebzig Jahre."

„Was? Dreiundsiebzig? Und in den ist sie verliebt gewesen?"

„Warum nicht? Frauen haben ihre Mucken. Die Eine will einen Jungen und die Andere einen Alten. Es giebt blutjunge Mädels, welche geradezu dafür schwärmen, einen Mann mit grauem Haar zu bekommen."

„Ja, ja, das habe ich auch erfahren. Ein volles, rothes, gesundes Gesicht mit grauem Haar ist pikant. Also sie hat ihn nicht mehr?"

„Nein. Er ist ja todt!"

„Nicht schade um den Mann! Pensionirte Seminar=

directoren können abkommen, besonders wenn sie rüstigen und unpensionirten Leuten die hübschesten Mädchen vor der Nase wegschnappen wollen. Drum trauert sie!"

„Sie hat auch alle Ursache dazu. Er muß ein sehr guter Kerl gewesen sein und sehr viel auf sie gehalten haben, denn er hat ihr sein ganzes Vermögen vermacht."

„Das wäre! Sie hat ihn beerbt?"

„Sie ist seine Universalerbin. Er starb an den Masern."

„Gott hab ihn selig! Er ruhe mit seinen Masern ewig in Frieden. Wie viel hat sie denn geerbt?"

„Sechzigtausend Thaler in Gold, Silber und Staatspapieren, ein Haus in der Zahnsgasse, eine Villa in Niederpoyritz und die Hälfte von einer Papierfabrik in der Nähe von Markneukirchen im Gebirge."

Der Dicke sperrte den Mund vor Erstaunen auf.

„Alle Wetter!" sagte er. „Ist der Kerl reich gewesen! Seminardirectors sind doch gewöhnlich arme Teufels!"

„Er soll das Alles in der Hamburger und Braunschweiger Lotterie gewonnen haben."

„Ja, dann läßt es sich erklären. Also das Alles, Alles hat sie geerbt? Das ist der schönste Pudding, den es giebt!"

„Sie ist ja eben gerade dieser Erbschaft wegen von Berlin hierher gekommen. Die Generalin hat sie begleitet, weil sie viel auf sie hält. Gestern Vormittag ist das Geld ausgezahlt worden."

„Und morgen schleppen sie es wohl nach Berlin?"

„Jedenfalls."

„Hat sie denn keine Verwandte?"

„Weder Kind noch Kegel!"

„Na, Kinder wollte ich mir verbitten, und Kegel sind auch nicht nothwendig. Wenn sie gar Niemand hat, so ist sie ja eine Parthie, nach der man sich die Finger lecken möchte!"

„Lecken Sie vielleicht auch?"

„An allen Zehen!"

„Das glaube ich. Wer sind Sie denn eigentlich?"

„Sehen Sie mir denn das nicht an?"

„Hm! Sie sehen ganz aus wie ein Schnapsdestillateur."

„Unsinn! Ich bin fürstlich reußischer Generalsuperintendent jüngerer Linie; derjenige von der älteren Linie ist etwas dünner als ich. Adieu, guter Freund!"

Er ging. Der Portier blickte ihm kopfschüttelnd nach.

„Der? Ein Generalsuperintendent? Der sieht mir ganz und gar nicht nach so etwas aus," murmelte er. „Aber in dem Ländchen Reuß könnte es schon möglich sein. Vermeiert habe ich ihn ordentlich!"

Und der Dicke dachte bei sich:

„Ob das Alles wohl auch wirklich wahr ist? Der Kerl sah ganz so aus, als ob er flunkerte. Na, ich werde wohl Gelegenheit finden, dahinter zu kommen."

Und als ihn dann Haller nach dem Erfolge seiner Erkundigung fragte, antwortete er:

„Morgen Vormittag fahren sie nach Berlin."

„Und wir auch? Hm, ich möchte es jetzt allerdings vermeiden, mit ihnen zusammen zu treffen. Unsere Schlitenparthie hat uns sehr blamirt. Am besten ist's, wir fahren bereits gleich mit dem ersten Frühzuge."

Da schüttelte der Berliner sehr energisch den Kopf und widersprach:

„Das fällt mir gar nicht ein! Ich bin gewohnt, auszuschlafen. Bei dem zu frühen Aufstehen geht die Gesundheit flöten."

„Morgenstunde hat Gold im Munde!"

„Was nützt es mir, wenn sie es blos im Maule hat und ich bekomme nichts davon in meinen Beutel!"

„Aber wenn wir Vormittags fahren, riskiren wir, auf dem Bahnhofe und im Coupee mit ihnen zusammen zu treffen!"

„So fahren wir am Nachmittage. Berlin läuft uns nicht fort, das ist so sicher wie Pudding!"

„Das mag sein. Auf einige Stunden kommt es nun wohl auch nicht an. Aber womit vertreiben wir uns die Zeit?"

„Wir gucken zum Fenster hinaus. Da wird auf dem Markte Gemüße und verschiedenes Andere verkauft."

„Danke. Machen wir lieber einen Ausflug."

„Wohin?"

„Ich kenne die Umgebung Dresdens nicht."

„Vielleicht nach Blasewitz?"

„Was ist da zu sehen?"

„Da giebt es Käsekäulchen und das Schillerdenkmal."

„Schön. Theilen wir die Genüße: Sie die Käulchen und ich das Denkmal!"

„Schön. Mein Antheil ist jedenfalls leichter zu verdauen als der Ihrige. Uebrigens brauchen wir ja nicht zu laufen, sondern wir können per Droschke fahren."

„Das ist kein Vergnügen. Ich möchte am liebsten — hm, das geht nicht, da Sie dabei sind."

„Was?"

„Ich bin seit einiger Zeit nicht im Sattel gewesen. Ich möchte am liebsten reiten; Sie aber können das nicht."

Der Dicke fühlte sich durch die letzten Worte stark beleidigt. Dieser College behauptete so ganz ohne Weiteres etwas, worüber er noch gar keine Kenntniß haben konnte."

„Ich nicht reiten?" meinte Schneffke. „Wer hat Ihnen denn das weiß gemacht?"

„Sie, bei Ihrer Figur!"

„Oho! Meine Figur ist ganz genau diejenige eines tüchtigen Cavalleristen. Es haben bereits Dickere geritten!"

„Wo haben Sie es denn gelernt?"

„Schon als Kind auf dem Caroussel."

„Unsinn! Auf hölzernen Pferden! Wo denken Sie hin!"

„Und dann war ich sehr oft in Berlin im Hippodrom."

„Das läßt sich schon eher hören. Sitzen Sie fest im Sattel?"

„Eisenfest wie Pudding!"

„Nun, so wollen wir es probiren. Ich werde dem Hausknecht Befehl geben, für zehn Uhr zwei Pferde zu besorgen."

„Schön. Das, welches am feurigsten ist, nehme ich. Sie sollen Ihre Freude und Verwunderung an mir haben."

„Darüber läßt sich wohl noch sprechen. Ich liebe es nicht, auf einem Fleischergaule zu sitzen. Ihre kurzen, quatschigen Beinchen scheinen mir nicht gemacht, einen gehörigen Schenkeldruck auszuüben."

„Das ist auch nicht nöthig. Müssen es denn gerade die Schenkel sein? Ich drücke mein Pferd, womit ich will!"

Damit war diese Angelegenheit erledigt. Die Zeit

bis zum Theater verging den Beiden sehr rasch. Sie hatten Billets zur ersten Rangloge und begaben sich kurz vor Beginn der Vorstellung in den Tempel der Kunst.

Der Kleine betrachtete den Platz, welchen seine Nummer angab, unter einem Schütteln des Kopfes.

"Na, na!" brummte er. "Da soll ich sitzen? Das wird sein, grad als ob ich in einer Kartoffelquetsche stäke."

Er zwängte sich so viel wie möglich zusammen und setzte sich nieder.

"Geht's?" fragte Haller.

"Gut nicht. Es ist mir zu Muthe, als ob man mich in die spanische Jungfrau gesteckt hätte. Ich muß mir von Zeit zu Zeit zu helfen suchen. Ich hoffe, daß wir keine Nachbarn bekommen. Wenn der Platz neben mir besetzt würde, so könnte ich mir gratuliren. Eine kräftige Taille ist unter Umständen ganz hübsch, zuweilen aber kann sie auch unangenehm werden, wie Figura zeigt."

Kaum hatte er das Wort gesprochen, so wurde die Thüre der Loge geöffnet und es traten drei Personen ein: zwei Damen und ein galonnirter Diener. Die Ersteren waren verschleiert, so daß man ihre Züge nicht sogleich zu erkennen vermochte. Als sie die beiden Männer bemerkten, blieben sie einige Augenblicke lang flüsternd stehen.

"Teufel! Denen scheint es nicht zu passen, daß wir hier sitzen," raunte Schneffke seinem Nachbar zu.

Dieser antwortete erst, nachdem er einen scharfen, forschenden Blick auf die Damen geworfen hatte:

"Kennen Sie die Beiden?"

"Nein. Glauben Sie, daß ich jede Dresdner Aepfelfrau kennen muß, noch dazu, wenn sie verschleiert ist?"

"So erschrecken Sie nachher nur nicht!"

"Worüber denn?"

"Das werden Sie selbst merken. Sie kommen."

"Hilf, Himmel! Ja, sie kommen her neben mich. Gott sei meiner armen Seele gnädig!"

"Oder vielmehr Ihrem sterblichen Leichname, der jedenfalls mehr Platz einnimmt, als die Seele sammt dem ganzen Geiste, den Sie haben, bester Herr College."

Während der Diener im Hintergrunde der Loge Platz nahm, kamen die beiden Damen herbei und setzten sich auf die beiden Plätze, welche zur Linken des Berliners lagen. Zu seiner Rechten saß Haller. Der arme Hieronymus stieß einen qualvollen Seufzer aus und machte sich so schmal wie möglich, dennoch aber quoll er höchst ansehnlich zu den Seitenlehnen heraus und die linke Seite seines Unterkörpers wurde ganz von der Toilette der Dame, welche neben ihm saß, verdeckt.

Sie hatte seinen Seufzer gehört und antwortete mit einem leichten Räuspern, welches ihm ziemlich schnippisch zu klingen schien.

"Die macht sich gar noch über mein Elend lustig!" dachte er. "Jetzt geht es noch. Wie aber soll es später werden, wenn die Wärme steigt! Ich wollte, diese Person wäre eine alte Hypothenuse, damit ich nicht viel Federlesens mit ihr zu machen brauchte."

Aber dieser Wunsch sollte ihm nicht in Erfüllung gehen; ob leider oder ob glücklicher Weise, das war noch nicht zu bestimmen. Als sich nämlich der Vorhang hob, zogen die beiden Nachbarinnen ihre Schleier zurück. Schneffke's Augen waren auf die Bühne gerichtet, aber als er den ersten Blick seitwärts warf, erkannte er — die Generalin von Goldberg und ihre schöne Vorleserin. Die Letztere saß neben ihm.

Augenblicklich begann es ihm heiß zu werden, was er erst für später erwartet hatte.

"Donnerwetter!" dachte er. "Ist das Glück oder Unglück? Meine Manschetten sind nicht die allerweißesten und der Kragen — Pfui Teufel, die Rutschpartie hat mich so ziemlich unscheinbar gemacht. Ich sehe aus, als ob ich in einer alten Kiste zwischen Chocoladenmehl und gemahlenem Kaffee gelegen hätte! Aber einen Trost giebt es doch: die Liebe ist blind. Wenn sie mir gut ist, so wird sie von dem allen nicht das Mindeste merken. Hätte ich doch wenigstens mich um Glacehandschuhe bekümmert! Ah! O! Da giebt es Rettung!"

Haller hatte nämlich seine Glacehandschuhe zu unbequem gefunden und einen derselben ausgezogen und auf die Brüstung der Loge gelegt. Schneffke beobachtete seine Nachbarschaft und als er glaubte, nicht bemerkt zu werden, griff er zu und annectirte den Handschuh. Zwar nahm es die Dauer des ganzen ersten Actes in Anspruch, ehe es ihm gelang, seine fetten Finger hinein zu bringen, aber er brachte es doch fertig. Dann langte er mit einer möglichst graziösen Handbewegung nach dem Theaterzettel, welcher vor ihm lag. In demselben Augenblicke ging der Vorhang nieder; das Publikum applaudirte und er hielt es für angezeigt, den Kunstenthusiasten zu spielen und aus Leibeskräften zu klatschen. Da erklang es halblaut neben ihm:

"Pst, Herr Schneffke! Er zerreißt ja! Er ist zu enge!"

Er wendete sich erstaunt zu seiner Nachbarin und fragte:

"Wer denn?"

"Der da!"

Dabei deutete sie auf seine Hand. Der Handschuh war bei dem Klatschen aus Rand und Band gegangen. Er hing fast ganz in Fetzen um die Finger.

"Sapristi!" sagte er. "Man hat mir eine zu enge Nummer geschickt!"

"Das ist beklagenswerth! Was aber wird Ihr Herr College sagen?"

"Warum dieser?"

"Er wird sich ärgern, daß er Ihnen den Handschuh nicht vorher erst gehörig ausgeweitet hat. Er konnte ihn noch einige Minuten länger an der Hand behalten."

Er fühlte, daß er blutroth im Gesichte wurde. Sie hatte also gesehen, daß er den Handschuh gespitzbubt hatte.

"Fräulein, Sie sind ein kleiner Teufel!" flüsterte er.

"Wird es Ihnen in meiner höllischen Nähe warm, Herr Tausendfußmaler?"

Es war ihm wirklich so warm, als ob sein Körper jetzt aus lauter Wellfleisch bestehe. Er mußte ihre Gedanken von dem ominösen Handschuh ablenken und fragte darum:

"Wie gefällt Ihnen die Jungfrau? Diese Pauline Ullrich spielt doch ausgezeichnet!"

"Fast so ausgezeichnet, wie Sie eskamotiren. Fahren Sie auch mit dieser Handschuhnummer Velociped?"

(Fortsetzung folgt.)

Die Liebe des Ulanen.
Original-Roman aus der Zeit des deutsch-französischen Krieges von Karl May.
(Fortsetzung.)

"Nein," antwortete er grimmig, "da ziehe ich Faust- und Pelzhandschuhe an. Aber sagen Sie mir einmal, Fräulein, ob Sie in Niederpoyritz bekannt sind?"

Sie blickte ihn verwundert an und fragte dann:

"Wie kommen Sie zu dieser Erkundigung?" Ich war noch nie an diesem Orte."

"Aber wohl in Markneukirchen im Erzgebirge?"

"Niemals!"

"Haben Sie hier in Dresden einen pensionirten Seminardirector gekannt, der jetzt gestorben ist?"

"Nein."

"Dieser Schuft! Dieser Schurke!"

"Wer? Der Seminardirector?"

"O nein! Der ist jedenfalls ein seelensguter Kerl gewesen. Ich meine Den, der ihn heut an den Masern hat sterben lassen."

"Herr Schneffke, es wird Ihnen wohl immer heißer?"

"So heiß wie einen Pudding!"

Der zweite Act begann. Der Dicke sah fast gar Nichts davon. Er war von dem Portier dupirt worden; das ärgerte ihn. Noch mehr ärgerte ihn die Handschuhgeschichte. Und grad jetzt bemerkte Haller, daß ihm sein Handschuh fehlte. Er beugte sich über die Brüstung vor, da er dachte, der Glacée sei da hinabgefallen. Da machte die Vorleserin eine so auffällige Handbewegung, daß Haller sich zu ihr wenden mußte, und da deutete sie auf Schneffke's Hand, an welcher die Lederfetzen hingen. Der Dicke hätte in den Erdboden sinken mögen. Der Schweiß brach ihm aus allen Poren; es war ihm, als ob er in einem Dampfbade sei.

Doch endlich, endlich ging auch dieser Act zu Ende. Haller benutzte das und flüsterte ihm zu:

"Was in aller Welt geht Ihnen denn mein Handschuh an?"

"Ein Versehen!" stammelte er.

"Unsinn! Sie haben glänzen wollen. Diese Vorleserin hat Ihnen den Kopf verdreht, so daß Sie schließlich noch Filzschuhe an die Finger stecken."

"Halten Sie nur jetzt den Mund! Ich will — ach, Gott sei Dank, sie stehen auf! Sie gehen nach dem Foyer! Ich gehe auch!"

Die Damen hatten sich erhoben und verließen die Loge.

"Sie wollen ihnen nach?" fragte Haller.

"Fällt mir gar nicht ein!"

"Wohin denn sonst?"

"Ich mache, daß ich fortkomme. Ich verschwinde; ich verdufte mich. Hier ist eine Hitze von sechsundneunzig Grad Réaumur, und das ist für meine jugendliche Constitution zu viel. Bleiben Sie noch hier?"

"Ja. Ich brauche nicht auszureißen; ich habe ein gutes Gewissen."

"Wohl Ihnen! Viel Vergnügen!"

Er ging und kehrte in sein Hotel zurück, wo er sich schleunigst zu Bette legte, um Hallern bei dessen Heimkehr keine Gelegenheit zu irgend welchen unangenehmen Folgen und Bemerkungen zu geben.

Dieser Letztere hatte, als die Damen vorhin in die Loge getreten waren, sich höflich verbeugt, dann aber scheinbar gar keine weitere Notiz von ihnen genommen, außer da, als Emma ihn auf den defecten Handschuh aufmerksam machte. Er blieb auch weiterhin scheinbar theilnahmlos gegen sie und beachtete sie erst am Schlusse der Vorstellung wieder mit einer Verbeugung. Als die Generalin mit der Nichte zu Hause angekommen war, sagte sie:

„Weißt Du, daß Du ein kleiner Kobold bist? Oder denkst Du, daß ich die Handschuhaffaire nicht bemerkt habe?"

„Ich interessire mich ganz außerordentlich für diesen Spinnenmaler, liebe Tante!"

„Der sein Herz an Dich verloren hat!"

„So daß er einen linken Handschuh borgt und ihn an die rechte Hand zieht. Er hält mich wirklich für Deine Vorleserin!"

„Ich interessire mich weit mehr für den Andern. Er hat das Aeußere und das ganze Wesen eines Mannes aus vornehmen Kreisen."

„Auch als er von der Höhe herabrutschte und vor Verlegenheit die Flucht ergriff?"

„Das war ein neckischer Vorfall, welcher ihm in meinen Augen gar nichts schadet. Die Beiden sind Maler. Sie haben uns bemerkt. Sie haben beschlossen, uns zu scizziren; das Erdreich, auf welchem sie saßen, hat nachgegeben, und sie sind herabgerutscht. Dabei ist gar nichts Ehrenrühriges zu finden."

„Aber sehr viel Lächerliches!"

Dieser Mann hat etwas in seinen Augen, was mich wunderbar berührt. Es ist mir, als ob ich seit Jahren mit ihm bekannt gewesen sei. Er gab sich heute den Anschein, uns gar nicht zu beachten, und doch habe ich bemerkt, daß er uns weit mehr Aufmerksamkeit schenkte als der Bühne."

„So haben wir Beide eine Eroberung gemacht, ich den Hieronymus und Du den — ach, wie mag er heißen?"

„Vielleicht erfahren wir es noch."

„Du willst doch nicht sagen, daß Du Dich so für ihn interessirst, daß es Dich verlangt, seine Verhältnisse kennen zu lernen?"

Die Generalin schwieg eine Weile und antwortete dann:

„Ja, grad das will ich sagen. Ich habe noch nie einen Menschen gesehen, der einen ähnlichen Eindruck auf mich gemacht hätte. Ich weiß nicht, was es ist, wodurch ich bei seinem Anblicke so tief ergriffen wurde. Eine innere Stimme sagt mir, daß ich ihn näher kennen lernen werde. Sein College ist ein Berliner; sie gehen nach Berlin; der Zufall wird es fügen, daß ich ihn dort wiedersehe. Er ist mir ein Geheimniß, ein Räthsel, von welchem ich fühle, daß ich es zu lösen haben werde."

„Ich begreife das nicht!"

„Ich ebenso wenig. Begreift die Schwalbe den Drang, der sie zur Herbstzeit nach dem Süden zieht? Begreift der Mensch die Zuneigung, welche er für den Einen, und die Abneigung, welche er für den Anderen hegt, ohne daß diese Beiden etwas gethan haben, sich diese Sympathie und Antipathie zu verdienen? Ich verlasse morgen Dresden mit der Ueberzeugung, daß ich diesen Maler nicht zum letzten Male sehe."

„Wann reisen wir?"

„Es war für früh bestimmt."

„Ist nicht ein kurzer Aufschub möglich, liebe Tante?"

„Wozu? Hast Du noch etwas zu besorgen?"

„Eigentlich nicht. Ich wünsche nur, einen Spaziergang zu machen."

„Wegen eines Spazierganges die Abreise verzögern? Jetzt bist Du es, die mir unerklärlich wird!"

„Erlaube mir, Dir das Räthsel zu lösen. Es gilt dem Andenken meines Bruders."

„Das klingt nur noch räthselhafter!"

„Weil Du nicht weißt, daß Richardt eine Liebe hat."

„Eine Liebe? Kind, das ist mir allerdings im höchsten Grade interessant! Richardt, der ernste Offizier, der Frauenfeind, der keine Gesellschaft besuchte und nur seinem Dienste und seinen Büchern zu leben schien? Der Heuchler!"

„Verzeihe, liebe Tante. Es hat eine eigenthümliche Bewandtniß um diese Liebe. Du weißt doch, daß er einige Zeit in dienstlichen Angelegenheiten in Dresden war?"

„Ja. Er hat ja den Auftrag zu dieser Reise von meinem Manne erhalten."

„Nun, auf einem Spazierritte nach Blasewitz ist ihm eine Dame begegnet ——"

„In welche er sich augenblicklich verliebt hat?" fiel die Generalin ein.

„Allerdings. Es ist kaum glaublich. Sie im Wagen und er zu Pferde, sind sie schnell, gedankenschnell an einander vorübergepassirt; er hat sie nur mit einem flüchtigen Blicke gestreift, und doch ist er seit diesem Momente nicht mehr Herr seines Herzens gewesen."

„Ja, ja, so ist die Liebe! So ging es auch mir, und so ging es auch Kunz, als wir uns in Paris zum ersten Male erblickten. So ist es auch meiner Schwester Ida und Deinem Vater ergangen. Die Liebe ist eine Macht, welcher Niemand zu widerstehen vermag. Sie bedarf nur eines Augenblickes, um zu siegen."

„Er hat natürlich nicht gewußt, wer sie ist," fuhr Emma von Königsau fort; „aber sie ist ihm keinen Augenblick aus dem Sinn gekommen."

„Hat er nicht nach ihr geforscht?"

„Es ist vergeblich gewesen. Aber jetzt, jetzt hat er sie gefunden, ganz plötzlich und unerwartet, wie er mir schreibt."

„Wo?"

„Ja, liebes Tantchen, weißt Du denn eigentlich, wo er sich befindet?"

„Nein."

„Und der Onkel hat es Dir auch nicht mitgetheilt?"

„Er hat mir kein Wort gesagt. Ist Richardt in dienstlichen Angelegenheiten abwesend?"

„Ja. Der Ort, an welchem er sich befindet, muß ein tiefes Geheimniß bleiben."

„So will ich Dich auch nicht fragen, denn ich weiß, daß Du doch nichts ausplaudern würdest. Aber was hat dies Alles mit Deinem Spaziergang nach Blasewitz zu schaffen?"

„Sehr viel. Dieser Spaziergang ist ein Ort der Pietät, der schwesterlichen Theilnahme. Ich will einmal den Weg gehen, den er damals geritten ist. Ich will den Ort sehen, an welchem er sein Herz verloren hat."

„Ah, das ist es? Nun, da darf ich Dir nicht widerstreben. Gehen wir also nach Blasewitz; wir erreichen Berlin ja immer noch bei guter Tageszeit."

Der nächste Morgen war schön, so daß die beiden Damen beschlossen, den Weg zu Fuße zu machen. Einige Zeit darauf brachte ein Reitknecht zwei Pferde geführt, mit denen er bei dem Hotel der beiden Maler anhielt. Schneffke hatte bereits gewartet, und die Thiere in Folge dessen sofort bemerkt. Er kam eiligst zu Haller und rief bereits während des Thüröffnens:

„Sie sind da, Herr Collega. Es kann losgehen!"

„Wer ist da?"

„Die Pferde!"

„Ach so! Wie ich sehe, sind Sie bereit? Sapperlot, wo haben Sie denn diese fürchterlichen Sporen her?"

Der Dicke hatte den unteren Theil der Hosen in die Stiefelschäfte gesteckt und ein Paar ungeheure Sporen angeschnallt.

„Von dem Antiquar da drüben in der Frauenstraße. Sie gefielen mir. Natürlich habe ich sie mir blos geliehen. Zum Kaufen sind sie mir zu theuer. Es sind nämlich ächte mexikanische; der Antiquar sagte, daß sie einst dem Könige Quatemozin gehört hätten."

„Und das glauben Sie?"

„Unsinn! Sie gefallen mir; das ist genug. Eine Peitsche habe ich auch. Sie liegt drüben in meinem Zimmer. Donnerwetter! Ich werde Ihnen etwas vorreiten! Die ganze hohe Schule nehme ich durch. Zuletzt ein wagehalsiges Ventre-á-herre. Und damit ich dabei den Hut nicht verliere, habe ich ihn mir mit der Schnur hier fest auf den Kopf gebunden."

Haller lachte ihm in das Gesicht und sagte:

„Sie sind ein ganz verwegener Kerl, wie es scheint. Thun Sie mir nur den Gefallen, Ihren Hals und Ihre Beine in Acht zu nehmen! Na, so kommen Sie!"

Er hatte hinter dem Rücken des guten Hieronymus Sorge getragen, daß diesem nicht etwa ein arabischer Hengst zur Verfügung gestellt werde. Als sie aus dem Thore traten, sahen Sie einen hübschen Braunen und daneben einen Schimmel, dem man die Sanftmuth und Geduld eine ganze Meile weit ansehen konnte. Schneffke trat in unternehmender Haltung zu dem Knechte und fragte diesen:

„Welches ist das wildeste von den Beiden?"

Der Gefragte deutete auf den Schimmel und antwortete:

„Der da. Er ist oft kaum zu bändigen. Es gehört ein sehr erfahrener und gewandter Reiter dazu, im Sattel zu bleiben."

„Pah! Mich soll er nicht herunter bekommen. Herr Collega, ich kann nicht dulden, daß Sie sich in Gefahr begeben; ich nehme also den wilden Schimmel und lasse Ihnen den Braunen."

„Nicht doch!" antwortete Haller. „Der Schimmel hat den Teufel im Leibe. Der braucht Schenkeldruck."

Der Dicke stellte sich breitspurig vor ihn hin und sagte:

„Schenkeldruck? Donnerwetter! Betrachten Sie sich einmal diese Schenkel! Sind das etwa Sperlingswaden? Ich bin ja der reine Koloß von Rodus! Wenn der Schimmel wirklich gedrückt sein will, so kann er es haben. Ich werde ihn quetschen, daß ihm die Seele knacken soll. Aufgestiegen, also!"

Es kostete ihm Mühe, mit dem Fuße den Bügel zu erreichen; aber es gelang ihm doch, hinauf zu klettern, wo er sich dann ordentlich zurecht setzte. Der Schimmel war sehr gut genährt. Diese Beiden paßten ungemein für einander.

Auch Haller war aufgestiegen und sagte:

„Vorwärts jetzt, durch die Ramp'sche Straße!"

Er setzte den Braunen in Bewegung. Der Dicke that dasselbe, zerrte aber an der verkehrten Seite. So kam es, daß der Schimmel sich erst einmal um seine eigene Achse drehte und dann in ganz entgegengesetzter Richtung forttrallen wollte. Haller blickte sich um und bemerkte das. Er rief:

„Herr Collega, Herr Collega, wollen Sie etwa durch das Marktgäßchen reiten?"

„Das Marktgäßchen? Fällt mir nicht ein! Ich dachte aber, das hier wäre die Rampische Straße. Komm, Schimmel, dreh' Dich um! Nach links, immer weiter links! So, und nun grad aus, hinter dem Braunen her."

Es war ihm gelungen, den Gaul richtig vor den Wind zu bringen; er erreichte Haller und ritt an dessen Seite weiter.

Die Leute blieben stehen, um den Beiden nachzublicken. Es war dem Dicken unmöglich, die Beine in die gehörige Lage zu bringen; er streckte sie grad ab. Ein rascher Seitenschritt des Pferdes hätte ihn sofort aus dem Sattel gebracht. Er bemerkte, welche Aufmerksamkeit er erregte, daher sagte er in selbstgefälligem Tone zu Haller:

„Wir müssen doch ein höchst stattliches Reiterpaar bilden, denn alle Leute staunen uns an!"

„Mich weniger, als vielmehr Sie!"

„Das ist auch meine Meinung. Aber sehen Sie nur, was für einen famosen Schenkeldruck ich habe!"

„Ausgezeichnet!" nickte Haller ironisch.

„Ohne diesen Druck wäre ich aber auch sofort zur Katze. Dieser Schimmel ist ein ganz verfluchtes Vieh. Er will mit mir immer durch, bald rechts oder links, bald rückwärts oder vorwärts. Soeben wollte er hinten ausschlagen, und jetzt, ah, ich ahnte es doch sogleich, jetzt wollte er vorn in die Höhe! Aber solche Unbotmäßigkeiten dulde ich absolut nicht. Das Vieh muß einsehen, daß es endlich einmal seinen Reiter gefunden hat!"

So ging es durch die Pillnitzer Straße und quer über die alte Vogelwiese nach Blasewitz zu. Sie hatten die Forsthausstraße hinter sich, da deutete Haller nach vorn und sagte:

„Teufel noch einmal! Kennen Sie die Beiden, die dort gehen?"

„Die Frauenzimmer?"

„Ja."

„Die gehen mich nichts an. Ich habe jetzt keine Zeit mit Damen zu liebäugeln. Ich darf den Schimmel nicht aus den Augen lassen."

„Aber einen Blick werden Sie doch wohl übrig haben, zumal für diese Beiden!"

„Sind es denn gar so außerordentliche Personen?"

„So sehen Sie doch nur hin?"

Der Dicke gehorchte und rief dann erfreut:

„Die Generalin und ihre Vorleserin! Collega, wollen wir ihnen einmal etwas vorreiten?"

Der Gefragte schüttelte scheinbar besorgt mit dem Kopfe und antwortete:

„Der Schimmel, der fatale Schimmel!"

„Wieso?"

„Na, wenn der einmal im Zuge ist, dann ist es aus."

„Unsinn! Ich gebe ihm Schenkeldruck. Also vorwärts. Trab oder Galopp?"

„Trab!"

„Schön! Die Gräfin soll einmal sehen, daß ein Spinnen- und Krebsmaler ebenso elegant zu Pferde sitzen kann, wie ein General!"

Haller ließ sein Pferd in Trab fallen, und der gutwillige Schimmel folgte freiwillig. Der Dicke hoppste auf und nieder wie ein Mehlsack. Er rutschte bald vor oder hinter, bald nach rechts oder nach links, doch gelang es ihm noch, Sattel zu behalten.

Jetzt waren sie den Damen nahe gekommen.

„Galopp jetzt, Galopp!" gebot Schneffke.

„Um Gotteswillen nicht!"

„Pah! Ich fürchte mich vor dem Teufel nicht, viel weniger vor dem Schimmel! Da, da, da!"

Bei den drei letzten Sylben holte er mit der Peitsche aus und gab dem Schimmel drei kräftige Hiebe über den Kopf. Grad in diesem Augenblicke wurden die Damen auf die Reiter aufmerksam; sie drehten sich um. Der Dicke wollte in eleganter Haltung an ihnen vorüber; aber — war der Schimmel die Schläge nicht gewöhnt, oder hatte einer der Hiebe sein Auge getroffen, kurz und gut, das dicke Pferd riskirte eine Lancade.

„Mordio! Feurio! Hilfio!" brüllte Hieronymus, indem er die Peitsche fallen, die Zügel fahren ließ und alle Viere in die Lüfte streckte. Im nächsten Augenblicke beschrieb er einen Bogen vom Pferde herab und kam grad vor Emma auf denjenigen Theil seines Körpers zu sitzen, auf welchem er gestern auch die famose Rutschpartie gemacht hatte.

Das gab zwar einen tüchtigen Plumps, und er fuhr mit den Händen angstvoll nach hinten, obgleich in jener Gegend keine Rippen zu brechen waren, doch fand er schnell die Geistesgegenwart wieder. Er legte die Hand militärisch an die Hutkrämpe und grüßte:

„Ergebenster Diener, meine verehrtesten Damen. Der Gaul ist auf den Wink dressirt. Er hat mich zu Ihren Füßen niedergesetzt, damit es mir möglich sei, Ihnen meine Hochachtung zu beweisen. Nehmen Sie dieses reizende Intermezzo gütigst nur als das, was es wirklich ist; ein außergewöhnliches und darum um so werthvolleres Compliment, aus dem Sie ersehen sollen, wie sehr ich Sie verehre!"

Er wollte als weiteren Beweis seiner Hochachtung den Hut abnehmen, da dieser aber angebunden war, so ließ er es sein und erhob sich, um sich nach dem Schimmel umzublicken. Wahrhaftig! Dieser war durchgegangen, allerdings auf eine nur kurze Strecke. Haller war ihm nachgeritten und hatte ihn beim Zügel ergriffen.

Die beiden Damen hatten so gelacht, daß sie gar nicht antworten konnten. Er nickte ihnen noch einmal freundlich zu und trabte dann in größter Eile dem Kameraden und dem Schimmel nach. Da er den Damen dabei diejenige Stelle zukehrte, mit welcher er auf der Straße gelandet war und die sich voller Staub und Schmutz zeigte, so bot er ihnen einen ergötzlichen Anblick.

„Was fällt Ihnen denn zum Donnerwetter ein, den Gaul über den Kopf zu hauen!" rief ihm Haller entgegen.

„Was denn sonst? Soll ich etwa, wenn er nicht gehorcht, absteigen und mich mit ihm auf Pistolen schießen, oder per Rappier schlagen?"

„Er ging doch ganz gut!"

„Ja, aber ich wollte partout herunter!"

„So, so! Das ist etwas Anderes. Wenn Sie es gewollt und beabsichtigt haben. Steigen Sie wieder auf?"

„Natürlich! Zwar brummt mir die hintere Hemisphäre so, daß ich gar nicht fühlen werde, ob ich ein Pferd darunter habe, aber dafür will ich dem Gaule desto kräftiger beweisen, daß er einen vorzüglichen Reiter über sich hat."

Er kletterte wieder in den Sattel; der Ritt wurde fortgesetzt und nahm ein glückliches Ende, da Beide alle Vorsicht aufwendeten, daß nicht wieder etwas Regelwidriges geschehen könne. Am Nachmittag dampften sie nach Berlin. Im Zuge fanden sie keine Spur von den beiden Damen, da diese den vorhergehenden benutzt hatten. Als sie ausgestiegen waren, fragte Schneffke:

„Was werden Sie beschließen? Ich hoffe, daß Sie mit meiner Bude fürlieb nehmen, bis sich eine Wohnung für Sie gefunden hat."

„Danke! Ich werde mir sofort eine miethen."

Er ging in die Restauration und ließ sich das Adreßbuch geben. Dort suchte er zunächst, doch ohne dem Dicken etwas davon merken zu lassen, den Namen Königsau auf, um dessen Wohnung zu erfahren. Dann nahm er die Zeitungen zur Hand, um die Wohnungsangebote zu lesen. Er fand gar bald, was er suchte, nämlich ein meublirtes Logis in der Nähe der Wohnung der Familie Königsau. Die Vermiether konnten nicht ganz gewöhnliche Leute sein, da sie nur an einen feinen Mann vermiethen wollten.

Jetzt trennten sich die beiden Maler, nachdem Haller sich die Wohnung seines dicken Freundes notirt hatte. Dann begab er sich per Droschke nach der in dem Blatte bezeichneten Wohnung. Sie gehörte der Wittwe eines Ministerialbeamten und genügte allen seinen Ansprüchen. Er miethete sofort ein und blieb auch sogleich hier. Er hörte, daß die Wittwe einen Sohn habe, der bald aus dem Bureau nach Hause kommen werde. Als dies geschehen war, wurde das Abendbrot genommen.

Da kam ihm ein plötzlicher Gedanke. Er hatte ein Gesicht gesehen, welches dem ihrigen außerordentlich ähnlich war.

„Sie haben eine Schwester, Fräulein?" fragte er.

„Ja. Sie befindet sich als Freundin bei einer Baronesse von Sainte-Marie."

„Sie meinen die Baronesse Marion de Sainte-Marie?"

„Ja," antwortete die junge Dame überrascht. „Ist die Baronesse Ihnen bekannt?"

„Sehr gut. Ich kenne auch Fräulein Nanon Köhler, Ihre Schwester."

„So sind Sie in Schloß Ortry gewesen?"

„Ja, ich hatte ein Portrait des jungen Baron Alexander zu fertigen und war also geschäftlicher Weise zu einem Aufenthalte gezwungen."

„Ah, da werde ich Sie später ersuchen, mir Einiges zu erzählen. Wie schön, daß Sie die Schwester kennen! Ich habe heut' einen Brief von ihr erhalten. Ist Ihnen vielleicht ein Doctor Bertrand aus Thionville bekannt?"

„Ich kann mich nicht entsinnen."

„Dieser Arzt hat einen Kräutersammler —?"

„Auch diesen kenne ich nicht."

„So, so! Darf ich Sie auf ein wunderbares Spiel der Natur aufmerksam machen, mein Herr? Sie sind nämlich einem meiner Bekannten so ähnlich, daß man Sie auf das Leichteste mit einander verwechseln könnte."

„Wirklich? Wer ist es denn, dessen Conterfei zu sein, ich die Ehre habe?"

„Es ist ein Soldat, ein einfacher Diener, nämlich der Bursche des Herrn Rittmeister Richardt von Königsau."

Dieser Name electrisirte ihn sofort.

„Königsau?" fragte er. „Kennen Sie diese Familie?"

„Sehr gut, und zwar von doppelter Seite. Nämlich, der Sohn meiner gnädigen Dame, Rittmeister Arthur von Hohenthal, von den Husaren, ist ein Freund des Herrn von Königsau, welcher den Ersteren sehr oft besucht. Und sodann ist Fräulein Emma von Königsau so freundlich, mich zu ihren näheren Bekanntinnen zu rechnen."

„Dann können Sie mir wohl auch sagen, ob der Rittmeister von Königsau ein Freund der Geselligkeit ist?"

„Ich bezweifle das. Er ist ein sehr ernster Character."

„So ist es wohl nicht leicht, Anschluß an ihn zu finden?"

„Für einen Fremden halte ich es für schwierig. Er gehört zu den Characteren, welche Lebensbefriedigung mehr nach Innen als nach Außen suchen."

„Er befindet sich gegenwärtig in Berlin?"

„Nein; er ist abwesend."

„Würde es unbescheiden sein, nach dem Orte zu fragen, an welchem er sich befindet? Ich erkundige mich nämlich nicht ganz und gar absichtslos."

„Wie mir seine Schwester erzählte, hat er sich in letzter Zeit zu sehr angestrengt und einen Urlaub zum Zwecke der Erholung erhalten. Er befindet sich auf dem Gute eines Verwandten in Posen oder Lithauen."

„Ich danke! Aber die Glieder seiner Familie befinden sich hier in Berlin?"

„Ja. Zwar allerdings ist seine Schwester Emma abwesend, aber sie kehrt bereits heut' zurück."

„Ist es schwer, Zutritt zu der Familie zu erhalten?"

„Sie öffnet ihre Thür nicht so leicht einem Jeden; aber —" dabei ließ sie ihr dunkles Auge freundlich forschend auf ihm ruhen — „haben Sie irgend ein Interesse an dem Namen Königsau?"

„Ja, ein ziemlich bedeutendes, mein Fräulein. Ich darf noch nicht davon sprechen, und darum ersuche ich Sie dringend, gegen Ihre Freundin ja nichts zu verrathen. Aber es würde mir unendlich willkommen sein, diese mir rühmlichst geschilderten Personen kennen zu lernen."

Er befand sich als Spion in Berlin, aber sein ganzes Wesen war nicht dasjenige eines solchen. Sein Gesicht zeugte von Edelmuth und Biederkeit. Er war gezwungen, dem Befehle seines Vorgesetzten zu gehorchen; er that dies zwar, aber er that es mit innerem Widerstreben. Dieses leise, heimliche Schleichen paßte nicht zu seinem Naturell und ebenso wenig zu seinem Character.

Madelon nickte ihm freundlich zu und sagte:

„Künstler sind allüberall weniger unwillkommen als andere Menschenkinder. Vielleicht gelingt es mir, Ihnen den Eintritt in das Haus meiner Freundin zu öffnen."

„Wie dankbar würde ich Ihnen sein, mein Fräulein!"

„Ich thue es gern, denn ich bin überzeugt, daß ich nichts zu verantworten haben werde. Vielleicht ist es möglich, Sie bereits morgen mit Emma bekannt zu machen. Sie ist auch in diesem Zimmer hier keine allzu seltene Erscheinung. Kehrt sie heute von der Reise zurück, so macht sie mir morgen ganz sicher ihren Besuch und wird auch nicht versäumen, hier auf eine Minute vorzusprechen. In diesem Falle, und wenn Sie anwesend sind, wird es ja sogar unsere Pflicht sein, Sie ihr vorzustellen."

(Fortsetzung folgt.)

Illustrirte Unterhaltungs=Bibliothek für Familien aller Stände.
Druck und Verlag von H. G. Münchmeyer in Dresden und New=York.

Die Liebe des Ulanen.
Original=Roman aus der Zeit des deutsch=französischen Krieges von Karl May.
(Fortsetzung.)

Ich werde auf alle Fälle zugegen sein, mein Fräulein, und wünsche mir recht baldigst eine Gelegenheit herbei, Ihnen dankbar sein zu können."

Damit war derjenige Theil der heutigen Abendunter= haltung, welcher ihn interessirte, erschöpft, und Haller zog sich nach Kurzem in sein Schlafzimmer zurück. Als er sich dort allein befand, überdachte er die Erlebnisse der letzten Tage, unter denen ihm seine heutige Begegnung mit der jungen, allerliebsten Französin am Meisten beschäftigte.

Er sagte sich zwar, daß er für sie nur deshalb ein so reges Interesse hege, weil sie ihm versprochen hatte, seine Bekanntschaft mit der Familie Königsau zu vermitteln; allein er täuschte sich damit nur selbst. Ihre reizende Persön= lichkeit nahm sein Denken in noch viel höherem Grade in Anspruch als ihr Versprechen, ihn in dem Hause einzu= führen, an welches er von seinem Vorgesetzten adressirt worden war.

Sie hatte einen Eindruck auf ihn gemacht, über welchen er sich noch nicht Rechenschaft geben konnte. Und doch traf er bereits einen Vergleich zwischen ihr und Derjenigen, welche ihm seit langer Zeit zur Gattin bestimmt war.

Es war in seinem Herzen ein Zwiespalt entstanden, welcher einerseits ihn gegen sich selbst erzürnte, andererseits aber ihn freudig erregte, wenn er daran dachte, das er Gelegenheit habe, die junge Dame öfterer zu sehen.

„Warum gefällt mir diese Gesellschafterin doch nur weit besser als Ella von Latreau?" fragte er sich. „Es giebt Menschen, die man schon beim ersten Zusammentreffen lieb haben muß. Ella ist ein Grafenkind, unendlich reich und eine Schönheit ersten Ranges. Diese kleine, nette Ma= delon stammt jedenfalls aus einer armen, bürgerlichen Fa= milie und kann eine eigentliche Schönheit nicht genannt werden. Aber doch — aber doch! Als ich diese prächtige Gouvernante im Walde sitzen sah, entzückte sie mich; diese Madelon entzückt mich auch. Und doch wie verschieden ist dieses Entzücken. Die Gouvernante entzückte meine Augen, mein Schönheitsgefühl, da ich Maler bin; die Französin aber macht einen Eindruck, welcher nicht nur auf das Auge wirkt; er geht tiefer hinab. Hm, ich glaube, dieser süße Kolibri könnte Einem gefährlich werden! Kolibri? Ja, bei Gott, das ist der richtige Ausdruck, um die Erscheinung dieses reizenden Mädchens zu kennzeichnen!"

Aber mit diesem Selbstgespräch war das Thema noch nicht beendet. Noch als er bereits im Bette lag, dachte er an sie, und dann als er entschlafen war, erschien sie ihm im Traume mit goldig schillernden Flügeln, über duf= tigen Blüthen schwebend und von dem Honig nippend, der in den Kelchen lag.

„Wahrhaftig, sie ist mir im Traume erschienen!" sagte er, als er erwachte. „Es giebt Leute, welche dem Traume im neuen Logis eine große Bedeutung beilegen. Wenn sie Recht haben, so darf ich vermuthen, daß dieser Kolibri mich noch länger umflattern wird."

Als er seinen Kaffee getrunken hatte, schickte er sich zu einem Morgenspaziergange an. Er mußte, um wirklich als Maler zu erscheinen, sich einige Requisiten beilegen, ohne welche die Künstler der Palette nun einmal nicht sein können. Eben als er die untere Treppe hinabsteigen wollte, kam Madelon die Stufen herauf. Sie hatte ein kleines elegantes Körbchen am Arme und sah so frisch und munter aus wie der junge Morgen selbst. Er zog höflich grüßend den Hut und blieb stehen, um sie an sich vorüber zu lassen: aber sie hemmte ebenso ihre Schritte und sagte:

„Guten Morgen, Herr Haller! Ich denke, wir können

schon ein Wörtchen miteinander wechseln. Wir sind uns ja nicht ganz und gar fremd. Haben Sie eine angenehme Ruhe gehabt?"

„Ich danke, ja, mein Fräulein."

„Das ist schön; das freut mich, denn es ist ein gutes Zeichen. Vielleicht haben Sie sogar geträumt?"

Sie blickte ihm fröhlich in das Gesicht und zeigte ihm dabei ein so kindlich herziges Lächeln, daß er sie gleich auf der Stelle hätte küssen mögen.

„Allerdings habe ich geträumt," antwortete er.

„Wirklich? Wissen Sie, daß es Leute giebt, welche sagen, daß der erste Traum in einer neuen Wohnung stets in Erfüllung gehe?"

„Ich habe davon gehört."

„Aber Sie glauben natürlich nicht daran! Die Herren sind ja meistens große unverbesserliche Zweifler. War es etwas Angenehmes?"

„Ja. Ich träumte von einem kleinen reizenden Kolibri, der mich immer umschwirrte und gar nicht von mir lassen wollte."

Ihr liebes Gesichtchen nahm plötzlich einen ernsten Ausdruck an. Ihr dunkles Auge schien größer zu werden, als sie sagte:

„Von einem Kolibri, einem becque-fleur, wie wir Franzosen den Vogel nennen? Dieses Wort hat eine nicht gewöhnliche Bedeutung für mich. Kolibri oder becque-fleur ist der Kosename meiner armen, verstorbenen Mutter gewesen. Mein kleiner, süßer Kolibri hat er sie genannt, wenn sein Auge liebevoll auf sie leuchtete. Sie ist nämlich auch so klein gewesen wie ich."

Er sah ihr freundlich in das ernste Gesicht und antwortete:

„Vielleicht leuchtet einmal ein Auge ebenso auf Sie. Und vielleicht sagt dann auch eine liebevolle Stimme den Kosenamen becque-fleur zu Ihnen. Wissen Sie, Fräulein, daß der Kolibri, von welchem ich träumte, menschliche Gestalt hatte?"

„Menschliche? Ja, der Gott des Traumes zeichnet mit phantastischen Stiften. Aber, Herr Haller, wollen wir hier vor der Treppe stehen bleiben. Haben Sie sehr nothwendig?"

„Nein, gar nicht."

„Nun, ich möchte gern von meiner Schwester Etwas hören. Wenn Sie nichts versäumen, so bitte ich Sie, für einige Augenblicke bei mir einzutreten."

Sie sagte das so einfach, als sei es gar nicht gegen die Regeln der Gesellschaft, daß ein junges Mädchen einen Herrn, den sie noch dazu erst gestern kennen gelernt hat, bei sich empfängt. Dem Reinen ist Alles rein. Ihre Herrin war verreist. Madelon befand sich allein, aber dennoch fürchtete sie sich nicht, den Maler zu sich einzuladen. Es kam ihr ganz und gar nicht in den Sinn, dabei an eine Gefahr für ihren guten Ruf zu denken.

„Ich stelle mich sehr gern zur Verfügung," sagte er, innerlich erfreut über das Vertrauen, welches ihm das liebe Mädchen erwies.

„So kommen Sie!"

Sie öffnete ein Entré, und bald stand er in einem reich und vornehm ausgestatteten Salon. Sie winkte ihm, sich niederzulassen, und nahm selbst auf einem Divan Platz.

„Jetzt sind wir einmal recht vornehme Leute," sagte sie. „Ich empfange sie in einem gräflichen Salon und gebe Ihnen Audienz, mit dem Gemüsekorb in der Hand. Ich bin jetzt allein und lebe als Garçon; da bin ich gezwungen, selbst für meine Küche zu sorgen. Gefällt Ihnen das Bild?"

Sie bemerkte nämlich, daß er unter einem eigenthümlichen Ausdrucke seines Gesichtes ein Gemälde musterte, welches grad über ihr an der Wand hing. Es stellte einen jungen, bildschönen Mann in der Tracht eines Husarenoffiziers vor.

„Das Bild muß mir seiner meisterhaften Ausführung wegen auffallen, weil ich selbst Maler bin," antwortete er. „Natürlich ist es nicht Phantasiestück, sondern Portrait?"

„Ja, es wurde vor kaum einem Jahre gefertigt."

„Wen stellt es vor?"

„Den Herrn Rittmeister, den Sohn meiner Dame. Ah, ich muß ja den Namen sagen: Graf Arthur von Hohenthal."

„Hm!" sagte Haller nachdenklich. „Welche Aehnlichkeit!"

„Nicht wahr? Der Herr Rittmeister ist außerordentlich gut getroffen! Aber, Sie finden das Bild ähnlich! Ich muß also annehmen, daß Sie den Grafen kennen?"

„Nein; ich kenne ihn nicht, Fräulein. Ich habe ihn jedenfalls noch nie gesehen."

„Aber dann ist es ja zu verwundern, daß Sie von einer Aehnlichkeit sprechen!"

„Ich meine eine andere. Ich habe vor kurzer Zeit einen Herrn gesehen, den man für das Original dieses Portraits halten könnte."

„Wo?"

„In Paris, in der großen Oper. Ich begleitete zuweilen meine Ver— — meine Verwandte, nämlich eine Cousine, in die Vorstellung, und da saß regelmäßig in der Nachbarloge ein Herr, welcher eine gradezu frappirende Aehnlichkeit mit diesem Portrait hat."

Fast hätte er sich versprochen und das Wort „Verlobte" gesagt. Er zog sich durch das Wort „Verwandte", welches mit der gleichen Vorsylbe beginnt, noch rechtzeitig aus der Schlinge; aber seine Stimme hatte doch ein klein wenig gestockt, und sein Gesicht war, wenn auch nur für einen einzigen Moment, etwas röther geworden. Das war ihr zwar nicht entgangen, doch fiel es ihr ganz und gar nicht ein, dieser Kleinigkeit eine Bedeutung oder gar ein besonderes Gewicht beizulegen. Sie meinte unbefangen:

„In Paris war es? So ist diese Aehnlichkeit eine ganz zufällige. Es soll ja Menschen geben, welche man verwechseln könnte, und die trotzdem in keiner Verbindung zu einander stehen."

„Welches ist die Garnison des Herrn Grafen?"

„Potsdam."

„Dort befindet er sich?"

„Augenblicklich nicht. Er begleitet seine Mama auf einer Erholungsreise."

„So kann er es doch gewesen sein. Es ist doch leicht möglich, daß ihn diese Reise mit der Gräfin nach Paris geführt hat."

„Nein. Sie befinden sich gegenwärtig in Wien. Ich

habe erst vorgestern von dort her die Befehle meiner Gebieterin erhalten."

Madelon aber ahnte nicht, daß die Gräfin sich ganz allein in Wien befand. Während der Sohn derselben in geheimer Mission nach Paris gegangen war, mußten selbst seine nächsten Bekannten annehmen, daß er sich bei seiner Mutter befinde.

„Also vor kurzer Zeit waren Sie in Paris?" fuhr Madelon fort. „Wie beneide ich Sie!"

„Um diesen Aufenthalt in Paris beneiden Sie mich? Fühlen Sie sich hier in Berlin vielleicht unglücklich?"

„O nein, nein!" antwortete sie rasch. „Die Worte, welche ich sprach, gaben nur dem längst gehegten Wunsche Ausdruck, einmal die Hauptstadt meines Vaterlandes wiederzusehen. Ich befinde mich hier so wohl, wie es unter den angegebenen Verhältnissen nur immer möglich ist."

„So ist die Frau Gräfin eine freundliche Dame?"

„Sie ist mir viel mehr Mutter als Herrin. Ich bin ganz und gar wie ein Glied der gräflichen Familie. Und auch außerhalb derselben habe ich Freundinnen gefunden, welche es mich fast vergessen lassen, daß ich eine Waise bin."

„Sie armes Kind! So haben Sie also keine Eltern mehr?"

„Daß ich keine Mutter habe, das weiß ich; möglich aber ist es, daß mein Vater noch lebt. Ich habe ihn nie gesehen."

„Das läßt ja auf ganz ungewöhnliche Verhältnisse schließen!"

„Allerdings. Ich spreche nicht gern davon, denn es betrübt mich stets, an das Unglück meiner armen Mutter denken zu müssen. Aber Ihr Gesicht ist so offen und ehrlich, so Zutrauen erweckend, daß ich schon einmal das Schweigen brechen darf."

Diese Worte berührten ihn angenehm; sie bewiesen ihm von Neuem, daß die Sprecherin ihm ihr Vertrauen schenkte.

„Es ist nämlich einmal ein Herr von altem Adel gewesen," erzählte sie, „dessen Herz nichts Anderes gekannt hat als die Vorrechte seines Standes. Sein Sohn aber ist das Gegentheil des Vaters gewesen. Er hat gewußt, daß alle Menschen als Individuen gleichen Werth besitzen. Er hat sich also durch die Vorurtheile seines Standes nicht abhalten lassen, einer Bürgerlichen seine Liebe zu schenken."

„Ah, ich ahne: diese bürgerliche Dame ist Ihre Mutter."

„Ja, Sie haben richtig gerathen. Vater hat sie geheirathet und ist in Folge dessen verstoßen worden. Was nun gefolgt ist, weiß ich nicht. Kurz und gut, Mutter ist eines Tages mit mir und meiner Schwester bei unserm Pflegevater erschienen und hat um Aufnahme gebeten. Leider hat sie nicht lange mehr gelebt, dann ist sie gestorben."

„War der Pflegevater ein Verwandter von Ihnen?"

„Nein. Sie hat sich als Fremde bei ihm eingemiethet. Als sie starb, hinterließ sie uns so viel, daß wir später ein Institut besuchen und uns auf unsern jetzigen Beruf vorbereiten konnten. Ich fand dann Stellung bei der Gräfin von Hohenthal und meine Schwester in der Familie Sainte-Marie. Wir haben keine Veranlassung gehabt, uns zu verändern."

„Sie wissen aber, wer Ihr Vater war?"

„Nein."

„Ihre Mutter muß doch seinen Namen getragen und sehr oft von ihm gesprochen haben!"

„Nein. Sie hat unter ihrem Mädchennamen gelebt, unter dem Namen Köhler, den wir auch jetzt noch führen, und niemals ist ein Wink gefallen, aus dem sich hätte vermuthen lassen, wer unser Vater ist."

„Aber sie hat Sie doch als ihre Kinder legitimiren müssen. Und das konnte nur durch Documente geschehen, in denen auch der Name ihres Mannes genannt war!"

„Das scheint nicht der Fall gewesen zu sein. Warum sie sich von ihrem Gemahle getrennt hat, das kann ich mir denken, obgleich ich es nicht genau weiß; aber auf welche Weise es ihr gelungen ist, die Vergangenheit in vollständiges Dunkel zu hüllen, das kann ich nicht sagen."

„Woher aber wissen Sie, das sowohl Ihr Vater als auch Ihr Großvater den Kreisen des Adels angehörten?"

„Der Pflegevater hat es uns erzählt. Er hat es aus Verschiedenem geschlossen. Noch vor ihrem Tode hat die Mutter ihm Vieles erzählt; aber wie es scheint, hat er ihr schwören müssen, zu schweigen. Nun wissen wir weiter Nichts als das, was ich Ihnen bereits mitgetheilt habe."

„Das ist interessant, höchst interessant! So giebt es also keinen einzigen Punkt, welcher Ihnen bei dem Forschen nach Ihrem Vater und Großvater als Anhaltepunkt dienen könnte?"

„Nichts, als daß der Vater mit seinem Rufnamen Guston geheißen hat. Höchstens könnten wir noch angeben, daß er einen Diener gehabt hat, welcher Flory gerufen wurde."

„Wenig, außerordentlich wenig! Haben Sie sich nie die Mühe gegeben, in dieses Dunkel einzudringen?"

„Nein."

„Und Ihr Pflegevater hat Ihnen auch nie Mittheilung gemacht, irgend eine Andeutung gegeben oder Sie wenigstens auf irgend einen späteren Zeitpunkt vertröstet?"

„Nie."

„So muß man sich bei ihm erkundigen."

„Vielleicht ist dies bereits zu spät. Wie Sie bereits wissen, erhielt ich einen Brief meiner Schwester. Sie schreibt mir, daß der Pflegevater todtkrank darnieder liege und daß die Aerzte keine Hoffnung geben."

„Er wird diese Hoffnungslosigkeit erkennen und dann vielleicht sein Schweigen brechen. Ein jeder vernünftige Mann bringt, wenn er den Tod nahe fühlt, seine irdischen Angelegenheiten in Ordnung, und zu diesen letzteren gehört betreffs Ihres Pflegevaters doch auch die Ihrige."

„Allerdings. Aber wenn er wirklich Stillschweigen schwören müßte, so ist es fraglich, ob er die Erlaubniß hat, vor seinem Tode das Schweigen zu brechen. Uebrigens werde ich, wenn er sterben sollte, bald erfahren, ob er noch gesprochen hat. Ich habe der Schwester telegraphirt, mich seinen Tod sofort durch eine Depesche wissen zu lassen, da ich ihn zu Grabe geleiten will."

„Ihre Schwester wird seinen Tod also eher erfahren als Sie?"

„Ja. Sie wohnt ihm näher."

„Ah! Sie wohnt in Ortry. So lebt er in Frankreich?"

„Ja. Es wird eine weite Reise sein, die ich dann

plötzlich zu machen habe; aber er ist uns ein treuer Versorger gewesen, gerade so, als ob er unser wirklicher Vater gewesen wäre. Da ist es Pflicht der Dankbarkeit und Pietät, daß wir an seinem Grabe erscheinen. Auch Schwester Nanon wird auf alle Fälle kommen."

„Ist sein Wohnort in der Nähe von Ortry?"

„Es ist in der Gegend von Etain."

Haller horchte auf. Er bemerkte rasch:

„Dort bin ich bekannt. Darf ich nach dem Orte fragen?"

„Der Pflegevater ist Verwalter auf Schloß Malineau."

„Malineau?" fragte Haller, indem er überrascht aufsprang. „Sein Name ist Berteu?"

„Ja, ja! Kennen Sie ihn denn?"

„Gut, sehr gut sogar. Er steht im Dienste des Generals Grafen von Latreau, dem das Schloß gehört."

„Ja, ja! Das ist richtig! Welch' ein Zufall, daß Sie ihn kennen!"

„So kennen Sie wohl auch Ella von Latreau, die Tochter des Generals?"

„Natürlich! Sie hat mit uns Schwester gespielt, wenn sie sich zur Sommerszeit mit ihrem Vater auf dem Schlosse befand."

„Das ist allerdings eigenthümlich! Ella von Latreau ist nämlich meine ——"

„Verlobte," wollte er sagen; aber er bemerkte sofort, welchen Fehler er damit begehen würde, und hielt inne. Sie blickte ihn fragend an, und er erklärte, fast ein Wenig verlegen:

„Sie ist meine Schülerin. Ich nahm vor einigen Jahren einen kurzen Aufenthalt in Paris, um die dortigen Kunstschätze zu studiren, und da hatte ich die Ehre, ihr einigen Unterricht im Aquarell zu geben."

„Das ist mir interessant. Ich habe sie seit mehreren Jahren nicht gesehen. Sie muß eine sehr schöne Dame geworden sein!"

„Sie ist eine Schönheit ersten Ranges, ja, was noch mehr ist, eine ganz und gar eigenartige Schönheit."

„Verheirathet ist sie noch nicht?"

„Nein."

„So viel ich weiß, war sie, was man verlobt nennen könnte. Haben Sie vielleicht in Paris im Hause des Generals einen jungen Grafen Bernard de Lemarch kennen gelernt?"

Sein Gesicht nahm eine leichte Röthe an; er selbst war ja Der, nach dem sie fragte. Doch antwortete er unbefangen:

„Lemarch? Nein. Ich bin ihm nicht vorgestellt worden."

Damit hatte er nun freilich keine Unwahrheit gesagt, denn er war ja niemals sich selbst vorgestellt worden. Madelon fuhr fort:

„Dieser Offizier ist Ella's bestimmter Bräutigam. Die Väter sollen das bereits seit langer Zeit bestimmt haben."

„Haben Sie ihn gesehen?" fragte er gespannt.

„Ein einziges Mal. Ich war damals noch ein Kind, und er besuchte bereits die Kriegsschule. Er war ein sehr hübscher, kräftiger Knabe. Er müßte sich jetzt eigentlich zu Ihrer Gestalt und Größe entwickelt haben. Ja, wenn ich Ihnen recht aufmerksam in das Gesicht blicke, so ist es mir, als ob Sie sogar einige Aehnlichkeit mit ihm hätten."

„Wieder Einer!" sagte er lächelnd.

„Wieso?" fragte sie.

„Gestern war ich dem Diener des Rittmeisters von Königsau ähnlich und heute, was mir allerdings schmeichelhafter ist, dem Grafen de Lemarch."

„Das ist wahr, wenigstens ist Ihre Aehnlichkeit mit dem guten Feldwebel oder Wachtmeister Fritz geradezu eclatant. Aber, entschuldigen Sie, bei welchem Thema haben wir vorhin an der Treppe unser Gespräch unterbrochen?"

„Beim Kolibri."

„Richtig! Sie hatten von einem Kolibri geträumt."

„Der mich ruhelos umschwirrte und dabei Honig aus den Blüthen trank."

„Und der eine menschliche Gestalt hatte."

„Das erwähnte ich bereits. Und jetzt bin ich es, der von einer Aehnlichkeit zu reden hat. Wissen Sie, wem dieser kleine Kolibri so außerordentlich ähnlich sah?"

„Nun?"

„Sein Gesicht war ganz und gar das Ihrige, Fräulein."

Sie erröthete. Doch schlug sie leise die Hände zusammen und sagte:

„Also von mir, von mir haben Sie geträumt? Wie spaßhaft!"

„Finden Sie das wirklich nur spaßhaft?"

„Ja, wie sonst?"

„Nun, Sie selbst sagten ja vorhin, daß der erste Traum in der neuen Wohnung stets eine tiefe Bedeutung habe?"

Jetzt erröthete sie tiefer als vorher. Sie wendete ihr hübsches Köpfchen ab und antwortete:

„Das ist ja wirklich nur Scherz gewesen. Ich bin keineswegs abergläubisch. Was kann ein Traum für eine Bedeutung haben?"

„O, eine doch!" sagte er langsam und mit hörbarer Betonung. „Er hat die Bedeutung eines Beweises."

„Was für eines Beweises?"

„Daß der Träumende, bevor er entschlief, an den Gegenstand gedacht hat, von welchem er träumte."

„Sie wollen doch nicht etwa behaupten, daß Sie gestern Abend noch an mich gedacht haben?"

„Ja, gerade das will ich sagen. Fräulein Madelon, erlauben Sie mir etwa nicht, an Sie zu denken?"

Er stand bei diesen Worten auf, trat zu ihrem Sitze und ergriff ihr kleines, feines Händchen. Sie ließ es ihm und antwortete in völlig unbefangenem Tone:

„Kann ich die Association der Ideen, das heißt, den Gedankengang eines Menschen, der mich gesehen hat und sich folgerichtig meiner erinnert, verhindern oder verbieten?"

„Nein. Aber gleichgiltig kann es Ihnen nicht sein, was und wie er von Ihnen denkt."

„Vielleicht."

„Und ob er gern an Sie denkt?"

„Ebenso vielleicht."

Er stand im Begriffe, dieses Thema weiter zu verfolgen, als die Klingel ertönte. Sie entfernte sich, indem sie sich entschuldigte. Als sie nach einigen Minuten zurückkehrte, hatte ihr Gesicht einen sehr ernsten, fast traurigen Ausdruck angenommen.

„Wovon haben wir soeben gesprochen?" sagte sie. „Hier, mein Herr, lesen Sie!"

Sie hielt ihm eine geöffnete Depesche entgegen. Er las:

„Soeben telegraphirt man, daß der Pflegevater gestorben ist. Schnell! Damit Du noch zur rechten Zeit eintriffst!"

„Ich condolire aus aufrichtigem Herzen, mein Fräulein!" sagte Haller. „Nun werden Sie schleunigst abreisen?"

„Ja. Ich habe mich, den Todesfall erwartend, bereits nach dem vortheilhaftesten Zuge erkundigt. Ich packe sofort."

„Wird man Sie bald wiedersehen?"

„Ich folge meiner Pflicht, werde dann aber gleich zurückkehren. Ich darf diese Wohnung nicht lange Zeit ohne Aufsicht lassen."

„Ich wollte, ich dürfte Sie begleiten. Für eine junge Dame ist es ein Wagniß, so eine weite Reise zu unternehmen."

„O," lächelte sie, „ich fürchte mich nicht. Jetzt adieu, Herr Haller! Bevor ich abreise, sehen wir uns aber wohl noch einmal. Ich muß doch droben Abschied nehmen."

Er drückte ihr freundschaftlich das kleine Händchen und ging.

„Ein herziges Wesen," murmelte er, indem er die Treppe hinabstieg. Gerade so fein, lieblich und zutraulich wie ein Kolibri, von dem man doch auch erzählt, daß er die Nähe der Menschen nicht fürchtet."

Er machte seine Einkäufe, und da er sich dann in der Nähe der Wohnung seines dicken neuen Bekannten befand, so suchte er diesen auf, um sich seine „Bude" anzusehen.

Die Wohnung des guten Hieronymus zeigte das Bild einer echten, richtigen Junggesellenwirthschaft. Die Staffelei stand hinter dem Bette; auf dem Waschtische lag ein Stiefel und auf dem Ofen eine alte Geige. Es herrschte die schönste Unordnung, welche man sich nur denken kann. Der Kleine saß auf der Diele, hatte eine Menge alter Bilder um sich liegen und machte sich mit ihnen und einem riesigen Schwamme zu schaffen, den er abwechselnd in Wasser und andere Flüssigkeiten tauchte, um dann damit über die Gemälde zu wischen. Er blickte bestürzt auf, als Haller eintrat; sobald er aber diesen erkannte, sagte er:

„Gott sei Dank! Ich dachte, es wäre jemand Anderes! Ich bin gerade nicht in meinem Paradeanzuge. Donnerwetter, wo sind meine Hosenträger!"

Er war nämlich vom Boden aufgestanden und kam dabei in Gefahr seine Beinkleider zu verlieren. Haller warf einen raschen Blick umher, deutete dann nach dem Waschbecken und sagte:

„Dort im Waschbecken im Wasser liegen sie!"

„Dort? Wirklich? Alle Wetter, ja! Wie sind sie nur da hineingekommen! Na, lederne Hosenträger und in Wasser eingeweicht! Thut aber nichts! Und die Weste? Wo in aller Welt mag diese stecken!"

„Guckt sie nicht dort aus dem Stiefelschaft heraus?"

„Ja, richtig! Ich wußte wohl, daß ich sie sehr gut aufgehoben hatte! Na, während ich mich ankleide, lassen Sie sich nieder, mein lieber Herr College! Freut mich, daß Sie mich so bald besuchen. Haben Sie Logis gefunden?"

„Ja, sogleich."

„Also das, was im Blatte angekündigt war?"

„Dasselbe. Ich wohne bei einer Wittwe. Ihr verstorbener Mann war Ministerialbeamter."

„Aeußerer oder innerer?"

„Innerer. Sein Sohn aber ist im äußern angestellt."

„Das bleibt sich Pudding! Minister ist Minister. Gefällt Ihnen die Wohnung?"

„Ja. Die Leute scheinen anständig zu sein."

„Gut geschlafen?"

„Ja."

„Geträumt?"

„Sehr. Von einem hübschen jungen Mädchen, welches ich gestern Abend kennen gelernt habe."

Der Dicke hatte unterdessen die Weste und den Rock angezogen. Jetzt stellte er sich vor Haller hin und sagte:

„Wunderbar! Ganz auch mein Fall! Habe auch von einer jungen Dame geträumt. Was ist die Ihrige?"

„Gesellschafterin."

„Donnerwetter! Die Meinige ist Gouvernante."

„Doch nicht etwa die aus dem Tharandter Walde?"

„Natürlich die! Welche denn sonst? Dieses Weibsen hat mir's angethan. Das Herz hängt mir wie ein gewaltiger Pudding zwischen den Rippen. Es schwillt auf; es wird von Minute zu Minute größer, als wenn ich für zwanzig Thaler Hefe verschlungen hätte. Habe gar nicht geglaubt, daß die Liebe grad so wie Hefe wirken kann."

„Poetischer Vergleich!" lachte Haller.

„Und zutreffend, außerordentlich zutreffend! Wie gesagt, es treibt und bläst mich auf. Ich muß dieses Mädchen kriegen. Sie muß Frau Hieronymus Aurelius Schneffke werden, sonst falle ich wieder zusammen wie ein Dudelsack, der ein Loch bekommen hat!"

Haller hatte die Kaffeemühle und das Rasirzeug vom Stuhle gestrichen und sich darauf gesetzt. Er warf jetzt einen forschenden Blick auf die Bilder und bemerkte dabei:

„Vogelstudien? Interessant! Wie es scheint, lauter Kolibri's."

„Ja, lauter Kolibri's, Kolibri's von allen Arten und in allen Stellungen."

„Wem gehören die Bilder?"

Schneffke machte ein sehr erstauntes Gesicht und antwortete:

„Wem? Ueberflüssige Frage! Dem Kolibri natürlich!"

„Wer ist denn das?"

„Ah, richtig! Sie sind hier fremd; Sie können das nicht wissen; Sie haben von ihm wohl noch nichts gehört! Ich habe nämlich einen Bekannten, eine Art Kunstmäcen; er ist ein gradezu unbegreiflicher Kerl. Ich kenne ihn bereits seit Jahren, aber ich weiß noch immer nicht, ob er arm ist oder reich, verrückt, oder bei Sinnen, ein Dummkopf oder ein gescheidter Kerl, ein Kunstkrösus oder ein armseliger Knicker."

„Das muß ein interessanter Mensch sein!"

„Ja. Er wohnt auf dieser Straße vier Treppen hoch in einem Hinterhause, heißt Untersberg und hat die ganze Etage inne. Ich bin bereits viele hundert Male bei ihm gewesen, habe aber nur drei Zimmer betreten können. Das bei ihm, um in den alten Büchern herumzustöbern. Er zeichnete und schien dabei vergessen zu haben, daß ich anwesend war. Ich belauschte sein Selbstgespräch. Er hat einen Sohn, der ihm abhanden gekommen ist, oder der ihn verlassen hat. Nun will er einen Aufruf erlassen, um ihn wiederzufinden, und diesem Aufrufe soll das Portrait des Verschollenen beigefügt werden."

„Er selbst will dieses Portrait fertig bringen?"

„Ja. Er zeichnet einen Kopf nach dem anderen, bis er einen fertig bringt, der dem Sohne ähnlich ist."

„Diese Mühe wird vergeblich sein, wenn er nicht selbst ein Künstler ist."

„Natürlich! Ich halte es für Monomanie, für Verrücktheit. Und die dritte Marotte, welche er hat, ist ebenso eigenthümlich. Er sucht nämlich ohne Unterlaß in seinen Büchern nach einer Schrift, welche er in einem Buche aufbewahrt haben will. Ich habe Tage lang mit ihm in den alten Bänden herumgeblättert, aber nichts gefunden."

„Was für eine Schrift ist es?"

„Er nennt es ein document du divorce, also ein Ehescheidungs-Document."

„Was? Sie sprechen französisch?"

„Sogar ziemlich gut, wie ich Ihnen bald beweisen könnte. Aber da stehe ich und faullenze, während der Alte die Bilder bereits am Mittage wieder haben will. Sie erlauben, daß ich weiter wasche, während wir uns unterhalten."

Er setzte sich wieder auf die Diele nieder, spreizte die Beine auseinander und begann von Neuem, mit dem Schwamme zu handieren.

„Hier, dieser Kragenkolibri ist verteufelt schmutzig geworden," sagte er. „Ich reibe beinahe die Farbe ab, und — ah, was ist das? Die Leinwand ist ja doppelt! Und dazwischen scheint Etwas zu stecken!"

Er untersuchte das Bild und sagte dann:

„Es ist wirklich so. Doppelte Leinwand. Sollte —? Hm! Ich werde diesen schmutzigen Kragenkolibri einmal aus dem Rahmen nehmen."

Er bog die an der hinteren Seite des Bildes angebrachten Stifte zurück und nahm das Bild aus dem Rahmen. Beide, er sowohl, wie auch Haller, stießen einen Ruf der Ueberraschung aus. Der Rahmen enthielt zwei Bilder. Unter dem Kolibri steckte ein zweites Gemälde, und zwischen beiden hatten sich einige Papiere befunden. Der Dicke warf den Kolibri bei Seite und hielt das andere Bild gegen das Licht.

„Ein Portrait," sagte er. „Das Portrait einer Dame, jedenfalls einer jungen Frau!"

Haller war hinzugetreten und betrachtete den feinen Kopf mit den wunderlieblichen Gesichtszügen.

„Ein Meisterstück," bemerkte er.

„Ja, ein Meisterstück des Malers, aber auch ein Meisterstück der Schöpfung! Das Original muß geradezu bezaubernd gewesen sein. Nicht?"

„Gewiß! Aber geradezu auffallend ist diese Aehnlichkeit!"

„Eine Aehnlichkeit? Mit wem?"

„Mit der — ja, richtig; es ist kein Irrthum möglich: mit der Gesellschafterin, die ich kenne."

„Von der Sie geträumt haben?"

„Ja, Fräulein Madelon."

„So! Hm! Madelon heißt sie also? Sie Glücklicher! Sie wissen den Namen! Von meiner Gouvernante weiß ich kein Sterbenswörtchen. Aber ich muß erfahren, wer sie ist, und sollte ich Stralsund vom Himmel herunterreißen wie einen Pudding vom Präsentirteller!"

„Und was sind das hier für Papiere, welche zwischen den Bildern gesteckt haben?"

„Wollen sehen!"

Er schlug die zusammengefalteten Blätter auseinander und begann den Inhalt zu mustern.

„Französisch!" sagte er. „Zwei Briefe und ein Document."

„Wirklich? Sollte es vielleicht gar das viel gesuchte document du divorce sein?"

Schneffke las es durch und sagte dann:

„Wirklich! In diesen Zeilen willigt eine Baronin Amély de Bas-Montagne in aller Form in die Scheidung von ihrem Manne. Es ist das Gesuchte."

„Und die Briefe?"

„Ich werde sie einmal vorlesen."

Er las die in französischer Sprache abgefaßten Zeilen laut vor. Deutsch würden sie gelautet haben:

„Mein bester, mein theuerster Guston!

„Wenn Du von der Reise zurückkehrst, findest Du wohl diesen Brief, nicht aber Deine Amély, Deinen süßen Kolibri, vor. Mein Herz bricht, indem ich dieses schreibe; aber ich kann, ich darf nicht anders. Du hast mich geliebt, und ich fand den Himmel in Deinen Armen. Deine Liebe zu mir hat Dich von dem Vater getrennt, welcher unserer Verbindung fluchte. Du hast mir Alles, Alles geopfert, mir, dem armen, fremden, bürgerlichen Mädchen. Jetzt ist die Leidenschaft verschwunden, und Du beginnst zu denken und zu rechnen. Ich beobachte Dich im Stillen und sehe, daß ich Dir nicht mehr Alles bin.

„Gott ist mein Zeuge, daß mein Leben nur Dir allein gehört! Indem ich von Dir scheide, gebe ich mir den Tod, denn ich kann ohne Dir nicht sein. Aber ich gebe Dich frei; ich gebe Dich Deinem Stande, Deinem Berufe, Deiner Ehre und Deinem Vater zurück. Ich lege meine, von dem Notar contrasignirte Einwilligung zur Scheidung bei.

„Meine Hand zittert, mein Herze bebt und meine Augen stehen voller Thränen. Ich nehme nichts, gar nichts mit, als meine Kinder, meine süße Nanon und meine herzige Madelon. Du hast sie mir geschenkt, und sie sind mein Eigenthum. Forsche nicht nach uns, denn Du würdest uns doch nicht finden.

„Dein Kolibri entweicht. Sein Gefieder wird den Glanz verlieren, und sein Flug wird sich bald zum Grabe senken. Aber noch im Sterben werde ich dem heißen Wunsche meinen letzten Athem widmen: Sei glücklich, glücklich, glücklich.

Dein Weib, Deine Amély, Dein armer, unschuldiger Kolibri."

Es war gar nicht zu beschreiben, welchen Eindruck dieser Brief auf Haller machte. Seine Augen waren weit geöffnet, als wollte er den Vorleser mit ihren Blicken verschlingen.

eine steckt voller alter Bücher, und die beiden anderen sind berühmt wegen der Menge Bilder, welche an den Wänden hängen; aber es sind lauter Kolibri's. Darum sein Spitzname. Sobald nämlich ein Anfänger der edlen Farbenkunst auftaucht, taucht auch der Gedanke bei ihm auf, um sich einen Kolibri malen zu lassen."

„Possirlich! Zu welchem Zwecke?"

„Das weiß ich leider nicht. Uebrigens ist er im höchsten Grade menschenscheu. Ich bin der Einzige, der offene Thüre bei ihm hat. Ich weiß wirklich nicht, welchen Narren er an mir frißt!"

„Doch vielleicht Sie selbst!"

„Danke bestens! Uebrigens hat er mich während meiner Abwesenheit sehr vermißt. Als ich nach Hause kam, fand ich von ihm die Botschaft vor, ihn sofort zu besuchen. Ich ging. Er lag bereits im Bette. Ich mußte mir diese Bilder mitnehmen, um sie zu reinigen. Er gab mir fünf Thaler und eine Flasche Wein. Das Geld steckte ich natürlich ein, und den Wein habe ich auch bereits gekostet. Wo steht denn die Flasche? Dunkler portugiesischer Tintio! Prachtvoll! Feurig und durchdringend wie glühendes Eisen. Ah, dort steht die Bulle. Sie müssen ihn kosten."

Er langte unter den Tisch und zog eine Flasche hervor.

„Gläser habe ich leider nicht," fuhr er fort, „aber eine Obertasse. Es ist die einzige, welche mir die eheliche Treue bewahrt hat. Doch, für zwei Künstler reicht sie aus. Profit!"

Er goß die Tasse voll und setzte an, um dem Collegen zuzutrinken. Er nahm einen tüchtigen Schluck; kaum aber war dieser hinab, so zog er ein Gesicht, als ob er die Hölle verschlungen hätte.

„Pfui Teufel!" rief er. „Der schmeckt schlecht! Ich glaube, er verdirbt schnell. Die Flasche muß rasch geleert werden, wenn sie einmal angerissen ist. Hier, versuchen Sie es!"

Er hielt Hallern die Tasse hin. Dieser warf einen vorsichtigen Blick in dieselbe und fragte:

„Was ist denn das, College?"

„Portugiesischer Tintio! Ich sagte es bereits!"

„Hm! Den Tintio kenne ich; ich habe ihn oft getrunken; er verdirbt nicht so leicht. Das, was Sie hier in der Tasse haben, muß etwas ganz Anderes sein!"

„Was soll es denn sein? Tintio ist es. Hier die Etiquette an der Flasche wird Ihnen beweisen, daß —"

Er hielt mitten im Satze inne. Er hatte die Flasche empor gehalten, damit Haller den Namen des Weines lesen solle. Auf der Flasche aber stand: Feinste tief schwarze Kanzleitinte.

„Heiliges Pech!" rief er nach einer Pause sprachlosen Entsetzens. „Da habe ich ja wirklich und wörtlich Tinte gesoffen! Das ist so klar wie Pudding! Drum also zog es mir den Schlund zusammen wie einen alten Tabaksbeutel! Na, Magen, ich gratulire Dir!"

„Prosit Appetit!" lachte Haller.

„Ja, lachen Sie nur!" zankte der Dicke. „Aber ich weiß ganz genau, daß ich die Weinflasche unter den Tisch gestellt habe. Ich glaube gar, meine Wirthin hat sich den Spaß gemacht, sie umzutauschen! Na, da soll sie der Kukuk reiten!"

„Was guckt denn dort aus dem Muff hervor?" fragte Haller, indem er in das Bett deutete, unter dessen halb zurück geschlagener Decke der erwähnte Gegenstand zu erkennen war.

„Aus dem Muff? Den habe ich mir von meiner Wirthin geborgt; ich hatte ein Bisamthier zu malen und wollte die Farbe des Felles studiren. Sapperlot! Ja, in diesem Muffe steckt die Flasche! Da hat also der portugiesische Tintio in seinem Pelzfutteral die ganze Nacht mit mir im Bette gelegen! Na, das schadet nichts! Getrunken wird er doch!"

„Danke, Herr College! Trinken Sie Ihren Schlafkameraden selbst! Ich trinke nur frisch aus dem Keller, nicht aber frisch aus dem Bette!"

„Schön! Ist mir desto lieber! Da komme ich um nichts!"

Er zog die Flasche aus dem Muffe hervor, öffnete sie und that einen kräftigen Zug.

„Oh!" rief er dann. „Zwischen Tintio und Tinte ist denn doch ein großer Unterschied. Ich wollte, ich könnte es Ihnen beweisen!"

„Ich verbitte mir diesen Beweis! Uebrigens sind wir von unserem interessanten Thema abgekommen, nämlich vom Kolibri."

„Richtig! Also gestern habe ich mir diese Bilder, diese Trochilusabbildungen mitnehmen müssen, weil — hm, Herr College, sind Sie Ornithologe, Vogelkenner?"

„Ein Wenig."

„Kennen Sie die lateinischen Namen der Vögel? Heißt Kolibri nicht Trochilus?"

„Ja."

„Nun also, der Alte lag im Bette und sagte mir, ich solle mir die sechs eingerahmten Trochilus minimus mitnehmen. Oder sagte er Trochili minimus oder Trochilus minimi? Ich weiß es nicht, ich habe von der Wand genommen, was mir in die Hände kam. Sind es die richtigen?"

„Nein. Was ich da sehe, ist der Kragenkolibri, der Trochilus selasphorus."

„So, so! Na, schadet nichts! Wird auch abgewaschen! Also ich erzählte Ihnen bereits, daß der Alte, den wir Kolibri nennen, mir ein Räthsel ist. Warum er es einzig auf Kolibri's abgesehen hat, kann ich mir nicht erklären!"

„Haben Sie ihn nicht gefragt?"

„Ein einziges Mal, aber ich habe es nicht wieder gethan. Er wurde toll; er schäumte fast vor Wuth. Er warf mich hinaus wie Pudding, und ich durfte mich lange Zeit nicht wieder sehen lassen. Jetzt aber sind wir ausgesöhnt; er scheint es vollständig vergessen zu haben. Außer dieser Marotte hat er noch zwei. Er zeichnet nämlich Köpfe."

„Das nennen Sie eine Marotte?"

„Ja, wie er es thut, ist es eine, vielleicht gar eine Monomanie. Er ist nämlich kein Zeichner; er hat nicht das mindeste Geschick, den Stift oder die Kreide zu führen, und dennoch zeichnet er ohne Unterlaß."

„Zu welchem Zwecke denn?"

„Das will er jedenfalls nicht wissen lassen; aber er hat es mir einmal doch selbst verrathen. Während er nämlich zeichnet, spricht er mit sich selbst. Einst war ich

„Das steht da, wirklich da?" fragte er.

„Natürlich!"

„Die Schreiberin heißt wirklich Amély?"

„Hm! Warum sollte Sie einen anderen Namen nennen? Ich kann natürlich nicht garantiren, ob sie einen Pseudonym gewählt hat oder nicht."

„Und der, an den sie schreibt, also ihr Mann, heißt Guston?"

„Ja. So wenigstens steht es hier."

„Zeigen Sie her! Ich muß völlige Gewißheit haben!"

Er riß dem Dicken den Brief aus der Hand, um ihn selbst zu lesen. Als er zu Ende war, rief er:

„Seltsam, seltsam! Ja, geradezu wunderbar!"

„Was denn?" fragte Schneffke, indem er verwundert zu ihm aufblickte.

„Diese Namen! Der Kosename Kolibri!"

„Ich will doch nicht befürchten, daß auch Sie in diese verteufelte Kolibrimanie verfallen!"

„Nein. Ganz gewiß nicht."

„Na, es will mir aber ganz so vorkommen. Was haben denn gerade Sie mit diesem Guston, dieser Amély und dem Kosenamen, wie Sie es nennen, zu thun?"

„Das werde ich Ihnen schon noch mittheilen. Jetzt aber bitte ich, auch den zweiten Brief zu lesen."

„Hm! Jetzt eben fällt mir ein: Sind wir nicht im Begriff, eine ganz unverzeihliche Indiscretion zu begehen?"

„Ach was Indiscretion! Wo es sich um so viel handelt, giebt es keine Rücksicht!"

„So? Und um was handelt es sich denn?"

„Um — nun, um Etwas, wofür sich meine Gesellschafterin im höchsten Grade interessiren wird."

„Träumen Sie etwa fort? Ihre Gesellschafterin mag sich für Sie interessiren! Alles Andere ist überflüssig. Ich habe zwar vorhin Tinte gesoffen, aber von einem Kolibri lasse ich mich trotzdem nicht aus der Fassung bringen."

„Ich habe meine Fassung vollständig; aber Sie werden sie mir rauben, wenn Sie sich noch länger weigern, auch den anderen Brief zu lesen!"

Der Dicke warf einen besorgten Blick auf den Collegen, schüttelte den Kopf und sagte dann:

„Eigentlich sollte ich es wohl nicht thun, aber wir sind ja Kameraden und Leidensgefährten. Wir haben in Tharandt's heiligen Hallen mitsammen die berühmte Rutschparthie unternommen, so wollen wir auch hier Hand in Hand gehen. Also hören Sie!"

Er las folgende Zeilen vor:

„Dem Herrn Baron de Bas=Montagne.

„Herr Baron.

„Ihr Unterhändler ist bei mir gewesen. Sie sind ein harter, ein grausamer Mann. Ihre Forderungen zerreißen mir das Leben. Aber ich bin ein Weib; ich habe ein Herz; ich habe zwei Kinder. Ich fühle, was es heißen mag, ein Kind verlieren, einen Sohn aufgeben zu müssen. Es war nie meine Absicht, Ihnen Guston's Herz zu rauben; Sie haben es von sich gestoßen. Aber Sie haben ein älteres, vielleicht auch ein heiligeres Recht an Ihren Sohn. Ich trete zurück. Ich willige in die Scheidung unserer Ehe, obgleich ich weiß, daß ich damit mein Todesurtheil unterzeichne.

Gott allein mag Richter sein zwischen Ihnen und

Amély de Bas=Montagne, geb. Rénard."

Auch diesen Brief nahm Haller dem Leser aus der Hand, um die Zeilen mit eigenen Augen zu überfliegen.

„Es ist so; es ist richtig; ich kann mich kaum irren!" sagte er dann, indem er eifrig vor sich hin nickte.

„Was ist denn richtig?" fragte der Dicke. „Ihr Kopf etwa? Daran zweifle ich gegenwärtig sehr."

„Ich kann Ihnen nicht Alles sagen; ich weiß nicht, ob ich überhaupt zu Ihnen oder einem Anderen davon sprechen darf. Aber eine Andeutung will ich Ihnen geben. Nämlich die Gesellschafterin, von der ich sprach —"

„Nein, von der Sie träumten!" fiel Hieronymus ein.

„Meinetwegen! Dieses Mädchen nämlich ist eins von den beiden Kindern, von denen hier die Rede ist."

„Sapperment! Ist es die süße Nanon oder die herzige Madelon, verehrtester Herr College?"

„Die Madelon."

„Also nicht süß, sondern herzig! Himmelsakkerment, und von meiner Gouvernante weiß ich nicht einmal, ob sie sauer oder bitter ist! Na, vielleicht erfahre ich es noch! Aber wie kommt denn diese herzige Gesellschafterin hier in den Rahmen?"

„Vielleicht erkläre ich Ihnen das einmal. Jetzt habe ich keine Zeit. Jetzt sind nämlich die Augenblicke gezählt. Madelon wird in einigen Stunden, vielleicht gar bereits in einigen Minuten verreisen!"

„Wohin denn?"

„Nach Frankreich."

„Futsch also; die herzige Madelon geht futsch! Kommt sie denn nicht wieder?"

„Auf alle Fälle."

„Nun, so ist sie ja gar nicht verloren, und wir haben also Zeit. Weiß Gott, diese Madelon hat es Ihnen gewaltig angethan. Sie sind verliebt bis über die Ohren! Sie stecken in der Liebe, wie die Fliege im Quark! Arbeiten Sie sich wieder heraus, College! Die Liebe bringt den stärksten Menschen um, und Sie sind noch nicht einmal der stärkste!"

„Larifari! Fällt Ihnen denn bei der Ueberschrift des letzten Briefes gar nichts auf?"

„An der Interpunction oder der Orthographie?"

„Unsinn! Lassen Sie Ihre unzeitigen Witze! Wie heißt Ihr Sonderling, dem diese Bilder gehören?"

„Herr Untersberg."

„Und wie heißt der Baron, an welchen dieser Brief gerichtet ist?"

„Monsieur de Bas=Montagne."

„Uebersetzen Sie den Namen in das Deutsche."

„Hm! Niederberg oder Unter — — alle Teufel, Untersberg! Das ist ja höchst auffällig! Das stimmt ja ganz und gar! Fast möchte man annehmen, daß dieser Untersberg mit diesem französischen Barone identisch sei!"

„Natürlich nehme ich das an!"

„So wäre er ja der Schwiegervater des Kolibri?"

„Ja."

„Und der Großvater Ihrer Gesellschafterin?"

„Auch das meine ich!"

„Donnerwetter! Und von meiner Gouvernante kenne ich weder den Groß= noch den Schwiegervater! Das nenne ich Pech! Aber ich werde mir Klarheit verschaffen! Ich laufe so lange in der Welt umher, bis ich auf die

Gouvernante stoße, und da soll sie mir beichten, Alles, Alles. Sie muß sich legitimiren; sie muß mir Alles zeigen, das Dienstbuch, den Meldeschein, das Geburts- und das Taufzeugniß; sogar den Impfschein will ich sehen! Der Hieronymus Aurelius Schneffke läßt sich die Maus, wenn sie nochmals in die Falle gerathen sollte, sicherlich nicht wieder entgehen!"

„Lieber riskiren Sie abermals eine Rutschparthie oder einen Salto mortale vom Pferde herab; nicht wahr?"

„Ja. Alles riskire ich; aber heirathen will ich sie. Das ist so gewiß und fest wie Pudding!"

„Schön! Meinen Segen und meine Hilfe sollen Sie dabei haben; nun aber hoffe ich, daß ich jetzt auch auf Ihre Unterstützung rechnen darf!"

„Herzlich gern! Einen Collegen, der sich in Noth befindet, unterstütze ich gern! Wie viel wollen Sie gepumpt haben?"

Er griff in die Tasche und zog den Beutel hervor.

„Lassen Sie die schlechten Witze. Ich bin sehr ernsthaft gestimmt. Beantworten Sie mir lieber meine Fragen!"

Hieronymus steckte den Beutel wieder ein und sagte:

„Schön! Das ist ganz nach meinem Geschmacke. Antworten gebe ich immer noch lieber als Geld. Also fragen Sie?"

„Hat Ihr Bekannter, der sich also Untersberg nennt, das Aeußere und das Benehmen eines Aristokraten?"

„Er hat das Benehmen eines Barones, der alle zwei Jahre drei lichte Augenblicke hat, oder das Betragen eines Verrückten, der alle zwei Jahre dreimal Baron ist."

„Besitzt er Vermögen?"

„Wahrscheinlich ist er wohlhabender als ich."

„Spricht er besser französisch als deutsch?"

„Er brummt Beides gleich gut."

„Wie alt ist er?"

„Einige sechzig Jahre, wie ich ihn schätze."

„Ich muß ihn sehen; ich muß mit ihm sprechen! Können Sie mich Ihm vorstellen?"

„Ja; aber er wird Sie hinauswerfen!"

„Das sollte ihm schwer werden!"

„Ah pah! Er hat einen Hund, eine riesige Dogge, mit der Sie es gewiß nicht aufnehmen."

„Er wird doch nicht den Hund auf mich hetzen!"

„Er wird dies ganz sicher thun, falls Sie sich nicht sofort entfernen, wenn er Sie nicht bei sich sehen will."

„Es muß dennoch versucht werden."

„Meinetwegen! Ich werde mit ihm sprechen und Sie dann benachrichtigen, wenn Sie mitkommen dürfen."

„Meinen Sie? Wirklich? Ihn erst sprechen? Mich dann benachrichtigen? Denken Sie denn, daß ich so viel Zeit übrig habe? Habe ich Ihnen nicht gesagt, daß die Gesellschafterin in kürzester Zeit abreisen wird? Bis dahin muß ich mit dem Verrückten gesprochen haben!"

„Wo denken Sie hin! Das ist unmöglich!"

„Es ist sehr möglich. Sie brauchen mich nur als Maler vorzustellen!"

„Ich habe jetzt nichts bei ihm zu suchen!"

„Sie haben ja seine Gemälde hier."

„Die müssen erst gereinigt werden."

„Gut; ich helfe Ihnen, sie zu reinigen! Vorwärts!"

Er griff zu dem Schwamme und machte sich sehr eifrig über die Bilder her; aber die Sache war ganz und gar nicht nach dem Geschmacke des Dicken. Dieser kratzte sich sehr nachdrücklich hinter den Ohren und sagte:

„Bei dieser Geschichte werde ich abermals sein Wohlwollen verlieren. Ich werde ihm nie wieder die Bude betreten dürfen."

„Das thut nichts. Ich entschädige Sie!"

„Sapperment! Ist Ihre Kasse denn gar so voll und groß?"

„Für Sie reicht es zu. Kommen Sie! Arbeiten wir!"

„Na denn meinetwegen. So will ich in des Himmels Namen mit beiden Beinen in's Verderben springen. Trage ich meine Haut zu Markte, so wird's Ihrem Felle nicht viel besser ergehen."

Die Beiden wischten und polirten, putzten und pinselten jetzt an den Bildern herum, als ob jede Minute eine Million werth sei. In kurzer Zeit waren sie fertig.

„Also vorwärts jetzt!" sagte Haller. „Ist's weit?"

„Ein Stück die Straße hin, in Nummer sechzehn, Hinterhaus vier Treppen."

„Geben Sie das Frauenportrait und die Briefe her."

Er wollte bereits zulangen, aber der Dicke klopfte ihm auf die Hand und sagte:

„Oho! Langsam. Diese Gegenstände gehören zunächst mir. Der Alte ist nicht immer zurechnungsfähig. Man darf nicht zu jeder Zeit und über Alles mit ihm sprechen. Ich muß erst sehen, ob er heute in der Stimmung ist, meine Mittheilung ohne Schaden entgegen zu nehmen!"

„Er wird aber doch das Portrait und die Briefe sehen!"

„Nein. Ich werde das Doppelbild gerade so wieder herstellen, wie es vorher war."

„Das ist unnöthig, da ich mit ihm gerade über das Bild zu sprechen habe!"

„Das werden Sie bleiben lassen, Verehrtester. Ein geistig Kranker muß mit größter Vorsicht behandelt werden. Ich sehne mich nicht nach einer Wiederholung dessen, was ich damals erlebte, als ich zudringlich war. Ich will Ihnen zwar den Willen thun und Sie zu ihm führen; das Weitere aber haben Sie mir zu überlassen."

(Fortsetzung folgt.)

Illustrirte Unterhaltungs-Bibliothek für Familien aller Stände.
Druck und Verlag von H. G. Münchmeyer in Dresden und New-York.

Die Liebe des Ulanen.
Original-Roman aus der Zeit des deutsch-französischen Krieges von Karl May.
(Fortsetzung.)

"Aber meine Zeit ist über alle Maßen kostbar," erwiderte Haller.

"Unsinn. Die Gesellschafterin kommt ja wieder zurück. Dann können Sie ihr auch noch mittheilen, was Sie ihr zu sagen haben. So! Das Bild ist fertig. Kommen Sie! Ah, wo ist mein Hut?"

Er sah sich in der Stube um, ohne die gesuchte Kopfbedeckung zu erblicken. Haller kam ihm zu Hilfe, indem er fragte:

"Steht nicht dort in der Ecke der Spucknapf drauf?"

"Wetter noch einmal! Das ist ja wahr. Jetzt besinne ich mich, daß ich gestern Abend den Spucknapf auf den Hut gestellt habe, damit ihn der Luftzug nicht etwa fortführen soll, wenn zufälliger Weise Thür und Fenster zugleich geöffnet werden sollten. Praktisch muß der Mensch stets sein; das ist so wahr wie Pudding!"

Er zog den Hut unter dem Napfe hervor, stülpte ihn auf den Kopf und belud sich dann mit den Bildern.

"Also gehen wir nun!" sagte er. "Gern thue ich es aber nicht. Es liegt mir in allen Gliedern, daß dieser Gang mir nicht ganz Angenehmes bringen wird."

Sie traten den Weg an. Sie mußten an dem Hause vorüber, in welchem die Familie Königsau wohnte. Die Straße war sehr belebt, und auf dem Trottoir gingen viele Menschen. Kurz vor dem erwähnten Hause wollten sie an einem Thore vorüber, gerade als eine Equipage aus demselben kam. Der Dicke schritt voran. Er hatte alle die Bilder unter dem Arme. Er keuchte und schwitzte, nicht etwa, weil die Bilder zu schwer gewesen wären, sondern weil seine kurzen, dicken Arme sie nicht zu umspannen vermochten. Aller Augenblicke wollte das Eine oder Andere ihm entrutschen.

Er sah die Pferde, welche im Begriffe standen, ihn umzureißen. Zurück konnte er nicht mehr; darum machte er einen gewaltigen Sprung vorwärts. Die Equipage fuhr hinter ihm vorüber — er war der ihm drohenden Gefahr glücklich entgangen, hatte sich aber in eine andere gestürzt, buchstäblich gestürzt.

Seine kurze, dicke Gestalt eignete sich nämlich ganz und gar nicht zu einem solchen Riesensprunge; er brauchte dabei unbedingt die Arme, um sich im Gleichgewichte zu erhalten. Daher streckte er dieselben während des Sprunges ganz unwillkürlich und naturgemäß weit aus einander, ohne daran zu denken, daß er die Bilder trug. Diese flogen mit ihm fort und fielen rechts, links und vor ihm zur Erde. Als seine Beine den Boden berührten, bekam er eins der Bilder zwischen die Füße, verlor dadurch das Gleichgewicht und stürzte, so lang und dick er war, zu Boden.

"Himmeldonnerwetter! Die verdammten Kolibri's!" fluchte er.

Die Passanten, welche zugegen waren, blieben stehen und lachten laut über das komische Intermezzo.

"Was giebt es da zu lachen, Ihr Esels!" rief er.

Dabei blickte er, noch immer am Boden liegend, zornig empor. Wen sah er da gerade vor sich stehen, mit dem einen Fuße auf seinem Calabreser, der ihm vom Kopfe gefallen war? Emma von Königsau, die vermeintliche Gouvernante. Sie war im Begriffe, Madelon zu besuchen, um ihr zu sagen, daß sie gestern von der Reise zurückgekehrt sei.

Mit schneller Geistesgegenwart sagte er im verbindlichsten Tone:

"Entschuldigung, mein Fräulein, daß ich es gewagt

habe, die Gelegenheit zu benutzen, mich Ihnen zum dritten Male zu Füßen zu legen. Es ist dies das allergrößte Glück, welches es für mich giebt!"

„Darum benutzen Sie diese Gelegenheiten so eifrig!" lachte sie.

Dieses Lachen klang so golden, so freundlich, daß er auch in ein lustiges Gelächter ausbrach. Er erhob sich von der Erde, wischte sich Rock und Hose ab und sagte:

„Erlauben Sie mir gütigst meinen Hut. Es ist für ihn die größte Seligkeit, von diesem Füßchen berührt worden zu sein!"

„Hat er ein so gefühlvolles Herz?"

„Fast so empfänglich für die Schönheit wie das meinige!"

„Nun, wenn ich ihn so glücklich mache, so habe ich mich nicht zu entschuldigen, daß ich ihn aus Versehen mit Füßen trat?"

„Sapperment, ich wollte, ich würde ebenso getreten! Aber was stehen Sie da und halten Maulaffen feil, College! Ich habe mit dieser Dame zu sprechen. Es ist die bewußte Gouvernante. Heben Sie unterdessen die Bilder auf, damit wir die Colibri's nicht zum zweiten Male waschen müssen."

Haller hatte vor Emma seinen Hut gezogen. Jetzt zuckte er bei der nicht sehr freundlich ausgesprochenen Aufforderung des Kleinen die Achseln, gab einem nahe stehenden Dienstmanne einen Wink und schritt langsam weiter, um dann auf den Collegen zu warten.

Dieser hatte seinen Hut aufgehoben, behielt ihn höflich in der Hand und sagte, während der Dienstmann sich mit den Bildern zu schaffen machte, zu der Dame:

„Ja, ich habe mit Ihnen zu sprechen, und zwar sehr nothwendig."

Sie war bisher, festgehalten durch die Komik der Situation, stehen geblieben. Jetzt machte sie ein ernsthaftes Gesicht und antwortete:

„Ich habe keine Ahnung, welche Veranlassung Sie zu einem Gespräche mit mir haben könnten!"

Er blickte sich um. Die vorher stehen gebliebenen Passanten waren weiter gegangen. Es gab Niemanden, der hören konnte, was hier gesprochen wurde. Der Dicke machte ein sehr erstauntes Gesicht und sagte:

„Das wissen Sie nicht. Das denken Sie sich nicht? Das ahnen Sie nicht einmal? Ein Herr, welcher sich dreimal, unter Gottes freiem Himmel sogar, einer Dame in aller Ehrfurcht und Ergebenheit zu Füßen wirft, kann doch nur ein einziges Thema haben, über welches zu sprechen ist."

Es zuckte ein schalkhaftes Lächeln über ihr Gesicht, als sie mit einem kleinen Nicken ihres Köpfchens antwortete:

„Ah, ja; ich begreife! Ich errathe dieses Thema."

„Wirklich?" fragte er erfreut. „Nun, worüber kann ich denn beabsichtigen, mit Ihnen zu sprechen?"

„Ueber Ihr Pech; über Ihr schauderhaftes Pech, welches Sie fataler Weise immer gerade dann zu haben scheinen, wenn Sie mir begegnen."

„Pech?" fragte er, indem er eine höchst enttäuschte Miene machte. „Pech soll das sein? O nein! Es ist im Gegentheile Glück, schauderhaftes Glück. Diese Episoden müssen Ihnen doch sagen und beweisen, wie gern ich lebenslang unter Ihren Füßen liegen möchte."

„Gerade wie Ihr Hut!"

„Ja, gerade wie mein Calabreser, den ich außerordentlich beneide. Ein Tritt mit Ihren Füßen muß Einen mit himmlischer Seligkeit durchsäuseln. Von Ihnen gestoßen und getrampelt zu werden muß die beglückendste Tändelei der Erde sein!"

„Ah, Sie sind Poet!"

„Ich bin Hieronymus Aurelius Schneffke. Damit ist Alles gesagt. Ich habe mich Ihnen bereits vorgestellt; aber ich habe noch nicht das Glück gehabt, Ihren Namen zu erfahren."

„Sie haben ihn ja bereits im Coupee gehört!"

„Den Vornamen nur. Ich entsinne mich, daß Sie von der Dame, bei welcher Sie sich befanden, Emma genannt wurden!"

„Allerdings. Das ist mein Vorname."

„Und der andere, der Familienname?"

„König," antwortete sie zurückhaltend. „Genügt Ihnen das?"

„Und ob! Warum sollte mir dieser Name nicht genügen! Er klingt ja ebenso poetisch wie der meinige, Schneffke, nur daß der Letztere noch germanischer, noch teutonischer ist. König! Nomen est omen! Könnte ich Ihr König sein und Sie meine Königin! Unser Reich würde ich nicht mit demjenigen des großen Moguls vertauschen. Aber, darf ich erfahren, wo sie wohnen?"

„Ist das nicht etwas neugierig gefragt?"

„Nein, denn es gehört zur Sache. Wer war die Dame, mit welcher Sie in Tharandts heiligen Hallen saßen?"

„Die Frau Gräfin von Goldberg. Das haben Sie wohl bereits gehört!"

„Allerdings; aber ich habe mir den Namen der alten Dame nicht sehr genau gemerkt. Den Ihrigen hätte ich aber sicherlich nicht vergessen. Und Sie sind Gouvernante in ihrem Dienste?"

„Wenn Sie es so nennen wollen, ja."

„Bei den Kindern der Gräfin?"

„Nein, bei ihr selber. Adieu, Herr Hieronymus Aurelius Schneffke."

Sie wendete sich schnell um und setzte ihren Weg fort.

„Adieu!" rief er hinter ihr her. „Wir sprechen uns schon wieder."

Und, indem nun auch er weiter ging, fügte er zu sich selbst hinzu:

„Ein verdammtes Mädel. Schön, mit vornehmen Gethue, freundlich und dabei gerade wie ein Wenig herablassend und schnippisch. Das ist pikant wie russischer Sallat oder Ziegenkäse. Die muß ich kriegen, auf alle Fälle kriegen!"

Er eilte dem Collegen nach, welcher, den die Bilder tragenden Dienstmann neben sich, auf ihn wartete.

„Sind die Kolibri's lädirt?" fragte er bereits von Weitem.

„Nein; aber Sie etwa?"

„Körperlich nicht, aber tiefer!"

„Ah! Wo?"

„Im Herzen. Diese Emma König ist ein Hauptgeschöpf. Der liebe Gott kann stolz darauf sein, sie geschaffen zu haben."

„Und Sie können sich ebenso viel darauf einbilden, sie bei einem jeden Zusammentreffen parterre angebetet zu haben."

„Ja, das scheint nun einmal meine Specialität zu sein!"

„Und wie sie es aufnimmt."

Sie schritten während dieses Gespräches neben einander auf dem Trottoir dahin.

„Wie sie es aufnimmt?" fragte der Dicke. „Gut, außerordentlich gut."

„Ja, vielleicht drollig!"

„Unsinn! Eine Gouvernante, welche mit einem unverheiratheten Junggesellen auf der Straße stehen bleibt, um mit ihm vom großen Mogul zu sprechen, hat sich in ihn verschnappt, ist in ihn verliebt, riesig verliebt. Sie hat mir die eingehendste, ausführlichste Auskunft gegeben. Sie hat sich legitimirt. Habe ich also nicht Recht gehabt, als ich vorhin bei mir sagte, daß Sie sich legitimiren müsse?"

„Hm! Also König heißt sie?"

„Ja."

„Ist sie wirklich Gouvernante bei der Generalin?"

„Ja."

„Wo stammt sie her?"

„Das weiß ich nicht."

„Was sind ihre Eltern?"

„Das Alles geht mich jetzt nichts an! Sobald sie meine Frau ist, werde ich es erfahren."

„Gratulire."

„Danke. Die Sache ist so gut wie abgemacht. Aber hier ist die Nummer Sechzehn. Bezahlen Sie Ihren Dienstmann. Ich werde die Bilder selbst wieder nehmen."

„Und mit ihnen die vier Treppen hinauffallen!"

„Na, wenn Sie so besorgt sind, so wollen wir theilen. Jeder trägt die Hälfte. Das wird Sie zugleich bei dem Alten empfehlen."

Der Dienstmann wurde abgelohnt. Sie begaben sich mit den Bildern nach dem Hinterhause und stiegen die vielen Stufen empor. Oben an einer Thür, an welcher kein Name zu lesen war, klingelte der Dicke. Es dauerte eine Weile, dann ließ sich ein Schlürfen vernehmen und die Thür wurde um ein Lückchen geöffnet, während die Sicherheitskette hängen blieb.

„Wer ist draußen?" fragte eine halb laute, harte Stimme.

„Ich, Hieronymus Schneffke!"

„Gut, gut. Sie kommen wie gerufen."

Die Kette wurde abgenommen und die Thür völlig aufgestoßen. Vor ihnen stand ein hagerer, graubärtiger Mann. Er war in einen alten Schlafrock gekleidet und trug an den Füßen sehr zerfetzte Pantoffeln. Er hatte kein Haar mehr auf dem Kopfe. Sein Gesicht war eingefallen und in seinen tief liegenden Augen zuckten irre, unheimliche Lichter. Er erblickte Haller, griff sofort und schleunigst wieder nach der Sicherheitskette und rief mit völlig veränderter, heiserer Stimme:

„Verrath, Verrath! Sie bringen einen Zweiten mit."

„Ich konnte doch die Bilder nicht allein tragen, mein verehrtester Herr Untersberg!" entschuldigte sich der Dicke.

„Sie haben sie ja auch allein fortgetragen."

„Nein; ich mußte mir gestern einen Dienstmann nehmen. Macht fünf Silbergroschen!"

„Die sollen Sie erhalten. Warum haben Sie denn heute nicht auch einen Dienstmann genommen?"

„Weil dieser Herr zufällig bei mir war und mir seine Hilfe anbot. Wenn man fünf Silbergroschen sparen kann, soll man es thun. Das ist so gewiß und fest wie Pudding!"

„Ich werde ihm das Geld geben, dann mag er sich entfernen!"

„Das geht nicht. Er würde sich beleidigt fühlen."

„Wenn er Geld bekommt?"

„Ja; er ist kein Dienstmann."

„Was denn?"

„Ein Maler."

„Ah, das ist etwas Anderes! Er mag also einstweilen eintreten!"

Untersberg trat zurück, und die Beiden folgten ihm. Sie befanden sich in einer Stube, an deren vier Wänden hohe mit Büchern gefüllte Stellagen aufgerichtet waren. Der Wirth schloß die Thür zu, legte die Kette vor und langte dann nach den Bildern.

„Zeigen Sie her!" sagte er.

Er betrachtete eins nach dem andern und sagte dann:

„Ich bin zufrieden! Können Sie auch Kolibri's malen?"

„Diese Frage war an Haller gerichtet.

„Ja," antwortete dieser.

„So haben Sie sich bereits an Vögeln versucht?"

„Sehr oft."

„Sehr oft? Ah! Mille tonneres! So sind Sie also kein Anfänger?"

„Nein!" lautete die Antwort, welche mit einem gewissen Selbstgefühle gegeben wurde.

Da trat der Alte einen Schritt zurück. Sein vorher bleiches Gesicht röthete sich vor Zorn, und in seinen Augen leuchtete es unheimlich auf.

„Haben Sie das gewußt?" fragte er den Dicken.

„Nein. Er hat sich mir als Maler Haller vorgestellt und mir einige Zeichnungen sehen lassen. Da diese nicht viel taugten, habe ich angenommen, daß er ein Anfänger ist."

„Das ist Ihr Glück! Ich hätte Sie von meinem Hunde zerreißen lassen. Sie wissen, daß ich nur Anfänger protegire. Von Andern mag ich nichts wissen, absolut nichts?" Wie heißt dieser Mann?"

„Haller, aus Stuttgart."

„Schön! Herr Haller, ich ersuche Sie, mein Local zu verlassen!"

„Aber, mein Herr," versuchte Haller, ihn zu beruhigen; „ich komme in der besten Absicht der Welt und bin mir nicht bewußt — —"

„Was Sie sich bewußt sind oder nicht, das ist mir ganz gleich," fiel da der Alte ein. Für mich ist das die Hauptsache, was ich weiß und will! Gehen Sie!"

„Ich versichere Sie aber, daß — — —"

„Gehen Sie, oder — — —!"

„Aber so lassen Sie sich doch gefälligst sagen, daß ich — — —"

„Tiger!"

Er rief diesen Namen laut und gellend aus und ließ dann einen schrillen Pfiff hören. Sofort kam durch die offen stehende Thür des Nebenzimmers eine riesige Dogge herbei gesprungen.

„Diesen da meine ich!"

Als der Alte diese Worte sagte und dabei auf Haller zeigte, stellte sich das Thier zähnefletschend vor den Genannten hin.

„Nun, werden Sie gehen oder nicht?" fragte Untersberg. „Mein Thürhüter hier weiß ganz genau, was er im letzteren Falle zu thun hat!"

Haller erkannte, daß er es mit der Dogge nicht aufzunehmen vermöge. Selbst wenn er geglaubt hätte, den Hund bemeistern zu können, wäre es doch nicht gerathen gewesen, den Zorn des Alten, mit dem er schon noch bekannt zu werden hoffte, zu vergrößern. Darum antwortete er:

„Ich versichere Sie, daß ich in der freundlichsten Absicht kam. Ich hörte von ihrer berühmten Kolibrisammlung und — —"

Bei diesen Worten schloß der Alte Thür und Kette wieder, welche Beide der Maler geöffnet hatte. Dann wendete er sich zu dem Dicken:

„Warum bringen Sie diesen Menschen mit?"

„Ganz ohne Absicht, Herr Untersberg," antwortete der Gefragte in möglichst unbefangenem Tone.

„Wirklich?"

Sein Blick schien bei dieser Frage das Gesicht des Kleinen völlig durchbohren zu wollen. Dieser machte ein gleichgiltiges Gesicht und sagte:

„Pah! Ich möchte wissen, welche Absicht ich hätte haben können!"

„Das will ich hoffen! Ich hasse die Schleicher. Ich dulde keine Spione, welche nur kommen, um bei mir zu sehen und zu horchen. Sie sind ein lustiger Kauz, und

Am Geburtstag des Hauslehrers.

„Was gehen Ihnen meine Kolibri's an!" rief da der Alte voller Wuth. „Was wissen Sie, warum ich Kolibri's malen lasse! Sehen Sie den Hund! Wenn Sie noch ein einziges Wort sagen, wird er sich auf Sie stürzen! Hinaus! Hinaus! Paß auf, Tiger!"

Diese Worte waren in einem Zorne geschrieen, der nicht natürlich genannt werden konnte. Das Wort Kolibri hatte ihn mehr als aufgeregt; es hatte einen unheimlichen, einen geradezu diabolischen Eindruck auf ihn gemacht. Seine Stimme bebte; seine Gestalt zitterte, und seine Augen sprühten Blitze.

Haller sah, daß hier jede Entgegnung vergebens sein werde.

„Adieu?" sagte er und ging.

„Adieu! Kommen Sie mir nicht wieder!"

lustige Leute sind niemals falsche oder gar heimtückische Katzen. Darum dulde ich Sie bei mir. Aber ich befehle Ihnen, mir niemals wieder einen Fremden zu bringen! Ich würde Sie selbst durch Tiger hinausbeißen lassen, und nie, niemals dürften Sie wieder zu mir kommen!"

„Schön! Ich werde mir das merken!"

„Ich hoffe und verlange es! Eigentlich wollte ich heute mit Ihnen nach dem Document du divorce suchen; auch habe ich die ganze Nacht an meinem Kopfe gezeichnet; aber ich habe etwas Anderes für Sie!"

„Wenn sich das Document nun fände?" fragte der Maler.

Der Alte zog den Kopf zurück, blickte den Fragenden mißtrauisch an und sagte heftig:

„Warum fragen Sie? Was geht es Ihnen an, was

ich thun will, wenn das Schreiben sich findet? Sollte ich mich doch irren? Sollten Sie doch ein Spion sein?"

"Unsinn! Ich bin Ihr Freund und Diener! Weiter nichts!"

"So fragen Sie auch nicht! An das Document denke ich jetzt nicht. Es mag verborgen bleiben; ja, es soll und darf gerade jetzt sich nicht finden. Es würde mich irre machen. Ich würde vielleicht Etwas thun, was ich nicht thun soll! Fragen Sie nicht darnach, sondern fragen Sie lieber, was das Andere ist, was ich für Sie zu thun habe!"

"Nun, so will ich fragen!"

"Können Sie reisen?"

"Natürlich!"

"Ja, ich entsinne mich. Sie sind bereits viel gereist."

"Ich bin ja erst gestern wieder von einem Ausfluge zurückgekommen!"

"Ja. Wir haben uns doch in dieser Sprache sehr oft unterhalten."

"Möglich! Ich kann mich nicht darauf besinnen. Und nun die letzte Frage: Haben Sie jetzt Zeit?"

"Eigentlich nicht."

"Was haben Sie vor?"

"Ich habe nothwendige Skizzen auszuführen."

"Dazu ist später Zeit."

"Aber ich muß leben; ich muß essen und trinken, und wenn ich nicht arbeite, so verdiene ich nichts!"

"Ich werde Sie bezahlen, sehr gut bezahlen!"

"Es scheint sich um eine Reise zu handeln, welche ich für Sie unternehmen soll?"

"Ja."

"Nach Frankreich?"

Das Bild des Gatten.

Der Alte blickte ihn wie abwesend an, nickte langsam mit dem Kopfe und meinte:

"Ja, mir ist so, als ob ich davon gehört hätte, daß Sie abwesend waren. Aber zum Reisen gehört zuweilen mehr, als man denkt. Es giebt Zufälle, Hindernisse und Störungen, auf welche man nicht vorbereitet ist. Da gilt es, stets und sogleich das Richtige zu thun und zu finden. Sind Sie erfahren?"

"Ich denke es."

"Und geistesgegenwärtig?"

"Das habe ich bei meinem letzten Ausfluge sogar dreimal höchst eclatant bewiesen."

"Das ist mir lieb! Ich brauche einen entschlossenen, geistesgegenwärtigen Mann, der zu reisen versteht. Aber noch Eins: Sind Sie vielleicht des Französischen mächtig?"

"Ja."

"Da weiß ich doch nicht, ob ich Ihnen dienen kann!"

"Warum nicht! Den Ausfall am Verdienste ersetze ich ja."

"O, ich habe noch Anderes vor als meine Skizzen!"

"Was?"

"Hm!" brummte der Dicke, einigermaßen verlegen.

"Hm ist keine Antwort! Ich will wissen, was Sie vorhaben!"

"Nun, ich habe gerade jetzt Veranlassung, mich mit einer jungen Dame zu beschäftigen."

"Was ist sie?"

"Gouvernante."

Da sprühten die Blicke des Alten wieder auf. Er richtete das Auge forschend auf den Maler und fragte:

„Eine Gouvernante? Eine Gesellschafterin vielleicht? Nur eine?"

„Ja."

„Es sind nicht zwei?"

„Nein."

„Sie befindet sich hier in Berlin?"

„Ja."

„Auf welcher Straße?"

„Auf der unserigen."

Da ballte der Irre die beiden Fäuste, trat hart an ihn heran und fragte in drohendem Tone:

„Hat sie eine Schwester in Frankreich?"

„Das weiß ich nicht."

„Das wissen Sie! Das müssen Sie wissen! Wie ist ihr Vorname?"

„Emma."

„Emma? Ah! Nicht Madelon?"

„Nein."

Bei dieser Frage des Alten wurde der Maler doch stutzig. Hallers Vermuthungen schienen also doch das Richtige zu treffen."

„Dient sie in der Familie eines Officiers?" fragte Untersberg weiter.

„Allerdings!"

„Mille donneres! Wer ist dieser Officier? Etwa der Graf von Hohenthal, der ja in unserer Straße wohnt?"

„Nein. Es ist der General von Goldberg."

Da ließ der Alte die bereits erhobenen Fäuste wieder sinken. Er stieß einen Seufzer der Erleichterung aus und sagte:

„Ah! bereits glaubte ich, auch Ihnen nicht mehr trauen zu dürfen. Was haben Sie denn mit dem Mädchen, der Gouvernante?"

„Was soll ich mit ihr haben! Ich liebe sie."

„Sie lieben sie? O weh! Und Sie wollen sie heirathen?"

„Ja."

„Ist sie reich?"

„Wohl nicht."

„Schön?"

„Wie ein Engel!"

„Und sie spricht, daß sie Ihre Liebe erwidert?"

„Sie liebt mich geradezu zum Rasendwerden!"

„Ja, das glaube ich. Ein jeder Mann, der das Unglück hat, von so einem Geschöpfe geliebt zu werden, wird später verrückt und rasend, oder er geht dem Vater davon, er geht durch, in die weite Welt, so daß er nicht wieder gefunden werden kann. Lassen Sie das Mädchen sein!"

„Hm! Will es mir erst noch überlegen!"

„Und wegen ihr glauben Sie, Berlin nicht verlassen zu dürfen?"

„Freilich doch!"

„Die Liebe muß man cultiviren und frequentiren, sonst geht sie aus dem Leime und wird zu Wasser."

„Lassen Sie sie getrost zu Wasser werden!"

„Aber, die Liebe macht glücklich, macht selig! Die Liebe macht den Bettler zum König!"

„Unsinn, nichts als Unsinn! Die Liebe macht die Könige zu Bettlern; sie macht elend und unglücklich! Hat diese Gouvernante eine feste, sichere Stellung?"

„Ja."

„Nun so wird sie Ihnen nicht davon laufen, wenn Sie sich für eine kurze Zeit entfernen."

„Wie lange würde ich abwesend sein?"

„Vielleicht eine Woche."

„Na, das wäre grad keine Ewigkeit!"

„Und ich gebe Ihnen fünfzehnhundert Franken Reisegeld."

„Alle Teufel! Das ist ein schöner Tropfen!"

„Nicht wahr? Und was Sie übrig behalten, das gehört Ihnen."

„Das ist noch besser! Wohin soll ich denn? Etwa nach Paris?"

„Nein. Vor einer halben Stunde empfing ich eine Depesche, welche mich eigentlich veranlaßt, die Reise selbst zu unternehmen. Aber ich bin alt und morsch; ich würde diese Anstrengung wohl nicht aushalten. Darum bin ich gezwungen, einen Stellvertreter zu senden. Sie sind der einzige Mensch, zu dem ich Vertrauen habe, und Sie sind es daher, den ich schicken will."

„Ich werde Ihr Vertrauen sicherlich nicht mißbrauchen!"

„Das brauchen Sie mir gar nicht zu sagen," meinte der Alte in bereits wieder heftigerem Tone. „Glauben Sie, daß ich dumm bin? Glauben Sie, daß ich mich täuschen und betrügen lasse? Glauben Sie, daß ich meinem Boten mehr mittheile als er unumgänglich wissen muß?"

„Das steht natürlich ganz in Ihrem Belieben!"

„Sie sollen mir nicht immer mit Worten kommen, welche mich doch noch an Ihnen zweifeln lassen. Hier, lesen Sie dieses Telegramm!"

Er trat an den Tisch und nahm die Depesche zur Hand, welche er dem Dicken hinreichte. Dieser las:

„Ich melde Ihnen, daß soeben mein Vater gestorben ist. Er befahl dies noch im Sterben. Charles Berteu."

„Nun?" fragte der Alte.

„Was?"

„Was sagen Sie dazu?"

„Daß Einer gestorben ist."

„Wer aber?"

„Der alte Berteu."

„Der alte Berteu, sagen Sie?" fragte der Irre rasch und mit wieder neu erwachendem Mißtrauen. „Sie kennen ihn etwa?"

„Keine Spur!"

„Aber es klang ja so! Wie können Sie vom alten Berteu sprechen, wenn Sie ihn nicht kennen?"

„Es steht ja hier!"

„Das ist nicht wahr!"

„O doch! Wenn der Sohn meldet, daß der Vater todt sei, so ist ja wohl der Alte gestorben, nicht aber der Junge."

„Ach so! Ich wiederhole, Sie sollen nicht immer Worte bringen, welche mich an Ihnen zweifeln lassen! Ahnen Sie nun, was Ihre Aufgabe sein wird?"

„Vielleicht soll ich den jungen Berteu aufsuchen?"

„Ja. Weiter?"

„Und fragen, woran sein Vater gestorben ist, ob an den Tuberkeln, oder an der Rachenbräune?"

„Nein. Woran er gestorben ist, das ist mir ganz gleichgiltig. Mag er sich erhängt oder ersäuft haben, das geht mich ganz und gar nichts an. Haben Sie vielleicht einige Anlage zum Criminalisten?"

„Ja."

„Zum Polizisten?"

„Ungeheuer! Das wird allgemein anerkannt!"

„So! Sie sind wohl etwa gar ein Heimlicher?"

„Fällt mir gar nicht ein. Wie könnte meine Geschicklichkeit denn da allgemein, also öffentlich anerkannt werden!"

„Ach so! Aber nach Ihren Worten zu schließen, haben Sie bereits Polizeidienste geleistet?"

„Auch nicht."

„Aber woher diese Anerkennung?"

„Sehen Sie, ich habe in gesellschaftlicher Beziehung so einen Pfiff, ein Chic, eine Tournure, einen Scharfsinn und Scharfblick, daß alle Welt sagt, daß eigentlich mein Fach das Polizeifach wäre. Das ist die Sache!"

„Schön! Ich bin abermals beruhigt. Sie getrauen sich also, irgend eine verborgene Thatsache zu erforschen?"

„Ich und die Sonne, wir Beide bringen Alles an den Tag!"

„Sie sollen mir dieses verdammte Sprichwort nicht bringen! Was meinen Sie mit Ihrer Sonne? Denken Sie etwa, daß Sie auch bei mir Etwas an den Tag bringen werden?"

„Ganz und gar nicht."

„So lassen Sie diese Redensarten. Ich werde Ihnen jetzt Ihre Instruction geben. Der verstorbene Berteu nämlich hatte zwei Pflegetöchter —"

„Hübsche Mädels wohl?"

„Unsinn. Niemand wußte, wer der Vater dieser Beiden war."

„Das kommt zuweilen vor. Na, wenn ihn nur die Mutter kennt!"

„Die Eine heißt Nanon und die Andere Madelon."

„Werde mir's merken!"

„Die Erstere ist blond und die Letztere schwarz."

„Eigenthümliches Naturspiel. Vielleicht hat die Erstere als Kind nur Milch und die Letztere nur Kaffee getrunken!"

„Lassen Sie diese Scherze. Diese Mädchens sind Gesellschafterinnen geworden."

„Wo?"

„Das geht Sie den Teufel an. Sie haben übrigens nicht zu fragen, sondern nur zuzuhören. Der Alte, nämlich der Pflegevater, hat natürlich das Geheimniß ihrer Abstammung gekannt. Nun will ich wissen, ob er es vor seinem Tode ausgeplaudert hat."

Der Maler merkte natürlich, um was es sich handelte. Dieser verrückte Mann war der Großvater der beiden Mädchen. Er hatte Unrecht an ihnen gehandelt, und nun fürchtete er sich. Sein Gewissen ließ ihm keine Ruhe. Aber erwähnen durfte er dem Dicken kein Wort; das sah er ein. Daher fragte er:

„Ich soll also hin, um vom Sohne zu erfahren, ob sein Vater aus der Schule geschwatzt hat?"

„Ja. Getrauen Sie sich dies?"

„Natürlich. Ich bin überzeugt, daß es mir gelingen wird."

„Wieso?"

„Man rühmt mir nach, daß ich ein großer Menschenkenner bin. Wenn ich den jungen Berteu sehe, werde ich sofort bemerken und wissen, wie ich ihn zu nehmen habe."

„Gut. Das ist das Einzige, das Richtige. Sie werden sich in sein Vertrauen einschleichen."

„Ja, ganz unbemerkt und leise."

„Und ihm Alles abfragen."

„Alles."

„Sie werden auch bei seiner Umgebung horchen."

„Ich werde alle Ohren spitzen!"

„Unsinn. Sie haben deren nur zwei."

„Ich werde ihm aber keineswegs ahnen lassen, was ich beabsichtige."

„Das wäre der größte Fehler, den Sie begehen können."

„Ich werde ihm nicht einmal meinen wirklichen Namen nennen."

„Gut. Ich sehe, daß Sie der Rechte sind."

„Auch daß ich aus Berlin bin, darf er nicht wissen."

„Ganz und gar nicht."

„Oder daß Sie mich gesandt haben."

„Wenn Sie das verrathen, so drehe ich Ihnen das Gesicht auf den Rücken."

„Donnerwetter. Dann wäre es mit dem Malen aus; Sie müßten denn auch gleich den Bauch mitsammt den Armen und Händen hinter drehen."

„Schweigen Sie! Was ich sage, das halte ich, wenn Sie nicht verschwiegen sind. Kennen Sie die Route, welche Sie einzuhalten haben?"

„Nein. Ich weiß ja noch nicht einmal, wohin ich reisen soll."

„Nach Schloß Malineau."

„Das kenne ich nicht."

„Es liegt in der Gegend von Etain."

„Kenne es auch nicht."

„Zwischen Metz und — oder, das ist sicherer, im Nordosten von Verdun. Kennen Sie das?"

„Ja."

„Gut. Ich habe nachgeschlagen und Ihnen die Route aufgezeichnet. Hier ist das Papier."

Er nahm einen Zettel von dem Tische und übergab ihm denselben. Der Maler las die Namen, nickte und sagte:

„Schön. Wird Alles bestens besorgt."

„Sie reisen aber sofort."

„Ah. Heute schon?"

„Natürlich. Die Sache eilt. Um ein Uhr geht der Zug."

„Mittags ein Uhr. Sapperlot. Da bin ich ja der reine Eilbote, der reine Schnelläufer."

„Es muß so sein."

„Welche Classe fahre ich?"

„Das ist Ihre Sache. Ich empfehle Ihnen, zweite zu fahren, weil man in der dritten während einer so langen Reise zu sehr ermüdet. Ich wußte, daß Sie kommen würden und habe Alles vorbereitet. Auch das Geld ist bereits gezählt und eingepackt. Hier nehmen Sie."

Er nahm ein Portefeuille vom Tische und gab es ihm. Der Dicke schob es schleunigst in die Tasche und fragte:

„Das ist das Nöthigste. Also fünfzehnhundert Franken!"

„Ja; vielleicht noch Etwas darüber, zur Aufmunterung für Sie. Also ich darf mich auf Sie verlassen?"

„Wie auf mich selbst."

„Auf mich, meinen Sie wohl."

„Wen ich meine, das ist ganz gleichgiltig. Wir Beide können uns einander trauen."

„Ich hoffe das! Sie werden aber jedenfalls nicht eher zurückkehren, als bis Sie den Auftrag ausgerichtet haben."

„Natürlich. Ich gehe nicht eher fort, als bis ich weiß, ob der Verstorbene das Geheimniß ausgeplaudert hat oder nicht. Haben Sie vielleicht noch Etwas zu bemerken?"

„Nein. Sie können gehen!"

„Leben Sie also wohl."

„Adieu. Und vergessen Sie nicht. Das Gesicht auf den Rücken."

„Und den Bauch dazu!"

Der Alte schloß hinter ihm die Thüre wieder zu und setzte sich dann an den Tisch, um stundenlang das Telegramm anzustarren. Der Maler aber hatte kaum die Hausflur erreicht, so zog er das Portefeuille hervor und öffnete es.

„Alle Wetter!" sagte er überrascht. „Fünfhundert Thaler. Juchhei. Das laß ich mir gefallen. Jetzt kaufe ich mir schnell einen feinen Anzug nebst dito Wäsche und einen Reisekoffer, dessen sich kein Graf zu schämen braucht. Die Welt sehen, nach Frankreich reisen, ohne daß es mich einen Pfennig kostet. Ah, ich durchschaue den alten Hallunken. Er hat zwar das Frauenportrait nebst den Scripturen wieder; da er aber nicht weiß, wo sie stecken, so sind sie mir sicher."

Emma von Königsau hatte bei Madelon vergebens geklingelt. Da sie annehmen durfte, daß die Gesuchte sich bei der Beamtenwittwe befinden werde, so ging sie eine Treppe höher, wo sie ihre Vermuthung auch bestätigt fand.

Madelon ebenso wie die Wittwe hatten Freude, die Freundin wiederzusehen. Natürlich wurde Alles besprochen, was während der Trennung passirt war, und dabei bemerkte die Wittwe:

„Wundern Sie sich nicht, wenn heut vielleicht ein Herr an unserer Unterhaltung mit theilnimmt."

„Sie meinen Ihren Herrn Sohn?"

„Nein, sondern meinen neuen Zimmerherrn."

„Ah, so haben Sie vermiethet?"

„Ja, seit gestern, und wie es scheint, recht glücklich."

„Was ist der Herr?"

„Ein Künstler."

„Schauspieler, Schriftsteller?"

„Nein, Maler."

„So, so! Ich liebe diese Klasse von Menschen gerade nicht sehr."

„O," bemerkte Madelon, „Herr Haller scheint ein sehr anständiger, sogar feiner Herr zu sein!"

„Auch auf mich hat er diesen Eindruck gemacht," bestätigte die Wirthin eifrig.

Emma horchte auf.

„Haller heißt er?" fragte sie.

„Ja."

„Woher ist er?"

„Aus Stuttgart."

Ueber Emma's Gesicht zuckte ein eigenthümliches Leuchten. Sie fragte:

„Also ein feiner Herr scheint er zu sein?"

„Unbedingt!" antwortete Madelon.

„Hat er nicht vielleicht etwas Militärisches an sich?"

„Allerdings; das ist wahr. Er macht ganz den Eindruck eines Officiers in Civil. Aber, kennen Sie ihn denn?"

„Nein. Aber ich habe stets die Erfahrung gemacht, daß ein Mann, den man gleich auf den ersten Blick für fein erklärt, immer etwas Militärisches an sich hat."

„Sie werden sich wundern, wie ähnlich er dem Wachtmeister Fritz sieht!"

„Dem Wachtmeister?" fragte Emma, indem sich auf ihrer Stirn eine leichte Falte zeigte. „Wirklich!"

Bei dem Namen Haller hatte sie natürlich an den Brief gedacht, welchen ihr der Bruder aus Ortry geschickt hatte um ihr die Ankunft eines französischen Spiones, welcher sich Haller nenne, anzuzeigen. Jetzt, da von der Aehnlichkeit gesprochen wurde, mußte sie an den Maler denken, der ihr nun dreimal begegnet war, und zwar allemal unter fast drastischen Verhältnissen.

„Ja, zum Sprechen ähnlich sehen sich die Beiden," betheuerte die Wirthin.

„Nun, vielleicht werde ich ihn zu sehen bekommen. Vorher aber habe ich Ihnen Beiden da eine vertrauliche Mittheilung zu machen."

Sie machte dabei ein so ernstes Gesicht, daß Madelon sagte:

„Sie thun ja ganz und gar feierlich!"

„Wirklich?"

„Ja, als ob es sich um etwas ungeheuer Wichtiges handele."

„Das ist es auch. Ich muß Ihnen Etwas anvertrauen, worüber gegen Andere kein Wort gesprochen werden darf."

Madelon klatschte in die Hände und sagte:

„Ein Geheimniß! Ein Geheimniß! Wie schön, wie interessant!"

„Ja, und sogar ein sehr wichtiges Geheimniß! Sie lieben Ihr Vaterland, nicht wahr, meine liebe Madelon?"

„O, sehr!"

„Mehr als Deutschland?"

Das hübsche Mädchen wiegte leise das Köpfchen hin und her, zögerte eine Weile und sagte dann:

„Wie soll ich da entscheiden! Frankreich ist mein Vaterland, aber Deutschland ist meine Heimath geworden. Ich liebe Beide, Frankreich patriotisch, Deutschland innig; das wird der Unterschied sein."

„Nun dann darf ich wagen, zu sprechen, denn Sie werden nichts thun, was Ihrer jetzigen Heimath schädlich ist!"

„Nein, niemals!"

„So sagen Sie mir zunächst, ob Herr Haller sich bereits mit Ihnen unterhalten hat."

„Ja, hier, gestern Abend."

„Dabei hat er sich wohl nach meiner Familie erkundigt!"

Die beiden Anderen blickten sich fragend an. Haller hatte ja gebeten, nichts davon zu sagen.

„Aufrichtig!" gebot Emma. „Ich hoffe, daß Sie mir die Wahrheit sagen werden!"

Die Wittwe war zuerst entschlossen. Sie sagte:

„Nun wohl, ich will Ihnen gestehen, daß er sich angelegentlich nach der Familie Königsau erkundigt hat."

„Besonders nach meinem Bruder?"

„Ja."

„Er fragte, wo sich dieser befindet?"

„Ja."

„Ob der Zutritt zu uns schwer zu erlangen sei?"

„Ganz recht!"

„Dabei ist jedenfalls davon gesprochen worden, daß ich zuweilen hier zu sehen bin?"

„Woher wissen Sie das Alles?"

„Ich vermuthe es nur. Und meine gute Madelon hat wohl erwähnt, daß wir einander befreundet sind!"

„Ich habe es gesagt, liebe Emma. War es ein Fehler?"

„O nein! Aber ich vermuthe weiter, daß er Sie gebeten hat, ihm die Bekanntschaft mit mir und den Meinen zu erleichtern?"

Madelon erröthete; doch antwortete sie aufrichtig:

„Ja, das habe ich ihm auch versprochen."

„So ist er wohl ein angenehmer Gesellschafter?"

„Gewiß."

„Hm! Hm! Ich glaube, daß es ihm nicht schwer fallen sollte, sich einzuführen. Wer so schnell die Sympathie meiner guten Madelon zu erringen weiß, den sollte man eigentlich einen recht gefährlichen Menschen nennen!"

„O nein! Das ist er nicht!"

„Sie sind eine beredte Vertheidigerin! Aber doch bleibe ich dabei, ihn gefährlich zu nennen."

Sie war dabei ganz ernst geworden. Die beiden Anderen blickten ihr besorgt in das schöne Angesicht, und die Wittwe fragte:

„Haben Sie Gründe dazu, Fräulein von Königsau?"

„Ja."

„So kennen Sie ihn also doch?"

„Wenn es Der ist, den ich meine, ja. Doch lassen Sie uns erst sehen: Kommt er direct von Stuttgart?"

„Er erzählte, daß er in Dresden gewesen ist."

„Und in Tharandt?"

„Ja; das stimmt!"

„War er allein dort?"

„Nein. Er hat unterwegs einen Collegen getroffen, auch einen Maler, einen kurzen, dicken Kerl, der ein Original zu sein scheint."

„Hat er nicht erzählt, daß er auch mich getroffen hat?"

„Nein. Sind Sie ihm denn begegnet?"

„Allerdings. Denken Sie sich: Wir saßen im Tharandter Walde, damit meine Tante ihre angegriffene Brust mit der Waldesluft erquicken möge. Wir waren gerade über einem recht hübschen Thema; ich glaube, ich las aus Geroks Palmblättern vor. Da auf einmal hören wir einen Schrei und darauf ein lautes Krachen, Prasseln und Donnern. Wir springen erschrocken auf, drehen uns um, und was bemerken wir?"

„Nun was? Schnell, schnell!"

„Zwei Menschen, welche von der Höhe herabgerutscht kommen, umgeben von Schutt und Geröll, welches sich losgelöst hatte, und zwar mit lawinenartiger Geschwindigkeit!"

„Gerutscht? Wie denn?"

„Nun, so, wie man eben rutscht, meine Liebe! Soll ich es näher erklären? Soll ich die Stellungen der Beiden beschreiben? Denken Sie sich zwei Knaben auf Kinderschlitten, und dann denken Sie sich die Schlitten hinweg; so war es."

„O wehe!"

„Der Eine war lang und stark gebaut; er sah dem Fritz meines Bruders außerordentlich ähnlich — — —"

„Das ist er; ja, das ist er!"

„Dieser hatte kaum die Tiefe der Schlucht, in welcher wir gesessen hatten, erreicht, so ergriff er die Flucht."

„Wie feige."

„O, die Situation war nicht gerade diejenige eines Helden. Und außerdem hatte die eigenartige Schlittenpartie seiner Kleidung in der Weise geschadet, daß er sich vor Damen gar nicht sehen lassen konnte."

„Der Andere aber?"

„Dieser war klein und dick, fast wie eine Kugel. Er kam bis an meine Füße herangesaust. Dort machte er mir ein Compliment und stellte sich mir in aller Form als den Maler Hieronymus Aurelius Schneffke vor."

„Am Boden sitzend?"

„Am Boden sitzend!" nickte die Gefragte.

„Das muß lustig gewesen sein. Ja, das ist der wunderbare Name, den Herr Haller uns gestern Abend nannte. Und Sie haben diese Beiden wiedergesehen?"

„Ja. Sie fuhren mit uns in einem Coupee erster Classe nach Dresden, und während der Fahrt machte mir der Kleine die allerschönste Liebeserklärung."

„Schrecklich."

„O nein. Es ist ganz das Gegentheil von schrecklich. Alles was er spricht und thut hat eine Art und Weise, welche es nicht duldet, daß man es ihm übel nehmen kann. Am andern Vormittag ging ich mit Tante nach Blasewitz spazieren. Auf einmal hören wir Pferdegetrappel hinter uns. Wir blicken uns um, und wen sehen wir?"

„Den Maler Haller?"

„Nebst seinem Sancho Pansa. Dieser Letztere will stolz an uns vorbei courbettiren, giebt seinem Pferde einen Hieb über den Kopf, wird abgeworfen und sitzt im nächsten Augenblicke gerade vor mir an der Erde."

„Lächerlich!"

„Es war allerdings höchst spaßhaft. Wir mußten lachen."

„Er war natürlich im höchsten Grade verlegen?"

„Das fiel ihm gar nicht ein. Ich glaube dieser Hieronymus ist durch Nichts in Verlegenheit zu bringen."

„Was that er denn?"

„Er sprach mir seine Freude aus, daß er, mir zu Füßen liegend, mir seine hochachtungsvolle Ehrfurcht beweisen könne."

„Allerdings höchst originell. Und dann?"

„Dann kugelte er in höchster Eile dem Gaule nach, welcher inzwischen durchgegangen war. Und heut, als ich — — —"

„Wie?" wurde sie von Madelon unterbrochen. „Heut haben Sie Einen von ihnen auch bereits wiedergesehen?"

„Alle Beide."

„Es ist wahr; Herr Haller ging aus. Aber wo?"

„Ich stand im Begriff, zu Ihnen zu gehen. Ich wollte

am Thore des Nachbarhauses vorüber, eben als eine Equipage aus demselben hervorrollte. Ich sah etwas Dickes durch die Luft fliegen; vor mir lagen eingerahmte Bilder an der Erde; ein mächtiger calabreser Hut rollte mir zwischen die Füße, und mitten unter den Bildern lag — nun wer an der Erde?"

„Der kleine Dicke?"

„Ja, er!"

„Aber wie ist das denn gekommen?"

„Er hat an den Pferden vorüber springen wollen und dabei sowohl die Balance als auch die Bilder und den Hut verloren."

„Der Allerärmste. Er raffte sich doch sofort empor?"

„O nein! Er fluchte zunächst ein wenig, hob dann das ehrwürdige Haupt, nickte mir, noch immer an der Erde liegend, sehr freundlich zu, erklärte sich für den glücklichsten Menschen, daß es ihm abermals vergönnt sei, mir zu Füßen seine Huldigung darzubringen."

Die drei Damen, die Erzählerin mit inbegriffen, brachen in ein herzliches Lachen aus.

„Aber nun stand er doch auf?" fragte Madelon, noch immer lachend.

„Allerdings. Er gab Haller den strengen Befehl, die Bilder aufzulesen und —"

„Wie Haller war dabei?"

„Natürlich. Diese Beiden scheinen unzertrennlich zu sein, wenn es sich um etwas Lustiges handelt. Aber das Beste war, daß Haller ging, der Kleine aber bei mir blieb und mir abermals eine Liebeserklärung machte."

„Auf offener Straße?"

„Natürlich."

„Sie haben ihn doch stehen lassen?"

„Nicht sogleich. Er verlangte von mir, daß ich mich legitimiren solle. Er wollte meinen Namen wissen, wo ich diene, was meine Eltern sind, und was weiß ich Alles!"

„Das ist denn doch sehr stark, ja unverschämt!"

„Nein. Sie müssen wissen, daß er mich für eine Gouvernante hält, für eine Erzieherin oder so Etwas!"

„Mein Gott! Aus welchem Grunde denn?"

„Weil ich im Walde einfach gekleidet war und der Tante aus dem Buche vorlas."

„Davon hat Herr Haller freilich kein Wort erzählt."

„Er wird sich hüten. Er wirft dadurch kein sehr empfehlendes Licht auf sich selbst. Also Sie haben sich vorgenommen, ihn mir vorzustellen, liebe Madelon?"

„Ich habe es ihm sogar versprochen, wie ich Ihnen ja bereits erzählt habe."

„Wann soll das geschehen?"

„Wenn er jetzt von seinem Ausgange zurückkehren und hier Zutritt nehmen sollte, müßte es ja doch geschehen."

„Das ist wahr. Wir werden da gleich bemerken, ob er wirklich ein feiner Mann ist."

„Wieso?"

„Wird er verlegen, oder läßt er sich merken, daß er mich bereits gesehen hat, so stellt er sich in Beziehung seiner gesellschaftlichen Eigenschaften ein schlechtes Zeugniß aus."

„Das macht mich höchst neugierig. Ich wollte, daß er sogleich zurückkäme."

„Und ich wünsche ihm keine solche Eile, da ich Ihnen vorher eben die wichtige Mittheilung zu machen habe, von welcher ich vorhin sprach. Ich nannte ihn einen gefährlichen Menschen, und Sie wollten das nicht zugeben, liebe Madelon."

„Ich bin auch jetzt noch meiner Ansicht."

„Nun, so will ich meinen Ausspruch steigern, indem ich ihn nicht nur für einen einfach gefährlichen, sondern sogar für einen gemeingefährlichen Menschen erkläre."

(Fortsetzung folgt.)

Die Liebe des Ulanen.

Original-Roman aus der Zeit des deutsch-französischen Krieges von Karl May.

(Fortsetzung.)

Madelon erblaßte. Sie kannte die Freundin genau; sie wußte, daß diese nicht ohne einen guten Grund sich solcher Ausdrücke bedienen werde. Sie faltete die Händchen zusammen und sagte:

„So wäre er ja ein Verbrecher."

„Das ist er auch. Das was er thut, verdient Strafe."

„Und wir haben ihn für einen so feinen, anständigen Herrn gehalten. Wie man sich doch so sehr irren kann. Er hat so gute, treue Augen und so ehrliche Züge. Man könnte ihm gut sein, wenn man ihm nur in das Gesicht blickt."

„Das habe ich Alles auch bemerkt. Und doch ist er gemeingefährlich. Oder wie soll man es sonst nennen, wenn ein Mensch nicht nur einem Einzelnen, sondern dem ganzen Vaterlande, dem ganzen Deutschlande gefährlich wird?"

„Dem ganzen Vaterlande? Das verstehe ich nicht. Ist er etwa ein verkleideter russischer Nihilist?"

„Nein."

„Ein socialdemokratischer Führer?"

„Auch nicht."

„Ein Dynamitverschwörer, ein Massenmörder à la Thomas?"

„Das Alles nicht; aber er ist einfach — ein Spion."

Da sprang die Wittwe vom Stuhle auf. Sie hatte die Führung des Gespräches bisher den beiden Mädchen überlassen. Was sie hörte, das gab ihr zu denken. Aber jetzt! Sie, die gute preußische Unterthanin, die loyale Berlinerin, beherbergte einen Spion bei sich. Das war ja entsetzlich!

„Ein Spion?" schrie sie auf. „Ist das wahr?"

„Ja, meine Liebe."

„Wissen Sie es genau?"

„Ganz genau. Dieser Maler Haller ist mir avisirt worden. Ich habe ihn bereits erwartet; nur dachte ich nicht, daß er sich zufällig gerade bei Ihnen einlogiren werde."

„Von wem wurde er avisirt?"

„Von meinem Bruder."

„Das genügt. Ihr Herr Bruder ist ein tüchtiger Mann. Was er sagt und behauptet, das ist wie ein Evangelium. Dieser Haller muß fort, fort, sogleich fort von hier. Ich sage es ihm, sobald er kommt. Ja, ich lasse ihn sogar arretiren."

„Das Alles werden Sie nicht thun."

„Nicht? Ah! Warum? Soll ich einen Spion bei mir dulden und dadurch mit der Behörde in Conflict gerathen?"

„Sie werden weder ihn fortjagen noch ihn arretiren lassen, noch mit der Behörde in Conflict gerathen!"

„So? Wirklich? Was werde ich denn thun?"

„Sie werden ihn bei sich behalten, ihn gut bedienen und ihm gar nicht merken lassen, was Sie von ihm wissen."

„Das ist ja eine Unmöglichkeit."

„Nein; das ist sogar Ihre Pflicht und Schuldigkeit! Soll ich Ihnen das erklären?"

„Ich bitte sehr darum, Fräulein von Königsau!"

„Nun, so hören Sie. Ich kann, ohne auszuplaudern, Ihnen sagen, daß mein Bruder das Vertrauen der allerhöchsten militärischen Behörde genießt —"

„Das ist nicht ausgeplaudert, denn das wissen wir ja Alle. Ihr Herr Bruder erfährt vielleicht Dinge, von denen selbst ein General nichts zu hören bekommt."

„Nun so muß ich Ihnen sagen, daß ein baldiger Krieg mit Frankreich zu befürchten ist."

„Man spricht davon."

„Frankreich will vorsichtig sein und sich vorher überzeugen, ob seine Kräfte den unseren gewachsen sind. Auf öffentlichem Wege kann es diese Ueberzeugung aber nicht erlangen, und so greift es zu dem einzigen Mittel, welches giebt: es überschwemmt Deutschland mit seinen Spionen."

„Und dieser Haller ist ein solcher?"

„Ja."

„Er ist also ein Franzose?"

„Natürlich!"

„Und nicht aus Stuttgart?"

„Keineswegs. Man weiß in Paris ebenso gut wie hier, daß mein Bruder das Vertrauen seiner Vorgesetzten genießt und daß man ihm Arbeiten aufträgt, welche eine bedeutende Einsicht in Deutschlands Verhältnisse mit Frankreich voraussetzen. Bei ihm ist also am Besten und — wie man denkt — am Leichtesten Etwas zu erfahren. Daher hat man diesem Haller den Auftrag gegeben, nach Berlin zu gehen und meinen Bruder auszuhorchen. Er soll sich in unsere Familie einführen lassen und so viel wie möglich zu erfahren suchen."

„Also darum fragte er so angelegentlich nach Ihnen!"

„Ja, darum!"

„Und ich soll ihn trotzdem bei mir wohnen lassen?"

„Unbedingt. Ich selbst werde ihn zu uns einladen."

„Aber das ist ja gefährlich."

„Wieso?"

„Er will ja spioniren!"

„Sie sind kostbar, meine Liebe! Wir werden ihn spioniren lassen und ihm von Allem gerade das Gegentheil sagen. Verstehen Sie mich?"

„Ah, jetzt begreife ich. Er wird dadurch getäuscht!"

„Natürlich."

„Er wird nach Paris berichten und folglich auch Napoleon irre leiten."

„Das beabsichtigen wir. Auf diese Weise ringen wir ihm die Trümpfe aus der Karte und bekommen sie in unsere Hand."

„Aber die Behörde? Was wird sie von mir denken?"

„Sie ist von Allem unterrichtet und wird, sobald er sich anmeldet, wissen, wo sie ihn zu suchen und zu überwachen hat. Das ist weit besser, als wenn er im Verborgenen arbeitet. Wenn Sie klug sind und ihn hier behalten, so wird man das gern anerkennen."

„Aber wenn er mich aushorcht."

„Sie können ihm ja nichts sagen!"

„Das ist wahr. Aber Etwas muß ich doch sagen!"

„Nun so sagen Sie nur immer, daß wir Angst vor Frankreich haben, das wir mit den Süddeutschen uneinig sind, daß der Russe und der Engländer uns hassen, und daß der Oesterreicher uns wegen Anno Sechsundsechzig auch nicht wohl will. Unsere Soldaten fürchten sich vor dem Kriege; unsere Offiziere sind ganz und gar gegen einen solchen; unser Pulver taugt nichts; die französischen Chassepots schießen sicherer und weiter als unsere Zündnadelgewehre, und gegen die Mitrailleuse giebt es nun ganz und gar kein Aufkommen. Ist das genug?"

Die beiden Anderen sahen Emma verwundert an.

„Das ist ja eine ganze, lange Litanei!" sagte die Wirthin. „Also Sie meinen wirklich, das ich ihn behalten soll?"

„Ja. Ich bin sogar überzeugt, daß sie von Seiten der Behörde einen Wink über Ihr Verhalten bekommen werden."

„Nun, so will ich es wagen, zumal sie versichern, daß er in Ihre Familie Zutritt finden wird. Was Sie thun, darf ich auch wagen."

„Wagen Sie es immerhin. Er wird bei uns sogar als Hausfreund behandelt werden. Aber, meine liebe Madelon, jetzt erst fällt mir Ihre Kleidung auf. Sie sind ja wie zur Reise angekleidet!"

„Ich verreise allerdings. Der Gegenstand unseres Gespräches war bisher so hoch interessant, daß ich noch gar nichts anderes sagen konnte."

„Wohin wollen Sie gehen? Doch nicht weit?"

„Sogar sehr weit, nämlich nach Frankreich."

Emma machte eine Bewegung des Erstaunens und fragte:

„Nach Frankreich? Und gerade jetzt? So plötzlich? Warum?"

„Meine Schwester telegraphirt, daß unser Pflegevater gestorben ist. Ich habe die Pflicht, an seinem Grabe zu sein."

„Ihre Schwester in Ortry?"

„Ja, sie ist mit Fräulein von Sainte-Marie von ihrer Reise dorthin zurückgekehrt."

„Wohnte Ihr Pflegevater nicht bei Etain?"

„Ja, auf Schloß Malineau."

„Welch eine lange, weite Reise. Wer begleitet Sie?"

„Niemand."

„Dann sind Sie höchst muthig. Weiß die Frau Gräfin Hohenthal davon?"

„Ich habe es ihr natürlich brieflich gemeldet."

„Wie schade. Zunächst kondolire ich natürlich; sodann aber muß ich Ihre Abreise herzlich bedauern. Ich hatte mich so sehr darauf gefreut, Sie nach meiner Wiederkehr recht oft zu sehen!"

„Meine Abwesenheit wird nicht lange dauern."

„Nun, so muß ich mich zu fassen suchen. Eins freut mich aber doch dabei, nämlich, daß Sie das Glück haben werden, Ihre Schwester zu sehen."

„Es sind allerdings Jahre, daß wir von einander schieden, und ihre Briefe sind so sehr kurz."

„Sie schreibt aber doch oft?"

„Nicht zu sehr. Der letzte Brief war ausnahmsweise einmal hoch interessant. Er handelte von einem Menschen, dessen Schicksale ganz und gar den unserigen gleichen."

„Darf ich neugierig sein?"

„Warum nicht. Es handelt sich nämlich um einen armen Kräutersammler aus Thionville."

Emma wurde aufmerksamer. Sie wußte ja, daß der brave Fritz als Kräutersammler engagirt war, und zwar gerade eben in Thionville.

„Das beginnt sehr romantisch!" sagte sie,

„Es ist auch wirklich romantisch. Der arme Teufel hat keine Eltern; er ist ein Findelkind. Er wurde als Knabe im Schnee gefunden und darum Schneeberg genannt."

Jetzt wußte Emma genau, daß von Fritz die Rede war.

„Ihre Schwester scheint sich aus diesem Grunde für ihn zu interessiren?"

„Sogar sehr. Sie ist ja selbst, ebenso wie ich, eine elternlose Waise! Kürzlich nun hat sie mit ihm gesprochen und von ihm gehört, daß er ein Erkennungszeichen bei sich trägt, durch welches es möglich wäre, seine Eltern zu finden."

„Eben dieser Schneeberg?"

„Ja. Nanon nun hat einst in Paris von einer Dame gehört, welcher zwei Knaben, Zwillingsbrüder, geraubt worden sind, und die Knaben haben ganz dasselbe Zeichen an sich getragen, welches Schneeberg besitzt."

„Zwillingsbrüder? Wer war diese Dame?"

„Nanon hat leider den Namen vergessen, und die Freundin in Paris, welche ihr Auskunft geben könnte, ist nach Italien gereist. Die Schwester glaubt sich zu besinnen, daß diese Dame eine Deutsche gewesen sei. In diesem Falle ließe sich vielleicht hier in Berlin Etwas erfahren. Darum schreibt mir Nanon, mich doch zu erkundigen, ob es hier nicht eine Familie gebe, welcher vor nun mehr als zwanzig Jahren ein Zwillingsknabenpaar gestohlen worden ist."

Mit dem Gesichte Emma's war eine außerordentliche Veränderung vor sich gegangen. Es hatte den Ausdruck der allergrößten Spannung angenommen.

„Schreibt Nanon nichts weiter von der Dame?" fragte sie.

„Nichts, als daß sie den schweren Verlust selbst nach so langer Zeit nicht verschmerzt habe, da sie stets in tiefer Trauer gehe."

„Gott. Und worin besteht das Erkennungszeichen?"

„Aus einem Löwenzahn an einer feinen, goldnen Kette."

Da sprang Emma vom Stuhle auf und rief:

„Weiter, weiter! Wie ist der Zahn beschaffen?"

„Er ist hohl. Wenn man die Grafenkrone, welche am unteren Ende befestigt ist, abgeschraubt, kommen die Miniaturgemälde eines Herrn und einer Dame zum Vorschein."

„Er ist's! Er ist's! Es ist der Zahn!" rief Emma, indem sie im höchsten Entzücken die Hände zusammenschlug.

Die beiden Anderen sahen sie erstaunt an.

„Wissen Sie auch Etwas von diesem Zahne?" fragte Madelon.

„Natürlich, natürlich. Mehr als Sie denken und ahnen. Habe ich Ihnen denn noch nicht von ihm erzählt?"

„Kein Wort."

„Und von Tante Goldberg?"

„Hierüber noch nichts."

„Daß Tante stets in Trauer geht."

„Das weiß ich; aber den Grund kenne ich nicht."

„Nun, sie hat vor mehr als zwanzig Jahren zwei Knaben, welche Zwillinge waren, verloren. Die Knaben waren verschwunden, und alle Nachforschungen sind vergebens gewesen; selbst hohe Belohnungen, welche der Onkel ausgeschrieben hat, haben nichts gefruchtet."

„Ist das wahr? Ist das wahr?"

„Warum sollte ich es erfinden!"

„Und Frau von Goldberg ist in Paris gewesen?"

„Sogar sehr oft."

„So ist sie es; so ist sie es. Die Mutter ist gefunden. O, Emma, lassen Sie sich umarmen."

Sie flog in die geöffneten Arme der Freundin. Die beiden Mädchen küßten sich herzlich, und die Wittwe weinte vor Rührung.

„Wie wird Nanon sich freuen, wenn ich ihr persönlich diese Kunde bringe!" rief Madelon jubelnd. „Und Sie, Sie müssen sofort zu Ihrer Tante eilen, um ihr die frohe Botschaft zu bringen. Ich gebe Ihnen den Brief meiner Schwester mit, damit sie ihn lesen kann. Ich laufe, ihn zu holen!"

Das Mädchen war ganz Glück und Jubel. Sie wollte das Zimmer verlassen. Die ältere und bedachtsamere Emma aber hielt sie zurück.

„Warten Sie noch!" bat sie. „Diese Sache ist zu wichtig, als daß man zu eilig handeln sollte. Die Trauer der Tante um die Verlorenen ist mit den Jahren eine ruhigere geworden. Wenn wir uns irrten, wenn hier eine Täuschung vorläge, denken Sie, wie wir ihrem Herzen schaden würden. Ueberlegen wir lieber vorher. Also Schneeberg ist wirklich Derjenige, welcher den Zahn besitzt?"

„Ja."

„Wissen Sie, für wen er Kräuter sammelt?"

„Warum fragen Sie?"

„Weil ich meine Gründe habe. Bitte, antworten Sie!"

„Er steht im Dienste eines Doctor Bertrand in Thionville."

„Mein Gott, welch ein Zusammentreffen! Wir haben ihn so lange gekannt, ohne zu ahnen, daß er im Besitze dieses Zahnes ist!"

„Wie? Sie haben ihn gekannt?"

„Sie auch!"

„Was? Wie? Wirklich? Ich wüßte nicht! Ich kenne keinen Menschen Namens Schneeberg! Wo soll ich ihn denn gesehen haben?"

„Hier in Berlin. Er ist erst seit ganz kurzer Zeit in Thionville. Ein Wort von mir würde Sie sofort aufklären, aber ich darf dieses Wort nicht sprechen. Sagen Sie mir, ob Schneeberg zu Ihrer Schwester keinen Bruder erwähnt hat?"

„Er hat nie einen Bruder gekannt."

„Ist es der rechte Zahn, oder der linke?"

„Der rechte Reißzahn eines Löwen, schreibt mir Nanon."

„Sind denn keine Buchstaben vorhanden?"

„Davon schreibt mir die Schwester leider kein Wort. Darum denke ich, daß es keine giebt."

„So will ich Ihnen sagen, daß Onkel Goldberg in Algerien einen Löwen geschossen hat. Nach arabischer Sitte hat er ihm die Reißzähne ausgebrochen und sie seinen beiden Zwillingsknaben später an einer Kette um den Hals gehängt. Diese Knaben wurden geraubt. Wir glaubten sie bisher todt; nun aber taucht neue Hoffnung auf."

„Mir ahnt, daß dieser Schneeberg einer der Knaben ist!"

„Es könnte möglich sein. Aber ebenso ist es auch möglich, daß die Zähne in die Hände anderer Kinder gerathen sind. Wann reisen Sie ab?"

„Mit dem Einuhrzuge."

„Da haben wir noch Zeit. Wollen Sie mit mir gehen, um dem Großpapa zu erzählen, was Sie mir berichtet haben?"

„Gern, natürlich; sehr gern! Soll ich den Brief mitnehmen?"

„Ich bitte Sie darum!"

„So wollen wir ihn holen. Kommen Sie, kommen Sie schnell!"

Sie standen schon im Begriff, sich eiligst von der Wittwe zu verabschieden, als die Thür sich öffnete und Haller eintrat. Er erblickte Emma; eine leise, feine Röthe trat ihm auf die Wange; sonst war aber kein Zeichen der Ueberraschung, der Verlegenheit, oder gar des Schreckes an ihm zu bemerken.

„So bin ich es etwa, welcher man Ihre schnelle Rückkehr zu verdanken hat?" fragte Sie mit einer Betonung, welche doch ein Wenig Ironie anzudeuten schien.

„Ich kam, um Gelegenheit zu finden, Ihnen eine gute Reise und glückliche Wiederkehr zu wünschen," antwortete er ernst.

Man hörte es ihm an, daß er die Ironie herausgehört habe und durch seinen Ernst zurückweisen wolle. Sie fuhr fort:

„Das ist wirklich freundlich von Ihnen! Erlauben

Ein ungebetener Gast.

„Ich habe mich Emma König genannt!" flüsterte Emma schnell und unbemerkt der Freundin zu.

Diese verstand, daß sie nur die Hälfte ihres Namens genannt habe, und wendete sich mit freundlichster Miene zu dem Eingetretenen:

„Bereits wieder zurück? Ich dachte Sie würden, um Berlin zu sehen, Ihrem Spaziergange eine längere Dauer geben."

„Die Stadt kann ich mir ja später betrachten," antwortete er lächelnd; „von Ihnen aber hörte ich ja, daß Sie im Begriffe stehen, zu verreisen."

Sie mir, Sie einander vorzustellen! Herr Maler Haller — Emma König, meine Freundin!"

Er verbeugte sich vor der Genannten mit der unbefangensten Miene von der Welt und sagte:

„Ich beneide Sie in diesem Augenblicke, daß Sie eine Dame sind, Fräulein König!"

„Glauben Sie, daß dieser zufällige Umstand ein triftiger Grund sei, mich zu beneiden?" fragte sie.

„Gewiß! Wäre ich eine Dame, so hätte ich wohl

auch die Erlaubniß, nach der Freundschaft von Fräulein Köhler zu streben."

„Halten Sie meine Freundschaft für so werthvoll?" fragte Madelon.

„Gewiß!"

„Darf ich nach dem Grunde fragen?"

„Ich antworte Ihnen mit Heinrich Heines Worten:

„Frag, was er strahle, den Karfunkelstein;
Frag, was sie duften, Nachtviol' und Rosen!"

Wer kann sagen, warum die Blüthe duftet? Wer kann erklären, warum man den Einen liebt und den Andern haßt!"

„Das ist wahr!" lachte Madelon. „Auch mir ist der Haß, den ich gegen Sie hege, unerklärlich."

„Sie erschrecken mich!"

„Sie zittern doch nicht!"

„Nein, aber ich bin erstarrt!"

„Sie sehen mir nicht so aus wie ein furchtsamer Mann. Ein Herr Ihres Gewerbes darf den Schreck nicht kennen!"

Seine Wangen wurden doch ein Wenig bleicher als vorher. Was meinte sie? Sie konnte doch unmöglich wissen, welche Absicht ihn nach Berlin geführt hatte. Er antwortete:

„Ich hege im Gegentheile die Ansicht, daß mein „Gewerbe" — und dieses Wort, welches ihn verletzt hatte, betonte er deutlich — „mich fast nur mit den Lichtseiten des Lebens zusammenführt. Dadurch wird man verzogen; eine Uebung des Muthes giebt es da nicht."

„O, im Gegentheile! Der Künstler, also auch der Maler, ist, wenn er vielseitig werden will, gezwungen, auch in die Kloaken der Gesellschaft hinabzusteigen. Wo Licht ist, da ist auch Schatten. Sie haben Beides kunstgerecht zu vertheilen und müssen es also auch mit den Schatten des Lebens aufzunehmen verstehen."

„Ich höre, daß Sie über die Kunst nachgedacht haben, Fräulein, und das freut mich herzlich."

„So erlauben Sie mir, noch ein Wenig weiter nachzudenken!"

Auf dem Hochgebirge.

Sie machte ihm eine Verbeugung und wollte sich mit Emma entfernen. Er aber trat ihr mit einem raschen Schritte in den Weg und sagte:

„Verzeihung! Vorher noch eine Frage!"

„Sprechen Sie sie aus!"

„Ist es Ihnen nicht möglich, mir vor Ihrer Abreise noch fünf Minuten zu schenken?"

„Wozu?"

„Ich habe Ihnen eine Mittheilung zu machen, welche für Sie vielleicht von großer Wichtigkeit ist."

„Können Sie damit nicht vielleicht bis zu meiner Rückkehr warten, Herr Haller?"

„Was mich betrifft, so würde dieser Aufschub mich weder schmerzen noch schädigen; aber im Hinblick auf Sie dürfte es besser sein, wenn Sie mich noch vor der Abreise hören wollten."

„Und doch wollen Sie mir erlauben, es bei der ersten Bestimmung zu lassen. Meine Zeit ist mir heute so kurz zugemessen, daß ich wohl kaum über fünf Minuten verfügen kann."

„Selbst dann nicht, wenn ich Ihnen sage, daß der Gegenstand meiner Bitte in Beziehung zu Ihrer Familie steht?"

Jetzt stutzte sie doch. Sie blickte ihn forschend an und fragte:

„Zu meiner Familie? Ich habe doch keine!"

Er zuckte die Achseln und antwortete leicht hin:

„Vielleicht doch!"

Sie war jetzt auf einmal so anders gegen ihn als vorher. Warum? Hatte diese Freundin Emma König vielleicht von ihrer mehrmaligen Begegnung mit ihm gesprochen? Das aber war doch unmöglich. Sie konnte ja gar nicht wissen, daß er hier wohnte. Aber für die Veränderung ihres Benehmens mußte Madelon bestraft werden; das stand bei ihm fest. Er war nicht der Mann, sich zum Gegenstande einer Laune machen zu lassen.

„Vielleicht doch?" fragte sie, indem sie seine Worte wiederholte. „Ich und Nanon, wir sind Waisen; selbst der Pflegevater ist nun todt."

"Aber ihr Vater kann noch leben, Ihr Großvater ebenso!"

"Wozu diese Bemerkungen?"

"Vielleicht habe ich einen Grund dazu. Nicht wahr, Ihr Vater trug den Vornamen Guston?"

"Ja. Das sagte ich Ihnen bereits."

"Und Ihre Mutter hieß Amély?"

"Auch das wissen Sie von mir!"

"Ist Ihnen der Name Bas-Montagne bekannt?"

"Bas-Montagne? Mein Gott, ja! Es ist mir, als ob ich ihn öfters gehört hätte, früh, sehr früh in meiner Jugend. Was ist's mit diesem Namen?"

"Er steht in sehr enger Beziehung zu dem „süßen Kolibri". Aber Sie haben ja keine Zeit."

"Sie sprechen in Räthseln! Bitte, so erklären Sie sich doch!"

"Dazu hätte ich eine längere Zeit von Nöthen, als Sie mir heute widmen können. Sie hatten die Güte, mir vorhin Einiges über Ihre Jugendverhältnisse mitzutheilen. Fragen Sie Fräulein König. Sie ist zwei Personen begegnet, welche mehrere Abbildungen von Kolibri's bei sich trugen. Vielleicht steht auch dieser Umstand in Beziehung zu dem Dunkel, welches Sie so gern durchdringen möchten."

"Sie sind garstig, höchst garstig!" rief Madelon ungeduldig. "Sie wissen Etwas; Sie haben Etwas erfahren und wollen mir es nicht sagen!"

"Ich bin keineswegs garstig, Fräulein Köhler. Seit Sie von Ihren Schicksalen zu mir gesprochen haben, möchte ich das Meinige dazu beitragen, das Räthsel ihres Lebens zu lösen. Mir scheint, daß der Zufall so freundlich gewesen ist, mir einen kleinen Wink zu geben. Ich kann mich irren; aber ich glaube, eine Person getroffen zu haben, welche zu ihren Schicksalen in näherer Beziehung steht."

"Wer ist das?"

"Lassen Sie mich darüber noch schweigen. Ich muß sondiren, forschen und überlegen. Die von mir gewünschte Unterredung sollte mir das Material dazu liefern; aber ich sehe selbst ein, daß kein Grund zu großer Eile vorhanden ist. Sie werden bald wieder zurückkehren, und dann können wir diesem Gegenstande mehr Zeit und Aufmerksamkeit widmen."

Das klang so zurückhaltend und frostig, daß sie ihm forschend in die Augen blickte. Seine Bemerkungen hatten ihr höchstes Interesse erregt; sie hätte ihm gern eine halbe Stunde geschenkt anstatt der erbetenen fünf Minuten; aber der Ton seiner letzten Worte erkältete sie.

"Wie Sie wollen, Herr Haller," sagte sie. "Ich gebe Ihnen ganz Recht, die Zeit abzuwarten, in welcher ich aufmerksamer sein kann als heute. Adieu!"

Sie nickte ihm kurz zu und ging. Emma machte ihm eine hochfeine vornehme Verbeugung und folgte ihr. Er blickte noch einige Secunden lang nach der Thür, als diese sich hinter ihnen geschlossen hatte, strich sich nachdenklich über die Stirn und wendete sich dann an seine Wirthin:

"Fräulein König hat Ihnen erzählt, daß wir einander begegnet sind?"

"Ja," antwortete sie, da sie unmöglich leugnen konnte.

"Wir sahen uns wiederholt in eigenthümlicher Situation, doch war nicht ich der Urheber derselben. Wie aber konnte Fräulein König wissen, daß ihr Bekannter von Tharandt und Dresden aus es ist, der bei Ihnen wohnt?"

"Derjenige, welcher auch an allem Andern die Schuld trägt. Ihr kleiner, dicker Herr College hat es verrathen."

"Wieso?"

"Sie erzählten gestern Abend von ihm."

"Ich entsinne mich allerdings."

"Und Fräulein König erzählte von ihm. Die Beschreibung der Person stimmte ganz genau, und so mußten Sie es sein, der bei ihm gewesen war."

"Ja, so läßt es sich erklären. Aber dieser Fächer hier; wem gehört er? Vielleicht Fräulein Köhler?"

"Nein. Ah, den hat ihre Freundin vergessen! Wie schade!"

"Spricht sie hier öfters vor?"

"Nein. Darum wird sie den Fächer vermissen."

"Sie kann noch nicht weit sein. Vielleicht gelingt es mir noch, sie zu ereilen."

Er nahm den Fächer und ging. Sie machte keinen Versuch, ihn zurückzuhalten. Als er aus dem Hause trat, konnte er die Gesuchte nicht erblicken; aber nachdem er eine Strecke rasch zurückgelegt hatte, sah er sie mit Madelon. Er verdoppelte seine Schritte. Sie gingen jetzt an dem Thorwege vorüber, an welchem der Dicke seine heutige Niederlage erlitten hatte, und traten dann in das nächste Haus.

Als er nach einigen Augenblicken die Thür desselben erreichte, hörte er oben das Glockenzeichen geben. Sie befanden sich also jedenfalls noch auf dem Vorsaale. Er eilte rasch die Treppe hinauf; aber als er oben ankam, sah er bereits die Flügelthür aufstehen und die Damen im Begriff, einzutreten. Der Diener, welcher geöffnet hatte, blickte ihn fragend an; er aber sagte laut:

"Fräulein König, Entschuldigung."

Sie hörte es und wandte sich zurück. Als sie ihn mit dem Fächer erblickte, glitt es wie ein rascher Entschluß über ihr Gesicht. Sie blieb im Vorzimmer stehen, winkte ihm mit der Hand näher und sagte:

"Da habe ich meinen Fächer vergessen, und Sie sind so gütig, sich damit zu belästigen. Bitte, treten Sie näher!"

Er dachte gar nicht daran, den Namen zu lesen, welcher mittelst eines Schildes an dem linken Thürflügel befestigt war. Er trat ein; der Diener verbeugte sich und zog die Thür hinter sich zu. Haller war gefangen, ohne zu ahnen, wo er sich befand. Er dachte, bei der Herrschaft der vermeintlichen Gouvernante zu sein.

Emma nahm den Fächer aus seiner Hand, bedankte sich mit einem freundlichen Nicken und sagte dann:

"Bitte, haben Sie die Güte näher zu treten!"

Dabei hatte sie auch bereits den Drücker der nächsten Thür in der Hand. Er erschrak und beeilte sich, Einspruch zu erheben.

"Unmöglich, Fräulein!" sagte er. "Erlauben Sie mir vielmehr, mich zurückzuziehen."

Jedenfalls wohnte hier Frau von Goldberg. Wie sollte er vor dieser erscheinen, die Zeugin der fatalen Rutschfahrt gewesen war! Auch hatte er den einfachen Straßenanzug an und kein salonfähiges Gewand.

"Warum?" fragte sie, während ein Lächeln ihr Gesicht erhellte, welches er sich nicht zu deuten wußte.

„Ich bin im Hause des Herrn Generals von Goldberg ein Fremder!" antwortete er.

„Von Goldberg? Sie befinden sich ja gar nicht im Hause dieses Herrn, sondern bei mir, bei meinen Verwandten!"

„So habe ich mich geirrt. Das ist etwas Anderes!"

Bei den Verwandten einer Gouvernante, bei einer bürgerlichen Familie König brauchte er sich nicht zu geniren, meinte er.

„So bitte. Treten Sie ein!"

Sie öffnete die Thür. Rechts am Eingange stand sie, links Madelon. Als er, zwischen ihnen hindurchgehend, das nächste Zimmer betrat, fing er von Beiden einen höchst befremdenden Blick auf. Solche Augen beobachtet man auf der Bühne in Scenen, wenn Intriguantinnen einen Sieg errungen haben."

In dem Zimmer befand sich nur eine einzige Person. Ein alter Herr mit eisgrauem Haare und eben solchen Schnurr- und Backenbarte ruhte in einem weich gepolsterten Sorgenstuhle. Dieser Greis hatte das ehrwürdigste Gesicht, das Haller in seinem Leben gesehen hatte. Die kräftigen und doch fein geschnittenen Züge, das lebensvolle Auge, die hohe, breitschulterige Gestalt, Alles ließ vermuthen, daß dieser Mann in seiner Jugend ein Bild männlicher Schönheit gewesen sei!

Dieser nun hoch betagte Herr war der Rittmeister Hugo von Königsau, der einstige Liebling des alten Blüchers.

„Großpapa, erlaubst Du mir, Dir diesen Herrn vorzustellen?" fragte Emma. „Er war so freundlich, mir meinen Fächer zu bringen, den ich liegen gelassen hatte."

„Thue es, mein Kind!"

Sie machte einen eigenthümlichen Knix, nickte dem Greise lächelnd zu und sagte:

„Herr Haller, Maler aus Stuttgart."

Die Lider des alten Herrn sanken augenblicklich herab. War es, um nicht merken zu lassen, daß dieser Name ihn überraschte? Dann aber hoben sie sich wieder, und die Augen des Greises richteten sich mit einem großen, scharfen forschenden Blick auf den Vorgestellten. Dann nickte er ihm zu und sagte:

„Willkommen, Herr Haller! Sie haben meinem lieben Enkelkinde einen großen Gefallen erwiesen. Nehmen Sie Platz! Willkommen auch, liebe Madelon. Der Herr kennt mich doch, Emma?"

„Ich glaube schwerlich."

„So nenne mich ihm."

Haller winkte mit der Hand und sagte:

„O bitte, es bedarf keiner Vorstellung. Die Dame nannte Sie ja Großpapa."

„Der bin ich ihr."

„Also wohl Herr König?"

„König?" fragte der alte Rittmeister erstaunt. Und nach einem Blicke auf Emma, um deren Lippen ein verhaltenes Lachen zuckte, fuhr er, sich leise den gewaltigen Schnurrbart streichend, fort: „Gewiß wieder einer Deiner kleinen Streiche! Nicht? Sie wissen, Herr Haller, junge wilde Damen sind nicht leicht zu zähmen. Mein Name ist nicht König, sondern Königsau. Oder sollten Sie die letzte Sylbe vielleicht überhört haben?"

Haller zuckte zusammen.

„Königsau?" fragte er. Er deutete auf Emma und fuhr fort: „Fräulein Köhler hat mir diese Dame als Fräulein König vorgestellt."

„So handelt es sich also wirklich um einen jugendlichen Uebermuth! Emma, Emma! Wie soll ich Dich da strafen!"

„Ich bitte um Gnade, bester Großpapa! Es war so wunderbar interessant, für eine Gouvernante gehalten zu werden!"

„Für eine Gouvernante?"

„Ja, nämlich für diejenige der Tante Goldberg."

„Wer hält Dich dafür?"

„Dieser Herr und sein Freund, der Maler Hieronymus Aurelius Schneffke. Ich habe es Dir ja gestern erzählt!"

Haller wurde roth bis hinter die Ohren. Das war ja eine ganz und gar fatale Lage, in welche er da gerathen war, er ein Officier der französischen Garde! Wenn sie das gewußt hätten! Er beeilte sich, zu entgegnen:

„Entschuldigung, meine Herrschaften. Nicht ich war es, der die Dame für eine Gouvernante hielt, und ich habe auch keineswegs Veranlassung diesen Collegen für meinen Freund auszugeben. Mein Zusammentreffen mit ihm war ein rein zufälliges und wird auf jeden Fall auch nur ein vorübergehendes bleiben."

„Nicht Sie haben um Entschuldigung zu bitten, Herr Haller," meinte der Greis. „Das ist vielmehr die Pflicht dieser überlustigen Damen. Ueber die Eine habe ich leider keine Macht; aber die Andere werde ich bestrafen. Sie soll sechs Tage Hausarrest erhalten, damit sie wenigstens für diese Zeit nicht im Stande ist, neue Streiche auszuführen."

„Großpapa! Bin ich denn wirklich ein so schlimmer Springinsfeld?"

„Herr Haller mag entscheiden."

„Ich bitte um Gnade für die Dame!" sagte dieser, indem er sich gegen Beide höflich verbeugte.

„Nun, so will ich von meinem Rechte, zu verzeihen, noch einmal Gebrauch machen, keineswegs aber aus Nachsicht für Dich, Du wilder Vogel, sondern aus Rücksicht für unseren Gast, dem ich doch seine Bitte nicht abschlagen darf. König anstatt Königsau! Wer sollte das denken!"

„Gestatten Sie!" bat Haller. „Königsau oder von Königsau?"

„Von, von, mein Herr. Ich bin pensionirter Rittmeister."

„Ah, da befand er sich ja inmitten der Familie, an die er adressirt war. Welch ein glücklicher Zufall! Er hatte freilich gar keine Ahnung, daß er Allen bereits bekannt sei und daß das neckische Mädchen nur ihr Spiel mit ihm getrieben habe. Mit ihr und dem Alten hoffte er bald fertig zu werden. Ging er nur einigermaßen auf ihr munteres Naturell ein, und schmeichelte er den Alten dadurch, daß er dessen Kriegserlebnisse mit Begeisterung anhörte, so glaubte er leichtes Spiel zu haben. Er wußte freilich nicht, daß Emma ein sehr ernster Charakter war, daß sie von dem Großvater nur im Scherze als Spaßvogel bezeichnet worden war, und daß er auch dem Greise nicht beizukommen vermochte, weil dieser bereits wußte, welche Absicht ihn herbeigeführt hatte.

„Rittmeister also!" sagte er. „So sind Sie wohl jener bekannte Herr von Königsau, welcher sich während der Befreiungskriege in der unmittelbaren Nähe des Marschall Vorwärts befand?"

„Ja; ich hatte das Glück, seine Theilnahme zu besitzen. Wir haben es damals den Franzosen heiß gemacht."

„Und gehörig. Hoffen wir, daß sie es sich gemerkt haben."

„Hm. Der Mensch ist vergeßlich, und die Herren von jenseits des Rheins sind ja auch nur Menschen."

„Sie denken, daß sie auf Revanche sinnen?"

„Wegen der Napoleonischen Kriege wohl schwerlich, noch vielleicht eher wegen Sadowa. Aber das wäre ein Unglück für Deutschland."

„Wieso?"

„Weil uns der Franzose einfach in die Pfanne hauen würde."

„Ich als guter Deutscher möchte das denn doch bezweifeln!"

„Meinen Sie, daß ich ein weniger guter Patriot bin als Sie, Herr Haller? Aber Sie sind Künstler, und ich bin Militär. Unsereiner sieht alles anders als Sie. Und selbst wenn ich mich nicht mehr mit den Verhältnissen der deutschen Armeen beschäftigen wollte, so bietet mir doch mein Enkel oft Gelegenheit, zu hören und zu urtheilen."

„Dieser Enkel ist Offizier?"

„Er ist Ulanenrittmeister und beim Generalstabe angestellt. Leider ist er gegenwärtig verreist, auf Urlaub fort. Die Aufgaben, welche er zu lösen hatte, haben mir den Beweis geliefert, daß wir auf jeden Fall den Krieg mit Frankreich vermeiden müssen. Die Manuscripte liegen noch in seinem Arbeitszimmer. Ich würde mich mehr mit ihnen beschäftigen, aber meine Augen sind schwach geworden, und Emma besitzt nicht die nöthige Geduld, mir solche militärische Essays, Gutachten und so weiter vorzulesen. Man lebt zu einsam. Vielleicht haben Sie die Güte, sich zuweilen sehen zu lassen."

Das war es ja, was Haller ersehnt hatte. Eine Einladung. Vielleicht durfte er dem Alten die wichtigen Essays und Gutachten vorlesen. Er sagte darum schnell:

„Herzlichen Dank, Herr Rittmeister! Ich bin hier fremd und also in der Lage, gesellschaftlich erst Fuß fassen zu müssen. Ihre freundlichen Worte erfüllen mich mit Dankbarkeit."

„Das freut mich. Sie sind willkommen, so oft und wann es Ihnen beliebt. Wir spielen ein Schach; wir lesen und plaudern. Hast Du heut Abend gewöhnliche Küche, Emma?"

„Ich denke, daß wir nicht darben werden, Großpapa."

„Das ist schön. Wollen Sie Ihr Abendbrot bei uns einnehmen, Herr Haller? Wir müssen den Streich, der Ihnen gespielt worden ist, möglichst gut machen."

„Ich stehe gern zur Verfügung, Herr Rittmeister!"

„Acht Uhr wollen wir sagen?"

„Wie sie befehlen."

Der Greis hatte sich erhoben, zum Zeichen, daß er die gegenwärtige Unterredung zu beendigen wünsche. Darum fügte Haller hinzu:

„Für jetzt bitte ich um die Güte mich zu beurlauben! Ich empfehle mich den Damen. Nochmals innigen Dank, Herr von Königsau."

Er gab dem Rittmeister die Hand, küßte Emma die Fingerspitzen, nickte Madelon einen Abschied zu und ging. In seiner Freude gab er draußen dem Diener, der ihm den Hut reichte, einen Thaler Trinkgeld, und unten auf der Straße murmelte er leise vor sich hin:

„Bei Gott, das ist ein Glückstag. Was hatte ich für Sorge, ob es mir gelingen werde, Zutritt zu erlangen! Nun aber geht Alles gut. Es hat sich so leicht, so glatt gemacht. Dieser alte Kriegsmann scheint außerordentlich umgänglich zu sein. Er hält mich für einen militärischen Ignoranten, vor dem er kein Geheimniß zu haben braucht. Er wird sicher plaudern, ganz ohne Rückhalt. Ich merke bereits jetzt, daß ich gewonnenes Spiel habe."

Was aber wurde über ihn für ein Urtheil gefällt? Als er sich entfernt hatte, sagte der Rittmeister:

„Also das ist Deine Begegnung aus dem Tharandter Walde! Und Du hast wirklich keine Ahnung gehabt, was er war?"

„Nicht die mindeste. Wie sollte ich auch?"

„Und wie kommst Du denn jetzt mit ihm zusammen?"

„Er wohnt ja bei Geheimraths in Madelons Hause, wo ich zuweilen bin. Ich war soeben dort und hatte meinen Fächer zurückgelassen."

Sie erzählte, wie Alles gekommen war. Er hörte zu und meinte dann:

„Das hatte sich sehr leicht gemacht. Jetzt wollen wir ihm Auskunft geben, daß ihm vor Freuden der Aloe wie Zucker schmecken soll! Ich freue mich auf heute Abend. Mach Deine Sache gut in der Küche! Diese Herren Franzosen pflegen gewaltige Leckermäuler zu sein."

„Hm! Vielleicht bin ich heute Abend gar nicht da, mein lieber Großpapa."

„Wo denn?"

„Verreist."

„Sapperlot! Wohin willst Du denn?"

„Weit, sehr weit! Nach Frankreich hinein!"

„Bist Du toll."

„Nein. Madelon reist auch."

„Nach Frankreich?"

„Ja, zu ihrem Pflegevater, der gestorben ist."

„Und Du gedenkst, sie zu begleiten?"

„Ja."

„Daraus wird nichts, Kind, gar nichts. Madelon mag reisen. Der Mann hat sie erzogen; sie ist ihm die letzten Ehren schuldig. Aber was geht er Dich denn an?"

„O, Du denkst, daß ich wegen ihm reisen will? Das ist spaßig. Nein, nein. Ich habe einen anderen, einen sehr gewichtigen Grund. Nicht wahr, liebe Madelon?"

Die Gefragte warf ihr einen halb zweifelnden, halb frohen Blick zu und antwortete:

„Aber zu mir hast Du von Deiner Absicht, zu reisen, ja noch kein einziges Wort gesagt."

„Das war nicht nöthig; ich wollte warten, bis wir hier sein würden. Ja, lieber Großvater, es ist vielleicht ganz und gar nöthig, daß ich reise. Denke Dir, es hat sich Einer mit dem Löwenzahne gefunden."

„Mit dem Löwenzahne? Ich verstehe Dich nicht!"

„Lies hier diesen Brief."

Sie ließ sich von Madelon den Brief geben und reichte ihn dem Rittmeister hin. Dieser hatte keineswegs so

21.

schwache Augen, wie er Hallern glauben gemacht hatte. Sein Gesicht war ganz im Gegentheil noch ganz jugendlich scharf. Er faltete den Brief auseinander und begann zu lesen.

Während der Lecture nahm sein Gesicht den Ausdruck einer sich immer vergrößernden Spannung an. Als er fertig war, sagte er kein Wort; aber fuhr aus dem Stuhle empor und begann, mit großen, raschen Schritten das Zimmer zu messen. Das pflegte er stets zu thun, wenn irgend Etwas seine Gedanken oder Gefühle mehr als gewöhnlich in Anspruch nahm. Man durfte da nicht auf ihn sprechen; man mußte ihn gehen lassen. Hatte er dann Klarheit gewonnen und einen Entschluß gefaßt, so begann er dann schon selbst, sich darüber zu äußern.

Darum schwiegen die beiden Damen jetzt und warteten, bis er selbst das Wort ergreifen werde. Da endlich blieb er vor ihnen stehen, schlug mit der Rechten auf den Brief, den er in der Linken hielt und sagte:

"Ist das nicht wunderbar, liebe Emma, höchst wunderbar?"

"Gott thut allerdings noch Wunder, Großpapa."

"Ja. Glaubst Du, daß er es ist?"

"Die Buchstaben fehlen und die Jahreszahl."

"Das ist es ja eben. Aber wenn diese auch vorhanden wären, so läge doch noch immer die Möglichkeit vor, daß die Zähne in fremde Hände gekommen sind."

"Das sagte auch ich bereits."

"Hm. Wir suchen die Jungens, und einer von ihnen ist ganz in unserer Nähe gewesen. Habe ich nicht immer behauptet, daß der Fritz dem Generale ähnlich sieht?"

"Stets."

"Und was nun fast noch wunderbarer ist: Hast Du Dir diesen Maler genau angesehen?"

"Natürlich. Du meinst wegen seiner Aehnlichkeit mit Fritz?"

"Ja. Die ist frappant. Sie gleichen einander wie ein Ei dem andern. Aber das ist jedenfalls bloßer Zufall, ein Naturspiel. Ich wüßte nicht, wie sonst dieser Franzose zu der Aehnlichkeit kommen sollte."

"Sogar seine Stimme klingt wie diejenige unseres Fritz."

"Hast Du das auch bemerkt? Ich habe es sofort herausgehört. Also den rechten Zahn hat der Wachtmeister. So wäre er also der Erstgeborene. Aber, können wir dem Generale oder der Generalin Etwas sagen?"

"Unmöglich."

"Nein! Die alten Wunden klaffen auf, und wir wissen nicht, ob wir im Stande sind, sie zu heilen. Man müßte den Zahn sehen und die Bilder, welche sich darin befinden!"

"Darum muß Jemand hin."

"Richardt ist ja bereits dort. Wir schreiben ihm."

"Willst Du eine Sache von solcher Wichtigkeit brieflich arrangiren?"

"Da hast Du wieder Recht. Eine verteufelte Geschichte! Mit dieser Nanon also hat der Fritz gesprochen. Hätte er doch zu Richardt ein Wort gesagt!"

"Auch das würde noch nicht genügen. Es gilt, Zweierlei festzustellen, nämlich erstens ob der Zahn wirklich einer der beiden echten ist, und zweitens ob Fritz auch der Knabe ist, dem er zu Recht gehört."

"Richtig. Aber was steht denn da von der Seiltänzerin? Schade, jammerschade, daß sie verunglückt ist!"

"Sie könnte Auskunft geben!"

"Oder der Hanswurst, wenn es ihm nicht gelungen wäre, zu entkommen. Er muß unbedingt aufgesucht und gefunden werden. Es ist doch am Besten, wir schreiben Richardt!"

"Nein. Am Besten ist's, es reist Jemand hin!"

"Aber wer denn? Goldbergs dürfen nichts wissen; so bleibst nur Du und ich. Soll ich diese Tour unternehmen?"

"Du nicht, aber ich!"

"Mädchen, Du bist nicht bei Troste! So ein Vogel, der noch gar nicht flügge ist, will nach Frankreich flattern!"

"Madelon flattert doch auch!"

"Ja, den Beweis hast Du sofort bei der Hand! Aber bedenke die Gefahr!"

"Wo sollte es eine Gefahr geben?"

"Da und dort und überall! Wie ist es mir ergangen!"

"Das war im Kriege!"

"Auch während des Waffenstillstandes!"

"Also doch während des Krieges!"

"Und Dein armer Vater, mein guter Gebhardt, der nach diesem verdammten Frankreich ging und nicht wieder kam!"

"Wir müssen immerhin sagen, daß das Unternehmen, welches er vorhatte, ein abenteuerliches und gefährliches war!"

"Und der brave Florian Rupprechtsberger! Auch den hat der Teufel geholt!"

"Aus demselben Grunde! Das aber, was wir jetzt vorhaben, ist weder abenteuerlich noch gefährlich."

"Das will mir nicht einleuchten!"

"Man hat ja fast gar nichts zu thun, als nach Thionville zu fahren und mit Fritz zu sprechen."

"Und in der Mosel zu ersaufen, wie es Richardt beinahe ergangen wäre!"

"Ich fahre nicht mit dem Schiffe!"

"So entgleist der Zug, und Du bist futsch!"

"Aber, Großpapa, bist Du denn wirklich einer von den berühmten Ziethenhusaren gewesen!"

"Freilich! Und ich glaube, Mädel, in Dir spuckt auch das alte, verwegene Husarenblut!"

Sie nickte ihm lächelnd zu und antwortete:

"Ich bin die Tochter einer alten Soldatenfamilie!"

"Das ist wahr. Ich will es gern glauben, daß Du Dich vor dieser Reise nicht fürchtest!"

"Ich habe ja auch Madelon bei mir!"

"Na, das ist die Richtige! Die kann viel zu Deinem Schutze thun! So ein Mädchen schreit laut auf, wenn eine Mücke summt!"

"Und sodann, weißt Du, woran ich gedacht habe?"

"Na, woran Ihr Mädels denkt, das weiß man ganz genau. Ich hab's erfahren."

"Nun, woran?"

"An's Heirathen natürlich!"

"Richtig! Das ist's, was ich sagen wollte."

"Sakkerment! Ich hoffe doch nicht, daß Du nach Frankreich machen willst, um Dir von dorther einen Mann zu holen?"

"Warum nicht?"

„Das geht nicht! Das leide ich nicht! Einen Franzosen dulde ich nicht in meiner Familie!"

„Hast Du Dir nicht auch eine Französin geholt? Und Vater auch und der Onkel General auch?"

„Ja, eine Frau! Das ist etwas Anderes! Aber einen Mann! In Frankreich haben nur die Weiber Verstand, bei uns in Deutschland aber die Männer!"

„Danke für das Compliment! Aber ich will Dich beruhigen und Dir sagen, daß es mich gar nicht nach einem Manne gelüstet; doch mußt Du auch an Richardt denken!"

„An den? Na, der ist ganz aus der Art geschlagen. Der hat noch kein Mädchen angeguckt! Ich glaube nicht, daß er jemals auf den Gedanken kommt, sich eine Frau zu nehmen!"

„Meinst Du? Da kenne ich ihn besser!"

„Grünschnabel!"

„Oho!" lachte sie. „Ich verbitte mir allen Ernstes solche Blüchersche Ausdrücke!"

„Und abermals Grünschnabel! Blücher hat deutsch gesprochen und deutsch zugehauen! Geht mir mit Eurem jetzigen Salonparlement! Also, was den Richardt betrifft, so willst Du anderer Meinung sein als ich?"

„Ja, ganz anderer!"

„Hast Du Gründe dazu?"

„Vielleicht."

„Alle Wetter! So hast Du Etwas bemerkt? Sollte mich freuen!"

„Bemerkt nicht, aber erfahren, und zwar aus dem sichersten Munde, nämlich von ihm selbst." (Fortf. folgt.)

Die Liebe des Ulanen.
Original-Roman aus der Zeit des deutsch-französischen Krieges von Karl May.
(Fortsetzung.)

Der Rittmeister fuhr sich mit beiden Händen in den Schnurrbart, drehte die Spitzen weit hinaus und fragte:

„Was? Er selbst sollte geplaudert haben?"

„Er selbst!"

„So hat er Dich zum Narren gehabt!"

„Mich? Der Richardt? Sicherlich nicht! So Etwas hat er nie gethan!"

„Und er soll gesagt haben, daß er eine Liebste hat?"

„Wenigstens so ähnlich."

„Was soll ich darunter verstehen? Was ist denn einer Liebsten so ähnlich, he, Nesthäkchen?"

„Nun schau, Großpapa; man kann nämlich eine Geliebte haben und doch keine Liebste."

„Gehe mir mit solchen Spitzfindigkeiten! Welche Unterscheidungsmerkmale willst denn Du da hervorsuchen, Weisheit?"

„Wenn Einer ein Mädchen liebt, so ist sie seine Geliebte."

„Natürlich!"

„Aber noch lange nicht seine Liebste!"

„Warum nicht?"

„Eine Liebste ist nur Die, die ihn wieder liebt."

„Mädel, hast Du etwa die Physiologie der Liebe studirt?"

„Ja."

„Etwa an Dir selber?"

„Noch nicht, Großpapa, aber an Andern."

„Zum Beispiele?"

„Hier an unserer Madelon."

„Aha! Hat sie einen Geliebten oder einen Liebsten?"

„Das muß ich erst noch weiter beobachten."

„So so! Wer ist denn der Kerl?"

„Der Maler Haller."

„Alle Wetter! Der soeben hier war?"

„Ja."

„Emma!" bat Madelon, welche ganz roth geworden war.

„Ja, Großpapa, es ist dennoch wahr. Du hättest sie sehen sollen, als ich ihn einen gefährlichen Menschen nannte!"

„Da sprang sie wohl für ihn ein?"

„Sehr! Aber, um wieder auf Richardt zu kommen, so hat er mir einmal Etwas erzählt, worüber ich allerdings das tiefste Stillschweigen beobachten sollte."

„Du hast ihm auch Verschwiegenheit versprochen?"

„Ja, wie das Grab?"

„So schweige, Mädchen!"

„O, jetzt liegen die Verhältnisse so, daß ich doch reden möchte."

„So sage mir vorher, ob Du nicht bereits geplaudert hast!"

„Nur der Tante habe ich es erzählt."

„Da hat man's! Verschwiegenheit wie das Grab, und der Tante schwatzt sie es vor! Weißt Du denn nicht, daß man gerade den Tanten nichts sagen darf?"

„O, sie hatte so große Freude darüber!"

„Natürlich! Welches Weibsbild würde sich nicht freuen, Etwas zu hören, was Geheimniß bleiben soll!"

„Sie hat sich sogar mit mir die betreffende Gegend angesehen."

„Nun werde mir Einer klug, was das Mädchen meint! Grab, Verschwiegenheit, Liebster, Richardt, Tante, Gegend! Wer soll sich daraus einen Vers machen?"

„Du, alter Blücher! Ich meine nämlich die Gegend, in welcher Richardt sich verliebt hat."

„Ach so! Sakkerment, er hat sich also wirklich verliebt?"

„Wirklich!"

„Na, für so gescheidt hätte ich ihn nicht gehalten. Die Liebe ist nämlich der Senf für die Pfeffergurke des Lebens. Der Eine ist ohne das Andere nicht zu verdauen. Und davon hat er zu Dir gesprochen? Das hat er Dir erzählt? Ich glaube nicht daran!"

„Es ist wahr, Großpapa!" betheuerte sie ernsthaft.

Der sonst so stille und wortkarge Mann hatte heute seinen guten Tag. Er war ungewöhnlich gesprächig geworden und zeigte eine Laune, wie sie bei ihm seit Margot's Tode und dem Verluste seines Sohnes höchst selten war.

„So flunkerst Du also wirklich nicht?" fragte er.

„Nicht im Geringsten!"

„Das freut mich! Das läßt mich doch noch frohes Leben erhoffen. Komm her, Emma! Dafür sollst Du einen Kuß bekommen!"

Er drückte sie herzlich an sich und küßte sie auf den Mund. Es war eine wirklich schöne Gruppe, dieser ehrwürdige, trotz seines Alters noch immer rüstige Greis und dieses blühende, lebensvolle Mädchen!

„Soll ich Dir auch davon erzählen?" fragte sie.

„Ich denke, Du sollst schweigen!"

„Ich sagte ja bereits, daß ich es für nöthig halte, Dir eine Andeutung zu geben. Fangen wir also bei der Gegend an!"

„Ja, bei der Gegend! Wo war es?"

„Auf der Straße von Dresden nach Blasewitz."

„Sakkerment! Damals also ist es gewesen? Und auf offener Straße hat er sich verliebt?"

„Du nicht auch?"

„Hm! Ja! Daran habe ich nicht gedacht! Ich begegnete meiner guten Margot auch zuerst auf der Straße, damals, als ich sie gegen die Russen in Schutz nahm und dann nach Hause geleitete. Also, wie ist's gewesen?"

„Er ist mit mehreren Officieren spazieren geritten, und sie ist ihm entgegen gefahren gekommen. Sie sind rasch, wie der Wind, an einander vorüber; aber er hat sie doch sogleich lieb gewonnen."

„O weh, Kind! Rasch wie der Wind — sogleich lieb gewonnen — da wird aus der ganzen Geschichte wieder Wind!"

„Da kennst Du Richardt schlecht!"

„Aber, lieb gewinnen kann man doch nur eine Person, mit der man spricht, die man genau sieht!"

„Nicht immer. Die Liebe soll ein wunderbares Wesen sein!"

„Ein unbegreifliches Ding ist sie; das ist wahr. Nun aber, ist sie denn gar so schön gewesen?"

„Außerordentlich!"

„Hat er sie denn gesehen und gesprochen?"

„Nein."

„Und hat dennoch am Angelhaken gehangen?"

„Fest, sehr fest!"

„So ist er ein Thor, ein Phantast, ein Schwärmer, den ich bedauern möchte!"

Da schlug Emma ein fröhliches Gelächter auf und rief:

„Richardt und ein Phantast und Schwärmer! Er ist nichts weniger als gerade das! Er hat nicht dafür gekonnt, aber er hat doch immer an diese Begegnung, an dieses Gesicht, an dieses Mädchen denken müssen!"

„Was nützt ihm das? Wiedersehen muß er sie!"

„Das ist dann später auch geschehen."

„Gott sei Dank! Jetzt endlich finden wir Grund und Boden! Aber er ist ja gar nicht wieder in Dresden gewesen!"

„Das ist gar nicht nöthig. Die Liebe hat ihre eigenen Wege. In seinem ersten Briefe von Ortry aus schreibt er mir, das er die heimlich und still Geliebte dort getroffen hat."

„In Ortry! O weh! Sollte sie dort wohnen?"

„Vielleicht!"

„Etwa gar zur Familie des alten Capitäns oder der Sainte-Maries gehören?"

„Hm!"

„Eine solche Dummheit traue ich dem Richardt doch nicht zu! Das giebt mir zu denken! Das macht mir Sorge!"

„Siehst Du! Dachte ich es doch! Deshalb erzählte ich es ja!"

„Was! Um mir Sorge zu bereiten?"

„Ja!"

„Unhold, der Du bist!"

„Nun wirst Du mich wohl reisen lassen!"

„Wieso?"

„Ich muß sehen, wer die Dame ist. Ich muß mich des Bruders annehmen. Ich muß sie kennen lernen!"

„Du? Zu was soll das helfen? Glaubst Du etwa, ein Unheil, welches daraus zu entstehen droht, abwenden zu können?"

„Ja, viel eher und leichter als ein Mann. Glaube mir, in so zarten Angelegenheiten sieht ein Frauenauge schärfer als ein anderes, und ein mildes Frauenwort hat mehr Ein- und Nachdruck als das kräftigste Wort aus Mannesmund."

„Schau! Du sprichst da wie ein Buch!"

„Und Du giebst mir Recht?"

„Hm! Mit Dir Schmeichelkatze ist eben nichts anzufangen. Und wenn ich es mir recht überlege, so hat ein sanftes Wort meiner guten Margot allerdings mehr über mich vermocht als alles Andere."

„Ich darf also reisen, Großpapa?"

„Bist Du denn wirklich gar so sehr darauf versessen?"

„Ganz und gar!"

„Hm!"

Er brummte noch Einiges vor sich hin, was die beiden Mädchen nicht verstehen konnten, und begann dann seine Promenade durch das Zimmer von Neuem. Das dauerte eine ziemliche Weile; dann drehte er sich scharf auf dem Absatze herum, so recht nach alt gewohnter Husarenweise, und sagte:

„Gut! Du sollst gehen!"

Da flog sie ihm jubelnd an den Hals und küßte ihn viele, viele Male und streichelte ihm die Wangen.

„Na gut! Schon gut!" schmunzelte er. „Du erdrückst mich ja und beißest mir den Schnurrwichs weg! Du hast wirlich ein Stück von meiner seligen Margot. Gerade so machte die es auch, wenn sie mich einmal herumgekriegt hatte!"

Es war rührend, wie der alte Veteran bei jeder Gelegenheit an Diejenige dachte, welche das Licht und die Sonne seines Lebens gewesen war!

„Aber klug mußt Du sein!" fügte er hinzu.

„O, du habe nur keine Angst!"

„Willst Du nur nach Diedenhofen oder vielleicht gar nach Ortry?"

„Das muß sich zeigen, Großpapa. Ich werde thun, was ich für nothwendig halte."

„So nimm Dich um Gotteswillen in Acht! In Ortry darf kein Mensch ahnen, daß Du eine Königsau bist!"

„Ich weiß das ganz genau!"

„Und den Richardt darfst Du nicht in Verlegenheit bringen. Eine Erkennungsscene könnte Alles verrathen. Euch Beide in die größte Gefahr bringen und sein ganzes Werk zu nichte machen. Darum sei vorsichtig!"

„Keine Sorge! Aber das Reisegeld, Großpapa?"

„Ja, wenn fährst Du denn?"

„Um ein Uhr geht der Zug, den Madelon benutzen muß."

„Und da willst Du mit?"

„Freilich!"

„Schön! Das geht ja riesig schnell."

„Weißt Du nicht, daß wir seit der neuen Heeresverfassung in unserem Mobilisationsplan unübertrefflich sind?"

„Hexe! Na, mir soll es recht sein. Auf diese Weise haben wir nicht mehrere Tage lang den gewöhnlichen Skandal, den bei Euch das Einpacken verursacht."

„O, ich bin augenblicklich fertig! Den Koffer her, einige Kleider und Weißzeuge hinein, in die Droschke und dann fort!"

„Gut so! Pasta! Abgemacht, sagte Blücher!"

Jetzt ging es sofort an's Einpacken, und auch Madelon eilte fort, um ihre Vorbereitungen noch zu vollenden. Kurz vor Abgang des Zuges trafen sie auf dem Bahnhofe zusammen. Sie freuten sich königlich, mit einander reisen zu können.

„Nehmen wir Damencoupee?" fragte Madelon.

„Nein, sondern nur Coupee für Nichtraucher. Bei so weiten Reisen ist es oft angenehm, sich des Rathes und der Hilfe eines erfahrenen Passagieres bedienen zu können."

Das Gepäck wurde aufgegeben; die Billets waren gelöst. Der alte Rittmeister, welcher seine Enkelin nach dem Bahnhofe begleitet hatte, brachte Beide in das Coupee. Es klingelte bereits zum zweiten Male, so wurde die schon geschlossene Thür abermals geöffnet, und man hörte die Stimme des Schaffners:

„Coupee für Nichtraucher. Hier herein!"

Der, welcher einstieg, war sehr kurz und sehr dick. Er trug einen feinen, hechtgrauen Reiseanzug und einen neuen riesigen Calabreser. Auf der Nase hatte er einen goldenen Klemmer und in der Hand eine ziemlich umfangreiche Mappe.

„Ihr Diener, meine Damen!" grüßte er. „Bitte, nicht zusammenrücken. Ich brauche wenig Platz."

Emma ließ ein leises aber bezeichnendes Räuspern hören, wodurch Madelon aufmerksam gemacht wurde.

„Kennen Sie ihn?" flüsterte die Letztere unter ihrem dichten Schleier hervor.

„O, nur zu gut."

„Wer ist er?"

„Herr Hieronymus Aurelius Schneffke."

„Mein Gott."

„Ich befürchte sehr, daß der Waggon zusammenbrechen wird, nur um dem Pechvogel Gelegenheit zu geben, mir parterre zum vierten Male seine Huldigung zu erweisen!"

„Verlassen wir doch das Coupee!"

„Nicht doch. Versuchen wir es eine Weile! Er ist zu drollig. Vielleicht fährt er nicht sehr weit mit."

Der Dicke hatte seine Mappe untergebracht und sich zurecht gesetzt. Da machte er plötzlich eine Bewegung des Schreckes.

„Sapperlot! Mein Regenschirm!" sagte er. „Der liegt an der Casse. Das ist so sicher wie Pudding!"

Er fuhr von seinem Sitze auf, langte durch das offene Fenster, öffnete die Thür und drängte seinen umfangreichen Leichnam hinaus.

„Des Pech geht an!" lachte Emma.

„Wir sind ihn los!" meinte Madelon. „Es läutet zum dritten Male. Er kommt nicht zur Zeit retour!"

„Himmel, Pinsel und Palette!" rief es draußen. „Wer hält mich denn da hinten!"

Herr Hieronymus war mit einer inneren Seitentasche seines Rockes hängen geblieben. Ein kräftiger Ruck, und sein gewichtiger Leib war frei; er plumpste auf die Erde nieder. Aber der rechte Schoß seines neuen Rockes hing oben über ihm. Er raffte sich auf, ohne den Verlust zu bemerken und wollte davon springen, um den Schirm zu holen. Da aber faßte ihn ein schneller Schaffner beim Arme und fragte:

„Wohin denn noch?"

„An die Casse! Ich habe meinen Schirm dort stehen lassen."

„Dazu ist keine Zeit. Es hat zum dritten Male geläutet!"

„Aber ich muß ihn haben."

„So versäumen Sie den Zug?"

„Heiliges Pech. Das ist der reine Pudding. Und da hängt weiß Gott mein Rockschoß."

„Also hinein oder nicht? Hören Sie? Die Maschine giebt bereits das Zeichen."

„Na, denn in Gottes Namen wieder hinein."

„Aber schnell, schnell!"

So schnell allerdings, wie es wünschenswerth war, ging das bei dem dicken Maler nicht. Er drückte und quetschte sich vorwärts, und der Schaffner schob aus Leibeskräften. Der Zug kam bereits in's Rollen. Da endlich stand Hieronymus Aurelius wieder im Coupee, und die Thüre ward hinter ihm zugeworfen.

Emma hatte, um diese amüsante Scene besser beobachten zu können, den Schleier aufgeschlagen. Der Maler erkannte sie jetzt. Ueber sein Gesicht zog ein breites, wonniges Lächeln:

„Habe die Ehre, Fräulein König! Freut mich ungemein. Ihr ergebenster Diener — — Himmeldonnerwetter."

Er hatte ihr eine tiefe Verbeugung machen wollen, wurde jedoch höchst fataler Weise daran verhindert. Es hielt ihn abermals Jemand an der hinteren Fronte seines Körpers. Er versuchte, sich umzudrehen. Es gelang ihm nur sehr schwer, und da sah er denn zu seinem Entsetzen, daß der Schaffner ihm den zweiten Schooß seines neuen Rockes in der Eile zwischen die Thüre geklemmt hatte.

„Na, nun hört mir aber Alles auf!" sagte er, „Die Reise fängt sich allerliebst an. Wo fahren die Damen hin?"

Die Gefragten mußten sich die größte Mühe geben, ein lautes Lachen zu unterdrücken. Emma antwortete, um ihm gleich von vorn herein zu zeigen, daß die etwaige Hoffnung, bis zu Ende seiner jedenfalls kurzen Fahrt in ihrer Nähe zu verbleiben, eine vergebliche sei:

„Nach Frankreich, mein Herr!"

„Das ist prächtig. Ich auch, ich auch! Da bleiben wir natürlich zusammen!"

Zunächst blieb er auch, nämlich stehen, um sich auf der nächsten Station aus seiner Gefangenschaft befreien zu lassen. — — —

Es war ein wunderschöner Morgen über die Gegend von Ortry aufgegangen. Die Sonne hatte den Thau von den Blättern und Halmen geleckt, nur hier und da glänzte ein goldener Tropfen aus dem tiefen Kelche einer Blume hervor. Die frühen Stunden waren vorüber, und die Sonne machte bereits ihre Wirkung höher geltend. Da ging Nanon durch den Wald.

Um diese Zeit pflegte Marion de Sainte-Marie dem Unterrichte beizuwohnen, welchen Doctor Müller ihrem Bruder Alexander gab. War es die Schwesterliebe oder das Interesse von den Lehrgegenständen, welches sie zu diesem Opfer veranlaßte? Sie wußte es sich vielleicht selbst nicht zu sagen.

Nanon aber benutzte dann diese Zeit zu einem einsamen Spaziergange im Walde. Da war es freier, besser und schöner als im Zimmer bei den Büchern und — — da draußen gab es allerlei Kräuter und Gräser, und zuweilen kam Einer, um dieselben abzupflücken und in seinen großen Sack zu stecken.

Ein Plätzchen gab es, wo sie gar zu gern verweilte. Es war der Ort, an welchem sie zum ersten Male mit Fritz ausgeruht hatte. Und wunderbar. So oft Fritz in den Wald kam, er streckte sich gewiß nicht eher in das Moos oder in die Haide nieder, als bis auch er dieses Fleckchen erreicht hatte.

So strich sie leise und langsam zwischen den Bäumen dahin und trällerte, nicht ganz laut, aber auch nicht ganz halblaut, das Lied vor sich hin:

„Fern im Süd', das schöne Spanien,
Spanien ist mein Heimathsland,
Rauschen an des Ebrostrand,
Wo die Mandeln röthlich blühen,
Wo die süße Traube winkt,
Wo die Rosen schöner glühen
Und das Mondlicht goldner blinkt."

Sie blieb stehen und lauschte. Kein Echo! Es gab aber hier doch gar keinen Berg, keine Felswand, wodurch ein Echo erzeugt werden könnte! Und sie war doch eine so große Freundin des Echo; sie hörte es so gern. Sie setzte also ihren Weg fort und sang weiter:

„Längst schon wandr' ich mit der Laute
Traurig hier von Haus zu Haus,

Doch kein einzig Auge schaute
Freundlich noch zu mir heraus.
Spärlich reicht man mir die Gaben;
Mürrisch heißet man mich gehn.
Ach, mich armen, braunen Knaben
Will kein Einziger verstehn!"

Sie hielt abermals inne, um zu lauschen. Ueber ihr allerliebstes Gesichtchen glitt ein glückliches Lächeln, denn jetzt, ja jetzt ließ sich ein Echo hören. Aber kam das von einem Berge oder von einer Felswand zurück? Wohl nicht, denn die Töne lagen um eine volle Octave tiefer, und die Worte waren auch ganz andere. Giebt es denn auch Echo's, welche nicht von Felswänden zurückgeworfen werden und die ihre eigenen Töne und Worte haben? Jedenfalls, denn das Echo, welches sich jetzt hören ließ, sang:

„Als beim letzten Erntefeste
Man den großen Reigen hielt,
Habe ich das Allerbeste
Meiner Lieder aufgespielt.
Doch, als sich die Paare schwangen
In der Abendsonne Gold,
Sind auf meine dunkle Wangen
Heiße Thränen hingerollt!"

Es war eine volle, kräftige Baritonstimme, welche diese Verse sang. Nanon lauschte, und erst als das letzte Wort verklungen war, setzte sie sich wieder in Bewegung, aber schneller als vorher. Sie kam dem erwähnten Plätzchen immer näher, und als sie es erreichte, da — da lagen Zwei im Moose, nämlich der volle Kräutersack und Fritz, der jetzige Besitzer dieses medicinisch und offizinell höchst wichtigen Gegenstandes.

Er hatte natürlich nicht die mindeste Ahnung, daß außer ihm noch irgend Wer im Walde sein könne; ebenso wenig hatte er Jemand singen gehört. Er lag eben da und blickte zum Himmel auf wie Einer, der sich auf der Erde sehr wohl befindet und dies Denen, die da oben wohnen, von ganzem Herzen auch wünscht.

„Guten Morgen, Herr Schneeberg!" erklang es hinter ihm.

„Wäre es möglich, daß er sich getäuscht hätte? Befand sich außer ihm doch noch Jemand im Walde? Wunderbar? Er sprang auf und that, als ob er im höchsten Grade überrascht worden sei.

„Ah, Sie sind es!" meinte er dann beruhigt. „Guten Morgen, Mademoiselle Nanon! Ich dachte, ich wäre ganz allein!"

„Darum haben Sie auch so schön gesungen!"

„Schön? Wohl kaum leidlich, denn ich habe niemals Gesangunterricht gehabt."

„Aber Ihre Stimme ist hübsch!"

„O, wie eben die Stimme eines Kräutermannes sein kann!"

„Sie sind sehr bescheiden! Und was Sie da sangen, das war mein Lieblingslied!"

„Wirklich? Das hätte ich wissen sollen!"

Und doch hatte er es gewußt, denn sie hatte es ihm bereits einige Male gesagt, ganz mit denselben Worten, wie jetzt.

„Ich habe sogar, ehe ich Sie hörte, auch zwei Strophen desselben Liedes gesungen."

„Drum! Drum hörte ich so Etwas aus der Ferne!

Gerade wie wenn es vom Himmel käme! Es war so schön!"

"Gehen Sie! Sie schmeicheln!"

Er legte die Hand auf das Herz und betheuerte eifrig:

"Gewiß nicht! Ich sage die reine Wahrheit. Wenn Sie singen, so klingt es ganz anders als bei andern Leuten. Es muß bei Ihnen da drin ganz anders beschaffen sein! Viel zierlicher und accurater!"

Dabei deutete er auf seine Brust. Sie war ihm jetzt ganz nahe gekommen und reichte ihm ihr kleines, weißes Händchen.

"Wie weich und fein!" sagte er, indem er es leise und vorsichtig ergriff. "Gerade wie seidener Sammet, aber von der besten und allertheuersten Qualität. So ein Händchen ist doch etwas recht Wunderbares."

"Wieso, Herr Schneeberg?"

"Es ist ein Meisterstück aus Gottes Hand und muß doch so viele irdische, dumme Arbeit vornehmen. Ein solches Händchen sollte immer ruhen dürfen. Es sollte nur da sein zum Entzücken Dessen, der ein Recht darauf hat. Meinen Sie nicht auch!"

"Sie sprechen stets in einer Weise, daß es Einem leid thut, das Geringste dagegen zu sagen."

"Und Sie zeigen in Ihren nachsichtigen Worten eine Güte, über welche ich erröthen möchte!"

Sie standen vor einander und blickten sich in die Augen, so offen, so treuherzig, so redlich, der hohe, starke Mann und sie, das liebliche, sonnige Mädchen. Sie sahen sich an, als ob sie sich noch gar nicht gesehen hätten. Sie lächelten und sagten Nichts dazu, bis Fritz endlich dachte, daß er nun doch wieder Etwas sagen müsse. Darum fragte er:

"Sind Sie nicht ermüdet, Mademoiselle Nanon?"

"Eigentlich nicht, aber ein Wenig doch!"

"Wollen Sie nicht die Güte haben, Platz zu nehmen?"

"Wieder auf den Kräutern? Ich werde Ihnen noch den Sack durchsitzen, und dann wird Ihr Doctor zanken!"

"O, haben Sie keine Sorge! Der zankt nicht mit mir!"

"Weil Sie so gut und treu sind!"

"O nein, sondern weil er meint, daß Zanken doch nichts helfen und bessern würde. Kommen Sie! Es ist so weich, und ich habe ihn so gelegt, daß es bequem ist wie auf einem vornehmen Thronsessel!"

Sie setzte sich auf den Kräutersack und meinte lächelnd:

"Sie werden mich gewiß noch ganz und gar verwöhnen!"

"Ich wollte, ich könnte das! Dann möchte ich den ganzen Tag und das ganze Jahr bei Ihnen sein, um Ihnen Alles so sanft und weich wie möglich zu machen!"

"Ja, so sind Sie! Nur immer für Andere sind Sie besorgt! Und wir Andern mißbrauchen das nur zu sehr!"

"O, mißbrauchen Sie das nur getrost!" lachte er ganz glücklich. "Ich wollte, ich könnte Ihnen noch weit mehr dienen, als ich es vermag!"

"Wirklich? Meinen Sie das wirklich?"

"Gewiß! Wollen Sie Sie das etwa nicht glauben?"

"Ich glaube es, denn ich weiß, daß Sie niemals die Unwahrheit sagen. Aber gerade weil Sie so gütig sind, habe ich gar nicht das Herz, eine Bitte auszusprechen, von der ich heute eigentlich reden wollte."

Er blickte ihr so selig entgegen; er nickte ihr aufmunternd zu und sagte:

"Das ist es ja gerade, was ich wünsche! Ich wollte, Sie hätten alle Tage tausend Bitten, die ich gewähren könnte!"

"Das ist es ja eben! Ich weiß nicht, ob Sie im Stande sind, mir die gegenwärtige zu gewähren."

"Ist's denn gar so schwer? Versuchen Sie es doch einmal!"

"Schwer ist's nun gerade nicht; aber Zeit gehört dazu, und die wird Ihnen wohl nicht zur Verfügung stehen."

"Warum nicht? Zeit habe ich stets!"

"Ja, für Ihr Geschäft, aber nicht für mich!"

"Für Sie am Allermeisten. Doctor Bertrand läßt mich machen, was ich will. Also bitte, sagen Sie mir ja, womit ich Ihnen dienen kann!"

"Nun, so will ich es wagen. Ich muß Ihnen nämlich sagen, daß mein Vater gestorben ist."

"Ihr Vater?" fragte er erschrocken. "Herrgott, das ist ja ganz und gar traurig!"

"Allerdings, obgleich er nicht mein eigentlicher Vater, sondern nur mein Pflegevater, mein Vormund war."

"So haben Sie keine rechten Eltern mehr, Mademoiselle?"

"Nein. Ich bin ein Waisenkind."

"Gerade so wie ich!"

"Ja, gerade so wie Sie!"

Da ergriff er ihr Händchen, streichelte es, aber vorsichtig, um ihr ja nicht wehe zu thun, oder etwas an der Herrlichkeit dieses "Meisterstückes" zu verändern und sagte:

"Gott schütze Sie. Man sagt, daß ein jedes Kind einen Engel habe, ein Waisenkind aber drei, nämlich zwei an Stelle des Vaters und der Mutter."

"Das ist ein sehr lieber und schöner Glaube, aus dem man reichen Trost zu schöpfen vermag. Also mein Pflegevater ist gestorben und soll morgen beerdigt werden. Ich will hin, und auch meine Schwester kommt."

"Eine Schwester haben Sie, eine Schwester?"

"Ja, ein gutes, heiteres herziges Wesen. Ich habe ihr telegraphirt, und sie wird morgen auf dem Bahnhofe sein. Dort empfange ich sie, und wir fahren weiter, nach Metz und von da nach Etain. Denken Sie sich, so weit wir Zwei!"

"Ja, das ist nun freilich schlimm! Zwei Damen, so allein!"

"Zwar fürchte ich keine Gefahr; aber man weiß doch niemals, was geschehen kann. Denken Sie, damals auf der Mosel."

"Ja, wer sollte meinen, daß man da Schiffbruch leiden könne!"

"Und doch mußten Sie mich aus dem Wasser retten. Seit jener Zeit ist es mir, als ob ich nur dann sicher sein könne, wenn ich bei Ihnen bin. Darum kommt nun meine heutige Bitte, lieber Schneeberg — aber es fällt mir wirklich schwer, sie auszusprechen."

Er lächelte ihr freundlich entgegen und sagte:

"Nun, da muß ich sie Ihnen leicht machen. Wissen Sie, was mich recht froh und glücklich machen könnte?"

„Nun, was?"

„Wenn ich Sie begleiten dürfte. Aber so eine Dame, wie Sie, wird sich mit so einem armen Kräutersammler nicht abgeben wollen. Nicht wahr?"

„Wo denken Sie hin? Das war es ja gerade, um was ich Sie bitten wollte."

„Wirklich? Dann hätten sich unsere Wünsche ja recht schön begegnet!"

„So wie immer! Aber, werden Sie denn auch Zeit haben?"

„So viel, wie Sie wünschen! Ich werde es meinem Herrn melden, und dann wird Alles abgemacht sein."

„Gut! Werden Sie mit dem Vormittagszuge fahren können?"

„Das versteht sich ganz von selbst!"

„So treffen wir uns auf dem Bahnhofe! Wie freue ich mich, meine Schwester wieder zu sehen! Es sind Jahre vergangen, seit wir uns trennten. Wissen Sie, daß ich ihr von Ihnen geschrieben habe, von Ihnen und dem Löwenzahn? Ich dachte, sie könne sich erkundigen."

„Wo?"

„Sie wohnt in Berlin."

Er horchte auf.

„In Berlin?" fragte er. „Ist sie da verheirathet?"

„O nein. Sie ist Gesellschafterin gerade wie ich. Es geht ihr sehr gut. Ihre Herrin ist eine Gräfin von Hohenthal."

„Von Hohen — Hohenthal?" fragte er, indem er Mühe hatte, seinen Schreck zu verbergen.

„Ja. Ihr Sohn ist Husarenrittmeister."

„So, so! Darf ich ihren Namen wissen?"

„Madelon heißt sie. Also Sie kommen gewiß?"

„Ganz gewiß!"

„So will ich wieder gehen. Marion wird mich erwarten."

Sie erhob sich und reichte ihm die Hand.

„Sie wollen allein gehen?" fragte er.

„Ja. Ich nehme morgen so viel von Ihrer Zeit in Anspruch, daß ich Sie heute nicht auch noch berauben will. Leben Sie wohl, mein bester Herr Schneeberg!"

„Adieu, Fräulein Nanon!"

Sie trennten sich. Sie ging, und er blieb zurück. Als sie sich entfernt hatte, schüttelte er den Kopf und sagte:

„Na, na, was soll daraus werden! Hohenthals Madelon ist ihre Schwester! Die kennt mich ganz genau. Sie wird gleich ahnen, weshalb wir uns hier befinden. Was ist da zu thun? Es wird am Besten sein, ich frage den Herrn Rittmei— wollte sagen, den Hern Doctor Müller. Was der sagt, das wird gemacht. Auf mich allein kann ich es nicht nehmen.

Er nahm seinen Sack auf die Achsel und schritt davon. Er war allerdings keineswegs wirklich verpflichtet, für Doctor Bertrand Pflanzen zu sammeln; oft aber, wenn es seine eigenartigen Geschäfte zuließen, brachte er officinelle Kräuter mit heim. Auch heute sagte er sich, daß er Muse zum Sammeln solcher Thee's habe, und so verweilte er noch längere Zeit in Wald und Feld. Es war bereits weit über Mittag, als er mit den Ergebnissen seines Botanisirens nach Thionville kam. Er begab sich, als er dieselben abgeliefert hatte, nach dem Gasthofe, in welchem damals die Seiltänzer logirt hatten und in dessen kleinen Zimmer er den Auftritt mit dem nachher verunglückten Mädchen erlebt hatte.

Als er quer über die Straße hinüber schritt, erblickte er Müller, seinen Herrn, welcher langsam, mit den Schritten eines Spaziergängers, daher geschlendert kam. Ein kurzer Wink zwischen Beiden genügte zum Verständniß, daß Fritz mit dem jetzigen Erzieher zu sprechen habe. Der Erstere trat in den Gasthof ein. In dem Gastzimmer befand sich kein Mensch; dennoch aber begab er sich nach dem erwähnten kleinen Stübchen, um von etwa noch ankommenden Gästen ungestört zu sein. Müller war so vorsichtig, die Straße vollends hinauf zu gehen und durch zwei Nebengassen zurückzukehren. Auch er begab sich nach dem hintern Zimmerchen, da er in der vorderen Stube Niemanden erblickte. Gerade als er dort eintrat, erhielt Fritz seine Flasche Wein, welche er sich bestellt hatte. Er grüßte fremd, als ob er den Letzteren nicht kenne, und bestellte sich ebenso Wein. Als derselbe gebracht worden war und die Kellnerin sich entfernt hatte, fragte er in halb lautem Tone:

„Du hast mir Etwas zu sagen?"

„Ja, Herr Doctor."

„Etwas Wichtiges?"

Fritz zuckte die Achsel, machte ein schelmisches Gesicht und antwortete:

„Hm! Für mich vielleicht, für Sie aber wohl weniger. Es ist eine private Angelegenheit."

„So, so! Laß doch einmal hören!"

„Ich brauche sehr nothwendig einen kurzen Urlaub."

„Weshalb?"

„Na, weil der Pflegevater gestorben ist!"

„Der Pflegevater?" fragte Müller erstaunt. „Doch wohl nicht der Deinige?"

„Nein. Zweimal stirbt bekanntlich Keiner. Ich meine nämlich den Pflegevater von Mademoiselle Nanon."

„Ah! Das verstehe ich nicht."

„Nun, sie hat in der Gegend von Etain einen Pflegevater, welcher gestorben ist. Sie will ihn begraben helfen, und ich soll die Ehre haben, sie zu begleiten."

„Du, Du!" drohte Müller mit dem Finger. „Was soll ich davon denken? Ich will doch nicht hoffen, daß — — —!"

Er hielt inne, und Fritz fiel schnell ein:

„Daß ich etwa nicht der Kerl bin, eine Dame zu begleiten und zu beschützen?"

„Eine alte, eine recht sehr alte, ja; aber eine so junge und zugleich hübsche? Nein!"

„Donnerwetter! Ein königlich preußischer Ulanenwachtmei — — —"

„Pst!" warnte Müller.

„Ach so! Ich wollte sagen ein französischer Kräuterfex, der mit Blumen und Blüthen umzugehen weiß, wird wohl auch verstehen, eine junge Dame zart genug anzufassen!"

„Also beim Anfassen bist Du schon?"

„Warum nicht?"

„Duldet sie das?"

„Was will sie machen!"

„Hm! Wie kommt sie denn gerade auf Dich?"

„Da ist jedenfalls nur der Kräutersack schuld!"

„Wieso?"

„Weil der ihr stets als Kanapee dient."

„Ach so! Ich beginne, zu begreifen! Ihr trefft Euch zuweilen im Walde?"

„Freilich!"

„So ganz zufällig?"

„Ganz und gar!"

„Dann setzt Ihr Euch nieder und plaudert?"

„Natürlich!"

„Sie sitzt auf dem Sacke?"

„Gewöhnlich."

„Und Du daneben?"

„Zuweilen. Es kommt auch vor, daß ich liege. Wir haben nämlich bei unseren Conferenzen jede Etiquette verbannt."

„Das ist sehr praktisch. Und wovon unterhaltet Ihr Euch?"

„Vom Wetter, von Frostballen, von Clarinetten und auch wohl von sauren Gurken und hölzernen Pantoffeln."

„Schlingel! Giebt es keinen bessern und interessanteren Unterhaltungsstoff?"

„O doch!"

„Nun?"

„Wir gucken uns an. Das ist das Liebste und Interessanteste, was wir machen können."

„Fritz, Du bist verliebt!"

„Donnerwetter, ja, das ist wahr!"

„Und sie, die Nanon?"

„Die wohl schwerlich. Leider! So ein kleines Mäuschen wird sich in so einen großen Bären vergaffen!"

„Das ist richtig! Du hast übrigens auch ganz und gar Nichts an Dir, was geeignet sein könnte, das Herz eines jungen, hübschen Mädchens zu erobern!"

„Ah! Wirklich? Ja, das kann wahr sein. Es fehlt mir das Haupterforderniß, um Liebe und Anbetung zu erwecken."

„Was?"

„Der Buckel, den Sie haben."

„Du bist ein Galgenstrick! Aber lassen wir diese heikle Angelegenheit. Deine Bekanntschaft mit Nanon Köhler kann uns sehr nützlich werden. Wie lange soll der Urlaub währen?"

Das weiß ich nicht. Doch wohl nicht länger als bis übermorgen Abend oder den nächsten Vormittag."

„Wann fahrt Ihr ab?"

„Morgen mit dem Mittagszuge."

„Nun gut! Du sollst den Urlaub haben, und hier auch das Reisegeld. Da, nimm!"

Er zog die Börse und reichte dem Wachtmeister einige Goldstücke hin; dieser nahm sie mit lachender Miene in Empfang und sagte:

„Großen Dank, Herr Doctor! Auf diese Weise kann ich nobel auftreten und mich sehen lassen. Das ist mir besonders deshalb lieb, weil eine alte, gute Bekannte mitfahren wird."

Müller horchte auf.

„Eine Bekannte?" fragte er. „Von hier?"

„Nein, sondern von Berlin."

„Das wäre?" frug Müller erstaunt. (Forts. folgt.)

Die Liebe des Ulanen.
Original-Roman aus der Zeit des deutsch-französischen Krieges von Karl May.
(Fortsetzung.)

Fritz streckte behaglich die Beine aus, machte ein höchst wichtiges Gesicht und sagte:

"Ja, mein verehrtester Herr Doctor, das ist eine ganz verteufelte Geschichte. Wir können gewaltig in die Käse fliegen. Wer hätte aber auch so Etwas denken können."

"Du machst mich besorgt. Was giebt es denn?"

"Hm. Sie kennen doch die Familie des Herrn Husarenrittmeisters von Hohenthal?"

"Natürlich! Ich bin ja mit dem Rittmeister innig befreundet. Wir besuchen uns sogar."

"Das weiß ich. Sie kennen also auch die Gesellschafterin seiner gnädigen Frau Mutter?"

"Die kleine Madelon? Ja."

"Fällt Ihnen nicht auf, daß sie gerade Madelon heißt?"

"Warum sollte mir das auffallen? Wohl weil dieser Vorname ein französischer ist?"

"Ja. Nanon und Madelon, Madelon und Nanon. Ist Ihnen der Familienname dieser kleinen Dame bekannt?"

"Hm. Ich glaube, ihn gehört zu haben. Ah, jetzt fällt er mir ein. Ich glaube, daß der Rittmeister, "Fräulein Köhler" zu ihr sagte!"

"So ist es! Und Nanon heißt auch Köhler. Daraus folgt, daß —"

"Daß sie verwandt sind?" fiel Müller schnell ein.

"Sogar daß sie Schwestern sind!"

"Sapperment. Ist das wahr?"

"Ja. Nanon hat es mir selbst gesagt."

"Und ich habe keine Ahnung davon gehabt. Wer hätte das denken können. Du willst doch nicht etwa sagen, daß diese Madelon kommen wird?"

"Gerade das will ich sagen. Auch sie ist von dem betreffenden Pflegevater erzogen worden. Nanon hat ihr telegraphirt, und nun wird sie morgen mit dem Mittagszuge in Thionville eintreffen, um sich ihrer Schwester anzuschließen."

"Das ist unangenehm, höchst unangenehm!"

"Allerdings. Du wirst Nanon nicht begleiten können."

"Das habe ich mir auch gesagt. Man dürfte sich eigentlich gar nicht sehen lassen; aber — hm — ich habe mir das Ding genau überlegt; ich habe es nach rechts und links gewendet und bin da zu der Ansicht gekommen, daß es doch wohl besser ist, wenn ich mich vor ihr zeige."

"Wieso?"

"Nun, erstens habe ich Nanon mein Wort gegeben. Es ließe sich zwar eine Ausrede nicht schwer erfinden, aber es könnte auffallen und, aufrichtig gestanden, fahre ich doch gar zu gern mit."

"Deine persönlichen Gefühle müssen hier vor den Rücksichten der Klugheit zurücktreten."

"Das wäre richtig, wenn es richtig wäre. Aber die beiden Schwestern haben einander seit Jahren nicht gesehen. Madelon wird dieser kleinen Nanon einige Tage widmen; sie wird nach dem Begräbnisse ganz sicher mit nach Schloß Ortry kommen, und dann ist es ja gar nicht zu vermeiden, daß Sie von ihr bemerkt und gesehen werden."

"Das ist leider sehr richtig."

"Das kann gefährlich werden; das kann Alles verrathen. Im Augenblicke des Erkennens hat man sich nicht so wie zu anderer Zeit in der Gewalt. Wie nun, wenn die kleine junge Dame vor Ueberraschung mit Ihrem wirklichen Namen herausplatzte!"

"Das wäre verteufelt."

„Das meine ich auch, und darum ist es besser, daß ich mich vor ihr sehen lasse und sie vorbereite."

„Das mag sein. Aber womit wollen wir unsere Anwesenheit, unser Incognito begründen?"

„Dies zu bestimmen, überlasse ich Ihnen. Die Wahrheit dürfen wir auf keinen Fall sagen."

„Natürlich nicht. Du kennst wohl Einiges aus der Vergangenheit meiner Familie?"

„Ja, was ich so hier und da gehört und weggeschnappt habe."

„Der alte Capitän spielt da eine große Rolle —"

„Ich weiß es. Sie meinen, daß ich ihr auf diese Weise unsere Anwesenheit erklären soll?"

„Ja, es wird dies das Beste sein."

„Jedenfalls. Aber, was soll ich ihr da sagen?"

„Das überlasse ich Dir. Du bist klug und vorsichtig genug, um das Richtige zu treffen und weder zu viel noch zu wenig zu sagen. Ich kann Dir keine Vorschriften machen, da ich ja nicht weiß, wie sich Euer Zusammentreffen gestalten wird."

„Und darf Nanon davon hören?"

„Kein Wort!" antwortete Müller schnell.

„Sie darf also gar nicht wissen, daß ihre Schwester mich kennt. Das erschwert die Sache."

„Ich halte diese Madelon für klug, verschwiegen und gewissenhaft."

„Ich auch. Ich hoffe, daß sie selbst gegen ihre Schwester nicht plaudern wird. Aber, hm, da macht mir eben der Augenblick des Zusammentreffens Sorge."

„Du hast Dich mit Nanon auf den Bahnhof bestellt?"

„Freilich. Ihre Schwester weiß, daß sie dort von ihr erwartet wird. Da wird sich die Coupeethür öffnen; die beiden Schwestern fliegen sich in die Arme; ich stehe dabei wie ein Oelgötze, Madelon erkennt mich und schreit: Ei potz Blitz, bist Du nicht die Gustel von Blasewitz? Ich bin erkannt und entlarvt; die Butter fällt mir vom Brod; Nanon staunt mich an und fragt nach meinem Heimathsschein — es wird eine Scene, welche wir auf alle Fälle vermeiden müssen."

„Sehr richtig."

„Aber das Mittel. Es will mir augenblicklich nichts einfallen!"

„Es giebt da nur ein einziges Mittel, vorzubeugen, daß wir nicht verrathen werden."

„Und das wäre?"

„Du mußt ihr entgegenfahren."

„Alle Wetter. Das ist richtig. Und ich Dummkopf komme nicht selbst darauf. Aber wie weit fahre ich?"

„Der Zug trifft nach zwölf Uhr hier ein. Auf einem kleinen Anhaltepunkt, wo es keinen Aufenthalt giebt, hast Du keine Zeit, ihr Coupee zu entdecken. Du mußt ihr unbedingt bis Trier entgegen fahren, und das ist nur mit dem Morgenzuge möglich."

„Gut. In Trier hält der Zug zehn Minuten; das genügt, um einen Passagier ausfindig zu machen, zumal ich annehmen kann, daß sie nicht in dritter Classe fahren wird."

„Du brauchst Dich nur an die Schaffner zu wenden. Du steigst bei ihr ein, und bis Du hier ankommst, ist die Angelegenheit in Ordnung gebracht. Ich weiß, daß ich keine Befürchtung zu hegen brauche, da ich mich auf Dich verlassen kann."

„Keine Sorge, Herr Doctor. Aber wie kommt es daß Sie sich jetzt in der Stadt befinden?"

„Ich kam, um beim Buchhändler einige Bücher zu kaufen. Horch! Es scheinen Gäste gekommen zu sein."

Die Kellnerin hatte die nach dem großen Zimmer führende Thür nicht fest zugemacht, sondern nur angelehnt. Die Beiden hörten Schritte, und eine Stimme fragte:

„Ist der Wirth zu Hause?"

„Ja," antwortete das Mädchen.

„Gieb mir einen Absynth und rufe ihn. Dich aber brauchen wir nicht dabei."

„Das Mädchen ging.

„Ah, eine heimliche Unterredung, wie es scheint!" flüsterte Müller.

Er trat an die Thür, warf einen Blick durch die Spalte und gewahrte einen Mann, dessen Gesicht durch einen dunklen Vollbart verhüllt war. Er trug ganz gewöhnliche Kleidung, doch war der Eindruck, den er machte, ein martialischer. Er hatte sich auf einen Stuhl gesetzt und trank von dem Schnapse, den ihm das Mädchen gegeben hatte, ehe sie aus der Stube gegangen war.

Müller und Fritz verhielten sich unwillkürlich ganz schweigsam. Es währte eine ziemliche Zeit, bis der Wirth eintrat.

„Du lässest mich lange warten!" sagte der Mann zu ihm. „Und meine Zeit ist kurz bemessen."

„Kann ich dafür? Was giebts?"

„Versammlung."

„Ach so. Dann hast Du allerdings gehörig zu laufen. Versammlung für Alle?"

„Nein, nur die Anführer."

„Wann?"

„Punkt elf Uhr."

„In den Ruinen?"

„Nein; das ist nicht mehr möglich, seit wir damals belauscht worden sind. Möchte nur wissen, welchem Subjecte es gelungen ist, sich einzuschleichen. Einen Verdacht hat man."

„Ah. Wirklich? Wer?"

„Es läuft ein fremder Kerl den ganzen Tag im Walde herum, um Kräuter zu sammeln. Man hat ihn auch bei den Ruinen gesehen. Vielleicht ist Der es gewesen."

Der Wirth schüttelte den Kopf und antwortete:

„Der? Das fällt ihm gar nicht ein."

„Kennst Du ihn?"

„Ja. Er ist der Pflanzensammler von Doctor Bertrand. Ich kenne ihn genau, da er bei mir viel verkehrt."

„Was ist es für ein Mensch?"

„Der ist ebenso dumm, wie er lang und stark ist. Saufen kann er, wie ein Loch. Aber sonst ist ganz und gar nichts mit ihm. Er thut das Maul nicht auf, spielt weder Billard noch Karte; der hat für Nichts Sinn als für seinen Kräutersack!"

„Das ist sein Glück. Wollte er seine Nase in unsere Angelegenheit stecken, so würde sie ihm bald breit gedrückt werden. Woher stammt er?"

"Aus Genf, überhaupt aus der französischen Schweiz, glaube ich. Um den brauchen wir uns nicht zu grämen."

"Schön. Der Capitän hat ihm mißtraut und will ihn beobachten lassen. Ich werde ihn also beruhigen."

"Das kannst Du getrost thun. Also in den Ruinen kommen wir nicht zusammen? Folglich beim alten Thurme?"

"Auch nicht. Wo denkst Du hin. Wie können wir so Etwas wagen! Hast Du denn die Kerls vergessen, welche damals das Grab geöffnet haben?"

"Ah, richtig. Ihr hättet sie erschießen sollen."

"Pah. Du hast gut Reden. Der Capitän hatte den Klingeldraht falsch angebracht; es läutete zu spät. Wir waren nur drei Personen am Wachen, und als wir kamen, ging eben der Spectakel los, nämlich das Donnern und Blitzen."

"Diese Kerls mögen schön erschrocken sein."

"Und wie! Der Eine riß sofort aus. Er schrie Etwas in einer fremden Sprache, welche der Teufel vielleicht versteht, ich aber nicht."

"Habt Ihr Keinen erkannt?"

"Nein. Es waren Drei. Also Einer riß aus, aber die beiden Anderen blieben furchtlos stehen. Natürlich kam der Capitän dazu, von dem Glockenzeichen herbeigerufen. Er befürchtete, daß diese Zwei bleiben würden, um zu lauschen, was nun von unserer Seite geschehen werde; darum mußten wir uns vollständig still verhalten. Und wirklich. Ein Rascheln, welches später zu hören war, überzeugte uns, daß sie sich zwar entfernt hatten, aber wiedergekommen seien."

"Schlauköpfe."

"Ja. Ich möchte wissen, wer es gewesen ist. Erst am Morgen entfernten sie sich, und von da an hatten wir Gelegenheit, das Loch wieder zuzuwerfen und die Zerstörung, welche sie angerichtet hatten, zu beseitigen."

"Hoffentlich aber ist der Alte so klug gewesen, das Arrangement verändern zu lassen!"

"Jedenfalls. Er schweigt natürlich darüber; aber ich vermuthe, daß einige Kameraden, welche ich mehrere Tage lang nicht zu Gesichte bekam, heimlich bei ihm arbeiten mußten."

"So bleibt uns nur noch das Trou du bois, wo wir uns versammeln könnten?"

"Jetzt, ja. Also heut Abend zehn Uhr im Trou du bois. Jetzt muß ich weiter."

"Ist Etwas mitzubringen?"

"Nein. Wir werden einige Befehle erhalten; das ist Alles. In einer Viertelstunde ist's abgemacht. Adieu!"

Er gab dem Wirthe die Hand und ging. Der Letztere begleitete ihn hinaus und kehrte nicht wieder zurück.

Die beiden Lauscher blickten einander an. Dann nickte Fritz wohlgefällig vor sich hin und sagte mit gedämpfter Stimme:

"Bon! Das war famos! Nicht?"

"Sehr gut!"

"Der Wirth muß von unserer Anwesenheit gar nichts wissen."

"Jedenfalls. Darum wollen wir die Thür zumachen, damit er, wenn er unsere Gegenwart bemerkt, nicht auf die Vermuthung kommt, daß wir Etwas hören konnten."

Fritz drückte die Thür in's Schloß, nahm wieder Platz und sagte:

"Also auf mich haben diese Kerls Verdacht! Wie gut, daß ich dies weiß! Jetzt kann ich mich darnach verhalten."

"Und ich freue mich sehr, daß nicht ich es bin, auf den ihr Augenmerk gefallen ist. Seit mich der Capitän mit Dir in den Ruinen sah, war ich überzeugt, daß der Verdacht sich einzig gegen mich richten werde."

"Heut Abend wieder eine Zusammenkunft! Alle Wetter! Wenn man die belauschen könnte!"

"Den Ort wüßten wir. Im Trou du bois."

"Das heißt auf Deutsch im Waldloche. Kennen Sie vielleicht diesen Ort, Herr Doctor?"

"Nein; aber ich muß ihn zu erfahren suchen."

"Die Erkundigung könnte auffallen!"

"Nein. Ich spreche auf dem Nachhausewege beim Förster vor."

"Wenn nun Der mit ihnen unter der Decke steckt?"

"Ich halte mich an den Forstgehilfen. Dieser ist ein junger, unerfahrener Mensch, vor dem mir nicht bange zu sein braucht."

"Was werden Sie thun, wenn Sie erfahren, wo dieses Waldloch sich befindet?"

"Das kann ich jetzt noch nicht sagen; ich muß die Umstände berücksichtigen."

"Vielleicht kommen Sie auf den Gedanken, die Versammlung zu belauschen?"

"Möglich!"

"Donnerwetter! Das ist gefährlich!"

"Allerdings," antwortete Müller, indem er die Achsel zuckte.

"Es kann Ihnen an den Kragen gehen!"

"Das kann mich nicht abhalten, meine Pflicht zu thun!"

"Aber Sie haben sich vor allen Dingen zu erhalten, schon um Ihre Aufgabe zu erfüllen."

"Die erfülle ich ja eben, indem ich horche!"

"Aber man jagt Ihnen unter Umständen eine Kugel durch den Kopf!"

"Ich bin auch bewaffnet. Uebrigens wirst Du mir wohl die nöthige Vorsicht zutrauen."

"Man kann bei aller Klugheit und Vorsicht in die allerdickste Tinte gerathen!"

"Ich danke Dir für die Besorgniß, welche Du für mich zeigst! Aber denke an Dich selbst! Hast Du etwa gezaudert, als Du damals des Nachts Dich bei der Ruine befandest?"

"Nein. Ich habe allerdings meine Nase, die sie mir so gern breit schlagen möchten, sofort in die Ruine gesteckt."

"Und das Leben dabei gewagt!"

"Pah! Man hat mir nichts gethan!"

"Aber man hätte Dich beinahe ergriffen, und dann wäre es jedenfalls aus mit Dir gewesen!"

"Ja, Matthäi am Letzten wäre es gewesen! Aber ich hätte mich doch vorher ganz gehörig meiner Haut gewehrt, und es ist doch auch ein Unterschied zwischen Ihnen und mir zu machen!"

"Das sehe ich nicht ein!"

"O! Ein Ritt- und ein Wachtmeister!"

"Pst!"

"Schön! Also ein Doctor der Philosophie und ein Kräutermann! Wenn sie mich wegputzen, so sind Sie immer noch Manns genug, Ihre Aufgabe zu lösen; dreht man aber Ihnen den Kopf auf den Rücken, so ist's aus mit der Laterne. Also, lieber Herr Doctor, schicken Sie lieber mich nach dem Trou du bois!"

„Das geht nicht! Ich muß selbst da sein!"

„So nehmen Sie mich wenigstens mit."

„Du mußt ausschlafen!"

„Pah! Etwa der morgenden Reise wegen?"

„Natürlich!"

„Das fehlte noch! Ich bitte wirklich von ganzem Herzen, nicht ohne mich zu gehen!"

Das klang so treu und dringend, daß Müller nicht zu widerstehen vermochte. Er antwortete:

„Gut! Wenn ich Dir damit einen so großen Gefallen thue!"

„Einen sehr großen! Wo treffen wir uns?"

„Punkt zehn Uhr da, wo vom Schlosse aus der Fußweg in den Wald tritt."

„Werden Sie bis dahin wissen, wo das Waldloch zu suchen ist?"

„Ich hoffe es. Natürlich bewaffnest Du Dich!"

„Das versteht sich ganz von selbst! Befehlen Sie vielleicht, daß ich mich nun zurückziehe?"

„Nein. Wir warten noch. Gehen wir jetzt, und der Wirth erblickt uns, so schöpft er Verdacht. Sieht er uns aber erst später, so meint er vielleicht, daß wir erst später gekommen sind. Apropos! Hast Du Abu Hassan wiedergesehen?"

„Nein."

„Er ist seit jener Nacht spurlos verschwunden."

„Aber seine Requisiten befinden sich noch hier im Gasthofe."

„So kehrt er sicher zurück."

„Auf alle Fälle. Er müßte sonst gewärtig sein, daß man ihn steckbrieflich verfolgt. Er hat ja vor Gericht seine Aussage über den Tod der Schauspielerin zu thun. Bleibt er damit im Rückstande, so wird er gesucht."

„Solltest Du ihn sehen, so benachrichtigst Du mich sofort!"

„Sie haben mit ihm zu sprechen?"

„Ja. Ich muß mir über Einiges klar werden. Ich bedaure jetzt, nicht aufrichtiger mit ihm gewesen zu sein. Uebrigens möchte ich jetzt am Schlusse ein aufrichtiges Wort mit Dir reden, Fritz!"

„Ganz wie der Herr Doctor befehlen!"

„Sage mir einmal ohne allen Rückhalt: Liebst Du diese Nanon wirklich?"

Der Gefragte wurde roth. Er blickte eine Weile vor sich nieder, hob dann den Kopf, richtete seine treuherzigen, guten Augen auf Müller und antwortete:

„Herr Doctor, das ist eine ganz und gar verdonnerte Frage! Man ist so manchem Gesichte gut gewesen; aber was Liebe ist, wirkliche, richtige Liebe, hm! Wenn Sie mir doch sagen könnten, was das ist?"

„Nun," antwortete Müller lächelnd, „in diesem Punkte bin ich gerade ebenso gescheidt wie Du. Auch ich bin nicht im Stande, eine Definition von diesem Worte zu geben."

„Nicht? Da will ich es doch einmal versuchen!"

„Laß Dich hören!"

„Ist das Liebe, wenn man ein Mädchen zum ersten Male sieht und sie doch gleich mit Haut und Haar fressen möchte?"

„Nein; das ist vielmehr der Heißhunger eines Menschenfressers."

„So! Oder ist das Liebe, wenn man so ein Mädchen an das Herz nehmen und gar nicht wieder von sich lassen möchte?"

„Vielleicht."

„Wenn man für sie durch's Feuer gehen und tausend Mal für sie sterben möchte, wenn das möglich wäre?"

„Hm! Hübscher ist es doch jedenfalls, für die Geliebte zu leben als für sie zu sterben!"

„Das leuchtet auch mir ein. Aber, Alles in Allem gerechnet, bin ich doch wohl auf der richtigen Fährte, wenn ich annehme, daß ich dieser Nanon von ganzem Herzen gut bin."

„Hast Du Dir aber auch überlegt, was daraus folgen kann?"

„Ja."

„Nun, was?"

„Eine Hochzeit oder ein alter Junggeselle."

„Unsinn!"

„Herr Doctor, das ist kein Unsinn! Wenn dieses Mädchen meine Frau nicht werden will, so bleibe ich ledig!"

„Das ist fester Entschluß?"

„Ja!"

„Und da thust Du noch zweifelhaft, ob Du sie wirklich liebst?"

„Gut, so will ich den Zweifel zur Thür hinauswerfen!"

„Dann bedenke, wer sie ist!"

„Ein wunderbar gutes und liebes Mädchen!"

„Eine Gesellschafterin, ohne Familie und Vermögen!"

„Habe ich etwa Vermögen oder Familie?"

„Fritz! Du weißt ja, daß ich daran arbeite, das Geheimniß Deiner Geburt zu enthüllen!"

„Lassen Sie lieber den Vorhang drüber! Ich bin jetzt ein ganz und gar glücklicher Kerl. Ich habe Sie; ich habe meine Uniform — wollte sagen, meinen Kräutersack; ich kann zuweilen einige Augenblicke mit Nanon sprechen; ja, ich darf sogar morgen mit ihr verreisen! Das ist bereits mehr, als dazu gehört, zufrieden zu sein."

„Aber wenn Du doch der Sohn eines Grafen, eines Generals wärst?"

„Dieses Glück wäre wohl nicht so groß wie dasjenige, der Mann dieser Nanon sein zu dürfen!"

„Nun gut, sprechen wir jetzt nicht weiter darüber. Wenn es mir gelingt, diesen Bajazzo ausfindig zu machen, so — — —"

„So werden Sie vielleicht erfahren," fiel Fritz ein, „daß wir Spinnewebe gesponnen haben!"

Da wurde die Thür geöffnet; der Wirth blickte herein.

Er machte, als er die Beiden sah, ein finsteres Gesicht, trat näher und fragte, sich an Fritz wendend:

„Sind Sie schon lange hier?"

Fritz machte das dümmste Gesicht, welches er fertig zu bringen vermochte, und antwortete:

„Sie wissen es ja."

„Ich? Ich sah Sie nicht kommen!"

„O doch! Als ich zum ersten Male bei Ihnen einkehrte, standen Sie unter der Thür."

„Ah, wer fragt denn darnach!"

„Sie doch!"

„Ist mir nicht eingefallen!"

„Donnerwetter! Sie fragten mich doch, wie lange ich bereits hier bin, in Thionville!"

„Da haben Sie mich falsch verstanden. Ich meine, wie lange Zeit Sie bereits hier sitzen, nämlich heute."

„Hm! Ich habe nicht nach der Uhr gesehen."

„War Jemand im vorderen Zimmer?"

„Die Kellnerin."

„Kein Gast?"

„Nein."

Jetzt schien der Wirth beruhigt zu sein. Er wendete sich an Müller und fragte diesen:

„Sie waren noch nie bei mir, Monsieur. Darf ich fragen, wer Sie sind?"

„Aus welchem Grunde fragen Sie. Muß man, um ein Glas Wein bei Ihnen zu trinken, sich legitimiren?"

„Nein; das nicht; aber ich liebe es, die Herren zu kennen, welche bei mir verkehren. Sie wissen ja, Monsieur, es ist Pflicht eines Wirthes, Jeden nach seinen begründeten Ansprüchen zu behandeln."

„Möglich. Was mich betrifft, so sind meine Ansprüche nicht groß. Ich bin Erzieher."

„Wo?"

„Auf Schloß Ortry."

Ein leises Zucken ging über das Gesicht des Wirthes. Er ließ sein Auge von dem Einen auf den Andern herüber und hinüber schweifen und fragte:

„So sind Sie Herr Doctor Müller?"

„Ja."

„Sie haben das gnädige Fräulein gerettet?"

„Ja."

„Und dann auch den jungen Baron Alexander?"

„Es gelang mir, ihn vor dem gefährlichen Sturze zu bewahren."

„Sie müssen ein sehr muthiger Mann sein!"

Dabei musterte er ihn mit offenbar mißtrauischem Blicke.

„Pah! Man thut seine Pflicht!" meinte Müller kalt.

„Haben diese Herren sich zufällig getroffen?"

„Zufällig," nickte der verkleidete Officier, der damit ja auch die Wahrheit sagte.

„Kennen Sie sich vielleicht?"

Das war denn doch zu unverschämt. Müller stand auf, warf ein Geldstück auf den Tisch und antwortete:

„Bringen Sie Ihre Fragen bei Schulknaben an, nicht aber bei Einem, der selbst gewohnt ist, Antworten zu hören. Hier die Bezahlung! Adieu!"

Er ging. Der Wirth blickte ihm nach und sagte dann, zu Fritz gewendet:

„Ein grober Mensch!"

„Ja," meinte der Kräutersammler kurz.

„Finden Sie das nicht auch?"

„Sogar sehr! Ich hätte ihn beinahe beohrfeigen mögen!"

„Wieso?"

„Er trat hier ein, als ich mich eben niedergesetzt hatte. Meinen Sie etwa, daß er grüßte?"

„Nicht?"

„Fiel ihm gar nicht ein! Ich wollte ein Gespräch beginnen — — —"

„Er mochte nicht?"

„Nein. Ich fing vom Wetter an; er aber gönnte mir nicht einmal einen Blick. Ich brachte Verschiedenes vor, lauter prächtige und intressante Sachen; wissen Sie, was er da zu mir sagte?"

„Nun?"

„Ich solle den Schnabel halten!"

„Das ist allerdings sehr stark!"

„Sehr! Mich wundert es, daß er es nicht auch zu Ihnen gesagt hat. Schnabel! Als ob man ein Staar oder eine Blaumeise wäre! Dieser Kerl wird dem jungen Baron eine schauderhafte Bildung beibringen!"

„Ja, das scheint so! Aber, sagen Sie: Ist wirklich Niemand in der vorderen Stube gewesen?"

„Nein."

„Sie haben nicht gehört, daß Jemand gesprochen hätte?"

„Kein Wort!"

„So ist's also doch gut! Ich erwarte nämlich den Briefträger; er ist aber, wie ich nun höre, noch nicht dagewesen. Waren Sie heute bereits nach Pflanzen aus?"

„Ja."

„Allüberall, im Walde und im Felde."

„Wo sind da Ihre liebsten Stellen?"

„Wie meinen Sie das?"

„Ich meine, wo Sie sich am Allerliebsten aufhalten?"

„Hm! Im Bette."

Fritz sagte das, indem seine Miene die größte Unbefangenheit zeigte. Der Wirth warf ihm einen zornig forschenden Blick zu und fragte:

„Monsieur, wollen Sie mich etwa zum Narren haben?"

Fritz sah erstaunt zu ihm auf und antwortete:

„Wieso? Sie fragen mich, wo ich mich am Allerliebsten aufhalte, und ich sage es Ihnen. Was ist da weiter daran?"

Der Wirth sah ein, daß er es mit einem Menschen zu thun habe, dem die Intelligenz nicht mit Scheffeln zugemessen worden sei. Er beruhigte sich also und erklärte:

„Ich meinte, ob Sie im Walde vielleicht ein Lieblingsplätzchen haben, an welchem Sie sich am Liebsten aufhalten."

„Ich gehe dahin, wo ich meine Pflanzen finde; andere Plätze können mich gar nicht interessiren."

„Sind Sie oft beim alten Thurme?"

„Brrrr! Dort geht es ja um!"

„Wer sagte Ihnen das?"

„Alle Welt weiß es ja!"

„Oder gehen Sie zuweilen nach der großen Ruine, welche mitten im Walde liegt?"

„Was soll ich in Ruinen? Dort wächst Das, was ich suche, jedenfalls nicht."

„Oder halten Sie sich öfters am Trou du bois auf?"

Fritz merkte natürlich, daß er ausgehorcht werden solle. Je mehr der Wirth in ihn drang, ein desto dümmeres Gesicht machte er. Jetzt freute er sich innerlich, daß der Ort erwähnt wurde, von dem er gern wissen wollte, wo er liege. Er fragte darum:

„Am Trou du bois? Was ist das?"

„Ein Loch im Walde."

„Das heißt, ein Ort, an welchem sich keine Bäume befinden?"

„Nein. Es ist ein großes Loch in der Erde."

„Es giebt viele Löcher im Walde, bei denen ich gewesen oder vorübergekommen bin."

„Es ist, wenn Sie von dem großen Steinbruche aus über die nächste Waldesecke eine gerade Linie ziehen."

„Was verstehe ich von dem Steinbruche, der Waldesecke und der Linie! Wer soll das begreifen!"

„Ich meine, wenn Sie auf dieser Linie fortgehen, so gelangen Sie in Zeit einer guten halben Stunde nach dem Loche."

„Meinetwegen. Fällt mir gar nicht ein, eines alten Loches wegen, welches mir gar nichts angeht, eine Linie durch den Steinbruch und den Wald zu ziehen. So eine Heidenarbeit. Da habe ich mehr zu thun."

Der Wirth lachte laut auf. Er fühlte sich außerordentlich befriedigt und sagte, noch immer lachend:

„Aber, Monsieur, ich habe doch auch gar nicht gemeint, daß Sie eine wirkliche Linie ziehen sollen."

„Na also! So lassen Sie mich auch mit dieser Linie in Ruhe. Warum reden Sie überhaupt von ihr, wenn Sie gar nicht verlangen, daß ich sie ziehen soll."

„Sie sind köstlich, wieder köstlich. Also Sie waren noch nicht an dem Loche. Sie kennen es nicht?"

„Nein."

„Finden Sie nicht, daß der Wald, gerade dieser Wald sehr einsam ist."

„Wie jeder andere auch."

„O, es giebt doch Wälder, in denen viel Verkehr ist. Dieser Wald wird aber wohl nicht viel von Menschen besucht?"

„Ich weiß nichts davon. Wenigstens habe ich nicht gefunden, daß dort so viele Menschen verkehren, daß sie geradezu mit den Köpfen zusammen rennen."

„Aber zuweilen trifft man Jemand?"

„Ja."

„Wen denn zum Beispiel?"

„Den Förster, einen Holzhauer oder einen Handwerksburschen."

„Sonst Niemanden?"

„Ich kann doch nicht wissen, wer da herumläuft. Ich habe verteufelt wenig Personen gesehen."

„Aber man spricht davon, daß besonders zur Nachtzeit zuweilen viele Menschen dort zu treffen sind."

„Unsinn. Welcher vernünftige Kerl läuft des Nachts im finsteren Walde herum."

„O! Man redet Eigenthümliches."

„Dummheiten redet man! Gäbe es hier eine Grenze, die sich durch den Wald zieht, so wäre es möglich, daß sich Pascher an derselben herumtreiben. Wenn man aber da von Leuten redet, welche sich des Nachts im Walde herumtreiben, so befindet man sich gehörig auf dem Holzwege. Ich weiß das viel besser."

Der Wirth stutzte. Sollte dieser dumme Bursche dennoch vielleicht Etwas ahnen? Er fragte darum:

„Nun, wer könnte es denn sonst sein, wenn es keine Leute sind, Monsieur?"

„Hm! Ja! Davon darf man eigentlich nicht sprechen."

„Nicht? Warum nicht?"

„Es ist gefährlich!"

„Wieso gefährlich?" fragte der Wirth, dessen Mißtrauen wieder zu wachsen begann.

„Weil sie Einem sonst erscheint, sogar wenn man gar nicht in den Wald geht, sondern im Bette liegt."

„Wer denn? So reden Sie doch."

„Na, leise darf man schon davon sprechen. Also wissen Sie, was sich des Nachts im Walde herumtreibt? Menschen sind es nicht."

„Nun, wer sonst?"

„Kommen Sie her."

Der Wirth trat ihm näher. Fritz faßte ihn am Arme, zog seinen Kopf zu sich nieder und flüsterte ihm in das Ohr:

„Die wilde Jagd."

Dann ließ er den Arm des Wirthes wieder los, schüttelte sich, als ob es ihn schaure, machte ein höchst ernstes Gesicht, nickte einige Male sehr bedeutungsvoll und fügte dann hinzu, indem er drei Kreuze schlug:

„Ja, so ist es, wenn man auch nicht laut davon sprechen darf. Aber des Nachts brächte mich keine Macht der Erde in den Wald, selbst wenn man zehn Pferde vorspannte!"

Jetzt fühlte sich der Wirth nun ganz und gar überzeugt, daß er es mit einem höchst unschädlichen und im Superlativ harmlosen Menschen zu thun habe. Er nickte, indem er innerlich sehr belustigt war, dem Pflanzensammler verständnißinnig zu und sagte:

„Ja, so ist es! Ich habe auch bereits davon gehört!"

„Wissen Sie auch. Wer während der wilden Jagd in den Wald geht, dem dreht der wilde Jäger das Gesicht hinter auf den Rücken?"

„Ich habe es gehört."

„Und dann muß er mit jagen und hetzen in alle Ewigkeit. Der Himmel behüte mich dafür."

„Ja, das ist schlimmer selbst als das Fegefeuer und die ewige Verdammniß. Es graut Einem, wenn man nur daran denkt. Ich will lieber an meine Arbeit gehen."

Er ging; aber als er sich in dem vorderen Zimmer befand und die Thüre hinter sich zugemacht hatte drehte er sich um, schlug ein Schnippchen und brummte vergnügt:

„O Du tausendfacher Dummkopf Du! Du bist im ganzen Leben nicht zu kuriren. Und diesen albernen Menschen haben wir für gefährlich gehalten. Sind wir da nicht noch viel dümmer gewesen als er?"

Und drinnen im kleinen Zimmer lächelte Fritz leise vor sich hin und sagte zu sich selbst:

„Jetzt wird er da draußen lachen und seine Glossen reißen. Dieser Franzmann ist doch ein unendlich gescheiter Kerl. Er hat die Güte gehabt, mir die allerbeste Auskunft zu geben. Nun weiß ich genau, woran ich bin. Diese Linie vom Steinbruch aus über die Ecke des Waldes ist ganz famos. Ich werde den Herrn Doctor erfreuen, wenn ich ihm heute Abend sagen kann, wo sich dieses Waldloch befindet. Ich breche sofort auf, um es mir anzusehen. Aber vorher muß ich nach Hause, erstens um beim Wirthe keinen Verdacht zu erregen, und zweitens um mir noch eine Waffe zu holen. Man weiß nicht, ob ich gleich draußen bleiben muß."

Er ging, um einen Revolver zu sich zu stecken, und verließ dann die Stadt, indem er die Richtung nach dem ihm sehr wohl bekannten Steinbruche einschlug.

Müller war froh gewesen, vom Wirthe loszukommen. Er nahm sich vor, nicht direct nach Schloß Ortry zu gehen, sondern das Forsthaus aufzusuchen. Er lenkte also von der Straße ab und schlug eine Richtung ein, welche auch an dem erwähnten Steinbruch vorüberführte. —

Unterdessen hatte sich auf dem Schlosse eine aufregende und etwas stürmische Scene ereignet.

Noch befanden sich nämlich die beiden Rallions hier, Vater und Sohn. Die Wunde, welche Fritz bei seiner Flucht aus der Ruine dem Ersteren in die Hand beigebracht hatte, war als nicht bedeutend erkannt worden. Der Schnitt jedoch, welchen Fritz dem Sohne versetzt hatte, war fataler. Erstens verursachte er eine heftige Entzündung und große Schmerzen, und sodann entstellte er das Gesicht, auf welches der Oberst stets sehr eitel gewesen war.

Es verstand sich ganz von selbst, daß die beiden Grafen sich nicht in der allerbesten Laune befanden. Ihre heimlichen Angelegenheiten befanden sich zwar scheinbar im besten Gange, aber in Beziehung der beabsichtigten Verbindung des Obersten mit Marion wollte sich kein erfreulicher Fortschritt zeigen. Darum war Rallion, der Vater, am Morgen, als Marion beim Unterrichte ihres Bruders zugegen war, zu dem alten Capitän gegangen.

Er fand denselben über Briefen und Berechnungen sitzend. Der Alte reichte ihm die Hand und fragte ihn nach dem Grunde des unerwarteten Besuches.

„Hier," sagte Rallion, „lesen Sie die Zeilen, welche mir durch die Morgenpost zugegangen sind."

Der Capitän nahm das Papier. Es enthielt nur wenige Zeilen, welche also lauteten:

„Dem Grafen Jules Rallion auf Ortry!

Kommen Sie sofort. Ihre Gegenwart ist dringend nothwendig, um Gegenströmungen zu bekämpfen.

Herzog von Gramont."

Der Befehl war also von dem Minister des Auswärtigen unterzeichnet, welcher, der Kaiserin zur Seite stehend, zu der Kriegspartei gehörte.

„Was sagen Sie dazu?" fragte Rallion.

„Daß Sie reisen müssen. Wer mag der Schöpfer dieser Gegenströmung sein?"

„Das ist mir hinlänglich bekannt, interessirt mich aber augenblicklich gar nicht. Sie selbst sagen, daß ich reisen müsse. Aber denken Sie dabei auch an die Absichten, welche mich zu Ihnen führten?"

„Natürlich."

„Sie sind unerfüllt geblieben."

Der Alte blickte verwundert auf. Er legte die Feder weg, zupfte an den Spitzen seines Schnurrbartes und sagte:

„Daß ich nicht wüßte. Sie haben gesehen, daß unsere Organisation nahezu vollendet ist. Sie haben ferner die Vorräthe gesehen, welche sich täglich vergrößern und —"

Rallion schnitt ihm mit einer raschen Handbewegung das Wort ab und fiel ein:

„Das ist es nicht, was ich meine; ich denke vielmehr an unsere Privatangelegenheit."

„Nun, ist diese nicht in Ordnung?"

„Was nennen Sie Ordnung, bester Capitän?"

„Den gegenwärtigen Zustand der Dinge!"

„Pah, ich finde ihn sehr unbefriedigend, also nicht in Ordnung."

Der Alte sah ihn groß an; auf seiner Stirn zeigte sich eine Falte des Unmuthes.

„Mein lieber Graf," sagte er: „wenn ich von Ordnung spreche, so weiß ich, was ich sage. Ich hoffe, Sie kennen mich."

„Ja, ich kenne Sie allerdings; aber selbst der sorgfältigste Rechner irrt sich einmal. Vielleicht nähern wir uns einem Facit, an welches wir nicht gedacht haben."

„Wieso? Es giebt Gründe, welche uns eine Verbindung unserer Kinder dringend wünschen lassen. Ich habe Ihnen gesagt, daß Marion die Gemahlin Ihres Sohnes wird. Beide haben sich hier eingefunden, um sich kennen zu lernen. Ist das nicht genug?"

„Nein."

Da zog ein eigenthümliches Lächeln über das Gesicht des Alten.

„Hm!" sagte er. „Sollten Sie so heißblütig sein, an eine sofortige Vermählung zu denken?"

„Das kann mir nicht einfallen. Aber eine Sicherheit wünsche ich doch zu erhalten."

„Sie haben mein Wort. Genügt Ihnen das nicht?"

„Nein."

Der Graf sagte das ruhig, konnte sich aber doch nicht enthalten, einen ängstlichen Blick auf den Capitän zu werfen. In den Augen desselben leuchtete es zornig auf.

„Wie?" fragte er. „Was sagen Sie? Mein Wort, mein Versprechen, mein Ehrenwort genügt Ihnen nicht?"

„Wie hoch Ihr Wort mir steht, das wissen Sie. Sie haben es oft und zur Genüge erfahren. Aber in diesem Falle kommt es in eben dem Grade, vielleicht noch mehr, auf das Wort noch einer anderen Person an."

„Wen meinen Sie? Den Baron? Oder die Baronin?"

Der Graf kannte die Verhältnisse des Hauses genau. Er lachte verächtlich auf und sagte:

„Pah! Nach dem Willen oder den Wünschen dieser Beiden fragen Sie doch auf keinen Fall!"

„Allerdings. Sie können also nur Marion selbst meinen?"

„Ja; sie ist es."

„Nun, da beruhigen Sie sich sehr. Marion wird gehorchen!"

„Sie erlauben mir, das zu bezweifeln!"

„Wieso? Haben Sie Gründe?"

„Beobachten Sie doch die Dame, wie sie sich meinem Sohne gegenüber verhält!"

„Nun, wie denn?"

„Kalt abweisend, fast möchte ich sagen verächtlich."

„Ja, das Mädchen hat Temperament, und Ihr Sohn giebt sich keine Mühe, sich ihrem Ideale zu nähern. Denn ein Ideal, so ein lächerliches Phantom, schafft sich ja jedes junge Ding. Er mag versuchen sie zu gewinnen!"

Der Graf schüttelte den Kopf.

„Dazu habe ich keine Zeit. Ich bin gekommen, Sicherheit mit hinweg zu nehmen. Jetzt muß ich reisen. Was bieten Sie mir?"

23.

24.

„Ah! Denken Sie vielleicht an eine Verlobung?"

„Vielleicht!"

„Bei dem Zustande Ihres Sohnes? Er hütet das Bett; er ist Patient; er ist entstellt!"

„Nun, so mag mir die Zusage Marions genügen. Diese aber muß ich haben, wenn ich beruhigt abreisen soll."

„Sie ist nicht nöthig, Graf!"

„Und dennoch verlange ich sie. Wie nun, wenn Marion bereits gewählt hätte?"

Da zogen sich die Spitzen des weißen Schnurrbartes in die Höhe. Der Alte hatte jetzt jenes bissige Aussehen, welches man in den Augenblicken des Zornes an ihm zu beobachten pflegte.

„Die?" fragte er in verächtlichem Tone. „Was hätte denn die zu wählen!"

„Und wenn es nun doch so wäre!"

„So bin doch ich Derjenige, dem sie zu gehorchen hat und dem sie gehorchen muß!"

„Ueberzeugen Sie mich!"

„Graf, Sie sind wirklich unbegreiflich! Aber aus alter Freundschaft will ich Ihnen den Willen thun. Ich werde mit Marion sprechen."

„Wann?"

„Wann reisen Sie?"

„Morgen früh."

„Ihr Sohn bleibt hier?"

„Ja. Sein Zustand verträgt nicht, daß er seinen hiesigen Aufenthalt unterbricht."

„Nun gut, so werde ich nach der Tafel mit Marion reden, und dann können Sie ihre Zustimmung aus ihrem eigenen Munde vernehmen."

„Ich will es hoffen!"

„Uebrigens habe ich Ihnen auch außer dieser Angelegenheit eine höchst erfreuliche Mittheilung zu machen. Ich erhielt, gerade wie Sie, heute Briefe; darunter befindet sich Einer, den wir längst mit Sehnsucht erwartet haben."

Der Graf horchte auf.

„Doch nicht aus New=Orleans?" fragte er rasch.

„Ja, doch."

„Gott sei Dank! Wie lautet er? Zustimmend?"

„Ja. Die Firma sendet uns einen ihrer Beamten, einen Master Dephill, welcher den Auftrag hat, mit uns abzuschließen. Der Mann hat die Millionen bei sich und wird morgen mit dem Mittagszuge hier eintreffen."

„Von Trier oder Luxemburg aus?"

„Auf der ersteren Linie."

„So haben wir gewonnen! Dies giebt mir die Hoffnung, daß auch die Privatangelegenheit sich glücklich ordnen lassen wird."

„Verlassen Sie sich auf mich!"

Damit war diese Besprechung zu Ende.

An der Mittagstafel ging es sehr einsilbig, fast möchte man sagen, düster her. Der Baron speiste wie ein Automat; er war geistesabwesend und sprach kein Wort. Der junge Graf konnte nicht erscheinen; sein Vater hatte keine Lust, ein Gespräch zu beginnen. Der alte Capitän konnte es noch immer nicht verwinden, daß er gezwungen worden war, den Erzieher mit an dem Tische zu sehen. Die Baronin, Marion und Nanon berücksichtigten diese Verhältnisse durch tiefes Schweigen, und wenn ja ein lautes Wort gehört wurde, so waren es nur Müller und Alexander, welche mit einander sprachen.

Nach Tische, als sich Alle erhoben, beorderte der Capitän Marion und die Baronin auf sein Zimmer. Dies geschah in jenem harten, befehlenden Tone, welcher nie etwas Gutes verhieß.

Der Alte ging langsam in dem Raume auf und ab. Die Baronin war die Erstere, welche erschien.

„Wo ist Marion?" fragte er.

„Ich weiß es nicht," antwortete sie. „Ich hatte natürlich Grund, sie hier zu vermuthen."

Sein Schnurrbart zuckte, aber er sagte doch nichts. Die Baronin nahm Platz, und Beide warteten, bis endlich Marion in das Zimmer trat.

Der Alte lehnte sich an seinen Schreibtisch, musterte sie eine Weile und begann dann:

„Warum kommst Du nicht sofort?"

Ihr Gesicht war bleich aber ruhig. Sie ahnte, welches der Gegenstand der Unterhaltung sein werde. Sie hob ihr Auge zu ihm auf und antwortete:

„Ich mußte erst Papa nach seinem Zimmer bringen."

„Pah! Er kann selbst gehen! Du hast meinen Befehlen stets ohne alles Zaudern nachzukommen. Ich habe sehr Wichtiges mit Dir zu besprechen."

„So erlaube, daß ich mich setze!"

Sie machte Miene, nach einem Sessel zu greifen; er aber hielt sie durch eine gebieterische Handbewegung davon ab.

„Das ist nicht nöthig!" sagte er. „Was ich Dir zu sagen habe ist zwar wichtig, aber auch kurz. Du wirst gehorchen, und so ist die Unterredung in einer Minute beendet."

Er fuhr sich mit der Hand über die kahle glänzende Stirn, wendete sich an die Baronin und fragte:

„Sie wissen, Madame, weshalb ich Marion heimgerufen habe?"

„Ja, Herr Capitän," antwortete sie.

Auf ihrem Gesichte lag ein Lächeln nicht zurück zu haltender Befriedigung. Sie wußte, worüber jetzt gesprochen werden sollte. Sie haßte Marion, haßte sie von ganzer Seele, und so freute sie sich, sie los zu werden, und ebenso großes Vergnügen gewährte ihr der Gedanke, daß das schöne Mädchen einem Manne gehören werde, den sie nicht lieb hatte.

„Und weshalb Graf Rallion mit seinem Sohne sich gegenwärtig auf Ortry befindet?" fragte er weiter.

„Ja."

„Ich denke mir, daß dieses Arrangement nicht gegen Ihren Geschmack sein wird?"

„Ich fühle mich vielmehr sehr befriedigt von demselben. Oberst Rallion hat eine Zukunft und ist überdies eine sehr interessante Persönlichkeit."

„Hörst Du, Marion! Der Brief, mittelst welchem ich Dich zurückrief, enthielt bereits einen ziemlich deutlichen Wink. Seit Deiner Rückkehr wirst Du die Güte und Zweckmäßigkeit meiner Absichten erkannt haben, und so bin ich überzeugt, daß Du dem Grafen eine freudige Antwort geben wirst, wenn er Dich jetzt besucht, um Dich zu fragen, ob er Dich von heute an als die Verlobte seines Sohnes betrachten darf?"

(Fortsetzung folgt.)

Die Liebe des Ulanen.
Original-Roman aus der Zeit des deutsch-französischen Krieges von Karl May.
(Fortsetzung.)

Das ernste, blasse Gesicht Marions war sich während dieser Rede vollständig gleich geblieben. Noch stand sie an der Thür. Sie hatte auf ihre Absicht, einen Sessel zu nehmen, verzichtet. Auf ihre Stiefmutter hatte sie nicht einen einzigen Blick geworfen. Dem Alten aber blickte sie voll, fest und offen in die Augen und auch ihre Stimme klang fest und sicher, als sie jetzt fragte:

„Du meinst, daß ich den Obersten Rallion heirathen soll?"

„Ja."

„Welche Gründe hast Du dazu?"

„Viele Gründe habe ich, verstanden? Und was ich habe, das geht Dich nichts an. Du hast nichts darnach zu fragen!"

Sie nickte leise vor sich hin und fragte:

„Aber was ich habe, das geht Dich etwas an! Nicht?"

„Ja! Natürlich!"

„Und Du hast darnach zu fragen?"

„Ja!"

„Nun, so will ich die kurze Unterhaltung nicht unnützer Weise in die Länge ziehen und Dir sagen, daß ich Zweierlei habe."

Das war doch ein ganz und gar eigenthümliches Verhalten!

Es zuckte über sein Gesicht wie Wetterleuchten; dann fragte er:

„Nun, was ist es, was Du meinst?"

Seine Stimme hatte einen wegwerfenden, beleidigenden Ton.

„Zweierlei, woran Du gar nicht zu denken scheinst," antwortete sie; „nämlich meine Menschenrechte und meinen persönlichen Willen!"

Da zog sich sein Bart drohend empor. Er fragte:

„Was soll das heißen?"

„Daß ich den mir von Dir anbefohlenen Bräutigam zurückweise. Ich werde den Obersten Rallion nie heirathen!"

„Ah! Das ist lustig!" lachte er. „Wie willst Du das anfangen, Marion?"

„Frage Dich vielmehr, wie Du es anfangen willst, mich zur Frau eines Mannes zu machen, den ich verabscheue?"

„Das kannst Du Dir denken! Ich werde Dich zwingen!"

Sie zuckte die Achsel, und dieses charactervolle, feste Achselzucken stand ihr gar prächtig zu dem ernsten, bleichen Gesichte.

„Auch das begreife ich nicht, wie Du mich zwingen willst," antwortete sie. „Ich bin kein Kind. Die Obrigkeit gewährt mir ihren Schutz. Wenn ich einem Mann gehöre, so wird es nur derjenige sein, den ich mir selbst wähle. Ich räume in dieser Angelegenheit weder Dir noch einem anderen Menschen einen Einfluß oder gar ein Recht über mich ein!"

Das war dem Alten zu viel. Er trat einen Schritt auf sie zu und donnerte:

„Das wagst Du mir zu sagen, mir, mir?"

„Ja, Dir!" antwortete sie kalt.

„Du ahnst nicht, welche Mittel ich habe, Dich zu zwingen!"

„Du kannst nicht ein einziges haben!"

„Du bist ruinirt, wenn Du nicht gehorchst!"

„Wohl! Ich werde das zu tragen wissen!"

„Deine Familie ist ebenso ruinirt!"

Da schüttelte sie mit einer wahrhaft königlichen Bewegung den Kopf und antwortete, indem sich ein geringschätziges Lächeln um ihre Lippen zeigte:

„Ich bitte Dich dringend, solche verbrauchte Theatercoups zu vermeiden! In Romanen und auf der Bühne kommt es vor, daß eine Tochter, welche ihre Familie liebt, um diese vor dem Untergange zu retten, ihre Hand einem ihr verhaßten Manne giebt. Hier aber spielen wir nicht Theater, und sodann habe ich auch keine Veranlassung, meiner Familie ein solches Opfer zu bringen!"

„Ungerathene Person! Weißt Du, daß wir Dich aus dem Hause stoßen können?"

„Thut es! Dann bin ich frei! Das ist es ja, was ich wünsche!"

„Ah!" knirrschte er. „Frei! Frei will sie sein. Du giebst mir da gerade das Mittel, Dich zu zähmen, in die Hand. Ich werde Dich einsperren, bis Du Dich fügst!"

„Das darfst Du nicht. Das Gesetz bestraft die unerlaubte Freiheitsberaubung."

„Was frage ich nach dem Gesetze. Hier gilt einzig und allein mein Wille. Den Deinigen werde ich zu brechen wissen. Du hast mir sofort zu sagen, daß Du mir gehorchen willst."

Die Baronin hatte eine Art Widerstreben erwartet, aber keinen Widerstand. Sie erhob sich, besorgt, über die Scene, welche sich jetzt entwickeln werde. Der Alte hatte sich bei den letzten Worten Marion noch um einen Schritt genähert. Sie zeigte dennoch keine Spur von Furcht, sondern sie antwortete ohne die mindeste Scheu:

„Es bleibt bei dem, was ich gesagt habe."

„So kommen die Folgen über Dich! Zeig her, Mädchen!"

Er wollte mit beiden Händen nach ihr fassen, fuhr aber mit einem lauten Schreckensruf zurück. Auch die Baronin sprang in die äußerste Ecke des Zimmers. Marion hatte die rechte Hand in der Tasche gehabt. Als der Alte sie erfassen wollte, zog sie dieselbe hervor: eine große Brillenschlange fuhr ihm mit weit geöffneten Rachen entgegen.

„Was ist denn das!" rief er. „Woher ist diese Bestie?"

„Ein Gruß aus Algerien ist es," antwortete sie. „Fasse mich an, wenn Du den Muth dazu hast."

„Ah! Du hast mit Abu Hassan, dem Zauberer, gesprochen?"

„Ja," antwortete sie.

„Wo ist er hin?"

„Suche ihn! Und nun zwinge mich, den Obersten zu heirathen."

Sie drehte sich um und verließ das Zimmer. Jetzt erst athmete die Baronin wieder auf.

„Mein Gott," sagte sie. „Welch ein Auftritt. Welch ein Affront. Dieses Mädchen wagt es, ein so giftiges, scheußliches Thier anzurühren."

Der Alte wendete sich zu ihr und sagte:

„Jammern Sie nicht. Dieses Mädchen hat mich überrumpelt. Es ist das erste Mal in meinem Leben, daß es geschehen ist. Die Schlange ist nicht giftig; die Zähne sind ihr genommen; sie wird zunächst ihre Trägerin beißen und tödten."

„Warum flohen Sie denn?"

„Die Ueberraschung. Aber es soll ihr nichts nützen. Wann und wo hat sie mit diesem Abu Hassan gesprochen? Was hat er ihr erzählt? Das muß ich wissen; das muß ich erfahren."

„Kennen Sie diesen Menschen?"

Jetzt erst merkte er, daß er sich eine Blöße gegeben hatte. Darum fuhr er sie zornig an:

„Was geht Ihnen das an! Gehen Sie! Gehen Sie zu der Dirne, und sagen Sie ihr, daß ich ganz bestimmt erwarte, daß sie bis zur Dämmerung des heutigen Tages ihren Entschluß ändere. Thut sie das nicht, so wird sie einsehen müssen, daß ich viel mächtiger bin, als sie."

Er schob die Baronin zur Thür hinaus und verschloß die Letztere hinter sich. Niemand wußte was er jetzt vornahm. Und selbst, als nach einiger Zeit der Graf klopfte, wurde nicht geöffnet, sondern es ertönte nur die Frage:

„Wer ist draußen?"

„Ich, Graf Rallion."

„Was wollen Sie?"

„Antwort."

„Warten Sie bis zur Dämmerung. Ich habe jetzt keine Zeit."

Der Graf mußte ohne Resultat zurückkehren.

Als Marion in ihr Zimmer kam, fand sie dort Nanon ihrer harrend. Diese hatte natürlich den Befehl des Alten vernommen und ahnte, daß die Freundin des Trostes bedürfen werde.

„Mein Gott, wie bleich Du bist!" rief sie ihr entgegen. „Was ist geschehen?"

„Was ich längst erwartete."

„Oberst Rallion?"

„Ja, liebe Freundin."

„Dein Großvater verlangte es?"

„Ja."

„Was hast Du geantwortet?"

„Das, was ich mir vorgenommen hatte: Ich werde nie Gräfin Rallion sein."

Sie setzte sich neben Nanon auf das Sopha. Die Freundin brannte vor Begierde, über die stattgefundene Scene unterrichtet zu werden, sagte aber doch vorher:

„Weißt Du, was Du über den Obersten sagtest, als Du ihn zum ersten Male gesehen hattest?"

„Nun?"

„Er sei nicht übel."

„Weiter nichts?"

„Er erscheine galant, ja chevaleresk. Und nun."

„Das war nicht ein Urtheil von mir, sondern ich hatte nur die Absicht, den ersten Eindruck zu bezeichnen, den er auf mich machte."

„Und dieser Eindruck hat sich verwischt?"

„Vollständig. Der Oberst ist ein Laffe, und nicht nur das, sondern er erscheint mir noch schlimmer, ein herz- und gewissenloser Mensch. Und sein Vater macht einen Eindruck auf mich, der mich zum Fürchten bringt. Denke an das Verhalten des Obersten gegen diesen armen, braven Doctor Müller."

Nanon nickte.

„Ihm sein Gebrechen vorzuwerfen, an welchem er doch so schuldlos ist!"

„Müller hat die Beleidigungen nur aus Rücksicht für mich so ruhig hingenommen. Er ist ein außerordenlicher Mensch. Er zwingt mir, trotzdem er blos Lehrer ist, die allergrößte Achtung ab."

„Du bist ja ganz begeistert!" bemerkte Nanon lächelnd.

„Fast."

„Den Grund denke ich zu kennen."

„Welchen?"

„Seine sonderbare Aehnlichkeit mit — mit Deinem Ideale."

„Es mag sein, daß dieses Naturspiel einen ganz unwillkürlichen Eindruck äußert; aber auch davon abgesehen ist dieser Müller ein Mann, den man achten und vielleicht sogar — lieben könnte, wenn —"

„Nun, wenn?"

„Wenn er nicht — nicht — —"

„Wenn er nicht nur Lehrer und noch dazu buckelig wäre?"

„Das allerdings. Er hat einen ganz eigenartigen Eindruck auf mich gemacht. Es ist mir oft, als wenn ich ihn umarmen müsse. Dir als meiner innigsten Freundin darf ich das sagen. Ich könnte ihm mein Leben, meine Seele anvertrauen."

„O weh! Und das Ideal?"

Marion blickte trüb vor sich hin.

„Es wird mir unerreichbar bleiben," sagte sie. „Wo ist er, den ich damals gesehen habe? Wo ist es? Ist er Mann, ist er Jüngling? Es ist eine Thorheit, sein Herz an ein Phantom zu hängen. Ich bin getheilt. Ich bestehe jetzt aus zwei Einzelwesen, welche ich Beide nicht begreife. Die Wirklichkeit wird mich leider bald zur Selbsterkenntniß bringen. Ich fürchte, daß ich einer trüben Zeit entgegengehe."

Da legte Nanon den Arm um die Freundin und sagte:

„Ich werde mit Dir dulden; ich werde Dich nicht verlassen."

„Ja, Du Liebe, Du Gute, das wirst Du. Ich muß leider annehmen, daß der Großvater auf Schlimmes sinnt. Er ist höchst rücksichtslos und gewaltthätig. Er wollte mich einsperren."

„Einsperren? Mein Gott, wie bist Du dem entgangen?"

„Ich habe ihm gedroht."

„Womit?"

„Mit dem Gesetze."

Das war allerdings wahr, aber die volle Wahrheit wollte sie doch nicht sagen. Der Besitz der Schlange war der Freundin bisher noch Geheimniß geblieben.

„Dieses Gesetz wird Dich schützen," sagte Nanon.

„Wenn ich Gelegenheit habe, es anzurufen. Wenn man sich meiner aber plötzlich bemächtigt, wie will ich da Zuflucht zu dem Richter finden?"

„Ich würde Anzeige machen."

„Wer weiß, ob es fruchten würde. Wie waren wir vor kurzer Zeit noch so glücklich. Und jetzt. Weißt Du, wie Müller mit mir ins Wasser sprang?"

„Und der Andere mit mir," fügte Nanon schnell hinzu.

„Jetzt ist es mir, als ob mir ein ganz ähnliches Unwetter, eine ganz gleiche Gefahr nahe sei. Und wenn ich während des Unterrichtes bei dem Bruder sitze und Müllers Augen ruhen so forschend auf mir, so ist es mir, als ob ich mich ihm auch in dieser Gefahr anvertrauen könne und müsse."

„Ist das nicht phantastisch, liebe Marion?"

„Was nennst Du phantastisch. Gehören Gefühle in das Reich der Wirklichkeit oder Phantasie? Willst Du mich belächeln, daß ein einfacher Hauslehrer einen solchen Eindruck auf mich macht, daß ich stets und immer an ihn denken muß?"

„Nein. Er ist ja Dein Lebensretter; er hat auch Deinen Bruder gerettet."

„Und sodann, wenn er so still an der Tafel sitzt, oder wenn er sich so sicher mitten unter uns bewegt, so ist es mir, als ob er alles beherrsche und als ob selbst der Großvater Furcht vor ihm haben müsse. Ich begreife mich eben nicht — ich, und er, ein Lehrer."

Da legte Nanon das Köpfchen an ihre Schulter und sagte halblaut, fast im Tone der Verschämtheit:

„Wenn Du Dich nicht begreifst, ich begreife Dich, Marion."

„Du? Bist Du so plötzlich eine so große Menschenkennerin geworden?"

„Ja, eine sehr große. Mein Beispiel erklärt mir nämlich das Deinige."

„Du sprichst von einem Beispiele?"

„Ja. Auch ich habe Jemand, an den ich immer denken muß."

„Du? Du?" fragte Marion überrascht.

„Ja, ich."

Da schob Marion die Gesellschafterin sanft von sich fort, um ihr in das erglühende Gesichtchen blicken zu können und fragte, während aus ihrem Tone fast eine Art Entzücken klang:

„Du? Du? Kleine Nanon, Du liebst?"

Die Gefragte senkte die Augen und antwortete:

„Ich weiß es nicht."

„Aber Du denkst an ihn?"

„Oft; sehr oft."

„Und gern?"

„Mit Freuden. Und dann, wenn ich ihn treffe und mit ihm spreche, so — — —"

„Ah, Du triffst ihn, Du sprichst sogar mit ihm?"

„Ja, zuweilen."

„Wo?"

„Denke Dir, im Walde."

„Im Walde? Das ist ja ganz und gar romantisch. Du hast einen Geliebten, ohne daß ich es weiß."

„Ich kann ja selbst nicht sagen, ob ich ihn liebe."

„Das mußt Du doch wissen."

„Ich weiß nur, daß ich ihm gut bin, herzlich gut."

„Nun, dann liebst Du ihn auch. Darf ich vielleicht wissen, wer er ist? Oder muß es Geheimniß bleiben?"

„Vielleicht ist es besser, daß ich es verschweige."

„Warum?"

„Du würdest Dich wundern, Du würdest mich schelten, oder gar mich auslachen."

„Denke das ja nicht. Warum sollte ich denn das thun?"

„Weil es kein vornehmer Herr ist, den ich meine."

„Dann irrst Du sehr. Der, für welchen ich mich in neuerer Zeit so sehr interessire, ist ja auch nur ein Lehrer."

„Aber der meinige ist — —"

„Nun, ist?"

„Ist noch viel weniger."

„So sage es doch."

Da drängte sich Nanon ganz an die Freundin heran, verbarg das Gesicht ganz an deren Brust und sagte:

„Denke Dir, er ist nur ein Kräutersammler."

Marion machte eine Bewegung des Erstaunens. Sie fragte:

„Ein Kräutersammler? Wohl gar Dein Lebensretter?"

„Ja."

„Du triffst ihn im Walde?"

„Ja, ganz unwillkürlich."

„Wie wunderbar. Aber doch wie leicht erklärlich! Derjenige, dem man das Leben verdankt, hat jedenfalls das Recht, daß man oft und gern an ihn denkt. Weiß er, daß Du ihn liebst?"

„Er bemerkt jedenfalls, daß ich ihn gut leiden kann. Und, meine liebe Marion, ich muß Dir etwas gestehen!"

„Was?"

„Aber wirst Du mich nicht auslachen, wirklich nicht auslachen?"

„Nein, meine Liebe, ganz gewiß nicht. Das sind so ernste Sachen, daß ich ans Lachen gar nicht denken werde."

„Nun, so will ich Dir gestehen, daß — daß ich ihn — daß ich ihn bereits geküßt habe!"

„Wirklich? Wirklich? Ist das möglich!"

„Ja," antwortete Nanon, bis in den Nacken erglühend.

„Er hat Dich geküßt, willst Du wohl sagen?"

„Nein, sondern ich ihn!"

„Das ist ja unbegreiflich! Wie ist denn das gekommen?"

„Ich muß es Dir erzählen. Wir trafen uns im Walde, zufällig, wirklich ganz zufällig. Ich hatte mich verirrt und rief aus Angst laut um Hilfe. Da kam er."

„Und rettete Dich abermals!" lächelte Marion.

„Ja, er kam. Ich war müde und setzte mich, und er ließ sich neben mich nieder. Hast Du ihn genau betrachtet?"

„Nein."

„Nun, als er so vor mir im Moose lag, da fiel es mir auf, was für eine prächtige Gestalt er hat, so stark, so kräftig und doch so proportionirt. Seine Hände und Füße sind so klein wie bei einem Aristokraten und gar nicht wie bei einem Pflanzensammler."

„So genau hast Du ihn betrachtet?"

„Ja; aber geh! Du lachst doch! Und sein Gesicht, so lieb und gut, seine Augen so treu und ehrlich! Wir sprachen viel; wir kamen auch darauf, daß er mich aus dem Wasser gerettet hatte, und da redete ich von Dankbarkeit, die ich gar nimmer abtragen könne. Da sagte er, daß ich mit einem Male die ganze Schuld bezahlen könne, und zwar so, daß nun er mein Schuldner werde."

„Was verlangte er? Ich ahne es! Einen Kuß?"

„Nein. Er ist gut und bescheiden! Er bat mich um die Erlaubniß, meine Hand küssen zu dürfen."

„Das erlaubtest Du ihm natürlich!"

„Nein. Ich weiß gar nicht, wie mir wurde und was mich da überkam. Es war eine große, gewaltige Rührung. Ich hätte weinen mögen, ob vor Freude oder vor Schmerz, das weiß ich nicht. Es war mir, als sei es geradezu eine Beleidigung, eine Herabsetzung, wenn ich ihm meine Hand zum Kusse gäbe, und da — da hielt ich ihm lieber den Mund hin."

„Ich kann mirs denken; das war wie Inspiration. Du konntest nicht anders?"

„Ja, so ist es. Hast Du so eine Eingebung auch an Dir erfahren?"

„Ja."

„Wann?"

„Oft; aber ich habe ihr nicht Folge geleistet."

„Warum nicht?"

„Dieser — dieser — o bitte, laß das sein! Wenn ich so seine Gestalt betrachte und seine Züge, so ist es mir, als ob ich ihn gleich küssen möge; aber dann fällt mein Auge auf — auf — auf den —"

„Ich verstehe! Du meinst den Doctor Müller?"

„Ja. Also er küßte Dich auf den Mund?"

„Ja und auch nein; denn diese Berührung war so zaghaft, so vorsichtig, so zart! Und dann war er so glücklich und sagte, daß er nun niemals wieder küssen werde, denn der Mund, der mich geküßt hätte, dürfe keine anderen Lippen wieder berühren. Das klang so lieb und wahr und aufrichtig. Und dabei wurden seine Augen feucht. Ich sah, daß er mich anbetete und sich doch nicht getraute, mich lieb zu haben."

„Wie herzig!"

„Ja. Und da ging mir abermals das Herz auf. Ich weiß nicht, wie es kam und geschah, aber ich faßte ihn ganz herzhaft beim Kopfe und küßte ihn nun selbst auf den Mund, ich glaube gar, dreimal!"

„Nanon, ich glaube das ist Liebe, wirkliche Liebe!"

„Meinst Du?"

„Ja. Und Du hast ihn dann wiedergesehen?"

„Einige Male."

„Nur zufällig?"

„Ganz zufällig! Aber es ist mir, als spräche eine innere Stimme zu mir: Jetzt mußt Du in den Wald; denn er ist dort."

„Und dann findest Du ihn auch wirklich?"

„Jedes Mal."

„Ich möchte das beinahe begreifen. Aber, liebste Nanon, wir wollen einmal recht aufrichtig und ernst sein! Was soll aus dieser Liebe werden?"

„Weiß ich es?"

„Ein Kräutersammler!"

„Ah, das meinst Du? Du glaubst, ich stehe zu hoch für ihn? Da täuschest Du Dich! Jetzt, ja jetzt ist er ein gewöhnlicher Arbeiter; aber — doch, da hätte ich beinahe mein Wort gebrochen!"

„Welches Wort?"

„Zu schweigen. Ich soll auch nicht das Mindeste davon erzählen."

„Wovon denn? Das klingt ja ganz außerordentlich geheimnißvoll!"

„Das ist es auch. Nicht einmal zu Dir darf ich davon sprechen. Ich habe es meiner Schwester geschrieben, aber darüber ist er beinahe zornig geworden. Es ist so rührend, wenn er zornig werden möchte und doch nicht kann!"

„So handelt es sich also wirklich um ein Geheimniß?"

„Und sogar um ein ganz außerordentliches! Sobald ich wieder mit ihm spreche, werde ich fragen, ob ich es Dir sagen darf."

„Thue das! Wann triffst Du ihn wieder?"

„Morgen Mittag."

„Ich denke, da verreisest Du!"

Ja freilich! Aber er fährt ja mit!"

Da schlug Marion die Hände zusammen und sagte:

„Nun seht mir einer diese Nanon! Sie bestellt den Geliebten, um sie auf der Bahn zu begleiten!"

„Geh! Das ist anders, als Du denkst! Er ist gar nicht so wie andere Männer. Ihm darf man sich gern anvertrauen!"

Eben wollte Marion eine weitere Bemerkung machen, da klopfte es an die Thür und dann trat die Baronin ein.

„Fast hätte ich es vergessen," sagte sie. „Mich sendet der Herr Capitän."

Marion erhob sich, blieb aber in reservirter Haltung stehen.

„Da ist der Bote Dessen würdig, der ihn sendet."

Die Baronin that, als ob sie diese Beleidigung, denn eine solche war es, nicht vernommen hätte und fuhr fort:

„Er giebt Dir bis zur Dämmerung Zeit zum Ueberlegen."

„Danke!"

„Gehorchst Du dann noch nicht, so hast Du Dir selbst die Folgen zuzuschreiben!"

„Ich werde sie nicht mir, sondern Euch zuschreiben. Hoffentlich ist diese Angelegenheit nun erledigt!"

„Ja, bis zur Dämmerung!"

„Nein, für immer!"

Die Baronin verließ das Zimmer. Marion trat an das Fenster und blickte hinaus. Sie konnte nicht sagen, welche Gefühle sie bewegten. Sie hatte ja vorhin selbst gestanden, daß sie jetzt aus zwei Wesen bestehe, die sie Beide nicht begreifen könne.

„So hat man Dir also noch eine Frist gegeben!" sagte Nanon.

„Eine sehr unnöthige Frist, denn ich werde meinen Entschluß auf keinen Fall ändern."

„Aber was wird dann geschehen!"

„Das mag Gott bestimmen. Mir ist so eigenthümlich zu Muthe. Ich muß denken, muß mir klar werden. Ich werde einen Spaziergang unternehmen."

„Wohin? Darf ich Dich begleiten?"

„Ich setze mir kein Ziel. Willst Du recht freundlich sein, so laß mich allein gehen. Es giebt Zeiten, in denen man nur mit sich selbst zu Rathe gehen darf."

„Aber dann bitte ich, daß Du Dich sogleich nach Deiner Rückkehr bei mir sehen läßest!"

Sie verabschiedete sich und ging.

Erst jetzt griff Marion in die Tasche und zog die Schlange hervor. Damen hegen gewöhnlich eine unüberwindliche Abneigung gegen Reptilien. Es war wunderbar, daß das schöne Mädchen keinen Abscheu fühlte.

„Er hat Recht gehabt; Du hast mich geschützt!" sagte sie. „Komm, ich werde Dich wieder verbergen."

Sie trat zu ihrer kleinen Bibliothek und versteckte das Thier hinter die Bücher, wo sie von weicher Watte ein Lager bereitet hatte. Dann kleidete sie sich zum Ausgehen an und verließ das Schloß, ohne am Spaziergange gehindert zu werden.

Ihr Weg führte sie in den Wald, zum alten Thurme, an das Grab der Mutter. Dort im Thurme, auf den Stufen, hatte sie neben Müller gesessen, an jenem Gewittertage!"

Wie kam es doch nur, daß sie immer und immer an den Erzieher denken mußte? Machte die Art und Weise seines Unterrichtes einen solchen Eindruck auf sie? Gab es gewisse sympathische Beziehungen, die ja kein Mensch begreifen kann? Sie gab sich diesen Regungen hin, ohne sich über dieselben Rechenschaft zu geben.

Sie kniete dort am Grabe und betete. Sie ahnte nicht, daß es geöffnet worden war. Während des Gebetes fiel ihr Blick auf die eingefallene Zinne des Thurmes, und es war ihr, als müsse jene geheimnißvolle Gestalt erscheinen, welche damals das islamitische Gebet hinaus in Wind und Wetter gerufen hatte. Es war darauf heller Sonnenschein geworden.

„Giebt es auch Gebete, welche die Stürme des Herzens und des Lebens beschwichtigen können?"

Fast war es so; denn als sie sich jetzt erhob, war eine wunderbare Ruhe über sie gekommen. Sie schritt weiter, aus dem Walde hinaus, über das freie Feld. Der Weg senkte sich, und dann stand sie unten im Steinbruche, dessen Wände senkrecht in die Höhe stiegen. Sie maß mit ihrem Auge den jähen Absturz. Da oben auf diese fürchterliche Kante war ihr Bruder zugeflogen. Sie schauderte. Müller hatte ihn gerettet! Wieder dieser Müller! Warum doch?"

Ein großer Stein lag in der Nähe. Sie ließ sich auf denselben nieder. Sie hatte dasselbe Täschchen am Gürtel hängen wie damals auf dem Dampfschiffe. Sie öffnete es und langte hinein. War es unwillkürlich oder mit Absicht? Sie zog die Photographie hervor, welche sie in Berlin — erbeutet hatte.

Das Bild hatte selbst im Wasser der Mosel nicht gelitten, da der Verschluß ein dichter war. Sie richtete ihr Auge auf die Photographie. Wie oft, wie unzählige Male war dies in letzter Zeit geschehen! Und dann war es nicht jener glänzende Reiter gewesen, an den sie dachte, sondern Müller, der unscheinbare Erzieher.

Da hörte sie nahende Schritte. Schnell steckte sie die Photographie wieder ein und wendete sich um, dem Mann entgegen, welcher soeben um die Ecke trat. Es war — Müller.

Sie erhob sich. Eine tiefe Röthe verbreitete sich über ihr Gesicht. Er war überrascht, aber nicht verlegen, als er sie erblickte. Er zog den Hut, grüßte und sagte:

„Sie hier, gnädiges Fräulein? Verzeihung! Gestatten Sie mir, mich zurückzuziehen!"

Sie schüttelte leise mit dem Kopf und antwortete:

„Sie verursachen mir keine Störung Monsieur Müller!"

„Und doch ist die Einsamkeit ein Heiligthum, welches man nicht entweihen soll, Fräulein!"

„Suchten vielleicht Sie, allein zu sein?"

„Nein. Mein Weg führte zufällig hier vorüber, und da trat ich in den Bruch, um ——"

„Um den Schauplatz einer kühnen That wieder zu sehen!" fiel sie ihm in die Rede. „Ich sehe erst jetzt, was wir Ihnen zu danken haben. Wissen Sie, daß Sie ein verwegener Mann sind, Monsieur Müller?"

Er verbeugte sich und antwortete höflich ablehnend:

„Man handelt im Drange des Augenblickes!"

„Ja, ein jeder Mensch thut das. Aber der Eine kämpft und der Andere flieht im Drange dieses Momentes."

„Und hierbei fällt mir ein, daß ich Sie um Verzeihung zu bitten habe."

Er blickte sie fragend an, und sie fügte hinzu:

„Erinnern Sie sich meiner Verwunderung darüber, daß Sie die Beleidigung des Obersten Rallion so ruhig hinnahmen?"

„Es ist mir gegenwärtig," antwortete er.

„Was ich damals für Mangel an Muth hielt, war Heldenthum: Sie siegten über sich selbst."

Da trat eine freudige Röthe in sein Gesicht; seine Augen blitzten auf und er sagte im Tone herzlicher Freude:

„Nehmen Sie meinen Dank, Mademoiselle! Sie bieten mir da eine Gabe, welche für mich vom höchsten Werthe ist!"

„Und Sie brachten mir ein Opfer, welches Ihnen große Ueberwindung kostete, ohne mir eine Freude zu machen!"

„Wie? Sollte es Ihnen lieber gewesen sein, wenn ich den Obersten niedergeschlagen hätte?"

„Ich hätte Ihnen nicht gezürnt."

Er blickte sie forschend an. Tief, tief hinten in seinem blauen Auge funkelte Etwas, als ob die helle Sonne durch dunkle Wolken brechen möchte und doch nicht dürfe.

„Das konnte ich nicht denken!" sagte er. „Es wurde mir gesagt, daß der Oberst im Begriff stehe, zu Ihrer Familie in eine Beziehung zu treten ——"

„Die niemals existiren wird!" unterbrach sie ihn. „Bitte, setzen Sie sich hier neben mich, Monsieur! Ich möchte eine Frage an sie richten!"

Er gehorchte ihrem Befehle. Der Stein war von keinem bedeutenden Umfange; er mußte ganz dicht bei ihr Platz nehmen. Sie langte in die Tasche und zog ein Papier hervor, aber nicht nur dieses, sondern auch die Photographie mit, welche zur Erde fiel. Sie hatte dies gar nicht bemerkt; er aber sah es und bückte sich nieder, um sie aufzuheben.

Sein Blick fiel auf das Bild. Was war denn das? Ein gewaltiger Schlag durchzuckte ihn, aber nicht ein schmerzender, sondern es war, als ob die Seligkeit eines ganzen Himmels ihn durchfluthe.

Sein Bild! Wie kam sie in den Besitz desselben!

Jetzt erst bemerkte sie es. Sie erglühte, wurde aber nicht verlegen. Sie streckte die Hand aus und sagte:

„Ah, da ist mir die Photographie mit in die Hand gekommen! Ich danke! Bitte, betrachten Sie sich dieses Bild!"

Er that, als habe er noch keinen Blick darauf geworfen und musterte sein eigenes Conterfei.

„Wie finden Sie es?" fragte sie.

„Hm! Ein preußischer Offizier!" sagte er.

„Höchst wahrscheinlich! Ich kenne ihn nicht. Halten Sie das für möglich?"

„Wenn Sie es sagen, so ist es wahr."

„Ich ließ mich in Berlin photographiren. Der Photograph hat mir aus Versehen das Portrait dieses Offiziers mit unter meine Abzüge gesteckt."

Es war ein feines Lächeln, welches um die Lippen Müllers spielte. Eine Photographie, welche man nur dem Zufalle verdankt, trägt man nicht beständig mit sich herum.

„Bemerken Sie nichts Auffallendes an dem Bilde?" fragte sie.

Er forschte nach dem, was sie meinte, schien es aber nicht finden, oder vielmehr es sich nicht denken zu können.

„Ich gestehe meine Insolvenz ein," lächelte er.

„Das ist wunderbar. Finden Sie nicht die größte Aehnlichkeit?"

„Mit dem Originale? Wie sollte ich diesen Offizier kennen."

„Nein, mit Ihnen, mit Ihnen selbst. Bemerken Sie das wirklich nicht?"

Er betrachtete die Photographie jetzt scheinbar aufmerksamer, als vorher und sagte dann:

„Es giebt allerdings einige Züge, welche Aehnlichkeit besitzen. Die Natur treibt oft ein ähnliches Spiel."

„Einige Züge? Das ist zu wenig gesagt. Es ist ganz genau ihr Gesicht. Nur Ihr Haar ist ein anderes, und Ihr Teint ist dunkler, auch tragen Sie keinen Bart, während dieser Offizier einen solchen von seltener Schönheit besitzt. Aber nicht dieses Bild ist es, über welches ich mit Ihnen sprechen wollte, sondern dieses Papier. Bitte, wollen Sie es sich einmal ansehen."

Es war nicht ein einfaches Papier, sondern es waren zwei zusammengefaltete und vollgeschriebene Bogen.

„Kennen Sie diese fremde Schrift?"

„Ja, es ist Arabisch."

„Verstehen Sie diese Sprache?"

„So weit, daß ich diese Zeilen lesen kann, ja."

Ihr Auge ruhte mit einem bewundernden Blicke auf ihm.

„Monsieur Müller, ich erstaune," sagte sie. „Bis jetzt habe ich nichts, was Sie nicht kennen und verstehen. Sogar also auch Arabisch. Wie kommen Sie zur Kenntniß dieser Sprache?"

„Mein Vater ist in der Sahara gereist. Der Sohn pflegt von den Kenntnissen des Vaters zu profitiren."

„Das ist richtig. Ich muß Ihnen zunächst sagen, daß diese Zeilen ein Geheimniß enthalten, welches, das weiß ich selbst nicht. Ich will es kennen lernen; ich habe Veranlassungen dazu. Kennen lernen aber kann ich es nur durch Sie. Werden Sie es bewahren?"

„Mademoiselle!" rief er. „Ich bitte dringend, nicht an meiner Verschwiegenhit zu zweifeln!"

„Gut. Ich vertraue Ihnen. Wollen Sie einmal lesen?"

„Gern. Doch erlauben Sie mir zuvor, diese Zeilen einmal zu überfliegen."

Sie nickte ihm zu und er las. Unterdessen ruhte ihr Auge auf ihm. Hätte er sich nicht mit Wallnußabkochung einen falschen Teint gemacht, so hätte sie bemerken müssen, daß er tief, tief erbleichte. Aber auch so glaubte sie zu gewahren, daß die Schrift einen ungewöhnlichen Eindruck auf ihn machte. Sie fragte:

„Verstehen Sie die Worte?"

„Sehr, nur zu sehr, Mademoiselle," antwortete er, indem er tief Athem holte.

„Und was enthalten Sie? Bitte, übersetzen Sie es mir!"

Er schüttelte langsam den Kopf, las noch bis zu Ende, faltete dann das Papier zusammen und fragte:

„Haben Sie eine Ahnung von der Wichtigkeit, welches dieses Document für Sie hat?"

„Daß es wichtig ist, wurde mir gesagt, in welchem Grade aber, das ist mir nicht bekannt."

„Von wem haben Sie es?"

Sie machte eine abwehrende Handbewegung und antwortete:

„Ich glaube nicht, dies sagen zu dürfen."

„So glaube ich aber auch nicht, es übersetzen zu dürfen."

„Ah! Sie wollen sich weigern?"

„Ja," antwortete er einfach.

„Aus welchem Grunde?"

„Wenn Sie kein Vertrauen zu mir haben, so darf auch ich Ihnen keins schenken!"

Da nahmen ihre Züge eine Strenge an, welche man diesem engelschönen Gesichte wohl schwerlich zugetraut hätte. Sie sagte:

„Monsieur, was soll ich von Ihnen denken. Ist das Höflichkeit? Heißt das, Wort halten? Ich sehe, daß ich mich in Ihnen geirrt habe. Geben Sie mir das Papier zurück!"

Er erhob sich und verbeugte sich.

„Hier, Mademoiselle!" sagte er. „Sie haben sich keineswegs in mir geirrt. Der Inhalt dieser Zeilen ist für mich vielleicht von größerer Wichtigkeit als für Sie. Indem ich sie Ihnen zurückgebe, bringe ich Ihnen ein Opfer, von dessen Größe Sie gar keine Ahnung haben. Adieu!"

Er drehte sich zum Gehen. Sie blickte ihm bestürzt nach, ließ ihn einige Schritte thun und rief aber dann:

„Monsieur! Halt!"

Er hielt an und wendete sich ihr wieder zu.

„Sie befehlen?"

„Kommen Sie wieder her."

Er gehorchte ihr.

„Sollte wirklich das Wunder stattfinden, daß diese Schrift auch für Sie von Wichtigkeit ist?"

„Ganz gewiß."

„In wiefern?"

„Das darf ich nicht sagen, da auch Sie kein Vertrauen zeigen."

„Mein Gott! Ist es denn so schwer, an mich zu glauben."

Er hätte ihr zu Füßen sinken mögen, so schön und hoheitsvoll stand sie vor ihm. Er antwortete:

„Ich glaube Ihnen, und ich vertraue Ihnen, Mademoiselle. Ich bin bereit, Ihnen alle, alle meine Geheimnisse anzuvertrauen, aber ich darf es doch nicht thun."

„Sie glauben an mich, Sie vertrauen mir, und dürfen mir dieses Vertrauen doch nicht schenken? Das verstehe ich nicht, ganz und gar nicht."

„Und doch ist es sehr leicht erklärlich. Diese Geheimnisse sind nämlich nicht allein mein Eigenthum."

„Das lasse ich gelten."

„Und sodann würde Ihnen die Enthüllung Schmerzen bereiten, gnädiges Fräulein."

„Wirklich?"

„Ja, gewiß!"

„Nun, so bitte ich um so dringender um diese Enthüllung. Ich bin keineswegs ungewohnt, Schmerzen zu tragen!"

Da nahm er sie bei der Hand, führte sie zu dem Steine und sagte in bittendem Tone:

„Nehmen Sie wieder Platz, Mademoiselle, und haben Sie die Güte, mir einige Fragen zu beantworten!"

Sie gehorchte seiner Bitte und sagte:

„Fragen Sie, Monsieur! Sie werden jede Antwort erhalten, die mir möglich ist."

„Dann muß ich Ihnen zuvor eine Bemerkung machen, welche Ihren höchsten Zorn auf mich laden wird; aber ich kann nicht anders; ich muß sprechen."

„Ich glaube schwerlich, daß ich Ihnen zornig werde. Ich habe Sie als einen Mann kennen gelernt, der nichts ohne gute Gründe thut."

„Und dennoch wird es so sein. Mademoiselle, erschrecken Sie nicht, wenn ich Ihnen sage, daß es einen Menschen giebt, der Sie liebt, wie wohl noch selten ein Mensch geliebt hat. Sie sind sein Abgott, sein Leben, seine Seligkeit. Er ist bereit, für Sie Alles, Alles, aber auch Alles zum Opfer zu bringen, aber nur seine Ehre nicht. Er würde gern tausend, ja millionen Schmerzen erdulden, nur um Ihnen eine kleine Freude zu machen. Er sollte von seiner Liebe nicht sprechen, denn sie ist unbeschreiblich. Dieser Mann bin ich."

Er hielt inne. Sie war bleich, sehr bleich geworden. Sie blickte ihn mit großen Augen an und sagte kein Wort. Er nahm dies für die Erlaubniß, fortfahren zu dürfen.

„Dies mußte ich voraussenden, Mademoiselle," sagte er. „Ein Mann, der keinen anderen Gedanken hat, als nur Sie, Sie allein, wird es ehrlich mit Ihnen meinen. Wenn ich frage, so habe ich die triftigsten Gründe dazu, selbst wenn ich dieselben noch nicht angeben darf. Bitte, von wem haben Sie die Schrift erhalten? Von Abu Hassan, dem Zauberer?"

„Ja."

„Hat er Ihnen gesagt, in welcher Beziehung er zu dem Inhalte dieser Zeilen steht?"

„Nein."

„Und zu Ihrer Familie?"

„Nein," antwortete sie, ihn erstaunt anblickend.

„Wann sprachen Sie mit ihm?"

„Am Abende des zweiten Tages nach jener unglücklichen Vorstellung in Thionville."

„Wo trafen Sie ihn?"

„Im Garten von Ortry. Er hatte mich da abgelauert."

„Darf ich das Gespräch erfahren, welches er mit Ihnen führte?"

„Ich befand mich allein im Garten, da trat er zu mir. Ich erschrak, aber er bat mich, mich nicht zu fürchten."

„Er erwähnte Liama, Ihre Mutter?"

„Ja. Er sagte mir, ihr Geist sende ihn zu mir, mich zu beschützen."

„Er meint es gut mit Ihnen, er ist ein braver, ein ehrlicher Mann. Bitte, weiter!"

„Er sagte mir auch, daß mir vom Capitän Unheil drohe."

„Da hatte er Recht."

„Um dieses Unheil abzuwenden, vertraute er mir zwei Talismane an."

„Welche?"

„Diese Schrift und eine Schlange."

„Ah! Eine von seinen Brillenschlangen?"

„Ja. Er sagte mir, wenn der Capitän mich zu Etwas zwingen wolle, was gegen mein Glück sei, so solle ich mich mit dieser Schlange vertheidigen. Ihr bloßer Anblick sei geeignet, einen Angriff zurück zu weisen. Sie sei zwar nicht mehr giftig, aber ihr Mund sei doch mit Zähnen besetzt, welche Wunden verursachen, die nur sehr schwer heilen."

„Sie haben die Schlange wirklich in Empfang genommen?"

„Ja."

„Ohne sich vor ihr zu fürchten?"

„Dieser Mann flößte mir ein großes unbeschreibliches Vertrauen ein."

„Er hat es verdient. Haben Sie die Schlange noch?"

„Ja. Ich habe ihr ein verborgenes Nestchen hergestellt. Sie ist bereits ganz und gar an mich gewöhnt."

„Und Niemand hat sie gesehen?"

„O doch! Der Capitän und die Baronin haben sie heute nach Tische gesehen. Ich ahnte, daß mir Gefahr drohe und nahm das Thier mit mir."

„Und diese Gefahr trat auch wirklich ein?"

„Leider. Der Capitän wollte mich zwingen, mich dem Oberst Rallion zu verloben. Ich widerstand; der Capitän wollte mich, wie es schien, der Freiheit berauben. Er streckte die Hände nach mir aus; um sich meiner zu bemächtigen; da hielt ich ihm die Schlange entgegen und er ließ ab von mir."

(Fortsetzung folgt.)

Die Liebe des Ulanen.
Original-Roman aus der Zeit des deutsch-französischen Krieges von Karl May.
(Fortsetzung.)

Wie wohl, wie unendlich wohl that ihm diese Nachricht und diese Aufrichtigkeit. Er sagte:

„Ich danke Ihnen für das Vertrauen, welches sich in dieser Mittheilung ausspricht. Aber werden Sie nicht auch noch weiterhin des Schutzes bedürfen?"

„Ich habe Grund, dies zu vermuthen, denn man hat mir nur eine Bedenkzeit bis heute zur Dämmerung gestellt."

„Ah! Dann wird die Schlange Ihnen nichts mehr nützen. Der Capitän wird sich denken, daß sie nicht giftig ist."

„So greife ich zum zweiten Talisman."

„In welcher Weise soll er helfen?"

„Abu Hassan sagte, wenn ich in eine sehr große Gefahr käme, solle ich die Schrift der Obrigkeit übergeben."

„Er ist Orientale, also mehr oder weniger Phantast. Er kennt die hiesigen Verhältnisse nicht. Die Zeilen sind nicht im Stande, als Deus ex machina zu Ihren Gunsten zu wirken."

„Er versprach es mir aber!"

„Das glaube ich gern. Aber wie nun, wenn der Capitän Sie einsperrt, so daß Sie die Schrift gar nicht an die Obrigkeit gelangen lassen können? Wie nun, wenn er sie Ihnen abnimmt und sie vernichtet?"

„Ah, daran dachte ich nicht!"

„Abu Hassan hat ebenso wenig daran gedacht. Und selbst wenn diese Zeilen in die Hände des Anklägers oder Richters gelangen, sind sie vollständig werthlos. Es ist da eine Geschichte erzählt, aber es fehlt vollständig die Garantie der Wahrheit derselben. Ich glaube, ein Rath von mir ist Ihnen nützlicher als diese beiden Talismane. Erwarten Sie heute einen abermaligen Angriff?"

„Mit voller Bestimmtheit."

„Dann giebt es ein prächtiges Mittel, den Angreifer sofort niederzuschmettern. Aber bitte, erlauben Sie mir die Frage, ob Sie den Alten lieben?"

„Nein."

„Sie hassen ihn?"

„Auch nicht. Ich fürchte ihn auch nicht; aber mir graut vor ihm. Ich berühre die Brillenschlange lieber, als die Hand dieses Mannes. Und doch ist er mein Verwandter."

„Vielleicht täuschen Sie sich da! Lieben Sie vielleicht die Baronin?"

„Nein, ich verachte sie."

„So haben Sie auch keine innere Veranlassung, diese Beiden zu schonen. Hören Sie also meinen Rath. Wenn heute der Capitän einen Zwang auf Sie äußern will, so fragen Sie ihn, ob er folgende Personen gekannt habe: den Hadschi Omanah, den Sohn desselben, den Fruchthändler Malek Omar und den Gefährten desselben, welcher sich Ben Ali nannte. Haben Sie sich diese Namen gemerkt, Mademoiselle?"

„Ja. Hadschi Omanah, seinen Sohn, den Fruchthändler Malek Omar und dann Ben Ali, seinen Gefährten."

„Gut. Die beiden Ersteren wurden eines Abends von den beiden Letzteren ermordet, gewisser Papiere willen, welche die Mörder an sich nahmen."

„Mein Gott! Steht der Capitän vielleicht in einer Beziehung zu diesem Morde?"

Der Gefragte wiegte den Kopf hin und her und erkundigte sich anstatt der directen Antwort:

„Halten Sie ihn eines Mordes fähig?"

„Ich weiß es nicht zu sagen."

„So lassen wir es einstweilen dahingestellt sein, warum ich Ihnen diese Namen nenne. Kennen Sie die Vergangenheit des Capitäns?"

„Ja. Er ist pensionirter Offizier der alten Kaisergarde."

„Hm! Haben Sie einmal den Namen Goldberg gehört?"

„Nein."

„Oder Königsau?"

„Ja. Ich entsinne mich, daß dieses Wort von dem Grafen Rallion ausgesprochen wurde und daß der Capitän darauf in eine entsetzliche Aufregung gerieth."

„Hat der Capitän Geschwister gehabt?"

„Ich weiß es nicht."

„Hat Ihr Papa, der Baron, in Deutschland vielleicht Verwandte?"

„Auch das ist mir völlig unbekannt."

„Das ungefähr sind die Fragen, die ich an Sie zu richten hatte. Ich habe mich orientirt, so weit dies nothwendig war und ich möchte nur noch wissen, wohin der Zauberer gegangen ist."

„Nach der Sahara, sagte er."

„Wird er wiederkommen?"

„Ja. Er sprach von Beweisen, welche er bringen wolle."

„Wofür oder wozu?"

„Das verschwieg er mir."

„So will ich Ihnen ein großes Geheimniß mittheilen. Erinnern Sie sich des Gewitters, während dessen wir uns im alten Thurm befanden?"

„Noch sehr genau," antwortete sie.

Sie hatte doch erst noch vorhin an dieses Ereigniß gedacht.

„Wir sahen da die Gestalt, welche an uns vorüberging und die Thurmtreppe bestieg?"

„Den Geist meiner Mutter," nickte Marion, indem ein leiser, wie geistiger Schimmer ihr Gesicht überflog.

„So dachten Sie; ich aber theilte Ihnen mit, daß ich nicht an die überirdische Natur dieser Erscheinung glaube. Ich wollte die Gestalt verfolgen, aber Sie hielten mich zurück."

„Ich weiß dies noch sehr genau. Alle Welt erzählt sich, daß meine arme Mutter im Grabe keine Ruhe habe, weil sie nicht die Anhängerin des allein selig machenden Glaubens gewesen sei."

„Und alle Welt täuscht sich; denn Ihre arme Mutter ist gar nicht gestorben. Und ist sie ja gestorben, so hat sie ihre Ruhestätte in einer anderen Gegend gefunden. Wahrscheinlicher aber ist mir der erstere Fall. Ich möchte wetten, daß Liama, die Tochter der Beni Hassan, noch am Leben ist."

Marion hatte ihm zugehört, die groß geöffneten Augen starr auf ihn gerichtet.

„Großer Gott!" sagte sie jetzt. „Haben Sie vielleicht Gründe zu dieser Vermuthung?"

„Sogar sehr triftige. Ich will Ihnen aufrichtig gestehen, daß ich der Verbündete des Zauberers war. Er kam von Afrika, um Liama, die Tochter seines Scheiks, zu suchen. Er hörte, daß sie todt sei und er wollte sich

überzeugen, ob man ihre Ueberreste wirklich bestattet habe. Wir haben des Nachts ihr Grab geöffnet."

Marion stand da, selbst starr wie eine Todte. Ihre Lippen bebten und erst nach längerer Pause stieß sie hervor:

„Das, das haben Sie gethan?"

„Ja."

„Und was haben Sie gefunden?"

„Einen Sarg, welcher mit Steinen gefüllt; eine Leiche aber hat nie darinnen gelegen."

„Mein Heiland! Das ist ja entsetzlich! Sollte sie anderswo begraben sein?"

„Das glaube ich nicht. Welchen Grund hätte man dann gehabt, dieses Grab als das ihrige anzugeben?"

„Ja. Ich war ja als Kind selbst dabei, als man ihren Sarg hier in die Erde senkte. Es geschah das ohne Sang und Klang, ohne Predigt und Segen, weil sie ja eine „Heidin" gewesen war. Sie ist nirgends anderswo begraben."

„So bleibt nur die Annahme, daß sie damals gar nicht gestorben ist."

„Sie lebt also noch! Aber wo? Wo, Monsieur Müller?"

Das schöne Mädchen befand sich in einer unbeschreiblichen Aufregung, er legte ihr beruhigend die Hand auf den Arm und antwortete:

„Ich vermuthe, daß Liama ihre Zustimmung zu dem Coup gegeben hat, welcher da aufgeführt worden ist. Welche Gründe sie dabei gehabt hat, das werden wir jedenfalls noch erfahren."

„Und mein Vater weiß es auch?"

„Vielleicht. Ich möchte behaupten, daß sein gegenwärtiger Geisteszustand zu diesem Geheimnisse in inniger Beziehung steht. Man hat Ihre arme Mutter veranlaßt, zu verschwinden, damit die jetzige Baronin ihre Stelle einnehmen könne. Warum, das werden wir vielleicht noch entdecken."

„Aus Alledem ersehe ich, daß ich die Verhältnisse meiner eigenen Familie nicht kenne, und daß ich von Geheimnissen und von — Verbrechen umgeben bin."

„Wahrscheinlich vermuthen Sie da das Richtige."

„Gott, mein Gott! An wen soll ich mich denn da halten?"

„An den, den Sie da soeben genannt haben, nämlich an Gott. Und wenn es Ihnen möglich sein sollte, zu mir ein wenig Vertrauen zu fassen, so stelle ich mich Ihnen mit Leib und Leben, mit Allem, was ich habe und bin, zur Disposition."

Da streckte sie ihm ihre beiden Hände entgegen und sagte:

„Ich danke Ihnen von ganzem Herzen. Ich habe die Meinigen nie lieben und achten und mich nie in der Heimath wohl fühlen können. Ich bin mir vorgekommen, wie ohne Halt und Wurzel im Leben. Es hat in mir gelegen wie eine Ahnung, daß Alles um mich her eine einzige große Lüge sei. Und nun geben Sie mir Gewißheit und die Hoffnung, daß alles Dunkel klar werden könne. Ja, ich habe Vertrauen zu Ihnen. Sie selbst kommen mir vor wie ein Räthsel, welches ich noch zu lösen habe, aber Sie werden mir die Lösung an die Hand geben."

Er trat zurück, ohne die ihm dargebotenen Hände zu ergreifen und antwortete:

"Sie haben in allen Ihren Vermuthungen Recht. Aber wenn sogar auch ich Ihnen ein Räthsel bin, so werde ich Sie doch wenigstens überzeugen, daß Sie mir vertrauen können."

"Ich bedarf keines Beweises," fiel sie ein.

"Nun, so möge das, was ich sage, als einfache Bemerkung gesprochen sein. Ich habe Ihnen anvertraut, wie theuer Sie mir sind; dieses Geständniß, welches mir nur durch die augenblickliche Situation entlockt werden konnte, hat nicht im Mindesten den Zweck, mir gegenüber die Freiheit Ihres Fühlens und Handelns zu beschränken."

"Wie verstehen Sie das?"

"Ich weiß, daß meine Liebe eine hoffnungslose ist, ja, eine hoffnungslose sein muß; nur daher konnte ich von ihr sprechen, ohne lächerlich zu werden. Sie sind der Gedanke meiner Tage und der Traum meiner Nächte; ich bete zu Ihnen wie zu einer Heiligen, aber wie zu einer Heiligen, zu der man nicht gelangen kann. Sie sind die Sonne, welche den fernen Planeten erwärmt und erleuchtet; das ist Alles, was er sich wünscht; in ihre Nähe wird er nie gelangen. Mein aufrichtiges Geständniß wird nur die Folge haben, daß ich mich noch mehr zurückziehe; aber sobald Sie meiner bedürfen, dann werde ich mit Freuden, ja mit Entzücken Alles thun, was meinen Kräften möglich ist. Das mag unser Pact sein, den wir schließen."

Sie zauderte eine Weile. Dann ging ein eigenthümliches Leuchten über ihr Gesicht; sie streckte ihm abermals die Hände entgegen und sagte:

"Nun gut! Ganz wie Sie wollen! Sie erlauben mir also, Sie für meinen Freund zu halten?"

"Ich bitte inständig, dies zu thun!"

"Ein solcher Vertrag muß aber bekräftigt werden, wenigstens durch einen Handschlag. Wollen Sie mir wirklich Ihre Hand verweigern?"

"Gegen Ihre Befehle kann ich nicht! Hier ist die Hand. Verfügen Sie über mich, so viel und weit Sie wollen!"

"Zunächst muß ich mich für heute Abend rüsten. Glauben Sie wirklich, daß die Namen, welche Sie mir nannten, geeignet sind, den Capitän zurückzuweisen?"

"Ich hoffe es, ja, ich bin überzeugt davon!"

"Und diese arabische Handschrift. Darf ich nicht erfahren, was sie enthält?"

"Für jetzt liegt es in Ihrem eigenen Interesse, daß ich Ihnen die Uebersetzung vorenthalte. Auch möchte ich das Document nicht sofort in ihre Hand gelangen lassen."

"Warum?"

"Weil es mir da nicht sicher scheint."

"Sie meinen, die Schlacht, welche ich dem Capitän zu liefern habe, könne einen für mich unglücklichen Ausgang nehmen?"

"Heute werden Sie siegen, was aber dann geschieht, ist bei dem Charakter dieses Mannes nicht vorauszusehen."

"Ich werde tapfer sein!"

"Aber Vorsicht ist ebenso nöthig wie Tapferkeit. Uebrigens dürfen Sie überzeugt sein, daß ich über Sie wachen werde. Also, darf ich dieses Schriftstück behalten?"

"Ja," nickte sie; "behalten Sie es! Ich vertraue mich Ihnen an, wie ich mich Ihnen anvertraute, als Sie mit mir ins Wasser gingen. Leben Sie wohl, mein Freund!"

Sie reichte ihm das schöne Händchen, welches er an seine Lippen zog. Als sie sich entfernte, blickte er ihr nach, so lange er nur konnte. Dann legte er beide Hände auf das Herz und jauchzte:

"Sie liebt mich! Sie liebt mich! Sie hat meine Photographie! Aber woher hat sie sie?"

"Vom Photographen gemaust!" erklang es hinter ihm.

Rasch und betroffen drehte er sich um. Fritz kam hinter einem Felsenstücke hervorgekrochen. Diese Ueberraschung in diesem Augenblicke war seinem Herrn denn doch nicht sehr willkommen.

"Donnerwetter!" sagte er. "Mensch, Du hast gehorcht!"

"Ja," nickte Fritz ganz unverfroren.

"Hallunke!"

"Danke!"

"Warum bist Du mir nachgeschlichen?"

"Ich Ihnen nachgeschlichen? Habe keine Idee davon!"

"Aber wie kommst Du denn nach dem Steinbruche?"

"Um die Linie zu suchen."

"Sprich nicht in Räthseln! Welche Linie meinst Du?"

"Die, welche von hier aus über die nächste Waldesecke nach dem Trou du bois führt."

"Ah, Du kennst die Richtung nach dem Waldloche?"

"Sehr genau."

"Von wem hast Du es erfahren?"

"Vom Wirthe. Herr Doctor, dieser Kerl ist ein Erzschlingel. Ich bin überzeugt, daß er in der Franctireursgeschichte keine gewöhnliche Rolle spielt. Er wollte mich ausfragen; ich aber habe mich so dumm und albern gestellt, daß ihm vor Vergnügen das Herz überlief. Er kam in's Reden und beschrieb mir die Lage des Loches."

"Das ist prächtig! Ich habe mich noch nicht darnach erkundigen können. Wo finden wir das Trou?"

"Auf der geraden Linie von hier nach der Waldesecke hat man gegen dreiviertel Stunden zu gehen, bis man es erreicht."

"Du wolltest es aufsuchen?"

"Ja. Ich wollte heute Abend an fait sein. Ich eilte durch Dick und Dünn und war eher da als Sie. Eben als ich mich zwischen diesem Steingewirr durchwinden wollte, kam die Dame. Ich wollte mich nicht sehen lassen und steckte mich hinter den Felsen. Dann kamen Sie, und so war ich gezwungen, Alles anzuhören."

"Ein anderes Mal jedoch wirst Du ein anderes Arrangement treffen, hoffe ich!"

"Ich hoffe es auch!" rief Fritz mit gewisser Betonung.

"Wieso?"

"Ich werde dann die Sache so arrangiren, daß ich bei der Dame bin und Sie gucken zu, Herr Doctor!"

"Kerl!"

"Na, ich meine ja meine Dame und nicht die Ihrige! Aber, mit Verlaub, Herr Doctor, ein Prachtfrauenzimmer ist sie! Sie hat so etwas Fremdländisches an sich. Ich glaube, man kann fürchterlichen Staat mit ihr machen!

„Mit Dir weniger, Luftikus! Also, wir wollen aufbrechen! Steigen wir zur Höhe empor!"

Sie klommen an der Seite des Bruches hinauf, grad wie Müller damals, als er Alexander rettete, und sahen die betreffende Ecke des Waldes in der Ferne. Sie hielten grad auf dieselbe zu und folgten auch dann noch ganz derselben Richtung, als sie sich im Walde befanden.

So mochten sie wohl eine halbe Stunde durch Büsche und Sträucher gestrichen sein, als Müller sagte:

„Nach Deinem Rapporte müssen wir in der Nähe sein."

„Ich denke es. Von der Richtung sind wir nicht abgekommen."

„So laß uns jetzt größere Vorsicht anwenden! Ein Ort, der zu heimlichen Versammlungen dient, ist wichtig genug, um bewacht zu werden. Wir müssen immer annehmen, daß irgend Jemand hier steckt, vor dem wir uns nicht sehen lassen dürfen."

„Wollen wir uns nicht lieber theilen?"

„Du meinst trennen? Ja. Aber verlieren dürfen wir uns trotzdem nicht. Wer das Loch zuerst findet, der giebt dem Andern ein Zeichen."

„Welches?"

„Kannst Du Vogelstimmen nachmachen?"

„Nur den Kukuk."

„Das genügt. Also wer das Trou zuerst findet, der schreit Kukuk."

Sie trennten sich und schlichen sich nun so vorsichtig wie möglich weiter. Die Bäume traten dichter zusammen und zwischen den Stämmen wucherte üppiges Unterholz. Nach einer Weile ertönte der Ruf des Kukuks. Müller wandte sich nach der Seite zu, wo er erschollen war, und stieß bald auf Fritz, welcher vor einem Gebüsche stand, dessen Zweige er auseinander geschoben hatte.

„Hast Du es?" fragte Müller.

„Ja. Das muß es sein!"

Sie standen vor einer ziemlich tiefen, trichterförmigen Bodensenkung, welche einen Durchmesser von wenigstens sechzig Metern hatte. Der Rand derselben war von Strauchwerk eingefaßt, und selbst bis auf den tiefsten Punkt hinab standen Baum an Baum, und zwischen den Bäumen wucherten Brombeerranken und Farrenkräuter. Hier und da war ein großer, mit grünem Moose bedeckter Stein zu sehen. Das Ganze hatte das Aussehen, als sei vor Jahrhunderten hier das Mundloch eines Schachtes zugefüllt worden und dann nach und nach immer weiter eingesunken.

„Ja, er ist's! Wir sind an Ort und Stelle," sagte Müller. „Nicht übel als Versammlungsort!"

„Ja; er liegt tief und faßt mehrere hundert Menschen, die von oben von Einem, der nichts ahnt, gar nicht bemerkt werden."

„Und wie prächtig läßt es da sich lauschen! Man steckt sich einfach in das Gebüsch —"

„Und wird erwischt und tüchtig durchgeprügelt!" fiel Fritz ein.

„Da müßte man es dumm anfangen!"

„Ob man gut herankommen kann? Diese Leute werden wohl klug genug sein, Wachen auszustellen!"

„So sputet man sich, eher hier anzukommen als sie."

„Hm! Da wäre es ja am Besten, wir blieben gleich da!"

„Allerdings. Aber leider muß ich heim, da man von meinen nächtlichen Excursionen keine Ahnung haben darf."

„Mich erwartet kein Mensch; ich kann also bleiben!"

„Recht so! Es ist jedenfalls besser, den Ort gleich von jetzt an im Auge zu behalten, damit uns nichts zu entgehen vermag. Vorher aber laß uns genau nachsehen, ob wir auch wirklich die einzigen Menschen sind, welche sich hier befinden."

Sie suchten erst die Umgebung ab, konnten aber nichts Verdächtiges bemerken. Dann stiegen sie in die Vertiefung hinunter und auch hier war keine Spur zu finden, daß sich Jemand vielleicht versteckt habe.

„Ob man hier öfters wohl Versammlungen abhält?" fragte Fritz. „Wohl nicht!"

„Warum nicht?"

„Sonst müßte das Moos und das Gerank mehr niedergetreten sein."

„Das ist richtig. Aber schau! Siehst Du, wie regelmäßig hier auf dieser Seite Alles wächst und wie jedes Blättchen liegt, als ob es grad so und nicht anders stehen dürfe?"

„Wahrhaftig! Es ist, als ob man Alles mit der Hand geordnet habe."

„Nun, mit der Hand wohl nicht, aber mit einem Rechen."

„Das ist wahr, Herr Doctor! Hier wird sehr oft gerecht, das sieht man ganz genau!"

„Diese Entdeckung ist sehr wichtig. Erstens läßt sich daraus schließen, daß derartige Versammlungen häufiger vorkommen, als wir erst dachten und sodann geht man dabei so vorsichtig um, das niedergetretene Gepflänz mit dem Rechen wieder aufzurichten."

„Aber warum nur auf dieser Seite und nicht auch anderswo? Die Rechenspur ist nur hier zu bemerken und auch sie ist nur kaum zwei Ellen breit. Da kommt sie von dem Rande des Loches herab und hier hört sie schon auf."

„Das bringt mich auf den Gedanken, daß es hier einen Weg giebt, der nach dem Gebrauche stets wieder maskirt wird. Das kann uns heute Abend von Nutzen sein. Jetzt aber wird es unter den Bäumen bereits dunkel. Ich muß aufbrechen."

Als sie jetzt aus dem Loche gestiegen waren, fragte Fritz:

„Aber wo treffen wir uns am Abende?"

„Das läßt sich nicht auf die Elle bestimmen. Stelle Dich hier an den Rand und blicke gerade nach der Blutbuche hinüber. Auf dieser geraden Linie werde ich mich anschleichen. Ich hoffe, daß ich halb elf Uhr an der Buche sein werde. Finde ich Dich nicht da, so bin ich überzeugt, daß Du Dich auf der angegebenen Linie dem Loche genähert hast, ich werde dann folgen, bis ich Dich finde."

„Und ein besonderes Erkennungszeichen?"

„Brauchen wir nicht. Es könnte uns gefährlich werden. Hast Du Waffen bei Dir?"

„Genug."

„Und Etwas gegen den Hunger?"

„Das habe ich vergessen."

„So werde ich Dir Etwas mitbringen. Also, halte gute Wacht, aber laß Dich ja nicht erblicken!"

Sie trennten sich. Fritz suchte sich ein möglichst gutes Versteck unter den Sträuchern und Müller wanderte raschen Schrittes dem Schlosse zu. Die Dämmerung war angebrochen und als er die Freitreppe emporgestiegen war, sah er Marion aus der Thür ihres Zimmers treten. Indem sie an ihm vorüberschritt, raunte sie ihm zu:

„Zum Capitän befohlen!"

„Nur Muth!"

Dann begab er sich hinauf in sein Zimmer, ließ aber die Thür offen, um hören zu können, wenn Marion den Alten wieder verließ.

Als das muthige Mädchen bei dem Letzteren eintrat, befand sich, wie gerade vor Tische, die Baronin bei ihm. Er zeigte eine wo möglich noch finsterere Miene und sagte in zornigem Tone:

„Weißt Du, was nach unserer Unterredung zwischen Dir und der Baronin in Deinem Zimmer gesprochen worden ist?"

„Ja, sehr genau."

„Und zwar in Gegenwart Deiner Gesellschafterin!"

„Nanon war allerdings bei mir."

„Du hast gesagt, daß wir Beide einander werth seien?"

„So war es."

„Wie hast Du das gemeint?"

„Genau so, wie ich es gesagt habe!"

„Diese Worte sind höchst zweideutig. Wüßte ich, daß Du die weniger gute Bedeutung beabsichtigt hättest, so würdest Du Deiner Strafe nicht entgehen."

„Ich überlasse es Euch Beiden, die Bedeutung heraus zu lesen!"

„Du hast gehört, daß ich Dir nur bis zu dem gegenwärtigen Augenblick Zeit zur Entscheidung gegeben habe."

„Das war überflüssig."

„Ich werde Dir das Gegentheil beweisen! Also, was hast Du beschlossen?"

„Ich habe meinen Entschluß nicht geändert."

„So werde ich ihn zu ändern wissen."

Sie wendete sich nach der Thür und fragte:

„Hast Du noch Etwas zu bemerken?"

„Jawohl!" donnerte er sie an. „Ich habe Dir nämlich zu bemerken, daß ich Dich heute Abend mit dem Obersten Rallion in aller Form und Giltigkeit verloben werde!"

Da zuckte sie ganz stolz und kalt die Achseln und sagte:

„Ich möchte doch wissen, wie Du das fertig bringen wolltest."

„Ich werde es Dir beweisen."

„Pah! Ich will Dich nicht in Verlegenheit bringen. Ich würde „Nein" sagen und dann wollte ich den Frechen doch sehen, der es wagte, mich als seine Verlobte zu bezeichnen!"

„Ich werde Dich sogar zwingen, mich in diese Verlegenheit zu bringen. Du bleibst jetzt hier bei mir, bis ich Dich selbst in den Salon bringe. Setze Dich."

Da klang ein kurzes, silbernes Lachen von ihren Lippen.

„Mache Dich nicht lächerlich," sagte sie. „Heute Mittag war es mir nicht vergönnt, Platz nehmen zu dürfen und jetzt beliebt es Dir, mich zum Sitzen zu befehlen. Wann wirst Du nur endlich einmal einsehen, daß ich nicht mehr buchstabiren gehe! Solche Fehler sollst Du unterlassen!"

„Das ist stark! Das ist zu stark!" rief die Baronin zitternd vor erkünstelter Empörung.

Der Alte stand starr und steif mitten im Zimmer. So Etwas war ihm noch nicht passirt. So Etwas wagte man ihm in seinem eigenen Zimmer zu sagen. Die Haare seines Schnurrbartes sträubten sich empor, wie die Mähnenborsten einer Hyäne, seine Zähne knirschten auf einander, und dann stieß er mit vor Grimm heiserer Stimme hervor:

„Das wagst Du mir, mir, mir zu sagen, Mädchen! Auf der Stelle kniest Du nieder, um mir Abbitte zu thun!"

Er deutete mit der Hand auf den Boden, gerade vor sich hin. Er zitterte am ganzen Körper vor Wuth.

„Ich kniee blos vor Gott," antwortete sie, „nie aber vor einem Menschen, am Allerwenigsten vor Dir."

Da stieß er einen geradezu thierischen Laut aus, faßte sie am Arme und schrie:

„Gut, nicht hier, nicht hier! Ganz wie Du willst! Aber unten, unten sollst Du kniend Abbitte leisten, öffentlich vor den Gästen und vor aller Dienerschaft. Du sollst gezwungen werden, laut zu erzählen von — —"

Mit einem kräftigen Rucke zog sie den Arm aus seiner Hand und fiel mit lauter, drohender Stimme ein:

„Gezwungen werden? Ich brauche zum Erzählen nicht gezwungen werden. Ich werde freiwillig erzählen, laut und öffentlich, ganz so, wie Du es hier verlangt hast, so laut, daß Jedermann es hören kann, von dem Fruchthändler Malek Omar — —"

Sie machte hier mit Bedacht eine Kunstpause. Die Baronin blickte erstaunt auf. Der Alte aber fuhr erschrocken zurück.

„Von Ben Ali, seinem Gefährten," fuhr sie fort.

„Was weißt Du von Malek Omar!" rief er.

„Gerade so viel, wie von Hadschi Omanah, der mit seinem Sohne ermordet wurde!"

Da fuhr er sich mit beiden Händen nach dem Kopfe. Die Haare, so wenige er ihrer hatte, wollten ihm schier in die Höhe stehen. Es wurde ihm blau und roth vor den Augen, es summte und brummte ihm um die Ohren, und er griff nach dem Tische, um nur einen Halt zu finden.

Aber seine eiserne Constitution war des Anfalles bald Herr geworden. Er wendete sich zur Baronin:

„Bitte, verlassen Sie uns. Es ist nicht nöthig, daß Sie Zeuge der Züchtigung sind, welche ich dieser Person ertheilen werde."

Das war der Baronin genug. Marion gezüchtigt! Vielleicht gar körperlich! Welch eine Genugthuung für die Frau, welche so eifersüchtig auf die Schönheit ihrer Stieftochter war. Sie erhob sich von ihrem Stuhle, warf einen schneidend höhnenden Blick auf das Mädchen und sagte:

"Verdient hat sie die schärfste der Strafen. Nachsicht wäre hier Sünde."

Damit rauschte sie zur Thür hinaus.

Der Alte wartete wortlos, bis ihre Schritte verklungen waren; sodann kreuzte er die Arme über die Brust und fragte in einem Tone, der fast pfeifend aus der Kehle drang:

"Jetzt heraus! Was weißt Du von Hadschi Omanah!"

"Daß er ermordet wurde, er und sein Sohn!"

"Ah! Von wem? Von wem?"

"Von Malek Omar und Ben Ali."

"Das ist Lüge, dreifache, zehnfache Lüge!"

"Das ist Wahrheit, die lautere Wahrheit."

"Welchen Grund sollten sie gehabt haben, ihn zu ermorden?"

"Der Documente wegen, welche sie ihm abnehmen wollten."

Er holte tief und ängstlich Athem.

"Woher weißt Du das?" fragte er. "Wer hat es Dir gesagt?"

"Das ist mein Geheimniß!"

"Oho! Ich muß es wissen!"

"Du? Du weißt mehr, als ich Dir zu sagen brauche. Aber sprich noch einmal von meiner Verlobung oder gar von einer Züchtigung, so wird auch der Richter Alles erfahren. Du hast niemals Erbarmen gehabt, nun erwarte auch keines von mir!"

Bei diesen Worten drehte sie sich um und verließ das Zimmer. Die Thür der Baronin war geöffnet, sie hatte hören wollen, welcher Art die angedrohte Züchtigung sein werde. Sie fand gar nicht Zeit zurückzutreten, als Marion vorüberging, von der sie keinen einzigen Blick erhielt. Sie begann zu ahnen, daß der Alte dieses Mal unterlegen sei.

Auch jetzt fand Marion die Freundin ihrer wartend. Nanon hatte jedenfalls mehr Angst ausgestanden, als Marion.

"Nun, wie ist es abgelaufen?" fragte sie.

"Sehr gut! Ganz zur Zufriedenheit!" antwortete Marion.

"Das war ja kaum zu denken, da Du beschlossen hattest, Dich nicht zu fügen."

"Ich habe mich nicht gefügt und dennoch gesiegt."

"In Folge des guten Gedankens, von dem Du vorhin sagtest, daß er Dir während des Spazierganges gekommen sei?"

"Ja."

"Welcher Gedanke war das?"

"Doctor Müller."

"Ah! Du hast ihn getroffen?"

"Im Steinbruche."

"Und der Gedanke kam von ihm?"

"Ja. Er hat mir einen Rath gegeben, ich befolgte ihn und habe alle Ursache, mit der Wirkung zufrieden zu sein."

"Wenn er Dir einen Rath gegeben hat, so mußt Du ihn doch um einen solchen gebeten haben?"

"Allerdings."

"Du hast ihm doch von der geplanten Verlobung erzählt?"

"Ja."

"Das scheint mir aber sehr vertraulich, sehr intim zu sein!"

"Vielleicht auch nicht. Er ist der Mann, dem man ganz unwillkürlich mehr erzählt, als jedem Anderen. Ich wiederhole es: Man muß ihn nicht nur achten, sondern man könnte ihn sogar lieben."

"Lieben und — küssen, wie Du heut sagtest!"

"O, gerade jetzt könnte ich ihm einen Kuß geben, einen wirklich herzlichen Kuß für den Rath, mit dem er mich aus dieser schweren Verlegenheit befreit hat."

Aber droben ging der Alte zähneknirschend in seiner Stube auf und ab. Er ballte die Fäuste, stieß halb laute, deutliche und undeutliche Flüche aus und murmelte dabei:

"Sie ist mir entgangen, aber nur für heute, höchstens noch für morgen! Wer hat ihr zu diesem Schachzuge verholfen? Wer weiß von jener Nacht am Aurasgebirge? Kein Mensch! Kein Mensch war dabei. Sollte er selbst geplaudert haben, der Baron, der Verrückte? Ich glaube es nicht. Er verräth nie Etwas, nie, selbst in seinen schwächsten Stunden nicht. Aber sie wird beichten müssen, und dann wehe ihr! Ich werde sie doch einsperren, um sie unschädlich zu machen, und dann wird sie nur als Gräfin Rallion ihre Freiheit wieder erlangen!"

Unterdessen lag Fritz im Walde und wartete der Dinge, die da kommen sollten. Es war dunkel geworden. Zeit um Zeit verrann; es mochte gegen zehn Uhr sein, da ließ sich ein Rascheln hören, und nahende Schritte waren zu vernehmen. Zwei Männer kamen, gingen an Fritz vorüber und blieben dann am Rande der Schlucht stehen. Der Eine stieß einen ziemlich lauten Pfiff aus. Als keine Antwort erfolgte, meinte er zu dem Andern:

"Wir kommen zeitig; es ist noch kein Mensch da."

"Das ist gut, denn so können wir vorher mit unserer Angelegenheit fertig werden."

"Also, Du stimmst bei?"

"Wie viel pro Mann?"

"Fünftausend Franken."

"Das ist wenig. Der Kerl soll ja Millionen bei sich haben!"

"Aber das Geld kommt ja alles in unsere Kasse!"

"Und gefährlich ist es!"

"Schwachkopf! Welche Gefahr bringt es denn, einem Verwundeten in die Tasche zu greifen, um ihm das Portefeuille wegzunehmen!"

"Mag sein! Wie viele sind wir?"

"Drei Personen; das ist genug."

"Das genügt allerdings. Doch wißt Ihr auch genau, mit welchem Zuge er kommt?"

"Mit dem Mittagszug von Trier aus. Er kommt aus New-Orleans, hat einen englischen Namen und heißt, glaube ich, Deephill."

"Wunderlicher Name!"

"Na, also, machst Du mit? Oder soll ich einen Anderen engagiren?"

"Hm! Fünftausend Franken sind auch ein schönes Geld!"

"Das versteht sich. Es ist ein großer Unterschied, sie zu haben oder nicht. Entschließe Dich kurz, ehe die Anderen kommen"

„Also der Alte will es haben?"

„Er hat es sogar befohlen."

„Na, da mag es denn gewagt sein. Ich werde mich betheiligen."

„Endlich bist Du klug. Na, so komm hinab. Ich glaube, ich höre bereits wieder Schritte."

Sie stiegen miteinander in das Loch hinab. Jetzt kamen nach und nach Mehrere. Fritz hatte bereits über zwanzig gezählt, als er plötzlich am Arme gezupft wurde. Er lag am Rande des Loches unter dem Gebüsch.

„Fritz?" flüsterte es.

„Herr Doctor?"

„Bereits Viele hier?"

„Vierundzwanzig."

„Man hört sie doch nicht reden."

„Ja, das weiß der Teufel. Sobald sie da hinunter sind, merkt man gar nichts mehr von ihnen."

„Vielleicht verhalten sie sich still, bis Alle beisammen sind!"

„Das ist möglich. Dann aber können wir wohl lauschen."

„Von welcher Seite kommen sie?"

„Von dieser. Alle hier hart an mir vorüber."

„Ah, wo der abgerechte Weg hinunterführt! Donner! Hast Du das jetzt gesehen?"

„Was?"

„Ein Lichtschein."

„Man wird eine Laterne anbrennen."

„Nein. Das kam wie aus der Erde. Wenn ich es mir so recht überlege, daß ein richtiger Weg hinunterführt und man doch im ganzen Loche keine Spuren findet, so komme ich auf den Gedanken, daß es da eine Höhle oder irgend ein Versteck geben muß."

„Der Gedanke ist nicht schlecht. Dann aber stäken jetzt Alle in der Höhle, während wir denken, sie sitzen unten zwischen den Bäumen."

„Freilich. Wir müssen uns überzeugen, es ist keine Zeit zu versäumen. Ich krieche leise hinab."

„Ich auch?"

„Ja, komm. Aber vorsichtig, damit wir nicht bemerkt werden. Das kleinste Steinchen kann uns verrathen."

„Und wenn sie uns doch bemerken, was thun wir denn da?"

„Fliehen und wehren. Ergreifen laß ich mich auf keinen Fall. Eher schieße ich Einige nieder."

„Ich einige und Mehrere, je nachdem sie es haben wollen."

Sie legten sich auf den Bauch und krochen nach Indianerart an der Seite des Loches hinab, nach jedem Fußbreit, welchen sie zurücklegten, wartend und lauschend, ob sie sich weiter wagen könnten. So hatten sie beinahe den tiefsten Punkt erreicht, als sie Beide erschrocken anhielten. Ein rascher, aber scharfer Lichtstrahl war über sie hinweggeglitten.

„Sapperment! Woher kam er?" flüsterte Fritz.

„Da, gerade vor uns! Halten wir weiter links, damit er uns nicht trifft. Schau!"

Wirklich fiel jetzt aus der Erde heraus ein ziemlich greller Blitz gerade auf die Stelle, an welcher sie sich eben jetzt befunden hatten.

„Ob man uns bemerkt hat?" fragte Fritz.

„Nein. Daß uns das Licht berührte, war sicherlich nur Zufall. Aber da haben wir es: Hier ist eine Höhle. Der Eingang ist nur für einen Mann zu passiren und wird durch diesen Stein verschlossen."

„Aber auf welche Weise?"

„Irgend welche Mechanik giebt es, das ist sicher. Ich werde morgen hergehen und untersuchen."

„Schade, daß ich nicht dabei sein kann. Uebrigens finde ich vielleicht auch Gelegenheit, ein Abenteuer zu erleben."

„Wo?"

„Auf dem Bahnhof zu Diedenhofen. Es kommt nämlich ein Verwundeter, der Millionen bei sich führt, dem soll dieses Geld abgenommen werden."

„Von wem?"

„Von drei von diesen Burschen hier. Zwei belauschte ich. Es soll jeder fünftausend Franken von dem Raube erhalten. Der Verwundete ist aus New-Orleans und heißt Deephill."

„Das hast Du Alles ganz deutlich gehört?"

„Ja. Der Alte hat es anbefohlen."

„Der Alte? Das wäre ja der Capitän. Ich wollte bereits sagen, daß Du die Polizei requiriren mögest. Hat jedoch der Alte seine Hand im Spiele, so lassen wir die unserige davon weg. Höchstens kannst Du Dich auf dem Bahnhofe nach diesem Mann aus New-Orleans erkundigen und ihn privatim und unbemerkt warnen. Horch! Hörst Du reden? Sie scheinen Alle beisammen zu sein, denn es kommt Keiner mehr, und nun hat die Verhandlung begonnen."

Man hörte durch die Oeffnung, aus welcher das Licht fiel, ein dumpfes Stimmengewirr. Dann plötzlich verschwand der Lichtschein und es war gar nichts mehr zu hören.

„Man hat den Eingang verschlossen," flüsterte Müller. „Es war ein Geräusch zu vernehmen, als ob Steine an einander gestoßen würden."

„Es befindet sich kein Mensch im Freien," antwortete Fritz. „Nicht einmal eine Wache hat man hier ausgestellt."

„Desto leichter wird es uns sein, zu untersuchen, in welcher Weise der Verschluß stattfindet."

„Man wird es innen doch nicht etwa bemerken."

„Wie sollte man es? Wir vermeiden jedes Geräusch. Und selbst wenn dieses Letztere nicht ganz zu umgehen wäre, würde man es kaum gewahren, da ja laut gesprochen wird. Komm."

Sie schlichen sich zu der Stelle hin, an welcher der Schein aus der Erde gedrungen war. Dort befand sich einer jener mit Moos bewachsenen Steine, welchen sie bereits am Tage bemerkt hatten.

„Dieser Stein scheint die Thüre zu sein," sagte Müller, indem er das Felsstück vorsichtig mit den Fingern betastete.

Auch Fritz that dasselbe und bemerkte dabei ganz leise:

„Der Stein steht nicht frei, sondern er blickt nur mit der einen Seite aus der Wand des Loches hervor. Man muß also annehmen, daß er beweglich ist und also mit seiner Umgebung nicht fest verbunden sein kann."

„Ist er wirklich beweglich, was man allerdings glauben muß, so ist er nicht nach Außen, sondern nach Innen fortzunehmen."

„Natürlich. Würde er herausgezogen, so wäre ja eine Spur davon zu bemerken. Er würde mit seiner Schwere das Moos zerdrücken. Aber wie bewegt man ihn? Wollen wir es einmal versuchen?"

„Ja, aber höchst vorsichtig. Wir dürfen ihn nur ein ganz klein Wenig von seiner Stelle rücken. Komm, stemme an und laß uns schieben."

Sie knieten nieder, legten die Achseln an und schoben; aber der Stein bewegte sich nicht im Mindesten.

„Es muß inwendig einen Verschluß geben," meinte Müller. „Es bleibt uns nichts übrig, als den Schluß der Versammlung ruhig abzuwarten. Vielleicht hören wir dann, wenn die Leute gehen, Etwas, was uns auf die Spur bringt."

„Oder sehen wir es sogar. Wir müssen uns nur so nahe wie möglich verbergen. Etwa hier hinter die Büsche?"

„Ja. Sie stehen kaum eine Elle entfernt und sind so dicht, daß man uns wohl schwerlich bemerken wird."

„Ich hätte nicht gedacht, daß diese Franzosen gar so dumm sind!"

„Wieso dumm?"

„Daß sie keine Wache stellen. Bei so geheimen Zusammenkünften ist das unumgänglich nothwendig. Nicht einmal auf den Gedanken sind sie gekommen, einen Hund mitzubringen!"

„Der könnte Alles verrathen."

„Es müßte nur der richtige sein. Sie brauchten ihn ja gar nicht hier außen zu lassen. Sie könnten ihn mit hineinnehmen und dann, wenn sie gehen, würde er uns ganz sicher entdecken."

„Hm, ja! Wünschen wir, daß auch im Kriegsfalle von den Soldaten der großen Nation kein größerer Scharfsinn entwickelt wird. Komm, verstecken wir uns!"

Sie krochen mit einander unter die erwähnten Büsche. Das Versteck war so gut, daß man nichts von ihnen bemerkt hätte, selbst wenn es nicht so ganz und gar dunkel gewesen wäre wie am heutigen Abende.

Eine Stunde verging, vielleicht auch eine etwas längere Zeit. Da ließ sich ein leises, knirrschendes Geräusch vernehmen. Die Beiden stießen einander an.

„Jetzt! Paß genau auf!" raunte Müller seinem Diener zu.

Wirklich erschien im nächsten Augenblicke der Lichtschein wieder. Man gewahrte ganz genau, daß der Stein weg war, und zwar war er nach innen verschwunden. Der Ausgang verdunkelte sich in kurzen Zwischenräumen. Die Leute kamen, Einer nach dem Andern, herausgekrochen und entfernten sich dann.

Da sie mit den Köpfen zuerst erschienen, so konnten die zwei Lauscher nicht ein einziges der Gesichter erkennen.

Zwei nur waren stehen geblieben. Zuletzt kam noch Einer hervorgekrochen und trat, nachdem er sich aufgerichtet hatte, zu ihnen.

„Nun, sagte er vernehmlich; glaubt Ihr nicht, daß Alles so richtig arrangirt ist?"

„Der alte Capitän!" flüsterte Müller seinem Nachbar zu.

„Ganz gewiß." antwortete der Eine. „Die Leute brauchen keine große Uebung, und Waffen sind nebst Muniton ja mehr als reichlich vorhanden."

„Sobald Etwas passirt und ich Euch brauche, werde ich Euch das Zeichen geben. Wir kommen von heute an stets nur hier zusammen."

„Ich wollte, es ginge bald los!"

„Man hat leider noch keinen Grund zur Kriegserklärung gefunden!"

„Sollte das so schwierig sein?"

„Hm!" brummte der Alte. „Ich halte es nicht für sehr schwer, und so wird ja auch der Kaiser bald finden, was er sucht. Er will den Krieg; die Kaiserin wünscht ihn noch viel mehr. Gramont steht an der Spitze der auswärtigen Angelegenheiten; er ist ein ausgemachter Feind der Deutschen; er haßt sie und thut alles Mögliche, um das Feuer zu schüren. Daher haben wir allen Grund, zu erwarten, daß unsere Hoffnungen sich baldigst erfüllen werden."

„Und dann! Sacre' bleu! Dann marschieren wir nach Deutschland!"

„Nicht wir zuerst. Die glorreiche Armee geht voran; wir folgen ihr. Die Armee hat die internationalen Gesetze der Kriegsführung zu respectiren; der Franctireur aber ist ein freier Mann. Wir werden thun, was uns beliebt!"

„Donnerwetter! Wir werden reiche Leute!"

„Hoffentlich machen wir unser Geschäft. Wir haben bisher nur Ausgaben gehabt, und zwar höchst bedeutende. Der Deutsche wird bezahlen müssen, und zwar nicht nur mit hundert Prozent! Ich wollte, daß in diesem verdammten Germanien nicht ein Stein auf dem andern bliebe! Ich habe allen Grund, diese Rasse zu hassen!"

„Aber man sagt, daß Preußen jetzt sehr stark sei!"

„Wer das sagt, ist ein Dummkopf!"

„Aber die Ulanen!"

„Die Ulanen? Pah! Die haben wir nun erst ganz und gar nicht zu fürchten! Der Preuße hat sie von den Russen geborgt."

„Wieso?"

„Die Ulanen sind die Nachkommen von den asiatischen Reitern, welche sich Anno Vierzehn und Fünfzehn bis an die Seine wagen konnten, weil das Glück zufälliger Weise den großen Kaiser verlassen hatte. Ihr habt doch von ihnen gehört?"

„Ja. Es sind kleine Kerls mit großen Bärten."

„Der Andere, welcher bisher geschwiegen hatte, wollte auch Etwas sagen; er ließ also sein Licht leuchten, indem er hinzufügte:

„Sie haben kleine Pferde mit großen Mähnen und Schwänzen."

„Sie stinken nach Talg und stecken voll Ungeziefer!"

„Sie fressen Pfeffer und saufen Schwefelsäure!"

„Ihre Hosen und Röcke sind von Schweinsleder!"

„Ihre Lanzen gebrauchen sie nur, um Kinder damit aufzuspießen und in das kochende Wasser zu halten!"

„Ja, es ist ein grausames, gottvergessenes Volk; aber es ist dem Aussterben nahe. Das Lazarethfieber hat die Meisten hinweggerafft; im Kriege von Schleswig-Holstein sind sie massenhaft erfroren, und Anno Sechsundsechzig haben die Oesterreicher jämmerlich unter ihnen aufgeräumt."

„So hätten wir sie ja gar nicht zu fürchten!"

„Nicht im Geringsten! Es sind ihrer blos noch einige Hundert vorhanden, die in Zeit von einigen Minuten von unseren Mitrailleusen niedergeschmettert werden. Es ist geradezu lächerlich von dem Könige von Preußen, sich auf dieses Gezücht zu verlassen!"

„Aber tüchtige Artillerie soll er haben!"

„Pah! Eine einzige Mitrailleuse bringt drei oder vier ganze Batterien zum Schweigen!"

„Und die Zündnadel!"

„Die ist zum Todtlachen! Hat man bereits gehört, daß man mit Nadeln Krieg führt?"

„Das ist wahr!"

„Und unser Chassepot! Dem ist kein Gewehr gewachsen!"

„Aber ich las da vor Kurzem in der Zeitung, daß der König von Preußen große Generäle habe!"

„So? Wen denn zum Beispiel?" fragte der Capitän im verächtlichsten Tone.

„Steinmetz!"

„Der ist altersschwach geworden. Er ist bereits achtundneunzig Jahre alt und kann nur noch mittelst Ziegenmilch am Leben erhalten werden."

„Sodann Seidlitz!"

„Seidlitz ist ein noch ganz junger, unerfahrener Oberst der Artillerie. Mit dem schießt jeder französische Kanonier um die Wette!"

„Und Ziethen?"

„Ziethen! Was Ihr Euch einbildet! Sollen wir uns vor Ziethen fürchten! Ihr wißt wohl gar nicht, was er ist?"

„Nun, ein berühmter Husarengeneral. Er soll bereits sehr alt sein und bei dem Könige von Preußen in großer Gunst stehen. Er hat sogar die Erlaubniß erhalten, an der königlichen Tafel zu schlafen."

„Das ist wahr; das steht in allen Büchern. Aber ein Husarengeneral ist er nicht, obgleich man es Euch weiß gemacht hat. Er stammt aus Roßbach und ist Marinelieutenant. Weiter hat er es trotz seines Alters nicht gebracht. Ueberhaupt braucht man nur zu hören, daß preußische Offiziere an der Tafel schlafen dürfen, so weiß man sofort, was man von der ganzen Armee zu halten hat. Wie soll das während eines Feldzugs werden, wo es ja noch größere Anstrengungen giebt als Essen und Trinken."

„Aber Moreau soll sehr berühmt und tapfer sein!"

„Das ist er auch. Er ist ein geborener Franzose; aber er ist abtrünnig geworden und zu den Preußen übergegangen. Die Oesterreicher haben ihm bei Königsgrätz die beiden Beine weggeschossen. Nun könnt Ihr Euch denken, ob wir diesen Krüppel zu fürchten haben."

„Und der Generalstabs-Chef der Preußen!"

„Moltke? Der ist ein Phantast und Träumer. Er soll nicht einmal einen Bart haben! Der ist am allerwenigsten schuld, daß die Oesterreicher in der Schlacht an der Alma geschlagen worden sind. Das die Oesterreicher verloren, daran waren nur die Russen schuld, welche es nicht litten, daß die Oesterreicher durch Rußland in Preußen einfielen."

„Und sodann sagt man, daß wir es nicht mit Preußen allein zu thun haben werden!"

„Mit wem noch?"

„Sachsen, Bayern —"

„Unsinn!" fiel der Alte ein. „Das kenne ich besser! Die Sachsen sind stets unsere Verbündeten gewesen: sie sind durch Verträge an uns gebunden, denn Napoleon hat Anno Dreizehn und Vierzehn ihr Land fast um das Zehnfache vergrößert. Bayern, Würtemberg und Baden wagen es nicht, gegen uns zu sein, weil wir dort zuerst einfallen würden. Wer soll sonst noch der Verbündete von Preußen sein?"

„Hessen."

„Das haben wir nicht zu fürchten. Es liegt ganz gegen Rußland hin. Ehe der erste Hesse erscheint, haben wir längst die entscheidenden Schlachten gewonnen und den Feind vor uns hergetrieben."

„Dann giebt es ein Land, Waldeck genannt!"

„Das liegt ja in England!"

„Reuß!"

„Das gehört zu Norwegen!"

„Und Lippe!"

„Was Ihr für Geographen seid! Lippe ist ein Canton in der Schweiz. Es liegt gegen Italien hinunter! Laßen wir das! Wir werden siegen und brauchen darüber gar kein Wort zu verlieren! Bleiben wir lieber bei der Gegenwart! Ihr Beide habt morgen einen Coup auszuführen, welcher wichtiger ist, als so unbegründete Bedenken. Habt Ihr meine Anordnungen capirt?"

„Vollständig!"

„Also brecht recht zeitig auf, daß Ihr ja nicht etwa den Zug versäumt!"

„Das versteht sich ja ganz von selbst!"

„Lefleur wird bereits vor Euch da sein, um seine Pflicht zu thun. Die Hauptsache ist, daß er sich schnell zurückzieht und daß Ihr dafür sorgt, daß kein Verdacht auf Euch fällt."

„Dafür lassen Sie uns sorgen, Herr Capitän! Wir werden den Bahnwärter aufsuchen."

„Ah! Warum? Das wäre unvorsichtig!"

„Grad das Gegentheil! Es ist das gewiß eine Schlauheit. Wir werden mit ihm sprechen."

„Aus welchem Grunde?"

„Wenn wir uns mit ihm unterhalten, wird Leflour desto ungestörter seine Schuldigkeit thun können."

„Ah, das ist richtig!"

„Und der Bahnwärter kann bezeugen, daß wir bei ihm gewesen sind. Dadurch würde aller Verdacht von uns gelenkt werden."

„Nun, ich will zugeben, daß Ihr Euch das gut überlegt habt. Ihr haltet Euch aber nicht unnöthig auf!"

„Wir kommen sofort nach Ortry!"

„Ich werde Euch erwarten. Macht Ihr Eure Sache gut, so könnt Ihr auf eine Extragratification rechnen. Ihr wißt, daß ich nicht knausere, wenn ich sehe, daß meine Leute ihre Pflicht erfüllen. Jetzt will ich mich zurückziehen. Gute Nacht!"

„Gute Nacht, Herr Capitän!"

„Zieht den Keil richtig an, damit der Stein gut schließt!"

„Keine Sorge!"

(Fortsetzung folgt.)

Die Liebe des Ulanen.
Original-Roman aus der Zeit des deutsch-französischen Krieges von Karl May.
(Fortsetzung.)

Der Alte bückte sich nieder und kroch in das Loch zurück, welches sich dann hinter ihm schloß. Einer der beiden Männer kauerte sich nieder und machte sich mit dem Steine zu schaffen. Als er sich wieder erhoben hatte, sagte der Andere, indem er viel leiser redete als bisher gesprochen worden war.

„Also eine Extragratification."

„Ja. Er ist doch zuweilen splendid."

„Pah! Das kann er auch! Was bekommen wir? Welchen Theil des Ganzen wird er uns auszahlen? Gieb Dir einmal die Mühe, es auszurechnen."

„Ich habe auch bereits daran gedacht."

„Wir holen die Kastanien aus dem Feuer!"

„Und wagen dabei Freiheit, Ehre und Leben."

„Er bleibt auf dem Sopha sitzen und wartet ruhig, bis wir ihm die Millionen bringen."

„Verdammt! Man müßte sich eigentlich ganz gewaltig darüber ärgern."

„Aergern? O nein! Ich freue mich im Gegentheile."

„Wieso? Warum?"

„Ahnest Du das denn nicht? Das heißt, ich freue mich, weil ich voraussetze, daß Du doch kein Dummkopf sein wirst!"

„Habe ich Dir jemals Gelegenheit oder Veranlassung gegeben, mich für einen solchen zu halten?"

„Allerdings nicht. Und darum denke ich auch, daß Du mit mir einverstanden sein wirst."

„Das klingt ja gerade, als ob Du mir einen Vorschlag zu machen hättest."

„So ist es auch! Einen Vorschlag! Und zwar was für einen."

„So laß hören."

„Hm! Eigentlich ist es gefährlich, sich einem Andern mitzutheilen, von dessen Zustimmung man noch nicht überzeugt ist!"

„Traust Du mir etwa nicht?"

„Du weißt bereits, daß ich Dir mehr traue, als einem jeden Anderen; aber die Sache ist wirklich mit einer ganz außergewöhnlichen Gefahr verbunden."

„So solltest Du auch nicht hier an diesem Orte, im offenen Walde, von ihr sprechen."

„O, hier sind wir sicherer als sonst irgendwo! Oder denkst Du etwa, daß der Alte hier mit uns gesprochen hätte, wenn er nicht vollständig überzeugt gewesen wäre, daß es keinen Lauscher giebt?"

„Es kann Einer zurückgeblieben sein."

„Das wagt Keiner. Sie haben alle einen viel zu großen Respect vor dem Capitän."

„Wir aber doch nicht. Da konnte es auch Anderen einfallen, sich ein Wenig zu emancipiren."

„Ich sage Dir, daß Keiner dies wagen wird. Bei uns Beiden ist dies etwas Anderes. Uns läßt er zuweilen einen Blick in seine Karten thun; das schadet dem Respecte. Ich denke wirklich, daß es keinen besseren Ort giebt, von einem Geheimnisse zu sprechen, als dieses Loch."

„Und wenn der Alte noch anwesend wäre?"

„Er kann uns nicht hören. Der Eingang ist verschlossen."

„Na, meinetwegen. Also, was hast Du vor?"

„Zunächst noch Nichts. Ich denke nur daran, daß der Alte Alles bekommen soll und wir Nichts."

„Wenigstens fast so viel wie Nichts."

„Wäre es nicht sehr prächtig, wenn er gar Nichts erhielte?"

„Hm! Wer soll es denn erhalten?"

„Wir!"

„Donnerwetter! Welcher Gedanke!"

„Ist er etwa schlecht?"

„Nein, famos, sogar höchst famos."

„Was sagst Du dazu?"

„Ich muß mir Zeit nehmen. Der Gedanke ist so großartig, daß man sich nicht sofort an ihn gewöhnen kann."

„Nun, so beeile Dich möglichst."

„Es sind Millionen."

„Der Alte sagte dies allerdings!"

„Bedenke! Millionen! Herrgott! Und jetzt sind wir solche arme Teufel, daß hundert Francs ein Vermögen für uns bilden."

„Das wird sich schnell ändern!"

„Was fangen wir mit dem Gelde an?"

„Eine unnütze, sogar sehr alberne Frage!"

„Wieso?"

„Weil wir das Geld noch gar nicht haben."

„Aber wir können es erhalten."

„Wenn wir wollen, ja. Es kommt ganz allein auf uns selbst an."

„Aber gefährlich ist es, verteufelt gefährlich."

„Hm!"

„Zunächst die Art und Weise, wie wir in den Besitz desselben gelangen."

„Wir haben es da ganz mit derselben Gefahr zu thun. Ob wir das Geld für uns nehmen oder für den Alten, das bleibt sich in dieser Beziehung ganz gleich."

„Das ist wahr. Aber dann die Folgen."

„Ich kenne andere Folgen nicht, als daß wir sehr reich sein werden und das Leben genießen können. Sage mir überhaupt, weshalb Du denn unter die Franctireurs gehen willst?"

„Nun, der Beute wegen."

„Richtig! Ich auch! Warum aber willst Du bis später warten, wenn Du gleich jetzt eine Beute in Aussicht hast, wie Dir eine zweite gar nicht geboten werden kann?"

„Ich gebe Dir ja ganz Recht; aber der Alte, der Alte!"

„Nun, was ist mit ihm?"

„Er wird uns tödten."

„Pah! Dagegen können wir uns sichern. Haben wir das Geld, wer hindert uns, fortzugehen? Nach Amerika oder sonst wohin, wo er uns gar nicht erreichen kann."

„Der? Nicht erreichen? Ah, er wäre im Stande, uns nachzukommen und zur Rede zu stellen."

„Das verbieten wir ihm."

„Er wird von uns Befehle annehmen. Glaube nur das nicht."

„Er muß sie wohl annehmen! Es kommt dabei nur darauf an, wie er sie erhält."

„Nun, wie denn?"

„Durch ein Messer oder eine Kugel."

„Verdammt. Du würdest ihn tödten?"

„Warum nicht? Er selbst wird sich keinen Augenblick bedenken, uns eine Kugel durch den Kopf zu jagen, falls er zu der Ansicht käme, daß es ihm vielleicht Nutzen bringt."

„Aber wir haben ihm Treue geschworen."

„Dummkopf! Ist dieser alte Capitän berechtigt, uns einen Schwur abzufordern? Unser Eid hat weder vor Gericht noch vor sonst wem die geringste Giltigkeit. Aber ich sehe, daß Du Dich fürchtest. Lassen wir den Gedanken also fallen. Du bist ein Hasenfuß. Wirf dem Alten die Millionen an den Kopf. Du wirst dafür tausend Jahre vom Fegefeuer erlassen bekommen."

Er that, als ob er gehen wollte. Der Andere ergriff ihn beim Arme und sagte schnell:

„Halt, halt! Ich habe mich ja noch nicht dagegen entschieden. Ich habe nur ein Bedenken."

„Welches denn?"

„Daß er uns vielleicht beobachten und beaufsichtigen läßt."

„Durch wen?"

„Durch Lesleur."

„Pah! Dem geben wir einen Schlag auf den Kopf, so sind wir die Aufsicht los. Ueberhaupt habe ich gar nicht beabsichtigt, mit Dir jetzt einen vollständigen Plan zu spinnen. Ich wollte nur wissen, ob Du unter Umständen geneigt sein würdest, auf meine Absicht einzugehen."

„Nun, abgeneigt bin ich nicht."

„Das ist es, was ich hören will. Das Weitere können wir unterwegs oder auch erst morgen früh besprechen. Es ist dazu sogar noch Zeit, wenn wir das Geld bereits in den Händen haben. Ich glaube, daß Du in diesem Falle ganz gerne geneigt sein wirst, es zu behalten."

„Wollen sehen! Aber, ob dieser — dieser — wie war doch der fremde Name?"

„Dieser Deep-hill."

„Ja, ob dieser Deep-hill auch wirklich kommen wird, wollte ich sagen."

„Sicher. Der Capitän hat es gesagt, und der ist stets ganz genau unterrichtet. Man muß ihm eingestehen, daß in Allem, was er vornimmt, eine genaue und untrügliche Berechnung vorhanden ist."

„Aber wie erkennen wir ihn?"

„Das wird nicht schwer sein. Ein Amerikaner ist sehr leicht zu erkennen oder zu erfragen."

„Aber nehmen wir an, daß er noch Leben hat."

„Nun, so thut ein Messerstich, ein Griff an die Gurgel das Uebrige. Lassen wir für jetzt solche unnütze Fragen. Wenn der Augenblick des Handelns gekommen ist, so wird sich Alles ganz von selbst ergeben."

„Gehen wir also?"

„Ja. Komm!"

Sie entfernten sich. Erst als ihre Schritte bereits seit Minuten nicht mehr zu hören waren, flüsterte Müller Fritz zu:

„Komm. Jetzt können wir von der Stelle."

Sie krochen unter den Büschen hervor und dehnten ihre Glieder, welche sich in einer so unbequemen Lage befunden hatten.

„Zwei schöne Kerls," flüsterte Fritz dabei.

„Galgenvögel."

„Eigentlich wäre es unsere Pflicht gewesen, sie unschädlich zu machen."

„Wie wolltest Du das anfangen, ohne uns zu verrathen?"

„Sie einfach niederschlagen."

„Dadurch wäre es doch herausgekommen, daß sich Lauscher hier befunden haben. Nein. Wir mußten sie unbedingt laufen lassen."

„Vielleicht kann ich sie doch fassen. Was sie eigentlich doch nur beabsichtigen?"

„Nun, einen Mordversuch auf diesen Amerikaner Deep=hill."

„Das versteht sich ganz von selbst, Herr Doctor. Aber wann und wie soll er ausgeführt werden?"

„Hm! Das ist eben die Frage. Er kommt mit dem Mittagszuge in Thionville an?"

„Ja, das habe ich genau gehört."

„Auf dem Bahnhofe können sie ihn doch nicht überfallen."

„Ganz unmöglich. Aber dann unterwegs."

„Wie es scheint, wird er sich nach Ortry zum Capitän begeben."

„Sicher. Und bis dahin will man ihn überfallen. Man muß das auf alle Fälle verhindern."

„Natürlich! Das wirst Du thun."

„Es wird schwer gehen. Ich fahre ja mit demselben Zuge weiter und habe also eigentlich keine Zeit."

„Es ist leichter, als Du denkst. Du fährst ja mit dem Frühzuge nach Trier. Dabei meldest Du die Angelegenheit der Bahnpolizei. Die wird den Amerikaner bei seiner Ankunft ausfindig zu machen wissen und ihn warnen. Uebrigens ist es ja leicht möglich, daß Du ihn während der Fahrt erfragen und dann sogar selbst unterrichten kannst."

„Wollen sehen. Aber, hm!"

„Was hast Du noch für Bedenken?"

„Ich muß dieser lieben Nanon mein Wort halten; ich muß mit ihr fahren; aber ich kann sehr leicht daran verhindert werden."

„Wieso?"

„Es ist möglich, daß die Polizei mich zurückhält, wenn ich anzeige, was geschehen soll."

„Wohl schwerlich!"

„Man wird mich ausfragen, auf welche Weise ich von dem Mordanschlage erfahren habe. Wie soll ich da antworten?"

„Nun, die Polizei weiß, daß Du Kräutersammler bist. Da kann es ja gar nicht auffallen, wenn Du berichtest, daß Du Dich heute nach Hereinbruch der Dunkelheit noch im Walde befunden hast. Dort hast Du zwei Männer belauscht."

„Schön! Ich kannte sie nicht und ich getraute mich auch nicht, etwas gegen sie zu unternehmen, da sie bewaffnet waren, ich aber nicht. Jedoch, soll ich den Capitän erwähnen."

„Nein. Wer weiß, ob man Dir vielleicht glauben würde."

„Schön! So ist das also abgemacht! Gehen wir jetzt?"

„Nein. Es kann mir gar nicht einfallen, diesen Ort zu verlassen, ohne mich ein wenig umgesehen zu haben. Wer weiß, wozu es gut ist, wenn ich mich orientire. Wollen einmal nach dem Eingange sehen."

„Ah, nach dem Keile, von dem der Alte sprach?"

„Ja. Aus seinen Worten schließe ich, daß das Loch nur mittelst eines Keiles verschlossen und geöffnet werden kann. Dieser Keil muß sich also wohl in einer Ecke des Steines befinden. Suchen wir darnach."

Sie traten an das Felsstück, der Eine rechts und der Andere links und betasteten die Kanten desselben mit möglichster Genauigkeit.

„Sapperlot! Hier muß es sein!" sagte nach kurzer Zeit Fritz.

„Wo?"

„Da unten in der Ecke. Ich drückte und da gab es nach."

„Laß sehen."

Müller untersuchte die Stelle, an welche Fritz ihm die Hand leitete und fand allerdings, daß Etwas dem Drucke seines Fingers nachgab.

„Das ist's?" sagte er. „Das ist ein Keil, den man zurückschieben kann. Es ist ein Schnurende an ihn befestigt, um ihn wieder heranziehen zu können. So! Jetzt habe ich ihn hineingeschoben. Und nun wollen wir sehen, ob auch der Stein zu bewegen ist."

Er schob an dem Felsstücke und es ließ sich durch einen ganz leichten Druck aus seiner Lage bringen, es wich zurück.

„Auf!" flüsterte Müller, „Jetzt können wir hinein. Komm, Fritz! Das Sesam ist geöffnet!"

„Aber vorsichtig, Herr Doctor!" meinte der treue Diener. „Nehmen Sie den Revolver heraus!"

„Habe ihn schon bei der Hand! Ich krieche voran und Du folgst hinter mir."

Die Oeffnung war groß genug, um einen Mann einzulassen. Das Loch ging nur kaum drei Fuß tief hinein und dann fühlte Müller, daß er sich erheben könne. Einige Augenblicke später stand Fritz neben ihm.

„Haben Sie Ihre Laterne mit?" flüsterte er.

„Natürlich! Aber wir müssen uns erst überzeugen, ob wir Licht machen dürfen."

„Es scheint Niemand hier zu sein!"

„Wir wissen ja gar nicht, wo wir uns befinden! Es kann ein tief fortreichender Raum, ein Gang, ein Stollen sein. Machen wir hier Licht, so kann es im Hintergrunde bemerkt werden. Untersuchen wir also vorher den Raum im Finstern. Ich rechts und Du links. Aber leise und auch mit aller Vorsicht, damit wir nicht irgendwie verunglücken."

Er tastete sich fort, fühlte eine steinerne Wand, kam an eine Ecke, glitt über dieselbe hinweg und traf dann mit Fritz zusammen.

„Du schon hier!" sagte er. „Wir befinden uns also in einem viereckigen Keller, wie es scheint. Nicht?"

„Ganz sicher. Haben Sie eine Thür bemerkt?"

„Nein."

„Ich auch nicht."

„Aber es muß dennoch eine solche da sein. Der Capitän kann doch nicht durch die Mauer verschwinden. Brennen wir an!"

Er zog die Blendlaterne aus der Tasche und machte

Licht. Jetzt sahen sie, daß ihre Vermuthungen richtig gewesen waren. Sie befanden sich in einem viereckigen Raume; die Mauern bestanden aus hartem, gut zusammen gekitteten Gestein. Eine Thür war nicht zu sehen.

„Wollen wir sie suchen?" fragte Fritz.

„Natürlich!"

„Wo mag sie sich befinden?"

„Das ist nicht schwer zu sagen. In der Decke natürlich nicht."

„Richtig!" lachte Fritz. „Also auf dem Fußboden?"

„Schwerlich! Es muß einen Gang hier geben. Dieser führt in der einzig möglichen Richtung, also grade aus fort. Folglich kann die verborgene Thür sich nur in der Rückwand befinden, dem Loche gegenüber, durch welches wir hereingekommen sind."

„So werden wir sie wohl auch finden!"

„Hoffentlich! Vorher aber wollen wir den Stein zurückschieben und den Keil ins Loch stecken. Verschließen wir das Loch, so können wir von draußen nicht beobachtet werden."

Dies wurde gethan. Es ließ sich ganz leicht ausführen. Dann untersuchten sie den Fußboden mit den Absätzen ihrer Stiefel und sogar auch mit den Händen.

„Der Boden ist wirklich massiv," sagte Fritz. „Es giebt keine leere Stelle, und eine Fallthüre ist also nicht vorhanden. Nun aber die hintere Mauer!"

Er trat hinzu und begann zu klopfen.

„Halt!" sagte da Müller rasch. „Nicht klopfen! Wir wissen ja gar nicht, was sich hinter dieser Mauer befindet!"

„Aber wie wollen wir dann entdecken, wo eine hohle Stelle ist, Herr Doctor?"

„Denke nur nach, lieber Fritz! Du hast hier Stein und überall Stein. Eine Thüre im gewöhnlichen Sinne kann es also gar nicht geben. Ich vermuthe vielmehr, daß der Eingang, den wir suchen, grad so in einem Loche besteht, wie das ist, durch welches wir hereingekrochen sind."

„Hm! Ein Stein zum Zurückschieben?"

„Ja."

„Und ein Keil dabei?"

„Vermuthlich. Ein Keil mit einer Schnur daran, um sich seiner auch dann noch bemächtigen zu können, wenn er zurückgezogen ist. Suchen wir."

„Also unten am Boden."

„Und so ziemlich gewiß in der Mitte der Mauerbreite."

Er leuchtete in der angedeuteten Richtung bis nahe an die Erde herab und sofort rief Fritz:

„Sapperlot! Das nenne ich Scharfsinn!"

„Siehst Du etwas?"

„Ja. Hier giebt es eine Schnur. Bitte, halten Sie das Licht näher heran!"

Müller that dies und bemerkte nun allerdings die dünne Schnur, welche da befestigt war.

„Siehst Du!" sagte er erfreut. „Das ist der Keil. Und hier dieser Mauerstein bildet die Thür. Er geht jedenfalls auch auf einer Rolle wie der andere Eingang. Versuchen wir, ob sich Beides bewegen läßt!"

Der Versuch gelang. Sie standen jetzt vor einer Oeffnung, welche fast genau derjenigen glich, durch welche sie gekommen waren.

„Kriechen wir hindurch?" fragte Fritz.

„Natürlich! Doch will ich vorher die Laterne verbergen. Man weiß ja nicht, ob es da drüben offene Augen giebt."

Er verschloß das Laternchen, dessen Licht jedoch fortbrannte und kroch voran. Fritz folgte ihm. Drüben fühlten Beide, daß sie sich in einem schmalen Gange befanden.

„Wohin wird er führen?" flüsterte Fritz.

„Wir müssen es zu erfahren suchen. Dazu brauchen wir die Laterne, müssen aber erst wissen, ob ich das Licht zeigen darf. Horchen wir einmal!"

Erst nachdem sie sich einige Minuten ganz lautlos verhalten und trotzdem nichts Beunruhigendes gehört hatten, zog Müller die Laterne hervor und ließ das Licht derselben vor sich hinfallen.

„Man sieht kein Ende," sagte Fritz im leisesten Tone.

„Der Gang führt grad aus. Folgen wir ihm; aber ganz leise. Und vorher machen wir hier dieses Loch zu."

Der Stein wurde zurückgeschoben und dann schritten sie vorwärts, oder so leise, daß kaum sie selbst das Geräusch vernahmen, welches sie verursachten. Nach einiger Zeit bemerkten sie rechts eine Thür, welche aus starkem, hartem Holze gefertigt war, dann zur linken Hand eine zweite, später eine dritte und vierte. Diese Thüren waren mit Eisen beschlagen und mit sehr festen Schlössern versehen.

„Was mag dahinter stecken?" flüsterte Fritz.

„Das interessirt mich auch. Wir müssen es erfahren, wenn auch nicht sogleich heut. Für jetzt ist mir die Hauptsache, zu sehen, wo dieser Gang mündet."

Sie setzten ihren Weg fort. Dabei gebrauchte aber Müller die Vorsicht, nur zuweilen einen blitzartigen Lichtstrahl vor sich hin zu werfen. Er mußte ja immer den Fall annehmen, daß sich vor ihnen Menschen befinden könnten.

So waren sie eine ganz beträchtliche Strecke vorwärts gekommen, als Müller plötzlich stehen blieb und, nach rückwärts greifend, Fritzens Hand erfaßte.

„Pst!" wisperte er. „Was ist das?"

Sie waren abermals an einer Thüre angelangt. Diese war nicht verschlossen, sondern geöffnet und angelehnt. Müller steckte schnell die Laterne in die Tasche und zog die Thür ein Wenig zurück. Er erblickte Nichts; es befand sich tiefes Dunkel vor ihm. Er öffnete die Thür noch etwas weiter und trat ein. Fritz folgte ihm auf dem Fuße.

„Still!" flüsterte Müller und lauschte.

Wieder verging eine Weile, dann bemerkte Fritz:

„Da hinten links wird gesprochen."

„Ja. Ich höre es auch."

„Ob das ein Zimmer ist oder wieder ein Gang?"

„Ein Gang wohl nicht; ich fühle keine Seitenwände. Aber doch! Nein, das ist keine Mauer; das sind Kisten, welche über einander stehen."

„Hier rechts bei mir auch."

„Wagen wir es einmal!"

Er zog die Laterne hervor und ließ einen schnellen Schein vor sich hinfallen.

„Haſt Du geſehen?" fragte er.

„Ja. Es muß ein großes Gewölbe ſein. Kiſten ſtehen bis zur Decke empor. Es geht gerade vorwärts zwiſchen ihnen hindurch."

„Ja. Und dann ſcheint es ſich nach links zu biegen, nach der Richtung, in welcher geſprochen wird."

„Wollen wir es wagen, Herr Doctor?"

„Ja. Komm!"

Die auf einander geſchichteten Kiſten bildeten einen Gang, den die Beiden verfolgten, unhörbar natürlich. Dieſer Gang bog plötzlich links ab. Und als ſie dort anlangten, gewahrten ſie, ziemlich weit entfernt von ſich, eine erleuchtete Stelle.

„Auch das wird gewagt," entſchied Müller. „Ich muß wiſſen, was hier getrieben wird!"

Sie ſchritten leiſe, leiſe weiter. Sie näherten ſich der hellen Stelle mehr und mehr und nun drangen auch die Stimmen immer deutlicher an ihr Ohr. Noch konnten ſie keinen Menſchen ſehen, aber Müller raunte doch ſeinem Gefährten zu:

„Der alte Capitän und der alte Graf Rallion. Ich erkenne ſie an ihren Stimmen. Bleib hier ſtehen!"

„Um Gotteswillen! Wollen Sie allein vorwärts?"

„Ja. Es giebt keine Gefahr. Sollte ich aber rufen, ſo kommſt Du ſofort nach!"

Er ſetzte den Weg Schritt um Schritt fort, bis er bemerkte, daß ſich zwiſchen dem Kiſtenlager ein Viereck öffnete. Dort ſaßen auf einer Truhe die beiden Genannten. Auf einem Brette vor ihnen ſtand Wein und die brennende Laterne. Sie rauchten Cigarren und unterhielten ſich in ziemlich lautem Tone. Sie ahnten ja gar nicht, daß ſie ſich nicht allein befanden. Sie hätten das ja gar nicht für möglich gehalten. Müller hörte, daß der Graf ſagte:

„Und dadurch wollen Sie das Mädchen wirklich zwingen?"

„Sicher!"

„Sie wird, befürchte ich, nur obſtinator werden!"

„Das treibe ich ihr aus. Finſterniß, Durſt und Hunger brechen auch den ſtärkſten Willen. Sie muß Ja ſagen."

„Vielleicht thut ſie das, wird aber ihr Verſprechen wohl nicht halten!"

„Da kennen Sie ihren Character nicht. Was ſie einmal verſpricht, das hält ſie auch, und ſollte es zu ihrem größten Unglücke ſein."

„Und wann ſoll es geſchehen?"

„Sobald es paßt. Heute, morgen, übermorgen!"

„Und wenn ſie ſich dennoch nicht entſchließt?"

Da deutete der Alte mit dem Daumen über ſeine Achſel nach rückwärts und ſagte, höhniſch lachend:

„Da drinnen? Sich nicht entſchließen? Sie wird mir noch gute Worte geben, mir meinen Willen thun zu dürfen. Darauf gebe ich Ihnen mein Wort. Aber laſſen wir das. Ich bin meiner Sache ſicher, und Sie können ruhig abreiſen."

„Leider muß ich! Wer weiß, wann wir uns wiederſehen werden! Jeder Tag kann jetzt das Erwartete und auch das Unerwartete bringen."

„Nun wir ſind gerüſtet, wie Sie ſehen. Alle dieſe Gewölbe ſind voller Waffen und Munition, ich wollte, es ginge bereits morgen los!"

„Man wird nicht ermangeln, ſich zu beeilen. Man fängt keinen Krieg im Dezember an, und jetzt haben wir bereits den Sommer vor der Thür."

„Nun, Sie können melden, daß wir hier ſo ziemlich gerüſtet ſind. Ich bin bereit, die Rechnung mit Deutſchland, welche ſo lange unberichtigt geblieben iſt, einzufordern. Nun aber trinken wir aus, und gehen wir. Es gab heute viel zu ſchaffen, viel Aerger und Verdruß. Ich bin müde."

„Ja, gehen wir. Schließen Sie aber die Lieferbücher und den Wein hier vorher in den Kaſten."

„Natürlich! Ah, wo habe ich denn nur die Schlüſſel!"

Müller hatte genug gehört. Er kehrte, ſo eilig dies möglich war, zu Fritz zurück und zog denſelben mit ſich fort.

„Raſch! Sie gehen!"

Als ſie um die Ecke gebogen waren und ſich der Thür näherten, konnte Müller es wagen, einen Schein aus der Laterne fallen zu laſſen, um den Weg ohne Anſtoß finden zu können. Da flüſterte Fritz:

„Sapperment! Zwei Schlüſſel!"

„Wo?"

„Hier auf dem Küſtenrande, welcher hervorragt."

„Herr damit!"

Müller griff zu, nahm die Schlüſſel an ſich und trat durch die Thür, welche ſie offen gelaſſen hatten, in den Gang hinaus. Fritz lehnte ſie wieder an, ſo wie ſie ſie gefunden hatten.

„Jetzt ſchnell zurück!" gebot Müller.

Er ließ jetzt die Laterne voll auf den Weg ſcheinen. Sie eilten den Weg zurück, den ſie gekommen waren, aber nur bis zur nächſten Thür, an welcher ſie vorhin vorüber paſſirt waren. Dort zog Müller die Schlüſſel hervor.

„Sie wollen doch nicht gar hier hinein?" fragte Fritz.

„Natürlich! Ob er ſchließen wird?"

Er probirte in fieberhafter Eile. Welch ein Glück! Der eine der Schlüſſel öffnete das Schloß. Müller zog die Thür auf und den Schlüſſel ab, trat mit Fritz in den Raum, der ihnen finſter entgegen gähnte und ſchloß die Thür von innen wieder zu.

„Was wollen wir denn hier?" fragte Fritz.

„Der Capitän ſuchte die Schlüſſels, und wir haben ſie. Es iſt möglich, daß er glaubt, ſie verlegt zu haben; aber ebenſo möglich iſt es auch, daß er Verdacht ſchöpft. In dieſem Falle kehrt er ſicher zurück, um zu ſehen, ob ſich eine Spur davon finden läßt, daß ein Unberufener hier geweſen iſt. Dann muß ich möglichſt wiſſen, was er denkt, und darum verſtecke ich mich hier! Wenn wir ſofort fliehen, weiß ich doch nicht, welche Anſicht er über das Verſchwinden der Schlüſſel hat."

„Aber wir ſpielen ein gewagtes Spiel."

„Nicht ſo ſehr, wie Du denkſt. Hier herein kann er nicht und übrigens ſind wir bewaffnet."

„Na, ich fürchte mich auch nicht etwa. Aber, Herr Doctor, Sie hatten es ſo eilig; ich dachte, die beiden Kerls wären hart hinter ihnen her und nun hört man nichts von ihnen."

„Sie werden eben nach den Schlüſſeln ſuchen! Horch!"

Er drehte den Schlüſſel im Schloſſe um und öffnete

die Thür ein Wenig. Durch diese Lücke bemerkte er, in den Gang hinaus lugend, den Grafen und den Capitän, welche jetzt in den Gang hinausgetreten waren. Sie sprachen laut miteinander, jedenfalls ein gutes Zeichen für Müller. Hätten sie Verdacht gehabt, so wäre ihre Unterhaltung jedenfalls eine leisere gewesen.

Die beiden Thüren waren vielleicht fünfzig Fuß von einander entfernt. Diesem Umstande war es zu danken, daß Müller hörte, was gesprochen wurde."

„Nein," sagte der Capitän; „ich habe sie nicht hierher gelegt. Ich habe sie mit hinter genommen. Ich mußte doch die Zelle und auch die Truhe aufschließen."

„Ja. Aber dann gingen wir vor nach der Thür, um die Kisten zu zählen."

„Da hätte ich die Schlüssel mitgehabt?"

„Sie haben sie da auf eine der Kisten gelegt, wie ich glaube."

„Dann müßten sie noch da liegen."

„Hm! Befinden wir uns wirklich ganz allein hier?"

„Ohne allen Zweifel."

„Nun, Sie müssen am Besten wissen, ob Jemand Zutritt hat. Ich glaube mich in Beziehung der Schlüssel nicht zu irren."

„Und doch irren Sie sich. Ich habe sie mit ganz hinten gehabt. Sie sind mir jedenfalls zwischen zwei Kisten hinabgefallen. Es ist mir unangenehm, aber ich habe keine Zeit zu suchen und Alles umzustürzen."

„Aber was wird hier mit der Thüre?"

„Die bleibt einstweilen angelehnt. Ich muß wieder zurück, um sie zu verschließen."

„Haben Sie denn noch andere Schlüssel?"

„Gewiß. Ein Schlüssel geht leicht verloren, ich befinde mich darum im Besitze doppelter Hauptschlüssel."

„Donnerwetter. Hauptschlüssel waren es? Ist das nicht ziemlich unvorsichtig von Ihnen?"

Die Frage mochte den Alten wohl ärgern. Er antwortete:

„Lassen Sie mich in Ruhe. Ich bin kein Schulknabe, sondern alt genug, um zu wissen was ich thue. Wenn sich unser Lager leert, werden sich die verlorenen Schlüssel ganz sicher wiederfinden. Pasta! Gehen wir."

(Fortsetzung folgt.)

Die Liebe des Ulanen.
Original-Roman aus der Zeit des deutsch-französischen Krieges von Karl May.
(Fortsetzung.)

Der Alte zog den Grafen mit sich fort. Auch Fritz hatte diese Unterredung mit angehört. Jetzt sagte er leise:

„Gratulire, Herr Doctor! Hauptschlüssel! Donnerwetter!"

„Ja, das ist ein Zufall, dem wir vielleicht sehr viel zu verdanken haben werden. Wie gut, daß Du sie bemerktest."

„Und wie ebenso gut, daß Sie gerade dort die Laterne aufmachten. Ich hätte übrigens den Alten für klüger gehalten. Er ist wirklich leichtsinnig."

„Das denke ich nicht. Er kann es wirklich nicht für möglich halten, daß Jemand in seiner Gegenwart in diesen unterirdischen Raum eindringt, um ihm seine Hauptschlüssel zu stehlen."

„Nun können wir Alles genau durchsuchen."

„Für heute werden wir das unterlassen."

„Ah! Wie schade. Warum?"

„Hast Du nicht gehört, daß der Alte zurückkehren wird. Ich werde mich sehr hüten, mich von ihm überraschen zu lassen."

„Wir müssen nur vorsichtig sein."

„Aber wir wissen nicht, ob diese Vorsicht hinreichend sein wird. Die beste Vorsicht ist jedenfalls, für heute auf alles Weitere zu verzichten. Wir kennen die Räumlichkeiten nicht. Es ist sehr leicht geschehen, daß man in eine Falle geräth, von der man keine Ahnung hatte."

„So gehen wir also?"

„Nein, wir bleiben."

„Sapperment! Diese Beiden sind ja fort."

„Ganz richtig. Aber ich bleibe dennoch, bis der Alte wieder da gewesen ist. Ich muß sehen, ob er zuschließt und dann beruhigt ist. Es kommt für mich viel darauf an, zu wissen, ob er Unruhe oder gar Bedenken hegt."

„Schön! So können wir uns einstweilen hier umsehen!"

Müller schloß die Thür wieder zu und öffnete dann die Laterne vollständig. Auch hier befanden sie sich in einem großen Gewölbe, welches bis an die Decke mit Kisten und Fässern angefüllt war.

„Jedenfalls Waffen und Pulver," meinte Fritz. „Donnerwetter! Ein einziges Lichtfünkchen in eines dieser Fässer und die ganze Prosit die Mahlzeit flöge in die Luft. So eine Güte möchte ich mir thun."

„Und mit in die Luft fliegen."

„Oho! Ich würde mich bei Zeiten salviren. Man müßte eine Zündschnur legen, welche lang genug wäre, so, daß man sich bis zum Augenblicke der Explosion in Sicherheit befände."

„Es wäre jammerschade um diese reichen Vorräthe."

„Jawohl. Welch eine Beute für uns."

„Und doch kann, selbst wenn wir Sieger wären, sehr leicht der Fall eintreten, daß uns diese Beute verloren geht."

„Wieso? Lieber würde ich sie in die Luft sprengen als zugeben, daß sich die Franctireurs mit diesen Gewehren gegen uns bewaffnen."

„Eben diesen Fall meine ich ja."

„Also doch in die Luft. Hm. Wir müssen auf alle Fälle sehen, aus was diese Vorräthe bestehen."

„Ja, wir werden diese Gänge und Gewölbe genau untersuchen. Freilich gehört dazu viel Zeit."

„Und dabei werden wir von dem Alten überrumppelt."

„Ich dachte eben auch daran. Man müßte ein Mittel finden, ihn abzuhalten, herunter zu kommen."

„Welches Mittel meinen Sie?"

„Man müßte darüber nachdenken."

„Warum erst viel nachdenken? Ein solches Mittel ist sehr leicht gefunden."

„Bist Du wirklich so außerordentlich scharfsinnig."

„Ja. Ich habe bereits eins."

„Das geht ja außerordentlich schnell."

„Schnell denken und gut denken, das ist ein Vorzug, den der Soldat haben muß."

„Nun, so sage Dein Mittel."

„Man macht den Alten krank und bettlägerig, so daß er sein Zimmer nicht zu verlassen vermag."

„Der Gedanke ist nicht schlecht. Aber wie willst Du eine Krankheit hervorbringen?"

„Sie vergessen, daß ich Kräutersucher bin."

„Ja, und außerordentlicher Pflanzenkenner. Aber ich weiß denn doch nicht, ob man sich auf Dich verlassen könnte. Du wirst Deine Studien wohl schwerlich weiter gemacht haben als bis zum Wegebreit und zur Brennnessel."

„Oho! Ich kenne meine Mittel! Ich würde dem Alten ein Tuch voll Stechapfel geben."

„Nicht übel!"

„Oder eine Schürze voll Tollkirschen."

„Das wirkt."

„Einen Tragkorb voll Taumellolch."

„Immer besser."

„Oder einen Sack voll Bovist und Fliegenschwamm."

„Dann wären wir den Capitän ganz und gar los. Nein, eines solchen Radicalmittels wollen wir uns ja nicht bedienen."

„Nun, so weiß ich etwas Besseres."

„Was?"

„Doctor Bertrand."

„Der? Was ist mit ihm?"

„Ich wende mich an ihn und bitte ihn um ein Mittel, durch welches der Mensch absolut unfähig wird, das Bett zu verlassen."

„Das ist zu gefährlich."

„O nein. Das Mittel soll nur auf einige Tage wirken."

„Gewiß. Ich würde vor der Anwendung eines solchen Medicamentes auch gar nicht zurückschrecken. Aber ich meine, daß es für uns gefährlich ist."

„Wir nehmen die Medicin doch nicht ein."

„Nein. Ich weiß nicht, ob ich mich dem Doctor anzuvertrauen gedächte."

„O, der ist verschwiegen. Ihm können Sie Ihr ganzes Vertrauen schenken."

„Möglich. Aber er gehört jetzt zur hiesigen Bevölkerung, und da ist es jedenfalls besser, daß man sich gar nicht an ihn zu wenden braucht. Aber horch! Man kommt!"

Er öffnete leise die Thür. Er hatte sich nicht geirrt, denn er sah den Capitän zurückkehren. Dieser trug eine Laterne in der Hand und einen Schlüssel in der anderen. Er schloß die betreffende Thür zu und entfernte sich dann.

„Ob er wirklich ganz ohne allen Verdacht ist?" fragte Fritz.

„Ganz und gar. Er hat ganz das Aussehen und Thun eines Mannes, welcher nicht die geringste Ursache zur kleinsten Befürchtung hegt."

„Nun, dann segne ihn der Himmel für dieses Vertrauen. Wir werden uns alle Mühe geben, es zu täuschen! Gehen wir nun?"

„Warten wir einige Augenblicke. Ich muß, ehe ich von hier aufbreche, erst überzeugt sein, daß er sich vollständig zurückgezogen hat."

„Und wann untersuchen wir diese Räume?"

„So bald wie möglich!"

„Das ist mir unangenehm, da ich morgen und übermorgen nicht anwesend bin."

„Nun, es ist mir auch lieber, Dich dabei zu haben. Wenn also nicht ein Grund zur Eile eintritt, so werde ich warten, bis Du zurückgekehrt bist."

„Ich danke! Wissen Sie, welche Ansicht ich über den Gang da draußen hege?"

„Nun?"

„Daß er in kerzengerader Richtung nach Schloß Ortry führt?"

„Das ist auch meine Meinung. Das Schloß und des Waldloch liegen gerade in derselben Richtung auseinander, welche der Gang einschlägt. Meine Vermuthung geht sogar noch weiter als die Deinige."

„Daß der Gang noch weiter als bis zum Schlosse führt?"

„Nein, weiter nicht. Ich meine aber, daß er zwei Seitengänge in sich aufnimmt?"

„Ah! Woher oder wohin?"

„Rechts nach dem alten Thurme und links nach der Ruine, in der Du beinahe ergriffen worden wärst."

„Sapperlot! Das ist sehr leicht möglich. Es hat früher eine Ritterburg hier gegeben, und man weiß ja, daß sich unter diesen Raubnestern gewöhnlich viele Gänge, Gewölbe und Verließe befanden. Wie gut, daß wir die Schlüssel haben!"

„Die werden uns hierbei nur wenig nützen, wenn mich meine Vermuthung nicht täuscht."

„Es sind ja Hauptschlüssel, die Alles schließen!"

„Doch nur Thüren."

„Nun ja, das ist's ja, was ich meine."

„Ich aber denke, daß die Gänge gerade so durch einen Stein verschlossen werden, wie derjenige, in dem wir uns gegenwärtig befinden."

„Das kann allerdings zutreffen. Uebrigens ist uns das so ziemlich gleich. Wir kennen ja das Geheimniß."

„Und werden es auszunützen wissen. Halte Dich nur nicht zu lange bei dem Begräbnisse auf. Man weiß nicht, was passiren kann, und in unserer Lage kann jede einzelne Minute kostbar sein."

„Das weiß ich. An dem Begräbnisse liegt mir eigentlich gar nichts. Viel lieber säße ich mit Nanon im Walde beisammen."

„Auf dem Kräutersacke!"

„Ja, Herr Doctor. Jedenfalls ist mir dies doch noch angenehmer, als mit ihr bei Sturm, Regen, Blitz und Donner durch die Mosel zu schwimmen."

„Glaub's, lieber Fritz! Nun aber wird der Alte völlig verschwunden sein. Wir wollen also gehen."

Sie brachen auf. Müller verschloß die Thür und steckte die Schlüssel ein. Auf dem Rückwege bediente er sich ganz ohne Scheu der Laterne; er war überzeugt, daß jetzt ein Grund zu weit getriebener Vorsicht nicht vorhanden sei. Sie gelangten, nachdem sie den beiden Zugangssteinen ihre Lage wieder gegeben hatten, in das Freie und traten den Heimweg an.

An dem Orte, wo dies schon einige Male geschehen war, trennten Sie sich. Dabei wurden nicht viele Worte gemacht, da alles Nöthige bereits besprochen worden war.

Müller gelangte auf seinem gewöhnlichen Wege, nämlich dem Blitzableiter, in sein Zimmer, wo er sich zur Ruhe legte.

Fritz hatte einen weiteren Weg. Er ging mit sich über sehr Verschiedenes zu Rathe. Besonders ging ihm der Gedanke an das Mittel, den alten Capitän krank zu machen, im Kopfe herum und als er bei der Heimkehr noch Licht in der Studierstube des Doctor Bertrand bemerkte, klopfte er leise an die Thür desselben und trat ein.

Der Arzt wunderte sich nicht wenig, noch mitten in der Nacht diesen Besuch zu erhalten.

„Monsieur, Sie?" fragte er. „Es muß etwas sehr Nothwendiges sein, was Sie zu mir führt. Ist Jemand krank?"

„Nein, Herr Doctor," lächelte der Wachtmeister. „Es ist vielmehr sogar Jemand ganz todt und eine andere Person soll erst krank werden."

„Ganz todt? Ah! Eine Leichenschau? Und krank werden? Das verstehe ich nicht."

„So muß ich mich verständlicher machen."

„Ich bitte Sie darum. Setzen Sie sich, und stecken Sie sich hier eine von diesen Cigarren an."

„Mit Vergnügen, denn Sie pflegen nichts Schlechtes zu rauchen."

Fritz wußte ganz genau, wie er mit dem Arzte hielt. Dieser hatte ihn genug Andeutungen gegeben, daß er sich gegebenen Falles auf ihn verlassen könne. Der Wachtmeister brannte sich ganz ungenirt eine Cigarre an, nahm Platz und sagte:

„Ich bin Ihr Diener, Herr Doctor, Ihr Kräutermann, also Ihr Untergebener und da — —"

„Ah pah, lieber Herr," fiel da der Doctor schnell ein. „Sie beginnen mit vollständig falschen Prämissen. Ich bin nicht Ihr Herr, Ihr Prinzipal, sondern Ihr Freund und stelle mich Ihnen zur Verfügung."

„Danke bestens! Würden Sie mir einen Urlaub von zwei Tagen geben?"

„Gern. So lange Sie wollen. Sie wissen ja eben so gut wie ich selbst, daß Sie nicht von mir abhängig sind. Sie wollen reisen?"

„Ja."

„Wohin?"

„Zu dem Todten, von welchem ich sprach und den Sie glücklicher Weise nicht beschauen brauchen. Er wird nicht wieder lebendig. Er ist ein Verwandter von Mademoiselle Nanon, nämlich ihr Pflegevater. Sie will beim Begräbnisse gegenwärtig sein, und da hat sie mich gebeten — —"

„Sie zu begleiten?" fiel der Arzt ein.

„Ja, so ist es."

Bertrand lächelte vielsagend, verbeugte sich und meinte: „Gratulire."

„Zu der Leiche? Ah, das ist nicht gebräuchlich."

„Nein, sondern zu der Eroberung."

„Hm. Das ist eine zweifelhafte Geschichte. Nicht ich habe sie, sondern sie hat mich erobert."

„Es ist ganz das gleiche Glück. Wie ich Mademoiselle Nanon kenne, so würde ich sie selbst heirathen, wenn — —"

„Wenn ich es mir gefallen ließe, Herr Doctor. Da ich es mir aber auf keinen Fall gefallen lasse, so — — verstanden?"

„Verstanden," lachte Bertrand. „Also über das Eine sind wir uns klar. Wie nun das Andere?"

„Der, welcher krank werden soll?"

„Ja."

„Na! Hm! Das ist eine eigenthümliche Sache. Ich quäle mich umsonst, dazu die richtige Einleitung zu finden."

„So bitte, sprechen Sie ohne Introduction."

„Gut! Schön! Ich kenne nämlich einen Menschen, einen schlechten Kerl, um den es gar nicht schade wäre, wenn ihn der Teufel holte."

„Das ist sehr unchristlich gedacht."

„Sehr christlich sogar, denn das Christenthum lehrt ja von einem Teufel, welcher umhergeht und die Menschen verschlingt. Uebrigens war dieses „Teufel holen" nur ein bildlicher Ausdruck. Ich meinte den Tod anstatt den Teufel und wollte sagen, daß es nicht schade wäre, wenn dieser Mensch zu seinen Ahnen versammelt würde."

„So, so. Weiter."

„Dennoch will ich ihn nicht ganz und gar todt machen."

„Sehr mild und liebenswürdig."

„Ja; ich finde das auch. Er soll nämlich nur für kurze Zeit krank werden."

„Das ist ein ganz eigenthümlicher Vorsatz, lieber Herr."

„Ich habe nämlich alle Gründe dazu."

„Und ich errathe, warum Sie zu mir kommen, um es mir zu sagen."

„Das ist mir lieb. Ich wünsche nichts Unbilliges; ich verlange und beabsichtige nichts, was verbrecherisch wäre. Der Mann, von welchem ich spreche, hat nämlich gewisse Absichten, welche ich nicht zu Stande kommen lassen darf. Ich kann sie aber nur dann verhindern, wenn es mir möglich ist, ihn für einige Tage an das Zimmer, an das Bett zu fesseln."

„Hm! Er ist es also, der krank werden soll?"

„Ja."

„Ich will nicht fragen, von wem Sie sprechen. Ich kenne Sie und vertraue Ihnen. Aber Eins muß ich fragen: Weiß der Herr Doctor Müller von der Sache?"

„Ja."

„Billigt er sie?"

„Ganz und gar."

„Hat er gesagt, daß Sie sich in dieser Angelegenheit an Jemand, an mich wenden sollen?"

„Nein. Ich selbst habe ihm diese Proposition gemacht."

„Und er hat seine Genehmigung ertheilt?"

„Er hat sie mir nicht gerade verweigert; er hat das Gespräch abgebrochen."

„Ich verstehe das. Er hat gewußt, daß ich Ihnen nicht zu Diensten stehen darf."

Er machte bei diesen Worten eine so eigenthümliche Miene, daß Fritz ein geistig wenig begabter Mensch gewesen wäre, wenn er ihn nicht sofort verstanden hätte. Er sagte darum:

„Das weiß auch ich. Es war auch gar nicht meine Absicht, eine Bitte an Sie zu richten. Aber die Sache begann, mich zu interessiren, und da ich noch Licht bemerkte, glaubte ich, Sie für einen Augenblick stören zu dürfen. Giebt es wirklich Mittel, Krankheiten hervorzurufen?"

„Gewiß!"

„Aber diese Mittel sind gefährlich?"

„In der Hand des Laien, ja. Der Arzt ist öfterer in der Lage, sie anzuwenden."

„Sapperlot! Der Arzt macht also öfters seine Patienten krank?"

„Ja, und zwar, um Schlimmeres abzuwenden. Ich werde Ihnen dies an einem Beispiele erklären. Ich impfe eine Person, das heißt, ich bringe einige vorübergehende unschädliche Pusteln hervor, damit diese Person vor der oft lebensgefährlichen Blatternkrankheit bewahrt bleibe."

„Das ist leicht einzusehen. Ich bin ebenso. Ich habe im Kriege als Soldat einem Feinde mit dem Säbel Eins in den Arm versetzt, damit ich ihn nicht den Kopf entzwei zu hauen brauchte. Auch mein Mittel ist, wie Sie zugeben werden, in der Hand des Laien gefährlich. Ihre Mittel sind nur in der Apotheke zu haben?"

„Eigentlich! Doch giebt es auch Aerzte, welche eine eigene Hausapotheke besitzen."

„Das ist bequem."

„Und zuweilen auch nothwendig. Es giebt mitunter Patienten, denen man den Gang in die Apotheke oder die Ausgabe des Geldes ersparen will oder ersparen kann. Kommt zuweilen Jemand zu mir, den der Zahn schmerzt, warum soll ich ihn erst in die Apotheke schicken, wenn ich ein Mittel selbst habe, welches fast augenblicklich hilft?"

„Sapperlot! Das ist gut! Das freut mich!"

„Wieso?"

„Weil auch ich fürchterliche Zahnschmerzen habe."

„Seit wann?"

„Seit drei Tagen."

„Wo?"

„Rechts im Schneidezahn und links in den zwei hintersten Backzähnen."

„O weh! Wollen Sie einmal zeigen?"

„Ja. Hier!"

Er trat mit der ernsthaftesten Miene vor den Arzt hin und öffnete den Mund so weit er konnte. Bertrand nahm mit ebenso ernster Miene das Licht zur Hand, leuchtete in die Mundhöhle, führte den Finger ein und fragte:

„Ist das der betreffende Schneidezahn?"

„Ja."

„Und sind dies die beiden Backzähne?"

„Ja, sie sind es."

„Nun, dann haben Sie die Güte, einen Augenblick zu warten. Ich werde sie sofort bedienen. Zahnschmerz ist ein böses Ding. Man kann ihn nicht schnell genug los werden."

„Das ist wahr. Ich will Vivat rufen, wenn er endlich einmal vorüber ist!"

„Das wird in zwei Minuten der Fall sein."

Der Arzt hatte, als er in die Mundhöhle leuchtete, zwei glänzende Reihen der prachtvollsten, gesundesten Zähne gesehen. Dennoch brachte er jetzt einen Kasten herbei, welcher ein sehr verhängnißvolles Aeußere hatte. Er öffnete ihn, und Fritz erblickte eine Sammlung jener allerliebsten Instrumente, Schlüssel und Geisfüße, bei deren bloßem Anblick der Schmerz zu verschwinden pflegt.

„Was ist das?" fragte er, einigermaßen bestürzt.

„Das sind meine Zahnbrecher."

„Alle Teufel! Sind denn die bei mir nothwendig?"

„Leider sehr."

„O weh! Das ist eine verdammte Geschichte!"

Es war dem Wachtmeister jetzt zu Muthe, als ob ihn alle zweiunddreißig Zähne schmerzten.

„Es muß aber überstanden werden," meinte Bertrand. „Der Schneidezahn wird wohl noch zu retten sein; aber die beiden Backzähne sind unwiederruflich hin und verloren. Sie müssen heraus.

„Das brauchten sie mir aber nicht anzuthun, nachdem sie bereits so lange Zeit mit mir zusammen gelebt haben."

„Sie sind ganz angefressen."

„Das ist eigenthümlich. Wer soll sie angefressen haben, da sie es doch sind, deren größte Leidenschaft das Fressen war? Giebt es denn nicht eine friedlichere Auskunft? So eine Art freiwillige Vereinbarung?"

„Die giebt es allerdings."

„So möchte ich bitten!"

„Ich muß Ihnen aber sagen, daß Ihnen damit nicht gedient sein kann!"

„Warum?"

„Diese Vereinbarung hat keinen langen Bestand. Der Zahnnerv läßt sich vorübergehend betäuben, fängt aber bald wieder an."

„Aber es ist doch humaner, menschlicher gehandelt, wenn ich diesen Nerv nicht sofort tödte, sondern ihm vor der Hand einen kleinen Klapps gebe, damit er gewarnt ist."

„Das ist Ihre Ansicht, aber die meinige nicht. Also, wollen wir?"

Er zog den größten seiner Schlüssel hervor und machte eine Bewegung, als gälte es, einem Elephanten den Stoßzahn aus dem Kopfe zu drehen.

„Danke bestens!" wehrte Fritz ab. „Lassen Sie die Zange wo sie ist, und versuchen wir es lieber einmal mit einigen Tropfen. Haben Sie nicht Zimmttinktur oder Odoatine?"

„Ich habe Beides, kann Ihnen aber den Schmerz nicht lindern. Ein ganz neues Mittel giebt es allerdings, welches den Zahnschmerz augenblicklich und für immer stillt; aber ich kann dieses Mittel nur genauer Bekannten geben."

„Warum?"

„Es hat eine gefährliche Seite. Ein Tropfen auf den Zahn stillt alles Weh; eine größere Quantität aber in das Essen oder Trinken macht den, der es genießt, für Tage lang zum Patienten, der das Bett nicht verlassen kann."

„Das ist heimtückisch!"

„Ja. Und wie leicht kommt eine Verwechslung vor!"

„In das Essen, anstatt auf den Zahn!" nickte Fritz verständnißinnig.

„Und vierzig Tropfen, anstatt eines einzigen."

„Ja; man verzählt sich zuweilen. Man müßte also mit diesem Mittel sehr vorsichtig sein. Riecht es stark?"

„Nein, gar nicht."

„Welche Farbe hat es?"

„Es ist hell wie Wasser."

„Schmeckt es schlecht?"

„Es hat gar keinen Geschmack. Gerade darum ist es so außerordentlich gefährlich, weil es von Dem, der es genießt, also gar nicht bemerkt wird."

„Sind die Nachwehen schlimm?"

„Die giebt es nicht. Das ist wieder eine gute Seite dieses Mittels."

„So ist es mir doch noch lieber als alle Ihre Zangen und Bohrer. Darf ich es versuchen?"

„Ja. Hier haben Sie das Fläschchen. Also einen einzigen Tropfen, nicht aber vierzig!"

„Sapperlot! Wenn ich mich nun verzähle und gar achtzig nehme?"

„Das ist unmöglich, wohl nicht mehr als vierzig Tropfen."

„Wie gescheidt. Da bin ich beruhigt. Und die Rechnung?"

„Ich nehme nichts, stelle aber die Bedingung, daß ich Ihnen die beiden Backzähne ziehen darf, wenn diese Tropfen nicht helfen sollten."

„In diesem Falle helfen Sie sicher. Gute Nacht, mein bester Herr Doctor!"

„Gute Nacht, und glückliche Reise, mein Lieber!"

Als Fritz sich in dem Stübchen befand, welches er bewohnte, warf er einen Blick auf die farblose Flüssigkeit, welche sich in dem Fläschchen befand.

„Gewonnen," sagte er. „Man muß das Eisen schmieden, so lange es heiß ist. Dieser gute Doctor ist doch ein braver Kerl. Der alte Capitän wird doch dran glauben müssen. Nun lege ich mir den Reiseanzug bereit und schlafe noch ein Stündchen."

Er that dies, ohne zu besorgen, daß er die Zeit verschlafen werde. Er war Soldat und hatte die Gewohnheit, stets dann zu erwachen, wenn es nothwendig war. Während er sich ankleidete, unterhielt er sich mit sich selbst.

„Und nun soll ich bei der Polizei Anzeige machen. Es ist vielleicht besser, ich unterlasse es. Ich muß wirklich gewärtig sein, man hält mich fest. Vielleicht treffe ich diesen Amerikaner unterwegs. Und ist dies nicht der Fall, so gebe ich, wenn ich in Thionville auf dem Bahnhofe eintreffe, einen Zettel mit der Warnung ab. Ehe sie mich da festhalten, bin ich wieder fort. Ja, so und nicht anders wird es gemacht. Der Herr Rittmeister wird es mir wohl verzeihen, wenn ich dieses Mal nicht ganz genau nach Ordre handle."

(Fortsetzung folgt.)

Die Liebe des Ulanen.

Original-Roman aus der Zeit des deutsch-französischen Krieges von Karl May.

(Fortsetzung.)

Jetzt war Fritz reisefertig. Er hatte einen neuen Anzug angelegt und machte eine sehr gute Figur, dieser Wachtmeister Fritz. Er begab sich nach dem Bahnhofe und löste sich ein Retourbillet zweiter Classe. Er konnte sich dies bieten.

In Trier angekommen, hatte er so viel Zeit, daß es ihm nicht einfallen konnte, auf dem Bahnhofe zu warten. Er machte also einen Rundgang durch die Stadt und begab sich dann in das erste Hotel derselben, wo er sich eine Flasche Wein geben ließ. Außer ihm befand sich nur noch ein einziger Gast im Zimmer.

Dieser war ein Mann von entschieden fremdländischem Aussehen. Sein Teint war dunkel und sein Haar kraus. Ein prachtvoller Schnurrbart zierte seine Oberlippe. Er machte einen hocharistokratischen Eindruck und war ein wirklich schöner Mann. Sein Auge war feurig und seine Bewegungen zeugten von Kraft und Gewandtheit. Seine Kleidung und Wäsche war die eines reichen Mannes, der sich zu tragen weiß. Er mochte vierzig oder sehr wenig mehr zählen, hätte aber, um das Herz einer Dame zu erobern, getrost mit einem Jüngling in die Schranken treten können.

Er las die Zeitung, langweilte sich aber offenbar, denn er legte das Blatt von Zeit zu Zeit fort und warf einen ungeduldigen Blick zum Fenster hinaus. Während einer solchen Lesepause musterte er Fritz. Dieser schien einen befriedigenden Eindruck auf ihn zu machen, denn er erhob sich, schritt einige Male im Zimmer auf und ab und wendete sich dann mit der Frage an den Wachtmeister:

„Entschuldigung, Monsieur, auch Sie scheinen hier nicht eingeboren zu sein."

„Nein. Ich bin hier fremd," erwiderte Fritz sehr höflich."

„Sind Sie aus dem Süden oder dem Norden?"

„Aus dem Süden, Monsieur."

„Weit von hier?"

„Nicht sehr."

„Dann sind Sie zu beneiden. Das Reisen ist zuweilen eine viel größere Anstrengung für den Geist als für den Körper. Die Einförmigkeit der Fahrt, die Gleichheit des Hôtellebens ist geradezu schrecklich. Da sitze ich und warte, bis der Zug nach Metz abgeht. Welche Langeweile. Was thut man dagegen."

Seine rasche Sprache, seine ungeduldigen Bewegungen, das reiche, interessante Spiel seiner Mienen, Alles dies zeigte den Südländer an.

„Sie reisen nach Metz?" fragte Fritz.

„Nicht ganz. Ich steige in Thionville aus."

„Dorthin gehe ich zunächst auch. Ich bin aus Thionville, obgleich ich heute weiter fahre."

„Aus Thionville, Monsieur? Ah, erlauben Sie, daß ich mich zu Ihnen placire?"

„Gewiß! Man ennuyirt sich zu Zweien weniger."

„Mit welchem Zuge fahren Sie?"

„Halb zwölf."

„Ich ebenso. Ist Ihnen die Umgegend von Thionville bekannt?"

„Einigermaßen."

„Kennen Sie den Namen Ortry?"

„Ja. Es ist ein Schloß in der Nähe der Stadt."

„Wem gehört es?"

„Einem Baron de Sainte-Marie."

„Wohnt dort nicht auch ein alter Herr, welcher Capitän der Garde des ersten Kaiserreiches gewesen ist?"

„Jedenfalls meinen Sie Capitän Richemonte?"

„Ja, diesen."

„Er wohnt allerdings auf Schloß Ortry."

„Ist er jetzt dort anwesend?"

„Ja. Ich habe ihn erst gestern gesehen."

„Das ist mir lieb. Ich muß zu ihm. Sind Sie ihm vielleicht persönlich bekannt?"

„Nein. Wir stehen einander ziemlich fern."

„Aber seine Verhältnisse kennen Sie?"

„Nur von Hören-Sagen."

„Ist er reich?"

„Darüber wage ich nicht, ein Urtheil zu fällen."

„Er soll ein großer Patriot sein?"

„Das ist wahr; vornehmlich ein Feind der Deutschen."

„Das hörte ich. Man sagt, daß er sogar mit Personen des kaiserlichen Hofes in Verbindung stehe?"

„Haben Sie dabei einen gewissen Namen im Sinne?"

„Graf Rallion?"

„Ja. Sie kennen sich. Der Graf war jetzt einige Tage hier, wird aber heute abgereist sein."

„Wie schade."

„Sein Sohn, der Oberst ist noch anwesend."

„Das beruhigt mich. Es wurde mir erzählt, daß der alte Capitän Richemonte den Mittelpunkt gewisser Agitationen bilde?"

Bei dieser Frage blickte er Fritz durchdringend an.

„Ja. Er versammelt Alle um sich, welche sich auf einen Krieg mit Deutschland freuen."

„Sind Sie auch bei diesen Versammelten?"

„Nein."

„Warum nicht."

„Weil ich nicht zu denen gehöre, welche sich überhaupt über einen Krieg freuen können, Monsieur."

„Aber man ist doch Patriot."

„Und kann dabei die schönsten Hiebe erhalten."

„Pah! Frankreich wird siegen!"

„Möglich."

Fritz sagte das, indem er so gleichgiltig mit der Achsel zuckte, als ob ihm das Alles ganz und gar nichts angehe.

„Möglich, sagen Sie?" fuhr der Fremde fort. „Wahrscheinlich, ja sogar gewiß ist es, daß Frankreich siegt. Wer das Gegentheil sagt, der kennt die Franzosen nicht!"

„Und die Deutschen wahrscheinlich noch weniger."

Der Fremde fuhr ganz erschrocken auf.

„Was!" rief er. „Meinen Sie etwa, daß die Preußen den Franzosen überlegen seien?"

„Was läßt sich da sagen? Sie haben sich noch nicht gemessen. Der Preuße hat sich mit dem Dänen, dem Oesterreicher, dem Bayer, Würtemberger und Badenser gemessen und hat gesiegt. Der Franzose hat sich dem Oesterreicher, dem Russen, dem Mauren, dem Chinesen und Mexikaner als überlegen gezeigt. Nun aber lassen wir diese Beiden wirklich an einander gerathen, so wird sich zeigen, wer den Anderen niederringt."

„Monsieur, Sie sind ein schlechter Patriot."

„Wir befinden uns hier auf deutschem Boden. Man muß vorsichtig sein."

„Pah! Wir sprechen unter uns und Niemand weiter ist zugegen. Ich bin so überzeugt von dem Kriege zwischen Frankreich und Preußen und von unserm Siege, daß ich von sehr weit herkomme, um dem Vaterlande meine Kräfte anzubieten."

„Vielleicht, bringen Sie da ein Opfer, welches Sie später bereuen werden."

„Ich werde es nicht bereuen. Ich bin stolz auf mein Vaterland, obgleich ich in demselben sehr unglücklich gewesen bin. Ich hasse die Deutschen, ich hasse sie."

Sein schönes, großes dunkles Auge schleuderte dabei einen Blitz, vor welchem man hätte erschrecken können. Dann fragte er:

„Sie sind wohl ein Freund der Deutschen?"

Fritz streckte behaglich seine starke, kräftige Gestalt, zog die Achseln empor und antwortete:

„Ich lasse alle Nationalitäten gelten. Ich bin kein Menschenfresser. Jedes Individuum und so auch jedes Volk hat die Berechtigung zu existiren. Man verkehrt, wenn man ein gebildeter Mann ist, mit jedem Menschen höflich; in ganz derselben Weise so auch die Völker unter einander verkehren."

„Was Sie da sagen, klingt ganz gut, ganz schön, ganz vortrefflich. Aber dazu gehört ein Blut, welches sehr, sehr langsam durch die Adern rollt. Sie sind nicht im Süden geboren?"

„Nein."

„Nun, dann haben Sie keine Ahnung von der Frequenz und der Gluth unseres Pulsschlages. Wir Südländer lieben mit Feuer und hassen mit verzehrenden Flammen. Haben Sie einmal geliebt?"

„Hm! Ja!"

„Sind Sie verheirathet gewesen oder noch verheirathet?"

„Nein."

„Haben Sie Kinder gehabt, schöne, liebe, herzige Kinder, die Ihre Abgötter gewesen sind?"

„Folglich auch nein!"

„Nun, dann dürfen Sie auch nichts sagen, dann müssen Sie schweigen; dann können Sie zwischen Frankreich und Deutschland nicht unterscheiden."

Er war aufgesprungen und schritt erregt im Zimmer auf und ab. Er war der ächte Typus des Südländers: schön, rasch, glühend, muthig, sogar herausfordernd, aufrichtig, unmittelbar, sich ohne Rückhalt und Bedenken gebend.

Fritz dagegen ließ ein breites, behagliches Lächeln sehen und fragte:

„Welchen Unterschied giebt es denn eigentlich zwischen diesen Beiden? Ist das Eine verheirathet und das Andere nicht? Hat das Eine schöne, liebe, herzige Kinder, die man wie Abgötter liebt und das Andere dumme, häßliche Krethies und Wechselbälge, welche nicht werth sind, daß man sie erblickt?"

„Sie übertreiben! Sie verstehen mich falsch! Wissen Sie, ich hatte eine Frau, ein Weib; sie war eine Deutsche. Ist damit nicht Alles gesagt?"

„Ja. Man sagt, daß die deutsche Frau ein Muster der Treue, Häuslichkeit, Sparsamkeit und Unbescholtenheit sei, eine zärtliche Frau und eine liebevolle, verständige Mutter, die sich allerdings keine Abgötter erzieht."

„Monsieur, da haben Sie mit schlechten Pferden gepflügt. Die, welche mein Weib wurde, trug allerdings einen französischen Namen, war aber trotzdem eine Deutsche. Ich liebte sie abgöttisch und — —"

„Ah, wieder ein Abgott!" lächelte Fritz.

„Ja, sie war mein Idol, meine Göttin. Ich sollte meinem Vater eine Andere bringen; ich gehorchte ihm nicht, da ich diese Deutsche liebte und wurde verstoßen."

„Blos deshalb, weil sie eine Deutsche war?"

„Ja."

„Da möchte ich ein Wörtchen mit Ihrem Vater sprechen, aber im Vertrauen, so unter vier Augen, ohne Zeugen, damit man später nicht in Ungelegenheiten kommt."

„Herr, er hatte Recht."

„Wieso?"

„Sie schenkte mir zwei Töchter, wahre Bilder, sonnige, liebliche Töchter ——"

„Nun, das war ja sehr schön und lobenswerth von ihr!"

„Hören Sie weiter. Eines Tages mußte ich verreisen. Ich blieb lange Zeit abwesend, Monate lang, fast ein ganzes Jahr."

„Das ist freilich unangenehm, wenn man die Seinen lieb hat; das kann ich mir denken."

„Als ich zurückkehrte, war meine Frau verschwunden."

„Donnerwetter!"

„Und die Kinder mit!"

„Himmeldonnerwetter! Wohin?"

„Weiß ich es?"

„Haben Sie nicht gesucht und geforscht?"

„Monate lang, Jahre lang, Tag und Nacht!"

„Und Nichts gefunden?"

„Keine Spur!"

„Da haben Sie jedenfalls nicht richtig gesucht. Eine Frau und zwei Kinder verschwinden nicht, ohne so eine Art von kleiner Fährte zurückzulassen."

„Sie hatte alle Ursache, jede Spur zu verbergen und zu vertilgen."

„Wieso?"

„Sie ging mit einem Anderen durch."

„Alle Teufel!"

„Ja. Sie war eben ein Deutsche!"

„Hören Sie, Monsieur, haben Sie etwa die Ansicht, daß alle deutsche Frauen ihren Männern durchgehen?"

„So ziemlich."

„Dann sind Sie es freilich werth, daß Ihnen die Ihrige durchgebrannt ist."

„Monsieur!" rief der Fremde drohend.

„Ach was, Monsieur hier und Monsieur dort! Sie sagen, was Sie denken und ich sage, was mir beliebt, damit sind wir fertig. Haben Sie denn übrigens Beweise, daß Ihre Frau mit einem Anderen durchgegangen ist?"

„Ja."

„Welche."

„Mein Vater und Andere sagten und bewiesen es mir!"

„Ihr Vater? Der Sie wegen ihr verstieß? Ah, das ist ja recht interessant. Wer war denn der Hallunke, der sie Ihnen entführte?"

„Ein Unbekannter."

„Sehr schön! Also der berühmte Unbekannte, der Alles thut, was dann Anderen aufgebürdet wird. Und die Kinder nahm sie mit?"

„Ja, beide."

„Hören Sie, Monsieur, ich glaube, daß da Ihre südliche Natur Ihnen mit dem Verstande fortgelaufen ist. Haben Sie denn Alles reiflich und weislich geprüft?"

„Alles, Alles!"

„Na, dann werde der Teufel daraus klug. Ich will mich fressen lassen, wenn eine Deutsche so leicht durchbrennt, wie eine Südländerin! Mir würde meine Frau nun erst gar nicht abhanden kommen. Sodann ist Ihr Vater Ihr Zeuge und Gewährsmann, Ihr Vater, der nicht gewollt hat, daß Sie diese Deutsche heirathen sollten? Das ist wenigstens bedenklich. Und endlich hat Ihre Frau die Kinder mitgenommen? Eine leichtsinnige Frau, die ihrem Manne davonfliegt, pflegt ihm die Kinder zurück zu lassen."

„Sie hat sie eben lieb gehabt."

„Schön! Sie hat also Herz besessen. Sie ist eine gute Mutter gewesen. Eine brave Frau aber nimmt einem guten Manne seine Kinder nicht weg, zumal wenn sie eine Deutsche ist. Geht sie mit den Kindern von ihm fort, so hat sie ihre Gründe dazu und thut es sicherlich mit blutendem Herzen. Hat Sie Ihnen denn Nichts, gar nichts zurückgelassen?"

„Einen Brief, ein elendes, kaltes, nichtssagendes Schreiben."

„Das haben Sie sich natürlich heilig aufgehoben?"

„Wozu? Das ist mir ganz und gar nicht eingefallen. Ich habe ihr Portrait und ihren Brief meinem Vater zum Vernichten zurückgelassen und bin ausgezogen, meine Kinder zu suchen."

„Ohne sie zu finden."

„Wie ich bereits sagte!"

„Verzeihung! Wie alt waren Sie, als Sie heiratheten?"

„Zwanzig Jahre."

„Und als Ihre Frau Sie verließ?"

„Zweiundzwanzig."

„Und Ihre Frau war noch jünger?"

„Zwei Jahre."

„Ja, so Etwas kann, wie es scheint, einem Südländer recht gut passiren. Er verliebt sich mit achtzehn Jahren, macht seinem Mädchen Wunder was vor, heirathet mit zwanzig gegen den Willen des Vaters, verreist mit einundzwanzig auf ein Jahr, läßt die arme Frau mit zwei Kindern während dieser langen Zeit schutzlos zurück, allen Angriffen und Intriguen preisgegeben, findet sie dann verschwunden, glaubt den Schwindel, den man ihm vormacht, und schimpft nun auf Deutschland, daß es pufft! Hören Sie, Monsieur, ich bin jedenfalls ein anderer Kerl, als Sie damals waren, aber solche Dummheiten sind mir denn doch nicht eingefallen."

„Monsieur!" rief der Fremde abermals drohend.

„Ach was. Wollen Sie mich wirklich fressen, so wünsche ich Ihnen gesegneten Appetit. Etwas unverdaulich bin ich aber, das muß ich Ihnen bemerken. Wohin sind Sie denn gelaufen um Ihre Kinder zu suchen?"

„Durch ganz Frankreich, durch England und Amerika."

„Ohne allen Anhalt? Ohne den Namen des sogenannten Verführers zu kennen?"

„Wie sollte ich ihn erfahren haben?"

„Hm! Die reine Flamme, der reine Wind und das reine Wasser! Wenn das zusammenkommt, so kocht und zischt und sprudelt es über den Rand und Deckel hinweg, und wenn dann die Suppe fertig ist, so ist sie angebrannt und man verdirbt sich den Magen. Und nachher? Was haben Sie dann angefangen?"

„Interessirt Sie das?" fragte der Fremde, der es nicht leiden mochte, daß Fritz sein Verhalten in dieser Art und Weise beleuchtete.

„Hm, ganz und gar nicht," antwortete dieser.

„Warum fragen Sie da?"

„Weil Sie selbst mit diesem Gespräche begonnen haben. Habe ich Sie etwa aufgefordert, mir die Geheimnisse Ihres Herzens und Lebens mitzutheilen? Sie haben das Gespräch angefangen. Sie haben mich nach allem Möglichen gefragt, und nun ich aus reiner Höflichkeit an der Unterhaltung festhalte, thun Sie piquirt und beleidigt! Ist das im Süden so gebräuchlich?"

„Monsieur, sparen Sie Ihre Fragen."

„Gut, so brauchen Sie nicht zu antworten. Gehen Sie zu Ihrer Zeitung zurück, und lassen Sie mich in Ruhe!"

„Sie werden grob?"

„Ja; das ist so meine Gewohnheit! Wenn ich mich über einen Menschen freue, so werde ich grob; aber nämlich da bin ich es allemal selbst, über den ich mich freue."

„Gut! Brechen wir ab! Sie sind mit den Regeln des Anstandes und der Höflichkeit noch nicht bekannt."

„Das ist Ihr Glück, denn sonst würde ich mich versucht fühlen, Ihnen diese Regeln beizubringen."

Er wendete sich kaltblütig ab. Der Fremde aber konnte nicht zu Ruhe kommen. Er ging im Zimmer auf und ab; seine Brust arbeitete und seine Augen sprühten Blitze. Endlich setzte er sich doch wieder zu seiner Zeitung nieder.

Fritz trank langsam seine Flasche aus, rief den Kellner, um zu zahlen und ging fort, ohne dem Andern einen Gruß zu gönnen. Er begab sich auf den Bahnhof, um die Ankunft des Zuges zu erwarten.

Einige Zeit, nachdem er es sich im Wartezimmer bequem gemacht hatte, kam auch der Südländer. Beide nahmen keine Notiz von einander.

Das Zeichen ertönte; der Zug nahte und die Glocke läutete zum ersten Male. Alles eilte nach dem Perron. Fritz nahm sich Zeit. Er wußte, daß der Bedächtige und dabei Umsichtige immer am ersten kommt. Der Zug fuhr vor und die Coupees wurden geöffnet.

„Fünf Minuten Aufenthalt!" riefen die Schaffner.

Eben wollte Fritz auf den Perron treten, als ein Anderer durch die Thür geschossen kam. Es war ein kleiner, sehr dicker Kerl mit einem riesigen Calabreserhut auf dem Kopfe. Er hatte es so eilig, daß er sich gar keine Zeit nahm, Fritz zu bemerken. Darum rannte er mit aller Gewalt gegen diesen an, taumelte zurück, glitt aus, stürzte zur Erde und setzte sich dabei auf seinen goldenen Klemmer, der ihm bei der Carambolage von der Nase gerutscht war.

„Himmeldonnerwetter!" fluchte er. „Was stehen Sie denn da, wie ein Oelgötze! Können Sie nicht Platz machen?"

„Männchen, Männchen," antwortete der Oberwachtmeister lachend. „Stehen Sie auf, gehen Sie heim, und sündigen Sie hinfort nicht mehr, sonst wird Ihnen etwas noch viel Aergeres widerfahren. Dieses Mal ist nur Ihr Klemmer zum Teufel gegangen."

Der Dicke blickte nieder, erhob sich einen Zoll und zog das optische Instrument unter sich hervor.

„Himmelelement!" rief er. „Beide Gläser in Stücke! Da muß der Teufel drinnen sitzen! Sie alter, großer Urian sind an dem ganzen Unglücke schuld!"

„Das ist wahr, denn wenn ich nicht dagestanden hätte, so wären Sie so gütig gewesen, an einen Anderen zu rennen. Welchen Namen darf ich denn eigentlich beim heutigen Datum in mein Stammbuch schreiben?"

„Ich heiße Hieronymus Aurelius Schneffke; das ist doch klar wie Pudding! Ich bin — Herrjesses, ich soll ja einen kleinen Imbiß für die Damen bestellen. Es läutet bereits zum zweiten Male!"

Er raffte sich, so schnell als es ging vom Boden auf und eilte in gerader Richtung weiter, auf die nächste Thür zu. Er öffnete und rief hinein:

„Zwei kalte, deutsche Beaffsteaks mit Zubehör! Aber schnell! Es hat Eile!"

„Wollen Sie das telegraphiren, mein Lieber? Wohin denn?" so fragte eine Stimme.

Er blickte auf und sah zu seinem Schreck, daß er in das Telegraphenbureau gerathen war.

„Heiliges Pech! Rechtsumkehrt!" rief er und warf die Thüre zu. „Aber wo ist denn — — —? Ah, hier! Da steht es: Re — re — ja ja, das muß die Restauration sein! Schon vier Minuten vergangen!"

Er riß diese andere Thüre auf und befahl, indem er eintrat:

„Zwei deutsche Beaffsteaks nebst Zubehör! Aber fürchterlich schnell! Es hat die höchste Eile!"

Dabei zog er sein Portemonnaie hervor, öffnete es und erkundigte sich, indem er sich gleich mit der bloßen Hand den Schweiß von der Stirn wischte:

„Was kosten beide?"

Keine Antwort.

„Was sie kosten?"

Er vernahm kein Wort. Nun strengte er seine Aeuglein, welche er nicht mit Gläsern bewaffnet hatte, weil diese zerbrochen waren, an und sah zu seinem Schreck, daß sich kein einziger Mensch in dem Raume befand. Er fuhr also wieder hinaus und versuchte, die Schrift zu enträthseln.

„Re — re — reser — serviertes Zimmer," las er. „Da hört doch Alles und Verschiedenes auf! Denke ich da, weil es mit Re anfängt, muß es Restauration heißen! Nun aber eiligst, eiligst!"

Unterdessen war Fritz auf den Perron getreten und hatte sich nach den Waggons erster und zweiter Classe umgesehen. Er schritt auf dieselben zu. Ein Coupee stand offen; er warf einen Blick hinein und erkannte — Madelon. Ja, das war sie, an der Seite einer anderen, aber verschleierten Dame. Rasch stieg er ein.

„Ihr Diener, Fräulein Köhler!" grüßte er.

„Ihr — — Herr Wachtmeister!" rief sie. „Ist's möglich! Was thun Sie hier in Trier?"

„Fritz, Fritz!" rief da die Andere, indem sie schnell den Schleier zurückwarf.

„Gnädiges Fräulein! Wie, Sie hier! O, das ist

eine Ueberraschung! Aber, wie ich sehe, sind Sie nicht allein? Hier befindet sich ein fremder Handkoffer."

„Ein kleiner Maler reist mit uns. Er will uns mit kalten Beafsteaks ergötzen."

„Ah, der Dicke, der mit mir zusammenrannte, zu Boden stürzte und seinen Klemmer zerquetschte?"

„Ist er wieder gestürzt?"

„Ja."

„Von Berlin aus das achte Mal! Aber, Fritz, ist Ihre Anwesenheit eine zufällige?"

„Nein. Ich habe von Mademoiselle Nanon den Befehl, Fräulein Madelon zu empfangen und — ah, da kommt noch ein Passagier! Unterwegs das Weitere! Erlauben Sie mir, mich Ihnen gegenüber zu setzen, Fräulein Köhler!"

Der, welcher jetzt in das Coupe stieg, war der Fremde, welcher mit Fritz im Hotel die Unterredung gehabt hatte. Er grüßte artig und nahm Platz.

Der dicke Maler hatte während dieser Zeit endlich glücklich die Worte: „Wartezimmer zweiter Classe" gefunden.

Eben wollte er die Thür öffnen, da läutete es zum dritten Male und die Maschine ließ einen gellenden Pfiff hören.

„Donner und Doria, jetzt pressirt's bedeutend!" rief er und stürzte in das Zimmer. Er riß einen Stuhl um und segelte in größter Angst und Eile auf das Buffet zu.

„Zwei deutsche Beafsteaks mit Zubehör! Aber schnell, schnell! Es ist keine Secunde zu verlieren!"

„Warm oder kalt?" fragte man.

„Donnerwetter! Kalt natürlich! Was kosten sie?"

„Zwölf Groschen Beide."

„Hier!"

Er warf das Geld auf den Tisch.

„Das langt nicht, Verehrtester!"

„Nicht? Wieso?"

„Das ist kein Achtgroschenstück, sondern ein Dreier."

„Der Kukuk hole alle Dreier und Achtgroschenstücke!"

Er verbesserte den Fehler und griff nach den Tellern.

„Adieu!" rief er und sprang davon.

„Halt! Sollen die Beafsteaks in's Coupe?"

„Ja!" brüllte er zurück.

Seine Stimme klang vor Angst und Wuth wie diejenige eines angeschossenen Löwen.

„So lassen Sie das Porzellan und Messer und Gabeln hier, mein Herr!"

„Habe keine Zeit!"

Damit war er zur Thür hinaus. Ein Kellner lief ihm nach. Sämmtliche Coupe's waren bereits geschlossen, und der Zug setzte sich eben in Bewegung. Die beiden Damen hatten dem Schaffner gemeldet, daß ein Passagier fehle; er hatte auch so lange wie möglich gewartet, aber nun war es nicht länger gegangen. Den Mädchen that der eigenthümliche, aber doch herzensgute Reisegefährte leid. Sie standen am Fenster. Da kam er aus der Thür gesprungen, mit gleichen Beinen, und in jeder Hand einen Teller.

„Halt! Halt! Die Beafsteaks!" brüllte er mit Riesenstimme. „Ich muß auch noch mit!"

Alle Köpfe fuhren neugierig an die Fenster.

„Zurück!" rief der Inspector. „Es ist zu spät!"

„Unsinn! Ich habe bezahlt!"

W. VIII. 1174.

Er stürzte vorwärts.

„Die Teller her, die Teller!" rief es hinter ihm.

Der Kellner war es, der ihn einzuholen trachtete. Herr Hieronymus Aurelius Schneffke blickte sich wüthend um; das war die Ursache, daß ihn sein Verhängniß abermals ereilte. Der pflichteifrige Schaffner hatte nämlich, als der Maler nicht erschien und es die höchste Zeit gewesen war, den Koffer des Säumenden noch aus dem Coupee gerissen und ihn auf den Perron gestellt. Gerade als Hieronymus Angesichts seiner beiden Damen den bereits sich bewegenden Wagen erreichte, blickte er sich nach dem Schaffner um; er sah den Koffer nicht und stolperte über denselben weg. Hut, Teller, Messer und Gabeln, Senfbüchse und Beafsteaks flogen fort; er selbst aber kollerte eine ganze Strecke auf dem Boden hin. Als er endlich fest auf dem Bauche lag, kam ihm die oft bewährte Geistesgegenwart. Er richtete sich halb empor und rief, indem er den Blick auf das offene Fenster seines verlorenen Paradieses richtete:

„Meine verehrtesten Damen, ich ergreife mit Freuden die Gelegenheit, mich Ihrem geneigten ——"

Die übrigen Worte konnte man nicht hören. Sie verhallten im Kreischen der Räder nnd im Gelächter der zahlreichen Zeugen seiner spaßhaften Niederlage.

„Zum neunten Male!" sagte Emma, indem sie wieder Platz nahm.

Ihr gegenüber saß der Fremde, während Fritz bei Madelon Platz genommen hatte. Diese Letztere konnte sich noch immer nicht das Wunder seiner Anwesenheit erklären, während er nicht wußte, wie er es sich zu deuten habe, daß Fräulein von Königsau mitgekommen war."

„Sie sagen, daß Nanon Sie geschickt habe?" fragte ihn Madelon in gedämpftem Tone.

„Ja, so ist es, Fräulein," antwortete er.

„Kennen Sie sie denn?"

„Ja, sehr gut."

„Sind Sie etwa in Ortry gewesen?"

„Vorüber gegangen bin ich. Werden Sie hingehen?"

„Auf der Rückreise, ja."

„Dann bin ich gezwungen, Ihnen ein Geheimniß mitzutheilen. Wollen Sie mir Ihr Ehrenwort geben, es zu verschweigen?"

„Gern!"

„Herr Rittmeister von Königsau ist dort."

„Ich weiß es bereits."

„Wirklich? Wer hat es Ihnen gesagt?"

„Fräulein Emma."

„Wissen Sie auch die Gründe seiner Anwesenheit dort?"

„So ziemlich."

„Um Gotteswillen!"

„Haben Sie keine Sorge! Ich halte es mit Deutschland, lieber Herr Wachtmeister!"

„Pst! Ich bin nicht Wachtmeister sondern Pflanzensammler! Die Hauptsache ist, daß Mademoiselle Nanon keine Ahnung haben darf, wer ich bin und wer der Herr Rittmeister ist!"

„Darf sie auch nicht wissen, daß wir uns kennen?"

„Auf keinen Fall!"

„Ich habe sie nach dem Bahnhofe von Thionville bestellt."

„Sie wird Sie dort erwarten."

„Und gleich mitfahren?"

„Ja. Ich werde das Vergnügen haben, Sie zu begleiten."

„Ah! Schön! Aber wie kommt das?"

„Mademoiselle Nanon war so gütig, sich meinem Schutze anzuvertrauen."

„Das sind Räthsel, auf deren Lösung ich gespannt bin."

„Ich hoffe, daß die Lösung nicht übermäßig lange auf sich warten lassen wird. Aber bitte, sagen Sie mir, was die Gegenwart des gnädigen Fräuleins zu bedeuten hat."

„Das ist ein Räthsel für Sie, auf dessen Lösung Sie ebenso warten müssen wie wir."

„Schön! Ich füge mich. Aber, will Sie nach Ortry?"

„Ich glaube."

„Sapperment! Das ist gefährlich. Weiß der Herr Rittmeister, daß sie kommt?"

„Kein Wort!"

„So ist das — verzeihen Sie mir — eine Unvorsichtigkeit. Ah, dieser Kerl macht sich an sie?"

„Wer ist er?"

„Ein Südländer, der die Deutschen haßt, weil seine Frau eine Deutsche war und ihm mit zwei Kindern davongelaufen ist."

„O weh! Der Arme!"

Sie warf dabei einen mitleidigen Blick zu Dem hinüber, von welchem die Rede war, was dem guten Fritz nicht gar sehr gefallen wollte.

Der Fremde hatte bisher Emma gemustert. Ihre Erscheinung machte einen augenblicklichen, unmittelbaren und tiefen Eindruck auf ihn. Sie war schön. Sie glich ganz der Figur eines Germaniabildes. Sie saß da so rein, so mild und doch so selbstbewußt und kräftig. Er konnte das Auge nicht von ihr wenden.

Und ihr erging es mit ihm fast ebenso. Dieses Eigenartige in seiner Erscheinung frappirte sie. Er hatte etwas Leidendes und doch auch wieder Trotziges an sich und war dabei ein selten schöner Mann. Auf sein Alter hin taxirte sie ihn gar nicht. Ein Mann fragt sich beim Anblicke einer Dame fast stets, wie alt sie ist. Eine Dame thut dies einem Herrn gegenüber nicht, wenigstens nicht sogleich. Sie läßt das Wesen und nicht das Alter auf sich einwirken. Ein junger Backfisch kann sich sterblich in einen silberhaarigen Mann verlieben.

So trafen und begegneten sich ihre Blicke, bis Emma sich an Madelon mit der Frage wendete:

„Wie heißt die nächste Station?"

„Wellen, mein Fräulein," antwortete schnell der Fremde. „Ueber Karthaus sind wir bereits hinweg."

„Ich danke Ihnen, Monsieur!"

Sie verneigte sich bei diesen Worten leicht. Er zog sogleich sein Täschchen und reichte ihr eine Visitenkarte. Sie las den Namen „Benoit Deep-hill, New Orleans."

Auch sie griff in ihr Täschchen. Aber durfte sie ihren wirklichen Namen merken lassen? Es war leicht möglich, daß dieser Herr nach Thionville ging oder gar mit Ortry in Beziehung stand. Sie hatte noch die Karte einer Freundin, einer Engländerin, bei sich und reichte ihm diese hin. Er las: Miß Harriet de Lissa, London.

„Ah, Sie sind Engländerin, Mademoiselle?" fragte er, sichtlich erfreut über diese Entdeckung.

„Ja," antwortete sie, indem sie leicht erröthete.

„Das weckt sehr liebe Erinnerungen in mir. So oft ich in London war, habe ich mich der wahrhaft großartigen Gastfreundschaft Ihrer Landsleute zu erfreuen gehabt. Das thut so wohl, wenn man ein Fremdling ist allüberall."

Das klang so traurig, und sein Auge nahm dabei einen so trüben Ausdruck an. Sie fühlte, daß dieser Mann sehr viel gelitten haben müsse.

„Sollte Ihnen die Heimath verloren gegangen sein, Monsieur?" fragte sie.

„Leider! Die Heimath und die Familie."

„Dann beklage ich Sie! Wer dieses Beides missen muß, dem ist das Edelste und Beste versagt. Doch kann man Verlorenes ja wiederfinden und Eingestürztes von Neuem errichten!"

„Wer baut gern auf Trümmern! Ein Glück ist da nicht mehr zu erwarten."

Er wendete sich halb ab und richtete den Blick durch das Fenster. So konnte sie sein Profil bewundern. Was war es doch, das an diesem Manne einen solchen Eindruck auf sie machte? Sie bemerkte, daß auch Madelon den Blick kaum von ihm wendete.

Sie spielte mit seiner Karte; dabei entglitt dieselbe ihrer Hand, ohne daß er es bemerkte. Fritz sah es und bückte sich rasch, um sie dienstfertig aufzuheben. Dabei fiel sein Auge auf den Namen. Er machte eine Bewegung der Verwunderung und gab die Karte dann zurück. Der Fremde war nun doch aufmerksam geworden; er bemerkte den Blick, welchen Fritz auf ihn warf, und zuckte, aber kaum bemerkbar, die Achsel. Das konnte der ehrliche Wachtmeister nicht auf sich sitzen lassen.

„Entschuldigung!" sagte er. „Ist das Ihre Karte, Monsieur?"

„Wessen sonst?" antwortete der Gefragte rauh.

„Sie heißen wirklich Deep-hill?"

„Ja."

„Sie kommen aus New-Orleans?"

„Ja. Aber was berechtigt Sie zu diesen Fragen, nachdem wir uns bereits zur Uebergenüge ausgesprochen haben?"

„Sie werden mir schon erlauben müssen, mich für Sie zu interessiren!"

„Ich kann Sie nicht hindern, aber verbieten kann ich es Ihnen, mir dieses Interesse zu zeigen."

„Verbieten können Sie es; ich werde mich aber nach diesem Wunsche ganz und gar nicht richten."

„Monsieur!"

„Pah! Gerathen wir nicht wieder an einander! Ich habe Sie gesucht, und jedenfalls ist es ein Glück für Sie, daß ich Sie gefunden habe."

Der Amerikaner konnte sein Erstaunen nicht verbergen.

„Ein Glück für mich?"

„Ja."

„Daß ich Sie treffe?"

„Allerdings."

„Das ist ja interessant! Sie haben meine Karte gelesen. Darf ich wissen, wer Sie sind, Monsieur?"

„Eine Karte kann ich Ihnen nicht geben. Mein Stand

rechnet solche Dinge zu den Luxussachen; aber sagen kann ich Ihnen, daß ich als Kräutersammler bei Doctor Bertrand in Thionville engagirt bin."

Das Erstaunen des Fremden verdoppelte sich. Sein südliches Wesen, welches gewohnt war, sich rücksichtslos ganz so zu geben, wie es war, konnte auch hier nicht widerstehen.

„Glückliches Land, wo die Kräutersammler erster und zweiter Classe fahren können und dürfen," sagte er.

„Das gebe ich zu. In anderen Ländern fahren flüchtige Bankdirectoren und ruinirte Oelprinzen erster Classe, Monsieur. Uebrigens ist zwischen einem Pflanzensammler und einem Dollarssammler kein gar so großer Unterschied. Es muß eben jeder Mensch das Recht haben, seine eigenen Liebhabereien derjenigen anderer Leute vorzuziehen. Meine Passion ist nun einmal das Pflanzensuchen und das ist ein großes Glück für Sie."

„Aber Sie glauben wohl, daß ich das nicht begreife?"

„Ich glaube es und fordere daraus für mich das Recht und die Pflicht, mich Ihnen zu erklären. Nicht wahr, Sie werden in Ortry erwartet?"

„Ja."

„Von dem Capitän Richemonte?"

„Ja."

„Sie kommen im Interesse Frankreichs?"

„Monsieur, eine solche Frage darf ich Ihnen nicht gestatten, zumal Sie kein guter Franzose zu sein scheinen."

„Ich sympathisire mit allen braven Franzosen, mein Herr! Sie tragen Millionen bei sich?"

Der Amerikaner fuhr überrascht zurück.

„Wer sagt das?" fragte er.

„Ich weiß es. Wollen Sie es bestreiten?"

„Ich kann es zugeben und dennoch bestreiten. Warum beschäftigen Sie sich mit dieser Thatsache?"

„Weil dieselbe für Sie verhängnißvoll werden kann; denn sie kann Ihnen das Leben kosten."

„Herr, Sie scherzen!"

„Ich spreche im vollsten Ernste."

„Wie kommen Sie zu Ihrer Behauptung?"

„Ich weiß ganz genau, daß man Sie tödten will, um Ihnen Ihr Geld abzunehmen."

„Ah! Das sollte Einem doch schwer werden."

„Auch Zweien oder Dreien?"

„Ich bin bewaffnet!"

„Was hilft Ihnen ein Revolver gegen die List und bei einem plötzlichen, unerwarteten Ueberfall?"

„Das ist wahr. Aber wer ist es, der mich tödten will?"

„Vielleicht könnte ich Ihnen antworten, aber ich ziehe es vor, Thatsachen sprechen zu lassen. Ich glaube nicht, daß Sie Ortry lebendig erreichen würden, wenn ich Sie nicht getroffen hätte. Ich bin Ihnen ja entgegen gereist, um Sie zu treffen und zu warnen."

Die beiden Damen wußten nicht, was sie dazu sagen sollten. Sie schwiegen. Der Amerikaner wurde bedenklicher und fragte:

„Aber wie haben Sie von dem Anschlage erfahren?"

„Ich befand mich gestern Abend im Walde. Ich hatte mich verspätet und belauschte zufällig das Gespräch zweier Männer, welche in meine Nähe kamen. Sie sprachen davon, daß ein Master Deep-hill aus New-Orleans heute mit dem Mittagszug in Thionville eintreffen werde und Millionen bei sich trage. Sie redeten von einem Messerstiche, einem Griffe an die Kehle. Der Raub sollte getheilt werden. Sie sprachen ferner von einem Dritten, der bereits vor ihnen an Ort und Stelle sein sollte."

„An welcher Stelle?"

„Das weiß ich leider nicht. Das Gespräch bewegte sich meist in Ausdrücken, welche mich vermuthen ließen, daß der Plan bereits bis in's Einzelne vorher besprochen worden war."

„Haben Sie nicht sofort die Polizei benachrichtet?"

„Nein."

„Warum nicht?"

„Konnte sie mehr thun, als das, was ich gethan habe, nämlich Ihnen entgegen zu fahren, um Sie zu warnen?"

„Aber man konnte die Kerls ergreifen."

„Das können wir jetzt wohl auch noch."

„Mir ist es ein Räthsel, wie diese Strolche erfahren haben können, daß ich mit Millionen komme. Nur zwei Personen haben davon gewußt."

„Ich kenne diese Beiden."

„Wirklich? Wer sind sie?"

„Der alte Capitän und Graf Rallion."

„Monsieur, wenn Sie das wissen, so sind sie ganz sicher Einer der Unserigen!"

„Darüber habe ich mich nicht zu äußern," antwortete Fritz zurückhaltend.

„Und sind vielleicht noch mehr eingeweiht, als der Capitän selbst."

„Ich habe keinen Grund, Ihnen zu widersprechen oder Ihre Vermuthung zu bestätigen; aber ich nehme an, daß Sie nicht vergessen werden, daß ich meine Angelegenheit zu der Ihrigen gemacht habe."

„Sicherlich nicht! Aber wie haben die Leute, von denen Sie sprachen, von mir erfahren können? Richemonte und Rallion sind Beide verschwiegene Charaktere!"

„Vielleicht sind sie belauscht worden!"

„Das ist das Wahrscheinliche."

„Ich denke es auch."

„Aber der Ort, der Ort, an welchem ich überfallen werden soll! Das wäre die Hauptsache! Haben Sie darüber gar keinen Wink aufgefangen?"

„Hm! Man sprach von einem Bahnwärter."

„Bahnwärter giebt es auf der Strecke, nicht aber auf dem Bahnhofe. Giebt es zwischen Thionville und Ortry dergleichen Beamte?"

„Nein. Es giebt da keine Bahn."

„Sonderbar! In welcher Weise wurde dieses Bahnwärters Erwähnung gethan?"

„Die Beiden wollten zu ihm gehen und sich mit ihm unterhalten, um dann beweisen zu können, daß nicht sie die That begangen hätten."

„Und doch wollten Sie mich berauben."

„Es schien ganz so, als ob vor der Beraubung etwas zu geschehen habe. Die beiden Männer schienen anzunehmen, Sie bereits in einem Zustande zu finden, welcher die Beraubung erleichtert! Für den Fall, daß Sie noch lebten, wurde der Messerstich und der Griff an die Gurgel erwähnt."

Da erbleichte der Amerikaner.

„Herrgott!" rief er entsetzt. „Jetzt wird es licht; ich beginne zu ahnen! Aber das wäre ja fürchterlich!"

„Was, was, was?" fragten die Drei wie aus einem Munde.

„Sollte der Dritte, von dem Sie sprechen, den Zug entgleisen lassen wollen?"

Da fuhr Fritz auf, daß er mit dem Kopfe an die Decke stieß und rief:

„Das ist's; das ist's! Er will Steine auf die Schienen legen. Die beiden Andern kommen wie ganz zufällig hinzu. Wagen werden zertrümmert, Menschen verwundet und getödtet. In der dabei entstehenden entsetzlichen Verwirrung ist es nicht schwer, den Amerikaner herauszufinden. Man nimmt ihm die Brieftasche aus dem Rocke. Ist er todt, so geht das sehr leicht; ist er nur verwundet, so genügt ein Druck auf die Gurgel, ihn vollends kalt zu machen!"

Die Damen waren sprachlos vor Schreck gewesen. Jetzt aber rief Emma:

„Jetzt gilt es zu handeln! Man darf um Gotteswillen keine Zeit verlieren. Wo befinden wir uns?"

Fritz riß sein Fenster hüben und der Amerikaner das seinige drüben auf.

„Königsmachern ist schon vorüber!" rief der Erstere.

„Wie viele Stationen haben wir noch?"

„Königsmachern ist die letzte vor Thionville. Wenn Etwas geschieht, so geschieht es hier, bald, gleich. Wo ist die Nothleine? Wir müssen ein Zeichen geben!"

Er langte hinaus, Deep-hill drüben. Sie fanden die Leine nicht.

„Auf mit den Coupees!" sagte Fritz. „Ich laufe auf dem Trittbrett hin."

Er langte zum Fenster hinaus und öffnete die Thür. Der Amerikaner that auf seiner Seite ganz dasselbe. Sie traten auf die Trittbretter hinaus, und ganz in demselben Augenblicke ertönte von der Maschine das schrille, bekannte und entsetzliche Noth- und Warnungssignal.

Der Zug passirte eine Curve. Fritz befand sich an der inneren Seite derselben und konnte in Folge dessen einen Theil der Bahnstrecke, welche vor der Maschine lag, übersehen.

„Herrgott, Steine, große Steine auf den Schienen!" rief er. „Der Zug kann bis dahin nicht halten. Es giebt ein entsetzliches Unglück. Monsieur, hinaus mit den Damen! Abspringen und sofort zur Seite eilen!"

Er langte in das Coupee, erfaßte Madelon und riß sie hinaus. Er war stark und sie schmächtig und nicht schwer. Er that einen Satz vorwärts. Er gelang. Noch einige Sprünge, und er rutschte mit dem Mädchen die hohe Böschung hinab.

Der Amerikaner war ebenso geistesgegenwärtig und entschlossen wie der Deutsche.

„Heraus, Miß!" rief er.

Emma erkannte, daß es keine andere Rettung gäbe und überließ sich seinem Arme. Er war nicht von riesenhaftem Körperbaue, aber er entwickelte in diesem Augenblicke eine Riesenkraft. Die Maschine heulte; die Bremsen kreischten; die Räder brüllten. In den Coupees ertönten vielstimmige Rufe des Entsetzens. Deep-hill umfaßte Emma mit seiner Linken, hielt sich mit der Rechten an der Griffstange fest,

holte aus und that den entscheidenden Sprung. Er kam auf die Füße, knickte zwar unter seiner Last zusammen, raffte sich aber sofort wieder empor und schoß mit ihr die hohe Böschung des Dammes hinab.

Es geschah dies keine Sekunde zu früh!

Ein Krach, ein fürchterlicher, entsetzlicher Krach, als seien Berge von Erz und Stein zusammengebrochen, ertönte. Ein rasendes Rollen, Pfeifen, Heulen, Wogen, Dröhnen und Stampfen folgte. — Das Entsetzliche war geschehen: Der Zug war entgleist und krachte, sich überstürzend, den Damm hinab.

Was nun geschah, läßt sich unmöglich beschreiben. Ein ganzer Berg von Trümmern bedeckte die Stelle. Die Wagen hatten sich geschlagen, waren in einander gerannt, lagen auf der Seite, auf dem Rücken oder standen hinten oder vorn in die Höhe.

Von Menschenstimmen war wohl eine Minute lang gar nichts zu hören. Dann aber begann ein Wimmern, Stöhnen, Rufen, Schreien, Heulen, Beten und Brüllen, welches einer jeden Schilderung spottet.

Hart hinter der Unglücksstelle waren zwei Paare zu sehen, das eine auf der rechten und das andere auf der linken Seite des Dammes. Emma lag ohnmächtig im Grase und der Amerikaner kniete bei ihr. Hat sie Schaden genommen? fragte er sich. Er hoffte jedoch, diese Frage mit Nein beantworten zu können. Er öffnete ihr das Kleid, damit die Lunge freiere Bewegung erhalten möge. Dabei sah er, von welcher Schönheit dieses reizende Mädchen war.

„Herrlich, herrlich!" flüsterte er. So vollkommen, so tadellos kann nur eben eine Engländerin sein! Was war Amély dagegen, der kleine Kolibri! Könnte ich die Liebe dieser Göttin erringen!"

Und auf der anderen Seite kniete Fritz bei Madelon. Auch sie hatte die Augen geschlossen, öffnete sie aber jetzt und blickte verwirrt um sich.

„Lebe ich noch?" fragte sie.

„Ja, Sie leben, Fräulein," antwortete Fritz. „Wir sind der Gefahr noch im letzten Momente entronnen. Gott sei Dank für diese Rettung!"

„Und wo ist Fräulein Emma?"

„Drüben auf der anderen Seite jedenfalls."

„Ist auch sie gerettet?"

„Ich hoffe es."

„Sie hoffen es nur? Sie wissen es nicht genau?"

„Nein. Ich konnte ja noch nicht hinüber! Der Zug ist da drüben hinabgestürzt. Gott! Er wird sie doch nicht dennoch gepackt und zerschmettert haben!"

„Wir müssen sehen! Hinüber, hinüber!"

Sie hatte im Momente alle Spannkraft zurückerhalten. Sie klimmte mit einer Eile den Damm hinan, als ob sie nicht soeben den fürchterlichsten Schreck erlebt habe, den man sich nur denken kann.

Fritz vermochte kaum, ihr zu folgen, hielt sich aber doch an ihrer Seite. Droben angekommen, erblickten sie die beiden Anderen. Emma lag noch immer bewußtlos.

„Sie ist todt!" rief Madelon erschreckt.

„Nein," antwortete der Amerikaner laut: „sie lebt; sie athmet! Kommen Sie!"

Jetzt ging es schnell hinab. Madelon kniete nieder,

beschäftigte sich eine Minute mit der Freundin und sagte dann:

„Es scheint nur eine Ohnmacht zu sein. Lassen Sie uns allein, Messieurs. Ihre Hilfe wird auch anderweit gebraucht."

„Das ist wahr. Kommen Sie!" sagte Fritz.

Sie eilten der Schreckensstelle zu. Es war ein Anblick zum Grauen. Die Locomotive hatte sich tief in die Erde gewühlt. Sie zischte, dampfte und ächzte noch jetzt, wie ein sterbender Drache, der seine Wuth gefesselt fühlt. Die Körpertheile des Heizers und Maschinisten lagen in der Nähe, fast bis zur Unkenntlichkeit entstellt.

Auch in und bei den Waggons sah es fürchterlich aus. Die Geretteten und nur leicht Verwundeten hatten sich unter den Trümmern mühsam hervorgearbeitet; die Uebrigen aber waren noch von den Lasten gebannt, die auf ihnen lagen. Die Un= und die Leichtverletzten begannen nun die Nachforschung nach den Armen, welche weniger glücklich gewesen waren. Fritz arbeitete mit dem Amerikaner Allen voran.

Da blickte er zufällig auf. Von weiter vorn kamen drei Männer gerannt, einer in der Uniform eines Bahnwärters, die beiden Anderen in Civil.

„Monsieur," raunte er dem Amerikaner zu, „jedenfalls sind das die Beiden!"

„Ja, sie müssen es sein. Wir nehmen sie fest!"

„Aber auf frischer That."

„Wieso? Die That ist vorüber und wird ihnen wohl kaum bewiesen werden können, wenn Sie sie nicht genau zu recognosciren vermögen."

„Ihre Gesichtszüge habe ich nicht gesehen; aber dennoch werden wir sie überführen."

„Auf welche Weise?"

„Haben Sie den Muth, den Todten zu spielen?"

„Das wäre nicht schwer; aber der Messerstich, der Griff an die Gurgel!"

„Pah! Ich werde sie scharf überwachen!"

„Gut! Dann habe ich Ihren Plan verstanden und bin bereit, ihn mit auszuführen."

„Nehmen Sie vorher die Werthpapiere aus der Brieftasche."

„Das ist nicht nöthig. Diese teuflischen Schufte haben sich getäuscht. Meine Papiere haben nur in meinen eigenen Händen Werth. Selbst wenn ihnen der Coup gelungen wäre, hätten sie keine Centime erhalten."

„Dann also rasch! Sie sind vorn bei der Locomotive, Sie aber, Monsieur, dürfen von ihnen vorher nicht bemerkt werden."

„Wohin aber?"

„Hier in dieses Coupee erster Classe. Es ist ziemlich demolirt. Ich bedecke den Körper mit den Trümmern; so bemerkt man nicht, daß Sie unverletzt sind. Durch das Lampenloch von oben beobachte ich die Kerls. Thut Einer etwas nur im Geringsten Bedrohliche für Sie, so schieße ich ihn mit dem Revolver über den Haufen. Also hinein!"

Der Amerikaner kroch in das arg beschädigte Coupee, und Fritz bedeckte ihn mit den Trümmern, so daß nur der Kopf und ein Theil des Oberkörpers zu sehen war.

„So! Warten Sie," sagte er dann. „Jetzt hole ich vorerst noch einen Zeugen."

Der Oberschaffner war unbeschädigt geblieben. Er leitete jetzt die Rettungsarbeit, während man die Hilfe erwartete, nach welcher gesendet worden war. Fritz näherte sich ihm und gab ihm einen Wink, abseits hinter einen umgestürzten Waggon zu kommen, wo sie von den beiden zukünftigen Franctireurs nicht beobachtet werden konnten.

„Was wünschen Sie?" fragte der Beamte.

„Wollen Sie die Verbrecher haben, welche diesen Unfall hervorbrachten?"

„Herr, wenn Sie die mir verschaffen könnten!"

„Sie sind hier."

„Hier? Unmöglich?"

„Und doch! Es ist keine Zeit zu langen Auseinandersetzungen; hören Sie nur kurz Folgendes: Ich belauschte gestern im Walde zwei Männer, welche davon sprachen, daß mit diesem Zuge ein Amerikaner komme, welcher ein Vermögen in seiner Brieftasche trage. Sie wollten ihn ermorden — nach seiner Ankunft in Thionville, wie ich vermuthete. Ich fuhr ihm entgegen, um ihn zu warnen. Ich traf ihn. Aber diese Schurken hatten einen anderen Plan, als ich errathen konnte. Sie ließen den Zug entgleisen und sind jetzt gekommen, scheinbar, um Hilfe zu leisten, in Wirklichkeit aber, um den Amerikaner zu suchen und ihm noch rechtzeitig die Brieftasche abzunehmen!"

„Ah, wir werden sie bedienen! Wo ist der Herr?"

„Er hat sich dort in das Coupee erster Classe gesteckt, um den Todten zu spielen."

„Ich muß ihn sehen."

Der Beamte trat zu dem Amerikaner und bat, das Taschenbuch sehen zu dürfen. Deep=hill zog es hervor und reichte es ihm hin.

„Gut," meinte der Oberschaffner. „Jetzt kenne ich es. Wollen sehen, ob sie die Probe bestehen!"

„Aber warten Sie noch einen Augenblick," bat Fritz. „Ich muß auf den Wagen, um zu verhindern, daß sie ihn nicht tödten."

„Das ist vorsichtig und löblich gehandelt. Da liegt ein Fetzen Wachsleinwand. Werfen wir ihn hinauf, damit Sie sich darunter verstecken können. Ich werde es bewerkstelligen, daß die Schufte hierherkommen. Das Weitere wird sich dann finden." (Fortsetzung folgt.)

Die Liebe des Ulanen.

Original-Roman aus der Zeit des deutsch-französischen Krieges von Karl May.

(Fortsetzung.)

Der Oberschaffner entfernte sich. Fritz kroch auf den Wagen, unter das Glanzleinen, und zog den Revolver. Er konnte durch das Laternenloch Alles genau beobachten. Der Amerikaner lag wirklich wie eine Leiche unter den Trümmern. Sein Rock war vorn geöffnet, so daß man sehr leicht zur Tasche gelangen konnte.

Der Beamte war an seinen früheren Standort zurückgekehrt, um seines Amtes weiter zu walten. Er beobachtete die beiden Männer, welche sich scheinbar eifrig bei der Rettungsarbeit betheiligten, sich aber nur wenige Augenblicke an einer und derselben Stelle verweilten. Jetzt, da er aufmerksam gemacht worden war, mußte er bemerken und überzeugt sein, daß sie nach einem Gegenstande suchten. Er trat ihnen näher, sagte einige belobende Worte und fügte dann hinzu:

„Da hinten giebt es auch noch Arbeit, Leute. In der zweiten Classe saßen einige Weinreisende, und in der ersten Classe fuhr ein Amerikaner. Man hat noch nichts von ihnen erblickt."

Er sah ganz deutlich, wie sie sich erfreut ansahen. Sie wurden da gerade auf das, was sie suchten, hingewiesen; darum ließen sie sich den Befehl nicht zum zweiten Male geben. Der Beamte wendete sich ab und that gar nicht so, als ob er sie beobachte.

„Das trifft sich gut!" flüsterte der Eine dem Andern zu. „Also in der ersten Classe liegt er! Ich brenne vor Begierde, ob er das Geld bei sich hat!"

„Das wird sich sofort zeigen. Komm!"

Sie traten an das Coupée und blickten hinein.

„Donnerwetter! Der muß ganz zerquetscht sein!" sagte der Eine.

„Man sieht es, daß er todt ist!"

Die meisterhaft vertheilten Trümmer täuschten sie.

„Oben ist er noch gut erhalten. Also, zugegriffen!"

Der Sprecher fuhr nach der Rocktasche und zog das Buch hervor. Er öffnete es und sagte, beinahe zu laut für die Lage, in der sie sich auch ohne Beobachtung befunden hätten:

„Alle tausend Teufel! Sieh, diese Zahlen! Lauter Zehn-, Zwanzig- und Fünfzigtausend!"

„Rasch weg damit!"

„Schön! Da hab ich's nun in meiner Tasche! Aber was nun? Gehen wir?"

„Nicht gleich. Das würde auffallen. Sehen wir erst in die zweite Classe. Man hat nach Thionville und Königsmachern Nachricht gegeben. Es kann jeden Augenblick Hilfe kommen. Sobald diese eingetroffen ist, machen wir uns davon."

„Bleibt es bei unserem Plane?"

„Ja. Der Alte bekommt keinen Heller."

„Und Lefleur?"

„Der mag im Buchsbaum jetzt auf uns warten. Was geht er uns an? Wir haben nichts gefunden."

„Dann vorwärts also!"

Sie entfernten sich und machten sich an anderen Wagen zu schaffen. Dabei gelang es Fritz, unbemerkt von dem seinigen herabzukommen und wieder zu dem Oberschaffner zu gelangen.

„Haben sie es?" fragte dieser.

„Ja."

„Das paßt! Hören Sie! Man sendet von Thionville Hilfe. Ich höre das Rasseln der Räder. Warten wir, bis diese da ist, und dann nehmen wir die Teufels fest!"

„Auch sie wollen nur das Nahen der Hilfe abwarten, um sich dann sogleich zu entfernen."

„So ist es nothwendig, sie zu bewachen. Wollen Sie das thun?"

„Gern."

„Sie haben einen Revolver, wie ich bemerkte, Monsieur?"

„Ja."

„So schießen Sie, ehe Sie einen der Kerls entkommen lassen, ihn lieber kaput! Ah, da kommt eine Maschine mit Waggons! Gott sei Dank! Diese Hilfe ist sehr nöthig!"

Er eilte fort. Fritz aber machte sich an die beiden Männer und that, als ob er sie bei ihrer Arbeit unterstützen wolle.

Auf die Nachricht von dem Eisenbahnunfalle war von Thionville sofort ein Zug abgelassen worden. Er enthielt Beamte, Militair und einige Aerzte. Diese Passagiere sprangen sofort aus den Waggons, als die Maschine vor der Unglücksstelle hielt. Der Oberschaffner eilte sofort auf den Offizier zu, welcher die Truppen anführte, und sagte:

„Mein Capitän, ich ersuche Sie dringend, zunächst dafür zu sorgen, daß von den Personen, welche bisher hier gegenwärtig gewesen sind, keine den Ort verlassen darf!"

„Warum dies?" fragte der Hauptmann.

„Die Urheber des Unglückes befinden sich unter ihnen."

„Sacré bleu! Ist denn dieser gräßliche Sturz des Zuges vom Damme beabsichtigt worden?"

„Ja. Man hat Steine auf die Schienen gelegt."

„Und Sie kennen die Thäter?"

„Ja. Ich werde sie Ihnen nachher bezeichnen."

„Gut, mein Lieber! Diese Kerls werden ihren Lohn finden!"

Die Maschine hatte ausgehängt und ging nach Thionville zurück, um die Wagen, welche man dort schleunigst von der Richtung nach Metz her requirirt hatte, nachzuholen. Die Soldaten, welche ausgestiegen waren, erhielten den gegebenen Befehl so laut, daß es Jedermann hören konnte, Jeden niederzuschießen, welcher ohne Erlaubniß ihres Kommandanten versuchen sollte, den Platz zu verlassen. Sie vertheilten sich in Folge dessen so, daß sie das ganze Terrain vollständig beherrschten.

Die beiden Kerls, welche den Amerikaner ausgeraubt hatten, waren gerade jetzt beschäftigt, einen Todten unter den Trümmern eines Wagens hervorzuziehen. Fritz stand an der anderen Seite dieser Trümmer, um zu versuchen, dieselben ein Wenig emporzuheben. Er konnte also gerade in diesem Augenblicke nicht hören, was sie sprachen.

„Tausend Donner!" fluchte der Eine halblaut. „Hast Du es gehört?"

„Den Befehl des Capitäns?"

„Ja."

„Natürlich! Der Kerl schreit ja laut genug! Was sagst Du dazu?"

„Verdammt unangenehm!"

„Sie müssen der Ansicht sein, daß das Unglück mit Absicht hervorgebracht worden ist."

„Ja, und daß die Thäter sich noch hier befinden."

„Was ist da zu machen?"

„Pah! Sie können nichts, gar nichts wissen!"

„Aber wenn sie die Brieftasche bei uns finden!"

W. VIII. 1186.

„Wie könnten sie denn wohl auf die Idee kommen, uns zu durchsuchen! Das ist unmöglich!"

„Sehr möglich sogar ist es! Es giebt hier unter den zerstreut herumliegenden Gegenständen Manches, was zum Einstecken reizt. Wie nun, wenn man den Gedanken faßt, Alle, welche mit helfen, dann zu durchsuchen?"

„Das wird man nicht thun. Das wäre eine Schande, eine Beleidigung, ein monströser Undank gegen Diejenigen, welche herbeigeeilt sind, um zu retten und zu helfen!"

„Meinetwegen! Aber besser ist besser! Ich werde doch lieber versuchen, mich davonzumachen!"

„Das ist allerdings das Sicherste. Aber wie wollen wir es bewerkstelligen, ohne daß es auffällt?"

„Sehr einfach: Wir tragen einen der Verwundeten nach den Waggons, welche droben auf dem Damme stehen. Jenseits desselben gleiten wir hinab und schleichen uns davon."

„Sollte da oben nicht auch ein Wächter stehen?"

„Bis jetzt noch nicht."

„Gut! Komm! Der Kerl hier ist todt. Unsere Bemühung um ihn ist völlig nutzlos. Heda, Kamerad!"

Dieser Ruf war an Fritz gerichtet. Dieser hatte sie nicht aus den Augen gelassen. Wenn er auch zwar ihre Worte nicht zu verstehen vermochte, so konnte er doch zwischen den Trümmerstücken hindurch ihre Gestalten bemerken und sich also von ihrer Anwesenheit überzeugen. Er antwortete:

„Was giebt es? Zieht doch! Bringt Ihr ihn nicht heraus?"

„Nein. Uebrigens ist er todt. Gehen wir also dahin, wo unsere Hilfe nöthiger ist!"

Sie entfernten sich, indem sie gedachten, von ihm fortzukommen. Aber im nächsten Augenblick stand er bei ihnen und sagte:

„Recht habt Ihr. Da vorn sind wir nothwendiger. Also kommt!"

„Verdammter Kerl!" fluchte der Eine, sah sich aber doch gezwungen, gute Miene zum bösen Spiele zu machen.

Unterdessen hatte Emma von Königsau ihre Besinnung wieder erlangt. Es war ein wahres Wunder, daß es den Rettern der beiden Mädchen geglückt war, den gefährlichen Sprung vom Trittbrete herab ohne Schaden zu vollführen. Dies war nur dem Umstande zu verdanken, daß die Bremsen bereits gegriffen hatten und die Wagen also bereits langsamer gegangen waren.

Als sie die Augen aufschlug, erblickte sie Madelon. Ein zweiter Blick zeigte ihr nach vorwärts die gräßliche Verwüstung und sofort war ihr das letzte Erlebniß wieder gegenwärtig.

„Gott, mein Gott!" rief sie. „Du bist gerettet!"

„Und Du auch!" jubelte die Freundin. „Dem Allmächtigen sei Dank! Kannst Du Dich erheben?"

Emma versuchte, sich aus ihrer liegenden Stellung empor zu richten. Es gelang. Zwar war es bei dem blitzesschnellen Herabgleiten vom Bahndamme nicht sanft hergegangen und sie fühlte an mehreren Stellen ihres Körpers Schmerzen, doch waren dieselben nicht bedeutend und sie erkannte, daß sie sich im vollständigen Gebrauche ihrer Glieder befand.

„Ja, es geht; dem Himmel sei Dank!" antworte

sie, indem sie ihre Gelenke prüfend bewegte. „Aber, wo ist er?"

„Wer?"

„Der Fremde, welcher mit mir vom Wagen sprang. Ist auch er gerettet?"

Es lag im Tone ihrer Frage und ihrem schönen, jetzt so bleichen Gesichte ein Ausdruck von Besorgniß, wie man sie fremden, gleichgiltigen Person gegenüber nicht zu hegen pflegt.

„Ja, er ist gerettet," antwortete Madelon.

„Und Fritz?"

„Der Brave, Kühne! Auch er ist ohne Schaden davon gekommen."

„Aber die anderen armen Menschen! Hilf Himmel, wie sieht es dort aus! Schrecklich! Entsetzlich!"

„Man wird dort weiblicher Hilfe recht sehr bedürfen."

„So müssen wir eilen! Komm schnell, liebe Madelon."

„Gern, gern! Vorher aber wollen wir uns über Dich erst klar werden. Das ist nothwendig."

„Wieso klar werden?"

„Du hast dem Amerikaner nicht Deine richtige Karte gegeben, wie ich bemerkte?"

„Nein. Ich glaubte, vorsichtig sein zu müssen."

„Welche denn? Ich muß wissen, wie ich Dich zu nennen habe."

„Es stand auf dem Kärtchen: Harriet de Lissa, London."

„Gut, so bist Du also eine Engländerin und wir haben uns ganz zufälliger Weise im Coupee getroffen. Aber, weiß Fritz auch davon?"

„Nein. Unterrichte ihn, wenn Du eher mit ihm sprechen solltest, als ich!"

Sie verwendeten noch einen kurzen Augenblick dazu, ihr Reisegewand, welches beschädigt worden war, in Ordnung zu bringen, dann begaben sie sich nach den Trümmern des verunglückten Zuges, wo ihrer ein allerdings nicht für Jedermann zu ertragender Anblick wartete.

Nanon hatte sich nach Thionville fahren lassen, um dort ihre Schwester zu erwarten und zu ihr gleich in dasselbe Coupee zu steigen. Der Zug war signalisirt worden, aber die bestimmte Zeit verging, ohne daß er eintraf. Es mußte unbedingt Etwas geschehen sein und zwar in nicht großer Entfernung von der Stadt."

Da plötzlich hörte sie laute Rufe, die sich wiederholten und im Tone des Schreckes beantwortet wurden:

„Der Zug ist verunglückt! Zwischen hier und Königsmachern!"

Diese Worte konnte sie verstehen. Das Bewußtsein schwand ihr. Als sie es wieder erlangte, sah sie einige Personen um sich beschäftigt, von denen eine jetzt die Frage aussprach:

„Sie erwarteten wohl Bekannte?"

„Ja, meine Schwester," hauchte sie.

„Gerade mit diesem Zuge?"

„Ja. Und ich hörte, er sei verunglückt."

„Das ist allerdings wahr. Es soll entsetzlich sein."

„Gott, mein Gott. Ich muß hin."

Sie wollte fort, aber sie zitterte an allen Gliedern und sank wieder auf ihren Sitz nieder.

„Fassen Sie sich, Mademoiselle!" sagte der Mann in beruhigendem Tone. „Jedenfalls sind nicht alle verletzt und man darf hoffen, daß Ihre Schwester sich unter den Letzteren befindet."

Das gab ihr einigen Trost und auch die verlorene Kraft.

„Ich danke, Monsieur!" sagte sie. „Aber ich muß fort; ich muß hin und zwar sogleich."

Sie erhob sich, um fort zu eilen, er aber hielt sie mit sanfter Gewalt zurück und sagte:

„Warten Sie, Mademoiselle. Man hat bereits nach Hilfe geschickt. Es wird Militär kommen, auch Aerzte werden gesucht. Glücklicher Weise ist eine geheizte Maschine vorhanden. In einigen Minuten werden einige Wagen nach der Unglücksstätte gehen."

„Aber wird man mich mitnehmen?"

„Eigentlich würde man dies wohl kaum thun; aber ich werde dafür sorgen, daß Sie einen Platz finden."

Der Mann war Bahnhofsbeamter und hielt Wort. Er selbst brachte Nanon in ein Coupee. So kam es, daß sie mit dem Militär zugleich an dem Schreckensorte ankam. Als sie die dortige Verwüstung erblickte, brach sie in die Kniee, und es dauerte einige Zeit, ehe sie wieder so viel Kraft gewann, die Böschung herunter zu klettern. Sie hätte laut jammern mögen; da aber erblickte sie Einen, den sie hier nicht erwartet hätte, zumal sie auf dem Bahnhofe vergeblich nach ihm gesucht hatte, obgleich er von ihr dorthin bestellt worden war — Fritz Schneeberg, der Pflanzensammler.

Das gab ihr ihre ganze Beweglichkeit zurück. Im Nu stand sie bei ihm. Er kniete mit zwei Männern bei einem Verwundeten an der Erde. Sie ergriff ihn beim Arme und sagte:

„Monsieur Schneeberg! Sie hier? Gott sei Dank! Wo ist meine Schwester?"

Er erhob sich mit vor Freude glänzendem Gesichte, deutete den Damm entlang und antwortete:

„Keine Sorge, Mademiselle Nanon! Dort kommt sie eben!"

Sie stieß einen Schrei des Entzückens aus und eilte mit weit geöffneten Armen der Geretteten entgegen, welche mit Emma soeben sich näherte.

„Madelon, Madelon! Meine Schwester! Du bist gerettet!"

Die Angerufene warf einen scharfen Blick auf die so eilig Herbeifliegende, breitete ebenso wie diese ihre Arme aus und jauchzte:

„Nanon! Du hier! Gott, welch ein Wiedersehen."

Sie lagen sich in den Armen; sie herzten und küßten sich; sie streichelten einander liebkosend die Wangen und schluchzten dabei vor Freude und Glück.

„Ich glaubte Dich todt und verloren," sagte Nanon.

„Gott sei Dank! Ich bin gerettet."

„Ohne mit zerschellt zu werden! Welch ein Wunder."

„Ja, es war ein Wunder, welches nur die Kühnheit vollbringen konnte."

„Die Kühnheit? So ist es nicht ein Zufall, daß ich Dich so unversehrt vor mir sehe?"

„Nein. Der Zug war noch im Gehen und die Maschine gab das Nothsignal, da ergriff mich einer der Passagiere, riß mich aus dem Wagen und sprang mit mir vom Trittbrete herab."

„Welch eine Verwegenheit! Und welch eine Geistesgegenwart. Ist dieser Held ebenso unverletzt wie Du?"

„Ja, und ich danke Gott und allen Heiligen dafür."

„Ich ebenso. Vor allen Dingen aber gehört auch dem muthigen Manne unser Dank. Wo ist er?"

Ueber Madelons Gesicht breitete sich ein fröhliches, erwartungsvolles Lächeln, als sie, vorwärts deutend, antwortete:

„Der hohe, kräftige Herr, welcher dort bei den Verwundeten beschäftigt ist."

Nanon blickte nach der bezeichneten Stelle und fragte: „Der? Wirklich der?"

„Ja, freilich."

Da schlug sie in höchster Ueberraschung und Freude die Händchen zusammen und rief:

„Das ist ja Monsieur Schneeberg, mein Freund und Bekannter."

„Allerdings, liebe Nanon!"

„Und der hat Dich gerettet, Der? Das ist ja gar nicht möglich!"

„Warum sollte es nicht möglich sein?"

„War er denn im Zuge? War er mit in Deinem Coupee?"

„Ja. Er stieg in Trier zu uns ein."

„Das begreife ich nicht. Ich hatte ihn doch nach dem Bahnhofe in Thionville bestellt! Ich muß hin zu ihm, sofort, um ihm zu danken!"

„Ja, thue das; aber laß Dir vorher diese Dame vorstellen. Meine Schwester Nanon — Miß de Lissa aus London, welche auf ganz dieselbe Weise gerettet worden ist wie ich!"

Fragen und Antworten waren einander so schnell gefolgt, daß vom ersten bis zum letzten Worte nur Secunden vergangen waren. Erst jetzt nahm Nanon Notiz von Emma von Königsau. Sie verbeugte sich vor ihr und fragte:

„Auch Sie sind durch Schneeberg gerettet worden, Miß?"

„Wenn auch nicht direct, aber doch mittelbar," antwortete die Gefragte. „Wäre er nicht in unser Coupee gestiegen, so lägen auch wir Beide zerschmettert unter den Wagen."

„Der brave gute Mensch! Ich muß wirklich sogleich hin zu ihm!"

Sie eilte fort, und die beiden Anderen folgten ihr.

Fritz war eben beschäftigt, bei dem Verbande eines Verunglückten mit Hand anzulegen, als Nanon seinen Arm ergriff.

„Monsieur, Sie sind es gewesen, der Madelon gerettet hat?" sagte sie. „Das werde ich Ihnen nie, niemals vergessen."

Er nickte ihr freundlich zu und antwortete:

„Es war kein Verdienst von mir, sondern der reine Zufall, Mademoiselle! Sprechen wir später davon! Jetzt müssen wir diesen armen, beklagenswerthen Leuten unsere ganze Aufmerksamkeit zuwenden."

„Ja, ja, Sie haben Recht! Jetzt ist der Schreck vorüber und ich kann helfen."

Die drei Mädchen wendeten sich an die beiden Aerzte, welche mit dem Zuge gekommen waren, und baten sich deren Befehle aus.

Die beiden Franktireurs befanden sich noch bei Fritz, oder vielmehr, dieser befand sich noch bei ihnen; er war ihnen nicht von der Seite gewichen. Jetzt hatten sie den Verwundeten ergriffen, um ihn nach dem Coupee zu tragen. Fritz wollte jetzt mit angreifen, allein der Eine sagte abwehrend:

„Das ist nicht nöthig! Wir bringen ihn allein fort!"

„Den steilen Damm hinauf?"

„Ja. Wir sind keine Schwächlinge!"

„Aber nicht in das Coupee hinein! Dazu gehören Drei!"

Bei diesen Worten faßte er mit an. Es fiel ihm gar nicht ein, zurückzubleiben, und die beiden Anderen konnten nichts dagegen thun, obgleich sie ihn innerlich verwünschten. Aber sie verständigten sich gegenseitig durch einen kurzen Blick, daß jetzt die geeignetste oder wohl gar die höchste Zeit zu ihrer Entfernung gekommen sei.

Sie glaubten ganz und gar nicht, daß Fritz Alles wisse. Er aber hatte auch diesen Blick aufgefangen und fühlte sich Mannes genug, ihre Flucht zu vereiteln. Als sie langsam mit dem Verwundeten die Böschung emporstiegen, trat der Oberschaffner, der erst jetzt Zeit dazu fand, zu dem Offizier.

„Capitän," sagte er; „die beiden Männer dort sind es, welche ich meine."

Dabei deutete er nach den Dreien.

„Ah! Der hohe, starke Mensch nicht, der mit bei ihnen ist?"

„Nein. Ihm vielmehr haben wir ihre Entdeckung zu verdanken. Er hält sich zu ihnen, um sie zu beobachten."

„Schön! Sie werden den Blessirten in's Coupee schaffen. Dabei könnten sie aber Gelegenheit zum Entkommen suchen. Ich werde das verhindern."

Er winkte Zweien seiner Untergebenen und gab ihnen einen leisen Befehl. Sofort machten sie ihre Gewehre schußfertig.

„Aber nur dann, wenn sie auf meinen Zuruf nicht achten," fügte er hinzu. „Sucht dann, sie nur zu blessiren, nicht aber zu tödten. Wir müssen sie lebendig haben!"

Die Drei waren beim Coupee angekommen. Einer der beiden Männer sagte zu Fritz:

„Es kann nur Einer voran. Sie sind der Stärkste von uns, wie es scheint. Steigen Sie ein, indem Sie den Verwundeten bei den Schultern nehmen."

„Hm!" dachte Fritz. „Wartet, Ihr Burschen! Mich betrügt Ihr schon lange nicht! Ich will Euch zum Spaße den Willen thun; das wird eine Falle, in die Ihr selbst springt!"

Er faßte den Blessirten an und stieg langsam und vorsichtig, um ihm keine Schmerzen zu verursachen, rückwärts hinauf in das Coupee. Die beiden Anderen hoben und schoben nach. Aber als der Verunglückte nun noch nicht ganz auf der Bank lag, flüsterte der Eine:

„Jetzt oder nie! Vorwärts!"

Er wendete sich um und schritt langsam und sich ganz unbefangen stellend, den Waggons entlang, um dann um den letzten derselben herum zu biegen und auf die andere, unbewachte Seite zu kommen. Der Offizier aber bemerkte es.

„Halt, Ihr Beiden, da oben!" rief er. „Bleibt stehen!"

Sie thaten, als ob sie den Ruf gar nicht gehört hätten, und schritten weiter.

„Halt! Steht, oder es giebt Feuer!"

Da blickte der Eine rückwärts und raunte dem Anderen zu:

„Donnerwetter! Sie haben uns im Verdacht! Da sind wir verloren, wenn wir gehorchen! Die Kerls mögen nur zielen! Zwei oder drei schnelle Sprünge, so sind wir um die Wagen herum und den Damm drüben hinab. Vorwärts!"

Im nächsten Augenblicke flogen sie am letzten Wagen vorüber!

„Feuer!" kommandirte der Capitän.

Fritz hatte, im Coupée noch mit dem Verwundeten beschäftigt, das Verschwinden der Beiden sofort bemerkt. Rasch warf er zur offenen Thür hinaus ihnen einen Blick nach.

„Richtig!" brummte er vergnügt. „Sie wollen auf die andere Seite. Wartet! Dort werde ich Euch „guten Tag" sagen."

Er öffnete die jenseitige Thür, sprang hinaus, zog den Revolver und eilte bis zur Ecke des letzten Wagens. In demselben Augenblicke hörte er das letzte Commando des Capitäns. Die Schüsse krachten, aber die Kugeln schlugen durch die beiden Wagenwände, ohne zu treffen, und dann kamen die Flüchtigen um die Ecke gesprungen.

„Willkommen!" rief Fritz ihnen entgegen. „Habt Ihr es so eilig? Halt! Stehen bleiben!"

Die Beiden erkannten die Gefahr, in welcher sie schwebten. Der Vordere holte aus, um Fritz den Revolver aus der Hand zu schlagen, empfing aber noch eher einen solchen Fausthieb, daß er zu Boden stürzte und für einige Augenblicke seine Beweglichkeit verlor. Der Andere riß sein Messer heraus und stürzte sich auf Fritz; aber der tapfere Ulanenwachtmeister empfing ihn mit einem Fußtritte an den Unterleib, so daß auch er niederstürzte und das Messer fallen ließ. Im Nu hatte Fritz seinen Revolver in die Tasche gesteckt und kniete auf den Beiden, ihnen mit seinen kraftvollen Fäusten die Kehlen zusammenpressend.

In diesem Augenblicke kamen mehrere Soldaten und auch der Capitän um die Wagenecke gerannt.

„Ah!" rief dieser Letztere ganz außer Athem. „Da sind sie ja."

„Ja, da liegen sie!" lachte Fritz. „Die Arbeit ist bereits gethan. Am Besten ist's, Sie lassen sie binden!"

Dieser bestimmte Ton mißfiel dem Offizier.

„Ich denke, daß ich es bin, der zu bestimmen hat, was hier geschehen soll."

„Ich habe nichts dagegen," antwortete Fritz, indem er die Hände von den Gefangenen nahm, seinen Hut, der ihm entfallen war, wieder aufsetzte und sich erhob. „Aber bitte, keine Unvorsichtigkeit wieder, Herr Capitän!"

„Was meinen Sie mit Ihrer Unvorsichtigkeit?" fragte dieser in zornigem Tone.

„Die beiden Kugeln, welche diese Männer treffen sollten, sind durch den Wagen gegangen. Wie nun, wenn ich getroffen worden wäre?"

„Pah! Sie selbst wären schuld gewesen! Wußten wir, daß Sie hinter dem Waggon steckten? Wer hat Ihnen überhaupt geheißen, nach dieser Seite zu gehen?"

„Ich, Herr Capitän! Hätte ich das nicht gethan, so wären die beiden Schurken entkommen. Ehe Ihre Leute erschienen wären, hätten diese Kerls da unten im Gebüsch Deckung gefunden."

„Das fragt sich sehr, Monsieur!"

„Und überdies liegen in dem Waggon, durch den die Kugeln gegangen sind, Verwundete, welche sehr leicht getroffen werden konnten. Das hätte man sich überlegen sollen!"

„Ah, wer sind Sie, daß Sie es unternehmen, einen solchen Ton anzuschlagen?"

„Das thut hier nichts zur Sache! Die Hauptsache ist vielmehr, daß Sie sich dieser zwei Männer versichern, sonst gehen sie abermals durch!"

Er nickte dem Officier grüßend zu und kletterte wieder den Damm hinab. Der Letztere aber gab sich Mühe, seinen Aerger zu verbeißen und ließ die Gefangenen binden und in ein leeres Coupée bringen, vor welches er eine Wache stellte.

Die beiden Franctireurs meinten, daß sie sich nur durch die größte Dreistigkeit zu retten vermöchten.

„Herr Capitän," fragte der Eine. „Was haben wir gethan, daß Sie auf uns schießen und uns dann ergreifen und fesseln lassen? Wir sind uns keines Unrechtes bewußt!"

Aber in diesem Augenblicke brachte Fritz den Oberschaffner und den Amerikaner herbei.

„Fragt diese Herren!" antwortete der Officier.

Als sie den Amerikaner sahen, war es ihnen, als ob sie einen Geist erblickten.

„Ihr habt diesen Herrn bestohlen," sagte der Oberschaffner, indem er auf Deep-hill deutete.

„Wir wissen nichts davon!"

„Oho!" meinte Fritz. „Gerade Der, welcher Dies behauptet, hat die Brieftasche dort auf der Brust stecken!"

Er stieg in das Coupée und zog sie ihm heraus.

„Hier ist sie, Monsieur Deep-hill. Sehen Sie nach, ob Etwas fehlt. Diese beiden Spitzbuben sprachen von hohen Banknoten."

Deep-hill öffnete das Portefeuille, zählte nach und antwortete lächelnd:

„Es fehlt nichts. Uebrigens hätten die Räuber sich wohl sehr geirrt. Das hier sind keine Banknoten, sondern Anweisungen an meinen Cassirer, die ich erst noch zu unterschreiben hätte, ehe sie honorirt würden. Jetzt sind sie keinen Sou werth.

„Das vermindert aber nicht die Schuld dieser Menschen," bemerkte der Oberschaffner. „Sie haben Steine auf die Schienen gelegt, um den Zug entgleisen zu lassen und dann diese Tasche zu stehlen. Sie sind schuld an dem Tode und der Verwundung so vieler Menschen. Sie sind ohne Gnade dem Tode verfallen!"

„Man beweise uns das!" rief der Eine. Wir können unser Alibi bringen. Wir haben beim Bahnwärter gestanden, als das Unglück geschah!"

„Das wissen wir bereits! Aber Euer Kamerad legte die Steine, während Ihr um das Alibi besorgt waret. Ihr werdet uns nicht entgehen. Wo ist dieser Kamerad?"

„Wir haben keinen!"

„Schön! Man wird Euch schon zum Geständnisse bringen! Mein Capitän, bitte, sorgen Sie dafür, daß diese Menschen nicht abermals einen Fluchtversuch unternehmen können."

„Das sollen sie wohl bleiben lassen!"

Sie begaben sich Alle wieder hinab zu den Wagentrümmern, wo es noch so Vieles zu thun gab; vorher aber postirte der Officier einen Soldaten an das offene Coupeefenster. Dieser Posten mußte sich auf das Trittbret stellen, um die Verbrecher unausgesetzt im Auge zu haben, und erhielt den strengen Befehl, sofort auf sie Feuer zu geben, wenn sie die geringste verdächtige Bewegung machen sollten. Hören aber konnte er doch nicht, was sie leise, ganz leise einander zuraunten:

„Du, wir sind verloren!"

„Der Teufel hole den Hund, der uns angehalten hat! Wer mag er sein?"

„Ich kenne ihn nicht!"

„Ich auch nicht! Es wäre gelungen! Nun aber ist's aus!"

„Man scheint Alles zu wissen!"

„Auch von Leufleur, der im „Buchsbaum" jetzt auf uns wartet. Wie mag man das erfahren haben?"

„Es giebt nur eine Möglichkeit: Wir sind belauscht worden!"

„Aber von wem?"

„Das werden wir vor dem Gerichte erfahren."

„Hölle und Teufel! Sind wir einmal dort, so giebt es keine Rettung mehr!"

„Hier auch nicht!"

„Oho!"

„Ah! Hast Du einen Gedanken?"

„Ja; aber leiser, viel leiser! Wir dürfen die Lippen gar nicht bewegen, sonst merkt dieser vermaledeite Posten, daß wir uns unterhalten!"

„Na, die da unten machen genug Lärm, so daß unser Flüstern unhörbar wird. Also, welchen Gedanken hast Du? Strenge Dich an! Wir gehen einem schauderhaften Tod entgegen."

„Hm! Bisher scheint uns Niemand erkannt zu haben."

„Nein."

„Wenn wir entkämen, wüchs mit der Zeit Gras über die Geschichte. Wir müßten auf einige Jahre verschwinden."

„Natürlich! Aber wie hier hinaus und fort?"

„Wird werden nur auf der einen Seite bewacht, da auf der andern aber nicht — — —"

„Was nützt uns das?"

„Wenn wir öffnen könnten!"

„Der Kerl wendet doch kein Auge von uns!"

„Man müßte ihm Veranlassung dazu geben!"

„Das wäre zwar eine Möglichkeit; aber wir sind gefesselt. Wie wollen wir das Coupeefenster niederlassen, um die Thür aufzubekommen!"

„Das ist wahr. Und selbst wenn wir hinaus könnten, zu entkommen wär doch nicht möglich, da wir mit diesen gefesselten Händen nicht rasch genug laufen könnten."

„Hölle! Hätten wir ein Messer!"

„Das ist's ja! Das meinige ist mir entfallen. Laß

W. VIII. 1191.

uns nachdenken! Jetzt ist die einzige, die letzte Zeit zur Rettung!"

„Du! Ah, da fällt mir Etwas ein!"

„Wirklich? Was?"

„Denkst Du, daß uns der Alte im Stiche lassen wird?"

„Der Capitän? Meinst Du ihn?"

„Ja, natürlich!"

„Hm! Eigentlich sollte man denken, daß ihm an unserer Befreiung eben so viel liegen sollte als uns selbst."

„Freilich! Aber dieser Kerl ist unberechenbar."

„Er muß sich doch sagen, daß wir ihn verrathen werden, wenn er uns aufgiebt!"

„Es fragt sich, ob er sich Etwas daraus macht. Er hat zu viele Mittel in den Händen, sich rauszureden!"

„Still!" gebot jetzt der Posten, der nun doch bemerkt haben mußte, daß die Beiden mit einander sprachen.

„Wir reden ja nicht!" erhielt er grob zur Antwort.

„Ich habe es gesehen und gehört! Sprecht Ihr noch einmal, so erhaltet Ihr einen Knebel in den Mund!"

Sie warfen ihm wutherfüllte Blicke zu, mußten aber seinem Befehle Gehorsam leisten. —

Die Frau Baronin de Sainte-Marie hatte sich gestern sehr geärgert. Sie hatte sich darauf gefreut gehabt, daß ihre Stieftochter sich dem Willen des alten Capitäns werde fügen müssen. Hierin war sie getäuscht worden, und nun hatte sie Migraine. Sie hatte deshalb einen Boten nach Thionville zu Doctor Bertrand gesandt, um diesen zu sich zu rufen.

Bertrand als Hausarzt auf Schloß Ortry hatte diesem Rufe Folge geleistet. Er befand sich noch da, als ein Mann auf schäumendem Pferde in den Hof sprengte und nach dem Doctor fragte, zu ihm geführt, berichtete er:

„Herr Doctor, Sie sollen sofort kommen. Es werden alle Aerzte gebraucht. Es ist ein Zug entgleist."

Man hatte sich gerade beim zweiten Frühstücke befunden; darum waren Alle zugegen außer der Baronin, welche sich ja angegriffen fühlte. Jedermann erschrak. Auch der alte Capitän erhob den Kopf und blickte den Boten mit gespannter Erwartung an.

„Ein Zug entgleist?" fragte der Arzt. Wo?"

„Kurz vor der Stadt, hinter Königsmachern. Es hat Jemand Steine auf die Schienen gelegt."

„Herrgott! Welch ein Verbrechen! Ist das Unglück groß?"

„Es sollen nur wenige Menschen davongekommen sein."

„So muß ich fort, augenblicklich! Herr Capitän, Sie werden entschuldigen, daß ich mich so sans façon entferne."

In den Augen des Alten glühte ein eigenthümliches Flackern. Man wußte bereits, daß das Unglück ein beabsichtigtes sei. Hatten diese Kerls ihre Sache nicht klug gemacht? Dann stand sehr, sehr viel auf dem Spiele. Er mußte sich selbst überzeugen, ob der Anschlag geglückt sei oder nicht.

„Gehen Sie immerhin!" antwortete er. „Sie bedürfen keiner Entschuldigung. Ihr Pferd steht noch im Stalle?"

„Ja," antwortete der Gefragte, sich nach der Thür wendend.

„So können Sie noch einen Augenblick verziehen. Ich reite mit. Bei einem solchen Falle können nicht Helfer genug sein. Wir reiten gleich quer Feld ein, nicht nach der Stadt, sondern gleich auf die Unglücksstätte zu!"

Er öffnete das Fenster und rief den Befehl hinab, sein Pferd schleunigst zu satteln.

Marion de Sainte-Marie war tödtlich erschrocken.

„Mein Gott!" sagte sie jetzt. „Das ist ja der Zug mit welchem Madelon kommt!"

„Madelon? Wer ist das?" fragte der Alte scharf.

„Nanons Schwester."

„Ah! Die Germanisirte? Die deutsche Gouvernante? Um sie ist es nicht schade, wenn sie verunglückt ist!"

Da stand Marion vom Stuhle auf und antwortete:

„So sollte nur ein Teufel sprechen!"

„Schweig, Mädchen," drohte er.

Sie aber schob ihren Stuhl kräftig bei Seite und entgegnete:

„Hier kann ich nicht schweigen! Madelon ist in Gefahr. Auch ich eile nach der Bahn. Man wird mir satteln."

„Du bleibst!" gebot er.

„Ich reite!" beharrte sie in festem Tone. „Du weißt, was ich Dir gestern gesagt habe! Herr Doctor, begleiten Sie mich?"

Müller verbeugte sich und antwortete:

„Ich stehe zur Verfügung, gnädiges Fräulein!"

Da wendete der Alte sich ihm drohend zu:

„Wenn ich es Ihnen nun verbiete?"

„Wollen Sie die gnädige Comtesse ohne Begleitung nach einem solchen Orte gehen lassen, Herr Capitän?"

Der Alte griff an den Schnurrbart, zupfte heftig an den Spitzen desselben und antwortete dann:

„Gut! Es mag sein! Läßt sie sich nicht halten, so ist es allerdings besser, Sie reiten mit. Aber in Zukunft werde ich mir besseren Gehorsam zu verschaffen wissen. Kommen Sie, Doctor!"

Zwei Minuten später ritten sie im Galopp davon. Sie schlugen einen Feldweg ein, der sie viel schneller zur Bahn brachte als die Straße, welcher sie durch die ganze Stadt hätten folgen müssen. Sie erreichten den Damm an der Unglücksstätte, sprangen von den Pferden, ließen diese unten stehen und stiegen hinauf und drüben wieder hinab, wo sie empfangen wurden, der alte Capitän von dem Officier, der ihn natürlich kannte, und der Doctor von seinen beiden Collegen, welche sich freuten, an ihm eine so bewährte und höchst nothwendige Hilfe zu finden.

Bertrand hatte sein Besteck stets bei sich, so auch jetzt. Er griff sofort mit zu.

Vor einem Manne, dem das Bein schauderhaft zerquetscht war, kniete die Gestalt eines schönen Mädchens. Er trat hinzu und ließ sich neben ihr nieder.

„Der Aermste," sagte sie. „Er ist vor Schmerz besinnungslos."

„Wohl ihm!" antwortete Bertrand. „Lassen wir ihn! Hier können wir ihm nicht helfen. Das Bein muß amputirt werden."

Er erhob sich wieder, und sie that dasselbe. Jetzt erst konnte er ihr voll in das Gesicht blicken.

„Ist es möglich!" sagte er im Tone höchster Ueberraschung. „Das kann keine bloße Aehnlichkeit sein. Sie sind —— ——"

Er stockte, blickte sich vorsichtig um, ob seine Worte gehört werden könnten und fuhr dann leise fort:

„Sie sind Fräulein von Königsau?"

„Ja," nickte sie lächelnd. „Und Sie sind Herr Doctor Bertrand, der im unglücklichen Jahre Sechsundsechzig ——"

„Von Ihrem Herrn Bruder gerettet wurde und dann auch die Ehre hatte, Sie zu sehen. Aber, um Gotteswillen, dürfen Sie wagen, nach hier zu kommen?"

„Ich muß es wagen und habe, offen gestanden, dabei auch ein Wenig auf Sie gerechnet."

„Ich stelle mich Ihnen ganz und gar zur Verfügung!"

„Ich wollte zu Ihnen nach Thionville, litt aber hier leider diesen entsetzlichen Schiffbruch, dessen Folgen ——"

„Wie?" unterbrach er sie erschrocken. „Sie waren mit in dem verunglückten Zuge?"

„Allerdings, Herr Doctor. Aber ziehen wir meine persönlichen Angelegenheiten nicht diesen Unglücklichen vor, welche unserer Hilfe so sehr bedürfen! Darf ich um eine kurze Gastfreundschaft in Ihrem Hause bitten?"

„O, gewiß, mein gnädiges Fräulein."

„So wissen Sie zunächst, daß ich eine Engländerin aus London bin und Harriet de Lissa heiße."

„Weiß Ihr Herr Bruder, daß Sie kommen?"

„Kein Wort."

„Und sein Diener, mein Kräutersammler, den ich dort sehe?"

„Mit ihm habe ich mich bereits verständigt. Nun aber zunächst zu unseren Hülfsbedürftigen."

Nach diesen kurzen Unterhaltungworten, welche allerdings höchst nothwendig gewesen waren, nahmen sie ihre erstere Beschäftigung wieder auf.

Der Officier hatte dem Alten die Hand entgegengestreckt und nach dem gewöhnlichen Gruße die Frage ausgesprochen:

„Auch Sie haben bereits von dem Unfalle gehört?"

„Ja. Leider ist es nicht nur ein Unfall zu nennen. Die Bezeichnung, welche hier die richtige wäre, kann gar nicht gefunden werden."

Dabei blickte er sich um und that, als ob er sich eines Schauderns gar nich erwehren könne.

„Leider!" antwortete der Officier. „Diese Leichen und diese Verstümmelungen! Es ist schauderhaft!"

„Wer hat das Unglück verschuldet? Das Zugpersonal?"

„Nicht im Geringsten! Man hat Steine auf die Schienen gelegt, eine ganze Anzahl großer Steine."

„Entsetzlich! Gewiß nur Buben, welche ihre teuflische Freude an solchen Zerstörungen haben. Und da mußte es einen Personenzug treffen!"

„Das war ja beabsichtigt!"

„Beabsichtigt?" fragte der Alte im Tone des Erstaunens.

„Ja. Der Zug sollte verunglücken, damit man einen geplanten Raub ausführen könne."

„Ist so etwas möglich?"

„Ja, es giebt solche Teufels! Aber wir haben die Kerls glücklicher Weise gefangen."

Die Augenwinkel des Capitäns zogen sich für einen kurzen Augenblick zusammen, aber eben nur für einen ganz kurzen Augenblick; dann sagte er:

„Das wäre recht! Aber sind es die Richtigen?"

„Ja. Wir haben ihnen den Raub wieder abgenommen."

„Kennen Sie sie?"

„Sie sind keinem Menschen bekannt."

„Ah! Darf man sie einmal sehen? Vielleicht könnte es mir gelingen, Ihnen Auskunft zu geben."

„Sollte mich freuen, ganz außerordentlich freuen."

„Wo befinden sie sich?"

„Im hintersten Coupee des vorletzten Wagens. Ich stehe sofort zur Disposition, Herr Capitän! Habe nur da drüben vorher eine Kleinigkeit zu ordnen."

Er entfernte sich für eine kurze Zeit. Der Alte warf einen scharf forschenden Blick nach dem bezeichneten Coupee. Er sah die Wache auf dem Trittbrette, und da er, tiefer stehend, unter dem Wagen hindurchblicken konnte, bemerkte er, daß drüben auf der anderen Seite sich kein Posten befand. Sofort war sein Plan gemacht. Und ebenso resolut ging er an die Ausführung desselben.

Er griff in die Tasche seines Ueberrockes. Dort steckte ein kleines Einschlagemesser. Er öffnete es und hielt es so in der rechten Hand, daß es von dem Aermelaufschlage vollständig verdeckt wurde. Ein Blick nach dem Officiere zeigte ihm, daß dieser in einiger Entfernung mit einem Sergeanten sprach.

Er stieg langsam die Böschung hinan, als ob ihm die Rückkehr des Commandanten zu lang dauerte. Aber anstatt dann zu dem Posten zu treten, ging er um den letzten Wagen herum, indem er denselben betrachtete, als ob er sich von der Festigkeit der Transportmittel überzeugen wolle.

Drüben war kein Mensch. Ein rascher Umblick überzeugte ihn, daß er unbeobachtet sei. Er trat an die verschlossene Thür des Coupees, in welchem sich die Gefangenen befanden und öffnete es schnell, aber leise und nur so, daß ein Stoß von Innen nöthig war, um die Thür aus ihrer Lage zu bringen.

Dann schritt er weiter und kehrte auf die andere Seite zurück, immer mit der Miene eines Mannes, welcher die Festigkeit der Wagen prüfen will.

Kein Mensch hatte sein Thun beachtet, und das Oeffnen des Schlosses war so leise geschehen, daß auch der Posten nicht im Stande gewesen war, es zu bemerken. Aber die beiden im Coupee Sitzenden hatten das Geräusch doch hören können.

(Fortsetzung folgt.)

Die Liebe des Ulanen.
Original-Roman aus der Zeit des deutsch-französischen Krieges von Karl May.
(Fortsetzung.)

„Du, was war das," flüsterte der Eine, dem Posten ganz und gar unvernehmbar.

Und da er sich dabei die größte Mühe gab, die halb geöffneten Lippen nicht zu bewegen, so merkte auch das der Soldat nicht.

„Die Thür ist auf," antwortete der Andere.

„Donnerwetter! Wirklich?"

„Ja. Ich sehe die ganz schmale Spalte, die sich gebildet hat."

„Wer mag das gewesen sein?"

„Wer weiß es."

„Jedenfalls zu unserer Rettung."

„Möglich! Passen wir auf! Ich denke, es geschieht bald Etwas!"

In diesem Augenblicke näherte der Alte sich dem Coupee nun von diesseits. Der Posten bemerkte ihn und machte das Honneur.

„Kennen Sie mich?" fragte Richemonte.

„Zu Befehl, Herr Capitän."

„Lassen Sie einmal die Gefangenen sehen, ob ich sie kenne!"

Der Posten sprang vom Trittbrette herunter und der Alte trat hinauf. Als ob er sich mit derselben festhalten müsse, langte er mit seiner rechten Hand zum geöffneten Fenster hinein und rückte dann so nahe heran, daß sein Oberkörper die ganze Oeffnung erfüllte.

„Also diese Hallunken sind es, welche dieses Unheil angerichtet haben," sagte er laut. „Die sollten mit glühenden Zangen gezwickt werden."

Während dieser Worte hatte er mit einem Rucke seiner Hand, welche von Außen gar nicht bemerkt werden konnte, das Messer auf den Schooß des einen der Gefangenen geworfen. Dann sprang er wieder ab. Im nächsten Augenblicke nahm der Posten wieder den Platz ein, hielt es aber für eine Pflicht militärischer Aufmerksamkeit, seine Augen auch mit auf den einstigen Offizier der Kaisergarde gerichtet zu halten.

Dies gab den beiden Verbrechern Spielraum zu einem abermaligen Gedankenaustausche.

„Der Alte," flüsterte der Eine.

„Das konnten wir uns denken."

„Wir sind gerettet."

„Hast Du das Messer?"

„Ja. Wie gut, daß sie uns die Hände nur vorn, aber nicht auf den Rücken gefesselt haben."

„So kannst Du erst meinen Strik durchschneiden und ich dann den Deinigen."

„Dann aber hinaus! Wenn nur der verteufelte Soldat auf zwei Augenblicke verschwinden wollte."

„Keine Sorge! Der Alte ist klug. Er wird es machen, daß dies geschieht. Da kennen wir ihn."

Jetzt kam auch der Offizier die Böschung des Dammes heraufgestiegen.

„Nun, Herr Capitän," fragte er. „Haben Sie sich diese Kerls betrachtet?"

„Nur einen kurzen Augenblick lang."

„Kennen Sie sie?"

„Ich glaube nicht."

„Aber vielleicht sind Sie von ihnen gekannt. Will sie einmal fragen. Vielleicht fangen sie sich."

Er schob den Posten auf die Seite und nahm auf dem Trittbrette Platz.

„Hört, Kerls," meinte er; „kennt Ihr den Herrn, der jetzt zum Fenster hereingesehen hat?"

Keiner antwortete.

"Wenn Ihr nicht reden lernt, werde ich Euch die Zunge lösen. Hier giebt es Haselsträucher! Ich frage Euch, ob Ihr den erwähnten Herrn kennt?"

"Nein," wurde jetzt geantwortet.

"So seid Ihr wohl nicht aus der hiesigen Gegend?"

"Nein."

"Woher denn?"

Ehe er eine Antwort vernehmen konnte, ertönte ein lautes Rollen und der Alte rief warnend:

"Herr Capitän, der Zug."

Der Offizier blickte sich um. Die vorhin wieder abgegangene Locomotive kehrte mit mehreren Wagen zurück.

"Pah! Ich stehe fest!" antwortete der Commandant.

Er hatte die Verbrecher zum Sprechen gebracht, und so wollte er diese gute Gelegenheit nicht unbenützt vorübergehen lassen. Er wendete sich also in das Innere des Wagens zurück.

"Also, woher Ihr seid? frage ich."

"Aus der Gegend von Verdun."

"Ihr habt Complicen?"

"Nein."

"Lügt nicht."

"Wie können wir Complicen haben, wenn wir unschuldig sind!"

"Man wird Euren Mitschuldigen zu finden wissen! Wo ist er?"

"Wir haben keinen. Wir haben Nichts gethan!"

In diesem Augenblicke schob die Maschine die neu angekommenen Wagen an die bereits anwesenden an. Dies geschah allerdings in der gewöhnlichen vorsichtigen Weise, gab aber doch einen Stoß, dem der Offizier, der das nicht gewöhnt war, nicht widerstehen konnte. Er sprang ab und lief, da die Wagen sich eine kurze Strecke weit bewegten, neben dem Coupee her.

"Jetzt!" sagte drin der Eine zum Anderen.

"Her, Deine Hände mit dem Stricke."

"Hier! So! Und nun die Deinigen."

Abermals ein Schnitt und die Beiden konnten ihre Arme und Hände gebrauchen.

"Ist Jemand hüben auf dieser Seite?"

Der, welcher an der jenseitigen Thüre saß, öffnete ein Wenig und blickte hinaus. Er sah Niemanden.

"Kein Mensch," antwortete er. "Komm! Schnell!"

Er sprang hinaus und der Andere folgte ihm. Dieser Letztere schlug, da die Wagen jetzt wieder in's Stehen kamen, wobei die Räder und Bremsen kreischten, die Thür zu, ohne das dies gehört wurde. Dann flogen Beide den Bahndamm hinab und unten zwischen die Büsche hinein.

Gerade in diesem Augenblicke referirte der Offizier dem Alten:

"Aus der Gegend von Verdun wollen sie sein. Glauben Sie das?"

"Möglich ist es. Aber bitte, fragen Sie doch weiter, Herr Kamerad! Die Kerls scheinen einmal im Sprechen zu sein."

Dabei zuckten seine Schnurrbartspitzen eigenthümlich auf und nieder. Der Andere antwortete:

"Sie haben Recht. Man muß das Eisen schmieden, so lange es heiß ist. Ich werde dem Untersuchungsrichter vorarbeiten."

Er stieg wieder auf das Trittbrett. Zwischen jetzt und vorhin waren kaum einige Secunden vergangen.

"Hört, Ihr Hallunken, Ihr sollt mir —— — Heiliges — —!"

Er hielt inne und man konnte sogar von Außen bemerken, daß er jetzt ein Raub der größten Bestürzung sei.

"Nun?" fragte der Alte. "Was giebt es?"

"Fort," antwortete der Gefragte, noch immer unbeweglich in das Innere des Coupees starrend.

"Fort? Wer denn?"

"Die beiden Kerls."

"Unmöglich."

Erst jetzt drehte der Offizier sich um. Sein Gesicht war kreideweiß geworden. Er blickte den Alten mit weit geöffneten Augen an und fragte:

"Können Sie das begreifen?"

"Daß sie fort sind? Nein. Das kann ich gar nicht glauben!"

"Aber sie sind doch fort!"

"Zeigen Sie."

Der Alte schob ihn fort, stellte sich hinauf und blickte in das Coupee.

"Unmöglich!" rief er. "Ich glaube, die Kerls haben sich unter die Sitze verkrochen."

"Unter die Sitze?" fragte der Andere, dem bei diesen hoffnungsreichen Worten das Leben in die Wangen zurückkehrte.

"Jedenfalls," antwortete Richemonte.

Er gab sich Mühe, die Scene zu verlängern, damit die beiden Flüchtlinge Zeit zu einem genügenden Vorsprung finden möchten.

"Weshalb aber?"

"Das ist doch leicht einzusehen. Sie denken, wir sollen glauben, daß sie fort sind. Während wir nun auf der einen Seite suchen, würden sie auf der anderen ausreißen."

"Ah! So dumm sind wir nicht! Holen wir sie unter den Sitzen hervor!"

"Ja, machen wir auf."

Sie öffneten die Thür und der Commandant blickte unter die Bänke. Als er den Kopf wieder hervorzog, war sein Gesicht abermals blaß geworden.

"Vergebens! Sie sind fort," sagte er.

"Donnerwetter! Sie können sich doch nicht unsichtbar machen!"

"Das scheinen sie allerdings gekonnt zu haben."

"Ist denn das Fenster drüben offen? Doch nicht?"

"Nein; es ist zu."

"Oder wohl gar die Thüre?"

"Werde sehen."

Er stieg in das Coupee und untersuchte die Thür.

"Sie ist noch gerade so verschlossen wie vorher," sagte er.

"Daraus werde der Teufel klug. Oder können Sie sie da drüben vielleicht laufen sehen?"

Der Andere ließ das Fenster herab, blickte hinaus und antwortete:

"Nein. Es ist kein Mensch zu sehen."

„So stehen wir vor einem blauen Wunder. Wer kann es erklären?"

„Ich nicht, Herr Capitän," antwortete der Andere, indem er aus dem leeren Coupee sprang.

„Na, ich auch nicht. Geht mich überhaupt gar nichts an!"

„Aber mich desto mehr," antwortete der Andere, vor Verlegenheit schwitzend. „Man hat mir die Gefangenen zur Bewachung anvertraut."

„Sie haben Sie ja auch bewachen lassen und sodann gar selbst bewacht!"

„Und gerade da, als ich sie unter meinen Augen hatte, sind sie spurlos verschwunden! Das muß während der zwei Augenblicke geschehen sein, in denen ich neben dem Wagen herging, weil er in Bewegung war."

„Aber drüben sind sie nicht hinaus! Es ist ja Alles noch gerade so verschlossen wie vorher!"

„Hüben können sie aber noch viel weniger entkommen sein. Da standen ja wir!"

„Durch die Decke oder den Boden oder die Seitenwand?"

„Ist Alles fest und unverletzt!"

„Nun, ich zerbreche mir den Kopf nicht!"

Er wollte sich abwenden, wurde aber daran verhindert. Mit den neuen Wagen war nämlich nebst einem zahlreichen Helferpersonale auch die Gerichtscommission gekommen, welche die Pflicht hatte, den Thatbefund aufzunehmen. Die Herren hatten sich sofort nach der Unglücksstätte verfügt; da sie dort aber hörten, daß die Thäter entdeckt worden und da im Coupee eingesperrt worden seien, kamen sie zurück, und zwar gerade in dem Augenblicke, als der Alte sich entfernen wollte. Er hatte sie vorher gar wohl gesehen, aber gar nicht gethan, als ob er sie bemerkt habe. Jetzt zog er höflich grüßend den Hut.

„Ah, Herr Procurator, Sie!" sagte er.

„Ja, ich, Herr Capitän. Eine der traurigsten Pflichten hat mich herbei gerufen. Ergebener Diener, Herr Capitän!" grüßte er auch den jüngeren Offizier. „Man hat die fürchterlichen Frevler bereits ergriffen?"

„Allerdings, Herr Procurator," antwortete der Gefragte, indem er das Tuch zog, um sich den Schweiß abzuwischen.

„Sie sind Ihrer Obhut anvertraut worden?"

„Ja — leider — gewiß!" stotterte der Arme.

„Leider?" fragte der Procurator verwundert.

„Allerdings, leider!"

„Wieso? Warum?"

„Ich habe sie nicht mehr."

„Ah! Sie haben sie einem anderen Schutze anvertraut?"

„Nein."

„Ich verstehe Sie nicht. Sie haben sie nicht mehr und haben sie doch auch keinem Anderen zur Bewachung übergeben?"

„So ist es. Nämlich, sie — sie — sie sind — fort," stotterte er in höchster Verlegenheit.

„Fort? Bereits abgeführt also?"

„Nein, sondern entflohen," fiel der Alte ein.

„Entflohen?" fragte der Procurator. „Meine Herren, ich hoffe, daß dies auf einem Irrthume beruht! Oder sollte ich gar etwa annehmen, daß bei dem Jammer da unten hier oben ein Scherz —"

„Kein Scherz! Sie sind in Wirklichkeit entflohen!"

„Herr Capitän!"

„Ja, es ist so!" nickte der Alte in seiner sicheren bestimmten Weise. „Lassen Sie sich erzählen!"

Da zog der Procurator die Stirn in Falten und sagte in einem hörbar strengen Tone:

„Ich sehe mich da allerdings genöthigt, um Auskunft zu ersuchen!"

„Nun," fuhr der Alte fort, „ich hörte von dem Unglück und ritt herüber, weil ich einen Herrn mit diesem Zuge erwartete. Die Angst und Sorge trieb mich her. Hier angekommen, erfuhr ich, daß man die Thäter gefangen habe. Der Herr Capitän war so gütig, sie mir zu zeigen. Sie saßen bei verschlossenen Thüren hier in diesem Coupee, an beiden Händen gefesselt und von diesem Posten bewacht. Der Herr Capitän legte ihnen einige Fragen vor, mußte aber abspringen, weil gerade an diesem Augenblicke die Wagen zusammenprallten. Als er nach einer Viertelminute wieder aufstieg, waren sie fort."

„Wohin?"

„Das wissen wir nicht."

„Sie müssen doch wissen, wie sie entkommen sind?"

„Eben das ist uns unbegreiflich. Drüben war zu; hüben standen wir, und dennoch sind sie fort!"

„Die Flucht ist ihnen nur drüben möglich gewesen!"

„Aber Thür und Fenster waren verschlossen!"

„Vielleicht die Thür nicht hinlänglich."

„O doch! Ich selbst habe mich davon überzeugt!" suchte sich der Commandant zu vertheidigen.

„Nun, es wird wohl ein Licht für dieses Dunkel geben. Die Verbrecher sind fort; das ist Thatsache. Herr Capitän, haben Sie die Güte, in der Umgegend, besonders auf der anderen Seite nach Spuren suchen zu lassen. Ich begebe mich zunächst wieder an die Stätte des Grauens hinab."

Er hatte diese Worte im strengsten Tone gesprochen. Es war ja klar, daß ein Fehler vorgefallen war. Die Herren wendeten sich ab und ließen die beiden Offiziere stehen. Der Commandant eilte fort, um der erhaltenen Weisung zu gehorchen, und der alte Capitän stieg zu den Trümmern hinieder, um seinen weiteren Zweck zu verfolgen.

Da unten erblickte er Nanon, welche bei einem Verwundeten beschäftigt war. Er trat zu ihr und fragte:

„Nun, ist Ihre Schwester auch todt?"

„Nein. Sie lebt. Dank sei den Heiligen!"

„Pah, die Heiligen! Wissen Sie nicht, ob sich ein Herr aus Amerika bei dem Zuge befunden hat?"

„Ja, ein Herr Deep=hill."

„Das ist er, den ich meine. Ist er noch da?"

„Ja."

„Wo?"

„Dort neben der Engländerin steht er eben im Begriff einen der Verwundeten zu verbinden."

„Ah, jener schwarzlockige Herr?"

„Ja."

Emma von Königsau hatte den Reiseüberwurf abgelegt. Da sie sich nun im bloßen Kleide bewegte, trat die Schönheit ihrer Formen um so deutlicher hervor. Der Alte erblickte sie. Er war auch ein Bewunderer weiblicher Schönheit gewesen und noch heute ein Kenner derselben.

„Eine Engländerin?" fragte er, indem er sein Auge musternd auf der Genannten haften ließ.

„Ja."

„War sie mit in dem Zuge?"

„Sie hat mit meiner Schwester in einem Coupee gesessen."

„Ah! Und Beide sind gerettet worden! Das Unglück ist galant gewesen, indem es die Schönheit verschont hat."

Er bewegte sich auf die Gruppe zu. Dort angekommen zog er den Hut und sagte in höflichem Tone:

„Man sagt mir, daß ein Monsieur Deep-hill hier zu finden sei. Darf ich vielleicht fragen, ob man mich recht berichtet hat?"

Der Amerikaner erhob sich, entblößte ebenso höflich seinen Kopf und antwortete:

„Allerdings, Monsieur. Der Name, den Sie nannten, ist der meinige."

„Sie sind aus New-Orleans?"

„Ja."

„Und an einen Capitän Richemonte adressirt?"

„So ist es."

„Nun, so sind Sie am Ziele angelangt. Mein Name ist Richemonte. Ich wußte den Zug, der Sie bringen sollte; ich hörte vor wenigen Minuten, daß er verunglückt sei, und ich eilte natürlich sofort herbei, um zu erfahren, ob man auch Ihren Verlust zu beklagen habe. Zu meiner unendlichen Freude aber höre ich, daß Sie gerettet sind. Lassen Sie sich aus vollstem Herzen gratuliren!"

Er reichte dem Amerikaner die Hand entgegen, derselbe ergriff sie, verbeugte sich und sagte:

„Herr Capitän, Ihre Besorgniß um mich ist mir eine sehr hoch geschätzte Ehre. Darf ich bitten, Ihnen heute oder morgen einen Besuch machen zu dürfen?"

„Einen Besuch? Ah, nicht nur das, sondern mein Gast werden Sie sein. Ich hoffe natürlich, daß Sie meine Einladung auf Schloß Ortry annehmen werden."

„Wie sie befehlen! Ich stehe ganz zu Ihrer Disposition."

„Ich kam, Sie abzuholen und Sie zu geleiten. Wann dürfen wir aufbrechen?"

„Für jetzt werde ich wohl noch um Urlaub bitten müssen!"

Dabei fiel sein Auge unwillkürlich auf Emma. Diese hatte bei dem Namen Richemonte aufgehorcht und einen raschen Blick in das Gesicht des Alten geworfen, sich dann aber wieder ausschließlich mit dem Verwundeten beschäftigt. Der Alte merkte den Blick, welcher auf sie gefallen war. Er deutete ihn nach seiner Weise und sagte:

„Ah, die Schönheit hat doch stets ihre Fesseln!"

Emma erröthete, that aber nicht, als ob sie diese etwas dreisten Worte auf sich bezöge. Der Amerikaner zog die Augenbrauen zusammen und antwortete in einem Tone, welcher beinahe verweisend klang:

Wollen Sie hier von Schönheit sprechen, hier, unter Todten, Verwundeten und Trümmern? Das Unglück hat stärkere Fesseln als das Glück. Es hält mich hier zurück. Ich kann unmöglich diesen Ort eher verlassen, als bis ich überzeugt bin, gegen diese Unglücklichen meine Pflicht gethan zu haben."

Der Alte zuckte die Achsel und meinte kühl:

„Es sind genug andere Retter da!"

„Das ist kein Grund, mich zurückzuziehen. Je mehr Hände, desto eher werden die Schmerzen gestillt!"

„Sie mögen Recht haben. Aber, ich muß vermuthen, daß diese Dame zu Ihnen gehört. Wollen Sie die Güte haben, mich ihr vorzustellen?"

„Wir sahen uns zuerst im Coupee, Herr Capitän. Diese Dame ist Miß de Lissa aus London."

„Ah, eine Engländerin!"

Er zog den Hut und verbeugte sich tief.

Emma hatte sich natürlich erhoben und zu ihm gewendet. Jetzt stand sie Auge in Auge mit dem langjährigen Todfeinde ihrer Familie; aber ihrem Gesichte war keine Spur der Gefühle anzusehen, die sie gegen ihn hegte. Sie sah ihm voll, groß und forschend in das Angesicht, als ob sie sich die Züge desselben für's ganze Leben einprägen wolle, verneigte sich unter einem feinen, verbindlichen Lächeln und sagte:

„Es bereitet mir eine wirkliche Genugthuung, den Herrn kennen zu lernen, von dem ich so oft sprechen hörte!"

Es war ihr nämlich in diesem Augenblicke ein Gedanke gekommen, ein Gedanke gleich einer Eingebung, der sie sofort und unbedingt Folge leisten müsse.

Er aber blickte ihr überrascht in das schöne Angesicht und sagte im Tone des Zweifels:

„Von mir hörten Sie sprechen, Miß?"

„Ja."

„Sollte das nicht eine Verwechselung sein? Der Name Richemonte scheint nicht selten vorzukommen."

„Ich meine Capitän Albin Richemonte auf Schloß Ortry."

„Nun, der bin ich allerdings. Darf ich fragen, bei welcher Gelegenheit, oder wo mein Name Ihnen genannt wurde?"

„Darüber später einmal, falls wir uns wiedersehen sollten. Ich bin Mitglied des Clubbs der Barmherzigen."

Das Auge des Alten leuchtete auf.

„Ah!" sagte er. Reisen Sie vielleicht im Interesse dieses Clubbs, Miß de Lissa?"

„Allerdings."

„Das ist mir freilich interessant, höchst interessant! Darf ich nach dem Ziele Ihrer Reise fragen?"

„Thionville."

„Sapper — Entschuldigung! Thionville! Sind Sie da vielleicht an eine bestimmte Adresse gebunden?"

„Nein; ich besitze meine völlige Selbstbestimmung, werde aber bei Herrn Doctor Bertrand absteigen."

„Steht Ihre Familie in Beziehung zu ihm?"

„Nein. Er wurde mir empfohlen."

„Sind Sie ihm avisirt?"

„Ja."

„Er befindet sich hier; jetzt steht er da oben auf dem Damme bei den Wagen."

Er deutete nach der betreffenden Stelle. Sie nickte ihm freundlich zu und antwortete:

„Ich weiß es, Herr Capitän. Ich habe bereits mit ihm gesprochen."

Der Alte konnte seine Augen kaum von ihren schönen Zügen wenden. Es wurde ihm ganz eigenthümlich zu Muthe.

„Verzeihung, daß ich so viele Fragen an Sie richtete," bat er. „Es ist in Ihren Zügen, in Ihrer Gestalt, in Ihrer Sprache, in Ihrem ganzen Wesen ein Etwas, was mich zu dem Gedanken zwingt, als hätten wir uns bereits gesehen, oder als müßten wir zu einander in Beziehung treten, und zwar in eine freundliche. Waren Sie bereits einmal in Frankreich?"

„Noch nie."

„So irre ich mich. Aber vielleicht habe ich das Glück, Ihnen wieder zu begegnen. Verweilen Sie längere Zeit in Thionville?"

„Das ist unbestimmt. Jedenfalls aber reise ich erst dann ab, wenn der Zweck meiner Abwesenheit erreicht ist."

„Ah, Sie haben einen besonderen Zweck?"

„Allerdings."

„Vielleicht geschäftlich?"

„So ähnlich könnte man es nennen. Jetzt aber bitte ich um die Erlaubniß, zu meiner Pflicht zurückkehren zu dürfen."

Sie machte dem Alten eine wahrhaft königliche Verbeugung und wendete sich dann dem Verwundeten wieder zu.

Der Capitän trat mit dem Amerikaner einige Schritte abseits und fragte:

„Sie haben die Worte dieser Dame gehört?"

„Natürlich, Capitän!"

„Sie kommen allerdings in politischen Beziehungen zu mir?"

„Gewiß."

„Fast scheint es, als ob diese Engländerin aus ähnlichen Gründen nach Frankreich gekommen sei!"

„Man möchte es beinahe vermuthen."

„Sie haben sich jedenfalls im Coupee mit Ihr unterhalten. Gab es da keinen Anhaltepunkt, um bestimmen zu können, ob diese meine Vermuthung die richtige sei?"

„Nein, gar nicht."

„So werde ich sie in Thionville wiederfinden müssen. Aber ich dächte, daß selbst die kürzeste Unterhaltung einen Punkt bietet, welcher geeignet ist, auf Anderes schließen zu lassen."

„Wir haben von ihr gar nicht gesprochen. Ich stellte mich ihr vor, und dann kam die Rede sofort auf die Entgleisung, welche wir zu erwarten hatten."

Der Alte horchte erstaunt auf.

„Zu erwarten hatten?" fragte er. „Das klingt ja gerade, als ob sie gewußt hätten, daß der Zug entgleisen werde!"

„So ist es auch."

„Aber, bitte, das ist ja unmöglich."

„Ich habe es aus Verschiedenem geschlossen, kam aber allerdings mit meinem Schlusse erst dann zu Stande, als wir uns dem Orte bereits so nahe befanden, daß das Unglück nicht mehr zu verhüten war."

Des Alten bemächtigte sich eine Aufregung, welche zu verbergen, er seine ganze Selbstbeherrschung anwenden mußte.

„Darf ich wissen," fragte er, „welche Prämissen Sie hatten, um diesen Schluß zu ziehen?"

Der Amerikaner zögerte mit der Antwort. Er blickte ein kurzes Weilchen lang hinaus in's Weite. Seine Züge hatten einen Ausdruck der Starrheit angenommen, wenn man überhaupt von einem solchen sprechen kann. Er ging mit sich zu Rathe, was er beantworten solle. Endlich sagte er:

„Man hatte es bei dieser Entgleisung nicht auf den Zug, sondern auf mich abgesehen."

Der Capitän erschrak, versuchte aber, dies zu verbergen.

„Auf Sie?" sagte er. „Unmöglich!"

„Sogar ganz gewiß."

„Das ist nicht denkbar!"

„O, im Gegentheile leicht erklärlich! Man wußte, daß ich mit diesem Zuge kommen werde und daß ich sehr bedeutende Summen bei mir trage."

„Nun? Weiter!"

„Man beschloß, den Zug entgleisen zu lassen, um dann bei meiner Leiche die volle Brieftasche zu finden."

Jetzt mußte der Alte sich auf's Aeußerste anstrengen, um sich nicht zu verrathen. Er räusperte sich; er zog an den Spitzen seines Schnurrbartes. Endlich stieß er hervor:

„Das klingt wie Wahnsinn!"

„Ist aber die nackte, wahre Wirklichkeit!"

„Beweise!"

„Man hat mich ja bereits für todt gehalten und mir, während ich im umgestürzten Coupee lag, die Brieftasche abgenommen!"

„Alle Teufel!"

„Ja, so ist es!"

„Aber das beweist ja noch nichts."

„Wieso?"

„Man hat die Brieftasche zufällig bei Ihnen gefunden."

„Hm!"

Er zögerte, mehr zu sagen. Die Physiognomie des Alten gefiel ihm ganz und gar nicht. Dieser aber meinte nun im zuversichtlichen Tone:

„Sie sehen also, daß Ihre Vermuthung hinfällig ist."

„Möglich. Uebrigens hätte ich mir nicht erklären können, wie man von einer Brieftasche erfahren konnte."

„Es wissen ja nur Zwei, daß Sie erwartet werden, nämlich Graf Rallion und ich."

„Und Sie Beide werden sich jedenfalls hüten unser Geheimniß auszuplaudern!"

„Gewiß. Aber, Sapperment, wie steht es denn da mit Ihrem Portefeuille? Es ist fort?"

„Es war fort. Ich habe es wieder."

„Ah! Man hat es den Dieben abgenommen?"

„Den Dieben. Es waren zwei."

„Ah! Dieselben, welche entkommen sind?"

Der Amerikaner blickte erstaunt auf. Er war in Gesellschaft von Emma von Königsau so sehr mit Hilfeleistungen beschäftigt gewesen, daß er auf die anderen Vorgänge gar nicht geachtet hatte.

„Entkommen?" fragte er.

„Ja."

„Die Beiden da oben im Coupee?"

„Ja. Der Offizier hat sie entkommen lassen. Jetzt steht man im Begriffe, ihnen nachzujagen."

„Welch eine unbegreifliche Unvorsichtigkeit! Das ist

— —" er hielt inne und blickte nachdenklich vor sich hin; dann fuhr er weiter fort: "Doch, ich hoffe, daß man sie wieder ergreift!"

"Jedenfalls, Monsieur! Also, Sie sind mein Gast. Leider habe ich nicht Zeit mich länger hier zu verweilen. In welcher Weise werden Sie diesen Ort verlassen?"

"Jedenfalls in einem der Bahnwagen da oben."

"Schön! Werden Sie mir erlauben, Ihnen meinen Kutscher nach dem Bahnhofe zu senden?"

"Ich werde diese Aufmerksamkeit zu würdigen wissen."

"Dann Adieu für jetzt!"

Sie reichten sich höflicher Weise die Hände, und dann entfernte sich der Alte, um zu seinem Pferde zurückzukehren, welches jenseits des Dammes ruhig graste.

Als sich die Nachricht verbreitete, daß die Gefangenen verschwunden seien und eine Anzahl Soldaten abgeschickt wurden, ihre Spur zu suchen, schloß Fritz sich ihnen an. Er fühlte sich in einer geradzu wüthenden Stimmung über diesen Streich, mußte aber bald einsehen, daß er zur Wiederhabhaftwerdung der Entsprungenen nichts beizutragen vermöge. Er hatte keine Zeit, nach ihnen in der Gegend herum zu laufen. Er kehrte also nach der Unglücksstätte zurück.

Gerade als er zwischen den Büschen hervortreten wollte, erblickte er den alten Capitän, welcher vom Damme herabkam, um zu seinem Pferde zu gehen. Zu gleicher Zeit sah man einen Reiter und eine Reiterin quer über die Wiese herbeigesprengt kommen. Es war Doctor Müller mit Marion.

Der Alte bemerkte diese Beiden und blieb stehen, um sie zu erwarten. Sie hielten vor ihm, und Müller sprang ab, um der schönen Baronesse beim Absteigen behilflich zu sein.

"Lassen Sie das, wenn ich selbst da bin!" herrschte ihm der Alte zu.

Er half seiner Enkelin ab und gab ihr den Arm, um sie den Damm hinauf zu führen. Sie that gar nicht, als ob es vorher zwischen ihm und ihr eine Scene gegeben hätte.

"Da oben ist's?" fragte sie ihn im Emporsteigen.

"Jenseits unten! Du hast Deinen Willen durchgesetzt; aber wirst Du auch stark genug sein, den Anblick zu ertragen?"

"Ich denke es!"

"So komm!"

Oben angelangt, blieb er halten, um ihr einen Ueberblick zu lassen. Sie schauderte zusammen. Er fühlte es.

"Nun, jetzt kommt die Ohnmacht?" stöhnte er.

"Wohl nicht," antwortete sie. "Es gehört jedenfalls ein ganz und gar gefühlloses und entmenschtes Herz dazu, hier nicht zu erschrecken!"

"Schön! Ich verstehe Dich: ein solches Herz habe ich!"

"Wie es scheint!"

"Pah! Ich befinde mich wohl dabei. Was aber nun?"

"Was nun? Was ist da noch zu fragen? Ich werde mit helfen Verbände anzulegen."

"Du?" fragte er zornig. "Die Baronesse de Sainte-Marie?"

"Ja, ich! Eine Baronesse hat dieselben Menschenpflichten wie ein jedes andere Weib!"

"Das klingt ganz nach Socialdemokratie und Commune! Aber, hm, ich will nichts dagegen haben, stelle jedoch eine Bedingung."

"Bei der Erfüllung meiner Pflicht lasse ich mir natürlich keine Bedingung stellen!"

"Teufel! Du bist seit einigen Tagen ganz außerordentlich emancipirt. Ich werde Sorge tragen, daß Dir die Flügel etwas mehr beschnitten werden."

"So werden diese Flügel mich fortgetragen haben, ehe die Scheere sie berührt!"

"Werden sehen! Da Du keine Bedingung eingehen willst, gebe ich Dir einen Befehl. Verstanden!"

"Ja Dieser Befehl imponirt mir nicht, und Dir wird er nicht viel nützen."

"Oho! Ich werde ihm Nachdruck zu geben wissen!"

"Das ist entweder unnöthig oder erfolglos. Verlangst Du Etwas, was ich nicht thun kann, so werde ich es eben unterlassen; ist es aber Etwas, was sich mit meinen Anschauungen vereinbaren läßt, so wäre gar kein Befehl nöthig; eine Bitte, ein Wunsch würde genügen!"

"Sapperment! Befehlen darf ich also nicht mehr. Nur Bitten oder Wünsche darf ich dem gnädigen Fräulein unterbreiten!"

"So ist es allerdings. Höflichkeit ist das erste Gesetz des geselligen und also noch vielmehr des familiären Lebens. Das solltest Du endlich einmal wissen. Alt genug bist Du dazu!"

Da schleuderte er ihren Arm aus dem seinigen, drehte sich ihr gerade entgegen und wollte losdonnern. Sie aber machte eine so hoheitsvolle und gebieterische Handbewegung, daß ihm das Wort auf den Lippen erstarb.

"Still!" sagte sie. "Hier giebt es Leute, welche nicht zu ahnen brauchen, welcher Tyrann Du bist! Also, was ist es, was Du von mir verlangst?"

Er würgte seinen Zorn mit aller Gewalt hinab und antwortete:

"Blicke einmal gerade von uns hinab. Siehst Du den Herrn und die Dame, welche soeben einen gebrochenen Arm in die Binde legen?"

"Ja."

"Der Herr ist ein Amerikaner Namens Deep-hill. Er wird bei uns wohnen und ich hoffe, daß Du Dich ihm gegenüber eines freundlicheren Verhaltens befleißigen wirst, als gegen mich."

"Das wird auf ihn ankommen. Grobheit kann nie Liebe und Höflichkeit ernten."

"Schön! Doch laß das Philosophiren. Die Dame neben ihm ist eine Engländerin."

"Verheirathet?"

"Nein, da sie sich Miß nennen läßt."

"Vom Stande?"

"Jedenfalls, denn ihr Name ist de Lissa. Sie wird bei Doctor Bertrand wohnen. Ich habe allen Grund zu der Vermuthung, daß sie in diplomatischen Aufträgen hier ist."

"Eine Dame?"

"Hat es noch keine Diplomatinnen gegeben?"

"In Thionville und auf Ortry nicht!"

"Da war auch kein Capitän Richemonte vorhanden. Ich wünsche nun" — und dieses Wort "wünschen" betonte er jetzt ganz besonders — "also ich wünsche nun, daß Du ihre Bekanntschaft zu machen suchst — —"

"Ah, ich soll auch Diplomatin sein?"

„Haft Du etwa kein Geschick, die Bekanntschaft einer Dame zu machen?"

„Nein, nämlich wenn sie mir nicht gefällt!"

„Diese wird Dir gefallen. Sie ist eine große Schönheit."

„Wollen sehen."

„Also Du machst ihre Bekanntschaft und versuchst, sie auszuhorchen. Verstanden?"

„Sehr gut. Aber gehorchen werde ich nicht."

„Teufel! Warum?"

„Wenn Dein Wunsch mich zum Horchen und Aushorchen veranlassen soll. So werde ich nicht gehorchen. Das ist dreimal Horchen. Dazu habe ich entschieden kein Talent."

„Ich werde dafür sorgen, daß Du Talent bekommst! Jetzt verlasse ich Dich. Ich hoffe, bei Deiner Heimkehr zu hören, daß Du mit dieser Dame gesprochen hast. Adieu!"

Er ging."

Als er unten beim Pferde ankam, war Doctor Müller verschwunden, das kümmerte ihn aber nicht. Er stieg auf sein Pferd, ließ dasjenige Doctor Bertrands weiter grasen und ritt davon.

Vorher, als der Alte mit Marion die Böschung emporgestiegen war, hatte Müller folgen wollen. Er hatte also die beiden Pferde an die Sträucher geführt, um sie mittelst der Zügel an einen der Bäume zu befestigen. Noch war er damit beschäftigt, da horchte er auf.

„Pst!" hatte es geklungen.

Er trat zwischen das Gebüsch hinein und erblickte Fritz, welcher hier stehen geblieben war.

„Du hier?" fragte er. „Es ist Dir also nicht gelungen, das Unheil zu verhüten?"

„Nein. Wer hätte an eine Entgleisung des Zuges gedacht."

„Das ist richtig. Bist Du mit den Hilfswagen gekommen?"

„Nein, sondern mit dem Zuge selbst."

„Was? Wie? Mit dem Zuge, der verunglückt ist?"

„Ja. Ich bin nämlich heute früh nach Trier gefahren, um Madelon eher zu treffen als ihre Schwester."

„Das war gut."

„Zugleich dachte ich mir, daß ich in einem der Wagen diesen Deep-hill finden könne."

„Das war nicht schwer, falls er sich wirklich in dem Zuge befand."

„Ich traf ihn aber zufälliger Weise in einem Hôtel in Trier."

„Da benachrichtigtest Du ihn von der Gefahr, die ihm drohte?"

„Nein, sondern ich zankte mich im Gegentheile sehr gehörig mit ihm, da er sich als Deutschenfresser entpuppte. Ich kannte seinen Namen nicht. Ich erfuhr diesen erst dann, als wir im Coupee zusammentrafen."

„So seid Ihr also mit einander gefahren?"

„Ja. Wir Beide und zwei Damen."

„War Madelon dabei?"

„Ja, sie war eine dieser Damen."

„Und die Andere?"

„Eine Engländerin Namens Miß de Lissa aus London."

„Weiter."

„Er stellte sich dieser Engländerin vor. Dabei las ich den Namen Decp-hill auf seiner Karte und wußte nun, daß er mein Mann sei. Ich machte ihn sofort mit der ihm drohenden Gefahr bekannt."

„Glaubte er es?"

„Nein. Aber als ich seine Brieftasche und seine Millionen erwähnte, besonders als ich den Alten und Graf Rallion nannte, da war er überzeugt."

„Und dann?"

„Ich sagte ihm einige Worte über das Erlauschte und da kam er auf den Gedanken, daß man den Zug entgleisen lassen wollte, um zu seinem Gelde zu gelangen."

„Herrgott," sagte Müller, „jetzt fällt es mir wie Schuppen von den Augen!"

„Mir ging es ebenso."

„Mir wird wirklich bange! Schnell, schnell! Was thatet Ihr?"

„Wir befanden uns bereits hier in der Nähe. Sollte wirklich eine Entgleisung vorgenommen werden, so geschah sie noch ganz sicher vor Thionville."

„Natürlich, natürlich! Weiter!"

„Wir hatten also keinen Augenblick Zeit zu verlieren. Wir stießen die beiden Thüren auf und traten auf das Trittbret, er drüben und ich hüben. Wir wollten ein Zeichen geben, da wir nicht zu der Signalleine gelangen konnten. Aber es war bereits zu spät. Das Nothsignal erscholl bereits. Auf den Schienen lag ein ganzer Haufen von Steinen."

„Gott, was wird nun geschehen!"

„Wir konnten die beiden Damen unmöglich zerschmettern lassen. Ich riß also die Madelon aus dem Coupee und er die Engländerin. Dann sprangen wir Beide von den Trittbrettern herab, Jeder mit seiner Last natürlich und gerade zur rechten Zeit, um nicht mit in die Tiefe gerissen zu werden."

„Gott sei Dank! Wie wird es dort drüben aussehen!"

Dabei deutete er an dem Damm empor.

„Schrecklich, schrecklich!" antwortete Fritz.

„Sind viele verletzt?"

„Sehr Viele; aber doch giebt es noch mehr Todte. Nur außerordentlich Wenige sind leidlich weggekommen."

„Aber, wenn das so geplant gewesen ist; so muß ich vermuthen, daß die beiden Kerls gekommen sind; um nach dem Amerikaner zu suchen!"

„So war es auch!"

„Ah! Wirklich, sie kamen?"

„Ja. Der Amerikaner stellte sich todt. Sie nahmen ihm die Brieftasche, und dann, gerade als sie entfliehen wollten, hielt ich sie fest. Sie wurden gebunden und in ein Coupee da oben gesteckt."

„Gott sei Dank, daß sie ergriffen wurden."

„Prosit die Mahlzeit! Man hat sie zwar ergriffen, aber man hat sie leider nicht mehr!"

„Nicht mehr? Du willst doch nicht etwa sagen, daß — —?"

„Daß sie entflohen sind?"

„Ja."

„Gerade das will ich sagen. Soeben komme ich von ihrer Verfolgung zurück. Es ist keine Spur von ihnen zu sehen."

„Aber, wie gelang es Ihnen denn, zu entkommen? Es muß da oben und drüben doch so viele Menschen geben, daß eine solche Flucht ganz unmöglich erscheint!"

„Massenhaft sind die Menschen da, und zu Hunderten strömen sie noch, die Neugierigen aus den umliegenden Ortschaften. Freilich darf nicht ein Jeder herantreten. Aber denken Sie sich: Man setzte die beiden Kerls in ein Coupee und stellte auf der belebten Seite desselben einen Posten auf, auf der andern Seite aber, hier nach uns zu, wo sich kein Mensch befand, da ließ man sie ohne Wache."

„Schrecklich dumm!"

„Ja. So Etwas bringt nur so ein glorioser Franzose fertig! Und Der diese Vorsichtsmaßregel traf, war sogar ein Capitän!"

„Also Hauptmann!"

„Bei uns daheim hat jeder Gänsejunge mehr Grütze im Kopfe. Na, freue Dich, Frankreich, auf Deine Siege! Ich denke mir immer, Deine Heldensöhne werden ganz gewaltige Keile kriegen!"

„Nicht so laut, nicht so laut, Fritz! Du bist nicht daheim im Thiergarten oder in Deinem Stalle."

„Ja, die Galle läuft einem doch einmal über, wenn man nichts als Dummheit sieht."

„Also bist Du der Retter der schönen Madelon?"

„Ja. Und der Amerikaner ist der Retter der Engländerin!"

„Das gönne ich ihm und ihr, es interessirt mich aber weniger."

Fritz machte ein höchst erstauntes Gesicht und fragte: „Weniger?"

„Ja. Das ist nicht unmenschlich. Ich kenne Beide nicht."

„Das möchte ich doch bezweifeln!"

„Wieso?"

„Hm! Diese Engländerin reist nämlich incognito."

„Unter falschem Namen?"

„Ja."

„Aber eine Engländerin ist sie trotzdem wohl?"

„Nein, obgleich sie das Englische spricht wie die feinste Lady. Denken Sie sich, sie ist aus —"

„Nun, aus —?"

„Aus Berlin!"

„Aus Berlin? Und reist als Engländerin? Da muß sie ganz eigenthümliche Gründe haben."

„Sicher! Wenn man diese Gründe doch nur erfahren könnte."

„Nun sollte ich mit ihr bekannt sein?"

„Das ist sehr leicht möglich. In Berlin sehen sich die Leute."

„Anderwärts auch, lieber Fritz! Aber sie kann mich in der Hauptstadt gesehen haben; jetzt erblickt sie mich — ich kann auf der Stelle verrathen sein!"

„Wohl schwerlich. Es giebt gute Gründe dagegen."

„Welche?"

„Ihr Buckel."

„Pah, auf den fallen die Augen nicht sogleich."

„Ihre dunkle Gesichtsfarbe und Ihr schwarzes Haar."

„Auch darüber kann man im Augenblicke des Erkennens hinwegsehen. Die Züge sind die Hauptsache. Also Dir kommt sie bekannt vor?"

„Ja."

„Wie ist sie? Häßlich?"

„Schön, sehr schön!"

„Sapperlot! Schwarz oder hell?"

„Blond, gerade wie Sie, Herr Doctor, wenn Sie diese Perrücke —"

„Pst, pst! Man braucht selbst unter vier Augen das nicht zu erwähnen. Ihren Namen — na, den kennst Du natürlich nicht!"

„Ihren Vornamen habe ich erfahren."

„Wie lautet er?"

„Emma."

„Wie meine Schwester."

„Sie ist von Adel. Und Ihr eigentlicher Familienname klingt ganz wie Herzogswiese."

„Herzogswiese. Eine adelige Familie dieses Namens giebt es ja gar nicht!"

„So verwechsele ich die Ausdrücke. Vielleicht soll es nicht Herzogs- sondern Fürstenwiese heißen."

„Auch diesen Namen kenne ich nicht."

„Dann wohl Königswiese."

„Hm! Auch unbekannt!"

„Sapperment! Ich dachte, Sie sollten den Namen kennen! Vielleicht ist das mit der Wiese auch eine Verwechselung. Wie sagt doch gleich der Dichter anstatt Wiese?"

„Gefilde?"

„Dann hieße es Königsgefilde? Nein!"

„Welches Wort sollte es sonst sein?"

„Ich muß nachdenken. Wie war doch nur der schöne Reim, in dem die Wiese und die Frau vorkam! Ah, da fällt er mir ein! Er heißt:

„Ich flieg mit meiner ersten Frau
Und dreizehn Kindern durch die Au'."

Ja, das ist der Reim, und das ist auch das Wort. Nicht Wiese oder Gefilde darf es heißen, sondern Au."

Müller machte ein etwas betroffenes Gesicht.

„Verstehe ich recht, was Du meinst?" fragte er. „Nicht Königswiese soll es heißen sondern Au', also Königsau?"

„Ja, ja; so war es!" meinte Fritz.

„Mensch, was fällt Dir ein! Aus Berlin ist sie?"

„Ja."

„Und Emma heißt sie?"

„Jaja!"

„Und mit dieser Madelon saß sie in einem Coupee?"

„Jajaja!"

Das Gesicht Fritzens wurde bei jedem Augenblicke sonniger und heller."

„Das wäre ja meine Schwester!"

„Donnerwetter!" fluchte Fritz. „Jetzt hab ich's also heraus! Darum also kam sie mir so bekannt vor!"

„Mensch, Fritz, Kräutermann! Bist Du verrückt?"

„Fällt mir gar nicht ein!"

„So sei ernst und laß den Witz! Sag aufrichtig: Wer ist die Dame, von der Du sprichst?"

„Nun, es bleibt doch dabei, wie ich gesagt habe: Es ist das liebe, gnädige Fräulein Schwester."

„Emma, meine Emma?"

Bei dieser Frage machte Müller ein Gesicht, welches keineswegs außerordentlich intelligent genannt werden konnte.

(Fortsetzung folgt.)

Lfg. 77. 8. Bd.

Deutscher Wanderer.

Illustrirte Unterhaltungs-Bibliothek für Familien aller Stände.
Druck und Verlag von H. G. Münchmeyer in Dresden und New-York.

Die Liebe des Ulanen.
Original-Roman aus der Zeit des deutsch-französischen Krieges von Karl May.
(Fortsetzung.)

Fritz weidete sich an der Verlegenheit Müllers und antwortete ruhig:

„Ja, Fräulein Emma von Königsau."

„Herrgott! Was will denn die hier?"

„Ich weiß es nicht."

„Hast Du auch keine Ahnung?"

„Nein, nicht die mindeste."

„Ich könnte mir keine andere Erklärung machen, als daß sie ihre Freundin zum Begräbnisse begleitet. Aber Großvater —!"

„Der gnädige Großpapa würde dem gnädigen Fräulein wegen eines Trauerfalles bei einer Gouvernante, obgleich dieselbe Freundin wäre, keine so weite Reise gestatten."

„Das ist sehr richtig. Es muß also einen anderen Grund geben."

„Ich denke, daß wir ihn erfahren werden!"

„Das ist sicher. Aber wenn ich ihr jetzt begegne, wird sie sich durch ihre Ueberraschung verrathen!"

„Ganz gewiß nicht. Sie wird vielmehr befürchten, daß der Herr Doctor Müller sich aus Ueberraschung verrathen könne."

„Dem hast Du vorgebeugt. Aber, welchen Schaden konnten wir haben, wenn wir uns ganz unvorbereitet in Gegenwart Anderer trafen! Ich muß hinüber zu ihr. Ich muß erfahren, was sie zu dieser Reise bewogen hat!"

Er wollte gehen. Fritz hielt ihn zurück.

„Vorher erst noch Eins, Herr Doctor!"

„Wir haben dann auch noch Zeit."

„Für das, was ich meine, vielleicht Zeit, aber keine Gelegenheit. Man muß es unter vier Augen besprechen."

„Nun, so laß es mich wissen!"

„Ich hatte heute Nacht schreckliche Zahnschmerzen —"

„Bei Deinem kerngesunden Gebiß?"

„Thut nichts! Kurz und gut, ich hatte fürchterliches Zahnreißen. Darum ging ich zu Doctor Bertrand, der noch auf war und bei den Büchern saß. Erst wollte er mir drei Zähne ziehen —"

„Unsinn. Dir und Zähne ziehen."

„Das dachte ich auch. Darum bat ich ihn um eine Tinctur oder Mixtur, welche gegen das Zahnweh hilft. Er gab mir dieses Fläschchen. Hier ist es."

Er gab Müllern die kleine Phiole. Dieser betrachtete sie und sagte:

„Aber das Fläschchen ist doch voll, Fritz?"

„Allerdings."

„So hast Du die Tropfen gar nicht gebraucht?"

„Werde mich hüten! Sie sind zu gefährlich."

„Wieso?"

„Fünf Tropfen helfen gegen das Zahnweh; nimmt man aber aus Versehen mehr, so ungefähr vierzig da ——"

„Oho! Wer fünf Tropfen nehmen soll, wird sich doch nicht so sehr verzählen, daß er vierzig nimmt!"

„Hören Sie nur, Herr Doctor. Man könnte ja die schönste Veranlassung bekommen, sich zu verzählen. Also wer vierzig nimmt, der wird krank."

„Krank? Wie meinst Du das?"

„Nun, der wird so krank, daß er für mehrere Tage das Bett gar nicht verlassen kann."

Jetzt erst fiel Müllern der Gegenstand seiner gestrigen Unterhaltung mit Fritz ein. Ueber sein Gesicht ging ein Lächeln befriedigenden Einverständnisses.

„Schlauberger!" sagte er.

„Schön. Den Namen lasse ich gelten."

„Von Doctor Bertrand hast Du es?"

„Ja."

„Kennt er den Zweck?"

„Natürlich. Es soll Einer für mehrere Tage an das Bett gefesselt werden."

„Ich meine, ob er weiß, wer die Tropfen erhalten wird?"

„Ja."

„Daß der alte Capitän es ist?"

„Gewiß weiß er das!"

„Und er hat Dir das Mittel sofort gegeben?"

„Sogar sehr gern. Natürlich hat er sich dabei sehr in Reserve gehalten."

„Wieso?"

„Nun, er hat mir das Mittel für mein Zahnweh gegeben, mir aber die Wirkung der vierzig Tropfen mitgetheilt."

„Weiß er, daß auch ich davon weiß?"

„Ja."

„So glaubt er wohl, daß ich Dich zu ihm geschickt habe?"

„Nein. Er ist der festen Ueberzeugung, daß ich aus eigenem Entschlusse zu ihm gekommen bin."

„Dann mag es gehen. Wir sind diesem Herrn sehr großen Dank schuldig. Vielleicht kommt die Zeit, in welcher es uns möglich ist, diese Schuld abzutragen!"

„Das ist sehr einfach und leicht: Wir hauen ganz Frankreich in die Pfanne und lassen nur Doctor Bertrand leben!"

„Pah! Du würdest der Erste sein, der sich dagegen sträubte."

„Gewißlich nicht!"

„Wie stände es denn da mit Nanon?"

„Alle Wetter! Ja, das wäre dumm! Ebenso mit einer gewissen Marion, die den jungen Rallion partout heirathen mag."

„So ist es, mein Lieber! Also, um zu Ende zu kommen, das Unglück hat den Zug aufgehalten. Jedenfalls fahrt ihr erst mit dem nächsten?"

„Ja, nach vier Uhr."

„So bin ich neugierig, ob meine Schwester noch weiter mit fährt. Ich muß zu ihr. Uns Beide, lieber Fritz, braucht man nicht beisammen zu sehen. Laß mich vorangehen!"

Er stieg die Böschung empor. Oben wollte man ihn zurückweisen, da jetzt der Volksandrang zu groß geworden war; als er aber sagte, daß er der Erzieher auf Schloß Ortry sei, ließ man ihn passiren.

Er hatte Schlachten mitgemacht. Der Anblick, der sich ihm hier bot, war ihm also nichts Neues. Sein Auge suchte nach Marion. Er sah sie neben einer hellen, blonden Frauengestalt knieen. Beide waren mit der Leiche eines Kindes beschäftigt.

Er trat näher. Als sie seine Schritte hörten, drehten sie sich um. Ja, die Blonde war seine Schwester. Sie that aber nicht im Mindesten, als ob sie ihn kenne. Beider Augen standen voller Thränen.

„Sehen Sie, Herr Doctor!" schluchzte Marion, indem sie auf die Leiche deutete.

„Der arme Knabe!" sagte er im Tone herzlichen Mitgefühles.

W. VIII. 1218.

„So schön, so blond und lieblich!" fügte sie hinzu. „Es hat ihm die kleine Brust eingedrückt!"

„Wer mögen seine Eltern sein?" fragte Emma,

„Die sind jedenfalls mit verunglückt," bemerkte Müller.

„Mein Gott! Woher vermuthen Sie dies?"

„Vater oder Mutter würde, wenn Eins von Beiden mit dem Leben entkommen wäre, nach dem Kinde suchen und fragen, bis die kleine Leiche gefunden wäre."

„Das ist richtig," meinte Marion. „So lange noch Leben im Elternherzen ist, bleibt es demselben unmöglich, das Kind zu verlassen oder zu vergessen!"

Müller warf einen theilnehmenden Blick auf die Sprecherin. Was sie da sagte, das wurde ihr von ihrem eignen Herzen eingegeben; an sich selbst erfahren hatte sie es nicht. Wie viel Vater- und Mutterliebe hatte sie denn kennen gelernt!

„Wenn sich Niemand des Knaben annimmt, werde ich ihn zur letzten Ruhe legen!" sagte sie.

„Ja," fügte Emma hinzu; „dem Knaben sollen nicht die Blumen am Hügel fehlen. Sie erlauben mir, liebe Baronesse, mit Ihnen zugleich seine Mutter zu sein!"

Da streckte Marion ihr das schöne Händchen entgegen und antwortete:

„Gewiß, meine liebe Miß Harriet! Wie viel besser wäre es, wenn wir für ihn im Leben sorgen könnten anstatt nun im Tode! Wie doch das Leid und das Mitgefühl die Herzen schnell verbindet! Wir haben uns kaum eine halbe Stunde gesehen, so — so — — so — — —"

Sie stockte. Emma verstand sie. Sie ergriff die Hand der verlegenen Sprecherin und fuhr an deren Stelle fort:

„So haben wir uns doch schon recht herzlich lieb gewonnen, wollen Sie sagen? Nicht?"

„Ja, das wollte ich sagen. Auf Friedhöfen blühen die Blumen oft am Schönsten, und hier auf dem Acker des Jammers ist es, als ob die innigen Gefühle sich am Schnellsten entwickeln wollten."

„Lassen wir dieser Entwickelung Raum, liebe Baronesse! Oder erlauben Sie mir nicht gern, Ihre Freundin zu sein?"

„O, wie sehr gern!"

Sie legten die Arme um einander und küßten sich.

Es giebt Seelen, welche für einander bestimmt zu sein scheinen. Sie erfassen sich sofort, sobald sie sich finden, während Andere Jahre lang einander sehen können, ehe sie ein Bedürfniß der Annäherung empfinden.

Müller stand einige Schritte rückwärts. Er betrachtete mit Rührung das schöne Paar, welches da vor ihm kniete. Beide von gleicher Schönheit, hatte doch Jede ihre eigene Art.

Da fiel der Blick Marions rückwärts auf ihn. Sie erröthete ein Wenig und erhob sich.

„Verzeihung, Herr Doctor, daß ich meine Pflicht versäumte! Herr Doctor Müller, Erzieher meines Bruders — Miß Hariett de Lissa aus London."

Beide verneigten sich vor einander, ganz so, als ob sie sich noch gar nicht gesehen hätten. Emma wußte für den ersten Augenblick wirklich nicht, was für eine Bemerkung sie machen solle; aber Müller, der geistesgegenwärtige Offizier, war sofort mit der Frage bei der Hand:

„Ich vernahm, daß die Damen für diese kleine Leiche sorgen wollen. Es giebt aber dabei behördliche Schritte und dergleichen zu thun, welche für eine Dame nicht immer angenehm sind. Darf ich vielleicht bitten, mich mit diesen Arrangements zu betrauen?"

"Gern, sehr gern, lieber Herr Doctor," antwortete Marion. "Wir verstehen von solchen Dingen nichts und lassen sie darum sehr gern Ihnen über. Ah, dort kommt einer der Retter. Ich muß ihm Dank sagen, daß er der Schwester meiner Nanon einen so außerordentlichen Dienst erwiesen hat!"

Sie ging Fritz entgegen, welcher schräg vorübergehen wollte. Müller blieb allein mit Emma zurück.

"Emma!" sagte er. "Ich war im höchsten Grade erstaunt, als ich hörte, daß Du hier seist. Ich darf Dich leider nicht umarmen."

"Wer hat Dich auf meine Anwesenheit vorbereitet?"

"Fritz."

"Zürnest Du?"

"Noch kenne ich den Grund Deiner Reise nicht. Hat Großpapa Dir die Erlaubniß gegeben?"

"Natürlich!"

"Wie sollte ich denn da Grund haben, Dir zu zürnen!"

"Ich habe zwei Veranlassungen."

"Welche?"

"Erstens Fritz und zweitens Marion."

"Weshalb Fritz?"

"Er hat den Löwenzahn."

"Ich weiß es."

"Himmel! Du weißt es und hast es uns noch nicht geschrieben!"

"Durfte ich Euch in Unruhe versetzen? Kennst Du den Zusammenhang?"

"So ziemlich."

"Durch wen?"

"Nanon hat ihrer Schwester davon geschrieben."

"Auch von dem Seiltänzer?"

"Ja."

"Nun, ich wollte erst den Bajazzo auffinden und ihn zum Geständnisse bringen. Dann war es die richtige Zeit mit unserer Entdeckung hervorzutreten."

"Haben Deine Nachforschungen Erfolg gehabt?"

"Noch nicht. Nun aber auch der zweite Grund Deiner Anwesenheit. Der soll in Marion bestehen?"

"Ja, lieber Richardt."

"In wiefern?"

"Du mußt verzeihen! Ich habe nämlich an Großpapa geplaudert."

"Von Blasewitz?"

"Ja."

"O weh! Was sagte er?"

"Er duldet keine Französin als Großschwiegertochter!"

Müller nickte lächelnd vor sich hin und sagte:

"Ich habe, so lange als ich lebe, eine Französin als Großmutter dulden müssen. Mama war und Tante ist auch eine Französin."

"Das habe ich ihm auch gesagt."

"Was antwortete er?"

"In Frankreich seien die Frauen mehr werth als die Männer, in Deutschland aber die Männer mehr als die Weiber."

"Ja, das klingt ganz wie Großpapa Königsau.

Uebrigens habe ich gar keine Sorge. Er mag Marion kennen lernen!"

"O, gerade deshalb bin ich eben hier!"

"Sapperlot! So, so ist die Sache! Guckt der Vogel da heraus? Spionin, die Du bist! Aber, hast Du Dir auch überlegt, welche Störung Du mir bereiten kannst?"

"Gewiß! Uebrigens kannst Du ohne Sorge sein; ich werde mich sehr in Acht nehmen und überhaupt gar nicht lange hier bleiben."

"Ah, Du gedenkst in Thionville abzusteigen?"

"Ja. Wo sonst?"

"Ich dachte, der Zweck Deiner Reise sei, Madelon zu begleiten."

"Das hätte Großpapa nicht zugegeben."

"Aber wo wirst Du wohnen?"

"Bei Doctor Bertrand."

"Ah, warum bei ihm? Ich bin ihm bereits zu sehr verpflichtet."

"Es geht nicht mehr zu redressiren. Er hat mich eingeladen, und ich habe angenommen. Aber, lieber Richardt, wenn wir uns nicht an einem so schrecklichen Ort befänden, ich würde endlos über Dich lachen müssen."

"Wieso?"

"Dieser Buckel."

"O, der kleidet mich gut!"

"Und dieses Zigeunergesicht!"

"Das macht mich männlich."

"Dieses falsche Haar!"

"Die Damen mögen sich an ihrem eigenen Haar zupfen."

"Du bist nicht gut zu sprechen!"

"Meine körperlichen Vorzüge lasse ich mir nicht mit Ironie behandeln; das ist eine schwache Seite von mir. Ich werde versuchen, Dich bei Doctor Bertrand sprechen zu können."

"O, nicht nöthig!" meinte sie mit großer Entschiedenheit.

"Nicht?"

"Nein. Wir werden uns auf Ortry sprechen."

"Nein; das nicht! Das ist zu gefährlich! Wenn Dich der Alte erblickt und die Familienähnlichkeit erkennt!"

"Keine Gefahr! Er hat bereits mit mir gesprochen."

"Wirklich? Welches Wagniß!"

"Er hält mich für ein Mitglied des Frauenclubbs der Barmherzigen in London."

"Ah, vielleicht denkt er, daß Du eine Abgesandte dieses Clubbs bist, um Dir Klarheit über die Kriegsabsichten zu holen!"

"So Etwas scheint er anzunehmen."

"Wie verhielt er sich?"

"Ich habe Eindruck auf ihn gemacht. Er sprach die Hoffnung aus, mich wiederzusehen. Und nun, da ich mit Marion bekannt bin, werde ich ganz sicher nach Ortry eingeladen."

"Dann habe aber die Güte, die allergrößte Vorsicht zu beachten!"

"Das versteht sich ganz von selbst!"

"Sei nicht so siegesgewiß! In Ortry giebt es Gefahren, welche Du noch nicht kennst, die ich Dir erst erklären muß. Doch, da kommt Marion. Wir werden nicht mehr lange bleiben können. Soeben giebt die Maschine das Zeichen zum Einsteigen."

Er hatte richtig gesagt. Die Coupées waren gefüllt; der Interimszug ging in kurzer Zeit ab, um nochmals zurückzukehren und die Uebriggebliebenen nachzuholen — Lebende, Verwundete und Todte.

Man arbeitete an den Trümmern fort, um Gepäckstücke zu klären, und während dieser Zeit wurden die zerstörten Dammtheile wenigstens so weit wieder hergestellt, daß ein Geleise zu befahren war.

Als Emma mit Nanon und Madelon einstieg, ahnte Marion de Sainte-Marie nicht, daß die Erstere und die Dritte Freundinnen seien. Sie nahm von Emma herzlichen Abschied und stellte ihr einen sehr baldigen Besuch bei Doctor Bertrand in Aussicht. Dann ritt sie mit Müller nach Ortry zurück.

Als sie dort ankam, trat ihr der Capitän entgegen.

„Hast Du den Amerikaner gesehen?" fragte er.

„Ja."

„Der Wagen wird ihn baldigst bringen. Die Engländerin?"

„Ist eine feine Dame von hoher Bildung."

„Ah, Sie gefällt Dir? Schön! Gut!"

„Sie wohnt bei Doctor Bertrand. Ich werde sie vielleicht morgen schon besuchen."

„Das rathe ich Dir!"

„Und wenn Du es erlaubst, so bitte ich sie um einen Gegenbesuch bei mir."

„Natürlich! Ich habe auch ganz und gar nichts dagegen, wenn Du sie einladest, unser Gast zu sein. Weshalb soll sie beim Doctor wohnen? Wir haben Zimmer genug!" — —

Als Herr Hieronymus Aurelius Schneffke auf dem Bahnhofe zu Trier mit seinen beiden deutschen Beafsteaks hinstürzte, blieb er ruhig liegen, bis der Zug vorüber war. Um ihn herum lagen die Scherben des Porzellanzeuges. Da ertönte hinter ihm eine Stimme:

„So stehen Sie doch endlich auf!"

Er blickte sich um und erkannte den Kellner, der ihm so nachgelaufen war. Dieser Mensch war eigentlich Schuld an dem verhängnißvollen Sturze.

„Auf sollen Sie stehen, Sie Esel!" wiederholte der Mann.

Da aber flog Hieronymus zehnmal schneller empor, als man es seiner kurzen, dicken Gestalt zugetraut hätte.

„Was war das?" fragte er. „Esel?"

„Ja," bestätigte der erboste Kellner.

„Da, dummer Junge!"

In demselben Augenblicke explodirte auf der Wange des Kellners eine solche Ohrfeige, daß dieser zu gleicher Gestalt auf das Pflaster fiel.

„So!" meinte Herr Hieronymus Aurelius Schneffke. „Nun lese die Scherben zusammen! Dazu bist Du da!"

Er ging nach der Restauration, um das zerbrochene Geschirr zu bezahlen; dann begab er sich in die Stadt, um sich einen neuen Klemmer zu kaufen und ein Glas Bier zu trinken, welches dazu dienen sollte, den Aerger über das verlorene Coupée hinabzuspülen. Als er nach dem Bahnhofe zurückkehrte, war es bereits über drei Uhr.

Da erst fiel ihm ein, daß er ja seine Mappe im Coupée zurückgelassen habe. Er begab sich in das Telegraphenbureau und fragte um Auskunft. Er erhielt den Bescheid und telegraphirte nun nach Thionville:

„Mittagszug Wagen Nummer 125 eine Malermappe zurückgelassen. Werde sie 4 Uhr 31 abholen. Hironymus Aurelius Schneffke, Kunstmaler aus Berlin."

Als der nächste Zug angekündigt wurde, traf zugleich von Süden her die telegraphische Nachricht ein, daß der vorige verunglückt sei und daß man die meisten Passagiere todt oder verwundet unter den Trümmern hervorgezogen habe.

Das versetzte den guten Hieronymus in die größte Aufregung. Er schritt auf dem Perron hin und her, gesticulirte wie ein Wüthender und sagte immer:

„Die Gouvernante! Die Gouvernante! Wie haben sie die herausgezogen? Todt, halbtodt, verwundet, ohnmächtig, lebendig oder gesund! Dieser verdammte Zug will immer noch nicht kommen! Wenn die Gouvernante todt ist, sprenge ich sämmtliche französische Bahnen in die Luft!"

Endlich kam der Zug. Er rannte gegen das geöffnete Coupée, daß er beinahe einen Purzelbaum hineinschlug, und freute sich dann, daß er es allein behalten durfte. Seine Angst ließ ihm keine Ruhe. Er schritt in dem engen Raume hin und her wie ein Menagerietier im Käfige.

„Verdammter Bummelzug!" fluchte er ein über das andere Mal. „Ich laufe zehnmal schneller!"

Karthaus, Wellen, Wincheringen, Rennig, Sierck wurden mit der Zeit passirt, und endlich auch Königsmachern. Da öffnete er das Fenster und blickte hinaus.

Der Zug begann noch langsamer zu fahren als bisher. Er hatte das kaum wieder hergestellte eine Gleise erreicht. Unten am Damme standen Menschen Kopf an Kopf, oben auf dem Damme die noch immer beschäftigten Bahnarbeiter.

„Heda!" rief der Maler bereits von Weitem diesen Letzteren zu.

„Was denn?" brüllte einer.

„Eine Gouvernante zerquetscht?"

„Ja, sogar gleich fünfe!"

„Gouvernanten?"

„Ja, drei alte und zwei junge!"

„Heiliges Pech!" rief er, den Kopf wieder hereinziehend, da der Zug während dieser Zurufe vorüber gerollt war. „Fünf Gouvernanten! Da ist sie ganz sicher dabei! Und ich darf nicht in Thionville bleiben, sondern ich muß noch heut nach Metz! Aber ich werde die Geschichte so kurz wie möglich machen und dann eilig nach zurückdampfen. Sehen muß ich sie noch, ehe sie begraben wird."

„Und jetzt setzte er sich wieder, stemmte den Kopf in die Hände und summte vor sich hin:

„Wenn sich zwei Herzen scheiden,
Die sich dereinst geliebt,
Das ist ein großes Leiden.
Wie's größer keines giebt!"

Da hörte er eine Perronglocke zweimal läuten; die Maschine pfiff; die Räder kreischten — der Zug hielt in Thionville.

„Thionville! Eine Minute Aufenthalt! Schnell einsteigen!" wurde commandirt.

Der Maler hörte nur das erste Wort. Das Andere ging ihm nichts an. Er mußte auch nach seiner Mappe fragen. Er sprang heraus, als geöffnet wurde.

„Herr, es ist nur eine einzige Min —" rief der Schaffner.

Schneffke beachtete es gar nicht. Er eilte in den Flur des Bahngebäudes. Dort stand ein Mann mit weißen Tressen an der Mütze.

„Sind Sie der Portier?" fragte er.

„Ja, mein Herr."

„Meine Mappe!"

„Welche Mappe?"

„Ich habe sie im vorigen Zug liegen lassen."

„Ach so! Sie hatten sich verspätet und haben dann nach hier telegraphirt?"

„Ja."

„Dort ist das Bureau!"

Er trat ein und grüßte.

„Ist meine Mappe da?"

Der anwesende Herr blickte ihn forschend an, griff nach einem Papiere, blickte darauf und fragte dann:

„Sind Sie Herr Hieronymus Aurelius Schneffke —"

„Kunstmaler aus Berlin, von Trier aus telegraphirt," fiel der Gefragte ein.

„Schön! Die Mappe ist gerettet worden. „Hier ist sie!"

Er griff in einen Kasten und zog Etwas hervor, was ungefähr aussah wie Schnitzel von Papier und Pappe, die mit einem alten Strick umwunden sind. Schneffke griff zu, starrte das Ding mit weit geöffneten Augen an, öffnete den Mund noch weiter und fragte dann:

„Wa — wa — was ist das?"

„Ihre Mappe, Herr Schneffke!"

„Mei — mei — meine Ma—ma—mappe?"

„Ja."

„Aber das ist ja gar keine Mappe!"

„O doch. Sie ist freilich ein ganz klein Wenig beschädigt, weil sie mit verunglückt ist; aber Sie müssen froh sein, daß wir sie noch gerettet haben."

„Na, das ist eine schöne Christbescheerung. Hören Sie einmal, Herr, Herr — Herr —"

„Halt, mein bester Herr Schneffke, keine Expectorationen. Bleiben Sie in Thionville, oder wollen Sie weiter?"

„Weiter!"

„Wann?"

„Nun, jetzt, mit diesem Zuge."

„O weh! Der Zugführer hat ja bereits das Signal gegeben. Eilen Sie ja gleich zu dieser Thür hinaus!"

Schneffke ließ vor Eile den Hut liegen und sprang hinaus. Kein Coupée war mehr offen, und alle Räder in Bewegung.

„Halt! Halt!" brüllte er. „Ich gehöre noch mit dazu."

„Zurück!" rief ihm der Stationschef zu. „Es ist zu spät!"

„Herr Schneffke!" hörte er da eine laute, weibliche Stimme rufen.

Er blickte hin und erkannte Madelon, welche am Fenster stand und ihm ein Taschentuch heraus warf. Er that einige fürchterliche Sätze, um in ihre Nähe zu kommen und fragte:

„Ist sie mit unter den fünf Zerquetschten?"

„Wer?"

„Die Gouvernante."

Da antwortete sie lachend:

„Sie ist nicht zerquetscht. Sie lebt. Sie wohnt in Thionville bei Herrn —"

Das Uebrige wurde von dem Rollen der Räder verschlungen, da der Zug sich gerade jetzt in schnellere Bewegung setzte.

Schneffke blieb stehen und holte Athem.

„Gott sei Dank. Sie lebt!" sagte er. „Sie ist mir nicht verloren. Eine Schickung Gottes vielleicht, daß ich diesen Zug auch noch versäumt habe."

Er sah sein Taschentuch liegen, ging hin und hob es auf. Es war ihm von dem Springen heiß geworden. Er wollte sich die Stirn abwischen; darum griff er nach dem Kopfe, um den Hut abzunehmen. Er hatte keinen.

„Sapperment, wo ist mein Kalabreser?"

Er blickte sich um. Keine Spur von einem Hute!

„Ah! Der ist beim Telegraphisten liegen geblieben!"

Er trat bei dem Letzteren abermals ein.

„Was wollen Sie?" fragte der Mann.

„Verzeihung! Ich vergaß, meinen Hut mitzunehmen!"

„Dort liegt er. Sie haben also doch den Zug versäumt?"

„Ja."

„Seien sie froh, denn wenn Sie mit fortgekommen wären, hätten Sie wegen dem Hute abermals telegraphiren müssen."

„Das ist allerdings wahr. Wann geht der nächste Zug nach Metz ab?"

„Neun Uhr dreizehn Minuten, also in beinahe fünf Stunden. Sie können sich die Stadt mit Bequemlichkeit betrachten."

„Das werde ich thun. Würden Sie die Güte haben, eine kleine Gratification dafür anzunehmem, daß ich Sie gleich zweimal belästige?"

Das Gesicht des Beamten erheiterte sich zusehends.

„Eigentlich thue ich das nicht," sagte er; „aber um nicht unhöflich zu erscheinen, will ich mich bewegen lassen."

„Sehr verbunden! Ich erlaube mir also, Ihnen die Ueberreste meiner selig heimgegangenen Mappe in aller Ehrfurcht zu verehren. Wenn Sie die Fetzen richtig zusammenkleben und von einem guten Maler sich dann Etwas draufmalen lassen, erwarten Sie Kunstgenüsse, von denen Sie jetzt gar keine Ahnung haben. Leben Sie wohl!"

Er hatte dem Telegraphisten das unglückselige Paquet unter den Arm geschoben und beeilte sich, zur Thür hinaus zu kommen. Der Beamte stand ganz steif und blickte nach der Stelle, hinter welcher der Wohlthäter verschwunden war. Dann schleuderte er die einstige Mappe in den entferntesten Winkel und fluchte:

„Verdammter Kerl! Komme mir nicht etwa einmal wieder herein! Sonst sollst Du sehen, daß ich Dich mit dem Stocke bearbeite, und zwar mit keinem selig heimgegangenen!"

Schneffke beschloß nun, die fünf Stunden zu Nachforschungen nach seiner „Gouvernante" zu benutzen. Er durchlief Straße auf Straße; er kehrte in allen Kneipen ein; er ging hinaus nach der Unglücksstelle, wo es noch Menschen in Masse gab — es gelang ihm nicht, von einer Gouvernante ein einziges Wörtchen zu erfahren.

So nahte die Zeit des Zuges. Es war bereits neun Uhr, und er hatte nur noch dreizehn Minuten. Er lenkte nach dem Bahnhofe ein und gelangte dabei in die Straße, in welcher Fritz Schneeberg wohnt. Zwei Damen kamen ihm entgegen. Er blieb stehen. Wahrhaftig! Die Eine war seine Gouvernante.

Er eilte auf sie zu, zog den Hut und sagte:

"Tausendelement, Fräulein, Sie leben noch? Ich hörte, Sie wären zerquetscht, und da bin ich vor Schmerz —"

Er hielt inne. Sie hatte einen kleinen Blick auf ihn geworfen, mit der Achsel gezuckt und war dann mit ihrer Begleiterin in das nächste Haus getreten.

Dieses Haus hatte zwei Thüren: den eigentlichen Eingang und dann noch eine Glasthür, über welcher das Wort "Apotheke" stand. Diese Glasthür war offen, und unter ihr lehnte ein halbwüchsiger Bursche, welcher den Vorgang mit beobachtet hatte. Schneffke trat zu ihm, grüßte herablassend und sagte:

"Haben Sie die beiden Damen gekannt, mein Lieber?"

"Ja," antwortete der Gefragte, indem er den Dicken neugierig musterte.

"Wer waren sie?"

"Hm!" brummte der Mensch, indem er sich den Rücken an der Thürpfoste rieb.

"Nun, ich denke, Sie haben sie gekannt?"

"Allerdings. Aber — wollen Sie vielleicht Etwas kaufen?"

"Nein. Ich brauche nichts."

"Nun, dann gute Nacht!"

Er trat zur Thür hinein und wollte dieselbe zumachen. Schneffke aber griff schnell zu. Er sah ein, daß es besser sei, eine Kleinigkeit zu kaufen, als ohne Auskunft fort zu müssen.

"Halt!" sagte er. "Da fällt mir ein, daß ich doch ein Bedürfniß habe."

Dabei trat er in den Laden.

"Womit kann ich dienen?"

"Mit rothrussischem Seifenpflaster und nebenbei mit der erbetenen Auskunft."

"Für wie viel?"

"Fünf Sous."

"Schön!"

Während nun der Provisor das Pflaster einpackte, fragte der Maler:

"Wer wohnt hier?"

"Herr Doctor Bertrand."

"Wer noch?"

"Ich und der Pflanzensammler Schneeberg."

"Also Sie kennen jene beiden Damen wirklich?"

"Ja. Hier haben Sie! Ist auf Papier zu streichen, auf die kranke Stelle zu legen und nicht wegzunehmen. Wenn Besserung eintritt, fällt es von selbst herab."

"Schön! Wer war die blonde Dame?"

"Brauchen Sie noch Etwas?"

"Für heute nicht."

"Dann empfehle ich mich Ihnen. Gute Nacht, Monsieur!"

"Halt! Ich will mir noch ein Viertelpfund gelben Zug mitnehmen."

"Sehr wohl."

"Also diese blonde Dame?"

"Ist bei uns auf Besuch."

"Wie heißt sie?"

"Miß de Lissa."

"Das ist unmöglich!"

"Ich weiß es nicht anders. Hier ist der gelbe Zug. Wird am Besten auf Schafleder gestrichen. Sobald es wirkt und das Loch groß genug ist, zieht man den Eiterstock mittelst eines geeigneten Instrumentes heraus."

"Das kenne ich bereits. Wo ist die Dame?"

"Brauchen Sie noch Etwas?"

"Donnerwetter! Meinen Sie, daß ich die ganze Apotheke auskaufen soll?"

"Nein. Aber ich darf mit den Herrschaften nur dann verkehren, wenn sie geschäftlich hier sind."

"Nun gut! Geben Sie mir eine Düte Wurmhütchen! Aber sagen Sie mir dabei gefälligst, was die Dame ist?"

"Eine Engländerin."

"Auch das ist unmöglich! Wer war die andere Dame?"

"Die Frau Doctor Bertrand."

"Ist die Blonde heute mit dem Zuge verunglückt?"

"Ja. Hier sind die Hütchen, Monsieur. Drei auf einmal. Besser aber ist es, Sie nehmen vorher eine Obertasse Ricinusöl und nachher eine tüchtige Abkochung von Aloe und Sennesblättern."

"Wenn ich dies Beides nehme, brauche ich jedenfalls Ihre Hütchen nicht. Wie lange wird diese Dame hier bleiben?"

"Ich weiß es nicht. Brauchen Sie noch Etwas?"

"Nun wirklich nicht mehr."

"Macht zwei Franken achtzig Centimes."

"Sakkerment! Theure Erkundigungen! Ich brauche ja diese Medicamente eigentlich gar nicht!"

Dabei legte er das Geld hin. Der Provisor griff zu und sagte dann gleichmüthig:

"Warum haben Sie sie denn da verlangt?"

"Um nur mit Ihnen sprechen zu können."

"Gut! Wenn Sie die Waaren nicht brauchen, so will ich sie Ihnen für fünfzig Centimes wieder abnehmen."

Schneffke riß den Mund auf, starrte den Sprecher eine Weile an und sagte dann:

"Kerl, Dich sollte man vergolden! Auf Ehre und Pudding! Wenn ich wüßte, daß Du Dich dieser Pflaster und der Hütchen gleich selbst bedientest, würde ich auf Deinen Vorschlag eingehen; aber vielleicht kann ich diese schönen Sachen selbst noch brauchen. Gute Nacht!"

Er ging, und das war sein Glück, denn er kam gerade noch zur rechten Zeit, in das Coupee zu springen. Keine halbe Minute später setzte sich der Zug in Bewegung.

Auch jetzt hatte er das Glück ganz allein zu sein. Er streckte sich lang aus und schlief, bis der Zug in Metz hielt. Dort begab er sich in den nächsten Gasthof, wo er übernachtete. Früh fragte er nach der Gelegenheit nach Etain. Die Post war bereits abgegangen, und der Hausknecht meinte, daß es am Besten sei, von hier bis Etain zu laufen, da es eine sehr kurze Tagestour sei und man die herrliche Gegend genießen könne.

Schneffke ließ sich verleiten. Er kaufte sich eine neue, kleinere Mappe zum Umhängen und einen Feldstuhl. Mit Beiden ausgerüstet, machte er sich auf die Wanderung. Abends spät kam er in Etain an, so sehr ermüdet, daß er sich sofort ein Zimmer anweisen ließ, wo er sich zur Ruhe legte. Er hat niemals einen Menschen von dieser Parthie erzählt. Vielleicht war sie so kostbar, daß er selbst den Nachgenuß durch die Schilderung Niemandem gegönnt. —

Fritz hatte auf der Unglücksstätte der Gerichtscommission seine Aussage zu Protokoll geben müssen, und dann war er mit den beiden Schwestern und Emma nach der Stadt gefahren. Auf dem Bahnhofe hatte sich die Letztere von den Anderen getrennt, um sich zu Doctor Bertrand zu begeben, welcher seine Frau durch einen Boten von dem Eintreffen eines Gastes benachrichtigt hatte.

Fritz erwartete mit Nanon und Madelon, bis der Zug aus Trier anlangte. Sie stiegen in das nächste offen stehende Coupee zweiter Classe. Da lag ein gelb und roth rarrirtes seidenes Taschentuch.

„Dieses Tuch kenne ich!" sagte Madelon. „Das wird jedenfalls einen Spaß geben."

„Wem gehört es?"

„Herrn Hieronymus Schneffke, von dem ich Euch erzählt habe. Er ist mit diesem Zuge nachgekommen und hier ausgestiegen. Hoffentlich versäumt er die Gelegenheit nicht abermals."

Aber diese Hoffnung wurde doch zu schanden. Madelon mußte ihm das Tuch hinauswerfen.

„Den Mann muß ich mir betrachten," meinte Fritz, indem er einen Blick über die Schultern des Mädchens hinausgleiten ließ.

„Ah, den kenne ich!" sagte er.

„Wirklich? Nicht wahr, der ist köstlich?"

„Ja. Aber ich kann Ihnen sagen, daß er ganz und gar nicht so befangen ist, wie er scheint. Er liebt es, sich für dumm halten zu lassen, ist es aber nicht."

„Wo haben Sie ihn kennen gelernt?" fragte Nanon.

„Diese durfte noch nicht wissen, was und woher Fritz eigentlich war; daher brachte diese Frage ihn einigermaßen in Verlegenheit; doch zog er sich schnell aus derselben durch die Antwort:

„Ich habe ihn während meiner Wanderjahre getroffen. Er war damals auf Studienreisen unterwegs."

Der Umstand, daß die beiden Schwestern nicht offen über Fritzens Verhältnisse verkehren konnten, war ein Hemmniß der Unterhaltung. Die drei jungen Leute legten sich in die Ecken zurück und warfen einander nur hier und da eine Bemerkung zu.

Aber immer wieder suchte Nanons schönes, mildes Auge den Ulanenwachtmeister. Er hatte heute ein fast nobles Aussehen. Er saß da gerade wie ein vornehmer Herr, so leger und selbstbewußt. Sie hatte ihn noch nicht in so feiner Kleidung gesehen; es wurde ihr fast schwer, den Blick von ihm abzuwenden.

(Fortsetzung folgt.)

Die Liebe des Ulanen.
Original-Roman aus der Zeit des deutsch-französischen Krieges von Karl May.
(Fortsetzung.)

Madelon bemerkte die Aufmerksamkeit Nanons dem Ulanenwachtmeister gegenüber und mit dem feinen Instinkte, der den Frauen eigen zu sein pflegt, errieth sie, daß das Verhältniß dieser Beiden kein alltägliches sein könne.

Sie erreichten Metz gegen sechs Uhr. Hier sorgte Fritz sofort für ein Privatfuhrwerk, welches sie nach Etain bringen sollte. Da die beiden Mädchen immerhin einiges Gepäck bei sich hatten, so sah der Pflanzensammler sich genöthigt, auf dem Bocke neben dem Kutscher Platz zu nehmen.

Die Pferde waren frisch, griffen gut aus, und so gelangten sie noch vor Mitternacht an das Ziel ihrer heutigen Reise. Sie stiegen im besten Gasthofe des Ortes ab, wo Fritz zwei Zimmer bestellte, eins für sich und das andere für die beiden Schwestern.

In diesem Letzteren wurde das Abendbrot eingenommen, dann zog sich Fritz in das Seinige zurück.

„Endlich sind wir seit unserem heutigen Zusammentreffen zum ersten Male allein!" sagte Madelon. „Und nun können wir ungestört mit einander sprechen."

„O," meinte Nanon; „vor Herrn Schneeberg brauchen wir kein Geheimniß zu haben."

„Meinst Du? Du schenkst ihm also Dein volles Vertrauen?"

„Ja."

„Also auch Deine Theilnahme?"

Nanon erröthete ein Wenig, antwortete aber doch:

„Ja. Und diese verdient er auch im vollsten Maße."

„Wer ist er denn eigentlich?"

„Ein Waisenknabe, gerade so, wie auch wir Beide Waisen sind. Ich habe Dir einiges über ihn geschrieben, was ich nun heute vervollständigen kann."

Sie erzählte nun ausführlich, was sie von ihm wußte und wie sie mit ihm zusammengetroffen war. Doch was sie mit ihrer Schwester nicht ganz so aufrichtig wie mit ihrer Freundin Marion de Sainte-Marie.

„Eigenthümlich!" sagte Madelon. „Ich habe vor einigen Tagen einen Menschen kennen gelernt, der ihm ganz außerordentlich ähnlich sieht."

„Ich auch. Welch ein Zusammentreffen."

„Wer war das?"

„Ein Maler, Namens Haller, der für einen Tag bei uns auf Ortry war."

Madelon nickte leise vor sich hin und fragte:

„Hat Dir dieser Mann gefallen?"

„Warum nicht?"

„Es ist derselbe den ich meine."

„Wie? Derselbe? Dieser Haller ist jetzt in Berlin?"

„Ja. Wüßte ich, daß Du verschwiegen sein könntest, so würde ich Dir ein Geheimniß mittheilen."

„Madelon. Willst Du mich beleidigen? Glaubst Du, daß ich daß, was mir die Schwester anvertraut, nicht aufzubewahren verstehe? Wir sind durch alles Unglück des Lebens mit einander gegangen; unsere Herzen haben sich nie entzweit, sondern sind stets Eins gewesen. Wollen wir jetzt beginnen, Mißtrauen zu hegen?"

„Nein, nein, meine liebe Nanon. Dieser Haller ist nämlich kein Maler, sondern ein französischer Officier."

„Was Du sagst!" rief Nanon überrascht.

„Ja, ein Officier und Spion. Frankreich will Krieg mit Deutschland beginnen; darum sendet es solche Leute zu uns, welche die Aufgabe haben, unser Land und unsere Verhältnisse zu erkunden."

„Das hätte ich ihm nicht zugetraut."

„Mir hat es ganz besonders leid gethan. Er wohnt mit mir in demselben Hause."

„Was Du sagst."

„Ich habe ihn freundlich und mit Vertrauen empfangen; und denke Dir, unsere Verhältnisse scheinen ihm nicht ganz unbekannt zu sein."

„Das wäre wunderbar."

„Er sprach von Aufklärungen, die er mir nach meiner Rückkehr geben will."

„Glaubst Du daran?"

„Ich weiß allerdings nicht, was ich denken soll. Man muß es geduldig abwarten. Ich habe einige Hoffnung auf den morgenden Tag gesetzt."

„Ich gar keine."

„Warum? Ich kann mich des Gedankens nicht erwehren, daß der Pflegevater doch gewußt hat, wer wir sind. Er wird nicht gestorben sein, ohne es seinem Sohne mitgetheilt zu haben. Das ist so meine Meinung."

„Und Du denkst, daß dieser uns das Geheimniß offenbart?"

„Ja."

„Das wird er nicht thun. Diesen Charles Berteu kenne ich besser als Du."

„Er war zwar immer ein eigenwilliger, sprachfauler Knabe; aber wirklich zu Leide gethan hat er uns mit Absicht wohl nichts Bedeutendes."

„Bis zu unserer Trennung, ja. Du gingst eher in Stellung als ich. Ich blieb auf Schloß Malineau zurück. Kannst Du Dich erinnern, daß er mich immer auszeichnete?"

„Das weiß ich allerdings noch sehr genau."

„Nun, nach Deiner Entfernung trat das noch viel bestimmter hervor. Er machte mir — Liebesanträge."

„Liebesanträge?" fragte Madelon erstaunt. „Er, der Pflegebruder."

„Ja. Ich wies ihn natürlich zurück. Ich war übrigens noch so sehr jung. Das nahm er mir übel und warf einen Haß auf mich. Auch später noch verfolgte er mich. Er hat mir nach Ortry oft geschrieben, immer nur von Liebe und Seligkeit, von Lust und Glück, von Himmel und Hölle. Ich habe ihm einmal geantwortet, um ihn zum Schweigen zu bewegen, dann aber nicht wieder, weil es vergeblich war."

„Das hätte ich von diesem Pflegebruder Charles nicht geahnt!"

„O, noch viel mehr! Er ist nach Ortry gekommen und hat mich während meiner Spaziergänge abgelauert. Es ist mir nur mit äußerster Anstrengung gelungen, ihm zu entfliehen."

„Der Schändliche!"

„Dann ging ich mit Marion auf Reisen. Kurz nach meiner Rückkehr bekam ich abermals einen Brief, der mich benachrichtigte, daß er nächstens kommen werde, um mündlich mit mir zu sprechen. Ich würde nicht wagen, einen Schritt vor die Thür zu thun; aber ich habe einen Schutz, auf den ich mich verlassen kann."

„Wer ist das?"

„Fritz Schneeberg, der Kräutersammler."

„Ah, dieser!"

„Ich weiß ganz genau, daß er stets in meiner Nähe ist, wenn ich ausgehe. Wir haben nicht etwa eine Vereinbarung getroffen, o nein; aber es ist, als ob dieser treue Mensch allwissend wäre. Sobald ich spazieren gehe, sehe ich ihn. Ich würde ganz gewiß nicht wagen, zum Begräbnisse zu kommen, wenn ich diesen Schutz nicht hätte."

„Denkst Du, daß Charles seine Angriffe erneuern wird?"

„Ich befürchte es!"

„Und daß Herr Schneeberg Dich beschützen kann?"

„Das hoffe ich!"

„Wie soll er das anfangen?"

„Ich weiß es nicht."

„Willst Du ihn mit in das Schloß nehmen?"

„Das wird nicht gehen."

„Nein, das geht nicht. Wie also soll er Dich beschützen?"

„Ich muß es ihm überlassen. Es ist am Besten, ich spreche ganz aufrichtig mit ihm, und zwar noch heute Abend."

„Heute Abend noch? Wo denkst Du hin!"

„Warum nicht?"

„Nach Mitternacht! Ein junges Mädchen zu einem einzelnen Herrn im Gasthofe!"

„Liebe Madelon, bei Euch in Berlin muß es doch recht schlimme Menschen geben!"

„Warum?"

„Weil Du so wenig Vertrauen hast. Dieser Herr Schneeberg ist so gut, so ehrlich und bescheiden. Er wird nicht ein Wort sagen, was mir unangenehm sein könnte!"

Madelon konnte natürlich nicht sagen, daß gerade dieser gute, bescheidene und ehrliche Herr Schneeberg aus Berlin sei, noch dazu von den Ulanen! Sie meinte also nur:

„Thue, was Dir recht und klug erscheint. Du kennst ihn ja besser als ich!"

„So gehe ich zu ihm. Wer weiß, ob ich morgen Zeit finde, unter vier Augen und vertraulich mit ihm zu sprechen."

„Dann säume nicht, bis es zu spät wird! Ich gehe schlafen. Ich bin so sehr müde. Ich habe von Berlin bis hierher kein Auge schließen können."

Nanon verließ das Zimmer und begab sich einige Thüren weiter hin. Dort saß Fritz am offenen Fenster und blickte in die milde Nacht hinaus. Er hatte während der vorigen Nacht nicht schlafen können; aber er fühlte trotzdem keine Müdigkeit. Sein Licht war verlöscht, und nun blickte er nach den Sternen des Himmels, welche alle er nicht vertauscht hätte gegen den Stern, welcher ihm seit Kurzem hier unten aufgegangen war.

Da klopfte es leise, leise an seine Thür. Er fuhr erstaunt herum und gebot:

„Herein."

Die Thür wurde ein wenig geöffnet und er hörte:

„Sind Sie noch munter — — o nein, Sie haben ja kein Licht!"

Er kannte diese Stimme. Er sprang wie electrisirt auf und antwortete:

„Ich bin noch nicht zur Ruhe, Mademoiselle Nanon! Ich werde gleich Licht anbrennen! Bitte, kommen Sie!"

Er zündete das Streichholz an, und als dann die Lampe brannte, sah er sie lauschend unter der halb geöffneten Thür stehen, gerade wie zur Flucht bereit

„Fürchten Sie sich vor mir, Mademoiselle?" fragte er.

„O nein! Aber es ist so spät; da macht man keine Besuche. Bei Ihnen war es dunkel, und übrigens wußte ich nicht genau, ob ich auch die richtige Thür getroffen hatte."

„Nun, es ist die richtige. Bitte, setzen Sie sich auf das Sopha! Ich nehme hier auf dem Stuhle Platz!"

Das war so bescheiden und Vertrauen erweckend. Der Stuhl, von dem er sprach, stand fast in der entgegengesetzten Ecke des Zimmers. Sie setzte sich also auf das Sopha. Er schloß das Fenster und nahm dann auch Platz. Sie blickte ihm mit mildem, freundlichen Lächeln entgegen und fragte:

„Sie hatten kein Licht. Wird Ihnen da die Zeit nicht lang?"

„Ganz und gar nicht."

„Was thaten Sie denn in dieser Dunkelheit?"

Eine leise Röthe flog über sein Gesicht, als er antwortete:

„O, ich that etwas sehr Leichtes und Ungefährliches. Ich guckte die Sterne an."

„Die Sterne? Ei, ei, Monsieur Schneeberg. So sind Sie wohl gar ein Dichter?"

„O, nichts weniger als das. Ich habe im ganzen Leben noch keinen Reim gemacht."

„Oder ein Astronom?"

„Das noch weniger. Astronomen müssen große Rechner sein, und bei langen Zahlen vergesse ich stets das kleine Einmaleins, um wie viel mehr das große!"

„Wissen Sie denn, daß man ein Dichter sein kann, ohne Reime zu machen? Eine brave Frau, welche ihr Heim mit der Harmonie des Glücks und des Friedens ausstattet, ist vielleicht eine bessere Dichterin als eine Andere, welche ganze Bände von Liedern schreibt."

„Sie haben Recht. So eine Frau ist mehr werth als alle Schätze der Erde."

„Und ebenso kann man Astronom sein, ohne viel rechnen zu können!"

„Daß dies wahr ist, habe ich an mir erfahren."

„Ah! Wieso?"

„Nun, ich richte mein Augenmerk nur auf einen einzigen Stern; dem aber widme ich mein ganzes Leben."

„Welcher wäre das?"

„Es ist weder der Morgen= noch der Abendstern, obgleich ich des Morgens und des Abends an ihn denke. Sie dürfen ihn nicht da draußen am Himmel suchen. Er ist mir näher, viel, viel näher, Mademoiselle Nanon."

Sie erglühte; denn sein Auge ruhte mit einem tief innigen, fast anbetenden Ausdrucke auf ihr. Aber ihr Vertrauen zu ihm war so groß und unerschütterlich, daß es ihr nicht als eine Gefahr erschien, das Thema fortzusetzen:

„Also Astronom sind Sie. Das ist mir lieb, denn wenn Sie weder Dichter noch Astronom wären und dennoch die Sterne anguckten, so bliebe nur noch ein Drittes möglich."

„Was wäre das?"

„Wissen Sie das nicht?"

„Nein."

„Nun, man sagt, daß Verliebte den Himmel anlächeln."

„Wirklich? Daß muß eine eigenthümliche Liebe sein. Ich würde mein Lächeln lieber der Dame widmen, der ich mein Herz geschenkt habe."

„Ja, das würden Sie, denn Sie sind kein Schwärmer. Sie sind so praktisch, so sicher, so entschlossen, obgleich ich gefunden habe, daß Ihr Gemüth eigentlich recht weich und zart ist."

„Ich danke Ihnen, Mademoiselle. Scheint Ihnen das ein Widerspruch zu sein?"

„O nein. Ein reines, gutes, weiches Gemüth ist eine große Gnadengabe Gottes; dabei aber kann der Wille doch ein fester und energischer sein. Dieses Beides, nämlich ein tiefes Gemüth und einen starken Character, denke ich mir an dem Manne, der ein Mädchen glücklich machen kann. Sie haben heute wieder eine Probe Ihrer Energie und Entschlossenheit gegeben, indem Sie Nanon vom Tode erretteten. Wie sollen wir Ihnen dies vergelten, Monsieur Schneeberg!"

Er sah fast beschämt vor sich nieder. Dann gestand er:

Mademoiselle Nanon, ich wollte, ich könnte Ihnen täglich solche und noch viel gefährlichere Dienste leisten. Ich höre nie gern von Dank sprechen; aber ich fühle mich so glücklich, wenn Ihr Auge mir sagt, daß Sie mit mir zufrieden sind."

„So viele Dienste? Und doch kam ich zu Ihnen, um Sie wieder um eine Gefälligkeit zu bitten, die Ihnen jedenfalls unangenehm sein muß."

„Unangenehm? O nein. Jede Gefälligkeit, die ich Ihnen erzeigen kann, ist mir hochwillkommen!"

„Wenigstens wird sie Ihnen Störung und Unbequemlichkeiten bereiten."

„Das achte ich nicht, wenn ich Ihnen nützlich sein kann."

„Nun gut, lieber Monsieur Schneeberg; ich werde einmal recht aufrichtig mit Ihnen sein. Es giebt nämlich einen Menschen, den ich nicht leiden kann und der mich nämlich zwingen will, seine Frau zu werden."

Das offene Gesicht Fritz's verfinsterte sich.

„Der soll sich sehr in Acht nehmen, Mademoiselle Nanon. In dieser Hinsicht verstehe ich keinen Scherz!" sagte er.

„Und leider," fuhr sie fort, „ist dies grad Derjenige, bei welchem ich morgen sein werde!"

„Darf ich erfahren, wer es ist, Mademoiselle?"

„Der Sohn des Todten."

„Also Ihr Pflegebruder?"

„Ja."

Sie erzählte ihm nun von den Briefen, die sie erhalten hatte, und auch, daß er einige Male gewaltthätig hatte werden wollen.

„Das ist auch in Ortry geschehen?" fragte Fritz.

„Leider!"

„Ein Glück für ihn, daß ich nicht dazugekommen bin."

„O, da waren Sie noch gar nicht in Ortry."

„Ah, so!"

„Aber er hat mir gedroht, nächstens zu kommen."

„Das soll er lieber bleiben lassen."

„O, er ist ein sehr starker Mensch!"

Fritz warf einen Blick an sich selbst hinab, verzog

seinen Mund zu einem leisen, mitleidigen Lächeln und sagte dann:

„Ich wollte es, nämlich, daß er sehr stark wäre!"

„Warum?" fragte sie verwundert.

„Daß ich nur einmal einen Menschen fände, mit welchem anzubinden es sich in Wirklichkeit verlohnte. Was ich bisher gehabt habe, war nur Spielerei. Man will sich doch gern einmal kennen lernen."

Sie blickte lächelnd zu ihm hinüber und meinte:

„Ja, Sie müssen eine fürchterliche Körperkraft besitzen?"

„Ich kenne sie noch nicht, kann also auch nicht urtheilen."

„Wissen Sie, daß ich mich gefürchtet habe, als Sie mir zum ersten Male Ihre Hand reichten?"

„Gefürchtet? Herrgott, sich gefürchtet!"

„Ja, wirklich. Ich dachte, es würde um meine Hand geschehen sein, Monsieur Schneeberg."

„Wie könnte ich Ihnen auch nur im Entferntesten wehe thun."

„Ja, als Sie dann meine Hand so leise in die Ihrige nahmen, so vorsichtig und leise, als ob ich aus lauter Flaumfedern bestände, da merkte ich allerdings, daß ich mich geirrt hatte."

„Man darf nicht immer nach der Gestalt gehen. Ich kenne einen Herrn, einen Ulanenofficier, mit dem ich nicht in die Schranken treten möchte." Er meinte damit seinen Rittmeister und fuhr fort: „Ist Ihr Pflegebruder auch so lang und stark?"

„Nicht so lang, aber sehr breit und stark. Das sollen ja die Gefährlichsten sein. Nun denken Sie sich, daß ich morgen den ganzen Tag bei ihm sein muß!"

„Wann ist die Begräbnißfeierlichkeit?"

„Um drei Uhr Nachmittags."

„So ist es ja Zeit, wenn Sie kurz vorher erscheinen."

„Als Pflegetochter? O nein, da muß man eher kommen. Die Leute würden erfahren, daß wir zögerten, obgleich wir anwesend waren."

„Es sind doch jedenfalls andere Trauergäste auch vorhanden?"

„Sehr viele jedenfalls."

„So brauchen Sie ja nichts zu fürchten."

„Meinen Sie das nicht. Er wird ganz gewiß die Gelegenheit ergreifen, mich allein zu sprechen."

„Und das fürchten Sie?"

„Am Tage nicht."

„Sie bleiben auch des Abends dort?"

„Ja, wenn auch nicht bis zur Nacht. Es wird ein Trauermahl gegeben, und wir dürfen nicht eher gehen, als bis dieses beendet ist."

„Hm! Ich verstehe, Mademoiselle Nanon. Wie weit ist es von hier bis nach Schloß Malinenau?"

„Noch anderthalb Stunde."

„Steht dieses Gebäude ganz allein?"

„Zehn Minuten davon steht eine alte Pulvermühle einsam im Walde, und auf der andern Seite, ebenso weit vom Schlosse, liegt das Dörfchen, welches zum Schlosse gehört."

„Wie heißt dasselbe?"

„Auch Malineau. Man kommt hindurch, wenn man von hier nach dem Schlosse will."

„Giebt es einen Gasthof dort?"

„Nein, aber eine Schänke."

„Mit Ausspannung?"

„Ja."

„Wie wollen Sie morgen von hier nach dem Schlosse gelangen?"

„Zu Fuße. Irgend Jemand könnte uns unser kleines Gepäck, dessen wir bedürfen, nachbringen."

„Ich bitte Sie, das anders zu machen!"

„Es wird wohl kaum anders gehen."

„O doch. Sie nehmen von hier eine Kutsche für den ganzen Tag und fahren mit derselben direct nach dem Schlosse. Wenn Sie ausgestiegen sind, kehrt der Kutscher in der Schänke ein und wartet bis zum Abende, wo Sie ihm einen Boten schicken, daß er Sie wieder abholen und nach Etain zurückbringen soll."

„Und Sie fahren mit?"

„Nein."

„Warum nicht? Gerade weil ich nicht auf Ihren Schutz verzichten wollte, kam ich heute so spät noch zu Ihnen."

„Haben Sie keine Sorge. Ich werde viel eher als Sie an Ihrem Ziele sein, wenn auch mich Niemand bemerken sollte, und Sie werden den ganzen Tag unter meinem Schutze stehen."

„Wirklich? Versprechen Sie mir das?"

„Ja. Hier meine Hand."

„So bin ich beruhigt in Beziehung auf mich, nicht aber in Beziehung auf Sie, mein lieber Monsieur Schneeberg."

„Haben Sie um mich keine Sorge. Ich bin überzeugt, daß wir den morgenden Tag ebenso friedlich beschließen werden wie den heutigen!"

„Das gebe Gott! Und da Sie so gut und freundlich gegen uns sind, will ich Ihnen auch eine Hoffnung mittheilen, welche wir für morgen hegen."

„Möge sie in Erfüllung gehen."

„Wir denken nämlich, daß unser Pflegevater von unserer Abstammung unterrichtet gewesen ist, und daß er es vor seinem Tode seinem Sohne mitgetheilt hat."

„Und Sie meinen, daß dieser es Ihnen nun seinerseits morgen offenbaren wird?"

„Ja. Madelon gegenüber habe ich allerdings einige Zweifel geäußert, damit sie nicht allzusehr enttäuscht wird, wenn sich unsere Hoffnung nicht erfüllen sollte. Was denken Sie davon?"

„Ich will Ihnen keine Unwahrheit sagen: Sie werden Nichts erfahren."

„Aber was kann ihm das Geheimniß nützen?"

„Viel, sehr viel!"

„Ich sehe es nicht ein!"

„Weil Sie eben das Geheimniß nicht kennen, Mademoiselle. Eins aber ist sicher: Es bildet in seiner Hand eine Waffe gegen Sie, sogar eine sehr gefährliche Waffe."

„Gott! Wollen Sie mir bange machen?"

„Nein. Ich meine nicht eine Waffe, welche Ihnen körperlich gefährlich werden kann, sondern ich denke, daß er sie in Anwendung bringen wird, um Ihren Widerstand gegen seine bisher erfolglose Werbung zu besiegen."

„Es wird ihm nicht gelingen!"

„Das kann man nicht wissen. Wie nun, wenn er Ihnen Reichthümer verspricht?"

„Er ist nicht reich!"

„Oder Ehren?"

„Die Ehre, welche er besitzt, ist nichts werth."

„O, ich spreche nicht von seinem Reichthum und seiner Ehre, sondern ich meine damit das, was Ihnen gehört. Ihr Vater kann ein Edelmann gewesen sein."

„Meinen Sie?"

„Es ist sehr leicht möglich. Wenn ich Sie so ansehe, Mademoiselle, so ist es mir, als ob Sie nur die Tochter einer ausgezeichneten Familie sein könnten. An Ihnen ist Alles so fein, so schön, so hell, so licht. Sie sind wie ein Stern, dessen Strahl einem Jeden, den er trifft, doppeltes Leben geben muß."

Sie legte die Hände ineinander, blickte ihn so treu und gut an und sagte:

„Monsieur, Sie lassen da Ihr gutes Herz Dinge sagen, welche Sie ihm eigentlich verbieten sollten."

„Nun gut! Wie nun aber, wenn Ihr Vater reich gewesen wäre?"

„Das ist allerdings möglich, denn Mutter hat so viele werthvolle Sachen gehabt, welche sie nach und nach verkaufen mußte."

„So sehen Sie! Nun fordert dieser Charles Berteu Ihre Liebe oder wenigstens Ihre Hand. Sagen Sie „Ja", so enthüllt er Ihre Abstammung und Sie werden reich; sagen Sie aber „Nein", so theilt er Ihnen Nichts mit, Sie bleiben arm."

„Ich bleibe lieber arm!"

„Und Mademoiselle Madelon? Müssen Sie nicht auch auf diese Rücksicht nehmen?"

Sie blickte nachdenklich vor sich nieder und antwortete dann:

„Madelon wird lieber arm bleiben als mich unglücklich sehen wollen!"

„Gott segne Sie Beide! Noch Eins. Wo wohnt dieser Charles Berteu? Im Schlosse selbst?"

„Nein, sondern in einem Nebengebäude, welches für den Verwalter bestimmt ist."

„Kennen Sie dieses Gebäude?"

„Sehr gut, denn wir sind ja in demselben erzogen worden."

„Ist es bedeutend?"

„Neun Fenster in der Front und vier Fenster in der Tiefe."

„Hoch?"

„Parterre und ein Stockwerk."

„Hat es Läden?"

„Nur im Parterre."

„Blitzableiter?"

„Ja."

„Balkon?"

„Nein, aber eine Veranda, welche um das ganze Gebäude führt und mit Wein bepflanzt ist."

„Ah, diese Veranda reicht bis an das Stockwerk?"

„Ja."

„Das Haus steht also frei und hat keinen Garten?"

„So ist es. Warum fragen Sie nach diesen Dingen?"

„Nur aus Vorsicht, nicht nach einem bestimmten, fertigen Plane. Man muß sich bei solchen Veranlassungen Alles zu vergegenwärtigen suchen. Wie viel Uhr beabsichtigen Sie morgen aufzubrechen?"

„Um die Hälfte des Vormittages."

„So werde ich Ihnen einen Wagen besorgen."

„Ich wußte es, daß Sie sich unserer noch weit mehr annehmen würden, als wir höflicher Weise verlangen dürfen. Wir wachsen von Stunde zu Stunde in Ihrer Schuld, mein lieber Monsieur Schneeberg."

„Ich würde ganz glücklich sein, wenn diese Schuld so groß werden könnte, daß Sie sich fürchteten, von ihr zu sprechen."

„Aber was kann ich Ihnen dafür bieten!"

Er schüttelte den Kopf, machte mit der Hand eine abwehrende Bewegung und sagte:

„Man sagt, daß es Geschöpfe giebt, welche ihre Kraft gar nicht kennen. So ist es auch mit den Menschen. Es giebt Menschen, welche unendliche Reichthümer besitzen, ohne daß sie es ahnen. Ich kenne eine junge Dame, welche so reich ist, daß jeder freundliche Blick ihres Auges aus lauter Diamanten zusammengesetzt ist. Soll mir ein solcher Blick nicht tausendmal mehr werth sein als Das, was Sie mein Guthaben nennen?"

Da ließ sie ein leises, goldenes Lachen hören und antwortete:

„Darf ich wissen wer diese junge Dame ist?"

„Ja. Sie selbst sind es, Mademoiselle Nanon."

„So werde ich Sie von nun an nur mit diamantenen Blicken bezahlen."

„Thun Sie das, und ich werde nicht wünschen, seliger zu sein!"

Da stand sie vom Sopha auf, und auch er erhob sich von seinem Stuhle. Sie reichte ihm die beiden kleinen, weißen Händchen dar, welche er vorsichtig und leise ergriff.

„Wissen Sie, was Sie sind, Monsieur Schneeberg?" fragte sie.

„Ich möchte es von Ihnen hören!"

„Ein Kind sind Sie, ein kleines, allerliebstes, folgsames und zufriedenes Kind, welches man immer und immer wieder küssen und herzen möchte."

„Gott, wäre es doch so!" antwortete er, indem seine breite Brust sich unter einem tiefen Seufzer dehnte.

„Und wissen Sie, was Sie noch sind?"

„Noch Etwas?"

„Ja. Ein Mann sind Sie, ein stolzer, starker, muthiger und treuer Mann, ohne Fehl und Falschheit, ein Mann, dem man den Kopf an das Herz legen möchte, um ihn immer und ewig dort liegen zu lassen. Das sage ich Ihnen, weil ich Sie kenne. Ein Anderer würde mich nun gleich in seine Arme nehmen und liebkosen: aber Sie thun das nicht; Sie machen da trotz Ihrer Einfachheit viel höhere Ansprüche. Sie wollen mit der Seele, mit dem Gemüthe genießen. Sie wollen mit dem Herzen liebkosen und küssen. Monsieur Schneeberg; ich bin ein armes, dummes Mädchen; ich weiß nicht, was eine Andere an meiner Stelle thun würde, aber ich wollte, Sie würden einmal recht sehr glücklich, unendlich glücklich! Und heute will ich noch eine letzte, große Bitte aussprechen. Wollen Sie sie mir erfüllen?"

„Kann ich denn, Mademoiselle?"

„Ja."

„Nun, so ist's als hätte ich sie schon erfüllt!"

„Gut! Denken Sie einmal, daß ich jetzt Ihr kleines gutes Weibchen wäre, nicht?"

„O Gott, wie gern!"

„Nun will ich einmal meinen Kopf an Ihr Herz legen. So! Nicht wahr, ich darf?"

„Tausend und tausend Mal!"

„Nun legen Sie mir Ihre rechte Hand auf den Kopf. Bitte, lieber Monsieur Schneeberg!"

„So?" fragte er, indem er ihren Wunsch erfüllte.

Es war ihm als ob ihm das Herz vor Seligkeit zerspringen wolle.

„Ja, so," antwortete sie. „Nun beugen Sie sich ein Wenig herab zu mir und sagen mir ganz genau die Worte nach, welche ich Ihnen vorsagen werde! Wollen Sie das?"

„Ich muß ja; ich habe versprochen, Ihren Wunsch zu erfüllen."

„Ja, Sie müssen gehorchen," sagte sie unter einem glückseligen Lächeln, Sie, der große, starke Mann mir, dem kleinen Mädchen! Also, nun sagen Sie:

Und leise und langsam, sehr langsam sprach sie ihm die Worte vor:

„Meine liebe, liebe, gute Nanon!"

Es traten ihm die Thränen in die Augen. Er hätte am Liebsten vor Glück und Seligkeit laut aufweinen mögen; aber er bezwang sich und sagte es nach:

„Meine liebe, liebe, gute Nanon!"

Und nun plötzlich ergriff sie seinen Kopf, zog ihn noch ein Stück niederwärts und preßte ihre Lippen nur einmal zwar, aber so recht warm und innig auf seinen Mund.

„Gute Nacht, mein lieber, lieber, guter Fritz!"

Das hörte er noch, dann war sie plötzlich zur Thür hinaus. Er blieb stehen, als ob er kein Glied bewegen könnte, und erst nach einer längeren Pause wendete er sich ab.

„Welch ein Mädchen!" flüsterte er. „Nein wie ein Engel des Himmels! Und welch ein Glück! Es wäre für einen Fürsten zu köstlich und zu groß! Und da fällt es mir zu, mir, dem Waisenknaben, dem Ulanenwachtmeister, der keine andere Zukunft hat, als die gar nicht glanzvolle Anwartschaft auf eine Anstellung als Gensd'arm oder Steueraufseher!" — — —

Schloß Malineau war gegen Ende des vorigen Jahrhunderts niedergebrannt und wurde von dem damaligen Besitzer im Style französischer Renaissance schöner und größer wieder aufgebaut, als es vorher gewesen war. Derselbe, ein stolzer Aristokrat, hatte nicht gewollt, daß ein Untergebener mit ihm unter demselben Dache wohne, und darum die Wohnung des Inspectors oder Verwalters von dem Hauptcomplexe abgezweigt.

Diese Letztere war ganz so, wie Nanon sie beschrieben hatte; höchstens muß noch hinzugefügt werden, daß sie ein glattes Dach besaß, gerade wie das Schloß selbst auch.

In dieser Wohnung herrschte heute ein Geruch, welcher lebhaft an Firniß oder Kienöl erinnerte. Es war jener Geruch, welcher neuen Särgen zu entströmen pflegt.

In einer zweifenstrigen Stube des Stockwerkes saß ein junger Mensch, der vielleicht sechsundzwanzig Jahre zählen mochte. Seine Gestalt war nicht hoch, aber außerordentlich breit und kräftig gebaut. Ein dicker Kopf, ein Stiernacken und kleine, starre Augen machten zwar den Eindruck des körperlich Kräftigen, aber des geistig niedrig Stehenden.

Er hatte ein Buch vor sich liegen. In demselben standen Ziffern, mit denen er sich beschäftigte.

Dieser junge Mensch war Charles Berteu, der Sohn des verstorbenen Verwalters, welch Letzterer heute beerdigt werden sollte. Er schien sehr übler Laune zu sein.

Da öffnete sich die Thür und eine Frau in Trauer trat ein. Sie war klein, aber starkknochig, hatte keine Zähne mehr — aber eine lederartige, gelbe Haut, welche ihr Gesicht sehr unangenehm machte.

„Nun, Charles," sagte sie. „Wie viel Wein?"

„Schon wieder dieser verdammte Wein!" fuhr er auf. „Wir selbst haben keine einzige Flasche!"

„Aber drüben im herrschaftlichen Keller!"

„Nun, ich rechne ja bereits seit einer Stunde, wieviel wir nehmen könnten und wie viel Dreien aus Fünfen zu machen waren; aber es ist verteufelt schwierig."

„So berechne es später! Heute ist keine Zeit dazu."

„Aber wenn uns nun die Herrschaft plötzlich überfällt, und die Bücher sind nicht in Ordnung!"

„Man kommt nicht sogleich!"

„Oho! Der General hat geschrieben, daß er in vier Wochen kommen werde. Das wäre ja gut und schön. Aber nun haben wir den Tod des Vaters melden müssen, und da steht zu erwarten, daß er viel eher eintreffen wird, um die Bücher und Bestände zu untersuchen."

„Auch das würde uns nicht in Verlegenheit bringen. Der General ahnt doch nicht im Entferntesten, daß Vater zweierlei Buchführung eingeführt hatte, eine für sich und eine für den gnädigen Herrn."

„Das ist's ja eben, was mir Schmerzen macht! Vater war äußerst bewandert in solchen Finessen; da er mir aber stets nur halben Einblick verstattete, so ist mir jetzt die Sache fast zu schwierig. So viel habe ich herausgefunden, daß wir Ersparnisse nicht gemacht haben."

Die Frau stieß einen Seufzer aus.

„Reich sind wir nicht!" sagte sie.

„Ganz und gar nicht. Ehe der General kommt, müssen neunhundert Franken in die Casse. Woher aber nehmen?"

„Ich denke, der alte Capitän — — —?"

„Nun ja, diese Pulverbestellung wird Geld bringen, doch ist das auch nur ein größeres Loch, welches man gräbt, um ein kleines auszufüllen."

„Ich hatte mir das ganz anders gedacht. Wir hätten beim Tode des Vaters unsere Wolle trocken haben können."

„Das war ja stets seine Absicht auch — aber diese verdammten Geburtsscheine und Taufzeugnisse! Wo in aller Welt sie nur stecken müssen."

„Wir finden sie nicht, nachdem wir bereits Alles umgestürzt haben."

„Sie waren aber da, wirklich da?"

„Ja. Die Mutter der beiden Mädchen hat sie selbst aufbewahrt, und zwar an einem sicheren Orte."

„Vater hat diesen Ort gewußt?"

„Natürlich."

„Wußte er auch, welches der wirkliche Name der beiden Mädchen ist?"

„Er wußte Alles."

„Desto ärgerlicher, daß er so schnell sterben mußte, ohne noch ein Wort sprechen oder schreiben zu können."

„Was könnten wir für die Documente bekommen! Gewiß große, sehr große Summen!" sagte die Frau.

„Dummheit!" antwortete der Sohn. Du würdest wohl wirklich die Documente an die beiden Mädchens verkaufen! Das fehlte noch! Ich will Alles haben, Alles!"

„Und nun hast Du nichts!"

„Unsinn! Die Schriftstücke werden sich früher oder später doch noch finden; die Hauptsache sind die Mädchens. Ich heirathe Nanon; dann bin ich des Erbes sicher!"

„Seit wann hast Du sie denn eigentlich heirathen wollen, ohne daß sie Ja gesagt hat?"

„Halte den Mund! Sie wird mich doch noch nehmen müssen!"

„Pah!"

„Ich werde es Dir beweisen. Wäre Vater nicht gestorben, so hätte ich mich jetzt zu ihr nach Ortry auf den Weg gemacht, da wir so wie so den Pulvertransport haben. Der Alte hätte mir geholfen, denn es kann ihm nur lieb sein, daß die Nanon von der Baronesse wegkommt, die in ihr eine Stütze hat. Da jedoch der Todesfall eingetreten ist, kann ich es anders anfangen. Geht es nicht im Guten, so geht es im Bösen. Heut aber muß es sich entscheiden. Heut wird sie mein, freiwillig oder mit Gewalt!"

„Nur Vorsicht, Charles?"

„Pah! Wer zum Anführer der Franctireurs gewählt wurde, kann kein unebener Kerl sein!"

„Aber wenn sie nun nicht kommt?"

„Sie kommt. Sie hat nicht gewußt, was der Vater war, und darum sehr viel auf ihn gehalten."

„Und wenn sie nun Deine Frau ist — was dann?"

„So wird das ganze Haus umgerissen, um die Documente zu finden."

„Dann erbt aber die Madelon die Hälfte!"

„Keine Centime; dafür laß mich sorgen! Mein Plan ist bereits gemacht. Uebrigens sage ich Dir offen, daß ich die Nanon nicht nur des Geldes wegen haben will. Sie ist ein verdammt maulrechtes Mädchen, ein Bissen, wie man feiner keinen bekommen kann. Ich lecke alle Finger nach ihr. Horch!"

Man hörte von unten her das Rollen eines Wagens und das Getrappel von Pferden.

Wer mag das sein?" fragte die Mutter.

„Gehe hinab, und siehe nach!"

„Wenn sie es nun ist, willst Du sie da nicht selbst empfangen?"

„Nein. Das paßt nicht in meine Hausrolle. Sie ist das Ziehkind, und ich bin der richtige Sohn. Sie hat zu mir zu kommen, um mich zu begrüßen."

Die Frau ging; dann hörte man unten jugendliche Mädchenstimmen erschallen. Nach einer Weile nahten Schritte. Die Mutter machte die Thür auf und sagte:

„Hier hast Du eine Ueberraschung — alle Beide!"

Er drehte sich rasch um; er erblickte Nanon und Madelon. Seine Stirn wurde kraus. Das war nicht nach seinem Sinne. Madelon war ihm im Wege. Er stand auf, reichte Beiden die Hände entgegen und sagte:

„Es ist ein Trauerhaus, in dem Ihr seid; aber trotz-

dem will ich Euch willkommen heißen. Auf Nanon hatte ich gerechnet, aber auf Dich nicht, Madelon. Wie kommst Du aus Deutschland, von Berlin hierher?"

Die beiden Mädchen waren sehr ernst. Man sah es ihnen an, daß sie sich in der Nähe dieses Menschen nicht wohl befanden.

„Nanon hat mir telegraphirt, und ich bin sofort auf die Bahn gestiegen," antwortete die Gefragte.

„Das konntet Ihr Beide bleiben lassen, nämlich Du das Telegraphiren und Du das Reisen!"

Da antwortete Nanon herzhaft:

„Deinetwegen ist es auch nicht geschehen. Wir selbst wollten uns gern einmal einander sehen."

„Schau, welches Mundwerk Du Dir angeschafft hast! Na, geht hinunter; ich habe nothwendig, und unten giebt es Arbeit für Euch. Mutter wird Euch anstellen!"

Sie wendeten sich bereits zum Gehen; da aber rief er noch:

„Halt! Ihr seit mit Fuhrwerk gekommen?"

„Ja," antwortete Nanon.

„Wem gehört es?"

„Einem Kutscher aus Etain."

„Er fährt doch sogleich wieder fort?"

„Nein. Er wartet bis heute Abend in der Schänke?"

„Sapperlot! Wollt Ihr heute Abend wieder fort?"

„Ja."

„Daraus wird Nichts. Ihr bleibt länger da."

„Das geht nicht. Unser Urlaub ist so kurz, daß wir schon heute wieder fort müssen."

„So. Der Kutscher bleibt also wirklich in der Schänke?"

„Ja."

„Wer bezahlt ihn?"

„Wir."

„Gut. Ihr könnt gehen."

Sie gehorchten diesem Gebote, und er schrieb und rechnete weiter. Nach längerer Zeit kam seine Mutter, um nach Etwas zu fragen. Er gab ihr Auskunft und sagte ihr dann, daß sie Nanon zu ihm schicken solle.

„Du willst sie jetzt um ihre Einwilligung fragen?"

„Ja."

„Sie wird sich weigern."

„Das werde ich abwarten."

„Sie scheint ein ganz anderes Mädchen geworden zu sein, viel fester, sicherer und selbstständiger."

„So bin auch ich ein anderer Kerl geworden. Wollen doch sehen, wer da Herr bleiben wird."

Sie ging, und gleich darauf trat Nanon ein. Sie wußte natürlich sofort, um was es sich handelte, doch zeigte sie nicht die geringste Spur von Verlegenheit, oder gar von Furcht.

Er hatte auf dem Sopha Platz genommen; er zeigte neben sich hin und sagte:

„Da bist Du ja. Schau, so gefällt es mir. Den Weisungen des Hausoberhauptes muß augenblicklich gefolgt werden. Komm, setze Dich her zu mir."

„Danke!" antwortete sie. „Ich mache leichte, schnell zu erledigende Angelegenheiten gern im Stehen ab."

„Du denkst, es handelt sich um eine so leichte Sache? Da irrst Du Dich. Es ist vielmehr eine sehr ernste und wichtige Angelegenheit, welche ich mit Dir zu besprechen habe. Setze Dich also nieder!"

„Gut, so nehme ich Platz."

Sie setzte sich auf einen Stuhl, welcher fern von ihm stand. Er zog die Stirn in Falten und musterte ihre Gestalt vom Kopfe bis zu den Füßen herab.

„Das muß man sagen," begann er dann, „ein sauberes Mädchen bist Du geworden. Meinst Du nicht auch?"

In ihren Augen leuchtete es auf. Was sie sonst nie gethan hätte, heut und ihm gegenüber that sie es: Sie antwortete:

„Ja, das meine ich allerdings."

Er war ganz frappirt von dieser Antwort, die er gar nicht erwartet hatte.

„Donnerwetter!" stieß er hervor. „Wirklich? Du weißt, daß Du so schön bist? Da bist Du wohl von Deinem Werthe ganz außerordentlich überzeugt?"

„Ganz ebenso wie Du von dem Deinigen."

„Gut, so passen wir zusammen. Zwei sehr werthvolle Personen. Wollen wir uns zusammenthun?"

„Danke!" antwortete Sie schnippisch.

„Nicht? Warum nicht?"

„Du meinst mit dem nicht sehr ästhetischen Ausdrucke „Zusammenthun" doch das was man gewöhnlich verehelichen, verheirathen, vermählen nennt?"

„Ja, natülich."

„So ist es zu verwundern, daß Du anstatt eines edlen Ausdruckes gerade den Dümmsten und gemeinsten wählst! Nicht daß sich jeder Theil selbst für werthvoll hält, giebt eine glückliche Ehe, sondern daß jeder Theil von dem Werthe des Andern überzeugt ist. Uebrigens habe ich noch gar nicht an meine Vermählung gedacht; von einem Zusammenthun aber kann überhaupt keine Rede sein; das versteht sich ja wohl ganz von selbst."

„Du sprichst wie ein Buch! Also gegenseitige Werthschätzung. Wie hoch schätzest Du da wohl meinen Werth?"

„Ich habe an Dir noch keinen Werth bemerkt, konnte also auch keine Schätzung vornehmen."

„Nun, Du wirst meinen Werth selbst noch erkennen. Die höchsten Werthe sind die verborgenen. Zu Tage liegt nur das taube Gestein; nach Diamanten aber muß man graben. Ich werde Dir Gelegenheit geben, bei mir nachzugraben, und Du sollst Dich wundern über die Schätze, welche Du finden wirst."

„Zum Graben habe ich keine Lust. Es werden Einem Steine genug angetragen, die bereits geschliffen sind."

„So meinst Du, daß ich ungeschliffen bin?"

„Nein, denn ich weiß ja überhaupt nicht, ob bei Dir ein Stein gefunden werden könnte, der sich des Schleifens verlohnte."

„Hölle und Teufel! Du bist wahrhaftig eine Katze, welche es versteht, ihre Krällchen zu gebrauchen!"

„Sie sind ja da, um zur Wehr zu dienen."

„Schön! Machen wir also nicht unnütze Worte; sie führen doch zu nichts! Behandeln wir die Sache also vollständig kalt, objectiv und geschäftsmäßig! Ich habe nämlich Lust, Dich zu heirathen!"

„Ich glaube es. Zu verdenken ist es Dir nicht. Ich aber habe keine Lust."

„Das ist sehr offen. Ich hoffe, daß Du auch ferner so aufrichtig bleibst. Dann kommen wir schneller zur Klarheit. Hast Du etwa bereits einen Bräutigam?"

„Nein. Zwar bin ich Dir keineswegs eine Antwort schuldig, aber ich will sie dennoch geben, damit wir früher zum Ende kommen."

„Warum also magst Du mich nicht?"

„Weil Du nicht nach meinem Geschmacke bist!"

„Ah. Du heirathest nach Geschmack?"

„Ich halte Dich überhaupt nicht für den Mann, bei dem ich glücklich sein kann."

„Pah! Man täuscht sich! Weißt Du, was mein Vater an Euch Beiden gethan hat?"

„Es ist uns so oft vorgerechnet worden, daß diese Frage sehr überflüssig ist. Ich weiß Alles auswendig."

„Du solltest dankbar sein."

„Ich sehe keinen Grund dazu. Mutter hat ihre Juwelen und Alles verkauft, um Euch zu bezahlen. Ich hege sogar die Vermuthung, daß sie irgend eine Summe bei Euch deponirt hat, die aber unterschlagen worden ist."

„Donnerwetter! Das nenne ich ebenso kühn, wie aufrichtig!"

„Ich habe keinen Grund zur Furcht; Dich aber brauche ich am Allerwenigsten zu scheuen."

„Lassen wir das! Also Du heirathest mich weder aus Liebe, noch aus Dankbarkeit. Wie steht es denn mit der Klugheit? So eine recht schlau angelegte Verbindung muß doch eine sehr glückliche sein!"

„Danke."

„Ihr kennt Euren Namen nicht —"

„Kennst Du ihn?" fragte sie schnell.

„Hm."

„Gieb eine bestimmte, deutliche Antwort."

„Gut. Wenn Du meine Frau wirst, gebe ich Euch Euren Namen, Euere Legitimationen und somit die Ansprüche auf die Erbschaft, die Ihr zu erheben habt."

„Ah, Du willst durch mich erben?"

„Natürlich. Das leugne ich gar nicht."

„Beweise mir erst, daß Du im Besitze unserer Dokumente bist."

„Ah. Du glaubst mir nicht?"

„Nein. Ich kenne Dich als Lügner."

„Dich werde ich nie betrügen."

„Spare diese Versicherungen. Zeige die Documente her!"

„Fällt mir nicht ein."

„Nun, so sind wir fertig!"

Sie erhob sich, um zu gehen. Er sprang auf und sagte:

„Also Du magst mich nicht?"

„Nein."

„Selbst wenn ich die Documente besitze?"

„Beweise, daß Du sie hast, und dann will ich mit Dir verhandeln, eher aber nicht!"

„Zeigen kann ich sie nicht."

„Brechen wir also ab."

Da flammte eine wilde, begehrliche Gluth in seinen Augen auf. Er trat herzu, faßte sie beim Arme und sagte:

„Ich will Dich aber haben, und werde Dich haben, so oder so. Verstehst Du mich?"

„Wenn Du eine einzige Drohung ausstößest, verlasse ich augenblicklich das Haus."

„Nun, so will ich mir wenigstens den Kuß nehmen, den die Schwester dem Bruder zu geben hat!"

Er öffnete die Arme, um sie zu umschlingen; aber noch bevor ihm dies gelang, erhielt er einen Schlag in's Gesicht, daß er mit einem Schrei zurücktaumelte. Auf dem Tische, Nanon gleich zur Hand, hatte ein Teller gestanden. Sie hatte ihn blitzschnell ergriffen und dem Zudringlichen in das Gesicht geschlagen, so daß er in Scherben zu Boden fiel. Im nächsten Augenblicke hatte sie das Zimmer verlassen.

Er ballte die Fäuste drohend und knirrschte:

„Das sollst Du mir entgelten! Ich liebe sie rasend! Mein muß sie werden, aus Berechnung, aus Liebe und auch zur Strafe!"

Von hier an verging der Tag wie jeder Trauertag. Verwandte und Bekannte kamen, um an dem Leichenconducte Theil zu nehmen, und als der Sarg in die Grube gesenkt worden war, kehrte man in das Trauerhaus zurück, um sich zur Tafel zu setzen.

Als Pflegekinder des Verstorbenen fiel Nanon und Madelon die Verpflichtung zu, die Gäste zu bedienen.

Kurz nach der Rückkehr vom Kirchhofe hatte Charles Berteu den Kutscher aufgesucht, welcher seine Stube in einem nur zum Gebrauche des Verwalters errichteten Stallgebäude hatte. Dieser Kutscher war ganz gleichen Schlages mit seinem Herrn; sie hatten bereits schon manchen Streich mit einander ausgeführt.

„Hast Du den fremden Kutscher gesehen, wecher die beiden Schwestern gebracht hat?" fragte Berteu.

„Nein."

„Auch Geschirr und Pferde nicht?"

„Ebenso wenig."

„So gehe zur Schänke, wo er ausgespannt hat, und siehe Dir Alles an — die Pferde, das Geschirr, den Kerl, seine Kleidung, kurz Alles!"

„Wozu? Giebt es einen lustigen Streich?"

„Ja, einen Streich und zwanzig Franken für Dich!"

„Alle Wetter! Da bin ich sehr gern dabei!"

„Es liegt mir nämlich daran, zu erfahren, ob Abends in der Dunkelheit Du für diesen Kutscher gelten könntest, unser Wagen mit dem seinigen und so weiter."

„Also eine Komödie der Verwechselungen? Das wird drollig! Ich gehe; ich gehe. Aber, Monsieur, einige Franken pränumerando! Ich muß in der Schänke einkehren. Sie werden Einsicht haben!"

„Hier!"

Der Kutscher steckte das Draufgeld schmunzelnd ein und entfernte sich, um nach der Schänke zu gehen.

Dort saß unter den wenigen anwesenden Gästen — Fritz. Er war zu Fuße hergekommen, hatte das Schloß umschlichen und wollte nun, nachdem er einen Labetrunk zu sich genommen hatte, die Pulvermühle aufsuchen, von welcher Nanon gesprochen hatte.

Er bemerkte, daß der Eingetretene den Stainer Kutscher ganz auffällig musterte, dann sich längere Zeit im Stalle verweilte und endlich auch den vor der Thür stehenden Wagen genau betrachtete.

Das fiel ihm natürlich auf. Als der Mann dann wieder Platz genommen hatte, trank er ihm zu und zog ihn in ein Gespräch, während dessen er hörte, daß er der Kutscher von Charles Berteu sei.

Nun schöpfte er Verdacht. Hier war höchst wahrscheinlich Etwas in Vorbereitung, ein Streich, welcher das Kutschgeschirr betraf. Er glaubte, der Kutscher würde bald nach dem Schlosse zurückkehren; dies war aber nicht der Fall, vielmehr setzte er sich zu den anderen Gästen, um ein Kartenspiel mit ihnen zu machen.

Die Sache war langweilig, und so brach Fritz auf, um sich noch ein Wenig in der Gegend umzusehen. Es war sicher, daß, wenn Etwas gegen die Schwestern geschehen sollte, dieses erst Abends vorgenommen werden würde.

Er entdeckte die Pulvermühle mitten im Walde. Es war eine Walzmühle, und ein ziemlich breiter Fahrweg verband sie mit dem Schlosse. Das Werk stand heute still. Am Tage der Beerdigung des Verwalters wurde nicht gearbeitet.

Nun begann es dunkel zu werden, und er kehrte nach der Schänke zurück. Dort saß der Kutscher noch immer, blieb aber nicht lange mehr. Als er fort war, folgte ihm Fritz bis nach dem Schlosse. Er hatte sich mit einigen Instrumenten versehen, für den Fall, daß er sie bei seinem Lauscher- und Wächterwerke brauchen sollte.

Der Kutscher ging in sein Stallzimmer, und Fritz begab sich auf Recognition. Es war jetzt so finster, daß man schon etwas wagen konnte. Er kletterte an den Stangen der Veranda, welche sich um das ganze Gebäude zog, empor, und befand sich nun auf einer mit Zinkblech gedeckten Plattform, von welcher aus man in jedes Fenster des Stockwerkes zu blicken vermochte.

Er schlich sich von einem Fenster zum andern, rund herum. Er sah und zählte die Trauergäste und auch die beiden Mädchen, von denen dieselben bedient wurden; er betrachtete sich alle erleuchteten Zimmer genau, und er erkannte auch sofort, welches von den Letzteren dasjenige von Charles Berteu sei.

Dieser saß bei seinen Gästen. So lange er sich dort befand, stand nichts zu befürchten; darum hielt Fritz ihn von draußen aus scharf im Auge.

Erst nach langer Zeit erhob sich Berteu und ging zur Thür hinaus. Fritz bückte sich nieder und kroch auf der Veranda leise nach der Gegend hin, in welcher sich das Zimmer befand, welches er für dasjenige Berteus gehalten hatte. Er hatte diesen Punkt noch nicht erreicht, als aus dem geöffneten Fenster ein Ruf erschallte:

„Mathieu!"

„Ja, Herr!"

Diese Antwort kam von der Kutscherwohnung herauf.

„Schnell zu mir!"

Fritz blieb vorsichtig liegen. Unten hörte man die Schritte des Kutschers. Als diese im Innern des Hauses verklungen waren, kroch er weiter und gelangte an das Fenster, welches der warmen Abendluft wegen geöffnet war. Er bemerkte, daß Berteu, eine Cigarre rauchend, an dem offenen Fenster saß. Der Kutscher trat ein. Fritz konnte von dem nun folgenden Gespräch jedes Wort verstehen.

„Nun, hast Du die Augen aufgethan?" fragte Berteu.

„Und wie! Je besser man bezahlt wird, desto besser und schärfer kann man sehen!"

„War das Geschirr fein?"

„Na, Mittelsorte, so ungefähr wie das unserige."

„Die Pferde?"

„Zwei Braune, grad so wie wir auch haben."

„Der Kutscher?"

„Von einer Statur, lang und stark."

„So glaubst Du also, daß es beim Dunkel der Nacht möglich ist, unser Gespann mit dem Fremden zu verwechseln?"

„Ganz sicher. Nur müßte man sich vor Beleuchtung hüten."

„Das versteht sich ganz von selbst! Kannst Du Dir vielleicht denken, um wen es sich handelt?"

Der Kutscher zog eine schlaue Grimasse und antwortete:

„Natürlich um Diejenigen, welche mit dem fremden Geschirr gekommen sind. Wenn es anders wäre, müßte ich mich außerordentlich irren."

„Du hast allerdings ganz richtig gerathen, alter Schlaukopf. Es handelt sich um einen Streich, den ich meinen Pflegeschwestern spielen will, von dem aber Niemand Etwas ahnen und erfahren darf. Wir wollen ihn berathen. Deine Rechnung wirst Du, wie Du ja weißt, dabei finden."

(Fortsetzung folgt.)

Die Liebe des Ulanen.
Original-Roman aus der Zeit des deutsch-französischen Krieges von Karl May.
(Fortsetzung.)

Der Kutscher knurrte Etwas, was der Lauscher nicht verstehen konnte. Jedenfalls aber sollte es Etwas wie eine Zustimmung bedeuten. Charles Berteu fuhr fort:

„Ich muß Dir nämlich sagen, daß ich Etwas von den beiden Mädchen erfahren will, was sie mir nicht freiwillig mittheilen wollen. Ich muß sie also dazu zwingen. Dies kann aber nur dadurch geschehen, daß ich sie in Furcht jage, natürlich ohne ihnen wirklich ein Leid widerfahren zu lassen. Solchen Mädchen öffnet die Furcht den Mund am Leichtesten. Dabei nun sollst Du mir behilflich sein."

„Gern, wenn ich nämlich keinen Schaden davon habe," antwortete der Kutscher.

„Schaden ganz und gar nicht. Du sollst ja nicht einmal wissen, welchen Scherz ich mit ihnen vornehmen will."

„Das ist mir lieb, denn Ihre Scherze pflegen zuweilen nicht sehr spaßhaft zu sein."

„Soll das ein Vorwurf sein, oder vielleicht selbst ein Scherz?"

„Keins von Beiden. Was ich sagte, sollte nichts sein als eine einfache Bemerkung, welche mir von der Erfahrung in die Hand gegeben wurde."

„Ich will nicht untersuchen, wie weit Du als mein Diener zu einer solchen Bemerkung berechtigt bist. Heute handelt es sich um einen wirklichen Scherz, nämlich um so eine Art von Entführung."

„Donnerwetter. Ist das nicht gefährlich?"

„Nein. Die beiden Mädchen kommen ja sofort wieder frei."

„Das lasse ich eher gelten. So einen Spaß kann sich ein Bruder mit seinen Schwestern schon erlauben."

„Gut! Wir sind also ganz einerlei Meinung. Nämlich die Schwestern wollen heute bereits abreisen. Ich habe sie gebeten, länger zu bleiben; sie aber wollen nicht. Sie werden ihren Wagen kommen lassen und abreisen. Da ist nun mein Plan, daß sie nicht nach der Stadt gefahren werden, sondern an einen Ort, von welchem aus sie dann gezwungen sind, wieder nach hier zurück zu kehren. Auf diese Weise setze ich meinen Willen durch, sie länger hier bei mir in der Heimath zu behalten."

„Da sehe ich aber doch nicht ein, was ich dabei thun könnte. Sie werden ihren Kutscher kommen lassen, und dieser fährt sie natürlich dahin, wohin sie wollen."

„Dummkopf! Siehst Du denn nicht ein, weshalb ich Dich in die Schänke geschickt habe?"

„Nun, um zu sehen, welche Aehnlichkeit zwischen ihrem Geschirr und dem unsrigen ist!"

„Und weshalb habe ich mich über diese Aehnlichkeit unterrichten wollen?"

„Das weiß ich nicht."

„Und kannst es auch nicht errathen?"

„Das Rathen ist niemals meine starke Seite gewesen."

„Nun, so muß ich Dir allerdings zu Hilfe kommen. Nämlich Du sollst sie an Stelle ihres Kutschers fahren."

„Sapperlot! Das wird schwer gehen!"

„Sogar sehr leicht! Nämlich, sobald ich merke, daß sie abreisen wollen, lasse ich es Dich wissen. Dann spannst Du ein und bringst Dein Geschirr an einen Ort, den wir verabreden werden. Hast Du das verstanden?"

„Sehr gut sogar."

„Die Schwestern werden dann in das Dorf nach ihrem Geschirr senden. Der Bote aber geht nicht in das Dorf, sondern zu Dir."

„Ah, jetzt beginne ich zu begreifen."

„Nun?"

„Ich fahre hier vor. Sie müssen denken, ich sei ihr Kutscher."

„So ist es. Darum muß Alles ähnlich sein."

„Gut. Ich werde also meinen alten Mantel umnehmen müssen, da ihr Kutscher auch einen solchen hat."

„Ja. Du nimmst natürlich den Kragen hoch. Wenn Du dann so verfährst, daß Dich der Schein der Thürlaterne nicht treffen kann, so werden sie sich leicht täuschen lassen."

„Wo aber fahre ich sie hin?"

Berteu that, als ob sein Plan noch nicht ganz fertig sei, als ob er selbst sich erst einen passenden Ort erdenken müsse.

„Wohin?" fragte er sinnend. „Hm, das ist eben die Frage. In das Dorf natürlich nicht; da könntest Du ihrem Kutscher in die Hände gerathen. Es muß eben ein Ort sein, an welchem sie diese Nacht nicht bleiben können, so daß sie gezwungen sind, wieder nach hier zurück zu kehren."

„Das stimmt. Aber außerhalb des Dorfes giebt es ja keinen solchen Ort, kein Haus, wo man anhalten und sagen könnte, daß man in die Irre gefahren ist. Finster genug dazu ist es heute."

„Hm! Sollte sich denn gar nichts finden lassen!"

„Freilich wohl; aber das liegt zu nahe. Man könnte nicht sagen, daß man sich verirrt hat."

„So macht man einen Umweg hin. Welchen Ort meinst Du denn?"

„Die Pulvermühle."

Das war es, was Berteu haben wollte. Er sagte im nachdenklichen Tone:

„Die Pulvermühle. Ja, das ginge. Meinst Du nicht auch?"

„Es wäre das Beste. Aber es ist ja heute kein Mensch dort."

„So geht man hin. Wenn die Schwestern einsteigen, nehme ich von ihnen Abschied und begebe mich sodann schnell nach der Mühle. Ich nehme Freund Ribeau mit, damit es nicht so sehr einsam ist. Wenn Du dann nach einem Umwege dort ankommst, sind wir bereits dort."

„Ah, gut! Ich werde so thun, als ob ich gar nicht wüßte, wo ich mich befinde. Ich klopfe also an, und Sie öffnen."

„Ja. Wir öffnen Dir die Durchfahrt. Du fährst herein, und hinter Dir schließen wir wieder zu, so daß uns die Mädchen nicht entwischen können. Wir haben natürlich kein Licht, während wir Euch öffnen. Wir führen die Beiden nach meiner Schreibstube, in welcher Licht brennt. Sie erkennen mich, und die Ueberraschung, die es dabei geben wird, kannst Du Dir denken."

„Und ich?"

„Nun, Du wartest eine Weile, bis ich Dich benachrichtige, ob wir mit Dir nach Hause fahren oder ob wir gehen. Im letzteren Falle fährst Du natürlich eher zurück, denn wir werden den Scherz mit einigen Flaschen Wein begießen, welche wir mitnehmen."

„So handelt es sich nur noch um den Ort, an welchem ich mit dem Geschirr zu warten habe."

„Nun, auf dem Wege nach der Pulvermühle. Da sieht Dich kein Mensch. Es kommt Niemand hin, und sodann ist ja rechts und links der hohe, dunkle Wald, so daß Dich Einer, der zufälliger Weise hinkäme, gar nicht erkennen könnte."

„Na, mir recht! Meine Instruction habe ich. Ich möchte nur die Gesichter der beiden Damen sehen, wenn sie denken, sich an ein einsames Waldhaus verirrt zu haben, und dann ihren Bruder erkennen!"

„Ja, es wird jedenfalls köstlich! Also mache Deine Sache gut! Auf keinen Fall aber darfst Du die Mädchen aussteigen lassen, bevor Du die Mühle erreicht hast. Es ist ja möglich, daß sie Verdacht schöpfen. Da mußt Du klug sein!"

„Keine Sorge. Ein Frauenzimmer steigt so leicht nicht aus, so lange die Kutsche in Bewegung ist!"

Er ging fort, und Berteu begab sich zu der Gesellschaft zurück.

Fritz hatte jedes Wort verstanden. Er errieth die Absicht dieses Franzosen. War der Kutscher wirklich so dumm, den Plan seines Herrn nicht zu durchschauen, oder stellte er sich nur so? Fritz sagte sich, daß Berteu heute jedenfalls die Gelegenheit ergriffen habe, Nanon seine Liebesanträge zu erneuern; höchst wahrscheinlich aber war er abgewiesen worden, und nun wollte er Nanon mit List nach der Mühle bringen lassen, um sie dort in seine Gewalt zu bekommen. Freilich, Nanon allein konnte er nicht haben; Madelon war dabei. Daher nahm er einen jedenfalls gleich gesinnten Freund mit. Wehe den Mädchen, wenn sie wirklich in die Hände dieser beiden gewissenlosen Schurken fallen sollten!

Fritz hatte genug gehört; er brauchte nicht mehr zu lauschen. Daher kletterte er an dem Spaliere wieder hinab und entfernte sich so vorsichtig, daß ihn Niemand bemerkte. Dann blieb er überlegend stehen.

„Hm!" sagte er sich. „Ich könnte den Streich vereiteln, ohne die beiden Damen in Gefahr zu bringen. Ich brauchte ihnen denselben einfach nur zu verrathen. Wenn ich jetzt zu ihnen gehe und ihnen erzähle, was ich gehört habe, so werden sie das Schloß sofort mit mir verlassen. Wir gehen in das Dorf, steigen in den Wagen und fahren nach Etain. Berteu hat dann den Aerger und das Nachsehen. Aber soll er wirklich so billig davonkommen? Eine kräftigere Lehre ist ihm recht gut zu gönnen, und die möchte ich ihm herzlich gern geben. Uebrigens spricht mich diese alte Mühle außerordentlich an. Es ist mir, als ob dort Etwas zu holen sei. Und der Kutscher hat auch einen anderen Lohn verdient, als er sich einbildet."

Der brave Fritz war ein verwegener Character, aber doch nicht unvorsichtig. Er legte sich alle Gründe für und wider zurecht und kam endlich zu dem Entschlusse:

„Gut, es wird gewagt! Zwei Revolver und zwei kräftige Fäuste sind genug, um mit diesem Berteu und seinem Freunde Ribeau fertig zu werden, den Spaß, den ich mir persönlich machen werde, gar nicht mit in Rechnung gebracht!"

Er begab sich in das Dorf und da in die Schänke. Dort versah er sich mit einem Lichte und sagte dem wartenden Kutscher, daß er ein Bote der beiden Damen sei, die ihn ersuchen ließen, von jetzt an in einer Stunde mit dem eingespannten Geschirr auf sie zu warten. Es war das eine Vorsichtsmaßregel, welche er für etwaige Eventualitäten traf. Sein Plan konnte ja auch anders ausfallen, als er dachte.

Nun begab er sich nach dem Schlosse zurück und bog da in den Fahrweg ein, welcher nach der Pulvermühle führte und wo der Kutscher warten sollte. Der Letztere war noch nicht da, doch dauerte es gar nicht sehr lange, so hörte Fritz Pferdegetrappel und das leise, langsame Rollen von Rädern. Er war im Stalle der Schänke gewesen und hatte da noch einige kurze Stricke gesucht, die er zu sich gesteckt hatte.

Er befand sich an einer etwas breiten Stelle der Straße, weil er sich gesagt hatte, daß hier der Kutscher jedenfalls umlenken und dann warten werde. Das geschah auch. Der Mann stieg vom Bocke, befestigte die Zügel und öffnete den Kutschenschlag, um hinein zu steigen und es sich dort bequem zu machen.

Das war der geeignete Augenblick. Fritz huschte unhörbar unter dem Baume, hinter dem er sich versteckt gehabt hatte, hervor und legte dem Kutscher die beiden Hände so fest um die Kehle, daß der so unerwartet Ueberfallene keinen Laut ausstoßen konnte. Der Mann war vor Schreck ganz steif und bewegungslos, und als Fritz seine Finger noch fester zusammenschloß, stieß der Franzose ein tiefes Röcheln aus und sank zur Erde. Er war beinahe erwürgt und hatte die Besinnung verloren.

Fritz nahm ihm den Mantel und den breitkrämpigen Hut ab, legte Beides einstweilen zur Seite, faßte den Mann dann und schleifte ihn eine ziemliche Strecke in den Wald hinein. Dort band er ihn mit Hilfe seiner Stricke an einen Baum und band ihm sein eigenes Taschentuch vor den Mund, damit er, zur Besinnung zurückgekehrt, sich nicht durch Rufen Hilfe verschaffen könne.

Dann kehrte er zu dem Wagen zurück, nahm den Mantel um, vertauschte den breitkrämpigen Hut mit dem seinigen, den er einstweilen in den Sitzkasten versteckte, machte die Zügel los, griff zur Peitsche und stieg auf den Bock.

Nun war er bereit und wartete auf den Boten, der ihn holen sollte. Dieser kam nach vielleicht einer Viertelstunde.

„Pst!" sagte er, als er die Kutsche erreicht hatte.

„Ja," antwortete Fritz halblaut. „Ist's Zeit?"

„Ja, aber nicht zu schnell, denn vom Dorfe ist es weiter hin als von hier."

Die Pferde zogen an. Nach kurzer Zeit hielt Fritz vor der Thür, aber so, daß ihn das Licht nicht treffen konnte. Er hatte den Kragen aufgeschlagen und die Hutkrämpe ziemlich weit herunter gebogen, so daß man sein Gesicht gar nicht erkennen konnte.

Nanon und Madelon traten aus der Thür, von Berteu, seiner Mutter und einigen Gästen begleitet. Sie nahmen Abschied und stiegen ein. Berteu näherte sich den Pferden und flüsterte dem Kutscher zu:

„Umweg wenigstens eine halbe Stunde."

Fritz nickte mit dem Kopfe und fuhr dann ab, natürlich in der Richtung nach dem Dorfe zu. Die beiden Damen hatten wirklich Nichts gemerkt und waren ganz ohne Ahnung der Gefahr, welche ihnen gedroht hatte. Eine kurze Strecke vor dem Dorfe hielt der Wagen, und sie bemerkten, daß der Kutscher vom Bocke stieg. Nanon öffnete das Fenster und fragte:

„Was giebt es? Warum halten Sie?"

„Weil ich mit Ihnen zu sprechen habe."

Sofort wurde es den Beiden angst. Was konnte dieser Mensch hier mit ihnen zu sprechen haben.

„Steigen Sie nur wieder auf!" gebot Madelon. „Im Dorfe ist es auch noch Zeit, uns Ihre Mittheilungen zu machen!"

„Nein, Mademoiselle Madelon," antwortete er, näher tretend, mit seiner richtigen Stimme.

„Mein Gott!" rief Nanon. „Das ist ja nicht der Kutscher! Diese Stimme kenne ich! Das ist ein Anderer?"

„Nun, wer bin ich, Mademoiselle Nanon?"

„Sie sind —— ah, Monsieur Schneeberg, sind Sie es?"

„Ja, kein Anderer. Fürchten Sie sich nicht."

„Gott sei Dank! Mir begann bereits angst zu werden. Aber, Monsieur, wo ist denn unser Kutscher?"

„Im Dorfe wartet er auf Sie mit seinem Wagen."

„Ah! Ist denn dieser nicht der seinige?"

„Nein. Dieser Wagen nebst Pferden gehört Ihrem lieben Bruder Charles Berteu."

„Gott, was hat das zu bedeuten? Der Wagen des Bruders! Laß uns sofort aussteigen, Madelon!"

„O bitte, warten Sie noch!" bat Fritz.

„Aber das geht nicht mit rechten Dingen zu."

„Allerdings nicht. Sie sollten entführt werden."

„Entführt!" riefen Beide.

„Ja. Aber ich hatte Ihnen doch versprochen, über Sie zu wachen."

„Ich danke Ihnen, Monsieur. Aber inwiefern sollten wir denn entführt werden?"

„Sie sollten nach der Pulvermühle geschafft werden, wo Sie von Berteu und Ribeau erwartet werden."

„Ribeau, dessen ich mich kaum erwehren konnte!" sagte Madelon.

Fritz erzählte ihnen Alles, bis der Plan ihres Bruders klar vor ihren Augen lag. Sie schauderten.

„Welche Schlechtigkeit!" meinte Nanon. „Ich hätte diesen Tag nicht überlebt."

„Ich auch nicht!" fügte Madelon hinzu. „Herr Schneeberg, Sie haben uns das Leben gerettet. Fahren wir eilig nach dem Dorfe!"

„Fürchten Sie sich wirklich so sehr vor diesen beiden Menschen?" fragte er.

„Nun Sie bei uns sind, haben wir keine Angst mehr."

„Das ist mir sehr lieb; denn das giebt mir den Muth, eine recht große Bitte auszusprechen."

„Reden Sie, lieber Monsieur Schneeberg!" sagte Nanon.

„Ich möchte am Liebsten nicht nach dem Dorfe."

„Wohin sonst?"

„Ich möchte Sie lieber nach der Mühle fahren."

„Mein Gott! Zu diesen beiden Menschen?"

„Ja."

„Warum? Ich begreife das nicht!"

„Um sie vor Ihren Augen zu bestrafen. Und außerdem habe ich noch einen besonderen Grund, mir das Innere dieser Mühle einmal anzusehen."

„Aber, Monsieur, welche Gefahr für uns!"

"Nicht die mindeste! Oder haben Sie kein Vertrauen zu mir?"

"Gewiß vertrauen wir Ihnen. Sie sind stark, muthig und treu!"

"Und vorsichtig!" fügte er hinzu. "Ich werde Sie ganz gewiß nicht einer Gefahr aussetzen, welche ich nicht zu beherrschen vermag!"

"Davon sind wir überzeugt. Aber die einsame Mühle. Und diese beiden Menschen dort."

"Sollen Sie nicht bestraft werden?"

"Eigentlich, ja! Was sagst Du dazu, Madelon?"

"Ich würde Ihnen eine Strafe gönnen."

"Du hast also Muth, mit hinzufahren?"

"Ja, da Herr Schneeberg uns versichert, daß er uns schützen werde."

"Aber was wird dort geschehen? Was haben wir zu thun?"

"Ich werde," antwortete Fritz, "die Rolle des instruirten Kutschers spielen. Ich fahre bei der Mühle vor und thue so, als ob wir uns verirrt haben. Man wird uns im Dunkeln öffnen und dann hinter uns die Thür verschließen."

"Dann sind wir gefangen!"

"Das ist mir lieb. Man wird Sie sodann nach der Schreibstube Ihres Bruders bringen."

"Uns allein? Ohne Sie?"

"Allerdings; aber Sie stehen trotzdem unter meinem Schutze. Haben Sie bereits einmal einen Revolver in der Hand gehabt?"

"Ja," antworteten Beide.

"Hier sind zwei. Stecken Sie dieselben zu sich, um sie im Nothfalle zu gebrauchen. Schießen Sie in Gottes Namen Jeden nieder, der Sie nicht mit Achtung behandelt. Ich werde die Folgen auf mich nehmen!"

"Einen Menschen erschießen!" sagte Madelon schaudernd.

"O, so weit wird es gar nicht kommen. Wenn diese beiden Kerls die Waffen sehen, werden Sie den Muth verlieren. Diese Sorte von Menschen pflegen Feiglinge zu sein. Wo liegt die Schreibstube? Sie haben ja hier gewohnt. Sie werden es wissen."

"Am entgegengesetzten Ende von der Durchfahrt, wo Sie sich befinden werden. Sie werden also nicht in unserer Nähe sein."

"Haben Sie keine Sorge! Ich werde auf jeden Fall bei Ihnen sein, sobald Sie meiner bedürfen. Also, wollen Sie sich mir anvertrauen?"

Sie zögerten mit der Antwort. Dann fragte Nanon:

"Also Sie geben uns Ihr Wort, daß sie uns beschützen werden?"

"Mein festes Wort! Es soll Ihnen kein Mensch ein Haar krümmen."

"Nun, so fahre ich sogar gern mit, um diesen beiden Menschen sagen zu können, wie sehr ich sie verachte. Die Gefahr scheint mir allerdings nicht sehr groß, seit wir die Revolver haben. Brechen wir also auf, Monsieur Schneeberg."

Fritz stieg wieder auf, lenkte um, kehrte auf der Dorfstraße zurück und lenkte dann in den nach der Mühle führenden Fahrweg ein. Er war am Tage hier gewesen und hatte sich bei dieser Gelegenheit genugsam orientirt. Als er das Gebäude erreichte, so daß die Pferde mit ihren Köpfen beinahe an das Thor stießen, klatschte er einige Male mit der Peitsche.

"Heda! Holla! Wohnt hier Jemand?" rief er dann.

Erst als er diesen Ruf, natürlich mit verstellter Stimme, wiederholt hatte, ließ sich im Innern des Gebäudes eine Bewegung vernehmen. Dann wurde das Thor ein Wenig geöffnet und man fragte:

"Wer ist denn hier draußen?"

"Verirrte. Wo befinden wir uns hier?"

"Alle Teufel! Verirrte! Und zwar mit einer Equipage! Wo wollen Sie denn hin?"

"Nach Etain."

"Und wo kommen Sie her?"

"Von Schloß Malineau."

"Da sind Sie allerdings bedeutend abseits gerathen. Wenn Sie für eine Viertelstunde absteigen wollen, werde ich mich nachher gern auf den Bock setzen, um Sie auf den richtigen Weg zu bringen."

"Das werden wir thun. Die Damen werden es erlauben!"

"Ah, Damen sind es? Um so mehr ist der kleine Unfall zu bedauern. Bitte, fahren Sie herein. Wir haben leider hier kein Licht; aber wir werden die Damen führen, nachdem sie ausgestiegen sind."

Diese Verhandlung zwischen Ribeau und Fritz, denn Jene waren die Sprecher, war natürlich beiderseits mit verstellter Stimme geführt worden. Jetzt wurde das Thor weit geöffnet und dann aber, als Fritz eingefahren war, sogleich hinter dem Wagen wieder verschlossen.

Die beiden Damen stiegen aus, jedenfalls jetzt mit dem innigen Wunsche, daß sie sich doch lieber nicht in diese Gefahr begeben haben mochten. Jede von ihnen fühlte sich bei der Hand ergriffen und durch eine Thür gezogen.

Fritz blieb scheinbar auf dem Bocke sitzen. Aber als er die Schritte der sich Entfernenden nicht mehr hörte, stieg er ab, schleifte die Zügel fest und zog dann das Licht hervor, um es anzubrennen. Beim Scheine desselben bemerkte er, daß das Thor durch einen langen, hölzernen Riegel verschlossen war, den er leicht entfernen konnte.

Nun trat er durch die Thür, durch welche die Damen geführt worden waren. Es war der eigentliche Mühlenraum, in welchem er sich befand. Er durchschritt denselben der Länge nach und vernahm sehr laute männliche und weibliche Stimmen, welche auf einen sehr ernsten Wortwechsel deuteten. Als er die Thür erreichte, hinter welcher sich die sprechenden Personen befanden, verlöschte er sein Licht und begann, zu lauschen.

Als vorhin nach der Unterredung Berteu's mit seinem Kutscher der Letztere sich entfernt hatte, war der Erstere zu seinen Gästen zurückgekehrt. Unter diesen befand sich ein junger Mann, der sich eigentlich durch seine Figur und die Regelmäßigkeit seiner Gesichtszüge ausgezeichnet hätte, wenn in den Letzteren nicht die verheerenden Spuren schlimmer Leidenschaften zu finden gewesen wären. Er hatte sich etwas abseits der übrigen Anwesenden gehalten, um — Madelon beobachten zu können, welche seine Aufmerksamkeit auf sich gezogen hatte.

Sie hatte diese Aufmerksamkeit gar wohl bemerkt, aber doch so gethan, als ob sie von derselben nicht die geringste

Notiz nähme. Sie hatte es auch so eingerichtet, daß er stets von Nanon bedient wurde; einmal aber konnte sie es doch nicht vermeiden, daß er ihr sein leeres Glas entgegenhielt, um es sich von ihr füllen zu lassen.

Dieser junge Mann war Ribeau, von dem Berteu zu seinem Kutscher gesprochen hatte.

„Mademoiselle," sagte er, indem sie ihm den Wein eingoß, „wissen Sie, daß sie ein reizendes Wesen sind?"

„Soll das ein Compliment sein?" fragte sie frostig.

„Nein, es ist die reine Wahrheit. Werden Sie länger hier bleiben?"

„Ich reise bereits heute wieder ab."

„Wie schade!"

„Wie gut!"

Sie hätte sich entfernen können, aber es drängte sie, ihn für seine auffällige Beachtung zu bestrafen; darum blieb sie diese kleine Weile bei ihm stehen.

„Wie gut, sagen Sie!" fuhr er fort. „Haben Sie mit Ihrer Heimath gebrochen? Gefällt es Ihnen nicht hier?"

„Allerdings nicht!"

„Aber Schloß Malineau ist doch schön!"

„Das ist wahr. Aber die Menschen hier sind mir nicht sympathisch."

„Darf man die Gründe davon wissen?"

„Gewiß. Es giebt nur einen einzigen: Man weiß hier nicht die Augen zu beherrschen. Auch Blicke können unhöflich und beleidigend sein. Haben Sie das nicht gewußt?"

„Ah! Sie sind eine kleine, allerliebste Schlange! Aber Ihr Gift tödtet nicht; es wirkt vielmehr nur berauschend."

„Nun, so nehmen Sie sich vor dem Katzenjammer in Acht!"

Jetzt ging sie von ihm fort und das war gerade der Augenblick, an welchem Berteu zurückkehrte und auf ihn zugeschritten kam.

„Was hast Du?" fragte der Letztere. „Du siehst ein Wenig echauffirt aus."

„Ich bin es auch. Ich hatte ein kleines Intermezzo, welches mich erregt hat."

„Mit wem?"

„Mit Deiner Schwester Madelon."

„Ah! Einen galanten Wortwechsel?"

„Von meiner Seite, ja; sie aber war weniger höflich, das muß ich aufrichtig gestehen."

„Du darfst es ihr nicht übel nehmen. Sie wohnt ja in Deutschland!

„Allerdings! Im Lande der Bären und Ochsen! Wie kann man da Umgangsform erwarten. Aber ein schönes Mädchen ist sie doch!"

Er folgte ihr auch jetzt noch mit begierigem Blicke. Berteu bemerkte das mit innerer Befriedigung.

„Sie gefällt Dir?" fragte er.

„Ausnehmend! Alle Teufel! Du kennst mich. Sie ist zwar Deine Schwester, aber eigentlich geht sie Dich doch nichts an, und so glaube ich, sagen zu dürfen, daß — — —"

„O bitte, genire Dich nicht. Wir sind Freunde. Diese beiden Schwestern sind mir fremd. Uebrigens kann ich Dir sagen, daß mir Nanon ebenso sehr gefällt, wie Dir die Andere."

„Ah! Könnte sich nicht ein kleines Abenteuer entwickeln lassen?"

„Wie wir es gewohnt sind? Hm!"

„Nicht? Ja? Nein?"

„Vielleicht doch; aber es handelt sich dabei um die allergrößte Verschwiegenheit."

„Pah, Alter! Ich dächte, daß Du mich genugsam kennen gelernt hättest! Uebrigens höre ich, daß die beiden Mädchen heute schon wieder abreisen wollen?"

„Das haben sie sich allerdings vorgenommen."

Ribeau sah seinen Freund mit einem fragenden, gespannten Ausdruck an.

„Du sagst das mit so eigenthümlicher Betonung!" meinte er. „Du bist in Nanon verliebt; heute noch will sie fort und dennoch sprichst Du von der Möglichkeit eines Abenteuers? Alter, ich beginne, Etwas zu ahnen."

„Was?" fragte Berteu lächelnd.

„Daß das Abenteuer bereits eingeleitet ist, sich vielleicht bereits im Gange befindet?"

„Schlaukopf!"

Da sprang Ribeau von seinem Stuhle auf und sagte:

„Du, Freund, aufrichtig! Bezieht sich Dein Abenteuer nur auf Nanon?"

„Nein, sondern auf Beide."

„Donnerwetter! So hast Du bereits einen Gefährten? Ein Anderer ist mir zuvorgekommen?"

„Nein; ich habe noch keinen Zweiten engagirt."

„So engagire mich!"

„Ich dachte allerdings an Dich!"

„Prächtig! Also heraus! Um was handelt es sich?"

„Um ein Liebesquartett unter acht Augen."

„Zwei Paare also?"

„In der Pulvermühle."

„Bist Du toll? In diesem alten Neste?"

„Nirgends anders."

„Und heut Abend noch?"

„Gewiß. Wann sonst?"

„Aber, sie reisen doch ab!"

„Ich sehe, daß ich Dir mein Project erklären muß. So höre!"

Er detaillirte seinen Plan. Ribeau hörte aufmerksam zu. Am Ende sagte er:

„Höre Charles, wir haben manchen Streich ausgeführt, der heutige aber macht Deiner Erfindung alle Ehre."

„So bist Du mit dabei?"

„Das versteht sich ganz von selbst! Aber, ich verlange diese kleine Schlange Madelon für mich!"

„Sie ist Dein, notabene, falls Du es verstehst, ihr Interesse zu erregen!"

„Keine Sorge. Sie ist grob gegen mich gewesen. Das ist ein sicherer Beweis, daß sie sich für mich interessirt. Mit einem gleichgiltigen Menschen ist man nicht grob; mit ihm spricht man gar nicht."

Damit war das Abenteuer besprochen. Und als dann später die Schwestern erklärten, daß sie aufbrechen wollten, war Ribeau überzeugt, zu seinen vielen Siegen einen neuen verzeichnen zu können.

Als die Kutsche mit Nanon und Madelon abgegangen

war, erklärte Berteu seiner Mutter, daß er sich für einige Zeit entfernen wolle. Sie solle ihn entschuldigen.

"Aber wenn man nach Dir verlangt?" fragte sie.

"So sage, ich sei unwohl!"

"Und wenn man zu Dir will?"

"Das verbitte ich mir!"

"Wenigstens mir wirst Du sagen, wohin Du gehst!"

"Warum nicht? Ich gehe, um mir meine Frau zu holen."

Sie richtete einen ganz und gar verständnißlosen Blick auf ihn.

"Ich begreife Dich nicht!" sagte sie.

"Ich kann einfach nur wiederholen, was ich bereits sagte: Ich gehe, mir eine Frau zu holen."

"Wohin?"

"Nach der Pulvermühle."

"Dort?" fragte sie besorgt. "Wieder eins Deiner Abenteuer! Am Begräbnißtage Deines Vaters."

"Nicht ein Abenteuer, sondern ein glänzendes Geschäft ist es, was ich dort suche. Ich treffe Nanon dort."

"Nanon?" fragte sie erstaunt. "Die ist ja fort!"

"Ja, und zwar nach der Pulvermühle, wo sie mich erwartet, um mir ihr Jawort zu geben."

Die Frau hatte die ganz richtige Ahnung, daß ihr Sohn im Begriffe stehe, einen dummen Streich zu unternehmen; aber sie wußte, daß sie keinen Einfluß auf ihn besitze. Darum bat sie nur:

"Keine Unvorsichtigkeit, Charles!"

"Ganz und gar nicht. In kurzer Zeit werde ich Dir Nanon als meine Braut vorstellen."

"Sie sagt freiwillig Ja."

"Sie sagt Ja; das ist genug. Der Grund ist hier Nebensache."

Er steckte einige Flaschen Wein nebst vier Gläser zu sich und machte sich mit Ribeau auf den Weg. Indem sie neben einander durch das nächtliche Dunkel schritten, war es Berteu, als ob er einen eigenthümlichen, menschlichen Laut vernommen habe.

"Horch!" sagte er.

"Was?"

"War das nicht wie ein Stöhnen hier links im Walde?"

"Pah! Der Wind geht durch die Aeste."

Sie setzten ihren Weg fort. Das Stöhnen aber hatte der gefesselte Kutscher verursacht, welcher mit Anwendung seiner ganzen Kraft daran arbeitete, sich aus seiner Lage zu befreien.

In der Pulvermühle angekommen, zu welcher Berteu den Schlüssel bei sich führte, begaben sie sich sogleich nach der Schreibstube, wo sie die dort vorhandene Lampe anzündeten und sodann die Flaschen und Gläser auf den Tisch stellten. Der Raum war nicht groß und recht behaglich eingerichtet.

"Nicht übel hier," meinte Ribeau mit einem cynischen Lächeln. "Zwei solche Zimmer aber wären besser!"

"Wegen Trennung der Paare?"

"Gewiß! Nicht?"

"Pah! Zwei Freunde und zwei Schwestern! Laß uns zunächst eine Cigarre anbrennen!"

"In einer Pulvermühle!"

"Es ist jetzt keine Gefahr vorhanden. Die Vorräthe sind in dem Keller gut aufbewahrt, und in den oberen Räumen giebt es keine gefährlichen Stoffe."

Er öffnete das Schreibpult, in welchem sich auch die Cigarren befanden, und nachdem sie sich je eine angesteckt hatten, nahmen sie neben einander Platz.

"Ich bin wirklich ungeheuer gespannt auf die erstaunten und betroffenen Gesichter, welche wir sehen werden," meinte Berteu.

"Wir müssen den ersten Schreck benutzen. Der Schreck lähmt den Widerstand. Ich wette, daß Madelon von mir zehn Küsse erhalten hat, ehe sie nur zu Worte kommt!"

"Vielleicht geht es anders, als Du denkst!"

"Wie anders soll es gehen? Sie werden erst zürnen, dann bitten und zuletzt die liebevollsten Damen sein. Horch!"

"Das ist der Kutscher mit der Peitsche."

"Gehen wir!"

Sie begaben sich nach der Einfahrt, wo Ribeau die Unterredung mit dem Kutscher führte. Als die Schwestern ausgestiegen waren, geleiteten sie dieselben durch den dunklen Mühlenraum nach der Schreibstube.

Berteu öffnete dieselbe, und die beiden Damen traten ein, die Männer hinter ihnen. Die Letzteren hatten sich eingebildet, nun die verworrensten Ausrufe des Schreckes und der Angst zu hören: darum waren sie nicht wenig erstaunt, als die Mädchen wortlos nach dem kleinen Sopha schritten und sich neben einander auf demselben niederließen.

Dies war eine gute Berechnung. Sie hatten da die eine Wand im Rücken, die andere an der Seite und den Tisch vor sich.

Berteu blickte Ribeau an und Ribeau Berteu, Einer gerade so verwundert wie der Andere. Sie vergaßen ganz, sich den beiden Damen zu nähern. Endlich sagte Berteu:

"Donnerwetter, Ihr seid es? Wer hätte das gedacht! Aber sagt doch nur, wie Ihr Euch verirren konntet?"

"Und zwar nach rückwärts verirren!" fügte Ribeau hinzu.

"Die Schuld liegt jedenfalls am Kutscher!" antwortete Nanon.

"So habt Ihr Euch einen sehr dummen Menschen gemiethet!"

"Oder Du hast uns einen sehr verschlagenen Kerl auf den Bock gesetzt!"

Er lachte laut auf.

"Denkst Du?" fragte er.

"Ja, das denke ich! Entweder sehr verschlagen oder sehr stupid!"

"Jedenfalls das Erstere!"

"Ich denke vielmehr das Letztere!"

"Was kann das Leugnen nützen! Wäre er stupid, so hätte er meine Befehle nicht so gut ausgeführt. Wir wollten Euch für einige Stunden hier bei uns sehen. Nun können wir es Euch erzählen, wie wir das angefangen haben. Natürlich aber nehmen wir bei Euch Platz. Ich hoffe, daß Ihr Nichts dagegen habt!"

Er schickte sich an, den Tisch zur Seite zu schieben.

"Nein," antwortete Nanon, "vorausgesetzt, daß Ihr auch Nichts hiergegen habt!"

Sie zog dabei ihren Revolver hervor, und Madelon that dasselbe.

"Alle Teufel!" rief Berteu. "Sie sind bewaffnet!"

"Das habt Ihr nicht erwartet, nicht wahr? Ich sage Euch, daß wir den, der uns anzurühren wagt, niederschießen werden!"

"Unsinn! Wo habt Ihr diese Waffen her? Ihr hattet sie doch am Tage nicht!"

"Leuten Eures Schlages gegenüber muß man stets bewaffnet sein!"

"Aber," bemerkte Ribeau, "man muß auch verstehen, mit den Waffen umzugehen!"

Er schien ein gewandter Turner zu sein. Ein rascher Schritt an den Tisch, und sich schnell über denselben hinüber biegend, hatte er mit einem kühnen Griffe seiner Hände die beiden Revolver gepackt und den schwachen Frauenhänden entrissen. Ein zweistimmiger Schreckensschrei erscholl. Die beiden Männer lachten.

"So," sagte Ribeau, "jetzt sind wir nun die Herren der Situation; und wir werden unsere Gesetze vorschreiben!"

"Noch nicht!"

Diese beiden Worte wurden hinter ihm gesprochen. Er wollte sich umdrehen, kam aber nicht dazu, denn ein gewaltiger Faustschlag saußte auf seinen Kopf herab, so daß er wie ein Klotz zu Boden fiel. Berteu fuhr zurück, er glaubte, seinen eigenen Kutscher vor sich zu haben.

"Mensch! Schurke!" rief er. "Was fällt Dir ein. Ich jage Dich auf der Stelle aus —"

Er sprach nicht weiter, denn ein eben solcher Faustschlag hatte ihn getroffen, so daß er nun neben seinem Cumpan auf der Diele lag. Jetzt erst legte Fritz den Hut und den Mantel ab.

"So!" sagte er. "Diese beiden Messieurs werden einige Zeit lang kein Wort mehr reden. Ich kenne meinen Hieb. Zunächst wollen wir einmal von dieser Sorte kosten!"

Er öffnete eine der Flaschen, goß sich ein Glas voll ein und trank es aus. Dann hob er die beiden Revolver auf, welche Ribeau entfallen waren.

"Wie gut, daß Sie kamen!" sagte Nanon. "Wir waren nun ohne Waffen. Was thun wir jetzt? Am Besten wird es sein, daß wir uns sofort entfernen!"

"Ich bitte, doch noch ein Wenig zu warten," sagte Fritz dann.

Er öffnete das Pult und blickte hinein. Zunächst zog er ein Packet starken Bindfaden hervor, mit welchem er die beiden besinnungslosen Franzosen band. Dann legte er sie so, daß sie, selbst wenn sie erwachen würden, nicht sehen konnten, was im Zimmer vorging.

Nun untersuchte er den Inhalt des Pultes sorgfältig. Dabei nahm sein Gesicht den Ausdruck steigender Genugthuung an. Madelon wußte, daß er preußischer Wachtmeister war; sie kannte also auch den Grund, weshalb er diese Bücher und Papiere so genau durchsuchte. Nanon hatte aber keine Ahnung davon. Sie war ganz erstaunt über das Interesse, welches er für diese Scripturen zeigte.

"Interessiren Sie sich so sehr für die Pulverfabrikation?" fragte sie.

"Nein, aber desto mehr für die Handschriften, welche ich hier finde. Ist Ihnen diese Unterschrift bekannt?"

Er legte ihr einige Briefe hin.

"Ah, der alte Capitän!" sagte sie.

"Und hier?"

"Graf Rallion."

"Diese Sachen interessiren mich so, daß ich wünsche, eine Abschrift von ihnen zu haben. Ich werde Ihre Geduld nicht lange auf die Probe stellen."

Er nahm Tinte, Feder und von dem vorhandenen Papiere, und begann zu schreiben. Nanon verwunderte sich schier über die Gewandtheit, welche dieser Pflanzensammler im Umgange mit der Feder besaß. Es war eine eigenthümliche Situation: Dort die beiden Gefesselten, deren Besinnung noch nicht zurückgekehrt war; hier die beiden Mädchen, soeben aus einer großen Gefahr errettet und an diesem gräulichen Orte dem schreibenden Kräutermanne mit einer Ruhe zusehend, als wenn sie sich in bester und bequemster Sicherheit befänden.

"So!" sagte er nach einiger Zeit. "Jetzt bin ich fertig, und wir können aufbrechen."

Er steckte die Abschriften zu sich und brachte die Originale wieder an Ort und Stelle. Eben wollte er sein Licht anstecken, um dann die Lampe verlöschen zu können, als er aufhorchte.

"Man klopft!" sagte Nanon.

"Das ist kein Klopfen," meinte Fritz. "Man hämmert förmlich gegen die Thür. Und da, dieses Rufen! Ich glaube gar, man belagert uns. Sollte es dem Kutscher gelungen sein, sich zu befreien und die Gäste zu alarmiren?"

"Das kann uns nichts schaden!" meinte Nanon. "Oeffnen wir!"

Aber Madelon verstand die Situation besser. Fritz befand sich in größter Gefahr.

"Nein, nicht öffnen!" sagte sie.

"Aber, warum nicht?"

"Davon später!"

Fritz nickte ihr beistimmend zu.

"Sie Beide befinden sich wohl weniger in Gefahr," sagte er. "Aber wenn man sich meiner bemächtigt, so erwartet mich nichts Gutes. Ich habe den Kutscher gefesselt und diese beiden Messieurs niedergeschlagen."

"Das ist schlimm, sehr schlimm!" sagte Madelon. "Was ist da zu thun? Man klopft und ruft immer stärker!"

"Kommen Sie!" meinte Fritz. "Man muß sehen, was sie wollen."

Er ließ Hut und Mantel des Kutschers liegen. Die Revolver hatte er zu sich gesteckt. Er nahm die beiden Damen bei den Händen und führte sie im Dunkeln fort bis vor, wo die Pferde mit dem Wagen standen. Es waren draußen viele Menschen beschäftigt, das Thor aufzusprengen.

"Hätten Sie doch Ihr Gepäck nicht mit im Wagen!" flüsterte er.

"Lassen wir es im Stich!" antwortete Nanon.

"Nein. Man wird doch sehen, ob diese Messieurs es fertig bringen werden, uns festzuhalten. Ein Glück, daß dieser Raum hier groß genug ist, um den Wagen umlenken zu können. Bitte, steigen Sie ein!"

„Herrgott!" sagte Nanon. „Es wird wohl gefährlich?"

„Für Sie nicht!"

„Aber für Sie?"

„Auch das befürchte ich nicht. So! Jetzt sitzen Sie fest. Jetzt wollen wir ein Wort mit diesen Leuten reden."

„Wer ist draußen?" fragte er laut.

„Ich, ich, ich, wir, wir!" antworteten viele Stimmen.

„Was wollt Ihr denn eigentlich!"

„Wo ist Monsieur Berteu?"

„Im Schreibzimmer."

„Und Monsieur Ribeau?"

„Auch dort."

„Und der Fremde, der mich gewürgt und gebunden hat?"

„Das war der Kutscher."

„Der bin ich."

„Also auf! auf! auf!"

„Sogleich! Im Augenblick!"

Er hatte den Wagen umgelenkt und die Zügel fest in der Hand. Das Thor ging nach auswärts auf; daher gelang es den Leuten nicht, es mit Gewalt zu öffnen. Während sie erfolglos pochten und hämmerten, konnten sie nicht hören, daß er den Holzriegel zurückschob. Im nächsten Augenblicke saß er auf dem Bocke, die Peitsche in der Rechten, die Zügel und den einen Revolver in der Linken. Ein Hieb mit der Peitsche, und die Pferde zogen an; das Thor prallte auf und riß mehrere der draußen Stehenden über den Haufen.

„Zurück! Platz gemacht!" kommandirte er.

Sechs Revolverschüsse krachten; die erschrockenen Pferde bäumten sich; aber er hatte sie fest im Zügel. Noch einige Peitschenhiebe, und die Kutsche flog zum Thore hinaus und im Galoppe auf dem Waldwege dahin.

Hinter ihr ertönten Flüche.

„Nach, nur immer nach!" hörte man rufen.

Fritz lachte laut und fröhlich auf. Seine Pferde konnte kein Fußgänger einholen. Er lenkte im Galoppe aus dem Waldwege heraus und in die Straße ein, welche nach dem Dorfe führte. In kaum fünf Minuten war das Letztere erreicht.

Vor der Schänke hielt der Kutscher.

„Ist die Zeche bezahlt?" fragte Fritz.

„Alles!"

„Schnell umsteigen, und dann fort!"

In kaum einer Minute saß er mit den beiden Schwestern im andern Wagen, der sich in rascheste Bewegung setzte. Berteu's Kutsche aber blieb stehen, nachdem vorher Fritz seinen Hut wieder an sich genommen hatte.

Es war nicht gerathen, heute Nacht in Etain zu bleiben. Darum beschlossen sie, als sie dort ankamen, sofort wieder abzureisen. Der Kutscher aus Metz, mit dem sie gekommen waren, mußte sofort anspannen.

Das ging nicht ohne einiges Geräusch ab. Eben wurde das Gepäck aufgeladen; Fritz stand mit den Damen am Wagen, beleuchtet von der Hauslaterne. Da wurde über ihnen ein Fenster geöffnet, und ein Kopf erschien, um herunter zu blicken. Madelon war im Begriffe, einzusteigen.

„Halt! Heda! Halt!" rief es da oben.

Fritz blickte empor, um zu sehen, ob der Zuruf ihnen gelte.

„Halt! Heda! Warten!" wiederholte es.

Dann verschwand der Kopf.

„Es scheint doch, daß wir gemeint waren," sagte Nanon.

„Wahrscheinlich. Warten wir also!"

Die Hausflur war sehr hell erleuchtet und die Treppe ebenso. Die Stufen der Letzteren kam eine kurze, dicke Gestalt herabgeeilt, in eine rothe Tischdecke gewickelt und einen riesigen Kalabreserhut auf dem Kopfe. In der Eile verwickelte sich der Mann mit den Füßen in die Decke; er verlor die Balance und fiel die letzten Treppenstufen herab.

Bei dieser Gelegenheit flog die Tischdecke auseinander, und man sah, daß der Mann nur Unterhose und Hemde trug. Sogar barfuß war er. Er raffte sich schnell wieder empor, stülpte den Hut wieder auf den Kopf, schlang die rothe Decke wieder um seine umfangreiche Gestalt und rief:

„Halt! Warten! Nur einen Augenblick!"

Nun kam er herbei.

„Meinen Sie uns, Monsieur?" fragte Fritz.

„Natürlich!"

„Wer sind Sie?"

„Ich bin Hieronymus Aurelius Schneffke, Kunstmaler. Ich — — —"

„Ah, kenne Sie bereits sehr gut!" lachte Fritz.

„Wie? Sie kennen mich?"

„Ja, per Renommée und per Distance."

„Freut mich, freut mich! Gehören Sie zu diesen Damen?"

„Ja."

„Erlauben Sie mir vielleicht, mit der Einen ein Wort zu sprechen?"

„Gern, sobald es der Dame selbst genehm ist."

Hieronymus trat an den Wagenschlag zu Madelon.

„O, bitte, Fräulein, ich möchte mir gern eine Erkundigung gestatten!"

„Ich stehe zu Diensten!"

„Ist sie wirklich eine Engländerin?"

„Wer?"

„Nun, die Gouvernante!"

„Ach so!" lachte sie. „Ja, sie ist eine Engländerin."

Sie sah sich durch die Verhältnisse zu einer Unwahrheit gezwungen.

„O weh! Das ist so dumm wie Pudding! Und sie heißt auch wirklich Miß de Lissa?"

„Allerdings."

„Dann hole der Teufel sämmtliche Gouvernanten!"

Er drehte sich zornig ab, um in sein Zimmer zurückzukehren, kam aber doch noch einmal zurück und fragte:

„Darf ich fragen, wo Sie jetzt gewesen sind?"

Das war allerdings eine etwas zudringliche Frage; aber sie hatte den eigenthümlichen Menschen beinahe lieb gewonnen. Darum antwortete sie bereitwillig:

„In Schloß Malineau."

„Alle Wetter! Wer hätte das gedacht!"

„Kennen Sie diesen Ort?"

„Ich will ja hin!"

„Ah! Haben Sie die lange Reise nur um dieses Zieles willen unternommen?"

Er besann sich doch, ob er die Wahrheit sagen dürfe. Er hatte seinem Auftraggeber versprochen, sehr vorsichtig zu sein; darum antwortete er:

„Nein. Ich will das Schloß abzeichnen, da ich einmal in dieser Gegend bin. Wohnt nicht dort ein Monsieur Berteu?"

„Was soll er sein?"

„Schloßverwalter."

„Der ist gestorben und heute begraben worden."

„Hm, hm! Waren Sie mit bei diesem Begräbnisse?"

„Ja. Ich habe die Reise nur deshalb unternommen."

Es war ein eigenthümlicher, verständnißinniger Blick, den er auf sie warf. Dann sagte er:

„Sie waren wohl mit Monsieur Verteu verwandt?"

„Er war unser Pflegevater. Hier ist meine Schwester."

„Und wohin reisen Sie jetzt?"

„Wieder zurück. Vorher aber gehe ich mit meiner Schwester nach Schloß Ortry bei Thionville."

„Ortry, hm! Mademoiselle, nehmen Sie einmal hier meine Hand! Ich mag Ihnen unbequem geworden sein; ich bitte Sie um Verzeihung. Es ist mir, als ob wir uns wiedersehen müßten, und zwar unter Verhältnissen, welche für sie erfreuliche sein werden. Gute Nacht, und gute Reise!"

Er kehrte in sein Zimmer zurück und sah durch das geöffnete Fenster den Wagen fortfahren. Dann entfernte er die Spuren der Zerstörung, welche er angerichtet hatte! Er war nämlich trotz seiner Müdigkeit vom Bette aufgestanden, um zu sehen, was es mit dem drunten stehenden Wagen für eine Bewandtniß habe, und dabei hatte er Madelon erkannt. Sie wollte abreisen, das hatte er gesehen; sprechen wollte er vorher mit ihr, und da er keine Zeit fand, sich anzukleiden, so hatte er schnell den Calabreser aufgestülpt und die Decke vom Tische gerissen, um sie als Nachtmantel um sich zu schlagen. Dabei aber hatte er Alles, was auf dem Tische stand, heruntergerissen. Als er dann am folgenden Morgen sein Portemonnaie suchte, fand er es in Gesellschaft mit dem goldenen Klemmer in demjenigen Geschirr, aus welchem man weder zu essen noch zu trinken pflegt. Er hatte Beides mit vom Tische herabgerissen.

(Fortsetzung folgt.)

25.

26.

Die Liebe des Ulanen.
Original-Roman aus der Zeit des deutsch-französischen Krieges von Karl May.
(Fortsetzung.)

Es war ein schöner Tag geworden, und Herr Hieronymus Aurelius Schneffke benutzte gleich den Vormittag, um zu Fuße nach Schloß Malineau zu wandern. Da er sich Zeit nahm, kam er erst um die Mittagszeit dort an.

Er war sich einer Art von diplomatischer Sendung bewußt, und da Diplomaten schweigsame Leute sein sollen, so ließ er sich, als er in der Schänke sein Mahl einnahm, mit dem Wirthe in kein Gespräch ein, obgleich dieser sich Mühe gab, sich über die Naturgeschichte des dicken Männchens Aufklärung zu verschaffen.

Nach Tische nahm er Mappe und Feldstuhl und spazierte nach dem Schlosse. Es fiel ihm gar nicht ein, dasselbe zu betreten und seine Erkundigungen zu beginnen. Nach seiner Ansicht mußte man mit ihm selbst anfangen und damit hatte er Recht.

Er suchte sich also einen passenden Punkt, plazirte sich dort auf den Feldstuhl, öffnete die Mappe und begann, zu zeichnen.

Es dauerte nicht lange, so kam ein junger Mann gegangen. Er näherte sich, grüßte und trat nach rückwärts, um einen Blick auf das beginnende Conterfei zu werfen.

„Ah, Sie sind Maler, Monsieur?" fragte er.

„Ja," nickte Schneffke.

„Darf ich fragen, welches Genre? Landschaft?"

„Alles!"

„Sind Sie Franzose?"

Sollte er sagen, daß er ein Deutscher sei? Nein, das fiel ihm gar nicht ein.

„Pole."

„Ihr Name?"

„Schneffka."

„Nehmen Sie das Schloß in irgend einem Auftrage auf?"

„Nein. Ich male nur zum Vergnügen."

„Verzeihen Sie, daß ich so zudringlich frage. Mein Vater ist gestern beerdigt worden und hat uns einige kleine Gemälde hinterlassen, deren Werth wir nicht kennen. Ein wirklicher Künstler hat sich hier noch niemals sehen lassen. Darum wäre es mir lieb, wenn Sie mir erlaubten, Ihnen die Bilder einmal zu zeigen."

„Wo befinden sie sich?"

„Im Arbeitszimmer meines Vaters. Mein Name ist Berteu. Würden Sie sich vielleicht einmal in meine Wohnung bemühen?"

„Gern."

Er klappte seine Mappe zu, griff zum Feldstuhle und folgte dem Voranschreitenden nach der Verwalterswohnung. Er that, als sei ihm an der Incommodation gar nicht viel gelegen, freute sich aber doch im Stillen über dieselbe.

Charles Berteu führte ihn in das Zimmer, in welchem er gestern über den Rechnungsbüchern gesessen, dann die Schwestern empfangen und endlich auch die Unterredung mit dem Kutscher gehabt hatte.

Es hingen da drei kleine Landschaften, von Anfängern gemalt. Sie waren fast gar nichts werth, aber Hieronymus nahm doch eine Miene an, als ob es sich um nichts Unbedeutendes handle. Es war ihm darum zu thun, einen Tag oder einige Tage hier verweilen zu dürfen.

„Nun?" fragte Berteu.

„Schade! Sehr schade."

„Wieso?"

„Ich taxire das Stück auf durchschnittlich fünfhundert Franks."

„Alle Wetter! Wirklich?"

„Das haben sie jedenfalls gekostet, vielleicht noch mehr.

Man hat es aber nicht verstanden, sie zu behandeln. Sie hat n sehr gelitten."

„O weh!"

„Ja, leider! Jetzt sind sie zusammen kaum zehn Franken werth, könnten aber leicht auf ihren früheren Werth und auch höher kommen, wenn sie gereinigt und renovirt würden. Das muß aber von einem guten Meister geschehen."

„Ist das theuer?"

„Gewiß. Doch giebt es Maler, welche eine gewisse Leidenschaft für dergleichen Arbeiten haben. Sie arbeiten dann oft ohne Honorar."

„Ah, so Einer sollte sich hier einfinden!"

Schneffke nickte leise vor sich hin, that aber, als ob er die Andeutung gar nicht verstanden habe, sondern beschäftigte sich noch weiter mit den Bildern.

„Renoviren Sie auch?" fragte Berteu.

„Nur aus Liebhaberei, und dann auch nur Landschaften."

„Das hier sind ja Landschaften."

„Allerdings."

„Sagen Sie, Monsieur, ob Sie diese Gegend vielleicht bald wieder verlassen!"

„Ich bin Herr meiner Zeit; ich kann kommen und gehen ganz wie es mir gefällt und beliebt."

„So würde ich wünschen, daß es Ihnen hier bei uns gefallen möchte. Vielleicht würden Sie sich entschließen, sich ein Wenig mit diesen drei Landschaften zu beschäftigen."

„Das wäre möglich. Nur glaube ich nicht, daß ich länger als einen Tag hier bleibe."

„Darf ich den Grund wissen?"

„Sagen Sie selbst, ob ein Künstler in Ihrer Schänke Wohnung nehmen kann!"

„O, wenn es das ist, so wäre ja ganz leicht geholfen. Ich würde Ihnen hier bei mir ein helles, freundliches Zimmer anbieten. Und wenn Sie mich mit dem Honorar nicht zu sehr anstrengen, so — ich gehöre nämlich nicht zu den reichen Leuten!"

„Na, wollen einmal sehen! Zeigen Sie mir das Zimmer!"

Berteu führte ihn nach dem besten Raume, der ihm zur Verfügung stand, und worin es dem guten Hieronymus ganz gut gefiel.

„Nun, Monsieur, wie werden Sie sich entscheiden?"

„Ich will Ihnen sagen, Monsieur, eigentlich macht man so Etwas nicht; man vergeudet seine Zeit und seine Kraft; aber Sie selbst gefallen mir, und Ihre drei Bildchen sind wirklich nicht übel; ich werde hier bleiben und sie Ihnen renoviren, ohne Bezahlung von Ihnen zu nehmen, vorausgesetzt, daß Sie mich nicht geradezu verhungern oder verdursten lassen."

„Topp, Monsieur! Das soll ein Wort sein!"

Sie schlugen ein. Charles Berteu freute sich bei dem Gedanken, werthvolle Bilder zu erhalten. Er nahm sich natürlich vor, sie sofort zu verkaufen. Der dicke Maler hatte mit einem Schlage seine ganze Zuneigung gewonnen. Er mußte gleich da bleiben.

Schneffke begann auch bereits an diesem ersten Tage, an den Bildern zu arbeiten; doch nahm er sich vor, sich nicht etwa zu beeilen. Er wollte hier so viel wie möglich für seinen alten Herrn Untersberg erfahren, der ihm ja ein so reichliches Reisegeld gezahlt hatte. Uebrigens hatte sich seine Gouvernante ganz plötzlich in eine Engländerin verwandelt. Das mußte verschmerzt werden, und das vergißt sich ja bekanntlich am Leichtesten und Schnellsten entweder bei fleißiger Arbeit oder regem gesellschaftlichen Verkehr.

Am andern Morgen saß er an der Staffelei, welche er sich improvisirt hatte, als Frau Berteu bei ihm eintrat um ihm das Frühstück zu bringen. Er hatte eins ihrer drei Bilder vorliegen, und da er gerade darüber war, das Gras noch grüner, den Himmel noch blauer und die Sonne noch gelber zu machen, so war sie ganz entzückt von der prächtigen Aquisition, die ihr in diesem großen Künstler geradezu in das Haus gelaufen war.

Er hatte das Fenster offen, und vor seinem Auge lag die wunderbar entworfene Seitenfaçade des Schlosses.

„Madame," fragte er, „wem gehört eigentlich dieses Schloß?"

„Dem Herrn General Graf von Latreau."

„Das muß ein sehr reicher Herr sein!"

„Steinreich."

„Wo wohnt er?"

„In Paris."

„Solche reiche Herren von Adel pflegen sehr oft Freunde der Kunst zu sein. Befinden sich hier im Schlosse Gemälde?"

„Einige."

„Ah, die möchte ich mir einmal ansehen! Würden Sie nicht die Gewogenheit haben, mir die Erlaubniß dazu zu ertheilen?"

Ihr Gesicht nahm sofort einen ganz anderen, abstoßenden Ausdruck an.

„Dazu habe ich nicht das Recht," sagte sie.

„Wer sonst?"

„Der Beschließer."

„Es giebt also außer dem Verwalter hier noch extra einen Beschließer, selbst wenn die Herrschaft sich nicht hier befindet?"

„Ja,"

„Wo wohnt der Mann?"

„Drüben im Parterre des rechten Flügels."

„Und wie heißt er?"

„Melac."

„Pfui Teufel!"

Sie blickte ihn erstaunt an.

„Was war Ihnen da?" fragte sie.

„Ich kann diesen Namen nicht leiden."

„Und ich die Personen nicht."

„Die Person des Beschließers?"

„Ja, die seinige und auch die andern."

„So hat er Familie?"

„Ja; aber bitte, wir hier sprechen niemals von diesen Leuten!"

„Aber ich müßte doch zu ihnen gehen, wenn ich die Bilder einmal sehen wollte!"

„Allerdings; aber ich rathe Ihnen, es doch lieber zu unterlassen; Sie würden die Erlaubniß dazu doch nicht bekommen. Wir wohnen hier auf dieser Seite, und die Leute bleiben stets drüben auf der andern. Wir haben nichts, gar nichts mit einander zu thun."

Damit ging sie fort. Sie hatte zuletzt in einem beinahe rücksichtslosen, ja groben Tone gesprochen; doch kümmerte ihn das nicht. Was gingen ihm solche Familienzwistigkeiten an!

Nach Tische steckte er sein Skizzenbuch zu sich und ging in den Park, welcher zu dem Schlosse gehörte, spazieren. Er war, wie jeder echte Künstler, ein Freund und Kenner der Natur. Er konnte bei einem Baum, einem Strauche stehen bleiben, um seine Eigenart, seine Individualität zu studiren. Daher kam es, daß er gar nicht auf die Richtung achtete, welcher er zuletzt folgte, bis er plötzlich, aus einem Buschwerk tretend, überrascht stehen blieb.

Ihm gegenüber, am andern Saume der kleinen Lichtung stand eine Bank, und auf derselben saß ein Greis, wie so schön der Maler noch keinen gesehen hatte. Diese hohe Stirn, dieser ideale Schnitt des Gesichtes, dieser prachtvolle, schneeweiße Bart, welcher ihm weit über die Brust herabfloß!

Im Nu saß Schneffke hinter einem verbergenden Strauchwerk, im Nu war das Skizzenbuch geöffnet, und der Stift arbeitete an dem Porträt dieses edlen Greisenangesichtes.

Und als dann des Tages Arbeit vollbracht war, saß er am Abende noch wach, die angefangene Skizze zu vollenden. Er sagte sich selbst, daß sie zum Besten gehöre, was er je gezeichnet hatte.

Am frühen Morgen des andern Tages zog es ihn wieder hinaus in den Park, und ganz unwillkürlich suchte er den Ort, an welchem er gestern den Greis bemerkt hatte. Die Bank war leer, und er setzte sich darauf. Nicht lange aber war das geschehen, so hörte er eine volle, frische Mädchenstimme singen:

„Der Mensch soll nicht stolz sein
Auf Gut und auf Geld;
Es lenkt halt verschieden
Das Schicksal die Welt.
Dem Einen sind die Gaben,
Die gold'ne, beschert;
Der And're muß sie graben
Tief unter der Erd'!"

Ein Lied in deutscher Sprache, hier in Frankreich, mitten unter einer französischen Bevölkerung. Das war seltsam. Er mußte die Sängerin sehen. Er stand also von der Bank auf und schritt der Gegend zu, aus welcher das Lied erschollen war.

Dort gab es auch eine Bank, und auf derselben saß die Sängerin, ein Mädchen im Alter von Etwas über zwanzig Jahren vielleicht. Sie war sehr einfach gekleidet — weißen Rock und weißes Jäckchen. Sie war nicht hoch und schlank, sondern von kleiner Statur, aber ihre Formen waren voll und versprachen, mit der Zeit noch an Fülle zuzunehmen. Sie hatte blondes Haar und ein allerliebstes rundes, herziges Gesichtchen, blaue Augen, ein kleines Näschen und einen Mund, der wie zum Küssen gemacht war. Ihr Schooß lag voller Blumen, aus welchem sie bemüht war, ein Bouquet zu formen. Dazu sang sie jetzt:

„Auf d' Alma geh i auf;
Es brummelt scho die Kuh.
Und wann der Bu zum Dirndl geht,
Da fingt er au dazu.
Auf d' Alma is ka Polizei',
Da is die schönste Ruh.
Nur wann der Bu zum Dirndl geht,
Da fingt er au dazu!"

Und nun trillerte sie einen Jodler hinaus so hell, so goldrein, daß sie von einer Lerche hätte beneidet werden können.

„Bravo! Bravissimo!"

So mußte Schneffke rufen; er konnte seinen Enthusiasmus nicht zurückhalten und schritt auf das Mädchen zu.

Sie erröthete, zeigte aber keine Verlegenheit, sondern sah mit hellen Augen seinem Kommen entgegen.

„Verzeihung, Mademoiselle, daß ich Sie störe!" bat er. „Aber wenn ich so fröhlich singen höre, so geht mir das Herz auf, und ich möchte auch gern mit fröhlich sein."

Er hatte, jetzt an das Französische gewöhnt, ganz unwillkürlich auch diese Worte in derselben Sprache gesprochen. Sie antwortete ebenso:

„Und Sie kommen herbei, weil Sie meinen, daß man zu Zweien fröhlicher sein kann als allein?"

„Ja, so scheint es mir. Sie wenigstens, Mademoiselle, haben ganz das Aussehen, als ob man in Ihrer Nähe niemals traurig sein könne."

Sie strich mit den kleinen, quatschigen Händchen die Blumen, welche sich zerstreuen wollten, zusammen, lachte, daß ihre perlenweißen Zähne erglänzten, und antwortete:

„Sie mögen Recht haben; es ist das eine Gottesgabe. Der Eine ist glücklich, wenn er weint, und der Andere, wenn er lacht. Gehören Sie zu den Ersteren oder zu den Letzteren?"

„Zu den Letzteren, also zu Ihnen, Mademoiselle!"

„Wirklich? So setzen Sie sich her. Hier, ich mache Platz!"

Sie rückte zu, daß auch für ihn noch Platz wurde. Das geschah so ungesucht, so einfach, so selbstverständlich, so ohne Absicht und Coquetterie, daß ihr der gute Hieronymus am Liebsten gleich einen Kuß gegeben hätte.

„Danke!" sagte er. „Nun sollte ich Ihnen helfen können; aber ich habe wohl gar kein Geschick dazu."

„Das brauchts gar nicht, denn ich werde sogleich fertig sein. Es ist das eigentlich kein Geburtstagsstrauß; aber Großvater liebt die Feld- und Waldblumen mehr als alle anderen."

„Heute ist der Geburtstag Ihres Großvaters?"

„Ja, heut!" nickte sie.

„Sie wohnen wohl nicht weit von hier?"

„Nein, gar nicht weit."

„Vielleicht sehen wir uns da noch einmal wieder, ehe ich wieder fortgehe."

„Fortgehen? Sind Sie nicht von hier?"

„Nein."

„Und doch sprechen Sie so gut den Dialect dieser Gegend!"

„Und Sie sind Französin und singen deutsche Lieder."

„Großvater hat die Deutschen gern."

„So ist er wohl ein Deutscher?"

„Nein. Das sagt bereits unser Name."

„Ah, wenn ich den doch hören dürfte!"

„Warum nicht? Wir heißen Melac."

„Pfui Teufel!" entfuhr es ihm, gerade so wie gestern.

Und wunderbar, sie nahm ihm das nicht übel; sie zuckte mit keiner Wimper, sondern sie sah ihm offen in das Angesicht und fragte:

"Nicht wahr, Sie denken an den Pfalzverwüster?"

"Ja. Nach ihm nennt man sogar die bissigsten Bluthunde Melac."

"Wir stammen von ihm ab; er ist unser Ahne und gerade darum hält Großvater so viel auf die Deutschen. Er denkt, er soll wenigstens mit dem Herzen die Sünden des Ahner gut machen, da er sie anders doch nicht sühnen kann."

"Dann ist Ihr Großpapa ein sehr braver Mann."

"Ja, das ist er. Ich habe ihn sehr lieb und bin ganz stolz auf ihn. Der gnädige Herr General ist ihm auch gewogen."

"So ist Ihr Großpapa Beschließer des Schlosses?"

"Ja."

"Und Ihr Vater?"

"Ich habe nicht Vater und Mutter, darum bin ich bei den Großeltern."

"Ich wohne bei dem Verwalter Berteu."

"Der ist todt."

"Sind Sie mit der Familie befreundet?"

"Sie fliehen uns, und doch haben wir ihnen nichts gethan. Ich habe Großvater nach der Ursache gefragt, doch der wußte es mir auch nicht zu sagen."

Das war ein gutes Zeugniß für die Familie Melac und ein schlechtes für die Familie Berteu. Die Melac's waren nicht gewöhnt, ihren Nebenmenschen Böses nachzusagen.

"Von wem haben Sie Ihre deutschen Lieder gelernt?" fragte Schneffke.

"Von den Großeltern. Beide sprechen deutsch. Wie lange werden Sie hier wohnen bleiben?"

"Nur einige Tage.

"Wie schade! Wenn ich mit Ihnen spreche, so ist es als rede ich mit mir selbst."

"Wahrhaftig, so ist es!" stimmte der Maler ein. "Wenn ich hier wohnen bliebe, würde ich um die Erlaubniß bitten, Ihre Großeltern kennen zu lernen."

"Das können Sie ohnedem. Großvater spricht gern mit Leuten, welche über Andere gerecht und billig denken. Haben Sie ihn noch nicht gesehen?"

"Ich bin heute erst zum zweiten Male hier."

"Nun, wenn Sie einen alten Herrn sehen mit langem, weißen Barte, der ist es. Sie können getrost eine Unterhaltung mit ihm beginnen; er liebt es sehr, seine Gedanken gegen andere umzutauschen. Leider fehlt ihm hier die Gelegenheit dazu. Er schläft des Morgens länger als Großmama und ich. Nun aber wird er bald erwachen, und da muß ich mit den Blumen bei ihm sein."

Sie erhob sich, um zu gehen. Man bemerkte, daß sie nicht recht wußte, in welcher Weise sie sich verabschieden sollte. Er war auch aufgestanden und sagte:

"Ich hätte Ihnen gern einige Blüthen mit gepflückt für den guten Papa; dazu bin ich jedoch zu spät gekommen. Eins aber könnte ich zu diesem Strauße fügen, wenn ich wüßte, daß es ihm Freude bereitete."

Sie blickte ihn erwartungsvoll an. Eine directe Bitte oder Frage wollte sie nicht aussprechen.

"Ich bin nämlich gestern ein Dieb gewesen. Ich sah gestern einen alten, ehrwürdigen Herrn, welcher nach Ihrer Beschreibung Ihr Großpapa war. Ihm habe ich etwas geraubt. Hier ist es. Geben Sie es ihm heute zu seinem Geburtstage zurück, und bitten Sie ihn, es mir zu verzeihen!"

Er öffnete das Skizzenbuch und übergab ihr die gestern begonnene und auch vollendete Zeichnung. Als ihr Auge auf dieselbe fiel, stieß sie einen Ruf des Erstaunens aus.

"Sein Bild! Sein Bild! Wie ähnlich! Welch eine Ueberraschung! Sind Sie denn Künstler, Maler, Monsieur?"

"Ich male, ja."

"Das ist ein Meisterstück, ein großes Meisterstück! Ich bitte Sie dringend, Großpapa zu besuchen, damit auch er dieses Portrait einmal zu sehen bekomme!"

"Ich habe Sie bereits gebeten, es ihm zu überreichen."

"Es ihm zu zeigen, wollen Sie sagen!"

"Nein; es soll sein Eigenthum sein, ein Geburtstagsgeschenk von seiner guten, liebenswürdigen Enkeltochter."

Er sah es ihr an, daß es ihr schwer wurde, an die Wahrheit einer so großen Gabe zu glauben.

"Wirklich, Monsieur?" fragte sie. "Sie sprechen im Ernste?"

"Gewiß. Das Bild gehört Ihnen."

Da ging ein Strahl unendlichen, kindlichen Glückes über ihr vor Freude und Entzücken geröthetes Angesicht.

"Monsieur, Monsieur, so Etwas hätte ich nicht für möglich gehalten. Die Freude, welche Ihr Geschenk bereitet, wird eine unbeschreibliche sein! Wie soll ich Ihnen danken!"

"Wenn ich dürfte, wollte ich Ihnen sagen, wie Sie mir am besten danken können."

"O, bitte, sagen Sie es! Sagen Sie es!"

Sie hatte eine einfache Federnelke an ihre Brust befestigt. Er deutete auf dieselbe und sagte:

"Gewähren Sie mir diese Blume, Mademoiselle! Ich werde sie als Erinnerungszeichen dieser Stunde so lange ich lebe treu bewahren."

Sie erglühte; aber sie nahm die Nelke und reichte sie ihm hin.

"Es ist so wenig, so sehr wenig," sagte sie. "Ich wollte ich könnte Ihnen noch besser dankbar sein! Aber, bitte, erlauben Sie auch Großpapa, Ihnen Dank zu sagen! Darf er hoffen, Sie heut bei sich zu sehen?"

"Falls mir der Zutritt gestattet ist, ja."

"Sie werden sehr willkommen sein! Adieu, Monsieur!"

Sie ging, und er blickte ihr nach, so lange er sie sehen konnte.

"Welch ein Mädchen!" sagte er zu sich selbst. "Das ist so eine Sorte — unverdorben, gesund, gemüthvoll und lieber ein Bischen dicker als zu dürr. Ich glaube, die wird einmal ganz meine Figur bekommen. Alle Wetter, was für ein respectables Paar würde das geben! Ich mag wirklich von keiner Gouvernante Etwas wissen. Sie halten nicht Stich; sie verändern sich zu oft; sie werden zu schnell englisch und bekommen andere Namen. Dann läuft man ihnen nach und versäumt da Eisenbahnzüge. So ein Naturkind aber wie dieses Mädchen hier, ist etwas ganz Anderes. Das hat Kern und Leben; da drin steckt Saft und Kraft! Diese Parkblume von Schloß Malineau muß meine Frau werden, sonst bleibe ich ledig!"

Nachmittags, zur üblichen Visitenzeit, begab er sich in das Parterre des rechten Schloßflügels. Er sah den Namen Melac an einer der Thüren stehen und klopfte. Es wurde ihm von der „Parkblume" geöffnet, welche ihn bat, einzutreten. Sie verrieth eine große Freude über seinen Besuch und führte ihn in das Nebenzimmer. Dort saß der alte, ehrwürdige Herr, dessen Portrait er aufgenommen hatte, neben ihm eine Dame wohl desselben Alters und von einer mehr als glücklichen Wohlbeleibtheit. Sie besaß eine große Aehnlichkeit mit ihrer Tochter, und es stand zu erwarten, daß diese Letztere einst ganz denselben Körperumfang wie ihre Mutter erreichen werde.

„Das ist der Herr, den ich heute früh im Parke traf," sagte das Mädchen, „und welcher die Güte hatte, mir Dein Portrait zu schenken, lieber Vater."

Die beiden ehrwürdigen Leute erhoben sich und begrüßten den Maler freundlich und herzlich wie einen alten Bekannten. Sie machten den besten Eindruck auf ihn. Er nannte seinen Namen, nämlich Schneffke, wie er sich ja auch Verteu gegenüber genannt hatte, und fühlte sich sehr bald in ein recht animirtes Gespräch gezogen.

Auf dem Tische stand Wein und eine bereits angeschnittene Torte, jedenfalls dem Geburtstage zu Ehren. Er erhielt ein Stück des Kuchens und ein Glas Wein, und die drei Leute schienen sich darüber zu freuen, daß er sich dies ohne alle Complimente gefallen ließ.

An der Wand hing ein ziemlich großes Bild, ein Portrait in Pastell. Es stellte einen jungen Mann vor, dessen Gesichtszüge den Südländer verriethen, hatte aber, obgleich es durch eine darüber gezogene Glastafel geschützt war, von seiner ursprünglichen Frische sehr viel verloren. Die Pastellgemälde sind die vergänglichsten, weil bei ihnen die Farben nur wie zarter Staub auf der Fläche kleben. Sie müssen besonders vor der Einwirkung der Luft und der Feuchtigkeit, sowie auch vor Staub und Erschütterungen bewahrt werden.

Das Auge des Malers kehrte während der Unterhaltung immer wieder nach diesem Portrait zurück. Er erkannte, daß es von einem Meister gefertigt sein müsse. Wie kam so ein Kunstwerk, so ein theures Stück in die Wohnung eines einfachen Beschließers? So fragte er sich im Stillen.

Melac bemerkte die Anziehungskraft, welche das Bild auf seinen Besuch ausübte, und fragte daher:

„Sie interessiren sich für dieses Portrait, Monsieur?"

„Allerdings. Es scheint ein Meisterwerk zu sein."

„Wirklich? Ich verstehe nichts davon."

„Wer hat es gemalt?"

„Das weiß ich leider nicht."

„Ist nicht der Name des Künstlers, ein Facsimile, oder irgend ein Zeichen zu sehen?"

„Nein, auch das nicht?"

„Aber Sie wissen wenigstens, wer der Herr ist, welchen das Portrait vorstellt?"

„Auch das ist uns unbekannt. Das Bild ist nämlich ein Geschenk, oder vielleicht darf ich auch das nicht sagen, da ich noch unsicher bin, ob ich mich den Besitzer desselben nennen darf."

„Das klingt ja recht geheimnißvoll!"

„Ist es wohl auch."

„Ah, das liebe ich. Dem Maler ist nichts so interessant wie ein Bild, mit welchem irgend ein Geheimniß verknüpft ist."

„Leider bin ich aber nicht im Stande, dieses Geheimniß zu durchdringen. Ich erhielt das Bild von einer Sterbenden, oder doch wenigstens von einer Kranken, welche am nächsten Tage starb."

„Und Sie wissen nicht, auf welche Weise sie in den Besitz desselben gekommen war."

„Nein. Die Dame wohnte hier. Sie hieß Charbonnier und hatte zwei Töchter — — —"

„Charbonnier?" unterbrach ihn der Maler.

Er mußte sofort an Madelon Köhler denken, Charbonnier heißt ja Köhler im Deutschen.

„Ja, Charbonnier," antwortete der Gefragte. „Sie wohnte beim Verwalter und schien bessere Tage gesehen zu haben. Sie sprach niemals von ihrer Vergangenheit, obgleich sie täglich hier bei uns war. Sie schloß sich nämlich mehr an uns an als an die Familie des Verwalters. Als sie dann krank wurde, ließ sie sich von einer Frau pflegen. Wir dachten keineswegs, daß die Krankheit zum Tode sei. Sie schickte mir durch eine Frau das Bild und ließ mir sagen, daß sie mit mir darüber zu sprechen habe. Am anderen Tage aber war sie todt."

„Ohne Ihnen eine Aufklärung über das Bild gegeben zu haben?"

„Leider. Sie hat in ihren letzten Augenblicken davon sprechen wollen, aber doch nur stammeln können. Meine Frau ist nicht im Stande gewesen, ein Wort zu verstehen."

„Hm! Sie wissen also ganz und gar nichts über die Vergangenheit der Dame?"

„Nein. Sie ist eines schönen Tages nach Schloß Malineau gekommen und hat sich beim Verwalter ein Stübchen gemiethet. Dann, als sie starb, hat dieser sich der Kinder angenommen. Die beiden Mädchen sind Erzieherinnen geworden."

Schneffke konnte nicht verrathen, wie ganz außerordentlich er sich für diese Angelegenheit interessirte. Er sagte:

„Ein eigenthümlicher Fall. Ich habe eine gewisse Leidenschaft für dergleichen geheimnißvolle Geschichten. Vielleicht könnte der Verwalter Auskunft geben. Mit ihm ist die Dame jedenfalls offen gewesen."

„Möglich, obgleich ich es nicht glaube. Uebrigens wird er keine Auskunft ertheilen können, denn er ist todt."

„Vielleicht hat er seinen Sohn eingeweiht."

„Das ist sehr unwahrscheinlich. Ich glaube, daß der junge Verteu nicht das Mindeste weiß."

Das war es ja, was Schneffke erfahren und erkundschaften sollte!

„Sie haben den todten Verwalter mit zu Grabe geleitet?" fragte er, damit das Gespräch nicht in's Stocken gerathe.

„Nein. Ich hätte das nicht wagen dürfen, da wir mit den Verteu's entzweit sind. Sie wohnen bei ihnen; haben Sie nichts davon bemerkt?"

„Ich habe es ahnen können."

„Wir sind nicht schuld daran. Der junge Verteu ist ein roher, rücksichtsloser Patron. Er stellte unserer Tochter nach, und zwar in einer Weise, daß Marie um meinen Schutz bitten mußte. Ich wies den Menschen zurecht, und seit jener Zeit leben wir in Feindschaft. Der Haß wird von unserer Seite keineswegs gepflegt, obgleich uns sehr oft Gelegenheit geboten wird, ärgerlich zu werden. Die Berteus haben sogar gewagt, dieses Bild von uns zu fordern, natürlich aber ohne allen Erfolg."

„Aber Berteu hat doch kein Recht daran!"

„Nicht das mindeste. Der verstorbene Verwalter ist ja zugegen gewesen, als Frau Charbonnier meine Frau gebeten hat, das Bild mitzunehmen; aber er hat auch stets behauptet, daß es uns nicht ausdrücklich geschenkt worden sei."

„So hat er es wohl für die beiden Mädchen reclamirt?"

„Ja, scheinbar, in Wirklichkeit aber jedenfalls für sich."

„Vielleicht hat er geahnt, daß es irgend eine Bewandtniß mit dem Bilde hat."

„Es wird wohl so sein."

„Würden Sie mir erlauben, es einmal zu betrachten?"

„Sehr gern! Marie, nimm es einmal herab!"

Das Mädchen stellte sich einen Stuhl an die Wand, konnte aber das Gemälde noch nicht gut erreichen; darum nahm Schneffke einen zweiten Stuhl, um ihr zu helfen. So standen sie neben einander auf den Stühlen, und gerade als es ihnen gelungen war, das Bild vom Nagel zu nehmen, wackelte Mariens Stuhl. Schneffke glaubte, sie würde fallen und bog sich zu ihr hinüber, um sie zu halten. Dadurch verlor er das Gleichgewicht und — — stürzte selbst herab. Er hielt selbst im Fallen das Bild noch fest. Marie ließ auch nicht los, da sie das Glas nicht zerbrechen lassen wollte, und so kam es, daß auch sie die Balance verlor und im nächsten Augenblicke auf den dicken Maler fiel.

„Mein Gott!" rief der Beschließer. „Welch ein Unglück!"

Er kam herbei geeilt.

„Es ist doch nichts zerbrochen?" fragte die Beschließerin voller Angst.

„Nein," antwortete Schneffke, am Boden liegend. „Das Glas ist noch ganz, es ist nicht zerbrochen."

„Das meine ich nicht; aber Sie, Monsieur; sind Sie noch ganz?"

„Ich werde nachsehen."

Marie hatte sich schnell aufgerafft. Ihr hübsches Gesichtchen glühte vor Verlegenheit. Schneffke stand langsam auf, betastete sich, streckte die Arme aus, hob ein Bein nach dem andern in die Höhe uud sagte dann lachend:

„Unbeschädigt! Ich bin auch nicht entzwei."

„Welch ein Glück!" meinte die Frau. „Das sah wirklich ganz gefährlich aus!"

Der Maler schüttelte den Kopf, strich sich mit beiden Händen denjenigen Theil seines Körpers, auf welchem er damals in Tharandts heiligen Hallen die Schlittenparthie gemacht hatte, und antwortete gutmüthig:

„Es war nicht so schlimm, wie Sie gedacht hatten, Madame: Ich falle sehr weich."

„Das scheint wahr zu sein," lachte der Beschließer. „Ich glaube, Marie ist schuld gewesen."

„Nein," meinte Schneffke. „Die Schuld liegt an mir. Nur gut, daß wir nicht das Bild zerbrochen haben. Lassen Sie es mich betrachten."

Er trug es in die Nähe des Fensters und untersuchte das Gemälde.

„Sehen Sie," sagte er nach einiger Zeit. „Hier unten in der Ecke steht ein M mit einem Strich hindurch. Es ist allerdings kaum noch zu erkennen. Das ist das Facsimile des berühmten Porzellanmalers Merlin in Marseille, der allerdings seit längerer Zeit todt ist. Das Portrait ist ein Meisterstück, hat aber sehr gelitten, da es weit transportirt worden ist. Die Farbe ist ausgestaubt."

„Geht das nicht auszubessern?"

„O doch! Soll ich es machen?"

„Ah, wären Sie bereit dazu?"

„Gewiß! Sie brauchen mich das Gemälde mitnehmen zu lassen. In zwei Tagen bin ich fertig."

„Mit hinüber zu Berteu? Das möchte ich unter allen Verhältnissen nicht wagen."

„Warum nicht?"

„Wer weiß, ob ich es wieder bekäme."

„Sapperlot! Mißtrauen Sie mir?"

„O nein. Aber Berteu ist gewaltthätig. Er würde Sie vielleicht hindern, mir das Bild zurück zu geben."

„Hm! Was ist da zu machen?"

„Vielleicht könnten Sie sich entschließen, die Reparatur hier bei uns vorzunehmen."

Das war dem guten Schneffke sehr willkommen. Auf diese Weise fand er ja Veranlassung, in der Nähe der hübschen Marie zu verweilen.

„Ich bin gern bereit dazu," sagte er, „fürchte aber, Ihnen lästig zu fallen."

„Keineswegs! Sie sind uns herzlich willkommen. Aber einen Punkt müßten wir vorher besprechen — —!"

„Ah! Sie meinen das Honorar?"

„Ja."

„Sorgen Sie sich nicht. Ich unternehme diese Arbeit zu meinem Vergnügen. Ich lerne dabei; ich übe mich. Meinen Sie, daß ich mich dafür auch noch bezahlen lassen soll?"

„Sie sind sehr nachsichtig, Monsieur. Wann dürfen wir Sie da erwarten?"

„Kann ich morgen Vormittag beginnen?"

„Zu jeder Zeit, und ganz nach Ihrem Belieben! Aber Monsieur, weiß Berteu von Ihrem gegenwärtigen Besuche?"

„Nein."

„Er wird erfahren, daß Sie zu uns gehen?"

„Jedenfalls."

„Sie werden dadurch in Ungelegenheiten kommen."

„Das schadet nichts. Ich bin nämlich ein großer Freund von Ungelegenheiten, zumal von solchen. Jetzt aber erlauben Sie mir, mich Ihnen zu empfehlen."

Er reichte Marien die Hand. Sie befand sich noch immer in Verlegenheit. Er lachte fröhlich auf und sagte:

„Thut es Ihnen leid, daß wir mit einander gefallen sind, Mademoiselle?"

„Es war ungeschickt von mir!" antwortete sie.

„Nein; es war im Gegentheile sehr geschickt. Sie glauben gar nicht, wie gern ich falle, zumal mit Ihnen. Und wissen Sie vielleicht warum?"

„Nein."

„Nun, es giebt einen alten Glauben. Wenn ein Herr und eine Dame, welche Beide unverheirathet sind, gemein=

schaftlich fallen; so — so — hm, so giebt es bald eine fröhliche Hochzeit!"

„Monsieur!"

Sie sprach dieses Wort in einem Tone aus, der allerdings einigermaßen verwahrend genannt werden konnte, aber doch nicht im Mindesten zornig klang. Ein liebliches Roth lag auf ihren Wangen, und ihre Augen blickten keineswegs grimmig auf den Sprecher.

„Na," meinte ihr Vater, „der Herr macht ja nur Scherz! Ah, man klopft! Wer mag kommen?"

Der Maler wollte sich schnell empfehlen, aber der Beschließer winkte ihm, zu bleiben, und sagte:

„Bitte, Sie stören gar nicht. Es ist jedenfalls eine ganz unbedeutende Angelegenheit."

Er ging, um zu öffnen. Ein elegant gekleideter junger Mann trat ein. Er grüßte höflich und sagte:

„Entschuldigung, meine Herrschaften! Ich heiße Martin und bin aus Roussillon. Ich reise für ein bedeutendes Weinhaus. Darf ich vielleicht fragen, ob Sie Bedarf haben?"

„Ah! Sapperment!" erklang es da von der Seite her, auf welcher Schneffke stand.

Er hielt die Augen wie in starrer Verwunderung auf den Eingetretenen gerichtet. Dieser drehte sich zu ihm, und auch sein Blick glänzte eigenthümlich auf, zeigte aber bereits im nächsten Augenblicke keine Spur mehr davon.

„Danke!" sagte Melac. „Ich bin nur Beschließer dieses Schlosses. Meine Mittel erlauben mir nicht, Wein in den Keller zu legen."

„Aber der Besitzer? Vielleicht — —?"

„Er ist nicht anwesend."

„Wohl verreist?"

„Nein. Er lebt in Paris. Es ist Seine Excellenz, der Herr General Graf von Latreau?"

„General Graf von Latreau?" fragte der Weinreisende im Tone großer Verwunderung. „Ah, bei diesem Herrn bin ich in den letzten Tagen oft gewesen, bei ihm und Comtesse Ella, seiner Enkelin."

„Wie, Sie kennen den gnädigen Herrn?"

„Ja. Haben Sie nicht gehört, was sich mit dem gnädigen Fräulein ereignet hat?"

„O doch! Es stand ja in allen Zeitungen. Heute Vormittage las ich, daß sie errettet worden ist. Ich bin fürchterlich erschrocken gewesen und danke mit den Meinen Gott, daß dieser fürchterliche Anschlag zu nichte wurde. Es soll ein Weinreisender gewesen sein, welcher — —"

Er hielt inne, blickte den Fremden betroffen an und fuhr dann fort:

„Ah, Sie sagten, daß Sie in den letzten Tagen bei dem General gewesen seien?"

„Ja."

„Und Sie sind Weinreisender! Monsieur, Sie sind doch nicht etwa ganz derselbe?"

„Wer?" fragte der Andere lächelnd.

„Der das gnädige Fräulein gerettet hat?"

„Nein; das war mein Herr, nämlich Monsieur Belmonte, aber ich war dabei und habe mit geholfen."

„Wirklich? Wirklich? Welch ein Zufall, daß Sie nun nach Malineau kommen. Monsieur, bitte, gehen Sie noch nicht fort! Haben Sie die Güte, uns von diesem Ereignisse zu erzählen!"

„Gern, wenn Sie sich so dafür interessiren, obgleich ich eigentlich meine Zeit dem Geschäfte zu widmen habe."

„Das werden Sie nachholen. Haben Sie diese Gegend bereits einmal bereist?"

„Nein."

„Nun, so werde ich Ihnen die Namen Aller nennen, welche Wein kaufen; auf diese Weise kann ich Ihnen erkenntlich sein, und Sie holen das Versäumte nach. Monsieur Schneffka, auch Sie dürfen jetzt nicht gehen. Sie müssen die Erzählung dieses merkwürdigen Ereignisses mit anhören. Bitte, setzen Sie sich, meine Herren!"

Man nahm am Tische Platz; die Gläser wurden gefüllt und der Reisende begann zu erzählen.

Eine Stunde später war die sehr angeregte Unterhaltung zu Ende, und er empfahl sich, von dem Danke des Beschließers begleitet. Auch der Maler ging, mit ihm zu gleicher Zeit. Als sie sich im Freien befanden und sich unbeobachtet wußten, fuhr es dem Maler heraus:

„Donnerwetter! Ich dachte, nicht recht zu sehen!"

„Und ich traute meinen Augen nicht!"

„Du hier in Malineau!"

„Und Du auch!"

„Du ein Weinreisender aus Roussillon, Namens Martin!"

„Martin ist mein Vorname! Aber Du als Monsieur Schneffka, als ein Pole! Was soll das heißen?"

„Hm! Was soll Dein Weinreisender heißen. Ein Berliner Telegraphist als Weinreisender!"

„Ja, ja! Es kommen wunderbare Dinge vor in der Welt, mein lieber Hieronymus Aurelius Schneffke. Ich glaube, zu errathen, weshalb Du hier bist."

„Nun, weshalb?"

„Um Thierstudien zu machen, jedenfalls nicht!"

„Nein."

„Also anthropologische Angelegenheiten: Menschenstudien?"

„Ja."

„Diese kleine, allerliebste, dicke Marie Melac?"

„Hm! Ja!"

„Wird sie anbeißen?"

„Ich denke es!"

„Ich nicht."

„Warum nicht?"

„Weil ich Dein berühmtes Pech kenne!"

„Unsinn! Ich lernte kürzlich sogar eine Gouvernante kennen, mit welcher ich nach Frankreich fuhr."

„Du warst natürlich sofort Feuer und Flamme!"

„Ja, es wurde mir allerdings ein Bischen heiß; aber — —"

„Na, was für ein Aber ist es?"

„Als wir nach Thionville kamen, war aus der Gouvernante die Tochter eines englischen Lords geworden."

„Allerdings verteufeltes Pech. Die Sache ist also, daß Du eine vornehme Engländerin für eine Gouvernante gehalten hast, nicht wahr?"

„So ungefähr!"

„Das kann Herrn Hieronymus Schneffke leicht passiren. Und nun bist Du bereits wieder getröstet, wie ich sehe!"

„Ganz und gar. Ich habe schon das Glück gehabt, mit dieser allerliebsten Marie in die Stube zu purzeln."

„Hahahaha. Ein gutes Omen!"

„Welches auf Hochzeit deutet!"

„Hoffentlich! Aber, nun einmal ernsthaft! Was thust Du hier in Frankreich?"

„Es war eine Studienreise, während welcher ich zufälliger Weise nach hier kam. Und Du? Du warst also in Paris?"

„Ja."

„Und die Geschichte, welche Du erzähltest, ist wirklich passirt?"

„Ganz genau so."

„Wer aber ist denn dieser Belmonte?"

„Der Rittmeister von Hohenthal."

„Donnerwetter! Sollte ich das Richtige ahnen?"

„Nun, was ahnst Du?"

„Hm. Ich bin doch auch Soldat."

„Landwehrmann!"

„Landwehrunterofficier, willst Du wohl sagen."

„Gut! Also weiter!"

Der dicke Maler machte ein sehr gescheidtes Gesicht und fuhr fort:

„Man munkelt von Krieg!"

„Man munkelt das sogar sehr deutlich."

„Zwischen Preußen und Frankreich!"

„Natürlich nicht zwischen Preußen und Honolulu!"

„Da werden sogenannte Eclaireurs geschickt!"

„Vermuthlich."

„So einer ist Dein Rittmeister!"

„Vielleicht."

„Und Du auch?"

„Ich bestreite es Dir gegenüber nicht, da ich Dich als einen verschwiegenen Jungen kenne."

„Keine Sorge! Denkt Ihr wirklich, daß es losgeht?"

„Ja, und zwar bald."

„Sapperment! Da kann ich machen, daß ich nach Hause komme!"

„Ja, trolle Dich heim! Man wird Dich brauchen."

„Einige Tage muß ich noch hier bleiben, wenigstens zwei."

„Wegen der Marie?"

„Wegen eines Bildes, welches ich auszubessern habe."

„Ach so! Dann ist Deine Studienreise zu Ende, und Du fährst direct nach Berlin."

„Nicht direct. Ich nehme unterwegs Absteigequartier."

„Wo?"

„Bei Thionville. Es giebt da ein Schloß, welches Ortry heißt."

Martin Tannert wurde aufmerksam.

„Ortry?" fragte er. „Ah! Was willst Du dort?"

„Das weiß ich noch nicht."

„Wie? Das ist doch unmöglich!"

„Ich werde Jemand dort treffen."

„Wohl auch eine Dame, he?"

„Natürlich!"

„Unverbesserlicher Mädchenjäger! Aber Du, nimm Dich dort in Acht, damit Du keinen Fehler begehst!"

„Wieso?"

„Es sind dort zwei Eclaireurs. Solltest Du zufällig Einen erkennen, so verrathe Dich nicht."

„Wer sind sie?"

„Der Ulanenrittmeister Königsau."

„Sapperment! Ein tüchtiger Officier!"

„Und sein Wachtmeister Schneeberg."

„Kenne ihn nicht. Woher weißt Du das?"

„Wir haben es erst gestern erfahren."

„Wo ist Herr von Hohenthal?"

„In Metz. Wir müssen uns diesen Waffenplatz ein Wenig genau betrachten."

„Aber warum kamst Du da nach Malineau?"

„Hm! Die Umgegend von Metz ist doch auch von einiger Wichtigkeit. Wo wohnst Du hier?"

„Da drüben beim Verwalter, dessen Bilder ich reparire. Willst Du mit?"

„Danke!"

„Oder trinken wir ein Glas Wein in der Schänke?"

„Meinetwegen! Aber nimm Dich in Acht, daß kein Mensch einen Verdacht faßt!"

„Pah! Ich bin kein Esel. Komm!"

Am andern Morgen befand Schneffke sich wieder bei dem Beschließer Melac. Er hatte Pastellstifte mitgenommen und erhielt einen schönen Platz am Fenster. Er mußte natürlich das Glas entfernen und das Bild aus dem Rahmen nehmen. Als er das that, sahen Marie und ihre Eltern zu.

Er trennte zunächst die Rückwand los. Kaum war dies geschehen, so fiel sein Auge auf ein großformatiges Briefcouvert, welches zwischen der Wand und dem Bilde steckte.

„Ein Brief," sagte er erstaunt. „An wen?"

Er las die Adresse: „Herrn Beschließer Melac."

„An mich?" fragte der Genannte. „Mein Gott, sollte es sich um das Geheimniß handeln, von welchem wir gestern gesprochen haben, Monsieur?"

„Vielleicht. Hier, nehmen Sie!"

Die vier Personen befanden sich natürlich in allergrößter Spannung. Melac öffnete das Couvert. Es enthielt mehrere Papiere, welche er auseinander schlug.

„Das Geburtszeugniß eines Kindes, eines Mädchens, Namens Nanon de Bas-Montagne."

„Himmel!" sagte seine Frau. „Das gilt unserer Nanon!"

„Und hier ein zweites auf den Namen Madelon de Bas-Montagne. Ja, es gilt den beiden Schwestern! Und hier ist der Trauschein der Eltern: Baron Guston de Bas-Montagne und Amély, geborene Rénard."

Die Beschließerin schlug die Hände zusammen und rief:

„Das ist es, wovon die Sterbende mit Dir sprechen wollte!"

„Ja. Hier ist eine Quittung über 15000 Franks, welche sie dem Verwalter Berteu geborgt hat. Ah, ich habe mir gedacht, daß die beiden Mädchen nicht ohne Geld sein würden. Ihre Mutter mußte doch von Etwas leben. Das Geld ist nicht zurückgezahlt worden, denn hier ist die Schuldverschreibung. Das werde ich zu ordnen haben."

„Fünfzehntausend Franks!" sagte seine Frau. „Der Berteu kann nicht fünfzehnhundert zurückgeben."

„Wir werden sehen! Und hier zuletzt ein Brief, welcher an mich adressirt ist."

Dieser Brief, welchen er erst für sich durchflog und dann laut vorlas, hatte folgenden Inhalt.

„Mein guter Herr Melac.

„Wenn diese Zeilen in Ihre Hand gelangen, bin ich nicht mehr. Ich habe dann dieses Land verlassen, in welchem ich zuerst so große Liebe und dann so bittere Täuschung fand. Ich übergebe Ihnen meine beiden Töchter. Seien Sie ihnen Vormund, Freund und Vater. Beide wissen nicht, wer ihre Eltern eigentlich sind. Ob sie es einst erfahren sollen, stelle ich ganz Ihrer Klugheit und Einsicht anheim.

„Die documentalen Unterlagen erhalten Sie hiermit; aber vielleicht ist es besser, sie erfahren nie, daß ihr Vater ein Baron ist. Lassen sie sich von dem Verwalter das Geld geben, damit es die Kinder bekommen. Von den Zinsen habe ich bisher leben müssen.

„Was soll ich noch sagen! Sie sind ein Ehrenmann und mein Freund. Sie werden thun und beschließen, was zum Besten meiner Kinder ist, deren Vater und Großvater verschollen und nicht mehr vorhanden sind.

„Ich segne Nanon und Madelon. Mein letzter Gedanke wird ihnen gelten, und dann, wenn ich bei Gott bin, der die Liebe ist, werde ich ohne Aufhören für sie beten und auch für Sie, dem ich ja anders nicht mehr zu danken vermag. Amély de Bas-Montagne."

Als diese Zeilen vorgelesen waren, entstand eine minutenlange Pause. Die vier Personen waren tief ergriffen. Endlich nahm der Schließer das Wort:

„Also Vormund sollte ich sein, ich, aber nicht der Verwalter. Warum blieb ihr nicht Zeit, uns zu sagen, wohin Sie diese Documente gesteckt hatte!"

„Ja, nun ist Alles so ganz anders gekommen," meinte seine Frau, welcher die Thränen in den Augen standen. „Wirst Du den beiden Mädchen sagen, was sie eigentlich sind?"

„Das muß man überlegen."

„Und hier sagte da der Maler, welcher die Rückseite des Bildes betrachtet hatte. „Hier steht der Name „Baron Guston de Bas-Montagne." Sollte er es sein?"

„Natürlich ist es das Bild des Vaters der beiden Mädchen," meinte der Beschließer. „Ihre Mutter hat es mit sich genommen. Warum aber ist sie von ihm fortgegangen?"

„Ihr Schwiegervater hat sie gezwungen."

Da blickte der Beschließer den Maler erstaunt an.

„Der Schwiegervater?" fragte er. „Gezwungen?"

„Ja."

„Woher wollen Sie denn das wissen? Sie sind ja hier fremd. Sie haben die arme Dame nie gekannt und gesehen."

„Das ist wahr. Aber ich habe diesen Schwiegervater gesehen."

„Ah! Das wäre!"

„Und ich kenne ihn vielleicht heute noch."

„Dann glaube ich noch an Wunder."

„Ja, der liebe Gott hat die Schicksale seiner Menschenkinder in seiner Hand. Ich will Ihnen sagen, daß ich dieser Angelegenheit wegen nach Malineau gekommen bin."

Dieses Geständniß brachte eine große Wirkung hervor.

„Dieser Angelegenheit wegen?" fragte Melac. „So war sie Ihnen bekannt?"

„Nein, sondern im Gegentheile sehr unbekannt."

„Sie widersprachen sich."

„Auch das nicht. Nach dem, was ich über Sie weiß, bin ich überzeugt, daß ich mich Ihnen anvertrauen kann. In Berlin lebt ein alter, reicher Sonderling, welcher sich Untersberg nennt. Sie sprechen und verstehen Deutsch. Wie würden Sie diesen Namen in das Französische übersetzen?"

„Ich würde sagen — Unters — — Bas-Montagne; ah, was ist das? Sollte zwischen diesem Untersberg und der Familie Bas-Montagne irgend eine Beziehung obwalten?"

„Ganz gewiß. Ich kenne diesen Herrn. Der junge Berteu hat ihm telegraphirt, daß sein Vater gestorben sei."

„So stand er mit Berteu in Verkehr?"

„Wie es scheint. Er ist alt und schwach; er kann also nicht selbst reisen. Ich bin der Einzige, mit dem er verkehrt und er gab mir den Auftrag, nach Malineau zu gehen."

„Um beim Begräbnisse zu sein!"

„Nein, sondern um auszukundschaften, ob der alte Berteu vor seinem Tode seinem Sohne ein Geheimniß mitgetheilt habe."

„Welches Geheimniß?"

„Das wußte ich nicht; nun aber haben wir es ja erfahren. Das Geheimniß, wer die beiden Mädchen sind."

„Ich begreife immer noch nicht —"

„Nun, dieser Untersberg ist der Großvater der Mädchen."

„Ah! Mag er denn nichts von ihnen wissen?"

„Nein. Sie sollen nie erfahren, wer sie sind. Ihre Mutter war eine Deutsche, eine Bürgerliche, keine Katholikin. Sein Sohn sollte sie nicht heirathen und als er dies trotzdem that, wußte der Alte es so weit zu bringen, daß sie ihre Kinder nahm und verschwand."

„Mein Gott. Das ist ja ein ganzer Roman!"

„Aber ein sehr trauriger."

„Sie hat also ihren Mann verlassen und ist hier zu uns gekommen!"

„So ist es!"

„Aber dieser, ihr Mann, hat er das geduldet?"

„Sie ging heimlich, als er verreist war. Als er zurückkehrte, war sie verschwunden."

„Hat er denn nicht gesucht?"

„O ja! Aber sein Vater hat ihn belogen, ihm gesagt, daß sie untreu geworden und mit einem Andern davongegangen sei."

„Welch eine Schlechtigkeit!"

„Er hat dann nach ihr gesucht und ist ebenso verschwunden, wie sie. Sein Vater hat Frankreich verlassen und seinen Namen verändert. Weshalb, das kann ich nicht sagen."

„Aber woher wissen Sie das Alles?"

„Ich vermuthe das Meiste; Einiges aber weiß ich ganz genau."

Er glaubte, das von den Kolibribildern und was damit zusammenhing, noch verschweigen zu müssen.

„Aber Sie wissen genau, daß jener alte Untersberg der Großvater der Mädchen ist?"

„Ich würde es beschwören."

„So muß er sie anerkennen!"

„Das wird er nicht thun."

„Ich zwinge ihn!"

„Wie wollen Sie das anfangen?"

„Ich lege diese Documente vor."

„Damit erreichen Sie doch nichts."

„Beweisen Sie etwa nicht, daß er der Großvater von Nanon und Madelon ist?"

„Nein."

„Sie behaupten das aber ja selbst."

„Das Gericht verlangt Beweise; Behauptungen genügen nicht."

„Nun, wird es denn nicht möglich sein, ihm zu beweisen, daß er der Baron de Bas-Montagne ist."

„Vielleicht gelingt das mir."

„Gut! So haben wir gewonnen."

„Noch gar nichts! Beweisen Sie mir, daß diese Frau Charbonnier wirklich die Baronin de Bas-Montagne war."

„Warum sollte sie es nicht sein?"

„Und daß Nanon und Madelon wirklich die Kinder des Baron Guston sind!"

„Aber ich begreife Sie nicht."

„Und außerdem giebt es noch weitere Lücken, welche ausgefüllt werden müßten. Man darf da nicht so sehr sanguinisch sein!"

„So sagen Sie uns, was wir thun sollen."

„Ueberzeugen wir uns zunächst, ob wir selbst Recht haben oder Unrecht! Sehen wir einmal, ob die Frau Charbonnier die Baronin de Bas-Montagne ist."

„Wie wollen wir das anfangen?"

„Sehr einfach. Sie haben Madame Charbonnier gekannt?"

„Ja, natürlich!"

„Bitte, sie mir zu beschreiben."

„Es war eine sehr schöne Dame, klein, schmächtig, mit Prachtaugen und herrlichem Haar."

„Hm! Ich habe das Bildniß der Baronin gesehen. Wollen doch einmal vergleichen!"

Er hatte seine Mappe mit. Er nahm aus derselben ein Blatt Zeichenpapier und griff zum Bleistift. Er schloß die Augen, um sich die Züge jenes Portraits zu vergegenwärtigen, welches er hinter dem Colibribilde gefunden hatte, und als ihm dies gelungen war, warf er den Kopf mit bewundernswerther Leichtigkeit auf das Papier.

„So," sagte er; „sehen Sie her! Ist sie es?"

Die beiden Alten stießen einen Ruf des Erstaunens aus.

„Das ist sie; ja das ist sie!" betheuerten sie.

„Gut, sehr gut! Ich bin meiner Sache nun schon gewiß. Diese Mädchen haben eine ungemeine Aehnlichkeit mit ihrer Mutter. Aber man muß dennoch bedächtig verfahren. Ich denke, Sie verschweigen ihnen zunächst noch, wer sie sind."

„Aber Etwas muß man doch thun?"

„Gewiß! Ich gehe von hier nach Ortry."

„Zu Nanon?"

„Ja, Madelon befindet sich bei ihr. Mit dieser kehre ich nach Berlin zurück. Wer weiß, was unterwegs sich findet und herausstellt. In Berlin gehe ich sofort zu dem Alten."

„Um ihn zu zwingen, die Wahrheit zu bekennen?"

„Das kann ich noch nicht sagen. Ich werde Ihnen schreiben. Wir müssen Hand in Hand gehen."

„Das versteht sich! Monsieur Schneffka, wie gut ist es, daß wir Sie kennen gelernt haben! Und wunderbar, Sie, ein Pole, kommen her zu uns und — — —"

Er stockte. Es kam ihm ein Gedanke. Dann fuhr er fort:

„Monsieur, seien Sie aufrichtig! Sie sind kein Pole!"

„Was soll ich sonst sein? Ein Buschneger?"

„Ein Deutscher."

„Hm!"

„Gestehen Sie es!"

Da trat Marie näher, legte die Hand an seinen Arm und sagte:

„Wirklich? Sollten Sie ein Deutscher sein?"

„Mademoiselle, Sie hassen ja die Deutschen!"

„Was denken Sie! Ich habe Ihnen ja im Gegentheile gesagt, daß wir uns sehr für Deutschland interessiren!"

„Nun gut! So will ich es gestehen, daß ich ein Deutscher bin."

Da streckten ihm alle drei die Hände entgegen, und Melac fragte:

„Warum haben Sie das verschwiegen?"

„Aus Vorsicht. Die hiesige Bevölkerung spricht von einem Kriege zwischen Frankreich und Deutschland."

„Glauben Sie an dieses Gerücht?"

„So ziemlich!"

„So wünsche ich von ganzem Herzen Deutschland den Sieg. Möge Preußen kommen und Elsaß und Lothringen nehmen, damit das Unrecht früherer Zeiten gesühnt werde. Herr, nun sind Sie mir doppelt willkommen! Ihr Name wird nun wohl auch anders lauten?"

„Nicht viel anders: Schneffke anstatt Schneffka, Hieronymus Aurelius Schneffke; das ist so sicher wie Pudding!"

„Aber lassen Sie das Berteu ja nicht wissen!"

„Fällt mir ganz und gar nicht ein! Also Sie meinen, daß er von seinem Vater nichts erfahren hat?"

„Wenigstens kurz vor dem Tode nicht, da der Verwalter ganz plötzlich gestorben ist."

„So könnte er von früher her wissen!"

„Ja, und das scheint mir sogar sehr wahrscheinlich zu sein."

„Wieso?"

„Es hat sich am Begräbnißtage seines Vaters Etwas ereignet, was mir zu denken giebt."

„Erzählen Sie es mir, damit ich mit denken kann."

„Er hat die Schwestern Abends in die Pulvermühle gelockt, um Nanon in seine Gewalt zu bekommen."

„Liebt er sie denn?"

„Wer weiß das?"

„Will er sie heirathen?"

„Man sagt es. Er weiß, daß das Mädchen wohl eine Zukunft hat. Er will an der Letzteren theilnehmen, indem er Nanon zu seiner Frau macht."

„Aber sie will nicht?"

„Um keinen Preis. Daher hat er sie in die Falle gelockt."

„Ein gottloser Mensch! Donnerwetter! Der sollte mir vor die Zündnadel kommen, wenn ich im Falle eines

Krieges 'mal nach Malineau käme! Dann würde ——— Sapperment!"

Er bemerkte erst jetzt, daß er unvorsichtig gewesen sei. Melac aber beruhigte ihn, indem er sagte:

„Erschrecken Sie nicht! Sie sind nicht bei schlechten Menschen! Aber, wie ich höre, sind Sie also auch Soldat?"

„Landwehrsoldat."

Da trat ein Lächeln auf die ernsten Züge des ehrwürdigen Mannes. Er sah den Maler vom Kopfe bis zum Fuße herab an und fragte dann: „Sind die preußischen Landwehrleute alle so wohl gepflegt wie Sie, Monsieur?"

„Alle! Das Kommisbrod wirkt Wunder. Sie sehen ein: Kommt ein Bataillon solcher Kerls ins Laufen, so rennt es eine ganze französische Armee über den Haufen. Lassen Sie es also in Gottes Namen losgehen. Sie werden Ihr blaues Wunder sehen! Nun aber wollen wir das Porträt vornehmen, sonst wird es nicht fertig."

(Fortsetzung folgt.)

Die Liebe des Ulanen.

Original-Roman aus der Zeit des deutsch-französischen Krieges von Karl May.

(Fortsetzung.)

Der Maler begann nun an dem Bilde zu arbeiten. Die Drei sahen zu und konnten sich nicht genug über seine Kunstfertigkeit wundern. Dabei wurde die Unterhaltung keineswegs ausgesetzt, und so kam es, daß, als er Abends Abschied nahm, sie einander so nahe gerückt waren, als ob er bereits seit Jahren in dieser Familie verkehrt habe.

Berteu behandelte ihn mit finsterer Miene.

„Ich habe Sie während des ganzen Tages nicht gesehen!" sagte er.

„Ich war nicht daheim."

„Darf ich fragen, wo Sie gewesen sind?"

„Drüben im Schlosse."

„Im Schlosse? Da wohnt doch nur der Beschließer."

„Allerdings."

„Sind Sie etwa bei dem gewesen?"

„Ja."

„Monsieur, was fällt Ihnen ein?"

Der Dicke machte ein sehr erstauntes Gesicht und sagte:

„Was ist das für ein Ton? Wie kommen Sie mir vor?"

„Können Sie sich das nicht selbst erklären? Wissen Sie nicht, daß Sie mein Gast sind?"

„Das weiß ich sehr wohl!"

„Dann dürfen Sie auch nichts thun, was gegen meinen Willen ist."

„Oho! Was ist denn gegen Ihren Willen?"

„Ihr Besuch bei diesen Melacs."

„Pah! Ich bin Ihr Gast aber nicht Ihr Sclave. Uebrigens arbeite ich für Sie. Es ist eine Ehre für Sie, einen Künstler bei sich zu haben. Verstehen Sie wohl. Und auch handelt es sich gar nicht um einen Besuch bei Melacs, sondern um eine Arbeit, welche ich da vorzunehmen hatte."

„Gearbeitet haben Sie drüben?"

„Ja."

„Das soll doch heißen, gemalt?"

„Allerdings."

„Haben Sie vielleicht portraitirt?"

„Ja."

Man sah es diesem Berteu an, daß er ganz erregt war. Er vergaß alle Höflichkeit und fragte zudringlich weiter:

„Wen? Den Alten?"

„Nein."

„Die Frau?"

„Nein."

„Das Mädchen?"

„Auch nicht."

„Donnerwetter! Wen denn? Es giebt da ja nur diese einzigen drei Personen!"

„Wenn ich sage, daß ich portraitirt habe, so ist das richtig, denn ich habe an einem Portrait gearbeitet, aber allerdings an einem bereits vorhandenen."

„Es giebt da nur ein Bild, welches Sie da meinen können: ein Pastellbild."

„Das war es allerdings."

„Es stellt einen jungen Mann dar?"

„Ja."

„Wer mag das sein?"

„Ich weiß es nicht."

„Sie haben das Bild natürlich geöffnet?"

„Das versteht sich ganz von selbst."

„Hat sich nichts dabei ereignet?"

„O doch."

„Was denn! Was?" fragte Berteu schnell.

„Es fiel ein Nagel herunter, so daß Mademoiselle Marie gezwungen war, ihn aufzuheben."

„Monsieur!!!"

„Was?"

„Denken Sie etwa, mich zum Narren machen zu wollen?"

„Pah! Ich antworte Ihnen. Kann denn ich dafür, daß Sie Alles, selbst bis auf solche Kleinigkeiten wissen wollen!"

„Nach dem Nagel habe ich Sie nicht gefragt. Aber, Sie sind Kenner. Ist das Bild werthvoll?"

„Ja."

„Wie hoch schätzen Sie es?"

„Es kann sechstausend Franken gekostet haben."

„Sechst —— Alle Teufel! Und jetzt? Hat es auch noch denselben Werth?"

„Ja."

„Also doch! Welch ein Fehler von meinem Vater!"

„Ein Fehler? Was meinen Sie?"

„Wissen Sie denn nicht, wie das Bild in die Hände der Melacs gekommen ist?"

„Ich hörte, daß es ein Geschenk sei."

„Nein, das ist nicht wahr. Sie haben es nur zur Aufbewahrung erhalten. Es gehört meinen Stiefschwestern. Vater hätte darauf bestehen sollen, es zurück zu erhalten. Haben Sie die Renovation vollendet?"

„Nein. Ich habe morgen noch einige Zeit daran zu arbeiten."

„Und meine Gemälde werden dabei vernachlässigt."

„Haben Sie keine Sorge! Ehe ich fortgehe, werde ich auch mit den Ihrigen fertig."

Es war noch nicht spät, und so hatte der Maler noch nicht Lust, schlafen zu gehen. Er befand sich in einer ganz eigenthümlichen Stimmung. Es war ihm, als ob er das große Loos gewonnen hätte. Er hatte sehr viele Mädchen gesehen und keine war ohne Eindruck auf ihn gewesen; er hatte sie alle haben wollen; aber diese Marie — das war doch etwas ganz Anderes. Er hatte das Gefühl, als ob er sich verloren gehabt und nun wiedergefunden habe.

Es wurde ihm in der Stube zu eng. Er brannte eine Cigarre an und begab sich in das Freie. Natürlich ging er in den Park. Es verstand sich das ganz von selbst, daß er sich nach Kurzem gerade vor der Bank sah, auf welcher er mit Marie gesessen hatte. Er setzte sich nieder.

Er hatte nicht etwa erwartet, sie hier zu treffen, o nein. Aber er blieb doch eine längere Zeit, als ob er meine, daß Jemand kommen solle. Und da — da hörte er Schritte. Er horchte auf. Die Schritte näherten sich. Es waren die Schritte zweier Personen.

Er wollte nicht gesehen werden; darum stand er auf und trat zwischen die Büsche, vor denen die Bank stand. Es waren zwei Männer, welche kamen. Als sie die Bank erreichten, blieben sie stehen.

„Setzen wir uns ein Wenig?" fragte der Eine, in welchem der Maler seinen Wirth Berteu erkannte.

„Meinetwegen!"

„Du bist heute sehr kurz angebunden."

„Habe auch Veranlassung dazu!"

„Wegen den Mädels?"

„Weswegen sonst."

„Pah! Es war ein Scherz, der uns leider mißlungen ist!"

„Der mich aber um allen Credit gebracht hat."

„Unsinn, Ribeau. Kein Mensch weiß genau, was geschehen ist, kein Mensch!"

„Aber man hat uns doch in der Pulvermühle gefunden, gebunden und geknebelt und zwar der Mädels wegen!"

„Mich kränkt das nicht im Mindesten! Das heißt dem Volke gegenüber. Daß mir aber die Nanon entgangen ist, darüber könnte ich verrückt werden vor Wuth. Könnte man nur eine Ahnung haben, wer der Kerl gewesen ist."

„Lang und stark war er, baumstark."

„Blond. Bist Du in Etain gewesen?"

„Ja?"

„Hast nichts erfahren?"

„Na, ich will Dich nicht auf die Folter stellen. Meine Erkundigungen sind von Erfolg gewesen."

„Das wäre prächtig! Also, heraus damit!"

„Am Abende vor dem Begräbnisse sind sie angekommen."

„Wer?"

„Nun, Mademoiselle Nanon Charbonnier aus Ortry und Mademoiselle Madelon Charbonnier aus Berlin. Sie sind im Gasthofe Napoleon abgestiegen. Sie haben eine Kutsche gehabt, welche sie in Metz gemiethet hatten."

„Das Alles ist mir verteufelt gleichgiltig. Der Kerl, der Kerl! Wer war der?"

„Als sie angekommen sind, hat ein langer starker Kerl auf dem Bocke neben dem Kutscher gesessen."

„Ah! Der war es also!"

„Auch er hat seinen Namen in das Fremdenbuch eingetragen."

„Wie heißt er?"

„Fritz Schneeberg aus Thionville."

„Fritz Schneeberg? Ein deutscher Name! Hole ihn der Teufel. Was ist er denn?"

„Pflanzensammler."

„Sapperment! Das ist ja etwas verdammt Vornehmes! Das stand mit im Fremdenbuche?"

„Ja."

„Das ist nun Alles, was Du erfahren hast?"

„O nein. Ich weiß sogar, daß dieser Mensch der Geliebte Deiner hübschen Nanon ist."

„Unsinn! Die, und einen Pflanzensammler."

„Und doch!"

„Wieso? Sprich!"

„Nun, der Kellner hat ein kleines Verhältniß mit dem Zimmermädchen. Diese Beiden haben im dunklen Corridore gestanden, um sich ein Wenig beim Kopfe zu nehmen, da ist Nanon gekommen und hat diesen Schneeberg in seinem Zimmer aufgesucht."

„Alle Wetter! Den Kerl vergifte ich! War es denn auch wirklich Nanon und nicht die Andere?"

„Es handelt sich um ein Liebesverhältniß. Da versteht es sich ja ganz von selbst, daß Nanon seine Geliebte sein muß, nicht aber Madelon, die er gar nicht kennen kann."

„Gut, gut! Ich komme übermorgen nach Thionville. Ich werde mich einmal nach diesem Herrn erkundigen. Was weißt Du weiter?"

„Die beiden Mädchen sind am anderen Morgen mit dem Lohnkutscher nach Malineau gefahren; der Kerl ist ihnen zu Fuße gefolgt. Er hat die ganze Gegend ausgekundschaftet."

„Woher weißt Du das?"

„Man hat ihn überall gesehen. Auch in der Dorfschänke ist er gewesen und hat mit dem Kutscher gesprochen."

„So geht mir ein Licht auf. Er hat mich auf irgend eine Weise belauscht."

„Jedenfalls. Des Abends spät ist er mit den Mädchen nach Etain zurückgekehrt und sofort aufgebrochen."

„Wohin?"

„Nach Metz zurück."

„Woher weiß man das?"

„Sie haben ja das Metzer Geschirr benutzt. Der Urian ist natürlich auch mit. Vorher aber hat es noch ein komisches Intermezzo gegeben. Nämlich, es hat da ein kleiner, dicker Kerl da logirt, ein Maler ——"

„Ah! Weißt Du den Namen?"

„Schneffke, Maler aus Polen, hat im Buche gestanden."

„Donnerwetter! Das ist ja mein Maler!"

„Der Deinige? Was soll das heißen?"

„Er wohnt bei mir und bessert meine Gemälde aus."

„So wird Dich das Ding doppelt interessiren. Nämlich, eben, als die beiden Schwestern in den Wagen steigen wollen, kommt dieser Mensch zur Treppe herab, barfuß und im Hemde, nur eine rothe Tischdecke um sich geschlungen und einen riesigen Künstlerhut auf dem Kopfe."

„Verrückt! Was hat er gewollt?"

„Er hat mit den beiden Schwestern gesprochen und ist dann wieder in sein Zimmer gegangen."

„Was hat er mit ihnen zu sprechen gehabt?"

„Das konnte ich nicht erfahren, denn Niemand hat so nahe gestanden, daß es zu hören gewesen wäre. Verdächtig ist aber doch, daß dieser Kerl die Mädchens kennt und nun bei Dir wohnt."

„Das ist wahr! Sollte er mit ihnen unter einer Decke stecken? Sollte er, der Dicke, Kleine, der Verbündete dieses langen, starken Flegels sein, dem wir es zu verdanken haben, daß uns die beiden Mädchen entgangen sind?"

„Ich denke es. Ja, ich bin sogar überzeugt davon."

„Dann soll den Kerl der Teufel holen."

„Pah, der Teufel! Wir selbst werden es sein, die ihn holen!"

„Allerdings. Denn in diesem Falle ist er ein gefährlicher Kerl, der noch ganz andere Absichten hat, als wir jetzt denken."

„Welche Absichten sollten das sein?"

„Nun, wo wohnt der Kräutermann?"

„In Thionville."

„Also in der Nähe von Ortry. Und wo wohnt diese Nanon?"

„In Ortry."

„Gut! Und in Ortry haben wir nicht nur unsere Niederlagen, sondern dort laufen auch alle Fäden unserer geheimen Verbindungen zusammen. Hast Du denn noch nichts von der Vermuthung gehört, daß geheime Emissäre diese Gegend durchstreifen?"

„Man spricht allerdings davon."

„Nun, dann möchte man fast denken, daß dieser Kräutersammler ein solcher deutscher Spion ist."

„Donnerwetter! Wenn das wäre."

„Dann läg auch die Vermuthung nahe, daß der kleine Maler zu ihm gehört."

„Höre, Du kannst Recht haben! Man muß diesem Kerl sehr scharf auf die Finger sehen."

„Das werde ich bereits morgen thun. Ist er ein Spion, so gehört er nicht zur gewöhnlichen Volksklasse."

„Nein, sondern er ist entweder ein Officier oder ein Diplomat."

„Dieser Schluß ist sehr richtig. Nur scheint er mir das Zeug zu einem Diplomaten nicht zu haben."

„Zu einem Officier freilich noch weniger. Wer nackt, und nur mit einem Tischtuche umwickelt mit Damen spricht, der handelt ganz und gar nicht als Kavalier."

„Allerdings. Kurz und gut, der Kerl ist mir ein Räthsel und dieses Räthsel werde ich lösen. Er wird mir gleich morgen Reden stehen müssen."

„Das mußt Du aber schlau anfangen."

„Keine Angst! Ich werde mich natürlich hüten, mit der Thür in das Haus zu fallen."

„Und morgen müssen wir Gewißheit haben."

„Warum bereits morgen?"

„Narr, weil wir übermorgen nicht mehr hier sind."

„Ah richtig! Wegen des Pulvertransportes!"

„Es würde da gut sein, wenn wir dem alten Capitän gleich etwas Positives melden könnten. Irre ich mich nicht, so haben wir das Pulver dieses Mal im Steinbruche abzuliefern?"

„Ja. Es ist das der sicherste Ort."

„Können wir mit dem Wagen hin?"

„Ja. Es geht von der Stadt ein Fahrweg hin. Dieser ist zwar alt und seit langer Zeit nicht mehr benutzt, bietet aber Dem, der ihn kennt, keine allzu großen Schwierigkeiten. Es ist der einzige Steinbruch der ganzen Umgegend."

„Wann müssen wir dort eintreffen?"

„Punkt zwölf Uhr."

„Wie aber die Fässer in die Niederlage bringen?"

„Dummkopf! Das ist die Sache des Capitäns. Ich vermuthe, daß es auch dort einen geheimen Gang giebt, welcher mit den unterirdischen Gewölben zusammenhängt."

„Warst Du bereits einmal drin?"

„Nein. Aber nach dem, was man davon im Stillen sagt und erzählt, müssen bereits fürchterliche Vorräthe von Waffen und Munition vorhanden sein. Sollten die Deutschen wirklich mit uns anfangen, so sind sie verloren."

„Sie werden anfangen!"

„Dann sind sie dumm genug!"

„Sie werden dazu gezwungen. Der Kaiser ist der größte Diplomat der Gegenwart. Er will den Krieg und da er die Schuld desselben nicht auf sich laden wollen wird, so findet er ganz sicher eine Gelegenheit, die Deutschen zu veranlassen, den Krieg zu erklären."

„Das wäre ein famoser Kniff! Wir sind vorbereitet, sie aber jedenfalls nicht."

„Nun, wir werden einen Spaziergang nach Berlin machen und unterwegs viel, sehr viel finden, was mitzunehmen ist."

„Das ist die Hauptsache! Ich freue mich auf den Augenblick, an welchem uns der Alte die Ordre schickt. Denke Dir, Officier der Franctireurs!"

„Ich ja auch! Und das Beste dabei ist, daß wir nicht mit in die Schlachtlinie gezogen werden. Wir bleiben hinter den Activen, um — um — um ——"

„Nun, um?"

„Um die Verbindung mit Frankreich zu unterhalten."

„Ja und um auf Ordnung zu sehen."

„Hahahaha! Ordnung! Man schweift rechts und inks ab und sucht, was zu finden ist! Also nimm zunächst gleich morgen den Maler gehörig vor und sorge, wenn er Dir wirklich verdächtig vorkommt, dafür, daß er uns nicht entwischen kann."

„Habe keine Sorge! Wen ich einmal anfasse, der entgeht mir nicht. Verdächtig hat er sich bereits dadurch gemacht, daß er mit dem Beschließer verkehrt."

„Hältst Du den wirklich für einen Deutschenfreund?"

„Das ist er auf alle Fälle. Weil er ein Nachkomme Melacs ist, hält er es für seine Pflicht, das zu bereuen, was sein Ahne großes gethan hat. Aber komm; wir müssen ausruhen, da wir morgen bereits mit der Dämmerung aufzuladen haben, um dann übermorgen zur angegebenen Zeit in dem Steinbruche bei Ortry einzutreffen."

Sie gingen.

Erst als ihre Schritte verklungen waren, trat der Dicke hinter seinem Versteck hervor.

„Donnerwetter!" brummte er. „Das war eine wichtige Unterredung! Da hätte mein Freund Tannert, der Telegraphist und Husarenwachtmeister mit dabei sein sollen! Ich und ein deutscher Spion! Hahaha!"

Er setzte sich auf die Bank und dachte über das Gehörte nach.

„Na," fuhr er fort, „eine Art von Spion bin ich allerdings, da ich ja gekommen bin, diesen Berteu auszuhorchen; aber ein wirklicher — so was man Eclaireur nennt, das bin ich nun freilich nicht. Ich stehe mich leider mit unserem Moltke nicht so familiär, daß er wissen könnte, was für ein gescheidter Kerl ich bin! Also aushorchen will er mich, ob ich Officier und Diplomat bin! Schön! Horche nur zu, Bursche!"

Nach einer Weile lachte er leise vor sich hin und sagte für sich:

„Vielleicht drehen wir den Spieß um, und ich horche Euch aus, anstatt Ihr mich! Pulver und Waffen in unterirdischen Gewölben in oder bei Ortry! Sapperment! Das ist ja so gefährlich wie Pudding, wenn er mit Dynamit gefüllt ist. Franctireurs, also Freischaaren sollen gebildet werden? Von dem alten Capitain? Wart, Ihr Kerls, Euch werde ich belauschen! Und was ich erfahre, das sage ich meinem Freunde Martin Tannert, der —— ah, sagte er denn nicht, daß auch in Ortry bereits Einer ist, nämlich der Rittmeister von Königsau? Und dann der Wachtmeister Fritz Schneeberg? Sollte das der Kräutermann sein, von dem diese Beiden gesprochen haben? Sehr wahrscheinlich! An ihn oder Königsau kann ich mich doch auch wenden, wenn Gefahr im Verzuge ist! Wart, Ihr Burschen, der Hieronymus Aurelius Schneffke wird Euch einen dicken Strich durch Eure Rechnung machen! Uebermorgen bin ich in Thionville und Ortry und suche den Steinbruch auf! Pulverlieferung! Unterirdische Gewölbe! Geheime Gänge! Vorrath an Waffen und Munition! Hinter diese Schliche und Geheimnisse muß ich kommen! Man wird dafür sorgen, daß Euch Euer Spaziergang nach Berlin nicht allzu gut bekommen soll!"

Er wanderte langsam seiner Wohnung, dem Verwaltershause zu. Die Thür war bereits verschlossen, und er sah sich also gezwungen, zu klopfen. Charles Berteu öffnete ihm. Er machte ein sehr erstauntes Gesicht, als er ihn erblickte.

„Sie?" fragte er.

„Ja, ich," antwortete der Maler.

„So spät!"

„Ich finde es nicht sehr spät."

„Nicht? Nun, dann haben wir wohl auch noch Zeit, ein Glas Wein zu trinken?"

Schneffke sah ein, daß der Wein nur als Vorwand diente. Die eigentliche Absicht des Franzosen war natürlich, ihn bereits jetzt in das Verhör zu nehmen.

„Ein Glas Wein?" sagte er gleichmüthig. „Den verschmähe ich zu keiner Zeit. Da können Sie mich sogar mitten in der Nacht vom Schlafe aufwecken!"

„So kommen Sie!"

„Aber gut muß er sein! Fusel trinkt kein Künstler so kurz vor dem Schlafengehen!"

„Haben Sie bei mir bereits etwas Schlechtes getrunken?"

„Nein."

„Also! Folgen Sie mir!"

Er führte ihn in sein Zimmer und ging dann, Wein zu holen. Er kam nach kurzer Zeit zurück und schenkte ein.

„So, nehmen Sie, Monsieur!" sagte er. „Auf das Wohl unseres schönen Frankreich!"

Dabei bohrte er seinen Blick in das Gesicht des Deutschen.

„Frankreich soll leben!" antwortete derselbe, indem er mit ihm anstieß.

„Und auf das Wohl und den Ruhm unseres großen Kaisers!"

„Hoch Napoleon!"

„Trinken Sie doch aus!"

„Hab schon! Sehen Sie her! Wenn es sich um den Ruhm Frankreichs und seines Kaisers handelt, da lasse ich keinen Tropfen im Glase."

Der Franzose goß die Gläser wieder voll und sagte:

„Wie ich sehe, sympathisiren Sie mit Frankreich?"

„O, sehr!"

„Warum?"

„Na, weil mir das Land gefällt, das Land, das Volk und auch der Kaiser!"

„In Wirklichkeit?"

„Natürlich!"

„Aber Sie müssen doch Gründe dieses Wohlgefallens haben!"

„Pah! Warum gefällt Ihnen ein Hund?"

„Welcher Vergleich, Monsieur!"

„Oder eine Blume?"

„Hm!"

„Oder ein Mädchen?"

„Das ist Geschmackssache!"

„Nun gut, Ihr Kaiser ist auch nach meinem Geschmacke!"

„Warum?"

„Donnerwetter! Warum ist das Mädchen nach Ihrem Geschmacke?"

„Wir drehen uns im Kreise herum!"

„Und das ist eine Dummheit! Bleiben Sie also ruhig sitzen! Uebrigens wissen Sie wohl, daß Polen stets mit Frankreich sympathisirt. Wäre es nach dem Willen des großen Napoleon gegangen, so wäre Polen frei!"

„Allerdings! Also, Sie sind ein Pole?"

„Natürlich!"

„Wohl ein Deutschpole?"

„Welche Frage! Giebt es wohl französische Kirgisen, oder giebt es Deutschkalmucken? Pole ist Pole! Verstanden?"

„Sie sprechen sehr kräftig!"

„Ja, wenn man mir Polen anrührt, so kann ich sehr leicht in Affect gerathen."

„Und doch sehen Sie gar nicht aus wie ein Pole!"

„Warum?"

„Ihr Bäuchlein, Monsieur — — —!"

„Mein Gott! Welch eine Vorstellung haben Sie denn eigentlich von uns. Glauben Sie, wir Polen seien Hungerleider?"

„Das gerade nicht."

„Zaunslatten oder Hopfenstangen?"

„Auch das nicht. Aber ich stelle mir jeden Polen schlank und wohl proportionirt vor."

„Da sollte doch der Teufel drein schlagen, Monsieur!" sagte Schneffke zornig. „Bin ich etwa nicht wohl proportionirt?"

„Nun, eigentlich doch nicht so ganz!"

„Also schlecht proportionirt?"

„Das nun freilich nicht gerade!"

„Aber, was meinen Sie denn eigentlich mit Ihrem proportionirt!"

„Die Verhältnisse des Körpers."

Da stand Schneffke vom Stuhle auf, stellte sich breitspurig vor den Franzosen hin und sagte:

„Die Körperverhältnisse! Also gut! Sehen Sie mich doch gefälligst einmal an! Na, sehen Sie mich überhaupt?"

„Ja."

„Gut! Einen Körper habe ich also, da Sie mich sehen. Nun kommt es darauf an, welche Verhältnisse dieser Körper hat!"

„Verhältnisse hat er auf alle Fälle."

„Ob aber gute oder schlechte! Fangen wir beim Bauche an, da der am meisten in die Augen springt. Können etwa Sie so etwas Ausgebildetes, ich möchte beinahe sagen Vollendetes, aufzeigen?"

„Nein!" lachte der Franzose. „Sie sind mehr als wohlbeleibt; Sie sind dick!"

„Schön! Die Beine. Sind diese etwa dünn?"

„Nein."

„Die Arme?"

„Auch dick."

„Der Hals?"

„Dick."

„Die Wangen?"

„Dick."

„Und nun gar die Taille?"

„Außerordentlich dick."

„Also wie ist Alles an mir, Monsieur?"

„Dick, dick und abermals dick."

„Und das nennen Sie nicht wohl proportionirt?"

„Ah! Meinen Sie es so?"

„Natürlich! Habe ich etwa einen aufgequollenen Leib und dazu fadenschwache Beine?"

„Nein."

„Oder einen krummen Rücken und gerade Lenden?"

„Nein."

„Oder kleine Augen und eine große Nase?"

„Auch nicht."

„Nun wohl! Sie sehen also, daß kein Mensch besser proportionirt sein kann als ich. Ich will mich zwar nicht geradezu einen Adonis nennen, denn unter die Götter gehöre ich nicht, aber das Menschenmögliche in Beziehung auf Schönheit und Wohlgestalt, das leiste ich. Verstanden? Glauben Sie nun endlich, daß ich ein Pole bin?"

„Ja. Aber Ihre Sprache — —!"

„Sprache? Was denn? Natürlich habe ich mit Ihnen französisch gesprochen. Wollte ich polnisch anfangen, so glaube ich, würde es Ihnen hinter der Stirn mehr oder weniger polnisch werden."

„Das ist's nicht, was ich meine. Ich wollte nur sagen, daß Sie kein polnisches Französisch sprechen."

„Davor soll mich auch der liebe Gott behüten."

„Polen pflegen eine andere Aussprache zu haben!"

„So? Haben Sie bereits einmal Polen französisch sprechen hören?"

„Ja."

„Wo denn?"

„In Paris?"

„Das ist auch eine schöne Sorte von Polen gewesen, Monsieur! Sie sind ja gar nicht im Stande, einen Polen zu verstehen, wenn er französisch spricht. Das weiß ich besser, als Sie!"

Diese drastische Zurechtweisung verfehlte ihre Wirkung nicht. Die Wahrheit war, daß Berteu noch gar keinen Polen gesehen, viel weniger aber gesprochen hatte. Er antwortete:

„Sie mögen Recht haben! Aber, Monsieur, da fällt mir ein, Sie sind Maler?"

„Welche Frage! Natürlich bin ich Maler!"

„Blos Maler?"

„Freilich!"

„Weiter nichts?"

„Ist das etwa nicht genug? Wollen Sie mich beleidigen?"

„So meine ich es nicht. Ich wollte nur fragen, ob Sie nicht noch einen anderen Beruf haben."

„Natürlich habe ich den."

„Ah! Jetzt kommt es! Welchen Beruf haben Sie noch?"

„Nicht einen, sondern vier."

27.

28.

„Gar vier! Welche?"

„Ich bin erstens Mensch, zweitens Christ, drittens Bürger und viertens steht zu erwarten, daß ich auch einmal noch Familienvater sein werde."

Der Franzose fühlte sich sehr enttäuscht. Er hatte erwartet, das zu hören, was er hören wollte. Er bemerkte gar nicht, daß der Maler mit ihm spielte.

„Mille tonnerre!" fluchte er. „Das nenne ich doch keine eigentliche Berufsarten!"

„Und doch sind sie es."

„Nun, sagen wir also Erwerbsarten."

„Das ist etwas Anderes!"

„Also, haben Sie außer Ihrer Kunst noch einen anderen, zweiten Erwerb?"

„Nein."

„Und doch dachte ich —— ——"

„Warum?"

„Es kommt oft vor, daß man nur zum Vergnügen malt."

„Das ist bei mir nicht der Fall."

„Sie malen also zum Erwerb und nehmen doch von mir kein Honorar!"

„Weil ich die Franzosen liebe, und Sie sind ein Franzose."

„Sehr verbunden, Monsieur! Aber gerade weil Sie sich nicht bezahlen ließen, glaubte ich, daß Sie wohl eigentlich auf eine andere Erwerbsthätigkeit angewiesen seien."

„Ich male, um zu leben und ich lebe um zu malen! Welchen Beruf sollte ich denn außerdem noch haben?"

„Hm! Vielleicht Jurist."

„Pah! Die Gesetze sind mir zu trocken. Meine Oelfarben kleben viel besser."

„Oder Geistlicher!"

„Dazu bin ich zu sündhaft."

„Oder Arzt."

„Ich bin gesund."

„Oder — oder Diplomat!"

„Unsinn! Wäre ich Diplomat, so setzte ich mich nicht zu Ihnen, um mich wie ein Schulknabe ausfragen zu lassen."

„Oder Officier!"

„Off — Off —— hahahaha — Officier! Sind Sie verrückt! Wäre ich Officier, so hätte ich Sie bereits zehnmal auf Pistolen gefordert, da Ihre Fragen eine ganze Reihe von Beleidigungen enthalten. Das sehen Sie doch ein."

„Ich beleidige Sie doch nicht!"

„Nicht? Ist es etwa keine Beleidigung, wenn Sie nicht glauben, daß ich das bin, wofür ich mich ausgebe?"

„Sie nehmen es zu scharf. Ich bitte Sie um Verzeihung! Eigentlich hatte ich freilich einen Grund, Sie mit einem Anfluge von Mißtrauen zu betrachten."

„Warum?"

„Ist Ihnen der Name Nanon bekannt?"

„Ja."

„Und Madelon?"

„Ja."

„Auch Charbonnier?"

„Ja."

„Nun sehen Sie. Sie kennen diese beiden Damen?"

„Damen? Zwei Damen? Habe keine Ahnung."

„Und doch sagten Sie es soeben!"

„Ich? Ist mir ganz und gar nicht eingefallen."

„Mein Herr! Sie sagten, daß Ihnen diese drei Namen bekannt seien."

„Das sind sie allerdings. Es sind drei französische Namen, die ich kenne, weil ich sie oft gehört habe. Es giebt Personen, welche Nanon, Madelon und Charbonnier heißen."

„Monsieur, es scheint beinahe, als ob Sie sich über mich lustig machen wollten."

„Pah! Ich bin ein sehr ernsthafter Mensch! Sie haben mich gefragt, ob ich die Nanon, nicht aber ob ich die Personen kenne."

„Also zwei Damen dieses Namens sind Ihnen nicht bekannt?"

„Nein."

„Und dennoch haben Sie mit ihnen gesprochen."

„Das ist sehr leicht möglich. Man kann mit Personen sprechen, ohne sie zu kennen oder zu wissen, wie sie heißen."

„Aber Ihre Unterhaltung hat in einer Weise stattgefunden, welche eine nähere Bekanntschaft vermuthen läßt."

„Wieso?"

„Spricht man mit unbekannten Damen nackt?"

„Nein, nicht einmal mit bekannten."

„Und doch haben Sie das gethan!"

„Ich? Donnerwetter! Nackt? Daß ich nicht wüßte."

„Wenigstens barfuß!"

„Kaum möglich!"

„Mit einer rothen Tischdecke um den Leib gewunden."

„Ah, mir geht ein Licht auf!"

„Und Ihren Kalabreserhut auf dem Kopfe."

„Ja, ja, ich besinne mich!"

„Nun, was hatten Sie mit diesen Damen?"

„Fragen Sie doch lieber, was diese Damen mit mir hatten!"

„Was denn?"

„Monsieur!"

Der Dicke sagte dieses Wort sehr laut und in strengem Tone.

„Was wollen Sie?" fragte Berteu.

„Ich möchte wissen, was sie wollen. Seit einer halben Stunde fragen Sie mich aus, als ob ich Ihnen über jede Kleinigkeit Rechenschaft schuldig sei."

„Ich habe Veranlassung dazu!"

„Wieso?"

„Diese Damen sind meine Schwestern."

„Ach so! Ich finde aber keine Familienähnlichkeit."

„Das thut nichts zur Sache. Die beiden Mädchen haben sich unter sehr eigenthümlichen, ja geradezu gravirenden Umständen von hier entfernt."

„Haben sie gestohlen?"

„Nein. Sie sind ohne meine Erlaubniß gegangen."

„Das geht mich nichts an."

„Aber Sie haben mit ihnen gesprochen!"

„Auch das geht mich nichts an!"

„Es ist ein Herr bei ihnen gewesen, der sie entführt hat, eine lange, starke, breitschulterige Persönlichkeit. Auch mit diesem Menschen haben Sie gesprochen."

„Geht mich wieder nichts an!"

„Monsieur, es scheint, daß Alles, was mich interessirt, Sie nichts angeht."

„Allerdings! Und ich wünsche, daß Sie es umgekehrt ebenso auch mit Allem halten, wofür ich mich interessire."

„Soll das eine Grobheit sein?"

„Nein. Sie sind grob!"

„Ich wünsche nur zu wissen, was ich wissen muß. Sie haben mit meinen entflohenen Schwestern gesprochen und sind dann zu mir gekommen. Das ist auffällig."

„Noch auffälliger würde es sein, wenn ich erst zu Ihnen gekommen und dann mit ihren Schwestern entflohen wäre. Ich habe gar nicht die Absicht gehabt, bei Ihnen zu wohnen. Sie selbst haben mich zu sich eingeladen."

„Dann haben Sie als mein Gast jedenfalls die Verpflichtung, aufrichtig gegen mich zu sein."

„Das will ich auch; aber examiniren lasse ich mich nicht wie einen Verbrecher, welcher vor seinem Richter steht."

„Gut! Ich mag zu hastig verfahren sein. Verzeihen Sie. Also, Sie kennen meine Schwestern nicht?"

„Nein."

„Wie aber kommt es dann, daß Sie sich mit ihnen in dieser auffälligen Weise unterhalten haben?"

„Ich hatte sie verkannt."

„Ah!"

„Ich erwarte in Etain meine Braut, welche mir nachkommen wollte. Ich lag bereits im Bette; ich hörte einen Wagen, ich blickte durch das Fenster. Beim unbestimmten Scheine der Laterne verwechselte ich die eine Dame mit meiner Braut, welche einige Aehnlichkeit mit ihr haben mag. Ich raffte in Eile um mich, was ich fand, und eilte hinab. Da bemerkte ich nun allerdings, daß ich mich getäuscht hatte."

„Ach so! Wer ist Ihre Braut?"

„Auch eine Polin, welche aus Paris kommen will."

„Hm!"

Er glaubte dem Sprecher doch noch nicht; er fixirte ihn scharf vom Kopfe bis zu den Füßen und fragte dann:

„Und den Menschen, welcher bei meinen Schwestern war, haben Sie auch nicht gekannt?"

„Ich habe ihn noch nie gesehen."

„Gut ich bin gezwungen, es zu glauben!"

„Glauben Sie es oder nicht; das ist mir egal! Uebrigens hätte ich wohl mehr Veranlassung, Ihnen zu mißtrauen als Sie mir!"

„Wieso?"

„Sie heißen Berteu."

„Ja."

„Sie nannten die Damen Nanon und Madelon Charbonnier?"

„Ja."

„So verschiedene Namen! Und dennoch wollen Sie der Bruder der Beiden sein?"

„Wir sind Pflegegeschwister."

„Müßte das der Fall sein! Geht mich aber auch nichts an. Sie sehen aber wohl ein, daß ich mich durch Ihre ebenso auffälligen wie zudringlichen Fragen keineswegs erbaut fühlen kann. Ich bin Künstler, aber kein Vagabond; ich werde also morgen früh Ihr Haus verlassen, da es heute doch zu spät dazu ist!"

Das lag nun allerdings nicht in Berteu's Absicht. Er wollte seine Gemälde vollendet haben und den Maler auch noch weiter bewachen. Darum sagte er:

„Ich habe Sie ja bereits um Verzeihung gebeten. Sie sehen ein, daß der Bruder erregt sein muß, wenn seine Schwestern, ohne sich seiner Zustimmung zu versichern, mit einem fremden Menschen das väterliche Haus verlassen."

„Hm, ja! Mich könnte das sehr in die Wolle bringen. Ich würde es nicht dulden."

„Was würden Sie thun?"

„Ich würde diesem fremden Menschen nachreisen, um ihm die Schwestern abzujagen."

„Das beabsichtige ich allerdings, hatte aber bisher keine Zeit dazu. Morgen aber werde ich die Verfolgung antreten. Darf ich hoffen, Sie bei meiner Rückkehr hier noch anwesend zu finden?"

„Eigentlich nicht!"

„Also Sie wollen wirklich nicht verzeihen? Hier, Monsieur, stoßen wir an! Schließen wir Frieden!"

Er hielt dem Maler das Glas entgegen. Dieser that, als werde es ihm nicht leicht, so schnell sein Bedenken zu überwinden, stieß aber doch mit ihm an.

„Na, da mag es also sein. Bleiben wir einig!" sagte er.

„Und Sie warten meine Rückkehr ab?"

„Ja, wenn auch nicht hier, so doch in Etain, wo ich, wie ich bereits sagte, mit meiner Braut zusammentreffe."

Sie saßen noch einige Zeit beisammen, sich von gleichgiltigen Dingen unterhaltend; dann trennten sie sich.

Als der Maler gegangen war, sagte Berteu zu sich:

„Er thut so unschuldig. Soll ich ihm trauen? Er sieht ganz und gar nicht pfiffig aus, aber dennoch kommt er mir vor wie Einer, der es faustdick hinter den Ohren sitzen hat. Ich werde doch scharfe Augen auf ihn haben müssen!"

Und als Schneffke in seinem Zimmer angekommen war, brummte er vor sich hin:

„Ein wunderbar schlechter Kerl, und dabei zehnmal dümmer, als er aussieht! Der, und mich ausfragen! Da müssen doch ganz Andere kommen! Uebermorgen um Mitternacht bin ich in dem Steinbruche bei Ortry!"

Als er am anderen Morgen aufgestanden war und sein Frühstück erhielt, hörte er, daß Berteu bereits ausgegangen sei. Er machte sich zunächst mit den alten Bildern des Verwalters zu schaffen und begab sich sodann hinüber in das Schloß zur Familie Melac.

Er wunderte sich, als er bemerkte, daß man sämmtliche Fenster geöffnet und die Gardinen zurückgeschlagen habe. Als er eintrat, empfing ihn der alte Schließer mit dem freudigen Ausrufe:

„Monsieur, wenn Sie wüßten, was für eine gute Botschaft wir gestern Abend spät noch erhalten haben!"

„Ich errathe es," antwortete er.

„Nun?"

„Sie bekommen Besuch."

„Richtig! Aber wer kommt?"

„Sie lüften das ganze Schloß, folglich kommt der Besitzer."

„Errathen, errathen. Fast gegen Mitternacht erhielten wir noch diese Depesche."

Er zeigte dem Maler die Depesche. Sie lautete:

„Morgen kommen wir. Graf Latreau."

„Was sagen Sie dazu?" fragte er dann.

„Daß Sie Ihre Herrschaft sehr lieb haben müssen. Das sehe ich an Ihrer Freude, welche Sie über die Ankunft derselben empfinden. Und ferner sage ich dazu, daß ich nun nur gleich wieder gehen kann."

„Gehen? Warum?"

„Sie werden keine Zeit haben, sich mit einem so fremden Manne zu beschäftigen."

„O, wir haben die ganze Nacht gearbeitet. Mutter und Marie sind droben bei den Gardinen. Wollen Sie einmal mit?"

„Gern, sehr gern."

Der Beschließer führte den Maler hinauf in die gräflichen Gemächer, wo Mutter und Tochter beschäftigt waren. Er wurde von Beiden herzlich willkommen geheißen. Er wußte gar nicht, wie es kam, aber bald stand er selbst auf der Gardinenleiter, und die alte, brave Beschließerin schlug immer die Hände zusammen und rief:

„Vater, siehst Du es denn auch?"

„Was denn?"

„Dieser Unterschied."

„Zwischen den alten Gardinen und neuwaschenen?"

„O weh! So ein Mann! Ich meine, in welcher Art und Weise Monsieur seine Arrangements trifft. Das hat Chic und Schmiß. Man merkt es, daß er ein Künstler ist."

Der kleine, dicke Hieronymus bewegte sich in wahrhaft halsbrecherischer Weise auf seiner Leiter; heute kam es ihm kein einzig Mal in den Sinn, zu stolpern oder gar herab zu fallen."

Gegen Mittag war die Arbeit gethan. Die Wohnung stand zum Empfange der Herrschaft bereit. Schneffke wurde zum Essen eingeladen und machte sich dann an das Pastellbild, an welchem er noch einige vollendende Striche vorzunehmen hatte.

Vater und Mutter befanden sich in den herrschaftlichen Zimmern; nur Marie saß bei ihm, mit einer Häkelarbeit beschäftigt, wobei sie von Zeit zu Zeit einen bewundernden Blick auf das Portrait warf und auf den Maler, welcher keine Secunde und kein Wort für sie übrig zu haben schien.

Endlich legte er den Pastellstift weg, trat vom Bilde zurück und betrachtete es.

„Fertig?" fragte sie.

„Ja," nickte er.

Da kam sie zu ihm, stellte sich an seine Seite und ließ ihre guten Augen auch auf dem Gemälde ruhen.

„Es ist doch wunderbar, so Etwas fertig zu bringen," sagte sie. „Wie macht man so ein Lächeln, so einen Blick, der sich doch eigentlich gar nicht beschreiben läßt?"

Er sah ihr in die Augen und antwortete:

„Wie bringen Sie das Lächeln fertig, welches jetzt, so eben um Ihre Lippen spielt?"

Sie erröthete.

„Und wie bringen Sie diesen tiefen, feuchten und doch so reinen Blick fertig, welcher jetzt aus Ihrem Auge fällt?" fuhr er fort. „Wissen Sie, daß sie ein Auge haben, ein Auge, hm, ich finde den rechten Ausdruck nicht; aber wenn man Ihnen in dieses Auge blickt, so — so — so —"

Er stockte. Sie sah ihn fragend an und darum fügte er hinzu, aber im vorsichtigsten Tone:

„So möchte man — — hm! Darf ich es sagen?"

Sie nickte nur.

„Aber Sie werden mir bös werden."

„Nein; nie!"

„Ah! Wirklich nie, Mademoiselle?"

„Ich kann mir nicht denken, daß es etwas giebt, weshalb ich Ihnen zürnen könnte," antwortete sie freundlich.

„Aber das, was ich Ihnen sagen wollte, das ist doch etwas, worüber Sie zornig werden könnten."

„Versuchen Sie es einmal!"

„Nun, ich wollte sagen: Wenn man Ihnen in diese guten, lieben Augen blickt, da möchte man Sie — — — küssen!"

Er mußte das letztere Wort fast mit Gewalt herausstoßen. Ueber ihr Gesicht flog eine dunkle Gluth und es war, als ob sie sich von ihm abwenden wolle.

Sehen Sie, Mademoiselle," sagte er, „daß Sie mir zürnen! Sie gehen fort!"

Da wendete sie sich schnell wieder um. Ihr Gesicht war unbefangen und ein helles Lachen tönte von ihren Lippen.

„Sind denn meine Augen gar so lieb und gut?" fragte sie.

„Ganz und gar!"

„Und so ein Kuß ist wohl etwas sehr Werthvolles?"

„Ungeheuer," nickte er.

„Hm! Das habe ich bisher noch gar nicht gewußt."

„Herr von Mannheim! Wenn ich es Ihnen doch einmal beweisen könnte!"

„Wozu? Ich müßte es bereits längst schon wissen."

Er fuhr doch ein Wenig zurück.

„Bereits wissen? Wieso? Haben Sie einen Schatz?"

„Nein."

„Aber gehabt?"

„Auch nicht, wie ich Ihnen bereits gesagt habe."

„Aber wie können Sie da sagen, daß sie es längst wissen müßten, daß ein Kuß so kostbar ist?"

„Weil ich schon geküßt habe."

„Alle Wetter! Keinen Geliebten und doch geküßt?"

„Ja."

„Aber wen denn, in aller Welt?"

„Na, den Vater und die Mutter!"

Er holte tief Athem, schlug die Hände zusammen und sagte:

„Ich Esel! Das konnte ich mir doch gleich denken. Aber, Mademoiselle, das ist nichts; das ist ganz und gar nichts. Was man dem Vater oder der Mutter, dem Bruder oder der Schwester giebt, daß ist niemals ein Kuß zu nennen."

„Nicht? Wie soll man es denn nennen?"

„Hm! Es heißt auch ein Kuß; aber es ist keiner."

„Das begreife ich nicht."

„Wenn ich es Ihnen nur begreiflich machen könnte. Aber mit Worten geht das nicht."

„Auch nicht mit dem Pastellstifte?"

„Nein."

„Oder dem Pinsel?"

„Vollends gar nicht."

„So werde ich wohl darauf verzichten müssen."

„Das ist schade, jammerschade."

Er warf dabei einen so sehnsüchtigen Blick auf ihre vollen, rothen Lippen, daß sie sich dieses Mal wirklich von ihm abwendete. Sie setzte sich; er zog sich einen Stuhl in ihre Nähe und betrachtete sie, wie ihre kleinen, dicken Fingerchen so gewandt mit Häkelnadel umgingen. Es kamen ihm da allerlei Gedanken, welche aber alle auf nur Eins hinausliefen. Und da entfuhr es ihm ganz unwillkürlich:

„Es müßte herrlich sein!"

Sie hatte es doch gehört. Sie erhob das Köpfchen und fragte:

„Was müßte herrlich sein?"

Er erröthete wie ein Knabe, den man auf einer unrechten That ertappt hat. Es dauerte eine ganze Weile, ehe er antwortete:

„Hm! Es entfuhr mir nur so."

„Aber an Etwas haben Sie doch dabei gedacht."

„Gewiß."

„Nun, was war denn das Herrliche?"

„Na, Mademoiselle, ich dachte mir eine Stube ——"

„So, so," lachte sie.

„Ja, das wäre nun ganz und gar weiter nichts? Aber in dieser Stube stand ich —— ——"

„Standen Sie," wiederholte sie, als er abermals zögernd innehielt.

„An der Staffelei. Ich malte."

„Was denn?"

„Hm! So einen allerliebsten, quatschigen, kleinen Buben, der in der Wiege lag."

„Mit dem Zulp im Munde?" fragte sie lachend.

„Nein," antwortete er. „Einen Zulp würde ich als Vater niemals erlauben."

„Ach so! Sie waren der Vater des kleinen, quatschigen Buben?"

„Ja."

„Malten Sie weiter nichts?"

„O doch, nämlich die Mutter."

„Auch ohne Zulp?"

Er machte eine Bewegung der Ungeduld und sagte:

„Machen Sie mich nicht irre, Mademoiselle. Das Bild war so schön und wenn Sie mir einen Witz darüber werfen, dann male ich es gar nicht zu Ende."

„Gut. Malen Sie weiter."

„Also die Mutter. Sie saß auf dem Stuhle und —— und —— —— rathen Sie, was sie machte?"

„Sie strickte?"

„Nein, sie häkelte, gerade so wie Sie."

„Das ist interessant."

„Soll ich sie Ihnen beschreiben?"

„Ja. Ich möchte die Dame doch zu gern kennen lernen, welche die Mutter eines Wesens ist, der Ihr kleiner, quatschiger Bube genannt wird."

„Sie ist blond."

„Ah! Blond?"

„Gerade wie Sie. Nicht hoch und nicht schlank."

„Also kurz und beleibt"

„Ja, gerade wie Sie. Sie hat ein paar Wangen, gerade wie die Aepfel."

„Borsdorfer oder Reinetten?"

„Ein paar Augen wie Himmel und Karfunkel."

„Ah, sie muß sehr schön sein."

„Nein. Eine Schönheit ist sie nicht, aber häßlich sieht sie auch nicht aus und gut ist sie, seelensgut. Und Lippen hat sie, Sapperment, Lippen. Die möchte man —"

„Nun, was denn?"

„Küssen natürlich."

„Sie haben heute, wie es scheint, eine wirkliche Passion gerade für das Küssen."

„Allerdings. Es ist das um so eigenthümlicher, als ich sonst gar nicht dafür eingenommen bin."

„Wirklich?"

„Gewiß!"

Sie erhob den Finger drohend und sagte:

„Monsieur, Monsieur! Wer so eine Frau und so einen quatschigen Buben hat, der hat gewiß schon sehr viel geküßt!"

„Ich habe sie Beide noch nicht."

„Nicht? Ich denke, Sie malen sie bereits?"

„Ja, aus der Vogelschau oder vielmehr aus der Gedankenperspective. Ich muß sie Beide erst finden, die Frau und den Jungen. Und eigenthümlich. Dieser kleine dicke Bube sieht nicht nur mir allein ähnlich."

„Wen noch?"

„Ihnen."

„Ah! Wunderbar! Wie käme das?"

„Weil auch die Mutter Ihnen ähnlich sieht, und zwar ganz und gar wie aus den Augen geschnitten."

„Vielleicht ist sie verwandt mit mir."

„Nein, nein. Ich glaube vielmehr, Sie sind es selbst. Ja, an dieses Bild dachte ich und da entfuhr es mir: Es müßte herrlich sein. Denken Sie, daß ich da Unrecht habe?"

„Ich gebe niemals Jemand Unrecht, bevor ich nicht überzeugt bin, daß er sich wirklich irrt."

„Nun, ich irre mich sicherlich nicht. Schade nur, daß es ein Bild bleiben muß und keine Wirklichkeit werden kann."

Ihre Züge hatten jetzt einen ungewöhnlich ernsten Ausdruck angenommen. Sie richtete das Auge träumerisch durch das Fenster. Er wartete, ohne weiter zu sprechen. Da wendete sie sich wieder ihm zu und fragte:

„Ist es nicht zuweilen ein Glück, wenn uns ein Traum nicht in Erfüllung geht?"

„Gewiß haben Sie Recht; aber die Erfüllung dieses Traumes könnte nie ein Unglück sein?"

„Der Mensch darf nicht so bestimmt urtheilen."

„Pah! Wenn das Herz urtheilt, so glaube ich, was es sagt. Das gerade macht ja unser Glück aus, daß wir unserem Herzen Glauben schenken dürfen. Um so weher thut es, wenn man von einer Ueberzeugung lassen muß, nur deshalb, weil — weil — weil — —"

„Weil?" fragte sie lächelnd.

„Sapperment! Weil ich heute schon abreisen muß."

„Heute schon?"

Ihre rothen Wangen waren Etwas bleicher geworden.

„Ja, heute schon, Mademoiselle."

„Muß das denn sein?"

„Leider. Es ist unaufschiebbar."

„Aber gestern sprachen Sie doch nicht in so bestimmter Weise von Ihrer Abreise!"

„Es hat sich Etwas ereignet, was mich zur beschleunigten Abreise veranlaßt."

„O weh! Sollten vielleicht wir Ihnen — — —"

„O nein, nein," fiel er schnell ein. „Der Grund ist ein ganz anderer, Ihnen fremder."

„Und kommen Sie wohl wieder in diese Gegend?"

„Wer weiß das. Bin ich einmal fort, so giebt es wohl keinen Grund, nach hier zurückzukehren."

„Ich glaubte, einen zu wissen."

„Welchen?"

„Unsere Angelegenheit in Beziehung auf Nanon und Madelon von Bas-Montagne."

„Wer weiß, welche Wendung diese Angelegenheit nimmt. Meine Person gehört da auf alle Fälle in den Hintergrund. Möglich ist es zwar, daß ich sehr bald nach Frankreich zurückkehre, aber — als Ihr Feind."

„Niemals. Mein und unser Feind werden Sie nicht sein."

„Selbst im Falle eines Krieges nicht?"

„Nein. Sie kennen ja unsere Gesinnung. Aber, glauben Sie denn an diesen Fall?"

„Ja. Frankreich drängt und treibt zum Kriege."

„Wie thöricht. Mein Gott! Wenn ich an dieses Unglück denke. Die Kanonen brüllen; die Kugeln sausen; die Schwerdter klirren. Und mitten darin sind — —"

Sie hielt erröthend inne.

„Weiter! Weiter," bat er schnell.

„Und mitten darinnen Sie — — der doch nicht die mindeste Schuld daran trägt."

Sein Gesicht glänzte vor Glück und Freude.

„An mich denken Sie dabei? An mich?" fragte er.

„Ja. Ich habe sonst keinen Menschen, der durch den Krieg so direct bedroht würde."

„Wenn ich nun fiele. Wenn Sie eines Tages die Nachricht erhielten, daß man mich in ein Massengrab gelegt und — —"

„Bitte, schweigen Sie," wehrte sie ab. „Das wäre doch gar, gar zu traurig."

Sie legte die Hand über die Augen, als ob sie etwas Schreckliches vor sich sähe. Er trat zu ihr, zog ihr die Hand weg und sagte:

„Mademoiselle! Marie! Werden Sie mich vergessen, wenn ich heute abgereist bin?"

„Nein," antwortete sie leise.

„Werden Sie vielmehr an mich denken?"

„Ja."

„Und zwar oft, sehr oft?"

Da glitt ein schnelles, schalkhaftes Lächeln über ihr Gesicht und sie fragte:

„Soll ich denn?"

„Ja, ja. Es ist mein höchster Wunsch, daß Sie recht viel an mich denken."

„Dann muß ich mich an diesen Ihren Wunsch recht oft erinnern."

„Thun sie das, Mademoiselle."

Er legte leise und wie versuchend den Arm um ihre Taille. Sie wiederstrebte nicht, sondern erkundigte sich neckisch:

„Aber was habe ich davon, Monsieur?"

„Daß Sie an mich denken?"

„Ja."

„Nun, ich erinnere mich dann ebenso oft und ebenso gern an Sie. Oder soll ich nicht?"

„O doch! Wir wollen denken, daß unsere Gedanken zu einander fliegen und sich unterwegs treffen."

„Unsere Gedanken blos?"

„Was noch?"

„Nicht auch unsere Liebe?"

Da legte sie die Hände zusammen und flüsterte:

„Liebe! Liebe! Soll das wahr sein?"

„Ja, ja, und tausendmal ja! Marie, willst Du mir glauben, daß ich Dich lieb habe?"

„Sie, mich? Der Maler, der Künstler, das arme, einfache Mädchen?"

„Ja, Marie! Ich habe Dich lieb, recht herzlich, herzlich lieb. Und Du? Willst Du mir eine Antwort geben?"

Da blickte sie ihm ernsthaft in die Augen und antwortete:

„Nein."

„Wie? Nicht? Du willst mir keine Antwort geben?"

„Geben nicht; aber nimm sie Dir."

Sie hielt ihm die Lippen entgegen, nach denen er sich vorhin vergebens gesehnt hatte.

„Donnerwetter!" rief er. „Das lasse ich mir gefallen! Das ist freilich die aller-, allerbeste Antwort, die es nur geben kann. Komm her!"

Er zog sie an sich und küßte sie wohl volle fünf Minuten lang ohne Aufhören. Dann stieß er einen Jauchzer aus und rief:

„Das sollte er wissen! Sapperment!"

„Wer?"

„Der Haller."

„Wer ist das?"

„Ein College von mir, ein Maler. Er hat die berühmte Rutschparthie mitgemacht von wegen der Gouver —"

Er hielt erschrocken inne. Er stand ja im Begriff, sein Liebesabenteuer zu verrathen."

„Gouver — — — weiter!" bat sie.

„Gouvernante wollte ich sagen."

„Eine Rutschparthie wegen einer Gouvernante? Wie war denn das?"

„Hm! Das war eigentlich sehr einfach."

„Bitte, erzähle es doch."

„Nun, es war einmal eine Gouvernante — — —"

„Ach so fängt die Geschichte an! Das ist ja recht ungewöhnlich."

„Sie endet aber desto gewöhnlicher."

„Das wäre Schade! Also weiter."

„Es war also einmal eine Gouvernante, und es war auch einmal ein Maler. Diesen Maler traf ich im Tharandter Wald."

„Wo ist das?"

„Bei Dresden. Man geht dorthin wegen der Pilze und der Brunnenkresse, die man dort massenhaft findet."

„Die Maler gingen wegen der Brunnenkresse?"

„Ja."

„Die Gouvernante natürlich auch?"

„Errathen."

„Ah, jetzt kommt der Roman."

„Ja, jetzt kommt er. Der Maler nämlich wollte die Gouvernante küssen; sie aber litt es nicht."

„Der, welcher sie küssen wollte, das warst natürlich Du!"

„Ist mir bei Gott nicht eingefallen!" betheuerte er.

„Also doch der Andere?"

„Ja, Haller wollte sie partout küssen.

„Sie litt es nicht?"

„Nein. Sie wehrte sich vielmehr aus allen Kräften."

„Und Du sahst ruhig zu?"

(Fortsetzung folgt.)

Die Liebe des Ulanen.
Original-Roman aus der Zeit des deutsch-französischen Krieges von Karl May.
(Fortsetzung.)

Schneffke beantwortete die Frage Marien's nicht sogleich, sondern blickte ihr freundlich in's Auge.

„Nun?" drängte sie, schelmisch lächelnd.

Endlich antwortete er mit ernster Miene:

„Gott bewahre. Ich weiß, was sich schickt und gehört. Man ist ja Künstler und Cavalier. Ich versuchte, sie in Güte aus einander zu bringen, vergebens; Haller hielt zu fest. Endlich zog und zerrte ich zu sehr. Das gab einen fürchterlichen Riß. Ich hatte die Gouvernante in den Händen; Haller aber flog und rutschte und kugelte den Berg hinab, zerriß sich die Hosen, stürzte in das Wasser, mußte halb ersaufen und ließ sich nicht wieder sehen."

„Das ist die Rutschparthie?"

„Ja."

„Und Du? Du hattest nun die Gouvernante?"

„Ja."

„War sie hübsch?"

„Sehr!"

„Weiter! Weiter!"

„Sie bedankte sich bei mir. Sie sagte mir sogar, daß sie mir einen Kuß gegeben hätte, aber nur diesem Haller nicht. Sie bot mir sogar einen Kuß an."

„O weh!"

„Ja, wirklich."

„Was thatest Du?"

„Ich schüttelte den Kopf."

„Weiter nichts?"

„Was soll ich sonst noch schütteln, außer dem Kopfe?"

„Ich meine, ob Du sonst weiter nichts gethan hast?"

„Nein. Ich war zunächst ganz perplex, so daß es mir unmöglich war, etwas zu sagen."

„Dann aber kam Dir doch die Sprache wieder."

„Ja, aber erst nach ungefähr fünf Minuten."

„Und was sagtest Du da zu ihr?"

„Ich danke, Fräulein! Ich mag keinen Kuß, denn ich habe sehr gute Grundsätze!"

„Solltest Du dies wirklich gesagt haben?"

„Bitte, erkundige Dich bei ihr!"

„Das muß sie aber doch außerordentlich geärgert haben!"

„O nein. Sie verneigte sich und sagte: Mein Herr, das thut mir leid. Ich bin Gouvernante und Schriftstellerin. Ich schreibe gerade jetzt ein Buch über das Küssen ——"

„Ist das möglich?"

„Natürlich! Man kann über Alles ein Buch schreiben, also auch über das Küssen. Natürlich aber muß man Das, worüber man schreibt, aus dem Fundamente verstehen, also gut gelernt und geübt haben. Gerade eben darum sagte sie weiter: Ich habe mich natürlich im Küssen üben müssen. Ich habe geküßt Arme und Reiche, Große und Kleine, Dicke und Dünne, Hohe und Niedere, Künstler und Essenkehrer, Minister und Weichensteller; aber so ein küßlicher Mund, wie der Ihrige ist, ist mir doch noch nicht vorgekommen. Daher bat ich Sie um einen Kuß. Aber, was nicht ist, das ist nicht. Behüt Dich Gott, es wär' so schön gewesen; behüt Dich Gott, es hat nicht sollen sein!"

„Ein sonderbares Frauenzimmer!"

„O, Schriftstellerinnen und Gouvernanten sind alle höchst sonderbar; ist nun einmal eine Dame zufälligerweise alles Beides, so ist sie zehnfach sonderbar."

„Was that sie dann?"

„Sie bat mich, sie aus dem Walde zu bringen."

"Und?"

"Nun und? Ich mußte es thun. Draußen wurde sie von ihrer Herrschaft erwartet, einer Generalin. Es war eine ganze Gesellschaft dabei. Sie waren zu Pferde. Ich bekam auch ein Pferd, einen Schimmel aus Arabien, ein verteufelt wildes Thier."

"Gott, wenn Du gestürzt wärst!"

"Ich? Stürzen? Keine Möglichkeit! Eher stürzt das Pferd als ich! Wir sind dann im Galopp heimgeritten. Als ich nach Dresden kam, sah ich mich nach der Gesellschaft um — — kein Mensch war bei mir. Ich war Allen vorangekommen und brachte das Pferd erst dann zum Stehen, als ich bereits wieder über Dresden hinaus war."

"Welch ein verwegener Mensch! Das wirst Du später mir zu Liebe unterbleiben lassen. Nicht?"

"Dir zu Liebe? Ha! Ich bin ein leidenschaftlicher Reiter. Nichts geht mir über dieses Vergnügen. Aber Dir zu Liebe werde ich allerdings — — — ah, wer ist da?"

Draußen ließ sich Wagenrollen und lautes Peitschenknallen hören. Eine herrschaftliche Equipage mit noch drei Kutschen und einem Küchenwagen kam angefahren.

"Der Herr! Der gnädige Herr!" rief Marie. "Ich muß hinaus!"

Im nächsten Augenblicke stand Hieronymus allein im Zimmer.

"Das war aufgeschnitten!" brummte er wohlgefällig vor sich hin. "Sie wird meine Frau, und da ist es gut, wenn sie schon bei Zeiten gehörigen Respect bekommt!"

Die Equipage hielt. Zwei Diener sprangen ab und öffneten. Ein alter Herr stieg aus.

"Jedenfalls der General selbst," sagte der Maler. "Ein prächtiger Greis! Schön, stolz, mild, prachtvoll militärische Haltung."

Nach ihm stieg seine Enkelin, Ella von Latreau, aus.

"Himmelelement!" sagte der Maler drin am Fenster. "Ein Engel! Eine Houri aus Muhameds Himmel! Eine Kleopatra! Wer da noch?"

Die jetzt ausstieg, war — Alice, die Schwester des Secretärs des Grafen von Rallion, die Geliebte des Telegraphisten Martin Tannert. Man wird sich erinnern, daß Ella von Latreau versprochen hatte, sie unter ihren Schutz zu nehmen.

"Ein allerliebstes Kind!" sagte der Maler. "Hübsch, kräftig, doch mild und lieblich wie Brustkanaster, Mittelsorte."

Aus den andern Wagen stieg das Dienstpersonal.

An dem Thore stand der Schließer mit Frau und Tochter, um den Herrn zu bewillkommnen. Sie küßten ihm und Ella die Hände und führten sie hinauf in den Salon. Die Herrschaft war geliebt und verdiente diese Liebe.

Es dauerte einige Zeit, bis man so leidlich in Ordnung war. Dann zog Ella sich mit Alice in ihre Gemächer zurück und ließ dem Großpapa Zeit, an die Geschäfte zu denken.

Hieronymus Aurelius Schneffke hatte mit seinem Scharfblicke erkannt, daß nicht alle Kutschen dem Grafen gehören würden. Er ging daher hinaus und machte sich an einen der Wagenführer.

"Sind Sie im Dienste des Generals?" fragte er.

"Nein, Monsieur."

"Woher sonst?"

"Aus Metz."

"Ah, der Graf ist in Metz ausgestiegen, nämlich aus der Bahn, und hat Sie für den Weg nach hier gemiethet?"

"Ja."

"Wann kehren Sie zurück?"

"Noch heute, nachdem ich in Etain gefüttert und den Pferden einige Ruhe gegönnt habe."

"Wollen Sie mich mit nach Metz nehmen?"

"Gern. Dann bitte ich aber, Ihre Angelegenheiten zu beschleunigen. In einer halben Stunde geht es fort."

Der Maler besprach noch den Lohn und eilte dann nach seiner Wohnung im Verwalterhause. Er hatte dort nur Kleinigkeiten, welche er zu sich stecken konnte. Er nahm sich gar nicht die Mühe, Abschied zu nehmen oder ein Wort über seine Absicht fallen zu lassen. Es war ihm sogar lieb, wenn Berteu heute noch nicht erfuhr, daß er fort sei.

Dann kehrte er nach dem Schlosse zurück, wo er seine Mappe und den Feldstuhl gelassen hatte. Beides wurde in den Wagen gethan, und dann wollte er sich verabschieden. Aber von wem? Kein Mensch war in der Stube. Der Schließer befand sich beim Grafen, und seine Frau und Tochter waren bei dessen Enkelin. Er machte es wie stets: Er that ganz das, was ihm in den Sinn kam. Er stieg die Treppe empor. Droben stand ein Livreediener.

"Wer sind Sie?" fragte dieser.

"Künstler. Ich suche Monsieur Melac."

"Der ist nicht zu sprechen. Befindet sich bei Excellenz."

"Madame Melac?"

"Beim gnädigen Fräulein."

"Mademoiselle Melac?"

"Auch beim gnädigen Fräulein."

"Donnerwetter! Ich habe keine Zeit! Ich muß Abschied nehmen. Der Kutscher wartet nicht."

Der Diener musterte ihn und sagte dann lächelnd:

"Monsieur, ist es wirklich so eilig?"

"Sehr."

"Herr Melac kann nicht, Frau Melac wohl auch nicht. Genügt es Ihnen vielleicht, wenn ich Fräulein Melac Ihnen sende?"

"Ja, ja; das genügt vollständig!" beeilte sich Hieronymus, zu antworten.

"Wohin soll ich sie Ihnen senden?"

"Hinunter in die Wohnung."

"Schön! Verlassen Sie sich darauf, daß es gleich besorgt wird!"

Der Maler begab sich hinunter nach der Wohnung des Beschließers, und der Diener ging in das Vorzimmer des Fräuleins. Dort war eine Zofe beschäftigt, Servietten zu legen.

"Wer ist bei der gnädigen Comtesse?" fragte er.

"Madame und Mademoiselle Melac."

"Kann ich Madame einmal haben?"

Die Zofe ging hinein und brachte Frau Melac heraus.

"Madame, es war ein Herr hier, welcher Sie sehr nothwendig zu sprechen hat," meldete der Diener.

„Mich?"

„Ja. Wenigstens glaube ich richtig verstanden zu haben."

„Wer war es?"

„Er nannte sich einen Künstler."

„Ah, ein kleiner, wohl beleibter Herr?"

„Ja, ja, das war er."

„Wo ist er?"

„In Ihrer Wohnung."

Sie ging hinab, und der Diener entfernte sich, ein lustiges Lächeln auf seinen Lippen. Herr Hieronymus Aurelius Schneffke stand unten vor dem Spiegel und betrachtete sein dickes Conterfei, welches von der Glasscheibe in sprechender Aehnlichkeit zurückgeworfen wurde.

„Ein übler Kerl bin ich nicht," meinte er. „Wer mich umarmt, der oder die hat etwas in den Händen! Donnerwetter, ich passe doch ganz prächtig zu dieser famosen Marie. Die Länge, die Breite, die Tiefe, das Gewicht, der Umfang, der Kubikinhalt, Alles, Alles klappt auf's Beste. Darum ist ein Kuß von ihren Lippen so hübsch bequem. Man braucht nicht in die Höhe zu springen, so daß man sich die Waden dehnt, und man braucht auch nicht sich zu bücken, so daß man sich das Kreuz verstaucht. Jetzt kommt der Abschied! Der soll — — ah, ich höre sie! Das sind Frauenschritte! Sie kommt. Ich werde sie sofort umfangen!"

Er stellte sich neben den Eingang. Die Thür ging auf.

„Marie, meine liebe, süße — — himmelheiliges schock — — Sakkerment — welch' ein Heidenpech!"

Er sprang zurück. Er hatte die Mutter der Erwarteten an sein sehnsüchtiges Herz gedrückt.

Frau Melac war erstaunt, sogar mehr als erstaunt.

„Monsieur!" rief sie.

„Madame," antwortete er, da ihm in diesem Augenblicke nichts Anderes einfiel.

„Sie umarmen mich?"

„Ja, leider!" stieß er hervor.

„Leider! Das soll also heißen, daß ich nicht eigentlich zum Umarmen geeignet bin?"

Er schwitzte bereits vor Angst.

„Jetzt wohl nicht mehr!" antwortete er.

Erst als diese Worte heraus waren, bemerkte er, was für eine Unhöflichkeit er begangen hatte. Sie sah seine Verlegenheit; sie hielt ihn für einen guten Menschen. Ein Lächeln trat auf ihre Lippen.

„Jetzt also nicht mehr!" meinte sie. „Bin ich denn gar so abschreckend häßlich?"

„Nein. Daß Sie so ein Monstrum sind, das habe ich doch nicht gemeint!"

„Gut! Ihre Umarmung hat jedenfalls einer Andern gegolten?"

„Ja."

„Diese Andere heißt Marie? Wenigstens glaube ich, diesen Namen gehört zu haben."

„Ich kann es nicht leugnen!"

„Meinen Sie meine Tochter?"

„Ja," nickte er zustimmend.

„So, so! Also diese wollten Sie umarmen?"

„Das war allerdings mein Wunsch."

„Warum schickten Sie aber da zu mir?"

„Zu Ihnen?" fragte er erstaunt.

„Ja. Der Diener ließ mich rufen."

„Ah! Hätte ich den Kerl hier!"

„Er wird Sie falsch verstanden haben."

„Unmöglich! Ich bin nicht stumm und er ist hoffentlich nicht taub. Ich habe sehr deutlich gesprochen. Ich glaube, der Kerl hat sich einen Spaß machen wollen!"

„Wenn das der Fall ist, so ist ihm derselbe allerdings auch ganz prächtig gelungen."

„Aber mir nicht! Ich verbitte mir solche Bedientenscherze!"

„Ich mir eigentlich auch. Da aber die Sache nun einmal nicht zu ändern ist, so wollen wir darüber hinweg zur Tagesordnung übergehen."

„Hm!" brummte er, indem er sie prüfend anblickte. „Was verstehen Sie unter Tagesordnung?"

„Das, was nun jetzt an der Ordnung ist. Oder sollten Sie sich das nicht selbst sagen können?"

Er hatte bereits nach seinem Hute gegriffen, um sich schleunigst zurückzuziehen, falls der Fall für ihn ein schlimmes Aussehen annehmen werde. Da aber Frau Melac sich ruhig niederließ und ein keineswegs unfreundliches Gesicht zeigte, so legte er den Calabreser wieder fort und sagte:

„Es ist wahr, Madame; ich habe Sie zunächst herzlichst um Verzeihung zu bitten."

„Ich verzeihe Ihnen," antwortete sie lächelnd. „Es giebt nicht leicht eine ältere Dame, welche eine Umarmung unverzeihlich findet. Und übrigens haben Sie mir ja die freundliche Versicherung gegeben, daß ich wenigstens nicht geradezu ein Monstrum von Häßlichkeit bin."

„Nein, das sind Sie nicht; denn sonst hätten Sie auch nicht die mindeste Aehnlichkeit mit Mademoiselle Marie."

„Das ist's, worauf wir kommen müssen! Also Marie war es, welche Sie umarmen wollten?"

„Ja."

„Aber wissen Sie, welche Personen man umarmt?"

„Jedenfalls nur diejenigen, welche man lieb hat."

„Damit wollen Sie sagen —?"

„Daß ich Marie lieb habe? Ja."

„Aber Monsieur, kennen Sie Marie schon längst?"

„Nein."

„Erst seit gestern?"

„Ja."

„Das ist aber doch ganz ungewöhnlich schnell gegangen?"

„Ja, ich kam; ich sah, und ich siegte!"

Frau Melac lachte belustigt auf und antwortete:

„Oder vielmehr; Sie kamen; Sie sahen, und Marie siegte. Ist's nicht so?"

„Auch so, ja. Wir haben einander gesehen und besiegt. Wir haben vor einander die Segel und die Flaggen gestrichen; wir werden uns Bord an Bord legen, um als einträchtige Doppelfregatte über das Meer des irdischen Lebens zu stampfen und zu dampfen."

„Sie verstehen es, sich außerordentlich poetisch auszudrücken, mein Lieber!"

„Ja, man hat das Seinige gelernt," lachte er.

Sie stimmte in seine Lustigkeit ein, was ihm all seinen Muth wieder gab, und sagte dann:

„Wie es scheint, haben Sie bereits mit Marie gesprochen?"

„Ja, sehr sogar!"

„Wenn?"

„Vorhin, vor der Ankunft des Grafen, der mir höchst ungelegen kam. Er konnte zehn Minuten später eintreffen."

„Hat Marie Ihnen ihr Wort gegeben?"

„Nein, aber einen Kuß."

„Einen Kuß? Ah!"

„Ja, so ungefähr."

Er umarmte sie, ehe sie ihn abwehren konnte und gab ihr einen herzhaften Kuß auf den Mund.

„Sachte, sachte!" mahnte sie, ihn von sich schiebend. „Sie sind ja ein echter Alexander der Große im Erobern."

„Das ist angeborene Gottesgabe," antwortete er lachend.

„Und dennoch kann ich diese Schnelligkeit nicht begreifen, mit welcher Sie mit Marie Eins geworden sind."

„Ja, es kam auch über mich ein Wenig rasch. Aber während der Eine fünfzehn Jahre braucht, um nur zu erfahren, daß man lebt, um zu heirathen, hat der Andere bereits die sechste Frau zu Tode geärgert. Die Liebe kommt bei dem Einen wie eine Schnecke und bei dem Anderen wie ein Blitz aus heiterem Himmel. Das geht Puff auf Puff und Knall auf Knall. Es leuchtet, ein Donnerschlag und man ist getroffen und erschlagen für die ganze Lebenszeit."

Frau Melac mußte herzlich lachen. Sie meinte:

„Ich wiederhole, daß Sie Ihre Bilder vortrefflich zu wählen verstehen. An Ihnen ist ein zarter lyrischer Dichter verdorben. Nicht?"

„Vielleicht drücke ich mich in späteren Jahren kräftiger aus. Jetzt ist man jung und zart besaidet. Wenn Einen später das Leben in die Schule nimmt, so wird man mürrisch, bekommt das Podagra und dichtet nur noch tragische Lebensscenen."

„So wünsche ich, daß Sie möglichst lange jung bleiben."

„Da gebe ich Ihnen ohne alle Abstimmung meine Zustimmung. Aber nun einmal ohne Scherz, Madame! Hier meine Hand. Sind Sie mir bös, daß mein Herz mich getrieben hat, zu Marie von Liebe zu sprechen?"

„Ich kann Ihnen nicht zürnen. Kein Mensch kann die Stimme seines Herzens zum Schweigen bringen. Nur hat man die Pflicht, auch den Verstand sprechen zu lassen."

„O, das thue ich ja."

„Und glauben Sie, daß die Stimme der Vernunft in diesem Falle mit derjenigen des Herzens im Einklange stehen werde?"

„Ich bin überzeugt davon."

„Aber wir wohnen in Frankreich, und Sie wohnen im Auslande. Wollen Sie uns das einzige Kind so weit fort entführen?"

Er schüttelte den Kopf und antwortete:

„Tragen Sie keine Sorge. Ich bin frei. Der Maler ist an keinen Ort gebunden. Ueberhaupt ist es mir auch noch gar nicht beigekommen, Ihnen oder Marien ein bindendes Wort abzufordern."

„Ah! Wie habe ich das zu verstehen?"

„Ich habe Marien gesagt, daß ich sie liebe, und sie hat mir das Gleiche erwidert. Dann kam der Graf und jetzt muß ich fort. Wir haben also über unsere Zukunft noch kein Wort sprechen können."

„Ich glaubte, das sei in Ordnung gebracht?"

„Nein. Ich allerdings werde mich für gebunden betrachten. Komme ich wieder und Marie ist noch frei, dann werde ich mir Mühe geben, Ihnen zu beweisen, daß ich Ihres Kindes nicht ganz unwerth bin. Sagen Sie dann Ja, so werden Sie mich glücklich machen."

„Das ist ehrenwerth, Monsieur. Meine Sympathie haben Sie. Weiß mein Mann davon?"

„Nein."

„Soll er erfahren?"

„Das überlasse ich am Besten Ihnen."

„Werden Sie noch vor Ihrer Abreise mit ihm sprechen?"

„Ich muß fort und weiß nicht, ob er Zeit hat."

„Ich glaube allerdings kaum, daß er eine Minute für Sie erübrigen kann. Er ist beim gnädigen Herrn und kann nicht um Entlassung bitten."

„So muß es genügen, Sie von unserer Herzensangelegenheit unterrichtet zu haben. Werden Sie mir erlauben, Marien zuweilen eine Zeile zu senden?"

„Gern, Monsieur. Hoffentlich sehen wir Sie bald wieder?"

„Ich wünsche es. Schreiben muß ich Ihnen auf alle Fälle, da ich Sie ja über die Familie Bas-Montagne unterrichten muß. Jetzt darf ich Sie nicht länger zurückhalten. Bitte, nehmen Sie eine Hand des Dankes und des Abschiedes. Seien Sie überzeugt, daß ich ein ehrlicher Mann bin und daß Sie mir das Glück Ihres Kindes anvertrauen können."

„Ich glaube es. Leben Sie wohl, Monsieur."

Sie hatte sich erhoben und reichte ihm ihre Hand, die er an seine Lippen drückte. Er wollte gehen; sie aber sagte:

„Warten Sie noch einen Augenblick. So viel kann der Fuhrmann schon noch ersparen."

Sie ging.

„Sakkerment, jetzt wird sie mir den Alten auf den Hals schicken," brummte Schneffke. „Na, mir auch recht! Es ist ganz in der Ordnung auch mit dem Vater zu sprechen, nachdem man mit der Tochter und der Mutter gesprochen hat."

Er mußte ein Weilchen warten; dann trat — Marie ein. Das war eine frohe Ueberraschung.

„Marie!" rief er. „Mutter hat also bedeutend mehr Verstand als dieser Lakai, mit dem ich noch einige Worte im Vertrauen sprechen möchte."

„Zweifelst Du daran?"

„Nein, nach Dem, was ich mit ihr gesprochen habe. Sie hat Dich geschickt?"

„Ja."

„Haben es die Anderen gehört?"

„Ja; aber sie wußten nicht, was ich hier soll. So schnell willst Du fort?"

„Ja. Draußen warten bereits die Pferde."

„Aber Du wirst schreiben?"

Da zog er sie an sich und fragte:

„An wen, mein Engel? An den Vater?"

„Doch wohl auch an mich."

„Ja, wenn ich gewiß wüßte, daß Du meine Zeilen auch lesen wirst."

„Gern, herzlich gern. Ich werde täglich einen Brief erwarten."

„Kind, das ist zu viel verlangt! Sagen wir monatlich!"

„Das ist zu wenig."

„Wöchentlich?"

„Das mag eher gehen."

„Und Du antwortest mir auch?"

„Ja, obgleich ich diese Art von Briefen noch nicht geschrieben habe.

„O, das lernt sich leicht. Uebrigens will ich Dir einen kleinen Fingerzeig geben: Du schickst mir allemal einen tüchtigen Kuß mit."

„Wie macht man das?"

„Man macht mit der Feder einen Kreis auf das Papier, gerade so groß, daß man den Mund, wenn man ihn spitzt, hinein bringt. Dann schreibt man in diesen Kreis das Wort „ein Kuß," und wenn es trocken geworden ist, setzt man den Kuß auch wirklich hinein."

„Bleibt er drin?"

„Wenn das Couvert gut ist, ja."

„Und was wird dann später mit ihm?"

„Ich nehme mir ihn weg."

„Womit? Mit den Fingern?"

„Nein, sondern mit der Beißzange, Du kleiner, lieber Spaßvogel Du!"

„Glaubst Du, daß meine Küsse aus einem so harten, festen Material bestehen."

„Das wollen wir sogleich einmal probiren."

Und sie probirten so lange, bis draußen der Fuhrmann durch ein lautes Peitschenknallen seine Ungeduld zu erkennen gab.

„Hörst Du," meinte der Maler. „Dieser Mensch ist ganz sicher höchst unglücklich verheirathet, sonst würde er uns diese paar Minuten gönnen. Also, lebe wohl, mein Leben."

„Lebe wohl und — bleibe mir treu."

Eine Minute später rollte der Wagen mit dem glücklichen Hieronymus von dannen.

Charles Berteu hatte sich während des ganzen Tages nicht zu Hause sehen lassen. Erst am Spätnachmittage kehrte er zurück. Seine Mutter kam ihm ängstlich entgegen.

„Wo bleibst Du so lange?" fragte sie. „Ich habe mit größter Ungeduld auf Dich gewartet."

„Warum?" antwortete er rasch.

„Das weißt Du noch nicht?"

„Was soll ich wissen? Ich hatte in der Pulvermühle zu thun. Da war ich bis jetzt."

„Ohne es mir zu sagen. Hätte ich es gewußt, so konnte ich zu Dir schicken, um Dich holen zu lassen."

„War es so nothwendig?"

„Hast Du denn nicht gesehen, daß sämmtliche Vorhänge des Schlosses emporgezogen sind?"

„Die Rouleaur? Das habe ich gesehen. Jedenfalls stäubt man die Zimmer aus."

„Nein. Der General ist angekommen."

„Er stand starr.

„Der General?" fragte er. „Allein?"

„Nein, sondern mit dem Fräulein und sämmtlicher Dienerschaft."

„So bleibt er hier?"

„Wie es scheint."

„Alle Teufel! Sein Kommen war, da der Vater gestorben ist, zu erwarten; aber so bald."

„Er hat nach Dir geschickt."

„Auch das noch."

„Du sollst die Bücher mitbringen und das Verzeichniß der Vorräthe. Er will abschließen."

„Himmeldonnerwetter! Da geht es dem Vater noch im Grabe schlecht."

„Er ist zu unvorsichtig gewesen. Er konnte und mußte es viel klüger anfangen. Jetzt geht es auch uns an den Kragen."

„Uns? Uns kann kein Mensch Etwas thun."

„Aber die Stelle."

„Die wäre ja auf alle Fälle verloren. Oder glaubst Du etwa, daß der General mich als Verwalter angestellt hätte."

„Nein. Aber jetzt sei nun aufrichtig! Haben wir Etwas vor uns gebracht?"

„Nein. Es ist Alles verbraucht worden."

„Dummkopf!"

„Wer? Ich?"

„Nein, der Todte."

„Ach so! Na, fort müssen wir auf alle Fälle. Jetzt werde ich mich dieser Nanon versichern. Ich denke, daß uns dann geholfen ist."

„Die bekommst Du nicht!"

„Pah! Es giebt ein Mittel. Ich kenne einen Mann, der sie mir in die Hand geben wird."

„Wer ist das?"

„Das ist nichts für Dich! Jetzt will ich zum General!"

Er begab sich, eine Menge Bücher tragend, nach dem Schlosse, von wo er erst nach längerer Zeit zurückkehrte. Sein Gesicht war finster.

„Wie ist es gegangen?" fragte seine Mutter.

„Schlecht."

„So hat er es bereits berechnet?"

„Nein. Den Verlust wird er erst später finden. Aber er empfing mich bereits in einer Weise, aus welcher ich ersah, daß es auch ohne dieses Deficits für uns aus sein würde. Ich mache, daß ich fortkomme."

„Um Gotteswillen! Und mich lässest Du da?"

„Nein. In einigen Tagen bin ich zurück, um Dich abzuholen."

„Wohin gehst Du?"

„Nach Ortry."

„Ah, zum Capitän? Der muß sich unserer annehmen."

„Muß? Der ist unberechenbar!"

„Er hat dem Vater viel zu verdanken!"

„Glaubst Du, daß dieser Mann dankbar ist?"

„Er ist es eigentlich gewesen, der den Vater auf Abwege gebracht hat. Er darf uns nicht fallen lassen."

„Moralisch zwingen läßt der Alte sich nicht. Aber ich habe Geheimnisse von ihm in der Hand, die er mir abkaufen muß. Er muß sie mir bezahlen, entweder baar oder mit — — Nanon; darauf kannst Du Dich verlassen!"

Am Nachmittage des Eisenbahnunglückes saß Doctor Müller im Garten von Ortry auf einer Bank, in tiefes Sinnen versunken, aus welchem er erst erwachte, als er Schritte vernahm, welche sich von der Seite her näherten. Er blickte auf und erkannte Deep-hill, den Amerikaner. Er erhob sich höflich und verbeugte sich, um ihn vorüber zu lassen; dieser aber blieb stehen.

„Wir sahen uns bereits heute?" fragte er, indem er den Hut zog.

„Ja, Monsieur."

„Auf dem Unglücksplatze?"

„Ja. Ich hatte die Ehre, die Aufopferung zu bewundern, mit welcher Sie für die Verunglückten thätig waren. Ich heiße Müller und bin Erzieher des jungen Barons."

„Meinen Namen kennen Sie?"

„Ja, Monsieur."

„Erlauben Sie, für einige Augenblicke bei Ihnen Platz zu nehmen?"

Nichts konnte dem Erzieher lieber sein. Er verbeugte sich und antwortete:

„Sie haben zu befehlen!"

„O nein," lächelte der Andere. „Die continentale Anschauung, daß der Erzieher gesellschaftlich unter Demjenigen steht, der ihn engagirt hat, ist uns Amerikanern nicht geläufig."

„Amerika ist zu beneiden. Es ist ein Land, welches mit den schädlichsten und lächerlichsten Vorurtheilen aufgeräumt hat."

„Und ein Vorurtheil ist das betreffende. Ein Mann, dem ich die Erziehung, also das Glück und die Zukunft meiner Kinder anvertraue, entweder weil ich keine Zeit zu dieser Erziehung habe, oder weil mir die Fähigkeiten dazu mangeln, dieser Mann kann doch unmöglich unter mir stehen."

„Wollte Gott, auch Andere vermöchten sich zu dieser richtigen Anschauung zu erheben!"

„Dieser Seufzer ließ mich vermuthen, daß Sie in Ihrer Stellung hier sich nicht ganz glücklich fühlen?"

„Ich bin zufrieden," antwortete Müller zurückhaltend.

„Was nennen Sie zufrieden? Zufrieden ist gar nichts; Zufriedenheit ist ein Mittelding, weder warm noch kalt, weder jung noch alt, weder arm noch reich!"

„Und doch trachten Millionen darnach, nur zufrieden sein zu können."

„Sie werden es niemals sein, weil sie es niemals sein können, weil die Ansprüche des Menschen mit seinen Erfolgen wachsen."

„Sie sprechen von Ehrgeizigen."

„O nein!"

„Und von Ungenügsamen."

„Sie scheinen genügsam!"

„Mein Lebensweg ist mir vorgeschrieben. Ich thue meine Pflicht und vertraue auf Gott."

Der Amerikaner blickte ihm forschend in das Auge.

„Herr! ist das Ihr Ernst?" fragte er.

„Warum nicht?"

„So sind Sie — — ah, ja, Sie nannten sich Müller?"

„So ist mein Name."

„So sind Sie ein Deutscher?"

„Ja."

„Nur ein Deutscher kann so sprechen wie Sie. Nur ein Deutscher thut seine Pflicht und vertraut auf Gott. Was macht Gott aus Ihnen, wenn Sie sie sich nicht selbst rühren?"

„Ich rühre mich ja, wenn ich meine Pflicht thue?"

„Sie rühren sich, aber Sie streben nicht. Sie sind Erzieher; Sie werden unter Umständen Erzieher bleiben, obgleich Sie vielleicht das Zeug haben, Professor zu werden."

Müller lächelte leise vor sich hin und antwortete:

„Haben Sie keine Sorge um uns Deutsche. Wir streben auch."

„Wornach aber? Nach Idealen?"

„Das Ideale macht oft glücklicher als das Materielle!"

„Und doch — — ja, nehmen Sie mir es nicht übel — — ich hasse diese idealen Deutschen!"

„Alle?"

„Alle! Sie haben mich um mein Ideal gebracht. Wohin werden Sie gelangen? Wohin trachten Sie? Wissen Sie es? Können Sie es mir sagen?"

„Von welchem Felde sprechen Sie?"

„Zunächst von der Politik."

„Davon verstehe ich nichts."

„Das dachte ich mir. Diese Herren Erzieher sind überall zu Hause, nur in der Politik nicht, während jeder Angehörige einer andern Nationalität es sich angelegen sein läßt, in dieser Beziehung etwas zu leisten."

„Hm! Es ist auch darnach!"

Die Augen des Amerikaners blitzten.

„Herr, wollen Sie mich beleidigen?" fragte er.

Es war ein eigenthümlicher, übermächtiger Blick, welchen der Erzieher ihm zuwarf.

„Beleidigen?" fragte Müller. „Wie kommen Sie zu dieser eigenthümlichen Ansicht?"

„Weil Sie mir widersprechen."

„Ist ein einfacher Widerspruch eine Beleidigung?"

„Es klang so!"

„Monsieur, Sie sind kein Amerikaner."

„Was sonst?"

„Ein Franzose."

„Ah!"

„Und zwar ein Südfranzose, wohl gar ein Korse."

„Wie kommen Sie zu dieser Vermuthung?"

„In Folge Ihrer Gesichtszüge und Ihres hitzigen Temperamentes. Sie erklären es für eine Beleidigung, daß ich mir erlaube, eine andere Ansicht als die Ihrige zu hegen und hatten mich doch selbst bereits vorher auf das Empfindlichste auf das Tiefste beleidigt."

„Donner! Wieso?"

„Indem Sie mir, dem Deutschen, in das Gesicht sagten, daß Sie die Deutschen hassen, Alle, ohne Ausnahme."

„Man darf die Wahrheit sagen."

„Wenn sie nicht beleidigend ist, im anderen Falle verschweigt man sie und wäre es auch nur aus reiner Höflichkeit oder aus wohl angebrachter Vorsicht."

„Vorsicht? Meinen Sie, daß eine Offenheit wie die meinige Schaden bringen könnte?"

„Gewiß!"

„Wer will mir schaden?"

„Jeder Mann, den Sie sich zum Feinde machen, kann Ihnen schaden. Ein einziger, kleiner Feind kann Ihnen mehr schaden, als alle Ihre bedeutenden und einflußreichen Freunde Ihnen Nutzen bringen können."

„Ah! Ist das nicht ein deutsches Sprüchwort?"

„Jawohl."

Um die Lippen des Amerikaners spielte ein eigenthümliches, stolzes, selbstbewußtes Lächeln. Er musterte Müller einige Augenblicke lang und sagte dann:

„Gut! Ziehen wir einen Vergleich! Ich bin reich."

„Ich glaube es."

„Unabhängig."

„Höchst wahrscheinlich."

„Einflußreich."

„Ich gebe es zu."

„Und Sie?"

„Hm! Ich bin das gerade Gegentheil: Arm, gebunden und ohne allen Einfluß."

„Ich glaube Ihnen, wie Sie mir geglaubt haben. Also, ich setze den Fall, daß ich Sie beleidige. Wie wollen Sie mir schaden?"

Müller zuckte die Achsel.

„Gar nicht, weil ich nicht rachsüchtig bin. Ich weiß meine Ehre zu vertheidigen, im Uebrigen aber bin ich Mensch und Christ."

„Dann sind Sie ein seltenes Exemplar des Genus Homo. Aber so war es ja gar nicht gemeint. Setzen wir vielmehr den Fall, daß Sie rachsüchtig wären. In welcher Weise wollten Sie mir schaden?"

Da hoben sich Müllers Lider langsam empor; seine Augen ruhten eine ganze Weile still, fest und ernst in denen seines Nachbars; dann zuckte er kurz die Achsel und antwortete:

„Ich würde mich dadurch rächen, daß ich mich ganz und gar nicht mit Ihnen beschäftige."

Diese Worte wurden in einem Tone gesprochen, aus welchem eine gewisse Bedeutung klang, welche der Amerikaner nicht zu überhören vermochte. Er fragte:

„Ich verstehe Sie nicht. Wie meinen Sie das? Sie würden mich verachten?"

„Nein."

„Nun denn, ich würde für Sie gar nicht existiren?"

„So meine ich es."

„Und dadurch würden Sie mir schaden?"

„Ja."

„Das ist mir ein Räthsel."

„Und doch ist es so deutlich und verständlich. Wenn ich Ihnen schade, indem ich Sie nicht beachte, bringe ich Ihnen — — —"

„Jetzt verstehe ich," fiel der Amerikaner rasch ein. „Sie meinen, daß es ein Vortheil für mich sein würde, daß Sie sich mit mir beschäftigen?"

„Ja."

Man sah es Deep-hill an, daß er sich von dem Verhalten und den Worten Müllers frappirt fühlte.

„Sprechen Sie noch im Beispiele, oder bewegen Sie sich bereits in der Wirklichkeit?" fragte er.

„Dies zu beurtheilen muß ich Ihnen überlassen."

„Gut! Das ist genug! Sie haben Etwas. Sie haben ein Geheimniß. Sie können mir nützen, indem Sie es mir mittheilen und schaden, wenn Sie es verschweigen."

Müller zuckte die Achsel und antwortete.

„Man merkt allerdings, daß Sie eine Art Diplomat sind. Diese Herren sehen hinter jedem Worte ein Geheimniß."

„Hier aber handelt es sich in Wahrheit um ein solches."

„Vielleicht sind Sie selbst dieses Geheimniß," antwortete Müller.

„Oder Sie?"

Er fixirte den Erzieher abermals und fuhr dann fort:

„Mir ist, als ob ich Sie bereits gesehen hätte."

„Ich war nie in Amerika."

„Da nicht."

„Auch nie in Südfrankreich."

„Ich meine nicht, daß ich Sie, Ihre wirkliche Person gesehen habe, sondern ich finde in Ihren Zügen Etwas, so etwas, wie nenne ich es nur? So etwas Bekanntes, Anheimelndes."

„Anheimelnd? Der Deutsche, den Sie hassen."

„Dennoch! Ich möchte allerdings in diesem Augenblicke sagen, daß ich doch nicht alle Deutschen hasse! Sie haben gewisse Züge, die mir entweder bereits lieb sind oder lieb werden könnten, ich weiß nur nicht — ah, da fällt es mir ein."

Er faßte Müller beim Arme und drehte ihn so, daß er sein Profil vor sich hatte.

„Ja," sagte er; „so ist es! Es ist kein Irrthum. Es sind dieselben Grundzüge, nur schärfer, ausgeprägter, mit einem Worte, männlicher! Waren Sie in England."

„Nein."

„Haben Sie Verwandte dort?"

„Auch nicht."

Müller ahnte, was kommen werde. Er war zu scharfsinnig, um es nicht sofort zu vermuthen, behielt aber seine ganz und gar unbefangene Miene bei und fragte:

„Es giebt wohl irgend eine zufällige Aehnlichkeit?"

„Ja."

„Darf ich fragen, mit wem?"

„Mit einer Dame."

„Ihrer Bekanntschaft?"

„Eigentlich nicht, obgleich ich sie gesehen und gesprochen habe."

„Fast möchte ich neugierig werden."

„Auch Sie haben sie gesehen. Erinnern Sie sich Miß de Lissa's, jener Engländerin, welche heute die Verwundeten mit verband?"

„Ja. Sie war meist in Gesellschaft unserer gnädigen Baronesse Marion?"

„Ja, ich bin mit ihr von Trier aus gefahren und hatte das Glück, sie zu retten. Mit dieser Dame haben Sie eine Aehnlichkeit. Jetzt weiß ich es ganz genau."

„So ist es eben nur ein Zufall, wie so oft."

„Gewiß. Diese Dame hat einen eigenthümlichen, ich möchte sogar sagen, einen tiefen Eindruck auf mich gemacht, und jedenfalls trägt diese Aehnlichkeit die Schuld, daß ich in Ihnen nicht den Deutschen vor mir habe."

„So bin ich dieser Dame zum großen Dank verpflichtet."

„Das soll heißen, daß Sie auch gegen mich keine Idiosynkrasie empfinden?"

„Ja, das wollte ich sagen."

„Gut, mein Lieber! Lassen Sie uns, wenn auch nicht Freunde, aber doch auch keine Feinde sein."

„Gern, gern. Und wunderbar! Was mich zu Ihnen zieht, scheint auch eine Aehnlichkeit zu sein."

„Ah! Das wäre allerdings ungewöhnlich."

„Es ist wirklich so. Ich kenne eine Dame ——"

„Eine Dame?" fiel der Amerikaner lachend ein. „Bin auch ich einer Dame ähnlich?"

„Ja."

„Für welche Sie Sympathie hegen?"

„Gewiß."

„Das ist lustig, Monsieur Müller. Wer ist diese Dame?"

„Die Gesellschafterin der Baronesse."

„Sie wohnt also hier auf Ortry?"

„Ja, ist aber gegenwärtig verreist."

„So bin ich neugierig, sie zu sehen. Wann kehrt sie zurück?"

„Vielleicht übermorgen. Sie ging, ihren Vater zu begraben."

„Wie heißt sie?"

„Nanon Charbonnier."

„Nanon! Welch ein Name. Ich hatte einst —— ah, das gehört ja nicht hierher. Also ihr sehe ich ähnlich."

„Ja."

„Das ist ebenfalls Zufall."

„Ich bezweifle es nicht. Aber die Dame, welcher ich ähnlich sehe, muß ich mir doch einmal genauer betrachten. Kennen Sie ihren vollständigen Namen?"

„Miß Harriet de Lissa aus London."

„Wo wohnt sie?"

„Bei einem Doctor Bertrand in Thionville."

„Hm! Man müßte einmal Patient sein."

„Das ist nicht nöthig. Ich bin überzeugt, daß Sie diese Dame hier auf Ortry sehen werden."

„Wirklich?"

„Ja. Baronesse Marion scheint Freundschaft mit ihr geschlossen zu haben und sprach davon, sie einzuladen. Es war das heute beim Nachtische, als Sie sich bereits von der Tafel entfernt hatten."

„Diese Einladung ist nicht so leicht. Sie hängt von dem Willen des Capitäns ab, welcher hier ein sehr strenges Regiment zu führen gewohnt ist."

„Pah! Gastfreundschaft wird doch gepflegt?"

„Auf Ortry nicht. Der Capitän ist nicht gesellig."

„Das habe ich bemerkt. Ich bin an ihn adressirt; ich wurde nach Ortry eingeladen; der Capitän hat mich an der Bahn gesehen und mir die Weisung gegeben, auf das Schloß zu kommen, und dennoch habe ich ihn hier noch nicht gesehen?"

„Daß er sein Zimmer noch nicht verlassen hat, weiß ich; aber ich dachte, er hätte Sie zu sich rufen lassen."

„Das ist nicht geschehen."

Müller nickte leise vor sich hin.

„Diese Vernachlässigung scheint unbegreiflich; er ist aber ein vollständig unberechenbarer Character."

„Seine Zurückgezogenheit muß mir um so mehr auffallen, als er begründete Ursache hat, sich darüber zu freuen, daß nicht auch ich zu den Opfern der heutigen Katastrophe gehöre. Meine Rettung bringt ihm Gewinn."

Um Müller's Lippen flog ein fast unbemerkbares Zucken, doch ging er auf dieses Thema gar nicht ein, sondern sagte:

„Wie ich hörte, haben Sie Ihre Rettung einem Bürger aus Thionville zu verdanken?"

„Ich zweifle, daß er da Bürger ist. Ich saß mit ihm in einem Coupée. Er unterließ es, sich genau vorzustellen. Er sagte, daß er Pflanzensammler sei."

„Ah! Bei Doctor Bertrand?"

„Ja, wo die Engländerin wohnt. Kennen Sie vielleicht diesen Kräutermann?"

„Ich bin ihm im Walde begegnet."

„Er scheint mehr zu sein, als Das, wofür er sich ausgiebt."

„Hm! Möglich."

Der Amerikaner fixirte Müllern abermals. Er sagte:

„Sie sprechen diese Worte mit einer so eigenthümlichen Betonung aus! Steckt vielleicht irgend ein verborgener Sinn hinter ihnen?"

„Ja."

„Welcher?"

„Das zu erklären, bitte ich, mir zu erlassen."

„Wetter noch einmal! Sie spielen den Geheimnißvollen?"

„Gerade so wie Sie!"

„Monsieur! Ich begreife Sie wieder nicht!"

„Aber ich Sie. Sie werden diesen Pflanzensammler für seine That belohnen?"

„Ganz gewiß werde ich das!"

„Sie werden ihn also aufsuchen?"

„Ja."

„Oder ihn nach Ortry kommen lassen?"

„Jedenfalls. Ich muß doch unsern Retter dem Capitän vorstellen. Er hat ja auch die Schwester dieser Gesellschafterin gerettet."

„Und doch werden Sie das nicht thun."

„Nicht? Ihn nicht kommen lassen?"

„Nein."

„Nicht aufsuchen?"

„Nein."

„Und auch nicht belohnen?"

„Auch nicht. Er würde nichts von Ihnen annehmen."

„Sie kennen ihn also genauer, als Sie vorhin ahnen ließen?"

„Ja."

„Monsieur Müller, so habe ich mich in Ihnen getäuscht. Sie sind nicht wirklich ein Deutscher!"

„Warum nicht?"

„Weil Sie ein Freund dieses sogenannten Pflanzensammlers sind. Habe ich Recht?"

„Ich bin allerdings sein Freund. Ich nenne ihn sogar Du, wenn wir uns unter vier Augen befinden."

„Nun gut, so sind Sie auch kein Deutscher. Der Capitän wird niemals einen Deutschen anstellen, und ein Deutscher wird, wenn er Ehre besitzt, nicht gegen sein Vaterland conspiriren."

„Ah, ich conspirire gegen Deutschland?"

„Ja. Der Pflanzensammler ist ein Eingeweihter, und Sie als sein Freund können nicht weniger sein."

„Ja, er ist eingeweiht, und ich bin noch unterrichteter als er, sogar unterrichteter als der Capitän."

Der Amerikaner machte doch ein sehr verwundertes Gesicht. Das hatte er nicht erwartet.

„Noch mehr als der Capitän?" fragte er.

„Ja, sogar noch unterrichteter als Graf Rallion."

„Donnerwetter! Sie wissen Alles?"

„Alles. Zunächst erwarte ich, daß Sie ein Ehrenmann sind?"

„Zweifeln Sie etwa daran?" brauste der Andere auf.

„Nein. Es liegt in Ihrem Interesse, daß Sie mir Vertrauen schenken. Ich habe eine Bitte, versichere Ihnen aber, daß ich nichts verlangen werde, was gegen Ihre Ehre oder auch nur gegen Ihren Vortheil sein würde."

„Was wünschen Sie?"

„Ihr Ehrenwort, über Alles, was wir jetzt gesprochen haben und noch sprechen werden, zu schweigen."

Der Amerikaner blickte nachdenklich auf die Hand, welche Müller ihm entgegenstreckte, sagte dann aber doch:

„Sie sind eingeweiht; Sie machen auf mich einen guten Eindruck, den Eindruck, daß ich Ihnen vertrauen kann; gut, hier meine Hand! Ich werde schweigen, so lange Sie es wünschen."

Sie schlugen ein. Dann sagte Müller:

„Ich bin nicht Der, welcher ich scheine — —"

„Das habe ich mir bald gesagt," fiel Deep-hill ein.

„Ich halte Fäden in der Hand, von denen Rallion und Richemonte keine Ahnung haben. Sie selbst, Monsieur, wissen noch weniger als diese Beiden."

„Das ist richtig. Ich hoffe aber, Genügendes zu erfahren."

„Das werden Sie. Sie sind gekommen, um Frankreich mit Geld zu unterstützen?"

„Frankreich eigentlich nicht, sondern die Arrangeurs des Freischaarenwesens."

„Als solche sind Ihnen nur Rallion und Richemonte bekannt, wenn ich mich nicht irre?"

„Allerdings."

„Man wußte, mit welchem Zuge Sie kamen?"

„Ganz genau."

„Und daß Sie das Geld bei sich hatten?"

„Auch das."

„Man wollte sich in den Besitz dieser Summen setzen, ohne sich Ihnen zu verpflichten — —"

„Mich berauben? Meinen Sie?"

„Ja."

„Und tödten?"

„Ja."

„Durch die Entgleisung der Eisenbahn?"

„Ja."

„Ich glaube es, denn das ist nunmehr nachgewiesen. Nur Eins ist mir da unbegreiflich!"

„Sie werden es wohl bald begreifen."

„Ich meine nämlich, daß die Mörder diese Umstände so genau wissen konnten!"

„Darüber bin ich mir sehr im Klaren."

„Aber Rallion und Richemonte waren ja ganz allein im Geheimnisse!"

„Das eben beweist, wer die Mörder sind!"

Der Amerikaner öffnete die Augen weit und blickte Müller erschrocken an.

„Alle tausend Teufel!" sagte er. „Sie meinen doch nicht etwa gar, daß — —"

„Nun was? Aber sprechen Sie leise!"

„Daß Rallion — —?" fuhr der Amerikaner fort.

Müller nickte blos.

„Und der Capitän?"

„Jawohl."

„Die Mörder gedungen haben?"

„Gerade das und nichts Anderes meine ich!"

„Das wäre ja fürchterlich!"

„O, diese Beiden haben noch ganz Anderes vollbracht! Hören Sie, was ich Ihnen sagen werde! Der Capitän hat sich heute vor Ihnen noch nicht sehen lassen, um nicht gezwungen zu sein, mit Ihnen über den Fall zu sprechen."

„Er ließ sich mit Unwohlsein entschuldigen."

„Welches Zimmer bewohnen Sie?"

„Da oben die drei Fenster."

Er deutete empor. Es war dieselbe Wohnung, in welcher der Fabrikdirector ermordet worden war. Müller nickte, er hatte bereits seine Beobachtungen gemacht.

„Gut," sagte er. „Denken Sie einmal, daß ich allwissend bin. Der Capitän hat heute ein Gift präparirt — —"

„Donnerwetter! Doch nicht etwa für mich?"

„Für Sie."

„Ich danke sehr!"

„Keine Sorge! Sie sollen nicht sterben, wenigstens jetzt noch nicht, sondern nur fest schlafen."

„Wozu?"

„Jedenfalls will er Ihre Brieftasche untersuchen, in welcher Weise Ihre Werthpapiere Werth auch für ihn haben."

„Ohne meine Unterschrift gar keinen!"

„Weiß er das?"

„Ich denke."

„Trotzdem wird er kommen. Ich habe ihn beobachtet. Er hat den Eintritt bei Ihnen ganz genau untersucht und dann sich von dem Gifte in eine Phiole gegossen; also handelt es sich um Sie."

„Ich schieße ihn nieder!"

„Das werden Sie nicht thun, denn gegenwärtig befindet sich in dieser Phiole und auch in der Flasche, aus welcher sie gefüllt wurde, nur Wasser. Ich habe heimlich Zutritt bei ihm genommen und die Umtauschung bewerkstelligt. Nun steht zu erwarten, daß er Ihnen den Inhalt der Phiole heimlich beibringt."

„Den Teufel werde ich trinken!"

„Nein, gerade Alles werden Sie trinken, was man Ihnen vorsetzt. Der Alte wird dann überzeugt sein, daß das Gift bei Ihnen wirkt, und in Ihr Zimmer kommen, um Ihre Brieftasche zu untersuchen."

„Woher wissen Sie das Alles?"

„Ich weiß es nicht, sondern ich vermuthe es; ich combinire es mir. Es ist aber eben so gewiß, als ob ich es genau weiß."

„Ich bewundre Sie! Was aber soll ich thun? Was Sie mir da rathen, ist zu gefährlich."

„Nein. Ich garantire Ihnen mit meinem Ehrenworte, daß Sie keinen Schaden leiden werden!"

„Ihr Ehrenwort? Hm! Ja! Ich kenne Sie nicht. Sie sind der Hauslehrer Müller. Kann man einem solchen Manne so mir nichts dir nichts das Leben und Vermögen anvertrauen?"

Da kam dem Erzieher ein Gedanke. Er ließ ein überlegenes Lächeln sehen und sagte:

„Gut, Sie sollen mich kennen lernen und Vertrauen zu mir haben. Ich mußte Ihnen die Wahrheit verschweigen, weil ich Ihrer noch nicht sicher war. Ich bin in England gewesen."

Der Amerikaner horchte auf.

„Wirklich?"

„Ja. Ich bin sogar ein Engländer."

„Alle Wetter! Und diese Aehnlichkeit ———!"

„Ich heiße de Lissa."

„Welche Ueberraschung! Jene Dame ist Ihre Verwandte?"

„Ja, meine Schwester. Jetzt bin ich aufrichtig mit Ihnen gewesen. Werden Sie sich mir nun anvertrauen?"

Da streckte ihm der Amerikaner die Hand entgegen und sagte:

„Hier meine Hand! Ich bin der Ihrige ganz und gar, so weit Sie nur über mich verfügen wollen!"

„Gut! Sagen muß ich Ihnen, daß der Capitän Sie heimlich beobachten wird. Er vermag Ihr ganzes Zimmer zu überblicken."

„Wieso?"

„Das kann ich Ihnen nicht beschreiben, werde es Ihnen aber baldigst zeigen. Was Sie nur immer in Ihrem Zimmer thun, das thun Sie ganz in der Voraussetzung, daß der Alte Sie beobachtet. Sie werden also genießen, was man Ihnen bietet?"

„Ja, da Sie es wollen!"

„Sie beschäftigen sich vor dem Schlafengehen mit Ihren Werthpapieren, damit der heimliche Beobachter sieht, wo Sie dieselben hinlegen."

„Sie sind schlau!"

„Dann stellen Sie sich tief schlafend und bewegen sich auch nicht, so lange er sich in Ihrem Zimmer befindet. Das Licht verlöschen Sie natürlich, sobald Sie sich zur Ruhe legen."

„Aber wenn er mir an das Leben will?"

„Das thut er nicht, bevor Sie die Papiere nicht mit Ihrer Unterschrift versehen haben, wird er Sie schonen. Uebrigens können Sie, wenn Sie das Licht verlöscht haben, wieder aufstehen, um sich eine Waffe, ein Messer mit in das Bett zu nehmen. Später komme ich, um mich zu überzeugen, ob meine Vermuthungen in Erfüllung gegangen sind."

„So soll ich meine Zimmerthür nicht verschließen?"

„Verschließen Sie dieselbe fest; ich komme trotzdem zu Ihnen, ebenso wie der Alte."

„So giebt es einen geheimen Eingang in mein Zimmer?"

„Ja."

„Nun, Monsieur, ich danke für so ein gastfreundliches Haus, in welchem man seines Lebens keinen Augenblick sicher sein kann!"

„Ich wache über Sie. Jetzt sind wir fertig und können uns trennen. Adieu, Monsieur!"

Er erhob sich von der Bank. Der Amerikaner that dasselbe, faßte ihn aber bei der Hand und hielt ihn zurück.

„Halt, Mylord," sagte er, „ich will ———"

„Pst!" fiel Müller ein. „Nicht dieses englische Wort, selbst nicht, wenn Sie denken, mit mir unter vier Augen zu sein. In diesem Hause hat Alles Ohren."

„Gut, Monsieur Müller. Noch Eins, ehe wir uns trennen. Ich bin reich ———"

Müller nickte nur. Er ahnte, was nun kommen werde.

„Und unabhängig, eigentlich auch von altem, gutem, makellosem Adel. Ich habe Ihre Schwester gesehen. Wollen Sie als Ehrenmann mir eine Frage beantworten?"

„Gern."

„Ist das Herz dieser Dame noch frei?"

„Ich glaube es. Ich bin überzeugt, daß sie mir, falls das Gegentheil stattfände, sofort ihr Vertrauen geschenkt hätte."

„Haben Sie oder hat Ihre Familie vielleicht irgend welche Berechnungen auf die Hand dieser Dame gegründet?"

„Nein. Sie hat das Recht, ihr Herz wählen zu lassen."

„Würden Sie mir erlauben, mich ihr zu nähern?"

„Ja, wenn Sie wirklich der Ehrenmann sind, für den ich Sie halte."

„Zweifeln Sie ja nicht daran! Sie haben recht gerathen. Ich bin Franzose; ich stamme aus dem schönen Süden Frankreichs. Traurige Verhältnisse, an denen ich nicht schuld war und welche nicht den geringsten Makel auf meine Ehre werfen, trieben mich in die Ferne. Ich kann an jedem Augenblicke meinen wahren Namen wieder tragen. Sollte es mir gelingen, das Herz dieser Dame zu erringen, so dürfen Sie versichert sein, in mir einen ehrenwerthen Freund und Verwandten zu finden!"

Müller zeigte sich keineswegs begeistert; er antwortete kalt aber freundlich:

„Versuchen Sie Ihr Heil! Vielleicht sind Sie glücklicher als Andre. Meine Schwester ist ein ernster Charakter. Sie ist nicht leicht zu erringen."

„Desto größeren Werth hat dann der Sieg. Und, Monsieur, ich darf doch erwarten, daß sie kein Wort von unserer Unterhaltung ahnen wird?"

„Gewiß. Unser gegenseitiges Ehrenwort legt uns ja das tiefste Schweigen auf. Adieu! Auf Wiedersehen heute in der Nacht!"

Er ging. Der Amerikaner blickte ihm nach und murmelte:

„Wer hätte das gedacht! Dieser Mann ist ein ganzer Mann, ein Diplomat wie selten einer. Ich bin überzeugt, daß ich ihn auch jetzt noch nicht zum kleinsten Theile durchschaue. Eine wahre Hühnengestalt! Wie schade um diese häßliche Verkrümmung! Eigenthümlich, daß gerade Buckelige meist so einen scharfen Geist besitzen! Ich werde ihm vertrauen, seinetwegen und seiner Schwester wegen!"

(Fortsetzung folgt.)

Die Liebe des Ulanen.
Original-Roman aus der Zeit des deutsch-französischen Krieges von Karl May.
(Fortsetzung.)

Der heutige Eisenbahnunfall hatte die Bevölkerung der ganzen Umgegend in Aufruhr gebracht und auch die Tagesordnung auf Schloß Ortry gestört. Es gab keinen Unterricht. Alexander hatte sich mit einem Reitknechte nach der Unglücksstelle begeben; so war Müller also frei.

Er that, als ob er nach dem Park spaziere, bog aber bald seitwärts ein, um auf schmalen Feldwegen die Stadt zu erreichen. Dort angekommen, begab er sich zu Doctor Bertrand, welcher ihm entgegenkam.

„Ah, Herr Doctor Müller!" sagte er. „Beabsichtigen Sie vielleicht eine Audienz bei Miß de Lissa nachzusuchen?"

„Ja. Ist sie zu sprechen?"

„Sie ist ganz allein in ihrem Zimmer. Soll ich Sie anmelden, oder — —"

„Bitte, anmelden!"

Der Arzt öffnete die Thür und sagte hinein:

„Herr Doctor Müller aus Ortry. Ist es erlaubt?"

„Ja. Herein!"

Als Müller eintrat, hatte Emma sich von ihrem Sitze erhoben. Sie wartete, bis er die Thüre zugemacht hatte, dann eilte sie auf ihn zu und fiel ihn um den Hals.

„Richard, lieber Richard!" sagte sie, ihn herzlich küssend. „Endlich! Da draußen an der Bahn durfte ich ja gar nicht merken lassen, daß ich Dich kenne!"

„Meine liebe, gute Emma! Wer hätte gedacht, daß ich Dich hier sehen würde!"

„Kannst Du mir verzeihen?"

„Nun, einen ziemlichen Strich durch die Rechnung macht mir Dein Kommen!"

„Schadet es sehr?"

„Vielleicht nicht; aber wenn man Dich erkennt!"

„Wer sollte mich erkennen?"

„Der alte Capitän!"

„O, der soll mich gar nicht sehr zu sehen bekommen!"

„Und dann unsere große Aehnlichkeit!"

„Aehnlichkeit? O weh! Bin ich Dir auch jetzt noch ähnlich? Ich danke! Dieses Haar!"

„Falsche Perrücke!"

„Der prachtvolle Bart fort!"

„Er mußte weichen."

„Dieser Zigeunerteint!"

„Abgekochte Wallnußschaale! Sogar hier an den Händen!"

„Und dann dieser — dieser — schauderhaftes Wort! Dieser fürchterliche Buckel!"

„Wurde für nothwendig gehalten!"

„Aber ich schäme mich in Deine Seele hinein!"

„Pah! Die Metamorphose wird nicht auf sich warten lassen!"

„Hoffentlich! Also setze Dich und beichte! Wie steht es mit dem Kriege?"

„Er ist vor der Thür."

„Und aber mit dem Siege?"

„Den erhalten wir!"

„Gott sei Dank! Nun will ich herzlich beten, daß Du nicht verwundet wirst! Der Maler ist bei Großpapa."

„Ah, doch!"

„Großpapa wird ihn an der Nase führen. Schreibe nur gleich mehrere Berichte, die wir ihm in die Hände spielen."

„Das soll heute Nacht geschehen. Aber nun ausführlich! Wie kommst Du auf den Gedanken, mich zu überraschen?"

„Aufrichtig gestanden, zunächst aus weiblicher Neugierde."

„Wegen Marion?"

„Ja."

„Nun, wie gefällt sie Dir?"

Da wurde Emma ganz begeistert.

„Ein wunderbar schönes, ganz und gar eigenartig schönes Mädchen!" sagte sie.

„Orientalisch, nicht?"

„Ja, aber keineswegs jüdisch!"

„O nein!"

„Und dieser Geist, dieses Gemüth! Richard, ich bin in sie verliebt, ganz und gar verliebt, mehr als Du selbst!"

„Das macht mich glücklich! Denkst Du, daß Großpapa ihr gut sein kann?"

„Sofort, obgleich er ganz dagegen ist, daß Du eine Französin heimführst."

„Es scheint also, Du hast ihm mein Geheimniß verrathen?"

„Es ging nicht anders!"

„Plaudertasche! Und Du? Aufrichtig! Möchtest Du nicht auch so glücklich sein, wie ich?"

„Wie gern! Aber ich bin nun einmal ein großes, dummes Kind; ich warte auf irgend einen Prinzen. Der, den ich liebe, darf kein gewöhnliches Menschenkind sein."

„Was sonst? Ein Engel? Ein Halbgott?"

„Nein, nein; das nicht. Ich kann nicht das rechte Wort finden, es zu beschreiben. Ich habe eine ganze Fülle von Liebesbedürfniß in mir; ich befürchte, daß meine Zärtlichkeiten nicht meinen Mann erdrücken möchten. Daher passe ich wohl für Einen, der vorher viel gelitten hat."

„Ein armer Ritter!"

„Aber nicht von der traurigen Gestalt! Schön muß er auf alle Fälle sein!"

„Reich auch!"

„Nein!"

„Vornehm!"

„Nein, aber edel und gut. Wenn ich so nachdenke, so meine ich, daß er dunkel sein müßte."

„O weh!"

„Lockenköpfig! Südliches Profil!"

„O noch weher!"

„Wieso?"

„Ich habe keine Sympathie für Südländer. Sie sind wie Strohfeuer. Ein nördlicher Jüngling mit semmelblondem Scheitel und Lieutenantspatent, das wäre mein Ideal, wenn ich eine junge Dame wäre."

„Dann könntest Du jeden guten Pommer heirathen. Die passen alle in diesen Rahmen. Hast Du heute den Amerikaner gesehen, welcher mit beim Zuge war?"

„Wegen dem das Unglück überhaupt passirt ist?"

„Ja."

„Natürlich sah ich ihn. Was ist mit ihm?"

„Das war ein schöner Mann!"

„Pah! Ein Sclavenbaron!"

„Das glaube ich nicht."

„Nun, dann ein Oelprinz oder Baumwollengraf. Oder er pflanzt Mais und Tabak."

Sie wendete sich ab und meinte schmollend:

„Weißt Du, daß ich ihm das Leben zu verdanken habe?"

„Allerdings, Du wirst Dich bedanken müssen."

„Er ist auf Ortry?"

„Ja."

„Wenn er wissen dürfte, daß Du mein Bruder bist, so — —"

„Er weiß es bereits," fiel Müller ein.

Rasch drehte sie sich ihm wieder zu.

„Wirklich? Ist das nicht außerordentlich gewagt? Es darf doch hier kein Mensch hören, daß wir Königsau heißen."

„Das weiß er auch nicht. Ich lebe incognito als Doctor Müller auf Ortry, heiße aber eigentlich de Lissa und bin ein Engländer."

„Ah! Wie bist Du auf diese Idee gekommen?"

„Auf eigenthümliche Weise. Du hast gehört, daß er eine Menge Goldes mitgebracht hat?"

„Ja."

„Auch zu welchem Zweck?"

„Auch das."

„Nun, er sollte doch getödtet werden."

„Ist das wirklich wahr!"

„Ja. Ich und Fritz, wir haben gestern die Kerls belauscht. Die That ist nicht gelungen. Nun will ihm der alte Capitän an's Leben."

„Um Gottes willen! Kannst Du ihn nicht warnen, ihn retten?" fragte sie voller Angst.

„Ich habe ihn bereits gewarnt und hoffe, in ihm einen Verbündeten zu gewinnen. Dann entgeht den Franzosen seine Hilfe. Natürlich aber hält er mich für einen Freund Frankreichs, wenn auch für einen Feind des Capitäns."

„Es wird ihm doch nichts geschehen?"

„Nein. Ich wache über ihn!"

„Thue das! Du weißt, ich schulde ihm mein Leben," sagte sie, indem sie in sichtlicher Angst seine Hand erfaßte. „Wird er Deiner Warnung Gehör schenken?"

„Gewiß. Er hat es mir versprochen. Es ist möglich, daß Du ihm begegnest. Sei dann vorsichtig. Laß' Dich nicht über die Verhältnisse der Familie de Lissa ausfragen. Wir könnten uns widersprechen."

„Ich glaube, Marion wird mich einladen."

„O weh!"

„Hast Du wirklich solche Sorge vor dem alten Capitän?"

„Der Mensch ist wirklich gefährlich scharfsinnig."

„Ich werde mich in Acht nehmen. Ich möchte ihn doch zu gern einmal sehen."

„Emma, Du spielst mit dem Feuer!"

„Also soll ich absagen, wenn Marion mich bittet?"

„Na, versuche es! Wir wollen es wagen! Aber nun die weiteren Gründe Deiner Reise?"

„Schneeberg."

„Das hättet Ihr mir überlassen können."

„Du weißt Alles?"

„Ja."

„Hältst Du ihn für einen der verlorenen Knaben?"

„Der Löwenzahn ist echt."

„Das ist die Hauptsache."

„O nein. Dazu gehört der Beweis, daß der Zahn niemals in unrechte Hände gekommen ist. Dieser Beweis muß erst noch erbracht werden."

„Wer aber soll ihn führen?"

„Ich!"

„Du? In wiefern? Besitzest Du die Unterlagen?"

„Noch nicht; ich werde sie aber besitzen. Ich muß nur erst den Aufenthalt dieses Bajazzo ausfindig machen."

„Das soll Dir schwer fallen!"

„Leider! Dann aber habe ich, wenn ich mich nicht irre, noch eine weitere zweite Spur, über welche Du Dich nicht nur wundern, sondern geradezu erstaunen wirst."

„Du machst mich neugierig!"

„Haller!"

„Der Maler?"

„Ja."

„Mein Gott, wieso? Er hat allerdings eine ganz ungemeine Aehnlichkeit mit Fritz Schneeberg!"

„Das fiel mir auch sofort auf, als ich ihn hier in Ortry zum ersten Male erblickte. Er heißt eigentlich Bernard Lemarch und ist Chef d'Escadron, also Rittmeister. Sein Vater ist ein Graf Lemarch in Paris."

„So kann er doch kein Findelkind sein!"

„Warum nicht? Bei solchen Aehnlichkeiten glaube ich an keinen Zufall; ich glaube vielmehr, daß diese Beiden Brüder sind. Ich habe auch bereits meine Maßregeln getroffen und an die Gesandtschaft nach Paris geschrieben. Ich werde bald erfahren, ob dieser alias Haller ein echter Sohn des Grafen Lemarch ist. Sollte dies nicht der Fall sein, so haben wir bereits sehr viel gewonnen."

„Möchten wir nicht Onkel Goldberg doch eine Mittheilung machen? Vielleicht wäre es besser."

„O nein. Regen wir ihn jetzt nicht auf. Wir müssen unbedingt schweigen, bis wir uns auf breiterer Fährte befinden. Und das soll hoffentlich der Fall sein."

Damit waren die Hauptsachen besprochen. Sie unterhielten sich noch einige Zeit von Anderem, gaben einander Auskunft, besprachen Verschiedenes, und dann entfernte sich Müller, um nach Ortry zurückzukehren.

Er ging jetzt nicht den Feldweg, sondern die Straße. Da lag an derselben eine Schänke, deren Wirth zugleich das Recht der Ausspannung besaß. Kurz bevor er dieselbe erreichte, lag ein junger Mann jenseits des Straßengrabens im Grase. Er war beinahe elegant gekleidet und hatte zum Schutze gegen die schrägfallenden Strahlen der untergehenden Sonne den Hut auf das Gesicht gelegt. So war es unmöglich, das Letztere zu erkennen, während hingegen er unter dem Hute hervor Alles genau sehen konnte.

Müller hatte nur einen kurzen Blick auf ihn geworfen und wollte vorüber; da aber machte der im Grase Liegende eine Bewegung, doch ohne den Hut ganz vom Gesichte hinweg zu nehmen.

„Alle Teufel! Sehe ich recht?" rief er aus.

Müller blieb stehen. Es befand sich kein Mensch in der Nähe, folglich mußten diese Worte ihm gelten.

„Meinen Sie mich?" fragte er.

Der Fremde hatte französisch gesprochen; jetzt antwortete er in deutscher Sprache:

„Natürlich! Wen denn sonst!"

Müller erschrak. Sollte er von irgend einem beliebigen Menschen erkannt worden sein? Fatal! Er behielt also die französische Sprache bei:

„Wer sind Sie denn?"

„Kennt mich der Mensch nicht!"

„Nehmen Sie den Hut vom Gesichte weg!"

„Komm her, und nimm ihn selber weg! Es ist nur der Ueberraschung wegen."

„Hole Sie der Teufel! Ich weiß nicht, was Sie wollen!"

Er wollte weiter gehen, da aber rief der Andere, doch ohne den Hut noch zu entfernen:

„Richard, alter Junge! Das wirst Du doch gerade mir nicht anthun! Komm her! Mach mir den Spaß, und nimm den verteufelten Hut weg, damit sich meine Seele an Deinem Gesichte weiden kann!"

Er zögerte. Ein Bekannter mußte es sein; darüber gab es gar keinen Zweifel. Er sprang also über den Straßengraben, bückte sich über den noch immer in dem Grase Liegenden und schob den Hut zur Seite. Sein Erstaunen war allerdings ebenso groß wie freudig.

„Hohenthal! Arthur! Wer hatte das vermuthet!"

„Ich dachte auch nicht, Dich gleich hier zu treffen," antwortete der angebliche Weinhändler, indem er endlich aufsprang.

„Du hier im Grase! So unverhofft!"

„Und Du hier hinter dem Buckel! Mensch, Kameel oder vielmehr, Dromedar, denn Du hast ja nur einen Höcker! Wie siehst Du aus!"

„Sehr distinguirt! Nicht wahr?"

„Ja. Dieses Haar, diese Farbe! Man könnte sich todtlachen, wenn man nicht da in der Nähe Franzosen wüßte!"

„Aber doch scheint meine Verkleidung höchst unzureichend zu sein."

„Warum?"

„Weil Du mich sofort erkannt hast."

„Das bilde Dir nicht ein! Ich wußte, daß Du auf Schloß Ortry hausest; ich wollte Dich besuchen. Daher kam es, daß ich Dich erkannte, sonst aber nicht."

„Mich besuchen?"

„Ja, natürlich."

„Du kommst aus Paris?"

„Ueber Metz."

„Wo hast Du Station?"

„An letzterem Orte."

„Welche Geschäfte?"

„Sehr gute. Und Du?"

„Auch nicht schlecht."

„Ich komme, um Dir einige Mittheilungen zu machen, welche für Dich von allergrößter Wichtigkeit sind. Hast Du Zeit?"

„Für solche Angelegenheiten und für Deine Person natürlich stets, lieber Arthur."

„Gut! Aber wollen wir unsere Conferenz gleich hier abmachen? Giebt es keinen besseren Ort?"

„Hm!" antwortete Müller, sich umblickend. „Wir müssen unbeobachtet sein!"

„Wenigstens unbelauscht!"

„Na, da an der Schänke ist eine Laube. Nicht?"

„Ja, ein Glas Wein oder Bier käme mir recht. Ich bin durstig gelaufen."

„So komme!"

Sie schritten auf die Schänke zu. Da kam eine Equipage daher gerollt. Marion saß ganz allein in derselben.

Müller blieb stehen und grüßte höflich. Hohenthal that infolge dessen dasselbe.

„Himmelelement!" sagte er, als der Wagen vorüber war. „Das war eine Schönheit!"

„Nicht wahr?"

„Pickfein! Wer das haben könnte!"

Er schnalzte mit der Zunge, wie ein Weinkenner, welcher einen guten Tropfen geschmeckt hat.

„Du hast doch stets Appetit!" lachte Müller.

„Du nicht auch? Nein, Du lebst nur für den Dienst des Königs, nicht aber für den viel süßeren der Frauen. Wer übrigens war diese Fee?"

„Die Baronesse von Sainte-Marie."

„Auf Ortry etwa?"

„Ja."

„Deine junge Herrin also?"

„Nein, sondern die Schwester meines Zöglings."

„Sapperlot! Unverheirathet?"

„Ja."

„Verlobt?"

„Nein."

„Verliebt?"

„Nein."

„Du, Kamerad, zeige mir einmal Deine Hand!"

„Hier! Warum?"

„Den Puls!"

„Ach so! Brennt es?"

Hohenthal fühlte mit ernster Miene den Puls und sagte dann in kläglichem Tone:

„Aus Dir wird kein Mensch gescheidt. Ich wollte, ich hätte meinen Martin da; der versteht es besser."

„Allerdings ein gelungener Kerl!"

Sie hatten jetzt die Laube erreicht und traten ein. Der Wirth fragte nach ihrem Wunsche, erfüllte denselben und entfernte sich dann. Hohenthal that einen tiefen Zug und fragte nachher in scherzhaftem Ernste:

„Die war wirklich wunderbar schön. Aufrichtig, lieber Junge! Hast Du auch hier nicht angebissen?"

Müller blickte ernst vor sich nieder und antwortete:

„Aufrichtig? Ja."

„Halleluja! Endlich, endlich! Natürlich sofort?"

„Sofort, als ich sie zum ersten Male sah. Und das war in Dresden."

„In Dresden? Nicht hier? Mensch, Richard, ich wittere einen Roman oder wenigstens eine Novelle! Erzähle!"

„Unsinn! Hier! Wir haben andere Dinge zu sprechen. Und übrigens ist mir diese Sache zu ernst, zu heilig."

„Ja, Du hast die Gabe, Alles von der heiligsten Seite zu betrachten. Aber, Liebster, vertraue mir nur Eins!"

„Was?"

„Hat auch sie angebissen?"

Müller zuckte die Achsel und antwortete:

„Woran soll sie beißen? Etwa an diesen Buckel?"

„Pah! Dein Gesicht ist nicht das eines vergebens nach Liebe Jammernden. Sobald der Buckel fort ist, ist sie Dein. Nicht?"

„Ich hoffe es. Ich sage das zu Deiner besonderen Beruhigung, sonst bist Du nicht von diesem Gegenstande fortzubringen!"

„Das rechnest Du mir doch nicht etwa als Fehler an? Gründlichkeit ist stets eine Tugend, besonders aber in so hochwichtigen Dingen. Nun aber zur Sache! Zunächst muß ich Dir sagen, daß ich Monsieur Belmonte heiße und der Vertreter eines Weinhauses im Süden bin."

„Ah! Verkaufst Du viel?"

„Massenhaft! Jetzt liefere ich nach Metz. Hoffentlich finde ich den Wein noch dort, wenn wir da einziehen, natürlich mit klingendem Spiele und fliegenden Fahnen."

„Brrr! Das kostet ein Geld! Natürlich giebst Du den Wein auf Credit?"

„Freilich. Sechs Monate Ziel."

„Wer bezahlt ihn?"

„Das schöne Frankreich."

„Also Du bist mit Deinen Erfolgen zufrieden?"

„Ich kann es ganz gern sein. Ein großer Antheil davon fällt auf meinen Wachtmeister."

„Gerade so wie bei mir. Schneeberg ist ein braver Kerl."

„Martin nicht minder. Ohne ihn stände ich nicht in dieser Weise da."

„Aber, Arthur, was suchst Du in Ortry?"

„Dich natürlich, Richard!"

„Doch nicht blos Besuch?"

„Wo denkst Du hin! Wie dürfte ich mir so einen Abstecher erlauben, wenn ich Dir nichts Wichtiges mitzutheilen hätte!"

„Ah! Etwas Wichtiges? Da sollst Du mir hoch willkommen sein, lieber Kamerad. Lege Dich aus!"

„Da auf Ortry wohnt ein alter Capitän?"

„Ja."

„Der Richemonte heißt?"

„Gerade so."

„Du, nimm den auf's Korn!"

„Warum?"

„Er läßt in Paris Franctireurs werben."

„Ah! Wirklich?"

„Ja. Ich habe es mit eigenen Ohren gehört."

„Wer es glaubt!"

„Und die Kerls mit eigenen Augen gesehen. Verstanden, ungläubiger Thomas! Ich bin eigens gekommen, um Dich auf die Spur dieses Kerls zu bringen."

„Danke sehr!"

Hohenthal blickte ganz erstaunt auf Müller, den diese große Neuigkeit gar nicht zu tangiren schien.

„Mensch!" sagte er. „Wie kommst Du mir vor? Ich würde für einen solchen Wink gut und gern tausend Thaler zahlen!"

„Ich werfe kein Geld zum Fenster hinaus!"

„Was? Du glaubst nicht, was ich Dir sage?"

„Gerade weil ich es glaube, bezahle ich nicht!"

„Dann begreife Dich Dieser und Jener, aber ich nicht!"

„Ich glaube es, weil ich diesen alten Capitän bereits fest habe!"

„Ach — so —! Das ist etwas Anderes! Du kennst also die Verhältnisse bereits?"

„Vollständig. Ortry ist der Heerd der Freischärleragitation. Der Capitän ist ein wahrer Teufel. Er hat unterirdische Magazine angelegt, in denen colossale Vorräthe von Waffen und Munition liegen."

„Kennst Du diese Magazine?"

„Ja."

„Glückskind! So komme ich also zu spät?"

„Ja. Aber trotzdem bin ich Dir herzlich dankbar!"

„Bitte bitte! So kann ich also mit einer anderen Nachricht vorreiten!"

„Ja. Noch eine?"

„Und zwar eine nicht ganz unwichtige. Bei Euch in Ortry hält sich nämlich ein Officier auf, in Beziehung dessen ich Dir rathen würde, ein scharfes Auge auf ihn zu haben."

„Wirklich? Das ist mir neu."

„Ah, treffe ich da Etwas, was Du also doch noch nicht kennst?"

„Ich denke, Du wirst Dich wundern."

„Wohl nicht. Er müßte incognito da sein."

„Möglich. Ich erfuhr es beim General Latreau und dann an anderer Stelle."

„Wie heißt der Herr?"

„Lemarch."

„Lemarch? Ah!"

„Nicht wahr, der Name ist Dir unbekannt? Es ist der Sohn des Grafen Lemarch in Paris."

„Er ist nicht in Ortry."

„O doch. Gewiß."

„Nein."

„So müßte sich mein Gewährsmann sehr geirrt haben."

„Geirrt hat er sich allerdings nicht. Lemarch war in Ortry, ist aber jetzt fort."

„Fort? Du hast ihn gesehen?"

„Ja."

„Beschreibe mir ihn. Er ist nämlich der Jugendverlobte einer Dame, für welche ich mich außerordentlich interessire."

„Hm! Auch angebissen?"

„Für's ganze Leben."

„An eine Verlobte?"

„Kann nichts dafür. Uebrigens hoffe ich, daß diese Verlobung sich nicht zur Verheirathung entwickeln wird. Also bitte, beschreibe mir diesen Lemarch. Ist er ein hübscher Kerl?"

„Ja."

„Donnerwetter! Fällt er mehr in die Augen, als Unsereins?"

„Freilich. Er ist länger und breiter als Du, wunderbar proportionirt, wie gesagt, ein hübscher Kerl."

„Hole ihn der Teufel! Wo steckt er jetzt?"

„Bei Königsau's."

„Bei Königsau's? Wo denn?"

„In Berlin."

„Das seid ja Ihr!"

„Allerdings, mein Lieber."

„Mensch, erkläre Dich!"

„Nun, Graf Rallion hat ihn nach Berlin geschickt, um über unsere kriegerischen Krankheiten nach Paris zu berichten. Er ist incognito dort, als ein Maler Haller aus Stuttgart."

„So spricht er deutsch?"

„Sehr gut."

„Hast Du wohl selbst mit ihm gesprochen?"

„Ja. Er hatte großes Vertrauen zu mir und fragte mich nach dem Ulanenrittmeister Richard von Königsau."

„Also nach Dir selbst?"

„Ja."

„Das ist classisch."

„Mir kam es mehr modern vor. Rallion scheint nämlich zu wissen, daß man mir ein gewisses Vertrauen schenkt und daß man bei mir verschiedenes Secrete erfahren könnte, wenn ich plaudern wollte. Darum hat er diesen Lemarch direct an mich adressirt."

„Und im Falle Du nicht plauderst?"

„Soll er sich an meine Schwester wenden."

„An Emma? Da kommt er ganz und gar an die Rechte."

„Dieser gute Maler aus Halle fragte in Folge dessen, ob meine Schwester hübsch sei."

„Alle Teufel! Er will ihr den Hof machen?"

„Er denkt, sie werde aus Liebe plaudern."

„Wenn diese Herren Franzosen auf solche Luftziegel bauen, wird die Geschichte bald zusammenstürzen. Also Lemarch ist jetzt bei Euch?"

„Zwar nicht als Gast; aber er geht als Hausfreund da ein und aus. Unterdessen schicke ich gewisse fingirte Gutachten, Pläne und andere Arbeiten hin, welche ihm Großpapa als wirkliche Secreta lesen läßt."

„O weh! Da wird Napoleon eine gute Meinung von uns bekommen."

„Das soll er auch. Er mag nur lachen. Später lachen wir!"

„Und Emma? Thut sie schön mit dem Maler?"

„Fällt ihr nicht ein! Sie ist sofort verreist, als er ankam und sich vorstellte."

„Das ist brav. Ein deutsches Mädchen ist viel zu gut, selbst zum Besten des Vaterlandes einem Franzosen gegenüber die Rolle der Gefallsüchtigen zu spielen! Also das war wieder nichts. Ich dachte, Dir wenigstens in Nummero Zwei etwas wirklich Neues zu bieten; nun aber hast Du es bereits besser ausgebeutet, als ich es bereits für möglich hielt. Ich habe zwar noch ein Drittes, werde es aber doch lieber für mich behalten."

„Heraus damit."

„Nein! Ich will mich mit meinen alten Neuigkeiten nicht länger blamiren."

„Vielleicht taugt es doch Etwas."

„Wohl schwerlich. Unsere Aufgabe berührt es übrigens ganz und gar nicht. Es handelt sich um eine Privatperson, für welche Du gar kein Interesse haben kannst."

„Warum nicht, wenn sie Dich interessirt?"

„Nein. Ich traf den Kerl unter eigenen Verhältnissen; sein Aeußeres hat sich mir eingeprägt. Letzter Tage wurde ich an ihn erinnert, indem ich von einer That hörte, die er ganz sicher verübt hat; es soll hier in Thionville geschehen sein. Ich dachte nur eben daran."

„In Thionville? Was für eine That ist es?"

„Ein Mord."

„Wer war der Kerl?"

„Er wurde der Bajazzo genannt."

Da sprang Müller auf.

„Mensch! Hohenthal! Arthur! Ist es möglich? Diesen Kerl suche ich."

„Willst Du eine Seiltänzergesellschaft etabliren?"

„Keinen Scherz! Die Sache ist von allergrößter

Wichtigkeit. Erinnerst Du Dich, daß Onkel Goldberg seine beiden Knaben abhanden gekommen sind?"

"Natürlich! Alle Welt weiß das."

"Nun, dieser Bajazzo ist es, der sie geraubt hat."

"Donnerwetter! Wirklich?"

"Ganz zweifellos!"

"Herrgott! Das hätte ich wissen sollen."

"Du hast ihn gesehen?"

"Sogar mit ihm verkehrt und mit ihm gesprochen und auch — Himmelschwerebrett — auch mit ihm getrunken!"

"Wo denn?"

"In Paris."

"Das kann ich mir denken. Aber an welchem Orte?"

"Es nützt Dir nichts, den Ort zu hören, er ist von der Polizei zerstört worden. Es war in der Spitzbubenkneipe des Vaters Main. Ich ging als Incognitogauner hin, um meine Studien zu machen und zu horchen. Da verkehrte er."

"Und jetzt?"

"Fort, weg."

"Wohin?"

"Das weiß der Teufel! Herrgott, ich könnte mich beohrfeigen zehn Stunden lang! Das hätte ich wissen sollen. Was hat er denn hier in Thionville verbrochen?"

Müller erzählte den Mord der Seiltänzerin möglichst gedrungen, aber doch ausführlich genug und daran schloß Hohenthal den Bericht seiner Erlebnisse in Paris. Er war noch im Erzählen, da kehrte Marion de Sainte-Marie aus der Stadt zurück. Neben ihr im Wagen saß — Emma von Königsau. Marion hatte nicht mit Bitten nachgelassen, bis die so schnell und herzlich lieb gewonnene Freundin eingewilligt hatte, den Abend mit auf dem Schlosse zuzubringen.

Sie konnten im Vorüberfahren nicht in die grünumrankte Laube blicken, während die beiden Männer deutlich sahen, wer im Wagen saß. Hohenthal sprang auf.

"Sieh, Richard, sieh!" rief er ernsthaft aus.

"Was denn?" fragte Müller trocken.

"Das war die Baronesse wieder."

"Nun ja! Du bist ja ganz und gar in Extase."

"Hast Du denn die Andere gesehen?"

"Ja."

"Kanntest Du sie?"

"Du etwa?"

"Natürlich! Mensch, das war ja Deine Schwester.

"Allerdings."

Hohenthal machte ein Gesicht, als ob er befürchte, daß der Freund verrückt geworden sei.

"Allerdings," ahmte er ihm ganz verblüfft nach. "Das sagst Du so ruhig."

"Allerdings," wiederholte Müller gleichmüthig.

"Die Gazelle in der Höhle des Löwen."

"Sie stehen unter meinem Schutze."

"Kerl, Du mußt bedeutend an Macht und Selbstvertrauen gewachsen sein."

"Ja, man wächst."

"So wachse Du und der Teufel!" rief Hohenthal ärgerlich. "Sagt mir dieser bucklige Erzieher vorhin, daß seine Schwester verreist sei, aber wohin, das hat er verschwiegen."

"Wozu die überflüssigen Worte? Ich ahnte, daß Marion Emma holen werde und so verstand es sich ganz von selbst, daß Du sie sehen mußtest."

"Marion? So also heißt sie?"

"Ja, zu dienen."

"Bist Du schon so weit mit ihr, daß Du sie bei ihrem Vornamen rufst?"

"Ja."

"Herrgott! Macht dieser Mensch riesenhafte Fortschritte!"

"Es ist nicht so schlimm! Ich nenne sie beim Vornamen, aber nur ausnahmsweise, nämlich wenn sie nicht dabei ist und es also nicht hört."

"Das kann ich mit meiner Ella auch, alter Schwede."

"So thue es; ich habe nichts dagegen!"

"Wollte mir es auch verbeten haben! Aber ich kann es noch gar nicht begreifen, daß Deine Schwester in Ortry sein soll!"

"Schwester! Hm! Sie ist eine Engländerin."

"Ah! Wieso?"

"Heißt Miß Harriet de Lissa und ist aus London."

"Also auch incognito?"

"Auch."

"Jetzt steht mir der Verstand still! Was will sie denn?"

"Ihre zukünftige Schwägerin kennen lernen."

"Deine Marion?"

"Ja. Du hast ja gesehen, daß sie schon ganz dicke Freundinnen sind! Aber Du hast Dich ganz aus der Fassung bringen lassen und den Faden Deiner Erzählung verloren!"

"Es ist auch darnach! Du weißt doch, daß ich Deiner Schwester seiner Zeit den Hof machte!"

"Und riesig!"

"Ich liebte sie!"

"Unendlich!"

"Ich betete sie an."

"Als wäre sie eine Göttin und Du ein armer Paria."

"Ich dichtete sogar Lieder auf sie!"

"Ja, Sonnette!"

"Hymnen und Oden."

"Die Schrift war nicht übel; aber die Gedichte taugten den Teufel. Sie wanderten alle in den Ofen."

"Wirklich?"

"Gewiß!"

"Ihr Barbaren! Welch ein Undank! Ich ging ganz in Deine Schwester auf."

"Und ans Billard!"

"Ich schickte ihr täglich einen Strauß."

"Die Ziege unseres Wirthes bekam ihn zu fressen."

"Dann stellte sich leider heraus, daß ihr Herz zu klein für mich sei!"

"Weil das Deinige zu groß für sie war. Es wohnten stets ein Dutzend Andere darin!"

"So ging die Sache futsch."

"Gott sei Lob und Dank!"

"Aber dennoch halte ich noch große Stück auf sie."

"Schneide Dir nach Belieben kleine Stückchen davon herunter."

"Du bist herzlos!"

"Desto entwickelter ist das Deinige."

Beide lachten herzlich über einander, und dann nahmen sie wieder Platz, damit Hohenthal in seiner Erzählung fortfahren möge. So saßen sie, bis das Dunkel des Abends hereinbrach, ihre Gedanken, Meinungen und Erlebnisse austauschend. Sie lernten von einander, und als sie sich endlich erhoben, um zu scheiden, sagte Müller:

„Wie leid thut es mir, Dich nicht zu mir einladen zu können, aber es geht ja nicht!"

„Nein; das dürfen wir nicht wagen, lieber Freund! Wir müssen vorsichtig sein. Ich fahre mit dem letzten Zuge nach Metz; da bin ich daheim."

„Was hättest Du gethan, wenn ich nicht hier vorüber gegangen wäre?"

„Ich hätte bis zum Dunkel gewartet und es dann auf irgend eine Art bewerkstelligt, zu Dir zu kommen."

„Ein anderes Mal gehst Du zu Doctor Bertrand und fragst nach dem Kräutersammler Schneeberg."

„Werde es mir merken. Aber höre, Richard, ist es nicht eigen, daß wir zwei kleine Rittmeisterchen hier in Feindes Land stehen mit dem stolzen Bewußtsein, daß im Kriegsfalle das Gelingen zum nicht geringsten Theile mit von unserer jetzigen Thätigkeit abhängt?"

„Es mag so sein. Darum wollen wir die Augen offen halten und nicht müde werden in der Erfüllung unserer Pflicht! Gute Nacht, lieber Arthur!"

„Gute Nacht, lieber Richard! Frohes Wiedersehen!"

Als Müller nach Ortry kam, fand er das Speisezimmer erleuchtet. Seit er sich seinen Platz am Tische erzwungen hatte, hatte er dort Zutritt, und er säumte heute nicht, sich hinzubegeben. Er fand Marion, Emma, den Amerikaner und die Baronin. Letztere war so früh vor Tische von der Neugierde herbeigetrieben worden, die Engländerin kennen zu lernen.

Emma spielte ihre Rolle ausgezeichnet und mit wunderbarer Ungezwungenheit. Sie wäre von jeder Engländerin für eine Landsmännin gehalten worden.

Müller wurde, außer der Baronin, von Allen höflich empfangen und als vollständig ebenbürtig behandelt. Er nahm sehr wenig am Gespräch theil und zog es vor, der Unterhaltung zu lauschen und seine Betrachtungen anzustellen.

Marion und Emma nannten sich bereits Du. Der Blick des Amerikaners hing bewundernd an der Letzteren. Er war ein hochbegabter und fein gebildeter, kenntnißreicher Mann und bemühte sich, Emma Gelegenheit zu geben, die Vorzüge ihres Geistes zur Geltung zu bringen.

Wenn Müller ja einmal in hochachtungsvoller Weise, wie es ihm als Erzieher zukam, sein Wort an Emma richtete und sie ihm dann in jener freundlich auszeichnenden und doch sichtlich herablassenden Weise antwortete, wie der wirklich gebildete Patricier es einem verdienten Bürgerlichen gegenüber zu thun pflegt, dann glänzten die Augen des Amerikaners vor Freuden über die Meisterschaft, mit welcher diese Beiden ihre Rolle spielten.

Während dieser angeregten Unterhaltung öffnete sich leise die eine Thür, welche im Schatten lag, und —— der Baron trat ein, in jetziger Zeit eine Seltenheit, man hatte wohl vergessen, ihn in seinem Zimmer einzuschließen.

Niemand bemerkte ihn. Er trat leise, unhörbar näher, bis dahin, wo der volle Strahl des Lichtes auf den Kopf Emma's fiel. Er stieß einen schrillen Schrei des Entsetzens aus, so daß alle erschrocken aufsprangen.

„Das ist sein Gesicht; aber er ist es nicht ganz!" schrie er, die Arme abwehrend vor sich streckend und die weit aufgerissenen Augen starr auf Emma gerichtet. „Ich kann ihm ja nichts thun! Er ist wieder lebendig geworden! Er wohnt da unten im Keller des Mittelpunktes!"

Diese unerwartete Scene brachte natürlich einen sehr peinigenden Eindruck hervor. Auf Marion's Gesicht spiegelte sich das tiefste Mitleiden ab. Der Amerikaner blickte ganz erstaunt auf den Mann, von dessen Vorhandensein er keine Ahnung hatte; Müller und Emma wechselten zwei schnelle, unbeobachtete Blicke. Das Gesicht des Ersteren war leichenblaß geworden.

„Es ist der Verrückte!" sagte die Baronin kalt. „Schaffe ihn fort, und schließe ihn ein, Marion!"

Marion nahm den Kranken am Arme.

„Komm, Vater!" sagte sie in mildem Tone.

Er ließ sich von ihr leiten; aber noch unter der Thür drehte er sich einmal um und klagte:

„Ich bin nicht schuld! Er lebt ja noch! Die Kriegskasse, o die Kriegskasse!"

Die Thür schloß sich hinter ihm; aber man hörte ihn draußen noch fortwimmern, bis er sein fernes Zimmer betreten hatte und dort eingeschlossen worden war.

Die Unterhaltung war gestört worden und kam auch nicht wieder in den rechten Fluß, bis die Tafel gedeckt wurde. Der Capitän, welcher davon benachrichtigt wurde, ließ sagen, daß man beginnen solle; er werde später kommen.

Jetzt kam auch Alexander, so daß sechs Personen soupirten.

Der Amerikaner saß neben Emma und suchte ihr auf alle Weise seine Aufmerksamkeit zu erweisen. Müller hatte die Baronin und Marion zu bedienen. Die Erstere nahm dies hochmüthig als etwas ganz Selbstverständliches hin; die Letztere aber fühlte sich öfters bewogen, den Erzieher durch einen freundlichen Blick zu belohnen.

Da, fast am Schlusse des Mahles, trat der Capitän ein. Er wußte nichts von Emma's Anwesenheit und kam näher. Er stand gerade hinter ihr als Alle sich zum Gruße erhoben. Sie drehte sich um. Er blickte ihr in das Gesicht, fuhr entsetzt zurück und rief:

„Margot! Schwester! Hölle und Teufel!"

Alle schwiegen vor Schreck; nur Zwei blieben sich gleich: Müller und Alexander. Der Erstere hatte so Etwas erwartet, und der Knabe sagte, halb lachend:

„Du irrst, Großpapa! Diese Dame ist ja Miß de Lissa aus London, welche mit verunglückt ist!"

Wohl nie in seinem ganzen Leben hatte der Alte sich in einer solchen Verlegenheit befunden, wie gerade jetzt. Er verbeugte sich tief und stammelte:

„Miß de Lissa?"

„Ja, meine Freundin," fügte Marion hinzu.

„Aus London? Wirklich aus London?"

„Ja."

„Verzeihung, Miß! Ich bin alt und ich bin gerade jetzt so leidend. Ich sah heute die Unglücksstelle an der Bahn und kann den schrecklichen Gedanken nicht wieder los werden. Ich bin nervös. Ich werde mich wohl bald wieder zurückziehen müssen!"

Er aß sehr wenig. Auf dem Tische stand nur ein leichter, weißer Moselwein.

„Der Rothe wird mich vielleicht stärken!"

Mit diesen Worten erhob sich der Alte und trat an das Büffet, welches an der Wand stand. Müller ließ ein leises Räuspern hören; der Amerikaner blickte zu ihm herüber, erhielt einen Wink und verstand denselben. Beide beobachteten den Alten scharf, ohne daß es den Andern auffallen konnte. Er schenkte sich ein Glas Wein ein, dabei drehte er den Anwesenden den Rücken zu. Dabei zog er mit der Linken etwas aus der Tasche. Was er that, war nicht zu sehen; aber aus seinen Bewegungen ließ sich vermuthen, daß er etwas — jedenfalls eine Flüssigkeit — in eines der dort stehenden leeren Gläser fallen ließ. Dann führte er die Hand zur Westentasche zurück und setzte sich wieder an seinen Platz.

Müller ließ ein leises Lächeln sehen, welches nur von dem Amerikaner bemerkt wurde. Dieser senkte bejahend den Kopf. Er erwartete das neue Commando.

Der Alte hatte ausgetrunken. Er trat abermals zum Tische und goß sich sein Glas voll, dann ein zweites, welches er dem Amerikaner präsentirte.

„Sie müssen heute verzeihen, Monsieur Deep-hill," sagte er. „Morgen werde ich wieder au fait sein. Damit ich aber die Pflicht der Gastlichkeit nicht ganz und gar verletze, will ich mir erlauben, mit Ihnen auf ein herzliches Willkommen anzustoßen. Lassen Sie uns austrinken!"

Er trank aus. Der Amerikaner warf einen fragenden Blick auf Müller; dieser nickte heimlich und aufmunternd, und so hob auch er sein Glas zum Munde und leerte es mit einem einzigen Zuge.

Nun nahm der Alte gute Nacht und ging. Man musicirte noch ein wenig, wobei Emma einige englische Lieder vortrug. Hier nahm Deep-hill Gelegenheit, an Müller heranzutreten und zu flüstern:

„Er hatte erst etwas in's Glas gegossen!"

„Ich sah es auch."

„Aber wenn es nun wirklich Gift gewesen wäre!"

„Haben Sie keine Sorge; es ist Wasser!"

„Was nun?"

„Lassen Sie Alles ruhig über sich ergehen. Ich wache! Während er bei Ihnen ist, stehe ich zu Ihrer Hilfe bereit. Ist es möglich, so zeige ich mich Ihnen sogar. Blicken Sie zwischen den Lidern hindurch!"

Nach einiger Zeit verabschiedete sich Emma. Sie wurde nach der Stadt gefahren. Der Amerikaner wollte sie begleiten, doch sie lehnte dankend ab und erbat sich die Begleitung Müllers. Das hatte ganz den Anschein, als treffe sie diese Wahl nur darum, weil Deep-hill der höher Stehende und Müller doch eigentlich der Bedienstete war, doch der Erstere wußte wohl, daß die beiden Geschwister jedenfalls miteinander zu sprechen hatten, und nahm daher die Zurückweisung, welche übrigens gar keine war, nicht im mindesten übel.

Es war sehr dunkel geworden. Die Geschwister konnten halblaut miteinander sprechen, ohne von dem Kutscher gehört zu werden.

„Ich bebe jetzt noch," sagte Emma. „Der Capitän hält mich für die Großmama Margot!"

„Ich hatte mir fast so etwas gedacht, obgleich ich nicht geglaubt habe, daß Du ihr in diesem Grade ähnlich bist, zumal Du blond bist, während sie schwarzes Haar hatte!"

„Was wird er denken?"

„Das ist mir zunächst sehr gleich. Mich interessirt jetzt nur das Verhalten des Wahnsinnigen."

„Das war der Baron de Sainte-Marie?"

„Ja."

„Was wollte er? Er sprach von der Kriegskasse."

„Er phantasirt."

„Und auch von Einem, dem ich ähnlich sein muß."

„Ich werde Dir später meine Vermuthungen mittheilen; für heute habe ich nicht Zeit dazu."

Aber sein Schweigen hatte einen ganz andern Grund. Er wollte der Schwester keine Herzensqual bereiten, welche zu heben er jetzt doch nicht im Stande war. Er hätte darauf schwören mögen, daß sein Vater, Gebhardt von Königsau, noch lebe und da unten in den Gewölben gefangen gehalten werde, weil der Capitän glaubte, von ihm erfahren zu können, wo die so oft erwähnte Kriegskasse vergraben sei.

Als er mit dem Wagen zurückgekehrt war, begab er sich in sein Zimmer, schnallte den Buckel ab, steckte Laterne, Messer und Revolver ein, verriegelte die Thür von innen und stieg zunächst durch das Fenster auf das Dach hinaus und dann an dem Blitzableiter in den Hof hinab. Dabei sah er, daß der Alte sich noch in seinem Zimmer befand, wo er lang ausgestreckt auf dem Sopha lag.

Nun begab er sich nach dem bekannten Gartenhäuschen, hinter welchem er sich niedersetzte, um zu warten.

Es war längst Mitternacht vorüber, als er leise Schritte hörte. Der alte Capitän kam und trat in das Häuschen, in dessen Innern ein schneller Lichtschein aufzuckte, um dann gleich wieder zu verschwinden. Müller wartete, bis das Geräusch der Schritte nach unten hin verklungen war, und folgte dann ganz in derselben Weise, wie er es bereits früher gethan hatte. Unten im Gange, welcher nach dem Schlosse führte, hatte er den Alten mit der Laterne vor sich, konnte und mußte also die seinige in der Tasche stecken lassen.

So ging es bis an die Stelle, in welcher die vielen geheimen Waldgänge zusammenliefen, und dann empor, gerade wie in jener Nacht, in welcher der Fabrikdirector ermordet wurde. Es handelt sich heute sogar auch um ganz dasselbe Zimmer, in welchem nach minutenlangem Horchen der Alte auch heute verschwand. Müller tappte sich unhörbar näher und erreichte die offene Tafelthür. Drin im Zimmer war es noch dunkel. Jedenfalls befühlte der Alte den Amerikaner, um sich zu überzeugen, daß der Trank gewirkt habe. Dann wurde es plötzlich hell. Müller steckte den Kopf vor und sah, daß der Capitän eine Blendlaterne geöffnet hatte, jedoch nur so weit, daß der Schein des Lichtes nicht weiter als blos auf das Gesicht des Amerikaners fiel.

Dieser lag mit geschlossenen Augen, unbeweglich, wie im Schlafe. Er hatte die Hände unter der Bettdecke. Jedenfalls hielt er da nach Müllers Rath irgend eine Waffe verborgen.

Der Alte betrachtete das Gesicht genau und schien befriedigt zu sein, denn er wendete sich nun von dem Bette ab, um die im Zimmer befindlichen Gegenstände zu untersuchen. Sein Blick fiel auf den Tisch, auf welchem die Brieftasche lag. Rasch, aber leise trat er hinzu und öffnete dieselbe, um ihren Inhalt in Augenschein zu nehmen. Dabei setzte er die Laterne auf den Tisch. Ihr Schein fiel auch mit in die Ecke, in welcher sich der geheime Eingang befand. Der Alte stand von dieser Ecke abgewendet.

Diesen Augenblick benützte Müller. Er war überzeugt, daß der Amerikaner, welcher im Schatten lag, die Augen geöffnet habe. Er wollte ihm zeigen, daß er gegenwärtig sei, und trat also in das Zimmer, in den Lichtkreis hinein. Es war dies ein Wagniß, er war ganz hell beleuchtet, und wenn der Capitän jetzt nur den Kopf gewendet hätte, so wäre Müllers Anwesenheit verrathen gewesen. Glücklicherweise aber war der Alte zu sehr mit den in dem Portefeuille befindlichen Papieren beschäftigt; er sah sich nicht um.

Da zog der Amerikaner den Arm unter der Decke hervor und hob ihn empor, zum Zeichen, daß er Müller gesehen habe. Dieser hatte seinen Zweck erreicht und trat wieder zurück.

Nach einiger Zeit machte der Alte die Brieftasche zu, ohne etwas aus derselben genommen zu haben. Er legte sie auf den Tisch zurück und griff zur Laterne. Er ließ den Schein derselben wieder auf das Gesicht des Amerikaners gleiten, welcher seine vorherige Stellung eingenommen hatte, und verließ dann das Zimmer auf demselben geheimen Wege, auf dem er gekommen war.

Müller war, als er bemerkte, daß der Capitän die Brieftasche schloß, sofort und eilig die schmalen Stufen wieder hinunter gestiegen. Unten angekommen, stellte er sich auf die Seite, um den Alten vorüber zu lassen. Er fand hinter einem Pfeiler ein gutes, sicheres Versteck.

Richemonte kam langsam herabgestiegen. Er schien sehr nachdenklich zu sein. In der Nähe von Müller's Versteck blieb er stehen und brummte vor sich hin:

„Verdammt! Dieser Deep-hill ist ein vorsichtiger Kerl! Was können mir die Anweisungen nützen, wenn die Unterschrift der Firma fehlt! Diese Amerikaner sind höchst penibele Geschäftsleute. Aber, unterschreiben wird er doch!"

Er schritt an der Säule, hinter welcher Müller stand, vorüber, als wolle er das Gartenhäuschen aufsuchen, blieb aber nach zwei Schritten bereits wieder stehen.

„Ob ich Rallion aufsuche?" fragte er sich.

Er blickte eine Weile überlegend vor sich nieder und fuhr dann fort:

„Diese Marion muß gezähmt werden, und zwar baldigst! Ich werde doch mit ihm sprechen, wenn er auch erschrecken wird darüber, mich so unerwartet vor seinem Bette zu sehen."

Er machte eine halbe Wendung, so daß Müller sich genöthigt sah, dieser Wendung, um nicht entdeckt zu werden, um die Säule zu folgen, und stieg dann eine andere Stufenreihe empor.

Auch diese Stufen führten zwischen zwei engen Mauern nach oben, die Wände standen so eng zusammen, daß ein Mensch nur bei schiefer Körperhaltung Platz finden konnte. Oben gab es wieder ein niedriges, schmales, thürähnliches Loch, welches durch Täfelwerk verschlossen war. Richemonte schob dasselbe, nachdem er einige Augenblicke gelauscht hatte, zur Seite und trat, indem er sich niederbückte, durch die entstandene Oeffnung. Er befand sich im Schlafzimmer des jungen Rallion.

Er trat an das Bett und leuchtete dem Schläfer, der nichts gehört hatte, in das Gesicht. Dieses Letztere war durch ein Heftpflaster entstellt, in Folge von Fritz Schneeberg's Messerschnitt. Der Alte schüttelte den Grafen leise.

„Herr Oberst!" sagte er.

Rallion drehte sich herum und machte die Augen auf. Er sah Licht und erblickte den Alten.

„Donnerwetter!" meinte er, indem er empor fuhr. „Capitän! Wie kommen Sie in dieses Zimmer?"

„Zu Fuße natürlich!" antwortete lachend der Alte.

„Die Thüren sind doch verriegelt!"

„Das kann für mich kein Hinderniß sein. Aber bitte, sprechen Sie ein Wenig leiser! Es ist nicht nothwendig, daß wir uns mit Aufbietung aller unserer Lungenkräfte unterhalten. Es kann das mehr piano geschehen."

„Unterhalten? Ah, mir scheint, daß Sie eine eigenthümliche Zeit zu dieser Conversation gewählt haben!"

„Es ist die beste; ich kann es Ihnen versichern!"

„Gut! Sie müssen das besser beurtheilen können als ich. Aber die Veranlassung kann keine gewöhnliche sein!"

„Vielleicht ist sie für Sie ungewöhnlich; für mich ist sie es aber nicht. Es handelt sich nämlich um Marion."

„Um Marion? Ah! Da könnten Sie mich zu jeder Nachtzeit wecken! Warten Sie; ich werde aufstehen!"

„Ist nicht nothwendig!"

„Aber, soll ich denn im Bette — — —"

„Pah! Wir brauchen unter vier Augen uns ganz und gar nicht um die Dehors zu bekümmern. Bleiben Sie liegen!"

„Gut! Aber wie sind Sie herein gekommen?"

„Das geht Sie zunächst Nichts an!"

„Meinetwegen! Also was ist's mit Marion?"

„Dieses Mädchen zeigt sich höchst obstinat."

„Leider, leider!"

„Sie haben es nicht verstanden, sich ihre Theilnahme zu erwerben!"

„Alle Teufel! Wer kann sich mit einem so bepflasterten Gesichte, wie das meinige ist, die Anbetung einer Dame erringen."

„Damen pflegen Leidenden gegenüber doch immer mehr oder weniger Sympathie zu hegen."

„Heftpflaster gegenüber? Hm!"

„Wer das Mitleid eines Mädchens besitzt, wird auch sehr bald die Liebe desselben besitzen."

„Das ist Theorie. Die Praxis zeigt sich mir ganz anders!"

„Daran tragen Sie Schuld!"

„Wieso? Ich möchte das bewiesen sehen!"

„Der Beweis ist sehr leicht. Trugen Sie das Heftpflaster bereits, als Marion Sie zum ersten Male sah?"

„Nein."

„Sie dürfen also dem Pflaster nichts vorwerfen. Sie hätten die Bekanntschaft Marions in einer Weise machen sollen, welche Ihnen ihre Liebe sicherte."

„Wollen Sie die Güte haben, mich über diese Art und Weise aufzuklären?"

„Wenn ich Sie aufklären soll, so brauche ich mich über Ihren Mißerfolg allerdings gar nicht zu wundern. Ein junger Mann muß ganz von selbst wissen, wie er sich eine Frau erwirbt."

„Meinen Sie etwa, ich hätte Süßholz raspeln sollen?"

„Ein Wenig, ja."

„Nun, das habe ich gethan."

„Das war aber nicht genug!"

„Was noch?"

„Sie hätten sich als Helden zeigen sollen."

„Auf dem Schiffe?"

„Ja. Sie hatten die beste Gelegenheit dazu."

„Donnerwetter! Haben Sie etwa die Ansicht, daß ich Marion hätte retten sollen?"

„Das ist allerdings meine Ansicht!"

„Sie hatten ja den Kahn."

„Es gab aber keine Zeit, die Dame zu holen."

„Sie hätten diese Zeit haben können, wenn Sie sich beeilt hätten."

„O nein! Ehe ich Marion aus der Cajüte gebracht hätte, wäre der Kahn bereits von Anderen weggenommen worden."

„Nun, dann gab es immer noch einen Rettungsweg."

„Noch einen? Welchen?"

„Das Schwimmen!"

„Brrr! Das macht naß!"

„Ich denke, Sie haben das Schwimmen gelernt?"

„Allerdings! Aber mit einer solchen Last — bei solchem Wetter — bei diesem Aufruhr aller Elemente — kein Mensch hätte das fertig gebracht." (Fortsetzung folgt.)

Die Liebe des Ulanen.
Original-Roman aus der Zeit des deutsch-französischen Krieges von Karl May.
(Fortsetzung.)

Der Alte zog eine etwas verächtliche Miene bei der Entschuldigung Rallion's, die dessen Feigheit bemänteln sollte.

„Pah!" sagte Ersterer. „Es hat es doch Einer fertig gebracht!"

„Sie meinen diesen Menschen, diesen Schulmeister Müller? Bei ihm ist das etwas Anderes. Er ist buckelig, er hat den Sicherheitsapparat auf dem Rücken; dieses Subject kann ja niemals untergehen."

„Sie vergessen, daß noch ein Anderer mit Nanon in in die Fluth gesprungen ist. Er hat sie gerettet, ohne buckelig zu sein."

Der Graf machte eine ungeduldige Handbewegung und antwortete:

„Sind Sie etwa gekommen, um mich mit diesen Beispielen des Heldenmuthes zu langweilen?"

„Nein. Ich wollte Ihnen nur beweisen, daß Sie es selbst versäumt haben, sich Marion zu gewinnen."

„Es handelte sich um Leben und Tod. Ein Kahn war in diesen Augenblicken der Gefahr mehr werth als das schönste Mädchen der ganzen Welt."

„Ich denke, Sie lieben Marion."

„Zweifeln Sie daran?"

„Fast möchte ich."

„Unsinn! Sie ist eine Schönheit allerersten Ranges. Und außerdem hat sie etwas an sich, was Einen vor Liebe verrückt machen könnte. Sie muß meine Frau werden."

„Und doch war Ihnen ein Kahn lieber als sie."

„Hören Sie, Capitän: das Leben geht noch über die Liebe. Ich glaube nicht, daß Sie mir da Unrecht geben werden."

„Die kalte Berechnung sagt allerdings, daß Sie da Recht haben; aber es giebt auch Charactere, welche für ihre Liebe in den Tod gehen können."

„Zu diesen Leuten gehöre ich nicht. Ich bin weder ein Dichter noch sonst ein Schwärmer. Es mag romantisch sein, für die Geliebte zu sterben; für sie zu leben, ist aber jedenfalls vernünftiger und vortheilhafter."

„Vorausgesetzt, daß die Geliebte einwilligt. Aber gerade das thut Marion nicht."

„Das läßt mich kalt. Auf ihre Einwilligung kommt ja nicht das Geringste an."

„Sie meinen, daß mein Befehl ausreichend ist?"

„Ich hoffe es!"

„Aber sie weigert sich, mir zu gehorchen."

„Wirklich? Das ist fatal, aber mehr für Sie, als für mich. Sie haben uns Ihr Wort gegeben, und Sie müssen es halten."

„Das versteht sich ganz von selbst. Aber lieber wäre es mir gewesen, Marion hätte freiwillig eingewilligt. Ich glaube, sie hält Sie für feig."

„Donnerwetter. Ich feig?" fragte Rallion.

„Ja," antwortete der Alte ruhig.

Rallion fuhr sich mit der Hand nach dem blessirten Gesichte und sagte:

„Feig? Mit dieser Wunde?"

„Meinen Sie, daß Ihre gegenwärtige Verwundung ein Beweis Ihres Muthes ist?"

„Ganz gewiß!"

„Sie haben den Schnitt nicht im offenen, kühnen Kampfe bekommen."

„Aber doch im Kampfe. Ich habe den Menschen, welcher sich eingeschlichen hatte, festhalten wollen. Haben Sie etwa die Absicht, dies eine Feigheit zu nennen?"

„Eine außerordentliche Verwegenheit gehört nicht dazu. Uebrigens dürfen wir nicht vergessen, was Marion über Ihre Wunde denken muß!"

„Nun, was?"

„Daß sie von einer Sense herrührt, auf welche sie in der Dunkelheit getreten sind."

„Verdammte Sense! Hätte es denn keine bessere Erklärung oder Ausrede gegeben?"

„Nein. Junge Mädchen schwärmen gern für Helden. Hätten Sie sich mit Marion in das Wasser gestürzt, so wäre sie in diesem Augenblicke die Ihrige."

„Oder wir wären Beide elend ertrunken."

„Andere sind auch nicht ertrunken."

„Sie reden verteufelt eigenthümlich. Also Marion wäre heute mein, wenn ich Sie gerettet hätte?"

„Ich bin davon überzeugt."

„Alle Teufel. Dann müßte sie ja diesen buckeligen Schulmeister lieben!"

„Unsinn!"

„Er hat sie ja gerettet!"

„Und abermals Unsinn! Marion ist ein hocharistokratischer Character. Sie — und ein Hauslehrer; sie, eine Französin vom reinsten Wasser — und er, ein Deutscher!"

„Gut! Sie sehen also, daß Ihre Prämissen sehr falsch sind! Und außerdem beweist dieser Müller, daß es keineswegs ein Zeichen von Muth ist; wenn man sich gedankenlos in's Wasser stürzt."

„Was sonst?"

„Pah! Halten Sie diesen Menschen etwa für muthig?"

„Ja."

„Sapperment! Warum?"

„Er hat es mir im Fechten und Reiten bewiesen, vielleicht auch noch in anderer Weise."

Er dachte dabei mit stillem Grimme an die Festigkeit, mit welcher Müller ihm in Beziehung auf den ermordeten Fabrikdirector entgegengetreten war.

„Das will nichts sagen," entgegnete Rallion. „Mir gegenüber ist er so feig gewesen, wie man feiger gar nicht sein kann."

„Wieso?"

„Erinnern Sie sich nicht, was ich ihm sagte, als er mir bei meiner Ankunft hier begegnete?"

„Er schwieg aus Rücksicht gegen uns."

„Das ist sehr falsch geurtheilt! Bei einer solchen Beleidigung kennt ein Mann keine andere Rücksicht, als diejenige, welche er seiner Ehre schuldet. Doch streiten wir uns nicht wegen dieses mir höchst gleichgiltigen Menschen! Wir wollen von Marion reden. Haben Sie deutlich mit ihr gesprochen?"

„So deutlich, daß es deutlicher gar nicht geschehen kann."

„Was antwortete sie?"

„Ein festes Nein."

„Aus welchem Grunde?"

„Sie will ihre Hand nur einem Manne geben, dem es gelingt, sowohl ihre Liebe als auch ihre Achtung zu erwerben."

„Donnerwetter! Das heißt, ich besitze ihre Liebe nicht?"

„So ist es."

„Und ihre Achtung?"

„Auch nicht."

Da richtete Rallion seinen Oberkörper im Bette empor.

„Mich, einen Obersten der Garde, einen kaiserlichen Offizier nicht achten? Das ist stark! Welche Gründe hat sie, mir sogar auch ihre Achtung zu versagen?"

„Fragen Sie sich selbst!"

„Sie haben nicht gefragt?"

„Ich pflege nicht, Fragen zu thun, von denen ich voraussetzen muß, daß sie mir nicht beantwortet werden."

„Sie behandeln diese Dame mit unverzeihlicher Milde. Sie können befehlen. Sie können Sie zwingen!"

„Wohl! Das werde ich auch!"

„Nun, so thun Sie es doch!"

„Ich bedarf dabei Ihrer Unterstützung."

„Sie können derselben versichert sein!"

„Ich bin deshalb hier. Ich habe einen Plan. Wir werden Marion zwingen, Ihnen zu gehören, Ihre Frau zu werden."

„Schön! Theilen Sie mir diesen Plan mit!"

„Wir müssen ihren Widerstand besiegen."

„Womit?"

„Durch Zwang."

„Das brauchen Sie mir nicht zu wiederholen, nachdem Sie mir bereits gesagt haben, daß sie nicht freiwillig ihre Zustimmung giebt. Welche Art des Zwanges meinen Sie, Herr Capitän?"

„Es giebt nur Eine: Freiheitsentziehung!"

„Ah! Gefangenschaft?"

„Ja."

„Sollte nichts Anderes vorzuziehen sein?"

„Ich habe bereits Alles Andere versucht."

„Das ist fatal, höchst fatal! Widerrechtliche Freiheitsentziehung kann gefährlich werden!"

„In diesem Falle nicht. Ich habe erlaubte Gründe, diese obstinate Person einzusperren."

„Nun gut, so thun Sie es! Wenn wirklich nichts Anderes helfen kann, so sind wir ja gezwungen, dieses letzte Mittel in Anwendung zu bringen. Wohin soll sie gesperrt werden?"

„In eins von unseren Gewölben."

„Fi donc! Ein häßlicher Aufenthalt!"

„Desto besser! Das wird sie mürbe machen!"

„Wohl gar bei Wasser und Brod?"

„Bei nichts. Sie wird weder Speise noch Trank bekommen. Sie soll Hunger und Durst leiden, bis sie sich fügt!"

„Hm! Eigentlich höchst deprimirend für mich!"

„Wieso?"

Ein Mädchen muß durch Hunger und Durst gezwungen werden, Gräfin Rallion zu werden!"

„Machen Sie es anders!"

„Was werden aber Andere dazu sagen?"

„Wer?"

„Die Baronin?"

„Diese wird unser Verfahren gut heißen. Sie haßt Marion; sie wird uns sogar behilflich sein."

„Der Baron?"

„Der Verrückte? Er zählt ja nicht!"

„Alexander?"

„Der Knabe? Er erfährt nichts?"

„Nanon, die Gesellschafterin, und alle die Anderen?"

„Auch sie werden nichts erfahren."

„Aber sie werden doch Marion vermissen!"

„Nein. Marion wird verreist sein."

„Wie wollen Sie dies anstellen?"

„Das ist einfach. Davon nachher. Nicht so einfach ist die Art und Weise, in welcher wir Marion nach dem Gewölbe bringen. Ich muß dabei auf Ihre Hilfe rechnen."

„Ich sage Ihnen meine Mitwirkung natürlich zu, vorausgesetzt, daß für mich daraus keine Gefahr erwächst."

„Nicht das Mindeste. Man kann von Ihrer Mitwirkung gar nichts ahnen. Man wird Sie hier in Ihrem Bette vermuthen, während wir Marion nach unten schaffen."

„Sie wird sich sträuben!"

„Nein."

„Sie wird Lärm machen, um Hilfe rufen!"

„Sie wird nicht den geringsten Laut ausstoßen; denn ich werde sie vorher chloroformiren."

„Chloroformiren?" fragte Rallion. „Vortrefflich! Haben Sie Chloroform?"

„Natürlich!"

„Es soll des Nachts geschehen?"

„Das versteht sich ganz von selbst."

„Wie wollen Sie da zu ihr kommen? Sie wird sich vermuthlich eingeschlossen haben."

„Hatten Sie sich heute nicht auch eingeschlossen?"

„Allerdings."

„Und dennoch stehe ich hier vor Ihnen. Auf dieselbe geheimnißvolle Weise werden wir auch in Marion's Schlafzimmer Eingang finden. Freilich habe ich Sie da in bauliche Verhältnisse des Schlosses einzuweihen, von denen bisher kein Mensch wußte. Ich hoffe, daß ich Ihrer Verschwiegenheit sicher bin."

„Sie erhalten mein Ehrenwort, daß ich nicht plaudere."

„Also wir treten heimlich und leise bei ihr ein — sie schläft — sie hört uns nicht — ich lege ihr ein mit Chloroform getränktes Tuch über das Gesicht — zwei Minuten genügen, und dann tragen wir sie auf Wegen, welche Sie dann kennen lernen werden, hinab in das Gewölbe."

„Schön, sehr schön! Und dann?"

„Das Folgende versteht sich ganz von selbst!"

„Wohl nicht!"

„Sie hungert, bis sie einwilligt!"

„Und wenn sie lieber verhungert?"

„Unsinn! Hunger thut weh!"

„Man hat aber doch Beispiele — —!"

„Nun, dann thut der Durst noch viel weher. Oder zweifeln Sie auch da noch?"

„Es ist immerhin gefährlich!"

„Das sehe ich nicht ein."

„Sie wird scheinbar einwilligen, dann aber Alles verrathen."

„Nein. Wir werden sie nicht eher frei lassen, als bis sie uns ihr Wort gegeben hat, für's ganze Leben zu schweigen."

„Pah! Ein solches erzwungenes Wort pflegt keine Geltung zu haben."

„Bei Marion doch. Sie ist ein Character."

„Gut! Wollen wir annehmen, daß sie ihr Wort halten werde. Wie aber nun, wenn sie uns einen Streich spielt, indem sie — —"

Er hielt inne. Der Alte fragte:

„Nun? Was? Indem sie — —"

„Indem sie es so einrichtet, daß sie uns ihr Wort gar nicht zu geben braucht."

„Wie wollte sie das fertig bringen? Sie wird auf alle Fälle gezwungen sein, uns Stillschweigen zu versprechen."

„Einen Fall giebt es doch, an den Sie nicht zu denken scheinen."

„Welcher wäre das? Ich habe Alles überlegt."

„Der Fall, daß Sie — — daß sie sich ein Leid anthut."

Der Alte fuhr zurück!

„Alle Teufel!" sagte er. „Das wäre ihr zuzutrauen!"

„Nicht wahr? Sie nannten sie ja obstinat!"

„Ja; das ist sie. Sie wäre wirklich im Stande, uns auf diese Weise einen Strich durch die Rechnung zu machen."

„Wir dürfen also auf keinen Fall die Saiten zu sehr anspannen!"

„Nun, dann giebt es ein Mittel, sie dennoch und auf alle Fälle zur Einwilligung zu zwingen."

„Ich bin neugierig, es zu erfahren."

„Wir lassen sie erst einige Tage hungern, und dann — —"

Es fiel ihm doch nicht ganz leicht, seine Gedanken auszusprechen. Er stockte, fuhr aber dann fort:

„Und dann — nun, dann schließe ich Sie einige Stunden bei ihr ein."

Der Graf horchte auf.

„Wetter!" sagte er. „Mich mit ihr allein?"

„Ja."

„Im Dunkeln natürlich?"

„Ja."

„Und Sie denken, daß Marion dann — — —?"

„Das Weitere ist Ihre Sache. Sie sind doch kein Kind! Wenn ich wieder aufschließe, werden Sie als Mann und Frau das Gewölbe verlassen."

„Capitän, dieser Gedanke ist schön aber — teuflisch!"

„Sind Sie ein Engel? Ah — —! Hörten Sie etwas?"

„Hm! Es war wie ein Seufzer!"

„Ja. Also Sie hörten es auch. Ich dachte, ich hätte mich getäuscht. Es wird doch nicht — — —"

Er zog seinen Revolver aus der Tasche, griff zur Laterne und begab sich nach dem geheimen Eingange, welcher offen stand. Er sah nichts Verdächtiges. Er trat hinaus und leuchtete die Treppe hinab — es war nichts, gar nichts zu bemerken. Er schritt schnell sämmtliche Stufen hinunter und leuchtete in alle Winkel und Ecken. Er konnte nichts Beunruhigendes bemerken und kehrte also zurück.

Als er wieder in Rallion's Schlafstube trat, war dieser aufgestanden, hatte ein Licht angebrannt und den offenstehenden Eingang untersucht.

"Ah! So also ist es!" meinte er, mit dem Kopfe nickend. "Hier giebt es verborgene Thüren?"

"Die wir sehr gut gebrauchen können," antwortete der Alte. "Aber warum sind Sie aufgestanden?"

"Weil man nicht wissen konnte, was passirt. Haben Sie etwas gesehen?"

"Nein. Entweder haben wir uns getäuscht — —"

"Nein; ich hörte es deutlich."

"So ist es ein Luftzug gewesen. Es hat kein Mensch eine Ahnung von diesen Treppen und Gängen. Es muß die Luft gewesen sein. Dennoch aber wollen wir aus Vorsicht den Eingang schließen."

Er schob das Getäfel zu; dann fuhren sie in ihrer heimlichen Unterhaltung fort, indem er fragte:

"Also Sie halten meinen Vorschlag für teuflisch?"

"Ein wenig, ja."

"Aber praktisch?"

"Praktisch und — interessant."

"Sie wird gezwungen sein, Ja zu sagen, denn ich hoffe doch, daß Sie Ihrer Aufgabe gewachsen sind!"

Rallion stieß ein häßliches Lachen aus und sagte:

"Daran dürfen Sie allerdings nicht zweifeln, obgleich Sie mich nicht für einen muthigen Menschen zu halten scheinen."

"Pah! Dazu gehört kein Muth! Dann, wenn sie ihren Widerstand aufgegeben hat, wird sie von ihrer angeblichen Reise zurückkehren dürfen."

"Wie aber wollen Sie diese Reise glaubhaft machen?"

"Nichts leichter als das! Man spannt des Nachts an und bringt Marion nach dem Bahnhofe."

Rallion blickte ihn fragend an und sagte:

"Ich verstehe Sie nicht."

"Nun, nicht Marion, sondern eine Andere steigt ein."

"Ah, ich vermuthe!"

"Nun, wer?"

"Die Baronin?"

"Ja."

"Sie wird also mit im Geheimnisse sein?"

"So weit es nothwendig ist, sie einzuweihen."

"Aber man wird die Täuschung bemerken."

"Wohl nicht. Es ist dunkel."

"Der Kutscher — —"

"Ich brauche keinen Kutscher. Ich nehme das kleine Coupee und fahre selbst."

"Aber der Diener ist dabei, wenn die Baronin einsteigt!"

"Das werde ich zu vermeiden wissen."

"Und Sie kommen mit der Baronin zurück!"

"Nein. Ich bringe Marion zum Bahnhofe und kehre allein zurück."

"Wie wollen Sie das anfangen?"

"Sehr einfach: Ich lasse die Baronin aussteigen, sobald wir aus dem Schlosse sind, und sie kehrt im Dunkel heimlich in dasselbe zurück."

"Schlaukopf, der Sie sind! Ja, so muß es arrangirt werden! Aber, wann soll das geschehen?"

"So bald wie möglich. Es ist Gefahr im Verzuge. Das Rencontre, welches ich mit Marion gehabt habe, läßt mich befürchten, daß ich ihr in keiner Weise zu trauen habe."

"Also am Besten noch heute? In dieser Nacht?"

"Dazu ist es zu spät. Ich muß doch vorher mit der Baronin darüber sprechen."

"Also morgen?"

"Ja, morgen ganz bestimmt."

"Wie viel Uhr?"

"Das läßt sich jetzt noch nicht sagen. Ich werde Sie abholen."

"Hier?"

"Natürlich."

"Auf demselben Wege."

"Ja."

"Schön! Darf ich mir diesen Weg unterdessen einmal näher betrachten, Herr Capitän?"

Der Gefragte zog die Augenbrauen in die Höhe, machte ein sehr eigenthümliches Gesicht und fragte:

"Sie meinen den Eingang, durch welchen ich gekommen bin?"

"Ja."

"Es wird besser sein, Sie warten, bis ich Ihnen diese Geheimnisse selbst enthülle."

"Schön! Ganz wie Sie wollen."

Dabei hatte er aber doch im Stillen den Vorsatz, nach der Entfernung des Alten nachzuforschen. Dieser Letztere gab ihm die Hand und sagte:

"So mag es also für heute genug sein. Oder haben Sie vielleicht noch eine Frage auszusprechen?"

"Ich wüßte nicht."

"Und mir fällt auch nichts ein, was ich vergessen hätte. Sagen wir uns also eine gute Nacht!"

"Gute Nacht!"

Der Capitän schob das Getäfel zur Seite und trat durch das Loch. Draußen schob er das Erstere wieder vor und lauschte.

"Er ist neugierig?" flüsterte er lächelnd in sich hinein. "Er wartet nicht, sondern er wird die Sache untersuchen wollen. Aber, mein Bursche, das wird Dir nicht gelingen!"

Da wo das Holzwerk an die Mauer stieß, gab es zu beiden Seiten einen Riegel. Der Alte schob ganz leise beide vor und nickte dann:

"So! Jetzt mag er sich Mühe geben!"

Er stieg langsam die schmalen Stufen hinab.

Er hatte ganz richtig vermuthet, denn drinnen in der Schlafstube lauschte Rallion, indem er das Ohr hart an das Getäfel hielt.

"Jetzt geht er!" dachte er. Wer hätte geahnt, daß hier ein heimlicher Eingang sei! Dieses Schloß ist wirklich ein ganz und gar geheimnißvolles Nest. Der, welcher es gebaut hat, ist kein dummer Kerl gewesen."

Er legte die nothwendigsten Kleidungsstücke an und trat dann an die geheime Thür.

"Nach links hat er das Holzfach geschoben; ich habe es deutlich gesehen," sagte er zu sich. "Wollen einmal sehen, ob wir es ebenso bringen!"

Aber er konnte machen, was er wollte, es gelang ihm nicht die Thür aufzubringen.

"Ein schlauer Patron!" brummte er verdrießlich. "Es giebt jedenfalls draußen einen Verschluß. Na, morgen wird es ja Gelegenheit geben, das Ding zu untersuchen!" —

Müller war, als der Alte oben vorhin verschwunden

war, ihm leise, ganz leise nachgestiegen. Er mußte sich sagen, daß er ein Wagniß unternehme.

„Wegen Marion!" dachte er. „Wegen ihr geht er zu Rallion! Da muß ich unbedingt hören was es giebt!"

Er stieg also die Stufen empor; die Laterne hatte er in die Tasche gesteckt. Oben angekommen, erblickte er vor sich einen helleren Schein. Vorher aber fühlte er, daß die Stufen noch weiter in die Höhe führten.

„Da geht es nach der zweiten Etage," dachte er. „Das giebt eine günstige Rückzugslinie, falls eine rasche Flucht nöthig sein sollte. Werde mir das merken!"

Er schlich näher und erreichte die von dem Capitän nicht wieder verschlossene Oeffnung. Er horchte. Er hörte sprechen. Er erkannte Richemonte's und Rallion's Stimme. Soeben sagte der Erstere:

„Vielleicht ist sie für Sie ungewöhnlich; für mich ist sie es aber nicht! Es handelt sich nämlich um Marion."

Müller kauerte sich nieder, um das Ohr ganz an die Oeffnung zu bringen, und verstand nun jedes Wort, welches die beiden Männer sprachen. Er erfuhr also den gegen Marion geplanten Anschlag. Er hätte hinein springen mögen, um ihnen die Fäuste an die Köpfe zu schlagen, mußte aber seinen Abscheu niederkämpfen, um kein von ihnen gesprochenes Wort zu verlieren.

So hörte er auch den Anschlag, daß Rallion zu Marion eingeschlossen werden solle. Das war für sein ehrliches Gewissen doch zu viel. Seine Hand, mit welcher er die Laterne in der Tasche hielt, zuckte unwillkürlich. Das Licht in der Laterne brannte. Er kam der Blechhaube zu nahe und brannte sich. Augenblicklich entfuhr ihm jener nicht ganz zu unterdrückender Schmerzenslaut, welcher gerade so klingt, wie wenn man die Luft in den Mund zieht, indem man die oberen Zähne fest auf die untere Lippe drückt. Es kingt das wie ein scharfes F.

Das war es, was die Beiden drinnen gehört hatten. Müller vernahm die Worte:

„Ah! Hörten Sie Etwas?"

„Hm! Es war wie ein Seufzer!" antwortete Rallion.

Jetzt war ein schleuniger Rückzug nothwendig.

So eilig, wie es nur möglich war, ohne laut zu werden, suchte Müller die Treppe auf; aber anstatt dieselbe hinab zu steigen, floh er nach dem oberen Stockwerke empor — und das war sein Glück. Denn kaum hatte er sechs oder acht Stufen hinter sich, so kam der Alte und leuchtete erst hinab, ging aber dann auch hinunter, um unten umher zu leuchten. Das gab Müller Zeit, vollends empor zu kommen und droben seine Laterne hervor zu ziehen, um zu recognosciren.

Er sah, daß er nicht weiter konnte. Die Stufen hatten hier ein Ende.

„Gut!" dachte er, die Laterne wieder in die Tasche steckend. „Nun gilt es! Nun ist Alles egal! Kommt der Capitän auch nach hier oben, so sieht er mich, und dann werden wir mit einander zu rechnen haben."

Er zog seinen Revolver hervor, bemerkte aber bald zu seiner Beruhigung, daß er die Waffe nicht brauchen werde, denn der Alte kehrte zurück und begab sich zu Rallion, ohne daran zu denken, seine Untersuchung nach oben fortzusetzen.

„Gott sei Dank!" dachte Müller, indem er einen Seufzer der Erleichterung ausstieß. „Ich will die Gefahr nicht geradezu bei den Hörnern packen. Ich habe genug gehört. Wolle nur Gott, daß mir noch Zeit genug bleibt, Marion zu warnen!"

Er schlich sich die beiden Treppen hinab bis in den Gang, welcher nach dem Gartenhäuschen führte. Dort blieb er stehen und zog die Laterne wieder hervor. Von dort aus führten ja die verschiedenen heimlichen Treppen nach allen Seiten des Gebäudes empor.

„Bei Marion giebt es also auch einen solchen Eingang!" flüsterte er. „Das ist aus den Worten des Alten zu entnehmen. Durch den Garten nach meiner Stube zurückkehren und dann zu Marion gehen, um sie zu wecken und zu warnen, das wäre zu auffällig und zu zeitraubend. Bis dahin wären diese beiden Menschen längst bei ihr. Ich bin gezwungen, die geheime Thür zu benutzen. Aber wie sie finden?"

Er leuchtete umher und dachte nach.

„Hier diese vierte Treppe muß die richtige sein!" dachte er. „Sie führt nach der Richtung, in welcher Marions Wohnung liegt. Ich werde es versuchen."

Mit Hilfe der Laternen gelang es ihm, rasch vorwärts zu kommen. Er hatte den weiteren Verlauf des Gespräches nicht abwarten können und glaubte in Folge dessen, daß Marion bereits heute, in dieser Nacht heimlich eingesperrt werden solle.

Im ersten Stockwerke angekommen, bemerkte er ein ganz eben solches Loch, wie dasjenige war, welches zu Rallions Schlafzimmer führte. Auch hier gab es zwei Riegel; aber sie waren nicht vor- sondern zurückgeschoben. Er steckte die Laterne in die Tasche und horchte.

Drinnen regte sich nicht das Mindeste. Er schob das Fachwerk langsam auf. Es ließ sich bewegen, ohne daß das geringste Geräusch verursacht wurde. Er steckte den Kopf in die Oeffnung und bemerkte, daß er sich vor einem ganz dunklen Raume befand. Er trat in gebückter Haltung ein, zog die Laterne hervor, öffnete sie ein Lückchen und leuchtete vorsichtig umher.

„Gott sei Dank!" flüsterte er befriedigt. „Marions Wohnzimmer! Ich habe es getroffen. Nebenan schläft sie!"

Er schob das Getäfel wieder zu und fühlte sein Herz erleichtert. Nun er sich bei der Baronesse befand, konnte dieser Nichts geschehen. Jetzt öffnete er die Laterne vollständig und blickte sich um. Sein Auge fiel auf einen seidenen Sonnenschirm, welcher an der Toilette hing.

„Das paßt!" dachte er. „Sie werden ihr Kommen verrathen."

Er nahm den Schirm und lehnte denselben so gegen das Tafelwerk, daß er umfallen mußte, wenn dasselbe geöffnet werden sollte. Dadurch entstand ein Geräusch, welches die Ankunft der Beiden verkünden mußte.

„Jetzt nun zu ihr!"

Mit diesen Gedanken näherte er sich dem Eingange zum Schlafzimmer. Dieses war vom Wohnzimmer nur durch Portièren getrennt. Die Thür hatte man für die warme Sommerszeit ausgehoben. Bereits stand er an der Portière, da kam ihm ein Gedanke:

„O weh! Ich habe doch den Buckel abgeschnallt! So wie ich jetzt bin, darf sie mich ja gar nicht sehen!

Er blickte sich um. Auf einem Stuhle lag Etwas,

irgend ein Wäsche- oder Kleidungsstück. Er untersuchte gar nicht erst, was es war, sondern stopfte es sich unter die Weste am Rücken empor. Dann schlug er die Portièren auseinander und trat leise ein.

Da lag sie, die Heißgeliebte, die Angebetete, im Schlafe!

Ihr Köpfchen stak in einem Spitzenhäubchen, unter welchem sich zwei lange, volle, dunkle Haarflechten hervorgedrängt hatten. Sie athmete ruhig. Die Wangen waren leicht geröthet. Die seidene Schleife des Schlafnegligés war aufgegangen — er wendete den Blick ab, um dieses Heiligthum einer schönen, reinen Jungfräulichkeit nicht zu entweihen, trat aber doch an das Bette heran. Indem er sich nach der anderen Seite drehte, faßte er die seidene Steppdecke, um leise zu zupfen.

„Baronesse!"

Sie regte sich nicht.

„Gnädiges Fräulein!"

Auch das hatte keinen Erfolg.

„Fräulein! Marion!"

Er zupfte stärker. Da bewegte sie sich. Er wendete unwillkürlich, ganz gegen seinen Willen, den Blick zu ihr. Ein schöner, voller Arm hatte sich unverhüllt unter der Decke hervorgeschoben, wie von der Hand eines Meisters aus dem reinsten, glänzenden Alabaster geformt. Es war ihm, als müsse er sich niederbeugen, um seine Lippen auf diesen Arm zu drücken.

„Sie hört es nicht!" dachte er. „Wie wird sie erschrecken! Aber wenn ich das Licht entferne, erschrickt sie noch mehr!"

Er näherte sich ihrem Kopfe, ergriff die Decke und zog sie leise, leise über Arm und Busen der Schläferin hinweg. Und nun erst, da nur der Kopf zu sehen war, bog er seinen Mund zu ihrem Ohre nieder und flüsterte:

„Baronesse Marion!"

Da schlug sie langsam die Augen auf, hielt sie einen Moment lang auf ihn gerichtet und schloß sie dann wieder. Er bemerkte keine Spur von Schreck, im Gegentheil, es glitt ein leises, glückliches Lächeln über ihr schönes Angesicht.

Dachte sie etwa, daß sie nur träume? Jedenfalls.

„Gnädiges Fräulein. Bitte, wachen Sie auf.

Da, erst jetzt zuckte sie zusammen. Ihre Lider öffneten sich — ein großer, erschrockener Blick, der sich voll auf ihn richtete, aber kein Schrei, kein einziger Laut, dann zog sie die Decke bis über das Kinn herauf. Sie war vollständig erwacht und hatte ihn erkannt.

„Verzeihung, Baronesse," flüsterte er ihr hastig zu. „Sie befinden sich in einer großen, fürchterlichen Gefahr, und ich mußte kommen, Sie zu warnen."

„Monsieur Müller!" stieß sie hervor, aber nicht laut, sondern ebenso leise, wie er gesprochen hatte.

„Ja, ich bin es! Bitte, verzeihen Sie!"

„Gott! Ich begreife nicht! Gehen Sie!"

„Nein, nein! Ich muß bleiben! Es geht nicht anders! Man will sich an Ihnen vergreifen!"

Erst jetzt schien sie die Situation erfaßt zu haben.

„Bitte, das Licht weg!" bat sie hastig.

Er schloß die Laterne und steckte sie in die Tasche.

„Jetzt setzen Sie einen Stuhl nahe, und sprechen Sie!" gebot sie.

Er zog den Sessel ganz an das Bett heran, um so leise wie möglich sprechen zu können, setzte sich nieder und sagte:

„Gott sei Dank, daß es mir gelungen ist, noch zur rechten Zeit zu kommen! Man will Sie gefangen nehmen!"

„Gefangen? Wer?"

„Der Capitän und Nallion!"

„Weshalb?"

„Um Sie zu zwingen, dem Letzteren Ihr Jawort zu geben!"

„Wer sagt es?"

„Ich habe sie belauscht."

„Mein Gott! Sich meiner bemächtigen! Etwa heimlich?"

„Ja."

„Ah! Sie können nicht herein! Die Thür ist verriegelt."

„Bin ich nicht auch herein gekommen?"

„Ah! Ja! Monsieur Müller, wie ist Ihnen das gelungen?"

„Ihr Zimmer hat einen heimlichen Eingang."

„Das ist doch nicht möglich!"

„Meine Gegenwart beweist das zur Genüge. Wie hätte ich Zutritt finden können, da die Thür verschlossen ist!"

„Das ist wahr! Welch ein Ort! Welch eine Wohnung! Aber, wann will man mich gefangen nehmen?"

„In dieser Nacht noch, baldigst, jetzt! Vielleicht sind sie bereits so nahe, daß sie uns hören würden, wenn wir ein Wenig lauter sprächen."

„Mein Heiland! Was werde ich thun!"

„Nichts! Bitte, bleiben Sie liegen! Ich bin hier, Sie zu beschützen!"

„Ah, nun ich gewarnt bin, fürchte ich sie nicht. Haben Sie vielleicht Waffen bei sich?"

„Ja, einen Revolver."

„Gut! Aber was werden sie sagen, wenn sie Sie bei mir finden, Monsieur Müller?"

„Nichts, gar nichts! Sie können nur sagen, daß ich gekommen bin, Sie zu warnen."

„O nein, nein! Sie werden —— ——"

Sie stockte. Wäre es hell gewesen, so hätte er die glühende Röthe bemerkt, welche ihr Gesicht bedeckte. Doch errieth er, was sie sagen wollte. Darum fiel er rasch ein:

„Nein, gnädiges Fräulein! Ich werde ihnen beweisen, daß ich erst seit zwei Augenblicken hier bin. Ich werde ihnen beweisen, daß ich nicht durch die Thür, sondern durch den geheimen Gang hierher kam. Ich werde ihnen beweisen, daß ich sie belauscht habe, also auch nur in der Absicht, Sie zu warnen, hier sein kann."

Das schien sie zu beruhigen.

„Sie können das beweisen?" fragte sie.

„Ja."

„Gut! Das ist genug! Wo ist der geheime Eingang?"

„Im Wohnzimmer, zwischen dem Kamine und dem Divan."

„Ich danke! Bitte, rücken Sie ein Wenig fort!"

Er gehorchte und hörte dann, daß sie sich erhob, um das Bett zu verlassen. Er vernahm ihre leisen Schritte und das Rauschen und Knittern von Zeug und Falten. Dann stand sie wieder in seiner Nähe.

„Sie wollen mich überraschen, diese beiden Menschen," flüsterte sie; „aber sie selbst werden es sein, welche überrascht werden. Daher darf ich kein Licht anbrennen. Aber, sah ich nicht vorhin eine Blendlaterne in Ihrer Hand?"

"Ja."

"Sie können dieselbe augenblicklich öffnen, so daß es hier im Zimmer hell wird?"

"Sofort."

"Das ist gut. Bleiben wir aber jetzt im Dunkeln. Zu wünschen wäre nur, daß wir es bemerkten, wenn sie durch den Eingang kommen!"

"Wir werden es hören. Ich habe Ihren Sonnenschirm so gelegt, daß sie ihn umwerfen müssen. Das werden wir auf alle Fälle hören, gnädiges Fräulein."

"So bin ich befriedigt. Ich weiß nun Alles, was für den ersten Augenblick nothwendig war, und wir können nun in Ruhe weiter sprechen. Bitte, kommen Sie mit herüber auf das Sopha."

Er folgte ihr. Das Sopha war klein, nur für kaum zwei Personen bestimmt. Er drückte sich bescheiden ganz in die Ecke, um sie ja nicht zu berühren; da aber sagte sie:

"Wollen Sie nicht näher rücken, Monsieur Müller? Wir dürfen ja nur äußerst leise sprechen, und das ist nicht möglich, wenn Sie sich so sehr entfernen."

Er gehorchte, so weit es die Bescheidenheit ihm erlaubte.

"Noch näher!"

Er fühlte ihre Hand, welche nach der seinigen suchte. Sie bog sich ganz zu ihm hinan und sagte:

"Noch näher!"

"In einer Lage, wie die gegenwärtige ist, darf man nicht auf die schroffen Regeln der Déhors achten. So, jetzt sitzen wir nahe genug und können unser Flüstern gegenseitig verstehen!"

Die Berührung ihres warmen weichen Händchens durchzuckte ihn electrisch. Er fühlte, während sie, mit dem Kopfe zu ihm geneigt, redete, den Hauch ihres Mundes. Welch' ein Vertrauen! Sie wußte, daß er sie liebte; er hatte es ihr ja gestanden; und dennoch bat sie ihn, so nahe bei ihr zu sein! Er fühlte sich glücklich wie noch nie in seinem Leben.

Sie hatte ihre Hand wieder von der seinigen genommen. Jetzt erkundigte sie sich:

"Und nun, bitte, wie sind Sie hinter das Geheimniß gekommen, Monsieur Müller."

"Ich habe sie belauscht."

"Das sagten Sie bereits. Aber wo?"

"Im Zimmer Rallions."

"Wie kamen Sie dorthin?"

Er zögerte einige Augenblicke. Darum fragte sie:

"Ist das Geheimniß?"

"Ich kann das nicht leugnen. Es ist sogar ein höchst wichtiges Geheimniß."

"Welches Sie mir nicht mittheilen können?"

Obgleich sie nur ganz leise sprach, klang es doch wie ein Vorwurf von ihren Lippen.

"Ich wollte, ich dürfte Ihnen Alles, Alles mittheilen!" antwortete er.

"Sie dürfen also nicht?"

"Nein."

"Und dennoch müssen Sie sich sagen, daß ich Ihnen in diesem Augenblicke ein Vertrauen entgegenbringe, wie es größer wohl kaum gedacht werden kann!"

"Baronesse, ich gestehe, daß ich mich tief beschämt fühle! Aber meine Geheimnisse sind nicht mein ausschließliches Eigenthum!"

"Das ist allerdings ein Grund. Also sagen Sie mir wenigstens so viel, wie Sie sagen dürfen!"

"Ich will das Höchste thun, was ich darf, indem ich Ihnen erkläre, daß ich nicht nur in der Absicht, Ihren Bruder zu unterrichten, nach Schloß Ortry kam."

"Das ist mir allerdings eine große Ueberraschung. Sie verfolgen also noch andere Absichten?"

"Nur eine einzige noch: die Beobachtung des Capitäns."

"Ah! Sie kamen, ihn zu beobachten! Das läßt mich vermuthen, daß Sie eigentlich nicht Erzieher sind, sondern etwas Anderes."

Diese Wendung war ihm höchst unangenehm. Er beschloß, lieber eine Unwahrheit zu sagen, als sich in eine schiefe Lage zu bringen. Darum fragte er:

"Was sollte ich da wohl sein?"

"Polizist vielleicht," antwortete sie zögernd.

"Nein, Polizist bin ich nicht, gnädiges Fräulein. Ich bin wirklich Der, als den Sie mich kennen. Aber ich habe einen Freund, welcher, als er von meinem Engagement erfuhr, mich bat, mich nach gewissen Verhältnissen zu erkundigen."

"Darf ich diese Verhältnisse kennen lernen?"

"Sie beziehen sich auf eine Familie, über welche der Capitän einst sehr großes Unglück gebracht hat. Diese Familie leidet jetzt noch darunter, und mein Auftrag geht dahin, zu erfahren, ob nicht eine Aenderung, eine Besserung möglich ist."

"Dann sehe ich allerdings ein, daß Sie nicht alleiniger Besitzer Ihres Geheimnisses sind. Sie müssen discret sein, und ich darf nicht in Sie dringen."

"Ich danke aus vollstem Herzen, gnädiges Fräulein! Muß ich nun aber befürchten, daß Ihr Vertrauen, welches mich so sehr beglückte, erschüttert worden ist?"

"Nein. Ich vertraue Ihnen, wie ich Ihnen bisher vertraute. Hier, meine Hand darauf!"

Sie streckte ihm ihre Hand entgegen. Er führte dieselbe an seine Lippen und küßte sie. Dann fuhr er fort:

"Der Capitän ist ein gefährlicher Mann. Ich merkte, daß er Böses sann gegen eine Person, für welche ich mich interessiren muß; daher beobachtete ich jeden seiner Schritte. So kam ich zu der Kenntniß, daß es hier im Schlosse geheime Treppen und Thüren giebt."

"Davon habe ich keine Ahnung gehabt!"

"Ich ahnte es gleich in der ersten Stunde meines Hierseins. Und es dauerte nicht lange, so kannte ich diese Geheimnisse. Heut nun hatte ich Veranlassung, den Capitän auf einem seiner Schleichwege zu beobachten. Er ging zu Rallion."

"Auch durch eine geheime Thür?"

"Ja."

"So kennt auch Rallion diese Geheimnisse?"

"Zum Theile, ja."

"Gott, so ist man hier ja bei Tag und Nacht von tausend Gefahren, welche man gar nicht kennt, umgeben!"

„Es giebt Augen, welche über Sie wachen!"

„Die Ihrigen! Ja, ich weiß das, und das beruhigt mich! Aber, darf ich vielleicht erfahren, wer die Person ist, für welche Sie sich so interessiren?"

„Master Deep-hill, der Amerikaner."

„Dieser? Kennen Sie ihn?"

„Erst seit hier und jetzt."

„Früher nicht?"

„Nein."

„Aber wie können Sie ihm dann eine Theilnahme schenken, welche Sie sogar veranlaßt, den Capitän zu beobachten?"

„Ich habe erfahren, daß der Capitän den Amerikaner ermorden will."

„Ermorden? Herr, mein Gott! Sprechen Sie im Ernste?"

„Gewiß. Wenn ich nicht war, so wäre Deep-hill bereits gestern eine Leiche gewesen."

„Sie meinen das Eisenbahnunglück?"

„Ja."

„Jesus! Ahne ich recht? Sie meinen doch nicht etwa, daß der Capitän dabei seine Hand im Spiele hat?"

Leider ist es so. Ich gab Ihnen ja bereits einige Andeutungen. Der Capitän ist Ihr Verwandter; leider aber kann mich das nicht abhalten, Ihnen zu sagen, daß er der größte Schurke und Bösewicht ist, den es nur geben kann."

„Ich habe Ihnen ja bereits gesagt, daß auch ich ihn fürchte und verabscheue. Ihre Aufrichtigkeit beleidigt mich also keineswegs! Darf ich erfahren, ob der Amerikaner ahnt, daß er von dem Capitän nichts Gutes zu erwarten hat?"

„Ich habe ihn gewarnt."

„So haben Sie ihm ja mittheilen müssen, daß sie den Letzteren heimlich beobachten!"

„Ich habe natürlich nicht offen mit ihm gesprochen, sondern ihm nur Andeutungen gegeben."

„Die Anwesenheit dieses Monsieur Deep-hill ist mir überhaupt unverständlich. Ich habe nie von ihm gehört; ich habe nicht einmal seinen Namen gekannt. Was mag er hier in Ortry wollen?"

„Das kann ich Ihnen erklären. Man erwartet nämlich einen Krieg mit Deutschland — — —"

„Also wirklich? Ist es wahr, was man so sagen hört?"

„Ja. Frankreich, das heißt, Napoleon will den Krieg, und so wird also Krieg. Man will Freicorps bilden, Franctireurs. Der Capitän spielt dabei eine hervorragende Rolle. Nur weiß ich nicht, in wie weit dabei das Privatinteresse betheiligt sein kann oder darf; aber das weiß ich, daß man großer Summen bedarf, um diese Aufgabe zu lösen. Der Capitän ist zu diesem Zwecke mit dem Amerikaner in Verbindung getreten."

„Dieser soll die Summen liefern?"

„Ja. Er hat sich dazu bereit erklärt. Er ist gekommen, um Zahlung zu leisten. Der Capitän war von seiner Ankunft unterrichtet; er kannte sogar den Zug, mit welchem er kommen sollte. Es handelt sich um Millionen. Natürlich beabsichtigt Deep-hill, ein Geschäft dabei zu machen. Er erwartet seiner Zeit das Capital nebst guten Zinsen zurück. Wie aber nun, wenn man ihm weder die Zinsen noch auch das Capital zurückzugeben brauchte?"

„Mein Gott! Sie meinen doch nicht etwa — — —!"

„Ich meine, daß es sehr vortheilhaft wäre, wenn man sich in den Besitz dieser Millionen setzen könnte, ohne einen Contract, oder sonst ein Document unterschreiben zu müssen."

„Das könnte nur dann der Fall sein, wenn — — —"

Sie zögerte, fortzufahren. Der Gedanke war ihr zu gräßlich, als daß sie ihn leicht hätte aussprechen können.

„Nun? Was wollten Sie sagen, gnädiges Fräulein?"

„Ich kann es nicht sagen. Es wäre fürchterlich!"

„Und doch ist es wahr. Man kannte, wie bereits gesagt, den Zug, in welchem sich der Amerikaner befand. Dieser Zug sollte zum Entgleisen gebracht werden."

„Gott! Das ist ja auch geschehen."

„Leider! Man hoffte, daß der Amerikaner dabei getödet werde. In diesem Falle war es sehr leicht, der Leiche desselben die Brieftasche zu rauben."

„Gott sei Dank, daß dies nicht gelungen ist!"

„Der Plan ging von dem Capitän aus. Drei seiner Leute, spätere Franctireurs, sollten ihn ausführen."

„Wissen Sie das genau?"

„Ich habe zwei dieser Leute belauscht. Leider hörte ich nicht genug, um mir über ihre Absichten klar zu werden. Ich erfuhr nur, daß der Amerikaner beraubt und ermordet werden solle. Von einer Entgleisung aber ahnte ich nichts, bis das Unglück mir die Augen öffnete."

„Schrecklich! Schrecklich! Sie werden natürlich den Capitän zur Anzeige bringen?"

„Würde Ihnen dies erwünscht sein?"

„Müssen Sie denn nicht?"

„Eigentlich, ja. Aber soll ich Ihre Familie — — —! Und ich habe außerdem noch andere Gründe, zu warten. Seiner Strafe aber wird er auf keinen Fall entgehen können."

Sie schwieg. Was sie hörte, war so schrecklich, daß sie einer Zeit bedurfte, um es zu überwinden. Dann sagte sie:

„Aber Deep-hill befindet sich folglich hier in der allergrößten Gefahr!"

„Er ist gewarnt!"

„Der Capitän wird ihn tödten, um ihm das Geld abzunehmen!"

„Das ist nicht so schnell geschehen. Der Amerikaner hat die Summen nicht baar bei sich. Er beabsichtigte, sie in Anweisungen zu zahlen, welche noch nicht unterschrieben sind. Ohne seine Unterschrift haben sie keine Geltung, und so lange er nicht unterschreibt, befindet er sich also außer Gefahr."

„Weiß er das?"

„Ich wiederhole, daß er gewarnt ist. Wenn er meine Warnung beachtet, kann ihm nichts geschehen. Also in dieser Angelegenheit war es, daß ich den Capitän nicht aus den Augen ließ. Ich bemerkte heute Abend, daß er von den unterirdischen Gängen Gebrauch machte, und folgte ihm."

„In diese Gänge?"

„Ja."

„Mein Gott! Dürfen Sie sich in solche Gefahr begeben?"

Er fühlte, daß sie ihre Hand auf seinen Arm legte. Diese Besorgniß erfüllte ihn mit glücklicher Genugthuung.

„Das Wagniß ist für mich nicht so groß, wie Sie vielleicht denken," antwortete er.

„Aber, wenn er Sie bemerkt!"

„So bin ich ge= und auch bewaffnet. Ich fürchte ihn nicht! Also, indem ich ihm folgte, bemerkte ich, daß er zu Rallion ging. Ich belauschte einen Theil der Unterredung, welche er mit diesem hatte."

„Diese Unterredung bezog sich auf mich?"

„Ja."

„Was wurde gesprochen?"

„Der Capitän berichtete, daß Sie sich weigern, auf die beabsichtigte — — Verzeihung, gnädiges Fräulein! aber ich muß es doch erwähnen — — auf die beabsichtigte Verbindung mit Rallion einzugehen."

„Ja, das thue ich allerdings! Man will mich an diesen Rallion ketten. Weshalb, das weiß ich nicht. Man will mich sogar zwingen. Aber ich werde widerstehen."

„Man will diesen Widerstand brechen."

„Dadurch, daß man mich meiner Freiheit beraubt?"

„Ja. Man will sich hier bei Ihnen, während Sie schlafen, einschleichen und Sie mit Chloroform betäuben."

„Schrecklich!" sagte sie, sich leise schüttelnd.

„Dann können Sie nicht sprechen, nicht um Hilfe rufen, sich nicht wehren. In diesem Zustande bringt man Sie in das Gefängniß."

„Kennen Sie diesen Ort?"

„Ich vermuthe es."

„Und ich sage Ihnen, daß sie ihren Zweck doch nicht erreichen würden. Ich gehe auf ihre Absichten auf keinen Fall ein!"

„Man läßt Sie hungern und dürsten!"

„So verhungere ich."

„Davon wurde allerdings gesprochen. Aber für diesen Fall beriethen sie ein Mittel, welches — — —"

Er hielt ein. Sie fragte:

„Welches Mittel?"

„Es ist nicht nur eine Gottlosigkeit, sondern noch schlimmer. Ich sehe mich gezwungen, Ihnen auch das noch mitzutheilen. Im Falle selbst Hunger und Durst ohne Erfolg sein sollten, wollte der Capitän seinen Complicen Rallion bei Ihnen einschließen."

Es entstand eine Pause. Sie schwieg; sie antwortete nicht. Er hörte einen tiefen, tiefen Seufzer, und erst nach einer längeren Zeit flüsterte sie:

„Wer hätte das glauben können! Wie schrecklich! Kann es wirklich Menschen geben, welche solcher Infamheiten fähig sind! Monsieur Müller, welchen Dank, welchen großen Dank bin ich Ihnen schuldig!"

Sie suchte im Dunkel seine Hand und drückte dieselbe herzlich. Er hätte am liebsten seinen Arm um sie schlingen mögen; doch beherrschte er sich und sagte einfach:

„Hier ist der Dank bereits in der That enthalten, gnädiges Fräulein. Ich bin ganz glücklich, Ihnen dienen zu dürfen!"

„Aber welche Dienste leisten Sie mir, welche großen, großen Dienste! Mein Gott, wie fürchterlich, wie entsetzlich, wenn es diesen beiden Menschen gelungen wäre, ihre Absicht auszuführen! Aber man mußte doch bemerken, daß ich verschwunden bin."

„Der Capitän wollte sagen, Sie seien verreist."

„Ah, wie raffinirt! Ja, er ist zu Allem fähig! Und Sie meinen, daß sie jetzt kommen werden?"

„Ja. Was ich hörte, läßt mich dies vermuthen."

„So mögen sie kommen! Horch! Hörten Sie Etwas?"

„Nein."

„Es war wie ein Geräusch im Wohnzimmer."

Sie lauschten, doch ließ sich nichts hören.

„Es ist Nichts gewesen," flüsterte er. „Sie können nicht in das Zimmer, ohne den Schirm umzuwerfen."

„Wie werden sie erschrecken, mich gerüstet zu finden! Aber, Monsieur, Sie müssen sich zeigen, und dann wird es um Ihre Stellung geschehen sein!"

„Das befürchte ich nicht. Gerade der Umstand, daß ich Mitwisser seiner Geheimnisse bin, giebt den Capitän in meine Hand."

„Aber er wird Sie zu entfernen suchen."

„Das gelingt ihm nicht. Ich gehe nur dann, wenn ich selbst will."

„Dann befinden Sie sich aber in steter Gefahr!"

„Ich fürchte dieselbe nicht. Ich habe meine Vorkehrungen getroffen. Der Alte wird sich hüten, mir nach dem Leben zu trachten."

„Sind Sie dessen sicher?"

„Ja. Ich wollte nicht davon sprechen; aber um Sie in Beziehung auf mich zu beruhigen, will ich Ihnen sagen, daß der Capitän den Fabrikdirector erschossen hat."

„Herrgott! Ist es wahr?"

„Ja!"

„Das ist ja unmöglich! Der Director war Selbstmörder!"

„O nein. Ich bin Zeuge. Ich war dabei."

„O Himmel! Es ist zu viel, zu viel, was ich heute erfahre! Fast möchte ich denken, daß ich träume! Erzählen Sie!"

Er berichtete ihr den Mord, so weit er es für nöthig fand. Sie war tief ergriffen; sie schauderte.

„Es ist eine Hölle, in der ich mich befinde!" sagte sie. „Und Sie machten nicht Anzeige?"

„Der Todte wäre dadurch nicht wieder lebendig geworden."

„Aber der Mörder hätte seine Strafe gefunden!"

„Er findet sie sicher. Ich habe Gründe, noch nicht offen gegen ihn aufzutreten."

„Er weiß also, daß Sie Mitwisser des Mordes sind?"

„Ja."

„Das bringt Sie aber doch erst recht in Gefahr!"

„Nein. Ich habe seine Unterschrift. Geschieht mir hier Etwas, so wird diese Unterschrift präsentirt, und er ist verloren. Das weiß er, und darum wird er sich hüten, irgend Etwas gegen mich zu unternehmen."

„Aber es giebt heimliche Gifte!"

„Ich bin vorsichtig!"

„Er kann sich Ihrer Person bemächtigen und Sie ebenso einsperren, wie er es mit mir zu thun beabsichtigt!"

„Das ist allerdings wahr; aber ich bin auf meiner Hut und werde, so weit dies noch nicht geschehen ist, meine Vorkehrungen treffen, um selbst für den Fall, daß es ihm gelänge, mich einzusperren, meine Freiheit sofort wieder zu erlangen?"

„Wie wollen Sie das anfangen?"

„Es giebt Einen, welcher mich befreien würde."

„Wirklich? Dieser Eine müßte auch wissen, wo sich Ihr Gefängniß befindet!"

„Allerdings."

„Müßte also auch die unterirdischen Gänge und Gewölbe kennen."

„Das ist der Fall."

„Wie? Sie haben einen Vertrauten?"

„Ja. Wünschen Sie zu wissen, wer er ist?"

„Ja, freilich! Kenne ich ihn?"

„Sie kennen ihn. Es ist Doctor Bertrands Pflanzensammler."

Marion war außerordentlich überrascht.

„Dieser! Ah, dieser!" sagte sie. „Der, welcher meine Nanon aus dem Wasser gerettet hat!"

„Derselbe."

„So sind Sie mit ihm bekannt?"

„Gewiß. Wir waren ja zusammen auf dem Schiffe. Ich traf ihn dann hier im Walde, und ihm habe ich es zu verdanken, daß ich in die Geheimnisse des Capitäns eingedrungen bin."

„Wunderbar, wunderbar!"

„Sollte ich ja verschwinden, so würde er Alles aufbieten, um mich zu retten."

„So können Sie ihm vertrauen?"

„Ich kann mich vollständig auf ihn verlassen."

„Eigenthümlich! Auch Nanon hat ihn im Walde getroffen; auch sie scheint ein ungewöhnliches Vertrauen in ihn zu setzen. Wissen Sie, wo er sich jetzt befindet?"

„Ja."

„O, Sie können das wohl schwerlich wissen!"

Wäre es hell gewesen, so hätte sie ihn lächeln sehen. Er sagte:

„Er ist mit Nanon nach Schloß Malineau."

„Wahrhaftig, Sie wissen es!"

„Er selbst hat es mir mitgetheilt."

„So sind Sie allerdings mehr als nur bekannt mit ihm!"

„Wir sind geradezu Verbündete. Ich sagte Ihnen bereits, daß ich das Grab Ihrer Mutter geöffnet habe. Er war dabei."

„Dieser Monsieur Schneeberg?"

„Ja. Er hat dann auch Ihre Mutter gesehen."

„Wirklich? Ah! Wann?"

„Sie erschien uns, um uns zu drohen."

„Es war ihr Geist!"

„Nein. Gnädiges Fräulein, ich wiederhole Ihnen, daß ich fest überzeugt bin, daß Ihre Mutter noch am Leben ist."

„Sie meinen, daß sie da unten eingesperrt wurde?"

„Ja."

„Schrecklich! Entsetzlich! Aber wir sahen sie im Thurme. Sie hätte da ja Gelegenheit gehabt, ihre Freiheit wieder zu erlangen."

„Hm! Ich vermuthe, daß sie nicht frei sein will."

„Nicht will? Das ist ja gar nicht denkbar!"

„Ich vermuthe sogar, daß sie ganz freiwillig in die Gefangenschaft gegangen ist."

„Das kann doch nicht möglich sein!"

„O doch! Es giebt Mittel, ein solches Wesen zu zwingen, der Welt und Allem zu entsagen."

„Ich kenne kein solches Mittel!"

„Es giebt welche, zum Beispiel die Mutterliebe."

„Wieso?"

„Es wird der Mutter gesagt, daß ihr Kind getödtet werden soll, daß sie es nur dadurch retten kann, daß sie selbst in den scheinbaren Tod geht."

„Das wäre schrecklich! Aber warum nicht in den wirklichen Tod? Warum läßt man sie leben?"

„Es muß doch Gründe geben, wenn es mir auch jetzt noch unmöglich ist, mir darüber klar zu werden."

„Monsieur Müller, je länger ich Sie höre, desto mehr muß ich mir denken, daß Sie Recht haben können. Aber der Gedanke, daß meine Mutter noch lebt, ist so ungeheuerlich, daß es mir doch beinahe unmöglich wird, ihn zu fassen."

„Mir ist es nicht nur ein Gedanke, sondern geradezu Gewißheit."

„Dann wäre der Capitän geradezu ein Teufel!"

„Das ist er. Ich habe zum Beispiel die Ahnung, daß da unten Gefangene stecken, welche bereits lange, lange Jahre das Licht der Sonne nicht mehr gesehen haben."

„Fürchterlich! Aber, Monsieur, wenn es wahr ist, daß meine Mutter noch lebt, so ist es meine heiligste Pflicht, sie aus den Banden zu befreien, in denen sie schmachtet!"

„Ich habe mir bereits diese Aufgabe gestellt."

„Ich danke Ihnen! Sie sind ein ungewöhnlicher, außerordentlicher Mann. Glauben Sie, Erfolg zu haben?"

„Ich hoffe es."

„Und dennoch darf ich diese Aufgabe nicht allein in Ihren Händen lassen. Wollen Sie mir erlauben, mit zu wirken?"

„O, gern!"

„Nun gut, seien wir Verbündete und Vertraute! Hier ist meine Hand. Verschwören wir uns gegen den Capitän! Bitte, schlagen Sie ein!"

„Topp, gnädiges Fräulein! Ihre Hilfe wird mir jedenfalls von großem Vortheile sein."

„Ich wünsche und hoffe es. Zunächst gilt es, zu erfahren, ob jene Erscheinung im alten Thurme ein Geist oder ein körperliches Wesen ist."

„Ich bin bereits überzeugt, daß sie das Letztere ist."

„Aber auch ich will diese Ueberzeugung haben!"

„Sie hätten sie bereits, wenn Sie mir nach jenem Gewitter erlaubt hätten, dem vermeintlichen Geiste nachzugehen."

„Ja, ich habe diesen Fehler begangen; aber ich wußte da noch nicht, was ich jetzt weiß. Er muß gut gemacht werden. Aber, in welcher Weise soll das geschehen?"

„Es ist nur Eins möglich: Wir müssen diesen Geist aufsuchen."

„Gewiß! Wir müssen in jene unterirdischen Gänge eindringen, und zwar baldigst."

„Das wird geschehen, sobald der Pflanzensammler wieder zurückgekehrt ist."

„Warum das?"

„Ich habe ihm versprochen, so lange zu warten."

„Hätten Sie das doch nicht gethan! Nun ich einmal denken muß, daß meine Mutter noch lebt, möchte ich keinen einzigen Augenblick unnütz verschwinden lassen."

„Ich muß Sie dennoch um Geduld bitten. Ich bedarf der Hilfe meines Verbündeten. Er ist stark und muthig. Ohne ihn darf ich es nicht wagen, in jene Gewölbe einzudringen. Es giebt da Gefahren, von denen man vorher keine Ahnung haben kann. Ein Einzelner kann verloren sein, während die Anwesenheit eines Zweiten ihn zu retten vermag."

„Gut! Ich muß mich fügen, denn ich erkenne Ihre Gründe an. Aber, was veranlaßt denn eigentlich diesen Monsieur Schneeberg, sich für Schloß Ortry so zu interessiren, daß er sich selbst in solche Gefahren wagt?"

„Vielleicht die Freundschaft zu mir, vielleicht auch die Feindschaft gegen Rallion."

„Gegen Rallion? Was hat er mit diesem?"

„Er hatte bereits ein Rencontre mit den beiden Grafen, in Folge dessen Beide verwundet wurden."

„Verwundet? Geschah das nicht durch eine Sense?"

„Nein, es geschah durch Schneebergs Messer."

„Wieder ein neues Geheimniß!"

„Ja, meine Gnädige, es giebt hier Geheimnisse ohne Ende; aber wir werden seiner Zeit die Räthsel alle lösen. Doch, es wundert mich, daß der Capitän noch nicht erschienen ist. Seit ich ihn belauschte, ist bereits über eine Stunde verflossen."

„Vielleicht haben Sie sich getäuscht?"

„Schwerlich."

„Man hat etwas ganz Anderes gemeint!"

„Nein, nein! Ich habe Wort für Wort verstanden. Es könnte höchstens der Fall sein, daß ich mich in der Zeit getäuscht hätte."

„Wieso?"

„Daß man Sie erst morgen und nicht bereits heute überfallen will."

„Meinen Sie? Dann also würden wir uns heute ohne allen Grund geängstigt haben."

„Ich möchte allerdings nun annehmen, daß das Vorhaben auf morgen verschoben worden ist. Die beiden Männer müßten nun bereits da sein. Ich werde mich überzeugen."

Er wollte sich erheben. Sie hielt ihn zurück und fragte:

„Wie wollen Sie dies anfangen?"

„Ich gehe nach dem Schlafzimmer Rallions."

„Auf dem heimlichen Wege?"

„Ja."

„Aber wenn sie Ihnen begegnen! Das ist doppelt gefährlich!"

„Nein. Sie würden Licht haben, welches ich von Weitem sehen müßte. Ich könnte mich also rechtzeitig zurückziehen. Also bitte, mir zu erlauben!"

„Sie kommen aber wieder zurück?"

„Jedenfalls."

„Gut! Also gehen Sie — — oder, ah, ich bin nun doch Ihre Verbündete; darf ich mit?"

Er besann sich einen Augenblick und antwortete dann:

„Das ist gefährlich. Sie würden sich nicht so schnell zurückziehen können, wie es nöthig ist."

„Was schadet das? Ob wir sie hier empfangen, oder ob wir ihnen unterwegs entgegentreten, das bleibt sich gleich. Ich erbitte mir als ein Zeichen Ihres Vertrauens die Erlaubniß, Sie begleiten zu dürfen! Wollen Sie mir diese erste Bitte abschlagen?"

„Wenn Sie Ihrem Wunsche diese Form geben, so kann ich Ihnen die Erfüllung desselben allerdings nicht vorenthalten."

„Ich danke! Also, machen wir uns auf den Weg!"

Sie erhob sich und er auch.

„Aber vorsichtig sein!" sagte er. „Wollen erst lauschen. Aber, gnädige Baronesse, ich werde von meiner Laterne Gebrauch machen müssen!"

„Thun Sie das! Mich incommodirt es nicht."

„Begeben wir uns also in das Wohnzimmer."

Er nahm die Laterne aus der Tasche, öffnete sie und leuchtete. Der Baronesse voranschreitend, trat er in das Wohnzimmer. Dort lehnte der Sonnenschirm noch an seiner Stelle.

„Hier ist der geheime Eingang," sagte er, nach der Stelle zeigend und sich dabei rückwärts wendend.

Jetzt sah er Marion beim Scheine der Laterne. Wie schön, wie wunderbar schön war sie! Sie hatte vorhin im Dunkel ihr Morgennegligée angelegt. So hatte er sie noch nicht gesehen. Noch immer hatte sie das Häubchen auf, unter welchem sich das herrliche Haar gewaltig hervordrängte.

„Also hier dieses Täfelwerk!" sagte sie. „Wer hätte das geahnt! Wie öffnet man?"

„So!"

Er entfernte den Schirm und schob dann leise das Getäfel zur Seite. Sie bückte sich und griff nach der Laterne.

„Leuchten wir hinaus!" sagte sie.

„O bitte, nein!" entgegnete er. „Erst muß ich mich vergewissern, daß wir nicht überrascht werden."

Er schloß die Laterne und kroch hinaus. Draußen lauschte er. Es war kein verdächtiger Laut zu hören. Er stieg im Finstern die Stufen hinab, immer weiter, bis er in den Hauptgang gelangte. Als er auch da nichts Verdächtiges bemerkte, war er überzeugt, daß er es wagen könne, Marion mitzunehmen. Er kehrte also zurück.

Sie war unterdessen unruhig geworden.

„Wie lange Sie sind!" sagte sie. „Ich begann bereits, sehr besorgt um Sie zu werden."

„Ich wollte mich überzeugen, ob wir auf eine Begegnung gefaßt sein müssen."

„Ist das der Fall?"

„Wenigstens jetzt noch nicht. Der Capitän ist entweder bei Rallion, oder er hat das Unternehmen für morgen festgesetzt und befindet sich bereits in seinem Zimmer."

„Also gehen wir."

Sie folgte ihm muthig hinaus auf den engen Gang. Sie begannen ihre Wanderung. Damit sie den Weg deutlich erkennen möge, ging er, ihr leuchtend, nach ihr. Er hatte sie vor Augen. Sie kam ihm vor, wie ein Wesen aus einer anderen Welt.

Sie gelangten hinunter in den Gang. Dort blieb er stehen, ließ das Licht der Laterne im Kreise gehen und sagte:

„Sie sehen diese Anzahl heimlicher Treppen! Die Wände dieses Hauses sind doppelt und zwischen ihnen führen Stufen nach allen Zimmern. Hier rechts, diese Treppe geht nach der Wohnung des Amerikaners, dieselbe, in welcher der Director ermordet wurde."

„Da sind Sie damals hinaufgestiegen?"
„Ja."
Ihr Auge glitt aus dem Dunkel in den Lichtkreis zurück. Sie schauderte zusammen.
„Ein Mord! Gott, ich fürchte mich." (Fortf. folgt.)

Lfg. 85. 8. Bd.

Deutscher Wanderer.

Illustrirte Unterhaltungs-Bibliothek für Familien aller Stände.
Druck und Verlag von H. G. Münchmeyer in Dresden und New-York.

Die Liebe des Ulanen.
Original-Roman aus der Zeit des deutsch-französischen Krieges von Karl May.
(Fortsetzung.)

Marion stand neben Müller; sie schmiegte sich unter dem Einflusse des Gefühles, welches sie überkam, eng an ihn, so daß er ihre weichen, warmen Formen deutlich fühlte.

„Wollen wir zurückkehren?" fragte er.

„Nein," antwortete sie. „Es muß zwar schrecklich sein, in diesen finsteren Gängen überrascht und überfallen zu werden; aber ich will mich nicht fürchten; Sie sind ja bei mir! Was thun wir jetzt?"

„Das Sicherste ist, das Zimmer des Capitäns aufzusuchen."

„Um zu sehen, ob er dort ist?"

„Ja."

„Gut! Gehen wir! Wissen Sie, wo es ist?"

„Ja. Bitte, hier links hinauf!"

Sie stiegen empor, leise und langsam, er voran leuchtend, und sie, ihm folgend. Als er endlich stehen blieb, legte er den Finger auf den Mund, zum Zeichen, daß sie nicht sprechen solle. Am Boden erblickte Marion ein Fachwerk, gerade wie bei ihrer eigenen Wohnung. Mehrere Stufen höher gab es ein kleines, rundes Loch in der Mauer. Da hinauf stieg Müller. Nach wenigen Augenblicken kam er herab und raunte ihr in das Ohr:

„Bitte, blicken Sie durch dieses Loch! Aber, um Gottes Willen, ja nicht das mindeste Geräusch."

Sie stieg die Stufen empor. Vor dem Loche war eine Glastafel, in welche Figuren gemalt waren. Diese Tafel war in die Tapetenborde eingesetzt, so daß man sie im Zimmer nicht von der Letzteren unterscheiden konnte. Zwischen den Figuren hindurch konnte man den Raum überblicken. Es war die Stube des Capitäns. Marion sah ihn schreibend am Tische sitzen. Sie stieg wieder herab.

„Er ist zurückgekehrt," flüsterte sie. „Ich habe also heute den Ueberfall wohl nicht zu erwarten?"

„Nun nicht. Bitte, gehen wir!"

Sie kehrten auf demselben Wege wieder nach Marion's Wohnung zurück. Nachdem Müller das Getäfel verschlossen hatte, sagte sie:

„Jetzt darf ich Licht anbrennen, und dann wollen wir berathen, was für morgen zu thun ist."

Er löschte seine Laterne aus. Sie brannte die Lampe an, und dann nahmen sie am Tische Platz.

„Es ist doch eine entsetzliche Raffinerie, solche Gänge und Gucklöcher herzustellen," sagte sie. „Giebt es auch an meiner Wohnung ein solches Loch, Monsieur?"

„Ja," antwortete er. „Haben Sie es vorhin nicht beachtet?"

„Nein. Aber, so hat mich der Capitän zu jeder Zeit beobachten können?"

„Gewiß!"

„Und ich habe nichts gewußt! Wie schrecklich! Wo ist es?"

„Da oben über der Uhr."

„Nicht im Schlafzimmer?"

„Nein. Dort giebt es kein solches verrätherisches Loch."

„Das beruhigt mich. Von jetzt an also werde ich mich so einzurichten haben, daß ich stets ohne Schaden beobachtet werden kann. So hört man wohl auch, was gesprochen wird?"

„Jedes Wort."

„Das ist noch schlimmer. Nun erst begreife ich, wie der Capitän Alles, Alles wissen konnte, so daß er fast allwissend zu sein schien. Giebt es auch bei Ihnen einen Eingang?"

„Nein, aber ein Beobachtungsloch."

„Wie haben Sie es entdeckt?"

„Gleich am ersten Tage meiner Anwesenheit. Ich befand mich ruhig in meinem Zimmer und hörte an der Wand ein Geräusch. Das hat den Capitän verrathen."

„So müssen also auch Sie stets auf der Hut sein."

„Gewiß, zumal er mir nicht traut. Doch, wir wollten ja von morgen sprechen."

„Ja. Sie meinen also, daß die Beiden morgen kommen werden?"

„Ich glaube nicht, daß sie länger warten werden."

„Was soll ich thun? Wie soll ich sie empfangen?"

„Hm! Sie werden erschrecken, entdeckt zu sein, aber sie werden sich sofort fassen und irgend ein Märchen ersinnen, um Ihr Erscheinen plausibel zu machen."

„Sie meinen, Monsieur, daß man sich nicht an mir vergreifen wird?"

„Das wird man unterlassen. Der Streich kann ja nur dann gelingen, wenn man Sie im Schlafe betrifft, so daß man Sie betäuben kann, ohne daß Sie um Hilfe rufen."

„Ah! So werden sie ihre Absicht nicht eingestehen."

„Keinesfalls."

„Das glaube ich auch. Sie werden eine Ausrede erfinden. Und das genügt mir nicht. Ich möchte sie auf der That ertappen, so daß ich ihnen ihre Schlechtigkeit beweisen kann."

„Das ist das Beste, auch meiner Ansicht nach."

„Aber, wie soll man das anfangen?"

„Es hat allerdings seine Schwierigkeit," sagte er.

Und nach einer Pause des Nachsinnens fuhr er fort:

„Sie kommen mit Licht, aber sie dürfen das nicht mit in Ihr Zimmer nehmen. Sie werden also ihr Werk im Dunkeln ausführen."

„Wahrscheinlich."

„Das bringt mich auf einen Gedanken. Ihre Zofe hat ungefähr dieselbe Figur wie Sie, gnädiges Fräulein —"

„Ah! Sie meinen?" fiel sie schnell ein.

„Wenn diese Zofe an Ihrer Stelle — —!"

Marion nickte ihm zustimmend zu.

„Gewiß, gewiß!" sagte sie. „Das könnte gehen."

„Das Schwierige dabei ist, einen Grund zu finden, daß die Zofe in Ihrem Zimmer schlafen soll."

„O einen Vorwand werde ich sicher finden und wenn ich sagen sollte, daß es sich um einen Scherz handle."

„Wohl! So wird man also dieses Mädchen chloroformiren und fortschaffen."

„Man wird sie jedenfalls gleich wiederbringen, da man beim ersten Lichtstrahl, welcher auf sie fällt, den Irrthum doch sofort bemerken muß."

„Gewiß. Und wenn sie die Zofe wiederbringen, so ist das der richtige Augenblick, ihnen zu sagen, daß sie durchschaut sind. Sie können dann ihre Absicht nicht leugnen."

„Ja, ich werde beide niederschmettern und an dieser Genugthuung, die ich nur Ihnen verdanke, sollen Sie auch Theil nehmen."

„Ich soll zugegen sein?"

„Ja."

„Das wird wohl kaum zu bewerkstelligen sein."

„Warum?"

„Weil nur die Zofe allein sich hier befinden darf."

„Ich verstehe. Aber, bitte, kommen Sie einmal."

Sie ergriff das Licht und führte ihn nach dem Schlafgemache. Es gab da eine schmale Glasthür, deren Fenster mit einer Gardine verhangen war.

„Sehen Sie diese Thür?" fragte sie.

„Gewiß!" lächelte er.

„Das ist mein Garderoberaum. Wir verbergen uns darin, Sie und ich."

„Hm! Wenn sie nun hineinblicken."

„Wir verschließen von innen."

„Das könnte auffallen!"

„O nein. Warum sollte das Verdacht erregen?"

„Auch würde die Zofe nicht einschlafen, wenn sie wüßte, daß wir uns in der Garderobe befinden."

„Sie wird nichts davon erfahren. Wir verbergen uns hier, bevor sie schlafen geht."

„Dann ist allerdings das Gelingen möglich. Wo aber treffen wir uns, gnädiges Fräulein?"

„Sie thun, als ob Sie schlafen gehen, kommen aber kurz nach zehn Uhr hierher zu mir, natürlich heimlich. Das Uebrige aber überlassen Sie mir. Ich werde das Arrangement schon zu treffen wissen."

„Gut, ich werde Ihnen gehorchen. Natürlich verhalten wir uns tagsüber so, als ob wir gar nichts ahnten."

„Das ist unumgänglich nothwendig. Also Sie denken nicht, daß ich heute einen Besuch zu erwarten habe?"

„Auf keinen Fall. Ich werde für Sie wachen."

„Und ich sehe ein, daß meine Schuld Ihnen gegenüber immer größer wird. Welch ein Unglück für mich, wenn Sie nicht nach Ortry gekommen wären."

Sie reichte ihm beide Hände entgegen. Er ergriff dieselben. In seinen Augen glänzte es feucht.

„Gnädiges Fräulein, befehlen Sie, so gehe ich für Sie in den Tod!" sagte er mit vor Rührung zitternder Stimme.

„Nein, mein Lieber, nicht in den Tod!" antwortete sie. „Sie sind ein seltener Mann. Man sollte gar nicht meinen, daß Sie ein Gelehrter sind. Sie müssen leben, leben und glücklich sein!"

Ihr Busen hob sich unter einem tiefen Athemzuge. Es war ihm, als ob er sie jetzt erringen könne, wenn er ein Wort zu ihr sage; aber wäre es edel gewesen, ihre Dankbarkeit in dieser Weise auszubeuten? Nein! Er schüttelte leise den Kopf und antwortete:

„Dank, gnädiges Fräulein! Ihre Worte sind mir mehr werth, als alle Reichthümer der Welt. Wollte Gott, ich könnte noch viel mehr für Sie thun, als was ich bisher für Sie thun durfte! Halten wir also treue Kameradschaft! Und gelingt es mir, die Ihnen drohende Gefahr abzuwenden, so bin ich mehr als reich belohnt."

Sie hatte sich halb abgewendet gehabt; jetzt drehte sie sich ihm wieder zu und sagte:

„Ja, Sie sind ebenso edel wie uneigennützig. Ich blicke Ihnen bis in die Tiefe Ihres Herzens hinab. Also treue Kameradschaft. Gut, verlassen wir einander nicht! Aber jetzt, jetzt können wir uns wohl gute Nacht sagen?"

„Gewiß. Sie haben nichts zu befürchten."

„Gut! Schlafen Sie wohl, mein lieber Kamerad!

Suchen auch Sie Ruhe, denn morgen werden wir wohl auf den Schlaf verzichten müssen!"

Sie reichte ihm die Hand.

„Noch Eins!" bat er. „Darf ich einen Wunsch aussprechen?"

„Gewiß! Reden Sie!"

„Bitte, wagen Sie sich jetzt noch nicht ohne meine Begleitung in die geheimen Gänge! Sie werden die Gründe begreifen, welche mich zu dieser Bitte veranlassen."

„Sie haben Recht. Ich verspreche Ihnen, nichts zu thun, ohne es Ihnen vorher gemeldet zu haben."

„Das beruhigt mich! Gute Nacht, gnädige Baronesse!"

„Gute Nacht, Monsieur!"

Er ging. Draußen, als er den Eingang verschlossen hatte, blieb er überlegend stehen.

„Hm!" dachte er. „Gewiß ist gewiß! Ich werde die Riegel vorschieben. Ah, ich hätte das ja so auch thun müssen, denn ich habe sie ja vorgeschoben vorgefunden."

Nun begab er sich zunächst nochmals an das Zimmer des Capitäns. Er kam gerade recht, um zu sehen, daß dieser sich zum Schlafengehen entkleidete.

„Schön!" dachte er. „So brauche ich nicht zu wachen. Es ist nun ganz sicher, daß heute gegen Marion nichts unternommen wird."

Jetzt nun suchte er die Treppe wieder auf, welche in das Gemach des Amerikaners führte. Dieser saß, als er bei ihm eintrat, am Tische. Er hatte das Licht brennen.

„Endlich!" sagte Deep-hill. „Wie lange habe ich auf Sie warten müssen!"

„Ich konnte nicht eher!"

„Ich dachte bereits, daß Sie nicht kommen würden."

„O, ich pflege Wort zu halten, hatte aber leider eine Ablatung, die ich nicht vorhersehen konnte."

„Bitte, nehmen Sie Platz! Hier sind Cigarren!"

Müller steckte sich eine an. Der Amerikaner sah ihm dabei zu und sagte dann:

„Wissen Sie, was Sie sind?"

„Nun?"

„Erstens mir ein Räthsel."

„Und zweitens?"

„Und zweitens ein außerordentlicher Mann."

„Danke, Master Deep-hill!"

„Was Sie voraussahen, ist eingetroffen."

„Ich wußte es."

„Aber, erklären Sie mir, wie Sie das eben wissen könnten!"

„Ich hatte es einfach berechnet."

„Aber doch nur auf Grund gewisser Beobachtungen und Erfahrungen, welche Sie hier bereits gemacht haben?"

„Allerdings."

„Ich möchte einmal ein Wenig unbescheiden sein."

„Versuchen Sie es!"

„Darf ich fragen, welche Erfahrungen es sind, die Sie in den Stand setzen, so genaue Berechnungen zu machen?"

„Ich möchte Ihnen antworten, Monsieur, darf aber nicht."

„Sie haben kein Vertrauen zu mir?"

„Vorsicht ist nicht immer gleichbedeutend mit Mangel an Vertrauen."

„Ich gebe das zu und muß mich also in Ihre Weigerung fügen. Es kommt mir hier Verschiedenes unbegreiflich vor, Eins aber ist mir sehr begreiflich, nämlich daß Sie es mit mir aufrichtig gemeint haben."

„Das ist allerdings der Fall. Sie glauben also nun meiner Warnung?"

„Vollständig! Ich halte diesen alten Capitän Richemonte für einen Schurken."

„Damit werden Sie wohl keinen Irrthum begehen."

„Ich glaube ferner, daß er bei der Entgleisung des Zuges die Hand mit im Spiele hat."

„Ich habe keine Veranlassung, das zu bestreiten."

„Ja, gewiß! Sie wissen jedenfalls weit mehr, als Sie sagen wollen. Aber wie kann man es dem Capitän beweisen?"

„Das muß ich Ihnen überlassen."

„Die Thäter sind entkommen, sonst würde man sie zum Geständniß zwingen."

„Vielleicht ergreift man sie noch."

„Darauf möchte ich nicht warten. Es giebt noch einen anderen Weg, die Urheberschaft Richemonte's zu beweisen."

„Ich wäre neugierig, dies zu erfahren."

„Ich wurde gerettet durch einen Herrn, der sich mit in meinem Coupé befand ——"

„Ah, der Pflanzensammler?"

„Ja. Kennen Sie ihn?"

„Alle Welt kennt ihn."

„Er hat die Thäter im Walde belauscht."

„Auch den Capitän?"

„Nein. Aber aus dem, was er gehört hat, geht vielleicht die Mitschuld des Alten hervor."

„Nun, so fragen Sie ihn."

„Der Mann ist leider nicht zu haben. Wie ich erfuhr, hat er den nächsten Zug zu einer Reise benutzt."

„Jedenfalls kommt er wieder."

„Ich hoffe es und bin also gezwungen, auf ihn zu warten. Bis dahin aber werde ich Sie ersuchen, mir Ihre Theilnahme nicht zu entziehen."

„Ich stelle mich Ihnen zur Verfügung und bin Ihnen, so weit es in meinen Kräften steht, zu Diensten bereit."

„So sagen Sie mir aufrichtig, was ich von dem Capitän zu befürchten habe!"

„Ich ziehe vor, Ihre eigene Meinung zu hören," antwortete Müller vorsichtig.

„Nun, ich bin jetzt überzeugt, daß er sich in den Besitz meines Geldes setzen will."

„Das glaube ich ebenfalls."

„Und zwar durch ein Verbrechen!"

„Vermuthlich!"

„Einen Mord?"

„Ich widerstreite Ihnen nicht."

„So wäre es eigentlich am Besten, ich entfernte mich einfach!"

„Einen besseren Rath kann auch ich Ihnen nicht geben."

„Aber das widerstreitet meinem Character. Dieser alte Bösewicht soll sich in seiner eigenen Schlinge fangen."

„Ich möchte Sie sehr zur Vorsicht mahnen."

„Pah! Nun ich gewarnt bin, habe ich nichts mehr zu fürchten. Ich werde den Unbefangenen spielen."

„Bis Sie der Gefangene werden!"

„Keine Sorge! Ich bin empört über ihn. Ich komme über die See herüber, um seiner Sache zu dienen und aus Erkenntlichkeit dafür will er mich morden! Wenn dies keine Strafe verdient, dann braucht überhaupt nichts bestraft zu werden. Noch habe ich keinen Beweis gegen ihn in den Händen; ich werde mir aber solche Beweise verschaffen, selbst wenn ich dabei auf fremde Hilfe verzichten müßte."

„Wie wollen Sie das beginnen?"

„Indem ich ihm scheinbar vertraue."

„Glauben Sie wirklich, ihn täuschen zu können?"

„Ich kenne mich; ich werde es fertig bringen."

„O, er ist ein schlauer Fuchs!"

„Selbst der Fuchs geht in's Eisen! Ich werde ganz so thun, als ob ich auf seine Absichten eingehe."

„So sind Sie verloren."

„O nein! Ich brauche nur meine Anweisungen nicht zu unterschreiben, so bin ich sicher, daß mir nichts geschieht."

„Das scheint so; ich denke es auch; aber der Alte ist beinahe unberechenbar."

„Sie berechnen ihn doch auch und zwar mit Erfolg."

Müller zuckte die Achsel und antwortete:

„Es hat ein Jeder seine eigene Weise im Rechnen; daher gelingt dem Einen sehr leicht, worüber sich ein Anderer vergebens den Kopf zerbricht."

Der Amerikaner zog die Brauen zusammen.

„Halten Sie mich vielleicht für einen Ignoranten?" fragte er.

„Nein, aber für einen heißblütigen Character. Es ist das ein Vorzug, kann aber auch leicht zum Schaden ausschlagen."

„Nun, zunächst bin ich noch im Vortheile: Ich habe meinen Verdacht, wovon der Alte gar nichts ahnt, ich habe ferner Ihre Warnung, welche Sie nicht ohne triftigen Grund ausgesprochen haben werden und ich bin schließlich im Besitze des Geheimnisses, daß es hier verborgene Oertlichkeiten giebt."

„Dieser Besitz wird Ihnen nicht viel helfen."

„Ah pah! Ich werde den geheimen Gang, durch welchen der Alte zu mir kam, und durch welchen auch Sie gekommen sind, untersuchen!"

„Ich rathe Ihnen sehr, dies zu unterlassen. Verlassen Sie das Schloß. Sie sind überall in Sicherheit, nur hier nicht!"

„Sie mögen Recht haben; aber ich fühle mich gereizt, den Kampf mit diesem alten Spitzbuben unmittelbar zu führen. Können Sie mich über den verborgenen Gang aufklären?"

„Ich kenne diese Heimlichkeit selbst noch nicht vollständig."

„Ah, Sie bleiben zurückhaltend! Das thut mir leid. Ich sagte Ihnen bereits, welche Theilnahme ich Ihnen widme!"

„Ich bin Ihnen dankbar, Monsieur. Ich habe Ihnen bewiesen, daß diese Theilnahme eine gegenseitige ist."

„Gewiß! Aber wenn Sie ein Wenig aufrichtiger sein wollten, würde ich mich viel glücklicher schätzen."

„Vielleicht ist mir dies später möglich. Sie wissen, daß ich nicht das bin, was ich zu sein scheine. Sie wissen, daß ich den Capitän genau kenne, daß ich ihn beaufsichtige. Ich bitte Sie, auf meine Warnung zu hören und das Schloß bladigst zu verlassen."

„Das kann mir keinen Nutzen bringen. Sie wissen, daß ich an diese Gegend gebunden bin — —"

„Das begreife ich nicht. Sie kommen, um mit dem Capitän ein Geschäft abzuschließen; Sie sehen, daß er Sie betrügt, ja, daß er das Schlimmste sinnt — was ist es, was Sie an ihn binden könnte?"

„Ah, ihn meine ich nicht. Es giebt eine ganz andere Person, welche mich veranlaßt, in dieser Gegend zu bleiben. Ich nehme an, daß Sie errathen, wen ich meine. Habe ich nun einmal die Absicht, in dieser Gegend zu bleiben, warum denn nicht auch hier im Schlosse?"

„Weil dies für Sie der gefährlichste Ort ist."

„O nein! In der Höhle des Löwen ist man oft sicherer, als außerhalb derselben. Der Capitän kann mich finden, ob ich hier wohne oder in Thionville."

Müller erhob sich von seinem Sitze und sagte:

„Ich kann mir ein Recht, auf Ihre Entschlüsse und Bestimmungen einzuwirken, nicht anmaßen; ich habe es gut gemeint."

„Das sehe ich auch ein. Ich weiß, daß unsere Bekanntschaft zu jung ist, als daß Sie mir Alles mittheilen können; ich strebe also darnach, mir Ihr Vertrauen zu erwerben, und dies wird mir leichter, wenn ich da wohne, wo auch Sie sich befinden — abermals ein Grund, in Ortry zu bleiben."

„Nun, so habe ich für jetzt nur eine Bitte."

„Sie ist Ihnen gewährt. Sprechen Sie!"

„Lassen Sie keinem Menschen ahnen, daß Sie von mir gewarnt worden sind."

„Ich werde schweigen."

„Und was auch passiren möge, verrathen Sie nicht, daß ich den heimlichen Gang kenne und Sie mit Benutzung desselben hier besucht habe!"

„Auch das verspreche ich Ihnen, möchte aber allerdings gern eine Gegenbitte aussprechen."

„Lassen Sie hören!"

„Ich bemerke, daß Sie in einem Tone mit mir verkehren, wie es zwischen Personen gebräuchlich, welche sich Höflichkeit schulden, aber auch nichts weiter als Höflichkeit. Sie äußern zwar Theilnahme für mich, aber eine Theilnahme, wie man sie für einen jeden Menschen hat, der sich die Freundlichkeit seiner Mitbrüder nicht verscherzt hat. Ich sage Ihnen aufrichtig, daß mir dies nicht genügen kann."

Ueber Müllers Gesicht glitt ein sehr bezeichnendes Lächeln.

„Das klingt ja außerordentlich dictatorisch!" sagte er.

„Sehen Sie, bitte, von dem äußeren Klange ab! Ich strebe nach Ihrer Freundschaft; ich sehe ein, daß diese nicht im Sturme erobert werden kann, aber ebenso deutlich erkenne ich, daß irgend Etwas zwischen uns liegt, was ich leider nicht zu bestimmen vermag. Es ist irgend etwas Unwägbares, irgend etwas nicht mit den Händen zu Greifendes, was aber trotzdem da ist und auch trotzdem seine Wirkung äußert. Ich würde Ihnen zum größten Dank verpflichtet sein, wenn Sie mir offen und ehrlich sagen wollten, was dieses unbestimmbare Hinderniß eigentlich ist!"

„Ja, ja," nickte Müller bedächtig; „ich halte Sie

für einen Südländer und ich habe damit jedenfalls das Richtige getroffen. Man will über den Fluß hinüber und so springt man mit beiden Beinen zugleich in das Wasser, ohne nur vorher zu überlegen, ob man schwimmen gelernt hat oder nicht!"

„Kann ich gegen meine Natur, gegen mein Temperament?"

„Nein, aber moderiren kann man dieses Temperament! Doch, rechten wir nicht."

„Wollen Sie sagen, daß ich nicht Recht habe?"

„Das behaupte ich nicht."

„Sie geben also zu, daß irgend Etwas zwischen uns liegt, was eine herzliche Annäherung verhindert?"

„Ja, ich gebe es aufrichtig zu."

„Gott sei Dank! Darf ich nun aber auch dieses so fatale Hemmniß kennen lernen?"

„Sie werden es kennen lernen, seiner Zeit; jetzt ist mir noch nicht erlaubt, es zu sagen."

„Liegt es in meiner Person?"

„Nein; diese wäre mir ja ganz und gar sympathisch, wie ich Ihnen offen gestehe."

„Oder in meinen Verhältnissen?"

„Nein, denn diese Verhältnisse sind mir unbekannt."

„Worin dann sonst? Vielleicht in meinen Anschauungen und Intentionen?"

„Ja, das ist das Richtige."

„Dann wird es mir nicht schwer werden, das, was Sie mir noch nicht mittheilen dürfen, zu errathen. Also es handelt sich um meine Anschauungen! Etwa um die religiösen?"

„Nein."

„Die politischen?"

Müller ließ ein leises Pfeifen hören, wiegte den Kopf hin und her und antwortete dann:

„Mein verehrtester Master Deep-hill, Sie sehen doch ein, daß ich Ihnen Ihre Fragen nicht weiterhin beantworten kann."

„Warum nicht?"

„Sehr einfach: Wenn ich Ihnen Etwas nicht mittheilen darf, so ist es mir jedenfalls auch verboten, es Ihnen errathen zu lassen. Das Eine wäre dann ganz genau so wie das Andere."

„Gut, ich verstehe! Ich glaube aber, bereits beim Errathen zu sein, versichere Ihnen aber, über Ihre Worte nachzudenken."

„Thun Sie das. Ein gutes Nachdenken ist in keiner Lage überflüssig. Es sollte mich freuen, wenn unsere Bekanntschaft eine gewinnreiche für Sie werden könnte!"

„Das ist ja mein Wünschen und Sehnen. Ich habe gelitten, was Tausende nicht zu tragen vermöchten. Ich habe mich elend gefühlt, elend und verlassen, wie selten Einer. Ich hatte ein Glück verloren, wie es größer keines geben konnte, und ich wanderte rast- und ruhelos, um es wiederzufinden. Jetzt ist es, als wolle mir nach langer Finsterniß eine neue Morgenröthe leuchten. Soll es eine Täuschung sein? Soll es für mich allein kein Sternchen geben, wo doch über dem Allerärmsten die Sonne Gottes leuchtet?"

Er hatte aus dem tiefsten Innern herausgesprochen. Sein Blick hing fast wie mit Angst an Müllers Auge.

Dieser war selbst tief gerührt. Er streckte ihm die Hand entgegen und antwortete:

„Warum sollten Sie verzagen? Ich bin gewiß, daß es auch für Sie noch einen Strahl des Lichtes giebt. Aber wenn Sie so sehr und so viel bitten, so sagen Sie mir, in welchem Lande Ihr Weh seinen Anfang nahm!"

„Hier, in Frankreich."

„Warum kehren Sie zurück? Warum werfen Sie sich mit Gewalt der bösen Erinnerung in die Arme? Warum bringen Sie einem Lande Opfer, dem Sie bereits das größte Opfer, Ihr Lebensglück, gebracht haben?"

Deep-hill blickte sinnend vor sich nieder.

„Es liegt in Ihrer Frage etwas mir Unverständliches," sagte er; „aber obgleich ich es nicht verstehe, fühle ich doch, daß es ein Fingerzeig für mich sein soll, eine Mahnung, eine Warnung, der ich gern gehorchen möchte."

„Sie rathen ganz richtig, Monsieur! Ich meine, Sie haben ein Herzensglück verloren. Suchen Sie sich jetzt ein solches, warum werfen Sie sich denn äußeren Eventualitäten in die Arme, von denen Sie ein Glück niemals zu erwarten haben? Wenn sich jetzt Könige Schach bieten, so haben doch nicht Sie nöthig, auch va banque zu spielen. Sie erfahren es an dem alten Capitän, daß Sie dabei doch nur zu Grunde gehen! Hier meine Hand! Ich fühle, daß ich Sie lieb haben könnte! Denken Sie über meine Worte nach, und finden Sie das Richtige, so wird es sicherlich zu Ihrem Glücke sein! Jetzt gute Nacht!"

„Gute Nacht!" wiederholte der Amerikaner mechanisch.

Sein Blick folgte Müllern, wie dieser sich durch den geheimen Eingang entfernte und dann das Getäfel wieder in die rechte Lage brachte. So stand er eine ganze Weile. Endlich ging ein helles Leuchten über sein Gesicht.

„Es wird sicherlich zu Ihrem Glücke sein!" wiederholte er. „Ah, sie liebt mich! Er hat mit ihr gesprochen. Sie liebt mich; er hat es erfahren. Ich werde glücklich sein — — aber nur dann, wenn ich das Richtige finde! Was aber ist das? Was hat er damit gemeint? Ich muß mir ein jedes seiner Worte wiederholen. Er hat mit ganzer Ueberlegung gesprochen, und ein jedes seiner Worte hat Bedeutung. Er ist ein ganzer Mann, und ich muß erfahren, was er gemeint hat!" —

Der nächste Tag verging ohne besondere Ereignisse. Müller hatte sich mit seinem Schüler zu beschäftigen, und am Nachmittage fuhr Marion nach Thionville, um ihre neue Freundin, Miß de Lissa, zu besuchen. Der alte Capitän hatte sich nur während des Mittagsessens sehen lassen und kam auch während des Abendmahles nur für wenige Augenblicke in den Speisesaal. Rallion, der Jüngere, hütete das Zimmer; sein Vater war abgereist.

So nahte die Zeit, in welcher man zur Ruhe zu gehen pflegt. Müller verschloß seine Wohnung und schlich sich nach derjenigen Marions.

Das schöne Mädchen hatte bereits auf ihn gewartet.

„Willkommen!" sagte sie. „Sind Sie mit Allem versehen?"

„Ja."

„Die Laterne?"

„Ich habe sie mit."

„Waffen?"

„Zwei Revolver, also mehr als genug."

„So wollen wir uns auf unseren Beobachtungsposten zurückziehen. Kommen Sie!"

Sie verlöschte das Licht und führte ihn in die Garderobe, in welcher eine Kerze brannte. Sie verschloß die Thür hinter sich. Man konnte von hier aus durch die dünnen Gardinen Alles bemerken, was im Schlafzimmer vor sich ging.

„So, setzen wir uns!" sagte Marion. „Ich habe diese beiden Sessels selbst heimlich herbei geschafft."

In der Nähe der Thür standen zwei Polstersessel neben einander, auf denen die Beiden Platz nahmen.

„So! Nun kann es beginnen," meinte die Baronesse, nachdem sie das Licht ausgeblasen hatte.

„Wird die Zofe hier schlafen?"

„Ja. Ich habe freilich ein — ein gewisses Opfer bringen müssen."

„Das bedaure ich sehr!"

„Es ging nicht anders; es gab keinen stichhaltigen Grund als nur diesen einzigen."

Sie sprach nicht weiter. Müller hätte diesen Grund sehr gern kennen gelernt, unterließ aber jede Frage, da dies als zudringlich erschienen wäre. Doch sie fuhr freiwillig fort:

„Sie müssen nämlich wissen, daß ich ein sehr romantisch gestimmtes Wesen bin!"

„Davon habe ich noch Nichts bemerkt!"

„O doch!" lachte sie leise vor sich hin. „Denken Sie sich: Ich habe über mein Herz verfügt!"

„O wehe!"

„Ich bin in dem glücklichen Besitze eines heimlich Angebeteten!"

„Der Beneidenswerthe!"

„Es ist mir aber verboten worden, ihm zu gehören!"

„Das ist sehr traurig."

„Darum sehen wir uns nur heimlich!"

„Wie rührend, aber unvorsichtig!"

„Auch heute erwartet er mich!"

„Der Ritter Toggenburg!"

„Ich fliege zu ihm!"

„Glückliche Schwalbe!"

„Aber die Baronin hat eine Ahnung. Sie könnte sich überzeugen wollen, daß ich anwesend bin, daß ich schlafe."

„Der Knoten löst sich mehr und mehr."

„So muß also die Zofe an meiner Stelle schlafen."

„Haben Sie ihr das Alles gerade so gesagt?"

„O nein! Das würde mir eine Unmöglichkeit gewesen sein. Ich habe sehr, sehr wenig gesagt, ihr aber sehr viel errathen lassen. Hat sie ihre Phantasie zu sehr in Thätigkeit gesetzt, so ist das nun nicht meine Schuld."

„Sie wird übrigens sehr bald in Erfahrung bringen, weshalb sie veranlaßt wurde, Ihre Stelle einzunehmen. Ah! Sehen Sie? Die Zofe kommt!"

Die Genannte trat ein, mit einem Lichte in der Hand. Sie sah sich um, verschloß die Thür des Wohnzimmers und machte es sich dann im Schlafzimmer bequem. Sie nahm einige Bücher aus dem Schranke und blätterte nach Bildern, bis sie müde zu werden schien. Dann entkleidete sie sich, verlöschte das Licht und legte sich schlafen.

Während der letzten zehn Minuten hatte Müller sich vom Stuhle erhoben und war an das Fenster getreten. Als das Licht verlöschte, kehrte er zu seinem Sitze zurück.

„Es ist bereits halb Zwölf," flüsterte Marion. „Wann denken Sie, daß sie kommen?"

„Wer weiß es! Jedenfalls kommen sie nicht eher, als bis sie denken, daß Sie fest schlafen, gnädiges Fräulein."

„Das ist eine kleine Geduldsprobe für uns."

„Bitte, ruhen Sie immerhin. Ich werde wachen."

„O, meinen Sie, daß ich schlafen könnte? Nein. Ich bin in so gespannter Erwartung, daß es mir unmöglich wäre, auch nur zwei Augenblicke zu schlafen."

Von nun an schwiegen Beide. Es verging Viertelstunde um Viertelstunde, bis die erste Stunde nahe war. Man hörte die Zofe leise schnarchen. Da zuckte Marion zusammen.

„Hören Sie?" flüsterte sie.

„Ja. Sie kommen. Sie haben an einen Stuhl gestoßen."

Beide lauschten mit angehaltenem Athem. Während der Zeit von einigen Minuten war nichts zu hören; dann aber vernahmen sie ein Geräusch, wie wenn Federbetten bewegt werden. Nachher waren Schritte zu vernehmen, auf welche jetzt nicht mehr die vorige Sorgfalt verwendet wurde. Dann wurde es wieder still.

„Es ist geschehen," sagte Marion leise.

„Sie werden ihren Irrthum bemerken und bald wiederkommen."

„Gott! Erst jetzt fühle ich so deutlich, welcher Gefahr ich entgangen bin. Monsieur, wie sehr, sehr danke ich Ihnen!"

Er fühlte seine Hand ergriffen. Er faßte ihr Händchen und wagte es, dasselbe an seine Lippen zu ziehen. Sie duldete es. Er küßte diese schöne, warme Hand wieder und immer wieder, und sie entzog sie ihm nicht. Er gab die Hand nicht wieder frei; er hielt sie fest zwischen seinen Händen, und sie widerstrebte auch jetzt noch nicht. Ja, nach einiger Zeit fühlte er eine Berührung seiner Schulter. Eine wahrhaft himmlische Wonne durchströmte seinen ganzen Körper. Ihr Köpfchen war auf seine Achsel niedergesunken und da ließ sie es ruhig und vertrauensvoll liegen.

War sie ermüdet? War sie doch noch eingeschlafen? Er fragte sich es gar nicht. Er hatte gar keinen Raum für diese Frage; er war ja ganz erfüllt von der Wonne, die ihn durchfluthete.

So saßen sie nun abermals Viertelstunde um Viertelstunde, ohne zu sprechen, ja sogar ohne sich zu bewegen, bis sich dann unten vom Hofe herauf Pferdegetrappel hören ließ.

Die Baronin hatte sich nämlich gerade angeschickt, Nachttoilette zu machen, als sich der Capitän bei ihr anmelden ließ. Erstaunt über einen so ungewöhnlichen Besuch, hatte sie ihn empfangen.

„Sind wir allein und unbelauscht?"

„Sie sehen, daß wir allein sind," antwortete sie. „Zu lauschen wagt bei mir kein Mensch."

„Dann habe ich Ihnen eine wichtige Neuigkeit mitzutheilen."

Sie war seine Freundin nicht; sie haßte ihn und nur

in ihrem Hasse gegen Andere waren sie einig. Darum vermuthete sie auch jetzt nichts Gutes.

„Eine Neuigkeit?" fragte sie. „Ich glaube nicht, daß sie mich erfreuen wird!"

„Sie irren. Es ist eine sehr gute Botschaft. Sie werden nämlich verreisen, Frau Baronin."

„Ich? Verreisen? Wann?"

„Noch während dieser Nacht."

„Was fällt Ihnen ein! Wohin?"

„Bis vor das Schloßthor."

Sie begann zornig zu werden.

„Herr Capitän!" rief sie.

Er musterte sie mit überlegenem Blicke und fragte:

„Was beliebt?"

„Soll ich etwa annehmen, daß ich der Gegenstand irgend eines Ihrer schlechten Witze sein soll?"

„Nein, obgleich es ein außerordentlich guter Spaß ist, den ich heute entriren werde. Sie sollen nämlich an Stelle Marion's verreisen."

„Ich verstehe Sie nicht!"

„Ich bin es leider längst gewöhnt, bei Ihnen kein Verständniß zu finden. Dieses Mal aber wird es Ihnen hoffentlich nicht schwer werden, mich zu begreifen. Sie wissen, daß Marion sich weigert, dem Obersten Rallion ihre Hand zu geben — — —"

„Ich habe ihr leider nichts zu befehlen, würde ihren Widerstand aber schon zu brechen wissen."

„Wirklich? Was würden Sie thun?"

„Sie zwingen! Sehr einfach!"

Der Alte ließ ein kurzes, verächtliches Lachen hören und fragte:

„Darf ich wohl erfahren, welcher Art der Zwang sein würde, den sie in Anwendung zu bringen gedächten?"

„Ich habe jetzt noch nicht an etwas Spezielles gedacht, bin aber sicher, daß ich ein passendes Mittel finden würde."

„Nun, während Sie noch gar nicht nachdenken, bin ich bereits beim Handeln. Ich werde Marion so lange bei Wasser und Brod einsperren, bis sie gefügig wird."

Diese Nachricht war der Baronin hoch willkommen.

„Das wäre allerdings das Klügste," sagte sie, „aber ich glaube nicht, daß sie diesen guten Vorsatz auch wirklich in Ausführung bringen!"

„Sie irren abermals! Heute Nacht wird Marion eingesperrt."

„Wohin?"

„Das ist meine Sache. So viel ist aber gewiß, daß kein Mensch den Ort entdecken wird. Sie erhält ihre Freiheit nur als Rallions Verlobte wieder."

„Recht so! Aber, man wird sie vermissen!"

„Daß dies nicht geschehen wird, dafür haben eben Sie zu sorgen! Marion wird verreisen. Es ist eine Nachricht gekommen. Es wird angespannt, und ich bringe sie nach dem Bahnhofe, ich selbst, nicht der Kutscher. An ihrer Statt aber steigen Sie ein. Man wird diese Verwechselung gar nicht bemerken, da es finster ist. Es genügt, daß eine Dame einsteigt. Sie nehmen den großen Schlüssel mit. Draußen lasse ich Sie absteigen und Sie kehren mit Hilfe des Schlüssels möglichst unbemerkt in Ihre Wohnung zurück. Später komme ich natürlich ohne Marion vom Bahnhofe."

Sie nickte ihm beistimmend zu.

„Gut ausgedacht!" sagte sie. „Aber wird Marion sich gutwillig einsperren lassen?"

„Das ist abermals meine Sache. Hat sie sich in meinen Befehl gefügt, so werde ich dafür sorgen, daß sie von ihrer Reise zurückkehrt. Sind Sie bereit, zu helfen?"

„Gewiß! Wann werden Sie anspannen lassen?"

„Der Zug geht kurz nach vier Uhr. Sie werden drei Viertelstunde vorher bereit sein müssen."

„Schön! Ich stehe ganz zu Ihrer Verfügung."

Man sah ihr die Freude an, welche sie über diesen Streich fühlte, der ihrer verhaßten Stieftochter gespielt werden sollte. Der Capitän machte ihr eine ironisch-achtungsvolle Verbeugung und sagte:

„Ich bin Ihnen sehr verbunden, würde mich aber glücklich fühlen, wenn die Frau Baronin die Güte haben wollte, auch in anderen Angelegenheiten von so harmonischer Gesinnung mit mir zu sein!"

Er ging und wartete bei sich, bis Alles zur Ruhe war; sodann begab er sich durch den geheimen Gang zu Rallion, der ihn bereits mit Ungeduld erwartete. Der Gedanke, nun mit Sicherheit auf Marion's Besitz rechnen zu können, ließ ihn das Verwerfliche der geplanten That vollständig übersehen.

„Endlich!" sagte er. Ich dachte, Sie würden viel früher kommen, Herr Capitän."

„Wir haben noch nichts versäumt. Vielleicht kommen wir sogar noch zu früh. Hier, nehmen Sie!"

Er gab dem Grafen ein paar Filzschuhe, wie er selbst auch welche angezogen hatte.

„Wozu das?" fragte Rallion verwundert.

„Um das Geräusch unserer Schritte zu dämpfen. Es darf uns natürlich Niemand hören. Ziehen Sie die Schuhe an und dann wollen wir gehen."

Der Graf kam dieser Aufforderung nach und folgte dann dem Alten durch die geheime Thür hinaus nach den verborgenen Treppengängen. So gelangten Sie beim Scheine der Laterne, welche der Alte trug, nach dem Wohnzimmer Marion's. Vor der Täfelung blieb der Alte halten, schloß die Blendlaterne und steckte sie ein.

„Jetzt nicht das geringste Geräusch!" sagte er. „Ich werde erst nachsehen, ob sie vielleicht noch wach ist."

„Wo befinden wir uns?" fragte der Oberst.

„Vor dem Wohnzimmer. Aus diesem geht es durch Portièren nach der Schlafstube. Warten Sie."

Er schob die Täfelung ganz leise zurück. Der Raum, in den er blickte, war vollständig dunkel. Er trat ein und schlich sich nach der Portière. Auch das Schlafzimmer war ohne Licht. Er huschte lautlos nach dem Bette und horchte. Die leisen, regelmäßigen Athemzüge, welche er deutlich hörte, bewiesen ihm, daß der Schlaf seines Opfers ein fester sei. Er brachte das Chloroform in Anwendung. Dies nahm eine ziemliche Zeit in Anspruch, so daß der Graf ungeduldig wurde. Er sah und hörte nichts und so lag ihm der Gedanke nahe, daß irgend etwas nicht in Ordnung sei. Endlich hörte er das leise Heranschleichen des Alten.

„Wo haben Sie nur gesteckt?" flüsterte er diesem zu.

„Bei Marion natürlich! Denken Sie etwa, das Chloroform wirke bereits nach einigen Secunden?"

„Nein, aber mir scheint, es sind mehrere Viertelstunden vergangen. Ich dachte bereits, daß Ihnen Etwas geschehen sei."

„Pah! Mir geschieht Nichts!"

„So ist Alles in Ordnung?"

„Alles."

„Dann will ich mit hinein in's Zimmer."

„Halt, warten Sie noch! Wir müssen uns erst sagen, auf welche Weise wir das Mädchen fortschaffen."

„Nun, tragen müssen wir es natürlich!"

„Das versteht sich ganz von selbst! Die Anwendung des Chloroformes ist nicht ganz ungefährlich. Darum habe ich mit der Dosis gespart. Es ist möglich, daß Marion unterwegs erwacht."

„Das schadet nichts!"

„Mir nicht, aber Ihnen."

„Wieso?"

„Wollen Sie etwa, daß sie bemerkt, wer es ist, dem sie ihre Gefangenschaft zu verdanken hat?"

„Hm! Sie haben Recht. Sie soll wenigstens nicht wissen, daß ich auch bei dieser Ortsveränderung mitgewirkt habe."

„Ja. Wir müssen Ihnen vorerst die Chance offen halten, als ihr Retter aufzutreten. Darum dürfen wir während der kurzen Zeit kein Licht brennen."

„Aber ich kenne die Oertlichkeit gar nicht und es ist ja so finster, daß ich unbedingt Licht brauche."

„Sie brauchen keins. Ich werde Ihnen genau sagen, wie wir zu gehen haben."

„Aber Marion ist doch — — hm!"

„Nun, was ist sie denn?"

„Entkleidet!"

„Das kann uns nicht stören. Die Kleider liegen auf dem Sopha; die nehmen Sie, während ich das Mädchen nehme. Ich binde Marion ganz einfach in das Betttuch. Vorerst kann ich sie allein tragen. Später werden Sie freilich mit zuzugreifen haben. Jetzt vorwärts!"

Sie schlichen sich nach dem Schlafzimmer, wo der Graf bald die zurückgelassenen Kleidungsstücke der Zofe fand. Er brauchte nicht lange zu warten, so raunte der Alte ihm zu:

„Fort! Ich habe sie."

Von der Möglichkeit, belauscht zu werden, hatten sie keine Ahnung. Draußen angekommen, schob der Alte die Täfelung mit dem Fuße zu und dann stiegen sie langsam die Treppe hinab.

„Es war das keineswegs leicht, da der Raum außerordentlich schmal war. Aber der Capitän besaß trotz seines Alters so viel Körperkraft, daß ihm die Last, welche er trug, nicht übermäßig schwer wurde. Sie gelangten hinunter in den Hauptgang, da, wo die verborgenen Treppen ihren Ausgang nahmen.

„So," sagte der Alte. „Hier muß ich ein wenig ausruhen."

„Wohin denn?"

„Es geht jetzt stets zu ebener Erde fort. Gehen Sie hinter mir, und nehmen Sie ein wenig Fühlung, dann können Sie keinen einzigen Fehltritt thun."

Sie begannen nun die Wanderung, immer in das tiefe Dunkel hinein. Es wurden einige Thüren geöffnet. Später fühlte der Graf hölzerne Wände wie von auf einander stehenden Kisten zu seiner Rechten und Linken. Dann blieb der Alte halten.

„Am Ziele!" sagte er.

„Schön! Das war ein verdammtes Avanciren. Wo befinden wir uns jetzt?"

„Das werden Sie nachher sehen."

„Ist Marion noch betäubt?"

„Ja. Sie hat sich noch nicht bewegt."

Er legte seine Last zu Boden und öffnete dann eine Thür. Sie drehte sich laut kreischend in den verrosteten Angeln.

„Das ist die Einzelhaftzelle," sagte er. „Fühlen Sie den Eingang?"

„Ja."

„Werfen Sie die Kleider hinein. Ich werde unsere Gefangene darauf betten."

Der Graf gehorchte diesem Gebote. Die Angeln kreischten wieder; mehrere Riegel wurden vorgeschoben und dann nahm der Alte die Laterne heraus.

„So, jetzt sollen Sie sehen, wo Sie sich befinden," sagte er, indem er das Licht auf die Umgebung fallen ließ. Es war ganz dasselbe Gewölbe, in welchem Müller sich des Schlüssels bemächtigt hatte.

Dem Grafen war doch ein Wenig bange um Marion geworden.

„Sie wird doch nicht etwa erstickt sein," sagte er.

„Nein. Sie athmete. Ich bin überzeugt, daß sie in kurzer Zeit zu sich kommen wird."

„Ich möchte doch sehen, wie sie sich benimmt!"

„Das ist unmöglich. Uebrigens können Sie sich leicht denken, wie freudig überrascht sie sein wird, sich in so sicherer Verwahrung zu befinden."

„Hat sie Essen und Trinken?"

„Nein. Das würde ja ganz und gar gegen unsere Absichten sein."

„Und wann gehe ich zu ihr?"

„Nicht vor morgen Abend. Sie soll ihre jetzige Lage wenigstens vierundzwanzig Stunden lang empfinden. Ich werde übrigens dabei sein, wenn ich mich auch nicht sehen lasse. Kommen Sie jetzt, wir kehren zurück."

Er führte Rallion denselben Weg zurück, auf welchem sie gekommen waren, und verriegelte dann die Täfelung von außen, um seinem Verbündeten die Möglichkeit eines selbstständigen Handelns abzuschneiden. In seinem Zimmer angekommen, war er mit sich selbst sehr zufrieden.

„So!" sagte er zu sich. „Was wird sie denken, wenn sie beim Erwachen bemerkt, wo sie sich befindet? Sie wird natürlich sofort ahnen, wer ihr diesen Streich gespielt hat. Das ist der Anfang der Strafe für den Widerstand, den sie mir zu leisten wagte."

Jetzt nun endlich wechselte er den Anzug und begab sich zum Kutscher hinab, welchen er natürlich zu wecken hatte.

„Das Coupé heraus!" sagte er. „Die gnädige Baronesse wird verreisen."

Der Mann war einigermaßen verwundert und erkundigte sich:

„Nach dem Bahnhofe, gnädiger Herr?"

„Ja. Ich fahre selbst. Du wirst schon hören, wenn ich zurückkehre."

Der Kutscher führte den Befehl aus. Er schirrte die Pferde ein, spannte sie an und brannte auch die Wagenlaternen an. Der Alte brachte die Dame geführt. Sie war verschleiert. Der Kutscher zweifelte nicht im Mindesten daran, daß es die Baronesse Marion sei. Er schloß das Thor auf und verschloß es dann hinter den Fortfahrenden wieder.

Dann kehrte er in seine Kammer zurück und brannte sich eine Pfeife an. Er konnte den nach Thionville führenden Weg von hier aus beobachten und mußte also an den Wagenlaternen die Wiederkehr des Alten bemerken. Davon aber, daß nach einiger Zeit die im Thore befindliche kleine Pforte leise geöffnet wurde, bemerkte er nichts. Die Baronin kehrte heimlich in ihre Wohnung zurück.

Am anderen Morgen sprach es sich sehr schnell herum, daß Baronesse Marion plötzlich habe verreisen müssen. Der Capitän hielt es für ein Gebot der Klugheit, am Frühstückstische zu erscheinen, um die Anwesenden mit der Abreise seiner Verwandten bekannt zu machen. Müller nahm die darauf bezügliche Bemerkung schweigend hin, konnte aber doch nicht umhin, einen erwartungsvollen Blick nach der Thür zu werfen.

Diese öffnete sich, als man soeben mit dem Frühstücke begonnen hatte — Marion trat ein und grüßte ganz in herkömmlicher Weise.

Der Alte sprang bei ihrem Anblicke vom Stuhle auf und starrte mit weit aufgerissenen Augen das Mädchen an.

„Marion! Alle Teufel!" entfuhr es ihm.

Sie schritt in ruhiger Haltung nach ihrem gewöhnlichen Platz und fragte verwundert:

„Was ist's? Ist mein Erscheinen heute etwas so Auffälliges?"

„Ich denke — ah! Unbegreiflich!"

„Das ist unbegreiflich?"

Da nahm Müller das Wort:

„Der Herr Capitän sagte uns soeben, daß Sie während der vergangenen Nacht ganz unerwartet zu einer plötzlichen Abreise gezwungen worden seien."

Sie schüttelte den Kopf und sagte im unbefangensten Tone:

„Da hat sich der Herr Capitän sehr geirrt. Ich wüßte nicht, was mich jetzt zu einer Reise veranlassen könnte."

Der Capitän vermochte sich das Erscheinen Marion's nicht zu erklären. Ihr Verhalten zeigte auch keineswegs etwas Feindseliges. Er beschloß also, einstweilen zu schweigen. Aber als er nach eigenommenem Frühstücke für kurze Zeit am Fenster stand und Marion unter einem Vorwande sich ihm näherte, richtete er seine Augen stechenden Blickes auf ihr Gesicht und sagte:

„Was ist das für ein Räthsel? Man sagte mir, daß Du nach dem Bahnhofe gebracht worden seist!"

„Von wem?"

„Darnach habe ich nicht gefragt. Auch erfuhr ich, daß Du Dich während der Nacht nicht in Deinem Zimmer befunden habest."

„Wer sagte das?"

„Deine Zofe."

„Sie hatte Recht. Ich war allerdings nicht in meiner Wohnung."

Der Capitän öffnete die Augen wo möglich noch weiter und fragte:

„Wo denn?"

„Interessirt Dich das so sehr?"

„Natürlich! Man sagt mir, Du seist verreist; Du kommst trotzdem zum Frühstücke; da muß ich allerdings sehr wißbegierig sein, wie das zusammenhängt."

„Das möchte ich selbst gern wissen. Ich bin nicht auf den Gedanken gekommen, zu verreisen."

„Aber wo befandest Du Dich?"

„In Sicherheit, Herr Capitän."

Diese Antwort war scheinbar ganz leichthin gegeben, aber es traf ihn dabei ein Blick, welcher ihm sagte, daß diese Worte eine tiefere Bedeutung hätten.

„In Sicherheit?" fragte er. „Ich begreife nicht, was Du mit diesen Worten sagen willst. Ich denke, daß ein Jeder hier in Ortry sich in Sicherheit befinde!"

„Vielleicht sind Andere nicht ganz derselben Meinung."

Sie wendete sich von ihm ab und verließ den Speisesaal. Darauf hatte die Baronin gewartet. Sie trat sofort zu den Alten heran und fragte:

„Können Sie mir das erklären?"

„Nein," antwortete er.

Es war ihm anzusehen, daß er sich in außerordentlicher Verlegenheit befand.

„Sie haben aber doch mit ihr gesprochen! Sie haben sich natürlich erkundigen müssen!"

„Freilich, freilich that ich das!"

„Was antwortete sie?"

„Sie wich mir aus."

Die Baronin räusperte sich, ließ ein Lächeln sehen, welches so ziemlich impertinent genannt werden konnte und sagte:

„Verehrtester Herr Capitän, ich beginne zu ahnen, daß Sie heute Nacht einen Streich begangen haben, welcher keine große Bewunderung verdient!"

„Danke für dieses Compliment!" stieß er hervor.

„Es war jedenfalls ein verdientes. Sie haben sich überhaupt gestern nicht sehr lobenswerth benommen!"

Er wußte, daß sie ihn haßte, aber in dieser Weise hatte sie noch nicht mit ihm zu sprechen gewagt. Die anderen Anwesenden hatten sich entfernt; er befand sich mit der Baronin jetzt allein, darum brauchte er nicht übermäßig leise zu sprechen. Er richtete sich möglichst stolz empor und sagte:

„Welche Sprache erlauben Sie sich, gnädige Frau!"

„Eine sehr deutliche!"

„Das aber verbitte ich mir! Was wollen Sie mit diesem „nicht sehr lobenswerth benommen" bezeichnen?"

„Ihr gestriges Verhalten zu der Engländerin."

„Darf ich Sie bitten, deutlicher zu sein?"

„Sie waren beim Anblicke dieser Dame vollständig consternirt."

„Nur überrascht."

„O, ich dächte, es wäre etwas mehr gewesen, als eine bloße Ueberraschung. Sie waren nicht überrascht, erstaunt oder betreten, sondern förmlich erschrocken."

Er ließ ein überlegenes, spöttisches Lachen hören, musterte sie mit einem höhnischen Blicke und antwortete:

„Sie sprechen wie ein Gelehrter. Das hätte ich einer Schäfers- oder Hirtentochter keineswegs zugetraut!"

„Wohl ebenso wenig, wie ich Ihnen einen solchen Mangel an Selbstbeherrschung zugetraut hätte! Die Engländerin scheint eine Aehnlichkeit mit einer Ihnen sehr bekannten Persönlichkeit zu besitzen."

„Allerdings."

„Und das brachte Sie so aus aller Fassung."

„Pah! Es war nur mir auffallend."

„Ich hörte aber, daß Sie mit dieser Dame bereits in der Nähe des verunglückten Zuges gesprochen haben."

„Allerdings."

„Ohne daß ihnen bereits da diese Aehnlichkeit aufgefallen ist?"

„Ich muß das freilich zugestehen. Es mag dies daran liegen, das es Zweierlei ist, eine Person am Tage oder bei täuschendem Lampenlichte zu erblicken."

„Mir aber dennoch unbegreiflich. Sie hielten sie für eine gewisse Margot. Trug nicht Ihre Schwester diesen Namen?"

„Ja. Aber was bezwecken Sie mit diesen Erkundigungen? Ich habe Ihnen noch niemals die Erlaubniß gegeben, mich in dieser Weise in's Verhör zu nehmen."

„Sie vergessen, daß wir jetzt Verbündete sind."

Er zuckte die Achsel, warf ihr einen Blick nur so von der Seite her zu und fragte:

„Glauben Sie das wirklich?"

„Natürlich! Nach Dem, was ich gestern auf Ihren Antrieb thun mußte, habe ich jedenfalls Veranlassung, mich Ihre Verbündete zu nennen."

„Das waren Sie gestern, heute aber nicht mehr."

„Und dennoch bin ich es. Oder soll ich nicht fragen dürfen, wie Marion's Erscheinen mit ihrer angeblichen Abreise ungefähr zusammenhängt?"

„Das weiß ich ja selbst nicht."

„Ich denke, Sie ist Ihre Gefangene!"

„Ich dachte es auch; ich war überzeugt davon."

„Sie hat sich also selbst befreit?"

„Das habe ich bisher für ein Ding der Unmöglichkeit gehalten. Ich werde mir schleunigst Klarheit verschaffen."

Er ging, aber nicht nach seiner Wohnung, sondern nach derjenigen des Grafen Rallion. Er fand denselben im Bette liegend.

„Ah, Herr Capitän!" meinte Rallion. „Das ist ein sehr unerwarteter Besuch."

„Wohl auch ein unwillkommener?"

Er warf dabei einen höchst mißtrauischen Blick auf den Grafen.

„Unwillkommen?" fragte dieser. „Was denken Sie? Zwar liege ich noch im Bette, aber Sie erlauben mir, mich zu erheben. Ich wollte die heute Nacht geopferte Ruhe nachholen."

„Wann gingen Sie schlafen?"

„Sofort nach unserer Verabschiedung."

„Sie haben geschlafen bis jetzt?"

„Ja."

„Das Bett nicht verlassen?"

„Keinen Augenblick. Aber warum diese Fragen? Sie kommen mir einigermaßen eigenthümlich vor!"

„Das glaube ich Ihnen. Sie scheinen ja ganz fieberhaft erpicht auf Ihre Rolle zu sein!"

„Ich verstehe Sie nicht. Welche Rolle meinen Sie?"

„Die des Retters bei Marion."

„Da haben Sie nicht Unrecht. Ich kann den Abend kaum erwarten."

„Sie haben ihn nicht erwartet; ich weiß das bereits."

„Ich verstehe Sie nicht, mein bester Freund!"

„O bitte! Wir wollen das Worte Freund nicht in Anwendung bringen. Ich mag es nicht zur Beziehung eines Mannes gebrauchen, auf den ich mich nicht verlassen kann."

„Donnerwetter! Sie werden immer mystischer."

„Und Sie zeigen eine Verstellungskunst, welche ich bei Ihnen bisher nicht gesucht habe."

Da richtete sich der Graf empor.

„Herr Capitän," sagte er, „spielen Sie nicht Theater. Ich bemerke zu meinem Erstaunen, daß Sie irgend Etwas gegen mich haben, obgleich ich mir keines Fehlers bewußt bin. Sagen Sie, was Sie mir vorzuwerfen haben."

„Daß Sie meinen Befehl übertreten haben."

„Befehl? Ah, ich möchte wissen, wer auf Ortry der Mann sein könnte, einem Grafen Rallion Befehle zu ertheilen!"

„Ich!"

„Ah pah! Eine Weisung können Sie mir ertheilen aber keinen Befehl. Doch, streiten wir uns nicht! Machen Sie es kurz! Was habe ich verbrochen?"

„Sie haben dort den geheimen Ausgang forcirt."

„Forcirt? Ich?"

„Ja, trotzdem ich die Täfelung verriegelt hatte."

„So, also das habe ich gethan?"

„Ja, aber noch mehr!"

„Noch mehr? Darf ich das erfahren?"

„Sie haben sich in die geheimen Gänge begeben."

„Wirklich?"

„Gewiß!"

„Darf ich fragen, zu welchem Zwecke?"

„Um Marion zu befreien."

„So so! Also das habe ich gethan? **Wirklich?**"

„Wollen Sie es etwa leugnen?"

„Gewiß leugne ich es!"

„Ich beweise es Ihnen aber!"

„Das wird Ihnen wohl schwerlich gelingen."

„Sofort! Ich habe mit Marion gesprochen!"

„In dem Gefängnisse?"

„Nein, sondern im Speisesaale, beim Frühstücke!"

Jetzt sprang der Graf aus dem Bette, fuhr mit den Füßen in die Pantoffel, griff zum Schlafrocke und sagte:

„Da muß ich aufstehen; da kann ich freilich nicht liegen bleiben. Sie spielen ein Wenig Komödie mit mir!"

„Das fällt mir gar nicht ein. Sie haben mir da einen Streich gespielt, der unseren ganzen Bau über den Haufen wirft."

„Nun ist's genug! Jetzt darf ich nicht länger zuhören! Also Sie haben Marion wirklich gesehen?"

„Ja."

„Mit ihr gesprochen?"

„Ja."

„Am Frühstückstische?"

„Ja."

„Das ist ja unmöglich, vollständig unmöglich!"

„Das ist sogar eine Wirklichkeit, welche Sie am Allerbesten zu erklären vermögen."

„Sie machen mir also alle die Vorwürfe wirklich im Ernste?"

„Wollen Sie etwa glauben, daß ich zum Scherz aufgelegt bin, nachdem ich durch das Erscheinen Marion's so blamirt wurde?"

Da faßte Rallion ihn bei der Schulter und rief:

„Capitän, ich muß fast glauben, daß Ihr Kopf auf einem falschen Platze steht. Wer hat den Schlüssel zu den sämmtlichen Thüren, durch welche wir heute Nacht kamen?"

„Ich."

„Und ich soll dann diese Thüren geöffnet haben?"

„Ja."

„Womit?"

„Natürlich auch mit Schlüsseln!"

„Woher soll ich diese haben?"

Da stieß der Alte ein höhnisches Lachen aus und antwortete:

„Halten Sie mich denn wirklich für so einen Schwachkopf? Ich glaubte bis vorhin allerdings, die verlorenen Schlüssel hinter den Kisten suchen zu müssen, jetzt aber weiß ich, daß sie in Ihre Hände gelangt sind."

„Aber Capitän, Mensch, Freund. Sind Sie denn ganz und gar des Teufels? Ich habe keine Schlüssel!"

„Wirklich nicht?"

„Bei meiner Ehre. Und wenn ich sie hätte, was würden sie mir nützen? Ich kann doch nicht da hinaus!"

Er deutete dabei nach dem geheimen Ausgange hin.

„Sie sind nicht da hinaus?"

„Nein. Sie haben doch verriegelt."

„Schön! Wollen sehen."

Er trat zur Täfelung und untersuchte dieselbe. Er hatte vielleicht in seinem ganzen Leben kein so verblüfftes Gesicht sehen lassen, wie er jetzt zeigte.

„Donnerwetter!" sagte er. „Es ist Alles in Ordnung hier."

„Nun, was weiter?"

„Ich dachte, Sie hätten die Täfelung aufgesprengt."

„Wie könnte ich mir so Etwas beikommen lassen."

„Dann ist mir die Geschichte geradezu unbegreiflich."

„Ich kann nicht nur die Geschichte, sondern auch Sie nicht begreifen, mein Lieber!"

Da schlug der Alte mit der Faust auf den Tisch und sagte:

„Soll ich dann etwa gar annehmen, daß ich geträumt habe? Sie waren ja dabei. Waren wir nicht heute Nacht in Marion's Zimmer?"

„Natürlich!"

„Und haben sie nach dem Gewölbe gebracht?"

„Freilich!"

„Und dort eingeriegelt?"

„Gewiß."

„Da denken Sie sich nun meinen Schreck, als ich sie vorhin in das Speisezimmer eintreten sah!"

„Verdammt! Wir sind doch nicht verhext!"

„Das keinesfalls!"

„Aber wie kam sie frei?"

„Das weiß der Teufel!"

„Haben Sie sie denn nicht gefragt?"

„Konnte ich das? Sie verhielt sich ganz unbefangen, ganz so, als ob sie gar nichts wisse. Ein einziges Wort, welches sie sagte, könnte mich vermuthen lassen, daß sie Comödie spielte."

„Vermuthungen können uns nichts nützen. Wir müssen Gewißheit haben. Wir können Beide beschwören, daß wir Marion geholt und da unten eingesperrt haben. Auf welche Weise sie entkommen ist, können wir nur erfahren, wenn wir ihr Gefängniß untersuchen."

„Ja. Ziehen Sie sich schnell an, und kommen Sie! Ich habe Sie wirklich im Verdachte gehabt."

„Ich bin sehr unschuldig, mein Lieber; aber wir werden den Schuldigen entdecken."

„Ich hoffe es und wehe ihm! Wer unsere Gefangene befreit hat, der muß in unsere Geheimnisse eingedrungen sein. Er wird auf alle Fälle unschädlich gemacht! Also, legen Sie Ihre Kleider an. Ich werde sogleich wieder hier sein."

Er ging, öffnete aber bereits nach einigen Minuten von außen die Täfelung. Der Graf war eben mit seinem Anzuge fertig geworden. Der Capitän hatte die brennende Laterne bei sich. Sie begaben sich in den Gang hinab und eilten dann nach dem Orte, von welchem ihrer Meinung nach Marion entwichen war.

Sie fanden unterwegs nicht die leiseste Spur, daß ein menschliches Wesen hier gewesen sei. Als der Capitän das Gewölbe öffnete, in dessem hinteren Theile sich das Gefängniß befand, war es ihm, als ob er ein Geräusch vernehme. Er blieb stehen, ergriff den Grafen beim Arme und fragte:

„Hören Sie Etwas?"

„Ja. Man klopft!"

„Das ist da hinten, wo wir Marion eingesperrt hatten."

„Es scheint so."

„Donnerwetter! Da kommt mir ein Gedanke, ein ganz und gar miserabler Gedanke."

„Mir auch."

„Ihnen auch? Ah, was denken Sie?"

„Wir haben eine Falsche eingesteckt."

„Es hat den Anschein ganz darnach. Aber wie könnte das möglich gewesen sein."

„Das frage ich auch."

„Wir waren ja in Marion's Zimmer!"

„Es war natürlich auch Marion's Bett?"

„Ohne allen Zweifel!"

„Wer sollte denn in diesem Zimmer und in diesem Bette geschlafen haben? Wer anders als eben Marion."

„Natürlich!"

Sie sahen einander ganz rathlos an. Hinten ließ das Pochen nicht nach. Der Capitän meinte endlich:

„Es ist und wird nicht anders: Wir haben eine Unrechte erwischt und hier eingeriegelt."

„Aber wie war das möglich?"

„Das wird sich sofort aufklären, sobald wir sehen, wer diese Unrechte eigentlich ist."

„Ich bin verteufelt begierig, das zu erfahren."

„Das wird sogleich geschehen Wir müssen so thun, als ob wir von gar nichts wissen. Kommen Sie."

Je weiter sie nach hinten kamen, desto lauter wurde das Klopfen. Endlich hörten sie eine rufende Stimme.

Während einer Pause, welche die Zofe machte, hörte sie die Schritte der beiden Männer.

„Macht auf!" rief sie. „Laßt mich heraus."

„Gleich, gleich!" antwortete der Capitän.

(Fortsetzung folgt.)

Die Liebe des Ulanen.
Original-Roman aus der Zeit des deutsch-französischen Krieges von Karl May.
(Fortsetzung.)

Der Capitän schob die Riegel zurück und öffnete. Die so unfreiwillig Gefangene trat ihnen entgegen. Sie hatte ihre Kleider angelegt. Ihr Gesicht war leichenblaß; man sah ihr die Angst, welche sie ausgestanden hatte, deutlich an. Der Alte leuchtete ihr in das Gesicht.

„Sakkerment, Sie sind es?" fragte er. „Wie kommen Sie denn in diesen Keller?"

„Mein Gott, ich weiß es nicht!" antwortete sie.

„Sie wissen es nicht? Das klingt ja fabelhaft! Sie müssen doch wissen, wann und wie Sie hierher gekommen sind?"

„Ich habe keine Ahnung davon, Herr Capitän. O Gott, welche Angst ich ausgestanden habe!"

„Sie sind also nicht freiwillig hier?"

„Nein, nein! Ganz und gar nicht!"

„Das verstehe der Teufel, aber ich nicht! Was haben Sie denn eigentlich hier unten zu suchen? Wer hat Ihnen erlaubt, hier einzudringen?"

Sie schlug ganz bestürzt die Hände zusammen und antwortete:

„Herr Capitän, ich bin unschuldig, vollkommen unschuldig!"

„Das kann kein Mensch glauben! Wer hat Sie denn hierher begleitet?"

„Ich weiß es nicht."

„Hören Sie, wenn Sie nicht ein freiwilliges Geständniß ablegen, werde ich Mittel finden, Sie zum Sprechen zu bringen!"

Die arme Zofe zitterte vor Aufregung und Furcht.

„Ich schwöre Ihnen bei allen Heiligen, daß ich nicht einmal weiß, wo ich bin!" betheuerte sie.

„Aber erklären Sie mir doch Ihre Anwesenheit!"

„Das bin ich ja selbst nicht im Stande! Ich ging gestern Abend schlafen, und als ich erwachte, befand ich mich hier."

„Das klingt ganz wie ein Märchen, welches Sie sich ausgesonnen haben. Wo legten Sie sich denn schlafen?"

„Beim gnädigen Fräulein."

„Bei Baronesse Marion? Im Zimmer derselben?"

„Ja."

„Was! Sie haben im Bette des gnädigen Fräuleins geschlafen?"

„Ja."

„Und wo befand Marion sich inzwischen?"

„Das weiß ich nicht."

„Hat sie selbst Ihnen erlaubt, in ihrem Zimmer zu schlafen?"

„Sie hat es mir sogar befohlen."

„Weshalb?"

„Das weiß ich nicht."

„Sie muß doch einen Grund angegeben haben!"

Die Zofe wollte Das, was Marion mit ihr gesprochen hatte, nicht verrathen, darum antwortete sie:

„Ich bin die Dienerin und habe zu gehorchen, ohne nach Gründen zu fragen."

„Hm! So sind Sie das Opfer irgend eines dummen Spaßes geworden. Ich werde die Sache untersuchen und den Schuldigen sehr streng bestrafen. Also Sie wissen nicht, wo Sie sich befinden?"

„Nein. Ich habe keine Ahnung davon."

„Nun, so wollen wir sehen, wie sich die Sache arrangiren läßt. Können Sie schweigen?"

„O, ich will gern kein Wort sagen, wenn ich nur wieder frei sein kann."

„Das Letztere soll geschehen. Aber wenn ich erfahre, daß Sie einem einzigen Menschen erzählen, was geschehen ist, so haben Sie es mit mir zu thun! Verstanden?"

„Ich kann die heiligsten Eide geben, daß ich schweigen werde."

„Auch gegen die Baronesse?"

„Auch gegen diese."

„Aber Sie sind jedenfalls von ihr vermißt worden. Auf welche Weise werden Sie sich entschuldigen?"

„Das weiß ich noch nicht."

„Hm! Nicht wahr, Sie haben im nahen Dorfe Ihre Eltern?"

„Ja."

„Nun, Sie haben heute früh gehört, daß Ihr Vater oder Ihre Mutter krank geworden sei, und sind hingegangen. Sie kehren erst jetzt zurück. Verstanden?"

„Ja, das werde ich sagen."

„Und mir werden Sie Alles wieder sagen, was Marion spricht — jedes Wort?"

„Sehr gern!"

„Nun, ich will es glauben. Kommen Sie einmal her!"

Er zog sein Taschentuch hervor und verband ihr die Augen.

„Haben Sie keine Angst, es geschieht Ihnen nichts," sagte er dabei. „Sie brauchen nicht zu sehen, welchen Weg wir gehen. Das ist die einzige Ursache, daß ich Ihnen die Augen verbinde. Kommen Sie jetzt! Ich führe Sie."

Er verriegelte die Thür und faßte sie dann bei der Hand. Sein Weg führte ihn jetzt nach dem Gartenhäuschen, aus welchem er sie in das Freie brachte. Dort führte er sie zwischen den Büschen einige Male im Kreise und nahm ihr dann das Tuch wieder von den Augen weg.

„So," sagte er. „Jetzt sind Sie frei. Gehen Sie an Ihre Arbeit und schweigen Sie."

Sie entfernte sich, so schnell es nur möglich war. Der Graf war natürlich mit ihnen gegangen. An ihn wendete sich der alte Capitän:

„Was sagen Sie dazu?"

„Eine Dummheit von uns, sogar eine sehr große."

„Wieso?"

„Wir hätten uns überzeugen sollen, ob wir auch wirklich Marion hatten. Aber Sie bestanden ja darauf, kein Licht sehen zu lassen. Ich bin nicht schuld."

„Ich auch nicht. Wer konnte ahnen, daß Marion auf die ganz und gar ungewöhnliche Idee kommt, die Zofe in ihrem Zimmer schlafen zu lassen!"

„Mir auch eine ganz unbegreifliche Idee."

„O, nicht nur unbegreiflich, sondern sogar verdächtig."

„Verdächtig? Wieso?"

„Hm! Eine Baronesse pflegt ihr Lager nicht ohne ganz besondere Gründe ihrer Dienerin zu überlassen."

„So ist es unsere Aufgabe, diese Gründe zu erfahren."

„Das werden wir. Für jetzt freilich können wir nichts als nur Vermuthungen hegen."

„Ich habe keine Ahnung. Oder, sollte Marion vielleicht eine Ahnung gehabt haben?"

„Wovon?"

„Von unserem Vorhaben."

„Wie wäre das erklärlich?"

„Das weiß ich freilich nicht. Es wird Ihre Sache sein, das zu erfahren, lieber Capitän."

„Ich werde mich sofort erkundigen. Kommen Sie!"

„Wohin? Nach dem Schlosse?"

„Ja. Natürlich!"

„Danke bestens! Ich habe keine Lust, mein zerfetztes Gesicht öffentlich sehen zu lassen, bevor es wenigstens einigermaßen wieder heil geworden ist."

„Sie denken, wir kehren durch den unterirdischen Gang zurück."

„Ja; ich bitte darum."

„Gut; der Umweg ist ja nicht so groß."

Sie verschwanden mit einander wieder im Gartenhäuschen.

Marion befand sich auf ihrem Zimmer, als die Zofe zurückkehrte. Als sie das Mädchen erblickte, wußte sie sofort, daß der alte Capitän sich nach dem Gewölbe begeben hatte, um Erklärung zu suchen.

„Ich habe nach Dir geklingelt und Dich gesucht," sagte sie im Tone des Vorwurfes.

„Verzeihung," antwortete die Zofe. „Ich erhielt kurz nach meinem Erwachen die Nachricht, daß meine Mutter unwohl sei."

„So bist Du jetzt zu Hause gewesen?"

„Ja."

„Bis wann hast Du hier geschlafen?"

„Bis ungefähr nach fünf Uhr."

„Es ist gut. Du hast Deine Pflicht als Kind thun müssen."

Das Mädchen war außerordentlich froh, glimpflich davon gekommen zu sein. Marion aber war weit entfernt, an die vorgebrachte Entschuldigung zu glauben. Nur befand sie sich über das einzuschlagende Verfahren im Unklaren. Daher begab sie sich nach Müllers Wohnung. Es gelang ihr, unbemerkt dorthin zu gelangen.

Müller saß an seinem Tische und arbeitete. Er schrieb an einem fingirten militärischen Gutachten, welches er mit Hilfe seines Großvaters in die Hände des vermeintlichen Malers Haller zu spielen gedachte. Als Marion bei ihm eintrat, erhob er sich in sichtlicher Ueberraschung vom Stuhle.

„Sie, mein Fräulein?" fragte er.

„Ja, ich. Ich muß mir Verhaltungsmaßregeln holen."

„Wegen unsers Erlebnisses?"

„Ja."

„Das ist gefährlich. Der Capitän kann uns hier beobachten."

„Kann er auch hören, was wir sprechen?"

„Deutlich vielleicht nicht."

„Nun, so denke ich, daß wir es wagen können."

„Wollen es versuchen. Bitte, sich zu placiren! Wir nehmen ein Buch in die Hand und geben uns den Anschein, als ob wir uns über den Inhalt desselben unterhalten."

Er griff nach einem Buche, öffnete dasselbe und fragte, ohne das Auge von den Zeilen zu verwenden:

„Welche Verhaltungsmaßregeln meinten Sie, gnädiges Fräulein?"

„Betreffs der Zofe, welche soeben zurückgekehrt ist."

„Ah, er hat sie befreit."

„Das war leicht zu denken."

„Was sagte sie?"

„Sie gab vor, bis nach fünf Uhr geschlafen zu haben. Dann hat sie die Nachricht erhalten, daß ihre Mutter, welche im nahen Dorfe wohnt, erkrankt sei. Dorthin sei sie gegangen."

„Diese Aussage ist ihr vom Capitän eingegeben worden."

„Ganz gewiß."

„Was haben Sie dazu gesagt?"

„Ich habe gethan, als glaube ich es."

„Das war vielleicht das Richtige."

„Sie meinen also nicht, daß ich merken lasse, daß ich weiß, wo sie sich befunden hat?"

„Man möchte allerdings gern erfahren, welcher Art ihre Unterhaltung mit dem Capitän gewesen ist; aber es ist jedenfalls für uns vortheilhafter, so zu thun, als ob wir gar nichts wissen."

„Auch wenn der Capitän mich wieder fragt?"

„Er hat sie bereits gefragt?"

„Ja. Er verlangte, zu wissen, wo ich mich während dieser Nacht befunden habe."

„Welche Auskunft gaben Sie?"

„Ich antwortete: In Sicherheit."

„Das war ein Wenig zweideutig. Es erlaubt ihm, zu ahnen, daß Sie von seinem Plane gewußt haben."

„So war es wohl ein Fehler?"

„Nein. Er befindet sich doch im Zweifel, und das ist gut für uns. Ein Mensch, der nicht weiß, woran er ist, wird auch nicht wissen, wie er sich zu verhalten hat. Uebrigens war der Augenblick, an welchem Sie eintraten, für mich ein geradezu unbezahlbarer."

„Für mich ebenso. Aber, nun befinde ich mich doch wohl ganz noch in derselben Gefahr!"

„Für heute, morgen und übermorgen nicht; dafür werde ich Sorge tragen, gnädiges Fräulein. Ich hoffe, daß Sie dieser meiner Versicherung Glauben schenken."

„Ganz gern, Monsieur. Ich habe Sie als einen Mann kennen gelernt, welcher weiß, was er spricht. Jetzt aber muß ich mich zurückziehen. Ich möchte nicht weniger vorsichtig sein als Sie es sind."

Sie reichte ihm die Hand, welche er an seine Lippen führte; dann entfernte sie sich. Das geschah gerade zur richtigen Zeit; denn kaum hatte sie ihr Zimmer erreicht, so trat der Capitän bei ihr ein. Das war um so auffälliger, als es außerordentlich selten zu geschehen pflegte, daß er sich persönlich zu ihr bemühte.

Sein Blick flog scharf und forschend im Zimmer umher. Dann setzte er sich nieder und fixirte sie mit finsterem, unfreundlichem Blicke. Sie blieb stehen und hielt seinen Blick ruhig aus, ohne mit der Wimper zu zucken.

„Du wunderst Dich, mich hier zu sehen?" begann er.

„Beinahe," antwortete sie.

„Es ist allerdings kein gutes Zeichen, wenn man gezwungen ist, Denjenigen, welche zu gehorchen haben, nachzulaufen."

„O, ich denke, daß ich zu jeder Zeit zur Verfügung stehe!"

„Ganz das Gegentheil! Warum gingst Du so schnell, als ich im Speisesaal mit Dir zu sprechen hatte?"

„Weil ich glaubte, daß unsere Unterredung zu Ende sei."

„Sie sollte erst beginnen."

„Davon hatte ich freilich keine Ahnung. Der Gegenstand schien erschöpft zu sein."

„Mit nichten. Ich wollte wissen, wo Du Dich während dieser Nacht befunden hast."

„Wer sagt Dir, daß ich nicht bei mir gewesen bin?"

„Ich habe erfahren, daß Deine Zofe bei Dir geschlafen hat!"

„Ah, Du fragst die Zofe nach der Herrin aus? Das ist ein Verhalten, welches ich rügen muß. Nur im Bauernstande pflegt es vorzukommen, daß die Herrschaft sich auf diese Weise mit dem Gesinde in's Einvernehmen setzt."

Seine Brauen zogen sich zusammen, und die Spitzen seines Schnurrbartes stiegen empor. Er zeigte die langen, gelben Zähne und stieß dann hervor:

„Was? Rügen? Rügen willst Du mein Verhalten? Du?"

„Allerdings!"

„Mädchen, was fällt Dir ein! Du überschätzest Dich bedeutend. Du weißt nicht, mit wem Du sprichst!"

„Ich kenne Dich lange genug, um dies wissen zu können!"

„Und dennoch irrst Du Dich gewaltig. Du schlägst seit einiger Zeit einen Ton an, den ich mir sehr streng verbitten muß!"

„Weil Du stets gewohnt warst, diesen Ton allein für Dich als Monopol in Anspruch zu nehmen. Du sagst, daß ich mich überschätze? Vielleicht ist das bei Dir in noch viel höherem Grade der Fall. Was hast Du mir noch zu sagen?"

„Zunächst will ich wissen, wo Du während der verflossenen Nacht gewesen bist."

„Darüber bin ich Dir nicht Rechenschaft schuldig!"

Da sprang er von seinem Sessel auf und rief:

„Donnerwetter! Das bietest Du mir?"

„Ja," antwortete sie ruhig.

„So? Ah! Schön! Weißt Du, wer hier Herr und Meister ist?"

„Der Baron de Sainte-Marie, nicht aber der Capitän Richemonte."

„Ich bin der Vater des Barons, Dein Großvater!"

„Beweise mir diese Verwandtschaft!"

Er war beinahe starr vor Erstaunen.

„Mädchen," knirschte er, „bist Du verrückt?"

Sie wendete sich mit einer unbeschreiblichen Handbewegung ab und sagte:

„Brechen wir ab! Ich sehe, daß Du nicht einmal weißt, in welcher Weise man mit einer Dame zu verkehren hat. Du gefällst Dir seit einiger Zeit ganz in dem Betragen eines Plebejers, den man nur bemitleiden kann."

Da ergriff er sie beim Arme und sagte in einem Tone, welcher beinahe pfeifend erklang:

„Ja, ja, Du bist verrückt, sonst könntest Du so Etwas nicht wagen. Aber ich bin der Mann, Dich zu zähmen! Also Du sagst nicht, wo Du gewesen bist?"

„Nein!"

„Dein Bräutigam will es wissen!"

„Ich habe keinen Bräutigam. Nimm Deine Hand von meinem Arme!"

„O nicht doch! Ich werde Dich festhalten und sogar züchtigen, wenn Du bei diesem Tone bleibst!"

„Gut! Schlagen wir einen anderen Ton an!"

Ehe er es zu verhindern vermochte, ergriff sie den Glockenzug und läutete, daß man es fast durch alle Corridore zu hören vermochte. Man hörte sofort Thüren öffnen.

„Ah, dieses Mal gelingt Dir es noch!" sagte er. „Ich will den Eclat vermeiden; darum gehe ich; das nächste Mal aber bin ich der Sieger! Richte Dich darauf ein!"

Er ging.

„Es ist Nichts! Packt Euch zum Teufel!" herrschte er der durch das Läuten herbeigerufenen Dienerschaft entgegen.

Dann begab er sich nach seinem Zimmer, in einer Aufregung, welche er kaum zu bemeistern vermochte.

Unterdessen hatte Müller seine Arbeit beendet. Er war noch über dem Einsiegeln derselben, als sein Blick zufällig durch das Fenster fiel. Er gewahrte draußen an der Linde das mit dem Wachtmeister verabredete Zeichen.

„Fritz wieder da!" sagte er erfreut. „Er hat mit mir zu sprechen. Das ist schön. Er kann mir gleich diese Arbeit nach der Post bringen."

Sein Auge glitt von der Linde nach dem Schlosse zurück. Da gewahrte er einen Wagen, welcher sich dem Thore näherte. In demselben saßen Madelon und Nanon, die beiden Schwestern.

„Da kommen sie," dachte er. „Die Gegenwart von dieser Madelon kann mir von Nachtheil sein. Ich werde mich vorerst gar nicht von ihr sehen lassen."

Er wartete, bis die Beiden ausgestiegen und in das Gebäude getreten waren; dann begab er sich durch den Park in den Wald. An der verabredeten Stelle trat ihm Fritz entgegen.

„Grüß Gott, Herr Doctor!" sagte er. „Ich komme, meine Wiederkehr pflichtschuldigst zu melden."

„Schön! Ich dachte, Du würdest länger bleiben. Wie ist es Dir ergangen?"

„Sehr gut mit Abenteuern."

„Abenteuer? Das klingt verheißungsvoll. Komm, und erzähle mir."

Sie schritten mit einander tiefer in den Wald hinein und Fritz berichtete seine Erlebnisse. Am Schlusse langte er in die Tasche und zog einige Papiere hervor.

„Hier sind die Notizen, welche ich mir in der Pulvermühle bei Schloß Malineau gemacht habe."

„Danke! Du denkst also, daß sie für uns wichtig sind?"

„Jedenfalls. Ich habe zum Beispiele daraus ersehen, daß es die letzte Pulverladung ist, welche der Capitän empfängt."

„Das beweist, daß er mit seinem Arrangement fast zu Ende ist. Wir müssen uns also sputen!"

„Gewiß! Ist er gesund?"

Der Sprecher blinzelte bei dieser Frage sehr bezeichnend mit den Augen.

„Ich habe nicht gehört, daß er sich unwohl fühlt."

„Dann haben Sie Ihr Versprechen gehalten."

„Natürlich! Ich wollte diese unterirdischen Gänge nicht vor Deiner Rückkehr untersuchen. Nun aber werde ich nicht länger zögern. Der Alte soll schon heute die Tropfen erhalten."

„Ist das nicht schwierig?"

„Nein. Er pflegt sich nach Tische ein Glas Absynth kommen zu lassen. Er erhält dabei immer ganz dasselbe Glas, welches auf dem Büffet steht. Die Tropfen sind ihm also gewiß."

„Ob sie wohl heute noch wirken werden?"

„Das werden wir erfahren. Komme nach elf Uhr wieder hierher an diese Stelle. Du wirst mich treffen."

Er kehrte nach dem Schlosse zurück. Dort erfuhr er, daß der Capitän heute, wie so oft, in seinem Zimmer speisen werde. Als er sich zur Tafel nach dem Speisesaal begab, that er das um einige Minuten früher als gewöhnlich. Nanon und Madelon befanden sich bereits dort. Die Erstere kam ihm freudig entgegen und sagte:

„Sie sehen, daß ich wieder eingetroffen bin, Herr Doctor. Hier meine Schwester, die Sie ja an der Unglücksstelle bereits gesehen haben."

Er und Madelon verbeugten sich sehr förmlich vor einander, ganz so, als ob sie sich im Leben noch nie begegnet seien. Aber im Laufe der Unterhaltung erhaschte sie einen passenden Augenblick und raunte ihm zu:

„Keine Sorge! Sie haben Nichts zu befürchten!"

Das beruhigte ihn. Nach der Tafel, während man sich noch unterhielt, befand er sich stets in der Nähe des Büffets. Er nahm sich ein Glas Wein und benutzte diese Gelegenheit, diese vierzig Tropfen in das Glas des Alten fallen zu lassen.

Als dann der Diener eintrat, mit einem kleinen Präsentirteller in der Hand, wußte er, was dieser wollte. Er schenkte sich selbst einen Absynth ein und fragte dann wie so nebenbei:

„Ein Glas auch für den Herrn Capitän?"

„Ja, Herr Doctor!"

„Hier!"

Der Diener nahm das Glas und entfernte sich mit demselben.

Nun begann eine Zeit des Wartens für Müller. Er hörte, daß Marion nach Thionville sei, um ihre neue Freundin Harriet de Lissa zu besuchen. Auch der Amerikaner hatte das Schloß verlassen, vielleicht zu demselben Zwecke. Der Abend war nahe; da entstand ein sehr bemerkbares Hin- und Herlaufen in den Corridoren, und dann verließ ein Reitknecht das Schloß, um im Galopp auf der Straße nach Thionville hinzufegen. Müller verließ sein Zimmer und erkundigte sich, was das zu bedeuten habe.

„Der Herr Capitän ist plötzlich erkrankt," antwortete der Diener, an den er sich gewendet hatte.

„Was fehlt ihm?"

„Er hat einen Krampfanfall."

„Heftig?"

„O nein. Aber er scheint nicht sprechen und sich auch kaum bewegen zu können."

„O weh! Das klingt ja ganz und gar gefährlich!"

Da räusperte sich der Mann und sagte leise:

„Hm! Ich wollte, daß es gefährlich wäre!"

„Pst! Um Gotteswillen!"

„O, Sie werden mich nicht verrathen, Herr Doctor. Aber an dem Alten würden wir doch nur unseren Peiniger verlieren."

Nach angemessener Zeit kehrte der Diener zurück. Doctor Bertrand kam mit ihm und begab sich sogleich zu dem Patienten. Er untersuchte den Letzteren und erklärte den Anfall für zwar heftig, aber keineswegs für gefährlich. Er blieb zum Abendessen da. Als er im Speisesaal erschien, wurde er mit Fragen bestürmt.

„Haben Sie keine Sorge," antwortete er. „Es handelt sich um eine Krampfesart, welche keineswegs gefährlich ist."

„Aber er kann bereits nicht mehr sprechen," sagte die Baronin, welche es für angezeigt hielt, eine Besorgniß zu zeigen, welche sie aber keineswegs auch wirklich empfand.

„Er wird die Sprache wiederfinden."

„Und die Bewegung hat er verloren."

„Er wird lernen, sich wieder zu bewegen. Ich kenne diese Krankheit sehr genau und kann Sie vollständig beruhigen. Der Herr Capitän wird zwei Tage und zwei Nächte lang unbeweglich liegen und dann wie aus einem tiefen Schlafe erwachen. Ich gebe Ihnen mein Wort darauf."

Er warf dabei auf Müller einen Blick, der diesem sagte, daß diese Worte besonders an ihn gerichtet seien, um ihn zu benachrichtigen, daß er von jetzt an zwei Tage lang freie Hand habe, nach Belieben zu schalten und zu walten.

Daher begab sich der Erzieher zu der angegebenen Zeit in den Wald, wo Fritz seiner bereits wartete.

„Guten Abend!" sagte der Letztere. „Er hat die Tropfen!"

„Ja."

„Und sie haben sehr gut gewirkt!"

„Woher weißt Du das?"

„Der Arzt wurde geholt; das genügt, um zu wissen, woran man ist. Wie steht es, Herr Doctor? Wann beginnen wir unsere Entdeckungsreise?"

„Sogleich."

„Ah, das ist gut! Haben Sie Alles mit?"

„Natürlich. Wir steigen in dem Gartenhäuschen ein."

Das geschah. Sie gelangten unter das Häuschen, da wo rechts sich der Gang nach dem Schlosse zog und links eine verschlossene und verriegelte Thür zu sehen war.

Sie hatten die Laternen angebrannt und Fritz blickte neugierig in den dunklen Gang hinein.

„Hier muß es nach dem Schlosse gehen! Nicht?" fragte er.

„Ja."

„Schlagen wir diese Richtung ein?"

„Nein. Ich habe diesen Theil der Geheimnisse bereits studirt. Jetzt muß ich wissen, was sich hinter dieser Thür verbirgt."

„Werden wir öffnen können?"

„Ich hoffe es. Wir haben ja die Hauptschlüssel."

Er probirte und wirklich, es ging. Sie sahen, nachdem sie geöffnet hatten, einen Gang vor sich, welcher ganz dieselbe Beschaffenheit mit demjenigen hatte, der nach dem Schlosse führte. Sie schlossen die Thür hinter sich wieder zu und schritten dann langsam vorwärts.

Nach einiger Zeit bemerkten sie zur Seite eine Thür und dann wieder eine.

„Was mag da drin stecken?" fragte Fritz.

„Das werden wir später erfahren."

„Warum nicht jetzt?"

„Ich will mich vorerst nicht bei Details aufhalten. Ich muß vielmehr vor allen Dingen mich über die Lage, Natur und Richtung der Gänge unterrichten. Komm weiter!"

Sie erblickten mehrere Thüren, ohne aber eine derselben zu öffnen. Nach einiger Zeit erreichten sie einen großen viereckigen Raum, in welchem der Gang durch einen zweiten rechtwinklig durchkreuzt wurde.

„Das ist's was ich suche!" sagte Müller. „Wie es scheint, hat mich meine Ahnung nicht getäuscht."

„Wegen der Richtung dieser Gänge?"

„Ja. Gerade aus kommen wir jedenfalls nach dem Waldloche, welches wir bereits kennen, rechts nach der Ruine, in welcher Du fast ergriffen worden wärst und links nach dem alten Thurme, wo der Geist der todten Baronin sein Wesen treibt."

„Wie gehen wir da?"

„Zunächst gerade aus."

Sie thaten das, konnten aber bereits nach kurzer Zeit stehen bleiben. Müller beleuchtete eine der hier befindlichen Thüren und sagte:

„Die kommt mir bekannt vor. Hinter dieser Thür haben wir die Schlüssels gefunden oder vielmehr annectirt. Laß uns einmal sehen."

Er schloß auf und sie traten ein. Sie schritten zwischen den Kisten hindurch nach dem Hintergrunde, wo Müller die dort befindliche Thür aufriegelte.

„Ja, ich irre mich nicht," sagte er. „Hier liegen leere Säcke."

„Sie sind leer?" Wozu liegen sie dann hier?"

„Um Marion als Lager zu dienen."

„Mademoiselle Marion? Sollte die hier liegen?"

„Ja. Der Capitän wollte an ihr eine Gewaltthat begehen, die ich aber verhindert habe. Ich werde Dir noch davon erzählen. Wir wollen jetzt nach dem Kreuzgang zurückkehren."

Als sie diesen erreichten, wendeten sie sich links. Auch dieser Gang war ganz genau wie der vorige — rechts und links Thüren, welche sie aber jetzt noch nicht öffneten. Endlich standen sie vor einer Thür, welche ihnen gerade entgegen stand. Auch hier paßte einer der Schlüssel.

Als sie eintraten, sah Fritz sich um und sagte sogleich:

„Ja, Sie haben Recht. Hier ist die Ruine."

„Kennst Du Dich aus?"

„Es ist der Saal, in welchem ich beinahe erwischt worden wäre. Ich irre mich nicht."

„So können wir zunächst wieder umkehren, um den vierten Gang zu untersuchen, welcher meines Erachtens nach dem alten Thurme führt."

Als sie diesen Gang erreichten, fanden sie vorerst nichts, was ihn von den anderen unterschieden hätte. Bald aber zweigte sich nach rechts ein zweiter Stollen ab.

„Gehen wir da hinein?" fragte Fritz.

„Ja. Wenn mich meine Berechnung nicht täuscht, führt er nach der Richtung, in welcher der Steinbruch liegt. Wollen einmal sehen."

Sie hatten eine ziemliche Strecke zurückzulegen, ohne daß sie eine Thür bemerkten; dann war der Gang plötzlich verschüttet.

„Ah, das ist schade!" sagte Fritz. „Nun können wir nicht weiter."

„Ich möchte doch behaupten, daß wir uns gar nicht weit entfernt vom Steinbruche befinden. Doch laß uns nun den Hauptgang wieder verfolgen."

Sie kehrten zurück und schritten weiter in denselben hinein. Hier gab es wieder Thüren rechts und links. Plötzlich blieb Fritz stehen, ergriff seinen Herrn am Arme und hielt ihn fest.

„Pst!" warnte er.

Sofort verschwand die Laterne in Müllers Tasche, so daß es vollständig dunkel war.

„Was giebt es?" fragte der Letztere.

„Mir war es, als wenn Jemand gesprochen hätte."

„Wo?"

„Da vorn, vor uns."

„Ich habe nichts gehört."

„Ich kann mich getäuscht haben, aber horchen wir!"

Sie verhielten sich vollständig ruhig und bewegungslos. Wirklich, nach kurzer Zeit drangen Töne an ihr Ohr, welche nur von einer menschlichen Stimme hervorgebracht werden konnten und die von einem taktmäßigen Klopfen begleitet wurden.

„Hören Sie jetzt?" fragte Fritz.

„Ja. Sogar ganz deutlich. Laß uns vorsichtig weiter schleichen!"

Je weiter sie kamen, desto vernehmlicher wurde die Stimme. Zuletzt erblickten sie einen schmalen Lichtstreifen, welcher aus einer nicht ganz zugemachten Thür zu kommen schien.

„Das ist kein Mann, sondern ein weibliches Wesen," bemerkte Fritz.

„Du hast Recht; ich höre es auch. Kannst Du ahnen, wer es vielleicht ist?"

„Nein."

„Wir befinden uns jedenfalls in der Nähe des alten Thurmes."

„Ganz gewiß."

„Nun, welches weibliche Wesen giebt es dort?"

„Sapperment! Liama?"

„Ich vermute, daß sie es ist."

„Wenn das wäre! So hätten wir endlich den Geist greifbar in den Händen!"

„Laß uns weiter gehen! Aber mache ja kein Geräusch."

Sie erreichten die Thürspalte. Müller blickte hinein. Er stand am Eingange eines ziemlich großen Gemaches, in welchem sich ein Bett, ein Tisch und ein Stuhl befand. Eine sehr einfache Oellampe hing an einem Drahte von der Decke herab und beleuchtete eine weiß gekleidete weibliche Gestalt, welche am Boden saß und damit beschäftigt war, Maiskörner auf einem Steine zu zerklopfen. Dieses Klopfen geschah im Takte und dazu erklangen aus dem Munde dieser Gestalt die Worte:

„Im Namen Gottes, des Allbarmherzigen! — Der Klopfende! Wer ist der Klopfende? Wer lehrt Dich begreifen, was der Klopfende ist? An jenem Tage werden die Menschen sein, wie umhergestreute Motten und die Berge wie verschiedenfarbige gekämmte Wolle. Der nun, dessen Wagschale mit guten Werken schwer beladen ist, der wird ein Leben in Vergnügen führen, und der, dessen Wagschale zu leicht befunden wird, dessen Wohnung wird der Abgrund der Hölle sein. Wer aber lehrt Dich begreifen, was der Abgrund der Hölle ist? Es ist das glühendste Feuer!"

Diese Worte waren die einhundertunderste Sure des Kuran, welche die muhammedanischen Frauen beim Klopfen der Fruchtkörner abzusingen pflegen.

Auch Fritz betrachtete die Arbeitende.

„Kennst Du sie?" fragte Müller.

„Ganz genau."

„Nun?"

„Es ist dieselbe, welche uns erschien, als wir das Grab geöffnet hatten."

„Also Liama. Auch ich erkenne sie wieder."

„Welch eigenthümliche Kleidung."

„Es ist diejenige der Beduinenfrauen."

„Dieses Weib muß einst schön, sehr schön gewesen sein."

„Ja. Sie besitzt die Züge Marion's, ihrer Tochter."

„Was thun wir? Treten wir ein?"

„Wir erschrecken sie."

„Hm! Aber unbenutzt können wir diese Entdeckung doch nicht lassen."

„Keineswegs. Gehen wir eine Strecke zurück. Dann kommen wir mit lauten Schritten näher."

Sie thaten das. Sobald ihre Schritte hörbar wurden, öffnete sich die Thür und Liama erschien unter derselben.

„Kommst Du heute schon wieder?" fragte sie. „Laß mich doch ruhig weinen und in Frieden beten."

„Sallam aaleïkum — Friede sei mit Dir!" antwortete Müller.

„Aaleïkum sallam — mit Dir sei Friede!" entgegnete sie. „Aber wessen Stimme ist das? Ich habe sie noch nie gehört."

„Es ist die Stimme Deines Erretters, welcher Dich der Freiheit und dem Lichte der Sonne wiedergeben will."

„Tritt näher."

Sie trat in das erleuchtete Gemach zurück, und Müller folgte ihr. Fritz blieb noch draußen im Gange stehen. Sie betrachtete ihn aufmerksam und sagte dann:

„Deine Augen sind die Augen der Güte, und in Deinem Gesichte steht geschrieben das Wort von der Wahrheit. Dein Herz kennt nicht die Täuschung, und Dein Mund redet keine Lüge. Was bringst Du mir?"

„Die Freiheit."

„Behalte sie für Dich!"

„Das Glück."

„Liama kann nie wieder glücklich sein."

„Die Seligkeit."

„Die Seligkeit wird Liama nicht hier auf Erden finden, sondern erst nach dem Tode. Bist Du von ihm gesandt?"

„Wen meinst Du?"

„Den alten Weißbart, dem Alle gehorchen müssen."

„Nein, er ist es nicht, der mich sendet."

„Weiß er, daß Du Dich hier befindest?"

„Nein."

„So fliehe eilends fort von hier, sonst bist Du verloren. Er ist voller Macht und Grausamkeit!"

„Ich fürchte ihn nicht!"

„Und ich ermahne Dich, ihn zu fürchten, sonst wird er Dich verschlingen, wie der Panther das unschuldige Lamm verschlingt!"

Sie winkte ihm, fortzugehen. Er aber trat näher und sagte:

„Du bist Liama, die Tochter der Beni Hassan?"

„Ich bin nicht Liama sondern ihr Geist."

„Dein Vater war Menalec, der Scheik Eures Stammes?"

„Er war es."

„Hast Du gekannt Saadi, den Liebling Allahs und seines Propheten?"

Da richtete sie sich auf und antwortete:

„Ob ich ihn gekannt habe! Er war meine Seligkeit, und ich ging in die Hölle, um ihn zu retten."

„Er ist todt!"

„Nein, er lebt. Saadi kann nicht sterben."

„Und kennst Du Marion, die Enkelin der Beni Hassan?"

„Marion? Ja, ich kenne sie!"

Sie faltete die Hände, blickte flehend zu Müller herüber und fragte:

„Hast Du sie gesehen?"

„Ja, ich sehe sie täglich."

„Spricht sie auch mit Dir?"

„Wir sprechen oft, sehr oft mit einander."

„Kennt sie noch den Namen ihrer Mutter?"

„Sie kennt ihn und spricht ihn stündlich aus."

„Allah sagen sie! Sie sollte sterben. Um sie zu retten, ist Liama ein Geist geworden. Liama lebt nicht mehr; sie ist todt. Aber ihre Tochter lebt und wird glücklich sein."

„Deine Tochter weiß, daß Du nicht gestorben bist!"

„Um Allah's willen, sie darf es nicht erfahren!"

„Sie weiß es bereits."

„So soll sie es keinem Menschen sagen."

„Sie hat große Sehnsucht, Dich zu sehen und mit Dir zu sprechen."

„Ich darf nicht mit ihr sprechen. Ich habe geschworen beim höchsten Himmel und bei der tiefsten Hölle, meine Tochter nicht zu sprechen, nie wieder im ganzen Leben."

„Wem hast Du es geschworen."

„Malek Omar."

„Dem Manne mit dem grauen Barte?"

„Ja. Er hat das Leben meiner Tochter in seiner Hand. Sie soll nicht sterben, sondern leben bleiben."

„Er kommt und bringt mir Speise und Trank."

„Kommen auch andere Männer zu Dir?"

„Es kommen ihrer viele, und ich beschütze sie."

„Kennst Du auch Abu Hassan, den Zauberer?"

„Ich kenne ihn. Er ist alt und grau geworden; ich habe ihn gesehen an meinem Grabe."

Liama war jedenfalls ihrer Geisteskräfte nicht mehr vollständig Herr. Was Müller jetzt von ihr erfuhr, das gab ihm eine furchtbare Waffe gegen Richemonte in die Hand.

„Wie bist Du in diese Höhle gekommen?" fragte er.

„Ich habe sie mir selbst gewählt."

„Man hat Dich nicht gezwungen?"

„Nein. Ich bin todt und wohne unter meinem Grabe."

„Willst Du nicht leben, leben und glücklich sein?"

„Ich bin todt. Ich bin glücklich, wenn mein Kind lebt."

„Darf ich mir Deine Wohnung betrachten?"

Er bemerkte nämlich eine Thür, welche weiter führte. Seine Frage brachte einen ganz unerwarteten Eindruck hervor. Sie sprang an die Thür, stellte sich vor dieselbe und rief:

„Zurück! Zurück! Wer diesen Eingang erzwingen will, der muß eines fürchterlichen Todes sterben und ich mit ihm!"

Müller ahnte, daß diese Thür die Verbindung mit dem Grabe und dem Thurme herstellte. Er hätte gar zu gern das Geheimniß kennen gelernt, aber er hütete sich, dem armen Weibe zu schaden. Darum sagte er in beruhigendem Tone:

„Ich will ihn nicht erzwingen. Ich fragte Dich nur."

„Frage auch nicht! Ich darf Dir nicht antworten, denn ich habe es geschworen. Verlaß mich! Ich will allein sein."

„Darf ich nicht wiederkommen?"

„Nein, jetzt nicht."

„Auch nicht später?"

„Vielleicht. Sage mir dann, was meine Tochter mit Dir vom Geiste ihrer Mutter spricht."

„Ich werde Dir Alles mittheilen."

„Aber laß es Dem mit dem grauen Barte nicht wissen!"

„Nein. Wirst Du es ihm sagen, daß ich hier gewesen bin?"

„Nein, denn sonst würde er Dich erwürgen. Nun aber gehe! Allah sei mit Dir!"

Sie schob ihn zur Thür hinaus und verriegelte sie dann von innen. Fritz war von ihr gar nicht gesehen worden. Die beiden Männer tappten sich im Dunkeln fort und Müller zog erst dann die Laterne hervor, als sie den Kreuzgang erreicht hatten. Auch hier erst begann er zu sprechen.

„Hast Du Alles gehört?" fragte er.

„Alles!"

„Welch eine Entdeckung! Welche Waffe gegen den Capitän giebt sie mir in die Hand."

„Er ist verloren, sobald Sie wollen."

„Ja, aber ich darf noch nicht wollen."

„Warum nicht? Solches Ungeziefer muß man sofort vertilgen. Es leben zu lassen, ist Sünde."

„Und dennoch darf ich nicht — meines Vaters wegen."

„Ihres Vaters wegen?" fragte Fritz ganz erstaunt.

„Ja."

„Der ist wohl jedenfalls todt."

„Nein; er lebt."

„Himmel! Wo sollte er sein?"

„Hier in diesen Gewölben."

Der gute Fritz machte ein Gesicht, als ob er überzeugt sei, daß er jetzt seinen Verstand verlieren werde.

„Hier in diesen Gewölben? Kreuzmillionendonnerwetter! So muß er heraus und zwar sofort! Wo steckt er denn? Die Schlüssels haben wir!"

„Noch kann ich das nicht sagen. Daß er hier ist, vermuthe ich überhaupt; gewiß ist es noch nicht. Und befindet er sich hier, so sind wir ihm gerade in diesem Augenblicke jedenfalls sehr nahe. Laß uns hier an diesem Orte einmal suchen, ob wir ein verborgenes Gefängniß zu entdecken vermögen!"

Er erinnerte sich genau der Worte, welche der kranke Baron im Speisesaale gesprochen hatte. Hier dieser Kreuzgang war der Mittelpunkt aller Gewölbe; hier mußte sich der Gesuchte finden, wenn er überhaupt sich hier befand.

Die Beiden forschten und boten allen ihren Scharfsinn auf, allein vergebens. Es war nichts zu entdecken.

„Wir haben ja noch keine einzige der vielen Thüren geöffnet," sagte Fritz. „Vielleicht ist er da irgendwo versteckt!"

„Das glaube ich nicht. Aber wissen müssen wir freilich, was sich hinter diesen Thüren befindet. So wollen wir also einmal nachforschen."

Sie gingen von Gang zu Gang, von Thür zu Thür. Diese Letzteren waren alle mittelst der Schlüssel zu öffnen. Es gab da Raum an Raum, und alle die Räume waren mit Waffen und Munition angefüllt. Das machte auf die beiden Eindringlinge einen beinahe bewältigenden Eindruck.

Wie viele Menschenleben sollten durch diese Vorräthe zu Grunde gehen! Nein, das durfte nicht geschehen!

„Ehe ich zugebe, daß die Franzosen sich dieser Waffen bedienen können, würde ich den ganzen Kram in die Luft sprengen," sagte Fritz.

„Das ist auch meine Ansicht. So viel an mir liegt, sollen diese Gewehre und Munitionen keinem einzigen Deutschen Schaden machen. Aber weißt Du, daß der Tag gleich anbrechen wird? Es ist Zeit, Schicht zu machen. Wir haben noch einen ganzen Tag, bevor der Alte wieder gesund sein wird."

„Er sollte liegen bleiben, liegen bleiben und tausendfache Schmerzen erdulden! Warum zeigen Sie ihn nicht an?"

„Weil ich meinen Vater suche, welcher vielleicht elend verhungern und verschmachten müßte, wenn der Capitän gefänglich eingezogen würde."

„Ah so! Das begreife ich. Aber Liama? Was wird mit dieser?"

„Hm! Ich werde sie einstweilen lassen müssen, wo sie ist."

„Und auch Niemandem Etwas von ihr sagen?"

„Keinem Menschen."

„Aber doch wenigstens ihrer Tochter?"

„Auch dieser nicht. Ich würde voraussichtlich ihr und der Mutter schaden. Ehe ich handle, muß ich sämmtliche Geheimnisse dieser unterirdischen Gewölbe kennen. Dann wird der ganze Bau des Alten in einem einzigen Augenblicke zusammenbrechen. Wehe ihm, wenn ich einmal mit ihm abzurechnen beginne!"

Es vergingen einige Tage. Die Voraussage des Arztes zeigte sich als wohl begründet. Nach zwei Tagen erwachte der Capitän, fühlte sich doch aber so angegriffen, daß er sich noch gar nicht sehen ließ. Das äußere Leben ging seinen ruhigen Gang, scheinbar ohne eine Aenderung hervor zu bringen. Aber die tiefer liegenden Pulse klopften heimlich und da gab es denn stille Entwickelungen, von denen Niemand Etwas zu bemerken schien.

Marion verkehrte täglich mit Harriet de Lissa, und der Amerikaner suchte ebenso gern das Haus des Arztes auf. Er wurde mit unwiderstehlicher Gewalt von der vermeintlichen Engländerin angezogen und es wollte ihm vorkommen, als ob sie seine Nähe nicht ungern empfinde.

So war er auch heute gekommen, sie zu sehen. Er hörte, daß sie sich im Garten befinde und begab sich dorthin. Er fand sie in einer offenen Weinlaube sitzen, welche ganz nahe an dem Zaune stand und erhielt die Erlaubniß, neben ihr Platz zu nehmen.

Er fühlte sich so glücklich in der Nähe des schönen Wesen. Er dachte gar nicht daran, von seiner Liebe zu sprechen, denn es war ihm ganz so, als ob sie das auch ohne Worte bereits erfahren habe.

Da kam ein kurzes, sehr dickes Männchen hinter den Gartenzäunen langsam daher. Er trug einen riesigen Calabreser auf dem Kopfe und in den Händen eine Mappe und einen Feldstuhl.

Er schritt auf einem Rasenwege und so mochte es kommen, daß man ihn nicht hörte. Es war der gute Herr Hieronymus Aurelius Schneffke, welcher soeben von Metz gekommen war.

Indem er so, halb in Gedanken versunken, dahinschritt, zuckte er plötzlich zusammen und blieb stehen. Er hatte ein halblautes, wohltönendes Lachen gehört.

„Donnerwetter!" flüsterte er. „Dieses Lachen kenne ich."

Er horchte. Ja, jetzt hörte er auch eine weibliche Stimme sprechen.

„Die Gouvernante ist's, die Gouvernante! Das ist so fest und gewiß wie Pudding! Aber wo ist sie?"

Er trat hart an den Gartenzaun und blickte durch das Stacket.

„Bei Gott! Dort sitzt sie in der Laube, so frisch und so schön wie Blüthe und Sonnenschein. Und bei ihr sitzt — — Mohrenelement! Wer ist das?"

Er betrachtete sich den Amerikaner genau und sagte dann:

„Ja, es stimmt; es stimmt ganz genau! So ein characteristisches Gesicht kann es nicht zweimal geben. Das ist das Original des Porträts in Schloß Malineau, nur älter als das Bild. Das ist der Herr von Bas-Montagne wie er leibt und lebt! Ich werde — —"

Er wollte sich am Zaune ein Wenig emporziehen, um besser sehen zu können; aber er war zu schwer. Es krachte — die beiden Latten, welche er mit den Händen gefaßt hatte, brachen ab, und der gute Hieronymus stürzte zur Erde nieder.

Der Amerikaner hatte das Prasseln gehört. Er eilte herbei, um den Uebelthäter wo möglich zu erwischen. Er kam gerade zur rechten Zeit, um zu bemerken, daß Schneffke sich wieder vom Boden erhob.

„Herr, was suchen Sie hier?" fuhr er ihn an.

„Zaunlattenspitzen," antwortete Schneffke.

„Und die brechen Sie sich ab?"

„Ja."

„Zu welchem Zwecke denn?"

„Um auf die Erde zu fallen. Das sehen Sie ja."

„Mann, Sie scheinen mir so eine Art von Strolch zu sein."

„Freilich! Und zwar von der allerschlechtesten Sorte."

„Donnerwetter! Wollen Sie sich über mich lustig machen?"

„Nicht übermäßig viel, denn Sie sehen mir wirklich gar nicht sehr lustig aus. Wie heißen Sie denn eigentlich?"

„Ah, das ist stark! Dieser Mensch kommt her, um Zaunlatten abzureißen und fragt mich nach meinen Namen! Wie ist denn der Ihrige, he?"

„Der meinige ist einigermaßen selten. Ich bin der Thiermaler Hieronymus Aurelius Schneffke aus Berlin."

Illustrirte Unterhaltungs-Bibliothek für Familien aller Stände.
Druck und Verlag von **H. G. Münchmeyer** in Dresden und New-York.

Die Liebe des Ulanen.
Original-Roman aus der Zeit des deutsch-französischen Krieges von Karl May.
(Fortsetzung.)

10. Ulane und Zouave.

Es war Mittag, die Stunde, in welcher der gewöhnliche Bürger seine Hauptmahlzeit einzunehmen pflegt. Darum zeigten sich die sonst so belebten Straßen der Stadt ziemlich menschenleer, und selbst auf dem Marktplatze erblickte man nur einen einzigen Menschen, welcher auf ein Haus zuschritt, dessen Aeußeres darauf schließen ließ, daß die Bewohner zu den sogenannten besseren Ständen zu rechnen seien.

Er hob sein Auge zur ersten Etage empor, und sein Gesicht erhellte sich zusehens, als er eine Person bemerkte, welche an einem der mit feinen Gardinen versehenen Fenster stand.

„Endlich,“ murmelte er. „Endlich treffe ich ihn einmal daheim! Nun werde ich wohl auch endlich einmal zu meinem Gelde kommen oder doch wenigstens eine feste, bestimmte Antwort erhalten!“

Er hatte nicht bemerkt, daß die Person, als sie ihn erblickte, sofort vom Fenster zurückwich, ganz wie Jemand, der sich nicht sehen lassen will.

Der Flur des Hauses machte einen höchst vornehmen Eindruck. Er zeigte eine von korinthischen Säulen getragene, reich mit Stuccatur verzierte Decke und öffnete sich rechts auf eine breite Treppe, deren polirte Geländervasen große, glanzblätterige exotische Gewächse trugen. Oben, dem Ankömmling entgegen, war an der Doppelthür auf einem glänzenden Messingschilde in gothischen Buchstaben der Name „Franz von Wilden, Premierlieutenant,“ zu lesen.

Er drückte an den Porzellanknopf des electrischen Läutewerkes, und hinter der Thür erklang der feine, silberne Ton einer Glocke. Es war, fast möchte man den Ausdruck gebrauchen, ein Miniaturtönchen, ein Liliputzeichen, nicht als ob dasselbe einem Angehörigen des kriegerischen Standes gelte, sondern viel eher einer niedlichen, zart besaiteten Dame, für deren Gehörsnerven der Klang eines kräftigeren Tones beleidigend sein würde.

Die Thür sprang in Folge einer mechanischen Vorrichtung auf und schloß sich hinter dem Eintretenden auf dieselbe Weise wieder, ohne daß es dazu die Hilfe seiner Hände bedurft hätte.

Der Vorsaal, in welchem er sich jetzt befand, war mit feinen Kupferstichen versehen, welche Liebesscenen aus der griechischen Mythologie darstellten, während man in der Wohnung eines Offiziers viel eher Manoeuvre-, Kriegs- und Schlachtenbilder erwartet hätte. Zwei Blumentische standen voll blühender Pflanzen, welche einen feinen aber durchdringenden Duft verbreiteten. Ein Marmorschwan, welcher auf seinen schneeweißen, ausgebreiteten Flügeln eine bronzirte Muschel trug, war bereit, Visitenkarten in der Letzteren aufzunehmen, und auf mehreren niedlichen Tischchen und Consölchen erblickte man eine ganze Sammlung jener bunten Nippes, welche irgend einer barocken Idee ihr Dasein verdanken und nur als Souvenirs an gewisse Personen oder Ereignisse eine Art von Bedeutung erlangen können.

Neben dem Schwane befand sich die Thür, welche in das Vorzimmer führte. Dieses, jetzt allerdings noch nicht geöffnet, hätte viel eher für das Wohnzimmer einer Dame gehalten werden können! Die Fenster wurden verhüllt von englischen Tüllgardinen, welche sich unten noch mehrere Fuß breit auf den Smyrnateppich legten, der den ganzen Zimmerboden bedeckte. Sämmtliche Meubles waren in auffallender Zierlichkeit gehalten. Zahlreiche Toilettegegenstände bedeckten den Spiegeltisch, und auf den beiden anderen Tischen sah man nichts als aufgeschlagene Photographie-Albums, in denen man eine Heerschau über alle bedeutenden und unbedeutenden Künstler und Künstlerinnen der Gegenwart und letzten Vergangenheit halten konnte. Eine einzige Ausnahme machte ein Kistchen voll Cigarretten, in welches soeben der in diesem Vorzimmer jetzt Anwesende griff, um sich eine derselben anzubrennen.

Dieser Mann saß, bequem zurückgelehnt, in den weichen Polstern einer mit grünem Plüsch überzogenen Causeuse. Seine gegenwärtige nonchalante Haltung glich ganz derjenigen eines Mannes, welcher sich in den besten Verhältnissen weiß und gewohnt ist, an das Leben hohe Forderungen zu machen. Und doch trug er nur die Livree eines Dieners.

Diese Letztere war mäusegrau mit amaranthfarbenem Aufschlage und Vorstoß. Die schwarzen Sammethosen, welche in graue Gamaschen verliefen, waren mit breiten Silberhäfteln versehen, und silbern waren auch die Rock- und Westenknöpfe, auf denen man, rund um das freiherrliche Wappen herum, in erhabener Schrift die Devise „Noblesse éternellement" lesen konnte.

Die schmale, weit zurücktretende Stirn dieses Mannes verlief, obgleich er wohl noch nicht dreißig Jahre zählte, in eine große glänzende Glatze; die Ohren waren groß, ein Umstand, welcher durch den Mangel an Kopfhaar sehr hervorgehoben wurde. Desto dichter aber standen die Haare der oberhalb der Nasenwurzel in einander laufenden Brauen, welche man recht gut mit dem Ausdrucke Borsten bezeichnen konnte. Die Nase war lang, schmal und scharf geformt, und ihre Flügel zeigten jene hervorstehende, aufgeblasene Bildung, welche man vorzugsweise bei leicht erregbaren Personen zu beobachten pflegt. Die Oberlippe war im Verhältnisse zu dem Gesichte viel zu breit und das Kinn ebensoviel zu kurz, dafür aber von jener widerlichen, unschönen Form, welche nur bei stark entwickelten Kauwerkzeugen vorkommt und auf Sinnlichkeit, Genußsucht, vielleicht sogar auf Rücksichts- und Gefühllosigkeit schließen läßt.

Die Augen dieses Mannes waren klein und schienen etwas schief zu stehen, fast wie beim mongolischen Typus. Vielleicht aber erhielt man diesen Eindruck in Folge eines leichten Schielens, welches aber nur dann zu beobachten war, wenn der scharfe, stechende Blick dieser Augen sich auf einen bestimmten Punkt fixirte.

Dies zeigte sich, als draußen das Zeichen der Glocke erscholl. Der Diener hatte geraucht und nahm, ohne sich zu erheben, eine neue Cigarrette. Erst als er diese langsam und bedächtig in Brand gesteckt und dann einige lichte, duftende Wölkchen von sich geblasen hatte, ließ er ein halblautes aber gebieterisches „Herein!" hören. Dabei richteten sich seine Augen mit einem Ausdrucke nach der Thür, in welchem sich die Summa aller möglichen negativen Charaktereigenschaften zu erkennen gab, ohne daß man das Recht gehabt hätte, das Dasein einer einzelnen derselben psychologisch zu beweisen. Es war der Blick eines Menschen, vor welchem man sich zu hüten hat.

Ganz dasselbe mochte auch der Eintretende empfinden, welcher den Diener mit einer Verbeugung begrüßte, die beinahe ängstlich zu nennen war.

Der Lakai blies ganz in der Haltung eines vornehmen Mannes eine abermalige Rauchwolke von sich und fragte dann:

„Was wollen Sie?"

„Darf ich fragen, ob der Herr Oberlieutenant zu sprechen sind?" lautete die Antwort.

„Ja, fragen dürfen Sie allerdings. Leider aber sind der gnädige Herr nicht zu Hause."

„Ich glaube aber doch, ihn am Fenster bemerkt zu haben!"

„Da haben Sie sich geirrt."

„Ich möchte überzeugt sein, richtig gesehen zu haben. Wollen Sie nicht die Güte haben, sich zu überzeugen, ob der gnädige Herr vielleicht nach Hause gekommen sind, ohne daß Sie es bemerkt haben!"

„Das ist überflüssig. Der Herr Oberlieutenant können doch nicht ohne mein Wissen durch dieses Zimmer gekommen sein, in welchem ich mich stets befunden habe. Was wollen Sie übrigens?"

„Ich wollte mir gestatten, ihm meine Rechnung zu präsentiren."

„Legen Sie dieselbe her. Ich werde sie ihm bei seiner Rückkehr sofort überreichen."

„Das ist schon sehr oft geschehen, ohne — ohne — ohne — —"

Er stockte. Der Lakai richtete sich jetzt doch ein Wenig empor und fragte:

„Nun, ohne — —? Was wollten Sie sagen?"

„Ohne daß ich Zahlung erhalten habe!"

„Ach so, so so! Geld wollen Sie haben? Brauchen Sie das so nothwendig?"

„Allerdings. Bedenken Sie, daß ich bereits über vier Jahre die Uniformen des Herrn Oberlieutenants, welcher, nebenbei bemerkt, sehr anspruchsvoll ist, fertige, ohne bisher einen Pfennig erhalten zu haben! Der gnädige Herr sind niemals zu Hause zu treffen."

„Das ist Ihre Schuld. Wir können doch nicht wissen, wann Sie kommen. Und selbst wenn wir es wüßten, werden Sie doch nicht verlangen, daß wir gerade zur Zeit, in der Sie belieben, zu Hause sind."

Der Schneider wurde über diese Worte zornig und das gab ihm den Muth, etwas kräftiger zu antworten, als es sonst geschehen wäre:

„Das habe ich auch nicht verlangt. Was ich aber verlangen kann, ist, vorgelassen zu werden, wenn ich komme, falls der Herr Oberlieutenant anwesend ist!"

„Das wird auch geschehen!"

„Nun, so melden Sie mich! Ich habe Ihren Herrn am Fenster stehen sehen."

Da legte der Lakai die Cigarrette weg, kam hinter dem Tische hervor und trat auf ihn zu.

„Ich habe Ihnen bereits gesagt, daß Sie sich irren," meinte er scharf, indem er einen giftigen Blick auf den Handwerker schoß; „der gnädige Herr sind nicht zu Hause; dabei muß es sein Bewenden haben!"

„Nun, so bin ich gezwungen, die Rechnung abermals in Ihre Hände zu legen. Aber wenn der Herr Oberlieutenant sich fortgesetzt vor mir verleugnen läßt, so darf es ihn auch nicht Wunder nehmen, wenn ich einen ungewöhnlichen Weg einschlage."

„Was wollen Sie damit sagen?"

„Wenn die Rechnung bis morgen früh nicht beglichen ist, sende ich sie unverzüglich an die Regimentscommandantur ein. Kann ich den Herrn Lieutenant niemals sprechen, so wird es der Herr Oberst wohl besser verstehen, ihn anzutreffen und vorgelassen zu werden."

Der Diener machte eine Armbewegung, als ob er dem Sprecher einen Schlag versetzen wolle; er besann sich jedoch und antwortete:

„Mensch, das ist eine Frechheit ohne Gleichen! Glauben Sie etwa, daß wir kein Geld haben, Sie zu bezahlen?"

„Wir wollen dahingestellt sein lassen, was frech ist, meine Rede oder Ihre Behauptung, daß Ihr Herr nicht zu Hause sei. Und was ich glaube? Nun, ich glaube vor allen Dingen, daß ich Wort halten werde. Adieu!"

Er drehte sich nach der Thür, um zu gehen. Der Diener aber hielt ihn am Arme zurück und sagte:

„Mann, das werden Sie nicht wagen."

„Ich wage dabei nicht das Mindeste und gebe Ihnen hiermit mein Ehrenwort, daß ich es thun werde!"

Da stieß der Lakai ein höhnisches Lachen aus und antwortete:

„Was fällt Ihnen ein! Ihr Ehrenwort! Ein Schneider und Ehrenwort! Unendlich lächerlich! Thun Sie übrigens was Ihnen beliebt. Damit Sie sehen, daß wir Geld haben, will ich Ihnen für Ihren Weg ein Trinkgeld geben."

Er griff langsam in die Tasche und zog einige Münzen hervor.

„Ein Trinkgeld?" meinte der Andre. „Ich danke! Bezahlen Sie vor allen Dingen die Rechnung!"

„Es wird geschehen! Hier haben Sie! Aber, können Sie mir herausgeben? Sie sollen einen Thaler erhalten, und ich habe nur Zwanzigfrankenstücke."

Der Schneider bewegte abwehrend die Hand und meinte lächelnd:

„Lassen Sie! Ihre Zwanzigfrankenstücke kennen wir. Ich bin ein einfacher Mann, aber doch nicht so dumm, auf einen solchen französischen Mumpitz einzugehen. Uebrigens bin ich als Meister nicht gewöhnt, Trinkgelder anzunehmen; das ist nur die Angewohnheit von Dienstpersonen, wie Sie eine sind. Ich verzichte also auf Ihren Thaler, selbst wenn Sie wirklich im Besitze eines Zwanzigfrankenstückes sein sollten. Also, morgen Mittag Bezahlung, oder die Rechnung geht auf die Commandantur! Adieu!"

Er verließ nach dieser Drohung das Zimmer so rasch, daß dem Lakai gar keine Zeit blieb, noch ein Wort zu sagen. Der Letztere schien ganz perplex zu sein über diese „Frechheit", wie er es genannt hatte und nur unwillkürlich, aus reiner Gewohnheit drückte er an den Knopf, welcher sich hier im Vorzimmer befand und mit dem Mechanismus zum Oeffnen der vorderen Thür in Verbindung stand. So entkam der Schneider, ohne daß sich das Donnerwetter, welches er vielleicht erwartet hatte, über ihn entlud.

Der Lakai stand noch eine ganze Weile auf derselben Stelle und starrte nach der Thür, hinter welcher der unwillkommene Besuch verschwunden war, dann murmelte er grimmig vor sich hin:

„Ich glaube gar, daß dieser Kerl Wort hält! Was da machen? Woher Geld nehmen? Wir haben ja keins! Verdammt!"

Daß er „wir" sagte, also in der ersten Person der Mehrzahl sprach, ließ auf ein eigenthümliches, vielleicht gar intimes Verhältniß zwischen dem Herrn und dem Diener schließen. Dieser, Letzterer, schritt einige Male im Zimmer auf und ab und fuhr nach einigen Augenblicken des Nachdenkens in seinem Selbstgespräche fort:

„Dieser verdammte Zwirnheld muß bezahlt werden! Aber wie? Wo giebt es noch eine Quelle, aus welcher wir noch schöpfen könnten? Wer borgt uns Geld? Es ist nicht angenehm, der Diener eines Herrn zu sein, welcher fort und fort mit solchen Fatalitäten zu kämpfen hat. Aber — hm! — sind diese Verlegenheiten nicht mein Werk? Ist das nicht die Rache für die Bertha, welche er mir weggeschnappt und verführt hat, so daß sie nun als Kindesmörderin seit sechs Jahren im Zuchthaus sitzt? Ja, rächen, rächen werde ich mich! Schlau, fein, raffinirt, wie es kein Zweiter fertig bringen würde."

Da ertönte das Glöckchen abermals. Er drückte an den Knopf und dann klopfte es an die Vorzimmerthür.

„Herein!" gebot er.

Derjenige, welcher diesem Ruf folgte, war auch ein herrschaftlicher Diener, wie man auf den ersten Blick erkannte. Er trug eine Livree von hellblauer Farbe mit ponceau Kragen, Aufschlägen und Batten, verziert mit starken, goldenen Brust- und Achselschnüren. Seine Gestalt war knochig und breit, sein Gesicht eckig, unschön und von tiefen Blatternarben verunziert. Sein dichtes rothes Haar stand, weil kurzgeschoren, stoppelartig gerade in die Höhe. Seine Nase, mehr noch als die Wangen, von den Blattern zerrissen, strebte mit ihrer breiten Spitze ebenso nach aufwärts, so daß sie seinen dicken, wulstigen Lippen jede physiognome Beschattung entzog. Und doch war dieses unschöne Gesicht nicht häßlich. Es hatte einen vertrauenerweckenden Ausdruck, und wer in die blauen, offenen Augen sah, mußte überzeugt werden, daß dieser Mann ein braver Kerl, ein biederer, ehrlicher Character sei, obgleich sein Aeußeres nicht für eine so farbenreiche Livree geeignet sei.

„Gut'n Tag, Herr Kuno!" grüßte er in höflich vertraulicher Weise. „Wie gehts, wie stehts? Is der Herr Lieutenant daheeme?"

Der Lakai warf sich in eine vornehme Haltung und antwortete kühl:

„Willkommen, Monsieur Heinrich! Uns geht es natürlich gut, wie immer, und der Herr Lieutenant befinden sich in seinem Zimmer. Sie wollen zu ihm?"

„Is nich grad nothwendig. Sie könnens ja ooch besorgen. Ich bringe nämlich nix weiter, als nur eenen Brief für ihn."

Das Gesicht des Lakaien nahm einen höchst freundlichen Ausdruck an.

„Einen Brief?" fragte er. „Von Ihrem Herrn oder vom Fräulein?"

„Vom Herrn, nämlich vom gnädigen Herrn, aber nich vom Fräulein, nämlich gnädigen Fräulein! Oder denken Se etwa, daß meine Herrschaft nich grade so gnädig is wie die Ihrige?"

Kuno zuckte die Achsel und antwortete, ziemlich hochmüthig lächelnd:

„Unsere Ahnen gehen bis zur Zeit Kaiser Karls des

Großen hinauf, mein bester Monsieur Heinrich. Wie weit aber wohl die Ihrigen?"

Heinrich lachte fröhlich vor sich hin und antwortete:

"Die Unsrigen? Hm, die loofen nich hin bis zum großen Karl; das fällt Ihnen ganz und gar nich ein, sondern se bleiben hübsch derheeme. Dafür aber haben mer Geld, riesiges Geld, schauderhaftes Geld!"

"Pah, wir wenigstens ebenso! Wir haben Adel, Geld und Geschmack!"

"So? Wir etwa wohl nich?"

"Hm! Sehen Sie Ihre Livree an! Welche schreienden Farben! Hellblau mit Klatschrosenroth! Ist das geschmackvoll? Wir hätten anders gewählt."

"Mein lieber Herr Kuno, diese Farbe is ponysooh, aber nicht Klatschrose. Ich bin der Heinrich Knofel aus Stützengrün bei Rodewisch und meines Zeechens een Bürstenbinder gewesen; ich habe manchen Pinsel gemacht und muß mich also doch off Farben verstehen. Hellblau mit Ponysooh is der Ausdruck eener vornehmen Familchenverwandtschaft, verbunden mit eleganter Gesinnung, nebst Reichthum

Am Brunnen.

Nun gang i ans Brünnele, trink' aber net,
Do such' i mei'n herztausige Schatz, find' ihn aber net.

Nun laß i die Aeugelein um und um gehn,
Da seh' i mein herztausige Schatz bei 'nem Andre stehn.

Und bei 'nem Andre stehen sehn, ach 'das thut weh!
Behüt di' Gott, mein herztausige Schatz, seh' de' nimmermeh'!

Nun kauft' ich mir Dinte, Feder und Papier
Und schrieb an mei'n herztausige Schatz einen Abschiedsbrief.

Dann legt' ich mich nieder auf's Heu und auf's Stroh,
Da fallen drei Röselein mir in den Schooß.

Und diese drei Röselein sind rosenroth,
Nun weiß i nit, lebt mein Schatz, oder ist er todt.

Schwäbisches Volkslied.

und feiner Behandlung der Dienstboten und des Stallpersonals. Sie aber, Herr Kuno, welche Farben haben denn Sie dagegen?"

„Grau und Amaranth. Das sind gedämpfte, noble Farben. Grau ist das Vornehmste, was es giebt, und die Amaranthpflanze gilt als Symbol der Ewigkeit und Unsterblichkeit. Paßt das nicht ganz genau auf unsere Devise, Noblesse éternellement?"

„Hm! Was Ihre Noblesse zu bedeuten hat, das kann ich mir ja denken; aber was das Eternellemang bedeutet, das weeß ich nich. Aber das weeß ich ganz genau, daß Sie nich grau sind, sondern mäusegrau, und vor den Mäusen habe ich die Ratten, nämlich Rattengift, weil sie ganz gewaltig mausen. Und auf diese Amaranthfarbe, die in's Violette spielt, da verstehe ich mich als eenstmaliger Pinselmacher sehr genau. Sie wird aus Alaun, Gummi, Soda und Ferlebuckholz gemacht, was in Wasser gekocht wird, und auf Alaun, Gummi und Soda nebst Ferlebuck braucht keen Mensch nich übermäßig stolz zu sein. Ihre schwarzen Hosen sehen ganz nach Geestlichkeet, also nach Hochzeit und Kindtaufe; das möchte sein, aber daß Gamaschen darüber sind, das ist doch nur deshalb, daß die Hochzeit und die Kindtaufe nich gar zu staubig ausfallen sollen. Ich an Ihrer Stelle thäte mir auf diese Livree nich so viel einbilden, mein lieber Herr Kuno!"

Der Lakai zuckte verächtlich die Achseln.

„Was verstehen Sie?" meinte er. „Sie gehören zum jungen Adel, zur neugeborenen Haute-volée und haben noch gar keine Erfahrung. Ihr Haar muß sich im Dienste weit anders gefärbt haben, ehe Sie über solche Dinge mitsprechen können. Merken Sie sich das."

„Da habe ich doch wenigstens Hoffnung; bei Ihnen ist sie aber schon längst vorüber, denn Sie haben schon gar keene Haare mehr. Ich bin nämlich der Heinrich Knofel aus Stützengrün bei Roderwisch und verstehe mich auf Haare sehr genau; das weeß ich also ooch sehr genau, daß Sie nich 'mal Talent besitzen, ooch nur een leidlicher Pinsel zu werden. Hier is der Brief. Geben Sie ihn ab, aber machen Sie ihn nich schmutzig, damit es nich heeßt, daß ichs gewesen sei. Leben Sie wohl, Herr Kuno und schöne Adieu!"

Er drückte selbst auf den Knopf, so daß die vordere Thür aufsprang und war im nächsten Augenblicke verschwunden. Der ehrliche Stützengrüner war nicht so dumm wie ihn der Lakai hatte nehmen wollen.

Dieser stand mit tief gerunzelter Stirn da und blickte zornig auf den Brief, welchen er empfangen hatte.

„Ein maliziöser Kerl!" brummte er. „Ich werde es ihm anstreichen! Man sagt, daß er seinem Herrn einmal einen großen Dienst erwiesen habe und daß dieser ihn aus diesem Grunde engagirt habe und große Stücke auf ihn halte, obgleich dieser gewesene Bürstenbinder sich eher zum Borstenwisch, als zum Diener einer feinen Herrschaft eigne. Nicht einmal Hochdeutsch spricht er! Aber ich werde ihn ausstechen. Sobald sein Fräulein von meinem Herrn gekapert ist, wird mein Einfluß schon hinreichen, den Grobian aus dem Hause zu bringen. Jetzt aber muß ich den Brief abgeben. Ich bin neugierig, was er enthält."

Er öffnete eine Thür, schritt durch ein zweites, leeres Zimmer und trat dann in ein drittes, in welchem sich der Premierlieutenant befand.

Dieses war — würde man sagen — ganz à la Marquard ausgestattet, üppig, weich und sinnlich, wie das Boudoir einer Balleteuse, welcher das heiße Blut prickelnd durch die Adern pulsirt. Der Lieutenant lag lang ausgestreckt auf einer seidenen Chaise longue. Der Schlafrock von feinstem Sammet, welcher ihn umhüllte, ließ nicht ahnen, daß man sich in der Wohnung eines Offiziers befinde, dessen Vater mit dem Range eines Generalmajors bekleidet war. Er hatte einen Band von Paul de Kock in der Hand, schien aber in dem Buche wenig oder gar nicht gelesen, sondern dasselbe pour passer le temps ergriffen zu haben. Er wendete sich halb nach dem Diener um und fragte gähnend:

„Was wollte der Kerl schon wieder?"

„Er brachte die Rechnung."

„Mag warten!"

„Er will nicht länger warten."

„Was denn?"

„Wenn morgen Mittag die Rechnung nicht beglichen ist, so will er sie an die Commandantur einsenden."

Jetzt drehte sich der Offizier vollends herum und sprang von der Chaise longue auf, so daß man ihn genau betrachten konnte.

Er mochte ungefähr sechsundzwanzig Jahre zählen. Seine Gestalt war mittelgroß und schlank; sein Gesicht gehörte zu denen, welche man in der Jugend hübsch, aber niemals männlich finden kann. Es hatte bereits etwas Blasirtes, Ueberdrüssiges an sich und zeigte eine Blässe, welche man krankhaft glänzend hätte nennen mögen. Trotz des Schnurbartes, welcher die Oberlippe bedeckte, bemerkte man seinem Munde doch jenen eigenwilligen Schnitt und jene eigenartige Lippenfülle an, welche später auf einen grausamen und sinnlichen Character schließen lassen. Die grauen, kalten, herzlosen Augen schienen weiter als gewöhnlich aus einander zu stehen, was dem Gesichte einen nach beiden Seiten oder hinten lauernden Ausdruck gab. Die Nasenwurzel lag tief eingedrückt unter dem Stirnrande und sandte nach den unteren Augenlidern jene bläulichen Depressionen hinüber, die man nur bei Personen, welche schnell und viel gelebt haben, zu beobachten pflegt. Wenn trotz alledem das Gesicht hübsch zu nennen war, so konnte das ja nur einfache Geschmackssache sein. Hundert Andere hätten es vielleicht für gewöhnlich, ja für unsympathisch gehalten. Alles in Allem lag ein Ausdruck darin, als ob es sich noch von Innen heraus, wo ja verborgene und unberechenbare Kräfte walten, zu entwickeln habe.

„An die Commandantur einsenden?" rief er aus. „Ist der Mensch verrückt?"

„Wohl nicht," antwortete der Lakai gleichmüthig. „Er denkt, daß dann der gnädige Herr gezwungen sein werde, zu bezahlen."

„Aber er wird mich dadurch ruiniren."

„Jedenfalls. Er muß also bezahlt werden!"

„Womit? Hast Du Geld?"

Der Lakai trat unter gut gespieltem Erschrecken einen Schritt zurück.

„Ich?" fragte er. „Geld? Wie soll ich Geld haben? Der Herr Lieutenant hat ja seit bereits zwei

Jahren nicht die Güte gehabt, mir mein Salair auszuzahlen."

"Spitzbube! Und dennoch hast Du Mittel genug, um es gegenwärtig mit mir aufnehmen zu können! Sind Dir nicht alle Deine kleinen außergewöhnlichen Dienstleistungen so gut, ja so übermäßig nobel bezahlt worden, daß Du Dir ein kleines Vermögen gesammelt haben mußt."

"O weh! Mit diesem Vermögen ist es schlecht! Meine vielen Verwandten sind alle arm und der Herr Premierlieutenant wissen, daß ich ein gutes, mildthätiges Herz besitze."

Der Offizier stieß ein kurzes, ironisches Lachen aus.

"Ja, Du bist gut wie der Habicht und mildthätig wie der Fuchs. Aber, denkst Du, daß dieser Schneider seine Drohung wirklich ausführen werde?"

"Ich bin sogar überzeugt davon."

"Alle Teufel! Was ist da zu machen!"

"Hm! Ich weiß keinen Rath!"

"Zunächst ist es mir auch noch gar nicht eingefallen, einen solchen von Dir zu verlangen, Bursche! Aber, was hast Du da?"

"Einen Brief, welchen der Diener des Herrn von Ociului brachte."

"Der Heinrich? Zeig her!"

Diese Worte waren mit sehr bemerkbarer Hast gesprochen. Er zog den Brief dem Lakaien förmlich aus der Hand, schnitt das Couvert mit einem Messerchen auf und las:

"Den Herrn Premierlieutenant Baron Franz von Wilden für morgen Abend neun Uhr zur Geburtstagsfeier seiner Tochter Elma ergebenst einzuladen, erlaubt sich

Illo von Flakehpa-Ociului."

Das vorher so finstere Gesicht des Lieutenants erheiterte sich.

"Ich werde für morgen Abend zum Geburtstagsfeste eingeladen," sagte er.

Das Gesicht des Dieners nahm einen pfiffigen Ausdruck an, hinter welchem aber noch etwas Lauerndes steckte, was Wilden nicht bemerkte.

"Wie schade, daß dieses Fest nicht schon heute gefeiert wird!" sagte der Lakai.

"Wie so?"

"Weil der Schneider bis morgen Mittag bezahlt sein will. Herr von Ociului ist steinreich. Es bedürfte bei ihm nur eines Wortes, um ——— —"

"Schweig!" herrschte ihn der Lieutenant an. "Wie könnte es mir einfallen, mich an ihn zu wenden!"

"Aber bis zu Ihrem Herrn Papa ist es zu weit, als daß wir bis morgen ——— oder wollen wir an ihn telegraphiren?"

"Behalte Deine Vorschläge für Dich! Bringe mir lieber die Uniform! Es ist Zeit, die Posten zu inspiciren."

Der Ton, in welchem diese Worte gesprochen wurden, war bei Weitem nicht derjenige, welche ein anderer Herr angeschlagen hätte, einen anmaßenden Diener zurecht zu weisen. Der Lakai mußte doch wissen, daß er sich schon Etwas erlauben dürfe. Es war überhaupt ungewöhnlich, daß ein Lieutenant sich einen gallonirten Lakaien hielt, anstatt sich von einem Soldaten seiner Compagnie bedienen zu lassen.

Kuno gehorchte und trat bald mit den Uniformstücken ein, welche er seinem Herrn anlegte Dieser war gewohnt, sich wie ein Kind ankleiden zu lassen. Er hielt es nicht für seinem hohen Stande angemessen, dabei selbst Hand anzulegen. Nach kurzer Zeit schritt der Premierlieutenant über den Markt hinweg und dem äußeren, nördlichen Theile der Stadt entgegen.

Dort lag ein mehrere Stockwerke hohes, aus starken Quadersteinen aufgeführtes Gebäude, oder genauer gesagt, ein Gebäudecomplex, welcher einige finstere Höfe umschloß und von einem Garten umgeben wurde, welchen eine Mauer von der Außenwelt trennte.

Diese Mauer war über zehn Fuß hoch und mit scharfen eisernen Spitzen gekrönt. Im Garten blühte keine Blume; es wurden da nur nüchterne Küchengewächse gebaut. Sämmtliche Fenster des ernsten Bauwerkes — ein Schloß aus alter, alter Zeit — waren mit starken, festen Gittern, viele auch noch obendrein mit blechernen Kästen versehen, welche sich nur nach oben öffneten und also einem spärlichen Lichtstrahl den Eingang erlaubten, und Demjenigen, welcher hinter dem Fenster stand, in Folge dessen nicht gestatteten, etwas Anderes zu sehen, als einige Quadratzoll des Himmels, der für ihn nur Gerechtigkeit aber kein Erbarmen zu zeigen schien.

Dieses alte, finstere Schloß diente als Wohnung Solcher, welche gegen die bestehenden Gesetze gesündigt hatten — es war das Zuchthaus zu Grollenburg. Dieser Name hatte sich in den Sprachgebrauch des Landes so eingebürgert, daß „nach Grollenburg kommen" ebenso viel hieß wie Insasse des Zuchthauses werden.

Die Mauer, welche das Letztere umgab, hatte nur ein einziges Thor, einen dunklen, tunnelähnlichen Eingang. Wie viele Tausende hatten ihn betreten! Und mit welchen Gefühlen war dies geschehen! Der Eine war gekommen, völlig zerschmettert von der Wucht des Schicksales, welches über ihn hereingebrochen war, der Andere betäubt und gelähmt, so daß es ihm noch nicht möglich war, den ganzen Umfang seines Geschickes zu ermessen. Ein Dritter hatte die Thür hinter sich zuschlagen hören und war gleichgiltig gewesen gegen den dumpfen Klang dieses Geräusches. Ein Vierter hatte am ersten Tage seiner Gefangenschaft bereits an den letzten gedacht, während ein Fünfter die Gewißheit mit sich gebracht hatte, daß er die Mauern, welche ihn jetzt umschlossen, lebend nie wieder verlasse. Er wußte, daß man einst nur seine Leiche hinaustragen werde in einem engen, zierlosen Sarge nach dem Winkel der Verachteten im Friedhofe, oder in einem eisenbeschlagenen Kasten nach der Anatomie der nahen Universitätsstadt.

Sie Alle, nur Wenige ausgenommen, ließen in der hinter ihnen verschlossenen Freiheit Verwandte zurück, denen ihre Liebe gehörte und welche von dem gewaltigen Schlage unschuldig mitgetroffen wurden. Das war eine Strafschärfung, welche kein Richter mit in mildernde Berechnung gezogen hatte.

Nach diesem Thore lenkte Premierlieutenant von Wilden seine Schritte. Es öffnete sich ihm ohne vorherigen Befehl, denn der Militärposten, welcher dahinter stand, hatte durch ein kleines Guckloch das Nahen seines Vorgesetzten bemerkt. Er salutirte, als derselbe eintrat und, den militärischen Gruß kaum erwidernd, an ihm vorüberschritt.

Alle Höfe und Gänge des Detentionshauses waren mit Posten besetzt, welche der Lieutenant jetzt zu inspiziren hatte. Einzelne Gefangene schritten geschäftig an ihm vorüber und rissen ehrfurchtsvoll die häßlichen Mützen vom Kopfe. Er bemerkte es gar nicht. Diese Geschöpfe waren für ihn keine Menschen mehr. Es wäre eine Schande für ihn gewesen, sie zu sehen.

In einem der Höfe schritten weibliche Gefangene im Gänsemarsche, Eine hinter der Andern, langsam im Kreise herum. Sie durften weder rechts noch links abweichen, nicht mit einander sprechen, sich nicht irgend welches Zeichen geben und mußten die Reihenfolge, in welcher sie marschirten, genau einhalten. Sie hatten ihre halbe Erholungsstunde; sie hielten ihren Spaziergang, täglich dreißig Minuten, wenn das Wetter und die Arbeit es erlaubte. Sie erblickten den glänzenden Offizier und senkten erbleichend oder erröthend die Augen. Eine Jede dachte, ein Blick seines Auges könnte sie treffen — welche Verlegenheit, welche schmerzliche Scham dann! Aber sie konnten ruhig sein. Er schritt an ihnen vorüber, ohne eine Einzige nur mit dem Blicke zu streifen. Aber er zog sein Taschentuch, um sich damit das Gesicht zu fächeln, als ob er einen Pesthauch bemerke, den er von sich abzuwehren habe.

Als er seinen Rundgang beendet hatte, begab er sich zum Anstaltsdirector, um ihn zu fragen, ob er auch zur morgigen Feier geladen sei und dabei noch einige dienstliche Obliegenheiten zu erledigen.

Der Beamte befand sich in seinem Expeditionszimmer. Vor der Thür desselben waren einige Zuchthäuserinnen aufgestellt, welche der Reihe nach eingelassen werden sollten, da der Director mit ihnen zu sprechen hatte. Die Eine wollte um die Erlaubniß bitten, ihren Eltern zu schreiben; die Andere glaubte, sich über irgend Etwas beschweren zu müssen; die Dritte hatte sich eines Versehens schuldig gemacht und sollte nun ihre Disciplinarstrafe dictirt erhalten. Für sie Alle aber war es ein Schweres, vor dem strengen Beamten zu erscheinen. Sie hatten hier keine individuellen Berechtigungen, sie waren dem socialen Verbande ausgeschieden worden und trugen Nummern. Diese Nummern waren auf ihre Kleidungsstücke genäht; diese Nummern standen in den Actenstücken, Listen und Arbeitsbüchern und mit ihrer Nummer wurde auch eine Jede gerufen. Sie Alle hatten Ihre Namen für die Zeit ihrer Gefangenschaft verloren.

Aufrichtig gestanden, war ihre Furcht vor dem Director unbegründet. Er war ein verdienter, rauher, aber biederer Offizier, welchem man nach seiner Verabschiedung diesen ernsten Posten anvertraut hatte. Er stammte aus bürgerlicher Familie, hatte ein menschenfreundliches Herz und folgte der Stimme desselben, so oft es nöthig war. Natürlich hatte er zu berücksichtigen, daß er ein Beamter des Strafvollzuges sei, und wenn er auch geneigt war, seine Pfleglinge für nichts Anderes, als für moralisch Kranke zu halten, so mußte er doch der Strenge des Gesetzes volle Rechnung tragen.

Bei ihm trat der Premierlieutenant ein und wurde von ihm kameradschaftlich freundlich empfangen. Er wollte sich, im Falle er störe, entschuldigen, doch fiel ihm der Director schnell in die Rede:

„O bitte, bitte, Herr Oberlieutenant! Ich habe meine Sprechstunde, die ich allerdings nicht unterbrechen möchte; doch bin ich fast zu Ende; dann stehe ich zur Verfügung. Sie dürfen hören, was hier verhandelt wird. Staatsgeheimnisse sind es ja nicht. Bitte, nehmen Sie für einige kurze Minuten Platz!"

„Ganz wie Sie befehlen, Herr Major."

Wilden gab dem Director diesen Titel, da derselbe als Major verabschiedet worden war. Es war ihm gar nicht lieb, hier warten zu müssen, in dieser dunklen Stube mit den vergitterten Fenstern, er der Zweig eines berühmten Stammbaumes bei moralisch verkommenen Subjecten, bei Diebinnen und Mörderinnen! Er schob den Stuhl bei Seite und nahm auf demselben in der Weise Platz, daß er mit dem Gesichte nach dem Fenster saß und keine der Eintretenden anzusehen brauchte.

Der Director setzte seine Beschäftigung fort. Es wurde eine der Gefangenen nach der Anderen vorgelassen. Die Reihenfolge richtete sich nach der Nummer, welche sie trugen, und wurde von einer Aufseherin, welche draußen stand, bestimmt. Eine Jede erhielt ihren Bescheid, streng oder mild, je nach der Veranlassung, welche sie herbeigeführt hatte.

Dem Lieutenant wurde die Zeit ungeheuer lang. Er fühlte sich im höchsten Grade ennuyirt von dem Zwange, hier mit Leuten, welche er zum Auswurfe der Menschheit rechnete, in einem Raume beisammen zu sein, ihre Reden anhören und dieselbe Luft wie sie athmen zu müssen. Da öffnete sich die Thür und die Aufseherin meldete:

„Nummer Zweiundsiebzig, die Letzte, Herr Major!"

„Ah, zweiundsiebzig! Herein mit ihr!"

Der Ton, in welchem er diese Worte sprach, war ein sehr freundlicher. Dem Oberlieutenant fiel auf, daß die Gefangene, welche er eintreten hörte, nicht laut grüßte, wie die Anderen es gethan hatten. Der Major begann:

„Ich habe Dich rufen lassen, um Dir eine erfreuliche Nachricht mitzutheilen. Du hast nach den ersten zwölf Monaten Deiner Gefangenschaft Dein erstes Gnadengesuch gemacht, und es wurde, wie vorauszusehen war, abschlägig beschieden. Eine Kindesmörderin läßt man nicht bereits nach einem Jahre gehen. Jetzt hast Du die Hälfte Deiner Strafzeit hinter Dir, und da Deine Führung eine vorzügliche gewesen ist, so habe ich ein zweites Gesuch abgesandt, ohne Dich davon zu benachrichtigen. Die Resolution ist jetzt eingegangen. Seine Majestät hat sich veranlaßt gesehen, in Anbetracht der großen Jugend, in welcher Du sündigtest, und in Folge Deines Wohlverhaltens Dir die zweite Hälfte der Strafe zu erlassen. Du bist begnadigt."

Ein lauter Aufschrei erfolgte. Der Lieutenant rückte auf seinem Sitze hin und her. Er dachte, daß diese Kindesmörderin viel anständiger hätte antworten sollen als durch so einen dummen, unhöflichen Schrei. Und ebenso ärgerte er sich über die Freundlichkeit des Directors. Einem Frauenzimmer, welches ihr Kind umgebracht hat, sagt doch kein vernünftiger Mensch, daß er mit ihrer Führung zufrieden ist!

Die Gefangene war bleichen Gesichtes eingetreten, hatte sich gegen den Director stumm verneigt, aber nicht gewagt, ihn oder den Oberlieutenant anzusehen. Doch war ihre Blässe nicht diejenige der Angst und Furcht. Sie zitterte leise, und um ihren Mund zuckte es wie eine tiefe, mühsam niedergekämpfte Bewegung. Auf ihrer schönen, weißen Stirn glänzte es feucht. Sie hatte ganz das Aussehen eines Mädchens, welches sich unter dem Einflusse einer gewaltigen Scham befindet.

Sie trug, wie alle weiblichen Gefangenen, einen Rock von grobem Zeuge, eine Jacke von demselben Stoffe, eine Zwillichschürze und eine häßliche Haube, welche den Kopf so bedeckte, daß nur das Gesicht frei blieb. Diese Kleidungsstücke hatten einen so unschönen, garstigen Schnitt, daß es unmöglich war, die Linien, welche der Körper bildete, zu erkennen. Dennoch aber umgab diese Gefangene ein eigenthümliches Etwas, dem zu Folge man sich sagen mußte, daß sie in einem andern Anzuge ungewöhnlich schön sein müsse.

Als der Director zu sprechen begonnen hatte, hatte sie für einen Augenblick ihre Augen aufgeschlagen, große, himmelblaue Augen von seltener Reinheit, in denen es gelegen hatte wie ein stilles, nagendes Leid, welches an dem Leben zehrt. Bei der Nachricht, daß sie begnadigt worden sei, hatte sie die Hände zusammengeschlagen, jenen Schrei ausgestoßen und sich dann, matt vor Ergriffenheit, an den Thürpfosten gelehnt.

„Du kannst nach der Ordnung des Hauses zwar erst morgen früh entlassen werden," fuhr der Director fort; „da es mir aber nicht möglich ist, Dich noch einmal vorzulassen, so will ich das, was ich Dir zu sagen habe, gleich jetzt bemerken."

Er räusperte sich und fuhr dann fort:

„In Folge Deines guten Verhaltens ist Dir die Polizeiaufsicht erlassen; dennoch aber wirst Du, wie jeder andere Abgehende, über das Weichbild der Stadt gebracht und hast Dich geradewegs in Deine Heimath zu begeben und Dich dort zu melden. Wer das nicht thut und sich kurz nach seiner Entlassung hier etwa noch sehen läßt, wird polizeilich streng bestraft. Hast Du Verwandte daheim?"

„Ja, Herr Major," antwortete sie leise, als ob sie sich scheue, ihre Stimme hören zu lassen.

„Was für welche?"

„Den Vater und einen Bruder."

„Hier habe ich Deine Haus- und Einlieferungsacten, aus denen ich ersehe, daß Dein Vater Brand heißt und Forstwärter ist. Als solcher wird er wohl schwerlich die Mittel besitzen, Dich — — —"

Er wurde durch einen Ruf unterbrochen, welchen der Lieutenant ausstieß. Dieser hatte sich nämlich, als er die beiden Worte Brand und Forstwärter hörte, umgedreht, und zwar mit einer Schnelligkeit, welche verrieth, daß ein sehr reges Interesse der Grund zu dieser unwillkürlichen und unbeherrschten Bewegung sein müsse. Er erblickte die Gefangene, sprang auf und rief:

„Donnerwetter! Du bist es, Bertha?"

Da erhob das Mädchen ihre beiden Hände und hielt sie ihm entgegen, als ob sie ihn abwehren wolle. Eine dunkle Röthe bedeckte ihr Gesicht. Sie rief unter einem gewaltig hervorbrechenden Schluchzen:

„Herr Lieutenant! O mein Gott, ich dachte, Sie sollten mich nicht erkennen!"

Der Director sah den Offizier erstaunt an und fragte: „Wie, Sie kennen sich?"

Da warf der Gefragte den Kopf hochmüthig zurück. Er zürnte sich selbst, daß er sich hatte vom Augenblicke fortreißen lassen. Das mußte wieder gut gemacht werden. Darum antwortete er unter einer Geberde der tiefsten Verachtung und in eiseskaltem Tone:

„Pah! Dieses Subject diente bei meinen Eltern, bevor sie des Mordes wegen arretirt wurde. Das ist die ganze berühmte Bekanntschaft. Nur zu meiner allergrößten Verwunderung höre ich, daß sie begnadigt worden ist. Eine solche Milde ist mir geradezu unbegreiflich!"

Der alte Director schüttelte ernst den Kopf und sagte:

„Mir will scheinen, als ob wir nicht die Erlaubniß hätten, den König zu kritisiren, wenn er von seinem schönsten Vorrechte, Gnade zu üben, Gebrauch macht!"

„Es kann mir auch nicht einfallen, der Krone das Begnadigungsrecht abzusprechen," entgegnete der Lieutenant frostig; „ich wollte nur sagen, daß es mich höchst unangenehm berührt, es in diesem Falle ausgeübt zu sehen. Eine Kindesmörderin verdient keine Gnade, sondern halbe Kost und täglich die Peitsche!"

Die Gefangene fuhr sich mit der Hand nach dem Herzen; es war, als ob sie dort einen scharfen, gewaltigen Schmerz gefühlt habe. Ihre Augen öffneten sich groß und weit, als ob sie eine gespensterhafte Erscheinung vor sich sehe. Dann aber zuckte ein sprühender Blitz aus ihnen hervor; sie that einen raschen, energischen Schritt vorwärts und sagte, vor Erregung bebend:

„Herr Major, Herr Director, ich bin sechs lange, ewig lange Jahre gefangen gewesen; ich habe meine Strafe verdient und sie in Demuth und Ergebung getragen; hier aber ist mir diese Ergebung eine Unmöglichkeit. Ich bin nicht allein Schuld; ich bin verführt worden, mit allen Kniffen und Künsten, mit Versprechungen und Betheuerungen, denen ich in meiner Unerfahrenheit Vertrauen schenkte, verführt und dann verlassen worden. Ich habe damals meinen Verführer nicht genannt; ich liebte ihn noch und liebte ihn bis zum gegenwärtigen Augenblicke. Ich wollte ihm die Schande ersparen, seinen Namen in den Untersuchungsacten einer Mörderin verzeichnet zu sehen. Jetzt aber hat er gezeigt, daß er eines solchen Opfers nicht werth ist, und ich will Ihnen seinen Namen nennen. Hier steht er, der Herr Baron von Wilden, der meinen Sinn bethörte, meinen Verstand umstrickte, meinen Widerstand mit Gewalt besiegte und mich dann in den Abgrund der Schande und Entehrung stürzte. Ich hatte später eingesehen, daß er mir seine glänzenden Versprechungen nicht halten könne; aber es wäre ihm leicht gewesen, als ich von seinen Eltern hinausgeworfen wurde, als Niemand mich bei sich aufnehmen wollte und ich mich fürchtete, meinem armen, braven Vater vor die Augen zu treten, mich wenigstens für kurze Zeit vor dem Hunger zu bewahren. Er entzog mir seine Hilfe. Ich war ohne Obdach und Nahrung; die Schmerzen der Geburt raubten mir die Ueberlegung, der innere Jammer und die äußere Qual, sie leiteten meine Hände zum verhängnißvollen Griffe — das unschuldige Kind lag erwürgt vor meinen Füßen. Was ich dann gethan habe, weiß ich nicht. Ich weiß nur, daß ich später mich nach der Polizei schleppte, um mich selbst anzuzeigen.

Ich habe bereut und gebüßt. In mehr als zweitausend Nächten habe ich auf meinem harten Lager mit dem Bewußtsein meiner Schuld gekämpft, welches mich immer und immer wieder in die fürchterliche Versuchung führte, auch meinem Leben ein Ende zu machen. Der Gedanke an Gott und meinen alten Vater hat mich davon abgehalten. Und während ich hinter den Mauern und Eisengittern dieses Hauses als Nummer zweiundsiebzig mit solchen finstern Gedanken und Geistern kämpfte und solche seelische Martern erduldete, was geschah mit meinem Verführer? Was that und fühlte er? Ein König hat Gnade geübt; aber Der, welcher die eigentliche Schuld trägt an dem, was ich verbrach, er, der vor Gott ebenso der Mörder seines Kindes ist, wie ich die Mörderin bin, er sagt, daß ich nicht Gnade verdiene, sondern Hungerkost und täglich die Peitsche! Ich habe ihn geliebt, und ich habe ihn geschont; Gott aber ist gerecht; er kennt seine Schuld und wird ihn richten!"

(Fortsetzung folgt.)

Die Liebe des Ulanen.
Original-Roman aus der Zeit des deutsch-französischen Krieges von Karl May.
(Fortsetzung.)

Ihre Rede und die Art und Weise, wie dieselbe vorgetragen wurde, hatte den Director so ergriffen, daß der Gedanke, sie zu unterbrechen, ihm gar nicht gekommen war. Wilden stand dabei, mit sich ballender Faust und halb erhobenem Fuße, als ob er sich auf sie stürzen wolle. Er hatte die Absicht, ihr in die Rede zu fallen; aber er fand vor Grimm die rechten Worte nicht. Jetzt jedoch, als sie geendet hatte, stampfte er mit dem Fuße und rief:

„Welch' eine Unverschämtheit! Welch' eine Frechheit! Herr Major, ich verlange eine exemplarische Bestrafung dieses verwegenen Frauenzimmers!"

Der alte Beamte blickte ernst zu ihm hinüber und antwortete:

„Lassen Sie mich fragen, ob dieses Mädchen mit der Behauptung, daß Sie der Vater ihres Kindes gewesen seien, die Wahrheit gesagt hat?"

„Ich denke, daß dies hier ganz und gar nicht zu erörtern ist. Sie hat mich einen Verführer genannt; sie hat gesagt, daß ich ebenso schuldig sei, wie sie selbst!"

„Sie ist durch Sie gereizt worden, Herr Premier-Lieutenant!"

„Sie ist Gefangene; sie hat zu schweigen! Sie muß wissen, daß die Disciplin dieses Hauses eine strenge ist und für ein so beleidigendes Verhalten gegen einen Vorgesetzten die schärfsten Strafen zur Verfügung hat!"

Da erhob sich der Major von seinem Sitze. Er blickte mitleidig auf die Gefangene, welche leise aber bitterlich vor sich hin weinte, und wendete sich dann an den Lieutenant:

„Auch der Gefangene ist ein Mensch, Herr von Wilden. Nachdem er sein Vergehen abgebüßt hat, ist er vor den Augen eines jeden human Denkenden so rein und schuldlos wie zuvor. Die Strafe sühnt Alles; Verbrecher bleibt nur Der, dessen Schuld keine Pönitenz findet. Ich darf mir kein Urtheil über frühere und mir fernstehende Verhältnisse anmaßen; aber ich habe als Leiter dieser Anstalt die Pflicht, zu erklären, daß die Herren des hiesigen Wachtkommando's nicht Vorgesetzte der Gefangenen sind, obgleich die Letzteren den Ersteren ehrerbietig zu begegnen haben. Von einer Beleidigung eines Vorgesetzten — so sagten Sie ja — ist hier also nicht die Rede."

„Gut!" erwiderte Wilden in zornigem Tone. „Wir wollen nicht über Worte und Begriffe streiten! Sie werden aber doch zugeben, Herr Major, daß diese Person sich gegen die Disciplin vergangen und also eine Disciplinarstrafe verdient hat."

„Ich kann dieses Mädchen, welches übrigens meine vollste Theilnahme besitzt, nicht bestrafen, selbst wenn es wahr wäre, daß hier ein Vergehen gegen die Gesetze und Ordnungen des Hauses vorliege."

„Ah! Warum nicht?"

„Seit ich Bertha Brand erklärt habe, daß sie begnadigt worden sei, ist sie keine Gefangene mehr. Es sind nur noch gewisse Formalitäten zu erledigen; bis dahin wohnt sie zwar noch hier, ist aber nicht mehr als Zuchthäuslerin zu betrachten."

Wilden machte eine Bewegung zornigen Erstaunens und fragte:

„Sie meinen also, daß die an mir begangene Frechheit unbestraft bleiben soll?"

„Ich meine nur, daß nicht ich es bin, der hier Richter sein kann. Fühlen Sie sich beleidigt, so steht es Ihnen ja frei, durch einen Advocaten wegen Beleidigung einen Strafantrag stellen zu lassen oder dies auch selbst zu thun."

„Ah, ist es so! Wenn sich ein Offizier hier der Gefahr aussetzt, vom ersten besten Zuchthäusler maltraitirt zu werden und sich dann mit ihm auf dem Gerichtsamte herumzuschlagen, so werde ich schleunigst um meine Versetzung von hier einkommen."

„Das ist lediglich nur Ihre eigene Angelegenheit, Herr von Wilden."

Und sich an das Mädchen wendend, fuhr er fort:

„Ich erkläre Ihnen gern, daß ich Sie hiermit von Ihrer Nummer und von dem „Du" befreie, mit welchem Sie bisher angeredet wurden. Ich entlasse Sie in der Ueberzeugung, daß wir uns in den gleichen Verhältnissen niemals wieder sehen werden, und gebe Ihnen meine besten Wünsche mit auf Ihren nunmehrigen Lebensweg. Gehen Sie mit Gott! Wenn Sie morgen früh durch das Thor hinaus in die Freiheit treten, erwartet Sie ein Kampf mit der Armuth und mit dem leider so ungerechten und schädlichen Vorurtheile, welches man entlassenen Gefangenen entgegenzubringen pflegt. Aber verlieren Sie den Muth nicht! Ein ehrliches Streben findet sicherlich Anerkennung! Hier meine Hand als Zeichen, daß Sie wieder gleichberechtigt in die Gesellschaft treten. Höre ich einmal, daß es Ihnen wohl gehe, so soll es mich herzlich freuen! Leben Sie wohl!"

Sie ergriff die Hand des braven Mannes, küßte dieselbe unter Thränen und verließ, ohne ein Wort sagen zu können, laut schluchzend das Gemach, in welchem zum letzten Male gewesen zu sein sie glaubte.

Auch Wilden blieb nur noch wenige Minuten. Es war ihm unmöglich, seinen Zorn gegen den Director zu verleugnen. Er entledigte sich gegen diesen seiner dienstlichen Angelegenheiten so kalt und finster wie möglich, sagte ihm, daß er zunächst sofort Urlaub nehmen und dann um seine Versetzung bitten werde, und ging dann mit der Versicherung, daß er nie im Leben wieder dieses Haus betreten werde. Der Mensch ist stets geneigt, gern nur dem gegenwärtigen Augenblick zu glauben. —

In einem der engen Winkelgäßchen der Stadt stand ein altes, drei Stock hohes Haus, welches nur drei Fenster Front hatte. An den Mittelfenstern des ersten und zweiten Stockes waren hölzerne Balkons angebracht, deren Betreten lebensgefährlich zu sein schien. Die Balken, von denen sie getragen wurden, begannen zu zerbröckeln, und die geschnitzten Holzverzierungen hingen in Fetzen herab. Man sah allerdings auch nie, daß Jemand auf diesen Altanen Platz nahm, um frische Luft zu genießen. Nur zuweilen erschien eine hagere männliche oder weibliche Gestalt, um irgend ein moderndes Wäsche- und Kleidungsstück oder Gerümpel dort zum „Sonnen" aufzustellen oder aufzuhängen. Die Fenster des Hauses waren alle erblindet, und die Läden hingen in zerbrochenen Angeln, welche der Rost zerfressen hatte. Das Gebäude machte den Eindruck der tiefsten Armuth und zugleich der größten Unordnung, der höchsten Unsauberkeit. Ein neben der Thür angebrachtes Blechstück, dessen Inschrift kaum noch zu enträthseln war, benachrichtigte den Leser, daß hier der Handelsmann Baruch Silberglanz wohne und sich mit dem Ein- und Verkauf von Wäsche, Betten, Hadern, Knochen und altem Eisen beschäftige und nebenbei auch noch ein Pfandleihgeschäft betreibe.

Die Bewohner des Hauses waren außerhalb desselben höchst selten zu sehen. Der alte Baruch konnte es gar nicht mehr verlassen, wie es hieß; Sulamith, sein Weib, steckte nur zuweilen die Spitze ihrer Habichtnase durch die Thürlücke, um von einer Hausirerin für einige Pfennige halb verdorbenes Gemüse zu kaufen und dabei viertelstundenlang zankend zu handeln und zu feilschen; und wenn die dritte und letzte Person, welche dieses Haus bewohnte, nämlich Gamaliel, der Sohn der beiden Alten, einmal auf die Gasse trat, so geschah dies meist am Abende. Es geschah dies, um die nöthigen Wirthschaftsbesorgungen zu machen und die eingehandelten Gegenstände in den langen, breiten Schößen seines Rockes heimzutragen.

Bei diesem einsiedlerischen Leben dieser Familie war es nicht zu verwundern, daß Niemand viel sich um sie bekümmerte. Man glaubte, daß sie ihr Leben nothdürftig von dem Ertrage ihres Althandels friste, und fand es nicht für nöthig, ihnen weitere Aufmerksamkeit zu schenken.

Das Haus hatte keinen Flur, sondern man trat durch die Thür sofort in den Laden, welcher mit allen möglichen und unmöglichen Sachen ausgefüllt war. Die meisten hier vorhandenen Gegenstände schienen so alt, verletzt und werthlos zu sein, daß es geradezu unbegreiflich war, sie hier zum Verkaufe aufbewahrt zu sehen. Hinter diesem Laden befand sich das Wohnzimmer, in welchem man einige wackelige Möbels sah und eine Anzahl besserer Gegenstände, welche man nicht im Laden untergebracht hatte. Aus dieser Stube führte eine Treppe in das erste Stockwerk empor.

Diese Treppe bestand nur aus einer schmalen Stiege, auf welcher man förmlich hinaufklettern mußte, und der Eingang zum Stockwerke bestand aus einer schweren Fallthür, durch welche eingedrungen zu sein, sich Niemand rühmen konnte außer etwa dem Schornsteinfeger oder irgend einer anderen „amtlichen" Persönlichkeit.

Auch hier gab es zwei Zimmer. Das nach vorn liegende schien die „gute Stube" zu sein und die in dem hinteren stehenden Betten ließen errathen, daß es als Schlafstube benutzt werde. Aus dem Letzteren führte eine Treppe nebst abermaliger Fallthür nach dem zweiten Stockwerke. Die an dieser Thür angebrachten Vorlegeschlösser gaben Anlaß zu der Vermuthung, daß da oben sich das Sanctuarium der Silberglanz'schen Familie befinde.

Es war am Abende. In der „guten Stube" brannte eine uralte eiserne Ampel, welche an drei Ketten an der Decke hing. Der Geruch des ranzigen Oeles verpestete die Luft, welche überhaupt schon dumpfig war und jene widerliche Eigenschaft besaß, welche der gewöhnliche Mann mit dem Ausdrucke „es riecht nach Herberge" zu bezeichnen pflegt.

Auf einem ungewöhnlich langen Sopha, welches bei jeder Bewegung des darauf Befindlichen in allen Fugen krachte, lag eine Gestalt, welche Einen zum Fürchten hätte bringen können. Es war ein Mann, fast noch länger als das Sopha selbst. Er war nur mit einem schmutzigen Hemde, einer noch schmutzigeren Unterhose und einem kattunenen Kaftan bekleidet, welcher seit Dezennien als Hand- und Wischtuch gedient zu haben schien. Aller Schmutz und jede Fettigkeit, mit welcher die Finger seines Besitzers jemals in Berührung gekommen waren, war an ihm abgestrichen und auf ihn abgelagert worden.

Dieser auf dem Sopha liegende Mann konnte den Glauben erwecken, daß er zu den gebräuchlichen Abbildungen des Todes Modell gesessen habe. Sein glänzend nackter Schädel zeigte nicht die Spur eines Haares. Unter seiner weit hervorstehenden Stirn lagen die Augen in tiefen Höhlen, in welche das Licht der Ampel jetzt nicht bringen konnte. Wangen waren nicht mehr vorhanden; die Haut legte sich lederartig an die Backenknochen fest und sank dann gänzlich in die Mundhöhle ein, um sich an den zahnlosen Kinnladen wieder zu erheben und da zwei Lippen zu bilden, aus denen jede Farbe längst verschwunden war. Der Hals war lang und so dürr, daß man seine einzelnen Theile deutlich sehen konnte. Die Brust, welche aus dem Hemdenschlitz hervorblickte, zeigte die ganze Häßlichkeit eines Gerippes. Auch die Hände und die bloßen Füße, welche unbekleidet auf der unteren Sophakante lagen, glichen ganz den Extremitäten eines Verstorbenen, einer Leiche.

Nur Eins war es, was nicht zum Modell des Sensenmannes paßte, die Nase. Diese stach nämlich so lang, scharf und spitz aus dem eingefallenen Gesicht hervor, daß man darüber hätte erschrecken können.

Dieser Mann war der Althändler und Pfandleiher Baruch Silberglanz. Obgleich er mosaischen Glaubens und also ein Sohn desjenigen Stammes war, dessen Angehörigen gern den vollen Bart zu tragen pflegen, hielt er sein Gesicht stets vollständig glatt rafirt. Er hatte seinen ebenso triftigen wie geheimnißvollen Grund dazu.

An dem Tische, welcher vor dem Sopha stand, saßen zwei Personen, Sulamith, seine Frau, und Gamaliel, sein Sohn. Die Erstere zeigte die Häßlichkeit in höchster Potenz, und der Letztere war, die schwarze Behaarung des Schädels ausgenommen, das verjüngte Ebenbild seines Vaters.

„Habe ich nicht Recht, Sulamithleben? Habe ich nicht Recht, Gamaliel, mein Sohn?" meinte der Alte, ein begonnenes Thema fortsetzend. „Sind wir nicht das auserwählte Volk des Herrn? Hat unser Gott nicht Abraham verheißen: „Ich will Dich zum großen Volke machen und Dir einen großen Namen geben. Ich will segnen, die Dich segnen und fluchen denen, die Dich verfluchen?" Wir sind ein großes Volk geworden und haben besiegt die Völker des Gebirges und die Könige aus dem Osten. Wir haben erbaut dem Herrn einen Tempel zu Jerusalem und sind mächtig gewesen über die ganze Erde. Da aber kamen Die, welche Jesum und Muhammed anbeten und traten uns in den Staub. Wir wurden verachtet, verfolgt und getödtet. Unser Blut floß in Strömen, und unsere Stätten der Anbetung waren verborgene Orte, das Dickicht des Waldes, das Dunkel der Höhlen und die Tiefen der Grüfte. Wir waren kein Volk mehr; wir hatten kein Vaterland, keine Heimath, kein Recht. Da gedachten wir des Gesetzes, welches sagt „Auge um Auge, Zahn um Zahn!" Es ist das Gesetz der Rache!"

„Das Gesetz der Rache! Ja, wir rächen uns!" stimmte sein Sohn bei.

„Das Licht des Tages war uns verboten," fuhr der Alte fort; „darum arbeiteten wir im Dunkel der Nacht. Wir durften nicht Bürger werden; wir durften kein Haus, kein Feld, kein Stückchen Landes kaufen, welches so groß ist, wie der Teller meiner Hand. Da blieb uns nur der Handel offen und so handelten wir. Wir handelten erst mit dem, was Andere fortwarfen, mit Schmutz, Staub und Abfall; wir hungerten, aber wir arbeiteten und sparten. Dann griffen wir zu Besserem, bis wir zum Golde gelangten. Man sperrte uns in besondere Gassen, uns, den Abschaum der Gesellschaft; wir aber hatten in unseren Truhen Gold und Silber in Menge und in unseren Schränken blitzten kostbare Steine im Geschmeide. Wenn unsere Bedrücker in Noth waren, kamen sie zu den Verachteten. Wir zahlten ungeheure Steuern, aber wir nahmen noch größere Zinsen. Wir rochen nach Unrath und Knoblauch, aber wir besaßen die Macht des Reichthums. Fürsten, Könige und Kaiser kamen, um sich von uns retten zu lassen. Wir retteten sie und steckten den Preis in unsere Taschen. Die Macht des Goldes erzwang uns endlich Gleichberechtigung, und nun konnten wir den offenen Kampf beginnen. Man gab uns den Adel; man machte uns zu Freiherren und Räthen; aber wir vergaßen nicht, was man uns gethan hatte und was wir leiden mußten. Wir hatten gedient; wir waren gezwungen gewesen, im Staube zu kriechen. Nun wollten wir herrschen."

„Ja, wir wollen herrschen und werden herrschen!" meinte Gamaliel, indem er mit der hagern aber sehnigen Faust auf den Tisch schlug.

„Schlage nicht auf die Platte des Tisches, mein Sohn!" warnte der Alte ängstlich. „Ich habe ihn einer Wittwe für neun Groschen abgepfändet, und Du könntest ihn zerbrechen. Dann müßte ich geben dem Tischler zwei oder drei Groschen, und doch bekomme ich dafür höchstens zwei Thaler fünf Silbergroschen. — Ja, wir werden herrschen. Wir haben feine, schöne Töchter; wir vermählen sie an Offiziere und hohe Herrschaften. Wir haben Orden und Sterne. Wir haben Eisenbahnen, Bergwerke und Monopole. Wir haben Actien, Kuxe und Patente. Man hat uns gezwungen, zu handeln, und wir beherrschen den Handel. Wir sind die Könige des Marktes für Gold, Silber und Papiergeld. Wir gebieten an der Börse, und man gehorcht uns. Wir bestimmen die Preise und Kurse und machen arm und reich, wen wir wollen, am reichsten aber uns selbst."

Da schlug die Alte ihre fleischlosen Hände zusammen und sagte unter einem grinsenden Lachen:

„Ja, reich sind wir, Baruchleben, sehr reich! Wir erhalten Schmuck und goldenes Geschirr zu Pfand. Wenn es verfällt, gehört es uns, und wir nehmen solche Zinsen, daß es verfallen muß. Und was man uns nicht bringt, das holen wir uns. Mein Baruch und mein Gamaliel sind schlaue und muthige Männer. Sie stellen sich krank und schwach, aber sie sind gesund und stark. Sie machen sich andere Gesichter und gehen auf Reisen. Sie finden des Nachts was sie suchen, und wenn sie heimkehren, so sind wir reicher als zuvor. Niemand kann ein Schloß so gut öffnen, wie mein Baruchleben und ——— "

Da fuhr der alte Händler rasch empor und herrschte ihr zu:

„Weib, schweig! Was sprichst Du so laut von Dem, was wir thun! Kann nicht Einer steigen an das Fenster oder in den Schornstein, um zu belauschen Das, was wir reden? Unser Volk war arm und elend; wir rächen uns und werden reich. Man nahm uns Alles, was uns gehörte; jetzt holen wir es uns wieder, am Tage durch List, des Nachts durch Gewalt. Warum aber sollen wir davon reden! Wir können uns freuen im Stillen. Haben wir doch Alles erreicht, was wir erreichen wollten. Unsere Leut gehen sogar auf die Universitäten, um zu studiren Klugheit und Wissenschaft. Sie sitzen dann in den Zimmern der Zeitungen und Journale und schreiben von dem Krieg und dem Frieden, von der Verwaltung und der Politik. Wir sind die Herren des Geistes und des Geldes. Der Sclave ist ein Fürst geworden, und Die, welche ihn verachteten, werden seine Sclaven sein."

Da ließ sich unter ihnen im Gewölbe der Ton einer heiseren Glocke hören. Baruch erhob sich, trat zum Fenster, öffnete dasselbe und schob den Kopf zur Hälfte hinaus.

„Wer kommt so spät zu mir?" fragte er halblaut hinab.

„Mache auf, Baruch!" antwortete es ebenso.

„Wer ist es, dem ich öffnen soll?"

„Ein Offizier!"

„Gleich, gleich werde ich kommen!"

Er gab diese Antwort schnell und eifrig, und als er das Fenster wieder geschlossen hatte und sich umdrehte, leuchteten seine dunklen Augen freudig aus den tiefen Höhlen hervor.

„Ein Offizier ist es," sagte er; „ein vornehmer Herr, welcher kommen wird, um von dem armen Baruch Silberglanz sich zu leihen Geld auf hohe Zinsen. Es ist einer von unsern Sclaven, welche vor uns im Staube kriechen werden."

„Welcher ist es?" fragte Sulamith.

„Ich weiß es nicht; er hat nicht genannt seinen Namen. Ich werde mit hinunternehmen Geld und das Conto der Offiziere."

Er öffnete einen alten Schrank, nahm aus demselben ein Foliobuch und aus einem noch extra verschlossenen Fache ein versiegeltes Päckchen, in welchem Banknoten zu sein schienen, und verschloß dann den Schrank sorgfältig wieder.

Dann ging er zur Fallthür. Sie war verschlossen, und in höchst übermäßiger Vorsicht hatte man außerdem ein schweres Bleigewicht darauf gestellt. Dieses Gewicht war sicher einen Centner schwer. Baruch faßte es und hob es mit einer Leichtigkeit hinweg, welche ganz erstaunlich war. Dieses lebendige Gerippe besaß eine Körperkraft, welche man ihm unmöglich zugetraut hätte. Nun öffnete er die Thür und stieg hinab. Vorher aber gebot er:

„Gamaliel, mein Sohn, mach die Thür über mir gleich wieder zu, denn selbst einem Offizier ist nicht zu trauen!"

Diesem Befehle wurde Folge geleistet.

Unten war es dunkel. Er brannte eine zinnerne Oellampe an, welche bereit stand, und ging dann, um die Thür zu öffnen. Der Mann, welcher eintrat, trug Civilkleidung und war, jedenfalls um auf der Straße nicht erkannt zu werden, tief in einen Regenmantel gehüllt.

Baruch verschloß zunächst die Thür sorgfältig und leuchtete dann dem Angekommenen in das Gesicht.

„Gott der Herr, welche Freude, zu sehen den Herrn Premierlieutenant von Wilden!" meinte er. „Kommen Sie nach dem Zimmer, welches liegt hinten, und wo man nicht horchen kann an den Läden, um zu hören, was gesprochen wird."

Wilden folgte ihm und nahm ohne Umstände auf einem Stuhle Platz. Baruch stellte die Lampe auf den Tisch, auf welchem auch bereits das Contobuch lag.

„Du freust Dich also wirklich, mich zu sehen?" fragte Wilden. „Ich habe nicht geglaubt, daß Du so große Stücke auf mich hältst."

„Warum soll ich mich nicht freuen? Weiß ich doch, daß Sie mir bringen mein Geld, welches ich so nothwendig brauche grad morgen am Vormittage."

Der Lieutenant stieß ein heiter sein sollendes Lachen aus, welches aber doch sehr deutlich nach Verlegenheit klang, und antwortete:

„Geld bringen? Mann G.ttes, da irrst Du Dich! Ich komme vielmehr, um Geld zu holen."

Der Jude machte eine Geberde des Erschreckens und fragte:

„Geld holen wollen der Herr Oberlieutenant? Woher soll ich nehmen Geld, um es ihm zu geben? Habe ich Ihnen nicht erst gegeben vor einer Woche siebenhundertundfünfzig Thaler baar hier an diesem Tische?"

„Das ist wahr. Aber ich habe dafür tausend Thaler unterschreiben müssen!"

„Habe ich das verlangt? Habe ich Ihnen überhaupt wollen geben das Geld?"

„Pah! Verstelle Dich nicht! Mir darfst Du mit solchen Albernheiten nicht kommen! Du hast Deine Rolle gut gespielt. Du hast mir die Summe nur deshalb verweigert, daß ich Dir so hohe Zinsen bieten solle. Ich habe es gethan, weil ich das Geld nothwendig brauchte. Aber jetzt ist es alle. Ich habe im Spiele ganz riesiges Pech gehabt; es giebt einige Rechnungen zu bezahlen; kurz und gut, Baruch, ich brauche abermals Geld, und Du wirst es schaffen!"

„Wie kann ich es schaffen, wenn ich keins habe!"

„Keine Comödie, alter Fuchs! Mir machst Du doch nichts weiß! Wenn Du wirklich kein Geld hast, so gehe ich zu einem andern. Du kennst mich. Ich bin resolut und kurz entschlossen. Hast Du welches oder nicht?"

Baruch kannte allerdings seinen Mann; er wußte auch, ihn zu nehmen, und so antwortete er:

„Ich habe zwar Einiges daliegen, aber es ist bereits bestimmt für einen anderen Zweck."

„Unsinn! Machen wir es kurz! Kann ich es bekommen?"

„Gott Abrahams, sind der Herr Premierlieutenant eilig! Muß ich doch erst fragen, welche Sicherheit ich haben kann."

„Mein Ehrenwort!"

„Ihr Ehrenschein ist bereits verpfändet. Ich muß haben reelle Sicherheit."

„Mensch! Ist meine Ehre nicht noch eine Kleinigkeit mehr werth?"

„Die Ehre eines Herrn Offiziers ist viel werth, sehr viel; aber was thue ich damit? Kann ich sie verspeisen? Kann ich sie anlegen zu Zinsen? Kann ich mir damit kaufen Papiere? Wie viel brauchen der Herr Oberlieutenant noch?"

„Tausend Thaler."

Der Jude fuhr zurück und spreizte, sich erschrocken stellend, die Arme weit aus, so daß sich sein Kaftan öffnete und seine ganze, häßliche Hagerkeit bemerken ließ.

„Tausend Thaler! Das sind hundert mal Zehn! Herr Premierlieutenant, Sie werden die Gnade haben, mich nicht falsch zu verstehen; aber ich habe nebst Ihrem Ehrenscheine bereits Wechsel über zwölf tausend Thaler in den Händen. Sie lauten auf Sicht. Wie will ich kommen zu diesem Gelde, da ich doch nie darf präsentiren ein einziges dieser Papiere!"

„Ich habe Dir ja ungeheure Zinsen dafür zu bezahlen!"

„Was sind Zinsen! Sind sie das Capital, welches ich könnte noch viel besser anwenden bei Anderen?"

Wilden machte eine ungeduldige Bewegung und sagte dann:

„Willst Du sie mir geben, die tausend Thaler, oder nicht?"

„Wieder nur auf Wechsel?"

„Ja."

„Ich kann nicht!"

„Du weißt aber doch, daß mein Vater reich ist und Alles bezahlen wird!"

Ueber das Gesicht des Alten ging ein eigenthümliches Zucken, dessen Bedeutung der Lieutenant aber nicht zu verstehen schien. Dann antwortete er achselzuckend:

„Ja, ich weiß, daß der Herr General von Wilden für sehr reich gilt, aber ich weiß auch, daß Sie nicht der einzige Erbe sind. Das Vermögen wird getheilt werden, da Ihre Stiefmutter Sie mit einem Brüderchen beschenkt hat."

Da legte sich die Stirn Wildens in düstere Falten.

„Schweig von dieser Mutter und diesem Knaben!" brauste er auf. „Ich mag von Beiden nichts wissen. Mein Vater konnte Besseres thun, als eine arme Professorstochter an Stelle meiner Mutter zu setzen. Es war das ein Eingriff in meine Rechte, ein Raub an meinem Eigenthum! Uebrigens, wenn Du partout Sicherheit verlangst, kann ich Dir sagen, daß mir nächstens reiche Quellen zur Verfügung stehen werden. Es ist mir dann ein Leichtes, Dich zu bezahlen."

„Ich will dem Herrn Premierlieutenant alle Quellen gönnen, welche er sich nur wünschen kann! Darf ich diesen Brunnen kennen lernen?"

„Hm!" brummte Wilden. „Kennst Du Herrn von Flakehpa-Ociului?"

Abermals ging ein schnelles Zucken über das Leichengesicht des Alten; aber es war so schnell verschwunden, daß Wilden es gar nicht bemerkte.

„Ja, ich kenne ihn," lautete die Antwort.

„Kennst Du auch seine Verhältnisse."

„Er hat Eisenbahnen und große Fabriken gebaut; er hat Millionen verdient."

„Nun, ich werde seine Tochter heirathen."

Da sprang der Jude einen Schritt zurück und rief in höchster Verwunderung:

„Seine Tochter, Fräulein Elma?"

Fast war es, als ob ein Gefühl des Triumphes sein Gesicht verkläre.

„Ja," antwortete Wilden.

„Sind Sie bereits verlobt?"

„Nein."

„Aber Sie haben mit ihr und ihrem Vater gesprochen?"

„Nein. Die Erklärung wird erst morgen erfolgen."

„Sie wird angenommen werden!"

„Meinst Du?"

„Ja. Elma von Ociului wird stolz sein, die Schwiegertochter des Herrn Generals von Wilden zu werden."

„Nun, so siehst Du doch ein, daß Dein Geld bei mir sehr sicher steht."

„Der Herr Premierlieutenant müssen mir dennoch verzeihen. Noch ist die Hochzeit nicht vorüber und noch weiß ich nicht, ob Herr von Ociului Ihre Schulden bezahlen wird."

Da sprang Wilden ärgerlich auf.

„Verdammter Geizhals!" rief er. „Würde Dir eine Bürgschaft meines Vaters genügen?"

Der Alte blickte einige Augenblicke wie nachrechnend zu Boden und antwortete dann:

„Welcher Art ist diese Bürgschaft?"

„Ein Wechsel auf drei Monate, ausgestellt von mir und acceptirt von meinem Vater."

„Haben Sie diesen Wechsel bei sich?"

„Ja. Er lautet aber auf zweitausend Thaler."

Er zog das Portefeuille und reichte es dem Juden hin. Dieser nahm eine Brille aus der Tasche seines Kaftans, wischte sie an den fettigen Schößen des Letzteren hin und her, so daß sie nur noch mehr beschmiert wurde und setzte sie dann auf die Nase, um den Wechsel zu prüfen.

Diese Prüfung nahm eine ungewöhnlich lange Zeit in Anspruch. Die Stirn des Lieutenants begann sich zu röthen; ob vor Zorn oder aus einem anderen Grunde, das war nicht leicht zu sagen. Er konnte nicht sehen, auf welchen Punkt des Documentes die Augen des Juden gerichtet waren, da die fettige Brille dies verhinderte. Endlich gab der Alte den Wechsel zurück, nickte dem Offizier unbefangen entgegen und sagte:

„Dieses Papier ist gut, Herr Premierlieutenant."

„Wollen Sie es discontiren?"

„Warum nicht? Wie viel verlangen Sie?"

„Es lautet, wie Sie sehen, auf zweitausend Thaler."

„Das ist Nebensache. Hauptsache ist, wie viel Sie verlangen."

„Ich biete Ihnen hundert Thaler Disconto."

Der Alte griff sich an das Kinn und schritt einige Male nachdenklich hin und her. Dann blieb er am Tische stehen. Sein Blick fiel auf die Hand des Lieutenants, welcher den Wechsel in derselben hielt. An dem einen Finger derselben blitzten farbige Funken. Er trug an diesem Finger einen dünnen Goldreifen, wie ihn Damen zu tragen pflegen. An diesem Reif saß ein Diamant, nicht groß, nicht schwer, aber vom reinsten Wasser.

„Wollen der Herr Premierlieutenant mir sagen, ob dieser Ring ein Familienstück ist?" fragte er.

„Warum?"

„Er gefällt mir."

„Er ist ein Geschenk von einer Dame."

„Gut! Ich zahle Ihnen neunzehnhundert Thaler und Sie geben mir den Wechsel und den Ring."

Wilden machte ein sehr verwundertes Gesicht.

„Baruch, alter Geizhals!" meinte er. „Woher diese Noblesse? Ich war darauf gefaßt, nur fünfzehnhundert zu bekommen. Der Ring ist nicht viel mehr als fünfzig Thaler werth."

„Gott der Herr! Hat meine Sulamith mich gebeten, ihr zu schenken zum Tage ihrer Geburt einen Ring mit einem Brillanten. Sie will erhöhen ihre Schönheit mit den Strahlen eines edlen Gesteines."

Da stieß der Lieutenant ein lautes Gelächter aus und rief:

„Donnerwetter! Deine Sulamith ist jedenfalls noch weit schöner, als ihre Namensschwester, in welche Salomo sich verliebte. Sie braucht keine Brillanten zur Erhöhung ihrer Vorzüge; sie kommt weit bequemer und billiger weg, wenn sie sich mit der Oellampe hier beleuchtet. Aber weil Du so ausnahmsweise billig bist, so sollst Du auch mich nicht rücksichtslos finden. Hier ist der Ring. Schmücke Deine Sulamith nach Herzenslust. Die, von der ich den Ring habe, ist nicht werth, daß ich ihn trage."

Er zog den Reif vom Finger und gab ihn dem Alten. Dieser steckte ihn bedächtig in die Tasche und zog dann aus derselben jenes versiegelte Päckchen hervor. In Zeit von zehn Minuten war das Geschäft beendet. Wilden entfernte sich mit seinem Gelde.

Der Jude nahm sein Contobuch, löschte das Licht aus und stieg wieder nach oben. Sein Sohn öffnete ihm und sagte dabei:

„Ich hab erkannt den Lieutenant von Wilden an der Stimme. Ist er gekommen, um einzulösen eins der Papiere, welche wir von ihm haben?"

„Nein. Er hat geholt noch mehr Geld."

Der Alte erzählte in kurzen Worten, was unten gesprochen worden war. Sein Sohn schien sich über ihn zu wundern. Er sagte:

„Wie hast Du machen können zwei Fehler auf einmal! Zu geben zu viel für einen Wechsel auf drei Monate, und zu geben Geld für ein Papier des Generals von Wilden. Ist dieser Mann nicht fast ruinirt? Ist er nicht schuldig große Summen Deinem Sohn, meinem Bruder, Elias Silberglanz, welcher ist Agent in der Residenz."

Es war ein unbeschreiblich stolzes, selbstbewußtes Lächeln, welches das Gesicht des Alten in die Breite zog.

„Mein Sohn Gamaliel kennt seinen Vater noch nicht," sagte er. „Mein Sohn denkt, sein Vater könne noch machen Fehler im Geschäfte! Hier, siehe den Wechsel an; und wenn Du klüger bist als ich, so sage mir, warum ich ihn hab gekauft für so vieles Geld."

Gamaliel nahm das Papier in die Hand und betrachtete es.

„Was ist daran Ungewöhnliches?" fragte er. „Es ist ein Accept des Generals von Wilden über zweitausend Thaler, zahlbar in drei Monaten."

„Gott Zebaoth! Mein Sohn Gamaliel will klüger sein, als sein Vater und kann doch nicht beurtheilen die Handschrift eines Menschen! Haben wir nicht von meinem zweiten Sohne Elias Papiere in der Hand gehabt, welche sind unterzeichnet gewesen von dem General? Ist es da nicht leicht, zu sehen, daß diesen Wechsel nicht hat acceptirt der General? Ich habe gegeben so viel Geld, weil das Papier ist gefälscht von dem Premierlieutenant auf den Namen seines Vaters. Nun habe ich den Sohn in den Händen; nun ist er noch mehr unser Sclave als vorher."

Diese Worte brachten einen ungeheuren Eindruck auf die Frau und den Sohn des Juden hervor. Der Wechsel wurde sorgfältig geprüft und wirklich für gefälscht befunden. Der Lieutenant hatte, um Geld zu bekommen, die Handschrift seines Vaters nachgeahmt. Großer Jubel erhob sich darüber in der Judenfamilie. Die Alte fragte:

„Weiß der Lieutenant, daß sein Vater ihm nicht helfen kann, weil er selbst hat fast gar nichts mehr, um Geld damit zu machen?"

„Er weiß es nicht."

„Warum hast Du es ihm nicht gesagt?"

„Weil ich bin ein kluger Mann des Geschäftes und will stürzen Die, welche stolz da oben sitzen, plötzlich und unerwartet. Er will heirathen die Tochter der Herrn von Ociului."

Bei dieser Nachricht stießen die beiden Anderen einen Ruf des Erstaunens aus.

„Warum will er heirathen die Walachin?" fragte Gamaliel. „Ist er verliebt in sie?"

„Vielleicht, denn sie ist sehr schön. Aber er will sie heirathen auch, um zu bekommen von ihrem Vater das Geld für seine Schulden."

Bei diesen Worten ließen die Drei ein höhnisches Lachen hören.

„Wie wird er erschrecken, wenn er sieht, daß er sich hat verrechnet!" rief die Alte. „Haben wir doch im Stillen gemacht zu Schanden den steinreichen Herrn von Ociului! Weiß er doch selbst nicht, woher er soll nehmen Geld, um noch weiter zu scheinen so reich wie bisher! Liegt doch bei uns sein goldenes und silbernes Tafelgeschirr, welches er kann nicht einlösen, weil ihm dazu fehlen die Monneten!"

„Ja, wir haben uns an ihm gerächt," nickte der Alte selbstgefällig. „Er hat gebaut seine Bahnen und exproprirt die Grundstücke, auf denen wir hatten liegen unsere Gelder auf Hypothek. Er hat uns gemacht einen großen Schaden und soll nun tragen die Strafe. Er wird verheirathen seine Tochter an den Premierlieutenant, weil er denkt, die Familie Wilden ist reich. Und der Wilden wird heirathen das Mädchen, weil er denkt, die Familie Ociului ist reich. Dann werden sie merken, daß sie Beide haben keinen Heller und daß der Jude Baruch Silberglanz im Sacke hat ihr ganzes Geld!"

„Und dann wird die Elma Ociului vor Hunger weinen und fluchen!" jubelte die Alte. „Sie denkt, daß sie sei das schönste Mädchen der Welt; aber sie ist eine Hexe. Sie hat den bösen Blick. Haben wir nicht auch gewohnt in der Walachei? Ist uns nicht auch bekannt die Sprache des Landes dort? Warum hat die Familie geheißen Flakehpa-Ociului, was auf Deutsch bedeutet die Augenflamme? Alle Weiber dieser Familie haben gehabt den bösen Blick; sie sind gewesen Vampyre und haben getrunken das Blut aus den Adern der Lebendigen. Wenn sie gestorben waren, diese Weiber, dann hat man ihnen noch stoßen müssen einen spitzen Pfahl durch den Leib, und sie haben dann vor Schmerz geheult, obgleich sie Leichen gewesen sind. Wenn aber wir sterben, so wird ein großes Klagen sein im Volke Israel, und man wird sagen, daß die Gerechten eingegangen sind zu Abraham. Heb heilig auf den Wechsel, Baruchleben! Der Lieutenant wird thun müssen Alles was wir wollen, oder er muß wandern in das Zuchthaus, nicht als Commandant der Wache, sondern als Sträfling."

"Weib trage keine Sorge! Ich werde ihn aufheben. Ich habe mit diesem Wechsel gemacht ein gutes Geschäft, aber es ist noch besser, als Ihr ahnt. Seht Euch einmal den Ring an, den er mir gegeben hat."

Sulamith nahm den Reif und ließ den Stein im Lichte spielen. Dann nahm ihn ihr Sohn in die Hand und betrachtete ihn aufmerksam. Plötzlich aber stieß er einen lauten Freudenschrei aus.

"Mutterleben!" sagte er. "Weißt Du, welchen Ring wir haben? Weißt Du, wem er gehört und welchen Werth er hat, weil nur durch ihn allein ein großes, großes Geheimniß gelöst werden kann?"

"Ich weiß es nicht," antwortete sie, fast athemlos vor Neugierde. "Was für ein Geheimniß ist es, von welchem Du redest?"

"Dieser Ring, welchen Vaterleben glücklicher Weise sofort erkannt hat, war einst das Eigenthum von — —"

Er wurde unterbrochen, denn die Ladenklingel ertönte abermals. Der Alte öffnete das Fenster und erkundigte sich, wer unten sei.

"Machen Se nur immer auf!" antwortete es. "Ich bin es selber. Ich bringe nämlich eenen geheemen Brief von meinem Herrn."

Baruch schloß das Fenster und sagte zu den Seinen:

"Der Diener Heinrich von Ociului's. Ich will hinunter."

Er stieg zum zweiten Male zur Fallthür hinab, zündete unten die Lampe an und ließ dann den draußen Stehenden herein.

"Guten Abend, Herr Silberglanz!" grüßte dieser. "Hier is der Brief. Ich soll auf Antwort warten."

Der Jude öffnete und las den Brief. Als er fertig war, meinte er:

"Ihr Herr schreibt mir, daß Sie morgen Geburtstagsfeier haben und daß er sich dazu das Tafelgeschirr ausbittet, welches er mir verpfändet hat."

"So is es, Herr Silberglanz," bestätigte der Diener.

"Haben Sie den Revers nebst dem Verzeichnisse und auch das Geld?"

"Ich habe Alles mit, ooch die dreißig Thaler. Wann darf ich die Sachen holen?"

"Es soll es doch Niemand sehen?"

"Nein. Ich bin ja überhaupt der Eenzige, der es weeß, daß das Tafelgeschirr bei Ihnen versetzt worden is. Ich muß es im Geheemen fortschaffen und wiederbringen."

"So kommen Sie in einer Stunde wieder!"

"Gut! Hier is der Revers, das Verzeichniß und das Geld! Aber, Herr Silberglanz, nich wahr, Sie stammen doch aus der Walachei?"

"Ja."

"Sie sind dort Schreiber beim Vater meines Herrn gewesen?"

"Ja. Warum?"

"Und Sie sind mit der Familie hierher gekommen und een wohlhabender Mann geworden. Das haben Se doch eegentlich nur den Ociului's zu verdanken, und da is es nich recht von Ihnen, daß Se allemal dreißig Thaler verlangen, wenn wir of eenige Stunden das Geschirr brauchen."

Der Alte runzelte die Stirn und antwortete:

"Das geht Sie nichts an! Wer groß thun und auf Gold und Silber speisen will, der muß auch Geld haben. Verstehen Sie?"

"Hm, das verstehe ich sehr gut. Ich bin nämlich der Heinrich Knofel aus Stützengrün bei Rodewisch. Das liegt im voigtländischen Erzgebirge mit die Silber- und Goldbergwerke. Wir Erzgebirgischen und Stützengrüner haben also diese Adern von Gold und Silber unter unsern Füßen; wir stehen, gehen und liegen auf Gold; wir essen und schlafen auf Gold. Aber wenn wir unser Gebirge ja eenmal bei Ihnen versetzen sollten, und müssen es uns vielleicht of eenige Stunden zurückborgen, da bilden Se sich nur um Gotteswillen nich ein, daß Se da ooch dreißig Thaler dafür kriegen. Verstehen Se mich? In eener Stunde komme ich wieder, alter Urian. Grüßen Se mer Ihre Hannebackedusel und sagen Se ihr, daß in Prag een Professor wohnt, der gern eene Mumie koofen will. Ich gloobe, er zahlt nich schlecht!" —

Oberlieutenant von Wilden war von Baruch weg nach seinem Clubb gegangen, hatte dort sein tägliches Spiel gemacht und war sehr spät nach Hause gekommen. Darum stand er auch zu später Morgenstunde auf. Er hatte am Abend mit dem Hauptmanne gesprochen und sich für heute entschuldigt. Jetzt nun, nachdem er seinen Morgenkaffe zu sich genommen hatte, setzte er sich an den Schreibtisch, um sein Urlaubsgesuch abzufertigen. Diesem sollte später die Bitte um Versetzung folgen. Er war überzeugt, daß man auf Beide gewährend antworten werde, die Stellung und der große Einfluß seines Vaters gaben ihm Garantie dafür.

Ehe er jedoch diese schriftliche Arbeit begann, gab er seinem Diener das nöthige Geld mit der Weisung, den Schneider zu bezahlen. Der Lakay war ganz erstaunt, zu sehen, daß sein Herr heute so bei Mitteln sei, doch glaubte er, daß Wilden die Summe gestern im Spiele gewonnen habe.

Kuno setzte sich eben den mit einer silbernen Tresse versehenen Hut auf das beglatzte Haupt, um zu dem Schneider zu gehen, als das electrische Glöckchen ertönte. Er drückte an den Knopf, um den vorderen Eingang zu öffnen, und da nicht angeklopft wurde, so stieß er dann die Vorzimmerthür auf, um zu sehen, wer draußen sei.

Er erblickte ein junges Mädchen, deren Gesicht er für den Augenblick nicht genau betrachtete. Er war ein Weiberfreund, und da er glaubte, es mit einer hübschen Wäscherin oder Plätterin zu thun zu haben, so sagte er freundlich:

"Treten Sie ein, mein liebes Kind! Was wünschen Sie?"

Er schritt voran und sie folgte ihm in das Vorzimmer. Dabei antwortete sie:

"Darf ich fragen, ob Herr von Wilden zu sprechen ist?"

Beim Klange dieser Stimme drehte er sich schnell um, sah sie schärfer an und rief:

"Bertha! Bertha Brand, die Zuchthäuslerin! Donnerwetter! Was wollen Sie hier bei uns? Sind Sie denn frei?"

"Ich bin begnadigt worden," antwortete sie.

(Fortsetzung folgt.)

Die Liebe des Ulanen.
Original-Roman aus der Zeit des deutsch-französischen Krieges von Karl May.
(Fortsetzung.)

Bertha hatte die Sträflingstracht abgelegt und trug jetzt ihre eigenen Kleider. Da machte sie noch einen ganz anderen Eindruck als in der ersteren. Sie war ein schönes, sogar ein sehr schönes Mädchen. Zwar waren die inneren Leiden und äußeren Entbehrungen der Gefangenschaft nicht spurlos an ihr vorüber gegangen, aber sie hatten ihrem Wesen einen Ausdruck der Ergebung mitgetheilt, welcher unsagbar rührend war.

„Begnadigt?" sagte der Lakai. „Da haben Sie weiß Gott mehr Glück als Verstand. An mir haben Sie das nicht verdient. Ja, ja, die kleine Bertha war stolz und eingebildet. Sie wollte Frau von Wilden werden. Aber es ist schon dafür gesorgt, daß die Kirchthürme nicht in den Himmel wachsen! Aus der zukünftigen Frau Baronin wurde eine Kindesmörderin, welche in das Zuchthaus wandern mußte. Hatten Sie nicht zwölf Jahre? Sechs sind vorüber, also hat man Ihnen die Hälfte geschenkt! Aber ich begreife nicht, was Sie wollen und wie Sie es wagen können, nach dem Herrn Premierlieutenant zu fragen."

„Ich habe mit ihm zu sprechen."

„Worüber?"

„Ueber einen Gegenstand, der Sie jedenfalls nicht interessirt!"

Ihr Auftreten war nicht hochmüthig, aber bestimmt. Ihre Antwort verdroß den Lakaien; daher entgegnete er:

„Ich interessire mich für Alles, was Sie betrifft. Wie lange Zeit gedenken Sie frei zu bleiben, Fräulein Bertha? Ich denke, ein so langer Aufenthalt muß eine lebenslängliche Anhänglichkeit an so ein Haus entwickeln."

Das war geradezu eine Rohheit von diesem Menschen. Sie that, als ob sie von derselben gar nicht berührt werde, und sagte ruhig:

„Ich bitte Sie, mich zu melden!"

„Nicht eher, als bis ich weiß, was Sie bei meinem Herrn wollen."

„Ich habe kein Recht, davon zu sprechen. Vielleicht erzählt er es Ihnen selbst."

„Oho! Sie sind ja ungeheuer kurz angebunden. Wenn Sie sich nicht nachgiebiger und bescheidener zeigen, werde ich Sie gar nicht vorlassen."

„So werde ich unangemeldet eintreten."

Bei diesen Worten hatte sie auch schon die Thür zum nächsten Zimmer geöffnet. Er ergriff ihren Arm, um sie zurückzuhalten. Dabei fielen einige laute Worte, welche Wilden hörte. Er stand von seinem Stuhle auf und öffnete seine Thür, um nach der Ursache des lauten Wortwechsels zu forschen. Er traute seinen Augen kaum, als er erkannte, wen er vor sich hatte.

„Wie! Was!" rief er. „Freches Geschöpf, Du wagst es, hier einzutreten? Hinaus mit Dir!"

„Ich habe nur zwei Worte mit Ihnen zu sprechen; dann werde ich gehen."

Sie sprach so fest und bestimmt, daß der Lakai den Arm wieder sinken ließ, welchen er erhoben hatte, um sie hinaus zu schaffen. Der Lieutenant wollte erst in erhöhtem Zorne antworten; aber da schien ihm ein plötzlicher Gedanke zu kommen. Er nickte mit dem Kopfe und sagte kalt:

„Tretet Beide näher!"

Der Lakai trat mit dem Mädchen ein. Wilden ging an den Tisch, schrieb auf ein Blättchen die Worte: „Hole schnell die Polizei!" und gab dies dem Diener mit dem Befehle:

„Also, das ist zu besorgen."

Als Kuno sich entfernt hatte, wendete der Lieutenant sich an Bertha:

„Also zwei Worte nur? Gut! Aber kein drittes dazu!"

Er hatte dies im höhnischen Tone gesprochen. Er war überzeugt, daß sie zu ihm betteln komme; das konnte nicht in zwei Worten geschehen. Sie sah ihm voll und furchtlos in die Augen und antwortete:

„Meinen Ring!"

Er erschrak. Das hatte er nicht erwartet. Diesen Ring hatte er ja gestern dem Juden Baruch Silberglanz gegeben! Er faßte sich schnell, zuckte wie verwundert die Achsel und meinte:

„Ich verstehe Sie nicht. Erklären Sie sich deutlicher!"

„Ich denke, ich darf nur zwei Worte sagen."

„Keine Kindereien! Reden Sie!"

„Ich trug einen dünnen Goldreif mit einem Diamanten; der Ring war von sehr großer Bedeutung für mich. In einer Stunde, der Sie sich wohl noch besinnen werden, zogen Sie ihn mir vom Finger und steckten ihn spielend an den Ihrigen. Ich habe ihn nicht zurück erhalten."

„Sie träumen wohl? Oder reden Sie irre?"

Sie blickte ihm zornig in die Augen und antwortete:

„Verstellen Sie sich nicht! Ich bin ebenso arm und hilfsbedürftig wie damals, als Sie mich verließen, obgleich Sie mich retten konnten. Außer daß der Ring für mich eine besondere Bedeutung besitzt, hat er auch einen realen Werth, in Folge dessen ich mir meine Lage erleichtern kann. Mein Vater ist arm und so alt, daß er vielleicht erwerbsunfähig ist; ich bin gezwungen, mich an ihn zu wenden, da ich als entlassene Gefangene nach meiner Heimath muß und mag dem lieben, guten Mann nicht zur Last fallen."

Er schüttelte den Kopf, als ob er im höchsten Grade betroffen sei. Dann sagte er:

„Ich könnte Ihr Verhalten gar nicht begreifen, wenn Sie nicht direct aus dem Zuchthause kämen! Wollen Sie mich etwa zum Spitzbuben machen! Wie kommt ein Dienstmädchen, die Tochter eines Forstläufers, zu einem Diamantringe? Wenn Sie sich das Märchen ersonnen haben, um mich zu einer Gabe zu bewegen, so haben Sie sich verrechnet!"

Da bedeckte eine glühende Röthe ihr Gesicht.

„Herr von Wilden," sagte sie erregt, „ich bitte Sie um Gotteswillen, nur dieses eine Mal ehrlich mit mir zu sein! Sie wissen am Allerbesten, daß ich Ihnen kein Märchen erzähle und ehe ich zu Ihnen betteln käme, würde ich lieber sterben. Sie haben mich unglücklich gemacht; ich bin durch Sie zur Mörderin, zur Zuchthäuslerin geworden; aber dennoch will ich Ihnen Alles verzeihen, nur geben Sie mir den Ring zurück!"

Er stieß ein hartes, höhnisches Lachen aus.

„Sie sollten Schauspielerin werden!" meinte er. „Sie scheinen kein geringes Talent dazu zu haben. Sie sind entweder wahnsinnig oder eine Schwindlerin, welche verdient, sofort in das Zuchthaus zurückgebracht zu werden. Wissen Sie übrigens noch, welchen Befehl Ihnen gestern der Director gab? Sie haben sich direct von hier nach Ihrer Heimath zu verfügen; darum sind Sie durch einen Anstaltsaufseher über die Stadtgrenze gebracht worden. Und dennoch haben Sie es gewagt, umzukehren!"

„Ich muß meinen Ring haben!" antwortete sie. „Herr Premierlieutenant, Sie haben mir einst hundertmal gesagt, daß Sie mich lieb hätten; es ist nicht wahr gewesen, aber so sehr hassen und verfolgen können Sie mich doch unmöglich, daß Sie mir mein Eigenthum rauben und mich abermals in Noth und Sorge stürzen! Geben Sie mir den Ring, dann gehe ich, und Sie sollen mich niemals wieder sehen."

„Mädchen! Lügnerin! Nun reißt mir die Geduld!" rief er. „Weißt Du, daß ich blos zur Polizei zu schicken brauche, so wirst Du arretirt und verfällst in Strafe?"

„Das werden Sie nicht thun! Das wäre geradezu teuflisch und Sie sind doch ein Mensch."

Da wurde die Thür geöffnet; der Lakai steckte den Kopf herein und meldete:

„Sie sind da. Soll ich sie eintreten lassen, Herr Premierlieutenant?"

„Ich spreche selbst mit ihnen. Gehe Du einstweilen zum Schneider!"

Wilden begab sich nach dem Vorzimmer, in welchem zwei Polizisten standen.

„Sie wissen, um was es sich handelt?" fragte er.

„Oberflächlich, Herr Oberlieutenant," antwortete der Eine.

„Nun, eine Zuchthäuslerin, welche Kindesmörderin war, ist begnadigt und heute entlassen worden. Man hat sie, wie es Usus ist, über das Weichbild der Stadt gebracht; sie aber ist zurückgekehrt, um zu betteln und allerlei Schwindeleien zu treiben. Auch bei mir hat sie es versucht. Sie befindet sich im hinteren Zimmer; arretiren Sie das Subject. Um allen Unfug zu vermeiden, werde ich einstweilen zur Seite gehen, bis Sie fort sind, aber dann sogleich nachkommen, um meine Aussage zu Protokoll zu geben."

Natürlich gehorchten die Polizisten.

Bertha war allein im Zimmer zurückgeblieben, um die Rückkehr Wildens zu erwarten. Sie erschrak bis auf's Blut, als statt seiner die beiden Sicherheitsbeamten eintraten. Es wurde ihr mit einem Male klar, was auf dem Zettel gestanden hatte. Sie hätte vor Zorn, Scham und Schreck in die Erde sinken mögen.

„Sie sind heute früh aus der Strafanstalt entlassen worden?" fragte Einer.

„Ja," antwortete sie, todesbleich vor Aufregung.

„Warum sind Sie nach der Stadt zurückgekehrt? Was wollen Sie hier?"

„Ich hatte mit Herrn von Wilden eine Privatangelegenheit zu erledigen."

„Ah, so! Derartige Privatangelegenheiten kennen wir! Sie sind arretirt! Ich hoffe, daß Sie uns gutwillig folgen!"

Sie schlug die Hände vor das Gesicht, sank auf einen Stuhl und schluchzte, daß ihr ganzer Körper bebte. Die Beamten standen ein Weilchen schweigend neben ihr. Dieses Mädchen kam ihnen gar nicht vor wie eine so raffinirte Schwindlerin.

„Ja, wir können Ihnen nicht helfen," meinte der Eine in einem Anfluge von Mitleid. „Sie haben nun einmal den Fehler gemacht, wieder in die Stadt zurückzukehren."

Da erhob sie sich und versuchte, ihre Thränen zu trocknen.

„Ja, Sie können mir nicht helfen; das weiß ich wohl," sagte sie; „so möge denn Gott mir helfen. Kommen Sie! Ich gehe mit!"

Sie wurde durch die Stadt, welche sie vorher mit so frohen Gefühlen verlassen hatte, nach dem Polizeihause geführt und in eine Zelle geschlossen.

Der Oberlieutenant war da, noch bevor sie in das Verhör genommen wurde. Als sie später geholt und vorgeführt wurde, erzählte sie dem Beamten Alles aufrichtig. Er blickte ihr forschend in das bleiche Gesicht und sagte dann:

„Das ist ein ganz eigenthümlicher Fall. Ist es so, wie Sie erzählen, so verdienen Sie meine Theilnahme. Sie haben nicht das Aussehen einer Betrügerin, und Ihre Thränen scheinen aufrichtig zu sein. Aber wie wollen Sie die Wahrheit Dessen, was Sie erzählen, beweisen? Sie haben früher aus einem vielleicht in ihren Gefühlen begründeten Zartsinn geschwiegen und daher kommt es, daß man jetzt an ihren Worten zweifelt. Von wem haben Sie den Ring erhalten?"

„Das kann ich nicht sagen. Ich habe versprochen, zu schweigen."

„Ich bedaure das um Ihretwillen. Sie können oder wollen nicht beweisen, daß Sie im Besitze eines solchen Ringes gewesen sind; in Folge dessen können Sie auch nicht beweisen, daß er in die Hände des Herrn von Wilden übergegangen ist. Ihr Besuch bei ihm könnte sehr leicht als Erpressung gedeutet werden, und das brächte Sie abermals in das Zuchthaus zurück. Der genannte Herr hat glücklicher Weise die Güte gehabt, dem Vorgange nicht diese Deutung zu geben, sonst müßte ich Sie criminaliter behandeln; aber eine Polizeistrafe für Ihre unbefugte Rückkehr in die Stadt können wir ganz unmöglich umgehen."

Am folgenden Morgen war in dem in Grollenburg erscheinenden Provinzialblatte Folgendes zu lesen:

„Obgleich wir unserer umsichtigen Behörde die Vorsichtsmaßregeln verdanken, daß jeder aus der Strafanstalt entlassene Gefangene unter Begleitung eines Beamten aus der Stadt gebracht wird, so giebt es doch Individuen, welche in dieselbe zurückkehren, um sofort nach ihrer Entlassung ihr früheres Verbrecherleben von Neuem zu beginnen. Gestern wurde eine solche Person ergriffen, welche, wie es scheint, in die Stadt zurückgekehrt war, um durch gewisse Vorspiegelungen sich in den Besitz einigen Reisegeldes zu setzen. Der Herr, auf den es abgesehen war, ist so nachsichtig gewesen, den Thatbestand so mild wie möglich hinzustellen, und so wird die betreffende Person mit einer Haftstrafe im Polizeigefängnisse davonkommen. Es steht leider zu befürchten, daß diese kurze Haft von keiner Wirkung sein werde, da durch eine lange und viel schwerere Zuchthausstrafe keine Besserung erzielt wurde." —

Herr von Flakehpa-Ocului trug einen in der Großindustrie wohlbekannten Namen. Er hatte sich um Handel und Verkehr bedeutende Verdienste erworben und war in Folge dessen geadelt worden; nur wußte man es nicht so recht genau, von welcher Regierung das Diplom ausgefertigt worden war.

Seit längerer Zeit hatte er sich von den Geschäften zurückgezogen und nur der Börse seine Anhänglichkeit bewahrt. Ob er glücklich oder unglücklich spiele, darüber waren die Stimmen getheilt. Aber er machte ein großes, glänzendes Haus, und das genüge.

Er hatte sich vom mittelmäßig situirten Kaufmann emporgeschwungen und war in Beziehung auf seine Person anspruchslos geblieben. Anders aber war es mit seiner Tochter.

Diese war sein einziges Kind. Sie hatte früh die Mutter verloren und war vom Vater vollständig verzogen worden. Von allem Luxus umgeben, hatte sie nicht die geringste Kleinigkeit des Lebens zu entbehren gebraucht. Sie war selbstsüchtig, hart und rücksichtslos geworden; sie konnte sogar grausam sein. Ueberhaupt gab es keinen Menschen, der ihren Charakter genau kannte. Selbst ihr Vater fand Augenblicke und Situationen, in denen sie wie ein düsteres Räthsel vor ihm stand. Reich und von einer eigenartigen, unbeschreiblichen Schönheit, war sie die Königin aller Feste. Man wußte, daß ihr Herz noch frei sei, und man war begierig, zu sehen, wem es gelingen werde, diese prächtige orientalische Perle in seinen Besitz zu bringen.

Sie wurde natürlich von der männlichen Jugend umschwärmt und angebetet. Unter dieser Schaar zeichnete sich Wilden durch ganz besondere Leidenschaftlichkeit aus. Er war entweder zu schwach oder zu selbstbewußt, als daß er den gewaltigen Eindruck, welchen Elma auf ihn gemacht hatte, hätte verleugnen können oder verbergen wollen.

Heute hatte das schöne Mädchen eine geheime Unterredung mit ihrem Vater gehabt, in deren Verlaufe sie höchst ernst und nachdenklich geworden war. Am Schlusse derselben hatte er gesagt:

„Also bedenke, daß ich ruinirt und zu alt bin, um von Neuem anzufangen. Vielleicht ist es mir unmöglich, auch nur die kleinste Summe zu retten. Wilden betet Dich an. Er ist bereits nicht ohne Verdienst, besitzt Connexionen und wird sicherlich Carrière machen. Sein Adel ist alt und seine Familie sehr reich. Es ist Zeit, die Mädchenträume aufzugeben. Ich will Dich zu nichts zwingen; aber ich muß Dir aufrichtig sagen, daß Du Dir jetzt, wo man mich noch für reich hält, Deine Zukunft leichter und besser schaffen und gestalten kannst als später."

Elma hatte die Arme über die Brust verschränkt, wie es nur Frauen machen, welche einen starken, männlichen Willen und Character besitzen, und einige Augenblicke nachgedacht. Dann hatte sie gesagt:

„Was Du mir mittheilst, habe ich längst geahnt, Vater. Ich werde also diesen Wilden heirathen."

„Liebst Du ihn denn?" fragte Ocului, ganz erstaunt über diesen so unerwartet schnellen Entschluß.

„Lieben? Pah! Einen Mann liebt man nicht; aber gerade deshalb heirathet man ihn! Das wirst Du nicht verstehen, aber ich verstehe es!"

Nach diesen Worten war sie stolz zur Thüre hinausgerauscht.

Heute Abend nun war sie, da ihr Geburtstag gefeiert wurde, die Hauptperson des Festes. Die Räume waren reich geschmückt, und die Damen überboten sich im Reichthume ihrer Toiletten. Wer erwartet hatte, daß Elma, wie gewöhnlich, an Geschmeidepracht und Diamantenflimmer

Alle verdunkeln werde, der hatte sich getäuscht. Sie war in einem einfachen Kleide von weißem Atlas erschienen, und doch, wie herrlich stand ihr gerade diese Einfachheit! Von den Damen beglückwünscht und von den Herren umschwärmt, saß sie in ihrem Fauteuil, aus dessen rothdunklem Polster sich ihre lichte Gestalt feenhaft hervorhob.

Dieses Mädchen hatte ein Haar, wie es so lang und stark nur äußerst selten anzutreffen ist. Seine dunkle, rabenschwarze Fülle schien gar nicht bewältigt werden zu können. Wie eine Krone auf dem Kopfe befestigt, fluthete es dennoch in langen, weichen Locken über den schneeigen Nacken hinab.

Wie man es bei den Walachinnen gewohnt ist, so war auch Elma eine hohe, üppig volle Gestalt, deren Formen mehr an Juno als an Hebe erinnerten. Wer sie stolz und aufrecht unter den anderen Damen stehen sah, der mußte unwillkürlich an Katharina die Zweite denken, nur daß hier Teint und Haar von anderem Ton und anderer Farbe waren. Ihre Stirn war nicht zu hoch und nicht zu breit, echt frauenhaft gebildet, ihr Näschen klein und doch wie nach einem bestimmten Gedanken geschnitten, ihr Mund voll, doch nicht zu groß, und hinter diesen Lippen, welche zum Küssen förmlich drängten, glänzten die Zahnperlen von jenem bläulichreinen Schmelze, welcher für die größte Schönheit gilt.

Das Wunderbarste aber waren die Augen. Wer konnte sagen, von welcher Farbe sie seien? Kein Mensch! Ihr Vater nicht und auch sie selbst nicht. Zeigten diese Augensterne jetzt ein ruhiges, tiefes Schwarz, so konnte im nächsten Augenblicke die leiseste Regung sie dunkelblau färben. Man hatte diese wunderbaren Augen schon hellblau, grünlich und grau gesehen; ja, es gab Herren, welche behaupteten, bemerkt zu haben, daß im Zorne oder einer anderen ungewöhnlichen Seelebewegung die Färbung dieser Augen vom Sammetschwarz durch alle Töne bis auf ein sogar gelblich schillerndes Grün gelaufen sei.

Und auf wen ihre Strahlen mit Absicht gerichtet waren, der vermochte es nicht, den Blick von ihnen zu wenden. Es lag ein Magnetismus in ihnen, welcher keinen Widerstand fand. Solche Augen sind gefährlich. Sie ziehen an; sie reißen hin; sie verführen und überwältigen. Ihre Macht ist bethörend und berückend; sie kann gefährlich werden.

Der Italiener hat ein Wort, mit welchem er die fascinirende Macht solcher Augen bezeichnet, das Wort Jettatura. Elma war eine Jettaturia; das sagte sich ein Jeder, welcher einen bewußten Blick von ihr empfing. Das sagte sie sich aber selbst auch. Sie hatte die Macht ihres Blickes studirt, und sie verstand, dieselbe anzuwenden.

Als im Musikzimmer der Tanz begann, zog Lieutenant von Wilden sich in eine Fensternische zurück, um ungestört die Herrliche beobachten zu können. Ihr Anblick hatte ganz dieselbe Wirkung auf ihn, als ob er Opium rauche oder einen starken, ungewohnten Wein trinke — er fühlte sich berauscht.

Er hatte sie um keinen Tanz gebeten; an einer bedeutungslosen Unterhaltung während desselben war ihm nichts gelegen. Da, als sie nach einer beendeten Tour nach ihrem Sessel zurückgekehrt war, sah er, daß ihr Blick sich nach dem Fenster richtete, an welchem er stand. Sie neigte das Köpfchen leise und — hatte er recht gesehen? Hatte sie ihm wirklich mit dem Fächer gewinkt, vorsichtig zwar aber doch verständlich?

Er begab sich, einen Umweg machend, um wie von ungefähr herbeikommend, zu ihr hin und wurde mit einem vollen Lächeln empfangen.

„Sie spielen den Einsiedler, Herr von Wilden?" fragte sie. „Haben Sie einen Grund dazu?"

„Ja, Fräulein. Der Einsiedler widmet sich ganz der Andacht und dem Gebete."

„Ah!" lachte sie. „Waren Sie jetzt so fromm?"

„Sehr, aber als Heide. Meine Andacht galt Ihnen."

„So haben Sie eine eigenthümliche, mir bisher unbekannte Religion."

„Ich wollte, ich dürfte Sie in derselben unterrichten," antwortete er leise, sich zu ihr niederbeugend.

Sie blickte zu ihm auf. Es traf ihn ein Blick, so voll, so glühend, so verheißend und gewährend, und dabei war ihr Auge azurblau, wie der Himmel, wenn er seine ganze Liebe auf die Erde niederstrahlt. Aber das währte nur einen Augenblick; dann sagte sie ruhig:

„Zu diesem Unterrichte gehört Einsamkeit, ich müßte also auch Einsiedlerin werden."

„Und das wollen Sie nicht? Das fällt Ihnen so schwer?" sagte er.

Ein Sturm von Gefühlen hatte sich seines Innern bemächtigt. Er hätte trotz der zahlreichen Versammlung ihr augenblicklich zu Füßen fallen können. Sie sah oder errieth das. Ein neuer Tanz begann. Sie erhob sich, um ihren Tänzer zu empfangen, hatte aber vorher noch so viel Zeit, dem Lieutenant zuzuflüstern:

„Ich will es versuchen. Nach der Tafel hinter dem Gewächshause."

Sie schwebte fort. Ihm wurde es ganz wunderbar zu Muthe. Es war ihm, als ob ein Schwindel ihn erfasse, der ihn umzustürzen drohe. Er begab sich zum Büffet und stürzte ein Glas Eiswasser hinunter.

(Fortsetzung folgt.)

Die Liebe des Ulanen.
Original-Roman aus der Zeit des deutsch-französischen Krieges von Karl May.
(Fortsetzung.)

Wilden wußte kaum, was er von jetzt an that. Er war für die Gesellschaft vollständig ungenießbar. Er dachte nur an sie; er sah nur sie; und wenn ihr Auge für einen Augenblick auf ihm ruhen blieb, dann war es ihm, als ob er von einer electrischen Strömung ergriffen und zu ihr hingerissen werde.

Endlich war die Tafel beendet. Die Jugend begann wieder zu tanzen, während die Aelteren zu ihrem Spiele zurückkehrten. Wenn Elma jetzt sich von der Gesellschaft losreißen könnte; würde es ihr möglich sein?

Herr von Wilden hielt den Blick, verstohlen und unauffällig zwar, aber erwartungsvoll auf sie gerichtet. Ein Zusammentreffen mit ihr — unter vier Augen! Er befand sich in einer Spannung, wie noch selten in seinem Leben. Seine Pulse klopften, und seine Stirn war heiß. Er fühlte sich wie im Fieber.

Da suchte ihn ihr Blick. Ihre Augen trafen die seinigen. Ein leises Neigen ihres Hauptes gab ihm das Zeichen. Und nun brach er auf. Er wußte, daß sie ihm bald folgen werde. Er begab sich möglichst unbemerkt nach dem Gewächshause, in welchem sich gegenwärtig kein Mensch befand, und erwartete mit beseligenden Empfindungen das Erscheinen des herrlichen Wesens. ——

Als Herr Hyronimus Aurelius Schneffke am Gartenzaune des Apothekers zu Thionville sein Rencontre mit Emma von Königsau und dem Amerikaner gehabt hatte, begab er sich in die Stadt, um in einem der dort gen Gasthöfe Logis zu nehmen. Er traf zufälliger Weise gerade denjenigen, welchen Fritz, der Diener des Doctor Müller, zu besuchen pflegte, weil das Local seiner Wohnung gegenüber lag. Es war derselbe Gasthof, in welchem, als damals die Seiltänzerin verunglückte, die Künstler gewohnt hatten. Von dort aus war auch der Bajazzo mit der Kasse entflohen.

Als Schneffke eintrat, befand sich ein einziger Gast in dem Zimmer, und dieser Eine war kein Anderer als eben — Fritz. Er grüßte diesen und ließ sich ein Glas Wein geben. Nachdem er dasselbe erhalten hatte, entfernte sich die Kellnerin, und nun befanden sich die Beiden allein. Der dicke Maler war ein abgesagter Feind der Langeweile, und daher machte er dem bisherigen Stillschweigen ein Ende, indem er die Unterhaltung begann:

„Haben wir uns nicht bereits einmal gesehen?"

Fritz hatte ihn längst forschend betrachtet. Er nickte mit dem Kopfe und antwortete:

„Bereits mehrere Mal, denke ich."

„Mir scheint es auch so, aber ich weiß den Ort nicht mehr."

„Zunächst wohl hier."

„Hier in Thionville?"

„Ja."

„Wo denn da?"

„Auf dem Bahnhofe."

„Ah! Kann mich nicht entsinnen!"

„Aber ich desto besser. Ich stand im Bahnwagen und Sie versäumten den Zug. Nicht?"

„Ja, das ist wahr. Ich habe das angeborene Pech, die Züge zu versäumen. Es ist das nicht zu ändern."

„Man muß sich in solches Unglück ergeben!" lachte Fritz. „Und dann habe ich Sie auch wieder gesehen."

„Wo?"

„In Etain."

„Sapperment! Wann denn?"

„Es war des Abends. Sie hatten sich mit einem

rothen Tischtuche umwickelt. Daß Sie dabei barfuß waren, will ich nicht beschwören."

"So, so! Hm! Ja, ich kann barfuß gewesen sein. Es schwitzte mich an die Füße. Was sind Sie für ein Landsmann?"

"Ich stamme von drüben aus der Schweiz herüber."

"Ihr Metier?"

"Pflanzensammler."

"Also Botanikus? Das ist kein übles Gewerbe. Man hat es da mit Pflanzen und Blumen zu thun, und das ist viel besser als mit Thieren oder gar Menschen."

"Sie sind Menschenfeind?"

"Ja. Die ganze Menschheit ist nichts als ein riesiger Pudding, der sauer geworden und verdorben ist und in welchem allerlei Gewürm und Geschmeiß herumkrabbelt."

"Danke!"

"Warum?"

"Weil ich nach Ihrer Anschauung dann auch zu dem Gewürm und Geschmeiß gehöre."

"Natürlich!"

"Sie wohl nicht?"

"Ich auch. Das versteht sich doch von selbst."

"Dann gehören Sie aber wohl zu der dicksten Sorte von Würmern, wie es scheint."

"Gewiß! Oder finden Sie mich vielleicht einem Bandwurm ähnlich?"

"Ganz und gar nicht. Aber Sie haben mich nach meinen Verhältnissen gefragt. Darf ich auch wissen, was Sie sind?"

"Warum nicht? Ich bin Musikus."

"Hm! Was spielen Sie für ein Instrument?"

"Die Maultrommel oder das Brummeisen."

"Das ist jedenfalls das schwierigste und geistreichste Instrument!"

"Das ist gar nicht zu bezweifeln."

"Und wo sind Sie her?"

"Ich bin ein geborner Ungar."

"Ein Ungar? Hm! Sie haben aber in Deutschland gelebt?"

"Nein. Keinen Augenblick."

"Das sollte mich wundern."

"Warum?"

"Ich glaube, Sie in Deutschland gesehen zu haben."

"Sie irren sich. Ich kann dieses Deutschland mit sammt seinen Bewohnern nicht leiden."

"Möglich! Aber Einen kenne ich doch, den Sie leiden können."

"Wer sollte das sein?"

"Ein gewisser Martin Tannert. Er ist Telegraphist."

"Alle Wetter! Kennen Sie den?"

"Ja. Sie kennen ihn auch."

"Wer sagt das?"

"Er selbst. Uebrigens habe ich Sie oft gesehen. Ich bin Ihnen in Berlin wiederholt begegnet. Sind Sie nicht der berühmte dicke Maler, der einmal beinahe in der Spree ertrunken ist, weil er gewettet hatte, den Schornstein eines Dampfschiffes emporklettern zu wollen?"

"Pfui Teufel! Das Ding wissen Sie?"

"Ganz Berlin sprach doch damals davon!"

"Na, meinetwegen! Uebrigens habe ich damals diese verteufelte Wette gewonnen."

"Sind aber dann ins Wasser gestürzt."

"Daran war nur der Capitän schuld, der die Sache übel genommen hatte. Ich wollte mich retiriren, gab nicht Acht auf die Breite des Schiffes, stieß von rückwärts an die Barriere und stürzte kopfüber von hinten in das Wasser. Na, schwimmen kann ich; aber ich sah doch aus wie ein Pudding, als ich wieder auf das Trockene kam."

"Das läßt sich denken. Nun aber geben Sie wohl zu, in Berlin gewohnt zu haben?"

"Sie zwingen mich dazu."

"Und in Ungarn sind Sie nicht geboren?"

"Ich bezweifle es."

"Und Musikus sind Sie auch nicht?"

"Fällt mir gar nicht ein! Wer so dick ist wie ich, der wird sich wohl hüten, das Bischen Luft, welches er zu schnappen bekommt, so unsinniger Weise in eine Messingdude zu blasen.

"Und Ihr Deutschenhaß — —?"

"Ist auch nicht weit her."

"Schön! Einverstanden! Ich nehme an, daß Sie ein sehr guter Deutscher sind?"

"Das will ich mir auch ausgebeten haben. Wer das Gegentheil behaupten wollte, den würde ich Eine in's Gesicht malen, daß er einen Sperling für das Universum ansehen sollte!"

"Nun, warum unterhalten Sie sich dann französisch?"

"Na, sprechen Sie etwa deutsch?"

"Ein klein Wenig."

"Nun, so lassen Sie uns sehen, wie weit Sie mit diesem klein Wenig reichen werden! Oder haben Sie etwa geflunkert, gerade so wie ich?"

"So wie Sie nicht. Ich bin wirklich Pflanzensammler."

"Aber ein Deutscher?"

"Ja."

"Hm! Wie heißen Sie denn eigentlich?"

"Schneeberg."

"Donnerwetter! Ist Ihr Vorname Fritz?"

"Ja."

"Da brate mir Einer einen Storch; aber besonders die Beine recht knusperig! Herr Fritz Schneeberg, ich kenne Dir!"

"Wirklich?"

"Ja. Darf ich mich hinüber zu Ihnen setzen?"

"Natürlich! Kommen Sie, Landsmann! Trinken wir zusammen!"

"Ja. Trinken wir zusammen, bis die Schwarte platzt!"

"Das wird wohl bei Ihnen eher geschehen, als bei mir."

"Wieso?"

"Weil die Ihrige bereits über die Maßen angespannt ist."

"Na, es geht noch. Es ist auszuhalten. So! Da klappen wir mit den Gläsern an. Ihre Gesundheit, Vetter!"

"Ihr Wohl! Aber — Vetter? Wieso?"

"Na, von unserer Urahne, der alten Eva, her! Ist's nicht so?"

29.

30.

„Das kann ich nun freilich nicht bestreiten," antwortete Fritz, der an dem munteren Dicken Gefallen fand.

„Also! Alle Menschen sind Vettern, und alle Deutschen sind Brüder. Noch einmal prosit!"

„Prosit! Aber, sprechen Sie nicht so laut!"

„Freilich in diesem verdammten Franzosenlande hat man vorsichtig zu sein. Wissen Sie, daß diese Kerls damit umgehen, auf die Deutschen loszuschlagen?"

Fritz machte ein erstauntes Gesicht und antwortete:

„Was Sie sagen! Unmöglich!"

Der Dicke blinzelte mit den Augen und sagte:

„Sie kleiner Schäcker! Wollen Sie mich etwa dumm machen?"

„Ich Sie? Wie so?"

„Was ich Ihnen sagen will, wissen Sie besser, als ich."

„Besser? Wieso?"

„Na, soll ich es Ihnen etwa an den Fingern herzählen?"

„Ich begreife Sie nicht."

„Gut, ich will mich nicht in Ihre Geheimnisse einschmuggeln. Aber ich will aufrichtiger sein, als Sie und Ihnen eine Mittheilung machen, welche — —"

Er blickte sich vorsichtig um.

„Was suchen Sie?" fragte Fritz.

„Sind wir hier sicher?"

„Ja."

„Ist Jemand dort in dem Nebenzimmer?"

„Nein. Ich habe bereits nachgesehen."

„Nachgesehen? Ah, da erwische ich Sie ja! Wer in die Stuben guckt, ob er sicher sei, der hat Veranlassung, vorsichtig zu sein. Na, gut! Wenn Sie sich einen Pflanzensammler nennen, so sind Sie jedenfalls hier in dieser Gegend bekannt?"

„So leidlich."

„Kennen Sie Schloß Ortry?"

„Ja."

„Auch den alten Kerl, der da wohnt?"

„Sie meinen den alten Capitän Richemonte?"

„Ja."

„Den kenne ich."

„Nun, der alte Knaster soll es faustdick hinter den Ohren haben, nämlich gegen die Deutschen."

„Ich weiß, daß er die Deutschen haßt."

„Der Mensch kauft sogar Pulver."

Fritz, welcher das ebenso gut wußte, that doch erstaunt:

„Pulver?" fragte er. „Wozu?"

„Na, gegen die Deutschen."

„Will denn er Krieg mit ihnen führen?"

„Hören Sie, alter Fritze, thun Sie doch nicht wie ein neugebornes Kind, welches gar nichts weiß!"

„Aber wie kommen Sie denn eigentlich zu der Ansicht, daß gerade ich Etwas wissen soll?"

„Ich bin überzeugt, daß Sie neben den Pflanzen noch etwas ganz Anderes sammeln."

„Was denn?"

„Pah! Zanken wir uns nicht! Ich habe bereits gesagt, daß ich mich nicht in Ihre Geheimnisse drängen möchte."

„Aber fragen darf ich doch, wo Sie gehört haben, daß ich noch etwas Anderes als Pflanzen sammle."

„Auf Schloß Malineau und Umgegend."

„Sie waren dort?"

„Ja. Aber davon später!"

„Nein, nicht später. Was wollen Sie dort?"

„Einen barbiren."

„Witz!"

„Nein, Wirklichkeit! Ich wollte einen über die Ohren barbiren, nämlich einen gewissen Charles Berteu."

„Sapperment!"

„Ja, da fahren Sie in die Luft vor Erstaunen!"

„Was haben Sie mit dem zu thun?"

„Vielerlei. Das ist meine Sache. Sie haben sich um meine Geheimnisse ebenso wenig zu bekümmern, wie ich mich um die Ihrigen. Aber, da fällt mir ein! Haben Sie einen Bruder?"

„Nein."

„So! Ich dachte!"

„Warum?"

„Weil ich einen Herrn gesehen habe, der Ihnen so ähnlich sieht, wie ich mich selber."

„Wo?"

„In Tharandt. Er fuhr mit mir nach Dresden und dann weiter nach Berlin, wo er sich noch befindet?"

„Wer ist es?"

„Ein Maler. Er heißt Haller."

„Aus Stuttgart?"

„Sapperment! Sie kennen ihn?"

„Nein. Ich weiß nur, daß es in Stuttgart einen Maler giebt, welcher Haller heißt."

„So! Die Aehnlichkeit ist wirklich ungeheuer. Aber Brüder können Sie freilich nicht sein, da Sie so verschiedene Namen haben?"

„Was war es denn, was Sie mir mitzutheilen hatten?"

„Ach so! Von wegen des Pulvers."

„Welches der alte Capitän kauft?"

„Ja. Er bekommt eine neue Ladung."

„Wann?"

„Heute, um Mitternacht."

„Woher wissen Sie das?"

„Ich habe — hm, das gehört auch zu meinen Geheimnissen."

„Aber warum sprechen Sie gerade zu mir davon?"

„Weil ich denke, daß Sie als Pflanzensammler sich auch für Pulver interessiren."

„Sie sind ein eigenthümlicher Kerl!"

„Das sagt schon mein Name."

„Wie heißen Sie denn?"

„Hieronymus Aurelius Schneffke."

„Allerdings ein sehr poetischer Name."

„Finden Sie das auch? Ja, meine Eltern scheinen sich in einer sehr lyrischen Stimmung befunden zu haben, als sie mir diesen Namen gaben. Doch, um wieder auf unser Pulver zu kommen, so möchte ich dabei sein."

„Heute Abend, wenn es gebracht wird?"

„Ja."

„Wozu?"

„Um die Geschichte zu vereiteln."

„Herr Schneffke, keine Unvorsichtigkeit, die man beinahe Vorwitz nennen möchte!"

„Unsinn! Haben Sie keine Sorge um mich! Aber es geht gar nicht anders; ich muß diesen Kerls Etwas auswischen. Ich habe einen Pique auf diese beiden Menschen!"

„Wen meinen Sie?"

„Diesen Charles Berteu und seinen Freund Ribeau."

„Bringen denn diese das Pulver?"

„Freilich."

„Kennen Sie den Ort, wo sie abladen werden?"

„Ich habe ihn erlauscht, kenne ihn aber nicht. Giebt es hier in der Nähe Steinbrüche?"

„Einen einzigen."

„Waren Sie bereits einmal dort?"

„Oefters."

„Und Sie sind überzeugt, daß es keinen zweiten giebt?"

„Ja. Ist das so wichtig?"

„Das versteht sich."

„Warum?"

„Weil das Pulver in diesem Steinbruche abgeladen werden soll."

„Sapperment."

„Nicht wahr, das frappirt Sie?"

„Natürlich. Des Nachts. Es soll also heimlich geschehen?"

„Wie es scheint. Aber ich werde ihnen diese Mocturtlesuppe versalzen."

„In wiefern?"

„Ich belausche sie."

„Wozu?"

„Und mache dann Anzeige."

„Die würde gar nichts nützen."

„Was? Nichts nützen? Heimliche Pulvertransporte sind doch überall, also auch in Frankreich, verboten."

„Hier scheinen aber gegenwärtig andere Verhältnisse zu herrschen."

„Mag sein."

„Also mit einer Anzeige erreichen Sie nichts."

„So mache ich es anders."

„Wie denn?"

„Ich sprenge den ganzen Kram in die Luft!"

„Oho!"

„Ja, das bin ich im Stande."

„Und dabei fliegen Sie selbst mit in die Luft."

„Fällt mir gar nicht ein! Es wird hier doch wohl so Etwas wie Zündschnur zu kaufen sein."

„Ich warne Sie vor allen Unvorsichtigkeiten!"

„Aber soll ich es denn ruhig geschehen lassen, daß man hier eine Menge Pulver aufhäuft, um später uns Deutsche damit niederzuschießen?"

„Das ist allerdings nicht nöthig; aber es lassen sich jedenfalls noch andere Mittel finden, als Anzeige und Zündschnur."

„Wissen Sie etwa eins?"

„Im Augenblicke nicht. Ich werde nachdenken."

„Ja, Sie denken nach, und bis Sie in sechs oder acht Wochen ein Mittel gefunden haben, ist es längst zu spät."

„Acht Wochen brauche ich nicht. Man muß die Verhältnisse kennen; das heißt, man muß dabei sein; dann handelt man so, wie es dem Augenblicke angemessen ist."

„Hm! Sie möchten hinaus nach dem Steinbruche?"

„Ja."

„Aber doch nicht ohne mich?"

Fritz warf einen forschenden Blick auf den Dicken, schüttelte den Kopf und antworte:

„Ich kenne Sie nicht."

„Das heißt. Sie trauen mir nicht?"

„Nein, das nicht; aber ich weiß nicht, ob Sie der Mann sind, der bei so einer Gelegenheit zu gebrauchen ist."

„Alle Wetter! Hören Sie, Fritze, Sie kommen mir da ein Wenig sonderbar vor. Wer hat es denn erlauscht, daß heut die Sendung stattfinden soll?"

„Nun, Sie."

„Schön! Die ganze Geschichte ist also mein Geheimniß, mein Eigenthum. Und ich soll ausgeschlossen werden?"

„So habe ich das nicht gemeint."

„Aber Sie halten mich für einen Dummkopf. Habe ich es erst erlauscht, so bin ich doch wohl auch der Mann dazu, heute weiter zu lauschen. Nicht Sie haben mich mitzunehmen, sondern ich bin der Mann, der zu entscheiden hat, ob auch Sie mitkommen dürfen. Verstanden, alter Schwede?"

„Was Sie da vorbringen, das klingt nicht ganz uneben, mein Lieber; aber ich muß Ihnen sagen ——— ———"

„Nichts müssen Sie sagen!" fiel ihm der Dicke schnell in die Rede. „Ich bringe überhaupt niemals etwas Unebenes vor. Ich gehe heute Abend nach dem Steinbruche. Will ich Sie mitnehmen, so ist das eine Gefälligkeit, die ich Ihnen erweise! Punktum!"

„Sapperment, gehen Sie los!"

„Na, gehen Sie mit los?"

„Heut Abend?"

„Ja."

„Gut; ich gehe mit."

„Wo wohnen Sie?"

„Hier gegenüber."

„Schön! Wo treffen wir uns da?"

„Hier. Das wird am Besten sein. Wo logiren Sie?"

„Auch hier."

„So paßt es ja. Also ich werde nach neun Uhr kommen, um Sie abzuholen."

„Einverstanden. Aber es braucht Niemand zu bemerken, daß wir Etwas mit einander vorhaben."

„Das versteht sich ganz von selbst. Wenn ich hier eintrete, gehen Sie voran. Ich trinke nur ein einziges Glas Wein und komme dann nach."

„Wenn ich vorangehen soll, muß ich doch den Weg kennen."

„Das ist richtig. Sie wenden sich draußen von der Thür an rechts und biegen in die erste Gasse. Diese führt hinaus in's Freie. Man sieht von Weitem eine Gruppe hoher Erlen. An ihnen geht ein schmaler Weg vorüber, welcher grad nach dem Steinbruche führt."

„Schön! Das genügt."

„Die Sache ist vielleicht mit einiger Gefahr verbunden. Sind Sie im Besitz von Waffen?"

„Ich habe einen Revolver. Soll ich mir vielleicht noch ein Vierteldutzend Kanonen kaufen?"

„Ist nicht nöthig. Ich bringe auch einen Revolver mit. Das wird genügen. Es ist ja doch nur für den Fall, daß wir bemerkt werden."

„Na, todtschlagen würde man uns doch nicht!"

„Nehmen Sie die Sache nicht so leicht. Diese Franzosen lassen sich nicht ungestraft in die Karte blicken, und der alte Capitän ist ganz der Mann darnach, Einem das Lebenslicht auszublasen, ohne viele Umstände zu machen."

„So wird man sich darnach verhalten. Ich blase auch!"

„Sie behaupteten vorhin das Gegentheil."

„Ja, Messing blase ich nicht, aber Lebenslichter, die puste ich aus. Das liegt so in meinem Exercitium."

„Waren Sie vielleicht Soldat, Herr Schneffke?"

Fritz musterte dabei die Gestalt des Dicken mit einem Blicke, der errathen ließ, daß er ganz bestimmt ein Nein erwarte.

„Natürlich," antwortete der Maler.

„Was? Wirklich? Unmöglich!"

„Warum, he?"

„Bei diesem Körperumfange!"

„Pah, ich stehe bei der dicken Artillerie!"

„Sie spaßen."

„Fällt mir nicht ein! Ich war nicht nur Soldat, sondern ich bin es sogar noch."

„Bei welcher Truppe stehen Sie?"

„Bei der dicken Artillerie. Das habe ich Ihnen bereits gesagt, und das haben Sie sehr einfach zu glauben! Und nun noch etwas Anderes: Sie standen im Wagen, als ich hier den Zug versäumte. Mit wem sind Sie gefahren?"

„Ich fuhr in Gesellschaft zweier Damen."

„Dachte es mir! Madelon und Nanon?"

„Ja."

„Haben sie von mir gesprochen?"

„Sehr viel sogar!"

„Das glaube ich. Diese Eine, nämlich die Nanon kannte ich nicht; aber mit Madelon bin ich von Berlin bis nach Thionville gefahren. Ich hoffe, daß Sie zu der Erkenntniß gekommen ist, daß es keinen bessern und aufmerksameren Reisebegleiter geben kann, als Herrn Hieronymus Aurelius Schneffke."

„Ja, davon ist sie überzeugt!"

„Nicht wahr?"

„Gewiß, denn Keiner hat so oft den Zug versäumt, und Keiner ist so oft auf die Nase gefallen, wie dieser Herr Schneffke."

„Donnerwetter! Sieht meine Nase etwa so aus, als ob ich so oft auf sie gefallen wäre?"

„Nein. Sie ist durch die dicken Backen geschützt worden! Aber, Scherz bei Seite! Was haben Sie denn eigentlich in Schloß Malineau gewollt?"

„Davon vielleicht später. Aber was haben denn Sie für ein Abenteuer dort erlebt?"

„Davon auch später!" lachte Fritz.

Der Dicke drohte mit dem Finger und sagte:

„Es wurde davon gesprochen. Hören Sie, die Sache kommt mir höchst verdächtig vor!"

„Wieso?"

„Sie sind von Mademoiselle Nanon eingeladen worden sie und ihre Schwester zu begleiten?"

„Ja."

„Also als Schutzgeist?"

„So ähnlich! Nun, man weiß ja, von welchem Geiste eine junge Dame sich am Liebsten beschützen läßt. Hat Mademoiselle etwa ein Auge auf Sie geworfen?"

„Hm!"

Der brave Fritz war bei der Frage des Dicken wirklich roth geworden. Dieser bemerkte es und sagte:

„Nanon ein Auge auf Sie, und Sie wohl alle beide Augen auf die Mademoiselle?"

„Hätten Sie etwas dagegen, wenn es so wäre?"

„Ja."

„Was denn?"

„Diese Traube hängt für Sie zu hoch, und wenn Sie klug sein wollen, so machen Sie es wie der Fuchs, welcher sagte: Sie ist mir zu sauer!"

„Sie sprechen in Räthseln!"

„Aber mit Ueberzeugung und nicht ohne Grund."

Jetzt wurde Fritz aufmerksam. Er fragte schnell:

„Darf ich Sie ersuchen, sich deutlicher zu erklären?"

„Ja, ersuchen dürfen Sie mich; aber ich werde mich hüten, es zu thun. Ich will Sie nur warnen. Unglückliche Liebe soll ein gar bitteres Abendessen sein. Ist Ihnen das alte Lied bekannt:

> Wenn sich zwei Herzen scheiden,
> Die sich dereinst geliebt,
> Das ist ein großes Leiden
> Wie größer keines giebt?"

„Ich habe es oft gesungen."

„Schön! Singen Sie es, so oft Sie wollen; aber erleben Sie es nicht! Wie schlimm das ist, das habe ich sehr, sehr oft an mir erfahren, mein Lieber!"

„So sehr oft?"

„Ja, leider!"

„Und sind doch so dick dabei geworden."

„Das liegt weniger an der unglücklichen Liebe als vielmehr an meiner glücklichen Constitution. Die Körbe, welche ich bekommen habe, haben mich gemästet. Ich bin eben keine so ätherische Natur."

„Ich auch nicht."

„Ich warne Sie dennoch."

„Aber Sie müssen doch Gründe haben, anzunehmen, daß diese Traube für mich zu hoch hängt?"

„Die habe ich allerdings, und es sind sehr triftige."

„Bitte, sie mir mitzutheilen!"

„Später vielleicht. Jetzt habe ich keine Zeit dazu."

„Kennen Sie denn Fräulein Nanon?"

„Nein."

„Oder Ihre Schwester?"

„Näher auch nicht."

„Aber ihre Verhältnisse?"

„Nein."

„Nun, es könnte doch nur einen einzigen Grund geben, und dieser müßte in diesen Verhältnissen liegen."

„Das geht mich weiter nichts an. Vielleicht sprechen wir näher darüber, denn — —"

Er hielt inne und machte sofort in französischer Sprache eine gleichgiltige Bemerkung, denn der Wirth trat ein.

Er richtete an diesen die Frage, ob er hier ein Zimmer erhalten könne, worauf der Wirth bejahend antwortete und dann sich mit ihm in ein Gespräch einließ.

Fritz sah ein, daß es jetzt unmöglich sei, die Unterhaltung, welche zuletzt so interessant für ihn geworden war, weiter fortzusetzen und entfernte sich.

Der Maler erhielt sein Zimmer angewiesen, welches er aufsuchte, um seine Toilette ein Wenig zu restauriren. Dann unternahm er einen Ausflug hinaus vor die Stadt. Es lag ihm daran, den Steinbruch noch bei Tage aufzusuchen, um heute Abend mit dem Terrain nicht ganz unvertraut zu sein.

Als er die Häuser hinter sich hatte, erblickte er die ihm von dem Kräutermanne bezeichnete Baumgruppe und fand auch den schmalen Fußweg, welcher an ihr vorüber nach dem Bruche führte. Dort angekommen, durchwanderte er denselben in allen Winkeln und setzte dann, da das Wetter einladend war, seinen Spaziergang noch weiter fort.

Er kam in den Wald und drang, ohne sich an die Wege zu halten, in denselben ein. In Gedanken versunken, schritt er weiter und immer weiter, bis er plötzlich überrascht stehen blieb, denn gar nicht weit von sich hörte er eine allerliebste weibliche Stimme singen:

> „Zieht im Herbst die Lerche fort,
> Singt sie leis Ade.
> Sag mir noch ein liebend Wort,
> Eh' ich von Dir geh!
> Sieh die Thräne, wie sie quillt;
> Höre, was sie spricht!
> Lieder hat die Lerche wohl,
> Thränen hat sie nicht!"

„Nein, Thränen hat die Lerche nicht," murmelte Schneffke leise vor sich hin. „Sie hat auch gar keine Veranlassung dazu. Es kommt kein Exekutor, um sie auszupfänden; sie spielt auch nicht in der Lotterie, wobei sie über die Nieten weinen könnte, und der Schneider kann ihr auch nicht die Hosen so verderben, daß sie vor Grimm darüber in eine Thränenfluth ausbrechen möchte. Die Lerche ist viel glücklicher, als Hieronymus Aurelius Schneffke, denn — Sapperment, wer antwortet da?"

Von der anderen Seite her sang nämlich jetzt eine kräftige männliche Stimme:

> „Bei des Frühlings Wiederkehr
> Kommt die Lerch' zurück,
> Und Erinnerung bringt sie her
> Vom vergangnen Glück.
> Brächte sie von Dir ein Wort,
> Mir so hold, so licht!
> Lieder hat die Lerche wohl,
> Grüße hat sie nicht!"

„Hm, hm!" brummte Schneffke. „Das Ding ist höchst interessant! Da rechts singt sie, und da links liedelt er. Beide singen deutsch, hier in Frankreich. Ich glaube, dieser Er und diese Sie geben sich hier ein Stelldichein und melden sich durch diese verblümte Lerche einander an. Wollen doch einmal sehen, wo sie zusammentreffen! Ich bin neugierig, ob sie da auch nur von der Lerche singen oder ob sie den Mund zu etwas Besserem brauchen. Ah, da knackt und knistert es!"

Er hörte, daß Jemand in der Nähe vorüber ging und folgte leise nach. Man hätte es seiner dicken Person gar nicht angesehen, mit welcher Gewandtheit er sich so unhörbar weiter schlich. Da hörte er die weibliche Stimme:

„Ah, Monsieur Schneeberg! Guten Tag!"

„Guten Tag, Mademoiselle!" antwortete die männliche Stimme. „Wie wunderbar, daß wir uns hier treffen."

„Wunderbar?" dachte Schneffke. „Und dabei brüllen sie von ihrer Lerche; daß man es sechs Meilen weit hört!"

„Wollen Sie weiter, Mademoiselle?" hörte der Maler fragen.

„Nein. Ich suche nach Waldblumen."

„Darf ich helfen?"

„Gern. Sie wissen ja, wo die besten stehen."

„O, wo die beste und schönste jetzt steht, das weiß ich ganz genau, Mademoiselle."

„Sapperment, ist der Mensch galant! Mit dieser etwas abgetragenen Redewendung will er ihr den Kopf umdrehen. Die Waldblume muß ich sehen!"

Er kroch weiter vorwärts und verstand die Worte:

„So lassen Sie uns suchen, aber nicht sofort; ich bin ermüdet und muß zuvor einige Minuten ruhen."

„So nehmen Sie Platz! Hier!"

„Auf dem Sacke?"

„Ja, bitte."

„Aber ich werde Ihnen Ihre Pflanzen verderben."

„Nein. Es sind nur Wacholderspitzen, Huflattig und Otternzungen; denen thut es nichts."

„Donnerwetter!" brummte der Maler! „Ein Stelldichein mit Wacholderspitzen, Huflattig und Otternzungen! Das ist wirklich eine Neuigkeit. Und einen Sack hat der Kerl mit? Obs etwa gar der Kräutermann ist? Werden sehen!"

Er schob sich durch das Buschwerk weiter und gewahrte nur eine kleine, tiefer liegende Lichtung. Am schräg ablaufenden Rande derselben saß Fritz Schneeberg und neben ihm hatte Nanon auf dem Kräutersacke Platz genommen.

„Wie ist Ihnen die Reise bekommen?" fragte er.

„Ich danke! Ausgezeichnet."

„Aber Sie sehen blaß aus?"

„Ich schlief in letzter Nacht nicht gut. Das mag der Grund sein."

„Sie müssen sich schonen, Monsieur Schneeberg! Es giebt Personen, die es sehr betrüben würde, Sie krank zu sehen!"

„Hm! Diese Personen sitzen neben ihm," dachte Schneffke. „Das Mädchen ist gar nicht übel! Ich hätte diese Nanon nicht mit einer Traube, sondern vielmehr mit irgend einer hübschen Blume vergleichen sollen. Aber dennoch hängt sie ihm zu hoch! Ich werde horchen. Machen wir es uns also bequem!"

Es gab eine Birke, welche abgestorben war. Sie stand sehr schief. Schneffke schob sich an ihr empor. Sie bog sich durch seine Last noch tiefer und so erhielt er eine Stellung, halb sitzend oder vielmehr reitend und halb auf dem elastischen Stamme liegend. Auf diese Weise kam sein Kopf in gleiche Höhe mit den Spitzen des Gesträuches, welches ihn von dem Paare trennte und er konnte Alles sehen und hören, ohne selbst bemerkt zu werden.

„Wie geht es auf dem Schlosse?" fragte Schneeberg.

„Gut. Der Capitän war krank, so daß man Besorgnisse hegte; aber sein Zustand hat sich sehr gebessert."

„Geht er aus?"

„Noch nicht. Madelon wollte mich begleiten, aber — —"

Sie stockte und eine leichte Röthe breitete sich über ihr hübsches allerliebstes Gesichtchen. Er blickte sie fragend an und darum fuhr sie fort:

„Aber ich dachte, sie wäre von der weiten Reise zu sehr angegriffen, und so bat ich sie, zu bleiben."

„Und doch sollten Sie sich nicht so allein in den Wald wagen!"

„Warum nicht?"

„Meinen Sie nicht selbst, daß es gefährlich ist?"

„Nein."

„O, doch!"

„Welche Gefahren sollte es hier geben?"

„Verschiedene. Im Walde verkehren Menschen, denen man nicht gern im Freien begegnet."

„O, mir thut Niemand Etwas. Ich habe ja Keinen beleidigt. Und dann denke ich immer, daß Sie — —"

Sie hielt abermals inne; darum fragte er:

„Was ist es, was Sie von mir denken?"

„Sie sind so viel im Walde. Sobald ich unter die Bäume trete, ist es mir, als ob ich mich unter Ihrem speciellen Schutze befände und als ob Sie sofort da sein würden, wenn mir eine Fährlichkeit begegnete."

Sein Augen leuchtete freudig auf. Er holte tief Athem und sagte dann:

„Ich bin nicht allgegenwärtig, Mademoiselle; aber Gott weiß, daß ich mein Leben hingeben würde, wenn es sich darum handelte, Sie in meinen Schutz zu nehmen."

„Nicht übel gesagt!" dachte Schneffke. „Der Kerl besitzt so eine Art Schick, sich in das Vertrauen Anderer einzuschmuggeln."

Sie gab Schneeberg die Hand und sagte:

„Sie Guter! Das habe ich ja während der letzten Tage erfahren; denn Sie wagten in der Pulvermühle das Leben, um uns aus der Gewalt dieses Berteu zu befreien."

„Das war kein Wagniß, Mademoiselle."

„O doch! Und ich kann Ihnen nicht dankbar sein! Ich habe geglaubt, in Beziehung auf das Dunkel, welches sich über Ihre Herkunft breitet, Etwas thun zu können, aber leider ist die Dame, an die ich eben mich wendete, verreist."

„Sorgen Sie sich nicht! Ich denke jetzt lieber an meine Zukunft, als an meine Vergangenheit. Uebrigens stehen Sie ja unter ganz gleichen Verhältnissen wie ich. Auch Sie kennen Ihren Vater nicht."

„Ich werde ihn niemals kennen lernen!"

„Das dürfen Sie nicht sagen. Gottes Wege sind wunderbar, und er führt Alles herrlich hinaus."

Es erstand eine Pause. Die Birke, auf welcher Schneffke ritt, schaukelte elastisch auf und nieder; das genirte ihn aber nicht; er brummte vor sich hin:

„Ja, Gottes Wege sind wunderbar! Mich haben sie hier auf diesen birkenen Stamm geführt. Aber der Kerl hat wirklich gar nicht so Unrecht, denn täuscht mich meine Vermuthung nicht, so befindet sich ihr Vater hier in Thionville."

Nach einer Weile nahm Nanon das unterbrochene Gespräch von Neuem auf:

„Es steht zu erwarten, daß Ihre Eltern sehr vornehme Herrschaften sind, Herr Schneeberg."

„Ich denke nicht daran."

„Und doch müssen Sie daran denken! Auch ich denke daran."

„Wirklich? Und was denken Sie da?"

„Ich denke, daß Sie die arme Nanon nicht mehr ansehen würden, wenn Sie Ihre Eltern gefunden hätten."

„Nein, das dürfen Sie nicht denken! Ich habe da vielmehr Veranlassung, Aehnliches zu vermuthen."

„Aehnliches? Was denn?"

„Wenn es Ihnen gelänge, Ihren Vater aufzufinden, so würde ich Ihnen wohl hier nie mehr begegnen."

„Hier vielleicht nicht, aber doch an anderen Orten."

„Aber Sie würden mich nicht bemerken!"

„Ich Sie nicht bemerken? Glauben Sie das im Ernste?"

„Ja."

„Halten Sie mich denn für so gefühllos und undankbar, daß ich vergessen könnte, daß Sie mir sogar das Leben gerettet haben?"

„Ah!" dachte Schneffke. „Er hat ihr das Leben gerettet! Da kann aus diesem Tächtelmächtel im Walde der allerschönste Ernst in der Kirche werden! Ich werde noch weiter in die Höhe rutschen. Vielleicht sehe ich Etwas."

„Bitte, schweigen wir davon!" bat Fritz.

„Nein, Herr Schneeberg. Hier, nehmen Sie meine Hand! Ich sage Ihnen: Was auch geschehen möge — — Herrgott!"

„Sapperment!" fiel auch Schneeberg ein.

Es gab nämlich in diesem Augenblick einen lauten Krach, und im nächsten Moment kam ein Mensch zu ihnen herabgekugelt. Schneffke war zu hoch an der alten Birke emporgeklettert. Unter seinem Gewichte war sie gebrochen, und nun rollte er gerade bis vor die beiden hin.

„Wer ist das?" fragte Nanon ganz erschrocken.

„Ja, Monsieur, wer sind Sie?"

Schneffke's Gesicht hatte sich in die Schöße seines Rockes verwickelt, so daß es nicht zu sehen war. Er wickelte sich heraus und stand vom Boden auf.

„Ah, der Maultrommelbläser!" sagte Schneeberg in einem ziemlich zornigen Tone.

„Monsieur Schneffke!" fügte Nanon hinzu.

Schneffke verbeugte sich höflich und antwortete:

„Ja, Mademoiselle, ich bin der Maler Hieronymus Aurelius Schneffke aus Berlin."

„Und noch immer sind Sie der alte Pechvogel!" sagte Fritz.

„Warum soll ich es nicht sein? Ich kann es ja haben, mein verehrter Herr Schneeberg."

„Aber was machen Sie denn hier?"

„Dieser Dame mein Compliment, wie Sie sehen."

„Sind Sie eigens zu diesem Zwecke hierher gekommen?"

„Eigentlich nicht."

„Was treibt Sie denn in den Wald?"

„Meine Liebe zur Natur."

„Aber was krachte denn dort so sehr?"

„Die Birke."

„Die Birke? Ah, sie ist gebrochen. Ich soll doch nicht etwa vermuthen, daß — — Herr Schneffke!"

„Was vermuthen Sie denn?"

„Daß Sie auf diese Birke geklettert waren."

„Warum soll ich denn nicht?"

„Herr, was haben Sie zu klettern?"

„Klettern ist einmal meine Passion. Sie wissen ja, daß ich sogar bereits auf den Schornstein eines Dampfschiffes geklettert bin, warum also nicht auch auf eine Birke!"

„Aber zu welchem Zwecke kletterten Sie hinauf?"

„Ich suchte die Lerche."

„Welche Lerche?"

„Welche Lieder hat, aber keine Grüße."

„Herr, Sie haben gelauscht!"

„Fällt mir gar nicht ein."

„Ich behaupte es dennoch!"

„Unsinn! Sie singen und schreien so sehr, das man gar nicht zu lauschen braucht. Haben die Herrschaften vielleicht noch Etwas zu fragen?"

„Nein. Nehmen Sie dort Ihren Hut und dann machen Sie sich schleunigst von dannen!"

„Oho! Wenn ich nun mit Ihnen zu sprechen hätte."

„Wir sind fertig."

„Oder mit dieser Dame?"

„Ich wüßte nicht, was Sie ihr zu sagen hätten."

„So weiß ich es desto besser!"

„Dann suchen Sie sie in ihrer Wohnung auf und nicht hier im Walde, Sie dicker Kletterspecht!"

„Schön! Ganz nach Befehl! Habe die Ehre, meine Herrschaften!"

Er hob seinen Hut auf, forcirte eine tiefe Reverenz und entfernte sich. Dabei murmelte er wohlgefällig vor sich hin:

„Der Kerl gefällt mir. Er hat wirklich etwas Vornehmes an sich. Wenn er in einer anderen Kleidung stäcke, möchte man ihn für etwas Ordentliches halten."

(Fortsetzung folgt.)

Die Liebe des Ulanen.

Original-Roman aus der Zeit des deutsch-französischen Krieges von Karl May.

(Fortsetzung.)

Schneffke fand einen Waldweg, dem er folgte. In seine Gedanken versunken, hörte er die Schritte nicht, welche ihm eilig entgegenkamen. Der Pfad machte eine scharfe Biegung und da stieß er mit dem Manne zusammen, welcher in raschen Schritten von der entgegengesetzten Richtung herkam.

„Donnerwetter!" rief er, sich den Kopf reibend.

„Mensch, passen Sie doch auf!"

Er sah sich den Anderen an. Es war Deep-hill, der Amerikaner. Auch dieser erkannte ihn und sagte:

„Der Thiermaler aus Berlin."

„Aufzuwarten, Monsieur."

„Wie war doch gleich Ihr Name?"

„Hieronymus Aurelius Schneffke."

„Schön! Wissen Sie, wie Sie eigentlich heißen müßten?"

„Wie denn?"

„Pechke anstatt Schneffke."

„Warum?"

„Weil Sie stets Pech zu haben scheinen. Vorher brachen Sie uns die Latten weg, und — —"

„O bitte, das geschah mit größtem Vergnügen, Monsieur!" fiel der Maler ein.

„Aber uns hat es kein Vergnügen gemacht! Und jetzt stoßen Sie sich wieder Ihren Kopf an dem meinigen entzwei!"

„Ist er wirklich caput?"

„Der Ihrige scheint schon längst caput zu sein. Und dabei ergehen Sie sich noch in impertinenten Redensarten."

„Wer? Ich?"

„Ja, Sie!"

„Wieso denn?"

„Nun, Sie wissen wohl gar nicht mehr, was Sie sagten, als Sie vom Zaune fortgingen?"

„Nein. Was sagte ich denn?"

„Daß ich alle Ursache hätte, Ihnen meinen Namen zu nennen."

„Das ist auch wirklich der Fall!"

„Erklären Sie mir das!"

„Es giebt zwei Ursachen. Die erste ist, daß Sie Ihren Namen nennen mußten, weil ich Ihnen den meinigen gesagt hatte und die Zweite?"

„Nun, die zweite?"

„Die sage ich Ihnen später."

„Ist sie auch so impertinent wie die erste?"

„Nein, im Gegentheil."

„So sagen Sie mir dieselbe gleich jetzt."

„Fällt mir nicht ein!"

„Warum nicht?"

„Ich werde erst dann wieder mit Ihnen sprechen, wenn ich sehe, daß Sie gelernt haben, in weniger anspruchsvoller Weise mit Ihren Nebenmenschen zu verkehren."

„Mensch!"

„Herr, Sie sind grob! Adieu!"

Der Dicke drängte ihn zur Seite und setzte seinen Weg fort. Der Amerikaner warf ihm einen wüthenden Blick nach und murmelte grimmig:

„Ich könnte diesen Kerl beohrfeigen! Er ist ein Flegel! Aber Miß de Lissa hat Recht. Ich bin zu hitzig, zu jähzornig. Ich muß ruhiger werden! Und ruhiger werde ich sein, damit dieses herrliche Mädchen mein Eigenthum wird!"

Er ging weiter. Er war mehrere Stunden bei der vermeintlichen Engländerin gewesen. Er trug ihr Bild im

Herzen und es schwebte vor seinen Augen. Er dachte nur an sie und nicht an den Weg. Er bog in Gedanken rechts ab und links ab, ganz ohne Plan, und wunderte sich dann, daß der Weg sich in den Büschen verlief.

Er blieb nun endlich stehen, um sich zu orientiren. Die Holzung war hier nicht sehr hoch, und so war es möglich, den Stand der Sonne zu erkennen. Aus diesem konnte der Amerikaner auf die Richtung schließen, welche er eingeschlagen hatte. Schon wollte er umkehren, als er sich ganz unerwartet anrufen hörte:

„Sie hier, Monsieur Deep-hill! Sind Sie vielleicht in die Irre gegangen?"

Der alte Capitän stand hinter einem Baume und trat während dieser Worte hervor. Deep-hill war einigermaßen erschrocken, faßte sich aber schnell und antwortete:

„Allerdings habe ich mich verlaufen, Herr Capitän."

„Darf ich fragen, woher Sie kommen?"

„Aus der Stadt."

„Und wohin Sie wollen?"

„Nach dem Schlosse."

„So haben Sie freilich nicht den kürzesten Weg eingeschlagen."

„Und doch wollte ich einen Richtweg gehen, bin aber in Gedanken von ihm abgekommen."

„So bitte, mir zu folgen!"

Er schritt voran, seine Augen glühten in einem freudigen Lichte. Er galt noch für krank, hatte aber trotzdem sein Zimmer verriegelt und sich auf dem verborgenen Wege nach den unterirdischen Kellern begeben, um zu sehen, ob dort Alles noch in Ordnung sei. Die dumpfe Luft hatte ihn heute noch beengt, und so war er einige Minuten in das Freie gegangen, um frisch Athem holen zu können. Dabei hatte er die Annäherung eines Menschen bemerkt und in diesem Letzteren zu seinem Erstaunen den Amerikaner erkannt.

Er führte diesen noch weiter in den Wald hinein, bis sich alte Ruinen vor ihnen erhoben.

„Was ist das?" fragte Deep-hill.

„Das sind die Ueberreste eines Klosters."

„Warum gehen wir hierher?"

„Es ist der kürzeste Weg nach dem Schlosse. Bitte, folgen Sie mir nur."

Sie betraten die Ruinen und stiegen den engen Treppengang nach dem Versammlungssaal hinab. Hierbei führte der Alte, da es dunkel war, seinen Gast bei der Hand. Im Saale aber befand sich eine brennende Lampe.

„Eigenthümlich!" sagte der Amerikaner. „Diese Ruinen scheinen von Ihnen benutzt zu werden?"

„Allerdings. Ich werde Ihnen Alles zeigen. Wir haben noch gar keine rechte Zeit gehabt, über unser Geschäft zu sprechen, und können diese Gelegenheit dazu benutzen. Vorher aber werden Sie mir wahrscheinlich eine Frage gestatten?"

„Gern."

„Sie waren wirklich in der Stadt?"

„Ja."

„Wollten wirklich nach dem Schlosse?"

„Ja."

„Und haben sich also wirklich verlaufen?"

„Ja. Aber wozu diese Fragen? Glauben Sie, mich für einen Lügner halten zu dürfen?"

„Das nicht. Aber in meiner Lage muß ich sehr vorsichtig sein. Ist Ihnen Jemand begegnet?"

„Nur Einer."

„Wo? Im Walde?"

„Ja."

„Wer war er?"

„Ein fremder Maler, der hier wohl nur zum Zwecke seiner Studien herumläuft."

„Weiter Niemand?"

„Kein Mensch."

„Das ist gut. Kommen Sie!"

Er führte ihn nun von Gewölbe zu Gewölbe und zeigte ihm alle da aufgestapelten Vorräthe. Deep-hill erstaunte über die große Menge derselben, hielt sich aber wohlweißlich mit seiner Anerkennung in Reserve. Endlich blieb der Alte vor einem in einem Gewölbe stehenden Tische halten und sagte:

„Nun Sie sich überzeugt haben, daß wir Ernst machen und daß wir auch vorbereitet sind, können wir wohl auch unsere Angelegenheit erledigen. Bitte, setzen Sie sich."

„Warum nicht oben im Schlosse?"

„Weil ich Derartiges stets hier expedire. Man ist hier am Sichersten. Sie kennen diese Schrift?"

Er öffnete mittels eines Schlüssels den Tischkasten und zog aus demselben einen beschriebenen Bogen. Der Amerikaner las diesen, nickte zustimmend und sagte:

„Es ist unser Contract."

„Sind Sie gewillt, denselben einzuhalten?"

„Gewiß."

„Und sind Sie gewillt, uns die betreffenden Summen zu überlassen?"

„Ich pflege Wort zu halten."

„Schön! Hoffentlich befinden Sie sich im Besitze des Geldes?"

„Ich gebe Ihnen Anweisungen auf Paris. Sie sind wie baares Geld."

„Einverstanden. Ich liebe es, jedes Geschäft glatt abzuschließen. Ich kann jetzt die Anweisungen erhalten?"

„Nach Unterschrift des Contractes."

„Gut, unterzeichnen wir!"

„Jetzt? Hier?"

„Ja."

„Wer soll unterzeichnen?"

„Sie und ich."

„Hm! Wird das genügen."

„Gewiß. Ihre Unterschrift genügt mir vollständig."

„Das versteht sich ganz von selbst. Sie bedürfen meiner Unterschrift gar nicht, wenn Sie nur das Geld erhalten. Wer aber bietet mir Sicherheit für die Rückzahlung?"

„Ich!"

„Ob mir das wohl genügen wird!"

Der Alte zog die Spitzen seines Schnurrbartes breit, warf dem Sprecher einen Blick des Erstaunens zu und fragte:

„Halten Sie mich für einen Lump?"

„Nein, aber für einen Menschen."

„Was soll das heißen?"

„Sie sind den Wechselfällen des Lebens ausgesetzt. Ueberdies, haben Sie Vermögen?"

„Gewiß!"

„Dann dürfte mir Ihre Unterschrift allerdings genügen. Sie sehen ein, daß man nicht leichtsinnig sein darf, wenn es sich um Millionen handelt!"

„Ich billige Ihre Vorsicht."

„Dann bitte ich, den Vermögensnachweis gütigst zu erbringen, Herr Capitän."

Da brauste der Alte auf:

„Was? Ich soll Ihnen nachweisen, daß ich Vermögen besitze?"

„Ja. Ich muß sogar wissen, wieviel. Sie müssen für so viel bürgen können, als Sie von mir empfangen."

„Ja, für so viel kann ich nicht!"

„Dann werde ich jetzt nicht unterzeichnen."

„Ah! Wann denn?"

„Wenn ich mit Graf Rallion gesprochen habe."

„Sie wollen also nach Paris?"

„Ja."

„Hm! Bleiben Sie hier. Ich werde ihn telegraphisch herbeirufen."

Deep-hill sah ein, daß es dem Alten nur darum zu thun war, Zeit zu gewinnen; darum antwortete er:

„Das dürfen Sie nicht. Der Graf hat Sie kaum verlassen und wird von den nothwendigsten Geschäften in Paris festgehalten."

„Er wird dennoch kommen, da es sich um eine solche Summe handelt."

„Warum ihn aber belästigen, wenn ich Zeit habe, ihn in Paris aufzusuchen!"

„Weil ich der Schöpfer des Ganzen bin; weil bisher Alles, selbst das Kleinste von mir arrangirt und abgeschlossen worden ist, und weil es in Folge dessen ein Ehrenpunkt für mich ist, Alles auch selbst zu beenden."

„Ich bitte, geben Sie Sicherheit!"

„Monsieur, Ihre Sprache ist nicht diejenige, welche ich hier gewöhnt bin."

„Und die Ihrige ist nicht diejenige eines Geschäftsmannes!"

„Geschäft und immer wieder Geschäft! Ist die Begeisterung für die Sache des Vaterlandes gar nichts werth?"

„Sehr viel. Und dieser Contract hat Sie bereits überzeugen müssen, daß ich dieser Begeisterung auch wirklich in hohem Maße Rechnung getragen habe."

„Jetzt aber scheint sie erloschen zu sein."

„Ein Wunder wäre es nicht."

„Ah! Wie meinen Sie das?"

„Es giebt Verhältnisse und Personen, welche im Stande sind, höchst abkühlend zu wirken."

Er hatte diese Worte achselzuckend gesprochen. Der Capitän erhob sich von seinem Stuhle, maß ihn mit stechenden Augen von oben bis zu den Füßen herab und fragte:

„Sie sprechen von hiesigen Verhältnissen?"

„Ja."

„Und von hiesigen Personen?"

„Ja."

„Ich bitte Sie, dieselben namhaft zu machen! Bin unter diesen Personen etwa auch ich gemeint?"

„Sie ganz allein."

„Alle Teufel! Und die Verhältnisse, welche Sie erwähnten? Wollen Sie dieselben bezeichnen?"

„Ich meine die verborgenen Gänge, Treppen und Thüren in Schloß Ortry."

„Ich verstehe Sie nicht. Gerade diese verborgenen Locale enthalten Vorräthe, welche Sie überzeugen müssen, daß Sie für Ihr Geld nichts zu fürchten haben!"

„Ich meine nicht die Locale unter, sondern die Treppen, Gänge und Thüren in dem Schlosse."

„Erklären Sie sich deutlicher!"

„Die verborgenen Wege ermöglichen nächtliche Besuche, welche keineswegs angenehm sein können."

Der Alte drehte sich zur Seite und ließ ein leises Hüsteln vernehmen. Er fühlte sich getroffen und mußte sich Mühe geben, dies nicht merken zu lassen. Aber diese Mühe war vergebens; das las er in dem dunklen, festen Auge des Amerikaners, welches scharf auf ihm ruhte.

„Sapperment!" sagte er. „Haben Sie etwa nächtliche Besuche erhalten, Monsieur?"

„Ja."

„Ich werde dies genau untersuchen und auf das Strengste bestrafen. Darauf können Sie sich verlassen."

„Ich verlasse mich weder auf das Eine noch auf das Andere."

„Wie? Sie zweifeln an der Wahrheit meiner Versicherung?"

„Vollständig!"

„Tod und Teufel! Das ist eine Beleidigung!"

„Ich sage nur das, was ich denke. Sie haben nichts zu untersuchen und werden auch Niemanden bestrafen."

„Warum?"

„Pah! Wer bestraft sich selbst!"

„Sich selbst? Monsieur reden Sie irre?"

„Keineswegs."

„So bringen Sie also mich, mich selbst mit diesen nächtlichen Besuchen in Verbindung?"

„Das versteht sich ganz von selbst."

„Soll ich etwa bei Ihnen gewesen sein?"

„Ja."

„Wer sagt das? Wer behauptet das?"

„Ich!"

„Wer hat es Ihnen weiß gemacht?"

„Meine Augen und Ohren!"

„Das heißt, Sie selbst wollen mich gesehen und gehört haben?"

„Ja."

„In Ihrem Zimmer?"

„In meinem Schlafzimmer."

„Des Nachts, also heimlich?"

„Heimlich."

„Sie haben geträumt! Wer kann des Nachts zu Ihnen! Riegeln Sie denn nicht zu?"

„Ich hatte allerdings den Riegel vorgeschoben."

„Also wie könnte ich bei Ihnen eindringen?"

„Mittelst der Tapetenthür in der Ecke."

Den Alten überkam auf's Neue ein kurzer, scharfer Husten. Er überwand ihn indeß schnell und sagte:

„Ich kann nur wiederholen, daß Sie geträumt haben müssen. Was sollte ich denn bei Ihnen wollen?"

„Einsicht in meine Brieftasche nehmen!"

„Monsieur, sind Sie denn ganz und gar des Teufels?"

„Nein, ganz und gar nicht."

Die Beiden standen sich drohend gegenüber. Der alte Capitän sah sich zwar ertappt und durchschaut, war sich aber seines Sieges sicher; das gab ihm ein überlegenes Auftreten. Und was den Amerikaner betrifft, so fürchtete er den Capitän in diesem Augenblicke nicht im Geringsten. Er meinte, daß das Gespräch höchstens in persönliche Thätlichkeiten auslaufen könne, und da fühlte er, der junge, gewandte Mann, sich dem Alten in Bezug auf Geschicklichkeit und Körperkraft weit überlegen. Beide hielten die Augen mit feindseliger Schärfe auf einander gerichtet.

„Was soll ich denn mit Ihrer Brieftasche beabsichtigt haben?" fragte der Capitän.

„Zu welchem Zwecke? Es ist mir ja sicher und genug, da wir den Contract unterzeichnen werden!"

„Doch nicht so sicher als Sie meinen. Für uns Beide war es keineswegs gleichgiltig, ob dieser Inhalt aus sofort zahlbaren Papieren bestand oder nicht."

„Für mich war es gleichgiltig."

„Nein, sonst hätten Sie sich nicht überzeugt."

„Aber, ich bitte Sie! Sie haben wirklich geträumt. Ich gebe Ihnen mein Ehrenwort!"

Der Amerikaner zog die Schultern empor und schüttelte sich, als ob es ihn friere. Dann antwortete er:

„Ehrenwort! Pah! Das Ehrenwort eines Mannes, der sich in das Zimmer seines Gastes schleicht!"

Da stampfte der Alte mit dem Fuße auf und rief in drohendem Tone:

„Herr, ich muß Sie unbedingt ersuchen, auf Ihre Ausdrücke besser Acht zu geben. Es steht ein Offizier vor Ihnen, der sich nicht beleidigen läßt und gerade nur weil Sie sein Gast sind, bis jetzt bemüht gewesen ist, seine Indignation zu beherrschen. Ich will selbst noch in diesem Augenblicke annehmen, daß Sie unter dem Einflusse einer Täuschung handeln und sprechen. Denn nur eine Hallucination kann es gewesen sein; das liegt klar auf der Hand."

„Ich leide nicht an Hallucinationen."

„Aber, bedenken Sie doch, daß ich Ihre Papiere doch nicht im Dunkeln recognosciren kann."

„Sie hatten Ihre Laterne mit."

„Fieberphantasie! Wahrhaftig Fieberphantasie! Wie kann ich mit Licht in Ihr Schlafzimmer eindringen und Ihre Brieftasche öffnen, da ich doch gewärtig sein muß, daß Sie an jedem Augenblicke die Augen aufschlagen!"

„Sie glaubten, dafür gesorgt zu haben, daß ich sehr fest schlafen würde."

„Ich? Wieso denn?"

„Durch den Schlaftrunk, den Sie mir gegeben hatten."

„Ich Ihnen einen Schlaftrunk gegeben? Das kann nur ein Tollhäusler behaupten. In welcher Weise habe ich Ihnen diesen Trunk denn beigebracht?"

„Mit dem Glase Wein beim Abendessen."

Der Alte vermochte nicht zu begreifen, wie Deep-hill das Alles wissen könne. Er war ganz und gar bestürzt, ließ es sich aber nicht merken, sondern sagte scheinbar im ruhigsten Tone:

„Monsieur, ich will nicht aus den Augen lassen, daß Sie mein Gast sind, sonst — —"

Der Amerikaner machte eine hastige, abwehrende Handbewegung und fiel ihm dabei in die Rede:

„Bitte, bitte, geniren Sie sich nicht! Sie haben mich nicht mehr als Ihren Gast zu betrachten, denn sobald wir diese Keller hinter uns haben, werde ich Schloß Ortry schleunigst verlassen. Ich kann unmöglich bei einem Manne wohnen bleiben, der mir nach dem Leben trachtet."

Dem Alten wollte die Sprache versagen. Nur ganz mühsam stieß er hervor:

„Nach dem — Leben habe — — ich Ihnen getrachtet?"

„Ja."

„Beweisen Sie das!"

„Warum Etwas beweisen, was Sie selbst besser wissen, als ich! Das ist unnöthig!"

„Aber, bin denn ich toll, oder sind Sie es?"

„Keiner von Beiden. Ich sage die Wahrheit und Sie spielen ein Wenig Comödie."

„Mir will der Verstand still stehen! Ich Ihnen nach dem Leben getrachtet! Selbst wenn Das, was Sie bisher behaupteten, wahr wäre, liegt doch darin ganz und gar nichts Lebensgefährliches für Sie. Ich wäre dann in Ihr Zimmer gekommen, um zu sehen, welcher Art Ihre Papiere sind, nicht aber, in der Absicht, Ihnen nach dem Leben zu trachten!"

„Das gebe ich ja zu, aber ich meine nicht gerade Dieses."

„Was denn sonst?"

„Die Entgleisung des Zuges."

Der Capitän fuhr zurück, als ob er einen Abgrund vor sich sähe. Seine Hände durchstrichen die Luft, wie wenn sie nach einem festen Halte suchten."

„Nun, Sie wanken ja vor Schreck!" sagte Deep-hill.

„Ich? Vor Schreck? Fällt mir gar nicht ein! Wenn ich vor Ihnen zurückschrecke, so ist es nur aus Entsetzen über eine solche Anschuldigung, die eine geradezu teuflische ist. Was wollen Sie denn eigentlich mit Ihrer Erwähnung des Bahnunglückes behaupten?"

„Daß Sie dasselbe verschuldet haben?"

„Ich?"

„Ja."

„Mein Gott! Woher nehme ich nur die Kraft, das auszuhalten? Was kann mir denn an diesem Unglück liegen?"

„Scheinbar gar nichts, in Wirklichkeit aber sehr viel."

„Erklären Sie mir dieses Factum!"

„Sie wußten, mit welchem Zuge ich kommen würde?"

„Ja. Sie hatten es mir gemeldet."

„Sie glaubten, ich würde das Geld baar bei mir führen, vielleicht in hohen englischen Banknoten?"

„In welcher Art Sie die Summe besaßen, das konnte mir sehr gleichgiltig sein!"

„Warum veranlaßten Sie denn da die Entgleisung?"

„Ich weiß ja gar nicht von einer solchen Veranlassung!"

„Auch nicht, daß Sie drei Männer beauftragten, das Unglück hervorzubringen?"

„Nein."

„Der Eine sollte die Steine auf den Bahnkörper werfen, während die beiden Anderen den Bahnwärter beschäftigten?"

„Kein Wort weiß ich!"

„Diese Letzteren sollten den Amerikaner unter den Todten hervorsuchen — —"

„Schrecklich!"

„Ihm, wenn er noch leben sollte, den Garaus machen — —"

„Schweigen Sie! Das sind die Phantasieen eines Tollhäuslers, wie er im Buche steht!"

„Und das Alles nur, um ihm die Brieftasche abzunehmen! Stimmt es, oder stimmt es nicht?"

„Monsieur, mir graut vor Ihnen! Ich habe noch niemals Angst gehabt, jetzt aber fühle ich Furcht vor Ihnen!"

„Ganz natürlich!"

„Verstehen Sie mich nicht falsch! Ich fürchte mich vor Ihnen, wie sich der Gesunde vor Demjenigen fürchtet, der von einem tollen Hund gebissen worden ist!"

„Beruhigen Sie sich! Ich beiße Sie nicht, wenigstens jetzt nicht und so wörtlich nicht. Aber Sie können sich denken, daß es mir nicht einfallen wird, weiter für eine Sache zu schwärmen, an deren Spitze ein solcher Satan steht."

„Monsieur, ich vermag nicht, Ihnen zu antworten."

„Und ich vermag nur, Ihnen zu sagen, daß ich Frankreich aufgebe, weil es solche Söhne hat!"

„Aber wenn ich Ihnen nun beweise, daß Sie mich vollständig unrechter Weise beschuldigen?"

„Das vermögen Sie nicht."

„Sogar sehr leicht!"

„Wie denn?"

„Gehen wir hinauf! Ich werde Ihnen die Beweise in Ihr Zimmer bringen."

„Ich halte das für ein leeres Versprechen, werde aber noch eine ganze Stunde auf Schloß Ortry verweilen, um Ihnen Zeit zu geben, Ihre Gegenbeweise zu bringen."

„Gut! Sie werden mir Ihre wahnsinnigen Beschuldigungen baldigst abbitten. Haben Sie vielleicht vorher noch Etwas zu erwähnen?"

„Nein."

„So kommen Sie! Bitte!"

Um wieder auf den Gang hinauszukommen, mußten sie natürlich dieselbe Thüre benutzen, durch welche sie in das Gewölbe getreten waren. Der Amerikaner gab nicht Acht auf die Richtung, in welcher diese lag. Das Dunkel täuschte und er war von dem Gespräch zu sehr erregt. Er folgte dem Alten, welcher die Lampe genommen hatte und auf eine ganz andere Thür zuschritt. Er öffnete dieselbe, blieb stehen und sagte:

„Bitte, Monsieur! Ich muß wieder schließen."

Da verstand es sich ganz von selbst, daß Deep-hill voranging. Er hatte aber noch nicht zwei Schritte gethan, so that es hinter ihm einen lauten Schlag, es wurde dunkel und Riegel rasselten. Er fuhr herum und zu der Thür zurück. Sie war hinter ihm verschlossen worden. Er tastete nach den drei anderen Seiten und gewahrte nun zu seinem Entsetzen, daß er sich in einer engen Zelle befand, aus welcher es keinen zweiten Ausgang gab.

„Halt!" schrie er, mit beiden Fäusten die Thür bearbeitend. „Was soll das heißen?"

„Daß Sie gefangen sind," antwortete der Alte draußen.

„Schurke!"

„Dummkopf!"

„Sie werden doch nichts erreichen."

„Alles, Alles werde ich erreichen!" lachte der Alte höhnisch.

„Ich werde Sie bestrafen lassen!"

„Durch wen?"

„Durch die Gerichte!"

„Wie wollen Sie zu den Gerichten kommen? Sie stecken ja hier fest!"

„Man wird mich befreien!"

„Pah! Ich möchte den sehen, der das fertig bringt. Es giebt nur einen einzigen Weg in die Freiheit zurück für Sie, mein geehrter Monsieur Deep-hill."

„Welchen?"

„Sie unterzeichnen Ihre Anweisungen. Sobald ich das Geld in den Händen habe, werden Sie frei."

„Nie!"

„Gut, so verschmachten Sie hier!"

„Teufel!"

„Mag sein, daß ich ein Teufel bin! Sie erhalten weder zu essen noch zu trinken. Hunger thut weh und Durst noch weher. Aller drei Tage komme ich, um einmal anzufragen. Sagen Sie Ja, dann gut; sagen Sie Nein, so mögen Sie mit Ihren Millionen verschmachten. Adieu, Monsieur, adieu, und viel Vergnügen!"

Für den ersten Augenblick wollte Deep-hill an diesen satanischen Streich nicht glauben; jetzt aber leuchtete ihm ein, daß der Alte grausigen Ernst mache. Nun wurde ihm entsetzlich angst. Er schrie und schlug an die Thür — umsonst. Der Capitän entfernte sich und führte dabei das halblaute Selbstgespräch:

„In die Falle gegangen, Gott sei Dank, oder vielmehr, dem Teufel sei Dank! Er kommt nicht wieder lebendig an das Tageslicht, mag er nun unterschreiben oder nicht. Aber wie ist er hinter das Alles gekommen? Er weiß Alles, Alles! Unbegreiflich! Ich werde das doch zu erfahren wissen. Aber er ist mir so gefährlich, daß er für immer verschwinden muß. Seit einiger Zeit werden meine Pläne durchkreuzt; ich habe einen unsichtbaren Gegner, der mir in die Karten guckt. Wer mag das sein? Wehe ihm, wenn er in meine Hände fällt! Und das wird er auf jeden Fall!" —

Am Abende wartete der Maler nicht vergeblich auf den Pflanzensammler. Sie thaten so, wie es bestimmt worden war, und trafen draußen vor der Stadt zusammen.

„Aber, Mann, wie kamen Sie denn heute Nachmittage hinaus in den Wald?" fragte Fritz.

„Auf Schusters Rappen. Oder denken Sie vielleicht, ich habe mir eine Sekundärbahn hinauslegen lassen?"

„Was wollten Sie denn draußen?"

„Mich spazieren führen. Weiter nichts."

„So war es also Zufall, daß Sie mich trafen?"

„Ja. Der Zufall war schuld und Ihr doppelter Singsang von der berühmten Lerche, die keine Thränen und keine Grütze hat — das arme Vieh!"

„Sie hätten daheim bleiben sollen!"

„Warum?"

„Weil man nicht zu wissen braucht, daß Sie sich für diese Gegend interessiren. Und dabei ist Ihre Persönlichkeit eine so in die Augen fallende, daß — —"

„Eine so von der Birke fallende, wollen Sie sagen?" fiel der Maler ein.

„Meinetwegen! Sind Sie von noch Jemandem gesehen worden?"

„Ja; aber nur von Einem."

„Wer war das?"

„Ein gewisser Deep-hill."

„Kennen Sie ihn?"

„Ich habe ihn nur ein einziges Mal gesehen, und zwar heute."

„Kennt er Sie?"

„Er weiß meinen Namen und daß ich Maler bin. Aber sprechen wir von Etwas, was uns näher liegt!"

„Wovon?"

„Von dieser allerliebsten Nanon."

„Liegt diese Ihnen so nahe?"

„Nicht ganz so nahe, wie Ihnen, scheint es mir."

„So lassen wir es lieber sein. Wir wollen beobachten, spioniren; wir dürfen also nicht selbst bemerkt werden. Nur das Nothdürftigste wollen wir sprechen."

„Ganz wie Sie denken, mein allerwerthester Mann für Wacholderspitzen, Huflattich und Otterzungen!"

„Sie haben wahrhaftig Alles gehört!"

„Alles!"

„Schändlich!"

„Nein, im Gegentheile. Ich habe Ihnen dadurch bewiesen, daß ich für so eine Spionage, wie wir jetzt vorhaben, geradezu geboren bin."

„Und dabei doch vom Baume fallen!"

„Im Steinbruche giebt es keine Bäume. Aber er ist außerordentlich groß. Wohin verstecken wir uns?"

„Hinein natürlich nicht. Wir verbergen uns am Eingange hinter die Felsen. Wenn sie dann kommen, schleichen wir ihnen nach. Das ist das Allerbeste. Ich wollte, der — — wäre mit da! Hm!"

„Der — — wer denn?"

„Ich habe hier einen Freund, der für solche nächtliche Spaziergänge ein außerordentliches Geschick besitzt."

„Warum haben Sie ihn nicht mitgebracht?"

„Es war mir nicht möglich, ihn zu treffen."

Unter diesem Freunde verstand er natürlich Doctor Müller, dessen Anwesenheit jetzt allerdings von Vortheil gewesen wäre. Doch, da sie zu Zweien begonnen hatten, so mußten sie es auch zu Zweien ausführen.

Am Eingange des Steinbruches waren große Felsstücke aufgehäuft, hinter denen sie jetzt Posto faßten. Was sie sich zu sagen hatten, wurde nur flüsternd gesprochen. Die Zeit verging sehr langsam. Endlich hörten sie ein Geräusch, aber nicht von Außen her, sondern im Steinbruche selbst. Es waren Schritte, welche näher kamen und dann blieb eine hohe männliche Gestalt nicht weit von ihnen stehen. Dieser Mann erwartete jedenfalls den Pulvertransport, stieß ein wiederholtes, ungeduldiges Brummen aus und ging dann wieder zurück.

„Wer mag das gewesen sein?" flüsterte der Maler.

„Der alte Capitän von Schloß Ortry."

„Er selbst! Das ist — — halt! Hören Sie es?"

„Ja; das ist das Knarren von Achsen. Sie kommen!"

Das Geräusch der Räder war immer deutlicher zu vernehmen und endlich passirte ein mit vier Pferden bespannter Wagen an ihnen vorüber. Wenn Fritz vielleicht gedacht hatte, daß nur zwei Personen dabei sein würden, so hatte er sich geirrt; es waren ihrer mehrere.

„Sie fahren da rechts hinüber, jedenfalls bis ganz hinter in die Ecke," raunte der Pflanzensammler dem Maler zu. „Ich werde Ihnen nachschleichen; besser aber ist es, Sie bleiben hier zurück."

„Ich zurückbleiben? Fällt mir gar nicht ein! Ein tapferer Combattant der dicken Artillerie thut wacker mit, wenn es überhaupt Etwas zu thun giebt."

„Nun, dann aber äußerst vorsichtig! Auf allen Vieren!"

„Auf allen Zehen und Fingern, macht gerade Zwanzig."

Der Wagen war im Dunkel bereits verschwunden, doch dauerte es gar nicht lange, so kamen sie ihm so nahe, daß sie ihn sehen konnten. Man hatte die Pferde abgespannt und zur Seite geschafft, den Wagen aber selbst, so weit wie möglich in die Ecke geschoben, deren niedriger Theil mit grobsteinigem Schutt bedeckt und ausgefüllt war. Zwei Stimmen erklangen vom Wagen her. Fritz erkannte beide sofort; es war diejenige des Capitäns und Charles Berteu's. Der Erstere sagte in seiner scharfen, gebieterischen Weise:

„Die letzte Sendung also. Wo ist der Zettel?"

„Hier!"

Ein dünner Lichtschein leuchtete auf. Jedenfalls hatte der Alte eine Blendlaterne bei sich, mit deren Hilfe er den Inhalt des Lieferscheines besichtigte; dann meinte er:

„Es stimmt. Abladen also!"

Ketten klirrten vom Wagen herab, und dann begann man die Fässer abzuladen.

„Es muß hier ein verborgener Eingang sein," flüsterte der Maler dem Pflanzensammler zu.

„Jedenfalls," antwortete dieser. „Ich werde einmal recognosciren."

„Wie? Sie wollen sich weiter vorschleichen?"

„Ja; das versteht sich ganz von selbst."

„Da mache ich natürlich mit."

„Nein; das wäre die größte Unvorsichtigkeit. Einer von uns Beiden genügt. Und überdies weiß ich nicht, ob Sie die Geschicklichkeit besitzen, sich unbemerkt anzuschleichen."

„Na und ob! Im Anschleichen bin ich der reine Indianerhäuptling. Ich husche vorwärts wie eine Klapperschlange!"

„Bei Ihrem Leibesumfange?"

„Je dicker desto besser. Wenn so ein fleischiger Kerl an Etwas stößt, geht es bedeutend weicher und geräuschloser zu, als wenn so ein knochiger Gottlieb, wie Sie sind, mit den Steinen carambolirt."

„Das wollen wir lieber nicht untersuchen. Also bleiben und warten Sie hier, bis ich zurückkomme."

Er kroch leise vorwärts und nach einigen Augenblicken war er nicht mehr zu sehen.

„Was sich dieser Mensch einbildet!" dachte Schneffke. „Gescheidter als ich will er sein! Aber ich werde ihm beweisen, daß ich auch nicht von Dummsdorf bin. Ich krieche ihm nach. Oder nein, ich beobachte diese Pulvergesellschaft ganz nach meiner eigenen Manier. Ich suche mir eine Stelle aus, von welcher aus ich Alles höre und auch sehen kann, wo sich der Eingang in das Innere dieses Erdenschlundes befindet. Aber ganz nach Art und Weise der Indianer, ganz und gar nach Menschenfressermanier."

Er legte sich, so lang oder vielmehr so kurz er war, auf den Erdboden nieder und schob sich vorwärts. Als er in der Nähe des Wagens anlangte, bemerkte er einen felsigen Vorsprung, welcher sich nach und nach über der Ecke des Steinbruches erhob und von dem aus die Beobachtung am Leichtesten ausgeführt werden konnte. Er schob sich auf diesen Vorsprung zu und kroch denselben hinan.

Es war dies nicht ganz ohne Schwierigkeit auszuführen, aber er gelangte doch ganz glücklich und unbemerkt hinauf.

Unten hatte man noch einige Laternen angebrannt, deren Schein Alles zur Genüge beleuchtete. Der alte Capitän zählte die Fässer und gab seine Weisungen.

„Jetzt sind wir mit Abladen fertig," sagte er. „Rollt nun die Fässer hinein!"

„Ist das Loch breit genug gemacht?" fragte Berteu.

„Natürlich! Hier, überzeugt Euch!"

Er leuchtete nach der Oeffnung, welche in die Erde führte.

„Halt," dachte der Maler. „Das ist der Eingang; den muß ich genau sehen."

Er schob sich bis zur Kante des Felsens vor, um besser sehen zu können, ließ aber dabei außer Acht, daß der Stein dort von Wind und Wetter bröcklich geworden war. Als er den Kopf soweit wie möglich vorstreckte, um Alles sehen zu können, bröckelte das Gestein los und rollte hinab. Die unten Stehenden hörten und fühlten das. Sie blickten in die Höhe. Schneffke wollte mit dem Kopfe zurück und wollte retour; aber das geschah so jäh, daß das locker gewordene Gestein sich weiter unter ihm vom Felsen trennte.

„Donnerwetter!" sagte der Capitän. „Da oben muß irgend Jemand sein. Steigt einmal hinauf!"

Schneffke versuchte, auf die Beine zu kommen, machte aber dadurch die Sache nur noch schlimmer. Er gerieth ins Rutschen und das ging um so schneller, je mehr er sich dagegen sträubte. Aus den Bröckchen, die hinuntergefallen waren, wurden Brocken, dann größere Steine, und endlich folgte der dicke Maler selbst. Er stürzte mit aller Wucht von dem Vorsprunge herab und mitten unter die Männer hinein, so daß er zwei von ihnen mit zu Boden riß.

„Kreuzmohrenelement!" rief er. „Da liegt nun der ganze Pudding in der Syrupsschüssel!"

„Hölle und Teufel!" fluchte der Capitän. „Wer ist dieser Kerl? Haltet ihn fest!"

Sofort streckten sich zehn Hände oder vielmehr Fäuste nach Schneffke aus und hielten ihn gepackt.

„Sachte, sachte!" warnte er. „Ich platze sonst wie eine Bombe!"

„Platze Du und der Teufel! Laßt ihn nicht los!"

„Er hat uns belauscht," sagte Berteu. „Wir müssen uns seiner versichern. Wir müssen ihn binden."

„Habt Ihr Stricke?" fragte Richemonte.

„Genug, hier am Wagen."

„So fesselt ihn."

Schneffke wurde vom Boden emporgerissen und im Nu mit Stricken gebunden.

„Halt!" sagte er. „Laßt mir nur die Hände so lange frei, bis ich mich befühlt, wie viel Knochen mir entzwei gebrochen sind!"

„Das fehlte noch!" antwortete Berteu. „Die Knochen, welche Dir noch nicht gebrochen sind, schlagen wir entzwei, Bursche."

„Soll das etwa ein geistreicher Einfall sein?"

„Spotte nicht noch! Uebrigens kommt mir diese Stimme und der ganze dicke Mensch bekannt vor. Her mit der Laterne! Leuchtet ihm doch einmal in das Gesicht!"

„Dachte ich es doch! Dieser Maler ist es wahrhaftig!"

„Ein Maler?" fragte der Capitän. „Kennen Sie ihn?"

„Sehr gut sogar!"

„Woher?"

„Er hat sich bei mir eingeschmuggelt, um in Malineau mit diesem verdammten Melac zu conspiriren."

„Ah, das genügt, um ihn zu kennen! Wo ist er denn her?"

„Das weiß der Teufel. Man darf ihm nicht glauben. Ich halte ihn für einen deutschen Spion."

„Wenn er das ist, so soll es ihm schlecht bekommen."

Der Alte trat näher, um sich den Dicken genauer zu betrachten. Er schüttelte den Kopf und sagte:

„Sehr klug sieht dieser Mensch nicht aus. Wenn diese Deutschen keine anderen Spione engagiren, werden sie nicht sehr viel Erfolg haben. Dieses Fleischkloß scheint mir höchst ungefährlich zu sein."

„Da irren Sie sich! Uebrigens, was will er zu dieser Stunde hier im Steinbruche?"

„Ja, was wollen Sie hier?"

Diese Frage des Capitäns war direct an Schneffke gerichtet.

„Jetzt will ich nichts mehr," antwortete dieser.

„Was soll das heißen?"

„Ich wollte Etwas, will aber jetzt nichts mehr."

„Was wollten Sie denn?"

„Diesen Steinbruch studiren."

„Wozu?"

„Geschäftssache."

„Unsinn! Glauben Sie nicht, uns Etwas weiß machen zu können. Welche Geschäfte könnten Sie hier haben?"

„Sie haben doch gehört, daß ich Maler bin!"

„Nun ja."

„Ich kam heute nach Thionville und erkundigte mich nach den landwirthschaftlichen Schönheiten dieser Gegend. Da wurde mir dieser Steinbruch als höchst pittoresk bezeichnet. Ich kam her, kroch überall herum und wurde müde. Ich hatte ein Glas Wein zu viel getrunken. Das übermannte mich, und ich schlief da oben ein."

„Gut ausgedacht!"

„Nicht ausgedacht, sondern die reine Wahrheit!"

„Sie wollen bis jetzt geschlafen haben?"

„Ja. Ich wachte auf, hörte unter mir ein Geräusch und Stimmen und wollte herabblicken. Da aber fing diese verteufelte Gegend an, sich unter mir zu bewegen, und ich stürzte da hinab. Habe ich Ihnen dabei wehe gethan, so haben Sie den Trost, daß auch ich nicht glimpflich dabei weggekommen bin."

„Glauben Sie ihm nicht, Herr Capitän!" warnte Verteu.

Der Capitän faßte den Maler beim Arme und fragte:

„Sind Sie allein hier?"

„Nein."

„Ah! Wer ist noch da?"

„Sie natürlich."

„Donnerwetter! Glauben Sie etwa, daß ich Ihnen gestatten werde, sich über mich lustig zu machen? Ich meine, ob Sie ohne Gefährten hier sind."

„Fällt mir gar nicht ein! Ich mache solche Rutschpartieen am Liebsten ganz allein. Getheiltes Vergnügen ist doch nur halbes Vergnügen."

„Na, wenn Sie hierher gekommen sind, um sich ein Vergnügen zu machen, so werden wir Ihnen behilflich sein. Ich werde Sie nachher noch besser ins Verhör nehmen. Ihr Beide hier, führt ihn hinein in den Gang! Und Ihr anderen durchsucht sofort den Steinbruch. Besetzt aber vorher den Eingang, damit Der, welcher vielleicht noch hier versteckt ist, nicht entwischen kann."

(Fortsetzung folgt.)

Illustrirte Unterhaltungs-Bibliothek für Familien aller Stände.
Druck und Verlag von H. G. Münchmeyer in Dresden und New-York.

Die Liebe des Ulanen.
Original-Roman aus der Zeit des deutsch-französischen Krieges von Karl May.
(Fortsetzung.)

Zwei Männer faßten Schneffke an und schoben ihn vor sich her, einem Loche zu, welches für ihn zwar hoch, aber kaum breit genug war. Er ließ es ohne Gegenwehr geschehen. Er sah ein, daß sie ihm überlegen waren und Widerstand nicht nur unnütz, sondern sogar gefährlich sein würde. Er dachte in diesem Augenblicke weniger an sich selbst, als vielmehr an Fritz Schneeberg, der nun auch in die Gefahr kam, gefangen zu werden.

Das Loch erweiterte sich bald zu einem regelrechten, gewölbten Gange, in welchem er von den beiden Männern festgehalten wurde. Sie sprachen kein Wort und er hütete sich sehr, ein Gespräch zu beginnen, da er ahnte, daß sie ihm eher Faustftöße, als eine Antwort gegeben hätten.

Es verging weit über eine halbe Stunde. Dann kam der Capitän herbei. Er schien mit Berteu noch weiter gesprochen zu haben und von diesem mißtrauischer gemacht worden zu sein, denn er maß den Maler mit einem höchst finsteren Blicke und sagte:

„Sie waren wirklich allein im Steinbruche?"

„Ja."

„Nein! Es war noch Jemand mit Ihnen."

„Davon weiß ich nichts."

„Leugnen Sie nicht! Meine Leute haben Einen laufen gehört, dem es gelungen ist, vor ihnen den Eingang zu erreichen."

„Den möchte ich sehen!"

„Wer war es?"

„Wie soll ich wissen, wer sich außer Ihnen noch nächtlicher Weile in diesem Loche herumtreibt!"

„Sie wollen also wirklich nicht gestehen?"

„Ich weiß nichts."

„Gut! Wir werden Sie zum Sprechen bringen. Darauf können Sie sich verlassen! Sie haben uns belauscht. Was haben Sie von unserer Unterredung gehört?"

„Ich habe nur gehört, daß die Fässer hineingerollt werden sollen."

„Wissen Sie was in den Fässern ist?"

„Nein. Geht mich auch nichts an. Doch wohl Wein, der hier in den Keller kommen soll!"

„Allerdings. Aber dennoch werden wir Ihre werthe Person in sichern Gewahrsam behalten."

„Wollen wir nicht seine Taschen ausfuchen?" fragte der Eine der beiden Männer.

„Ist nicht nöthig. Wir schließen ihn ein. Er ist uns sicher, ebenso auch Alles was er bei sich trägt. Wir haben jetzt keine Zeit. Wenn wir den Wein hereingeschafft haben, werden wir uns näher mit ihm beschäftigen. Kommt, und bringt ihn mit!"

Er schritt voran, und sie folgten ihm mit dem Gefangenen tiefer, immer tiefer in den Gang hinein. —

Fritz war an der anderen Seite des Wagens herangekrochen. Dort hatte sich auf dem Steinschutt ein kleines Dickicht von Farrenkraut und anderen Pflanzen gebildet, hinter denen er Schutz fand. Und von hier aus konnte er Alles beobachten und auch Alles hören. Er vernahm jedes Wort, welches gesprochen wurde.

Es fiel ihm gar nicht ein, zu glauben, daß der Maler seinen Platz verlassen habe. Daher erschrak er nicht wenig, als dieser so plötzlich von da oben herabgeprasselt kam. Das darauf folgende Gespräch überzeugte ihn von der Gefahr, in welcher er sich nun auch selber befand, und als er dann hörte, daß der Steinbruch durchsucht und der Eingang besetzt werden solle, zog er sich schleunigst zurück. Dies konnte aber nicht so geräuschlos geschehen, wie es wünschenwerth gewesen wäre. Man hörte seine eiligen Schritte und kam hinter ihm her. Desto eiliger sprang er von dannen. Er erreichte den Eingang und — rannte mit einem Menschen zusammen, welcher sich fest an den Stein geschmiegt hatte. Er glaubte natürlich, es mit einem Gegner zu thun zu haben und faßte die Person an, um sie aus dem Wege zu schleudern, mußte aber sofort bemerken, daß dieser Mann ihm an Körperkraft zum Wenigsten gewachsen war, denn er selbst wurde von ihm so fest bei der Kehle gepackt, daß er fast den Athem verlor. In dem nun entstehenden Ringen, welches allerdings nur kaum einige Augenblicke währte, fühlte er, daß der Andere — einen Höcker trug.

„Herr — Doc — — tor!" gelang es ihm hervorzustoßen.

Da ließ der Andere sofort los und flüsterte:

„Sapperlot! Fritz, Du?"

„Ja."

„Was thust Du hier? Wer ist da drin? Man kommt."

„Sie haben mich beinahe erwürgt! Aber fort, schnell fort, Herr Doctor."

Er nahm ihn bei der Hand und riß ihn mit sich fort. In höchster Eile ging es über das angrenzende Feld hinweg, bis die Schritte der Verfolger nicht mehr zu hören waren.

„Wohin denn nur?" fragte Müller.

„Nach dem Waldloche."

„Warum denn?"

„Habe jetzt keine Zeit. Später davon! Jetzt aber schnell!"

„Das muß nothwendig sein. Also vorwärts!"

Sie rannten nach dem Walde und, als sie denselben erreicht hatten, in möglichster Schnelligkeit zwischen den Bäumen dahin. Dies ging zwar keineswegs ohne Beschwerden ab; aber sie hatten denselben Weg bereits bei Tage und auch bei Nacht gemacht, und so erreichten sie das Waldloch, ohne sich an den Baumstämmen Schaden gethan zu haben.

„Jetzt sollten Sie Ihre Laterne bei sich tragen!" sagte Fritz, endlich das Wort ergreifend.

„Ich habe sie."

„O, das ist sehr gut. Vielleicht auch die Schlüssel?"

„Ja."

„Herrlich! Brennen Sie an. Wir müssen hinein."

Müller zog die Laterne und Streichhölzer hervor. Während des Anbrennens hatte er Zeit zu der Frage:

„Um einen Menschen zu retten, um den es sonst auf jeden Fall geschehen ist."

„Wer ist es?"

„Sie sollen es nachher erfahren. Jetzt brennt die Laterne, und wir haben keinen Augenblick zu verlieren. Der, welchen ich meine, ist nämlich vom Steinbruche aus in den Gang geschafft worden. Wir dringen von dieser Seite ein. Wenn wir uns beeilen, kommen wir vielleicht noch zeitig genug, um zu bemerken, in welches Gewölbe er gesperrt wird."

„Das genügt einstweilen. Also komm."

Sie hatten den Boden des Waldloches erreicht und drangen auf die bereits bekannte Art und Weise in den unterirdischen Gang ein. Sie verfolgten denselben bis zum Kreuzungspunct, wo die Gänge sich durchschnitten, und wollten eben um die Ecke biegen, um den Gang zu betreten, welcher in der Richtung nach dem Steinbruche fortlief, als Müller schnell einige Schritte wieder zurückfuhr.

„Was giebt's?" fragte Fritz.

„Bald hätten wir eine Dummheit begangen."

„Welche?"

„Du vermuthest, daß sie sich in dem Gange da rechts um die Ecke befinden?"

„Ja."

„Und wir wollten mit der Laterne um diese Ecke biegen?"

„Sapperlot! Ja. Sie hätten uns leicht bemerken können!"

„Stecken wir also die Laterne ein. Wir müssen, so gut es geht, im Finstern weiter!"

Nun erst, als sie von dem Lichte nicht mehr verrathen werden konnten, gingen sie weiter. Kaum aber waren sie um die Ecke gelangt, so hielten sie bereits wieder an.

„Siehst Du?" fragte Müller.

„Ja. Dieser kleine Lichtpunct da vorn muß von einer Laterne kommen. Nicht?"

„Jedenfalls. Sehen wir genau hin, ob er sich bewegt."

So leicht sie sich täuschen konnten, bemerkten sie doch, daß der helle Punct sich vergrößerte.

„Die Laterne bewegt sich," meinte Fritz.

„Ja, sie kommen näher. Warten wir hier!"

Sie verhielten sich ruhig, bis sich um den Punct eine helle Umgebung bildete. Dann sagte Müller:

„Sie sind nicht mehr hundert Schritte entfernt. Wir müssen uns also zurückziehen."

„Aber wohin?"

„Dahin, woher wir gekommen sind."

„Doch nicht hinaus in den Wald?"

„Keineswegs. Wir müssen sehen, was sie thun. Wir kehren also nur so weit, als es unsere Sicherheit erfordert, zurück."

Sie schlugen den Rückweg ein und blieben dann in einiger Entfernung wieder halten. Sie brauchten nicht lange zu warten, so erschien am Kreuzungspuncte der Laternenschein.

„Sapperlot!" flüsterte Fritz. „Sie kommen in diesen Gang herein. Wir müssen noch weiter rückwärts."

„Nur aber nicht zu schnell! Ah, siehst Du? Sie bleiben stehen!"

Die Beiden konnten jetzt ziemlich deutlich vier Männer unterscheiden, welche ihre Schritte angehalten hatten. Es wurden einige Worte gewechselt, deren Schall in dem Gange bis her zu den Lauschern drang. Dann hörten diese ein Schloß öffnen, und der Lichtschein verschwand.

„Sie sind dort durch die erste Thüre in das Gewölbe," bemerkte Fritz. „Wollen wir näher?"

„Ja, obgleich es sehr gefährlich ist."

Sie schlichen sich äußerst vorsichtig heran. Sie wagten viel, aber es gelang ihnen, die Thür zu erreichen, welche nur angelehnt war. Müller blickte durch die Lücke. Das Gewölbe war mit Fässern fast ganz angefüllt. Ganz hinten zeigte sich eine gerade noch wahrnehmbare Helligkeit.

„Sehen Sie Etwas?" fragte Fritz.

31.

32.

„Ja. Horch!"

„Da wurde eine Thür zugeworfen."

„Und nun klirrt ein Riegel. Ah! Sie kommen zurück. Also fort! Schnell!"

Sie eilten auf den Fußspitzen wieder nach dem Punkte, an welchem sie sich vorher befunden hatten. Doch hatten sie denselben noch nicht erreicht, so bemerkten sie hinter sich bereits wieder den Laternenschein.

„Stehen bleiben!" flüsterte Müller. „Ihre Laterne leuchtet nicht hierher. Und wir können vielleicht hören, was sie sprechen."

„Aber wenn sie hierher kommen!"

„So haben wir immer noch Zeit zur Flucht. Horch!"

„Es sind nur Drei. Der Eine schließt zu."

„Man hat also den Vierten eingesperrt. Pst! Sie sprechen."

Man hörte den einen der drei Männer sagen:

„Also nachher verhören wir ihn?"

„Ja, in einer Stunde sind wir fertig. Es hat Zeit bis dahin."

„Der Kerl kann sich gratuliren!"

„Er mag sein, was er will, ob unschuldig oder ein Spion, er hat uns belauscht und muß unschädlich gemacht werden. Jetzt also wieder hinaus zu den Fässern!"

Sie entfernten sich in der Richtung, aus welcher sie vorher gekommen waren. Als der Schein ihrer Laterne nicht mehr zu erkennen war, fragte Fritz:

„Haben Sie die letzten Worte verstanden, Herr Doctor?"

„Ja. Verhören wollen sie den Mann, verhören und unschädlich machen."

„Das müssen wir verhindern."

„Wer ist denn dieser Mann?"

„Ein Maler; wissen Sie, der dicke Maler, von dem ich Ihnen schon erzählt habe."

„Ah, dieser! Aber wie kommt dieser sonderbare Mensch in diese fatale Lage?"

„Es scheint überhaupt ein ausgemachter Pechvogel zu sein."

„Und ein wunderbarer Kerl dazu."

„Fast mehr als wunderbar, nämlich wunderlich. Ich traf ihn im Gasthofe und erfuhr da von ihm, daß der Pulvertransport heut Abend hier ankommen werde. Er wollte das beobachten, ich konnte ihn nicht davon abbringen."

„Weiter!"

Fritz gab seine Aufklärung, und als er damit zu Ende war, meinte Müller:

„Dieser Maler scheint trotzdem gar kein unebener Kerl zu sein. Wir müssen uns seiner annehmen. Welch ein glücklicher Zufall also, daß ich auf Dich getroffen bin!"

„Konnte mich beinahe das Leben kosten!"

„So schnell geht das Erwürgen nicht."

„Aber wie kamen denn Sie zum Steinbruche?"

„Ich beobachtete den Alten und bemerkte, daß er nach den Gewölben ging. Ich folgte ihm, um vielleicht zu sehen, was er vorhabe. Du erinnerst Dich doch, daß der Gang nach dem Steinbruche verschüttet war?"

„Ja. Heut aber ist er jedenfalls geöffnet worden."

„Und zwar von dem Alten selbst. Ich beobachtete ihn dabei. Natürlich nahm ich sogleich an, daß im Steinbruche Etwas geschehen werde. Das mußte ich erfahren. Von meinem Lauscherposten aus konnte ich es nicht beobachten, darum verließ ich die Gewölbe durch das Waldloch und ging nach dem Bruche."

„Ah, so also ist es!"

„Ja. Ich war kaum da angekommen, so hörte ich Jemand sehr eilig gelaufen kommen. Ich drückte mich eng an den Felsen, um ihn vorüber zu lassen; aber dieser Jemand wollte ebenso eng um den Felsen biegen und stieß also mit mir zusammen."

„Das war ich!"

„Ja. Ich hielt Dich für einen Andern."

„Und drückten mir daher ein ganz klein Wenig die Gurgel zusammen. Na, das ist nun überstanden. Was thun wir jetzt?"

„Wir suchen den Maler."

„Aber wenn man uns dabei erwischt!"

„Wir haben eine Stunde Zeit."

„Es giebt dennoch Eins zu bedenken, Herr Doctor."

„Was?"

„Wenn wir ihn befreien, so schöpft der Alte Verdacht."

„Das ist freilich wahr. Wie aber wollen wir das umgehen?"

„Ich weiß es auch nicht."

„So muß es eben riskirt werden. Aber sonderbar ist diese Sache doch. Kannst Du Dich erinnern, daß wir auch in dem Gewölbe da gewesen sind?"

„Ja. Es steht voller Fässer."

„Hast Du da eine Thür bemerkt?"

„Nein."

„Ich auch nicht. Und dennoch hörte ich ganz deutlich, daß ein Riegel klirrte und eine Thür zugeworfen wurde."

„Vielleicht war sie hinter den Fässern versteckt."

„Anders nicht. Also beginnen wir!"

Sie begaben sich zu der betreffenden Thür. Müller zog den Schlüssel hervor, öffnete, trat mit Fritz ein und verschloß sodann die Thür hinter sich. Nun nahm er die Laterne aus der Tasche und öffnete sie. Er hatte sie gar nicht ausgelöscht gehabt. Ihr Schein beleuchtete die Fässerreihen.

„Wo mag sich die Thür befinden?" fragte Fritz.

„Da ganz hinten muß es sein, wo ich den Lichtschein bemerkte. Suchen wir!"

Sie begaben sich nach der hinteren Mauer des Gewölbes und bemerkten auch sofort, daß da einige Fässer entfernt worden waren. Dadurch war eine bisher hinter ihnen verborgene, stark mit Eisen beschlagene Thür zum Vorschein gekommen.

„Hier muß es sein,"

„Jedenfalls."

„Aber ob der Schlüssel hier auch schließt?"

„Wir werden sehen."

Zu ihrer Freude that der Schlüssel seine Schuldigkeit. Sie gelangten in einen leer stehenden kleinen, viereckigen Raum und sahen sich abermals einer Thür gegenüber. Auch diese wurde geöffnet. Müller trat ein. Dieser Raum war ganz ebenso beschaffen wie der vorige. Es war da Nichts zu sehen als eine dicke, menschliche Gestalt, welche an der Erde kauerte und sich mühsam erhob.

„Jetzt schon ins Verhör?" fragte der Mann.

„Nein," antwortete Müller.

„Was denn? Soll ich etwa eine Parthie Sechsundsechzig mit Ihnen spielen?"

„Sie scheinen sehr gut gelaunt zu sein, Herr Schneffke!"

„Warum soll ich nicht! Ich bin hier sehr wohl versorgt."

„So können wir also wieder gehen. Wir glaubten, Ihnen einen Gefallen zu erweisen, wenn wir Ihnen diese Schlösser öffnen und Ihre Stricke zerschneiden."

„Sapperment, das klingt nicht übel! Wer sind Sie denn?"

„Ein Bekannter Ihres Bekannten."

„Welches Bekannten?"

„Dieses da."

Er deutete dabei auf Fritz, der bisher hinter ihm gestanden hatte und also nicht zu sehen gewesen war.

„Bitte, leuchten Sie ihm doch einmal ins Gesicht!"

Müller that es, und sogleich meinte der Maler:

„Heiliges Mirakel! Was ist denn das? Wäre ich nicht an Armen und Beinen gebunden, so schlüge ich vor Erstaunen die Hände und Füße über dem Kopfe zusammen. Herr Schneeberg!"

„Freilich bin ich es."

„Aber wie kommen denn Sie hierher?"

„Das habe ich gesehen, Sie Spaßvogel. Aber —"

„Lassen wir das jetzt. Zeigen Sie einmal her!"

Er zog sein Messer hervor und schnitt die Stricke entzwei.

„So, da sind Sie nun frei. Ein anderes Mal aber unterlassen Sie gefälligst solche Dummheiten!"

„Welche Dummheiten?"

„Ich hatte Ihnen gesagt, daß Sie auf Ihrem Platze bleiben sollten."

„Hm! Ja! Wir können ja gleich wieder hingehen!"

„Sie scheinen unverbesserlich zu sein."

„Was hatte ich denn zu befürchten?"

„Den Tod, mein Bester!"

„Donner und Doria! Wäre es wirklich so schlimm gemeint gewesen?"

„Gewiß, ganz gewiß!"

„Nun, so will ich Ihnen herzlich danken! Um mich wäre es wohl nicht sehr schade gewesen; aber ich habe noch einige Pflichten zu erfüllen, welche mir heilig sind. Bitte aber mir zu erklären, wie es Ihnen möglich ist, mich zu befreien."

„Jetzt ist zu einer Erklärung keine Zeit," sagte Müller. „Wir müssen uns schleunigst entfernen, wenn diese Menschen nicht drei Gefangene haben sollen, anstatt nur einen."

„Ist mir lieb. Gehen wir also!"

„Nicht so. Nehmen Sie die Stricke vom Boden auf. Wir dürfen sie nicht liegen lassen."

„Warum nicht?"

„Der Capitän darf sich nicht erklären können, auf welche Weise Sie entkommen sind."

„Ganz richtig! Da sind die Stricke; ich bin also bereit."

Sie gingen und Müller schloß alle Thüren hinter sich zu. Durch den Gang gelangten sie in das Waldloch. Dem Maler fiel es freilich schwer, durch die niedrigen Ausgänge zu schlüpfen, welche für sein Kaliber gar nicht eingerichtet waren. Als er im Freien angekommen war holte er tief Athem und sagte:

„Meine Herren, es war dennoch eine verdammte Geschichte!"

„Das will ich meinen," sagte Müller. „Sie können die Gefahr, in welcher Sie sich befunden haben, gar nicht taxiren."

„Ist dieser alte Capitän wirklich ein so gefährlicher Kerl?"

„Schlimmer als Sie denken. Doch jetzt das Nothwendigste. Können Sie schweigen?"

„Beinahe wie ich selber."

„Ich bitte Sie nämlich, von Dem, was Sie heute erlebt haben, Nichts verlauten zu lassen."

„Diesen Gefallen kann ich Ihnen thun. Aber warum soll ich diese Menschen nicht zur Rechenschaft ziehen?"

„Das erfahren Sie wohl noch. Ich habe erfahren, wo Sie logiren. Wann reisen Sie ab?"

„Heute und morgen wohl noch nicht."

„Warum?"

„Sehr einfach. Weil ich hier noch zu thun habe."

„Ich will Sie nicht nach der Art und Weise Ihrer Geschäfte fragen; aber es ist meine Pflicht, Sie darauf aufmerksam zu machen, daß es für Sie am Besten ist, sich schleunigst zu entfernen."

„Warum?"

„Weil der Capitän Alles thun wird, sich Ihrer zu bemächtigen."

„Das sollte ihm wohl schwer gelingen. Viel eher würde ich mich seiner bemächtigen."

„Trauen Sie sich nicht zu viel zu."

„Dieser Capitän ist der dümmste Kerl, den ich kennen gelernt habe."

„Wieso?"

„Steckt mich ein und läßt mir meinen Revolver!"

„Das ist allerdings geradezu unglaublich. Dennoch rathe ich Ihnen, vorsichtig zu sein. Lassen Sie sich nicht von ihm sehen. Ich denke, daß ich noch mit Ihnen sprechen werde. Gehen Sie nach Hause!"

„Nach Hause? Sapperment! Ich möchte nach dem Steinbruche!"

„Wozu?"

„Um diese Kerls weiter zu beobachten."

„Ueberlassen Sie das lieber mir. Hier Herr Schneeberg wird Sie begleiten. Es genügt vollständig, wenn ich allein erfahre, was dort im Steinbruche heute in der Nacht passirt. Gute Nacht!"

Sein Licht verlöschte. Es raschelte im Laube und dann war er verschwunden. Schneffke versuchte, mit seinen Augen das Dunkel zu durchdringen. Dann sagte er:

„Dieser Herr hatte eine sehr bestimmte Art und Weise, mit Einem zu sprechen. Wer ist er?"

„Der Hauslehrer auf Schloß Ortry."

„Ah! Wie heißt er?"

„Doctor Müller."

„So so! War er vielleicht der Bekannte, von dem sprachen?"

„Ja."

„Hm, hm!"

„Warum brummen Sie?"

„Das thue ich stets, wenn ich über Dinge oder Personen nachdenke, welche mich interessiren. Er sagte ‚Gute Nacht.‘ Ist er wirklich fort?"

„Natürlich."

„Na, so wollen wir ihm gehorchen und auf den Steinbruch verzichten. Was haben Sie noch vor?"

„Nichts. Ich gehe nach Hause!"

„Schön! Gehen wir also mit einander. Sie kennen den Weg?"

„Genau. Legen Sie den Arm in den meinigen.

„Das ist allerdings sehr nothwendig. Wenn ich nämlich sehr genau und scharf nachdenke, so kommt es mir ganz so vor, als ob ich meinen Kopf nicht erhalten hätte, um ihn bei Nacht und Nebel an den Baumstämmen zu zerstoßen."

„Das geht mir mit dem meinigen ebenso. Kommen Sie! Aber schweigen wir jetzt! Es ist nicht nöthig, daß uns Jemand bemerkt."

Der Dicke gehorchte dieser Aufforderung. Erst als der Wald hinter ihnen lag und man nun besser unterscheiden konnte, ob man beobachtet sei oder nicht, sagte er:

„Sagen Sie mir einmal, was Sie von mir denken, mein lieber Herr Schneeberg!"

„Schön! Aber soll ich aufrichtig sein?"

„Ja."

„Gut, so will ich Ihnen gestehen, daß ich Sie für einen sehr guten Kerl, aber auch für einen sehr großen Tolpatsch halte."

„Donnerwetter! Wer das sagt, muß selbst ein Tolpatsch sein! Aber ich will es Ihnen nicht übel nehmen. Ich habe Pech, aber auch sehr viel Glück. Der Capitän hätte mich nicht gefressen, denn ich hatte noch Waffe; dennoch — —"

„Was hätten Sie mit dem Revolver thun wollen?" fiel Fritz ihm in die Rede.

„Den Alten erschießen!"

„Sie waren ja gefesselt!"

„Sapperment! Das ist wahr! Daran habe ich nicht gedacht. Schießen hätte ich ja gar nicht können! Desto mehr Dank bin ich Ihnen schuldig. Nun aber sagen Sie mir, wie Sie auf den Gedanken gekommen sind, mich heraus zu holen."

„Sollte ich Sie etwa stecken lassen."

„Nein. Aber ich hätte es für ein Ding der Unmöglichkeit gehalten."

„Und doch war es nicht schwierig. Ich kenne diese unterirdischen Gänge und traf dazu Herrn Müller, der fast noch besser orientirt ist, als ich. Da wurde es verhältnißmäßig leicht, bis zu Ihnen zu gelangen."

„Es giebt hier gewisse Heimlichkeiten; doch frage ich nicht nach ihnen, da sie mich nichts angehen. Aber dabei möchte ich doch sein, wenn sie zurückkommen und das Nest leer finden."

„Sie werden sich Ihr Verschwinden gar nicht erklären können."

„Der Capitän weiß also wohl gar nicht, daß Sie auch Schlüssel besitzen?"

„Nein. Er darf nicht einmal ahnen, daß wir die Gängen kennen."

„So werde ich also schon aus reiner Dankbarkeit schweigen, um Ihnen keinen Schaden zu machen. Aber, das ist mir noch viel zu wenig. Können Sie mir nicht die Freude machen, mir zu sagen, in welcher Weise es mir möglich ist, meinen Dank abzutragen?"

„Hm! Ich that meine Pflicht, weiter nichts."

„Das ist sehr bescheiden. Ich werde mich also ganz derselben Bescheidenheit befleißigen und Ihnen gegenüber auch nur meine Pflicht thun. Darf ich?"

„Ich wüßte nicht, welche Pflicht Sie meinen könnten."

„Ich bin überzeugt, daß Sie das nicht wissen. Ich möchte Sie nämlich sehr gern glücklich sehen."

„Halten Sie mich für unglücklich?"

„Nein; aber trotzdem könnten Sie noch glücklicher sein, als Sie es jetzt schon sind."

„Das ist wahr. Es hat ein jeder Tag seine Hitze und seinen Schatten."

„Nicht nur der Tag, sondern auch der Mensch. Auch Sie haben Ihre Hitze und Ihren Schatten."

„Ich? Wieso?"

„Ihre Hitze heißt: Mademoiselle Nanon."

„Lauscher! Aber Sie stellen nur eine Vermuthung auf, die nicht gerechtfertigt ist."

„Pah! Sie lieben Nanon!"

„Herr Schneffke!"

„Nun ja! Jetzt möchten Sie lieber gar grob werden, und doch meine ich es so gut mit Ihnen. Ich möchte Sie nämlich sehr gern von Ihrem Schatten befreien. Den haben Sie ja auch."

„Was wäre das?"

„Ein gewisses Geheimniß, welches sich auf — hm, auf die Abstammung bezieht."

„Sapperment! Was wissen Sie von diesem Geheimnisse?"

„Daß es enthüllt werden kann."

„Etwa durch Sie?"

„Ja."

„Spaßvogel! Wer hat zu Ihnen davon gesprochen?"

„Niemand."

„So können Sie ja auch gar nicht wissen, daß ich ein Findelkind bin."

„Sie? Ein Findelkind? Ach so! Aber von Ihnen ist ja gar nicht die Rede!"

„Nicht? Von wem denn? Sie sprachen doch von meiner Abstammung."

„Ist mir nicht eingefallen! Von der Ihrigen nicht."

„Von welcher denn?"

„Von derjenigen Nanons."

Da hielt Fritz den Schritt an, legte die Hand fest um den Arm des Malers und sagte:

„Herr Schneffke, dieses Thema ist mir zu heilig, als daß ich einen Scherz darüber dulden könnte!"

„Scherze ich denn?"

„Was sonst?"

„Ich spreche im Gegentheile sehr im Ernste."

„Das werden Sie mir sehr schwer beweisen können!"

„Sogar sehr leicht."

„Wollen Sie etwa behaupten, die Abstammung, von welcher wir sprechen, zu kennen?"

„Nicht gerade diese Behauptung ist es, welche ich aufstellen will; aber es giebt Zufälligkeiten, welche mit einander verglichen, zu Schlüssen führen können."

„Zu Trugschlüssen!"

„Vielleicht. Heute aber habe ich keine Lust, Trug zu schließen. Seien wir aufrichtig! Sie interessiren sich für Nanon?"

„Ja."

„Das heißt natürlich, Sie lieben sie?"

„Nichts Anderes."

„Nun gut! Sie sollen Sie haben!"

„Sapperment! Sie widersprechen sich bedeutend!"

„Wieso?"

„Sie sagten erst heute, daß die Traube für mich viel zu hoch am Stock hänge."

„Ja; aber inzwischen haben Sie mir einen großen Dienst erwiesen, und so will auch ich Ihnen nach Kräften förderlich sein. Mit einem Worte: Sie sollen Nanon haben."

„Herr Schneffke, ich gestehe Ihnen aufrichtig, daß ich bis jetzt angenommen habe, Sie sprechen im Scherze. Aber der Ton, welchen Sie jetzt anschlagen, scheint mir Ernst zu bedeuten."

„Es ist mein völliger Ernst."

„Nun, Gottes Wege sind wunderbar; ihm ist Nichts unmöglich. Aber Sie werden mir glauben, wenn ich versichere, daß ich sehr gespannt auf Das bin, was Sie mir mitzutheilen haben."

„Das glaube ich Ihnen. Ich vermuthe nämlich, daß Nanon nicht Eltern gewöhnlichen Standes gehabt habe."

„Ich war auf Schloß Malineau."

„Ich auch. Und doch ist dort nichts zu erfahren gewesen."

„Sie haben nichts erfahren und die beiden Schwestern auch nicht. Doch es ist trotzdem möglich, daß Andre Etwas erfahren. Glauben Sie, daß Nanon Sie wieder liebt?"

„Vielleicht."

„Pah, vielleicht! Sie liebt Sie; das ist sicher! Ich habe es bemerkt, als ich auf der Birke hing. Aber glauben Sie, daß sie Ihnen Ihre Hand reichen würde, wenn sie auf einmal Gewißheit bekäme, daß ihr Vater ein Adeliger sei?"

„Der Liebe ist Alles möglich."

„Aber diesem Vater würde das vielleicht nicht passen."

„Das steht abzuwarten."

„Darum will ich Ihnen die Hand bieten, sich diesem Vater so zu verpflichten, daß er Ihnen die Tochter geben muß."

„Sie sprechen gerade so, als ob Sie sich entschlossen hätten, meine Vorsehung zu sein."

„Das ist auch wirklich der Fall. Sie sollen heut dem Maler Hieronymus Aurelius Schneffke nicht umsonst aus der Patsche geholfen haben. Können Sie jetzt mit mir noch einmal in den Gasthof kommen?"

„Es würde mich Niemand hindern, und doch möchte ich es unterlassen."

„Warum?"

„Man soll nicht bemerken, daß wir mit einander zu thun haben. Der Wirth ist nämlich ein Verbündeter des Capitän."

„Ach so! Das ist schade! Ich hätte Ihnen gern bereits heute ein Mittel in die Hand gespielt, Nanons Abstammung zu entschleiern."

„Sollte es wirklich ein solches Mittel geben?"

„Ich vermuthe es und glaube nicht, mich dabei zu irren."

„Dann stehe ich Ihnen zu Gebote, aber nicht im Gasthofe. Ich werde Sie vielmehr bitten, mit nach meiner Wohnung zu kommen."

„In die Apotheke?"

„Ja."

„Wird das nicht auffallen?"

„Gar nicht. Es wird uns gar Niemand bemerken."

„Gut, so gehe ich mit. Diese Apotheke ist übrigens ein Haus, für welches ich eine lebhafte Sympathie hege."

„Warum?"

„Weil da drei Personen wohnen, denen ich das lebhafteste Interesse widme."

„Darf man diese Personen kennen lernen?"

„Gewiß! Die erste sind natürlich Sie."

„Großen Dank!"

„Die zweite Person ist die Engländerin."

„Ach so! Hm! Ja! Und die dritte?"

„Der Lehrjunge!"

„Dieser? Wieso?"

„Ich habe ihm einmal Einiges abgekauft, was ich noch nicht in Gebrauch genommen habe und ihm in Folge dessen so recht gemüthlich unter die Nase reiben möchte. Das wird schon einmal passen! Aber hier ist die Stadt. Also mit zu Ihnen?"

„Ja. Ich befinde mich in einer Spannung, welche gar nicht größer sein kann. Lassen Sie uns eilen."

Fritz befand sich natürlich im Besitze eines Hausschlüssels. Nach kurzer Zeit hatte er mit dem Maler sein Zimmer erreicht und dort Licht gemacht. Dann erwartete er mit Ungeduld die Mittheilung seines Gastes.

„Haben Sie Papier und Bleistift hier?" fragte dieser.

„Ja. Wollen Sie schreiben?"

„Nein, sondern zeichnen."

„Was denn?"

„Das werden Sie bald sehen. Geben Sie her!"

Er erhielt das Verlangte, setzte sich an den Tisch und sagte:

„Brennen Sie sich eine Cigarre an und lassen Sie sich die Zeit nicht lang werden. Ich muß meine Zeichnung aus der Erinnerung machen, und da heißt es, die Gedanken zusammen zu nehmen."

Fritz folgte diesem Rathe. Er rauchte, und Schneffke zeichnete; Minute um Minute verging; es wurden Viertelstunden daraus, Fritz befand sich wie auf Kohlen; aber er sagte kein Wort, um nicht zu stören. Endlich, als bereits über eine Stunde vergangen war, legte Schneffke den Stift weg, hielt das Papier in gehörige Entfernung, um es genau zu betrachten, und sagte dann:

„Ich denke, daß es gelungen ist."

„Was haben Sie gezeichnet? Darf ich es sehen?"

„Ja. Hier ist es."

Fritz sah einen Frauenkopf von wunderbarer Lieblichkeit. Er hielt denselben sich in kürzerer und größerer Entfernung vor die Augen und sagte dann:

„Ein allerliebster Scherz!"

„Scherz? Wieso?"

„Das ist ja Nanon!"

„Nanon? Ah! Wirklich?"

„Ja. Sie haben die Nanon in spe gezeichnet, so wie sie sein wird, wenn sie einige Jahre älter und Weib geworden sein wird."

„So, so!" lächelte Schneffke. „Sind Sie Ihrer Sache gewiß!"

„Ich habe ganz im Gegentheile gedacht, Madelons Bild zu zeichnen."

„Madelons? Hätte ich mich geirrt? Ja, richtig! Es ist nicht Nanon, sondern Madelon."

„Sehen Sie das nun genau?"

„Ganz genau. Es ist keine Täuschung möglich."

„Aber mein Lieber, wenn es nun wirklich meine Absicht gewesen wäre, Nanon zu zeichnen! Sehen Sie sich das Bild genau an!"

Fritz musterte nochmals das Porträt und sagte dann:

„Ich werde nicht klug daraus! Das ist sowohl Nanon als auch Madelon, nur älter und ausgebildeter."

„Sie werden nicht klug? Und doch habe ich Sie für klug gehalten. Ich werde Ihnen auf die Sprünge helfen. Wenn dieses Porträt dasjenige von Madelon und Nanon ist und doch auch wieder nicht ist, wessen Porträt muß es dann sein?"

„Das einer Schwester vielleicht."

„Haben die beiden Genannten eine Schwester?"

„Nein."

„So haben Sie also falsch gerathen. Weiter!"

Fritz dachte einen kurzen Augenblick nach; dann zuckte es wie eine Erkenntniß über sein männlich hübsches Gesicht.

„Meinen Sie etwa die Mutter?" fragte er.

„Warum nicht?"

„Ah! Also die Mutter soll es sein! Haben Sie denn die Dame gekannt? Sie ist längst todt."

„Ich habe sie nie gesehen."

„Aber wie kommen Sie dazu, ihr Porträt zu zeichnen."

„Ich habe einmal ein Bild gesehen, ganz so wie dieses. Und darunter standen die Worte, welche ich jetzt auch unter diesen allerliebsten Kopf schreiben werde. Hier!"

Das Letztere war nicht nach der Wahrheit gesagt; aber es paßte so in seinen Plan. Fritz warf einen Blick auf die Worte und las:

„Mon doux et aimé becquefleur — mein süßer, lieber Kolibri! Herrgott! Mann, wie kommen Sie zu diesen Worten?"

„Ganz so, wie ich gesagt habe. Ich habe sie gelesen."

„Und Nanon hat mir gesagt, sie wisse von ihrer Mutter, daß diese von dem Vater stets mit dem Kosenamen Kolibri bedacht worden sei. Wie kommen Sie dazu, aus diesem Namen zu schließen, daß — —"

„Nun daß — —"

„Daß dieser Kopf das Porträt von Nanons Mutter sei."

„Hm! Dieses Geheimniß müssen Sie mir schon lassen. Sie werden später das Weitere erfahren."

„Schön! Aber Sie spannen mich auf die Folter!"

„Ich hoffe, daß es keine unangenehme Folter sein wird."

„Darf ich Nanon das Bild zeigen?"

„Ja."

„Auch Madelon?"

„Auch ihr, doch stelle ich meine Bedingungen."

„Bedingungen? Ich hoffe, Sie werden nichts Unmögliches verlangen."

„Nein. Was ich verlange, das ist zu Ihrem eigenen Glücke. Sie dürfen das Bild den beiden Mädchen zeigen; aber Sie sagen nicht, von wem es ist."

„Warum nicht?"

„Ich habe meine Absicht dabei."

„Dann kann ich ja nichts erreichen!"

„O doch! Sie sollen das Bild nämlich noch einer dritten Person zeigen, aber auch ohne zu sagen, von wem Sie es haben."

„Wer ist diese Person?"

„Es ist — ah, wissen Sie, wer hier im Hause verkehrt?"

„Ich kenne sie Alle."

„Ich habe sie im Garten bei der Engländerin gesehen."

„Meinen Sie etwa Master Deep-hill?"

„Deep-hill, ja, so heißt er."

„Und ihm soll ich das Bild zeigen?"

„Ja."

„Wozu?"

„Sie werden von ihm Auskunft erhalten."

„Was aber antworte ich, wenn man mich nach dem Zeichner fragt?"

„Das Porträt ist nicht ein Porträt, sondern ein Studienkopf, entworfen von einem Freunde, an den Sie schreiben werden, um Aufklärung zu erhalten."

„Ja. Diese Aufklärung habe ich von Ihnen zu erbitten?"

„Ja. Ich will jetzt im Hintergrunde bleiben."

„Lauter Räthsel! Von Deep-hill soll ich Auskunft erhalten, und von Ihnen Aufklärung! Warum geben Sie mir diese nicht gleich jetzt?"

„Ich will mich vorher überzeugen, ob meine Vermuthung das Richtige trifft oder nicht."

„So muß ich mich fügen. Hoffentlich treffe ich Nanon bereits morgen. Und Deep-hill wird auch kommen. Wo finde ich Sie dann?"

„Im Gasthofe. Aber, Sie sagten, daß der Wirth der Verbündete des Capitäns sei. Das ist, nach Dem, was heut für mich geschehen ist, gefährlich. Ich werde mich also ausquartieren."

„Wohin?"

„Das weiß ich noch nicht, werde es Ihnen aber durch einige Zeilen, die ich Ihnen sende, mittheilen."

„Ich bitte sehr darum! Diese Angelegenheit ist mir so wichtig, daß ich keine Minute verlieren möchte."

„Nun, laufen Sie nur nicht schon während der Nacht nach Schloß Ortry, sondern lassen Sie die Damen erst ausschlafen! Jetzt aber ist's genug. Ich werde gehen."

Sie schieden unter den Versicherungen herzlicher Freundschaft von einander. Fritz war so erregt, daß er nicht schlafen konnte. Er lief noch stundenlang im Zimmer umher, schmiedete Pläne und verging sich in tausenderlei Vermuthungen. Endlich fühlte er sich doch körperlich und seelisch so angegriffen, daß er das Lager suchte.

Die Folge blieb nicht aus. Als er erwachte, war der Mittag nahe; es hatte bereits elf Uhr geschlagen. Und als er dann burch das Fenster blickte, sah er — Doctor Müller die Straße heraufkommen und in das Haus treten.

Was hatte dieser Besuch zu bedeuten? Er trank seinen Kaffee und kleidete sich zum Ausgehen an, um zu versuchen, ob er Nanon treffen könne. Da trat Müller bei ihm ein.

„Warst Du heute bereits fort?" fragte dieser.

„Nein."

„So kann ich auch von Dir nichts erfahren. Ich hielt es für möglich, daß Du ihm zufälliger Weise begegnet seist."

„Wem?"

„Deep-hill."

„Diesem? Sie suchen ihn?"

„Ja. Ich hatte ihn zu sprechen und fand ihn nicht. Ich erkundigte mich und erfuhr, daß der Capitän gesagt habe, der Amerikaner sei heimlich abgereist."

„Und das glauben Sie nicht?"

„Nein. Er hätte ganz sicher vor meiner Abreise noch mit mir gesprochen. Ich ging daher jetzt zu meiner Schwester, habe aber auch nichts weiter erfahren, als daß er gestern am Nachmittage hier gewesen sei."

„Ist er dann auf dem Schlosse gewesen?"

„Nein. Es hat ihn Niemand gesehen."

„Donnerwetter! Niemand gesehen! Da fällt mir ein — ah, das wäre doch ein verdammter Streich!"

„Was?"

„Dieser Maler Schneffke strich gestern im Walde herum, und ich erfuhr von ihm, daß er dem Amerikaner begegnet sei."

„Wo?"

„Eben draußen im Walde."

„In welcher Gegend?"

„Es muß gewesen sein, kurz bevor ich mit dem Maler zusammentraf, also vermuthlich zwischen dem alten Thurme und der Klosterruine."

„So muß ich hinüber zu diesem Schneffke."

„Er hat sich ausquartirt."

„Wohin?"

„Das weiß ich noch nicht; er wird mir es aber jedenfalls heute noch mittheilen."

„Schade. Ich befinde mich in hoher Besorgniß um Deep-hill. Der Capitän trachtet ihm nach dem Leben; das weiß ich sehr genau. Wer weiß, was da geschehen ist!"

„Himmelelement! Und grad jetzt brauche ich den Amerikaner so nothwendig!"

„Wozu?"

„Wegen einer Auskunft über Nanons Eltern."

„Dieser soll Auskunft geben können?"

„Ja. Bitte, Herr Doctor, haben Sie die Güte, sich einmal dieses Bild zu betrachten!"

(Fortsetzung folgt.)

Die Liebe des Ulanen.
Original-Roman aus der Zeit des deutsch-französischen Krieges von Karl May.
(Fortsetzung.)

Er erzählte Möllern seine Unterredung mit dem Maler. Der erstgenannte hörte aufmerksam zu, betrachtete das Bild sehr genau und sagte dann:

„Dieser Aurelius Hieronymus Schneffke ist in Wirklichkeit ein psychologisch höchst interessanter Mensch. Er scheint eine Zusammensetzung von Klugheit und Dummheit, List und Vertrauensseligkeit zu sein. Was er Dir hier gesagt hat, das beweist, daß er noch weit mehr weiß. Aber wie er den Amerikaner zu dieser Angelegenheit in Beziehung bringen kann, das weiß ich nicht. Dieser Letztere aber ist nicht verreist. Ich werde nach ihm forschen."

„In den Gewölben?"

„Auch das."

„Soll ich helfen?"

„Ja. Ich will jetzt meine Erkundigungen weiter fortsetzen und erwarte Dich dann Punkt drei Uhr im Waldloche."

Er ging und bald darauf verließ auch Fritz die Stadt, um die Nähe des Schlosses aufzusuchen.

Der Zufall war ihm außerordentlich günstig, denn als er vom alten Thurme her den Weg nach dem Park einschlug, kamen ihm — die beiden Schwestern entgegen.

Sie waren sehr erfreut, ihn zu sehen und luden ihn ein, sie auf dem Spaziergange zu begleiten. Es war ein schöner Tag und in Folge dessen auch der schmalste Fußweg leicht zu gehen. So vertieften sie sich in den Forst, bis die Damen müde wurden und den Vorschlag machten, im Moose auszuruhen. Während der Unterhaltung, welche nun geführt wurde, kam auch die Rede auf die Erlebnisse in Malineau, auf den alten Berteu und dessen Familie. Natürlich wurde auch dabei die verstorbene Mutter erwähnt.

„Ihren Papa also haben Sie gar nicht gekannt?" fragte Fritz, der froh war, das Gespräch auf dieses Thema gebracht zu wissen.

„Nein."

„Sie wissen auch nicht, was er war?"

„Gar nichts wissen wir, außer einigen Unbedeutendheiten."

„Da fällt mir ein: Sagten Sie nicht einmal, Mademoiselle Nanon, daß Ihr Papa die Mama gern Kolibri gerufen hätte?"

„Ja."

„Eigenthümlich. Daran wurde ich gestern sehr lebhaft erinnert."

„Wieso?"

„Ich suchte alte Briefe durch und fand dabei ein Blatt mit einem Studienkopf. Unter dem Letzteren befand sich die eigenthümliche Unterschrift: Mein süßer, lieber Kolibri."

„Wirklich? Gewiß?" fragten die Schwestern.

„Ja."

„Das ist allerdings höchst wunderbar. Wessen Porträt war es?"

„Es war kein Porträt, sondern ein Studienkopf!"

„Wenn man ihn doch einmal sehen könnte."

„Das hat keine Schwierigkeiten. Aber es hat auch keinen Zweck. Es ist ja ein ganz fremder Kopf."

„Aber die Unterschrift macht ihn so interessant!"

„Nun, wenn ich nicht irre, habe ich das Blatt bei mir."

„Dann bitte, bitte! Dürfen wir es sehen?"

„Sehr gern!"

Er nahm die Brieftasche heraus, suchte eine Zeitlang darin und zog dann das Blatt hervor und gab es ihnen.

Er befand sich in außerordentlicher Spannung, welchen Eindruck es machen werde.

Er brauchte nicht lange zu warten. Kaum hatten die Schwestern einen Blick auf den Kopf geworfen, so fuhren sie auf.

„Die Mama!" rief Madelon.

„Ja, unsere Mama! O, mein Gott, das ist sie wirklich, die liebe, gute Mama!" rief auch Nanon.

Fritz stellte sich ganz verwundert und fragte:

„Wie? Ihre Mama soll das sein?"

„Ja, sie ist es."

„Das ist jedenfalls eine Täuschung!"

„Nein, nein! Es ist gar kein Zweifel."

„Erinnern Sie sich Ihrer Mutter denn noch so deutlich?"

„Ganz und gar! Wir waren nicht sehr alt, als sie starb, aber wir hatten Sie so sehr lieb, und wen man so lieb hat, den kann man nie vergessen."

Und Madelon fügte hinzu:

„Selbst wenn wir uns irrten, denken Sie doch hier an diese Unterschrift! Wer könnte da noch zweifeln."

„Wie aber kommt mein Freund zu diesem Bilde!"

„Von wem ist es?"

„Ein Freund von mir hat es gezeichnet, damals ein angehender Maler. Er schenkte es mir, weil ich mich an diesen Zügen nicht satt sehen konnte."

„Ah, es hat Ihnen gefallen?"

„Sehr, o sehr!"

„Aber wie kann dieser Freund unsere Mama kennen? Ah, ich spreche ja wirklich wie ein Kind! Ich weiß ja gar nicht einmal, wo er gelebt hat. Vielleicht in dieser Gegend?"

„Nein, sondern in Deutschland. Ich glaube nicht, daß er jemals in diese Gegend gekommen ist."

„Wo befindet er sich jetzt?"

„Auf einer Reise. Er schreibt mir, daß er bald heimkehren will und mich dabei besuchen werde."

„So kennt er Ihren jetzigen Aufenthalt?"

„Ja."

„Und hier, hier wird er sie besuchen?"

„Ja. Er steigt hier ab, um einen Tag bei mir zu bleiben."

„O bitte, Monsieur, fragen Sie ihn doch nach diesem Bilde!"

„Ganz gewiß werde ich es thun."

„Und — — aber nein, das wäre zu unbescheiden."

„Was?"

„Das Bild unserer guten Mama! O, Monsieur!"

Es traf ihn dabei ein Blick aus ihren schönen Augen, welcher zu beredt war, als daß er ihn nicht hätte verstehen können. Er schüttelte den Kopf und antwortete:

„Es geht nicht, Mademoiselle Madelon. Ich würde gern Ja sagen, aber es geht wirklich nicht."

„Warum nicht?"

„Weil — na, weil Sie zu Zweien sind."

„Ist das wirklich ein Grund?"

„Gewiß. Zu Zweien können Sie es nicht besitzen, denn die Eine wohnt hier und die Andere in Berlin."

„Sie sind nicht so gut, wie ich dachte!"

„Sie irren. Um Ihnen das zu beweisen, will ich an einen Ausweg denken. Soll ich?"

„Was meinen Sie?"

„Ich habe früher einmal ein Wenig gezeichnet —"

„Ach so! Sie wollten — —?"

„Wenigstens versuchen."

„Werden Sie es bringen?"

„Vielleicht. Dann kann Jede eins erhalten."

„Sie Lieber, Guter!"

„Vorhin nannten Sie mich nicht so, Mademoiselle Madelon!"

„Verzeihen Sie! Ich bin überzeugt, daß Sie der Tochter nicht zürnen werden, daß sie das Bild ihrer verstorbenen Mutter zu besitzen wünscht."

„Wie sollte ich zürnen!"

„Wann aber kommt Ihr Freund?"

„Wahrscheinlich sehr bald."

„Das ist herrlich! Er wird uns sagen müssen, wer ihm zu diesem Kopfe gesessen hat. Er ist so characteristisch gehalten und so sauber gearbeitet, gerade — — ah, es wäre wohl lächerlich dies zu sagen."

„Was?"

„Ich sah während der Bahnreise die Thierbilder eines Mitreisenden, des Thiermalers Schneffke. Dort waren es Thierköpfe und hier ist es ein Menschenkopf, aber dieser ist ganz in derselben Manier gehalten. Man möchte beinahe sagen, daß Schneffke auch diesen Kopf gezeichnet habe."

Fritz wunderte sich über den Scharfblick der Dame. Er hatte seinen Zweck erreicht. Er hatte den Beweis, daß dieser Kopf wirklich derjenige sei, für welchen Schneffke ihn ausgegeben hatte. Nun brannte er darauf, mit dem Amerikaner zusammenzutreffen.

Er begleitete die beiden Schwestern bis in die Nähe des Schlosses zurück und begab sich dann nach dem Waldloche, wo er sich zunächst überzeugte, daß er nicht beobachtet werde. Zur angegebenen Zeit stellte sich Müller ein.

„Sind wir hier sicher?" fragte er.

„Es ist Niemand in der Nähe."

„So wollen wir den Eingang öffnen."

„Der Amerikaner ist also wirklich verschwunden?"

„Ja. Wir müssen sehen, ob er hier vielleicht in eine Falle gerathen ist."

„Dann können wir auch gleich nach einem Zweiten sehen, Herr Doctor."

„Was meinst Du?"

„Sie sprachen unlängst von einem Keller des Mittelpunktes, wenn ich mich nicht irre?"

„Ja. Ich vermuthete meinen Vater dort."

„Wir fanden diesen Keller aber nicht. Heute während der Nacht nun ist mir ein Gedanke gekommen — —"

„Den ich errathe. Es wird ganz der meinige sein. Du hast an Schneffke gedacht?"

„Ja."

„Er befand sich in einem Locale, in welchem wir noch nicht gewesen waren."

„Und dieses Local lag nicht weit vom Mittelpunkte."

„Richtig! Und aus dem Raume, in welchem der Maler steckte, führte eine Thür weiter."

„Wohin mag sie gehen?"

„Wir werden es heute sehen. Gestern Abend gab es keine Zeit zu dieser Untersuchung."

„Waren Sie noch im Steinbruche?"

„Ja. Es war eigentlich nicht nothwendig. Ich habe nichts Neues gehört. Aber meine Vermuthung über die Richtung des Ganges hat sich bestätigt. Dieser Letztere ist nur an seinem Ausgange in den Steinbruch zugeschüttet. Räumt man den Schutt hinweg, so steht der Eintritt offen. Jetzt aber komm. Wir wollen beginnen."

„Aber der Alte?"

„Ich fürchte ihn nicht."

„Das weiß ich. Besser aber ist es doch auf alle Fälle, daß er uns nicht überrascht. Wie mag er sich das Verschwinden des Malers erklären?"

„Lassen wir ihm dies selbst über. Komm!"

Sie zogen den Stein hinweg, krochen in die Oeffnung und schlossen diese dann von innen. Auf dieselbe Weise gelangten sie dann auch in den Gang. Dort angekommen, brannte Müller seine Laterne an.

Nun suchten sie das Gewölbe auf, in welchem gestern Herr Hieronymus Aurelius Schneffke gesteckt hatte. Alle Thüren, welche sie öffneten, verschlossen sie hinter sich wieder.

An Ort und Stelle angekommen, schloß Müller die zweite Thüre auf, welche er gestern bemerkt hatte. Diese führte in eine runde Halle, welche vollständig leer war und keine andere, zweite Thüre besaß. Aber gerade in der Mitte ging ein ungefähr sechs Fuß im Durchmesser haltendes Loch in die Tiefe hinab.

„Was mag das sein?" fragte Müller.

„Ein Brunnen vielleicht."

„Möglich. Aber man erkennt keine Spur irgend einer Vorrichtung, wie sie bei Brunnen gewöhnlich sind. Dieses Loch kommt mir verdächtig vor."

„Ob es tief sein mag?"

„Wollen sehen."

Er suchte nach einem Steine, um ihn hinabzuwerfen, doch war nicht das kleinste Steinchen zu sehen.

„Ich habe Siegellack einstecken," bemerkte Fritz.

„Schön. Brich ein Stück davon ab."

Sie ließen das Stückchen hinabfallen und horchten. Es dauerte mehrere Secunden, ehe sie einen leisen Ton vernahmen. Der Brunnen war ungewöhnlich tief.

„Hast Du den Schall richtig gehört?" fragte Müller.

„So ziemlich."

„Klang es nach Wasser?"

„Ja. Auf festen Grund ist das Siegellack nicht gefallen."

„Das denke ich auch. Wollen eine zweite Probe machen."

Er nahm die sämmtlichen Streichhölzchen, welche er bei sich trug, brannte sie an und warf sie hinab. Die schwefelige Flamme sank ziemlich schnell zur Tiefe und verlöschte unten so schnell, daß mit Gewißheit auf Wasser zu schließen war.

„So ist es also vergebens," sagte Müller. „Es ist ein Brunnen, weiter nichts, kein Schacht, wie ich erst dachte. Wir wollen aber nichts unversucht lassen und noch an die Wände klopfen."

Auch das führte zu Nichts. Die Mauern waren rundrum massiv, natürlich mit Ausnahme der Thür, durch welche sie Beide gekommen waren.

„Also wieder hinaus! Suchen wir nun den Amerikaner!"

„Aber wo? Diese unterirdischen Gänge sind so ausgedehnt, daß man tagelang vergebens suchen kann."

„Ich habe eine Vermuthung. Da vorn, wo wir den Alten mit Rallion belauschten, scheint der Gefängnißraum zu sein. Wollen zuerst dort nachsuchen."

Sie bogen von diesem jetzigen Gange nach links ab, welcher in der Richtung nach dem Schlosse führte. Sie erreichten die wohlbekannte Thür und den Keller, in welchem die Kisten standen. Hier blieben Sie zunächst stehen, um zu lauschen. Es war nichts zu hören. Dennoch aber begaben sie sich nach dem Hintergrunde, wo Müller an die Thür klopfte.

„Ist Jemand da drin?" fragte er.

Keine Antwort.

„Steckt Jemand hinter dieser Thür?" wiederholte er.

Da war es, als ob ein Räuspern zu vernehmen sei.

„Warum wird nicht geantwortet?"

Abermals dasselbe Räuspern, aber keine Antwort.

„Es steckt Jemand drinnen, unbedingt," sagte Fritz. „Aber warum antwortet man nicht?"

„Werden es gleich erfahren."

Müller schob die Riegel zurück und öffnete. Er ließ den Schein der kleinen Laterne auf den Boden fallen, wo eine Gestalt zusammengekrümmt lag.

„Warum antworten Sie nicht?" fragte er.

Beim Klange dieser Stimme sprang der Bewohner dieses Loches blitzesschnell empor.

„Höre ich recht?" fragte er. „Sie, Herr Doctor?"

„Ja."

„Ich dachte, der Capitän sei es; darum antwortete ich nicht."

„Ach so! Aber, Master Deep-hill, wie kommen Sie in diese schauderhafte Lage?"

„Der alte Teufel hat mich in die Falle gelockt. Wie aber kommen Sie hinter seine Schliche und dann hierher, um mir zu öffnen?"

„Davon nachher! Jetzt kommen Sie zunächst heraus! So! Schieben wir die Riegel wieder vor. Setzen Sie sich auf diese Kiste, und erzählen Sie uns, wie es der Alte angefangen hat, Sie herabzulocken!"

„Zunächst die Frage: Kennen Sie diese Räumlichkeiten alle?"

„Ja."

„Und auch den Zweck, zu welchem sie gebraucht werden?"

„Sehr genau."

„Gut, so werde ich keine Sünde begehen, wenn ich davon spreche."

Er erzählte nun, wie er gestern dem Alten im Walde begegnet sei und was darauf Alles geschehen war. Als er zu Ende war, fragte er dann:

„Welchem Umstande habe ich nun aber diese so unerwartete Befreiung zu verdanken?"

Müller klärte ihn darüber auf und erkundigte sich dann angelegentlichst:

„Was werden Sie nun thun, Master?"

„Ich gehe natürlich direct von hier aus zum Staatsprocurator, um diesen Satan in Ketten schlagen zu lassen!"

„Vielleicht thun Sie das doch nicht."

„Nicht?" stieß der Amerikaner hervor. „Halten Sie mich für wahnsinnig? Soll ich so einem Teufel etwa noch gar eine öffentliche Belobung zu Theil werden lassen?"

„Das nicht. Aber ich werde Sie bitten, die Anzeige aus Rücksicht auf mich zu unterlassen."

„Jede Bitte will ich Ihnen erfüllen, jede, jede, aber nur diese eine nicht! Er hätte mich verschmachten lassen, und ich wäre auch wirklich verschmachtet, denn selbst die Qualen einer Hölle hätten mich nicht zwingen können, ihn in den Besitz der verlangten Summe zu bringen."

„So werde ich Ihnen die Gründe mittheilen, welche mich zu meiner Bitte bewegen. Diese werden Sie wenigstens anhören."

„Das kann ich Ihnen nicht versagen."

„Ich danke! Sie ahnen nicht, was ich in diesem Augenblicke wage, Monsieur. Ich spiele va banque aber ich weiß, daß Sie ein Ehrenmann sind, der mein Vertrauen nicht zu mißbrauchen vermag. Sie sind ein Franzose und lieben Ihr Volk und Ihr Vaterland?"

„Ich liebe mein Vaterland; aber die Erfahrungen, welche ich gegenwärtig mache, sind nicht geeignet, mich an meine Landsleute zu ketten."

„Sie haben gesagt, daß Sie die Deutschen hassen?"

„Zu wem?"

„Zu diesem da."

Er ließ den Lichtschein auf Fritzens Gesicht fallen.

„Ah, der Pflanzensammler!" sagte der Amerikaner erstaunt. „Sie, Sie kommen, mich zu befreien?"

„Warum soll er das nicht? Er wird noch mehr für Sie thun, wie Sie bald erfahren werden. Lernen Sie erst die Deutschen kennen. Auch ich bin einer."

„Auch Sie?" fragte Deep-hill, indem er einen Schritt zurücktrat. „Wirklich, auch Sie?"

„Ja. Sie verzeihen, daß ich Ihnen das nicht früher sagte! Die Umstände gestatteten das nicht."

„Aber, mein Gott, diese Dame, Miß Harriet de Lissa?"

„Ist meine Schwester."

„Also auch eine Deutsche?"

„Ja."

„Was höre ich da! Das ist ja —— —— ah!"

Er holte tief, tief Athem. Wäre es heller gewesen, hätte man sehen können, daß beinahe Todesblässe sein Angesicht bedeckte. Müller legte ihm beruhigend die Hand auf die Achsel und sagte:

„Bitte, urtheilen Sie nicht jetzt, sondern nachher! Fritz, gehe vor an die Thür und passe auf, daß wir nicht überrascht werden. Hörst Du Schritte, so kommst Du sofort zurück!"

„Ein Deutscher! Sie ein Deutscher!" wiederholte Deep-hill. „Und das sagen Sie mir hier, hier an diesem Orte, an welchem Ihre Feinde den Tod, welcher Ihr Volk treffen soll, in solcher Ausdehnung vorbereiten! Wenn das der alte Capitän wüßte!"

„Nur Gott lenkt die Geschicke der Völker; den Capitän fürchten wir nicht. Bitte, setzen Sie sich mir gegenüber, und hören Sie mir zu!"

Der Amerikaner setzte sich und Müller begann mit halblauter Stimme zu erzählen von seinem Großvater Hugo und seiner Großmutter Margot. Er erzählte weiter und weiter, Alles was seine Familie erlitten und erduldet hatte.

Er nannte den Namen Königsau nicht, aber den Namen des Capitäns nannte er.

Deep-hill hörte wortlos zu und selbst als die Erzählung zu Ende war, schwieg er noch eine ganze Weile; dann sagte er leise vor sich hin:

„Schrecklich! Kann es wirklich solche Menschen geben?"

„Gewiß! Sie haben das ja selbst an sich erfahren."

„Ich?"

„Ja. Hat man nicht ein heißgeliebtes Weib und zwei herzige Kinder von Ihrer Brust gerissen? Der das that, war ein Franzose, Ihr eigener Vater, und Ihr Weib welches mit allen Lebensfasern an Ihnen hing, war eine Deutsche."

„Sie irren! Sie liebte mich nicht; sie war mir nicht treu. Sie verließ mich schamlos eines Buhlen wegen!"

„Das ist Lüge!"

„Das denken Sie, aber beweisen können Sie es nicht. Warum hat sie sich nicht von mir finden lassen? Ich habe sie gesucht an allen Orten, bis auf den heutigen Tag. Wo ist sie? Wo sind meine Kinder? Sie ist es selbst gewesen, die sich mir geraubt hat, sich und meine Kinder. Mein ganzes Vermögen würde ich opfern, um nur meine Kinder zu sehen! Wo sind sie, wo?"

„Halten Sie Ihr Weib wirklich dessen fähig, sie, die Sie einst nicht anders nannten als „mon doux et aimé becquefleur"?"

Da fuhr Deep-hill von seinem Sitze auf und fragte:

„Herr, woher wissen Sie das?"

„Warten Sie einen Augenblick!"

Er holte den von Schneffke gemalten Frauenkopf und gab das Blatt dem Amerikaner.

„Lesen Sie und sehen Sie!" sagte er, indem er das Licht der Laterne auf die Zeichnung fallen ließ.

Der Blick des Amerikaners fiel auch darauf. Seine Hände begannen zu zittern; ein tiefer, tiefer Athemzug hob seine Brust, ganz als ob seine Lunge zerspringen wolle.

„Amély, Amély!" sagte er dann. „Ja, es ist Amély, mein Kolibri! O Gott, o Gott!"

Er ließ das Blatt aus den Händen fallen und brach selbst beinahe in sich zusammen. Er vermochte nicht, ein plötzliches, gewaltig hervorbrechendes Schluchzen zu unterdrücken.

Müller verhielt sich ruhig. Endlich raffte Deep-hill das Blatt wieder auf und fragte:

„Lebt sie noch?"

„Nein; aber sie hat ihre Rechtfertigung hinterlassen!"

„Haben Sie sie gekannt?"

„Nein. Nur der Zufall hat mir dieses Blatt in die Hand gegeben. Das und das Weitere werden Sie dort von meinem Diener erfahren."

„Ihr Diener? Ah! Sie selbst sind der Sohn jener Familie, von welcher Sie erzählten?"

„Ja, Sie rathen richtig."

„Und Sie sind gekommen, sich an dem Capitän zu rächen?"

„Nein. Ich überlasse Gott die Rache; aber ich thue meine Pflicht. Werden Sie mir vielleicht dabei Hindernisse bereiten, Monsieur Guston de Bas-Montagne?"

„Wie? Sie kennen meinen Namen?"

„Natürlich, daß ich nicht nur das Bild Ihrer Frau besitze, sondern auch — — sind Sie stark genug, es zu hören?"

„Was?"

„Ihre Kinder — —"

„Meine Kinder? Gott, o Gott! Sagen Sie, sagen Sie, leben Sie noch?"

„Ja."

„Wo, wo? Schnell, schnell!"

„Wenn Sie es wünschen, können Sie sie heute noch sehen."

„Natürlich, natürlich wünsche ich es! Mein Gott! Meine Kinder am Leben! Ich soll sie sehen! Welch eine Seligkeit! Sagen Sie, Herr Doctor, wo befinden sie sich denn?"

„Hm!" lächelte Müller. „Sie haben sie vielleicht bereits gesehen, eine der Schwestern aber ganz gewiß."

„Wo? Wo denn?"

„Hier in der Nähe. Jedenfalls können Sie sich auf ihre Frau Gemahlin besinnen?"

„Sehr gut, sehr gut! Sie steht noch ganz lebensvoll in meinem Gedächtnisse."

„Auch ihre Züge?"

„Ja, ja. O, dieses liebe, milde, zarte, freundliche Angesicht habe ich doch nicht vergessen können!"

„Nun gut! Ist Ihnen hier nicht vielleicht eine Dame begegnet, welche Ihrer verstorbenen Frau ähnlich ist?"

„Doch, o doch! Ich war ganz frappirt über die Aehnlichkeit."

„Wer war es?"

„Fräulein Nanon. Ich wiederhole, daß ich beim Anblicke dieser jungen Dame fast bestürzt war; aber — —"

„Was aber?"

„Ich erkundigte mich nach ihrem Namen. Er lautete Charbonnier. Die Aehnlichkeit mußte also eine ganz zufällige sein."

„Haben Sie sich auch nach ihren Familienverhältnissen erkundigt, Herr Deep-hill?"

„Ja. Sie ist eine Waise."

„Aus?"

„Aus Schloß Malineau in der Gegend von Etain."

„Aber Sie erfuhren doch auch, daß sie eine Schwester hat?"

„Ja. Ich bin mit dieser Schwester gefahren. Sie befand sich mit Ihrer Fräulein Schwester im Coupee."

„Und die Züge von Fräulein Madelon sind Ihnen nicht aufgefallen? Die beiden Schwestern sahen sich ja außerordentlich ähnlich."

„Madelon trug im Coupee Halbschleier."

„Aber auffallen muß Ihnen doch wenigstens jetzt nun, daß es zwei Schwestern giebt, welche Waisen sind, ihren Vater nicht gekannt haben und eine so große Aehnlichkeit mit Ihrer Frau besitzen!"

„Allerdings. Aber — wollen Sie etwa sagen, daß Nanon und Madelon meine Kinder sind?"

„Ja, sie sind es."

„Mein Gott! Wirklich?"

„Es ist gar kein Zweifel möglich!"

„Aber wie wollen Sie das beweisen? Die bloße Aehnlichkeit ist noch kein Beweis."

„Das ist wahr. Aber dort mein Diener wird im Stande sein, Ihnen weitere Aufklärungen zu geben."

„So kommen Sie, schnell, schnell! Wir gehen sofort nach Schloß Ortry, wo ich die Kinder treffen werde."

Es war eine leicht zu erklärende Eilfertigkeit über ihn gekommen. Er wendete sich, um schnell zu gehen; Müller aber hielt ihn zurück und sagte:

„Halt, nicht so rasch! Denken Sie wirklich daran, jetzt nach Ortry zu gehen?"

„Gewiß! Natürlich!"

„Und der alte Capitän?"

„Was frage ich jetzt nach ihm!"

„Was Sie betrifft, so ist es freilich begreiflich, daß Sie jetzt an nichts Anderes denken, als Ihre Kinder zu finden; aber ich bitte dringend, auch auf mich Rücksicht zu nehmen."

„Wieso?"

„Ich möchte ein Zusammentreffen zwischen Ihnen und dem Capitän jetzt noch vermeiden."

„Warum?"

„Aus naheliegenden Gründen, welche mir ganz außerordentlich wichtig sind, obgleich wir sie jetzt nicht zu erörtern brauchen. Mir ist jetzt das Allerwichtigste die Frage, wie Sie sich in Bezug auf den Capitän zu verhalten gedenken."

„Wegen der Anzeige?"

„Ja."

„Nun, angezeigt wird er. Seine Strafe muß er leiden. Ich lasse mich nicht zum Zwecke der Beraubung von ihm einsperren."

„Wenn ich Sie nun ersuche, von dieser Anzeige jetzt noch abzustehen?"

„Aus welchem Grunde aber?"

„Ich habe Ihnen bereits eine Andeutung gegeben. Es sind in diesen unterirdischen Gewölben noch Menschen eingesperrt, welche ihre Lebensbedürfnisse nur durch den Capitän erhalten. Wenn er arretirt wird und nichts von ihnen gesteht, müssen sie elend verkommen und verschmachten."

„So muß man ihn zum Geständniß bringen!"

„Wodurch?"

„Durch Zwang."

„Welchen Zwang meinen Sie? Die Zeiten der Turtur sind glücklicher Weise vorüber."

„So muß man, sobald man ihn eingesperrt hat, nach diesen Unglücklichen schleunigst suchen!"

„Meinen Sie, daß man sie finden wird, ehe sie verschmachtet, verhungert und verdurstet sind?"

„Halten Sie dieses Nachforschen für so schwer?"

„Gewiß. Bedenken Sie, daß sich jedenfalls auch mein Vater unter ihnen befindet!"

„Dann möchte ich allerdings Ihren Wunsch berücksichtigen."

„Und noch Eins, was ich Ihnen als Ehrenmann ja wohl nicht zu verheimlichen brauche: Es giebt noch gewisse andere Gründe, welche es mir wünschenswerth erscheinen lassen, daß der Alte jetzt noch frei bleibt."

„Politische?"

„Auch mit."

„Hm! Ich verstehe und werde Sie natürlich nicht verrathen. Zeige ich den Capitän an, so müssen Sie als Zeuge dienen. Er aber soll jetzt noch nicht wissen, daß Sie sein Feind sind."

„So ist es, Herr Deep-hill. Also — — —?"

„Gut! Ich stehe jetzt noch von einer Anzeige ab. Aber nach Ortry muß ich dennoch, um meine Töchter zu sehen!"

„Das ist nicht nothwendig. Fritz Schneeberg mag Sie zu meiner Schwester führen, welche sich wegen Ihres Verschwindens bereits in großer Besorgniß befand."

„Wirklich?" fragte der Amerikaner rasch.

„Ja. Ich ging zu ihr, um mich zu erkundigen, ob Sie vielleicht bei ihr gewesen seien. Ihr Erscheinen wird sie beruhigen. Dann führe ich Ihnen Ihre Töchter zu."

„Werden sie von Ortry fort können?"

„Wer will sie halten?"

„Der Alte!"

„O, der ahnt ja nichts. Also gehen wir! Vorher aber wollen wir dafür sorgen, daß hier keine Spur meiner Anwesenheit zu finden ist."

„Thun Sie das! Vorher aber noch Eins, mein bester Herr Doctor! Sie haben mir nicht nur die Freiheit wiedergegeben, sondern Sie haben mir sogar das Leben gerettet. Ich hätte die Sonne nie wieder gesehen. Sie können versichert sein, daß ich Ihnen das nicht vergessen werde. Ich bleibe Ihr Schuldner für die ganze Lebenszeit. Verfügen Sie über mich ganz nach Ihrem Belieben!"

Müller warf ihm einen ernsten, forschenden Blick zu und fragte dann sehr langsam und mit Nachdruck:

„Wirklich nach Belieben?"

„Ja."

„Wissen Sie, was das heißt? Haben Sie auch an die Tragweite dieses Wortes gedacht?"

„Gewiß! Nun, was mich betrifft, das heißt, meine Person, so haben Sie allerdings nicht die geringste Verbindlichkeit. Ich adressire Ihre Dankbarkeit dort an Den, den ich jetzt meinen Diener nenne, und an noch Einen, den Sie wohl noch kennen lernen werden. Dennoch aber sehe ich voraus, daß ich gezwungen sein werde, Sie mit Bitten zu belästigen. Werden Sie diese berücksichtigen, so sind Sie nicht mein Schuldner, sondern ich bin der Ihrige."

„Bitten, welche mit Ihrer vermuthlichen Mission hier in Beziehung stehen?"

„Ja."

„Ich werde sie erfüllen."

„Aber Sie sind Franzose!"

„Und Sie sind Deutscher. Ich haßte die Deutschen. Ich kam, um das Meinige zu ihrem Nachtheile beizutragen. Aber ich denke jetzt bereits ganz anders, Herr Doctor. Betrachten Sie mich immerhin als Ihren Schuldner! Und nicht nur als das, sondern auch als Ihren Freund. Sie können versichert sein, daß ich nichts thun werde, was Ihnen bei der Erfüllung Ihrer Pflichten hinderlich sein könnte."

„Ich danke Ihnen! Ich halte Sie für einen Ehrenmann, fühle mich aber dennoch durch Ihre Versicherung doppelt beruhigt, wie ich Ihnen aufrichtig gestehe."

„Und noch Eins, Herr Doctor. Wer ist dieser Zweite, von dem Sie vorhin sprachen?"

„Dem Sie Dank schulden?"

„Ja."

„Ein Maler, welcher sich jetzt in der Gegend von Thionville befindet."

Das fiel dem Amerikaner auf. Er fragte:

„Er ist also nicht von hier?"

„Nein."

„Wohl ein kleiner, dicker Kerl?"

„Ja."

„Mit Calabreserhut und goldener Brille?"

„Allerdings."

„Ah, den kenne ich, wenn Sie nämlich diesen sogenannten Hieronymus Aurelius Schneffke meinen."

„Den meine ich allerdings. Ihm bin ich Dank schuldig?"

„Ja, sogar sehr großen, wie Sie jedenfalls recht bald erfahren werden."

„Oh weh!"

„Was?"

„Ich bin mit ihm zusammengerathen."

„Weshalb?"

„Einer Kleinigkeit wegen. Mein verteufeltes Temperament! Ich bin nämlich ungemein hitzig, Herr Doctor!"

„Das läßt sich bei einiger Mühe und Aufmerksamkeit wohl ändern. Doch kommen Sie jetzt! Dieser Ort ist nicht zum Verweilen einladend. Und was wir noch zu besprechen haben, dazu wird ja später Zeit."

Sie gingen. Draußen im Freien angekommen, gab Müller Fritz den Befehl, in der Stadt sofort nach dem Maler zu suchen und ihn zum Apotheker zu führen. Dann trennten sie sich.

Müller wendete sich der Richtung des Schlosses zu. Da er auf den gebahnten Pfaden einen Umweg gemacht hätte, so drang er in gerader Richtung mitten durch den Wald. Er war noch gar nicht weit gekommen, so blieb er stehen.

„Was war das?" dachte er, indem er lauschte.

Es war ein eigenthümlicher Ton, welcher sich jetzt wieder hören ließ, an sein Ohr gedrungen.

„Was mag das sein? Die Stimme eines Thieres? Das ist ein Brummen oder Blöcken, wie ich es noch gar nicht gehört habe — so dumpf, verworren und tief!"

Er horchte weiter. Der Ton ließ sich zum dritten Male vernehmen.

„Dieser Laut läßt sich nicht unter die Thierstimmen registriren. Das ist keineswegs etwas Gewöhnliches. Wollen einmal sehen!"

Er ging dem Schalle nach und blieb von Zeit zu Zeit stehen, um zu horchen.

„Wahrhaftig, das ist ein Mensch! Er ruft in zwei Sprachen, deutsch und französisch, wie aus der Erde heraus."

„Holla!" rief er laut. „Wer ist hier!"

„Vorwärts, vorwärts!" klang es als Antwort.

„Wohin denn?"

„Zu mir!"

„Ja, wo sind Sie denn?"

„Donnerwetter! Im Loche!"

„Und wo ist das Loch?"

„Sehen Sie es denn nicht?"

„Nein."

„Mohrenelement! Es ist tief genug. Sie müssen doch an meiner Stimme hören, wo ich stecke."

„Jedenfalls in der Erde. Aber gerade deshalb täuscht der Schall. Rufen Sie noch einmal, aber lauter."

„Me voilà — ici, ici! Hier, hier!" brüllte es.

„Schön! Jetzt wirds deutlicher. Rufen Sie weiter."

Er ging langsam, um sich nicht zu täuschen, dem Schalle nach, schien sich aber doch von dem Orte, den er suchte, zu entfernen!"

„Lauter!" befahl er.

„Hier! Hier! Oder soll ich etwa singen?"

„Ja, singen Sie!" lachte Müller.

„Schön!" klang es ihm dumpf und hohl entgegen.

Aber dann erscholl es, wie aus einem Grabe heraus, aber bei jedem Schritte, den er that, deutlicher:

> „Mein Lieb ist eine Alpnerin,
> Gebürtig aus Tyrol.
> Sie trägt, wenn ich nicht irrig bin,
> Ein stattlich Camisol!"

„Halt! Aufhören!" gebot Müller. „Ich bin da!"

„Gott sei Dank!" antwortete es.

Müller stand nämlich vor einer grünen, dichtmoosigen Stelle, in deren Mitte ein kleines Loch zu sehen war. Dieses Letztere hatte kaum den Durchmesser einer halben Elle. War hier wirklich ein Mann hinabgestürzt? In diesem Falle mußte die eigentliche Oeffnung weiter sein und wurde von dem elastischen Moose trügerisch versteckt. Darum ging er nicht weiter, sondern er blieb in vorsichtiger Entfernung vor dem Loche halten.

„Sind Sie hier hinab?" fragte er.

„Ja."

„Das ist doch kaum möglich!"

„Warum?"

„Ihrer Stimme nach sind Sie kein Kind, und für einen Mann ist das Loch zu klein."

„Nein, ein Kind bin ich nicht, und dick bin ich auch genug, für zwei Männer. Aber dennoch bin ich hier herab."

„Gestürzt?"

„Gestiegen nicht, Sie Esel!"

„Aha!"

„Ist es tief?"

„Freilich!"

„Wie tief denn?"

„Na, ich kann mich täuschen. Hier unten ist es finster, und wenn ich emporblicke, sehe ich des Mooses halber auch nur einen halbdustern Fleck. Dreimal Mannestiefe wird es wohl betragen."

„Sind Sie aus Versehen hinab?"

„Aus was sonst? Etwa aus Uebermuth, um das Genick zu brechen, he?"

„Nein," antwortete Müller, welchem die kräftige Weise des Unbekannten Spaß machte. Dieser hatte sich jedenfalls keinen Schaden gethan, und so war kein Grund zur Angst und Besorgniß vorhanden.

„Oder," rief es von unten herauf, „halten Sie mich vielleicht für einen Regenwurm, der sich in die Erde bohrt, um von den Maulwürfen gefressen zu werden? Kommen Sie herunter, so werden Sie sehen!"

„Was denn?"

„Ob ich Aehnlichkeit mit einem Wurme habe!"

„Das werde ich zu sehen bekommen, wenn Sie wieder herauf sind."

„Schön! Aber wie komme ich hinauf?"

„Können Sie klettern?"

„Ja, wie eine Katze."

„Nun, so ist es ja leicht."

„Wieso denn?"

„Machen Sie es wie ein Essenkehrer — schieben Sie sich mit Hilfe des Rückens und der Kniee empor!"

„Schöner Rath! Was denken Sie denn?"

„Geht das nicht?"

„Nein! Absolut nicht!"

„Warum nicht?"

„Erstens bin ich zu schwer, und zweitens ist das Loch viel zu weit für so eine Essenkehrermanipulation."

„Wie aber wollen Sie sonst in die Höhe kommen?"

„Holen Sie gefälligst eine Leiter!"

„Schön! Da müssen Sie aber eine tüchtige Weile warten. Eine Leiter kann ich nur auf dem Schlosse bekommen."

„Donnerwetter! Das machte ich nicht."

„Warum nicht?"

„Hm! Das kann ich nicht einem Jeden sagen! Wer sind Sie denn eigentlich?"

„Zunächst möchte ich Sie fragen, wer Sie sind."

„Ein Pole."

„Ah! Was denn?"

„Maler."

„Maler? Sapperment! Wie heißen Sie?"

„Schneffka."

„Schneffka?" Ah, das ist hochinteressant!"

„Hochinteressant? Sie dummer Kerl! Mir kommt es in dieser Mördergrube nicht sehr interessant vor!"

„Natürlich heißen Sie Hieronymus Aurelius?"

„Sapperment! Sie kennen mich?"

„Habe die Ehre!"

„Woher denn?"

„Ich bin Doctor Müller."

„Doctor Müller? Juchhei! Das ist der Richtige! Das ist Der, den ich hier ganz allein gebrauchen kann."

„Warum?"

„Hier giebt es Geheimnisse."

„Wirklich? Welche denn?"

„Das Loch ist nicht von ohngefähr. Es ist mit Fleiß gemacht, ganz künstlich. Ein breites, tiefes Loch. Oben darauf Knüppel gelegt, darauf Erde und diese Erde mit Moos bepflanzt. Die Knüppel müssen an der Stelle, wo ich durchgebrochen bin, verfault sein. Das ganze Ding ist so eingerichtet wie eine Grube in den indischen Dschungeln, um Tiger zu fangen."

„Dieses Mal ist es kein Tiger!"

„Etwa ein Rhinoceros?"

„Will es nicht in Abrede stellen."

„Hole Sie der Teufel!"

„Schön!"

„Vorher, ehe er Sie holt, holen Sie mich aber fein hübsch hinauf!"

„Das geht am Besten mit Hilfe einer Leiter. Warum aber soll ich die nicht vom Schlosse holen?"

„Wegen des alten Capitäns."

„Das verstehe ich nicht."

„Er darf nicht wissen, daß Einer hier hereingestürzt ist."

„Warum nicht?"

„Weil es, wie gesagt, hier Geheimnisse giebt. Ich

stecke nämlich nicht in einem gewöhnlichen Loche, sondern hier ist ein Gang oder Stollen mit Thüren rechts und links."

"Sapperment! Da darf der Alte allerdings kein Wort erfahren. Drei Männer tief? Hm! Wie stellt man das an, Sie heraufzubringen? Soll ich herunterkommen, um Sie zu heben?"

"Wollen Sie sich auf diesen Kalauer Etwas einbilden?"

"Gar nichts. Aber wenn Sie sich zehn Minuten gedulden wollen, so habe ich Hilfe."

"Was für welche?"

"Es sind unweit von hier Bäume gefällt worden, junger, dreißigjähriger Wuchs. Ich hole einen Stamm."

"Stecke ihn in das Loch?"

"Ja."

"Schön! Laufen Sie!"

Müller entfernte sich. Er war an dem Holzschlage vorübergekommen. Dort angelangt, fand er einen Stamm, welcher von den Aesten befreit und stark genug war, den dicken Maler zu tragen. Er nahm ihn auf die Achsel und trug ihn zurück.

Wieder beim Loche angekommen, untersuchte er sehr sorgfältig den Boden, um nicht selbst einzubrechen. Dann ließ er den Stamm hinabrutschen.

"Ah! Sakkerment!" schrie es unten.

"Was giebts?"

"Thun Sie doch das Maul auf, ehe Sie mich anspießen oder zerstampfen."

"Ich dachte, Sie merkten es ganz von selbst. Wird es gehen auf diese Weise?"

"Will's versuchen."

Müller hörte ein Stöhnen und Pusten, dann erscholl es aus der Tiefe herauf:

"Das ist doch eine ganz verfluchte Patsche, in die ich da gerathen bin."

"Wieso?"

"Es will nicht gehen."

"Ich denke, Sie können klettern!"

"Gewiß! Aber der Baum dreht sich immer um sich selbst herum. Ich bin doch nicht etwa hier herabgerutscht, um Reitschule oder Caroussel zu treiben!"

"So giebt es nur ein Mittel: Ich halte den Stamm."

"So brechen Sie durch!"

"Nein. Die künstliche Decke hält doch fester, als ich dachte. Noch besser aber wird es sein, ich komme auch einmal hinab."

"Dann stecken wir Beide in der Tinte."

"Keine Sorge! Bin ich unten, so kann ich schieben, und Sie kommen viel leichter herauf."

"Na, da versuchen Sie es!"

"Treten Sie auf die Seite."

"Bin es schon!"

Müller umfaßte zunächst mit den Händen den Stamm, schlang dann auch die Beine um denselben und rutschte hinab.

(Fortsetzung folgt.)

Die Liebe des Ulanen.
Original-Roman aus der Zeit des deutsch-französischen Krieges von Karl May.
(Fortsetzung.)

Müller war leichter hinab gerutscht als er sich gedacht hatte.

„Da bin ich!" sagte er, als er den Boden unter seinen Füßen fühlte.

„Station Hölle! Fünf Minuten Aufenthalt!" verkündete Herr Hieronymus Aurelius Schneffke.

„Vielleicht auch etwas länger."

„Habe keine Lust dazu!"

„Befinde ich mich einmal hier, so will ich doch auch genau wissen, wo ich bin."

„Dazu gehört eine Laterne."

„Habe ich."

„Sapperment! Sie scheinen Tag und Nacht bereit zu sein, als Einbrecher einzusteigen."

„Man muß hier stets au fait sein. Aber, Herr Schneffke, was treiben Sie im Walde?"

„Studien."

„Was für welche?"

„Geologische und geognostische, wie Sie sehen. Ich untersuche das Erdinnere."

„Sie sollten das Herumspazieren lieber bleiben lassen!"

„Warum?"

„Sie verunglücken stets dabei."

„Das will ich ja! Ich bin ein großer Freund des Unglücks, vorausgesetzt, daß es mich selbst betrifft, aber keinen Andern."

„Sonderbare Passion!"

„Ja, ein jeder Mensch hat seine Mucken."

„Also was wollten Sie im Walde?"

„Es wurde mir so unheimlich in dem Neste Thionville. Ich brauche frische Luft — —"

„Glaubten Sie, hier unten frische Luft zu finden?"

„Na, was das betrifft, so bin ich allerdings auf einen solchen Rutsch nicht ausgegangen."

„Sie konnten Hals und Beine brechen!"

„Keine Sorge! Ich falle weich! Ich schlenderte so in meinen Gedanken durch den Wald; da kriegte die Erde ein Loch und ich schoß hinab. Unten kam ich gerade auf denjenigen Theil zu sitzen, auf welchem die Engel keine Flügel haben, sondern etwas höher. Auf diese Weise habe ich weder mir noch den Steinplatten hier einen Schaden gethan."

„Wirklich! Steinplatten giebt es hier. Wollen die Lampe anzünden."

Beim Scheine des Lichtes bemerkten Sie nun, daß das Loch genau viereckig war, also auf künstliche Weise hergestellt. Sie befanden sich in einem Gange, welcher etwas mehr als Manneshöhe und eine Breite von fünf Fuß hatte.

„Wo giebt es Thüren?" fragte Müller.

„Da vorwärts und auch rückwärts."

„Haben Sie sie gefühlt?"

„Ja. Ich tappte mich fort und bin an drei Thüren gewesen. Weiter aber getraute ich mich nicht. Diese Gegend scheint ganz von Schächten und Gängen durchzogen zu sein."

„Die Thüren waren natürlich geschlossen?"

„Ja."

„Was für Schlösser?"

„Keine Hänge-, sondern Kastenschlösser."

„Wollen einmal sehen, ob mein Schlüssel paßt."

„Ah! Auch Schlüssel haben Sie mit? Immer also auf dem Qui vive."

„Das ist nothwendig."

Müller steckte den Schlüssel in das Schloß der ersten Thür, welche sie erreichten. Er paßte.

„Sapperment, das klappt wie Pudding!" meinte der Maler. „Bin neugierig, was da drinnen steckt."

Müller öffnete. Das kellerartige Gewölbe war leer, und den gleichen Erfolg hatte das Oeffnen von noch zwei weiteren Thüren.

„Wir müssen die Untersuchung unbedingt fortsetzen," meinte Schneffke.

„Ich meine das Gegentheil: Wir kehren an die Oberwelt zurück."

„Warum? Man muß doch wissen, wer oder was hier steckt."

„Erstens ist das zu gefährlich — —"

„Warum?"

„Es kann leicht da oben Jemand vorübergehen und den Stamm im Loche bemerken."

„Das ist allerdings wahr."

„Und sodann habe ich keine Zeit und Sie auch nicht."

„Ich? Pah, ich bin nicht beschäftigt."

„Sie werden aber Beschäftigung erhalten. Fritz Schneeberg ist nach Thionville gegangen, um Sie zu suchen."

„Wozu?"

„Sie sollen zu Miß de Lissa kommen."

„Zu der Engländerin?"

„Ja."

„Die eine Gouvernante war?"

„Wenigstens die Sie für eine Gouvernante gehalten haben."

„Sapperlot! Sollte sie mich doch noch heirathen wollen?"

„Das weniger. Sie sollen einem dort anwesenden Herrn einen Liebesdienst erweisen."

„Was für einen Dienst? Soll ich ihn etwa rasiren?"

„Nein, das nicht."

„Oder einen abgerissenen Knopf anflicken?"

„Nein. Der Herr ist ein Amerikaner und heißt Deep-hill — — —"

„Ah, der! Er sitzt immer mit der Engländerin im Garten und schnauzt die Leute an, welche zufälliger Weise einmal ein paar Zaunlatten abbrechen."

„Hm; haben auch Sie welche abgebrochen?"

„Nur zwei. Das ist doch wenig genug."

„Und da wurde er grob?"

„Außerordentlich."

„Darum sagte er mir, daß er mit Ihnen zusammengerathen sei."

„Sagte er das? Nun, ich habe mir nicht viel daraus gemacht. Wenn er sich etwa mit der Befürchtung quälen sollte, daß ich vor Schreck oder Angst die Staupe bekommen habe, so beruhigen Sie ihn, Herr Doctor. Ich habe ihm überhaupt bereits gesagt, daß er mich jedenfalls einmal sehr nothwendig brauchen wird."

„Wozu?"

„Zur Enthüllung eines Geheimnisses."

„Vielleicht meinen Sie dasselbe Geheimniß, in Beziehung dessen er Sie sprechen möchte."

„Welches?"

„Seine Kinder."

„So hat dieser Monsieur Schneeberg bereits geschwatzt? Na, ich bin nicht rachsüchtig und trage keinem Menschen Etwas nach. Dieser Amerikaner hat mich angebellt wie der Mops den Mond. Der Mond aber lächelt trotz des Mopses, und so soll auch mein gnadenreiches Licht diesen Herrn Deep-hill in friedlich-poetischem Schimmer belächeln."

„Schön! Sie treffen auch Schneeberg bei ihm."

„Das ist mir sehr lieb. Ich will Ihnen aufrichtig sagen, daß ich nur Schneebergs wegen von dieser Sache gesprochen habe. Er liebt diese Nanon Charbonnier — — —"

„Ah! Das wissen Sie?"

„Ja. Ich habe sie doch von der Birke aus belauscht!"

„O weh!"

„Allerdings o weh! Denn ich rutschte von der Birke herunter und kugelte grad vor das Pärchen hin."

„Wieder einmal Pech!"

„Das nennen Sie Pech? Sehen Sie meinen Bauch und meine Taille an! Bin ich nicht etwas zum Kugeln gemacht? Wenn ich ausrutsche, stürze, falle, kugele oder rolle, so erfülle ich nur die mir von der freundlichen Natur so gnadenvoll gegebene Bestimmung. Also Schneeberg liebt die Nanon. Er ists, der mich gestern aus der Patsche befreit hat, und so soll er die Nanon bekommen."

„Wer wird Sie aus der heutigen Patsche befreien?"

„Sie jedenfalls."

„Nun, haben Sie da nicht auch für mich eine Dame als Belohnung in petto?"

„Wollen sehen! Also, um bei Schneeberg zu bleiben, möchte ich haben, daß der Amerikaner ihm zu Dank verpflichtet wird. Ich selbst aber möchte verborgen bleiben, so hinter den Wolken, ganz so wie das Schicksal, wenn es seine geheimnißvollen Fäden von der Spindel leiert. Der Amerikaner muß ihm dann aus reiner Dankbarkeit seine Tochter geben."

„Also können Sie wirklich beweisen, daß Nanon seine Tochter ist?"

„Mit Leichtigkeit."

„Dann werden Sie wohl oder übel hinter Ihrer Wolke hervortreten müssen."

„Ist mir nicht lieb."

„Schneeberg kann doch den Beweis nicht führen."

„Warum nicht?"

„Ist er im Besitze des Materiales?"

„Ich übergebe es ihm."

„Und selbst dann ist es eine Frage, ob er es so zu verwenden verstehen wird wie Sie, der Sie es aus erster Hand überkommen haben, wie es scheint."

„Na, ich denke, ein preußischer Ulanenwachtmeister wird doch so viel Grütze im Kopfe haben, daß er es versteht, aus einigen Namen und Thatsachen — — — Donnerwetter!"

„Alle Teufel!" hatte nämlich Müller hervorgestoßen, und erst in Folge dessen bemerkte Schneffke, daß er es verrathen hatte, was er wußte.

„Was wollen Sie mit dem Ulanenwachtmeister sagen?" fragte Müller.

„Hm!" brummte der Maler verlegen.

„Heraus damit!"

„Na, es war so so!"

„Ihr So So genügt mir nicht! Sie befinden sich jetzt in einer gefährlichen Lage, Herr Schneffke! Wissen

Sie, daß es in jetziger Zeit nicht gerathen ist, hier in Frankreich einen Anderen als preußischen Ulanenwachtmeister zu bezeichnen?"

"Mag sein."

"Es kann das für den Betreffenden leicht sehr schlimme Folgen haben."

"Das weiß ich."

"Und für Sie auch."

"Wieso."

"Es könnte Jemand auf den Gedanken kommen, Ihnen den Mund zu stopfen."

"Würde ihm nicht leicht werden!"

"Pah! Wenn nun ich es wäre, der auf diesen Gedanken käme?"

"So würde ich mich hüten, das Maul dahin zu halten, wo es gestopft werden soll, Herr Rittmeister."

Königsau fuhr zurück.

"Mensch!" sagte er. "Jetzt sagen Sie, wie Sie dazu kommen, hier die Worte Wacht= und Rittmeister zu gebrauchen!"

"Und wenn ich mich weigere?"

"So jage ich Ihnen auf der Stelle eine Kugel durch den Kopf. Sehen Sie?"

Er ließ das Licht des Laternchens auf den Revolver fallen, den er hervorgezogen hatte.

"Na," lachte Schneffke, ich glaube nicht, daß Sie einen Königlich Preußischen Landwehrunteroffizier so mir nichts Dir nichts niederschießen werden."

"Ah! Preußischer Unteroffizier?"

"Ja. Verzeihen Sie, daß ich hier das Honneur unterlasse. In der Unterwelt haben die Instructionsstunden ihre Wirkung verloren."

"Was treiben Sie eigentlich in Frankreich?"

"Allerhand Allotria."

"Das habe ich gehört. Ihr Leib= und Lieblingsallotria aber scheint das Purzelbaumschlagen zu sein."

"Wird mitunter auch gemacht."

"Soll ich etwa denken, daß sie sich im — — Auftrage hier befinden?"

"Allerdings."

"Ah! Wer hat sie dazu kommandirt?"

"O, es ist nicht das, was Sie denken. Der Auftrag, welchen ich bekommen habe ist ein rein privater. Er hat nicht ein Stäubchen Militairisches an sich."

"Aber Sie sprechen von Wacht= und Rittmeistern!"

"Was ich da weiß, das habe ich zufälliger Weise erfahren."

"Nun, was wissen Sie?"

Müllers Ton war immer strenger geworden. Er stand vor dem Maler wie der Vorgesetzte vor dem Untergebenen. Schneffke aber ließ sich in diesem Augenblicke gar nicht imponiren. Sein Ton war ganz so, als ob es sich um eine äußerst gewöhnliche und gleichgiltige Angelegenheit handle.

"Was ich weiß?" fragte er. "Nun, ich weiß, daß sich sogenannte Eclaireurs in Frankreich befinden."

"Spezieller!"

"Spezieller der Herr Rittmeister von Hohenthal von den Husaren."

"Sapperment!"

"Mit dem Wachtmeister Martin Tannert. Beide waren erst in Paris; jetzt befinden sie sich in Metz."

"Mensch, das wagen Sie, zu sagen?"

"Ja. Ferner befinden sich in Frankreich der Ulanenwachtmeister Fritz Schneeberg und — —"

"Und? Nun?"

"Und der Herr Rittmeister Richard von Königsau."

"Wo?"

"Der Wachtmeister ist Pflanzensammler in Thionville."

"Und der Rittmeister?"

"Ist Erzieher auf Schloß Ortry."

"Alle Teufel! Mann, wer hat Ihnen das verrathen?"

"Kein Mensch. Tannert ist mein bester Freund. Ich traf ihn als Weinagent auf Schloß Malineau. Herrn von Hohenthal sah ich in Metz. Es versteht sich ganz von selbst, wie ich mir die Anwesenheit dieser Herren zu erklären habe."

"Aber ist Ihnen auch der Wachtmeister Schneeberg persönlich bekannt?"

"Nein."

"Oder der Rittmeister von Königsau?"

"Auch nicht."

"Wie können Sie also die Anwesenheit dieser Beiden wissen?"

"Tannert sprach davon."

"Der Unvorsichtige! Ich werde ihn zur Bestrafung bringen."

"Verzeihung, Herr Doctor, es war nicht Unvorsichtigkeit, sondern ganz das Gegentheil von ihm. Ich habe in Malieneau vieles erlauscht; ich wollte nach Ortry. Beides sagte ich dem Freund Tannert. Er war gezwungen, mir die Anwesenheit der beiden Herren mitzutheilen, erstens um mich vor Fehlern zu bewahren und zweitens, um mich mit Dem, was ich erlauscht hatte, an den Herrn Rittmeister von Königsau zu wenden."

"Ah, so! Aber Sie befinden sich trotzdem in einer keineswegs beneidenswerthen Lage."

"Wieso?"

"Sie sind ein schwatz= und plauderhafter Mensch. Ich muß mich also Ihrer versichern!"

"O weh!"

"Ja. Und ferner haben Sie so ungeheuer viel Pech, daß ich befürchten muß, in dieses Ihr Pech zu gerathen, falls ich Sie thun und treiben lasse, was Sie wollen."

"Und was wollen Sie da mit mir thun?"

"Ich werde Sie über die Grenze schaffen lassen bis in die nächste preußische Garnison, wo Sie internirt bleiben, bis Sie keinen Schaden mehr verursachen können."

"Wer wird mich eskortiren?"

"Eben der Wachtmeister Schneeberg."

"Herr Doctor, das werden Sie nicht thun!"

"O doch!"

"Nein, und zwar aus verschiedenen Gründen."

"Welche könnten das sein?"

"Erstens wäre nicht ich, sondern Schneeberg würde der Arrestant sein!"

"Wieso?"

"Weil ich nur auf der Station zu sagen brauche, daß er ein preußischer Unteroffizier ist. Ich wäre ihn ja augen=

blicklich los. Er würde sofort eingesponnen, und ich könnte gehen, wohin ich will. Wäre ich dann rachsüchtig, so — — hm!"

„Was?"

„So wäre es auch um Sie geschehen?"

„Wieso?"

„Ich brauche nur an diesen liebenswürdigen Herrn Capitän Richemonte zu schreiben. Er ist ein so großer Freund der Preußen, daß er sie vor lauter Entzücken sogleich umarmen würde, freilich nicht mit den Armen, sondern mit Stricken oder Handschellen."

„Kerl, Sie sie sind ein Filou!"

„Merken Sie Etwas? Uebrigens dürfen Sie mich nicht so falsch beurtheilen. Ich habe scheinbar allerdings sehr viel Pech, aber das ist auch nur scheinbar."

„Daß es nur Schein sei, müssen Sie wohl erst beweisen!"

„Dieser Beweis fällt mir sehr leicht. Mein Pech ist, genau genommen, immer nur Glück."

„Ah!"

„Jawohl. Wünschen Sie spezielle Beweise?"

„Ja."

„Nun, in Trier versäumte ich den Zug — —"

„Ich hörte davon."

„Dadurch wurde es mir erspart, bei dem Bahnunglück den Hals zu brechen."

„Das ist so übel gar nicht vorgebracht."

„Hier stürzte ich in's Loch. Dadurch haben Sie einen neuen unterirdischen Gang entdeckt. Oder sollten Sie denselben bereits gekannt haben?"

„Nein. Es ist eine neue Entdeckung, welche ich da mache."

„Sehen Sie! Kurz und gut, es mag mir passiren, was da nur will, Pech, Malheur, Unglück, es läuft allemal auf ein Glück, auf einen Vortheil, auf ein befriedigendes Ereigniß hinaus; das ist sicher!"

„Zufall!"

„Nicht ganz. Sie haben mich Filou genannt. Ich gebe meinen Mitmenschen allerdings Gelegenheit, sich über mich zu erheitern. Aber meinen Sie wirklich, daß ich da stets der Ungeschickte, der Pechvogel bin?"

„Was sonst?"

„Ist es denn gar nicht möglich, daß meinerseits ein klein Wenig Absicht oder Berechnung dabei ist?"

„Hm! Möglich ist es!"

„Und meinen Sie, daß einem braven preußischen Unteroffizier gegenüber Ihr Geheimniß in Gefahr gerathen kann? Ich werde mir viel eher den Kopf abhacken lassen. Darauf können Sie tausend Eide schwören."

„Na, ich wollte ja auch nicht sagen, daß ich die Meinung habe, in Ihnen einen Verräther zu sehen."

„Das sollte mir auch leid thun. Uebrigens habe ich die gute Angewohnheit, Allen, mit denen ich in Berührung komme, Glück zu bringen."

„Dann sind Sie ja ein ganz und gar werthvoller Mensch."

„Ja, mein Werth ist gar nicht hoch genug zu schätzen. Diesen Deep-hill gebe ich seine Kinder und diesem Schneeberg seine Geliebte. Es sollte mich wundern, wenn ich nicht auch in die erfreuliche Lage käme, Ihnen nützen zu können."

„Wollen es wünschen. Vielleicht bringt Ihr Fall in dieses Loch mir Das, wornach ich längst gestrebt habe."

„Was ist das?"

„Privatangelegenheit."

„Entschuldigung! Ich fragte nicht aus zudringlicher Neugierde. Also werden Sie mich wirklich über die Grenze transportiren lassen, mein verehrtester Herr Doctor?"

„Hm! Ich will davon absehen."

„Besten Dank! Die Belohnung wird auch sofort kommen."

„Wissen Sie das so gewiß?"

„Ja, wenn nämlich meine Vermuthung die richtige ist."

„Nun, was vermuthen Sie?"

„Ich habe über diesen Master Deep-hill so meine Gedanken und Vermuthungen. Er ist ein reicher Amerikaner. Er kommt zu dem Capitän. Dieser Letztere agitirt auf das Aeußerste gegen Deutschland. Deep-hill ist sein Verbündeter, er bringt ihm Geld und zwar sehr viel Geld."

„Hm! Sie sind nicht ohne Scharfsinn!"

„Finden Sie? Weiter! Dieser Deep-hill aber ist nicht ein Amerikaner, sondern ein französischer Edelmann, ein Feind Deutschlands. Wie wäre es, wenn wir ihn nach Deutschland, nach Berlin entführten?"

„Er hat bereits mit dem Capitän gebrochen."

„Wirklich? Da ist er sehr klug gewesen. Aber das ist immer nur ein halber Erfolg. Er ist dennoch Franzose! Er ist nicht als sicherer Mann zu betrachten. Man muß ihn nach Berlin bringen. Er muß ein Deutscher werden."

„Wie wollen Sie das fertig bringen?"

„Indem ich ihn heute, morgen oder übermorgen, ganz wann es Ihnen beliebt, mit nach Berlin nehme."

„Das wollten Sie ausführen?"

„Ganz gewiß."

„In welcher Weise?"

„O, er wird ganz närrisch darauf sein, mit mir nach Berlin zu gehen. Kommen Sie nachher auch mit zum Apotheker?"

„Ja."

„Nun, so werde ich Ihnen den Beweis liefern, daß ich meiner Sache äußerst sicher bin."

„Sie machen mich wirklich neugierig. Eigentlich ist es sehr unvorsichtig von uns, hier so lange zu verweilen. Ich denke, wir kehren an die Oberwelt zurück."

„Schön! Wer steigt voran?"

„Sie. Ich werde den Stamm halten."

„Aber dann wird er sich drehen, wenn Sie nachfolgen!"

„Haben Sie keine Sorge. Ich komme schon hinauf."

„Soll ich vielleicht oben halten?"

„Nein. Sie sind zu schwer. Treten Sie nicht wieder auf das Moos; der Boden könnte sich abermals unter Ihnen öffnen. Wenn Sie oben anlangen, müssen Sie sich einen kräftigen Schwung geben, um sich über das Moos hinüberzuschnellen. Werden Sie das fertig bringen?"

„Ich werde einen wirklichen Panthersprung thun."

„Schön! Also, fassen Sie an!"

„Gut! Jetzt! Eins — zwei — drei!"

Müller setzte einiges Mißtrauen in die Kletterkunst des

dicken Pechvogels; aber dieser schob sich schnell und sicher in die Höhe, und dann rief er von oben:

"So! Da bin ich! Der Sprung ist gelungen!"

Einige Augenblicke später stand Müller neben ihm. Es gelang, den Stamm aus dem Loche zu ziehen und das Letztere so zu verschließen, daß von der Oeffnung nichts zu sehen war.

"Nun muß der Baum wieder an seinen Ort!" sagte Müller.

"Ich werde ihn hintragen!"

"Nein. Sie wissen nicht, wo er gelegen hat. Sie müssen sogleich nach der Stadt. Werden Sie sich von hier aus auch wirklich zurecht finden?"

"Sehr leicht!"

"So gehen Sie! Auf Wiedersehen!"

"Adieu, Herr Doctor!"

Er ging. Als er eine Strecke weit fortgegangen war, blieb er einen Augenblick stehen und murmelte:

"Verfluchte Geschichte! Stürze ich in dieses verteufelte Loch! Wäre der Doctor nicht gekommen, so hätte ich da unten entweder verhungern müssen, oder ich wäre wieder in die Hände dieses famosen Capitän gerathen. Dieser Königsau ist ein famoser Kerl, klug, listig und kühn bis zur Verwegenheit — aber mich über die Grenze transportiren, hm, das war doch der reine Pudding!"

Als Müller den Baumstamm wieder zur Stelle geschafft hatte, begab er sich nach dem Schlosse, und nahm, in der Nähe desselben angekommen, die Haltung eines unbefangenen Spaziergängers an.

Vorher war der Briefträger gekommen und auf dem Hofe dem alten Capitän begegnet.

"Für mich Etwas?" fragte dieser.

"Nein."

"Für wen sonst?"

"Für das gnädige Fräulein."

"Brief?"

"Ja."

Marion befand sich bei Nanon und Madelon, als sie den Brief erhielt. Er trug den Poststempel Etain. Das befremdete sie, da sie dorthin keine Correspondenz hatte. Aber die Erklärung kam sogleich, als sie ihn las. Ihr freudiges Lächeln verkündete den beiden Andern, daß der Inhalt ein guter sei.

"Wißt Ihr, wo dieser Brief geschrieben wurde?" fragte sie.

"Wie können wir das wissen?" antwortete Nanon.

"Auf Schloß Malineau."

"Wirklich? Ah! Von wem denn?"

"Hört!"

Sie las vor:

"Meine gute Marion!

Dir für Deine lieben Zeilen herzlich dankend, bin ich gezwungen, Dich um Entschuldigung zu bitten, daß ich Dir nicht eher geantwortet habe. Aber wir hatten so viel zu thun, daß mir das Schreiben zur Unmöglichkeit wurde.

Jetzt nun benutze ich die erste freie Viertelstunde, um Dir mitzutheilen, daß ich mit Großpapa auf Malineau angekommen bin, um die nächste Zeit hier zu verweilen.

Wäre es Dir denn nicht möglich, meine herzige Freundin, mir Deine Gegenwart zu schenken? Ich sehne mich so sehr nach Dir; ich habe Dir so viel zu erzählen und nach Ortry zu kommen, das geht ja nicht. Du weißt, welche Furcht ich vor diesem alten, weißbärtigen Capitän habe.

Also komme, komme recht bald. Großpapa sagt seine dringende Einladung und mit größter Ungeduld erwartet Dich Deine

Ella von Latreau."

Marion hatte noch das letzte Wort dieses Briefes auf den Lippen, da klopfte es höflich an, und Müller trat ein. Er sah den Brief in Marion's Händen und sagte also:

"Ich störe. Entschuldigung! Ich würde mich sofort zurückziehen, aber ich komme mit einer Bitte, welche ich nicht gern aufschieben möchte."

"Sie sind mir zu jeder Zeit willkommen, Herr Doctor," antwortete Marion. "Sprechen Sie also die Bitte aus. Ich werde ja sehen, ob es sehr schwer ist, Ihnen die Erfüllung derselben zu gewähren."

"Ich habe sie nicht an Sie, gnädiges Fräulein, sondern an diese beiden Damen zu richten."

"Unter vier Augen?"

"Nein. Haben die beiden Domoiselles vielleicht Zeit, einen Spaziergang nach Thionville zu unternehmen?"

"Wann?"

"Allerdings sofort."

"Was sollen wir dort?" fragte Nanon.

"Doctor Bertrand erwartet Sie."

"Bertrand? Sofort? Das muß eine wichtige Veranlassung haben, wie sich vermuthen läßt."

"Sie vermuthen freilich richtig."

"Wissen Sie, was wir bei ihm sollen?"

"Ja."

"Dürfen wir es erfahren?"

"Hm! Ich weiß das nicht genau. Ich denke vielmehr, daß ich jetzt nicht davon sprechen sollte."

"O, dann ist es etwas Schlimmes!"

"Nein, nein, sondern im Gegentheile etwas sehr Erfreuliches."

"Wirklich? Nun, dann dürfen Sie es uns auch sagen. Bitte, bitte, Herr Doctor!"

Er zuckte zögernd die Achsel. Aber Marion nahm sich der beiden Damen an, indem sie zu dem Schweigsamen sagte:

"Werden Sie auch zu mir so schweigsam bleiben, wenn ich Ihnen sage, daß ich sehr wißbegierig bin?"

"Wer kann da widerstehen, gnädiges Fräulein! Es handelt sich nämlich um das Geheimniß, welches die Abstammung dieser Damen umgiebt."

Sofort eilten Nanon und Madelon auf ihn zu. Die Eine faßte ihn hüben und die Andere drüben. Beide bestürmten ihn mit dem Verlangen, mehr zu hören.

"Ich habe wohl bereits mehr gesagt, als ich sagen sollte," meinte er.

"Wer hat Ihnen denn verboten zu sprechen?"

"Niemand."

"Nun, so dürfen Sie ja reden!"

"Ich möchte Ihnen die Ueberraschung nicht verderben."

„Wollen Sie etwa, daß wir unterwegs vor unbefriedigter Neugierde sterben?"

„Nein; so grausam bin ich freilich nicht."

„Also, bitte, bitte!"

„Nun, es hat sich eine Spur entdecken lassen, welche, wenn sie verfolgt wird, auf den Namen Ihres Vaters führt."

„Unseres Vaters?" fragte Madelon schnell. „Eine Spur von ihm? Wer hat sie gefunden?"

„Ein Maler, welcher —— ——"

„O," fiel Nanon schnell ein, „wohl der wunderbare kleine Dicke, welcher vom Baume stürzte?"

„Der wird es sein, Mademoiselle Nanon."

„Wir sollen ihn bei Bertrand treffen?"

„Ja."

„Warum kommt er nicht lieber hierher?"

„Er scheint sich, wie so viele Andere auch, vor dem Herrn Capitän zu fürchten. Er traf mich und hat mich gebeten, Ihnen seine Bitte mitzutheilen."

„Dann müssen wir zu ihm! Schnell, schnell, Madelon!"

„Ich werde sogleich anspannen lassen," meinte Marion.

„Bitte, nein, nicht anspannen," bemerkte Müller.

„Warum nicht?"

„Ich habe Gründe, dem Herrn Capitän noch nicht merken zu lassen, um was es sich handelt. Gehen Sie zu Fuße. Thun Sie so, als ob Sie einen einfachen Spaziergang unternehmen."

„Und ich? Wenn ich doch mit dürfte!"

Die beiden Schwestern blickten Müller fragend an. Er nickte mit dem Kopfe und antwortete:

„Die Angelegenheit soll für das gnädige Fräulein kein Geheimniß sein. Ich selbst werde auch kommen."

„Sie auch? Da gehen wir alle Vier zusammen."

„Bitte, mich zu dispensiren! Ich möchte nicht haben, daß der Herr Capitän mich mit Ihnen gehen sieht."

„Aber unterwegs können Sie zu uns stoßen?"

„Vielleicht."

„Dann schnell, Madelon! Komm, wir wollen rasch ein wenig Toilette machen!"

Die beiden Schwestern gingen. Marion legte Müllern die Hand auf die Achsel und fragte zutraulich:

„Sie wissen noch mehr, als Sie sagten?"

„Vielleicht, gnädiges Fräulein!"

„Darf ich es wissen?"

Den Blick, den sie dabei auf ihn richtete, war so sprechend. Es lagen in ihm die Worte:

Ich selbst würde Dir Alles, Alles anvertrauen. Warum willst Du Geheimnisse vor mir haben.

„Ja, Ihnen will ich es sagen. Der Vater der beiden Damen scheint gefunden zu sein."

„Mein Gott, welches Glück! Wo ist er?"

„In Thionville."

„Kenne ich ihn?"

„Sehr gut. Er war Gast auf Ortry."

„Wirklich? Wer? wer?"

„Deep-hill."

Sie trat erstaunt zurück.

„Dieser — der?" fragte sie.

„Ja."

„Ein Amerikaner?"

„Es ist kein Amerikaner, sondern ein Franzose, sogar ein französischer Edelmann, ein Baron de Bas-Montagne."

„Woher wissen Sie das?"

„Wir haben Freundschaft geschlossen."

„Das ist allerdings eine Nachricht, welche die beiden Damen mit Entzücken erfüllen wird. Auch ich freue mich mit ihnen. Aber, da fällt mir ein, daß ich eine Frage an Sie richten muß."

„Welche?"

„Bitte, lesen Sie!"

Sie gab ihm den Brief, den sie soeben erhalten hatte. Als er ihn gelesen hatte, fragte sie:

„Soll ich diesen Besuch unternehmen?"

„Dieser Brief kommt ganz zur glücklichen Zeit."

„Also ich soll?"

„Ja. Weiß der Capitän davon?"

„Nein."

„Sehr gut! Es kann nämlich nothwendig werden, daß Sie Ortry verlassen, ohne ihm zu sagen, wohin Sie gehen. Lassen Sie also Niemandem Etwas wissen."

„Aber Madelon und Nanon wissen es bereits."

„Sie werden wohl schweigen."

„Warum aber läßt Doctor Bertrand diese Beiden zu sich kommen? Sie wohnen ja hier und Deep-hill auch."

„Dieser Letztere nicht mehr."

„Nicht? Ich habe ihn allerdings seit gestern nicht gesehen. Aber verabschiedet hat er sich nicht."

„Es war ihm unmöglich. Er war gefangen."

„Gefangen? Wo?"

„In den unterirdischen Kellern."

„Herrgott! Wohl so, wie man mich einsperren wollte?"

„Ja, gerade in demselben Keller."

„Aber warum?"

„Der Capitän wollte ihm sein Geld abnehmen und ihn dann ermorden."

„Jesus, mein Heiland! Wer hat ihn befreit?"

„Ich?"

„Sie und Sie und immer wieder Sie! Mir ist so angst. Ich befinde mich unter Teufel! Herr Doctor, führen Sie mich aus dieser Hölle!"

„Wohin, gnädiges Fräulein?"

„Wohin Sie nur immer wollen."

Sie blickte ihm voll und groß in die Augen. Es lag auf ihrem schönen Angesichte neben aller Angst ein so großes Vertrauen, daß er vor Dankbarkeit hätte vor ihr niederknieen mögen. Er beherrschte sich aber und sagte:

„Ich bin ein armer Lehrer, gnädiges Fräulein. Wenn Sie des Schutzes bedürfen, so sind Mächtigere bereit, Ihnen denselben zu gewähren."

Sie wendete sich ab. Hatte sie etwas Anderes hören wollen? Es war fast, als ob sie ihm zürne. Aber bald drehte sie sich ihm wieder zu und sagte:

„Und doch ist es mir, als ob ich gerade unter Ihrem Schutze am Sichersten sein würde. Von Ihnen kommt Alles, was hier gut und erfreulich ist. Ich möchte wetten, daß auch nur Sie es sind, welcher den Vater Nanons aufgefunden hat."

„Daß er der Vater ist, habe ich nicht geahnt. Zugeben aber will ich, daß er ohne mein Einschreiten eine Leiche sein würde."

„Welch ein Glück, einen Vater zu finden! Herr Doctor, mir ist stets, stets so gewesen, als ob ich vaterlos sei. Ich kann und kann und kann diesem schwachsinnigen Mann, den ich doch Vater nennen muß, unmöglich die Liebe eines Kindes entgegenbringen. Und meine Mutter — — todt! Zwar sagten Sie, daß sie möglicher Weise noch am Leben sei, aber — — —"

Sie stockte. Er hatte sich vorgenommen, ihr noch nichts zu sagen, aber in dem jetzigen Augenblicke floß ihm das Herz über. Er sagte:

„Ich pflege mir ein jedes Wort genau zu überlegen, gnädiges Fräulein!"

„Das weiß ich; aber dennoch sind Sie dem Irrthume unterworfen. Sie irren sich!"

„Diesesmal nicht."

„Wie? Sie wollen wirklich behaupten, daß Liama, meine Mutter, noch lebe?"

„Ich behaupte es noch jetzt."

„Sie müssen sich irren!"

„Nein. Ich sage Ihnen sogar, daß Sie dieses Schloß nicht ohne Ihre Mutter verlassen werden."

Ihre Augen wurden größer und ihre Wangen entfärbten sich. Es war, als ob sie einen Geist erblicke.

„Herr Doctor," stieß sie hervor, „was soll ich von diesen Worten denken?"

„Daß sie wahr sind. Ihre Mutter lebt. Sie selbst haben sie gesehen."

„Damals am alten Thurme? Das war ihr Geist."

„Nein. Sie war es selbst. Ich kann es Ihnen beweisen."

„Wie denn? Wie?"

„Wollen Sie Ihre Mutter sehen?"

„Ich begreife Sie nicht!"

„Nehmen Sie das, was ich sage, ganz wörtlich. Ich habe mit Liama gesprochen."

„Herr Gott! Ists wahr?"

„Ja."

„Wann?"

„Als der Capitän krank war. Die Krankheit kam von mir, gnädiges Fräulein."

„Wieso?"

„Ich gab ihm Tropfen, welche ihn für diese kurze Zeit an das Lager fesselten. Dadurch gewann ich Muse, in seine Geheimnisse einzudringen."

„Herr Doctor, Sie sind ein räthselhafter, vielleicht ein fürchterlicher Mensch, und doch habe ich ein so unendliches Vertrauen zu Ihnen."

„Bitte, halten Sie dieses Vertrauen fest. Ich werde es nie, nie täuschen. Ich habe während der Krankheit des Capitäns nach Liama gesucht."

„Und sie gefunden?"

„Ja."

„Lebend, wirklich lebend?"

„Ich sagte bereits, daß ich mit ihr gesprochen habe."

Marion ließ sich ganz kraftlos auf einen Sessel nieder.

„Was höre ich da!" sagte sie leise. „Träume ich, oder ist es wirklich die Wahrheit?"

„Es ist die Wahrheit."

„Aber wie kann sie leben, da sie doch begraben worden ist! Wer könnte eine solche Täuschung wagen."

„Der Capitän."

„Aus welchem Grunde?"

„Das ist mir noch ein Räthsel, welches ich aber hoffentlich noch ergründen werde."

„Ich muß mich fassen. Ich bin meiner Sinne kaum mächtig; aber ich will ruhig und objectiv sein. Sagen Sie, wo sich Liama befindet!"

„In einem Gewölbe unter ihrem Grabe."

„Dort haben Sie sie gesehen?"

„Und mit ihr gesprochen."

„Fragte sie nach mir?"

„Ja."

„Mein Jesus! Wollte sie mich nicht sehen?"

„Nein. Sie hat geschworen todt zu sein und auf ihr Kind zu verzichten."

„Ist das wahr?"

„Ja."

„Dann ist sie es nicht; dann ist es eine Andere!"

„Warum?"

„Kann eine Mutter auf ihr Kind verzichten? Kann eine Mutter sich zu Etwas hergeben, was man nicht anders als Betrug und Schwindel nennen muß? Kann sie sich dazu hergeben und obendrein ihr Kind verlassen?"

„Ja."

Dieses Wort war mit so fester Betonung gesprochen, daß sie rasch zu ihm aufblickte.

„Welcher Ton!" sagte sie. „Ich bin überzeugt, daß auch Sie einer liebenden Mutter eine solche That nicht zutrauen. Hab ich Recht, Herr Doctor?"

„Sie haben Unrecht. Gerade weil es eine liebende Mutter war, hat sie sich dazu bestimmen lassen."

„Können Sie das erklären?"

„Ja. Liama ist verschwunden, um ihr Kind zu retten. Der Capitän hat ihr gedroht, dieses Kind zu tödten, wenn sie ihm nicht gehorche. Sie hat ihm Gehorsam geleistet, um ihr Kind zu retten. Um es nicht noch jetzt in Gefahr zu bringen, verzichtet sie noch heut, ihr Kind zu sehen, obgleich all ihr Denken an demselben hängt."

Da sprang Marion von ihrem Sitze auf. Ihre Augen glühten wie Irrlichter. Ihre Stimme klang fast heiser, als sie jetzt sagte:

„Herr Doctor, Sie wissen, wie sehr ich Ihnen vertraue. Ich schwöre darauf, daß Sie mir nie eine Unwahrheit sagen werden, und dennoch frage ich Sie jetzt noch einmal: Irren Sie sich wirklich nicht? Haben Sie in Wirklichkeit mit Liama gesprochen?"

„Ich entsage dem Himmel und der Seeligkeit, wenn ich mich geirrt habe! Glauben Sie mir nun?"

„Ja, ja, nun glaube ich es! Es ist entsetzlich, fürchterlich! Meine Mutter, meine arme, arme Mutter! Aber ich werde sie rächen, so fürchterlich rächen, wie das Verbrechen ist, welches man an ihr und mir verübt hat. Herr Doctor, darf ich sie sehen?"

„Sie will nicht!"

„Aber ich, ich will sie sehen!"

„Ich gehorche."

„Wann also?"

„Heute Abend. Können Sie um Mitternacht das Schloß verlassen, ohne bemerkt zu werden?"

„Wann ich es will, so kann ich es. Wissen Sie, was ich thun werde?"

„Ich ahne es."

„Nun?"

„Sie werden mit Liama von Ortry fortgehen?"

„Nein. Ich werde mit Liama in Ortry bleiben. Ich werde die Polizei der ganzen Umgegend in die Gänge dieses Schlosses führen; ich werde — — ah, was werde ich thun! Ich weiß es selbst noch nicht!"

Sie befand sich in einer unbeschreiblichen Aufregung. Und gerade jetzt kehrten die beiden Schwestern zurück.

„Schweigen Sie!" raunte Müller ihr leise zu; dann entfernte er sich.

Als kurze Zeit später die drei Damen die Freitreppe hinabstiegen, kam der alte Capitän gerade aus dem Stalle. Er trat ihnen entgegen und fragte:

„Du hast einen Brief bekommen?"

„Ja."

„Von wem?"

„Von der Person, welche ihn geschrieben hat!"

Diesen Ton hatte er von ihr noch nicht gehört, trotzdem sie sich in letzter Zeit öfters so kampfbereit gezeigt hatte. Und so hatten auch ihre Augen ihn noch nicht angeblitzt wie jetzt. Das war nicht allein Haß; das war eine förmliche Herausforderung. Er aber war nicht der Mann, sich in dieser Weise abweisen zu lassen. Er sagte:

„Das versteht sich ganz von selbst. Eine solche Antwort mußt Du einem Kinde oder einem Irrsinnigen geben, aber nicht mir. Ich frage: Woher ist der Brief?"

„Du wirst ihn controllirt haben!"

„Nein. Ich bin ja überzeugt, daß Du es sagen wirst!"

„Du hast seit Kurzem immer Ueberzeugungen, welche sich später als hinfällig erweisen."

Sie wendete sich ab. Er aber faßte sie am Arme.

„Halt! Wohin?"

Da schleuderte sie seinen Arm von sich und antwortete:

„Das geht Sie nichts an, Herr — — Richemonte!"

Sie ging, an ihrer Seite die beiden Schwestern. Er war wie an die Stelle gebannt; es schien ihm unmöglich zu sein, ein Glied zu bewegen. In seinem Innern kochte es. Der Athem wollte ihm versagen. Nur mit Mühe stöhnte er vor sich hin:

„Ich ersticke! Was war das? Dieses Verhalten! Diese Worte! Diese Blicke! Was ist heut mit ihr? Sie muß eine Waffe gegen mich gefunden haben, sonst würde sie so einen Widerstand unmöglich wagen! Sie hat Etwas vor! Wo geht sie hin? Ich muß es erfahren!"

Er rief den Stallknecht.

„Hast Du die Damen gehen sehen?" fragte er.

„Ja."

„Wohin haben sie sich gewendet?"

„Nach dem Walde."

„Du schleichst ihnen nach, um zu erfahren, wohin oder zu wem sie gehen! Aber wenn Du es so dumm anfängst, daß sie Dich bemerken, jage ich Dich zum Teufel!"

Damit wendete er sich ab und suchte sein Zimmer auf. In demselben schritt er ruhelos auf und ab. Die Minuten wurden ihm zu Ewigkeiten. Endlich kam der Knecht zurück.

„Kerl, wo treibst Du Dich herum!" herrschte ihn der Alte an. „Du mußt doch längst wissen, wohin sie sind!"

„Nach Thionville ist weit, Herr Capitän!"

„Ah, nach der Stadt sind sie?"

„Ja."

„Du bist ihnen gefolgt?"

„Ja. Sie wollten doch wissen, zu wem sie gehen würden."

„Nun, zu wem?"

„Zu Doctor Bertrand."

„Schön! Es ist gut!"

Er drehte sich ab, zum Zeichen, daß der Knecht sich entfernen solle. Dieser sagte aber:

„Noch Eins, Herr Capitän!"

„Nun?"

„Wissen Sie, von wem die Damen erwartet wurden?"

„Du hast es einfach zu melden, nicht aber mir Räthsel aufzugeben! Verstanden?"

„Der Maler stand am Fenster."

„Welcher Maler?"

„Der mit dem Grafen von Rallion kam. Ich habe mir den Namen nicht merken können."

„Haller?"

„Ja, Haller hieß er!"

„Unsinn. Dieser Maler ist weit, weit weg von hier."

„Er ist da, in Thionville, bei Dotcor Bertrand. Er stand am offenen Fenster und begrüßte die Damen von Weitem."

„Mensch, Du irrst Dich!"

„Ich kann es bei allen Heiligen beschwören!"

„Wenn Haller wirklich nach Thionville käme, so wäre ich der Erste, den er aufsuchte."

„Aber er war es wirklich!"

Jetzt war es doch unmöglich, länger zu zweifeln. Was war das? Haller zurück, ohne zu ihm zu kommen? Das Verhalten Marions, welche vorher einen Brief erhalten, aber den Schreiber verheimlicht hatte? War dieser Brief von Haller, dem eigentlichen Grafen Lemarch? Hatte er sie darin zu Bertrand bestellt? Weshalb? Das mußte untersucht werden.

„Spanne sogleich an!" befahl er.

Als er dann in den Wagen stieg, herrschte er dem Kutscher die Worte zu:

„Nach Thionville! Bei Doctor Bertrand halten!"

Er konnte nicht wissen, daß der Stallknecht den Pflanzensammler für den vermeintlichen Maler Haller gehalten hatte, welche Beide sich ja außerordentlich ähnlich waren.

Als vorher Fritz Schneeberg mit dem Amerikaner die Stadt erreicht hatte, bat er diesen, zu Bertrand zu gehen. Er selbst werde sich nach dem Maler umsehen. Deep-hill ging direct nach dem Zimmer, welches Emma von Königsau bewohnte. Er klopfte leicht an und als er dann auf Ihren Zuruf eintrat, sprang sie mit einem halblauten Rufe freudiger Ueberraschung von ihrem Sitze auf.

„Monsieur Deep-hill! Ah! Wieder hier!"

„Um Ihnen zu zeigen, daß ich unversehrt bin," fügte er hinzu, ihr weißes Händchen küssend.

„Wo aber waren Sie?"

„In Gefangenschaft."

„Unmöglich!"

„O doch!" nickte er, indem er Platz nahm.

„Aber die Polizei kann doch nicht einen solchen faux-pas begehen, einen Mann wie Sie in Gewahrsam —"

„Die Polizei? O nein, die war es nicht. Ich befand mich in den Händen eines bodenlos niederträchtigen Schurken."

„Wer ist er?"

„Capitän Richemonte."

„Ah! Was wollte er bezwecken?"

„Mir einige Millionen abnehmen und dann mich jedenfalls zu meinen Vätern versammeln."

„Ist's möglich?"

„Ja. Sie kennen diesen Menschen ja zur Genüge!"

„Ich?" fragte sie, ihn mit dem Ausdrucke der Spannung in das Gesicht sehend.

„Ja, Sie, die Sie seine Feindin sind!" lächelte er.

„Wie kommen Sie zu dieser Annahme?"

„Auf dem einfachsten Wege: Ihr Herr Bruder hat es mir mitgetheilt."

„Mein Bruder — —?"

„Ja. Bitte, beunruhigen Sie sich nicht, gnädiges Fräulein. Er hat mir anvertraut, daß Sie ebenso incognito, oder pseudonym hier sind wie er."

Sie war natürlich verlegen geworden.

„Ich weiß nicht, welche Deutung ich Ihren Worten zu geben habe, Herr Deep-hill!" stieß sie hervor.

„Es ist mir sehr erklärlich, daß Sie sich durch meine Worte befremdet fühlen. Aber was ich seit gestern erlebt habe, hat mich Ihrem Herrn Bruder so nahe gebracht, daß er Vertrauen zu mir gefaßt hat. Sie sind keine Engländerin."

„Was sonst?"

„Eine Preußin."

„Mein Gott! Welche Unvorsichtigkeit!"

„Bitte, erschrecken Sie nicht. Ich habe beinahe auch Lust, selbst ein Preuße zu werden."

„Hat er Ihnen auch unseren wirklichen Namen genannt?"

„Er hat mir die Geschichte Ihrer Familie erzählt, doch ohne einen Namen zu nennen."

„So muß ich ihm allein die Verantwortung überlassen!"

„Es trifft ihn keine Verantwortung. Ich bin sein Freund. Ich weiß, was er hier will und bezweckt, aber ich werde ihn nicht verrathen. Er hat mich vom Tode errettet."

„Er?"

„Ja, er und dieser brave Fritz Schneeberg, welcher jetzt in der Stadt umherläuft, um einen Menschen zu suchen, von welchem ich niemals geglaubt hätte, daß er mir nützlich werden könne."

„Wen?"

„Den dicken Maler, welcher die Zaunlatten abbrach."

„Schneffke? Was soll er?"

„Zu Ihnen kommen. Da habe ich wirklich vergessen, Ihnen sogleich die Hauptsache mitzutheilen. Man will sich nämlich bei Ihnen ein Rendez-vous geben. Ich muß bitten, die Schuld nicht auf mich zu werfen. Ihr Herr Bruder ist es, der dieses Arrangement entworfen hat."

„Wer soll kommen?"

„Er, ich, Schneeberg, Schneffke und die Damen Nanon und Madelon von Schloß Ortry."

„Eine wahre Völkerversammlung! Zu welchem Zwecke?"

„Die eigentliche Veranlassung bietet meine Person. Ich muß annehmen, daß Ihnen meine eigentlichen Verhältnisse unbekannt sind, gnädiges Fräulein."

„Ich weiß, daß Sie Deep-hill heißen und Banquier in den Vereinigten-Staaten sind."

„Deep-hill ist die wirkliche Uebersetzung meines französischen Namens. Eigentlich nenne ich mich Baron Guston de Bas-Montagne. Ich vermählte mich mit einer Deutschen, welche mich während meiner Abwesenheit verließ und die beiden Kinder, zwei herzige kleine Mädchen, mit sich nahm. Ich habe lange, lange Jahre nach ihr gesucht, sie aber nicht gefunden. Heute nun erfahre ich, daß sie gestorben sei, daß aber die beiden Mädchen noch leben."

Sie hatte ihm mit Theilnahme zugehört und fragte nun:

„Wer brachte Ihnen diese Nachricht?"

„Ihr Herr Bruder."

„Von wem mag er das haben?"

„Von Schneeberg oder Schneffke."

„Wunderbar! Ich gönne es Ihnen von ganzem Herzen, das Glück, die Kinder noch am Leben zu wissen; aber man muß da sehr vorsichtig sein. Sind Beweise vorhanden?"

„Man will sie mir bringen."

„Und wo sind die Kinder?"

„Jetzt in Ortry."

„Was? Wie? In Ortry?"

„Ja. Der Herr Doctor Müller gab mir die Versicherung."

„Wer mag das sein?"

„O, wenn Sie es hören, werden Sie sich wohl förmlich bestürzt fühlen!"

„Ist es denn gar so schrecklich?" fragte sie lächelnd.

„Schrecklich nicht, aber — ahnen Sie denn nichts?"

„Wie könnte ich ahnen? Ich bin in Ortry nicht bekannt."

„Aber grad die beiden Betreffenden kennen Sie."

„Wohl kaum."

„Ganz gewiß sogar! Bitte, gnädiges Fräulein, denken Sie nach. Zwei Schwestern — auf Ortry jetzt!"

Sie schüttelte langsam den Kopf.

„Wie alt?" fragte sie dann.

„Achtzehn."

Da hob sie den Kopf schnell empor. Glühende Röthe bedeckte ihr Gesicht. Es war, als ob sie erschrocken sei.

„Doch nicht — etwa — Nanon?" fragte sie.

„Grad diese!"

„Und Madelon?"

„Ja."

„Das sind Ihre Töchter?"

„Man will es mir beweisen!"

Sie war außerordentlich bewegt. Sie trat an das Fenster und blickte stumm hinaus. Er sah, wie ihr Busen auf- und niederwogte und das gab ihm einen Stich in das Herz. Er sah sehr jung aus. Er war auch eigentlich nicht alt; er hatte nur früh geheirathet. Er hatte gehofft, das Herz dieser Miß de Lissa zu gewinnen, und aber nun —? Schämte sie sich, dem Vater so großer Töchter, von denen sie die eine sogar Freundin nannte, ihre Theilnahme gezeigt zu haben?

(Fortsetzung folgt.)

Die Liebe des Ulanen.

Original-Roman aus der Zeit des deutsch-französischen Krieges von Karl May.

(Fortsetzung.)

Da drehte Miß de Lissa sich langsam wieder zu Deep-hill um. Ihr Gesicht war ernst aber ruhig und ihre Stimme klang vollkommen klar, als sie, ihm die Hand reichend, sagte:

„Ich gönne es Ihnen von ganzem Herzen, die Langverlorenen wiederzufinden. Beide sind werth, die Töchter eines solchen Mannes zu sein. Ich wünsche jedoch, daß sich Ihre Hoffnung nicht als trügerisch erweise."

„Ich befinde mich in einer Spannung, in einer Aufregung, von welcher Sie keine Ahnung haben, gnädiges Fräulein."

„Das läßt sich denken. Wissen die beiden Damen vielleicht bereits etwas davon?"

„Bisher wohl nicht; aber es ist möglich, daß Herr Doctor Müller, welcher sie holen will, Ihnen mittheilt, warum sie zu Ihnen kommen sollen."

„Warum begaben Sie sich nicht nach dem Schlosse?"

„Eben der Herr Doctor rieth mir davon ab. Ich sollte von dem Capitän nicht gesehen werden."

„Ach so! Dieser soll noch nicht wissen, daß Sie ihm entkommen sind?"

„So ist es."

„Wie aber geriethen Sie in seine Gewalt?"

„Durch Verrath von seiner und Unvorsichtigkeit von meiner Seite. Darf ich Ihnen erzählen?"

„Ich bitte sogar darum!"

Er begann, ihr zu berichten, was geschehen war, seit er sie gestern verlassen hatte. Dann klopfte es, und Fritz trat ein.

„Nun?" fragte Emma. „Wo ist der Maler?"

„Ich konnte nur ausfindig machen, wo er wohnt; zu treffen war er nicht. Ich habe aber anbefohlen, ihn sofort, sobald er zurückkehrt, nach hier zu schicken."

Er erhielt einen Stuhl angewiesen, und als er Platz genommen hatte, fragte ihn Deep-hill:

„Sie kennen also die beiden Schwestern genauer?"

„Madelon war mir bereits längere Zeit bekannt; Nanon aber sah ich erst vor Kurzem hier das erste Mal."

„Haben Sie sich öfters getroffen?"

„Zufällig, bei Spaziergängen. Kürzlich starb ihr Pflegevater. Sie reiste mit der Schwester zu seinem Begräbnisse. Sie wollte diese Reise nicht ohne Schutz unternehmen, und da wurde mir die Ehre zu theil, die Damen begleiten zu dürfen."

„War denn Gefahr zu befürchten?"

„Ja. Diese Befürchtung hat sich dann auch als sehr begründet bewiesen."

„Was ist geschehen?"

„Wir haben ein kleines Abenteuer erlebt, welches ich Ihnen, bis der Maler kommt, erzählen kann."

Er begann seinen Bericht, hatte denselben aber noch nicht bis zu Ende gebracht, als er durch einen sehr lauten Wortwechsel gestört wurde, welcher unten auf der Treppe in französischer Sprache geführt wurde.

„Nein! Sie dürfen nicht!" rief eine Stimme. „Ich verbiete es Ihnen, Monsieur!"

„Wir verbieten? Du? Wurmsamenhändler, der Du bist? Packe Dich zum Teufel!" antwortete eine zweite Stimme.

„Es soll kein Fremder hinauf!"

„Ich bin kein Fremder, mein lieber Latwergenmeister!"

„Sie haben herabzugehen und das Haus zu verlassen!"

„Schere Dich zu Deinen Pillen, holder Salmiakgeist, sonst werfe ich Dich zur Bude hinaus!"

„Das wollen wir sehen, Sie Grobian!"

„Pah! Ich stecke Dich in eine Klystierspritze und spritze Dich hinauf an die Thurmuhr, damit Du erfährst, welche Zeit es ist, wenn ich beginne in die Wolle zu gerathen!"

„Das ist der dicke Maler," sagte Fritz. „Ich werde ihn hereinlassen."

Er öffnete die Thür.

„Herr Schneffke!"

„Ja."

„Kommen Sie!"

„Gleich! Aber darf ich nicht vorher erst diesen Weinsteinsäureheinrich in die Westentasche stecken?"

„Bitte, lassen Sie ihm seine Freiheit!"

„Schön! Er mag dieses Mal noch so mit einem blauen Auge davon kommen. Das nächste Mal sorge ich dafür, daß er noch weit mehr blau wird als nur sein Auge!"

Er trat ein und verbeugte sich vor Emma.

„Ihr Diener, Miß! Soll ich mich wieder einmal zu Ihren Füßen legen?"

„Ich danke! Nehmen Sie lieber Platz wie gewöhnliche Leute!"

„Das fällt mir schwer. Ich bin leider nur zu Ungewöhnlichem geboren. Ergebenster, Monsieur Deep-hill! Ist der Zaun bereits ausgebessert worden?"

„Ich werde nachsehen!"

„Schön! Wie ich höre, bin ich gesucht worden?"

„Hat man es Ihnen im Gasthofe gesagt?" fragte Fritz.

„Nein."

„Von wem haben Sie es denn erfahren?"

„Von Herrn Doctor Müller."

„Von dem? Waren Sie denn in Ortry?"

„Nein."

„Wo denn?"

„Im Loche."

„Im Loche? In welchem Loche?"

„Ja, da haben Sie schon wieder einen Beweis, daß ich nur zu Ungewöhnlichem geboren bin. Ich war draußen im Walde und brach in den Erdboden ein, ziemlich tief hinab. Ich befand mich in einem unterirdischen Gange. Da kam der Herr Doctor und half mir heraus. Bei Gelegenheit erfuhr ich, daß ich erwartet werde. Ich eilte mit der Geschwindigkeit eines Courirzuges hierher und traf aber unten den gelehrten Jungen des Apothekers, welchen ich bereits von vorher einmal ins Herz geschlossen hatte. Es wäre zu einem Duell mit beiderseits tödtlichem Ausgange gekommen, wenn nicht Sie, Herr Schneeberg, uns gerettet hätten."

„Sie sind unverbesserlich!"

„Diese hohe Tugend besitze ich bereits seit langer Zeit."

„Wie konnten Sie denn aber in ein Loch fallen!"

„Wie? Sapperment! So, wie man in ein Loch zu fallen pflegt: Mit dem schwersten Körpertheile nach unten!"

Die Anwesenden lachten, und zugleich winkte Fritz, welcher am offenen Fenster stand, mit der Hand nach der Straße.

„Sie kommen," meldete er.

„Sind sie allein?" fragte der Amerikaner erregt.

„Fräulein Marion ist mit."

„Der Herr Doctor nicht?"

„Nein."

Die drei Damen traten ein und wurden herzlich begrüßt. Marion hatte den Schwestern nichts verrathen, dennoch herrschte eine Stimmung, wie sie vor einer wichtigen Entscheidung unausbleiblich ist. Man war gespannt, fühlte sich gepreßt und verheimlichte sogar einige Verlegenheit.

Bald kam auch Müller. Er wendete sich sofort an Marion:

„Hatten Sie vor Ihrem Fortgehen vielleicht eine Unterredung mit dem Capitän, gnädiges Fräulein."

„Ja."

„Unfreundlich?"

„Noch mehr als das."

„Sagten Sie ihm, wohin Sie gehen wollten?"

„Nein."

„Nun, er wird es dennoch sehr schnell erfahren. Ich war eher da, als Sie, und trat mit Ueberlegung da drüben in die Restauration. Dort beobachtete ich den Stallknecht von Ortry, welcher aufpaßte. Der Capitän hat ihn geschickt. Es steht vielleicht gar zu erwarten, daß er selbst nachkommen wird."

„Wozu?"

„Vielleicht malt ihm sein böses Gewissen vor, daß hier Etwas ihm Feindseliges besprochen oder vorgenommen werden soll. Das will er unterdrücken."

„Darf er mich da sehen?" fragte Deep-hill.

„Und mich?" fügte Schneffke hinzu.

„Das kommt auf die Umstände an," antwortete Müller. „Mich aber darf er keineswegs zu Gesicht bekommen. Stellt er sich wirklich ein, so gehen sämmtliche Herren in das Nebenzimmer. Auf sein Verhalten wird es dann ankommen, wie Mademoiselle Marion zu handeln hat. Fritz, bleibe am Fenster, um aufzupassen!"

Als dann auch er Platz genommen hatte, sah er sich lächelnd im Kreise um und sagte:

„Meine Herrschaften, ich habe diesen beiden Damen mitgetheilt, daß sie hier vielleicht in Beziehung auf ihre Geburtsverhältnisse eine Neuigkeit hören werden. Herr Schneffke, wollen Sie die Güte haben, zu beginnen!"

„Hm!" brummte der dicke Maler. „Beginnen? Bei was soll ich anfangen?"

„Sprechen Sie ganz nach Belieben."

„Nun, da will ich bei dem wichtigen Augenblicke beginnen, an welchem ich mich den Damen und Herrn Schneeberg Abends in Etain vorstellte."

„Dieser Augenblick soll höchst dramatisch gewesen sein," lachte Müller.

„Entschuldigung! Ich bin stets dramatisch, nicht nur an einem vorübergehenden Augenblick! Eigentlich für die Bühne geboren, habe ich mir mein Dasein mit den Brettern beschlagen, welche die Welt bedeuten. Ich bin der Dichter meines eigenen Lebens und spiele dieses Stück zu meinem eigenen Vergnügen. Trollgäste und Leute mit Freibillets werden geduldet. Abonnements aber dulde ich nie! Also, Herr Doctor, wenn jener große Augenblick an der Thür und auf der Treppe des Hotels zu Etain Ihnen vielleicht zu dramatisch erscheint, so beginne ich bei etwas Anderem, bei dem Wichtigsten, nämlich bei der Gage. Nicht wahr, Mademoiselles, Ihre Mutter ist arm gestorben?"

„Ja," antwortete Nanon.

„So haben Sie gedacht. Aber sie hat den Schurken Berteu fünfzehntausend Franken geborgt. Sein Sohn mag sie Ihnen zurückgeben."

„Woher wissen Sie das, Monsieur?"

„Die Anweisung steckt im Pastellbilde. Nämlich, Monsieur Deep-hill, ist Ihnen vielleicht der berühmte Porzellanmaler Merlin in Marseille bekannt gewesen?"

„Sehr gut. Er war weit älter als ich, aber mein Freund."

„Hat er Ihnen Etwas gemalt?"

„Mein Porträt."

„In Pastellmanier?"

„Ja."

„Das M, sein Facsimile, steht unten in der Ecke?"

„Gewiß."

„Und auf der hintern Seite des Bildes steht „Baron Guston de Bas-Montagne?"

„So ist es; so ist es! Haben Sie dieses Bild gesehen?"

„Ja. Es war etwas veraltet und ich habe es nach Kräften aufgefrischt. Ich werde Ihnen zeigen, wie Ihre Figur gehalten ist."

Er nahm Papier und Bleistift vom Schreibtische, zeichnete mit größter Gewandtheit eine Figur und reichte sie dem Amerikaner hin.

„Ist es so?"

„Ja, ja," antwortete Deep-hill. „Sie haben dieses Bild gesehen. Aber wo? Wo?"

„Auf Schloß Malineau bei Etain. Aber noch ein zweites Porträt, Monsieur, wenn Sie gestatten."

Er nahm ein zweites Blatt und zeichnete. In kaum zehn Minuten war er fertig und gab auch dieses Blatt dem Amerikaner.

Dieser stieß einen Ruf der Ueberraschung aus.

„Meine Frau, meine Frau! Amély, mein lieber, süßer Kolibri! Sie ist's, sie ist's!"

Er drückte das Blatt in größter Aufregung an seine Lippen, wurde aber in demselben Augenblicke von vier weichen Mädchenarmen umschlungen.

„Vater, Vater, lieber Vater!"

Mit diesem Ausrufe schmiegten die beiden Schwestern sich an seine Brust. Er zog sie fester an sich und rief:

„Es ist kein Zweifel; es bedarf keines weiteren Beweises. Unsere Herzen haben gesprochen. Ihr seid meine Kinder! Gott, Gott, ich danke Dir!"

Er weinte laut, seine beiden Töchter ebenso und auch kein anderes Auge blieb thränenlos. Es bedurfte einer ganzen Weile, bis der Sturm der Aufregung sich legte, dann fragte Deep-hill:

„Monsieur Schneffke, daß Sie mein Bild zeichnen können, das begreife ich, da Sie mein Porträt gesehen haben; aber wie kommen Sie dazu, auch meinen Kolibri zeichnen zu können?"

„Ich fand das Porträt Ihrer Frau bei einem Bekannten."

„Was ist er?"

„Sonderling."

„Er muß doch einen Beruf haben."

„Ja. Er ist von Beruf nämlich Quälgeist. Das heißt, er macht sich und Anderen das Leben so sauer wie möglich. Am Besten ist's, ich zeichne Ihnen seinen Kopf."

Sein Stift fuhr über ein drittes Blatt und als dann Deep-hill die Zeichnung betrachtete, rief er aus:

„Mein Vater, mein Vater! Zwar um Vieles älter, aber er ist es! Ich habe lange, lange Jahre nach dem Vater, nach Weib und Kinder gesucht, ohne nur eine Spur zu finden, und Sie, Monsieur Schneffke, wissen Alles. Wie haben Sie das angefangen?"

„Beim richtigen Zipfel. Hören Sie!"

Er begann zu erzählen, von Anfang bis zu Ende; aber er sagte nicht, daß der Vater des Amerikaners in Berlin wohne und nannte auch dessen jetzigen Namen nicht.

Als er mit seiner Anwesenheit auf Schloß Malineau zu Ende war, sagte Müller:

„Mein bester Schneffke, ich habe Ihnen sehr Unrecht gethan, als ich Ihnen heute da unten im Loche etwas scharf entgegentrat. Sie sind ein tüchtiger Junge!"

„Ein prachtvoller Mensch!" fügte Deep-hill hinzu.

„Sie haben mit einer Umsicht gehandelt, welche Ihnen alle Ehre macht. Ihnen allein habe ich es zu verdanken, daß ich meine Kinder sehe und auch den Vater finden werde."

„Mir allein? Unsinn! Uebertreiben Sie nicht! Diesen beiden Damen haben Sie es zu verdanken, daß Sie sie haben. Wenn sie nicht mehr lebten, wäre mein ganzer berühmter Scharfsinn der reine Quark!"

„Sie sind bescheiden! Aber, Herr, ich bin Millionär; wenden Sie sich in jeder Lebenslage an mich!"

„Das werde ich bleiben lassen. Ich habe, was ich brauche. Aber, Herr, ich bin Maler; wenden Sie sich in jeder Körperlage an mich! Ich male Sie von allen Seiten, sogar von unten, wenn Sie es wünschen."

Alle lachten, nur der Maler allein blieb ernsthaft.

„Aber," wendete sich der Amerikaner an ihn, „Sie haben noch gar nicht gesagt, wie mein Vater sich jetzt nennt. Er muß seinen Namen verändert haben, sonst hätte ich ihn gefunden."

„Er hat ihn nicht verändert, sondern ihn nur, ganz so wie Sie, in eine andere Sprache übersetzt, nämlich in die Deutsche. Er nennt sich Untersberg."

„So wohnt er in Deutschland?"

„Ja."

„Dieser ist Deutschenhasser fast bis zum Uebermaß!"

„Das wird einen Grund haben, den ich ahne, einen psychologischen Grund."

„Welchen?"

„Er war Deutschenfeind. Sie heiratheten eine Deutsche. Er verstieß sie deshalb; er machte Ihre Frau unglücklich. Er trieb sie mit den Kindern in die Fremde hinaus. Er schilderte sie Ihnen als treulos!"

„Ja, das that er."

„Aber er war doch immer Mensch. Er hatte ein Herz, ein Gewissen. Die Reue kam, je später desto gewaltiger. Der Sohn war fort, Weib und Kinder auch. Er konnte nichts wieder gut machen; darum legte er sich wenigstens die eine Buße auf: Er verließ Frankreich und ging nach Deutschland. Er lernte die verhaßte Sprache dieses Landes und wurde Einsiedler, um auf die Vorwürfe seines Gewissen Tag und Nacht ungestört hören zu können."

„Einsiedler? Lebt er so in der Abgeschiedenheit?"

„Sie meinen etwa im Walde?"

„So ungefähr."

„O nein. Er lebt in einer großen Stadt."

„In welcher?"

„Hm! Werden Sie ihn aufsuchen?"

„Das versteht sich ganz von selbst. Er hat schlimm an mir gehandelt, aber er ist mein Vater. Wir werden ihm vergeben, nicht wahr, meine Kinder?"

Die beiden Mädchen nickten ihm freudig zu; dann setzte er seine Erkundigung fort:

„Also in welcher Stadt?"

„In Berlin."

„Wie lautet seine Adresse? Welche Straße und auch welche Nummer, Herr Schneffke?"

„Halt, halt! Das geht nicht so schnell wie das Bretzelbacken! Man muß hier vorsichtig sein. Wann wollen Sie hin zu ihm?"

„Morgen fahren wir nach Schloß Malineau, um mit Monsieur Melac zu sprechen. Sodann geht es gleich nach Berlin, direct vom Bahnhofe zum Vater."

„Sachte, sachte! Der würde Sie hinausschmeißen, gerade wie meinen Freund, den Maler Haller."

„Maler Haller?" fragte Müller schnell. „Kennen Sie denn diesen Herrn?"

„O, sehr gut!"

„Wo lernten Sie ihn kennen?"

„Bei einer Schlittenparthie im Tharandter Walde."

„Sie fuhren Schlitten einer Gouvernante zu Liebe?"

„Ja. Sodann ritt ich ihr zu Liebe spazieren; aber Gouvernanten scheinen solche Verehrungsweisen nicht anzuerkennen; darum habe ich dieser Gouvernante den Korb gegeben und mich nach einer geeigneten Persönlichkeit umgesehen."

„Haben Sie Glück gehabt?"

„Ja, bin bereits einmal mit ihr vom Sessel herab in die Stube gefallen. Die Hochzeit wird nicht lange auf sich warten lassen."

„Gratulire!"

„Danke!"

„Warum," fragte Bas-Montagne, „warum glauben Sie denn, daß mein Vater uns nicht empfangen wird?"

„Weil er überhaupt außer mich keinen einzigen Menschen zu sich läßt."

„Aber, seinen Sohn, seine Enkelinnen!"

„Erst recht nicht! Man durfte ja davon gar nicht sprechen. Er muß auf ganz andere Weise gepackt werden."

„Wie denn?"

„Mit Ihrem Bilde. Ich habe Ihnen bereits gesagt, daß er sich bestrebt, Ihren Kopf zu zeichnen. Eines schönen Tages muß ihm das gelingen. Was darauf folgt, das muß abgewartet werden."

„Ihr Rath ist nicht zu verwerfen. Werden Sie sich auf der Reise nach Berlin uns anschließen?"

„Gern."

„Und ebenso lieb wäre es mir, wenn Sie morgen mit uns nach Etain fahren wollten."

„Lieber heute noch!"

„Das geht nicht. So wichtig mir diese Angelegenheit ist, ich mag sie doch nicht überstürzen."

„Pst!" warnte Fritz in diesem Augenblicke. „Ein Wagen aus Ortry!"

„Der Alte?" fragte Müller.

„Ich weiß es noch nicht. Das Verdeck ist zu. Ich kenne aber die Pferde."

Er trat vom Fenster zurück, um nicht selbst auf seinem Posten bemerkt zu werden, ließ aber trotzdem den Blick nicht von unten weg und meldete nun auch:

„Ja, der Capitän. Gehen wir hinaus?"

„Gewiß!" antwortete Müller. „Kommen Sie, meine Herren! Ich darf auf keinen Fall anwesend sein."

Kaum hatte sich die eine Thüre hinter den vier Herren geschlossen, so ging die andere auf, um Richemonte eintreten zu lassen. Er verbeugte sich höflich vor Emma von Königsau und sagte:

„Verzeihung, daß ich störe, Miß! Ich hörte, daß meine Enkelin sich hier befindet, und komme, sie abzuholen."

„Sie stören keineswegs. Bitte, nehmen Sie Platz, Herr Capitän!"

Er setzte sich auf die Hälfte des Sessels, so wie Einer, welcher bereits im nächsten Augenblicke wieder aufbrechen will. Sein Auge schweifte forschend im Zimmer umher; dann sagte er:

„Ich glaubte, Herrengesellschaft hier zu finden?"

„Wieso?"

„Ich sah Hüte draußen liegen. War vielleicht Herr Maler Haller hier?"

„Nein," antwortete Emma.

„Ich möchte aber doch behaupten, daß er hier gewesen ist!"

Die scheinbare Engländerin errieth sofort den Zusammenhang, da sie die Aehnlichkeit Fritzens mit Haller kannte.

„Sie dürften sich sehr irren!" sagte sie.

„Wohl nicht!" lachte er höhnisch überlegen.

Sie stand von ihrem Stuhle auf und antwortete in stolzem, verweisendem Tone:

„Sie scheinen nicht gelernt zu haben, mit Leuten von Bildung zu verkehren, Herr Capitän."

„Ah!" stieß er hervor.

„Es ist eine gesellschaftliche Infamie, eine Dame einer Lüge zu zeihen!"

„Infamie! Donnerwetter! Wenn ich nun beweisen kann, daß diese Dame wirklich gelogen hat!"

„So wäre Ihr Verhalten immer noch ein nicht nur rohes, sondern sogar rüdes. Uebrigens würde Ihnen dieser Beweis wohl schwer fallen!"

Sie trat zur Nebenthür, öffnete diese und sagte:

„Herr Schneeberg, bitte!"

Fritz trat in das Zimmer.

„Nun, das ist ja Herr Haller!" sagte der Alte, indem er höchst befriedigt dem Deutschen die Hand entgegenstreckte. „Diese Dame hat also doch gelogen!"

Marion hatte sich bisher völlig theilnahmslos verhalten. Jetzt hielt sie es für an der Zeit, auch ein Wort zu sagen:

„Verzeihen Sie, Miß de Lissa. Mein Großvater wird alt. Er leidet an Hallucinationen und hat sogar zuweilen

Anfälle eines allerdings höchst ungefährlichen Irrsinns. Man darf nicht auf ihn hören!"

Der Alte stand da, als ob er zur Statue geworden sei. Das war ihm denn doch noch nicht geboten worden!"

"Was sagst Du? Was meinst Du?" stieß er zischend zwischen den Zähnen hervor.

Dies sollte nur der Anfang seines Wuthausbruches sein. Aber Marion fiel ihm in die Rede:

"Eine Dame von solcher Distinction eine Lügnerin schimpfen, das ist Irrsinn, und diesen Herrn hier für den Maler halten, das ist ein Beweis von Hallucination. Mache Dich nicht lächerlich, sondern siehe diesen Herrn genauer an! Herr Schneeberg, Pflanzensammler bei Herrn Doctor Bertrand!"

Da trat der Alte einen Schritt zurück, stieß einen erstaunten Pfiff aus und fragte:

"So so! Berteu sprach von diesem Manne! Ein deutscher Spion, den wir unschädlich machen werden. Giebt es vielleicht in Etain und Malineau noch Etwas für Sie zu thun, Monsieur Schneeberg?"

Draußen im Nebenzimmer hatte Müller die drei Anderen instruirt, was sie vorkommenden Falles antworten sollten. Fritz entgegnete einfach:

"Wüßte nicht, was ich dort zu suchen hätte!"

"Aber Sie hatten Etwas zu suchen!"

"Freilich! Ich suchte fünfzehntausend Franks, welche der ehrenwerthe Monsieur Berteu an Mademoiselle Nanon und deren Schwester schuldet."

"Hm! Sie sind wohl der Beschützer dieser Damen?"

"Es kam mir ganz so vor, als ob in Malino Damen gar sehr des Schutzes bedürften. Ist das auf Schloß Ortry vielleicht auch der Fall, Herr Richemonte?"

"Frecher Kerl! Ich werde mit der hiesigen Polizei sprechen. Man wird Ihnen das Handwerk legen!"

"Verbrennen Sie sich nicht, alter Herr! Wer weiß, was Sie selbst für ein Handwerker sind."

"Pah! Ich werde Sie zertreten wie einen Wurm!"

Und sich an Marion wendend, fragte er höhnisch:

"Giebt es vielleicht noch mehrere solche Spione hier? Die Hüte draußen scheinen auf die Anwesenheit von dergleichen Gesellen zu deuten!"

Sie zuckte die Achseln und antwortete in überlegener Ruhe:

"Du scheinst Dich für diese Hüte außerordentlich zu interessiren!"

"Natürlich!"

"Nun, wollen doch einmal sehen, ob sie wirklich ein solches Interesse verdienen!"

Sie öffnete den Eingang, griff auf den neben der Thür stehenden Tisch und trat, mit dem Hute des Malers in der Hand, dann zu dem Alten heran.

"Wem mag dieser da gehören?" fragte sie.

"Jedenfalls einem Subjecte!"

"Du kennst ihn also nicht?"

"Nicht so nahe! Fort mit ihm! Er stinkt und duftet nach Spitzbubenfleisch."

"Ich werde mir erlauben, Dir diesen Spitzbuben vorzustellen."

Sie öffnete die Nebenthür und sagte:

"Bitte, Herr Hieronymus!"

Schneffke trat ein.

Hätte den Alten der Schlag getroffen, er hätte kein anderes Bild geben können. Er wußte ganz genau, daß er diesen Menschen eingesperrt hatte und noch dazu in Fesseln und hinter mehreren verschlossenen Thüren. Er hätte tausend Eide geschworen, daß er sich tief unter der Erde befinde und nun stand er hier, vor ihm, leibhaftig, lebendig! Der Alte fragte sich, ob Marion denn vielleicht doch vorhin Recht gehabt habe, als sie behauptete, daß er an periodischem Irrsinn leide.

Der kleine dicke Maler lachte dem consternirten Alten lustig in das Gesicht und sagte:

"Sie machen ja ein Gesicht, wie eine geräucherte Schlackwurst, die von den Ratten angefressen worden ist. Kommen Sie gefälligst zu sich, Alter, sonst denke ich, daß Ihnen Ihr letztes Bischen Verstand pfeifen gegangen ist."

"Wie — wie — — heißen Sie?" stammelte der Capitän.

"Hieronymus Aurelius Schneffke, mein lieber, alter Groß-, Ur- und Capitalspitzbube! Sie denken, die Klugheit mit Löffeln gegessen zu haben; aber profit die Mahlzeit! Sie werden von Ihren Unterthanen doch über den Löffel barbirt! Kaum hatten Sie mich fest, so kam Einer, der ließ mich wieder heraus. Ich glaube, er hieß Ribeau, der Busenfreund eines gewissen Berteu."

"Lügner!"

"Mach keinen Unsinn, alter Karfunkelhottentott! Du bist so dumm, daß der, welcher Dich betrügen will, die Wahrheit sagen muß, denn Du glaubst sie ja doch nicht. Dein Verstand ist ganz von den Motten zerfressen und Dein Gehirn ist der reine Mehlwürmertopf, zerwühlt und zerfressen durch und durch. Alter Hallunke, Du kannst mich dauern! Mit Dir geht es gewaltig auf die Neige. Für Dich ist's am Besten, Du legst das Licht ins Bette und bläsest Dich selber aus!"

Dem Capitän wollte der Athem vergehen. Er schnappte nach Luft — endlich, endlich gurgelte er hervor:

"Schuft! Spion verdammter!"

"Sei still! Du brauchst Dich hier gar nicht erst vorzustellen. Wir kennen Dich schon."

"Ich werde sofort nach Polizei schicken!"

"Thue das, trautes Giraffengerippe. Ich habe gar nichts dagegen, daß sie Dich in Sicherheit bringen. Deine Stunden sind gezählt. Du pfeifst aus dem letzten Loche!"

"Spotte nur, Erbärmlicher. Sobald ich dieses Haus verlassen habe, wird man sich Deiner und dieses Kräutermenschen bemächtigen. Das also ist die Gesellschaft, mit welcher die Baronesse Marion de Sainte-Marie umgeht."

Marion antwortete kalt:

"Es fehlt noch Einer, um sie vollständig zu machen. Oder sollte es nicht eher die Gesellschaft sein, mit der Du selbst umgegangen bist? Wollen sehen!"

Sie öffnete abermals die Thür und Deep-hill trat ein. Der Capitän stieß einen unarticulirten Schrei aus. Seine Adern traten weit hervor und seine Augen starrten gläsern auf den Amerikaner.

"Nun, kennst Du ihn?" fragte Marion.

Er schlang und schlang; man hörte seine Zähne knirschen, aber sprechen konnte er nicht. Deep-hill trat auf ihn zu und sagte in höhnisch mitleidigem Tone:

„Deine Krallen sind stumpf geworden, alte Hyäne. Du wirst in Deinem eigenen Koth verhungern. Du hast mich morden wollen und deshalb den Zug entgleisen lassen. Da dies nicht gelang, hast Du mich in die Falle gelockt; aber diese Falle war nicht fest genug! Ich könnte Dich den Gerichten übergeben, aber selbst der Galgen graut vor Dir, Du bist so erbärmlich, daß ich Dich nicht einmal verachten kann. Gehe nach Hause. Kein Mensch wird Dir Etwas thun. Aber grüße mir den jungen Rallion. Er weiß die Hauptschlüssel, welche Du verloren glaubtest, sehr gut zu gebrauchen. Du siehst, daß Du von Deiner eigenen Brut verrathen wirst; Deine besten Verbündeten betrügen Dich, obgleich Du sie zum Eidam haben willst. Geh schlafen, alter Scorpion!"

Ein Wink an Fritz. Dieser trat herbei und faßte den Capitän bei beiden Schultern. Er schob ihn zur Thür hinaus bis an die Treppe.

„So, mach Dich nun fort, Kellerunke! Und siehe zu, daß Du mir nicht wieder unter die Hände kommst!"

Der Alte widerstrebte nicht. Wie im Traume stieg er die Treppe hinab, und wie im Traume stieg er auch in seinen Wagen. Eben als dieser sich in Bewegung setzen wollte, fuhr ein zweiter vorüber, in welchem ein Mann saß. Als dieser den Capitän erblickte, ließ er halten.

„Herr Capitän," sagte er. „Wie gut, daß ich Sie hier sehe. Ich wollte hinaus nach Ortry zu Ihnen."

Der Alte wendete ihm sein leichenstarres Antlitz zu. Beim Anblick dieses Mannes belebte es sich sofort. Er gewann augenblicklich die Sprache wieder:

„Herr Haller! Ah, das ist die Erlösung! Wann kamen Sie nach Thionville?"

„Vor zwei Minuten mit dem Zuge."

„Warum blieben Sie nicht in Berlin?"

„Man hat mich telegraphisch zurückgerufen."

„Sprechen Sie leiser! Man belauscht uns wahrscheinlich! Zurückgerufen nach Paris?"

„Ja. Ich stieg hier aus, um es Ihnen zu melden. Nun habe ich nicht nöthig, nach Ortry zu fahren."

„Haben Sie Etwas ausgerichtet, Graf?"

„Viel, sehr viel."

„Mit diesem Königsau?"

„Mit seinem Vater. Er selbst war verreist, zu einem Verwandten. Aber ich habe alle seine Arbeiten und Manuscripte gelesen. Diese Preußen sind tausendmal dümmer als die Sünde."

„Ich weiß es."

„Wir werden leichtes Spiel haben. Preußen ist nicht gerüstet, und Süddeutschland geht mit uns. Leben Sie wohl!"

„Wollen Sie wirklich nicht mit nach Ortry?"

„Nein. Der Zug hält eine Viertelstunde; er steht noch da, ich komme noch mit ihm fort. Baldigst mehr! Umkehren!"

Die beiden Wagen hatten so nahe neben einander gestanden, daß es den Sprechern leicht geworden war, das Gespräch flüsternd zu führen. Nicht einmal einer der Kutscher hatte ein Wort erlauschen können. Das Lohngeschirr des Grafen Lemarch, alias Maler Haller, lenkte um.

„Also Glück auf dem Wege!" sagte der Alte noch. „Adieu, Monsieur!"

„Adieu, Herr Capitän!"

Der Eine fuhr dahin und der Andere dorthin.

„Gut, gut!" brummte der Alte in sich hinein. „Die Rache beginnt bereits! Ah, ich werde mich mit wahrer Wollust in ihr wälzen!"

Droben am Fenster hatte Müller gestanden, um den Alten einsteigen und fortfahren zu sehen. Schneffke befand sich an seiner Seite. Er blickte aus dem Hinterhalte hinab.

„Sapperment! Wer ist das?" sagte er.

„Wer?"

„Der dort in dem Wagen kommt."

Müller bog sich ein Wenig weiter vor, fuhr aber sofort wieder zurück.

„Haller!"

„Ja, Haller!" stimmte der Dicke bei. „Ich werde ihn rufen."

Er fuhr mit dem Kopfe zum Fenster hinaus, aber Müller faßte ihn und zog ihn schnell zurück.

„Um aller Welt willen, begehen Sie keine Dummheit!"

„Dummheit? Mein Freund Haller aus Stuttgart!"

„Lassen Sie sich das nicht weiß machen! Es ist kein Maler, sondern Chef d' Escadron Graf Lemarch. Er ist als Spion nach Berlin gegangen."

„Tausendschwerebrett!"

„Ja, ja, mein Bester!"

„Sie irren!"

„Nein. Er war in Ortry, ehe er nach Berlin ging und kommt jetzt wieder, um dem Alten Bericht zu erstatten. Ah, er lenkt wieder nach dem Bahnhofe zu. Gut, so sind wir ihn los und brauchen nicht mit seiner Anwesenheit zu rechnen."

Die Beiden kehrten aus dem Neben= in das Hauptzimmer zurück. Marion fragte Müllern:

„Haben Sie Haller gesehen, Herr Doctor?"

„Ja, gnädiges Fräulein."

„Welche Aehnlichkeit mit Fritz!"

„Mit mir?" fragte der Genannte.

„Ungeheuer!"

„Dann schade, daß ich nicht auch am Fenster war."

Da steckte das Dienstmädchen den Kopf zur Thür herein.

„Herr Schneeberg, eine Depesche!"

Fritz nahm und öffnete sie.

„Ist's wichtig?" fragte der Maler neugierig.

„Gar nicht. Der Mann konnte auch schreiben," antwortete Fritz gleichmüthig. „Jetzt meine Herren, können wir wieder auf unsere Angelegenheiten zurückkommen. Ist vielleicht noch irgend Etwas aufzuklären?"

Dabei spielte er Müllern die Depesche heimlich in die Hand.

„Für den Augenblick wohl nicht," antwortete Deep=hill. „Wir haben uns nur über unsere morgende Abreise zu besprechen."

Müller hatte einen raschen Blick auf das Papier geworfen. Es enthielt nur das eine Wort ‚Zurück'. Das war das Zeichen, Ortry zu verlassen und in Berlin wieder einzutreffen. Er fühlte einen schmerzlichen Stich in seinem

Innern, ließ sich aber nichts merken, sondern antwortete in gleichmüthigem Tone:

"Wann fahren Sie?"

"Doch wohl morgen früh mit dem ersten Zuge," meinte der Amerikaner. "Wenn ich auch heute noch bleibe, so will ich doch von morgen an jede Stunde benutzen. Kinder, packt Eure Sachen zusammen und kommt dann hierher. Auf dem Schlosse sollt Ihr keinen Augenblick mehr bleiben. Dieser alte Schurke — Verzeihung, gnädiges Fräulein! Er ist Ihr Großvater; aber ich kann mir nicht helfen — er ist ein Schurke!"

"O bitte! Ich habe ihn nie als Verwandten anerkannt."

"Das beruhigt mich. Wie gut, Herr Doctor, daß Sie uns vorher im Zimmer instruirten. Nun fällt sein Verdacht auf Ribeau und Rallion."

"Diesen Letzteren wird er sofort vornehmen. Aber, Herr Deep-hill, was haben Sie in Beziehung auf den Capitän beschlossen?"

"Ich folge Ihrem Rathe."

"Ihn nicht anzuzeigen?"

"Ja."

"Ich danke Ihnen."

Bei diesen Worten aber winkte er dem Amerikaner zu, nichts Weiteres zu sagen, um ihn nicht zu verrathen. Marion war ja noch gar nicht eingeweiht. Darum lenkte Deep-hill ab und wendete sich an Fritz:

"Wie hübsch, Herr Schneeberg, wenn auch Sie mit nach Malineau könnten!"

Der Angeredete warf einen schnellen Frageblick auf seinen Vorgesetzten. Dieser antwortete an seiner Stelle:

"Vielleicht giebt ihm Herr Doctor Bertrand noch einmal Urlaub. Wenn Sie meinem Rathe folgen wollen, so packen Sie ein, was Mademoiselle Nanon in Ortry hat, und schicken es nach Berlin voraus. So sind Sie von allen Weiterungen befreit. Das ist das Allerbeste."

"Wird mich der Capitän gehen lassen?" meinte Nanon.

"Der wird gar nicht gefragt," antwortete ihr Vater.

"Wer doch auch mit könnte!" seufzte Marion. "Das wäre eine Erlösung für mich. Brechen wir auf?"

"Ja, wir erwarten Euch hier, Kinder," antwortete der Amerikaner. "Bleibt nicht zu lange aus."

Die drei Damen brachen auf. Müller flüsterte dem Vater, der seine Tochter bis zur Thür begleiten wollte, schnell und unbemerkt noch zu:

"Bitte, sagen Sie heimlich den beiden Damen, daß sie Marion nicht verrathen sollen, was sie von mir wissen."

"Schön!"

Dann trat Müller an Marions Seite.

"Kommen Sie bald nach, Herr Doctor?" fragte sie.

"In einigen Minuten."

"Mir ist so bang. Ich verliere Nanon. Wen habe ich noch, als Sie! Ich wiederhole: Könnte ich doch auch fort!"

"Sie können fort," antwortete er leise.

"Wirklich?"

"Ja. Aber es muß Geheimniß bleiben. Niemand darf es ahnen, nicht einmal die Schwestern. Wir reisen auch!"

"Wann?"

"Morgen."

"Wohin?"

"Nach Malineau."

"Ist's wahr?" fragte sie, freudig erregt.

"Ja, ich gebe Ihnen mein Wort!"

"Gott sei Dank! Aber Sie müssen zurück!"

"Leider! Aber bitte, sorgen Sie sich nicht; ich werde an Alles, Alles denken."

Die drei Damen gingen, und Müller kehrte mit dem Amerikaner zu den Anderen zurück. Dieser Letztere sagte dann zu ihm:

"Herr Doctor, haben Sie Vertrauen zu mir?"

"Ja, Herr Baron."

"Nun, so lassen Sie mich sehen, woran ich bin! Die Depesche, welche Herr Schneeberg erhielt, war eigentlich für Sie bestimmt?"

"Woraus schließen Sie das?"

"Ich sah, daß er sie Ihnen zusteckte."

"Gut, ich leugne es nicht."

"War es wichtig?"

"Ja."

"Darf man es erfahren?"

"Ich reise auch."

"Ah, dachte es mir! Gnädiges Fräulein mit?"

"Natürlich."

"Bitte, wohin?"

"Ich habe dasselbe Ziel wie Sie: Nach Berlin!"

"Herrlich, herrlich! Aber ich muß leider erst nach Malineau."

"Ich werde dafür sorgen, daß wir uns treffen."

"Wollen wir das telegraphisch thun?"

"Nein. Ich will mich nicht in Gefahr begeben. Ich verspreche Ihnen, daß wir uns treffen werden; und ich pflege Wort zu halten. Für jetzt aber muß ich mich verabschieden. Fritz, Du begleitest mich."

Da zog ihn seine Schwester in die Fensternische und sagte:

"Das kommt so plötzlich! Befehl vom Commando?"

"Ja. Es macht mir einen Strich durch die Rechnung."

"Wenn Vater sich wirklich als Gefangener in Ortry befände! Mein Gott!"

"Ich will eben jetzt noch mein Möglichstes thun. Ich wage Alles."

"Aber sei vorsichtig."

"Habe keine Sorge. Jetzt brauche ich keine Rücksicht mehr zu nehmen. Wer mir heute widerstrebt, der ist verloren. Ich bin bewaffnet."

"Wäre es nicht dennoch besser gewesen, Ihr hättet den Capitän der Polizei überwiesen?"

"Nein. Die Lösung meiner Aufgabe geht mir über Alles."

"Aber muß er denn partout frei bleiben?"

"Unbedingt. Ich kenne das Schloß, die Niederlagen und alles Nöthige weiter. Käme der Capitän fort, so würden Aenderungen eintreten, welche meinen ganzen Plan vernichteten. Es muß so bleiben."

Er ging mit Fritz. Unten trafen Sie auf den Arzt.

"Herr Doctor," sagte Müller, haben Sie bemerkt, daß der Capitän oben war?"

„Ja."

„Wir hatten einen bedeutenden Auftritt!"

„Ich habe es bemerkt."

„Er wird Ihnen zürnen, daß diese Personen hier waren. Sie werden in Ungelegenheiten kommen, vielleicht sogar in Gefahr gerathen!"

„Ich fürchte mich nicht. Miß de Lissa wohnt bei mir. Ich kann ihr nicht vorschreiben, wen sie in ihrer Wohnung empfangen darf und wen nicht. Und was den Alten betrifft, so verstehe ich, ihm entgegenzutreten."

„Vielleicht kommt die Zeit, in welcher ich Ihnen so danken kann, wie ich es wünsche."

„Haben Sie nicht einige feste, längere Stricke? Ich brauche sie und möchte mich doch dadurch, daß ich welche kaufe, nicht verrathen."

„Genug. Ich selbst werde nachsehen."

„Und noch Eins: Sie haben für Ihre Landpraxis Pferd und Wagen?"

„Ja."

„Ist das Pferd gut?"

„Ein sehr flotter Läufer."

„Wie viele Personen faßt der Wagen?"

„Zwei, außer dem Kutscher."

„Würden Sie mir ihn verkaufen?"

„Hm! Ich möchte Sie nicht in Ausgaben sehen, welche nicht unbedingt nöthig sind. Wie lange brauchen Sie das Geschirr, Herr Doctor?"

„Nur auf höchstens zwei Tage."

„Warum denn da kaufen? Ich leihe es Ihnen ja ganz gern."

Müller ging natürlich darauf ein. Die Stricke wurden ausgesucht. Fritz machte ein Packet daraus und dann erhielt er von seinem Herrn den Befehl:

„Jetzt kaufst Du noch Lichte für die Laterne und dann erwartest Du mich am Waldwege, wo wir uns immer zu treffen pflegen."

„Reisen wir wirklich morgen?"

„Ja."

„Aber heimlich?"

„Warum diese Vermuthung?"

„Weil Sie einen Wagen nehmen."

„Richtig! Adieu jetzt!"

Er ging nach Ortry.

(Fortsetzung folgt.)

Lfg. 97.   8. Bd.

Deutscher Wanderer

Illustrirte Unterhaltungs-Bibliothek für Familien aller Stände.
Druck und Verlag von H. G. Münchmeyer in Dresden und New-York.

Die Liebe des Ulanen.
Original-Roman aus der Zeit des deutsch-französischen Krieges von Karl May.
(Fortsetzung.)

Dort war lange vorher der Capitän in einer ganz unbeschreiblichen Stimmung angekommen. Er begab sich, ganz so, wie vermuthet worden war, zu Rallion, dem Jüngeren. Dieser lag nachlässig auf dem Sopha und las in einem Buche.

„Ah, Herr Capitän!" sagte er. „Unerwarteter Besuch!"

„Wirklich?" fragte der Alte scharf.

„Gewiß!"

„Ich denke, Sie haben mich jetzt immer zu erwarten."

„Wieso? Weshalb?"

„Das wissen Sie nicht?"

„Nein."

„Ahnen es auch nicht?"

„Kein Wort!"

„Nun, der Schlüssel wegen!"

„Welcher Schlüssel?"

„Zu den unterirdischen Gewölben."

„Was giebt es denn wieder mit diesen Schlüsseln?"

„Donnerwetter, wissen Sie sich gut zu verstellen!"

„Ich mich verstellen?"

„Ja. Sie haben diese Schlüssel!"

„Das sagten Sie bereits einmal!"

„Sie leugneten, jetzt aber habe ich den Beweis."

„Schön! Bringen Sie den Beweis."

„Der, welchen Sie heute befreit haben, hat es mir mitgetheilt. Das ist der unumstößliche Beweis."

„Alle Wetter! Erlauben Sie, daß ich mich da von dem Sopha erhebe! Ich habe Jemand befreit?"

„Ja."

„Das heißt, einen Gefangenen?"

„Natürlich!"

„Den, der da unten steckte, etwa?"

„Wen sonst!"

„Wer war es denn?"

„Das wissen Sie ebenso gut wie ich!"

Da sagte Rallion in seinem ernstesten Tone:

„Capitän, Sie sind seit einiger Zeit höchst unbegreiflich. Sie versprachen mir Ihre Enkelin und halten nicht Wort. Sie schleppen mich in Versammlungen, in denen ich verwundet werde. Sie nennen mich nun gar einen Dieb! Das habe ich satt. Ich weiß sehr genau, was ich meiner Ehre und meinem Stande schuldig bin. Ich lasse mich nicht länger hänseln. Vater hat vorhin telegraphirt? Morgen oder übermorgen reise ich."

„Donnerwetter! Was hat er telegraphirt?"

„Hier das!"

Er gab ihm das Telegramm zu lesen. Es enthielt die Worte:

„Dränge auf Entscheidung und komme dann sofort. Alles ist vorbereitet!"

„Sie sehen also," fuhr er fort, „wie es steht. Bekomme ich Marion oder nicht?"

„Verdammt! Das Mädchen wird immer obstinater! Und nun dazu diese Schlüsselgeschichte!"

„Darf man sie denn nicht erfahren?"

„Hol's der Teufel! Ich habe doch nur Sie im Verdachte!"

„Da sind Sie dümmer als dumm."

„Denken Sie sich: Gestern ergriffen wir einen Spion. Ich lasse ihn fesseln und schließe ihn hinter drei Thüren ein. Sodann einen anderen Gefangenen steckte ich in dasselbe Karzer, in welcher wir die Zofe an Marions Stelle steckten — ich bin überzeugt, Beide fest zu haben. Vorhin fällt mir Marion's Wesen auf. Ich lasse sie beobachten und erfahre, daß sie zu dieser verdammten Engländerin ist. Ich fahre nach. Wen finde ich dort?"

„Nun?"

„Diese beiden Gefangenen!"

„Unsinn!"

„Weiß Gott, es ist keine Lüge! Ich muß ausgesehen haben wie ein Hippopotamus!"

„Das ist doch ganz unmöglich!"

„Unmöglich gerade nicht, da mir ja die Schlüssel fehlen!"

„Hm!"

„In Ihrer Gegenwart habe ich sie verloren."

„Das heißt, ich habe sie?"

„Ich denke es wahrhaftig. Der eine Gefangene sagte mir, ich solle Sie grüßen und Sie hätten die Schlüssel."

Da lachte Rallion laut auf und meinte dabei:

„Und das haben Sie geglaubt?"

„Was sonst?"

„Merken Sie denn nicht, daß der Kerl Sie nur irre führen will?"

„Irre führen? Hm!"

„Wer war denn noch bei den beiden Gefangenen?"

„Marion und — —"

„Donnerwetter!"

„Was?"

„Marion war bei Ihnen? Und Sie ahnen noch immer nichts?"

„Denken Sie etwa, daß sie die Schlüssel hat?"

„Wer denn sonst?"

„Wie will sie sie denn erhalten haben?"

„Auf zehnerlei Weise! Vielleicht sind Sie von ihr schon längst beobachtet worden!"

„Ich möchte schwer daran glauben! Aber wenn ich mir überlege, daß sie — — —"

Er zauderte.

„Was?"

„Daß sie es war, welche mir die befreiten Gefangenen in die Stube brachte!"

„Sie brachte sie? Na, wollen Sie noch andere Beweise?"

„Aber wie soll sie zu den Schlüsseln gekommen sein?"

„Das fragte ich nicht; das muß sie selbst gestehen. Schlüssel hat sie, das ist sicher und gewiß!"

„Wieso?"

„Sie legte die Zofe in ihr Bett, anstatt sich. Sie muß also unseren Plan belauscht haben."

„Wahrscheinlich."

„Sie kann uns aber nur dann belauschen, wenn sie die heimlichen Gänge, Treppen und Thüren kennt."

„Satan!"

„Sie kann sich also ganz leicht, während Sie schlafen, bei ihnen einschleichen und die Schlüssel borgen oder sich einen Wachsabdruck machen."

„Daran dachte ich mit keiner Sylbe!"

„Sie durchkreuzt unsere Pläne; sie wird immer obstinater, wie Sie selbst sagen; es entkommen Ihnen Gefangene, welche ganz sicher hinter Schloß und Riegel waren; Marion wird bei diesen Gefangenen gefunden, denen sie den Rath gegeben hat, mich zu verdächtigen. Das thut sie auch wieder nur, weil sie mich haßt — wenn Sie nun noch nicht wissen, woran Sie sind, so sind Sie vollständig blind!"

Der Alte schritt hin und her, mit den Armen gesticulirend, und dabei allerhand unverständliche Laute ausstoßend. Endlich sagte er, stehen bleibend:

„Sie haben Recht. Ich war blind, vollständig blind. Sie aber haben mir jetzt den Staar gestochen."

„Endlich! Was aber weiter?"

„Ich mache sie unschädlich!"

„Auf welche Weise?"

„Indem ich nun doch den Plan ausführe, den sie uns vereitelt hat."

„Sie einstecken?"

„Ja."

„Hm! Lauscht sie vielleicht jetzt wieder?"

„Nein. Sie ist noch in der Stadt."

„Sie wird wieder entkommen!"

„Dieses Mal nicht. Ich habe noch Orte, die Sie gar nicht kennen. Dahin bringen wir sie."

„Wann?"

„Sobald sie zurückgekehrt ist."

„Sapperment!"

„Wir binden sie sogar im Kerker an, so daß sie sich gar nicht bewegen kann."

Der Graf schnalzte mit der Zunge und mit den Fingern.

„Und dann?" fragte er. „Dann?"

„Was, dann?"

„Dann gehört sie mir?"

„Ja, ich gebe sie Ihnen; aber erst nach vierundzwanzig Stunden, Verehrtester!"

„Warum so spät?"

„Ich gewähre ihr diese Bedenkzeit, weil es für Sie, für die Zukunft besser ist, sie wird freiwillig Ihre Braut, als gezwungener Maßen."

„Einverstanden! Unter diesen Umständen bleibe ich trotz der Depesche einen Tag länger hier. Ich habe es nun einmal auf diese Marion abgesehen. Was kann ich gegen diese dumme Liebe? Wie also arrangiren wir uns?"

„Ich warte, bis sie in ihrem Zimmer ist; dann hole ich Sie ab. Wir treten durch das Tafelwerk bei ihr ein."

„Schön! Aber sie wird schreien!"

„So weit dürfen wir es nicht kommen lassen."

„Gut, gut! Ich bin gespannt, ganz außerordentlich gespannt Aber man wird sie vermissen!"

„Lassen Sie es meine Sorge sein, hierauf eine Antwort zu geben, welche die Frager befriedigen wird!"

„Alle?"

„Ich denke."

„Hm! Einen doch wohl nicht."

„Wen?"

„Diesen verdammten, buckeligen Hauslehrer."

„Sie hassen ihn einmal!"

„Pah! Ich weiß ganz genau, daß Sie ihn ebenso hassen, ja, daß Sie ihn sogar fürchten."

„Fürchten? Sind Sie toll?"

„Nein. Ich beobachte gut. Sehen Sie denn nicht,

daß Marion am Fenster steht, wenn er unten im Garten sitzt? Sie geben sich heimliche Zeichen; sie stützt sich auf ihn. Hätte sie ihn nicht, so wagte sie keinen solchen Widerstand."

„Was Sie da sagen, klingt nicht ganz unwahrscheinlich. Ich habe Beweise, daß er horcht, daß er heimlich beobachtet. Er hat zu mir von Dingen gesprochen, die nur ich allein wissen kann. Das ist höchst auffällig."

„Und da dulden Sie ihn?"

„Was will ich thun? Der Junge hängt an ihm!"

„Pah! An dem Nächsten wird er ebenso hängen und vielleicht noch mehr."

„Möglich. Aber, aber —"

„Was denn?"

„Ich will Ihnen aufrichtig sagen, daß ich ihn nicht gern aufregen möchte. Ich habe mich doch ein Wenig in Acht zu nehmen. Dieser Lauscher hat einige Kleinigkeiten bemerkt, deren Ruchbarwerden mir zwar keinen Schaden, mich aber in Unannehmlichkeiten bringen könnte."

„Dachte es mir doch! Sie fürchten sich vor ihm!"

„Fürchten? Nicht die Spur; ich habe ihn nur zu berücksichtigen; das ist Alles."

„Nun gut, so legen Sie es ihm so vor, daß er selbst es ist, welcher kündigt, welcher geht."

„Da wird er sich hüten!"

„Hat er kein Ehrgefühl?"

„Mehr als genug."

„Hm, ich zweifle daran! Mir gegenüber hat er sich als Feigling benommen. Sie wissen ja!"

„Das mußte damals einen ganz besonderen Grund haben. Ich habe keinen Zweiten kennen gelernt, der so wie er zum Raufbolde prädestinirt wäre. Ehrgefühl hat er; aber er wird lieber Manches verschlucken, als eine so fein dotirte Stellung aufgeben."

„Es gilt den Versuch!"

„Ich werde ihn machen. Werde ich den Menschen so halb und halb in Frieden los, so soll es mir auch auf ein Vierteljahrsgehalt nicht ankommen."

„Ist er denn fleißig? Er scheint stets abwesend zu sein, wie ich bemerkt habe."

„Er geht allerdings sehr viel aus. Dies giebt vielleicht die Veranlassung zu einer Auseinandersetzung. Also halten Sie sich bereit. Ich werde Sie abholen."

Er ging und beobachtete dann von seinem Fenster aus die Straße, welche nach der Stadt führte. Unterdessen schickte er den Diener, um sich nach Müller zu erkundigen und auch zu erfahren, welchen Unterricht er heute ertheilt habe.

„Er hat heute gar keinen Unterricht gegeben," lautete der Bescheid.

„Ist er denn nicht da?"

„Er ist heute stets fort gewesen. Nur einige Augenblicke hat man ihn gesehen; dann ist er wieder verschwunden."

Nach einiger Zeit sah der Alte Marion mit den beiden Schwestern die Straße nach dem Schlosse daherkommen, und zugleich schritt Müller nachdenklich auf dem Wiesensteig herbei. Er hatte die Stadt später als die Damen verlassen, war aber einen kürzeren Weg gegangen; so kam es, daß er fast in demselben Augenblicke mit ihnen auf dem Schloßhofe anlangen mußte.

Dies bemerkte der Alte. Er ging hinab und wartete. Draußen vor dem Thore traf Müller mit den Damen zusammen und betrat mit ihnen den Hof.

„Herr Doctor," sagte der Alte laut, „Sie wurden gesucht."

„Von wem?"

„Von mir."

„Ich stehe zu Diensten!"

„Das habe ich nicht gefunden. Wenn man Sie braucht, sind Sie nicht vorhanden. Haben Sie heute Unterricht ertheilt?"

„Nein," antwortete der Gefragte, welcher sehr ruhig vor dem Frager stand.

Auch die Damen waren unwillkürlich stehen geblieben.

„Warum nicht? Weshalb sind Sie engagirt?"

„Um meinen Zögling zu erziehen. Die Erziehung aber besteht nicht in Unterricht allein. Man muß individualisiren. Ich habe es für nöthig befunden, dem jungen Herrn Baron jetzt einige Ruhe zu gewähren."

„Ihm oder Ihnen, Herr Doctor?"

„Vielleicht Beiden zugleich."

„Das kann ich nicht billigen. Ich bezahle keinen Erzieher zu dem Zwecke, sich Ruhe zu gönnen. Ein Anderer würde sich sein Gehalt zu verdienen suchen!"

„Meinen Sie, daß ich es nicht verdiene?"

„Durch dieses ‚Ruhe sich gönnen' allerdings nicht. Es giebt gerade jetzt Ueberfluß an tüchtigen Pädagogen."

„Dann möchte ich rathen, es doch einmal mit einem Anderen zu versuchen, Herr Capitän."

„Wir haben lange Kündigung."

„Ich gehe auch ohne Kündigung."

„Wann?"

„Heute, wenn es Ihnen beliebt!"

„Schön! Ich werde, damit Sie nicht darunter leiden, Ihnen einen Vierteljahrsgehalt plus auszahlen."

„Danke! Ich bin noch bei Casse!"

„Wann holen Sie sich Ihre Zeugnisse?"

„Ich brauche keine. Ich bitte nur noch, meinen Koffer zu Herrn Doctor Bertrand schaffen zu lassen."

„Wird besorgt! Also, leben Sie wohl, Herr Doctor."

„Ebenso, Herr Capitän!"

Der Alte hatte nicht gedacht, den unbequemen Menschen so leicht los zu werden. Er hatte ihn vor den Damen blamirt und schritt im Bewußtsein eines Sieges stolz von dannen. Er ahnte nicht, daß sowohl Müller als auch die beiden Schwestern ihn heimlich auslachten, und daß Marion auf der Freitreppe leise zu ihm sagte:

„Was haben Sie gethan, Herr Doctor!"

„Einen Sieg errungen."

„Wieso?"

„Sie werden es erfahren. Jetzt ist nicht Zeit dazu, gnädiges Fräulein."

„Aber Sie haben nun keine Stellung!"

„O, eine viel, viel bessere und ehrenvollere. Ich dachte nicht, so gut von ihm loskommen zu können."

„Aber ich — —!"

„Lassen Sie mich sorgen!"

"Nun wohl! Ich möchte mich so gern auf Sie verlassen."

"Sie können es, Sie können es, gnädiges Fräulein. Nur liegt es in unserem Interesse, dem Capitän jetzt noch nicht ahnen zu lassen, daß wir Verbündete sind. Sie dürfen vollständig versichert sein, daß ich Alles thun werde, was in meinen Kräften steht, Sie gegen die Intentionen Ihres Großvaters in Schutz zu nehmen."

"Wie aber wollen Sie dies thun können, wenn Sie sich nicht mehr bei mir befinden?"

"Ich bitte Sie abermals, dies jetzt nur meine Sorge sein zu lassen. Wir können nicht weiter darüber sprechen, da wir jetzt hier bei Ihrem Zimmer angelangt sind. Es würde das auffallen, denn wir dürfen nicht vergessen, daß wir jedenfalls scharf beobachtet werden."

Sie trennten sich, er um seine eigenen Sachen einzupacken, und sie, um über Alles nachzudenken, was sie heute erfahren und gehört hatte.

Sie schritt einsam und in Gedanken versunken, in ihrem Zimmer auf und ab, wohl über eine halbe Stunde lang, dann ließ sie sich auf den Sessel nieder, welcher vor dem Tische stand. Sie stemmte den Ellbogen auf den Letzteren und legte das schöne Köpfchen in die Hand. Sie hatte eine solche Stellung eingenommen, daß sie dem Eingange, welcher nach dem Vorzimmer führte, den Rücken zukehrte.

Unterdessen hatte der Capitän den Obersten Rallion aufgesucht, von welchem er mit Spannung erwartet wurde. Er trug einen geöffneten Brief in der Hand.

"Denken Sie, was da angekommen ist," sagte er. "Der Brief ist bereits einige Stunden da, ohne daß ich es wußte. Man hatte ihn mir während meiner Abwesenheit auf den Schreibtisch gelegt."

"Interessirt der Inhalt auch mich?"

"Sogar sehr."

"Von wem ist er?"

"Von Ihrem Herrn Vater."

"Dann muß er mich allerdings sehr interessiren. Vater ist ja sonst kein Freund einer so frequenten Correspondenz. Was schreibt er denn?"

"Hören Sie!"

Der Alte las:

"Mein bester Capitän!

Die politische Constellation ist ganz plötzlich eine solche geworden, daß ich Sie persönlich sprechen muß. Da ich aber nicht so schnell wieder nach Ortry kommen kann, so ersuche ich Sie, spätesten am Tage nach Empfang dieses mit dem ersten Frühzuge nach hier abzureisen. Es hat große Eile. Ich habe fast die volle Gewißheit, daß das Wetter noch eher losbricht, als wir es vermutheten. Natürlich bringen Sie meinen Sohn mit. Es steht ihm die Auszeichnung bevor, zu den Gardezouaven versetzt zu werden.

Ihr Jules, Graf von Rallion."

"Was sagen Sie dazu?" fragte der Alte, indem er den Brief wieder zusammenfaltete und einsteckte.

"Victoria!"

"Ja, dieses eine Wort ist das richtige und enthält Alles, was gesagt werden kann. Also zu den Zouaven kommen Sie!"

"Eine große Auszeichnung!"

"Die Zouaven weniger, aber die Garde. Oberst eines Regimentes Gardezouaven! Donnerwetter, das läßt sich hören!"

"Ja," nickte Rallion, indem sein Auge stolz aufleuchtete. "Wir haben ja nur das eine Zouavenregiment bei der kaiserlichen Garde, zwei Bataillone stark. Das ist es, was mich selbstverständlich freut. Aber das Andere —!"

"Was?"

"Die schnelle Abreise!"

"Die ärgert Sie?"

"Natürlich doch!"

"Warum?"

"Hm! Marion! Haben Sie denn vergessen?"

"Pah! Bis zum ersten Zuge morgen früh haben Sie mehr als genug Zeit, zum Ziele zu gelangen."

"Ist sie bereits nach Hause?"

"Ja; ich sah sie soeben kommen."

"Nun, wann holen wir sie?"

"Gleich jetzt. Ich habe zwei paar Filzgaloschen draußen stehen, welche wir anziehen, um unsere Schritte unhörbar zu machen."

"Und wenn sie um Hilfe ruft?"

Der Alte stieß ein höhnisches Lachen aus und antwortete:

"Da habe ich ein Stück alten Pelzes, welches sie schon verhindern wird, zu schreien. Ich drücke ihr dasselbe auf das Gesicht und binde es ihr fest. Zu gleicher Zeit nehmen Sie die Stricke, welche ich mitgebracht und draußen liegen habe, und fesseln ihr Hände und Füße. Sie ist ganz sicher unser, denn jetzt soll es ihr nicht einfallen, anstatt sich selbst die Zofe fangen zu lassen."

"So wollen wir gehen!"

"Vorher noch Eins: Ich habe mit diesem Müller gesprochen."

"Ah, schon?"

"Ja. Ich ging ihm ja entgegen."

"Sprachen Sie von seiner Entlassung?"

"Ja."

"Ging er darauf ein?"

"Mit Vergnügen, wie es schien. Nicht einmal sein Zeugniß will er haben."

"Der Unvorsichtige! Wie kann er eine weitere Stelle finden, ohne nachzuweisen, daß Sie mit ihm zufrieden gewesen sind?"

"Er mag zusehen, wer ihn engagirt. Ich bot ihm den Gehalt eines Vierteljahres als Entschädigung an, aber er nahm auch dieses Geld nicht an."

"Nicht? Warum nicht?"

"Weiß ich es? Er sagte, er sei noch bei Casse."

"Warum aber boten Sie ihm diese Entschädigung an?"

"Weil er von einer Kündigung absah."

"Ah! So geht er bereits am Schlusse des Monates?"

"O nein, noch besser! Er geht sofort."

"Heute schon?"

"Nicht nur heute, sondern sofort. Er wird einpacken und dann gehen."

"Dem Himmel sei Dank! Sind wir diesen arroganten Menschen los! Ich habe ihm nicht getraut."

"Er war ein verschlossener, undurchdringlicher Character, aber trotzdem und trotz seines Buckels doch ein tüchtiger

Kerl. Aber, halten wir uns mit ihm nicht auf! Wir haben mehr zu thun. Kommen Sie! Aber schließen Sie vorher Ihren Eingang zu. Man muß vorsichtig sein."

„Haben Sie Laternen mit?"

„Das versteht sich ganz von selbst. Laternen und auch alles Andere, was wir brauchen."

Rallion verschloß seine Thür und dann krochen sie durch das geöffnete Täfelwerk. Draußen zogen sie die Filzschuhe über ihre Stiefeln, nahmen die anderen Requisiten an sich und schlichen sich dann zu derjenigen Stelle, an welcher man in Marions Vorzimmer gelangte.

„Pst! Horchen wir erst!" flüsterte der Alte.

Sie lauschten. Es ließen sich regelmäßige, durch die Entfernung gedämpfte Schritte hören.

„Sie scheint im Zimmer auf und ab zu gehen," meinte Rallion.

„Ja. Wir müssen also warten."

Sie warteten eine kurze Weile, dann waren die Schritte nicht mehr zu hören.

„Jetzt," raunte der Alte seinem Spießgesellen zu. „Aber vorsichtig. Unsere Schritte müssen unhörbar sein. Haben Sie die Stricke bereit?"

„Ja."

„Sie wird sich natürlich sträuben. Seien Sie nicht zu zart mit ihr. Je fester wir zugreifen, desto eher und besser werden wir mit ihr fertig."

Ein leises Rascheln ließ sich hören, so leise, daß selbst Rallion es kaum zu vernehmen vermochte: Der Alte öffnete das Täfelwerk. Sie blieben einige Augenblicke horchend stehen und da sich nichts im Zimmer regte, so waren sie überzeugt, nicht gehört worden zu sein.

„Jetzt vorwärts!" befahl der Capitän.

„Lassen wir hier offen?"

„Ganz natürlich!"

Sie traten in das Vorzimmer. Es befand sich Niemand da. Sie schlichen zu den Portièren und blickten hindurch. Marion saß in der bereits beschriebenen Stellung am Tische.

Der Alte nickte dem Grafen aufmunternd zu, schob die Portièren zur Seite und trat ein, in den beiden Händen das Pelzstück haltend. Rallion folgte ihm mit den Stricken.

Der Capitän machte zwei rasche Schritte vorwärts — ein unterdrückter Schrei erscholl oder vielmehr, er wollte erschallen, aber der Alte hielt dem Mädchen den Pelz so fest auf den Mund, daß sie gar nicht laut schreien konnte. Und zugleich schlang Rallion ihr die Stricke um die Arme, mit denen sie alle Anstrengung machte, den Capitän von sich abzuwehren; dann wurden ihr auch die Füße gefesselt — sie war gefangen.

„So!" knurrte Richemonte vergnügt. „Dieses Mal ist das Täubchen eingefangen. Sie soll uns nicht wieder das Zöfchen in die Hände schieben. Schnell fort mit ihr."

Sie faßten sie, die nicht im Geringsten zu widerstreben vermochte, an und trugen sie hinaus. Dann schob der Alte die Täfelei wieder zu und verriegelte sie.

„Wohin nun?" fragte Rallion.

„Zunächst hinunter in den Gang, gerade wie bei der Zofe. Hier stehen die Laternen. Brennen wir sie an."

Rallion fühlte der Gefangenen nach dem Kopfe und fragte:

„Haben Sie den Pelz nicht zu fest gebunden?"

„Nein."

„Mir scheint es doch so. Wenn sie nun erstickt!"

„Pah! Solche Katzen ersticken nicht. Hier, hängen Sie sich die Laterne in's Knopfloch! Und dann hinunter!"

Sie trugen Marion bis zur Thür desjenigen Gewölbes, in dessen hinteren Theil die Zofe eingeschlossen worden war. Da hier der Capitän seine Last niederlegte, fragte Rallion.

„Hier hinein?"

„O nein. Hier wäre sie nicht sicher aufgehoben, denn von da ist mir Einer entkommen, ohne daß ich es mir erklären kann. Ich will einmal nachsehen, ob es mir vielleicht möglich ist, eine Spur zu entdecken. Bleiben Sie hier zurück, um über die Gefangene zu wachen!"

Er öffnete die Thür und trat in das Gewölbe, aus welchem er erst nach längerer Zeit zurückkehrte. Seine Miene war eine höchst verdrießliche.

„Etwas gefunden?" fragte Rallion.

„Nein. Nicht den Gedanken einer Spur."

„Sonderbar. Wenn Einer entkommen ist, muß doch die Thür offen sein!"

„Sie haben gesehen, daß diese hier verschlossen war, und die hintere war es ebenso. Ich begreife das nicht!"

„Es muß Jemand den Schlüssel haben."

„Ganz sicher!"

„Aber wer?"

„Das werde ich schon noch herausbekommen. Fassen Sie wieder an. Wir gehen weiter."

Sie trugen Marion nun bis an den Kreuzungspunkt der Gänge und lenkten dann rechts ein. An der Thür, durch welche der dicke Maler geführt worden war, blieben sie halten, um ihre Last niederzulegen.

„Sehen Sie," meinte der Alte, „auch hier ist mir Einer entkommen, sogar durch drei verschlossene Thüren. Ich werde einmal vorangehen."

Er öffnete die Thür und verschwand hinter ihr. Es dauerte eine geraume Zeit, ehe er wieder erschien. Er sagte in zornigem Tone:

„Man ist versucht, an Zauberei zu glauben. Auch hier ist der Gefangene verschwunden, ohne die geringste Spur zurück zu lassen, aus welcher man schließen könnte, auf welche Art und Weise er entkommen ist."

„Waren denn die Thüren auch hier verschlossen?"

„Alle drei."

„Ohne eine Spur von Verletzung zu zeigen?"

„Nicht die leiseste Spur."

„So bleibt es dabei: Es besitzt Jemand die Schlüssel. Wohin tragen wir Marion jetzt?"

„Hier herein!"

„Was? Hier herein?"

„Ja."

„Von wo soeben Einer entkommen ist!"

„Ja. Aber haben Sie keine Sorge! Die hier entkommt mir nicht. Vorwärts!"

Das gefesselte Mädchen wurde nach dem runden Raume geschafft, in welchem Schneffke gesteckt hatte. Dort legten sie sie auf den Boden nieder.

„Sehen Sie, hier war der Gefangene eingeschlossen, und — fort ist er!" sagte der Capitän.

„Und Sie haben ihn bereits wiedergesehen?"

„Ja, bei Doctor Bertrand."

„So kennt der betreffende Mensch, welcher die Schlüssel besitzt, auch die betreffenden Ausgänge."

„Wenigstens einen derselben."

„Dann ist es wirklich höchst nothwendig, zu erfahren, wer er ist. Aber was soll dieses Loch? Ist es ein Brunnen?"

„Scheinbar."

„Also kein Wasser drin?"

„Zuweilen. Es ist der Eingang zu denjenigen Räumen, in welche mir sicherlich kein Unberufener gelangen wird."

„Gehen denn Stufen hinab?"

„Nein."

„Eine Leiter?"

„Auch nicht."

„Donnerwetter! Wie gelangen wir denn da hinab?"

„Ja, das ist ein Räthsel!" lachte der Alte. „Der dicke Kerl, welcher hier steckte, und Derjenige, der ihn befreit hat, sie Beide haben jedenfalls auch untersucht, ob da hinabzukommen sei. Sie werden mit der Hand hinabgegriffen haben, um nach Stufen zu suchen, haben aber nichts gefunden. Ich bin überzeugt, daß sie meinen, es wirklich mit einem Brunnen zu thun gehabt zu haben. Es sind Eisenstangen eingefügt, die oberste allerdings so tief, daß man sie nicht mit der Hand erreichen kann."

„Mittelst dieser Stangen steigt man hinab?"

„Ja."

„Auch wir jetzt mit Marion?"

„Natürlich. Auf der halben Tiefe halten wir an. Dort öffnet sich ein Gang, welchen wir passiren müssen. Ich steige voran und halte Marion, welche Sie an einem Strick herablassen. Dann folgen Sie."

Marion erhielt einen Strick unter den Armen hindurch und wurde an demselben herabgelassen. Rallion stieg dann nach und trat in den neuen Gang, in welchem der Alte bereits seiner wartete. Sie trugen ihre Last den Gang entlang, stiegen mehrere Stufen empor und kamen dann an eine Stelle, wo es bemerklich heller wurde.

„Wir kommen wohl gar in's Freie?" fragte Rallion.

„Bewahre. Wir befinden uns zwar wieder in gleicher Höhe mit den Gewölben, aber in's Freie führt dieser Gang doch nicht. Der Schimmer kommt von oben herab."

„Wohl gar ein Fenster?"

„Nein. Ein Luftloch, weiter nichts."

„Wohin mündet es denn?"

„In den Wald."

„O wehe!"

„Was?"

„Wenn es nun entdeckt wird!"

„Das ist nicht möglich."

„Wie nun, wenn Einer in dieses Loch stürzt!"

„Das ist nicht denkbar. Das Loch ist mit Moos verschlossen, welches zwar die Luft hindurchläßt, aber keinen Menschen, da es auf festen Holprägeln ruht. Doch wollen wir uns dabei nicht aufhalten. Vorwärts wieder."

„Noch weit?"

„Nein. Sehen Sie die Thüren rechts und links?"

„Ja."

„Rechts die fünfte ist es."

Sie schritten weiter und entfernten sich so von dem Loche. Als sie die betreffende Thür erreichten, öffnete der alte Capitän. Es gähnte ihnen ein finsteres Loch entgegen. Auf dem Boden lag Stroh. Sonst war nichts, gar nichts vorhanden. In dieses Loch wurde Marion gelegt.

„Ob sie noch lebt?" fragte Rallion, der bei seiner Liebe für das schöne Mädchen sich doch beunruhigt fühlte.

„Wie sollte sie gestorben sein! Machen Sie den Pelz auf!"

Rallion kniete nieder und entfernte das Pelzwerk vom Gesichte, welches er mit der Laterne beleuchtete.

„Alle Teufel!" rief er. „Sie ist todt!"

„Unsinn!"

„Sehen Sie her!"

Marions Augen waren geschlossen; ihr Gesicht hatte allerdings die Blässe des Todes. Der Alte bückte sich nieder und befühlte die gefesselte Hand.

„Pah!" sagte er. „Haben Sie keine Sorgen! Sie ist ohnmächtig, aber nicht todt."

„Wirklich?"

„Ja; ihr Puls geht doch!"

„Gott sei Dank!"

„Na, verliebt scheinen Sie wirklich zu sein!" höhnte er. „Soll ich Sie mit der Angebeteten allein lassen?"

„Hm! Was soll ich hier?"

„Narr! Die Zeit benutzen! Sie ist gefesselt; sie befindet sich ja in Ihren Händen!"

„Wohin gehen Sie?"

„Zurück, um Lebensmittel zu holen."

„Für Marion?"

„Für sie und für Andere. Sie wird nämlich nicht meine einzige Kostgängerin sein. Ich habe noch zwei andere Personen zu versorgen, und da ich nach Paris muß und nicht weiß, wann ich wiederkomme, will ich sie mit hinreichendem Wasser und Brod versehen."

„Sie kommen aber doch wieder?"

„Natürlich!"

„Wann?"

„In vielleicht einer Stunde."

„So spät!"

„Sie haben ja den Weg selbst mitgemacht. Und zudem habe ich das Wasser und das Brod zu schleppen. Dieses Letztere kann ich mir nur heimlich nehmen, wenn Niemand sich im Speisegewölbe befindet. Darum ist es möglich, daß ich erst in einigen Stunden zurückkehren kann."

„Donnerwetter!" fuhr Rallion auf.

„Was?"

„Ich hoffe doch nicht — — —!"

„Was hoffen Sie nicht?"

„Daß Sie mich hier sitzen lassen werden."

„Sind Sie verrückt!"

„Nein, das nicht; aber — — —"

„Was aber — — ?"

„Sie scheinen hier ziemlich viele Gemächer zu haben, welche für unfreiwillige — Sommerfrischler bestimmt sind — —!"

„Und Sie meinen — —?"

„Wie nun, wenn Sie bei der Verwundung, welche

ich in dem verdammten alten Kloster erhalten habe, für mich auch eine solche Erholung, eine solche Sommerfrische für nöthig hielten!"

„Ich frage noch einmal, ob Sie verrückt sind!"

„Das nicht; aber vorsichtig bin ich."

„Ich werde Sie doch nicht hier zurückhalten!"

„Nicht? Werden Sie mich mit Marion hier einschließen?"

„Nein. Die Thür bleibt offen, bis ich zurückkehre, vorausgesetzt, daß Sie das Mädchen nicht entfesseln. Wie können Sie auf den ganz und gar hirnverbrannten Gedanken kommen, daß ich Sie feindlich behandle, da wir doch morgen miteinander verreisen!"

„Hm! Sie sind allen Denen, welche Ihnen unbequem werden, ein gefährlicher Mann, und ich weiß doch nicht recht genau, ob ich Ihnen bequem bin."

„Lassen Sie diese albernen Gedanken! Sie sollen ja mein Schwiegersohn werden! Würde ich Sie so vertrauensvoll in diese unterirdischen Gänge einführen, würde ich Ihnen meine Enkelin in dieser Weise widerstandslos in die Hände liefern, wenn ich Ihnen feindselig gesinnt wäre! Ja, ich will Ihnen noch einen großen Beweis meines Vertrauens geben, indem ich Ihnen den einzigen Gefangenen zeige, welcher sich noch hier unten befindet. Kommen Sie!"

„Wer ist der Mann?"

„Ein Deutscher. Er kam, um eine Kriegskasse auszugraben, welche den Franzosen gehört. Ich habe ihn daran verhindert, indem ich mit ihm kämpfte und ihn dann als heimlich Gefangenen nach Ortry schaffte."

„Wie heißt er?"

„Er ist ein Königsau, ein Angehöriger einer Familie, welche ich hasse, wie ich Niemand weiter gehaßt habe."

Er ging nun einige Thüren weiter und öffnete eine derselben. Ein fürchterlicher Gestank quoll Ihnen entgegen. Als der Alte in das Loch leuchtete, sah Rallion, daß dasselbe fußhoch mit mistigem Stroh und Menschenkoth angefüllt war. Es hatte ganz das Aussehen einer Düngergrube. Und da lag ein Mensch, zusammengeringelt wie ein Hund, mit Fetzen auf dem Leibe, welche kaum noch Fetzen genannt werden konnten.

„Das ist er!" sagte der Alte, in dessen Gesicht es wie eine teuflische Freude leuchtete.

„Einer dieser verdammten Deutschen!" meinte Rallion.

„Ah, ihnen gehört nichts Anderes. Möchten sie alle so verfaulen, wie dieser Eine hier!"

„Ja, er verfault; er verfault bei lebendigem Leibe. Ich räche an ihm, was ich an seiner Familie nicht mehr rächen kann. Er weiß, wo die Casse vergraben liegt; er soll es mir sagen, und er thut es nicht. Er bleibt so lange hier, bis er es gesteht, und dann — —"

Er hielt inne.

„Und dann?" fragte Rallion.

„Dann muß er dennoch krepiren!" flüsterte ihm der Alte zu, damit der Gefangene es nicht hören solle.

Und lauter fügte er hinzu:

„Steh auf! Laß Dich sehen, Hund!"

Der Gefangene bewegte sich nicht. Da griff der Capitän an die Mauer. Dort hing eine Peitsche am Nagel. Er nahm sie herab und schlug damit auf den Unglücklichen los, bis dieser sich langsam und mühsam erhob.

Er war an Ketten gefesselt, so daß er sich kaum drei Fuß weit bewegen konnte. Sein langes, graues Haar hing ihm bis auf die Hälfte des Rückens herab und sein ebenso langer und ebenso grauer Bart berührte mit seiner Spitze beinahe das Knie. Die Wangen waren eingefallen und die Augen lagen tief. Bart und Haar waren mit Koth besudelt.

„Hast Du Hunger, Königsau?" fragte der Alte.

Der Gefragte antwortete nicht. Da gab ihm der Capitän einen Hieb mit der Peitsche und wiederholte:

„Ob Du Hunger hast? frage ich."

„Nein," erklang es matt und hohl.

„Durst?"

„Nein."

„Willst Du frei sein?"

„Nein."

„Sterben?"

„Nein."

„Hund! Sage die Wahrheit, sonst bekommst Du die Peitsche wieder! Willst Du frei sein?"

„Durch Dich nicht!"

„Ah! Durch wen denn?"

„Die Meinigen werden kommen und mich holen."

Da schlug der Alte eine heisere, höhnische Lache an und sagte:

„Wenn sie kommen, so stecke ich sie zu Dir! Ich würde Deine ganze Brut ausrotten, wenn sie sich zu mir wagte!"

Er hing die Peitsche wieder an die Wand und schloß die Thür zu.

„Das ist Rache!" sagte er. „Die Peitsche hängt drin bei ihm, und er kann dieses Mordwerkzeug nicht vernichten. Die Schlüssel zu seinen Fesseln hängen an demselben Nagel, und er kann nicht zu ihnen, eben weil er gefesselt ist."

„Eigentlich schrecklich!"

„Und doch nicht schrecklich genug. Und dazu sage ich Ihnen, daß dieser Mensch mein — Neffe ist."

„Ihr — — Neffe?" fragte Rallion erschrocken.

„Ja. Vielleicht erzähle ich Ihnen einmal davon. Ihr Vater weiß bereits Einiges. Aber jetzt gehe ich. Haben Sie nun Vertrauen zu mir?"

„Ja."

„Sie glauben, daß ich wiederkomme und Sie abhole?"

„Sicher!"

„Gut! So besiegen Sie einstweilen diese spröde Unschuld da drin. Ich wünsche, daß Sie Sieger sind, wenn ich zurückkehre."

Er ging, während Rallion in die Zelle trat, in welcher Marion lag. —

Müller war auf sein Zimmer gegangen, um seine Sachen einzupacken. Der Koffer wurde von einem Stallbedientesten geholt und dann entfernte sich der so schnell verabschiedete Hauslehrer, ohne von irgend einem Menschen Abschied zu nehmen.

Er that, als sei er Willens, den Weg nach der Stadt einzuschlagen, wendete sich aber, als es nicht mehr bemerkt werden konnte, dem Walde zu, wo er an der betreffenden Stelle auf den treuen Fritz Schneeberg traf.

„Hast Du Alles besorgt?" fragte er.

„Ja, Herr Doctor."

„Hm! Es hat sich ausgedoctert, lieber Fritz!"

„Leider! Wir müssen fort. Aber wird man Sie lassen?"

„Ich habe den Abschied bereits."

„Das hätte ich nicht für möglich gehalten."

„O, der Alte ist froh, daß er mich los ist."

„Das glaube ich allerdings sofort. Aber wenn er Alles wüßte, würde er Sie gewiß nicht fort lassen."

„Nein, nein! Ich müßte sterben oder würde eingesperrt gerade wie die Anderen da unten."

„Wir haben sie ja herausgeholt."

„Allerdings; aber glaubst Du, daß nun Niemand mehr da unten steckt?"

„Wer noch denn? Ah, Sie meinen Liama!"

„Diese und — — meinen Vater."

„Sollten Sie sich denn wirklich nicht täuschen? Sollte Ihr Herr Vater wirklich hier eingemauert sein?"

„Ich denke es. Die Worte des verrückten Barones lassen es mich vermuthen."

„Herr, mein Heiland! Da könnte ich mit Säbeln, Fäusten und Knütteln dreinschlagen. Und — — wir müssen fort!"

„Leider! Wir sind die letzte Nacht hier; aber diese Zeit will ich auch benutzen. Ich werde Alles, Alles durchsuchen."

„Und wieder nichts finden!"

„O, wahrscheinlich doch. Wir glaubten bisher, alle Räumlichkeiten kennen gelernt zu haben; aber es ist nicht wahr. Es giebt noch Gänge, welche wir noch nicht gesehen haben.

„Den Gang, in den der Dicke gestürzt ist?"

„Ja. Und vielleicht ist dieser der richtige. Der blödsinnige Baron sprach von einem Gewölbe oder Keller des Mittelpunktes — —"

„Er meinte den Kreuzungspunkt der uns bisher bekannten Gänge."

„Nein. Ich habe nachgedacht und mir die Situation überlegt. Die Gänge sind oft gewunden. Ihr Kreuzungspunkt liegt nicht, wie ich erst glaubte, in der Mitte. Wenn ich vom Schlosse aus eine Linie nach dem Steinbruche und von dem alten Thurme eine zweite nach der Klosterruine ziehe, so schneiden sich diese beiden Geraden jedenfalls so ziemlich auf dem Punkte, an welchem Herr Hieronymus Aurelius Schneffke in die Tiefe gefahren ist."

„Sapperlot!"

„Dort soll, nach der Aussage des Verrückten, sich Der befinden, dessen Person mit der Kriegskasse in Beziehung steht. Wer könnte das sein, wenn nicht mein Vater?"

„Da müssen wir allerdings auch suchen, Herr Doctor. Sie haben sich doch den Ort gemerkt?"

„Sehr genau. Komm nur. Wir wollen jede Minute zu Rathe ziehen und keine Secunde verschwenden!"

Sie drangen in großen Schritten in den Wald ein, bis sie den Ort erreichten, auf welchem die Bäume gefällt waren. Man hatte die jungen, vielleicht zwanzigjährigen Stämmchen von den Aesten entblößt und sie dann in nummerirten Haufen geordnet.

„Hier ist es wohl?" fragte Fritz.

„Nein. Aber wir brauchen einige Stämmchen, welche wir mitnehmen müssen."

„Als Leitern zu gebrauchen?"

„Vielleicht, vielleicht auch nicht. Die Umgebung des Loches ist nämlich unverläßlich. Die eigentliche Oeffnung ist nämlich viel weiter als das Loch, durch welches Schneffke gestürzt ist. Das Moos ruht auf einer dünnen Unterlage, welche leicht nachgeben und nachstürzen kann."

„So müssen wir die Stämme quer darüber legen."

„Das meine ich eben auch."

„An die Stämme können wir dann unsere Stricke befestigen, an denen wir hinab- und wieder hinaufturnen."

„Das ist der Gedanke, den ich gehabt habe. Greifen wir also zu!"

Bei Schneffke hatte Müller nur einen Stamm gebraucht, der kräftige Fritz nahm jetzt aber deren drei auf die Achseln, und Müller that dasselbe. Bei dem Loche angekommen, legten sie die Hölzer kreuzweise über dasselbe weg. Dann kniete der Letztere, da die Unterlage nun vollständige Sicherheit bot, nieder, um einen der Stricke an den Kreuzungspunkt zweier Stämmchen zu befestigen.

Indem er das that, war es ihm, als ob er unter sich ein Geräusch vernehme.

„Pst! Still, Fritz!" warnte er. „Ich höre Etwas."

Er horchte und schob das Moos ein Wenig zur Seite. Ein Lichtschein näherte sich.

„Schnell! Kniee mit her, ob Du Etwas siehst oder hörst!" sagte er. „Zwei bemerken mehr als nur Einer."

Im nächsten Augenblicke lag Fritz neben ihm. Auch dieser machte sich ein Löchlein in das Moos, um besser sehen zu können. Von unten herauf ertönten die Worte:

„Wir kommen wohl gar ins Freie?"

„Bewahre. Wir befinden uns zwar wieder in gleicher Höhe mit den Gewölben, aber ins Freie führt dieser Gang doch nicht. Der Schimmer kommt von oben herab."

„Wohl gar ein Fenster?"

„Nein, ein Luftloch, weiter nichts."

„Wohin mündet es denn?"

„In den Wald."

„O wehe!"

„Was?"

„Wenn es nun entdeckt wird?"

„Das ist nicht möglich."

„Wie nun, wenn Einer in dieses Loch stürzt!"

„Das ist nicht denkbar. Das Loch ist mit Moos verschlossen, welches zwar die Luft hindurchläßt, aber keinen Menschen, da es auf festen Holzprägeln ruht. Doch wollen wir uns dabei nicht aufhalten. Vorwärts wieder!"

„Noch weit?"

„Nein. Sehen Sie die Thüren rechts und links?"

„Ja."

„Rechts die fünfte ist es."

Der Lichtschein verschwand nach der entgegengesetzten Seite.

„Hast Du es gehört?" fragte Müller.

„Ja."

„Auch Etwas gesehen?"

„Alle Drei."

„Ich nur Einen. Das Moos ist hier bei mir zu dicht."

„Wen haben Sie gesehen?"

„Den Capitän. Wer waren die Anderen?"

„Rallion. Die Beiden trugen eine gefesselte Person. Es schien ein Frauenzimmer zu sein."

Sofort kam Müllern ein erschreckender Gedanke.

„Ein Frauenzimmer?" fragte er. „Vielleicht war es nur ein Packet."

„Nein, ein gefesseltes Frauenzimmer."

„Hast Du das genau gesehen?"

„Ja. Der Kopf war eingewickelt."

„Herrgott! Hast Du nichts vom Kleide bemerkt?"

„Es schien hellgrau zu sein. Aber die beiden Laternen gaben so wenig Licht, daß ich mich leicht täuschen kann."

„Fritz, da ist wieder ein schlimmer Streich ausgeführt worden. Marion hatte ein hellgraues Kleid!"

„Sie meinen doch nicht etwa — — —?"

„Ja, grad das meine ich."

„Daß sie Mademoiselle Marion in so ein Loch schleppen?"

„Gewiß meine ich das. Sie haben es doch bereits einmal versucht. Und denke an den Auftritt bei Doctor Bertrand."

„Alle Teufel! Es ist möglich! Wir müssen sie natürlich heraus holen!"

„Versteht sich! Ich mache hinunter!"

„Jetzt?"

„Ja."

„Herr Doctor, warten Sie noch!"

„Nein, nein!"

„Nur bis sie wieder fort sind!"

„Fällt mir nicht ein! Wer weiß, was unterdessen geschehen ist."

„Sie werden sie einfach einschließen und sich dann wieder entfernen. Nachher können wir in Gemüthlichkeit und ohne alle Gefahr hinab, um sie zu befreien."

„Aber ob unsere Schlüssel auch hier schließen werden! Nein, ich mache jetzt am Seile hinunter!"

„Aber man wird Sie sehen!"

„Ich glaube nicht. Sagte der Alte nicht, daß es die fünfte Thür sei?"

„Ja."

„Nun, ich war bereits unten und habe bemerkt, daß die Thüren in einer Entfernung von ungefähr zwanzig Schritten von einander angebracht sind. Das giebt über hundert Schritte, eine Entfernung, welche mir vollständig genügt. Sie können mich gar nicht bemerken."

„Es ist dennoch gefährlich! Darf ich mit?"

„Nein. Du mußt hier bleiben; ich komme mit Deiner Hilfe viel rascher hinab und herauf. Du wirst schon merken, wenn ich wiederkomme. Das andere Ende des Seiles behältst Du in der Hand. Greift Jemand daran, und es ist unten dunkel, so bin ich es. Siehst Du aber den Lichtschein wieder kommen, so ziehst Du es schnell herauf, damit man es nicht bemerkt. Also rasch!"

„Ihre Revolver sind doch geladen?"

„Ja."

„Gut! Wenn Sie schießen, komme ich hinab, und dann soll der Teufel diese verdammten Schufte bei den Haaren holen! Also Vorsicht!"

Er sagte diese letzten Worte, weil sein Herr bereits am Seile hing und schnell unter dem Moose verschwand.

(Fortsetzung folgt.)

Illustrirte Unterhaltungs-Bibliothek für Familien aller Stände.
Druck und Verlag von H. G. Münchmeyer in Dresden und New-York.

Die Liebe des Ulanen.
Original-Roman aus der Zeit des deutsch-französischen Krieges von Karl May.
(Fortsetzung.)

Müller faßte festen Boden und blickte sich um; weit, weit hinten sah er den Lichtschein. Er schlüpfte darauf zu, bis er die erste Thür erreichte. Als vorsichtiger Mann zog er den Schlüssel und steckte ihn in das Schloß. Er paßte, und das beruhigte ihn.

Nun schlich er leise und vorsichtig weiter. Es gelang ihm, so nahe zu kommen, daß er nicht nur Alles sehen, sondern sogar Einiges verstehen konnte."

„Darum ist es möglich, daß ich erst in einigen Stunden zurückkehren kann," sagte eben der Alte.

„Donnerwetter!" fluchte Rallion.

„Was?"

„Ich hoffe doch nicht!"

„Was hoffen Sie nicht?"

Das Folgende wurde so schnell und in eigenthümlichen Tonfällen gesprochen, daß es nur als Gemurmel an Müllers Ohr drang. Sodann hörte er Rallion fragen:

„Wer ist der Mann?"

„Ein Deutscher. Er kam, um eine Kriegskasse auszugraben. Ich habe ihn daran verhindert ———"

„Wie heißt er?"

Die Antwort verstand Müller nicht.

Die beiden Schurken gingen einige Thüren weiter und blieben dann vor einer stehen, welche der Capitain öffnete. Müller schlich sich nach, bis er vor derjenigen stand, an welcher sich die Beiden vorher befunden hatten. Er konnte nun nicht weiter, da Rallion in dieser Zelle seine Laterne stehen gelassen hatte. Wäre er in den Schein derselben getreten, so hätte er bemerkt werden müssen. Er horchte um so schärfer hin und hörte den Alten sagen:

„Das ist er!"

„Einer dieser verdammten Deutschen! ———"

„Ja, er verfault, er verfault bei lebendigem Leibe!"

Das Andere blieb unverständlich, bis der Alte mit lauter Stimme befahl:

„Steh auf! Laß Dich sehen, Hund!"

Nun trat der Capitain in die Zelle. Was er hier that und sprach, das konnte Müller nicht sehen und hören. Und das war ein Glück. Hätte er bemerkt, daß der Insasse des Loches geschlagen wurde, so hätte er sich auf Rallion und Richemonte gestürzt und Beide erwürgt.

Er sagte sich, daß seine Ahnung ihn nicht getäuscht habe, daß Der, bei dem sich jetzt die Beiden befanden, sein Vater sei. Sein Herz bebte vor Wonne, Verlangen, Zorn und Grimm; aber er beherrschte sich. Er mußte ruhig bleiben und seine ganze Besonnenheit zu wahren suchen.

Endlich verschloß der Alte die Thür. Müller hörte ihn sagen:

„Das ist Rache ——— und die Schlüssel zu seinen Fesseln hängen an demselben Nagel, und er kann nicht zu ihnen, eben weil er gefesselt ist!"

Rallion murmelte eine Antwort, welche Müller nicht verstand; der Capitän antwortete Etwas darauf, und dann sagte Rallion:

„Ihr ——— Neffe?"

„Ja. Vielleicht erzähle ich Ihnen ———"

„Müller konnte nichts weiter verstehen, weil er sich zurückziehen mußte, da die Beiden wieder zurückkamen. Dabei aber vernahm er doch wieder des Alten Worte:

„Haben Sie nun Vertrauen zu mir?"

„Ja."

„Sie glauben, daß ich wiederkomme und Sie abhole?"

„Sicher!"

„Gut! So besiegen Sie einstweilen diese spröde Unschuld da drin. Ich wünsche, daß Sie Sieger sind, wenn ich zurückkehre!"

Jetzt sah Müller, daß der Capitain sich entfernen wollte. Darum mußte er fort. Auf den Zehen gehend, lief er beinahe Trab, denn er mußte bereits in Sicherheit sein, wenn der Alte unter dem Luftloche ankam.

Er erreichte dasselbe. Der Strick hing noch. Er ergriff denselben, turnte sich rasch empor und fühlte dabei, daß Fritz das Ende an sich zog. Oben ankommen, das auseinandergerissene Moos zusammenstreichen und sich niederlegen, das war bei ihm das Werk eines Augenblickes.

„Haben Sie Etwas gesehen?" flüsterte Fritz.

„Pst! Man kommt!"

Sie bogen nun das Moos wieder um ein Wenig auseinander und sahen nun beim Scheine seiner Laternen den Alten unten vorüber passiren.

„Der Capitän allein?" fragte Fritz.

„Ja. Ich hatte mich sehr zu beeilen, um von ihm nicht erwischt zu werden."

„Wo ist Rallion geblieben?"

„In der fünften Zelle. Er soll da eine Spröde besiegen."

„Donnerwetter! Wenn das Marion ist!"

„Wahrscheinlich ist sie es! Wir müssen sofort hinab."

„Ich mit."

„Ja. Uebrigens ist mein Vater unten."

„Herr des Himmels! Haben Sie ihn gesehen?"

„Nein. Aber ich kann Dir jetzt nichts weiter sagen. Wir haben keine Zeit zu verlieren. Wer weiß, was dieser Schuft mit Marion vorhat. Ich gehe voran und Du kommst sofort nach!"

„Aber wenn der Alte zurückkehrt, befinden wir uns zwischen zwei Feuern."

„Er wird erst nach einigen Stunden kommen, wie ich gehört habe. So lange sind wir sicher. Komm!"

Er griff sich an dem Seile hinunter, und einen Augenblick später stand Fritz neben ihm.

Sie sahen den Schein von Rallions Laterne aus der offenen Kerkerthür dringen und schlichen sich leise hinzu.

„Ich höre sprechen!" sagte Fritz.

„Ich auch. Wollen den Kerl erst belauschen."

Marion war nämlich aus ihrer Ohnmacht erwacht und Rallion sprach mit ihr. Die beiden Deutschen kamen unbemerkt bis an die offene Zellenthür und blieben da stehen. Müller streckte den Kopf ein Wenig vor und sah Marion an den Händen und Füßen gefesselt auf dem Stroh liegen, Rallion kniete neben ihr und sagte eben jetzt:

„Wie, Sie könnten mich wirklich nicht lieben?"

„Ich verachte Sie," antwortete sie.

„O, ich heirathe Sie trotz dieser Verachtung."

„Elender! Geben Sie mir die Hände frei, und ich werde Ihnen zeigen, was Ihnen gehört."

„Die Hände frei geben? Fällt mir nicht ein."

„Feigling."

„Ja, ich springe eines schönen Mädchens wegen nicht in die Mosel, wie Ihr buckeliger Schulmeister; ich weiß mir die Schönheit auf andere Weise unterthänig zu machen. Ich frage Sie zum letzten Male, ob Sie meine Frau werden wollen."

„Nie!"

„Und dennoch werden Sie es!"

„Niemals!"

„Ah, ziehen Sie vielleicht vor, meine Geliebte zu sein?"

„Eher würde ich sterben."

„Wie wollen Sie sterben? Wollen Sie sich erschießen, ersäufen, vergiften? Sie sind ja gefesselt."

„Ich werde diese Fesseln nicht immer tragen!"

„Allerdings ist das wahrscheinlich; aber bis dahin sind Sie mein Eigenthum geworden. Bis der Capitän zurückkehrt, habe ich Ihren Widerstand gebrochen. So ist es zwischen uns verabredet worden."

Jetzt legte Müller sich auf den Boden und kroch näher. Der Franzose kniete so, daß er dem Eingange den Rücken zukehrte; er konnte den Deutschen nicht sehen. Auch Marion sah ihn nicht, da Rallion sich zwischen ihnen befand.

„Ungeheuer!" antwortete sie voller Abscheu.

„O," lachte Rallion, „auch Ungeheuer trachten nach Liebe und Erhörung. Ich werde, wenn nicht die Erstere, aber doch die Letztere finden. Und um dabei systematisch zu Werke zu gehen, werde ich Sie zunächst um einen Kuß ersuchen."

„Kommen Sie mir nicht zu nahe!"

„O, was wollen Sie dagegen thun? Sie sind ja ganz in meine Hand gegeben! Komm her, mein süßes Liebchen! Mein Mund sehnt sich nach Deinen Lippen."

Er streckte die Arme nach ihr aus, um sie zu umfassen. Sie schnellte sich trotz ihrer Fesseln zur Seite.

„Schöne Schlange, wie Du Dich windest! Aber es ist vergeblich. Mein wirst Du doch!"

Angst und Abscheu zuckten über ihr schönes Gesicht; aber — was war das? Plötzlich leuchteten ihre Augen auf. Sie warf einen triumphirenden Blick auf Rallion und sagte:

„Rühre mich nicht an, Elender, sonst bist Du verloren!"

Da sie jetzt eine andere Stellung eingenommen hatte, war ihr Blick auf Müller gefallen, welchen jetzt das Licht traf.

Rallion lachte laut auf und fragte:

„Ich, verloren? Was willst Du mir thun? Du entschlüpfest mir nicht. Komm her! Ich will Liebe und Seligkeit von Deinen süßen Lippen trinken!"

Jetzt gelang es ihm, sie zu fassen, aber in demselben Augenblick legte ihm Müller seine Linke von hinten um den Hals und schlug ihn mit der geballten Rechte so an die Schläfe, daß er sofort zusammenbrach.

„Ist es so recht, gnädiges Fräulein?" fragte er dann lächelnd.

Ihr Auge ruhte mit einem Strahle auf ihm, der ihm bis ins tiefste Herze drang.

„Zur rechten Zeit!" sagte sie. „Im letzten, allerletzten Augenblicke!"

„Aber doch nicht zu spät. Bitte, geben Sie her!"

Er zog sein Messer und ergriff ihre Hände, um diese von den Fesseln zu befreien. Da aber erklang es hinter ihm:

„Nicht schneiden! Nicht schneiden, Herr Doctor!"

„Noch Jemand hier?" fragte Marion überrascht.

„Nur ich, Mademoiselle!" antwortete Fritz, indem er aus dem Dunkel näher trat.

„Monsieur Schneeberg! Wenn es eine Heldenthat giebt, sind Sie doch stets dabei."

„O, hier handelt es sich um kein großes Heldenthum!"

„Aber warum mir die Fesseln nicht abnehmen? Soll ich gebunden bleiben?"

„Nein. Nur nicht zerschneiden soll der Herr Doctor die Stricke."

„Warum?"

„Sie müssen ganz bleiben, weil wir diesen braven Rallion damit binden müssen."

„Ach so! Soll das wirklich geschehen, Herr Doctor?"

„Fritz hat Recht," antwortete Müller. „Wir müssen diesen Menschen wenigstens für so lange unschädlich machen, als wir uns hier befinden."

Er begann also die Knoten der Stricke zu lösen und erkundigte sich dabei:

„Aber wie sind Sie in die Hände dieser beiden Elenden gefallen, jetzt, am hellen Tage?"

Sie erzählte es und fragte dann:

„Und wie konnten Sie wissen, daß ich mich in dieser schrecklichen Gefahr befand?"

„Davon nachher. So, jetzt sind Sie frei. Bitte, treten Sie hinaus in den Gang, während wir Rallion binden."

Sie berücksichtigte diese Bitte. Rallion, welcher noch ohne Bewußtsein war, wurde gefesselt, wie vorher Marion es gewesen war; dann zog Müller seinen Schlüssel und schloß ihn ein, ließ ihm aber die brennende Laterne in der Zelle.

„Was nun?" fragte jetzt Fritz. „Sie sagten doch vorhin, daß auch Ihr — —"

Müller warf ihm einen warnenden Blick zu und fiel ihm dabei in die Rede:

„Behalten wir unsere Besonnenheit! Vor allen Dingen muß ich wissen, wie dieser Gang mit den übrigen Gängen in Verbindung steht. Sehen konnten Sie nichts, gnädiges Fräulein?"

„Nein."

„Aber hören?"

„Vieles habe ich nicht vernommen. Ich bekam fast gar keinen Athem; es rauschte mir in den Ohren und dann verlor ich die Besinnung. Als ich erwachte, befand sich dieser entsetzliche Rallion bei mir."

„Darf ich nicht das Wenige wissen, was Sie hörten?"

„Man hatte mich auf kalte, feuchte Steine gelegt und da sprachen sie von einem Brunnen."

„Ah!"

„Von da, wo sie sich befanden, war, wie der Capitän sagte, ein Gefangener entkommen, den er dann bei Bertrand wiedergesehen hat."

„Das ist der Maler gewesen."

„Der Brunnen war nur scheinbar ein Brunnen."

„Ich war dort; ich habe ihn gesehen."

„Ich auch," fügte Fritz hinzu. „Was soll es denn sein, wenn es kein Brunnen ist?"

„Ein Eingang. Es sind Eisenstangen eingefügt, auf welche man treten kann."

„Dann muß aber die oberste dieser Stangen so tief unten sein, daß man sie mit der Hand nicht erreichen kann."

„Das eben sagte der Capitän."

„Hat man Sie da hinabgetragen?"

„Die Beiden stiegen hinunter; ich wurde an einem Stricke hinabgelassen."

„Wo ging es denn hin?"

„Ich hörte sagen, daß in halber Tiefe des Brunnens sich ein Gang öffne. Da hinein wird man mich gebracht haben, wie ich vermuthe."

„Aber dieser Gang liegt in gleichem Niveau mit den anderen Gängen — —"

„Ich habe gefühlt, daß ich eine Reihe von Stufen emporgetragen wurde."

„Ah so! Hörten Sie vielleicht Thüren öffnen?"

„Nein."

„Schön, das genügt! Wir Beide, gnädiges Fräulein, werden auf diesem Wege zurückkehren."

„Wohin?"

Und ehe Müller noch antworten konnte, fiel Fritz ein:

„Aber warum denn nicht zu unserm Loche hinauf, Herr Doctor?"

„Ich habe meine Absicht. Da hinauf wirst Du mit dem anderen Gefangenen müssen."

„Noch ein Gefangener?" fragte Marion.

„Leider, ja!"

„Natürlich befreien wir ihn?"

„Selbstverständlich!"

„Wo befindet er sich?"

„Gar nicht weit von hier. Bitte, wollen Sie hier warten?"

„Warum soll ich nicht mit?"

„Der Anblick der Zelle und des Gefangenen ist zu gräßlich für Sie."

„Alles, was Sie thun, Herr Doctor ist wohl überlegt und gut, ich muß Ihnen gehorchen. Aber hier diese Finsterniß!"

„Wir werden Ihnen eine der Laternen zurücklassen."

„Aber bleiben Sie nicht lange!"

Die Beiden schritten weiter in den Gang hinein.

„Warum darf sie nicht mit?" fragte Fritz leise.

„Weil ich um Dich besorgt war."

„Um mich?"

„Ja. Hättest Du nicht vorhin beinahe Alles verrathen?"

„Verzeihung, Herr Doctor!"

„Von meinem Vater zu sprechen!"

„Aber es muß doch herauskommen!"

„Doch jetzt noch nicht!"

„Ich denke dennoch. Wenn wir ihn hin zu ihr bringen."

„Wieso denn?"

„Nun, er wird Sie doch seinen Sohn nennen!"

„Nein."

„Ah!"

„Ich sage ihm gar nicht, daß ich sein Sohn bin."

„Herr Doctor, bringen Sie das übers Herz?"

„Ja."

„Das glaube ich kaum!"

„Es muß aber sein. Ich habe mit Schmerzen nach ihm

gesucht und jetzt, da ich ihn finde, will mir das Herz vor Wonne zerspringen; aber ich muß schweigen."

„Ich sehe doch keinen Grund!"

„Es giebt mehrere Gründe. Zunächst soll Marion noch nicht wissen, wer und was ich bin und sodann muß ich den Vater schonen. Er ist kaum noch lebendig zu nennen. Der Gedanke, frei zu sein, wird ihn überwältigen. Hört er, daß ich sein Sohn bin, so kann ihn die Freude geradezu tödten. Man muß ihm das Glück nur in Portionen reichen. Das klingt beinahe herzlos, aber Du kennst mich; Du weißt, daß ich ein Herz habe."

„O, Herr Doctor, was das betrifft, so ist — — ah, das Licht nähert sich, Mademoiselle kommt also!"

Es war so; Marion kam ihnen nach.

„Zürnen Sie nicht!" bat sie. „Ich war allein und Sie standen berathend bei einander, ich glaubte, es gebe irgend eine Gefahr."

„Es giebt keine," beruhigte sie Müller. „Aber, da Sie nun hier sind, so sollen Sie auch bleiben. Doch müssen Sie sich auf Schreckliches gefaßt machen."

„Schrecklicher kann es nicht sein als die Einsamkeit in diesen Gängen!"

Müller zog den Schlüssel und öffnete. Er holte tief, tief Athem. Er mußte seine ganze Selbstbeherrschung zusammen nehmen, um nicht unter lautem Schluchzen sich dem Vater erkennen zu geben.

Der Gefangene bewegte sich nicht, als der Schein des Lichtes abermals in seine Zelle drang. Aber bei dem Anblicke dieses Elendes stieß Marion einen lauten Schrei des Entsetzens aus.

„Vater im Himmel!" sagte sie. „Liegt hier ein Mensch?"

„Leider!" stieß Müller hervor, indem er die Zähne zusammenbiß.

Bei dem Klange der weiblichen Stimme hob der Gefangene den Kopf.

„Ein Weib! Wahrhaftig, ein Weib!" stammelte er. „Was willst Du von mir?"

Sie trat trotz des entsetzlichen Gestankes näher und sagte:

„Ich bringe Ihnen die Freiheit."

„Die Freiheit? O, welcher Hohn!"

„Es ist kein Hohn; es ist die Wahrheit!"

Er richtete sich weiter auf und fragte mit zitternder Stimme:

„Weib, Mädchen, betrüge mich nicht!"

Und Müllers Stimme zitterte nicht weniger, als er bestätigte:

„Man betrügt Sie nicht; es ist die Wahrheit."

Er hatte diese Worte in deutscher Sprache gesprochen. Darum fuhr der Gefangene auf:

„Was höre ich? Man spricht deutsch? Deutsch, deutsch! Mein Gott, wie lange habe ich diese Klänge nicht gehört!"

Und laut weinend brach er wieder zusammen.

Marion weinte mit. Fritz schluchzte und Müller preßte die Zähne zusammen, aber die Thränen flossen ihm doch über die Wangen herab.

„Haben Sie nicht vorhin dem Capitän gesagt, daß Deutsche kommen würden, um Ihnen die Freiheit zu bringen?" stieß er dann hervor.

„Ja, das sagte ich. Haben Sie es gehört?"

„Ich stand in der Nähe und lauschte. Ich glaube, so ähnlich verstanden zu haben. Wo hängen die Schlüssel zu Ihren Fesseln?"

„Dort unter der Peitsche."

Erst jetzt erblickte Müller die Peitsche.

„Eine Peitsche!" rief er aus. „Sind Sie etwa geschlagen worden? Schnell, schnell, sagen Sie es!"

Der Gefangene schüttelte den Kopf, aber er antwortete nicht.

„Sagen Sie es!" drängte Müller.

„Kann der Todte sagen, daß er gestorben ist?"

„Herr, mein Gott! Ja, Sie haben Recht! Sie können nicht davon sprechen! Aber wehe Dir, alter Satan! Du sollst jeden Hieb zehnfach empfinden! Diese Peitsche wird mit uns gehen. Der Name Königsau, welcher durch sie befleckt worden ist, soll — —"

Er hielt inne. Der Grimm hatte ihn vermocht, diesen Namen zu nennen. Der Gefangene aber näherte sich rasch, so weit als die Ketten und seine Kräfte es erlaubten, und fragte:

„Was war das? Welchen Namen nannten Sie?"

„Königsau," antwortete Müller, da es nun nicht mehr zu umgehen war.

„Wirklich! O, ich hatte doch recht gehört! Kennen Sie diesen Namen?"

„Ich kenne ihn."

„Können Sie mir von der Familie sagen?"

„Ja, so bald Sie von hier fort sind."

„Fort, fort, fort? Ich soll wirklich fort? Ich soll wirklich frei sein?"

„Ja. Hier sind die Schlüssel. Ihre Ketten werden fallen."

„Gott, mein Gott, mein Gott!"

Er schlug die gefesselten Hände vor das Gesicht; dann sanken sie langsam herab, und er glitt wieder in den entsetzlichen Schmutz.

„Er ist ohnmächtig!" sagte Marion weinend.

„Er wird wieder zu sich kommen," suchte Müller mehr sich als sie zu beruhigen.

Dabei kniete er neben den Besinnungslosen nieder und schloß ihm die eisernen Handschellen auf. Dann trug er ihn heraus in den Gang und schloß die Thür zu.

„Wollen ihn untersuchen!" sagte Fritz.

„Nein," antwortete Müller. „Wir haben keine Zeit zu verlieren. Du mußt mit ihm hinauf in die freie, frische Luft. Komm! Kommen Sie, gnädiges Fräulein!"

„Ich bin wie im Traume," sagte sie.

„Sie werden fröhlich erwachen."

Er nahm seinen Vater auf die Arme und trug ihn fort bis unter das Loch.

„Wie ihn aber hinaufbringen?" fragte Fritz.

„Zieh Deinen Rock aus. Wir knöpfen ihn hinein. Dann ziehst Du ihn am Seile empor."

Das wurde gemacht. Fritzens Rock wurde wie ein Tuch benutzt, in welches der Ohnmächtige geknöpft wurde. Dann stieg der Erstere empor und zog. Als die Last eben angekommen war, bat Müller:

„Gedulden Sie sich einen einzigen Augenblick, gnädiges Fräulein! Ich kehre gleich zurück."

Er schwang sich am Seile hinauf und untersuchte den Vater.

"Wie steht es?" fragte der besorgte Pflanzensammler.

"Er lebt. Er ist außerordentlich schwach. Wenn er erwacht und fragt, so sagst Du ihm noch nichts."

"Aber wenn er fragt, wer wir sind?"

"Du bist Pflanzensammler und ich bin Hauslehrer. Im Uebrigen verweisest Du ihn auf mich."

"Und hier soll ich warten?"

"Nein. Bis Vater erwacht, trägst Du die Stämme fort. Dann suchst Du mit ihm nach dem Waldloche zu kommen, wo wir uns treffen werden."

"Aber warum kommen Sie nicht gleich mit?"

"Weil ich jetzt dem Verstande mehr zu gehorchen habe als dem Herzen. Ich will, noch ehe der Alte wieder kommt, mit Marion zu ihrer Mutter."

"Zu Liama?"

"Ja. Wir nehmen sie mit."

"Sapperment! Welch ein Schlag für den Alten! Wohin werden sie geschafft?"

"Das wird sich finden! Spute Dich jetzt und gieb Dir Mühe, nicht gesehen zu werden!"

Er küßte den Vater auf die eingefallene Wange und ließ sich dann am Seile hinab, welches Fritz sofort wieder hinaufzog.

"Ich hatte bereits wieder Sorge," gestand Marion.

"Sie müssen entschuldigen! Ich wollte wissen, ob der Schwächezustand dieses armen Menschen Befürchtung erregend ist."

"Wie haben Sie ihn gefunden?"

"Er wird sich erholen."

"Gott sei Dank! Also er ist ein Königsau?"

"Ja."

"So erklären Sie mir, wie — —"

"Bitte, bitte!" unterbrach sie Müller. "Heben wir das für später auf. Jetzt muß es unsere Sorge sein, in Sicherheit zu kommen, bevor der Capitän zurückkehrt. Wir müssen eilen. Sind Sie bei Kräften?"

"Ich bin bei Ihnen und da geht es!"

"Stützen Sie sich auf meinen Arm!"

Sie legte ihren Arm in den seinigen und nun schritten sie in den Gang hinein. Dabei flüsterte sie:

"Wenn uns nun der Capitän entgegenkommt?"

"Er hat uns mehr zu fürchten, als wir ihn. Auf alle Fälle nehme ich es mit ihm auf!"

Sie erreichten die Stufen, welche sie hinabstiegen. Dann ging es wieder eben fort, bis sie die Stelle erreichten, wo der Gang in den Brunnen mündete. Müller leuchtete hinauf.

"Also hier herunter sind Sie gekommen? Nun, da werden wir wohl auch hinaufgelangen."

"Die Eisenstäbe sind stark," bemerkte Marion, indem sie einen der Stäbe befühlte.

"Und nur in Fußweite auseinander. Das läßt sich bequem steigen. Wollen Sie es wagen?"

"Gewiß. Es ist kein Wagniß, sondern fast bequemer als eine Leiter."

"Nur oben werden Sie sich meiner Hand anvertrauen müssen. Also bitte!"

Sie kamen glücklich in dem runden Brunnenraume an.

Von hier aus öffnete Müllers Schlüssel die Thüren, so, daß sie nun in den Kreuzgang gelangten. Da bog Müller links ab und als er um die Ecke getreten war, blieb er stehen und sagte:

"Jetzt endlich können Sie ein Wenig ruhen. Nun mag der Capitän zurückkehren; er kann uns nicht mehr begegnen."

"Wissen Sie das sicher?" fragte sie.

"Ja," antwortete er. "Der Capitän kommt von rechts da hinten und geht nach links. Hier herüber kommt er nicht. Uebrigens fürchten wir ihn ja nicht."

"Gott sei Dank!"

Er fühlte, daß sie sich schwerer auf seinen Arm legte. Sie war doch nicht so stark, wie sie sich den Anschein gegeben hatte. Nur in seiner Nähe hatte sie Muth gefunden. Jetzt war es ihr nun, als müsse sie vor Schwäche zusammenbrechen.

Er hörte einen tiefen, tiefen Athemzug.

"Wird Ihnen übel, Mademoiselle?" fragte er.

"So schwach!" hauchte sie.

Da wagte er es, den Arm um ihre Taille zu legen, um sie besser stützen zu können. Da legte sie ihm die Hand auf die Achseln und das Köpfchen an seine Brust.

"Monsieur Müller!" klang es leise.

"Mademoiselle!" flüsterte er zurück.

"Wie oft retteten Sie mich!"

"O, noch tausend, tausend Male, wenn es möglich wäre!"

"Ich glaube es. Sie sind meine Vorsehung!"

Das kleine Köpfchen preßte sich fester an seine Brust. Und als er nicht antwortete, fuhr sie leise fort:

"Wissen Sie noch, als ich Sie im Steinbruche traf?"

"Ja."

"Und was Sie mir da sagten?"

"Ich weiß es noch."

"Sie versicherten, mich zu lieben!"

"Ich wagte das."

"Und es war wahr?"

"Gewiß, o gewiß!"

"Ist es jetzt anders?"

"Nein, gnädiges Fräulein. Meine Liebe wird nur mit meinem Leben sterben!"

"Haben Sie vielleicht geglaubt, daß ich Ihnen wegen dieser Liebe zürne?"

"Muß ich es denn nicht glauben?"

"Warum?"

"Sie, das von Gott mit allen Gaben begnadete Kind der Aristokratie, und ich — — ah!"

"Bitte, geben Sie mir einmal Ihre Hand!"

Sie hatte die Linke noch immer auf seiner Achsel liegen. Jetzt ergriff sie mit der Rechten seine Hand und sagte:

"Ich fühle mich jetzt ganz und gar nicht als Aristokratin. Ich bin recht arm und elend, so arm und elend wie selten Eine. Was ich jetzt besitze, das ist Ihr Schutz und Ihre Freundschaft. Was wäre ich ohne Sie! Herr Müller, ich wollte, es bliebe so! Ich möchte stets nirgends weiter als bei Ihnen und mit Ihnen sein!"

Sie schwieg und erwartete seine Antwort. Sie kam sich in diesem Augenblicke so hilflos und verlassen vor, und doch wußte sie, daß er nie das erste Wort sprechen werde. Darum hatte sie es jetzt gesprochen.

Es dauerte eine Weile, ehe er antwortete:

„Mademoiselle Marion, haben Sie diese Worte geprüft, ehe Sie sie aussprachen?"

„Nein. Herzensworte braucht man nicht zu prüfen."

„O doch! Ich bin arm!"

„Sie sprachen von einer Stelle, welche Sie haben."

„So tief dürfen Sie nie herabsteigen!"

„Ich steige nicht herab, sondern zu Ihnen hinauf."

„Und ich bin nicht nur arm, sondern — — —"

„Sondern — — —?"

„Ich bin nicht wohlgestaltet."

„O, sprechen Sie nicht davon. Man liebt an dem Manne ja vor allen Dingen den Geist, das Herz!"

„Wenn Sie wüßten, in welche Versuchung Sie mich führen."

„Folgen Sie dieser Versuchung!"

Da beugte er sich zu ihr herab.

„Ist das Ihr Ernst, Marion?"

„Ja, mein größter heiligster Ernst."

Sie erwartete, daß er sie jetzt in heißer Liebe umschlingen werde, und sie hätte ihm mit Freuden den Mund zum Kusse geboten; aber statt dessen erklang es mahnend:

„Und jene Photographie?"

„Welche Photographie?"

„Welche Ihnen im Steinbruche entfiel."

Er hatte die Laterne eingesteckt. Es war vollständig finster, und darum sah er nicht, welche glühende Röthe sich bei diesen Worten über ihr Angesicht verbreitete. Aber er fühlte, daß ihre Hand leise erzitterte.

„Die ich Ihnen dann zeigte?" fragte sie.

„Ja, die Photographie des preußischen Ulanenoffiziers."

„Was ist's mit ihr?"

„Enthält sie nicht die Züge, welche Sie im Herzen getragen haben?"

Sie schwieg und erst nach einer Weile fragte sie:

„Warum sagen Sie mir das? Jetzt, jetzt?"

„Weil ich ehrlich gegen Sie sein will."

„Sie sind nicht ehrlich gegen mich, sondern grausam gegen sich selbst!"

„Und Sie, Mademoiselle, sind dankbar gegen mich und halten diese Dankbarkeit für ein zärtlicheres Gefühl."

Ihr Köpfchen zog sich langsam von seiner Brust zurück, und ihre Hand sank von seiner Schulter. Sie fühlte in diesem Augenblicke, daß sie diesem äußerlich unscheinbaren und geistig doch so überlegenen Manne zu Eigen sein müsse für ihr ganzes Leben; aber sie hatte den kühnen Schritt gethan, durfte sie weiter gehen?

Und er, als er fühlte, daß sie sich zurückzog, sagte sich, daß er mit seinen Worten Recht gehabt habe. Ihm wollte sie dankbar sein, aber den Offizier liebte sie.

„Meinen Sie nicht, daß Sie sich irren?" fragte sie noch.

„Nein."

„Es war ja nur ein Phantom, eine Fata morgana."

„Aber eine unvergeßliche. Ich habe Ihnen den Namen dieses Offiziers genannt, da ich die Familie zufällig kenne. Heute finden Sie einen Königsau in den unterirdischen Kerkern von Ortry. Können Sie wirklich sagen, daß Sie die Herrin Ihres Herzens sind?"

„Sind Sie nicht gar zu viel der Herr des Ihrigen?"

„Seien Sie gnädig, Mademoiselle. Geben Sie diesem Herzen Zeit! Das Ihrige wird ja sogleich auf das Außerordentlichste in Anspruch genommen werden."

„Wodurch?"

„Ich stehe im Begriff, Sie zu Jemand zu führen."

„Zu wem?"

„Errathen Sie es nicht?"

„Nein."

„Ich will Ihnen beweisen, daß ein körperliches Wesen kein Geist ist."

„Gott! Sie meinen meine Mutter?"

„Ja."

„Sie behaupten noch immer, daß sie lebt?"

„Sie befindet sich hier in der Nähe."

„Und ich soll sie sehen?"

„Fühlen Sie sich stark genug dazu?"

„O ja, ja, ja! Kommen Sie; kommen Sie schnell!"

„Warten Sie noch! Es liegt mir nämlich sehr daran, sie von hier zu entfernen. Sie soll einsehen, daß sie dem alten Betrüger ihr Versprechen nicht zu halten braucht."

„Wohin wollen Sie sie bringen?"

„Dahin, wo ich Sie morgen hin begleiten werde. Errathen Sie auch das nicht?"

„Nein."

„Bitte, denken Sie an den Brief, welchen Sie mir zu lesen gaben!"

„Ah, nach Malineau?"

„Ja."

„Zu Ella von Latreau?"

„Zu dieser Ihrer Freundin. Der Vater derselben, der General, wird Sie gern in seinen Schutz nehmen. Bei ihm sind Sie sicher vor jeder Gefahr, auch sicher vor Rallion und dem Capitän."

„Sie haben Recht, sehr Recht!" sagte sie schnell. „Aber langsamer fügte sie hinzu: „Aber Sie —?"

„Ich kann allerdings nicht in Malineau bleiben; aber wir werden uns wiedersehen."

„Wirklich?"

„Ja, sicher."

„Wann?"

„Das ist nicht genau zu bestimmen."

„Wohin werden Sie gehen?"

„Mein Beruf führt mich in nächster Zeit nach Paris."

Er dachte dabei an einen siegreichen Einzug in die französische Hauptstadt; sie ahnte das nicht und bat also:

„Aber Ihre Adresse werden Sie mir zurücklassen!"

„Ich kenne sie jetzt selbst noch nicht, werde sie Ihnen aber dann sicher mittheilen. Aber jetzt, bitte, gehen wir weiter!"

Er zog seine Laterne wieder hervor. Nach den ersten Schritten blieben sie wieder stehen.

„Monsieur Müller!" sagte sie zaghaft.

„Mademoiselle!"

„Lebt sie wirklich?"

„Ja, sie lebt."

„O Gott, o Gott! Fühlen Sie hier!"

Sie führte seine Hand an ihr Herz, welches er schlagen fühlte. Er fragte besorgt:

„Sind Sie wirklich stark genug."

Ihr Angesicht war jetzt tiefblaß; sie blickte ihn mit großen, dunklen Augen zögernd an und sagte dann:

„Ja, ich bin stark genug, denn ich habe Sie bei mir."

Ohne ein weiteres Wort zu sagen, schritt er mit ihr vorwärts. Die Thür, welche bei seinem vorigen Besuche offen gestanden hatte, war jetzt verschlossen. Er zog den Schlüssel hervor und öffnete.

Der Raum, welchen er bereits gesehen hatte, war durch eine Lampe erleuchtet. Liama saß mit gekreuzten Beinen nach orientalischer Weise am Boden und ließ die Gebetkugeln durch die Finger gleiten. Sie hielt den Rücken gegen die Thür gerichtet und bewegte sich auch dann nicht, als sie hörte, daß diese geöffnet wurde.

Marion war draußen im dunklen Gange stehen geblieben, Müller aber trat herein.

„Liama!" sagte er.

Sie mochte doch sofort hören, daß dies nicht die Stimme des Capitäns sei. Sie wandte den Kopf. Als sie den Deutschen erblickte, sprang sie schnell auf.

„Du?" fragte sie.

„Ja, ich," antwortete er, ihr freundlich zunickend.

„Warum kommst Du wieder?"

„Weil ich mit Dir sprechen will."

„Habe ich Dich nicht gewarnt."

„Ich fürchte ihn nicht."

„Der Weißbart ist schrecklich in seinem Grimm!"

„Ich verachte seinen Grimm."

„So mußt Du sehr mächtig sein."

„Ich bin nicht mächtig, aber ich habe ein gutes Gewissen, während das seinige nie zur Ruhe kommt."

„Er selbst hat keine Ruhe. Er wandelt stets. Er kann auch jetzt kommen und dann bist Du verloren!"

„Er hat mich mehr zu fürchten, als ich ihn. Er ist ein Lügner und Betrüger. Er betrügt auch Dich."

„O nein. Mich betrügt er nicht. Allah verlieh mir klare Augen. Ich würde es sehen, wenn er mich täuschte."

„Und dennoch betrügt er Dich. Er ist Dein Feind und ein Feind Deines Kindes."

„Meines Kindes? Nein. Er hat mir versprochen, Marion zu schützen und er wird Wort halten."

„Er hat sein Wort gebrochen. Er trachtet, Uebles mit Deiner Tochter zu thun. Ich habe mit ihr gesprochen."

„Du hast sie gesehen? Spricht sie von Liama, ihrer Mutter?"

„Sie spricht von Dir und will Dich sehen."

„Nein, nein, sie darf mich nicht sehen. Ich habe es geschworen."

„Und er hat dafür geschworen, sie zu schützen?"

„Er hat es geschworen bei Allah und bei seinem Gotte."

„Er hat den Schwur gebrochen."

„Beweise es!"

„Hier!"

Er trat zur Seite. Hinter ihm stand Marion unter der Thür. Liama starrte sie mit weit geöffneten Augen an. Dann breitete sie langsam die Arme aus und fragte:

„Wer ist das? Wen bringst Du da? Wer ist dieses herrliche Bild der Unschuld und Jugend?"

„Mutter!"

Dieses eine Wort nur sprach Marion, dann eilten Beide sich entgegen und lagen sich in den Armen.

Müller trat aus der Thür und machte dieselbe zu. Er wollte die Seligkeit der Beiden nicht durch seine Gegenwart entweihen und lieber Wächter ihrer Sicherheit sein. Jubelnde und klagende Töne erklangen drin in dem Raume. Niemand schien an ihn zu denken. Er zog die Uhr. Eine Viertelstunde verging und noch eine. Da wurde die Thür geöffnet.

„Bist Du noch da?" fragte Liama heraus.

„Hier!"

„Komm herein!"

Er trat ein und zog die Thür hinter sich zu. Die einstige Maurin war eine ganz Andere geworden. Ihre Augen blitzten und ihre Wangen hatten sich geröthet.

„Was Du mir gesagt hast, das ist wahr," sagte sie. „Warst Du es, der mein Grab öffnete?"

„Ja."

„Wer war dabei?"

„Hassan, der Zauberer."

„Ich dachte es; ich hatte ihn erkannt. Du willst es, daß Marion vor dem Weißbart fliehen soll."

„Ja."

„Und ich soll mit ihr gehen?"

„Ja."

„Wann soll ich gehen?"

„Jetzt, sogleich."

„Gut. Ich gehorche Dir. Mein Schwur hat keine Giltigkeit, denn er hat den Seinigen gebrochen."

„Bist Du das Weib des Barons gewesen?"

„Nie."

„Ah, unbegreiflich!"

„Liama hat ihn nie geliebt. Ich mußte ihm folgen, um den Vater und den Geliebten zu retten, aber nicht der Kadi hat mich ihm gegeben und von einem Eurer Priester habe ich keinen Segen verlangt."

„So ist Marion nicht seine Tochter?"

„Nein. Er durfte mich nie berühren."

„Wessen Tochter ist sie dann?"

„Das werde ich ihr sagen, wenn die Zeit dazu gekommen ist. Wohin ist Abu Hassan gegangen?"

„Ich weiß es nicht."

„Auch nicht, ob er wiederkommen wird?"

„Auch nicht. Aber warum bist Du bei dem Baron geblieben?"

„Ich hatte es ihm geschworen und er bedurfte meiner, wenn der Wahnsinn seinen Geist verfinsterte."

„Wie aber kam es, daß Du sterben mußtest?"

„Ich sollte es nicht wissen, aber ich habe es belauscht. Eine Andere liebte den Baron. Sie wurde sein Weib, und ich mußte weichen."

„Ich habe es mir gedacht. Du folgst mir also. Hast Du Etwas mitzunehmen?"

„Nein, gar nichts."

Da fragte Marion:

„Werde ich wieder in das Schloß zurückkehren?"

„Nein, Mademoiselle."

„Aber ich habe doch Manches, was ich mitnehmen muß."

„Ich werde es Ihnen besorgen. Wir gehen jetzt zu

Doctor Bertrand. Dort schreiben Sie Alles auf, was Sie brauchen. Können wir also gehen?"

„Ja."

Liama ließ die Lampe brennen und Alles stehen und liegen, wie es stand und lag. Sie erfaßte die Hand ihrer Tochter und sagte:

„Komm, mein Kind. Fluchen wir dem alten Graubart nicht. Allah wird ihn treffen mit seinem Zorne und ihn vernichten mit seinem Grimme!"

Müller schritt mit der Laterne voran und sie folgten ihm durch den Gang bis hinaus in das Waldloch. Es war unterdessen dunkel geworden und man konnte nicht weit sehen. Schon wollte Müller einen Ruf nach Fritz ausstoßen, als er daran verhindert wurde.

„Pst!" erklang es hinter einem Baume hervor.

„Fritz?"

„Ja. Ah, ich konnte Sie doch nicht sogleich erkennen."

Er trat zu ihm heran. Müller erkundigte sich:

„Ist — der Gefangene mit da?"

„Ja. Er liegt dort im Moose und schläft. Die frische Luft ermüdet ihn."

„Hat man Euch gesehen?"

„Kein Mensch. Ich habe den — — den Herrn bis hierher tragen müssen. Es ist ein Herzeleid, wie es ihm ergangen ist."

„Wie lange ist er gefangen gewesen?" fragte Marion.

„Volle sechzehn Jahre."

„Und diese Ewigkeit hat er in dieser Zelle gesteckt?"

„Ja."

Sie schlug die Hände zusammen, fühlte sich aber unfähig, ein Wort zu sagen.

„Führe uns zu ihm!" bat Müller.

Fritz brachte sie eine Strecke weiter in den Wald hinein, wo Gebhardt von Königsau schlafend lag. Sein Athem ging ruhig. Man merkte förmlich, daß bei jedem Athemzuge Erquickung in seinen Körper strömte.

„Lassen wir ihn schlafen!" sagte Müller.

„Aber dürfen wir hier warten?" bemerkte Fritz.

„Kann er nach der Stadt gehen? Und darf Liama in ihrer orientalischen Kleidung gesehen werden? Eile Du, so schnell Du kannst, zu Doctor Bertrand; spanne seinen Wagen an und komme heraus, uns abzuholen!"

„Schön! Wo treffe ich Sie?"

„Drüben am Waldesrande, wo der Vicinalweg vorüber geht."

„Und wenn Bertrand fragt — —?"

„Du sagst nichts."

„Oder das gnä — — wollte sagen, Miß de Lissa?"

„Kein Wort! Beeile Dich! Wir haben heute noch sehr viel zu thun!"

Der treue Kerl eilte fort, so schnell er vermochte. Die Andern ließen sich im Grase und Moose nieder, Marion neben der Mutter und Müller neben seinem Vater. Er bewachte dessen Athemzüge, während Mutter und Tochter, die Arme eng verschlungen, leise mit einander flüsterten.

Müller wollte nichts hören, aber es drang doch, wenn auch nur schwer verständlich, zu ihm herüber:

„Und Du liebst ihn, mein Kind?"

„So sehr, so sehr!"

„Er ist es werth!"

Von wem sprachen sie? Müller veränderte seinen Platz, so daß er nichts mehr zu hören vermochte. —

(Fortsetzung folgt.)

Die Liebe des Ulanen.
Original-Roman aus der Zeit des deutsch-französischen Krieges von Karl May.
(Fortsetzung.)

Unterdessen war der alte Capitän auf den heimlichen Wegen in sein Zimmer gekommen. Er hatte lange, lange Zeit Achtung gegeben, ob er unbemerkt in die Vorrathskammer kommen könne. Ehe ihm dies gelang, waren wohl zwei Stunden vergangen. Dann eilte er mit Brod und Wasser zurück. Einen großen Krug voll des Letzteren und ein Brod ließ er im Kreuzgange zurück, um es später Liama zu bringen. Mit dem anderen Vorrathe passirte er mühsam den Brunnen und gelangte endlich in den Gang, in welchem, seiner Meinung nach, Rallion als Sieger auf ihn wartete.

Er wunderte sich nicht wenig, als er von Weitem keinen Lichtschein bemerkte.

„Hm!" erklärte er sich, grimmig schmunzelnd, diesen Umstand. „Schäferstunde! Er hat die Thür herangezogen!"

Er trat so laut wie möglich auf, um von seinem Verbündeten bereits von Weitem bemerkt zu werden, blieb aber dann ganz verblüfft stehen, als er bemerkte, daß die Thür nicht nur von innen herangezogen, sondern sogar von außen verschlossen sei.

„Donnerwetter!" murmelte er. „Was ist da geschehen? Sollte der Kerl also doch die Schlüssel haben, wie ich gleich erst vermuthete?"

Er setzte die zwei Wasserkrüge, welche er in der Hand hatte, nieder und nahm den Schlüssel aus der Tasche. Als er geöffnet hatte, drang ihm der Schein der Laterne entgegen, und bei demselben bemerkte er den Gefesselten auf dem Boden liegen.

„Alle Teufel!" rief er aus. „Rallion! Sie gefesselt!"

„Wie Sie sehen!" antwortete dieser. „Wo stecken Sie denn diese lange Zeit?"

„Habe ich es Ihnen denn nicht gleich gesagt, daß es so lange dauern könnte?"

„Das wohl; aber mehr sputen konnten Sie sich doch!"

„Es war nicht möglich. Aber das ist ja Nebensache. Hauptsache ist, wie ich Sie hier finde. Wo ist Marion?"

„Das weiß der Teufel."

„Wer hat Sie gefesselt?"

„Das weiß derselbe Teufel."

„Und eingeschlossen?"

„Fragen Sie doch eben diesen Teufel!"

„Aber, zum Donnerwetter! Sie müssen doch wissen, wie Sie in diese Lage gekommen sind!"

„Muß ich es wissen? Wirklich? Ach so! Aber, nehmen Sie mir doch vorher gefälligst diese verdammten Stricke ab. Dann können wir weiter sprechen!"

„Ich sollte Sie so liegen lassen. Ich bin ganz consternirt! Wüßte ich nicht ganz genau, daß ich wache, so hielt ich es für einen Traum. Erzählen Sie doch!"

„Erst die Stricke herunter!"

„Na, da!"

Er zog sein Messer und schnitt die Stricke entzwei. Rallion sprang auf, dehnte die Glieder und sagte dann:

„Hören Sie, Capitän, Ihr verdammtes Ortry mag der Satan holen! Mich bringen Sie niemals wieder her!"

„Schimpfen Sie nicht, sondern erzählen Sie!"

„Hier geht in Wirklichkeit der Teufel um, oder sonst ein ihm sehr verwandtes Gespenst! Ich mache, daß ich so schnell wie möglich fortkomme!"

„Halt! Stehen bleiben! Erst wird erzählt. Ich will vor allen Dingen wissen, was geschehen ist. Ich verließ Sie ganz siegesgewiß und treffe Sie als Gefangenen! Wie ist das zugegangen?"

Rallion zeigte auf das Stroh und antwortete:

„Hier lag Marion — —"

„Das weiß ich!"

„Ich kniete neben ihr und stellte ihr vor, daß aller Widerstand vergeblich sei."

„Was antwortete sie?"

„Daß sie lieber sterben wolle."

„O, diese Mädchen wollen da immer sterben!"

„Es schien ihr wirklich Ernst zu sein. Aber als ich ihr einen Kuß geben wollte, drohte sie mir, daß ich verloren sei, wenn ich sie anrühren würde."

„Das klingt ja, als ob sie überzeugt gewesen wäre, auf irgend eine Weise oder durch irgend Jemand Hilfe zu finden."

„Allerdings!"

„Was thaten Sie?"

„Ich achtete nicht auf diese Drohung, welche ich für geradezu lächerlich hielt; ich hielt sie vielmehr fest und wollte sie küssen. Ich berührte beinahe ihre Lippen, da legte sich eine Faust wie ein Schraubstock um meinen Hals, und ich erhielt einen Hieb an den Kopf, daß mir auf der Stelle Hören und Sehen verging."

„Von wem?"

„Weiß ich es?"

„Aber Sie müssen doch Etwas gesehen oder gehört haben!"

„Nicht das Geringste. Ich verlor, wie gesagt, die Besinnung. Als ich wieder zu mir kam, war ich an Armen und Beinen gefesselt und sah, daß die Thür verschlossen war."

„Unbegreiflich!"

Rallion sah ihn von der Seite an und fragte:

„Ist es Ihnen wirklich so ganz und gar unbegreiflich?"

„Wie denn sonst?"

„Hm! Wissen Sie denn, daß ich Sie sehr stark im Verdachte hatte!"

„Mich?"

„Ja."

„Sind Sie toll?"

„Toll? Die Sache schien mir gar nicht so sehr toll zu sein. Sie haben eine gewisse Leidenschaft, Andere einzuschließen."

„Ich glaube, der Hieb, den Sie auf den Kopf erhalten haben, hat Ihren Verstand in Unordnung gebracht!"

„Möglich, denn wenn Sie es nicht gewesen sind, so gebe ich überhaupt die Hoffnung auf, die Sache zu begreifen. Wo aber ist Marion?"

„Das frage ich Sie!"

„Donnerwetter! Sie muß einen heimlich Verbündeten haben. Anders ist es gar nicht möglich."

„So werden wir ihn jetzt fangen. Begegnet ist mir kein Mensch. Alle Thüren sind zu gewesen. Man hält sich also hier versteckt. Durchsuchen wir den Gang! Er ist glücklicher Weise nicht sehr lang."

Er nahm den Revolver in die Hand und schritt mit der einen Laterne voran. Rallion folgte ihm mit der anderen. Sie erreichten das Ende des Ganges, ohne irgend Etwas bemerkt zu haben."

„Nun?" fragte Rallion, halb höhnisch und halb erwartungsvoll.

W. VIII. 1570.

Er traute dem Alten noch immer nicht.

„Nichts und Niemand!" antwortete dieser.

„Aber mir brummt der Kopf noch immer von dem Hiebe, den ich erhalten habe. Soll das etwa dieser Monsieur Niemand gewesen sein?"

„Ich möchte an diesen Hieb gar nicht glauben, aber Sie haben wirklich eine ziemliche Beule hier an der Schläfe."

„Habe ich? Na, das ist Beweis genug. Ein Mann muß es gewesen sein, denn ein Weib vermag nicht, so kräftig zuzuschlagen."

„Das versteht sich ganz von selbst."

„Und Schlüssels muß er haben, sonst hätte er mich nicht einschließen können."

„Richtig! Aber — ah, da kommt mir ein Gedanke: Sie sind miteinander hier noch in irgend einer Zelle versteckt. Suchen wir!"

„Was befindet sich in den Zellen?"

„Sie sind leer, außer der, in welcher der Deutsche steckt. Sehen wir also nach!"

Er öffnete eine Zelle nach der anderen; sie waren alle ohne Ausnahme leer. Als er dann die zuletzt erwähnte aufschloß und mit der Laterne hineinleuchtete, stieß er einen lauten Fluch aus:

„Tod und Teufel! Was ist das?"

„Was giebt's?" fragte Rallion, schnell hinzutretend.

„Was es giebt? Da sehen Sie her!"

„Wetter noch einmal! Das ist verflucht!"

„Der Kerl ist fort!"

„Oder hat er sich in dem Kothe versteckt?"

„Unsinn! Sehen Sie denn nicht, daß die Ketten geöffnet worden sind?"

„Wirklich! Der Schlüssel steckt noch im Schlosse!"

„Und da ist auch die Peitsche fort!"

„Unbegreiflich!"

„Haben Sie denn wirklich so ohne alle Besinnung in Ihrer Zelle gelegen?"

„Ja."

„Nichts gehört?"

„Gar nichts."

„So ist es! Ihr Schädel scheint von Pappe zu sein! Jetzt ist mir gar der Deutsche ausgebrochen!"

„Aber wohin?"

„In dem Gange befindet sich kein Mensch! Oder sollte — Sapperment, da kommt mir ein Gedanke. Kommen Sie!"

Er eilte bis an das Luftloch und leuchtete empor.

„Sie denken, da hinauf?"

„Ja."

„Wie kann ein Gefangener von hier aus da empor kommen? Er müßte eine Leiter haben."

„Das ist richtig! Also hier nicht. So bleibt also nur übrig, daß der Mann, welcher die Schlüssel hat, denselben Weg genommen hat, den auch wir einschlagen. Sehen wir einmal, ob wir Spuren finden."

Sie schlugen die Richtung nach dem Brunnen ein, mit den Laternen am Boden suchend. Hart am Brunnen blieb der Alte, welcher voranging, stehen.

„Sehen Sie her!" sagte er. „Was ist das?"

„Stearin am Boden!"

Die Liebe des Ulanen.

„Ja. Ganz frisch. Aus einer Laterne getropft. Wir Beide aber brennen Oel. Was folgt daraus?"

„Hier sind sie gegangen."

„Richtig! Sie kennen also auch diesen Gang und diesen Weg. Steigen wir empor! Vielleicht findet sich noch eine Spur."

Sie kamen bis dahin, wo Müller mit Marion gestanden, vorher aber seine Laterne eingesteckt hatte. Beim Verschließen der Blende hatte er wieder einen Tropfen Stearin verloren.

„Hier wieder," sagte der Alte, „Sehen Sie?"

„Ja, ganz deutlich."

„Kein Zweifel! Sie sind hier gegangen und — sollten sie etwa — —"

„Was?"

„Da hinten steckt auch so eine Art Gefangene."

„Vielleicht haben sie diese auch befreit!"

„Dann schlage das Wetter drein! Wollen sehen."

Er stürmte vorwärts und untersuchte die Thür.

„Sie ist verschlossen."

Er öffnete und trat ein. Rallion folgte. Die Lampe brannte noch.

„Hier ist sie nicht," meinte der Alte, indem er sich geradezu voller Angst zeigte. „Vielleicht ist sie da draußen in der Nebenstube."

Rallion wollte ihm auch da folgen; aber er wies ihn mit den barschen Worten zurück:

„Bleiben Sie! Da draußen haben Sie nichts zu suchen."

Als er nach einiger Zeit zurückkam, zeigte sein Gesicht geradezu den Ausdruck der Verstörtheit.

„Auch sie ist fort!" murmelte er grimmig.

„Entflohen?"

„Ja."

„Wer?"

„Das ist Nebensache. Ich hatte der Person gewisse Freiheiten gewährt, schloß sie aber heute ein. Beide Schlösser sind verschlossen, sie aber ist fort."

„Das ist freilich Pech über Pech."

„Mehr als Pech! Sie wissen nicht, was dabei für mich auf dem Spiele steht. Es bleibt mir nichts Anderes übrig, als die Eingänge zu vernichten oder zuzuschütten und einstweilen das Weite zu suchen."

„Ist es denn so gefährlich?"

„Ja. Ich muß Gras darüber wachsen lassen. Das wird, falls der Krieg losbricht, nicht lange dauern."

„Aber die Eingänge zerstören, das erfordert Arbeit und Zeit!"

„Gar nicht. Ich habe bereits für so einen Fall meine Vorbereitungen getroffen. Kommen Sie!"

Er kehrte mit ihm nach dem Kreuzgange zurück. Dort schien eine der Steinplatten zerbrochen zu sein. Er nahm zwischen zwei Ritzen das Stückchen heraus und sofort kam ein Draht zum Vorschein. Er zog daran und in demselben Augenblicke rollte ein donnerartiges Geräusch durch die Gewölbe. Es schien von mehreren Seiten zu kommen.

„Was war das?" fragte Rallion.

„Kleine Minen."

„Ah! Die Eingänge zusammengestürzt?"

„Alle! Und auch noch Anderes ist vernichtet."

Er zog die Uhr und blickte auf das Zifferblatt. Dann sagte er:

„In einer Stunde geht ein Zug nach dem Süden. Mit diesem fahren wir."

„Warum nicht erst morgen?"

„Ich werde mich nicht hersetzen, wenn man die Hände ausstreckt, mich festzunehmen! Ein lustiger Krieg und dann ist Alles wieder gut!"

Eine Viertelstunde später verließen Beide das Schloß. Der Capitän trug all sein vorräthiges Geld bei sich. Er glaubte einer Gefahr entfliehen zu müssen und diese Gefahr gab es gar nicht für ihn." —

Noch saß Müller bei seinem Vater und bei den Frauen, als es in der Nähe plötzlich zu prasseln begann. Es krachte einige Augenblicke lang und dann war Alles ruhig.

„Was war das?" fragte Marion.

„Ich werde nachsehen," antwortete er.

Er brannte die Laterne an, welche er verlöscht gehabt hatte und ging zu dem Eingange, aus welchem sie vorhin gekommen waren. Er war verschüttet.

„Der Capitän hat die Flucht bemerkt," sagte er, „und verschüttet die Eingänge, damit Niemand entkommen soll!"

„Doch wohl nur diesen?"

„Wohl nicht. Ich glaube, das Krachen, welches wir gehört haben, kam auch von anderen Orten. Am Besten wird es sein, wir brechen auf."

Auch Königsau war bei dem rollenden Geräusch erwacht.

„Was war das?" fragte er.

„Nichts Gefährliches," beruhigte ihn Müller.

„Wo bin ich denn?"

„Bei Freunden."

„Und wer sind Sie?"

„Kennen Sie mich nicht?"

Er beleuchtete sein Gesicht mit der Laterne.

„O, mein Retter!"

„Sie sehen also, daß Sie ruhig sein können. Sind Sie sehr ermüdet?"

„Ich werde gehen können."

„Stützen Sie sich auf mich!"

Er ging mit ihm voran und Marion folgte langsam mit ihrer Mutter. Als sie an der Waldecke ankamen, hörten sie Pferdegetrappel. Bald hielt Fritz bei Ihnen.

„Wie arrangiren wir das?" fragte er.

„Die Damen den Wagen," antwortete Müller. „Ich fahre und nehme diesen Herrn zu mir auf den Bock. Du läufst nach Hause. Warst Du verschwiegen?"

„Ich habe kein Wort gesagt."

Er half den beiden Frauen in den Wagen und den schwachen Königsau auf den Bock. Müller schlang den Arm um seinen Vater und trieb die Pferde an.

„Fritz, komm baldigst nach!" sagte er noch.

„Sehr wohl, Herr Doctor!"

Als später der Wagen vor Doctor Bertrands Thür hielt, wollte Marion den Schlag öffnen, um zuerst auszusteigen, aber da sagte eine bekannte Stimme:

„Bitte, Mademoiselle, das kommt mir zu!"

Müller hörte das und traute seinen Ohren nicht.

„Fritz!" sagte er.

„Herr Doctor?"

„Du hier?"

"Ja."

"Wie kommst Du so schnell hierher?"

"Ich habe mich hinten festgehalten und bin mit fortgetrabt. Das geht ganz prächtig, viel besser als wenn man auf dem Bocke sitzt."

Recht sehr zur gelegenen Zeit kam jetzt der Arzt aus der Thür getreten.

"Herr Doctor," fragte ihn Müller, "haben Sie nicht ein separates Zimmer für diesen Herrn? Er ist sehr Patient."

"Ein allerliebstes Zimmerchen, gerade neben demjenigen, welches Sie für heute bekommen werden."

"Schön! Bitte, bringen Sie ihn sofort hinauf. Er ist so angegriffen, daß er der Ruhe bedarf."

Müller hob seinen Vater vom Bocke und Bertrand nahm ihn dann unter den Arm und brachte ihn in das erwähnte Zimmer. Hier brannte Licht und nun erst bemerkte der Arzt, in welchem Zustande sich sein Patient befand. Schon der penetrante Geruch desselben war ihm aufgefallen.

"Mein Gott!" sagte er. Sie sind ja fast unbekleidet! Wo kommen Sie her?"

"Ich war gefangen," seufzte der Gefragte.

"Wo?"

"In einem unterirdischen Loche in Ortry."

"Was? Wirklich? Wer nahm Sie gefangen?"

"Der Capitän."

"Wie lange waren Sie da?"

"Sechzehn Jahre."

"Herrgott! Widerrechtlich?"

"Gewiß!"

"Bitte, darf ich Ihren Namen hören?"

"Gebhardt von Königsau."

Der Arzt fuhr zurück. Dann fragte er:

"Wer hat Sie befreit?"

"Ein Herr Doctor Müller."

"Dieser Herr ist wohl ein Bekannter von Ihnen?"

"Ich kenne ihn nicht."

Nun wußte der Arzt, daß Müller sich noch nicht zu erkennen gegeben hatte und daß auch er schweigen mußte.

"Gedulden Sie sich einen Augenblick," bat er. "Ich kehre sogleich zurück."

Wenige Minuten später kam er mit dem Apotheker, welcher eine Badewanne trug und das Hausmädchen brachte heißes Wasser. Königsau mußte vor allen Dingen ein Bad nehmen.

Unterdessen war Müller mit Marion und ihrer Mutter nach oben gegangen. Dort waren die Engländerin, der Amerikaner, Nanon und Madelon beisammen. Die Frau des Arztes befand sich bei ihnen.

Diese Letztere sprang, als sie Liama erblickte, leichenblaß von ihrem Stuhle auf und rief:

"Alle guten Geister — —! Wer ist das? Wen bringen Sie da?"

"Kennen Sie die Dame nicht?"

"Freilich kenne ich sie! Die Frau Baronin von Sainte-Marie!"

Dieser Name brachte kein geringes Aufsehen hervor. Alle drängten sich um sie und stürmten mit Fragen auf sie ein. Doch Müller nahm sie in seinen Schutz und sagte:

"Bitte, meine Herrschaften, diese Dame ist zu sehr angegriffen, als daß sie Ihnen Rede und Antwort stehen könnte. Uebrigens muß ich bemerken, daß diese Angelegenheit ganz unter uns, das heißt, Geheimniß bleiben muß. Kommen Sie, Frau Baronin; folgen Sie mir in das Zimmer Miß de Lissa's! Ich habe einige Fragen an Sie zu richten."

Während nun Marion den mit ihr Zurückbleibenden ihre Einkerkerung und Rettung erzählte, führte er Liama in dem genannten Zimmer auf das Sopha und nahm ihr gegenüber Platz.

"Darf ich fragen," sagte er, "ob Sie einiges Vertrauen zu mir haben können?"

Er sagte das in arabischer Sprache, die er als Knabe gelernt hatte und zwar von seinem Vater. Liama war freudig bewegt, so unerwartet die heimathlichen Laute zu hören und antwortete:

"Alles, Alles will ich Ihnen sagen."

"Nicht wahr, Sie sind eine Tochter des berühmten Stammes der Beni Hassan?"

"Ja. Mein Vater Menalek war der Scheik desselben."

"Sie kannten einen Angehörigen dieses Stammes, welcher Saadi hieß?"

Ihre Augen leuchteten auf.

"Er war mein Geliebter, mein Verlobter, mein Bräutigam," antwortete sie.

"Wann haben Sie ihn zum letzten Male gesehen?"

"Hier in Ortry."

"Nicht damals, als er von Ihnen gerissen wurde als Gefangener der Franzosen?"

"Nein. Ich wollte ihn und den Vater retten, indem ich mit dem Fakihadschi Malek Omar und seinem Sohne Ben Ali fortging. Beide heißen jetzt Richemonte und Sainte-Marie."

"Sie wurden aber von ihnen betrogen?"

"Ja. Die Unseren wurden trotzdem niedergemacht. Mein Vater war todt; aber als die Franzosen fort waren, zeigte es sich, daß in Saadi noch Leben sei. Er wurde geheilt und verließ sein Land, um nach mir zu suchen."

"Da Sie ihn in Ortry gesehen haben, hat er Sie also gefunden?"

"Ich ging spazieren im Walde und begegnete ihm. Er wohnte bei mir auf dem Schlosse, ohne daß es Jemand wußte; er war mein Bräutigam; er wurde im Stillen mein Gemahl. Er ist Marions Vater. Nie hat mich ein anderer Mann anrühren dürfen."

"So ist also Marion nicht die Tochter des wahnsinnigen Barons de Sainte-Marie?"

"Nein."

"Das ist mir eine große Beruhigung. Wo aber ist Sadin hingekommen?"

"Ich weiß es nicht. Er war eines Tages verschwunden. Ich habe ihn niemals wieder gesehen."

"Später zwang man Sie, zu verschwinden, um das Leben Ihrer Tochter zu retten?"

"Der Capitän wollte Marion tödten, wenn ich nicht thun wollte, was er befahl."

"Weiß die jetzige Baronin, daß Sie nicht wirklich gestorben sind?"

"Ich weiß es nicht."

„Hat sie Sie einmal gesehen?"

„Mehrere Male. Sie besuchte, da sie noch eine Hirtentochter war, den Baron und den Capitän auf Ortry; da hat sie mich gesehen."

„Glauben Sie, daß sie Sie jetzt wieder erkennen würde."

„Sie kennt mich."

„Fürchten Sie sich vor ihr?"

„Ja."

„Aber wenn ich bei Ihnen bin?"

„Dann fürchte ich mich nicht."

In diesem Augenblicke entstand draußen ein außerordentliches Gepolter. Mehrere Thüren öffneten sich, und auch Müller eilte hinaus.

„Was giebt es denn da?" fragte er laut.

„Abermals eine Schlittenparthie!" antwortete eine Stimme von unten an der Treppe herauf.

„Schlittenparthie? Wie denn?"

„Grad wie damals im Tharandter Walde, nur dieses Mal auf dem Bauche anstatt auf der anderen Seite."

Derjenige, welcher diese Worte sprach, kam wieder die Treppe herauf. Herr Hieronymus Aurelius Schneffke war es.

„Ach Sie sind es! Was machen Sie denn da?"

„Na, man wird doch wohl noch zur Treppe hinunterpurzeln dürfen, Herr Doctor."

„Heruntergefallen sind Sie also?"

„Ja; das ist so Usus bei mir, wie Sie wohl wissen. Ich hatte Eile."

„Sie sehen allerdings ganz wichtig aus. Sie haben wohl eine Neuigkeit?"

„Ja. Die wollte ich so schnell wie möglich bringen. Ich gedachte daher, die Treppe in zwei oder drei Sprüngen zu nehmen, da aber nahm die Treppe mich. Ein Glück ist es nur, daß sie nichts gebrochen hat!"

„Was ist es denn für eine Neuigkeit?"

„Ich trank auf dem Bahnhofe ein Glas Bier. Der Zug kam an, und da ging ich. Draußen am Billetschalter standen Zwei. Rathen Sie, wer sie waren!"

„Besser ist's, Sie sagen es."

„Das ist so richtig wie Pudding, denn Sie errathen es doch nicht. Der alte Capitän war es — — —"

„Der? Unmöglich!"

„Na, ich werde ihn doch kennen! Ein Maler ist gar wohl im Stande, sich so eine Physiognomie zu merken."

„Und noch Einer war dabei?"

„Ja. Er hatte ein zerschnittenes Gesicht."

„Sapperlot! Rallion! Was thaten sie?"

„Ich stand ganz nahe bei ihnen; sie aber hatten es so eilig, daß sie mich gar nicht beachteten. Der Alte bezahlte zwei Billets erster Classe nach Paris."

„Wirklich?"

„Glauben Sie, daß er sie nur aus Illusion bezahlt?"

„Ah! Flucht! Er fürchtet sich!"

„So ist er fort?" fragte Marion den Maler.

„Ich sah ihn einsteigen, und dann ging der Zug ab. Wenn Ihnen das genügt, so ist er allerdings fort. Oder muß Einer durch die Wolken fliegen, um fort zu sein?"

„Bitte, kommen Sie mit hier herein!" bat nun Müller Marion, indem er sie zu ihrer Mutter führte.

Dort bemerkte er:

„Jetzt giebt es die beste Gelegenheit, zu holen, was Sie zu der Reise brauchen. Sie kehren zu diesem Zwecke selbst mit nach Ortry zurück."

„Das thue ich. Wer geht noch mit."

„Ihre Mutter hier."

„Wie! Darf sie gesehen werden?"

„Ich wünsche sogar sehr, daß sie von der jetzigen Baronin gesehen wird. Auch ich gehe mit."

„Auch Sie? Ich denke, Sie wollen Ortry nie mehr betreten!"

„Vielleicht komme ich später doch wieder hin. Uebrigens möchte ich Sie um Ihretwillen begleiten."

„Ja. Das ist dankenswerth. Wenn Sie mit zugegen sind, haben wir nichts zu befürchten. Wann gehen wir?"

„Wir werden fahren, doch nicht gleich jetzt. Wie ich vermuthe, gnädiges Fräulein, haben Sie drüben unser heutiges Abenteuer erzählt?"

„Ja."

„Haben Sie auch den Namen des unglücklichen langjährig Gefangenen genannt?"

„Zufälliger Weise, nein."

„Ich danke. Das ist mir lieb."

Er suchte nun seinen Vater auf. Dieser hatte das Bad verlassen und Wäsche und Kleider von Doctor Bertrand angelegt, dessen Statur er hatte. Er saß auf dem Sopha ganz allein, und hatte eine Tasse Bouillion vor sich stehen.

Müller blickte nur zur Thür hinein, machte diese dann wieder zu und ging in das Familienzimmer, wo Alle außer Marion und deren Mutter wieder beisammen waren.

Schneffke erzählte sein Bahnhofsereigniß noch einmal. Das gab Müller Gelegenheit, seine Schwester an das Fenster zu winken.

„Liebe Emma, ich muß Dich auf ein wichtiges Ereigniß aufmerksam machen, von welchem Marion noch nichts wissen darf," sagte er.

„Was ist es?"

„Du wirst in Herrenbegleitung nach Berlin zurückkehren."

„Natürlich! Du fährst doch wohl mit!"

„Noch Einer."

„Fritz!"

„Noch Einer."

„Schneffke?"

„Noch Einer."

„Du meinst Deep-hill?"

„Ja, aber noch Einen."

„Ich weiß weiter Keinen."

„Ich meine Den, welchen ich heute befreit habe."

„Auch er will nach Berlin?"

„Ja. Ich wünsche, Dich ihm vorzustellen. Hast Du Zeit?"

„Jetzt gleich?"

„Ich möchte es nicht für später aufschieben."

„So komm!"

Sie gingen. Als sie bei ihm eintraten, befand er sich noch auf seinem Sitze. Ein wohliges Lächeln schwebte auf seinem eingefallenen, leidenden Angesichte. Bart und Haar waren in Ordnung gebracht und nun machte er einen ehrwürdigen und sogar vornehmen Eindruck. Als er die Beiden erblickte, streckte er Müllern die Rechte entgegen und sagte:

„Mein Retter! Nun ich mich von den schlimmen äußeren Anhängseln des Elendes befreit sehe, fühle ich doppelt, was ich Ihnen zu danken habe. Wen bringen Sie mir da?"

„Eine Freundin dieses Hauses, Miß Harriet de Lissa, welche wünscht, Ihnen ihre herzlichste Theilnahme zu erweisen."

„Ich danke Ihnen, Miß! Es thut unendlich wohl, in ein gutes Menschenantlitz blicken zu dürfen, nachdem man über ein Dezennium hinaus nur die Züge eines teuflischen Schurken gesehen hat. Nehmen Sie Platz!"

Dabei war sein Auge mit sichtlichem Wohlgefallen auf das schöne Mädchen gerichtet.

„Sie meinen Capitän Richemonte?" fragte sie.

„Ja. Ihm habe ich und haben all die Meinen unser ganzes Unglück zu verdanken."

„Er scheint der Teufel mehrerer Familien gewesen zu sein. Ich lernte in Berlin eine Familie kennen, die er mit wirklich satanischer Lust verfolgt hat und auch wohl noch verfolgt."

„In Berlin?" fragte er, aufmerksam werdend. „Darf ich den Namen dieser Familie wissen?"

„Königsau."

Sein Gesicht nahm fast eine rothe Färbung an.

„Königsau!" sagte er. „Sind Ihnen die Glieder dieser Familie bekannt?"

„Ja."

„Es gab einen Königsau, welcher ein Schützling des berühmten Blücher war."

„Ja, das ist Großvater Königsau."

„Und sein Sohn?"

„Der ist spurlos verschwunden."

„Hat man nicht nach ihm geforscht?"

„O, wie sehr! Leider aber vergeblich."

„Lebt seine Frau noch?"

„Nein. Sie ist kürzlich gestorben."

Er nagte einige Zeit lang an der Lippe, um nicht merken zu lassen, wie ihn diese Botschaft erschüttere. Dann sagte er:

„Vielleicht irren Sie sich, Miß? Sie war eine geborene Gräfin Ida de Rallion."

„Ja, sie ist es doch; ich weiß es ganz genau," antwortete sie traurig. „Auch Sie scheinen die Familie zu kennen?"

„Vor Jahren stand ich ihr sehr nahe. Ich glaube, Gebhardt von Königsau hatte zwei Kinder, einen Knaben und ein Mädchen?"

Sie nickte ihm bejahend zu. Darum fragte er weiter.

„Leben sie noch?"

„Sie leben Beide."

„Ich möchte wohl wissen, was aus ihnen geworden ist."

„Nun, Richard, der Sohn, ist Rittmeister bei den Gardeulanen."

„Ah, das läßt sich hören!" sagte er, indem sein Gesicht sich freudig aufhellte. „Hat er Aussicht auf Avancement?"

„Man sagt, daß er das Vertrauen seiner Oberen in ausgezeichneter Weise besitze."

„Das freut mich herzlich Und die Tochter? Hieß sie nicht Emma?"

„Ja."

„Sie wird sich längst verheirathet haben!"

„Nein; sie ist noch unvermählt. Ich glaube, gehört zu haben, daß sie sich das Versprechen gegeben hat, jede Verbindung, selbst die glücklichste von sich zu weisen, falls ihr verschwundener Vater verschollen bleibt."

„Das gute Kind! Sie braucht nicht zu entsagen, denn ihr Vater kehrt zurück."

„Wie? Er kehrt zurück?" fragte sie hastig.

„Ja," lächelte er. „Ich bin überzeugt davon."

„Mein Gott! Haben Sie Grund, dies zu sagen?"

Er nickte ihr lebhaft zu und antwortete:

„Sogar einen sehr guten Grund."

Da sprang sie von ihrem Sessel auf und bat schnell:

„Sagen Sie ihn! O bitte, sagen Sie ihn sogleich!"

„Sie scheinen dieser Familie eine sehr große Theilnahme zu widmen?"

„O, die größte, welche es giebt!"

„Das macht mich stolz und dankbar zugleich, da ich ein Glied derselben bin."

„Sie?" fragte sie erstaunt.

„Ja. Verzeihen Sie, daß ich Sie ausforschte, ohne Ihnen meinen Namen vorher zu nennen. Ich bin nämlich Gebhardt von Königsau."

Sie stand vor ihm, wie zu einer Statue der Bestürzung, der höchsten, unbeschreiblichsten Ueberraschung erstarrt. Ihre Augen waren weit geöffnet. Ihre Lippen ließen die weißen, blitzenden Zähne sehen; ihre Arme waren bewegungslos ausgestreckt.

„Was ist Ihnen, Miß?" fragte er.

Das gab ihr die Sprache zurück.

„Gebhardt von Königsau wären Sie?" fragte sie.

„Ja."

Da trat sie auf Müller zu, faßte ihn am Arme und fragte auch ihn:

„Ist es wahr, wirklich wahr?"

Er mußte seine ganze Kraft zusammennehmen, um nicht laut aufzuschluchzen.

„Ja," nickte er.

„Vater, mein Vater! Mein theurer, theurer Vater."

Mit diesem Ausrufe flog sie auf ihn zu und schlang die Arme um ihn. Sie drückte ihn an sich, immer und immer wieder und küßte ihn dabei die Hände, die Augen, Mund, Stirn und Wangen.

Er wußte nicht, was ihm geschah. Er war zu schwach, sich dieser stürmischen Liebkosungen zu erwehren. Er ließ sie über sich ergehen, ohne Widerstand leisten zu können. Aber ein unbeschreiblich seliges Gefühl wollte sein Herz fast sprengen lassen.

„Vater, Vater! O Du armer, lieber, guter Vater!" fuhr sie fort, ihn mit beiden Händen streichelnd. „Was hast Du gelitten und was haben wir uns um Dich gesorgt! Nun aber ist Alles, Alles gut!"

Dabei drückte sie seinen Kopf an ihr Herz und küßte ihn abermals auf die Stirn.

„Aber, Miß de Lissa, was hat das zu — —"

„Miß de Lissa!" jubelte sie auf. „So heiße ich nur hier! Ich bin Emma von Königsau, Dein Kind, Deine Tochter!"

"Wirklich? Wirklich?" jubelte nun auch er.

"Ja, ja; Du kannst es glauben."

Da schlang er die Arme um sie und schluchzte:

"Mein Kind, mein gutes, süßes, schönes Kind!"

Die Sprache versagte ihm. Er weinte, als ob ihm das Herz brechen wolle. Emma streichelte ihm die Thränen von den Wangen. Dabei fiel ihr Blick auf Müller, welcher das Gesicht an den Kaminsimms gelehnt und ebenso weinte wie sie Beide. Warum gab er sich nicht zu erkennen? Hielt er den Vater für zu schwach, das doppelte Glück zu ertragen?

Auch ihrem Vater fiel trotz seiner Thränen die tiefe Bewegung seines Retters auf.

"Herr Doctor," stammelte er, "Sie sehen, welch ein Glück Sie uns gebracht haben. Ich kann es Ihnen nie vergelten!"

"O doch, doch," schluchzte Müller.

"Nein, nie!"

"Ja, Vater, er hat Recht; Du kannst es vergelten, und wie leicht!" sagte Emma. "Welch eine Fügung, daß gerade er Dich befreien mußte, er, er!"

"Wieso eine Fügung?"

"Sieh ihn doch an! Ahnst Du nichts?"

"Ahnen? Mein Gott, was soll ich ahnen? Kenne ich eine Familie Müller, welche — —?"

"Und auch er heißt nicht so, auch er läßt sich nur so nennen!"

"Herrgott! Wären Sie — wärst Du etwa — — Richard?"

Er breitete die Arme aus.

"Vater!"

Sie hielten sich umschlungen; sie sagten kein Wort mehr, diese Drei; sie bildeten im Uebermaße ihres Glückes eine still weinende Gruppe. Endlich, nach längerer Zeit schob der Vater seine Kinder sanft von sich, trocknete sich tief aufathmend die Thränen und fragte:

"Richard, hattest Du meinen Namen da drunten im unterirdischen Gang nicht gehört?"

"O doch!"

"Du wußtest es, daß es Dein Vater war, den Du befreitest?"

"Ja."

"Warum verschwiegst Du es? Warum gabst Du Dich nicht zu erkennen?"

"Es wollte mir zwar das Herz abdrücken; aber ich mußte schweigen, weil ich noch nicht wußte, ob Du stark genug sein würdest und weil Marion es nicht wissen durfte."

"Warum nicht?"

"Sie darf nicht wissen, daß ich ein Deutscher bin."

"Ich achte Deine Gründe, auch ohne sie zu verstehen. Du bist Offizier und mußt — —"

Er schwieg plötzlich. Sein Auge verlor den Glanz, der es jetzt belebt hatte. Dann fragte er mit tonloser Stimme:

"Richard, bist Du wirklich Rittmeister — Offizier?"

"Ja, Vater!"

"Aber diese Gestalt! Dieser, dieser, dieser — — Du warst als Knabe so wohlgewachsen!"

"O, ich bin es auch noch," lachte Richard.

"Aber — ich begreife nicht!"

Da neigte sich der Rittmeister zu ihm nieder und sagte leise, leise:

"Ich habe ihn nur angeschnallt."

"Den Buckel?"

"Ja, den Buckel. Und dieser dunkle Teint ist nur vom Safte der Walnußschaale."

"Wozu diese Comödie?"

"Ah, Du kannst noch nichts davon gehört haben. Wir stehen vor einem Kriege mit Frankreich —"

"Gott sei Dank! Jetzt werden wir alle Scharten auswetzen! Geht es bald los?"

"Vermuthlich. Ich bin als Eclaireur hier, als Erzieher auf Schloß Ortry"

"Welch eine Himmelsfügung!"

"Heute aber erhielt ich die Depesche, welche mich nach Hause ruft."

"Wir fahren zusammen. Aber als was ist Emma hier?"

Der Rittmeister wollte antworten, sie aber legte ihm erröthend die Hand auf den Mund und sagte:

"Auch als Spionin, lieber Vater. Wir werden Dir Alles später erklären."

"Das ist freilich nothwendig; ich muß doch Alles kennen lernen, was Euch betrifft, denn — —"

Er hielt inne, denn die Thür öffnete sich und Deep-hill trat ein. Er bemerkte die trauliche Gruppe; er sah die freudige Erregung aus ihren Augen leuchten.

"O, bitte um Entschuldigung," sagte er, im Begriff, sich schnell wieder zurückzuziehen.

"Nein; bleiben Sie!" rief ihm der Rittmeister entgegen. "Sie stören nicht, sondern Sie sind uns im Gegentheile sehr willkommen!"

Da zog der Amerikaner die Thür hinter sich zu und sagte:

"Ich hörte den Bericht von der Befreiung eines Opfers dieses höllischen Capitäns und kam herbei, um meine lebhafteste Sympathie auszudrücken."

"Für welche wir alle Drei Ihnen herzlichst danken! Baron Guston de Bas-Montagne — Gebhardt von Königsau, unser lieber, wiedergefundener Vater."

Königsau verbeugte sich höflich, der Amerikaner aber war so betreten, daß er vergaß, es auch zu thun.

(Fortsetzung folgt.)

Die Liebe des Ulanen.
Original-Roman aus der Zeit des deutsch-französischen Krieges von Karl May.
(Fortsetzung.)

"Wie?" fragte Deep-hill. "Ist dies der Herr, den Sie befreit haben?"

"Ja, das ist er."

"Und Sie nennen ihn Ihren Vater?"

"Das ist ebenso!"

"Wunderbar."

"Erinnern Sie sich der Familiengeschichte, welche ich Ihnen erzählte, als wir uns unten im Gewölbe befanden?"

"Vollständig, natürlich."

"Nun, es waren die Schicksale meiner eigenen Familie. Und dieser ist der verschollene Vater, den ich erwähnte."

"Wunderbar, wie gesagt, wunderbar! Herr von Königsau, ich gratulire Ihnen aus vollster Seele und freudigstem Herzen nicht nur zu Ihrer endlichen Erlösung, sondern auch zu solchen Kindern! Ihr Herr Sohn ist ein außerordentlicher Mensch. Sie hat er errettet; Mademoiselle Marion hat er errettet; den Maler hat er errettet; mich hat er errettet. Er scheint es als eine spezielle Aufgabe zu betrachten, die Kerker der Unglücklichen zu öffnen. Dieser Herr Doctor Müller — — —"

"O bitte!" fiel Richard lachend ein. "Cavallerierittmeister von Königsau von den preußischen Gardeulanen, wenn Sie gütigst gestatten!"

"Cavall — — —"

Das Wort blieb ihm im Munde stecken.

"Ja, es ist ganz richtig so, Herr Baron!" stimmte Emma bei.

"Aber, Rittmeister, bei dies — — bies — —"

"Bei diesem Buckel! Nicht wahr?" lachte Richard.

"Ich gebe es beschämt zu."

"Nun, ich will Ihnen im Vertrauen mittheilen, daß ich gar nicht buckelig bin, doch allerdings nur im Vertrauen, mein lieber Baron!"

"So also, so ist das! Sie großartiger Pfiffikus! Na, hier meine Hand; es wird Nichts verrathen!"

"Danke! Ganz besonders darf Baronesse Marion keine Ahnung haben, daß ich nicht der Hauslehrer Müller bin."

"Warum gerade diese nicht?" fragte sein Vater.

"Weil ich sie liebe, Vater."

"Du? Die? Dieses gute, wundervolle Mädchen?"

"Ja."

"Höre, Richard, diese Freude ist fast so groß wie diejenige des Wiedersehens. Aber — liebst Du glücklich?"

"Ja."

"Trotzdem sie Dich für buckelig hält?"

"Trotzdem!"

"Junge, das möchte ich denn doch bezweifeln."

"Sie hat mich in Dresden in Uniform gesehen und seitdem meine Photographie bei sich getragen, ohne daß ich es ahnte. Ich habe sie gleichfalls da gesehen und dann ihr Bild im Herzen getragen, ohne daß sie es ahnte."

"Wie poetisch."

"Es wird noch poetischer, lieber Vater! Wir wußten Beide nichts weiter von einander. Da komme ich verkleidet als Erzieher hierher und finde sie als die Tochter des Hauses."

"Nachdem er ihr aber während der Dampfschifffahrt das Leben gerettet hat," schalt Emma ein.

"Das ist wirklich wunderbar. Erkannte sie Dich?"

"Nein. Sie fand nur eine große Aehnlichkeit heraus. Nun setze ich meinen Stolz darauf, von ihr geliebt zu werden trotz der Mißgestalt und trotz der beengten bürgerlichen Stellung."

„Du bist sehr kühn, mein Sohn."

„Gelingt es, so werde ich später zehnfach glücklich sein. Also, bitte dringend, ihr ja nichts merken zu lassen. Nun aber, lieber Vater, wollen wir uns zurückziehen. Du bedarfst jedenfalls ganz dringend der Ruhe."

„O nein. Ich fühle mich so kräftig und wohl wie nie. Ihr sollt bleiben. Ihr sollt nicht fort. Wollt Ihr denn nicht wissen, wie es mir ergangen ist, und wie ich in die Hände dieses Richemonte gefallen bin?"

„Wir möchten wohl sehr gern, aber Du mußt Dich schonen. Später ist auch noch Zeit."

„Nein. Jetzt ist die beste Zeit. Setzt Euch."

Die Geschwister gehorchten, doch der Amerikaner machte eine Bewegung, als ob er sich entfernen wolle.

„Bleiben Sie immer, Herr Baron," sagte Richard. „Sie haben so viel von unserer Geschichte gehört, daß Ihnen diese Episode nicht vorenthalten werden darf."

„Ja, bleiben Sie!" bat auch der Vater. „Sie sollen erfahren, wie tief und schwarz der Abgrund einer verruchten Menschenseele ist."

Er begann zu erzählen von seiner Abreise an bis zu dem Kampfe im Walde, wo er von Richemonte niedergestochen war und dann von seinem Aufenthalte bei dem Schäfer Verdy und dessen Tochter Adeline, der jetzigen Baronin von Sainte-Marie.

„So müssen wir ihr für diese sorgsame Pflege doch innig dankbar sein!" bemerkte Richard. „Sie hat Dir das Leben erhalten."

„Aber welch ein Leben. Und zu welchem Zwecke hat sie es mir erhalten!" sagte sein Vater kopfschüttelnd. „Sie wollte Baronin werden. Ich war die Waffe in ihrer Hand gegen den Capitän. Sie hat ihren Zweck erreicht und ich verfaulte in eigenem Unrathe."

Er erzählte, daß er noch als Reconvalescent in einem Wagen nach Ortry geschafft und dort in das unterirdische Loch gesteckt worden sei. Er schilderte seine körperlichen und seelischen Leiden, obgleich sie wohl nicht zu beschreiben waren. Er that das in so beredten Worten, daß die Augen der Zuhörer nicht trocken werden wollten.

Als er geredet hatte, sprang der Amerikaner von seinem Stuhle auf, rannte wie wüthend in seinem Zimmer hin und her und fragte dann:

„Herr von Königsau, was werden Sie thun. Wie werden Sie gegen diesen Richemonte handeln?"

„Das weiß ich jetzt noch nicht. Ich ahne, daß ich dazu das Gutachten meines Sohnes ausbitten muß."

„So so! Wissen Sie, wie dieses Gutachten lauten wird?"

„Nun?"

„Er wird sagen: Laß ihn laufen, Vater; wenigstens jetzt laß ihn laufen! Später nehmen wir ihn beim Schopfe!"

„Nun, ich denke, wenn Richard so sagt, so wird er wohl seine Gründe haben."

„Ja, die habe ich, lieber Vater; Du sollst sie hören und wirst sie anerkennen."

„Gut, gut!" meinte der Amerikaner. „Ich habe ganz dieselben Gründe gehört und auch anerkannt. Aber was Sie jetzt erzählt haben, das geht über alle Begriffe. Herr von Königsau, ich war ein Franzose, ein enragirter Deutschenfresser. Jetzt ziehe ich nach Berlin und bleibe dort bis an mein Ende. Ich bin cholerisch, ein Brausekopf, ein Tollkopf; aber ich habe ein Herz. Ich hatte zwei Kinder verloren; Ihr Herr Sohn hier hat sie mir wiedergegeben. Ich wollte gegen Deutschland agitiren und kämpfen; er ist ein Deutscher und Sie sind ein Deutscher; mein braves Weib war trotz ihres französischen Namens eine Deutsche — ich kann nicht länger ein Feind Deutschlands sein. Ich möchte Frankreich besiegen helfen gerade so, wie ich diesen Richemonte zertreten möchte!"

Da wurde an die Thür geklopft. Der dicke Maler öffnete, steckte den Kopf herein und fragte:

„Ist es erlaubt, meine Herrschaften?"

„Ja," antwortete der Rittmeister.

Und sich an seinen Vater wendend, fuhr er lächelnd fort, Schneffke heranwinkend:

„Das ist Herr — Herr — wie heißen Sie gleich?"

„Hieronymus Aurelius Schneffke, Thier- und Kunstmaler aus Berlin."

„Dessen Schwiegervater Du beinahe geworden wärst, lieber Vater," ergänzte der Rittmeister.

„Wieso?" fragte Gebhardt von Königsau, den Maler lächelnd fixirend.

„Er hatte es auf Emma abgesehen."

„Ach so!"

„Er hielt sie für eine Gouvernante und betete sie so an, daß er ihretwegen sogar zu Pferde stieg.

„Es war ein dressirtes!" lachte Schneffke. „Es setzte mich ganz regelrecht zu ihren Füßen ab. Später ward ich ihr Beschützer und Reisebegleiter, mußte aber bald auf das erwartete Glück verzichten, weil die angebetete Gouvernante unterdessen eine himmlische Engländerin geworden war."

„Die sie aber auch nicht bleiben wird."

„Nicht?" fragte er erstaunt.

„Nein. Miß de Lissa ist eigentlich meine Schwester, Baronesse Emma von Königsau."

Der Maler machte ein Gesicht wie der Frosch, wenn er einen Elephanten sieht.

„Verdammt!" entfuhr es ihm.

Alle lachten. Der Rittmeister fragte:

„Haben Sie Etwas dagegen einzuwenden?"

„Hm! Wie lange bleibt sie denn Ihre Schwester?"

„Ich hoffe, für immer."

„Das bezweifle ich. Aus dieser Dame wird kein Mensch klug, wer und was sie eigentlich ist. Heute halten Sie sie im Ernste für Ihre Schwester, und morgen stellt sich vielleicht heraus, daß sie die Tante von Ihrer Schwiegermutter ist. Ich bleibe zweifelhaft wie Pudding. Von jetzt an verliere ich die Gefühle meines Innern nur an Damen, welche mittelst Geburts- und Impfscheine nachgewiesen haben, wer sie wirklich sind. Eine Andere hat nie wieder einen Fußfall zu erwarten."

Er lachte über sich selbst; die Anderen stimmten ein, und der Rittmeister sagte zu seinem Vater:

„Trotz Alledem ist Herr Schneffke ein sehr braver Mann, dem Du übrigens sehr viel zu verdanken hast."

„Wieso?"

„Er leidet nämlich an einer gewissen Art Fallsucht: er fällt sehr gern. Draußen im Walde stürzte er in ein Loch. Ich zog ihn heraus und fand dabei, daß dieses

Loch zu dem unterirdischen Gange führte, in welchem Du schmachtetest. Ohne ihn hätte ich Dich schwerlich entdeckt."

Gebhardt von Königsau hielt dem Maler seine Hand hin und sagte:

„Ich danke Ihnen, mein wackerer Herr Schneffke! Geben Sie mir Gelegenheit, Ihnen für dieses Ihr Verdienst dankbar zu sein."

„Diese Gelegenheit will ich Ihnen sogleich geben."

„Nun?"

„Sprechen Sie nicht mehr von diesem Verdienste. Dies ist der beste Dank, den Sie spenden können. Uebrigens kann ich mich mit dem stolzen Bewußtsein tragen, daß meine Fallsucht mir und Andere schon oft große Vortheile gebracht hat. Es versteht nicht ein Jeder, wenn er fällt, gerade in das Glück zu fallen. Aber, nicht die Fallsucht führt mich zu Ihnen, sondern Mademoiselle Marion schickt mich her."

„Wohl zu mir?" fragte der Rittmeister.

„Ja. Sie läßt nämlich den Herrn Doctor fragen, wenn Sie sich zum Aufbruch fertig machen soll."

„Ich werde sofort nach dem Pferde sehen."

Eine Viertelstunde später saß er auf dem Bocke und fuhr Marion und Liama nach Ortry. Dort angekommen, übergab er dem Stallknechte die Zügel und begleitete die beiden Damen nach Marions Zimmer.

Die Erscheinung Liama's konnte nicht auffallen, da die Frau Doctor Bertrand ihr einen Regenmantel und Hut geliehen hatte.

Kaum waren sie in das Zimmer getreten, als ein Diener kam und meldete, daß die Frau Baronin das gnädige Fräulein bei sich erwarte.

„Ich bin beschäftigt," antwortete Marion.

Der Diener ging, kehrte aber mit dem Befehle zurück, augenblicklich Folge zu leisten.

„Sagen Sie der Frau Baronin, daß sie mir nicht das Geringste zu befehlen hat! Aber, richten Sie das ja ganz wörtlich aus!"

Die Baronin wurde von der Dienerschaft gehaßt. Der Beauftragte richtete, um die stolze Frau zu ärgern, den Befehl gern wörtlich aus. Sofort machte sie sich auf den Weg nach Marions Zimmer.

Diese hatte das vermuthet und Liama gebeten, in das kleine Nebencabinet zu treten, in welchem sie damals mit Müller die Entführung der Zofe beobachtet hatte.

„Was soll das heißen?" fuhr die Baronin in das Zimmer. „Warum kommst Du nicht?"

„Weil ich keine Zeit habe, wie ich sagen ließ."

„Wenn ich befehle, hast Du zu gehorchen!"

„Darauf habe ich Dir sagen lassen, daß Du mir nichts zu befehlen hast."

„Also wirklich! Solche Frechheiten gestattest Du Dir!"

„Sei wählerischer in Deinen Ausdrücken, sonst muß ich auf Deine Entfernung dringen!"

„Was fällt Dir ein — — ah, wer ist denn das? Der Herr Doctor! Ich denke, Sie sind fort!"

„Wie Sie sehen, bin ich hier," antwortete Müller ruhig.

„Was suchen Sie hier?"

„Die nothwendige Bildung und Höflichkeit im Verhalten gegen Andere!"

„Ah! Ist das etwa gegen mich gerichtet?"

„Jedenfalls."

„Unverschämter! Entfernen Sie sich!"

Müller zuckte die Achsel.

„Ich befehle Ihnen, sich zu entfernen!"

„Sie haben auch mir nichts zu befehlen! Ich bin nicht mehr Ihr Hausgenosse."

„Um so nachdrücklicher befehle ich Ihnen, zu gehen!"

„Ich habe nur auf den Wunsch des gnädigen Fräuleins zu hören!"

„Und darum bitte ich Sie herzlichst, zu bleiben, Herr Doctor!" sagte Marion. Dann fuhr sie, zur Baronin gewendet, in kaltem Tone fort:

„Was ist's, was Du mit mir zu sprechen hast?"

„In Gegenwart Fremder schweige ich natürlich!"

„Das ist mir lieb!"

Sie hatte den Schrank geöffnet und suchte nach denjenigen Dingen, welche sie mitzunehmen gedachte.

„Warum packst Du ein?" fragte die Baronin.

„Weil ich abreise."

„Wohin?"

„Das ist Staatsgeheimniß."

„Impertinent! Von wem hast Du die Erlaubniß?"

„Ich denke, keine Erlaubniß nöthig zu haben."

„Da bin ich denn doch gezwungen, mir meine Rechte auf das Energischste zu wahren. Du darfst Dich ohne meine Einwilligung nicht entfernen!"

„Ich wüßte keinen Grund, aus welchem Du ein Recht über mich folgern könntest."

„Es ist ein sehr natürlicher: Ich bin Deine Mutter!"

„Aber eine sehr unnatürliche."

„Willst Du mich etwa veranlassen, Dir zu beweisen, daß ich mir nöthigenfalls Gehorsam erzwingen kann?"

„Wie willst Du das anfangen?"

„Ich rufe die Dienerschaft herbei!"

„Ich befehle den Dienern, zu gehen und das werden sie thun."

„So schicke ich nach Polizei!"

„Ich verlange von ihr, Dich zu arretiren und sie werden es thun."

Da trat die Baronin drohend auf sie zu und fragte:

„Mädchen, was willst Du damit sagen?"

Marion wollte antworten; aber Müller winkte ihr zu und sagte an ihrer Stelle:

„Gnädiges Fräulein wollen jedenfalls damit andeuten, daß es jederzeit Veranlassung giebt, die einstige Hirtin Adeline Verdy in Arretur zu nehmen."

Die Baronin erbleichte.

„Herr, welche Sprache wagen Sie!" rief sie aus.

„Eine sehr begründete."

„Ich verstehe Sie nicht, wenn ich Sie nicht für wahnwitzig halten soll."

„Der Wahnwitz ist Ihr eigenes Feld, auf welchem Sie es zur Baronin gebracht haben, nämlich der Wahnwitz Ihres Mannes. Denken Sie an den Doppelmord bei der Kriegskasse."

Sie wurde todesbleich.

„Ich begreife Sie wahrlich nicht!"

„An die Beiden, welche von Ihrem Manne mit der Hacke erschlagen wurden und an Den, welchen der Capitän fast erstach, den Sie aber pflegten, um ihn dann einzusperren und dadurch Baronin zu werden."

„Sie phantasiren."

„Pah! Sollten Sie Gebhardt von Königsau nicht kennen?"

„Ich kenne ihn nicht!"

„Wollen Sie ihn sehen? Er ist entkommen!"

„Lüge!"

„Wahrheit! Wo ist der Capitän?"

„Er scheint ausgegangen zu sein."

„Entflohen ist er, aus Angst entflohen. Er hat den Grafen Rallion mitgenommen. Suchen Sie diese Beiden!"

Sie fühlte sich wie zerschmettert; aber sie nahm sich zusammen; sie raffte sich auf und fragte:

„Was habe ich mit Ihnen zu schaffen? Was gehen mich Andere an? Thun Sie, was Ihnen beliebt. Jetzt aber befehle ich Ihnen, sich zu entfernen. Ich bin die Herrin dieses Hauses!"

„Sie? Da irren Sie sich sehr!"

„Wer sonst?" fragte sie stolz.

„Ich werde Ihnen die wirkliche Gebieterin von Ortry zeigen."

Er öffnete die Thür zu dem Nebenkabinete.

„Hier! Kennen Sie diese Dame?"

Liama hatte Regenmantel und Hut abgelegt und trat in ihrer maurischen Gewandung ein, doch das Gesicht unverschleiert.

Die Baronin wich zurück. Sie war bis auf den Tod erschrocken und schlug die Hände vor das Gesicht.

„Liama!" stieß sie hervor.

„Du kennst mich noch, Hirtin. Gehe zu dem Wahnwitzigen. Hier bei uns hast Du nichts zu schaffen! Komm, Marion, mein Kind, und kommen Sie, Doctor, ich werde Ihnen zeigen, wer hier Herrin ist!"

Sie nahm ihre Tochter bei der Hand und schritt voran — Müller folgte. Die Baronin wankte hinterher, von einem unbestimmten Impulse getrieben.

Es ging in den Speisesaal und von da in die Gemächer der Schloßherrin. Die Baronesse folgte, ohne ein Wort zu sagen. Im Boudoir blieb Liama stehen und deutete nach dem Kamin.

„Doctor, schrauben Sie dieses Bild heraus."

Das Marmorkamin war mit einem Aufsatze gekrönt, in dessen Mitte sich ein Medaillon mit dem in Silber getriebenen Kopf der Venus befand. Müller faßte das Medaillon mit beiden Händen. Sollte es sich wirklich bewegen lassen? Er mußte alle seine Kräfte anwenden; der Rost hatte sich in das Gewinde gesetzt. Aber endlich gelang es. Und als das Medaillon entfernt war, sah man einen viereckigen Raum, in welchem sich ein Kästchen von nicht unbedeutender Größe befand.

„Nehmen Sie es heraus, und öffnen Sie es!" gebot Liama.

Müller gehorchte. Das Kästchen war aus Rosenholz gearbeitet, mit massiv goldenen Spangen und Riegeln, als diese Letzteren zurückgeschoben waren, zeigte es sich, daß es ganz mit allerlei Arten kostbaren Geschmeides angefüllt war.

„Das ist Dein, Marion, mein Kind!" sagte Liama.

Die Augen der Baronin ruhten auf den blitzenden Perlen und Steinen. Ihre Gier erwachte.

„Halt!" sagte sie. „Dieses Etui gehört uns."

„Wem?" fragte Müller kalt.

„Mir und meinem Manne."

„Haben Sie es ihm ein — oder mitgebracht?"

„Nein, ich nicht."

„Können Sie nachweisen, daß es sein Eigenthum ist, und auf welche Weise er es erworben hat?"

„Er wird es beweisen!"

„Nein. Das vermag er nicht!" sagte Liama. „Dieses Gold ist mein Eigenthum und ich schenke es Marion, meiner Tochter."

„Lüge!" stieß die Baronin hervor.

Liama würdigte sie keines Blickes, sondern sie fuhr, zu Müller gewendet, fort:

„Es ist der Schatz des Beni Hassan; er gehört Liama, der einzigen Tochter des Scheiks Menalek. Saadi hat ihn mir gebracht und ihn hier im Kamin verborgen. Von jetzt an gehört er Marion, der Enkelin von Menalek el Emir Beni Hassan!"

Die Baronin wollte abermals Verwahrung einlegen, aber sie wurde abgehalten. Hinter ihr hatte sich die Thür leise geöffnet; der irrsinnige Baron war eingetreten. Sein Auge schweifte ausdruckslos im Kreise umher und blieb zuletzt auf der Tochter der Beni Hassan haften.

„Liama!" rief er aus.

Er that einige Sprünge und warf sich ihr zu Füßen. Er umfaßte ihre Knie und rief in angstvollem Tone:

„Liama, Liama rette mich!"

„Vor wem?" fragte sie streng.

„Vor ihnen! Sie schuldigen mich an. Ich bin es gewesen; aber sage ihnen, daß ich es nicht gewesen bin. Dir glauben sie, mir aber nicht."

„Wo sind sie denn?"

„Ueberall sind sie, überall. Sie verfolgen mich auf Schritt und Tritt. Rette mich!"

„Was sagen sie, daß Du gethan haben sollst?"

Eben wollte er antworten, da aber fiel die Baronin schnell ein:

„Halt! Mein Mann ist krank. Niemand darf ihn aufregen. Niemand darf mit ihm sprechen!"

Sie trat hinzu, um ihn bei der Hand zu fassen und aus seiner knieenden Stellung emporzuziehen. Er streckte ihr abwehrend die eine Hand entgegen, während er sich mit der anderen angstvoll an Liama klammerte, und rief in kläglichstem Tone:

„Fort mit ihr, fort mit der Schlange! Liama, laß sie nicht heran. Beschütze mich!"

„Er redet Unsinn!" erklärte die Baronin. „Er muß fort auf sein Zimmer!"

Sie streckte die Hand nach ihm aus, um ihn zu erfassen. Müller sagte sich, daß er dies jetzt nicht zugeben dürfe. Der Irrsinnige befand sich jetzt in einer Aufregung, welche erwarten ließ, daß man von ihm Vieles erfahren könne, was bisher verschwiegen gewesen war. Darum faßte er die Baronin beim Arme und sagte in strengem Tone:

„Zurück hier, Madame! Sie werden diesen Unglücklichen nicht berühren!"

Da loderte in ihren Augen das Feuer des wildesten Hasses auf. Sie ballte die Fäuste, stampfte mit den Füßen und rief drohend.

„Noch ein solches Wort und ich lasse Sie hinauswerfen!"

„Pah!" lachte er. „Das Schäfermädchen hat das Zeug nicht dazu, mich hinauswerfen zu lassen!"

„Schäfermädchen?" kreischte sie förmlich auf. „Glauben Sie, daß ich mich vor einem fortgejagten, buckeligen Hauslehrer zu fürchten habe?"

„Ja, ganz gewiß; das glaube ich," sagte er ruhig. „Daß Sie mich auf meine unverschuldete Mißgestalt aufmerksam machen, ist der sicherste Beweis, daß Sie vom Dorfe stammen und in das Dorf gehören. Gehen sie."

Er zeigte bei diesen Worten nach der Thür.

„Nein, sondern packen Sie sich fort!"

Sie griff abermals nach dem Baron.

„Den lassen Sie hier," gebot Müller.

„Gut, so werde ich klingeln!"

Während diesen Worten ging sie zur Thür, wo sich der Glockenzug befand.

„Ja, klingeln Sie!" sagte Müller. „Aber den Diener, welcher hereintritt, werde ich nach der Polizei schicken!"

Sein Ton klang so fest und sicher, daß sie den Schritt inne hielt.

„Nach Polizei? Wozu?" fragte sie.

„Um Sie arretiren zu lassen."

„Weshalb?"

„Wegen verbotener Doppelehe."

„Ah!"

„Wegen rechtswidriger Gefangenhaltung des Barons Gebhardt von Königsau."

„Sie sind ein Teufel!"

„Wegen Ehebruchs mit dem jetzt nun todten Fabrikdirector."

„Herr!" brauste sie auf. „Was fällt Ihnen ein?"

„Pah! Ich weiß Alles. Hat nicht der Alte Sie im Garten ertappt? Und war nicht auch ein fremder Offizier bei Ihnen! Gehen Sie augenblicklich, sonst bin ich es, welcher klingelt. Vorwärts!"

Er faßte sie am Arme und führte sie zur Thür hinaus, welche er hinter ihr verschloß. Sie war so verblüfft, daß sie gar nicht daran dachte, zu widerstreben.

Ihre Entfernung machte sichtlich auf den Baron einen beruhigenden Eindruck.

„Fort ist sie, fort!" sagte er. „Gott sei Dank!"

„Sprechen Sie mit ihm!" flüsterte Müller Liama leise bittend zu.

Sie beugte sich zu dem noch immer vor ihr Knieenden nieder, legte ihm die Hand auf den Kopf und sagte:

„Armer Henri!"

Das schien ihm wohl zu thun. Er lächelte zu ihr auf und stieß stockend hervor:

„Nur Du kannst mir helfen. Willst Du?"

„Ja."

„Sie stehen alle da, rund um mich her, hier da und dort, allüberall."

„Wer?"

„Der Deutsche, den wir erschlagen haben."

„Wo?"

„Im Walde. Wegen der Kriegskasse."

„Wie hieß er?"

„Königsau."

„Wo ist er jetzt?"

„Er ist todt, todt, todt."

„Wirklich?"

„Ja. Aber sein Geist lebt noch."

„Wo?"

„Unten in der Erde. In den tiefen Kellern des Schlosses Ortry."

„Hast Du ihn gesehen?"

„Ja."

„Wann."

„Das weiß ich nicht mehr. Der Alte hat ihn mir gezeigt. Der Mord lag mir auf der Seele, und er wollte mich beruhigen. Darum machte er mir weiß, daß Königsau nicht todt sei, sondern noch lebe."

„Er zeigte ihn Dir."

„Ja. Aber es war nicht Königsau, sondern sein Geist. Und da, da steht noch Einer!"

Er zeigte mit der Hand angstvoll seitwärts. Seine Augen blickten starr und erschrocken nach einem Punkte.

„Wer?" fragte sie.

„Hadschi Omanah."

„O, der fromme Marabut?"

„Ja."

„Kennst Du ihn denn?"

„Ich habe ihn ja begraben!"

„Wo?"

„Auf dem Berge, in seiner Hütte. Und da steht auch sein Sohn! Er droht mir mit der Hand. Er hat einen Todtenkopf und zeigt mir die Zähne. Rette mich!"

Er befand sich in fürchterlicher Angst. Der Schweiß tropfte ihm förmlich von der Stirn. Es war derjenige Zustand, in welchem er von dem alten Capitän nur durch Faustschläge zum Schweigen gebracht worden war.

„Hast Du den Sohn des Marabuts denn auch gesehen?" fragte sie auf die geflüsterte Aufforderung Müllers.

„Ja."

„Wo denn?"

„Auch auf dem Berge. Ich habe ihn ja ermordet!"

Müller stand hinter Liama und raunte ihr zu, was sie sagen solle.

„Ermordet?" fragte sie. „Du selbst?"

„Ja."

„Warst Du allein da?"

„Der Alte war mit. Er gebot mir, ihn zu tödten."

„Warum?"

„Weil ich Baron werden sollte."

„Warst Du denn nicht Baron?"

„Nein, o nein."

„Was warst Du denn?"

„Ich war ja Henri Richemonte, der Cousin und Pflegesohn des Capitäns."

„Und wer war der Baron?"

„Es waren zwei da."

Er konnte sich sichtlich nur schwer auf die Einzelnheiten besinnen. Es mußte Alles sehr vorsichtig aus ihm herausgelockt werden.

„Zwei?" fragte sie. „Wer war es?"

„Der Vater und der Sohn."

„Welcher war der Vater?"

„Der Marabut. Er lag im Sterben, als wir kamen, und den Sohn tödtete ich."

„Begrubt Ihr sie?"

„Ja, in der Hütte. Die Papiere nahmen wir."

„Was machtet Ihr damit?"

„Ich bewies, daß ich der junge Sainte-Marie sei, und sagte, mein Vater sei todt. Herrgott! Da steht noch Einer und noch Einer!"

„Wer?"

„Menalek, der Scheik der Beni Hassan."

Sie legte die Hand an ihr Herz, als ihr Vater erwähnt wurde, bezwang sich aber und fuhr fort:

„Was will er von Dir?"

„Er klagt mich an. Er fordert Rechenschaft."

„Worüber?"

„Ueber seinen Tod. Wir haben ihn in die Hände der Franzosen gegeben. Und den Andern auch."

„Wer ist das?"

„Saadi. Er mußte sterben."

„Weshalb?"

„Weil ich Liama haben wollte, seine Geliebte. Hast Du mich denn nicht gekannt?"

„Wer warst Du?"

„Ich war Ben Ali und der Alte war — —"

Er hielt inne, um sich zu besinnen.

„Wer war er?"

„Er war Malec Omar, der Fakihadschi. Er machte den Spion der Franzosen und der Beduinen. Er verrieth sie aber Beide. O, errette mich!"

Er schauderte zusammen und versuchte, sich hinter ihr vor den Geistern zu verbergen, welche er zu erblicken wähnte. Sie hatte doch Mitleid mit ihm. Darum sagte sie in beruhigendem Tone:

„Sei still! Saadi ist nicht todt!"

„Nicht? Dort steht ja sein Geist!"

„Es ist Täuschung. Saadi lebt."

„Ist es wahr?"

„Ja."

„Er wurde doch erschossen!"

„Nein. Er war nur auf den Tod verwundet. Die Franzosen glaubten ihn todt und ließen ihn liegen. Dann aber wurde er gefunden und gepflegt."

„Du sagst es und Du lügest nie!"

„Nein."

„Ja, Du hast Recht. Sein Geist ist verschwunden. Mein Kopf schmerzt nicht mehr. Ich will gehen."

Er erhob sich und wankte nach der Thür. Sie ließen ihn gehen, ohne ihn zurückzuhalten. Was sie jetzt erfahren hatten, wußten sie bereits zum großen Theile, Liama aus ihrer Vergangenheit und Müller aus den Aufzeichnungen, welche Marion von Hassan, dem Zauberer, empfangen und ihm anvertraut hatte. Manches aber erschien ganz neu und war wohl geeignet, sie in die höchste Bestürzung zu versetzen und ihnen Stoff zu den interessantesten und wichtigsten Combinationen zu geben.

Wenn man in der Stadt Algier von der Straße Bab el Qued nach der Kasbahstraße einbiegt und dann sich um die erste Ecke rechter Hand wendet, kommt man an eins der berühmtesten Kaffeehäuser der einstigen Seeräuberstadt. Aber dem Aeußeren dieses Hauses sieht man diese Berühmtheit ganz und gar nicht an. Es ist schwarz und alt. Kein Stein scheint mehr auf dem anderen halten zu wollen und der Eingang ist schmal und niedrig wie die Thür zu einer Hütte.

Durch diesen Eingang gelangt man in einen langen, dunkeln Flur und dann aber in einen großen, offenen Hof, welcher mit prächtigen Säulenbogen umgeben ist, unter denen sich kleine, lauschige, nach dem Hofe zu offene Gemächer rundum aneinander reihen.

Diese Gemächer sind für die Gäste bestimmt.

Inmitten des Hofes plätschert ein Brunnen, welcher von den vollen Wipfeln einer Sykomore überschattet wird. Hier sitzen des Abends, während die Ausländer unter den Säulenbogen trinken und rauchen, die Eingeborenen, in ihre weiten, weißen Gewänder gehüllt ‚trinken' ihren Tschibuk, wie der Maure sich auszudrücken pflegt und schlürfen einen Fingom Kaffee nach dem andern dazu.

Dabei lauschen sie dem Vortrage des Meda, des Märchenerzählers, der sie im Geiste nach Damaskus und weiter führt und ihnen jene phantastischen Bilder aus tausend und einer Nacht vor die Augen führt.

Doch nicht immer sind es Märchen, welche sie hören. Er berichtet auch von Muhamed dem Phropheten, von den Kalifen, von den großen Salah ed din, welchen die Christen Saladin nennen, von Tarik dem Eroberer, von dem spanischen Reiche der Mauren. Er beschreibt die Pracht und Herrlichkeit des Alterthums und schildert ebenso die Gegenwart.

Hat er Mekka, die heilige Stadt besucht, so beschreibt er seine Pilgerreise, und ist er weit in das Innere der Wüste gekommen, so entrollt er die Geheimnisse der Sahara vor ihrem Auge. Er spricht vom Samum, von den Djinos, den bösen Geistern, vom Löwen, dem Beherrscher des Wüstenrandes und während er spricht und erzählt, dichtet er:

„Da liegt der Maure unter Palmen,
Vom Sonnenbrand herbeigeführt;
Das Dromedar nascht von den Halmen,
Die noch der Samum nicht berührt.
Da trinkt das Gnu sich an der Quelle,
Der lebensfrischen, voll und satt;
Da naht verschmachtend die Gazelle,
Vom wilden Jagen todesmatt.
Da geht der Löwe nach der Beute,
Der König, kampfesmuthig aus,
Und in die unbegrenzte Weite
Brüllt er den Herrscherruf hinaus,
Und Mensch und Thier, Gnu und Gazelle,
Sie zittern vor dem wilden Ton
Und jagen mit Gedankenschnelle,
Entsetzt, von Furcht gepackt, davon."

Eben als der Meda bis hierher gekommen war, trat ein neuer Gast in den Hof. Er blieb am Eingange stehen und blickte sich um. Er schien Den, welchen er gesucht hatte, gefunden zu haben, denn Einer der Anwesenden erhob sich aus dem Kreise der Zuhörer und kam auf ihn zugeschritten.

„Sallam aaleikum!" grüßte der Eingetretene.

„Aaleikum sallam!" antwortete der Andere. „Wie bin ich erfreut, Dich zu sehen!"

„Allah hat mich beschützt."

„Warst Du glücklich?"

„Ja."

„Darf ich nun erfahren, wo Du warst?"

„Ich erzählte es Dir."

„Und was Du dort wolltest?"

„Auch das."

„So komm!"

Er führte ihn in eins der nach dem Hofe zu offenen Gemächer. Ein Diener des Kawehdschi*) brachte Tabak und Kaffee. Sie setzten sich neben einander auf das Polster nieder, und der Neuangekommene brachte seinen Tschibuk in Brand.

Er war jünger als der Andere, ihm aber so ähnlich, daß man gleich auf den ersten Blick diese Beiden für Verwandte halten mußte.

Und so war es auch. Der Aeltere war Abu Hassan, der Zauberer, und der Jüngere war Saadi, der einstige Geliebte Liama's, von dem man geglaubt hatte, daß er erschossen worden sei.

„Nun erzähle!" bat Hassan. „Wo bist Du gewesen?"

„Das würdest Du nie errathen."

„So sage es!"

„Im Auresgebirge."

„Dort oben? Was hattest Du dort zu thun?"

„Ich suchte die Hütte des todten Marabut."

„Hadschi Omanah?"

„Ja."

„Allah ist groß. Er giebt dem Menschen seine Gedanken. Ich aber bin nicht allwissend und kann nicht ahnen, was Du dort wolltest."

„Der Ort ist ein heiliger Ort. Ich wollte dort beten."

„Das ist Allah wohlgefällig. Aber wolltest Du nicht etwas Anderes dort?"

„Ja. Ich wollte die Gebeine des Marabut sehen."

„Hat Dich der Scheïtan**) besessen! Du hast doch nicht etwa diese Gebeine ausgraben wollen!"

„Gerade das habe ich gewollt."

„Saadi!" meinte der Andere erschrocken.

„Was meinst Du?"

„Weißt Du nicht, daß sich der Gläubige verunreinigt, wenn er die Ueberreste eines Todten berührt?"

„Ich habe die Gebete der Reinigung gesprochen."

„Und weißt Du nicht, daß den, welcher das Grab eines Heiligen entweiht, Allah's Rache und der Fluch des Propheten trifft?"

„Ich weiß es."

„Und dennoch hast Du es gethan!"

„Allah wird mir verzeihen, denn meine Absicht war eine gute. Weißt Du was ich gefunden habe?"

„Die Ueberreste des Marabut."

„Ja, aber dabei noch ein zweites Gerippe."

„Das seines Sohnes?"

„Jedenfalls; dieser Sohn ist ermordet worden."

„Allah l'Allah!"

„Ja. Ich habe die Spur ganz deutlich gesehen."

„Wer mag der Mörder sein?"

„Rathe!"

„Irgend ein böser Mensch oder gar ein Giaur, welcher Schätze gesucht hat."

„Das Letztere ist richtig. Ein Giaur ist's gewesen. Vielleicht waren es sogar zwei."

*) Kaffeewirthes.
**) Teufel.

„Der Teufel fahre mit ihnen zur Hölle! Wie aber kannst Du das so genau wissen?"

„Weil ich noch einen Fund gemacht habe."

„Einen guten?"

„Für uns einen sehr guten. Desto schlimmer aber ist er für die Mörder. Wie gut, daß wir gelernt haben, die Sprache dieser Franzosen zu sprechen und zu schreiben!"

Er griff in den Gürtel und zog ein kleines Packet hervor. Er öffnete es. Es enthielt mehrere Schreiben, welche er Hassan hinreichte.

„Hier, lies und staune."

Die Beleuchtung war so, daß die Zeilen ziemlich deutlich zu sehen waren. Beides, Papier und Schrift, war sehr gut erhalten, obgleich alt.

Während Hassan las, drückte sich auf seinem sonnenverbrannten Gesichte ein immer wachsendes Erstaunen aus. Als er fertig war, legte er die Papiere zusammen, gab sie an Saadi zurück und sagte:

„Welch' eine Entdeckung!"

„Ist sie nicht wichtig und groß?"

„Größer und wichtiger als alles Andere. Allah hat Deinen Fuß geführt und Deine Hand geleitet!"

„Glaubst Du, daß er mir verzeihen wird, daß ich in die Hütte des Marabut eingedrungen bin?"

„Er wird Dir verzeihen, denn es ist ja sein eigener Wille gewesen. Wo lagen diese Papiere? Mit im Grabe bei den Todten?"

„Nein. Da wären sie verfault."

„Wo denn?"

„In der Mauer."

„Sie waren da aufbewahrt?"

„Sie lagen dort versteckt. Das Häuschen ist alt, und die Steine sind aus den Fugen gegangen. Einer der Steine, den ich berührte, fiel herab. Hinter ihm war ein Loch; da stacken die Papiere."

„Welch eine Schickung! Es sind Abschriften."

„Vom Gouverneur unterzeichnet und besiegelt."

„Wo mögen die Originale sein?"

„Drüben in Frankreich."

„Meinst Du?"

„Gewiß!"

„Wie kommst Du zu dieser Vermuthung?"

„O, ich vermuthe noch ganz Anderes. Fragst Du Dich denn nicht, wie diese Papiere in die Hütte des Marabutes kommen?"

„Das muß man sich freilich fragen. Die Documente eines Franzosen in das Heiligthum eines gläubigen Moslem."

„Nun, wie willst Du es erklären?"

„Weiß ich es? Laß mich nachdenken!"

„Nachdenken? Das habe ich bereits gethan."

„Hast Du es gefunden?"

„Ja."

„So sage es!"

„Kannst Du Dich noch an jene Zeit erinnern, in welcher unser Stamm fast vernichtet wurde?"

„Es ist mir, als sei es erst gestern geschehen. Fluch diesen Franzosen!"

„Es war zu derselben Zeit, als der Marabut mit seinem Sohne verschwand. Ihre Ueberreste habe ich jetzt gefunden. Aber man fand damals in ihrer leeren Hütte ein altes Buch, welches in einer fremden Sprache gedruckt war."

"Ich besinne mich. Es enthielt Gedichte. Das sah man aus der Stellung der Zeilen."

"Nun, wir waren dann später Beide in Frankreich und haben da ähnliche Bücher gesehen, welche Gedichte enthalten."

"Wo?"

"Ueberall, an jedem Orte. Man nennt dort solche Bücher, Gesangbücher. Die Ungläubigen singen in ihren Kirchen daraus."

"Allah ist groß! Meinst Du, daß das Buch des Marabut ein solches Gesangbuch gewesen sei?"

"Ja."

"Ein Heiliger der Moslemim und ein Gesangbuch der Ungläubigen! Bist Du toll?"

"Ich bin sehr bei Besinnung. Du aber wirst mich freilich für wahnsinnig halten, wenn ich sage, daß Hadschi Amanah ein Christ gewesen sei."

"Ja, das ist wahnsinnig. Allah gebe, daß Du den Verstand wiederfindest!"

"Ich habe ihn noch; ich habe ihn noch gar nicht verloren. Hadschi Amanah ist früher ein Christ gewesen und dann zu unserem Glauben übergetreten."

"So meinst Du, daß er kein Sohn der Araber gewesen sei?"

"Nein; er war ein Franke. Ich kenne sogar seinen Namen."

"Willst Du allwissend sein wie Gott selbst!"

"Ich denke nach; darum weiß ich es."

"Nun, wie soll dieser Name lauten?"

"Baron de Sainte-Marie."

Dem guten Hassan war der Tschibuk längst ausgegangen. Jetzt aber legte er ihn gar bei Seite. Er öffnete den Mund und starrte seinen Verwandten an, als ob er ihn zum ersten Male sehe.

"Sainte-Marie?" wiederholte er dann.

"Ja."

"Mensch, willst Du auch mich um den Verstand bringen?"

"Nein. Denke nach! Hadschi Amanah war ein Baron de Sainte-Marie, der seinen Sohn bei sich hatte. Sie verbargen bei sich diese Papiere, welche Abschriften sind. Sie hatten auch die Originale bei sich!"

"Wozu die Abschriften, wenn sie die Urschriften hatten?"

"Aus Vorsicht, zu ihrer Sicherheit. In den Schluchten des Auresgebirges giebt es wilde Menschen. Geschah Etwas, wobei von den Schriften entweder das Original oder die Copie vernichtet wurde, so war doch wenigstens das Andere noch vorhanden."

"Aber sie können ja gar nicht Sainte-Marie geheißen haben!"

"Warum nicht?"

"Weil es einen Sainte-Marie giebt."

"O, der ist unächt!"

"Du meinst, daß dieser Ben Ali — — —?"

"Ein Schwindler ist."

"Allah!"

"Und nicht nur ein Schwindler sondern ein Mörder. Und nicht er allein, sondern dieser Malek Omar mit ihm."

"Der sich jetzt Richemonte nennt?"

"Ja. Sie haben den Hadschi Amanah, den richtigen, ächten Sainte-Marie und dessen Sohn ermordet und die Papiere an sich genommen."

"Damit Ben Ali Baron werden solle?"

"Ganz gewiß."

"Saadi, mein Bruder, wenn Du Recht hättest!"

"Ich habe Recht!"

"Das wäre eine Rache an den Beiden!"

"Wir werden uns rächen."

"Aber wann und wie?"

"Das haben wir uns zu überlegen. Sie haben nicht geahnt, daß es noch Abschriften giebt. Mit diesen Letzteren können wir beweisen, daß die wirklichen Sainte-Marie's todt sind. Nun aber, wie ist es Dir seit unserer Trennung ergangen?"

"Ich habe still gearbeitet. Nun aber hat sich Etwas ereignet, was uns auf baldige Rache hoffen läßt."

"Was?"

"Frankreich wird Krieg führen."

"Mit wem?"

"Mit Deutschland."

"Ist das gewiß?"

"Ja. Deutschland soll es nicht wissen. Hast Du denn noch nichts gehört?"

"Nein."

"Die ganze Provinz ist in Bewegung. Die Regimenter der Turko's und Spahi's werden nach der Küste gezogen, um schnell eingeschifft werden zu können."

"Allah sei Dank! Sind die Oasen dann von den Soldaten entblößt, so werden wir uns erheben!"

Hassan schüttelte den Kopf und meinte:

"Das ist eine trügerische Hoffnung. Die Stämme Algeriens werden sich nicht erheben."

"Warum nicht?"

"Es fehlt Ihnen ein Anführer."

"Wir haben viele tapfere Scheiks?"

"Aber keinen Feldherrn!"

"Wir werden einen finden!"

"Aber keinen Abd el Kader. Nein, nicht hier in der Heimath können wir uns rächen."

"Wo denn?"

"Drüben, jenseits des Meeres, wenn der Krieg begonnen hat. Diese Franzosen jauchzen bereits. Sie sind siegestrunken, bevor der Krieg noch erklärt worden ist. Aber hast Du die blonden Männer der Fremdenlegion gesehen?"

"Ja. Das sind die tapfersten und edelsten."

"Das sind Deutsche. Hast Du gehört, von wem Napoleon der Große vernichtet worden ist?"

"Von den Deutschen."

"So wird es auch diesesmal werden."

"Allah gebe es!"

"Alle Gläubigen beten zu Allah, daß unsere Unterdrücker vernichtet werden. Und jeder Moslem ist bereit, das Seinige dazu zu thun."

"Und doch müssen unsere Brüder für Frankreich fechten."

"Sie werden es nicht thun!"

„O, man wird sie zwingen!"

„Sie werden sich nicht zwingen lassen, sondern zum Feinde überlaufen, wenn man sie gegen ihn führt. Es geht durch die Reihen der Spahis und Turcos eine heimliche Bewegung, von der Du Dich bald überzeugen sollst. Aber was kümmert das jetzt uns? Wir haben weit Anderes zu thun. Ich weiß, wie wir uns am allerbesten an Frankreich rächen können."

„Wie?"

„Indem wir Capitän Richemonte vernichten."

„Was sollte dies Frankreich schaden?"

„Habe ich Dir nicht erzählt, daß ich drüben erfahren habe, er stehe an der Spitze einer Erhebung gegen Deutschland?"

„Du sagtest es."

„Nun, wenn wir ihn stürzen, so bricht der ganze Plan zusammen. Diese Abschriften müssen ihn verderben."

„So willst Du hinüber?"

„Ja."

„Wieder nach Ortry?"

„Wieder nach dorthin."

„Trotzdem Du von diesem Orte geflohen bist!"

„Nicht vor dem Orte, sondern vor dem Geiste, den ich erblickte."

„Hassan, weißt Du genau, daß es ein Geist war?"

„Ja."

„Kannst Du es beschwören?"

„Ihr Körper kann es nicht gewesen sein."

„Warum nicht?"

„Weil sie todt ist."

„Sie könnte vielleicht noch leben."

„Könnte da der Baron ein anderes Weib haben?"

„Da drüben gelten andere Gesetze."

„Man hat nicht anders gewußt, daß Liama das christlich angetraute Weib des Barons sei."

„So giebt es demnach noch eine Möglichkeit, daß sie noch lebt. Man hat sie nur beseitigt. Hast Du ihren Geist genau betrachtet?"

„Ich habe ihn genau gesehen."

„Wie war er gekleidet?"

„In die Tracht unseres Landes."

„Verstandest Du, was er sagte?"

„Jedes Wort."

„In welcher Sprache redete er?"

„In französischer."

„O Hassan, ich glaube, Du täuschest Dich. Ihr Geist hätte ganz sicher gewußt, daß Du es bist, und dann hätte er arabisch gesprochen."

„Ein Geist redet die Sprache desjenigen Landes, in welchem er erscheint. Liama erschien unter Donner und Blitz. Kann das ein Mensch?"

„Ja. Man hat Pulver."

„O, das war kein Pulver. Die ganze Erde bebte und brannte. Ich bin davongestürzt."

„Aber jene beiden Männer blieben?"

„Ich weiß es nicht."

„Du bist zu eilig gewesen. Warum hast Du nicht dann wenigstens in der Stadt gewartet? Du konntest erfahren, welchen Ausgang es genommen hatte."

„Soll ich mich als Leichenräuber festnehmen lassen?"

„Ich will Dich nicht tadeln, daß Du zu vorsichtig gewesen bist. Wir werden wieder hinübergehen, und dann suche ich das Grab selbst auf, um mich zu überzeugen, daß es die Ueberreste meiner Liama wirklich enthält."

„Deiner Liama — — — ?"

„Ja."

„Sie war das Weib des Barons."

„Nie."

„Glaubst Du ihrer Versicherung wirklich so fest?"

„Ich glaube an sie wie an mich selbst. Dieser falsche Baron hat nur sagen können, daß sie wirklich sein Weib sei."

„So ist ihre Tochter die Deinige?"

„Sie ist die meinige. Ich war mit Liama verlobt, und sie wurde vor Allah mein Weib, als ich sie fand und heimlich bei ihr wohnte. Da treten neue Gäste ein. Gehen wir, Hassan. In unserer Wohnung können wir ungestört weiter sprechen."

Sie bezahlten, was sie genossen hatten und verließen dann das Kaffeehaus.

Es war Mondschein. Sie wandelten im Schatten der Häuser. Aber als sie um eine Ecke bogen, kamen sie in den vollen Schein, ebenso auch ein Mann, welcher von der anderen Seite kam und fast mit ihnen zusammengerannt wäre.

Alle Drei hielten ihre Schritte an und sahen einander unwillkürlich in die Gesichter.

„Hassan der Zauberer!" entfuhr es dem Manne.

„Vater Main!" rief dagegen Hassan. „Mensch, wie kannst Du wagen — — Allah, Allah!"

Er stieß diese beiden Rufe aus, weil er vom Vater Main einen fürchterlichen Hieb in die Magengegend erhalten hatte, so daß er an die Mauer taumelte. Der einstige pariser Wirth rannte davon. Saadi wollte ihm nach, hielt es aber doch für nöthiger, nach dem Bruder zu sehen.

„Ist's gefährlich?" fragte er ihn.

„Nein. Schon ists vorüber. Dorthin rannte er. Schnell ihm nach!"

Beide eilten in der Richtung hin, in welcher Main entflohen war. Sie kamen bis an das Ende der Straße, ohne ihn erblickt zu haben. Sie sahen nun nach rechts und links in die Querstraßen hinein, ohne ihn zu bemerken.

„Er ist fort!" meinte Saadi.

„Entkommen, der Schuft."

„Du kanntest ihn?"

„Freilich. Ich nannte ja seinen Namen."

„Wer ist er?"

„Ein ganz gefährlicher Verbrecher, welcher aus Paris geflohen ist. Er wurde Vater Main genannt. In seinem Hause verkehrten nur böse Menschen. Er hatte ein sehr vornehmes Mädchen geraubt, um ein großes Lösegeld zu erlangen."

„Hätte ich das gewußt!"

„Was hättest Du gethan?"

„Ihn sogleich festgehalten."

„Man wird ihn ohnedies ergreifen, denn ich gehe gleich am Morgen zur Polizei, um zu melden, daß er sich hier befindet."

Sie setzten ihren Weg fort, ohne zu ahnen, daß sich

Der, von welchem sie sprachen, ganz in ihrer Nähe befand. Das Nachbarhaus desjenigen, an welchem sie stehen geblieben waren, war nämlich, wie so manches in Algier, unbewohnt, weil es halb in Trümmern lag. Die Thür hing zwar noch in den Angeln, wurde aber nicht mehr verschlossen.

Hinter diese Thür war Vater Main geschlüpft und hatte sie so herangedrückt, daß es den Anschein hatte, als ob sie verschlossen sei. Er hörte ganz deutlich, was Hassan erzählte.

„Verräther!" murmelte er, als sie fortgegangen waren. „Ich stoße Dir das Messer in den Leib, sobald Du mir wieder begegnest. Wie gut, daß diese beiden Menschen nicht wußten, welch ein prächtiger Schlupfwinkel dieses alte Seeräuberhaus ist."

Er tappte sich im Finstern bis in den Hof und kletterte da an einer Mauer empor. Drüben sprang er in den Hof eines andern Gebäudes herab, schlich sich über denselben hin und gelangte an eine Thür, an welche er klopfte. Drinnen ertönte eine Stimme:

„Wer?"

„Ich selbst."

„Gleich!"

Nach wenigen Augenblicken wurde geöffnet. Vater Main trat in einen jetzt ganz dunkeln Raum.

„Warum hast Du kein Licht?" fragte er.

„Brauche keins."

„Hast wohl geschlafen?"

„Ja."

„Faulpelz!"

„Hm! Du schwitzest wohl vor lauter Arbeit?"

„Wenigstens bekümmere ich mich weit mehr als Du um das, was uns von Nutzen ist."

„Pah! Was brauchen wir jetzt? Eine Hand voll Datteln täglich; das ist genug. Warum soll man sich da übermäßig anstrengen?"

„Aber die Zukunft!"

„Warte nur ganz ruhig, bis der Krieg losgeht; dann beginnt unsere Zukunft, eher aber nicht."

„Na, wann wird denn Licht?"

„Ach, Licht willst Du?"

„Natürlich! Ich denke, Du bist aufgestanden, um welches anzuzünden?"

„Fällt mir nicht ein. Ich brauche keins. Ich bin nur aufgestanden, um Dir zu öffnen."

„Und Dich dann gleich wieder aufs Lager zu werfen!"

„Ja. Kann man was Besseres thun?"

Vater Main antwortete vorerst nicht. Er brannte eine alte Lampe an, welche er in eine Mauernische stellte. Nun erkannte man den kellerartigen Raum, welcher früher wohl einmal als Badestube benutzt worden war. Jetzt war er völlig kahl und leer. Nur in der einen Ecke lag eine alte Strohmatte. Daneben stand ein Krug. Lampe, Krug und Matte bildeten das einzige Mobiliar dieser Wohnung; auf der Matte aber lag kein Anderer als — Lermille, der flüchtige Harlekin, welcher in Thionville seine Stieftochter vom hohen Seile gestürzt hatte.

(Fortsetzung folgt.)

Illustrirte Unterhaltungs-Bibliothek für Familien aller Stände.
Druck und Verlag von H. G. Münchmeyer in Dresden und New-York.

Die Liebe des Ulanen.
Original-Roman aus der Zeit des deutsch-französischen Krieges von Karl May.
(Fortsetzung.)

Vater Main brachte einen Cigarrenstummel aus der Tasche, brannte ihn an, und setzte sich auf den kahlen Steinboden nieder. Lermille zog den Duft des Krautes gierig ein und sagte:

„Donnerwetter! Das ist nichts Ordinäres. Wie kommst Du zu so einer Exquisiten?"

„Ich sah den Stummel am Quai liegen."

„Glückskind! Den hat kein Lump weggeworfen. Hast Du sonst Etwas mitgebracht?"

„Zu essen?"

„Ja."

„Nichts, gar nichts."

„Auch kein Geld?"

„Nein."

„So bin ich gescheidter gewesen als Du. Ich begebe mich lieber gleich gar nicht in die Gefahr, erkannt und erwischt zu werden. Ist nachher der Mond hinab, so gehe ich, um Wasser zu holen und einige Feigen zu stehlen; das reicht ganz gut bis morgen. Ich bin froh, die See zwischen Paris und mir zu haben, und will jetzt noch nicht gleich wieder verwegen sein, wie ein Leiermann."

„Hast auch Ursache dazu."

„Denke ganz ebenso!"

„Habe soeben erst den Beweis erlebt."

„Ah! Wieso?"

„Ich hatte ein wunderbar hübsches Wiedersehen."

„Mit wem?"

„Rathe einmal!"

„Laß mich in Ruhe! Was man mir sagen kann, brauche ich nicht erst zu errathen. Ich habe meinen Kopf für nützlichere Dinge nöthig. Also, wen hast Du wiedergesehen?"

„Einen frühern Prinzipal von Dir."

„Welchen? Ich habe viele Prinzipale gehabt."

„Es wird der letzte gewesen sein."

„Doch nicht etwa Hassan, der Zauberer?"

„Grade dieser."

„Alle Teufel!"

„Sieh, wie Du Dich freust!" höhnte Vater Main.

Der Bajazzo war von seinem Lager aufgesprungen.

„Ist's wahr?" fragte er.

„Ja."

„Wann?"

„Vor zwei Minuten."

„Wo?"

„Draußen auf der Straße."

„Wie kommt dieser Kerl nach Algier?"

„Dumme Rede! Er kann ja viel eher nach Algier kommen als jeder andere Deiner früheren Herren. Er ist ja ein Eingeborener."

„Hat er Dich früher gekannt?"

„Sehr gut."

„Und Dich wohl gar jetzt erkannt?"

„Sofort."

„Donnerwetter! Was sagte er?"

„Er hatte noch Einen bei sich. Diese beiden Kerls hätten mich höchst wahrscheinlich festgehalten; aber ich gab ihm Eins auf den Leib, so daß er taumelte, und riß aus."

„Verfolgten sie Dich?"

„Höchst eifrig. Es gelang mir aber, drüben hinter die Thür zu kommen. Sie blieben in der Nähe stehen, und ich hörte, was sie schwatzten."

„Was sagten sie?"

„Haſſan will morgen gleich früh melden, daß er mich geſehen hat."

„Verdammt!"

„Haſt Du Angſt?"

„Lache nicht. Wir ſtehen bei der Polizei ſo gut angeſchrieben, daß ſie ſich ganz außerordentlich nach uns ſehnt."

„Das iſt eine große Ehre für uns."

„Aber höchſt unbequem. Erfährt man, daß wir hier in Algier ſind, ſo wird ſicher eine Razzia abgehalten. Wie wollen wir da entkommen?"

„Vielleicht ſind wir dann bereits fort."

„Wohin?"

„Weiß es noch nicht."

„Weil wir überhaupt nicht fort können."

„Oho!"

„Wohin willſt Du ohne Geld?"

„Werden wir denn ohne Geld gehen?"

„Du ſagſt ja, daß Du keines haſt."

„Das beſteht auch ſehr in Wahrheit. Aber was nicht iſt, das kann noch werden."

„Ah! Sapperment! Du haſt eine Gelegenheit erſpürt?"

„Hm! Du thuſt es nicht, wenn ich es nicht thue."

„Du oder ich; das iſt ganz egal. Iſt nur erſt einmal Etwas gefunden, ſo bleibe ich bei der Ausführung ſicherlich nicht zurück. Alſo, was iſt's?"

„Es war ein zweites, ganz unerwartetes Wiederſehen."

„Mit wem? Kenne ich ihn?"

„Auch ſehr gut."

„Ein Pariſer?"

„Ja. Der Lumpenkönig."

„Alle Teufel! Lemartel?"

„Ja."

„Wenn das wahr wäre!"

„Natürlich iſt es wahr!"

„Er iſt wirklich da?"

„Freilich."

„Was mag der in Algier wollen?"

„Ich weiß es bereits, obgleich es nicht leicht war, es auszuſpioniren. Er hat nämlich ſo Etwas wie eine Armeelieferung übernommen, wahrſcheinlich für hieſige Truppen, und hat ſich nun an Ort und Stelle begeben, um ſich zu informiren."

„Wo wohnt er?"

„Hotel du Nord."

„Allein?"

„Seine Tochter iſt bei ihm."

„Bedienung?"

„Kein Menſch. Dazu iſt er zu geizig."

„Hat er Dich geſehen?"

„Nein, nur ich ihn. Ich ſtand am Quai, als er ſich ausſchiffte, und bin ihm bis an's Hotel gefolgt."

„Gewiß hat der Kerl Geld mit!"

„Natürlich!"

„Du meinſt, wir wollen ihn ſchröpfen?"

„Wärſt Du denn von der Parthie?"

„Auf alle Fälle."

„Schön! Es kann uns gar nichts Gelegeneres kommen. Wir müſſen morgen früh fort ſein. Ohne Geld geht das nicht. Wir holen es bei Lemartel."

„Aber wenn er nichts herausgiebt? Du weißt, wie er es mit uns bereits gemacht hat."

„Nun, ſo kitzeln wir ihm ſo lange die Hände, bis er in die Taſche greift."

„Oder an den Hals!"

„Bis wir in ſeine Taſche greifen können? Auch gut."

„Weißt Du, welche Zimmer er bewohnt?"

„Natürlich habe ich nicht eher geruht, als bis ich das genau erfahren habe. Er hat drei Zimmer der erſten Etage genommen, zwei für ſich und eins für ſeine Tochter."

„Wie liegen dieſe Zimmer?"

„Nummer Eins ſein Arbeits-, Nummer Zwei ſein Schlafzimmer und Nummer Drei das Boudoir für das gnädige Fräulein."

„Hm! Wollen wir uns auch an das Mädchen machen?"

„Möglichſt nicht."

„Dann müſſen wir kommen, ehe er ſchlafen geht."

„Freilich. Später würden wir ja überdies auf keinen Fall zu ihm können."

„Ah, Du willſt es wagen, offen zu ihm zu gehen?"

„Das iſt das Allerbeſte."

„Aber da wird man uns ſehen!"

„Was ſchadet es?"

„Es ſchadet ſehr viel, nämlich im Falle wir ja Gewalt anwenden müſſen."

„Pah! Man wird uns nicht ſo genau betrachten. Uebrigens haben wir drüben den alten Juden, welcher uns für kurze Zeit zwei Kaftans leihen wird. Das wird uns ſo verſtellen, daß man uns ſpäter nicht erkennen kann."

„Wie weit gedenkſt Du zu gehen, wenn er ſich weigert, in den Beutel zu greifen?"

„Grad ſo weit, wie er uns treibt."

„Das heißt, unter Umſtänden ſogar —— ſo weit?"

Er fuhr ſich dabei mit dem Finger quer über den Hals.

„Ja," antwortete Vater Main beſtimmt.

„Sapperment! In dieſem Falle hieß es freilich, das Bündel für auf Nimmerwiederſehen ſchnüren!"

„Wir können nur gewinnen, wenn wir wagen."

„Gut. Alſo, wann beginnen wir?"

„Beſſer iſt's, wir verſäumen keine Zeit. Gehen wir alſo lieber ſchon ezt zu dem Juden."

Sie löſchten ihre Lampe aus und verließen den Raum. Im Hofe halfen ſie einander auf eine zweite Mauer und ſprangen dann in einen weiteren Hof hinab. Auch hier herrſchte eine wahre Grabesſtille. Sie ſchlichen ſich im Schatten nach einer Ecke, wo es eine niedrige Thür gab, an welcher ſie leiſe klopften.

Ein unterdrückter Huſten ließ ſich hören, dem man es anmerkte, daß er als Antwort gelten ſolle. Aber erſt nach einiger Zeit wurde geöffnet. Eine kratzende weibliche Stimme fragte leiſe:

„Wer iſt gekommen, zu klopfen an dieſe Thür?"

„Freunde."

„Wie heißen ſie?"

„Wir ſind Nachbarn."

„Ah, daran erkenne ich die Meſſieurs!"

„Iſt Salomon Levi daheim?"

„Bringen Sie Etwas?"

„Nein."

„Was wollen Sie?"

„Einen Umtausch."

„So will ich erst sehen, ob er hat Zeit, sprechen zu lassen mit sich wegen Umtausch."

Sie ging und schloß die Thür vor ihnen zu.

„Verdammte Hexe!" murmelte der Bajazzo.

„Schimpfe nicht! Die Alte ist ein wahrer Schatz!"

„Willst Du ihn heben?"

„Pah! Ich meine natürlich, ein Schatz für ihren Levi."

„Aber wenn er uns nicht einläßt!"

„Ich hoffe, daß er uns nicht abweist. Er hat die letzten drei Male keinen üblen Handel an uns gemacht. Mir scheint überhaupt, als ob er uns gewogen sei."

Jetzt wurde die Thür geöffnet. Die Alte streckte den Kopf vor und meldete:

„Die Messieurs sollen kommen."

Sie ließ die Beiden eintreten, verriegelte die Thür und schritt ihnen dann voran. Es schien durch einen langen, engen Gang zu gehen, den die Beiden jedenfalls bereits kannten, denn sie folgten der Alten ohne Zaudern, bis diese eine Thür öffnete, aus welcher ihnen der Schein einer trüben Lampe entgegenfiel.

Die Stube, in welche sie traten war sehr klein und enthielt nichts als einen Tisch und vier alte Stühle. Auf dem Tisch stand die brennende Oellampe und auf einem Stuhle saß Salomon Levi, der sie erwartete.

Dieser Jude war vielleicht sechzig Jahre alt und besaß ein vertrauenerweckendes, ja fast ehrwürdiges Aussehen. Wer ihn nicht genau kannte, hätte wohl nicht geglaubt, daß er der berüchtigtste Hehler des ganzen Landes sei.

„Rebecca, kehre zurück zum Eingange," sagte er, „und wache, daß nicht gestört werde unser Gespräch!"

Und als die Alte sich entfernt hatte, fuhr er fort:

„Seid willkommen, Messieurs! Nehmt Platz und sagt, womit ich kann dienen so guten Freunden."

Sie setzten sich und Vater Main ergriff das Wort:

„Gute Freunde? Wirklich?"

„Ja. Oder habe ich bewiesen das Gegentheil?"

„Nein."

„Also, was wünschen Sie?"

„Zwei Kaftans für ganz kurze Zeit."

„Wie lange ungefähr?"

„Zwei Stunden."

„Gegen Caution?"

„Wir haben kein Geld."

„Hm!" brummte er bedenklich.

„Wir lassen unsere Röcke hier."

„Diese Röcke sind nicht viel werth."

„Na, geben Sie uns getrost Credit! Wenn wir zurückkehren, werden wir reichlich zahlen."

Er nickte leise vor sich hin, musterte sie mit einem scharfen Blicke, lächelte überlegen und sagte dann:

„Das will ich wohl glauben!"

Es lag Etwas in diesen Worten, was den Bajazzo frappirte. Darum fragte er:

„Wie meinen Sie das?"

„Ich meine, daß da, wohin Sie gehen werden, allerdings Etwas zu holen ist!"

„Nun, wohin wollen wir dann gehen?"

„Ins Hotel du Nord?"

Beide erschraken.

„Fällt uns nicht ein!" sagte Vater Main.

Der Jude lächelte überlegen und antwortete:

„Streiten wir uns nicht! Ich kenne meine Leute sehr genau. Ist Ihnen vielleicht der Name Lemartel bekannt?"

„Nein."

„Hm! Sollte ich mich wirklich irren? Sie sind doch heute so viel um das Hotel geschlichen."

„Ich?" fragte Main.

„Ja, Sie."

„Da irren Sie sich!"

Der Jude nickte ihm wohlwollend zu und sagte:

„Sie können immer aufrichtig mit mir sein. Mein Geschäft bringt es mit sich, daß ich meine Kunden genau überwachen lasse. Ich weiß, daß Sie am Hotel du Nord recognoscirt haben. Daraus schließe ich, daß Sie dort Etwas beabsichtigen."

„Und dennoch irren Sie sich. Unser Weg führt nach einer ganz anderen Richtung."

Er that, als ob er es glaube, indem er sagte:

„Nun, so mag es sein. Geht mich allerdings auch gar nichts an. Aber da ich hörte, daß ein alter Bekannter dort abgestiegen ist, so — — —"

„Von uns?"

„Ja."

„Wer ist das?"

„Eben dieser Monsieur Lemartel."

„Sie irren sich wirklich. Wir kennen keinen Lemartel, wirklich nicht."

„Wenn das ist, so kenne ich Sie auch nicht."

„Wir haben Ihnen unsere Namen mitgetheilt."

„Ja. Sie heißen Marmont und Ihr Kamerad hier Charpelle?"

„Ja."

„Nun, so täusche ich mich unmöglich. Sie müssen diesen Monsieur Lemartel sehr genau kennen."

„Gar nicht."

„Und doch. Gestatten Sie mir nur, Ihrem Gedächtnisse ein Wenig zu Hilfe zu kommen!"

Er öffnete den Tischkasten und nahm aus demselben zwei Zeitungsblätter, von denen er Beiden je eins reichte.

„Bitte, lesen Sie!"

Kaum hatten Sie einen Blick darauf geworfen, so rief Vater Main erschrocken:

„Tausend Teufel!"

Und der Bajazzo sekundirte ebenso rasch:

„Himmeldonnerwetter!"

„Was ist denn?" fragte der Jude gelassen.

„Ein Steckbrief," sagte Vater Main.

„Ja, einen Steckbrief," antwortete auch der Seiltänzer.

„Ueber wen denn?"

„Ueber einen Schänkwirth aus Paris, welcher dort angeblich Vater Main titulirt wurde."

„Ueber einen Akrobaten, Namens Lermille."

„Weshalb werden diese Beiden denn verfolgt?" fragte der Jude lächelnd.

„Wegen Hehlerei und Menschenraub."

„Wegen beabsichtigten Mordes und schweren Diebstahles."

„Das ist freilich schlimm. Kennen Sie die beiden Männer nicht, Monsieur Marmont?"

„Nein."

„Und Sie auch nicht, Monsieur Charpelle?"

„Nein."

Da nahm das Gesicht des Juden einen sehr strengen Ausdruck an. Er stand von seinem Sitze auf und sagte barsch:

„Gute Nacht!"

„Sapperment! So rasch! Warum denn?" fragte Vater Main.

„Das fragen Sie noch?"

„Natürlich!"

„Nun so will ich Ihnen sagen, daß ich meine Geschäftsfreunde mit Vertrauen behandle und aber auch von Ihnen Vertrauen verlange. Nur so ist ein Zusammenwirken möglich. Kennt man sich genau, so weiß man auch, wie man sich am Besten nützen kann. Nicht?"

„Ich lasse das natürlich gelten."

„Also warum verleugnen Sie sich denn?"

„Wer sagt Ihnen denn, daß ich Vater Main bin?"

„Und ich der Akrobat Lermille?"

„Ich weiß es, damit Pasta!"

„Aber Sie irren sich wirklich!"

„Gut! So sind wir geschiedene Leute. Holen Sie sich also Ihre Kaftans, wo es Ihnen beliebt, nicht aber hier bei mir!"

Die Beiden blickten einander verlegen an. Mit einem so allwissenden Hehler hatten Sie noch nicht zu thun gehabt.

„Nun?" fragte dieser, als sie zauderten.

„Verdammt!" brummte Vater Main vor sich hin. „Es ist zu gefährlich!"

„Mißtrauen Sie mir?"

„Wir kennen uns noch nicht lange genug."

„Ich Sie auch nicht, he? Glauben Sie wohl, daß ich Ihnen bereits abgekauft hätte, wenn ich genau gewußt hätte, wer Sie sind? Sie werden verfolgt; aber gerade darum sind Sie mir sichere, also willkommene Leute. Also, hier meine Hand, Vater Main!"

Er streckte ihm die Hand entgegen.

„Na meinetwegen!" antwortete dieser, einschlagend. „Ich will es wagen, den Kopf in den Rachen des Löwen zu stecken. Schnappt er zu, dann adieu, Macaronentorte."

„Und Sie, Monsieur Lermille?"

„Nun kann ich auch nicht anders. Hier meine Hand!"

Sie drückten und schüttelten sich die Hände. Dann setzte der Jude sich wieder nieder und sagte:

„Jetzt läßt es sich nun ganz anders sprechen. Wir müssen Vertrauen haben und werden einander nicht verrathen. Werden Sie mir nun wohl auch gestehen, daß Sie ins Hotel ,du Nord' wollen?"

„Na, denn ja!" erklärte Vater Main.

„Zu Lemartel?"

„Ja."

„Sie kennen ihn?"

„Leidlich."

„Ich auch. Wollen Sie ihn anpumpen?"

„Vielleicht."

Der Blick des Juden schien die Beiden durchdringen zu wollen. Dann meinte er:

„Ich will Ihnen gestehen, daß auch ich früher in Paris gewohnt habe. Ich kenne den Lumpenkönig und habe alle Ursache, mich zu freuen, wenn Sie ihn nicht schonen. Denken Sie, daß es Ihnen gelingt, ihn anzuzapfen?"

„Wir hoffen es."

„Schön! Dann kommen Sie zu Geld und können sich das kaufen, was Ihnen am Allernöthigsten ist."

„Was?"

„Legitimationen."

„Sapperment! Das ist wahr. Aber woher nehmen? Können Sie uns vielleicht einen guten Rath geben?"

„Vielleicht."

„Wie müßte man so einen Handel entriren?"

„Hm! Ich kenne einen kleinen Beamten, dem aber trotzdem Formulare und Siegel aller Art zur Verfügung stehen."

„Also authentisch? Nicht nachgemacht?"

„Nein, sondern echte Documente."

„Wetter noch einmal! Das wäre ein Glück! Aber, ist er sehr theuer?"

„Ich halte ihn für sehr billig."

„Welche Preise hat er?"

„Alle Legitimationen vom Geburtsscheine an bis zum Passe, auf einen beliebigen Namen tausend Francs."

„Alle diese Legitimationen in Summa für diesen Preis?"

„Ja."

„Das ist billig, sehr billig. Trotzdem aber ist es sehr theuer, wenn man die tausend Francs nicht hat."

„Ich denke, Sie wollen ——"

„Ja, freilich! Und ich hoffe, daß es gelingt. Wo aber wohnt dieser kleine Beamte, und wie heißt er?"

„Das darf ich nicht verrathen."

„So nützt uns Ihre ganze Mittheilung nichts."

„O doch! Ich erbiete mich ganz gern, den Vermittler zu machen, Messieurs."

„Das läßt sich hören. Aber, wie lange dauert es, bis man das Bestellte erhält?"

„Das kommt auf die betreffenden Umstände an."

„Ich setze den Fall, wir wollten noch in dieser Nacht von hier fort."

„Ist das unumgänglich nothwendig?"

„Vielleicht wird es so nöthig."

„Dann hätten Sie zweihundert Francs pro Person mehr zu bezahlen, würden aber dafür die betreffenden Papiere bereits binnen zweien Stunden in Empfang nehmen können."

„Und wann ist das Geld zu zahlen?"

„Bei Aushändigung der Papiere. Wollen Sie die Bestellung machen?"

„Wir können jetzt noch nicht, da wir nicht mit aller Genauigkeit sagen können, ob wir von Lemartel Geld erhalten werden."

Da meinte der Bajazzo:

„Sei nicht so zaghaft! Wir können nicht bleiben; wir brauchen Geld, also muß er es schaffen, auf jeden Fall!"

„Meinst Du? Na, so wollen wir also annehmen, daß wir in zwei Stunden Geld haben werden."

„Soll ich also die Legitimationen bestellen?" fragte der Jude."

„Ja."

„Auf welche Namen?"

„Ist egal. Wie aber steht es nun mit den Kaftans?"

„Die bekommen Sie. Aber vorher noch eine Frage.

Sie sprachen vorhin davon, daß Sie möglicher Weise die Stadt noch während dieser Nacht verlassen müssen?"

„Dieses Muß kann allerdings eintreten."

„Wohin werden Sie sich wenden?"

„Hm! Das weiß der Teufel! Man sucht uns ja bereits überall."

„Ich rathe Ihnen, außer Land zu gehen!"

„Ueber die Grenze?"

„Ja."

„Also nach Marokko oder Tunis? Bis wir da die Grenze erreicht haben, sind wir längst ergriffen!"

„Es giebt doch noch eine andere Grenze."

„Nach Süden zu? Was wollen oder vielmehr sollen wir denn in der Wüste?"

„Ich meine nicht die südliche, sondern die nördliche Grenze."

„Also die See?"

„Ja."

„Aber da hinaus ist ja am Allerschwierigsten zu kommen. Und — lauter französische Schiffe."

Der Jude zeigte eine sehr überlegene Miene!

„Nur nicht gleich verzagen!" sagte er. „Sie haben ja Freunde, auf welche Sie sich verlassen können!"

„Wen denn zum Beispiel?"

„Nun, mich!"

„Ah! Wollten Sie uns helfen?"

„Gern."

„Aber könnten Sie uns auch helfen?"

„Ich hoffe es. Am Allerleichtesten freilich würde es sich gerade heute machen lassen."

„Wirklich?"

„Ja."

„Auf welche Weise?"

„Sie würden noch vor Anbruch des Tages an Bord sein."

„Und dann wohin? Etwa nach Frankreich?"

„Das hieße ja, Sie in die Hölle schicken! O nein, sondern nach Spanien."

„Wetter noch einmal! Das wäre höchst vortheilhaft! Nach welchen Hafen denn?"

„Zunächst nach Palma auf Mallorca."

„Gut! Schön! Was ist es für ein Schiff?"

„Da muß ich mich freilich auf Ihre Verschwiegenheit verlassen, Messieurs!"

„Sei es, was es sei, wir werden Sie nicht verrathen."

„So will ich Ihnen gestehen, daß ich zuweilen ein klein Wenig Schmuggel treibe — —"

„Zuweilen?"

„Na, vielleicht öfters!"

„Nur ein klein Wenig?"

„Mehr oder wenig, wie es paßt."

„Und für heute planen Sie etwas Aehnliches?"

„Ja. Ist Ihnen der Weg bekannt, welcher durch das Thor el Qued nach der Spitze Pescade führt?"

„Ja, wir sind ihn gegangen."

„Nun kurz vor Sonnenaufgang wird an dieser Spitze ein kleiner Schooner liegen, der Sie aufnehmen wird, wenn Sie zur rechten Zeit kommen."

„Aber am Bab el Qued steht ein Militairposten!"

„Keine Sorge! Dieser Posten läßt Sie passiren."

„Das darf er doch nicht."

„Er darf nicht, thut es aber doch. Ich muß auch selbst hinaus. Wir gehen zusammen."

„Herrlich."

„Ich weiß, welcher Mann Posten steht. Er ist bereits bestochen. Er wird schlafen, wenn wir kommen."

„Das heißt, er wird thun, als ob er schlafe?"

„Ja."

„Und was zahlen wir für die Seefahrt?"

„Hundert Francs pro Mann, vorausgesetzt, daß Sie es nicht verschmähen, mir einen kleinen Gefallen zu erweisen."

„Die Summe ist nicht zu hoch. Was sollen wir thun?"

„Ich habe meinem Geschäftsfreunde drüben auf Mallorca eine höchst wichtige Nachricht zukommen zu lassen."

„Auf die Pascherei bezüglich?"

„Ja."

„Also geheim?"

„Natürlich. Ich habe mich nicht getraut, sie irgend Jemandem in die Hand zu geben. Aber da die Verhältnisse zwischen uns so sind, so denke ich, daß ich mit Ihnen nichts wagen werde."

„Nicht das Geringste!"

„Ich kann mich also auf Sie verlassen?"

„Vollständig."

„Gut, so werde ich mich Ihnen anvertrauen."

„Aber wie nun, wenn man den Brief bei uns findet?"

„Das ist unmöglich."

„Mallorca ist spanisch. Wird man nicht bei der Ausschiffung untersucht?"

„Unter gewöhnlichen Verhältnissen, ja. Aber der Schiffer ist ein Bewohner der Insel. Er bringt Sie so unbehelligt an das Land, wie er auch die Waare glücklich landen wird. Es geschieht dies natürlich des Nachts. Und zudem ist der Brief nicht auf Papier geschrieben."

„Worauf sonst?"

„Es besteht in einem neuwaschenen Taschentuche. Der Geschäftsfreund weiß, mit welcher chemischen Lösung er es zu behandeln hat, daß die unsichtbare Schrift hervortritt."

„So sind wir also außer aller Sorge. Nun aber handeln! Bitte, die Kleidungsstücke!"

„Erst muß ich Sie noch um Etwas fragen. Werden Sie unter Ihrer eigenen Flagge zu Lemartel, dem Lumpenkönige gehen?"

„Es wird uns wohl nichts Anderes übrig bleiben."

„Oder wäre es Ihnen lieber, von der Bedienung späteren Falls nicht wieder erkannt zu werden?"

„Das wäre allerdings höchst wünschenswerth."

„Nun, das kann ja leicht gemacht werden."

„Wie?"

„Durch Perrücken und Bärte."

„Hm, ja; aber haben muß man sie!"

„Nun, ich habe zufälliger Weise einige solcher Kleinigkeiten zur Verfügung."

„Herrlich! Wollen Sie uns das leihen?"

„Gern. Aber ich muß dabei eine Bedingung machen."

„Welche?"

„Eine sehr strenge: Was auch immer passiren möge, so dürfen Sie nicht verrathen, von wem Sie die Kaftans, Bärte und Perrücken haben."

„Es versteht sich ganz von selbst, daß wir einen solchen Helfer und Verbündeten nicht in Schaden bringen."

„Ihr Ehrenwort?"

„Hier."

Die drei Spitzbuben schlugen ein, als ob es zwischen solchen Menschen wirklich ein Ehrenwort geben könne und dann wurde die Verkleidung vorgenommen. —

Unterdessen saß der ‚Lumpenkönig' in seinem Hotelzimmer. Seine Tochter befand sich bei ihm. Es war dies die wunderbare Schönheit, welche er keinem Menschen sehen ließ und mit welcher er nur bei verschlossenen Wagen spazieren fuhr.

Er hatte eine Menge Papiere vor sich liegen und dabei ein Portefeuille, dessen Umfang ahnen ließ, daß sein Inhalt ein erkleckliches Sümmchen repräsentire. Da trat der Zimmerkellner ein.

„Sind der gnädige Herr vielleicht zu sprechen?" erkundigte er sich.

„Wer will zu mir?"

„Zwei Herren."

„Wer sind sie?"

„Sie behaupteten, die Namen nicht sagen zu wollen."

„So mögen sie wieder gehen!"

„Entschuldigung. Der Eine von ihnen ließ merken, daß es sich um Lieferungen handle."

„Ah!"

„Und daß sie ihre Namen mir nur aus Geschäftsklugheit vorenthalten."

„Haben sie ein anständiges Aussehen?"

„Ja: Sie sind Juden, wie es scheint."

„Hm! So! Sie mögen kommen."

Als der Kellner sich entfernt hatte, bat er seine Tochter:

„Liebe Agnes, da es sich um Geschäftsangelegenheiten handelt, wird es gerathen sein, Dich zurückzuziehen. Willst Du mir diesen Gefallen thun?"

„Wird es sehr lange dauern?"

„Hoffentlich nicht."

„Dann muß ich freilich gehen."

Sie zog sich in ihr Zimmer zurück und in demselben Augenblicke traten die Beiden ein. Sie grüßten in höflichen Worten und unter tiefen Verneigungen.

„Guten Abend, Messieurs," dankte er. „Womit kann ich Ihnen dienen?"

„Mit einer Auskunft," antwortete der frühere Wirth mit verstellter Stimme.

„Betreffs?"

„Es betrifft den Grund Ihrer Anwesenheit. Wir hören, daß Sie im Begriff stehen, bedeutende Lieferungen für die Armeen zu übernehmen?"

„Ich gebe zu, daß man Ihnen nichts Unrichtiges gesagt hat."

„Worin werden diese Lieferungen bestehen?"

„Das ist bis jetzt noch als Secret zu betrachten. Darf ich wissen in welcher Beziehung Ihre Gegenwart zu dieser Angelegenheit steht?"

„Das ist für jetzt auch noch secret."

„Und Ihre Namen?"

„Die kennen Sie."

„Ich glaube kaum."

„O doch!"

„Ich kann mich wirklich nicht besinnen."

„Paris!"

„In Paris soll ich Sie gesehen haben?"

„Ja."

„Sie Beide?"

„Gewiß."

„Das muß höchst vorübergehend gewesen sein!"

„Im Gegentheile. Und zwar geschah es unter Verhältnissen, unter denen man sich die Physiognomieen zu merken pflegt."

„So bitte ich, meinem Gedächtnisse zu Hilfe zu kommen!"

„Gern. Vielleicht erkennen Sie uns nur deshalb nicht, weil wir damals nicht diese Bärte trugen."

„Möglich."

„Legen wir sie also ab!"

Er nahm den Bart vom Gesicht.

„Mein Gott!" sagte Lemartel erstaunt.

„Und dieses Haar. Weg damit."

Er nahm sich auch die falsche Perrücke vom Kopfe.

„Vater Main!" rief da Lemartel.

„Ah, jetzt erkennen Sie mich!"

„Und Lermille."

„Ja, Lermille, der Bajazzo!"

„Sie hier, in Algier!"

„Wie Sie sehen."

„Sie sind ja verloren, wenn man Sie bemerkt!"

„Was kümmert uns das!"

„Was wünschen Sie aber von mir?"

„Das werden Sie gleich hören. Setzen wir uns."

Er zog Lemartel auf seinen Sitz nieder und dann nahmen die beiden Menschen rechts und links von diesem Platz.

„Können Sie sich noch an unsere letzte Zusammenkunft in Paris erinnern?" fragte Vater Main.

„So leidlich."

„Sie waren damals nicht sehr entgegenkommend."

„Das möchte ich nicht behaupten."

„Ich behaupte sogar, daß Sie ganz das Gegentheil von entgegenkommendsein waren!"

„So stimmen unsere Erinnerungen nicht überein."

„Höchst wahrscheinlich. Freilich muß ich dann behaupten, daß die meinige der Wirklichkeit angemessener sei als die Ihrige. Doch jetzt haben wir es nicht mit der Erinnerung der Vergangenheit zu thun, sondern mit der Gegenwart. Wird Ihr Aufenthalt hier von längerer oder kürzerer Dauer sein?"

„Ich gedenke, sehr bald wieder abzureisen."

„Ganz wie wir. Auch uns vermag Algier keinen Vortheil mehr zu bieten."

„Hm!" brummte Lemartel, da er nichts Anderes zu sagen wußte.

„Sie freilich können leichter scheiden als wir."

„Wieso?"

„Sie sind jedenfalls mit den Mitteln, deren man zur Reise bedarf, reichlicher als wir versehen."

Hatte der Lumpenkönig bisher vermuthet, daß es doch nur auf eine Bettelei abgesehen sei, so wurde diese Vermuthung zur Gewißheit. Er kannte diese beiden Kerls und ihre Verhältnisse; er war überzeugt, ohne Opfer von ihnen nicht wieder loszukommen und so beschloß er, dieses

Opfer zu bringen, dasselbe aber eine möglichst geringe Höhe annehmen zu lassen. Dann meinte er:

„Vielleicht sind Sie da gerade im Vortheile gegen mich. Meine Reisekasse ist so zusammengeschwunden, daß mir gerade noch genug bleibt, nach Paris zurückzukommen."

„O, das hat bei Ihnen keine Schwierigkeit. Sie vermögen, die leere Kasse an jedem Augenblick wieder zu füllen."

„Hier in Algier?"

„Ja."

„Das dürfte wohl schwer oder gar unmöglich werden, Messieurs."

„O, ein jeder Bankier würde sich beeilen, Ihrer Anweisung Folge zu leisten."

„Man kennt mich hier nicht so, wie Sie denken."

„Ich bin überzeugt, daß Ihr Name hier fast ebenso bekannt ist wie in Paris. Uebrigens — diese hier scheint mir nicht sehr arm ausgestattet zu sein."

Bei diesen Worten deutete er auf die Brieftasche, welche noch auf dem Tische lag. Der Lumpenkönig griff rasch nach ihr, steckte sie ein und sagte möglichst gleichmüthig:

„Kontracte und ähnliche Documente, aber leider kein Geld, wie Sie vielleicht denken."

„Nun, das ist uns gleich. Wir haben es zunächst nicht mit Ihrer Brieftasche, sondern mit Ihnen selbst zu thun."

„Womit kann ich dienen."

„Mit einem kleinen Vorschusse, Monsieur Lemartel."

„Wie kommen Sie denn auf den Gedanken, sich da an mich zu wenden?"

„Hm! Alte Bekanntschaft! Sie werden sich jedenfalls freuen, daß wir so gern an Sie denken. Unsere Lage ist nicht beneidenswerth. Sie sind überzeugt, daß wir nicht umsonst auf Ihr Mitgefühl gerechnet haben."

„Wieviel werden Sie brauchen?"

„Hm! Das ist leichter gefragt als gesagt. Die Polizei streckt ihre Arme nach uns aus. Wollen wir wirklich in Sicherheit kommen, so müssen wir weit fort, sehr weit. Selbst Amerika bietet uns keinen Schutz. Wir müssen nach Australien. In welcher Passagierclasse wir die Ueberfahrt machen, ob erster oder zweiter Klasse oder gar nur Zwischendeck, das bleibt natürlich Ihrem Ermessen anheimgestellt."

Lemartel erschrak sichtlich.

„Wie?" meinte er. „Höre ich recht? Sie scheinen anzunehmen, daß ich die Kosten der Ueberfahrt tragen werde?"

„Gewiß, gewiß werden Sie das thun!"

„Nein; das werde ich nicht thun! Das kann mir ganz und gar nicht einfallen!"

Vater Main nickte ihm spöttisch lächelnd zu und sagte:

„So recht! Das habe ich vermuthet. Bei Ihrem wohlbekannten guten Herzen war dies gar nicht anders von Ihnen zu erwarten."

„Was denn? Was war nicht anders zu erwarten?" fragte er ziemlich verblüfft.

„Das Sie nicht blos das thun werden."

„Nicht blos das? Was denn sonst noch?"

„O, Ihre Einsicht sagt Ihnen, daß die Ueberfahrt ja eigentlich das Wenigste ist."

„Das Wenigste? So! Ah!"

„Ja. Vorher bereits hat man tausend Ausgaben, um sich vorzubereiten, auszustatten und so weiter ———"

„Wie Sie das so schön zu sagen wissen!"

„Jedenfalls nicht schöner, als Sie es sich selbst bereits gedacht haben. Und nach der Ueberfahrt — — hm, man kann doch nicht als Bettler vom Schiffe gehen. Man muß sich orientiren, ein Geschäft gründen, Land ankaufen und vieles Andere. Das Alles verursacht Ausgaben, deren Umfang oder Höhe man jetzt gar nicht zu berechnen vermag. Darum berührt es uns so außerordentlich wohlthuend, daß Sie beschlossen haben, nicht nur für unsere Ueberfahrt allein zu sorgen."

„Sie scheinen sich über das, „was ich gesagt habe, in einem großen Irrthum zu befinden."

„Wieso?"

„Sie haben meinen Worten das Wörtchen „blos" beigefügt, und das giebt ihnen allerdings einen ganz und gar andern Sinn."

„Dieser Sinn ist aber jedenfalls der uns angenehmste."

„Das glaube ich gern. Mir aber ist er desto unangenehmer."

„O, das thut nichts. Sie haben mit so vielen Annehmlichkeiten des Lebens zu thun, daß Ihnen eine so leicht zu überwindende Unannehmlichkeit schon der bloßen Abwechslung wegen willkommen sein muß."

„Eine willkommene Annehmlichkeit darf keinen solchen Umfang haben. Ich bin zu einer kleinen Unterstützung bereit, große Summen aber vermag ich nicht zu zahlen, selbst wenn ich es wollte."

„Hm, Sie scherzen!"

„Ich scherze nicht."

„Sollten wir uns in Beziehung auf Ihr gutes Herz getäuscht haben?"

„Getäuscht oder nicht. Formuliren Sie Ihre Forderungen! Wie viel wünschen Sie?"

„Das läßt sich, wie bereits gesagt, nicht leicht bestimmen. Ich glaube aber annehmen zu können, daß der Inhalt Ihrer Brieftasche uns genügen würde."

„Uns genügen?" wiederholte er. „Ah! Sie sind nicht dumm! Das glaube ich wohl, daß dieser Inhalt Ihnen genügen würde!"

„Ja; natürlich freuen Sie sich über unsere Bescheidenheit?"

„Freuen? Ich finde diese sogenannte Bescheidenheit im Gegentheile außerordentlich unverschämt."

„Sie scherzen. Zwischen Männern von unserer Bildung und Lebensstellung kann doch ein Wort wie ‚unverschämt' eigentlich gar nicht erst ausgesprochen werden!"

Lemartel erhob sich und sagte:

„Messieurs, ich sehe nicht ein, wozu eine weitere Unterhaltung führen könnte. Machen wir es kurz! Welche Summe verlangen Sie?"

Auch die Beiden standen auf. Sie wußten, daß der Augenblick des Handelns gekommen sei.

„Gut!" sagte Vater Main kalt, „Ich will Ihnen den Willen thun. Geben Sie uns fünfzigtausend Francs, so sind Sie uns für immer los."

„Fünfzigtau ———?"

Er brachte das Wort nicht fertig. Er stand starr und mit offenem Munde da.

„Ja, fünfzigtausend Francs," wiederholte der ehemalige Schänkwirth. „Oder sollte Ihnen dies zu viel sein? Das wäre lächerlich!"

„Lä — lä — lächerlich auch noch!"

„Natürlich! Also, wie beliebt Ihnen?"

Es lag in diesem Tone und in der Haltung der beiden Strolche Etwas, was den Lumpenkönig erst jetzt zur Einsicht seiner Lage brachte. Erst jetzt erkannte er, daß es sich nicht nur um eine Bettelei, sondern jedenfalls um etwas Ernsteres, wohl gar um einen Raubüberfall, um das Leben handele. Diese beiden Menschen waren, wie er sie kannte, fähig, kurzen Prozeß mit ihm zu machen. Jetzt gab es nur das Eine: augenblicklich von ihnen los- und aus dem Zimmer hinauszukommen. Darum beschloß er, sie zu täuschen, indem er sich den Schein gab, auf ihre Forderung, wenn auch stark zögernd, einzugehen. Er sagte:

„Fünfzigtausend, das ist zu hoch, viel zu hoch! Ich hatte an fünftausend gedacht."

„Das wäre eine Lappalie, von welcher man gar nicht reden darf!"

„Wie weit gehen Sie herab?"

„Um keinen Franken."

Er versuchte scheinbar, zu handeln; sie aber gingen nicht darauf ein. Er that, als sei er höchst in die Enge getrieben und sagte dann endlich:

„Nun wohl, Sie sollen die Summe haben. Aber ich stelle eine Bedingung."

„Welche?"

„Daß Sie mir niemals wieder mit einer ähnlichen Forderung kommen!"

(Fortsetzung folgt.)

Erklärung.

Mit der Nummer 105 resp. 106 schließt die Zeitschrift: „Deutscher Wanderer" den 8. Band, sowie überhaupt ihr Erscheinen vollständig. Um dem in gegenwärtigem Band enthaltenen Roman: „Die Liebe des Ulanen" einen für die geehrten Leser genügenden und würdigen Abschluß zu geben, wird es nöthig, den vorliegenden Band dieser Zeitschrift bis mit Nummer 105 resp. 106 erscheinen zu lassen.

Beim Schluß der Zeitschrift: „Deutscher Wanderer" erscheint nun ein neues Roman-Werk unter dem Titel:

Alpen-Rosen,

in Nummern zum Preis von nur je 5 Pfennigen. Jede derselben enthält 16 Seiten Text mit Illustrationen, und zwar Darstellungen aus der Erzählung, die fein und sauber ausgeführt sind.

Die unterzeichnete Verlagshandlung empfiehlt das neue Werk: „Alpenrosen" hierdurch bestens und ladet zum Abonnement auf dasselbe ein, mit der Bitte um recht zeitige Bestellung.

Hochachtungsvoll

Dresden und Berlin.　　　　　　　　　　　　　H. G. Münchmeyer,

Verlagsbuchhandlung.

Die Liebe des Ulanen.

Original-Roman aus der Zeit des deutsch-französischen Krieges von Karl May.

(Fortsetzung.)

Haben Sie keine Sorge! Das werden wir wohl sehr gern bleiben lassen. Heute zum letzten Male, dann nie wieder. Also bitte, zahlen Sie aus!"

„Gleich, gleich. Erlauben Sie mir nur, für einen Augenblick zu meiner Tochter zu gehen."

„Wozu?"

„In ihrem Zimmer befindet sich meine Kasse."

„Ach so!" sagte der Bajazzo höhnisch.

Vater Main lachte grad hinaus.

„Wirklich?" sagte er. „Wie wunderbar klug. Das haben Sie sich wirklich nicht schlecht ausgesonnen, mein bester Monsieur Lemartel. Sie gehen zu ihrer Tochter und bringen anstatt des Geldes die Polizei!"

Der Lumpenhändler erschrak, als er hörte, daß seine Absicht durchschaut sei. Er antwortete schnell:

„Wie können Sie das denken, Messieurs!"

„O, auf diesen Gedanken ist sehr leicht zu kommen. Und überdies sieht man es Ihnen sehr deutlich an, daß es Ihnen nur darum zu thun ist, aus dem Zimmer zu kommen."

„Das fällt mir nicht ein. Ich kann Ihnen ja nichts geben, wenn ich das Geld nicht holen darf!"

„Zeigen Sie uns Ihre Brieftasche. Enthält sie wirklich kein Geld, so wollen wir es glauben, daß Sie es bei Ihrer Tochter haben. In diesem Falle dürfen Sie das Zimmer verlassen; wir aber gehen natürlich mit."

„Es ist nichts drin!"

Bei diesen Worten that er einige Schritte nach der Thür, durch welche sich seine Tochter zurückgezogen hatte. Schnell aber stellte Vater Main sich ihm in den Weg.

„Halt!" sagte er. „Ohne unsere Erlaubniß kommen Sie nicht fort. Heraus mit der Brieftasche!"

„Soll ich etwa um Hilfe rufen?"

„Das werden Sie nicht!"

Als er das sagte, faßte er Lemartel mit beiden Händen bei der Gurgel. Dieser wollte schreien, brachte aber keinen Laut hervor. Er griff nach seinem Feinde, aber in demselben Augenblicke packte ihn auch der Bajazzo so fest, daß er sich nicht zu rühren vermochte. Sein Gesicht wurde erst roth und dann blau; er vermochte nicht, Athem zu schöpfen und verlor die Besinnung.

„Da, laß ihn fallen!" sagte der frühere Schänkwirth.

Sie ließen den Bewußtlosen auf die Diele niedergleiten.

„Aber, wenn er erwacht, wird er uns verrathen," meinte der Bajazzo.

„Dagegen giebt es ein sehr gutes Mittel."

„Welches?"

„Hier dieses."

Bei diesen Worten zog er ein Messer hervor und stieß es dem Lumpenkönige bis an das Heft in die Brust.

„Herrgott!" stieß der Bajazzo erschrocken hervor.

„Dummheit! Ich glaube gar, Du erschrickst! Sei kein Kind! Meine Sicherheit ist mir lieber als das Leben dieses Menschen. Nun laß uns einmal nachsehen!"

Er zog dem regungslos Ausgestreckten die Brieftasche aus dem Rocke und öffnete sie.

„Donnerwetter!" sagte er, im höchsten Grade erfreut. „Da drinn steckt ja ein ganzes Vermögen!"

„Hat er kein Portemonnai bei sich?"

„Ja, hier in der Hosentasche. Ah, auch Gold und Silber drinn!"

„Und die Uhr, die Ringe?"

Unsinn! Diese Sachen könnten uns verrathen. Wir haben genug. Komm!"

„Halt! Erst die Bärte und Perrücken wieder angelegt."

„Alle Teufel, das hätte ich beinahe vergessen! Das wäre eine schöne Geschichte gewesen."

Sie legten die erwähnten Gegenstände wieder an und entfernten sich sodann von dem Schauplatze ihres Verbrechens.

Agnes hatte sich in ihr Zimmer zurückgezogen. Da zwischen demselben und demjenigen, in welchem sich ihr Vater befand, ein drittes lag, so war kein Laut der Unterredung des Letzteren mit den beiden Raubmördern zu ihr gedrungen. Sie wartete eine sehr lange Weile und trat dann in den Zwischenraum, um zu horchen, ob der Besuch sich noch immer bei dem Vater befinde. Als sie nichts hörte, öffnete sie die Thüre. Die Männer waren fort; aber der Vater lag am Boden mit dem Messer in der Brust.

Sie stieß einen fürchterlichen Schrei aus und sank neben ihm nieder. Das Bewußtsein wollte ihr schwinden; aber die Kindesliebe war stärker als der Schreck! Sie dachte nicht daran, das Messer aus der Brust zu ziehen. Sie erfaßte den Kopf des Vaters und rief:

„Vater, mein Vater! Bist Du todt? O Gott, o mein Gott! Vater erwache, erwache!"

Sie drückte und schüttelte ihn, sie küßte ihn. Sie rief ihm die zärtlichsten Namen in das Ohr. Und da, da öffnete er die Augen und richtete den gläsernen Blick auf sie.

„Vater, mein guter Vater! Sprich! Rede! Siehst Du mich? Erkennst Du mich?"

Sein Blick gewann Ausdruck. Seine Hand bewegte sich nach der Brust und griff nach dem Hefte des Messers. Da schien er zu erkennen, in welcher Lage er sich befinde.

„Agnes!" flüsterte er.

„Vater! Hast Du Schmerz?"

Ihr Blick war mit entsetzlicher Angst auf ihn gerichtet. Sein Gesicht wurde fahl; das Blut war aus seinen Lippen gewichen. Kaum hörbar sagte er:

„Vater Main war es."

„Vater Main? Wer ist das denn?"

„Und Lermille, der Bajazzo."

„Gott, mein Gott! Sie haben Dich verwundet. Sie wollten Dich tödten!"

Sie griff nach dem Messer.

„Nein," sagte er mit abwehrender Geberde. „Hier habe ich — oh, sie ist fort!"

Er hatte nach der Stelle gefühlt, an welcher sich die Brieftasche befunden hatte.

„Was? Was ist fort?"

„Das Geld. Sie haben — mich beraubt."

„Mein Heiland! Hilf Himmel, ich vergesse die Hauptsache; ich muß fort, um Hilfe zu holen!"

Sie fuhr empor, um fortzueilen. Er aber hielt sie durch einen Wink zurück.

„Warte, warte," erklang es stöhnend. „Ich muß, muß, muß Dir — —"

Einige Tropfen Blutes quollen zwischen seinen Lippen hervor. Sie sah es und schrie laut auf.

„Ag— — nes!" röchelte er. Komm — höre mich!"

Sie merkte, daß er ihr Etwas sagen wolle. Sie nahm alle ihre Kraft zusammen, um nicht niederzustürzen. Sie kniete sich neben ihm hin und fragte:

„Was willst Du? Sage es!"

„Ich — — ich heiße — nicht — — nicht Lemartel."

„Wie denn?" fragte sie schluchzend.

„Henry — — o — mein — mein Gott! Daheim in — Paris — Geldschrank — Papier lesen — —"

Er hatte das mit fürchterlicher Anstrengung hervorgestoßen, dann sank sein Kopf nach hinten. Ihre Angst erreichte den höchsten Grad. Sie raffte sich auf, stürzte nach der Thür, riß diese auf und schwankte hinaus.

„Hilfe! Mörder!" schrie sie auf.

Dann brach sie zusammen.

Ihr Ruf wurde gehört. Die Bedienung eilte herbei. Eine Minute später hatte die Schreckenskunde von dem Geschehenen sich durch das ganze Hotel verbreitet. Alles eilte herbei. Unter diesen Leuten befand sich auch ein Militärarzt. Er untersuchte Agnes und sagte:

„Sie ist nur ohnmächtig. Schafft sie fort und sorgt für sie. Sie darf vorerst die Leiche nicht zu sehen bekommen."

Diesem Befehle wurde sofort Folge geleistet. Dann trat er in das Zimmer und untersuchte auch Lemartel. Seine Miene verkündete kein freudiges Ergebniß. Dieses Letztere lautete:

„Er ist noch nicht todt. Die Klinge ist in der Nähe des Herzens eingedrungen. Sobald das Messer herausgezogen wird, muß sich ein Blutstrom ergießen, und er stirbt" —

Die beiden Mörder waren unangefochten aus dem Hotel entkommen. Sie mußten zu dem Juden, machten aber einen Umweg, um etwaige Nachforschung irre zu leiten.

Sie begaben sich zunächst nach dem Gouvernementsplatz, dann am Artillerie-Train vorüber nach der Straße, welche sich in der Richtung der Civil- und Militärintendanz theilt. Sie ließen die Erstere zu ihrer Rechten und schritten auf die Letztere zu. Dort angekommen, bemerkten sie eine ungewöhnliche Volksmenge stehen, welche laute freudige, ja begeisterte Ausrufe hören ließ.

„Hurrah, hurrah! Es lebe der Kaiser! Nieder mit Deutschland. Rache für Sadowa! Nieder mit Bismarck."

Diese Rufe veranlaßten sie, stehen zu bleiben.

„Was giebt's? Was ist geschehen?" fragte der Bajazzo einen der Rufer.

„Das wissen Sie noch nicht?" antwortete dieser.

„Nein, sonst würde ich nicht fragen."

„Ah, ja. Die Depesche ist ja erst vor Minuten gekommen. Der Kaiser hat Preußen den Krieg erklärt. Die algerischen Regimenter werden marschiren. Alle, Zouaven und Turko's müssen fort!"

„Ist das wahr?"

„Ja, ja; Sie hören es doch!"

Der Bajazzo wollte noch weiter fragen; aber Vater Main nahm ihn beim Arme und zog ihn fort.

„Dummkopf!" raunte er ihm zu. Wir dürfen uns doch nicht sehen lassen!"

Sie gingen weiter, vorsichtig die hell erleuchteten Stellen der Straße vermeidend.

„Krieg, Krieg!" sagte der Bajazzo. „Weißt Du, was das bedeutet?"

„Daß Preußen fürchterliche Prügel bekommt."

„Ich meine, was es in Beziehung auf uns bedeutet!"

„Auf uns? Hm! Ja! Man wird aufgeregt sein. Man ist nur mit dem Kriege beschäftigt. Man hat keine Zeit, auf uns zu achten. Ich glaube, wir können es wagen, nach Paris zu gehen."

„Ja, das meine ich."

„Ich kann holen, was ich dort versteckt habe. Aber daran können wir ja später denken. Komm nur!"

Sie erreichten glücklich die Wohnung des Juden und wurden von dessen Frau anstandslos eingelassen.

„Nun," fragte der Alte, „habt Ihr Geld erhalten?"

„Ja," antwortete Vater Main.

„Genug?"

„Hm, übrig bleibt uns freilich kaum Etwas."

„Ist auch nicht nöthig?"

„Wie steht es mit den Legitimationen?"

„Sie sind beschafft. Hier, lest!"

Er gab ihnen einige Documente, welche sie sogleich prüften. Dabei befanden sich zwei Pässe, welche ihr ganz genaues Signalement enthielten.

„Sapperment, ist das schnell gegangen!" sagte Vater Main.

„Seid Ihr zufrieden?"

„Ja; sie sind vortrefflich."

„Ich hoffe, daß Euer Geld ebenso gut ist."

„Natürlich. An wen haben wir die Ueberfahrt zu zahlen?"

„An mich."

Sie handelten sich einige Kleidungsstücke ein und bezahlten dann den Juden. Dieser steckte schmunzelnd das Geld in seinen Schrank und sagte:

„Jetzt seht Ihr ein, daß ich es gut mit Euch gemeint habe. Macht Euch nun fertig, die Stadt zu verlassen!"

Es zeigte sich genau so, wie er gesagt hatte: Am Bab el Oued lehnte der Posten am Schilderhause und schien zu schlafen. Sie gelangten unangefochten aus der Stadt.

Als sie dann später die Spitze Pescade erreichten, stieß der Jude einen leisen Pfiff aus. Gleich darauf hörten sie Schritte. Ein Mann tauchte aus dem nächtlichen Dunkel vor ihnen auf.

„Wo ist der Capitän?" fragte der Jude.

„Dort im Boote."

„Steht Alles gut?"

„Alles. Folgen Sie mir!"

Eine halbe Stunde später kehrte der Jude ganz allein nach der Stadt zurück.

———

Die seit längerer Zeit zwischen Frankreich und Preußen herrschende Spannung hatte sich bis zur Unerträglichkeit gesteigert. Es war anzunehmen gewesen, daß die auf künstliche Weise angesammelte Electricität sich mit einem fürchterlichen Schlage entladen werde, und das war nun geschehen.

Napoleon war es gewesen, der diese Entladung herbeigeführt hatte. Um seinem wankenden Throne einen neuen Halt zu geben, mußte er sein unzufriedenes Volk beschäftigen. Er mußte seinen Flitterthron mit neuer Gloire schmücken, und so zwang er den Krieg herbei. Er wußte sehr genau, daß er va banque spielte; aber er glaubte an sein Glück und beging das ungeheure Wagniß.

„Brusquez le Roi!" hatte er seinem Vertreter Benedetti nach Bad Ems telegraphirt.

Das heißt in gutem Deutsch: „Schnauzen Sie den König an!" Benedetti gehorchte diesem Befehle, drängte sich auf der Promenade an König Wilhelm und „schnauzte ihn an". Er erhielt die verdiente Zurechtweisung, und die Folge davon war Frankreichs Kriegserklärung.

Nun bemächtigte sich ein wahres Fieber des französischen Volkes, ein Fieber, welches seinen Höhepunkt natürlich in der Hauptstadt, in Paris, erreichte. Diese war ein einziges großes Waffenlager. Wehe dem Deutschen, der sich auf der Straße blicken ließ.

In dem bekannten Hause der Rue Richelieu wurde die

Glocke der ersten Etage gezogen. Die Wirthin selbst war es, welche öffnete.

„Monsieur Belmonte!" sagte sie, erfreut die Hände zusammenschlagend. „Endlich! Treten Sie ein!"

Sie zog ihn in den Vorsaal und dann in das Zimmer und begrüßte ihn in einer Weise, aus welcher er merkte, daß er ihr höchst willkommen sei.

„Also ist Martin, mein Diener, bereits hier gewesen?" erkundigte er sich.

„Ja, bereits vorgestern. Er meldete mir Ihre Ankunft, und ich freute mich sehr, Sie wieder bei mir zu haben."

„Lange wird dies freilich nicht währen."

„Nicht? Wie schade!"

„Daran ist diese Kriegserklärung schuld."

„Ja, dieser Krieg! Man wird dem Könige von Preußen zeigen, welche Dummheit er begangen hat!"

„Ja, eine Dummheit ist begangen worden, eine sehr große!"

„Müssen auch Sie eintreffen?"

„Ja."

„Und mit in's Feld?"

„Freilich."

„So gebe Gott, daß Sie gesund wiederkommen!"

„Ich danke, Madame! Also ich darf mein früheres Logis für die kurze Zeit, die mir erlaubt ist, wieder beziehen?"

„Natürlich, natürlich!"

„Hat Martin Ihnen gesagt, wo er wohnt?"

„Ja wohl! Denken Sie sich, daß er anderwärts logiren wollte! Ich habe das natürlich nicht zugegeben."

„So wohnt er bei Ihnen?"

„Das versteht sich ja ganz von selbst!"

„Und wo befindet er sich jetzt?"

„Eben in Ihrer Wohnung. Er hat Ihren Koffer mitgebracht und Alles ausgepackt. Sie werden das Logis ganz genau so finden, wie Sie es verlassen haben. Kommen Sie!"

Sie führte ihn in die betreffenden Zimmer, wo er von dem braven Martin freudig empfangen wurde. Als sie sich entfernt hatte und Herr und Diener nun allein waren, sagte der Erstere:

„Nun, hast Du Neues?"

„Genug! Eine ganze Menge von Notizen."

„Ich auch. Meine Ernte ist sehr reichlich."

„Wie lange bleiben wir hier?"

„Wohl kaum länger als bis morgen. Das Terrain wird zu gefährlich. Wir arbeiten diese Nacht, und dann können wir aufbrechen."

„Schön! Ich hoffe, daß wir recht bald wiederkommen, und zwar nicht als Weinhändler. Aber, mein sehr vorzüglicher Monsieur Belmonte, wissen Sie, was ich für eine Entdeckung gemacht habe?"

„Nun?"

„Eine höchst, höchst wichtige!"

„So laß hören!"

„Vater Main —"

„Was Teufel! Ist's wahr?"

„Ja."

„Hast Du ihn gesehen?"

„Ich hoffe es."

„Du hoffst es? Das klingt freilich sehr ungewiß."

„Hm! Er war sehr gut verkleidet, fast noch besser als ich selbst; aber seine Stimme war es ganz genau."

„Wenn hast Du ihn gesehen?"

„Heute früh."

„Wo?"

„Auf dem Versailler Bahnhof. Ich lungerte dort herum, als der Zug anlangte. Unter den ausgestiegenen Passagieren waren Zwei, welche hart an mir vorüberstrichen. Sie sprachen miteinander, und der Kukuk soll mich reiten, wenn ich den Einen nicht an der Stimme erkannte."

„Eben Vater Main?"

„Ja."

„Und der Andere?"

„Ich weiß nicht, wohin ich ihn thun soll; aber seine Haltung und sein Gang schienen mir bekannt zu sein. Es läßt sich vermuthen, daß auch er verkleidet war."

„Wohin gingen sie?"

„Sie schlugen die für uns glücklichste Richtung ein, welche es nur geben kann, nämlich nach dieser Straße."

„Ah! Bist Du ihnen gefolgt?"

„Natürlich. Sie gingen, denken Sie sich den Zufall, in das uns hier gegenüberliegende Haus."

„Und Du ihnen nach?"

„Ja, freilich nur bis in den Hof, um zu sehen, wo sie verschwinden würden."

„Nun?"

„Da drüben im Hinterhause, parterre, giebt es eine sogenannte Destillation. Man destillirt aber nicht, sondern man verschänkt nur — Schnaps natürlich. Da hinein gingen sie. Ich habe mich dann hier an das Fenster gestellt und aufgepaßt. Sie sind noch nicht wieder heraus."

„Sapperment! Warum bist Du nicht auch hinein?"

„Konnte ich? Man müßte sich verkleiden."

„Nun, so sehe ich mich genöthigt, das Versäumte nachzuholen. Ich muß wissen, wer der Andere ist."

„Hm! Eine Ahnung habe ich freilich!"

„Welche?"

„Der Gang war ganz derjenige, den ich an jenem Harlekin beobachtet habe, der bei Vater Main verkehrte."

„Alle Teufel! Meinst Du den Bajazzo Lermille?"

„Ja."

„Wenn Du Dich nicht irrtest! Das wäre ein Fang!"

„Vater Main ein noch viel größerer. Er war es ja, der Fräulein von Latreau einsperrte. Der Bajazzo war da wohl nicht dabei."

„Aber er ist mir in anderer Beziehung wichtig. Hast Du die Schminke und alles Andere da?"

„Alles."

„So will ich mir sofort ein anderes Gesicht machen. Ich muß hinüber; ich muß wissen, woran ich bin."

Martin öffnete einen Doppelboden des Koffers, unter welchem sich allerlei Heimlichkeiten befanden, von denen er das Nöthige auszuwählen begann. Plötzlich hielt er in dieser Beschäftigung inne, schnippte mit dem Finger und sagte:

„Sapperlot, kommt mir da ein Gedanke!"

„Ein guter?"

„Ich hoffe es."

„Laß hören!"

„Wollen Sie Vater Main arretiren lassen?"

„Natürlich."

„Dann kommen Sie mit der Polizei in Berührung, und das müssen wir jetzt vermeiden."

„Meine Papiere sind ausgezeichnet!"

„Ja, aber besser ist besser. Wissen Sie, wer am Meisten darauf brennt, ihn zu fangen?"

„Nun?"

„Der General von Latreau."

„Natürlich. Wie aber kommst Du auf diesen? Steht seine Person mit Deinem plötzlichen Einfalle in Beziehung?"

„Ja. Wie wäre es, wenn wir diesen braven Vater Main dem General nach Schloß Malineau schickten?"

„Pah? Er würde sich hüten, hinzugehen."

„Oder wir selbst bringen ihn hin."

„Wie wollen wir das anfangen?"

„O, es ist nicht sehr schwer. Ich denke mir, daß Vater Main nur für kurze Zeit hier sein wird. Vielleicht hat er eine Kleinigkeit hier zu thun. Jedenfalls aber darf er sich nicht sehen lassen. Ihm ist ein Asyl nothwendig, wo man ihn nicht kennt. Wie nun, wenn ihm dies in Malineau scheinbar geboten würde?"

„Hm! Dieser Gedanke hat allerdings Etwas für sich. Wollen sehen. Ich muß erst recognosciren, ehe ich einen Entschluß fassen kann. Freilich, wenn der Andere wirklich der Bajazzo wäre, so könnte man den Beiden gar keine bessere Falle stellen, als die ist, die Du meinst. Vor allen Dingen will ich Toilette machen."

Mit Hilfe Martins war er in kurzer Zeit so verwandelt, daß ihn kein Mensch erkennen konnte. Der Diener mußte dafür sorgen, daß er während des Fortgehens nicht von der Wirthin bemerkt wurde; dann verließ er das Logis.

Er schritt über die Straße hinüber, trat in das gegenüber liegende Haus und ging in den Hof desselben. Er bemerkte, daß die angegebene Destillation eine ganz gewöhnliche Spelunke sei, ein Umstand, mit welchem er sehr zufrieden war. Er trat ein und befand sich in einem nicht sehr großen, aber desto niedrigeren Raume, in welchem es fast unausstehlich nach Schnaps und schlechtem Tabak roch.

An einem schmutzigen Tische saßen zwei Männer, in denen er die Betreffenden vermuthete. Sie hatten eine Flasche Branntwein und zwei Gläser vor sich stehen. Sonst befand sich Niemand da.

Er grüßte und setzte sich an den Nebentisch. Sie dankten mürrisch und schienen sich nicht weiter um ihn bekümmern zu wollen. Nachdem er eine Weile gewartet hatte, fragte er:

„Messieurs, ist vielleicht Einer von ihnen der Wirth?"

„Nein," antwortete Vater Main.

„Wo ist er denn?"

„Da draußen."

Er deutete nach einer dem Eingange entgegengesetzten Thür. Belmonte klopfte an dieselbe, und nun trat der Wirth ein, von welchem er einen Schnaps verlangte. Er erhielt denselben, und dabei fragte der Wirth:

„Sie sind fremd in dieser Straße?"

„Ja."

„Dachte es. Wenigstens waren Sie noch nicht bei mir?"

„Ich bin überhaupt fremd in der Residenz. Ich war noch nie in Paris."

„Und kommen grad jetzt her! Das ist befremdlich."

„Wieso?"

„Nun, Sie sind doch wohl noch nicht über das Militärdienstalter hinaus, und jetzt hat jeder Kriegspflichtige an seinem Orte einzutreffen."

„Das ist sehr richtig. Aber grad deshalb komme ich nach Paris. Ich muß mit in's Feld, und daheim mangelt es an Ersatz. Den will ich hier suchen."

„Ah so! Na, da suchen Sie."

Er entfernte sich wieder, und Belmonte gab sich Mühe, einen Schluck des miserablen Getränkes hinunter zu würgen.

Die beiden Anderen musterten ihn mit prüfendem Blicke, dann fragte Vater Main:

„Darf man wissen, woher Sie sind?"

„Seitwärts von Metz. Es ist das eine verdammte Geschichte."

„Was?"

„Mein Vater ist nämlich Schloßbeschließer und zugleich Oeconomieverwalter. In Folge des Krieges werden fast alle unsere Leute eingezogen, und sie fehlen daheim. In der Gegend giebt es keinen Ersatz, und so schickte mich der Vater nach Paris. Ich habe nur einen einzigen Menschen gefunden, der sich engagiren ließ, nun aber brauche ich drei. Kein Mensch will mit, obgleich die Stellen sehr gute sind."

„Was sind es für welche?"

„Die Stelle eines Forstwartes und seines Gehilfen."

„Da sind doch wohl Forstkenntnisse erforderlich?"

„O nein. Die Beiden haben nur darauf zu sehen, daß nichts gestohlen wird."

„Hm! Wann sind diese Stellen zu besetzen?"

„Sofort."

„Welche Empfehlungen werden verlangt?"

„Empfehlungen? Mein Gott, wozu Empfehlungen?"

„Aber Sie können doch nicht den Ersten Besten engagiren!"

„Man muß dies leider. Es ist Niemand zu bekommen."

Es entstand eine Pause. Belmonte griff nach einem Zeitungsblatte und las. Die beiden Anderen sprachen leise mit einander. Vater Main flüsterte leise:

„Du, Bajazzo, was sagst Du dazu?"

„Hm! Nicht übel!"

„Forstwart, man steckt im Walde; kein Mensch hat sich um Einen zu bekümmern. Man könnte da Gras über die Geschichte wachsen lassen. Nicht?"

„Freilich!"

„Zudem sieht dieser Kerl sehr dumm aus. Wenn sein Vater nicht gescheidter ist, so sind wir geborgen. Soll ich mit ihm reden?"

„Meinetwegen. Aber wir müssen doch vorher erst unseren Plan zur Ausführung bringen."

„Natürlich. Dazu genügt der heutige Abend. Mein früheres Haus steht leer. Sobald es dunkel ist, können wir unbemerkt hinein. In einer halben Stunde ist die Sache gemacht. Dann sind wir in Paris fertig."

„Ist's auch wirklich wahr mit dem Löwenzahn?"

„Ja, ich habe ihn noch. Er ist bei den anderen Sachen."

„Wollen wir damit zum Grafen Lemarch?"

„Das ist noch zu überlegen. Ich halte es für gefährlich, verheimliche mir aber nicht, daß wir ihm ein hübsches Sümmchen abnehmen könnten."

„Das wäre nicht nothwendig, wenn diese verdammte Polizei nicht die Nummern der Kassenscheine, die der Lumpenkönig bei sich hatte, veröffentlicht hätte."

„Wir konnten nicht wissen, daß er sie kurz vorher vom Bankier geholt hatte, der dann dummer Weise das Verzeichniß einschickte. Wenn wir an den Grafen wollten, so müßtest Du gehen. Ich darf mich nicht sehen lassen."

So unterhielten sie sich noch ein Weilchen flüsternd, dann wendete sich Vater Main an Belmonte:

„Würden Sie sich wohl ein Wenig zu uns hersetzen?"

„Warum?" fragte er scheinbar gleichgiltig.

„Wir möchten in Ihrer Angelegenheit mit Ihnen sprechen."

„Ach so."

Er setzte sich hin und erkundigte sich:

„Wissen Sie vielleicht eine geeignete Persönlichkeit?"

„Ja, zwei sogar."

„Ach! Das wäre mir lieb. Wer sind diese Beiden?"

„Wir selbst."

„Ah, Sie? Hm! Da darf ich wohl fragen, wer Sie sind?"

„Ja. Hier ist mein Paß."

„Und hier der meinige."

Er nahm die beiden Pässe in Empfang und prüfte sie. Er schien sehr befriedigt zu sein, denn er nickte einige Male mit dem Kopfe und sagte dann:

„Schön, schön! Nur muß ich Ihnen sagen, daß ich nicht die Macht habe, den Gehalt zu bestimmen. Das ist meines Vaters Sache."

„O, das hat ganz und gar keine Eile!"

„Also Sie haben Lust?"

„Ja."

„Wann können Sie antreten?"

„Baldigst. Wann wollen Sie zurück?"

„Sobald ich eben die betreffenden Drei engagirt habe. Einen habe ich; nun Sie Zwei, da bin ich eigentlich fertig."

„Wir haben aber heute noch eine kleine Angelegenheit in Ordnung zu bringen."

„Gut, so warte ich."

„Morgen können wir jedenfalls mit. Vielleicht macht es sich auch, daß wir bereits mit dem Nachtzuge aufbrechen könnten. Wo logiren Sie?"

„Gar nicht. Ich kann bleiben, wo es mir beliebt."

„Schön! Wollen wir uns heut Abend hier treffen?"

„Gut. Wann?"

„Es wird spät werden. Vielleicht elf Uhr?"

„Ich werde mich einstellen."

„So sind wir also einig. Dürfen wir fragen, wie Ihre Heimath heißt?"

„Schloß Malineau bei Etain."

Vater Main mußte eine Bewegung der Ueberraschung unterdrücken. Er fragte:

„Wem gehört dies?"

„Dem Baron von Courcy."

„Ich denke, es ist Eigenthum des Generals Latreau!"

„Das war es. Er hat es verkauft."

„Ach so. Die Herrschaft wohnt dort?"

„Nein. Nur wir wohnen da. Es ist sehr einsam, aber schön. Es wird Ihnen gefallen."

Er verließ das Local eher als sie. Es gelang ihm, unbemerkt in sein Logis zu gelangen. Martin hatte am Fenster gestanden und seine Rückkehr beobachtet.

„Sie waren noch drüben?" fragte er.

„Ja."

„Nicht wahr, es war Vater Main?"

„Ja."

„Und der Andere?"

„War der Bajazzo."

„Sapperment! Haben Sie mit ihnen gesprochen?"

„Nicht nur gesprochen; ich habe sie sogar engagirt."

„Engagirt? Wieso?"

„Als Forstbedienstete."

„Etwa in Schloß Malineau?"

„Ja."

„Alle Wetter! Sie werden hinreisen?"

„Wir Beide und sie Beide."

Er erzählte seine Unterredung, die er mit den zwei Verbrechern gehabt hatte, und fügte hinzu:

„Du bist also auch engagirt und zwar — na, als was denn wohl? Was denkst Du?"

„Gärtnergehilfe."

„Gut. Nun aber muß ich einen Brief nach Malineau schreiben."

„An den General?"

„Nein, sondern an Monsieur Malec blos. Ich habe meine Absicht, dem General vorher nichts wissen zu lassen. Bleibe hier am Fenster und beobachte das Haus da drüben. Der Abend wird bald hereinbrechen; dann stellen wir uns Beide auf die Lauer."

Er schrieb den Brief, welchen Martin dann zur Post besorgte; dann begaben sich Beide auf die Straße. Sie sagten sich, daß Vater Main und der Bajazzo jetzt wohl mit einander ausgehen würden.

Sie hatten noch nicht lange gewartet, so sahen sie, daß sie sich nicht getäuscht hatten. Die beiden Erwarteten traten aus dem Thore und schritten langsam die Straße hinab.

„Wir gehen Ihnen nach," sagte Belmonte. „Aber wir theilen uns; Du drüben und ich hüben. Sie dürfen uns nicht bemerken."

Sie trennten sich und bemerkten nach einiger Zeit zu ihrem Erstaunen, daß sich die verkappten Flüchtlinge nach der Straße begaben, in welcher die frühere Restauration von Vater Main lag.

Dort angekommen, blieb der Bajazzo auf der Straße stehen, jedenfalls um Wache zu halten. Der Schänkwirth aber schlüpfte, nachdem er sich vorsichtig umgesehen hatte, in den Eingang, an welchem es jetzt nicht einmal eine Thür gab. Das Haus schien als Ruine betrachtet zu werden.

Nach ungefähr einer halben Stunde kehrte er zurück und entfernte sich mit dem Bajazzo. Die beiden Verfolger blieben in angemessener Entfernung hinter ihnen.

Der Weg ging einer besseren Gegend zu, bis endlich die Beiden einige Augenblicke vor einem palastähnlichen Gebäude stehen blieben. Der Bajazzo trat dort ein, und

Vater Main zog sich nach der gegenüberliegenden Straßenseite zurück.

„Was mag der Kerl in diesem Hause wollen?" fragte Martin.

„Das möchte auch ich wissen. Ohne guten Grund wagt sich ein solcher Mensch nicht in ein Palais. Ich muß erfahren wem es gehört."

„Später im Vorbeigehen."

„An ein Vorbeigehen dürfen wir nicht denken. Ich vermuthe, daß die Beiden nun wieder umkehren werden, um nach der Destillation zu gehen, in welcher sie mich erwarten. Sie müssen also, wenn wir hinter ihnen gehen wollen, erst an uns vorüber."

„So ist es jedenfalls besser, wir gehen vor ihnen her."

„Nein. Wir müssen zurückbleiben, um zu erfahren, wem das Palais gehört. Da, dieser Hausflur ist nicht erleuchtet. Treten wir ein."

„Aber wenn Jemand kommt und uns fragt, was wir hier wollen?"

„Hoffentlich glaubst Du nicht, daß ich um eine Antwort verlegen sein werde."

Sie huschten in den dunklen Flur des Hauses, an welchem sie gestanden hatten, und beobachten von da aus den Eingang des Palais, in welchem der Bajazzo verschwunden war.

Sie hatten noch nicht längst da Platz genommen, so hörten sie nahende leise Schritte.

„Zurück!" flüsterte Belmonte seinem Diener zu.

Sie hatten kaum Zeit, einige Schritte tiefer in den Flur zu treten, so huschte Vater — Main hinein. Er schien seinen Cumpan hier erwarten zu wollen. Natürlich nahmen sich nun die Beiden in Acht, nicht das geringste Geräusch hören zu lassen.

Als der Bajazzo drüben eingetreten war, hatte ihn ein Diener gefragt, was er hier zu suchen habe.

„Hier wohnt der Graf de Lemarch?" erkundigte er sich.

„Ja."

„Ist dieser Herr zu Hause?"

„Ja. Für Sie aber wohl schwerlich."

„Vielleicht doch. Ich habe mit ihm zu sprechen."

Der Diener musterte ihn mit einem geringschätzenden Blicke und meinte:

„Ich gebe Ihnen aber doch den Rath, lieber zu verzichten."

„Und ich rathe meinerseits Ihnen, abzuwarten, was der gnädige Herr beschließen wird."

„Hm! Ist's denn wichtig?"

„Allerdings."

„Nun, diese Angelegenheit gehört nicht in mein Ressort. Gehen Sie eine Treppe hoch in das Anmeldezimmer!"

Dort erging es dem Bajazzo ebenso. Der Kammerdiener glaubte, ihn abweisen zu müssen. Er ging aber nicht und sagte endlich:

„Melden Sie, daß ich den gnädigen Herrn in Beziehung auf den Herrn Rittmeister zu sprechen habe!"

„Sie meinen den jungen Herrn?"

„Ja."

„Sonderbar! Wie ist Ihr Name?"

„Den werde ich dem Grafen selbst nennen."

Der Diener zuckte die Achsel, verschwand aber doch in der nächsten Thür. Dort befand sich das Rauchzimmer, und da saß — — eben der junge Graf, welcher als Maler Heller in Berlin gewesen war.

„Was giebt es?" fragte er den Kammerdiener.

„Ein fremder Mensch wünscht den gnädigen Herrn zu sprechen."

„Meinen Vater?"

„Ja."

„Vater hat keine Zeit. Er ist in der Bibliothek beschäftigt."

„Die Person beharrt aber auf der Bitte."

„Was will er?"

„Er behauptet, wegen Ihnen zu kommen."

„Wegen mir? Hm! Wer ist der Mann?"

„Er will seinen Namen nur dem gnädigen Herrn nennen."

„Alle Wetter! Das klingt ja recht geheimnißvoll! Warte, ich werde ihn selbst empfangen. Er soll kommen!"

Der Diener öffnete, und der Bajazzo trat ein. Er hatte erwartet, den alten Grafen zu sehen; als er anstatt dessen den Chef d' Escadron erblickte, befiel ihn eine Verlegenheit, welche er vor Lemarch nicht zu verbergen vermochte. Dieser bemerkte es und fragte in einem hörbar mißtrauischen Tone:

„Was wollen Sie?"

„Ich bitte, den gnädigen Herrn Vater sprechen zu dürfen!"

„Er hat keine Zeit. Sagen Sie mir, was Sie zu sagen haben!"

„Das geht nicht an."

„Warum nicht? Sie kommen meinethalben, wie ich gehört habe. So kann ich auch verlangen, zu erfahren, was Sie wollen. Also reden Sie!"

„Es geht wirklich nicht. Wenn der gnädige Herr nicht zu sprechen ist, so werde ich mir gestatten, ein anderes Mal wieder zu kommen."

Er machte eine Bewegung, sich zu entfernen.

„Halt!" sagte der Rittmeister. „Sie bleiben! Sie kommen mir verdächtig vor. Sie verschweigen Ihren Namen. Sie wollen mit Vater über mich sprechen, und zwar über einen Gegenstand, den ich nicht erfahren soll. Ich befehle Ihnen, Ihr Anliegen vorzubringen!"

„Es ist unmöglich!"

„Ah, das kennen wir! Ich werde nach Polizei senden!"

Er that einen Schritt nach dem Tische, auf welchem die Klingel lag. Da bemächtigte sich des Bajazzo's eine ungeheure Angst. Mit der Polizei durfte er auf keinen Fall zusammenkommen. Daher sagte er schnell in bittendem Tone:

„Verzeihung! Wenn ich lieber schweigen möchte, thue ich das nur um Ihretwillen."

„So so! Warum!"

„Weil ich nicht weiß, ob Sie davon wissen oder nicht!"

„Wovon?"

„Daß Sie nicht der Sohn des Grafen Lemarch sind!"

Da trat der Rittmeister einen Schritt zurück und sagte, indem sein Gesicht das größte Erstaunen ausdrückte:

„Ich nicht sein Sohn? Mann, sind Sie bei Sinnen?"

„Es ist so, wie ich sage."

„Daß ich nicht der Sohn des Grafen bin?"

33.

34.

„Ja."

„Ich habe wirklich große Lust, Sie als einen entsprungenen Tollhäusler festnehmen zu lassen!"

„Sie werden das nicht thun. Ich wollte Ihnen nichts mittheilen. Nun Sie mich aber gezwungen haben, bitte ich Sie, den gnädigen Herrn rufen zu lassen. Er wird bestätigen, was ich gesagt habe."

Der Rittmeister betrachtete den Sprecher mit weit geöffneten Augen. Dann sagte er:

„Sie sprechen wirklich im Ernste?"

„Ja."

„Wer sind Sie?"

„Ich bin ein armer Teufel, ein Tischler, und heiße Merlin."

Das war wieder ein falscher Name, den er sich gab.

„Gut! Kommen Sie!"

Bei diesen in entschlossenem Tone gesprochenen Worten faßte ihn der Rittmeister beim Arme, schob ihn durch eine Thür und dann durch eine zweite, worauf sie sich in der Bibliothek befanden. Dort saß der Graf am Studiertische; er sah auf und richtete einen erstaunt fragenden Blick auf seinen Sohn.

„Pardon, Vater, daß ich störe!" sagte dieser. „Ist Dir vielleicht dieser Mann bekannt?"

Der Angeredete stand von seinem Stuhle auf, betrachtete den Bajazzo und antwortete:

„Nein. Ich habe ihn nie gesehen, wenigstens nie bemerkt."

„Er scheint verrückt zu sein; er behauptet, daß ich nicht Dein Sohn bin."

Der Graf wechselte die Farbe, faßte sich aber schnell und sagte achselzuckend:

„Dann ist er allerdings geistig gestört. Laß ihn gehen."

Er hatte in dieser Angelegenheit einen einzigen Vertrauten, nämlich Vater Main. Da dieser flüchtig war und nicht wiederkehren konnte, fühlte er sich seiner Sache sicher. Aber der Bajazzo meinte:

„Bitte, Erlaucht, mir zu glauben, daß ich im vollen Besitze meiner Sinne bin. Ja, Sie hatten einen Sohn. Er starb. Ihre Frau Gemahlin war so schwach, so kränklich; sie durfte den Tod des Kindes nicht erfahren. Um sie am Leben zu erhalten, thaten Sie einen für Sie schweren Schritt. Sie verheimlichten ihr den Tod Ihres Sohnes und adoptirten einen anderen Knaben von demselben Alter. Dies war nur dadurch ermöglicht, daß Ihre Frau Gemahlin sich wegen ihrer leidenden Gesundheit für längere Zeit außer Landes befand."

„Wer hat Ihnen dieses Märchen aufgebunden?"

Seine Stimme klang bei diesen Worten eigenthümlich belegt. Er mußte sich alle Mühe geben, gleichgiltig zu erscheinen.

„Es ist kein Märchen!"

„Was sonst?"

„Die Wahrheit. Sie gaben damals Ihrem Kammerdiener den Auftrag, nach einem geeigneten Kinde zu suchen"

„Was Sie sagen!"

„Sie schenkten diesem Manne Vertrauen. Später tauschte er es! Sie jagten ihn fort. Er wurde nachher unter dem Namen Vater Main bekannt und berüchtigt."

„Alle Teufel! Woher haben Sie diese Geschichte?"

„Vom Vater Main."

„Der Schurke lügt!"

„O, nein, denn ich bin es, der ihm damals den Knaben lieferte, gnädiger Herr."

„Sie? Sie —!"

„Ja."

Er nannte das Jahr, den Monat und den Tag ganz genau. Das war dem Grafen zu viel. Er griff sich an den Kopf. Er wußte nicht, was er sagen solle.

„Vater," sagte der Rittmeister; „beweise diesem Manne, daß er sich irrt!"

Der Graf wendete sich ab. Er kämpfte mit sich selbst. Dann kehrte er sich wieder zu dem Bajazzo und befahl ihm:

„Treten Sie in das vorige Zimmer zurück, und warten Sie, bis ich Sie rufe!"

Der Bajazzo gehorchte. Vater und Sohn standen sich gegenüber; Einer so erregt wie der Andere.

„Vater, wie ist's? Er lügt! Er sagt die Unwahrheit!"

Der Graf schüttelte leise den Kopf und antwortete in gedämpftem Tone:

„Es kommt so plötzlich über mich. Ich kann nicht widerstreben. Bernard, er sagt die Wahrheit."

Da lehnte sich der Offizier an den Tisch. Er hielt sich an demselben fest. Er zitterte.

„Mein Gott!" stöhnte er. „Ich nicht — Dein — Sohn! Ich — ich — — o, mein Heiland!"

Da aber trat der Graf zu ihm, nahm seine beiden Hände und sagte in zärtlichem Tone:

„O doch, Du bist mein Sohn; Du bist und bleibst mein Kind. Du solltest nie erfahren, daß Du von anderen Eltern seiest. Nun aber dieser Mann gekommen ist, war es mir unmöglich, es zu verschweigen. Komm, setze Dich nieder!"

Er zog ihn in einen Sessel nieder, nahm selbst auch Platz und erklärte ihm sodann:

„Es ist allerdings so, wie er sagte: Die Gräfin war durch die Geburt unseres einzigen Kindes außerordentlich angegriffen. Ihre Nerven litten; ihre Brust wurde krank. Sie mußte den Knaben mir überlassen, um ein anderes Klima aufzusuchen. Meine damaligen amtlichen Pflichten erlaubten mir nicht, sie zu begleiten. Da starb der Knabe. Ich wußte, daß sie seinen Tod nicht überleben werde. Ich mußte die Geliebte retten. Ich gab dem Diener Auftrag, mir einen andern Knaben zu suchen."

Der Rittmeister hörte diese Worte wie im Traume, wie von Weitem.

„Und dieser andere Knabe war ich?" fragte er.

„Ja."

„Wer waren meine Eltern?"

„Arme Schuhmachersleute. Sie gaben Dich sehr gern her und erhielten von mir eine Entschädigung."

„O Gott, o Gott!"

„Fasse Dich! Was Du hörst, ist ja kein Unglück, sondern vielmehr ein Glück."

„Verkauft haben sie mich, verkauft!"

„Sie waren arm. Sie wußten, daß Dir dadurch ein Glück gegeben wurde, welches sie Dir nicht bieten konnten."

„Und doch kann ich den Gedanken nicht fassen, das

Kind anderer Eltern zu sein, nicht Dein — — ah, nicht Ihr — Ihr — — Ihr Sohn zu sein, Erlaucht."

„Unsinn, Unsinn! Was fällt Dir ein!" rief der Graf. „Es bleibt Alles, wie es war. Du bist mein Sohn, mein Erbe. Daran wird nichts geändert."

„Hast — — hast Du selbst mit meinen Eltern gesprochen?"

„Nein. Es ging Alles durch jenen Diener."

„So weißt Du nicht, ob sie noch leben?"

„Nein. Sie haben Dich vollständig abgetreten. Ich hatte nichts mehr mit ihnen zu schaffen."

Der Rittmeister stand auf und ging im Zimmer auf und ab. Seine Brust arbeitete. Endlich nach einer langen Weile blieb er vor dem Grafen stehen und fragte:

„Es soll wirklich so bleiben, wie es ist?"

„Natürlich, natürlich!"

„Dann bin ich Dir allerdings einen Dank schuldig, dessen Größe gar nicht zu ermessen ist. Vater, ich — — —!"

Er konnte nicht weiter sprechen. Thränen entquollen seinem Auge. Er schluchzte wie ein Kind. Der Graf nahm ihn in die Arme, drückte ihn an sich und sagte:

„Beruhige Dich, Bernard! Du bist mir stets ein guter Sohn gewesen. Du bist mir werth und theuer wie mein eigenes Kind. Wir bleiben die Alten!"

„Aber welche Absicht führt diesen Mann hierher? Er sagt, daß der Diener mich von ihm bekommen habe!"

„Wollen sehen. Ich werde mich erkundigen. Bist Du gefaßt genug, daß ich ihn rufen kann?"

„Rufe ihn!"

Der Graf öffnete die Thür und ließ den Bajazzo wieder eintreten. Er fragte ihn:

„Sie behaupten also, daß Main damals den Knaben von Ihnen bekommen habe?"

„Ja."

„Er sagte doch, das Kind von armen Schuhmachersleuten erhalten zu haben!"

„Er hat gelogen, um das Geld, welches Sie für die Eltern bestimmten, für sich zu behalten."

„Hm! Dann aber wären Sie wohl der Vater?"

„Nein. Der Knabe war ein Findelkind."

„Ah! So sind seine Eltern unbekannt?"

„Ja."

„Wer hat ihn gefunden?"

„Ich."

„Wo?"

„Im Walde. Ich befand mich damals auf der Wanderschaft. Ich wollte nach Paris. In den Ardennen fand ich im tiefen Schnee einen halb erfrorenen Knaben. Ich nahm ihn auf. Niemand wollte ihn mir wieder abnehmen. Ich behielt ihn bei mir und brachte ihn mit nach Paris. Da traf ich Ihren Diener. Er sah den Jungen. Er nahm ihn mit."

„Das wäre ja ein wunderbares Zusammentreffen der Umstände gewesen!"

„Allerdings wunderbar."

„Ist denn seitens der Behörde nicht nachgeforscht worden, wer die Eltern des Knaben sein könnten?"

„Nein. Ich verstand diese Sache nicht; ich kannte die Gesetze nicht. Ich hielt mich für berechtigt, das Kind als mein Eigenthum zu betrachten."

„Vielleicht wurde es ausgesetzt."

„Ich glaube doch eher, daß es verloren gegangen ist."

„Haben Sie eine Ursache, dies anzunehmen?"

„Ja. Einem Kinde, welches man aussetzt, nimmt man Alles, wodurch seine Abstammung verrathen werden könnte."

„Hatte dieser Knabe denn etwas Derartiges bei sich?"

„Ja."

„Was hatte er bei sich?"

„Einen Zahn."

„Einen Zahn? Hm! Sonderbar! Wohl in Fassung?"

„Ja."

„Ist dieser Zahn noch vorhanden?"

„Ich glaube, daß es noch möglich ist, ihn zu schaffen."

„Wirklich, wirklich?" fragte der Rittmeister schnell.

„Ja."

„Wer hat ihn?"

„Hm! Das möchte ich eigentlich nicht verrathen."

„Ich verstehe Sie. Es handelt sich um eine Belohnung."

Der Bajazzo ließ ein verlegenes Lächeln sehen und sagte:

„Herr Rittmeister, Sie wären damals erfroren, wenn ich mich nicht Ihrer angenommen hätte."

„Das mag wahr sein. Weiter!"

„Ich bin arm, sehr arm!"

„Gut! Ist also der Zahn noch da?" fragte der Graf.

„Ich will ihn schaffen, wenn der gnädige Herr bedenken wollen, daß ich jetzt in Noth bin."

Der Graf machte eine Bewegung der Ungeduld und fragte:

„Wie viel verlangen Sie?"

„Wie viel geben Sie?"

„Mann, das ist doch keine Sache, um welche man handeln und feilschen kann wie um einen Sack Kartoffeln. Sie haben den Knaben gefunden. Sie sind also jedenfalls selbst im Besitze dieses Zahnes. Geben Sie ihn heraus, und ich garantire Ihnen, daß Sie eine gute Belohnung erhalten werden."

„Geben Sie mir Ihr Wort?"

„Ja doch, ja!"

„Nun gut. Ich will Ihnen vertrauen. Hier ist er."

Er zog den Zahn nebst Kette hervor und gab ihn hin. Die beiden Anderen betrachteten den Gegenstand.

„Morbleau!" rief der Graf. „Eine Grafenkrone!"

„Wahrhaftig!" stimmte der Rittmeister bei. „Diesen Zahn habe ich an mir gehabt?"

„Ja, mit der Kette um den Hals."

„Warum haben Sie Beides damals nicht mit hergegeben?"

„Ich will aufrichtig sein. Ich dachte, später einmal zu einer Belohnung zu kommen."

„Mensch, da haben Sie einen großen Fehler begangen. Wo wohnen Sie?"

Der Gefragte gab ihm eine Wohnung an, wie sie ihm grad einfiel.

„Sind Sie bereit, zu beschwören, daß ich es bin, den Sie damals gefunden haben?"

„Ja."

„Und daß ich diesen Zahn an der Kette bei mir getragen habe?"

„Ja."

„Ich werde mir Ihre Wohnung notiren und mich zur

angegebenen Zeit an Sie wenden. Wie aber kommt es, daß Sie grad heute zu uns kommen?"

„Die Noth— — von der ich sprach."

„Gut," sagte der Graf. „Sie sollen nicht umsonst gekommen sein. Sie brauchen Geld?"

„Ja."

„Wie viel?"

„O, sehr viel!"

„Ungefähr?"

„Darüber habe ich noch gar nicht nachgedacht."

Der Graf blickte ihn scharf an und sagte dann:

„Ich verstehe. Sie wollen uns das Geheimniß verkaufen. Wir sollen dafür so viel bezahlen, wie der Werth desselben für uns ist. Habe ich es errathen?"

„Ja, gnädiger Herr."

Der Graf zog einen Kasten seines Schreibtisches auf, öffnete ein Päcktchen und zog eine Anzahl Banknoten hervor.

„Noch sind wir nicht Ihrer sicher," sagte er. „Wir müssen erst sehen, wie diese Angelegenheit sich entwickelt. Ich gebe Ihnen jetzt tausend Franks. Später, wenn wir Klarheit haben, belohnen wir Sie nach Verdienst."

Der Bajazzo bedankte sich und steckte die Noten ein.

„Haben Sie sonst noch eine Bemerkung?" fragte der Graf.

„Nein."

„So gehen Sie für heute. Wir werden Sie jedenfalls in allernächster Zeit aufsuchen."

Er ging. Als er die Straße erreichte, brummte er vor sich hin:

„Verdammtes Pech! Wäre der Sohn nicht dagewesen, so hätte ich mit dem Alten handeln können. Lumpige tausend Franken! Ich wäre doch der größte Esel, wenn ich dem Vater Main nur einen Sou davon gäbe!"

Er wollte an der betreffenden Thür vorüber, wurde aber durch einen leisen Ruf angehalten.

„Pst! Bajazzo!"

Er blieb stehen. Da stand Vater Main vor ihm.

„Ich bin fertig. Komm!" sagte er.

„Nein, nein!" meinte der frühere Schänkwirth. „Wir müssen aufpassen, ob man Dir vielleicht nachgeht. Komm einige Augenblicke mit hier herein!"

Er zog ihn hinter die Thür und fragte:

„Wie ist es gegangen?"

„Schlecht!"

„Doch nicht!"

„Sehr schlecht sogar."

„Hast Du Geld?"

„Keine Centime."

„Donnerwetter! So hast Du doch nicht etwa den Löwenzahn hingegeben!"

„Leider doch!"

„Bist Du verrückt?"

„Ich kann nicht dafür. Statt zum Alten wurde ich zum Jungen geführt. Er drohte mir gar mit Arretur. Ich habe mich herausgelogen. Ich sagte, daß ich ihn als Kind in den Ardennen gefunden hätte, mit dem Zahn an der Kette um den Hals. Sie sagten, es wäre eine gräfliche Krone daran."

„Verdammt! Ist's wahr?"

„Ja."

„Sie frugen natürlich, wer Du bist?"

„Ja. Ich bin der Tischler Merlin."

„Und wo Du wohnst?"

„Ich habe die erste, beste Straße und Nummer angegeben."

„Sie haben den Zahn?"

„Ja."

„Und wollen Dich aufsuchen?"

„Ja. Dann soll ich meine Belohnung erhalten."

„Verflucht! So sind wir geprellt!"

„Noch nicht. Ich kann ja wieder kommen. Wenn sie mich suchen und nicht finden, so haben sie sich meine Wohnung nicht richtig gemerkt."

„Aber dumm bleibt es doch, sehr dumm! Du hättest das Geheimniß für eine sehr hohe Summe verkaufen können. Jedenfalls hast Du es verkehrt angefangen."

„Oho! Wäre nur der junge Graf nicht dagewesen!"

„Na, der Zahn nützt ihnen doch nichts. Sie werden jenen deutschen Grafen von Goldberg niemals entdecken. Komm jetzt! Wie es scheint, läßt man Dich in Ruhe."

Sie gingen. Als sie fort waren, begann es sich weiter hinten im Hausflur zu regen.

„Das war eine Geduldsprobe!" sagte Martin. „Wir haben eine volle Stunde dagestanden, ohne uns regen zu dürfen."

„Aber wir sind glänzend belohnt worden!"

„Glänzend? Das sehe ich nicht ein."

„Das, was ich hier gehört habe, ist viel, sehr viel werth."

„Sie sprachen von einem Zahne, von einer Grafenkrone, von einem Knaben. Wie reime ich das zusammen!"

„Das laß mir über. Jetzt wollen wir ihnen nach!"

Sie fanden bald, daß die Beiden in die Destillation gingen, wohin sie Belmonte bestellt hatten.

„Gehe ich mit hinein?" fragte Martin.

„Es ist nicht nothwendig. Nimm Bart und Perrücke ab und gehe nach Hause. Ich komme dann auch."

Als er in die Destillation trat, fand er mehrere Gäste vor. Vater Main und der Bajazzo hatten sich in eine Ecke zurückgezogen. Er setzte sich zu ihnen und erhielt von ihnen ein Glas zugeschoben.

„Nun, haben Sie sich die Sache überlegt?" fragte er.

„Ja. Wir sind in's Reine gekommen," antwortete Main.

„Mitzugehen?"

„Ja."

„Topp?"

„Topp!"

Sie reichten sich die Hände, wobei Belmonte bemerkte:

„Sie werden es nicht bereuen. Bei uns und mit uns läßt es sich gar nicht übel leben."

„Wir hoffen das. Wann kann es fortgehen?"

„Meinetwegen noch diese Nacht."

„Hm! Der Andere, den ich auch engagirt habe, kann erst morgen früh acht Uhr."

„So müssen auch wir bis dahin warten."

„Ja. Wir kommen dann am Abende zu Hause an, grad noch, um zu essen und dann schlafen zu gehen." —

Doctor Bertrand saß in seinem Studierzimmer und las die Zeitungsberichte. Sein Gesicht ließ nicht auf eine erfreuliche Stimmung schließen. Da erklangen draußen Schritte; es klopfte an, und auf seine Antwort trat — der alte Capitän herein.

Der Arzt erhob sich von seinem Sitze und grüßte höflich.

„Sie, Herr Capitän!" sagte er. „Ich hörte, daß Sie für längere Zeit von Ortry abwesend seien."

„Das war, ist aber nicht mehr. Erlauben Sie, daß ich mich setze!"

Er nahm Platz, musterte den Arzt mit einem eigenthümlichen Blicke und sagte dann:

„Herr Doctor, Sie sind mein Hausarzt — —"

Er hielt inne. Bertrand verneigte sich.

„Als solcher besitzen Sie mein Vertrauen — —"

„Danke!"

„Sind Sie sich bewußt, dasselbe zu verdienen?"

Bertrand blickte ihm ernst in das Gesicht und antwortete:

„Wenn ich glaubte, es nicht zu besitzen, würde ich auf die Ehre, Ihr Hausarzt zu sein, verzichten."

„Gut. Und doch hat sich in letzter Zeit Mancherlei ereignet, was — na, still hiervon! Sie sind Oesterreicher?"

„Geborener."

„Und von Herzen?"

„Ja."

„So müssen Sie die Preußen hassen!"

„Ich hasse keinen Menschen deshalb, weil er ein Preuße ist."

„Redensart! Preußen hat Oesterreich schändlich hintergangen. Es wird jetzt seine Strafe erleiden. Frankreich marschirt jetzt nach Berlin. Sie sollen Gelegenheit erhalten, sich glänzend zu rächen."

„Ich?"

„Ja."

„Hm! Von welcher Gelegenheit sprechen Sie?"

„Nun, haben Sie nicht den Aufruf des Kaisers an seine Nation gelesen?"

„Allerdings."

„Er fordert das Volk auf, zum Schwerte zu greifen."

„Die Armee."

„Nein, das ganze Volk. Wir werden uns erheben wie ein Mann. Frankreich wird ein einziger Riese sein, von Waffen starrend. Die Erde wird unter seinem Tritte erbeben. Man organisirt die Schaaren der Francstireurs, über welche mir ein höheres Commando anvertraut worden ist. Sie werden beitreten."

„Ich?"

„Ja."

„Als Francstireur?"

„Ja, aber nicht als Compattant. Ich ertheile Ihnen hiermit Rang und Character eines Regimentsarztes. Wir bedürfen ärztlicher Kräfte. Sie sind der Erste, dem ich Gelegenheit gebe, sich Ruhm und Ehre zu erwerben."

Bertrand schüttelte nachdenklich den Kopf und sagte:

„Danke, Herr Capitän! Ich muß ablehnen."

„Ablehnen? Höre ich recht?"

„Ja, ablehnen."

„Sie wollen auf die Ihnen angebotenen Lorbeeren verzichten?"

„Ja."

„Aus welchem Grunde?"

„Ich bin für diese Stadt verpflichtet. Mein Wirkungskreis ist mir angewiesen. Ich muß bleiben. Ich darf nicht fort."

„Wer verbietet es Ihnen?"

„Mein Gewissen."

„Das heißt: Sie wollen einfach nicht? Wie nun, wenn man Sie zwingt?"

„Wer will mich zwingen?"

„Ich zum Beispiel. Wir brauchen Aerzte."

„Meine bisherigen Patienten brauchen mich ebenso!"

„Schön, schön! Fast scheint es wahr zu sein, was man sich über Sie in die Ohren flüstert."

„Was?"

„Sie sind ein Feind des Vaterlandes. Sie verrathen Frankreich."

„Herr Capitain, wenn mir das ein Anderer sagte, den würde ich ganz einfach aus der Thür werfen."

„Nun, warum thun Sie dies nicht auch mit mir?"

„Ich achte Ihren Stand und Ihr Alter."

„Diese Achtung will ich dadurch belohnen, daß ich Sie warne. Man hat scharfe Augen und Ohren. Es gelten jetzt die Kriegsgesetze und Kriegsartikel."

„Ich habe mit ihnen nichts zu schaffen."

„Hm. Man hat Sie beobachtet. Man ist in letzter Zeit sehr mißtrauisch geworden."

„Ich kann nicht dafür."

„Wirklich nicht?"

„Nein."

„Haben Sie nicht mit diesem Doctor Müller verkehrt?"

„Ich lernte ihn in Ortry kennen. Sie selbst haben ihn mir vorgestellt. Das war eine Empfehlung für mich."

„Er war ein Undankbarer. Ferner haben Sie einen Menschen bei sich, welcher die ganze Gegend als Spion durchstreift."

„Wer soll das sein?"

„Ihr Kräutersammler."

„Er wurde mir von Comtesse Marion und ebenso von Mademoiselle Nanon empfohlen."

„Diese Beiden sind ebenso undankbar wie jener Deutsche und buckelige Doctor der Philosophie. Wie hieß der Sammler?"

„Schneeberg."

„Ein deutscher Name. Er war also ein Deutscher?"

„Ein Schweizer, glaube ich."

„Wo befindet er sich gegenwärtig?"

„Ich weiß nicht. Ich habe ihn entlassen."

„Daran haben Sie sehr recht gethan. Sodann hat man jenen Amerikaner Deep-hill bei Ihnen gesehen!"

„Hoffentlich soll das kein Vorwurf für mich sein!"

„Dieser Mensch war ein Feind Frankreichs."

„Auch ihn lernte ich bei Ihnen kennen."

„Er wurde mir empfohlen. Man hatte mich getäuscht. Also Sie weisen mein Anerbieten wirklich von der Hand?"

„Sie meinen das militairärztliche Engagement?"

„Ja."

„Meine Pflicht gebietet mir, auf den Posten, an welchem ich mich befinde, auszuharren."

„Mögen Sie das nicht bereuen! Sie machen sich durch diese Weigerung verdächtig. Man wird ein sehr wachsames Auge auf Sie haben."

(Fortsetzung folgt.)

Die Liebe des Ulanen.
Original-Roman aus der Zeit des deutsch-französischen Krieges von Karl May.
(Fortsetzung.)

„Das soll eine Drohung sein, Herr Capitain?" erwiderte Bertrand.

„Nein, sondern eine Warnung. Und noch Eins: Was ist Ihnen von dem Aufenthalte meiner Enkelin bekannt?"

„Sie meinen Baronesse Marion?"

„Ja, natürlich."

„Der Aufenthalt derselben muß doch Ihnen am Allerbesten bekannt sein, Herr Capitain!"

„Hm! Ja freilich! Aber Sie kennen ihn auch?"

„Nein."

„Man hat nicht davon zu Ihnen gesprochen?"

„Die Leute sprachen, Sie haben Ihre Enkelin an einen sichern Ort gebracht, weil Ihnen die Verwirrungen der jetzigen Zeit bereits damals bekannt gewesen seien."

„Wer das sagt, hat nicht so ganz Unrecht. Ich verlasse Sie jetzt, gebe es aber noch nicht ganz auf, Sie als Feldarzt bei meiner Truppe zu sehen."

Er ging, von dem Arzte bis zur Hausthür begleitet. Als dieser in sein Zimmer zurückgekehrt war, sagte er zu sich:

„Horchen wollte er; aber er soll nichts erfahren. Es war klug von ihm, sich den Anschein zu geben, als ob er Marions Aufenthaltsort kenne. Die ist sicher aufgehoben."

Er hatte eben wieder zu der Zeitung gegriffen, als es abermals an die Thür klopfte.

„Herein!"

Ein fremder Mensch trat ein, hoch und stark gebaut; sein Alter schien über fünfzig Jahre zu sein.

„Herr Doctor Bertrand?" fragte er.

„Ja. Womit kann ich dienen?"

„Mit Nichts. Ich danke! Ich habe Ihnen Grüße zu sagen."

„Von wem?"

„Von Master Deep-hill in Berlin."

„Ah! Der Tausend!" sagte der überraschte Arzt.

„Ebenso von Miß de Lissa und Nanon und Madelon."

„Sie kennen dieselben?"

„Ja."

„Aber, Mann, Sie kommen von Berlin und wagen sich in diese Gegend!"

„Was ist dabei?"

„Sie trotzen da einer sehr großen Gefahr. Sie befinden sich inmitten einer fanatisirten Bevölkerung."

„Ich bin vorsichtig!"

„Aber von einem grüßen Sie mich nicht!"

„Wen meinen Sie?"

„Herrn Doctor Müller."

„Der hat nicht nöthig, Sie grüßen zu lassen."

„Nicht? Wieso?"

„Na, bester Herr Doctor, weil er vor Ihnen steht."

Diese letzten Worte sprach der Fremde allerdings mit Müllers Stimme. Aber sein Gesicht war doch ein ganz anderes.

Der Arzt trat ganz nahe zu ihm heran, um ihn zu betrachten.

„Welch ein Meisterstück!" rief er aus. „Ja, Sie sind es, Herr Doctor, oder vielmehr, Herr Rittmeister. Aber, um Gotteswillen, fast hätten Sie ihn hier bei mir getroffen!"

„Den Alten?"

„Ja."

„Er hätte mich nicht erkannt."

„Haben Sie ihn gesehen?"

„Ja. Ich sah ihn eintreten und wartete auf sein Fortgehen. Spricht er von seinen Familienverhältnissen?"

„Nein. Er ließ mich ahnen, daß er wisse, wo Fräulein Marion sich befinde."

„Doch nur zum Scheine!"

„Ja. Aber, Herr Doctor, so schnell hätte ich nicht erwartet, Sie wiederzusehen."

„Ja, ich mußte zurück, und zwar direct zu Ihnen."

„In privater Angelegenheit?"

„Nein, obgleich ich von Allen die herzlichsten Grüße auszurichten habe."

„Also in — in dienstlicher Angelegenheit?"

„Ja."

„Ich hoffe, daß Sie mir Vertrauen schenken!"

„Darf ich das wirklich?"

„Ja. Sie wissen es ja genau. Sie sind mein Lebensretter. Ich bin Deutscher durch und durch, wenn auch nur Deutsch-Oesterreicher. Die Provinz, in welcher ich jetzt wohne, wurde Deutschland geraubt; sie ist deutscher Boden; der Krieg richtet sich nicht gegen Preußen, sondern gegen ganz Deutschland; und so mache ich mich keiner Infamie schuldig, wenn ich Sie ein Wenig nach Belieben schalten lasse."

„Hier meine Hand. Sie sind ein braver Mann!"

„Danke! Sehen Sie sich hier in der Gegend um, oder blicken Sie in die Zeitungen! Ueberall Ueberhebung, Uebermuth und doch dabei die größte Dummköpfigkeit. Ich habe das zum Ekel. Und dabei kommt dieser Capitän zu mir, um mich zum Regimentsarzte zu machen. Denken Sie sich!"

„In welchem Regimente?"

„Pah! Bei den Franctireurs."

„Im Ernste?"

„Allen Ernstes."

„Was haben Sie geantwortet?"

„Ich habe natürlich abgelehnt und dafür von ihm allerlei Drohungen anhören müssen."

„Sie Aermster!"

„Nun, seit ich Sie kenne, fürchte ich ihn nicht. Ich habe ja sehr scharfe Waffen gegen ihn in den Händen."

„Wenn er sich nach Aerzten umsieht, scheint er es sehr eilig zu haben."

„Auf mich mag er verzichten!"

„Die Wahrheit zu sagen, liegt mir außerordentlich daran, zu erfahren, wann die Institution der Franctireurs in Kraft treten soll."

„Das kann ich Ihnen glücklicher Weise mittheilen. Das Heer soll schleunigst an die Grenze geworfen werden. Da wären die Herren Freischützen im Wege. Sie sollen aus diesem Grunde erst hinter dem Heere aus der Erde wachsen. Bis das Letztere die Grenze überschritten hat, wird ein Jeder zu Hause bleiben."

„Nun, da wird mir das Herz leicht, denn ich weiß, daß die hunderttausend Franctireurs, von denen die französische Fama prahlt, gar nicht zur Explication kommen werden — einige Wenige ausgenommen, deren man sich wohl erwehren wird."

„Wirklich?"

„Ganz gewiß. Man spielt den Krieg in Feindes Land; das ist richtig. Aber ehe ein Franzose über die Grenze kommt, sind wir bereits über seine Schwelle."

W. VIII. 1634.

„Das sollte mich freuen, ist aber nach Allem, was man hier liest und hört, ganz unmöglich."

„Ah!"

„Preußen ist nicht gerüstet!"

„Und die anderen Deutschen sind es auch nicht?"

„So sagt man hier."

„So sehen Sie doch gefälligst mich an! Bin ich nicht ein Preuße?"

„Ein sehr respectabler sogar."

„Und stehe ich nicht bereits in Frankreich? Passen Sie auf, wie schnell das gehen wird. Durch unser schnelles Einrücken kommen wir nicht nur der Absicht des feindlichen Planes entgegen, sondern wir zertreten auch zugleich dem giftigen Gewürm der Franctireurs den Kopf."

„Ich ahne, Sie kommen wegen den Vorräthen, welche sich hier befinden, so schnell zurück?"

„Ja. Und da habe ich eine Bitte an Sie auszusprechen."

„In Gottes Namen."

„Es wird ein Freund von mir hier ankommen und sich Ihnen vorstellen."

„Er ist mir willkommen. Wie heißt er?"

„Irgend wie; ich weiß es noch nicht. Ich bitte um Ihre Gastfreundschaft für ihn. Er wird höchst zurückgezogen bei Ihnen leben und höchstens des Abends oder des Nachts einen Spaziergang unternehmen."

„Ganz recht. Er wird hier Ihre Stelle auszufüllen haben."

„Ich will aufrichtig mit Ihnen sein; denn ich kann Ihnen ja Vertrauen schenken, und es ist besser, Sie wissen, woran Sie sind. Es gilt, die bedeutenden Vorräthe, welche sich in den Gewölben von Ortry befinden, für uns unschädlich zu machen. Am Liebsten wäre es uns natürlich, wenn wir so schnell herbei könnten, daß der Feind gar keine Zeit fände, sie zu benutzen."

„Das ist höchst schwierig."

„Gewiß. Eben darum wollen wir Vorkehrungen treffen, lieber Alles zu zerstören als anzugeben, daß man es gegen uns anwendet. Ich werde also mit dem erwarteten Freunde die Gewölbe aufsuchen. Wir haben uns mit den nöthigen Sprengstoffen versehen. Ich muß dann allerdings wieder fort. Er aber bleibt zurück und wird, sobald er sich überzeugt, daß es nöthig ist, den ganzen Kram in die Luft sprengen. Es bedarf dazu dann nur einer brennenden Cigarre."

„Das würde ein wahres Erdbeben ergeben!"

„Gewiß. Also, wollen Sie den Freund aufnehmen?"

„Ganz ohne allen Zweifel!"

„Trotzdem es für Sie gefährlich ist?"

„Man wird die Gefahr zu überstehen wissen. Wann kommt dieser Herr?"

„Voraussichtlich morgen Abend. Ich werde die Muse, die mir bis dahin bleibt, zu einem Ausfluge benutzen."

„Ah! Weiß schon!" lachte der Arzt.

„Meinen Sie?"

„Ja. Nach Schloß Malineau natürlich?"

„Errathen. Haben Sie vielleicht Nachricht von Fräulein Marion erhalten?"

„Nein. Jedenfalls aber befindet sie sich wohl. Wie

aber ist es in Berlin gegangen? Hat Deep-hill seinen Vater gefunden?"

„Ja."

„Sich mit ihm ausgesöhnt?"

„Ja. Das hat Scenen gegeben, welche ich Ihnen unbedingt schildern muß, aber doch ein anderes Mal. Mein Zeug wird bald von hier abgehen."

„Und der dicke Maler?"

„Der war bei dieser Aussöhnung Hahn im Korbe. Er hat mich gebeten, nach Malineau zu gehen und seine dicke Marie Melac zu grüßen. So, das wäre es, was ich Ihnen mitzutheilen habe. Und nun bitte ich um die Erlaubniß, mich verabschieden zu dürfen."

„Sie werden die Bahn in Metz verlassen?"

„Ja."

„Und dann? Welche Gelegenheit benutzen sie dann?"

„Hm, ich muß mir Geschirr miethen."

„Da sind Sie zu abhängig. Wollen Sie nicht mein Pferd nehmen? Wenn Sie reiten, sind Sie Ihr eigener Herr."

„Das würde mir freilich lieber sein; aber ich mag mit Ihrem Pferde nicht auf dem hiesigen Bahnhofe auffällig werden."

„Da ist bald geholfen. Ich reite hinaus, gebe das Pferd über und händige Ihnen das Billet ein."

„Aber unauffällig, bitte ich!"

„Versteht sich! Es wird längst Nacht sein, wenn Sie nach Malineau kommen. Und — wie nun aber, wenn man Sie in Metz für verdächtig hält."

„Das befürchte ich nicht."

„O, das ist ein Waffenplatz ersten Ranges; es geht da jetzt zu wie in einem Bienenkorbe, und man ist auf das Aeußerste argwöhnisch."

„Nun, ich bin auf alle Fälle vorbereitet. Man kann mir nicht das Mindeste anhaben." — —

Einige Stunden später verließ Doctor Müller in Metz die Bahn und bestieg das Pferd des Arztes. Er hatte sich als Franzose legitimiren können.

Es war dunkel geworden. Das Pferd war zwar für den Arzt ganz brauchbar, für einen Parforceritt aber nicht sehr geeignet. Hinter Conflans zeigte es sich so ermüdet, daß er, in einem Dorfe angekommen, dort im Gasthofe einkehrte, um das Thier ein Wenig ausruhen zu lassen.

Das Gastzimmer war gut besetzt, freilich nur von älteren Leuten, da die Jüngeren eingezogen worden waren. An einem der hinteren Tische saßen vier Männer, welche augenscheinlich hier fremd waren. Vielleicht gehört ihnen das leichte Wägelchen, welches, mit zwei Pferden bespannt, draußen im Hofe hielt.

Er verlangte ein Glas Wein und einen kleinen Imbiß. Während des Essens hörte er die Vier mit einander sprechen.

„Wie weit ist es noch bis Schloß Malineau?" fragte Einer.

„Wir fahren noch zwei Stunden," wurde ihm geantwortet.

Als Müller diese letztere Stimme hörte, blickte er schnell auf und warf einen scharfen, forschenden Blick auf den Sprecher. Dann nahm er eine sehr gleichgiltige Miene an, fragte aber nach einiger Zeit:

„Die Herren wollen nach Malineau?"

Jetzt blickte der vorige Sprecher rasch auf, um ihn genau zu betrachten. Dann antwortete er:

„Ja, Monsieur."

„Auch ich will dorthin. Ich kenne den Weg nicht. Dürfte ich mich anschließen?"

„Hm, eigentlich ist der Wagen bereits für uns Viere zu klein; aber wir werden Rath schaffen."

„Was das betrifft, so bin ich beritten."

„Noch besser. Bleiben wir also zusammen!"

Nach einer kleinen Weile stand der Sprecher auf und ging hinauf. Müller folgte ihm unauffällig. Der Andere stand, seiner wartend, hinter der Ecke des Hauses.

„Donnerwetter, Königsau, Richard, bist Du des Teufels?" fragte er.

„Hohenthal! Dich hätte ich nicht erwartet. Bist Du denn noch nicht heim?"

„Nein. Ich erhielt noch im letzten Augenblick Contreordre. Aber Du warst schon fort?"

„Ja, bin aber wieder hier, wie Du siehst. Dein Martin ist dabei, nicht?"

„Ja."

„Und die beiden Anderen?"

Arthur von Hohenthal legte ihm die Hand auf die Achsel und antwortete:

„Du, das ist gerade für Dich eine Capitalnachricht! Hast Du die Kerls noch nicht gesehen?"

„Nein."

„Wenigstens den Einen, den Hagern?"

„Nein."

„Ja, die Kerls sind sehr gut verkleidet. Weißt Du, ich erzählte Dir von meinem Pariser Erlebnisse: Die Comtesse von Latreau wurde geraubt — —"

„Ja. Du machtest sie los und liegst ihr nun zu Füßen."

„Kannst Du Dich auch noch des Kerls besinnen, der die Unthat ausgeheckt hat?"

„Ja. Ich habe auch in den Zeitungen davon gelesen. Es gelang ihm, zu entkommen. Vater Main nannte man ihn."

„Richtig! Nun, ich habe den Kerl."

„Was! Wirklich?"

„Ja; er ist's."

„Welcher von Beiden?"

„Der Kleinere und Dickere."

„Welch ein Fang!"

„Aber erst der Andere!"

„Wer ist der?"

„Das ist der Kerl, den Du haben willst."

„Ich? Nicht daß ich wüßte!"

„Freilich! Und Dein Fritz sehnt sich ebenso nach ihm?"

„Mein Wachtmeister?"

„Ja, nämlich von wegen des Löwenzahnes."

„Meinst Du etwa den verschwundenen Bajazzo?"

„Ja."

„Das ist er nicht."

„Natürlich ist er es! Aber famos vermaskirt."

„Wenn er es wäre!"

„Er ist's; er ist's, sage ich Dir! Ich gebe Dir mein Ehrenwort, alter Junge."

„Dann ist der heutige Tag ein Tag des Glückes für mich und meine Verwandten. Wie aber bist Du zu den beiden Menschen gekommen?"

„Auf die einfachste Weise von der Welt. Ich heiße Melac; mein Vater ist Beschließer auf Schloß Malineau, und ich habe die Beiden als Forstleute für uns engagirt."

„Papperlapapp!"

„Auf Ehre, wiederhole ich! Laß Dir erzählen."

Er berichtete ihm in kurzen Worten, was er von seiner letzten Ankunft in Paris an bis heute erlebt hatte und fragte dann:

„Glaubst Du nun, daß er es ist."

„Ja, nun glaube ich es. Gott sei Dank, daß wir den Kerl endlich haben! Aber nach Dem, was Du in dem Hausflur erlauscht hast, muß der junge Lemarch der Bruder meines guten Fritz sein!"

„Natürlich!"

„Der als Maler Haller jetzt in Berlin war! Wie nahe ist er da seinen Eltern gewesen, und wie sehr frappirt hat mich seine Aehnlichkeit mit Fritz! Er hat also einen Löwenzahn?"

„Ja; der Bajazzo hat ihn hergeben müssen."

„Gut, sehr gut! Was aber gedenkst Du mit den beiden Kerls in Malineau zu machen?"

„Nun, den Schänkwirth wollte ich dem General Latreau zum Geschenk machen."

„Er wird sich freuen. Und den Andern?"

„Mit dem hatte ich einen ganz eigenen Plan. Weißt Du, wenn wir ihn der französischen Polizei überliefern, so wird er zwar wegen Unterschlagung der Kasse und fahrlässiger Tödtung seiner eigenen Stieftochter bestraft, aber für Dich geht er verloren, zumal bei den jetzigen Kriegsverhältnissen. Besser wäre es, es würde ihm in Preußen der Prozeß gemacht. Er hat doch die beiden Kinder geraubt. Ich wollte ihn auf irgend eine Weise über die Grenze locken. Das geht aber nicht, da er mich ja nun als Denjenigen kennt, der ihn festgenommen hat."

„Aber wenn Du die Verkleidung ablegst?"

„So ist es noch schlimmer; da erkennt er mich als den sogenannten Changeur, welcher damals die Comtesse von Latreau befreite."

„Hm! Wie nun, wenn ich ihn herüberlockte?"

„Dieser Gedanke ist nicht schlecht."

„Aber wie es anfangen?"

„Freilich, es ist schwierig."

„Nun, weißt Du, es ließe sich doch vielleicht machen."

„Hast Du einen Gedanken?"

„Ja."

„Welchen?"

„Er wird auf Malineau natürlich ebenso wie Vater Main eingesteckt?"

„Natürlich!"

„Ich befreie ihn aber — —"

„Alle Wetter! Ja, das ist gut; das lasse ich gelten!"

„Er gewinnt Vertrauen zu mir und wird mir sehr gern über die Grenze folgen, da er sich in Deutschland sicherer weiß als hier in Frankreich."

„Richtig! So wird es gemacht! Nur ist es mir nicht lieb, daß Du mit uns reiten willst."

„Warum?"

„Du hättest vor uns eintreffen können, um den alten Melac vorzubereiten. Ich habe ihm zwar geschrieben, wie ich Dir sagte, aber er könnte mir dennoch ein Unheil anrichten."

„Da wurden Sie gestört. Martin kam herbei und meldete, daß Vater Main und der Bajazzo unruhig würden, da er sich auf so lange Zeit entfernt habe."

„Gut, gut, ich komme gleich. Richard, wir kehren in Etain noch einmal ein. Da wird es wohl Zeit für ein paar unbelauschte Worte geben. Du sagst da, daß Du erst morgen nach dem Schlosse wolltest und darum lieber zurückbleibst, nimmst Abschied von uns, gehst scheinbar auf Dein Zimmer, reitest aber trotzdem voraus."

„So wurde es auch gemacht."

In Etain kehrte man ein. Königsau erklärte, daß er so spät am Abende nicht erst nach dem Schlosse wolle und ließ sich ein Zimmer geben. Er nahm Abschied und zog sich zurück, stieg aber zu Pferde und ritt in Galopp nach Malineau.

Er hatte Marion hergebracht, kannte also die Lokalitäten leidlich. Zwischen dem Dorfe und dem Schlosse floß ein kleines Wasser. Da stieg er ab, wusch sich die Schminke fort, setzte eine andere Haartour auf, welche er zu diesem Zwecke bei sich trug, und nahm aus den Satteltaschen so viel Zeug, als er brauchte, um sich am Rücken wieder zu verunstalten. Dann ritt er vollends nach dem Schlosse.

Fast sämmtliche Fenster der ersten Etage waren hell erleuchtet. Das konnte bei den Beiden, Vater Main und dem Bajazzo, Mißtrauen erwecken. Er sprang vom Pferde, band es an und klopfte bei dem Beschließer. Er fand ihn mit Frau und Enkelin beisammen.

„Herr Doctor Müller! Sie?" fragte er erstaunt.

„Ja. Bitte, Fräulein, schaffen Sie sofort mein Pferd in den Stall! Niemand darf es sehen."

Marie gehorchte sofort und Königsau wendete sich an ihren Großvater:

„Sie haben heute aus Paris einen Brief erhalten?"

„Ja. Wissen Sie davon?"

„Ja. Haben Sie ihn verstanden?"

„Nicht ganz. Ich habe einen Sohn, und — —"

Da keine Zeit zu verlieren war, unterbrach Königsau den Alten:

„Bitte, merken Sie sich kurz Folgendes: Dieses Schloß gehört nicht dem Herrn General, sondern er hat es an einen Baron von Courcy verkauft, welcher heute ganz zufällig hier anwesend ist. Ferner: Der Herr Belmonte, welcher damals Ihre junge Herrin gerettet hat, hat auch den Uebelthäter und einer seiner Cumpanen gefangen. Um sie auf gute Manier hierher zu bringen, hat er sich für ihren Sohn ausgegeben."

„Ach, so ist die Sache."

„Ja, so ist sie. Die beiden Spitzbuben sind nämlich verkleidet. Sie suchen einen Ort, wo sie versteckt sein können, und da hat Herr Belmonte gesagt, daß Sie zwei Forstleute brauchen. Er hat sie als solche engagirt und wird in einer Viertelstunde mit ihnen hier sein."

„Herr, mein Heiland, solche Verbrecher!"

„Haben Sie keine Angst! Sie empfangen sie freundlich, geben ihnen zu essen und sagen dann, daß Sie sie zum Baron bringen wollen, der sie engagiren werde. Sie führen sie aber zum General natürlich. Was da geschieht, wird sich finden. Herr Belmonte bringt seinen Diener Martin mit, den Sie bereits kennen. Auch diese Beiden sind verkleidet. Der Diener ist scheinbar als Gartenbursche engagirt. Sie werden also mit den Verbrechern nicht allein sein. Wenn Sie im Zweifel sind, was sie thun sollen, so lassen Sie Herrn Belmonte machen. Theilen Sie das auch Fräulein Marie mit, die nicht hier ist, damit sie keinen Fehler macht. Ich werde mich hinauf zum Herrn General begeben."

Oben angelangt wurde er von dem Diener sofort erkannt und sogleich angemeldet. Er fand sämmtliche Bewohner im Speisesaale. Der General kam ihm freundlich entgegen, reichte ihm die Hand und fragte, indem er auf Marion deutete:

„Wollen Sie sich erkundigen, wie sich Ihr Schützling befindet?"

„O, Mademoiselle de Sainte=Marie befindet sich in guter Huth. Ich komme in einer sehr dringenden Angelegenheit. Bitte, Excellenz, lassen Sie sämmtliche Lichter, außer in einem einzigen Zimmer, auslöschen!"

„Warum?"

„Bitte, davon später! Es ist jetzt keine Zeit zu verlieren."

Er begab sich selbst in die anstoßenden Zimmer, um die Flammen zu verlöschen, und auf einen Wink seines Herrn that der servierende Diener dasselbe. Einige Augenblicke später war nur noch der Speisesaal erleuchtet.

„Das sind ja ganz befremdliche Maßregeln," sagte jetzt der General zu Müller.

„Die aber sehr nothwendig sind," erklärte dieser. „Sie bekommen nämlich Besuch, Excellenz, welcher nicht wissen darf, daß Sie sich hier befinden."

„Sonderbar. Welcher Besuch wäre das?"

„Vater Main."

Bei diesen Worten fuhren Alle empor.

„Vater Main? Vater Main?" erklang es von Aller Lippen.

„Ja. Es ist endlich gelungen, dieses Menschen habhaft zu werden, meine Herrschaften."

„Und er kommt hierher?"

„Ja, und zwar in Begleitung eines seiner Complicen, den Fräulein von Sainte=Marie kennt. Ich meine nämlich den Bajazzo, welcher in Thionville seine eigene Tochter vom hohen Seile stürzen ließ."

Das war eine Kunde, welche Alle in die größte Aufregung versetzte. Er erklärte den Zusammenhang, aber ohne Belmonte und Martin namhaft zu machen.

„Erstaunlich!" sagte der General.

„O, für den Herrn Doctor ist nichts erstaunlich," schaltete Marion ein.

„Bitte, bitte," meinte Müller. „In dieser Angelegenheit bin ich ohne alles Verdienst. „Hören Sie! Es fährt ein Wagen vor. Das sind sie. Wir haben also die Lichter gar nicht zu früh verlöscht."

„Aber wer sind denn die beiden Männer, welche mir die Gefangenen bringen?" fragte der General.

„Ich bin nicht beauftragt, es zu sagen," lächelte Müller. „Der Eine gilt, wie bereits bemerkt, als der Sohn Ihres Beschließers Melac. Es wird gut sein, Excellenz, sich mit einigen Waffen zu versehen. Den beiden Menschen ist nicht zu trauen. Lassen Sie die Messer von der Tafel entfernen!"

Die Ankömmlinge waren indessen aus dem Wagen gestiegen und bei dem Beschließer eingetreten. Belmonte gab diesem die Hand und sagte:

„Guten Abend, Vater! Endlich wieder da!"

„Guten Abend, mein Sohn!" antwortete Melac. „Wie ich sehe, ist die Reise nicht umsonst gewesen?"

„Ja. Hier der Gärtner, und hier die beiden Männer für den Forst. Ich habe ihre Papiere bereits geprüft und für gut befunden."

„Schön! Es trifft sich da recht zufällig, daß der gnädige Herr selbst bestimmen kann."

„Der Baron?"

„Ja. Er kam heut hier an, um für einen Tag im Schlosse abzusteigen. Denkst Du nicht, daß wir ihm diese drei Männer vorstellen?"

„Hm, ja; besser ist es. Es ist sogar unsere Pflicht und Schuldigkeit, da er einmal anwesend ist. Aber erst wollen wir einige Minuten ausruhen. Setzen Sie sich."

Die Andern nahmen Platz. Es war Vater Main und dem Bajazzo natürlich gar nicht recht, daß sie zum Baron sollten, doch ließen sie es sich nicht merken.

„Essen wir Etwas, oder gehen wir vorher hinauf?" fragte Belmonte.

„Fertig ist fertig. Am Besten, wir gehen erst hinauf."

„Wird er zu sprechen sein?"

„Jedenfalls."

„Na, versuchen wir es. Kommen Sie, meine Herren!"

Oben angekommen, ging der Beschließer hinein, um anzumelden, während die Andern warteten. Bald öffnete ein Diener die Thür und ließ sie eintreten. Im Speisesaale befand sich Müller und Melac. Der Diener trat zurück, und die beiden Gefangenen bemerkten nicht, daß er von draußen die Thür verschloß.

Müller, Belmonte und Martin hatten die Hände in den Taschen, in denen ihre Revolver steckten.

„Das dauert lange!" flüsterte Main, dem es unheimlich zu werden begann.

„Geduld!" sagte Belmonte. „Ah, man kommt!"

Die Nebenthür öffnete sich, und der General trat ein. Seine Enkelin und Marion folgten.

Vater Main fuhr zurück. Seine Augen vergrößerten sich und waren mit einem Blicke des Entsetzens auf die Eingetretenen gerichtet. Aber er war ein zu hart gesottener Sünder, als daß er sich gänzlich um seine Besinnung hätte bringen lassen. Er ermannte sich.

„Tausend Teufel! Wir sind verrathen!" schrie er auf. „Fort! Hinaus, Bajazzo!"

Er fuhr herum, nach der Thür zu, und sah drei Revolverläufe auf sich gerichtet.

„Pah! Nicht jede Kugel trifft! Kehrt! Schnell, schnell!"

Er sprang nach der Thür, um sie aufzureißen. Sie war verschlossen. Und nun traten von der andern Seite auch zwei bewaffnete Diener ein.

„Gebt Euch keine Mühe!" sagte der General. „Ihr seid gefangen."

„Mit welchem Rechte?" fragte Main, dem es einfiel, daß er ja verkleidet sei.

„Macht Euch nicht lächerlich! Ihr seid bekannt. Eure Maske nützt Euch nichts."

Die Augen des früheren Schänkwirthes sprühten giftige Blicke auf seine Umgebung.

„Also entdeckt!" knirschte er. „Verrathen! Und durch wen? Wart, Euch Hallunken zeige ich es doch noch!"

Er erhob beide Fäuste und stürzte sich auf Martin, erhielt aber von Müller, an dem er vorüber mußte, einen so gewaltigen Schlag an die Schläfe, daß er sofort zusammenbrach.

„Bindet sie!" befahl der General.

Der Bajazzo war vollständig eingeschüchtert. Er wagte keinen Widerstand. Sein Cumpan konnte keinen mehr leisten, und so wurden sie gebunden und fortgeschafft. Man schloß sie einzeln in zwei feuerfeste Kellergewölbe ein.

„Und nun meinen Dank!" wendete sich der General an die Männer. „Welcher von Ihnen ist denn der famose Sohn meines alten Melac?"

„Ich, Excellenz," antwortete Belmonte:

„Darf ich vielleicht Ihren richtigen Namen hören?"

„Sie kennen ihn bereits."

„Wohl kaum."

„O doch! Mit Erlaubniß!"

Bei diesen Worten griff er nach einer auf der Tafel stehenden Wasserkaraffe, goß sich ein Wenig auf das Taschentuch, fuhr sich mit demselben über das Gesicht und entfernte Bart und Haar. Martin that dasselbe.

„Monsieur Belmonte!" rief der General.

„Wahrhaftig, Monsieur Belmonte!" stieß Ella von Latreau hervor, indem sie vor freudigem Erstaunen die Hände zusammenschlug.

Hinter ihnen aber erklang es halblaut:

„Martin! Martin! Ach ja, er ist's!"

Es war die hübsche Alice, welche sich bisher furchtsam in dem Hintergrunde gehalten hatte.

Es gab nun eine ganze Menge eiliger Fragen und Antworten, bis der General auf den besten Gedanken kam, den es geben konnte. Er sagte:

„Das Mahl ist auf so wundersame Weise unterbrochen worden. Beginnen wir es von Neuem. Dabei haben wir Zeit, uns Alles erklären zu lassen."

Es wurden Alle geladen, auch die ganze Familie Melac. Dann nach der Tafel bildeten sich kleinere Gruppen. Diese Gelegenheit benützte Müller, zu Marie Melac zu treten.

„Ich habe noch ganz extra Etwas für Sie," sagte er. „Werden Sie es errathen?"

„Wohl schwerlich!"

„Einen Gruß von einem gewissen Maler."

„Herrn Schneffke?" fragte sie erröthend.

„Ja. Außer dem Gruße aber auch noch Etwas. Hier!"

Er zog ein Briefchen hervor und gab es ihr. Sie dankte erglühend, war dann aber bald verschwunden, um sich mit dem Inhalte bekannt zu machen.

Sodann traf Müller auf Marion.

„Wieder sind Sie einmal Engel gewesen," sagte sie.

„Sie sind es immer!" antwortete er und zog die Hand, welche sie ihm reichte, an die Lippen.

Am Fenster stand Belmonte mit Ella. Ihr Auge ruhte fast stolz auf seiner männlich schönen Gestalt.

„Sie scheinen zu meiner Vorsehung prädestinirt zu sein!" sagte sie. „Sie erscheinen, wenn man es am Wenigsten erwartet."

„Darf ich denn solch Erscheinen wagen, gnädigste Comtesse?"

„Kommen Sie jeder Zeit! Sie kommen ja als Retter!"

Und an der Thür zum Nebenzimmer lehnte Alice. Martin trat auf sie zu und sagte:

„Da ist mein liebes Vögelchen, dem ich ein Nest bauen soll. Kein Mensch blickt her. Komm, komm!"

Ohne daß sie es ihm verwehren mochte, zog er sie hinaus in das andere Zimmer, drückte sie an sich, küßte sie herzhaft und fragte:

„Ist Dir's recht, daß ich gekommen bin?"

„O, wie freut es mich! Wie lange bleibst Du?"

„Vielleicht nur einige Stunden."

„Aber Du kommst wieder!"

„Natürlich! Und zwar bald, recht bald, um Dich zu holen, mein gutes Mädchen."

Und noch später standen Königsau und Hohenthal bei einander im ernsten Gespräch.

„Wann reitest Du ab?" fragte der Letztere.

„So bald wie möglich."

„Und nimmst den Bajazzo mit?"

„Ja."

„Dann kannst Du aber nicht über Metz. Dort fassen sie ihn Dir ab. Eine Festung darf so ein Kerl in jetziger Zeit gar nicht zu betreten wagen. Aber wie bringst Du ihn denn fort?"

„Das ist die Frage. Zwei Reiter und ein Pferd!"

„Nimm meinen Wagen! Du hängst Dein Pferd hinten an. Du verkaufst den Kram und giebst mir bei Gelegenheit den Erlös."

„Das könnte sich machen. Aber wie kommst Du fort?"

„Ich borge mir Geschirr bis zur Lahn. Mache Dir überhaupt um mich keine Sorge! Wie lange bleibst Du in diesem Thionville?"

„Noch drei Tage."

„So lange darf ich nicht warten. Wir treffen uns also erst wieder in Berlin. Laß aber unterdessen den Bajazzo nicht aus dem Auge."

„Willst Du mir grad hier eine Nachlässigkeit zutrauen? Habe ich ihn einmal, so entkommt er mir nicht wieder. Seine Wächter werden sich freilich wohl schwerlich erklären können, auf welche Weise er verschwunden ist."

Der Bajazzo lag gefesselt auf dem harten Steinboden seines Gewölbes. Er hatte alle Hoffnung aufgegeben und gab Alles, Alles verloren. Er hatte seinen Willen, seinen Character im Schnapse vertrunken; darum fand er jetzt in sich keinen Halt und schluchzte wie ein Kind.

Da plötzlich horchte er auf. Er hörte, daß der Riegel leise zurückgeschoben wurde. Dann erklang es:

„Pst! Ist Jemand hier?"

„Ja," flüsterte er.

„Die Gefangenen?"

„Nur Einer."

„Wo ist der Andere?"

„Ich weiß es nicht."

„Nun, dann kann ich eben nur den Einen befreien. Ich habe keine Zeit, das ganze Schloß zu durchsuchen. Kommen Sie!"

„Ich bin ja gefesselt!"

„Ach so! Na ich habe ein Messer."

Wenige Augenblicke später schlichen sie sich fort, hinaus bis dahin, wo in der Nähe des Gehölzes der Wagen stand, an welchen hinten das Reitpferd angebunden war. Sie stiegen ein, und dann setzten sich die Pferde in scharfen Trab.

Königsau hatte den Buckel wieder entfernt. Er sah grad so wie vorher aus, ehe er in's Schloß gekommen war. Der Bajazzo erkannte ihn und sagte:

„Sie sind es! Warum befreien Sie mich?"

„Ich belauschte Ihre Begleiter und hörte, daß man Sie betrog. Ich hörte Sie in in der Gaststube sprechen. Ihre Aussprache ist eine deutsche. Sie sind ein Deutscher?"

„Ja, eigentlich."

„Ich bin auch von drüben her. Darum beschloß ich, Sie zu befreien. Das war ganz leicht, da ich im Schlosse zu thun hatte. Ich blieb nur scheinbar in Etain zurück."

„Sie haben ja diesen Wagen!"

„Ja, den habe ich annectirt. Konnten wir zu Zweien auf meinem Pferde reiten. Den Kerls, die es so schlimm mit Ihnen meinten, ist's ganz Recht, daß sie den Wagen verlieren!"

„Wohin bringen Sie mich?"

„Nach Thionville."

„O weh!" entfuhr es ihm.

„Haben Sie keine Sorge! Ich gehe da zunächst zu einem Freunde, bei dem sie vollständig sicher sind. Bei der ersten guten Gelegenheit gehen wir dann über die Grenze. Oder bleiben Sie lieber hier?"

„Nein, nein! Ich will hinüber."

„Schön! Nun haben Sie die Wahl, ob wir beisammen bleiben wollen oder nicht."

„Wenn es Ihnen recht ist, bleiben wir beisammen."

„Schön. Ich will jetzt nicht fragen, wer und was Sie sind. Landsleute müssen sich in solchen Zeiten unterstützen. Sie werden schon auch noch erfahren, wer ich bin!"

Bei Doctor Bertrand wurde dem Bajazzo eine Stube angewiesen, aus welcher er nicht entkommen konnte. Er glaubte, daß man diese Maßregel zu seinem eigenen Vortheile treffe. Nach einigen Tagen reisten sie zu Fuße nach der Grenze, und erst drüben benutzten sie die Bahn. So ging es bis Köln. Dort aber wurde der Bajazzo plötzlich, ohne daß er wußte, weshalb, im Gasthofe arretirt. Beim Legitimationsverhöre fragte er darnach und erhielt zur Antwort, daß man ihn nach Berlin bringen werde, wo er sicher Auskunft über die Ursache seiner Arretur erhalten werde. Er ahnte noch immer nicht, daß er die Letztere seinem Reisebegleiter zu verdanken habe. — — —

Am neunzehnten Juli war die französische Kriegserklärung in Berlin überreicht worden, und am achtundzwanzigsten desselben Monates hatte Napoleon III in Metz das Obercommando über die französische Rheinarmee übernommen, nachdem er der Kaiserin Eugenie die Regentschaft übertragen hatte.

Der nun ausbrechende Krieg enthüllte außerordentlich schnell die äußere und innere Schwäche des zweiten Kaiserreiches.

Das französische Heer hatte, einer stehenden Redensart zufolge, einen Spaziergang nach Berlin machen wollen; aber die deutsche Wacht am Rhein war auf ihrer Huth gewesen. Die deutschen Heereskörper rückten über die feindliche Grenze, ehe die Franzosen ihr Armeecorps eigentlich recht complettirt hatten.

Am vierten August erstürmte unsere Kronprinzliche Armee Weißenburg und den Geisberg. Zwei Tage später war die siegreiche Schlacht bei Wörth, in welcher das Heer Mac Mahons vollständig geschlagen wurde. Nun folgte Schlag auf Schlag. Die französischen Streitkräfte wurden an allen Punkten zurückgeworfen. Sie wurden gezwungen, sich immer und immer wieder rückwärts zu concentriren. Sie fanden keine Zeit, sich zu sammeln, sich festzusetzen. Paris wurde in Belagerungszustand erklärt, und die Deutschen waren an allen Orten Herren und Meister.

Niemand wurde durch dieses rapide Vordringen der Deutschen so in Grimm versetzt, wie der alte Capitän Richmonte. Zuerst hatte er Befehl erhalten, die letzten Schritte zur Organisation seiner Franctireursbande erst dann zu thun, wenn man die deutsche Grenze überschritten habe und er sich also im Rücken des eigentlichen Heeres befinde. Zu einem Ueberschreiten der Grenze aber war es nicht gekommen, und da die französischen Heeresleiter schon für sich so viel zu thun hatten, daß sie die Köpfe verloren, so hatte man nicht Zeit gefunden, an ihn zu denken, und er war ohne alle Nachricht und Instruction geblieben.

Nun hauste er auf Ortry und wußte vor Aerger nicht, wo aus, wo ein. Er hielt sich bereit, loszubrechen, sobald er den Befehl erhalten würde.

Dieselbe Erbitterung gegen die Deutschen herrschte natürlich auch in der Umgegend. Handel und Wandel stockten. Kein Arbeiter erhielt Beschäftigung. Man hatte Zeit genug, sich mit den Neuigkeiten zu befassen, und da diese für die Deutschen stets günstig lauteten, so wuchs der Grimm von Stunde zu Stunde. —

Es war gegen das Morgengrauen, als mehrere Reiter durch einen Wald ritten, welcher in einer ungefähren Entfernung von zwei Stunden östlich von Ortry liegt. Sie waren von der Straße, welche von Merzig aus in westlicher Richtung nach Sierk führt, nach Süden abgewichen, um unbemerkt die Gegend von Thionville zu erreichen.

Sie zählten nur ihrer zwölf und waren in Civil. Von Zeit zu Zeit blieb einer von ihnen halten und riß mit dem Messer ein Rindenstück von einem der an dem schmalen Fahrwege stehenden Bäume. Dies war ein Zeichen für Diejenigen, welche nachkommen sollten.

Voran ritt eine hoch und stark gebaute Gestalt mit männlich ernstem, dunklem Gesichte, welches von einem Vollbarte eingerahmt wurde, der jedenfalls nur ein Alter von einigen Wochen hatte. Dieser Reiter war — buckelig.

Der Morgen wurde heller und heller. Man konnte bereits in weite Entfernung sehen. Da sagte einer der jüngeren Herren zu dem beschriebenen Reiter:

„Wie steht es, Herr Major? Sind wir bald an Ort und Stelle? Zwölf Stunden im Sattel!"

„Ist das zu viel von Ihnen verlangt, Lieutenant?"

„Nein; das wissen Sie ja. Aber weil dieser Ritt zu gefährlich war, wollte ich meinen Fuchs nicht auf das

Spiel setzen und nahm hier diesen Gaul. Er kann kaum weiter!"

Da wandte sich einer der Anderen zu dem Sprecher und recitirte aus einem bekannten Uhlandschen Gedichte die Strophen:

"Dem Pferde war's so schwach im Magen;
Fast mußte der Reiter die Mähre tragen."

Ein halblautes Lachen erscholl. Da wendete sich Derjenige, welcher Major genannt worden war, um und warnte:

"Pst! Nicht so laut, meine Herren! Wir befinden uns in Feindes Land. Und da — ah, dort steht die Eiche. Warten Sie!"

Er gab seinem Pferde die Sporen und galoppirte fort. Von seitwärts her winkte die dichte Krone einer Eiche von der bewaldeten Höhe. Der Major jagte am Wege hin und bog sodann zwischen die licht stehenden Bäume ein. Dort, am Stamme der Eiche, stand ein junger Mann, auch in Civil.

"Grüß Gott!" sagte der Major. "Sie sind da; also hat es geklappt?"

"Alles in Ordnung, Herr Rittmeister!"

"Oho! Keinen Fehler, mein Bester! Man hat mich zum Stabsoffizier gemacht."

"Aha, gratulire, Herr Major! Ist jedenfalls wohl verdient."

"Haben Sie einen Platz?"

"Prächtig."

"Weit von hier?"

"Gar nicht weit. Eine tiefe Schlucht, mitten im Walde. Sie führt nach einem Thalkessel, in welchem unter Umständen zehn Schwadronen Platz finden."

"Habe nur zwei und eine Compagnie Jäger. Wann erhielten Sie meine Ordre?"

"Vorgestern Abend. Aber, Herr Major, wie können Sie es wagen, mit diesen Leuten durch feindliches Gebiet zu marschiren, um ein Schloß zu besitzen, welches eben auch mitten im Lande des Feindes liegt?"

"Das ist nicht so schwer, wie Sie denken. Erstens sind wir nur in der Nacht geritten und haben jeden bewohnten Ort vermieden, und zweitens bin ich überzeugt, daß ich in Ortry nicht lange isolirt sein werde."

"Aber man konnte Sie dennoch bemerken. Man konnte Ihnen begegnen!"

"Das ist auch geschehen."

"So ist Ihr Ritt verrathen!"

"Nein. Zwölf Mann in Civil sind wir an der Spitze. Wer uns begegnete, wurde festgenommen und den Nachfolgenden übergeben. Auf diese Weise haben wir mehrere Gefangene gemacht, welche wir erst morgen wieder entlassen werden. Thionville ist natürlich von den Franzmännern besetzt?"

"Allerdings."

"So war es Ihnen unmöglich, bei Doctor Bertrand zu bleiben?"

"Ja, ich mußte fort. Aber ich habe einen wunderbar schönen Platz gefunden."

"Wo?"

"In Ortry selbst, nämlich im Dorfe bei einem Häusler, den der Alte aus dem Dienste gejagt hat. Ich gelte für einen Verwandten von ihm."

"War das nicht gefährlich?"

"O nein. Dieser Mann ist so wild auf den Capitän, daß ich mich ganz auf ihn verlassen kann. Uebrigens wurde er mir von Doctor Bertrand, der ihn vorher gehörig unter die Sonde genommen hat, dringend empfohlen."

"Wie steht es nun mit den Francs-tireurs?"

"Sie warten nur auf das Signal."

"O, das wird heute noch gegeben werden. Wir sind sehr gut unterrichtet. Haben Sie vielleicht eine Ahnung, wie hoch ihre Anzahl sein wird?"

"Man munkelt von fünfhundert solcher Kerls, welche sich in Ortry equipiren wollen."

"Schön! Wir werden sie bei der Parabel nehmen. Sonst ist Alles in Ordnung?"

"Ja. Die Vorräthe sind unverkürzt vorhanden."

"Und die Schlüssels, welche ich Ihnen anvertraute?"

"Habe ich noch. Wünschen Sie die Uebergabe derselben?"

"Ja. Bitte!"

Er erhielt die Schlüssels und sagte dann:

"Sie werden uns jetzt unser Versteck anweisen. Dort angekommen, habe ich Zeit genug, Ihnen meinen Plan mitzutheilen. Kommen Sie!"

Dieser buckelige Rittmeister war natürlich kein Anderer als Königsau. Der Lieutenant in Civil war derjenige Offizier, welchen er bei seiner Entfernung von Ortry die Bewachung dieses Ortes übergeben hatte.

Sie kehrten nach dem Fahrwege zurück, wo die Andern warteten. Grad in demselben Augenblicke kam ein Reiter angesprengt. Er trug die Uniform eines Ulanenlieutenants, salutirte vor Königsau und meldete:

"Das Gros fünfhundert Schritte hinter Ihnen, Herr Major. Sollen wir absitzen?"

"Nein, sondern herankommen."

"Dieser Lieutenant war Fritz Schneeberg, wo zwei Rittmeister mit ihren Schwadronen und ein Jägerhauptmann mit seiner Compagnie warteten. Der Zug setzte sich wieder in Bewegung und schwenkte dann auf Veranlassung des sich an die Spitze stellenden Führers, nachdem die Reiter abgesessen waren und die Pferde beim Zügel ergriffen hatten, in den pfadlosen Wald ein.

Nach wenig über einer Viertelstunde erreichte man die Schlucht, welche nach dem einsam im Forste gelegenen Thalkessel führte. Dort angekommen, wurden Posten ausgestellt, welche den Befehl erhielten, jede Person, die sich bemerken lasse, als Gefangenen abzuliefern.

Sodann wurde eine längere Berathung, natürlich nur im Kreise der Offiziere gehalten. Am Schlusse derselben brachen diejenigen dieser Herren, welche in Civil waren, mit Königsau auf, um sich die Heimlichkeiten von Ortry einzuprägen, damit zur angegebenen Zeit kein Fehler begangen werde. Auch Fritz Schneeberg hatte seine Uniform mit einem bürgerlichen Anzuge vertauscht und schloß sich ihnen an.

Die Bewohner der Umgegend hatten keine Ahnung, daß über dreihundert Feinde so ganz in aller Gemüthlichkeit den Einbruch des Abends erwarteten, um sich des Schlosses Ortry und der in den dasigen Gewölben befindlichen Vorräthe zu bemächtigen. —

In seinem Arbeitszimmer saß der alte Capitain. Er war nicht allein, sondern es befanden sich mehrere Männer bei ihm. Das waren seine Vertrauten, welche später seinen

Stab bilden sollten. Er befand sich augenscheinlich in höchst schlechter Laune. Er hatte ein Notizbuch in der Hand, aus welchem er mit beinahe knirrschender Stimme folgende Stellen vorlas:

„Am 19. Juli Kriegserklärung. — Nächsten Tages Vorpostenscharmützel bei Saarbrücken. — Kampf bei Wehrden, Gefecht bei Hagenbach am 23., unglücklich für uns. — Ebenso die Gefechte bei Rheinheim und Völklingen. — Schlachten bei Weißenburg und Wörth verloren. — General Douan todt. — General François gefallen. — Das feindliche Hauptquartier bereits in Kaiserslautern."

„Der Teufel hole diese Hallunken!" warf einer der Anwesenden zornig ein.

„Paris in Belagerungszustand!" fuhr der Alte fort. „Hagenau verloren. — Saargemünd und Forbach ebenso. — Bazaine kommt nach Metz. — Mac Mahon flieht nach Nancy. — Der gesetzgebende Körper fordert die Abdankung des Kaisers. — Festung Lützelstein verloren, Straßburg cernirt. — Festung Lichtenberg zum Teufel. — Frankreich borgt eine Milliarde, um den Krieg fortsetzen zu können. — Uebergang der Bayern über die Vogesen. — Pfalzburg erobert von den Deutschen. — Leboeuf nimmt seine Entlassung als Generalstabschef."

Er warf das Notizbuch von sich und fragte:

„Was sagt Ihr dazu, he?"

„Ich hielt das für unmöglich!" antwortete Einer.

„Ich auch. Wer ist schuld an all' diesen Unfällen?"

„Hm!"

„Ja, hm! Jetzt läßt sich gar nichts sagen. Der Teufel ist im Hauptquartier dieser verdammten Deutschen. Aber dieser Schleicher, der Moltke, soll es uns doch nicht machen wie einst Blücher, der in der Hölle braten möge! Ich habe — — was willst Du?"

Diese Frage war an einen Diener gerichtet, welcher eintrat.

„Dieser Brief ist angekommen, Herr Kapitän."

„Gut!"

Der Alte öffnete und las. Seine Stirn legte sich in tiefere Falten. Er stieß einen lästerlichen Fluch aus und sagte:

„Wißt Ihr, was mir da gemeldet wird?"

Und als Keiner antwortete, fuhr er fort:

„Da steht es, das Unglaubliche: Unsere Armee ist bei Metz über die Mosel zurück, und die Deutschen haben die wichtigen Linien von Saar-Union, Groß-Tenquin, Foulquemont, Fouligny und Retangs längst überschritten. Ihre Kavallerie steht bereits bei Lüneville, Metz, Pont à Mousson und Nancy."

Flüche und Verwünschungen erschallten.

„Still!" knurrte der Alte. „Das ist noch nicht Alles! Das große Hauptquartier des Feindes befindet sich bereits zu Verny im Seillethale; die Bahn bei Frouard, nach Paris, ist zerstört, und Bazaine hat das Oberkommando über die ganze Armee übernommen. Nancy ist besetzt und der Kaiser von Metz nach Verdun gefahren. Die Preußen treiben unsere Truppen bis unter die Kanonen von Metz. — Wißt Ihr, was das Alles zu bedeuten hat?"

„Daß Metz belagert werden soll."

„Ja. Metz verloren, Alles verloren! Jetzt warte ich keinen Augenblick länger. Jetzt ist der Augenblick gekommen. Während sich diese deutschen Kettenhunde um Metz legen, jagen wir ihnen von hinten unsere Kugeln in den Pelz. Ich warte nicht ab, daß ich Instruction erhalte. Vielleicht ist es bereits nicht mehr möglich, mir einen Boten zu senden. Ich bin auf mich selbst angewiesen und werde zu handeln wissen. Es mag los gehen. Ist's Euch recht?"

„Ja, ja," ertönte es im Kreise.

„Nun gut, so gebt das Zeichen. Heute um Mitternacht sollen sich die Mannschaften heimlich im Parke einfinden."

„Warum heimlich?"

„Seht Ihr das nicht ein, Ihr Thoren? Könnte der Feind so weit gekommen sein, wenn er nicht ganz genau über Alles unterrichtet wäre? Er hat talentvolle Spione; das ist gewiß. Und gerade wir sind zur größten Vorsicht verpflichtet. Das Völkerrecht verbietet die Bildung von Franctireurs. Werden wir erwischt, so behandelt man uns als Räuber und macht uns ohne Federlesens den Garaus. Die Deutschen werden, das ist sicher, auch nach hier kommen. Sie dürfen nicht erfahren, daß die Bewohner dieser Gegend zu den Waffen gegriffen haben. Sie würden zu Repressalien greifen. Darum also Vorsicht!"

„Und was dann, wenn wir uns bewaffnet haben?"

„Das wird sich finden, sobald ich morgen weitere Nachrichten erhalten habe, und dann —"

Er wurde unterbrochen. Zwei Männer traten ein. Charles Berteu und sein Freund Ribeau waren es. Sie kamen unter allen Zeichen der Aufregung.

„Herr Capitän, wichtige Nachrichten!" sagte der Erstere, indem er sich auf einen Stuhl warf und sich den Schweiß von der Stirn wischte. „Sehr wichtige Nachrichten!"

„Doch gute?"

„Zunächst eine ganz armselige, ganz verfluchte, sodann aber eine, über welche Sie sich freuen müssen."

„Ein Sieg über die Deutschen etwa?" stieß er hervor.

„Nein, nein! Diese Hunde stehen mit der Hölle im Bunde! Die Preußen haben Vigneules an der Maas besetzt und sind in St. Mihiel eingezogen. Die Festung Marsal hat sich ergeben und vor Bar-le-Duc lassen sich bereits Ulanen sehen. Einer der feindlichen Generäle rückt bereits von Metz nach Verdun vor."

„Alle Teufel! Das ist ja unsere Rückzugslinie!"

„Leider! Es steht schlimm, sehr schlimm! Man spricht bereits davon, daß der Feind einen seiner Generäle zum Gouverneur des Elsasses ernennen werde."

Da stampfte der Alte mit dem Fuße auf und rief:

„So dürfen wir keine Minute verlieren. Bazaine steckt in Metz, und Mac Mahon befindet sich in Chalons, um seine geschlagenen Corps zu sammeln. Er beabsichtigt jedenfalls, dann herbei zu eilen, um Metz zu entsetzen. Geht aber der Feind bereits nach Verdun vor, so wird dem Marschall dies zur Unmöglichkeit gemacht. Ihr müßt also da drüben auch zu den Messern greifen, und zwar augenblicklich!"

„Das wollen wir ja auch. Wir warten nur auf Ihre Anweisungen."

„Nun, die sollen Sie erhalten. Also, wie viel Mann werden Sie zusammenbringen?"

„Fünfhundert."

„Also so viel wie ich. Wir werden also tausend

Mann haben. Damit läßt sich Etwas ausrichten. Wo versammeln Sie sich?"

"In Fleurelle, hinter Schloß Malineau. Und dieser Name bringt mich auf die zweite Nachricht, welche ich Ihnen zu bringen habe. Sie ist eine gute."

"Dann schnell heraus damit! Gute Nachrichten sind jetzt so selten, daß man sie nicht schnell genug hören kann."

"Schön! Also erfahren Sie: Ich habe sie."

"Wen?"

"Fräulein Marion."

"Marion? Ah! Meine Enkelin?"

"Ja."

"Alle Wetter! Das ist allerdings eine ganz erfreuliche Neuigkeit. Wo befindet sie sich?"

"Eben auf Malineau."

"Sapperment! Das Schloß gehört dem General Latreau."

"Dessen Tochter wohnt jetzt dort, und bei ihr befindet sie sich als Gast. Und noch eine zweite Person giebt es da, auch eine Dame. Ich habe gelauscht und dabei gehört, daß sie von Mademoiselle Marion Mutter genannt wird, von den Anderen aber Madame Liama."

"Liama!" stieß der Alte hervor. "Ah, Liama! Habe ich sie wieder! Berteu, Ihre Nachricht ist für mich Geldes werth. Sie müssen sogleich wieder fort!"

"Warum?"

"Sie müssen augenblicklich nach Fleurelle und unsere Leute zusammenrufen. Sie übernehmen einstweilen das Commando. Sie haben dafür zu sorgen, daß Schloß Malineau in Ihren Besitz kommt. Sie bemächtigen sich dieser beiden Frauenzimmer. Ich komme nach. Ich stoße mit den Meinigen zu Ihnen. Wie es jetzt steht, wird der Kaiser einstweilen abtreten. Man wird eine interimistische Regierung bilden. Es wird ein Wenig Anarchie geben, und dies benutzen wir. Messieurs, kommen Sie mit mir hinab in die Gewölbe, damit Sie sich für den heutigen Abend orientiren!"

Einige der Aufgeforderten erhoben sich und schritten nach der Thür; der Alte aber sagte:

"Nein, nicht dort hinaus. Es giebt einen anderen Weg. Folgen Sie mir hier durch die Tapetenthür!"

Er verschloß die Eingangsthür von innen und öffnete dann den geheimen Zugang nach den verborgenen Treppen. Er trat den Anderen voran hinaus.

"Halt! Pst!" machte er es und horchte gespannt nach unten. Dann fügte er hinzu: "War es mir doch, als ob Jemand da unten über die Stufen lief. Aber hier kann doch kein Mensch sein. Also gehen wir weiter. Ich werde Sie dann durch das Waldloch entlassen."

Und doch hatte er sich nicht geirrt.

Königsau war in die geheimnißvollen Gänge eingedrungen, um sie seinen Begleitern zu zeigen. Damit fertig, ließ er sie im hintersten Gange warten und begab sich mit Fritz nach dem Innern des Schloßgebäudes. Er wollte gern wissen, wo sich der alte Capitän befand.

Die Beiden erreichten die Wohnung des Letzteren und waren so glücklich, draußen vor der dünnen Holztäfelung stehend, die Unterredung, welche drin im Zimmer stattfand, zu belauschen. Sobald sie hörten, daß der Alte in die Gewölbe wollte, entfernten sie sich. Aber das ging doch nicht so schnell, wie sie dachten. Königsau wäre gewiß

rascher entkommen; Fritz aber war mit der Treppe nicht so vertraut und tastete sich zu langsam hinab. Unten stolperte er sogar. Königsau durfte ihn nicht zurücklassen und faßte ihn bei der Hand. Da hörten sie das "Halt! Pst!" des Alten.

"Stehen bleiben!" raunte Königsau dem Gefährten zu.

Sie vernahmen nun ganz deutlich, was der Capitän dann sagte, und als sie die Schritte der Franzosen wieder hörten, eilten sie weiter. Dies ging jetzt, wo es keine Stufen mehr gab, schneller von Statten. Der Capitän konnte mit seinen Begleitern nur langsam weiter. Darum hatten die Beiden bald einen Vorsprung erhalten, der sie in Sicherheit brachte.

Als sie dann später wieder auf die Anderen stießen, gab ihnen der Major den Befehl, ihm zu folgen.

Er führte sie durch den Gang, dessen Ausgang in das Waldloch mündete. Natürlich brachten sie die Verschlüsse hinter sich, wieder so in Ordnung, daß nichts von ihrer Anwesenheit bemerkt werden konnte.

Als sie im Freien angekommen waren, sagte Königsau:

"Es sind also noch Mehrere bei ihm. Er wird sie hier herauslassen. Ich möchte gern wissen, was gesprochen wird. Beim Abschied pflegt man ganz unabsichtlich eine Resumption des geendeten Gespräches zu geben; ich hoffe also, irgend Etwas zu erlauschen, woraus ich auf die Dispositionen schließen kann, welche der Capitän für den heutigen Abend getroffen hat."

"Das ist gefährlich!" bemerkte einer der Herren.

"Nicht so sehr, wie Sie denken. Hier, gerade über dem Loche giebt es ein Brombeergestrüpp. Darin verberge ich mich sehr leicht."

"In diesen Dornen!"

"Ja. Sie sind zwar meinem Anzuge gefährlich, meiner Absicht aber sehr förderlich. Mit Ihrer Hilfe kann ich mich so verbergen, daß man mich gar nicht zu bemerken vermag. Sie brauchen nur ein Wenig nachzuhelfen."

"Wo warten wir?"

"Da oben in dem Buchengestrüpp. Sollte ich ja in Gefahr gerathen, so schieße ich meinen Revolver ab und Sie eilen zu meiner Hilfe herbei."

Die Dornzweige wurden möglichst auseinander gezogen und dann über Königsau, nachdem derselbe sich auf den Boden gelegt hatte, wieder so geschlossen, daß er gar nicht zu sehen war. Dann zogen sich die Andern zurück.

Als sie es sich in dem dichten Buchengebüsch so bequem wie möglich gemacht hatten, wurde das Ergebniß der Untersuchung der unterirdischen Gänge leise besprochen. Bei dieser Gelegenheit bemerkte Einer:

"Ein schneidiger Kerl, dieser Major Königsau! Und Sie, Kamerad, sind Wachtmeister in seiner Schwadron gewesen?"

Diese Worte waren an Fritz gerichtet.

"Ja," antwortete er. "Sein Wachtmeister und sein Freund, wie ich wohl sagen darf."

"Donnerwetter! Der Sohn eines General von Goldberg und Wachtmeister! Das ist unbegreiflich!"

"Ah, Sie kennen diese Verhältnisse nicht?"

"Nein, Kamerad. Bedenken Sie, daß Sie mit Königsau zu einem anderen Regimente gehören."

"Nun, so will ich Ihnen sagen, daß ich als Kind

meinen Eltern geraubt wurde. Später diente ich unter Königsau, welcher, ohne daß wir Beide es ahnten, mein Verwandter, mein Cousin, war. Hier in Ortry kamen wir zufälliger Weise hinter das Geheimniß. Der Kerl, welcher mich geraubt hatte, wurde gefangen und mit List über die Grenze und dann als Gefangener nach Berlin gebracht. Dort wurde er so scharf vernommen, daß er nicht mehr leugnen konnte, und so gestand er nicht nur, sondern er bewies auch, daß ich der geraubte Sohn des Generales bin."

„Sapperment! Höchst interessant! Was sagten denn da Ihre Eltern?"

„Ist das nicht eine wunderbare Frage, Herr Kamerad? Lassen Sie uns jetzt an die Gegenwart denken! Aus dem Wachtmeister Fritz Schneeberg, der stets seine Pflicht gethan hat, ist der Lieutenant Friedrich von Goldberg geworden, welcher sich keiner Nachlässigkeit schuldig machen will. Geben wir also auf den Major acht!"

„Dieser hatte unter seinen Dornen eine wahre Geduldsprobe abzulegen. Es dauerte sehr, sehr lange, ehe er die Ankunft der Franctireurs bemerkte. Endlich glaubte er unter sich ein Geräusch zu vernehmen, und gleich darauf wurde der Stein von dem Loche, welches den Ausgang bildete, entfernt.

Die Männer traten hervor.

„Also, haben Sie sich Alles gemerkt, Messieurs?" fragte der Alte. „Sie speisen heute mit mir zu Abend, und Punkt zwölf Uhr begeben wir uns in das Gewölbe. Sie, Levers, können allerdings nicht mit am Mahle theilnehmen, da Sie die Versammelten hier zu erwarten und durch diesen Eingang zu dirigiren haben.

(Fortsetzung folgt.)

Die Liebe des Ulanen.
Original-Roman aus der Zeit des deutsch-französischen Krieges von Karl May.
(Fortsetzung.)

Der Capitain Richemonte unterbrach plötzlich seinen Vortrag, der er an die Führer der Franctireur's hielt. Es war ihm, als ob er von außerhalb ein Geräusch vernommen, und horchte aufmerksamer, es blieb aber still in der Umgebung.

Nach einigen Minuten setzte er den unterbrochenen Vortrag fort, und verordnete, zu Levers gewandt:

„Sie verschließen den Zugang natürlich wieder und bringen die Leute alle in das große Gewölbe, in welchem die Garderobevorräthe aufgestapelt liegen. Die Leute müssen zunächst eingekleidet werden, ehe sie Waffen bekommen. Jeder erhält eine Blouse und ein Käppi. Ich lasse jetzt dieses Gewölbe offen, und Sie können, falls ich nicht gleich erscheine, die Einkleidung immer beginnen lassen. So, das ist Alles, was ich noch zu sagen habe. Adieu, Messieurs!"

Er gab ihnen die Hand und sie gingen. Nur Zwei blieben bei ihm zurück, nämlich Verteu und Ribeau. Der Erstere wartete, bis sich die Anderen alle entfernt hatten. Dann sagte er:

„Wann darf ich erwarten, Sie in Fleurelle zu sehen, Herr Capitän?"

„Möglichst bald. Auf dieser Seite der Mosel ist für uns nichts zu thun. Noch bleibt uns der Weg über Briey offen, und den werden wir benutzen. Wir marschiren noch während der Nacht fort. Die Schnelligkeit unseres Marsches aber hängt von Umständen ab, die ich noch nicht kenne."

„Und ich soll mich unter allen Umständen des Schlosses Malineau bemächtigen?"

„Ja. Auf alle Fälle."

„Welchen Vorwand habe ich? Es gehört dem Grafen Latreau, der französischer General ist."

„Pah! General außer Dienst."

„Aber doch Offizier."

„Nun, ein Grund ist sehr leicht gefunden. Sie haben gehört, daß die Deutschen sich des Schlosses bemächtigen wollen, und so kommen Sie, es zu vertheidigen."

„Hm, ja! Auf diese Weise bin ich der Beschützer des Schlosses und der Damen."

„Diese Letzteren brauchen, bis ich komme, gar nicht zu bemerken, daß sie Ihre Gefangenen sind."

„Natürlich. Aber wie nun, wenn sich bereits reguläires Militär in der Nähe oder gar im Schlosse selbst befindet? Dann kann ich doch nicht verlangen, daß das Commando mir übergeben wird."

„Allerdings nicht. In diesem Falle haben Sie nur zu beobachten, daß meine Enkelin und diese Liama sich nicht entfernen. Das Weitere werde ich dann bestimmen, wenn ich angekommen bin. Haben Sie sonst noch eine Frage oder eine Erkundigung?"

„Nein. Ich hoffe ja, daß wir uns bald wiedersehen!"

„Jedenfalls. Adieu für jetzt!"

„Adieu, Herr Capitän!"

Die beiden Freunde gingen und der Capitän zog sich in das Innere des Ganges zurück.

Nun wandt Königsau sich vorsichtig aus den Dornen hervor und begab sich zu den auf ihn wartenden Kameraden, denen er mittheilte, daß sie nun in den Thalkessel zurückkehren könnten, da der Zweck der gegenwärtigen Recognition erreicht worden sei.

Er schritt mit Schneeberg voran, da sie Beide ja die Gegend kannten.

Ein Fehler ist es freilich, den braven Fritz noch Schneeberg zu nennen; denn er war von dem Generale von Goldberg als Sohn anerkannt worden. Königsau hatte mit dem

35.

36.

gefangenen Seiltänzer eine förmliche Revolution in dem Familienleben seiner Verwandten hervorgerufen. Freilich war davon nicht viel in die große Oeffentlichkeit gedrungen. Die politischen und kriegerischen Ereignisse der Gegenwart hatten alles Interesse in der Weise absorbirt, daß das endliche Auffinden eines der verschollenen Söhne des Generals fast gar nicht beachtet worden war.

Desto größer allerdings war die Erregung im Kreise der Familie geworden. Das einzige nach außen hingehende Ereigniß war die Ernennung Fritzens zum Lieutenant gewesen.

Er hatte allerdings einen Vornamen zu tragen; da er aber an seinen bisherigen so gewöhnt war, hatte man beschlossen, ihn beizubehalten.

Königsau verkehrte natürlich mit ihm in noch viel vertraulicherer Weise als früher. Sie durften sich nun Du nennen, und es war für den für seine Dienste zum Major ernannten Rittmeister eine herzliche Genugthuung, den Freund, welchem er bereits früher so zugethan war, nun auch jetzt noch bei sich haben zu können.

Während sie jetzt, gefolgt von den Anderen, neben einander herschritten, fragte Fritz:

„Hast Du Deine Dispositionen für den Abend bereits getroffen, Richardt?"

„Ja. Wir werden ein Wenig Comödie spielen."

„Hm! Wieso?"

„Nun, der Alte kennt und — haßt Dich."

„Das ist freilich wahr."

„Mich aber noch viel mehr."

„Das ist noch wahrer."

„So machen wir ihm die freudige Ueberraschung eines Besuches."

„Doch nicht etwa gerade dann, wenn er mit seinen sauberen Kameraden bei Tafel sitzt."

„Doch, gerade dann."

„Hm! Wo wird er speisen?"

„Im Speisesaale keinesfalls. Diese Männer haben Vieles zu besprechen. Er wird in seiner Wohnung serviren lassen."

„Das wird allerdings eine sehr hübsche Ueberraschung werden."

„Fast so groß wie die Ueberraschung, welche Deine Nanon hatte, als ich Dich als meinen Cousin vorstellte."

„Das gute Kind! Wo wird sie sich befinden?"

„Irgendwo beim Heere. Ich achte den Entschluß, mit ihrer Schwester unsern siegreichen Truppen als Krankenpflegerin zu folgen. Du wirst mit diesem Mädchen jedenfalls glücklich sein."

„Ich bin es überzeugt. Sapperment, wenn ich daran denke! Da unten im Walde trafen wir uns. Ich sang: „Zieht im Herbst die Lerche fort!" Dann setzte sie sich auf meinen Pflanzensack und guckte mich mit so lieben Augen an, daß mir Hören und Sehen verging."

„Beneidenswerther!"

„So? Bist etwa Du zu beklagen?"

„Hm! Du hast ja gehört, in welcher Gefahr sich Marion befindet. Und ich bin nicht bei ihr!"

„Du machst Dich aber schleunigst hin!"

„Werde ich Erlaubniß bekommen?"

„Allemal!"

„Ich habe morgen Abend in St. Barbe einzutreffen. Ist es möglich, so bin ich eher dort. Und sollte ich ein Pferd todt reiten, obgleich ich sonst kein Schinder bin."

„Ich bin bei Dir. Giebt man Dir die Erlaubniß, wird man sie mir wohl nicht versagen. Du hast Dich so verdient gemacht, daß man moralisch gezwungen ist, Deine Bitte zu berücksichtigen."

„Wenn unser linker Flügel weit genug vorgeschoben ist, wird man mir die Erlaubniß allerdings nicht verweigern. Und dann, dann —"

„Dann werden wir zwei ernste Wörtchen mit diesem Berteu und seinem Freunde Ribeau sprechen," fiel Fritz ein. „Diese Kerls haben es verdient!" —

Der Tag verging, und es wurde Abend. Neun Uhr war vorüber; da regte sich ein eigenthümliches, geheimnißvolles Leben in demjenigen Theile des Waldes, welcher in der Nähe des alten Klosters lag.

Aus dem schmalen Waldwege, welcher von Osten her auf die Ruine mündete, drangen zwei Schwadronen Ulanen und dann eine Compagnie Jäger hervor. Die Ersteren erhielten Befehl, hier halten zu bleiben, dann aber zur geeigneten Zeit aufzubrechen, so daß zehn Minuten nach zwölf Uhr Schloß Ortry von ihnen in der Weise umringt sei, daß Niemand von dort entkommen könne.

Die Jäger aber folgten ihren Officieren in das Innere der Ruine. Dort wurden die mitgebrachten Leuchten entzündet, und die braven Leute drangen nun durch den Gang ein, durch welchen sich Fritz damals in den Versammlungssaal gewagt hatte.

Nachdem sie diesen Letzteren erreicht hatten, wurden sie von Königsau, welcher ja überall öffnen konnte, weiter in das Innere der Gewölbe geführt. Beim Kreuzpunkte der vier Gänge blieb er stehen. Die Offiziere der Compagnie standen hinter ihm.

„Meine Herren," sagte er; „Sie sehen hier diese offene Thür. Sie führt in das Gewölbe, in welchem sich die fünfhundert Menschen ihre Blousen und Käppis holen sollen. Sie kommen ohne Waffen; sie sollen erst dann, wenn sie eingekleidet sind, bewaffnet werden. Dazu aber dürfen wir es nicht kommen lassen. Wir nehmen sie, ehe sie diese Gewölbe verlassen, gefangen. Um das mit Sicherheit thun zu können, müssen wir sie einschließen. Ich öffne Ihnen die Thüren der beiden Gewölbe, welche zu beiden Seiten des Garderobemagazins liegen; dort verstecken Sie sich, Herr Hauptmann, Herr Oberlieutenant. — Ich werde zur rechten Zeit erscheinen, um das Signal zu geben. Sie behalten Ihre Thüren offen, aber so, daß man von Außen nichts bemerkt. Ich werde, wenn ich komme, bei Ihnen, Herr Oberlieutenant, leise anklopfen und meinen Namen nennen. Jetzt kommen Sie!"

Er öffnete die beiden Thüren, und die Gewölbe wurden besetzt, worauf man die Thüren von innen zuzog.

Er hatte sich nur zehn Mann von der Compagnie zurückbehalten; diese waren im Gange bei ihm und Fritz geblieben. Er gab einen Wink und führte sie nach dem Schlosse zu. Unter dem Gartenhause angekommen, zog er seine Uhr und warf einen Blick auf das Zifferblatt.

„Dreiviertel elf Uhr," sagte er. „Wir haben länger gebraucht als ich dachte. Jetzt kannst Du an die Oberwelt steigen. Ich werde Alles hören."

Fritz, der mit den Heimlichkeiten des Gartenhauses vertraut war, stieg hinauf, während Königsau mit den Soldaten den Weg fortsetzte.

Bei den geheimen Treppen angekommen, gab er strengen Befehl, jedes, auch das geringste Geräusch, zu vermeiden, und stieg mit ihnen empor.

Nur er hatte ein Licht. Die Leute trugen schwere Stiefel und übrigens auch ihre ganze Ausrüstung. Es war also für sie keine Kleinigkeit, ihm so geräuschlos, wie er es verlangte, zu folgen. Sie tasteten sich nur höchst langsam vorwärts, und als sie oben neben ihm standen, konnte es wohl schon halb zwölf Uhr sein.

Als sie nun so lautlos neben einander standen, hörten sie laute Stimmen.

„Sie sind da!" flüsterte der Major ihnen zu. „Ich werde zuerst allein eintreten; sobald ich aber Ihren Namen nenne, Sergeant, folgen Sie nach. Wer Widerstand leistet, bekommt eine Kugel. Nur den alten Graubärtigen schont mir; den muß ich lebendig haben."

Fritz war durch den Park in den Garten gelangt und ging von da aus zunächst in das Freie, um die bestimmte Zeit abzuwarten. Er sah die Fenster des Capitäns erleuchtet und flüsterte vor sich hin:

„Ganz genau so, wie Richard dachte! Bin doch neugierig, was der Alte sagen wird."

Als halb zwölf Uhr vorüber war, begab er sich an das große Thor des Hofes. Es stand offen, jedenfalls auf besonderen Befehl des Capitäns. Er trat ein. Es war kein Mensch zu sehen. Darum ging er über den Hof hinweg und stieg die breite Freitreppe hinauf. Erst oben trat ihm ein Diener entgegen, der ihn ganz erstaunt betrachtete.

„Was wollen Sie so spät?" fragte er.

„Ich muß zum Herrn Capitän."

„Unmöglich! Jetzt ist keine Audienzzeit!"

„O doch! Der Herr Capitän ertheilt ja Audienz!"

„Das sind Herren, welche — welche —"

„Zu welchen auch ich gehöre!"

„Ach so! Da muß ich Sie anmelden."

„Das ist nicht nöthig. Ich bin für jetzt bestellt und habe strengen Befehl, mich nicht anmelden zu lassen."

Er schob den Diener zur Seite und ging weiter. Der Lakai blickte ihm verdutzt nach und brummte:

„Sonderbar! War das nicht der Kräutermann des Doctor Bertrand? Der ist auch ein Vertrauter des Capitäns? Wer hätte das gedacht! Hm, hm!"

An der Thür des Capitäns angekommen, klopfte er an und trat, als er die laute Antwort des Alten hörte, ein.

Dieser Letztere mochte geglaubt haben, daß es der Diener sei, aber als er Fritz erblickte, machte er ein im höchsten Grade erstauntes Gesicht und sagte:

„Was! Wer hat Ihnen erlaubt, hier einzutreten?"

„Entschuldigung, Herr Capitän!" sagte Fritz in höflichem Tone. „Ich habe Ihnen eine wichtige Botschaft zu bringen."

„Sie mir! Sind Sie nicht der — der Kräutersammler des Doctor Bertrand?"

„Ja."

„Und Sie wagen sich zu mir!"

„Warum sollte ich nicht?"

„Das ist stark! Was haben Sie mir zu sagen?"

„Ich komme in einer sehr freundlichen Absicht und verdiene den feindseligen Empfang nicht, den ich hier finde!"

„So lassen Sie mich Ihre freundliche Absicht kennen lernen!"

„Ich soll Sie warnen."

„Ah! Vor wem oder was?"

„Vor einem gewissen Doctor Müller."

„Sapperment! Was ist's mit diesem?"

„Er sinnt auf Rache."

„Das weiß ich. Wissen Sie vielleicht, wo er sich befindet?"

„Er soll sich in der Nähe des Schlosses herumtreiben."

„O, er wird wohl an einem ganz anderen Orte sein, an einem Orte, den ich kenne."

„Schwerlich!"

„Pah! Ich weiß das besser als Sie. Er ist da, wo sich Mademoiselle Marion befindet. Aber wir werden ihn zu treffen wissen. Wie aber kommt es, daß Sie, grade Sie mich warnen? Wer hat Sie geschickt?"

„Rathen Sie!"

„Fällt mir nicht ein!"

Er war von seinem Stuhle aufgestanden, ging an Fritz vorüber nach der Thür, öffnete, zog draußen den Schlüssel ab und verschloß dann die Thür von innen. Den Schlüssel steckte er ein, zog ein höhnisch grinsendes Gesicht und sagte:

„Sie merken jetzt wohl, wie dumm Sie sind?"

„Ich? Dumm?" fragte Fritz.

„Ja, riesig dumm! Sie sind grade zu in die Höhle des Löwen gelaufen, der Sie verschlingen wird."

„Des Löwen? Habe keine Ahnung! Wer soll das sein?"

„Ich!"

„Sie?" meinte Fritz in äußerst gemüthlichem Tone. „Sie wollen mich verschlingen? Gehen Sie; dazu sind Sie viel zu gut und freundlich! Uebrigens glaube ich nicht, daß ich so sehr appetitlich bin, daß es Ihnen nach mir gelüstet!"

„O, es gelüstet mir doch sehr nach Ihnen. Sie sind mir längst verdächtig gewesen. Ich bemächtige mich Ihrer Person, Sie sind mein Gefangener!"

„Was! Gefangener soll ich sein?"

„Ja."

„Der Ihrige?"

„Sie hören es ja!"

„Das ist aber doch die höchst verkehrte Welt!"

„Ah! Wieso?"

„Sie sind ja mein Gefangener!"

„Ich? Der Ihrige? Mensch, sind Sie verrückt?"

„Das scheint Ihnen auch noch unglaublich? Sie denken, weil Sie den Schlüssel abgezogen haben, bin ich Ihr Gefangener? O, mir ist es eben grad recht, daß Sie die Thür verschließen. Da können Sie mir nicht entkommen."

Der Alte stieß ein lautes, höhnisches Gelächter aus, in welches die Anderen einstimmten.

„Der Mensch ist wirklich übergeschnappt," sagte er.

„Oder spielt er nur den Verrückten, um loszukommen. Aber da hat er sich verrechnet. Wir werden ihn einschließen."

„Wohl da, wo die Zofe gesteckt hat?" fragte Fritz.

Der Alte horchte auf.

„Welche Zofe?" fragte er.

„Ich meine dasselbe Loch, in welches auch Deep=hill eingesperrt worden ist."

„Hölle und Teufel! Was wissen Sie davon?"

„Oder meinen Sie das Loch, in welchem Herr von Königsau steckte, oder dasjenige, in welches einst ein kleiner, dicker Maler eingesperrt wurde?"

Da sprang der Alte auf ihn zu, faßte ihn bei der Brust und brüllte voller Wuth:

„Ah, habe ich endlich den Kerl! Hallunke, jetzt sollst Du mir beichten, auf welche Weise —"

Er sprach nicht weiter. Fritz hatte ihn bei der Gurgel gepackt, hob ihn empor und setzte ihn auf den nächsten Stuhl. Das ging so schnell, daß die Anderen gar nicht Zeit fanden, dem Alten beizuspringen.

„Armer Teufel! Mich bei der Brust zu fassen!" sagte er. „So einen alten Gardecapitän drückt man ja mit einer einzigen Hand zu Syrup! Und Sie, meine Herren, bleiben Sie ruhig sitzen, sonst geschieht Ihnen Etwas, was Sie auf die Dauer nicht vertragen können!"

„Schurke!" stöhnte der Capitän, indem er sich wieder von seinem Sitze erhob. „Ich lasse Dich fuchteln, zu Tode fuchteln! Du sollst mir — Tod und Verdammen — wer ist das? Wer hat hier —"

Das Wort blieb ihm im Munde stecken. Die Wand hatte sich geöffnet, und Königsau war eingetreten.

„Guten Abend, Herr Capitän!" grüßte er höflich.

„Was — was —— was —" stammelte der Alte, der vor Schreck weiter keine Worte fand.

„Was das ist?" fragte Königsau. „Besuch ist es!"

Da gewann der Capitän wieder die Herrschaft über seinen Schreck. Sein Auge leuchtete tückisch auf, und seine langen, gelben Zähne nagten an dem weißen Barte.

„Schön!" sagte er. „Besser konnte es nicht kommen! Die Vögel haben sich gefangen. Verdacht hatte ich bereits damals. Jetzt aber weiß ich bestimmt, wer mir mein Haus durchspionirte. Aber Sie sind heute, da Sie heimlich zurückkehrten, in Ihr eigenes Verderben gerannt. Hier hinaus" — er deutete nach der Thür — „hier hinaus können Sie nicht, und da, wo Sie jetzt eingetreten sind, noch viel weniger."

„Wer wollte es mir verwehren?"

„Ich!"

„Pah! Sie alter, schwacher Mann!"

„Lachen Sie! Sie sind ein Spion. Ich aber will Ihnen sagen, daß Sie noch heute Nacht aufgeknüpft werden. Da unten harren fünfhundert Mann tapferer französischer Krieger. Ihnen laufen Sie in die Arme?"

„Französische? Hm! Das machen Sie mir nicht weiß."

„Sie werden sie sehen!"

„Na, da werde ich Ihnen die tapferen, französischen Krieger zeigen, welche da unten warten! Sergeant Baumann, herein!"

Im nächsten Augenblick standen zehn preußische Jäger längs der Hinterwand postirt, die Läufe der schußfertigen Gewehre auf die Franzosen gerichtet.

„Nun, Herr Capitän, was sagen Sie zu diesen tapferen Franzosen? Bitte, antworten Sie!"

Ein lautes Stöhnen war zu hören, weiter nichts. Die Augen schienen dem Alten aus dem Kopfe treten zu wollen; er fand keine Worte. Er bot einen schrecklichen Anblick dar. Er sah aus wie Einer, den der Schlag im nächsten Augenblicke treffen muß. Er rang nach Athem, und endlich, endlich stieß er einen lauten Schrei hervor.

„So sieht Einer aus, den der Teufel holt!" sagte Fritz, auf den Capitän deutend.

Das aber gab diesem sofort die Fassung wieder.

„Hund!" brüllte er. „Sag das noch einmal, und ich zermalme Dich!"

Auch die anderen Franzosen traten um einen Schritt näher. Sie vergaßen um des Alten willen für einen Augenblick die drohend auf sie gerichteten Gewehrläufe.

„Halt! Bewegt Euch nicht!" gebot Königsau. „Ein Wink von mir, und zehn Schüsse krachen! Und damit der Herr Capitän Richemonte nicht zweifeln kann, daß es mir Ernst ist, so will ich ihm sagen, daß ich eigentlich nicht Müller heiße. Mein Name ist Richardt von Königsau, Major im königlich preußischen Gardeulanenregimente. Und hier steht Friedrich von Goldberg, mein Kamerad."

„Ein — ein — buckeliger Major!" stieß der Alte hervor, indem er aber doch vor Schreck auf den Stuhl sank.

„Pah! Der Buckel wird von jetzt an verschwinden. Aber horch! Fritz, geh hinab! Sie sind da!"

Von unten herauf ertönte Pferdegetrappel. Der Lieutenant entfernte sich und kehrte nach wenigen Augenblicken mit einem Ulanenrittmeister zurück. Dieser salutirte vor Königsau und meldete:

Schloß Ortry von allen Seiten cernirt, Herr Major — zehn Minuten nach Zwölf."

„Schön, Herr Rittmeister! Sie sind pünktlich. Danke! Bringen Sie mir diese Leute hier herunter in den Speisesaal. Ich werde dafür sorgen, daß auch die anderen Bewohner des Schlosses da erscheinen."

Er ging mit Fritz. Während dieser auf seinen Befehl die Dienerschaft zusammencommandirte, begab er selbst sich zu der Baronin. Sie befand sich in ihrem Gemache und war an das Fenster getreten. Sie war überzeugt, daß französische Reiter angekommen seien, erstaunte daher nicht wenig, als sie Königsau eintreten sah.

„Doctor Müller!" stieß sie hervor.

„Einstweilen mag ich das noch sein. Wo ist Ihr Sohn?"

„Er schläft."

„So mag er noch weiter schlafen. Sie aber kommen mit."

Er bot ihr den Arm.

„Was fällt Ihnen ein?" sagte sie.

„Mir fällt ein, daß Sie mir zu gehorchen haben. Vorwärts!"

Er ergriff ihren Arm und hielt diesen so rücksichtslos fest, daß sie mit ihm gehen mußte. Als er mit ihr in den Saal trat, wurden durch die andere Thür die übrigen Gefangenen hereingeführt. Königsau zählte sie durch und fand, daß Niemand fehlte.

„Herr Rittmeister, bitte, nehmen Sie die Versammlung unter ihre eigene Obhut, bis ich zurückkehre! Es darf Niemand entkommen! Folge mir, Fritz."

Er entfernte sich mit dem Lieutenant, kehrte in das Zimmer des Alten zurück und von da aus stiegen sie in den Gang hinab; dieses Mal ohne Licht.

Als sie ihr Ziel fast erreicht hatten, vernahmen sie ein dumpfes Stimmengewirr.

"Sie sind versammelt," meinte Fritz.

"Und zwar scheinen Alle sich im Gewölbe zu befinden. Es ist im Gang vollständig finster. Wir werden also leichte Arbeit haben.

Sie schlichen weiter bis zur nächsten Thür. Dort klopfte Richardt von Königsau an und nannte leise seinen Namen. Sofort wurde geöffnet und der Oberlieutenant trat heraus.

"Alles bereit und in Ordnung," meldete er.

"Schön! Nähern Sie sich mit den Ihrigen so leise wie möglich dem Gewölbe. Ich werde den Herrn Hauptmann holen."

Er gab dort dasselbe Zeichen und nun kamen die Jäger von beiden Seiten herbei. Er trat zu der angelehnten Thür des Gewölbes und warf einen Blick hinein.

Der Raum war sehr, sehr groß. Er bildete einen Saal von bedeutender Länge und Breite. An der hintern Wand standen eine Menge Kisten, welche jetzt geöffnet waren. Fünfhundert Menschen bildeten die verschiedensten, oft wahrhaft lächerlichen Gruppen. Man theilte sich in die Blousen und Kopfbedeckungen.

"Man beachtet den Eingang gar nicht," sagte er. "Soll ich Ihnen die Sache überlassen, Herr Hauptmann?"

"Ich bitte darum!"

"Gut. Ich werde hier warten!"

Er trat mit Fritz weiter zurück, um den Jägern Raum zu lassen. Ein leises Commando des Offiziers, und die Jäger marschirten mit dumpf im Tackte klingenden Schritten in den Saal. Die beiden im Gange stehenden hörten vielstimmige Rufe, ein wirres Getöse, welches aber von der Stimme des Hauptmannes übertönt wurde. Dieser Letztere trat nach kurzer Zeit heraus und meldete, daß Alles in Ordnung sei. Die unbewaffneten Franzosen hatten sich in ihr Schicksal ergeben.

"Nehmen Sie Ihre braven Burschen wieder heraus! Hier ist der Schlüssel zur Thür; er schließt auch alles Andere. Lassen Sie den Eingang verrammeln. Material dazu finden Sie in jedem andern Raum. Im Uebrigen haben Sie Ihre Instruction. Der Kamerad, welcher sich als Wächter hier befand, wird Ihnen jede gewünschte Auskunft ertheilen. Gute Nacht!"

Er ging mit Fritz. Sie kehrten durch das Zimmer des Capitäns nach dem Speisesaale zurück. Dort herrschte große Aufregung. Der —— Capitän war fort.

Der Rittmeister selbst hatte ihn mit bewacht. Zehn Jäger und mehrere Ulanen hatten sich im Saale befunden. Der Alte hatte sich ganz bewegungslos verhalten, war aber plötzlich auf und nach dem Kamin gesprungen. Die Mauer hatte sich geöffnet und im nächsten Augenblicke hinter ihm geschlossen.

Das war nun freilich eine höchst unangenehme Botschaft. Eben wollte Königsau zum Kamin treten, da hörte man draußen einen Schuß, dann noch einen.

"Ob er das war?" fragte Fritz.

"Möglich!" antwortete der Major.

Dann trat er an den Kamin.

"Hat man hier untersucht?" fragte er den Sergeanten.

"Ja, Herr Major. Aber der Herr Rittmeister hat nicht entdecken können, wie man da öffnen kann."

"Wo ist er jetzt."

"Er ging selbst, um den Cordon fester schließen zu lassen."

"Bewachen Sie die Uebrigen gut. Ich kehre bald wieder."

Er fand ganz die Vorrichtung wie bei den anderen geheimen Thüren, ergriff ein Licht, winkte Fritz und öffnete. Sie traten durch die Oeffnung und verschlossen sie hinter sich wieder.

"Ah, auch eine Treppe!" meinte Fritz.

"Sie kann aber nicht nach dem Gange führen, der mir bekannt ist. Ich müßte sie sonst entdeckt haben."

Sie stiegen hinab, gelangten allerdings in einen schmalen Gang, aber dieser führte zu einer niedrigen, eisernen Thür, welche nur angelehnt war. Als sie hinaustraten, befanden sie sich im Hofe des Schlosses.

"Wie dumm, wie dumm!" meinte Königsau. "Wer aber konnte ahnen, daß hier so eine Ausfallspforte sei. Ich habe sie wohl bemerkt, ihr aber keine Beachtung geschenkt."

In diesem Augenblicke kam der Rittmeister zum Thore herein. Er erblickte beim Scheine der brennenden Hoflaternen den Major, kam auf ihn zu, salutirte und meldete:

"Herr Oberstwachtmeister, der Capitän ist entkommen, doch ohne meine Schuld, wie ich bemerken möchte."

"Ich weiß es. Ich hätte den Saal untersuchen sollen. Hier durch dieses Pförtchen ist er in's Freie gelangt. Warum hat man geschossen?"

"Er hat sich durchgeschlichen. Die beiden Ulanen, zwischen denen er hindurchschlüpfen wollte, haben Feuer gegeben."

"Wurde er getroffen?"

"Ich weiß es nicht. Er scheint entkommen zu sein. Beim Aufblitzen der Schüsse haben Beide seinen grauen Bart und sein weißes Haar erkannt. Er ist es gewesen."

"Lassen Sie mit Laternen nach Blut suchen."

"Dürfen wir es wagen, Laternen sehen zu lassen?"

"Ja. Ich hoffe, nach ein Uhr Nachricht zu bekommen, daß Oberst von der Heidten uns von Thionville aus die Hand reicht. Er hat Befehl erhalten, im Geschwindmarsche heranzurücken. Ich kehre in den Saal zurück."

Der Rittmeister ging.

"Eine verteufelte Geschichte!" brummte Fritz.

"Allerdings. Unsere Aufgabe, die hiesigen Vorräthe zu fassen, ist glanzvoll gelöst. Dem Oberstcommandirenden kann es sehr gleichgiltig sein, daß der Alte entkommen ist. Aber in unsere Privatangelegenheit macht es uns einen Strich durch die so wohl angelegte Rechnung."

"Ich denke, er wird nach Malineau gehen."

"Ganz gewiß. Aber, wenn es mir möglich ist, soll ihm das nicht gelingen. Wir reiten nachher fort."

"Was geschieht mit der Baronin und ihrem Manne?"

"Sie bleiben hier gefangen. Ich werde die nöthigen Instructionen hinterlassen."

Kurz vor zwei Uhr kam eine Ordonnanz angeritten, welche nach dem Oberstwachtmeister von Königsau frug und

und diesem meldete, daß der Oberst von der Heidten Thionville gegenüber am diesseitigen Ufer der Mosel angekommen sei. Der Besitz von Ortry war gesichert.

Eine Stunde später verließen Königsau und Fritz von Goldberg das Schloß. Sie hatten einen weiten Ritt vor sich. — —

Es war am nächsten Tage, als eine Equipage vor dem Thore des Schlosses Malineau hielt. Der Graf von Latreau stieg aus und wurde von seiner Tochter auf das Herzlichste bewillkommnet. Er hatte Vater Main, seinen Gefangenen, nach Metz geschafft, um ihn der dasigen Behörde zu übergeben. Sein Abschied war für längere Zeit berechnet gewesen; darum hatte Ella ihn noch nicht zurück erwartet. Als sie ihm, auf seinem Zimmer angekommen, dies sagte, schüttelte er traurig den Kopf.

„Mein Kind, ich konnte nicht länger dort verweilen," erklärte er. „Es wäre mir sonst vielleicht unmöglich gewesen, vor Monaten zu Dir zurückzukehren."

„Warum?" fragte sie erstaunt.

„Ich bin zu alt, um persönlich in den Gang der Ereignisse einzugreifen. Ich konnte nur Rath geben! Man hat meine Ansichten berücksichtigt, so weit es möglich war; aber daß alle, alle, alle Schlachten und Gefechte für uns verloren gingen, das konnte man nicht wissen. Metz sieht einer schweren, langwierigen Belagerung entgegen. Ich habe es verlassen, um bei Dir zu sein. Bereits morgen vielleicht hätte ich nicht mehr zu Dir gelangen können."

„Mein Gott! So sind die Deutschen so nahe?"

„Ich befürchte, daß wir sie auch hier in Malineau sehen werden."

„Wie Du mich erschreckst!"

„Fürchte Dich nicht. Sie sind keine Barbaren. Nur kenntnißlose Leute können von ihnen als von halbwilden Leuten sprechen. Ich möchte mich fast schämen, wenn ich sage, daß wir sehr, sehr viel von ihnen lernen können. Gerade jetzt geben sie uns eine Lehre nach der anderen. Leider ist das Honorar, welches wir dafür zahlen müssen, ein so hohes, daß man weinen möchte — Menschenblut!"

Die Nachricht, welche er mitgebracht hatte, verbreitete sich schnell unter den übrigen Bewohnern des Schlosses. Sie war aufregend genug, und doch gab es drei Personen, welchen es nicht einfiel, ein Jammergeschrei anzustimmen, nämlich der Beschließer Melac mit Frau und Enkelin.

Diese Drei saßen noch spät am Abende beisammen. Alice befand sich bei ihnen. Sie sprachen natürlich über die Ereignisse der Gegenwart und tauschten ihre Meinungen darüber aus. Da klopfte es leise an den Laden.

Sie glaubten sich getäuscht zu haben; aber das Klopfen wiederholte sich. Melac öffnete das Fenster.

„Wer klopft?" fragte er.

„Bitte, öffnen Sie mir den Eingang, Monsieur Melac. Ich bin es. Martin, der Weinhändler."

„Ah, Martin!" rief Alice. „Geschwind, Monsieur, öffnen Sie; schnell, schnell!"

Der Alte schloß das Fenster, nickte ihr freundlich zu und sagte:

„Meine Beine sind alt und müde. Hier ist der Schlüssel. Oeffnen Sie ihm, Mademoiselle!"

Sie erröthete, ließ es sich aber nicht zweimal sagen.

Draußen im Flur brannte kein Licht mehr, denn die Herrschaften hatten sich bereits zur Ruhe begeben.

„Martin, wirklich?" fragte sie, indem sie öffnete.

„Ja. Ah, Du, mein Schwälbchen. Wart, her mit dem Schnäbelchen! So! Das war herzhaft! Noch einmal!"

„Nein, nein! Sie merken es sonst drin."

„Ist jemand Fremdes bei ihnen?"

„Nein."

„Das ist gut. Komm!"

Er trat mit ihr, nachdem das Thor verschlossen war, in die Stube. Erst jetzt bemerkte Alice, daß er den rechten Arm in einer Binde trug.

„Herr, mein Gott!" schrie sie auf. „Was ist mit Dir? Was hast Du gemacht?"

„Verwundet bin ich, mein Kind."

„Verwundet? Mein Heiland! Wenn ist denn das geschehen und wo? Ist's gefährlich?"

„Nein; an das Leben geht es nicht. Es ist weiter nichts, als ein tüchtiger Säbelhieb."

„Von wem denn?"

„Von einem preußischen Husaren."

„Der Unmensch der! O, diese Preußen! Diese Husaren! Und gar die Ulanen sollen noch schlimmer sein."

„Ja, Kind, das sagt man."

„Bist Du denn gut verbunden? Wird es wieder ganz, ganz heil werden?"

„Ja. Das Wundfieber ist vorüber. Ich lag im Lazareth. Da dachte ich an Dich und an den guten Papa Melac. Ich habe keinen Menschen, an den ich mich wenden kann und da dachte ich, Du gehst nach Malineau. Vielleicht erlaubt man Dir, dort zu bleiben, bis Du wieder eintreten kannst!"

„Natürlich, natürlich, mein bester Monsieur Martin!" sagte Melac eifrig. „Der gnädige Herr wird sich freuen und die gnädige Demoiselle auch. Sie spricht so gern von Ihnen und Monsieur Belmonte. Wie geht es ihm?"

„Danke, gut! Er steht bei meiner Schwadron."

„Er ist doch nicht etwa auch verwundet?"

„Nein. Er läßt Alle herzlichst grüßen. Eigentlich ist er es, welcher mich auf den Gedanken gebracht hat, nach Malineau zu gehen. Er sagte scherzend, daß er nachkommen werde, wenn er so eine Schramme bekäme wie ich."

„Davor wolle ihn unser Herrgott in Gnaden behüten!" sagte Frau Melac, indem sie die Hände faltete. „Sie aber, Monsieur Martin, sollen bei uns nach Kräften gepflegt werden. Ich gehe jetzt, um Ihnen das zweifenstrige Gaststübchen, welches da gleich neben unserer Wohnung liegt, zu öffnen."

„Ja, thue das, meine Liebe!" sagte ihr Mann. „Wir werden einstweilen — — ah, Monsieur Martin, das ist schade, jammerschade!"

„Was?"

„Daß Sie keinen Wein trinken dürfen."

„Warum nicht?"

„Sie sind ja blessirt, und ich weiß, daß Verwundete sich vor Wein und ähnlichem Getränke hüten müssen."

„Das liegt aber bei mir anders. Ich bin ja Weinhändler. Der Wein ist mir zur Nothwendigkeit geworden. Der Regimentsarzt, welcher mich behandelte, hat mir streng befohlen, ja nicht etwa dem Weine zu entsagen. Er meinte.

diese Abweichung von meinen Lebensgewohnheiten könne mir nur schaden. Wenn ich Wasser tränke, würden meine Säfte verderben; dann könne Blutvergiftung in die Wunde treten und ich wäre rettungslos verloren" —

"Herr Jesus!" rief Alice, indem sie einen sehr rührend bittenden Blick auf Melac warf.

Dieser nickte ihr beruhigend zu und sagte:

"Wenn so ein Arzt dies sagt, so müssen Sie gehorchen. Ich werde also eine Flasche holen, und während wir trinken und dabei eine Cigarre rauchen, werden Sie die Güte haben, uns vom Kriege zu erzählen."

Das geschah. Sie saßen noch lange Zeit beisammen und Martin erzählte. Er schimpfte mit Herzenslust auf die verhaßten Deutschen und mußte fast gezwungen werden, endlich das Bett aufzusuchen.

Als die Familie Melac sich allein befand, fragte die Mama:

"Höre, meinst Du, daß die Deutschen wirklich so schlimm sind, Vater?"

"Nein. Dieser Monsieur Martin zürnt ihnen, daß er von ihnen verwundet worden ist. Er ist ein Provençale, und diese Südländer tragen immer in starken Farben auf. Ich hoffe zu Gott, daß die Deutschen siegen werden!"

Erst am andern Morgen konnte es dem Grafen gemeldet werden, daß sich ein Verwundeter im Schlosse befinde. Als er erfuhr, wer dieser war, belobte er Melac, ihn aufgenommen zu haben. Er ließ sogar Martin zu sich kommen und lud ihn zur Tafel ein, wo Alice ihn speisen mußte wie eine Mutter ihr unbehilfliches Kindchen.

Nach der Mittagszeit ließ sich ein ununterbrochenes, dumpfes Rollen vernehmen, fast so, als ob ein Erdbeben stattfinde. Als Ella fragte, erklärte der Graf:

"Das ist Kanonendonner, mein Kind."

"Also eine Schlacht?"

"Ja, und zwar eine bedeutende, eine fürchterliche. Dieses Rollen wird hervorgebracht durch hunderte von Geschützen. Gott möge uns in Gnaden bewahren, daß das Morden nicht auch in diese Gegend komme."

Der ganze Tag wurde in ängstlicher Erwartung verbracht. Der General sandte Boten aus, um Erkundigungen einzuziehen, konnte aber nichts Gewisses erfahren.

Wohl über neun Stunden lang hatte der Kanonendonner gewährt; da endlich schwieg er. Der General saß mit Ella Marion und Alice beim Abendmahle. Liama war nicht zugegen; sie pflegte ihr Zimmer nur auf Minuten zu verlassen.

Die am ganzen Tage gehegte Besorgniß war gewichen. Man begann, sich freier zu unterhalten. Da trat der Diener ein und meldete Herrn Berteu.

"Berteu?" fragte der Graf. "Welcher Berteu?"

"Der unserige, Excellenz."

"Der Sohn des todten Verwalters?"

"Ja."

"Für ihn bin ich nicht zu sprechen."

"Er behauptet in einer höchst wichtigen Angelegenheit, die nicht aufgeschoben werden könne, zu kommen."

"Und wenn sie für ihn noch so wichtig ist. Für mich kann nichts so wichtig sein, daß es mich veranlassen kann, einen solchen Menschen zu empfangen."

Der Diener ging, kehrte aber sofort zurück.

"Verzeihung, Excellenz!" Er läßt sich wirklich nicht abweisen."

"Wirf ihn hinaus!"

"Er sagt, daß — — ah, da ist er!"

Der Diener zog sich durch die Thür zurück, durch welche Berteu eingetreten war. Er trug eine dunkle Blouse mit rothem Kragen und auf seinem Kopfe ein Käppi mit goldener Tresse. Ein Säbel hing an seiner Seite.

"Ich höre, daß man mich nicht einlassen will!" sagte er in barschem Tone. "Wer hat diesen Befehl gegeben?"

"Ich!" sagte der General. "Gehen Sie!"

"Ich lasse mir einen solchen Befehl nicht" — — —

"Hinaus!" rief der Graf, indem er sich erhob und nach dem Glockenzuge griff.

Und als Berteu die Achsel zuckte, ohne zu gehorchen, schellte er, daß es im ganzen Schlosse wiederhallte. Die Diener kamen herbeigestürzt und Melac auch.

"Schafft augenblicklich diesen Menschen fort!" befahl er. Aber sein Befehl fand keinen Gehorsam.

"Nun!" rief er drohend.

"Gnädiger Herr, es geht nicht?" sagte Melac.

"Was? Warum nicht?" fragte der Graf zornig.

"Seit wann gebe ich Befehle, welche nicht auszuführen sind?"

"Unten" — — —

"Nun, was ist unten?"

"Unten stehen seine Leute, über dreihundert Mann."

"Was für Leute?"

Und als der Gefragte nicht sogleich antwortete, trat Berteu noch einen Schritt näher und sagte:

"Ja, das ist eine Ueberraschung. Wir kamen so leise, daß uns kein Mensch hörte. Jetzt aber wird man nun Ohren für uns haben müssen!"

"Was will denn dieser Mensch?" fragte der General, sich abermals an Melac wendend. "Warum behält er die Mütze auf? Seit wann duldet ein Diener es so ruhig, daß sein Herr beschimpft wird?"

"Von einer Beschimpfung ist keine Rede!" sagte Berteu. "Ich bin es, der hier Achtung zu verlangen hat. Ich erkläre, daß ich von jetzt an hier mein Hauptquartier aufzuschlagen gedenke, Herr von Latreu."

"Hauptquartier? Verstehe ich recht?"

"Ja. Ich bin Commandant eines ganzen Bataillons Franctireurs. Ich werde hier wohnen und verlange, daß meine Soldaten Pflege und Unterkommen finden."

"Lächerlich!"

"Oho! Haben Sie nicht den Kanonendonner gehört? Unsere Armee ist in einer neun Stunden langen Schlacht abermals total auf's Haupt geschlagen worden. Die Truppen des Kronprinzen von Preußen sind in Chalons eingezogen. Zwei deutsche Armeen befinden sich auf dem Marsche nach Paris. Thiers hat beantragt, den Kaiser abzusetzen. Man wird es genehmigen. Da haben Sie Alles! Jetzt wird das Volk sich erheben. Der Arbeiter wird zu seinem Rechte gelangen. Wir bilden Regimenter und Divisionen, unter deren Fußtritten die Erde erzittern wird. Wir werden den Erbfeind über die Grenzen werfen, um ihn in seinem eigenen Lande zu zermalmen. Dazu aber bedürfen wir wenigstens ebenso viel, wie die Heere gebraucht haben, welche nichts Anderes konnten, als sich von den Deutschen schlagen zu lassen. Ich stehe hier als Commandant meiner Truppen und verlange Quartier und Verpflegung!"

„Kein einziges Zimmer!"

„Oho!"

„Und keinen Schluck Wassers! Ehrenhafte Militairs muß und werde ich bei mir aufnehmen. Schurken aber jage ich fort!"

„Gut! Merken Sie sich, daß Sie uns Schurken genannt haben! Was man uns nicht giebt, das wird man sich nehmen. Uebrigens verlange ich unbedingte Auslieferung zweier Frauenzimmer."

„Welcher?"

„Einer gewissen Liama und einer gewissen Marion de Sainte-Marie."

„Die befinden sich unter meinem Schutze."

„Sie geben sie nicht heraus?"

„Nein."

„Wir werden sie uns holen. Der Herr Capitän Richemonte, unser Oberst, wird bald eintreffen. Ihm haben wir sie abzuliefern."

„Er mag sie sich holen!"

„Ah! Thun Sie doch nicht so stolz, alter Mann! Wen haben Sie denn, der Ihnen helfen könnte? Zwei Diener und den Schließer. Die werden wir einfach mit dem Besen aus dem Schlosse fegen, wenn Sie sich nicht fügen."

Er ging.

„Herr Gott!" sagte Ella. „Großpapa, was fangen wir an?"

„Kommt schnell nach meiner Bibliothek. Bringt Wasser und Speisen! Schnell, schnell!"

Die Diener sprangen, während der Graf hinauseilte, um die starke Korridorthür zu schließen und zu verbarrikadieren. Der wackere Melac hatte dasselbe auch mit der großen Eingangsthür gethan, sobald Berteu hinaus in den Hof getreten war. Als dann Einlaß begehrt wurde, waren genug Vorräthe zusammengetragen worden, um eine kleine Belagerung aushalten zu können.

Melac hatte seine Frau und seine Enkelin mit nach oben genommen, dabei aber — Martin vergessen.

Jetzt hatten die Franctireurs ihre Berathung beendet. Sie klopften unten an. Als nicht geöffnet wurde, begannen sie, Gewalt anzuwenden.

Der Graf stand oben an einem dunklen Fenster und sah hinab, ohne daß man ihn von unten bemerken konnte.

„Wahrhaftig, das sind wenigstens dreihundert Mann," sagte er. „Man wird uns zu thun geben."

„Großpapa, Du willst Dich doch nicht wehren!" bat Ella in größter Besorgniß.

„Warum nicht?"

„So Wenige gegen so Viele!"

„Kind, wir dürfen uns nicht freiwillig ergeben. Ich bin Offizier. Ich sterbe lieber, als daß ich mir von diesem Berteu Befehle ertheilen lasse."

„Ja, wir vertheidigen uns!" sagte Marion kaltblütig. „Geben Sie mir ein Gewehr, Excellenz!"

Jetzt hatten die Franctireurs unten den Eingang demolirt. Sie drangen in das Schloß und die Treppe empor. Hier begannen sie die verschanzte Thür zu bearbeiten. Da ertönte von innen die Stimme des Grafen:

„Weicht zurück! Wir werden uns vertheidigen!"

Ein neuer Kolbenstoß war die Antwort. Die Thür erzitterte unter neuen Stößen. Da aber krachte im Innern ein Schuß. Die Kugel durchschlug die Thür und verwundete einen der Franctireurs am Arme.

„Donnerwetter! Ich bin getroffen!" schrie er laut, indem er schleunigst zurückwich.

Die Anderen folgten. Aber die Hinteren drängten vor, und ganz hinten befahl Berteu:

„Zerschlagt die Thür! Wir müssen hinein!"

Einige Beherzte gehorchten diesem Rufe. Kaum aber hatten sie ihre Arbeit begonnen, so krachten drin mehrere Schüsse und abermals Einer wurde verwundet.

Sich niederschießen zu lassen, dazu waren diese Menschen freilich nicht hieher gekommen. Sie zogen sich zurück und begannen abermals Berathung zu halten.

„Der Graf hat mich getroffen!" meinte der zuerst Verwundete. „Blut um Blut!"

Der andere Blessirte stimmte bei. Andere waren dagegen. Da sagte Berteu:

„Unsinn! Warum wollen wir das Leben riskiren? Dieser alte General hat da oben ein ganzes Zimmer voller Waffen. Wir hungern sie aus!"

„Dann sitzen wir in vierzehn Tagen noch da!" sagte ein stämmiger Schmied. „Laßt mich nur machen! Wir müssen ganz ruhig sein, damit sie denken, daß wir den Angriff aufgegeben haben. Dann aber rennen wir mi einem gewaltigen Stoß die Thür in Stücke.

Er ging mit noch einigen Anderen nach dem Oeconomiegebäude. Bereits nach kurzer Zeit brachten sie zwei Pflugschare geschleppt. Die kräftigsten Männer wurden ausgewählt, und dann ging man an das Werk. Während das Gros der Franctireurs vor dem Schlosse lärmen mußte, um die Aufmerksamkeit der Belagerten auf sich zu ziehen, schlichen sich diese Leute leise bis zur Thür. Sie holten aus und rannten die Schare mit aller Gewalt gegen die Thür. Es gab einen fürchterlichen Krach; die Thür, für solche Angriffe nicht gefertigt, prasselte auseinander. Der eine Flügel war aus den Angeln gerissen worden und fiel in den Corridor hinein.

Zwar gaben die Belagerten sofort einige Schüsse ab, welche aber nicht trafen, da die Stürmenden zur Seite gesprungen waren und man überhaupt die Vorsicht gebraucht hatte, kein Licht zu brennen. Ein Zielen war also dem General unmöglich.

Aber kaum, daß er seine Schüsse abgegeben hatte, so drangen die Franctireurs zur Treppe wieder empor und drückten ihre Gewehre ab, auf's Geradewohl. Die Kugeln pfiffen in den Corridor, trafen aber nicht, weil derselbe schleunigst geräumt worden war.

Unter lautem Jubel drangen die Franctireurs ein. Der Graf hatte mit seinem Scharfblicke erkannt, daß mit so wenigen Personen eine ganze Zimmerreihe nicht zu halten sei. Darum hatte er, während er im Corridore den Eingang vertheidigte, den Befehl gegeben, die Waffen und die Nahrungsmittel nach den beiden Thurmzimmern, welche sich am Giebel befanden, zu bringen. Dies geschah und dorthin zog auch er sich schnell zurück. Die Thür wurde verschlossen und so gut wie möglich verrammt. Draußen kamen die Franctireurs näher.

Als sie sich aber auch an dieser Thür zu schaffen

machten, krachten drin vier oder fünf Schüsse. Die Thür war nicht stark. Die Kugeln drangen leicht durch und Mehrere wurden verwundet. Da zogen sie sich zurück und Einer rief voller Wuth:

„Setzen wir den rothen Hahn auf's Dach!"

„Unsinn!" rief Berteu. „Das Schloß gehört uns. Wollen wir unser Eigenthum vernichten? Sehen wir lieber, was es enthält. Wir werden Vieles finden, was wir gebrauchen können!"

Dieser Vorschlag rief ungeheuren Jubel hervor. Die Bande zerstreute sich augenblicklich in allen Räumen des Schlosses.

In der Nähe der Thurmzimmer wurde es ruhig. Darum kam es, daß die jetzigen Insassen desselben das Klirren mehrerer Steinchen gegen die Fenster vernahmen. Sie traten herzu, um zu sehen, was das zu bedeuten habe, und erblickten eine männliche Gestalt.

„Herr Jesus!" sagte Melac. „Monsieur Martin! Den habe ich ganz und gar vergessen!"

„Ist er es wirklich?" fragte der General.

„Ja. Er trägt den Arm in der Binde."

„So müssen wir erfahren, was er will."

Latreau öffnete und fragte hinab:

„Monsieur Martin?"

„Ja."

„Was wollen Sie sagen?"

„Halten Sie aus! Ich bringe Hilfe."

„Bis wann?"

„Das weiß ich nicht genau; ich bringe sie aber jedenfalls."

Er hatte ohne Licht in seinem Zimmer gesessen, und da die Läden geschlossen worden waren, so hatte er von dem Nahen der Franctireurs nichts bemerkt. Erst als sie in das Schloß drangen, merkte er, woran er war. Da sie Alle nach der großen Treppe drängten, konnte er seine Thür unbemerkt ein Wenig öffnen. Er hörte, was sie sprachen; er vernahm, daß Liama und Marion an den alten Capitain ausgeliefert werden sollten.

Das durfte nicht geschehen. Er öffnete Fenster und Laden und sprang hinaus. Kein Mensch bemerkte das, denn Alle befanden sich im Schlosse. Er musterte die Fenster desselben und bemerkte an dem Lichtscheine, daß sich die Ueberfallenen nach dem Thurmzimmer zurückzogen.

Er begab sich also nach der Giebelseite und warf einige aufgeraffte Steinchen an das Fenster. Nachdem er versprochen hatte, Hilfe zu holen, eilte er nach dem Wirthschaftsgebäude. An der Thür desselben stand ein Mann.

„Wer sind Sie?" fragte Martin.

„Der Kutscher."

„Lieben Sie Ihren Herrn?"

„Ach ja."

„Sie gehören also wirklich nicht zu den Franctireurs?"

„Nein. Diese Spitzbuben haben vorhin zwei Pflugschare gestohlen.

„Das ist das Wenigste, was zu beklagen ist. Sie wünschen natürlich, daß Ihre Herrschaft gerettet werde?"

„Das versteht sich."

„Nun, so geben Sie mir ein Pferd. Ich will Hilfe holen."

„Wo?"

„Aus der Gegend von Metz. Wer hat den Stallschlüssel?"

„Ich. Wer sind Sie denn?"

„Ein guter Freund von Monsieur Melac."

„Mit verbundenem Arme? Sie sind Soldat?"

„Das ist Nebensache. Geben Sie nur den Schlüssel! Es ist keine Zeit zu verlieren."

Da richtete der Andere seine Gestalt empor und sagte, höhnisch lachend:

„Sehr gescheidt sind Sie nicht, mein Lieber!"

„Warum?"

„Daß Sie so hübsch aus der Schule schwatzen. Das fehlte noch, Hilfe holen! Sie sind mein Gefangener."

„Donnerwetter!"

„Ja," nickte der Mann, der eine riesige Figur besaß. „Der Schlüssel zum Stalle ist da in meiner Tasche; aber der Kutscher liegt gebunden im Stalle. Er wollte uns die Pflugschare nicht nehmen lassen."

„So sind Sie Franctireur?"

„Ja. Ich arretire Sie!"

Er langte neben sich an die Mauer, wo seine Büchse lehnte, und fügte drohend hinzu:

„Ergeben Sie sich gutwillig! Sonst muß ich Sie erschießen!"

„Sapperment! Mich erschießen lassen, das ist nun gerade meine Leidenschaft nicht!"

„Also! Lassen Sie sich einschließen?"

„Hier in den Stall?"

„Ja, das ist das Gefängniß!"

„So muß ich mich fügen! Erschießen lasse ich mich auf keinen Fall. Man lebt nur einmal."

„Richtig? Kommen Sie!"

Er schob Martin vor sich her nach der Stallthüre zu. Da zog er den Schlüssel heraus und steckte ihn in das Schloß. Er war dabei gezwungen, sich abzuwenden.

„Eigentlich brauchten Sie sich nicht hierher zu bemühen, meinte Martin in höflichem Tone.

„Warum?"

„Ich kann mir selbst öffnen."

„Oho! Das ist meine Sache. Ich werde doch nicht — — —"

Er sprach nicht weiter; er fiel wie ein Klotz zur Erde. Er hatte von Martin einen Hieb gegen die Schläfe empfangen, der ihm die Besinnung raubte.

„So, mein Bursche," meinte der Deutsche. „Das war ein richtiger Husarenhieb. Merke ihn Dir!"

Er schloß auf, trat ein und brannte ein Streichholz an. Dort auf der Streu lag eine menschliche Gestalt.

„Kutscher?" fragte er.

„Ja."

„Sind Sie gefesselt?"

„Zum Teufel, freilich."

„Na, ich werde Sie losmachen."

Er ging hin, zog sein Messer und schnitt die Stricke durch.

„Danke schön!" meinte der Rosselenker. „Wer sind Sie denn? Ein Franctireur wohl nicht?"

„Nein. Der General wird belagert; man plündert das Schloß. Ich will Hilfe holen."

„Schön, schön; thun Sie das!"

„Wie viele Pferde sind hier?"

„Nur drei jetzt!"

„Eins muß ich haben. Können Sie die beiden andern nicht retten, so auf die Seite bringen?"

„O doch. Ich müßte schnell anspannen und in das Nachbardorf fahren. Beim Maire bin ich geborgen."

„Thun Sie, was Sie denken. Draußen liegt Ihr Wächter; ich habe ihn niedergeschlagen. Schließen Sie ihn hier ein. Welches Pferd ist das schnellste?"

„Der Rothschimmel. Ich werde es losmachen. Soll ich satteln?"

„Daß inzwischen die Franctireurs kommen, nicht wahr! Heraus mit dem Gaule!"

Der Kutscher führte das Pferde heraus und der Husar sprang auf. Daß er weder Sattel noch Zaum hatte, das war ihm sehr gleichgiltig. Er jagte trotz der Finsterniß wie der wilde Jäger davon, zunächst nach Dorf Malineau, dann durch Etain und sodann nach Fresnes zu. Dort hoffte er, Freunde zu treffen.

Ja, er stieß auf deutsche Truppen; aber die, welche er suchte, nämlich Leute von der elften Kavalleriebrigade, zu welcher sein Regiment gehörte, fand er nicht. Und doch hatte er sie eigentlich hier zu suchen.

Endlich hörte er, daß er viel, viel näher an Metz heran müsse, und richtig, im Laufe des Vormittages stieß er auf Angehörige seiner Brigade und fand endlich seinen Rittmeister in der Nähe von Trouville, an der Straße, welche von da nach Puxioux führt. Er sprang vom Pferde und begab sich sofort zu ihm.

„Du, Martin?" sagte Hohenthal! „Schon wieder hier!"

„Ja, Herr Rittmeister. Sie schickten mich gerade zur rechten Zeit nach Malineau. Der General sitzt mit seinen Damen tief in der Patsche."

„Wieso?"

Er erzählte das Erlebniß. Er hatte jetzt den Arm nicht in der Binde, sondern bewegte ihn nach Belieben. Als er zu Ende war, meinte Hohenthal:

„Eine dumme Geschichte. Wir hoffen, hier engagirt zu werden; wenigstens erwarten wir Ordre, zum Vorrücken, und nun kommt diese Geschichte."

„Wollen Sie Mademoiselle Ella sitzen lassen?"

„Ella?" lächelte der Rittmeister. „Du meinst natürlich die Andere, nämlich Alice."

„Auch mit, aufrichtig gestanden."

„Ich weiß nicht, ob mir der Alte die Erlaubniß giebt. Erstens geht der Ritt durch unsicheres Gebiet. Wie leicht können wir auf den Feind stoßen!"

„Wir sind Husaren, Herr Rittmeister."

„Das ist richtig. Aber der Alte beurtheilt die Angelegenheit ganz anders als wir, die wir betheiligt sind. Ferner gilt es, zu bedenken, daß die Ausräucherung eines solchen Nestes eigentlich Infanteriearbeit ist. Wir können zu Pferde das Schloß nicht stürmen."

„Läßt sich arrangiren."

„Etwa wie eine Parthie Doppelschafskopf?"

„Ja. Man schneidet dem Gegner die Däuser heraus und verleidet ihn, seine hohen Trümpfe auszugeben. Dann hat man ihn im Sacke. Man holt ihn aus."

„Ganz hübsch! Hm!"

„Uebrigens handelt es sich zwar nicht um Deutsche, aber — —"

„Aber — —?"

„Aber um den General von Latreau, einem alten, braven, ehrenwerthen und verdienten Offizier."

„Das ist der Grund, auf welchen ich den Ton legen muß. Ein braver General, der sich uns gegenüber neutral verhält, soll nicht von diesen Spitzbuben ausgehungert werden. Ich gehe, erst zum Obersten und dann weiter. Lege einstweilen Deine Uniform an."

Dieses Letztere war bald geschehen. Der Telegraphist machte in dem schmucken Husarenzeuge einen allerliebsten Eindruck. Er hatte lange zu warten. Seine Ungeduld trieb ihn hin und her. Endlich kehrte der Rittmeister zurück. Sein Gesicht leuchtete vor Freude.

„Gelungen?" fragte Martin."

„Ja."

„Wieviel?"

„Ganze Schwadron!"

„Heisa, heirassassa!"

„Ist mir nicht leicht geworden."

„Aber unser Grund, wegen dem alten, verdienten, ehrwürdigen General hat gezogen!"

„Es fiel mir noch ein Weiterer ein, und der zog noch mehr. Der Ausflug soll zugleich ein Recognitionsritt sein. Also sage es den Herren Lieutenants. In zehn Minuten muß die Schwadron bereit zum Aufbruche sein."

Das war eine Lust, als die wackeren Burschen hörten, daß es sich um eine Francttreursbande handle. In fünf Minuten schon waren sie fertig. Dann ging es lustig nach Westen hin, zwischen Constanz und Fresnes hindurch und auf Etain zu.

Hohenthal besaß eine ausgezeichnete Sectionskarte dieser Gegend. Er hatte ja gute Gründe, gerade diese zu besitzen. So kam es, daß er alle möglichen Richtwege einschlug und jedes Zusammentreffen vermied. Auch Etain wurde nicht direct berührt, sondern umgangen. Dann hielt die Schwadron am Rande des Waldes und die Offiziere beriethen sich noch einmal.

„Am Besten wäre es, wir könnten die Kerls über den Haufen reiten und unsere Klingen an ihnen probiren," sagte der Premier. Erstürmen können wir das Schloß doch auf keinen Fall."

„Das ist richtig," meinte der Rittmeister. „He, Martin!"

Der Angerufene drängte sein Pferd herbei und salutirte.

„Sagtest Du nicht, daß so ein Schuft am Stalle Wache gehalten habe?"

„Ja. Er weiß, daß ich Hilfe holen will."

„Das ist ja famos!"

„Verzeihung! Ich dachte, ich hätte eine Dummheit begangen."

„Eigentlich, ja; in diesem Falle aber doch nicht. Man wird uns erwarten. Lieutenant von Hornberg, Sie reiten mit Ihrem Zuge langsam nach Malineau, lassen sich aber in nichts ein. Ihre Aufgabe ist es, die Aufmerksamkeit dieser Kerls auf sich zu lenken. Unterdessen machen wir einen Umweg, um von der anderen Seite nach Malineau zu kommen. Ich sehe hier auf meiner Karte so einen Weg, der uns passen könnte. Nehmen Sie an, daß wir in dreiviertel Stunden dort sein werden. Sie kommen zu dieser Zeit dort an und plänkern mit den Kerls ein Bischen hin und her, damit ich sie auf passendes Terrain bekomme, am Liebsten gleich vor die Fronte des Schlosses. Dann fegen wir sie über den Haufen. Scharfe Hiebe, Kinder, scharfe Hiebe, aber nicht zum Tode. Höchstens wenn sie anfangen sollten, unhöflich zu werden, dann ändern wir das Ding. Also, vorwärts, Leute!"

Der Nachmittag war angebrochen. In und um Malinienau sah es übel aus. Man hatte die Meubels aus dem Schlosse geschafft, auf einen Haufen geworfen und angebrannt. Aus Rache, daß der Wächter geschlagen und eingeschlossen worden war, hatte man auch das Wirthschaftsgebäude angesteckt. Es brannte lichterloh und kein Mensch dachte an das Löschen.

Der Keller enthielt viel Wein. Die Franctireurs waren über den Vorrath gerathen und befanden sich nun in einem aufgeregten Zustande. Die Fenster wurden zertrümmert. Man hatte nicht viel Geld gefunden und verlangte doch Geld. Der General sollte es schaffen. Es war eine Deputation an ihn abgeschickt worden, welche nur die Kleinigkeit von einer Million Franken verlangt hatte. Er hatte mit dem Gewehre geantwortet.

Das verdoppelte den Grimm. Und nun hatte man dem Grafen das Ultimatum bekannt gegeben: Wenn er bis heute Abend zehn Uhr nicht die verlangte Summe schaffe, so werde man das Schloß anbrennen und ihn im Feuer umkommen lassen.

Der Posten, welchen Martin niedergeschlagen hatte, war natürlich gefunden worden. Aus seiner Erzählung ergab es sich, daß Jemand fortgeritten sei, um Hilfe für den Grafen zu holen. Daher hatte Berteu in der Gegend nach Etain Posten vorgeschoben, welche ihn von allem Auffälligen benachrichtigen sollten.

Er selbst saß in einem Zimmer des Schlosses und hörte mit Vergnügen auf die Schüsse, mit denen man die Belagerten in Athem hielt. Man schoß von innen nach der Thür, hinter welcher sie sich befanden, und von außen nach den Fenstern der beiden Thurmzimmer.

Da kam einer der ausgesandten Späher eiligen Laufes über den Schloßplatz und begab sich zu dem Anführer.

„Sie kommen!" rief er, noch ehe er die Thür hinter sich geschlossen hatte.

„Dummkopf! Weißt Du nicht, was sich schickt? Hast Du das Wort Disciplin und Subordination noch nicht gehört?"

„Disciplin?" fragte der Mann erstaunt.

„Ja. Kommt man in dieser Weise in das Arbeitskabinet seines Stabsoffiziers gestürmt!"

„Stabsoffizier?"

„Natürlich! Ich bin ja Major."

„Hm! Ich habe Sie für Herrn Berteu gehalten. Na, mir egal! Aber sie kommen!"

„Wer denn?"

„Der Feind."

„Dummkopf! Feind! Wo denkst Du hin! Es können ja doch nur Franzosen sein. Unsere regulären Truppen. Was für eine Gattung ist es?"

„Gattung?"

„Ja. Ist's Infanterie oder Artillerie?"

„Reiter."

„Wie viele?"

„Vielleicht vierzig."

„Wo?"

„Zwischen Etain und dem Dorfe. Sie weideten ihre Pferde."

„Wie? Was?"

„Ja, auf der Wiese."

„Dann sind es keine Feinde. Wie sahen sie aus?"

„Roth."

„Hm! Was hatten Sie auf dem Kopfe?"

„Pelzmützen mit einem rothen Zipfel."

„Sapperment! Das waren deutsche Husaren."

„Na, dachte ich's doch!"

„Sie werden vorher füttern, daß die Pferde Kräfte bekommen, nämlich zum Angriffe. Warte, ich werde mich selbst um diese Sache bekümmern!"

Die Belagerten hatten während der ganzen Nacht kein Auge zugethan. Sie mußten für jeden Augenblick gerüstet sein. Je vandalischer die Franctireurs sich zeigten, desto größer wurde die Gefahr, und als der General volle Weinflaschen in den Händen dieser Leute bemerkte, sagte er:

„Gott gebe, daß die Hilfe noch vor Abend kommt! Wenn es dunkel wird, dann sind wir verloren. Diese Menschen werden betrunken sein, und dann sind sie vollständig unzurechnungsfähig."

Die Worte brachten nicht geringe Besorgniß hervor. Marion blieb gefaßt; ihre Mutter war völlig theilnahmlos. Ella bangte mehr für den Großvater als für sich. Die Familie Melac verhielt sich still, befand sich aber sehr in gedrückter Stimmung, und die beiden Diener lugten voller Angst durch das Fenster nach der ersehnten Hilfe.

Freilich mußten sie sich da sehr in Acht nehmen, da die Franctireurs jetzt zu den Fenstern hereinschossen. Die Decke des Zimmers war mit Kugeln gespickt.

Da meinte einer der Diener:

„Excellenz, es muß Etwas los sein."

„Warum?"

„Die Franctireurs laufen so auffällig nach dem Walde, dem Dorfe entgegen."

Der Graf überzeugte sich, daß der Diener Recht hatte.

„Vielleicht kommt Monsieur Martin mit der ersehnten Hilfe," sagte er. „Wehe dann diesen Menschen. Ein jeder Offizier unserer Armee wird sie sofort füsiliren lassen. Wenn es nur genug sind."

„Sie kommen zurück!" bemerkte Ella.

Man sah allerdings, daß die Franctireurs sich nach dem Schlosse zurückzogen. Sie hatten ihre Waffen ergriffen und bildeten einzelne nach dem Dorfwäldchen gerichtete Abtheilungen."

„Ah! Dort, Großpapa!" rief Ella.

Sie deutete nach der Straße, welche vom Dorfe durch das Wäldchen nach dem Schlosse führte. Dort wurde der Zug Husaren sichtbar."

„O weh!" sagte der Graf in fast stöhnendem Tone.

„Was? Das ist ja Hilfe!"

„Nein, Kind. Das sind preußische rothe Husaren."

„Herrgott! Preußen!"

„Ja, Feinde! Aber es ist wahr, Hilfe werden sie uns doch bringen, wenn sie sich überhaupt mit den Franctireurs einlassen."

„Es sind ihrer so wenig!"

„Avantgarde, Kind! Dahinter kommt das eigentliche Gros. Warten wir es ab!"

„Und Du denkst, daß wir von ihnen nichts zu befürchten haben, Großpapa?"

„Nichts als Einquartirung."

„Ah, wenn sie da doch nur schnell kämen, sehr schnell."

„Leider nicht! Sie steigen ab," sagte Marion.

„Ja," antwortete der General. „Sie sehen, daß sie zu schwach sind und erwarten die Ihrigen."

„Werden diese bald kommen, Großpapa?"

„Wer kann das sagen! Ah! Schaut!"

Drüben am Waldessaume wurde ein leichtes Rauchwölkchen sichtbar, dann ließ sich ein einzelner, scharfer Knall hören.

„Sie schießen!" meinte Melac in frohem Tone.

„Ja, sie beginnen wirklich, sich zu rangiren. Kinder, sie bilden die Vorhut einer größeren Truppe. Wir scheinen gerettet zu sein, wenn nicht — —"

Sein Gesicht nahm den Ausdruck der Besorgniß an.

„Was meinst Du, Großpapa?"

„Wenn nicht unsere Truppen kommen, welche Monsieur Martin holt. Treffen diese auf die Deutschen, so sind Beide so mit einander beschäftigt, daß uns die Franctireurs unterdessen massacriren können."

Es krachten da drüben Schüsse um Schüsse. Die Husaren hatten ihre Pferde unter den Schutz der Bäume gebracht und eröffneten, selbst hinter den Bäumen steckend, ein ziemlich lebhaftes Feuer auf die Franctireurs. Sie wollten die Aufmerksamkeit derselben auf sich lenken, damit Hohenthal gut an sie herankommen könne. Die Franctireurs erwiderten das Feuer hitzig und avancirten langsam, so daß bald ein breiter Raum zwischen ihrer Rücklinie und der Front des Schlosses entstand.

Da plötzlich stieß Liama einen lauten Ruf aus. Sie hatte am Seitenfenster gestanden, welches nach dem Park führte und deutete mit dem ausgestreckten Arme dort hinaus. Der General trat hin zu ihr und sah hinaus.

„Alle Wetter!" rief er aus. „Rettung, Rettung! Welch ein schlauer Gedanke! Seht Ihr die rothen Reiter da hinter den Bäumen des Parkes! Das ist eine ganze Schwadorn. Der Rittmeister ist ein tüchtiger Offizier. Er lenkt die Aufmerksamkeit der Franctireurs nach vorn, hat sie unbemerkt umritten und wird sie nun überfallen. Wir sind gerettet."

„Gott sei Dank!" seufzte Ella auf.

„Ja, paßt auf, Kinder! Die Franctireurs haben keine Ahnung. Sie werden zwischen zwei Feuern kommen. Die da vorn werden sofort auch losbrechen, wenn die da im Parke — — paßt auf, paßt auf! Sie ordnen sich. Seht Ihr den Rittmeister? Prächtiger Kerl! Ja, diese preußischen Reiter. Sie haben uns bei Roßbach über den Haufen geritten."

„Er zieht den Degen!" sagte Ella.

„Ja, nun geht's los. Da, da! Welch ein prächtiger Anblick! Hört Ihr's! Hurrah! Hurrah!"

So riefen auch da unten die Husaren. In völliger Carrière kamen sie von rechts aus dem Parke gesprengt, an der Fronte des Schlosses hin, dann ritten in einem Nu sie nach rechts und von hinten auf die Franctireurs hinein.

„Prächtig! Prächtig! Wer macht ihnen dies nach!" rief der alte Soldat begeistert aus.

„Du, das sind Deutsche! Deutsche!" flüsterte Melac seiner Frau sehr leise zu.

„Gott, die armen Menschen!" rief Ella.

Die Franctireurs hatten gar nicht Zeit gefunden, sich zu besinnen. Sie wurden überritten, ehe es Einen von ihnen einfiel, einen Schuß zu thun. Sie rafften sich auf, um die Flucht zu ergreifen, aber die Husaren hatten Kehrt gemacht und fielen von Neuem über sie her.

Und der Zug, welcher vorhin geplänkelt hatte, war unterdessen auch beritten geworden und brach zwischen den Bäumen hervor. Verwundet oder nicht, wer laufen konnte, der lief davon. Viele aber, Viele wälzten sich am Boden. Und nun hörte man gar den Rittmeister den Befehl zum ‚Streuen' geben.

„Fangt mir die Kerls ein!" rief er. „Aber nicht zu weit fortgehen!"

Er selbst hielt nicht weit vom Schloßthore, ein Wachtmeister an seiner Seite. Beide sprangen ab und traten ein:

„Er kommt; er kommt!" sagte der Graf. „Es ist zwar ein Deutscher, aber ein vortrefflicher Offizier. Wir müssen ihm entgegen, um ihm zu danken. Kommt!"

Sie eilten durch die Reihe der Zimmer. Er aber war doch so schnell gewesen, daß er zu der einen Thür in den zerstörten Salon trat, während sie durch die entgegengesetzte kamen. Er that drei Schritte auf den General zu, schlug die Absätze spornklirrend zusammen, salutirte und meldete:

„Rittmeister von Hohenthal von den preußischen Husaren, Excellenz!"

Sie Alle, Alle standen ganz erstarrt. Sie trauten ihren Augen nicht. Der General faßte sich zuerst.

„Herr Rittmeister, ich weiß nicht, ob ich recht vernommen habe," sagte er. „Bitte, um Wiederholung Ihres Namens!"

„Von Hohenthal, Excellenz."

„Danke! Ah, welche Aehnlichkeit!"

„Welche Aehn — — —" Ella sagte es, sprach aber das Wort nicht aus. Ihre Augen waren mit einem unbeschreiblichen Ausdruck auf ihn gerichtet.

„Herr Rittmeister," fuhr der General fort, „es ist ein höchst glücklicher Zufall, welcher mir erlaubt — —"

„Zufall?" fragte Hohenthal in künstlichem Erstaunen.

„Gewiß!"

„O nein, General!"

„Was könnte es anders sein?"

„Nun, haben Excellenz nach mir geschickt?"

„Nach Ihnen? Geschickt?"

„Allerdings. Sie ließen mir sagen, daß Sie von Franctireurs bedrängt seien. Ich stand in der Nähe von Metz und eilte natürlich herbei, um den lustigen Mückenschwarm zu zerstreuen."

„Sie sehen mich erstaunt, ja fast betroffen! Ich soll zu Ihnen gesandt haben? Zu einem deutschen Offizier?"

„Ja."

„Wen denn?"

„Den da! — Wachtmeister!"

Dieser hatte hinter der Thür gewartet. Er trat jetzt

herein, salutirte ebenso stramm wie sein Rittmeister und meldete im dienstlich respectvollen Tone:

"Wachtmeister Tannert von den rothen Husaren."

"Martin! Mein Martin!"

Mit diesem Rufe flog Alice auf ihn zu. Sie breitete die Arme aus; sie bebte vor Freude. Er aber nahm die Hand nicht aus dem Salut hernieder und machte so ein ernsthaftes Gesicht, daß sie einen halben Schritt vor ihm stehen blieb und die Arme sinken ließ. Sie erglühte vor Scham.

"Herr Rittmeister, darf ich?" fragte er.

"Ja," antwortete dieser.

"Zu Befehl! Na, komm her, mein Vögelchen. Wenn Du Dich fangen lassen willst, so will ich Dich auch festhalten!"

Er drückte sie an sich und küßte sie. Jetzt nun gingen auch den Anderen die Augen auf.

"Monsieur Belmonte — —" stieß der Graf hervor.

"Bitte, Excellenz: Graf Arthur von Hohenthal, königlich preußischer Husarenrittmeister!"

"Ah, ah, ah, ah!" dehnte der General. "Darum, darum Ihre wiederholten Siege!"

"Nicht nur darum, Excellenz! Ich folgte dem Befehle und that meine Pflicht. Wollen Sie mir zürnen?"

"Nein. Ich heiße Sie vielmehr als meinen Retter willkommen! Hier meine Hand!"

Sie schüttelten sich die Hände; dann trat der Rittmeister zu Ella, machte ihr sein Honneur und fragte:

"Gnädiges Fräulein, werden Sie weniger nachsichtig sein als Excellenz?"

Sie erglühte bis in den Nacken herab, reichte ihm die Hand und antwortete:

"Graf, Sie haben uns aus einer bösen Lage befreit. Ich werde es Ihnen nie vergessen. Ich wiederhole, was ich bereits sagte: Sie sind zu unserm Retter prädestinirt. Oder, sagtest Du das nicht, liebe Marion?"

Diese verbeugte sich vor dem Rittmeister und antwortete:

"Ich glaube. Ich habe ja auch so einen Retter, welcher sicher erscheint, sobald ich mich in Gefahr befinde."

Da trat der Premier ein und meldete:

"Zweiundsechzig Gefangene, darunter dreißig Verwundete. Wohin damit?"

"Hinunter in die Keller einstweilen."

Er stellte den Oberlieutenant vor, bat um Entschuldigung und begab sich mit ihm und dem Wachtmeister hinab, während oben natürlich die lebhaftesten Ausdrücke des Erstaunens gewechselt wurden.

Dann stand Ella neben Marion am Fenster und flüsterte ihr zu:

"Ist das nicht ein Wunder, liebe Marion?"

"Ein großes Wunder und ein noch größeres Glück; denn er liebt Dich, wie Du ihn liebst."

Ella erröthete und sagte, um die Verlegenheit zu überwinden:

"Nun sollte Der — weißt Du, wen ich meine — auch Offizier sein, Marion!"

"Unmöglich!"

"Warum nicht?"

"Ich habe ihn Dir ja beschrieben: seine Gestalt!"

"Ah, ja! Verzeihe! Ich wollte Dir nicht wehe thun! Lieber will ich Dir wünschen, daß Dein Ideal zur Wahrheit werden möge. Du hast es ja gesehen, in Sachsen"

"Mädchenphantasie! Ich sage Dir, daß ich diesen armen Doctor mehr liebe als ich den Offizier geliebt hätte. Werde Du Gräfin Hohenthal; ich begnüge mich mit dem einfachen Namen — Frau Müller!"

"Famoser Offizier!" sagte jetzt der am andern Fenster stehende General. "Seht, wie er Vorposten ausstellt und Streifpatrouillen entsendet! Ja, diese Deutschen verstehen sich auf den Dienst. Also ein Graf? Wer hätte das gedacht! Hm! Ich muß hinab zu ihm, der Gefangenen wegen. Die werden das in ihrem Leben nicht wieder machen!"

Und als er fort war, wendete Marion sich an Alice:

"Aber, liebes Kind, nun ist er ja auf einmal ein Deutscher!"

Die Angeredete wurde nicht verlegen. Sie deutete zum Fenster hinaus und sagte:

"Mademoiselle haben gesehen, was die Deutschen können! Sie gewinnen Schlacht auf Schlacht und retten uns aus jeder Gefahr, in welche wir durch unsere Landsleute gebracht werden!"

"Sie haben Recht, liebe Alice. Auch Ihr Martin ist ein ganzer Mann. Er nannte sich Tannert. Wenn Sie Frau Tannert sind, werden wir uns vielleicht oft besuchen!"

"Und ich bin mit dabei," meinte Ella. "Jetzt aber wollen wir uns daran erinnern, daß wir Wirthinnen sind. Sehen wir also nach, was uns diese häßlichen Franctireurs für unsere lieben Gäste übrig gelassen haben!"

Als nach einiger Zeit Hohenthal mit seinen Offizieren zur gräflichen Tafel geladen wurde, erklärte er zwar, daß er eigentlich nicht Zeit dazu habe, da er zurück müsse, aber er ließ sich doch bewegen, noch zu bleiben.

Kaum aber hatte man sich gesetzt und zu speisen begonnen, so hörte man unten den galoppirenden Hufschlag eines Pferdes, und gleich darauf trat ein Unteroffizier ein.

"Verzeihung, Herr Rittmeister," sagte er. "Französische Kavallerie im Anzuge!"

"Aus welcher Richtung?" fragte er ganz unbefangen.

"Es scheint von Briecy her."

"Wie weit von hier?"

"In zehn Minuten können sie hier sein."

"Wie stark?"

"Zwei Schwadronen Gardekürassiere und eine Schwadron Gardedragoner!"

"Ah!"

Jetzt erhob er sich von seinem Stuhle. Der General mit all' den Seinen war erbleicht. Sollte sein Retter einer so überlegenen Macht in die Hände fallen?

"Herr Rittmeister, ziehen Sie sich schleunigst zurück!" sagte er. "Noch ist es Zeit. An Zahl dreifach überlegen, und gar Gardekürassiere!"

Wenn Hohenthal den Gedanken gehabt hatte, schleunigst das Schloß zu verlassen, jetzt dachte er nicht mehr daran. Sollte er in Gegenwart der Heißgeliebten sich feig zeigen?

"Herr Premierlieutenant, was meinen Sie?" fragte er.

"Ganz das, was Sie meinen," antwortete der Angeredete kalt, in dem er die Gabel mit einem Schinkenstück zum Munde führte.

"Gut, so sind wir einig! Excellenz, ein preußischer Husar flieht auch vor solcher Uebermacht noch nicht!" —

„Um Gotteswillen!"

„Herr von Hohenthal, ich bitte Sie inständigst, schonen Sie sich!" fiel Ella ihrem Vater in die Rede.

Der Rittmeister warf ihr einen Blick wärmsten Dankes zu, sagte aber in gemessenem Tone:

„Ich darf nicht gegen Pflicht und Ehre handeln. Wachtmeister Tannert, es mögen sofort zwei Leute nach Trouville jagen und den Obersten um Verstärkung ersuchen. Ich halte mich bis dahin."

Und als Martin sich entfernt hatte, fuhr er, zu dem General gewendet, fort:

„Excellenz kennen den Kriegsbrauch und werden mir verzeihen. Ich erkläre Schloß Malineau in Belagerungszustand. Ich muß vor allen Dingen meine Pferde retten, denn ohne sie sind wir verloren. Sie werden im Schlosse selbst untergebracht, und sollte es im Salon oder hier im Speisesaale sein!"

„Parterre und Souterrain bieten Raum genug," bemerkte der General, welcher sich über die kaltblütige Umsicht des Rittmeisters freute.

„Ich danke! Die Tafel ist aufgehoben. Gestatten Sie, daß ich meine Vorbereitungen treffe!"

Er verließ mit den Seinen den Saal.

„Das ist ein Soldat! Bei Gott!" meinte der General.

Und in den schönen Zügen seiner Enkelin wollte sich der Ausdruck des Stolzes mit dem der Besorgniß streiten. Sie fühlte jetzt, wie lieb sie diesen Mann hatte. — —

Der alte Capitän Richemonte war auf seiner Flucht, die mehr Hindernisse fand, als er erwartet hatte, bis in die Gegend von Briecy gekommen. Er war zu Fuß und fühlte sich außerordentlich ermüdet und setzte sich, um auszuruhen, am Rande der Straße, welche durch ein Gehölz führte, nieder.

Er hatte noch nicht lange gesessen, so hörte er Hufschlag, und bald erblickte er ein Piquet Gardeküraffiere, welches aus der Richtung kam, in welche er wollte. Als die Reiter ihn erreichten, blieben sie vor ihm halten. Es war ein Sergeant mit vier Soldaten.

„Wer sind Sie?" fragte er.

„Mein Name ist Richemonte, Capitän der alten Kaisergarde," antwortete er stolz.

Sie salutirten, und der Sergeant fragte weiter:

„Entschuldigung, mein Capitän, aber ich muß meine Pflicht thun! Woher kommen Sie?"

„Ich kenne Ihre Pflicht, Sergeant; aber ich sage Ihnen, daß ich mich freue, Sie zu treffen. Vielleicht finde ich dadurch einen Offizier, zu dem ich gern möchte. Stehen die Küraffiere in der Nähe?"

„Sie wissen, daß ich diese Frage nicht beantworten darf. Welchen Offizier meinen Sie?"

„Oberst Graf Rallion."

„Zu ihm wollen Sie?"

„Ja."

„Küraffier Lebeau, steigen Sie ab, lassen Sie den Herrn Capitän aufsitzen und liefern Sie ihn richtig an den Herrn Obersten Rallion ab!"

Der Mann stieg ab, Richemonte auf; dann ging es fort, während das Piquet noch weiter ritt.

Als das Gehölz zu Ende war, ritt der Alte über eine Anhöhe, von welcher aus man ein breites Thal überschaute, in dem es von Soldaten förmlich wimmelte. Nach einer Viertelstunde waren sie unten, und der Küraffier Lebeau hielt vor einem Hause und führte den Capitän in das Innere desselben.

Wahrhaftig, da saß Rallion an einem Tische, über mehrere Karten gebeugt. Als er ihn erblickte, sprang er auf und rief im Tone des Erstaunens:

„Capitän! Ah, das ist wahrlich eine große Ueberraschung!"

„Ich glaube es!"

„Wie sehen Sie aus! Dieser Hut!"

„Geborgt!"

„Was, Sie borgen Hüte?"

„Von einem Bauersmanne!"

„Alle Teufel! Wie kommt das?"

„Ich bin flüchtig. Die Preußen sind in Ortry und auch in Thionville."

„Sie — sind — des — Satans!" kam es nur stoßweise aus dem Munde des Obersten.

„Ja. Ich war bereits gefangen, bin aber entkommen."

„Und unsere Vorräthe?"

„Sind in den Händen des Feindes."

„Unglaublich!"

„Dieser Doctor Müller — ah, er ist ein Königsau!"

„Sie machen mich starr! Erzählen Sie!"

Der Alte begann seinen Bericht. Er war nicht, wie der preußische Ulanenrittmeister gesagt hatte, durch den Cordon geschlüpft, sondern er war zurückgewichen und hatte sich wieder in den Schloßhof geschlichen.

Dort hatten zufälliger Weise einige Fässer gestanden, hinter welche er gekrochen war, um abzuwarten, bis der Cordon wieder aufgelöst sei. Diese Fässer hatten sich ganz in der Nähe des eisernen Thürchens befunden, durch welches er entkommen war, und so hatte es ihm glücken können, das Gespräch Königsau's mit Fritz und dann auch den Rittmeister zu belauschen.

Dann, erst am Morgengrauen, hatte er entkommen können; aber die ganze Gegend und auch das rechte Moselufer waren mit Posten besetzt gewesen, welche auf jeden Weg zu achten hatten. Ein Bauer, der ihm zu Dank verpflichtet war, hatte ihn aufgenommen, ihm einen Hut und Geld gegeben und dann erst einen Abend später über die Mosel gebracht.

Diese Erzählung machte einen tiefen Eindruck auf den Obersten. Er sagte in grimmigem Tone:

„Marion in Malineau, und dieser Müller will hin! Er ist ein Königsau! Alter, wir haben uns entsetzlich betrügen lassen! Er steht in Berlin; sie war in Berlin; sie sind Liebesleute!"

„Verdammt! Das ist möglich!"

„Darum also ließ sie sich so gern von ihm aus dem Wasser ziehen, und darum wollte sie von mir nichts wissen. Diese Beiden haben unsere Geheimnisse belauscht! O, das muß gerächt werden, fürchterlich gerächt!"

„Wie denn?"

„Nun, wir reiten nach Malineau."

„Herrlich! Das war es ja, was mich veranlaßte, Sie aufzusuchen. Wir finden fünfhundert Francrireurs dort."

„Pah! Mit solchem Volke giebt sich ein Rallion nicht ab. Uebrigens dürfen Sie nicht glauben, daß dieser kluge, durchtriebene Bursche so ganz allein nach Malineau geht. Er nimmt sich ganz sicher ein Detachement Reiter mit. Wir müssen hin. Wir müssen hin!"

„Werden Sie Erlaubniß bekommen?"

„Sofort! Ich werde es schon zu Gehör zu bringen wissen. Uebrigens kennen Sie den Einfluß meines Vaters. Man darf es mit mir nicht verderben. Ich gehe jetzt. Dort steht mein Koffer. Es befinden sich auch Civilsachen darin. Nehmen Sie sich unterdessen heraus, was Sie bedürfen!"

„Und Marion?" Was thun wir dann mit ihr? Wollen Sie sie etwa noch heirathen?"

„Heirathen? Pah! Aber rächen werde ich mich. Ich schwöre Ihnen, daß ich diesem buckeligen, verkappten Deutschen mit dieser meiner eigenen Hand den Kopf spalten werde!"

Er stürmte fort. Es dauerte auch gar nicht lange, so kehrte er wieder zurück.

„Nun?" fragte der Alte.

„Habe die Erlaubniß ganz natürlich!"

„Wann geht es fort?"

„In einer Viertelstunde."

„Wie viel Mannschaft haben wir?"

„Drei Escadrons. Zwei Gardeküraffiere und eine Gardedragoner. Das sind Kerls, die es mit dem Teufel aufnehmen, um wie viel mehr mit einem Königsau."

Es war richtig; der Capitän erhielt ein Reservepferd, und nach einer Viertelstunde wurde aufgebrochen.

Nach einem mehrere Stunden langen, angestrengten Ritt in der Nähe ihres Zieles angekommen, schwenkten sie von der nach Etain führenden Straße rechts ab und hielten mittelst eines ziemlich reitbaren Vicinalweges gerade auf Schloß Malineau zu.

Sie ritten hier durch lauter Wald, der Oberst, die drei Rittmeister und der alte Capitän an der Spitze. Diese genannten Herren unterhielten sich mit einander.

Da auf einmal ertönte ihnen zur Seite ein lauter Ruf, und unter den Waldbäumen trat ein Mann hervor, welcher ein blutiges Taschentuch um den Arm gewickelt hatte.

„Herr Capitän, Herr Capitän!"

Mit diesen Worten kam er auf den Genannten zu. Richemonte kannte ihn; es war einer der Franctireurs. Er blieb halten und sagte:

„Sapperment, Sie sind verwundet? Wie kommt das?"

„Wir haben gekämpft."

„Wo?"

„Auf Schloß Malineau."

„Gegen wen?"

„Gegen deutsche Husaren."

„Ah, sehen Sie, Oberst! Wer kommandirt diese?"

„Ein junger Rittmeister."

„Auch Husarenrittmeister?"

„Ja."

„Nicht Ulane?"

„Nein."

„Er müßte Husarenuniform getragen haben! Wie ist es denn abgelaufen?"

„Sehr schlecht! Wir sind ganz zersprengt; die Hälfte wurde verwundet, und ich mache sicherlich keine Lüge, wenn ich sage, daß wenigstens fünfzig gefangen sind!"

„Aber, Mensch, wie ist das möglich?"

„Wir wurden überfallen."

„Im Schlosse?"

„Nein, sondern vor demselben."

„Erzählen Sie."

Er schilderte den Vorgang nach seiner Weise; er hatte sich natürlich höchst tapfer benommen und wie ein wüthender Roland um sich geschlagen. Als er geendet hatte, sagte der alte Capitän im zornigsten Tone:

„Wie albern und jungenhaft! Ihr Alle habt die Ruthe verdient! Wo ist denn dieser Berteu hin?"

„Ich weiß es nicht. Keiner konnte sich um den Anderen bekümmern; ein Jeder hatte für sich selbst zu thun."

„Na, trösten Sie sich! Wir werden diese Scharte auswetzen! In einer halben Stunde befindet sich das Schloß in unseren Händen. Dann können Sie kommen und sich die gefangenen deutschen Helden ansehen, von denen Sie sich so wohlfeil niederreiten ließen."

Die Colonne setzte sich wieder in Bewegung. Aber auf Veranlassung eines der Rittmeister beorderte der Oberst einige Eclaireurs an die Spitze.

Da, wo an der linken Seite des Schlosses der Park an den Wald stieß, war der vorstehende Rand des Letzteren niedergeschlagen worden. Es gab da einige Reihen Holzklaftern und Reißigbündel, zwischen denen noch die Baumstümpfe aus der Erde ragten.

An dieser Stelle angekommen, mußten die Franzosen vom Schlosse aus gesehen werden. Aber, eigenthümlich, obgleich sie das Letztere vollständig überblicken konnten, war es ihnen doch nicht möglich, die Spur eines feindlichen Reiters zu bemerken.

„Sie sind abgezogen!" meinte der Alte enttäuscht.

„Oder liegen im Hinterhalte," fügte der Oberst hinzu. „Seien wir vorsichtig!"

„Pah! Hinter uns, rechts und links von uns Wald! Wir können von Reitern nur vom Schlosse selbst aus angegriffen werden. Also vorwärts!" sagte Richemonte.

Das letzte Glied der Colonne hatte kaum die Waldlinie passirt, so hörte man aus einem Fenster des Schlosses einen Schuß erschallen. Sofort hielt der Zug an. Und im gleichen Augenblicke wurde das Thor geöffnet und es trat ein Husarenoffizier hervor, welcher sich, ein weißes Taschentuch in der Hand schwingend, ihnen näherte.

„Famos!" meinte der Oberst. „Ein Parlamentair! Man will wegen der Uebergabe mit uns verhandeln."

„Warten wir das ab!" sagte der Dragonerrittmeister.

Der Husar kam ganz heran und blieb salutirend gerade vor den Offizieren stehen.

„Gestatten die Herren," sagte er: „Lieutenant von Hornberg, von den königlich preußischen Husaren."

Die Offiziere nannten ihre Namen; dann meinte Hornberg:

„Ich habe den Auftrag, Ihnen mitzutheilen, daß Schloß Malineau sich in Belagerungszustand befindet!"

„Wer gab Ihnen diesen Auftrag?" fragte Rallion.

„Der Kommandirende, Rittmeister Graf von Hohenthal."

„Ah! Ein Rittmeister Hohenthal kommandirt hier?"

„Ja, wie ich sage!"

„Nicht ein Rittmeister von Königsau?"

„Nein."

„Hm! Wunderbar! Wo hat dieser Herr Kommandant denn eigentlich seine Truppen?"

„Ich bin nicht befugt, Festungsgeheimnisse zur Sprache zu bringen," antwortete der Husar lächelnd.

„Nun, wir werden bald genug hinter diese Geheimnisse kommen, Herr Lieutenant. Wir beabsichtigen nämlich dem Herrn General, Grafen von Latreau, der doch Besitzer des Schlosses ist, einen Besuch abzustatten."

„Heute?"

„Ja, heute, und zwar bald."

„Vielleicht ist Ihnen dies gestattet, natürlich unter gewissen Bedingungen."

„Wir beabsichtigen aber, unseren Besuch ganz bedingungslos zu unternehmen."

„Das wird wohl kaum möglich sein."

„Warum?"

„Weil man das Recht hat, Bedingungen zu machen."

„Ah, so! Werden Sie auch die Macht haben, dieses Recht zu beweisen und zu vertheidigen?"

„Man hofft es."

„Schön! Grüßen Sie also den Grafen Hohenthal von dem Grafen Rallion, und sagen Sie ihm, daß ich binnen einer halben Stunde bei dem Herrn General erscheinen werde, mit oder ohne Erlaubniß, das ist mir egal! Adieu!"

„Der Herr Rittmeister wird sich freuen, Sie standesgemäß begrüßen zu können!" antwortete der Husar mit einem spöttischen Lächeln. Dann kehrte er in's Schloß zurück.

„Impertinenter, rother Junge, dieser preußische Gimpel!" sagte der Oberst. „Meine Herren, wo meinen Sie, daß diese Herren Husaren stecken werden?"

„Wir müssen recognosciren," meinte der Dragonerrittmeister. „Soll ich detachiren, Herr Oberst?"

„Thun Sie das."

Paarweise ritten die Piquets in verschiedener Richtung ab. Ein junges Lieutenantchen, dem es sehr darum zu thun war, seinen Muth bewundern zu lassen, spornte sein Pferd an und trabte dem Schlosse zu. Da erschien an einem geöffneten Fenster Hohenthal.

„Zurück!" rief er herab.

Der Franzose zog verächtlich die Achsel empor und ließ sein Pferd weitergehen. Da krachte ein Schuß, und der Reiter fiel, durch den Kopf geschossen, vom Pferde.

Ein mehrhundertstimmiger Schrei erscholl französischer Seits. Der Oberst griff wüthend an seinen Degen und sagte:

„Das sollen sie mir bezahlen! Dieser arme, unschuldige Teufel! Holt ihn her!"

Dieser Befehl war an einige Dragoner gerichtet. Sie gehorchten und ritten nach der Stelle, wo der Todte lag. Sofort blitzte es aus mehreren Fenstern auf. Zwei der Leute sanken todt vom Pferde, und die Anderen flohen, sämmtlich verwundet, zurück.

Der Kapitän ballte beide Fäuste.

„Man wird Euch das mit Zinsen wieder heimzahlen, Ihr Schurken!" murmelte er. „Wollen wir nicht direct hin und das Thor einschlagen?"

„So schnell nun nicht, Herr Capitän," meinte einer der Rittmeister. „Wir wissen jetzt wenigstens das Eine, nämlich daß sich die Herren im Innern des Schlosses befinden. Warten wir zunächst die Rückkehr unserer Eclaireurs ab!"

Sie zogen sich ein Wenig zurück. Die Leute kamen retour und constatirten, daß sich in der ganzen Umgebung des Schlosses kein preußischer Soldat befinde.

„Nun gut, so sind sie drinnen. Da haben wir sie also fest!" meinte der Oberst.

„Hm! Das scheint mir nicht so leicht!" sagte der Dragoner.

„Kinderleicht! Wir lassen die Thür und die geschlossenen Läden einschlagen, so sind wir eben drin!"

„Und Diejenigen, welche das thun sollen, werden aus den obern Fenstern heraus erschossen."

„Pah! Wir beherrschen ja die Fenster von unten. Während zum Beispiel die Hälfte der Mannschaft stürmt, hält die andere Hälfte die Preußen von den Fenstern fern. Zwei Gardekürassiere und ein Gardedragoner werden es doch mit einem leichten, windigen, preußischen Husaren aufnehmen, meine Herren!"

Es wurde gegen diesen Plan gesprochen; aber der Oberst blieb dabei und setzte seinen Willen durch. Die Mannschaften mußten absteigen. Die Pferde wurden zur Seite geführt, so weit, daß sie außer Schußweite standen; sie kamen natürlich unter die Obhut einer Anzahl der Kavalleristen. Die Uebrigen wurden in zwei Abtheilungen getrennt. Die erste war bestimmt, in das Schloß zu brechen, und die andere nahm rund um das Letztere Stellung, um die Bewohner desselben im Zaume zu halten.

Als diese Vorbereitungen getroffen waren, gab Oberst Rallion den Befehl zum Angriffe.

Dieser konnte natürlich nur im Parterre erfolgen. Es war anzunehmen, daß das Eingangsthor von innen sehr fest verrammelt worden sei. Darum hatten die Angreifer Befehl, ihr Augenmerk besonders auf die Fenster zu richten.

Mit einem lauten Hurrah stürmten sie auf das Schloß los. Dort wurden in einem und demselben Augenblicke sämmtliche Parterrefenster geöffnet. Eine fürchterliche Salve krachte aus denselben den Angreifern entgegen. Jede Kugel traf ihren Mann. Die preußischen Husaren waren nicht nur tüchtige Reiter, sondern ebenso wackere Schützen. Eine große Anzahl der Franzosen war gefallen.

Diejenigen, welche unverletzt geblieben waren, stutzten. Sie zauderten, vorwärts zu dringen.

„En avant; en avant!" brüllte der Oberst.

Sie gehorchten. In langen Sätzen stürmten sie weiter und erreichten die Mauer, wo sie sich sicher wähnten.

„Pst!" stieß der Oberst hervor. „Diese verdammten Preußen zielen besser, als ich dachte! Aber sie sind schon halb besiegt. Unsere Leute sind an der Mauer des Hauses vor einer jeden Kugel sicher; denn wehe dem Feinde, der sich an einem der Fenster sehen lassen wollte, um zu schießen. Er wäre seines Todes sicher und gewiß.

Auf sein wiederholtes Commando versuchten die Leute, in die Fenster zu steigen. Einer hob den Andern, aber — — ein Schrei der Wuth erscholl rund um das Gebäude; Diejenigen, welche das Einsteigen gewagt hatten, fielen in die Arme Derer, von denen sie gehoben worden waren, zurück, von den Säbelhieben der Husaren getroffen. Dem Einen war sogar der Kopf mit einem Hiebe vom Rumpfe getrennt worden. Während der leblose Körper nach außen zurückstürzte, wurde ihm der abgehauene Kopf nachgeschleudert.

(Fortsetzung folgt.)

Die Liebe des Ulanen.
Original-Roman aus der Zeit des deutsch-französischen Krieges von Karl May.
(Fortsetzung.)

Lieutenant von Hernberg hatte dem Rittmeister von Hohenthal gemeldet, wie er empfangen worden war und welchen Bescheid er erhalten hatte.

„Gut!" sagte der Rittmeister. „Wollen sehen, ob er es so weit bringt, in der angegebenen Zeit seinen Besuch zu machen."

Er schickte nach dem General.

„Excellenz," sagte er, als dieser kam. „Eigentlich ist es meine Pflicht, mich aller Personen, welche das Schloß bewohnen, zu versichern. Ich glaube aber überzeugt sein zu dürfen, daß dies nicht nöthig ist. Ich bitte Sie um Ihr Ehrenwort, daß Keiner von Ihren Leuten Etwas unternimmt, was nicht mit meinen Absichten in Einklang zu bringen ist."

„Ich gebe es für mich und für alle die Meinigen."

„Ich danke! Darf ich Sie bitten, sich in das oberste Stockwerk zurück zu ziehen?"

„Ich gehorche natürlich."

„Aber Sie werden die Güte haben, mir Ihren Beschließer zu senden. Ich bedarf natürlich sämmtlicher Schlüssel, welche vorhanden sind."

„Er steht draußen schon bereit. Aber, Herr Rittmeister, in welcher Weise glauben Sie, daß der Angriff erfolgen wird?"

„Das werde ich erst nach näherer Beobachtung wissen. Auf alle Fälle wird man nur das Parterre angreifen. Natürlich werde ich mir Mühe geben, daß Ihr Eigenthum möglichst geschont wird. Bitte, kehren Sie zu den Damen zurück, um sie zu beruhigen!"

Melac mußte sämmtliche unteren Räumlichkeiten öffnen. Hohenthal ließ die Läden aufmachen und auch die Fenster aufwirbeln, um selbst die Glastafeln möglichst zu schonen. Dann gab er Befehl, im Falle eines Angriffes zuerst eine Salve zu geben, dann aber jeden Eindringling mit dem Säbel zurückzuweisen. Auf diese Weise wurde die Munition gespart. Auch durfte sich Keiner am offenen Fenster sehen lassen. Hinter dem Fensterpfeiler stehend, war der Vertheidiger gedeckt und konnte doch den Säbel nach Kräften gebrauchen.

Während der Rittmeister das Kommando der vorderen Front übernahm, übergab er den anderen Offizieren die übrigen Seiten in Vertheidigung. Dann waren sie gerüstet, den Feind zu empfangen. — — —

Richardt von Königsau war, nachdem er mit Fritz Schloß Ortry verlassen hatte, nach der Gegend von Metz geritten, wo die deutschen Heere im Begriff standen, den Marschall Bazaine einzuschließen.

Die beiden Ulanen kamen erst am Morgen nach Servigny, wo man sich zum Kampfe vorbereitete. Um zu ihrer Truppe zu gelangen, mußten sie noch weiter, nach Ars Laquenepy. Dort erfuhren sie, daß andere Dispositionen getroffen worden seien. Das Gardeulanenregiment war noch in der Gegend von Gorge zu suchen.

Dorthin gelangten sie erst am Nachmittage, während seit Vormittag im Norden die Kanonen gedonnert hatten, zum Zeichen, daß da eine Schlacht geschlagen werde.

In Gorge erfuhren sie endlich, daß drei Schwadronen nach Chambley detachirt worden seien. Ueber den Aufenthalt der übrigen Schwadronen konnten sie nichts erfahren.

„Verteufelte Geschichte!" meinte Fritz. „Wir wollen und wir müssen nach Schloß Malineau, um die Machinationen dieses alten Capitäns zu schanden zu machen. Dazu bedürfen wir der Erlaubniß. Wo aber den Obersten finden?"

"Es bleibt uns nichts übrig, als eben nach Chambley zu reiten," meinte Königsau mißmuthig.

"Hm! Könnten wir denn nicht auf eigene Faust handeln?"

"Das ist zweifelhaft."

"Warum? Es ist uns ja weder Zeit noch Ort bestimmt, wann und wo wir zu dem Regimente zu stoßen haben."

"Aber unsere Instruction lautet, sofort einzutreffen, wenn wir unser Arrangement in Schloß Ortry getroffen haben."

"Nun, mit diesem Arrangement sind wir ja noch nicht fertig!"

"Wieso?"

"Der alte Capitän gehört doch auch dazu. Er ist entflohen. Wir müssen ihn suchen und finden!"

"Diese Art der Auslegung hat allerdings etwas für sich. Warten wir, wie es in Chambley aussieht. Dort können wir uns ja weiter entschließen."

Wenn sie gewußt hätten, daß der alte Capitän nicht so schnell fortgekonnt, hätte und noch in der Gegend von Ortry bei einem Bauern steckte, so hätten sie sich keine solche Sorge gemacht.

"Uebrigens," meinte Fritz, "scheint es mir, als ob wir auf diese Weise nicht mehr sehr weit kommen würden. Mein Gaul ist so müde, daß ich ihn per Kutsche weiter transportiren lassen möchte."

"Bis Chambley muß er wohl oder übel aushalten. Mein Pferd lahmt schon seit einer Viertelstunde. Müssen wir heute noch weiter, so wird es nothwendig sein, uns nach anderen Pferden umzusehen."

Sie waren noch nicht weit gekommen, so erkannten sie, daß es ihnen sehr schwierig sein werde, das angegebene Ziel zu erreichen. Straßen und Wege waren von Theilen des dritten und zehnten Armeecorps bedeckt, welche nach Trouville und Vionville dirigirt wurden. Es blieb ihnen nichts übrig, als von der Richtung abzuweichen und den Umweg über Saint Julien de Gorge einzuschlagen.

Als sie dort ankamen, war es Nacht geworden. Sie konnten unmöglich weiter. Sie fanden kein anderes Nachtlager, als unter einem alten Schuppen, wo sie glücklicher Weise etwas Stroh entdeckten.

Am anderen Morgen ging es weiter. Sie erreichten aber, weil es überall von Militär wimmelte, Chambley, welches so nahe lag, doch ziemlich spät.

Dort fand Königsau endlich Gardeulanen, aber auch nur eine einzige Schwadron. Die anderen beiden waren nach Troyon beordert worden, dem Heere des Kronprinzen entgegen.

Wie gern hätte der Major sich sofort an die Spitze dieser Leute gesetzt, um sie nach Malineau zu führen, aber das war unmöglich. Er hatte mit dem Etappencommandanten sich in's Einvernehmen zu setzen, und dann waren noch andere Schritte zu thun, so daß es sehr spät wurde, als er endlich von Buxieres, wohin er gesandt hatte, die Erlaubniß bekam, die Schwadron zu dem angegebenen Zweck zu verwenden.

Mittler Weile hatte er sich und Freund Fritz neu beritten gemacht. Der Ritt begann.

Aber Etain lag weit von hier, und er sah sich ganz zu denselben Vorsichtsmaßregeln gezwungen, welche auch Hohenthal angewendet hatte, um nicht bemerkt zu werden.

Er vermied so viel wie möglich alle bewohnten Orte, ritt endlich auch um Etain in einem weiten Bogen herum und kam mit seiner Schwadron auf dieselbe Straße, auf welcher Oberst Rallion sich mit seinen drei Escadrons dem Schlosse genähert hatte.

Sie hatten vielleicht noch fünf Minuten zu reiten, ehe es möglich war, aus dem Waldwege in's Freie zu debouchiren; da hörten sie vor sich Schüsse fallen.

"Sapperment, dort ist man bereits engagirt!" meinte Fritz.

"Das sind wohl die Franctireurs!" bemerkte der Rittmeister, welcher die Schwadron commandirte.

"Schwerlich," antwortete Königsau. "Das war eine so ordnungsmäßige Salve, daß ich unbedingt annehme, es befinde sich Militär vor uns."

"So müssen wir recognosciren."

"Gewiß. Bleiben Sie mit den Leuten zurück. Fritz, steig mit ab! Wir gehen unter den Bäumen vor und werden sehen, was es giebt. Hören Sie meinen Revolver, drei Schüsse hinter einander, Herr Rittmeister, so eilen Sie herbei, denn dann befinden wir uns in einer Gefahr."

Er stieg ab und Fritz ebenso. Sie begaben sich unter die Bäume und schlichen vorwärts.

Dort, wo man den Waldesrand niedergeschlagen hatte, fanden sie hinter den Reisighaufen ein sicheres Versteck, aus welchem sie Alles ganz genau und völlig ungefährdet beobachten konnten.

"Ah!" flüsterte Fritz. "Das sind allerdings keine Franctireurs! Das sind Gardecavalleristen!"

"Küraffire und Dragoner. Sie wollen das Schloß stürmen. Warum?"

"Hm! Man stürmt doch nur einen Ort, wenn sich der Feind da befindet!"

"Richtig! Welchen Feind könnten die Franzosen da haben?"

"Das weiß der Kukuk, ich aber nicht. Schau, wieder eine Salve! Das sind brave Kerls, welche dort drin stecken!"

"Wer aber ist's? Wollen sehen."

Königsau nahm seinen Feldstecher heraus und richtete ihn nach den Fenstern des Schlosses.

"Kein Mensch ist zu sehen."

"Natürlich!" meinte Fritz. "Ließe sich Einer sehen, so wäre er ja auch verloren. Das Schloß ist umzingelt, und auf jedes Fenster sind einige Gewehre gerichtet. Es hat ganz den Anschein, als ob da ein alter, schlauer Fuchs ausgeräuchert werden solle. Schau, Richardt, dort hinter der Baumgruppe hält der Stab des Belagerungsheeres. Die Herren kommen jetzt ein wenig zur Seite. Wollen doch einmal sehen, mit welchen Chargen wir es zu thun haben."

Auch er nahm den Krimstecher vor's Auge.

"Alle Teufel!" stieß er hervor.

"Was?"

"Da hält ein Oberst, ein ganz junger Kerl. Ich kann das Gesicht nicht genau sehen; aber ich möchte wetten, daß es unser lieber Herr von Rallion ist."

„Das wäre! Warte! Ah, jetzt wendet er sich nach rechts. Ich sehe ihn genauer. Bei Gott, er ist es! Und, Fritz, siehst Du den Menschen in Civil neben ihm?"

„Ja; der Graukopf? Höre, sollte das vielleicht gar der alte Capitän sein?"

„Ich möchte es fast annehmen, obgleich er uns den Rücken zukehrt. Aber, wenn er es wirklich ist, so möchte ich fast schließen, daß sich Deutsche da im Schlosse befinden."

„Sakkerment!"

„Ja. Man wird doch nicht etwa Franzosen belagern! Wäre der Alte nicht dabei, so dürfte man vermuthen, daß man eine Bande Franctireurs cernirt habe, um sie wegen irgend einer Schurkerei ad coram zu nehmen; aber weder Rallion, noch der Capitän würden das thun?"

„Da, da, da!" sagte Fritz schnell hinter einander. „Siehst Du es? Da, am Giebel!"

„Ja. Schnell nieder mit den Köpfen! Das soll ein Zeichen für uns sein, und diese Franzosen könnten daraus auf unsere Anwesenheit schließen."

Sie bückten sich hinter den Reißighaufen nieder; aber sie bemerkten auch sogleich, daß sie nicht gefährdet seien.

„Weißt Du, was das war?" fragte Königsau.

„Natürlich! Ein rother Husarendolman."

„Gewiß! Man hat uns vom Schlosse aus bemerkt und will uns sagen, wer sich dort befindet."

„Also preußische Husaren!"

„Ganz sicher!"

„Wie kommen sie nach Schloß Malineau?"

„Wer weiß es. Jedenfalls eine Streifpatrouille. Wir müssen ihnen unbedingt zu Hilfe kommen!"

„Natürlich! Es sind brave Kerls! Und scharfe Augen haben sie! Uns hier zu bemerken!"

„Vom oberen Stockwerke ist das nicht sehr schwer. Wenn das Auge zufällig diesen Punkt streift, versteht es sich fast ganz von selbst, daß man uns sieht. Komm!"

Sie traten wieder unter die Bäume und kehrten zur Schwadron zurück.

„Nun?" fragte der Rittmeister neugierig.

„Drei Schwadronen französischer Gardekavalerie belagern eine preußische Husarenpatrouille, welche im Schlosse Schutz gesucht hat," antwortete Fritz.

„Da kommen wir zur rechten Zeit! Oder —?"

Er warf einen fragenden Blick hinter sich auf seine Leute. Königsau verstand ihn und sagte:

„Ob wir zu schwach sind, diesen drei Schwadronen gegenüber, Herr Rittmeister?"

„Es ist meine Pflicht, diesen Gedanken anzuregen."

„Gewiß! Aber wir werden uns doch nicht fürchten!"

„Ganz gewiß nicht! Horch!"

Man hörte von der Gegend des Schlosses her Signal blasen.

„Ah!" meinte Fritz. „Diese Herren sehen ein, daß es auf diese Weise mit der Belagerung nicht vorwärts geht. Sie rufen ihre Leute wieder zusammen. Man wird einen Kriegsrath halten."

„Das benutzen wir und hauen auf sie ein!" ergänzte Königsau. „Nämlich die Kerls sind, außer den Offizieren, abgesessen. Ihre Pferde befinden sich links von der Mündung dieses Weges unter der Obhut von sehr wenigen Leuten. Kommen wir zwischen Beide, nämlich zwischen die Reiter und die Pferde, so sind die Ersteren verloren. Herr Rittmeister, es sind nämlich ein Drittel Dragoner und zwei Drittel Küraffiere. Sind sie zu Fuß, so haben wir leichte Arbeit. Wir reiten sie nieder und spießen sie mit den Lanzen fest. Gehen wir näher, daß auch Sie recognosciren können!"

Oben an einem Fenster des Dachstockes hatte nämlich Melac gestanden. Dieses Fenster ging nach der Seite hinaus, von welcher die Feinde gekommen waren. Das Auge des Schließers streifte ganz zufällig und absichtslos den Waldesrand und blieb auf einem Punkte haften, an welchem sich etwas Farbiges zeigte, was eigentlich nicht an diesen Ort zu gehören schien.

Er blickte schärfer hin, aber er war alt und konnte das, was sich dort befand, nicht deutlich erkennen. Darum begab er sich in das Zimmer, in welchem sich die Anderen befanden.

„Bitte, wo sind Seine Excellenz, der Herr General?" fragte er, als er den Genannten nicht bemerkte.

„Warum?" fragte Ella, welche dem Tone seiner Stimme eine gewisse Aengstlichkeit anmerkte.

„Ich glaube, es kommen neue Feinde."

„Gott! Doch nicht!"

„Es war mir, als ob ich drüben hinter dem Reißig etwas Buntes, etwas Militärisches gesehen hätte."

„Großpapa ist für einige Augenblicke fortgegangen. Komm, liebe Marion, wollen sehen, was es ist."

Melac führte sie nach dem betreffenden Fenster. Kaum hatten sie einen Blick hinausgeworfen, so sagte Ella:

„Soldaten! Ja! Man erblickt sie nur nicht genau. Herrgott, was thun wir, liebe Marion?"

Diese behielt ihre Fassung.

„Sind es Franzosen oder Deutsche?" fragte sie.

„Wer weiß das!"

„Ich auch nicht. Aber, liebe Ella, wollen wir als Freunde oder als Feinde dieses tapferen Grafen und Rittmeisters von Hohenthal handeln?"

„Als Freunde natürlich!"

„Gut! Das denke ich auch. Monsieur Melac, Sie dürfen es dem Herrn General nicht wissen lassen, aber eilen Sie hinab, um den Herrn Rittmeister schleunigst zu holen. Das war dem Alten sehr lieb. Er war ja ein Freund der Deutschen. Nach wenigen Sekunden brachte er Hohenthal, welchen einer seiner Leute begleitete.

„Wo ist es?" fragte er ohne alle Einleitung.

„Dort, gerade meinem Arme nach, hinter dem Reißighaufen," antwortete Ella, indem sie den Arm ausstreckte.

Sein Auge folgte der angegebenen Richtung. Ein Blitz der Freude zuckte über sein schönes Gesicht.

„Herunter mit Deinem Dolman!" gebot er dem Husaren. „Halte ihn zum Fenster hinaus, damit Die da drüben merken, daß Husaren sich hier befinden."

Der Mann gehorchte. Der Rittmeister zog sein Rohr hervor und nahm es an das Auge.

„Alle Wetter!" entfuhr es ihm.

Er warf noch einen kurzen Blick hinüber und gebot dann dem Husaren:

„Zurück wieder! Sie haben es bemerkt. Sie verbergen sich, weil unser Zeichen den Feind auf sie aufmerksam machen könnte. Entschuldigung, meine Damen, daß in der Ueberraschung mir ein etwas kräftiges Wort entfuhr."

„Dürfen wir erfahren, wer es ist, Herr Rittmeister?" erkundigte sich Marion.

„Eigentlich nicht," antwortete er lächelnd. „Es ist mir aber vollständig unmöglich, Sie als feindliche Wesen zu betrachten. Darum will ich Ihnen mittheilen, daß ich zwei preußische Ulanenoffiziers gesehen habe."

„Was wird das bedeuten?"

„Daß in wenigen Minuten Ihnen Gelegenheit geboten wird, den tapfersten Ulanenoffizier kennen zu lernen. Ich habe ihn mit Hilfe meines Glases erkannt. Ein Freund von mir, Herr Richardt von Königsau, kommt, diesen Herren da unten eine Lehre zu geben."

„Königsau —?" hauchte sie.

Sie war tief bleich geworden.

„Ja. Wenn ich recht vermuthe, so befindet er sich nicht allein in der Nähe. Bitte, treten Sie in das Eckzimmer, so werden Sie Zeuginnen eines höchst interessanten Kampfes sein. Ich aber muß nach unten."

Er eilte mit seinem Begleiter fort.

Ella legte den Arm um Marions Schulter.

„Du bist erschrocken?" fragte sie liebevoll.

„Sehr!"

„Nicht wahr, Königsau hieß jener Offizier, den Du in Dresden erblicktest?"

„Ja. Und dessen Photographie ich besitze."

„Ob er es wirklich ist?"

„Jedenfalls. Der Rittmeister wird kein schlechtes Fernrohr besitzen, denke ich."

„So werden wir ihn zu sehen bekommen."

Marion strich sich mit der Hand über die Stirn und antwortete nicht. Ella aber meinte:

„Wirst Du nicht mit ihm sprechen können?"

Da antwortete das schöne Mädchen:

„Es war ein Traum; ich aber gehöre der Wirklichkeit. Seine Anwesenheit kann keinen Einfluß auf mich haben."

Da hörte man das Signal, welches auch Königsau mit den Seinigen vernommen hatte. Einige Augenblicke später kam der General herbei.

„Wo seid Ihr? Ich habe Euch gesucht!" fragte er. „Die Gardereiter ziehen sich zurück. Der Kampf scheint ein Ende zu haben."

„O nein!" entfuhr es Ella.

Das fiel dem General auf.

„Warum nicht? Weißt Du es anders?" erkundigte er sich.

„Liebe Marion, wollen wir es ihm nicht lieber sagen?" fragte sie die Freundin.

„Ja. Der General wird es ja unbedingt erfahren."

„Was?" fragte er neugierig.

„Es sind preußische Ulanen im Walde."

„Doch nicht!"

„Ja. Der Rittmeister Hohenthal sagte es."

„Dann wehe unseren Küraffieren! Dürfte ich sie doch warnen!"

„Würdest Du das?"

„Unbedingt, wenn ich dabei nicht mein Leben riskirte. Ich würde als Spion erschossen werden."

„Thue es um Gotteswillen nicht, lieber Papa!"

„Nein, nein! Aber, wo befinden sich die Ulanen?"

„Sie sind fort; man sieht sie nicht mehr."

Da waren wieder Schritte zu vernehmen. Rittmeister Hohenthal trat ein. Er erblickte den General und fragte:

„Die Damen haben Ihnen Mittheilung gemacht?"

„Ja."

„Es thut mir leid, daß es mir nicht vergönnt ist, Ihren Patriotismus zu schonen, Excellenz. Es ist eben Krieg. Uebrigens werden Sie jetzt, wenn ich mich nämlich nicht irre, ein seltenes Reiterstück zu sehen bekommen."

„Sie haben bereits ein Unvergleichliches geliefert."

„Oh, Königsau kommt! Das ist etwas ganz Anderes!"

„Königsau? Diesen Namen habe ich einmal gehört. So hieß ein preußischer Offizier, welcher sich der außerordentlichen Protection Ihres Marschall Blücher erfreute."

„Der, welchen ich meine, ist der Enkel dieses Veteranen. Sie verzeihen meine Gegenwart hier. Von hier aus kann ich den Plan besser überblicken als von irgend einem anderen Zimmer aus."

„Bitte! Sie sind Schloßcommandant. Die Belagerer haben sich zurückgezogen. Man wird das Schloß cerniren und nach weiteren Truppen senden."

„Das steht zu erwarten; aber sie werden in der Ausführung dieses Vorhabens leider gestört werden. Hören Sie das Pferdegetrappel im Parterre?"

„Ja. Sie werden doch nicht —"

Der General blickte den Rittmeister erschrocken an.

„Was, Excellenz?" fragte dieser.

„Sie werden doch nicht einen Ausfall machen?"

„Gewiß werde ich das."

„Welch ein Wagniß! Sie dürfen die Deckung, welche Sie hier finden, nicht aufgeben!"

„Warum nicht? Ah! Excellenz, da drüben!"

Er deutete mit der Hand durch das Fenster. Der General blickte hinüber.

„Bei Gott! Preußische Ulanen!"

„Gurdeulanen! Die tête läßt sich ganz vorsichtig erblicken. Jetzt ist meine Zeit gekommen. Ich muß die Aufmerksamkeit des Feindes auf mich lenken, damit Königsau sich unbemerkt nahen kann. Auf Wiedersehen!"

Er eilte fort, hinab.

„Gott, mein Gott!" klagte der General. „Und ich darf unseren Gardereitern kein Zeichen geben! Es will mir das Herz abdrücken!"

Da schmetterte ein Signal durch die Räume des Hauses.

„Was bedeutet das?" fragte Ella.

„Ein preußisches Signal," antwortete der General. „Es wird wohl heißen sollen: fertig zur Attake! Ich weiß es nicht genau."

„Unsere Reiter erstaunen. Sie blicken alle nach dem Schloßthore!"

„Dieser Rittmeister ist wahrhaftig so tollkühn, das Thor öffnen zu lassen. Ich glaube gar, er hat seine Husaren im Inneren des Hauses auffitzen lassen. Hört!"

Von drüben her, wo die Franzosen hielten, hörte man ein schallendes Gelächter. Die Dragoner und Küraffiere machten Front gegen den Eingang des Schlosses und nahmen die Carabiner auf.

„Die Husaren sind verloren, wenn sie jetzt wirklich die Attacke ausführen!" sagte der General.

Ella legte die Hände auf die Brust.

„Herrgott, wende das ab!" flüsterte sie.

Drüben, wo Oberst Rallion hielt, ertönten laute Commandorufe. Seine Gardereiter dehnten sich aus. Das vordere Glied legte das Gewehr im Knieen an, und das hintere Glied zielte im Stehen. So erwarteten sie die Husaren, welche aber nicht so dumm waren, im Vordergrunde des Flures zu erscheinen.

„Jetzt, im nächsten Augenblicke werden unsere Reiter Feuer geben!" sagte der General. „Und heiliger Himmel! Da drüben, da drüben!"

Er deutete nach dem Waldesrande hinüber, den ihre Augen in den letzten Minuten vernachlässigt hatten. Dort debouchirten die Ulanen hervor, nahmen Front und — voran die Officiere, von denen Einer, nämlich Königsau, den Degen schwenkte; sie kamen herangedonnert, erst im Trab, dann im Galopp, und dann in voller, sausender Carrière.

Das war so schnell gegangen, daß die Franzosen gar nichts bemerkt hatten. Jetzt, da der Boden unter den Hufen der feindlichen Rosse erdröhnte, wendeten sie die Köpfe.

„Hurrah! Hurrah! Preußen hoch!"

Mit diesem Rufe waren sie da, die braven Ulanen. Wie ein Wettersturm brachen sie in den Feind herein.

„Hurrah! Hurrah! Preußen hoch!"

So ertönte es auch vom Schlosse her. Durch das geöffnete Portal drangen die Husaren. Mit hoch geschwungenem Säbel stürzten sie sich von dieser Seite her auf die Franzosen.

„Herr, mein Heiland!" stöhnte Mama Melac. „Das kann ich nicht ersehen!"

„Herrlich, herrlich!"

Dieser Ruf entfuhr dem Munde des Generals. Er konnte nichts dafür, er mußte dem Feinde Bewunderung zollen.

Die Anführer der Gardereiter hatten sich bisher ziemlich fern gehalten, so daß ihre Gesichtszüge nicht zu unterscheiden gewesen waren. Und da Rittmeister von Hohenthal nichts über die Unterredung des Parlamentärs mit dem Obersten Rallion geäußert hatte, so wußte Marion gar nicht, wer Diejenigen eigentlich waren, die in das Schloß dringen wollten.

Sie hatte wohl bemerkt, daß sich ein Civilist bei den Officieren befand und daß dieser ein alter Herr sein müsse. Jetzt, als die Ulanen herangestürmt kamen und die Franzosen diesen unerwarteten Feind bemerkten, gab der Alte seinem Pferde die Sporen und riß es plötzlich zur Seite. Es stieg in die Höhe und galoppirte dem entgegengesetzten Theile des Waldes zu. Hierbei sah der Alte voller Angst zurück, so daß Marion sein Gesicht erkennen konnte.

„Himmel! Der Capitän!" rief sie aus.

„Welcher?" fragte Ella.

„Richemonte!"

„Dein Peiniger? Wo?"

„Dort — der Alte, welcher eben im Walde verschwindet!"

„So ist es auf Dich abgesehen gewesen!"

„Jedenfalls! Allen Heiligen sei Dank! Er ist fort!"

Die Attacke war auf das Glänzendste gelungen; aber die Uebermacht war doch zu groß. Die Franzosen wehrten sich wie die Teufel. Zuerst waren sie einfach überritten worden, wobei die Lanzen entsetzlich gewirkt hatten. Nun aber stellten sie sich zur Wehr. Sie ergriffen die ihnen entfallenen Carabiner, oder sie zogen blank. Es gelang ihnen zwar nicht, zu ihren Pferden zu gelangen, aber sie kämpften zu Fuße. Das Gefecht löste sich in Einzelkämpfe auf.

„Dort, der Oberst!" rief der alte General begeistert. „Er vertheidigt sich gegen zwei Husaren. Ein tüchtiger Fechter! Ah, wirklich, den kenne ich! Das ist Rallion!"

„Rallion?" fragte Marion. „Ja, ja, gewiß! Jetzt erkenne ich ihn auch! Es war also wirklich auf mich abgesehen. Wie wird das enden!"

„Welcher mag denn wohl Königsau sein?" flüsterte ihr Ella zu.

„Der Anführer, welcher voranritt!" antwortete sie.

„Wo ist er?"

„Der Anführer?" fragte der General. „Da ist er, mitten im Knäuel drin. Er trägt die Abzeichen eines Majors. Mille tonneres, ist das ein Kerl! Seht, wie er mit dem Säbel umzugehen versteht! In der Rechten den Degen, und in der Linken den Revolver!"

Marion faltete die Hände. Sie sah ihn; sie stieß einen lauten Angstschrei aus.

„Herrgott! rief sie. „Er ist verloren!"

Ein Dragoner hatte sich von hinten an das Pferd Königsau's gedrängt und holte mit dem Säbel aus. Der Major aber bemerkte es, drehte sich um und schoß ihm eine Kugel durch den Kopf.

„Gerettet!" stöhnte Marion.

„Er läßt sein Pferd steigen!" rief der General. „Da, da bekommt er Hilfe! Ein Lieutenant, ein riesiger Kerl, mit noch Mehreren! Alle Teufel, hauen die zu!"

„Rallion ist seine beiden Husaren noch nicht los!" bemerkte Ella jetzt, indem sie auf den Genannten deutete.

„Paß auf, Marion! Der feindliche Ulanenmajor hat ihn erblickt. Er sprengt auf ihn zu. Sieh, er ruft den Husaren etwas zu. Sie lassen von dem Obersten ab. Der Major will ihn für sich allein haben! Die Anführer im Kampfe mit einander!"

„Ich brenne vor Begierde!" rief Latreau.

Sie hatten die Worte Königsau's nicht hören können. Diesem war es bis jetzt noch nicht gelungen, an Rallion zu kommen. Er hatte sich mitten im Kampfesgewühl befunden. Jetzt aber, da er mit Hilfe Fritzens, den der General als den ‚riesigen Kerl' bezeichnet hatte, seine Dränger losgeworden war, spornte er sein Pferd auf ihn zu.

„Halt! Zurück! Dieser gehört mir!" herrschte er den beiden Husaren zu.

Sie wendeten sich sofort von Rallion ab und suchten sich anderer Arbeit. Der Oberst erblickte jetzt den neuen Feind.

„Heiliges Donnerwetter!" rief er. „Wer ist denn das?"

„Ich hoffe, Sie kennen mich!"

„Doctor Müller!"

„Oder ein Anderer!"

„Ah, ich weiß! Königsau! Verdammt! Fahre zum Teufel, verfluchter Hallunke!"

Er drängte sein Pferd an dasjenige seines Feindes, holte zum fürchterlichen Hiebe aus, gab aber eine Finte und modulirte zum tödtlichen Stoße. Königsau aber war ihm überlegen; er parirte glücklich.

„Geh voran! Andere mögen Dir folgen!"

Mit diesen Worten richtete er sich in den Bügeln auf. Ein Hieb aus hoher Luft — Rallion sank mit gespaltenem Kopfe vom Pferde.

Droben im Dachzimmer ertönte ein lauter, mehrstimmiger Schrei.

„Ein fürchterlicher Mann!" stieß der General hervor.

„Rallion ist todt!" fügte Marion hinzu.

Sie athmete tief auf und ließ den Kopf ermattet auf die Schulter Ella's sinken, welche selbst an allen Gliedern zitterte, da sie im tiefsten Herzen für den Rittmeister Hohenthal bangte, welcher die Gefahr förmlich aufzusuchen schien.

„Ich kann nicht mehr!" stöhnte sie.

„Ja, es ist zu viel!" stimmte Marion bei. „Das werde ich nie, nie, niemals vergessen!"

Beide wendeten sich vom Fenster ab. Mama Melac war längst in einen Stuhl gesunken, der in einer Ecke stand. Auch der General fühlte sich angegriffen. Er wischte sich den rinnenden Schweiß von der Stirn und sagte:

„Gehen wir wieder in unser Zimmer. Hier ist es zu fürchterlich, besonders für Euch!"

Sie folgten seinen Worten.

Als Königsau den Obersten niedergeschlagen hatte, wendete er sein Pferd wieder zurück. Er sah den Rittmeister bedrängt und eilte ihm zu Hilfe. Er hatte bisher noch gar keine Gelegenheit gehabt, ihn näher zu sehen.

„Was!" rief er nun. „Arthur, Du?"

„Ja, ich! Komm! Hauen wir diese Kerls in Kochstücke! Sie sind wie die Wespen!"

Aber die schwerste Arbeit war bereits gethan. Noch eine kurze Zeit, und der Sieg war errungen — zwei Schwadronen leichter Reiter gegen diesen überlegenen Feind! Und glücklicher Weise war der Sieg gar nicht theuer bezahlt worden.

Gleich anfangs hatte sich eine kleine Abtheilung der Ulanen auf diejenigen Franzosen geworfen, denen die Pferde anvertraut waren. Dieser Coup war gelungen.

Niedergeritten, niedergestochen und niedergesäbelt, hatten die Feinde es nicht vormocht, wieder zu ihren Thieren zu kommen. Wer nicht todt war, der war gefangen, und nur Wenigen war es geglückt, zu entkommen.

Königsau und Hohenthal schüttelten einander die Hände.

„Das war Hilfe zur rechten Zeit!" meinte der Letztere.

„Wie aber wußtest Du, daß ich hier belagert wurde?"

„Kein Wort wußte ich davon!"

„Nicht? Und kommst doch nach Malineau! Jedenfalls wohl aus reinem Zufalle?"

„Nein. Ich komme von Ortry, wo ich erfuhr, daß der Kapitän nach hier wollte, um Marion zu holen. Ich glaubte Franctireurs zu treffen, nicht aber Dich."

„O, diese Kerls habe ich gezüchtigt. Ich habe eine tüchtige Zahl gefangen genommen."

„Marion ist doch da?"

„Ja."

„Ist sie wohl?"

„Gewiß. Ich erkannte Dich, als Du da drüben hinter dem Reisig stecktest. Sie stand bei mir, und ich sagte ihr, daß Herr von Königsau mich befreien werde."

„Was sagte sie?"

„Nichts. Aber ich sah, daß sie erbleichte —"

„Ich muß zu ihr!"

„Bitte, nicht so stürmisch! Du kannst Dir denken, daß ich dabei sein möchte. Uebrigens haben wir zunächst hier unsere Pflicht zu thun. Wir müssen tabula rasa machen und dann die weiteren Schritte berathen. Doch, wo ist der Capitän?"

„Entkommen, wie es scheint."

„Verdammt!"

„Ich hatte das Auge fest auf ihn; aber, er uns sehen und im Galopp fliehen, das war Eins. Doch habe ich einige Ulanen auf seine Spur gebracht. Sie sind ihm nach."

Und nicht weit von diesen Beiden hielten noch zwei Andere neben einander, nämlich Fritz und Mart Tannert. Als dieser Letztere den Ersteren erblickte, machte er möglichst große Augen und rief:

„Ist's möglich, Fritz?"

„Daß ich hier bin?"

„Nein, das nicht. Aber, Donnerwetter! Epauletten!"

„Thut nichts zur Sache!"

„O, das thut sogar sehr viel, denke ich!"

„Du wirst Dir sie auch holen."

„Schwerlich! Was will ich mit ihnen machen! Na, gratulire von Herzen!"

Die Bewohner des Schlosses hatten sich, wie bereits gemeldet, in ein Zimmer zurückgezogen, von welchem aus sie vor dem Anblicke des Kampfplatzes bewahrt blieben. Sie verhielten sich vollständig passiv und warteten der Dinge, die nun kommen würden.

Da endlich trat Hohenthal ein.

„Entschuldigung, Excellenz," sagte er, „daß ich Sie versäumte. Es galt zunächst, unsere Pflicht zu thun."

Ella's Augen waren ängstlich auf ihn gerichtet, ob er vielleicht verwundet sei. Er bemerkte dies und fühlte sich ganz glücklich über diese Sorge.

„Sie sind Sieger, wie ich bemerkt habe," antwortete Latreau. „Hoffentlich gab es nicht zu viele Opfer!"

„Wir sind sehr glücklich davongekommen. Leider aber ist dies mit unserem Gegner nicht der Fall!"

„Man muß es tragen!"

Er blickte dabei traurig, schmerzvoll vor sich nieder.

„Sie dürfen meiner Versicherung glauben, daß ich nicht ein Freund roher Gewaltthätigkeiten bin; aber man muß thun, was die strenge Pflicht gebietet."

„Sie haben Gefangene?"

„Zahlreiche."

„Was thun Sie mit ihnen?"

„Sie befinden sich im Keller bei den Franctireurs. Wir werden Sie abzuliefern haben."

„Wie viel hat es Todte gegeben?"

„Wir haben noch nicht gezählt. Uebrigens wird man in Beziehung auf sie noch Bestimmung treffen."

„Aber eine Frage gestatten Sie wohl noch! Wird Schloß Malinau besetzt bleiben?"

„Darüber habe ich noch mit Herrn Major von Königsau zu sprechen. Er steht einen Grad höher, und so muß ich ihm das Commando abtreten."

„Wo befindet sich dieser Herr?"

„Er wird baldigst um die Erlaubniß bitten, sich Ihnen vorzustellen. Vor allen Dingen hatte er die nothwendigen Dispositionen zu treffen, welche sich auf unsere Sicherheit und Anderes beziehen."

„Wie ich bemerkte, befand Oberst Rallion sich bei den Truppen, von denen Sie angegriffen wurden?"

„Ja. Er hatte einen Capitän Richemonte bei sich. Beide beabsichtigten, sich des Fräuleins von Sainte-Marie zu bemächtigen. Sie sagten dies dem Offizier, welchen ich zu ihnen sandte; ich aber hielt es für gerathen, es zu verschweigen, bis die Gefahr vorüber sei."

„Also wieder Retter gewesen!"

„O nein. Diesesmal hatte ein Anderer dieses Amt übernommen, nämlich — ah, da kommt er ja! Meine Herrschaften, gestatten Sie mir, Ihnen meinen Kameraden, Herrn Major von Königsau, vorzustellen."

Richardt war eingetreten. Er begrüßte die Anwesenden mit einem militärischen Honneur, wartete, bis ihm die Namen genannt worden waren, und wendete sich dann an den General:

„Ich habe um Verzeihung zu bitten, Excellenz, daß ich durch die Verhältnisse gezwungen bin, meinen Eintritt hier auf eine Weise zu halten, welche nicht die gewöhnliche ist. Hoffentlich ist es uns von den Umständen gestattet, Sie baldigst von der Anwesenheit ungebetener Gäste zu befreien."

„Sie sind zwar ungeladen, aber nicht unwillkommen. Ich bin zwar Offizier, aber nicht mehr activer Militär und werde Sie nicht hindern, Ihre Pflicht zu thun."

Marions Augen waren auf Königsau gerichtet, als ob sie ein Gespenst erblicke, groß, offen und mit einem Ausdrucke, welchen man Angst hätte nennen mögen. Sie zitterte, und ihr Gesicht war so blaß wie dasjenige einer Leiche.

Königsau that, als ob er dies nicht bemerke, und gab der Unterhaltung eine allgemeine Richtung. Als sie sich aber dann von ihrem Sitze erhob und, wie ganz ermüdet, hinauswankte, konnte er es doch nicht aushalten. Als sie bereits sich unter der Thüre befand, sagte er in bittendem Tone:

„Fräulein de Sainte-Marie, bitte! Es giebt in meiner Schwadron Einen, welcher behauptet, Sie zu kennen. Er wünscht, Ihnen vorgestellt zu werden. Gestatten Sie dies vielleicht?"

Sie hatte sich umgedreht und fragte:

„Wie ist sein Name, Herr Major?"

„Goldberg. Er ist ein Sohn des Generals der Infanterie, Graf Kunz von Goldberg."

„Ich erinnere mich nicht, einen Herrn dieses Namens zu kennen."

„Vielleicht doch! Er behauptet, Grüße nach Ortry mitgebracht zu haben, ist auch vorgestern dort gewesen, hat aber nicht die Ehre gehabt, Sie zu treffen."

„Grüße? Von wem?"

„Von Fräulein Nanon Köhler, welche allerdings, wie er mir mittheilte, jetzt einen anderen Namen trägt."

Da rötheten sich ihre Wangen.

„Von Nanon?" sagte sie. „O, bitte, lassen Sie diesen Herrn zu uns kommen!"

„Sogleich!"

Er trat an das Fenster, öffnete dasselbe und rief hinab:

„Piquet, der Herr Lieutenant von Goldberg wird gebeten, zu mir zu kommen."

Der Genannte schien bereit gestanden zu haben, denn kaum war der Befehl erklungen, so öffnete sich die Thür und der ‚riesige Kerl' trat ein.

„Dieser Herr ist es," stellte Königsau vor.

Marion hatte sich nicht wieder gesetzt. Sie stand noch in der Nähe der Thüre. Als sie Fritzens Gesicht erblickte, fuhr sie fast erschrocken zurück.

„Mein Gott!" sagte sie — „das ist ja — —!"

Er schlug die Sporen zusammen und sagte, die Hand zum Salut erhebend.

„Zu Befehl — der Pflanzensammler Schneeberg."

„Ist's möglich — ist's — —"

Sie stockte. Sie blickte rathlos um sich. Sie hatte diesen Mann bei Doctor Müller gesehen. Jetzt befand er sich bei Königsau. Sie konnte den Gedanken gar nicht erfassen.

„Ja," meinte der Major lächelnd. „Der Herr Lieutenant hat in der Gegend von Thionville ein Wenig Maskerade gespielt. Werden Sie es ihm verzeihen, gnädiges Fräulein?"

„Verzeihen? Ich habe ja nicht das Recht, über ihn zu richten," stammelte sie.

Er ergriff ihre Hand und zog sie an seine Lippen.

„Dann darf ich die Hoffnung hegen, daß Sie auch einem Anderen verzeihen werden, welcher ebenso gezwungen war, seinen eigentlichen Namen zu verbergen."

Da schoß eine tiefe, tiefe Röthe in ihr Gesicht.

„Was sagen Sie? Was ist's? Ist's möglich!"

Er hielt ihre Hand noch immer fest.

„Ich meine mich," sagte er.

„Sie — Sie — sind, Sie waren — Gott, Sie waren Doctor Müller?"

„Ja, gnädiges Fräulein. Werden Sie mir verzeihen?"

„Gott! Gott! — Ella!"

Sie streckte die Arme aus. Ihr schwindelte. Sie wankte und sank der herbei eilenden Freundin an die Brust. Diese führte sie fort, damit sie sich erholen könne.

Als Ella dann nach einiger Zeit zurückkehrte, trat der Major ihr draußen auf dem Corridore entgegen.

„Bitte, gnädigste Comtesse, hat sie sich beruhigt?"

„Ja, Sie Böser, Unvorsichtiger!"

„Wo befindet sie sich?"

„Dort im hintersten Gemache, welches die Franctireurs am Wenigsten zerstört haben."

„Zürnt sie mir?"

„Ich — ich weiß es nicht. Fragen Sie die Aermste selbst!"

Er ging und klopfte an der bezeichneten Thür an. Ein halblautes „Herein" ertönte, und er öffnete.

Sie saß auf dem Sopha, das Köpfchen in die Hände gestützt.

Er zog die Thür hinter sich zu und fragte:

„Darf ich?"

Sie gab ihm einen langen, langen Blick entgegen und antwortete:

„Sie sind Commandant dieses Schlosses, Niemand darf Ihnen den Zutritt versagen!"

„Und doch gehe ich sofort, wenn meine Gegenwart Ihnen wehe thut."

Und als sie nicht antwortete, trat er näher und fragte:

„Soll ich bleiben oder gehen?"

„Bleiben Sie!" flüsterte sie erröthend.

Da ließ er sich an ihrer Seite nieder und sagte:

„Marion, ich konnte nicht anders; es ist mir schwer, sehr schwer geworden, aber ich durfte nicht anders. Wollen Sie mir Ihre Hand geben, zum Zeichen, daß Sie mir verzeihen?"

„Hier, Herr — — Doctor!"

Sie lächelte dabei, halb glücklich und halb wehmüthig.

„Verzeihen macht Freude, Marion. Sie aber sind traurig. Und doch möchte ich in Ihren Augen ein freudiges Licht sehen, welches mich so glücklich machen würde!"

Da legte sie ihr Köpfchen an seine Brust und weinte. Er zog sie noch inniger an sich.

„Marion!"

„Richardt!"

„Warum bist Du traurig?"

„Weil Du mir kein Vertrauen geschenkt hast!"

„Ich war nicht als Privatperson in Ortry. Ich mußte mein Geheimniß wahren, selbst vor Dir. Ich durfte Dir nichts sagen, obgleich ich so unendlich glücklich war, Dich gefunden zu haben."

Da ging es wie heller Sonnenschein über ihr Gesicht.

„So hättest Du mich gesucht?" fragte sie.

„Ja. Ich hatte Dich ja in Dresden gesehen, auf der Straße nach Blasewitz, im Vorüberreiten. Es war nur einen Augenblick lang, daß ich Dich erblickte, aber Deine Züge waren mir doch unauslöschlich in das Herz geschrieben. Ich fühlte, daß ich Dein sein müsse, daß ich nur Dein sein könne, und doch warst Du mir so unbekannt wie ein Stern, den man am Himmel niederfallen sieht. Du freilich kanntest wenigstens meinen Namen."

„Ich?"

„Ja."

„Du vermuthest das?"

Sie war glühend erröthet. Er drückte sie liebevoll an sich und sagte:

„Sollte Dir der Photograph nicht den Namen gesagt haben?"

Da barg sie ihr Angesicht noch tiefer an seiner Brust und antwortete leise:

„Ja, er sagte mir ihn."

„Nun, Gott hat es gewollt, daß ich Dich wieder fand — doch als Braut eines Andern."

„Dem ich niemals angehört haben würde. Du trugst mich aus dem Sturm und aus den Wassern. Ich war Dein."

„Aber ich war Doctor Müller, als ich Dich an das Land getragen hatte."

„Ich liebte dennoch den Mann, der so kühn, so kenntniß- und gemüthvoll war!"

„O weh!"

„Was?"

„Der arme Major Königsau!"

Da schlug sie die Arme um seinen Nacken und sagte:

„Gott sei Dank, daß es so gekommen ist! Ja, ich wäre Müller's Frau geworden, gern, von Herzen gern; aber jene Begegnung in Dresden hätte ich doch nie vergessen."

„Ich danke Dir. Also ich darf Dir sagen, wie lieb, wie unendlich lieb ich Dich habe?"

„Ja, Richardt."

„Und Du willst mir gehören, willst bei mir sein und für immerdar, meine Marion?"

„Ich bin Dein Eigen; ich kann ohne Dich nicht sein!"

„So segne Dich der Herrgott tausend und abertausend Male. Dieses Wort giebt meinem Herzen eine Fülle unendlichen Glückes! Und nie hätte ich gedacht, in Ortry, dem Wohnsitze unseres Todfeindes, ein solches zu finden."

„Todfeind?"

„Ja. Erinnerst Du Dich jener Familie, von welcher ich Dir erzählte, als wir mit einander im Steinbruche saßen?"

„Ja; der Capitän hat sie um all ihr Glück gebracht."

„Es ist die Familie Königsau, die meinige."

„O Himmel! Nie kann ich gut machen, was er an Euch verbrochen hat! Und heute wollte er mich zwingen, mit ihm von hier fortzugehen."

„Ich wußte es, daher kam ich."

„Du? Du wußtest es?"

„Ja. Ich war bei ihm in Ortry."

„Wie ist es jetzt dort?"

„Das Schloß befindet sich in unseren Händen. Alle Verschwörer sind unsere Gefangenen und — doch das weißt Du nicht, und ich werde es Dir später erzählen. Jetzt denke ich daran, daß Du den braven Pflanzensammler gar nicht nach den Grüßen gefragt hast, die er Dir zu bringen hat."

„Er ist — Nanons Verlobter?"

„Ja. Er ist Nanons Verlobter und Graf Lemarchs Bruder. Du kennst ja den Grafen."

„Lemarch's Bruder? Wie ist das möglich?"

„Auch das werde ich Dir später erklären, meine süße Marion. Jetzt möchte ich nichts erzählen und nichts sagen. Jetzt möchte ich nur Dir in Deine herrlichen, klaren Augen blicken und —"

Er hielt inne und blickte ihr mit herzlicher Innigkeit in das glücklich lächelnde Angesicht.

„Und —" fragte sie.

„Und das hier machen!"

Er legte seine Lippen auf ihren Mund. Sie schlang die Arme um ihn und zog ihn noch inniger an sich.

„Richardt, mein Richardt! Wie glücklich, wie selig bin ich! Ich habe nicht gedacht, daß das Menschenherz eine solche Wonne zu fassen vermöge."

„Ja, es ist ein großes, großes Glück. Wir Alle haben viel, sehr viel gelitten, und es ist eine Gnade von Gott, daß er das Herzeleid nun endlich in Freude kehrt. Wie lieb, wie herzlich lieb werde ich Deine

Mutter haben! Wo befindet sie sich? Ich sah sie noch nicht?"

„Sie war bei uns, bis Du mit den Deinen erschienst. Dann hat sie ihr Zimmer aufgesucht. Wenn Du sie liebst, werde ich doppelt glücklich sein. Aber die Deinen! Was werden sie sagen, wenn sie erfahren, daß gerade ich Dein Herz besitze?"

„Sie werden sich freuen. Meine Schwester kennt Dich bereits und hat Dich tief in ihr Herz geschlossen."

„Deine Schwester?"

„Ja."

„Wie heißt sie?"

„Emma."

„Und Du sagst, daß sie mich kenne?"

„Gewiß. Sie hat Dich gesehen?"

„Wo?"

„In Thionville und Ortry."

„Unmöglich!"

„O doch! Du hast sogar mit ihr gesprochen, und sie hofft, daß Du sie auch ein klein Wenig lieb haben werdest."

„Aber Richardt, ich besinne mich nicht im Mindesten."

„Bedenke, daß ich incognito bei Euch war!"

„Ah, sie war also auch —?"

„Incognito!" nickte er lächelnd.

„Unter welchem Namen?"

„Miß de Lissa."

„Mein Gott! Diese ist Deine Schwester?"

„Ja. Ich hatte ihr voller Glück geschrieben, daß ich meine einzige, wahre Liebe gefunden habe. Das trieb sie herbei, sie wollte Dich kennen lernen. Sie lernte Dich nicht nur kennen, sondern auch lieben von ganzem Herzen."

„Richardt, wie wunderbar! Wie unendlich glücklich machst Du mich! Ich habe sie so lieb!"

Da klopfte es leise, und die Thür wurde ein wenig geöffnet.

„Darf ich stören?" fragte Ella.

„Ja. Komm, komm!"

Bei diesen Worten sprang Marion auf und eilte ihr entgegen.

„Verzeihung!" sagte die schöne Comtesse. „Aber, Herr Major, Sie werden gesucht."

„Wo?"

„Im vorderen Zimmer."

Er begab sich vor und fand einen der Ulanen, welche er dem Capitän nachgeschickt hatte.

„Zurück von der Verfolgung!" meldete er.

„Aber nicht gefangen?"

„Nein."

„So ist er leider hin!"

„Zu Befehl, Herr Oberstwachtmeister, nein!"

„Wie? Nicht?"

„Er kommt wieder zurück."

„Selbst? Freiwillig?"

„Ja."

„Was? So kommt er nicht allein!"

„Mit einer Truppe afrikanischer Reiter."

„Spahis?"

„Ja, so heißen sie."

„Erzähle!"

„Wir konnten dem Alten nicht auf die Fersen kommen. Er hatte einen großen Vorsprung, und wir kannten ja die Gegend nicht, daß wir ihm den Weg hätten abschneiden können. Aber seine Spur fanden wir. Sein Pferd hatte im Galopp den Waldboden so sehr aufgerissen, daß wir gar nicht irren konnten. Wir folgten ihm durch verschiedene Waldwege, dann hinaus auf das Feld. Es ging, wie ich aus meiner kleinen Karte bemerkte, auf Samognieux zu. Wir kamen wieder in einen Wald, welcher sich über eine Höhe zog. Oben angekommen, so daß wir das Thal überblicken konnten, bemerkten wir einen Zug Spahis, der uns gerade entgegenkam. Auf ihn traf der Alte. Wir sahen deutlich, daß er mit dem Anführer sprach und dann mit ihnen umkehrte."

„So führt er sie hierher?"

„Ja. Wir jagten schleunigst zurück, um von ihnen in offener Gegend nicht gesehen zu werden. Nicht weit von hier, jenseits des Waldes, sahen wir sie im Hintergrunde der Gegend von der Höhe herabreiten."

„Konntet Ihr sie zählen?"

„Nein. Aber einige Hundert sind es."

„Hm! Wie weit von hier darf man sie jetzt noch schätzen?"

„Sie können in einer halben Stunde da sein."

„Schön! Fertig?"

„Fertig!"

„Abtreten!"

Der Ulane ging. Der General hatte diese Unterhaltung oder vielmehr Meldung mit angehört. Er fragte:

„Herr Major, was werden Sie thun?"

„Hier bleiben!"

„Ich darf mir nicht zumuthen, auf Ihre Entschließungen bestimmend einzuwirken; aber meinen Sie nicht, daß Sie sich in Gefahr begeben?"

„Ich habe jetzt nur zu bedenken, daß ich die Bewohner des Schlosses nicht gewissen Eventualitäten preisgeben darf. Uebrigens scheint Schloß Ortry bestimmt zu sein, kriegerische Wichtigkeit zu erlangen. Der Kronprinz von Preußen befindet sich weit im Westen von hier. Wenn ein feindlicher Truppenkörper sich unserer Verbindungslinie nähert, muß das eine gewisse Veranlassung haben, die ich kennen lernen möchte."

„Aber es wird wieder zum Kampfe kommen."

„Möglich."

„Ihre Kräfte sind geschwächt. Die zersprengten Franctireurs und Gardereiter können sich sammeln und mit den Spahis den Angriff erneuern!"

„Wir werden sie empfangen."

„Ganz gewiß!" meinte Hohenthal. „Ich bin noch nicht veranlaßt worden, Dir zu sagen, daß ich Verstärkung erwarte."

„Woher?"

„Aus Trouville. Ich sandte zwei Boten ab, als ich von der Ankunft der Gardereiter hörte."

„Sehr schön. Wann können diese Leute kommen?"

„Vielleicht bereits am Abende, jedenfalls aber noch während der Nacht."

„Nun, so ist ja ganz und gar nichts zu befürchten Die Sonne ist hinab; in einer Viertelstunde ist es dunkel. Die Außenposten sind bezogen und werden den Spahis beweisen, daß wir auf unserer Hut sind. Das Weitere werden wir ruhig abwarten."

Er traf seine Vorkehrungen, und diese erwiesen sich als ganz vortrefflich.

Es war kaum dunkel geworden, so hörte man auf der Seite, von welcher der Feind erwartet wurde, ein ziemlich lebhaftes Gewehrfeuer, und es kam die Meldung, daß die Spahis versucht hätten, sich dem Schlosse zu nähern. Als aber das Feuer auf sie eröffnet wurde, zogen sie sich zurück.

Sie versuchten es dann auf der anderen Seite, doch auch da waren die Deutschen wachsam. Man hörte bald hier, bald dort einen Schuß fallen. Königsau, dessen Vorposten einen Kreis um das Schloß bildeten, zog dieselben mehr an sich, um keine Lücken zu bilden, zwischen denen die Angreifer einzudringen vermochten. Die Spahis folgten, und als später der Major recognosciren ging, konnte er sich überzeugen, daß außerhalb seiner Vorposten sich ein feindlicher Vorpostenkreis gebildet hatte, der es ihm unmöglich machen sollte, zu entkommen.

Es fiel ihm gar nicht ein, an Flucht zu denken, vielmehr freute er sich darüber, daß der Feind ihn hier festhalten wolle. Die Verstärkung war ihm ja von Hohenthal als ganz bestimmt in Aussicht gestellt worden.

Es gab keinen Mondschein, und man vermochte selbst im freien Felde kaum einige Schritte weit zu sehen. Hinter dem Dorfe zogen sich ein Erbsen= und ein Kartoffelfeld neben einander hin. Sie waren durch einen mit Gras bewachsenen Rain von einander getrennt. Ein aufmerksamer Beobachter hätte, wenn er sich in der Nähe befand, hier eine Bewegung bemerken können. Zwei menschliche Körper schoben sich mit äußerster Vorsicht längs des Raines hin.

Da fiel vom Walde her ein Schuß.

„Wieder einer!" flüsterte eine der beiden Gestalten.

Der, welcher voran kroch, hielt inne, richtete den Kopf zurück und antwortete ebenso leise:

„Es ist ganz gewiß so, wie ich sagte, unsere Husaren sind eingeschlossen. Nicht?"

„Ganz meine Meinung, Herr Feldwebel."

„Schön! Aber mir sollen sie doch keinen Riegel vorschieben; das ist so gewiß wie Pudding. Vorwärts!"

Sie verfolgten ihre Richtung, bis sie an das Ende des Raines gelangten. Dieser stieß an den Wald.

„Jetzt links am Waldesrande hinauf!" kommandirte der, welcher Feldwebel genannt worden war.

Er war von sehr kurzer, außerordentlich dicker Gestalt, schien aber trotzdem eine ungemeine Behendigkeit zu besitzen.

Es dauerte eine ziemliche Weile, bis der Wald eine Spitze bildete, hinter welcher sich eine Straße vom Schlosse her verlor. Es war dieselbe, auf welcher heute Oberst von Rallion mit seinen Gardereitern gekommen war. Eben waren die beiden Geheimnißvollen hier angekommen, so ließ sich der Hufschritt eines Pferdes vernehmen.

„Halt! Nicht weiter!" flüsterte der Dicke. „Ducke Dich ganz an die Erde; da sehen sie uns nicht."

Das Geräusch kam näher.

„Es sind Leute dabei. Man hört es!" bemerkte der Andere mit ganz leiser Stimme.

„Dummkopf! Das versteht sich ganz von selbst, daß ein Pferd nicht allein spazieren geht! Schweige jetzt!"

Zwei Männer nahten. Einer hatte einen weißen Paletot umhängen. Der Andere war dunkel gekleidet und führte das Pferd am Zügel.

„So! Hier können Sie aufsteigen!" sagte der Erstere. „Die Vorpostenkette dieser verfluchten Deutschen zieht sich dort nach rechts hinüber. Hier nun merken sie also nicht, daß sich Jemand entfernt. Haben Sie den Brief gut versteckt? Das ist die Hauptsache."

„Ja. Er steckt im Stiefelfutter."

„Ganz wie bei mir. Mac Mahon ist ein Schlaukopf. Er gab mir zwei gleichlautende Schreiben. Kommt das eine nicht an das Ziel, so daß es vernichtet werden muß, so wird wenigstens das Andere in Bazaine's Hände kommen. Sie glauben also, daß sie den Weg zu ihm noch völlig frei finden?"

„Ganz bestimmt. Ich bin überzeugt, daß der Feind heute zurückgedrängt wurde. Und selbst, wenn das nicht der Fall wäre, so würde ich mich durchzufinden wissen."

„Gerad deshalb vertraue ich Ihnen diesen einen Brief an. Sie kennen hier ja alle Wege. Also Sie wissen nicht, ob Oberst Rallion entkommen ist?"

„Nein. Ich war so klug, den Kampf gar nicht abzuwarten. Freilich hatte ich keine Ahnung, daß Sie, Oberst, so nahe seien."

„Machen Sie sich keine Sorge. Wenn er gefangen ist, so werden ihn die Deutschen herausgeben müssen. Mit Tagesanbruch greife ich den Feind an; dann setze ich den Ritt weiter fort, um den Brief zu übergeben. Jetzt, gute Nacht, Herr Capitain!"

„Gute Nacht, Oberst!"

Der Reiter stieg auf; ehe er aber fortritt, meinte er:

„Und Sie halten Wort in Beziehung auf das Mädchen?"

„Gewiß."

„Sie liefern es ab."

„Ich gab Ihnen mein Wort. Diese Mademoiselle de Sainte=Maria werde ich mir nicht entgehen lassen!"

Der Weiße kehrte zurück, und der Reiter trabte der Straße entlang in den Wald hinein.

Die beiden Lauscher verhielten sich einige Minuten lang ruhig. Dann flüsterte der Dicke:

„Verdammt! Den Kerl sollte ich kennen!"

„Den Weißen?"

„Nein. Der war ein afrikanischer Menschenfresser. Ich meine den Andern. Er wurde Capitain genannt und hatte ganz die Stimme eines Capitains, an dem ich meinen Narren gefressen habe. Also ein Brief von Mac Mahon an Bazaine! Sehr hübsch! Höre, hier wartest Du. Bin ich in zwei Stunden noch nicht wieder da, so haben sie mir den Kopf auf den Rücken gedreht und mich einbalsamirt. Dann schleichst Du Dich zurück und sagst, daß bei Tagesanbruch der Tanz losgehen soll."

Er bewegte sich wie eine Schlange, immer an der Erde über die Straße hinüber. Es war, als ob er sich zeitlebens in dieser Fortbewegungsart geübt habe.

Drüben kam er wieder unter die Bäume und schwenkte links ab, in der Richtung des Schlosses. Bald erkannte er einen mattglänzenden Punkt vor sich.

"Schau! Da steht so ein Bärlappsamenhändler!" flüsterte er vor sich hin. "Der will Vorposten sein?!"

Er kroch weiter, kaum einige Schritte an dem Weißen vorüber. Sein Auge hatte sich an die Dunkelheit gewöhnt, und so sah er nach einiger Zeit eine andere Gestalt, aber dunkel gekleidet, an einem Baume lehnen.

"Das ist ein Deutscher," dachte er. "Will doch sehen, ob er mich merken wird!"

Er gab sich so außerordentliche Mühe, daß er auch hier nicht entdeckt wurde. Nun glaubte er, die Postenkette vollständig passirt zu haben. Darum erhob er sich und verfolgte seine Richtung gehend weiter. Er kam aus dem Walde hinaus. Da lag Reißig und Scheitholz. Noch war er nicht weit gekommen, so erklang es vor ihm:

"Halt! Werda!"

"Gut Freund!"

"Die Parole!"

"Unsinn! Ich kann doch gar nicht wissen, was Ihr hier für eine habt!"

"Also stehen bleiben, sonst schieße ich!"

"Schrei nicht so, Dummkopf! Die Franzmänner brauchen nicht zu wissen, daß ich da bin."

"Schweigen, sonst schieße ich!"

"Verdammt! Ich habe nothwendig. Wenn wirst Du abgelöst, Gevatter?"

"In fünf Minuten. Nun aber still, sonst schieße ich wirklich! Ich mache keinen Spaß."

Der Dicke sah ein, daß er sich darein ergeben müsse. Er stand fünf lange Minuten lang auf derselben Stelle, während der Andere den Karabiner auf ihn gerichtet hielt. Endlich kam die Ablösung.

"Herr Sergeant, hier ein Spion!" meldete der Posten.

"Donnerwetter! Ist's wahr?"

"Ja. Er hat sich da vorn wirklich hereingeschlichen."

"Schön, mein Bursche. Mit solchem Volke macht man kein Federlesens. Vorwärts, Anton!"

Mit diesem "Anton" war der Dicke gemeint. Er mußte in Reih und Glied treten und mitgehen. Er that dies, ohne nur eine Sylbe dagegen zu sagen.

Im Schlosse angekommen, wurde er dem Ulanenwachtmeister abgeliefert:

"Ein Spion, Herr Wachtmeister. Herr Oberwachtmeister von Königsau wird sich freuen."

Als der Gefangene diesen Namen hörte, zuckte es lustig über sein fettes Gesicht.

"Mensch, wie heißen Sie?" fragte der Wachtmeister.

"Pudding!" lautete die Antwort.

"Hübscher Name! Was sind Sie?"

"Pudding."

"Donnerwetter! Dick und fett genug sind Sie dazu. Aber Pudding heißen und Pudding sein! Wo sind Sie her?"

"Pudding."

"Kerl, glauben Sie etwa, daß Sie sich im Casperletheater befinden? Hier handelt es sich um Leben oder Tod! Also, woher sind Sie?"

"Pudding!"

Kurz und gut die Frage konnte lauten, wie sie wollte, der Gefangene antwortete stets mit dem Worte Pudding. Der Wachtmeister gerieth in fürchterlichen Grimm und ging endlich, die Meldung zu machen. Zwei Mann mußten ihm den Gefangenen nachführen.

Die Herren Offiziere befanden sich mit den Bewohnern des Schlosses im Salon.

"Herr Oberwachtmeister, es ist ein Spion eingefangen!" lautete die Meldung.

"Ein Spion? Ah! Wann?"

"Vor fünf Minuten."

"Wo?"

"Der Ulane Schellmann hat ihn festgehalten. Da hat er ganz gut Deutsch gesprochen. Auf meine Fragen antwortete er aber nur mit dem einen Worte Pudding."

"Herein mit ihm!"

Die Thür öffnete sich, und die beiden Soldaten traten mit dem Gefangenen ein. Dieser marschirte in strammer Haltung auf Königsau zu, salutirte und sagte:

"Herr Oberwachtmeister, melde mich als Spion, durch die französischen Linien glücklich gekommen, von unsern Leuten aber fest genommen!"

"Schneffke!" sagte der Major erstaunt.

"Zu Befehl! Hieronymus Aurelius Schneffke, Thiermaler und Feldwebel der königlich preußischen Landwehr."

"Wie kommen Sie hierher?"

"Auf meinem Bauche."

"Das müssen Sie erzählen!"

"Zu Befehl!"

Zu dem Wachtmeister sagte Königsau:

"Dieser Mann ist kein Spion. Abtreten!"

Die Drei folgten diesem Befehle, indem sie sehr verdutzte Mienen zogen.

"Also, woher, lieber Schneffke?" fragte der Major.

"Aus Trouville. Der Herr Rittmeister von Hohenthal hat Verstärkung verlangt. An hoher Stelle vermuthet man Wichtiges; daher wurden zwei Schwadronen Husaren und zwei Compagnien Infanterie abgesandt, die Letztere natürlich per Wagen. Wir haben Etain besetzt, und ich bin mit einem Kameraden, welcher mich im Walde erwartet, vorgegangen, um dem Herrn Oberwachtmeister unsere Ankunft zu melden und mir etwaige Befehle zu erbitten."

"Welch' eine Verwegenheit!"

"O, mir geschieht nichts. Höchstens falle ich einmal; weiter aber kann es nichts geben."

"Es ist wirklich ein Wunder, daß Sie vom Feinde nicht bemerkt wurden. Je zwanzig Schritte ein Posten."

"Ich bin zu dick, um gesehen zu werden. Ich passe in die heutige dicke Finsterniß."

"Woher haben Sie denn diesen Anzug?"

"Ein dicker Lohgerber in Etain hat ihn herborgen müssen. Er ist mir viel zu enge. Aber, ich habe gehorsamst sehr Wichtiges zu melden."

"Schießen Sie los!"

"Es ist ein Brief von Mac Mahon an Bazaine unterwegs, Herr Oberstwachtmeister."

"Was Sie sagen!"

"Ja, oder vielmehr sogar zwei Briefe."

"Woher wissen Sie das?"

"Ich habe es belauscht. Der eine der Briefe ist jetzt auf dem Wege nach Metz, und der andere befindet sich in dem Stiefelfutter des Obersten, der sie belagert."

„Ich hoffe nicht, daß sie grad in diesem Augenblicke sich in spaßhafter Stimmung befinden!"

„Herr Oberstwachtmeister, ich kenne meine Pflicht. Das ist so fest wie Pudding!"

„Erzählen Sie!"

Der dicke Thiermaler erstattete Bericht. Als er geendet hatte, fragte Königsau:

„Capitain wurde der Andere genannt?"

„Zu Befehl!"

„Und geflohen ist er bei unserm Angriffe?"

„Ja."

„Sollte es etwa gar der alte Richemonte sein?"

„Jedenfalls."

„Sie kennen den doch auch!"

„Werde ihn nicht vergessen. Habe ihn vorhin trotz der Dunkelheit erkannt, an der Stimme sogleich. Uebrigens hat er sich von dem Andern ausbedungen, daß dieser Fräulein de Sainte-Marie festnehmen und abliefern soll."

„Wohin?"

„Das wurde nicht gesagt."

„Hm! Eine neue Teufelei, die ihnen aber nicht gelingen soll! Wer commandirt Ihr Detachement?"

„Der Herr Major von Posicki."

„Hat er Ihnen irgend Etwas anvertraut?"

„Nein. Ich habe mir Ihre Befehle zu erbitten."

„Wann ist er disponibel?"

„An jedem Augenblick."

„Getrauen Sie sich denn, wieder glücklich durchzuschlüpfen?"

„Ich denke, daß sie mich nicht bekommen werden."

„Schön! Ich werde dafür sorgen, daß Ihr Muth Anerkennung findet. Sagen Sie dem Major, daß er noch während der Nacht den Feind umstellen soll. Mit Tagesanbruch werde ich angegriffen; dann befinden sich die Herren Spahis zwischen zwei Feuern. Haben Sie Hunger oder Durst?"

„Nein, danke! Aber eine Bitte habe ich."

„Welche?"

„Darf ich, ehe ich aufbreche, zuvor erst einmal mit dem Beschließer Melac sprechen?"

„Hm! So, so! Ich habe nichts dagegen und gestatte Ihnen eine halbe Stunde. Sollte Herr Melac nicht zu finden sein, so wenden Sie sich an seine Tochter oder vielmehr Enkelin, Fräulein Marie Melac."

„Zu Befehl, Herr Oberstwachtmeister!"

Er wendete sich ab und schritt steif und grad zur Thür hinaus. Unten würdigte er die Ulanen und Husaren keines Blickes. Er klopfte bei Melac an und hörte die Stimme Mariens antworten. Als er eintrat, sah er, daß Vater und Mutter zugegen waren; trotzdem aber stieß Marie einen lauten Freudenschrei aus und flog an seinen Hals.

Droben aber, im Salon, sagte der General, indem sich in seinem Gesichte ein eigenthümliches Lächeln zeigte:

„Es ist wirklich wunderbar, wie diese preußische Armee sich rekrutirt! Doctors der Philosophie werden Majors; Weinhändler werden Rittmeisters und Wachtmeisters, und aus dem dicksten Maler wird immer noch ein höchst brauchbarer Feldwebel der Landwehr."

Die beiden Offiziere zuckten lächelnd die Achseln; sie wollten seine Vaterlandsliebe nicht noch mehr tangiren, als es so bereits geschehen war.

Der General zog sich später zurück und seine Tochter that dasselbe. Sie war aber noch nicht fünf Minuten lang in ihrem Zimmer, als es leise klopfte. Sie glaubte, daß es die Zofe sei und sagte „Herein"; erröthete aber bis in den Nacken herab, als sie Hohenthal erkannte.

„Gestatten Sie, Comtesse!" fragte er, unter der Thür stehen bleibend.

„Treten Sie näher!" antwortete sie, allerdings erst nach einer ziemlichen Weile.

Er zog die Thür hinter sich zu, blieb in ehrerbietiger Haltung an derselben stehen und sagte:

„Die gegenwärtigen Verhältnisse mögen mich entschuldigen, wenn ich es wage, unangemeldet bei Ihnen zu erscheinen, Comtesse!"

Sie war sehr ernst; das sah man ihr an.

„Der Vertheidiger dieses Hauses hat das Recht, Zutritt zu nehmen, wenn es ihm beliebt," meinte sie. „Bitte, nehmen Sie Platz!"

Er setzte sich, und sie ging zu einem Sessel, der in weiter Entfernung von dem seinigen stand. Er mußte von dieser Absichtlichkeit Notiz nehmen. Er blickte einige Augenblicke lang wie verlegen vor sich nieder; dann begann er:

„Ich bin durch die Verhältnisse gezwungen gewesen, gegen Sie unwahr zu sein, gnädiges Fräulein. Es liegt mir sehr am Herzen, zu erfahren, ob Sie mir dies verzeihen können oder nicht."

„Sie thaten Ihre Pflicht, oder vielmehr Sie gehorchten der Ihnen gewordenen Weisung!"

„So allerdings ist es gewesen. Darf ich also annehmen, daß Sie mir nicht zürnen?"

„Ich hätte kein Recht dazu."

„Ich danke Ihnen! Ihre Freundlichkeit nimmt mir eine schwere Last vom Herzen. Sie haben mich für einen Franzosen gehalten und mich nun so plötzlich als einen Deutschen, als einen Feind Ihres Vaterlandes kennen gelernt. Es ist mir, als ob meine Gegenwart eine Beleidigung für Sie sein müsse, als ob ich die heilige Pflicht habe, Ihre Nähe für jetzt und für immer zu meiden, und doch ist mir das eine Unmöglichkeit. Ich stehe als Sieger in Feindes Land, und dennoch bin ich heute nicht siegesfroh. Comtesse, ich weiß nicht, ob ich morgen um diese Zeit noch unter den Lebenden weile; bitte, geben Sie mir ein Wort mit hinaus in den Kampf, ein Wort, welches mich glücklich machen wird!"

Er hatte sich wieder erhoben und sich ihr um einige Schritte genähert. Auch sie stand auf.

„Welches Wort meinen Sie?" fragte sie.

„Die Versicherung, daß Sie mich nicht als Ihren Feind betrachten."

Er streckte ihr seine Hand entgegen. Sie legte die ihrige hinein und versicherte:

„Sie waren mein Retter wiederholt; Sie können niemals mein Gegner sein."

„Darf ich das wirklich glauben?"

„Ja."

„Und wenn der Krieg beendet ist und die Erbitterung, welche den Deutschen von den Franzosen trennt, gewichen ist, darf ich dann, wenn ich in Ihre Nähe komme, Sie aufsuchen mit der Ueberzeugung, daß es zwischen uns Beiden nie nöthig war, Frieden zu schließen?"

„Kommen Sie, Herr Rittmeister. Sie werden mir und Papa stets willkommen sein!"

„Ich danke, danke Ihnen!"

Er zog ihr Händchen an seine Lippen und wendete sich ab, um zu gehen. Ihr Blick folgte ihm; es kam eine Angst über sie, als ob sie ihn verlieren werde, wenn sie ihn jetzt so gehen lasse. Aber, konnte sie ihn halten? Er hatte ja nur beinahe Gleichgiltiges gesagt!

Schon hatte er die Thür in der Hand. Da war es, als ob es mit einem kräftigen Rucke ihn herumdrehe. Sein Auge fiel auf sie; er sah das ihrige in voller Angst auf sich gerichtet. Da kehrte er rasch zurück, erfaßte ihre beiden Hände und fragte:

„Soll, muß ich so gehen, Comtesse?"

Was sollte sie antworten? Ihr Blick schimmerte feucht und feuchter zu ihm empor; eine Thräne hing sich an ihre Wimper. Da zog er sie an sich, legte die Hände auf ihr Haupt und sagte, beinahe selbst auch weinend:

„Herrgott! Wie lieb, wie unendlich lieb habe ich Sie, Ella! Ich könnte Sie vom Himmel herab holen, ich könnte tausend Leben für sie opfern, wenn das möglich wäre! Wie selig war ich, wenn ich Sie in der Oper erblickte! Welche Wonne, wenn ich mir dachte, daß auch Sie vielleicht einmal an mich denken könnten! Es wäre mir kein Opfer und keine That zu groß, Sie zu erringen. Und nun ich vor Ihnen stehe, will es mir scheinen, daß ich doch bin, wofür ich mich nie gehalten habe — ein Feigling. Der Besitz, nach welchem ich meine Hand ausstrecken möchte, ist zu herrlich, zu köstlich für mich. Habe ich Recht, Ella?"

Sie antwortete nicht, aber sie legte ihren rechten Arm um ihn, ergriff mit der Linken seine Hand, blickte in inniger Liebe zu ihm auf und flüsterte dann:

„Arthur!"

Da zog er sie an sich und küßte sie, sich zu ihr niederbeugend, wieder und immer wieder auf den Mund.

„Ist's wahr?" fragte er jubelnd. „Du sagst meinen Namen? Du liebst mich?"

„So sehr!"

„Wirklich? Wahrhaftig?"

„Glaube es!"

„Dann sei der Tag gesegnet, an welchem ich in feindlicher Abwehr Dein Vaterland betrat! Du sollst ein anderes finden, ein Vaterland, ein Vaterhaus, in welchem Du die Königin bist, welche angebetet und verehrt wird wie keine andere auf Erden." — —

Und unten bei Papa Melac hatte das Gespräch auch eine innigere Wendung genommen, nämlich zwischen Marie und ihrem Hieronymus. Der gute, alte Beschließer aber befand sich nicht mehr in den Jahren, in denen man Liebe speist und Mondschein trinkt. Er meinte:

„Also, mein bester Herr Schneffke, Sie sagen, daß Sie unsere Marie lieb haben?"

„Fürchterlich!" betheuerte der dicke Feldwebel, indem er seine Rechte wie zum Schwur erhob.

„Gehören Sie zu den Menschen, bei denen ein solches Gefühl von längerer Dauer ist?"

„Ich pflege ewig zu lieben!"

„So! Nun, ich sage Ihnen ganz aufrichtig, daß Sie mir gleich im ersten Augenblicke gefallen haben. Aber jetzt sind Sie Soldat; da dürfen Sie nicht an die Erfüllung privater Wünsche denken."

„Warum nicht? Wenn ich jetzt zum Beispiel Appetit zu einem Glase Wein habe, so ist das wohl jedenfalls auch ein privater Wunsch. Oder nicht, Monsieur Melac?"

„Ja, gewiß."

„Nun, wer will Etwas dagegen haben, wenn ich mir diesen Wunsch erfülle, Monsieur?"

„Ich nicht."

„Schön! Warum sind sie denn da so streng in Beziehung meines ersten Wunsches?"

„Weil das eine ganz andere Sache ist. Ich will Ihnen sagen, mein bester Herr Schneffke: Glauben Sie, daß die Deutschen so fortsiegen werden wie jetzt?"

„Ja, gewiß!"

„Nun, dann seien Sie getrost! Kommen Sie an dem Tage, an welchem Napoleon fortgejagt wird, zu mir, um Marie von mir zu verlangen. Ich werde Sie nicht fortjagen."

„Wirklich nicht?"

„Nein."

„So ist mir Mariechen sicher!"

„Oho!"

„Ja, ja! Fortgejagt wird er!"

„Etwa von ihnen?"

„Ja, auch mit! Er soll nicht etwa mit mir besonders anfangen, sonst ist ihm sein Brod gebacken! Wir brauchen in Europa keinen Napoleon und in Frankreich keinen Neffen des Onkels. Er muß abdanken, damit ich eine Frau bekomme; das ist so sicher wie Pudding. Also, Sie geben mir Ihr Wort, Monsieur Melac?"

„Ja, mein Wort und meine Hand. Hier!"

Sie schlugen ein; dann verabschiedete sich der Maler.

Er mußte natürlich den Weg wieder zurücklegen, auf welchem er gekommen war. Einer der Unteroffiziers brachte ihn zu dem betreffenden Posten. Bei demselben angekommen, legte er sich auf die Erde nieder, um seine Kriechparthie zu beginnen. Noch aber war er nicht weit gekommen, so war es ihm, als ob er hart vor sich zwei ganz eigenartige Punkte erblicke.

„Sind das Menschenaugen?" dachte er.

Er kroch schnell zur Seite und wartete. Ja, wirklich, da schob sich eine menschliche Gestalt leise und langsam an ihm vorüber.

Wer war das? Freund oder Feind? Irrte er nicht, so trug der Mensch weite Pluderhosen, so wie sie bei den Orientalen getragen werden. Was thun?

Kurz entschlossen, kehrte Schneffke wieder um, hart hinter dem Andern her. Es gelang ihm, demselben zu folgen, ohne von ihm bemerkt zu werden.

Der Fremde kam an dem Posten vorüber; aber nun hielt Schneffke es für an der Zeit, einzugreifen. Er schlug einen kurzen Bogen, traf Kopf an Kopf mit dem Anderen zusammen und faßte ihn an der Kehle, die er ihm so zusammendrückte, daß er keinen Laut von sich zu geben vermochte.

„Pst!" machte er dann leise.

Der Posten hörte es nicht.

„Pst, Ulane!"

„Was? Wer? Was?" antwortete der Angeredete.

„Leise, ganz leise! Ich habe einen Spion!"

„Donnerwetter! Wer sind Sie denn?"

„Der Dicke."

„Der soeben hier war?"

„Ja."

„Das glaube der Teufel! Der ist ja fort!"

„Unsinn! Ich bin noch da! Hier überzeugen Sie sich! Ich begegnete diesem Kerl einige Schritte weit von hier und bin also wieder umgekehrt."

Der Posten bückte sich nieder und überzeugte sich mit den Händen, da die Augen nicht genügten.

„Wirklich!" sagte er. „Das ist der dicke Klumpen!"

„Mensch, ich bin Feldwebel!"

„Wer's glaubt! Und Der da, wie der zappelt! Halten Sie ihn nur fest!"

„Er reißt mir nicht aus. Haben Sie nicht eine Schnur?"

„Einen Riemen."

„Her damit! Wir binden ihn, und dann schaffe ich ihn zum Wachtkommandanten."

Der Gefangene war wohl auch ein kräftiger Mensch, aber er war überrascht worden; er fand keinen Athem; dies raubte ihm sowohl die Besinnung als auch die Körperkraft. Er ließ sich die Arme fesseln, ohne sich zur Wehr zu setzen.

„So, Gevatter, nun steh auf!" meinte Schneffke. „Wir gehen spazieren."

Er zog den Andern vom Boden auf und schaffte ihn fort.

„Verzeihung, Herr Major!" meldete einige Zeit später der Ulanenwachtmeister. „Ein Spion."

„Wieder?" fragte Königsau.

„Ja."

„Wohl wieder ein Pudding?"

„O nein. Jetzt ist's ein wirklicher Spion."

„Kein Feldwebel?"

„Nein, Herr Oberstwachtmeister. Der dicke Feldwebel hat ihn sogar gefangen genommen."

„Wo?"

„Da, wo er passiren sollte. Er bittet um die Erlaubniß, ihn vorführen zu dürfen."

„Herein also!"

Schneffke brachte den Gefangenen herein. Kaum hatte Königsau einen Blick auf den Letzteren geworfen, so fuhr er erstaunt empor.

„Der Zauberer!"

Der Gefangene hatte starr vor sich niedergeschaut. Bei diesen Worten erhob er den Blick.

„Abu Hassan!" sagte der Major.

Der Beduine blickte ihn forschend an.

„Herr, kennst Du mich?" fragte er.

„Ja."

„Wo hast Du mich gesehen?"

„Das ist jetzt Nebensache."

„Deine Stimme klingt mir bekannt; ich muß bereits mit Dir gesprochen haben."

„Möglich. Was thust Du hier?"

„Ich bin Dein Gefangener. Tödte mich!"

„Wie? Du verlangst nach dem Tode?"

„Ich bin in Deiner Hand!"

„Du willst sterben, ohne Liama gesehen zu haben!"

„Liama? Allah! Was weißt Du von ihr?"

„Mehr als Du!"

„Du hast mich zufällig gesehen und ebenso zufällig von Liama gehört. Nun sprichst Du von ihr."

„Du irrst. Vorher aber sage, wie Du hierher nach Malineau kommst."

„Man hat mich gezwungen unter die Spahis zu gehen."

„Ach so! Du befindest Dich draußen bei Denen, welche uns eingeschlossen haben?"

„Ja. Man nahm uns fest und steckte uns in das Regiment, mich und meinen Bruder — — —"

„Saadi heißt er? Nicht?"

„Herr, was weißt Du von Saadi Ben Hassan?"

„Genug. Aber erzähl weiter!"

„Wir sind in den Krieg gezogen bis heut und bis hierher. Sollen wir weiter mit? Sollen wir unser Blut und unser Leben geben für Diejenigen, mit denen wir eine ewige Blutrache haben? Nein. Während mein Bruder Wache stand, ging ich, um zu forschen, ob uns der Feind der Franzosen beschützen werde, wenn wir unsere Zuflucht bei ihm suchen."

„So bist Du also nicht ein Spion?"

„Nein."

„Sondern ein Ueberläufer?"

„Ja. Herr, darf ich meinen Bruder holen?"

„Wo befindet er sich?"

„Ich sagte Dir bereits, daß er Wache steht."

„Das weiß ich. Aber wo?"

„Da, wo dieser Mann mich fast erwürgte."

„Wärst Du ein Spion, so müßte ich Dich tödten lassen; aber ich will Dir glauben, denn ich kenne Dich. Du bist also gezwungen worden, Deine Heimath zu verlassen?"

„Ich hätte sie auch verlassen, aber nicht als Soldat."

„Wohin wolltest Du?"

„Ich bin Hassan der Zauberer; ich zeige den Leuten die Kunststücke, welche sie mir bezahlen."

„Ist Saadi auch ein Zauberer?"

„Nein."

„Warum nahmst Du ihn mit?"

„Er sollte sehen — — —"

Er stockte.

„Ich weiß, was Du sagen willst," meinte Königsau. „Er sollte sehen Marion, die Tochter Liama's."

„Herr, woher weißt Du das?"

„Ich kenne Deine Gedanken. Wie lange Zeit ha Saadi, Dein Bruder, Wache zu stehen?"

„Eine Stunde; dann löse ich ihn ab."

„Komm! Ich will Dir Jemand zeigen!"

Während der Maler warten mußte, begab sich Königsau mit dem Gefangenen eine Treppe höher. Dort blieb er an einer Thür halten und lauschte. Drin hörte man eine weibliche Stimme sprechen.

„Hier sollst Du eintreten," sagte der Major.

„Wer befindet sich da?"

„Eine Frau."

„Ich höre sprechen!"

„Sie spricht mit sich selbst. Geh hinein!"

Er öffnete, ohne anzuklopfen, und schob den Beduinen

in das Zimmer. Erst war Alles still; dann aber hörte er Hassans Stimme:

„Liama! Allah ist groß und allmächtig! Bist Du Liama, oder bist Du es nicht?"

„Hassan!" antwortete sie. „Hassan!"

„Sie kennt mich. Sie ist kein Geist, keine Fata morgana; sie lebt; sie ist wirklich Liama!"

„Es folgten sich Ausrufe des Erstaunens, des Entzückens, der Verwunderung, der Klage. Aber Königsau hatte keine Zeit; er öffnete die Thür und sagte:

„Hassan, komm! Die Zeit ist abgelaufen.

„Herr, sei gnädig! Laß mich noch einige Zeit bei der Herrin, der Beni Hassan! Sie soll mir erzählen —"

„Nein, nein; jetzt nicht. Du sollst sie wiedersehen, noch heut; jetzt aber mußt Du gehorchen!"

Hassan warf einen bedauernden Blick auf Liama und ging mit Königsau zurück.

„Also, Du willst mit Deinem Bruder zu uns kommen?" fragte er.

„Ja, Herr, wenn Du es erlaubst."

„Wie heißt Dein Oberst?"

„Parcoureur."

„Was ist er für ein Mann?"

„Er ist ein Mann, den Alle hassen."

„Kämpft er selbst mit in der Gefahr?"

„Ja; muthig ist er."

„Das ist gut, denn sonst könnte ich ihn nicht gefangen nehmen."

„Wie? Du willst ihn gefangen nehmen?"

„Ja."

„Warum?"

„Ich habe mit ihm zu reden."

„Herr, nimmst Du mich mit meinem Bruder hier auf, wenn wir Dir den Obersten mitbringen?"

„Ja. Ich behalte Euch auch ohne ihn. Aber, wie wollt Ihr ihn in Eure Gewalt bringen?"

„Sehr leicht. Er selbst sieht nach, ob die Posten wachsam sind. Wenn er kommt, bringen wir ihn zu Dir."

„Gut. Gehe jetzt, und hole Deinen Bruder! Feldwebel, bringen Sie ihn wieder dahin, wo Sie ihn festgenommen haben! Sie haben es sehr gut gemeint; aber ein Spion ist dieser Mann ebensowenig wie Sie."

„Hm!" meinte Schneffke zu sich selbst, indem er sich mit Hassan entfernte. „Ein Spion also nicht! Aber was denn sonst? Na, er wurde in's Regiment gezwungen. Kein Wunder, wenn er es eigenmächtig wieder verläßt!"

„Als sie bei dem Posten ankamen und der Feldwebel nicht wieder umkehrte, flüsterte Hassan ihm zu:

„Du gehst nicht wieder in das Schloß?"

„Nein; ich muß weiter."

„Hinaus, über die Wächter hinaus?"

„Ja."

„Du brauchst nicht so zu schleichen wie vorhin. Du kannst aufrecht gehen wie ich. Mein Bruder wird Dich nicht anhalten. Komm, folge mir!"

Schneffke wagte es, sich ihm anzuvertrauen, und hatte es nicht zu bereuen. Er wurde von ihm durch die Kette der Vorposten gebracht und traf seinen Kameraden an derselben Stelle, an welcher er ihn verlassen hatte.

Fast eine Stunde war vergangen, da erkannte der Posten, welcher an der betreffenden Stelle stand, eine Gruppe von zwei oder drei weißen Männern, welche sich auf ihn zu bewegten. Es war nicht der frühere Posten, sondern der, welcher diesen abgelöst hatte; aber er hatte seine Instructionen erhalten.

Er fragte weder nach der Loosung, noch nach dem Feldgeschrei; er legte das Gewehr schußfertig an, um im Falle eines Verrathes gerüstet zu sein

Sie gingen geräuschlos an ihm vorüber. Zwei Männer trugen einen Dritten. Sie schafften ihn nach dem Schlosse.

Am Eingange zu demselben stand der Wachtmeister Martin Tannert. Er hatte mit Spannung auf diesen Augenblick gewartet.

„Ist's gelungen?" fragte er.

„Dem Sohne der Wüste mißlingt kein Ueberfall," entgegnete Hassan der Zauberer.

„Bringt ihn herein!"

Er wurde in die Wachtstube gebracht. Sie hatten ihm die Gurgel zugeschnürt und, als er den Mund öffnete, um Athem zu bekommen, einen Knebel hinein gesteckt. Die Hände waren mit einer Schnur gefesselt, und um den Kopf hatten sie ihm ein Turbantuch gewunden. Im Uebrigen war ihm nichts geschehen. Er trug sogar alle seine Waffen noch.

Diese wurden ihm natürlich abgenommen. Man ließ Hassan und Saadi in ein Nebengemach treten, damit er sie nicht sofort erblicken möge; dann nahm man ihm die Fesseln ab. Er holte erst sehr tief Athem, blickte sich dann um und stieß einen grimmigen Fluch aus.

„Wo bin ich?" fragte er.

„In Schloß Malineau."

„Donnerwetter! Wer waren die Hallunken, welche es wagten, sich an mir zu vergreifen?"

„Das interessirt uns nicht, Herr Oberst. Uns interessirt vielmehr der Besuch, welchen Sie uns machen."

„Besuch? Ja. Denn ich hoffe doch nicht, daß man die Kühnheit haben wird, mich als Gefangenen zu betrachten!"

„Wir betrachten Sie zunächst als einen Mann, welchen der Herr Oberwachtmeister von Königsau zu sprechen wünschte. Bitte, folgen Sie uns!"

„Zu einem Major? Schön! Aber wo ist mein Degen? Her mit ihm! Ich muß ihn haben!"

„Später, später!"

„Nein, nicht später, sondern jetzt!"

„Bitte, verkennen Sie nicht Ihre Lage! Ich handle nach dem mir gewordenen Befehle, und diese Kameraden hier sind bereit, Dem, was ich sage, Nachdruck zu geben!"

„Verdammniß über Euch! Also, vorwärts zu diesem Major von Kö— Königsau! Dummer Name!"

Königsau empfing ihn höflich aber kalt. Es befanden sich nur die Offiziere bei ihm.

„Herr Kamerad," begann der Oberst, „ist es in Deutschland Gebrauch, Menschen zu stehlen?"

„Wohl schwerlich. Sind Sie gestohlen worden?"

„Ja!"

„Dann scheinen Ihre Freunde keinen großen Werth auf Sie zu legen, sonst hätte man Sie besser bewacht."

„Herr Major!" rief der Franzose drohend.

„Schon gut! Spione und ähnliche Leute weiß man zu behandeln, Monsieur."

„Halten Sie etwa mich für einen Spion?"

„Ja."

„Donnerwetter!"

„Pah! Vielleicht sind Sie sogar noch mehr als das! Was haben Sie mit Capitain Richemonte in Beziehung auf Mademoiselle de Sainte-Marie besprochen?"

Der Oberst erschrak; aber er antwortete:

„Nichts, gar nichts."

„Wo ist der Capitain gegenwärtig?"

„Ich weiß es nicht."

„Das ist Lüge!"

„Nein, es ist Wahrheit! Ich weiß es nicht."

„Ach so! Sie haben ihn nicht nach Metz zu dem Marschall Bazaine geschickt?"

„Wie käme ich dazu!"

„Sie haben ihm keinen Brief anvertraut?"

„Nein."

„Aber vielleicht besitzen Sie selbst einen solchen Brief an den Marschall?"

„Herr Major, ich verstehe und begreife Sie nicht! Von wem sollte ich einen solchen Brief haben?"

„Von dem Marschall Mac Mahon."

Der Franzose wurde sichtlich unruhig. Er gab sich die möglichste Mühe, dies zu verbergen, und antwortete:

„Wie kommen Sie zu dieser Vermuthung?"

„Das ist Nebensache. Ich habe Grund, zu behaupten, daß Sie von Marschall Mac Mahon einen Brief an Bazaine haben. Wollen Sie dies bestreiten?"

„Und wenn ich einfach sage, daß ich Ihnen gar nicht zu antworten brauche, Herr Major?"

„So würde dies ein Zugeständniß sein. Machen wir es kurz! Können Sie mir Ihr Ehrenwort geben, daß Sie einen solchen Brief nicht bei sich haben?"

Der Offizier schwieg.

„Gut!" fuhr Königsau fort, „Sie sind also im Besitze eines solchen Schreibens. Ich muß Sie ersuchen, es mir auszuhändigen."

„Das würde ich auf keinen Fall thun, selbst wenn ich es hätte."

„So zwingen Sie mich, Sie durchsuchen zu lassen!"

„Thun Sie das! Aber ich protestire auf das Energischeste gegen eine solche Behandlung eines Stabsoffiziers, welcher nicht einmal das Unglück hat, Ihr Gefangener zu sein."

„Ach! Darf ich vielleicht fragen, was Sie sonst sind?"

„Haben Sie mich etwa gefangen genommen?"

„Wie Sie in unsere Hände gerathen sind, darauf kommt es nicht an. Sie befinden sich eben in unserer Gewalt."

„Ich bin Offizier. Ich trage die Uniform meines Kaisers. Ich kann nur durch einen Sieg Ihrerseits in Ihre Hände gerathen."

„Nicht durch Arretur?"

„Nein; denn ich bin mir keiner That bewußt, welche eine solche polizeiliche Maßregel rechtfertigen könnte."

„Sie sind uns als Spion eingeliefert."

„Von wem? Etwa von einen Ihrer Leute?"

„Sie sind mir eingeliefert worden auf meine Veranlassung. Das ist genug. Werden Sie mir den Brief geben?"

„Nein."

„Nun wohl! Ich werde Sie also aussuchen lassen. Ob sich dies mit Ihrer Offiziersehre verträgt, das ist mir nun sehr gleichgiltig; ich habe Ihnen Gelegenheit gegeben, die Durchsuchung zu vermeiden."

„Wollen sehen, Herr Oberst!"

Er klingelte, und eine Ordonnanz erschien.

„Haben Sie einen Stiefelknecht!" befahl er. „Dieser Herr wünscht, es sich bei uns bequem zu machen."

Der Oberst erbleichte. Das hatte er nicht erwartet. Er mußte erkennen, daß Königsau nur zu gut unterrichtet sei. Aber er sagte kein Wort. Er preßte die Lippen zusammen und wartete, was man beginnen werde. Noch immer glaubte er, daß man sich hüten werde, einem französischen Oberst Gewalt anzuthun.

Der Soldat brachte den Stiefelknecht.

„Bitte," meinte Königsau zu dem Franzosen.

„Tausend Donner!" antwortete dieser. „Meinen Sie wirklich, daß ich die Stiefel ausziehen werde?"

„Ja, gewiß! Ich meine, daß Sie so klug sein werden, mich nicht zu Gewaltmaßregeln zu zwingen."

„Die werden Sie unterlassen!"

„Pah! Meine Zeit ist gemessen. Wollen Sie, oder wollen Sie nicht?"

„Fällt mir nicht ein!"

„Holen Sie noch zwei Mann!" befahl Königsau der Ordonnanz. „Sie ziehen diesem Herrn die Stiefel aus."

Der Befehl war in einer Minute vollzogen.

„Herr Major, ich mache Sie verantwortlich!" knirschte der Oberst. „Ich werde Sie zur Rechenschaft ziehen. Ich bin keineswegs der Mann, den man ungestraft wie einen Dieb behandeln und aussuchen kann!"

„Haben Sie keine Sorge um mich!" lächelte Königsau „Ich kenne meine Pflicht und weiß sie zu erfüllen. Also, vorwärts!"

Dieser letztere Befehl galt den Soldaten. Sie traten zu dem Franzosen. Der Eine setzte ihm den Stiefelknecht hin und sagte:

„Allons, Monsieur! Travaillez!"

Die deutschen Offiziere mußten sich Mühe geben, bei diesem komischen Befehle ein Lachen zu unterdrücken.

„Also wirklich!" stieß der Oberst hervor.

„Oui, oui!" antwortete der Mann.

„Zugleich faßte er ihn beim Arme.

„Fort, Mensch!" schrie der Franzose. „Wenn es denn einmal sein muß, so thue ich es selbst."

Er zog die Stiefel aus und setzte sich dann auf einen Stuhl, das Gesicht so abwendend, daß er die Deutschen gar nicht sah.

„Hier, mein Herr Oberstwachtmeister!"

Bei diesen Worten hielt die Ordonnanz Königsau die Stiefel hin. Dieser aber sagte:

„In diesen Stiefeln befindet sich ein Brief versteckt, jedenfalls hinter dem Futter. Sehen Sie nach!"

„Hm, gefüttert sind sie allerdings! Wollen sehen!"

(Fortsetzung folgt.)

Die Liebe des Ulanen.
Original-Roman aus der Zeit des deutsch-französischen Krieges von Karl May.
(Fortsetzung.)

Er zog ein Taschenmesser und begann, das Futter loszutrennen. Der erste Stiefel enthielt nichts; im zweiten aber befand sich ein kleines Couvert, welches Königsau sofort öffnete. Es enthielt einen mehrfach zusammengefalteten Brief auf sehr dünnem Papiere, unterschrieben und unterstempelt von dem Marschall Mac Mahon. Der Inhalt lautete, in's Deutsche übersetzt:

„Herr Kamerad!

Soeben geht mir der Kriegsplan des Marschall Polikao zu. Sein Befehl an mich lautet, mittelst eines Flankenmarsches über Sedan und Thionville Ihnen die Hand zu reichen. Ich breche in Folge dessen von Chalons auf, hoffe, Sie in guter Stellung in und bei Metz zu finden, und überlasse es Ihrer Einsicht und der Lage der Sache, ob Sie durch irgend welche Vorstöße es mir erleichtern wollen, Sie zu finden. Zur Sicherheit fertige ich ein Duplikat dieses Briefes.

Ihr ergebener Mac Mahon."

Königsau faltete den Brief zusammen und steckte ihn wieder in das Couvert.

„Nun, Herr Oberst," sagte er; „sehen Sie nun ein, daß ich sehr gut unterrichtet war?"

„Zum Teufel, Monsieur! Nun bleibt mir nichts übrig, als mir eine Kugel durch den Kopf zu jagen."

Der Ulanenmajor winkte den Soldaten, sich zu entfernen, und antwortete dann:

„Schonen Sie sich! Ihr Leben wird wahrscheinlich für Ihren Kaiser nicht ganz werthlos sein, obgleich es eigentlich nun uns verfallen ist."

„Wie? Verfallen?"

„Gewiß!"

„Wieso?"

„Sie kennen die Kriegsgesetze?"

„Natürlich!"

„Spione hängt man auf!"

„Herr!"

„Natürlich! Habe ich Recht oder Unrecht?"

„Aber einen Obersten hängt man nicht auf!"

„Pah! Wenn er Spion ist, doch!"

„Sie wollen doch nicht etwa sagen, daß ich einer bin?"

„Was sonst?"

„Monsieur, das verbitte ich mir!"

„Pah! Sie sind mit einem Briefe an den feindlichen Oberbefehlshaber betroffen worden. Daß dies ein Verbrechen, natürlich in unseren Augen, sein muß, geben Sie doch zu!"

„Auf keinen Fall!"

„Warum verstecken Sie den Brief, wenn es kein Verbrechen ist?"

„Das ist eine Spitzfindigkeit, auf welche ich mich gar nicht weiter einlassen kann!"

„Nun, so muß eben ich mich damit befassen. Bitte, ziehen Sie Ihre Stiefel wieder an!"

„Danke! Sehr freundlich!" antwortete der Franzose. „Soll ich etwa noch Etwas ausziehen? Vielleicht das Hemde?"

Er hatte dies in so höhnischem Tone gesprochen, daß Königsau zornig auf ihn zutrat, um zu antworten:

„Monsieur, verkennen Sie Ihre Lage nicht. Nicht Sie sind hier Herr und Meister. Wir verlangen diejenige Achtung, ja denjenigen Respect, welchen Sie uns schuldig sind! Sie sind unser Gefangener. Haben Sie vielleicht noch Etwas bei sich, was Sie uns eigentlich abzuliefern hätten?"

„Darauf antworte ich nicht!"

„Gut! Ich werde Sie also aussuchen lassen."

„Oho!"

„Jawohl! Aussuchen bis auf das Hemde, welches zu erwähnen, Sie ja doch die Güte hatten!"

„Nun wohl, ich habe nichts bei mir!"

„Geben Sie Ihr Ehrenwort darauf?"

„Ja."

„Dann ist es gut. Ich denke, daß Sie Offizier und Kavalier sind und also die Wahrheit sagen werden. Sie werden natürlich hier bei uns bleiben, bis ich weitere Bestimmungen über Sie erhalten habe. Ich weise Ihnen ein Zimmer an und fordere von Ihnen das Versprechen, dasselbe nicht ohne die Erlaubniß des Commandanten dieses Schlosses zu verlassen."

„Wer ist das?"

„Jetzt noch bin ich es. In einigen Stunden aber wird es hier dieser Herr, Rittmeister Graf von Hohenthal sein."

„Ich?" fragte Hohenthal rasch.

„Ja. Wir sprechen dann darüber. Jetzt, Herr Oberst, ersuche ich Sie, mir zu folgen."

Er wies ihm ein Zimmer an und gab ihm einen Husaren zur Bedienung, natürlich aber auch zur Bewachung. Dann kehrte er zu den anderen Kameraden zurück.

„War's ein guter Fang?" fragte Hohenthal.

„Ein sehr guter."

„Also der Brief ist wichtig?"

„Sogar von außerordentlicher Wichtigkeit. Hier, lies!"

Hohenthal las und meinte dann:

„Donnerwetter, das ist allerdings höchst wichtig! Der Brief muß sofort zum König, zu Moltke!"

„Das denke ich auch."

„Wer schafft ihn fort?"

„Ich selbst. Ich kann ihn natürlich keinem Andern anvertrauen."

„Ganz richtig! Also darum werde ich Commandant! Aber, Freundchen, wie willst Du hinauskommen?"

„Zu Pferde natürlich!" lächelte Königsau.

„Wir sind eingeschlossen."

„Pah! Ich werde mich sehr leicht durchhauen. Wir unternehmen einen kräftigen Vorstoß, grad auf die Straße hin. Da müßte es mit dem Teufel zugehen, wenn es mir nicht gelingen sollte, durchzukommen."

„Das denke ich freilich auch. Diese Herren Spahis werden keine Unterbrechung ihrer nächtlichen Siesta erwarten."

„Uebrigens steht ja Major Posicki in Etain. Bin ich bis dahin, so bin ich sicher."

„Aber allein reitest Du nicht?"

„Nein. Herr Lieutenant von Goldberg begleitet mich."

„Das versteht sich ganz von selbst!" meinte Fritz, der mit dieser Bestimmung sehr einverstanden war.

„Was aber thun wir mit den beiden Ueberläufern?" erkundigte sich der Rittmeister von Hohenthal.

„Die brauchst Du weder als Gefangene behandeln noch überhaupt bewachen zu lassen. Sie werden im Gegentheile die besten Beschützer für Frau Liama und Mademoiselle Marion sein. Es thut mir wirklich leid, daß ich nicht dabei sein kann, wenn Ihr am Tagesgrauen über die Spahis herzieht. Der Coup gelingt natürlich auf alle Fälle."

„Das versteht sich ganz von selbst. Aber, ob wir uns für die Dauer hier halten sollen oder können, das ist eine andere Frage."

„Nein, das ist im Gegentheile gar keine Frage. Nach dem was wir von Mac Mahons Absichten wissen, ist es ganz nothwendig, Etain und Umgegend festzuhalten. Wir müssen mit der Linie der Meuse in Fühlung stehen, und so versteht es sich ganz von selbst, daß man Schloß Malineau so besetzt, daß es nicht wieder verloren gehen kann. Ich werde das an geeigneter Stelle zum Vortrag bringen."

„Gut, das beruhigt mich. Wann reitest Du ab?"

„In einer halben Stunde."

„Ah, einige Minuten für den Abschied!"

„Nein. Lassen wir die Damen immerhin schlafen! Was ich zu sagen hatte, das ist gesagt worden, und jetzt sind wir ja vor allen Dingen Soldat." —

Als die angegebene Zeit vorüber war, sammelten sich zwei Züge der Ulanen vor dem Schlosse. Das geschah so geräuschlos wie möglich. Als sie sich in Bewegung setzten, ertönten die Rufe der französischen Wachen, und Schüsse krachten, einzeln, hier und da.

Sie gewannen nun die Straße und fegten nun im Carrière auf das Dorf zu.

Die Franzosen hatten, obgleich ein Verhau auf die leichteste Weise herzustellen gewesen wäre, die Straße offen gelassen, so daß die muthigen Reiter das Dorf erreichten und dasselbe auch passirten, ohne auf ein Hinderniß zu treffen.

Hier nun gab Königsau ihnen den Befehl, wieder umzukehren. Sie gelangten in das Schloß zurück, ohne einen einzigen Mann zu verlieren. Nicht einmal verwundet war Jemand worden, da es zu gar keinem Widerstande gekommen war.

Königsau und Fritz setzten ihren Weg fort. Vor Etain stießen sie auf die Vorposten des Major Posicki, zu dem sie sich natürlich führen ließen. Königsau bat ihn, die Schwadron Ulanen zu ihrem Gros zurück zu dirigiren, wenn er die Ueberzeugung erhalten sollte, das Schloß bis zur Ankunft anderweiter Truppen halten zu können und dann ritten sie weiter, die ganze Nacht hindurch.

Als sie am Morgen in Treuville anlangten, erfuhren sie, daß am vorigen Tage eine Schlacht gewonnen worden sei, die bekannte Schlacht von Bionville-Mars la Tour. Es hatten in Folge dessen bedeutende Truppenverschiebungen stattgefunden, doch gelang es Königsau, über Saint Marcel hinaus das dritte Armeecorps zu erreichen, dessen Commandanten er durch seine Darstellung bewog, ein genügend starkes Detachement nach Etain abzuordnen.

Hier, im Hauptquartier des dritten Corps erfuhr er auch, wo sich das große Hauptquartier befinde, welches er kurz nach Mittag erreichte. Die Offiziere und Beamten desselben befanden sich natürlich in ungeheurer Thätigkeit; aber als er meldete, daß er eine Nachricht von größter Wichtigkeit bringe, wurde er sofort angemeldet, zu Moltke selbst.

Er war kaum durch die eine Thür in das Vorzimmer getreten, als man durch die andere einen Mann brachte, welcher in Civil gekleidet war und das Zeichen der Genfer

Convention, die Binde mit dem rothen Kreuze am Arme trug. Ihn sehen und erkennen war Eins. Er trat auf den Offizier, welcher diesen Mann begleitete, zu und fragte:

„Herr Hauptmann, bitte, wo waren Sie mit diesem Manne?"

„Drin!" war die kurze Antwort, welche nichts anders heißen sollte als: bei Moltke selbst.

„Wer ist er?"

„Er hat sich da in der Nähe herumgetrieben und verdächtig gemacht, doch ist es ihm gelungen, sich zu legitimiren. Er soll entlassen werden."

„Wie nennt er sich?"

„Bonblanc aus Soissons."

„Das ist eine große Lüge. Entlassen Sie ihn nicht. Geben Sie scharf Acht auf ihn und warten Sie, bis ich da drin' gewesen bin!"

„Sapperlot! Kennen Sie ihn?"

„Nur zu gut."

„Impossible!" fiel der Mann ein, welcher sehr bleich geworden war.

Der Hauptmann blickte rasch auf.

„Alle Wetter!" sagte er. „Er hat Sie verstanden."

„Natürlich! Er spricht ja sehr gut deutsch."

„Und uns gegenüber behauptete er, kein Wort zu verstehen. Da, Herr Major, man winkt Ihnen; ich werde also auf das Weitere warten."

Als Königsau zu dem berühmten Denker der Schlachten eintrat, saß dieser an einer langen Tafel, welche mit Karten und Plänen bedeckt war. Er erwiderte den Gruß des Majors mit einem ernsten, aber doch wohlwollenden Kopfnicken und sagte:

„Sie sagen, Wichtiges zu bringen?"

„Zu Befehl! Hier!"

Er zog den Brief hervor und gab ihn hin. Moltke las. Kein Zug seines Gesichtes veränderte sich. Er fragte nur:

„Wie gelangte dieses Schreiben in Ihre Hand?"

Königsau erzählte. Als er geendet hatte, sagte Moltke:

„Also jener Capitän Richemonte hat das Duplicat dieses Schreibens gehabt?"

„Ganz gewiß."

„Es scheint ihm gelungen zu sein, es an den Adressaten zu geben, wenigstens ist er unsererseits nicht ergriffen worden. Man ist Ihnen großen Dank schuldig, Herr Oberstwachtmeister, man wird sich Ihrer erinnern. Sie stoßen jetzt natürlich zu Ihrem Corps?"

„Nachdem ich mir die Bitte um eine Bemerkung gestattet haben werde."

„Sprechen Sie!"

„Soeben wurde ein Mann abgeführt, der sich, wie ich auf meine Erkundigung erfahren habe, Bonblanc nennt?"

„Ja. Was ist mit ihm?"

„Er sollte entlassen werden, ich habe aber dem Hauptmanne die Weisung gegeben, im Vorzimmer mit ihm zu warten. Dieser Mann ist nämlich kein Anderer als der Graf Rallion, dessen Sohn, der Oberst der Gardekürassire war, welchen ich gestern auf Schloß Malineau den Kopf gespalten habe."

Diese Nachricht brachte einen bedeutenden Eindruck hervor, von dem sich aber der große Schweizer nichts merken ließ.

„Kennen Sie ihn?" fragte er.

„So genau wie mich selbst."

„Nochmals herein mit ihm!"

Königsau öffnete die Thür und winkte dem Hauptmanne, welcher sofort mit dem Grafen wieder eintrat. Dieser wollte leugnen, als aber Königsau auf die Narbe an der Hand verwies, welche von der Verwundung herstammte, die der Graf von Fritz in der Klosterruine erhalten hatte, war es mit dem Leugnen aus.

Als kurze Zeit später Königsau mit Fritz das große Hauptquartier verließ, nahm er die Gewißheit mit, daß einer der größten Feinde seiner Familie sich im festen Gewahrsam befinde, daß es ihm wohl nicht möglich sei, zu entkommen."

Das Schlachtfeld, über welches die Beiden nun ritten, war ein solches, wie es selbst die Ebene von Leipzig nicht aufzuweisen hat, ein breit gedehntes, wellenförmiges Hochplateau. Man sah es, daß es nicht eine Schlacht, sondern ein Schlachten gewesen war.

Der Kampf hatte die Spuren einer wahrhaft grauenvollen Vernichtung hinterlassen. Die Felder waren mit Leichen förmlich bedeckt. Weithin schimmerten die rothen Hosen der Feinde, die weißen Lützen der stolzen, zurückgeworfenen Kaisergarde, die Helme der französischen Kürassiere. Im Wirbelwinde jagten die weißen Blätter der französischen Intendanturwagen gleich Mövenschaaren über das Feld. Die Waffen blitzten weithin im Sonnenglanze; aber die Hände Derer, welche sie geführt hatten, waren kalt, erstarrt, im Todeskampfe zusammengeballt. Mit zerfetzter Brust und klaffender Stirn lagen sie gebrochenen Auges in Schaaren am Boden. Schrittweise war jede Elle des Landes erkämpft worden. Zerschmetterte Leiber, Pferdeleichen, zerbrochene Waffen, Tornister, Zeltfetzen, Chassepots und Faschinenmesser lagen umher. Es war ein so entsetzliches Bild, wie es selbst Magenta, Solferino und Sadowa nicht geboten hatte. Wie rother Mohn und blaue Kornblumen leuchteten die bunten Farben der gefallenen Feinde auf dem Todesfelde, weithin über die Höhen, tief hinab in die Thäler. Dazwischen die grünen Jacken der Jäger und hier und da ein umgestürzter Sanitätswagen. Niemand kümmerte sich um die Leiche eines französischen Generals oder Obersten. Der Gefallene war ja todt, und im Tode hört jede Subordination auf.

Und in den Dörfern, durch welche die Beiden ritten, sah es noch viel, viel gräßlicher aus als auf dem offenen Felde.

So ging es bis in die Gegend südlich von Hanonville, wo das Gardcorps lag und die beiden Offiziere endlich zu den Ihrigen stießen, um dort eine große Ueberraschung zu finden.

Es befand sich hier die Schwadron, welche er als Rittmeister kommandirt hatte. Sein Nachfolger in dieser Charge, welcher sich sofort bei ihm meldete, sagte nach der ersten Begrüßung und den nothwendigen dienstlichen Auseinandersetzungen:

„Das Intressanteste für Sie werden unsere jetzigen Sanitätsverhältnisse sein. Darf ich Sie vielleicht ersuchen, mich einmal nach der Ambulance zu begleiten?"

Königsau blickte ihn verwundert an und antwortete:

„Natürlich müssen mich auch unsere Sanitätsverhältnisse interessiren; aber die Art und Weise, in welcher Sie mich zur Besichtigung der Ambulance auffordern, kommt mir doch ein Wenig geheimnißvoll vor."

„Das ist sie allerdings."

„Es handelt sich doch nicht etwa um eine Ueberraschung?"

„Um nichts Anderes."

„Nun, so stehe ich zur Verfügung."

Sie stiegen zu Pferde und ritten hinaus in das Feld, wo ein großes, langes Zelt errichtet war, in welchem die Aerzte und ihre verschiedenen Helfer und Helferinnen ihres Amtes walteten.

Schon von Weitem erblickte Königsau einen alten, grauhaarigen und graubärtigen Herrn, welcher beschäftigt war, einem dort am Boden sitzenden Verwundeten den Arm zu verbinden. Es überkam ihn eine Ahnung, in Folge dessen er seinem Pferde die Sporen gab.

Er hatte sich nicht getäuscht. Er sprang vom Pferde und eilte mit offenen Armen auf den Alten zu.

„Großvater!" rief er aus.

Dieser drehte sich um, erblickte ihn und antwortete jubelnd:

„Richardt!"

Sie lagen einander am Herzen.

„Aber," meinte der Major nach der ersten herzlichen Begrüßung, „wie kannst Du es wagen, im Felde zu erscheinen?"

„Wagen? Ah, Junge, die Kriegserklärung hat mich wieder jung gemacht, und als Du fort warst, hat es mich auch nicht länger gelitten. Als Compattant haben Sie mich freilich nicht annehmen wollen, aber ich habe wenigstens die Erlaubniß erzwungen, Wunden zuflicken zu helfen."

„Aber sie haben Dich daheim doch nicht allein fortgelassen?"

„O nein. Sie sind mit."

„Wer?"

„Mensch, Du fragst, wer? Alle natürlich, Alle!"

„Alle?" Also auch Vater?"

„Ja."

„Etwa auch Emma?"

„Versteht sich. Sie hat auch noch Andere mit."

„Meinst Du Nanon und Madelon?"

„Ja, und Deep-hill oder vielmehr den jungen Herrn von Bas-Montayne, der auch seinen Vater mitgenommen hat. Warte, ich werde sie holen."

„Sie sind hier, grad hier?"

„Ja, natürlich. Wir halten zusammen."

Er wollte in das Zelt treten. Richardt hielt ihn zurück und sagte:

„Halt, ich gehe selbst, um sie zu begrüßen!"

„Nein, Du bleibst hier außen! Ihr würdet ein Aufsehen erregen, welches den armen Verwundeten schädlich sein müßte. Also warte hier."

Er ging hinein und kehrte bald mit allen den Genannten zurück. Die Herzlichkeit der Begrüßung läßt sich denken. Nanon aber achtete gar nicht auf Königsau.

„Fritz, lieber Fritz!"

Mit diesem Rufe flog sie an die Brust des einstigen Kräutermannes, der sie herzlich an sich drückte und Kuß auf Kuß bekam, ohne daß die Beiden sich um die Anderen bekümmerten.

„Na," meinte da ihr Vater, „darf ich mir nicht auch ein Wort der Begrüßung ausbitten, Herr von Goldberg?"

„Sogleich, sogleich," lautete die Antwort, wobei Fritz mit offenen Armen auf ihn zuging.

Da man sich so viel zu erzählen hatte, nahmen Königsau Vater und Großvater nebst Emma von dem dirigirenden Arzte für kurze Zeit Urlaub und begaben sich mit Richardt in das Lager, wo man bereits ein Unterkommen für den Letzteren besorgt hatte.

Sie hatten dort eben Platz genommen und wollten mit der Erzählung ihrer Erlebnisse beginnen, als ihnen eine abermalige große und freudige Ueberraschung wurde. Nämlich es kam ein Bote des Commandirenden und meldete, daß eine Dame anwesend sei, welche bereits seit Tagen nach dem Gardecorps forsche, um da Angehörige der Familie Königsau aufzusuchen.

„Eine Dame?" meinte der Rittmeister. „Das ist kühn, ja das ist sogar verwegen, unter diesen Verhältnissen dem Heere zu folgen. Wo ist sie her?"

„Aus Paris."

„Unglaublich! Eine Dame aus Paris? Eine Französin, welche nach uns die Schlachtfelder absucht? Ich erinnere mich nicht, eine einzige Pariserin zu kennen, welcher ich ein solches Unternehmen zutrauen könnte. Ist sie alt?"

„Nein, jung und nicht uninteressant. Uebrigens kommt sie nicht direct aus Paris, sondern aus Berlin, wo sie nach Ihnen vergebens gesucht hat."

„Sonderbar!"

„Sie hat ihre Legitimation aus Paris und befindet sich auch im Besitze deutscher Papiere, welche es ihr ermöglicht haben, Sie hier zu suchen, ohne Gefahr befürchten zu müssen."

„Wie heißt sie?"

„Ihr Name ist Agnes Lemartel."

„Kenne ich nicht; mir völlig unbekannt. Wo befindet sie sich?"

„Draußen. Sie wartet auf die Erlaubniß, eintreten zu dürfen."

„So wollen wir sie nicht länger warten lassen. Bitte, sagen Sie ihr, daß wir bereit sind, sie zu empfangen!"

Er empfahl sich und schickte die Tochter des Lumpenkönigs herein. Sie ging in Trauer und sah sehr blaß und angegriffen aus. Sie grüßte fast demüthig und machte ganz den Eindruck einer Bittenden, deren Bitte eine so große ist, daß sie nur schwer an die Erfüllung derselben glauben kann.

„Bitte, mein Fräulein, nehmen Sie Platz," sagte Richardt, indem er ihr eine umgestürzte Kiste hinschob. „Wir haben Krieg und können Ihnen leider keinen bessern Platz zur Verfügung stellen."

„Ich muß danken, gnädiger Herr," sagte sie traurig und mit fast leiser Stimme. „Ich möchte nicht wagen, Ihrem gütigen Befehle Gehorsam zu erweisen. Ich habe im Stehen zu Ihnen zu sprechen."

„Nicht doch! Man soll nicht von uns sagen, daß wir einer Dame die mögliche Bequemlichkeit verweigert hätten."

„Sie wissen ja nicht, in welcher Angelegenheit ich zu Ihnen gekommen bin, Herr Major!"

„Ich werde es hören. Also, bitte, setzen Sie sich!"

Und als sie es auch jetzt noch nicht that, nahm Emma sie am Arme und zog sie auf die Kiste nieder, indem sie in aufmunterndem Tone sagte:

„Wenn Ihre Angelegenheit eine so niederdrückende ist, bedürfen Sie ja gerade recht der Unterstützung. Nehmen Sie also Platz, und seien Sie überzeugt, daß Sie auf unsere Freundlichkeit rechnen können."

„Mein Gott, wenn ich das wirklich glauben dürfte!" sagte sie, indem sich ihre Augen mit Thränen füllten.

„Sie dürfen davon überzeugt sein. Sprechen Sie getrost! Wir sind ja gern bereit, Sie anzuhören."

Und um ihr Muth zu machen, sagte der alte Großpapa:

„Wir hören, daß Sie von Berlin kommen?"

„Ja. Ich reiste von Paris dorthin, um Sie aufzusuchen."

„Leider waren wir zu Felde gezogen!"

„Ich erfuhr, daß Sie sich als Sanitäter dem Gardecorps anzuschließen beabsichtigt hätten. Das war mir ein Fingerzeig, Sie hier zu finden."

„Ist die Angelegenheit denn eine so sehr bringliche, daß Sie sich zu solchen Strapazen und Wagnissen entschließen konnten? Hätte es sich nicht aufschieben lassen?"

„Nein. Ich weiß nicht, ob Ihnen von dem Offizier, der die Güte hatte, mich zu Ihnen zu bringen, mein Name genannt worden ist?"

„Sie heißen Agnes Lemartel, wie wir hörten."

„Ja. Jedenfalls ist dieser Name Ihnen unbekannt?"

„Ganz und gar."

„In Paris kennt ihn ein Jeder. Mein Vater war der bedeutendste vendeur de chiffons in ganz Frankreich. Man nannte ihn nur den Lumpenkönig. Sie haben also zunächst zu verzeihen, daß die Tochter eines Lumpenhändlers es wagt, Sie zu incommodiren."

„Bitte!" sagte Richardt. „Es muß allerlei Menschen geben. Ich weiß sehr gut, was ein Pariser Lumpenhändler zu bedeuten hat. Diese Herren gehören keineswegs zu den Leuten, welche nicht zu beachten sind. Sie tragen Trauer, und Sie sagen, daß Ihr Herr Vater vendeur de chiffons gewesen sei. Er ist es also nicht mehr? Er ist todt?"

„Ja. Er starb vor kurzer Zeit, und zwar in Algier, wo ich mit ihm war. Er wurde ermordet."

„Mein Gott! Von Eingeborenen?"

„Nein, sondern von Franzosen, von zwei berüchtigten Subjecten, nach denen die Polizei schon längst, jedoch vergebens gefahndet hatte. Es war ein Mensch, der nur Vater Main genannt zu werden pflegte, und der Andere hieß Lermille und war Seiltänzer gewesen."

„Alle Wetter!" entfuhr es dem Major.

„Wie? Haben Sie von diesen beiden Menschen gehört?"

„Ja. Erst gestern habe ich mit einem Freunde und Kameraden, dem Rittmeister von Hohenthal, von ihnen gesprochen. Den Seiltänzer habe ich sogar steckbrieflich verfolgen lassen."

„Jedenfalls auch vergebens!"

„O doch nicht. Sie sind Beide ergriffen worden. Vater Main befindet sich in Metz in Gewahrsam und wird mit dieser Stadt in unsere Hände gerathen, hoffentlich. Und den Andern habe ich selbst über die Grenze nach Deutschland gebracht. Er befindet sich jetzt in Berlin in Untersuchung und hat bereits sehr wichtige Eröffnungen gemacht."

„So hat ihn die Nemesis also doch ereilt. Diese beiden Männer ermordeten meinen Vater, indem ich im Nebenzimmer weilte. Er war von dem Messer so getroffen worden, daß er mir nur noch sagen konnte, sein Name sei nicht Lemartel, und ich solle im Geldschranke nachsehen. Ich ließ ihn begraben und eilte trotz meines Gemüthszustandes nach Paris. Im Schranke fand ich neben seinen Ersparnissen ein Portefeuille, ganz nur für mich bestimmt. Es enthielt zwei Briefe und sodann ein schriftliches Geständniß meines Vaters, welches sich auf Sie bezieht."

„Auf uns?" fragte Richardt. „Sie machen uns wirklich wißbegierig, Mademoiselle!"

„Die beiden Briefe waren geschrieben der eine von dem Grafen Rallion und der andere von einem Capitain Richemonte."

„Ach! Wirklich? Wir sind gespannt."

„Beide Briefe beweisen, daß die beiden Genannten beabsichtigten, das Besitzthum der Familie Königsau mit Hilfe eines Unterhändlers Samuel Cohn zu kaufen — —"

„Herrgott! Ist es das?" rief der alte Großpapa.

„Ja," fuhr das Mädchen fort. „Der Preis sollte ausgezahlt, dann aber gestohlen und dann unter den beiden Genannten vertheilt werden."

„Das ist ja auch geschehen! Also getheilt haben sich diese Schurken in diese Summe? Dachte ich es mir doch!"

„Nein, gnädiger Herr, sie haben nicht getheilt. Derjenige, der das Geld stahl, hat es ihnen gar nicht gegeben; er hat sie betrogen und die Summe für sich behalten."

„Kennen Sie seinen Namen?"

„Ja."

„Henry de Lormelle?"

„So nannte er sich; aber er hieß nicht so. Er war der Diener des Grafen und des Capitains."

Der alte Hugo von Königsau fuhr sich mit der Hand nach dem Kopfe und sagte:

„Das sind böse, böse Erinnerungen. Jenes Ereigniß kostete meiner Frau das Leben. O Margot, meine Margot!"

Es trat eine minutenlange Pause ein. Alle waren vom Schmerz tief bewegt. Endlich fragte Richardt:

„Was aber haben Sie mit jenen Ereignissen zu thun, Mademoiselle? Wollen Sie uns das erklären?"

„Ich sagte, daß das Portefeuille die Bekenntnisse meines Vaters enthalten habe — —"

„Allerdings."

„Und daß er mir kurz vor seinem Tode gesagt habe, daß sein Name eigentlich nicht Lemartel sei — —"

„Das sagten Sie."

„Nun, meine Herrschaften, mein Vater war — war —"

W. VIII. 1685.

Sie stockte und nahm das Tuch an die Augen, um den Strom ihrer Thränen zu hemmen.

„Sprechen Sie! Sprechen Sie!" bat Richardt.

Sie nahm alle Kraft zusammen und gestand:

„Er war — — er war jener — — Henry de Lormelle."

Bei diesen Worten fuhr der alte Königsau empor. Er richtete das große, starre Auge auf sie und sagte:

„Was?" Ihr Vater war jener Dieb?"

„Ja," schluchzte sie.

„Ah! Er stahl mir mein Vermögen, und er mordete mir mein Weib. Ich habe ihm geflucht mit meinen Worten und in meinen Gedanken, und ich wiederhole auch jetzt noch in dieser Stunde: Fluch ihm, Fluch, Fl — — —!"

„Großvater!" unterbrach ihn Emma in flehendem Tone. „Halt ein! Kann sie denn dafür? Sie ist ja unschuldig!"

„Unschuldig! O, Kind, es that doch so weh, so unendlich weh, als — — — aber Du hast Recht, sie ist unschuldig, und ich will sie nicht betrüben."

„Sprechen Sie weiter!" forderte Richardt die Französin auf.

Sie gab sich Mühe, ihr schluchzendes Weinen zu überwinden, und fuhr fort:

„Ich las die Bekenntnisse meines Vaters und die beiden Briefe; ich erkannte, daß er ein Dieb — — o mein Gott, ein Dieb gewesen sei, und daß ihm Nichts, gar Nichts gehöre und mir auch nicht. Alles, was er hinterließ, war Eigenthum der Familie von Königsau. Ich war verpflichtet, es zurückzugeben."

„Das war natürlich ein schwerer Schlag für Sie!" sagte Emma in bedauerndem Tone.

„Das?" fragte Agnes. „Daß ich das Geld zurückerstatten mußte? O nein, das war kein Schlag für mich. Es gehört mir nicht, und ich gebe es gern und willig zurück. Aber daß mein Vater ein Dieb sei, das traf mich in's tiefste Leben. Ich bin die Tochter dieses Mannes. Sie werden mich hassen und verachten, und ich muß es tragen. Verzeihen Sie mir, daß ich es wagte, Sie aufzusuchen!"

Da sagte Richardt in festem, überzeugendem Tone:

„Sie irren, Mademoiselle! Wir hassen und verachten Sie nicht. Warum haben Sie die Bekenntnisse Ihres Vaters nicht vernichtet? Niemand wußte davon, und Sie wären Besitzerin seines Nachlasses geblieben."

„Herr Major!" sagte sie vorwurfsvoll.

„Gut, gut! Sie sehen also, daß wir vielmehr alle Veranlassung haben, Sie hochzuachten. Sie sind brav und ehrlich. Hier haben Sie meine Hand. Ich gebe sie Ihnen im Namen aller meiner Verwandten und versichere Ihnen dabei, daß von der That Ihres Vaters nicht der Hauch eines Schattens auf Sie fällt."

Da ging ein Zug stillen Glückes über ihr schönes, bleiches Angesicht. Sie antwortete:

„Ich danke, o ich danke Ihnen, gnädiger Herr. Dieser Augenblick ist seit dem Tode meines Vaters der erste, an dem ein Strahl in das Dunkel meines Daseins fällt. Ich war fast leblos; fast konnte ich nicht denken. Und doch mußte ich handeln, um Ihnen Ihr Eigenthum zurückzuerstatten. Der Krieg stand vor der Thür; man konnte nicht in die Zukunft sehen. Wer würde siegen und wer unterliegen? Ich that, was ich für das Beste hielt: Ich wußte einen zahlungsfähigen Käufer und verkaufte ihm das Geschäft und Alles, was wir besessen hatten. Den Erlös und die Summen, welche der Vater baar hinterlassen hatte, verwandelte ich beim Banquier in Anweisungen auf Berlin und reiste damit nach Deutschland, um Sie zu suchen. Sie waren fort, und ich folgte Ihnen. Nun habe ich Sie gefunden. Hier haben Sie die Anweisungen, und hier ist auch die Brieftasche meines Vaters. Seien Sie überzeugt, daß Sie Alles erhalten. Ich habe nichts, gar nichts für mich weggenommen. Ich habe Alles, was auch ich besaß, Kleider, Ringe und Sonstiges verkauft und den Erlös dazu gethan."

Sie gab dem alten Königsau zwei Brieftaschen. Er zögerte, die Hand nach ihnen auszustrecken.

„Mademoiselle! Mädchen!" sagte er. „Sie sind ja ganz und gar des Teufels!"

„O nein. Ich gebe Ihnen zurück, was Ihnen gehört."

„Aber das ist ja eine Großmuth, welche ganz ohne Gleichen ist, welche wir gar nicht acceptiren können!"

„Nicht Großmuth, sondern Pflicht ist es. Und obgleich ich es thue, stehe ich doch als Sünderin vor Ihnen und flehe Sie inständigst an, mir das zu vergeben, was an Ihnen verbrochen worden ist."

Da streckte ihr der Alte denn doch die Hand entgegen und sagte in herzlichem Tone:

„Fräulein Lemartel, Ihnen haben wir nichts zu verzeihen, und auch — — auch — —" es wurde ihm doch schwer, aber er fuhr doch fort: „auch Ihrem Vater sei vergeben. Er mag in Frieden ruhen. Was aber dieses Geld betrifft — — Gebhardt, Richard was sagt Ihr dazu?"

Der Major antwortete, indem er sich an Agnes wendete:

„Sie haben nichts für sich behalten?"

„Nein; glauben Sie es mir!"

„Wir glauben es. Aber, wovon wollen Sie leben?"

„Meine Zukunft ist gemacht: Ich gehe in ein Kloster, um für die Seele meines Vaters zu beten."

Emma sah das schöne, brave Mädchen mitleidig an, faßte sie bei beiden Händen und sagte:

„Nein, nein! Das sollen Sie nicht! Das dürfen Sie nicht!"

„Ganz gewiß nicht!" stimmte Richardt bei. „Wir werden dieses Geld keineswegs annehmen. Wir werden es vielmehr an sicherer Stelle deponiren. Jetzt sind wir in Anspruch genommen; wir haben keine Zeit zu ruhiger, unparteiischer Prüfung. Ist der Krieg vorüber, so werden wir sehen, ob das Geld uns wirklich gehört und wieviel wir davon beanspruchen können. Sind Sie damit einverstanden?"

„Nein. Es gehört ganz Ihnen."

„Das wird ja eben zu prüfen sein. Bis dahin aber ist es Ihr rechtmäßiges Eigenthum, und da Sie es nicht behalten wollen, so müssen wir es eben deponiren. Großvater, Vater, ist das nicht auch Eure Meinung?"

„Ja, ganz und gar!" lautete die Antwort.

„Ich darf Ihnen nicht widersprechen," sagte sie. „Aber ich darf Ihnen sagen, daß ich getröstet von Ihnen gehe. Sie haben mir und dem Vater verziehen."

Sie stand auf. Emma hielt sie fest.

„Gehen Sie noch nicht!" sagte sie. „Sie sind ohne Mittel. Wohin wollen Sie sich wenden?"

„Ich werde im ersten besten Kloster, welches am Wege liegt, Aufnahme finden."

„Was und wie denken Sie von uns! Haben Sie Verwandte oder Freunde in Paris?"

„Keinen Menschen. Ich habe sehr einsam gelebt."

„Sie würden die Hauptstadt auch nicht mehr erreichen. Nein. Ich mache Ihnen einen Vorschlag. Bleiben Sie hier bei uns! Betheiligen Sie sich an unserm gegenwärtigen Berufe. Wir gehören zur Krankenpflege. Dieses fromme, schöne Werk wird Ihr Herz beruhigen und Ihr Gemüth entlasten."

„Ja, thun Sie das!" stimmte Richardt bei. „Es ist das Beste, was Sie thun können."

Da leuchteten ihre Augen freudig auf, und sie fragte:

„Wird man es mir denn erlauben? Wird man mich auch wirklich annehmen?"

„Ganz gewiß, Mademoiselle. Sie bleiben bei meiner Schwester und bei ihren Freundinnen, welche sich auch hier befinden. Ist dann der Krieg zu Ende, so werden Sie ja wohl eine Heimath finden, welche nicht hinter finstern Mauern liegt. Die Ereignisse der letzten Zeit haben Ihr Gemüth umdüstert. Es werden auch wieder helle Tage kommen, und dann werden Sie sich freuen, unserm Rathe gefolgt zu sein."

„O mein Gott! Ich habe nicht erwartet, eine solche Freundlichkeit bei denen zu finden, an welchen unsererseits so schwer gesündigt worden ist. Nehmen Sie meinen Dank, meinen herzlichsten und innigsten Dank!"

Kaum getraute sie sich, Emma die Hand entgegen zu strecken. Diese aber drückte ihr dieselbe mit freundlicher Bereitwilligkeit, und auch die drei Männer bekräftigten durch einen Druck ihrer Hände, daß in ihrem Herzen die Versöhnung wohne. —

Bereits heut, noch mehr aber am nächsten Tage konnte Agnes sich ihrem neuen, schwierigen Berufe widmen, denn das war der Tag der Schlacht von Gravelotte-Saint Privat.

Eisern fielen wieder die Würfel, und sie fielen zum Vortheile der Deutschen. In blutigem Ringen wurden Bazaines Heersäulen zurückgedrängt bis unter die Kanonen von Metz und dort vollständig eingeschlossen. Im Voraus sei bemerkt, daß ein am ersten September unternommener Durchbruchsversuch vom ersten preußischen Armeecorps und der Division Kummer unter General von Manteuffel in der Schlacht von Noisseville zurückgeschlagen wurde. Dann fanden nur noch kleinere Gefechte statt, bis Metz capitulirte.

Das Ergebniß dieser Capitulation war ein noch nie dagewesenes. Drei Marschälle, fünfzig Generäle, sechstausend Offiziere, hundertdreiundfünfzigtausend Mann und zwanzigtausend in den Lazarethen befindliche Militairpersonen mußten sich den Deutschen ergeben. In der Festung wurden vorgefunden: dreiundfünfzig Adler, sechsundsechzig Mitrailleusen, fünfhunderteinundvierzig Feld- und achthundert Festungsgeschütze, Material für fünfundachtzig Feldbatterien, zweitausend Militairfahrzeuge, dreimalhunderttausend Infanteriegewehre und große Vorräthe an Ausrüstung, Munition und Bekleidung.

Vor dieser Capitulation aber war bereits eine andere Festung gefallen; Sedan nämlich.

Während der blutigen Schlachten vor Metz hatte Mac Mahon sich mit seinem bei Wörth geschlagenen Corps und demjenigen de Failly's sich nach Chalons zurückgezogen, wo eigentlich seine Vereinigung mit Bazaine erfolgen sollte. Da dieser Letztere aber bei Metz zurückgehalten wurde, so sollte Mac Mahon, wie bereits erwähnt, sich mit ihm durch einen über Sedan und Thionville gehenden Flankenmarsch vereinigen.

Dieser Plan war kühn, und bei nur einiger Versäumniß deutscher Seits war zu erwarten, daß er gelingen werde. Gelang er aber nicht, so stand nicht nur eine schwere Niederlage, sondern wohl gar eine völlige Vernichtung der Armee Mac Mahons zu erwarten.

Nach der Schlacht von Gravelotte-Saint Privat waren von der ersten deutschen Armee das Garde-, vierte und zwölfte (sächsische) Armeecorps abgezweigt und zu einer vierten deutschen Armee vereinigt worden, über welche der Kronprinz von Sachsen den Oberbefehl erhielt.

Diese hatte dieselbe Bestimmung wie die vom Kronprinzen von Preußen befehligte dritte Armee, über Verdun auf Chalons und auf der Straße von Nancy nach Toul zu gehen.

Eigentlich wäre bei Chalons eine Schlacht zu erwarten gewesen, zumal das bei Grand Mourmebon, etwa zwei Meilen von dieser Stadt gelegene stehende Lager außerordentlich befestigt sein sollte. Als aber die Führer der beiden genannten deutschen Armeen bemerkten, daß die direct nach Paris führende Straße preisgegeben worden sei, wurden sofort Recognitionen eingeleitet. Diese ergaben, daß Mac Mahon eine Marschrichtung ungefähr auf Stenay und Le Chene genommen habe. Er wollte also die Absicht ausführen, welche er in dem aufgefangenen Briefe ausgesprochen hatte.

Natürlich wurde den beiden deutschen Armeen sofort eine Direction gegeben, welche es ermöglichte, die von dem Feinde in's Auge genommenen Marschpunkte noch vor ihm zu erreichen.

Dieser rasche Entschluß und die ohne irgend eine Verwirrung oder den geringsten Verzug bewirkte Ausführung desselben müssen als eine der bewundernswertheste Leistung der deutschen Truppen und ihrer Heeresleitung betrachtet werden. Die Verwirklichung des feindlichen Planes konnte damit als vereitelt gelten.

Bereits am Abende des 31. August hielten die Deutschen den Feind in einem weiten Halbkreise umspannt, und es war nur noch nöthig, diesen Kreis in seinem Rücken zu schließen, so war er verloren, denn er konnte dann nicht auf das neutrale belgische Gebiet, um sich zu retten, übertreten.

Aus diesem Grunde erhielt das sächsische Corps seine Stellung in Pouru Saint Remy und Pouru aux Bois, dem Feinde zunächst. Das vierte preußische Corps war zur Unterstützung bestimmt, und das Gardecorps erhielt die Aufgabe, sich hinter diesen beiden Heerestheilen gegen Norden hinaufzuziehen, um die von Sedan über La Chapelle zur belgischen Grenze führende Hauptstraße zu besetzen.

Am Morgen des ersten Septembers verhüllte ein dichter Nebel jede Fernsicht und breitete über die Niederung der

Maas und ihre Seitenthäler einen undurchdringlichen Schleier. Dennoch zögerte man nicht die Schlacht zu beginnen.

Nun kam es, wie der Dichter sagt:

"Nun gilt's ein Ringen um den höchsten Preis,
Ein heißes Wogen und ein heißes Wagen,
Und manch' ein Herze schwitzt purpurnen Schweiß
Und schlägt nur, um zum letzten Mal zu schlagen."

Und auch hier wieder fielen die Würfel zu Gunsten der Deutschen. Der von ihnen um Sedan gebildete, erst nach Norden zu offene Ring wurde geschlossen. Zusammengehauen und zusammengeschossen, wurde die französische Armee am Nachmittage nach vergeblichem Ringen von einer wahren Panik ergriffen. Zu Tausenden ließen sich die an jeder Rettung verzweifelten Franzosen gefangen nehmen, und in wahnsinniger Flucht strebten ihre aufgelösten Haufen Sedan zu erreichen, wohin sämmtliche Trümmer der geschlagenen Armeecorps zurückgeworfen wurden.

Gleich am Beginn der Schlacht war Mac Mahon verwundet worden. Sein Nachfolger hatte nicht vermocht, das Glück an seine Fahnen zu fesseln.

Nur in Daigny und Balan hatten sich zwei Corps lange Zeit behauptet, doch ein concentrischer Vorstoß der hier kämpfenden Deutschen entschied auch hier. Von den tapferen Sachsen in der Front durchbrochen und von den preußischen Garden und dem vierten Armeecorps an beiden Flanken umfaßt, sahen sich die Franzosen mit unwiderstehlicher Gewalt nach Sedan hineingeworfen.

Zu diesem Schlage waren die preußischen Garden über das Bois de Garenne und durch das Thal der Givonne vorgerückt. Bei ihnen stand Königsau, welcher, da der Oberst und der Oberstwachtmeister verwundet waren, sein Regiment befehligte.

Kurz vor dem letzten, entscheidenden Stoße, als die Franzosen einen wahrhaft verzweifelten Widerstand leisteten, war es eine ihrer Batterien, welche mit ihrem wohlgezielten Eisenhagel die Glieder der Deutschen förmlich niedermähte. Es war ihr mit Artillerie nicht beizukommen; sie wurde von zwei Bataillonen Infanterie gedeckt und hatte im Rücken ein Bataillon Zouaven. Die deutschen Infanteriekörper waren an dieser Stelle engagirt, und so erhielt das Gardeulanenregiment den Auftrag, die Batterie zum Schweigen zu bringen.

Königsau ließ zur Attaque blasen. Er sah, daß er buchstäblich einen Todesritt vor sich habe. Er gab mit dem gezogenen Degen das Zeichen, und das Regiment setzte sich in Bewegung.

Erst im Schritt, dann Trab, nachher Galopp und endlich Carrière donnerte es gegen den Feind. Eine fürchterliche Salve riß tiefe und weite Lücken, welche sich aber augenblicklich wieder schlossen. Wie ein Hagelsturm krachten die Ulanen in die zwei Bataillone, welche sich schnell zu einem defensiven Körper vereinigt hatten. Ein fürchterliches Gewirr, aber kaum nur einige Minuten andauernd, und die Bataillone waren zusammengeritten.

Dann ging es, allerdings sehr gelichtet, auf die Batterie los. Im Nu war sie genommen. Aber da avancirte das hinter ihr stehende Zouavenbataillon.

"Drauf und durch!" rief Königsau.

Die Seinen flogen hinter ihm her. Der Feind ließ sie nahe herankommen und dann gab er Feuer. Königsau erhielt eine Kugel in den linken Arm; er bemerkte es gar nicht. Er flog mit einem gewaltigen Satze seines Pferdes in die Reihen der Franzosen, ohne sich umzublicken, ob die Seinen ihm auch folgten.

Aber sie waren da, die Tapferen, hart hinter ihm, neben ihm aber Fritz, der treue, todtesmuthige Freund.

Die Schwerter und Lanzen fraßen wie blutgierige Heuschrecken. Die Zouaven waren aufgelöst, aber sie vertheidigten sich, sie flohen nicht.

Der Kampf löste sich zu Einzelgefechten auf.

Vor Allen machte sich ein Capitän durch fast wunderbare Tapferkeit bemerkbar. Wer ihm zu nahe kam, mußte sterben. Sein Gesicht war von Pulver geschwärzt, seine Züge konnte man kaum erkennen.

"Verdammter Kerl!" rief Fritz. "Dich kaufe ich mir!"

Er spornte sein Pferd auf ihn zu; er erreichte ihn und holte zum tödlichen Hiebe aus; aber der Capitän war auf seiner Hut und parirte. Sein Hieb traf Fritz in die Seite, doch glücklicher Weise nicht gefährlich.

Königsau war dem Freunde gefolgt. Er sah ihn in Gefahr; er sah aber auch, daß er dem Franzosen gewachsen sei. Jetzt befand er sich ganz nahe bei ihm, so daß er das Gesicht des Franzosen erkennen konnte. Eben holte Fritz aus; der Capitän hatte sich eine Blöße gegeben, welche der Ulane augenblicklich benutzte. Der Hieb mußte tödlich sein.

"Um Gotteswillen!" schrie Königsau. "Fritz, es ist ja Dein Bruder!"

Er schlug ihm den Degen auf die Seite, aber doch nicht so weit, daß er sein Ziel nicht zu erreichen vermocht hätte; sie fuhr dem Franzosen in die Achsel.

Dieser ließ sich dadurch keineswegs stören und holte nun seinerseits zum Stoße aus. Er mußte treffen, denn Fritz hatte den Säbel sinken lassen und starrte dem Gegner in das Gesicht.

"Halt!" schrie Königsau. "Graf Lemarch, tödten Sie Ihren Bruder nicht!"

Jetzt gelang es ihm, den Stoß mit seinem Degen zu pariren.

"Mein Bruder?" stammelte Lemarch.

"Ja," bestätigte Königsau.

"Herr Haller!" rief Fritz. "Tausend Donner! Haben Sie einen Löwenzahn?"

"Ja."

"Herr, mein Gott! Bruder, Du bist ein Deutscher! Unser Vater ist ein preußischer General. Komm an mein Herz!"

Er stürzte sich, gar nicht auf das Kampfgewühl achtend, vom Pferde und zog ihn an seine Brust.

Königsau hatte sich sofort wieder abgewendet. Die Zouaven hatten doch nicht zu widerstehen vermocht und liefen in hellen Haufen davon. Die Ulanen verfolgten sie, konnten dabei aber in das Feuer einer rückwärts stehenden feindlichen Batterie kommen. Darum ließ Königsau zum Sammeln blasen.

Das Regiment hatte seine Aufgabe glänzend gelöst. Es hatte drei Bataillone niedergeritten und eine Batterie genommen; aber es hatte auch fast den vierten Theil seiner Mannschaft verloren.

Während sich seine Glieder wieder vereinten, hielt Fritz den Capitän bei der Hand gefaßt.

„Bruder, Du mußt mit mir!" sagte er.

„Ich kann nicht."

„Warum nicht?"

„Meine Pflicht!"

„Pah, Pflicht! Du bist ein Deutscher!"

„Noch nicht. Noch bin ich französischer Offizier!"

„Und Du denkst wirklich, daß ich Dich fortlasse?"

„Du mußt! Noch habe ich meinen Säbel!"

„Unsinn! Siehe Dich um! Dort laufen Deine Zuaven. Du bist mein Gefangener. Wenn Du Dich nicht ergiebst, haue ich Dich ohne Gnade und Barmherzigkeit nieder. Du bist ja von uns vollständig umschlossen!"

Der Capitän blickte sich um und sah, daß Fritz recht hatte. Dieser aber fügte noch hinzu:

„Uebrigens bist Du verwundet — von Deinem eigenen Bruder!"

„Du auch!"

„So lassen wir uns verbinden."

„Wo?"

„Da unten im Thale. Ich lasse mich von Nanon verbinden und Du — na, rathe!"

„Von wem?"

„Von einer gewissen Madelon."

„Mille Diables! Ist sie hier?"

„Ja."

„Krankenpflegerin?"

„Versteht sich."

„Bruder, hättest Du doch ein bischen tiefer gehauen!"

„Und Du noch ein bischen tiefer gestochen. Dann legten wir uns neben einander, und die beiden Schwestern müßten uns pflegen nach Noten. Na, ergiebst Du Dich?"

„Ja; hier ist mein Degen."

„Unsinn! Du giebst mir Dein Ehrenwort, daß Du nie wieder gegen Deutsche fechten willst."

„Ich gebe es."

„So behalte den Säbel. Dort läuft ein lediger Gaul. Ich will ihn holen, damit Du aufsteigen kannst!"

Das Regiment kehrte zurück, Königsau, Fritz und der gefangene Capitän an der Spitze. Der General kam ihnen entgegengesprengt und reichte dem Ersteren die Hand.

„Bravo, Herr Oberstwachtmeister! Das war Hilfe in der Noth, und welche Hilfe! Man wird es nicht vergessen."

Er ließ ein Regiment Infanterie vorgehen, um das eroberte Terrain zu besetzen und gab den Ulanen den Befehl, sich aus dem Feuer zurückzuziehen.

Sie konnten dies, ohne ihre Ehre zu verletzen. Die Schlacht war gewonnen, und der Widerstand des Feindes vollständig gebrochen.

Die Sonne neigte sich zum Untergange und beleuchtete die Höhenzüge, um deren Besitz so blutig gerungen worden war. Die Aufmerksamkeit der Sieger hatte sich jetzt ausschließlich nur auf die Festung gerichtet. Man zögerte dort, die weiße Fahne aufzupflanzen. Der König hatte einen Generaladjutanten mit der Aufforderung zur Uebergabe abgesandt.

Man vernahm ein dumpfes Getöse und den Knall einzelner Schüsse. Der König war, um die Lage besser beurtheilen zu können, bis zu der auf der Höhe von Saint Pierre aufgefahrenen großen Batterie geritten. Dorthin sendeten die Sieger alle heute dem Feinde entrissenen Feld- und Siegeszeichen.

Endlich, gegen sechs Uhr sprengten einige Reiter der Höhe zu, auf welcher der König mit dem Stabe hielt. Es war der nach der Festung gesendete Generaladjutant, in dessen Begleitung sich General Reilly befand, der erste persönliche Adjutant des Kaisers Napoleon.

Dieser General händigte dem Könige ein Schreiben ein. Der Kaiser bat in demselben um die Erlaubniß, seinem Besieger, dem Oberfeldherrn der verbündeten Armeen, König Wilhelm, seinen Degen zu Füßen legen zu dürfen.

Man hatte keine Ahnung gehabt, daß Napoleon in Sedan anwesend sei. Der König theilte diese Kunde dem Kreise seiner Heeresführer mit; sie pflanzte sich in weiteren und immer weiteren Kreisen fort. Ein Taumel des Entzückens schien die um die Festung postirten Hunderttausende zu ergreifen. Die Trommeln wirbelten, und die Trompeten schmetterten. Da aber erscholl es von Höhe zu Höhe:

„Herr Gott, Dich loben wir! Herr Gott, Dir danken wir!"

Die Nacht sank hernieder, und welch' eine Nacht! Was Frankreich seit Jahrhunderten an Deutschland verschuldet hatte, mit dieser ewig denkwürdigen Nacht vor Sedan war die Vergeltung gekommen.

Noch um Mitternacht wurde zwischen Moltke und dem General Wimpffen, welcher an Mac Mahons Stelle heute das Obercommando geführt hatte, die Capitulation abgeschlossen. Am nächsten Morgen fand eine Unterredung zwischen Bismarck und Napoleon statt, nach welcher der Letztere die Erlaubniß erhielt, vor König Wilhelm zu erscheinen. Janos an Benedetti telegraphirte „Brusquez le roi" hatte sich schnell gerächt.

Um die Mittagszeit streckten die Franzosen das Gewehr.

Gegen neunzigtausend Mann mußten sich gefangen geben. Dreihundertdreißig Kanonen, sechsundsiebzig Mitrailleusen und hundertvierunddreißig Festungsgeschütze wurden erbeutet. Acht Adler und fünfzig Geschütze waren bereits während der Schlacht dem Feinde abgenommen worden. Außerdem betrug der Verlust der Franzosen an Todten und Verwundeten gegen zwanzigtausend Mann — eine fürchterliche Lehre, die sie erhalten hatten! Ob sie dieselbe beherzigen werden? —

Als Königsau sich mit seinem siegreichen Regimente zurückgezogen hatte, gab er das Commando für kurze Zeit ab, um nach der Ambulance zu reiten. Man brachte von allen Seiten Verwundete herbei.

Ein alter Herr, mit dem Genfer Zeichen am Arme, schleppte einen Schwerverwundeten zum Arzte. Er mußte an den Dreien vorüber. Er erblickte sie. Er sah den Franzosen und rief erstaunt:

„Herr Haller!"

„Herr Untersberg!" antwortete dieser. „Sie hier, Sie? Haben Sie sich entschließen können, Ihre Colibris zu verlassen?"

„O, zwei habe ich mit!"

„Wo?"

„Sie sind da drinnen." Dabei deutete er auf das Zelt. „Sehen Sie, da kommt der Eine."

Madelon war am Eingange erschienen. Sie erblickte die Drei und rief, genau wie ihr Vater:

„Herr Haller!"

„Ah, Mademoiselle Madelon, wer hätte denken können, Sie hier zu treffen! Sie wagen sich in so gefährliche Nähe des Todes?"

Da sagte Königsau:

„Bitte, keine Verwechselung, meine Herrschaften! Dieser Herr heißt nicht Heller, sondern von Goldberg; er ist der Bruder unseres Herrn Lieutenant von Goldberg. Nun aber und vor allen Dingen wollen wir einmal nach unseren Wunden sehen."

Diese zeigten sich glücklicher Weise bei allen Dreien als nicht gefährlich. Sie wurden verbunden und zogen sich dann zurück, da die Sanitäter zu sehr in Anspruch genommen waren.

Als dann später die Kunde verlautete, daß der Kaiser gefangen genommen worden sei, hielt Königsau vor seinem Regimente in der Nähe von Daigny. Sie stimmten Alle in das „Herr Gott, Dich loben wir" mit ein.

Da kam ein Bataillon Infanterie vorübermarschirt. Es waren Gardemänner, hohe, breitschulterige Gestalten. Daher stach ein kleiner Kerl gegen sie ab, welcher an der Flanke marschirte. Er war außerordentlich dick, trug die Zeichen eines Feldwebels von der Linie und hatte, anstatt Pickelhaube oder Mütze zu tragen, seinen Kopf mit einem rothen Taschentuch umwickelt.

Er war blessirt, brüllte aber mit weit geöffnetem Munde den Lobgesang mit.

Die Begeisterung, mit welcher er dies that und der Contrast seiner kugeligen Figur mit den andern Gestalten riefen bei den Ulanen ein lustiges Lachen hervor! Er bemerkte es, blieb einen Augenblick stehen und trat dann schnell näher.

„Mensch!" sagte er zum Flügelmann. „Was lachst Du denn? Bin ich Dir etwa zu dick?"

„Ja."

„Gut! Und Du bist mir zu dumm! Guten Abend!"

Er marschirte weiter und mußte an Königsau vorüber. Diesen erblicken und sofort halten bleiben, war Eins.

„Donnerwetter! Herr Doctor Mül —— O, Pardon! Wollte sagen, Herr Oberstwachtmeister von Königsau!"

„Feldwebel Schneffke!" rief der Genannte, der den Kleinen erst jetzt erkannte.

„Zu Befehl! Hieronymus Aurelius Schneffke, Kunst- und Thiermaler außer Dienst."

„Was haben Sie denn am Kopfe?"

„Hm! Bin an eine vorüberfliegende Kanonenkugel gerannt!"

„Ich dachte, Sie wären gefallen."

„Heute nicht. Im Dienste überhaupt nicht. Ah, wer ist denn das? Sapperlot, Herr Haller aus dem Tharandter Walde? J, grüß Sie doch der liebe Gott, alter Schwede! Aber, französische Uniform? Capitain!"

„Ja, Sie sehen, wie man sich irren kann," sagte Königsau. „Aber, bester Feldwebel, wie kommt denn eigentlich Saul unter die Propheten?"

„Sie meinen, der Dicke unter die Langen?

Ja."

„Ich hatte Briefschaften zu überbringen, und da hier der Krakehl kein Ende nehmen wollte, so habe ich tüchtig mit zugehauen. Es ist deshalb so rasch alle geworden."

„Schön, schön! Ich habe seit Malineau keine Nachricht empfangen können. Wie ging es dort?"

„Wir nahmen drei Viertel der Spahis gefangen; die Anderen mußten dran glauben. Herr Rittmeister von Hohenthal ritt mit seinen Husaren ab. Er liegt jetzt mit vor Metz. Vielleicht erstürmt er es, wenn es sich nicht freiwillig ergiebt."

„Und die Damen des Schlosses?"

„Sie befanden sich sehr wohl, als wir drei Tage später abgelöst wurden und abziehen mußten."

„Danke! Wann gehen Sie zurück?"

„Morgen."

„Begeben Sie sich nach der Ambulance da unten, um sich verbinden zu lassen. Sie werden Bekannte treffen."

Der Dicke salutirte und setzte dann seinen Marsch fort, jetzt nun freilich allein. —

Am Abende gab es ein entsetzliches Gedränge in der Festung. Auf den Straßen fand sich kaum Platz, daß sich Einer an dem Andern vorüberdrängen konnte. Militair und nur wieder Militair! Civilisten waren kaum zu sehen.

Daher kam es wohl, daß ein bürgerlich gekleideter Mann, welcher langsam hart an einer Häuserreihe hinstrich, sich einen Begegnenden, welcher auch Civil trug, etwas genauer anblickte, als er es sonst wohl gethan hätte. Sie waren schon an einander vorüber, so blieb er halten, wandte sich um und sagte:

„Pst, Sie da! Warten Sie einmal!"

Der Angeredete blieb stehen und ließ den Andern herankommen. Dann fragte er:

„Was wollen Sie?"

„Kennen wir uns nicht?"

„Hm! Wüßte nicht!"

„O doch! Nur ist es Ihnen vielleicht nicht lieb, wenn Ihr Name genannt wird."

„Warum nicht?"

„Aus gewissen Gründen."

„Die möchte ich doch kennen lernen!"

„Sie können sie erfahren."

Er bückte sich zu dem Andern, welcher Etwas kleiner war, nieder und flüsterte ihm in's Ohr:

„Vater Main."

„Donnerwetter!" entfuhr es diesem.

„Habe ich Recht?"

„Nein. So ist mein Name nicht."

„Papperlapapp! Ich kenne Sie. Fürchten Sie sich nicht. Sehen Sie einmal her!"

Er schlug die Hutkrämpe, welche den obern Theil seines Gesichtes verdeckt hatte, empor, so daß der Schein einer Laterne auf Stirn und Nase fiel.

„Wetter noch ein Mal!" sagte Vater Main.

„Nun, kennen Sie mich?"

„Natürlich, Herr Capitain "

„Was treiben Sie hier?"

„Hm! Was treiben Sie denn hier?"

„Auch ‚hm!' Haben Sie Obdach?"

„Nein."

„Kommen Sie mit mir!"

„Wohin?" fragte Main ein Wenig argwöhnisch.

„Fürchten Sie sich nicht. Ich will Ihr Unglück nicht. Ich wohne bei einem Offizier der bisherigen Garnison."

„Bin ich dort sicher?"

„So gut wie ich."

„O weh! Sicher sind Sie doch nur bis morgen."

„Leider! Doch vorwärts jetzt!"

Sie wanderten mit einander weiter. Der alte Capitain führte den einstigen Wirth in ein nicht sehr großes Haus, in den Hof desselben und dirigirte ihn dann eine steile, schmale, hölzerne Treppe empor.

„Wohin geht das denn?" fragte Vater Main. „Etwa gar in den Taubenschlag?"

„Nein, es ist nur die Holzkammer. Da; bleiben Sie stehen, bis ich angebrannt habe."

„Das Holz?"

„Unsinn! Das Licht, damit Sie sehen können."

Bald leuchtete ein Flämmchen auf, bei dessem Scheine Main sehen konnte, daß er sich in einem mit Brettern verschlagenen, kleinen Raume befand, dessen vier Wände von hohen Lagen gespaltenen Brennholzes verdeckt waren. In der Mitte stand ein Schemel, und in der einen Ecke lag eine wollene Pferdedecke.

„So!" sagte der Alte. „Haben Sie sich jetzt orientirt?"

„Ja. Man braucht nicht lange Zeit. Die Bude ist klein genug."

„So wollen wir wieder auslöschen. Setzen Sie sich auf den Schemel. Ich lege mich auf die Decke. Haben Sie etwa Hunger?"

„Mehr als genug."

„Nun, ich habe da zwischen dem Holze etwas Fleisch und Brod stecken. Das wird für Beide zureichen."

Er zog seinen kleinen Vorrath hervor, theilte ihn, gab Vater Main die Hälfte und sagte dann:

„Ein eigenthümliches Zusammentreffen. Ich glaubte gehört zu haben, daß Sie in Metz gefangen sind?"

„Ich war es."

„Also entflohen?"

„Nein. Es galt Briefschaften herauszuschaffen, durch den Kreis der Belagerer. Das ist lebensgefährlich. Man ließ mich frei mit der Bedingung, diese Briefe zu besorgen."

„Und Sie haben es fertig gebracht?"

„Nur halb."

„Wieso?"

„Die Briefe bekamen die Deutschen; ich aber entkam ihnen."

„Sapperment! Wie ist das möglich?"

„Man rannte mir nach, als man mich bemerkt hatte. Ich warf einen Brief nach dem andern von mir. Während sie hinter mir die Schreibereien auflasen, erreichte ich den Wald."

„Und dann?"

„Dann, verdammte Geschichte! Ihnen kann ich es ja sagen: Ich bin vogelfrei. Da traf ich einen Bauern, welcher Spannfuhre hatte thun müssen. Ich bemächtigte mich seines Fuhrwerks und seiner Legitimation und setzte mich auf seinen Wagen. So kam ich in die Nähe von Stonne. Da kamen die verdammten Soldaten und zwangen mich, sie zu fahren, während ich nebenher laufen mußte."

„Wo wollten Sie hin?"

„Hier ganz in die Nähe, nämlich nach Daigny. Da habe ich einen nahen Verwandten, der mir Verschiedenes zu verdanken hat und mir sicher durchgeholfen hätte."

„Paßte denn die Legitimation zu dieser Tour?"

„Wunderbar gut. Der Bauer war nämlich aus der Gegend von Mezieres; ich mußte also über Sedan, wenn ich dahin wollte."

„Sapperment! Das könnte passen!"

„Was? Wie?"

„Sagen Sie mir vorher, was aus dem Bauer geworden ist, dem Sie das Fuhrwerk abgenommen haben."

„Ich weiß nicht. Ich glaube, er lebt nicht mehr."

„Ach so! Ja, ich kenne Vater Main. Wissen Sie, als Sie in Ihrer Wirthschaft in Paris den Werber für mich machten, hätten wir nicht gedacht, welch' elenden Anfang dieser Krieg nehmen würde."

„Anfang?"

„Ja doch."

„Ich denke, daß es das Ende ist!"

„Glauben Sie dies ja nicht. Es ist ein Zusammentreffen verschiedener unglücklicher Umstände, welches diese Deutschen bisher begünstigt hat. Aber Frankreich besitzt unerschöpfliche Hilfsquellen. Das Unglück wird uns stark und einig machen und uns zum endlichen Siege führen."

„Davon habe ich nichts."

„Sie als Franzose!"

„Ja doch! Ich bin gar nichts mehr, also auch kein Franzose. Ein Jeder kann mich todtschlagen. Ich will zu meinem Verwandten; der muß Geld schaffen, damit ich nach Amerika oder nach Australien kann."

„Sind Sie denn ganz mittellos?"

„Hm! Ich hatte Geld, da drüben in Algier; aber die Polizei hatte entdeckt, welche Banknotennummern es waren."

„Sie hatten also einen Geniestreich ausgeführt?"

„Ja. Er war so prächtig gelungen. Aber, der Teufel hole das Genie. Glück ist die Hauptsache."

„Nun, vielleicht. Sie sind ja reich."

Der Capitän hielt es nicht für gerathen, zu sagen, daß er jetzt selbst blutarm sei. Er antwortete:

„Gewiß. Aber was nützt mir das Geld, wenn man mir an den Kragen geht!"

„An den Kragen?"

„Ja. Wenn mich morgen die Deutschen erwischen, bin ich verloren. Sie haben Ursache dazu."

„Das ist dumm!"

„Freilich, freilich Wie nun, wenn wir uns gegenseitig unterstützten, Vater Main?"

„Wie sollte das geschehen?"

„Sie bringen mich aus der Stadt, und ich sorge für Geld."

„Das Letztere wäre mir schon recht, wenn nur auch das Erstere ermöglicht werden könnte."

„Sehr leicht."

„Auf welche Weise?"

„Haben Sie Ihr Fuhrwerk noch?"

„Das ist zum Teufel! Alles caput geschossen."

„Aber die Legitimation haben Sie noch?"

„Ja, hier in der Tasche."

„So wird man Sie ja doch passiren lassen."

„Meinen Sie?"

„Gewiß. Und weil Sie sich ausweisen können, ist es Ihnen ja sehr leicht, mich zu legitimiren."

„Auf diese Art und Weise! Sie sind aus meinem Dorfe und haben mit Pferd und Wagen dem Heere folgen müssen gerade ebenso wie ich. Sie haben dabei Alles verloren, mehr noch als ich, nämlich die Legitimation."

„So meine ich es."

„Wir können es versuchen. Aber, Sie haben doch Connexionen im Kreise der Offiziere!"

„O, selbst ein Marschall könnte mich nicht retten, wenn die Deutschen einmal erfahren, wer ich bin."

„So möchte ich fragen, wie Sie hier nach Sedan gekommen sind. Das ist ja gefährlich."

„Wer konnte dies ahnen? Wer wußte, daß die Deutschen an allen Stellen siegen würden? Ich hatte einen Brief Mac Mahons nach Metz zu bringen. Es gelang mir. Ich empfing Antwort und brachte sie dem Marschall, nachdem ich den Deutschen entkommen war. Sie hatten Metz noch nicht vollständig cernirt. Ich blieb bei der Armee, weil ich glaubte, daß wir die Deutschen schlagen würden. Nun stecke ich in der Mausefalle. Der Teufel hole Preußen!"

„Meinetwegen mag er die ganze Welt holen und mich mit. Zuvor aber will ich das Leben noch ein wenig genießen. Was fangen wir heute Abend an? Könnten wir nicht schon heute aus der Stadt kommen?"

„Unmöglich. Man läßt keine Maus hinaus."

„So müssen wir uns leider gedulden."

„Ja. Ich lege mich auf's Ohr und schlafe."

„Sind wir hier denn sicher?"

„Ganz und gar. Der Offizier, dem ich anvertraut worden bin, quartirt im Hause. Wir können ruhig schlafen."

„Auf bloßer Diele!"

„Wollen Sie Eiderdaunen haben? Wir müssen genügsam sein. Später wird es besser."

Sie hatten sich für heute nichts weiter zu sagen, da es Keinem einfiel, den Anderen zum Vertrauten seiner besonderen Erlebnisse zu machen. Darum streckten sie sich nieder und waren bald in Schlaf versunken.

Sie erwachten bereits am sehr frühen Morgen. Der ungeheure Lärm, den es auf den Straßen gab, machte es unmöglich, nicht wach zu werden. Sie begaben sich hinunter und hinaus auf die Gassen. Dort erfuhren sie, daß die Stadt noch vollständig eingeschlossen sei und vor Abschluß der Capitulation kein Mensch sie verlassen dürfe.

In Folge dessen zogen sie sich wieder in ihr Versteck zurück, wo der Alte mehr aus Langeweile als aus Aufrichtigkeit dem einstigen Restaurateur mittheilte, daß er freilich im Augenblicke nicht bei Mitteln sei, bald aber zu Geld gelangen könne, wenn es ihm nur gelinge, das Lager der Deutschen ungehindert zu passiren.

„Nun," sagte Vater Main, „wenn es auch Ihnen am Gelde fehlt, so wird mein Cousin welches schaffen müssen. Er soll es wieder erhalten."

Als sie gegen Mittag die Straße wieder betraten, erfuhren sie, daß die Capitulation abgeschlossen worden sei und daß man es Civilpersonen bereits erlaube, sich aus der Stadt zu entfernen.

Sie machten den Versuch und gelangten in das Freie, ohne daß sie gehindert worden wären. Nur draußen am Thore wurden sie von dem wachthabenden deutschen Offizier nach Namen und Stand gefragt, und als Vater Main seine Legitimation vorzeigte und dabei bemerkte, daß sein Begleiter ein Kamerad von ihm sei, der mit ihm nach der Heimath wolle, so wurde ihnen nichts in den Weg gelegt.

Sie passirten verschiedene Truppentheile und sahen alle die Spuren des gestrigen Kampfes. Sie erreichten nach kurzer Zeit Daigny, wo der Cousin Vater Mains sich vor einigen Jahren als Krämer niedergelassen hatte.

Main kannte das Haus, vor dessen Thür ein vielleicht fünfzehnjähriger Junge stand. Er sah sich die Beiden an, welche eintraten, ohne daß er ihnen ein Wort sagte.

Sie öffneten die Thür zur Wohnstube, fuhren jedoch erschrocken zurück. Der Raum war voller Verwundeter; er wurde als Lazareth benutzt.

Gerade jetzt trat aus der gegenüber liegenden Thür der Besitzer des Hauses. Er sah seinen Verwandten und erschrak.

„Himmel! Du bist hier!" stieß er hervor.

„Ja. Bin ich Dir unwillkommen?"

„Nein. Aber, hat man Dich gesehen?"

„Die da drinnen."

„Du bist in diese Stube getreten?"

„Ja, weil es die Wohnstube ist."

„Was! Und dieser dumme Junge, dieser Nichtsnutz, steht hier an der Thür und sagt den Fremden, welche eintreten, nicht, daß da das Lazareth ist! Wie nun, wenn Jemand Dich erkannt hätte! Warte, Bursche! Hier!"

Er gab dem Knaben einige Ohrfeigen und führte dann die Beiden eine Treppe höher. Dort öffnete er eine Thür.

Das Haus hatte nur ein Stockwerk. Unten befand sich die Wohnstube und der Kramladen. Darüber lagen zwei einfache Kammern mit Bretterwänden. In die eine derselben brachte er sie.

„Hier wohne ich jetzt," sagte er. Dieser Krieg ist ein Unglück, aber er bringt mir Geld ein. Ich habe seit gestern früh fast alle meine Vorräthe verkauft. Es ist jammerschade, daß ich nicht mehr habe. Wer ist dieser Herr?"

„Ein Freund von mir. Der Name thut nichts."

„So kennt er Dich?"

„Natürlich."

„Auch Deine gegenwärtigen Verhältnisse?"

„Nicht genau. Er weiß nur, daß die Polizei die Patschhändchen nach mir ausstreckt!"

„Wie aber kannst Du Dich in diese Gegend wagen!"

„Ich bin überall gefährdet. Ich mußte zu Dir, weil ich Geld brauche, ohne welches ich nicht weiter kann."

„Du sollst haben, was ich entbehren kann. Wohin willst Du Dich wenden?"

„Nach Amerika."

„Hm! Hast Du Legitimation?"

„Hier mein Freund wird sorgen — Donner und Doria! Da kommen Drei auf Dein Haus zu!"

Er hatte durch das Dachfensterchen geblickt. Sein Cousin warf auch einen Blick hinaus und sagte:

„Meine Einquartierung."

„Alle Teufel! Sie wohnen bei Dir?"

„Ja. Es ist ein Major von den Ulanen. Diese

Herren sind auch froh, wenn sie unter Dach und Fach sind. Die Zimmer werden als Lazarethe benutzt, darum nehmen die Offiziers die Kammern."

Auch der Kapitän war an's Fenster getreten. Er erbleichte.

„Kommen diese Männer hierher?"

„Ja. Sie kommen hier herauf. Sie logieren drüben in der anderen Kammer."

„Alle Wetter! Sie dürfen uns nicht sehen. Was ist zu thun?"

„Sind es Bekannte von Ihnen?" fragte Vater Main.

„Freilich, freilich!"

„Pfui Teufel!" sagte der Krämer. „Sie treten auch in diese Kammer, wenn Sie mich suchen."

„Und hinunter können wir nicht, denn sie sind nur noch wenige Schritte entfernt. Ein Versteck, ein Versteck! Giebt es denn keins hier oben?"

„Einen ganz engen Raum oben unter der Dachfirste."

„Dann schnell da hinauf!"

Es geht weder Leiter noch Treppe hinauf. Turnen Sie sich da an den Balken in die Höhe."

Die beiden Flüchtlinge kletterten bis zu dem engen, schmalen Hahnebalkenboden empor und krochen so weit wie es möglich war, hinein. Sie hatten sich kaum in Sicherheit gebracht, so kamen die drei Männer zur Treppe herauf. Es waren die drei Königsau, Enkel, Vater und Großvater.

Der Erstere trat in die Kammer des Wirthes und fragte:

„Hat Jemand nach mir begehrt?"

„Nein, Herr Major."

„Schön! Gehen Sie hinab. Sorgen Sie dafür, daß Niemand nach hier oben kommt. Bei diesen Bretterwänden ist ja jedes gesprochene Wort für Jedermann hörbar."

Der Wirth gehorchte und stieg hinab. Richardt überzeugte sich, daß Niemand vorhanden war; dann traten sie in die gegenüberliegende Kammer, über welche die beiden Flüchtlinge steckten.

Diese Kammer enthielt drei Strohsäcke und einen Stuhl; das war das ganze Meublement. Es war eben Krieg. Ein Dachfensterchen erlaubte einen Blick in's Freie.

Der Großvater mußte auf dem Stuhle Platz nehmen; die beiden Anderen setzten sich auf die Strohsäcke.

„So," sagte der Major. Die Anstrengung ist für Großpapa zu viel. Gestern und diese ganze Nacht im Lazareth thätig gewesen. Du sollst hier nun einige Stunden schlafen."

„Ein Wenig ruhen, ja," sagte der alte Liebling Blüchers. „Schlafen aber kann ich nicht."

„Du mußt ja mehr als müde sein!"

„Nicht im Geringsten. Kinder, Ihr glaubt nicht, was mit mir vorgeht. Der Kanonendonner, der Hufschlag, das Kriegsleben hat in mir Erinnerungen geweckt, welche längst gestorben schienen. Ich befinde mich auf dem Schauplatze früherer Thaten."

Er trat an das Fensterchen, blickte hinaus und fuhr fort.

„Dort geht es nach Roncourt und Chene. Dort sang man als Erkennungszeichen die Arie Ma chéri est la belle Madeleine. Da drüben geht es nach dem Meierhofe Jeanette, wo ich den großen Napoleon belauschte, und da rechts führt die Straße nach Bouillon, wo ich damals — ah, die Kasse, die Kriegskasse!"

„Großpapa, schone Dich!" bat Richardt.

„Schonen? Schonen? Jetzt, wo es hell und licht wird? Nein, nein! Denken will ich; denken muß ich! O mein Gott, die Erinnerung kommt; die Erinnerung kommt!"

Er hielt sich an den Fensterbalken an und starrte hinaus. Seine Lippen zitterten; über sein altes, ehrwürdiges Gesicht ging ein wechselvolles Mienenspiel. Dabei fuhr er fort:

„Da gehts nach Bouillon. In der Schänke blieb ich über Nacht. Dann am Wasser entlang, bei den Bäumen links ab, an der Köhlerhütte vorüber nach der Schlucht. Dort erschlug der Capitain den Baron Reillac. Und da gruben wir — gruben wir — gruben wir die Kriegskasse wieder aus und — — und schafften sie — sie — sie — — schafften sie — — Herr, mein Heiland, ich hab's; ich hab's! So ist's gewesen. O Gott, o Gott! Endlich, endlich weiß ich Alles, was damals geschehen ist! Hört, hört! Ich muß es Euch erzählen!"

Und er erzählte es, Wort für Wort, wie es damals geschehen war. Er konnte sich auf jedes gesprochene Wörtchen, auf jeden Baum und jeden Strauch besinnen. Er beschrieb die Stelle, an welcher er die Kasse zum zweiten Male vergraben hatte, so genau, als wenn es erst gestern geschehen wäre. Dann fügte er hinzu:

„Wir müssen hin, unbedingt hin, heut oder morgen oder wenn es sei, aber bald, recht bald!"

„Welch' ein psychologisches Räthsel!" sagte Gebhardt von Königsau.

Aber sein Sohn winkte ihm Schweigen zu. Der Großvater fuhr fort:

„Nun möchte ich den Capitain haben! Ah, könnte ich doch mit ihm kämpfen, noch heut, noch heut! Kinder, ich weiß nicht, wie mir ist. Es strengt doch an. Laßt mich ruhen; ich will schlafen; ich will ausschlafen, und dann gehen wir nach der Kasse — der Kasse — — der Kasse!"

Er stand vom Stuhle auf und setzte sich auf einen der Strohsäcke. Sein Sohn wollte irgend welche Bemerkungen machen; aber Richardt sagte bittend:

„Laß ihn, Vater! Ja, er mag schlafen. Später werden wir ja weiter sprechen können."

Er nahm den Kopf des alten Mannes in den Arm und ließ ihn langsam nach hinten gleiten. Wunderbar! Es währte nicht eine Minute, so war Hugo von Königsau in einen Schlaf versunken, aus welchem ihn vielleicht kein Schuß zu erwecken vermocht hätte.

„Die Anstrengung des Gehirnes war zu groß," sagte sein Enkel. „Der Schlaf wird ihn stärken. Komm, Vater, gehen wir wieder. Wir könnten ihn stören."

„Seltsam! Seltsam!"

„Sogar unbegreiflich. Der fünfzig Jahre lang verlorene Zusammenhang ist plötzlich gefunden, einzig und allein durch den Anblick dieser Gegend. Komm! Wir werden bald wieder nach ihm sehen!"

Sie gingen.

Die beiden Männer über ihnen hatten jedes Wort verstanden; sie konnten sogar durch einige im Boden befindliche Ritzen herabblicken.

„Da waren Sie gemeint?" flüsterte jetzt Vater Main.

„Ja," antwortete der Capitain, welcher schnell berechnete, daß er ohne Hilfe nichts unternehmen könne.

„Diese Kriegskasse existirt wirklich?"

„Freilich! Es ist genau so, wie dieser alte Satan erzählte."

„Donnerwetter! Wollen wir sie holen?"

„Warum nicht? Aber es fehlt uns Eins dazu, was wir unumgänglich nöthig haben."

„Was?"

„Geld."

„Geld, wenn wir Geld holen?"

„Ja. Wir können von hier nicht mitnehmen, was wir brauchen: Wagen, Hacken, Schaufeln und Anderes."

„Mein Cousin mag Geld schaffen. Oder, noch besser, er soll mit. Drei sind besser als Zwei."

„Das ist sehr richtig. Aber wird er Zeit haben?"

Der alte Schlaukopf sagte sich im Stillen: Helfen mögen sie; dann schaffe ich sie auf die Seite.

„Er muß Zeit haben. Seine Frau mag während seiner Abwesenheit den Kramladen versorgen."

„Gut. Dann aber so bald wie möglich aufbrechen. Wir haben gehört, daß diese Menschen da unten hin wollen. Sie könnten uns zuvorkommen."

„Ich will den Cousin holen."

Er stieg leise hinab, und der Capitain folgte ihm, um in die Kammer zu treten. Vater Main brachte sehr bald den Wirth. Sie führten eine leise, eifrige Unterhaltung, welche allerdings gar nicht lange dauerte.

Während derselben kam leise, leise der Knabe, welcher vorhin geschlagen worden war, zur Treppe herauf geschlichen und lehnte den Kopf an die Bretterwand. Als er bemerkte, daß die Unterredung zu Ende sei, wollte er sich zurückziehen, stolperte aber im Eifer und fiel hin auf den Boden. Sofort wurde die Kammerthüre aufgerissen und der Wirth trat heraus.

„Bube, du hast gelauscht!" sagte er.

„Nein!" lautete die Antwort.

„Was willst Du hier?"

„Es sind Leute unten, die kaufen wollen. Ich kam, um Sie zu rufen und stolperte über die letzten Stufen."

„So bist Du gleich jetzt erst gekommen?"

„Gleich jetzt."

„Und hast nichts gehört?"

„Gar nichts."

„Hier, hast Du etwas für das Stolpern!"

Er gab ihm abermals einige Ohrfeigen und stieß ihn zur Treppe hinab. Der Knabe war ihm in die Lehre gegeben; er wurde brutal behandelt und haßte seinen Meister. Als dieser nach einiger Zeit mit den zwei Männern das Haus verließ, um die Richtung nach der Straße von Bouillon einzuschlagen, folgte ihnen der Knabe mit seinen Blicken und sagte leise zu sich selbst:

„Sie sollen die Kriegskasse nicht haben. Ich werde es dem schönen guten Offizier sagen, der mir gestern einen ganzen Franken geschenkt hat und heute wieder."

Und als nach einiger Zeit Königsau wieder kam, um nach seinem Großvater zu sehen, ging er ihm nach, hinauf auf den Boden und machte sich durch ein Husten bemerkbar.

„Was willst Du?" fragte ihn der Offizier.

„Sie wollen die Kriegskasse."

„Wer?"

„Die Drei."

Königsau war überrascht.

„Welche Drei?" erkundigte er sich.

„Mein Meister und die zwei Fremden. Sie kamen und versteckten sich da hinauf."

Er zeigte nach dem Hahnebalkenboden.

„Da oben haben Männer gesteckt?" fragte Königsau, förmlich erschrocken.

„Ja, zwei. Sie steckten sich da hinauf. Ich kenne sie nicht; aber der Alte war der Capitain. Der Andere hat ihn so genannt."

„Beschreibe ihn mir!"

Der Knabe that dies, und Königsau bekam die Ueberzeugung, daß wirklich Capitain Richemonte hier gewesen sei.

„Was haben sie denn gesprochen?" fragte er.

„Als Sie fort waren, kam der Eine hinab in den Laden, nicht der Alte, sondern der Andere. Sie sprachen leise; aber ich hörte doch, daß sie einen Schatz heben wollten. Dann gingen sie hinauf zu dem Alten, der wieder in der Kammer war. Ich schlich nach und horchte. Sie wollen die Casse ausgraben und theilen. Dann aber, wenn sie wiederkommen, wollen sie Drei todtmachen, welche Königsau heißen."

„Haben Sie nicht gesagt, wenn sie wiederkommen werden?"

„Nein."

„Gut, mein Sohn. Hier hast Du fünf Franken. Deine Mutter ist arm, wie Du mir sagtest. Ich werde sie so beschenken, daß es ihr wohlgehen soll. Aber sage jetzt noch keinem Menschen ein Wort davon."

Er weckte den schlafenden Großvater nicht auf, sondern er begab sich in die Ambulance zu seinem Vater, dem er das Ereigniß erzählte. Dieser war natürlich im höchsten Grade aufgeregt. Er sagte:

„Das ist kein Unglück, sondern ein Glück für uns!"

„Natürlich! Der Alte läuft uns da hübsch in die Hände."

„Nur schleunigst nach!"

„Bitte, keine Ueberstürzung, Vater. Wir reiten natürlich, und die Drei sind zu Fuße. Wir würden sie überholen und das ist nicht vortheilhaft."

„Warum nicht? Wir nehmen sie gefangen, da, wo wir sie treffen!"

„Bedenke, daß Bouillon jetzt luxemburgisch ist. Ich darf nicht einmal in Uniform hinüber."

„Das ist fatal, höchst fatal!"

„Großpapa's Beschreibung nach aber liegt die Casse wieder auf französischem Boden vergraben, da man von Bouillon sich nach rechts, also nach Westen zu wenden hat. Fassen wir die Kerls dort, so sind sie unser."

„Werden wir sie transportiren dürfen?"

„Ja. Wenn wir sie auf französischem Boden verhaften und nur über eine Ecke des Luxemburger Gebietes wieder auf französisches Territorium schaffen, kann man es uns nicht verbieten. Uebrigens wird es Nacht sein, da wird Alles möglich gemacht."

„Wer reitet mit?"

„Du, Großvater, ich und Fritz. Vier sind genug. Um

aber auf alle Fälle sicher zu sein, wollen wir auch Fritzens Bruder mitnehmen. Wir sind seiner sicher."

"Werdet Ihr Urlaub bekommen?"

"Gewiß. Da laß mich sorgen. Freilich brauchen wir Civilanzüge für die beiden Brüder und mich. Ich hoffe, daß sie in Sedan zu haben sind. Ich werde sie besorgen."

"Wann also reiten wir?"

"Kurz vor Einbruch der Dunkelheit."

"Aber, wird Großvater während der Nacht den Ort auch finden? Es ist fünfzig Jahre her!"

"Ich hoffe es. Er hat ihn so genau beschrieben, daß ich allein ihn zu finden mir getraue."

Er theilte Fritz und dessen Bruder mit, um was es sich handelte. Der Erstere hatte den Letzteren bereits mit den Schicksalen der Familie Königsau bekannt gemacht, und so war der bisherige französische Capitain sofort bereit, an dem Ritte theilzunehmen.

Der Urlaub wurde gewährt, und kurz vor Abend ritten sie davon, drei ledige Pferde mit sich am Zügel führend.

Da sie nicht Uniform trugen und auch keine Waffen sehen ließen, wurden sie an der Grenze gar nicht incommodirt. Jenseits derselben kehrte Richardt ganz allein in einer an der Straße liegenden Restauration ein und erfuhr hier, daß die Drei hier eingekehrt waren.

Es war eigenthümlich, welchen Eindruck der Anblick dieser Gegend auf Hugo von Königsau machte. Er fühlte sich wie ein Jüngling, er ritt an der Spitze und machte erst wieder Halt, als sie durch Bouillon passirt waren und die letzten Häuser erreicht hatten.

"Hier," sagte er, "ist die Schänke, in welcher ich übernachtete. Es ist ein neues Gebäude angebaut worden, wie ich sehe; aber das alte erkenne ich sofort. Von hier aus müssen wir laufen, lieber Richardt."

"So steigt ab und wartet. Ich werde die Pferde einstellen. Fritz mag helfen."

Die Beiden führten die Pferde nach dem Gasthofe. Sie erfuhren, daß genug Stallung vorhanden sei, und ließen sie unter ihrer Aufsicht einstellen. Dann wurde die Fußwanderung begonnen.

Sie folgten dem Wasser bis zu den bekannten Erlen, welche wirklich noch standen, aber viel größer geworden. Dann bogen sie links ein und stiegen den Berg hinauf.

Die Köhlerhütte war zwar nicht mehr vorhanden, doch diente die Lichtung, auf welcher sie gestanden hatte, zur Orientirung. Von da aus erreichten sie die Schlucht, welche der alte Hugo sofort trotz der Dunkelheit erkannte, und trotz der veränderten Baumphysiognomie, welche sie zeigte.

"Da drinnen hat der Schatz gelegen," sagte er. "Da b'rin wurde Raillac erschlagen. Jetzt drehe ich mich nach Süd. Kommt, folgt mir, aber leise, heimlich! Die drei Hallunken sind sicher da!"

Der Abend war heute hell; die Sterne glänzten am Himmel. Hier gab es kein Unterholz. Man konnte ohne große Schwierigkeit die Richtung einhalten.

Es ging thalabwärts und dann wieder empor. Auf der Bodenwelle oben angekommen, blieb der Alte stehen.

Trotz seiner Betagtheit war sein Gehör so scharf, daß er einen hier des Nachts ungewöhnlichen Laut vernommen hatte.

"Horcht!" flüsterte er. "Da unten ist der Ort. Habt Ihr es gehört? Das klang wie eine Hacke."

"Ja. Ich sehe sogar Licht," bestätigte Richardt.

"So wollen wir hinab. Aber um Gotteswillen, äußerst vorsichtig. Wir müssen sie so plötzlich fassen, daß sie ganz starr sind vor Schreck."

Sie stiegen leise in die neue Bodenvertiefung hinab, Einer hinter dem Anderen. Je tiefer sie kamen, desto heller und größer wurde der Schein des Lichtes, welches sie bemerkt hatten. Endlich waren sie so nahe, daß sie Alles genau bemerken konnten.

Die Drei hatten bereits ein ziemlich bedeutendes Loch aufgeworfen. Sie waren so vorsichtig gewesen, die obere Bodenkruste behutsam abzustechen, um dann mit ihr die Stelle so belegen zu können, daß nichts zu bemerken war.

Eine Laterne stand dabei. Zwei hackten und der alte Capitain schaufelte.

"Das ist Richemonte, mein Herr Schwager," flüsterte Hugo Königsau, "und unser Wirth aus Daigny. Wer aber ist der Dritte?"

"Ich kenne ihn," antwortete Richardt ebenso leise zurück. "Er ist einer der gefährlichsten Verbrecher der Hauptstadt und muß aus Metz entsprungen sein. Umgehen wir sie. Sobald ich mit der Zunge knalle, werfen wir uns von allen Seiten auf sie. Am Besten wird es sein, wir stoßen sie in's Loch hinab. Das vermindert ihre Beweglichkeit. Stricke zum Binden haben wir mit."

Sie theilten sich, um die nichts ahnenden Schatzgräber zwischen sich zu bekommen. Diese Letzteren arbeiteten mit lautloser Anstrengung. Trotz des unzureichenden Lichtes, welches die Laterne verbreitete, sah man ihre Augen vor Gier leuchten.

Da erscholl ein dumpfer Schlag.

"Halt! Was war das?" fragte der Capitain.

"Das war meine Hacke," antwortete Vater Main. "Sie ist auf einen hohlen Gegenstand getroffen."

"Weiter! weiter! Es ist die richtige Stelle; sie ist es, bei allen Teufeln, ja!"

In zwei Minuten war ein Stück des Deckels blosgelegt.

"Ha!" jubelte der Alte. "Da steckt das Geld, da, da! Ihr Hunde aus dem verfluchten Geschlechte der Königsau, kommt herbei, wenn Ihr uns den Fund streitig machen wollt!"

"Hier sind wir schon!" ertönte es hinter ihm.

Zehn Hände griffen zu. Im nächsten Augenblicke stürzten die drei Schatzgräber in die von ihnen gegrabene Grube.

"Tod und Teufel!" schrie Vater Main. "Wer ist das? Ha, das soll Euch nicht gelingen!"

Er schnellte sich empor, aus der Grube heraus, wie ein Panther aus seiner Höhle springt. Richardt faßte ihn; Fritz und Gebhardt von Königsau griffen zu. Er schlug mit den Fäusten um sich wie ein Rasender.

"Vater Main, Deine Stunde ist gekommen. Uns sollst Du nicht entwischen, wie Du aus Metz entwichen bist!" sagte Richardt, indem er ihn zu packen suchte.

Der Mörder erkannte die Gefahr, in welcher er schwebte. Das verdoppelte, verdreifachte seine an und für sich bereits ungewöhnlichen Kräfte.

„Ihr kennt mich!" rief er. „Nun, so wißt Ihr auch, daß ich nicht mit Euch spaßen werde.

Er ließ sich nicht anfassen. Er schlug mit den Fäusten und stieß mit den Füßen. Es gelang ihm, erst den Einen, dann den Anderen von sich abzuhalten. Dabei entfernte er sich von der Grube. Gerieth er in das Dunkel, war es noch schwieriger, ihn zu halten.

„Nur d'rauf!" gebot Richardt. „Fassen, fassen müssen wir ihn. Dann ist er unser."

„Versucht es, Ihr Knaben, Ihr Jungens!"

Auch der Krämer hatte sich herausschnellen wollen; aber Lemarch hatte sich auf ihn geworfen. Er hielt ihn fest, aber mehr konnte er nicht. Um ihn zu fesseln, dazu waren Zwei nöthig, und Drei hatten ja bereits mit dem wüthenden Vater Main zu thun.

Der alte Capitain war im ersten Augenblicke ruhig liegen geblieben. Er war von jeher mehr schlau als kühn gewesen; das zeigte sich auch hier. Erst als er bemerkte, daß Vater Main Mehrere beschäftigte, machte er den Versuch, sich zu erheben. Er sah die hohe Gestalt seines alten Erzfeindes vor sich stehen, der die Arme über der Brust verschränkt hielt und sich um die Anderen gar nicht kümmerte.

„Königsau!" entfuhr es ihm.

„Richemonte! Heute rechnen wir ab!" tönte es ihm kalt, stolz und drohend entgegen.

Der Capitain überflog mit einem schnellen Blicke die Scene. Er sah sich dem Feinde allein gegenüber; das stählte seinen Muth.

„Ja, heute rechnen wir ab!" erwiderte er. „Heute giebt es das letzte Facit, und das ist Dein Tod!"

Im Nu raffte er die Hacke auf und drang damit auf den alten Hugo ein. Dieser stieß ein höhnisches Lachen aus, bückte sich, sprang zur Seite und schlug dem Gegner die Faust unter das Kinn, daß diesem ein heiserer Schmerzensschrei entfuhr und ihm die Hacke aus der Hand flog. Sie kam an eine Wurzel zu liegen, so daß die Spitze nach oben kam.

„Hund, das war Dein letzter Hieb!" brüllte Richemonte.

Er that einen mächtigen Satz auf den Gegner zu. Dieser wich abermals geschickt zur Seite, faßte ihn dann mit beiden Händen, hob ihn empor wie einen Knaben und schleuderte ihn dann zur Erde.

Ein fürchterlicher, entsetzlicher Schrei erscholl aus Richemont's Munde. Er blieb liegen, ohne sich zu regen.

„Da hast Du es!" sagte der Sieger. „Jetzt her mit Dir!"

Er zog zwei Stricke hervor, band den Besinnungslosen die Arme und die Füße zusammen und wendete sich nun den Anderen zu.

Jetzt endlich war Vater Main überwältigt worden. Er schäumte wie ein wildes Thier. Die Drei waren eben dabei, ihn zu binden.

„Hierher, zu mir!" bat Lemarch.

Der alte, tapfere Hugo eilte hinzu und half, den Krämer fesseln. Er wurde neben Vater Main geworfen. Als man auch Richemonte diese Stelle anweisen wollte, zeigte es sich erst, daß Großpapa Königsau ihn so auf die Hacke geschleudert hatte, daß ihm die Spitze derselben in den Rücken gedrungen war.

„Ist es tödtlich?" fragte Fritz.

„Vielleicht," antwortete Richardt. „Wollen ihn, so gut es geht, verbinden."

Selbst während man dies that, blieb er besinnungslos.

„Was nun?" fragte Lemarch. „Die Casse ist da."

„Aber fortschaffen können wir sie nicht. Das muß berechtigteren Leuten vorbehalten bleiben. Füllen wir die Grube wieder zu, und zwar so, daß man keine Spur der Arbeit, welche hier gethan worden ist, entdecken kann."

Das geschah. Zu allerletzt wurde die Stelle mit den massenhaft umherliegenden Reisignadeln so überdeckt, daß es unmöglich war, zu sehen, daß man hier gegraben hatte. Freilich hatten sie während dieser Beschäftigung mehrere Stunden zugebracht.

„Was thun wir mit dem Werkzeuge und der Laterne?" meinte Hugo von Königsau. „Eingraben?"

„Nein," sagte Richardt. „Das würde abermals Arbeit verursachen und könnte uns verrathen. Wir nehmen sie mit hinab und werfen sie in das Wasser."

Das wurde acceptirt. Als man nun zum endlichen Aufbruche fertig war, stellte es sich heraus, daß Richemonte getragen werden müsse. Vater Main wollte nicht laufen.

„Hier ist der Schaufelstiel. Macht ihm Beine!" meinte der Major. „Uebrigens wollen wir den Kerls Knebel in den Mund stecken. Sie könnten uns sonst unterwegs in Unangelegenheit bringen."

Dies geschah und nun setzte sich der Zug in Bewegung.

Unten im Thale angekommen, weckten Richardt und Fritz den Hausknecht des Gasthofes, um sich ihre Pferde ausliefern zu lassen. Die Gefangenen wurden festgeschnallt, was bei Richemonte allerdings höchst schwierig war. Dann trat die Cavalcade ihren Rückweg an.

Richemonte war aufgewacht. Ein immerwährendes Aechzen und Stöhnen ließ errathen, welche Qualen er auszustehen hatte; darauf konnte aber keine Rücksicht genommen werden. Möglichst im Galopp ging es durch Bouillon und dann der französischen Grenze entgegen, über welche sie mit Hilfe eines Seitenweges, der zufälliger Weise nicht von einem Posten besetzt war, glücklich gelangten.

Die Gefangenen wurden nach Sedan ausgeliefert.

Die Frau des Krämers erhielt durch unbekannte Hand einen Brief ihres Mannes, in welchem er sie benachrichtigte, daß er auf kurze Zeit verreist sei, aber bald zurückkehren werde; sie solle dem Geschäfte indessen vorstehen. Die Mutter des Lehrlings empfing ebenso von unbekannter Hand ein Geldgeschenk, durch welches sie in Stand gesetzt wurde, ihre Lage aufzubessern.

Richemontes Verletzung war tödtlich. Sie verursachte ihm so entsetzliche Schmerzen, daß er wie ein angespießter Eber brüllte. Und diese Qualen waren es, welche ihn mürbe machten, so daß er ein vollständiges Geständniß aller seiner Sünden und Verbrechen ablegte.

Es war ihrer eine schaurige Zahl. Die Vernehmung erforderte so viel Zeit, daß dieselbe unterbrochen werden mußte. Von Seiten des herbeigerufenen Arztes wurden alle Mittel angewendet, den Tod von dem Verbrecher hinzuhalten; was auch auf einige Zeit noch gelang.

(Fortsetzung folgt.)

Die Liebe des Ulanen.
Original-Roman aus der Zeit des deutsch-französischen Krieges von Karl May.
(Fortsetzung.)

Jetzt nun erscheint es gerathen, einmal nach Berlin zurückzukehren, um zu erfahren, was unterdessen dort geschah.

Es war Abend. Der alte, greise Hugo von Königsau, der einstige Liebling des Feldmarschalls Blücher, hatte Besuch. Sein Vetter, der General Kunz von Goldberg, befand sich bei ihm.

Sie plauderten von vergangenen Tagen, von ihren Kriegserlebnissen, und so war es kein Wunder, daß das Gespräch auch auf die gegenwärtige bedrohliche Constellation kam.

„Er fängt wieder an! Paß auf, er fängt wieder an!" sagte Königsau. „Der Franzose kann von seiner Art nicht lassen. Er hat sich in die Tinte geritten und will sich nun durch einen Krieg wieder herausbeißen."

„Das steht allerdings zu befürchten."

„Zu befürchten? Haben wir etwas zu befürchten, wie?"

„Hm! Gott gebe, daß es gut geht!"

„Es wird gut gehen. Wie soll es anders gehen?"

„Wir sind leider nicht allwissend!"

„Nein, aber sehen können wir, rechnen können wir. Wir sehen, daß der Franzmann am Ende seiner Klugheit angekommen ist."

„Wir wollen ihn nicht zu niedrig schätzen!"

„Wie? Das sagst Du als preußischer, als deutscher General?"

„Ja. Man braucht als Offizier nicht auch Bramarbas zu sein."

„Das bin ich auch nicht. Oder hältst Du mich etwa für einen?"

„Nein, das sei mir ferne."

„Na, also! Ich sehe mit meinen gesunden Augen, daß der Franzose krank ist. Er fiebert; man muß ihm zur Ader lassen. Eher giebt er nicht Ruhe."

„Leider muß der Bader, welcher ihm zur Ader läßt, auch sein Blut mit hergeben!"

„Das ist nicht anders; das ist stets so gewesen. Wir haben damals unser Blut auch hergeben müssen. Und wer war schuld daran? Etwa wir?"

Der General schüttelte langsam den Kopf. Er fragte:

„Du meinst, Napoleon sei schuld gewesen?"

„Natürlich."

„Da bin ich anderer Ansicht."

„Was! Anderer Ansicht! Willst Du ihm das Wort reden?"

„Nun, das fällt mir gar nicht ein, aber ich betrachte ihn von einem anderen Standpunkte als Du."

„So, so! Von einem anderen Standpunkte? Von welchem denn, wenn ich fragen darf, he?"

Wenn die Rede auf Napoleon kam, pflegte der alte Veteran stets heftig zu werden, obgleich er es so sehr schlimm gar nicht meinte. Das wußte der General. Er nickte ihm lächelnd zu und antwortete:

„Vom Standpunkte der Objectivität."

„Ah, so! Bin ich nicht etwa auch objectiv."

„Nein, lieber Vetter."

„Alle Teufel! Ist's Dein Ernst?"

„Ja."

„Na, dann begreife ich Dich nicht."

„Aber ich Dich."

„Hoho! Ich bin kein junger Springinsfeld mehr, kein Sausewind, der an Nichts denkt. Ich bin alt genug, um ruhig zu beobachten und beurtheilen zu können. Ich halte mich für ebenso objectiv, wie Du Dich"

„Das bist Du ja auch."

„Na also!"

„Aber nur in dieser Angelegenheit nicht."

„Beweise es!"

„Du bist damals zu sehr mitgenommen worden; Du hast zu viel Schlimmes zu erfahren, zu leiden und zu dulden gehabt. Darum läuft Dir selbst jetzt, nach so langen Jahren die Galle über, wenn Du an jene Zeiten denkst."

„Wozu habe ich die Galle!"

„Nur zum Ueberlaufen wohl?" lachte der General.

„Na ja, sie ist auch zu einigem Anderen da. Aber dieser Familie Napoleon habe ich es einmal getippt."

„Und dabei wirst Du subjectiv."

„Das heißt, ich urtheile ungerecht?"

„Ja."

„Sapperment! Das hat mir noch Niemand gesagt."

„Hoffentlich aber ist dies kein Grund, es mir, Deinem Vetter, übel zu nehmen."

„Nein. Ich denke, daß Du mich kennst. Wir werden doch nicht uneins werden. Dieses Bounaparte wegen erst recht nicht. Er ist es gar nicht werth. Er war doch nichts weiter als ein großer Räuber, ein großer Dieb, ein großer —— —"

„Ein großer Regent," fiel ihm der General ein, „und ein noch größerer Feldherr."

„Was! Willst Du etwa eine Ode auf ihn dichten?"

„Beinahe!"

„Das laß nur bleiben! Ich singe sie nicht mit."

„Ist auch nicht nöthig. Wenn Du jene außerordentliche Zeit kaltblütig und unparteiisch beurtheilst, so wirst Du über Napoleon anders denken lernen."

„Wie denn?"

„Nun, ich nannte diese Zeit eine außerordentliche."

„Ja. Weiter!"

„Also muß man auch einen außergewöhnlichen Maßstab an sie legen, wenn man über sie referiren will."

„Schön!"

„Und eben weil sie eine ungewöhnliche Zeit war, mußte sie auch ungewöhnliche Erscheinungen hervorbringen."

„Richtig!"

„Und ungewöhnliche Männer."

„Auch das gebe ich zu."

„Ein solcher war Napoleon."

„Ohne Zweifel."

„Auch er darf nicht mit dem gewöhnlichen Maßstabe gemessen werden, Vetter."

„Thue ich das etwa?"

„Ja."

„Oho! Ich nenne ihn Dieb und Räuber. Sind das gewöhnliche Leute? Lege ich also einen gewöhnlichen Maßstab an ihn?"

„Nein, aber einen sehr ordinären."

„Donner und Doria! Soll ich die Elle, mit welcher ich ihn messe, etwa vergolden und mit Edelsteinen besetzen lassen?"

„Das ist nicht nöthig. Napoleon war ein Kind seiner Zeit."

„Wie jeder andere Mensch auch, ja."

„Er war vielleicht, ja ganz gewiß, der legitimste Sohn der Revolution."

„Ist das eine Ehre für ihn?"

„Wenn es keine Ehre für ihn sein sollte, was ich sehr bezweifle, so ist es doch ein Entschuldigungsgrund. Giebst Du etwa nicht zu, daß die Revolution die nothwendige Folge der damaligen Zustände war?"

„Was das betrifft, so stimme ich Dir bei. Die Luft war verdorben, es lagen Miasmen und Dünste über den Reichen; es mußte ein Sturm kommen."

„Du erklärst also die Revolution für berechtigt?"

„Für berechtigt nicht, aber für begründet."

„Das ist Eins. Was einen Grund hat, da zu sein, das hat auch das Recht des Daseins."

„Meinetwegen. Ich bin kein Wortklauber."

„Und wenn Du die Revolution für berechtigt hältst, so erklärst Du auch ihren größten, begabtesten Sohn, nämlich Napoleon, für legitimirt."

„Du sprichst wahrhaftig wie ein Professor!"

„Sage lieber, wie ein Rechtsanwalt! Ich plaidoyire für Napoleon."

„So laß Dich nur von seinem Neffen gut bezahlen."

„Ich verlange kein Honorar; ich thue es aus Gerechtigkeitsgefühl. Bounaparte hat viel, viel gefehlt, aber er hat unendlich mehr Segen gebracht. Der Sturmwind, welchen er anfachte, hat vieles Verfaulte zum Lande hinausgejagt."

„Auf wie lange? Die Fäulniß begann sofort wieder."

„Daran war er nicht schuld."

„Das gebe ich allerdings zu."

„Denke zum Beispiel an England —"

„Sapperment! Ja! Weißt Du, was ich von England halte?"

„Nun, was?"

„Das darf man eigentlich nur unter vier Augen sagen."

„Nun, wir Beide haben grade nur vier."

„Richtig! Gehe die Geschichte Englands durch. Besteht sie nicht aus einer einzigen, ununterbrochenen Erzählung von — Anlegungen und Colonieen?"

„Jawohl."

„Weißt Du, wie man das in der gewöhnlichen Sprache nennt?"

„Ich denke es mir."

„So brauche ich es Dir nicht erst zu sagen. Denke Dir, Du seiest der Regent eines Landes, Dein Volk ist mit Dir zufrieden und Du bist es mit ihm. Ihr lebt schlecht und recht, wie es sich gehört, pflanzt und erntet, arbeitet nach Pflicht und Gewissen und macht Euch auch zuweilen einen Spaß. Es geht Alles, Alles gut. Da kommt — wer?"

„Der Engländer?"

„Ja. Er sagt einfach zu Dir: Höre, mein lieber Anton, Ihr seid Wilde und ich bin der Englischman. Gebt Euer Land her! Ich will es Euch zwar nicht rauben, aber ich nehme mir eine kleine englische Quadratmeile davon, mache eine Mauer rundum, setze einige Kanonen darauf und dann spielen wir ein bischen Sechsundsechzig. Ihr dürft keine Fabriken anlegen, das darf nur ich, Ihr dürft keinem Anderen etwas verkaufen, denn ich allein kaufe von Euch und bezahle Euch so viel, wie mir gefällt. Und wenn Euch das nicht bequem ist, so binde ich Euch vor eine geladene Kanone und schieße Euch an's Firmament hinauf!"

„Hm! Das ist nicht ganz unwahr!"

„Meinst Du? Siehe Dich einmal auf der Landkarte

um, so wirst Du bald auf eine eigenthümliche Marotte stoßen, welche er besitzt."

„Meinst Du die Insolomanie?"

„Ja."

„Diese ist keine Marotte!"

„Allerdings nicht. Er handelt vielmehr gradezu nach einer raffinirten Berechnung. Wo in irgend einem Welttheile, in irgend einem Lande, auf irgend einer Insel ein Flüßchen in's Meer läuft, vor dessen Mündung sich ein Eiland befindet, so besetzt er dieses und macht es zu einem kleinen Großbrittannien, welches ja auch vor den Ausflüssen der Elbe, des Rheines, der Seine liegt. Ist das wahr oder nicht?"

„Sehr wahr."

„Der Ackerbauer, der Fabrikant, der Industrielle aber bringt seine Früchte, seine Waaren auf den Wogen des Flusses in den Handel. Vor dem Flusse aber lauert der Engländer wie — wie — wie —"

„Nun, wie?"

„Wie eine Spinne zwischen den Aesten des Baumes, oder wie früher unsere lieben Ahnen, welche sich mit ihren Knappen vor die Heerstraßen legten, um mit den Herren Kaufleuten einige Worte im Vertrauen zu sprechen. Da nun der Engländer den betreffenden Fluß beherrscht, so beherrscht er auch den Handel, welcher auf demselben betrieben wird. Und weil seine Zwing-Uri-Inseln über die ganze Erde verbreitet sind, so beherrscht er also den Welthandel. Ein schlauer Patron!"

„Er ist Kaufmann."

„Aber er sagt, er sei ein Gentleman! Dem nun wollte Napoleon ein Ende machen. Man sage gegen ihn, was man wolle, aber wäre man auf seine Pläne eingegangen, so hätte England einen riesigen Strich durch die Rechnung bekommen. Merke wohl, ich habe nicht die Absicht, seine Fehler zu vertheidigen."

„Das will ich Dir auch nicht rathen!"

„Aber ich darf auch nicht zugeben, daß Du das Kind mit dem Bade ausschüttest."

„Thue ich das?"

„Ja."

„So entschuldige mich!" lachte der Alte, sich grimmig den weißen Schnurrbart streichend.

„O bitte, bitte! Er war ein Löwe, und Du weißt, daß der Löwe ein etwas wildes Thier ist, den man nicht so wie ein zahmes Kaninchen beurtheilen darf."

„Wen meinst Du mit dem Kaninchen?"

„Direct Niemanden."

„Ich hätte Dich auch aus der Thür geworfen!"

„Danke, Vetter! Aber Zahme gab es damals grade genug."

„So, so! Und Blücher, Gneisenau, York, Wellington?"

„Das war später. Uebrigens war dann Napoleon ein gefallener Löwe. Man hatte ihm die Pranken gefesselt, er wurde von England zu Tode gequält. Einem gefallenen Gegner aber, welcher sein Unglück mit Würde trägt, muß man achten!"

„Hm! Du sprichst nicht übel!"

„Habe ich nicht recht?"

„Mit der letzteren Bemerkung, ja."

„Ich sage Dir, daß ich ihn nicht nur achte, sondern in Vielem sogar bewundere."

„Oho! Bete ihn doch lieber an!"

„Das fällt mir nicht ein. Du hast viele Deutsche, welche ihr Vaterland lieben, den damaligen Druck schwer empfanden und doch mit Begeisterung von ihm sprechen."

„So! Wer sind denn diese guten Leute?"

„Ich kann Dir nicht hunderte von Namen nennen."

„Aber bitte, doch wenigstens einige!"

„Nun, wen pflegt man für den edelsten Sohn seines Volkes zu halten?"

„Diese Frage ist zu allgemein."

„So will ich sie lieber gleich beantworten. Ich meine den Dichter."

„Hm! Der Edelste?"

„Ja."

„Na, meinetwegen!"

„Es giebt genug deutsche Dichter, welche dem großen Kaiser ihre Feder weihten."

„Zum Beispiel?"

„Heine."

„Ah! Der war ein Abtrünniger."

„Als Dichter nicht. Kennst Du seine beiden Grenadiere?"

„Hatte er Grenadiere? War er Offizier?"

„Du scherzest. Ich meine das Gedicht, welches „die beiden Grenadiere" überschrieben ist."

„Ist mir noch nicht vor die Augen gekommen."

„Wie ergreifend, wie überwältigend schildert da Heine die Opfertreue und die Inbrunst, mit welcher die Krieger des großen Napoleon an ihrem Feldherrn hingen."

„Das ist die Pflicht eines jeden Soldaten!"

„Natürlich! Ich weiß das auch. Aber es giebt da doch wohl einen Unterschied. Die Preußen liebten ihren alten Fritzen über alle Maßen — —"

„Das will ich meinen."

„Aber es war — hm, wie drücke ich mich aus? Es war etwas sehr viel Gemüthlichkeit dabei. Die Liebe des französischen Soldaten war blindlings, war bigott. Es giebt kein anderes Wort als dieses letztere, welches den Nagel auf den Kopf trifft."

„Und das schildert dieser Heinrich Heine?"

„Ja. Er erzählt von zwei französischen Grenadieren, welche todesmüde aus den Schneefeldern Rußlands zurückkehren, wo sie gefangen gewesen sind. Sie hörten in Deutschland, daß Frankreich besiegt und der Kaiser gefangen sei. Das schmetterte sie nieder. Der Eine sagte:

— — — wie weh wird mir!
Mir brennt meine alte Wunde."

„Was ist das weiter! Es brennt manchem alten Krieger die Wunde, die er erhalten hat."

„Der Dichter meinte, daß die alte Wunde aufgebrochen sei, so daß der Grenadier sich daran verbluten müsse. Der andere Grenadier antwortete:

— — — das Lied ist aus,
Auch ich möcht mit Dir sterben,
Doch hab ich Weib und Kind zu Haus,
Die ohne mich verderben."

„Das ist sehr verständig und vernünftig von diesem Manne. Er hat für seine Familie zu sorgen!"

„So aber dachte der andere Veteran nicht. Er antwortet:

> Was scheert mich Weib, was scheert mich Kind,
> Ich trage weit besseres Verlangen.
> Laß' sie betteln geh'n, wenn sie hungrig sind!
> Mein Kaiser, mein Kaiser gefangen!"

„Dieser Mensch verdient Prügel!" knurrte der alte grimmige Veteran.

„Der Dichter kann ja den Todesmuth des Grenadiers nicht packender schildern, als in dieser Weise. Er fährt fort:

> Gewähr mir Bruder, eine Bitt'!
> Wenn ich jetzt sterben werde,
> So nimm meine Leiche nach Frankreich mit,
> Begrab' mich in Frankreichs Erde.
> Das Ehrenkreuz am rothen Band
> Sollst Du auf's Herz mir legen,
> Die Flinte gieb mir in die Hand
> Und gürt' mir um den Degen!
> So will ich liegen und horchen still
> Wie eine Schildwach' im Grabe,
> Bis einst ich höre Kanonengebrüll
> Und wiehender Rosse Getrabe,
> Dann reitet mein Kaiser wohl über mein Grab,
> Viel Schwerter klirren und blitzen;
> Dann steig' ich gewappnet hervor aus dem Grab,
> Den Kaiser, den Kaiser zu schützen!"

Der General war von seinem Stuhle aufgestanden und hatte das Gedicht declamirt, als ob er vor einer vielzähligen Versammlung stehe. Er als Soldat war begeistert von den Versen, und der Alte — — —"

Dieser saß, als der General geendet hatte, eine ganze Weile wortlos da. Er hielt sein Auge in die Ecke des Zimmers gerichtet und kaute an seinem Barte. Endlich fragte ihn der General:

„Wirst Du auch jetzt noch spotten, Vetter?"

„Nein," antwortete der Gefragte. „Es ist doch etwas Eigenthümliches um so ein Gedicht! Es greift Einem an das Herze; es läßt nicht los, bis man gefangen ist. Aber Heine war doch ein halber Franzose; dabei bleibe ich. Ein wirklich deutscher Mann kann kein solches Gedicht schreiben!"

„Meinst Du?"

„Ja."

„Ich kann Dich vom Gegentheile überzeugen."

„Oho! Nenne mir Einen!"

„Den Freiherrn von Zedlitz. Nennst Du auch den keinen Deutschen?"

„Hm! Weiß nicht! Wenn er über Napoleon dichtete, so verdenke ich es ihm sehr!"

„Er betrachtete den Kaiser nicht so subjectiv wie Du. Er war gerechter."

„Was war er denn sonst, außer Dichter?"

„Zuerst preußischer Husarenoffizier ——"

„Was? Wirklich?"

„Ja."

„Und dichtet auf Napoleon?"

„Wie Du gehört hast! Später wurde er Ministerresident. Er muß also doch ein guter Deutscher gewesen sein. Nicht?"

„Man sollte es denken!"

„Und demnach dichtete er seine „Nächtliche Heerschau." Er erzählt da, daß Nachts um die zwölfte Stunde der Tambour sein Grab verläßt und wirbelnd die Runde macht.

Er rührt mit seinen entfleischten Armen die Trommelschlägel, so daß die todten Soldaten in ihren Gräbern erwachen.

> Und die im tiefen Norden
> Erstarrt in Schnee und Eis,
> Und die in Welschland liegen,
> Wo ihnen die Erde heiß,
> Und die der Nilschlamm decket
> Und der arabische Sand,
> Sie steigen aus ihren Gräbern
> Und nochmals Gewehr zur Hand."

„Eine fürchterliche Phantasie," meinte Königsau. „Es kann Einem gruselig dabei werden!"

„Der Dichter will eben sagen, daß die Macht des großen Todten noch im Grabe wirke. — Aber zu der nächtlichen Stunde verläßt auch der Trompeter sein Grab. Er schmettert in die Trompete, und die todten Cavalleristen gehorchen diesem Rufe.

> Es kommen auf luftigen Pferden
> Die todten Reiter herbei,
> Die blutigen, alten Schwadronen,
> In Waffen mancherlei.
> Es grüßen die weißen Schädel
> Wohl unter dem Helm hervor;
> Es halten die Knochenhände
> Die langen Schwerter empor."

„Nun muß auf jeden Fall auch der Geist des Kaisers erscheinen. Nicht?"

„Ja, denn der Dichter fährt fort:

> Und um die zwölfte Stunde
> Verläßt der Feldherr sein Grab,
> Kommt langsam daher geritten,
> Umgeben von seinem Stab.
> Er trägt ein kleines Hütchen;
> Er trägt ein einfach Kleid,
> Und einen kleinen Degen
> Trägt er an seiner Seit'."

„Ganz so, wie er es wirklich gethan hat und wie ich ihn gesehen habe. Weiter, Vetter!"

Der General stand auch jetzt da, nicht recitirend, sondern declamirend. Er folgte der Aufforderung:

> Der Mond mit gelbem Lichte
> Erhellt den weiten Plan;
> Der Mann im kleinen Hütchen
> Sieht sich die Truppen an.
> Die Reihen präsentiren
> Und schultern das Gewehr;
> Dann zieht mit klingendem Spiele
> Vorüber das ganze Heer."

„Ah, also die Heerschau! Das Sujet ist ein grausiges."

„Aber der Inhalt dieses deutschen Gedichtes ist in der französischen Uebersetzung von de Charlemagne so in das französische Volk gedrungen, daß der todte Kaiser wirklich jährlich im elisäischen Felde diese Parade über die Geister seiner Krieger abhält. Höre weiter:

> Die Marschälle und Generäle
> Schließen um ihn einen Kreis,
> Der Feldherr sagt dem Nächsten
> In's Ohr ein Wörtlein leis.
> Das Wort geht in die Runde,
> Klingt wieder fern und nah;
> Frankreich heißt die Parole,
> Die Losung Sanct Helena.
> Dies ist die große Parade
> Im elisäischen Feld,
> Die um die zwölfte Stunde
> Der todte Cäsar hält."

Als der General geendet hatte, beobachtete Königsau ein momentanes Schweigen und sagte dann:

„Und diese alten Krieger, wer hat sie niedergehauen?"

„Ihr natürlich!"

„Ja, wir. Sie mögen, wenn sie um Mitternacht vor ihrem Kaiser vorüberziehen, verteufelt grimmige Blicke herüber werfen."

„O nein. Sie überlassen das ihren Nachfolgern."

„Die wir aber wieder so zurücktreiben werden wie jene nächtlichen Gestalten."

„Ich wünsche von ganzem Herzen, daß Deine Ansicht die richtige sei."

„Du glaubst doch nicht etwa das Gegentheil?"

„Nein. Aber kein Mensch ist allwissend. Der Krieg ist auf alle Fälle ein Unglück. Besser wäre es, wenn er unterbleiben könnte."

„Oho! Ein lustiger Krieg führt zum Sieg! Ich freue mich königlich, daß die Franzianer mit uns anbinden wollen, und wünsche ihnen vom ganzem Herzen gesegnete Prügel."

„Frankreich ist stärker, als Du denkst!"

„Pah! Es hat seine Prestige seit Sadowa verloren!"

„Daher schnaubt es auch seitdem Rache für Sadowa. Es hat sich gerüstet, und nun müssen wir eben abwarten, wie die Würfel fallen."

„Wir werfen den höchsten Pasch. Ich vertraue auf Moltke, auf unser gutes Heer und auf die höchste Gerechtigkeit. Aber abwarten werde ich doch nicht, wie die Würfel fallen."

„Was denn?"

„Ich mache mit."

„Was? Du?"

„Ja."

„Bist Du toll?"

„Nein. Ich bin im Gegentheile sehr bei Verstand."

„Du in Deinen Jahren!"

„Oho! Noch habe ich Mark in den Knochen!"

„Aber Dein Kopf!"

„Sapperment! Erinnert mich nur nicht so oft an diese Schwäche! Es ist ja nur eine Lücke des Gedächtnisses, an der ich leide, weiter nichts!"

„Und dennoch denke ich, daß Du Dir die Sache vorher doch erst reiflich überlegen wirst."

„Sie ist überlegt."

„Sei gescheidt, Vetter! Laß das sein!"

„Ich wüßte keinen Grund dazu."

„Ich wiederhole: Dein Alter!"

„Alle Wetter! Ich bin ja noch nicht einmal achtzig Jahre alt! Wo denkst Du hin!"

„Aber neunundsiebzig und dreiviertel!"

„Das ist doch noch kein Alter, bei welchem man sich auf das Sopha setzt, wenn der Tanz mit den Franzosen losgeht. Es bleibt dabei: Ich mache mit!"

„Als was?"

„Am liebsten als Compattant; aber leider würde man mich da zurückweisen. Es bleibt mir also nichts übrig, als unter die Krankenpfleger zu gehen."

„Aber, bedenke die Anstrengung!"

„Ich fürchte sie nicht. Ich gehe mit der Gardereiterei; da bleibe ich in Richardt's Nähe."

„Hm! Ob er es billigen wird, daß Du Dich solchen Gefahren und Anstrengungen aussetzest?"

„Ich werde ihn wohl schwerlich nach seiner Erlaubniß fragen! Ich hoffe, da drüben, jenseits der Grenze, mit Einem zusammen zu kommen, mit dem ich noch eine alte, sehr alte Rechnung quitt zu machen habe!"

„Du meinst den Capitän Richemonte?"

„Ja."

„Es würde wohl besser sein, ihn jüngeren Leuten zu überlassen!"

„Jüngeren? Vetter, ich sage Dir: Wenn ich an diesen Menschen denke, so fühle ich mich wie einen zwanzigjährigen Jüngling! Wehe ihm, wenn er das Unglück hätte, zwischen meine Fäuste zu gerathen!"

Der alte, ehrwürdige Mann hatte sich von seinem Sitze erhoben. Seine Augen blitzten; seine Fäuste waren geballt. Beim Anblicke des greisen Recken hielt es der General allerdings für sehr wahrscheinlich, daß Richemonte im Falle eines Kampfes mit ihm unterliegen müsse.

Da trat der Diener ein.

„Gnädiger Herr," meldete er, „es ist Jemand da, der Sie zu sprechen wünscht."

„Heute Abend noch?"

„Ja."

„Wer ist es?"

„Eine Dame."

„Hat sie ihren Namen gesagt?"

„Sie will ihn selbst nennen."

„Das ist eigenthümlich. Sie ist eine Unbekannte?"

„Nein."

„Ah, so kenne ich sie? Also vielleicht eine Ueberraschung? Kerl, was machst Du für ein Gesicht! Du lachst von einem Ohre zum andern, und doch glaube ich, daß Deine Augen naß sind! Sapperment! Es wird doch nicht etwa Emma — —"

„Ja, sie ist's; sie ist's Großpapa!"

So tönte es vom Eingange her, und Emma warf sich in die Arme des Alten.

Er war wortlos vor Freude. Er drückte sie an sich und strich ihr nur immer mit der Hand über das reiche Haar.

Dann zog sie seinen Kopf zu sich herab, küßte ihn zärtlich auf den Mund und fragte:

„Habe ich Dich erschreckt, Großpapa?"

„Ja, aber freudig, sehr freudig," antwortete er mit zitternder Stimme.

„Mein Gott! Es wird Dir doch nichts schaden!"

„Nein. Für eine solche Freude sind meine alten Knochen noch stark genug. Aber laß mich sitzen!"

Sie führte ihn zum Sopha, auf welches er sich niederließ, und dann begrüßte sie auch den Onkel General.

„Du bist erst jetzt angekommen?" fragte Dieser.

„Ja, vor einer Viertelstunde."

„Aber doch nicht allein?"

„Nein. Ich reiste in Gesellschaft."

„Mit Madelon?"

„Ja, mit ihr und noch Einigen, welche Ihr noch kennen lernen werdet."

„Gut, daß Du da bist. Der Krieg ist erklärt, und

dort in und bei Ortry wird es bald gefährlich werden. Wo steckt denn jetzt Richardt?"

„Er mußte zurückbleiben; aber wir wurden unterwegs aufgehalten, weil Madelon unwohl wurde, und da, und da — —"

Sie hielt inne und blickte den Großvater besorgt an.

„Was dann?" fragte dieser. „Denke nicht, daß Du mir schadest. Die Freude tödtet nicht. Also weiter, liebe Emma! Und da — —?"

„Und da ist es ihm gelungen, uns einzuholen."

„Wo?"

„Er erreichte uns in Hannover."

„Ist er dann mit Euch weiter?"

„Ja."

„So ist er auch hier?"

„Ja, Großpapa."

„Wo denn?"

„Willst Du ihn denn sehen?"

„Natürlich! Spielt nur keine Komödie mit mir!"

Er stand wieder auf und schritt nach der Thür. Da aber kam ihm Emma zuvor und öffnete sie. Herein trat — Doctor Müller.

Der Großvater hielt seinen Schritt an, als er ihn erblickte und sagte erstaunt:

„Richardt! Sapperment! Irre ich mich denn? Ah, ja, Du hast Dich ja verstellen müssen! Komm' her, mein Junge! Ich muß Dich umarmen!"

Sie lagen sich Brust an Brust. Dann schob der Alte den Jungen von sich, betrachtete ihn abermals und sagte:

„Buckelig also! Höre, der Buckel geht doch herunter?"

„Sofort," lachte Richardt.

„Und diese schwarze Perrücke?"

„Da liegt sie."

Dabei nahm er sie ab und warf sie zur Erde. Einen Griff unter den Rock, wo er eine Schnalle öffnete, und auch der Höcker fiel zu Boden.

„Aber das dunkle Gesicht! Du siehst aus wie ein Calabrese."

„Das ist leider Wallnußsaft und wird nicht gleich zu entfernen sein. Es bedarf einiger Wochen."

„Und Dein Bart, Dein prächtiger Bart! Schade, schade um ihn, mein Junge!"

„O, er wird wieder wachsen. Aber, ich muß doch nun auch den Onkel begrüßen!"

Dies geschah, und dann nahmen die vier Leute an dem Tische Platz. Der Großvater klingelte und befahl dem Diener, Wein zu bringen und das Abendessen zu besorgen. Als der Diener sich entfernen sollte, hielt er ihn mit dem Rufe zurück:

„Halt! Mensch, Du machst ja ein Gesicht, wie ich es noch gar nicht bei Dir gesehen habe? Du siehst aus wie lauter Weihnachtsabend. Was hast Du denn?"

„Freude, herzliche Freude, gnädiger Herr."

„Worüber?"

„Ich habe auch Besuch bekommen."

„So, so! Welchen?"

„Aus Frankreich."

„Sapperlot! Wer ist es denn?"

„Der Fritz."

„Welcher Fritz? Wohl der Wachtmeister?"

„Ja, freilich."

„Prächtig! Wo steckt er denn?"

„Hier im Vorzimmer."

„Dann nur immer herein mit ihm!"

Der wackere Fritz trat ein, als Pflanzensammler bekleidet, mit einem Sacke auf dem Rücken. Der Großvater lachte und streckte ihm die Hand entgegen:

„Willkommen, Wachtmeister, willkommen! Ist dies Ihre französische Gestalt gewesen?"

„Zu Befehl, Herr Rittmeister!"

„Dann legen Sie sie schleunigst ab. Sie sollen heute Abend mit uns essen."

„Ja, das hat er verdient, lieber Großvater," sagte Richardt. „Ich habe ihm viel, sehr viel zu verdanken."

Auch der General streckte dem Wachtmeister die Hand entgegen, und es war ein eigenthümlicher, tief aus dem Herzen herausschimmernder Blick, welchen der junge Mann auf Goldberg warf. Dann entfernte er sich und kam bereits nach wenigen Minuten in seiner Ulanenuniform wieder.

„So ist's recht!" sagte der Großvater. „Diese Blouse darf nicht auf dem Leibe eines braven Preußen bleiben. Setzen Sie sich her zu uns. Da stehen Cigarren, und hier ist Wein. Schänken Sie sich ein, Wachtmeister! Bald wird servirt; das wird unsern Reisenden willkommen sein. Und dann, wenn wir gegessen haben, soll das Erzählen beginnen. Ich bin neugierig, Eure Erlebnisse zu erfahren."

Da räusperte sich Richardt und sagte:

„Lieber Großvater, es wird besser sein, wenn wir mit unserm Berichte nicht so lange warten."

„Warum?"

„Ich habe keine Zeit. Ich muß mich melden und Bericht erstatten."

„So spät noch?"

„Ich würde mich melden, selbst wenn ich mitten in der Nacht eingetroffen wäre."

„Ist Dein Bericht so wichtig?"

„Ungeheuer."

„Dann gratulire! Sage uns vor allen Dingen das Eine: Hast Du gute Erfolge gehabt?"

„Ausgezeichnete!"

„Das genügt. Das Andere kann ich ruhig abwarten."

„Ich wiederhole, daß ich diese Erfolge zum großen Theile dem Wachtmeister zu verdanken habe. Nicht wahr, Fritz?"

Der Gefragte machte eine abwehrende Handbewegung und sagte:

„O, es ist nicht so schlimm. Ich habe meine Pflicht gethan, weiter nichts. Du urtheilst viel zu freundlich über mich!"

„Pah! Du weißt am Besten, wie wir stehen!"

„Bitte, laß das sein! Schweigen wir darüber!"

Sowohl der Großvater wie auch der General blickten die Beiden erstaunt an. Der Erstere fragte:

„Was ist denn das, Richardt? Habe ich richtig gehört?"

„Was?"

„Ihr nennt Euch Du?"

„Ja."

„Du hast mit dem Wachtmeister Brüderschaft gemacht?"

„Ja, lieber Großvater."

„Reitet Dich denn der Teufel?"

„Hast Du Etwas dagegen?"

„Gegen den Wachtmeister Fritz Schneeberg habe ich ganz und gar nichts; er ist ein braver Mensch und ein tüchtiger Soldat, aber das ist für den Garderittmeister Richardt von Königsau denn doch noch kein Grund —"

„Mit ihm Brüderschaft zu trinken, nicht wahr?"

„Ja, das will ich sagen. Der Wachtmeister wird so viel Verstand und Einsicht haben, mir dies nicht übel zu nehmen."

Da antwortete Emma anstatt ihres Bruders:

„Es fällt ihm gar nicht ein, es übel zu nehmen, Großpapa. Aber ich billige diese Brüderschaft."

„Was! Auch Du?"

„Ja."

„Dann giebt es dabei irgend Etwas, was ich nicht weiß. Wie ich Euch Beide kenne, vergeßt Ihr wohl niemals, daß unsere Ahnen mit Gottfried von Bouillon Jerusalem eroberten."

„Nein, das vergessen wir nicht. Fritz hat uns solche Dienste geleistet, daß wir ihm diese Anerkennung schuldig sind. Wir können auf ihn gerade so stolz sein wie auf unsere Ahnen."

„Das begreife, wer es vermag. Hoffentlich erfahre ich Etwas über diese Dienste! Euch hat er sie geleistet, sagst Du? Du meinst aber doch wohl nur Richardt?"

„Nein, auch mich."

„Hm!"

„Und auch Dich und den Onkel General."

„Was? Diese Dienste beziehen sich auch auf uns?"

„Sogar sehr. Die ganze Familie ist ihm zum allergrößten Danke verpflichtet."

„Wieso?"

„Das führt mich auf meine vorige Bemerkung zurück," sagte Richardt. „Ich muß mich noch heute melden, und es ist sehr möglich, daß ich bereits morgen Berlin wieder verlassen werde. Darum ist es mir erwünscht, Alles, was wir zu besprechen haben, möglichst schnell zu erledigen."

„Gehören denn dazu auch des Wachtmeisters Dienste?"

„Jawohl, Großvater. Wir haben nämlich nicht nur in Beziehung auf die mir gestellte Aufgabe, sondern auch in privater Angelegenheit große Erfolge gehabt."

„Beziehendlich unserer Familie?"

„Ja. Zunächst meine ich damit Onkel Goldberg."

„Mich?" fragte der General. „Ich habe doch mit Eurem Aufenthalte in Frankreich gar nichts zu schaffen."

„Aber dieser Aufenthalt hat sehr viel mit Dir zu schaffen. Es handelt sich nämlich um — ah, es ist gut, daß die Tante nicht da ist! Sie würde uns mit einigen Ohnmachten zu schaffen machen."

„Ohnmachten? Richardt, Du hast etwas Schlimmes für uns?"

„Nein."

„Aber Du sprichst von Ohnmachten!"

„Man kann auch vor Freude in Ohnmacht fallen."

„Mensch, spanne mich nicht auf die Folter!"

„Nun. Du bist Soldat. Du wirst wohl nicht die Besinnung verlieren oder die Krämpfe bekommen. Es handelt sich nämlich um die — — — Löwenzähne."

Er sprach das Wort langsam und mit schwerer Betonung aus. Der General fuhr empor, starrte ihn an, griff sich mit beiden Händen an den Kopf und fragte:

„Verstehe ich Dich recht? Die Löwenzähne?"

„Ja."

„Herr, mein Gott! Sprich, sprich schnell!"

„Nun, Fritz hat eine Spur gefunden."

„Wovon?"

„Daß diese Zähne noch existiren."

„Wo, wo?"

„Der eine in Deutschland und der andere in Paris."

„Ist's wahr? Ist's wahr?"

„Ja. Deshalb sagte ich, daß auch Ihr ihm Dankbarkeit schuldet, lieber Onkel."

„Natürlich, o, ganz natürlich! Aber, wie und wo ist diese Spur gefunden worden?"

Der General befand sich in einer sehr erklärlichen Aufregung. Er sprudelte seine Worte so schnell hervor, daß man sie kaum verstehen konnte. Darum sagte Richardt:

„Bitte, lieber Onkel, setze Dich nieder und trink einen Schluck Wassers. Ich befürchte doch, daß wir Dich mehr aufregen, als es gut für Dich ist."

Der General zog das Taschentuch hervor, um sich die Stirn zu wischen, setzte sich nieder und griff mechanisch nach dem Wasserglase. Richardt fuhr fort:

„Uebrigens brauchst Du noch nicht in Extase zu gerathen. Die Angelegenheit ist noch keinesweges klar; sie muß geprüft werden. Also, Ruhe, Ruhe!"

Der General trank und sagte dann:

„Gut, ich will ruhig sein. Ich bin gleich zu sanguinisch gewesen. Es war ja nur von einer Spur die Rede. Also, wo habt Ihr sie gefunden?"

„In Ortry und sodann auf Schloß Malineau. Die beiden Zähne existiren. Da wir aber sicher gehen wollten, so begnügten wir uns nicht nur an dem Gerüchte, welches wir hörten, sondern wir versuchten, uns in den Besitz der Zähne zu setzen, um sie prüfen zu können."

„Recht so! Recht so! Ist's vielleicht gelungen?"

„Zur Hälfte."

„Was heißt das?"

„Wir haben nicht alle Beide, sondern nur einen erlangt."

„Gott sei ewig Lob und Dank!" jubelte der General. „Wo ist der Zahn? Habt Ihr ihn mit?"

„Ja, natürlich!"

„Wo?"

„Fritz hat ihn."

„Sie? Sie?" fragte der General.

„Ja," antwortete Richardt. „Ich mußte ihn in seinen Händen lassen, weil er ein Recht dazu hat."

„Dann bitte, schnell, schnell, Herr Wachtmeister!"

Das Gesicht Fritzens war todesbleich und seine Hand zitterte sichtbar, als er in die Tasche griff und den Löwenzahn hervorzog, um ihn dem General zu geben.

Dieser griff mit Begierde zu.

„Er ist's, er ist's!" rief er laut, als er den ersten Blick darauf warf. „O mein Gott, mein Gott!"

Er wollte den Zahn öffnen, allein seine Hände zitterten mehr noch als diejenigen des Wachtmeisters. Es dauerte eine Zeit, ehe der Inhalt zum Vorscheine kam.

Der alte Großvater hatte während der letzten zehn

Minuten kein Wort gesprochen, aber seine Augen waren mit größter Spannung auf die Hände des Generals gerichtet. Jetzt fragte er:

„Ist's wirklich einer der Zähne?"

„Ja, ja!" jauchzte der General. „Es ist der rechte, der aus der rechten Kinnlade; ich habe ihn meinem Erstgeborenen umgehängt. Richardt, Richardt, schnell, schnell, heraus damit! Bei wem ist dieser Zahn hier gefunden worden?"

„Beruhige Dich zuvor, lieber Onkel!"

„Ich bin ja ganz ruhig!"

„O nein! Du fieberst ja förmlich!"

„Nun, so laßt mich vorher ein wenig frische Luft schöpfen!"

Er trat an das Fenster und öffnete es. Wohl erst nach fünf Minuten fühlte er sich gesammelt genug. Er kehrte zum Tische zurück und sagte:

„So! Jetzt wird es gehen. Also, wo ist der Zahn gefunden worden?"

„Bei einem blut-, blutarmen Teufel. Wir müssen also sehr vorsichtig sein."

„Seit wann ist er im Besitze dieses Kleinodes gewesen?"

„Seit frühester Kindheit."

„Wie alt ist er?"

„Gerade so alt, wie die beiden Knaben jetzt sein würden."

„Mein Heiland! Ihr kennt doch seinen Namen?"

„Das versteht sich ganz von selbst."

„Wo befindet er sich?"

„Hier in Berlin."

„Seit wann?"

„O, seit langer, langer Zeit. Ich habe ihn sehr gut gekannt."

„Dann ich vielleicht auch?"

„Ja, ebenso gut wie ich."

„Was ist er?"

„Soldat."

„Den Namen, den Namen!"

„Bitte, liebster Onkel," sagte Richardt abwehrend, „jetzt noch nicht. Sprechen wir zunächst von dem anderen Zahne!"

„Der in Paris ist?"

„Ja."

„Wer hat ihn?"

„Zunächst sage ich Dir, daß der Besitzer vor Kurzem auch hier in Berlin gewesen ist."

„Was? Auch hier?"

„Ja. Es geht wirklich ganz und gar wunderbar mit diesen Zähnen zu. Der Pariser hat sich sogar auf unserer Straße befunden."

„Was Du sagst!"

„Ja, sogar in unserem Hause."

„Bei mir?" fragte der Großvater.

„Ja, bei Dir."

„Hier ist nur eine einzige Person gewesen, welche aus Paris war."

„Wen meinst Du?"

„Den Maler Haller."

„Den meine ich auch."

„Was? Dieser befindet sich im Besitze des anderen Zahnes?"

„Ja."

„Welch eine Fügung! Du schriebst uns, daß er gar nicht Maler sei?"

„Ja; er ist Offizier."

„Sein Vater ein Graf?"

„Sein Pflegevater."

„Was? Sein Pflegevater?" rief der General.

„Ja. Graf Lemarch ist nicht der rechte Vater des angeblichen Malers Haller."

„Kennt man den richtigen Vater?"

„Der bist jedenfalls Du, lieber Onkel."

„Ich weiß wirklich nicht, wo mir der Kopf steht. Ich habe sehr gute Nerven, aber es greift mich denn doch an."

„Das sehe ich, und darum ist es am Besten, wir sprechen nicht weiter über diese Angelegenheit."

„Wo denkst Du hin! Ich muß unbedingt Alles erfahren, was Ihr wißt, Alles!"

„Wenn die Aufregung Dir nicht schadet, ja!"

„Sie schadet mir nichts. Wie alt ist dieser Graf Lemarch?"

„Hast Du ihn gesehen?"

„Einmal, aber nur vorübergehend."

„Ich habe ihn nicht nach dem Alter gefragt; ich denke aber, daß dasselbe stimmen wird. Uebrigens wird man ja den Lermille fragen können."

„Wer ist dieser Lermille?"

„Ein Bajazzo, ein Seiltänzer."

„Hat denn dieser auch mit unserer Angelegenheit zu schaffen?"

„Sogar sehr," antwortete Richardt, welcher sich wohl hütete, gleich Alles zu sagen. Das wäre doch wohl gefährlich gewesen. Der General mußte erst vorbereitet werden.

„In wiefern?" fragte der Letztere.

„Nun, er ist eigentlich ein Vagabond, ein verbrecherisches Subject. Er gab in Thionville Vorstellungen und hatte eine Stieftochter bei sich, welche auch Seiltänzerin war und sich in unseren Wachtmeister hier zum Sterben verliebte."

„Gehört das auch hierher?"

„Vielleicht!"

„Spanne mich nicht auf die Folter!"

„Nein; ich will Dir nur beweisen, daß die Person dieses Bajazzo für uns von Werth ist."

„Dann weiter!"

„Dieser Mensch tödtete seine Stieftochter und ging dann mit der Casse seines Directors durch. Die Tochter war nicht sofort todt; sie erzählte noch in ihren letzten Augenblicken, daß ihr Stiefvater einst zwei Knaben geraubt habe, welche zwei Löwenzähne bei sich getragen hätten."

„Ah, jetzt kommt es! Wo hat er sie geraubt?"

„In Preußen."

„Und wohin geschafft?"

„Einer der Knaben ist unterwegs verloren gegangen, ich glaube, in der Nähe von Neidenburg in Ostpreußen."

„Und der Andere?"

„Der wurde nach Paris geschleppt."

„Aber warum?"

„Der Vagabond war von Richemonte und Graf Rallion erkauft worden, wie ich vermuthe und später zu beweisen hoffe."

„Ah! Also diese Beiden! Diese Hallunken sind es gewesen! Gebt mir Beweise in die Hände, Beweise, und ich werde Rallion und Richemonte zermalmen!"

„Um Beweise bringen zu können, muß man sich des Knabenräubers bemächtigen."

„Allerdings. Aber Du sagtest, er sei entflohen?"

„Leider!"

„Er muß verfolgt werden!"

„Ich hetzte sofort die Polizei hinter ihm her, aber vergeblich, bis ganz unerwartet — — —"

„Unerwartet — — was denn, was?"

„Er mir in Schloß Malineau in die Hände lief."

„Du hieltest ihn fest?"

„Ja."

„Er ist also gefangen?"

„Ja."

„Gott sei Dank!" sagte der Graf, tief aufathmend. „Wir habe die Zähne, und wir haben den Knabenräuber; nun endlich wird Klarheit in diese — — doch, o wehe!"

„Was, lieber Onkel!"

„Dieser verteufelte Krieg! Der Bajazzo hat den Mord auf französischem Gebiet begangen."

„Ja, in Thionville."

„Dann ist für mich zunächst nichts zu hoffen."

„Warum?"

„Die Kriegserklärung ist geschehen; Frankreich ist unser Feind; es wird uns den Räuber nicht ausliefern."

„Das sagte ich mir auch."

„Aber ich werde dafür sorgen, daß er uns nicht entgehen kann."

„Was willst Du thun?"

„Ich wende mich nach Paris an den Justizminister."

„Das ist zu zeitraubend und zu unsicher."

„Weißt Du etwas Schnelleres und Sichereres?"

„Ja."

„Was?"

„Wende Dich an mich."

„An Dich? Was soll das heißen? Mensch, Du steckst ja heute ganz und gar voller Geheimnisse!"

„In welche ich Dich aber einweihe. Ich habe dafür gesorgt, daß Du keines französischen Beamten bedarfst. Nämlich dieser Bajazzo ist wieder entsprungen."

„Alle Teufel! Wie ist ihm das gelungen? Einen Mörder pflegt man doch festzuhalten!"

„Ich selbst habe ihm zur Freiheit verholfen."

„Bist Du gescheidt?"

„Ganz dumm bin ich wohl nicht gewesen."

„Aber nun ist er doch wieder fort!"

„Von Malineau, ja. Nämlich nicht ich habe ihn gefangen genommen, sondern mein Freund, der Rittmeister von Hohenthal, welcher ihn — — — —"

„Hohenthal?" fiel der General ein. „Mein Kopf brummt förmlich von diesen allen Ueberraschungen."

„Darum will ich nicht auf Details eingehen, für welche ja später Zeit ist, sondern ich will nur die Conturen zeichnen. Hohenthal kannte ihn als Verbrecher, ohne zu ahnen, daß er der Räuber der Zwillinge sei. Er traf ihn in Malineau und nahm ihn fest. Ich kam dazu, erfuhr davon und ließ den Bajazzo des Nachts aus seinem Gefängnisse."

„Aber, Richardt, das ist ja geradezu verrückt."

„Nein. Höre mich an. Ich wußte ja, daß uns der Kerl nichts nützen könne, so lange er sich in Frankreich befände. Er mußte unbedingt über die Grenze herüber. Darum befreite ich ihn, gab mich für einen auch mit dem Gesetze Zerfallenen aus und floh mit ihm über die Grenze, um ihn da in meine Gewalt zu bringen."

„Gott sei Dank!" stieß der General hervor.

„Nun, war das dumm?" lächelte Richardt.

„Nein, sondern es war ein Geniestreich!"

„Freut mich, daß Du mich nun gar für ein Genie hältst."

„Aber Du hast ihn doch festnehmen lassen?"

„Natürlich."

„So befindet er sich in Gewahrsam."

„Ja."

„Wo?"

„Hier in Berlin."

„Das ist herrlich; das ist prächtig!"

„Wir gehen gleich morgen früh zum Staatsanwalte, um die Untersuchung einleiten zu lassen."

„Ja; ich verliere keinen Augenblick. Also Du glaubst, daß der junge Lemarch — — — —"

„Ich weiß zunächst, daß er der Besitzer des zweiten Zahnes ist. Das Weitere müssen wir abwarten."

„Und der erste Zahn? Also sein Besitzer ist Soldat?"

„Ja. Er ist ein Waisenkind."

„Jetzt Soldat. Aber welchen Beruf hat er?"

„Barbier und Friseur."

„Mein Gott! Wenn er wirklich unser Sohn wäre! Und Barbier! Was muß er gelitten haben! Wann ist er eingetreten? Weißt Du das?"

„Vor bereits längerer Zeit."

„Natürlich! Seinem Alter nach! Und er dient noch?"

„Ja."

„So muß er chargirt sein!"

„Ja, das ist er."

„Welchen Grad?"

„Wachtmeister."

„Er ist also Cavallerist?"

„Ja."

„Bei welchem Regimente?"

„Gardeulanen."

„Wie? Also in Deinem Regimente?"

„Ja, sogar in meiner Schwadron."

Fritz saß da mit völlig blutleerem Gesichte; er wagte nicht, die Augen zu erheben. Der General war abermals aufgesprungen; er starrte Richardt wie geistesabwesend an, brachte aber kein Wort hervor. Statt seiner aber rief der Großvater über den Tisch herüber:

„Gott stehe mir bei! Da kommt mir ein Gedanke!"

„Nun, welcher denn?" fragte Richardt lachend.

„Der Betreffende ist Wachtmeister Deiner Schwadron?"

„Ja."

„Der Maler Haller hat den andern Zahn?"

„Ja."

„In Deiner Schwadron ist nur ein einziger Wachtmeister?"

„Natürlich."

„Ist Dir nicht eine Aehnlichkeit aufgefallen, Richardt?"

„Du meinst, zwischen Haller und dem Wachtmeister?"

„Ja."

„O, die ist sogar ungeheuer groß."

„So ist — alle Teufel, es will fast nicht heraus! — so ist dieser Fritz Schneeberg hier der Wachtmeister?"

„Aufrichtig gestanden, ja."

„Und zugleich der Besitzer des Zahnes?"

„Gewiß."

„Er hat ihn Zeit seines Lebens bei sich getragen; er war Barbier und Friseur; er stammt aus der Gegend von Neidenburg. — Sapperlot und Sapperment, Goldberg, General, Vetter, der Fritz da ist Dein älterer Zwillingsjunge!"

Kunz von Goldberg war noch immer sprachlos. Er hielt den Blick auf Fritz gerichtet; er wollte die Arme erheben, um ihn zu umarmen; aber er konnte sie nicht bewegen.

Da stand Fritz von seinem Platze auf, richtete den thränenden Blick auf den General und sagte:

„Verzeihung, Excellenz, ich kann nicht dafür!"

„Natürlich kannst Du nicht dafür!" rief der Großvater. Und als der Wachtmeister ihn fragend ansah, fuhr er fort:

„Nämlich, daß Du geraubt worden bist."

„Das meine ich nicht."

„Was denn?"

„Daß ich für das eine der verlorenen Kinder erklärt werde. Richardt kann mir bezeugen, daß ich mich lange, lange Zeit gesträubt habe."

„Warum denn aber! Dieser Zahn ist doch Ihr Eigenthum? Nicht?"

„Ja."

„Nun, so ist ja Alles in Richtigkeit. Wie wunderbar! Befindet sich der Kerl seit Jahren hier bei uns, und Niemand ahnt, daß er unser Verwandter ist! Aber, Goldberg, bist Du stumm?"

Jetzt erst kam in den General Bewegung. Er stieß einen unarticulirten Schrei aus, stürzte auf Fritz zu und riß ihn in seine Arme.

„Mein Sohn, mein Sohn!" mehr brachte er nicht hervor, aber es lag eine ganze Welt voll Wonne in diesem Ausrufe.

Es trat eine tiefe Stille ein. Aller Augen waren naß. Großvater, Enkel und Enkelin blickten in tiefster Rührung auf die Gruppe vor ihnen. Der General weinte wie ein Kind. Fritz war ruhig. Er vermochte nicht, an sein Glück zu glauben. Er entzog sich sanft der Umarmung des Generals und sagte:

„Excellenz, wenn Sie sich irren ———"

„Nein, ich irre mich nicht; jetzt fühle ich es," antwortete dieser. Der beste Beweis liegt in dem Umstande, daß Ihr Beide, in deren Händen sich die Zähne befinden, Euch so ungeheuer ähnlich seid. Sage Du zu mir, mein Sohn! Du wirst mir viel, sehr viel zu erzählen haben, aber das verschieben wir auf später. Jetzt mußt Du sofort mit zu Deiner Mutter!"

„Mann, bist Du toll?" sagte der Alte.

„Toll? Wieso?"

„Willst Du Deine Frau tödten?"

„Tödten! Ach ja!"

„Du selbst bist so angegriffen, daß Du kaum stehen kannst; wie soll es erst mit Deinem Weibe werden!"

„Du hast Recht, Vetter! Aber, darf ich ihr denn die Wonne versagen, ihren Sohn zu umarmen?"

„Für heute, ja. Bereite sie vor; gieb ihr Tropfen um Tropfen, damit sie es ertragen lernt! Jetzt setzest Du Dich her und trinkst ein Glas Wein mit uns. Wir haben noch Vieles zu besprechen."

„Mehr, als Du denkst, Großpapa," sagte Emma.

„Wie? Habt Ihr vielleicht noch weitere Ueberraschungen?"

„Frage Richardt!"

„Nun, Junge?"

„Ja, es giebt noch Einiges, was Dich interessiren wird, Großvater," antwortete der Rittmeister.

„So? Ich errathe es."

„Das kannst Du unmöglich errathen!"

„O doch! Ich wette mit!"

„Ich nicht, denn ich weiß, daß Du die Wette verlieren wirst."

„Da irrst Du Dich. Soll ich es Dir sagen, womit Ihr mich überraschen wollt?"

„Nun?"

„Mit einer gewissen Marion de Sainte-Marie."

Der Rittmeister erröthete.

„Ah, Du bekommst Farbe! Also habe ich Recht!"

„Nein, Großvater."

„Leugne nicht!"

„Ich meine wirklich eine ganz andere Ueberraschung!"

„Aber mit dieser Marion ist es doch wohl auch nicht so ganz ohne? Wie?"

„Nun, Emma hat mir gestanden, daß sie nach Ortry gekommen ist, um diese Dame kennen zu lernen."

„Das ist richtig. Ich gab ihr die Erlaubniß dazu. Also, Emma, wie hat sie Dir gefallen?"

„Sie ist ein Engel, Großpapa!"

„Natürlich! Das seid Ihr ja Alle!"

„Aber sie ist's wirklich!"

„Eine Französin!"

„Großmama Margot war auch Französin!"

„Freilich, ja. Aber sie hatte mich lieb!"

„Marion liebt Richardt auch."

„Hat sie es ihm gesagt?"

„Noch nicht."

„Sie hat ihn dort nur mit dem Höcker und der falschen Perrücke gesehen?"

„Ja."

„Nun, so bildet Euch um Gotteswillen nicht ein, daß sie ihm gut ist! Der Kerl sah ja wie ein Scheusal aus, als er hier bei uns hereintrat!"

„Fritz, wie steht es?" sagte Emma.

„Nun," antwortete der Wachtmeister, „ich stimme bei, daß Mademoiselle Marion einst Frau von Königsau sein wird."

„Halt!" sagte Richardt. „Ihr Beide redet da von meinen Herzensangelegenheiten, ohne mich erst um Erlaubniß zu fragen. Wie nun, wenn ich mich rächen und auch die Eurigen ausplaudern wollte!"

"Was?" fragte der Alte. "Sie haben auch welche?"

"Freilich!"

"Alle Beide?"

"Ja."

"Höre ich recht?"

"Es ist so, wie ich sage."

"Nein, nein!" rief Emma.

"Nein, nein!" stimmte Fritz im Spaße bei.

"Leugnet nicht!" gebot Richardt.

Dem General wollte darüber bange werden. Sein Sohn hatte als Wachtmeister sein Herz sicherlich nur an irgend eine Tochter bürgerlicher, vielleicht sogar obscurer Eltern verschenkt. Darum fragte er Richardt voller Sorge:

"Er ist wirklich bereits engagirt?"

"Ja," lachte der Gefragte, "sogar sehr."

"Doch nicht unwiderruflich?"

"Ganz sicher unwiderruflich. Sie geben einander nicht her; sie bleiben sich treu."

"Eine Berlinerin?"

"Nein."

"Aber doch aus der hiesigen Gegend?"

"Nein."

"Doch eine Deutsche?"

"Auch nicht."

"Ah! Also eine Französin?"

"Ja."

"Und als der General bemerkte, daß sich Fritz durch diese Erkundigungen gar nicht aus der Fassung bringen ließ, fragte er weiter:

"Was ist sie denn?"

"Gesellschafterin."

"In einem anständigen Hause?"

"Gewiß!"

"Wo?"

"Sie ist von der erwähnten Marion de Sainte-Maria engagirt."

"O wehe!" entfuhr es ihm.

"Was, wehe?"

"Die Gesellschafterin der zukünftigen Frau von Königsau soll Gräfin von Goldberg werden?"

"Hoffentlich."

"Wie heißt sie?"

"Köhler, Nanon Köhler."

"Nanon von Köhler?"

"Nein, nur Köhler, bürgerlich."

"Die Gräfin Hohenthal hat doch eine Gesellschafterin, die auch Köhler heißt?"

"Diese ist die Schwester von Nanon."

Da wendete sich der General an Fritz:

"Du hast dieses Mädchen wirklich lieb?"

"Sehr, von ganzem Herzen, und sie ist's auch werth."

"Nun, wir werden später darüber sprechen. Lebe Dich nur erst bei uns ein!"

"Nein, lieber Onkel," sagte Emma. "Wir wollen lieber von Nanon Köhler sprechen, noch ehe Fritz sich bei Euch einlebt. Sie hat nämlich eine ausgezeichnete, für uns sehr werthvolle Eigenthümlichkeit."

"Welche wäre das?"

"Sie ist, grad wie Ihre Schwester, ein Waisenkind."

"Ohne beide Eltern?"

"Bis vor kurzer Zeit. Nanon hat ihren Vater nicht gekannt, und ihre Mutter war unter dem angenommenen Namen Köhler gestorben."

"Angenommen? Also ist der Name Köhler falsch?"

"Ja."

"Ist der richtige bekannt?"

"Ja. Die Schwestern haben nämlich glücklicher Weise ihren Vater gefunden, in Thionville, während wir uns dort befanden."

"Wie heißt er?"

"Deephill," antwortete sie, innerlich belustigt.

"Das ist ein englischer oder amerikanischer Name?"

"Amerikanisch."

"Und was ist dieser Mann?"

"Banquier und Millionär."

"So, so! Hm!"

"Du scheinst noch immer bedenklich?"

"Es ist ja stets bedenklich, solche Angelegenheiten in fliegender Eile zu behandeln."

"Aber ich bin nun einmal gewillt, diese Angelegenheit bis auf den Grund zu verfolgen. Der Name Deephill ist nämlich wieder falsch."

"Auch? Aber Kinder, Ihr habt es ja außerordentlich mit falschen Namen zu thun!"

"Blos zufälliger Weise. Dieser Deep-hill ist nämlich eigentlich nicht Amerikaner, sondern Franzose. In seiner Heimath hieß er Bas-Montagne!"

"Das ist ein alter Name. Ein französisches Geschlecht führt ihn vielleicht seit einem halben Jahrtausend."

"Nun, er gehört diesem Geschlechte an."

"Was! So ist er Baron?"

"Ja. Baron Guston de Bas-Montagne."

"Und seine beiden Töchter sind legitimirt?"

"Gewiß. Es haftet kein Makel an ihnen."

Da nickte er befriedigt vor sich hin und sagte:

"Sprechen wir doch später hierüber! Großvater hat vorhin falsch gerathen. Welche Ueberraschung war es denn, die unserer noch wartet. Betrifft es mich oder Euch?"

"Dich und uns," antwortete Richardt. "Man hat mir nämlich von einem fremden Manne erzählt, welcher vor Jahren in den hinter Sedan liegenden Bergen Schätze gesucht haben soll. Es soll ein Deutscher gewesen sein."

"Herrgott!" fuhr der Alte auf. "Sollte man Deinen Vater gemeint haben, Richardt?"

"Ich vermuthete es."

"Hast Du Dich erkundigt?"

"Sehr genau."

"Und was hast Du erfahren?"

"Das er es gewesen ist."

"Mein Heiland! Was werde ich weiter hören müssen."

"Ich will lieber jetzt noch schweigen, Großvater!"

"Nein! Erzähle!"

"Aber es ist aufregend."

"Ich werde es ertragen. Ich habe ja so lange Zeit gelitten; die Ungewißheit war peinigend, die Gewißheit wird mir Ruhe bringen. Nicht wahr, man hat ihn ermordet?"

"Man wollte es."

„Wer?"

„Richemonte."

„Ah! Also wieder dieser! Sie sind also zusammengerathen?"

„Sogar auf höchst feindselige Weise."

„Und da hat mein Gebhardt, Dein armer, armer Vater, unterliegen müssen?"

„Unterliegen, ja; aber getödtet ist nur der gute Florian worden."

„Was sagst Du? Höre ich recht?"

Hugo von Königsau erhob sich bei diesen Worten von seinem Sitze, legte die beiden Fäuste auf den Tisch und blickte mit den Augen eines Mannes, der durch zehn eiserne Thüren sehen will, den Rittmeister an.

„Es ist so, wie ich sage," antwortete dieser.

„Nur Florian wurde getödtet?"

„Ja."

„Dein Vater blieb leben?"

„Ja, wenn auch schwer verwundet."

„Warum kehrte er nicht zu uns zurück?"

„Er war Gefangener."

„Wessen?"

„Des Capitän Richemonte."

„Alle tausend Teufel! Er hat ihm die Freiheit geraubt! Eine so lange Zeit! Wo hat er ihn hingesteckt?"

„In ein unterirdisches Gewölbe."

„Donner und Doria! Ich möchte gleich mit dem nächsten Zuge nach Ortry, um diesem Teufel von Capitän die Seele aus dem Leibe zu jagen. Er ist ein Satan!"

„Er wird seinen Lohn finden; da laß mich nur sorgen."

„Aber Dein Vater? Lebt er noch?"

„Ich — vermuthe es."

„Du vermuthest? Du weißt also nichts Gewisses?"

„Hm! Ich habe nachgeforscht."

„Pah! Sieh mich einmal an! Sehe ich jetzt aus wie ein altes Weib, welches sich von irgend einer frohen oder traurigen Botschaft niederwerfen läßt?"

„Allerdings nicht."

„Nun, so rede offen! Ich bemerke, daß Du laviren willst. Ich will die Wahrheit haben, und zwar schnell! Er ist todt?"

„Nein."

„Mein Gott im Himmel! Er lebt! Wo? Noch in diesem unterirdischen Gefängnisse?"

„Nein. Ich war mit Fritz unten bei ihm."

„So habt Ihr ihn befreit?"

„Ja. Er ist frei."

„Und wo befindet er sich?"

„Auf dem Wege zu Dir."

„Auch dies ist nicht wahr. Heraus damit, heraus! Er ist bereits da, und Ihr habt ihn versteckt?"

Er kam hinter dem Tisch hervor wie ein Jüngling so kräftig und schnell.

„Ja, der Vater ist da," sagte da Emma.

„Wo ist er, wo?"

„Er wartet in Deinem Schlafzimmer."

Da stieß der Alte einen Jubelruf aus und stürmte zur Thür hinaus, die Andern ihm nach. —

Auch der dicke Maler Hieronymus Aurelius Schneffke war mit in Berlin angekommen. Er begab sich zunächst nach seiner Wohnung, um sich ein Wenig zu restauriren, und ging dann nach der Nummer Sechzehn derselben Straße, wo er im Hinterhause vier Treppen hoch emporstieg und da an der Thür klingelte.

Es ließen sich von innen langsame, schlürfende Schritte hören, und dann fragte die Stimme des alten Sonderlings Untersberg:

„Wer ist da?"

„Ich, der Maler Schneffke."

Die Thür wurde geöffnet, nicht ganz, sondern nur so weit, wie es die Sicherheitskette zuließ. Der Alte lugte heraus und fragte:

„Sind Sie allein?"

„Ja."

„Wirklich?"

„Ja."

„Wissen Sie, als Sie zum letzten Male bei mir waren, brachten Sie mir auch einen Menschen mit, welcher nicht wieder gehen wollte!"

„Ich konnte nichts dafür. Heute bin ich allein."

„So kommen Sie!"

Die Thür wurde jetzt ganz geöffnet, und der Maler durfte eintreten. Hinter ihm verschloß der Alte sofort wieder und winkte seiner Dogge, sich als Wächter an die Thür zu setzen.

Das Zimmer war wie vor Schneffke's Reise. Der Alte schien sein Abendbrod gegessen zu haben, denn auf dem Tische stand ein alter Teller mit einem harten Brodreste und einer dürren Käserinde.

Untersberg deutete auf einen Stuhl, auf welchem der Maler Platz nahm, und setzte sich selbst auf einen zweiten. Er beobachtete den Dicken eine ganze Weile, ohne ein Wort zu sagen, dann begann er:

„Erinnern Sie sich unsers letzten Gespräches noch?"

„Sehr genau."

„Sie wissen, daß ich Sie warnte?"

„Wovor?"

„Ah, sehen Sie, daß Sie nichts mehr wissen!"

„Sie haben mich nicht gewarnt."

„Sogar sehr streng! Ich warnte Sie vor Unvorsichtigkeit."

„Ah so! Das meinen Sie! Nun ja, Sie riethen mir Vorsicht an."

„Haben Sie das befolgt?"

„Natürlich."

„Haben Sie auch nichts verrathen?"

„Kein Wort!"

„Schwören Sie!"

„Ich schwöre."

„Gut, so können wir beginnen. Sie waren also doch in Frankreich?"

„Wo sonst?"

„Es wäre doch möglich, daß Sie von meinem Gelde eine Lustparthie nach einem ganz anderen Orte gemacht hätten."

„Das wäre ja Betrug!"

„Ja. Man darf keinem Menschen trauen."

Da stand Schneffke von seinem Stuhle auf und sagte:

„Sie behandeln mich wie einen Spitzbuben und Betrüger; das brauche ich mir nicht gefallen zu lassen. **Gute Nacht!"**

Er schritt der Thüre zu.

„Ja, gehen Sie! Gute Nacht!" hohnlachte der Alte.

Die Dogge erhob sich und fletschte dem Maler die langen, gelben Zähne drohend entgegen.

„Rufen Sie **den Hund fort!"** sagte Schneffke.

„Wozu?"

„Daß ich gehen kann."

„Gehen Sie doch! Ich halte Sie nicht."

Da drehte sich Schneffke wieder um, setzte sich abermals auf seinen Platz und sagte:

„Na, zerreißen lasse ich mich von dem Hunde nicht; aber antworten werde ich Ihnen auch nicht, wenn Sie nicht höflicher werden. Ich habe Zeit, ich kann sitzen bleiben."

Er griff in die Tasche, zog sich eine Cigarre hervor und machte Miene, sie anzubrennen.

„Was fällt Ihnen ein! Wollen Sie mir meine Bilder und Bücher, meine ganze Bibliothek anbrennen?"

„Nein, sondern nur diese Cigarre."

„Es kann ein Funke herunterfallen."

„Ich nehme mich in Acht!"

„Nein, nein! Sie rauchen nicht!"

„Wenn Sie höflich sein wollen, werde auch ich aus Höflichkeit die Cigarre wieder einstecken!"

„Sie sind ein sonderbarer Mensch."

„Und Sie ein komischer Kauz. Sie machen sich selbst das Leben schwer, Herr Untersberg."

„Ich habe auch alle Ursache dazu. Also, wollen Sie mir jetzt Rede und Antwort stehen?"

„Ja."

„Sie waren in Malineau?"

„Ja."

„Haben Sie den jungen Berteu gesehen?"

„Ja."

„Und mit ihm gesprochen?"

„Viel."

„Viel? Ah! Hatten Sie Gelegenheit dazu?"

„Ich hatte sie mir verschafft. Erinnern Sie sich meiner Versicherung, daß ich Anlage zur Gensdarmerie besitze?"

„Ja."

„Nun, ich sollte Berteu aushorchen. Das konnte ich am allerbesten, wenn ich bei ihm wohnte."

„Was? Wie? Sie haben bei ihm gewohnt?"

„Ja."

„Wie lange?"

„Einige Tage."

„Das ist gut, das ist wirklich gut! Wie aber kam es, daß er Sie zu sich nahm?"

„Ich that, als ob ich das Schloß abzeichnen wolle, da kam er dazu und sagte mir, daß er einige Bilder besitze, welche er restauriren lassen wolle. Ob ich diese Arbeit übernehmen könne."

„Sie sagten ja?"

„Natürlich."

„Und haben ihn ausgehorcht?"

„Ganz und gar."

„Wußte er etwas?"

„Nichts, kein Wort!"

„Ah! Wovon denn?"

„Das weiß ich auch nicht."

„So können Sie es ja gar nicht wissen, daß er kein Wort gewußt hat!"

„O, er war so zutraulich mit mir, daß er mir Alles, Alles gesagt hat, was auf seinem Herzen liegt."

„Was denn?"

„Von dem Kriege."

„Was weiß er davon?"

„Sehr viel. Er will Franctireur sein."

„Ach so. War sein Vater wirklich todt?"

„Ja."

„Woran war er gestorben?"

„Er war an einem Knochen erstickt."

„Der Unglückselige! Hat er vor seinem Ende gebeichtet?"

„Hm! Kann man mit einem Knochen im Halse beichten?"

„Nein. Hat er seinem Sohne etwas anvertraut?"

„Kurz vor dem Tode nicht."

„Das wissen Sie genau?"

„Sehr genau. Er hatte eine Schweinscottelette gegessen. Dabei war ihm der Knochen in die Gurgel gekommen. Fünf Minuten darauf war er eine Leiche."

„Das ist gut! Das ist schön!"

„Hm! Ist's nicht möglich, daß er bereits vorher etwas gesagt haben kann?"

Der Alte erschrak.

„Was soll er gesagt haben?" fragte er. „Wissen Sie vielleicht etwas, was er gesagt hat?"

„Ja."

„Was denn?"

„Er hat zu seinem Sohne gesagt, daß dieser ein lüderlicher Strick sei, den eines schönen Tages der Teufel holen werde."

„Weiter nichts?"

„Nein."

„So bin ich zufrieden, sehr zufrieden."

„Hm! Man muß vorsichtig sein!"

„Wie? Was? Wissen Sie noch etwas?"

„Nein. Aber der Todte könnte seinem Sohne vielleicht etwas Schriftliches hinterlassen haben!"

„Ist Ihnen so etwas bekannt?"

„Nein."

„Dann gut. Wie haben Sie Ihre Zeit dort verbracht?"

„Ich habe dem Berteu die Gemälde gereinigt, bin spazieren gegangen und habe mir auch das Schloß besehen."

„Es gehört jetzt dem Grafen von Latreau?"

„Ja."

„Was arbeiten Sie morgen?"

„Ich werde von der Reise ausruhen."

„Kommen Sie her zu mir. Wir werden ein wenig nach dem document du divorce suchen."

„Wozu?"

Sofort machte der Alte ein finsteres Gesicht.

„Was geht Sie das an?" fragte er.

„Mich? Nichts, gar nichts!"

„So fragen Sie auch nicht."

„Schön! Gute Nacht!"

„Gute Nacht! Also kommen Sie morgen!"

„Gleich früh aber kann ich nicht," sagte der dicke Maler, der sich bereits nach der Thür bewegte. Er spielte nur mit dem Alten.

„Warum nicht?" erkundigte sich dieser.

„Ich muß zu Fräulein Köhler gehen."

Im nächsten Augenblicke hatte ihn Untersberg beim Arme erfaßt.

„Zu einem Fräulein Köhler?" fragte er.

„Ja."

„Wie heißt sie noch?"

„Madelon."

„Ah! O! Was ist sie?"

„Gesellschafterin."

„Wo?"

„Bei der Gräfin von Hohenthal."

„Was wollen Sie bei ihr?"

„Ich soll sie portraitiren."

„Was? Portraitiren? Eine Gesellschafterin?"

„Allerdings."

„Hat sie denn Geld, das Portrait zu bezahlen?"

„Ich male es umsonst."

„Sind Sie des Teufels?"

„Nein, aber verliebt."

„In wen?"

„Eben in diese Nanon Köhler."

„Und das Mädchen? Werden Sie wiedergeliebt?"

„O, mit himmlischer Wonne!"

Da donnerte ihn der Alte an:

„Herr, Sie sind ein Lügner!"

„Oho!"

„Ich kann es Ihnen beweisen!"

„Beweisen Sie es!"

„Als Sie sich vor Ihrer Reise bei mir befanden, waren Sie bereits verliebt!"

„Das bin ich stets."

„Sie sagten, in eine Gesellschafterin!"

„Natürlich!"

„Ich fragte Sie nach ihr."

„Das ist möglich."

„Sie antworteten, daß sie bei der Gräfin von Goldberg in Stellung sei."

„Ach so! Ja, das ist wahr."

„Und jetzt zeigt es sich, daß sie bei der Gräfin von Hohenthal ist!"

„Aber doch nicht dieselbe!"

„Ist's denn eine Andere?"

„Ja. Mit der vorigen war es nichts; sie war arm und hatte obscure Eltern. Bei dieser Madelon Köhler aber ist es ganz, ganz anders."

„In wiefern?"

„Hm! Das ist Geheimniß."

„Aber mir theilen Sie es mit?"

„Wozu?"

„Weil ich mich für Sie interessire."

„Ich mich für Sie auch; aber das ist doch kein Grund, Ihnen die Geheimnisse meiner Braut mitzutheilen."

„Sie ist schon Braut?"

„Ja, gewiß."

„Ist sie denn reich?"

„O sehr! Und nicht blos das?"

„Was noch?"

„Sie ist auch vornehm."

Die Gestalt des Alten sank immer mehr zusammen. Er stellte seine Fragen mit außerordentlicher Hast und Aengstlichkeit. Jetzt stieß er hervor:

„Vornehm will sie sein?"

„Ja."

„Eine Gesellschafterin!"

„O, sie hat ja nicht gewußt, daß sie selbst von Adel ist."

„Von Adel? Eine — — Köhler!"

„Das ist ein falscher Name, welchen ihre Mutter zuletzt getragen hat."

„Wie heißt sie denn?"

„Sie heißt eigentlich Madelon de Bas-Montagne."

Da konnte sich der Alte nicht mehr halten; er sank auf den Stuhl nieder und stieß einen tiefen, tiefen Seufzer aus.

„Was ist Ihnen?" fragte der Maler. „Ist Ihnen plötzlich unwohl geworden?"

„Ja."

„Wovon?"

„Wohl von dem Essen. Ich habe doch wohl zu viel zu mir genommen, und mein Magen ist ja eben so alt wie ich. Doch das braucht Sie ja nicht zu kümmern. Bitte, erzählen Sie weiter, Herr Schneffke!"

„Nein; ich werde doch lieber gehen."

„Bleiben Sie! Wann haben Sie diese Madelon kennen gelernt?"

„In Malineau."

„War sie dort?"

„Ja. Sie war mit ihrer Schwester Nanon gekommen, um den alten Berteu zu begraben, welcher ihr Pflegevater gewesen ist. Das waren wohl die beiden Mädchen, nach denen ich fragen sollte?"

„O Himmel, o Himmel!"

„Warum jammern Sie?"

„Ich wollte es verschweigen, und nun haben Sie es doch erfahren."

„Was denn?"

„Daß ich diese Beiden meinte."

„Warum interessiren Sie sich für sie?"

„Ich war mit Berteu bekannt. Er schrieb mir zuweilen und erwähnte dabei auch diese Mädchen. Er schrieb mir einige Monate vor seinem Tode, daß er mir in Beziehung auf sie ein Geheimniß mitzutheilen habe, welches für die Mädchen von hohem Werthe sei. Dann kam plötzlich die telegraphische Nachricht, daß er gestorben sei. Darum sandte ich hin, um zu erfahren, ob er seinem Sohne das gesagt habe, was eigentlich für mich bestimmt gewesen ist."

Der Maler hatte eigentlich nicht die Absicht gehabt, dem Alten heute zu entdecken, daß Alles an den Tag gekommen sei. Jetzt aber hielt er es für besser, mit dieser Mittheilung vorzugehen.

„Hm!" brummte er nachdenklich. „Seinem Sohne hat Berteu nichts gesagt; aber das Geheimniß ist dennoch an den Tag gekommen."

„Wie denn?"

„Das darf ich nicht sagen."

„Und worin besteht das Geheimniß?"

„Eben darin, daß der Name der Mädchen nicht Köhler ist, sondern Bas-Montagne. Sie sind die Töchter einer französischen Freiherrnfamilie."

„Wie wollen Sie das beweisen?"

„Durch ihre Geburtsscheine."

„Ah! Sind diese vorhanden?"

„Ja; sie sind aufgefunden worden."

„Wo?"

„Im Schlosse Malineau."

„Wann?"

„Vor wenigen Tagen."

„Wo haben sie gesteckt?"

„In einem Buche der Bibliothek," log der Maler.

„So kann man doch nicht behaupten, daß sie sich grade auf diese beiden Mädchen beziehen."

„Und doch! Es hat nämlich ein Brief ihrer Mutter dabeigelegen. Sie muß eine sehr unglückliche Frau gewesen sein."

„Wieso?"

„Sie war eine Deutsche, eine Protestantin, und heirathete den Baron Guston de Bas-Montagne gegen den Willen seines Vaters. Dieser suchte sie zu verderben. Während sein Sohn verreiste, zwang er sie, zu entsagen. Sie entfernte sich mit ihren zwei Kindern und ließ einen Brief an ihren Mann, an ihren Schwiegervater und einen Schein zurück, in welchem sie in die Scheidung willigte."

„Ah, dieser Schein! Dieser Schein!"

„Was wissen Sie von ihm?"

„Nichts, gar nichts! Sie sind es ja, der davon spricht!"

„Ach so!"

„Erzählen Sie weiter!"

„Wissen Sie denn, daß diese Geschichte noch weiter geht?"

„Ich kann es mir denken."

„Nun, als der junge Baron von seiner Reise heimkehrte, log ihm der Vater vor, daß sein Weib ihm untreu gewesen sei und mit einem Anderen die Flucht ergriffen habe. Der Sohn nahm sich dies zu Herzen und ist seitdem verschwunden. Man hat nichts wieder von ihm gehört."

„Verschwunden — verschwunden!" ächzte der Alte.

„Was haben Sie? Thut Ihnen etwas weh?"

„Nein; aber Ihre Erzählung greift mich an!"

„Sie geht Sie doch gar nichts an!"

„Nein; aber man hat doch Mitgefühl"

„Ja, Sie sind ein edler Mensch; so wie Sie hätte der alte Baron sein sollen; dann wäre die arme Frau nicht verstoßen und verjagt worden, die arme gute, süße becque fleur!"

Da fuhr der Alte auf und rief:

„Was sagen Sie da für ein Wort, Herr!"

„Becque fleur, zu Deutsch Kolibri."

„Ich mag dieses Wort nicht leiden. Wissen Sie, was es zu bedeuten hat?"

„Ja."

„Nun?"

„Es war der Kosename für die arme Frau. Der junge Baron hat sie stets sein kleines, liebes, gutes, süßes Becque-fleur genannt. Er muß sie sehr lieb gehabt haben."

„Ah! Oh!" stöhnte der Alte. indem er den Kopf in die beiden Hände legte.

„Was ist Ihnen denn?"

„Nichts. Sie verstehen es, so herzzerreißend zu erzählen."

„Meinen Sie? Ja, die arme Frau thut mir wirklich herzlich leid. Sie hat sterben müssen, vereinsamt, verstoßen, verkannt und verurtheilt. Wissen Sie, wie ich sie mir vorstelle?"

„Nun, wie?"

„Darf ich mir hier dieses Papierblatt nehmen?"

„Nehmen Sie es."

Der Maler setzte sich an den Tisch, zog die Lampe näher, griff zu Stift und Papier und begann zu zeichnen. Der Alte blickte ihm mit Spannung zu. Es dauerte kaum zwei Minuten, so hielt ihm der Erstere das Blatt hin.

„Sehen Sie, Herr Untersberg, so stelle ich mir diese Frau vor. So muß sie gewesen sein, als sie noch glücklich war und kaum zwanzig Jahre zählte."

Untersberg blickte auf die Zeichnung. Sie war ganz genau nach dem Porträt gehalten, welches der Maler in dem Colibribilde gefunden hatte.

„Herr, mein Heiland! Das ist sie; das ist sie!" rief der Alte. „So, ja so war sie!"

„Wie?" fragte Schneffke. „Haben Sie denn vielleicht diese Frau gekannt?"

„Nein."

„Aber Sie sagen ja, daß sie es sei!"

„Nun, Sie sind ja ein tüchtiger Maler und müssen sie also getroffen haben."

„Ah, so meinen Sie es?"

„Ja, anders natürlich nicht! Haben Sie sie denn gesehen?"

„Nein."

„Wirklich nicht?"

„Nie!"

„Und treffen sie so vorzüglich!"

„Das ist kein Wunder. Ich habe mir von ihr erzählen lassen, ich kenne ihren Character, ihr Temperament, ihre Tugenden, nach denen ich mir ihre Physiognomie ausbilde."

Da erhob sich der Alte rasch von seinem Stuhle und fragte:

„Gelingt das immer?"

„Wenigstens mir."

„Also wenn man Ihnen einen Menschen beschreibt, können Sie sein Gesicht zeichnen?"

„Ja."

„Auch wenn es kein Weib, sondern ein Mann ist?"

„Gewiß."

„Hat man Ihnen vielleicht den Baron Guston beschrieben?"

„So ziemlich."

„Getrauen Sie sich, ihn zu treffen?"

„Ja, doch vielleicht nicht mit einem Male!"

„Wollen Sie es nicht einmal versuchen?"

„Wozu?"

„Es macht mir Vergnügen. Sie haben ja bemerkt, wie sehr ich mich für diese Sache interessire."

(Schluß folgt.)

Illustrirte Unterhaltungs-Bibliothek für Familien aller Stände.
Druck und Verlag von **H. G. Münchmeyer** in Dresden und New-York.

Die Liebe des Ulanen.
Original-Roman aus der Zeit des deutsch-französischen Krieges von Karl May.
(Schluß.)

Sie scheint Ihnen nicht so unbekannt zu sein, wie Sie sich stellen, Herr Untersberg!"

„Wie kommen Sie auf diesen Gedanken?"

„In Folge meiner Beobachtung. Habe ich nicht Recht?"

„Nein."

„So habe ich mich also getäuscht."

„Nun, wollen Sie den Kopf versuchen?"

„Danke! Ich habe Sie bereits zu lange belästigt."

„O, das war keine Belästigung."

„O, doch. Ich habe heute mit Ihnen über Dinge gesprochen, wegen denen Sie mich früher mit dem Hunde fortgehetzt hätten. Ich darf Ihre große Güte nicht mißbrauchen."

„Das Gespräch war mir interessant."

„Aber früher durfte ich Manches nicht erwähnen, was ich heute erwähnt habe!"

„Das liegt in der Stimmung des Augenblicks. Ich bitte Sie wirklich, den Kopf zu versuchen!"

„Ich könnte nicht, selbst wenn ich wollte."

„Warum nicht?"

„Wenn mir dieser Kopf gelingen soll, so muß ich ihn mit Buntstift zeichnen. Haben Sie vielleicht solche Stifte hier?"

„Nein."

„So sehen Sie, daß es nicht geht."

„Es geht, es geht! Ich lasse welche holen. Welche Farben brauchen Sie?"

Er war ganz geschäftig und beweglich geworden. Schneffke wehrte ab und sagte:

„Holen lassen? Ich danke. Ein guter Zeichner besorgt sich seine Stifte stets selbst."

„Ist dies denn so unbedingt nöthig?"

„Unbedingt zwar nicht; aber es hat ein Jeder seine Eigenthümlichkeiten. Ich arbeite mit keinem Stifte, den ich mir nicht selbst ausgewählt habe."

„Nun, so gehen Sie doch, um welche zu holen!"

„Ich begreife Sie nicht, Herr Untersberg. Sie thun ja, als ob Leben und Tod von dieser Zeichnung abhänge."

„Ich habe Ihnen gesagt, daß ich mich für dieses Mädchens interessire, und ich bin gerade ebenso ein Sonderling wie Sie. Ich verlange es als einen Freundschaftsbeweis, daß Sie die Stifte holen!"

„O wehe! Da fassen Sie mich ja förmlich bei der Ambition an!"

„Ich hoffe, daß es nicht ohne Erfolg geschieht!"

„Nun gut, ich will Ihnen den Willen thun; aber einen Zweck kann ich dabei nicht erkennen!"

„Das kann Ihnen ganz gleichgiltig sein."

Er ließ den Maler hinaus und verschloß sodann die Thür wieder. Als er allein war, veränderte sich sein Gesicht. Er nahm den Kopf, welchen Schneffke gezeichnet hatte, und betrachtete ihn mit Augen, aus denen ein teuflischer Haß leuchtete.

„Dich habe ich elend gemacht, und Deine Brut soll noch elender werden. Aber ihn muß ich wieder haben, ihn, meinen Sohn. Wenn dieser Maler wirklich seine Züge trifft, so muß meine Annonce den Verlorenen finden."

Er stieß ein heiseres Lachen aus. Es klang wie das Gelächter eines Wahnsinnigen. Und wahnsinnig war er auch, dieser alte Mann. In seinem Verhalten hatte keine Consequenz gelegen.

Schneffke hatte in Malineau das Bild des Baron Guston gesehen. Er wußte, daß er dasselbe recht gut mit gewöhnlichem Bleistift wiedergeben könne; aber er hatte während seiner Unterredung mit dem Alten den Entschluß gefaßt, seinen Sohn, Deep-hill, herbei zu holen. Es galt also, nach einem Vorwande, sich zu entfernen, zu suchen, und da war er auf die Idee gekommen, farbige Stifte für nothwendig zu erklären.

Als er jetzt langsam die Treppe hinabstieg, schüttelte er den Kopf und murmelte vor sich hin:

„Daß der Alte einen kleinen Knopf im Gehirne habe, das dachte ich immer; daß dies aber ein gar so großer sei, das ist mir doch nicht beigekommen. Ich denke, wenn ich ihm seinen Sohn bringe, so schnappt er entweder vollends über, oder er geht in sich und wird ein anderer Kerl. Beides kann nichts schaden. Aber Deep-hill wird sich wundern, wohin ich ihn führe. Er hat ja gar keine Ahnung, daß er seinen alten Isegrimm heute noch sehen wird."

Er fand Deep-hill in dem Hotel, in welchem derselbe Quartier genommen hatte. Zwar hatte Madelon ihren Vater gebeten, die ihm von der Gräfin von Hohenthal angebotene Gastfreundschaft anzunehmen; er aber hatte abgelehnt, um einerseits Niemandem beschwerlich zu fallen, und andererseits für seine Angelegenheiten freie Hand zu haben.

Nanon wohnte natürlich bei ihm. Madelon hatte es aber nicht über's Herz gebracht, ihre gütige Herrin so schnell zu verlassen. Sie war von der Gräfin nie wie eine untergeordnete Person behandelt worden. Jetzt war die Herrin ganz entzückt, zu erfahren, daß ihre Gesellschafterin eigentlich die Tochter eines französischen Barons sei, und freute sich herzlich, als sie hörte, daß Madelon noch bei ihr bleiben wolle, bis in ihre Familienverhältnisse die gewünschte Klarheit gekommen sei. Es erfüllte sie das mit der Genugthuung, nicht nur die Achtung, sondern auch die Liebe ihrer Gesellschafterin errungen zu haben.

Also Deep-hill hatte Madelon zu der Gräfin von Hohenthal gebracht, und war dann in das Hotel zu Nanon zurückgekehrt. Diese befand sich beim Auspacken ihrer Sachen. Im Koffer befand sich auch das Bild des Vaters, welches der dicke Maler bei dem Beschließer Melac auf Schloß Malineau entdeckt hatte. Sie nahm es heraus und sagte:

„Da ist Dein Portrait, lieber Vater. Wie schön wäre es, wenn wir auch ein solches von der Mutter besäßen."

„Ja, wie schön!" antwortete er. „Zwar kann ich mich aller ihrer Züge noch sehr gut erinnern, aber ich freue mich doch, wenn ich dieselben nicht nur mit dem geistigen Auge zu erblicken brauchte. Und Du und Madelon, Ihr könnt Euch ja doch unmöglich an die Mutter erinnern."

„Hat es kein Portrait von ihr gegeben?"

„O doch! Und zwar ein sehr gutes und kostbares. Es war von einem Meister hergestellt worden."

„Wo mag es hingekommen sein?"

„Sie hat es leider —"

Er hielt inne. Seine Züge verfinsterten sich.

„Sprich weiter, lieber Vater!"

Er schüttelte den Kopf und antwortete in traurigem Tone:

„Es würde Dich schmerzen, liebes Kind."

„Und dennoch bitte ich Dich, es mir nicht zu verschweigen. Es ist ja besser, wir sind aufrichtig gegen einander."

„Meine Mittheilung würde das Andenken trüben, welches Ihr der Mutter bewahrt habt."

„O, ich kann nicht glauben, daß es etwas gebe, was dem Andenken der Mama schaden könne."

„O doch; es giebt etwas!"

„Und ich soll es nicht erfahren?"

„Es ist besser, daß ich schweige."

Sie blickte ihm nachdenklich in das Gesicht. Dann glitt ein Zug der Entschlossenheit über das ihrige. Sie sagte:

„Aber, lieber Vater, ich kann von Dir fordern, daß Du mir diese Mittheilung nicht vorenthältst."

„Wieso?"

„Wenn es in der Vergangenheit etwas giebt, was im Stande ist, das Andenken meiner armen Mutter zu trüben, so ist es meine Pflicht, es zu erfahren. Du wirfst auf sie irgend eine mir unbekannte Schuld; ich aber glaube nicht an diese Schuld, und so ist es meine heilige Pflicht, die Mutter zu vertheidigen und sie von dem Flecken zu reinigen."

„Mein Kind, das wird Dir leider nicht gelingen."

„O doch!" behauptete sie im Tone festester Ueberzeugung. „Theile mir nur mit, welche Schuld auf ihr lasten soll."

Er wendete sich ab und antwortete:

„Die der Untreue!"

„Das ist nicht wahr!"

Sie hatte diese Worte laut ausgerufen. Sie war dabei zu dem Vater hingetreten und hatte seinen Arm ergriffen. Sie blickte mit fast zornigem Vorwurfe zu ihm auf.

„Leider ist es wahr!" entgegnete er.

„Verleumdung, tückische Verleumdung!"

„Nein, Wahrheit, unumstößliche Wahrheit!"

„Beweise es!"

„O, dieser Beweis ist ein sehr unerquicklicher. Nennst Du es Treue, wenn ein Weib ihren Mann verläßt, um mit einem Anderen davonzugehen?"

„Das hätte sie gethan?"

„Ja."

„O, das ist eine große, eine ungeheure Lüge, eine Niederträchtigkeit, welche ihres Gleichen sucht!"

„Du irrst Dich! Ich war verreist. Als ich zurückkehrte, war sie fort. Und mit ihr war Alles, Alles fort, was mich an die Tage des Glückes erinnerte, auch ihr Bild. Sie hatte es mitgenommen."

„Ich glaube es nicht! Wer war der Mann, mit dem sie sich entfernt haben sollte?"

„Was nützt es Dir, seinen Namen zu wissen!"

„Er müßte doch bei ihr gewesen sein!"

„Allerdings."

„Man hat aber nie gehört, daß sich außer uns beiden Kindern eine dritte Person bei ihr befunden habe. Sie ist mit uns Beiden nach Malineau gekommen, ganz allein mit uns!"

„Aber zwischen ihrer Flucht und der Ankunft auf Malineau liegt eine Zeit, in welcher —"

„Weiter, weiter!" sagte sie, als er zögerte, fortzufahren.

„Laſſen wir dieſe Zeit im Dunkel liegen!"

„Kennſt Du den Tag ihrer Flucht?"

„Nein."

„Und den Tag ihrer Ankunft auf Malineau."

„Natürlich auch nicht."

„Und dennoch nimmſt Du an, daß zwiſchen dieſen beiden Tagen eine Zeit verbrecheriſchen Umganges gelegen habe!"

„Muß ich nicht?"

„Nein. Ich bin überzeugt, daß ſie ſofort mit uns nach Malineau gegangen ſei."

„Warum aber, warum, warum? Hat ſie den Verführer nicht mit nach Malineau gebracht, ſo iſt dies nur ein Zeichen, daß er ſie unterdeſſen verlaſſen habe."

„Kannſt Du denn wirklich beweiſen, daß ſie der Stimme eines Verführers gefolgt ſei?"

„Ja."

„Womit?"

„Mit den Ausſagen meines Vaters."

„Gut! Bringe Deinen Vater! Ich werde ihm in das Angeſicht ſagen, daß er gelogen hat, wenn er nicht von Anderen getäuſcht worden ſei! Nimmt ein ungetreues Weib ihre Kinder mit, wenn ſie ihren Mann verläßt, um ſich an einen Verführer zu hängen?"

„Sie liebte Euch trotz ihrer Untreue gegen mich."

„Nimmt eine ſolche Frau das Portrait ihres Mannes mit, den ſie in böswilliger Weiſe verläßt?"

„Hm! Zum Andenken! Warum nicht! Sie iſt ihm doch auch einmal gut geweſen!"

Er ſagte das im Tone der Ironie. Nanon aber entgegnete:

„Nein. Ich kann mir nicht denken, daß eine flüchtige Frau ſich mit ſolchen Andenken ſchleppt."

„Sie hat übrigens das Bild von ſich gegeben."

„Kurz vor ihrem Tode!"

„Mein Kind, ſtreiten wir uns nicht! Deine Mutter hat mich verlaſſen. Dieſe Thatſache iſt nicht hinweg zu disputiren. Ich habe nach ihr geſucht, lange Jahre hindurch. Sie hat ſich nicht finden laſſen. Das beweiſt und vergrößert ihre Schuld. Daran iſt gar nicht herum zu deuteln. Sie war eine Verbrecherin, nicht nur gegen mich, ſondern auch gegen Euch."

„Wieſo?"

„Indem ſie Euch mit ſich nahm. Sie machte Euch zu armen Waiſenkindern, Euch, die Baroneſſen von Bas-Montagne, die bei dem Vater eine ihres Standes würdige Erziehung erhalten hätten."

„O, Papa, ſie hat trotz ihres frühen Todes dafür geſorgt, daß wir nicht verwahrloſt wurden."

„Aber um Eure Jugend hat ſie Euch betrogen. Nur einem Zufalle habe ich es zu verdanken, daß ich meine Kinder fand. Und nur demſelben Zufalle habt Ihr es zuzuſchreiben, daß Ihr nicht gezwungen ſeid, als arme Geſellſchafterinnen dem Glücke des Lebens zu entſagen."

Sie lächelte leiſe vor ſich hin und antwortete:

„Was das betrifft, Papa, ſo glaube ich nicht, daß ich zur Entſagung gezwungen geweſen wäre."

„Pah! Was hätteſt Du als Geſellſchafterin von der Zukunft, von dem Leben überhaupt zu erwarten!"

„Viel, ſehr viel!" ſagte ſie im Tone der Ueberzeugung.

„Willſt Du mir nicht ſagen, was Du unter dieſem ‚Sehr viel' eigentlich verſtehſt?"

Sie erröthete. Auch ſein bisher ſo ernſtes Geſicht verzog ſich zu einem Lächeln und er ſagte:

„Denkſt Du vielleicht, ich errathe es nicht?"

„Was?"

„Du hätteſt die Chance gehabt, eine Kräuterfrau zu werden."

„O! Nur eine Kräuterfrau?"

„Nun, dann meinetwegen eine Frau Ulanenwachtmeiſterin."

„Vielleicht noch viel, viel mehr. Dieſer gute Wachtmeiſter iſt der Sohn vornehmer Eltern."

„Beweiſe es erſt!"

„Ich hoffe, daß dieſer Beweis erbracht werde."

„Was hätte es Dir genützt? Iſt er der Sohn eines adeligen Geſchlechtes, ſo hätte die arme Geſellſchafterin ihm ſicher entſagen müſſen."

„Da haſt Du Recht, lieber Vater. Gott aber hat dies in ſeiner Güte und Liebe nicht gewollt, und ich bin ——"

Da klopfte es. Schneffke trat ein. Er ſah es den Beiden an, daß ſie in einer Unterredung begriffen waren, zu welcher ein Dritter wohl nicht gehörte; darum ſagte er:

„Ich ſtöre? Entſchuldigung, meine Herrſchaften!"

„Sie ſtören nicht, mein beſter Herr Schneffke!" antwortete der Baron, indem er ihm die Hand reichte.

„O doch!"

„Nein. Sie unterbrechen im Gegentheile ein Geſpräch, welches für uns Beide ſehr unerquicklich war."

„Dann hoffe ich, daß Sie mir verzeihen. Ah, das Bild! Ich errathe den Gegenſtand Ihres Geſpräches."

„Wirklich?"

„Ja. Sie ſprachen von Der, welche dieſes Bild beſeſſen hat."

„Sie errathen das Richtige."

„Von ihrer vermeintlichen Schuld ——"

„Vermeintlich?"

„Ja. Ich halte die arme, gute becque-fleur nicht für ſchuldig, Herr Baron."

„Ah, wenn Sie Gründe bringen könnten!"

Nanon ergriff den Dicken beim Arme und ſagte:

„Ich danke Ihnen für Ihre Bereitwilligkeit, der Mama beizuſtehen. Vater iſt von ihrer Schuld überzeugt. Er bemerkte es als ein Zeichen derſelben, daß ſie ihr Bild mitgenommen hat, welches ihn an ſie erinnern konnte."

Schneffke machte ein erſtauntes Geſicht und fragte:

„Iſt denn ein Bild von ihr dageweſen?"

„Ja."

„Hm!"

„Sogar ein ſehr gutes Portrait, ein Portrait von der Hand eines berühmten Meiſters."

„Welche Schlechtigkeit!"

„Was?"

„Daß ſie es mitgenommen hat!"

„So ſagen Sie, Herr Schneffke?"

„Ja, natürlich!"

„Ich denke, Sie wollen mir helfen, Mama zu vertheidigen!"

„Das wird uns schwer werden, wenn sie sogar dieses Portrait mitgenommen hat. Wissen Sie dies so genau?"

Diese Frage war an den Baron gerichtet.

„Ja," antwortete dieser.

„Woher denn eigentlich?"

„Nun, es war ja weg!"

„Ach so! Weg war es! Und da ist natürlich sie es gewesen, welche es mitgenommen hat?"

„Wer sonst?"

„Na, natürlich ist sie es gewesen! Aber wo mag es doch nur hingekommen sein!"

„Das habe ich mich auch gefragt."

„Es müßte sich doch in ihrem Besitze, in ihrem Nachlasse befunden haben. Nicht?"

„Allerdings."

„Da ist es aber nicht dabei gewesen, folglich — —?

„Was, folglich?"

„Folglich hat sie es gar nicht gehabt!"

„O, es ist auf diese oder jene Weise ihr abhanden gekommen."

„Zweifle sehr. Ein Meisterwerk kommt nicht abhanden."

„Aber es ist mit ihr verschwunden gewesen!"

„Mit ihr? Wirklich?"

„Ja."

„Vielleicht zu derselben Zeit, ob aber wirklich mit ihr!"

„Was wollen Sie sagen?"

„Daß ich so eine leise, leise Ahnung habe, das Bild sei von einem Anderen entfernt worden."

„Sie täuschen sich!"

„Hm! Ich bleibe bei meiner Ahnung!"

„Wer sollte ein Interesse daran gehabt haben, das Bild verschwinden zu lassen!"

„Vielleicht Ihr Vater?"

„Er? Ah! Dieser Gedanke deutet allerdings auf etwas hin, was nicht ganz unmöglich ist. Hat Ihre Ahnung vielleicht einen triftigen, nachweisbaren Grund?"

„Ja, freilich."

„Welchen?"

„Ich kann nicht behaupten, daß dieser Grund stichhaltig sei; aber er ist doch geeignet, gewisse Vermuthungen zu erregen. Ich sah nämlich vor einiger Zeit das Portrait einer Dame, welches eine frappante Aehnlichkeit mit den Mademoiselle Nanon und Madelon hatte."

„Jedenfalls der reine Zufall."

„O, es war von Meisterhand!"

„War der Maler bezeichnet?"

„Nein. Das Portrait besaß weder Namen, Facsimile oder Zeichen des Künstlers."

„Hm! Das war bei demjenigen, von welchem wir sprechen, auch der Fall. Können Sie sich auf die Einzelnheiten des Portraits besinnen?"

„Sehr gut."

„War die Dame dunkel?"

„Nein, blond, herrlich goldblond."

„Was trug sie für ein Kleid?"

„Rosa Seide mit goldig schimmerndem Federbesatz. Die Seide war meisterhaft getroffen."

„Mein Gott! So trug sich allerdings Amély, als sie dem Künstler zum Gemälde saß! Besinnen Sie sich vielleicht auf den Goldschmuck, den sie trug?"

„Goldschmuck gab es nicht."

„Was sonst?"

„Das Portrait zeigte als einzigen Schmuck eine weiße Rose in der Hand und einen Kolibri im lockigen Haar."

„Da erfaßte der Baron den Dicken bei beiden Armen, zog ihn so, daß der Schein des Lichtes in sein roth glänzendes Gesicht fiel und rief:

„Mann phantasiren Sie, oder ist's Wirklichkeit?"

„Wirklichkeit! Das ist so wahr wie Pudding!"

„Wann haben Sie dieses Gemälde gesehen?"

„Vor ganz kurzer Zeit; es ist kaum zehn Tage her."

„In Malineau?"

„Nein."

„Wo denn?"

„Hier in Berlin."

„Unmöglich!"

„Hm! Kann man etwas Unmögliches sehen?"

„Herr Schneffke, Sie versetzen mich in Aufregung. Das Gemälde, welches Sie beschreiben, scheint dasjenige meiner Frau zu sein. Wie kann dies nach Berlin kommen?"

„Durch Ihren Vater."

„Ah. Haben Sie Veranlassung zu dieser Behauptung?"

„Ja."

„Welche? Schnell, schnell!"

„Nun, ich habe mir einmal vorgenommen, die Ehre Ihres lieben Kolibri zu retten, und so will ich es auch thun. Ihr Vater hat sehr schlecht an Ihnen und Ihrer Frau gehandelt."

„Beweisen Sie es!"

„Er hat einfach die Erzählung von ihrer Untreue erfunden."

„Beweise, Beweise!"

„Sie ist mit keinem Andern durchgegangen."

„Dann hätte er gelogen?"

„Ja."

„Sie hat auch ihr Portrait nicht mitgenommen."

„Es war doch verschwunden!"

„Ihr Vater hat es versteckt."

„Das wäre allerdings eine Schlechtigkeit, die ich ihm nie verzeihen könnte. Warum aber ist sie fortgegangen?"

„Er hat sie gezwungen."

„Womit? Etwa durch Drohungen?"

„Vielleicht. Dann aber auch dadurch, daß er an ihr gutes Herz appellirte. Er hat ihr vorgestellt, daß sein Stammbaum durch die Mißheirath befleckt sei. Er hat ihr zu beweisen gesucht, daß sie durch diese Mesalliance und durch die von ihr eingegangene Mischehe Ihnen nicht nur einen unauslöschlichen Makel gebracht, sondern auch alle ihre Ansprüche an das Leben, an die Zukunft vernichtet habe. Er hat ihr keine Ruhe gelassen; er ist in sie eingedrungen auf alle mögliche Weise; er hat sie gequält, ihr wohl gefälschte Briefe, scheinbar von ihrer Hand, gezeigt; er hat kein Mittel unversucht gelassen, sie zu überzeugen, daß sie Ihr Lebensglück vernichtet. Er hat nicht geruht und gerastet, bis sie im Widerstand ermüdete und er seinen Zweck erreicht sah."

„Donnerwetter! Wenn dies wahr wäre!"

„Es ist wahr!"

„Haben Sie etwa sichere Unterlagen für diese Behauptung?"

„Ja."

„Aber sie hätte mir doch eine Nachricht hinterlassen sollen, ja hinterlassen müssen, eine Zeile, eine einzige Zeile!"

„Das hat sie auch gethan."

„Ich habe nichts erhalten."

„Er hat ihren Brief unterschlagen."

„Wissen Sie das?"

„Sehr genau!"

„Herr Gott! Woher wissen Sie es?"

„Durch einen Zufall. Der Brief, welchen sie damals an Sie geschrieben hat, existirt noch."

„Wo? Wo?"

„Hier in Berlin. Bei demselben Manne, welcher auch ihr Bild noch besitzt."

„So hat er Beides, Bild und Brief von meinem Vater?"

„Hm! Jedenfalls."

„Ach! Dann kann ich bei ihm wohl auch eine Spur meines Vaters entdecken!"

„Das glaube ich gern."

„Wer ist dieser Mann?"

„Ein alter Sonderling, welcher keinen Menschen zu sich läßt. Ich bin der Einzige, mit dem er verkehrt. Er ist ein Bilderfex. Er läßt sich aber nichts Anderes malen als Kolibris und immer wieder Kolibris."

„Das ist höchst sonderbar!"

„Freilich. Bitte, Herr Baron, haben Sie wohl früher irgend ein Zeichen geistiger Störung an Ihrem Vater bemerkt?"

Der Baron machte eine Bewegung der Ueberraschung und erkundigte sich:

„Wie kommen Sie zu dieser Frage? Was wollen Sie damit sagen? Etwa — daß dieser Bilderfex — —?"

„Bitte, antworten Sie mir!"

„Nun, mein Vater war bigott und außerdem sehr zur Menschenfeindlichkeit geneigt. Er that allerdings zuweilen etwas, von dem man nicht sagen konnte, daß es leicht begreiflich sei. Es kam Vieles vor, was Andern unmotivirt erscheinen mußte. Und später, nach meiner Rückkehr von jener langen Reise und nach dem Verschwinden meiner Frau, zeigte er eine körperliche und geistige Ruhelosigkeit, welche mich für ihn besorgt machte."

„Und noch später — —?"

„Das weiß ich nicht. Ich suchte meine Frau. Als ich nach längerer Abwesenheit einmal wiederkehrte, hatte er Alles verkauft und war spurlos verschwunden."

„Ohne Ihnen eine Nachricht zurückzulassen?"

„Ohne eine Zeile, ohne ein Wort!"

„Das dachte ich mir. Nun, Sie haben Recht. Wir werden bei unserm alten Bildermanne jedenfalls eine Spur Ihres verschwundenen Vaters finden."

„Wäre das der Fall, so wollte ich es Ihnen reichlich lohnen, Herr Schneffke."

„Na, schön! Ich bin meiner Belohnung gewiß?"

„Wirklich?"

„Wirklich!"

„Wo wohnt dieser Mann?"

„Gar nicht weit von hier. Man kann in zwei Minuten von hier aus bei ihm sein."

„Ah! Wollen Sie hin zu ihm?"

„Haben Sie Zeit?"

„Natürlich, natürlich!"

Er langte eifrig nach Hut und Ueberrock, Schneffke bemerkte dies lächelnd und sagte:

„Aber nach seinem Namen fragen Sie nicht?"

„Nach seinem Namen? Ach wirklich, das habe ich ganz vergessen. Also, wie heißt er?"

„Untersberg."

Da warf der Baron Hut und Ueberrock von sich, trat auf den Maler zu und rief:

„Untersberg? Habe ich recht gehört?"

„Ja, Herr Baron."

„Das würde doch auf Französisch Bas-Montagne heißen!"

„Allerdings! Und auf Englisch Deep-hill."

„Also mein Name?"

„Ganz genau."

„Herr Schneffke, meinen Sie etwa — —?"

Er war außerordentlich erregt. Er sprach die Frage zwar nicht aus, aber sie war in seinen Zügen zu lesen.

„Ja, gerade das meine ich," nickte Schneffke.

„Daß dieser Untersberg — —"

„Ja."

„Identisch mit meinem Vater sei?"

„Ja."

„Sind Sie des Teufels!"

„Nein."

„Welch' eine Ueberraschung!"

„Daß ich nicht des Teufels bin?"

„Nein — ah, scherzen Sie nicht, sondern sprechen Sie im Ernste!"

„Das thue ich ja doch!"

„Also Sie behaupten wirklich, daß mein Vater hier in Berlin lebe, unter dem Namen Untersberg?"

„Ich behaupte und beweise es."

„So lassen Sie uns zu ihm gehen, sofort, sofort!"

Er raffte Hut und Ueberzieher wieder auf und wollte eiligst das Zimmer verlassen. Der Maler aber stellte sich ihm in den Weg und sagte:

„Halt! Nicht so schnell, Herr Baron!"

„Warum nicht?"

„Es giebt vorher noch Einiges zu erwähnen."

„Was sollte es noch geben? Nichts, gar nichts. Ich höre, daß mein Vater hier lebe; ich gehe zu ihm. Alles, was es noch giebt, werde ich bei ihm hören!"

„Nichts, gar nichts werden Sie hören!"

„Alles, Alles! Dafür werden Sie mich sorgen lassen!"

„Nein, nichts hören Sie, denn er wird Sie nicht einlassen."

„Oho!"

„Ich sagte Ihnen bereits, daß er mit mir verkehrt."

„Kann er seinen Sohn abweisen?"

„Es ist ihm zuzutrauen."

„Ich werde ihn zwingen."

„Wie?"

„Durch die Polizei!"

„Wollen Sie die Polizei in Ihre Angelegenheiten blicken lassen, Herr Baron?"

„Wenn ich auf keine andere Weise mit ihm sprechen kann, ja!"

„Ich werde Sie einlassen."

„Sie?"

„Ja."

„Ohne seinen Willen?"

„Mit oder ohne denselben. Wir gehen jetzt. Sie aber lassen sich zunächst gar nicht sehen. Sie warten vor der Thür, bis ich Ihnen öffne."

„Gut! Einverstanden!"

„Es ist möglich, daß er mich, wenn er Sie erkennt, aus dem Zimmer weist. Das aber geben Sie nicht zu."

„Warum nicht?"

„Er würde Ihnen gegenüber Alles leugnen; ich aber bin im Stande, ihm Alles zu beweisen, was er gegen Sie und Ihre Frau gesündigt hat; ich muß also bleiben."

„Einverstanden! Also kommen Sie!"

Er erfaßte den Maler bei der Hand, um ihn mit sich fortzuziehen.

„Vater, sagst Du mir kein Wort?" fragte Nanon.

Sie hatte sich bis jetzt schweigend verhalten.

„Verzeihe mein Kind! Ich glaube, daß Du auch in Aufregung bist; aber ich muß eilen, mich von der Unschuld Deiner guten Mutter überzeugen zu lassen."

Die beiden Männer entfernten sich. Der Baron hatte kaum die Kraft, die Unruhe, welche ihn gefaßt hatte, zu bemeistern. Als sie die letzte Treppe emporstiegen, sagte Schneffke:

„Hier in dieser dunklen Ecke bleiben Sie, bis ich Sie einlasse. Er wird Sie beim Oeffnen nicht sehen."

Er klopfte an die Thür.

„Wer ist draußen?" fragte es von innen.

„Schneffke."

„Ah, endlich!"

Der Alte öffnete und verriegelte die Thür sofort wieder, als der Maler eingetreten war.

„Sie sind ja eine ganze Ewigkeit fortgeblieben!" zankte er ihn aus.

„Ich fand nicht eher die richtigen Stifte."

„Jetzt aber haben Sie welche?"

„Ja."

„Gut! Hier ist Papier!"

Schneffke hatte gar nicht nöthig gehabt, sich farbige Stifte zu kaufen. Er trug stets dergleichen in einem Etui bei sich. Er zog dieses Letztere hervor, setzte sich an den Tisch und begann zu zeichnen. Der Alte stand hinter ihm und folgte mit der größten Spannung den Bewegungen seiner Hand.

Schneffke spannte ihn dadurch auf die Folter, daß er zunächst die hinteren Theile des Kopfes zeichnete.

„Schnell, schnell! Das Gesicht!" sagte Untersberg.

„Warten Sie; warten Sie! Alles hat seine Zeit!"

Jetzt begann er mit Stirn, Nase und Mund. Als er das eine Auge beendet hatte, rief der Alte:

„Himmel! Er ists!"

„Wer?"

„Mein Sohn. So war er; so war er, ganz genau so!"

„Warten Sie noch!"

Der Alte stand hinter ihm, mit ausgestreckter Hand, bereit, das Papier sofort nach dem letzten Striche zu erfassen. Er hatte das Aussehen eines bösen Geistes, welcher im Begriffe steht, sich auf eine arme Seele zu stürzen. Sein Wunsch, sein heißer Wunsch, das Bild seines Sohnes zu besitzen, war erfüllt.

„So!" sagte Schneffke sich erhebend. „Da ist der Kopf. Sie meinen also, daß er ähnlich ist?"

„Ja, ja! Vollkommen! Zeigen Sie! Her damit!"

Seine Augen ruhten mit halb irrem Blicke auf dem Blatte; dann sagte er:

„Das ist mein; das bekommen Sie nicht wieder. Ich werde es sofort einschließen, sofort!"

Er eilte in das Nebenzimmer. Der Hund folgte ihm. Das war dem Maler lieb. Er eilte an die Thür und öffnete.

„Schnell, schnell!" flüsterte er.

„Wo ist er?" fragte der Baron, leise eintretend.

„Da draußen. Stecken Sie sich da hinter den Ofen!"

Bas-Montagne that es und der Maler trat wieder an den Tisch. In diesem Augenblicke kehrte der Alte zurück. Er machte die Thür zum Nebenzimmer zu, ohne zu bemerken, daß der Hund draußen geblieben sei.

„Also sind Sie mit dem Kopfe zufrieden?" fragte der kleine Dicke lächelnd.

„Ja, ja!" antwortete Untersberg.

Sein Auge ruhte dabei forschend auf dem Frager.

„Das ist mir lieb."

„Aber mir vielleicht nicht."

„Warum nicht? Sie wollten das Bild doch haben!"

„Ist es wirklich nur Phantasie?"

„Nein."

„Ah! Alle Donner! Also doch nicht!"

„Nein. Jeder Zeichner muß etwas Wirkliches zu Grunde legen; so ist es auch bei mir."

„Sie haben also einmal einen solchen Kopf gesehen?"

„Ja."

„Wann?"

„Vor einiger Zeit."

„Wo?"

„In Frankreich."

„Donnerwetter! An welchem Orte?"

„In Thionville."

„War die Aehnlichkeit groß?"

„Sehr. Nur war der Mann älter als ich ihn hier bei Ihnen portraitirt habe."

„Was war er?"

„Bankier."

„Ach so. Woher?"

„Aus Nordamerika."

„Haben Sie seinen Namen erfahren?"

„Ja. Er hieß Deep-hill, auf Französisch Bas-Montagne und auf Deutsch Untersberg."

Da fuhr der Alte zurück und rief:

„Mensch, ist das wahr?"

„Natürlich!"

„Wo befindet sich dieser Mann jetzt?"

„Hier ist er!" erklang es vom Ofen her.

Untersberg drehte sich erschrocken um. Dort stand sein Sohn, welcher hinter dem Ofen hervorgetreten war.

„Gustav!" rief der Alte.

„Herr Baron!" antwortete der Sohn, welcher kein Zeichen der Freude gab, seinen Vater wiederzusehen.

„Gustav! Wie kommst Du hier herein?"

„Durch die Thür."

„Sie war verschlossen."

„Ist das Alles, an was Du jetzt denkst? Denkst Du nur an den Riegel, den Du vorgeschoben hattest? Denkst Du an nichts Anderes, an nichts Wichtigeres?"

„O, ich denke daran!"

„Nun, an was denn?"

„An die Freude des Wiedersehens."

„Fühlst Du sie wirklich?"

„Zweifelst Du daran?"

„Du hast nicht das Aussehen eines Vaters, welcher entzückt ist, von seinem Sohne überrascht worden zu sein."

„O doch! Komm her an mein Herz!"

Er öffnete die Arme.

„Laß das!" wehrte der Sohn ab. „Spielen wir nicht Comödie!"

„Comödie? Ich freue mich wirklich, aufrichtig!"

„Wollen sehen! Ich komme zunächst nicht als Sohn zu Dir."

„Als was denn?"

„Als Mann meines Weibes."

„Wieso?"

„Ich habe Dich nach ihr zu fragen."

„Ich weiß nicht mehr von ihr, als was ich Dir vor Jahren mitgetheilt habe. Ich hörte nie wieder von ihr."

„Ich hoffe, daß Du dies zu beweisen vermagst."

„Sicher! Setze Dich! Ich werde Wein holen und —"

„Wein? Laß den Wein! Die Familienangelegenheiten gehen vor; sie müssen wir besprechen!"

„Gut! Ganz wie Du willst. Aber hier ist ein Mann, dem diese Sachen nichts angehen. Herr Schneffke, wir sind für heute fertig. Kommen Sie morgen wieder, um sich das Honorar für Ihre Zeichnung zu holen."

„Ihr seid noch nicht fertig!" fiel der Sohn ein.

„Wieso? Was weißt Du von unserem Geschäft?"

„Nichts; aber ich weiß, daß er grade jetzt hierher gehört. Er muß hören, was wir mit einander sprechen."

„Ah! Warum?"

„Er kennt unsere Angelegenheiten besser als wir Beide."

Da warf der Alte einen glühenden Blick auf den Maler und fragte diesen:

„Ist das wahr?"

„Ja," lautete die furchtlose Antwort.

„Sie wissen, daß dieser Herr mein Sohn ist?"

„Ja."

„Er ist's, den Sie in Thionville getroffen haben?"

„Ja."

„Sie haben ihn zu mir gebracht?"

„Wie Sie sehen."

„So haben Sie gewußt, daß ich eigentlich Bas-Montagne heiße, nicht aber Untersberg?"

„Ich vermuthete es."

„Woher?"

„Davon später!"

„So haben Sie mich also getäuscht?"

„Nein. Sie wünschten das Portrait Ihres Sohnes. Ich habe ihn in Person gebracht und erwarte eigentlich dafür den Ausdruck Ihrer Dankbarkeit."

„Der Teufel soll Ihnen danken! Sie haben mich betrogen! Wissen Sie, daß ich meinen Hund auf Sie hetzen werde?"

„Versuchen Sie es!"

„Pah!" sagte der Sohn. „Das sind Kindereien! Lassen wir sie! Wir haben Wichtigeres zu thun. Setzen Sie sich, Herr Schneffke. Wir wollen diesem Herrn Untersberg doch einmal einige Fragen vorlegen!"

Er nahm Platz und der Maler that dasselbe. Der alte Baron ließ seinen Blick von dem Einen nach dem Anderen schweifen. Seine Lippen zuckten und sein Gesicht war der Spiegel der ängstlichen Besorgniß, welche er empfand.

„Ich begreife Dich nicht!" stieß er hervor.

„Du wirst mich begreifen lernen. Erinnerst Du Dich noch des Tages, an welchem meine Frau verschwunden war?"

„Ja."

„Weißt Du, weshalb sie verschwand?"

„Natürlich!"

„Nun, weshalb?"

„Sie war Dir untreu geworden."

„Das ist Lüge. Damals habe ich an diese Untreue geglaubt, jetzt aber nicht mehr."

„Ich kann sie Dir beweisen."

„Womit?"

„Durch Briefe, welche sie mit ihrem Verführer gewechselt hat."

„Bist Du im Besitze derselben?"

„Ja."

„Zeige Sie mir."

„Sogleich."

Der Alte öffnete ein Fach und zog ein Päckchen hervor, welches er seinem Sohne mit den Worten gab:

„Da sind sie. Lies!"

Der Baron öffnete einen nach dem anderen und las sie, ohne sich merken zu lassen, welchen Eindruck der Inhalt auf ihn mache. Dann fragte er:

„Warum hast Du mir diese Briefe damals nicht gezeigt?"

„Ich hatte sie noch nicht."

„Du bist also erst später in den Besitz derselben gekommen?"

„Ja."

„Auf welche Weise?"

Der Alte schien verlegen zu werden, doch war er sehr schnell mit einer Erklärung da:

„Ein Fremder brachte sie."

„So, so! Natürlich hast Du ihn gefragt, wer er sei?"

„Gewiß."

„Und auf welche Weise er zu den Briefen gekommen war?"

„Das versteht sich."

„Nun, was antwortete er?"

„Er war ihr Diener gewesen. Der Verführer hatte

ihn engagirt, aber schlecht behandelt. Aus Rache hatte er ihm diese Briefe gestohlen."

"Hatte ihm sein Herr denn gesagt, daß er die Herrin entführt habe?"

"Jedenfalls."

"Und daß sie eigentlich eine Baronin Bas-Montagne sei?"

"Gewiß."

"Ein sauberer Herr. Aber, ich gestehe aufrichtig, daß ich an diesen schlecht erfundenen Roman nicht glaube."

"Oho!"

"Du lügst."

"Alle Teufel! Was fällt Dir ein!"

"O, ich habe meinen guten Grund, dies anzunehmen."

"Welchen denn?"

"Diese Briefe hat Amély nicht geschrieben, das macht mir Niemand weiß. Die Handschrift ist der ihrigen so ziemlich ähnlich, aber ich lasse mich nicht täuschen. Sie sind gefälscht."

"Ah, was Du sagst!"

"Ich bin überzeugt davon."

"So hätte er mich getäuscht?"

"Wer? Etwa der angebliche Diener?"

"Ja."

"Pah! Der existirt nur in Deiner Phantasie. Uebrigens bist Du selbst in Deine eigene Falle gerathen."

"Was meinst Du?"

"Du behauptest, diese Briefe später erhalten zu haben."

"Ja, so ist es auch."

"Und vorher sagtest Du, daß Du niemals wieder etwas von ihr gehört habest."

"Ich dachte nicht daran."

"Schon gut! Du hast mich früher täuschen können, jetzt aber gelingt es Dir nicht mehr."

"Donnerwetter! Du hältst mich also für einen Lügner?"

"Ja."

"Und dies sagst Du mir in Gegenwart dieses Mannes?"

"Wünschest Du etwa, daß ich damit warte, bis wir uns unter vier Augen befinden?"

"Das ist eine Beleidigung, die ihres Gleichen sucht!"

"Pah! Spiele Dich nicht als Unschuldiger auf! Du hast ein Verbrechen an mir begangen, welches so groß ist, daß selbst Gottes unendliche Barmherzigkeit es Dir niemals zu verzeihen vermag!"

"Bist Du toll! Von welchem Verbrechen redest Du?"

"Du hast mich um das Glück meines Lebens gebracht, indem Du mein Weib beschuldigtest, ein Verbrechen begangen zu haben, an welchem sie unschuldig war."

"Unschuldig? Ah, warum entfloh sie?"

"Von einer Flucht war keine Rede!"

"Wie willst Du ihre Entfernung sonst nennen?"

"Eine Folge Deiner Intrigue."

"Sapperment! Also ich bin schuld daran?"

"Ja."

"Beweise mir das!"

"Wo hast Du den Brief, den sie mir zurückgelassen hat?"

"Ich weiß von keinem Briefe."

"Wirklich nicht?"

"Nein."

"Herr Schneffke, jetzt sind Sie an der Reihe."

"Ah, was will dieser Mensch!" sagte der Alte.

Schneffke stand von seinem Stuhle auf und antwortete:

"Was ich will? Ihnen beweisen, daß Sie lügen."

"Kerl, was wagen Sie! Denken Sie an meinen Hund!"

"Zunächst muß ich an etwas Anderes denken, nämlich an dieses Bild."

Er zeigte auf das Bild, welches er damals mit den anderen gereinigt hatte und hinter welchem nebst Amély's Portrait auch ihre beiden Briefe versteckt gewesen waren.

"Was ist es mit dem Bilde?" fragte der Alte.

"Das sollen Sie sogleich sehen."

Er nahm es von der Wand, entfernte die hintere Seite und zog das Portait hervor.

"Hier, meine Herren, sehen Sie!"

Der Blick des Alten fiel darauf.

"Alle Teufel! Der becque fleure!" rief er.

Mit einem raschen Sprunge warf er sich auf den Maler, um ihm das Portrait zu entreißen; aber sein Sohn kam ihm zuvor. Er faßte den Vater bei den Achseln, drückte ihn in den Stuhl zurück und sagte:

"Hierher setzest Du Dich und bleibst sitzen, bis ich mit Dir fertig geworden bin!"

"Oho! Redest Du in dieser Weise mit Deinem Vater!"

"Ja. Und wenn Du mir nicht gehorchest, werde ich in noch ganz anderer Weise mit Dir sprechen!"

"Welche wäre dies?"

"Die Polizei. Ich gebe Dir mein Ehrenwort, daß ich Dich, falls Du nicht ruhig bist, arretiren lassen werde, um Dich für das, was Du gethan hast, dem Strafrichter zu übergeben."

"Deinen Vater!"

"Pah! Du hast nicht wie ein Vater, sondern wie ein Schurke an mir gehandelt. Hier ist das Bild meines Weibes, nach welchem ich vergebens gesucht habe. Wie kommt es hierher?"

"Ich weiß es nicht!"

"Du lügst!"

"Ich lüge nicht!"

"Sie lügen!" erklärte da der Maler.

"Mensch, schweigen Sie!"

"Und dennoch sage ich, Sie lügen. Sie haben gewußt, daß Sie dieses Bild versteckt hatten, aber Sie haben den Ort vergessen, wo es verborgen wurde."

"Was fällt Ihnen ein."

"Haben Sie etwa nicht nach dem Document de divorce gesucht, Herr von Untersberg?"

"Ah, dieses Document!" stöhnte der Alte, dessen Gesicht plötzlich wieder einen irren Ausdruck annahm.

"Und hat die arme Amély etwa nicht einen Brief an Sie geschrieben, bevor sie sich entfernte?"

"Ich weiß von nichts!"

"Ich meine folgenden Brief:

Er hatte das eine der Schreiben geöffnet und las:

"Dem Herrn Baron de Bas-Montagne.

Ihr Unterhändler ist bei mir gewesen. Sie sind ein harter, ein grausamer Mann. Ihre Forderungen zerreißen mir das Leben. Aber ich bin ein Weib, ich habe ein Herz, ich habe zwei Kinder. Ich fühle, was es heißen mag, ein Kind verlieren, einen Sohn aufgeben zu müssen. Es war nie meine Absicht, Ihnen Guston's Herz zu rauben; Sie haben es von sich gestoßen. Aber Sie haben ein älteres, vielleicht auch ein heiligeres Recht an Ihren Sohn. Ich trete zurück. Ich willige in die Scheidung unserer Ehe, obgleich ich weiß, daß ich damit mein Todesurtheil unterzeichne.

Gott allein mag Richter sein zwischen Ihnen und Amély de Bas-Montagne, geb. Rénard."

Kaum hatte der Maler geendet, so sprang der Alte wieder von seinem Sitze auf und rief:

„Das ist's, das ist's! Her damit!"

Aber sein Sohn drückte ihn mit unwiderstehlicher Gewalt wieder nieder und gebot ihm:

„Bleib sitzen, wenn Du größeres Unheil verhüten willst. Ich gebe nicht zu, daß Du Dich an diesem Bilde oder an dem Briefe vergreifst."

Und sich an den Maler wendend, fragte er:

„Das steht da auf diesem Papiere?"

„Ja."

„Zeigen Sie!"

„Hier, lesen Sie!"

Der Baron nahm den Brief in die Hand und betrachtete Zeile für Zeile, Wort für Wort.

„Ihr Todesurtheil!" flüsterte er. „Sie hat mich geliebt; sie mußte sich von mir trennen, und sie ist daran gestorben. Gott, mein Gott! Und warum?"

„Der dort zwang sie," sagte Schneffke, auf den Alten deutend.

Der Baron drehte sich zu diesem um und erschrak fast bei dem Anblicke, welchen sein Vater bot. Die Augen starr vor sich hin gerichtet, saß er da. Vor seinem Munde stand ein weißer Schaum und seine bleichen Lippen murmelten leise:

„Es ist's, es ist's, das Document de devorce!"

„Er ist verrückt!" sagte der Maler.

„Ja, er ist nicht bei Sinnen. Was thun wir mit ihm?"

„Es sieht fast wie ein epileptischer Anfall aus. Lassen wir ihn ruhig gewähren."

„Ja, bekümmern wir uns gar nicht um ihn."

„Gott! Und es ist Ihr Vater!"

„Leider! Wäre er das nicht, so würde ich ihn mit dieser meiner Faust zu Boden schlagen. Denken Sie sich, daß mein armes Weib gezwungen worden ist, mir zu entsagen!"

„Leider, leider!"

„Wie mag er sie gepeinigt haben! Ein jedes ihrer Worte hier ist eine Fluth von Thränen!"

„Ich war schon damals tief gerührt, als ich diesen Brief zum ersten Male las."

„Wann war dies?"

„Am Tage meiner Abreise nach Frankreich."

„Wie kamen Sie zu diesem Briefe?"

Der Maler erzählte es.

„Und Sie haben meinem Vater nichts davon gesagt?"

„Nein."

„Warum nicht?"

„Weil ich bereits ahnte, daß Madelon Ihre Tochter

sei. Freilich konnte ich es mir nicht träumen lassen, daß ich so bald darauf Sie treffen würde. Ich steckte also das Bild und die beiden Briefe an ihren Ort zurück, um zur geeigneten Zeit Gebrauch davon zu machen."

„Sie sagen „die Briefe". Waren mehrere da?"

„Ja. Ich sagte doch vorhin im Hotel zu Ihnen, daß Ihre Frau für Sie einen Brief zurückgelassen habe."

„Ja. Ist er dabei?"

„Hier. Hören Sie!"

Er las:

„Mein bester, mein theuerster Guston.

Wenn Du von der Reise zurückkehrst, findest Du wohl diesen Brief, nicht aber Deine Amély; Deinen süßen Kolibri, vor. Mein Herz bricht, indem ich Dieses schreibe; aber ich kann, ich darf nicht anders. Du hast mich geliebt, und ich fand den Himmel in Deinen Armen. Deine Liebe zu mir hat Dich von dem Vater getrennt, welcher unserer Verbindung fluchte. Du hast mir Alles, Alles geopfert, mir, dem armen, fremden, bürgerlichen Mädchen. Jetzt ist die Leidenschaft verschwunden, und Du beginnst zu denken und zu rechnen. Ich beobachtete Dich im Stillen und sah, daß ich Dir nicht mehr Alles bin.

Gott ist mein Zeuge, daß mein Leben nur Dir allein gehört! Indem ich von Dir scheide, gebe ich mir den Tod, denn ich kann ohne Dich nicht sein. Aber ich gebe Dich frei; ich gebe Dich Deinem Stande, Deinem Berufe, Deiner Ehre und Deinem Vater zurück. Ich lege meine, von dem Notar contrasignirte Einwilligung zur Scheidung bei.

Meine Hand zittert, mein Herz bebt und meine Augen stehen voller Thränen. Ich nehme nichts, gar nichts mit als meine Kinder, meine süße Nanon und meine herzige Madelon. Du hast sie mir geschenkt und sie sind mein Eigenthum. Forsche nicht nach uns, denn Du würdest uns doch nicht finden!

Dein Kolibri entweicht. Sein Gefieder wird den Glanz verlieren, und sein Flug wird sich bald zum Grabe senken. Aber noch im Sterben werde ich dem heißen Wunsche meinen letzten Athem widmen: Sei glücklich, glücklich, glücklich!

Dein Weib, Deine Amély, Dein armer, unschuldiger Kolibri."

Der Baron hatte wortlos zugehört. Mit weit geöffneten Augen stand er ohne Bewegung da. Dann entrang sich seiner Brust ein heiserer Schrei und er rief:

„Das steht dort, das — das?"

„Ja."

„Alles, was Sie gelesen haben?"

„Alles."

„Zeigen Sie her!"

Die letzten Worte kamen zischend und mühsam heraus. Er streckte die Hand aus; er war unfähig, den einen Schritt bis hin zu dem Maler zu machen. Dieser gab ihm den Brief in die Hand. Der Baron verschlang die Zeilen, drückte dann das Papier an sein Herz und stöhnte:

„Amély, meine arme, arme, unschuldige Amély!"

Er drehte sich um, ballte die Fäuste und schrie:

„Ungeheuer! Teufel! Satan! Ah, ich zermalme Dich!"

Er that zwei Schritte auf den Vater zu, hielt aber dann erschrocken inne.

„Gott, mein Gott! Es ist doch mein Vater!" sagte er. „Mein Vater! Welch eine Qual das ist! Sehen Sie ihn, wie er sprechen möchte und doch nicht kann!"

Er warf sich auf den Stuhl nieder und weinte, weinte laut und bitterlich. Der Maler sagte nichts; er blieb still, bis das laute Schluchzen nach und nach erstarb und der Baron sich wenigstens äußerlich beruhigte.

„Jedes dieser Worte trifft wie ein Dolchstoß mein Herz," klagte Bas-Montagne.

„Nun, geben Sie zu, daß sie unschuldig war?"

„Rein und unschuldig wie die liebe Sonne am Himmel! Und ich habe sie verurtheilt; ich habe nach ihr gesucht, um mich an ihr und an dem Verführer zu rächen!"

Er trat auf seinen Vater zu, faßte ihn bei der Schulter, schüttelte ihn und fragte:

„Mensch, hörst Du, was ich Dir sage?"

„Ja," erklang es gurgelnd.

„War Amély unschuldig?"

Der Alte antwortete nicht.

„Hast Du gewußt, wohin sie ging?"

„Ja."

„Und wo sich dann ihre Töchter befanden?"

„Ja."

„So hast Du gewußt, daß Nanon in Ortry und Madelon hier in Berlin war?"

„Ja."

„Sie waren Deine Enkelinnen, und Du hast Dich ihrer nicht angenommen! Sie konnten sterben und verderben!"

Da nahm der Alte alle seine Kräfte zusammen. Es gelang ihm mit Zuhilfenahme seiner ganzen Willenskraft, den Anfall zu besiegen. Er gewann die Sprache wieder. Er erhob sich langsam von seinem Stuhle und sagte:

„Ich mich ihrer annehmen? Warum? Wer sind sie?"

„Deine Enkelinnen!"

„Pah! Die Kinder einer Deutschen, einer Protestantin!"

„Die Kinder meines Weibes!"

„Was geht mich Dein Weib an. Ich habe sie niemals als Schwiegertochter anerkannt."

„Aber ihre Kinder wirst Du als Enkelinnen anerkennen!"

„Nie, nie!"

„So bist Du mein Vater gewesen!"

„Oho! Noch bist Du mein Sohn! Noch habe ich Macht über Dich! Noch hast Du mir zu gehorchen!"

„Mache Dich nicht lächerlich, alter Mann! Warum bleibst Du nicht daheim? Warum verkauftest Du Alles, und warum verschwandest Du?"

„Das geht Dich nichts an!"

„Ah! Ich bin Dein Erbe. Ich kann Rechenschaft fordern!"

„Hole sie Dir! Ein Jeder thut, was ihm beliebt. Ich habe Dir nicht zu antworten. Packt Euch fort! Wenn Ihr Euch nicht augenblicklich entfernt, hetze ich den Hund auf Euch!"

Er ging zur Thür, welche in das Nebenzimmer führte, hinaus, schloß dieselbe zu, aber sie hörten dennoch die Worte:

„Tiger, komm, paß auf!"

Ein grimmiges Knurren war die Antwort. Der Hund schnüffelte jenseits an der Thür und winselte begierig, herausgelassen zu werden.

„Sollte er wirklich so wahnsinnig sein?" fragte der Baron.

„Den Hund auf uns zu hetzen?"

„Ja."

„Ich trau es ihm zu."

„Ich würde das Thier tödten!"

„Ah, Sie kennen die Dogge nicht! Es wäre ihr nur mit einer Schießwaffe beizukommen, und wir befinden uns nicht im Besitze einer solchen."

„So meinen Sie also, daß wir gehen sollen?"

„Ja. Es ist das Beste, was wir thun können."

„Gut! Aber ich werde morgen wieder hergehen, und da wird er mir beichten müssen."

„Er wird Sie fortjagen."

„Wohl schwerlich! Ich nehme Polizei mit und einen Gerichtsarzt. Ich kenne seine Pflicht gegen mich und die meinige gegen ihn. Ich werde ihn untersuchen lassen, ob er zurechnungsfähig oder irrsinnig ist. Kommen Sie! Das Bild und die Briefe nehmen wir natürlich mit."

„Ja, gehen wir. Ich werde diese Wohnung nicht wiedersehen, denn wehe mir, wenn ich es wagen wollte, noch einmal vor seinen Augen zu erscheinen!"

„Ich werde Sie entschädigen. Ich bin Ihnen überhaupt zum größten Dank verpflichtet und werde das niemals vergessen. Verfügen Sie über mich und Alles, was ich habe!"

„Schön!" lachte der Dicke. „Da habe ich zum Beispiel jetzt gleich eine Bitte."

„Welche?"

„Ich hoffe, daß Sie mir sie erfüllen werden!"

„Sehr gern! Um was handelt es sich?"

„Nur um ein kleines Geschenk, welches Ihnen aber keinen Pfennig kosten soll."

„Was wünschen Sie?"

„Eine Ihrer beiden Töchter zur Frau."

Der Baron blickte ihn betroffen an und fragte:

„Das ist Ihr Ernst?"

„Natürlich."

„Ah, da thun Sie mir leid!"

„Warum?"

„Sie können keine von Beiden bekommen."

„Weshalb denn nicht?"

„Sie sind bereits versprochen."

„Donnerwetter! Da hat man diese Dankbarkeit!"

„Wer denkt denn aber, daß ——"

„Na, na, ereifern Sie sich nicht! Ihre beiden Baronessen sind zwar wunderbar hübsch, für mich aber viel zu niedlich, zu dumm und klein. Da ist meine Marie Melac ein ganz anderes Mädchen. Die hat Knochen im Leibe und Fleisch an diesen Knochen. Wenn ich der ihr Portrait anfertigen will, brauche ich drei Centner rothe Farbe mehr als bei Mademoiselle Nanon und Madelon in Summa. Die wird meine Frau, keine Andere!"

„Gott sei Dank!" lachte der Baron. „Fast hatte ich befürchtet, daß sie sich wegen unglücklicher Liebe das Leben nehmen würden."

„Fällt mir gar nicht ein! Unglückliche Liebe giebt es für mich nicht. Wenn Eine mich nicht mag, so läßt sie es bleiben; es ist ihr eigener Schaden, aber nicht der meinige!"

Sie schlossen die Thür auf und verließen die Wohnung des alten Isegrimms. Als sie die Straße erreichten, blieb der Baron stehen und fragte den Maler:

„Sind Sie für heute Abend irgendwo engagirt?"

„Nein."

„So bitte, kommen Sie mit zu mir."

„Wozu denn?"

„Ich muß Leute haben, denen ich mein Glück mitfühlen lassen kann. Ich bin so froh, daß Amély nicht schuldig gewesen ist. Kommen Sie!"

„Danke!"

„Nicht? Warum?"

„Was nützt mir Ihr Glück! Ich werde Ihnen Einen senden, dem es mehr Vortheil bringen wird als mir."

„Wen meinen Sie?"

„Warten Sie es ab! Gute Nacht!"

Er lief davon, und zwar begab er sich nach der Wohnung der Familie der Königsau. Die Glieder derselben befanden sich in der besten Stimmung, als der Diener einen fremden Herrn meldete.

„So spät noch!" sagte der alte Hugo. „Wie heißt er?"

„Er nannte sich den Thier= und Kunstmaler Hieronymus Aurelius Schneffke."

„Ah, unser Dicker!" lachte Richardt. „Der mag sofort eintreten."

Und als der Maler eintrat, faßte er ihn bei der Hand, führte ihn zum Großvater und sagte:

„Hier, liebster Großvater, ist unser Freund Künstler, dem wir es zu verdanken haben, daß ich den Vater fand."

Der greise Herr hielt Schneffke die Hand entgegen und sagte:

„Ich danke Ihnen! Seien Sie uns willkommen! Setzen Sie sich, und nehmen Sie mit Theil an der Freude, die wir wohl nur Ihnen verdanken."

„Mir? O nein!"

„Wem sonst?"

„Meinem Peche. Ich habe nämlich das Unglück, jeden Stein, über den man stolpern und jedes Loch, in welches man stürzen kann, gerade nur immer mitten auf meinem Wege zu finden."

„Aber Sie scheinen sich sehr wohl dabei zu fühlen," meinte Hugo, indem er seinen Blick über die wohlbeleibte Gestalt gleiten ließ.

„Gott sei Dank, ja! Das Purzeln bekommt mir äußerst gut! Verstauchen kann ich mir nichts, brechen noch weniger, und so will ich denn so weiter fortpurzeln wie bisher."

„Viel Glück dabei! Also nehmen Sie Platz."

„Gern, Herr Rittmeister! Aber ich habe vorher eine Botschaft."

„An wen?"

„An den Herrn Wachtmeister Schneeberg."

„Bitte, Sie meinen wohl den Herrn Wachtmeister von Goldberg?"

Der Dicke verzog sein Gesicht zu einem frohen Grinsen und rief aus:

„Sakkerment! So ist diese Geschichte also bereits heute Abend zur Perfection gekommen?"

„Ja."

„So gratulire ich aus ganzem Herzen, Herr Wachtmeister! Uebrigens wird es sich bald ausgewachtmeistert haben. Ein Herr von Goldberg kann nur als Offizier existiren. Ich bin doch neugierig, wessen verlorener Sohn ich einmal sein werde! Es muß äußerst angenehm sein, die Himmelsleiter ganz unbewußt emporzusteigen, bis man erwacht, weil man mit der Nase an einen Grafen und General gestoßen ist. Unter diesen Verhältnissen wird meine Botschaft allerdings weniger Werth besitzen."

„Was bringen Sie denn, lieber Freund?" fragte Fritz.

„Mit den Bas-Montagne's ist es glatt geworden."

„Wieso?"

„Der Baron hat seinen Vater gefunden."

„Wann? Wo?"

„Heute Abend. Hier in Berlin, wo der alte Herr in größter Verborgenheit lebte, von mir aber entdeckt wurde."

„Sie sind wirklich ein Tausendsassa!"

„Die Folge davon ist sehr erfreulich. Es hat sich herausgestellt, daß Frau Amély unschuldig ist, daß also auf den beiden jungen Damen nicht der mindeste Makel haftet. Und die Hauptsache: Es ist nun über allem Zweifel erhaben, daß die beiden Mademoiselles wirklich die Töchter des Barons sind. Dieser Letztere ist soeben von seinem Vater zu Fräulein Nanon zurückgekehrt. Beide sind allein; Beide befinden sich in der glückseligsten Stimmung, und wenn der Herr Wachtmeister Schneeb— wollte sagen von Goldberg — —"

„Schön, schön!" fiel Fritz ein. „Gut, sehr gut! Ich danke Ihnen, lieber Schneffke, und werde Ihren Wink auf der Stelle befolgen. Meine Herrschaften, Sie entschuldigen. Ich muß dem Baron de Bas-Montagne unbedingt sogleich gratuliren. In spätestens einer halben Stunde bin ich wieder zurück!"

Er hatte während der letzten Worte den abgelegten Säbel umgeschnallt und eilte zur Thür hinaus.

___

Wir wenden uns noch einmal der Untersuchung zu, die gegen den Grafen Rallion, sowie gegen den Vater Main und Genossen schwebte.

Bei einem dieser Verhöre wurde Graf Rallion vorgeführt. Die Nachricht von dem Tode seines Sohnes hatte ihn tief getroffen; der Anblick des Capitains wirkte fast betäubend auf ihn; er vermochte nicht, die Geständnisse desselben zu entkräftigen. Er gestand, und man legte ihn in ein sehr sorgsames Gewahrsam bis zu der Entscheidung, welche Behörde die für ihn zuständige sei.

Ebenso wurde mit Vater Main verfahren. Er hatte nur in Frankreich gesündigt; er mußte nach dem Friedensschlusse dem französischen Strafrichter übergeben werden.

Der Krämer kehrte bereits nach wenigen Tagen von seiner Reise zurück. Seine Frau hat nie erfahren, welcher Ort das Ziel derselben gewesen ist.

Nach den ruhmreichen Tagen von Sedan traten die deutschen Heere den Marsch auf Paris an. Der junge

Graf Lemarch oder eigentlich von Goldberg erhielt die Erlaubniß, dem Heere sich als Krankenpfleger anschließen zu dürfen. So blieb er in der Nähe seiner Madelon.

Noch am Tage nach der Schlacht von Sedan hatte Richardt von Königsau zwei Depeschen abgehen lassen. Die eine war an den Grafen von Goldberg gerichtet; in Folge derselben setzte er sich mit seiner Gemahlin sofort auf die Eisenbahn und gelangte bereits am dritten Tage nach Schloß Malineau, wo er sich dem General von Latreau vorstellte. Die zweite Depesche gelangte auf dem Umwege über die Schweiz an den Grafen Lemarch, welcher sich sofort nach demselben Ziele aufmachte.

Aber Schloß Malineau sollte noch mehrere Gäste sehen.

Die günstige Marschrichtung des deutschen Heeres brachte für die Betheiligten die Möglichkeit mit sich, einen kurzen Urlaub zu erhalten, und so kam es, daß eines schönen Tages mehrere Wagen und Reiter vor dem Portale hielten, denen als der Erste — Herr Thier- und Kunstmaler Hieronymus Aurelius Schneffke die Gäste bewillkommnend entgegentrat.

„Sie hier, Herr Feldwebel?" fragte Major Richardt erstaunt.

„Zu Befehl, ja!" antwortete er. Und auf seine angeschwollene und verbundene Stirn deutend, fuhr er fort: „Der Pudding, der mir den Schädel gestreift hat, ist von verflucht festem Teig gewesen. Um zwei Haare breit weiter nach hinten, so wäre Eins verloren gewesen, entweder mein Kopf oder die Kanonenkugel! Ich dachte, daß mir nur die Haut abgeschürft worden sei; aber die Herren Doctors behaupten steif und fest, daß ich auch noch tiefer, nämlich am Verstande gelitten habe, und so ist mir die Erlaubniß geworden, mir meine fünf Sinne von der dicken Marie Melac wieder in Ordnung bringen zu lassen. Ich glaube, das kann nur durch eine fidele Trauungsceremonie geschehen."

Nun gab es zunächst ein Bewillkommnen, Verbeugen, Begrüßen und Händeschütteln. Dann ein wirres Durcheinander von Erkundigungen und Aufklärungen, von Fragen und Antworten. Dann setzte man sich zur Tafel, und erst dann war es den Einzelnen, welche sich zu und nach einander sehnten, möglich, sich hier oder da unter vier oder mehreren Augen zu finden, zu sprechen und — zu küssen.

Der alte Graf und General Lemarch erfuhr, was der Bajazzo, den übrigens eine lebenslängliche Zuchthausstrafe erwartete, in Berlin über den Kindesraub ausgesagt hatte. Er war von Richemonte und Graf Rallion dazu gedungen worden. Lemarch mußte wohl oder übel zugeben, daß sein bisheriger Sohn das Kind Goldbergs sei, erhielt aber die Versicherung, daß er trotzdem Vaterrechte behalten solle, falls er zugebe, daß die beiden Brüder sich von den beiden Schwestern Nanon und Madelon die weißen Bräutigamshandschuhe schenken lassen dürften.

Richardt von Königsau stellte den Seinen die schöne Marion vor und hatte die Freude, sie von Vater und Großvater unter den innigsten Segenswünschen umarmt zu sehen.

Da stand Deep-hill oder vielmehr Baron Gustav von Bas-Montagne von ferne und warf einen sehnsüchtigen Blick auf Emma von Königsau. Sie trat auf ihn zu, ergriff ihn bei der Hand und fragte:

„Hassen Sie immer noch die Deutschen?"

„Hassen?" sagte er. „O, was sind das doch für so sehr prächtige Menschen!"

„Die Männer?"

„Die Frauen und Mädchen noch tausendmal mehr!"

„Und ich?"

„Sie sind von Allen die Prächtigste. Soll ich Ihnen diese Ueberzeugung mein ganzes Leben hindurch beweisen?"

„Würde Sie das glücklich machen?"

„Unendlich!"

„Nun gut! Ich will versuchen, Ihnen alles Leid, was Ihnen das Leben gebracht hat, vergessen zu lassen."

Sie reichten sich die Hände. Das sahen zwei Andere und sofort streckten auch sie sich ihre Hände einander entgegen: Arthur von Hohenthal und Ella von Latreau.

Nur ein Umstand warf einen leisen Schatten auf das Glück der Betreffenden. Nämlich Hassan der Zauberer und Saadi waren vorgestern von Schloß Malineau verschwunden und mit ihnen — — Liama. Der Erstere hatte, da er französisch schreiben konnte, einen Brief hinterlassen, in welchem er sagte, daß Liama zu Suadi gehöre, daß sie sich nie glücklich in abendländischen Verhältnissen fühlen würde und daß sie also mit dem Geliebten gehe, um sich eine sonnige Oase zu suchen, wo sie unter Palmen segnend an Marion denken könne, ohne dem Glück derselben hinderlich zu sein.

„Nun habe ich Niemand als nur Dich!" sagte Marion weinend und doch glücklich zu Richardt.

„Klage nicht, mein Leben," antwortete er. Liama war lange Jahre für Dich todt. Sie ist Dir wieder erschienen, um Dich zu segnen. Sie wäre doch hier stets und immer eine Fremde in der Fremde geblieben."

Es versteht sich von selbst, daß an eine sofortige Vermählung dieser Paare nicht gedacht werden konnte. Noch stand das von Napoleon heraufbeschworene Gewitter donnernd am Himmel, und die Blitze zuckten ebenso drohend wie vorher. Man mußte scheiden.

Als aber dann die Friedensbotschaft durch die Gaue erklang und der neuerrichtete deutsche Kaiserthron seine Diamanten siegreich leuchten ließ, da fanden sie sich zusammen, und selbst Doctor Bertrand verließ die Mosel, um sich an der Spree eine Heimath zu gründen, welches ihm erlaubte, Denen, die er liebte und schätzte, nahe zu sein.

Agnes Lemartel, die Tochter des Lumpenkönigs, ist nicht arm geworden. Die Familie Königsau hat sie in den Stand gesetzt, ein Asyl für Obdachlose zu gründen, dessen Verwaltung sie ihr Leben weiht.

Und die Anderen, welche noch zu erwähnen waren? Denken wir lieber nicht an sie. Selbst wenn ein Mensch die härteste Strafe verdient, ist es für ein fühlendes Herz quälend, sein Schmerzgeschrei zu vernehmen. So ist Capitän Richemonte gestorben unter körperlichen und geistigen Qualen, die jeder Beschreibung spotten. Die, an denen er sündigte, haben ihm vergeben.

Wer heute hinter Bouillon am Wasser entlang geht und sich dann links hinauf zur Höhe wendet, der findet im Walde eine Stelle, deren Decke tief eingesunken ist.

„Hier hat eine Kriegskasse gelegen," sagen die Leute.

Aber wer sie hinweggeholt hat, das weiß außer Einigen Niemand; darüber schweigt die Geschichte und also auch — — — der Verfasser. — — —

Anhang

Bibliographie

Karl Mays „Die Liebe des Ulanen" erschien zeit seines Lebens in folgenden Ausgaben:
1883–1885 in der Zeitschrift „Deutscher Wanderer", 8. Band, Dresden: H. G. Münchmeyer
1900/1901 in dem Lieferungswerk „Allgemeine Unterhaltungs-Bibliothek" Dresden:
H. G. Münchmeyer
1901 als Buchausgabe, Dresden: H. G. Münchmeyer, 3 Bände
1904/1905 in der Zeitschrift „Von Nah und Fern", 1. Jahrgang, Berlin: A. Eichler
1905/1906 in Lieferungen und Einzelbänden als „Neue illustrierte Ausgabe",
Dresden-Niedersedlitz: H. G. Münchmeyer:

I   Die Herren von Königsau
II   Napoleons letzte Liebe
III   Der Kapitän der Kaisergarde
IV   Der Spion von Ortry
V   Durch Kampf zum Sieg

1908 ff. anonym, in Lieferungen und Einzelbänden als „Neue illustrierte Ausgabe", Niedersedlitz-Dresden: H. G. Münchmeyer GmbH

Verzeichnis der Illustrationen

In der vorliegenden frühesten Druckfassung von 1883/1885 war die Erzählung nicht bebildert. Dem Reprint wurden deshalb ausgewählte Illustrationen der späteren, in fünf Bänden erschienen „Neuen illustrierten Ausgabe" des Verlages Münchmeyer beigegeben.
Die Abbildungen in diesem Reprint wurden numeriert, um ein leichteres Auffinden in der „Neuen illustrierten Ausgabe" 1905/1906 zu ermöglichen.

Bildnummer	Band Nr. – Seiten Nr. – Text zum Bild in der Münchmeyer-Ausgabe von 1905/1906
1	I / S. 217 *Fritz erlauschte, daß die drei Männer von einer geheimen Zusammenkunft sprachen.*
2	I / S. 233 *„Rette sich, wer kann!" riefen hundert Stimmen.*
3	I / S. 353 *„Was wollen Sie hier, Messieurs?" fragte Königsau. – „Wir suchen den Kapitän Richemonte."*
4	I / S. 377 *„Zwanzigtausend auf diese!" sagte Königsau.*
5	I / S. 489 *Königsau stürzte an Blüchers Wohnung vorüber seinen Feinden nach.*
6	I / S. 529 *„Exzellenz vergessen wohl, daß ich Beamter bin!"*
7	I / S. 545 *„Ganzes Bataillon marsch!" kommandierte August, und die vier Grenadiere sprangen herein.*

Bildnummer	Band Nr. – Seiten Nr. – Text zum Bild in der Münchmeyer-Ausgabe von 1905/1906
8	II / S. 41 Als sein Blick auf Margots schöne und edle Züge fiel, griff Napoleon unwillkürlich an den Hut.
9	II / S. 65 Auf das Kommando krachten die Schüsse, und viele der Gardisten Napoleons stürzten.
10	II / S. 137 „Ich wünschte, daß die Kugel mich an Ihrer Stelle getroffen hätte", sagte der Baron.
11	II / S. 273 „Wie? Was?" fragte Blücher. „Ich soll die Keile kriegen?"
12	II / S. 352 Scheich Menalek vermochte nicht, ein Glied zu rühren. Ein donnerähnliches Brüllen ertönte – da krachte der zweite Schuß aus Saadis Gewehr.
13	II / S. 401 Der alte Marabut senkte das Haupt und sagte ein tiefes, seufzendes Amen.
14	II / S. 433 Artur de Sainte-Marie stürzte lautlos mit zerschmetterter Stirn zur Erde.
15	II / S. 473 Blücher zog Margots Hand galant an seine Lippen.
16	II / S. 581 „Meine Tochter, gedenke deiner Pflicht!" mahnte die Mutter Liamas ängstlich.
17	III / S. 57 „Willkommen, Monsieur de Lormelle!" begrüßte Hugo von Königsau den Fremden.
18	III / S. 177 „Stoßt an!" rief Levier. „Der alte Kapitän soll leben!"
19	III / S. 217 „Gott wird Sie strafen!" rief Ella bebend dem Maskierten zu.
20	III / S. 301 „Schau her", sagte Dietrich, „ich werde ihr einen Kuß geben, ich, einer Gräfin!"
21	III / S. 369 „Wir sind am Ziele", sagte der Lumpenkönig.

Bildnummer	Band Nr. – Seiten Nr. – Text zum Bild in der Münchmeyer-Ausgabe von 1905/1906
22	III / S. 537 „Herr Haller, Maler aus Stuttgart!" stellte Emma vor.
23	IV / S. 41 „Ich werde Oberst Rallion nie heiraten!"
24	IV / S. 105 Graf Rallion und Richemonte sprachen ziemlich laut; sie glaubten, allein zu sein.
25	IV / S. 153 Als der Zug den Damm hinabstürzte, lag Emma ohnmächtig im Grase, von Deephill gerettet.
26	IV / S. 297 „Gewiß!" sagte Schneffke. „Das Bild gehört Ihnen."
27	IV / S. 457 „Die Wände dieses Hauses sind doppelt", erklärte Müller der Baronesse.
28	IV / S. 561 „Ich kann Ihnen nur sagen, daß ich Frankreich aufgebe", versetzte Deephill.
29	V / S. 9 „Amely", sagte Deephill aufatmend. „O Gott, o Gott!"
30	V / S. 57 „Unsere Herzen haben gesprochen. Ihr seid meine Kinder! Gott, Gott, ich danke dir!"
31	V / S. 97 „Steh auf! Laß dich sehen!" rief der Kapitän; aber Königsau rührte sich nicht.
32	V / S. 113 „Rühre mich nicht an, Elender, sonst bist du verloren!"
33	V / S. 153 „Ich bin Emma von Königsau, dein Kind, deine Tochter!" jubelte sie.
34	V / S. 353 „Geh voran! Andere mögen dir folgen!" rief Königsau und richtete sich in den Bügeln auf.
35	V / S. 449 „Das ist Richemonte", flüsterte Hugo von Königsau, „und unser Wirt aus Daigny. Wer aber ist der dritte?"
36	V / S. 528 Der Baron verschlang die Zeilen und drückte dann das Papier an sein Herz.

NACHWORT

von Christoph F. Lorenz und Walther Ilmer

I Keine Entscheidung war für Karl May so verhängnisvoll wie das Versprechen, das er im Spätsommer 1882 seinem früheren Arbeitgeber Münchmeyer gab. May wollte zunächst einen Roman und andere Erzählungen für ihn schreiben; es entstand das hier als Faksimile des Erstabdrucks vorgelegte Werk „Die Liebe des Ulanen". – Der Dresdner Kolportageverleger Heinrich Gotthold Münchmeyer (1836–1892) war früher Zimmermann gewesen und hatte sich als Musikant bei Dorftänzen und auf Jahrmärkten ein Zubrot verdient. Anfang der 1860er Jahre kam er auf den Gedanken, im Verlags- und Zeitschriftengewerbe zu Geld zu kommen. 1862 gründete er in Dresden ein Unternehmen mit eigener Redaktion und Druckerei und gab fortan neben dem Folgewerk „Das schwarze Buch" – einer Sammlung von Kriminalgeschichten unterschiedlichen Niveaus – sogenannte „Aufklärungswerke" heraus. Unter Hinzunahme verkaufsträchtiger Praktiken brachten sie den raschen finanziellen Gewinn, zogen aber auch die Aufmerksamkeit der Behörden auf sich. Mit anderen Verlagserzeugnissen, die sich an ein bürgerliches Publikum wandten, suchte der wendige und geschäftstüchtige Mann dann seine Seriosität zu beweisen. Im Frühjahr 1875 bot Münchmeyer dem im Mai 1874 aus dem Zuchthaus Waldheim entlassenen, nach einer sicheren Existenz suchenden Karl May die Stellung eines Redakteurs an – und damit die Chance zur Eingliederung in ein bürgerliches Leben, das zudem reichliche Möglichkeiten zur schriftstellerischen Betätigung bot. Karl May redigierte bei Münchmeyer in Dresden zeitweilig das Unterhaltungsblatt „Der Beobachter an der Elbe" und später die von ihm selbst gegründeten und unterschiedliche Adressatenkreise ansprechenden Zeitschriften „Schacht und Hütte", „Deutsches Familienblatt" und „Feierstunden am häuslichen Heerde". Münchmeyers Plan, seine ledige Schwägerin Minna Ey mit dem ungewöhnlich tüchtigen Redakteur Karl May zu verehelichen, um diesen fest an das Verlagsunternehmen zu binden, setzte dieser Tätigkeit Mays ein jähes Ende: May floh vor der ihm zugedachten Verbindung in die ungesicherte Bahn eines freien Schriftstellers und heiratete die ihm wesentlich reizvoller als die Minna erscheinende junge Emma Pollmer (1856–1917). Dank seiner Verbindung zu der hochangesehenen katholischen Familienzeitschrift „Deutscher Hausschatz in Wort und Bild" des Verlags Pustet in Regensburg wurde Karl May alsbald zum „Aufsteiger" in der Schriftstellerzunft und sah den Ruhm winken.

Dem Verleger Heinrich Münchmeyer blieb dies nicht verborgen. Anläßlich einer mehr oder weniger zufälligen Wiederbegegnung mit Karl May im Spätsommer 1882 machte dieser geltend, seit Mays Weggang im Februar 1877 habe der Verlag ständig finanzielle Rückschläge erlitten und hohen Verlust an Ansehen dazu und befinde sich nun in einer solchen Notlage, daß Karl May als Retter einspringen müsse; im Hinblick auf die früheren Ereignisse habe er an Münchmeyer noch etwas gutzumachen. Karl May hat diese Begegnung und ihre Folgen ausführlich – wenn auch mit unterschiedlicher Nuancierung – geschildert in seiner Selbstbiographie „Mein Leben und Streben" (Gesammelte Werke Karl Mays Bd. 34 „Ich" 38. Auflage, Bamberg, Seite 205–206) sowie in seiner polemischen Streitschrift „Ein Schundverlag" (1905; zusammen mit der Folgeschrift „Ein Schundverlag und seine Helfershelfer" von 1909 als „Prozeßschriften Band 2", Erstveröffentlichung aus dem Nachlaß, hg. von Roland Schmid, erschienen in Bamberg 1982; S. 328 ff.).

Zu seinem Unglück ließ May sich darauf ein, ab Herbst 1882 einen auf 100 Wochenhefte von je 24 Druckseiten (im Großformat) angelegten Fortsetzungsroman zu schreiben, der ihm pro Heft 35 Mark Honorar und bei Erreichen einer Auflagenhöhe von 20 000 Stück zusätzlich „eine feine Gratifikation" (May) einbringen sollte. Immerhin konnte Karl May erreichen, daß der Roman – für den Münchmeyer den Titel „Das Waldröschen" auswählte (später erweitert zu „Das Waldröschen oder Die Rächerjagd rund um die Erde. Großer Enthüllungsroman über die Geheimnisse der menschlichen Gesellschaft") – unter dem Pseudonym Capitan Ramon Diaz de la Escosura erschien.[1] Der Roman ging dem Autor leicht von der Hand und fand rasenden Absatz. Mit Blick auf den ungewöhnlichen Erfolg überredete der Verleger seinen einfallsreichen Schnellschreiber, für nunmehr 50 Mark je Wochenheft weitere Romane zu verfassen. Darüber vernachlässigte Karl May seine so glückhafte Verbindung zum „Deutschen Hausschatz".

Ab Herbst 1883 schrieb May jeweils zwei Kolportageromane für Münchmeyer parallel zueinander – eine ungeheure Leistung unter stärkstem Zeitdruck. Das vereinbarte Honorar wurde zwar pünktlich gezahlt, über die Auflagenhöhe aber ließ Münchmeyer den Autor bewußt im unklaren. Mit Geschick verstand er es, den mittlerweile gut beleumundeten Namen Karl May nun doch mit seinem Unternehmen zu verbinden: Während der „Roman aus der Criminal-Geschichte" unter dem reißerischen Titel „Der verlorene Sohn oder Der Fürst des Elends" mit der Angabe „vom Verfasser des ‚Waldröschen'" publiziert wurde, erschien „Die Liebe des Ulanen" von vornherein unter dem Namen Karl Mays. In „Ein Schundverlag", S. 349 f., schreibt May dazu folgendes:

> Münchmeyer gab damals eine Zeitschrift heraus, „Der deutsche Wanderer" genannt, die gar nicht gehen wollte. Er bat mich also, einen Roman für sie zu schreiben. Ich [...] ließ mir das Blatt zeigen. Es galt, zu sehen, ob dieser „Wanderer" nur ein gewöhnliches Kolportageblatt oder eine wirkliche Zeitschrift sei, deren Beiträge nach zwei Jahren gesetzlich an den Verfasser zurückfallen müssen. Ja, es war eine Zeitschrift. Die Nummer des Bandes war angegeben und ebenso der Jahrgang, also das Jahr. „Der deutsche Wanderer" sollte kein Kolportageunternehmen

sein. Er sollte auf derselben Höhe stehen, wie die beiden im Jahre 1875 von mir gegründeten Unterhaltungsblätter. Darum hatte Münchmeyer den Wunsch, daß der betreffende Roman nicht unter einem Pseudonym, sondern unter meinem wirklichen Namen veröffentlicht werde. Wie der bekannte „Deutsche Hausschatz" in Regensburg durch die Beiträge von Karl May in die Höhe gekommen war, so sollte auch der „Deutsche Wanderer" von diesem meinem Namen profitieren. Da es sich nicht um Kolportagenummern, sondern um eine anständig scheinende Zeitschrift handelte [...] schrieb (ich) also den Roman „Die Liebe des Ulanen", und zwar nur für den „Wanderer" und die betreffende Erscheinungszeit. Nach Ablauf von zwei Jahren war er wieder mein.

II Der Erstabdruck des Romans „Die Liebe des Ulanen" erschien vom Herbst (Oktober oder November) 1883 bis November 1885 in 108 Fortsetzungen im VIII. Jahrgang der Zeitschrift „Deutscher Wanderer. Illustrirte Unterhaltungs-Bibliothek für Familien aller Stände" (ein wahrhaft anspruchsvoller Untertitel)[2] und bietet dem erwachsenen, für die Besonderheiten der Massen-Unterhaltungsliteratur des ausgehenden 19. Jahrhunderts aufgeschlossenen Leser – nicht zuletzt jedem Karl-May-Forscher – ein entdeckungsreiches Lesevergnügen. In diesem „Original-Roman aus der Zeit der deutsch-französischen Kriege" greift Karl May zurück auf das Grundmuster des „Waldröschen"-Romans, indem er dramatische private Schicksale unmittelbar mit historischen Ereignissen verknüpft, und bedient sich auch hier, wie im „Waldröschen", der „Rückblendetechnik" beim Erzählen der Ereignisse. Die Konfrontation der Mitglieder der deutschen Familie von Königsau mit dem Deutschenhasser Kapitän Richemonte und dessen Mitverschworenem Graf Rallion ist für Karl May kein Anlaß, chauvinistisch gegen Frankreich und die Franzosen Stellung zu beziehen. In seinem kaum ein Dutzend Jahre nach dem überwältigenden Siege Preußens über Frankreich offen vorgetragenen Anliegen, die Menschen beider Völker miteinander zu versöhnen und das Bild vom „Erbfeind" auszulöschen, war Karl May wesentlich kühner als andere deutsche Schriftsteller. Hier bereits zeigt er sich als der Mann, der zwanzig Jahre später vehement für Pazifismus, Völkerverständigung und überkonfessionelles Christentum contra Kolonialismus, Imperialismus, Völkermord und Kriegstreiberei eintrat. Wenn der preußische General Kunz von Goldberg in einer Debatte mit dem einstigen Rittmeister Hugo von Königsau den Franzosenkaiser Napoleon I. zu verteidigen weiß – wobei er Heinrich Heine („Die beiden Grenadiere") und von Zedlitz („Nächtliche Heerschau") zu zitieren versteht[3] –, oder wenn der junge Offizier Gebhardt von Königsau, Hugos Sohn, mit Blick auf die eigene französische Mutter in Paris gegenüber der Komtesse Ida de Rallion bemerkt, „Sie retten in meinem Innern die Ehre der französischen Nation, deren Kind auch ich mich nenne"[4], so sind das für einen deutschen Schriftsteller im Bismarck-Reich ungewöhnliche Töne.[5]

Gleichermaßen wendet sich Karl May gegen das Weltherrschaftsstreben der Briten: „Wo in irgendeinem Welttheile, in irgend einem Lande, auf irgend einer Insel ein Flüßchen in's Meer läuft, vor dessen Mündung sich ein Eiland befindet, so besetzt (der Engländer) dieses und macht es zu einem kleinen Großbrittanien, welches ja auch vor den Ausflüssen der Elbe, des Rheines, der Seine liegt."[6] (Ähnlich angriffslustig gegen England zeigte May sich schon 1879, als im „Deutschen Hausschatz" seine Erzählung über den Kaperkapitän Robert Surcouf erschien.) May verhehlt nicht, daß die Politik Napoleons III., den er als arrogant, leichtsinnig und kurzsichtig kennzeichnet, sowie das Okkupationsstreben der auf Gebietsgewinn erpichten Franzosen ihm innerlich fernstehen, daß er daher den Sieg Preußens als gerecht ansieht. Dennoch verfällt er nie in gehässige Propaganda und vermeidet einseitige Verherrlichung. Im übrigen mußte – und kann noch heute – der von Mays Erzähltalent und von den Schicksalen der Romanhelden gefesselte Leser dank der präzisen Nachrichten von Kriegsschauplätzen, vom Verlauf einzelner Schlachten und vom Notenwechsel zwischen Feldherren den Eindruck gewinnen, der Verfasser Karl May sei selbst dabeigewesen (und habe nicht gerade eine Freiheitsstrafe verbüßt). May folgte aber auch als Autor bei Münchmeyer seiner bewährten klugen Praktik des Studiums einschlägiger Quellen und benutzte dabei neben anderen seit 1871 erschienenen Standardwerken und populären Darstellungen vor allem das nach Paul von Elpons „Tagebuch des deutsch-französischen Krieges". Detailreiche Informationen wie z. B. über die Kapitulation von Metz[7], die den Leser verblüffen mögen, verdankte May solchen Büchern.

Ungeachtet der historischen Ereignisse und Figuren (die manchmal in der Tat wie Stichwortgeber für das Vorwärtstreiben der nicht geschichtlich verbürgten Geschehnisse wirken) sind die privaten Schicksale das Bedeutsame im Roman „Die Liebe des Ulanen". Blücher und Napoleon I. wirken in ihren Funktionen als preußischer Marschall und als Kaiser der Franzosen nicht halb so wichtig wie in ihrem Agieren als „ganz gewöhnliche Menschen" für oder gegen die Königsaus, die Richemontes, die Sainte-Maries. Karl May scheut sich nicht, den tapferen und majestätisch auftretenden Kaiser als einen tyrannischen, von niedrigen Leidenschaften getriebenen und kleingeistiger Eifersucht beherrschten Mann zu zeichnen, dem der Leser schadenfroh das Mißgeschick gönnt, daß ihm eine Zimmertür an den Kopf gestoßen wird. Da nun aber andererseits die Informationen über die im Roman relevanten historischen Ausschnitte akkurat wiedergegeben und nicht verfärbt werden, gelingt dem Autor die Verschmelzung der Ebenen und erscheint das Handlungsgeschehen glaubwürdig. Sogar die märchenhafte Häufung deutsch-französischer Liebes- bzw. Ehepaare (unterschiedlicher Altersstufen), die sich dem Leser am Schluß präsentieren und die Praktikabilität der Völkerverständigung demonstrieren, erscheint alles andere als weit hergeholt.[8]

Bewußt oder unbewußt hat Karl May bei der Wahl der Personennamen reale Ortsbezeichnungen – bzw. Anklänge daran – zugrunde gelegt. Der Name des Husarenrittmeisters Arthur von Hohenthal geht zurück auf Mays eigenes Pseudonym aus der Frühzeit, Karl Hohenthal, womit er den Hinweis auf seinen Geburtsort Hohen(stein-Ernst)thal lieferte. Rudi Schweikert[9] hat Königsau als eine Ortschaft süd-südwestlich von Simmern, Breitenheim als in der Nähe von Meisenheim an der Glan gelegen und Sainte-Marie und Richemont als Weiler nördlich bzw. südlich von Thionville lokalisiert. Untersberg wiederum ist ein seitenverkehrtes Hohen-thal; Belmonte/Schönberg, Riche-monte/Reichen-berg(er) und der dem Findelkind Fritz gegebene Name Schnee-berg folgen demselben Grundmuster. Mays lebenslanges Leiden über seine niedere soziale Abkunft mag tiefenpsychologisch in Beziehung stehen zur engen Verbindung eines Hohen-thal zu einem Königs-au auf Gut Breiten-heim, zu Menschen also, die sich als Helden auszeichnen: In der Fiktion reinigte May damit seinen eigenen „Stammbaum" von jeglichem Makel. Diese Annahme trifft sich merkwürdig mit dem Vorwurf des späteren May-Gegners Rudolf Lebius, May verrate in seinen Schriften und Handlungen tiefsten Atavismus und Rückfall in die Sünden der Väter.[10]

III Karl Mays Bemerkung, die Zeitschrift „Deutscher Wanderer" sei „kein Kolportageunternehmen" gewesen, kann zweierlei nicht verdecken: Zum einen mußte diese Zeitschrift ihm von früher her bekannt gewesen sein; denn wenn im Herbst 1883 ihr VIII. Jahrgang einsetzte, so war ihr I. Jahrgang im Herbst 1876 erschienen – und zu jener Zeit war May noch als Redakteur bei Münchmeyer tätig. Insofern decken mutmaßlich manche der an Mikrodetails so reichen Schilderungen in „Ein Schundverlag" kunstvolle Schleier über die Wahrheit. Zum anderen ist „Die Liebe des Ulanen" keineswegs frei von den typischen Merkmalen eines Kolportageromans: Ebenso wie in „Das Waldröschen" und in „Der verlorene Sohn", wie später in „Deutsche Herzen, deutsche Helden" (1885/1887) und „Der Weg zum Glück" (1886/1887), finden sich papierene, viel zu lange, reinweg zeilenschindende Dialoge, schwülstige Adjektive, pathetische Exklamationen, hilflos gestelzter Ausdruck, leeres Wortgeklingel, Fehler und Widersprüche in der Handlungsführung.[11] Karl May wäre aber nicht Karl May gewesen, gäbe es bei ihm nicht auch in den Münchmeyer-Romanen immer wieder brillante Wortwitze, vorzügliche psychologische Fertigkeit, Prägnanz in der Schilderung und eine Fülle hinreißender Szenen, wie sie den im Genre derartiger Literatur tätigen Autoren gemeinhin nicht gelangen. Paßt er also Sprache und Geschehensablauf oft genug der in der Branche üblichen „Pfuscharbeit" an, so wahrt er doch auch so viel Eigenständigkeit, daß sein genialer Erzählstil durchaus nicht verdorben wurde. (Sonst hätte er zehn Jahre später nicht „Winnetou I" gestalten können.) Und die in der Kolportage gebotene schier unbegrenzte Freiheit im Fabulieren – die sich den Geboten der Logik kühn widersetzte – gab ihm Gelegenheit, seine Phantasie nach Herzenslust ausufern zu lassen. Karl Mays Münchmeyer-Romane sind, neben andere Produkte der Kolportageverlage jener Zeit gestellt, bemerkenswert als Meisterwerke des Stupenden: Man kann sie in der Gänze ihrer Urgestalt, hingerissen vom Leseerlebnis, noch heute genießen – bei Romanen anderer Autoren hingegen gelingt dies keine fünf Seiten lang.

Als Erzähler und Handlungs„konstrukteur" fesselt Karl May in seinem Werk den Leser sofort. Schon die bestimmende Szene zu Beginn des Geschehens auf dem Moseldampfer, wo sich die Heldin Marion und ihr ungeliebter Verlobter Oberst Rallion samt ihrer heimlichen Liebe Richardt von Königsau – in dessen Gestalt als (künstlich) buckliger Lehrer Dr. Müller – begegnen und es dann zur Beinahe-Katastrophe kommt, ist als Exposition exzellent. May hatte sie bei sich selbst entliehen: Seine erste Indianererzählung „Inn-nu-woh", 1875, brachte ein ähnliches Tableau; der bescheidene bucklige Lehrer, den der überhebliche Offizier verhöhnt, entspricht dem verachteten Indianer, der bald darauf verwegen das Mädchen rettet, während der Maulheld versagt. (Genauso verfuhr May dann einige Jahre später noch einmal im ersten Kapitel seiner Erzählung „Der Schatz im Silbersee", die – gerade wie in „Die Liebe des Ulanen" – gleich am Anfang die Gesamtproblematik der Handlung herausarbeitet; die zweifache Erfahrung kam ihm zustatten.)

Karl May weiß die Knoten zu schürzen, die Spannung zu schüren. Der jähe Wechsel des Schauplatzes und der Handlungszeit – Rückgriff auf die Erlebnisse des Ulanenoffiziers Hugo von Königsau 1814/1815 – kommt daher für den Leser als eine Art Schock: Allzu lange muß er warten, bis er schließlich, nach den Szenarien in Paris und in Afrika und rund um Gut Breitenheim, nach Ortry zurückgeführt wird. Währenddessen aber hat der Autor sich so verausgabt, daß er bei der Wiederaufnahme der Handlungsfäden um Thionville den Spannungsgehalt der Anfangskapitel nicht mehr voll erreicht. Die Plastizität der Schilderung des Eisenbahnunglücks und die Rettung Gebhardts von Königsaus durch den eigenen Sohn entschädigen kaum für die sonstige, gegenüber der ersten Romanhälfte zu beobachtende Mattigkeit. Gleiche Ermüdungserscheinungen zeigt May bei dem parallel verfaßten Roman „Der verlorene Sohn". Das frappierende Erzählmoment freilich, daß der Spion Richardt von Königsau sich zu Anfang seines Aufenthaltes auf Schloß Ortry offenbar nicht bewußt ist, es bei Kapitän Richemonte mit dem Stiefbruder seiner (Königsaus) Mutter zu tun zu haben, und sich dann unvermutet als „Detektiv in eigener Sache" tätig findet, dürfte einer der großen Kunstgriffe Karl Mays sein.

Zeitdruck, Mangel an Gelegenheit zur Reflexion oder vielleicht auch schlicht Unmut über die Entscheidung, sich erneut bei Münchmeyer zu verdingen, erzeugten im Schreibverlauf eine Reihe gravierender Unstimmigkeiten im Gefüge, die ein Karl May sich eigentlich nicht leisten durfte und geflissentlich hätte vermeiden müssen. Das für das Jahr 1870 mit „28 Jahren" angegebene Alter des Spions Richardt von Königsau bestimmt das Geburtsjahr 1841 oder 1842; sein im Jahre 1819 geborener Vater Gebhardt lernt seine Frau Ida de Rallion jedoch erst Mitte der vierziger Jahre kennen. Der Raub der Zwillingssöhne des Grafen Kunz von Goldberg – von 1870 her gesehen laut Text beträchtlich über zwanzig Jahre zurückliegend – kann nicht von Richemonte und Rallion inszeniert worden sein, da diese beiden sich nicht vor 1853 kennenlernen. Abu Hassan, der Zauberer, muß geradezu hellsichtig gewesen sein, als er seiner Nichte Marion von den in Algerien verübten Untaten des alten Richemonte berichtet – denn er erfährt nach Karl Mays eigener Schilderung davon erst, nachdem er zu Saadi nach Afrika zurückgekehrt ist. (Und was wird aus Hassans Schlange, die Marion zwischen Büchern versteckt?) Saadi kann unmöglich bei Liama auf Schloß Ortry heimlich gewohnt haben, denn sonst müßte Marion viel jünger sein, und Hassan hätte nicht viele Jahre lang nach Liama und Richemonte suchen müssen, wenn Saadi deren Aufenthaltsort lange bekannt gewesen ist. Gebhardts sechzehnjährige Gefangenschaft im Kerker von Schloß Ortry (ein Anklang an die sechzehn Jahre Verbannung Dr. Sternaus auf eine einsame Insel im Pazifik, die im „Waldröschen" von Belang ist) verträgt sich kaum mit dem Zeitablauf, der nach den Ereignissen auf Gut Breitenheim als realistisch anzusehen ist. Das von einer schönen Unbekannten in Paris für Arthur von Hohenthal initiierte Spionage-Abenteuer bleibt in der Luft hängen. Amély des Bas-Montagne kann nicht mit Mädchennamen sowohl Köhler (Charbonnier) als auch Rénard heißen. Gaston de Bas-Montagne kann nicht mit seinem Vater als Krankenpfleger bei deutschen Truppen auftauchen, wenn sich beide Männer einander vorher nicht wiedergesehen, geschweige denn noch nicht versöhnt haben.[12] All solche Unzulänglichkeiten bemerkt natürlich nur ein sehr aufmerksamer Leser, und Karl May – überlastet wie er war – dürfte einfach darauf vertraut haben, daß es sich bei den Beziehern des „Deutschen Wanderer" doch wohl eher um unkritische Konsumenten handelte.[13]

IV Wiewohl der VIII. Jahrgang des „Deutschen Wanderer" dank des Romans „Die Liebe des Ulanen" ein Verkaufserfolg wurde, stellte Münchmeyer das Erscheinen der Zeitschrift nach Auslaufen dieses Jahrgangs ein; Gründe sind bisher nicht bekannt geworden. Das Geschäft mit dem Namen Karl May allerdings betrieb er „unter der Hand" weiter, da er schon 1883 in einer Publikation „Das schwarze Schloß" hatte durchblicken lassen, daß „Das Waldröschen" aus Mays Feder stammte.[14] Nachdem sich der Autor 1887 hastig von Münchmeyer getrennt hatte, ließ dieser schon 1888 den zunächst pseudonym veröffentlichten letzten Roman „Der Weg zum Glück" in einer gebundenen Ausgabe unter Karl Mays Namen erscheinen. Damit war dessen Autorschaft an „Das Waldröschen", „Der verlorene Sohn" und „Deutsche Herzen, deutsche Helden" ohnehin kein Geheimnis mehr. In das Bewußtsein der breiten Öffentlichkeit, insbesondere der Leserkreise, die den Reiseerzählungen Karl Mays zugeneigt waren, scheint dies nicht hineingewirkt zu haben. Unverständlich jedoch bleibt, daß dem Schriftsteller selber die Perfidie des Verlegers entging. War ihm auch nicht aufgefallen, daß die königlich-sächsischen Behörden den VIII. Jahrgang des „Deutschen Wanderer" vom „Feilbieten im Umherziehen" ausschlossen — weil nämlich der Roman „Die Liebe des Ulanen" als sittlich anstößig betrachtet wurde??[15]

Karl Mays Fehlentscheidung, jahrelang für Münchmeyer statt ausschließlich für den „Deutschen Hausschatz" geschrieben zu haben, war in der Tat gekoppelt mit unglaublicher Blindheit und Vertrauensseligkeit gegenüber Münchmeyer: Er hatte mit dem Verleger keinerlei schriftlichen Kontrakt geschlossen und sich hinsichtlich Auflagenhöhe der einzelnen Romane und Fälligkeit der „feinen Gratifikation" ausschließlich auf Münchmeyers hinhaltende Erklärungen verlassen. Hieraus, wie aus der Schnellschreiberei, zu der er sich verleiten ließ, entsprang das eingangs erwähnte Verhängnis: Karl May sah sich nach der Jahrhundertwende jählings als Verfasser „unsagbar schmutziger Hintertreppenromane" gebrandmarkt und um seinen guten Ruf sowie zusätzlich um bedeutende Honorarsummen gebracht. Er mußte vor Gericht ziehen, um sein Recht zu erstreiten. Daraus wiederentwickelten sich von gegnerischer Seite Enthüllungen über seine Vorstrafen – und daraus resultierend unsinniges Aufbauschen seiner Verfehlungen. In der Öffentlichkeit bezeichnete man ihn als „geborenen Verbrecher", sein hohes Ansehen wurde vernichtet.

Nach Heinrich Münchmeyers Tod (April 1892) hatte dessen Witwe den Verlag noch einige Jahre schlecht und recht weitergeführt, ohne allerdings mit Karl May über die noch offenen Honorare abzurechnen. Sie verkaufte 1899 alles an den Leipziger Buchhändler Adalbert Fischer, der sich begeistert zeigte, im Verlagsbestand Produkte des inzwischen hochberühmten Schriftstellers Karl May vorzufinden. May, von Münchmeyer beschwichtigt und auch von der Witwe betrogen, war der Auffassung, alle Rechte an seinen Romanen seien ihm wieder zugefallen; er hielt es für ausgeschlossen, daß sie ohne seine ausdrückliche Einwilligung je wieder aufgelegt würden. Fischer aber, nicht minder geschäftstüchtig als Münchmeyer, brachte 1901/1902 den „von Karl May" verfaßten Roman „Die Liebe des Ulanen" kurzerhand in einer illustrierten dreibändigen Ausgabe (leicht gekürzt) heraus – worauf Karl May in aller Öffentlichkeit der ärgsten „Unsittlichkeiten" bezichtigt wurde. Empört und verzweifelt bestritt der Autor seine Urheberschaft an jeglicher Art von „Pikanterie". In der Abwehrschrift „Ein Schundverlag und seine Helfershelfer", S. 352, schreibt er in diesem Zusammenhang:

> Es muss bemerkt werden, dass ich weder eine Korrektur noch eine Revision zu lesen bekam. Es war also unmöglich festzustellen, ob oder dass meine Werke genau so gedruckt wurden, wie ich sie geschrieben hatte. Es wurde mir einmal gesagt, dass Münchmeyer riesig ändere. Da ging ich hinein, liess mir den letzten Druck und das letzte Manuskript geben und schaute nach. Da entdeckte ich nun freilich derartige Veränderungen, dass ich drohte,

sofort mit Schreiben aufzuhören, falls das nur noch ein einziges Mal vorkomme. Er versprach hoch und teuer, es nicht wieder zu tun, weder selbst, noch von anderen tun zu lassen.

Aber berechtigte weitere Kontrollen hat May offenbar nicht ausgeübt, denn bald darauf heißt es in „Ein Schundverlag", S. 376 f.:

> Ich habe diese Romane, seit ich sie schrieb, niemals gelesen, auch die Korrekturen nicht. Damals, als ich einige Abschnitte aus dem „Waldröschen" nahm, um sie für „Old Surehand" in Druck zu geben[16], fiel es mir auf, dass ich so viel herauszustreichen oder zu ändern hatte. Jetzt habe ich einen Zeugen gefunden, der ein Freund der Frau Münchmeyer ist und mir trotzdem bezeugen wird, dass Heinrich Münchmeyer damals grad in diesen Abschnitten sehr arg herumgeändert hat. Ich forsche weiter. Ja, ich bin da, allerdings. Die Anlage stammt von mir, der Bau, die Disposition, die Gliederung. Das Geographische, Geschichtliche, das Ethnologische. Die Schilderung von Land und Leuten. Die genau berechnete Schaffung psychologischer Situationen resp. Verwickelungen. Das stammt von mir; das ist fast alles mein Werk; aber von Schritt zu Schritt bemerke ich mehr und mehr, dass sich fremde Geister in dieses Werk geschlichen haben. Ich stosse auf Fäden, die ich nicht kenne, auf Spuren, die nicht von meiner Psyche, sondern von anderen Seelen stammen. Ich entdecke Münchmeyers wohlbekannte Stapfen und höre seine Schritte förmlich hallen. Sein rührseliges Schluchzen. Sein halblautes, verliebtes Lächeln. Das Tätscheln frischer Wangen. Die satte Deutlichkeit in der Beschreibung weiblicher Reize, Redewendungen, die nur ihm allein eigen waren. Dann plötzlich ein logischer Barbarismus von solcher Ungeheuerlichkeit, dass man laut aufschreien möchte. Das ist nicht Münchmeyer, sondern Walter, der ebenso unvergleichliche wie einflussreiche Untermensch, der die Manuskripte der Münchmeyerschen Mitarbeiter auf das „Irdisch-Weibliche" hin durchzusehen hatte.

Die inkriminierten „Unsittlichkeiten" erstrecken sich tatsächlich zumeist auf die „satte Deutlichkeit in der Beschreibung weiblicher Reize", auf halb-durchsichtige Nachtgewänder und Schmachtlaute von Damen (die vielleicht keine Damen sind) – alles in allem so kitschig und überflüssig, daß man getrost darüber hinwegsehen darf –, und, über alle fünf Romane sorgsam verstreut, einige Kuß- und Umarmungsszenen, die selbst nach dem wilhelminischen Moralkodex kaum als „lüstern" eingestuft werden konnten. Das ganze Aufsehen um die angeblichen „Entgleisungen" diente nur dazu, einen zu hoch aufgestiegenen Proletarier zwischen den Mahlsteinen des Kulturkampfes zu zerreiben. Kaum hatte der Chefredakteur der einflußreichen „Kölnischen Volkszeitung", Hermann Cardauns, herausgefunden, daß der als katholisch geltende Schriftsteller Karl May in Wahrheit Lutheraner war, begann er einen öffentlichen Diffamierungs-Feldzug. Bezeichnenderweise aber führte er niemals auch nur eine der in den Münchmeyer-Romanen erkennbaren zahlreichen literarischen Torheiten gegen Karl May an – was ja voll berechtigt gewesen wäre –, sondern schob die „entblößten Schultern" und „wogenden Busen" vor. Seine donnernde Philippika gegen den Autor[17], „Herr Karl May von der anderen Seite", belegt, daß er die Münchmeyer-Romane niemals wirklich gelesen, sondern sie nur kursorisch durchgeblättert hat. An „Das Waldröschen" und „Der verlorene Sohn" läßt er kein gutes Haar, der Roman „Deutsche Herzen, deutsche Helden" verkommt bei ihm zu einer „Dirnengeschichte", und „Die Liebe des Ulanen" – obgleich großzügig als „nicht so schlimm" wie die anderen Romane bezeichnet – enthält nach Cardauns „einige Scenen von auserlesener Gemeinheit". Cardauns benennt diese nicht im einzelnen – wie sollte er auch –, und der Leser muß sich zweifelsvoll entscheiden, ob vielleicht die ausführliche Beschreibung der „junonisch vollen Gestalt" der Marion de Sainte-Marie ein verdächtiges erotisches Knistern erzeugt[18] oder die Szene im Badezimmer der Baronin mit den anheimelnden Wandmalereien[19] das Blut unziemlich in Wallung setzt. Nicht zu vergessen der Zungenkuß dieser bösen Baronin ...

Für Karl May war die Gegnerschaft des kritischen Hermann Cardauns ein nicht ernst genug zu nehmender Schlag. Für Adalbert Fischer war sie die beste Reklame – denn gerade aus den „Anzüglichkeiten", der „Sittenverderbnis" und den „Scenen von auserlesener Gemeinheit" machte dieser das große Geschäft seines Lebens.

Karl May selbst konnte seine Originalmanuskripte, die die Wahrheit seiner Behauptung, keine einzige unsittliche Zeile geschrieben zu haben, vor Gericht nicht vorlegen. Münchmeyer hatte sie wie branchenüblich vernichtet.[20]

Bis heute weiß niemand, wieviel des sogenannten erotischen Beiwerks seine Drucklegung dem Willen Karl Mays verdankt oder von Heinrich Münchmeyer bzw. von August Walther[21] oder sonstwem listig zur Förderung des Verkaufserfolges mit leichter Hand (weil tatsächlich ohne Schwierigkeiten zu bewerkstelligen) in die Romane hineingetragen wurde. Nach den Feststellungen des Karl-May-Forschers Klaus Hoffmann[22] findet man „die satte Deutlichkeit in der Beschreibung weiblicher Reize" auch in den anderen Münchmeyerschen Kolportage-Erzeugnissen, an denen Karl May nicht beteiligt war, sowie durchweg in den „Hintertreppen"-Romanen der damaligen Zeit. Und auch sonstige Texteingriffe waren genau so üblich wie die Beauftragung von „ghost writers" ohne Wissen des zur Dienstleistung verpflichteten Autors: Zum Beispiel wurden mehrere Bände der elfteiligen Serie „Detektiv Nobody" nicht von Robert Kraft selbst verfaßt, sondern von fremder Hand, ohne daß Kraft dessen gewahr wurde; und diese „ghost writers" bedienten sich dabei auch freizügig einiger Texte von Friedrich Gerstäcker und Guy Boothby.

Die wechselvolle und für Karl May so leidvolle Geschichte seiner Prozesse gegen Adalbert Fischer und Pauline Münchmeyer ist bekannt und braucht hier nicht wiederholt zu werden. Hinsichtlich der Darstellung von bestimmten Einzelheiten sei verwiesen auf die Anmerkungen von Hainer Plaul in der Faksimile-Edition (1975) der Selbstbiographie Karl Mays, „Mein Leben und Streben". Zu den Münchmeyer-Romanen Karl Mays im einzelnen dient als bibliografische Auskunftsquelle Hainer Plauls „Illustrierte Karl-May-Bibliographie" (Leipzig 1988).

V Die von Adalbert Fischer 1901/1902 publizierte Ausgabe „Die Liebe des Ulanen" weist gegenüber dem Erstdruck im „Deutschen Wanderer" verschiedene Textänderungen auf. Die Frankreich-freundlichen Äußerungen Gebhardts von Königsaus und des Grafen Kunz von Goldberg sowie Mays England-feindliche Bemerkungen wurden gestrichen, ebenso die unpassende Kommentierung des Vornamens Margot durch Napoleon I.[23] und das Gespräch der Tochter Marchands mit Berrier[24]. Agnes Lemartel, die Tochter des „Lumpenkönigs", wurde am Schluß vergessen, und der alte Untersberg/Bas-Montagne begeht Selbstmord (anstatt mit Sohn Gaston auf Krankenpflege zu gehen). Dieser Textausgabe folgte Fischer dann auch 1905/1906, als er die Erzählung noch einmal, im Rahmen seiner nicht von Karl May genehmigten Serie der fünf Münchmeyer-Romane, mit neuen Illustrationen in fünf Bänden herausgab. Diesmal stirbt Agnes Lemartel als Krankenpflegerin an einer Verwundung. Ab 1907 durfte die komplette Serie nur noch anonym erscheinen und nicht mehr nachgedruckt werden, und so verschwanden die „unsäglich schmutzigen" und dabei doch so spannenden „Schundwerke" Karl Mays allmählich aus dem Handel.

Im Karl-May-Verlag, der ab 1924 die Münchmeyer-Romane in bearbeiteter, gereinigter, von Widersprüchen usw. befreiter Textgestalt innerhalb der „Gesammelten Werke" Karl Mays herausbrachte, erschien „Die Liebe des Ulanen" 1930 in den vier Bänden 56–59. Die Handlung wird hier rein chronologisch, ohne Rückblenden, erzählt; aus „Königsau" wurde „Greifenklau", aus „Goldberg" wurde „Eschenrode" – aber schneidige Helden im Dienste Karl Mays sind sie geblieben.

Ein Kuriosum der Erstausgabe im „Deutschen Wanderer" freilich ist in keiner der Ausgaben seit 1901 wieder aufgetaucht: der seltsame Text „10. Ulane und Zouave"[25]. In der Handlung des Romans „Die Liebe des Ulanen" tritt wohl Richardt v. Königsau als Ulanenoffizier auf und wird auch sein Feind Oberst Rallion den Garde-Zouaven zugeteilt, doch in „Ulane und Zouave" ist pointiert von beiden nicht die Rede – sondern ausschließlich von Personen, die der Leser des Romans „Der verlorene Sohn" in ganz ähnlicher Funktion als Offizier, als jüdischen Pfandleiher, als Kindesmörderin kannte, jedoch unter völlig anderen Namen. Es mag sich sehr wohl um ein von Karl May verfaßtes Fragment aus dem Roman „Der verlorene Sohn" handeln, aber nie mehr wird sich klären lassen, warum und wieso es mit Änderungen seinen Weg in die Zeitschrift „Deutscher Wanderer" fand, wo es wie ein Fremdkörper wirkte. Selbst wenn Karl May aus irgendeinem Grunde im Rückstand gewesen sein sollte mit dem Manuskript für „Die Liebe des Ulanen", so bleibt die Publikation des zur Überschrift „Ulane und Zouave" überhaupt nicht passenden Textes eine Unverfrorenheit des Verlegers. Nehmen wir sie einmal als Beleg für Karl Mays Bekunden, Münchmeyer habe nach Belieben an den Texten seines Autors herumgepfuscht, und andererseits dafür, daß es an und um Karl May stets irgend etwas zu rätseln geben wird.

Köln und Bonn, Pfingsten 1993

Anmerkungen

[1] Faksimilereprint in sechs Bänden, mit Vor- und Nachwort von Klaus Hoffmann, Hildesheim 1969–1971; dass., mit Vor- und Nachwort von Gerhard Klußmeier und den bunten Bildern der Erstausgabe, Leipzig 1988/1989.

[2] Klaus Hoffmann (im Vorwort zum Faksimilereprint „Die Liebe des Ulanen", in fünf Bänden, Hildesheim 1972, nach dem Text der dreibändigen Buchausgabe von 1901/1902) gibt den Zeitraum September 1883 bis Juni 1885 für das Ersterscheinen an.
Karl May ließ im VIII. Jahrgang des „Deutschen Wanderer" (hier künftig nur DW ohne Zusatz) auch drei seiner früher publizierten kürzeren Erzählungen – und zwar unter Pseudonym – erscheinen: „Unter Würgern" (Karl Hohenthal), „Die verhängnißvolle Neujahrsnacht" (Ernst v. d. Linden) und „Im Sonnenthau" (= „Der Waldkönig", ebenfalls als Ernst v. d. Linden). Diese Texte wurden laut May – „Ein Schundverlag", S. 349 u. 350 – Münchmeyer zum einmaligen Abdruck überlassen, ohne daß May Honorar dafür erhielt. Die Erzählungen sind, im jeweiligen Text des Erstabdrucks, enthalten in Reprints der Karl-May-Gesellschaft e. V. (KMG): „Kleinere Hausschatzerzählungen" (1982), „Unter den Werbern. Seltene Originaltexte, Band 2" (1986), „Der Waldkönig. Erzählungen aus den Jahren 1879 und 1880" (1980).

[3] DW S. 1698 f.

[4] DW S. 632

[5] Näheres siehe bei Christoph F. Lorenz, „Karl Mays zeitgeschichtliche Kolportageromane", Frankfurt/M., Bern, 1981; ferner bei Heidi Wychlacz/Hansotto Hatzig, „Karl-May-Register ‚Die Liebe des Ulanen'", Sonderheft der KMG (S-KMG), Nr. 48, 1984; Claus Roxin, „‚Die Liebe des Ulanen' im Urtext", in: Mitteilungen der KMG (M-KMG), Nr. 14 (1972), S. 23–25, und Nr. 15 (1973), S. 6–11.

[6] DW S. 1699

[7] DW S. 1687

[8] Vgl. hierzu die Feststellungen von Helmut Schmiedt, „Sachsen ist in aller Welt. Die Abenteuerromane Karl Mays". In: „Exemplarisches zu Karl May", hg. von Walther Ilmer u. Christoph F. Lorenz, Frankfurt/M. 1993; S. 89–98.

[9] „Mit dem Finger auf der Landkarte", in: M-KMG Nr. 68 (1986), S. 20 f.

[10] Vgl. Wolf-Dieter Bach, „Sich einen Namen machen". In: Jahrbuch der KMG (Jb-KMG) 1975, S. 34–72.

[11] Das größte Ärgernis in dieser Hinsicht ist der völlig danebengelungene Schluß (S. 2303–2610) des Romans „Deutsche Herzen, deutsche Helden" (Reprint Bamberg 1976, hg. von Roland Schmid), der dem Leser jede Aufklärung über die zahlreichen Geheimnisse des Geschehens und dessen Hintergrund schuldig bleibt. Nach Ermittlungen von Roland Schmid (Mitteilung vom 16. 12. 1985 an Walther Ilmer) wurden diese über 300 Seiten jedoch nicht von dem damals zu stark in Anspruch genommenen Karl May verfaßt, sondern im Auftrag Heinrich Münchmeyers von einem Dritten.

[12] Siehe hierzu auch Walther Ilmer auf S. 29/30 in dem bei Anm. 8 genannten Sammelband „Exemplarisches zu Karl May".

[13] Auch Karl Mays Reiseerzählungen sind bei aller ihnen innewohnenden Sorgfalt nicht frei von Unstimmigkeiten und Widersprüchen, weil May sich allzugern spontanen Augenblickseinfällen hingab, die er nicht überprüfte (und ggf. revidierte).

[14] Siehe den Beitrag „Gift im schwarzen Schloß oder Waldröschens böse Enthüllung" in „Neues vom ‚Waldröschen' und seinem ‚Verleger'", S-KMG Nr. 31 (1981), S. 4–11.

[15] Klaus Hoffmann, wie bei Anm. 2

[16] Siehe im Kapitel „Der Königsschatz" in: Karl May, „Old Surehand II", Freiburg 1895, die Seiten 251–424. Mit der Verwendung dieses Textes innerhalb einer seiner Reiseerzählungen bekannte Karl May sich bewußt oder unbewußt als wahrer Verfasser des „Waldröschen"-Romans. Laut eines Briefes von May an Adalbert Fischer (1904) plante May sogar eine Umarbeitung des Romans „Der verlorene Sohn" und dessen Eingliederung in fünf Bänden in die Fehsenfeld-Reihe.

[17] Siehe die Wiedergabe im Jb-KMG 1987, S. 206–224 (ebd., S. 225–242, auch Cardauns' Aufsatz „Die ‚Rettung' des Herrn Karl May" von 1907); vorgeschaltet kritische Betrachtungen von Christoph F. Lorenz (ebd. S. 188–205).

[18] DW S. 2

[19] DW S. 21

[20] Vgl. Roland Schmid im Vorwort (S. II) zum Reprint „Deutsche Herzen, deutsche Helden" (Anm. 11). Der Schriftsteller Paul Staberow, der im Auftrag Adalbert Fischers Mays Romane „Deutsche Herzen, deutsche Helden" und „Das Waldröschen" für eine „Neue Illustrierte Ausgabe" einrichtete und textlich z. T. glättete, äußerte brieflich gegenüber dem Leiter des Karl-May-Verlages, Euchar Albrecht Schmid, Mays Manuskripte seien bei Übernahme des Münchmeyer-Verlages durch Fischer nicht mehr vorhanden gewesen, so daß er, Staberow, nicht darauf habe zurückgreifen können.

[21] So die richtige Schreibweise

[22] Ausführlich im Nachwort zum „Waldröschen"-Reprint (Anm. 1)

[23] DW S. 322

[24] DW S. 325 ff.

[25] DW S. 1393–1441